Recht und Praxis im Zivilrecht

Insolvenzordnung
mit Einführungsgesetz

Recht und Praxis im Zivilrecht

Bundesanzeiger

Ruth Schmidt-Räntsch

Insolvenzordnung
mit Einführungsgesetz

Erläuternde Darstellung des
neuen Rechts anhand der Materialien

- *Einführung*
- *Texte (InsO, EGInsO)*
- *Umfangreiche Erläuterungen*
- *Materialien*
- *Paragraphensynopsen*
- *Ausführliches Stichwortverzeichnis*

Bearbeitet von Dr. Ruth Schmidt-Räntsch,
Richterin am Landgericht,
z. Zt. Bundesministerium der Justiz

1. Auflage 1995

Die Deutsche Bibliothek – CIP-Einheitsaufnahme

Insolvenzordnung mit Einführungsgesetz : erläuternde Darstellung des neuen Rechts anhand der Materialien ; Einführung, Texte (InsO, EGInsO), umfangreiche Erläuterungen, Materialien, Paragraphensynopsen, ausführliches Stichwortverzeichnis / bearb. von Ruth Schmidt-Räntsch. – 1. Aufl., – Köln : Bundesanzeiger, 1995
  (Recht und Praxis im Zivilrecht)
  ISBN 3-88784-543-9
NE: Schmidt-Räntsch, Ruth [Bearb.]

ISBN 3-88784-543-9
Alle Rechte vorbehalten. Auch die fotomechanische Vervielfältigung des Werkes (Fotokopie/Mikrokopie) oder von Teilen daraus bedarf der vorherigen Zustimmung des Verlages.
© 1995 Bundesanzeiger Verlagsges. mbH., Köln
Satz: Jung Satzcentrum GmbH, Lahnau
Druck und buchbinderische Verarbeitung: Tagblatt Druckerei KG. A. Wollenweber, Haßfurt
Printed in Germany

Vorbemerkungen zu diesem Buch

Mit der Verkündung der Insolvenzordnung und des zugehörigen Einführungsgesetzes am 18. Oktober 1994 konnte das Gesetzgebungsverfahren zur Insolvenzrechtsreform erfolgreich abgeschlossen werden. Die Insolvenzordnung und das Einführungsgesetz werden das gesamte geltende Konkurs-, Vergleichs- und Gesamtvollstreckungsrecht ersetzen.

Das vorliegende Buch soll Wissenschaftlern, Praktikern, den von Insolvenzen Betroffenen und allen sonst am Insolvenzrecht Interessierten die Einarbeitung in dieses Rechtsgebiet und insbesondere die Umstellung vom geltenden auf das neue Insolvenzrecht erleichtern. Es soll eine hilfreiche Arbeitsgrundlage für den Umgang mit dieser Materie sein.

Im Hinblick auf diese Zielsetzung beschränkt sich dieses Buch nicht darauf, lediglich die vorhandenen Materialien zu den Regierungsentwürfen zur Insolvenzrechtsreform und zum weiteren Gesetzgebungsverfahren unverändert zusammenzustellen. Der Regierungsentwurf einer Insolvenzordnung ist im Verlaufe des Gesetzgebungsverfahrens in vielfältiger Weise geändert, erheblich verkürzt, zum Teil neu gegliedert und um das Verbraucherinsolvenzverfahren ergänzt worden. Die Materialien zu den Regierungsentwürfen können deshalb keine zuverlässige Hilfe (mehr) bieten. So treffen etwa die Verweisungen in den Begründungstexten auf andere Normen wegen des veränderten Inhalts dieser Normen oder zumindest wegen ihrer veränderten Stellung im Gesetz fast ausnahmslos nicht mehr zu. Die weiteren Materialien zu dem Gesetzgebungsverfahren enthalten zwar umfangreiche Erläuterungen zu den Änderungen des Regierungsentwurfs; diese Erläuterungen erschließen sich aber vollständig nur im Zusammenhang mit den übrigen Materialien. Die Arbeit mit diesen verschiedenen Unterlagen ist insbesondere für diejenigen, die sich von Berufs wegen schnell einen Überblick über das neue Recht verschaffen müssen und ein praktisches „Nachschlagewerk" brauchen, zu mühsam.

TEIL 1 dieses Buches enthält eine *kurze Einführung in das neue Insolvenzrecht* anhand der aktualisierten Materialien, die insbesondere die Ziele der Reform und die Grundzüge der Neuregelungen vorstellt und einen Bericht über das Gesetzgebungsverfahren enthält. Zur Erleichterung der Übersicht ist der Einführung eine Gliederung vorangestellt.

TEIL 2 enthält zunächst den mit einer Gliederung versehenen *Gesetzestext* und *Paragraphensynopsen,* die den einzelnen Normen der Insolvenzordnung die vergleichbaren Regelungen der Konkursordnung, der Vergleichsordnung, der Gesamtvollstreckungsordnung und des Regierungsentwurfs sowie umgekehrt den Normen der genannten geltenden Gesetze und des Entwurfs die vergleichbaren Bestimmungen der Insolvenzordnung gegenübergestellt.

Den Schwerpunkt des TEILS 2 bilden die *detaillierten Erläuterungen zu den einzelnen Normen der Insolvenzordnung;* die Erläuterungen beruhen auf den im Hinblick auf die zahlreichen Änderungen des Regierungsentwurfs im Verlauf des Gesetzgebungsverfahrens umgearbeiteten und aktualisierten Materialien.

TEIL 3 enthält neben dem mit einer Gliederung versehenen *Text des Einführungsgesetzes detaillierte Erläuterungen* zu denjenigen Artikeln dieses Gesetzes, die nicht nur rein redaktionelle Anpassungen anderer Gesetze an den Sprachgebrauch der Insolvenzordnung vorsehen; auch hier bestehen die Erläuterungen aus den in dem genannten Sinne aktualisierten Materialien.

Der ANHANG enthält als Ergänzung der Teile 1, 2 und 3 in unveränderter Fassung die *Materialien,* die als zusätzliche Informationsquelle notwendig oder nützlich sind. Um einen *Gesamtüberblick über alle wesentlichen Materialien* des Gesetzgebungsverfahrens zu ermöglichen, ist dem Anhang eine entsprechende Übersicht vorangestellt.

Zur weiteren Erleichterung der Arbeit enthält das Buch schließlich ein ausführliches STICHWORTVERZEICHNIS.

Bonn, im Oktober 1994   Ruth Schmidt-Räntsch

Inhaltsübersicht

Seite

Vorbemerkungen zu diesem Buch 5
Inhaltsübersicht 7
Abkürzungsverzeichnis 8

TEIL 1
Kurze Einführung in das neue Insolvenzrecht 9

Gliederung der Einführung 11
Vorbemerkung 13
I. Grundlagen 13
II. Grundzüge der Neuregelungen 24
III. Geschichte der Reform 49

TEIL 2
Insolvenzordnung 61

I. Gesetzestext 63
II. Paragraphensynopsen 154
III. Einzelerläuterungen zu allen Paragraphen der Insolvenzordnung 183

TEIL 3
Einführungsgesetz 463

I. Gesetzestext 465
II. Einzelerläuterungen zu ausgewählten Artikeln des Einführungsgesetzes ... 552

ANHANG 715

Gliederung des Anhangs 717
Vorbemerkungen zum Anhang 718
I. Materialien zur Insolvenzordnung 722
II. Materialien zum Einführungsgesetz 943

Stichwortverzeichnis 1093

Abkürzungsverzeichnis

AFG	Arbeitsförderungsgesetz
ArbGG	Arbeitsgerichtsgesetz
BetrAVG	Gesetz zur Verbesserung der betrieblichen Altersversorgung
BetrVG	Betriebsverfassungsgesetz
BR-Drs.	Bundesrats-Drucksache
BT-Drs.	Bundestags-Drucksache
BT-RA-EEGInsO	Entwurf eines Einführungsgesetzes zur Insolvenzordnung in der vom Rechtsausschuß des Deutschen Bundestages dem Bundestagsplenum empfohlenen, aus der BT-Drs. 12/7303 ersichtlichen Fassung
BT-RA-EInsO	Entwurf einer Insolvenzordnung in der vom Rechtsausschuß des Deutschen Bundestag dem Bundestagsplenum empfohlenen, aus der BT-Drs. 12/7302 ersichtlichen Fassung
EEGInsO	Entwurf eines Einführungsgesetzes zur Insolvenzordnung
EGInsO	Einführungsgesetz zur Insolvenzordnung
EInsO	Entwurf einer Insolvenzordnung
GBO	Grundbuchordnung
GenG	Gesetz betreffend die Erwerbs- und Wirtschaftsgenossenschaften
GesO	Gesamtvollstreckungsordnung
InsO	Insolvenzordnung
KapErhG	Gesetz über steuerrechtliche Maßnahmen bei Erhöhung des Nennkapitals aus Gesellschaftsmitteln
KO	Konkursordnung
KSchG	Kündigungsschutzgesetz
KWG	Kreditwesengesetz
RegEEGInsO	Regierungsentwurf eines Einführungsgesetzes zur Insolvenzordnung
RegEInsO	Regierungsentwurf einer Insolvenzordnung
VerglO	Vergleichsordnung
ZVG	Gesetz über die Zwangsversteigerung und die Zwangsverwaltung (Zwangsversteigerungsgesetz)

TEIL 1

Kurze Einführung in das neue Insolvenzrecht

Übersicht über Teil 1   Seite

Gliederung der Einführung 11
Vorbemerkung 13
  I. Grundlagen 13
 II. Grundzüge der Neuregelungen 24
III. Geschichte der Reform 49

Gliederung der Einführung Seite

Vorbemerkung 13
I. Grundlagen 13
   1. Reformbedürfnis 13
   2. Ziele der Reform 16
       a) Marktkonforme Insolvenzbewältigung 16
       b) Erleichterung der Verfahrenseröffnung 19
       c) Mehr Verteilungsgerechtigkeit 19
       d) Verschärfung des Anfechtungsrechts 21
       e) Restschuldbefreiung 21
       f) Verbraucherinsolvenzverfahren 22

II. Grundzüge der Neuregelungen 24
   1. Einheitliches Insolvenzverfahren 24
   2. Rechtzeitige und leichtere Eröffnung des Verfahrens 26
       a) Drohende Zahlungsunfähigkeit als neuer Eröffnungsgrund 26
       b) Neubestimmung der sonstigen Eröffnungsvoraussetzungen 26
       c) Sonstige Maßnahmen zur Förderung von Verfahrenseröffnungen 27
   3. Einbeziehung der gesicherten Gläubiger 28
       a) Geltende Rechtslage 28
       b) Grundgedanke der Neuregelungen 29
       c) Unterschiedliche Intensität der Einbindung für die verschiedenen Sicherungsformen 30
       d) Schutz der gesicherten Gläubiger 31
       e) Feststellungs- und Verwertungskosten 32
   4. Abschaffung der allgemeinen Konkursvorrechte 33
   5. Insolvenzplan 35
       a) Umgestaltung von Vergleich und Zwangsvergleich zu einem einheitlichen Rechtsinstitut 35
       b) Bildung von Abstimmungsgruppen 37
       c) Mehrheitserfordernisse 38
   6. Einbindung der Arbeitnehmerrechte 39
       a) Bessere Verknüpfung von Arbeits- und Insolvenzrecht 39

Seite

      b) Kündigungsschutz 40

      c) Betriebsverfassungsrechtliche Fragen 41

7. Eigenverwaltung 42

8. Erleichterung der Restschuldbefreiung 42

9. Verbraucherinsolvenzverfahren 45

      a) Grundlegende Elemente des Verbraucherinsolvenzverfahrens 45

      b) Schuldenbereinigungsplan 46

      c) Vereinfachtes Insolvenzverfahren 47

10. Anpassung benachbarter Rechtsgebiete an das neue Insolvenzrecht 47

III. Geschichte der Reform 49

1. Erarbeitung der Regierungsentwürfe zur Insolvenzrechtsreform 49

      a) Erste Reformüberlegungen 49

      b) Kommission für Insolvenzrecht 50

      c) Erarbeitung der Gesetzentwürfe zur Insolvenzrechtsreform 52

      d) Einfluß des ausländischen Insolvenzrechts auf die Reform 53

      e) Die Gesamtvollstreckungsordnung 54

2. Der Gang des Gesetzgebungsverfahrens 55

      a) Einbringung der Regierungsentwürfe zur Insolvenzrechtsreform
         ins förmliche Gesetzgebungsverfahren 56

      b) Sachverständigen-Anhörung des Bundestags-Rechtsausschusses 57

      c) Berichterstattergespräche 58

      d) Verabschiedung der Gesetzentwürfe 59

Vorbemerkung

Die folgende Einführung in das neue Insolvenzrecht übernimmt in teilweise veränderter sowie zum Teil gekürzter, zum Teil ergänzter Fassung die allgemeine Begründung zum Regierungsentwurf einer Insolvenzordnung, BT-Drs. 12/2443, S. 72–108, das Vorblatt und die allgemeine Begründung zum Regierungsentwurf eines Einführungsgesetzes zur Insolvenzordnung, BT-Drs. 12/3803, S. 1–3 u. 55, und die allgemeinen Ausführungen in dem Bericht des Bundestags-Rechtsausschusses zum Regierungsentwurf einer Insolvenzordnung, BT-Drs. 12/7302, S. 149–155, und zum Regierungsentwurf eines Einführungsgesetzes zur Insolvenzordnung, BT-Drs. 12/7303, S. 105/106. Bei den Änderungen und Ergänzungen der genannten Texte handelt es sich insbesondere um die durch die vielfältigen Änderungen der Gesetzentwürfe im Verlauf des Gesetzgebungsverfahrens erforderlichen Anpassungen und zusätzlichen Erläuterungen sowie die Fortschreibung der Reformgeschichte.

I. Grundlagen 1

Die Insolvenzordnung und das zugehörige Einführungsgesetz werden das gesamte geltende Konkurs-, Vergleichs- und Gesamtvollstreckungsrecht ersetzen und damit zugleich die innerdeutsche Rechtseinheit in diesem Bereich wiederherstellen. Mit der Verkündung der Insolvenzordnung und des Einführungsgesetzes am 18. Oktober 1994 konnte das jahrzehntelange intensive Bemühen um eine Reform des geltenden Konkurs- und Vergleichsrechts erfolgreich abgeschlossen werden. Das Bedürfnis für eine umfassende Reform dieses Rechtsgebiets ist seit langem offenkundig. Bereits wenige statistische Angaben belegen, daß das geltende Konkursrecht weithin funktionsunfähig geworden ist:

1. Reformbedürfnis 2

In den letzten Jahren wurden über 75 % der Konkursanträge mangels Masse abgewiesen. Noch 1950 lag dieser Anteil nur bei 27 %, 1960 bei 35 % und 1970 bei 47 %. Kommt es zur Eröffnung eines Konkurses, verhindern Zahl und Ausmaß der Vorrechtsforderungen das vom Bürger erwartete Mindestmaß an Verteilungsgerechtigkeit. Die nicht bevorrechtigten Gläubiger erzielen seit Jahren im Durchschnitt nur etwa 5 % auf ihre Forderungen. Das Vergleichsverfahren ist vollends zur Bedeutungslosigkeit herabgesunken. Seit 1983 wurde in weniger als 1% der Insolvenzen ein gerichtlicher Vergleich bestätigt. Dieser Anteil lag 1950 noch bei 30 %, 1960 bei 12 % und 1970 bei 8 %. Lediglich in etwa 8 % der eröffneten Konkursverfahren kommt es zu einem bestätigten Zwangsvergleich. Die Funktion von Vergleich und Zwangsvergleich, in einem gerichtlich überwachten Verfahren die Zwangsverwertung des Vermögens insolventer Schuldner abzuwenden, wird kaum noch erfüllt.

Das Gesamtvollstreckungsrecht der neuen Bundesländer kann bei der Betrachtung der Unzulänglichkeit des geltenden Rechts unberücksichtigt bleiben, da es von vorneherein als Übergangsrecht konzipiert und auf die besonderen Verhältnisse beim Übergang von einer staatlich gelenkten Planwirtschaft zu einer Marktwirtschaft zugeschnitten wurde. 3

4 Der Funktionsverlust des Insolvenzrechts stellt die Überzeugungskraft der Rechtsordnung in Frage und kann in einem Rechtsstaat nicht hingenommen werden. Das Versagen der Konkursordnung führt zudem zu schweren Mißständen:

Allgemeine Mängel des geltenden Konkurs- und Vergleichsrechts

Nahezu vermögenslose Schuldner, vor allem insolvente Gesellschaften mit beschränkter Haftung, können am Rechtsverkehr teilnehmen und andere schädigen; ihr Marktaustritt kann nicht erzwungen werden. Haftungsansprüche des Schuldnerunternehmens gegen Geschäftsführer, Gesellschafter oder Muttergesellschaften werden nicht geltend gemacht. Vermögensmanipulationen bleiben unentdeckt und können nicht rückgängig gemacht werden. Wirtschaftsstraftaten werden nicht geahndet.

5 Wenn ein Konkurs nicht eröffnet wird, findet eine geordnete gleichmäßige Gläubigerbefriedigung nicht statt. Wer seine Interessen härter durchsetzt als andere oder wer gute Beziehungen zum Schuldner unterhält, wird voll befriedigt. Nachgiebige oder weniger informierte Gläubiger, insbesondere Kleingläubiger, gehen allzuoft leer aus. Da sich für ungesicherte Gläubiger die Konkursteilnahme kaum lohnt, läuft die Gläubigerselbstverwaltung weitgehend leer. Bei Abstimmungen in der Gläubigerversammlung kommt es zu Zufallsmehrheiten; gesicherte und bevorrechtigte Gläubiger sowie einzelne Großgläubiger können das Konkursverfahren allein für ihre Zwecke einsetzen.

6 Da annähernd 80 % des bei insolventen Schuldnern vorhandenen Vermögens mit Aus- und Absonderungsrechten Dritter belastet sind, zerschlägt der Zugriff der gesicherten Gläubiger auf das Sicherungsgut das Betriebsvermögen. Betriebe werden lahmgelegt; ihre Fortführung oder Veräußerung wird unmöglich.

7 Namentlich die Arbeitnehmer haben unter der Funktionsunfähigkeit des geltenden Konkurs- und Vergleichsrechts zu leiden. Wird ein Verfahren nicht eröffnet, erhalten sie ihren Lohn in der Regel nicht einmal bis zum Ablauf der Kündigungsfrist. Ihr Anspruch auf Konkursausfallgeld ist gefährdet, wenn ihnen nicht ein Konkursverwalter bei der Antragstellung hilft und die Lohnbuchhaltung aufarbeitet. Mit älteren Lohnrückständen fallen die Arbeitnehmer meist ganz aus. Auf einen Sozialplan haben sie kaum Aussicht. Wird betriebsnotwendiges Sicherungsgut von gesicherten Gläubigern abgezogen, verlieren die Arbeitnehmer vorzeitig ihren Arbeitsplatz.

8 **Kein funktionsfähiger rechtlicher Rahmen für Sanierungen**

Der wohl folgenschwerste Mangel des geltenden Rechts ist der Umstand, daß den Beteiligten kein funktionsfähiger rechtlicher Rahmen für die Sanierung notleidender Unternehmen zur Verfügung gestellt wird. Der wesentliche Mangel des geltenden Vergleichsrechts liegt dabei im Nebeneinander von Konkurs- und Vergleichsverfahren: Die Entscheidung über Konkurs und Vergleich muß in einem Zeitpunkt getroffen werden, in dem die Sanierungschancen noch nicht beurteilt werden können. Der Schuldner kann auch dann, wenn eine Sanierung nicht in Betracht kommt, durch einen Vergleichsantrag und damit durch die Wahl des seine Rechtsstellung minder schwer beeinträchtigenden Vergleichsverfahrens dem Konkurs zuvorkommen (§ 46 VerglO); auf diese Weise können die Chancen für eine Übertragung des Unternehmens beeinträchtigt, Gläubiger geschädigt oder zumindest Gläubigerinteressen gefährdet werden. Der Schuldner kann sein Vermögen weiter verwirtschaften. Illoyale Vermögensverschiebungen können nicht rückgängig gemacht werden, da das Vergleichsrecht keine besonderen Anfechtungsmöglichkeiten kennt; der Schuldner kann Manipulationen sogar weiter verschleiern. Die Rechtsstellung des Schuldners, insbesondere die Chance, seine Unternehmerrolle weiter zu spielen, hängt nicht vom Willen der Gläubiger und nicht davon ab, ob seine Eigentümerrechte noch werthaltig sind, sondern von seiner Entscheidung für das eine oder andere Verfahren.

Auch unabhängig von dem Problem des Nebeneinanders von Konkurs- und Vergleichsverfahren leidet das geltende Vergleichsrecht an schweren Mängeln: Die Sanierung eines Unternehmens durch Vergleich oder Zwangsvergleich scheidet von vorneherein aus, wenn der Schuldner persönlich nicht vergleichswürdig ist. Die unter den heutigen Eigenkapitalverhältnissen unrealistisch hohe Mindestquote von 35 % stellt für die Sanierung erhaltenswerter Unternehmen oft eine unüberwindliche Hürde dar. Vergleich und Zwangsvergleich versagen als Sanierungsinstrumente zudem deswegen, weil gesicherte Gläubiger nicht in die Verfahren einbezogen sind und dem Unternehmen unentbehrliche Betriebsmittel entziehen können. Dies löst fast immer eine Zerschlagungsautomatik aus. Darüber hinaus führt eine Vielzahl von Ungereimtheiten in der Ausgestaltung von Vergleich und Zwangsvergleich zu sachwidrigen Verfahren und Zufallsergebnissen. 9

Bei dem geringen Anwendungsspielraum, der heute noch für Vergleich und Zwangsvergleich bleibt, können insolvente, aber erhaltenswerte Unternehmen fast nur noch im Wege der übertragenden Sanierung, das heißt durch Übertragung aus der Konkursmasse auf einen neuen Unternehmensträger, saniert werden. Auch diese Möglichkeit scheidet aus, wenn mangels verwertbarer Masse ein Verfahren gar nicht durchgeführt oder wenn der Verbundwert des lebenden Unternehmens durch den Einzelzugriff der Sicherungsgläubiger zerschlagen wird. Der Übergang der Arbeitsverhältnisse auf den Betriebserwerber nach § 613 BGB erschwert in Verbindung mit der bei Kündigungsschutzklagen der Arbeitnehmer auftretenden Unsicherheit übertragende Sanierungen weiter. Der zeitaufwendige Individualrechtsschutz kann dazu führen, daß alle Arbeitsplätze eines Betriebes verloren gehen. 10

Auch dem Schuldner bleibt das geltende Recht viel schuldig. Wird ein Konkursverfahren nicht eröffnet und sein Vermögen nicht bestens zur Befriedigung der Gläubiger genutzt, verbleiben ihm mehr Schulden, als nötig wäre. Die Chance einer endgültigen Schuldenbereinigung durch einen Zwangsvergleich entgeht ihm. Die Funktionsunfähigkeit des Vergleichsverfahrens läßt ihn seine unternehmerische Stellung auch dann verlieren, wenn der Fortbestand des Unternehmens in seiner Hand für die Gläubiger vorteilhaft wäre. 11

Zweckentfremdung des Konkursverfahrens als Sanierungsinstrument 12

Die Zweckentfremdung des Konkursverfahrens als Sanierungsinstrument, zu dem die Praxis wegen der Funktionsunfähigkeit des Vergleichsverfahrens immer mehr Zuflucht gesucht hat, wirft ihrerseits eine Reihe schwerwiegender Ordnungsprobleme auf. Unter den Bedingungen des Konkurses kommt es nicht stets zu einer angemessenen Preisbildung für insolvente Unternehmen. Die Öffentlichkeit drängt – vor allem im Hinblick auf die Erhaltung der Arbeitsplätze – in der Regel auf einen möglichst raschen Vollzug der übertragenden Sanierung. Erwerbsinteressenten legen Wert auf Diskretion, also auf intransparente Marktverhältnisse. Erzielt der Konkursverwalter bei einer Gesamtveräußerung mindestens denselben Erlös wie bei einer Zerschlagungsliquidation, hat er bei der Bestimmung der Übertragungskonditionen praktisch weitgehend freie Hand. Seine Haftung gegenüber den Verfahrensbeteiligten und die Notwendigkeit der Zustimmung des Gläubigerausschusses sind keine ausreichenden Vorkehrungen dagegen, daß konkursbefangene Unternehmen unter ihrem wirklichen Fortführungswert veräußert, ja manchmal geradezu verschleudert werden. Dann führt die Technik der übertragenden Sanierung dazu, daß die Gläubiger durch die Trennung von Aktiv- und Passivvermögen vom Sanierungserfolg, also von der Teilhabe am Fortführungsmehrwert des Unternehmens, ausgeschlossen werden. Auf marktwirtschaftlich ungerechtfertigte Weise wird Vermögen von den Gläubigern auf den Erwerber des Unternehmens übertragen.

13 Sind einzelne Konkursgläubiger oder Gruppen von ihnen an dem übernehmenden Unternehmensträger als Eigentümer beteiligt oder als Gläubiger interessiert, so erlangen sie Sondervorteile, die das Gebot der Gleichbehandlung der Konkursgläubiger verletzen. Sind am Schuldner beteiligte Personen selbst an der übernehmenden Gesellschaft beteiligt, so können sich diese Personen den Fortführungsmehrwert des Unternehmens allein aneignen, statt ihn für die Gläubigerbefriedigung einzusetzen. Nicht selten werden Unternehmen, vor allem kleine Gesellschaften mit beschränkter Haftung, mehr oder weniger planmäßig in den Konkurs geführt, damit das Aktivvermögen auf eine Auffanggesellschaft übertragen werden kann, die von den gleichen Gesellschaftern oder ihnen nahestehenden Personen getragen wird. Insbesondere solche Selbstsanierungen werden als mißbräuchlich und anstößig empfunden.

14 Im Durchgang durch einen planmäßig herbeigeführten Konkurs lassen sich schließlich Unternehmen beliebig „umgründen", d. h. in anderer Rechtsform fortführen, ohne daß die Schutzvorschriften des Gesellschafts- und Umwandlungsrechts zum Zuge kämen. Einzelne Gesellschafter können entschädigungslos aus dem Unternehmen verdrängt werden, während dieses von einem Teil der Gesellschafter gewinnbringend fortgeführt wird. Aufgabe und Ziel der Insolvenzrechtsreform war es, ein Insolvenzrecht zu konzipieren, das die aufgezeigten Mängel des geltenden Konkurs- und Vergleichsrechts beseitigt und das sich in die geltende Wirtschaftsverfassung überzeugend einordnet.

15 2. Ziele der Reform

Die Insolvenzordnung beseitigt die gravierenden Mängel des geltenden Konkurs- und Vergleichsrechts dadurch, daß sie dieses Rechtsgebiet grundlegend neu gestaltet. Vorrangiges Ziel bei dieser Neugestaltung und damit bei der Konzeption der Insolvenzordnung war es, ein modernes Insolvenzrecht zu schaffen, das sich ohne Bruch in die vorhandene Rechts- und Wirtschaftsordnung einfügt und der Aufgabe dieses Rechtsgebiets in der sozialen Marktwirtschaft gerecht wird:

16 a) Marktkonforme Insolvenzbewältigung

Die Insolvenzordnung begreift das Insolvenzrecht nicht nur als Mittel zur gerechten, justizförmigen Bewältigung eines Verteilungskonflikts. Sie sieht vielmehr eine weitere wesentliche Funktion des Insolvenzrechts darin, die richtige rechtliche Ordnung des Marktaustritts oder des finanziellen Umbaus am Markt versagender Wirtschaftseinheiten zu gewährleisten. Die Vorschriften der Insolvenzordnung basieren nicht zuletzt auf der Erkenntnis, daß die Insolvenz einer Wirtschaftseinheit keine Veranlassung gibt, die Marktmechanismen durch hoheitliche Wirtschaftsregulierung zu verdrängen. Die Insolvenzordnung vertraut darauf, daß marktwirtschaftlich rationale Verwertungsentscheidungen, wie sie unter Wettbewerbsbedingungen durch freie Verhandlungen zustande kommen, am ehesten ein Höchstmaß an Wohlfahrt herbeiführen und somit auch im gesamtwirtschaftlichen Interesse liegen. Die Insolvenzordnung verwendet deshalb besondere Sorgfalt darauf, die Entscheidungsstruktur im gerichtlichen Insolvenzverfahren marktkonform auszugestalten. Fehlentscheidungen werden zwar auch künftig vorkommen; sie sind dann jedoch ausschließlich denen zuzurechnen, um deren Vermögenswerte es in dem Verfahren geht, und nicht etwa der Justiz.

Aus dem Postulat der Marktkonformität ergibt sich eine Reihe von Anforderungen an die Ausgestaltung des Verfahrens: 17

Bestmögliche Verwertung des Schuldnervermögens
Ziel des Verfahrens muß die bestmögliche Verwertung des Schuldnervermögens und die optimale Abwicklung oder Umgestaltung der Finanzstruktur des Schuldners im Interesse seiner Geldgeber sein. Ein marktkonformes Verfahren ist deshalb an den Vermögensinteressen der Geldgeber des Schuldners auszurichten; es ist vermögens-, nicht organisationsorientiert. Ebensowenig wie die Gläubiger ein Recht auf den Fortbestand der Unternehmensorganisation des Schuldners haben, hat ein insolventer Schuldner ein schutzwürdiges Interesse am Fortbestand seiner Unternehmerrolle, das gegen die Gläubiger durchzusetzen wäre.

Gleichrang von Reorganisation des Schuldners, übertragender Sanierung und Liquidation 18
Wichtiges Element bei der Ausgestaltung eines marktkonformen Insolvenzverfahrens ist zudem der Gleichrang von Liquidation, übertragender Sanierung und Reorganisation des Schuldners:

Es gibt nämlich wirtschaftspolitisch keine Gründe, die Reorganisation des Schuldners generell vor der übertragenden Sanierung des Unternehmens zu bevorzugen oder auch nur irgendeine Art der Sanierung stets und überall der Zerschlagungsliquidation vorzuziehen. Die Struktur des Insolvenzverfahrens muß demnach so angelegt sein, daß keines der möglichen Verfahrensziele vor dem anderen bevorzugt wird. Sämtliche Verwertungsarten sind den Beteiligten gleichrangig anzubieten. Das Verfahren soll ein neutraler Rechtsrahmen sein, in dem die Beteiligten die für sie vorteilhafteste Lösung entdecken und durchsetzen können.

Die Insolvenzrechtsreform setzt sich dementsprechend von der Auffassung ab, daß es ein öffentliches Interesse an der Perpetuierung von Unternehmensträgern, an einer „Unsterblichkeit" insolventer Gesellschaften – und seien sie Träger von Großunternehmen – gebe, das im Konfliktfall gegen die Marktgesetze durchzusetzen sei. So wenig stets und überall die Erhaltung eines Unternehmens seiner Liquidation vorzuziehen ist, so wenig verdient die Erhaltung des bestehenden Unternehmensträgers stets den Vorzug vor der Übertragung des Unternehmens auf einen neuen Träger. Der Erfolg der Reform wird nicht daran zu mes- sen sein, ob mehr Sanierungen als heute zustande kommen, sondern daran, ob wirtschaftlich sinnvolle Sanierungen ermöglicht und sinnwidrige Sanierungen verhindert werden. 19

Unter marktwirtschaftlichen Bedingungen wird ein Unternehmen dann saniert, wenn seine Fortführung – durch den bisherigen oder einen neuen Rechtsträger – für die Beteiligten oder für neue Geldgeber vorteilhafter ist als seine Liquidation; ist der Liquidationswert höher als der Fortführungswert, kommt es zur Liquidation, wobei die in dem Unternehmen gebundenen Produktionsfaktoren wirtschaftlicheren Verwendungen zugeführt werden. Die Entscheidung über Sanierung oder Liquidation ist eine einzelwirtschaftliche Investitionsentscheidung. Die Bewertung der einzelnen Verwertungsalternativen ergibt sich für die Beteiligten nicht nur aus den an sie aus dem Schuldnervermögen fließenden Zahlungen, sondern auch aus allen im Einzelfall erwarteten positiven und negativen Auswirkungen, wie etwa dem Fortbestand oder dem Verlust einer bewährten Geschäftsbeziehung. 20

Die gerichtliche Insolvenzbewältigung zielt damit auf keine andere Rationalität als die außergerichtliche Liquidation oder Sanierung eines Unternehmens. Gegenüber dem 21 geltenden Recht wird deshalb eine Deregulierung des Insolvenzrechts angestrebt. Dies bedeutet nicht nur, daß jede Bevormundung der privaten Beteiligten durch Gericht und Verwalter unterbleibt. Die Normen des Insolvenzrechts setzen der privatautonomen Abwicklung der Insolvenz auch so wenig Schranken wie möglich. Nur so läßt sich gewährleisten, daß wirtschaftlich effiziente Verfahrensergebnisse erzielt werden. Die marktwirtschaftliche Legitimation sanierungsfördernder Vorschriften liegt nicht darin, daß dem einzelwirtschaftlichen Kalkül der Beteiligten vermeintliche oder im Einzelfall auch berechtigte Gemeinwohlinteressen entgegengesetzt werden müßten. Sie ergibt sich vielmehr daraus, daß die Verwertungsbedingungen sowohl bei der unreglementierten außergerichtlichen Insolvenzbewältigung als auch nach dem geltenden Konkurs- und Vergleichsrecht marktwirtschaftliche Unvollkommenheiten aufweisen und deshalb nicht mit hinreichender Wahrscheinlichkeit wirtschaftlich richtige Ergebnisse gewährleisten.

22 *Flexibilität des Insolvenzverfahrens*

Das Insolvenzverfahren muß den Beteiligten zudem ein Höchstmaß an Flexibilität für die einvernehmliche Bewältigung der Insolvenz gewähren:

Deshalb wird weder der Spielraum für die außergerichtliche Insolvenzabwicklung eingeengt noch die freie Sanierung von Unternehmen zurückgedrängt. Diese wird vielmehr insbesondere durch die in dem Einführungsgesetz zur Insolvenzordnung enthaltene Aufhebung des § 419 BGB und die im Einführungsgesetz ebenfalls enthaltene Einführung einer vereinfachten Kapitalherabsetzung bei der Gesellschaft mit beschränkter Haftung erleichtert.

23 Außerdem bietet die Insolvenzordnung den Beteiligten mit den Regelungen zum Insolvenzplan eine rechtliche Möglichkeit an, in jeder Hinsicht von der gesetzlichen Zwangsverwertung der Insolvenzmasse abweichen zu können. Auch innerhalb eines staatlichen Insolvenzverfahrens gilt nämlich die in der marktwirtschaftlichen Ordnung aus der Erfahrung gewonnene Einsicht, daß privatautonome Entscheidungen ein höheres Maß an wirtschaftlicher Effizienz verbürgen als die hoheitliche Regulierung wirtschaftlicher Abläufe.

24 *Einbindung der gesicherten Gläubiger*

Auch die Einbindung dinglich gesicherter Gläubiger gehört zu den grundlegenden Elementen eines marktkonform ausgerichteten Insolvenzverfahrens. Die Masseverwertung wird behindert, wenn einzelne Sicherungsgläubiger das ihnen haftende Sicherungsgut aus dem technisch-organisatorischen Verbund des Schuldnervermögens lösen und damit die Realisierung oder Erhaltung des Verbundwerts verhindern können. Gesicherte Gläubiger können damit anderen Verfahrensbeteiligten Schaden zufügen, ohne selbst einen entsprechenden Nutzen zu erzielen. Nur durch die Koordinierung der Beteiligten durch das Insolvenzverfahren lassen sich marktkonforme Entscheidungsbedingungen für die günstigste Masseverwertung herstellen. Damit marktwidrige Verfahrensergebnisse, insbesondere Wettbewerbsverzerrungen im Verhältnis des insolventen zu gesunden Unternehmen, vermieden werden, muß die den Sicherungsgläubigern zeitweilig vorenthaltene Nutzung des Sicherungsguts, insbesondere die ihnen vorenthaltene Liquidität, jedoch mit einem marktgerechten Preis versehen werden. Die Sicherungsgläubiger sind demnach für die Beschränkungen des Individualzugriffs angemessen zu entschädigen.

25 *Gläubigerautonomie*

Nicht nur die Entscheidung über die Form und die Art der Masseverwertung, sondern auch die Entscheidung über die Gestaltung des Verfahrens, insbesondere über die Fortführung des schuldnerischen Unternehmens und über die Verfahrensdauer, berühren

Interessen der Beteiligten unmittelbar. Solche Entscheidungen müssen stets unter Unsicherheit getroffen werden; sie sind immer risikoreich. In der Marktwirtschaft muß grundsätzlich das Urteil derjenigen Personen maßgeblich sein, deren Vermögenswerte auf dem Spiel stehen und die deshalb die Folgen von Fehlern zu tragen haben. Daraus ergibt sich die grundsätzliche Forderung, daß nicht nur der Ausgang, sondern auch der Gang des Insolvenzverfahrens von den Beteiligten, und zwar nach Maßgabe des Werts ihrer in das Verfahren einbezogenen Rechte, bestimmt werden muß. Die Einbindung der absonderungsberechtigten Gläubiger, denen der weit überwiegende Teil des Vermögens insolventer Unternehmen zusteht, und die daraus folgenden Auswirkungen auf ihre wirtschaftlichen Interessen machen es erforderlich, ihre Mitspracherechte im Verfahren wesentlich auszubauen.

Das Insolvenzgericht ist nicht als Sachwalter allgemeiner, im Insolvenzverfahren nicht repräsentierter wirtschaftlicher oder sozialer Interessen anzusehen. Es ist vielmehr im wesentlichen Hüter der Rechtmäßigkeit des Verfahrens. Darüber hinaus können Richter und Rechtspfleger kraft ihrer fachlichen Autorität in den Verhandlungen der Beteiligten vermittelnd und schlichtend wirken und so eine Einigung fördern. **26**

Auch der Insolvenzverwalter darf nicht als Gegenspieler der privaten Beteiligten auftreten. Seine Aufgabe ist es, die Interessen der Beteiligten, insbesondere der Gläubiger, zu wahren. In wichtigen Fragen wird er deshalb an die Entscheidung der Gläubigerversammlung gebunden. Vergütung und Auslagenerstattung des Insolvenzverwalters müssen so geregelt werden, daß von ihnen kein Anreiz für den Verwalter ausgeht, eine bestimmte Verwertungsart oder -form vor der anderen zu bevorzugen. **27**

b) Erleichterung der Verfahrenseröffnung **28**

Neben der marktwirtschaftlichen Ausrichtung des Insolvenzverfahrens ist es aus wirtschaftlichen, sozialen und rechtsstaatlichen Gründen ein bedeutsames Reformziel, in einem weit größeren Teil der Insolvenzen als heute die Eröffnung eines Insolvenzverfahrens zu ermöglichen.

Nur wenn es zur Verfahrenseröffnung kommt, können die Effizienzvorteile des neuen marktkonformen Verfahrens genutzt werden. Die Arbeitnehmer haben von einer rechtsstaatlich geordneten Insolvenzabwicklung wesentliche Vorteile. Die Chancen für die Erhaltung des Unternehmens und seiner Arbeitsplätze werden verbessert. Der Anspruch der Arbeitnehmer auf Konkursausfallgeld wird wirksam durchgesetzt. Soweit ihre Arbeitsleistung in Anspruch genommen wird, ist die Erfüllung des Entgeltanspruchs gesichert. Kommt es zu Entlassungen, können die Arbeitnehmer häufig auf das Zustandekommen eines Sozialplans vertrauen. Auch dem Schuldner kommt das Insolvenzverfahren zugute: Er hat die Chance, sein Unternehmen zu erhalten oder wenigstens eine endgültige Schuldenbereinigung zu erzielen. Nur im Insolvenzverfahren schließlich sind die rechtsstaatlich korrekte, gleichmäßige Gläubigerbefriedigung und der Einfluß der Gläubigergemeinschaft auf die Insolvenzabwicklung gesichert. Vermögensverschiebungen werden rückgängig gemacht, Manipulationen aufgedeckt.

c) Mehr Verteilungsgerechtigkeit **29**

Ein weiteres wichtiges Ziel bei der Ausgestaltung des Insolvenzverfahrens ist die Gewährleistung von mehr Verteilungsgerechtigkeit:

Mehr Verteilungsgerechtigkeit wird unter anderem dadurch hergestellt, daß die Konkursvorrechte des § 61 Abs. 1 KO und vergleichbare Vorrechte in anderen gesetzlichen **30**

Vorschriften ersatzlos wegfallen. Dem Wegfall der Konkursvorrechte standen einleuchtende Argumente nicht entgegen. Die Konkursvorrechte sind wirtschaftlich nicht gerechtfertigt und führen zu ungerechten Verfahrensergebnissen. Unter den modernen Eigenkapitalverhältnissen und Verschuldungsgraden der Unternehmen ist die Massearmut der Insolvenzverfahren nur in einem beschränkten Umfang behebbar. Bei diesen Gegebenheiten bedeutet die Einräumung eines Vorrechts häufig den Ausschluß der nicht privilegierten Gläubiger von jeglicher Befriedigung im Insolvenzverfahren, während den bevorrechtigten Gläubigerklassen die Chance auf volle oder weitgehende Befriedigung gewährt wird.

Hinzu kommt, daß die Vorrechte die Insolvenzabwicklung, insbesondere auch die Planung und das Zustandekommen eines Vergleichs, erheblich erschweren.

31 Auch ordnungspolitisch sind insolvenzspezifische Vorzugsstellungen nicht unbedenklich. Die Verfahrenseröffnung führt dann im Verhältnis zur zivilrechtlichen Haftungslage ebenso wie im Verhältnis zu der Situation bei der Einzelzwangsvollstreckung (die eine Anzahl besonderer Privilegien kennt, §§ 850 d, 850 f Abs. 2 ZPO; § 10 Abs. 1 ZVG) zu einer Umwertung der Gläubigerrechte. Der Antrag auf Verfahrenseröffnung kann von einzelnen Gläubigergruppen eingesetzt werden, um Vermögensvorteile zu erlangen.

32 Der ersatzlose Wegfall von Konkursvorrechten hat demgegenüber bedeutende Vorzüge: Es kann dadurch mehr Verteilungsgerechtigkeit erreicht werden; die einfachen Insolvenzgläubiger können deutlich höhere Quoten erwarten als heute. Sie werden deshalb auch stärker an der Mitwirkung im Verfahren interessiert sein; die Funktionsfähigkeit der Gläubigerautonomie wird gestärkt.

33 In den Verteilungswirkungen ist der Abbau der Vorrechte neutral, soweit sich die nach geltendem Recht privilegierten Gläubiger im vorhinein auf die im Konkurs geltende Verteilungsordnung einrichten können, soweit ihnen beim Fehlen solcher Anpassungsmöglichkeiten auf anderem Wege Schutz gewährt ist oder soweit eine entsprechende Verbesserung der Befriedigungsaussichten einfacher Insolvenzgläubiger eintritt.

34 Eine Aufbesserung der Quote ungesicherter Gläubiger durch Zwangseingriffe in die Rechte dinglich gesicherter Gläubiger wird dagegen nicht angestrebt. Sie wäre dem wirtschaftlichen Ziel des Verfahrens, insbesondere der Rationalisierung der Entscheidung über die Erhaltung oder Zerschlagung von Betrieben, nicht dienlich. Ein marktkonformes Insolvenzverfahren kann die durch den Insolvenzeintritt entwerteten Forderungen und Eigentumstitel nicht durch Eingriffe in andere Vermögensrechte wieder aufwerten. Das schließt es nicht aus, die gesicherten Gläubiger an den entstehenden Verfahrenskosten zu beteiligen, indem die Kosten der Feststellung und der Verwertung des Sicherungsguts für die Insolvenzmasse aus dem Verwertungserlös entnommen werden. Diese Kostenabzüge können durch eine ausreichende Bemessung der Sicherheit aufgefangen werden.

35 Zum „klassenlosen Konkurs" führt die Abschaffung der Vorrechte freilich nicht. Ein modernes, marktkonformes Insolvenzverfahren muß zur Vermeidung von ungerechtfertigten Vermögensverlagerungen auch die heute von der Teilnahme am Verfahren ausgeschlossenen Ansprüche als nachrangige Forderungen im Insolvenzverfahren – sei es durch konkursmäßige Zwangsliquidation oder durch einen Insolvenzplan – erledigen, ehe Vermögenswerte aus dem Verfahren an den Schuldner oder an die an ihm beteiligten Personen (Eigentümer) zurückfließen.

d) Verschärfung des Anfechtungsrechts 36

Ein weiteres wichtiges Ziel der Insolvenzrechtsreform ist die bessere Bekämpfung gläubigerschädigender Manipulationen.

Es gehört zu den Ungereimtheiten des heutigen, zweispurigen Insolvenzrechts, daß Gläubigerbenachteiligungen im Vorfeld der Insolvenz lediglich im Konkursverfahren, nicht aber im Vergleichsverfahren durch Anfechtung rückgängig gemacht werden können. Das Vergleichsverfahren kennt lediglich die von den Anfechtungstatbeständen unabhängige Rückschlagsperre nach § 28 Abs. 1 VerglO, welche zwangsvollstreckungsrechtlich erlangte Sicherungen hinfällig macht, die ein Gläubiger später als am dreißigsten Tag vor der Stellung des Eröffnungsantrags erlangt hat.

Das bisherige Recht der Konkursanfechtung ist demgegenüber zu einem Institut des 37 einheitlichen Insolvenzverfahrens ausgebaut worden. Gläubigerbenachteiligende Handlungen können künftig unabhängig davon rückgängig gemacht werden, ob das Vermögen des Schuldners liquidiert oder ob dieser saniert wird, ob eine konkursmäßige Zwangsverwertung durchgeführt oder das Insolvenzverfahren durch einen Plan beendet wird und ob ein Insolvenzverwalter bestellt wird oder dem Schuldner die Eigenverwaltung bleibt. Ebenso ist die Rückschlagsperre des geltenden Vergleichsrechts in leicht modifizierter Form einheitlich für das künftige Verfahren vorgesehen.

Die Massearmut der heutigen Konkursverfahren geht zu einem erheblichen Teil darauf 38 zurück, daß Schuldner im Vorfeld einer herannahenden, oftmals geradezu geplanten Insolvenz erhebliche Vermögenswerte auf Dritte übertragen und so ihren Gläubigern entziehen. Die Tatbestände des Anfechtungsrechts sind deshalb so ausgestaltet worden, daß die Durchsetzung von Anfechtungsansprüchen wesentlich erleichtert wird, soweit nicht Erfordernisse der Rechtssicherheit und des Verkehrsschutzes entgegenstehen. Von der Verschärfung des Anfechtungsrechts sind eine wesentliche Anreicherung der Insolvenzmasse und damit auch eine Erleichterung der Verfahrenseröffnung zu erwarten. Ebenso wie die Insolvenzanfechtung ist im Rahmen des Einführungsgesetzes zur Insolvenzordnung auch die Gläubigeranfechtung nach dem Anfechtungsgesetz verschärft worden. Dies gestattet es, im Rahmen des Einführungsgesetzes § 419 BGB aufzuheben, der sich nicht nur bei der übertragenden Sanierung von Unternehmen, sondern auch bei der freihändigen Veräußerung von Grundstücken als schädlich erwiesen hat.

In einem gewissen Zusammenhang mit der Neuregelung des Anfechtungsrechts steht 39 auch die Notwendigkeit, Sicherungen am laufenden Arbeitseinkommen und ähnlichen Bezügen des Schuldners, insbesondere die Lohnabtretung und die Lohnpfändung, insolvenzbezogen einzuschränken. Solche Sicherheiten behindern eine gemeinschaftliche Gläubigerbefriedigung heute über Gebühr. Wie nach geltendem Recht werden ferner Vorausverfügungen über künftige Miet- und Pachtzinsen mit der Eröffnung des Verfahrens unwirksam.

e) Restschuldbefreiung 40

Schließlich ist wichtiges Ziel der Reform das zugleich soziale und freiheitliche Anliegen, dem redlichen Schuldner nach der Durchführung eines Insolvenzverfahrens über sein Vermögen leichter als heute eine endgültige Schuldenbereinigung zu ermöglichen.

Das heutige Konkursverfahren beläßt dem Gläubiger das Recht der freien Nachforderung 41 (§ 164 Abs. 1 KO). Die festgestellten Forderungen verjähren in 30 Jahren (§ 218 Abs. 1 BGB i. V. m. § 145 Abs. 2 KO). Vollstreckungshandlungen unterbrechen die Verjährung

(§ 209 Abs. 2 Nr. 5 BGB). Infolgedessen sind selbst junge Schuldner häufig bis an ihr Lebensende der Rechtsverfolgung der Konkursgläubiger ausgesetzt. Restschuldbefreiung erwirkt der Schuldner nach geltendem Recht nur durch einen Vergleich oder Zwangsvergleich, zu denen es nur in seltenen Ausnahmefällen kommt. Die praktisch lebenslange Nachhaftung drängt viele ehemalige Gemeinschuldner in die Schattenwirtschaft und in die Schwarzarbeit ab oder läßt ihre Fähigkeiten der Volkswirtschaft ganz verlorengehen. Zudem besteht die Gefahr, daß an sich geeignete und fähige Menschen von der Gründung einer selbständigen Existenz abgeschreckt werden. Der regelmäßig geringe wirtschaftliche Wert des Nachforderungsrechts steht schwerlich in einem angemessenen Verhältnis zu den gesellschaftlichen und gesamtwirtschaftlichen Kosten der häufig lebenslangen Schuldenhaftung. In der Gesamtvollstreckungsordnung der neuen Bundesländer und Ost-Berlins ist dieser Gedanke bereits in beschränktem Umfang berücksichtigt. Redliche Schuldner, über deren Vermögen ein Gesamtvollstreckungsverfahren durchgeführt worden ist, erlangen zwar keine endgültige Befreiung von ihren Verbindlichkeiten, aber doch einen weitgehenden Vollstreckungsschutz (§ 18 Abs. 2 Satz 3 GesO).

42 In den letzten Jahren hat die Zahl der Fälle hoher Verbraucherverschuldung erheblich zugenommen. Konkurs- und Vergleichsverfahren sind dennoch privaten Verbrauchern und Arbeitnehmern aus mancherlei Gründen praktisch kaum zugänglich; sie leisten keinen Beitrag zur Bereinigung der Verbraucherverschuldung. Es erscheint sachgerecht, das Insolvenzverfahren auch für die Bewältigung solcher Insolvenzen zu nutzen. Die für das Insolvenzverfahren typische allseitige Bereinigung der Verschuldung ist Eingriffen in einzelne Schuldverhältnisse durch eine Vertragshilfe oder durch eine richterliche Inhaltskontrolle überlegen. Das Insolvenzverfahren kann seine Aufgabe bei der Verbraucherverschuldung indessen nur erfüllen, wenn Restschuldbefreiung in Aussicht steht. Die Neuregelung dient dabei aber nicht nur dem Schuldner, sondern auch den Gläubigern: Ihre Befriedigungschancen verbessern sich, wenn der Schuldner zu redlichem Verhalten, insbesondere zur rechtzeitigen Stellung des Insolvenzantrags und zur korrekten Mitwirkung im Verfahren veranlaßt wird.

43 Bewilligen die Gläubiger dem Schuldner in einem Plan Restschuldbefreiung, so wissen sie, worauf sie sich einlassen. Ein solcher frei ausgehandelter Plan ist marktwirtschaftlich effizient. Der Gestaltungsfreiheit der Beteiligten sollten deswegen keine unnötigen Schranken gesetzt werden.

44 Darüber hinaus wird die Restschuldbefreiung für redliche Schuldner auch in dem Fall ermöglicht, in dem eine gütliche Insolvenzbewältigung durch einen Plan scheitert und es zu einer konkursmäßigen Zwangsverwertung des Schuldnervermögens kommt. Eine im Insolvenzverfahren beschränkte Haftung redlicher natürlicher Personen – darauf läuft die Restschuldbefreiung durch Konkurs hinaus – läßt sich ebensowenig wie die Zulassung der „Einmann-GmbH" vollständig aus der marktwirtschaftlichen Ordnung heraus begründen. Jedenfalls steht sie ebensowenig wie die beschränkte Haftung bestimmter Gesellschaften und Personenvereinigungen im Gegensatz zur Marktwirtschaft. Den bestehenden Spielraum nutzt die Insolvenzrechtsreform für eine soziale Ausgestaltung des Verfahrens.

45 **f) Verbraucherinsolvenzverfahren**

Mit dem Ziel der Erleichterung der Restschuldbefreiung eng verknüpft ist ein weiteres Reformziel, das allerdings erst während der parlamentarischen Beratungen der Reformgesetze als solches erkannt, formuliert und umgesetzt worden ist: die Schaffung eines für Verbraucher- und sonstige Kleininsolvenzen zugeschnittenen Insolvenzverfahrens.

Im Regierungsentwurf einer Insolvenzordnung war auch für Verbraucher- und sonstige Kleininsolvenzen eine Insolvenzbewältigung nach den Bestimmungen des Regelinsolvenzverfahrens vorgesehen. Dieses Verfahren und die dazugehörigen Regelungen zum Insolvenzplan sollten auch für Kleininsolvenzen den rechtlichen Rahmen für die einvernehmliche Überwindung der Insolvenz bilden. Die Möglichkeit der gesetzlichen Restschuldbefreiung sollte den Schuldnern von Kleininsolvenzen nur zur Verfügung stehen, wenn sie ein Regelinsolvenzverfahren durchlaufen haben. 46

Im Rahmen der parlamentarischen Beratungen der Reform ist dieses Konzept auf nahezu einhellige Ablehnung gestoßen. Grund für die ablehnende Haltung war für die Bundesländer in erster Linie ihre Befürchtung, der durch diese Verfahren ausgelösten Mehrbelastung der Justiz quantitativ nicht gewachsen zu sein (Beschluß der 64. Konferenz der Justizministerinnen und -minister vom 22. bis 24. Juni 1993 in Dresden). Von seiten der Verbraucherverbände und Schuldnerberater sowie von seiten der Wissenschaft wurde gegen die ursprüngliche Konzeption insbesondere vorgebracht, daß sie eher für Unternehmen als für Schuldner von Kleininsolvenzen zugeschnitten sei; es sei für Kleininsolvenzen zu kompliziert, zu langwierig und werde den Bedürfnissen von Verbrauchern und Kleingewerbetreibenden nicht gerecht. 47

Aus dieser im Ergebnis eindeutigen Kritik an der ursprünglichen Konzeption ergab sich die Notwendigkeit und das Ziel, ein Verbraucherinsolvenzverfahren zu schaffen, das sich an den besonderen Bedürfnissen der Verbraucher und Kleingewerbetreibenden orientiert. Außerdem sollte die Belastung der Gerichte mit Verbraucherinsolvenzverfahren so gering wie möglich gehalten werden. 48

Bei der Konzeption des neuen Verbraucherinsolvenzverfahrens waren folgende Punkte maßgeblich: 49

– der klare Vorrang außergerichtlicher Einigungen durch Einführung eines obligatorischen außergerichtlichen Einigungsversuchs; 50

– der klare Vorrang einvernehmlicher Insolvenzbewältigung auch im Verfahren durch die Einführung eines obligatorischen gütlichen Einigungsversuchs im frühestmöglichen Verfahrensstadium, nämlich in dem Stadium zwischen Stellung des Antrags auf Eröffnung eines Insolvenzverfahrens und Entscheidung über diesen Antrag; 51

– die Unanwendbarkeit der in erster Linie auf Unternehmensinsolvenzen zugeschnittenen Regelungen zum Insolvenzplan; 52

– als Ersatz für die Regelungen zum Insolvenzplan Einführung eines verbrauchergerechten, schriftlichen Verfahrens, das sich an den Prozeßvergleich mit mehreren Beteiligten anlehnt;

– die Konzipierung dieses schriftlichen Einigungsverfahrens in einer Weise, daß es geeignet ist, von den Beteiligten als „Gebrauchsanweisung" für außergerichtliche Einigungsversuche genutzt zu werden;

– die Konzipierung des schriftlichen Einigungsverfahrens ferner in einer Weise, die es für den Schuldner und die Gläubiger vorteilhafter erscheinen läßt, sich außergerichtlich gütlich zu einigen;

– die Einführung der Pflicht des Schuldners, dem Gericht geordnete Unterlagen über seine Vermögensverhältnisse vorzulegen; 53

54 – die Einführung eines Anspruchs des Schuldners gegen seine Gläubiger auf Auskunft über Art und Höhe der gegen ihn gerichteten Forderungen und

55 – die Einführung eines lediglich als Ultima ratio für den Fall des Scheiterns gütlicher Einigungen zur Verfügung stehenden kurzen, straffen Insolvenzverfahrens als Voraussetzung für das Restschuldbefreiungs-Verfahren.

II. Grundzüge der Neuregelungen

1. Einheitliches Insolvenzverfahren

56 Mit der Schaffung eines einheitlichen Insolvenzverfahrens, das die Funktion von Konkurs und Vergleich in sich vereint, greift die Insolvenzordnung eine seit vielen Jahren fast einmütig erhobene Reformforderung auf. Auch die Kommission für Insolvenzrecht hat ein solches einheitliches Verfahren empfohlen, innerhalb dessen jedoch die Beibehaltung eines Liquidationsverfahrens und eines besonderen Reorganisationsverfahrens, das an die Stelle des Vergleichsverfahrens treten sollte, befürwortet. Die Insolvenzordnung geht – wie bereits der Regierungsentwurf – insoweit über diese Vorschläge hinaus als sie

– das Insolvenzverfahren einem einheitlichen, also unabhängig von der angestrebten Verwertungsart bestimmten Hauptzweck unterwirft: der Verwirklichung der Vermögenshaftung;

– eine einheitliche, vom angestrebten Verfahrensziel – Liquidation, Sanierung des Schuldners oder übertragende Sanierung eines Unternehmens – unabhängige Verfahrensstruktur einführt und die Mitsprache- und Teilhaberechte der Beteiligten einheitlich bemißt;

– das Instrument des Insolvenzplans nicht nur für Sanierungen, sondern für jedwede von der konkursmäßigen Zwangsverwertung abweichende Art der Masseverwertung zur Verfügung stellt;

– von einer förmlichen richterlichen „Weichenstellung", durch die Liquidation oder Reorganisation als Verfahrensziel im vorhinein präjudiziert wird, absieht und statt dessen den Beteiligten in jedem Verfahrensstadium flexibel die Verfahrensgestaltung und die Wahl des für sie günstigsten Verfahrensziels überläßt.

57 Nur ein solches einheitliches Verfahren wird der Forderung nach Marktkonformität gerecht. Es stellt den Beteiligten alle Verwertungsarten gleichrangig zur Verfügung. Für die einvernehmliche, privatautonome Insolvenzabwicklung besteht der größtmögliche Spielraum. Mit der Wahl der Verwertungsart oder der Verwertungsform (konkursmäßige Zwangsverwertung oder Plan) sind keine Vermögensverlagerungen im Verhältnis der Beteiligten verbunden. Zur Entscheidung über Verwertungsart und -form sind allein diejenigen berufen, deren Vermögenswerte auf dem Spiel stehen.

58 Das einheitliche Insolvenzverfahren ist vermögensorientiert; auch die Sanierung des Schuldners oder seines Unternehmens wird als Verwertung – freilich eine investive Verwertung – des Schuldnervermögens begriffen, bei der die Vermögensrechte der Beteiligten grundsätzlich in gleicher Weise zu schützen sind wie bei einer konkursmäßigen Liquidation.

Der einheitliche Hauptzweck des Insolvenzverfahrens ist die gemeinschaftliche Verwirklichung der Vermögenshaftung. Gegenstand der Haftung ist das Vermögen des Schuldners, nicht seine gesellschafts- oder verbandsrechtliche Organisation. Die Insolvenzordnung sieht deswegen keine insolvenzrechtlichen Eingriffe in die gesellschaftsrechtlichen Verhältnisse des Schuldners vor. Kommen die für eine Sanierung des Schuldnerunternehmens erforderlichen gesellschaftsrechtlichen Maßnahmen nicht zustande, bleibt es den Gläubigern unbenommen, den Fortführungswert des Schuldnervermögens im Wege einer übertragenden Sanierung zu realisieren.

Die Insolvenzordnung begreift die Aufgabe der Haftungsverwirklichung in dreierlei Hinsicht umfassender als das heutige Konkursrecht: Zum einen werden auch andere Verwertungsarten als die konkursmäßige Zwangsverwertung, insbesondere alle Arten der planmäßigen Verwertung der Insolvenzmasse für Sanierungszwecke, als Formen der Haftungsverwirklichung aufgefaßt. Zum anderen erstreckt sich das neue Insolvenzverfahren auch auf die Abwicklung oder Neuordnung der nachrangigen Verbindlichkeiten, etwa kapitalersetzender Gesellschafterdarlehen. Schließlich wird die Verwirklichung der dinglichen Vermögenshaftung, die vom heutigen Konkursrecht unberührt bleibt, in das einheitliche Insolvenzverfahren hineinverlagert, soweit sich dadurch bessere Bedingungen für die konkurs- oder planmäßige Verwertung des Schuldnervermögens im ganzen erzielen lassen. 59

Ziel der Haftungsverwirklichung ist dann die Abwicklung oder der planmäßige Umbau der gesamten Finanzstruktur des Schuldners unter Wahrung der haftungsrechtlichen Rangfolge der Finanzbeiträge der gesicherten Gläubiger, der einfachen Insolvenzgläubiger und der nachrangigen Insolvenzgläubiger. Soweit nicht die Beteiligten einer abweichenden Regelung in einem Plan zustimmen, wird die zivilrechtliche Haftungslage unabhängig davon durchgesetzt, wie das Schuldnervermögen verwertet oder genutzt wird und ob dies im Wege der konkursmäßigen Zwangsverwertung oder gemäß einem Plan geschieht. Die zivilrechtliche Haftungsordnung ist nicht nur dann maßgeblich, wenn das Schuldnervermögen liquidiert wird, sondern auch dann, wenn es im Rahmen einer Fortführung oder Sanierung investiert bleibt, wenn also nicht nur ein Liquidations-, sondern ein Fortführungswert erzielt wird. Im Sanierungsfalle haben sämtliche Geldgeber des Schuldners ein Anrecht darauf, ihrem Rang gemäß an einem Fortführungserfolg teilzunehmen. 60

Die Einbeziehung der Inhaber von nachrangigen Forderungen und von Eigentumstiteln in das Insolvenzverfahren gestattet es, die Vollabwicklung des Schuldnervermögens als insolvenzrechtliche Aufgabe zu bewältigen. Das Verfahren übernimmt bei Gesellschaften regelmäßig zugleich die Aufgabe der gesellschaftsrechtlichen Abwicklung bis hin zur Herbeiführung der Löschungsreife und anschließenden Löschung. Für eine außergerichtliche Liquidation im Anschluß an das Insolvenzverfahren besteht dann kein Bedürfnis mehr. Im Interesse des Rechtsverkehrs wird sichergestellt, daß insolvente Gesellschaften nach Durchführung des Verfahrens in aller Regel gelöscht werden. 61

Nach der Neuregelung sind auch Inhaber nachrangiger Forderungen Beteiligte des Insolvenzverfahrens. Dies macht es erforderlich, die heute vom Konkurs- und Vergleichsverfahren ausgeschlossenen Forderungen in eine Rangordnung zu stellen und für die Anmeldbarkeit solcher Forderungen Vorsorge zu treffen. Die Insolvenzordnung lehnt sich dabei an § 226 KO an, dessen Forderungskatalog jedoch insbesondere um kapitalersetzende Gesellschafterdarlehen und um Forderungen mit vertraglichem Nachrang ergänzt wird.

62 Neben der gemeinschaftlichen Haftungsverwirklichung und der vollständigen Abwicklung des Schuldnervermögens ist die endgültige Regulierung der Verbindlichkeiten des Schuldners ein dritter Zweck des einheitlichen Insolvenzverfahrens. Grundsätzlich soll das Insolvenzverfahren dem Schuldner, soweit dieser unbeschränkt persönlich haftet, unter bestimmten Voraussetzungen Restschuldbefreiung verschaffen. Durch einen Plan können die Beteiligten auch hierüber eine abweichende Vereinbarung treffen.

63   2. Rechtzeitige und leichtere Eröffnung des Verfahrens

Das Ziel einer rechtzeitigen und leichteren Eröffnung der Insolvenzverfahren wird mit einer Reihe von Maßnahmen verfolgt. Hervorzuheben sind insbesondere:

– Die Einführung eines neuen Eröffnungsgrundes der drohenden Zahlungsunfähigkeit;

– die Neubestimmung der sonstigen Voraussetzungen der Verfahrenseröffnung;

– die Neuregelung des Rangs der Masseverbindlichkeiten;

– Maßnahmen zur Entlastung der Insolvenzmasse von Masseverbindlichkeiten;

– Maßnahmen zur Verbilligung des Verfahrens;

– die Heranziehung der mithaftenden Gesellschafter und Organmitglieder von Gesellschaften;

– die Verschärfung des Anfechtungsrechts;

– die Erstattung der Kosten, welche der Insolvenzmasse bei der Feststellung und Verwertung von Sicherungsgut entstehen und

– Anreize für den Schuldner zur rechtzeitigen Antragstellung:

64   a) Drohende Zahlungsunfähigkeit als neuer Eröffnungsgrund

Zusätzlich zu den herkömmlichen, auf den Konkurs zugeschnittenen Insolvenzgründen, die für ein vermögensorientiertes Verfahren weiterhin ihre Rechtfertigung haben, wird der neue Eröffnungsgrund der drohenden Zahlungsunfähigkeit eingeführt.

Dieser neue Eröffnungsgrund führt jedoch nur dann zur Eröffnung des Insolvenzverfahrens, wenn der Insolvenzantrag vom Schuldner ausgeht. Die drohende Zahlungsunfähigkeit kann nur der Schuldner mit hinreichender Sicherheit feststellen. Reichte sie auch bei einem Gläubigerantrag zur Verfahrenseröffnung aus, wäre zu besorgen, daß Gläubiger den Insolvenzantrag verstärkt als Druckmittel gegen den Schuldner einsetzen, um außerhalb des Insolvenzverfahrens liegende Zwecke zu verfolgen. Der Schuldner hat demnach beim Vorliegen nur voraussichtlicher Zahlungsunfähigkeit bis zum Eintritt der Zahlungsunfähigkeit oder der Überschuldung bzw. bis zum Ablauf einer ihm eingeräumten Antragsfrist die Wahl, entweder eine freie Sanierung zu versuchen oder ein gerichtliches Verfahren zu beantragen. Der Spielraum für freie Sanierungsbemühungen wird nicht eingeengt.

65   b) Neubestimmung der sonstigen Eröffnungsvoraussetzungen

Die hohe Zahl der Abweisungen von Konkursanträgen mangels Masse hängt damit zusammen, daß überwiegend für die Massedeckungsprüfung nicht nur die Massekosten, sondern auch die vorrangigen Masseschulden der zu erwartenden Konkursmasse gegenüber gestellt werden. Vor allem bei einer Vielzahl von Arbeitnehmern reicht dann häufig die Konkursmasse nicht aus, um alle Masseverbindlichkeiten zu berichtigen.

Das Verfahren wird mangels Masse nicht eröffnet. Die Insolvenzordnung sieht demgegenüber vor, daß ein Insolvenzverfahren bereits dann zu eröffnen ist, wenn eine die Kosten deckende Masse vorhanden ist. Als Kosten in diesem Sinne werden nur die Kosten und Auslagen des gerichtlichen Verfahrens und die Vergütung und die Auslagen des Insolvenzverwalters oder eines vorläufigen Insolvenzverwalters angesehen. Die darüber hinausgehende Regelung des § 30 Abs. 1 des Regierungsentwurfs einer Insolvenzordnung, nach der es für die Verfahrenseröffnung bereits ausreiche, wenn die Kosten bis zum Berichtstermin gedeckt sind, hat die Insolvenzordnung nicht übernommen; diese Abweichung von dem Regierungsentwurf wurde im Zusammenhang mit dem Bemühen des Bundestags-Rechtsausschusses beschlossen, die reformbedingte Belastung der Gerichte so weit wie möglich zu reduzieren.

c) Sonstige Maßnahmen zur Förderung von Verfahrenseröffnungen   66

Auch eine Reihe weiterer Regelungen der Insolvenzordnung führt – zumindest mittelbar – zu einer Vorverlagerung oder Erleichterung der Verfahrenseröffnung:

Neuregelung des Rangs der Masseverbindlichkeiten bei Masseunzulänglichkeit   67

Reicht die Masse für die Berichtigung aller Masseverbindlichkeiten nicht aus, muß der Insolvenzverwalter – unter Umständen alsbald nach der Eröffnung des Verfahrens – die Masseunzulänglichkeit anzeigen. In diesem Falle haben die nach Eintritt der Masseunzulänglichkeit begründeten Neumasseverbindlichkeiten Vorrang vor den Altmasseverbindlichkeiten.

Herabstufung oktroyierter Masseverbindlichkeiten in massearmen Verfahren   68

Masseverbindlichkeiten aus vor Verfahrenseröffnung begründeten Arbeits- oder Nutzungsverträgen sollen grundsätzlich nur dann als Neumasseverbindlichkeiten behandelt werden, wenn der Insolvenzverwalter die Gegenleistung des Vertragspartners in Anspruch nimmt. Demnach sind etwa Entgeltansprüche freigestellter Arbeitnehmer bis zum Ablauf der Kündigungsfrist in massearmen Verfahren als nachrangige Masseverbindlichkeiten anzusehen, auf die lediglich eine Quote zu bezahlen ist. Für die Arbeitnehmer ist dies günstiger als die geltende Rechtslage, nach der es im Falle der Massearmut wegen oktroyierter Masseverbindlichkeiten gar nicht zur Eröffnung des Verfahrens kommt und die Arbeitnehmer für die Zeit nach der Abweisung mangels Masse regelmäßig gar keinen Lohn erhalten.

Verbilligung des Verfahrens   69

Durch die Möglichkeit der Eigenverwaltung unter Aufsicht eines Sachwalters läßt sich eine Verbilligung des Insolvenzverfahrens erreichen. Auch durch die Neuordnung der Vergütung und der Auslagenerstattung des Insolvenzverwalters soll insgesamt grundsätzlich eher eine Verbilligung des Verfahrens erzielt werden.

Heranziehung der Gesellschafter und Organmitglieder von Gesellschaften   70

Im Falle insolventer Gesellschaften werden das Management und die am Schuldner beteiligten Personen dafür herangezogen, die Eröffnung und Durchführung eines Insolvenzverfahrens zu ermöglichen.

So ist etwa vorgesehen, daß die zum Insolvenzantrag verpflichteten Organmitglieder   71
von juristischen Personen, insbesondere von Kapitalgesellschaften, subsidiär für die Kosten des Insolvenzverfahrens einzustehen haben. Gläubiger oder andere Personen, die einen Verfahrenskostenvorschuß erbringen, können gegen die Organmitglieder Rückgriff nehmen. Befindet sich ausreichende Masse im Vermögen der juristischen

Person, werden die Organmitglieder freigestellt. Diese Regelung ermöglicht vor allem bei insolventen Gesellschaften mit beschränkter Haftung und insolventen GmbH & Co KG, den insolvenzanfälligsten Schuldnern, Eröffnung und Durchführung des Verfahrens; sie fördert das Reformziel der Vollabwicklung insolventer Gesellschaften. Anders als bei natürlichen Personen müssen sich Anreize zur rechtzeitigen Antragstellung an die Organmitglieder richten, die zur Stellung eines Insolvenzantrags verpflichtet sind. Verstoßen sie gegen die Pflicht, ein durchführbares Insolvenzverfahren zu beantragen, ist es gerechtfertigt, ihnen die Kosten aufzubürden. Der Pflichtverstoß kann – widerleglich – vermutet werden, wenn das Gesellschaftsvermögen im Zeitpunkt der Entscheidung über den Eröffnungsantrag nicht einmal mehr die Verfahrenskosten deckt.

72 *Verschärfung des Anfechtungsrechts*

Die Verschärfung des Anfechtungsrechts auf der Grundlage der Vorschläge der Kommission für Insolvenzrecht bewirkt eine beträchtliche Anreicherung der Insolvenzmassen und damit eine Erleichterung der Verfahrenseröffnung.

73 *Entlastung der Insolvenzmasse von Aufwendungen zugunsten der Sicherungsgläubiger*

Die Entlastung der Insolvenzmasse von den Kosten der Feststellung und der Verwertung von Kreditsicherheiten durch die Gewährung eines angemessenen, weitgehend pauschalierten Kostenbeitrags, der im Zeitpunkt der Eröffnung klare Kalkulationsgrundlagen schafft, führt zu einer erleichterten Verfahrenseröffnung.

74 *Anreize für den Schuldner zur rechtzeitigen Antragstellung*

Der wohl wirksamste Beitrag zur Erleichterung der Verfahrenseröffnung geht von den Anreizen für den Schuldner aus, seine Vermögensverhältnisse laufend zu überprüfen und bei drohender Zahlungsunfähigkeit alsbald Insolvenzantrag zu stellen. Solche Anreize geben insbesondere die Ausgestaltung der gesetzlichen Restschuldbefreiung und die Möglichkeit der Eigenverwaltung, welche die Gläubiger normalerweise nur redlichen Schuldnern zugestehen werden.

75 3. Einbeziehung der gesicherten Gläubiger

a) Geltende Rechtslage

Die Neuregelungen in der Insolvenzordnung zielen darauf ab, die Schwächen des geltenden Rechts zu beseitigen, die sich aus der fehlenden Abstimmung zwischen Kreditsicherungs- und Insolvenzrecht ergeben.

Rechte aus Kreditsicherheiten, insbesondere aus Mobiliarsicherheiten, können nach geltendem Recht ohne jede Rücksicht auf die Bedürfnisse einer wirtschaftlich sinnvollen Verfahrensabwicklung ausgeübt werden; darin liegt die Hauptursache für die Zerschlagungsautomatik des heutigen Insolvenzrechts.

Da dinglich gesicherte Gläubiger vom Vergleichsverfahren nicht berührt werden, müssen die für das Zustandekommen eines Vergleichs erforderlichen Zugeständnisse solcher Gläubiger individuell vereinbart werden. Die Koordinierungsvorteile des gemeinschaftlichen Verfahrens können nicht genutzt werden.

Die Kosten, die durch die Feststellung der Mobiliarsicherheiten entstehen, fallen der Konkursmasse und damit letztlich allein den ungesicherten Gläubigern zur Last; eine Abwälzung auf die gesicherten Gläubiger kann nicht erzwungen werden.

Das Recht der Immobiliarsicherheiten ist deutlich besser mit dem Insolvenzrecht abgestimmt als das Recht der Mobiliarsicherheiten. Im Konkurs kann die Verwertung zeitweilig ausgesetzt werden, wenn dies für eine effektive Verfahrensdurchführung erforderlich ist (§ 30 c ZVG in seiner noch geltenden Fassung; zu den reformbedingten Änderungen dieser Norm vgl. Artikel 20 des Einführungsgesetzes und die Begründung hierzu). Die einstweilige Einstellung nach § 30 ZVG, die auch im heutigen Vergleichsverfahren in Betracht kommt, kann mit der Auflage verbunden werden, daß der Gläubiger laufend die geschuldeten wiederkehrenden Leistungen erhält. Bei der Zwangsversteigerung werden die Verwertungskosten, in gewissen Fällen auch die Erhaltungskosten, aus dem Erlös des Grundstücks bestritten. Der Grundgedanke der Neuregelung, daß der Individualzugriff der Sicherungsgläubiger im Interesse des Insolvenzverfahrens Beschränkungen hinnehmen muß, die dadurch erlittene Einbuße aber auszugleichen ist, hat sich im geltenden Immobiliarsicherungsrecht bereits niedergeschlagen. Die Neuregelung dehnt diesen Rechtsgedanken auf die Mobiliarsicherheiten aus. Im Recht der Immobiliarsicherheiten ist das Reformbedürfnis demgemäß geringer. 76

b) Grundgedanke der Neuregelungen 77

Mit der Einbeziehung dinglich gesicherter Gläubiger in das Insolvenzverfahren und der Ausdehnung der insolvenzrechtlichen Haftungsverwirklichung auch auf die dingliche Vermögenshaftung greift die Insolvenzordnung eine seit langem erhobene, von der Kommission für Insolvenzrecht mit besonderem Nachdruck vertretene Reformforderung auf. Die seit Jahrzehnten rückläufige Eigenkapitalquote der deutschen Unternehmen und der langfristige Trend zu immer höheren Verschuldungsgraden haben dazu geführt, daß rund 80 % des bei insolventen Schuldnern vorgefundenen und betrieblich genutzten Vermögens mit Aus- und Absonderungsrechten belastet sind. Unter den heutigen Gegebenheiten ist eine wirtschaftlich sinnvolle Masseverwertung in vielen Fällen – sei es durch Gesamtveräußerung von Unternehmen, Betrieben und Betriebsteilen, sei es durch Sanierung insolventer Schuldner – nur möglich, wenn die Inhaber dinglicher Sicherungsrechte in das Insolvenzverfahren einbezogen werden.

Die Regelungen der Insolvenzordnung dienen – anders als die entsprechenden Vorschläge der Kommission für Insolvenzrecht – nicht der Verlagerung von Vermögenswerten gesicherter Gläubiger auf ungesicherte Gläubiger oder auf den Schuldner und auf die an ihm beteiligten Personen. Die alleinige Rechtfertigung für die Einbeziehung der Sicherungsgläubiger liegt vielmehr darin, daß für die Verwertung des Schuldnervermögens im ganzen möglichst günstige Bedingungen geschaffen werden sollen. Die Interessen der Beteiligten sollen so koordiniert werden, daß der Wert des Schuldnervermögens maximiert wird. Dies rechtfertigt es in einem marktkonformen Insolvenzverfahren lediglich, den Sicherungsgläubigern durch die Einbindung in das Verfahren bei der Durchsetzung ihrer Rechte gewisse Rücksichtnahmen abzuverlangen und ihnen Kostenbeiträge aufzuerlegen, nicht aber Eingriffe in die Wertsubstanz der Sicherheiten vorzunehmen. 78

Damit marktwidrige Verfahrensergebnisse, aber auch Wettbewerbsverzerrungen im Verhältnis des insolventen zu gesunden Unternehmen vermieden werden, muß die den Sicherungsgläubigern vorenthaltene Verwertung des Sicherungsguts, insbesondere die ihnen vorenthaltene Liquidität, mit einem marktgerechten Preis versehen werden. Auch hier weicht die Insolvenzordnung von den Kommissionsvorschlägen ab. Die Sicherungsgläubiger sind für die Beschränkung des Individualzugriffs nach spätestens drei Monaten 79 durch laufende Zinszahlungen voll zu entschädigen; waren sie schon während des Eröffnungsverfahrens an der Verwertung ihrer Sicherheit gehindert, ist die Dauer des Eröffnungsverfahrens auf die drei Monate anzurechnen.

80   Da das Insolvenzverfahren künftig die Sicherungsgläubiger nachhaltig berührt, wird ihre Stellung in der Gläubigerversammlung und im Gläubigerausschuß gestärkt. Die Insolvenzordnung stellt für sie eine angemessene Mitwirkung in diesen Gremien sicher.

81   c) **Unterschiedliche Intensität der Einbindung für die verschiedenen Sicherungsformen**

In technischer Hinsicht ist die Einbeziehung der Inhaber dinglicher Kreditsicherheiten für die verschiedenen Arten von Sicherheiten unterschiedlich ausgestaltet.

82   Für den einfachen Eigentumsvorbehalt wird im Grundsatz die bisherige Rechtslage aufrechterhalten, daß der Verkäufer im Konkurs des Käufers zur Aussonderung der gelieferten Sache berechtigt ist, wenn nicht der Konkursverwalter des Käufers die Erfüllung des Kaufvertrages wählt. Dem Verwalter wird aber gestattet, die Ausübung der Wahl bis zum Berichtstermin aufzuschieben, der spätestens drei Monate nach der Verfahrenseröffnung abzuhalten ist.

83   Die Sicherungsübereignung und die Sicherungszession von Forderungen sowie die Verlängerungs- und Erweiterungsformen des Eigentumsvorbehalts unterliegen mit der Verfahrenseröffnung einem automatischen Verwertungsstopp. Die Insolvenzordnung gewährleistet dies rechtstechnisch, indem sie dem Insolvenzverwalter das Recht zur Nutzung und Verwertung des Sicherungsguts bzw. zur Einbeziehung der sicherungshalber abgetretenen Forderung einräumt.

84   Das Zugriffs- und Verwertungsrecht eines Pfandgläubigers bleibt hingegen von der Eröffnung des Insolvenzverfahrens grundsätzlich unberührt. Der Insolvenzverwalter hat dabei aber die Möglichkeit, die gesicherte Forderung zu berichtigen und dann nach den allgemeinen Regeln des Bürgerlichen Rechts die Sache herauszuverlangen. Diese Möglichkeit wird der Insolvenzverwalter insbesondere dann erwägen und gegebenenfalls nutzen, wenn die Herausgabe des Pfandes im Einzelfall für eine sinnvolle Masseverwertung – etwa für die Fortführung eines Betriebes, für eine Gesamtveräußerung oder für eine Reorganisation des Schuldners – erforderlich ist.

85   Auch Gläubiger mit Absonderungsrechten an Grundstücken oder grundstücksgleichen Rechten, insbesondere Grundpfandgläubiger, werden durch die Verfahrenseröffnung keinem automatischen Verwertungsverbot unterworfen. Der Insolvenzverwalter kann jedoch die Einstellung der Zwangsverwertung erreichen, wenn nachgewiesen wird, daß das Interesse der Insolvenzmasse gegenüber dem Interesse des zwangsverwertenden Gläubigers vorrangig ist. Die Einstellung der Zwangsverwaltung eines Grundstücks ist unter ähnlichen Voraussetzungen wie die Einstellung einer Zwangsversteigerung vorgesehen.

86   Für diese differenzierte Regelung sind folgende Gesichtspunkte maßgeblich:

Besitzlose Mobiliarsicherheiten bestehen in aller Regel am Umlauf- oder Anlagevermögen des schuldnerischen Unternehmens. Das Sicherungsgut wird regelmäßig im Betrieb des Schuldners genutzt. Es steht mit dem restlichen Schuldnervermögen in einem technisch-organisatorischen Verbund. Es spricht eine tatsächliche Vermutung dafür, daß die Insolvenzmasse dann am wirtschaftlichsten verwertet werden kann, wenn dieser Verbund erhalten bleibt. Dies rechtfertigt es, für die zur Sicherung übereigneten Gegenstände einen automatischen Verwertungsstopp und ein Verwertungsrecht des Insolvenzverwalters vorzusehen und für die unter einfachem Eigentumsvorbehalt gelieferten Sachen die Aussonderung zeitweise auszusetzen.

Hat sich der Schuldner – wie beim Faustpfandrecht – des Besitzes an dem Sicherungsgegenstand begeben oder ist ihm dieser nach einer Pfändung weggenommen worden, so ist ein technisch-organisatorischer Verbund des Sicherungsguts mit dem übrigen Schuldnervermögen nicht die Regel, sondern die Ausnahme. Ein automatischer Verwertungsstopp für Pfandgläubiger wäre deswegen ein unverhältnismäßiger Eingriff. **87**

Das bei Eröffnung des Insolvenzverfahrens beschlagnahmte oder mit Grundpfandrechten belastete Grundvermögen des Schuldners wird häufig zum betrieblich genutzten Vermögen gehören, also in einem Verbund mit den übrigen Vermögensgegenständen des Schuldners stehen. Anders als die Verwertung beweglicher Gegenstände setzt die Zwangsverwertung von Grundstücken jedoch ein recht langwieriges Verfahren voraus. Die Durchführung eines solchen Verfahrens vermag die Verwertung der Insolvenzmasse erst dann zu stören, wenn der endgültige Verlust des Grundstücks durch Versteigerung droht oder wenn, im Falle der Zwangsverwaltung, ein ernster Nutzungskonflikt zwischen dem Zwangsverwalter und dem Insolvenzverwalter auftritt. Deswegen wäre es ein unverhältnismäßiger Eingriff in die Rechtsstellung immobiliargesicherter Gläubiger, wenn die Eröffnung des Insolvenzverfahrens stets und automatisch den Lauf einer Immobiliarzwangsvollstreckung hindern würde. Die Interessen der Insolvenzmasse lassen sich ausreichend wahren, wenn dem Insolvenzverwalter die Möglichkeit gegeben wird, im Einzelfall durch einen Antrag die Einstellung der Zwangsvollstreckung herbeizuführen. Für den Fall, daß es zur Einstellung kommt, soll die Rechtsstellung von Gläubigern mit Absonderungsrechten an Immobilien der Stellung von Gläubigern mit Mobiliarsicherheiten weitgehend angenähert werden. Die Insolvenzordnung läßt das Recht des Verwalters (vgl. § 126 KO) unberührt, ohne einen vollstreckbaren Titel die Zwangsvollstreckung in unbewegliche Gegenstände der Insolvenzmasse zu betreiben. Im Rahmen des Einführungsgesetzes zur Insolvenzordnung ist vorgesehen, daß in der Zwangsversteigerung das geringste Gebot alternativ so aufzustellen ist, als ob das Verfahren von einem persönlichen Gläubiger und zugleich aus dem Recht nach dem künftigen § 10 Abs. 1 Nr. 1 a ZVG betrieben würde; § 174 ZVG bleibt unberührt. Damit soll dem Insolvenzverwalter grundsätzlich die Möglichkeit verschafft werden, das Grundstück lastenfrei verwerten zu lassen, wenn dies für die Insolvenzmasse von Vorteil ist und wenn das Recht aus dem künftigen § 10 Abs. 1 Nr. 1a ZVG nicht von einem Interessenten abgelöst wird. Auch hierdurch soll die insolvenzrechtliche Behandlung von Grundstücksrechten derjenigen von Sicherungsrechten am beweglichen Vermögen angenähert werden. **88**

d) Schutz der gesicherten Gläubiger **89**

Unabhängig von den technischen Unterschieden bei der Einbeziehung der verschiedenen Sicherungsformen in das Insolvenzverfahren soll nach inhaltlich einheitlichen Kriterien darüber entschieden werden, ob das Sicherungsgut und die darin gebundene Liquidität der Insolvenzmasse zur Verfügung stehen oder aber dem Sicherungsgläubiger überlassen bleiben sollen. Die Sicherungsgläubiger sollen nicht genötigt werden, der Insolvenzmasse Vermögenswerte zuzuwenden, und dieser soll nicht gestattet werden, Sicherungsgut unter Preis zu nutzen bzw. die darin gebundene Liquidität den Sicherungsgläubigern entschädigungslos vorzuenthalten und so Wettbewerbsvorteile am Markt zu erzielen.

90 Daraus folgt, daß Zinsen, soweit sie von der Sicherheit umfaßt sind, den Sicherungsgläubigern auch nach Verfahrenseröffnung zustehen. Das gleiche gilt für die Kosten der Rechtsverfolgung, soweit diese von der Sicherheit umfaßt sind. Gläubiger sollen sich „konkursfest" auch gegen alle Risiken des Insolvenzverfahrens sichern können. Diese Grundsätze gelten, anders als nach den Vorschlägen der Kommission für Insolvenzrecht, auch für Gläubiger mit Mobiliarsicherheiten.

91 Darüber hinaus werden Sicherungsgläubiger, denen die Individualverwertung ihrer Sicherheit verwehrt ist, aber auch dann durch Zinsen entschädigt, wenn sie bei der Bemessung ihrer Sicherheit für die verfahrensbedingte Verzögerung der Verwertung keine Vorsorge getroffen haben. Der ihnen entstandene Nachteil ist nach den allgemeinen Regelungen über Verzugszinsen zu berechnen. Eine solche Entschädigung für den Liquidationsentzug durch vorenthaltene Eigenverwertung der Sicherheiten muß allerdings in der Zeit bis zum Berichtstermin, der höchstens drei Monate nach der Verfahrenseröffnung liegen darf, grundsätzlich noch nicht entrichtet werden. Diese Regelung beruht auf der Erwägung, daß der Sicherungsgläubiger auch dann, wenn ihm die Eigenverwertung der Sicherheit erlaubt wäre, nicht alsbald den Erlös vereinnahmen könnte. Im Interesse der Verfahrensvereinfachung wird eine dreimonatige entschädigungslose Nutzung des Sicherungsguts durch die Insolvenzmasse für vertretbar gehalten, soweit Zinsen und Verzugsschaden nicht von der Sicherheit umfaßt sind. Bis zum Berichtstermin soll der Insolvenzverwalter grundsätzlich die Möglichkeit haben, die Insolvenzmasse zu sammeln und Möglichkeiten der Masseverwertung zu erkunden, ohne sich über die Verwertung oder Freigabe von Sicherheiten Gedanken machen zu müssen. War der Sicherungsgläubiger während der vorläufigen Insolvenzverwaltung am Zugriff auf die Sicherheit gehindert, so wird die Dauer der Verwertungsbeschränkung auf die Zeit der entschädigungslosen Nutzung angerechnet.

92 Der vollwertige Schutz der Sicherungsgläubiger vor den Folgen des Verbots oder einer Verzögerung der Eigenverwertung macht es entbehrlich, an die Sicherungsgläubiger laufende Amortisationszahlungen oder Annuitäten auf ihre Kapitalforderung auszuschütten. Eine Ausnahme gilt insoweit nur, wenn auf Antrag des Insolvenzverwalters im Interesse der Insolvenzmasse die Zwangsverwaltung eines unbeweglichen Gegenstandes eingestellt wird, die dem betreibenden Gläubiger wiederkehrende Leistungen aus dem unbeweglichen Gegenstand verschafft hätte. Diese Besonderheit findet ihre Rechtfertigung darin, daß für die Zwangsvollstreckung in Grundstücke und grundstücksgleiche Rechte (§ 866 Abs. 1 ZPO), nicht aber in bewegliche Gegenstände, mit der Zwangsverwaltung ein besonderes Instrument zur Sicherung wiederkehrender Leistungen aus dem Gegenstand vorgesehen ist. Soweit gesicherte Gläubiger durch die nutzungsbedingte Entwertung des Sicherungsgegenstands einen Nachteil erleiden, ist dieser vom Beginn der Nutzung an durch laufende Zahlungen auszugleichen; dies gilt bei beweglichen und unbeweglichen Sachen gleichermaßen.

93 **e) Feststellungs- und Verwertungskosten**

Die vielfältigen Formen von Mobiliarsicherheiten, die fehlende Erkennbarkeit solcher Sicherheiten und die häufig auftretenden Kollisionsfälle verursachen bei der Abwicklung von Insolvenzverfahren regelmäßig erhebliche Kosten. Zu einer Massebelastung führen insbesondere die rechtliche Feststellung und die tatsächliche Trennung der Sicherheiten sowie die Verwertung, soweit diese vom Insolvenzverwalter vorgenommen wird.

94 Der Aufwand für die Feststellung und Trennung der Sicherheiten läßt sich naturgemäß rechtstatsächlich am schwersten feststellen. Im wesentlichen geht es hier um Zeit und Arbeitskraft des Insolvenzverwalters. Wie hoch die dadurch verursachten Kosten sind,

hängt davon ab, wie der Insolvenzverwalter bei der Neuordnung der Verwaltervergütung für diese Tätigkeit entschädigt wird. Die Insolvenzordnung sieht vor, als Kosten der Feststellung des Sicherungsgegenstandes und der Rechte an diesem pauschal 4 % des Verwertungserlöses anzusetzen und den Zuschlag zur Regelvergütung, den der Verwalter schon heute für die Bearbeitung von Sicherungsgut erhält, in der neuen Vergütungsverordnung grundsätzlich in dieser Höhe vorzusehen.

Die Verwertungskosten sind in der heutigen Praxis durch eine erhebliche Streubreite gekennzeichnet, die von 1 bis 2 % des Wertes des Sicherungsgutes bis an 50 % heranreicht. Die Insolvenzordnung sieht vor, als Kosten der Verwertung pauschal 5 % des Verwertungserlöses anzusetzen. Liegen die tatsächlich entstandenen Verwertungskosten erheblich niedriger oder erheblich höher, sind jedoch die tatsächlichen Kosten anzusetzen. Zusätzlich zu den entweder pauschalierten oder konkret berechneten Verwertungskosten ist bei den Sicherheiten, deren Verwertung zu einer Umsatzsteuerbelastung der Masse führt, der Umsatzsteuerbetrag vom Verwertungserlös abzuziehen. **95**

In Höhe der hiernach berücksichtigungsfähigen Kosten werden die Insolvenzmasse entlastet und der Sicherungsgläubiger belastet. Dem Mißstand des heutigen Rechts, daß bestimmte Aufwendungen des Insolvenzverwalters allein den gesicherten Gläubigern zugute kommen, aber zu Lasten der ungesicherten Gläubiger aus der Insolvenzmasse finanziert werden, wird damit wirksam abgeholfen. **96**

Nicht anders als den Grundpfandgläubigern bleibt es auch den Mobiliarsicherungsgläubigern unbenommen, ihre Sicherheit so zu bemessen, daß der im Insolvenzverfahren anfallende Kostenbeitrag von der Sicherheit umfaßt wird. Auch hieran wird deutlich, daß die Insolvenzordnung, anders als die Vorschläge der Kommission für Insolvenzrecht, nicht bezweckt, Sicherungsrechte zugunsten der ungesicherten Gläubiger zurückzudrängen. **97**

Die dingliche Verhaftung eines Grundstücks erstreckt sich auf dessen Zubehör (§ 1120 BGB). Die Prüfung, welche Gegenstände Zubehör sind und ob die beim Schuldner vorgefundenen Sachen in das Eigentum des Schuldners gelangt sind, macht ebenso wie bei den besitzlosen Mobiliarsicherheiten rechtliche und tatsächliche Feststellungen des Insolvenzverwalters erforderlich. Um die dadurch entstehenden Kosten pauschal auszugleichen, ist auch hier eine Feststellungskostenpauschale von insgesamt 4 % bezogen auf den Wert des Zubehörs vorgesehen. Dieser Kostenbeitrag vom Zubehör ist durch die Einfügung eines § 10 Abs. 1 Nr. 1a ZVG im Rahmen des Einführungsgesetzes zur Insolvenzordnung bei der Zwangsversteigerung gewährt und dinglich gesichert worden. Die Insolvenzordnung folgt insoweit einer Minderheitsmeinung in der Kommission für Insolvenzrecht. Zur Einziehung des Kostenbeitrags kann der Insolvenzverwalter künftig gemäß § 174 ZVG ein Doppelausgebot des Grundstücks verlangen, also auch ein Ausgebot der Art, daß die dinglichen Rechte nach § 10 Abs. 1 Nr. 4 ZVG wegfallen. Jeder Interessierte soll freilich die Möglichkeit haben, das neu geschaffene Befriedigungsrecht nach § 10 Abs. 1 Nr. 1a ZVG dadurch zu beseitigen, daß er den Kostenbeitrag in die Insolvenzmasse zahlt. **98**

4. Abschaffung der allgemeinen Konkursvorrechte **99**

Die herkömmlichen Vorrechte lassen sich nur einheitlich beseitigen.

Die Entscheidung über den Vor- oder Nachrang einer Gläubigerklasse, die unter den heutigen Verhältnissen regelmäßig auf eine Entscheidung über „alles oder nichts" hinausläuft, läßt sich nicht auf hinreichend überzeugende soziale Gesichtspunkte stützen. Eine dem sozialen Schutzbedürfnis im Einzelfall gemäße Einordnung von Gläubigerklassen in einen Privilegienkatalog erscheint unmöglich. Jeder Vorrechtskatalog ist letztlich willkürlich. Schon das geltende Konkursrecht räumt keineswegs allen anerkanntermaßen sozial schutzwürdigen Gruppen ein Vorrecht ein. Anders als im Recht der Einzelzwangsvollstreckung in das Arbeitseinkommen (§§ 850 d, 850 f Abs. 2 ZPO) sind beispielsweise Unterhalts- und Deliktsgläubiger im Konkursverfahren nicht privilegiert. Das Bundesverfassungsgericht hat die Fragwürdigkeit jedes Privilegienkatalogs in seinem Beschluß zum Vorrecht für Sozialplanforderungen (BVerfGE 65, 182, 192) betont.

100 Die Regelung des § 61 Abs. 1 KO läßt sich auch nicht damit rechtfertigen, daß solche Gläubigerklassen ein Vorrecht genießen sollten, denen typischerweise im Rechtsverkehr der rechtsgeschäftliche Erwerb einer Sicherheit unmöglich wäre. Eine Vielzahl anderer als die in § 61 Abs. 1 KO genannten Gläubigergruppen (etwa Lieferanten verbrauchbarer Güter) haben in der Regel ebenfalls keine Möglichkeit, sich rechtsgeschäftlich zu sichern; einzelne der Gläubigerklassen des § 61 Abs. 1 KO haben diese Möglichkeit im Einzelfall durchaus. Allen denjenigen Gruppen, die ihrer geringen Verhandlungsmacht und Marktstellung wegen genötigt sind, ungesicherte Kredite zu gewähren, läßt sich mit Sicherheit kein Vorrecht einräumen. Eine Rangordnung der Gläubigerklassen untereinander ist aus dem typischen Fehlen einer Sicherheit ohnedies nicht herzuleiten.

101 Durch den Abbau der Konkursvorrechte wird maßgeblich dazu beigetragen, daß sich die durchschnittlichen Quoten der einfachen Insolvenzgläubiger gegenüber dem gegenwärtigen Rechtszustand erhöhen und daß diese Gläubiger wieder stärker am Ablauf des Insolvenzverfahrens interessiert werden.

Aus allen diesen Gründen werden die Konkursvorrechte des § 61 Abs. 1 KO und vergleichbare Vorrechte in anderen gesetzlichen Vorschriften ersatzlos gestrichen.

102 Dies betrifft namentlich die Vorrechte des Fiskus, der Sozialversicherungsträger und der Bundesanstalt für Arbeit sowie die bevorzugte Rechtsstellung der Arbeitnehmer wegen rückständiger Arbeitsentgelte. Für die Arbeitnehmer sind keine sozialen Härten zu erwarten, da für die Lohnausfälle der letzten drei Monate vor der Eröffnung des Insolvenzverfahrens Insolvenzausfallgeld gezahlt werden wird; ältere Rückstände sind selten von Bedeutung. Die nach dem Gesetz über den Sozialplan im Konkurs- und Vergleichsverfahren bevorrechtigten Forderungen der Arbeitnehmer aus einem im Insolvenzverfahren aufgestellten Sozialplan werden künftig dadurch noch stärker abgesichert, daß sie ungekürzt aus der Masse zu berichten sind. Die Beseitigung des Fiskusvorrechts wird sich wegen der Anreicherung der Insolvenzmassen, wegen der größeren Zahl eröffneter Verfahren und wegen der Verbesserung der Sanierungsmöglichkeiten insgesamt schwerlich zum Nachteil des Steuerfiskus auswirken. Zu den besseren Befriedigungsaussichten des Fiskus im Verfahren kommt hinzu, daß auch die Forderungsverluste anderer Gläubiger, die das Steueraufkommen mindern, geringer ausfallen werden. Bei den Gläubigern der Rangklassen des § 61 Abs. 1 Nr. 3 bis 5 KO, insbesondere bei den Kindern, Mündeln und Pflegebefohlenen des Schuldners (§ 61 Abs. 1 Nr. 5 KO), bewirkt der Wegfall der vorgehenden Rangklassen, daß gegenüber dem geltenden Recht eher eine Besserstellung erreicht werden wird.

5. Insolvenzplan   103

a) Umgestaltung von Vergleich und Zwangsvergleich zu einem einheitlichen Rechtsinstitut

Das Institut des Insolvenzplans ist eine der bedeutsamsten Neuregelungen der Insolvenzordnung. Der Plan tritt an die Stelle von Vergleich und Zwangsvergleich und gestaltet diese grundlegend um.

Der Zweck des neuen Rechtsinstituts ist es, den Beteiligten einen Rechtsrahmen für die einvernehmliche Bewältigung der Insolvenz im Wege von Verhandlungen und privatautonomen Austauschprozessen zu ermöglichen. Darin liegt der entscheidende Beitrag zur Deregulierung der Insolvenzabwicklung. Die Flexibilität der Regelungen gestattet es den Beteiligten, die für sie günstigste Art der Insolvenzabwicklung zu entdecken und durchzusetzen.

Ein Plan, der nach den gesetzlichen Regelungen zustande kommt, kann von sämtlichen Vorschriften über die konkursmäßige Zwangsverwertung und Verteilung abweichende Regelungen treffen. Die „Versilberung" des Schuldnervermögens kann im Interesse der Sanierung des Schuldners oder seines Unternehmens unterbleiben. Forderungen können gestundet oder ganz oder teilweise erlassen werden. Der Verwertungserlös kann anders verteilt werden als bei einer konkursmäßigen Gesamtvollstreckung; beispielsweise können Gläubigergruppen für ihre Forderungen in Anteilsrechten des Schuldners oder einer Auffanggesellschaft abgefunden werden, soweit das Gesellschaftsrecht solche Gestaltungen gestattet. Die schematische Gleichbehandlung von Gläubigern einer Rangklasse, die bei der konkursmäßigen Zwangsverwertung sachgerecht ist, kann durch differenzierte, den typischen Interessen der Gläubiger besser gerecht werdende planmäßige Regelungen verdrängt werden. Inhalt eines Plans kann nicht nur die Sanierung des Schuldners, sondern auch die übertragende Sanierung eines Unternehmens sein. Auch ein Stufenplan, der etwa eine zeitweilige Fortführung des Schuldnerunternehmens und dessen anschließende Liquidation vorsieht, ist zulässig. Sämtliche Mischformen der herkömmlichen Typen von Liquidationen und vergleichsrechtlichen Regelungen sind statthaft. Einen Typenzwang der möglichen Plangestaltungen gibt es nicht. Sämtliche Arten der Masseverwertung werden den Beteiligten gleichrangig zur Verfügung gestellt.   104

Es ist Vorsorge dagegen getroffen, daß das Instrument des Plans von einzelnen beteiligten Gruppen zur Durchsetzung verfahrenszweckwidriger Sondervorteile genutzt werden kann. Der Sinn des Plans ist es nicht, gegenüber der zivilrechtlichen Haftungsordnung und der Verteilungsordnung der Gesamtvollstreckung Vermögensverlagerungen herbeizuführen. Der Plan ist – anders als die von der Kommission für Insolvenzrecht konzipierte Reorganisation – dem Ziel der bestmöglichen Haftungsverwirklichung untergeordnet. Das vorgeschlagene Verfahren verbürgt allen beteiligten Gruppen angemessene, dem Rang ihrer Rechte bei einer konkursmäßigen Gesamtvollstreckung entsprechende Beteiligung an dem gemäß einem Plan realisierten Wert des Schuldnervermögens. Nur dann, wenn diese Teilhabe gewährleistet ist, kann ein Plan gegen den Willen einer beteiligten Gruppe bestätigt werden. Ein Plan kann darüber hinaus keinen einzelnen Beteiligten dazu zwingen, den Vermögenswert, der ihm bei einer konkursmäßigen Gesamtvollstreckung zufließen würde, im Interesse anderer ganz oder teilweise hinzugeben, etwa im Unternehmen des Schuldners investiert zu lassen.   105

Die Bestätigung eines Plans setzt nicht notwendig voraus, daß dieser für die zustimmenden Beteiligten aus dem Schuldnervermögen mindestens die gleichen Zahlungen   106 sicherstellt, wie sie bei einer konkursmäßigen Zwangsverwertung zu erwarten wären. In den Verhandlungen und bei der Abstimmung über einen Plan können die Beteiligten vielmehr alle ihre Interessen an einer bestimmten Art der Masseverwertung zur Geltung bringen, nicht nur ihr Interesse an Zahlungen aus dem Schuldnervermögen. Dadurch wird es möglich, solche Interessen – etwa den Wunsch einzelner Gläubigergruppen nach der Erhaltung einer bewährten Geschäftsbeziehung – marktkonform im Insolvenzverfahren zu gewichten. So wird den Beteiligten eine vollständigere, marktwirtschaftlich korrektere Bewertung der einzelnen Verwertungsvarianten möglich. Die Verfahrensvorschriften haben lediglich sicherzustellen, daß einzelne beteiligte Gruppen ihre Sonderinteressen nicht zu Lasten anderer Beteiligter verfolgen können. Der Plan ist kein Vergleich. Vergleich und Zwangsvergleich sind in ihrer Grundstruktur Verträge des Schuldners mit seinen Gläubigern zur Abwendung oder Beendigung des Konkurses. Sie sind in erster Linie auf die Sanierung des Schuldners durch Schuldenregulierung angelegt. Damit werden im geltenden Recht drei Regelungsthemen miteinander verquickt: Die Mitspracherechte des Schuldners, die Entscheidungsfreiheit der Gläubiger über die Art (Sanierung oder Liquidation) und die Form (Gesamtexekution oder Vergleich) der Masseverwertung sowie die Restschuldbefreiung des Schuldners.

107 In dem neuen einheitlichen Insolvenzverfahren sind diese Materien jeweils besonders geregelt:

– Die Mitwirkungsrechte aller Beteiligten werden einheitlich und unabhängig von der Verwertungsform oder dem angestrebten Verfahrensziel zugemessen. Die Zustimmung des Schuldners zu einem Plan ist im Regelfall entbehrlich.

– Der Plan steht für alle Verwertungsarten des Schuldnervermögens, nicht nur für Sanierungen zur Verfügung.

– Die Restschuldbefreiung ist kein notwendiges Element einer planmäßigen Regelung; der Schuldner darf lediglich auch hinsichtlich seiner Nachhaftung durch eine planmäßige Regelung gegen seinen Willen nicht schlechter gestellt werden als bei einer konkursmäßigen Liquidation.

108 Der Plan ist mithin die privatautonome, den gesetzlichen Vorschriften entsprechende Übereinkunft der mitspracheberechtigten Beteiligten über die Verwertung des haftenden Schuldnervermögens unter voller Garantie des Werts der Beteiligungsrechte.

Der Plan bezweckt nicht eine Rechtswohltat für den Schuldner. Auf subjektive Würdigkeitsvoraussetzungen, wie sie das geltende Vergleichsrecht kennt, kommt es demgemäß beim Schuldner nicht an. Für die Zulässigkeit eines Plan ist die Mitwirkung des Schuldners oder – bei Personengesellschaften – eines persönlich haftenden Gesellschafters nicht erforderlich. Ein Plan kann gegen den Willen des Schuldners oder der an ihm beteiligten Personen freilich nur bestätigt werden, wenn er den Wert der Vermögensrechte auch dieser Beteiligten achtet.

109 Sieht ein Plan die Fortsetzung des Unternehmens durch den Schuldner, organisationsrechtliche Zugeständnisse oder etwa einen Eigentümerbeitrag vor, so ist hingegen bereits nach den allgemeinen Prinzipien der Wirtschaftsverfassung die Zustimmung der betroffenen Beteiligten erforderlich. Aus der vom Grundgesetz verbürgten Vereinigungsfreiheit folgt ferner, daß kein Beteiligter gegen seinen Willen genötigt werden darf, Mitglied einer Gesellschaft oder einer anderen Personenvereinigung zu werden. Dabei kommt es auf den Wert der ihm angebotenen Mitgliedschaft nicht an.

b) Bildung von Abstimmungsgruppen   110

Ein Plan muß von den Beteiligten legitimiert werden, deren Vermögensinteressen berührt werden. Beteiligte, deren Rechte bei einer konkursmäßigen Zwangsverwertung unterschiedlichen Rang haben, also Gläubiger mit Absonderungsrechten, einfache Insolvenzgläubiger, nachrangige Klassen von Insolvenzgläubigern sowie der Schuldner, können sachgerechterweise nicht gemeinsam über einen Insolvenzplan abstimmen. Das Mehrheitsprinzip vermag auch seiner beschränkten Funktion, die Obstruktion sinnvoller Verwertungsentscheidungen durch Minderheiten zu verhindern, lediglich dann gerecht zu werden, wenn nur die Stimmen von Beteiligten mit gleichartigen Rechten addiert werden. Ebenso wäre das Gleichbehandlungsgebot verfehlt, wenn es auf Beteiligte mit unterschiedlichem Rang angewendet werden müßte.

Deshalb sollen jeweils nur solche Beteiligte, die bei einer konkursmäßigen Zwangsverwertung gleichen Rang hätten, in den Abstimmungsgruppen zusammengefaßt werden. In der Regel wird ein Insolvenzplan für Beteiligte verschiedenen Ranges auch unterschiedliche Planwirkungen vorsehen.

Die Zusammenfassung nur gleichrangiger Beteiligter in den Abstimmungsgruppen legitimiert zum einen Mehrheitsentscheidungen und die Gleichbehandlung der Mitglieder einer Gruppe. Sie ermöglicht zum anderen im Konfliktfall, wenn es nicht zu einer Einigung aller Beteiligten kommt, die Durchsetzung der zivilrechtlichen Haftungsordnung und der liquidationsrechtlichen Verteilungsordnung dann, wenn das Schuldnervermögen nicht konkursmäßig verwertet wird. Erzwungene Vermögensverschiebungen werden verhindert; die angemessene Teilhabe aller Gruppen an dem gemäß einem Plan realisierten Vermögenswert wird ermöglicht. Darüber hinaus wird es den Beteiligten durch eine sachgerechte Gruppenbildung erleichtert, ihre Interessen in den Verhandlungen zu koordinieren.   111

Die Insolvenzordnung ermöglicht es, daß in geeigneten Fällen auch Beteiligte ein und derselben Rangklasse in unterschiedlichen Abstimmungsgruppen zusammengefaßt werden, wenn sich die Gruppen im Hinblick auf das geplante Verwertungsziel sachgerecht voneinander abgrenzen lassen. Die Insolvenzordnung baut hierfür einen bereits im geltenden Vergleichsrecht (§ 8 Abs. 2 VerglO) enthaltenen Lösungsansatz aus. Die geltende Regelung hat den Mangel, daß sie differenzierte Wirkungen für gleichrangige Beteiligte nur als Zurücksetzung bestimmter Gläubiger gegenüber anderen ins Auge faßt. In Fällen, in denen eine differenzierte Behandlung der Beteiligten wirtschaftlich sinnvoll ist, erscheint jedoch das bisherige Kriterium, nämlich die Frage, wer zurückgesetzt oder bevorzugt wird, nicht sinnvoll; sie ist nur geeignet, Streit unter die Beteiligten zu tragen. Nur im Hinblick auf das konkrete Verwertungsziel läßt sich die Angemessenheit der Gruppenbildung vom Gericht überprüfen. Deshalb wird die Bildung von Gruppen gleichrangiger Beteiligter dem Planinitiator überlassen.   112

Die zulässigen Differenzierungskriterien lassen sich nicht abschließend normieren. Dem Ziel wirtschaftlich optimaler Masseverwertung entspricht größtmögliche Flexibilität bei der Differenzierung der Planwirkungen. Bei der Masseverwertung durch einen Plan hat der Gleichbehandlungsgrundsatz eine andere Bedeutung als bei der konkursmäßigen Zwangsverwertung des Schuldnervermögens. Im Konkurs müssen unbestimmte Forderungen mit ihrem Schätzwert angesetzt, betagte als fällig behandelt und unverzinsliche abgezinst werden. Ein Plan ist hingegen erst in der Zukunft abzuwickeln. Hierbei kann es sinnvoll sein, etwa die bei Verfahrensbeginn bereits fälligen und die erst als fällig fingierten Forderungen unterschiedlich zu behandeln, desgleichen Forderungen, deren   113

Betrag bei Verfahrenseröffnung bekannt ist, und solche, die lediglich dem Grunde nach feststehen. Auch andere unterschiedliche Interessenlagen, die im Rahmen einer konkursmäßigen Verwertung eingeebnet werden müssen, können im Rahmen eines Plans Differenzierungen rechtfertigen: Etwa die Doppelrolle eines Gläubigers als Eigentümer (soweit nicht bereits der Fall des § 32 GmbHG vorliegt und zur zwingenden Bildung einer nachrangigen Gruppe führt) oder als vom Schuldner abhängiges oder mit diesem im Wettbewerb stehendes Unternehmen, das Vorhandensein von persönlichen Sicherheiten oder von dinglichen Sicherungsrechten am Nichtmassevermögen oder am Vermögen eines Dritten, aber auch der Rechtsgrund einer Forderung (etwa Vertrag oder Delikt). Die Arbeitnehmer des Schuldners sollen wegen ihrer besonderen Interessenlage eine eigene Gruppe bilden, wenn ihnen nicht unbeträchtliche Insolvenzforderungen zustehen.

114   Bei der gerichtlichen Prüfung, ob ein Plan sachgerecht zwischen Beteiligten gleichen Ranges unterscheidet, ist zu bedenken, daß der wirtschaftliche Sinn der planmäßigen Regelung, insbesondere einer Sanierung, sich für die Beteiligten nicht notwendig allein aus den Zahlungen des Schuldners ergibt, sondern auch aus vorteilhaften externen Wirkungen wie etwa der Fortsetzung einer langfristigen Geschäftsbeziehung. So kann es beispielsweise im Einzelfall sinnvoll und zulässig sein, daß ein Fortführungsplan etwa für Lieferanten des Schuldners andere Bedingungen vorsieht als für Deliktsgläubiger.

115   Die Insolvenzordnung sieht für alle Beteiligten, auch für den Schuldner, einen grundsätzlich einheitlichen Minderheitenschutz vor. Ein Plan kann keinen Beteiligten gegen seinen Willen schlechter stellen, als er bei der bestmöglichen konkursmäßigen Verwertung des Schuldnervermögens stünde. Für den Schuldner bedeutet dies auch, daß ihm gegen seinen Willen keine weitergehende Nachhaftung aufgebürdet werden darf als nach einer Zwangsverwertung. Ein Plan kann bestätigt werden, wenn er für die widersprechenden Beteiligten mindestens den Liquidationswert ihrer Rechte vorhält oder sicherstellt. Ist dies gewährleistet, kann der Streit über die Höhe des Liquidationswerts nach der Planbestätigung ausgetragen werden.

116   Einen ähnlichen Schutzstandard enthält bereits das geltende Recht, wenn es die Bestätigung eines Vergleichs versagt, der nicht dem gemeinsamen Interesse der Gläubiger entspricht (§ 79 Nr. 4 VerglO; § 198 Abs. 1 Nr. 2 KO). Das geltende Recht verlangt jedoch, daß auch die dem Vergleich zustimmenden Gläubiger grundsätzlich den Liquidationswert ihres Rechts aus dem Schuldnervermögen erhalten. Für eine solche Einschränkung der Gestaltungsfreiheit besteht kein Bedürfnis; sie könnte im Einzelfall die Durchsetzung wirtschaftlich sinnvoller Lösungen behindern. Die Beteiligten, die einem Plan zustimmen, können selbst am besten beurteilen, was für sie vorteilhaft ist. Ein weiterer grundsätzlicher Mangel der geltenden Regelung liegt darin, daß sie eine Gemeinsamkeit der Interessen fingiert, wo Interessengegensätze der Gläubigergruppen die natürliche Regel sind. Die Insolvenzordnung behebt diese Mängel.

117   **c) Mehrheitserfordernisse**

Der vollwertige Minderheitenschutz gestattet es, für alle Gläubigergruppen einheitliche Mehrheitserfordernisse aufzustellen. Die Insolvenzordnung verlangt für die Annahme eines Plans innerhalb jeder Gruppe sowohl die einfache Kopfmehrheit als auch die einfache Summenmehrheit der anwesenden oder vertretenden abstimmenden Gläubiger. Eine Gruppe, deren Mitglieder nach dem Plan den vollen Nominalwert ihrer Rechte erhalten sollen, nimmt an der Abstimmung nicht teil. Der Wert der Absonderungsrechte ist dabei im Lichte der von dem Plan vorgesehenen Verwendung des Massevermögens zu ermitteln.

Die Insolvenzordnung verbürgt allen beteiligten Gruppen, auch den absonderungsberechtigten Gläubigern, ein Anrecht darauf, nicht nur mindestens den Liquidationswert ihrer Rechte zu erhalten, sondern auch an einem etwaigen Fortführungsmehrwert ranggemäß teilzuhaben. Es entspricht dem Erfordernis der Marktkonformität des Verfahrens, von der Zustimmung einer vom Plan betroffenen Gruppe dann abzusehen, wenn sie das Zustandekommen eines Plans obstruiert, obwohl dieser ihre legitimen Interessen wahrt. Sonst könnte die Gruppe andere Beteiligte zu ungerechtfertigten Zugeständnissen „nötigen". Dieses besondere Schikaneverbot für Abstimmungsgruppen wird dahin ausgeprägt, daß ein Plan gegen den Willen der betroffenen Gruppe bestätigt werden kann, wenn die Gruppe nicht schlechtergestellt wird als sie bei der bestmöglichen konkursmäßigen Verwertung der Insolvenzmasse stünde und wenn zusätzlich keine vorrangige Gruppe mehr erhält als den Nominalwert ihrer Rechte, keine nachrangige Gruppe nach dem Plan Werte erhält oder behält und die Gruppe im Verhältnis zu gleichrangigen anderen Gruppen nicht benachteiligt wird. Die Insolvenzordnung folgt mit dieser Regelung Leitlinien des amerikanischen Reorganisationsrechts. **118**

Sind hinsichtlich der den Plan ablehnenden Gruppen die Voraussetzungen des Obstruktionsverbots erfüllt, so genügt es für die Planbestätigung, wenn die Mehrheit der abstimmenden Gruppen dem Plan ausdrücklich zustimmt. **119**

6. Einbindung der Arbeitnehmerrechte **120**

a) Bessere Verknüpfung von Arbeits- und Insolvenzrecht

Die Arbeitnehmerrechte werden durch die Insolvenzordnung so in das Insolvenzverfahren eingebunden, daß das Verfahren seinem Ziel, die bestmögliche gemeinschaftliche Verwertung des Schuldnervermögens herbeizuführen, gerecht werden kann. Dabei ist davon auszugehen, daß die Insolvenz in der Regel eine Abwicklungssituation sein wird. Wie grundsätzlich bereits das geltende Recht, in Einzelfragen jedoch über dieses hinausgehend, stimmt die Insolvenzordnung deswegen die Gläubigerrechte der Arbeitnehmer, das Recht auf Kündigungsschutz und die betriebsverfassungsrechtlichen Mitwirkungs- und Mitbestimmungsrechte der Arbeitnehmer auf die Belange des Insolvenzverfahrens ab.

Als Gläubiger haben die Arbeitnehmer das Recht, Insolvenzantrag zu stellen. Für ein eigenes Antragsrecht des Betriebsrats besteht daneben kein Bedürfnis. **121**

Mit ihren Insolvenzforderungen nehmen die Arbeitnehmer am Insolvenzverfahren teil. Insoweit haben sie Stimmrecht in der Gläubigerversammlung, die wesentliche Entscheidungen über den Ablauf des Insolvenzverfahrens zu treffen hat. Im Gläubigerausschuß sollen die Arbeitnehmer vertreten sein, wenn ihnen nicht unerhebliche Insolvenzforderungen zustehen.

Wie die übrigen allgemeinen Konkursvorrechte entfällt auch die Privilegierung rückständiger Bezüge (§ 59 Abs. 1 Nr. 3, § 61 Abs. 1 Nr. 1 Buchstabe a KO). **122**

Wegen ihrer Entgeltrückstände für die letzten drei Monate vor der Eröffnung des Insolvenzverfahrens wird den Arbeitnehmern Insolvenzausfallgeld gewährt. Dabei kommt es nicht darauf an, ob die Liquidation des Schuldnerunternehmens oder dessen Sanierung beabsichtigt ist und ob eine konkursmäßige Zwangsverwertung stattfindet oder aber ein Plan ausgearbeitet wird. Gegenüber dem geltenden Recht, das die Eröffnung des Vergleichsverfahrens nicht als Versicherungsfall ansieht, wird der Schutz der Arbeit- **123** nehmer dadurch ausgebaut. Da das Vergleichsverfahren seit Jahren praktisch kaum eine Rolle spielte, hält sich die Mehrbelastung der umlagepflichtigen Wirtschaftsunternehmen in Grenzen.

124 Wird ein Insolvenzplan aufgestellt, so bilden die Arbeitnehmer, wenn ihnen nicht unerhebliche Insolvenzforderungen zustehen, regelmäßig eine besondere Gruppe der ungesicherten Gläubiger.

125 **b) Kündigungsschutz**

Der Kündigungsschutz der Arbeitnehmer bleibt ähnlich wie nach geltendem Recht von der Verfahrenseröffnung grundsätzlich unberührt. Nach der Eröffnung des Verfahrens können Arbeitsverhältnisse von beiden Teilen gekündigt werden; falls nicht eine kürzere Frist vereinbart war, beträgt die Kündigungsfrist (anders als nach § 22 Abs. 1 Satz 2 KO, der die gesetzliche Kündigungsfrist für maßgeblich erklärt) drei Monate zum Monatsende.

126 Der gesetzliche Kündigungsschutz bleibt den Arbeitnehmern auch dann erhalten, wenn der Betrieb oder ein Betriebsteil auf einen Erwerber übertragen wird. § 613 a BGB soll auch im Insolvenzverfahren gelten. Der in der rechtspolitischen Diskussion erhobenen Forderung, diese Vorschrift im Insolvenzverfahren für unanwendbar zu erklären, wird also nicht entsprochen. Es wird lediglich vorgesehen, daß der Unwirksamkeitsgrund des § 613 Abs. 4 BGB im Insolvenzverfahren ebenso wie die Unwirksamkeit einer Kündigung nach dem Kündigungsschutzgesetz binnen drei Wochen geltend gemacht werden muß.

127 Gegen die Lösung spricht nicht, daß § 613 a BGB im Gesamtvollstreckungsverfahren der neuen Bundesländer und Ostberlins zeitweise, nämlich bis zum 31. Dezember 1998, keine Anwendung findet (vgl. hierzu Artikel 32 Nr. 3 des Einführungsgesetzes zur Insolvenzordnung und die Begründung zu dieser Norm). Es handelt sich dabei lediglich um eine Übergangsregelung, durch die der erforderliche Personalabbau bei der Umstellung von der staatlich gelenkten Wirtschaft zur Marktwirtschaft erleichtert werden soll.

128 Wenn der Bestandsschutz der Arbeitsverhältnisse bei Übertragungen im Insolvenzverfahren durch Ausschaltung des § 613 BGB auf Dauer schwächer ausgestaltet wäre als außerhalb desselben, könnten sich nachteilige Wirkungen ergeben. Es wäre zu befürchten, daß einzelne Schuldner die Insolvenz lediglich deswegen planmäßig herbeiführen und ein Insolvenzverfahren beantragen, weil sie sich ihrer arbeitsrechtlichen Bindungen entledigen möchten. Die Bedingungen für die außergerichtliche Sanierung von Unternehmen würden verschlechtert, wenn ein Sog in das Insolvenzverfahren entstünde. Im Verfahren würden die Rahmenbedingungen für die Entscheidung darüber verzerrt, ob ein Unternehmen bei seinem bisherigen Träger saniert oder aber auf einen Erwerber übertragen werden soll. Dies widerspräche dem Ziel, die übertragende Sanierung und die Sanierung des bisherigen Unternehmensträgers den Beteiligten gleichrangig zur Verfügung zu stellen.

129 Die Insolvenzordnung verkennt nicht, daß § 613 BGB unter den heutigen Verhältnissen die Sanierung von Unternehmen erschweren kann und damit in Einzelfällen zum Verlust von Arbeitsplätzen führt. Die auch im Falle der Betriebsübertragung jedem Arbeitnehmer nach dem Kündigungsschutzgesetz zustehende individuelle arbeitsgerichtliche Würdigung der sozialen Rechtfertigung der Kündigung, insbesondere des Vorliegens dringender betrieblicher Erfordernisse und einer sozialen Auswahl der zu entlassenden Arbeitnehmer

(§ 1 Abs. 1 bis 3 KSchG), kann zu erheblicher Unsicherheit über Rechtmäßigkeit und Wirksamkeit von Kündigungen führen und das Scheitern aussichtsreicher Übernahmeverhandlungen verursachen. Die Klärung der Wirksamkeit von Kündigungen erfordert hohen Zeitaufwand, der besonders im Insolvenzverfahren nachteilige Folgen hat. In vielen Fällen läßt sich eine Betriebsveräußerung nur verwirklichen, wenn der Personalbestand des Betriebs noch vor der Übernahme soweit abgebaut wird, daß der Erwerber den Betrieb wieder in die Gewinnzone führen kann. Das Ziel der vorgesehenen Neuregelung ist es, die Nachteile des heutigen Rechtszustands zu vermeiden, ohne in den Kündigungsschutz einzugreifen.

Dabei steht das betriebsverfassungsrechtliche Instrument des Interessenausgleichs im Vordergrund. Ein zwischen Insolvenzverwalter und Betriebsrat geschlossener Interessenausgleich der die infolge einer Betriebsänderung zu entlassenden Arbeitnehmer namentlich bezeichnet, soll die Vermutung begründen, daß die Kündigungen durch dringende betriebliche Erfordernisse bedingt sind. Die soziale Auswahl der zu entlassenden Arbeitnehmer kann nur auf grobe Fehlerhaftigkeit nachgeprüft werden; die Nachprüfbarkeit der sozialen Auswahl ist zudem dahin beschränkt, daß nur die Dauer der Betriebszugehörigkeit, das Lebensalter und die Unterhaltspflicht zu berücksichtigen sind und daß die Auswahl dann nicht grob fehlerhaft ist, wenn eine ausgewogene Personalstruktur erhalten oder geschaffen wird. Die Wirkungen des Interessenausgleichs entfallen nur dann, wenn sich die Sachlage nach seinem Zustandekommen wesentlich geändert hat. **130**

Auch wenn ein Betriebsrat nicht vorhanden ist oder wenn ein Interessenausgleich nicht zustande kommt, soll die Zulässigkeit eines Personalabbaus beschleunigt und einheitlich geklärt werden können. Der Insolvenzverwalter, der eine insolvenzbedingte Betriebsänderung plant, kann hierüber in einem Beschlußverfahren die Entscheidung des Arbeitsgerichts beantragen. Auch in diesem Verfahren kann die soziale Auswahl der Arbeitnehmer nur im Hinblick auf die Dauer der Betriebszugehörigkeit, das Lebensalter und die Unterhaltspflichten nachgeprüft werden. Die Entscheidung des Arbeitsgerichts ist in einem etwaigen späteren Kündigungsprozeß verbindlich, soweit sich die Sachlage nicht wesentlich geändert hat. **131**

Beide Möglichkeiten, Interessenausgleich und Beschlußverfahren, bestehen nicht nur, wenn das Unternehmen in der Hand des Schuldners saniert werden soll, sondern auch im Falle einer Betriebsveräußerung. Dadurch ist gewährleistet, daß die Wahl der Sanierungsform nicht durch unterschiedliche arbeitsrechtliche Rahmenbedingungen beeinflußt wird. **132**

c) Betriebsverfassungsrechtliche Fragen **133**

Die Betriebsverfassung bleibt wie bereits nach dem geltenden Gesetz über den Sozialplan im Konkurs- und Vergleichsverfahren von 1985 (Sozialplangesetz) auch im Insolvenzverfahren anwendbar. Damit trägt die Insolvenzordnung der besonderen Schutzbedürftigkeit der Arbeitnehmer in der Insolvenz ihres Arbeitgebers Rechnung. An die Stelle des Arbeitgebers (Unternehmers) rückt im Insolvenzverfahren der Insolvenzverwalter. Die allgemeinen betriebsverfassungsrechtlichen Mitwirkungs- und Mitbestimmungsrechte der Arbeitnehmer gestatten es ihnen ebenso wie außerhalb des Insolvenzverfahrens, ihre Belange bei Betriebsänderungen zur Geltung zu bringen.

Zusätzlich wird den Betriebsräten eine Reihe insolvenzspezifischer Informations- und Äußerungsrechte, etwa im Zusammenhang mit der Aufstellung eines Insolvenzplans **134** gewährt. Solche insolvenzspezifischen Rechte erhalten auch die Sprecherausschüsse der leitenden Angestellten.

Die Insolvenzordnung enthält Regelungen, die eine bessere Abstimmung der Betriebsverfassung mit den Bedürfnissen des Insolvenzverfahrens gewährleisten. Regelungsbedarf besteht insoweit hinsichtlich des Sozialplans und des Interessenausgleichs.

135 Die Neuregelung des Sozialplans im Insolvenzverfahren löst das Sozialplangesetz ab, das Regelungsvorschläge der Kommission für Insolvenzrecht aufgegriffen und dem geltenden Recht angepaßt hatte und dessen wesentlicher Inhalt auch in die Gesamtvollstreckungsordnung der neuen Bundesländer und Ostberlins aufgenommen worden ist (§ 17 Abs. 3 Nr. 1 lit. c GesO). Die Neuregelung hält an dem bewährten Grundgedanken dieses Gesetzes fest, daß im Insolvenzverfahren die Belange der Arbeitnehmer und die Interessen der Gläubiger durch eine absolute und eine relative Begrenzung des zulässigen Sozialplanvolumens auszugleichen sind. Auch die Höhe dieser Grenzen bleibt mit zweieinhalb Monatsgehältern der entlassenen Arbeitnehmer (absolute Grenze) und einem Drittel der Teilungsmasse (relative Grenze) unverändert. Während das geltende Recht den Forderungen aus einem im Insolvenzverfahren ausgestellten Insolvenzplan ein Vorrecht (§ 4 Satz 1 des Sozialplangesetzes i.v.m. § 61 Abs. 1 Nr. 1 KO) einräumt, sieht die Insolvenzordnung vor, daß Forderungen aus einem Insolvenzsozialplan als letztrangige Masseverbindlichkeiten ungekürzt aus der Insolvenzmasse zu berichtigen sind. Dies und die zu erwartenden reichhaltigeren Insolvenzmassen werden dazu führen, daß die tatsächlichen Sozialplanleistungen künftig höher ausfallen werden als in der heutigen Praxis.

Die absolute und die relative Begrenzung des Sozialplanvolumens werden wie bisher als Obergrenzen ausgestaltet, damit die Besonderheiten des Einzelfalls berücksichtigt werden können; zugleich gewinnen die Arbeitnehmer Spielraum für die Einflußnahme auf das Insolvenzverfahren, insbesondere auf die Entscheidung für eine Sanierung.

136 7. Eigenverwaltung

Die Gläubigerversammlung soll nicht nur befähigt werden, den vom Gericht genannten Insolvenzverwalter abzuwählen und die Ernennung eines neuen Insolvenzverwalters zu erreichen. Die Gläubiger sollen dem Schuldner vielmehr auch die Eigenverwaltung überlassen können. Es ist allein Sache der Gläubiger zu beurteilen, ob dem Schuldner die Fortführung oder die Abwicklung seines Betriebs und gegebenenfalls eine Sanierung überlassen bleiben können. Die Eigenverwaltung soll deshalb allein vom Gläubigerwillen, nicht von dem angestrebten Verfahrensergebnis, von der beabsichtigten Form der Masseverwertung (Zwangsverwertung oder Plan) oder von der subjektiven Würdigkeit des Schuldners abhängig gemacht werden. Wenn es die Gläubiger wünschen, kann dem Schuldner auch die Abwicklung seines Vermögens in Form der Einzelverwertung überlassen werden. In geeigneten Fällen kann hierdurch eine kostengünstige und wirtschaftlich sinnvolle Verwertung erreicht werden. Im Falle der Eigenverwaltung steht dem Schuldner ein Sachwalter zur Seite, dessen Aufgaben im wesentlichen denen des heutigen Vergleichsverwalters entsprechen. Anders als ein solcher hat der Sachwalter auch das Recht der Insolvenzanfechtung.

137 8. Erleichterung der Restschuldbefreiung

Nach dem Vorbild ausländischer Rechtsordnungen sieht die Insolvenzordnung vor, daß das Insolvenzverfahren für redliche Schuldner im Regelfall zu einer gesetzlichen Schuldenbereinigung führt. Die Regelung ist so angelegt, daß die gesetzliche Schuldenbereinigung nicht nur dem Schuldner, sondern auch den Gläubigern Vorteile bringt. Die Insolvenzordnung schlägt deshalb zwischen dem geltenden Recht der freien Nachforderung und den recht schuldnerfreundlichen angelsächsischen Rechten einen Mittelweg ein. Sie setzt sich auch von der Regelung der Gesamtvollstreckungsordnung ab, die dem redlichen Schuldner nach Durchführung des Gesamtvollstreckungsverfahrens sofort einen erweiterten Vollstreckungsschutz gewährt. Anders als in den angelsächsischen Rechtsordnungen, insbesondere im amerikanischen Recht, soll die konkursmäßige Verwertung des Schuldnervermögens allein noch nicht zur Entschuldung führen. Vom Schuldner wird zusätzlich verlangt, daß er für eine überschaubare Zeitspanne – eine Wohlverhaltensphase von sieben Jahren – seine Arbeitskraft nutzt, insbesondere zumutbare Arbeit annimmt, jeden Arbeitsplatzwechsel meldet und sein pfändbares Arbeitseinkommen den Gläubigern zur Verfügung stellt. Bezieht der Schuldner während der Wohlverhaltensphase etwa als Unternehmer oder als freiberuflich Tätiger keine pfändbaren Einkünfte, so muß er seine Gläubiger insgesamt mindestens ebenso stellen, wie wenn er ein ihm zumutbares Arbeitsverhältnis eingegangen wäre und laufende Arbeitseinkünfte erzielt hätte.

Die Restschuldbefreiung soll nur auf Antrag des Schuldners stattfinden. Sie setzt voraus, daß der Schuldner sein gegenwärtiges oder zukünftiges pfändbares Arbeitseinkommen oder vergleichbare Bezüge für die Dauer von sieben Jahren auf einen vom Gericht zu bestimmenden Treuhänder überträgt, dem die gleichmäßige Befriedigung der Insolvenzgläubiger obliegt. **138**

Die Restschuldbefreiung soll nur dem redlichen Schuldner zuteil werden. Auf Antrag eines Gläubigers wird die Restschuldbefreiung ausgeschlossen, wenn dem Schuldner in der Zeit vor Eröffnung des Insolvenzverfahrens, bei dessen Abwicklung, nach Aufhebung des Verfahrens bis zum Ablauf der Wohlverhaltensphase oder im Rahmen seiner Anhörung zur Restschuldbefreiung illoyales Verhalten zur Last fällt. **139**

So scheidet die Restschuldbefreiung etwa aus, wenn der Schuldner Insolvenzstraftaten begangen hat. Das gleiche gilt, wenn der Schuldner in einem bestimmten Zeitraum vor Eröffnung des Insolvenzverfahrens schriftlich falsche Angaben über seine Vermögensverhältnisse gemacht hat, um einen Kredit zu erhalten, oder wenn er durch mutwilliges oder vorsätzliches Verhalten die Befriedigungsaussichten seiner Gläubiger wesentlich geschmälert hat. Schließlich kann die Restschuldbefreiung auch dann versagt werden, wenn der Schuldner im Insolvenzverfahren nicht kooperativ mitwirkt, etwa im Ausland belegenes Vermögen nicht in die Masse einbringt.

Von einer solchen Regelung sind heilsame Wirkungen auf die Schuldnermoral und Anreize zur rechtzeitigen Antragstellung und zur korrekten Abwicklung des Insolvenzverfahrens zu erwarten. Es ist sichergestellt, daß nicht nur der Schuldner, sondern auch die Gläubiger einen Vorteil von der Neuregelung haben.

Das geltende Konkursrecht hat mit der Entwicklung der Kreditwirtschaft nicht Schritt gehalten. Kredit, namentlich Verbraucherkredit, wird zunehmend nicht mehr mit Rücksicht auf vorhandenes Vermögen, sondern auf künftigen Erwerb gewährt. Während das Recht der Zwangsvollstreckung den Zugriff einzelner Gläubiger auf künftige Bezüge ermöglicht, gestattet die Konkursordnung die gemeinschaftliche Gläubigerbefriedigung lediglich aus dem vorhandenen Schuldnervermögen. Dies ist eine der Ursachen für das Versagen des geltenden Rechts bei der Verbraucherinsolvenz. **140**

141 Verbraucherkredite werden heute überwiegend durch Lohnabtretung gesichert. Fehlt diese, ist das Einkommen insolventer Arbeitnehmer und Verbraucher regelmäßig gepfändet. Bliebe die Lohnabtretung und -pfändung auch künftig von der Eröffnung des Insolvenzverfahrens unberührt, so stünden insolventen Privatleuten in aller Regel keine Mittel für eine gleichmäßige Gläubigerbefriedigung zur Verfügung. Weiterhin erhielte ein Gläubiger – nämlich der Lohnzessionar oder -pfändungsgläubiger – auch in der Insolvenz des Arbeitnehmers im Regelfall alles und die anderen Gläubiger nichts. Deshalb ist eine Einschränkung der Rechte am Einkommen des Schuldners unerläßlich, wenn das Insolvenzverfahren auch in der Verbraucherinsolvenz seiner Aufgabe gerecht werden soll, für die gemeinschaftliche Gläubigerbefriedigung zu sorgen. Freilich darf die Lohnabtretung als Kreditsicherungsmittel nicht unvertretbar beschränkt werden.

142 Durch eine Reihe neuartiger Regelungen ermöglicht die Insolvenzordnung eine Vergemeinschaftung der Gläubigerbefriedigung aus dem künftigen Erwerb des Schuldners:

Die Insolvenzordnung sieht vor, daß die Abtretung von Lohn oder ähnlichen Bezügen spätestens etwa drei Jahre nach Eröffnung des Insolvenzverfahrens hinfällig wird. Dem gesicherten Gläubiger verbleibt damit eine erhebliche Vorzugsstellung. Deren Wert erhöht sich dadurch beträchtlich, daß der Schuldner bemüht sein wird, seiner Arbeit nachzugehen und seine Gläubiger korrekt zu befriedigen. Die Insolvenzordnung geht deshalb davon aus, daß eine solche Regelung im Durchschnitt der Fälle durchaus auch den Belangen des durch Lohnabtretung gesicherten Gläubigers dienlich ist.

Eine bei Verfahrenseröffnung begründete Befugnis, gegen die pfändbaren Ansprüche des Schuldners auf laufende Bezüge aufzurechnen, wird im gleichen Umfang geschützt wie die Abtretung der Bezüge.

143 Bei der Lohnpfändung, die nicht auf rechtsgeschäftlicher Abrede, sondern allein auf der mehr oder weniger zufälligen zeitlichen Priorität beruht, ist eine stärkere Einschränkung zu rechtfertigen als bei der Abtretung. Die Insolvenzordnung sieht vor, daß die Pfändung von Arbeitseinkommen und vergleichbaren Bezügen mit der Eröffnung des Insolvenzverfahrens hinfällig wird. Das insolvenzrechtliche Ausgleichsprinzip verdrängt das Prioritätsprinzip der Einzelzwangsvollstreckung.

144 Dem Vorbild der meisten anderen europäischen Rechtsordnungen folgend, rechnet künftig auch der gesamte dem Schuldner während des Verfahrens zufallende Neuerwerb zur Insolvenzmasse. Künftige Bezüge des Schuldners unterliegen während des Verfahrens auch insoweit weder der Verfügung durch den Schuldner noch der Zwangsvollstreckung der Gläubiger, als sie nach der Aufhebung des Verfahrens erdient oder fällig werden. In Verbindung mit der Einschränkung der Rechte am Einkommen des Schuldners stellen diese Vorschriften sicher, daß das künftige Einkommen des Schuldners spätestens nach drei Jahren für die gemeinsame Gläubigerbefriedigung genutzt werden kann.

145 Die Restschuldbefreiung setzt den entscheidenden Anreiz für den Schuldner, ein Höchstmaß an Gläubigerbefriedigung zu bewirken. Die Restschuldbefreiung steht deswegen auch nicht im Gegensatz zum Verfahrensziel der Haftungsverwirklichung; sie erschließt das künftige Einkommen des Schuldners überhaupt erst für die gemeinschaftliche Befriedigung der Gläubiger.

9. Verbraucherinsolvenzverfahren　　146

Für die Abwicklung von Verbraucherinsolvenzen und sonstigen Kleinverfahren sieht die Insolvenzordnung ein eigenes, von dem Regelinsolvenzverfahren abweichendes Verfahren vor. Die Neuregelung dieses Verbraucherinsolvenzverfahrens hat neben dem dringenden Anliegen, die Gerichtsbelastung möglichst weitgehend zu reduzieren, das Ziel, den besonderen Bedürfnissen der Verbraucher besser Rechnung zu tragen als das eher auf Unternehmensinsolvenzen zugeschnittene Regelinsolvenzverfahren.

Entsprechend dieser Zielvorgabe ist das neue Insolvenzverfahren nicht ausnahmslos für alle Schuldner vorgesehen, die Restschuldbefreiung anstreben. Der Anwendungsbereich des neuen Verbraucherinsolvenzverfahrens umfaßt vielmehr ausschließlich die Insolvenzen von Verbrauchern und Kleingewerbetreibenden, die im Regelfall relativ klein und überschaubar sind und denen das auf Unternehmensinsolvenzen zugeschnittene Regelinsolvenzverfahren nicht gerecht wird. Für die Schuldner hingegen, deren Insolvenz ihrem Zuschnitt und Umfang nach einer Unternehmerinsolvenz entspricht – etwa für persönlich haftende Gesellschafter eines großen Unternehmens –, bleiben die Bestimmungen des Regelinsolvenzverfahrens anwendbar.　　147

a) Grundlegende Elemente des Verbraucherinsolvenzverfahrens　　148

Die Insolvenzordnung geht von der Erkenntnis aus, daß gütliche Einigungen zwischen Schuldnern und ihren Gläubigern für Kleininsolvenzen die interessengerechteste und angemessenste Art der Insolvenzbewältigung darstellen. Ein grundlegendes Element des neuen Verbraucherinsolvenzverfahrens ist deshalb die konsequente Förderung einvernehmlicher Schuldenbereinigungen. Der gütlichen Einigung wird der klare Vorrang vor gerichtlicher Insolvenzbewältigung durch Insolvenzverfahren und gesetzlicher Restschuldbefreiung eingeräumt.

Diesem klaren Vorrang gütlicher Einigungen entspricht es, daß insolvente Verbraucher und sonstige Schuldner von Kleininsolvenzverfahren eine außergerichtliche Einigung mit ihren Gläubigern versuchen müssen. Sie können dabei von einer geeigneten Person (etwa einem Rechtsanwalt) oder einer geeigneten Stelle (insbesondere Schuldnerberatungsstellen) unterstützt werden. Die Pflicht zu diesem außergerichtlichen Einigungsversuch ist in der Insolvenzordnung dadurch verankert, daß die Schuldner dem Antrag auf Eröffnung eines Verbraucherinsolvenzverfahrens als Nachweis für den Einigungsversuch eine entsprechende Bescheinigung einer geeigneten Person oder Stelle beifügen müssen. Der Schuldner kann dementsprechend erst nach Scheitern der außergerichtlichen Einigung beim Insolvenzgericht einen Antrag auf Eröffnung eines Verbraucherinsolvenzverfahrens stellen.　　149

In den Regelungen zu diesem Eröffnungsantrag findet ein weiteres wichtiges Element des Verbraucherinsolvenzverfahrens seinen Niederschlag, nämlich die Pflicht des Schuldners und auch der Gläubiger zur aktiven Mitwirkung an der Bewältigung der Insolvenz. Der Schuldner soll das Ziel der Restschuldbefreiung nur erreichen können, wenn er sich durch aktive Verfahrensmitwirkung darum bemüht; es soll nicht ausreichen, sich lediglich passiv in die Hände eines staatlich geordneten Verfahrens zu begeben:　　150

Über den obligatorischen außergerichtlichen Einigungsversuch hinaus wird der Schuldner zur aktiven Mitwirkung an der Insolvenzbewältigung durch die Pflicht angehalten, mit dem Insolvenzantrag neben der oben erwähnten Bescheinigung über den gescheiterten außergerichtlichen Einigungsversuch einen Schuldenbereinigungsplan sowie die　　151 hierfür erforderlichen Unterlagen, nämlich Verzeichnisse seines Vermögens, seiner Gläubiger und der gegen ihn gerichteten Forderungen, vorzulegen. In geeigneten Fällen kann der Schuldner dabei durchaus ganz oder teilweise auf Unterlagen zurückgreifen, mit denen er bereits außergerichtlich eine Einigung versucht hat. Dies könnte sich etwa in Fällen anbieten, in denen eine außergerichtliche Schuldenbereinigung an dem obstruktiven Widerstand einzelner Gläubiger gescheitert ist.

152 Auf Antrag des Schuldners sind die Gläubiger verpflichtet, den Schuldner bei der Erstellung des Forderungsverzeichnisses durch umfassende schriftliche Auskunft zu unterstützen. Diese Regelung trägt der Tatsache Rechnung, daß dem Schuldner und den Menschen, die dem Schuldner helfen, in der Praxis häufig die genaue Aufstellung seiner Verbindlichkeiten Probleme bereitet. Für die Gläubiger bedeutet die ihnen auferlegte Auskunftspflicht gegenüber dem Schuldner keine unzumutbare Härte. Sie müssen ihre Forderung ohnehin für die Anmeldung im Insolvenzverfahren genau berechnen und aufstellen.

153 **b) Schuldenbereinigungsplan**

Ein Kernstück des Verbraucherinsolvenzverfahrens ist der Schuldenbereinigungsplan. Er ersetzt den im Regelinsolvenzverfahren vorgesehenen Insolvenzplan durch ein verbrauchergerechtes, schriftliches Einigungsverfahren, das sich an den Prozeßvergleich mit mehreren Beteiligten anlehnt und von den Beteiligten zugleich als „Gebrauchsanweisung" für außergerichtliche Einigungsversuche genutzt werden kann.

154 *Grundsatz der Vertragsfreiheit*

Die Regelungen zum Schuldenbereinigungsplan sind streng nach dem Grundsatz der Vertragsfreiheit konzipiert. Der Schuldner, die Gläubiger und eventuelle sonstige Beteiligte sollen uneingeschränkt jede denkbare Möglichkeit, die Insolvenz sinnvoll zu bewältigen, nutzen können. Zugleich wird dadurch gewährleistet, daß allen Besonderheiten des jeweiligen Einzelfalles und den Interessen der Beteiligten individuell Rechnung getragen werden kann. Den Beteiligten steht zugleich die Möglichkeit offen, im Schuldenbereinigungsplan Regelungen für den Fall vorzusehen, daß sich die tatsächlichen Verhältnisse – etwa durch Arbeitslosigkeit des Schuldners – ändern. Infolge des Grundsatzes der Vertragsfreiheit können in den Schuldenbereinigungsplan auch mittellose Angehörige einbezogen werden, die sich für den Schuldner verbürgt oder für diesen eine Mitschuld übernommen haben; so könnte etwa bestimmt werden, daß durch die vom Schuldner zu erbringenden Leistungen auch der betroffene Angehörige von seiner Bürgschaft oder Mitschuld befreit wird.

155 *Außergerichtliche Kosten*

Um zu verhindern, daß der Schuldner wegen der Gefahr unverhältnismäßig hoher Verfahrenskosten keine realistische Möglichkeit hat, mit seinen Gläubigern eine solide gütliche Bewältigung seiner Insolvenz durch Schuldenbereinigung vorzubereiten und zu verwirklichen, ist in der Insolvenzordnung vorgesehen, daß die Gläubiger gegen den Schuldner keinen Anspruch auf Erstattung ihrer außergerichtlichen Kosten haben, die ihnen im Zusammenhang mit dem Schuldenbereinigungsplan entstehen. Die Gläubiger werden durch diese Regelung nicht unangemessen benachteiligt, da sie selbst bestimmen können, ob und in welchem Umfang ihnen außergerichtliche Kosten entstehen.

156 *Zustandekommen und Wirkung des Schuldenbereinigungsplans*

Den Schuldenbereinigungsplan und die genannten Verzeichnisse stellt das Gericht den benannten Gläubigern zur Stellungnahme zu. Die Zustimmung zu dem Plan kann ausdrücklich, durch Schweigen innerhalb der Stellungnahmefrist oder durch gerichtliche

Ersetzung der Zustimmung erfolgen. Mit der Möglichkeit der gerichtlichen Ersetzung der Zustimmung soll verhindert werden, daß einzelne Gläubiger Obstruktion betreiben und eine von der Mehrheit der Gläubiger für akzeptabel befundene Möglichkeit der Schuldenbereinigung verhindern können, ohne hierfür ein berechtigtes Interesse zu haben. Zu der gerichtlichen Ersetzung der Zustimmung kann es kommen, wenn die Mehrheit der Gläubiger ausdrücklich oder durch Schweigen binnen der Stellungnahmefrist dem Schuldenbereinigungsplan zugestimmt hat. In diesem Fall ersetzt das Gericht auf Antrag eines Gläubigers oder des Schuldners die Zustimmung der übrigen Gläubiger, wenn der Plan inhaltlich angemessen ist. Inhaltlich angemessen in diesem Sinne ist der Plan nur dann, wenn er die widersprechenden Gläubiger im Verhältnis zu den übrigen Gläubigern angemessen behandelt und wirtschaftlich nicht schlechter stellt, als sie bei Durchführung eines Insolvenzverfahrens mit der Möglichkeit der Restschuldbefreiung stünden; auf diese Weise ist der verfassungsrechtlich gebotene Schutz der Rechtsposition der Gläubiger gewährleistet. Der zustandegekommene Schuldenbereinigungsplan hat die Wirkung eines Prozeßvergleichs.

c) Vereinfachtes Insolvenzverfahren 157

Erst wenn auch dieses Schuldenbereinigungsverfahren nicht zum Erfolg führt, kann ein abgekürztes Verbraucherinsolvenzverfahren eröffnet werden. Dieses Verfahren kann mit nur einem Termin oder sogar vollständig im schriftlichen Verfahren durchgeführt werden und weist darüber hinaus eine Reihe weiterer Vereinfachungen gegenüber dem Regelinsolvenzverfahren auf: Die Regelungen zum Insolvenzplan, an deren Stelle die Bestimmungen zum Schuldenbereinigungsplan getreten sind, und die für Kleininsolvenzen ungeeigneten Regelungen über die Eigenverwaltung unter Aufsicht eines Sachwalters finden keine Anwendung. In den Fällen, in denen verwertungsfähige Masse in nennenswertem Umfang nicht vorhanden ist, kann von der Verwertung abgesehen und anstelle dessen die Zahlung eines gerichtlich festgesetzten Betrages durch den Schuldner vorgesehen werden. Die Aufgaben des Insolvenzverwalters werden in reduziertem Umfang von dem Treuhänder (der ohnehin in dem Beschluß über die Ankündigung der Restschuldbefreiung für den Fall des ordnungsgemäßen Verlaufs der Wohlverhaltensphase bestellt werden müßte) wahrgenommen. Dieses vereinfachte Insolvenzverfahren bildet zugleich die Voraussetzung für die siebenjährige Wohlverhaltensphase, die bei ordnungsgemäßem Verlauf mit der gesetzlichen Restschuldbefreiung endet.

10. Anpassung benachbarter Rechtsgebiete an das neue Insolvenzrecht 158

Die Insolvenzordnung wird durch eine Vielzahl von Regelungen in dem zugehörigen Einführungsgesetz ergänzt, die das bisherige Insolvenzrecht aufheben und alle übrigen Bundesgesetze mit Berührung zum Insolvenzrecht inhaltlich und redaktionell an die Insolvenzordnung anpassen. Außerdem enthält das Einführungsgesetz die Übergangs- und Inkrafttretensregelungen.

Aus der Vielzahl der inhaltlichen Anpassungen des Bundesrechts mit Berührung zum Insolvenzrecht an die Insolvenzordnung sind folgende Änderungen besonders hervorzuheben:

– Die Neufassung des Anfechtungsgesetzes, durch die die außerhalb des Insolvenzverfahrens mögliche Anfechtung an die Insolvenzanfechtung nach der Insolvenzordnung angepaßt wird. 159

160 – Die Änderungen des Gerichtsverfassungsgesetzes und anderer Verfahrensgesetze, durch die Vorschriften beseitigt werden, nach denen der Schuldner durch eine Konkurseröffnung zwingend vom Amt des ehrenamtlichen Richters ausgeschlossen wird; mit dem neuen Insolvenzverfahren soll keine Beeinträchtigung der Ehre des Schuldners verbunden sein; in Zukunft soll zum ehrenamtlichen Richter nicht ernannt werden, wer in Vermögensverfall geraten ist.

In ähnlicher Weise werden durch Änderungen der Bundesnotarordnung, der Bundesrechtsanwaltsordnung und der Patentanwaltsordnung Zugangsbeschränkungen zu diesen Berufen neu gefaßt.

161 – Eine Änderung der Zivilprozeßordnung, nach der der allgemeine Gerichtsstand eines Insolvenzverwalters für Klagen, die sich auf die Insolvenzmasse beziehen, durch den Sitz des Insolvenzgerichts bestimmt wird.

162 – Eine Änderung des Gesetzes über die Zwangsversteigerung und die Zwangsverwaltung, durch die die gesicherten Gläubiger an den Kosten der Feststellung des Grundstückszubehörs beteiligt werden.

163 – Die Aufhebung des § 419 BGB, der die zwingende Haftung des Vermögensübernehmers vorschreibt; durch diese Regelung werden Sanierungen außerhalb des Insolvenzverfahrens erleichtert.

164 – Eine weitere Änderung des Bürgerlichen Gesetzbuchs, nach der künftig der sogenannte Konzernvorbehalt unwirksam ist, durch den in Erweiterung des Eigentumsvorbehalts der Eigentumserwerb des Käufers von der Erfüllung von Forderungen der mit dem Verkäufer verbundenen Unternehmen abhängig gemacht wird; durch diese Vereinbarung werden der Käufer und seine sonstigen Gläubiger übermäßig benachteiligt.

165 – Die Aufhebung von § 370 HGB, der das kaufmännische Zurückbehaltungsrecht im Insolvenzfall auf nicht fällige Forderungen ausdehnt; die Aufhebung dieser Regelung beseitigt eine als systemwidrig angesehene Bevorzugung bestimmter Gläubiger.

166 – Eine Änderung des Gesetzes betreffend die Gesellschaft mit beschränkter Haftung, durch die die vereinfachte Kapitalherabsetzung für diese Gesellschaften eingeführt wird; dadurch werden Sanierungen erleichtert.

167 – Die Änderungen des Genossenschaftsgesetzes, mit denen die dort enthaltenen umfangreichen insolvenzrechtlichen Vorschriften auf die Reform umgestellt werden; bei den Änderungen wurde dafür Sorge getragen, daß auch bei der Genossenschaft eine Sanierung im Insolvenzverfahren erfolgen kann.

168 – Eine Änderung der Gewerbeordnung, durch die zur Erhaltung der Sanierungschancen eines Unternehmens die Gewerbeuntersagung im Insolvenzverfahren verboten wird.

169 – Änderungen des Kreditwesengesetzes und des Versicherungsaufsichtsgesetzes, durch die die Bindung des Konkursgerichts (künftig Insolvenzgericht) an den Eröffnungsantrag der Aufsichtsbehörde beseitigt wird.

170 – Änderungen des Gesetzes zur Verbesserung der betrieblichen Altersversorgung, die zur Weiterentwicklung der dort begründeten Insolvenzsicherung beitragen: Es wird etwa darauf hingewirkt, daß der Pensions-Sicherungs-Verein nach einer gelungenen Sanierung wieder von den übernommenen Verpflichtungen entlastet wird; die Abfindung kleiner Anwartschaften wird ermöglicht; die Einstandspflicht des Pensions-Sicherungs-Vereins für besonders hohe Betriebsrenten wird herabgesetzt.

171 – Änderungen des Arbeitsförderungsgesetzes, durch die das Konkursausfallgeld auf das neue Insolvenzverfahren umgestellt wird.

III. Geschichte der Reform 172

1. Erarbeitung der Regierungsentwürfe zur Insolvenzrechtsreform

a) Erste Reformüberlegungen

Die Konkursordnung von 1877, das wohl gelungenste der Reichsjustizgesetze, war schon kurze Zeit nach ihrem Inkrafttreten Gegenstand erster Reformbemühungen. Diese ersten Bemühungen sind von dem Streit um die Notwendigkeit eines konkursabwendenden Vergleichsverfahrens geprägt. Die erste Vergleichsordnung von 1927 war ein aus der Wirtschaftskrise geborenes Gesetz, mit dem man einer weithin beklagten „Gemeinschädlichkeit des Konkurses" begegnen wollte. Bei den Bemühungen um eine Reform dieses Gesetzes, die wenig später einsetzten, ging es vor allem darum, im Interesse des „Volksganzen" und zur Vermeidung von Mißbräuchen den Einfluß des Gerichts und des Vergleichsverwalters zu stärken. Diese Bestrebungen mündeten in die heute geltende Vergleichsordnung von 1935.

Bei der wenig später vom Reichsjustizministerium geplanten Überarbeitung der Konkursordnung stand die Stärkung der Stellung des Richters im Vordergrund; mit der wirksameren Anfechtung gläubigerbenachteiligender Handlungen, der Einschränkung der Aus- und Absonderungsrechte, der Masseschulden und der Konkursvorrechte und insbesondere einer besseren Abstimmung von Zwangsvergleich und Vergleich wurden jedoch erstmals auch grundlegende systematische Reformüberlegungen und Bemühungen um die bessere Funktionsfähigkeit des Konkurses als Verfahren mit dem Ziel gemeinschaftlicher Haftungsverwirklichung erörtert. Ein Entwurf von 1937/1938, der viele fortschrittliche Züge aufwies, wurde nicht weiterverfolgt. 173

Nach dem Zweiten Weltkrieg kehrten die Reformthemen der Vorkriegszeit wieder. Das wiederauflebende Interesse der Rechtsvergleichung brachte darüber hinaus vom geltenden Recht völlig abweichende Verfahrenskonzeptionen in den Blick. Die Forderung nach einer großen Insolvenzrechtsreform, insbesondere nach der Zusammenfassung von Konkurs und Vergleich in einem einheitlichen, durchgängig am Gläubigerinteresse ausgerichteten Verfahren, wurde seitdem immer nachdrücklicher vorgetragen. Die Forderungen nach einer stärkeren Gleichbehandlung der Gläubiger und nach dem Abbau nicht nur der Konkursvorrechte, sondern auch dinglicher Vorzugsstellungen, sowie die Klage über die angebliche Soziallastigkeit der Verfahren wurden schon in den fünfziger Jahren zu Leitmotiven der weiteren Reformdiskussion, die bedeutsame Ordnungsprobleme des Konkurses in den Hintergrund drängten. 174

Die durch die Ölpreiskrise 1973 ausgelöste Rezession, die 1972 bis 1975 zu einer Verdoppelung der Konkurs- und Vergleichsanträge führte, verschaffte den damaligen Reformforderungen die Aufmerksamkeit einer breiteren Öffentlichkeit. Die zunehmende Funktionsunfähigkeit von Konkurs- und Vergleichsverfahren wurde, dem Stand der Reformdiskussion entsprechend, mit dem Schlagwort vom „Konkurs des Konkurses" belegt. Dessen Ursachen sah man in einer übersteigerten Entwicklung der publizitätslosen Sicherungsrechte, insbesondere des Eigentumsvorbehalts und der Sicherungsübertragung, und in der zunehmenden Massebelastung durch Masseschulden und -kosten. Die Reformdiskussion wurde besonders von der bedrückenden Entwicklung der In- 175 solvenzstatistik genährt. Dabei wurden die herkömmlichen Funktionen von Konkurs und Vergleich einstweilen kaum in Frage gestellt. Denn die wesentlichen Diskussionsbeiträge kamen aus der Insolvenzpraxis und aus der Verfahrens- und Konkursrechtswissenschaft; Vertreter der Wirtschaftspolitik, des Wirtschaftsrechts und der Wirtschaftswissenschaften beteiligten sich daran noch kaum.

176 Eine vom Bundesministerium der Justiz in den Jahren 1976 und 1977 durchgeführte Prüfung hatte ergeben, daß isolierte Einzeländerungen der Konkursordnung und der Vergleichsordnung den Reformbedürfnissen insgesamt nicht gerecht werden würden. Bereits 1978 lagen die Ergebnisse einer umfangreichen rechtstatsächlichen Untersuchung vor, welche im Auftrage des Bundesministeriums der Justiz durchgeführt worden war (Gessner/Rhode/Strate/Ziegert, „Die Praxis der Konkursabwicklung in der Bundesrepublik Deutschland", 1978). Diese Untersuchung lieferte zu fast allen seinerzeitigen Reformschwerpunkten wertvolle rechtstatsächliche Grundlagen, wirkte allerdings mit manchen einseitigen rechtspolitischen Forderungen auch belastend auf die Diskussion.

177 **b) Kommission für Insolvenzrecht**
Ebenfalls 1978 berief der damalige Bundesminister der Justiz, Dr. Hans-Jochen Vogel, Wissenschaftler und Praktiker des Insolvenzrechts und des Arbeitsrechts sowie Sachverständige der Wirtschaftsverbände und der Gewerkschaften in eine unabhängige und ehrenamtlich tätige Kommission für Insolvenzrecht. Der Kommission gehörten an:

– Dieter Beule, Düsseldorf

– Rolf Borchers, Hamburg (ab Ende 1978)

– Prof. Dr. Eberhard Dorndorf, Hannover

– Johannes Düttmann, Frankfurt (ab 1979)

– Prof. Dieter Eickmann, Berlin (ab 1980)

– Prof. Dr. Walter Gerhardt, Bonn (ab Ende 1978)

– Dr. Herbert Heidland, Köln

– Dr. Theodor Heinsius, Frankfurt

– Prof. Dr. Wolfram Henckel, Göttingen

– Dr. Hermann Henrich, Wiesbaden (ab Ende 1978)

– Dr. Werner Hofmann, Wiesbaden (ab 1982)

– Dr. Georg Holch, Stuttgart

– Dr. Peter Joussen, Duisburg

– Werner Junge, Bonn

– Dr. Joachim Kilger, Hamburg

– Dr. Josef Kotsch, München (ab 1982)

– Franz Merz, Karlsruhe

– Hans-Peter Müller, Frankfurt

– Kurt Sauermilch, Mannheim (bis Ende 1978)

- Prof. Dr. Wilhelm Uhlenbruck, Köln
- Dr. Alfred Walchshöfer, München (bis 1982)
- Prof. Dr. Friedrich Weber, Heidelberg
- Prof. Dr. Albrecht Zeuner, Hamburg (ab 1982)

Für das Bundesministerium der Justiz nahmen neben dem Vorsitzenden der Kommission, Herrn Dr. Hans Arnold, an den Kommissionssitzungen teil:

- Dr. Manfred Balz
- Dr. Karl-Friedrich Deutler
- Erich Kaufmann
- Dr. Hans-Georg Landfermann
- Friedrich-Wilhelm Schulte

Durch Beobachter waren die Bundesministerien für Arbeit und Sozialordnung, der Finanzen und für Wirtschaft vertreten.

In dem der Kommission von Bundesminister Dr. Vogel erteilten Mandat spiegeln sich die Hauptströmung der damaligen Reformdiskussion und die seinerzeit herrschende Sicht der insolvenzrechtlichen Probleme bis in Einzelheiten wider:

- Dem Wort Jaegers, das eigentliche Ziel bestehe in der Vermeidung des Konkurses, wurde besondere Bedeutung beigemessen, der Vorschlag, ein besonderes Sanierungsvefahren zur Vermeidung des Konkurses zu schaffen, für bedenkenswert erklärt. Die volkswirtschaftlichen Schäden und sozialen Gefahren, die vom finanziellen Zusammenbruch eines Unternehmens ausgingen, seien zu vermeiden oder zumindest zu mildern. **178**

- Der Masselosigkeit der Insolvenzen sollte entgegengewirkt und die Durchlöcherung des Grundsatzes der Gleichbehandlung aller Gläubiger, der zum Wesen des Konkursrechts gehöre, rückgängig gemacht werden. Hierfür sollte auch das als Schicksalsfrage einer Insolvenzrechtsreform bezeichnete Problem in die Verhandlungen einbezogen werden, ob sich im Konkurs die Ausweitung der Mobiliarsicherheiten zurückdrängen lasse, ohne daß die volkswirtschaftlich notwendige Kreditversorgung der Wirtschaft gefährdet werde. **179**

- Besondere Bedeutung sollte dem Schutz der Arbeitnehmer beigemessen werden. Vor allem im Zusammenhang mit den Fragen, die der Sozialplan im Konkurs aufwerfe, seien rechts-, wirtschafts- und sozialpolitische Entscheidungen von großer Tragweite vorzubereiten. **180**

Die Kommission hat in 28 Plenarsitzungen und über 50 Arbeitsgruppensitzungen ein umfassendes Regelungsmodell ausgearbeitet und die Ergebnisse ihrer Beratungen als begründete Leitsätze in zwei Berichten zusammengefaßt. Diese wurden vom Bundesministerium der Justiz herausgegeben und erschienen 1985 und 1986. Zuvor hatte 1982 eine besondere Abteilung des 54. Deutschen Juristentages unter dem Vorsitz von Herrn Prof. Dr. Lutter die damals schon in Umrissen bekannten Vorschläge der Kommission zur Erleichterung der Unternehmenssanierung öffentlich verhandelt, die Diskussion vor allem aus unternehmens- und arbeitsrechtlicher Sicht wesentlich bereichert und schließlich wesentliche Elemente der Kommissionsvorschläge mit durchweg erheblichen Mehrheiten begrüßt. **181**

182 Die Kommission für Insolvenzrecht hat den ihr erteilten Auftrag in vorzüglicher Weise erfüllt. Die Berichte der Kommission haben fast allgemein hohe wissenschaftliche Anerkennung gefunden. Die Kommission hat die Reformüberlegungen, die ihr bis zum Abschluß ihrer Beratungen bekannt waren, im Rahmen ihres Mandats umfassend geprüft und in ihren Empfehlungen verarbeitet. Ohne die Vorarbeiten der Kommission wäre eine Gesamtreform des Insolvenzrechts noch nicht möglich.

183 **c) Erarbeitung der Gesetzentwürfe zur Insolvenzrechtsreform**

Das Bundesministerium der Justiz hat zu den Berichten der Kommission für Insolvenzrecht Stellungnahmen der Länder, Verbände und interessierten Fachorganisationen eingeholt und in dem Referentenentwurf vom November 1989 und in dem Regierungsentwurf von November 1991 verarbeitet. Die Kommissionsvorschläge waren zudem Gegenstand einer vielstimmigen und vertieften wissenschaftlichen Auseinandersetzung, in der sich verstärkt auch Vertreter des Wirtschaftsrechts und der Wirtschaftswissenschaften zu Wort meldeten. Auch die ökonomische Analyse des Rechts nahm sich der Kommissionsvorschläge mit bemerkenswerten Ergebnissen an.

184 Einige der gedanklichen Voraussetzungen der Kommissionsberichte und eine Reihe bedeutender Einzelvorschläge wurden aus wirtschafts- und rechtspolitischer Sicht kritisiert. Dabei setzte sich eine vom Mandat der Kommission abweichende Beurteilung der Aufgaben des Insolvenzrechts in der marktwirtschaftlichen Ordnung durch. Insbesondere wurde die wirtschaftliche Steuerungsfunktion des Insolvenzrechts gegenüber der Aufgabe, in bereits eingetretenen Insolvenzen Verteilungskonflikte zu lösen, stärker betont.

Im Mittelpunkt der kritischen Beiträge standen zunächst vor allem die zu erwartenden Auswirkungen einer insolvenzbezogenen Einschränkung der Kreditsicherungsrechte, insbesondere der Mobiliarsicherheiten, auf die Finanzmärkte; in diesem Zusammenhang fand eine im Auftrag des Bundesministeriums der Justiz erstellte empirische Studie über die Mobiliarsicherheiten (Drukarczyk/Duttle/Rieger, „Mobiliarsicherheiten, Arten, Verbreitung, Wirksamkeit", 1985) große Beachtung.

185 Im weiteren Verlauf der Auseinandersetzung waren weitere Elemente der Kommissionsvorschläge einer unter marktwirtschaftlichen Gesichtspunkten überzeugenden Kritik unterworfen, insbesondere der den Kommissionsvorschlägen zugrundeliegende Vorrang der Sanierung vor der Liquidation, die starke Betonung der Sanierung des Unternehmensträgers gegenüber der übertragenden Sanierung des schuldnerischen Unternehmens sowie der große Einfluß von Richter und Verwalter auf die wirtschaftlichen Entscheidungen über Gang und Ausgang des Verfahrens.

186 In der Frage einer Restschuldbefreiung für persönlich haftende Schuldner führten rechtspolitische Gesichtspunkte zu neuen rechtsvergleichend untermauerten Regelungsvorschlägen, welche die Möglichkeiten einer sozialen Ausgestaltung des marktkonformen Verfahrens weitgehend nutzten. Hierbei kam vor allem der in den letzten Jahren stark angestiegenen Verbraucherverschuldung erhebliches Gewicht zu, zu deren Bewältigung auch das Insolvenzrecht einen Beitrag leisten muß. Nach dem 1990 vorgelegten Bericht der Forschungsgruppe Grundlagen- und Programmforschung, München, zur „Überschuldungssituation und Schuldnerberatung in der Bundesrepublik Deutschland" im Auftrag des Bundesministeriums für Jugend, Familie, Frauen und Gesundheit und des Bundesministeriums der Justiz gibt es auf dem früheren Gebiet der Bundesrepublik insgesamt etwa 1,2 Millionen überschuldete Haushalte.

d) Einfluß des ausländischen Insolvenzrechts auf die Reform   187

Neuere rechtsvergleichende Erkenntnisse und die wissenschaftliche Entwicklung in Staaten mit vergleichbarer Wirtschaftsordnung führten auch anderwärts zu einer Verschiebung der reformpolitischen Akzente. Vor allem die nach den Kommissionsvorschlägen möglichen Eingriffe in Vermögensrechte einzelner Verfahrensbeteiligter und das Bestreben der Kommission, dem Sanierungsinteresse des Schuldners gegenüber den Belangen der Gläubiger stärker Geltung zu verschaffen, wurden nachdrücklich in Frage gestellt.

Besonderer Stellenwert kommt bei der Berücksichtigung der Auslandsrechte und der   188
Ergebnisse rechtsvergleichender Forschungen durch die Bundesregierung (und zuvor die Kommission für Insolvenzrecht) dem Recht der Vereinigten Staaten von Amerika zu, deren Insolvenzrecht 1978 durch den Bankruptcy Reform Act erneuert und 1984 und 1986 novelliert worden ist. Die amerikanische Rechtspraxis und Rechtswissenschaft haben seit dem 19. Jahrhundert umfassende Erfahrungen bei der Sanierung insolventer Unternehmen gesammelt und die dabei auftretenden Probleme unter marktwirtschaftlichem Aspekt besonders eingehend erschlossen. Aber auch dem durch den Insolvency Act 1985 reformierten englischen und dem ebenfalls 1985 völlig erneuerten französischen Insolvenzrecht verdankt die Insolvenzrechtsreform wesentliche Einsichten. Nicht zuletzt wegen der Nähe des österreichischen zum deutschen Recht konnten auch das Insolvenzrechtsänderungsgesetz 1982 der Republik Österreich und die österreichische Konkursrechtsnovelle 1993 besondere Aufmerksamkeit beanspruchen. Außerdem wurde die Rechtsentwicklung in den skandinavischen Staaten, in der Schweiz, in Italien und in Japan in die Reformüberlegungen einbezogen. Insoweit kann auf den ersten Bericht der Kommission für Insolvenzrecht verwiesen werden, der auch Grundzüge der bedeutsamsten Auslandsrechte darstellt.

In der internationalen Rechtsentwicklung lassen sich mit einiger Zuverlässigkeit gewisse   189
rechtspolitische Trends ausmachen. So wird zunehmend die einvernehmliche Insolvenzbewältigung durch die Beteiligten und, in geeigneten Fällen, die Sanierung insolventer Unternehmen als eine der Liquidation gleichrangige Aufgabe des Insolvenzverfahrens angesehen. Die Zurückdrängung der Vorrechte entspricht einer in manchen Staaten verbreiteten Strömung, die in Österreich zum „klassenlosen Konkurs" geführt hat. Der Gedanke, daß das Insolvenzverfahren redlichen Schuldnern Restschuldbefreiung verschaffen sollte, war bislang eine Besonderheit der Rechtsordnungen des angelsächsischen Rechtskreises, hat nun jedoch auch in das französische und das österreichische Recht Eingang gefunden und wird in anderen Staaten, etwa in Belgien und in den Niederlanden, erwogen.

An einzelnen Regelungstatbeständen sei der bedeutende Einfluß auslandsrechtlicher Erfahrungen auf die Insolvenzrechtsreform verdeutlicht:

Die Zusammenfassung von Konkurs und Vergleich in einem einheitlichen Insolvenz-   190
verfahren ist schon weitgehend im neuen französischen Insolvenzrecht verwirklicht. Die Ausgestaltung des Insolvenzplans als eines universellen, für alle Verwertungsarten zur Verfügung stehenden Instruments der Masseverwertung findet eine ungefähre Entsprechung in den Regelungen des amerikanischen Rechts. Das Bedürfnis, die übertragende Sanierung des Schuldnerunternehmens der Sanierung des Schuldners als Unternehmensträger gleichzustellen, ist vom amerikanischen, vom französischen und vom englischen Recht gleichermaßen erkannt worden. Das amerikanische Recht regelt vorbildlich die Abwicklung oder planmäßige Umgestaltung nachrangiger Forderungen und der Eigenkapitalbeiträge im Insolvenzverfahren. Auch die Notwendigkeit, die Ei-

genverwaltung durch den Schuldner zuzulassen, um diesen rechtzeitig zur Stellung eines Insolvenzantrags zu motivieren, wurde in der amerikanischen Rechtsentwicklung früh erkannt.

191 Bei der Ausgestaltung der gesetzlichen Restschuldbefreiung konnten lange gesetzgeberische und praktische Erfahrungen der Staaten des angelsächsischen Rechtskreises, insbesondere Englands und der Vereinigten Staaten von Amerika, nutzbar gemacht werden; die Berechtigung einer solchen Regelung fand zudem eine besondere Stütze darin, daß Frankreich, dessen Recht den Konkurs herkömmlich streng als Sanktion für unternehmerisches Fehlverhalten begriffen hatte, sich im Rahmen der Reform von 1985 ebenfalls für eine gesetzliche Restschuldbefreiung entschieden hat; daneben gibt es seit 1989 in Frankreich ein besonderes Schuldenregulierungsverfahren für nicht unternehmerisch tätige Personen. Auch das österreichische Recht kennt seit dem Inkrafttreten der dortigen Konkursordnungsnovelle 1993 die (in ihrer Ausgestaltung an den Regierungsentwurf einer Insolvenzordnung angelehnte) Möglichkeit der gesetzlichen Restschuldbefreiung.

192 Das Bedürfnis nach einer Einbeziehung gesicherter Gläubiger in das Insolvenzverfahren wird durchweg von den modernen Insolvenzverfahren anerkannt, welche in der Sanierung von Unternehmen und der möglichst vorteilhaften Gesamtverwertung des schuldnerischen Vermögens Ziele des Insolvenzverfahrens erblicken. Angesichts der unterschiedlichen Ausgestaltung der Kreditsicherungssysteme in den einzelnen Rechtsordnungen finden sich freilich im einzelnen unterschiedliche, jeweils stark national geprägte Lösungen. Die hier vorgeschlagenen Regelungen sind besonders vom amerikanischen Recht, vor allem jedoch von neueren, noch stärker marktwirtschaftlich orientierten Strömungen in der Rechtswissenschaft der Vereinigten Staaten von Amerika beeinflußt.

193 In einigen Materien, die die Insolvenzordnung regelt, ist der Erkenntniswert der Rechtsvergleichung geringer. Dies gilt insbesondere für das gerichtliche Verfahren, bei dem nationale Besonderheiten eine Übertragung ausländischer Lösungen ins deutsche Recht nicht tunlich erscheinen lassen. Es gilt auch für die Probleme des Insolvenzarbeitsrechts, da die Arbeitsrechtsordnungen und die Systeme der sozialen Sicherung der Arbeitnehmer in den westlichen Industriestaaten recht unterschiedlich ausgestaltet sind.

194 e) Die Gesamtvollstreckungsordnung

Als sich bei der Vorbereitung der Wirtschafts-, Währungs- und Sozialunion zwischen der Bundesrepublik Deutschland und der Deutschen Demokratischen Republik in der ersten Jahreshälfte 1990 das Bedürfnis ergab, kurzfristig ein auf marktwirtschaftliche Verhältnisse zugeschnittenes Insolvenzrecht für die DDR zu schaffen, lag bereits der bundesdeutsche Referentenentwurf eines Gesetzes zur Reform des Insolvenzrechts vom November 1989 vor. Die Reform war damit schon so weit fortgeschritten, daß es nicht mehr sinnvoll erschien, die Konkursordnung und die Vergleichsordnung für das Gebiet der DDR zu übernehmen. Auf der anderen Seite waren wichtige Probleme der Reform noch diskussionsbedürftig, so daß es nicht angemessen erschien, den Entwurf vorzeitig auf dem Gebiet der DDR in Kraft zu setzen. Gewählt wurde daher ein Mittelweg: Die Verordnung über die Gesamtvollstreckung von 1975, das rudimentäre Insolvenzrecht der DDR, wurde so geändert und fortentwickelt, daß sie für eine Übergangszeit marktwirtschaftlichen Anforderungen gerecht werden konnte.

195 Im Einigungsvertrag von 1990 wurde diese Lösung grundsätzlich beibehalten. Die bisherige Verordnung wurde in den Rang eines Gesetzes erhoben und erhielt den Titel

„Gesamtvollstreckungsordnung". Die geltende Fassung dieses Gesetzes kann im wesentlichen als verkürzte, vereinfachte und daher leichter handhabbare Fassung der Konkursordnung bezeichnet werden. Schon dadurch berücksichtigt sie die besonderen Verhältnisse in den neuen Bundesländern, nämlich die geringe Erfahrung vieler Richter und Verfahrensbeteiligter mit dem Insolvenzrecht. Es gelten darüber hinaus aber auch inhaltliche Besonderheiten, die den Schwierigkeiten beim Übergang von einer Planwirtschaft zu einer Marktwirtschaft Rechnung tragen. So wird die Gesamtvollstreckungsordnung ergänzt durch das „Gesetz über die Unterbrechung von Gesamtvollstreckungsverfahren", das es ermöglicht, die Eröffnung eines Gesamtvollstreckungsverfahrens zeitweise hinauszuschieben, wenn dies zur Prüfung von Sanierungschancen geboten erscheint und ein Garantiegeber gewährleistet, daß die während der Unterbrechung neu entstehenden Verbindlichkeiten des insolventen Unternehmens voll erfüllt werden.

In einigen Vorschriften der Gesamtvollstreckungsordnung werden auch Gedanken der Insolvenzrechtsreform vorweggenommen. Wichtig sind insbesondere folgende Lösungen: **196**

– Die Zweispurigkeit von Konkurs- und Vergleichsverfahren ist in den Geltungsbereich des Gesamtvollstreckungsrechts nicht übernommen worden. Die Gesamtvollstreckungsordnung enthält ein einheitliches Verfahren, das regelmäßig zur konkursmäßigen Liquidation führt, in dessen Rahmen aber auch ein Sanierungsvergleich geschlossen werden kann.

– Das Zustandekommen eines Vergleichs wird gegenüber dem Recht der alten Bundesländer begünstigt, insbesondere durch den Wegfall des Erfordernisses der „Vergleichswürdigkeit" des Schuldners und durch geringere Mehrheitserfordernisse bei der Abstimmung der Gläubiger; eine Mindestquote ist nicht vorgesehen.

– Die Durchführung masseamer Verfahren wird dadurch erleichtert, daß die Lohnforderungen freigestellter Arbeitnehmer als nachrangige Masseschulden eingeordnet werden.

– Die unbegrenzte Nachhaftung natürlicher Personen nach der Durchführung eines Konkursverfahrens ist nur in abgeschwächter Form ins Gesamtvollstreckungsrecht übernommen worden. Dem redlichen Schuldner, der ein Gesamtvollstreckungsverfahren durchlaufen hat, wird ein weitreichender Vollstreckungsschutz gewährt, der im wirtschaftlichen Ergebnis der Restschuldbefreiung der Insolvenzordnung nahe kommt.

2. Der Gang des Gesetzgebungsverfahrens* **197**

Mit dem Regierungsentwurf einer Insolvenzordnung und dem Regierungsentwurf des zugehörigen Einführungsgesetzes haben die ca. 15jährigen intensiven Vorarbeiten zur Insolvenzrechtsreform ihren Abschluß gefunden. In diese Gesetzentwürfe sind unter anderem die Arbeiten der Kommission für Insolvenzrecht, die zahlreichen Stellungnahmen der Länder, Verbände und interessierter Fachorganisationen zu den Berichten der Kommission für Insolvenzrecht und zu den Referentenentwürfen, die angesprochenen rechtstatsächlichen Untersuchungen, die Ergebnisse der Diskussionen anläßlich des 54. Deutschen Juristentages sowie die Erkenntnisse aus zahlreichen sonstigen Diskussionsveranstaltungen eingeflossen. Die beiden Regierungsentwürfe bildeten den Gegenstand der parlamentarischen Beratungen der Insolvenzrechtsreform:

---

* Einen tabellarischen Kurzüberblick über das Gesetzgebungsverfahren anhand der Materialien bieten die Vorbemerkungen zum Anhang

198 a) Einbringung der Regierungsentwürfe zur Insolvenzrechtsreform ins förmliche Gesetzgebungsverfahren

Der Regierungsentwurf einer Insolvenzordnung ist im November 1991 ins förmliche Gesetzgebungsverfahren eingebracht worden (Bundesrats-Drucksache 1/92).

199 Im Februar 1992 hat der Bundesrat zu diesem Regierungsentwurf eine ausführliche Stellungnahme abgegeben (Bundesrats-Drucksache 1/92 [Beschluß]). Die zahlreichen Änderungsvorschläge und Prüfbitten dieser Stellungnahme hatten im wesentlichen die Bereiche Restschuldbefreiung, Verbraucherinsolvenzverfahren, Insolvenzarbeitsrecht sowie die von den Ländern erwartete bzw. befürchtete Belastung der Justiz durch die Insolvenzrechtsreform zum Gegenstand. Unter anderem hatte der Bundesrat vorgeschlagen, das im Regierungsentwurf einer Insolvenzordnung für Kleininsolvenzen vorgesehene verwalterlose Insolvenzverfahren ohne Sachwalter zu streichen – ein Vorschlag, der im weiteren Verlauf der parlamentarischen Beratungen insbesondere deshalb umgesetzt wurde, weil die Schuldner von Kleininsolvenzen im Regelfalle mit der Bewältigung des Insolvenzverfahrens ohne Hilfe überfordert sind und die notwendige Hilfe für die Betroffenen von den Gerichten im Hinblick auf die ohnehin große Arbeitsbelastung der Jusitz nicht geleistet werden kann.

200 Der Regierungsentwurf einer Insolvenzordnung ist mit der Stellungnahme des Bundesrates und der hierzu im April 1992 erfolgten Gegenäußerung der Bundesregierung beim Deutschen Bundestag eingebracht worden (Bundestags-Drucksache 12/2443, Anhang I 1, I 2, I 3, I 5). Der Deutsche Bundestag hat den Regierungsentwurf einer Insolvenzordnung am 3. Juni 1992 in erster Lesung beraten und zur federführenden Beratung an den Rechtsausschuß sowie zur Mitberatung an den Finanzausschuß, den Ausschuß für Wirtschaft und den Ausschuß für Arbeit und Sozialpolitik überwiesen (stenografischer Bericht der 94. Sitzung des Deutschen Bundestages am 3. Juni 1992, Plenarprotokoll 12/94, 7769 D bis 7777 D).

201 Der Regierungsentwurf eines Einführungsgesetzes zur Insolvenzordnung ist im Juni 1992 vom Bundeskabinett verabschiedet und ins förmliche Gesetzgebungsverfahren eingebracht worden (Bundesrats-Drucksache 511/92). Der Bundesrat hat zu diesem Gesetzentwurf im September 1992 seine Stellungnahme abgegeben (Bundesrats-Drucksache 511/92 [Beschluß]). Der Regierungsentwurf eines Einführungsgesetzes zur Insolvenzordnung ist mit dieser Stellungnahme des Bundesrates und der hierzu im November 1992 beschlossenen Gegenäußerung der Bundesregierung im Dezember 1992 beim Deutschen Bundestag eingebracht (Bundestags-Drucksache 12/3803, Anhang II 1, II 2, II 3, II 5) und dort am 10. Dezember 1992 im vereinfachten Verfahren zur federführenden Beratung an den Rechtsausschuß sowie zur Mitberatung an den Finanzausschuß, den Ausschuß für Wirtschaft und den Ausschuß für Arbeit und Sozialpolitik überwiesen worden (stenografischer Bericht der 128. Sitzung des Deutschen Bundestages am 10. Dezember 1992, Plenarprotokoll 12/128, 11087 D).

202 In der Folge wurden beide Gesetzentwürfe zusammengeführt und gemeinsam beraten.

203 Zuvor hatten sich einige Mitglieder des Bundestags-Rechtausschusses im Rahmen einer knapp einwöchigen Delegationsreise Ende November/Anfang Dezember 1992 über das amerikanische Insolvenzrecht informiert. Gesprächspartner in New York, Boston und Washington waren unter anderem Vertreter des Justizministeriums, führende Rechtsanwälte und Rechtswissenschaftler für Insolvenzrecht, Richter und Vertreter von Banken sowie der Präsident der Schuldnerberatungsorganisation Budget and Credit Counseling Services. Insbesondere wurden das Recht des Reorganisationsverfahrens, die Stellung der gesicherten Gläubiger im Insolvenzverfahren und die Schuldbefreiung durch Insolvenzverfahren erörtert. Die Ergebnisse der Gespräche sind in die weiteren Beratungen des Ausschusses eingeflossen.

b) Sachverständigen-Anhörung des Bundestags-Rechtsausschusses

204 Im Zentrum der parlamentarischen Beratungen der Reform stand zunächst die öffentliche Anhörung von Sachverständigen und Verbänden, die der Rechtsausschuß des Deutschen Bundestages am 28. April 1992 durchgeführt hat. An dieser Anhörung haben mehr als 30 Verbände und Sachverständige, die in der Bundestags-Drucksache 12/7302, S. 149, Anhang I 6, im einzelnen aufgelistet sind, teilgenommen.

205 Wie bei parlamentarischen Sachverständigen-Anhörungen üblich, wurden die angehörten Verbände so ausgewählt, daß alle von dem zur Beratung anstehenden Gesetzesvorhaben betroffenen Einzelpersonen oder Interessengruppen – hier also alle von der Insolvenzrechtsreform Betroffenen – ihre jeweiligen besonderen Interessen, Erfahrungen und Auffassungen durch mindestens einen sie vertretenden Verband in die parlamentarischen Beratungen einbringen konnten. Bemerkenswert war, daß zu der Anhörung relativ viele Verbände zu den Bereichen Verbraucherinsolvenz und Restschuldbefreiung eingeladen worden sind: Darin zeigte sich bereits, daß die Abgeordneten in diesem Komplex einen Schwerpunkt der Beratungen der Reform und ein entsprechend hohes Informations- und Aufklärungsbedürfnis sahen.

206 Auch die Sachverständigen wurden nach den für parlamentarische Anhörungen üblichen Kriterien ausgewählt: Es wurden herausragende Spezialisten auf dem Gebiet des Konkurs-, Vergleichs- und Gesamtvollstreckungsrecht zu der Anhörung geladen, wobei zugleich darauf geachtet wurde, daß für jeden einzelnen Teilbereich der Insolvenzrechtsreform mindestens ein ausgewiesener Vertreter der Wissenschaft oder der Praxis zur Verfügung stand. Auch bei der Auswahl der Sachverständigen bildeten die Verbraucherinsolvenz und die Restschuldbefreiung einen Schwerpunkt.

207 Die Sachverständigen-Anhörung hatte einerseits zu den Hauptzielen der Insolvenzrechtsreform – die Überwindung der gegenwärtigen Massearmut der Insolvenzverfahren, die Schaffung eines einheitlichen Insolvenzverfahrens, die Einbindung der gesicherten Gläubiger, die Verschärfung des Anfechtungsrechts und die Einführung einer Restschuldbefreiung – fast vollständige Einigkeit ergeben. Der Regierungsentwurf einer Insolvenzordnung war aber andererseits von fast allen Sachverständigen und Verbänden als zu kompliziert und zu wenig praktikabel bezeichnet worden. Diese Kritik hatte sich allgemein auf die Vielzahl der vorgesehenen Gerichtsentscheidungen und damit verbundenen Rechtsmittel bezogen. Sie konzentrierte sich darüber hinaus besonders auf die Bereiche der Mobiliarsicherheiten, des Insolvenzplans und die arbeitsrechtlichen Folgen von Betriebsübertragungen (§ 613 a BGB). Für Verbraucherinsolvenzen war weitgehend die Eignung des Regierungsentwurfs zur Lösung der Problematik grundsätzlich in Frage gestellt worden: Es waren neue Konzeptionen für ein einfaches und kostengünstiges Verbraucherinsolvenzverfahren gefordert worden. Hinsichtlich der Ergebnisse der Anhörung wird auf das stenographische Protokoll der 74. Sitzung des Bundestags-Rechtausschusses mit den diesem beigefügten ausführlichen schriftlichen Stellungnahmen der Sachverständigen und Verbände verwiesen.

208 In seiner Sitzung vom 2. März 1994 hat der Rechtsausschuß Vertreter des Bayrischen Staatsministeriums der Justiz und des Justizministeriums des Landes Nordrhein-Westfalen zu den Auswirkungen der Insolvenzrechtsreform für die Länder angehört.

209 **c) Berichterstattergespräche**

Den Schwerpunkt der Beratungen des Bundestags-Rechtsausschusses bildeten die sogenannten Berichterstattergespräche.

Bei Berichterstattergesprächen handelt es sich um Beratungsgespräche, die von den für die Bearbeitung eines bestimmten Gesetzgebungsvorhabens besonders ausgewählten Mitgliedern des Bundestags-Rechtsausschusses geführt werden und an denen im Regelfalle die zuständigen Fachbeamten des jeweils federführenden Bundesministeriums teilnehmen. Berichterstattergespräche sind an sich im Alltag der Beratungs- und Gesetzgebungsarbeit des Deutschen Bundestages üblich und deshalb nicht besonders erwähnenswert. Die Berichterstattergespräche zur Insolvenzrechtsreform hoben sich aber – was im Hinblick auf die Bedeutung und den Umfang dieser Reform durchaus angebracht war – durch ihre Häufigkeit, Ausführlichkeit und insbesondere durch ihre Beratungstiefe in einem Maße von den bei anderen Gesetzgebungsvorhaben angemessenen und üblichen Gesprächen ab, daß sie hier nicht ohne Würdigung bleiben dürfen. Aus diesem Grund ist es auch angezeigt, die Berichterstatter des Bundestags-Rechtsausschusses zur Insolvenzrechtsreform hier namentlich zu erwähnen:

– MdB Hermann Bachmaier

– MdB Joachim Gres

– MdB Detlef Kleinert (Hannover)

– MdB Prof. Dr. Eckhart Pick

– MdB Prof. Dr. Wolfgang Freiherr von Stetten.

Eine weitere Besonderheit der Berichterstattergespräche zur Insolvenzrechtsreform bestand darin, daß für das Bundesministerium der Justiz an allen Beratungen über die zuständigen Fachbeamten hinaus

– MdB Rainer Funke,
  Parlamentarischer Staatssekretär,

mitgewirkt hat. Die Berichterstattergespräche haben in der Zeit von Anfang Juli 1993 bis Anfang März 1994 stattgefunden.

In diesen Gesprächen wurden die zahlreichen Stellungnahmen zur Insolvenzrechtsreform aus der Sachverständigenanhörung im einzelnen ausgewertet. Die Regierungsentwürfe wurden im Lichte dieser Auswertung ausführlich beraten. Neben den Erkenntnissen aus der Sachverständigenanhörung spielte bei diesen Beratungen die Befürchtung der Länder und ihrer Landesjustizverwaltungen, der durch die Insolvenzrechtsreform verursachten Mehrbelastung der Gerichte quantitativ nicht gewachsen zu sein (Beschluß der 64. Konferenz der Justizministerinnen und -minister vom 22. bis 24. Juni 1993 in Dresden), eine maßgebliche Rolle.

210 Die Beratungen verfolgten dementsprechend vordringlich das Ziel, das im Regierungsentwurf einer Insolvenzordnung vorgesehene Insolvenzverfahren insbesondere im Interesse einer wesentlichen Reduzierung der reformbedingten Gerichtsbelastung, aber auch im Interesse einer inhaltlichen Verbesserung erheblich zu vereinfachen. Einen entscheidenden Schwerpunkt bildete dabei die Neukonzeption eines Verbraucherinsolvenzverfahrens für Verbraucher- und sonstige Kleininsolvenzen. Weitere Anliegen waren die möglichst weitgehende redaktionelle Straffung des Entwurfstextes sowie eine übersichtlichere Gliederung. Die Beratungen waren dabei von dem Bestreben geprägt, für das Regelinsolvenzverfahren die wesentlichen Zielsetzungen und Grundentscheidungen des Regierungsentwurfs einer Insolvenzordnung trotz der vielfältigen Änderungen beizubehalten.

Von diesen aus dem Regierungsentwurf in die Insolvenzordnung übernommenen Zielsetzungen und Grundentscheidungen sind insbesondere hervorzuheben: Die Wiederherstellung der innerdeutschen Rechtseinheit auf dem Gebiete des Insolvenzrechts, die Schaffung eines einheitlichen Insolvenzverfahrens anstelle der Zweispurigkeit von Konkurs und Vergleich, die Möglichkeit, daß der Schuldner mit dem Einverständnis der Gläubiger während des Insolvenzverfahrens verwaltungs- und verfügungsbefugt bleibt und lediglich unter die Aufsicht eines Sachwalters gestellt wird, die Verschärfung des Anfechtungsrechts zur Bekämpfung gläubigerschädigender Vermögensverschiebungen, die Bestimmung des Ablaufs des Insolvenzverfahrens durch die Autonomie der Gläubiger (insbesondere die Entscheidung der Gläubigerversammlung über Liquidation, Sanierung des Schuldners oder übertragende Sanierung), die Beseitigung der allgemeinen Konkursvorrechte sowie die Gewährleistung des Sozialplans im Insolvenzverfahren innerhalb der Höchstgrenzen des geltenden Rechts. 211

Auch die folgenden wesentlichen Zielsetzungen und Grundentscheidungen des Regierungsentwurfs wurden im Grundsatz beibehalten, aber durch eine Vielzahl von Änderungen wesentlich vereinfacht oder verbessert: die Erleichterung der Verfahrenseröffnung, die Regelungen zum Insolvenzplan, die Einbeziehung der Mobiliarsicherheiten, die arbeitsrechtlichen Regelungen sowie die Regelungen zur Restschuldbefreiung. 212

Nicht übernommen wurde von den Berichterstattern das im Regierungsentwurf vorgesehene insolvenzverwalterlose Verfahren ohne Sachwalter; die Regelungen im Regierungsentwurf zum Internationalen Insolvenzrecht sind auf eine Vorschrift verkürzt und in das Einführungsgesetz zur Insolvenzordnung verlagert worden. 213

In Abweichung von den Grundentscheidungen des Regierungsentwurfs wurde bei den Gesprächen eine wesentliche Verfahrensvereinfachung und -verbesserung durch die Neukonzeption eines Verbraucherinsolvenzverfahrens für Verbraucher und Kleingewerbetreibende bewirkt. 214

Wegen der Vielzahl von Verkürzungen, Ergänzungen und sonstigen Änderungen des Regierungsentwurfs, die die Berichterstatter als Ergebnis der ausführlichen Gespräche vorgenommen haben, wird auf die Aufzählung in dem Bericht des Rechtsausschusses zum Regierungsentwurf einer Insolvenzordnung (Bundestags-Drucksache 12/7302, S. 151 bis 155, Anhang I 6; zum Einführungsgesetz: Bundestags-Drucksache 12/7303, S. 105/106, Anhang II 6) Bezug genommen. 215

d) Verabschiedung der Gesetzentwürfe 216

Nach Abschluß der sog. „Berichterstatter-Gespräche" und nach Einholung der Voten der drei mitberatenden Ausschüsse hat der Bundestags-Rechtsausschuß dem Plenum des Deutschen Bundestages die Annahme der Gesetzentwürfe zur Insolvenzrechtsreform in der gegenüber den Regierungsentwürfen vielfältig veränderten Fassung (rechte Spalte der „Zusammenstellung" in den Berichten des Rechtsausschusses, S. 5 bis 148 der Bundestags-Drucksache 12/7302, Anhang I 5, zur Insolvenzordnung, und S. 4 bis 104 der Bundestags-Drucksache 12/7303, Anhang II 5, zum Einführungsgesetz) empfohlen.

217 *Verabschiedung im Deutschen Bundestag*

Der Deutsche Bundestag hat in seiner Plenarsitzung vom 21. April 1994 den Entwurf einer Insolvenzordnung und den Entwurf des zugehörigen Einführungsgesetzes jeweils in der vom Bundestags-Rechtausschuß empfohlenen Fassung (Bundestags-Drucksachen 12/7302 und 12/7303) nach gut zweistündiger Debatte einstimmig bei Enthaltung der PDS/ Linke Liste verabschiedet (stenografischer Bericht der 222. Sitzung des Deutschen Bundestages am 21. April 1994, Plenarprotokoll 12/222, 19114 B bis 19132 C, Anhang I 8; als kurant lesbarer Text sind die am 21. April 1994 vom Deutschen Bundestag verabschiedeten Entwürfe in den Bundesrats-Drucksachen 336/94 und 337/94 veröffentlicht worden).

218 *Anrufung des Vermittlungsausschusses*

Der Bundesrat hat in seiner Plenarsitzung am 20. Mai 1994 beschlossen, den Vermittlungsausschuß anzurufen (vgl. Bundesrats-Drucksache 336/94 [Beschluß], Anhang I 9, Bundesrats-Drucksache 337/94 [Beschluß], Anhang II 7, sowie Bundestags-Drucksache 12/7667, Anhang II 8). Grund hierfür war die nach wie vor bestehende Befürchtung der Länder, die reformbedingte Mehrbelastung der Justiz nicht bewältigen zu können. Der Vermittlungsausschuß hat am 26. Mai 1994 seine Beratungen aufgenommen und am 15. Juni 1994 einen Einigungsvorschlag beschlossen: Der Vermittlungsausschuß hat vorgeschlagen, den Entwurf einer Insolvenzordnung in der vom Deutschen Bundestag beschlossenen Fassung (Bundestags-Drucksache 12/7302, Bundesrats-Drucksache 336/94) unverändert zu lassen und im Einführungsgesetz (Bundestags-Drucksache 12/7303, Bundesrats-Drucksache 337/94) das Datum des Inkrafttretens um weitere 2 Jahre, das heißt bis zum 1. Januar 1999, hinauszuschieben sowie die dadurch ausgelösten Folgeänderungen vorzunehmen (Bundesrats-Drucksache 643/94, Anhang I 10, Bundestags-Drucksache 12/7948, Anhang II 9).

219 *Erneute Abstimmung im Deutschen Bundestag*

Am 17. Juni 1994 hat der Deutsche Bundestag in seiner Plenarsitzung den entsprechend dem Einigungsvorschlag des Vermittlungsausschusses geänderten Entwurf eines Einführungsgesetzes zur Insolvenzordnung – Änderung des Inkrafttretensdatums mit den dadurch ausgelösten Folgeänderungen (Bundestags-Drucksache 12/7948, Anhang II 9) – zugestimmt (vgl. stenografischer Bericht der 234. Sitzung des Deutschen Bundestages am 17. Juni 1994, Plenarprotokoll 12/234, 20438 B; Bundesrats-Drucksache 644/94, Anhang II 10).

220 *Verabschiedung im Bundesrat und Verkündung*

Am 8. Juli 1994 schließlich hat der Bundesrat in seiner Plenarsitzung zu beiden Entwürfen zur Insolvenzrechtsreform beschlossen, keinen Einspruch einzulegen; zusätzlich zu diesen Beschlüssen hat der Bundesrat zu beiden Gesetzentwürfen eine Entschließung gefaßt, in der justizentlastende Maßnahmen außerhalb des Bereichs des Insolvenzrechts gefordert werden, um auf diese Weise die durch die Insolvenzrechtsreform erwartete Mehrbelastung der Justiz auffangen zu können (Bundesrats-Drucksache 643/94 [Beschluß] zur Insolvenzordnung, Anhang I 11, und 644/94 [Beschluß] zum Einführungsgesetz, Anhang II 11).

Damit ist die endgültige Verabschiedung der Gesetze zur Insolvenzrechtsreform erfolgt.

Am 18. Oktober 1994 sind die Gesetze zur Insolvenzrechtsreform, die Insolvenzordnung und das zugehörige Einführungsgesetz, durch Veröffentlichung im Bundesgesetzblatt (BGBl. 1994 I S. 2866, Insolvenzordnung, und BGBl. 1994 I S. 2911, Einführungsgesetz) verkündet worden.

TEIL 2

Insolvenzordnung

Übersicht über Teil 2   Seite

I. Die Insolvenzordnung 63
    1. Gliederung 63
    2. Gesetzestext 65

II. Paragraphensynopsen 154
    1. Insolvenzordnung mit inhaltlich oder thematisch vergleichbaren Regelungen der KO, VerglO, GesO und des RegEInsO 154
    2. Geltendes Recht und Regierungsentwurf mit inhaltlich oder thematisch vergleichbaren Regelungen der Insolvenzordnung 169
        a) KO mit vergleichbaren Regelungen der InsO 169
        b) VerglO mit vergleichbaren Regelungen der InsO 173
        c) GesO mit vergleichbaren Regelungen der InsO 176
        d) RegEInsO mit vergleichbaren Regelungen der InsO 177

III. Einzelerläuterungen zu allen Paragraphen der Insolvenzordnung 183

I. Die Insolvenzordnung

1. Gliederung

Erster Teil.	Allgemeine Vorschriften	**§§ 1-10**
Zweiter Teil.	Eröffnung des Insolvenzverfahrens. Erfaßtes Vermögen und Verfahrensbeteiligte	**§§ 11-79**
Erster Abschnitt.	Eröffnungsvoraussetzungen und Eröffnungsverfahren	§§ 11-34
Zweiter Abschnitt.	Insolvenzmasse. Einteilung der Gläubiger ..	§§ 35-55
Dritter Abschnitt.	Insolvenzverwalter. Organe der Gläubiger ..	§§ 56-79
Dritter Teil.	**Wirkungen der Eröffnung des Insolvenzverfahrens**	**§§ 80-147**
Erster Abschnitt.	Allgemeine Wirkungen	§§ 80-102
Zweiter Abschnitt.	Erfüllung der Rechtsgeschäfte. Mitwirkung des Betriebsrats	§§ 103-128
Dritter Abschnitt.	Insolvenzanfechtung	§§ 129-147
Vierter Teil.	**Verwaltung und Verwertung der Insolvenzmasse**	**§§ 148-173**
Erster Abschnitt.	Sicherung der Insolvenzmasse	§§ 148-155
Zweiter Abschnitt.	Entscheidung über die Verwertung	§§ 156-164
Dritter Abschnitt.	Gegenstände mit Absonderungsrechten	§§ 165-173
Fünfter Teil.	**Befriedigung der Insolvenzgläubiger. Einstellung des Verfahrens**	**§§ 174-216**
Erster Abschnitt.	Feststellung der Forderungen	§§ 174-186
Zweiter Abschnitt.	Verteilung	§§ 187-206
Dritter Abschnitt.	Einstellung des Verfahrens	§§ 207-216
Sechster Teil.	**Insolvenzplan**	**§§ 217-269**
Erster Abschnitt.	Aufstellung des Plans	§§ 217-234
Zweiter Abschnitt.	Annahme und Bestätigung des Plans	§§ 235-253
Dritter Abschnitt.	Wirkungen des bestätigten Plans. Überwachung der Planerfüllung	§§ 254-269
Siebter Teil.	**Eigenverwaltung**	**§§ 270-285**

Achter Teil.	**Restschuldbefreiung**	**§§ 286-303**
Neunter Teil.	**Verbraucherinsolvenzverfahren und sonstige Kleinverfahren**	**§§ 304-314**
Erster Abschnitt.	Anwendungsbereich	§ 304
Zweiter Abschnitt.	Schuldenbereinigungsplan	§§ 305-310
Dritter Abschnitt.	Vereinfachtes Insolvenzverfahren	§§ 311-314
Zehnter Teil.	**Besondere Arten des Insolvenzverfahrens** .	**§§ 315-334**
Erster Abschnitt.	Nachlaßinsolvenzverfahren	§§ 315-331
Zweiter Abschnitt.	Insolvenzverfahren über das Gesamtgut einer fortgesetzten Gütergemeinschaft	§ 332
Dritter Abschnitt.	Insolvenzverfahren über das gemeinschaftlich verwaltete Gesamtgut einer Gütergemeinschaft	§§ 333-334
Elfter Teil.	**Inkrafttreten**	**§ 335**

2. Gesetzestext (BGBl. 1994 I S. 2866)

**Insolvenzordnung
(InsO)**

Vom 5. Oktober 1994

Der Bundestag hat das folgende Gesetz beschlossen:

**Erster Teil
Allgemeine Vorschriften**

**§ 1
Ziele des Insolvenzverfahrens**

Das Insolvenzverfahren dient dazu, die Gläubiger eines Schuldners gemeinschaftlich zu befriedigen, indem das Vermögen des Schuldners verwertet und der Erlös verteilt oder in einem Insolvenzplan eine abweichende Regelung insbesondere zum Erhalt des Unternehmens getroffen wird. Dem redlichen Schuldner wird Gelegenheit gegeben, sich von seinen restlichen Verbindlichkeiten zu befreien.

**§ 2
Amtsgericht als Insolvenzgericht**

(1) Für das Insolvenzverfahren ist das Amtsgericht, in dessen Bezirk ein Landgericht seinen Sitz hat, als Insolvenzgericht für den Bezirk dieses Landgerichts ausschließlich zuständig.

(2) Die Landesregierungen werden ermächtigt, zur sachdienlichen Förderung oder schnelleren Erledigung der Verfahren durch Rechtsverordnung andere oder zusätzliche Amtsgerichte zu Insolvenzgerichten zu bestimmen und die Bezirke der Insolvenzgerichte abweichend festzulegen. Die Landesregierungen können die Ermächtigung auf die Landesjustizverwaltungen übertragen.

**§ 3
Örtliche Zuständigkeit**

(1) Örtlich zuständig ist ausschließlich das Insolvenzgericht, in dessen Bezirk der Schuldner seinen allgemeinen Gerichtsstand hat. Liegt der Mittelpunkt einer selbständigen wirtschaftlichen Tätigkeit des Schuldners an einem anderen Ort, so ist ausschließlich das Insolvenzgericht zuständig, in dessen Bezirk dieser Ort liegt.

(2) Sind mehrere Gerichte zuständig, so schließt das Gericht, bei dem zuerst die Eröffnung des Insolvenzverfahrens beantragt worden ist, die übrigen aus.

**§ 4
Anwendbarkeit der Zivilprozeßordnung**

Für das Insolvenzverfahren gelten, soweit dieses Gesetz nichts anderes bestimmt, die Vorschriften der Zivilprozeßordnung entsprechend.

§ 5
Verfahrensgrundsätze

(1) Das Insolvenzgericht hat von Amts wegen alle Umstände zu ermitteln, die für das Insolvenzverfahren von Bedeutung sind. Es kann zu diesem Zweck insbesondere Zeugen und Sachverständige vernehmen.

(2) Die Entscheidungen des Gerichts können ohne mündliche Verhandlung ergehen.

(3) Tabellen und Verzeichnisse können maschinell hergestellt und bearbeitet werden.

§ 6
Sofortige Beschwerde

(1) Die Entscheidungen des Insolvenzgerichts unterliegen nur in den Fällen einem Rechtsmittel, in denen dieses Gesetz die sofortige Beschwerde vorsieht.

(2) Die Beschwerdefrist beginnt mit der Verkündung der Entscheidung oder, wenn diese nicht verkündet wird, mit deren Zustellung. Das Insolvenzgericht kann der Beschwerde abhelfen.

(3) Die Entscheidung des Landgerichts über die Beschwerde wird erst mit der Rechtskraft wirksam. Das Landgericht kann jedoch die sofortige Wirksamkeit der Entscheidung anordnen.

§ 7
Weitere Beschwerde

(1) Gegen die Entscheidung des Landgerichts läßt das Oberlandesgericht auf Antrag die sofortige weitere Beschwerde zu, wenn diese darauf gestützt wird, daß die Entscheidung auf einer Verletzung des Gesetzes beruht, und die Nachprüfung der Entscheidung zur Sicherung einer einheitlichen Rechtsprechung geboten ist. Für den Zulassungsantrag gelten die Vorschriften über die Einlegung der sofortigen weiteren Beschwerde entsprechend, für die Prüfung der Verletzung des Gesetzes die §§ 550, 551, 561 und 563 der Zivilprozeßordnung.

(2) Will das Oberlandesgericht bei der Entscheidung über die weitere Beschwerde in einer Frage aus dem Insolvenzrecht von der auf weitere Beschwerde ergangenen Entscheidung eines anderen Oberlandesgerichts abweichen, so hat es die weitere Beschwerde dem Bundesgerichtshof zur Entscheidung vorzulegen. Ist über die Rechtsfrage bereits eine Entscheidung des Bundesgerichtshofs ergangen, so gilt das gleiche, wenn das Oberlandesgericht von dieser Entscheidung abweichen will. Der Vorlagebeschluß ist zu begründen; ihm ist die Stellungnahme des Beschwerdeführers beizufügen.

(3) Sind in einem Land mehrere Oberlandesgerichte errichtet, so kann die Entscheidung über die weitere Beschwerde in Insolvenzsachen von den Landesregierungen durch Rechtsverordnung einem der Oberlandesgerichte oder dem Obersten Landesgericht zugewiesen werden, sofern die Zusammenfassung der Rechtspflege in Insolvenzsachen, insbesondere der Sicherung einer einheitlichen Rechtsprechung, dienlich ist. Die Landesregierungen können die Ermächtigung auf die Landesjustizverwaltungen übertragen. Absatz 2 bleibt unberührt.

§ 8
Zustellungen

(1) Die Zustellungen geschehen von Amts wegen. Sie können durch Aufgabe zur Post erfolgen. Einer Beglaubigung des zuzustellenden Schriftstücks bedarf es nicht.

(2) An Personen, deren Aufenthalt unbekannt ist, wird nicht zugestellt. Haben sie einen zur Entgegennahme von Zustellungen berechtigten Vertreter, so wird dem Vertreter zugestellt.

(3) Das Insolvenzgericht kann den Insolvenzverwalter beauftragen, die Zustellungen durchzuführen.

§ 9
Öffentliche Bekanntmachung

(1) Die öffentliche Bekanntmachung erfolgt durch Veröffentlichung in dem für amtliche Bekanntmachungen des Gerichts bestimmten Blatt; die Veröffentlichung kann auszugsweise geschehen. Dabei ist der Schuldner genau zu bezeichnen, insbesondere sind seine Anschrift und sein Geschäftszweig anzugeben. Die Bekanntmachung gilt als bewirkt, sobald nach dem Tag der Veröffentlichung zwei weitere Tage verstrichen sind.

(2) Das Insolvenzgericht kann weitere und wiederholte Veröffentlichungen veranlassen.

(3) Die öffentliche Bekanntmachung genügt zum Nachweis der Zustellung an alle Beteiligten, auch wenn dieses Gesetz neben ihr eine besondere Zustellung vorschreibt.

§ 10
Anhörung des Schuldners

(1) Soweit in diesem Gesetz eine Anhörung des Schuldners vorgeschrieben ist, kann sie unterbleiben, wenn sich der Schuldner im Ausland aufhält und die Anhörung das Verfahren übermäßig verzögern würde oder wenn der Aufenthalt des Schuldners unbekannt ist. In diesem Fall soll ein Vertreter oder Angehöriger des Schuldners gehört werden.

(2) Ist der Schuldner keine natürliche Person, so gilt Absatz 1 entsprechend für die Anhörung von Personen, die zur Vertretung des Schuldners berechtigt oder an ihm beteiligt sind.

Zweiter Teil
Eröffnung des Insolvenzverfahrens.
Erfaßtes Vermögen und Verfahrensbeteiligte

Erster Abschnitt
Eröffnungsvoraussetzungen und Eröffnungsverfahren

§ 11
Zulässigkeit des Insolvenzverfahrens

(1) Ein Insolvenzverfahren kann über das Vermögen jeder natürlichen und jeder juristischen Person eröffnet werden. Der nicht rechtsfähige Verein steht insoweit einer juristischen Person gleich.

(2) Ein Insolvenzverfahren kann ferner eröffnet werden:

1. über das Vermögen einer Gesellschaft ohne Rechtspersönlichkeit (offene Handelsgesellschaft, Kommanditgesellschaft, Gesellschaft des Bürgerlichen Rechts, Partenreederei, Europäische wirtschaftliche Interessenvereinigung);
2. nach Maßgabe der §§ 315 bis 334 über einen Nachlaß, über das Gesamtgut einer fortgesetzten Gütergemeinschaft oder über das Gesamtgut einer Gütergemeinschaft, das von den Ehegatten gemeinschaftlich verwaltet wird.

(3) Nach Auflösung einer juristischen Person oder einer Gesellschaft ohne Rechtspersönlichkeit ist die Eröffnung des Insolvenzverfahrens zulässig, solange die Verteilung des Vermögens nicht vollzogen ist.

§ 12
Juristische Personen des öffentlichen Rechts

(1) Unzulässig ist das Insolvenzverfahren über das Vermögen

1. des Bundes oder eines Landes;
2. einer juristischen Person des öffentlichen Rechts, die der Aufsicht eines Landes untersteht, wenn das Landesrecht dies bestimmt.

(2) Hat ein Land nach Absatz 1 Nr. 2 das Insolvenzverfahren über das Vermögen einer juristischen Person für unzulässig erklärt, so können im Falle der Zahlungsunfähigkeit oder der Überschuldung dieser juristischen Person deren Arbeitnehmer von dem Land die Leistungen verlangen, die sie im Falle der Eröffnung eines Insolvenzverfahrens nach den Vorschriften des Arbeitsförderungsgesetzes über das Insolvenzausfallgeld vom Arbeitsamt und nach den Vorschriften des Gesetzes zur Verbesserung der betrieblichen Altersversorgung vom Träger der Insolvenzsicherung beanspruchen könnten.

§ 13
Eröffnungsantrag

(1) Das Insolvenzverfahren wird nur auf Antrag eröffnet. Antragsberechtigt sind die Gläubiger und der Schuldner.

(2) Der Antrag kann zurückgenommen werden, bis das Insolvenzverfahren eröffnet oder der Antrag rechtskräftig abgewiesen ist.

§ 14
Antrag eines Gläubigers

(1) Der Antrag eines Gläubigers ist zulässig, wenn der Gläubiger ein rechtliches Interesse an der Eröffnung des Insolvenzverfahrens hat und seine Forderung und den Eröffnungsgrund glaubhaft macht.

(2) Ist der Antrag zulässig, so hat das Insolvenzgericht den Schuldner zu hören.

§ 15
Antragsrecht bei juristischen Personen
und Gesellschaften ohne Rechtspersönlichkeit

(1) Zum Antrag auf Eröffnung eines Insolvenzverfahrens über das Vermögen einer juristischen Person oder einer Gesellschaft ohne Rechtspersönlichkeit ist außer den Gläubigern jedes Mitglied des Vertretungsorgans, bei einer Gesellschaft ohne

Rechtspersönlichkeit oder bei einer Kommanditgesellschaft auf Aktien jeder persönlich haftende Gesellschafter, sowie jeder Abwickler berechtigt.

(2) Wird der Antrag nicht von allen Mitgliedern des Vertretungsorgans, allen persönlich haftenden Gesellschaftern oder allen Abwicklern gestellt, so ist er zulässig, wenn der Eröffnungsgrund glaubhaft gemacht wird. Das Insolvenzgericht hat die übrigen Mitglieder des Vertretungsorgans, persönlich haftenden Gesellschafter oder Abwickler zu hören.

(3) Ist bei einer Gesellschaft ohne Rechtspersönlichkeit kein persönlich haftender Gesellschafter eine natürliche Person, so gelten die Absätze 1 und 2 entsprechend für die organschaftlichen Vertreter und die Abwickler der zur Vertretung der Gesellschaft ermächtigten Gesellschafter. Entsprechendes gilt, wenn sich die Verbindung von Gesellschaften in dieser Art fortsetzt.

§ 16
Eröffnungsgrund

Die Eröffnung des Insolvenzverfahrens setzt voraus, daß ein Eröffnungsgrund gegeben ist.

§ 17
Zahlungsunfähigkeit

(1) Allgemeiner Eröffnungsgrund ist die Zahlungsunfähigkeit.

(2) Der Schuldner ist zahlungsunfähig, wenn er nicht in der Lage ist, die fälligen Zahlungspflichten zu erfüllen. Zahlungsunfähigkeit ist in der Regel anzunehmen, wenn der Schuldner seine Zahlungen eingestellt hat.

§ 18
Drohende Zahlungsunfähigkeit

(1) Beantragt der Schuldner die Eröffnung des Insolvenzverfahrens, so ist auch die drohende Zahlungsunfähigkeit Eröffnungsgrund.

(2) Der Schuldner droht zahlungsunfähig zu werden, wenn er voraussichtlich nicht in der Lage sein wird, die bestehenden Zahlungspflichten im Zeitpunkt der Fälligkeit zu erfüllen.

(3) Wird bei einer juristischen Person oder einer Gesellschaft ohne Rechtspersönlichkeit der Antrag nicht von allen Mitgliedern des Vertretungsorgans, allen persönlich haftenden Gesellschaftern oder allen Abwicklern gestellt, so ist Absatz 1 nur anzuwenden, wenn der oder die Antragsteller zur Vertretung der juristischen Person oder der Gesellschaft berechtigt sind.

§ 19
Überschuldung

(1) Bei einer juristischen Person ist auch die Überschuldung Eröffnungsgrund.

(2) Überschuldung liegt vor, wenn das Vermögen des Schuldners die bestehenden Verbindlichkeiten nicht mehr deckt. Bei der Bewertung des Vermögens des Schuldners ist jedoch die Fortführung des Unternehmens zugrunde zu legen, wenn diese nach den Umständen überwiegend wahrscheinlich ist.

(3) Ist bei einer Gesellschaft ohne Rechtspersönlichkeit kein persönlich haftender Gesellschafter eine natürliche Person, so gelten die Absätze 1 und 2 entsprechend. Dies gilt nicht, wenn zu den persönlich haftenden Gesellschaftern eine andere Gesellschaft gehört, bei der ein persönlich haftender Gesellschafter eine natürliche Person ist.

§ 20
Auskunftspflicht im Eröffnungsverfahren

Ist der Antrag zulässig, so hat der Schuldner dem Insolvenzgericht die Auskünfte zu erteilen, die zur Entscheidung über den Antrag erforderlich sind. Die §§ 97, 98, 101 Abs. 1 Satz 1, 2, Abs. 2 gelten entsprechend.

§ 21
Anordnung von Sicherungsmaßnahmen

(1) Das Insolvenzgericht hat alle Maßnahmen zu treffen, die erforderlich erscheinen, um bis zur Entscheidung über den Antrag eine den Gläubigern nachteilige Veränderung in der Vermögenslage des Schuldners zu verhüten.

(2) Das Gericht kann insbesondere

1. einen vorläufigen Insolvenzverwalter bestellen, für den die §§ 56, 58 bis 66 entsprechend gelten;

2. dem Schuldner ein allgemeines Verfügungsverbot auferlegen oder anordnen, daß Verfügungen des Schuldners nur mit Zustimmung des vorläufigen Insolvenzverwalters wirksam sind;

3. Maßnahmen der Zwangsvollstreckung gegen den Schuldner untersagen oder einstweilen einstellen, soweit nicht unbewegliche Gegenstände betroffen sind.

(3) Reichen andere Maßnahmen nicht aus, so kann das Gericht den Schuldner zwangsweise vorführen und nach Anhörung in Haft nehmen lassen. Ist der Schuldner keine natürliche Person, so gilt entsprechendes für seine organschaftlichen Vertreter. Für die Anordnung von Haft gilt § 98 Abs. 3 entsprechend.

§ 22
Rechtsstellung des vorläufigen Insolvenzverwalters

(1) Wird ein vorläufiger Insolvenzverwalter bestellt und dem Schuldner ein allgemeines Verfügungsverbot auferlegt, so geht die Verwaltungs- und Verfügungsbefugnis über das Vermögen des Schuldners auf den vorläufigen Insolvenzverwalter über. In diesem Fall hat der vorläufige Insolvenzverwalter:

1. das Vermögen des Schuldners zu sichern und zu erhalten;

2. ein Unternehmen, das der Schuldner betreibt, bis zur Entscheidung über die Eröffnung des Insolvenzverfahrens fortzuführen, soweit nicht das Insolvenzgericht einer Stillegung zustimmt, um eine erhebliche Verminderung des Vermögens zu vermeiden;

3. zu prüfen, ob das Vermögen des Schuldners die Kosten des Verfahrens decken wird; das Gericht kann ihn zusätzlich beauftragen, als Sachverständiger zu prüfen, ob ein Eröffnungsgrund vorliegt und welche Aussichten für eine Fortführung des Unternehmens des Schuldners bestehen.

(2) Wird ein vorläufiger Insolvenzverwalter bestellt, ohne daß dem Schuldner ein allgemeines Verfügungsverbot auferlegt wird, so bestimmt das Gericht die Pflichten des vorläufigen Insolvenzverwalters. Sie dürfen nicht über die Pflichten nach Absatz 1 Satz 2 hinausgehen.

(3) Der vorläufige Insolvenzverwalter ist berechtigt, die Geschäftsräume des Schuldners zu betreten und dort Nachforschungen anzustellen. Der Schuldner hat dem vorläufigen Insolvenzverwalter Einsicht in seine Bücher und Geschäftspapiere zu gestatten. Er hat ihm alle erforderlichen Auskünfte zu erteilen; die §§ 97, 98, 101 Abs. 1 Satz 1, 2, Abs. 2 gelten entsprechend.

§ 23
Bekanntmachung der Verfügungsbeschränkungen

(1) Der Beschluß, durch den eine der in § 21 Abs. 2 Nr. 2 vorgesehenen Verfügungsbeschränkungen angeordnet und ein vorläufiger Insolvenzverwalter bestellt wird, ist öffentlich bekanntzumachen. Er ist dem Schuldner, den Personen, die Verpflichtungen gegenüber dem Schuldner haben, und dem vorläufigen Insolvenzverwalter besonders zuzustellen. Die Schuldner des Schuldners sind zugleich aufzufordern, nur noch unter Beachtung des Beschlusses zu leisten.

(2) Ist der Schuldner im Handels-, Genossenschafts- oder Vereinsregister eingetragen, so hat die Geschäftsstelle des Insolvenzgerichts dem Registergericht eine Ausfertigung des Beschlusses zu übermitteln.

(3) Für die Eintragung der Verfügungsbeschränkung im Grundbuch, im Schiffsregister, im Schiffsbauregister und im Register über Pfandrechte an Luftfahrzeugen gelten die §§ 32, 33 entsprechend.

§ 24
Wirkungen der Verfügungsbeschränkungen

(1) Bei einem Verstoß gegen eine der in § 21 Abs. 2 Nr. 2 vorgesehenen Verfügungsbeschränkungen gelten die §§ 81, 82 entsprechend.

(2) Ist die Verfügungsbefugnis über das Vermögen des Schuldners auf einen vorläufigen Insolvenzverwa!ter übergegangen, so gelten für die Aufnahme anhängiger Rechtsstreitigkeiten § 85 Abs. 1 Satz 1 und § 86 entsprechend.

§ 25
Aufhebung der Sicherungsmaßnahmen

(1) Werden die Sicherungsmaßnahmen aufgehoben, so gilt für die Bekanntmachung der Aufhebung einer Verfügungsbeschränkung § 23 entsprechend.

(2) Ist die Verfügungsbefugnis über das Vermögen des Schuldners auf einen vorläufigen Insolvenzverwalter übergegangen, so hat dieser vor der Aufhebung seiner Bestellung aus dem von ihm verwalteten Vermögen die entstandenen Kosten zu berichtigen und die von ihm begründeten Verbindlichkeiten zu erfüllen. Gleiches gilt für die Verbindlichkeiten aus einem Dauerschuldverhältnis, soweit der vorläufige Insolvenzverwalter für das von ihm verwaltete Vermögen die Gegenleistung in Anspruch genommen hat.

§ 26
Abweisung mangels Masse

(1) Das Insolvenzgericht weist den Antrag auf Eröffnung des Insolvenzverfahrens ab, wenn das Vermögen des Schuldners voraussichtlich nicht ausreichen wird, um die Kosten des Verfahrens zu decken. Die Abweisung unterbleibt, wenn ein ausreichender Geldbetrag vorgeschossen wird.

(2) Das Gericht hat die Schuldner, bei denen der Eröffnungsantrag mangels Masse abgewiesen worden ist, in ein Verzeichnis einzutragen (Schuldnerverzeichnis). Die Vorschriften über das Schuldnerverzeichnis nach der Zivilprozeßordnung gelten entsprechend; jedoch beträgt die Löschungsfrist fünf Jahre.

(3) Wer nach Absatz 1 Satz 2 einen Vorschuß geleistet hat, kann die Erstattung des vorgeschossenen Betrages von jeder Person verlangen, die entgegen den Vorschriften des Gesellschaftsrechts den Antrag auf Eröffnung des Insolvenzverfahrens pflichtwidrig und schuldhaft nicht gestellt hat. Ist streitig, ob die Person pflichtwidrig und schuldhaft gehandelt hat, so trifft sie die Beweislast. Der Anspruch verjährt in fünf Jahren.

§ 27
Eröffnungsbeschluß

(1) Wird das Insolvenzverfahren eröffnet, so ernennt das Insolvenzgericht einen Insolvenzverwalter. Die §§ 270, 313 Abs. 1 bleiben unberührt.

(2) Der Eröffnungsbeschluß enthält:

1. Firma oder Namen und Vornamen, Geschäftszweig oder Beschäftigung, gewerbliche Niederlassung oder Wohnung des Schuldners;
2. Namen und Anschrift des Insolvenzverwalters;
3. die Stunde der Eröffnung.

(3) Ist die Stunde der Eröffnung nicht angegeben, so gilt als Zeitpunkt der Eröffnung die Mittagsstunde des Tages, an dem der Beschluß erlassen worden ist.

§ 28
Aufforderungen an die Gläubiger und die Schuldner

(1) Im Eröffnungsbeschluß sind die Gläubiger aufzufordern, ihre Forderungen innerhalb einer bestimmten Frist unter Beachtung des § 174 beim Insolvenzverwalter anzumelden. Die Frist ist auf einen Zeitraum von mindestens zwei Wochen und höchstens drei Monaten festzusetzen.

(2) Im Eröffnungsbeschluß sind die Gläubiger aufzufordern, dem Verwalter unverzüglich mitzuteilen, welche Sicherungsrechte sie an beweglichen Sachen oder an Rechten des Schuldners in Anspruch nehmen. Der Gegenstand, an dem das Sicherungsrecht beansprucht wird, die Art und der Entstehungsgrund des Sicherungsrechts sowie die gesicherte Forderung sind zu bezeichnen. Wer die Mitteilung schuldhaft unterläßt oder verzögert, haftet für den daraus entstehenden Schaden.

(3) Im Eröffnungsbeschluß sind die Personen, die Verpflichtungen gegenüber dem Schuldner haben, aufzufordern, nicht mehr an den Schuldner zu leisten, sondern an den Verwalter.

§ 29
Terminbestimmungen

(1) Im Eröffnungsbeschluß bestimmt das Insolvenzgericht Termine für:

1. eine Gläubigerversammlung, in der auf der Grundlage eines Berichts des Insolvenzverwalters über den Fortgang des Insolvenzverfahrens beschlossen wird (Berichtstermin); der Termin soll nicht über sechs Wochen und darf nicht über drei Monate hinaus angesetzt werden;

2. eine Gläubigerversammlung, in der die angemeldeten Forderungen geprüft werden (Prüfungstermin); der Zeitraum zwischen dem Ablauf der Anmeldefrist und dem Prüfungstermin soll mindestens eine Woche und höchstens zwei Monate betragen.

(2) Die Termine können verbunden werden.

§ 30
Bekanntmachung des Eröffnungsbeschlusses. Hinweis auf Restschuldbefreiung

(1) Die Geschäftsstelle des Insolvenzgerichts hat den Eröffnungsbeschluß sofort öffentlich bekanntzumachen. Die Bekanntmachung ist, unbeschadet des § 9, auszugsweise im Bundesanzeiger zu veröffentlichen.

(2) Den Gläubigern und Schuldnern des Schuldners und dem Schuldner selbst ist der Beschluß besonders zuzustellen.

(3) Ist der Schuldner eine natürliche Person, so soll er bei der Eröffnung des Insolvenzverfahrens darauf hingewiesen werden, daß er nach Maßgabe der §§ 286 bis 303 Restschuldbefreiung erlangen kann.

§ 31
Handels-, Genossenschafts- und Vereinsregister

Ist der Schuldner im Handels-, Genossenschafts- oder Vereinsregister eingetragen, so hat die Geschäftsstelle des Insolvenzgerichts dem Registergericht zu übermitteln:

1. im Falle der Eröffnung des Insolvenzverfahrens eine Ausfertigung des Eröffnungsbeschlusses;

2. im Falle der Abweisung des Eröffnungsantrags mangels Masse eine Ausfertigung des abweisenden Beschlusses, wenn der Schuldner eine juristische Person oder eine Gesellschaft ohne Rechtspersönlichkeit ist, die durch die Abweisung mangels Masse aufgelöst wird.

§ 32
Grundbuch

(1) Die Eröffnung des Insolvenzverfahrens ist in das Grundbuch einzutragen:

1. bei Grundstücken, als deren Eigentümer der Schuldner eingetragen ist;

2. bei den für den Schuldner eingetragenen Rechten an Grundstücken und an eingetragenen Rechten, wenn nach der Art des Rechts und den Umständen zu befürchten ist, daß ohne die Eintragung die Insolvenzgläubiger benachteiligt würden.

(2) Soweit dem Insolvenzgericht solche Grundstücke oder Rechte bekannt sind, hat es das Grundbuchamt von Amts wegen um die Eintragung zu ersuchen. Die Eintragung kann auch vom Insolvenzverwalter beim Grundbuchamt beantragt werden.

(3) Werden ein Grundstück oder ein Recht, bei denen die Eröffnung des Verfahrens eingetragen worden ist, vom Verwalter freigegeben oder veräußert, so hat das Insolvenzgericht auf Antrag das Grundbuchamt um Löschung der Eintragung zu ersuchen. Die Löschung kann auch vom Verwalter beim Grundbuchamt beantragt werden.

§ 33
Register für Schiffe und Luftfahrzeuge

Für die Eintragung der Eröffnung des Insolvenzverfahrens in das Schiffsregister, das Schiffsbauregister und das Register für Pfandrechte an Luftfahrzeugen gilt § 32 entsprechend. Dabei treten an die Stelle der Grundstücke die in diese Register eingetragenen Schiffe, Schiffsbauwerke und Luftfahrzeuge, an die Stelle des Grundbuchamts das Registergericht.

§ 34
Rechtsmittel

(1) Wird die Eröffnung des Insolvenzverfahrens abgelehnt, so steht dem Antragsteller und, wenn die Abweisung des Antrags nach § 26 erfolgt, dem Schuldner die sofortige Beschwerde zu.

(2) Wird das Insolvenzverfahren eröffnet, so steht dem Schuldner die sofortige Beschwerde zu.

(3) Sobald eine Entscheidung, die den Eröffnungsbeschluß aufhebt, Rechtskraft erlangt hat, ist die Aufhebung des Verfahrens öffentlich bekanntzumachen. § 200 Abs. 2 Satz 2 und 3 gilt entsprechend. Die Wirkungen der Rechtshandlungen, die vom Insolvenzverwalter oder ihm gegenüber vorgenommen worden sind, werden durch die Aufhebung nicht berührt.

Zweiter Abschnitt
Insolvenzmasse.
Einteilung der Gläubiger

§ 35
Begriff der Insolvenzmasse

Das Insolvenzverfahren erfaßt das gesamte Vermögen, das dem Schuldner zur Zeit der Eröffnung des Verfahrens gehört und das er während des Verfahrens erlangt (Insolvenzmasse).

§ 36
Unpfändbare Gegenstände

(1) Gegenstände, die nicht der Zwangsvollstreckung unterliegen, gehören nicht zur Insolvenzmasse.

(2) Zur Insolvenzmasse gehören jedoch

1. die Geschäftsbücher des Schuldners; gesetzliche Pflichten zur Aufbewahrung von Unterlagen bleiben unberührt;

2. die Sachen, die nach § 811 Nr. 4 und 9 der Zivilprozeßordnung nicht der Zwangsvollstreckung unterliegen.

(3) Sachen, die zum gewöhnlichen Hausrat gehören und im Haushalt des Schuldners gebraucht werden, gehören nicht zur Insolvenzmasse, wenn ohne weiteres ersichtlich ist, daß durch ihre Verwertung nur ein Erlös erzielt werden würde, der zu dem Wert außer allem Verhältnis steht.

§ 37
Gesamtgut bei Gütergemeinschaft

(1) Wird bei dem Güterstand der Gütergemeinschaft das Gesamtgut von einem Ehegatten allein verwaltet und über das Vermögen dieses Ehegatten das Insolvenzverfahren eröffnet, so gehört das Gesamtgut zur Insolvenzmasse. Eine Auseinandersetzung des Gesamtguts findet nicht statt. Durch das Insolvenzverfahren über das Vermögen des anderen Ehegatten wird das Gesamtgut nicht berührt.

(2) Verwalten die Ehegatten das Gesamtgut gemeinschaftlich, so wird das Gesamtgut durch das Insolvenzverfahren über das Vermögen eines Ehegatten nicht berührt.

(3) Absatz 1 ist bei der fortgesetzten Gütergemeinschaft mit der Maßgabe anzuwenden, daß an die Stelle des Ehegatten, der das Gesamtgut allein verwaltet, der überlebende Ehegatte, an die Stelle des anderen Ehegatten die Abkömmlinge treten.

§ 38
Begriff der Insolvenzgläubiger

Die Insolvenzmasse dient zur Befriedigung der persönlichen Gläubiger, die einen zur Zeit der Eröffnung des Insolvenzverfahrens begründeten Vermögensanspruch gegen den Schuldner haben (Insolvenzgläubiger).

§ 39
Nachrangige Insolvenzgläubiger

(1) Im Rang nach den übrigen Forderungen der Insolvenzgläubiger werden in folgender Rangfolge, bei gleichem Rang nach dem Verhältnis ihrer Beträge, berichtigt:

1. die seit der Eröffnung des Insolvenzverfahrens laufenden Zinsen der Forderungen der Insolvenzgläubiger;

2. die Kosten, die den einzelnen Insolvenzgläubigern durch ihre Teilnahme am Verfahren erwachsen;

3. Geldstrafen, Geldbußen, Ordnungsgelder und Zwangsgelder sowie solche Nebenfolgen einer Straftat oder Ordnungswidrigkeit, die zu einer Geldzahlung verpflichten;

4. Forderungen auf eine unentgeltliche Leistung des Schuldners;

5. Forderungen auf Rückgewähr des kapitalersetzenden Darlehens eines Gesellschafters oder gleichgestellte Forderungen.

(2) Forderungen, für die zwischen Gläubiger und Schuldner der Nachrang im Insolvenzverfahren vereinbart worden ist, werden im Zweifel nach den in Absatz 1 bezeichneten Forderungen berichtigt.

(3) Die Zinsen der Forderungen nachrangiger Insolvenzgläubiger und die Kosten, die diesen Gläubigern durch ihre Teilnahme am Verfahren entstehen, haben den gleichen Rang wie die Forderungen dieser Gläubiger.

§ 40
Unterhaltsansprüche

Familienrechtliche Unterhaltsansprüche und familienrechtliche Erstattungsansprüche der Mutter eines nichtehelichen Kindes gegen den Schuldner können im Insolvenzverfahren für die Zeit nach der Eröffnung nur geltend gemacht werden, soweit der Schuldner als Erbe des Verpflichteten haftet. § 100 bleibt unberührt.

§ 41
Nicht fällige Forderungen

(1) Nicht fällige Forderungen gelten als fällig.

(2) Sind sie unverzinslich, so sind sie mit dem gesetzlichen Zinssatz abzuzinsen. Sie vermindern sich dadurch auf den Betrag, der bei Hinzurechnung der gesetzlichen Zinsen für die Zeit von der Eröffnung des Insolvenzverfahrens bis zur Fälligkeit dem vollen Betrag der Forderung entspricht.

§ 42
Auflösend bedingte Forderungen

Auflösend bedingte Forderungen werden, solange die Bedingung nicht eingetreten ist, im Insolvenzverfahren wie unbedingte Forderungen berücksichtigt.

§ 43
Haftung mehrerer Personen

Ein Gläubiger, dem mehrere Personen für dieselbe Leistung auf das Ganze haften, kann im Insolvenzverfahren gegen jeden Schuldner bis zu seiner vollen Befriedigung den ganzen Betrag geltend machen, den er zur Zeit der Eröffnung des Verfahrens zu fordern hatte.

§ 44
Rechte der Gesamtschuldner und Bürgen

Der Gesamtschuldner und der Bürge können die Forderung, die sie durch eine Befriedigung des Gläubigers künftig gegen den Schuldner erwerben könnten, im Insolvenzverfahren nur dann geltend machen, wenn der Gläubiger seine Forderung nicht geltend macht.

§ 45
Umrechnung von Forderungen

Forderungen, die nicht auf Geld gerichtet sind oder deren Geldbetrag unbestimmt ist, sind mit dem Wert geltend zu machen, der für die Zeit der Eröffnung des Insolvenzverfahrens geschätzt werden kann. Forderungen, die in ausländischer Währung oder in einer Rechnungseinheit ausgedrückt sind, sind nach dem Kurswert, der zur Zeit der Verfahrenseröffnung für den Zahlungsort maßgeblich ist, in inländische Währung umzurechnen.

§ 46
Wiederkehrende Leistungen

Forderungen auf wiederkehrende Leistungen, deren Betrag und Dauer bestimmt sind, sind mit dem Betrag geltend zu machen, der sich ergibt, wenn die noch ausstehenden Leistungen unter Abzug des in § 41 bezeichneten Zwischenzinses zusammengerechnet werden. Ist die Dauer der Leistungen unbestimmt, so gilt § 45 Satz 1 entsprechend.

§ 47
Aussonderung

Wer auf Grund eines dinglichen oder persönlichen Rechts geltend machen kann, daß ein Gegenstand nicht zur Insolvenzmasse gehört, ist kein Insolvenzgläubiger. Sein Anspruch auf Aussonderung des Gegenstands bestimmt sich nach den Gesetzen, die außerhalb des Insolvenzverfahrens gelten.

§ 48
Ersatzaussonderung

Ist ein Gegenstand, dessen Aussonderung hätte verlangt werden können, vor der Eröffnung des Insolvenzverfahrens vom Schuldner oder nach der Eröffnung vom Insolvenzverwalter unberechtigt veräußert worden, so kann der Aussonderungsberechtigte die Abtretung des Rechts auf die Gegenleistung verlangen, soweit diese noch aussteht. Er kann die Gegenleistung aus der Insolvenzmasse verlangen, soweit sie in der Masse unterscheidbar vorhanden ist.

§ 49
Abgesonderte Befriedigung
aus unbeweglichen Gegenständen

Gläubiger, denen ein Recht auf Befriedigung aus Gegenständen zusteht, die der Zwangsvollstreckung in das unbewegliche Vermögen unterliegen (unbewegliche Gegenstände), sind nach Maßgabe des Gesetzes über die Zwangsversteigerung und die Zwangsverwaltung zur abgesonderten Befriedigung berechtigt.

§ 50
Abgesonderte Befriedigung der Pfandgläubiger

(1) Gläubiger, die an einem Gegenstand der Insolvenzmasse ein rechtsgeschäftliches Pfandrecht, ein durch Pfändung erlangtes Pfandrecht oder ein gesetzliches Pfandrecht haben, sind nach Maßgabe der §§ 166 bis 173 für Hauptforderung, Zinsen und Kosten zur abgesonderten Befriedigung aus dem Pfandgegenstand berechtigt.

(2) Das gesetzliche Pfandrecht des Vermieters oder Verpächters kann im Insolvenzverfahren wegen des Miet- oder Pachtzinses für eine frühere Zeit als die letzten zwölf Monate vor der Eröffnung des Verfahrens sowie wegen der Entschädigung, die infolge einer Kündigung des Insolvenzverwalters zu zahlen ist, nicht geltend gemacht werden. Das Pfandrecht des Verpächters eines landwirtschaftlichen Grundstücks unterliegt wegen des Pachtzinses nicht dieser Beschränkung.

§ 51
Sonstige Absonderungsberechtigte

Den in § 50 genannten Gläubigern stehen gleich:

1. Gläubiger, denen der Schuldner zur Sicherung eines Anspruchs eine bewegliche Sache übereignet oder ein Recht übertragen hat;

2. Gläubiger, denen ein Zurückbehaltungsrecht an einer Sache zusteht, weil sie etwas zum Nutzen der Sache verwendet haben, soweit ihre Forderung aus der Verwendung den noch vorhandenen Vorteil nicht übersteigt;

3. Gläubiger, denen nach dem Handelsgesetzbuch ein Zurückbehaltungsrecht zusteht;

4. Bund, Länder, Gemeinden und Gemeindeverbände, soweit ihnen zoll- und steuerpflichtige Sachen nach gesetzlichen Vorschriften als Sicherheit für öffentliche Abgaben dienen.

§ 52
Ausfall der Absonderungsberechtigten

Gläubiger, die abgesonderte Befriedigung beanspruchen können, sind Insolvenzgläubiger, soweit ihnen der Schuldner auch persönlich haftet. Sie sind zur anteilsmäßigen Befriedigung aus der Insolvenzmasse jedoch nur berechtigt, soweit sie auf eine abgesonderte Befriedigung verzichten oder bei ihr ausgefallen sind.

§ 53
Massegläubiger

Aus der Insolvenzmasse sind die Kosten des Insolvenzverfahrens und die sonstigen Masseverbindlichkeiten vorweg zu berichtigen.

§ 54
Kosten des Insolvenzverfahrens

Kosten des Insolvenzverfahrens sind:

1. die Gerichtskosten für das Insolvenzverfahren;

2. die Vergütungen und die Auslagen des vorläufigen Insolvenzverwalters, des Insolvenzverwalters und der Mitglieder des Gläubigerausschusses.

§ 55
Sonstige Masseverbindlichkeiten

(1) Masseverbindlichkeiten sind weiter die Verbindlichkeiten:

1. die durch Handlungen des Insolvenzverwalters oder in anderer Weise durch die Verwaltung, Verwertung und Verteilung der Insolvenzmasse begründet werden, ohne zu den Kosten des Insolvenzverfahrens zu gehören;

2. aus gegenseitigen Verträgen, soweit deren Erfüllung zur Insolvenzmasse verlangt wird oder für die Zeit nach der Eröffnung des Insolvenzverfahrens erfolgen muß;

3. aus einer ungerechtfertigten Bereicherung der Masse.

(2) Verbindlichkeiten, die von einem vorläufigen Insolvenzverwalter begründet worden sind, auf den die Verfügungsbefugnis über das Vermögen des Schuldners übergegangen ist, gelten nach der Eröffnung des Verfahrens als Masseverbindlichkeiten. Gleiches gilt für Verbindlichkeiten aus einem Dauerschuldverhältnis, soweit der vorläufige Insolvenzverwalter für das von ihm verwaltete Vermögen die Gegenleistung in Anspruch genommen hat.

Dritter Abschnitt
Insolvenzverwalter. Organe der Gläubiger

§ 56
Bestellung des Insolvenzverwalters

(1) Zum Insolvenzverwalter ist eine für den jeweiligen Einzelfall geeignete, insbesondere geschäftskundige und von den Gläubigern und dem Schuldner unabhängige natürliche Person zu bestellen.

(2) Der Verwalter erhält eine Urkunde über seine Bestellung. Bei Beendigung seines Amtes hat er die Urkunde dem Insolvenzgericht zurückzugeben.

§ 57
Wahl eines anderen Insolvenzverwalters

In der ersten Gläubigerversammlung, die auf die Bestellung des Insolvenzverwalters folgt, können die Gläubiger an dessen Stelle eine andere Person wählen. Das Gericht kann die Bestellung des Gewählten nur versagen, wenn dieser für die Übernahme des Amtes nicht geeignet ist. Gegen die Versagung steht jedem Insolvenzgläubiger die sofortige Beschwerde zu.

§ 58
Aufsicht des Insolvenzgerichts

(1) Der Insolvenzverwalter steht unter der Aufsicht des Insolvenzgerichts. Das Gericht kann jederzeit einzelne Auskünfte oder einen Bericht über den Sachstand und die Geschäftsführung von ihm verlangen.

(2) Erfüllt der Verwalter seine Pflichten nicht, so kann das Gericht nach vorheriger Androhung Zwangsgeld gegen ihn festsetzen. Das einzelne Zwangsgeld darf den Betrag von fünfzigtausend Deutsche Mark nicht übersteigen. Gegen den Beschluß steht dem Verwalter die sofortige Beschwerde zu.

(3) Absatz 2 gilt entsprechend für die Durchsetzung der Herausgabepflichten eines entlassenen Verwalters.

§ 59
Entlassung des Insolvenzverwalters

(1) Das Insolvenzgericht kann den Insolvenzverwalter aus wichtigem Grund aus dem Amt entlassen. Die Entlassung kann von Amts wegen oder auf Antrag des Verwalters, des Gläubigerausschusses oder der Gläubigerversammlung erfolgen. Vor der Entscheidung des Gerichts ist der Verwalter zu hören.

(2) Gegen die Entlassung steht dem Verwalter die sofortige Beschwerde zu. Gegen die Ablehnung des Antrags steht dem Verwalter, dem Gläubigerausschuß oder, wenn die Gläubigerversammlung den Antrag gestellt hat, jedem Insolvenzgläubiger die sofortige Beschwerde zu.

§ 60
Haftung des Insolvenzverwalters

(1) Der Insolvenzverwalter ist allen Beteiligten zum Schadenersatz verpflichtet, wenn er schuldhaft die Pflichten verletzt, die ihm nach diesem Gesetz obliegen. Er hat für die Sorgfalt eines ordentlichen und gewissenhaften Insolvenzverwalters einzustehen.

(2) Soweit er zur Erfüllung der ihm als Verwalter obliegenden Pflichten Angestellte des Schuldners im Rahmen ihrer bisherigen Tätigkeit einsetzen muß und diese Angestellten nicht offensichtlich ungeeignet sind, hat der Verwalter ein Verschulden dieser Personen nicht gemäß § 278 des Bürgerlichen Gesetzbuchs zu vertreten, sondern ist nur für deren Überwachung und für Entscheidungen von besonderer Bedeutung verantwortlich.

§ 61
Nichterfüllung von Masseverbindlichkeiten

Kann eine Masseverbindlichkeit, die durch eine Rechtshandlung des Insolvenzverwalters begründet worden ist, aus der Insolvenzmasse nicht voll erfüllt werden, so ist der Verwa!ter dem Massegläubiger zum Schadenersatz verpflichtet. Dies gilt nicht, wenn der Verwalter bei der Begründung der Verbindlichkeit nicht erkennen konnte, daß die Masse voraussichtlich zur Erfüllung nicht ausreichen würde.

§ 62
Verjährung

Der Anspruch auf Ersatz des Schadens, der aus einer Pflichtverletzung des Insolvenzverwalters entstanden ist, verjährt in drei Jahren von dem Zeitpunkt an, in dem der Verletzte von dem Schaden und den Umständen, welche die Ersatzpflicht des Verwalters begründen, Kenntnis erlangt. Der Anspruch verjährt spätestens in drei Jahren von der Aufhebung oder der Rechtskraft der Einstellung des Insolvenzverfahrens an. Für Pflichtverletzungen, die im Rahmen einer Nachtragsverteilung (§ 203) oder einer Überwachung der Planerfüllung (§ 260) begangen worden sind, gilt Satz 2 mit der Maßgabe, daß an die Stelle der Aufhebung des Insolvenzverfahrens der Vollzug der Nachtragsverteilung oder die Beendigung der Überwachung tritt.

§ 63
Vergütung des Insolvenzverwalters

Der Insolvenzverwalter hat Anspruch auf Vergütung für seine Geschäftsführung und auf Erstattung angemessener Auslagen. Der Regelsatz der Vergütung wird nach dem Wert der Insolvenzmasse zur Zeit der Beendigung des Insolvenzverfahrens berechnet. Dem Umfang und der Schwierigkeit der Geschäftsführung des Verwalters wird durch Abweichungen vom Regelsatz Rechnung getragen.

§ 64
Festsetzung durch das Gericht

(1) Das Insolvenzgericht setzt die Vergütung und die zu erstattenden Auslagen des Insolvenzverwalters durch Beschluß fest.

(2) Der Beschluß ist öffentlich bekanntzumachen und dem Verwalter, dem Schuldner und, wenn ein Gläubigerausschuß bestellt ist, den Mitgliedern des Ausschusses besonders zuzustellen. Die festgesetzten Beträge sind nicht zu veröffentlichen; in der öffentlichen Bekanntmachung ist darauf hinzuweisen, daß der vollständige Beschluß in der Geschäftsstelle eingesehen werden kann.

(3) Gegen den Beschluß steht dem Verwalter, dem Schuldner und jedem Insolvenzgläubiger die sofortige Beschwerde zu. § 567 Abs. 2 der Zivilprozeßordnung gilt entsprechend.

§ 65
Verordnungsermächtigung

Das Bundesministerium der Justiz wird ermächtigt, die Vergütung und die Erstattung der Auslagen des Insolvenzverwalters durch Rechtsverordnung näher zu regeln.

§ 66
Rechnungslegung

(1) Der Insolvenzverwalter hat bei der Beendigung seines Amtes einer Gläubigerversammlung Rechnung zu legen.

(2) Vor der Gläubigerversammlung prüft das Insolvenzgericht die Schlußrechnung des Verwalters. Es legt die Schlußrechnung mit den Belegen, mit einem Vermerk über die Prüfung und, wenn ein Gläubigerausschuß bestellt ist, mit dessen Bemerkungen zur Einsicht der Beteiligten aus; es kann dem Gläubigerausschuß für dessen Stellungnahme eine Frist setzen. Der Zeitraum zwischen der Auslegung der Unterlagen und dem Termin der Gläubigerversammlung soll mindestens eine Woche betragen.

(3) Die Gläubigerversammlung kann dem Verwalter aufgeben, zu bestimmten Zeitpunkten während des Verfahrens Zwischenrechnung zu legen. Die Absätze 1 und 2 gelten entsprechend.

§ 67
Einsetzung des Gläubigerausschusses

(1) Vor der ersten Gläubigerversammlung kann das Insolvenzgericht einen Gläubigerausschuß einsetzen.

(2) Im Gläubigerausschuß sollen die absonderungsberechtigten Gläubiger, die Insolvenzgläubiger mit den höchsten Forderungen und die Kleingläubiger vertreten sein. Dem Ausschuß soll ein Vertreter der Arbeitnehmer angehören, wenn diese als Insolvenzgläubiger mit nicht unerheblichen Forderungen beteiligt sind.

(3) Zu Mitgliedern des Gläubigerausschusses können auch Personen bestellt werden, die keine Gläubiger sind.

§ 68
Wahl anderer Mitglieder

(1) Die Gläubigerversammlung beschließt, ob ein Gläubigerausschuß eingesetzt werden soll. Hat das Insolvenzgericht bereits einen Gläubigerausschuß eingesetzt, so beschließt sie, ob dieser beibehalten werden soll.

(2) Sie kann vom Insolvenzgericht bestellte Mitglieder abwählen und andere oder zusätzliche Mitglieder des Gläubigerausschusses wählen.

§ 69
Aufgaben des Gläubigerausschusses

Die Mitglieder des Gläubigerausschusses haben den Insolvenzverwalter bei seiner Geschäftsführung zu unterstützen und zu überwachen. Sie haben sich über den Gang der Geschäfte zu unterrichten sowie die Bücher und Geschäftspapiere einsehen und den Geldverkehr und -bestand prüfen zu lassen.

§ 70
Entlassung

Das Insolvenzgericht kann ein Mitglied des Gläubigerausschusses aus wichtigem Grund aus dem Amt entlassen. Die Entlassung kann von Amts wegen, auf Antrag des Mitglieds des Gläubigerausschusses oder auf Antrag der Gläubigerversammlung erfolgen. Vor der Entscheidung des Gerichts ist das Mitglied des Gläubigerausschusses zu hören; gegen die Entscheidung steht ihm die sofortige Beschwerde zu.

§ 71
Haftung der Mitglieder des Gläubigerausschusses

Die Mitglieder des Gläubigerausschusses sind den absonderungsberechtigten Gläubigern und den Insolvenzgläubigern zum Schadenersatz verpflichtet, wenn sie schuldhaft die Pflichten verletzen, die ihnen nach diesem Gesetz obliegen. § 62 gilt entsprechend.

§ 72
Beschlüsse des Gläubigerausschusses

Ein Beschluß des Gläubigerausschusses ist gültig, wenn die Mehrheit der Mitglieder an der Beschlußfassung teilgenommen hat und der Beschluß mit der Mehrheit der abgegebenen Stimmen gefaßt worden ist.

§ 73
Vergütung der Mitglieder des Gläubigerausschusses

(1) Die Mitglieder des Gläubigerausschusses haben Anspruch auf Vergütung für ihre Tätigkeit und auf Erstattung angemessener Auslagen. Dabei ist dem Zeitaufwand und dem Umfang der Tätigkeit Rechnung zu tragen.

(2) Die §§ 64 und 65 gelten entsprechend.

§ 74
Einberufung der Gläubigerversammlung

(1) Die Gläubigerversammlung wird vom Insolvenzgericht einberufen. Zur Teilnahme an der Versammlung sind alle absonderungsberechtigten Gläubiger, alle Insolvenzgläubiger, der Insolvenzverwalter und der Schuldner berechtigt.

(2) Die Zeit, der Ort und die Tagesordnung der Gläubigerversammlung sind öffentlich bekanntzumachen. Die öffentliche Bekanntmachung kann unterbleiben, wenn in einer Gläubigerversammlung die Verhandlung vertagt wird.

§ 75
Antrag auf Einberufung

(1) Die Gläubigerversammlung ist einzuberufen, wenn dies beantragt wird:

1. vom Insolvenzverwalter;
2. vom Gläubigerausschuß;
3. von mindestens fünf absonderungsberechtigten Gläubigern oder nicht nachrangigen Insolvenzgläubigern, deren Absonderungsrechte und Forderungen nach der Schätzung des Insolvenzgerichts zusammen ein Fünftel der Summe erreichen, die sich aus dem Wert aller Absonderungsrechte und den Forderungsbeträgen aller nicht nachrangigen Insolvenzgläubiger ergibt;
4. von einem oder mehreren absonderungsberechtigten Gläubigern oder nicht nachrangigen Insolvenzgläubigern, deren Absonderungsrechte und Forderungen nach der Schätzung des Gerichts zwei Fünftel der in Nummer 3 bezeichneten Summe erreichen.

(2) Der Zeitraum zwischen dem Eingang des Antrags und dem Termin der Gläubigerversammlung soll höchstens zwei Wochen betragen.

(3) Wird die Einberufung abgelehnt, so steht dem Antragsteller die sofortige Beschwerde zu.

§ 76
Beschlüsse der Gläubigerversammlung

(1) Die Gläubigerversammlung wird vom Insolvenzgericht geleitet.

(2) Ein Beschluß der Gläubigerversammlung kommt zustande, wenn die Summe der Forderungsbeträge der zustimmenden Gläubiger mehr als die Hälfte der Summe der Forderungsbeträge der abstimmenden Gläubiger beträgt; bei absonderungsberechtigten Gläubigern, denen der Schuldner nicht persönlich haftet, tritt der Wert des Absonderungsrechts an die Stelle des Forderungsbetrags.

§ 77
Feststellung des Stimmrechts

(1) Ein Stimmrecht gewähren die Forderungen, die angemeldet und weder vom Insolvenzverwalter noch von einem stimmberechtigten Gläubiger bestritten worden sind. Nachrangige Gläubiger sind nicht stimmberechtigt.

(2) Die Gläubiger, deren Forderungen bestritten werden, sind stimmberechtigt, soweit sich in der Gläubigerversammlung der Verwalter und die erschienenen stimm-

berechtigten Gläubiger über das Stimmrecht geeinigt haben. Kommt es nicht zu einer Einigung, so entscheidet das Insolvenzgericht. Es kann seine Entscheidung auf den Antrag des Verwalters oder eines in der Gläubigerversammlung erschienenen Gläubigers ändern.

(3) Absatz 2 gilt entsprechend

1. für die Gläubiger aufschiebend bedingter Forderungen;

2. für die absonderungsberechtigten Gläubiger.

§ 78
Aufhebung eines Beschlusses der Gläubigerversammlung

(1) Widerspricht ein Beschluß der Gläubigerversammlung dem gemeinsamen Interesse der Insolvenzgläubiger, so hat das Insolvenzgericht den Beschluß aufzuheben, wenn ein absonderungsberechtigter Gläubiger, ein nicht nachrangiger Insolvenzgläubiger oder der Insolvenzverwalter dies in der Gläubigerversammlung beantragt.

(2) Die Aufhebung des Beschlusses ist öffentlich bekanntzumachen. Gegen die Aufhebung steht jedem absonderungsberechtigten Gläubiger und jedem nicht nachrangigen Insolvenzgläubiger die sofortige Beschwerde zu. Gegen die Ablehnung des Antrags auf Aufhebung steht dem Antragsteller die sofortige Beschwerde zu.

§ 79
Unterrichtung der Gläubigerversammlung

Die Gläubigerversammlung ist berechtigt, vom Insolvenzverwalter einzelne Auskünfte und einen Bericht über den Sachstand und die Geschäftsführung zu verlangen. Ist ein Gläubigerausschuß nicht bestellt, so kann die Gläubigerversammlung den Geldverkehr und -bestand des Verwalters prüfen lassen.

Dritter Teil
Wirkungen der Eröffnung des Insolvenzverfahrens

Erster Abschnitt
Allgemeine Wirkungen

§ 80
Übergang des Verwaltungs- und Verfügungsrechts

(1) Durch die Eröffnung des Insolvenzverfahrens geht das Recht des Schuldners, das zur Insolvenzmasse gehörende Vermögen zu verwalten und über es zu verfügen, auf den Insolvenzverwalter über.

(2) Ein gegen den Schuldner bestehendes Veräußerungsverbot, das nur den Schutz bestimmter Personen bezweckt (§§ 135, 136 des Bürgerlichen Gesetzbuchs), hat im Verfahren keine Wirkung. Die Vorschriften über die Wirkungen einer Pfändung oder einer Beschlagnahme im Wege der Zwangsvollstreckung bleiben unberührt.

§ 81
Verfügungen des Schuldners

(1) Hat der Schuldner nach der Eröffnung des Insolvenzverfahrens über einen Gegenstand der Insolvenzmasse verfügt, so ist diese Verfügung unwirksam. Unberührt bleiben die §§ 892, 893 des Bürgerlichen Gesetzbuch §§ 16, 17 des Gesetzes über Rechte an eingetragenen Schiffen und Schiffsbauwerken und §§ 16, 17 des Gesetzes über Rechte an Luftfahrzeugen. Dem anderen Teil ist die Gegenleistung aus der Insolvenzmasse zurückzugewähren, soweit die Masse durch sie bereichert ist.

(2) Für eine Verfügung über künftige Forderungen auf Bezüge aus einem Dienstverhältnis des Schuldners oder an deren Stelle tretende laufende Bezüge gilt Absatz 1 auch insoweit, als die Bezüge für die Zeit nach der Beendigung des Insolvenzverfahrens betroffen sind. Das Recht des Schuldners zur Abtretung dieser Bezüge an einen Treuhänder mit dem Ziel der gemeinschaftlichen Befriedigung der Insolvenzgläubiger bleibt unberührt.

(3) Hat der Schuldner am Tag der Eröffnung des Verfahrens verfügt, so wird vermutet, daß er nach der Eröffnung verfügt hat.

§ 82
Leistungen an den Schuldner

Ist nach der Eröffnung des Insolvenzverfahrens zur Erfüllung einer Verbindlichkeit an den Schuldner geleistet worden, obwohl die Verbindlichkeit zur Insolvenzmasse zu erfüllen war, so wird der Leistende befreit, wenn er zur Zeit der Leistung die Eröffnung des Verfahrens nicht kannte. Hat er vor der öffentlichen Bekanntmachung der Eröffnung geleistet, so wird vermutet, daß er die Eröffnung nicht kannte.

§ 83
Erbschaft. Fortgesetzte Gütergemeinschaft

(1) Ist dem Schuldner vor der Eröffnung des Insolvenzverfahrens eine Erbschaft oder ein Vermächtnis angefallen oder geschieht dies während des Verfahrens, so steht die Annahme oder Ausschlagung nur dem Schuldner zu. Gleiches gilt von der Ablehnung der fortgesetzten Gütergemeinschaft.

(2) Ist der Schuldner Vorerbe, so darf der Insolvenzverwalter über die Gegenstände der Erbschaft nicht verfügen, wenn die Verfügung im Falle des Eintritts der Nacherbfolge nach § 2115 des Bürgerlichen Gesetzbuchs dem Nacherben gegenüber unwirksam ist.

§ 84
Auseinandersetzung einer Gesellschaft oder Gemeinschaft

(1) Besteht zwischen dem Schuldner und Dritten eine Gemeinschaft nach Bruchteilen, eine andere Gemeinschaft oder eine Gesellschaft ohne Rechtspersönlichkeit, so erfolgt die Teilung oder sonstige Auseinandersetzung außerhalb des Insolvenzverfahrens. Aus dem dabei ermittelten Anteil des Schuldners kann für Ansprüche aus dem Rechtsverhältnis abgesonderte Befriedigung verlangt werden.

(2) Eine Vereinbarung, durch die bei einer Gemeinschaft nach Bruchteilen das Recht, die Aufhebung der Gemeinschaft zu verlangen, für immer oder auf Zeit aus-

geschlossen oder eine Kündigungsfrist bestimmt worden ist, hat im Verfahren keine Wirkung. Gleiches gilt für eine Anordnung dieses Inhalts, die ein Erblasser für die Gemeinschaft seiner Erben getroffen hat, und für eine entsprechende Vereinbarung der Miterben.

§ 85
Aufnahme von Aktivprozessen

(1) Rechtsstreitigkeiten über das zur Insolvenzmasse gehörende Vermögen, die zur Zeit der Eröffnung des Insolvenzverfahrens für den Schuldner anhängig sind, können in der Lage, in der sie sich befinden, vom Insolvenzverwalter aufgenommen werden. Wird die Aufnahme verzögert, so gilt § 239 Abs. 2 bis 4 der Zivilprozeßordnung entsprechend.

(2) Lehnt der Verwalter die Aufnahme des Rechtsstreits ab, so können sowohl der Schuldner als auch der Gegner den Rechtsstreit aufnehmen.

§ 86
Aufnahme bestimmter Passivprozesse

(1) Rechtsstreitigkeiten, die zur Zeit der Eröffnung des Insolvenzverfahrens gegen den Schuldner anhängig sind, können sowohl vom Insolvenzverwalter als auch vom Gegner aufgenommen werden, wenn sie betreffen:

1. die Aussonderung eines Gegenstands aus der Insolvenzmasse,
2. die abgesonderte Befriedigung oder
3. eine Masseverbindlichkeit.

(2) Erkennt der Verwalter den Anspruch sofort an, so kann der Gegner einen Anspruch auf Erstattung der Kosten des Rechtsstreits nur als Insolvenzgläubiger geltend machen.

§ 87
Forderungen der Insolvenzgläubiger

Die Insolvenzgläubiger können ihre Forderungen nur nach den Vorschriften über das Insolvenzverfahren verfolgen.

§ 88
Vollstreckung vor Verfahrenseröffnung

Hat ein Insolvenzgläubiger im letzten Monat vor dem Antrag auf Eröffnung des Insolvenzverfahrens oder nach diesem Antrag durch Zwangsvollstreckung eine Sicherung an dem zur Insolvenzmasse gehörenden Vermögen des Schuldners erlangt, so wird diese Sicherung mit der Eröffnung des Verfahrens unwirksam.

§ 89
Vollstreckungsverbot

(1) Zwangsvollstreckungen für einzelne Insolvenzgläubiger sind während der Dauer des Insolvenzverfahrens weder in die Insolvenzmasse noch in das sonstige Vermögen des Schuldners zulässig.

(2) Zwangsvollstreckungen in künftige Forderungen auf Bezüge aus einem Dienstverhältnis des Schuldners oder an deren Stelle tretende laufende Bezüge sind während der Dauer des Verfahrens auch für Gläubiger unzulässig, die keine Insolvenzgläubiger sind. Dies gilt nicht für die Zwangsvollstreckung wegen eines Unterhaltsanspruchs oder einer Forderung aus einer vorsätzlichen unerlaubten Handlung in den Teil der Bezüge, der für andere Gläubiger nicht pfändbar ist.

(3) Über Einwendungen, die auf Grund des Absatzes 1 oder 2 gegen die Zulässigkeit einer Zwangsvollstreckung erhoben werden, entscheidet das Insolvenzgericht. Das Gericht kann vor der Entscheidung eine einstweilige Anordnung erlassen; es kann insbesondere anordnen, daß die Zwangsvollstreckung gegen oder ohne Sicherheitsleistung einstweilen einzustellen oder nur gegen Sicherheitsleistung fortzusetzen sei.

§ 90
Vollstreckungsverbot bei Masseverbindlichkeiten

(1) Zwangsvollstreckungen wegen Masseverbindlichkeiten, die nicht durch eine Rechtshandlung des Insolvenzverwalters begründet worden sind, sind für die Dauer von sechs Monaten seit der Eröffnung des Insolvenzverfahrens unzulässig.

(2) Nicht als derartige Masseverbindlichkeiten gelten die Verbindlichkeiten:

1. aus einem gegenseitigen Vertrag, dessen Erfüllung der Verwalter gewählt hat;
2. aus einem Dauerschuldverhältnis für die Zeit nach dem ersten Termin, zu dem der Verwalter kündigen konnte;
3. aus einem Dauerschuldverhältnis, soweit der Verwalter für die Insolvenzmasse die Gegenleistung in Anspruch nimmt.

§ 91
Ausschluß sonstigen Rechtserwerbs

(1) Rechte an den Gegenständen der Insolvenzmasse können nach der Eröffnung des Insolvenzverfahrens nicht wirksam erworben werden, auch wenn keine Verfügung des Schuldners und keine Zwangsvollstreckung für einen Insolvenzgläubiger zugrunde liegt.

(2) Unberührt bleiben die §§ 878, 892, 893 des Bürgerlichen Gesetzbuchs, § 3 Abs. 3, §§ 16, 17 des Gesetzes über Rechte an eingetragenen Schiffen und Schiffsbauwerken, § 5 Abs. 3, §§ 16, 17 des Gesetzes über Rechte an Luftfahrzeugen und § 20 Abs. 3 der Seerechtlichen Verteilungsordnung.

§ 92
Gesamtschaden

Ansprüche der Insolvenzgläubiger auf Ersatz eines Schadens, den diese Gläubiger gemeinschaftlich durch eine Verminderung des zur Insolvenzmasse gehörenden Vermögens vor oder nach der Eröffnung des Insolvenzverfahrens erlitten haben (Gesamtschaden), können während der Dauer des Insolvenzverfahrens nur vom Insolvenzverwalter geltend gemacht werden. Richten sich die Ansprüche gegen den Verwalter, so können sie nur von einem neu bestellten Insolvenzverwalter geltend gemacht werden.

§ 93
Persönliche Haftung der Gesellschafter

Ist das Insolvenzverfahren über das Vermögen einer Gesellschaft ohne Rechtspersönlichkeit oder einer Kommanditgesellschaft auf Aktien eröffnet, so kann die persönliche Haftung eines Gesellschafters für die Verbindlichkeiten der Gesellschaft während der Dauer des Insolvenzverfahrens nur vom Insolvenzverwalter geltend gemacht werden.

§ 94
Erhaltung einer Aufrechnungslage

Ist ein Insolvenzgläubiger zur Zeit der Eröffnung des Insolvenzverfahrens kraft Gesetzes oder auf Grund einer Vereinbarung zur Aufrechnung berechtigt, so wird dieses Recht durch das Verfahren nicht berührt.

§ 95
Eintritt der Aufrechnungslage im Verfahren

(1) Sind zur Zeit der Eröffnung des Insolvenzverfahrens die aufzurechnenden Forderungen oder eine von ihnen noch aufschiebend bedingt oder nicht fällig oder die Forderungen noch nicht auf gleichartige Leistungen gerichtet, so kann die Aufrechnung erst erfolgen, wenn ihre Voraussetzungen eingetreten sind. Die §§ 41, 45 sind nicht anzuwenden. Die Aufrechnung ist ausgeschlossen, wenn die Forderung, gegen die aufgerechnet werden soll, unbedingt und fällig wird, bevor die Aufrechnung erfolgen kann.

(2) Die Aufrechnung wird nicht dadurch ausgeschlossen, daß die Forderungen auf unterschiedliche Währungen oder Rechnungseinheiten lauten, wenn diese Währungen oder Rechnungseinheiten am Zahlungsort der Forderung, gegen die aufgerechnet wird, frei getauscht werden können. Die Umrechnung erfolgt nach dem Kurswert, der für diesen Ort zur Zeit des Zugangs der Aufrechnungserklärung maßgeblich ist.

§ 96
Unzulässigkeit der Aufrechnung

Die Aufrechnung ist unzulässig,

1. wenn ein Insolvenzgläubiger erst nach der Eröffnung des Insolvenzverfahrens etwas zur Insolvenzmasse schuldig geworden ist,

2. wenn ein Insolvenzgläubiger seine Forderung erst nach der Eröffnung des Verfahrens von einem anderen Gläubiger erworben hat,

3. wenn ein Insolvenzgläubiger die Möglichkeit der Aufrechnung durch eine anfechtbare Rechtshandlung erlangt hat,

4. wenn ein Gläubiger, dessen Forderung aus dem freien Vermögen des Schuldners zu erfüllen ist, etwas zur Insolvenzmasse schuldet.

§ 97
Auskunfts- und Mitwirkungspflichten des Schuldners

(1) Der Schuldner ist verpflichtet, dem Insolvenzgericht, dem Insolvenzverwalter, dem Gläubigerausschuß und auf Anordnung des Gerichts der Gläubigerversammlung

über alle das Verfahren betreffenden Verhältnisse Auskunft zu geben. Er hat auch Tatsachen zu offenbaren, die geeignet sind, eine Verfolgung wegen einer Straftat oder einer Ordnungswidrigkeit herbeizuführen. Jedoch darf eine Auskunft, die der Schuldner gemäß seiner Verpflichtung nach Satz 1 erteilt, in einem Strafverfahren oder in einem Verfahren nach dem Gesetz über Ordnungswidrigkeiten gegen den Schuldner oder einen in § 52 Abs. 1 der Strafprozeßordnung bezeichneten Angehörigen des Schuldners nur mit Zustimmung des Schuldners verwendet werden.

(2) Der Schuldner hat den Verwalter bei der Erfüllung von dessen Aufgaben zu unterstützen.

(3) Der Schuldner ist verpflichtet, sich auf Anordnung des Gerichts jederzeit zur Verfügung zu stellen, um seine Auskunfts- und Mitwirkungspflichten zu erfüllen. Er hat alle Handlungen zu unterlassen, die der Erfüllung dieser Pflichten zuwiderlaufen.

§ 98
Durchsetzung der Pflichten des Schuldners

(1) Wenn es zur Herbeiführung wahrheitsgemäßer Aussagen erforderlich erscheint, ordnet das Insolvenzgericht an, daß der Schuldner zu Protokoll an Eides Statt versichert, er habe die von ihm verlangte Auskunft nach bestem Wissen und Gewissen richtig und vollständig erteilt. Die §§ 478 bis 480, 483 der Zivilprozeßordnung gelten entsprechend.

(2) Das Gericht kann den Schuldner zwangsweise vorführen und nach Anhörung in Haft nehmen lassen,

1. wenn der Schuldner eine Auskunft oder die eidesstattliche Versicherung oder die Mitwirkung bei der Erfüllung der Aufgaben des Insolvenzverwalters verweigert;

2. wenn der Schuldner sich der Erfüllung seiner Auskunfts- und Mitwirkungspflichten entziehen will, insbesondere Anstalten zur Flucht trifft, oder

3. wenn dies zur Vermeidung von Handlungen des Schuldners, die der Erfüllung seiner Auskunfts- und Mitwirkungspflichten zuwiderlaufen, insbesondere zur Sicherung der Insolvenzmasse, erforderlich ist.

(3) Für die Anordnung von Haft gelten die §§ 904 bis 910, 913 der Zivilprozeßordnung entsprechend. Der Haftbefehl ist von Amts wegen aufzuheben, sobald die Voraussetzungen für die Anordnung von Haft nicht mehr vorliegen. Gegen die Anordnung der Haft und gegen die Abweisung eines Antrags auf Aufhebung des Haftbefehls wegen Wegfalls seiner Voraussetzungen findet die sofortige Beschwerde statt.

§ 99
Postsperre

(1) Soweit dies erforderlich erscheint, um für die Gläubiger nachteilige Rechtshandlungen des Schuldners aufzuklären oder zu verhindern, ordnet das Insolvenzgericht auf Antrag des Insolvenzverwalters oder von Amts wegen durch begründeten Beschluß an, daß bestimmte oder alle Postsendungen für den Schuldner dem Verwalter zuzuleiten sind. Die Anordnung ergeht nach Anhörung des Schuldners, sofern dadurch nicht wegen besonderer Umstände des Einzelfalls der Zweck der Anordnung gefährdet wird. Unterbleibt die vorherige Anhörung des Schuldners, so ist dies in dem Beschluß gesondert zu begründen und die Anhörung unverzüglich nachzuholen.

(2) Der Verwalter ist berechtigt, die ihm zugeleiteten Sendungen zu öffnen. Sendungen, deren Inhalt nicht die Insolvenzmasse betrifft, sind dem Schuldner unverzüglich zuzuleiten. Die übrigen Sendungen kann der Schuldner einsehen.

(3) Gegen die Anordnung der Postsperre steht dem Schuldner die sofortige Beschwerde zu. Das Gericht hat die Anordnung nach Anhörung des Verwalters aufzuheben, soweit ihre Voraussetzungen fortfallen.

§ 100
Unterhalt aus der Insolvenzmasse

(1) Die Gläubigerversammlung beschließt, ob und in welchem Umfang dem Schuldner und seiner Familie Unterhalt aus der Insolvenzmasse gewährt werden soll.

(2) Bis zur Entscheidung der Gläubigerversammlung kann der Insolvenzverwalter mit Zustimmung des Gläubigerausschusses, wenn ein solcher bestellt ist, dem Schuldner den notwendigen Unterhalt gewähren. In gleicher Weise kann den minderjährigen unverheirateten Kindern des Schuldners, seinem Ehegatten, seinem früheren Ehegatten und der Mutter seines nichtehelichen Kindes hinsichtlich des Anspruchs nach den §§ 1615l, 1615n des Bürgerlichen Gesetzbuchs Unterhalt gewährt werden.

§ 101
Organschaftliche Vertreter. Angestellte

(1) Ist der Schuldner keine natürliche Person, so gelten die §§ 97 bis 99 entsprechend für die Mitglieder des Vertretungs- oder Aufsichtsorgans und die vertretungsberechtigten persönlich haftenden Gesellschafter des Schuldners. § 97 Abs. 1 und § 98 gelten außerdem entsprechend für Personen, die nicht früher als zwei Jahre vor dem Antrag auf Eröffnung des Insolvenzverfahrens aus einer in Satz 1 genannten Stellung ausgeschieden sind. § 100 gilt entsprechend für die vertretungsberechtigten persönlich haftenden Gesellschafter des Schuldners.

(2) § 97 Abs. 1 Satz 1 gilt entsprechend für Angestellte und frühere Angestellte des Schuldners, sofern diese nicht früher als zwei Jahre vor dem Eröffnungsantrag ausgeschieden sind.

§ 102
Einschränkung eines Grundrechts

Durch die §§ 99, 101 Abs. 1 Satz 1 wird das Grundrecht des Briefgeheimnisses sowie des Post- und Fernmeldegeheimnisses (Artikel 10 Grundgesetz) eingeschränkt.

Zweiter Abschnitt
Erfüllung der Rechtsgeschäfte.
Mitwirkung des Betriebsrats

§ 103
Wahlrecht des Insolvenzverwalters

(1) Ist ein gegenseitiger Vertrag zur Zeit der Eröffnung des Insolvenzverfahrens vom Schuldner und vom anderen Teil nicht oder nicht vollständig erfüllt, so kann der Insolvenzverwalter anstelle des Schuldners den Vertrag erfüllen und die Erfüllung vom anderen Teil verlangen.

(2) Lehnt der Verwalter die Erfüllung ab, so kann der andere Teil eine Forderung wegen der Nichterfüllung nur als Insolvenzgläubiger geltend machen. Fordert der andere Teil den Verwalter zur Ausübung seines Wahlrechts auf, so hat der Verwalter unverzüglich zu erklären, ob er die Erfüllung verlangen will. Unterläßt er dies, so kann er auf der Erfüllung nicht bestehen.

§ 104
Fixgeschäfte. Finanztermingeschäfte

(1) War die Lieferung von Waren, die einen Markt- oder Börsenpreis haben, genau zu einer festbestimmten Zeit oder innerhalb einer festbestimmten Frist vereinbart und tritt die Zeit oder der Ablauf der Frist erst nach der Eröffnung des Insolvenzverfahrens ein, so kann nicht die Erfüllung verlangt, sondern nur eine Forderung wegen der Nichterfüllung geltend gemacht werden.

(2) War für Finanzleistungen, die einen Markt- oder Börsenpreis haben, eine bestimmte Zeit oder eine bestimmte Frist vereinbart und tritt die Zeit oder der Ablauf der Frist erst nach der Eröffnung des Verfahrens ein, so kann nicht die Erfüllung verlangt, sondern nur eine Forderung wegen der Nichterfüllung geltend gemacht werden. Als Finanzleistungen gelten insbesondere

1. die Lieferung von Edelmetallen,

2. die Lieferung von Wertpapieren oder vergleichbaren Rechten, soweit nicht der Erwerb einer Beteiligung an einem Unternehmen zur Herstellung einer dauernden Verbindung zu diesem Unternehmen beabsichtigt ist,

3. Geldleistungen, die in ausländischer Währung oder in einer Rechnungseinheit zu erbringen sind,

4. Geldleistungen, deren Höhe unmittelbar oder mittelbar durch den Kurs einer ausländischen Währung oder einer Rechnungseinheit, durch den Zinssatz von Forderungen oder durch den Preis anderer Güter oder Leistungen bestimmt wird,

5. Optionen und andere Rechte auf Lieferungen oder Geldleistungen im Sinne der Nummern 1 bis 4.

Sind Geschäfte über Finanzleistungen in einem Rahmenvertrag zusammengefaßt, für den vereinbart ist, daß er bei Vertragsverletzungen nur einheitlich beendet werden kann, so gilt die Gesamtheit dieser Geschäfte als ein gegenseitiger Vertrag im Sinne der §§ 103, 104.

(3) Die Forderung wegen der Nichterfüllung richtet sich auf den Unterschied zwischen dem vereinbarten Preis und dem Markt- oder Börsenpreis, der am zweiten Werktag nach der Eröffnung des Verfahrens am Erfüllungsort für einen Vertrag mit der vereinbarten Erfüllungszeit maßgeblich ist. Der andere Teil kann eine solche Forderung nur als Insolvenzgläubiger geltend machen.

§ 105
Teilbare Leistungen

Sind die geschuldeten Leistungen teilbar und hat der andere Teil die ihm obliegende Leistung zur Zeit der Eröffnung des Insolvenzverfahrens bereits teilweise erbracht, so ist er mit dem der Teilleistung entsprechenden Betrag seines Anspruchs auf die Gegenleistung Insolvenzgläubiger, auch wenn der Insolvenzverwalter wegen der noch ausstehenden Leistung Erfüllung verlangt. Der andere Teil ist nicht berechtigt, wegen der Nichterfüllung seines Anspruchs auf die Gegenleistung die Rückgabe einer vor der Eröffnung des Verfahrens in das Vermögen des Schuldners übergegangenen Teilleistung aus der Insolvenzmasse zu verlangen.

§ 106
Vormerkung

(1) Ist zur Sicherung eines Anspruchs auf Einräumung oder Aufhebung eines Rechts an einem Grundstück des Schuldners oder an einem für den Schuldner eingetragenen Recht oder zur Sicherung eines Anspruchs auf Änderung des Inhalts oder des Ranges eines solchen Rechts eine Vormerkung im Grundbuch eingetragen, so kann der Gläubiger für seinen Anspruch Befriedigung aus der Insolvenzmasse verlangen. Dies gilt auch, wenn der Schuldner dem Gläubiger gegenüber weitere Verpflichtungen übernommen hat und diese nicht oder nicht vollständig erfüllt sind.

(2) Für eine Vormerkung, die im Schiffsregister, Schiffsbauregister oder Register für Pfandrechte an Luftfahrzeugen eingetragen ist, gilt Absatz 1 entsprechend.

§ 107
Eigentumsvorbehalt

(1) Hat vor der Eröffnung des Insolvenzverfahrens der Schuldner eine bewegliche Sache unter Eigentumsvorbehalt verkauft und dem Käufer den Besitz an der Sache übertragen, so kann der Käufer die Erfüllung des Kaufvertrages verlangen. Dies gilt auch, wenn der Schuldner dem Käufer gegenüber weitere Verpflichtungen übernommen hat und diese nicht oder nicht vollständig erfüllt sind.

(2) Hat vor der Eröffnung des Insolvenzverfahrens der Schuldner eine bewegliche Sache unter Eigentumsvorbehalt gekauft und vom Verkäufer den Besitz an der Sache erlangt, so braucht der Insolvenzverwalter, den der Verkäufer zur Ausübung des Wahlrechts aufgefordert hat, die Erklärung nach § 103 Abs. 2 Satz 2 erst unverzüglich nach dem Berichtstermin abzugeben. Dies gilt nicht, wenn in der Zeit bis zum Berichtstermin eine erhebliche Verminderung des Wertes der Sache zu erwarten ist und der Gläubiger den Verwalter auf diesen Umstand hingewiesen hat.

§ 108
Fortbestehen von Dauerschuldverhältnissen

(1) Miet- und Pachtverhältnisse des Schuldners über unbewegliche Gegenstände oder Räume sowie Dienstverhältnisse des Schuldners bestehen mit Wirkung für die Insolvenzmasse fort.

(2) Ansprüche für die Zeit vor der Eröffnung des Insolvenzverfahrens kann der andere Teil nur als Insolvenzgläubiger geltend machen.

§ 109
Schuldner als Mieter oder Pächter

(1) Ein Miet- oder Pachtverhältnis über einen unbeweglichen Gegenstand oder über Räume, das der Schuldner als Mieter oder Pächter eingegangen war, kann der Insolvenzverwalter ohne Rücksicht auf die vereinbarte Vertragsdauer unter Einhaltung

der gesetzlichen Frist kündigen. Kündigt der Verwalter nach Satz 1, so kann der andere Teil wegen der vorzeitigen Beendigung des Vertragsverhältnisses als Insolvenzgläubiger Schadenersatz verlangen.

(2) Waren dem Schuldner der unbewegliche Gegenstand oder die Räume zur Zeit der Eröffnung des Verfahrens noch nicht überlassen, so kann sowohl der Verwalter als auch der andere Teil vom Vertrag zurücktreten. Tritt der Verwalter zurück, so kann der andere Teil wegen der vorzeitigen Beendigung des Vertragsverhältnisses als Insolvenzgläubiger Schadenersatz verlangen. Jeder Teil hat dem anderen auf dessen Verlangen binnen zwei Wochen zu erklären, ob er vom Vertrag zurücktreten will; unterläßt er dies, so verliert er das Rücktrittsrecht.

§ 110
Schuldner als Vermieter oder Verpächter

(1) Hatte der Schuldner als Vermieter oder Verpächter eines unbeweglichen Gegenstands oder von Räumen vor der Eröffnung des Insolvenzverfahrens über die Miet- oder Pachtzinsforderung für die spätere Zeit verfügt, so ist diese Verfügung nur wirksam, soweit sie sich auf den Miet- oder Pachtzins für den zur Zeit der Eröffnung des Verfahrens laufenden Kalendermonat bezieht. Ist die Eröffnung nach dem fünfzehnten Tag des Monats erfolgt, so ist die Verfügung auch für den folgenden Kalendermonat wirksam.

(2) Eine Verfügung im Sinne des Absatzes 1 ist insbesondere die Einziehung des Miet- oder Pachtzinses. Einer rechtsgeschäftlichen Verfügung steht eine Verfügung gleich, die im Wege der Zwangsvollstreckung erfolgt.

(3) Der Mieter oder der Pächter kann gegen die Miet- oder Pachtzinsforderung für den in Absatz 1 bezeichneten Zeitraum eine Forderung aufrechnen, die ihm gegen den Schuldner zusteht. Die §§ 95 und 96 Nr. 2 bis 4 bleiben unberührt.

§ 111
Veräußerung des Miet- oder Pachtobjekts

Veräußert der Insolvenzverwalter einen unbeweglichen Gegenstand oder Räume, die der Schuldner vermietet oder verpachtet hatte, und tritt der Erwerber anstelle des Schuldners in das Miet- oder Pachtverhältnis ein, so kann der Erwerber das Miet- oder Pachtverhältnis unter Einhaltung der gesetzlichen Frist kündigen. Die Kündigung kann nur für den ersten Termin erfolgen, für den sie zulässig ist. § 57c des Gesetzes über die Zwangsversteigerung und die Zwangsverwaltung gilt entsprechend.

§ 112
Kündigungssperre

Ein Miet- oder Pachtverhältnis, das der Schuldner als Mieter oder Pächter eingegangen war, kann der andere Teil nach dem Antrag auf Eröffnung des Insolvenzverfahrens nicht kündigen:

1. wegen eines Verzugs mit der Entrichtung des Miet- oder Pachtzinses, der in der Zeit vor dem Eröffnungsantrag eingetreten ist;

2. wegen einer Verschlechterung der Vermögensverhältnisse des Schuldners.

§ 113
Kündigung eines Dienstverhältnisses

(1) Ein Dienstverhältnis, bei dem der Schuldner der Dienstberechtigte ist, kann vom Insolvenzverwalter und vom anderen Teil ohne Rücksicht auf eine vereinbarte Vertragsdauer oder einen vereinbarten Ausschluß des Rechts zur ordentlichen Kündigung gekündigt werden. Die Kündigungsfrist beträgt drei Monate zum Monatsende, wenn nicht eine kürzere Frist maßgeblich ist. Kündigt der Verwalter, so kann der andere Teil wegen der vorzeitigen Beendigung des Dienstverhältnisses als Insolvenzgläubiger Schadenersatz verlangen.

(2) Will ein Arbeitnehmer geltend machen, daß die Kündigung seines Arbeitsverhältnisses durch den Insolvenzverwalter unwirksam ist, so muß er auch dann innerhalb von drei Wochen nach Zugang der Kündigung Klage beim Arbeitsgericht erheben, wenn er sich für die Unwirksamkeit der Kündigung auf andere als die in § 1 Abs. 2 und 3 des Kündigungsschutzgesetzes bezeichneten Gründe beruft. § 4 Satz 4 und § 5 des Kündigungsschutzgesetzes gelten entsprechend.

§ 114
Bezüge aus einem Dienstverhältnis

(1) Hat der Schuldner vor der Eröffnung des Insolvenzverfahrens eine Forderung für die psätere Zeit auf Bezüge aus einem Dienstverhältnis oder an deren Stelle tretende laufende Bezüge abgetreten oder verpfändet, so ist diese Verfügung nur wirksam, soweit sie sich auf die Bezüge für die Zeit vor Ablauf von drei Jahren nach dem Ende des zur Zeit der Eröffnung des Verfahrens laufenden Kalendermonats bezieht.

(2) Gegen die Forderung auf die Bezüge für den in Absatz 1 bezeichneten Zeitraum kann der Verpflichtete eine Forderung aufrechnen, die ihm gegen den Schuldner zusteht. Die §§ 95 und 96 Nr. 2 bis 4 bleiben unberührt.

(3) Ist vor der Eröffnung des Verfahrens im Wege der Zwangsvollstreckung über die Bezüge für die spätere Zeit verfügt worden, so ist diese Verfügung nur wirksam, soweit sie sich auf die Bezüge für den zur Zeit der Eröffnung des Verfahrens laufenden Kalendermonat bezieht. Ist die Eröffnung nach dem fünfzehnten Tag des Monats erfolgt, so ist die Verfügung auch für den folgenden Kalendermonat wirksam. § 88 bleibt unberührt; § 89 Abs. 2 Satz 2 gilt entsprechend.

§ 115
Erlöschen von Aufträgen

(1) Ein vom Schuldner erteilter Auftrag, der sich auf das zur Insolvenzmasse gehörende Vermögen bezieht, erlischt durch die Eröffnung des Insolvenzverfahrens.

(2) Der Beauftragte hat, wenn mit dem Aufschub Gefahr verbunden ist, die Besorgung des übertragenen Geschäfts fortzusetzen, bis der Insolvenzverwalter anderweitig Fürsorge treffen kann. Der Auftrag gilt insoweit als fortbestehend. Mit seinen Ersatzansprüchen aus dieser Fortsetzung ist der Beauftragte Massegläubiger.

(3) Solange der Beauftragte die Eröffnung des Verfahrens ohne Verschulden nicht kennt, gilt der Auftrag zu seinen Gunsten als fortbestehend. Mit den Ersatzansprüchen aus dieser Fortsetzung ist der Beauftragte Insolvenzgläubiger.

§ 116
Erlöschen von Geschäftsbesorgungsverträgen

Hat sich jemand durch einen Dienst- oder Werkvertrag mit dem Schuldner verpflichtet, ein Geschäft für diesen zu besorgen, so gilt § 115 entsprechend. Dabei gelten die Vorschriften für die Ersatzansprüche aus der Fortsetzung der Geschäftsbesorgung auch für die Vergütungsansprüche.

§ 117
Erlöschen von Vollmachten

(1) Eine vom Schuldner erteilte Vollmacht, die sich auf das zur Insolvenzmasse gehörende Vermögen bezieht, erlischt durch die Eröffnung des Insolvenzverfahrens.

(2) Soweit ein Auftrag oder ein Geschäftsbesorgungsvertrag nach § 115 Abs. 2 fortbesteht, gilt auch die Vollmacht als fortbestehend.

(3) Solange der Bevollmächtigte die Eröffnung des Verfahrens ohne Verschulden nicht kennt, haftet er nicht nach § 179 des Bürgerlichen Gesetzbuchs.

§ 118
Auflösung von Gesellschaften

Wird eine Gesellschaft ohne Rechtspersönlichkeit oder eine Kommanditgesellschaft auf Aktien durch die Eröffnung des Insolvenzverfahrens über das Vermögen eines Gesellschafters aufgelöst, so ist der geschäftsführende Gesellschafter mit den Ansprüchen, die ihm aus der einstweiligen Fortführung eilbedürftiger Geschäfte zustehen, Massegläubiger. Mit den Ansprüchen aus der Fortführung der Geschäfte während der Zeit, in der er die Eröffnung des Insolvenzverfahrens ohne sein Verschulden nicht kannte, ist er Insolvenzgläubiger; § 84 Abs. 1 bleibt unberührt.

§ 119
Unwirksamkeit abweichender Vereinbarungen

Vereinbarungen, durch die im voraus die Anwendung der §§ 103 bis 118 ausgeschlossen oder beschränkt wird, sind unwirksam.

§ 120
Kündigung von Betriebsvereinbarungen

(1) Sind in Betriebsvereinbarungen Leistungen vorgesehen, welche die Insolvenzmasse belasten, so sollen Insolvenzverwalter und Betriebsrat über eine einvernehmliche Herabsetzung der Leistungen beraten. Diese Betriebsvereinbarungen können auch dann mit einer Frist von drei Monaten gekündigt werden, wenn eine längere Frist vereinbart ist.

(2) Unberührt bleibt das Recht, eine Betriebsvereinbarung aus wichtigem Grund ohne Einhaltung einer Kündigungsfrist zu kündigen.

§ 121
Betriebsänderungen und Vermittlungsverfahren

Im Insolvenzverfahren über das Vermögen des Unternehmers gilt § 112 Abs. 2 Satz 1 des Betriebsverfassungsgesetzes mit der Maßgabe, daß dem Verfahren vor der Einigungsstelle nur dann ein Vermittlungsversuch des Präsidenten des Landesarbeitsamts vorangeht, wenn der Insolvenzverwalter und der Betriebsrat gemeinsam um eine solche Vermittlung ersuchen.

§ 122
Gerichtliche Zustimmung zur Durchführung einer Betriebsänderung

(1) Ist eine Betriebsänderung geplant und kommt zwischen Insolvenzverwalter und Betriebsrat der Interessenausgleich nach § 112 des Betriebsverfassungsgesetzes nicht innerhalb von drei Wochen nach Verhandlungsbeginn oder schriftlicher Aufforderung zur Aufnahme von Verhandlungen zustande, obwohl der Verwalter den Betriebsrat rechtzeitig und umfassend unterrichtet hat, so kann der Verwalter die Zustimmung des Arbeitsgerichts dazu beantragen, daß die Betriebsänderung durchgeführt wird, ohne daß das Verfahren nach § 112 Abs. 2 des Betriebsverfassungsgesetzes vorangegangen ist. § 113 Abs. 3 des Betriebsverfassungsgesetzes ist insoweit nicht anzuwenden. Unberührt bleibt das Recht des Verwalters, einen Interessenausgleich nach § 125 zustande zu bringen oder einen Feststellungsantrag nach § 126 zu stellen.

(2) Das Gericht erteilt die Zustimmung, wenn die wirtschaftliche Lage des Unternehmens auch unter Berücksichtigung der sozialen Belange der Arbeitnehmer erfordert, daß die Betriebsänderung ohne vorheriges Verfahren nach § 112 Abs. 2 des Betriebsverfassungsgesetzes durchgeführt wird. Die Vorschriften des Arbeitsgerichtsgesetzes über das Beschlußverfahren gelten entsprechend; Beteiligte sind der Insolvenzverwalter und der Betriebsrat. Der Antrag ist nach Maßgabe des § 61 a Abs. 3 bis 6 des Arbeitsgerichtsgesetzes vorrangig zu erledigen.

(3) Gegen den Beschluß des Gerichts findet die Beschwerde an das Landesarbeitsgericht nicht statt. Die Rechtsbeschwerde an das Bundesarbeitsgericht findet statt, wenn sie in dem Beschluß des Arbeitsgerichts zugelassen wird; § 72 Abs. 2 und 3 des Arbeitsgerichtsgesetzes gilt entsprechend. Die Rechtsbeschwerde ist innerhalb eines Monats nach Zustellung der in vollständiger Form abgefaßten Entscheidung des Arbeitsgerichts beim Bundesarbeitsgericht einzulegen und zu begründen.

§ 123
Umfang des Sozialplans

(1) In einem Sozialplan, der nach der Eröffnung des Insolvenzverfahrens aufgestellt wird, kann für den Ausgleich oder die Milderung der wirtschaftlichen Nachteile, die den Arbeitnehmern infolge der geplanten Betriebsänderung entstehen, ein Gesamtbetrag von bis zu zweieinhalb Monatsverdiensten (§ 10 Abs. 3 des Kündigungsschutzgesetzes) der von einer Entlassung betroffenen Arbeitnehmer vorgesehen werden.

(2) Die Verbindlichkeiten aus einem solchen Sozialplan sind Masseverbindlichkeiten. Jedoch darf, wenn nicht ein Insolvenzplan zustande kommt, für die Berichtigung von Sozialplanforderungen nicht mehr als ein Drittel der Masse verwendet werden, die ohne einen Sozialplan für die Verteilung an die Insolvenzgläubiger zur Verfügung stünde. Übersteigt der Gesamtbetrag aller Sozialplanforderungen diese Grenze, so sind die einzelnen Forderungen anteilig zu kürzen.

(3) Sooft hinreichende Barmittel in der Masse vorhanden sind, soll der Insolvenzverwalter mit Zustimmung des Insolvenzgerichts Abschlagszahlungen auf die So-

zialplanforderungen leisten. Eine Zwangsvollstreckung in die Masse wegen einer Sozialplanforderung ist unzulässig.

§ 124
Sozialplan vor Verfahrenseröffnung

(1) Ein Sozialplan, der vor der Eröffnung des Insolvenzverfahrens, jedoch nicht früher als drei Monate vor dem Eröffnungsantrag aufgestellt worden ist, kann sowohl vom Insolvenzverwalter als auch vom Betriebsrat widerrufen werden.

(2) Wird der Sozialplan widerrufen, so können die Arbeitnehmer, denen Forderungen aus dem Sozialplan zustanden, bei der Aufstellung eines Sozialplans im Insolvenzverfahren berücksichtigt werden.

(3) Leistungen, die ein Arbeitnehmer vor der Eröffnung des Verfahrens auf seine Forderung aus dem widerrufenen Sozialplan erhalten hat, können nicht wegen des Widerrufs zurückgefordert werden. Bei der Aufstellung eines neuen Sozialplans sind derartige Leistungen an einen von einer Entlassung betroffenen Arbeitnehmer bei der Berechnung des Gesamtbetrags der Sozialplanforderungen nach § 123 Abs. 1 bis zur Höhe von zweieinhalb Monatsverdiensten abzusetzen.

§ 125
Interessenausgleich und Kündigungsschutz

(1) Ist eine Betriebsänderung (§ 111 des Betriebsverfassungsgesetzes) geplant und kommt zwischen Insolvenzverwalter und Betriebsrat ein Interessenausgleich zustande, in dem die Arbeitnehmer, denen gekündigt werden soll, namentlich bezeichnet sind, so ist § 1 des Kündigungsschutzgesetzes mit folgenden Maßgaben anzuwenden:

1. es wird vermutet, daß die Kündigung der Arbeitsverhältnisse der bezeichneten Arbeitnehmer durch dringende betriebliche Erfordernisse, die einer Weiterbeschäftigung in diesem Betrieb oder einer Weiterbeschäftigung zu unveränderten Arbeitsbedingungen entgegenstehen, bedingt ist;

2. die soziale Auswahl der Arbeitnehmer kann nur im Hinblick auf die Dauer der Betriebszugehörigkeit, das Lebensalter und die Unterhaltspflichten und auch insoweit nur auf grobe Fehlerhaftigkeit nachgeprüft werden; sie ist nicht als grob fehlerhaft anzusehen, wenn eine ausgewogene Personalstruktur erhalten oder geschaffen wird.

Satz 1 gilt nicht, soweit sich die Sachlage nach Zustandekommen des Interessenausgleichs wesentlich geändert hat.

(2) Der Interessenausgleich nach Absatz 1 ersetzt die Stellungnahme des Betriebsrats nach § 17 Abs. 3 Satz 2 des Kündigungsschutzgesetzes.

§ 126
Beschlußverfahren zum Kündigungsschutz

(1) Hat der Betrieb keinen Betriebsrat oder kommt aus anderen Gründen innerhalb von drei Wochen nach Verhandlungsbeginn oder schriftlicher Aufforderung zur Aufnahme von Verhandlungen ein Interessenausgleich nach § 125 Abs. 1 nicht zustande, obwohl der Verwalter den Betriebsrat rechtzeitig und umfassend unterrichtet hat, so kann der Insolvenzverwalter beim Arbeitsgericht beantragen festzustellen, daß die Kündigung der Arbeitsverhältnisse bestimmter, im Antrag bezeichneter Arbeitnehmer durch

dringende betriebliche Erfordernisse bedingt und sozial gerechtfertigt ist. Die soziale Auswahl der Arbeitnehmer kann nur im Hinblick auf die Dauer der Betriebszugehörigkeit, das Lebensalter und die Unterhaltspflichten nachgeprüft werden.

(2) Die Vorschriften des Arbeitsgerichtsgesetzes über das Beschlußverfahren gelten entsprechend; Beteiligte sind der Insolvenzverwalter, der Betriebsrat und die bezeichneten Arbeitnehmer, soweit sie nicht mit der Beendigung der Arbeitsverhältnisse oder mit den geänderten Arbeitsbedingungen einverstanden sind. § 122 Abs. 2 Satz 3, Abs. 3 gilt entsprechend.

(3) Für die Kosten, die den Beteiligten im Verfahren des ersten Rechtszugs entstehen, gilt § 12a Abs. 1 Satz 1 und 2 des Arbeitsgerichtsgesetzes entsprechend. Im Verfahren vor dem Bundesarbeitsgericht gelten die Vorschriften der Zivilprozeßordnung über die Erstattung der Kosten des Rechtsstreits entsprechend.

§ 127
Klage des Arbeitnehmers

(1) Kündigt der Insolvenzverwalter einem Arbeitnehmer, der in dem Antrag nach § 126 Abs. 1 bezeichnet ist, und erhebt der Arbeitnehmer Klage auf Feststellung, daß das Arbeitsverhältnis durch die Kündigung nicht aufgelöst oder die Änderung der Arbeitsbedingungen sozial ungerechtfertigt ist, so ist die rechtskräftige Entscheidung im Verfahren nach § 126 für die Parteien bindend. Dies gilt nicht, soweit sich die Sachlage nach dem Schluß der letzten mündlichen Verhandlung wesentlich geändert hat.

(2) Hat der Arbeitnehmer schon vor der Rechtskraft der Entscheidung im Verfahren nach § 126 Klage erhoben, so ist die Verhandlung über die Klage auf Antrag des Verwalters bis zu diesem Zeitpunkt auszusetzen.

§ 128
Betriebsveräußerung

(1) Die Anwendung der §§ 125 bis 127 wird nicht dadurch ausgeschlossen, daß die Betriebsänderung, die dem Interessenausgleich oder dem Feststellungsantrag zugrundeliegt, erst nach einer Betriebsveräußerung durchgeführt werden soll. An dem Verfahren nach § 126 ist der Erwerber des Betriebs beteiligt.

(2) Im Falle eines Betriebsübergangs erstreckt sich die Vermutung nach § 125 Abs. 1 Satz 1 Nr. 1 oder die gerichtliche Feststellung nach § 126 Abs. 1 Satz 1 auch darauf, daß die Kündigung der Arbeitsverhältnisse nicht wegen des Betriebsübergangs erfolgt.

Dritter Abschnitt
Insolvenzanfechtung

§ 129
Grundsatz

(1) Rechtshandlungen, die vor der Eröffnung des Insolvenzverfahrens vorgenommen worden sind und die Insolvenzgläubiger benachteiligen, kann der Insolvenzverwalter nach Maßgabe der §§ 130 bis 146 anfechten.

(2) Eine Unterlassung steht einer Rechtshandlung gleich.

§ 130
Kongruente Deckung

(1) Anfechtbar ist eine Rechtshandlung, die einem Insolvenzgläubiger eine Sicherung oder Befriedigung gewährt oder ermöglicht hat,

1. wenn sie in den letzten drei Monaten vor dem Antrag auf Eröffnung des Insolvenzverfahrens vorgenommen worden ist, wenn zur Zeit der Handlung der Schuldner zahlungsunfähig war und wenn der Gläubiger zu dieser Zeit die Zahlungsunfähigkeit kannte oder

2. wenn sie nach dem Eröffnungsantrag vorgenommen worden ist und wenn der Gläubiger zur Zeit der Handlung die Zahlungsunfähigkeit oder den Eröffnungsantrag kannte.

(2) Der Kenntnis der Zahlungsunfähigkeit oder des Eröffnungsantrags steht die Kenntnis von Umständen gleich, die zwingend auf die Zahlungsunfähigkeit oder den Eröffnungsantrag schließen lassen.

(3) Gegenüber einer Person, die dem Schuldner zur Zeit der Handlung nahestand (§ 138), wird vermutet, daß sie die Zahlungsunfähigkeit oder den Eröffnungsantrag kannte.

§ 131
Inkongruente Deckung

(1) Anfechtbar ist eine Rechtshandlung, die einem Insolvenzgläubiger eine Sicherung oder Befriedigung gewährt oder ermöglicht hat, die er nicht oder nicht in der Art oder nicht zu der Zeit zu beanspruchen hatte,

1. wenn die Handlung im letzten Monat vor dem Antrag auf Eröffnung des Insolvenzverfahrens oder nach diesem Antrag vorgenommen worden ist,

2. wenn die Handlung innerhalb des zweiten oder dritten Monats vor dem Eröffnungsantrag vorgenommen worden ist und der Schuldner zur Zeit der Handlung zahlungsunfähig war oder

3. wenn die Handlung innerhalb des zweiten oder dritten Monats vor dem Eröffnungsantrag vorgenommen worden ist und dem Gläubiger zur Zeit der Handlung bekannt war, daß sie die Insolvenzgläubiger benachteiligte.

(2) Für die Anwendung des Absatzes 1 Nr. 3 steht der Kenntnis der Benachteiligung der Insolvenzgläubiger die Kenntnis von Umständen gleich, die zwingend auf die Benachteiligung schließen lassen. Gegenüber einer Person, die dem Schuldner zur Zeit der Handlung nahestand (§ 138), wird vermutet, daß sie die Benachteiligung der Insolvenzgläubiger kannte.

§ 132
Unmittelbar nachteilige Rechtshandlungen

(1) Anfechtbar ist ein Rechtsgeschäft des Schuldners, das die Insolvenzgläubiger unmittelbar benachteiligt,

1. wenn es in den letzten drei Monaten vor dem Antrag auf Eröffnung des Insolvenzverfahrens vorgenommen worden ist, wenn zur Zeit des Rechtsgeschäfts der Schuld-

ner zahlungsunfähig war und wenn der andere Teil zu dieser Zeit die Zahlungsunfähigkeit kannte oder

2. wenn es nach dem Eröffnungsantrag vorgenommen worden ist und wenn der andere Teil zur Zeit des Rechtsgeschäfts die Zahlungsunfähigkeit oder den Eröffnungsantrag kannte.

(2) Einem Rechtsgeschäft, das die Insolvenzgläubiger unmittelbar benachteiligt, steht eine andere Rechtshandlung des Schuldners gleich, durch die der Schuldner ein Recht verliert oder nicht mehr geltend machen kann oder durch die ein vermögensrechtlicher Anspruch gegen ihn erhalten oder durchsetzbar wird.

(3) § 130 Abs. 2 und 3 gilt entsprechend.

§ 133
Vorsätzliche Benachteiligung

(1) Anfechtbar ist eine Rechtshandlung, die der Schuldner in den letzten zehn Jahren vor dem Antrag auf Eröffnung des Insolvenzverfahrens oder nach diesem Antrag mit dem Vorsatz, seine Gläubiger zu benachteiligen, vorgenommen hat, wenn der andere Teil zur Zeit der Handlung den Vorsatz des Schuldners kannte. Diese Kenntnis wird vermutet, wenn der andere Teil wußte, daß die Zahlungsunfähigkeit des Schuldners drohte und daß die Handlung die Gläubiger benachteiligte.

(2) Anfechtbar ist ein vom Schuldner mit einer nahestehenden Person (§ 138) geschlossener entgeltlicher Vertrag, durch den die Insolvenzgläubiger unmittelbar benachteiligt werden. Die Anfechtung ist ausgeschlossen, wenn der Vertrag früher als zwei Jahre vor dem Eröffnungsantrag geschlossen worden ist oder wenn dem anderen Teil zur Zeit des Vertragsschlusses ein Vorsatz des Schuldners, die Gläubiger zu benachteiligen, nicht bekannt war.

§ 134
Unentgeltliche Leistung

(1) Anfechtbar ist eine unentgeltliche Leistung des Schuldners, es sei denn, sie ist früher als vier Jahre vor dem Antrag auf Eröffnung des Insolvenzverfahrens vorgenommen worden.

(2) Richtet sich die Leistung auf ein gebräuchliches Gelegenheitsgeschenk geringen Werts, so ist sie nicht anfechtbar.

§ 135
Kapitalersetzende Darlehen

Anfechtbar ist eine Rechtshandlung, die für die Forderung eines Gesellschafters auf Rückgewähr eines kapitalersetzenden Darlehens oder für eine gleichgestellte Forderung

1. Sicherung gewährt hat, wenn die Handlung in den letzten zehn Jahren vor dem Antrag auf Eröffnung des Insolvenzverfahrens oder nach diesem Antrag vorgenommen worden ist;

2. Befriedigung gewährt hat, wenn die Handlung im letzten Jahr vor dem Eröffnungsantrag oder nach diesem Antrag vorgenommen worden ist.

§ 136
Stille Gesellschaft

(1) Anfechtbar ist eine Rechtshandlung, durch die einem stillen Gesellschafter die Einlage ganz oder teilweise zurückgewährt oder sein Anteil an dem entstandenen Verlust ganz oder teilweise erlassen wird, wenn die zugrundeliegende Vereinbarung im letzten Jahr vor dem Antrag auf Eröffnung des Insolvenzverfahrens über das Vermögen des Inhabers des Handelsgeschäfts oder nach diesem Antrag getroffen worden ist. Dies gilt auch dann, wenn im Zusammenhang mit der Vereinbarung die stille Gesellschaft aufgelöst worden ist.

(2) Die Anfechtung ist ausgeschlossen, wenn ein Eröffnungsgrund erst nach der Vereinbarung eingetreten ist.

§ 137
Wechsel- und Scheckzahlungen

(1) Wechselzahlungen des Schuldners können nicht auf Grund des § 130 vom Empfänger zurückgefordert werden, wenn nach Wechselrecht der Empfänger bei einer Verweigerung der Annahme der Zahlung den Wechselanspruch gegen andere Wechselverpflichtete verloren hätte.

(2) Die gezahlte Wechselsumme ist jedoch vom letzten Rückgriffsverpflichteten oder, wenn dieser den Wechsel für Rechnung eines Dritten begeben hatte, von dem Dritten zu erstatten, wenn der letzte Rückgriffsverpflichtete oder der Dritte zu der Zeit, als er den Wechsel begab oder begeben ließ, die Zahlungsunfähigkeit des Schuldners oder den Eröffnungsantrag kannte. § 130 Abs. 2 und 3 gilt entsprechend.

(3) Die Absätze 1 und 2 gelten entsprechend für Scheckzahlungen des Schuldners.

§ 138
Nahestehende Personen

(1) Ist der Schuldner eine natürliche Person, so sind nahestehende Personen:

1. der Ehegatte des Schuldners, auch wenn die Ehe erst nach der Rechtshandlung geschlossen oder im letzten Jahr vor der Handlung aufgelöst worden ist;

2. Verwandte des Schuldners oder des in Nummer 1 bezeichneten Ehegatten in auf- und absteigender Linie und voll- und halbbürtige Geschwister des Schuldners oder des in Nummer 1 bezeichneten Ehegatten sowie die Ehegatten dieser Personen;

3. Personen, die in häuslicher Gemeinschaft mit dem Schuldner leben oder im letzten Jahr vor der Handlung in häuslicher Gemeinschaft mit dem Schuldner gelebt haben.

(2) Ist der Schuldner eine juristische Person oder eine Gesellschaft ohne Rechtspersönlichkeit, so sind nahestehende Personen:

1. die Mitglieder des Vertretungs- oder Aufsichtsorgans und persönlich haftende Gesellschafter des Schuldners sowie Personen, die zu mehr als einem Viertel am Kapital des Schuldners beteiligt sind;

2. eine Person oder eine Gesellschaft, die auf Grund einer vergleichbaren gesellschaftsrechtlichen oder dienstvertraglichen Verbindung zum Schuldner die Möglichkeit haben, sich über dessen wirtschaftliche Verhältnisse zu unterrichten;

3. eine Person, die zu einer der in Nummer 1 oder 2 bezeichneten Personen in einer in Absatz 1 bezeichneten persönlichen Verbindung steht; dies gilt nicht, soweit die in Nummer 1 oder 2 bezeichneten Personen kraft Gesetzes in den Angelegenheiten des Schuldners zur Verschwiegenheit verpflichtet sind.

§ 139
Berechnung der Fristen vor dem Eröffnungsantrag

(1) Die in den §§ 88, 130 bis 136 bestimmten Fristen beginnen mit dem Anfang des Tages, der durch seine Zahl dem Tag entspricht, an dem der Antrag auf Eröffnung des Insolvenzverfahrens beim Insolvenzgericht eingegangen ist. Fehlt ein solcher Tag, so beginnt die Frist mit dem Anfang des folgenden Tages.

(2) Sind mehrere Eröffnungsanträge gestellt worden, so ist der erste zulässige und begründete Antrag maßgeblich, auch wenn das Verfahren auf Grund eines späteren Antrags eröffnet worden ist. Ein rechtskräftig abgewiesener Antrag wird nur berücksichtigt, wenn er mangels Masse abgewiesen worden ist.

§ 140
Zeitpunkt der Vornahme einer Rechtshandlung

(1) Eine Rechtshandlung gilt als in dem Zeitpunkt vorgenommen, in dem ihre rechtlichen Wirkungen eintreten.

(2) Ist für das Wirksamwerden eines Rechtsgeschäfts eine Eintragung im Grundbuch, im Schiffsregister, im Schiffsbauregister oder im Register für Pfandrechte an Luftfahrzeugen erforderlich, so gilt das Rechtsgeschäft als vorgenommen, sobald die übrigen Voraussetzungen für das Wirksamwerden erfüllt sind, die Willenserklärung des Schuldners für ihn bindend geworden ist und der andere Teil den Antrag auf Eintragung der Rechtsänderung gestellt hat. Ist der Antrag auf Eintragung einer Vormerkung zur Sicherung des Anspruchs auf die Rechtsänderung gestellt worden, so gilt Satz 1 mit der Maßgabe, daß dieser Antrag an die Stelle des Antrags auf Eintragung der Rechtsänderung tritt.

(3) Bei einer bedingten oder befristeten Rechtshandlung bleibt der Eintritt der Bedingung oder des Termins außer Betracht.

§ 141
Vollstreckbarer Titel

Die Anfechtung wird nicht dadurch ausgeschlossen, daß für die Rechtshandlung ein vollstreckbarer Schuldtitel erlangt oder daß die Handlung durch Zwangsvollstreckung erwirkt worden ist.

§ 142
Bargeschäft

Eine Leistung des Schuldners, für die unmittelbar eine gleichwertige Gegenleistung in sein Vermögen gelangt, ist nur anfechtbar, wenn die Voraussetzungen des § 133 Abs. 1 gegeben sind.

§ 143
Rechtsfolgen

(1) Was durch die anfechtbare Handlung aus dem Vermögen des Schuldners veräußert, weggegeben oder aufgegeben ist, muß zur Insolvenzmasse zurückgewährt werden. Die Vorschriften über die Rechtsfolgen einer ungerechtfertigten Bereicherung, bei der dem Empfänger der Mangel des rechtlichen Grundes bekannt ist, gelten entsprechend.

(2) Der Empfänger einer unentgeltlichen Leistung hat diese nur zurückzugewähren, soweit er durch sie bereichert ist. Dies gilt nicht, sobald er weiß oder den Umständen nach wissen muß, daß die unentgeltliche Leistung die Gläubiger benachteiligt.

§ 144
Ansprüche des Anfechtungsgegners

(1) Gewährt der Empfänger einer anfechtbaren Leistung das Erlangte zurück, so lebt seine Forderung wieder auf.

(2) Eine Gegenleistung ist aus der Insolvenzmasse zu erstatten, soweit sie in dieser noch unterscheidbar vorhanden ist oder soweit die Masse um ihren Wert bereichert ist. Darüber hinaus kann der Empfänger der anfechtbaren Leistung die Forderung auf Rückgewähr der Gegenleistung nur als Insolvenzgläubiger geltend machen.

§ 145
Anfechtung gegen Rechtsnachfolger

(1) Die Anfechtbarkeit kann gegen den Erben oder einen anderen Gesamtrechtsnachfolger des Anfechtungsgegners geltend gemacht werden.

(2) Gegen einen sonstigen Rechtsnachfolger kann die Anfechtbarkeit geltend gemacht werden:

1. wenn dem Rechtsnachfolger zur Zeit seines Erwerbs die Umstände bekannt waren, welche die Anfechtbarkeit des Erwerbs seines Rechtsvorgängers begründen;
2. wenn der Rechtsnachfolger zur Zeit seines Erwerbs zu den Personen gehörte, die dem Schuldner nahestehen (§ 138), es sei denn, daß ihm zu dieser Zeit die Umstände unbekannt waren, welche die Anfechtbarkeit des Erwerbs seines Rechtsvorgängers begründen;
3. wenn dem Rechtsnachfolger das Erlangte unentgeltlich zugewendet worden ist.

§ 146
Verjährung des Anfechtungsanspruchs

(1) Der Anfechtungsanspruch verjährt in zwei Jahren seit der Eröffnung des Insolvenzverfahrens.

(2) Auch wenn der Anfechtungsanspruch verjährt ist, kann der Insolvenzverwalter die Erfüllung einer Leistungspflicht verweigern, die auf einer anfechtbaren Handlung beruht.

§ 147
Rechtshandlungen nach Verfahrenseröffnung

(1) Eine Rechtshandlung, die nach der Eröffnung des Insolvenzverfahrens vorgenommen worden ist und die nach den §§ 892, 893 des Bürgerlichen Gesetzbuchs, §§ 16, 17 des Gesetzes über Rechte an eingetragenen Schiffen und Schiffsbauwerken und §§ 16, 17 des Gesetzes über Rechte an Luftfahrzeugen wirksam ist, kann nach den Vorschriften angefochten werden, die für die Anfechtung einer vor der Verfahrenseröffnung vorgenommenen Rechtshandlung gelten.

(2) Die Verjährungsfrist nach § 146 Abs. 1 beginnt mit dem Zeitpunkt, in dem die rechtlichen Wirkungen der Handlung eintreten.

Vierter Teil
Verwaltung und Verwertung der Insolvenzmasse

Erster Abschnitt
Sicherung der Insolvenzmasse

§ 148
Übernahme der Insolvenzmasse

(1) Nach der Eröffnung des Insolvenzverfahrens hat der Insolvenzverwalter das gesamte zur Insolvenzmasse gehörende Vermögen sofort in Besitz und Verwaltung zu nehmen.

(2) Der Verwalter kann auf Grund einer vollstreckbaren Ausfertigung des Eröffnungsbeschlusses die Herausgabe der Sachen, die sich im Gewahrsam des Schuldners befinden, im Wege der Zwangsvollstreckung durchsetzen. § 766 der Zivilprozeßordnung gilt mit der Maßgabe, daß an die Stelle des Vollstreckungsgerichts das Insolvenzgericht tritt.

§ 149
Wertgegenstände

(1) Der Gläubigerausschuß kann bestimmen, bei welcher Stelle und zu welchen Bedingungen Geld, Wertpapiere und Kostbarkeiten hinterlegt oder angelegt werden sollen. Ist kein Gläubigerausschuß bestellt oder hat der Gläubigerausschuß noch keinen Beschluß gefaßt, so kann das Insolvenzgericht entsprechendes anordnen.

(2) Ist ein Gläubigerausschuß bestellt, so ist der Insolvenzverwalter nur dann berechtigt, Geld, Wertpapiere oder Kostbarkeiten von der Stelle, bei der hinterlegt oder angelegt worden ist, in Empfang zu nehmen, wenn ein Mitglied des Gläubigerausschusses die Quittung mitunterzeichnet. Anweisungen des Verwalters auf diese Stelle sind nur gültig, wenn ein Mitglied des Gläubigerausschusses sie mitunterzeichnet hat.

(3) Die Gläubigerversammlung kann abweichende Regelungen beschließen.

§ 150
Siegelung

Der Insolvenzverwalter kann zur Sicherung der Sachen, die zur Insolvenzmasse gehören, durch den Gerichtsvollzieher oder eine andere dazu gesetzlich ermächtigte Person Siegel anbringen lassen. Das Protokoll über eine Siegelung oder Entsiegelung hat der Verwalter auf der Geschäftsstelle zur Einsicht der Beteiligten niederzulegen.

§ 151
Verzeichnis der Massegegenstände

(1) Der Insolvenzverwalter hat ein Verzeichnis der einzelnen Gegenstände der Insolvenzmasse aufzustellen. Der Schuldner ist hinzuzuziehen, wenn dies ohne eine nachteilige Verzögerung möglich ist.

(2) Bei jedem Gegenstand ist dessen Wert anzugeben. Hängt der Wert davon ab, ob das Unternehmen fortgeführt oder stillgelegt wird, sind beide Werte anzugeben. Besonders schwierige Bewertungen können einem Sachverständigen übertragen werden.

(3) Auf Antrag des Verwalters kann das Insolvenzgericht gestatten, daß die Aufstellung des Verzeichnisses unterbleibt; der Antrag ist zu begründen. Ist ein Gläubigerausschuß bestellt, so kann der Verwalter den Antrag nur mit Zustimmung des Gläubigerausschusses stellen.

§ 152
Gläubigerverzeichnis

(1) Der Insolvenzverwalter hat ein Verzeichnis aller Gläubiger des Schuldners aufzustellen, die ihm aus den Büchern und Geschäftspapieren des Schuldners, durch sonstige Angaben des Schuldners, durch die Anmeldung ihrer Forderungen oder auf andere Weise bekannt geworden sind.

(2) In dem Verzeichnis sind die absonderungsberechtigten Gläubiger und die einzelnen Rangklassen der nachrangigen Insolvenzgläubiger gesondert aufzuführen. Bei jedem Gläubiger sind die Anschrift sowie der Grund und der Betrag seiner Forderung anzugeben. Bei den absonderungsberechtigten Gläubigern sind zusätzlich der Gegenstand, an dem das Absonderungsrecht besteht, und die Höhe des mutmaßlichen Ausfalls zu bezeichnen; § 151 Abs. 2 Satz 2 gilt entsprechend.

(3) Weiter ist anzugeben, welche Möglichkeiten der Aufrechnung bestehen. Die Höhe der Masseverbindlichkeiten im Falle einer zügigen Verwertung des Vermögens des Schuldners ist zu schätzen.

§ 153
Vermögensübersicht

(1) Der Insolvenzverwalter hat auf den Zeitpunkt der Eröffnung des Insolvenzverfahrens eine geordnete Übersicht aufzustellen, in der die Gegenstände der Insolvenzmasse und die Verbindlichkeiten des Schuldners aufgeführt und einander gegenübergestellt werden. Für die Bewertung der Gegenstände gilt § 151 Abs. 2 entsprechend, für die Gliederung der Verbindlichkeiten § 152 Abs. 2 Satz 1.

(2) Nach der Aufstellung der Vermögensübersicht kann das Insolvenzgericht auf Antrag des Verwalters oder eines Gläubigers dem Schuldner aufgeben, die Vollständigkeit der Vermögensübersicht eidesstattlich zu versichern. Die §§ 98, 101 Abs. 1 Satz 1, 2 gelten entsprechend.

§ 154
Niederlegung in der Geschäftsstelle

Das Verzeichnis der Massegegenstände, das Gläubigerverzeichnis und die Vermögensübersicht sind spätestens eine Woche vor dem Berichtstermin in der Geschäftsstelle zur Einsicht der Beteiligten niederzulegen.

§ 155
Handels- und steuerrechtliche Rechnungslegung

(1) Handels- und steuerrechtliche Pflichten des Schuldners zur Buchführung und zur Rechnungslegung bleiben unberührt. In bezug auf die Insolvenzmasse hat der Insolvenzverwalter diese Pflichten zu erfüllen.

(2) Mit der Eröffnung des Insolvenzverfahrens beginnt ein neues Geschäftsjahr. Jedoch wird die Zeit bis zum Berichtstermin in gesetzliche Fristen für die Aufstellung oder die Offenlegung eines Jahresabschlusses nicht eingerechnet.

(3) Für die Bestellung des Abschlußprüfers im Insolvenzverfahren gilt § 318 des Handelsgesetzbuchs mit der Maßgabe, daß die Bestellung ausschließlich durch das Registergericht auf Antrag des Verwalters erfolgt. Ist für das Geschäftsjahr vor der Eröffnung des Verfahrens bereits ein Abschlußprüfer bestellt, so wird die Wirksamkeit dieser Bestellung durch die Eröffnung nicht berührt.

Zweiter Abschnitt
Entscheidung über die Verwertung

§ 156
Berichtstermin

(1) Im Berichtstermin hat der Insolvenzverwalter über die wirtschaftliche Lage des Schuldners und ihre Ursachen zu berichten. Er hat darzulegen, ob Aussichten bestehen, das Unternehmen des Schuldners im ganzen oder in Teilen zu erhalten, welche Möglichkeiten für einen Insolvenzplan bestehen und welche Auswirkungen jeweils für die Befriedigung der Gläubiger eintreten würden.

(2) Dem Schuldner, dem Gläubigerausschuß, dem Betriebsrat und dem Sprecherausschuß der leitenden Angestellten ist im Berichtstermin Gelegenheit zu geben, zu dem Bericht des Verwalters Stellung zu nehmen. Ist der Schuldner Handels- oder Gewerbetreibender oder Landwirt, so kann auch der zuständigen amtlichen Berufsvertretung der Industrie, des Handels, des Handwerks oder der Landwirtschaft im Termin Gelegenheit zur Äußerung gegeben werden.

§ 157
Entscheidung über den Fortgang des Verfahrens

Die Gläubigerversammlung beschließt im Berichtstermin, ob das Unternehmen des Schuldners stillgelegt oder vorläufig fortgeführt werden soll. Sie kann den Verwalter beauftragen, einen Insolvenzplan auszuarbeiten, und ihm das Ziel des Plans vorgeben. Sie kann ihre Entscheidungen in späteren Terminen ändern.

§ 158
Maßnahmen vor der Entscheidung

(1) Will der Insolvenzverwalter vor dem Berichtstermin das Unternehmen des Schuldners stillegen, so hat er die Zustimmung des Gläubigerausschusses einzuholen, wenn ein solcher bestellt ist.

(2) Vor der Beschlußfassung des Gläubigerausschusses oder, wenn ein solcher nicht bestellt ist, vor der Stillegung des Unternehmens hat der Verwalter den Schuldner zu unterrichten. Das Insolvenzgericht untersagt auf Antrag des Schuldners und nach Anhörung des Verwalters die Stillegung, wenn diese ohne eine erhebliche Verminderung der Insolvenzmasse bis zum Berichtstermin aufgeschoben werden kann.

§ 159
Verwertung der Insolvenzmasse

Nach dem Berichtstermin hat der Insolvenzverwalter unverzüglich das zur Insolvenzmasse gehörende Vermögen zu verwerten, soweit die Beschlüsse der Gläubigerversammlung nicht entgegenstehen.

§ 160
Besonders bedeutsame Rechtshandlungen

(1) Der Insolvenzverwalter hat die Zustimmung des Gläubigerausschusses einzuholen, wenn er Rechtshandlungen vornehmen will, die für das Insolvenzverfahren von besonderer Bedeutung sind. Ist ein Gläubigerausschuß nicht bestellt, so ist die Zustimmung der Gläubigerversammlung einzuholen.

(2) Die Zustimmung nach Absatz 1 ist insbesondere erforderlich,

1. wenn das Unternehmen oder ein Betrieb, das Warenlager im ganzen, ein unbeweglicher Gegenstand aus freier Hand, die Beteiligung des Schuldners an einem anderen Unternehmen, die der Herstellung einer dauernden Verbindung zu diesem Unternehmen dienen soll, oder das Recht auf den Bezug wiederkehrender Einkünfte veräußert werden soll;

2. wenn ein Darlehen aufgenommen werden soll, das die Insolvenzmasse erheblich belasten würde;

3. wenn ein Rechtsstreit mit erheblichem Streitwert anhängig gemacht oder aufgenommen, die Aufnahme eines solchen Rechtsstreits abgelehnt oder zur Beilegung oder zur Vermeidung eines solchen Rechtsstreits ein Vergleich oder ein Schiedsvertrag geschlossen werden soll.

§ 161
Vorläufige Untersagung der Rechtshandlung

In den Fällen des § 160 hat der Insolvenzverwalter vor der Beschlußfassung des Gläubigerausschusses oder der Gläubigerversammlung den Schuldner zu unterrichten, wenn dies ohne nachteilige Verzögerung möglich ist. Sofern nicht die Gläubigerversammlung ihre Zustimmung erteilt hat, kann das Insolvenzgericht auf Antrag des Schuldners oder einer in § 75 Abs. 1 Nr. 3 bezeichneten Mehrzahl von Gläubigern und nach Anhörung des Verwalters die Vornahme der Rechtshandlung vorläufig untersagen und eine Gläubigerversammlung einberufen, die über die Vornahme beschließt.

§ 162
Betriebsveräußerung an besonders Interessierte

(1) Die Veräußerung des Unternehmens oder eines Betriebs ist nur mit Zustimmung der Gläubigerversammlung zulässig, wenn der Erwerber oder eine Person, die an seinem Kapital zu mindestens einem Fünftel beteiligt ist,

1. zu den Personen gehört, die dem Schuldner nahestehen (§ 138),

2. ein absonderungsberechtigter Gläubiger oder ein nicht nachrangiger Insolvenzgläubiger ist, dessen Absonderungsrechte und Forderungen nach der Schätzung des Insolvenzgerichts zusammen ein Fünftel der Summe erreichen, die sich aus dem Wert aller Absonderungsrechte und den Forderungsbeträgen aller nicht nachrangigen Insolvenzgläubiger ergibt.

(2) Eine Person ist auch insoweit im Sinne des Absatzes 1 am Erwerber beteiligt, als ein von der Person abhängiges Unternehmen oder ein Dritter für Rechnung der Person oder des abhängigen Unternehmens am Erwerber beteiligt ist.

§ 163
Betriebsveräußerung unter Wert

(1) Auf Antrag des Schuldners oder einer in § 75 Abs. 1 Nr. 3 bezeichneten Mehrzahl von Gläubigern und nach Anhörung des Insolvenzverwalters kann das Insolvenzgericht anordnen, daß die geplante Veräußerung des Unternehmens oder eines Betriebs nur mit Zustimmung der Gläubigerversammlung zulässig ist, wenn der Antragsteller glaubhaft macht, daß eine Veräußerung an einen anderen Erwerber für die Insolvenzmasse günstiger wäre.

(2) Sind dem Antragsteller durch den Antrag Kosten entstanden, so ist er berechtigt, die Erstattung dieser Kosten aus der Insolvenzmasse zu verlangen, sobald die Anordnung des Gerichts ergangen ist.

§ 164
Wirksamkeit der Handlung

Durch einen Verstoß gegen die §§ 160 bis 163 wird die Wirksamkeit der Handlung des Insolvenzverwalters nicht berührt.

Dritter Abschnitt
Gegenstände mit Absonderungsrechten

§ 165
Verwertung unbeweglicher Gegenstände

Der Insolvenzverwalter kann beim zuständigen Gericht die Zwangsversteigerung oder die Zwangsverwaltung eines unbeweglichen Gegenstands der Insolvenzmasse betreiben, auch wenn an dem Gegenstand ein Absonderungsrecht besteht.

§ 166
Verwertung beweglicher Gegenstände

(1) Der Insolvenzverwalter darf eine bewegliche Sache, an der ein Absonderungsrecht besteht, freihändig verwerten, wenn er die Sache in seinem Besitz hat.

(2) Der Verwalter darf eine Forderung, die der Schuldner zur Sicherung eines Anspruchs abgetreten hat, einziehen oder in anderer Weise verwerten.

§ 167
Unterrichtung des Gläubigers

(1) Ist der Insolvenzverwalter nach § 166 Abs. 1 zur Verwertung einer beweglichen Sache berechtigt, so hat er dem absonderungsberechtigten Gläubiger auf dessen Verlangen Auskunft über den Zustand der Sache zu erteilen. Anstelle der Auskunft kann er dem Gläubiger gestatten, die Sache zu besichtigen.

(2) Ist der Verwalter nach § 166 Abs. 2 zur Einziehung einer Forderung berechtigt, so hat er dem absonderungsberechtigten Gläubiger auf dessen Verlangen Auskunft über die Forderung zu erteilen. Anstelle der Auskunft kann er dem Gläubiger gestatten, Einsicht in die Bücher und Geschäftspapiere des Schuldners zu nehmen.

§ 168
Mitteilung der Veräußerungsabsicht

(1) Bevor der Insolvenzverwalter einen Gegenstand, zu dessen Verwertung er nach § 166 berechtigt ist, an einen Dritten veräußert, hat er dem absonderungsberechtigten Gläubiger mitzuteilen, auf welche Weise der Gegenstand veräußert werden soll. Er hat dem Gläubiger Gelegenheit zu geben, binnen einer Woche auf eine andere, für den Gläubiger günstigere Möglichkeit der Verwertung des Gegenstands hinzuweisen.

(2) Erfolgt ein solcher Hinweis innerhalb der Wochenfrist oder rechtzeitig vor der Veräußerung, so hat der Verwalter die vom Gläubiger genannte Verwertungsmöglichkeit wahrzunehmen oder den Gläubiger so zu stellen, wie wenn er sie wahrgenommen hätte.

(3) Die andere Verwertungsmöglichkeit kann auch darin bestehen, daß der Gläubiger den Gegenstand selbst übernimmt. Günstiger ist eine Verwertungsmöglichkeit auch dann, wenn Kosten eingespart werden.

§ 169
Schutz des Gläubigers
vor einer Verzögerung der Verwertung

Solange ein Gegenstand, zu dessen Verwertung der Insolvenzverwalter nach § 166 berechtigt ist, nicht verwertet wird, sind dem Gläubiger vom Berichtstermin an laufend die geschuldeten Zinsen aus der Insolvenzmasse zu zahlen. Ist der Gläubiger schon vor der Eröffnung des Insolvenzverfahrens auf Grund einer Anordnung nach § 21 an der Verwertung des Gegenstands gehindert worden, so sind die geschuldeten Zinsen spätestens von dem Zeitpunkt an zu zahlen, der drei Monate nach dieser Anordnung liegt. Die Sätze 1 und 2 gelten nicht, soweit nach der Höhe der Forderung sowie dem Wert und der sonstigen Belastung des Gegenstands nicht mit einer Befriedigung des Gläubigers aus dem Verwertungserlös zu rechnen ist.

§ 170
Verteilung des Erlöses

(1) Nach der Verwertung einer beweglichen Sache oder einer Forderung durch den Insolvenzverwalter sind aus dem Verwertungserlös die Kosten der Feststellung

und der Verwertung des Gegenstands vorweg für die Insolvenzmasse zu entnehmen. Aus dem verbleibenden Betrag ist unverzüglich der absonderungsberechtigte Gläubiger zu befriedigen.

(2) Überläßt der Insolvenzverwalter einen Gegenstand, zu dessen Verwertung er nach § 166 berechtigt ist, dem Gläubiger zur Verwertung, so hat dieser aus dem von ihm erzielten Verwertungserlös einen Betrag in Höhe der Kosten der Feststellung sowie des Umsatzsteuerbetrages (§ 171 Abs. 2 Satz 3) vorweg an die Masse abzuführen.

§ 171
Berechnung des Kostenbeitrags

(1) Die Kosten der Feststellung umfassen die Kosten der tatsächlichen Feststellung des Gegenstands und der Feststellung der Rechte an diesem. Sie sind pauschal mit vier vom Hundert des Verwertungserlöses anzusetzen.

(2) Als Kosten der Verwertung sind pauschal fünf vom Hundert des Verwertungserlöses anzusetzen. Lagen die tatsächlich entstandenen, für die Verwertung erforderlichen Kosten erheblich niedriger oder erheblich höher, so sind diese Kosten anzusetzen. Führt die Verwertung zu einer Belastung der Masse mit Umsatzsteuer, so ist der Umsatzsteuerbetrag zusätzlich zu der Pauschale nach Satz 1 oder den tatsächlich entstandenen Kosten nach Satz 2 anzusetzen.

§ 172
Sonstige Verwendung beweglicher Sachen

(1) Der Insolvenzverwalter darf eine bewegliche Sache, zu deren Verwertung er berechtigt ist, für die Insolvenzmasse benutzen, wenn er den dadurch entstehenden Wertverlust von der Eröffnung des Insolvenzverfahrens an durch laufende Zahlungen an den Gläubiger ausgleicht. Die Verpflichtung zu Ausgleichszahlungen besteht nur, soweit der durch die Nutzung entstehende Wertverlust die Sicherung des absonderungsberechtigten Gläubigers beeinträchtigt.

(2) Der Verwalter darf eine solche Sache verbinden, vermischen und verarbeiten, soweit dadurch die Sicherung des absonderungsberechtigten Gläubigers nicht beeinträchtigt wird. Setzt sich das Recht des Gläubigers an einer anderen Sache fort, so hat der Gläubiger die neue Sicherheit insoweit freizugeben, als sie den Wert der bisherigen Sicherheit übersteigt.

§ 173
Verwertung durch den Gläubiger

(1) Soweit der Insolvenzverwalter nicht zur Verwertung einer beweglichen Sache oder einer Forderung berechtigt ist, an denen ein Absonderungsrecht besteht, bleibt das Recht des Gläubigers zur Verwertung unberührt.

(2) Auf Antrag des Verwalters und nach Anhörung des Gläubigers kann das Insolvenzgericht eine Frist bestimmen, innerhalb welcher der Gläubiger den Gegenstand zu verwerten hat. Nach Ablauf der Frist ist der Verwalter zur Verwertung berechtigt.

Fünfter Teil
Befriedigung der Insolvenzgläubiger. Einstellung des Verfahrens

Erster Abschnitt
Feststellung der Forderungen

§ 174
Anmeldung der Forderungen

(1) Die Insolvenzgläubiger haben ihre Forderungen schriftlich beim Insolvenzverwalter anzumelden. Der Anmeldung sollen die Urkunden, aus denen sich die Forderung ergibt, in Abdruck beigefügt werden.

(2) Bei der Anmeldung sind der Grund und der Betrag der Forderung anzugeben.

(3) Die Forderungen nachrangiger Gläubiger sind nur anzumelden, soweit das Insolvenzgericht besonders zur Anmeldung dieser Forderungen auffordert. Bei der Anmeldung solcher Forderungen ist auf den Nachrang hinzuweisen und die dem Gläubiger zustehende Rangstelle zu bezeichnen.

§ 175
Tabelle

Der Insolvenzverwalter hat jede angemeldete Forderung mit den in § 174 Abs. 2 und 3 genannten Angaben in eine Tabelle einzutragen. Die Tabelle ist mit den Anmeldungen sowie den beigefügten Urkunden innerhalb des ersten Drittels des Zeitraums, der zwischen dem Ablauf der Anmeldefrist und dem Prüfungstermin liegt, in der Geschäftsstelle des Insolvenzgerichts zur Einsicht der Beteiligten niederzulegen.

§ 176
Verlauf des Prüfungstermins

Im Prüfungstermin werden die angemeldeten Forderungen ihrem Betrag und ihrem Rang nach geprüft. Die Forderungen, die vom Insolvenzverwalter, vom Schuldner oder von einem Insolvenzgläubiger bestritten werden, sind einzeln zu erörtern.

§ 177
Nachträgliche Anmeldungen

(1) Im Prüfungstermin sind auch die Forderungen zu prüfen, die nach dem Ablauf der Anmeldefrist angemeldet worden sind. Widerspricht jedoch der Insolvenzverwalter oder ein Insolvenzgläubiger dieser Prüfung oder wird eine Forderung erst nach dem Prüfungstermin angemeldet, so hat das Insolvenzgericht auf Kosten des Säumigen entweder einen besonderen Prüfungstermin zu bestimmen oder die Prüfung im schriftlichen Verfahren anzuordnen. Für nachträgliche Änderungen der Anmeldung gelten die Sätze 1 und 2 entsprechend.

(2) Hat das Gericht nachrangige Gläubiger nach § 174 Abs. 3 zur Anmeldung ihrer Forderungen aufgefordert und läuft die für diese Anmeldung gesetzte Frist später als eine Woche vor dem Prüfungstermin ab, so ist auf Kosten der Insolvenzmasse entweder ein besonderer Prüfungstermin zu bestimmen oder die Prüfung im schriftlichen Verfahren anzuordnen.

(3) Der besondere Prüfungstermin ist öffentlich bekanntzumachen. Zu dem Termin sind die Insolvenzgläubiger, die eine Forderung angemeldet haben, der Verwalter und der Schuldner besonders zu laden.

§ 178
Voraussetzungen und Wirkungen der Feststellung

(1) Eine Forderung gilt als festgestellt, soweit gegen sie im Prüfungstermin oder im schriftlichen Verfahren (§ 177) ein Widerspruch weder vom Insolvenzverwalter noch von einem Insolvenzgläubiger erhoben wird oder soweit ein erhobener Widerspruch beseitigt ist. Ein Widerspruch des Schuldners steht der Feststellung der Forderung nicht entgegen.

(2) Das Insolvenzgericht trägt für jede angemeldete Forderung in die Tabelle ein, inwieweit die Forderung ihrem Betrag und ihrem Rang nach festgestellt ist oder wer der Feststellung widersprochen hat. Auch ein Widerspruch des Schuldners ist einzutragen. Auf Wechseln und sonstigen Schuldurkunden ist vom Urkundsbeamten der Geschäftsstelle die Feststellung zu vermerken.

(3) Die Eintragung in die Tabelle wirkt für die festgestellten Forderungen ihrem Betrag und ihrem Rang nach wie ein rechtskräftiges Urteil gegenüber dem Insolvenzverwalter und allen Insolvenzgläubigern.

§ 179
Streitige Forderungen

(1) Ist eine Forderung vom Insolvenzverwalter oder von einem Insolvenzgläubiger bestritten worden, so bleibt es dem Gläubiger überlassen, die Feststellung gegen den Bestreitenden zu betreiben.

(2) Liegt für eine solche Forderung ein vollstreckbarer Schuldtitel oder ein Endurteil vor, so obliegt es dem Bestreitenden, den Widerspruch zu verfolgen.

(3) Das Insolvenzgericht erteilt dem Gläubiger, dessen Forderung bestritten worden ist, einen beglaubigten Auszug aus der Tabelle. Im Falle des Absatzes 2 erhält auch der Bestreitende einen solchen Auszug. Die Gläubiger, deren Forderungen festgestellt worden sind, werden nicht benachrichtigt; hierauf sollen die Gläubiger vor dem Prüfungstermin hingewiesen werden.

§ 180
Zuständigkeit für die Feststellung

(1) Auf die Feststellung ist im ordentlichen Verfahren Klage zu erheben. Für die Klage ist das Amtsgericht ausschließlich zuständig, bei dem das Insolvenzverfahren anhängig ist oder anhängig war. Gehört der Streitgegenstand nicht zur Zuständigkeit der Amtsgerichte, so ist das Landgericht ausschließlich zuständig, zu dessen Bezirk das Insolvenzgericht gehört.

(2) War zur Zeit der Eröffnung des Insolvenzverfahrens ein Rechtsstreit über die Forderung anhängig, so ist die Feststellung durch Aufnahme des Rechtsstreits zu betreiben.

§ 181
Umfang der Feststellung

Die Feststellung kann nach Grund, Betrag und Rang der Forderung nur in der Weise begehrt werden, wie die Forderung in der Anmeldung oder im Prüfungstermin bezeichnet worden ist.

§ 182
Streitwert

Der Wert des Streitgegenstands einer Klage auf Feststellung einer Forderung, deren Bestand vom Insolvenzverwalter oder von einem Insolvenzgläubiger bestritten worden ist, bestimmt sich nach dem Betrag, der bei der Verteilung der Insolvenzmasse für die Forderung zu erwarten ist.

§ 183
Wirkung der Entscheidung

(1) Eine rechtskräftige Entscheidung, durch die eine Forderung festgestellt oder ein Widerspruch für begründet erklärt wird, wirkt gegenüber dem Insolvenzverwalter und allen Insolvenzgläubigern.

(2) Der obsiegenden Partei obliegt es, beim Insolvenzgericht die Berichtigung der Tabelle zu beantragen.

(3) Haben nur einzelne Gläubiger, nicht der Verwalter, den Rechtsstreit geführt, so können diese Gläubiger die Erstattung ihrer Kosten aus der Insolvenzmasse insoweit verlangen, als der Masse durch die Entscheidung ein Vorteil erwachsen ist.

§ 184
Klage gegen einen Widerspruch des Schuldners

Hat der Schuldner im Prüfungstermin oder im schriftlichen Verfahren (§ 177) eine Forderung bestritten, so kann der Gläubiger Klage auf Feststellung der Forderung gegen den Schuldner erheben. War zur Zeit der Eröffnung des Insolvenzverfahrens ein Rechtsstreit über die Forderung anhängig, so kann der Gläubiger diesen Rechtsstreit gegen den Schuldner aufnehmen.

§ 185
Besondere Zuständigkeiten

Ist für die Feststellung einer Forderung der Rechtsweg zum ordentlichen Gericht nicht gegeben, so ist die Feststellung bei dem zuständigen anderen Gericht zu betreiben oder von der zuständigen Verwaltungsbehörde vorzunehmen. § 180 Abs. 2 und die §§ 181, 183 und 184 gelten entsprechend. Ist die Feststellung bei einem anderen Gericht zu betreiben, so gilt auch § 182 entsprechend.

§ 186
Wiedereinsetzung in den vorigen Stand

(1) Hat der Schuldner den Prüfungsterimin versäumt, so hat ihm das Insolvenzgericht auf Antrag die Wiedereinsetzung in den vorigen Stand zu gewähren. § 51 Abs. 2, § 85 Abs. 2, §§ 233 bis 236 der Zivilprozeßordnung gelten entsprechend.

(2) Die den Antrag auf Wiedereinsetzung betreffenden Schriftsätze sind dem Gläubiger zuzustellen, dessen Forderung nachträglich bestritten werden soll. Das Bestreiten in diesen Schriftsätzen steht, wenn die Wiedereinsetzung erteilt wird, dem Bestreiten im Prüfungstermin gleich.

Zweiter Abschnitt
Verteilung

§ 187
Befriedigung der Insolvenzgläubiger

(1) Mit der Befriedigung der Insolvenzgläubiger kann erst nach dem allgemeinen Prüfungstermin begonnen werden.

(2) Verteilungen an die Insolvenzgläubiger können stattfinden, sooft hinreichende Barmittel in der Insolvenzmasse vorhanden sind. Nachrangige Insolvenzgläubiger sollen bei Abschlagsverteilungen nicht berücksichtigt werden.

(3) Die Verteilungen werden vom Insolvenzverwalter vorgenommen. Vor jeder Verteilung hat er die Zustimmung des Gläubigerausschusses einzuholen, wenn ein solcher bestellt ist.

§ 188
Verteilungsverzeichnis

Vor einer Verteilung hat der Insolvenzverwalter ein Verzeichnis der Forderungen aufzustellen, die bei der Verteilung zu berücksichtigen sind. Das Verzeichnis ist auf der Geschäftsstelle zur Einsicht der Beteiligten niederzulegen. Der Verwalter hat die Summe der Forderungen und den für die Verteilung verfügbaren Betrag aus der Insolvenzmasse öffentlich bekanntzumachen.

§ 189
Berücksichtigung bestrittener Forderungen

(1) Ein Insolvenzgläubiger, dessen Forderung nicht festgestellt ist und für dessen Forderung ein vollstreckbarer Titel oder ein Endurteil nicht vorliegt, hat spätestens innerhalb einer Ausschlußfrist von zwei Wochen nach der öffentlichen Bekanntmachung dem Insolvenzverwalter nachzuweisen, daß und für welchen Betrag die Feststellungsklage erhoben oder das Verfahren in dem früher anhängigen Rechtsstreit aufgenommen ist.

(2) Wird der Nachweis rechtzeitig geführt, so wird der auf die Forderung entfallende Anteil bei der Verteilung zurückbehalten, solange der Rechtsstreit anhängig ist.

(3) Wird der Nachweis nicht rechtzeitig geführt, so wird die Forderung bei der Verteilung nicht berücksichtigt.

§ 190
Berücksichtigung absonderungsberechtigter Gläubiger

(1) Ein Gläubiger, der zur abgesonderten Befriedigung berechtigt ist, hat spätestens innerhalb der in § 189 Abs. 1 vorgesehenen Ausschlußfrist dem Insolvenzverwalter nachzuweisen, daß und für welchen Betrag er auf abgesonderte Befriedigung verzichtet hat oder bei ihr ausgefallen ist. Wird der Nachweis nicht rechtzeitig geführt, so wird die Forderung bei der Verteilung nicht berücksichtigt.

(2) Zur Berücksichtigung bei einer Abschlagsverteilung genügt es, wenn der Gläubiger spätestens innerhalb der Ausschlußfrist dem Verwalter nachweist, daß die Verwertung des Gegenstands betrieben wird, an dem das Absonderungsrecht besteht, und den Betrag des mutmaßlichen Ausfalls glaubhaft macht. In diesem Fall wird der auf die Forderung entfallende Anteil bei der Verteilung zurückbehalten. Sind die Voraussetzungen des Absatzes 1 bei der Schlußverteilung nicht erfüllt, so wird der zurückbehaltene Anteil für die Schlußverteilung frei.

(3) Ist nur der Verwalter zur Verwertung des Gegenstands berechtigt, an dem das Absonderungsrecht besteht, so sind die Absätze 1 und 2 nicht anzuwenden. Bei einer Abschlagsverteilung hat der Verwalter, wenn er den Gegenstand noch nicht verwertet hat, den Ausfall des Gläubigers zu schätzen und den auf die Forderung entfallenden Anteil zurückzubehalten.

§ 191
Berücksichtigung aufschiebend bedingter Forderungen

(1) Eine aufschiebend bedingte Forderung wird bei einer Abschlagsverteilung mit ihrem vollen Betrag berücksichtigt. Der auf die Forderung entfallende Anteil wird bei der Verteilung zurückbehalten.

(2) Bei der Schlußverteilung wird eine aufschiebend bedingte Forderung nicht berücksichtigt, wenn die Möglichkeit des Eintritts der Bedingung so fernliegt, daß die Forderung zur Zeit der Verteilung keinen Vermögenswert hat. In diesem Fall wird ein gemäß Absatz 1 Satz 2 zurückbehaltener Anteil für die Schlußverteilung frei.

§ 192
Nachträgliche Berücksichtigung

Gläubiger, die bei einer Abschlagsverteilung nicht berücksichtigt worden sind und die Voraussetzungen der §§ 189, 190 nachträglich erfüllen, erhalten bei der folgenden Verteilung aus der restlichen Insolvenzmasse vorab einen Betrag, der sie mit den übrigen Gläubigern gleichstellt.

§ 193
Änderung des Verteilungsverzeichnisses

Der Insolvenzverwalter hat die Änderungen des Verzeichnisses, die auf Grund der §§ 189 bis 192 erforderlich werden, binnen drei Tagen nach Ablauf der in § 189 Abs. 1 vorgesehenen Ausschlußfrist vorzunehmen.

§ 194
Einwendungen gegen das Verteilungsverzeichnis

(1) Bei einer Abschlagsverteilung sind Einwendungen eines Gläubigers gegen das Verzeichnis bis zum Ablauf einer Woche nach dem Ende der in § 189 Abs. 1 vorgesehenen Ausschlußfrist bei dem Insolvenzgericht zu erheben.

(2) Eine Entscheidung des Gerichts, durch die Einwendungen zurückgewiesen werden, ist dem Gläubiger und dem Insolvenzverwalter zuzustellen. Dem Gläubiger steht gegen den Beschluß die sofortige Beschwerde zu.

(3) Eine Entscheidung des Gerichts, durch die eine Berichtigung des Verzeichnisses angeordnet wird, ist dem Gläubiger und dem Verwalter zuzustellen und in der Geschäftsstelle zur Einsicht der Beteiligten niederzulegen. Dem Verwalter und den Insolvenzgläubigern steht gegen den Beschluß die sofortige Beschwerde zu. Die Beschwerdefrist beginnt mit dem Tag, an dem die Entscheidung niedergelegt worden ist.

§ 195
Festsetzung des Bruchteils

(1) Für eine Abschlagsverteilung bestimmt der Gläubigerausschuß auf Vorschlag des Insolvenzverwalters den zu zahlenden Bruchteil. Ist kein Gläubigerausschuß bestellt, so bestimmt der Verwalter den Bruchteil.

(2) Der Verwalter hat den Bruchteil den berücksichtigten Gläubigern mitzuteilen.

§ 196
Schlußverteilung

(1) Die Schlußverteilung erfolgt, sobald die Verwertung der Insolvenzmasse beendet ist.

(2) Die Schlußverteilung darf nur mit Zustimmung des Insolvenzgerichts vorgenommen werden.

§ 197
Schlußtermin

(1) Bei der Zustimmung zur Schlußverteilung bestimmt das Insolvenzgericht den Termin für eine abschließende Gläubigerversammlung. Dieser Termin dient

1. zur Erörterung der Schlußrechnung des Insolvenzverwalters,

2. zur Erhebung von Einwendungen gegen das Schlußverzeichnis und

3. zur Entscheidung der Gläubiger über die nicht verwertbaren Gegenstände der Insolvenzmasse.

(2) Zwischen der öffentlichen Bekanntmachung des Termins und dem Termin soll eine Frist von mindestens drei Wochen und höchstens einem Monat liegen.

(3) Für die Entscheidung des Gerichts über Einwendungen eines Gläubigers gilt § 194 Abs. 2 und 3 entsprechend.

§ 198
Hinterlegung zurückbehaltener Beträge

Beträge, die bei der Schlußverteilung zurückzubehalten sind, hat der Insolvenzverwalter mit Zustimmung des Insolvenzgerichts für Rechnung der Beteiligten bei einer geeigneten Stelle zu hinterlegen.

§ 199
Überschuß bei der Schlußverteilung

Können bei der Schlußverteilung die Forderungen aller Insolvenzgläubiger in voller Höhe berichtigt werden, so hat der Insolvenzverwalter einen verbleibenden Überschuß dem Schuldner herauszugeben. Ist der Schuldner keine natürliche Person, so hat der Verwalter jeder am Schuldner beteiligten Person den Teil des Überschusses herauszugeben, der ihr bei einer Abwicklung außerhalb des Insolvenzverfahrens zustünde.

§ 200
Aufhebung des Insolvenzverfahrens

(1) Sobald die Schlußverteilung vollzogen ist, beschließt das Insolvenzgericht die Aufhebung des Insolvenzverfahrens.

(2) Der Beschluß und der Grund der Aufhebung sind öffentlich bekanntzumachen. Die Bekanntmachung ist, unbeschadet des § 9, auszugsweise im Bundesanzeiger zu veröffentlichen. Die §§ 31 bis 33 gelten entsprechend.

§ 201
Rechte der Insolvenzgläubiger nach Verfahrensaufhebung

(1) Die Insolvenzgläubiger können nach der Aufhebung des Insolvenzverfahrens ihre restlichen Forderungen gegen den Schuldner unbeschränkt geltend machen.

(2) Die Insolvenzgläubiger, deren Forderungen festgestellt und nicht vom Schuldner im Prüfungstermin bestritten worden sind, können aus der Eintragung in die Tabelle wie aus einem vollstreckbaren Urteil die Zwangsvollstreckung gegen den Schuldner betreiben. Einer nicht bestrittenen Forderung steht eine Forderung gleich, bei der ein erhobener Widerspruch beseitigt ist.

(3) Die Vorschriften über die Restschuldbefreiung bleiben unberührt.

§ 202
Zuständigkeit bei der Vollstreckung

(1) Im Falle des § 201 ist das Amtsgericht, bei dem das Insolvenzverfahren anhängig ist oder anhängig war, ausschließlich zuständig für Klagen:

1. auf Erteilung der Vollstreckungsklausel;

2. durch die nach der Erteilung der Vollstreckungsklausel bestritten wird, daß die Voraussetzungen für die Erteilung eingetreten waren;

3. durch die Einwendungen geltend gemacht werden, die den Anspruch selbst betreffen.

(2) Gehört der Streitgegenstand nicht zur Zuständigkeit der Amtsgerichte, so ist das Landgericht ausschließlich zuständig, zu dessen Bezirk das Insolvenzgericht gehört.

§ 203
Anordnung der Nachtragsverteilung

(1) Auf Antrag des Insolvenzverwalters oder eines Insolvenzgläubigers oder von Amts wegen ordnet das Insolvenzgericht eine Nachtragsverteilung an, wenn nach dem Schlußtermin

1. zurückbehaltene Beträge für die Verteilung frei werden,

2. Beträge, die aus der Insolvenzmasse gezahlt sind, zurückfließen oder

3. Gegenstände der Masse ermittelt werden.

(2) Die Aufhebung des Verfahrens steht der Anordnung einer Nachtragsverteilung nicht entgegen.

(3) Das Gericht kann von der Anordnung absehen und den zur Verfügung stehenden Betrag oder den ermittelten Gegenstand dem Schuldner überlassen, wenn dies mit Rücksicht auf die Geringfügigkeit des Betrags oder den geringen Wert des Gegenstands und die Kosten einer Nachtragsverteilung angemessen erscheint. Es kann die Anordnung davon abhängig machen, daß ein Geldbetrag vorgeschossen wird, der die Kosten der Nachtragsverteilung deckt.

§ 204
Rechtsmittel

(1) Der Beschluß, durch den der Antrag auf Nachtragsverteilung abgelehnt wird, ist dem Antragsteller zuzustellen. Gegen den Beschluß steht dem Antragsteller die sofortige Beschwerde zu.

(2) Der Beschluß, durch den eine Nachtragsverteilung angeordnet wird, ist dem Insolvenzverwalter, dem Schuldner und, wenn ein Gläubiger die Verteilung beantragt hatte, diesem Gläubiger zuzustellen. Gegen den Beschluß steht dem Schuldner die sofortige Beschwerde zu.

§ 205
Vollzug der Nachtragsverteilung

Nach der Anordnung der Nachtragsverteilung hat der Insolvenzverwalter den zur Verfügung stehenden Betrag oder den Erlös aus der Verwertung des ermittelten Gegenstands auf Grund des Schlußverzeichnisses zu verteilen. Er hat dem Insolvenzgericht Rechnung zu legen.

§ 206
Ausschluß von Massegläubigern

Massegläubiger, deren Ansprüche dem Insolvenzverwalter

1. bei einer Abschlagsverteilung erst nach der Festsetzung des Bruchteils,

2. bei der Schlußverteilung erst nach der Beendigung des Schlußtermins oder

3. bei einer Nachtragsverteilung erst nach der öffentlichen Bekanntmachung

bekanntgeworden sind, können Befriedigung nur aus den Mitteln verlangen, die nach der Verteilung in der Insolvenzmasse verbleiben.

Dritter Abschnitt
Einstellung des Verfahrens

§ 207
Einstellung mangels Masse

(1) Stellt sich nach der Eröffnung des Insolvenzverfahrens heraus, daß die Insolvenzmasse nicht ausreicht, um die Kosten des Verfahrens zu decken, so stellt das Insolvenzgericht das Verfahren ein. Die Einstellung unterbleibt, wenn ein ausreichender Geldbetrag vorgeschossen wird; § 26 Abs. 3 gilt entsprechend.

(2) Vor der Einstellung sind die Gläubigerversammlung, der Insolvenzverwalter und die Massegläubiger zu hören.

(3) Soweit Barmittel in der Masse vorhanden sind, hat der Verwalter vor der Einstellung die Kosten des Verfahrens, von diesen zuerst die Auslagen, nach dem Verhältnis ihrer Beträge zu berichtigen. Zur Verwertung von Massegegenständen ist er nicht mehr verpflichtet.

§ 208
Anzeige der Masseunzulänglichkeit

(1) Sind die Kosten des Insolvenzverfahrens gedeckt, reicht die Insolvenzmasse jedoch nicht aus, um die fälligen sonstigen Masseverbindlichkeiten zu erfüllen, so hat der Insolvenzverwalter dem Insolvenzgericht anzuzeigen, daß Masseunzulänglichkeit vorliegt. Gleiches gilt, wenn die Masse voraussichtlich nicht ausreichen wird, um die bestehenden sonstigen Masseverbindlichkeiten im Zeitpunkt der Fälligkeit zu erfüllen.

(2) Das Gericht hat die Anzeige der Masseunzulänglichkeit öffentlich bekanntzumachen. Den Massegläubigern ist sie besonders zuzustellen.

(3) Die Pflicht des Verwalters zur Verwaltung und zur Verwertung der Masse besteht auch nach der Anzeige der Masseunzulänglichkeit fort.

§ 209
Befriedigung der Massegläubiger

(1) Der Insolvenzverwalter hat die Masseverbindlichkeiten nach folgender Rangordnung zu berichtigen, bei gleichem Rang nach dem Verhältnis ihrer Beträge:

1. die Kosten des Insolvenzverfahrens;

2. die Masseverbindlichkeiten, die nach der Anzeige der Masseunzulänglichkeit begründet worden sind, ohne zu den Kosten des Verfahrens zu gehören;

3. die übrigen Masseverbindlichkeiten, unter diesen zuletzt der nach den §§ 100, 101 Abs. 1 Satz 3 bewilligte Unterhalt.

(2) Als Masseverbindlichkeiten im Sinne des Absatzes 1 Nr. 2 gelten auch die Verbindlichkeiten

1. aus einem gegenseitigen Vertrag, dessen Erfüllung der Verwalter gewählt hat, nachdem er die Masseunzulänglichkeit angezeigt hatte;

2. aus einem Dauerschuldverhältnis für die Zeit nach dem ersten Termin, zu dem der Verwalter nach der Anzeige der Masseunzulänglichkeit kündigen konnte;

3. aus einem Dauerschuldverhältnis, soweit der Verwalter nach der Anzeige der Masseunzulänglichkeit für die Insolvenzmasse die Gegenleistung in Anspruch genommen hat.

§ 210
Vollstreckungsverbot

Sobald der Insolvenzverwalter die Masseunzulänglichkeit angezeigt hat, ist die Vollstreckung wegen einer Masseverbindlichkeit im Sinne des § 209 Abs. 1 Nr. 3 unzulässig.

§ 211
Einstellung nach Anzeige der Masseunzulänglichkeit

(1) Sobald der Insolvenzverwalter die Insolvenzmasse nach Maßgabe des § 209 verteilt hat, stellt das Insolvenzgericht das Insolvenzverfahren ein.

(2) Der Verwalter hat für seine Tätigkeit nach der Anzeige der Masseunzulänglichkeit gesondert Rechnung zu legen.

(3) Werden nach der Einstellung des Verfahrens Gegenstände der Insolvenzmasse ermittelt, so ordnet das Gericht auf Antrag des Verwalters oder eines Massegläubigers oder von Amts wegen eine Nachtragsverteilung an. § 203 Abs. 3 und die §§ 204 und 205 gelten entsprechend.

§ 212
Einstellung wegen Wegfalls des Eröffnungsgrunds

Das Insolvenzverfahren ist auf Antrag des Schuldners einzustellen, wenn gewährleistet ist, daß nach der Einstellung beim Schuldner weder Zahlungsunfähigkeit noch drohende Zahlungsunfähigkeit noch, soweit die Überschuldung Grund für die Eröffnung des Insolvenzverfahrens ist, Überschuldung vorliegt. Der Antrag ist nur zulässig, wenn das Fehlen der Eröffnungsgründe glaubhaft gemacht wird.

§ 213
Einstellung mit Zustimmung der Gläubiger

(1) Das Insolvenzverfahren ist auf Antrag des Schuldners einzustellen, wenn er nach Ablauf der Anmeldefrist die Zustimmung aller Insolvenzgläubiger beibringt, die Forderungen angemeldet haben. Bei Gläubigern, deren Forderungen vom Schuldner oder vom Insolvenzverwalter bestritten werden, und bei absonderungsberechtigten Gläubigern entscheidet das Insolvenzgericht nach freiem Ermessen, inwieweit es einer Zustimmung dieser Gläubiger oder einer Sicherheitsleistung gegenüber ihnen bedarf.

(2) Das Verfahren kann auf Antrag des Schuldners vor dem Ablauf der Anmeldefrist eingestellt werden, wenn außer den Gläubigern, deren Zustimmung der Schuldner beibringt, andere Gläubiger nicht bekannt sind.

§ 214
Verfahren bei der Einstellung

(1) Der Antrag auf Einstellung des Insolvenzverfahrens nach § 212 oder § 213 ist öffentlich bekanntzumachen. Er ist in der Geschäftsstelle zur Einsicht der Beteiligten niederzulegen; im Falle des § 213 sind die zustimmenden Erklärungen der Gläubiger beizufügen. Die Insolvenzgläubiger können binnen einer Woche nach der öffentlichen Bekanntmachung schriftlich oder zu Protokoll der Geschäftsstelle Widerspruch gegen den Antrag erheben.

(2) Das Insolvenzgericht beschließt über die Einstellung nach Anhörung des Antragstellers, des Insolvenzverwalters und des Gläubigerausschusses, wenn ein solcher bestellt ist. Im Falle eines Widerspruchs ist auch der widersprechende Gläubiger zu hören.

(3) Vor der Einstellung hat der Verwalter die unstreitigen Masseansprüche zu berichtigen und für die streitigen Sicherheit zu leisten.

§ 215
Bekanntmachung und Wirkungen der Einstellung

(1) Der Beschluß, durch den das Insolvenzverfahren nach § 207, 211, 212 oder 213 eingestellt wird, und der Grund der Einstellung sind öffentlich bekanntzumachen. Der Schuldner, der Insolvenzverwalter und die Mitglieder des Gläubigerausschusses sind vorab über den Zeitpunkt des Wirksamwerdens der Einstellung (§ 9 Abs. 1 Satz 3) zu unterrichten. § 200 Abs. 2 Satz 2 und 3 gilt entsprechend.

(2) Mit der Einstellung des Insolvenzverfahrens erhält der Schuldner das Recht zurück, über die Insolvenzmasse frei zu verfügen. Die §§ 201, 202 gelten entsprechend.

§ 216
Rechtsmittel

(1) Wird das Insolvenzverfahren nach § 207, 212 oder 213 eingestellt, so steht jedem Insolvenzgläubiger und, wenn die Einstellung nach § 207 erfolgt, dem Schuldner die sofortige Beschwerde zu.

(2) Wird ein Antrag nach § 212 oder § 213 abgelehnt, so steht dem Schuldner die sofortige Beschwerde zu.

Sechster Teil
Insolvenzplan

Erster Abschnitt
Aufstellung des Plans

§ 217
Grundsatz

Die Befriedigung der absonderungsberechtigten Gläubiger und der Insolvenzgläubiger, die Verwertung der Insolvenzmasse und deren Verteilung an die Beteiligten sowie die Haftung des Schuldners nach der Beendigung des Insolvenzverfahrens können in einem Insolvenzplan abweichend von den Vorschriften dieses Gesetzes geregelt werden.

§ 218
Vorlage des Insolvenzplans

(1) Zur Vorlage eines Insolvenzplans an das Insolvenzgericht sind der Insolvenzverwalter und der Schuldner berechtigt. Die Vorlage durch den Schuldner kann mit dem Antrag auf Eröffnung des Insolvenzverfahrens verbunden werden. Ein Plan, der erst nach dem Schlußtermin beim Gericht eingeht, wird nicht berücksichtigt.

(2) Hat die Gläubigerversammlung den Verwalter beauftragt, einen Insolvenzplan auszuarbeiten, so hat der Verwalter den Plan binnen angemessener Frist dem Gericht vorzulegen.

(3) Bei der Aufstellung des Plans durch den Verwalter wirken der Gläubigerausschuß, wenn ein solcher bestellt ist, der Betriebsrat, der Sprecherausschuß der leitenden Angestellten und der Schuldner beratend mit.

§ 219
Gliederung des Plans

Der Insolvenzplan besteht aus dem darstellenden Teil und dem gestaltenden Teil. Ihm sind die in den §§ 229 und 230 genannten Anlagen beizufügen.

§ 220
Darstellender Teil

(1) Im darstellenden Teil des Insolvenzplans wird beschrieben, welche Maßnahmen nach der Eröffnung des Insolvenzverfahrens getroffen worden sind oder noch getroffen werden sollen, um die Grundlagen für die geplante Gestaltung der Rechte der Beteiligten zu schaffen.

(2) Der darstellende Teil soll alle sonstigen Angaben zu den Grundlagen und den Auswirkungen des Plans enthalten, die für die Entscheidung der Gläubiger über die Zustimmung zum Plan und für dessen gerichtliche Bestätigung erheblich sind.

§ 221
Gestaltender Teil

Im gestaltenden Teil des Insolvenzplans wird festgelegt, wie die Rechtsstellung der Beteiligten durch den Plan geändert werden soll.

§ 222
Bildung von Gruppen

(1) Bei der Festlegung der Rechte der Beteiligten im Insolvenzplan sind Gruppen zu bilden, soweit Gläubiger mit unterschiedlicher Rechtsstellung betroffen sind. Es ist zu unterscheiden zwischen

1. den absonderungsberechtigten Gläubigern, wenn durch den Plan in deren Rechte eingegriffen wird;
2. den nicht nachrangigen Insolvenzgläubigern;
3. den einzelnen Rangklassen der nachrangigen Insolvenzgläubiger, soweit deren Forderungen nicht nach § 225 als erlassen gelten sollen.

(2) Aus den Gläubigern mit gleicher Rechtsstellung können Gruppen gebildet werden, in denen Gläubiger mit gleichartigen wirtschaftlichen Interessen zusammengefaßt werden. Die Gruppen müssen sachgerecht voneinander abgegrenzt werden. Die Kriterien für die Abgrenzung sind im Plan anzugeben.

(3) Die Arbeitnehmer sollen eine besondere Gruppe bilden, wenn sie als Insolvenzgläubiger mit nicht unerheblichen Forderungen beteiligt sind. Für Kleingläubiger können besondere Gruppen gebildet werden.

§ 223
Rechte der Absonderungsberechtigten

(1) Ist im Insolvenzplan nichts anderes bestimmt, so wird das Recht der absonderungsberechtigten Gläubiger zur Befriedigung aus den Gegenständen, an denen Absonderungsrechte bestehen, vom Plan nicht berührt.

(2) Soweit im Plan eine abweichende Regelung getroffen wird, ist im gestaltenden Teil für die absonderungsberechtigten Gläubiger anzugeben, um welchen Bruchteil die Rechte gekürzt, für welchen Zeitraum sie gestundet oder welchen sonstigen Regelungen sie unterworfen werden sollen.

§ 224
Rechte der Insolvenzgläubiger

Für die nicht nachrangigen Gläubiger ist im gestaltenden Teil des Insolvenzplans anzugeben, um welchen Bruchteil die Forderungen gekürzt, für welchen Zeitraum sie gestundet, wie sie gesichert oder welchen sonstigen Regelungen sie unterworfen werden sollen.

§ 225
Rechte der nachrangigen Insolvenzgläubiger

(1) Die Forderungen nachrangiger Insolvenzgläubiger gelten, wenn im Insolvenzplan nichts anderes bestimmt ist, als erlassen.

(2) Soweit im Plan eine abweichende Regelung getroffen wird, sind im gestaltenden Teil für jede Gruppe der nachrangigen Gläubiger die in § 224 vorgeschriebenen Angaben zu machen.

(3) Die Haftung des Schuldners nach der Beendigung des Insolvenzverfahrens für Geldstrafen und die diesen in § 39 Abs. 1 Nr. 3 gleichgestellten Verbindlichkeiten kann durch einen Plan weder ausgeschlossen noch eingeschränkt werden.

§ 226
Gleichbehandlung der Beteiligten

(1) Innerhalb jeder Gruppe sind allen Beteiligten gleiche Rechte anzubieten.

(2) Eine unterschiedliche Behandlung der Beteiligten einer Gruppe ist nur mit Zustimmung aller betroffenen Beteiligten zulässig. In diesem Fall ist dem Insolvenzplan die zustimmende Erklärung eines jeden betroffenen Beteiligten beizufügen.

(3) Jedes Abkommen des Insolvenzverwalters, des Schuldners oder anderer Personen mit einzelnen Beteiligten, durch das diesen für ihr Verhalten bei Abstimmungen oder sonst im Zusammenhang mit dem Insolvenzverfahren ein nicht im Plan vorgesehener Vorteil gewährt wird, ist nichtig.

§ 227
Haftung des Schuldners

(1) Ist im Insolvenzplan nichts anderes bestimmt, so wird der Schuldner mit der im gestaltenden Teil vorgesehenen Befriedigung der Insolvenzgläubiger von seinen restlichen Verbindlichkeiten gegenüber diesen Gläubigern befreit.

(2) Ist der Schuldner eine Gesellschaft ohne Rechtspersönlichkeit oder eine Kommanditgesellschaft auf Aktien, so gilt Absatz 1 entsprechend für die persönliche Haftung der Gesellschafter.

§ 228
Änderung sachenrechtlicher Verhältnisse

Sollen Rechte an Gegenständen begründet, geändert, übertragen oder aufgehoben werden, so können die erforderlichen Willenserklärungen der Beteiligten in den gestaltenden Teil des Insolvenzplans aufgenommen werden. Sind im Grundbuch eingetragene Rechte an einem Grundstück oder an eingetragenen Rechten betroffen, so sind diese Rechte unter Beachtung des § 28 der Grundbuchordnung genau zu bezeichnen. Für Rechte, die im Schiffsregister, im Schiffsbauregister oder im Register für Pfandrechte an Luftfahrzeugen eingetragen sind, gilt Satz 2 entsprechend.

§ 229
Vermögensübersicht.
Ergebnis- und Finanzplan

Sollen die Gläubiger aus den Erträgen des vom Schuldner oder von einem Dritten fortgeführten Unternehmens befriedigt werden, so ist dem Insolvenzplan eine Vermögensübersicht beizufügen, in der die Vermögensgegenstände und die Verbindlichkeiten, die sich bei einem Wirksamwerden des Plans gegenüberstünden, mit ihren Werten aufgeführt werden. Ergänzend ist darzustellen, welche Aufwendungen und Erträge für den Zeitraum, währenddessen die Gläubiger befriedigt werden sollen, zu erwarten sind und durch welche Abfolge von Einnahmen und Ausgaben die Zahlungsfähigkeit des Unternehmens während dieses Zeitraums gewährleistet werden soll.

§ 230
Weitere Anlagen

(1) Ist im Insolvenzplan vorgesehen, daß der Schuldner sein Unternehmen fortführt, und ist der Schuldner eine natürliche Person, so ist dem Plan die Erklärung des Schuldners beizufügen, daß er zur Fortführung des Unternehmens auf der Grundlage des Plans bereit ist. Ist der Schuldner eine Gesellschaft ohne Rechtspersönlichkeit oder eine Kommanditgesellschaft auf Aktien, so ist dem Plan eine entsprechende Erklärung der persönlich haftenden Gesellschafter beizufügen. Die Erklärung des Schuldners nach Satz 1 ist nicht erforderlich, wenn dieser selbst den Plan vorlegt.

(2) Sollen Gläubiger Anteils- oder Mitgliedschaftsrechte oder Beteiligungen an einer juristischen Person, einem nicht rechtsfähigen Verein oder einer Gesellschaft ohne Rechtspersönlichkeit übernehmen, so ist dem Plan die zustimmende Erklärung eines jeden dieser Gläubiger beizufügen.

(3) Hat ein Dritter für den Fall der Bestätigung des Plans Verpflichtungen gegenüber den Gläubigern übernommen, so ist dem Plan die Erklärung des Dritten beizufügen.

§ 231
Zurückweisung des Plans

(1) Das Insolvenzgericht weist den Insolvenzplan von Amts wegen zurück,

1. wenn die Vorschriften über das Recht zur Vorlage und den Inhalt des Plans nicht beachtet sind und der Vorlegende den Mangel nicht beheben kann oder innerhalb einer angemessenen, vom Gericht gesetzten Frist nicht behebt,

2. wenn ein vom Schuldner vorgelegter Plan offensichtlich keine Aussicht auf Annahme durch die Gläubiger oder auf Bestätigung durch das Gericht hat oder

3. wenn die Ansprüche, die den Beteiligten nach dem gestaltenden Teil eines vom Schuldner vorgelegten Plans zustehen, offensichtlich nicht erfüllt werden können.

(2) Hatte der Schuldner in dem Insolvenzverfahren bereits einen Plan vorgelegt, der von den Gläubigern abgelehnt, vom Gericht nicht bestätigt oder vom Schuldner nach der öffentlichen Bekanntmachung des Erörterungstermins zurückgezogen worden ist, so hat das Gericht einen neuen Plan des Schuldners zurückzuweisen, wenn der Insolvenzverwalter mit Zustimmung des Gläubigerausschusses, wenn ein solcher bestellt ist, die Zurückweisung beantragt.

(3) Gegen den Beschluß, durch den der Plan zurückgewiesen wird, steht dem Vorlegenden die sofortige Beschwerde zu.

§ 232
Stellungnahmen zum Plan

(1) Wird der Insolvenzplan nicht zurückgewiesen, so leitet das Insolvenzgericht ihn zur Stellungnahme zu:

1. dem Gläubigerausschuß, wenn ein solcher bestellt ist, dem Betriebsrat und dem Sprecherausschuß der leitenden Angestellten;

2. dem Schuldner, wenn der Insolvenzverwalter den Plan vorgelegt hat;

3. dem Verwalter, wenn der Schuldner den Plan vorgelegt hat.

(2) Das Gericht kann auch der für den Schuldner zuständigen amtlichen Berufsvertretung der Industrie, des Handels, des Handwerks oder der Landwirtschaft oder anderen sachkundigen Stellen Gelegenheit zur Äußerung geben.

(3) Das Gericht bestimmt eine Frist für die Abgabe der Stellungnahmen.

§ 233
Aussetzung von Verwertung und Verteilung

Soweit die Durchführung eines vorgelegten Insolvenzplans durch die Fortsetzung der Verwertung und Verteilung der Insolvenzmasse gefährdet würde, ordnet das Insolvenzgericht auf Antrag des Schuldners oder des Insolvenzverwalters die Aussetzung der Verwertung und Verteilung an. Das Gericht sieht von der Aussetzung ab oder hebt sie auf, soweit mit ihr die Gefahr erheblicher Nachteile für die Masse verbunden ist oder soweit der Verwalter mit Zustimmung des Gläubigerausschusses oder der Gläubigerversammlung die Fortsetzung der Verwertung und Verteilung beantragt.

§ 234
Niederlegung des Plans

Der Insolvenzplan ist mit seinen Anlagen und den eingegangenen Stellungnahmen in der Geschäftsstelle zur Einsicht der Beteiligten niederzulegen.

Zweiter Abschnitt
Annahme und Bestätigung des Plans

§ 235
Erörterungs- und Abstimmungstermin

(1) Das Insolvenzgericht bestimmt einen Termin, in dem der Insolvenzplan und das Stimmrecht der Gläubiger erörtert werden und anschließend über den Plan abgestimmt wird (Erörterungs- und Abstimmungstermin). Der Termin soll nicht über einen Monat hinaus angesetzt werden.

(2) Der Erörterungs- und Abstimmungstermin ist öffentlich bekanntzumachen. Dabei ist darauf hinzuweisen, daß der Plan und die eingegangenen Stellungnahmen in der Geschäftsstelle eingesehen werden können.

(3) Die Insolvenzgläubiger, die Forderungen angemeldet haben, die absonderungsberechtigten Gläubiger, der Insolvenzverwalter, der Schuldner, der Betriebsrat und der Sprecherausschuß der leitenden Angestellten sind besonders zu laden. Mit der Ladung ist ein Abdruck des Plans oder eine Zusammenfassung seines wesentlichen Inhalts, die der Vorlegende auf Aufforderung einzureichen hat, zu übersenden.

§ 236
Verbindung mit dem Prüfungstermin

Der Erörterungs- und Abstimmungstermin darf nicht vor dem Prüfungstermin stattfinden. Beide Termine können jedoch verbunden werden.

§ 237
Stimmrecht der Insolvenzgläubiger

(1) Für das Stimmrecht der Insolvenzgläubiger bei der Abstimmung über den Insolvenzplan gilt § 77 Abs. 1 Satz 1, Abs. 2 und 3 Nr. 1 entsprechend. Absonderungsberechtigte Gläubiger sind nur insoweit zur Abstimmung als Insolvenzgläubiger berechtigt, als ihnen der Schuldner auch persönlich haftet und sie auf die abgesonderte Befriedigung verzichten oder bei ihr ausfallen; solange der Ausfall nicht feststeht, sind sie mit dem mutmaßlichen Ausfall zu berücksichtigen.

(2) Gläubiger, deren Forderungen durch den Plan nicht beeinträchtigt werden, haben kein Stimmrecht.

§ 238
Stimmrecht
der absonderungsberechtigten Gläubiger

(1) Soweit im Insolvenzplan auch die Rechtsstellung absonderungsberechtigter Gläubiger geregelt wird, sind im Termin die Rechte dieser Gläubiger einzeln zu erörtern. Ein Stimmrecht gewähren die Absonderungsrechte, die weder vom Insolvenzverwalter noch von einem absonderungsberechtigten Gläubiger noch von einem Insolvenzgläubiger bestritten werden. Für das Stimmrecht bei streitigen, aufschiebend bedingten oder nicht fälligen Rechten gelten die §§ 41, 77 Abs. 2, 3 Nr. 1 entsprechend.

(2) § 237 Abs. 2 gilt entsprechend.

§ 239
Stimmliste

Der Urkundsbeamte der Geschäftsstelle hält in einem Verzeichnis fest, welche Stimmrechte den Gläubigern nach dem Ergebnis der Erörterung im Termin zustehen.

§ 240
Änderung des Plans

Der Vorlegende ist berechtigt, einzelne Regelungen des Insolvenzplans auf Grund der Erörterung im Termin inhaltlich zu ändern. Über den geänderten Plan kann noch in demselben Termin abgestimmt werden.

§ 241
Gesonderter Abstimmungstermin

(1) Das Insolvenzgericht kann einen gesonderten Termin zur Abstimmung über den Insolvenzplan bestimmen. In diesem Fall soll der Zeitraum zwischen dem Erörterungstermin und dem Abstimmungstermin nicht mehr als einen Monat betragen.

(2) Zum Abstimmungstermin sind die stimmberechtigten Gläubiger und der Schuldner zu laden. Im Falle einer Änderung des Plans ist auf die Änderung besonders hinzuweisen.

§ 242
Schriftliche Abstimmung

(1) Ist ein gesonderter Abstimmungstermin bestimmt, so kann das Stimmrecht schriftlich ausgeübt werden.

(2) Das Insolvenzgericht übersendet den stimmberechtigten Gläubigern nach dem Erörterungstermin den Stimmzettel und teilt ihnen dabei ihr Stimmrecht mit. Die schriftliche Stimmabgabe wird nur berücksichtigt, wenn sie dem Gericht spätestens am Tag vor dem Abstimmungstermin zugegangen ist; darauf ist bei der Übersendung des Stimmzettels hinzuweisen.

§ 243
Abstimmung in Gruppen

Jede Gruppe der stimmberechtigten Gläubiger stimmt gesondert über den Insolvenzplan ab.

§ 244
Erforderliche Mehrheiten

(1) Zur Annahme des Insolvenzplans durch die Gläubiger ist erforderlich, daß in jeder Gruppe

1. die Mehrheit der abstimmenden Gläubiger dem Plan zustimmt und
2. die Summe der Ansprüche der zustimmenden Gläubiger mehr als die Hälfte der Summe der Ansprüche der abstimmenden Gläubiger beträgt.

(2) Gläubiger, denen ein Recht gemeinschaftlich zusteht oder deren Rechte bis zum Eintritt des Eröffnungsgrunds ein einheitliches Recht gebildet haben, werden bei

der Abstimmung als ein Gläubiger gerechnet. Entsprechendes gilt, wenn an einem Recht ein Pfandrecht oder ein Nießbrauch besteht.

§ 245
Obstruktionsverbot

(1) Auch wenn die erforderlichen Mehrheiten nicht erreicht worden sind, gilt die Zustimmung einer Abstimmungsgruppe als erteilt, wenn

1. die Gläubiger dieser Gruppe durch den Insolvenzplan nicht schlechter gestellt werden, als sie ohne einen Plan stünden,

2. die Gläubiger dieser Gruppe angemessen an dem wirtschaftlichen Wert beteiligt werden, der auf der Grundlage des Plans den Beteiligten zufließen soll, und

3. die Mehrheit der abstimmenden Gruppen dem Plan mit den erforderlichen Mehrheiten zugestimmt hat.

(2) Eine angemessene Beteiligung der Gläubiger einer Gruppe im Sinne des Absatzes 1 Nr. 2 liegt vor, wenn nach dem Plan

1. kein anderer Gläubiger wirtschaftliche Werte erhält, die den vollen Betrag seines Anspruchs übersteigen,

2. weder ein Gläubiger, der ohne einen Plan mit Nachrang gegenüber den Gläubigern der Gruppe zu befriedigen wäre, noch der Schuldner oder eine an ihm beteiligte Person einen wirtschaftlichen Wert erhält und

3. kein Gläubiger, der ohne einen Plan gleichrangig mit den Gläubigern der Gruppe zu befriedigen wäre, besser gestellt wird als diese Gläubiger.

§ 246
Zustimmung nachrangiger Insolvenzgläubiger

Für die Annahme des Insolvenzplans durch die nachrangigen Insolvenzgläubiger gelten ergänzend folgende Bestimmungen:

1. Die Zustimmung der Gruppen mit dem Rang des § 39 Abs. 1 Nr. 1 oder 2 gilt als erteilt, wenn die entsprechenden Zins- oder Kostenforderungen im Plan erlassen werden oder nach § 225 Abs. 1 als erlassen gelten und wenn schon die Hauptforderungen der Insolvenzgläubiger nach dem Plan nicht voll berichtigt werden.

2. Die Zustimmung der Gruppen mit einem Rang hinter § 39 Abs. 1 Nr. 3 gilt als erteilt, wenn kein Insolvenzgläubiger durch den Plan besser gestellt wird als die Gläubiger dieser Gruppen.

3. Beteiligt sich kein Gläubiger einer Gruppe an der Abstimmung, so gilt die Zustimmung der Gruppe als erteilt.

§ 247
Zustimmung des Schuldners

(1) Die Zustimmung des Schuldners zum Plan gilt als erteilt, wenn der Schuldner dem Plan nicht spätestens im Abstimmungstermin schriftlich oder zu Protokoll der Geschäftsstelle widerspricht.

(2) Ein Widerspruch ist im Rahmen des Absatzes 1 unbeachtlich, wenn

1. der Schuldner durch den Plan nicht schlechter gestellt wird, als er ohne einen Plan stünde, und

2. kein Gläubiger einen wirtschaftlichen Wert erhält, der den vollen Betrag seines Anspruchs übersteigt.

§ 248
Gerichtliche Bestätigung

(1) Nach der Annahme des Insolvenzplans durch die Gläubiger (§§ 244 bis 246) und der Zustimmung des Schuldners bedarf der Plan der Bestätigung durch das Insolvenzgericht.

(2) Das Gericht soll vor der Entscheidung über die Bestätigung den Insolvenzverwalter, den Gläubigerausschuß, wenn ein solcher bestellt ist, und den Schuldner hören.

§ 249
Bedingter Plan

Ist im Insolvenzplan vorgesehen, daß vor der Bestätigung bestimmte Leistungen erbracht oder andere Maßnahmen verwirklicht werden sollen, so darf der Plan nur bestätigt werden, wenn diese Voraussetzungen erfüllt sind. Die Bestätigung ist von Amts wegen zu versagen, wenn die Voraussetzungen auch nach Ablauf einer angemessenen, vom Insolvenzgericht gesetzten Frist nicht erfüllt sind.

§ 250
Verstoß gegen Verfahrensvorschriften

Die Bestätigung ist von Amts wegen zu versagen,

1. wenn die Vorschriften über den Inhalt und die verfahrensmäßige Behandlung des Insolvenzplans sowie über die Annahme durch die Gläubiger und die Zustimmung des Schuldners in einem wesentlichen Punkt nicht beachtet worden sind und der Mangel nicht behoben werden kann oder

2. wenn die Annahme des Plans unlauter, insbesondere durch Begünstigung eines Gläubigers, herbeigeführt worden ist.

§ 251
Minderheitenschutz

(1) Auf Antrag eines Gläubigers ist die Bestätigung des Insolvenzplans zu versagen, wenn der Gläubiger

1. dem Plan spätestens im Abstimmungstermin schriftlich oder zu Protokoll der Geschäftsstelle widersprochen hat und

2. durch den Plan schlechter gestellt wird, als er ohne einen Plan stünde.(2) Der Antrag ist nur zulässig, wenn der Gläubiger glaubhaft macht, daß er durch den Plan schlechter gestellt wird.

§ 252
Bekanntgabe der Entscheidung

(1) Der Beschluß, durch den der Insolvenzplan bestätigt oder seine Bestätigung versagt wird, ist im Abstimmungstermin oder in einem alsbald zu bestimmenden besonderen Termin zu verkünden.

(2) Wird der Plan bestätigt, so ist den Insolvenzgläubigern, die Forderungen angemeldet haben, und den absonderungsberechtigten Gläubigern unter Hinweis auf die Bestätigung ein Abdruck des Plans oder eine Zusammenfassung seines wesentlichen Inhalts zu übersenden.

§ 253
Rechtsmittel

Gegen den Beschluß, durch den der Insolvenzplan bestätigt oder die Bestätigung versagt wird, steht den Gläubigern und dem Schuldner die sofortige Beschwerde zu.

Dritter Abschnitt
Wirkungen des bestätigten Plans. Überwachung der Planerfüllung

§ 254
Allgemeine Wirkungen des Plans

(1) Mit der Rechtskraft der Bestätigung des Insolvenzplans treten die im gestaltenden Teil festgelegten Wirkungen für und gegen alle Beteiligten ein. Soweit Rechte an Gegenständen begründet, geändert, übertragen oder aufgehoben oder Geschäftsanteile einer Gesellschaft mit beschränkter Haftung abgetreten werden sollen, gelten die in den Plan aufgenommenen Willenserklärungen der Beteiligten als in der vorgeschriebenen Form abgegeben; entsprechendes gilt für die in den Plan aufgenommenen Verpflichtungserklärungen, die einer Begründung, Änderung, Übertragung oder Aufhebung von Rechten an Gegenständen oder einer Abtretung von Geschäftsanteilen zugrunde liegen. Die Sätze 1 und 2 gelten auch für Insolvenzgläubiger, die ihre Forderungen nicht angemeldet haben, und auch für Beteiligte, die dem Plan widersprochen haben.

(2) Die Rechte der Insolvenzgläubiger gegen Mitschuldner und Bürgen des Schuldners sowie die Rechte dieser Gläubiger an Gegenständen, die nicht zur Insolvenzmasse gehören, oder aus einer Vormerkung, die sich auf solche Gegenstände bezieht, werden durch den Plan nicht berührt. Der Schuldner wird jedoch durch den Plan gegenüber dem Mitschuldner, dem Bürgen oder anderen Rückgriffsberechtigten in gleicher Weise befreit wie gegenüber dem Gläubiger.

(3) Ist ein Gläubiger weitergehend befriedigt worden, als er nach dem Plan zu beanspruchen hat, so begründet dies keine Pflicht zur Rückgewähr des Erlangten.

§ 255
Wiederauflebensklausel

(1) Sind auf Grund des gestaltenden Teils des Insolvenzplans Forderungen von Insolvenzgläubigern gestundet oder teilweise erlassen worden, so wird die Stundung oder der Erlaß für den Gläubiger hinfällig, gegenüber dem der Schuldner mit der Erfüllung des

Plans erheblich in Rückstand gerät. Ein erheblicher Rückstand ist erst anzunehmen, wenn der Schuldner eine fällige Verbindlichkeit nicht bezahlt hat, obwohl der Gläubiger ihn schriftlich gemahnt und ihm dabei eine mindestens zweiwöchige Nachfrist gesetzt hat.

(2) Wird vor vollständiger Erfüllung des Plans über das Vermögen des Schuldners ein neues Insolvenzverfahren eröffnet, so ist die Stundung oder der Erlaß für alle Insolvenzgläubiger hinfällig.

(3) Im Plan kann etwas anderes vorgesehen werden. Jedoch kann von Absatz 1 nicht zum Nachteil des Schuldners abgewichen werden.

§ 256
Streitige Forderungen. Ausfallforderungen

(1) Ist eine Forderung im Prüfungstermin bestritten worden oder steht die Höhe der Ausfallforderung eines absonderungsberechtigten Gläubigers noch nicht fest, so ist ein Rückstand mit der Erfüllung des Insolvenzplans im Sinne des § 255 Abs. 1 nicht anzunehmen, wenn der Schuldner die Forderung bis zur endgültigen Feststellung ihrer Höhe in dem Ausmaß berücksichtigt, das der Entscheidung des Insolvenzgerichts über das Stimmrecht des Gläubigers bei der Abstimmung über den Plan entspricht. Ist keine Entscheidung über das Stimmrecht getroffen worden, so hat das Gericht auf Antrag des Schuldners oder des Gläubigers nachträglich festzustellen, in welchem Ausmaß der Schuldner vorläufig die Forderung zu berücksichtigen hat.

(2) Ergibt die endgültige Feststellung, daß der Schuldner zuwenig gezahlt hat, so hat er das Fehlende nachzuzahlen. Ein erheblicher Rückstand mit der Erfüllung des Plans ist erst anzunehmen, wenn der Schuldner das Fehlende nicht nachzahlt, obwohl der Gläubiger ihn schriftlich gemahnt und ihm dabei eine mindestens zweiwöchige Nachfrist gesetzt hat.

(3) Ergibt die endgültige Feststellung, daß der Schuldner zuviel gezahlt hat, so kann er den Mehrbetrag nur insoweit zurückfordern, als dieser auch den nicht fälligen Teil der Forderung übersteigt, die dem Gläubiger nach dem Insolvenzplan zusteht.

§ 257
Vollstreckung aus dem Plan

(1) Aus dem rechtskräftig bestätigten Insolvenzplan in Verbindung mit der Eintragung in die Tabelle können die Insolvenzgläubiger, deren Forderungen festgestellt und nicht vom Schuldner im Prüfungstermin bestritten worden sind, wie aus einem vollstreckbaren Urteil die Zwangsvollstreckung gegen den Schuldner betreiben. Einer nicht bestrittenen Forderung steht eine Forderung gleich, bei der ein erhobener Widerspruch beseitigt ist. § 202 gilt entsprechend.

(2) Gleiches gilt für die Zwangsvollstreckung gegen einen Dritten, der durch eine dem Insolvenzgericht eingereichte schriftliche Erklärung für die Erfüllung des Plans neben dem Schuldner ohne Vorbehalt der Einrede der Vorausklage Verpflichtungen übernommen hat.

(3) Macht ein Gläubiger die Rechte geltend, die ihm im Falle eines erheblichen Rückstands des Schuldners mit der Erfüllung des Plans zustehen, so hat er zur Erteilung der Vollstreckungsklausel für diese Rechte und zur Durchführung der Vollstreckung die Mahnung und den Ablauf der Nachfrist glaubhaft zu machen, jedoch keinen weiteren Beweis für den Rückstand des Schuldners zu führen.

§ 258
Aufhebung des Insolvenzverfahrens

(1) Sobald die Bestätigung des Insolvenzplans rechtskräftig ist, beschließt das Insolvenzgericht die Aufhebung des Insolvenzverfahrens.

(2) Vor der Aufhebung hat der Verwalter die unstreitigen Masseansprüche zu berichtigen und für die streitigen Sicherheit zu leisten.

(3) Der Beschluß und der Grund der Aufhebung sind öffentlich bekanntzumachen. Der Schuldner, der Insolvenzverwalter und die Mitglieder des Gläubigerausschusses sind vorab über den Zeitpunkt des Wirksamwerdens der Aufhebung (§ 9 Abs. 1 Satz 3) zu unterrichten. § 200 Abs. 2 Satz 2 und 3 gilt entsprechend.

§ 259
Wirkungen der Aufhebung

(1) Mit der Aufhebung des Insolvenzverfahrens erlöschen die Ämter des Insolvenzverwalters und der Mitglieder des Gläubigerausschusses. Der Schuldner erhält das Recht zurück, über die Insolvenzmasse frei zu verfügen.

(2) Die Vorschriften über die Überwachung der Planerfüllung bleiben unberührt.

(3) Einen anhängigen Rechtsstreit, der die Insolvenzanfechtung zum Gegenstand hat, kann der Verwalter auch nach der Aufhebung des Verfahrens fortführen, wenn dies im gestaltenden Teil des Plans vorgesehen ist. In diesem Fall wird der Rechtsstreit für Rechnung des Schuldners geführt, wenn im Plan keine abweichende Regelung getroffen wird.

§ 260
Überwachung der Planerfüllung

(1) Im gestaltenden Teil des Insolvenzplans kann vorgesehen werden, daß die Erfüllung des Plans überwacht wird.

(2) Im Falle des Absatzes 1 wird nach der Aufhebung des Insolvenzverfahrens überwacht, ob die Ansprüche erfüllt werden, die den Gläubigern nach dem gestaltenden Teil gegen den Schuldner zustehen.

(3) Wenn dies im gestaltenden Teil vorgesehen ist, erstreckt sich die Überwachung auf die Erfüllung der Ansprüche, die den Gläubigern nach dem gestaltenden Teil gegen eine juristische Person oder Gesellschaft ohne Rechtspersönlichkeit zustehen, die nach der Eröffnung des Insolvenzverfahrens gegründet worden ist, um das Unternehmen oder einen Betrieb des Schuldners zu übernehmen und weiterzuführen (Übernahmegesellschaft).

§ 261
Aufgaben und Befugnisse des Insolvenzverwalters

(1) Die Überwachung ist Aufgabe des Insolvenzverwalters. Die Ämter des Verwalters und der Mitglieder des Gläubigerausschusses und die Aufsicht des Insolvenzgerichts bestehen insoweit fort. § 22 Abs. 3 gilt entsprechend.

(2) Während der Zeit der Überwachung hat der Verwalter dem Gläubigerausschuß, wenn ein solcher bestellt ist, und dem Gericht jährlich über den jeweiligen Stand und

die weiteren Aussichten der Erfüllung des Insolvenzplans zu berichten. Unberührt bleibt das Recht des Gläubigerausschusses und des Gerichts, jederzeit einzelne Auskünfte oder einen Zwischenbericht zu verlangen.

§ 262
Anzeigepflicht des Insolvenzverwalters

Stellt der Insolvenzverwalter fest, daß Ansprüche, deren Erfüllung überwacht wird, nicht erfüllt werden oder nicht erfüllt werden können, so hat er dies unverzüglich dem Gläubigerausschuß und dem Insolvenzgericht anzuzeigen. Ist ein Gläubigerausschuß nicht bestellt, so hat der Verwalter an dessen Stelle alle Gläubiger zu unterrichten, denen nach dem gestaltenden Teil des Insolvenzplans Ansprüche gegen den Schuldner oder die Übernahmegesellschaft zustehen.

§ 263
Zustimmungsbedürftige Geschäfte

Im gestaltenden Teil des Insolvenzplans kann vorgesehen werden, daß bestimmte Rechtsgeschäfte des Schuldners oder der Übernahmegesellschaft während der Zeit der Überwachung nur wirksam sind, wenn der Insolvenzverwalter ihnen zustimmt. § 81 Abs. 1 und § 82 gelten entsprechend.

§ 264
Kreditrahmen

(1) Im gestaltenden Teil des Insolvenzplans kann vorgesehen werden, daß die Insolvenzgläubiger nachrangig sind gegenüber Gläubigern mit Forderungen aus Darlehen und sonstigen Krediten, die der Schuldner oder die Übernahmegesellschaft während der Zeit der Überwachung aufnimmt oder die ein Massegläubiger in die Zeit der Überwachung hinein stehen läßt. In diesem Fall ist zugleich ein Gesamtbetrag für derartige Kredite festzulegen (Kreditrahmen). Dieser darf den Wert der Vermögensgegenstände nicht übersteigen, die in der Vermögensübersicht des Plans (§ 229 Satz 1) aufgeführt sind.

(2) Der Nachrang der Insolvenzgläubiger gemäß Absatz 1 besteht nur gegenüber Gläubigern, mit denen vereinbart wird, daß und in welcher Höhe der von ihnen gewährte Kredit nach Hauptforderung, Zinsen und Kosten innerhalb des Kreditrahmens liegt, und gegenüber denen der Insolvenzverwalter diese Vereinbarung schriftlich bestätigt.

(3) § 39 Abs. 1 Nr. 5 bleibt unberührt.

§ 265
Nachrang von Neugläubigern

Gegenüber den Gläubigern mit Forderungen aus Krediten, die nach Maßgabe des § 264 aufgenommen oder stehen gelassen werden, sind nachrangig auch die Gläubiger mit sonstigen vertraglichen Ansprüchen, die während der Zeit der Überwachung begründet werden. Als solche Ansprüche gelten auch die Ansprüche aus einem vor der Überwachung vertraglich begründeten Dauerschuldverhältnis für die Zeit nach dem ersten Termin, zu dem der Gläubiger nach Beginn der Überwachung kündigen konnte.

§ 266
Berücksichtigung des Nachrangs

(1) Der Nachrang der Insolvenzgläubiger und der in § 265 bezeichneten Gläubiger wird nur in einem Insolvenzverfahren berücksichtigt, das vor der Aufhebung der Überwachung eröffnet wird.

(2) In diesem neuen Insolvenzverfahren gehen diese Gläubiger den übrigen nachrangigen Gläubigern im Range vor.

§ 267
Bekanntmachung der Überwachung

(1) Wird die Erfüllung des Insolvenzplans überwacht, so ist dies zusammen mit dem Beschluß über die Aufhebung des Insolvenzverfahrens öffentlich bekanntzumachen.

(2) Ebenso ist bekanntzumachen:

1. im Falle des § 260 Abs. 3 die Erstreckung der Überwachung auf die Übernahmegesellschaft;

2. im Falle des § 263, welche Rechtsgeschäfte an die Zustimmung des Insolvenzverwalters gebunden werden;

3. im Falle des § 264, in welcher Höhe ein Kreditrahmen vorgesehen ist.

(3) § 31 gilt entsprechend. Soweit im Falle des § 263 das Recht zur Verfügung über ein Grundstück, ein eingetragenes Schiff, Schiffsbauwerk oder Luftfahrzeug, ein Recht an einem solchen Gegenstand oder ein Recht an einem solchen Recht beschränkt wird, gelten die §§ 32 und 33 entsprechend.

§ 268
Aufhebung der Überwachung

(1) Das Insolvenzgericht beschließt die Aufhebung der Überwachung,

1. wenn die Ansprüche, deren Erfüllung überwacht wird, erfüllt sind oder die Erfüllung dieser Ansprüche gewährleistet ist oder

2. wenn seit der Aufhebung des Insolvenzverfahrens drei Jahre verstrichen sind und kein Antrag auf Eröffnung eines neuen Insolvenzverfahrens vorliegt.

(2) Der Beschluß ist öffentlich bekanntzumachen. § 267 Abs. 3 gilt entsprechend.

§ 269
Kosten der Überwachung

Die Kosten der Überwachung trägt der Schuldner. Im Falle des § 260 Abs. 3 trägt die Übernahmegesellschaft die durch ihre Überwachung entstehenden Kosten.

Siebter Teil
Eigenverwaltung

§ 270
Voraussetzungen

(1) Der Schuldner ist berechtigt, unter der Aufsicht eines Sachwalters die Insolvenzmasse zu verwalten und über sie zu verfügen, wenn das Insolvenzgericht in dem Beschluß über die Eröffnung des Insolvenzverfahrens die Eigenverwaltung anordnet. Für das Verfahren gelten die allgemeinen Vorschriften, soweit in diesem Teil nichts anderes bestimmt ist.

(2) Die Anordnung setzt voraus,

1. daß sie vom Schuldner beantragt worden ist,

2. wenn der Eröffnungsantrag von einem Gläubiger gestellt worden ist, daß der Gläubiger dem Antrag des Schuldners zugestimmt hat und

3. daß nach den Umständen zu erwarten ist, daß die Anordnung nicht zu einer Verzögerung des Verfahrens oder zu sonstigen Nachteilen für die Gläubiger führen wird.

(3) Im Falle des Absatzes 1 wird anstelle des Insolvenzverwalters ein Sachwalter bestellt. Die Forderungen der Insolvenzgläubiger sind beim Sachwalter anzumelden. Die §§ 32 und 33 sind nicht anzuwenden.

§ 271
Nachträgliche Anordnung

Hatte das Insolvenzgericht den Antrag des Schuldners auf Eigenverwaltung abgelehnt, beantragt die erste Gläubigerversammlung jedoch die Eigenverwaltung, so ordnet das Gericht diese an. Zum Sachwalter kann der bisherige Insolvenzverwalter bestellt werden.

§ 272
Aufhebung der Anordnung

(1) Das Insolvenzgericht hebt die Anordnung der Eigenverwaltung auf,

1. wenn dies von der Gläubigerversammlung beantragt wird;

2. wenn dies von einem absonderungsberechtigten Gläubiger oder von einem Insolvenzgläubiger beantragt wird und die Voraussetzung des § 270 Abs. 2 Nr. 3 weggefallen ist;

3. wenn dies vom Schuldner beantragt wird.

(2) Der Antrag eines Gläubigers ist nur zulässig, wenn der Wegfall der Voraussetzung glaubhaft gemacht wird. Vor der Entscheidung über den Antrag ist der Schuldner zu hören. Gegen die Entscheidung steht dem Gläubiger und dem Schuldner die sofortige Beschwerde zu.

(3) Zum Insolvenzverwalter kann der bisherige Sachwalter bestellt werden.

§ 273
Öffentliche Bekanntmachung

Der Beschluß des Insolvenzgerichts, durch den nach der Eröffnung des Insolvenzverfahrens die Eigenverwaltung angeordnet oder die Anordnung aufgehoben wird, ist öffentlich bekanntzumachen.

§ 274
Rechtsstellung des Sachwalters

(1) Für die Bestellung des Sachwalters, für die Aufsicht des Insolvenzgerichts sowie für die Haftung und die Vergütung des Sachwalters gelten § 54 Nr. 2 und die §§ 56 bis 60, 62 bis 65 entsprechend.

(2) Der Sachwalter hat die wirtschaftliche Lage des Schuldners zu prüfen und die Geschäftsführung sowie die Ausgaben für die Lebensführung zu überwachen. § 22 Abs. 3 gilt entsprechend.

(3) Stellt der Sachwalter Umstände fest, die erwarten lassen, daß die Fortsetzung der Eigenverwaltung zu Nachteilen für die Gläubiger führen wird, so hat er dies unverzüglich dem Gläubigerausschuß und dem Insolvenzgericht anzuzeigen. Ist ein Gläubigerausschuß nicht bestellt, so hat der Sachwalter an dessen Stelle die Insolvenzgläubiger, die Forderungen angemeldet haben, und die absonderungsberechtigten Gläubiger zu unterrichten.

§ 275
Mitwirkung des Sachwalters

(1) Verbindlichkeiten, die nicht zum gewöhnlichen Geschäftsbetrieb gehören, soll der Schuldner nur mit Zustimmung des Sachwalters eingehen. Auch Verbindlichkeiten, die zum gewöhnlichen Geschäftsbetrieb gehören, soll er nicht eingehen, wenn der Sachwalter widerspricht.

(2) Der Sachwalter kann vom Schuldner verlangen, daß alle eingehenden Gelder nur vom Sachwalter entgegengenommen und Zahlungen nur vom Sachwalter geleistet werden.

§ 276
Mitwirkung des Gläubigerausschusses

Der Schuldner hat die Zustimmung des Gläubigerausschusses einzuholen, wenn er Rechtshandlungen vornehmen will, die für das Insolvenzverfahren von besonderer Bedeutung sind. § 160 Abs. 1 Satz 2, Abs. 2, § 161 Satz 2 und § 164 gelten entsprechend.

§ 277
Anordnung der Zustimmungsbedürftigkeit

(1) Auf Antrag der Gläubigerversammlung ordnet das Insolvenzgericht an, daß bestimmte Rechtsgeschäfte des Schuldners nur wirksam sind, wenn der Sachwalter ihnen zustimmt. § 81 Abs. 1 Satz 2 und 3 und § 82 gelten entsprechend. Stimmt der Sachwalter der Begründung einer Masseverbindlichkeit zu, so gilt § 61 entsprechend.

(2) Die Anordnung kann auch auf den Antrag eines absonderungsberechtigten Gläubigers oder eines Insolvenzgläubigers ergehen, wenn sie unaufschiebbar erforderlich

ist, um Nachteile für die Gläubiger zu vermeiden. Der Antrag ist nur zulässig, wenn diese Voraussetzung der Anordnung glaubhaft gemacht wird.

(3) Die Anordnung ist öffentlich bekanntzumachen. § 31 gilt entsprechend. Soweit das Recht zur Verfügung über ein Grundstück, ein eingetragenes Schiff, Schiffsbauwerk oder Luftfahrzeug, ein Recht an einem solchen Gegenstand oder ein Recht an einem solchen Recht beschränkt wird, gelten die §§ 32 und 33 entsprechend.

§ 278
Mittel zur Lebensführung des Schuldners

(1) Der Schuldner ist berechtigt, für sich und die in § 100 Abs. 2 Satz 2 genannten Familienangehörigen aus der Insolvenzmasse die Mittel zu entnehmen, die unter Berücksichtigung der bisherigen Lebensverhältnisse des Schuldners eine bescheidene Lebensführung gestatten.

(2) Ist der Schuldner keine natürliche Person, so gilt Absatz 1 entsprechend für die vertretungsberechtigten persönlich haftenden Gesellschafter des Schuldners.

§ 279
Gegenseitige Verträge

Die Vorschriften über die Erfüllung der Rechtsgeschäfte und die Mitwirkung des Betriebsrats (§§ 103 bis 128) gelten mit der Maßgabe, daß an die Stelle des Insolvenzverwalters der Schuldner tritt. Der Schuldner soll seine Rechte nach diesen Vorschriften im Einvernehmen mit dem Sachwalter ausüben. Die Rechte nach den §§ 120, 122 und 126 kann er wirksam nur mit Zustimmung des Sachwalters ausüben.

§ 280
Haftung. Insolvenzanfechtung

Nur der Sachwalter kann die Haftung nach den §§ 92 und 93 für die Insolvenzmasse geltend machen und Rechtshandlungen nach den §§ 129 bis 147 anfechten.

§ 281
Unterrichtung der Gläubiger

(1) Das Verzeichnis der Massegegenstände, das Gläubigerverzeichnis und die Vermögensübersicht (§§ 151 bis 153) hat der Schuldner zu erstellen. Der Sachwalter hat die Verzeichnisse und die Vermögensübersicht zu prüfen und jeweils schriftlich zu erklären, ob nach dem Ergebnis seiner Prüfung Einwendungen zu erheben sind.

(2) Im Berichtstermin hat der Schuldner den Bericht zu erstatten. Der Sachwalter hat zu dem Bericht Stellung zu nehmen.

(3) Zur Rechnungslegung (§§ 66, 155) ist der Schuldner verpflichtet. Für die Schlußrechnung des Schuldners gilt Absatz 1 Satz 2 entsprechend.

§ 282
Verwertung von Sicherungsgut

(1) Das Recht des Insolvenzverwalters zur Verwertung von Gegenständen, an denen Absonderungsrechte bestehen, steht dem Schuldner zu. Kosten der Feststellung der Gegenstände und der Rechte an diesen werden jedoch nicht erhoben. Als Kosten

der Verwertung können nur die tatsächlich entstandenen, für die Verwertung erforderlichen Kosten und der Umsatzsteuerbetrag angesetzt werden.

(2) Der Schuldner soll sein Verwertungsrecht im Einvernehmen mit dem Sachwalter ausüben.

§ 283
Befriedigung der Insolvenzgläubiger

(1) Bei der Prüfung der Forderungen können außer den Insolvenzgläubigern der Schuldner und der Sachwalter angemeldete Forderungen bestreiten. Eine Forderung, die ein Insolvenzgläubiger, der Schuldner oder der Sachwalter bestritten hat, gilt nicht als festgestellt.

(2) Die Verteilungen werden vom Schuldner vorgenommen. Der Sachwalter hat die Verteilungsverzeichnisse zu prüfen und jeweils schriftlich zu erklären, ob nach dem Ergebnis seiner Prüfung Einwendungen zu erheben sind.

§ 284
Insolvenzplan

(1) Ein Auftrag der Gläubigerversammlung zur Ausarbeitung eines Insolvenzplans ist an den Sachwalter oder an den Schuldner zu richten. Wird der Auftrag an den Schuldner gerichtet, so wirkt der Sachwalter beratend mit.

(2) Eine Überwachung der Planerfüllung ist Aufgabe des Sachwalters.

§ 285
Masseunzulänglichkeit

Masseunzulänglichkeit ist vom Sachwalter dem Insolvenzgericht anzuzeigen.

Achter Teil
Restschuldbefreiung

§ 286
Grundsatz

Ist der Schuldner eine natürliche Person, so wird er nach Maßgabe der §§ 287 bis 303 von den im Insolvenzverfahren nicht erfüllten Verbindlichkeiten gegenüber den Insolvenzgläubigern befreit.

§ 287
Antrag des Schuldners

(1) Die Restschuldbefreiung setzt einen Antrag des Schuldners voraus. Der Antrag ist spätestens im Berichtstermin entweder schriftlich beim Insolvenzgericht einzureichen oder zu Protokoll der Geschäftsstelle zu erklären. Er kann mit dem Antrag auf Eröffnung des Insolvenzverfahrens verbunden werden.

(2) Dem Antrag ist die Erklärung beizufügen, daß der Schuldner seine pfändbaren Forderungen auf Bezüge aus einem Dienstverhältnis oder an deren Stelle tretende lau-

fende Bezüge für die Zeit von sieben Jahren nach der Aufhebung des Insolvenzverfahrens an einen vom Gericht zu bestimmenden Treuhänder abtritt. Hatte der Schuldner diese Forderungen bereits vorher an einen Dritten abgetreten oder verpfändet, so ist in der Erklärung darauf hinzuweisen.

(3) Vereinbarungen, die eine Abtretung der Forderungen des Schuldners auf Bezüge aus einem Dienstverhältnis oder an deren Stelle tretende laufende Bezüge ausschließen, von einer Bedingung abhängig machen oder sonst einschränken, sind insoweit unwirksam, als sie die Abtretungserklärung nach Absatz 2 Satz 1 vereiteln oder beeinträchtigen würden.

§ 288
Vorschlagsrecht

Der Schuldner und die Gläubiger können dem Insolvenzgericht als Treuhänder eine für den jeweiligen Einzelfall geeignete natürliche Person vorschlagen.

§ 289
Entscheidung des Insolvenzgerichts

(1) Die Insolvenzgläubiger und der Insolvenzverwalter sind im Schlußtermin zu dem Antrag des Schuldners zu hören. Das Insolvenzgericht entscheidet über den Antrag des Schuldners durch Beschluß.

(2) Gegen den Beschluß steht dem Schuldner und jedem Insolvenzgläubiger, der im Schlußtermin die Versagung der Restschuldbefreiung beantragt hat, die sofortige Beschwerde zu. Das Insolvenzverfahren wird erst nach Rechtskraft des Beschlusses aufgehoben. Der rechtskräftige Beschluß ist zusammen mit dem Beschluß über die Aufhebung des Insolvenzverfahrens öffentlich bekanntzumachen.

(3) Im Falle der Einstellung des Insolvenzverfahrens kann Restschuldbefreiung nur erteilt werden, wenn nach Anzeige der Masseunzulänglichkeit die Insolvenzmasse nach § 209 verteilt worden ist und die Einstellung nach § 211 erfolgt. Absatz 2 gilt mit der Maßgabe, daß an die Stelle der Aufhebung des Verfahrens die Einstellung tritt.

§ 290
Versagung der Restschuldbefreiung

(1) In dem Beschluß ist die Restschuldbefreiung zu versagen, wenn dies im Schlußtermin von einem Insolvenzgläubiger beantragt worden ist und wenn

1. der Schuldner wegen einer Straftat nach den §§ 283 bis 283c des Strafgesetzbuchs rechtskräftig verurteilt worden ist,

2. der Schuldner in den letzten drei Jahren vor dem Antrag auf Eröffnung des Insolvenzverfahrens oder nach diesem Antrag vorsätzlich oder grob fahrlässig schriftlich unrichtige oder unvollständige Angaben über seine wirtschaftlichen Verhältnisse gemacht hat, um einen Kredit zu erhalten, Leistungen aus öffentlichen Mitteln zu beziehen oder Leistungen an öffentliche Kassen zu vermeiden,

3. in den letzten zehn Jahren vor dem Antrag auf Eröffnung des Insolvenzverfahrens oder nach diesem Antrag dem Schuldner Restschuldbefreiung erteilt oder nach § 296 oder § 297 versagt worden ist,

4. der Schuldner im letzten Jahr vor dem Antrag auf Eröffnung des Insolvenzverfahrens oder nach diesem Antrag vorsätzlich oder grob fahrlässig die Befriedigung der Insolvenzgläubiger dadurch beeinträchtigt hat, daß er unangemessene Verbindlichkeiten begründet oder Vermögen verschwendet oder ohne Aussicht auf eine Besserung seiner wirtschaftlichen Lage die Eröffnung des Insolvenzverfahrens verzögert hat,

5. der Schuldner während des Insolvenzverfahrens Auskunfts- oder Mitwirkungspflichten nach diesem Gesetz vorsätzlich oder grob fahrlässig verletzt hat oder

6. der Schuldner in den nach § 305 Abs. 1 Nr. 3 vorzulegenden Verzeichnissen seines Vermögens und seines Einkommens, seiner Gläubiger und der gegen ihn gerichteten Forderungen vorsätzlich oder grob fahrlässig unrichtige oder unvollständige Angaben gemacht hat.

(2) Der Antrag des Gläubigers ist nur zulässig, wenn ein Versagungsgrund glaubhaft gemacht wird.

§ 291
Ankündigung der Restschuldbefreiung

(1) Sind die Voraussetzungen des § 290 nicht gegeben, so stellt das Gericht in dem Beschluß fest, daß der Schuldner Restschuldbefreiung erlangt, wenn er den Obliegenheiten nach § 295 nachkommt und die Voraussetzungen für eine Versagung nach § 297 oder § 298 nicht vorliegen.

(2) Im gleichen Beschluß bestimmt das Gericht den Treuhänder, auf den die pfändbaren Bezüge des Schuldners nach Maßgabe der Abtretungserklärung (§ 287 Abs. 2) übergehen.

§ 292
Rechtsstellung des Treuhänders

(1) Der Treuhänder hat den zur Zahlung der Bezüge Verpflichteten über die Abtretung zu unterrichten. Er hat die Beträge, die er durch die Abtretung erlangt, und sonstige Leistungen des Schuldners oder Dritter von seinem Vermögen getrennt zu halten und einmal jährlich auf Grund des Schlußverzeichnisses an die Insolvenzgläubiger zu verteilen. Von den Beträgen, die er durch die Abtretung erlangt, und den sonstigen Leistungen hat er an den Schuldner nach Ablauf von vier Jahren seit der Aufhebung des Insolvenzverfahrens zehn vom Hundert, nach Ablauf von fünf Jahren seit der Aufhebung fünfzehn vom Hundert und nach Ablauf von sechs Jahren seit der Aufhebung zwanzig vom Hundert abzuführen.

(2) Die Gläubigerversammlung kann dem Treuhänder zusätzlich die Aufgabe übertragen, die Erfüllung der Obliegenheiten des Schuldners zu überwachen. In diesem Fall hat der Treuhänder die Gläubiger unverzüglich zu benachrichtigen, wenn er einen Verstoß gegen diese Obliegenheiten feststellt. Der Treuhänder ist nur zur Überwachung verpflichtet, soweit die ihm dafür zustehende zusätzliche Vergütung gedeckt ist oder vorgeschossen wird.

(3) Der Treuhänder hat bei der Beendigung seines Amtes dem Insolvenzgericht Rechnung zu legen. Die §§ 58 und 59 gelten entsprechend, § 59 jedoch mit der Maßgabe, daß die Entlassung von jedem Insolvenzgläubiger beantragt werden kann und daß die sofortige Beschwerde jedem Insolvenzgläubiger zusteht.

§ 293
Vergütung des Treuhänders

(1) Der Treuhänder hat Anspruch auf Vergütung für seine Tätigkeit und auf Erstattung angemessener Auslagen. Dabei ist dem Zeitaufwand des Treuhänders und dem Umfang seiner Tätigkeit Rechnung zu tragen.

(2) Die §§ 64 und 65 gelten entsprechend.

§ 294
Gleichbehandlung der Gläubiger

(1) Zwangsvollstreckungen für einzelne Insolvenzgläubiger in das Vermögen des Schuldners sind während der Laufzeit der Abtretungserklärung nicht zulässig.

(2) Jedes Abkommen des Schuldners oder anderer Personen mit einzelnen Insolvenzgläubigern, durch das diesen ein Sondervorteil verschafft wird, ist nichtig.

(3) Gegen die Forderung auf die Bezüge, die von der Abtretungserklärung erfaßt werden, kann der Verpflichtete eine Forderung gegen den Schuldner nur aufrechnen, soweit er bei einer Fortdauer des Insolvenzverfahrens nach § 114 Abs. 2 zur Aufrechnung berechtigt wäre.

§ 295
Obliegenheiten des Schuldners

(1) Dem Schuldner obliegt es, während der Laufzeit der Abtretungserklärung

1. eine angemessene Erwerbstätigkeit auszuüben und, wenn er ohne Beschäftigung ist, sich um eine solche zu bemühen und keine zumutbare Tätigkeit abzulehnen;

2. Vermögen, das er von Todes wegen oder mit Rücksicht auf ein künftiges Erbrecht erwirbt, zur Hälfte des Wertes an den Treuhänder herauszugeben;

3. jeden Wechsel des Wohnsitzes oder der Beschäftigungsstelle unverzüglich dem Insolvenzgericht und dem Treuhänder anzuzeigen, keine von der Abtretungserklärung erfaßten Bezüge und kein von Nummer 2 erfaßtes Vermögen zu verheimlichen und dem Gericht und dem Treuhänder auf Verlangen Auskunft über seine Erwerbstätigkeit oder seine Bemühungen um eine solche sowie über seine Bezüge und sein Vermögen zu erteilen;

4. Zahlungen zur Befriedigung der Insolvenzgläubiger nur an den Treuhänder zu leisten und keinem Insolvenzgläubiger einen Sondervorteil zu verschaffen.

(2) Soweit der Schuldner eine selbständige Tätigkeit ausübt, obliegt es ihm, die Insolvenzgläubiger durch Zahlungen an den Treuhänder so zu stellen, wie wenn er ein angemessenes Dienstverhältnis eingegangen wäre.

§ 296
Verstoß gegen Obliegenheiten

(1) Das Insolvenzgericht versagt die Restschuldbefreiung auf Antrag eines Insolvenzgläubigers, wenn der Schuldner während der Laufzeit der Abtretungserklärung eine seiner Obliegenheiten verletzt und dadurch die Befriedigung der Insolvenzgläubiger beeinträchtigt; dies gilt nicht, wenn den Schuldner kein Verschulden trifft. Der Antrag

kann nur binnen eines Jahres nach dem Zeitpunkt gestellt werden, in dem die Obliegenheitsverletzung dem Gläubiger bekanntgeworden ist. Er ist nur zulässig, wenn die Voraussetzungen der Sätze 1 und 2 glaubhaft gemacht werden.

(2) Vor der Entscheidung über den Antrag sind der Treuhänder, der Schuldner und die Insolvenzgläubiger zu hören. Der Schuldner hat über die Erfüllung seiner Obliegenheiten Auskunft zu erteilen und, wenn es der Gläubiger beantragt, die Richtigkeit dieser Auskunft an Eides Statt zu versichern. Gibt er die Auskunft oder die eidesstattliche Versicherung ohne hinreichende Entschuldigung nicht innerhalb der ihm gesetzten Frist ab oder erscheint er trotz ordnungsgemäßer Ladung ohne hinreichende Entschuldigung nicht zu einem Termin, den das Gericht für die Erteilung der Auskunft oder die eidesstattliche Versicherung anberaumt hat, so ist die Restschuldbefreiung zu versagen.

(3) Gegen die Entscheidung steht dem Antragsteller und dem Schuldner die sofortige Beschwerde zu. Die Versagung der Restschuldbefreiung ist öffentlich bekanntzumachen.

§ 297
Insolvenzstraftaten

(1) Das Insolvenzgericht versagt die Restschuldbefreiung auf Antrag eines Insolvenzgläubigers, wenn der Schuldner in dem Zeitraum zwischen Schlußtermin und Aufhebung des Insolvenzverfahrens oder während der Laufzeit der Abtretungserklärung wegen einer Straftat nach den §§ 283 bis 283c des Strafgesetzbuchs rechtskräftig verurteilt wird.

(2) § 296 Abs. 1 Satz 2 und 3, Abs. 3 gilt entsprechend.

§ 298
Deckung der
Mindestvergütung des Treuhänders

(1) Das Insolvenzgericht versagt die Restschuldbefreiung auf Antrag des Treuhänders, wenn die an diesen abgeführten Beträge für das vorangegangene Jahr seiner Tätigkeit die Mindestvergütung nicht decken und der Schuldner den fehlenden Betrag nicht einzahlt, obwohl ihn der Treuhänder schriftlich zur Zahlung binnen einer Frist von mindestens zwei Wochen aufgefordert und ihn dabei auf die Möglichkeit der Versagung der Restschuldbefreiung hingewiesen hat.

(2) Vor der Entscheidung ist der Schuldner zu hören. Die Versagung unterbleibt, wenn der Schuldner binnen zwei Wochen nach Aufforderung durch das Gericht den fehlenden Betrag einzahlt.

(3) § 296 Abs. 3 gilt entsprechend.

§ 299
Vorzeitige Beendigung

Wird die Restschuldbefreiung nach § 296, 297 oder 298 versagt, so enden die Laufzeit der Abtretungserklärung, das Amt des Treuhänders und die Beschränkung der Rechte der Gläubiger mit der Rechtskraft der Entscheidung.

§ 300
Entscheidung über die Restschuldbefreiung

(1) Ist die Laufzeit der Abtretungserklärung ohne eine vorzeitige Beendigung verstrichen, so entscheidet das Insolvenzgericht nach Anhörung der Insolvenzgläubiger, des Treuhänders und des Schuldners durch Beschluß über die Erteilung der Restschuldbefreiung.

(2) Das Insolvenzgericht versagt die Restschuldbefreiung auf Antrag eines Insolvenzgläubigers, wenn die Voraussetzungen des § 296 Abs. 1 oder 2 Satz 3 oder des § 297 vorliegen, oder auf Antrag des Treuhänders, wenn die Voraussetzungen des § 298 vorliegen.

(3) Der Beschluß ist öffentlich bekanntzumachen. Wird die Restschuldbefreiung erteilt, so ist die Bekanntmachung, unbeschadet des § 9, auszugsweise im Bundesanzeiger zu veröffentlichen. Gegen den Beschluß steht dem Schuldner und jedem Insolvenzgläubiger, der bei der Anhörung nach Absatz 1 die Versagung der Restschuldbefreiung beantragt hat, die sofortige Beschwerde zu.

§ 301
Wirkung der Restschuldbefreiung

(1) Wird die Restschuldbefreiung erteilt, so wirkt sie gegen alle Insolvenzgläubiger. Dies gilt auch für Gläubiger, die ihre Forderungen nicht angemeldet haben.

(2) Die Rechte der Insolvenzgläubiger gegen Mitschuldner und Bürgen des Schuldners sowie die Rechte dieser Gläubiger aus einer zu ihrer Sicherung eingetragenen Vormerkung oder aus einem Recht, das im Insolvenzverfahren zur abgesonderten Befriedigung berechtigt, werden durch die Restschuldbefreiung nicht berührt. Der Schuldner wird jedoch gegenüber dem Mitschuldner, dem Bürgen oder anderen Rückgriffsberechtigten in gleicher Weise befreit wie gegenüber den Insolvenzgläubigern.

(3) Wird ein Gläubiger befriedigt, obwohl er auf Grund der Restschuldbefreiung keine Befriedigung zu beanspruchen hat, so begründet dies keine Pflicht zur Rückgewähr des Erlangten.

§ 302
Ausgenommene Forderungen

Von der Erteilung der Restschuldbefreiung werden nicht berührt:

1. Verbindlichkeiten des Schuldners aus einer vorsätzlich begangenen unerlaubten Handlung;

2. Geldstrafen und die diesen in § 39 Abs. 1 Nr. 3 gleichgestellten Verbindlichkeiten des Schuldners.

§ 303
Widerruf der Restschuldbefreiung

(1) Auf Antrag eines Insolvenzgläubigers widerruft das Insolvenzgericht die Erteilung der Restschuldbefreiung, wenn sich nachträglich herausstellt, daß der Schuldner eine seiner Obliegenheiten vorsätzlich verletzt und dadurch die Befriedigung der Insolvenzgläubiger erheblich beeinträchtigt hat.

(2) Der Antrag des Gläubigers ist nur zulässig, wenn er innerhalb eines Jahres nach der Rechtskraft der Entscheidung über die Restschuldbefreiung gestellt wird und wenn glaubhaft gemacht wird, daß die Voraussetzungen des Absatzes 1 vorliegen und daß der Gläubiger bis zur Rechtskraft der Entscheidung keine Kenntnis von ihnen hatte.

(3) Vor der Entscheidung sind der Schuldner und der Treuhänder zu hören. Gegen die Entscheidung steht dem Antragsteller und dem Schuldner die sofortige Beschwerde zu. Die Entscheidung, durch welche die Restschuldbefreiung widerrufen wird, ist öffentlich bekanntzumachen.

Neunter Teil
Verbraucherinsolvenzverfahren und sonstige Kleinverfahren

Erster Abschnitt
Anwendungsbereich

§ 304
Grundsatz

(1) Ist der Schuldner eine natürliche Person, die keine oder nur eine geringfügige selbständige wirtschaftliche Tätigkeit ausübt, so gelten für das Verfahren die allgemeinen Vorschriften, soweit in diesem Teil nichts anderes bestimmt ist.

(2) Eine selbständige wirtschaftliche Tätigkeit ist insbesondere dann geringfügig im Sinne des Absatzes 1, wenn sie nach Art oder Umfang einen in kaufmännischer Weise eingerichteten Geschäftsbetrieb nicht erfordert.

Zweiter Abschnitt
Schuldenbereinigungsplan

§ 305
Eröffnungsantrag des Schuldners

(1) Mit dem Antrag auf Eröffnung des Insolvenzverfahrens (§ 311) oder unverzüglich nach diesem Antrag hat der Schuldner vorzulegen:

1. eine Bescheinigung, die von einer geeigneten Person oder Stelle ausgestellt ist und aus der sich ergibt, daß eine außergerichtliche Einigung mit den Gläubigern über die Schuldenbereinigung auf der Grundlage eines Plans innerhalb der letzten sechs Monate vor dem Eröffnungsantrag erfolglos versucht worden ist; die Länder können bestimmen, welche Personen oder Stellen als geeignet anzusehen sind;

2. den Antrag auf Erteilung von Restschuldbefreiung (§ 287) oder die Erklärung, daß Restschuldbefreiung nicht beantragt werden soll;

3. ein Verzeichnis des vorhandenen Vermögens und des Einkommens (Vermögensverzeichnis), ein Verzeichnis der Gläubiger und ein Verzeichnis der gegen ihn gerichteten Forderungen; den Verzeichnissen ist die Erklärung beizufügen, daß die in diesen enthaltenen Angaben richtig und vollständig sind;

4. einen Schuldenbereinigungsplan; dieser kann alle Regelungen enthalten, die unter Berücksichtigung der Gläubigerinteressen sowie der Vermögens-, Einkommens- und Familienverhältnisse des Schuldners geeignet sind, zu einer angemessenen Schuldenbereinigung zu führen; in den Plan ist aufzunehmen, ob und inwieweit Bürgschaften, Pfandrechte und andere Sicherheiten der Gläubiger vom Plan berührt werden sollen.

(2) In dem Verzeichnis der Forderungen nach Absatz 1 Nr. 3 kann auch auf beigefügte Forderungsaufstellungen der Gläubiger Bezug genommen werden. Auf Aufforderung des Schuldners sind die Gläubiger verpflichtet, auf ihre Kosten dem Schuldner zur Vorbereitung des Forderungsverzeichnisses eine schriftliche Aufstellung ihrer gegen diesen gerichteten Forderungen zu erteilen; insbesondere haben sie ihm die Höhe ihrer Forderungen und deren Aufgliederung in Hauptforderung, Zinsen und Kosten anzugeben. Die Aufforderung des Schuldners muß einen Hinweis auf einen bereits bei Gericht eingereichten oder in naher Zukunft beabsichtigten Antrag auf Eröffnung eines Insolvenzverfahrens enthalten.

(3) Hat der Schuldner die in Absatz 1 genannten Erklärung und Unterlagen nicht vollständig abgegeben, so fordert ihn das Insolvenzgericht auf, das Fehlende unverzüglich zu ergänzen. Kommt der Schuldner dieser Aufforderung nicht binnen eines Monats nach, so gilt sein Antrag auf Eröffnung des Insolvenzverfahrens als zurückgenommen.

§ 306
Ruhen des Verfahrens

(1) Das Verfahren über den Antrag auf Eröffnung des Insolvenzverfahrens ruht bis zur Entscheidung über den Schuldenbereinigungsplan. Dieser Zeitraum soll drei Monate nicht überschreiten.

(2) Absatz 1 steht der Anordnung von Sicherungsmaßnahmen nicht entgegen.

(3) Beantragt ein Gläubiger die Eröffnung des Verfahrens, so hat das Insolvenzgericht vor der Entscheidung über die Eröffnung dem Schuldner Gelegenheit zu geben, ebenfalls einen Antrag zu stellen. Stellt der Schuldner einen Antrag, so gilt Absatz 1 auch für den Antrag des Gläubigers.

§ 307
Zustellung an die Gläubiger

(1) Das Insolvenzgericht stellt den vom Schuldner genannten Gläubigern das Vermögensverzeichnis, das Gläubigerverzeichnis, das Forderungsverzeichnis sowie den Schuldenbereinigungsplan zu und fordert die Gläubiger zugleich auf, binnen einer Notfrist von einem Monat zu den Verzeichnissen und zu dem Schuldenbereinigungsplan Stellung zu nehmen. Zugleich ist jedem Gläubiger mit ausdrücklichem Hinweis auf die Rechtsfolgen des § 308 Abs. 3 Satz 2 Gelegenheit zu geben, binnen der Frist nach Satz 1 die Angaben über seine Forderungen in dem Forderungsverzeichnis zu überprüfen und erforderlichenfalls zu ergänzen. Auf die Zustellung nach Satz 1 ist § 8 Abs. 1 Satz 2, 3, Abs. 2 und 3 nicht anzuwenden.

(2) Geht binnen der Frist nach Absatz 1 Satz 1 bei Gericht die Stellungnahme eines Gläubigers nicht ein, so gilt dies als Einverständnis mit dem Schuldenbereinigungsplan. Darauf ist in der Aufforderung hinzuweisen.

(3) Nach Ablauf der Frist nach Absatz 1 Satz 1 ist dem Schuldner Gelegenheit zu geben, den Schuldenbereinigungsplan binnen einer vom Gericht zu bestimmenden Frist zu ändern oder zu ergänzen, wenn dies auf Grund der Stellungnahme eines Gläubigers erforderlich oder zur Förderung einer einverständlichen Schuldenbereinigung sinnvoll erscheint. Die Änderungen oder Ergänzungen sind den Gläubigern zuzustellen, soweit dies erforderlich ist. Absatz 1 Satz 1, 3 und Absatz 2 gelten entsprechend.

§ 308
Annahme des Schuldenbereinigungsplans

(1) Hat kein Gläubiger Einwendungen gegen den Schuldenbereinigungsplan erhoben oder wird die Zustimmung nach § 309 ersetzt, so gilt der Schuldenbereinigungsplan als angenommen; das Insolvenzgericht stellt dies durch Beschluß fest. Der Schuldenbereinigungsplan hat die Wirkung eines Vergleichs im Sinne des § 794 Abs. 1 Nr. 1 der Zivilprozeßordnung. Den Gläubigern und dem Schuldner ist eine Ausfertigung des Schuldenbereinigungsplans und des Beschlusses nach Satz 1 zuzustellen.

(2) Die Anträge auf Eröffnung des Insolvenzverfahrens und auf Erteilung von Restschuldbefreiung gelten als zurückgenommen.

(3) Soweit Forderungen in dem Verzeichnis des Schuldners nicht enthalten sind und auch nicht nachträglich bei dem Zustandekommen des Schuldenbereinigungsplans berücksichtigt worden sind, können die Gläubiger von dem Schuldner Erfüllung verlangen. Dies gilt nicht, soweit ein Gläubiger die Angaben über seine Forderung in dem Forderungsverzeichnis, das ihm nach § 307 Abs. 1 vom Gericht übersandt worden ist, nicht innerhalb der gesetzten Frist ergänzt hat, obwohl die Forderung vor dem Ablauf der Frist entstanden war; insoweit erlischt die Forderung.

§ 309
Ersetzung der Zustimmung

(1) Hat dem Schuldenbereinigungsplan mehr als die Hälfte der benannten Gläubiger zugestimmt und beträgt die Summe der Ansprüche der zustimmenden Gläubiger mehr als die Hälfte der Summe der Ansprüche der benannten Gläubiger, so ersetzt das Insolvenzgericht auf Antrag eines Gläubigers oder des Schuldners die Einwendungen eines Gläubigers gegen den Schuldenbereinigungsplan durch eine Zustimmung. Dies gilt nicht, wenn

1. der Gläubiger, der Einwendungen erhoben hat, im Verhältnis zu den übrigen Gläubigern nicht angemessen beteiligt wird oder

2: dieser Gläubiger durch den Schuldenbereinigungsplan wirtschaftlich schlechter gestellt wird, als er bei Durchführung des Verfahrens über die Anträge auf Eröffnung des Insolvenzverfahrens und Erteilung von Restschuldbefreiung stünde; hierbei ist im Zweifel zugrunde zu legen, daß die Einkommens-, Vermögens- und Familienverhältnisse des Schuldners zum Zeitpunkt des Antrags nach Satz 1 während der gesamten Dauer des Verfahrens maßgeblich bleiben.

(2) Vor der Entscheidung ist der Gläubiger zu hören. Die Gründe, die gemäß Absatz 1 Satz 2 einer Ersetzung seiner Einwendungen durch eine Zustimmung entgegenstehen, hat er glaubhaft zu machen. Gegen den Beschluß steht dem Antragsteller und dem Gläubiger, dessen Zustimmung ersetzt wird, die sofortige Beschwerde zu.

(3) Macht ein Gläubiger Tatsachen glaubhaft, aus denen sich ernsthafte Zweifel ergeben, ob eine vom Schuldner angegebene Forderung besteht oder sich auf einen höheren oder niedrigeren Betrag richtet als angegeben, und hängt vom Ausgang des Streits ab, ob der Gläubiger im Verhältnis zu den übrigen Gläubigern angemessen beteiligt wird (Absatz 1 Satz 2 Nr. 1), so kann die Zustimmung dieses Gläubigers nicht ersetzt werden.

§ 310
Kosten

Die Gläubiger haben gegen den Schuldner keinen Anspruch auf Erstattung der Kosten, die ihnen im Zusammenhang mit dem Schuldenbereinigungsplan entstehen.

Dritter Abschnitt
Vereinfachtes Insolvenzverfahren

§ 311
Aufnahme des Verfahrens
über den Eröffnungsantrag

Werden Einwendungen gegen den Schuldenbereinigungsplan erhoben, die nicht gemäß § 309 durch gerichtliche Zustimmung ersetzt werden, so wird das Verfahren über den Eröffnungsantrag von Amts wegen wieder aufgenommen.

§ 312
Allgemeine Verfahrensvereinfachungen

(1) Bei der Eröffnung des Insolvenzverfahrens wird abweichend von § 29 nur der Prüfungstermin bestimmt.

(2) Sind die Vermögensverhältnisse des Schuldners überschaubar und die Zahl der Gläubiger oder die Höhe der Verbindlichkeiten gering, so kann das Insolvenzgericht anordnen, daß das Verfahren oder einzelne seiner Teile schriftlich durchgeführt werden. Es kann diese Anordnung jederzeit aufheben oder abändern.

(3) Die Vorschriften über den Insolvenzplan (§§ 217 bis 269) und über die Eigenverwaltung (§§ 270 bis 285) sind nicht anzuwenden.

§ 313
Treuhänder

(1) Die Aufgaben des Insolvenzverwalters werden von dem Treuhänder (§ 292) wahrgenommen. Dieser wird abweichend von § 291 Abs. 2 bereits bei der Eröffnung des Insolvenzverfahrens bestimmt. Die §§ 56 bis 66 gelten entsprechend.

(2) Zur Anfechtung von Rechtshandlungen nach den §§ 129 bis 147 ist nicht der Treuhänder, sondern jeder Insolvenzgläubiger berechtigt. Aus dem Erlangten sind dem Gläubiger die ihm entstandenen Kosten vorweg zu erstatten. Hat die Gläubigerversammlung den Gläubiger mit der Anfechtung beauftragt, so sind diesem die entstandenen Kosten, soweit sie nicht aus dem Erlangten gedeckt werden können, aus der Insolvenzmasse zu erstatten.

(3) Der Treuhänder ist nicht zur Verwertung von Gegenständen berechtigt, an denen Pfandrechte oder andere Absonderungsrechte bestehen. Das Verwertungsrecht steht dem Gläubiger zu.

§ 314
Vereinfachte Verteilung

(1) Auf Antrag des Treuhänders ordnet das Insolvenzgericht an, daß von einer Verwertung der Insolvenzmasse ganz oder teilweise abgesehen wird. In diesem Fall hat es dem Schuldner zusätzlich aufzugeben, binnen einer vom Gericht festgesetzten Frist an den Treuhänder einen Betrag zu zahlen, der dem Wert der Masse entspricht, die an die Insolvenzgläubiger zu verteilen wäre. Von der Anordnung soll abgesehen werden, wenn die Verwertung der Insolvenzmasse insbesondere im Interesse der Gläubiger geboten erscheint.

(2) Vor der Entscheidung sind die Insolvenzgläubiger zu hören.

(3) Die Entscheidung über einen Antrag des Schuldners auf Erteilung von Restschuldbefreiung (§§ 289 bis 291) ist erst nach Ablauf der nach Absatz 1 Satz 2 festgesetzten Frist zu treffen. Das Gericht versagt die Restschuldbefreiung auf Antrag eines Insolvenzgläubigers, wenn der nach Absatz 1 Satz 2 zu zahlende Betrag auch nach Ablauf einer weiteren Frist von zwei Wochen, die das Gericht unter Hinweis auf die Möglichkeit der Versagung der Restschuldbefreiung gesetzt hat, nicht gezahlt ist. Vor der Entscheidung ist der Schuldner zu hören.

Zehnter Teil
Besondere Arten des Insolvenzverfahrens

Erster Abschnitt
Nachlaßinsolvenzverfahren

§ 315
Örtliche Zuständigkeit

Für das Insolvenzverfahren über einen Nachlaß ist ausschließlich das Insolvenzgericht örtlich zuständig, in dessen Bezirk der Erblasser zur Zeit seines Todes seinen allgemeinen Gerichtsstand hatte. Lag der Mittelpunkt einer selbständigen wirtschaftlichen Tätigkeit des Erblassers an einem anderen Ort, so ist ausschließlich das Insolvenzgericht zuständig, in dessen Bezirk dieser Ort liegt.

§ 316
Zulässigkeit der Eröffnung

(1) Die Eröffnung des Insolvenzverfahrens wird nicht dadurch ausgeschlossen, daß der Erbe die Erbschaft noch nicht angenommen hat oder daß er für die Nachlaßverbindlichkeiten unbeschränkt haftet.

(2) Sind mehrere Erben vorhanden, so ist die Eröffnung des Verfahrens auch nach der Teilung des Nachlasses zulässig.

(3) Über einen Erbteil findet ein Insolvenzverfahren nicht statt.

§ 317
Antragsberechtigte

(1) Zum Antrag auf Eröffnung des Insolvenzverfahrens über einen Nachlaß ist jeder Erbe, der Nachlaßverwalter sowie ein anderer Nachlaßpfleger, ein Testamentsvollstrecker, dem die Verwaltung des Nachlasses zusteht, und jeder Nachlaßgläubiger berechtigt.

(2) Wird der Antrag nicht von allen Erben gestellt, so ist er zulässig, wenn der Eröffnungsgrund glaubhaft gemacht wird. Das Insolvenzgericht hat die übrigen Erben zu hören.

(3) Steht die Verwaltung des Nachlasses einem Testamentsvollstrecker zu, so ist, wenn der Erbe die Eröffnung beantragt, der Testamentsvollstrecker, wenn der Testamentsvollstrecker den Antrag stellt, der Erbe zu hören.

§ 318
Antragsrecht beim Gesamtgut

(1) Gehört der Nachlaß zum Gesamtgut einer Gütergemeinschaft, so kann sowohl der Ehegatte, der Erbe ist, als auch der Ehegatte, der nicht Erbe ist, aber das Gesamtgut allein oder mit seinem Ehegatten gemeinschaftlich verwaltet, die Eröffnung des Insolvenzverfahrens über den Nachlaß beantragen. Die Zustimmung des anderen Ehegatten ist nicht erforderlich. Die Ehegatten behalten das Antragsrecht, wenn die Gütergemeinschaft endet.

(2) Wird der Antrag nicht von beiden Ehegatten gestellt, so ist er zulässig, wenn der Eröffnungsgrund glaubhaft gemacht wird. Das Insolvenzgericht hat den anderen Ehegatten zu hören.

§ 319
Antragsfrist

Der Antrag eines Nachlaßgläubigers auf Eröffnung des Insolvenzverfahrens ist unzulässig, wenn seit der Annahme der Erbschaft zwei Jahre verstrichen sind.

§ 320
Eröffnungsgründe

Gründe für die Eröffnung des Insolvenzverfahrens über einen Nachlaß sind die Zahlungsunfähigkeit und die Überschuldung. Beantragt der Erbe, der Nachlaßverwalter oder ein anderer Nachlaßpfleger oder ein Testamentsvollstrecker die Eröffnung des Verfahrens, so ist auch die drohende Zahlungsunfähigkeit Eröffnungsgrund.

§ 321
Zwangsvollstreckung nach Erbfall

Maßnahmen der Zwangsvollstreckung in den Nachlaß, die nach dem Eintritt des Erbfalls erfolgt sind, gewähren kein Recht zur abgesonderten Befriedigung.

§ 322
Anfechtbare Rechtshandlungen des Erben

Hat der Erbe vor der Eröffnung des Insolvenzverfahrens aus dem Nachlaß Pflichtteilsansprüche, Vermächtnisse oder Auflagen erfüllt, so ist diese Rechtshandlung in gleicher Weise anfechtbar wie eine unentgeltliche Leistung des Erben.

§ 323
Aufwendungen des Erben

Dem Erben steht wegen der Aufwendungen, die ihm nach den §§ 1978, 1979 des Bürgerlichen Gesetzbuchs aus dem Nachlaß zu ersetzen sind, ein Zurückbehaltungsrecht nicht zu.

§ 324
Masseverbindlichkeiten

(1) Masseverbindlichkeiten sind außer den in den §§ 54, 55 bezeichneten Verbindlichkeiten:

1. die Aufwendungen, die dem Erben nach den §§ 1978, 1979 des Bürgerlichen Gesetzbuchs aus dem Nachlaß zu ersetzen sind;
2. die Kosten der Beerdigung des Erblassers;
3. die im Falle der Todeserklärung des Erblassers dem Nachlaß zur Last fallenden Kosten des Verfahrens;
4. die Kosten der Eröffnung einer Verfügung des Erblassers von Todes wegen, der gerichtlichen Sicherung des Nachlasses, einer Nachlaßpflegschaft, des Aufgebots der Nachlaßgläubiger und der Inventarerrichtung;
5. die Verbindlichkeiten aus den von einem Nachlaßpfleger oder einem Testamentsvollstrecker vorgenommenen Rechtsgeschäften;
6. die Verbindlichkeiten, die für den Erben gegenüber einem Nachlaßpfleger, einem Testamentsvollstrecker oder einem Erben, der die Erbschaft ausgeschlagen hat, aus der Geschäftsführung dieser Personen entstanden sind, soweit die Nachlaßgläubiger verpflichtet wären, wenn die bezeichneten Personen die Geschäfte für sie zu besorgen gehabt hätten.

(2) Im Falle der Masseunzulänglichkeit haben die in Absatz 1 bezeichneten Verbindlichkeiten den Rang des § 209 Abs. 1 Nr. 3.

§ 325
Nachlaßverbindlichkeiten

Im Insolvenzverfahren über einen Nachlaß können nur die Nachlaßverbindlichkeiten geltend gemacht werden.

§ 326
Ansprüche des Erben

(1) Der Erbe kann die ihm gegen den Erblasser zustehenden Ansprüche geltend machen.

(2) Hat der Erbe eine Nachlaßverbindlichkeit erfüllt, so tritt er, soweit nicht die Erfüllung nach § 1979 des Bürgerlichen Gesetzbuchs als für Rechnung des Nachlasses erfolgt gilt, an die Stelle des Gläubigers, es sei denn, daß er für die Nachlaßverbindlichkeiten unbeschränkt haftet.

(3) Haftet der Erbe einem einzelnen Gläubiger gegenüber unbeschränkt, so kann er dessen Forderung für den Fall geltend machen, daß der Gläubiger sie nicht geltend macht.

§ 327
Nachrangige Verbindlichkeiten

(1) Im Rang nach den in § 39 bezeichneten Verbindlichkeiten und in folgender Rangfolge, bei gleichem Rang nach dem Verhältnis ihrer Beträge, werden erfüllt:

1. die Verbindlichkeiten gegenüber Pflichtteilsberechtigten;

2. die Verbindlichkeiten aus den vom Erblasser angeordneten Vermächtnissen und Auflagen;

3. die Verbindlichkeiten gegenüber Erbersatzberechtigten.

(2) Ein Vermächtnis, durch welches das Recht des Bedachten auf den Pflichtteil nach § 2307 des Bürgerlichen Gesetzbuchs ausgeschlossen wird, steht, soweit es den Pflichtteil nicht übersteigt, im Rang den Pflichtteilsrechten gleich. Hat der Erblasser durch Verfügung von Todes wegen angeordnet, daß ein Vermächtnis oder eine Auflage vor einem anderen Vermächtnis oder einer anderen Auflage erfüllt werden soll, so hat das Vermächtnis oder die Auflage den Vorrang.

(3) Eine Verbindlichkeit, deren Gläubiger im Wege des Aufgebotsverfahrens ausgeschlossen ist oder nach § 1974 des Bürgerlichen Gesetzbuchs einem ausgeschlossenen Gläubiger gleichsteht, wird erst nach den in § 39 bezeichneten Verbindlichkeiten und, soweit sie zu den in Absatz 1 bezeichneten Verbindlichkeiten gehört, erst nach den Verbindlichkeiten erfüllt, mit denen sie ohne die Beschränkung gleichen Rang hätte. Im übrigen wird durch die Beschränkungen an der Rangordnung nichts geändert.

§ 328
Zurückgewährte Gegenstände

(1) Was infolge der Anfechtung einer vom Erblasser oder ihm gegenüber vorgenommenen Rechtshandlung zur Insolvenzmasse zurückgewährt wird, darf nicht zur Erfüllung der in § 327 Abs. 1 bezeichneten Verbindlichkeiten verwendet werden.

(2) Was der Erbe auf Grund der §§ 1978 bis 1980 des Bürgerlichen Gesetzbuchs zur Masse zu ersetzen hat, kann von den Gläubigern, die im Wege des Aufgebotsverfahrens ausgeschlossen sind oder nach § 1974 des Bürgerlichen Gesetzbuchs einem ausgeschlossenen Gläubiger gleichstehen, nur insoweit beansprucht werden, als der Erbe auch nach den Vorschriften über die Herausgabe einer ungerechtfertigten Bereicherung ersatzpflichtig wäre.

§ 329
Nacherbfolge

Die §§ 323, 324 Abs. 1 Nr. 1 und § 326 Abs. 2, 3 gelten für den Vorerben auch nach dem Eintritt der Nacherbfolge.

§ 330
Erbschaftskauf

(1) Hat der Erbe die Erbschaft verkauft, so tritt für das Insolvenzverfahren der Käufer an seine Stelle.

(2) Der Erbe ist wegen einer Nachlaßverbindlichkeit, die im Verhältnis zwischen ihm und dem Käufer diesem zur Last fällt, wie ein Nachlaßgläubiger zum Antrag auf

Eröffnung des Verfahrens berechtigt. Das gleiche Recht steht ihm auch wegen einer anderen Nachlaßverbindlichkeit zu, es sei denn, daß er unbeschränkt haftet oder daß eine Nachlaßverwaltung angeordnet ist. Die §§ 323, 324 Abs. 1 Nr. 1 und § 326 gelten für den Erben auch nach dem Verkauf der Erbschaft.

(3) Die Absätze 1 und 2 gelten entsprechend für den Fall, daß jemand eine durch Vertrag erworbene Erbschaft verkauft oder sich in sonstiger Weise zur Veräußerung einer ihm angefallenen oder anderweitig von ihm erworbenen Erbschaft verpflichtet hat.

§ 331
Gleichzeitige Insolvenz des Erben

(1) Im Insolvenzverfahren über das Vermögen des Erben gelten, wenn auch über den Nachlaß das Insolvenzverfahren eröffnet oder wenn eine Nachlaßverwaltung angeordnet ist, die §§ 52, 190, 192, 198, 237 Abs. 1 Satz 2 entsprechend für Nachlaßgläubiger, denen gegenüber der Erbe unbeschränkt haftet.

(2) Gleiches gilt, wenn ein Ehegatte der Erbe ist und der Nachlaß zum Gesamtgut gehört, das vom anderen Ehegatten allein verwaltet wird, auch im Insolvenzverfahren über das Vermögen des anderen Ehegatten und, wenn das Gesamtgut von den Ehegatten gemeinschaftlich verwaltet wird, auch im Insolvenzverfahren über das Gesamtgut und im Insolvenzverfahren über das sonstige Vermögen des Ehegatten, der nicht Erbe ist.

Zweiter Abschnitt
Insolvenzverfahren über das Gesamtgut einer fortgesetzten Gütergemeinschaft

§ 332
Verweisung auf das Nachlaßinsolvenzverfahren

(1) Im Falle der fortgesetzten Gütergemeinschaft gelten die §§ 315 bis 331 entsprechend für das Insolvenzverfahren über das Gesamtgut.

(2) Insolvenzgläubiger sind nur die Gläubiger, deren Forderungen schon zur Zeit des Eintritts der fortgesetzten Gütergemeinschaft als Gesamtgutsverbindlichkeiten bestanden.

(3) Die anteilsberechtigten Abkömmlinge sind nicht berechtigt, die Eröffnung des Verfahrens zu beantragen. Sie sind jedoch vom Insolvenzgericht zu einem Eröffnungsantrag zu hören.

Dritter Abschnitt
Insolvenzverfahren über das gemeinschaftlich verwaltete Gesamtgut einer Gütergemeinschaft

§ 333
Antragsrecht. Eröffnungsgründe

(1) Zum Antrag auf Eröffnung des Insolvenzverfahrens über das Gesamtgut einer Gütergemeinschaft, das von den Ehegatten gemeinschaftlich verwaltet wird, ist jeder Gläubiger berechtigt, der die Erfüllung einer Verbindlichkeit aus dem Gesamtgut verlangen kann.

(2) Antragsberechtigt ist auch jeder Ehegatte. Wird der Antrag nicht von beiden Ehegatten gestellt, so ist er zulässig, wenn die Zahlungsunfähigkeit des Gesamtguts glaubhaft gemacht wird; das Insolvenzgericht hat den anderen Ehegatten zu hören. Wird der Antrag von beiden Ehegatten gestellt, so ist auch die drohende Zahlungsunfähigkeit Eröffnungsgrund.

§ 334
Persönliche Haftung der Ehegatten

(1) Die persönliche Haftung der Ehegatten für die Verbindlichkeiten, deren Erfüllung aus dem Gesamtgut verlangt werden kann, kann während der Dauer des Insolvenzverfahrens nur vom Insolvenzverwalter oder vom Sachwalter geltend gemacht werden.

(2) Im Falle eines Insolvenzplans gilt für die persönliche Haftung der Ehegatten § 227 Abs. 1 entsprechend.

Elfter Teil
Inkrafttreten

§ 335
Verweisung auf das Einführungsgesetz

Dieses Gesetz tritt an dem Tage in Kraft, der durch das Einführungsgesetz zur Insolvenzordnung bestimmt wird.

II. Paragraphensynopsen

Vorbemerkungen

Einige Normen der Insolvenzordnung entsprechen inhaltlich oder zum Teil auch wörtlich den Bestimmungen des geltenden Rechts. Eine Vielzahl von weiteren Normen der Insolvenzordnung regelt zudem inhaltlich vom geltenden Recht abweichend Sachverhalte, die auch den Gegenstand von Normen des geltenden Rechts bilden.

In den folgenden Paragraphensynopsen werden deshalb zum einen (in der ersten Synopse) der Insolvenzordnung die inhaltlich oder thematisch vergleichbaren Regelungen der Konkursordnung, der Vergleichsordnung, der Gesamtvollstreckungsordnung und vereinzelt auch anderer Gesetze gegenübergestellt; zum anderen werden (in drei weiteren Synopsen) den Normen der Konkursordnung, der Vergleichsordnung und der Gesamtvollstreckungsordnung die inhaltlich und thematisch vergleichbaren Regelungen der Insolvenzordnung zugeordnet.

Mit diesen Paragraphensynopsen soll insbesondere den Kennern des geltenden Konkurs-, Vergleichs- und Gesamtvollstreckungsrechts die Umstellung von dem geltenden Recht auf die neue Insolvenzordnung erleichtert werden.

Die erste und die fünfte Synopse bieten als zusätzliche Orientierungshilfe für diejenigen, die sich bereits während des Gesetzgebungsverfahrens intensiv mit der Insolvenzrechtsreform beschäftigt haben, eine Gegenüberstellung von Insolvenzordnung und zugehörigem Regierungsentwurf.

Übersicht über die folgenden Paragraphensynopsen

1. Insolvenzordnung mit inhaltlich oder thematisch vergleichbaren Regelungen der KO, VerglO, GesO und des RegEInsO

2. Geltendes Recht und Regierungsentwurf mit inhaltlich oder thematisch vergleichbaren Regelungen der Insolvenzordnung

    a) KO mit vergleichbaren Regelungen der InsO

    b) VerglO mit vergleichbaren Regelungen der InsO

    c) GesO mit vergleichbaren Regelungen der InsO

    d) RegEInsO mit vergleichbaren Regelungen der InsO

1. Insolvenzordnung mit vergleichbaren Regelungen der KO, VerglO, GesO und des RegEInsO

Im folgenden werden den einzelnen Paragraphen der Insolvenzordnung (= InsO) die inhaltlich oder thematisch vergleichbaren Paragraphen der Konkursordnung (= KO), der Vergleichsordnung (= VerglO), der Gesamtvollstreckungsordnung (= GesO) und vereinzelt auch sonstiger Gesetze sowie des Regierungsentwurfs einer Insolvenzordnung (= RegEInsO) gegenübergestellt – soweit solche vergleichbaren Paragraphen vorhanden sind –:

RegEInsO §	InsO §	KO §	VerglO §	GesO §
1	1			
2	2	71	2	1, 21
3	3	71	2	1
4	4	72	115	1
5	5	73, 75	116, 117	2
6	6	73, 74	121	20
7	7	73	121	
8	8	73, 77	118	
9	9	76	119	6
10	10	105		2
13	11	207, 209, 213, 214, 236, 236a	2, 108	1
		Sonstige Gesetze: § 63 GmbHG, § 98 GenG		
14	12			
		Sonstiges Gesetz: Art. IV des Einführungsgesetzes zu dem Gesetz betreffend Änderungen der Konkursordnung		
15	13	103	2	2
16	14	105		2, 4
17, 18	15	208, 210, 213	109, 111	
		Sonstige Gesetze: § 63 GmbHG, § 100 GenG		
20	16			
21	17	102		1
22	18			
23	19	207, 209, 213		1
		Sonstiges Gesetz: § 63 GmbHG		
24	20	104		3, 4
25	21	106	11, 12, 13, 15	2
		Sonstiges Gesetz: Gesamtvollstreckungsunterbrechungsgesetz		
26	22			

RegEInsO §	InsO §	KO §	VerglO §	GesO §
27	23			
28	24			
29	25	106	15	
30	26	107	17	4
31	27	78, 108, 110	20, 21	5
32, 33, 34	28	110, 118, 119, 138	20, 67	5
35	29	110, 138		11, 15
36, 37	30			
38	31	112	23, 108, 111	6
39	32	113, 114		6
40	33	113, 114		6
41	34	109, 116	19	20
42	35	1		1
43	36	1, 117		1, 7
44	37	2		
45	38	3	25	
46	39	226		
47	40	3	25	17
48	41	65	30	
49	42	66	31	
50	43	68	32	
51	44		33	
52	45	69	34	
53	46	70	35	
54	47	43	26	12
55	48	46	26	
56	49	47		
57	50	48, 49	52	12
58, 59	51	49	27	
61	52	64	27	

RegEInsO §	InsO §	KO §	VerglO §	GesO §
62	53	57		13
63	54	58	26	13
64	55	59		13
65, 67	56	78, 81	38	5, 8
66	57	80		15
68	58	83	40, 41	8
70	59	84	41	8
71	60	82	42	8
72	61			
73	62			
74 Abs. 1	63	85	43	21
75	64	85	43	
74 Abs. 2 / § 75 a BT-RA-EInsO	65	85	43	
76	66	86, 132		15
78	67	87	44	15
79	68	87		15
80	69	88	45	15
81	70	92	44	
82	71	89	44	
83	72	90	44	15
84	73	91	45	21
85	74	93, 98		15
86	75	93		15
87	76	94, 97		15
88	77	95, 96	71	
89	78	99		
90	79	132		15
91	80	6, 13		5, 7
92	81	7		

RegEInsO §	InsO §	KO §	VerglO §	GesO §
93	82	8		7
94	83	9, 128		
95	84	16, 51		
96	85	10		8
97	86	11		8
98	87	12		
99	88		28, 87, 104	7
100	89	14	47	6
101	90			
102	91	15		
103	92			
105	93			
106	94	53	54	7
107	95	54	54	7
108	96	55	54	7
109	97	100, 101	69	2, 3, 4
110	98			3
112	99	121		6
114	100	58, 129, 132	56	17
115	101			
116	102			
117	103	17, 26	36, 50, 52	98
118	104	18		
119	105	26	36	
120	106	24	50	9
121	107			9, 12
122	108			9
123	109	19, 20, 26	51, 52	9
124	110	21	51	
125	111	21		
126	112			9

RegEInsO §	InsO §	KO §	VerglO §	GesO §
127	113	22, 26	51, 52	9
132	114			
133	115	23, 27		
134	116	23, 27		
135	117			
136	118	28		
137	119		53	
138	120			
139	121			
140	122			
141	123		Sonstiges Gesetz: §§ 2, 4 SozialplanG	17
142	124		Sonstiges Gesetz: § 3 SozialplanG	
128 § 143a BT-RA-EInsO	125			
129 § 143b BT-RA-EInsO	126			
130 § 143c BT-RA-EInsO	127			
131 § 143d BT-RA-EInsO	128			
144	129	29, 36		10
145	130	30, 33		10
146	131	30		10
147	132	30, 33		10
148	133	31, 41		10

RegEInsO §	InsO §	KO §	VerglO §	GesO §
149	134	32		10
150	135	32a, 41		
151	136	Sonstiges Gesetz: § 237 HGB		
152	137	34		
153, 154, 155	138	31	4, 108	
156	139		28	
159	140			10
160	141	35		
161	142			
162	143	37		
163	144	38, 39		
164	145	40		
165	146	41		10
166	147	42		
167	148	117		7, 8
168	149	129, 132, 137		
169	150	122, 124		
170	151	123		11
171	152		6	11
172	153	124, 125	5, 69	11
173	154	124	22	
174	155			
175	156	131	14, 40	
176	157	132		15
177	158	129, 130, 133, 135, 136		
178	159	117		8, 17
179	160	133, 134		15
180	161	135		
181	162			

RegEInsO §	InsO §	KO §	VerglO §	GesO §
182	163			
183	164	136		
186	165	126 Sonstiges Gesetz: §§ 30b, 30c ZVG		
191	166	127		
192	167			
193	168			
194	169			
195	170			
196	171			
197	172			
200	173	127		
201	174	139	67	5
202	175	140	67	11
203	176	141, 143	70	11
204	177	142		14
205, 206	178	144, 145		11
207	179	146		11
208	180	146	86	11
209	181	146		
210	182	148		
211	183	146, 147		
212	184	144		
213	185	146		
214	186	165		
215	187	149, 150, 167		17
216	188	151		17
217	189	152, 168		12
218	190	153, 156, 168		
219	191	154, 156, 168		

RegEInsO §	InsO §	KO §	VerglO §	GesO §
220	192	155		
221	193	157		
222	194	158		
223	195	159		
224	196	161		18
225	197	162		18
226	198	169		
227	199			12
228	200	163		19
229	201	164		18
230	202	164		
231	203	166		12
232	204			
233	205	166		
234	206	172		
317 § 234a BT-RA-EInsO	207	204		19
318, 319, 320 § 234b BT-RA-EInsO	208			19, 20
321 § 234c BT-RA-EInsO	209	60		13
322 § 234d BT-RA-EInsO	210			
324 § 234e BT-RA-EInsO	211			19
325 § 234f BT-RA-EInsO	212			19

RegEInsO §	InsO §	KO §	VerglO §	GesO §
326 — § 234g BT-RA-EInsO	213	202		19
327 — § 234h BT-RA-EInsO	214	191, 203, 205		
328, 329 — § 234i BT-RA-EInsO	215	205, 206		19
330 — § 234j BT-RA-EInsO	216			20
253	217	173	1	16
254	218			15
257	219			
258	220			
264	221			
265	222			
266	223			
267	224	174	3	16
268	225		83 Sonstiges Gesetz: § 32a GmbHG	16
269	226	181	8	16
270	227	211	109, 114a	
271	228			
273	229			
274	230			
275	231	176	18	
276	232	177	14	
277	233	133, 135, 160, 177		
278	234	178		

RegEInsO §	InsO §	KO §	VerglO §	GesO §
279	235	179	20, 22, 66	16
280	236	180		16
281	237		71, 72	16
282	238			
283	239		71	
284	240			
285	241	179	20	16
287	242		73	
288	243		8	
289	244	182	74	16
290	245			
291	246			
293	247			
295	248	184	78	16
296	249			
297	250	186, 188	79	
298	251	188	79	16
299	252	185	78	
300	253	189	80	20
301	254	193	82	16
302	255		9	
303	256		97	
304	257	194	85, 86	16
305	258	190	90, 98	19
306	259	191, 192	98	
307	260		91	
308	261		92	
309	262			
310	263		94	
311	264		106	
312	265			

RegEInsO §	InsO §	KO §	VerglO §	GesO §
313	266			
314	267			
315	268		95	
316	269			
331	270			
332	271			
333	272			
334	273			
335	274		39, 40	
336	275		57	
337	276			
338	277		58, 59, 60, 61, 62, 63, 64, 65	
339	278		56	
340	279			
341	280			
342	281			
343	282			
344	283			
345	284			
346	285			
235 / § 346a BT-RA-EInsO	286			18
236 / § 346b BT-RA-EInsO	287			
§ 346c BT-RA-EInsO	288			
237 / § 346d BT-RA-EInsO	289			

RegEInsO §	InsO §	KO §	VerglO §	GesO §
239 § 346e BT-RA-EInsO	290			18
240 § 346f BT-RA-EInsO	291			
241 § 346g BT-RA-EInsO	292			
242 § 346h BT-RA-EInsO	293			
243 § 346i BT-RA-EInsO	294			
244 § 346j BT-RA-EInsO	295			
245 § 346k BT-RA-EInsO	296			
§ 346l BT-RA-EInsO	297			
246 § 346m BT-RA-EInsO	298			
247 § 346n BT-RA-EInsO	299			
248, 249 § 346o BT-RA-EInsO	300			

RegEInsO §	InsO §	KO §	VerglO §	GesO §
250	301			
§ 346p BT-RA-EInsO				
251	302			
§ 346q BT-RA-EInsO				
252	303			
§ 346r BT-RA-EInsO				
§ 357a BT-RA-EInsO	304			
§ 357b BT-RA-EInsO	305			
§ 357c BT-RA-EInsO	306			
§ 357d BT-RA-EInsO	307			
§ 357e BT-RA-EInsO	308			
§ 357f BT-RA-EInsO	309			
§ 357g BT-RA-EInsO	310			
§ 357h BT-RA-EInsO	311			

RegEInsO §	InsO §	KO §	VerglO §	GesO §
§ 357i BT-RA-EInsO	312			
§ 357j BT-RA-EInsO	313			
§ 357k BT-RA-EInsO	314			
358	315	214		1
359	316	216	113	
360	317	217		
361	318	218		
362	319	220		
363	320	215		1
364	321	221		
365	322	222		
366	323	223		
367	324	224	113	
368	325	226		
369	326	225		
370	327	226		
371	328	228		
373	329	231		
374	330	232		
376	331	234	113	
378	332	236	114	
19, 22 § 378a BT-RA-EInsO	333	236a		
105, 270 § 378b BT-RA-EInsO	334	236a, 236b	114a	

Teil 2 – Insolvenzordnung   Paragraphensynopsen

RegEInsO §	InsO §	KO §	VerglO §	GesO §
	335	§ 1 Gesetz betreffend die Einführung der Konkursordnung	130	

2. Geltendes Recht und Regierungsentwurf mit vergleichbaren Regelungen der Insolvenzordnung

a) KO mit vergleichbaren Regelungen der InsO

Im folgenden werden den einzelnen Paragraphen der Konkursordnung die inhaltlich oder thematisch vergleichbaren Paragraphen der Insolvenzordnung gegenübergestellt – soweit solche vergleichbaren Paragraphen vorhanden sind –:

Konkursordnung §	Insolvenzordnung §	Konkursordnung §	Insolvenzordnung §
1	35, 36	16	84
2	37	17	103
3	38, 40	18	104
4		19	109
5		20	109
6	80	21	110, 111
7	81	22	113
8	82	23	115, 116
9	83	24	106
10	85	25	
11	86	26	103, 105, 109, 113
12	87	27	115, 116
13	80	28	118
14	89	29	129
15	91	30	130, 131, 132

Konkursordnung §	Insolvenzordnung §	Konkursordnung §	Insolvenzordnung §
31	133, 138	60	209
32	134	61	
32a	135	62	
33	130, 132	63	
34	137	64	52
35	141	65	41
36	129	66	42
37	143	67	
38	144	68	43
39	144	69	45
40	145	70	46
41	133, 135, 146	71	2, 3
42	147	72	4
43	47	73	5, 6, 7, 8
44		74	6
(45 nichtig)		75	5
46	48	76	9
47	49	77	8
48	50	78	27, 56
49	50, 51	79	
50		80	57
51	84	81	56
(52 gegenstandslos)		82	60
53	94	83	58
54	95	84	59
55	96	85	63, 64, 65
56		86	66
57	53	87	67, 68
58	54, 100	88	69
59	55	89	71

Konkursordnung §	Insolvenzordnung §	Konkursordnung §	Insolvenzordnung §
90	72	119	28
91	73	120	
92	70	121	99
93	74, 75	122	150
94	76	123	151
95	77	124	150, 153, 154
96	77	125	153
97	76	126	165
98	74	127	166, 173
99	78	128	83
100	97	129	100, 149, 158
101	97	130	158
102	17	131	156
103	13	132	66, 79, 100, 149, 157
104	20	133	158, 160, 233
105	10, 14	134	160
106	21, 25	135	158, 161, 233
107	26	136	158, 164
108	27	137	149
109	34	138	28, 29
110	27, 28, 29	139	174
111	30	140	175
112	31	141	176
113	32, 33	142	177
114	32, 33	143	176
115		144	178, 184
116	34	145	178
117	36, 148, 159	146	179, 180, 181, 183, 185
118	28	147	183

Konkursordnung §	Insolvenzordnung §	Konkursordnung §	Insolvenzordnung §
148	182	179	235, 241
149	187	180	236
150	187	181	226
151	188	182	244
152	189	183	
153	190	184	248
154	191	185	252
155	192	186	250
156	190, 191	187	
157	193	188	250, 251
158	194	189	253
159	195	190	258
160	233	191	214, 259
161	196	192	259
162	197	193	254
163	200	194	257
164	201, 202	195	
165	186	196	
166	203, 205	197	
167	187	198	
168	189, 190, 191	199	
169	198	200	
170		201	
171		202	213
172	206	203	214
173	217	204	207
174	224	205	214, 215
175		206	215
176	231	207	11, 19
177	232, 233	208	15
178	234	209	11, 19

Konkursordnung §	Insolvenzordnung §	Konkursordnung §	Insolvenzordnung §
210	15	227	
211	227	228	328
212		229	
213	11, 15, 19	230	
214	11, 315	231	329
215	320	232	330
216	316	233	
217	317	234	331
218	318	235	
219		236	11, 332
220	319	236a	11, 333, 334
221	321	236b	334
222	322	236c	
223	323	237	
224	324	238	
225	326	(239-240 aufgehoben)	
226	39, 325, 327		

b) VerglO mit vergleichbaren Regelungen der InsO

Im folgenden werden den einzelnen Paragraphen der Vergleichsordnung die inhaltlich oder thematisch vergleichbaren Paragraphen der Insolvenzordnung gegenübergestellt – soweit solche vergleichbaren Paragraphen vorhanden sind –:

Vergleichs-ordnung §	Insolvenzordnung §	Vergleichs-ordnung §	Insolvenzordnung §
1	217	7	
2	2, 3, 11	8	226, 243
3	224	9	255
4	138	10	
5	153	11	21
6	152	12	21

Vergleichs-ordnung §	Insolvenzordnung §	Vergleichs-ordnung §	Insolvenzordnung §
13	21	43	63, 64, 65
14	156, 232	44	67, 70, 71, 72
15	25	45	69, 73
16		46	
17	26	47	89
18	231	48	
19	34	49	
20	27, 28, 235, 241	50	103, 106
21	27	51	109, 110, 113
22	30, 154, 235	52	103, 109, 113, 50
23	31	53	119
24		54	94, 95, 96
25	38, 40	55	
26	47, 48, 54	56	100, 278
27	51, 52	57	275
28	88, 139	58	277
29		59	277
30	41	60	277
31	42	61	277
32	43	62	277
33	44	63	277
34	45	64	277
35	46	65	277
36	103, 105	66	235
37		67	28, 174, 175
38	56	68	
39	274	69	97, 153
40	58, 156, 274	70	176
41	58, 59	71	77, 237, 239
42	60	72	237

Vergleichs-ordnung §	Insolvenzordnung §	Vergleichs-ordnung §	Insolvenzordnung §
73	242	101	
74	244	102	
75		103	
76		104	88
77		105	
78	248, 252	106	264
79	250, 251	107	
80	253	108	11, 31, 138
81		109	15, 227
82	254	110	
83	225	111	15, 31
84		112	
85	257	113	316, 324, 331
86	180, 257	114	332
87	88	114a	227, 334
88		115	4
89		116	5
90	258	117	5
91	260	118	8
92	261	119	9
93		120	
94	263	121	6, 7
95	268	(122, 123 aufgehoben)	
96		124	
97	256	(125-129 Änderungsvor-schriften)	
98	258, 259	130	335
99		(131 gegenstandslos)	
100		132	

c) GesO mit vergleichbaren Regelungen der InsO

Im folgenden werden den einzelnen Paragraphen der Gesamtvollstreckungsordnung (= GesO) die inhaltlich oder thematisch vergleichbaren Paragraphen der Insolvenzordnung gegenübergestellt – soweit solche vergleichbaren Paragraphen vorhanden sind –:

GesO §	Insolvenzordnung §	GesO §	Insolvenzordnung §
1	2, 3, 4, 11, 17, 19, 35, 36, 315, 320	13	53, 54, 55, 209
2	5, 10, 13, 14, 21, 97	14	177
3	20, 97, 98	15	29, 57, 66, 67, 68, 69, 72, 74, 75, 76, 79, 157, 160, 218
4	14, 20, 26, 97	16	160, 217, 224, 225, 226, 235, 236, 237, 241, 244, 248, 251, 254, 257
5	27, 28, 56, 80, 174	17	40, 100, 123, 159, 187, 188
6	9, 30, 31, 32, 33, 89, 99	18	196, 197, 201, 286, 290
7	36, 80, 82, 88, 94, 95, 96, 148	19	200, 207, 208, 211, 212, 213, 215, 258
8	56, 58, 59, 60, 85, 86, 148, 159	20	6, 34, 208, 216, 253
9	103, 106, 107, 108, 109, 112, 113	21	2, 63, 73
10	129, 130, 131, 132, 133, 134, 140, 146	22	
11	29, 151, 152, 153, 175, 176, 178, 179, 180	23	
12	47, 50, 107, 189, 199, 203	(24 weggefallen)	

d) RegEInsO mit vergleichbaren Regelungen der InsO

Im folgenden werden den einzelnen Paragraphen des Regierungsentwurfs einer Insolvenzordnung (= RegEInsO) die inhaltlich oder thematisch vergleichbaren Paragraphen der Insolvenzordnung gegenübergestellt – soweit solche vergleichbaren Paragraphen vorhanden sind –:

RegEInsO §	Insolvenzordnung §	RegEInsO §	Insolvenzordnung §
1	1	29	25
2	2	30	26
3	3	31	27
4	4	32	28
5	5	33	28
6	6	34	28
7	7	35	29
8	8	36	30
9	9	37	30
10	10	38	31
11		39	32
12		40	33
13	11	41	34
14	12	42	35
15	13	43	36
16	14	44	37
17	15	45	38
18	15	46	39
19		47	40
20	16	48	41
21	17	49	42
22	18	50	43
23	19	51	44
24	20	52	45
25	21	53	46
26	22	54	47
27	23	55	48
28	24	56	49

RegEInsO §	Insolvenzordnung §	RegEInsO §	Insolvenzordnung §
57	50	89	78
58	51	90	79
59	51	91	80
60		92	81
61	52	93	82
62	53	94	83
63	54	95	84
64	55	96	85
65	56	97	86
66	57	98	87
67	56	99	88
68	58	100	89
69		101	90
70	59	102	91
71	60	103	92
72	61	104	
73	62	105	93
74	63, 65	106	94
75	64	107	95
76	66	108	96
77		109	97
78	67	110	98
79	68	111	
80	69	112	99
81	70	113	
82	71	114	100
83	72	115	101
84	73	116	102
85	74	117	103
86	75	118	104
87	76	119	105
88	77	120	106

RegEInsO §	Insolvenzordnung §	RegEInsO §	Insolvenzordnung §
121	107	153	138
122	108	154	138
123	109	155	138
124	110	156	139
125	111	157	
126	112	158	
127	113	159	140
128	125	160	141
129	126	161	142
130	127	162	143
131	128	163	144
132	114	164	145
133	115	165	146
134	116	166	147
135	117	167	148
136	118	168	149
137	119	169	150
138	120	170	151
139	121	171	152
140	122	172	153
141	123	173	154
142	124	174	155
143		175	156
144	129	176	157
145	130	177	158
146	131	178	159
147	132	179	160
148	133	180	161
149	134	181	162
150	135	182	163
151	136	183	164
152	137	184	

RegEInsO §	Insolvenzordnung §	RegEInsO §	Insolvenzordnung §
185		217	189
186	165	218	190
187		219	191
188		220	192
189		221	193
190		222	194
191	166	223	195
192	167	224	196
193	168	225	197
194	169	226	198
195	170	227	199
196	171	228	200
197	172	229	201
198		230	202
199		231	203
200	173	232	204
201	174	233	205
202	175	234	206
203	176	235	286
204	177	236	287
205	178	237	289
206	178	238	
207	179	239	290
208	180	240	291
209	181	241	292
210	182	242	293
211	183	243	294
212	184	244	295
213	185	245	296
214	186	246	298
215	187	247	299
216	188	248	300

RegEInsO §	Insolvenzordnung §	RegEInsO §	Insolvenzordnung §
249		281	237
250	301	283	238
251	302	284	240
252	303	285	241
253	217	286	
254	218	287	242
255		288	243
256		289	244
257	219	290	245
258	220	291	246
259		292	
260		293	247
261		294	
262		295	248
263		296	249
264	221	297	250
265	222	298	251
266	223	299	252
267	224	300	253
268	225	301	254
269	226	302	255
270	227	303	256
271	228	304	257
272		305	258
273	229	306	259
274	230	307	260
275	231	308	261
276	232	309	262
277	233	310	263
278	234	311	264
279	235	312	265
280	236	313	266

RegEInsO §	Insolvenzordnung §	RegEInsO §	Insolvenzordnung §
314	267	342	281
315	268	343	282
316	269	344	283
317	207	345	284
318	208	346	285
319	208	347-357	
320	208	358	315
321	209	359	316
322	210	360	317
323		361	318
324	211	362	319
325	212	363	320
326	213	364	321
327	214	365	322
328	215	366	323
329	215	367	324
330	216	368	325
331	270	369	326
332	271	370	327
333	272	371	328
334	273	372	
335	274	373	329
336	275	374	330
337	276	375	
338	277	376	331
339	278	377	
340	279	378	332
341	280	379-399	

III. Einzelerläuterungen zu allen Paragraphen der Insolvenzordnung

Insolvenzordnung (InsO)

ERSTER TEIL
Allgemeine Vorschriften

§ 1
Ziele des Insolvenzverfahrens

Das Insolvenzverfahren dient dazu, die Gläubiger eines Schuldners gemeinschaftlich zu befriedigen, indem das Vermögen des Schuldners verwertet und der Erlös verteilt oder in einem Insolvenzplan eine abweichende Regelung insbesondere zum Erhalt des Unternehmens getroffen wird. Dem redlichen Schuldner wird Gelegenheit gegeben, sich von seinen restlichen Verbindlichkeiten zu befreien.

§ 1 übernimmt in veränderter Fassung. § 1 RegEInsO. Der folgende Begründungstext entspricht zum Teil BT-Drs. 12/2443, S. 108/109, „Zu § 1", und BT-Drs. 12/7302, S. 155, zu Nr. 1 („Zu § 1").

Das neue Insolvenzverfahren faßt wesentliche Elemente des bisherigen Vergleichsverfahrens und des bisherigen Konkursverfahrens zusammen. Es enthält damit unterschiedliche Gestaltungsmöglichkeiten für die Rechtsbeziehungen zwischen Schuldner und Gläubigern. Insbesondere kann im Verfahren die Fortführung der unternehmerischen Tätigkeit des Schuldners, aber auch die Liquidation des Vermögens des Schuldners angestrebt werden. Das Verfahren kann nach den gesetzlichen Vorschriften über die Verwaltung, Verwertung und Verteilung der Insolvenzmasse abgewickelt werden; es kann aber auch durch eine Übereinkunft der Beteiligten („Insolvenzplan") abweichend von den gesetzlichen Vorschriften beendet werden. Dennoch liegt dem neuen Verfahren ein einheitliches Hauptziel zugrunde: die bestmögliche Befriedigung der Gläubiger. Dieses Ziel ist in erster Linie maßgeblich für die Entscheidungen, die innerhalb des Verfahrens zu treffen sind. Das Insolvenzrecht dient der Verwirklichung der Vermögenshaftung in Fällen, in denen der Schuldner zur vollen Befriedigung aller Gläubiger nicht mehr in der Lage ist. Insofern ergänzt es das Recht der Einzelzwangsvollstreckung, das im Achten Buch der Zivilprozeßordnung geregelt ist. 1

Das Ziel der gemeinschaftlichen Befriedigung der Gläubiger wird besonders hervorgehoben, da es das gesamte Insolvenzverfahren prägt. Auch die Tätigkeit des Insolvenzverwalters und die Aufsichts- und Eingriffsbefugnisse des Gerichts sind in erster Linie an diesem Ziel auszurichten. Aus diesem Ziel folgt zudem der starke Einfluß, der den Gläubigern auf den Beginn, den Ablauf und die Beendigung des Verfahrens eingeräumt wird. Es wird dementsprechend zum einen zum Ausdruck gebracht, daß die Befriedigung der Gläubiger regelmäßig im Wege der Verwertung dieses Vermögens und der Verteilung des Erlöses erfolgt. Zum anderen wird die Gestaltungsfreiheit der Beteiligten ausdrücklich betont. 2

Die Gläubiger, der Schuldner und, wenn dieser keine natürliche Person ist, die als Kapitalgeber am Schuldner beteiligten Personen können die Vermögensrechte, die Gegenstand 3 des Insolvenzverfahrens sind, in einem „Insolvenzplan" abweichend von den Vorschriften des Gesetzentwurfs regeln; dabei sind allerdings die zwingenden Verfahrensvorschriften des Gesetzes zu beachten. Insbesondere ist es möglich, auf eine Verwertung des Schuldnervermögens zu verzichten und die Befriedigung der Gläubiger in anderer Weise zu regeln oder die Befreiung des Schuldners von seinen Verbindlichkeiten an abweichende Voraussetzungen zu knüpfen; auch können die vermögensrechtlichen Verhältnisse des Schuldners und der an ihm beteiligten Personen neu geordnet werden. Für einen solchen Plan gelten die Vorschriften des Sechsten Teils des Gesetzes, die Mehrheitsentscheidungen zulassen, ohne einen angemessenen Minderheitenschutz zu vernachlässigen.

Die Erhaltung von Unternehmen oder von Betrieben ist kein eigenständiges Ziel des Insolvenzverfahrens. Das Verfahren bietet den Beteiligten aber einen rechtlichen Rahmen, in dem die Verhandlungen über die Fortführung oder die Stillegung eines insolventen Unternehmens nach marktwirtschaftlichen Grundsätzen stattfinden können. Mit der Eröffnung des Verfahrens ist noch keine Vorentscheidung in Richtung auf eine Liquidation des Unternehmens getroffen. Ist die Fortführung des Unternehmens durch den Schuldner die für die Gläubiger günstigste Lösung, so werden sie bereit sein, einem entsprechenden Fortführungsplan zuzustimmen.

4   Das Verfahren bietet weiter dem Schuldner, der eine natürliche Person ist, die Möglichkeit, sich von der Haftung auch für solche Verbindlichkeiten zu befreien, die aus seinem vorhandenen Vermögen nicht erfüllt werden können. Diese Schuldbefreiung kann für Verbraucher und Kleingewerbetreibende im Rahmen eines auf ihre besonderen Bedürfnisse zugeschnittenen Verbraucherinsolvenzverfahrens (Neunter Teil) durch einen von allen Beteiligten gebilligten Schuldenbereinigungsplan und für die übrigen Schuldner (etwa persönlich haftende Gesellschafter eines großen Unternehmens) im Rahmen des Regelinsolvenzverfahrens durch einen von den Beteiligten mehrheitlich gebilligten Insolvenzplan erfolgen. Unter besonderen Voraussetzungen kann ein redlicher Schuldner aber auch ohne eine solche Übereinkunft kraft Gesetzes Restschuldbefreiung erlangen. Hierin liegt eine wichtige Neuerung des Gesetzes gegenüber dem geltenden Recht.

§ 2
Amtsgericht als Insolvenzgericht

(1) Für das Insolvenzverfahren ist das Amtsgericht, in dessen Bezirk ein Landgericht seinen Sitz hat, als Insolvenzgericht für den Bezirk dieses Landgerichts ausschließlich zuständig.

(2) Die Landesregierungen werden ermächtigt, zur sachdienlichen Förderung oder schnelleren Erledigung der Verfahren durch Rechtsverordnung andere oder zusätzliche Amtsgerichte zu Insolvenzgerichten zu bestimmen und die Bezirke der Insolvenzgerichte abweichend festzulegen. Die Landesregierungen können die Ermächtigung auf die Landesjustizverwaltungen übertragen.

§ 2 entspricht § 2 RegEInsO. Der folgende Begründungstext entspricht im wesentlichen BT-Drs. 12/2443, S. 109/110, „Zu § 2".

1   Die ausschließliche Zuständigkeit des Amtsgerichts in Insolvenzsachen (Absatz 1) entspricht geltendem Konkurs- und Vergleichsrecht (§ 71 KO; § 2 Abs. 1 Satz 1 VerglO); in den fünf neuen Bundesländern sind die Kreisgerichte für Gesamtvollstreckungsverfahren zuständig (§ 1 Abs. 2 GesO). Die Zuständigkeit des Amtsgerichts kann beibehalten werden, da die Rolle des Insolvenzgerichts im künftigen Insolvenzverfahren nicht we-

sentlich von der nach dem bisherigen Recht abweichen soll. Zwar werden dem Insolvenzgericht einzelne neue, bedeutsame Entscheidungszuständigkeiten übertragen, etwa die Entscheidungen zur Restschuldbefreiung (§§ 291, 296, 300, 303). Diese neuen Aufgaben rechtfertigen es aber nicht, die Zuständigkeit des Amtsgerichts durch die des Landgerichts zu ersetzen. Ein Kollegialgericht wäre für die zügige Abwicklung eines Insolvenzverfahrens weniger geeignet. Das Festhalten an der Zuständigkeit des Amtsgerichts ermöglicht es darüber hinaus, in Insolvenzsachen das bewährte Zusammenwirken von Richter am Amtsgericht und Rechtspfleger im wesentlichen unverändert beizubehalten.

Abweichend vom bisherigen Recht ist jedoch vorgesehen, daß in jedem Landgerichtsbezirk grundsätzlich nur ein Amtsgericht, das Amtsgericht am Sitz des Landgerichts, für Insolvenzsachen zuständig ist. Durch diese Konzentration der Insolvenzverfahren wird dazu beigetragen, daß die Richter und Rechtspfleger an den Insolvenzgerichten besondere Erfahrung und Sachkunde auf diesem Gebiet erwerben und damit auch den zum Teil erhöhten Anforderungen des neuen Insolvenzverfahrens gewachsen sind; ihnen können leichter die technischen Hilfsmittel zur Verfügung gestellt werden, die insbesondere für die Abwicklung großer Verfahren erforderlich sind. Nach dem bisherigen Recht konnte eine solche Zusammenfassung der Zuständigkeit für Insolvenzsachen durch landesrechtliche Verordnung, aufgrund der Ermächtigung in § 71 Abs. 3 KO, erreicht werden; von dieser Ermächtigung haben die einzelnen Länder in sehr unterschiedlichem Umfang Gebrauch gemacht. 2

Für den Fall, daß die in Absatz 1 vorgesehene Konzentration nach den besonderen örtlichen Verhältnissen in einzelnen Landgerichtsbezirken nicht zweckmäßig erscheint, erlaubt es Absatz 2 den Landesregierungen, die sachliche Zuständigkeit für Insolvenzsachen abweichend zu regeln. Insbesondere kommt in Betracht, in Landgerichtsbezirken mit mehreren, örtlich getrennten Wirtschaftsschwerpunkten mehrere Amtsgerichte zu Insolvenzgerichten zu bestimmen. Im Einzelfall kann es auch zweckmäßig sein, die Insolvenzsachen über einen Landgerichtsbezirk hinaus zu konzentrieren. Die Voraussetzungen für eine solche abweichende Regelung („zur sachdienlichen Förderung oder schnelleren Erledigung", vgl. § 74 c Abs. 3 GVG) entsprechen im wesentlichen den Kriterien, die § 71 Abs. 3 KO für die Konzentration der Konkurssachen über den Amtsgerichtsbezirk hinaus vorsieht. Absatz 2 erlaubt es damit nicht weniger gut als das geltende Recht, bei der Regelung der sachlichen Zuständigkeit für Insolvenzsachen besonderen örtlichen Gegebenheiten Rechnung zu tragen. Die Konzentration der Insolvenzverfahren auf ein Amtsgericht in jedem Landgerichtsbezirk soll jedoch die Regel, nicht – wie nach der bisherigen Gesetzeslage – eine mögliche Ausnahme sein. 3

Soweit das Amtsgericht aufgrund der in § 2 vorgesehenen Regelung auch die Zuständigkeit für Insolvenzsachen aus anderen Amtsgerichtsbezirken hat, ist sein Bezirk speziell für Insolvenzsachen erweitert. Für die Rechtshilfe folgt daraus, daß andere Amtsgerichte innerhalb dieses erweiterten Bezirks vom Insolvenzgericht nicht als Rechtshilfegerichte in Anspruch genommen werden können.

§ 3
Örtliche Zuständigkeit

(1) Örtlich zuständig ist ausschließlich das Insolvenzgericht, in dessen Bezirk der Schuldner seinen allgemeinen Gerichtsstand hat. Liegt der Mittelpunkt einer selbständigen wirtschaftlichen Tätigkeit des Schuldners an einem anderen Ort, so ist ausschließlich das Insolvenzgericht zuständig, in dessen Bezirk dieser Ort liegt.

(2) Sind mehrere Gerichte zuständig, so schließt das Gericht, bei dem zuerst die Eröffnung des Insolvenzverfahrens beantragt worden ist, die übrigen aus.

§ 3 entspricht § 3 RegEInsO. Der folgende Begründungstext entspricht BT-Drs. 12/2443, S. 110, „Zu § 3".

Die Regelung der örtlichen Zuständigkeit entspricht im wesentlichen dem geltenden Konkurs- und Vergleichsrecht (§ 71 Abs. 1 und 2 KO; § 2 Abs. 1 Satz 1 VerglO; ähnlich § 1 Abs. 2 GesO). Der Begriff der „gewerblichen Niederlassung" wird durch die präzisere Formulierung „Mittelpunkt einer selbständigen wirtschaftlichen Tätigkeit" ersetzt. Dadurch wird verdeutlicht, daß nicht nur ein „Gewerbe" im Rechtssinne erfaßt werden soll und daß es bei mehreren Niederlassungen auf die Hauptniederlassung ankommt.

§ 4
Anwendbarkeit der Zivilprozeßordnung

Für das Insolvenzverfahren gelten, soweit dieses Gesetz nichts anderes bestimmt, die Vorschriften der Zivilprozeßordnung entsprechend.

§ 4 entspricht § 4 RegEInsO. Der folgende Begründungstext entspricht BT-Drs. 12/2443, S. 110, „Zu § 4".

Die subsidiäre Maßgeblichkeit der Zivilprozeßordnung ist auch im geltenden Recht angeordnet (§ 72 KO; § 115 VerglO; § 1 Abs. 3 GesO).

§ 5
Verfahrensgrundsätze

(1) Das Insolvenzgericht hat von Amts wegen alle Umstände zu ermitteln, die für das Insolvenzverfahren von Bedeutung sind. Es kann zu diesem Zweck insbesondere Zeugen und Sachverständige vernehmen.

(2) Die Entscheidungen des Gerichts können ohne mündliche Verhandlung ergehen.

(3) Tabellen und Verzeichnisse können maschinell hergestellt und bearbeitet werden.

§ 5 entspricht im wesentlichen § 5 RegEInsO. Der folgende Begründungstext entspricht im wesentlichen BT-Drs. 12/2443, S. 110, „Zu § 5", und BT-Drs. 12/7302, S. 155, zu Nr. 2 („Zu § 5 Abs. 1").

1 Die Regelung des Absatzes 1, nach der das Insolvenzgericht von Amts wegen ermittelt, hat ihre Vorbilder in § 75 KO und § 116 VerglO (vgl. auch § 2 Abs. 2 Satz 2 und 3 GesO). Ein ausdrücklicher Hinweis auf die Möglichkeit, den Schuldner zu hören, ist dabei im Rahmen der Aufzählung der Befugnisse des Insolvenzgerichts beim Amtsermittlungsgrundsatz nicht erforderlich, weil § 20 und die §§ 97, 98 detailliert die Auskunftspflichten des Schuldners unter anderem gegenüber dem Insolvenzgericht regeln.

2 Absatz 2 erlaubt ebenso wie § 73 Abs. 1 KO, § 117 VerglO und § 2 Abs. 2 Satz 4 GesO das Absehen von mündlichen Verhandlungen.

Durch Absatz 3 wird klargestellt, daß die Tabelle der Insolvenzforderungen (§ 175 InsO) und die Stimmliste (§ 239 InsO) im Wege der elektronischen Datenverarbeitung oder mit anderen maschinellen Einrichtungen erstellt werden können. Auch die Zivilprozeßordnung erklärt in verschiedenen Vorschriften ausdrücklich die maschinelle Bearbeitung für zulässig (§ 641 l Abs. 4, § 642 a Abs. 5 Satz 1, § 689 Abs. 1 Satz 2 ZPO). Daß der Insolvenzverwalter berechtigt ist, das Verzeichnis der Massegegenstände, das Gläubigerverzeichnis und die Vermögensübersicht (§§ 151 bis 153 InsO) sowie die Verteilungsverzeichnisse (§ 188 InsO) maschinell zu erstellen, braucht nicht besonders erwähnt zu werden.

§ 6
Sofortige Beschwerde

(1) Die Entscheidungen des Insolvenzgerichts unterliegen nur in den Fällen einem Rechtsmittel, in denen dieses Gesetz die sofortige Beschwerde vorsieht.

(2) Die Beschwerdefrist beginnt mit der Verkündung der Entscheidung oder, wenn diese nicht verkündet wird, mit deren Zustellung. Das Insolvenzgericht kann der Beschwerde abhelfen.

(3) Die Entscheidung des Landgerichts über die Beschwerde wird erst mit der Rechtskraft wirksam. Das Landgericht kann jedoch die sofortige Wirksamkeit der Entscheidung anordnen.

§ 6 entspricht im wesentlichen § 6 RegEInsO. Der folgende Begründungstext entspricht im wesentlichen BT-Drs. 12/2443, S. 110, „Zu § 6", und BT-Drs. 12/7302, S. 155, zu Nr. 3 („Zu § 6 Abs. 3").

Um den zügigen Ablauf des Insolvenzverfahrens zu gewährleisten, sollen nach Absatz 1 die gerichtlichen Entscheidungen nur in den Fällen mit Rechtsmitteln angefochten werden können, in denen das Gesetz dies ausdrücklich vorsieht. In diesen Fällen wird jeweils besonders bestimmt, daß die sofortige Beschwerde statthaft ist. Die Regelung entspricht dem geltenden Vergleichsrecht (§ 121 Abs. 1, 2 Satz 1 VerglO). Sie schließt nicht aus, daß gegen Entscheidungen des Rechtspflegers nach § 11 Rechtspflegergesetz der Rechtsbehelf der Erinnerung stattfindet.

1

Auch die Regelung in Absatz 2 Satz 1 für den Beginn der Beschwerdefrist ist aus der Vergleichsordnung übernommen (§ 121 Abs. 2 Satz 3 VerglO). Für die Länge dieser Frist wird, abweichend von der Vergleichsordnung (§ 121 Abs. 2 Satz 2: eine Woche), aber in Übereinstimmung mit dem geltenden Konkursrecht, keine Sonderregelung getroffen; maßgeblich ist daher die zweiwöchige Dauer, die in § 577 Abs. 2 Satz 1 ZPO festgelegt ist und die auch im Insolvenzverfahren angemessen erscheint.

2

In Absatz 2 Satz 2 wird dem Insolvenzgericht allgemein das Recht eingeräumt, einer sofortigen Beschwerde selbst abzuhelfen. Soweit das Gericht von der Abhilfemöglichkeit Gebrauch macht, entfällt eine Befassung des für die Entscheidung über Beschwerden zuständigen (Absatz 3 Satz 1) Landgerichts; der zügige Fortgang des Insolvenzverfahrens wird gefördert. Die Vergleichsordnung sieht diese Abhilfemöglichkeit bereits für bestimmte Einzelfälle vor (vgl. § 41 Abs. 4 Satz 2, § 43 Abs. 3 Satz 2, § 45 Abs. 2 Satz 2 VerglO). Für den Rechtspfleger braucht dagegen eine entsprechende Abhilfemöglichkeit bei der befristeten Erinnerung (vgl. § 11 Abs. 1 Satz 2, Abs. 2 Rechtspflegergesetz) nicht vorgesehen zu werden; wenn innerhalb desselben Gerichts der Richter und nicht

3

der Rechtspfleger entscheidet, muß dies keinen großen Unterschied für den zeitlichen Ablauf des Verfahrens bedeuten. Soweit bisher in der Literatur aus der Abhilfemöglichkeit des Richters in den genannten Fällen der Vergleichsordnung eine Abhilfemöglichkeit auch des Rechtspflegers gefolgert wird, widerspricht diese Auslegung dem Wortlaut des Rechtspflegergesetzes.

4   Absatz 3, der den Zeitpunkt des Wirksamwerdens der Entscheidung des Beschwerdegerichts regelt, entspricht § 74 KO.

§ 7
Weitere Beschwerde

(1) Gegen die Entscheidung des Landgerichts läßt das Oberlandesgericht auf Antrag die sofortige weitere Beschwerde zu, wenn diese darauf gestützt wird, daß die Entscheidung auf einer Verletzung des Gesetzes beruht, und die Nachprüfung der Entscheidung zur Sicherung einer einheitlichen Rechtsprechung geboten ist. Für den Zulassungsantrag gelten die Vorschriften über die Einlegung der sofortigen weiteren Beschwerde entsprechend, für die Prüfung der Verletzung des Gesetzes die §§ 550, 551, 561 und 563 der Zivilprozeßordnung.

(2) Will das Oberlandesgericht bei der Entscheidung über die weitere Beschwerde in einer Frage aus dem Insolvenzrecht von der auf weitere Beschwerde ergangenen Entscheidung eines anderen Oberlandesgerichts abweichen, so hat es die weitere Beschwerde dem Bundesgerichtshof zur Entscheidung vorzulegen. Ist über die Rechtsfrage bereits eine Entscheidung des Bundesgerichtshofs ergangen, so gilt das gleiche, wenn das Oberlandesgericht von dieser Entscheidung abweichen will. Der Vorlagebeschluß ist zu begründen; ihm ist die Stellungnahme des Beschwerdeführers beizufügen.

(3) Sind in einem Land mehrere Oberlandesgerichte errichtet, so kann die Entscheidung über die weitere Beschwerde in Insolvenzsachen von den Landesregierungen durch Rechtsverordnung einem der Oberlandesgerichte oder dem Obersten Landesgericht zugewiesen werden, sofern die Zusammenfassung der Rechtspflege in Insolvenzsachen, insbesondere der Sicherung einer einheitlichen Rechtsprechung, dienlich ist. Die Landesregierungen können die Ermächtigung auf die Landesjustizverwaltungen übertragen. Absatz 2 bleibt unberührt.

§ 7 entspricht zum Teil § 7 RegEInsO. Der folgende Begründungstext entspricht zum Teil BT-Drs. 12/2443, S. 110/111, „Zu § 7", und BT-Drs. 12/7302, S. 155, zu Nr. 4 („Zu § 7").

1   Nach geltendem Recht können Entscheidungen des Landgerichts als Beschwerdegericht in Konkurssachen nur unter der Voraussetzung des § 568 Abs. 2 ZPO mit der weiteren Beschwerde angefochten werden, über die das Oberlandesgericht entscheidet; gegen die Entscheidung des Oberlandesgerichts ist ein Rechtsmittel nicht gegeben (vgl. § 567 Abs. 4 Satz 1 ZPO). Im Vergleichsverfahren sind schon die Entscheidungen des Beschwerdegerichts unanfechtbar (§ 121 Abs. 3 VerglO). Damit fehlen weitgehend die Voraussetzungen für eine einheitliche Rechtsprechung in Konkurs- und Vergleichssachen.

2   Diesem Mangel des geltenden Rechts wird dadurch abgeholfen, daß den Oberlandesgerichten die Möglichkeit eingeräumt wird (Absatz 1), eine sofortige weitere Beschwerde

gegen eine Beschwerdeentscheidung des Landgerichts zuzulassen. Zulassungsvoraussetzung ist neben einer Gesetzesverletzung, daß die Nachprüfung der Entscheidung zur Sicherung einer einheitlichen Rechtsprechung geboten ist. Mit dieser Zulassungsrechtsbeschwerde können schwer erträgliche Unterschiede in der Rechtsprechung zu Insolvenzsachen verhindert werden.

Diesem Ziel dient auch Absatz 2, der die Oberlandesgerichte dazu verpflichtet, im Falle einer beabsichtigten Abweichung von anderen obergerichtlichen Entscheidungen den Bundesgerichtshof anzurufen.   3

Bei den Oberlandesgerichten, die zur Entscheidung über die sofortige weitere Beschwerde in Insolvenzsachen berufen sind, wird die Möglichkeit einer Konzentration begründet (Absatz 3). Die Landesregierungen können dadurch, daß sie von der Konzentrationsermächtigung Gebrauch machen, zur Gerichtsentlastung beitragen und auf eine einheitliche Rechtsprechung in Insolvenzsachen hinwirken.   4

§ 8
Zustellungen

(1) Die Zustellungen geschehen von Amts wegen. Sie können durch Aufgabe zur Post erfolgen. Einer Beglaubigung des zuzustellenden Schriftstücks bedarf es nicht.

(2) An Personen, deren Aufenthalt unbekannt ist, wird nicht zugestellt. Haben sie einen zur Entgegennahme von Zustellungen berechtigten Vertreter, so wird dem Vertreter zugestellt.

(3) Das Insolvenzgericht kann den Insolvenzverwalter beauftragen, die Zustellungen durchzuführen.

§ 8 entspricht weitgehend § 8 RegEInsO. Der folgende Begründungstext entspricht im wesentlichen BT-Drs. 12/2443, S. 111, „Zu § 8", und BT-Drs. 12/7302, S. 155, zu Nr. 5 („Zu § 8").

Die Regelungen der Zustellungen entsprechen im wesentlichen § 73 Abs. 2, 77 Abs. 1 KO und § 118 Abs. 1 Satz 2 VerglO. Die Auswahl der gebotenen Art der Zustellung obliegt dem pflichtgemäßen Ermessen des Gerichts.   1

Abweichend vom geltenden Vergleichsrecht (§ 118 Abs. 2 VerglO) wird darauf verzichtet, für die Zustellung an eine Person, die sich im Ausland aufhält, eine Einschreibsendung zu verlangen. Das dient der Vereinfachung des Verfahrens. Auch nach der Zivilprozeßordnung ist in den Fällen, in denen die Zustellung durch Aufgabe zur Post an eine Partei im Ausland zulässig ist, im Grundsatz keine Einschreibsendung erforderlich (vgl. § 174 Abs. 2, § 175 ZPO). Außerdem wird die Zustellung an einen Vertreter nicht davon abhängig gemacht, daß dieser im Inland wohnt.   2

Vorbild für Absatz 3 ist § 6 Abs. 3 GesO. Danach obliegt in Gesamtvollstreckungsverfahren dem Verwalter die Zustellung des Eröffnungsbeschlusses an die ihm bekannten Gläubiger. Die positiven Erfahrungen mit dieser Regelung gaben den Anstoß für eine weiterreichende Möglichkeit der Aufgabenverlagerung vom Insolvenzgericht auf den Insolvenzverwalter. Es obliegt dem pflichtgemäßen Ermessen des Gerichts, dem Insolvenzverwalter alle oder einen Teil der Zustellungen zu übertragen. Maßgeblich für   3 eine solche richterliche Entscheidung wird häufig die damit verbundene erhebliche Entlastung des Gerichts sein.

§ 9
Öffentliche Bekanntmachung

(1) Die öffentliche Bekanntmachung erfolgt durch Veröffentlichung in dem für amtliche Bekanntmachungen des Gerichts bestimmten Blatt; die Veröffentlichung kann auszugsweise geschehen. Dabei ist der Schuldner genau zu bezeichnen, insbesondere sind seine Anschrift und sein Geschäftszweig anzugeben. Die Bekanntmachung gilt als bewirkt, sobald nach dem Tag der Veröffentlichung zwei weitere Tage verstrichen sind.

(2) Das Insolvenzgericht kann weitere und wiederholte Veröffentlichungen veranlassen.

(3) Die öffentliche Bekanntmachung genügt zum Nachweis der Zustellung an alle Beteiligten, auch wenn dieses Gesetz neben ihr eine besondere Zustellung vorschreibt.

§ 9 entspricht zum Teil § 9 RegEInsO. Der folgende Begründungstext entspricht zum Teil BT-Drs. 12/2443, S. 111, „Zu § 9", und BT-Drs. 12/7302, S. 156, zu Nr. 6 („Zu § 9 Abs. 1").

1   Wie im geltenden Konkurs- und Vergleichsrecht wird auch im künftigen einheitlichen Insolvenzrecht vorgesehen, daß die Eröffnung und die Einstellung oder Aufhebung des Verfahrens sowie wichtige verfahrensleitende Entscheidungen des Gerichts wie Terminbestimmungen öffentlich bekannt zu machen sind.

2   Dabei ist wie im geltenden Konkursrecht die Veröffentlichung im Bundesanzeiger nicht für alle zu veröffentlichenden Entscheidungen vorgesehen (vgl. insbesondere § 76 Abs. 1 und 2, § 81 Abs. 1, § 93 Abs. 2 Satz 1, § 111 Abs. 2 und § 163 Abs. 3 KO; vgl. auch § 6 Abs. 1 Satz 1, § 19 Abs. 2 Satz 1 GesO; anders § 119 Abs. 3 VerglO). Auch in der Insolvenzordnung ist davon abgesehen worden, die öffentlichen Bekanntmachungen durchgängig im Bundesanzeiger vorzunehmen. Die große Mehrheit der bisherigen Insolvenzverfahren betrifft Unternehmen mit lediglich örtlicher oder regionaler Bedeutung. Bei den zu erwartenden Verbraucherinsolvenzverfahren ist eine generelle Veröffentlichung im Bundesanzeiger noch weniger angebracht. Deshalb erscheint es zweckmäßig, die Regelung der Konkursordnung beizubehalten, nach der die Veröffentlichungen generell in dem für amtliche Bekanntmachungen des Gerichts bestimmten Blatt erfolgen. Zur Unterrichtung überregionaler Gläubiger genügt die Bekanntmachung des Eröffnungsbeschlusses im Bundesanzeiger (vgl. § 30 Abs. 1 Satz 2).

3   Bei Insolvenzen, die für den Geschäftsverkehr bedeutsam sind, wird das Gericht regelmäßig weitere Veröffentlichungen veranlassen, zum Beispiel in Lokalzeitungen am Sitz des Schuldners oder in überregionalen Wirtschaftszeitungen; auch eine wiederholte Veröffentlichung kann angebracht sein (Absatz 2).

4   Die Vorschriften zum Inhalt der Bekanntmachung, zum Zeitpunkt ihres Wirksamwerdens und zu ihrer Funktion, den Nachweis der Zustellung an die Beteiligten zu ersetzen (Absatz 1 Satz 2 und 3, Absatz 3) sind aus dem geltenden Recht übernommen (vgl. § 76 Abs. 1 Satz 2, Abs. 3 KO; § 119 Abs. 1, 2 Satz 2, Abs. 4 VerglO).

§ 10
Anhörung des Schuldners

(1) Soweit in diesem Gesetz eine Anhörung des Schuldners vorgeschrieben ist, kann sie unterbleiben, wenn sich der Schuldner im Ausland aufhält und die Anhörung das Verfahren übermäßig verzögern würde oder wenn der Aufenthalt des Schuldners unbekannt ist. In diesem Fall soll ein Vertreter oder Angehöriger des Schuldners gehört werden.

(2) Ist der Schuldner keine natürliche Person, so gilt Absatz 1 entsprechend für die Anhörung von Personen, die zur Vertretung des Schuldners berechtigt oder an ihm beteiligt sind.

§ 10 entspricht § 10 RegEInsO. Der folgende Begründungstext entspricht im wesentlichen BT-Drs. 12/2443, S. 111, „Zu § 10".

Absatz 1 trifft Vorsorge für den Fall, daß im Gesetz eine Anhörung des Schuldners vorgeschrieben ist, daß dieser sich jedoch im Ausland aufhält oder daß sein Aufenthalt unbekannt ist. Die Vorschrift verallgemeinert die Regelung, die in § 105 Abs. 3 KO für einen Einzelfall der Anhörungspflicht getroffen ist; jedoch wird der Aufenthalt des Schuldners im Ausland nur dann als ausreichender Grund dafür angesehen, eine Anhörung des Schuldners – die auch schriftlich erfolgen kann – zu unterlassen, wenn sie das Verfahren übermäßig verzögern würde. 1

Aus Absatz 2 ergibt sich die entsprechende Anwendung der Vorschrift auf die Fälle, in denen das Insolvenzverfahren über das Vermögen einer juristischen Person oder einer Gesellschaft ohne Rechtspersönlichkeit oder über ein Gesamtgut oder einen Nachlaß eröffnet worden ist (§ 11). Insoweit sieht die Insolvenzordnung die Anhörung der jeweils Vertretungsberechtigten oder beteiligten Personen vor (vgl. § 15 Abs. 2 Satz 2, § 15 Abs. 3 Satz 1, § 317 Abs. 2 Satz 2, § 318 Abs. 2 Satz 2, § 332 Abs. 3 Satz 2). 2

ZWEITER TEIL
Eröffnung des Insolvenzverfahrens.
Erfaßtes Vermögen und Verfahrensbeteiligte

ERSTER ABSCHNITT
Eröffnungsvoraussetzungen und Eröffnungsverfahren

§ 11
Zulässigkeit des Insolvenzverfahrens

(1) Ein Insolvenzverfahren kann über das Vermögen jeder natürlichen und jeder juristischen Person eröffnet werden. Der nicht rechtsfähige Verein steht insoweit einer juristischen Person gleich.

(2) Ein Insolvenzverfahren kann ferner eröffnet werden:

1. über das Vermögen einer Gesellschaft ohne Rechtspersönlichkeit (offene Handelsgesellschaft, Kommanditgesellschaft, Gesellschaft des Bürgerlichen Rechts, Partenreederei, Europäische wirtschaftliche Interessenvereinigung);

2. nach Maßgabe der §§ 315 bis 334 über einen Nachlaß, über das Gesamtgut einer fortgesetzten Gütergemeinschaft oder über das Gesamtgut einer Gütergemeinschaft, das von den Ehegatten gemeinschaftlich verwaltet wird.

(3) Nach Auflösung einer juristischen Person oder einer Gesellschaft ohne Rechtspersönlichkeit ist die Eröffnung des Insolvenzverfahrens zulässig, solange die Verteilung des Vermögens nicht vollzogen ist.

§ 11 entspricht im wesentlichen § 13 RegEInsO. Der folgende Begründungstext entspricht im wesentlichen BT-Drs. 12/2443, S. 112/113, „Zu § 13", und BT-Drs. 12/7302, S. 156, zu Nr. 9 („Zu § 13 Abs. 2").

1 Die Vorschrift legt fest, welche Rechtsträger und Vermögensmassen Gegenstand eines Insolvenzverfahrens sein können. Sie tritt an die Stelle der verstreuten Bestimmungen des geltenden Rechts über die „Konkursfähigkeit" (vgl. insbesondere die §§ 207, 209, 213, 214, 236 Satz 1, § 236 a Abs. 1 KO; § 63 Abs. 2 GmbHG; § 98 Abs. 2 GenG). Eine zusammenfassende, der neuen Vorschrift im wesentlichen entsprechende Regelung der Problematik ist dagegen in der Gesamtvollstreckungsordnung enthalten (§ 1 Abs. 1 Satz 1 GesO).

2 Absatz 1, der natürliche und juristische Personen sowie den nicht rechtsfähigen Verein betrifft, entspricht dem geltenden Recht. Er wird durch § 12 eingeschränkt, nach dem das Insolvenzverfahren über das Vermögen bestimmter juristischer Personen des öffentlichen Rechts unzulässig ist oder für unzulässig erklärt werden kann.

3 Absatz 2 Nr. 1 enthält eine Legaldefinition der „Gesellschaft ohne Rechtspersönlichkeit". In diesem Rahmen dehnt er die Zulässigkeit eines selbständigen Insolvenzverfahrens auf das Vermögen einer BGB-Gesellschaft aus. Auch bei dieser Gesellschaftsform ist das Gesellschaftsvermögen bestimmten Gläubigern, unter Ausschluß anderer Gläubiger der Gesellschafter, haftungsrechtlich zugewiesen; dies gilt unabhängig davon, ob die Auffassung zutrifft, daß auch Gläubiger, die keine Gesellschaftsgläubiger sind, denen aber aus anderem Rechtsgrund alle Gesellschafter gesamtschuldnerisch haften, unmittelbar auf das Gesellschaftsvermögen zugreifen können. Reine Innengesellschaften, die keine Rechtsbeziehungen zu Dritten begründen, können außer Betracht bleiben, da bei ihnen ein Grund für die Eröffnung eines Insolvenzverfahrens nicht eintreten kann. Das praktische Bedürfnis für die vorgesehene Regelung ergibt sich daraus, daß auch Gesellschaften des Bürgerlichen Rechts nicht selten als Träger eines Unternehmens am Geschäftsverkehr teilnehmen. Sie sollen im Grundsatz den gleichen insolvenzrechtlichen Regeln unterliegen wie offene Handelsgesellschaften.

Mit der Möglichkeit eines Insolvenzverfahrens über das Gesellschaftsvermögen ist nicht automatisch die passive Parteifähigkeit der Gesellschaft bürgerlichen Rechts verbunden. Gerade der Vergleich zum nichtrechtsfähigen Verein verdeutlicht, daß allein die Möglichkeit der Eröffnung eines Insolvenzverfahrens nicht die Parteifähigkeit bedingt. Erforderlich bleibt die ausdrückliche Anordnung, die für den nichtrechtsfähigen Verein in § 50 Abs. 2 ZPO erfolgt ist. Für die Gesellschaft bürgerlichen Rechts ist eine ausdrückliche Regelung dieser Art nicht vorgesehen.

4 Ebenso wird die Partenreederei des § 489 HGB, die starke Ähnlichkeit mit der offenen Handelsgesellschaft aufweist, als „insolvenzverfahrensfähig" anerkannt. Dieser Rechtsform kommt seit einiger Zeit wieder eine gewisse wirtschaftliche Bedeutung zu.

5 Die Zulässigkeit des Insolvenzverfahrens über das Vermögen einer Europäischen wirtschaftlichen Interessenvereinigung ergibt sich daraus, daß auf diese Gesellschaftsform

nach § 1 des EWIV-Ausführungsgesetzes vom 14. April 1988 (BGBl. I S. 514) im Grundsatz die für eine offene Handelsgesellschaft geltenden Vorschriften anzuwenden sind.

Zum Insolvenzverfahren über das Gesamtgut einer gemeinschaftlich verwalteten Gütergemeinschaft (Absatz 2 Nr. 2) wird in Absatz 3 klargestellt, daß die Eröffnung eines solchen Verfahrens auch noch nach der Beendigung der Gütergemeinschaft bis zu deren Auseinandersetzung möglich ist. Schon das geltende Konkursrecht wird in diesem Sinne ausgelegt. Das Nachlaßinsolvenzverfahren und das Insolvenzverfahren über das Gesamtgut einer fortgesetzten Gütergemeinschaft (Absatz 2 Nr. 2) erfordern zahlreiche Sonderregelungen, die daher in einem besonderen Teil des Gesetzes zusammengefaßt sind. **6**

„Schuldner" im Sinne der Insolvenzordnung können also nicht nur natürliche und juristische Personen sein, sondern auch der nicht rechtsfähige Verein und die in Absatz 2 bezeichneten Gesellschaften und Sondervermögen, ohne daß deren Rechtsnatur dadurch präjudiziert wird. **7**

§ 12
Juristische Personen des öffentlichen Rechts

(1) Unzulässig ist das Insolvenzverfahren über das Vermögen

1. des Bundes oder eines Landes;

2. einer juristischen Person des öffentlichen Rechts, die der Aufsicht eines Landes untersteht, wenn das Landesrecht dies bestimmt.

(2) Hat ein Land nach Absatz 1 Nr. 2 das Insolvenzverfahren über das Vermögen einer juristischen Person für unzulässig erklärt, so können im Falle der Zahlungsunfähigkeit oder der Überschuldung dieser juristischen Person deren Arbeitnehmer von dem Land die Leistungen verlangen, die sie im Falle der Eröffnung eines Insolvenzverfahrens nach den Vorschriften des Arbeitsförderungsgesetzes über das Insolvenzausfallgeld vom Arbeitsamt und nach den Vorschriften des Gesetzes zur Verbesserung der betrieblichen Altersversorgung vom Träger der Insolvenzsicherung beanspruchen könnten.

§ 12 entspricht § 14 RegEInsO. Der folgende Begründungstext entspricht im wesentlichen BT-Drs. 12/2443, S. 113, „Zu § 14", und BT-Drs. 12/7302, S. 156, zu Nr. 10 („Zu § 14").

Für das geltende Recht ist allgemein anerkannt, daß der Bund und die Länder nicht konkursfähig sind. Dem entspricht die ausdrückliche Regelung in Absatz 1 Nr. 1. **1**

Durch Absatz 1 Nr. 2 wird Artikel IV des „Einführungsgesetzes zu dem Gesetze, betreffend Änderungen der Konkursordnung" vom 17. Mai 1898 (BGBl. III 311–3) inhaltlich übernommen. Auch für das künftige Insolvenzverfahren sollen die Länder die Möglichkeit haben, für juristische Personen des öffentlichen Rechts die Zulässigkeit des Verfahrens auszuschließen. Die Regelung dient dazu, die Funktionsfähigkeit der öffentlichen Verwaltung aufrechtzuerhalten. Ihr Gegenstück in der Einzelzwangsvollstreckung sind § 882 a ZPO und § 15 Nr. 3 EGZPO. **2**

Eine juristische Person, über deren Vermögen ein Konkursverfahren nicht zulässig ist, unterliegt nicht den Beitrags- und Umlagepflichten nach dem Arbeitsförderungsgesetz und dem Betriebsrentengesetz (vgl. § 186 c Abs. 2 Satz 2, Abs. 3 Satz 1 AFG; § 17 Abs. 2 BetrAVG). Wird die juristische Person insolvent, so sind ihre Arbeitnehmer weder durch Insolvenzausfallgeld noch durch einen Eintritt des Pensions-Sicherungs-Vereins geschützt. Es erscheint daher erforderlich, den Schutz der Ansprüche auf Arbeitsentgelt und der Betriebsrenten im Fall einer solchen Insolvenz auf andere Weise sicherzustellen. Dies geschieht durch die Regelung in Absatz 2, nach der ein Land, das eine juristische Person für „insolvenzverfahrensunfähig" erklärt hat, im dennoch eingetretenen Insolvenzfall verpflichtet ist, den Arbeitnehmern selbst die Leistungen zu erbringen, die im Falle der Zulässigkeit eines Insolvenzverfahrens vom Arbeitsamt und vom Pensions-Sicherungs-Verein erbracht worden wären.

3   Keiner Regelung bedarf im Zusammenhang mit § 12 die Unzulässigkeit des Insolvenzverfahrens über das Vermögen der Kirchen. Nach der Rechtsprechung des Bundesverfassungsgerichts (BVerfGE 66, 1 ff.) folgt aus Artikel 140 GG i. V. m. Artikel 137 Abs. 3 der Weimarer Verfassung die Unanwendbarkeit konkursrechtlicher Vorschriften auf Religionsgemeinschaften, die als öffentlich-rechtliche Körperschaften organisiert sind: Nach Artikel 137 Abs. 3 der Weimarer Verfassung ordnet und verwaltet jede Religionsgemeinschaft ihre Angelegenheiten selbständig innerhalb der Schranken des für alle geltenden Gesetzes. Zu den „für alle geltenden" Gesetzen sind dabei nur solche zu rechnen, die für die Religionsgemeinschaft dieselbe Bedeutung haben wie für jedermann. Die mit der Eröffnung des Insolvenzverfahrens verbundene Einschränkung der Verfügungs- und Verwaltungsbefugnis der Religionsgemeinschaft und der Übergang der Rechte auf den Insolvenzverwalter würde aber die Verwirklichung des kirchlichen Auftrags nahezu unmöglich machen. Darin müßte eine Beeinträchtigung der den Religionsgemeinschaften verfassungsrechtlich gewährleisteten Autonomie gesehen werden. Deshalb kann auch das künftige Insolvenzrecht jedenfalls auf solche Religionsgemeinschaften, die als Körperschaften des öffentlichen Rechts organisiert sind, keine Anwendung finden.

§ 13
Eröffnungsantrag

(1) Das Insolvenzverfahren wird nur auf Antrag eröffnet. Antragsberechtigt sind die Gläubiger und der Schuldner.

(2) Der Antrag kann zurückgenommen werden, bis das Insolvenzverfahren eröffnet oder der Antrag rechtskräftig abgewiesen ist.

§ 13 entspricht § 15 RegEInsO. Der folgende Begründungstext entspricht im wesentlichen BT-Drs. 12/2443, S. 113, „Zu § 15".

1   Auch in Zukunft soll ein Insolvenzverfahren nur auf Antrag eröffnet werden (Absatz 1 Satz 1). Eine Verfahrenseröffnung von Amts wegen wird es im künftigen Recht ebensowenig geben wie im geltenden Konkurs-, Vergleichs- und Gesamtvollstreckungsrecht (vgl. § 103 KO, § 2 VerglO, § 2 Abs. 1 Satz 1 GesO); sie wäre mit der bestehenden Wirtschafts- und Privatrechtsordnung auch kaum vereinbar.

2   Nach Absatz 1 Satz 2 ist neben dem Schuldner jeder Gläubiger antragsberechtigt (vgl. § 2 Abs. 1 Satz 2 GesO). Die geltende Konkursordnung beschränkt das Antragsrecht dagegen auf die „Konkursgläubiger" und die „in § 59 Abs. 1 Nr. 3 genannten Massegläubiger" (§ 103 Abs. 2 KO), genauer gesagt auf die Gläubiger, die im Falle einer Eröffnung des Konkursverfahrens zu diesen Gläubigerkategorien gehören würden. Im Rahmen der Insol-

venzordnung ergibt sich eine ähnliche Einschränkung aus dem Erfordernis des rechtlichen Interesses (§ 14 Abs. 1); der Antrag eines Gläubigers beispielsweise, der als Aussonderungsberechtigter (§ 47) seine Rechte innerhalb wie außerhalb des Verfahrens in gleicher Weise geltend machen kann, ist wegen Fehlens dieses rechtlichen Interesses unzulässig.

Aus Absatz 2 geht hervor, daß der Antrag nach der Eröffnung des Verfahrens nicht mehr zurückgenommen werden kann, auch nicht in der Zeit, in der die Verfahrenseröffnung noch nicht rechtskräftig ist. Im Interesse der Rechtssicherheit soll eine Verfahrenseröffnung mit ihren Wirkungen gegenüber Dritten durch eine Rücknahme des Antrags nicht mehr in Frage gestellt werden können. 3

§ 14
Antrag eines Gläubigers

(1) Der Antrag eines Gläubigers ist zulässig, wenn der Gläubiger ein rechtliches Interesse an der Eröffnung des Insolvenzverfahrens hat und seine Forderung und den Eröffnungsgrund glaubhaft macht.

(2) Ist der Antrag zulässig, so hat das Insolvenzgericht den Schuldner zu hören.

§ 14 entspricht § 16 RegEInsO. Der folgende Begründungstext entspricht im wesentlichen BT-Drs. 12/2443, S. 113, „Zu § 16".

Die Vorschrift ist aus dem geltenden Konkursrecht übernommen (§ 105 Abs. 1 und 2 KO; vgl. auch § 2 Abs. 1 Satz 3, § 4 Abs. 1 Satz 1 GesO). 1

In Absatz 1 ist der Hinweis auf das erforderliche rechtliche Interesse ergänzt. Daraus ergibt sich einmal, daß der Antrag nur zulässig ist, wenn der Gläubiger im Falle der Eröffnung des Insolvenzverfahrens an diesem Verfahren beteiligt ist (vgl. die Begründung zu § 13). Zum anderen kann damit einem Mißbrauch des Insolvenzantrags – etwa zu dem Zweck, Zahlungen solventer Schuldner zu erzwingen – vorgebeugt werden. 2

Die in Absatz 2 statuierte Pflicht des Gerichts, den Schuldner zu hören, wird für den Fall, daß der Schuldner sich im Ausland aufhält oder sein Aufenthalt unbekannt ist, durch § 10 eingeschränkt (vgl. § 105 Abs. 3 KO). Ist der Schuldner keine natürliche Person, so sind die Personen zu hören, die ihn im Rechtsverkehr vertreten. 3

§ 15
Antragsrecht bei juristischen Personen
und Gesellschaften ohne Rechtspersönlichkeit

(1) Zum Antrag auf Eröffnung eines Insolvenzverfahrens über das Vermögen einer juristischen Person oder einer Gesellschaft ohne Rechtspersönlichkeit ist außer den Gläubigern jedes Mitglied des Vertretungsorgans, bei einer Gesellschaft ohne Rechtspersönlichkeit oder bei einer Kommanditgesellschaft auf Aktien jeder persönlich haftende Gesellschafter, sowie jeder Abwickler berechtigt.

(2) Wird der Antrag nicht von allen Mitgliedern des Vertretungsorgans, allen persönlich haftenden Gesellschaftern oder allen Abwicklern gestellt, so ist er zulässig, wenn der Eröffnungsgrund glaubhaft gemacht wird. Das Insolvenzgericht hat die übrigen Mitglieder des Vertretungsorgans, persönlich haftenden Gesellschafter oder Abwickler zu hören.

(3) Ist bei einer Gesellschaft ohne Rechtspersönlichkeit kein persönlich haftender Gesellschafter eine natürliche Person, so gelten die Absätze 1 und 2 entsprechend für die organschaftlichen Vertreter und die Abwickler der zur Vertretung der Gesellschaft ermächtigten Gesellschafter. Entsprechendes gilt, wenn sich die Verbindung von Gesellschaften in dieser Art fortsetzt.

§ 15 faßt §§ 17 und 18 RegEInsO zusammen. Der folgende Begründungstext beruht im wesentlichen auf BT-Drs. 12/2443, S. 114, „Zu § 17 und § 18", und BT-Drs. 12/7302, S. 156, zu Nr. 11 („Zu § 17").

Die Regelungen entsprechen inhaltlich dem geltenden Konkursrecht (§§ 208, 210, 213 KO; § 63 Abs. 2 GmbHG). Auch für das neue Insolvenzverfahren erscheint der Grundsatz sachgerecht, daß bei juristischen Personen und Gesellschaften ohne Rechtspersönlichkeit jeder organschaftliche Vertreter oder persönlich haftende Gesellschafter, nach der Auflösung jeder Abwickler, für sich allein zum Eröffnungsantrag berechtigt ist.

Bei der Gesellschaft des bürgerlichen Rechts ist wie bei der offenen Handelsgesellschaft jeder Gesellschafter antragsberechtigt. Bei der Partenreederei kann jeder Mitreeder den Eröffnungsantrag stellen (vgl. die Begründung zu § 11).

§ 16
Eröffnungsgrund

Die Eröffnung des Insolvenzverfahrens setzt voraus, daß ein Eröffnungsgrund gegeben ist.

§ 17
Zahlungsunfähigkeit

(1) Allgemeiner Eröffnungsgrund ist die Zahlungsunfähigkeit.

(2) Der Schuldner ist zahlungsunfähig, wenn er nicht in der Lage ist, die fälligen Zahlungspflichten zu erfüllen. Zahlungsunfähigkeit ist in der Regel anzunehmen, wenn der Schuldner seine Zahlungen eingestellt hat.

§ 16 entspricht § 20 RegEInsO, § 17 entspricht § 21 RegEInsO. Der folgende Begründungstext entspricht im wesentlichen BT-Drs. 12/2443, S. 114, „Zu § 20 und § 21".

1 § 17 Abs. 1 nennt als allgemeinen, für alle Rechtsträger und Vermögensmassen geltenden Eröffnungsgrund die Zahlungsunfähigkeit (vgl. § 102 Abs. 1 KO – der allerdings nicht für den Nachlaßkonkurs und für das Konkursverfahren über das Gesamtgut der fortgesetzten Gütergemeinschaft gilt, §§ 215, 236 KO – und § 1 Abs. 1 Satz 1 GesO).

Der Begriff der Zahlungsunfähigkeit wird in Absatz 2 Satz 1 im Interesse der Rechtsklarheit gesetzlich umschrieben. Dabei wird die Definition zugrunde gelegt, die sich in Rechtsprechung und Literatur für die Zahlungsunfähigkeit durchgesetzt hat.

2 Daß eine vorübergehende Zahlungsstockung keine Zahlungsunfähigkeit begründet, braucht im Gesetzestext nicht besonders zum Ausdruck gebracht zu werden; es versteht sich von selbst, daß ein Schuldner, dem in einem bestimmten Zeitpunkt liquide Mittel fehlen – etwa weil eine erwartete Zahlung nicht eingegangen ist –, der sich die Liquidität aber kurzfristig wieder beschaffen kann, im Sinne der Vorschrift „in der Lage ist, die fälligen Zahlungspflichten zu erfüllen". Würde im Gesetzestext ausdrücklich verlangt, daß eine

„andauernde" Unfähigkeit zur Erfüllung der Zahlungspflichten vorliegt, so könnte dies als Bestätigung der verbreiteten Neigung verstanden werden, den Begriff der Zahlungsunfähigkeit stark einzuengen, etwa auch eine über Wochen oder gar Monate fortbestehende Illiquidität zur rechtlich unerheblichen Zahlungsstockung zu erklären. Eine solche Auslegung würde das Ziel einer rechtzeitigen Verfahrenseröffnung erheblich gefährden. Wenn eindeutig ist, daß nur eine vorübergehende Illiquidität vorliegt, kann und wird sich der Schuldner durch einen Bankkredit neue flüssige Mittel beschaffen; gelingt ihm dies nicht, ist es in aller Regel für die Gläubiger nachteilig, wenn die Eröffnung des Insolvenzverfahrens hinausgezögert wird.

Ebensowenig empfiehlt es sich, im Gesetz vorzuschreiben, daß die Unfähigkeit zur Zahlung einen „wesentlichen Teil" der Verbindlichkeiten betreffen muß; auch hier ist selbstverständlich, daß ganz geringfügige Liquiditätslücken außer Betracht bleiben müssen, und auch hier muß bisherigen Tendenzen zu einer übermäßig einschränkenden Auslegung des Begriffs der Zahlungsunfähigkeit entgegengewirkt werden. Insbesondere erscheint es nicht gerechtfertigt, Zahlungsunfähigkeit erst anzunehmen, wenn der Schuldner einen bestimmten Bruchteil der Gesamtsumme seiner Verbindlichkeiten nicht mehr erfüllen kann. 3

Absatz 2 Satz 2 begründet für den Fall der Zahlungseinstellung eine widerlegliche Vermutung für den Eintritt der Zahlungsunfähigkeit. Die Vorschrift lehnt sich an § 102 Abs. 2 KO an. 4

§ 18
Drohende Zahlungsunfähigkeit

(1) **Beantragt der Schuldner die Eröffnung des Insolvenzverfahrens, so ist auch die drohende Zahlungsunfähigkeit Eröffnungsgrund.**

(2) **Der Schuldner droht zahlungsunfähig zu werden, wenn er voraussichtlich nicht in der Lage sein wird, die bestehenden Zahlungspflichten im Zeitpunkt der Fälligkeit zu erfüllen.**

(3) **Wird bei einer juristischen Person oder einer Gesellschaft ohne Rechtspersönlichkeit der Antrag nicht von allen Mitgliedern des Vertretungsorgans, allen persönlich haftenden Gesellschaftern oder allen Abwicklern gestellt, so ist Absatz 1 nur anzuwenden, wenn der oder die Antragsteller zur Vertretung der juristischen Person oder der Gesellschaft berechtigt sind.**

§ 18 entspricht zum Teil § 22 RegEInsO. Der folgende Begründungstext entspricht weitgehend BT-Drs. 12/2443, S. 114/115, „Zu § 22", und BT-Drs. 12/7302, S. 157, zu Nr. 13 („Zu § 22 Abs. 3").

Entsprechend einem Vorschlag der Kommission für Insolvenzrecht wird die drohende Zahlungsunfähigkeit als neuer Grund für die Eröffnung des Insolvenzverfahrens eingeführt. Er schafft die Möglichkeit, bei einer sich deutlich abzeichnenden Insolvenz bereits vor ihrem Eintritt verfahrensrechtliche Gegenmaßnahmen einzuleiten. 1

Abweichend von dem Kommissionsvorschlag wird dieser Eröffnungsgrund allerdings auf den Fall des Schuldnerantrags beschränkt (Absatz 1). Es soll vermieden werden, daß Außenstehende den Schuldner schon im Vorfeld der Insolvenz durch einen Insolvenzantrag unter Druck setzen können. Bemühungen um eine außergerichtliche Sanierung sollen in diesem Stadium nicht behindert werden können.

§ 19 – Einzelerläuterungen   Teil 2 – Insolvenzordnung

2 Der Begriff der „drohenden Zahlungsunfähigkeit" wird bereits im geltenden Konkursstrafrecht verwendet (vgl. § 283 Abs. 1 – vorangestellter Satzteil –, Abs. 4 Nr. 1, Abs. 5 Nr. 1, § 283 d Abs. 1 Nr. 1 StGB); er wird dort jedoch nicht näher bestimmt. Die in Absatz 2 gegebene Definition ist geeignet, auch für das Strafrecht größere Klarheit zu bringen.

3 Anders als bei der (eingetretenen) Zahlungsunfähigkeit werden bei der bevorstehenden Zahlungsunfähigkeit auch diejenigen Zahlungspflichten des Schuldners in die Betrachtung einbezogen, die schon bestehen, aber noch nicht fällig sind. Ist damit zu rechnen, daß der Schuldner im Zeitpunkt der Fälligkeit dieser Pflichten zu ihrer Erfüllung nicht in der Lage sein wird, so ist der neue Eröffnungsgrund gegeben. Dabei braucht auch hier nicht besonders zum Ausdruck gebracht zu werden, daß eine vorübergehende Zahlungsstockung ebenso außer Betracht bleibt wie eine ganz geringfügige Liquiditätslücke (vgl. die Begründung zu § 17).

In die Prognose, die bei der drohenden Zahlungsunfähigkeit anzustellen ist, muß die gesamte Entwicklung der Finanzlage des Schuldners bis zur Fälligkeit aller bestehenden Verbindlichkeiten einbezogen werden; in diesem Rahmen sind neben den zu erwartenden Einnahmen auch die zukünftigen, noch nicht begründeten Zahlungspflichten mitzuberücksichtigen. Die vorhandene Liquidität und die Einnahmen, die bis zu dem genannten Zeitpunkt zu erwarten sind, müssen den Verbindlichkeiten gegenübergestellt werden, die bereits fällig sind oder bis zu diesem Zeitpunkt voraussichtlich fällig werden. Der Schuldner, der seinen Eröffnungsantrag auf drohende Zahlungsunfähigkeit stützt, kann vom Gericht aufgefordert werden, einen derartigen Liquiditätsplan einzureichen (vgl. § 20).

Das Wort „voraussichtlich" in Absatz 2 ist so zu verstehen, daß der Eintritt der Zahlungsunfähigkeit wahrscheinlicher sein muß als deren Vermeidung. Sobald diese Voraussetzung vorliegt, ist die Befriedigung der Gläubiger so stark gefährdet, daß die Eröffnung eines Insolvenzverfahrens gerechtfertigt erscheint.

4 Absatz 3 betrifft u. a. die Fälle, in denen der Schuldner eine juristische Person ist. Hierzu ist zu bemerken, daß die Antragspflichten der Vertretungsorgane juristischer Personen (insbesondere § 92 Abs. 2 AktG; § 64 Abs. 1 GmbHG) vom Gesetz nicht auf die drohende Zahlungsunfähigkeit ausgedehnt werden; auch insoweit sollen die Möglichkeiten einer außergerichtlichen Sanierung nicht verkleinert werden.

5 In dieser Situation, in der noch keine Antragspflichten bestehen, müssen voreilige, nicht ausreichend abgestimmte Anträge vermieden werden. Deshalb soll bei einer juristischen Person, bei der Zahlungsunfähigkeit droht, aber noch nicht eingetreten ist, nicht jedes Mitglied des Vertretungsorgans oder jeder Abwickler allein antragsberechtigt sein. Wenn der Antrag nicht von allen Mitgliedern des Vertretungsorgans oder allen Abwicklern gestellt ist, ist er vielmehr nur zulässig, wenn der oder die Antragsteller zur Vertretung der juristischen Person berechtigt sind. Entsprechendes gilt bei Gesellschaften ohne Rechtspersönlichkeit. Diese Eingrenzung des Antragsrechts wird einen mißbräuchlichen Umgang mit dem neuen Insolvenzgrund der drohenden Zahlungsunfähigkeit vermeiden.

§ 19
Überschuldung

(1) **Bei einer juristischen Person ist auch die Überschuldung Eröffnungsgrund.**

(2) **Überschuldung liegt vor, wenn das Vermögen des Schuldners die bestehenden Verbindlichkeiten nicht mehr deckt. Bei der Bewertung des Vermögens**

des Schuldners ist jedoch die Fortführung des Unternehmens zugrunde zu legen, wenn diese nach den Umständen überwiegend wahrscheinlich ist.

(3) Ist bei einer Gesellschaft ohne Rechtspersönlichkeit kein persönlich haftender Gesellschafter eine natürliche Person, so gelten die Absätze 1 und 2 entsprechend. Dies gilt nicht, wenn zu den persönlich haftenden Gesellschaftern eine andere Gesellschaft gehört, bei der ein persönlich haftender Gesellschafter eine natürliche Person ist.

§ 19 entspricht im wesentlichen § 23 RegEInsO. Der folgende Begründungstext entspricht im wesentlichen BT-Drs. 12/2443, S. 115, „Zu § 23", und BT-Drs. 12/7302, S. 157, zu Nr. 14 („Zu § 23 Abs. 2").

Absatz 1, der für juristische Personen auch die Überschuldung zum Eröffnungsgrund erklärt, entspricht dem geltenden Konkurs- und Vergleichsrecht (vgl. § 207 Abs. 1, § 209 Abs. 1 Satz 2, § 213 KO; § 63 Abs. 1 GmbHG; § 2 Abs. 1 Satz 3 VerglO). Nicht rechtsfähige Vereine stehen auch hier den juristischen Personen gleich (vgl. § 11 Abs. 1 Satz 2 der Insolvenzordnung). **1**

In Absatz 2 wird in Anlehnung an § 92 Abs. 2 Satz 2 AktG, § 64 Abs. 1 Satz 2 GmbHG und § 98 Abs. 1 Nr. 2 GenG der Begriff der Überschuldung definiert. Maßgeblich ist ein Vergleich des Vermögens, das im Falle einer Eröffnung des Insolvenzverfahrens als Insolvenzmasse zur Verfügung stände, mit den Verbindlichkeiten, die im Falle der Verfahrenseröffnung gegenüber Insolvenzgläubigern bestünden. **2**

Dabei ist das vorhandene Vermögen realistisch zu bewerten, damit das Ziel einer rechtzeitigen Verfahrenseröffnung nicht gefährdet wird. Betreibt der Schuldner ein Unternehmen, so dürfen nur dann Fortführungswerte angesetzt werden, wenn die Fortführung des Unternehmens beabsichtigt ist und das Unternehmen wirtschaftlich lebensfähig erscheint; andernfalls sind die Werte zugrunde zu legen, die bei einer Liquidation des Unternehmens zu erzielen wären. Eine positive Prognose für die Lebensfähigkeit des Unternehmens – die leicht vorschnell zugrunde gelegt wird – darf die Annahme einer Überschuldung noch nicht ausschließen; sie erlaubt nur, wenn sie nach den Umständen gerechtfertigt ist, eine andere Art der Bewertung des Vermögens. Die Feststellung, ob Überschuldung vorliegt oder nicht, kann also stets nur auf der Grundlage einer Gegenüberstellung von Vermögen und Schulden getroffen werden.

Die Insolvenzordnung weicht damit entschieden von der Auffassung ab, die in der Literatur vordringt und der sich kürzlich auch der Bundesgerichtshof angeschlossen hat (BGHZ 119, 201, 214). Wenn eine positive Prognose stets zu einer Verneinung der Überschuldung führen würde, könnte eine Gesellschaft trotz fehlender persönlicher Haftung weiter wirtschaften, ohne daß ein die Schulden deckendes Kapital zur Verfügung steht. Dies würde sich erheblich zum Nachteil der Gläubiger auswirken, wenn sich die Prognose – wie in dem vom Bundesgerichtshof entschiedenen Fall – als falsch erweist.

Die in § 19 Abs. 2 festgeschriebene Definition der Überschuldung hat weiter den Vorteil, daß sie Überschneidungen mit dem Begriff der „drohenden Zahlungsunfähigkeit" vermeidet.

Die Formulierung der „überwiegenden Wahrscheinlichkeit" einer Fortführung ist der zitierten Entscheidung des Bundesgerichtshofes entnommen. Sie soll zum Ausdruck bringen, daß die Fortführung nach den Umständen wahrscheinlicher ist als die Stillegung.

§ 20 – Einzelerläuterungen   Teil 2 – Insolvenzordnung

Der Begriff der „Bewertung" soll im Rahmen des § 19 Abs. 2 auch die Frage des Ansatzes im Überschuldungsstatus einschließen. Wenn ein Gegenstand als wertlos außer Ansatz bleibt, entspricht dies einer Bewertung mit Null.

Auf der Passivseite des Überschuldungsstatus sind auch die nachrangigen Verbindlichkeiten im Sinne des § 39, z. B. Zahlungspflichten aus kapitalersetzenden Darlehen, zu berücksichtigen. Dem Bedürfnis der Praxis, durch den Rangrücktritt eines Gläubigers den Eintritt einer Überschuldung zu vermeiden oder eine bereits eingetretene Überschuldung wieder zu beseitigen, kann in der Weise Rechnung getragen werden, daß die Forderung des Gläubigers für den Fall der Eröffnung eines Insolvenzverfahrens erlassen wird (vgl. die Begründung zu § 39 Abs. 2).

3   Absatz 3 erstreckt den Eröffnungsgrund der Überschuldung auf Gesellschaften ohne Rechtspersönlichkeit, für deren Verbindlichkeiten keine natürliche Person haftet. Er entspricht der Regelung, die in § 209 Abs. 1 Satz 3 KO für offene Handelsgesellschaften und Kommanditgesellschaften getroffen ist.

§ 20
Auskunftspflicht im Eröffnungsverfahren

Ist der Antrag zulässig, so hat der Schuldner dem Insolvenzgericht die Auskünfte zu erteilen, die zur Entscheidung über den Antrag erforderlich sind. Die §§ 97, 98, 101 Abs. 1 Satz 1, 2, Abs. 2 gelten entsprechend.

§ 20 entspricht im wesentlichen § 24 RegEInsO. Der folgende Begründungstext beruht im wesentlichen auf BT-Drs. 12/2443, S. 115, „Zu § 24", und BT-Drs. 12/7302, S. 157, zu Nr. 15 („Zu § 24"), und BT-Drs. 12/7302, S. 166, zu Nr. 62 („Zu § 109"), und zu Nr. 63 („Zu § 110").

Die Vorschrift verallgemeinert die Regelung des § 104 KO, nach der einem Konkursantrag des Schuldners ein Verzeichnis der Gläubiger und Schuldner sowie eine Vermögensübersicht beizufügen sind. Solche und ähnliche Mitteilungen des Schuldners schon im Eröffnungsverfahren können auch im Falle eines Gläubigerantrags erforderlich sein. Beispielsweise kann die Eröffnung eines massearmen Verfahrens dadurch ermöglicht werden, daß durch Auskünfte des Schuldners Anfechtungsansprüche oder sonstige Vermögensgegenstände erschlossen werden. Die Durchsetzung der Auskunftspflicht wird durch die Verweisung auf §§ 97, 98 entsprechend geregelt wie für das eröffnete Verfahren.

§ 21
Anordnung von Sicherungsmaßnahmen

(1) Das Insolvenzgericht hat alle Maßnahmen zu treffen, die erforderlich erscheinen, um bis zur Entscheidung über den Antrag eine den Gläubigern nachteilige Veränderung in der Vermögenslage des Schuldners zu verhüten.

(2) Das Gericht kann insbesondere

1. einen vorläufigen Insolvenzverwalter bestellen, für den die §§ 56, 58 bis 66 entsprechend gelten;

2. dem Schuldner ein allgemeines Verfügungsverbot auferlegen oder anordnen, daß Verfügungen des Schuldners nur mit Zustimmung des vorläufigen Insolvenzverwalters wirksam sind;

3. **Maßnahmen der Zwangsvollstreckung gegen den Schuldner untersagen oder einstweilen einstellen, soweit nicht unbewegliche Gegenstände betroffen sind.**

(3) Reichen andere Maßnahmen nicht aus, so kann das Gericht den Schuldner zwangsweise vorführen und nach Anhörung in Haft nehmen lassen. Ist der Schuldner keine natürliche Person, so gilt Entsprechendes für seine organschaftlichen Vertreter. Für die Anordnung von Haft gilt § 98 Abs. 3 entsprechend.

§ 21 entspricht im wesentlichen § 25 RegEInsO. Der folgende Begründungstext beruht im wesentlichen auf BT-Drs. 12/2443, S. 115/116, „Zu § 25", und BT-Drs. 12/7302, S. 157, zu Nr. 16 („Zu § 25").

Das Insolvenzgericht, bei dem der Antrag auf Eröffnung eines Insolvenzverfahrens eingeht, hat wie nach geltendem Konkurs- und Vergleichsrecht zunächst zu prüfen, ob dieser Antrag zulässig ist. Dies ist der Fall, wenn der Antrag von einem Antragsberechtigten gestellt ist und die Verfahrensvoraussetzungen wie Zuständigkeit des Gerichts und Insolvenzverfahrensfähigkeit des Schuldners vorliegen; bei dem Antrag eines Gläubigers ist zusätzlich erforderlich, daß ein rechtliches Interesse an der Verfahrenseröffnung besteht und daß der Eröffnungsgrund (Zahlungsunfähigkeit, ggf. Überschuldung) und der Anspruch des Gläubigers glaubhaft gemacht sind. 1

Die Begründetheit des Antrags setzt demgegenüber voraus, daß der Eröffnungsgrund vom Gericht festgestellt ist; erst wenn auch diese Voraussetzung gegeben ist und wenn zusätzlich feststeht, daß die Kosten gedeckt werden können (vgl. § 26), kann das Insolvenzverfahren eröffnet werden.

Im Einzelfall kann die Feststellung des Eröffnungsgrunds und der Kostendeckung Ermittlungen erfordern, die eine gewisse Zeit in Anspruch nehmen. In einem solchen Fall hat das Gericht aufgrund der neuen Vorschrift die Möglichkeit, Maßnahmen anzuordnen, durch die eine zwischenzeitliche Verschlechterung der Vermögenslage des Schuldners vermieden wird. Anknüpfungspunkt im geltenden Recht sind die – sehr knapp geregelte – Befugnis des Konkursgerichts zu Sicherungsmaßnahmen im Eröffnungsverfahren (§ 106 Abs. 1 Satz 2, 3 KO; ähnlich § 2 Abs. 3 GesO) und die vorläufige Vergleichsverwaltung (§§ 11 bis 13 VerglO). 2

Der in Absatz 1 niedergelegte Grundsatz lehnt sich eng an § 106 Abs. 1 Satz 2 KO und § 12 Satz 1 VerglO an. Das Ziel, nachteilige Veränderungen in der Vermögenslage des Schuldners zu verhindern, schließt ein, daß ein Unternehmen des Schuldners im Regelfall vorläufig fortgeführt werden sollte (vgl. § 22 Abs. 1 Satz 2 Nr. 2). Die nach der Verfahrenseröffnung zu treffende Entscheidung, ob das Unternehmen erhalten werden kann oder liquidiert werden muß, soll im Eröffnungsverfahren möglichst noch nicht vorweggenommen werden. 3

In Absatz 2 werden die wichtigsten Sicherungsmaßnahmen aufgezählt. Die Bestellung eines vorläufigen Insolvenzverwalters (Nummer 1) und die Anordnung eines allgemeinen Verfügungsverbots oder allgemeiner Verfügungsbeschränkungen für den Schuldner (Nummer 2) dienen dazu, Vermögensverluste durch Handlungen des Schuldners zu verhindern; sie erfassen auch das Vermögen, das der Schuldner nach der Anordnung der Sicherungsmaßnahmen erwirbt. Die Rechtsfolgen solcher Maßnahmen sind in den §§ 22, 24 näher geregelt. 4

Die Untersagung oder einstweilige Einstellung von Vollstreckungsmaßnahmen in das bewegliche Vermögen (Nummer 3) schützt vor dem Zugriff einzelner Gläubiger. In 5

Betracht kommt beispielsweise, allen Insolvenzgläubigern die Zwangsvollstreckung in das bewegliche Vermögen des Schuldners zu untersagen; mit einer solchen Anordnung wird in bezug auf das bewegliche Vermögen die Wirkung des Vollstreckungsverbots, das mit der Verfahrenseröffnung eintritt (§ 89), in das Eröffnungsverfahren vorgezogen.

Eine ähnliche Regelung für die Zwangsvollstreckung in das unbewegliche Vermögen durch Zwangsversteigerung enthält § 30d Abs. 4 ZVG, der durch Artikel 20 Nr. 4 des Einführungsgesetzes in Ergänzung von § 21 Abs. 2 Nr. 2 neu eingefügt wird. Zuständig für die einstweilige Einstellung der Zwangsversteigerung ist das Vollstreckungsgericht (vgl. im einzelnen Artikel 20 Nr. 4 des Einführungsgesetzes und die Begründung hierzu). Die einstweilige Einstellung einer bereits anhängigen Zwangsvollstreckung kann auch insoweit geboten sein, als es um den Zugriff eines absonderungsberechtigten Gläubigers auf die Gegenstände geht, an denen das Absonderungsrecht besteht; denn das Ziel einer möglichst effektiven Verfahrensgestaltung wird es häufig erfordern, ein vorzeitiges Auseinanderreißen der einzelnen Vermögensgegenstände des Schuldners zu verhindern. Auch eine derartige Anordnung kann einen Vorgriff auf Beschränkungen bedeuten, die nach der Verfahrenseröffnung kraft Gesetzes eintreten (vgl. insbesondere die §§ 166 und 172 über das Verwertungs- und Nutzungsrecht des Verwalters).

Es entspricht dem Sinn der Regelung, daß jedenfalls bei länger andauernden Beschränkungen der Rechte der absonderungsberechtigten Gläubiger im Eröffnungsverfahren durch Anordnung des Gerichts auch die Regelungen über eine Nutzungsentschädigung und über den Ausgleich von Wertverlusten vorzeitig zur Anwendung gebracht werden (§§ 169, 172 Abs. 1 und für den Fall der einstweiligen Einstellung der Zwangsversteigerung § 30e Abs. 1, 2 ZVG, der durch Artikel 20 Nr. 5 neu eingefügt wird).

6   Durch das Wort „insbesondere" zu Beginn des Absatzes 2 wird zum Ausdruck gebracht, daß die Aufzählung in dieser Vorschrift nur beispielhaft ist. Im Rahmen des Sicherungszwecks sind auch andere Maßnahmen zulässig. So kann es zweckmäßig sein, dem Schuldner die Herausgabe von beweglichen Sachen, die Gegenstand von Absonderungsrechten sind, an die gesicherten Gläubiger zu verbieten. Weiter kommt in Betracht, nur bestimmte, besonders wichtige Verfügungen des Schuldners an die Zustimmung des vorläufigen Insolvenzverwalters zu binden.

7   In dem Beschluß, mit dem Sicherungsmaßnahmen angeordnet werden, ist die genaue Zeit der Anordnung anzugeben, damit der Zeitpunkt des Wirksamwerdens der Maßnahmen feststeht (vgl. § 27 Abs. 2 Nr. 3, Abs. 3).

8   Absatz 3 Satz 1 gibt dem Insolvenzgericht die Möglichkeit zu Zwangsmaßnahmen gegen den Schuldner. Die Vorschrift entspricht im Grundsatz § 106 Abs. 1 Satz 1 KO. Jedoch wird im Wortlaut hervorgehoben, daß solche Maßnahmen nur angewandt werden dürfen, wenn der angestrebte Zweck nicht mit anderen Mitteln zu erreichen ist. Weiter wird ausdrücklich bestimmt, daß vor der Anordnung von Haft der Schuldner zu hören ist. Ohne vorherige Anhörung des Schuldners kann also nur ein Vorführungsbefehl, kein Haftbefehl erlassen werden. Ergänzend gelten die Regelungen in § 98 Abs. 3 und die dort genannten Vorschriften der Zivilprozeßordnung.

9   Durch Absatz 3 Satz 2 wird der Anwendungsbereich der Regelung auf die „organschaftlichen Vertreter" (vgl. § 210 Abs. 3 KO; § 130a HGB) einer juristischen Person, eines nicht rechtsfähigen Vereins oder einer Gesellschaft ohne Rechtspersönlichkeit ausgedehnt.

§ 22
Rechtsstellung des vorläufigen Insolvenzverwalters

(1) Wird ein vorläufiger Insolvenzverwalter bestellt und dem Schuldner ein allgemeines Verfügungsverbot auferlegt, so geht die Verwaltungs- und Verfügungsbefugnis über das Vermögen des Schuldners auf den vorläufigen Insolvenzverwalter über. In diesem Fall hat der vorläufige Insolvenzverwalter:

1. das Vermögen des Schuldners zu sichern und zu erhalten;

2. ein Unternehmen, das der Schuldner betreibt, bis zur Entscheidung über die Eröffnung des Insolvenzverfahrens fortzuführen, soweit nicht das Insolvenzgericht einer Stillegung zustimmt, um eine erhebliche Verminderung des Vermögens zu vermeiden;

3. zu prüfen, ob das Vermögen des Schuldners die Kosten des Verfahrens decken wird; das Gericht kann ihn zusätzlich beauftragen, als Sachverständiger zu prüfen, ob ein Eröffnungsgrund vorliegt und welche Aussichten für eine Fortführung des Unternehmens des Schuldners bestehen.

(2) Wird ein vorläufiger Insolvenzverwalter bestellt, ohne daß dem Schuldner ein allgemeines Verfügungsverbot auferlegt wird, so bestimmt das Gericht die Pflichten des vorläufigen Insolvenzverwalters. Sie dürfen nicht über die Pflichten nach Absatz 1 Satz 2 hinausgehen.

(3) Der vorläufige Insolvenzverwalter ist berechtigt, die Geschäftsräume des Schuldners zu betreten und dort Nachforschungen anzustellen. Der Schuldner hat dem vorläufigen Insolvenzverwalter Einsicht in seine Bücher und Geschäftspapiere zu gestatten. Er hat ihm alle erforderlichen Auskünfte zu erteilen; die §§ 97, 98, 101 Abs. 1 Satz 1, 2, Abs. 2 gelten entsprechend.

§ 22 entspricht weitgehend § 26 RegEInsO. Der folgende Begründungstext entspricht weitgehend BT-Drs. 12/2443, S. 116/117, „Zu § 26", und BT-Drs. 12/7302, S. 158, zu Nr. 17 („Zu § 26").

Bei der Regelung der Rechte und Pflichten des vorläufigen Insolvenzverwalters unterscheidet die Vorschrift danach, ob dem Schuldner ein allgemeines Verfügungsverbot auferlegt worden ist (Absatz 1) oder ob dies nicht der Fall ist (Absatz 2). Die in Absatz 3 beschriebenen Rechte des vorläufigen Insolvenzverwalters gelten für beide Fallgestaltungen.

Ist dem Schuldner ein allgemeines Verfügungsverbot auferlegt, so erhält bereits der vorläufige Insolvenzverwalter die volle Verwaltungs- und Verfügungsbefugnis über das Vermögen des Schuldners. Allerdings darf er diese nur insoweit ausüben, als es der Zweck der Vermögenssicherung bis zur Entscheidung über die Verfahrenseröffnung erfordert (vgl. Absatz 1 Satz 2 Nr. 1); dazu kann z. B. auch der Notverkauf verderblicher Waren gehören. Er hat ein Unternehmen des Schuldners, wenn der Geschäftsbetrieb nicht schon vor der Bestellung des vorläufigen Insolvenzverwalters eingestellt worden ist, grundsätzlich während des Eröffnungsverfahrens fortzuführen. Im Einzelfall kann es allerdings im Interesse der Gläubiger geboten sein, ein Unternehmen, das erhebliche Verluste erwirtschaftet und bei dem keine Aussicht auf Sanierung besteht, schon im Eröffnungsverfahren ganz oder teilweise stillzulegen; dies soll mit Zustimmung des Insolvenzgerichts zulässig sein (Absatz 1 Satz 2 Nr. 2). Über diese Sicherungs- und

Erhaltungsmaßnahmen hinaus obliegt es dem vorläufigen Verwalter nach Absatz 1 Satz 2 Nr. 3 zu prüfen, ob eine für die Verfahrenseröffnung ausreichende Masse vorhanden ist (vgl. § 26), und, sofern das Insolvenzgericht im Einzelfall diese weitere Prüfung für angezeigt hält, ob ein Eröffnungsgrund vorliegt. Beides sind Aufgaben, die auch von einem besonderen Sachverständigen wahrgenommen werden könnten, die jedoch im Falle der Bestellung eines vorläufigen Insolvenzverwalters zweckmäßigerweise von diesem zusätzlich wahrgenommen werden (vgl. auch Rdnr. 3, 4). Dabei hat sich die Prüfung, ob eine ausreichende Masse vorhanden ist, auch auf mögliche Anfechtungsansprüche zu erstrecken; denn ein Insolvenzverfahren kann auch dann eröffnet werden, wenn zwar das vorhandene Vermögen des Schuldners nicht mehr die Kosten deckt, wenn der fehlende Betrag aber auf dem Wege der Insolvenzanfechtung hinzugewonnen werden kann.

3   Das Gericht kann den vorläufigen Insolvenzverwalter zusätzlich beauftragen zu prüfen, welche Aussichten für eine Fortführung des Unternehmens des Schuldners bestehen. Im Rahmen dieser Prüfung hat der vorläufige Insolvenzverwalter auch die Möglichkeit, Sanierungen vorzubereiten. Die Eröffnung des Verfahrens kann bei einer solchen Beauftragung des vorläufigen Insolvenzverwalters entsprechend hinausgeschoben werden. Wenn auf diese Weise eine zu schnelle Eröffnung des Verfahrens vermieden wird, so hat dies auch den Vorteil, daß dem Verwalter die Ausübung des Wahlrechts bei gegenseitigen Verträgen erleichtert wird; denn ob die Wahl der Vertragserfüllung vorteilhaft ist, hängt häufig von den Fortführungschancen des insolventen Unternehmens ab.

4   Durch die Worte „als Sachverständiger" in Satz 2 Nr. 3 wird verdeutlicht, daß ein vorläufiger Insolvenzverwalter, der vom Gericht die besonderen Aufgaben nach Nummer 3 übertragen bekommt, eine Vergütung nach dem Gesetz über die Entschädigung von Zeugen und Sachverständigen beanspruchen kann. Auf diese Weise kann erreicht werden, daß ein vorläufiger Insolvenzverwalter auch bei Abweisung des Insolvenzantrags mangels Masse nicht ohne jede Vergütung bleibt.

5   Bleibt der Schuldner verwaltungs- und verfügungsbefugt, so legt das Insolvenzgericht die Pflichten des vorläufigen Insolvenzverwalters fest; dabei ist der durch Absatz 1 vorgegebene Rahmen zu beachten (Absatz 2).

6   In jedem Fall hat der vorläufige Insolvenzverwalter umfassende Unterrichtungsmöglichkeiten (Absatz 3 Satz 1, 2). Die hier getroffene Regelung ist an § 40 Abs. 1 VerglO angelehnt, der die Informationsrechte des Vergleichsverwalters regelt. Durch die Verweisung in Absatz 3 Satz 3 wird insbesondere sichergestellt, daß die Erfüllung der Auskunftspflicht des Schuldners durch gerichtliche Zwangsmaßnahmen durchgesetzt werden kann, und daß auch die Angestellten des Schuldners zu Auskünften verpflichtet sind.

§ 23
Bekanntmachung der Verfügungsbeschränkungen

(1) Der Beschluß, durch den eine der in § 21 Abs. 2 Nr. 2 vorgesehenen Verfügungsbeschränkungen angeordnet und ein vorläufiger Insolvenzverwalter bestellt wird, ist öffentlich bekanntzumachen. Er ist dem Schuldner, den Personen, die Verpflichtungen gegenüber dem Schuldner haben, und dem vorläufigen Insolvenzverwalter besonders zuzustellen. Die Schuldner des Schuldners sind zugleich aufzufordern, nur noch unter Beachtung des Beschlusses zu leisten.

(2) Ist der Schuldner im Handels-, Genossenschafts- oder Vereinsregister eingetragen, so hat die Geschäftsstelle des Insolvenzgerichts dem Registergericht eine Ausfertigung des Beschlusses zu übermitteln.

(3) Für die Eintragung der Verfügungsbeschränkung im Grundbuch, im Schiffsregister, im Schiffsbauregister und im Register über Pfandrechte an Luftfahrzeugen gelten die §§ 32, 33 entsprechend.

§ 23 entspricht im wesentlichen § 27 RegEInsO. Der folgende Begründungstext beruht im wesentlichen auf BT-Drs. 12/2443, S. 117, „Zu § 27", und BT-Drs. 12/7302, S. 158, zu Nr. 18 („Zu § 27 Abs. 1").

Die Vorschrift stellt sicher, daß allgemeine Verfügungsbeschränkungen des Schuldners dem Geschäftsverkehr bekannt werden. Sie erfaßt ebenso ein allgemeines Verfügungsverbot und den damit verbundenen Übergang der Verwaltungs- und Verfügungsbefugnis auf den vorläufigen Insolvenzverwalter wie die Anordnung, daß der Schuldner zu allen Verfügungen der Zustimmung des vorläufigen Insolvenzverwalters bedarf.

Zunächst ist eine öffentliche Bekanntmachung vorgesehen (Absatz 1 Satz 1). Die Schuldner des Schuldners sind insbesondere davon zu unterrichten, daß dieser nicht mehr oder nur noch mit Zustimmung des vorläufigen Insolvenzverwalters zur Entgegennahme der Leistung berechtigt ist (Absatz 1 Satz 2, 3).

Weiter wird Vorsorge dafür getroffen, daß eine Verfügungsbeschränkung und die Bestellung des vorläufigen Insolvenzverwalters aus dem Handels-, Genossenschafts- oder Vereinsregister ersichtlich sind (Absatz 2).

Soweit eine Verfügungsbeschränkung Grundstücke oder andere rechtlich als Immobilien behandelte Gegenstände betrifft, ist sie ins Grundbuch oder das vergleichbare Register einzutragen (Absatz 3 i. V. m. den §§ 32, 33).

§ 24
Wirkungen der Verfügungsbeschränkungen

(1) Bei einem Verstoß gegen eine der in § 21 Abs. 2 Nr. 2 vorgesehenen Verfügungsbeschränkungen gelten die §§ 81, 82 entsprechend.

(2) Ist die Verfügungsbefugnis über das Vermögen des Schuldners auf einen vorläufigen Insolvenzverwalter übergegangen, so gelten für die Aufnahme anhängiger Rechtsstreitigkeiten § 85 Abs. 1 Satz 1 und § 86 entsprechend.

§ 24 entspricht im wesentlichen § 28 RegEInsO. Der folgende Begründungstext entspricht im wesentlichen BT-Drs. 12/2443, S. 117/118, „Zu § 28".

In Absatz 1 wird für die Rechtsfolgen eines Verstoßes gegen allgemeine Verfügungsbeschränkungen auf die Vorschriften verwiesen, in denen die Wirkungen der Eröffnung des Insolvenzverfahrens auf Verfügungen des Schuldners und auf Leistungen an den Schuldner geregelt sind.

Im Rahmen des Einführungsgesetzes ist durch eine Änderung des § 240 ZPO vorgesehen, daß anhängige Rechtsstreitigkeiten unterbrochen werden, wenn die Verfügungsbefugnis auf Grund eines allgemeinen Verfügungsverbots auf den vorläufigen Insolvenzverwalter übergeht (Artikel 18 Nr. 2 des Einführungsgesetzes). Die Aufnahme solcher Rechtsstreitigkeiten regelt sich gemäß Absatz 2 im Grundsatz nach den Vorschriften über die Aufnahme von Prozessen nach der Eröffnung des Insolvenzverfahrens; allerdings kommen die Vorschriften über eine Verzögerung oder eine Ablehnung der Aufnahme eines Aktivprozesses durch den Insolvenzverwalter (§ 85 Abs. 1 Satz 2, Abs. 2) nicht zur Anwendung, da dem Prozeßgegner im Eröffnungsverfahren zumutbar ist, bis zur Entscheidung über die Verfahrenseröffnung abzuwarten. Gegen den Schuldner gerichtete Prozesse können wie nach der Eröffnung des Insolvenzverfahrens nur unter den engen Voraussetzungen des § 86 aufgenommen werden. Liegen diese Voraussetzungen nicht vor, so hat der Gegner die Entscheidung über die Eröffnung des Verfahrens abzuwarten und im Falle der Eröffnung seinen Anspruch im Insolvenzverfahren geltend zu machen. Bei einer Ablehnung der Eröffnung kann er nach der Aufhebung der Verfügungsbeschränkung den Prozeß gegen den Schuldner weiterführen.

§ 25
Aufhebung der Sicherungsmaßnahmen

(1) Werden die Sicherungsmaßnahmen aufgehoben, so gilt für die Bekanntmachung der Aufhebung einer Verfügungsbeschränkung § 23 entsprechend.

(2) Ist die Verfügungsbefugnis über das Vermögen des Schuldners auf einen vorläufigen Insolvenzverwalter übergegangen, so hat dieser vor der Aufhebung seiner Bestellung aus dem von ihm verwalteten Vermögen die entstandenen Kosten zu berichtigen und die von ihm begründeten Verbindlichkeiten zu erfüllen. Gleiches gilt für die Verbindlichkeiten aus einem Dauerschuldverhältnis, soweit der vorläufige Insolvenzverwalter für das von ihm verwaltete Vermögen die Gegenleistung in Anspruch genommen hat.

§ 25 entspricht im wesentlichen § 29 RegEInsO. Der folgende Begründungstext beruht im wesentlichen auf BT-Drs. 12/2443, S. 118, „Zu § 29", und BT-Drs. 12/7302, S. 158, zu Nr. 19 („Zu § 29").

1 Die vom Insolvenzgericht angeordneten Sicherungsmaßnahmen sind aufzuheben, wenn sie nicht mehr zur Erfüllung des Sicherungszwecks (vgl. § 21 Abs. 1) erforderlich sind. Der wichtigste Fall ist die Ablehnung des Antrags auf Eröffnung des Insolvenzverfahrens. Die Aufhebung von Verfügungsbeschränkungen ist nach Absatz 1 in gleicher Weise bekanntzumachen wie deren Anordnung.

2 Ist ein vorläufiger Insolvenzverwalter bestellt worden, der nach § 22 Abs. 1 Satz 1 verfügungsbefugt ist, so hat das Gericht – wie sich aus Absatz 2 Satz 1 ergibt – sicherzustellen, daß der vorläufige Insolvenzverwalter vor der Aufhebung seiner Bestellung Gelegenheit hat, aus dem Vermögen des Schuldners seine Vergütung, seine Auslagen und sonstige entstandene Kosten zu begleichen und die von ihm begründeten Verbindlichkeiten zu erfüllen. Es soll möglichst vermieden werden, daß nach dem Rückfall der Verfügungsbefugnis auf den Schuldner aus der Zeit der vorläufigen Insolvenzverwaltung noch Verbindlichkeiten offenstehen, über deren Erfüllung dann Streit entstehen könnte. Wird im Anschluß an die vorläufige Insolvenzverwaltung das Insolvenzverfahren eröffnet, so ist durch § 54 Nr. 2 und § 55 Abs. 2 gewährleistet, daß die vor der Eröffnung entstandenen Kosten und die vom vorläufigen Verwalter begründeten Verbindlichkeiten aus der Insolvenzmasse erfüllt werden.

3 Durch die Regelung über die Dauerschuldverhältnisse in Absatz 2 Satz 2 werden insbesondere die Arbeitnehmer geschützt, die der vorläufige Insolvenzverwalter weiterbeschäftigt hat. Weiter kann sich der Vermieter einer Sache auf Satz 2 berufen, wenn

der vorläufige Insolvenzverwalter die Mietsache für das verwaltete Vermögen genutzt hat.

§ 26
Abweisung mangels Masse

(1) Das Insolvenzgericht weist den Antrag auf Eröffnung des Insolvenzverfahrens ab, wenn das Vermögen des Schuldners voraussichtlich nicht ausreichen wird, um die Kosten des Verfahrens zu decken. Die Abweisung unterbleibt, wenn ein ausreichender Geldbetrag vorgeschossen wird.

(2) Das Gericht hat die Schuldner, bei denen der Eröffnungsantrag mangels Masse abgewiesen worden ist, in ein Verzeichnis einzutragen (Schuldnerverzeichnis). Die Vorschriften über das Schuldnerverzeichnis nach der Zivilprozeßordnung gelten entsprechend; jedoch beträgt die Löschungsfrist fünf Jahre.

(3) Wer nach Absatz 1 Satz 2 einen Vorschuß geleistet hat, kann die Erstattung des vorgeschossenen Betrages von jeder Person verlangen, die entgegen den Vorschriften des Gesellschaftsrechts den Antrag auf Eröffnung des Insolvenzverfahrens pflichtwidrig und schuldhaft nicht gestellt hat. Ist streitig, ob die Person pflichtwidrig und schuldhaft gehandelt hat, so trifft sie die Beweislast. Der Anspruch verjährt in fünf Jahren.

§ 26 beruht weitgehend auf § 30 RegEInsO. Der folgende Begründungstext beruht weitgehend auf BT-Drs. 12/2443, S. 118/119, „Zu § 30", und BT-Drs. 12/7302, S. 158, zu Nr. 20 („Zu § 30").

Absatz 1 knüpft an die Regelung des geltenden Konkursrechts an, nach der ein Eröffnungsantrag abgewiesen werden kann, wenn eine die Kosten des Verfahrens deckende Masse nicht vorhanden ist (§ 107 Abs. 1 KO; vgl. auch § 4 Abs. 2 GesO). 1

Kosten des Verfahrens im Sinne des Absatzes 1 sind die Gerichtskosten sowie die Vergütung des vorläufigen Insolvenzverwalters, des Insolvenzverwalters und der Mitglieder des Gläubigerausschusses (§ 54). Die sonstigen Masseverbindlichkeiten haben für die Frage der Kostendeckung außer Betracht zu bleiben; wenn sie im eröffneten Verfahren nicht gedeckt werden können, führt dies zur Anzeige der Masseunzulänglichkeit, jedoch nicht zur sofortigen Einstellung mangels Masse (vgl. §§ 207, 208).

Es entspricht dem geltenden Konkursrecht, daß die Eröffnung des Verfahrens bei nicht ausreichender Masse aufgrund eines Vorschusses erreicht werden kann. Die Höhe des Vorschusses ist so zu bemessen, daß die Kosten gedeckt werden können. 2

In Absatz 2 wird der Grundsatz des § 107 Abs. 2 KO übernommen, daß die Schuldner, bei denen der Eröffnungsantrag mangels Masse abgewiesen worden ist, zur Warnung des Geschäftsverkehrs in ein Schuldnerverzeichnis eingetragen werden. Das Recht auf Einsicht, auf Auskünfte und auf Abschriften aus dem Verzeichnis sowie die Löschung der Eintragungen sollen sich nach den Vorschriften über das Schuldnerverzeichnis nach der Zivilprozeßordnung richten. Die Löschungsfrist beträgt jedoch nicht nur drei, sondern fünf Jahre. Dies entspricht der bisherigen Rechtslage in § 107 Abs. 2 KO. Wegen der erheblichen Gefährdung des Geschäftsverkehrs im Anschluß an die Abweisung eines Antrags auf Eröffnung des Insolvenzverfahrens mangels Masse ist die Fünf-Jahres-Frist angemessen. Die Anpassung der Vorschriften der Zivilprozeßordnung über das Schuldnerverzeichnis an die Erfordernisse des Datenschutzes ist zur Zeit Gegenstand eines 3 gesonderten Gesetzgebungsvorhabens. Bei den juristischen Personen des Handelsrechts (Aktiengesellschaft, Kommanditgesellschaft auf Aktien, Gesellschaft mit beschränkter Haftung) führt die Abweisung des Insolvenzantrags mangels Masse außerdem zur Auflösung der Gesellschaft; die Auflösung ist von Amts wegen ins Handelsregister einzutragen und im Bundesanzeiger und in mindestens einem anderen Blatt öffentlich bekanntzumachen (vgl. für die Aktiengesellschaft § 262 Abs. 1 Nr. 4, § 263 AktG i. V. m. § 10 Abs. 1 HGB).

4   Absatz 3 bringt eine wichtige Neuerung: Wenn das Vermögen zum Beispiel einer Gesellschaft mit beschränkter Haftung nicht einmal ausreicht, um die Kosten zu decken, und der antragstellende Gläubiger deshalb einen Vorschuß leistet, sollen in Zukunft die Geschäftsführer der Gesellschaft persönlich zur Erstattung des Vorschusses herangezogen werden können; insoweit wird vermutet, daß die Geschäftsführer schuldhaft ihre Pflicht verletzt haben, rechtzeitig das Insolvenzverfahren zu beantragen (§ 64 Abs. 1 GmbHG). Den Geschäftsführern bleibt die Möglichkeit, sich durch den Nachweis zu entlasten, daß besondere Umstände vorlagen, aufgrund derer die Verzögerung der Antragstellung nicht pflichtwidrig oder nicht schuldhaft erscheint. Beispielsweise kann im Einzelfall der Verlust des gesamten Vermögens der Gesellschaft während der Drei-Wochen-Frist des § 64 Abs. 1 Satz 1 GmbHG eingetreten sein. Entsprechendes soll für die anderen Gesellschaftsformen gelten, bei denen eine derartige Antragspflicht besteht (vgl. § 92 Abs. 2 AktG; § 99 Abs. 1 GenG; § 130a Abs. 1 HGB). Mißbräuche, die sich in der Praxis insbesondere bei der Rechtsform der Gesellschaft mit beschränkter Haftung ergeben haben, sollen dadurch verhindert werden. – Die in Satz 3 des Absatzes vorgesehene Verjährungsfrist lehnt sich an die entsprechenden Regelungen im Recht der Handelsgesellschaften und der Genossenschaft an (vgl. § 93 Abs. 6 AktG; § 43 Abs. 4 GmbHG; § 34 Abs. 6 GenG; § 130a Abs. 3 Satz 6 HGB).

5   Die in Absatz 3 vorgesehene Regelung wird in § 207 Abs. 1 Satz 2 für den Fall der Einstellung mangels Masse übernommen. In diesem Fall ist die Regelung auch anwendbar, wenn ein Massegläubiger einen Vorschuß geleistet hat, um die Weiterführung des Verfahrens zu ermöglichen.

§ 27
Eröffnungsbeschluß

(1) **Wird das Insolvenzverfahren eröffnet, so ernennt das Insolvenzgericht einen Insolvenzverwalter. Die §§ 270, 313 Abs. 1 bleiben unberührt.**

(2) **Der Eröffnungsbeschluß enthält:**

1. **Firma oder Namen und Vornamen, Geschäftszweig oder Beschäftigung, gewerbliche Niederlassung oder Wohnung des Schuldners;**
2. **Namen und Anschrift des Insolvenzverwalters;**
3. **die Stunde der Eröffnung.**

(3) **Ist die Stunde der Eröffnung nicht angegeben, so gilt als Zeitpunkt der Eröffnung die Mittagsstunde des Tages, an dem der Beschluß erlassen worden ist.**

§ 27 entspricht im wesentlichen § 31 RegEInsO. Der folgende Begründungstext beruht auf BT-Drs. 12/2443, S. 119, „Zu § 31", und BT-Drs. 12/7302, S. 158, zu Nr. 21 („Zu § 31 Abs. 1").

Die Vorschrift hat ihr Vorbild in den §§ 108, 110 Abs. 1 KO und in §§ 20, 21 VerglO (vgl. auch § 5 Satz 1, 2 Nr. 1, 2 GesO). Zu ihrer Ergänzung ist die folgende Vorschrift hinzuzuziehen, die ebenfalls den Inhalt des Eröffnungsbeschlusses betrifft.

Durch die Verweisung auf die §§ 270, 313 Abs. 1 in Absatz 1 Satz 2 werden die Fälle des verwalterlosen Insolvenzverfahrens und des Verbraucherinsolvenzverfahrens mit „verwaltendem Treuhänder" vorbehalten.

§ 28
Aufforderungen an die Gläubiger und die Schuldner

(1) Im Eröffnungsbeschluß sind die Gläubiger aufzufordern, ihre Forderungen innerhalb einer bestimmten Frist unter Beachtung des § 174 beim Insolvenzverwalter anzumelden. Die Frist ist auf einen Zeitraum von mindestens zwei Wochen und höchstens drei Monaten festzusetzen.

(2) Im Eröffnungsbeschluß sind die Gläubiger aufzufordern, dem Verwalter unverzüglich mitzuteilen, welche Sicherungsrechte sie an beweglichen Sachen oder an Rechten des Schuldners in Anspruch nehmen. Der Gegenstand, an dem das Sicherungsrecht beansprucht wird, die Art und der Entstehungsgrund des Sicherungsrechts sowie die gesicherte Forderung sind zu bezeichnen. Wer die Mitteilung schuldhaft unterläßt oder verzögert, haftet für den daraus entstehenden Schaden.

(3) Im Eröffnungsbeschluß sind die Personen, die Verpflichtungen gegenüber dem Schuldner haben, aufzufordern, nicht mehr an den Schuldner zu leisten, sondern an den Verwalter.

§ 28 beruht auf §§ 32, 33 und 34 RegEInsO. Der folgende Begründungstext entspricht im wesentlichen BT-Drs. 12/2443, S. 119, „Zu § 32", „Zu § 33" und „Zu § 34", sowie BT-Drs. 12/7302, S. 159, zu Nr. 22 („Zu § 32").

Wie nach geltendem Konkursrecht (§ 110 Abs. 1, § 138 Satz 1 KO; vgl. auch § 5 Satz 2 Nr. 3 GesO) sollen die Gläubiger bei der Eröffnung des Insolvenzverfahrens aufgefordert werden, ihre Forderungen anzumelden. Die Anmeldung der Insolvenzforderungen soll jedoch künftig statt beim Insolvenzgericht beim Insolvenzverwalter erfolgen. Mit dieser Änderung wird eine Entlastung der Insolvenzgerichte auch gegenüber dem geltenden Rechtszustand nach der Konkursordnung erreicht. Vorbild für diese Regelung ist § 5 Satz 2 Nr. 3 GesO; in den neuen Bundesländern hat sich die Verlagerung der Anmeldung auf den Verwalter bewährt.

Der zeitliche Rahmen für die Bestimmung der Anmeldefrist – zwei Wochen bis drei Monate – ist aus § 138 Satz 1 KO übernommen. Der Inhalt und die Form der Anmeldung werden in § 174 näher geregelt.

Nach geltendem Konkursrecht werden die Personen, die eine zur Konkursmasse gehörige Sache im Besitz haben, durch den Erlaß des „offenen Arrests" bei der Verfahrenseröffnung verpflichtet, dem Konkursverwalter „von dem Besitze der Sache und von den Forderungen, für welche sie aus der Sache abgesonderte Befriedigung in Anspruch nehmen", Mitteilung zu machen; eine Unterlassung oder Verzögerung der Mitteilung führt zu einer Schadensersatzpflicht (§§ 118, 119 KO; ähnlich § 5 Satz 2 Nr. 4 GesO). Die neue Bestimmung in Absatz 2 knüpft an diese Regelung an. Sie stellt jedoch nicht mehr auf den Besitz an einer Sache ab, sondern darauf, ob ein Sicherungsrecht an einer beweglichen Sache oder an einem Recht in Anspruch genommen wird. Damit ist der Besitz einer unbelasteten Sache aus dem Vermögen des Schuldners nicht mehr anzeigepflichtig; das entspricht der Regelung in Absatz 3, nach der die Schuldner des Schuldners keine Anzeigepflicht haben. Auf der anderen Seite werden von der neuen Vorschrift auch die Sicherungsrechte an beweglichen Gegenständen erfaßt, die sich nicht im Besitz des Gläubigers befinden. Gerade derartige Sicherungsvereinbarungen – wie Eigentumsvorbehalt, Sicherungsübereignung und Sicherungsabtretung – haben im heutigen Wirtschaftsleben große Bedeutung. Die diesbezüglichen Ansprüche der Gläubiger sollen dem Verwalter so bald wie möglich bekannt werden; aus den Unterlagen des Schuldners werden sie sich häufig nicht eindeutig ergeben. Bei Sicherungsrechten am unbeweglichen Vermögen dagegen ist eine entsprechende Mitteilungspflicht entbehrlich, da diese Rechte in der Regel ohne Schwierigkeiten dem Grundbuch und den entsprechenden Registern für Schiffe und Luftfahrzeuge entnommen werden können.

4 Absatz 3 entspricht der Regelung in § 118 KO (vgl. auch § 5 Satz 2 Nr. 5 GesO). Wird bei der Eröffnung des Verfahrens kein Insolvenzverwalter bestellt, sondern Eigenverwaltung angeordnet (§ 270), so entfällt die Aufforderung an die Schuldner des Schuldners (vgl. § 27 Abs. 1 Satz 2).

§ 29
Terminbestimmungen

(1) Im Eröffnungsbeschluß bestimmt das Insolvenzgericht Termine für:

1. eine Gläubigerversammlung, in der auf der Grundlage eines Berichts des Insolvenzverwalters über den Fortgang des Insolvenzverfahrens beschlossen wird (Berichtstermin); der Termin soll nicht über sechs Wochen und darf nicht über drei Monate hinaus angesetzt werden;

2. eine Gläubigerversammlung, in der die angemeldeten Forderungen geprüft werden (Prüfungstermin); der Zeitraum zwischen dem Ablauf der Anmeldefrist und dem Prüfungstermin soll mindestens eine Woche und höchstens zwei Monate betragen.

(2) Die Termine können verbunden werden.

§ 29 übernimmt einen Teil von § 35 RegEInsO. Der folgende Begründungstext entspricht weitgehend BT-Drs. 12/2443, S. 119/120, „Zu § 35", und BT-Drs. 12/7302, S. 159, zu Nr. 23 („Zu § 35").

1 Im Interesse eines zügigen Ablaufs des Verfahrens und der Kostenersparnis wird in Absatz 1 vorgesehen, daß schon im Eröffnungsbeschluß Termine für die Gläubigerversammlung festgelegt werden, welche den Beschluß über den Fortgang des Insolvenzverfahrens auf der Grundlage eines Berichts des Verwalters (vgl. § 157) und die Prüfung der Forderungen (vgl. § 176) zum Gegenstand haben. Die zeitlichen Grenzen für den Prüfungstermin entsprechen dem geltenden Konkursrecht (§ 138 Abs. 2 KO). Der Berichtstermin, in dem über die Stillegung oder Fortführung des Unternehmens des Schuldners und über die Aufstellung eines Plans beschlossen wird, soll möglichst binnen sechs Wochen stattfinden. Jedenfalls darf er nicht später als drei Monate nach dem Wirksamwerden des Eröffnungsbeschlusses liegen; denn der Schwebezustand, der bis zur Entscheidung der Gläubiger über diese Fragen besteht, ist nur für eine begrenzte Zeit hinnehmbar. Dies gilt insbesondere im Hinblick darauf, daß die absonderungsberechtigten Gläubiger bis zum Berichtstermin im Grundsatz an der Durchsetzung ihrer Rechte gehindert sind (vgl. § 169 und § 30 d ZVG, der durch Artikel 20 Nr. 4 des Einführungsgesetzes neu eingefügt wird).

Absatz 2 weist darauf hin, daß es möglich ist, den Berichtstermin mit dem Prüfungstermin zu verbinden.

Anders als nach geltendem Konkursrecht (§ 110 Abs. 1 KO) ist die Anordnung eines besonderen Wahltermins von Amts wegen nicht vorgesehen. Es bleibt vielmehr der Gläubigerautonomie überlassen, ob ein solcher Termin stattfindet. Nach § 75 Abs. 1 Nr. 3 und 4 besteht die Möglichkeit für die Gläubiger zu beantragen, daß kurzfristig eine Gläubigerversammlung einberufen wird. Das Insolvenzgericht ist an den Antrag der Gläubigerversammlung gebunden. Kommt es nicht zum Antrag auf einen eigenen Wahltermin, so verbleibt den Gläubigern nach §§ 57, 68 die Möglichkeit, auf der ersten Gläubigerversammlung – regelmäßig dem Berichtstermin, § 29 Abs. 1 Nr. 1 – einen neuen Insolvenzverwalter oder andere Gläubigerausschußmitglieder zu wählen. Die Streichung des besonderen Wahltermins wirkt sich im Vergleich zum geltenden Konkursrecht (§ 110 Abs. 1 KO) gerichts- und verfahrensentlastend aus. 2

§ 30
Bekanntmachung des Eröffnungsbeschlusses.
Hinweis auf Restschuldbefreiung

(1) Die Geschäftsstelle des Insolvenzgerichts hat den Eröffnungsbeschluß sofort öffentlich bekanntzumachen. Die Bekanntmachung ist, unbeschadet des § 9, auszugsweise im Bundesanzeiger zu veröffentlichen.

(2) Den Gläubigern und Schuldnern des Schuldners und dem Schuldner selbst ist der Beschluß besonders zuzustellen.

(3) Ist der Schuldner eine natürliche Person, so soll er bei der Eröffnung des Insolvenzverfahrens darauf hingewiesen werden, daß er nach Maßgabe der §§ 286 bis 303 Restschuldbefreiung erlangen kann.

§ 30 entspricht im wesentlichen §§ 36 und 37 RegEInsO. Der folgende Begründungstext entspricht weitgehend BT-Drs. 12/2443, S. 120, „Zu § 36" und „Zu § 37", und BT-Drs. 12/7302, S. 159, zu Nr. 24 („Zu § 36").

Die Pflicht der Geschäftsstelle, den Eröffnungsbeschluß öffentlich bekanntzumachen und ihn dem Schuldner sowie dessen Gläubigern und Schuldnern besonders zuzustellen, entspricht im wesentlichen dem geltenden Recht (§ 111 Abs. 3 KO, § 22 Abs. 1, 2 VerglO, § 6 Abs. 1, 3 GesO). Daß auch der Insolvenzverwalter über den Inhalt des Eröffnungsbeschlusses zu unterrichten ist (so ausdrücklich § 6 Abs. 1 Satz 2 GesO), braucht im Gesetz nicht besonders erwähnt zu werden. 1

In § 9 wird wie im geltenden Recht davon abgesehen, für die öffentlichen Bekanntmachungen generell den Bundesanzeiger vorzuschreiben. Die für die Unterrichtung des Geschäftsverkehrs wesentliche Bekanntmachung des Eröffnungsbeschlusses soll jedoch auch weiterhin einem unbegrenzten Personenkreis zugänglich gemacht werden; deshalb wird in Absatz 1 Satz 2 vorgesehen, daß der Eröffnungsbeschluß auszugsweise im Bundesanzeiger veröffentlicht wird. 2

Die Restschuldbefreiung nach den §§ 286 bis 303 setzt voraus, daß der Schuldner einen Antrag stellt und weitere Obliegenheiten erfüllt. Damit der Schuldner nicht aus 3

Rechtsunkenntnis die Chance der Restschuldbefreiung verliert, soll er bei der Eröffnung des Verfahrens auf seine Rechte hingewiesen werden. Für Verbraucherinsolvenz- und sonstige Kleinverfahren ergibt sich die Hinweispflicht des Gerichts aus § 305 Abs. 3.

§ 31
Handels-, Genossenschafts- und Vereinsregister

Ist der Schuldner im Handels-, Genossenschafts- oder Vereinsregister eingetragen, so hat die Geschäftsstelle des Insolvenzgerichts dem Registergericht zu übermitteln:

1. **im Falle der Eröffnung des Insolvenzverfahrens eine Ausfertigung des Eröffnungsbeschlusses;**
2. **im Falle der Abweisung des Eröffnungsantrags mangels Masse eine Ausfertigung des abweisenden Beschlusses, wenn der Schuldner eine juristische Person oder eine Gesellschaft ohne Rechtspersönlichkeit ist, die durch die Abweisung mangels Masse aufgelöst wird.**

§ 31 entspricht § 38 RegEInsO. Der folgende Begründungstext entspricht im wesentlichen BT-Drs. 12/2443, S. 120, „Zu § 38".

1   Die Vorschrift entspricht § 112 KO und § 23 Abs. 1 VerglO, soweit sie in ihrer Nummer 1 die Mitteilung der Eröffnung des Insolvenzverfahrens an das Registergericht vorsieht (vgl. auch § 108 Abs. 1 Satz 2, § 111 Nr. 4 VerglO, § 6 Abs. 2 Nr. 4 GesO).

Durch Nummer 2, nach der bei bestimmten Schuldnern auch die Abweisung mangels Masse dem Registergericht mitzuteilen ist, wird die bisherige Regelung in § 1 Abs. 2 Satz 1 des Gesetzes über die Auflösung und Löschung von Gesellschaften und Genossenschaften (BGBl. III 4120-3) in die Insolvenzordnung verlagert (vgl. allgemein zur Verlagerung der Bestimmungen des Löschungsgesetzes in andere Gesetze: Artikel 2 Nr. 9 des Einführungsgesetzes zur Insolvenzordnung und die Begründung hierzu). § 1 Abs. 2 Satz 1 des Löschungsgesetzes wird zugleich inhaltlich erweitert: Das Löschungsgesetz sieht in § 1 Abs. 1 Satz 1 nur für die Aktiengesellschaft, die Kommanditgesellschaft auf Aktien und die Gesellschaft mit beschränkter Haftung vor, daß diese Gesellschaften durch die Abweisung mangels Masse kraft Gesetzes aufgelöst werden, und dementsprechend ist auch nur für diese Gesellschaften die Mitteilung des abweisenden Beschlusses an das Registergericht vorgeschrieben, um diesem die Eintragung der Auflösung zu ermöglichen. Im Einführungsgesetz zur Insolvenzordnung ist dagegen vorgesehen, daß die Abweisung mangels Masse auch zur Auflösung führt, wenn der Schuldner eine Genossenschaft oder ein Verein ist oder wenn es sich bei ihm um eine offene Handelsgesellschaft oder Kommanditgesellschaft handelt, bei denen kein persönlich haftender Gesellschafter eine natürliche Person ist. Die Mitteilungspflicht nach Nummer 2 der neuen Vorschrift besteht daher auch in diesen Fällen.

2   Die Mitteilung der Verfahrenseröffnung an die Dienstbehörde des Schuldners, die in § 112 KO ebenfalls vorgesehen ist, wird nicht übernommen. Für eine solche Mitteilung wird kein Bedürfnis gesehen. Dabei kann dahinstehen, ob das allgemeine Interesse einer Behörde, über die Insolvenz eines ihrer Bediensteten unterrichtet zu werden, schutzwürdiger ist als das entsprechende Interesse eines privaten Arbeitgebers. Jedenfalls wird die Dienstbehörde in der Regel schon vor der Verfahrenseröffnung durch Pfändungen der Bezüge des Schuldners über dessen schlechte Vermögenslage unterrichtet

sein. Nach der Eröffnung wird sich der Insolvenzverwalter unverzüglich an die Behörde wenden, um die pfändbaren Bezüge des Schuldners für die Insolvenzmasse in Anspruch zu nehmen (vgl. § 35 und dessen Begründung zur Einbeziehung des Neuerwerbs in die Masse). Zu berücksichtigen ist schließlich, daß schon heute weder die Eröffnung eines Vergleichsverfahrens noch die Abweisung eines Konkursantrags mangels Masse der Dienstbehörde besonders mitgeteilt werden.

§ 32
Grundbuch

(1) Die Eröffnung des Insolvenzverfahrens ist in das Grundbuch einzutragen:

1. bei Grundstücken, als deren Eigentümer der Schuldner eingetragen ist;

2. bei den für den Schuldner eingetragenen Rechten an Grundstücken und an eingetragenen Rechten, wenn nach der Art des Rechts und den Umständen zu befürchten ist, daß ohne die Eintragung die Insolvenzgläubiger benachteiligt würden.

(2) Soweit dem Insolvenzgericht solche Grundstücke oder Rechte bekannt sind, hat es das Grundbuchamt von Amts wegen um die Eintragung zu ersuchen. Die Eintragung kann auch vom Insolvenzverwalter beim Grundbuchamt beantragt werden.

(3) Werden ein Grundstück oder ein Recht, bei denen die Eröffnung des Verfahrens eingetragen worden ist, vom Verwalter freigegeben oder veräußert, so hat das Insolvenzgericht auf Antrag das Grundbuchamt um Löschung der Eintragung zu ersuchen. Die Löschung kann auch vom Verwalter beim Grundbuchamt beantragt werden.

§ 32 entspricht § 39 RegEInsO. Der folgende Begründungstext entspricht BT-Drs. 12/2443, S. 120/121, „Zu § 39".

Wie im geltenden Konkursrecht (§§ 113, 114 KO; vgl. auch § 6 Abs. 2 Nr. 4 GesO) wird dafür gesorgt, daß bei einem Grundstück, das zur Insolvenzmasse gehört, die Eröffnung des Insolvenzverfahrens aus dem Grundbuch ersichtlich ist, und daß nach einer Freigabe oder Veräußerung des Grundstücks die Eintragung der Verfahrenseröffnung im Grundbuch wieder gelöscht wird. Dabei wird in Absatz 3 abweichend von § 114 KO vorgesehen, daß die Löschung der Eintragung in allen Fällen vom Insolvenzgericht oder vom Insolvenzverwalter veranlaßt werden kann.

§ 33
Register für Schiffe und Luftfahrzeuge

Für die Eintragung der Eröffnung des Insolvenzverfahrens in das Schiffsregister, das Schiffsbauregister und das Register für Pfandrechte an Luftfahrzeugen gilt § 32 entsprechend. Dabei treten an die Stelle der Grundstücke die in diese Register eingetragenen Schiffe, Schiffsbauwerke und Luftfahrzeuge, an die Stelle des Grundbuchamts das Registergericht.

§ 33 entspricht § 40 RegEInsO. Der folgende Begründungstext entspricht BT-Drs. 12/2443, S. 121, „Zu § 40".

Die Eintragung der Konkurseröffnung ist bisher für das Schiffsregister und das Schiffsbauregister in den §§ 113, 114 KO geregelt, für das Register für Pfandrechte an Luftfahrzeugen in § 98 Abs. 3 Satz 1 des Gesetzes über Rechte an Luftfahrzeugen in Verbindung mit den genannten Vorschriften der Konkursordnung. Es erschien angemessen, beide Regelungen in einer Vorschrift der Insolvenzordnung zusammenzufassen.

Aus Satz 2 ist zu entnehmen, daß es für die Frage, ob ein Luftfahrzeug „eingetragen" ist, auf die Eintragung im Register für Pfandrechte an Luftfahrzeugen ankommen soll, nicht etwa auf die Eintragung in der Luftfahrzeugrolle. Bei einem bisher unbelasteten und daher nicht im Register eingetragenen Luftfahrzeug ist es zunächst Sache des Insolvenzverwalters, das Luftfahrzeug zur Eintragung in das Register anzumelden und dabei die erforderlichen Angaben und Nachweise beizubringen (vgl. die §§ 79, 80 Gesetz über Rechte an Luftfahrzeugen); erst anschließend kann – auf Ersuchen des Insolvenzgerichts oder auf Antrag des Insolvenzverwalters – auf dem Registerblatt des Luftfahrzeugs die Eröffnung des Insolvenzverfahrens eingetragen werden.

§ 34
Rechtsmittel

(1) **Wird die Eröffnung des Insolvenzverfahrens abgelehnt, so steht dem Antragsteller und, wenn die Abweisung des Antrags nach § 26 erfolgt, dem Schuldner die sofortige Beschwerde zu.**

(2) **Wird das Insolvenzverfahren eröffnet, so steht dem Schuldner die sofortige Beschwerde zu.**

(3) **Sobald eine Entscheidung, die den Eröffnungsbeschluß aufhebt, Rechtskraft erlangt hat, ist die Aufhebung des Verfahrens öffentlich bekanntzumachen. § 200 Abs. 2 Satz 2 und 3 gilt entsprechend. Die Wirkungen der Rechtshandlungen, die vom Insolvenzverwalter oder ihm gegenüber vorgenommen worden sind, werden durch die Aufhebung nicht berührt.**

§ 34 beruht auf § 41 RegEInsO. Der folgende Begründungstext beruht weitgehend auf BT-Drs. 12/2443, S. 121, „Zu § 41", und BT-Drs. 12/7302, S. 159, zu Nr. 25 („Zu § 41 Abs. 3").

1   Wegen der Bedeutung der Entscheidung, durch die das Insolvenzverfahren eröffnet oder seine Eröffnung abgelehnt wird, muß sie beschwerdefähig sein (Absätze 1 und 2). Die Beschwerdeberechtigung ist im Grundsatz wie in § 109 KO geregelt. Jedoch wird gegen einen Beschluß, durch den die Eröffnung des Verfahrens mangels Masse abgewiesen wird, wegen der damit verbundenen Eintragung im Schuldnerverzeichnis (§ 26 Abs. 2) auch dem Schuldner das Recht zur sofortigen Beschwerde gegeben. Das geltende Recht sieht eine entsprechende Beschwerdeberechtigung nur bei Gesellschaften vor, die durch eine Abweisung mangels Masse aufgelöst werden, nämlich bei Aktiengesellschaften, Kommanditgesellschaften auf Aktien und Gesellschaften mit beschränkter Haftung. Diese Sonderregelung in § 1 Abs. 1 Satz 2 des Gesetzes über die Auflösung und Löschung von Gesellschaften und Genossenschaften kann als Folge der neuen allgemeinen Vorschrift entfallen.

2   Für den Fall, daß die Eröffnung des Insolvenzverfahrens auf eine Beschwerde hin rechtskräftig aufgehoben wird, ist eine ausreichende Publizität geboten (Absatz 3 Satz 1, 2; vgl. § 116 KO). Durch die Verweisung auf § 200 Abs. 2 Satz 2 und 3, der den parallelen

Fall der Aufhebung des Verfahrens nach der Schlußverteilung betrifft, wird neben der Eintragung in die Register die Veröffentlichung der Entscheidung im Bundesanzeiger angeordnet.

Absatz 3 Satz 3 dient dem Schutz des Rechtsverkehrs. Aus ihm ergibt sich insbesondere, daß die vom Verwalter begründeten Verbindlichkeiten trotz der Aufhebung des Eröffnungsbeschlusses aus dem Vermögen des Schuldners zu erfüllen sind. Für das geltende Konkursrecht wird dies aus der Verweisung in § 116 Satz 2 auf § 191 KO entnommen. 3

ZWEITER ABSCHNITT
Insolvenzmasse. Einteilung der Gläubiger

§ 35
Begriff der Insolvenzmasse

Das Insolvenzverfahren erfaßt das gesamte Vermögen, das dem Schuldner zur Zeit der Eröffnung des Verfahrens gehört und das er während des Verfahrens erlangt (Insolvenzmasse).

§ 35 entspricht im wesentlichen § 42 RegEInsO. Der folgende Begründungstext beruht im wesentlichen auf BT-Drs. 12/2443, S. 122, „Zu § 42", BT-Drs. 12/2443, S. 250, 262, jeweils zu „Nummer 6", und BT-Drs. 12/7302, S. 159/160, zu Nr. 26 („Zu § 42").

Die Vorschrift enthält in Anlehnung an § 1 Abs. 1 KO den Grundsatz für die Begriffsbestimmung der Insolvenzmasse (vgl. auch § 1 Abs. 1 Satz 2 GesO). Dieser Grundsatz wird in den zwei folgenden Vorschriften zum Teil erweitert, zum Teil eingegrenzt. 1

Im Gegensatz zum geltenden Konkursrecht wird auch Neuerwerb des Schuldners während des Verfahrens zur Insolvenzmasse gezogen. Dies hat vor allem Bedeutung für die Einkünfte, die eine natürliche Person aus einer beruflichen Tätigkeit nach der Verfahrenseröffnung bezieht. Aber auch Erbschaften und Schenkungen, die dem Schuldner während des Verfahrens zufallen, werden erfaßt. Gegenstände, die der Insolvenzverwalter mit Mitteln der Insolvenzmasse erwirbt, sind dagegen kein Neuerwerb in diesem Sinne. Daß sie – kraft Surrogation – ebenfalls zur Masse gehören, ist schon bisher für die Abgrenzung der Konkursmasse anerkannt. Für Gesellschaften und juristische Personen hat das Problem der Massezugehörigkeit des Neuerwerbs daher kaum praktische Bedeutung.

Das geltende Konkursrecht hat mit dem Grundsatz „Neuerwerb ist konkursfrei" im internationalen Vergleich eine Sonderstellung. Auch eng verwandte Rechtsordnungen wie das österreichische Recht folgen diesem Grundsatz nicht. Bei der Schaffung der Konkursordnung wurde diese Abweichung vom Vorbild auch fast aller damals bekannten Rechtsordnungen namentlich mit zwei Argumenten begründet: Es müsse dem Schuldner ermöglicht werden, sich schon während des Verfahrens eine neue Existenz aufzubauen. Außerdem sei es ungerecht, die neuen Gläubiger des Schuldners vom Zugriff auf dessen Neuerwerb auszuschließen. 2

Dem ersten Argument ist entgegenzuhalten, daß der Schuldner kaum ein Interesse am Beginn einer neuen wirtschaftlichen Tätigkeit während des Verfahrens haben kann, wenn der Neuerwerb – wie das nach geltendem Recht der Fall ist – nach der Beendigung des Konkursverfahrens wieder dem Zugriff der Konkursgläubiger unterliegt (vgl. § 164 Abs. 1 KO). Die Insolvenzordnung bietet dem Schuldner mit der Restschuldbefreiung 3 (vgl. die §§ 286 bis 303) eine tragfähige Grundlage für einen wirtschaftlichen Neubeginn. Auch eine Schuldenregulierung durch Plan (vgl. §§ 217–269, Insolvenzplan, oder §§ 305–310, Schuldenbereinigungsplan) ist nach der Insolvenzordnung leichter zu erreichen als nach geltendem Recht ein Vergleich oder ein Zwangsvergleich im Konkurs.

4 Das zweite Argument vermag ebenfalls nicht zu überzeugen. Zwar hat die bisherige Lösung rechtssystematisch den Vorteil, daß im Konkursfall sowohl das Vermögen des Schuldners als auch die Forderungen der Gläubiger auf einen einheitlichen Zeitpunkt bezogen werden, den Zeitpunkt der Konkurseröffnung. Wie die nach diesem Zeitpunkt begründeten Forderungen keine Konkursforderungen sind, gehört nach diesem Zeitpunkt erworbenes Vermögen nicht zur Konkursmasse. Daraus folgt aber nicht, daß in der Praxis der Neuerwerb einer natürlichen Person während des Konkursverfahrens stets oder auch nur in der Mehrzahl der Fälle den Neugläubigern zur Verfügung steht. Die wichtigste Art des Neuerwerbs, das künftige Arbeitseinkommen, ist im Konkursfall regelmäßig bereits an einzelne Altgläubiger abgetreten oder von diesen gepfändet. Es ist weder theoretisch einleuchtend noch praktisch befriedigend, daß im Konkursverfahren über das Vermögen eines Arbeitnehmers das laufende Arbeitseinkommen nicht in die Masse fällt, obwohl der Zugriff im Wege der Einzelzwangsvollstreckung durchaus möglich ist und obwohl häufig kaum anderes Vermögen vorhanden ist. Da die Insolvenzordnung das Ziel verfolgt, auch nicht unternehmerisch tätigen Personen die Möglichkeit zu geben, ihre Schulden im Insolvenzverfahren zu bereinigen, hat dieser Gesichtspunkt besonderes Gewicht.

§ 36
Unpfändbare Gegenstände

(1) Gegenstände, die nicht der Zwangsvollstreckung unterliegen, gehören nicht zur Insolvenzmasse.

(2) Zur Insolvenzmasse gehören jedoch

1. die Geschäftsbücher des Schuldners; gesetzliche Pflichten zur Aufbewahrung von Unterlagen bleiben unberührt;

2. die Sachen, die nach § 811 Nr. 4 und 9 der Zivilprozeßordnung nicht der Zwangsvollstreckung unterliegen.

(3) Sachen, die zum gewöhnlichen Hausrat gehören und im Haushalt des Schuldners gebraucht werden, gehören nicht zur Insolvenzmasse, wenn ohne weiteres ersichtlich ist, daß durch ihre Verwertung nur ein Erlös erzielt werden würde, der zu dem Wert außer allem Verhältnis steht.

§ 36 entspricht § 43 RegEInsO. Der folgende Begründungstext entspricht im wesentlichen BT-Drs. 12/2443, S. 122, „Zu § 43".

Die Vorschrift entspricht inhaltlich dem geltenden Konkursrecht (vgl. § 1 KO; vgl. auch § 1 Abs. 1 Satz 2 GesO).

Aus dem Grundsatz, daß unpfändbare Gegenstände nicht zur Insolvenzmasse gehören (Absatz 1), folgt für den Neuerwerb des Schuldners, daß nur der allgemein pfändbare Teil des Arbeitseinkommens zur Masse gezogen werden kann (vgl. § 35).

Die Vorschrift über die Massezugehörigkeit der Geschäftsbücher (Absatz 2 Nr. 1) wird durch den Hinweis ergänzt, daß gesetzliche Pflichten zur Aufbewahrung von Unterlagen unberührt bleiben (vgl. insbesondere § 257 HGB, § 147 AO 1977). Die Erfüllung dieser Pflichten darf nicht durch eine Verwertung der Geschäftsbücher, etwa als Altpapier, unmöglich gemacht werden. Wird dies beachtet, so ist zugleich gewährleistet, daß die Fortführung eines Unternehmens des Schuldners nicht durch eine vorzeitige Vernichtung von Geschäftsunterlagen erschwert wird. Die weitergehende Beschränkung des § 117 Abs. 2 KO, daß Geschäftsbücher nur mit dem Geschäft im ganzen und nur insoweit veräußert werden dürfen, als sie zur Fortführung des Geschäftsbetriebs unentbehrlich sind, wird nicht in die Insolvenzordnung übernommen. Diese Beschränkung wird allgemein als übermäßig angesehen. In der Tat erscheint es nicht sinnvoll, dem Verwalter stets die gesonderte Verwertung von Geschäftsunterlagen zu verbieten. Kundenlisten z. B. können einen erheblichen Vermögenswert darstellen, der bei Insolvenz des Schuldners den Gläubigern, nicht dem Schuldner zugute kommen sollte. Durch Absatz 3 wird § 812 ZPO sinngemäß übernommen (vgl. die Verweisung in § 1 Abs. 4 KO).

§ 37
Gesamtgut bei Gütergemeinschaft

(1) Wird bei dem Güterstand der Gütergemeinschaft das Gesamtgut von einem Ehegatten allein verwaltet und über das Vermögen dieses Ehegatten das Insolvenzverfahren eröffnet, so gehört das Gesamtgut zur Insolvenzmasse. Eine Auseinandersetzung des Gesamtguts findet nicht statt. Durch das Insolvenzverfahren über das Vermögen des anderen Ehegatten wird das Gesamtgut nicht berührt.

(2) Verwalten die Ehegatten das Gesamtgut gemeinschaftlich, so wird das Gesamtgut durch das Insolvenzverfahren über das Vermögen eines Ehegatten nicht berührt.

(3) Absatz 1 ist bei der fortgesetzten Gütergemeinschaft mit der Maßgabe anzuwenden, daß an die Stelle des Ehegatten, der das Gesamtgut allein verwaltet, der überlebende Ehegatte, an die Stelle des anderen Ehegatten die Abkömmlinge treten.

§ 37 entspricht im wesentlichen § 44 RegEInsO. Der folgende Begründungstext beruht im wesentlichen auf BT-Drs. 12/2443, S. 122/123, „Zu § 44", und BT-Drs. 12/7302, S. 160, zu Nr. 27 („Zu § 44 Abs. 1").

Auch hier wird geltendes Konkursrecht (§ 2 KO) in das künftige Insolvenzrecht übernommen. Die Vorschrift hat ihre Parallele im Recht der Einzelzwangsvollstreckung (§§ 740, 745 Abs. 1 ZPO).

Bei gemeinschaftlicher Verwaltung des Gesamtgutes ist, wie sich aus § 11 Abs. 2 Nr. 2 ergibt, ein selbständiges Insolvenzverfahren über das Gesamtgut zulässig.

§ 38
Begriff der Insolvenzgläubiger

Die Insolvenzmasse dient zur Befriedigung der persönlichen Gläubiger, die einen zur Zeit der Eröffnung des Insolvenzverfahrens begründeten Vermögensanspruch gegen den Schuldner haben (Insolvenzgläubiger).

§ 38 entspricht § 45 RegEInsO. Der folgende Begründungstext entspricht BT-Drs. 12/2443, S. 123, „Zu § 45".

Die Vorschrift, in der die Begriffsbestimmung der Insolvenzgläubiger enthalten ist, entspricht inhaltlich § 3 Abs. 1 KO (vgl. auch § 25 Abs. 1 VerglO). Sie wird durch die weiteren Vorschriften des Kapitels ergänzt und modifiziert.

§ 39
Nachrangige Insolvenzgläubiger

(1) Im Rang nach den übrigen Forderungen der Insolvenzgläubiger werden in folgender Rangfolge, bei gleichem Rang nach dem Verhältnis ihrer Beträge, berichtigt:

1. die seit der Eröffnung des Insolvenzverfahrens laufenden Zinsen der Forderungen der Insolvenzgläubiger;

2. die Kosten, die den einzelnen Insolvenzgläubigern durch ihre Teilnahme am Verfahren erwachsen;

3. Geldstrafen, Geldbußen, Ordnungsgelder und Zwangsgelder sowie solche Nebenfolgen einer Straftat oder Ordnungswidrigkeit, die zu einer Geldzahlung verpflichten;

4. Forderungen auf eine unentgeltliche Leistung des Schuldners;

5. Forderungen auf Rückgewähr des kapitalersetzenden Darlehens eines Gesellschafters oder gleichgestellte Forderungen.

(2) Forderungen, für die zwischen Gläubiger und Schuldner der Nachrang im Insolvenzverfahren vereinbart worden ist, werden im Zweifel nach den in Absatz 1 bezeichneten Forderungen berichtigt.

(3) Die Zinsen der Forderungen nachrangiger Insolvenzgläubiger und die Kosten, die diesen Gläubigern durch ihre Teilnahme am Verfahren entstehen, haben den gleichen Rang wie die Forderungen dieser Gläubiger.

§ 39 entspricht § 46 RegEInsO. Der folgende Begründungstext entspricht im wesentlichen BT-Drs. 12/2443, S. 123/124, „Zu § 46".

1 Die Vorschrift weicht vom geltenden Recht ab. Bisher können die Zins- und Kostenforderungen, die den Konkurs- oder Vergleichsgläubigern während des Verfahrens entstehen, die Geldstrafen und die Forderungen „aus einer Freigiebigkeit" im Verfahren nicht geltend gemacht werden (§ 63 KO; § 29 VerglO). Das gleiche ist für Forderungen auf Rückzahlung kapitalersetzender Darlehen im GmbH-Gesetz festgelegt (§ 32 a Abs. 1 Satz 1) und für Forderungen mit vertraglichem Nachrang ohne gesetzliche Regelung anerkannt. Eine Ausnahme sieht § 226 Abs. 1, 2 KO für den Nachlaßkonkurs vor: Die in § 63 Nr. 1, 3 und 4 KO genannten Forderungen können im Verfahren geltend gemacht werden, sie werden jedoch erst nach allen übrigen Verbindlichkeiten berichtigt.

2 Diese Ausnahmevorschrift des geltenden Rechts wird für das künftige Insolvenzverfahren zur Regel erhoben. Zwar wird es bei der Verteilung eines im Insolvenzverfahren liquidierten Vermögens an die Gläubiger in den meisten Fällen ohne praktische Bedeutung sein, ob die Gläubiger der in der Vorschrift aufgeführten Forderung ein Recht auf nachrangige Befriedigung haben oder ob sie ganz von der Verfahrensteilnahme ausgeschlossen sind; denn ein Unterschied ergibt sich nur in den seltenen Fällen, in denen das Insolvenzverfahren zur vollständigen Befriedigung aller übrigen Gläubiger führt

und dann noch ein Überschuß verbleibt. In diesen Fällen erscheint es jedoch sachgerecht, den verbliebenen Überschuß nicht an den Schuldner herauszugeben, bevor nicht die im Verfahren aufgelaufenen Zins- und Kostenforderungen der Insolvenzgläubiger, die Geldstrafen, die Forderungen auf unentgeltliche Leistungen, die Forderungen aus kapitalersetzenden Darlehen und die Forderungen mit vertraglichem Rangrücktritt getilgt sind. Außerdem wird es durch die Einbeziehung der Gläubiger mit diesen Forderungen in das Insolvenzverfahren möglich, die Rechtsstellung dieser Gläubiger im Falle eines Plans sachgerechter zu bestimmen, als es im geltenden Recht des Vergleichs und des Zwangsvergleichs im Konkurs der Fall ist (vgl. die §§ 225, 246).

Durch die Einbeziehung der nachrangigen Insolvenzgläubiger soll das Insolvenzverfahren allerdings in der großen Zahl der Fälle, in denen diese Gläubiger von vornherein keine Befriedigung erwarten können, nicht nachteilig verzögert werden. Aus diesem Grunde ist in § 174 Abs. 3 und § 177 Abs. 2 vorgesehen, daß die nachrangigen Forderungen nur in den Fällen anzumelden und zu prüfen sind, in denen das Insolvenzgericht besonders zur Anmeldung aufgefordert hat.

Aus der Einordnung der genannten Gläubiger als „nachrangige Insolvenzgläubiger" folgt, daß sie allgemein den Beschränkungen unterliegen, die die Insolvenzordnung für „Insolvenzgläubiger" vorsieht. Dies wird erreicht, ohne daß – wie in der Vergleichsordnung (vgl. § 13 Abs. 1 Satz 3, § 47, § 48 Abs. 1, § 54 Satz 1, § 87 Abs. 1, § 104 Abs. 1, § 108 Abs. 2 Satz 3 VerglO) – diese Gläubiger in zahlreichen Einzelvorschriften den übrigen Gläubigern ausdrücklich gleichgestellt werden müssen. Wichtig ist insbesondere, daß auch für die nachrangigen Insolvenzgläubiger das Verbot gilt, während des Insolvenzverfahrens die Einzelzwangsvollstreckung in das Vermögen des Schuldners zu betreiben (§ 89). Soweit eine besondere Behandlung der nachrangigen Insolvenzgläubiger angebracht erscheint, wird die erforderliche Differenzierung jeweils im Gesetzestext vorgenommen (vgl. § 77 Abs. 1 Satz 2 – Stimmrecht in der Gläubigerversammlung –; § 187 Abs. 2 Satz 2 – Berücksichtigung bei der Verteilung –; § 225 – Änderung der Rechte durch einen Plan –; § 246 – Zustimmung zu einem Plan –). 3

Zu Absatz 1 Nr. 5 ist zu bemerken, daß im Grundsatz nur Forderungen aus kapitalersetzenden Darlehen erfaßt werden, die von den Gesellschaftern selbst gewährt worden sind. Soweit das Darlehen eines Dritten z. B. durch die Bürgschaft eines Gesellschafters Kapitalersatzfunktion hat, bleibt es dabei, daß der Dritte nur mit einer Ausfallforderung am Insolvenzverfahren teilnehmen darf, daß er insoweit aber alle Rechte eines nicht nachrangigen Insolvenzgläubigers hat (vgl. § 32 a Abs. 2 GmbHG, der durch die Reform keine sachliche Änderung erfährt). Forderungen Dritter werden allerdings insoweit als „gleichgestellte Forderungen" von Nummer 5 erfaßt, als sie nach § 32 a Abs. 3 GmbHG in Verbindung mit Absatz 1 derselben Vorschrift der Darlehensgewährung durch einen Gesellschafter wirtschaftlich entsprechen; ein Beispiel ist das kapitalersetzende Darlehen, das von einem mit einem Gesellschafter verbundenen Unternehmen gewährt wird. 4

Aus Absatz 2 ergibt sich, daß eine Forderung, deren Nachrang vertraglich vereinbart ist, im Verhältnis zu den übrigen nachrangigen Forderungen grundsätzlich mit dem vereinbarten Rang berichtigt wird. Ist nach der Vereinbarung jedoch unklar, welcher Rang im Verhältnis zu anderen nachrangigen Forderungen bestehen soll, so ist die Forderung letztrangig. Die Möglichkeit, eine Forderung für den Fall der Eröffnung des Insolvenzverfahrens zu erlassen, bleibt unberührt. Wirksam ist auch eine Vereinbarung zwischen den Gesellschaftern, daß kapitalersetzende Darlehen im Innenverhältnis wie Eigenkapital behandelt werden sollen. 5

6 Soweit in Absatz 3 den Zinsforderungen nachrangiger Insolvenzgläubiger der gleiche Rang zugewiesen wird wie den entsprechenden Hauptforderungen, entspricht die Vorschrift der bisherigen Regelung in § 227 KO für den Nachlaßkonkurs. Zusätzlich werden die Kosten erfaßt, die den nachrangigen Gläubigern durch ihre Teilnahme am Verfahren entstehen.

§ 40
Unterhaltsansprüche

Familienrechtliche Unterhaltsansprüche und familienrechtliche Erstattungsansprüche der Mutter eines nichtehelichen Kindes gegen den Schuldner können im Insolvenzverfahren für die Zeit nach der Eröffnung nur geltend gemacht werden, soweit der Schuldner als Erbe des Verpflichteten haftet. § 100 bleibt unberührt.

§ 40 entspricht § 47 RegEInsO. Der folgende Begründungstext entspricht im wesentlichen BT-Drs. 12/2443, S. 124, „Zu § 47".

Die Regelung in § 3 Abs. 2 KO und in § 25 Abs. 2 VerglO wird inhaltlich unverändert übernommen.

Soweit die Unterhaltsgläubiger nicht am Insolvenzverfahren beteiligt sind, können sie nach geltendem Recht uneingeschränkt auf das freie Vermögen des Schuldners zugreifen, insbesondere auf seinen Neuerwerb aus Arbeitseinkünften. Da die Insolvenzordnung den Neuerwerb während des Insolvenzverfahrens zur Masse zieht, besteht diese Möglichkeit in Zukunft insoweit nicht mehr. Die Gläubiger von Unterhaltsansprüchen für die Zeit nach der Eröffnung des Verfahrens können jedoch während des Verfahrens in den erweitert pfändbaren Teil des Arbeitseinkommens vollstrecken (vgl. § 850 d ZPO), der nicht zur Insolvenzmasse gehört (vgl. auch § 89 Abs. 2 Satz 2). Da diese Ansprüche keine Insolvenzforderungen sind, werden sie nach der Beendigung des Verfahrens nicht von einer Restschuldbefreiung erfaßt (vgl. § 301 Abs. 1). Außerdem ist zu beachten, daß dem Schuldner und seiner Familie aus der Insolvenzmasse Unterhalt gezahlt werden kann (vgl. § 100).

§ 41
Nicht fällige Forderungen

(1) Nicht fällige Forderungen gelten als fällig.

(2) Sind sie unverzinslich, so sind sie mit dem gesetzlichen Zinssatz abzuzinsen. Sie vermindern sich dadurch auf den Betrag, der bei Hinzurechnung der gesetzlichen Zinsen für die Zeit von der Eröffnung des Insolvenzverfahrens bis zur Fälligkeit dem vollen Betrag der Forderung entspricht.

§ 41 entspricht § 48 RegEInsO. Der folgende Begründungstext entspricht im wesentlichen BT-Drs. 12/2443, S. 124, „Zu § 43".

Daß nicht fällige Forderungen fällig gestellt und dabei gegebenenfalls abgezinst werden, entspricht § 65 KO und § 30 VerglO. Die Regelung dient dazu, eine klare Grundlage für die Stellung der Gläubiger im Verfahren zu schaffen, insbesondere für ihr Stimmrecht in der Gläubigerversammlung, für die Berechnung einer anteiligen Kürzung ihrer Forderungen durch einen Insolvenzplan und für ihre Berücksichtigung bei Verteilungen.

Für die Zwecke einer Aufrechnung gilt die Regelung nicht (vgl. § 95).

§ 42
Auflösend bedingte Forderungen

Auflösend bedingte Forderungen werden, solange die Bedingung nicht eingetreten ist, im Insolvenzverfahren wie unbedingte Forderungen berücksichtigt.

§ 42 entspricht § 49 RegEInsO. Der folgende Begründungstext entspricht im wesentlichen BT-Drs. 12/2443, S. 124, „Zu § 49".

§ 66 KO und § 31 VerglO werden inhaltlich unverändert übernommen. Kein Gegenstück in der Insolvenzordnung hat dagegen die Ausnahme von der Gleichbehandlung auflösend bedingter und unbedingter Forderungen in § 168 Nr. 4 KO. Sie betrifft den wenig praktischen Sonderfall, daß der Gläubiger einer auflösend bedingten Forderung zur Sicherheitsleistung verpflichtet ist. 1

Die Behandlung aufschiebend bedingter Forderungen regelt die Insolvenzordnung in § 77 Abs. 3 Nr. 1, § 237 (Stimmrecht), § 95 (Aufrechnung) und § 191 (Berücksichtigung bei Verteilungen). 2

§ 43
Haftung mehrerer Personen

Ein Gläubiger, dem mehrere Personen für dieselbe Leistung auf das Ganze haften, kann im Insolvenzverfahren gegen jeden Schuldner bis zu seiner vollen Befriedigung den ganzen Betrag geltend machen, den er zur Zeit der Eröffnung des Verfahrens zu fordern hatte.

§ 43 entspricht § 50 RegEInsO. Der folgende Begründungstext entspricht im wesentlichen BT-Drs. 12/2443, S. 124, „Zu § 50".

Die Vorschrift gibt sachlich unverändert die in § 68 KO und § 32 VerglO getroffene Regelung wieder. Sie erfaßt neben den Fällen der gesamtschuldnerischen Haftung (§ 421 BGB) auch die Haftung des Bürgen, dem die Einrede der Vorausklage nicht zusteht (§ 773 BGB, § 349 HGB).

§ 44
Rechte der Gesamtschuldner und Bürgen

Der Gesamtschuldner und der Bürge können die Forderung, die sie durch eine Befriedigung des Gläubigers künftig gegen den Schuldner erwerben könnten, im Insolvenzverfahren nur dann geltend machen, wenn der Gläubiger seine Forderung nicht geltend macht.

§ 44 entspricht § 51 RegEInsO. Der folgende Begründungstext entspricht BT-Drs. 12/2443, S. 124, „Zu § 51".

Der in der Vorschrift niedergelegte Grundsatz ist für das Vergleichsverfahren in § 33 VerglO normiert und für das Konkursverfahren ohne gesetzliche Regelung anerkannt. Die Forderungen des Gläubigers gegen den Schuldner und die Rückgriffsforderung des Bürgen oder des Gesamtschuldners, die diese durch eine Befriedigung des Gläubigers erwerben können, sind jedenfalls bei wirtschaftlicher Betrachtung identisch. Forderung und Rückgriffsforderung dürfen daher im Verfahren nicht nebeneinander geltend gemacht werden.

§ 45
Umrechnung von Forderungen

Forderungen, die nicht auf Geld gerichtet sind oder deren Geldbetrag unbestimmt ist, sind mit dem Wert geltend zu machen, der für die Zeit der Eröffnung des Insolvenzverfahrens geschätzt werden kann.

Forderungen, die in ausländischer Währung oder in einer Rechnungseinheit ausgedrückt sind, sind nach dem Kurswert, der zur Zeit der Verfahrenseröffnung für den Zahlungsort maßgeblich ist, in inländische Währung umzurechnen.

§ 46
Wiederkehrende Leistungen

Forderungen auf wiederkehrende Leistungen, deren Betrag und Dauer bestimmt sind, sind mit dem Betrag geltend zu machen, der sich ergibt, wenn die noch ausstehenden Leistungen unter Abzug des in § 41 bezeichneten Zwischenzinses zusammengerechnet werden. Ist die Dauer der Leistungen unbestimmt, so gilt § 45 Satz 1 entsprechend.

§ 45 übernimmt und ergänzt § 52 RegEInsO; § 46 entspricht im wesentlichen § 53 RegEInsO. Der folgende Begründungstext beruht im wesentlichen auf BT-Drs. 12/2443, S. 124, „Zu § 52 und § 53", BT-Drs. 12/2443, S. 250, 262, jeweils zu Nummer 8, und BT-Drs. 12/7302, S. 160, zu Nr. 28 („Zu § 52") und zu Nr. 29 („Zu § 53").

Die Vorschriften entsprechen im wesentlichen den §§ 69, 70 KO und den §§ 34, 35 VerglO. Wie § 41, der die Fälligkeit nicht fälliger Forderungen regelt, dienen sie dem Zweck, durch eine Umrechnung der Ansprüche der Insolvenzgläubiger in bestimmte, miteinander vergleichbare Geldbeträge die Voraussetzungen für eine gleichberechtigte Teilnahme der Gläubiger am Verfahren zu schaffen. Beispielsweise sind Forderungen, die in ausländischer Währung oder in einer Rechnungseinheit ausgedrückt sind, zum maßgeblichen Tageskurs in die inländische Währung umzurechnen. Die Umrechnung sowohl der ausländischen Währung als auch der Rechnungseinheit erfolgt dabei im Einklang mit den Grundsätzen des Bürgerlichen Gesetzbuches (§ 244 Abs. 2): Maßgeblich ist der Kurs, zu dem sich der Gläubiger zur Zeit der Verfahrenseröffnung am Zahlungsort die ausländische Währung beschaffen kann. Für die Aufrechnung ist wieder die Sonderregelung in § 95 zu beachten.

§ 47
Aussonderung

Wer auf Grund eines dinglichen oder persönlichen Rechts geltend machen kann, daß ein Gegenstand nicht zur Insolvenzmasse gehört, ist kein Insolvenzgläubiger. Sein Anspruch auf Aussonderung des Gegenstands bestimmt sich nach den Gesetzen, die außerhalb des Insolvenzverfahrens gelten.

§ 47 entspricht § 54 RegEInsO. Der folgende Begründungstext entspricht im wesentlichen BT-Drs. 12/2443, S. 124, „Zu § 54".

Die Vorschrift entspricht im Grundsatz geltendem Recht (§ 43 KO; § 26 Abs. 1 VerglO). In der Formulierung des Satzes 1 wird klargestellt, daß nur Gegenstände, die rechtlich nicht zur Insolvenzmasse (§§ 35 bis 37) gehören, einem Aussonderungsanspruch unterliegen. Das Eigentum des Schuldners an einer Sache ist nicht immer entscheidend. Beispielsweise kann der Schuldner sein unpfändbares Vermögen aussondern. Auf der anderen Seite können bewegliche Sachen, die der Schuldner zur Sicherheit übereignet hat, nicht ausgesondert werden, da sie nach § 51 Nr. 1 Gegenstand abgesonderter Befriedigung sind.

§ 48
Ersatzaussonderung

Ist ein Gegenstand, dessen Aussonderung hätte verlangt werden können, vor der Eröffnung des Insolvenzverfahrens vom Schuldner oder nach der Eröffnung vom Insolvenzverwalter unberechtigt veräußert worden, so kann der Aussonderungsberechtigte die Abtretung des Rechts auf die Gegenleistung verlangen, soweit diese noch aussteht. Er kann die Gegenleistung aus der Insolvenzmasse verlangen, soweit sie in der Masse unterscheidbar vorhanden ist.

§ 48 übernimmt in erweiterter Fassung § 55 RegEInsO. Der folgende Begründungstext beruht weitgehend auf BT-Drs. 12/2443, S. 125, „Zu § 155", und BT-Drs. 12/7302, S. 160, zu Nr. 30 („Zu § 55").

Die Vorschrift hat ihr Vorbild in § 46 KO (vgl. auch § 26 Abs. 1 VerglO), verdeutlicht aber, daß sie nur die unberechtigte Veräußerung eines nicht zur Masse gehörenden Gegenstandes regelt und daß die vom Verwalter eingezogene Gegenleistung nur dann herausverlangt werden kann, wenn diese in der Masse noch unterscheidbar vorhanden ist. Diese Voraussetzungen kommen im Text des § 46 KO nicht zum Ausdruck, sind jedoch allgemein anerkannt. 1

Abweichend vom geltenden Recht wird nicht verlangt, daß die Gegenleistung bei der Verfahrenseröffnung noch aussteht oder nach der Eröffnung eingezogen worden ist. Auch wenn der Schuldner schon vor der Verfahrenseröffnung die Gegenleistung eingezogen hatte, wenn diese aber in der Masse noch unterscheidbar vorhanden ist, erscheint die Ersatzaussonderung vom Surrogationsgedanken her gerechtfertigt. 2

Sind im Einzelfall die Voraussetzungen der Ersatzaussonderung nicht gegeben, so schließt dies ebensowenig wie nach geltendem Recht aus, daß dem Gläubiger Ansprüche aus einer ungerechtfertigten Bereicherung der Masse oder aus einer zum Schadensersatz verpflichtenden Handlung des Verwalters zustehen. 3

§ 49
Abgesonderte Befriedigung aus unbeweglichen Gegenständen

Gläubiger, denen ein Recht auf Befriedigung aus Gegenständen zusteht, die der Zwangsvollstreckung in das unbewegliche Vermögen unterliegen (unbewegliche Gegenstände), sind nach Maßgabe des Gesetzes über die Zwangsversteigerung und die Zwangsverwaltung zur abgesonderten Befriedigung berechtigt.

§ 49 entspricht im wesentlichen § 56 RegEInsO. Der folgende Begründungstext beruht weitgehend auf BT-Drs. 12/2443, S. 125, „Zu § 56", und BT-Drs. 12/7302, S. 160, zu Nr. 31 („Zu § 56").

Die Vorschrift beläßt es bei dem Grundsatz des geltenden Rechts, daß Gläubiger, denen Rechte an Grundstücken oder anderen unbeweglichen Gegenständen zustehen, auch nach der Eröffnung des Insolvenzverfahrens zur Befriedigung im Wege der Zwangsversteigerung oder der Zwangsverwaltung berechtigt sind (vgl. § 47 KO, § 27 Abs. 1 VerglO); vgl. hierzu auch §§ 30d bis 30f ZVG, die durch Artikel 20 Nrn. 4 bis 6 des Einführungsgesetzes zur Insolvenzordnung neu eingefügt werden.

§ 50
Abgesonderte Befriedigung der Pfandgläubiger

(1) Gläubiger, die an einem Gegenstand der Insolvenzmasse ein rechtsgeschäftliches Pfandrecht, ein durch Pfändung erlangtes Pfandrecht oder ein gesetzliches Pfandrecht haben, sind nach Maßgabe der §§ 166 bis 173 für Hauptforderung, Zinsen und Kosten zur abgesonderten Befriedigung aus dem Pfandgegenstand berechtigt.

(2) Das gesetzliche Pfandrecht des Vermieters oder Verpächters kann im Insolvenzverfahren wegen des Miet- oder Pachtzinses für eine frühere Zeit als die letzten zwölf Monate vor der Eröffnung des Verfahrens sowie wegen der Entschädigung, die infolge einer Kündigung des Insolvenzverwalters zu zahlen ist, nicht geltend gemacht werden. Das Pfandrecht des Verpächters eines landwirtschaftlichen Grundstücks unterliegt wegen des Pachtzinses nicht dieser Beschränkung.

§ 50 übernimmt in gekürzter Fassung § 57 RegEInsO. Der folgende Begründungstext beruht weitgehend auf BT-Drs. 12/2443, S. 125, „Zu § 57", und BT-Drs. 12/7302, S. 126, zu Nr. 32 („Zu § 57").

Die Regelung der §§ 48, 49 Nr. 2 KO, auf die § 27 Abs. 1 VerglO Bezug nimmt (ergänzt durch § 52 Abs. 2 VerglO), wird inhaltlich unverändert übernommen. Die Tilgungsreihenfolge ergibt sich dabei aus § 367 Abs. 1 BGB und § 11 Abs. 3 Verbraucherkreditgesetz. Diese Vorschriften finden Anwendung, ohne daß es einer ausdrücklichen Wiederholung der Tilgungsreihenfolge im Bereich des Insolvenzrechts bedarf. In Absatz 2 wird durch die Formulierung „die letzten zwölf Monate" klargestellt, daß der maßgebliche Zeitraum für die Geltendmachung des gesetzlichen Pfandrechts des Vermieters oder des Verpächters nicht das Kalenderjahr ist.

§ 51
Sonstige Absonderungsberechtigte

Den in § 50 genannten Gläubigern stehen gleich:

1. Gläubiger, denen der Schuldner zur Sicherung eines Anspruchs eine bewegliche Sache übereignet oder ein Recht übertragen hat;

2. Gläubiger, denen ein Zurückbehaltungsrecht an einer Sache zusteht, weil sie etwas zum Nutzen der Sache verwendet haben, soweit ihre Forderung aus der Verwendung den noch vorhandenen Vorteil nicht übersteigt;

3. Gläubiger, denen nach dem Handelsgesetzbuch ein Zurückbehaltungsrecht zusteht;

4. Bund, Länder, Gemeinden und Gemeindeverbände, soweit ihnen zoll- und steuerpflichtige Sachen nach gesetzlichen Vorschriften als Sicherheit für öffentliche Abgaben dienen.

§ 51 faßt §§ 58 und 59 RegEInsO ohne inhaltliche Änderung zusammen. Der folgende Begründungstext beruht weitgehend auf BT-Drs. 12/2443, S. 125, „Zu § 58" und „Zu § 59", sowie BT-Drs. 12/7302, S. 160, zu Nr. 33 („Zu § 58").

Schon für das geltende Konkursrecht ist anerkannt, daß Gläubiger, denen eine bewegliche Sache oder ein Recht zur Sicherung eines Anspruchs übertragen worden ist, die Stellung von absonderungsberechtigten Gläubigern haben (Nummer 1). Dies ist in der Vergleichsordnung auch im Gesetzeswortlaut zum Ausdruck gekommen (§ 27 Abs. 2 VerglO). Mit dieser rechtlichen Einordnung wird der Tatsache Rechnung getragen, daß die Sicherungsübertragung bei wirtschaftlicher Betrachtung dem Pfandrecht nähersteht als dem Eigentum.

Als Sicherungsübertragung sind wie nach geltendem Recht grundsätzlich auch die Verlängerungs- und Erweiterungsformen des Eigentumsvorbehalts zu behandeln, also die Vorausabtretung der Kaufpreisforderung aus der Weiterveräußerung unter Eigentumsvorbehalt gelieferter Ware, die vorweggenommene Übereignung des Produkts, das durch die Verarbeitung der gelieferten Sache entstehen soll, oder die Erstreckung des Eigentumsvorbehalts auf Forderungen des Veräußerers, die nicht aus dem Kaufvertrag stammen. Der einfache Eigentumsvorbehalt soll dagegen weiterhin zur Aussonderung berechtigen.

Vorbild der Regelung in Nummern 2, 3 und 4 ist § 49 Abs. 1 Nr. 1, 3 und 4 KO. Dabei ist die Vorschrift über das Absonderungsrecht des Fiskus an zoll- und steuerpflichtigen Sachen (Nummer 4) so gefaßt, daß sie auf die entsprechenden steuerrechtlichen Vorschriften, insbesondere auf § 76 der Abgabenordnung 1977, Bezug nimmt. Aus dem Steuerrecht ergibt sich auch hinreichend deutlich, daß der Fiskus mit seinem Absonderungsrecht an den genannten Sachen sonstigen Absonderungsrechten an denselben Sachen vorgeht (vgl. § 76 Abs. 1 AO: „ohne Rücksicht auf Rechte Dritter"); bisher wird dies zusätzlich in § 49 Abs. 2 KO in Verbindung mit Artikel III des Einführungsgesetzes vom 17. Mai 1898 zu dem Gesetz betreffend Änderungen der Konkursordnung (BGBl. III 311-3) zum Ausdruck gebracht. Daß dieser Vorrang des Fiskus nicht im Verhältnis zu Schiffsgläubigern gilt (§ 49 Abs. 2 letzter Halbsatz KO), ist im Rahmen des Einführungsgesetzes zur Insolvenzordnung durch eine Änderung des § 761 HGB geregelt.

In der Insolvenzordnung selbst (vgl. § 84 Abs. 1 Satz 2) sind ebenso wie in anderen Gesetzen (vgl. § 157 des Versicherungsvertragsgesetzes) noch weitere Fälle von Absonderungsrechten geregelt.

§ 52
Ausfall der Absonderungsberechtigten

Gläubiger, die abgesonderte Befriedigung beanspruchen können, sind Insolvenzgläubiger, soweit ihnen der Schuldner auch persönlich haftet. Sie sind zur anteilsmäßigen Befriedigung aus der Insolvenzmasse jedoch nur berechtigt, soweit sie auf eine abgesonderte Befriedigung verzichten oder bei ihr ausgefallen sind.

§ 52 entspricht § 61 RegEInsO. Der folgende Begründungstext beruht im wesentlichen auf BT-Drs. 12/2443, S. 126, „Zu § 61".

Daß die absonderungsberechtigten Gläubiger nur mit ihrer Ausfallforderung an der Befriedigung der Insolvenzgläubiger aus der Insolvenzmasse teilnehmen können, ergibt sich für das geltende Recht aus § 64 KO und § 27 Abs. 1 Satz 1 VerglO. Die neue Vorschrift stellt darüber hinaus klar, daß die Absonderungsberechtigten, denen der

Schuldner auch persönlich haftet, im Grundsatz mit der vollen Höhe ihrer Forderung als Insolvenzgläubiger zu betrachten sind. Auch der gesicherte Teil der Forderung wird, wenn er angemeldet worden ist, im Prüfungstermin erörtert und gegebenenfalls festgestellt (vgl. die §§ 176 und 178).

§ 53
Massegläubiger

Aus der Insolvenzmasse sind die Kosten des Insolvenzverfahrens und die sonstigen Masseverbindlichkeiten vorweg zu berichtigen.

§ 53 entspricht § 62 RegEInsO. Der folgende Begründungstext beruht im wesentlichen auf BT-Drs. 12/2443, S. 126, „Zu § 62".

Die Regelung schließt an § 57 KO an. Die bisherige Aufteilung der Masseverbindlichkeiten in Massekosten und Masseschulden wird jedoch nicht übernommen. Vielmehr werden die Kosten des Insolvenzverfahrens (§ 54) und die sonstigen Masseverbindlichkeiten (§ 55) unterschieden. Die neue Aufgliederung erfolgt im Hinblick auf die Rangfolge der Masseverbindlichkeiten in § 209.

§ 54
Kosten des Insolvenzverfahrens

Kosten des Insolvenzverfahrens sind:

1. die Gerichtskosten für das Insolvenzverfahren;

2. die Vergütungen und die Auslagen des vorläufigen Insolvenzverwalters, des Insolvenzverwalters und der Mitglieder des Gläubigerausschusses.

§ 54 übernimmt in geänderter und gekürzter Fassung § 63 RegEInsO. Der folgende Begründungstext beruht weitgehend auf BT-Drs. 12/2443, S. 126, „Zu § 63", und BT-Drs. 12/7302, S. 161, zu Nr. 35 („Zu § 63").

Durch die Regelung wird § 58 Nr. 1 KO inhaltlich übernommen und auf die Vergütungen und Auslagen des vorläufigen Insolvenzverwalters, des Insolvenzverwalters und der Mitglieder des Gläubigerausschusses ausgedehnt (ähnlich § 13 Abs. 1 Nr. 2 GesO). All dies sind Kosten, die im Falle einer Masseunzulänglichkeit mit Vorrang befriedigt werden sollen (vgl. die Begründung zu § 209).

§ 55
Sonstige Masseverbindlichkeiten

(1) Masseverbindlichkeiten sind weiter die Verbindlichkeiten:

1. die durch Handlungen des Insolvenzverwalters oder in anderer Weise durch die Verwaltung, Verwertung und Verteilung der Insolvenzmasse begründet werden, ohne zu den Kosten des Insolvenzverfahrens zu gehören;

2. aus gegenseitigen Verträgen, soweit deren Erfüllung zur Insolvenzmasse verlangt wird oder für die Zeit nach der Eröffnung des Insolvenzverfahrens erfolgen muß;

3. aus einer ungerechtfertigten Bereicherung der Masse.

(2) Verbindlichkeiten, die von einem vorläufigen Insolvenzverwalter begründet worden sind, auf den die Verfügungsbefugnis über das Vermögen des Schuldners übergegangen ist, gelten nach der Eröffnung des Verfahrens als Masseverbindlichkeiten. Gleiches gilt für Verbindlichkeiten aus einem Dauerschuldverhältnis, soweit der vorläufige Insolvenzverwalter für das von ihm verwaltete Vermögen die Gegenleistung in Anspruch genommen hat.

§ 55 entspricht § 64 RegEInsO. Der folgende Begründungstext entspricht im wesentlichen BT-Drs. 12/2443, S. 126, „Zu § 64".

Absatz 1 knüpft an § 59 Abs. 1 Nr. 1, 2 und 4 KO an, erfaßt jedoch zusätzlich die über die „Kosten des Verfahrens" (§ 54) hinausgehenden Ausgaben für die Verwaltung, Verwertung und Verteilung der Masse, die bisher als „Massekosten" nach § 58 Nr. 2 KO einzuordnen sind (ähnlich § 13 Abs. 1 Nr. 1 GesO). „Handlungen" des Verwalters im Sinne von Absatz 1 Nr. 1 sind wie nach der bisherigen Rechtsprechung zu § 59 Abs. 1 Nr. 1 KO auch deliktische Handlungen und Unterlassungen des Verwalters im Rahmen seines Amtes, z. B. die Verletzung einer Verkehrssicherungspflicht oder eines Patents. **1**

Im übrigen werden sprachliche Änderungen vorgenommen. So wird in Nummer 1 darauf abgestellt, ob die Verbindlichkeit durch eine Handlung des Verwalters oder durch die Verwaltung, Verwertung und Verteilung „begründet" worden ist (nicht „entstanden" wie in § 59 Abs. 1 Nr. 2 KO); das erleichtert die Abgrenzung der Masseansprüche von den Insolvenzforderungen, für die es nach § 38 ebenfalls nicht auf die Entstehung, sondern auf die Begründung der Forderung ankommt. In Nummer 2 wird in Übereinstimmung mit der bisherigen Auslegung von § 59 Abs. 1 Nr. 2 KO der Begriff „zweiseitige Verträge" durch „gegenseitige Verträge" ersetzt.

§ 59 Abs. 1 Nr. 3 KO, der rückständige Forderungen auf Arbeitsentgelt und ähnliche Ansprüche systemwidrig als Masseansprüche einordnet (vgl. auch § 13 Abs. 1 Nr. 3 GesO), enthält in der Sache ein Konkursvorrecht. Er wird ebenso wie die Vorrechte des § 61 KO nicht in die Insolvenzordnung übernommen. **2**

Absatz 2 dient dem Schutz der Personen, die Geschäfte mit einem vorläufigen Insolvenzverwalter abschließen oder ihm gegenüber ein Dauerschuldverhältnis erfüllen, das sie mit dem Schuldner vereinbart hatten. Die Vorschrift steht im Einklang mit § 54 Nr. 2 und den anderen Vorschriften, nach denen durch einstweilige Sicherungsmaßnahmen vor der Eröffnung des Insolvenzverfahrens Wirkungen der Verfahrenseröffnung vorverlegt werden können (vgl. insbesondere die §§ 21, 22). Sie gilt nicht nur für vertragliche, sondern auch für gesetzliche Verbindlichkeiten, die der vorläufige Verwalter im Zusammenhang mit seiner Tätigkeit begründet. Soweit beispielsweise Forderungen aus Veräußerungsgeschäften, die der vorläufige Insolvenzverwalter im Rahmen einer Unternehmensfortführung tätigt, nach der Eröffnung des Insolvenzverfahrens zu Masseforderungen werden, gilt dies auch für die Umsatzsteuerforderungen aus diesen Geschäften. **3**

DRITTER ABSCHNITT
Insolvenzverwalter. Organe der Gläubiger

§ 56
Bestellung des Insolvenzverwalters

(1) Zum Insolvenzverwalter ist eine für den jeweiligen Einzelfall geeignete, insbesondere geschäftskundige und von den Gläubigern und dem Schuldner unabhängige natürliche Person zu bestellen.

(2) Der Verwalter erhält eine Urkunde über seine Bestellung. Bei Beendigung seines Amtes hat er die Urkunde dem Insolvenzgericht zurückzugeben.

§ 56 übernimmt in geänderter Fassung §§ 65 und 67 RegEInsO. Der folgende Begründungstext beruht auf BT-Drs. 12/2443, S. 127, „Zu § 65" und „Zu § 67", sowie BT-Drs. 12/7302, S. 161, zu Nr. 36 („Zu § 65") und zu Nr. 37 („Zu § 67").

1   Zwei der Kriterien für die Auswahl des Insolvenzverwalters in Absatz 1 sind bereits in § 38 VerglO und § 5 Nr. 2 GesO enthalten: Der Insolvenzverwalter muß geschäftskundig sein, also die zur Erfüllung seiner Aufgaben erforderlichen Erfahrungen und Kenntnisse besitzen. Außerdem muß er von den Verfahrensbeteiligten unabhängig sein, um sein Amt frei von sachwidrigen Einflüssen ausüben zu können; die Tatsache allein, daß der Verwalter von einem Gläubiger vorgeschlagen worden ist, begründet jedoch keine Zweifel an seiner Unabhängigkeit.

Durch das zusätzliche neue Kriterium „für den jeweiligen Einzelfall geeignete" wird besser als bisher sichergestellt, daß nur qualifizierte Verwalter tätig werden. Dieses zusätzliche Kriterium ist in jedem Einzelfall vom Insolvenzgericht zu prüfen; eine schematische Auswahl der Verwalter ist nicht zulässig.

2   Absatz 1 stellt ferner ausdrücklich klar, daß juristische Personen nicht in das Amt des Insolvenzverwalters berufen werden können. Gründe für diese Regelung sind insbesondere die Haftungs- und Aufsichtsprobleme bei einer juristischen Person mit austauschbaren Handelnden und die bei juristischen Personen gegebene Gefahr von Interessenkollisionen.

3   Eine Pflicht zur Annahme des Amtes wird wie nach geltendem Konkurs- und Vergleichsrecht nicht begründet.

4   Die Bestellung mehrerer Verwalter für verschiedene Geschäftszweige des Unternehmens des Schuldners ist im Gegensatz zu § 79 KO nicht vorgesehen. Es hat sich in der Praxis bewährt, auch für große Unternehmen nur einen Verwalter zu bestellen, der sich gegebenenfalls der Hilfe geeigneter Mitarbeiter bedient. Auf diese Weise wird die Schwierigkeit vermieden, die Zuständigkeit mehrerer Verwalter gegeneinander abzugrenzen. Die Bestellung eines Sonderinsolvenzverwalters im Falle der Verhinderung des eigentlichen Verwalters ist dagegen möglich, ohne daß es insoweit einer besonderen Regelung bedarf.

5   Absatz 2 übernimmt die Regelung, die § 81 Abs. 2 KO über die Bestellungsurkunde des Konkursverwalters enthält. Die in § 81 Abs. 1 KO vorgesehene Veröffentlichung von Name und Anschrift eines nach Eröffnung des Verfahrens bestellten Verwalters bedarf keiner ausdrücklichen Regelung. Die grundsätzliche Bestimmung zur Veröffentlichung von Name und Anschrift des Insolvenzverwalters ist bereits in § 27 Abs. 2

Nr. 2 i. V. m. § 30 Abs. 1 getroffen. Diese Regelung ist auch für den nach Eröffnung des Verfahrens bestellten Verwalter heranzuziehen.

§ 57
Wahl eines anderen Insolvenzverwalters

In der ersten Gläubigerversammlung, die auf die Bestellung des Insolvenzverwalters folgt, können die Gläubiger an dessen Stelle eine andere Person wählen. Das Gericht kann die Bestellung des Gewählten nur versagen, wenn dieser für die Übernahme des Amtes nicht geeignet ist. Gegen die Versagung steht jedem Insolvenzgläubiger die sofortige Beschwerde zu.

§ 57 entspricht § 66 RegEInsO. Der folgende Begründungstext entspricht im wesentlichen BT-Drs. 12/2443, S. 127, „Zu § 66".

Daß der Insolvenzverwalter von den einzelnen Gläubigern und Gläubigergruppen unabhängig sein muß, besagt nicht, daß er sein Amt ausüben kann, wenn die Mehrheit der Gläubiger kein Vertrauen zu ihm hat. Vielmehr muß in einem Verfahren, dessen vorrangiges Ziel die Befriedigung der Gläubiger ist, eine so entscheidende Frage wie die Auswahl des Verwalters der Mitbestimmung der Gläubiger unterliegen. Die Vorschrift übernimmt daher in Satz 1 den Grundsatz des § 80 Satz 1 KO (vgl. auch § 15 Abs. 3 Satz 1 GesO), daß in der ersten Gläubigerversammlung, die auf die Bestellung des Verwalters folgt, ein anderer Verwalter gewählt werden kann.   **1**

In Satz 2 wird präzisiert, daß das Gericht die Bestellung des gewählten Verwalters nur dann versagen kann, wenn dieser für die Übernahme des Amtes nicht geeignet ist (vgl. § 15 Abs. 3 Satz 2 GesO). Diese Voraussetzung ist insbesondere dann gegeben, wenn der gewählte Verwalter nicht die erforderliche Sachkunde besitzt, nicht von den Beteiligten unabhängig oder für den jeweiligen Einzelfall nicht geeignet ist (vgl. § 56 Abs. 1) oder wenn ihm die erforderliche Zuverlässigkeit und Vertrauenswürdigkeit fehlt. Keine ausreichenden Gründe für eine Versagung liegen darin, daß sich ein neu bestellter Verwalter erst einarbeiten muß und daß ein Verwalterwechsel mit zusätzlichen Kosten verbunden ist; diese Nachteile nehmen die Gläubiger bei der Wahl eines neuen Verwalters stets in Kauf.   **2**

Nach Satz 3 steht jedem Insolvenzgläubiger gegen die Entscheidung des Gerichts, mit der die Bestellung des gewählten Verwalters versagt wird, die sofortige Beschwerde zu. Ein Beschwerderecht der Gläubigerversammlung als solcher würde meist die Einberufung einer besonderen Gläubigerversammlung erforderlich machen und wäre daher nur schwer praktikabel. Dem Schuldner und dem gewählten Verwalter braucht kein Beschwerderecht eingeräumt zu werden, da es allein um die Durchsetzung einer Entscheidung der Gläubiger geht.   **3**

§ 58
Aufsicht des Insolvenzgerichts

(1) Der Insolvenzverwalter steht unter der Aufsicht des Insolvenzgerichts. Das Gericht kann jederzeit einzelne Auskünfte oder einen Bericht über den Sachstand und die Geschäftsführung von ihm verlangen.

(2) Erfüllt der Verwalter seine Pflichten nicht, so kann das Gericht nach vorheriger Androhung Zwangsgeld gegen ihn festsetzen. Das einzelne Zwangsgeld

§ 59 – Einzelerläuterungen   Teil 2 – Insolvenzordnung

darf den Betrag von fünfzigtausend Deutsche Mark nicht übersteigen. Gegen den Beschluß steht dem Verwalter die sofortige Beschwerde zu.

(3) Absatz 2 gilt entsprechend für die Durchsetzung der Herausgabepflichten eines entlassenen Verwalters.

§ 58 übernimmt in gekürzter und veränderter Fassung §§ 68 und 69 RegEInsO. Der folgende Begründungstext entspricht weitgehend BT-Drs. 12/2443, S. 127/128, „Zu § 68", und BT-Drs. 12/7302, S. 161, zu Nr. 38 („Zu § 68").

1   Wie nach geltendem Konkurs- und Vergleichsrecht untersteht der Insolvenzverwalter der Aufsicht des Gerichts (§ 83 KO, § 41 Abs. 1 VerglO, § 8 Abs. 3 Satz 1 GesO). Damit das Gericht imstande ist, die Aufsicht sachgerecht zu führen, muß es sich stets über den Sachstand und über die Geschäftsführung des Insolvenzverwalters unterrichten können. Durch Satz 2 werden dem Verwalter entsprechende Auskunfts- und Berichtspflichten auferlegt (vgl. § 40 Abs. 2 Satz 2 VerglO).

2   Absatz 2 sieht die Möglichkeit von Zwangsmaßnahmen des Gerichts gegen den Insolvenzverwalter vor. Absatz 2 Satz 1 ist an § 84 KO angelehnt: Das Insolvenzgericht kann gegen den Insolvenzverwalter nach vorheriger Androhung ein Zwangsgeld festsetzen, wenn dieser seine Pflichten nicht erfüllt. In Satz 2 ist eine Angabe zur Höhe des Zwangsgeldes enthalten. Die Höchstgrenze des Zwangsgeldes ist an § 888 Abs. 1 Satz 2 ZPO angepaßt. Die ausdrückliche Regelung ist erforderlich, da die sonst maßgebliche allgemeine Vorschrift des Artikels 6 Abs. 1 Satz 1 EGStGB lediglich Zwangsgelder bis zu 1.000 DM zuläßt. In Satz 3 wird dem Verwalter das Rechtsmittel der sofortigen Beschwerde gegen den Beschluß des Insolvenzgerichts gegeben. Die Rechtsmittelmöglichkeit ist erforderlich, da durch die Zwangsmaßnahme erheblich in die Rechtsposition des Verwalters eingegriffen wird.

Absatz 3 erstreckt die Festsetzung des Zwangsgeldes auch auf die Durchsetzung der Herausgabepflicht des entlassenen Verwalters.

§ 59
Entlassung des Insolvenzverwalters

(1) Das Insolvenzgericht kann den Insolvenzverwalter aus wichtigem Grund aus dem Amt entlassen. Die Entlassung kann von Amts wegen oder auf Antrag des Verwalters, des Gläubigerausschusses oder der Gläubigerversammlung erfolgen. Vor der Entscheidung des Gerichts ist der Verwalter zu hören.

(2) Gegen die Entlassung steht dem Verwalter die sofortige Beschwerde zu. Gegen die Ablehnung des Antrags steht dem Verwalter, dem Gläubigerausschuß oder, wenn die Gläubigerversammlung den Antrag gestellt hat, jedem Insolvenzgläubiger die sofortige Beschwerde zu.

§ 59 entspricht § 70 RegEInsO. Der folgende Begründungstext entspricht im wesentlichen BT-Drs. 12/2443, S. 128, „Zu § 70".

1   Die Vorschrift regelt die Befugnis des Insolvenzgerichts, den Insolvenzverwalter von Amts wegen, auf Antrag des Verwalters oder auf Antrag eines Gläubigerorgans aus seinem Amt zu entlassen. Voraussetzung ist ein wichtiger Grund, der insbesondere in wiederholten Pflichtverletzungen des Verwalters oder in dessen Amtsunfähigkeit infolge einer Krankheit bestehen kann (Absatz 1 Satz 1).

Das geltende Konkursrecht gestattet dem Gericht im Grundsatz nur auf Antrag des Gläubigerausschusses oder der Gläubigerversammlung, dem Verwalter sein Amt zu entziehen; lediglich vor der ersten Gläubigerversammlung, die auf die Bestellung des Verwalters folgt, kann diese Maßnahme auch von Amts wegen getroffen werden (§ 84 Abs. 1 Satz 2 KO). Diese Regelung hat den Nachteil, daß ein Konkursverwalter auch bei schweren Pflichtverletzungen oder offensichtlicher Amtsunfähigkeit nicht sofort abberufen werden kann, sondern – insbesondere wenn ein Gläubigerausschuß nicht bestellt ist – noch längere Zeit im Amt bleiben wird. Weiter ist es nach dem geltenden Recht nicht ausgeschlossen, daß ein Verwalter, der in unredlicher Weise bestimmte Gläubiger begünstigt, nicht aus seinem Amt entfernt werden kann, da ein Entlassungsantrag des Gläubigerausschusses oder der Gläubigerversammlung gerade wegen des Widerstands der begünstigten Gläubiger nicht zustande kommt. Die Insolvenzordnung gibt dem Insolvenzgericht daher im gesamten Verfahren die Möglichkeit, den Verwalter von Amts wegen zu entlassen. Die Vergleichsordnung und die Gesamtvollstreckungsordnung enthalten bereits eine solche Regelung (§ 41 Abs. 2 Satz 2 VerglO; § 8 Abs. 3 Satz 2 GesO). **2**

Zusätzlich wird klargestellt, daß der Verwalter auf eigenen Antrag vom Gericht entlassen werden kann und daß auch diese Entlassung einen wichtigen Grund voraussetzt. Aus der Regelung ergibt sich mittelbar, daß der Verwalter sein Amt nicht ohne Einschaltung des Gerichts niederlegen kann. Dies würde der Bedeutung des Amtes und der Bestellung des Verwalters durch das Gericht widersprechen. **3**

Der besonderen Bedeutung der gerichtlichen Entscheidung über die Entlassung aus dem Amt wird dadurch Rechnung getragen, daß in Absatz 2 sowohl gegen die Entlassung als auch gegen einen ablehnenden Beschluß die sofortige Beschwerde zugelassen wird. Hat die Gläubigerversammlung die Entlassung beantragt, so ist gegen einen ablehnenden Beschluß jeder Insolvenzgläubiger beschwerdeberechtigt; die Gründe, die gegen ein Beschwerderecht der Gläubigerversammlung selbst sprechen, wurden bereits in der Begründung zu § 57 Satz 3 dargestellt. **4**

§ 60
Haftung des Insolvenzverwalters

(1) Der Insolvenzverwalter ist allen Beteiligten zum Schadensersatz verpflichtet, wenn er schuldhaft die Pflichten verletzt, die ihm nach diesem Gesetz obliegen. Er hat für die Sorgfalt eines ordentlichen und gewissenhaften Insolvenzverwalters einzustehen.

(2) Soweit er zur Erfüllung der ihm als Verwalter obliegenden Pflichten Angestellte des Schuldners im Rahmen ihrer bisherigen Tätigkeit einsetzen muß und diese Angestellten nicht offensichtlich ungeeignet sind, hat der Verwalter ein Verschulden dieser Personen nicht gemäß § 278 des Bürgerlichen Gesetzbuchs zu vertreten, sondern ist nur für deren Überwachung und für Entscheidungen von besonderer Bedeutung verantwortlich.

§ 60 geht teilweise auf § 71 RegEInsO zurück. Der folgende Begründungstext entspricht zum Teil BT-Drs. 12/2443, S. 129, „Zu § 71", und berücksichtigt BT-Drs. 12/7302, S. 161/162 („Zu § 71 Abs. 2").

Im Grundsatz bleibt es dabei, daß der Insolvenzverwalter allen am Verfahren Beteiligten für die Erfüllung der ihm obliegenden Pflichten persönlich verantwortlich ist (vgl. **1**

§ 82 KO; § 42 VerglO; § 8 Abs. 1 Satz 2 GesO). Jedoch wird durch die Formulierung des Absatzes 1 Satz 1 der neuen Vorschrift hervorgehoben, daß es nur um die Verletzung solcher Pflichten geht, die dem Insolvenzverwalter in dieser Eigenschaft nach den Vorschriften der Insolvenzordnung obliegen. Diese Pflichten werden in zahlreichen Einzelvorschriften der Insolvenzordnung konkretisiert. Auf diese Weise wird der Gefahr einer Ausuferung der Haftung des Insolvenzverwalters vorgebeugt.

2 Als Sorgfaltsmaßstab, den der Verwalter bei seiner Tätigkeit anzuwenden hat, wird in Absatz 1 Satz 2 die „Sorgfalt eines ordentlichen und gewissenhaften Insolvenzverwalters" festgelegt. Die Formulierung ist angelehnt an § 347 Abs. 1 HGB („Sorgfalt eines ordentlichen Kaufmanns"), an § 93 Abs. 1 Satz 1 AktG und § 34 Abs. 1 Satz 1 GenG („Sorgfalt eines ordentlichen und gewissenhaften Geschäftsleiters") sowie an § 43 Abs. 1 GmbHG („Sorgfalt eines ordentlichen Geschäftsmannes"). Sie macht zugleich deutlich, daß die Sorgfaltsanforderungen des Handels- und Gesellschaftsrechts nicht unverändert auf den Insolvenzverwalter übertragen werden können. Vielmehr sind die Besonderheiten zu beachten, die sich aus den Aufgaben des Insolvenzverwalters und aus den Umständen ergeben, unter denen er seine Tätigkeit ausübt. Bei der Fortführung eines insolventen Unternehmens steht der Verwalter regelmäßig vor besonderen Schwierigkeiten. Außer den Problemen, die sich unmittelbar aus der Insolvenz des Unternehmens ergeben, ist z. B. zu berücksichtigen, daß der Verwalter eine Einarbeitungszeit benötigt, wenn er ein fremdes Unternehmen in einem ihm möglicherweise nicht vertrauten Geschäftszweig übernimmt, und daß er häufig keine ordnungsgemäße Buchführung vorfindet. Er übt sein Amt also in aller Regel unter erheblich ungünstigeren Bedingungen aus als der Geschäftsleiter eines wirtschaftlich gesunden Unternehmens. Soweit im Verfahren keine Unternehmensfortführung stattfindet, sondern die Verwertung der einzelnen Gegenstände des Schuldnervermögens betrieben wird, kommt ohnehin nur ein besonderer, speziell auf die Verwaltertätigkeit bezogener Sorgfaltsmaßstab in Betracht.

3 Schon für das bisherige Recht ist anerkannt, daß der Verwalter das Verschulden von Personen, deren er sich zur Erfüllung der spezifischen, ihm als Verwalter obliegenden Pflichten bedient, wie eigenes Verschulden zu vertreten hat. Nach Absatz 2 bleibt es im Grundsatz dabei, daß der Insolvenzverwalter für das Verschulden der Personen, deren er sich zur Erfüllung seiner Pflichten bedient, nach § 278 BGB haftet.

4 Eine Ausnahme gilt nach Absatz 2 nur für den Fall, daß der Verwalter nach den Umständen des Falles keine andere Möglichkeit hat, als Angestellte des Schuldners im Rahmen ihrer bisherigen Tätigkeit einzusetzen. Durch diese Ausnahmeregelung wird dem Umstand Rechnung getragen, daß der Verwalter in manchen Insolvenzen – insbesondere in Unternehmensinsolvenzen – auf die Mitarbeit der Angestellten des Schuldners zwingend angewiesen ist. Beispielsweise kann es bei der Erfüllung seiner Buchführungs- und Rechnungslegungspflichten für den Insolvenzverwalter unumgänglich sein, auf die mit der Buchhaltung des Schuldners beschäftigten Personen zurückzugreifen, bei der Veräußerung von Produkten des Unternehmers auf das vorhandene Verkaufspersonal. Es können die besonderen Kenntnisse des Angestellten, aber auch finanzielle Gründe sein, die den Verwalter zur Weiterbeschäftigung eines bisherigen Angestellten zwingen. Insoweit kann dem Verwalter nur die Pflicht auferlegt werden, diese Angestellten allgemein zu überwachen und Entscheidungen von besonderer Bedeutung selbst zu treffen. Allerdings darf er keine Angestellten einsetzen, die sich – inbesondere im Zusammenhang mit dem Eintritt der Insolvenz – erkennbar als unfähig zur Erledigung ihrer Aufgaben erwiesen haben.

§ 61
Nichterfüllung von Masseverbindlichkeiten

Kann eine Masseverbindlichkeit, die durch eine Rechtshandlung des Insolvenzverwalters begründet worden ist, aus der Insolvenzmasse nicht voll erfüllt werden, so ist der Verwalter dem Massegläubiger zum Schadensersatz verpflichtet. Dies gilt nicht, wenn der Verwalter bei der Begründung der Verbindlichkeit nicht erkennen konnte, daß die Masse voraussichtlich zur Erfüllung nicht ausreichen würde.

§ 61 entspricht § 72 RegEInsO. Der folgende Begründungstext entspricht im wesentlichen BT-Drs. 12/2443, S. 129/130, „Zu § 72".

Die Vorschrift behandelt das im geltenden Konkursrecht streitige Problem, inwieweit der Verwalter im Falle einer von ihm begründeten Masseverbindlichkeit (vgl. § 55 Abs. 1 Nr. 1) persönlich dafür einstehen muß, daß eine zur Erfüllung dieser Schuld ausreichende Masse vorhanden ist. Entscheidend ist, ob der Verwalter bei der Begründung der Schuld erkennen konnte, daß die Masse zur Erfüllung der Verbindlichkeit „voraussichtlich" nicht ausreichen würde, wobei die Beweislast für das Fehlen dieser Voraussetzungen den Verwalter trifft (Satz 2). Das Wort „voraussichtlich" ist wie in § 18 Abs. 2 so auszulegen, daß der Eintritt des Ereignisses – hier: der Masseunzulänglichkeit – wahrscheinlicher sein muß als der Nichteintritt. Ist diese Voraussetzung gegeben, so trifft den Vertragspartner ein erhöhtes Risiko, das über die allgemeinen Gefahren eines Vertragsabschlusses – auch des Vertragsabschlusses mit einem Insolvenzverwalter – weit hinausgeht und das den Verwalter daher schon nach allgemeinen schuldrechtlichen Grundsätzen zu einer Warnung des Vertragspartners verpflichtet. Würde auch in diesem Fall eine Haftung des Verwalters mit der Begründung abgelehnt, die Geschäftspartner des Verwalters seien durch die Verfahrenseröffnung gewarnt und müßten sich bewußt sein, daß sie das Risiko der Masseunzulänglichkeit eingingen (vgl. BGHZ 100, 346, 351), so ergäbe sich die Gefahr, daß Dritte nicht mehr bereit wären, Geschäftsbeziehungen mit dem insolventen Unternehmen aufzunehmen, ohne besondere Sicherheiten für die Erfüllung der Verbindlichkeiten des Unternehmens zu verlangen. Die Unternehmensfortführung im Insolvenzverfahren könnte entscheidend erschwert werden. Die Beweislastregelung rechtfertigt sich aus der Erwägung, daß nur der Insolvenzverwalter einen vollständigen Überblick über den Umfang der Masse und die Höhe der Masseverbindlichkeiten hat. Der Begründung einer neuen Verbindlichkeit durch den Verwalter steht es gleich, wenn der Verwalter die Erfüllung eines gegenseitigen Vertrages wählt (§ 103 Abs. 1) oder von der möglichen Kündigung eines Dauerschuldverhältnisses absieht. Er hat auch in diesen Fällen unter den Voraussetzungen des § 61 persönlich dafür einzustehen, daß die Masseverbindlichkeiten, deren Entstehung er hätte vermeiden können, erfüllt werden.

§ 62
Verjährung

Der Anspruch auf Ersatz des Schadens, der aus einer Pflichtverletzung des Insolvenzverwalters entstanden ist, verjährt in drei Jahren von dem Zeitpunkt an, in dem der Verletzte von dem Schaden und den Umständen, welche die Ersatzpflicht des Verwalters begründen, Kenntnis erlangt. Der Anspruch verjährt spätestens in drei Jahren von der Aufhebung oder der Rechtskraft der Einstellung des Insolvenzverfahrens an. Für Pflichtverletzungen, die im Rahmen einer Nachtragsverteilung (§ 203) oder einer Überwachung der Planerfüllung (§ 260) begangen

worden sind, gilt Satz 2 mit der Maßgabe, daß an die Stelle der Aufhebung des Insolvenzverfahrens der Vollzug der Nachtragsverteilung oder die Beendigung der Überwachung tritt.

§ 62 entspricht im wesentlichen § 73 RegEInsO. Der folgende Begründungstext entspricht im wesentlichen BT-Drs. 12/2443, S. 130, „Zu § 73".

Die Vorschrift über die Verjährung der Schadenersatzansprüche aus den §§ 60 und 61 schließt an die Wertung des Bundesgerichtshofs an, daß die entsprechende Anwendung der Verjährungsfristen des § 852 BGB auf Ersatzansprüche der Beteiligten gegen den Konkursverwalter (§ 82 KO) „sach- und interessengerecht" ist (BGHZ 93, 278). Jedoch wird aus § 852 Abs. 1 BGB lediglich die dreijährige Frist übernommen, die mit der Kenntnis der tatsächlichen Voraussetzungen der Ersatzpflicht beginnt, nicht die 30jährige Höchstfrist. An deren Stelle tritt die Regelung, daß spätestens drei Jahre nach der Beendigung des Insolvenzverfahrens, im Falle einer Nachtragsverteilung oder einer Überwachung der Planerfüllung nach deren Abschluß, alle Ersatzansprüche verjährt sind (Absatz 3 Satz 2, 3). Auf diese Weise wird der Insolvenzverwalter davor bewahrt, sich noch nach vielen Jahren mit Ersatzansprüchen Dritter auseinandersetzen zu müssen. Das Bedürfnis für diese Regelung folgt auch daraus, daß die Anerkennung der Schlußrechnung des Verwalters im Schlußtermin nach der Insolvenzordnung keine entlastende Wirkung mehr hat (vgl. § 66; anders das geltende Konkursrecht, § 86 Satz 4 KO).

§ 63
Vergütung des Insolvenzverwalters

Der Insolvenzverwalter hat Anspruch auf Vergütung für seine Geschäftsführung und auf Erstattung angemessener Auslagen. Der Regelsatz der Vergütung wird nach dem Wert der Insolvenzmasse zur Zeit der Beendigung des Insolvenzverfahrens berechnet. Dem Umfang und der Schwierigkeit der Geschäftsführung des Verwalters wird durch Abweichungen vom Regelsatz Rechnung getragen.

§ 63 entspricht § 74 Abs. 1 RegEInsO. Der folgende Begründungstext entspricht im wesentlichen BT-Drs. 12/2443, S. 130, „Zu § 74", und BT-Drs. 12/7302, S. 162, zu Nr. 40 („Zu § 74").

1 Die Vorschrift regelt die Grundzüge der Vergütung des Insolvenzverwalters und der Erstattung seiner Auslagen. Die Einzelheiten sollen in einer Rechtsverordnung geregelt werden, zu deren Erlaß das Bundesministerium der Justiz nach § 65 ermächtigt wird.

Das einheitliche Insolvenzverfahren bietet den Beteiligten sämtliche Verwertungsarten – Liquidation, übertragende Sanierung des Schuldnerunternehmens oder Reorganisation des Schuldners sowie sämtliche Kombinationen – gleichrangig an. Die Vergütungsstruktur soll so ausgestaltet werden, daß der Insolvenzverwalter nicht dazu veranlaßt wird, ein Verfahrensergebnis vor dem anderen zu bevorzugen. Die Einheitlichkeit des neuen Insolvenzverfahrens macht deshalb eine einheitliche Berechnungsgrundlage und eine einheitliche Vergütungsstruktur notwendig. Als Berechnungsgrundlage für den Regelsatz der Vergütung wird in Absatz 1 Satz 2 der Wert der Insolvenzmasse zur Zeit der Beendigung des Verfahrens vorgesehen. Das entspricht im Grundsatz der geltenden Regelung für die Vergütung des Konkursverwalters, während für die Vergütung des Vergleichsverwalters bisher grundsätzlich auf das Aktivvermögen zu Beginn des Verfahrens abgestellt wird (vgl. die §§ 1, 8 der Verordnung über die Vergütung des Konkursverwalters, des Vergleichsverwalters, der Mitglieder des Gläubigerausschusses und der Mitglieder des Gläubigerbeirats vom 25. Mai 1960, die nach § 21 Abs. 1 GesO auch für den Verwalter im Gesamtvollstreckungsverfahren anzuwenden ist).

In dem Ausnahmefall, daß die Summe der Forderungen der Insolvenzgläubiger niedriger ist als die Aktivmasse, ist nach bisherigem Recht der niedrigere Wert maßgeblich (§ 1 Abs. 2, § 8 Abs. 3 der Vergütungsverordnung; vgl. § 37 Abs. 2 GKG). Diese Regelung wird nicht übernommen. Wenn in einem Insolvenzverfahren ein Masseüberschuß erzielt wird, ist dies häufig auf eine besondere Leistung des Verwalters zurückzuführen. Hinzu kommt, daß es bei insolventen Gesellschaften und juristischen Personen in Zukunft Aufgabe des Insolvenzverwalters sein soll, einen solchen Masseüberschuß unter den Gesellschaftern oder sonst am Schuldner beteiligten Personen zu verteilen (§ 199 Satz 2). Dem Verfahrensziel der vollen Abwicklung des Schuldnervermögens entspricht es, auch der Bemessung der Verwaltervergütung das volle Vermögen des Schuldners zugrunde zu legen.

Wie nach dem geltenden Recht und der heutigen Praxis soll im Einzelfall dem Umfang und der Schwierigkeit der Verwaltertätigkeit durch entsprechende Abweichungen vom Regelsatz Rechnung getragen werden, wobei sowohl Zuschläge als auch Abschläge in Betracht kommen. Als Bemessungsfaktoren für derartige Abweichungen kommen etwa das Ausmaß der Bearbeitung von Absonderungsrechten, die Zahl der im Schuldnerunternehmen beschäftigten Arbeitnehmer sowie die Dauer einer Betriebsfortführung in Betracht.

Im Gesetzgebungsverfahren ist erwogen worden, im Rahmen des § 63 Vereinbarungen zwischen dem Verwalter und der Gläubigerversammlung oder dem Gläubigerausschuß zuzulassen, durch die die gesetzliche Vergütung bis auf die Hälfte herabgesetzt werden kann. Mit Hilfe derartiger Vereinbarungen hätte eine Verbilligung des Insolvenzverfahrens sowie die Stärkung der Gläubigerautonomie erreicht werden können. Im Ergebnis ist aber von dieser Lösung abgesehen worden, da sie zu einem erheblichen Druck der Gläubiger auf den Verwalter und damit zu einer Gefährdung der Unabhängigkeit des Verwalters hätte führen können. Die Zielsetzung, den Gläubigern Einfluß auf die Höhe der Vergütung zu geben und unangemessen hohe Vergütungen für einfache Verfahren zu vermeiden, kann auch im Rahmen der künftigen Vergütungsverordnung erreicht werden. Im Rahmen dieser Verordnung sollte vorgesehen werden, daß die Vergütung vom Gericht erst nach Anhörung des Gläubigerausschusses festgesetzt wird und daß die für den Regelfall vorgesehene Vergütung im Einzelfall auf der Grundlage von Minderungskriterien erheblich herabgesetzt werden kann.

2

§ 64
Festsetzung durch das Gericht

(1) **Das Insolvenzgericht setzt die Vergütung und die zu erstattenden Auslagen des Insolvenzverwalters durch Beschluß fest.**

(2) **Der Beschluß ist öffentlich bekanntzumachen und dem Verwalter, dem Schuldner und, wenn ein Gläubigerausschuß bestellt ist, den Mitgliedern des Ausschusses besonders zuzustellen.**

Die festgesetzten Beträge sind nicht zu veröffentlichen; in der öffentlichen Bekanntmachung ist darauf hinzuweisen, daß der vollständige Beschluß in der Geschäftsstelle eingesehen werden kann.

(3) Gegen den Beschluß steht dem Verwalter, dem Schuldner und jedem Insolvenzgläubiger die sofortige Beschwerde zu. § 567 Abs. 2 der Zivilprozeßordnung gilt entsprechend.

§ 64 entspricht weitgehend § 75 RegEInsO. Der folgende Begründungstext entspricht weitgehend BT-Drs. 12/2443, S. 130, „Zu § 75", und BT-Drs. 12/7302, S. 162, zu Nr. 41 („Zu § 75 Abs. 2").

1   Wie nach dem geltenden Recht sollen Vergütung und zu erstattende Auslagen des Verwalters vom Gericht festgesetzt werden (Absatz 1).

2   Nach Absatz 2 sind die Festsetzungsbeschlüsse öffentlich bekanntzumachen und zusätzlich dem Verwalter, dem Schuldner und den Mitgliedern eines etwaigen Gläubigerausschusses besonders zuzustellen. Um unnötige Einblicke Außenstehender zu vermeiden, sollen künftig die vom Insolvenzgericht festgesetzten Beträge der Insolvenzverwaltervergütung nicht mehr öffentlich bekanntgemacht werden. Die Einschränkung der öffentlichen Bekanntmachung dient dem Schutz des Persönlichkeitsrechts des Verwalters. Die Interessen der Betroffenen sind dadurch ausreichend gewahrt, daß diese den vollständigen Festsetzungsbeschluß in der Geschäftsstelle des Gerichts einsehen können. Darauf ist in der Bekanntmachung hinzuweisen.

3   Gegen die Festsetzung der Vergütung wird den Betroffenen das Rechtsmittel der sofortigen Beschwerde eröffnet (Absatz 3). Wie bei Entscheidungen über Kosten, Gebühren und Auslagen nach § 567 Abs. 2 ZPO ist dieses Rechtsmittel nur dann zulässig, wenn der Beschwerdegegenstand 100 Deutsche Mark übersteigt.

§ 65
Verordnungsermächtigung

Das Bundesministerium der Justiz wird ermächtigt, die Vergütung und die Erstattung der Auslagen des Insolvenzverwalters durch Rechtsverordnung näher zu regeln.

§ 65 entspricht im wesentlichen § 74 Abs. 2 RegEInsO. Der folgende Begründungstext beruht auf BT-Drs. 12/2443, S. 130, „Zu § 74", und BT-Drs. 12/7302, S. 162, zu Nr. 42 („Zu § 75 a").

§ 65 ermächtigt das Bundesministerium der Justiz zum Erlaß einer Vergütungsverordnung. Durch die Plazierung der Vorschrift hinter § 64 wird verdeutlicht, daß die Vergütungsverordnung auch Regelungen zum Festsetzungsverfahren nach § 64 enthalten kann.

§ 66
Rechnungslegung

(1) Der Insolvenzverwalter hat bei der Beendigung seines Amtes einer Gläubigerversammlung Rechnung zu legen.

(2) Vor der Gläubigerversammlung prüft das Insolvenzgericht die Schlußrechnung des Verwalters. Es legt die Schlußrechnung mit den Belegen, mit einem Vermerk über die Prüfung und, wenn ein Gläubigerausschuß bestellt ist, mit dessen Bemerkungen zur Einsicht der Beteiligten aus; es kann dem Gläubigerausschuß für dessen Stellungnahme eine Frist setzen. Der Zeitraum zwischen

der Auslegung der Unterlagen und dem Termin der Gläubigerversammlung soll mindestens eine Woche betragen.

(3) Die Gläubigerversammlung kann dem Verwalter aufgeben, zu bestimmten Zeitpunkten während des Verfahrens Zwischenrechnung zu legen. Die Absätze 1 und 2 gelten entsprechend.

§ 66 entspricht weitgehend § 76 RegEInsO. Der folgende Begründungstext entspricht zum Teil BT-Drs. 12/2443, S. 131, „Zu § 76", und BT-Drs. 12/7302, S. 162, zu Nr. 43 („Zu § 76 Abs. 2").

In einem von der Autonomie der Gläubiger geprägten Verfahren ist es angemessen, daß der Insolvenzverwalter bei Beendigung seines Amtes einer Gläubigerversammlung Rechnung legt (Absatz 1; vgl. § 86 Satz 1 KO).   **1**

Die einzelnen Gläubiger bedürfen jedoch bei der Prüfung der Schlußrechnung sachkundiger Hilfe. In Absatz 2 Satz 1 ist daher vorgesehen, daß die Schlußrechnung zunächst vom Insolvenzgericht geprüft wird; eine derartige Prüfungspflicht wird, als Ausfluß der Aufsichtspflicht des Gerichts, schon für das geltende Konkursrecht überwiegend bejaht. Das Gericht kann dabei seinerseits die Hilfe von Sachverständigen in Anspruch nehmen. Außerdem hat der Gläubigerausschuß zu der Schlußrechnung Stellung zu nehmen (Absatz 2 Satz 2, vgl. § 86 Satz 2 KO).

Anschließend ist die Schlußrechnung mit dem Prüfungsvermerk und eventuellen Bemerkungen des Gläubigerausschusses zur Einsicht der Beteiligten auszulegen. Das Auslegen der Schlußrechnung kann in Abweichung von § 86 Satz 2 KO nicht nur in der Geschäftsstelle, sondern auch an einem anderen Ort nach Wahl des Gerichts unter Berücksichtigung der besonderen Umstände des jeweiligen Falles erfolgen. Damit trägt § 66 Abs. 2 Satz 2 dem Umstand Rechnung, daß ein Auslegen in der Geschäftsstelle bei Großinsolvenzen zu erheblichen praktischen Problemen im Geschäftsablauf des Gerichts führen kann.

Dem einzelnen Gläubiger soll eine Mindestfrist von einer Woche zur Prüfung der Unterlagen zur Verfügung stehen (Absatz 2 Satz 3); die Dreitagesfrist des § 86 Satz 2 KO wird allgemein als zu kurz empfunden.

Nicht in die Insolvenzordnung übernommen wird die Regelung des § 86 Satz 4 KO, nach der die Schlußrechnung als anerkannt gilt, wenn im Termin Einwendungen nicht erhoben werden. Die Regelung überfordert die Gläubiger, indem sie von ihnen verlangt, binnen kurzer Frist die Ordnungsmäßigkeit der Abrechnung des Verwalters festzustellen. Dem Bedürfnis des Verwalters, nicht auf unabsehbare Zeit im unklaren über mögliche Ersatzpflichten zu bleiben, wird durch die Verjährungsregelung in § 62 in angemessener Weise Rechnung getragen.   **2**

Wie nach geltendem Konkursrecht (§ 132 Abs. 2 KO) hat die Gläubigerversammlung das Recht, schon während des Verfahrens Zwischenrechnungen des Verwalters zu verlangen (Absatz 3).   **3**

Die Vorschrift über die Rechnungslegung des Insolvenzverwalters wird ergänzt durch die Bestimmungen, nach denen das Insolvenzgericht, der Gläubigerausschuß und die Gläubigerversammlung vom Insolvenzverwalter Berichte über den Sachstand und die Geschäftsführung verlangen können (vgl. § 58 Abs. 1 Satz 2, § 69 und § 79 Satz 1).   **4**

§ 67
Einsetzung des Gläubigerausschusses

(1) Vor der ersten Gläubigerversammlung kann das Insolvenzgericht einen Gläubigerausschuß einsetzen.

(2) Im Gläubigerausschuß sollen die absonderungsberechtigten Gläubiger, die Insolvenzgläubiger mit den höchsten Forderungen und die Kleingläubiger vertreten sein. Dem Ausschuß soll ein Vertreter der Arbeitnehmer angehören, wenn diese als Insolvenzgläubiger mit nicht unerheblichen Forderungen beteiligt sind.

(3) Zu Mitgliedern des Gläubigerausschusses können auch Personen bestellt werden, die keine Gläubiger sind.

§ 67 entspricht weitgehend § 78 RegEInsO. Der folgende Begründungstext beruht weitgehend auf BT-Drs. 12/2443, S. 131, „Zu § 78", und BT-Drs. 12/7302, S. 162/163, zu Nr. 45 („Zu § 78").

1 Der Gläubigerausschuß ist das Organ, durch das der ständige Einfluß der beteiligten Gläubiger auf den Ablauf des Insolvenzverfahrens sichergestellt werden soll. Beteiligt in diesem Sinne sind auch die absonderungsberechtigten Gläubiger, die die Insolvenzordnung weit stärker als das geltende Recht in das Verfahren einbezieht. Da die Mitwirkung des Gläubigerausschusses regelmäßig schon vom Beginn des Insolvenzverfahrens an erforderlich ist, also schon bevor eine Gläubigerversammlung über die Zusammensetzung des Ausschusses entscheiden kann, ist in Absatz 1 vorgesehen, daß das Insolvenzgericht vorläufig einen Gläubigerausschuß einsetzen kann (vgl. § 87 Abs. 1 KO; § 15 Abs. 2 Satz 3 GesO). Es obliegt dementsprechend dem pflichtgemäßen Ermessen des Gerichts, einen Gläubigerausschuß vor der ersten Gläubigerversammlung einzusetzen.

2 Die Vorschrift über die Zusammensetzung des Gläubigerausschusses (Absatz 2) soll sicherstellen, daß der Ausschuß die Interessen aller beteiligten Gläubiger angemessen berücksichtigt. Dabei wird das Ermessen des Gerichts bei der Zusammensetzung des Gläubigerausschusses insoweit eingeschränkt, als gewisse Gläubigergruppen mit besonderen Interessen im Gläubigerausschuß vertreten sein sollen. So sollen neben den wichtigsten absonderungsberechtigten Gläubigern und den ungesicherten Großgläubigern möglichst auch die Gläubiger mit Kleinforderungen im Ausschuß vertreten sein. Durch die Formulierung von Absatz 2 soll der – unzutreffende – Eindruck vermieden werden, daß alle Großgläubiger dem Gläubigerausschuß angehören sollen. Ein besonderer Vertreter der Arbeitnehmer ist regelmäßig dann zu bestellen, wenn diese mit nicht unerheblichen Ansprüchen auf rückständiges Arbeitsentgelt, die nicht durch Insolvenzausfallgeld abgedeckt sind, am Verfahren beteiligt sind.

3 Daß auch juristische Personen zu Mitgliedern des Gläubigerausschusses bestellt werden können, ist für den Gläubigerbeirat des Vergleichsverfahrens ausdrücklich geregelt (§ 44 Abs. 1 Satz 2 VerglO), für den Gläubigerausschuß der Konkursordnung jedoch auch ohne besondere Vorschrift allgemein anerkannt. Es bedarf auch in der Insolvenzordnung keiner ausdrücklichen Regelung. Anstelle einer juristischen Person kann auch deren Vertreter persönlich Mitglied des Ausschusses werden. Dies ergibt sich aus Absatz 3, nach dem auch Personen, die keine Gläubiger sind, zu Mitgliedern des Gläubigerausschusses bestellt werden können (vgl. § 87 Abs. 2 Satz 3 KO; § 15 Abs. 2 Satz 2 GesO). Damit wird zusätzlich dem Fall Rechnung getragen, daß eine außenstehende Person

als besonders geeignet angesehen wird, die Interessen der Gläubiger oder eines bestimmten Kreises von Gläubigern im Gläubigerausschuß zu wahren.

§ 68
Wahl anderer Mitglieder

(1) Die Gläubigerversammlung beschließt, ob ein Gläubigerausschuß eingesetzt werden soll. Hat das Insolvenzgericht bereits einen Gläubigerausschuß eingesetzt, so beschließt sie, ob dieser beibehalten werden soll.

(2) Sie kann vom Insolvenzgericht bestellte Mitglieder abwählen und andere oder zusätzliche Mitglieder des Gläubigerausschusses wählen.

§ 68 entspricht § 79 Abs. 1, 2 Satz 1 RegEInsO. Der folgende Begründungstext beruht weitgehend auf BT-Drs. 12/2443, S. 131/132, „Zu § 79", und BT-Drs. 12/7302, S. 163, zu Nr. 46 („Zu § 79 Abs. 2").

Da der Gläubigerausschuß die Interessen der beteiligten Gläubiger zur Geltung bringen soll, muß es der Gläubigerversammlung freistehen, auf einen Gläubigerausschuß zu verzichten, auch wenn das Gericht einen solchen eingesetzt hat, oder umgekehrt einen Gläubigerausschuß einzusetzen, auch wenn das Gericht die Einsetzung nicht für zweckmäßig hielt (Absatz 1). Diese Rechte der Gläubigerversammlung finden allerdings ihre Grenze in der Befugnis des Gerichts, auf Antrag eines überstimmten Gläubigers einen Beschluß der Gläubigerversammlung aufzuheben, der dem gemeinsamen Interesse der Insolvenzgläubiger widerspricht (§ 78).

Aus der Gläubigerautonomie im Insolvenzverfahren folgt auch, daß die Gläubigerversammlung im Grundsatz berechtigt ist, über die Zusammensetzung des Gläubigerausschusses zu bestimmen (Absatz 2). Hier kann es zu einem Spannungsverhältnis zwischen den Mehrheitsentscheidungen der Gläubigerversammlung und dem Ziel der repräsentativen Besetzung des Gläubigerausschusses (§ 67 Abs. 2) kommen: Insbesondere besteht die Gefahr, daß die Großgläubiger im Gläubigerausschuß übermäßiges Gewicht gewinnen. Dennoch sieht § 68 im Interesse der Gläubigerautonomie nicht die Möglichkeit für das Insolvenzgericht vor, die von der Gläubigerversammlung beschlossene Abberufung oder Bestellung abzulehnen. Mit der allgemeinen Vorschrift über die Entlassung der Mitglieder des Gläubigerausschusses, § 70, ist ein ausreichendes Mittel zur Abberufung von Gläubigerausschußmitgliedern vorhanden; dies gilt nicht zuletzt deshalb, weil das Gericht im Rahmen des § 70 auch von Amts wegen tätig werden kann.

§ 69
Aufgaben des Gläubigerausschusses

Die Mitglieder des Gläubigerausschusses haben den Insolvenzverwalter bei seiner Geschäftsführung zu unterstützen und zu überwachen. Sie haben sich über den Gang der Geschäfte zu unterrichten sowie die Bücher und Geschäftspapiere einzusehen und den Geldverkehr und -bestand prüfen zu lassen.

§ 69 übernimmt in geänderter Fassung § 80 RegEInsO. Der folgende Begründungstext entspricht weitgehend BT-Drs. 12/2443, S. 132, „Zu § 80", und BT-Drs. 12/7302, S. 163, zu Nr. 47 („Zu § 80").

Die Funktion des Gläubigerausschusses, den Insolvenzverwalter gleichzeitig zu unterstützen und zu überwachen, sowie seine Informationsrechte werden in den Absätzen 1 und 2 in enger Anlehnung an § 88 Abs. 1, 2 Satz 1 KO geregelt (vgl. auch § 45 Abs. 1 Satz 1 VerglO; § 15 Abs. 6 Satz 1 bis 3 GesO). Der neue § 69 enthält aber eine Verschärfung der Pflichten der Mitglieder des Gläubigerausschusses. Zu ihren Pflichten gehört nunmehr auch, sich laufend über den Gang der Geschäfte zu unterrichten. Mit dieser Erweiterung der Pflichten wird die Aufsicht über die wirtschaftliche Tätigkeit des Insolvenzverwalters verstärkt. Gleichzeitig wird den Gläubigern eine schnellere Einflußnahme auf die Handlungen des Verwalters ermöglicht. Die Pflicht zur Prüfung der Kasse des Verwalters (Absatz 3) wird im Vergleich zu § 88 Abs. 2 Satz 2 KO flexibler gestaltet, um eine dem Einzelfall angepaßte Handhabung zu ermöglichen. Die Prüfung braucht nicht durch ein Mitglied des Gläubigerausschusses persönlich zu erfolgen, sondern kann einem sachverständigen Dritten übertragen werden. Praktische Schwierigkeiten, die bei der Handhabung der konkursrechtlichen Bestimmung aufgetreten sind, sollen damit für die Zukunft vermieden werden. Die Kosten einer Prüfung der Kasse durch einen solchen Sachverständigen sind durch die Verwaltung der Insolvenzmasse begründet (§ 55 Abs. 1 Nr. 1) und daher aus der Masse zu entnehmen.

§ 70
Entlassung

Das Insolvenzgericht kann ein Mitglied des Gläubigerausschusses aus wichtigem Grund aus dem Amt entlassen. Die Entlassung kann von Amts wegen, auf Antrag des Mitglieds des Gläubigerausschusses oder auf Antrag der Gläubigerversammlung erfolgen. Vor der Entscheidung des Gerichts ist das Mitglied des Gläubigerausschusses zu hören; gegen die Entscheidung steht ihm die sofortige Beschwerde zu.

§ 70 entspricht § 81 RegEInsO und enthält eine über die Entwurfsnorm hinausgehende Ergänzung. Der folgende Begründungstext entspricht weitgehend BT-Drs. 12/2443, S. 132, „Zu § 81", und BT-Drs. 12/7302, S. 163, zu Nr. 48 („Zu § 81").

1 Im Interesse der Unabhängigkeit der Mitglieder des Gläubigerausschusses soll ihnen ihr Amt nur entzogen werden können, wenn ein wichtiger Grund vorliegt. Auch die Entlassung auf eigenen Antrag soll wegen der Bedeutung des Amtes einen wichtigen Grund voraussetzen. Die Einzelheiten sind parallel zu der Vorschrift über die Entlassung des Insolvenzverwalters geregelt (§ 59).

2 Satz 3 sieht zugunsten des Ausschußmitglieds die Möglichkeit der sofortigen Beschwerde gegen seine Entlassung vor. Die Entlassung eines Mitglieds des Gläubigerausschusses aus einem Amt stellt einen so schwerwiegenden Eingriff in seine Rechtspositionen dar, daß die sofortige Beschwerde gegen die Entlassung ermöglicht werden muß. Insoweit entspricht § 70 dem § 59 (Entlassung des Insolvenzverwalters), der in Absatz 2 ebenfalls das Beschwerderecht des Entlassenen vorsieht.

§ 71
Haftung der Mitglieder des Gläubigerausschusses

Die Mitglieder des Gläubigerausschusses sind den absonderungsberechtigten Gläubigern und den Insolvenzgläubigern zum Schadenersatz verpflichtet, wenn sie schuldhaft die Pflichten verletzen, die ihnen nach diesem Gesetz obliegen. § 62 gilt entsprechend.

§ 71 entspricht im wesentlichen § 82 RegEInsO. Der folgende Begründungstext beruht im wesentlichen auf BT-Drs. 12/2443, S. 132, „Zu § 82", und BT-Drs. 12/7302, S. 163, zu Nr. 49 („Zu § 82").

Die Vorschrift des Satzes 1 über die Haftung der Mitglieder des Gläubigerausschusses entspricht im Grundsatz geltendem Recht (§ 89 KO; § 44 Abs. 3 VerglO). Allerdings wird die Verantwortlichkeit nicht „allen Beteiligten" gegenüber begründet, sondern nur gegenüber „den absonderungsberechtigten Gläubigern und den Insolvenzgläubigern". Der Gläubigerausschuß soll, ebenso wie die Gläubigerversammlung, die Interessen der beteiligten Gläubiger im Insolvenzverfahren zur Geltung bringen. Die Interessen der übrigen Beteiligten – namentlich des Schuldners und der Massegläubiger – werden durch den umfassenderen Pflichtenkreis des Insolvenzverwalters und durch die Aufsicht des Gerichts geschützt.

Die Verjährung von Schadensersatzansprüchen gegen die Mitglieder des Gläubigerausschusses wird in Satz 2 durch Bezugnahme auf die Vorschrift über die Verjährung der Haftung des Insolvenzverwalters geregelt.

§ 72
Beschlüsse des Gläubigerausschusses

Ein Beschluß des Gläubigerausschusses ist gültig, wenn die Mehrheit der Mitglieder an der Beschlußfassung teilgenommen hat und der Beschluß mit der Mehrheit der abgegebenen Stimmen gefaßt worden ist.

§ 72 entspricht im wesentlichen § 83 RegEInsO. Der folgende Begründungstext entspricht BT-Drs. 12/2443, S. 132, „Zu § 83".

Zur Wirksamkeit von Beschlüssen des Gläubigerausschusses wird – wie nach § 90 KO und § 44 Abs. 4 VerglO – die Teilnahme der Mehrheit der Mitglieder an der Beschlußfassung und die Zustimmung einer Kopfmehrheit der Abstimmenden zu dem Beschlußvorschlag verlangt (ähnlich auch § 15 Abs. 6 Satz 5 GesO).

§ 73
Vergütung der Mitglieder des Gläubigerausschusses

(1) Die Mitglieder des Gläubigerausschusses haben Anspruch auf Vergütung für ihre Tätigkeit und auf Erstattung angemessener Auslagen. Dabei ist dem Zeitaufwand und dem Umfang der Tätigkeit Rechnung zu tragen.

(2) Die §§ 64 und 65 gelten entsprechend.

§ 73 entspricht zum Teil § 84 RegEInsO. Der folgende Begründungstext beruht weitgehend auf BT-Drs. 12/2443, S. 132, „Zu § 84", und BT-Drs. 12/7302, S. 163, zu Nr. 50 („Zu § 84").

Für die Höhe der Vergütung der Mitglieder des Gläubigerausschusses (vgl. § 13 Abs. 1 der geltenden Vergütungsverordnung) sollen nach Absatz 1 in erster Linie der Zeitaufwand und erst in zweiter Linie der Umfang der Tätigkeit maßgeblich sein. In der Vergütungsverordnung nach Absatz 2 i.V.m. § 65 wird für die Mitglieder des Gläubigerausschusses eine entsprechende Vergütungsregelung getroffen werden. **1**

Vergütung und Auslagenerstattung sind ebenso festzusetzen wie im Falle des Insolvenzverwalters; deshalb wird in Absatz 2 § 64 für entsprechend anwendbar erklärt. **2**

§ 74 – Einzelerläuterungen   Teil 2 – Insolvenzordnung

Die Einzelheiten sollen durch Rechtsverordnung des Bundesministeriums der Justiz geregelt werden (Verweisung auf § 65).

§ 74
Einberufung der Gläubigerversammlung

(1) Die Gläubigerversammlung wird vom Insolvenzgericht einberufen. Zur Teilnahme an der Versammlung sind alle absonderungsberechtigten Gläubiger, alle Insolvenzgläubiger, der Insolvenzverwalter und der Schuldner berechtigt.

(2) Die Zeit, der Ort und die Tagesordnung der Gläubigerversammlung sind öffentlich bekanntzumachen. Die öffentliche Bekanntmachung kann unterbleiben, wenn in einer Gläubigerversammlung die Verhandlung vertagt wird.

§ 74 entspricht § 85 RegEInsO. Der folgende Begründungstext entspricht im wesentlichen BT-Drs. 12/2443, S. 133, „Zu § 85".

Die Vorschrift entspricht geltendem Konkursrecht (§ 93 Abs. 1 Satz 1, Abs. 2, § 98 KO; vgl. auch § 15 Abs. 1 Satz 1 GesO). In Absatz 1 Satz 2 wird zusätzlich vorgesehen, daß alle absonderungsberechtigten Gläubiger – wegen ihrer Einbeziehung in das neue Insolvenzverfahren – zur Teilnahme berechtigt sind. Von den Insolvenzgläubigern sind auch die nachrangigen (§ 39) teilnahmeberechtigt, denen allerdings das Stimmrecht in der Versammlung fehlt (§ 77 Abs. 1 Satz 2).

§ 75
Antrag auf Einberufung

(1) Die Gläubigerversammlung ist einzuberufen, wenn dies beantragt wird:

1. vom Insolvenzverwalter;

2. vom Gläubigerausschuß;

3. von mindestens fünf absonderungsberechtigten Gläubigern oder nicht nachrangigen Insolvenzgläubigern, deren Absonderungsrechte und Forderungen nach der Schätzung des Insolvenzgerichts zusammen ein Fünftel der Summe erreichen, die sich aus dem Wert aller Absonderungsrechte und den Forderungsbeträgen aller nicht nachrangigen Insolvenzgläubiger ergibt;

4. von einem oder mehreren absonderungsberechtigten Gläubigern oder nicht nachrangigen Insolvenzgläubigern, deren Absonderungsrechte und Forderungen nach der Schätzung des Gerichts zwei Fünftel der in Nummer 3 bezeichneten Summe erreichen.

(2) Der Zeitraum zwischen dem Eingang des Antrags und dem Termin der Gläubigerversammlung soll höchstens zwei Wochen betragen.

(3) Wird die Einberufung abgelehnt, so steht dem Antragsteller die sofortige Beschwerde zu.

§ 75 übernimmt und ergänzt § 86 RegEInsO. Der folgende Begründungstext entspricht weitgehend BT-Drs. 12/2443, S. 133, „Zu § 86", und BT-Drs. 12/7302, S. 164, zu Nr. 51 („Zu § 86 Abs. 1").

Durch Absatz 1 wird § 93 Abs. 1 Satz 2 KO sinngemäß übernommen. Bei der Regelung des Rechts einer Minderheit von Gläubigern, die Einberufung einer Gläubigerversammlung zu erzwingen, wird das Teilnahmerecht der absonderungsberechtigten Gläubiger berücksichtigt.

Zudem wird das Recht der Gläubiger, die Einberufung der Gläubigerversammlung zu verlangen, erweitert. Auch ein oder mehrere absonderungsberechtigte oder nicht nachrangige Gläubiger, deren Absonderungsrechte und Forderungen zwei Fünftel der Summe des Wertes aller Absonderungsrechte und der Forderungsbeträge aller nicht nachrangigen Insolvenzgläubiger ausmachen, erhalten das Antragsrecht. Entsprechend dem wirtschaftlichen Interesse dieser Gläubiger am Ausgang des Verfahrens soll durch das Antragsrecht ihre Einflußnahme auf den Gang des Verfahrens und die Art und Weise der Gläubigerbefriedigung gestärkt werden. Die Erweiterung des Antragsrechts bedeutet eine Verstärkung der Gläubigerautonomie im Verfahren.

Ergänzt werden die Regelungen durch die Bestimmung in Absatz 2, nach der eine vom Insolvenzverwalter, vom Gläubigerausschuß, von einem nicht unerheblichen Teil der Gläubiger oder von einem oder mehreren Großgläubigern beantragte Gläubigerversammlung binnen zwei Wochen nach Eingang des Antrags stattfinden soll. Dadurch wird der Einfluß der Gläubiger auf den Ablauf des Insolvenzverfahrens verstärkt. Beispielsweise wird es den Gläubigern ermöglicht, kurzfristig einen anderen Insolvenzverwalter oder andere Mitglieder in den Gläubigerausschuß zu wählen (vgl. die §§ 57, 68).

Ein Beschwerderecht ist nur für den Fall der Ablehnung der Einberufung vorgesehen (Absatz 3).

§ 76
Beschlüsse der Gläubigerversammlung

(1) Die Gläubigerversammlung wird vom Insolvenzgericht geleitet.

(2) Ein Beschluß der Gläubigerversammlung kommt zustande, wenn die Summe der Forderungsbeträge der zustimmenden Gläubiger mehr als die Hälfte der Summe der Forderungsbeträge der abstimmenden Gläubiger beträgt; bei absonderungsberechtigten Gläubigern, denen der Schuldner nicht persönlich haftet, tritt der Wert des Absonderungsrechts an die Stelle des Forderungsbetrags.

§ 76 übernimmt in veränderter und verkürzter Fassung § 87 RegEInsO. Der folgende Begründungstext beruht auf BT-Drs. 12/2443, S. 133, „Zu § 87", und BT-Drs. 12/7302, S. 164, zu Nr. 52 („Zu § 87").

Die Vorschrift über die Leitung der Gläubigerversammlung und über die für Beschlüsse erforderlichen Mehrheiten entspricht im wesentlichen §§ 94, 97 KO. Voraussetzung für eine Beschlußfassung ist lediglich die Summenmehrheit (anders als in § 15 Abs. 4 Satz 2 GesO, der eine Kopf- und Summenmehrheit vorsieht; auch in § 87 Abs. 2 RegEInsO war die Kopf- und Summenmehrheit vorgesehen – eine Regelung, die nach intensiven, im Lichte der Erkenntnisse aus der Sachverständigen-Anhörung am 28. April 1994 vor dem Bundestags-Rechtsausschuß geführten Beratungen aufgegeben worden ist). Dadurch, daß lediglich auf die Summenmehrheit abgestellt wird, besteht zwar die Gefahr, daß einzelnen Großgläubigern ein übermäßiges Gewicht zukommt. Die Interessen der Kleingläubiger werden aber durch die Vorschrift über ihre Vertretung im

Gläubigerausschuß (§ 67 Abs. 2 Satz 1) und durch die Möglichkeit der Überprüfung der Beschlüsse der Gläubigerversammlung nach § 78 besonders geschützt.

2 Die absonderungsberechtigten Gläubiger erhalten das volle Stimmrecht in der Gläubigerversammlung, da diese Gläubiger in das neue Insolvenzverfahren stärker als bisher einbezogen werden – wenn auch in unterschiedlicher Weise je nach Art des Absonderungsrechts.

Aus dem zweiten Halbsatz des Absatzes 2 ergibt sich, wie bei abstimmenden Absonderungsberechtigten das Stimmrecht zu berechnen ist. Richtet sich die Forderung des absonderungsberechtigten Gläubigers gegen einen Dritten, haftet der Schuldner also dem absonderungsberechtigten Gläubiger nicht persönlich, so bestimmt sich der Wert des Stimmrechts nach dem Wert des Absonderungsrechts. Ein solcher Fall ist beispielsweise gegeben, wenn an einem Grundstück des Schuldners eine Hypothek bestellt worden ist, die eine Forderung gegen den Ehepartner des Schuldners sichert. Entscheidend für das Stimmrecht in der Gläubigerversammlung ist dann, in welcher Höhe sich der Gläubiger aus dem Sicherungsgegenstand befriedigen kann. Der Wert des Absonderungsrechts ist notfalls vom Gericht zu schätzen (§ 77 Abs. 3 Nr. 2). Inzidenter ergibt sich aus dem zweiten Halbsatz, daß das Stimmrecht des absonderungsberechtigten Gläubigers nach der Höhe der Forderung zu bewerten ist, wenn der Schuldner dem Gläubiger persönlich haftet. In diesem Fall sind teilweise gesicherte Forderungen einheitlich zu betrachten: Der gesicherte und der ungesicherte Teil der Forderung berechtigten in gleicher Weise zur Abstimmung.

3 Die Bestimmung der Konkursordnung, nach der die Mitglieder des Gläubigerausschusses mit relativer Mehrheit gewählt werden können (§ 94 Abs. 2 Satz 2 KO), wird nicht übernommen. Im Grundsatz sollte jedes Mitglied des Gläubigerausschusses von einer absoluten Mehrheit in der Gläubigerversammlung gestützt werden.

§ 77
Feststellung des Stimmrechts

(1) **Ein Stimmrecht gewähren die Forderungen, die angemeldet und weder vom Insolvenzverwalter noch von einem stimmberechtigten Gläubiger bestritten worden sind. Nachrangige Gläubiger sind nicht stimmberechtigt.**

(2) **Die Gläubiger, deren Forderungen bestritten werden, sind stimmberechtigt, soweit sich in der Gläubigerversammlung der Verwalter und die erschienenen stimmberechtigten Gläubiger über das Stimmrecht geeinigt haben. Kommt es nicht zu einer Einigung, so entscheidet das Insolvenzgericht. Es kann seine Entscheidung auf den Antrag des Verwalters oder eines in der Gläubigerversammlung erschienenen Gläubigers ändern.**

(3) **Absatz 2 gilt entsprechend**

1. für die Gläubiger aufschiebend bedingter Forderungen;

2. für die absonderungsberechtigten Gläubiger.

§ 77 entspricht § 88 RegEInsO. Der folgende Begründungstext entspricht im wesentlichen BT-Drs. 12/2443, S. 133/134, „Zu § 88".

1 Der Grundsatz, daß angemeldete und nicht bestrittene Forderungen ein Stimmrecht gewähren (Absatz 1 Satz 1), entspricht geltendem Konkursrecht (§ 95 Abs. 1 Satz 1,

Abs. 2 KO); er gilt in Zukunft allerdings auch für die gesamten Forderungen absonderungsberechtigter Gläubiger, nicht nur für deren Ausfallforderungen.

Durch Absatz 1 Satz 2 wird erreicht, daß die Forderungen, die nur mit Nachrang zu den übrigen Insolvenzforderungen am Verfahren teilnehmen und daher in der Regel keinen wirtschaftlichen Wert verkörpern, kein Stimmrecht gewähren. Nach geltendem Konkurs- und Vergleichsrecht sind diese Gläubiger ganz von der Teilnahme am Verfahren ausgeschlossen (vgl. die Begründung zu § 39). 2

Das Stimmrecht für streitige Forderungen wird – wie nach § 95 KO und § 71 Abs. 2 VerglO – in erster Linie durch eine Einigung zwischen dem Insolvenzverwalter und den in der Gläubigerversammlung erschienenen stimmberechtigten Gläubigern festgelegt, hilfsweise durch Entscheidung des Gerichts (Absatz 2). Die Wirkung einer solchen Gerichtsentscheidung beschränkt sich auf das Stimmrecht und auf die in § 256 für den Fall der Bestätigung eines Plans festgelegten Rechtsfolgen (vgl. § 71 Abs. 2 Satz 3 VerglO). Die materielle Berechtigung des Gläubigers bleibt unberührt. Auf seine Antrags- und Beschwerderechte im Verfahren (vgl. die §§ 78, 251, 253, 216) ist die Entscheidung über das Stimmrecht ohne Einfluß. 3

In entsprechender Weise wird durch Absatz 3 das Stimmrecht der Gläubiger mit aufschiebend bedingten Forderungen (vgl. § 96 KO, § 71 Abs. 3 VerglO) und der absonderungsberechtigten Gläubiger geregelt. 4

§ 78
Aufhebung eines Beschlusses der Gläubigerversammlung

(1) Widerspricht ein Beschluß der Gläubigerversammlung dem gemeinsamen Interesse der Insolvenzgläubiger, so hat das Insolvenzgericht den Beschluß aufzuheben, wenn ein absonderungsberechtigter Gläubiger, ein nicht nachrangiger Insolvenzgläubiger oder der Insolvenzverwalter dies in der Gläubigerversammlung beantragt.

(2) Die Aufhebung des Beschlusses ist öffentlich bekanntzumachen. Gegen die Aufhebung steht jedem absonderungsberechtigten Gläubiger und jedem nicht nachrangigen Insolvenzgläubiger die sofortige Beschwerde zu. Gegen die Ablehnung des Antrags auf Aufhebung steht dem Antragsteller die sofortige Beschwerde zu.

§ 78 übernimmt in veränderter und verkürzter Fassung § 89 RegEInsO. Der folgende Begründungstext entspricht weitgehend BT-Drs. 12/2443, S. 134/135, „Zu § 89", und BT-Drs. 12/7302, S. 164, zu Nr. 53 („Zu § 89").

Absatz 1 lehnt sich an § 99 KO an. Ein Beschluß der Gläubigerversammlung kann durch das Insolvenzgericht nur aufgehoben werden, wenn er dem gemeinsamen Interesse der Insolvenzgläubiger widerspricht. Als das gemeinsame Interesse der Insolvenzgläubiger ist das Interesse an der bestmöglichen Gläubigerbefriedigung anzusehen. Dieses Interesse ist maßgeblich, obwohl auch die absonderungsberechtigten Gläubiger Stimmrecht in der Gläubigerversammlung haben. Es soll vermieden werden, daß die absonderungsberechtigten Gläubiger ihre Sonderinteressen in der Gläubigerversammlung durch Mehrheitsentscheidung durchsetzen können. 1

Die Vorschrift soll in erster Linie vorbeugend wirken: Beschlüsse, die dem gemeinsamen Interesse der Insolvenzgläubiger widersprechen, werden im Hinblick auf die gesetzliche Regelung meist von vornherein unterbleiben. Insofern kann erwartet werden, daß die 2

§ 79 – Einzelerläuterungen   Teil 2 – Insolvenzordnung

Vorschrift in der Gerichtspraxis keine große Bedeutung erlangen wird, wie dies auch für § 99 KO zutreffen dürfte.

3   Der Antrag auf Aufhebung eines Beschlusses muß aus Gründen der Rechtssicherheit noch in der beschließenden Gläubigerversammlung gestellt werden. Das Antragsrecht ist im Grundsatz parallel zur Regelung des Stimmrechts (§ 76 Abs. 2, § 77) ausgestaltet: Antragsberechtigt sind die absonderungsberechtigten Gläubiger und die nicht nachrangigen Insolvenzgläubiger. Daneben hat aber auch – zur Wahrung der Interessen der nicht erschienenen Gläubiger – der Insolvenzverwalter dieses Recht.

4   Das Antragsrecht der Gläubiger wird bewußt nicht davon abhängig gemacht, ob im Einzelfall eine Stimmberechtigung bestand. Auch der Gläubiger einer streitigen Forderung, dem das Gericht das Stimmrecht versagt hat, soll den Antrag auf Überprüfung eines für ihn nachteiligen Beschlusses der Gläubigerversammlung stellen können. So wird ein gewisser Ausgleich dafür geschaffen, daß gegen die Stimmrechtsfestsetzung weder die sofortige Beschwerde noch die Erinnerung statthaft ist. Die Möglichkeit einer mittelbaren Überprüfung der Stimmrechtsfestsetzung ist im Rahmen des Einführungsgesetzes zur Insolvenzordnung durch eine Änderung des § 18 Rechtspflegergesetz vorgesehen.

5   In Absatz 3 sind die öffentliche Bekanntmachung der Aufhebung des Beschlusses und die Beschwerdeberechtigung der Beteiligten geregelt. Da auch die Gläubiger, die in der Gläubigerversammlung nicht erschienen waren, nachträglich Beschwerde einlegen können, bedarf es einer Beschwerdeberechtigung des Insolvenzverwalters insoweit nicht.

§ 79
Unterrichtung der Gläubigerversammlung

Die Gläubigerversammlung ist berechtigt, vom Insolvenzverwalter einzelne Auskünfte und einen Bericht über den Sachstand und die Geschäftsführung zu verlangen. Ist ein Gläubigerausschuß nicht bestellt, so kann die Gläubigerversammlung den Geldverkehr und -bestand des Verwalters prüfen lassen.

§ 79 entspricht im wesentlichen § 90 RegEInsO. Der folgende Begründungstext beruht im wesentlichen auf BT-Drs. 12/2443, S. 135, „Zu § 90", und BT-Drs. 12/7302, S. 164, zu Nr. 54 („Zu § 90").

Der Gläubigerversammlung stehen im Insolvenzverfahren wichtige Mitwirkungsrechte zu. Sie kann diese nur sachgerecht ausüben, wenn sie sich vollständig über den Sachstand unterrichten kann. Daher wird ihr in Satz 1 das Recht gegeben, sich vom Insolvenzverwalter sowohl über Einzelheiten als auch über den allgemeinen Verfahrensstand informieren zu lassen (vgl. § 132 Abs. 2 KO; § 15 Abs. 5 Satz 2 GesO). Die Vorschrift über die Kassenprüfung in Satz 2 ergänzt § 69 Satz 2.

DRITTER TEIL
Wirkungen der Eröffnung des Insolvenzverfahrens

ERSTER ABSCHNITT
Allgemeine Wirkungen

§ 80
Übergang des Verwaltungs- und Verfügungsrechts

(1) Durch die Eröffnung des Insolvenzverfahrens geht das Recht des Schuldners, das zur Insolvenzmasse gehörende Vermögen zu verwalten und über es zu verfügen, auf den Insolvenzverwalter über.

(2) Ein gegen den Schuldner bestehendes Veräußerungsverbot, das nur den Schutz bestimmter Personen bezweckt (§§ 135, 136 des Bürgerlichen Gesetzbuchs), hat im Verfahren keine Wirkung. Die Vorschriften über die Wirkungen einer Pfändung oder einer Beschlagnahme im Wege der Zwangsvollstreckung bleiben unberührt.

§ 80 entspricht § 91 RegEInsO. Der folgende Begründungstext entspricht im wesentlichen BT-Drs. 12/2443, S. 135, „Zu § 91".

Absatz 1 entspricht inhaltlich § 6 KO (vgl. auch § 5 Satz 2 Nr. 1, 2, § 8 Abs. 2 GesO). Zu beachten ist allerdings, daß der Begriff der Insolvenzmasse gegenüber der Konkursmasse des geltenden Rechts erweitert ist (§ 35). Unberührt bleiben die Vorschriften über die Eigenverwaltung (vgl. die §§ 270 bis 285).

Durch Absatz 2 wird § 13 KO sinngemäß übernommen. Die Vorschrift betrifft insbesondere den Fall, daß dem Schuldner vor der Verfahrenseröffnung durch einstweilige Verfügung untersagt worden ist, eine Sache zu veräußern, die ein Gläubiger für sich beansprucht; ein solches Verbot bindet den Insolvenzverwalter nicht. Satz 2 stellt klar, daß die Regelung weder die Pfändung von beweglichen Sachen oder Rechten noch die Beschlagnahme von unbeweglichem Vermögen im Wege der Zwangsvollstreckung in Frage stellt. Diese Vollstreckungsmaßnahmen gewähren im Insolvenzverfahren ein Recht auf abgesonderte Befriedigung (vgl. die §§ 49, 50 Abs. 1).

§ 81
Verfügungen des Schuldners

(1) Hat der Schuldner nach der Eröffnung des Insolvenzverfahrens über einen Gegenstand der Insolvenzmasse verfügt, so ist diese Verfügung unwirksam. Unberührt bleiben die §§ 892, 893 des Bürgerlichen Gesetzbuchs, §§ 16, 17 des Gesetzes über Rechte an eingetragenen Schiffen und Schiffsbauwerken und §§ 16, 17 des Gesetzes über Rechte an Luftfahrzeugen. Dem anderen Teil ist die Gegenleistung aus der Insolvenzmasse zurückzugewähren, soweit die Masse durch sie bereichert ist.

(2) Für eine Verfügung über künftige Forderungen auf Bezüge aus einem Dienstverhältnis des Schuldners oder an deren Stelle tretende laufende Bezüge gilt Absatz 1 auch insoweit, als die Bezüge für die Zeit nach der Beendigung des Insolvenzverfahrens betroffen sind. Das Recht des Schuldners zur Abtretung dieser Bezüge an einen Treuhänder mit dem Ziel der gemeinschaftlichen Befriedigung der Insolvenzgläubiger bleibt unberührt.

(3) Hat der Schuldner am Tag der Eröffnung des Verfahrens verfügt, so wird vermutet, daß er nach der Eröffnung verfügt hat.

§ 81 entspricht § 92 RegEInsO. Der folgende Begründungstext entspricht im wesentlichen BT-Drs. 12/2443, S. 135/136, „Zu § 92".

1 Die Vorschrift entspricht in ihren Absätzen 1 und 3 im Grundsatz § 7 KO. Während dieser allerdings allgemein von „Rechtshandlungen" des Schuldners spricht und damit Verfügungs- und Verpflichtungsgeschäfte sowie sonstige Handlungen mit rechtlicher Wirkung erfaßt, ist die neue Vorschrift auf Verfügungen beschränkt. Daß Verpflichtungen, die der Schuldner nach der Eröffnung des Insolvenzverfahrens begründet hat, im Verfahren nicht geltend gemacht werden können, ergibt sich bereits aus § 38. Sonstige Rechtshandlungen des Schuldners haben nach der ergänzenden Vorschrift des § 90, die dem bisherigen § 15 KO entspricht, keine Wirkungen für die Insolvenzmasse.

2 Ein Unterschied zum Wortlaut des geltenden Konkursrechts liegt weiter darin, daß keine relative Unwirksamkeit – „den Konkursgläubigern gegenüber" – angeordnet wird, sondern die absolute Unwirksamkeit der erfaßten Verfügungen. Dieses ist folgerichtig, da der Schuldner mit der Eröffnung des Insolvenzverfahrens die Verfügungsbefugnis verliert (§ 80). Eine Genehmigung der Verfügung durch den Verwalter wird dadurch nicht ausgeschlossen (§ 185 Abs. 2 BGB analog). Schon das geltende Recht wird überwiegend in diesem Sinn ausgelegt.

3 Absatz 2 verbietet dem Schuldner über das geltende Recht hinaus auch, nach der Eröffnung des Insolvenzverfahrens über sein künftiges Arbeitseinkommen oder andere vergleichbare Bezüge zu verfügen. Eine Verfügung über die Bezüge, die während des Insolvenzverfahrens anfallen, ist schon nach Absatz 1 Satz 1 unwirksam; denn diese Bezüge gehören, soweit sie pfändbar sind, nach § 35 zur Insolvenzmasse. Absatz 2 bezieht sich daher nur auf die Bezüge für die Zeit nach der Beendigung des Verfahrens. Der Grund für die neue Regelung ist, daß diese Bezüge zur Verteilung an die Insolvenzgläubiger im Rahmen der neuen gesetzlichen Vorschriften über die Restschuldbefreiung (§§ 286 bis 303) oder auf der Grundlage eines Plans (§§ 217 bis 269) zur Verfügung stehen sollen; insofern steht Absatz 2 im Zusammenhang mit § 89 Abs. 2 (Verbot der Vollstreckung in künftige Bezüge) und § 114 (Teilunwirksamkeit von Verfügungen, die vor der Verfahrenseröffnung über künftige Bezüge getroffen worden sind). Die Abtretung der Bezüge für die Zeit nach der Verfahrensbeendigung an einen Treuhänder, die gerade Voraussetzung für die Restschuldbefreiung nach den §§ 286 bis 303 ist und die auch für eine Einigung mit den Gläubigern auf der Grundlage eines Plans bedeutsam sein kann, bleibt nach Absatz 2 Satz 2 rechtlich möglich.

4 Im einzelnen erfaßt die Formulierung „Bezüge aus einem Dienstverhältnis des Schuldners oder an deren Stelle tretende laufende Bezüge", die auch in den genannten anderen Vorschriften der Insolvenzordnung benutzt wird, nicht nur jede Art von Arbeitseinkommen im Sinne des § 850 ZPO, sondern insbesondere auch die Renten und die sonstigen laufenden Geldleistungen der Träger der Sozialversicherung und der Bundesanstalt für Arbeit im Falle des Ruhestands, der Erwerbsunfähigkeit oder der Arbeitslosigkeit. Das Arbeitsentgelt eines Strafgefangenen für im Gefängnis geleistete Arbeit (§ 43 StVollzG) gehört ebenfalls zu diesen Bezügen.

§ 82
Leistungen an den Schuldner

Ist nach der Eröffnung des Insolvenzverfahrens zur Erfüllung einer Verbindlichkeit an den Schuldner geleistet worden, obwohl die Verbindlichkeit zur Insolvenzmasse zu erfüllen war, so wird der Leistende befreit, wenn er zur Zeit der Leistung die Eröffnung des Verfahrens nicht kannte. Hat er vor der öffentlichen Bekanntmachung der Eröffnung geleistet, so wird vermutet, daß er die Eröffnung nicht kannte.

§ 82 entspricht § 93 RegEInsO. Der folgende Begründungstext entspricht BT-Drs. 12/2443, S. 136, „Zu § 93".

§ 8 KO wird redaktionell verkürzt, jedoch inhaltlich unverändert übernommen (vgl. auch § 7 Abs. 4 GesO). Auch hier wird auf die Konzeption einer relativen Unwirksamkeit verzichtet.

§ 83
Erbschaft. Fortgesetzte Gütergemeinschaft

(1) Ist dem Schuldner vor der Eröffnung des Insolvenzverfahrens eine Erbschaft oder ein Vermächtnis angefallen oder geschieht dies während des Verfahrens, so steht die Annahme oder Ausschlagung nur dem Schuldner zu. Gleiches gilt von der Ablehnung der fortgesetzten Gütergemeinschaft.

(2) Ist der Schuldner Vorerbe, so darf der Insolvenzverwalter über die Gegenstände der Erbschaft nicht verfügen, wenn die Verfügung im Falle des Eintritts der Nacherbfolge nach § 2115 des Bürgerlichen Gesetzbuchs dem Nacherben gegenüber unwirksam ist.

§ 83 entspricht § 94 RegEInsO. Der folgende Begründungstext entspricht im wesentlichen BT-Drs. 12/2443, S. 136, „Zu § 94".

Absatz 1 übernimmt die Regelung des § 9 KO und bezieht dabei auch den Fall ein, daß die Erbschaft oder das Vermächtnis während des Insolvenzverfahrens anfällt. Dies ist erforderlich, da nach § 35 der Neuerwerb des Schuldners während des Verfahrens zur Insolvenzmasse gehört.

Absatz 2 entspricht § 128 KO; er hat im Recht der Einzelzwangsvollstreckung seine Parallele in § 773 ZPO.

§ 84
Auseinandersetzung einer Gesellschaft oder Gemeinschaft

(1) Besteht zwischen dem Schuldner und Dritten eine Gemeinschaft nach Bruchteilen, eine andere Gemeinschaft oder eine Gesellschaft ohne Rechtspersönlichkeit, so erfolgt die Teilung oder sonstige Auseinandersetzung außerhalb des Insolvenzverfahrens. Aus dem dabei ermittelten Anteil des Schuldners kann für Ansprüche aus dem Rechtsverhältnis abgesonderte Befriedigung verlangt werden.

(2) Eine Vereinbarung, durch die einer Gemeinschaft nach Bruchteilen das Recht, die Aufhebung der Gemeinschaft zu verlangen, für immer oder auf Zeit ausgeschlossen oder eine Kündigungsfrist bestimmt worden ist, hat im Verfahren keine Wirkung. Gleiches gilt für eine Anordnung dieses Inhalts, die ein Erblasser

für die Gemeinschaft seiner Erben getroffen hat, und für eine entsprechende Vereinbarung der Miterben.

§ 84 entspricht § 95 RegEInsO. Der folgende Begründungstext entspricht BT-Drs. 12/2443, S. 136, „Zu § 95".

Die §§ 16 und 51 KO werden sinngemäß übernommen. In Absatz 2 Satz 2 wird über den Wortlaut des § 16 Abs. 2 Satz 2 KO hinaus klargestellt, daß auch eine Vereinbarung zwischen Miterben, die das Recht zur Aufhebung der Erbengemeinschaft beschränkt, im Insolvenzverfahren nicht beachtet werden muß.

§ 85
Aufnahme von Aktivprozessen

(1) Rechtsstreitigkeiten über das zur Insolvenzmasse gehörende Vermögen, die zur Zeit der Eröffnung des Insolvenzverfahrens für den Schuldner anhängig sind, können in der Lage, in der sie sich befinden, vom Insolvenzverwalter aufgenommen werden. Wird die Aufnahme verzögert, so gilt § 239 Abs. 2 bis 4 der Zivilprozeßordnung entsprechend.

(2) Lehnt der Verwalter die Aufnahme des Rechtsstreits ab, so können sowohl der Schuldner als auch der Gegner den Rechtsstreit aufnehmen.

§ 86
Aufnahme bestimmter Passivprozesse

(1) Rechtsstreitigkeiten, die zur Zeit der Eröffnung des Insolvenzverfahrens gegen den Schuldner anhängig sind, können sowohl vom Insolvenzverwalter als auch vom Gegner aufgenommen werden, wenn sie betreffen:

1. die Aussonderung eines Gegenstands aus der Insolvenzmasse,

2. die abgesonderte Befriedigung oder

3. eine Masseverbindlichkeit.

(2) Erkennt der Verwalter den Anspruch sofort an, so kann der Gegner einen Anspruch auf Erstattung der Kosten des Rechtsstreits nur als Insolvenzgläubiger geltend machen.

§ 85 entspricht § 96 RegEInsO, § 86 entspricht § 97 RegEInsO. Der folgende Begründungstext entspricht im wesentlichen BT-Drs. 12/2443, S. 136/137, „Zu § 96 und § 97".

1 Durch die Eröffnung des Insolvenzverfahrens wird ein Rechtsstreit, der sich auf die Insolvenzmasse bezieht, unterbrochen (vgl. für das Konkursverfahren § 240 ZPO, der im Rahmen des Einführungsgesetzes zur Insolvenzordnung angepaßt wird). Die vorliegenden Vorschriften regeln die Voraussetzungen, unter denen ein solcher Rechtsstreit aufgenommen werden kann. Dabei werden die Lösungen des geltenden Konkursrechts übernommen (§§ 10, 11 KO): Für den Schuldner anhängige „Aktivprozesse" können vom Verwalter aufgenommen werden. Einen „Passivprozeß" dagegen kann sowohl der Verwalter als auch der Gegner aufnehmen; beiden steht diese Befugnis jedoch nur dann zu, wenn der Prozeß die Aussonderung, die abgesonderte Befriedigung oder eine Masseverbindlichkeit betrifft. Bei der Aufnahme von Prozessen, die Absonderungsrechte betreffen, sind allerdings die Vorschriften der Insolvenzordnung über die Einbeziehung der Gläubiger mit Absonderungsrechten in das Insolvenzverfahren zu beachten (vgl. insbesondere die §§ 166 bis 173).

Das Schicksal eines Passivprozesses, der die Durchsetzung einer Insolvenzforderung zum Ziel hat, ergibt sich aus § 87 der Insolvenzordnung in Verbindung mit den Vorschriften über die Behandlung der Insolvenzforderungen im Verfahren: Zunächst muß die geltend gemachte Forderung bei dem Insolvenzverwalter angemeldet werden (vgl. § 174). Nur wenn sie im Prüfungstermin streitig bleibt, ist ihre Feststellung durch Aufnahme des Rechtsstreits zu betreiben (vgl. § 180 Abs. 2). 2

In § 86 Abs. 2 wird der Sinn des bisherigen § 11 Abs. 2 KO verdeutlicht. Erkennt der Insolvenzverwalter einen Anspruch sofort an, der die Aussonderung, die abgesonderte Befriedigung oder eine Masseverbindlichkeit betrifft, so entscheidet sich nach allgemeinem Prozeßrecht, ob der Gegner einen Kostenerstattungsanspruch hat. Ist dies der Fall, so ist dieser Anspruch nicht als Masseanspruch, sondern als Insolvenzforderung zu behandeln. 3

§ 87
Forderungen der Insolvenzgläubiger

Die Insolvenzgläubiger können ihre Forderungen nur nach den Vorschriften über das Insolvenzverfahren verfolgen.

§ 87 entspricht § 98 RegEInsO. Der folgende Begründungstext entspricht BT-Drs. 12/2443, S. 137, „Zu § 98".

§ 12 KO wird sinngemäß übernommen. Allerdings betrifft diese Vorschrift des geltenden Rechts nur die Sicherung oder Befriedigung aus der Masse; sie läßt nach herrschender Meinung den Gläubigern die Möglichkeit offen, nach einem Verzicht auf die Teilnahme am Konkursverfahren gegen den Gemeinschuldner persönlich Klage zu erheben, wobei ihnen jedoch die Vollstreckung während der Dauer des Konkursverfahrens durch § 14 KO verwehrt ist. Die Fassung der neuen Vorschrift schließt im Interesse einer klaren Rechtslage diese Möglichkeit aus. In welcher Weise der Schuldner während des Verfahrens für Forderungen der Insolvenzgläubiger in Anspruch genommen werden kann, soll sich allein aus den Vorschriften über das Insolvenzverfahren ergeben.

§ 88
Vollstreckung vor Verfahrenseröffnung

Hat ein Insolvenzgläubiger im letzten Monat vor dem Antrag auf Eröffnung des Insolvenzverfahrens oder nach diesem Antrag durch Zwangsvollstreckung eine Sicherung an dem zur Insolvenzmasse gehörenden Vermögen des Schuldners erlangt, so wird diese Sicherung mit der Eröffnung des Verfahrens unwirksam.

§ 88 entspricht § 99 RegEInsO. Der folgende Begründungstext entspricht im wesentlichen BT-Drs. 12/2443, S. 137, „Zu § 99".

Die Vorschrift erklärt durch Zwangsvollstreckung erlangte Sicherungen für unwirksam, wenn sie in einer kritischen Periode vor der Verfahrenseröffnung begründet worden sind. Sie lehnt sich an die sogenannte Rückschlagsperre der Vergleichsordnung an (§§ 28, 87, 104 VerglO), läßt die Unwirksamkeit aber schon bei Beginn des Verfahrens 1 und unabhängig von dessen Ausgang eintreten. Nicht übernommen wird die weitergehende Regelung des § 7 Abs. 3 Satz 1 GesO, nach der durch die Eröffnung der Gesamtvollstreckung alle vorher eingeleiteten Maßnahmen der Einzelzwangsvollstreckung ihre Wirksamkeit verlieren.

2 Von ihrer Funktion her ergänzt die neue Vorschrift das Recht der Insolvenzanfechtung, das es ebenfalls ermöglicht, die Wirkungen von Zwangsvollstreckungsmaßnahmen vor Verfahrenseröffnung rückgängig zu machen (vgl. § 131 „inkongruente Deckung"). Eine Unwirksamkeit ipso iure ist dort jedoch nicht vorgesehen; diese bedeutet eine verfahrensmäßige Erleichterung, die sich insbesondere in einem Verfahren ohne Insolvenzverwalter vorteilhaft auswirkt.

Wie die Vorschriften des Anfechtungsrechts erfaßt die neue Regelung nur solche Zwangsvollstreckungsmaßnahmen, die Gegenstände der Insolvenzmasse betreffen. Beispielsweise bleibt die Zwangsvollstreckung für Unterhalts- oder Deliktsgläubiger in den erweitert pfändbaren Teil des Arbeitseinkommens unberührt (vgl. die §§ 850 d, 850 f Abs. 2 ZPO und § 89 Abs. 2 Satz 2).

3 Die Berechnung der Monatsfrist wird durch § 139 Abs. 1 erleichtert.

Die Regelung wird ergänzt durch die Vorschriften über die Unwirksamkeit der Pfändung von Miet- und Pachtzinsforderungen oder Arbeitseinkünften für die Zeit nach der Eröffnung des Verfahrens (vgl. die §§ 110, 114).

§ 89
Vollstreckungsverbot

(1) Zwangsvollstreckungen für einzelne Insolvenzgläubiger sind während der Dauer des Insolvenzverfahrens weder in die Insolvenzmasse noch in das sonstige Vermögen des Schuldners zulässig.

(2) Zwangsvollstreckungen in künftige Forderungen auf Bezüge aus einem Dienstverhältnis des Schuldners oder an deren Stelle tretende laufende Bezüge sind während der Dauer des Verfahrens auch für Gläubiger unzulässig, die keine Insolvenzgläubiger sind. Dies gilt nicht für die Zwangsvollstreckung wegen eines Unterhaltsanspruchs oder einer Forderung aus einer vorsätzlichen unerlaubten Handlung in den Teil der Bezüge, der für andere Gläubiger nicht pfändbar ist.

(3) Über Einwendungen, die auf Grund des Absatzes 1 oder 2 gegen die Zulässigkeit einer Zwangsvollstreckung erhoben werden, entscheidet das Insolvenzgericht. Das Gericht kann vor der Entscheidung eine einstweilige Anordnung erlassen; es kann insbesondere anordnen, daß die Zwangsvollstreckung gegen oder ohne Sicherheitsleistung einstweilen einzustellen oder nur gegen Sicherheitsleistung fortzusetzen sei.

§ 89 entspricht § 100 RegEInsO. Der folgende Begründungstext beruht weitgehend auf BT-Drs. 12/2443, S. 137/138, „Zu § 100", und BT-Drs. 12/7302, S. 156, zu Nr. 8 („Zu § 12").

1 Das Ziel des Insolvenzverfahrens, die Insolvenzgläubiger gemeinschaftlich aus dem Vermögen des Schuldners zu befriedigen, schließt es aus, daß Insolvenzgläubiger während des Verfahrens die Einzelzwangsvollstreckung betreiben. Absatz 1 spricht daher ein allgemeines Vollstreckungsverbot für die Insolvenzgläubiger aus.

Das Verbot betrifft wie im geltenden Konkursrecht nicht nur die Gegenstände der Masse, sondern auch sonstiges Vermögen des Schuldners (§ 14 KO; vgl. auch § 47 VerglO). Da nach der Insolvenzordnung der Neuerwerb während des Verfahrens zur Insolvenzmasse gehört (vgl. § 35), hat die Frage allerdings hier geringere Bedeutung.

Auch die nachrangigen Insolvenzgläubiger (§ 39) müssen das Vollstreckungsverbot beachten. Dies ist folgerichtig, da die Insolvenzordnung auch diese Gläubiger mit dem Ziel ihrer gemeinschaftlichen Befriedigung in das Verfahren einbezieht und da diese Gläubiger nicht besser stehen dürfen als die nicht nachrangigen Insolvenzgläubiger. 2

Der Begriff „Zwangsvollstreckung" schließt den Arrest und die einstweilige Verfügung mit ein und erfaßt deshalb auch derartige Maßnahmen. Der Begriff „Zwangsvollstreckung" ist auch ohne ausdrückliche Klarstellung in der Insolvenzordnung im Sinne der Terminologie der Zivilprozeßordnung zu verstehen. Dort sind im Achten Buch unter der Bezeichnung „Zwangsvollstreckung" sowohl die Einzelzwangsvollstreckung als auch der Arrest und die einstweilige Verfügung abgehandelt. Die besonderen Regelungen in § 14 Abs. 2 KO über die Eintragung einer Vormerkung aufgrund einer einstweiligen Verfügung brauchen daher in der Insolvenzordnung kein Gegenstück zu haben. 3

Absatz 2, der im geltenden Recht kein Vorbild hat, betrifft die Vollstreckung in künftige Bezüge aus einem Dienstverhältnis des Schuldners. Eine solche Vollstreckung soll während des Verfahrens generell unzulässig sein, also auch für neue Gläubiger des Schuldners und für die Gläubiger der Unterhaltsansprüche, die im Verfahren nicht geltend gemacht werden können (vgl. § 40). Die künftigen Bezüge des Schuldners werden für die Zwecke der Restschuldbefreiung reserviert (vgl. die Begründung zu § 81). 4

Unberührt bleibt nach Satz 2 des Absatzes die Vollstreckung durch Unterhalts- und Deliktsgläubiger in den Teil der Bezüge, der nach den §§ 850 d, 850 f Abs. 2 ZPO für diese Gläubiger erweitert pfändbar ist. Dieser Teil der Einkünfte gehört nicht zur Insolvenzmasse (vgl. die §§ 35, 36 Abs. 1). Er wird auch von der Abtretung der Bezüge an einen Treuhänder mit dem Ziel der Restschuldbefreiung nicht erfaßt (vgl. § 287 Abs. 2). Es bestehen daher keine Bedenken dagegen, daß die Unterhalts- und Deliktsgläubiger, soweit sie nicht als Insolvenzgläubiger an der gemeinschaftlichen Befriedigung im Verfahren beteiligt sind, auch während des Verfahrens in den erweitert pfändbaren Teil der Bezüge vollstrecken. 5

In entsprechender Weise findet nach § 114 Abs. 3 Satz 3 auch die Vorschrift, nach der die Pfändung von Dienstbezügen durch die Verfahrenseröffnung unwirksam wird, auf die Zwangsvollstreckung für Unterhalts- und Deliktsgläubiger in den erweitert pfändbaren Teil der Bezüge keine Anwendung. 6

Werden die Vollstreckungsverbote im Einzelfall nicht beachtet, so ist wie nach allgemeinem Vollstreckungsrecht (§ 766 Abs. 1 Satz 1 ZPO) die Erinnerung statthaft. Über diese soll jedoch nach Absatz 3 Satz 1 nicht das Vollstreckungsgericht, sondern das Insolvenzgericht entscheiden; denn dieses kann die Voraussetzungen der Verbote, insbesondere im Falle des Absatzes 1 die Eigenschaft des vollstreckenden Gläubigers als Insolvenzgläubiger, besser beurteilen. Einstweilige Anordnungen sollen ebenfalls vom Insolvenzgericht getroffen werden können (Absatz 3 Satz 2; vgl. § 766 Abs. 1 Satz 2 i.V. m. § 732 Abs. 2 ZPO). 7

§ 90
Vollstreckungsverbot bei Masseverbindlichkeiten

(1) Zwangsvollstreckungen wegen Masseverbindlichkeiten, die nicht durch eine Rechtshandlung des Insolvenzverwalters begründet worden sind, sind für die Dauer von sechs Monaten seit der Eröffnung des Insolvenzverfahrens unzulässig.

(2) Nicht als derartige Masseverbindlichkeiten gelten die Verbindlichkeiten:

1. aus einem gegenseitigen Vertrag, dessen Erfüllung der Verwalter gewählt hat;
2. aus einem Dauerschuldverhältnis für die Zeit nach dem ersten Termin, zu dem der Verwalter kündigen konnte;
3. aus einem Dauerschuldverhältnis, soweit der Verwalter für die Insolvenzmasse die Gegenleistung in Anspruch nimmt.

§ 90 übernimmt in veränderter und verkürzter Fassung § 101 RegEInsO. Der folgende Begründungstext beruht weitgehend auf BT-Drs. 12/2443, S. 138, „Zu § 101", und BT-Drs. 12/7302, S. 165, zu Nr. 55 („Zu § 101").

1   Masseverbindlichkeiten sind aus der Insolvenzmasse vorweg zu entrichten (vgl. § 53). Dennoch gibt es zwei Fallgruppen, in denen auch bei Masseverbindlichkeiten ein Bedürfnis für ein Vollstreckungsverbot besteht: Einmal muß der Insolvenzverwalter insbesondere in der Anfangsphase des Verfahrens davor geschützt werden, daß die Masse durch Vollstreckungsmaßnahmen solcher Massegläubiger auseinandergerissen wird, deren Forderungen ohne Zutun des Verwalters entstanden sind (sogenannte oktroyierte Masseverbindlichkeiten).

Diese Fallgruppe wird in der vorliegenden Vorschrift behandelt. Zum anderen muß bei drohender oder bereits eingetretener Masseunzulänglichkeit verhindert werden, daß einzelne der betroffenen Massegläubiger durch Einzelzwangsvollstreckungsmaßnahmen die Verteilung der Masse nach der vorgeschriebenen Rangordnung gefährden; diese Problematik regelt § 210.

2   Für die erste Fallgruppe ist in Absatz 1 vorgesehen, daß die Massegläubiger wegen dieser Forderungen in den ersten sechs Monaten seit Eröffnung des Insolvenzverfahrens nicht vollstrecken können. Dieses gesetzliche Vollstreckungsverbot verschafft dem Insolvenzverwalter in der ersten Phase des Verfahrens den nötigen Bewegungsspielraum. Vom Verwalter selbst begründete Masseverbindlichkeiten („gewillkürte Masseverbindlichkeiten") werden nicht von dem Vollstreckungsverbot erfaßt; die Parteien, die mit dem Verwalter neue Verträge abschließen, müssen darauf vertrauen können, daß die Erfüllung entsprechend den Bedingungen dieser Verträge erfolgt.

3   Absatz 2 verdeutlicht die Unterscheidung zwischen „oktroyierten" und „gewillkürten" Masseverbindlichkeiten für den Fall eines gegenseitigen Vertrags, bei dem der Verwalter die Erfüllung wählt (§ 103), und den Fall eines Dauerschuldverhältnisses. Bei einem Vertrag, dessen Erfüllung der Verwalter ablehnen kann, bedarf es keines Vollstreckungsverbots (Nummer 1). Aus Nummer 2 ergibt sich zum Beispiel, daß die Lohnforderungen eines Arbeitnehmers, dem der Verwalter zum frühest möglichen Termin gekündigt hat, für die Zeit bis zum Ablauf der Kündigungsfrist im Grundsatz als „oktroyierte" Masseverbindlichkeiten anzusehen sind; die Zwangsvollstreckung wegen dieser Forderungen ist also unzulässig. Dies gilt jedoch nicht, wenn der Verwalter die Arbeitskraft des

Arbeitnehmers während dieser Zeit noch tatsächlich in Anspruch nimmt (Nummer 3); in einem solchen Fall könnte es dem Arbeitnehmer nicht zugemutet werden, auf eine pünktliche Lohnzahlung zu verzichten.

Nachteile der Massegläubiger werden insoweit ausgeglichen, als die Gläubiger aufgrund ihrer Vereinbarung mit dem Schuldner oder kraft Gesetzes einen Zinsanspruch haben: Diese Zinsen laufen während des Vollstreckungsverbots weiter. 4

§ 91
Ausschluß sonstigen Rechtserwerbs

(1) Rechte an den Gegenständen der Insolvenzmasse können nach der Eröffnung des Insolvenzverfahrens nicht wirksam erworben werden, auch wenn keine Verfügung des Schuldners und keine Zwangsvollstreckung für einen Insolvenzgläubiger zugrunde liegt.

(2) Unberührt bleiben die §§ 878, 892, 893 des Bürgerlichen Gesetzbuchs, § 3 Abs. 3, §§ 16, 17 des Gesetzes über Rechte an eingetragenen Schiffen und Schiffsbauwerken, § 5 Abs. 3, §§ 16, 17 des Gesetzes über Rechte an Luftfahrzeugen und § 20 Abs. 3 der Seerechtlichen Verteilungsordnung.

§ 91 übernimmt § 102 RegEInsO teilweise. Der folgende Begründungstext beruht weitgehend auf BT-Drs. 12/2443, S. 138/139, „Zu § 102", und BT-Drs. 12/7302, S. 165, zu Nr. 56 („Zu § 102 Abs. 2").

Die Vorschrift entspricht § 15 KO. Sie ergänzt die Regelung über die Unwirksamkeit von Verfügungen des Schuldners (§ 81) und das Verbot von Zwangsvollstreckungen für einzelne Insolvenzgläubiger (§ 89). Nach der Verfahrenseröffnung können Rechte an Gegenständen der Insolvenzmasse auch nicht auf andere Weise erworben werden (Absatz 1). Hat der Schuldner z. B. einem Gläubiger vor Verfahrenseröffnung eine künftige Forderung zur Sicherung abgetreten und entsteht die Forderung nach der Verfahrenseröffnung für die Masse, so erwirbt der Gläubiger kein Absonderungsrecht.

Aus dem Grundgedanken von § 91, die Insolvenzmasse für die gemeinschaftliche Befriedigung der Insolvenzgläubiger zu sichern, sowie mittelbar aus anderen Vorschriften der Insolvenzordnung ergeben sich zu Absatz 1 folgende Ausnahmen: Die Wirkungen von Verfügungen des Insolvenzverwalters (§ 80 Abs. 1) und von Zwangsvollstreckungsmaßnahmen zugunsten von Massegläubigern (vgl. § 89 Abs. 1, § 90) bleiben unberührt. Ebenso bleibt die Übertragung von Rechten möglich, die Dritte vor Verfahrenseröffnung an Gegenständen erworben haben, die nach der Verfahrenseröffnung zur Insolvenzmasse gehören.

So wird der Inhaber einer Grundschuld durch die Eröffnung des Insolvenzverfahrens über das Vermögen des Grundstückseigentümers nicht daran gehindert, die Grundschuld auf einen Dritten zu übertragen.

Unberührt bleiben schließlich auch (Absatz 2; vgl. § 15 Satz 2 KO):

- die Vorschriften, nach denen der Erwerb von Rechten an Immobilien und gleichgestellten Gegenständen nicht durch eine Verfügungsbeschränkung vereitelt werden kann, wenn die Einigungserklärung bindend geworden und der Antrag auf Eintragung gestellt worden ist,

- die Vorschriften über den öffentlichen Glauben des Grundbuchs und der Register für Rechte an Schiffen und Luftfahrzeugen sowie
- die besonderen Bestimmungen der Seerechtlichen Verteilungsordnung.

§ 92
Gesamtschaden

Ansprüche der Insolvenzgläubiger auf Ersatz eines Schadens, den diese Gläubiger gemeinschaftlich durch eine Verminderung des zur Insolvenzmasse gehörenden Vermögens vor oder nach der Eröffnung des Insolvenzverfahrens erlitten haben (Gesamtschaden), können während der Dauer des Insolvenzverfahrens nur vom Insolvenzverwalter geltend gemacht werden. Richten sich die Ansprüche gegen den Verwalter, so können sie nur von einem neu bestellten Insolvenzverwalter geltend gemacht werden.

§ 92 entspricht weitgehend § 103 RegEInsO. Der folgende Begründungstext beruht weitgehend auf BT-Drs. 12/2443, S. 139, „Zu § 103", und BT-Drs. 12/7302, S. 165, zu Nr. 57 („Zu § 103").

1   Die Vorschrift betrifft den Fall, daß die Insolvenzmasse durch eine Handlung verkürzt worden ist, die nach den Bestimmungen des Haftungsrechts Schadensersatzansprüche der Insolvenzgläubiger begründet. Für diesen Fall wird in Absatz 1 Satz 1 vorgeschrieben, daß die Ersatzansprüche während der Dauer des Verfahrens nicht von den einzelnen Gläubigern, sondern nur vom Insolvenzverwalter geltend gemacht werden dürfen. Die Ansprüche gehören zur Insolvenzmasse, und der Schädiger hat den Schadenersatz in die Masse zu leisten. Auf diese Weise wird verhindert, daß sich einzelne Gläubiger durch gesonderten Zugriff Vorteile verschaffen und dadurch den Grundsatz der gleichmäßigen Befriedigung der Insolvenzgläubiger verletzen.

2   Dieser Gedanke liegt bereits einzelnen Vorschriften des geltenden Gesellschaftsrechts zugrunde, die den Konkursverwalter zur Geltendmachung bestimmter Ersatzansprüche der Gesellschaftsgläubiger berechtigen (vgl. z. B. § 171 Abs. 2 HGB; § 62 Abs. 2 Satz 2, § 93 Abs. 5 Satz 4, § 309 Abs. 4 Satz 5 AktG). Er wird jetzt – in Übereinstimmung mit der herrschenden Auffassung zum geltenden Konkursrecht – auch für andere Haftungsansprüche zum Tragen gebracht, die sich z. B. aus einer Verletzung von Insolvenzantragspflichten (etwa aus § 64 Abs. 1 GmbHG i.V. m. § 823 Abs. 2 BGB, vgl. BGH WPM 1986, 237, 238) oder aus einer sittenwidrigen Schädigung der Gläubiger durch Vermögensverschiebungen (§ 826 BGB, vgl. BGH WPM 1973, 1354, 1355) ergeben können. Zu beachten ist dabei, daß nur Ansprüche auf Ersatz eines Schadens erfaßt werden, der durch eine Verkürzung der Insolvenzmasse eintritt und daher die Insolvenzgläubiger als Gesamtheit trifft (Gesamtschaden). Ist durch eine Pflichtwidrigkeit nur ein einzelner Insolvenzgläubiger betroffen („Individualschaden"), so kann dieser seinen Ersatzanspruch unbeeinflußt vom Insolvenzverfahren selbst geltend machen.

3   Ein weiterer wichtiger Anwendungsfall der Vorschrift wird in Absatz 1 Satz 2 besonders angesprochen. Hat der Insolvenzverwalter durch eine schuldhafte Verletzung seiner Pflichten die Insolvenzmasse vermindert, so ist der aus § 60 folgende Schadensersatzanspruch der Insolvenzgläubiger von einem neu bestellten Insolvenzverwalter geltend zu machen. Daß die einzelnen Gläubiger in einem solchen Fall während des Verfahrens nicht zur Geltendmachung von Ersatzansprüchen berechtigt sind, ist ebenfalls schon für das geltende Konkursrecht anerkannt.

Stellt sich erst nach der Aufhebung des Insolvenzverfahrens heraus, daß ein Anspruch auf Ersatz eines Gesamtschadens besteht, so kann das Insolvenzgericht eine Nachtragsverteilung anordnen (vgl. § 203 Abs. 1 Nr. 3).

§ 93
Persönliche Haftung der Gesellschafter

Ist das Insolvenzverfahren über das Vermögen einer Gesellschaft ohne Rechtspersönlichkeit oder einer Kommanditgesellschaft auf Aktien eröffnet, so kann die persönliche Haftung eines Gesellschafters für die Verbindlichkeiten der Gesellschaft während der Dauer des Insolvenzverfahrens nur vom Insolvenzverwalter geltend gemacht werden.

§ 93 entspricht weitgehend § 105 RegEInsO. Der folgende Begründungstext entspricht weitgehend BT-Drs. 12/2443, S. 139/140, „Zu § 105", und BT-Drs. 12/7302, S. 165, zu Nr. 59 („Zu § 105").

Nach geltendem Konkursrecht kann die persönliche Haftung eines Gesellschafters für Schulden der Gesellschaft auch nach der Eröffnung des Konkursverfahrens über das Vermögen der Gesellschaft nur von den Gläubigern, nicht vom Verwalter geltend gemacht werden. § 128 HGB, der die persönliche Haftung der Gesellschafter einer offenen Handelsgesellschaft gegenüber den Gläubigern der Gesellschaft normiert, enthält anders als § 171 HGB nicht die Regelung, daß im Konkursverfahren der Verwalter zur Ausübung der Gläubigeransprüche berechtigt ist. Aus § 212 KO ergibt sich, daß nach der Eröffnung des Konkursverfahrens über das Vermögen einer Gesellschaft deren Gläubiger ihre Ansprüche auch im Konkursverfahren über das Privatvermögen eines persönlich haftenden Gesellschafter geltend machen können (vgl. auch § 110 VerglO). 1

§ 93 sieht demgegenüber vor, daß die persönliche Haftung der Gesellschafter während des Insolvenzverfahrens über das Vermögen der Gesellschaft nur vom Insolvenzverwalter geltend gemacht werden kann. Dies ist gerechtfertigt, da die persönliche Haftung der Gesellschafter ebenso wie die Haftung im Falle eines Gesamtschadens (§ 92) der Gesamtheit der Gesellschaftsgläubiger zugute kommen soll. Im Interesse der gleichmäßigen Befriedigung der Gesellschaftsgläubiger wirkt die Vorschrift darauf hin, daß sich keiner dieser Gläubiger in der Insolvenz der Gesellschaft durch einen schnelleren Zugriff auf persönlich haftende Gesellschafter Sondervorteile verschafft. Zugleich wird durch die neue Regelung ein Beitrag zur Überwindung der Masseärmut der Insolvenzen geleistet: Es wird verhindert, daß der Antrag auf Eröffnung des Insolvenzverfahrens über das Vermögen einer Gesellschaft mangels Masse abgewiesen werden muß, obwohl ein persönlich haftender Gesellschafter über ausreichendes Vermögen verfügt. 2

Die persönliche Haftung der Gesellschafter wird vom Insolvenzverwalter in der Weise geltend gemacht, daß er die Gesellschafter zur Zahlung der Beträge auffordert, die zur Befriedigung der Insolvenzgläubiger erforderlich sind. Gläubiger eines Gesellschafters, die nicht zugleich Gesellschaftsgläubiger sind, können weiterhin gesondert auf das Vermögen des Gesellschafters zugreifen; wird ihre Befriedigung durch das Vorgehen des Insolvenzverwalters gefährdet, so ist gegebenenfalls ein besonderes Insolvenzverfahren über das Vermögen des Gesellschafters zu eröffnen, an dem sie gleichberechtigt mit dem Insolvenzverwalter der Gesellschaft teilnehmen. 3

Im Ergebnis sollen die persönlich haftenden Gesellschafter durch die Überleitung der Ausübung der Haftungsansprüche auf den Verwalter nicht schlechter gestellt werden, 4 als sie nach geltendem Recht stehen. So darf der Verwalter keine Zahlungen einfordern, die über den Betrag hinausgehen, der bei Berücksichtigung des Liquidationswertes der bereits vorhandenen Insolvenzmasse zur Befriedigung aller Insolvenzgläubiger erforderlich ist; denn ein solcher Überschuß müßte anschließend wieder an die Gesellschafter zurückgezahlt werden (vgl. die §§ 199, 251).

5   War ein Gläubiger der Gesellschaft vor der Eröffnung des Insolvenzverfahrens über das Vermögen der Gesellschaft zur Aufrechnung gegen die Forderung eines Gesellschafters berechtigt, so bleibt ihm dieses Aufrechnungsrecht in entsprechender Anwendung der §§ 406, 412 BGB auch im Insolvenzverfahren erhalten.

6   Die Vorschrift gilt für alle Gesellschaftsformen, bei denen Gesellschafter für die Verbindlichkeiten der Gesellschaft persönlich haften, also für die Gesellschaft des Bürgerlichen Rechts, die offene Handelsgesellschaft, die Kommanditgesellschaft und die Kommanditgesellschaft auf Aktien.

§ 94
Erhaltung einer Aufrechnungslage

Ist ein Insolvenzgläubiger zur Zeit der Eröffnung des Insolvenzverfahrens kraft Gesetzes oder auf Grund einer Vereinbarung zur Aufrechnung berechtigt, so wird dieses Recht durch das Verfahren nicht berührt.

§ 94 entspricht weitgehend § 106 RegEInsO. Der folgende Begründungstext entspricht weitgehend BT-Drs. 12/2443, S. 140, „Zu § 106", und BT-Drs. 12/7302, S. 165, zu Nr. 60 („Zu § 106").

Es entspricht geltendem Konkurs-, Vergleichs- und Gesamtvollstreckungsrecht, daß ein Insolvenzgläubiger, der zur Zeit der Eröffnung des Verfahrens zur Aufrechnung berechtigt ist, dieses Recht durch die Verfahrenseröffnung nicht verliert (§ 53 KO; § 54 Satz 1 VerglO; § 7 Abs. 5 GesO). Die Formulierung der neuen Vorschrift bringt zusätzlich zum Ausdruck, daß auch der weitere Ablauf des Verfahrens, insbesondere die Annahme und Bestätigung eines Sanierungsplans, die Befugnis zur Aufrechnung nicht beeinträchtigen kann (vgl. § 54 Satz 2 VerglO). Eine erworbene Aufrechnungsbefugnis – sei es auf gesetzlicher, sei es auf vertraglicher Grundlage – ist eine gesicherte Rechtsstellung, die auch im Insolvenzverfahren uneingeschränkt anerkannt wird.

§ 95
Eintritt der Aufrechnungslage im Verfahren

(1) Sind zur Zeit der Eröffnung des Insolvenzverfahrens die aufzurechnenden Forderungen oder eine von ihnen noch aufschiebend bedingt oder nicht fällig oder die Forderungen noch nicht auf gleichartige Leistungen gerichtet, so kann die Aufrechnung erst erfolgen, wenn ihre Vorausetzungen eingetreten sind. Die §§ 41, 45 sind nicht anzuwenden. Die Aufrechnung ist ausgeschlossen, wenn die Forderung, gegen die aufgerechnet werden soll, unbedingt und fällig wird, bevor die Aufrechnung erfolgen kann.

(2) Die Aufrechnung wird nicht dadurch ausgeschlossen, daß die Forderungen auf unterschiedliche Währungen oder Rechnungseinheiten lauten, wenn diese Währungen oder Rechnungseinheiten am Zahlungsort der Forderung, gegen die aufgerechnet wird, frei getauscht werden können. Die Umrechnung erfolgt

nach dem Kurswert, der für diesen Ort zur Zeit des Zugangs der Aufrechnungserklärung maßgeblich ist.

§ 95 übernimmt und ergänzt § 107 RegEInsO. Der folgende Begründungstext beruht weitgehend auf BT-Drs. 12/2443, S. 140/141, „Zu § 107", und BT-Drs. 12/7302, S. 166, zu Nr. 61 („Zu § 107").

Das geltende Recht erleichtert die Aufrechnung im Konkurs- und Vergleichsverfahren gegenüber den allgemeinen Voraussetzungen der Aufrechnung: Die Gläubiger können nicht fällige Forderungen vor Eintritt der Fälligkeit und nicht auf Geld gerichtete Forderungen gegen Geldforderungen aufrechnen; sie können Sicherstellung verlangen, damit eine aufschiebend bedingte Forderung beim Eintritt der Bedingung aufgerechnet werden kann (§ 54 KO; § 54 VerglO). Diese Regelung verstärkt in systemwidriger Weise die Rechtsstellung bestimmter Gläubiger zum Nachteil der übrigen. Sie führt zu einem Wertungswiderspruch, wenn sie dem Gläubiger einer Naturalleistung die Aufrechnung gegen eine Geldforderung ermöglicht, obwohl der Gläubiger einer Geldforderung, der seinerseits zu einer Naturalleistung verpflichtet ist, im Insolvenzverfahren weder aufrechnen noch das allgemeine Zurückbehaltungsrecht des § 273 BGB durchsetzen kann. Die Vorschrift schafft eine Vorzugsstellung, die vom materiellen Recht her nicht gerechtfertigt ist. Der Abbau derartiger Vorzugsstellungen ist ein Ziel der Reform. 1

Die neue Vorschrift übernimmt daher die beschriebenen Erleichterungen der Aufrechnung nicht. Wenn die aufzurechnenden Forderungen im Zeitpunkt der Verfahrenseröffnung schon begründet, jedoch noch bedingt, nicht fällig oder nicht gleichartig waren, dürfen sie zunächst nicht aufgerechnet werden. Auf der anderen Seite soll in diesen Fällen die Befugnis des Gläubigers zur Aufrechnung durch die Eröffnung des Insolvenzverfahrens auch nicht erschwert werden: Fällt das Hindernis für die Aufrechnung nach der Eröffnung des Verfahrens fort und stehen sich die Forderungen dann in aufrechenbarer Weise gegenüber, so schließt das Insolvenzverfahren grundsätzlich die Erklärung der Aufrechnung durch den Gläubiger nicht aus (Sätze 1, 2). Der Gläubiger, der vor der Eröffnung des Insolvenzverfahrens darauf vertrauen durfte, daß die Durchsetzung seiner Forderung mit Rücksicht auf das Entstehen einer Aufrechnungslage keine Schwierigkeiten bereiten werde, wird in dieser Erwartung auch im Insolvenzverfahren nicht enttäuscht. Die Aufrechnung durch den Gläubiger wird jedoch dann nicht gestattet, wenn eine Forderung später fällig oder später unbedingt wurde als die zur Insolvenzmasse gehörende Gegenforderung (Satz 3). Beispielsweise kann ein Gläubiger, dessen Geldforderung im Zeitpunkt der Verfahrenseröffnung noch nicht fällig ist, der jedoch dem Schuldner gegenüber zur Zahlung einer fälligen Geldschuld verpflichtet ist, diese Schuld nicht durch Aufrechnung tilgen; er kann dies auch dann nicht, wenn es ihm gelingt, die Zahlung der fälligen Geldschuld bis zur Fälligkeit seiner eigenen Forderung hinauszuzögern. Vielmehr muß er seine Verbindlichkeit zur Insolvenzmasse erfüllen und seine Gegenforderung als Insolvenzforderung anmelden. Insoweit lehnt sich die neue Regelung an § 392 BGB an, der die Aufrechnung gegen eine beschlagnahmte Forderung betrifft. 2

Absatz 2 Satz 1 läßt für den Insolvenzfall die Aufrechnung währungsverschiedener Forderungen zu. Zum Schutz des Aufrechnungsgegners vor wirtschaftlichen Nachteilen wird diese Aufrechnung allerdings nur zugelassen, wenn die unterschiedlichen Währungen am Zahlungsort der Forderung des Aufrechnungsgegners frei konvertibel sind. Ist dies der Fall, so sind die Forderungen als wirtschaftlich gleichartig anzusehen. Die Umrechnung der währungsverschiedenen Forderungen wird durch Absatz 2 Satz 2 weitgehend parallel zu § 45 Satz 2 geregelt. 3

§ 96
Unzulässigkeit der Aufrechnung

Die Aufrechnung ist unzulässig,

1. wenn ein Insolvenzgläubiger erst nach der Eröffnung des Insolvenzverfahrens etwas zur Insolvenzmasse schuldig geworden ist,

2. wenn ein Insolvenzgläubiger seine Forderung erst nach der Eröffnung des Verfahrens von einem anderen Gläubiger erworben hat,

3. wenn ein Insolvenzgläubiger die Möglichkeit der Aufrechnung durch eine anfechtbare Rechtshandlung erlangt hat,

4. wenn ein Gläubiger, dessen Forderung aus dem freien Vermögen des Schuldners zu erfüllen ist, etwas zur Insolvenzmasse schuldet.

§ 96 entspricht § 108 RegEInsO. Der folgende Begründungstext entspricht im wesentlichen BT-Drs. 12/2443, S. 141/142, „Zu § 108".

1 Die schwer verständliche Vorschrift des § 55 KO wird in redaktionell erheblich vereinfachter Weise übernommen; dabei wird sie inhaltlich ergänzt.

Die Aufrechnung durch einen Insolvenzgläubiger soll zunächst dann nicht möglich sein, wenn die Gegenforderung erst nach der Verfahrenseröffnung begründet worden ist (Nummer 1) oder wenn der Gläubiger die Forderung erst nach der Verfahrenseröffnung erworben hat (Nummer 2). In beiden Fällen konnte der Gläubiger bei der Verfahrenseröffnung noch nicht darauf vertrauen, daß er seine Forderung im Wege der Aufrechnung werde durchsetzen können. Für die nähere Auslegung dieser Regelungen kann auf Rechtsprechung und Lehre zu § 55 Nr. 1, 2 KO verwiesen werden. Dies gilt beispielsweise für die Frage, ob § 96 Nr. 2 in dem Fall eingreift, daß nach der Eröffnung des Insolvenzverfahrens ein Sozialleistungsträger, der eine Forderung gegen den Schuldner hat, einen anderen Leistungsträger nach § 52 SGB I ermächtigt, diese Forderung mit der Leistungspflicht des anderen Leistungsträgers gegenüber dem Schuldner zu verrechnen. Wie zum geltenden Konkursrecht kann man hier die Auffassung vertreten, daß der Gedanke der Einheit der Sozialleistungsträger, der § 52 SGB I zugrunde liegt, dem Aufrechnungsverbot des § 96 Nr. 2 vorgeht.

2 Die Aufrechnung darf weiter dann nicht zulässig sein, wenn die Aufrechnungslage vor der Verfahrenseröffnung in einer Weise herbeigeführt worden ist, die den Insolvenzverwalter gegenüber dem Gläubiger zur Insolvenzanfechtung berechtigt (Nummer 3). In diesem Fall bestand zwar die Aufrechnungslage im Zeitpunkt der Verfahrenseröffnung, das Vertrauen des Gläubigers auf den Bestand dieser Aufrechnungslage erscheint jedoch nicht schutzwürdig. Zu denken ist insbesondere an den in § 55 Nr. 3 KO geregelten Fall, daß ein Schuldner des Gemeinschuldners in der kritischen Zeit vor der Verfahrenseröffnung eine Forderung gegen den Gemeinschuldner erworben hat, um im Wege der Aufrechnung die volle Befriedigung dieser Forderung durchzusetzen. Es ist jedoch schon für das geltende Recht anerkannt, daß diese Regelung unvollständig ist und daß andere Fälle, in denen die Aufrechnungslage in anfechtbarer Weise herbeigeführt worden ist, ebenso behandelt werden müssen (vgl. BGHZ 58, 108). Der Wortlaut der neuen Vorschrift ist daher allgemein gefaßt.

3 Einer Geltendmachung der Insolvenzanfechtung bedarf es im Falle der Nummer 3 nicht. Ist die Aufrechnung schon vor der Eröffnung des Insolvenzverfahrens erklärt

worden, so wird diese Erklärung mit der Eröffnung rückwirkend unwirksam. Eine Aufrechnungserklärung nach der Verfahrenseröffnung hat – ebenso wie in den Fällen der Nummern 1 und 2 – von vornherein keine Wirkung.

Nummer 4 betrifft den Fall, daß nach der Eröffnung des Insolvenzverfahrens eine Forderung gegen den Schuldner persönlich begründet worden ist. Daß eine solche Forderung nicht gegen eine Forderung, die zur Insolvenzmasse gehört, aufgerechnet werden kann, entspricht der Trennung von Insolvenzmasse und freiem Vermögen des Schuldners. Bisher ist dieser Fall in § 55 Nr. 1 und 2 KO mitgeregelt. 4

Das Recht der Massegläubiger, mit ihren Forderungen gegen Forderungen aufzurechnen, die zur Insolvenzmasse gehören, wird durch § 96 nicht eingeschränkt. Das gilt auch für Forderungen, die von einem vorläufigen Insolvenzverwalter begründet worden sind und nach § 55 Abs. 2 Satz 1 als Masseverbindlichkeiten gelten, sowie für Forderungen aus einem Sozialplan im Insolvenzverfahren (vgl. § 123). 5

§ 97
Auskunfts- und Mitwirkungspflichten des Schuldners

(1) Der Schulder ist verpflichtet, dem Insolvenzgericht, dem Insolvenzverwalter, dem Gläubigerausschuß und auf Anordnung des Gerichts der Gläubigerversammlung über alle das Verfahren betreffenden Verhältnisse Auskunft zu geben. Er hat auch Tatsachen zu offenbaren, die geeignet sind, eine Verfolgung wegen einer Straftat oder einer Ordnungswidrigkeit herbeizuführen. Jedoch darf eine Auskunft, die der Schuldner gemäß seiner Verpflichtung nach Satz 1 erteilt, in einem Strafverfahren oder in einem Verfahren nach dem Gesetz über Ordnungswidrigkeiten gegen den Schuldner oder einen in § 52 Abs. 1 der Strafprozeßordnung bezeichneten Angehörigen des Schuldners nur mit Zustimmung des Schuldners verwendet werden.

(2) Der Schuldner hat den Verwalter bei der Erfüllung von dessen Aufgaben zu unterstützen.

(3) Der Schuldner ist verpflichtet, sich auf Anordnung des Gerichts jederzeit zur Verfügung zu stellen, um seine Auskunfts- und Mitwirkungspflichten zu erfüllen. Er hat alle Handlungen zu unterlassen, die der Erfüllung dieser Pflichten zuwiderlaufen.

§ 97 übernimmt in veränderter Fassung Teile von §§ 109, 110 und 111 RegEInsO. Der folgende Begründungstext beruht weitgehend auf BT-Drs. 12/2443, S. 142, „Zu § 109", „Zu § 110" und „Zu § 111", sowie BT-Drs. 12/7302, S. 166, zu Nr. 62 („Zu § 109"), zu Nr. 63 („Zu § 110") und zu Nr. 64 („Zu § 111").

Eine sachgerechte und effektive Durchführung des Insolvenzverfahrens setzt voraus, daß sich das Gericht, der Insolvenzverwalter und die Organe der Gläubiger über die wirtschaftlichen und rechtlichen Verhältnisse des Schuldners unterrichten können. Ein wichtiges Hilfsmittel hierzu ist die Auskunftspflicht des Schuldners. 1

Der Grundsatz der Auskunftspflicht ist in Absatz 1 Satz 1 in Anlehnung an § 100 KO geregelt. Ergänzend wird klargestellt – im Anschluß an die Entscheidung des Bundesverfassungsgerichts vom 13. Januar 1981 (BVerfGE 56, 37) –, daß sich die Auskunftspflicht auch auf Tatsachen erstreckt, die den Schuldner der Gefahr einer Strafverfolgung aussetzen, daß insoweit allerdings ein Verbot besteht, die Auskunft ohne

Zustimmung des Schuldners im Strafverfahren zu verwerten (Absatz 1 Satz 2, 3). Nach dem Sinn dieses Verbots dürfen auch solche Tatsachen nicht verwertet werden, zu denen die Auskunft den Weg gewiesen hat. Durch die Formulierung „verwendet" soll zum Ausdruck gebracht werden, daß eine Auskunft des Schuldners ohne dessen Zustimmung auch nicht als Ansatz für weitere Ermittlungen dienen darf. Auf der anderen Seite hindert das Verbot nicht die Verwertung von Tatsachen, die der Strafverfolgungsbehörde bereits bekannt waren.

2 Durch Absatz 2 wird in Fortentwicklung des geltenden Rechts eine allgemeine Pflicht des Schuldners normiert, den Verwalter bei der Erfüllung von dessen Aufgaben zu unterstützen. Diese Zusammenarbeit des Schuldners mit dem Insolvenzverwalter ist besonders wichtig, wenn im Verfahren die Sanierung des Schuldners als Träger eines Unternehmens angestrebt wird, so daß die Rolle des Unternehmers, die zeitweilig auf den Insolvenzverwalter übergegangen ist, später wieder vom Schuldner übernommen werden soll. Die Mitwirkung des Schuldners hat aber auch ihre Bedeutung, wenn die Gegenstände des Schuldnervermögens einzeln verwertet werden sollen. Beispielsweise kann der Schuldner verpflichtet sein, im Ausland belegene Gegenstände durch geeignete Mitwirkungshandlungen der Verwertung für die Insolvenzmasse zu erschließen; denn der Zugriff der Verwalter auf solche Gegenstände wird häufig auf rechtliche Schwierigkeiten stoßen, da viele ausländische Staaten grenzüberschreitende Wirkungen der Eröffnung eines Insolvenzverfahrens in der Bundesrepublik Deutschland nicht anerkennen.

3 Die Vorschrift des Absatzes 3 tritt an die Stelle des § 101 Abs. 1 KO, nach dem sich der Gemeinschuldner nur mit Erlaubnis des Gerichts von seinem Wohnort entfernen darf. Sie enthält eine flexiblere und differenziertere Regelung, die einerseits unnötige Aufenthaltsbeschränkungen für den Schuldner vermeidet, auf der anderen Seite Vorsorge dafür trifft, daß der Schuldner im Bedarfsfall für die Erfüllung seiner Auskunfts- und Mitwirkungspflichten auch dann zur Verfügung steht, wenn er sich außerhalb seines Wohnorts aufhält.

Neben dem Grundsatz, daß der Schuldner sich jederzeit auf Anordnung des Gerichts zur Verfügung zu stellen hat, enthält Absatz 3 die Klarstellung, daß der Schuldner alle Handlungen zu unterlassen hat, die der Erfüllung der Auskunfts- und Mitwirkungspflichten zuwiderlaufen. Insbesondere darf er weder Unterlagen vernichten noch Vermögensgegenstände der Insolvenzmasse beiseite schaffen.

§ 98
Durchsetzung der Pflichten des Schuldners

(1) Wenn es zur Herbeiführung wahrheitsgemäßer Aussagen erforderlich erscheint, ordnet das Insolvenzgericht an, daß der Schuldner zu Protokoll an Eides Statt versichert, er habe die von ihm verlangte Auskunft nach bestem Wissen und Gewissen richtig und vollständig erteilt. Die §§ 478 bis 480, 483 der Zivilprozeßordnung gelten entsprechend.

(2) Das Gericht kann den Schuldner zwangsweise vorführen und nach Anhörung in Haft nehmen lassen,

1. wenn der Schuldner eine Auskunft oder die eidesstattliche Versicherung oder die Mitwirkung bei der Erfüllung der Aufgaben des Insolvenzverwalters verweigert;

2. wenn der Schuldner sich der Erfüllung seiner Auskunfts- und Mitwirkungspflichten entziehen will, insbesondere Anstalten zur Flucht trifft, oder

3. wenn dies zur Vermeidung von Handlungen des Schuldners, die der Erfüllung seiner Auskunfts- und Mitwirkungspflichten zuwiderlaufen, insbesondere zur Sicherung der Insolvenzmasse, erforderlich ist.

(3) Für die Anordnung von Haft gelten die §§ 904 bis 910, 913 der Zivilprozeßordnung entsprechend. Der Haftbefehl ist von Amts wegen aufzuheben, sobald die Voraussetzungen für die Anordnung von Haft nicht mehr vorliegen. Gegen die Anordnung der Haft und gegen die Abweisung eines Antrags auf Aufhebung des Hafbefehls wegen Wegfalls seiner Voraussetzungen findet die sofortige Beschwerde statt.

§ 98 übernimmt in veränderter Fassung Teile von §§ 11, 109, 110 und 111 RegEInsO. Der folgende Begründungstext beruht weitgehend auf BT-Drs. 12/2443, S. 142, „Zu § 109", „Zu § 110" und „Zu § 111", BT-Drs. 12/2443, S. 111/112, „Zu § 11", sowie BT-Drs. 12/7302, S. 166, zu Nr. 62 („Zu § 109"), zu Nr. 63 („Zu § 110") und zu Nr. 64 („Zu § 111"), und BT-Drs. 12/7302, S. 156, zu Nr. 7 („Zu § 11").

In Absatz 1 wird nach dem Vorbild des § 69 Abs. 2 VerglO die Möglichkeit vorgesehen, den Schuldner die Richtigkeit und Vollständigkeit der Auskunft eidesstattlich versichern zu lassen. Die Anordnung kann von Amts wegen oder auf den Antrag des Insolvenzverwalters oder eines Insolvenzgläubigers ergehen. Für die Abnahme der eidesstattlichen Versicherung ist das Insolvenzgericht selbst zuständig. **1**

Auch die Möglichkeit der Erzwingung einer Auskunft durch Zwangsvorführung und Haft (Absatz 2 Nr. 1) findet sich schon im geltenden Recht (§ 101 Abs. 2 KO); diese Möglichkeit wird auf die eidesstattliche Versicherung und den Fall, daß der Schuldner seine Mitwirkungspflichten, § 97 Abs. 2, verletzt, erstreckt. **2**

Droht eine Verletzung der in § 97 Abs. 3 niedergelegten Pflichten, so kann der Schuldner nach Absatz 2 Nr. 2, 3 zwangsweise vorgeführt und in Haft genommen werden. Diese Maßnahmen können insbesondere dann erforderlich werden, wenn einer Flucht des Schuldners vorgebeugt werden muß (Nummer 2) oder wenn Handlungen zu besorgen sind, die die Sammlung der Insolvenzmasse erschweren (Nummer 3); vgl. § 101 Abs. 2 KO. Die Zwangsvorführung und die Haft dienen in diesen Fällen nicht der Erzwingung einer bestimmten Handlung, sondern der Verhinderung eines bestimmten Verhaltens. **3**

Nach Absatz 3 sind für die Anordnung von Haft durch das Insolvenzgericht die Vorschriften der Zivilprozeßordnung über die Erzwingungshaft maßgeblich. Für das geltende Konkursrecht ist dies nicht besonders geregelt; es wird aus der allgemeinen Verweisung auf die Zivilprozeßordnung (§ 72 KO) entnommen (Jaeger/Weber, KO, 8. Aufl., § 72 Rdnr. 5). Rechtsstaatlichen Grundsätzen entspricht es jedoch, die Voraussetzungen und die Modalitäten einer Verhaftung des Schuldners im Insolvenzverfahren im Gesetz ausdrücklich zu regeln (vgl. auch die Verweisung in § 888 Abs. 1 Satz 3 ZPO). Die Verweisung auf bestimmte Vorschriften der Zivilprozeßordnung betrifft insbesondere Fälle der Unzulässigkeit, der Unterbrechung und des Aufschubs der Haft (§§ 904 bis 906 ZPO), das Erfordernis eines förmlichen Haftbefehls (§ 908 ZPO) und die Höchstdauer der Haft (§ 913 ZPO, sechs Monate). **4**

Der Schwere des Eingriffs, den eine Verhaftung bedeutet, wird weiter dadurch Rechnung getragen, daß das Gericht ausdrücklich verpflichtet wird, stets von Amts wegen zu **5** prüfen, ob der Grund für die Anordnung der Haft fortbesteht (Absatz 3 Satz 2). Die sofortige Beschwerde wird nicht nur gegen die Anordnung von Haft, sondern auch gegen deren Fortdauer entgegen einem Aufhebungsantrag zugelassen (Absatz 3 Satz 3).

§ 99
Postsperre

(1) Soweit dies erforderlich erscheint, um für die Gläubiger nachteilige Rechtshandlungen des Schuldners aufzuklären oder zu verhindern, ordnet das Insolvenzgericht auf Antrag des Insolvenzverwalters oder von Amts wegen durch begründeten Beschluß an, daß bestimmte oder alle Postsendungen für den Schuldner dem Verwalter zuzuleiten sind. Die Anordnung ergeht nach Anhörung des Schuldners, sofern dadurch nicht wegen besonderer Umstände des Einzelfalls der Zweck der Anordnung gefährdet wird. Unterbleibt die vorherige Anhörung des Schuldners, so ist dies in dem Beschluß gesondert zu begründen und die Anhörung unverzüglich nachzuholen.

(2) Der Verwalter ist berechtigt, die ihm zugeleiteten Sendungen zu öffnen. Sendungen, deren Inhalt nicht die Insolvenzmasse betrifft, sind dem Schuldner unverzüglich zuzuleiten. Die übrigen Sendungen kann der Schuldner einsehen.

(3) Gegen die Anordnung der Postsperre steht dem Schuldner die sofortige Beschwerde zu. Das Gericht hat die Anordnung nach Anhörung des Verwalters aufzuheben, soweit ihre Voraussetzungen fortfallen.

§ 99 übernimmt in veränderter Fassung § 112 RegEInsO. Der folgende Begründungstext beruht auf BT-Drs. 12/2443, S. 142/143, „Zu § 112", BT-Drs. 12/2443, S. 252, 264, jeweils zu Nummer 18, und BT-Drs. 12/7302, S. 166/167, zu Nr. 65 („Zu § 112").

1   Die Regelung der Postsperre in § 121 KO wird in das neue Insolvenzverfahren übernommen (vgl. auch § 6 Abs. 2 Nr. 2 GesO; § 45 Abs. 6 Postordnung). Dabei wird jedoch hervorgehoben, daß diese Beschränkung für den Schuldner nur angeordnet werden darf, soweit sie erforderlich erscheint, um im Interesse der Gläubiger vorangegangene Vermögensverschiebungen des Schuldners aufzuklären oder künftige zu verhindern. Liegen keine Anhaltspunkte für derartige Manipulationen vor, so ist eine Postsperre nicht gerechtfertigt. Ob die Voraussetzungen für die Anordnung gegeben sind, ist in jedem Fall besonders zu prüfen, da die Postsperre einen tiefen Eingriff in den privaten Lebensbereich des Schuldners bedeutet.

Der Begriff der „Postsendung" ist wie im geltenden Recht weit auszulegen; beispielsweise werden auch Telegramme, Fernschreiben und Telekopien erfaßt. Eine Fernsprechsperre wird durch die Vorschrift jedoch nicht ermöglicht.

2   Die Anordnung setzt grundsätzlich eine Anhörung des Schuldners voraus. Die Postsperre wird allerdings häufig nur wirksam sein, wenn der Schuldner vor ihrer Einrichtung nicht gewarnt wird. Absatz 1 Satz 2 räumt dem Insolvenzgericht deshalb unter den in dieser Regelung festgelegten Voraussetzungen die Möglichkeit ein, eine Postsperre auch ohne vorherige Anhörung des Schuldners anzuordnen. Das rechtliche Gehör des Schuldners ist in diesem Fall unverzüglich nachzuholen. Die vorgesehenen Begründungspflichten sollen den Schuldner davor schützen, daß durch zu leichtfertige oder gar formularmäßige Anordnung der Postsperre ohne zwingenden Grund in sein Grundrecht des Briefgeheimnisses (Artikel 10 des Grundgesetzes) eingegriffen wird. Ein zu-

sätzlicher Schutz des Schuldners ist durch die in Absatz 3 Satz 1 vorgesehene Beschwerdemöglichkeit gewährleistet. Wenn die Voraussetzungen der Anordnung ganz oder teilweise fortfallen, ist sie unverzüglich aufzuheben oder zu beschränken (Absatz 3).

§ 100
Unterhalt aus der Insolvenzmasse

(1) Die Gläuberversammlung beschließt, ob und in welchem Umfang dem Schuldner und seiner Familie Unterhalt aus der Insolvenzmasse gewährt werden soll.

(2) Bis zur Entscheidung der Gläubigerversammlung kann der Insolvenzverwalter mit Zustimmung des Gläubigerausschusses, wenn ein solcher bestellt ist, dem Schuldner den notwendigen Unterhalt gewähren. In gleicher Weise kann den minderjährigen unverheirateten Kindern des Schuldners, seinem Ehegatten, seinem früheren Ehegatten und der Mutter seines nichtehelichen Kindes hinsichtlich des Anspruchs nach den §§ 1615 l, 1615 n des Bürgerlichen Gesetzbuchs Unterhalt gewährt werden.

§ 100 übernimmt in veränderter und verkürzter Fassung § 114 RegEInsO. Der folgende Begründungstext beruht zum Teil auf BT-Drs. 12/2443, S. 143, „Zu § 114", und BT-Drs. 12/7302, S. 167, zu Nr. 67 („Zu § 114").

Die Vorschrift schließt an die Regelungen der Konkursordnung an, nach denen zunächst der Verwalter mit Genehmigung des Gerichts oder des Gläubigerausschusses dem Gemeinschuldner und dessen Familie notdürftigen Unterhalt aus der Konkursmasse gewähren kann (§ 129 Abs. 1 KO) und anschließend die Gläubigerversammlung über eine Unterstützung für den Gemeinschuldner und dessen Familie entscheidet (§ 132 Abs. 1 KO). Im Vergleich zum geltenden Konkursrecht werden die Voraussetzungen der Unterhaltsgewährung und der Umfang des Unterhalts jedoch präzisiert (vgl. auch § 56 VerglO). 1

Es obliegt nach Absatz 1, 2 Satz 1 dem Ermessen der Gläubigerversammlung und – bis zu deren Entscheidung – dem Ermessen des Insolvenzverwalters und des Gläubigerausschusses, ob und in welcher Höhe der Schuldner und seine Familie Unterhalt aus der Insolvenzmasse erhalten sollen. Der Nachteil, daß die Unterhaltsberechtigten wegen der Einbeziehung des Neuerwerbs in die Insolvenzmasse nach § 35 im Hinblick auf den laufenden Unterhalt schlechter gestellt werden als im geltenden Recht, wird dabei in Kauf genommen. Regelmäßig wird sich dieser Nachteil aber nicht erheblich auswirken, da der pfändungsfreie Teil des Einkommens nicht in die Masse fällt und Unterhaltspflichten die Pfändungsfreibeträge erhöhen. 2

Der Begriff des „notwendigen Unterhalts" in Absatz 2 Satz 1 entspricht dem, der auch für den Umfang der Sozialhilfe maßgeblich ist (vgl. §§ 11, 12 Bundessozialhilfegesetz). In Absatz 2 Satz 2 wird ausdrücklich festgelegt, daß auch den minderjährigen unverheirateten Kindern des Schuldners, seinem gegenwärtigen oder seinen früheren Ehegatten und, soweit es um die Unterhaltsansprüche aus Anlaß der Geburt eines nichtehelichen Kindes des Schuldners geht, der Kindesmutter Unterhalt aus der Insolvenzmasse gewährt werden kann (vgl. § 850 d Abs. 2 Buchstabe a ZPO und §§ 1609, 1615 e Abs. 3 Satz 3 BGB). Im Rahmen des Absatzes 1 steht es der Gläubigerversammlung allerdings frei, den Begriff der „Familie" weiter zu fassen und ebenfalls andere Angehörige des Schuldners zu bedenken. Die Gläubigerversammlung kann die beschriebenen Unterhaltsansprüche nicht verkürzen, sie kann lediglich weitergehende Unterstützungsleistungen gewähren.

3   Im Ergebnis entzieht die Regelung des Absatzes 2 einen Teil der Insolvenzmasse dem Zugriff der Insolvenzgläubiger. Der notwendige Unterhalt des Schuldners und seiner engen Familienangehörigen wird vorab aus dem Vermögen des Schuldners entnommen. Soweit diese Möglichkeit besteht, sollen Mittel der Sozialhilfe nicht in Anspruch genommen werden können. Dies entspricht den Wertungen, die im Recht der Einzelzwangsvollstreckung zum Pfändungsschutz für einen Teil des Arbeitseinkommens geführt haben (vgl. die §§ 850 bis 850 i ZPO).

§ 101
Organschaftliche Vertreter. Angestellte

(1) Ist der Schuldner keine natürliche Person, so gelten die §§ 97 bis 99 entsprechend für die Mitglieder des Vertretungs- oder Aufsichtsorgans und die vertretungsberechtigten persönlich haftenden Gesellschafter des Schuldners. § 97 Abs. 1 und § 98 gelten außerdem entsprechend für Personen, die nicht früher als zwei Jahre vor dem Antrag auf Eröffnung des Insolvenzverfahrens aus einer in Satz 1 genannten Stellung ausgeschieden sind. § 100 gilt entsprechend für die vertretungsberechtigten persönlich haftenden Gesellschafter des Schuldners.

(2) § 97 Abs. 1 Satz 1 gilt entsprechend für Angestellte und frühere Angestellte des Schuldners, sofern diese nicht früher als zwei Jahre vor dem Eröffnungsantrag ausgeschieden sind.

§ 101 übernimmt in veränderter und ergänzter Fassung § 115 RegEInsO. Der folgende Begründungstext beruht weitgehend auf BT-Drs. 12/2443, S. 143/144, „Zu § 115", und BT-Drs. 12/7302, S. 167, zu Nr. 68 („Zu § 115").

1   Absatz 1 Satz 1 ergänzt die Vorschriften über die Auskunfts- und Mitwirkungspflichten des Schuldners, über die Postsperre und über den Unterhalt für den Schuldner aus der Masse. Ist der Schuldner keine natürliche Person, so sind grundsätzlich die organschaftlichen Vertreter des Schuldners nach diesen Vorschriften verpflichtet und berechtigt.

2   Für eine Postsperre wird in diesen Fällen allerdings seltener ein Bedürfnis bestehen, da die Schreiben, die an eine juristische Person oder eine Gesellschaft ohne Rechtspersönlichkeit gerichtet sind, im Insolvenzverfahren auch ohne die Anordnung einer Postsperre dem Insolvenzverwalter zugehen und von ihm geöffnet werden dürfen.

3   Unterhaltszahlungen aus der Masse können nach Absatz 1 Satz 3 nur organschaftlichen Vertretern gewährt werden, die zugleich persönlich für die Schulden der insolventen Gesellschaft haften. Damit erfaßt die Regelung den Komplementär einer offenen Handelsgesellschaft, einer Kommanditgesellschaft oder einer Kommanditgesellschaft aus Aktien, nicht aber das Vorstandsmitglied einer Aktiengesellschaft oder den Geschäftsführer einer Gesellschaft mit beschränkter Haftung. Die wirtschaftliche Lage des Komplementärs einer insolventen Gesellschaft gleicht regelmäßig der eines insolventen Einzelkaufmanns: Mit der Eröffnung des Insolvenzverfahrens verliert er die Möglichkeit, seinen Lebensunterhalt aus den Mitteln des Unternehmens zu bestreiten, und auch sein privates Vermögen ist dem Zugriff der Gläubiger ausgesetzt. Der Anstellungsvertrag des Vorstandsmitglieds einer Aktiengesellschaft oder des Geschäftsführers einer Ge-

sellschaft mit beschränkter Haftung besteht dagegen im Insolvenzverfahren zunächst fort; sein Vermögen wird von der Insolvenz der Gesellschaft nicht berührt.

Die Auskunftspflichten treffen nach Absatz 1 Satz 2, Absatz 2 auch bestimmte frühere organschaftliche Vertreter und die Angestellten und bestimmte frühere Angestellte des Schuldners. Jedoch wird von den Angestellten und früheren Angestellten nicht verlangt, daß sie auch Straftaten und Ordnungswidrigkeiten offenbaren (vgl. § 97 Abs. 1 Satz 2, 3). Ihre Auskunftspflichten können nicht mit den besonderen Maßnahmen des Insolvenzgerichts (§ 98 Abs. 1, 2 Nr. 1) durchgesetzt werden, da die Angestellten und früheren Angestellten am Verfahren nicht unmittelbar beteiligt sind und daher nicht der Entscheidungsgewalt des Insolvenzgerichts unterstellt werden sollten. Geben die Angestellten nicht freiwillig Auskunft, so kann sie der Insolvenzverwalter vor den Prozeßgerichten verklagen. Werden sie vom Insolvenzgericht im Rahmen seiner Ermittlungen als Zeugen vernommen (vgl. § 5 Abs. 1), so gelten die zivilprozessualen Vorschriften über den Zeugenbeweis einschließlich der Bestimmungen über Ordnungsmittel (§ 380 ZPO) und über Zeugnisverweigerungsrechte (§§ 383 bis 385 ZPO).

4

§ 102
Einschränkung eines Grundrechts

Durch die §§ 99, 101 Abs. 1 Satz 1 wird das Grundrecht des Briefgeheimnisses sowie des Post- und Fernmeldegeheimnisses (Artikel 10 Grundgesetz) eingeschränkt.

§ 102 entspricht im wesentlichen § 116 RegEInsO. Der folgende Begründungstext entspricht BT-Drs. 12/2443, S. 144, „Zu § 116".

Die Vorschrift enthält den Hinweis auf die Einschränkung des Brief-, Post- und Fernmeldegeheimnisses, der nach Artikel 19 Abs. 1 Satz 1 Grundgesetz vorgeschrieben ist.

ZWEITER ABSCHNITT
Erfüllung der Rechtsgeschäfte. Mitwirkung des Betriebsrats

§ 103
Wahlrecht des Insolvenzverwalters

(1) Ist ein gegenseitiger Vertrag zur Zeit der Eröffnung des Insolvenzverfahrens vom Schuldner und vom anderen Teil nicht oder nicht vollständig erfüllt, so kann der Insolvenzverwalter anstelle des Schuldners den Vertrag erfüllen und die Erfüllung vom anderen Teil verlangen.

(2) Lehnt der Verwalter die Erfüllung ab, so kann der andere Teil eine Forderung wegen der Nichterfüllung nur als Insolvenzgläubiger geltend machen. Fordert der andere Teil den Verwalter zur Ausübung seines Wahlrechts auf, so hat der Verwalter unverzüglich zu erklären, ob er die Erfüllung verlangen will. Unterläßt er dies, so kann er auf der Erfüllung nicht bestehen.

§ 103 entspricht § 117 RegEInsO. Der folgende Begründungstext entspricht im wesentlichen BT-Drs. 12/2443, S. 145, „Zu § 117".

Das Wahlrecht des Insolvenzverwalters bei gegenseitigen Verträgen wird inhaltlich unverändert aus dem geltenden Konkursrecht übernommen (§ 17 KO; vgl. auch § 9 Abs. 1 GesO).

Absatz 1 entspricht § 17 Abs. 1 KO. In Absatz 2 wird die Rechtsfolge einer Ablehnung der Erfüllung des Vertrags durch den Verwalter verdeutlicht (vgl. § 26 Satz 2 KO). Dem Vertragspartner des Schuldners wird in Anlehnung an § 17 Abs. 2 KO das Recht gegeben, den Verwalter zur Ausübung des Wahlrechts zu zwingen. Fordert er den Verwalter dazu auf, so muß sich dieser unverzüglich, d. h. ohne schuldhaftes Zögern (§ 121 Abs. 1 Satz 1 BGB), entscheiden. Die Länge der Frist, die dem Verwalter damit eingeräumt wird, hängt davon ab, wieviel Zeit der Verwalter braucht, um die Vor- und Nachteile der Erfüllung dieses Vertrags für die Insolvenzmasse beurteilen zu können; häufig wird er sich dazu einen ersten Überblick über die Möglichkeiten einer zeitweiligen Fortführung der Geschäfte des Schuldners verschaffen müssen.

Die Entscheidung des Verwalters kann auch dann gefordert werden, wenn die Erfüllungszeit noch nicht eingetreten ist (vgl. § 17 Abs. 2 Satz 1 KO); dies braucht im Gesetzestext nicht besonders zum Ausdruck gebracht zu werden.

Der Fall, daß ein Kaufvertrag durch Lieferung der Kaufsache unter Eigentumsvorbehalt teilweise erfüllt ist, wird in § 107 besonders geregelt.

§ 104
Fixgeschäfte. Finanztermingeschäfte

(1) **War die Lieferung von Waren, die einen Markt- oder Börsenpreis haben, genau zu einer festbestimmten Zeit oder innerhalb einer festbestimmten Frist vereinbart und tritt die Zeit oder der Ablauf der Frist erst nach der Eröffnung des Insolvenzverfahrens ein, so kann nicht die Erfüllung verlangt, sondern nur eine Forderung wegen der Nichterfüllung geltend gemacht werden.**

(2) **War für Finanzleistungen, die einen Markt- oder Börsenpreis haben, eine bestimmte Zeit oder eine bestimmte Frist vereinbart und tritt die Zeit oder der Ablauf der Frist erst nach der Eröffnung des Verfahrens ein, so kann nicht die Erfüllung verlangt, sondern nur eine Forderung wegen der Nichterfüllung geltend gemacht werden. Als Finanzleistungen gelten insbesondere:**

1. die Lieferung von Edelmetallen,

2. die Lieferung von Wertpapieren oder vergleichbaren Rechten, soweit nicht der Erwerb einer Beteiligung an einem Unternehmen zur Herstellung einer dauernden Verbindung zu diesem Unternehmen beabsichtigt ist,

3. Geldleistungen, die in ausländischer Währung oder in eine Rechnungseinheit zu erbringen sind,

4. Geldleistungen, deren Höhe unmittelbar oder mittelbar durch den Kurs einer ausländischen Währung oder einer Rechnungseinheit, durch den Zinssatz von Forderungen oder durch den Preis anderer Güter oder Leistungen bestimmt wird,

5. Optionen und andere Rechte auf Lieferungen oder Geldleistungen im Sinne der Nummern 1 bis 4.

Sind Geschäfte über Finanzleistungen in einem Rahmenvertrag zusammengefaßt, für den vereinbart ist, daß er bei Vertragsverletzungen nur einheitlich beendet werden kann, so gilt die Gesamtheit dieser Geschäfte als ein gegenseitiger Vertrag im Sinne der §§ 103, 104.

(3) Die Forderung wegen der Nichterfüllung richtet sich auf den Unterschied zwischen dem vereinbarten Preis und dem Markt- oder Börsenpreis, der am zweiten Werktag nach der Eröffnung des Verfahrens am Erfüllungsort für einen Vertrag mit der vereinbarten Erfüllungszeit maßgeblich ist. Der andere Teil kann eine solche Forderung nur als Insolvenzgläubiger geltend machen.

§ 104 übernimmt in veränderter und ergänzter Fassung § 118 RegEInsO. Der folgende Begründungstext beruht weitgehend auf BT-Drs. 12/2443, S. 145, „Zu § 118", und BT-Drs. 12/7302, S. 167/168, zu Nr. 69 („Zu § 118").

Bei einem Fixgeschäft im Sinne von § 361 BGB und § 376 HGB, das die Lieferung von Waren mit einem Börsen- oder Marktpreis zum Gegenstand hat, erscheint das Wahlrecht des Insolvenzverwalters nicht sinnvoll. Der Vertragspartner ist hier besonders an einer schnellen Klärung der Rechtslage interessiert; der Verwalter hat, wenn er die Ware zur Fortführung des Unternehmens des Schuldners benötigt, ohne Schwierigkeiten die Möglichkeit, sich anderweitig einzudecken. Durch Absatz 1 wird das Wahlrecht daher in diesem Fall in Anlehnung an § 18 Abs. 1 KO ausgeschlossen. **1**

Absatz 2 enthält eine Regelung für Devisen- und Finanztermingeschäfte (sog. Swap-Geschäfte), für Edelmetall- und Wertpapiertermingeschäfte sowie für Geschäfte über Optionen auf die geregelten Leistungen. Bisher ist zweifelhaft, ob § 18 KO auf diese Art von Geschäften Anwendung findet. Bei allen diesen Geschäften erscheint es sachgerecht, Kursspekulationen durch den Insolvenzverwalter nicht zuzulassen und daher das Wahlrecht des Verwalters bei gegenseitigen Verträgen (§ 103 InsO/ § 17 KO) ebenso auszuschließen wie bei echten Fixgeschäften über Waren mit Markt- oder Börsenpreis (§ 104 Abs. 1 InsO/ § 18 KO). Geschäfte über Edelmetalle und Wertpapiere werden auch in § 340 c HGB als wirtschaftlich vergleichbar mit unter den Oberbegriff „Finanzgeschäfte" gefaßt. **2**

Die von Absatz 2 erfaßten Geschäfte werden in Absatz 2 Satz 2 im einzelnen aufgeführt. **3**

Nummer 1, die die Edelmetalle betrifft, bedarf keiner weiteren Erläuterung. Nummer 2 stellt zum einen klar, daß die Vorschrift auch für Wertpapiergeschäfte gilt. Zum anderen werden den Wertpapieren „vergleichbare Rechte" gleichgestellt, um z. B. nicht verbriefte Schuldbuchforderungen oder Schuldscheine, die nicht als Wertpapiere anzusehen sind, zu erfassen. Ausdrücklich ausgenommen werden in Nummer 2 Wertpapiergeschäfte, die dem Erwerb einer dauerhaften Beteiligung an einem Unternehmen dienen; in einem solchen Fall geht es nicht um ein Finanzgeschäft, sondern um den Erwerb eines Unternehmensanteils.

Nummern 3 und 4 betreffen Geschäfte über künftige Geldleistungen, die entweder in ausländischer Währung zu erbringen sind (Nummer 3, Devisentermingeschäfte) oder deren Höhe durch einen Wechselkurs, durch einen Zinssatz oder durch den Preis von Waren oder Leistungen bestimmt wird (Nummer 4, Finanztermingeschäfte). Auch bei diesen Geschäften ist es sachgerecht, das Wahlrecht des Verwalters auszuschließen, um Unsicherheiten und Spekulationen über die künftige Entwicklung zu vermeiden. Dies gilt auch dann, wenn diese Geschäfte keine Fixgeschäfte in dem Sinne sind, daß sie ihren Zweck verfehlen, wenn sie nicht pünktlich erbracht werden. Abweichend von Absatz 1 wird in Absatz 2 daher nicht verlangt, daß die Leistung „genau" zu einer „fest" bestimmten Zeit oder innerhalb einer „fest" bestimmten Frist zu erbringen ist.

Nummer 4 enthält die Worte „unmittelbar oder mittelbar", um eindeutig den Fall zu erfassen, daß die Höhe der geschuldeten Geldleistungen von der Entwicklung eines Wertpapierindexes abhängig gemacht wird.

Nummer 5 betrifft Optionen und ähnliche Rechte. In bezug auf die Optionen erfaßt die Regelung nur das Geschäft, durch das die Option erworben wird; für das Geschäft, das durch die Ausübung der Option zustande kommt, ist gesondert zu prüfen, ob es die Voraussetzungen des § 104 erfüllt. Als „anderes Recht" kommt beispielsweise eine Forderung auf Lieferung von Edelmetallen in Betracht.

4   Die Aufzählung in Absatz 2 Satz 2 ist nicht abschließend; durch das Wort „insbesondere" vor der Nummer 1 wird gewährleistet, daß künftigen Entwicklungen auf dem Gebiet der Finanzgeschäfte Rechnung getragen werden kann.

Bei manchen von Absatz 2 erfaßten Finanzgeschäften ist eine individuelle Ausgestaltung durch die Vertragsparteien marktüblich. Dies gilt z. B. für den Austausch von Geldleistungen auf der Grundlage unterschiedlicher Zinssätze. Hieraus ergibt sich, daß der Begriff des „Markt- oder Börsenpreises" in Absatz 2 Satz 1 weit zu verstehen ist. Entscheidend ist, daß die Möglichkeit besteht, sich anderweitig einzudecken; daß nicht alle Angebote im Preis übereinstimmen, ist unschädlich.

5   Mit Satz 2 des Absatzes 2 soll sichergestellt werden, daß im Insolvenzfall alle noch nicht erfüllten Ansprüche aus zwischen zwei Parteien bestehenden Finanzgeschäften saldiert werden können („netting"). Dadurch wird das Risiko aus derartigen Geschäften gemindert. Die Regelung gewährleistet die Saldierungsmöglichkeit insbesondere auch in den Fällen, in denen einige der zwischen zwei Parteien geschlossenen Finanzgeschäfte von einer Partei schon voll erfüllt sind, so daß bei einer getrennten Betrachtung dieser Geschäfte § 104 – der wie § 103 einen von beiden Seiten noch nicht voll erfüllten Vertrag voraussetzt – nicht eingreift. Dann können nicht fällige oder nicht auf Geld gerichtete Einzelforderungen bestehen, bei denen nach § 95 eine Aufrechnung nicht möglich ist. An einer solchen generellen Saldierungsmöglichkeit besteht auch im internationalen Geschäftsverkehr ein erhebliches Interesse; in den USA ist kürzlich eine entsprechende Änderung des bankruptcy code vorgenommen worden. Absatz 2 Satz 3 verwirklicht dieses Anliegen, indem er die Zusammenfassung aller Finanzgeschäfte zwischen zwei Parteien in einem Rahmenvertrag mit der Wirkung ausstattet, daß die Gesamtheit dieser Finanzgeschäfte als einheitlicher gegenseitiger Vertrag im Sinne der §§ 103, 104 anzusehen ist. Als Kriterium für die erforderliche enge Zusammenfassung der Geschäfte wird in Anlehnung an den Inhalt üblicher Rahmenverträge vorgegeben, daß bei Vertragsverletzungen nur eine einheitliche Beendigung aller Geschäfte möglich ist.

6   An die Stelle des Wahlrechts des Verwalters tritt sowohl in den Fällen des Absatzes 1 als auch in denen des Absatzes 2 einheitlich die Rechtsfolge, daß der Vertrag nicht mehr erfüllt werden muß, sondern nur der Ausgleich des Unterschieds zwischen dem vereinbarten Preis und dem Markt- oder Börsenpreis am zweiten Werktag nach der Eröffnung des Insolvenzverfahrens verlangt werden kann. Steht diese Ausgleichsforderung dem anderen Teil zu, so kann er sie nur als Insolvenzgläubiger geltend machen (Absatz 3). Das entspricht der Regelung in § 18 Abs. 2, § 26 Satz 2 KO. Die Differenzforderung, die im Rahmen des Absatzes 3 zu berechnen ist, richtet sich stets auf einen DM-Betrag.

7   Auf die Übernahme des bisherigen § 18 Abs. 3 KO wird verzichtet. Die Anwendung der für Fixgeschäfte und Finanztermingeschäfte getroffenen Regelung soll nicht daran scheitern, daß im Einzelfall die Feststellung Schwierigkeiten bereitet, welcher Marktpreis

am zweiten Tag nach der Eröffnung des Insolvenzverfahrens maßgeblich ist (Absatz 3 Satz 1). So soll die Regelung beispielsweise auch auf Termingeschäfte anzuwenden sein, bei denen der Zeitpunkt für die Leistung am ersten Tag nach der Verfahrenseröffnung liegt; bei einem solchen Geschäft wird man den Markt- oder Börsenpreis an diesem Tag für maßgeblich halten müssen.

§ 105
Teilbare Leistungen

Sind die geschuldeten Leistungen teilbar und hat der andere Teil die ihm obliegende Leistung zur Zeit der Eröffnung des Insolvenzverfahrens bereits teilweise erbracht, so ist er mit dem der Teilleistung entsprechenden Betrag seines Anspruchs auf die Gegenleistung Insolvenzgläubiger, auch wenn der Insolvenzverwalter wegen der noch ausstehenden Leistung Erfüllung verlangt. Der andere Teil ist nicht berechtigt, wegen der Nichterfüllung seines Anspruchs auf die Gegenleistung die Rückgabe einer vor der Eröffnung des Verfahrens in das Vermögen des Schuldners übergegangenen Teilleistung aus der Insolvenzmasse zu verlangen.

§ 105 entspricht § 119 RegEInsO. Der folgende Begründungstext entspricht BT-Drs. 12/2443, S. 145/146, „Zu § 119".

Satz 1 übernimmt den Gedanken des § 36 Abs. 2 Satz 1 VerglO. Bei Verträgen über teilbare Leistungen, insbesondere über die fortlaufende Lieferung von Waren oder Energie, kann der Insolvenzverwalter für die Zukunft Erfüllung verlangen, ohne dadurch auch für die Vergangenheit zur vollen Erfüllung verpflichtet zu werden. Der Vertragspartner muß den Anspruch auf die Gegenleistung für seine Leistungen aus der Vergangenheit als Insolvenzgläubiger geltend machen, unabhängig davon, ob der Verwalter für die Zukunft die Erfüllung wählt oder diese ablehnt. 1

Im Wortlaut der Konkursordnung hat dieser Gedanke keinen Niederschlag gefunden. Rechtsprechung und Lehre haben jedoch jedenfalls für Energieversorgungsverträge auf anderen Wegen ähnliche Ergebnisse erreicht: Nach einer früher verbreiteten Auffassung sind diese Verträge als sogenannte Wiederkehrschuldverhältnisse aufzufassen. Sie bilden eine Kette ständig wiederholter Einzelverträge, mit der Folge, daß der Bezug von Energie für die Zukunft den Konkursverwalter nicht verpflichtet, aus der Konkursmasse Zahlungsrückstände des Schuldners zu begleichen. Heute wird überwiegend die Ansicht vertreten, zwar sei auch bei Energielieferungsverträgen § 17 KO auf den gesamten Vertrag anwendbar; der Verwalter könne jedoch durch Ablehnung der Erfüllung die Pflicht zur Zahlung von Rückständen vermeiden und das Versorgungsunternehmen sei dennoch auf Grund des öffentlich-rechtlichen Kontrahierungszwanges zum sofortigen Abschluß eines neuen Vertrages verpflichtet. Bisherige Sonderkonditionen brauche das Versorgungsunternehmen allerdings nicht aufrechtzuerhalten. 2

Die Übernahme der Regelung der Vergleichsordnung macht diese Konstruktionen überflüssig. Sie gewährleistet zugleich, daß der Verwalter die Möglichkeit hat, Verträge über die fortlaufende Lieferung von Waren oder Energie im Insolvenzverfahren zu den gleichen Bedingungen fortzusetzen. Die Fortführung eines Unternehmens im Insolvenzverfahren wird erleichtert. Der Vertragspartner, der seine Rückstände nur als Insolvenzforderungen geltend machen kann, wird im Vergleich zu den anderen Gläubigern nicht unzumutbar belastet, da er für die Zeit von der Eröffnung des Verfahrens an die vereinbarte Gegenleistung voll aus der Masse erhält.

§ 106 – Einzelerläuterungen　　　　　　　　　　Teil 2 – Insolvenzordnung

3　In Satz 3 wird klargestellt, daß der Vertragspartner des Schuldners die ihm durch Satz 1 auferlegte Einschränkung seiner Rechtsstellung auch nicht dadurch kompensieren kann, daß er die Rückgabe der von ihm erbrachten Teilleistung aus der Insolvenzmasse verlangt. Auch soweit ihm für den Fall der Nichterfüllung durch den Schuldner ein gesetzliches oder vertragliches Rücktrittsrecht zusteht, kann er sich nicht durch Ausübung dieses Rücktrittsrechts nach der Verfahrenseröffnung einen Masseanspruch auf Rückgewähr seiner Teilleistung verschaffen (vgl. § 26 Satz 1 KO, § 36 Abs. 2 Satz 2 VerglO).

§ 106
Vormerkung

(1) Ist zur Sicherung eines Anspruchs auf Einräumung oder Aufhebung eines Rechts an einem Grundstück des Schuldners oder an einem für den Schuldner eingetragenen Recht oder zur Sicherung eines Anspruchs auf Änderung des Inhalts oder des Ranges eines solchen Rechts eine Vormerkung im Grundbuch eingetragen, so kann der Gläubiger für seinen Anspruch Befriedigung aus der Insolvenzmasse verlangen. Dies gilt auch, wenn der Schuldner dem Gläubiger gegenüber weitere Verpflichtungen übernommen hat und diese nicht oder nicht vollständig erfüllt sind.

(2) Für eine Vormerkung, die im Schiffsregister, Schiffsbauregister oder Register für Pfandrechte an Luftfahrzeugen eingetragen ist, gilt Absatz 1 entsprechend.

§ 106 entspricht § 120 RegEInsO. Der folgende Begründungstext entspricht BT-Drs. 12/2443, S. 146, („Zu § 120").

Wie im geltenden Konkurs-, Vergleichs- und Gesamtvollstreckungsrecht (§ 24 KO; § 50 Abs. 4 VerglO; § 9 Abs. 1 Satz 3 GesO) muß ein durch Vormerkung gesicherter Anspruch voll aus der Insolvenzmasse erfüllt werden. Auch wenn ein gegenseitiger, von beiden Seiten noch nicht vollständig erfüllter Vertrag vorliegt, hat der Insolvenzverwalter hier nicht die Möglichkeit, die Erfüllung des Vertrages aus der Insolvenzmasse abzulehnen. Die Vormerkung behält auf diese Weise auch im Insolvenzverfahren uneingeschränkt ihren Wert.

§ 107
Eigentumsvorbehalt

(1) Hat vor der Eröffnung des Insolvenzverfahrens der Schuldner eine bewegliche Sache unter Eigentumsvorbehalt verkauft und dem Käufer den Besitz an der Sache übertragen, so kann der Käufer die Erfüllung des Kaufvertrages verlangen. Dies gilt auch, wenn der Schuldner dem Käufer gegenüber weitere Verpflichtungen übernommen hat und diese nicht oder nicht vollständig erfüllt sind.

(2) Hat vor der Eröffnung des Insolvenzverfahrens der Schuldner eine bewegliche Sache unter Eigentumsvorbehalt gekauft und vom Verkäufer den Besitz an der Sache erlangt, so braucht der Insolvenzverwalter, den der Verkäufer zur Ausübung des Wahlrechts aufgefordert hat, die Erklärung nach § 103 Abs. 2 Satz 2 erst unverzüglich nach dem Berichtstermin abzugeben. Dies gilt nicht, wenn in der Zeit bis zum Berichtstermin eine erhebliche Verminderung des Wertes der Sache zu erwarten ist und der Gläubiger den Verwalter auf diesen Umstand hingewiesen hat.

§ 107 übernimmt in veränderter Fassung § 121 RegEInsO. Der folgende Begründungstext beruht weitgehend auf BT-Drs. 12/2443, S. 146, „Zu § 121", und BT-Drs. 12/7302, S. 169, zu Nr. 70 („Zu § 121 Abs. 2").

Die Vorschrift regelt das Schicksal der Kaufverträge mit dem Schuldner, bei denen die Kaufsache vor der Eröffnung des Insolvenzverfahrens unter Eigentumsvorbehalt geliefert worden ist. Dabei betrifft Absatz 1 den Fall der Verkäuferinsolvenz, Absatz 2 den Fall der Käuferinsolvenz. 1

Absatz 1 klärt eine Streitfrage des geltenden Rechts. Im Insolvenzverfahren über das Vermögen des Verkäufers stehen dem Insolvenzverwalter nur die Rechte zu, die dem Verkäufer aus dem Kaufvertrag zustanden. Der Verwalter kann die Anwartschaft des Vorbehaltskäufers nicht durch eine Ablehnung der Erfüllung des Kaufvertrages zerstören. Solange der Käufer vertragstreu bleibt, ist der Verwalter nicht berechtigt, die Kaufsache zurückzuverlangen (Satz 1). Dies gilt auch dann, wenn der Verkäufer im Kaufvertrag zusätzliche Pflichten übernommen und diese noch nicht erfüllt hat (Satz 2 im Anschluß an § 106 Abs. 1 Satz 2).

Absatz 2 stellt für den Fall des Insolvenzverfahrens über das Vermögen des Käufers sicher, daß unter Eigentumsvorbehalt gelieferte bewegliche Sachen nicht schon kurz nach der Eröffnung des Verfahrens aus dem Unternehmen des Schuldners herausgezogen werden können. Der Verwalter kann die Ausübung seines Wahlrechts aufschieben, bis die Gläubiger im Berichtstermin über das weitere Schicksal des insolventen Unternehmens entschieden haben. Sachen, die der Verwalter im Falle der Fortführung des Unternehmens benötigt, kann er auch dann zunächst in der Insolvenzmasse behalten, wenn ihm in der ersten Phase des Insolvenzverfahrens keine ausreichende Liquidität für die Wahl der Erfüllung des Kaufvertrages zur Verfügung steht; er kann die Erfüllung noch ablehnen, wenn im Berichtstermin die Stillegung des Unternehmens beschlossen wird. Die Regelung dient – ebenso wie das Verwertungsrecht des Verwalters bei zur Sicherung übereigneten Sachen (vgl. § 166 Abs. 1) – dem Ziel, das Vermögen im Besitz des Schuldners zunächst zusammenzuhalten, um Fortführungs- und Sanierungschancen zu wahren.

Satz 2 enthält eine Sonderregelung für leicht verderbliche Waren sowie Saisonartikel. Bei diesen Gegenständen kann dem Eigentumsvorbehaltsverkäufer in der Regel nicht zugemutet werden, daß der Verwalter eine Erklärung erst nach dem Berichtstermin abgibt, der nach § 29 Abs. 1 Nr. 1 drei Monate nach der Eröffnung des Verfahrens liegen kann. Leicht verderbliche Waren werden in diesem Fall verdorben sein, Saisonartikel können bereits die Aktualität verloren haben. Bei derartigen Waren gilt deshalb die allgemeine Regel des § 103. 2

§ 108
Fortbestehen von Dauerschuldverhältnissen

(1) Miet- und Pachtverhältnisse des Schuldners über unbewegliche Gegenstände oder Räume sowie Dienstverhältnisse des Schuldners bestehen mit Wirkung für die Insolvenzmasse fort.

(2) Ansprüche für die Zeit vor der Eröffnung des Insolvenzverfahrens kann der andere Teil nur als Insolvenzgläubiger geltend machen.

§ 108 entspricht § 122 RegEInsO. Der folgende Begründungstext entspricht im wesentlichen BT-Drs. 12/2443, S. 146/147, „Zu § 122".

§ 109 – Einzelerläuterungen Teil 2 – Insolvenzordnung

1   Aus Absatz 1 ergibt sich, daß bei Miet- und Pachtverhältnissen des Schuldners über Grundstücke und andere unbewegliche Sachen oder über Räume sowie bei Dienstverhältnissen des Schuldners das Wahlrecht des Insolvenzverwalters nach § 103 keine Anwendung findet. An die Stelle des Wahlrechts treten in diesen Fällen besonders geregelte Kündigungs- und Rücktrittsrechte (vgl. die §§ 109, 113), die das Fortbestehen des Vertragsverhältnisses über den Zeitpunkt der Eröffnung des Insolvenzverfahrens hinaus voraussetzen. Die Lösung entspricht im Grundsatz dem geltenden Recht (vgl. die §§ 19 bis 22 KO, § 51 VerglO, § 9 Abs. 2, 3 Satz 1 GesO).

2   Abweichend vom geltenden Recht werden allerdings Miet- und Pachtverhältnisse über bewegliche Sachen und Rechte aus der Regelung über das Fortbestehen von Dauerschuldverhältnissen ausgenommen. Sie unterliegen damit dem Wahlrecht des Verwalters; wenn dieser nicht die Erfüllung wählt, enden sie mit der Eröffnung des Insolvenzverfahrens. Damit wird eine klare Rechtslage hergestellt.

Die Lösung des geltenden Konkursrechts für diese Vertragsverhältnisse führt zum Teil zu ähnlichen Ergebnissen, zum Teil ist sie aber auch unbefriedigend und lückenhaft:

Für den Fall, daß der Schuldner der Mieter oder Pächter des Gegenstandes ist, wird das Fortbestehen des Miet- oder Pachtverhältnisses durch ein Recht beider Vertragsparteien zur Kündigung mit gesetzlicher Frist korrigiert (§ 19 Satz 1, 2 KO); die Kündigung ist damit, wenn der Mietzins nach Monaten bemessen ist, mit einer Kündigungsfrist von drei Tagen zum Monatsende zulässig (vgl. § 565 Abs. 4 Nr. 2, Abs. 5 BGB). Der Verwalter kann also auch nach geltendem Recht eine schnelle Beendigung des Miet- oder Pachtverhältnisses erreichen. Auf der anderen Seite kann das Recht der anderen Vertragspartei zur kurzfristigen Kündigung eine sachgerechte Insolvenzabwicklung behindern, insbesondere eine zeitweilige Fortführung des insolventen Unternehmens erheblich erschweren; der Vermieter erscheint durch die Rechte, die ihm bei Verzug oder anderen Vertragsverletzungen zustehen, ausreichend geschützt.

Für den Fall, daß der Schuldner das Miet- oder Pachtverhältnis über den beweglichen Gegenstand als Vermieter oder Verpächter abgeschlossen hat, sieht das geltende Konkursrecht gar kein Recht zur vorzeitigen Beendigung des Vertragsverhältnisses vor; daran kann im Einzelfall eine Veräußerung des Gegenstands durch den Insolvenzverwalter scheitern. Ob der Verwalter Vorauszahlungen des Miet- oder Pachtzinses gegen sich gelten lassen muß, ist unklar, da die diesbezügliche Regelung in § 21 Abs. 2 KO auf die Miete oder Pacht von Grundstücken und Räume beschränkt ist.

3   In Absatz 2 wird klargestellt, daß die Ansprüche des anderen Vertragsteils aus den von Absatz 1 erfaßten Miet-, Pacht- und Dienstverhältnissen für die Zeit vor der Eröffnung des Insolvenzverfahrens als Insolvenzforderungen geltend zu machen sind. Für die Zeit nach der Verfahrenseröffnung sind diese Ansprüche aus der Masse zu erfüllen (§ 55 Abs. 1 Nr. 1 und 2).

§ 109
Schuldner als Mieter oder Pächter

(1) Ein Miet- oder Pachtverhältnis über einen unbeweglichen Gegenstand oder über Räume, das der Schuldner als Mieter oder Pächter eingegangen war, kann der Insolvenzverwalter ohne Rücksicht auf die vereinbarte Vertragsdauer unter Einhaltung der gesetzlichen Frist kündigen. Kündigt der Verwalter nach Satz 1, so kann der andere Teil wegen der vorzeitigen Beendigung des Vertragsverhältnisses als Insolvenzgläubiger Schadenersatz verlangen.

(2) Waren dem Schuldner der unbewegliche Gegenstand oder die Räume zur Zeit der Eröffnung des Verfahrens noch nicht überlassen, so kann sowohl der Verwalter als auch der andere Teil vom Vertrag zurücktreten. Tritt der Verwalter zurück, so kann der andere Teil wegen der vorzeitigen Beendigung des Vertragsverhältnisses als Insolvenzgläubiger Schadenersatz verlangen. Jeder Teil hat dem anderen auf dessen Verlangen binnen zwei Wochen zu erklären, ob er vom Vertrag zurücktreten will; unterläßt er dies, so verliert er das Rücktrittsrecht.

§ 109 entspricht im wesentlichen § 123 RegEInsO. Der folgende Begründungstext beruht im wesentlichen auf BT-Drs. 12/2443, S. 147, „Zu § 123", und BT-Drs. 12/7302, S. 169, zu Nr. 71 („Zu § 123 Abs. 2").

Das Recht des Insolvenzverwalters, ein Miet- oder Pachtverhältnis über einen vom Schuldner gemieteten oder gepachteten unbeweglichen Gegenstand mit gesetzlicher Frist zu kündigen (Absatz 1), entspricht geltendem Konkurs-, Vergleichs- und Gesamtvollstreckungsrecht (§§ 19, 26 Satz 2 KO; § 51 Abs. 2, § 52 Abs. 1 VerglO; § 9 Abs. 3 Satz 2 GesO; die unterschiedliche Behandlung von Miet- und Pachtverhältnissen über bewegliche Gegenstände ist in der Begründung zu § 108 erläutert). In dem Fall, daß der Gegenstand dem Schuldner zur Zeit der Eröffnung des Verfahrens noch nicht überlassen war, geht Absatz 2 als Sonderregelung vor, der im wesentlichen § 20 KO in Verbindung mit den §§ 17 und 26 Satz 2 KO entspricht (vgl. auch §§ 50, 51 Abs. 2, § 52 Abs. 1 VerglO). Ein besonderes Kündigungsrecht des Vermieters oder Verpächters ist im Gegensatz zu § 19 Abs. 1 Satz 1 KO, aber im Einklang mit der Regelung der Vergleichsordnung nicht vorgesehen. Vielmehr werden die allgemeinen Kündigungsrechte des Vermieters oder Verpächters durch § 112 zusätzlich eingeschränkt. Mit der Nennung der Zwei-Wochen-Frist für die Erklärung werden mögliche Streitigkeiten über die Rechtzeitigkeit der Erklärung vermieden.

§ 110
Schuldner als Vermieter oder Verpächter

(1) Hatte der Schuldner als Vermieter oder Verpächter eines unbeweglichen Gegenstands oder von Räumen vor der Eröffnung des Insolvenzverfahrens über die Miet- oder Pachtzinsforderung für die spätere Zeit verfügt, so ist diese Verfügung nur wirksam, soweit sie sich auf den Miet- oder Pachtzins für den zur Zeit der Eröffnung des Verfahrens laufenden Kalendermonat bezieht. Ist die Eröffnung nach dem fünfzehnten Tag des Monats erfolgt, so ist die Verfügung auch für den folgenden Kalendermonat wirksam.

(2) Eine Verfügung im Sinne des Absatzes 1 ist insbesondere die Einziehung des Miet- oder Pachtzinses. Einer rechtsgeschäftlichen Verfügung steht eine Verfügung gleich, die im Wege der Zwangsvollstreckung erfolgt.

(3) Der Mieter oder der Pächter kann gegen die Miet- oder Pachtzinsforderung für den in Absatz 1 bezeichneten Zeitraum eine Forderung aufrechnen, die ihm gegen den Schuldner zusteht. Die §§ 95 und 96 Nr. 2 bis 4 bleiben unberührt.

§ 110 entspricht im wesentlichen § 124 RegEInsO. Der folgende Begründungstext entspricht im wesentlichen BT-Drs. 12/2443, S. 147, „Zu § 124".

Die Vorschrift über die Unwirksamkeit von Vorausverfügungen des Schuldners über den Miet- oder Pachtzins für Grundstücke, andere unbewegliche Gegenstände und Räume

1

übernimmt im wesentlichen den Inhalt des § 21 Abs. 2 und 3 KO. Sie soll abweichend von § 21 Abs. 1 KO auch dann gelten, wenn der Miet- oder Pachtgegenstand dem Mieter oder Pächter vor der Eröffnung des Verfahrens noch nicht überlassen war; es erscheint sachgerecht, dem Insolvenzverwalter auch in diesem Fall die Möglichkeit zu geben, an dem Vertrag festzuhalten, Vorausverfügungen des Schuldners aber als unwirksam zu behandeln.

2 Absatz 2 Satz 2, der Verfügungen im Wege der Zwangsvollstreckung rechtsgeschäftlichen Verfügungen gleichstellt, dient der Klarstellung einer schon für die Konkursordnung anerkannten Rechtslage. Der Begriff der Zwangsvollstreckung umfaßt dabei auch die Vollziehung eines Arrests oder einer einstweiligen Verfügung (vgl. Rdnr. 3 der Begründung zu § 89).

3 Absatz 3 Satz 2 enthält eine Klarstellung zu der aus § 21 Abs. 3 KO übernommenen Regelung: Die Aufrechnung gegen die Miet- oder Pachtzinsforderung für die Zeit nach der Eröffnung des Verfahrens ist im Grundsatz an die allgemeinen Voraussetzungen der Aufrechnung im Insolvenzverfahren gebunden. Beispielsweise kann der Mieter nicht mit einer Forderung aufrechnen, die er erst nach der Eröffnung des Verfahrens erworben hat (§ 96 Nr. 2, 4). Nur der Ausschluß der Aufrechnung für den Fall, daß ein Insolvenzgläubiger nach der Verfahrenseröffnung „etwas zur Insolvenzmasse schuldig geworden ist" (§ 96 Nr. 1), kommt hier nicht zum Tragen, da Absatz 3 Satz 1 insoweit eine Sonderregelung enthält.

§ 111
Veräußerung des Miet- oder Pachtobjekts

Veräußert der Insolvenzverwalter einen unbeweglichen Gegenstand oder Räume, die der Schuldner vermietet oder verpachtet hatte, und tritt der Erwerber anstelle des Schuldners in das Miet- oder Pachtverhältnis ein, so kann der Erwerber das Miet- oder Pachtverhältnis unter Einhaltung der gesetzlichen Frist kündigen. Die Kündigung kann nur für den ersten Termin erfolgen, für den sie zulässig ist. § 57 c des Gesetzes über die Zwangsversteigerung und die Zwangsverwaltung gilt entsprechend.

§ 111 entspricht § 125 RegEInsO. Der folgende Begründungstext entspricht BT-Drs. 12/2443, S. 147/148, „Zu § 125".

Der wesentliche Inhalt des § 21 Abs. 4 KO wird in redaktionell vereinfachter Form übernommen.

Die Vorschrift kommt nur zur Anwendung, wenn die Veräußerung eines Grundstücks, Schiffs oder Luftfahrzeugs oder die Veräußerung von Räumen die Wirkung hat, daß der Erwerber in ein bestehendes Miet- oder Pachtverhältnis eintritt. Unter welchen Voraussetzungen dies geschieht, ergibt sich aus den §§ 571, 580, 580 a und 581 Abs. 2 BGB sowie aus § 98 Abs. 2 des Gesetzes über Rechte an Luftfahrzeugen. Insbesondere ist erforderlich, daß die Sache dem Mieter oder Pächter im Zeitpunkt der Veräußerung bereits überlassen war. Ein veräußertes Schiff muß im Schiffsregister eingetragen sein, ein veräußertes Luftfahrzeug in der Luftfahrzeugrolle oder, wenn die Eintragung dort wieder gelöscht ist, im Register für Pfandrechte an Luftfahrzeugen.

Tritt der Erwerber durch die Veräußerung in das Miet- oder Pachtverhältnis ein, so steht ihm ein Recht zur Kündigung mit gesetzlicher Frist zu, das jedoch nur für den ersten zulässigen Termin ausgeübt werden kann. Für das geltende Konkursrecht ergibt sich dieses Kündigungsrecht aus der Verweisung des § 21 Abs. 4 Satz 1 KO auf das Recht der Zwangsversteigerung in Verbindung mit den §§ 57 a, 162 und 171 a ZVG. Der besondere Kündigungsschutz des Mieters oder Pächters, der einen Baukostenzuschuß geleistet hat (§ 57 c ZVG), wird in Satz 3 der neuen Vorschrift aufrechterhalten. Für die Wohnraummiete gilt ergänzend der besondere Kündigungsschutz der §§ 556 a bis 556 c, 564 b und 564 c BGB (vgl. BGHZ 84, 90 für das Kündigungsrecht nach § 57 a ZVG).

§ 112
Kündigungssperre

Ein Miet- oder Pachtverhältnis, das der Schuldner als Mieter oder Pächter eingegangen war, kann der andere Teil nach dem Antrag auf Eröffnung des Insolvenzverfahrens nicht kündigen:

1. **wegen eines Verzugs mit der Entrichtung des Miet- oder Pachtzinses, der in der Zeit vor dem Eröffnungsantrag eingetreten ist;**

2. **wegen einer Verschlechterung der Vermögensverhältnisse des Schuldners.**

§ 112 entspricht § 126 RegEInsO. Der folgende Begründungstext entspricht weitgehend BT-Drs. 12/2443, S. 148, „Zu § 126".

Die neue Vorschrift beruht auf dem Gedanken, daß die wirtschaftliche Einheit im Besitz des Schuldners nicht zur Unzeit auseinandergerissen werden darf. Ebenso wie Gegenstände, die unter Eigentumsvorbehalt geliefert sind oder an denen Absonderungsrechte bestehen, nach der Eröffnung des Insolvenzverfahrens zunächst im Verfügungsbereich des Insolvenzverwalters bleiben sollen, damit dieser die Möglichkeiten für eine Sanierung des Unternehmens oder für eine Gesamtveräußerung der belasteten Gegenstände prüfen kann (vgl. die Begründung zu den §§ 107 und 166), sollen auch gemietete oder gepachtete Gegenstände dem Verwalter nicht auf Grund von Zahlungsrückständen des Schuldners entzogen werden. Solche Gegenstände können für eine Fortführung des Unternehmens in gleicher Weise erforderlich sein wie Gegenstände, die unter Eigentumsvorbehalt geliefert oder mit Absonderungsrechten belastet sind. Dies gilt einmal für gemietete oder gepachtete Grundstücke und Räume, in gleicher Weise aber auch für gemietete Maschinen und sonstige Betriebsmittel. Eine besondere Bedeutung hat in diesem Zusammenhang der Leasing-Vertrag, auf den im Grundsatz die Bestimmungen über den Mietvertrag Anwendung finden und der daher der vorliegenden Vorschrift ebenfalls unterliegt. 1

Im einzelnen ist die Vorschrift so ausgestaltet, daß die berechtigten Interessen des anderen Teils gewahrt werden. Seine vertraglichen und gesetzlichen Kündigungsrechte werden in zweifacher Hinsicht eingeschränkt: Eine Kündigung wegen Verzugs mit der Entrichtung des Miet- oder Pachtzinses (vgl. insbesondere § 554 BGB) ist insoweit unzulässig, als dieser Verzug vor dem Antrag auf Eröffnung des Verfahrens eingetreten ist, die Kündigung jedoch zur Zeit des Eröffnungsantrags noch nicht ausgesprochen war. Eine Kündigung wegen Verschlechterung der Vermögensverhältnisse des Schuldners ist ebenfalls nicht mehr möglich, sobald der Eröffnungsantrag gestellt ist. Daß eine Kündigung auch schon für die Zeit zwischen dem Eröffnungsantrag und der Eröffnung ausgeschlossen wird, entspricht im Bereich der Absonderungsrechte der Möglichkeit, daß durch eine Anordnung des Gerichts nach dem Eröffnungsantrag der Zugriff der Absonderungsberechtigten auf das Sicherungsgut ausgeschlossen wird (vgl. Rdnr. 5 der Begründung zu § 21). Tritt 2 zwischen dem Antrag und der Entscheidung über die Eröffnung des Verfahrens Verzug mit der Entrichtung des Miet- oder Pachtzinses ein, so unterliegt das Recht zur Kündigung des Vertrags wegen dieses Verzugs keiner Beschränkung. Im übrigen wird dafür gesorgt, daß während dieser Zeit in der Regel kein solcher Verzug eintritt: Wenn die Entscheidung über den Eröffnungsantrag nicht kurzfristig getroffen werden kann, wird das Gericht regelmäßig die Verwaltung des Schuldnervermögens auf einen vorläufigen Insolvenzverwalter übertragen (vgl. die §§ 21, 22). Soweit dieser den gemieteten oder gepachteten Gegenstand für das verwaltete Vermögen nutzt, ist er verpflichtet, aus diesem Vermögen den Miet- oder Pachtzins zu zahlen; sollten dabei Rückstände entstehen, so sind sie sowohl im Falle der Abweisung des Eröffnungsantrags (§ 25 Abs. 2) als auch im Falle der Verfahrenseröffnung (§ 55 Abs. 2) nachträglich auszugleichen. Die Pflicht zur Zahlung des Miet- oder Pachtzinses für die Zeit nach der Verfahrenseröffnung ist Masseverbindlichkeit nach § 55 Abs. 1 Nr. 2.

§ 113
Kündigung eines Dienstverhältnisses

(1) Ein Dienstverhältnis, bei dem der Schuldner der Dienstberechtigte ist, kann vom Insolvenzverwalter und vom anderen Teil ohne Rücksicht auf eine vereinbarte Vertragsdauer oder einen vereinbarten Ausschluß des Rechts zur ordentlichen Kündigung gekündigt werden. Die Kündigungsfrist beträgt drei Monate zum Monatsende, wenn nicht eine kürzere Frist maßgeblich ist. Kündigt der Verwalter, so kann der andere Teil wegen der vorzeitigen Beendigung des Dienstverhältnisses als Insolvenzgläubiger Schadensersatz verlangen.

(2) Will ein Arbeitnehmer geltend machen, daß die Kündigung seines Arbeitsverhältnisses durch den Insolvenzverwalter unwirksam ist, so muß er auch dann innerhalb von drei Wochen nach Zugang der Kündigung Klage beim Arbeitsgericht erheben, wenn er sich für die Unwirksamkeit der Kündigung auf andere als die in § 1 Abs. 2 und 3 des Kündigungsschutzgesetzes bezeichneten Gründe beruft. § 4 Satz 4 und § 5 des Kündigungsschutzgesetzes gelten entsprechend.

§ 113 übernimmt in veränderter Fassung § 127 RegEInsO. Der folgende Begründungstext beruht weitgehend auf BT-Drs. 12/2443, S. 148/149, „Zu § 127", und BT-Drs. 12/7302, S. 169/170, zu Nr. 72 („Zu § 127"), sowie BT-Drs. 12/7302, S. 173, zu Nr. 81 (Zu § 143c „Absatz 3").

1   Wenn das Unternehmen des Schuldners nicht mehr fortgeführt werden soll, muß der Insolvenzverwalter in der Lage sein, die Arbeitnehmer und sonstigen Bediensteten des Schuldners kurzfristig zu entlassen. Es würde eine nicht vertretbare Schlechterstellung der Insolvenzgläubiger bedeuten, wenn nicht mehr benötigte Arbeitnehmer noch längere Zeit hindurch aus der Insolvenzmasse das volle Arbeitsentgelt erhalten müßten.

2   Das geltende Recht gibt dem Verwalter mit § 22 Abs. 1 KO und § 21 Abs. 2 VerglO das Recht, Dienstverhältnisse mit der gesetzlichen Frist zu kündigen. Zum Zeitpunkt des Inkrafttretens der Konkursordnung waren diese Fristen noch so bemessen, daß nach einer Kündigung regelmäßig eine Weiterbeschäftigung der Dienstverpflichteten bis zum Fristende möglich war und ein Nachteil für die Konkursmasse nicht eintrat. Mit der Erhöhung des Arbeitnehmerschutzes durch Ausdehnung der gesetzlichen Kündigungsfristen (zuletzt durch die Angleichung der Kündigungsfristen von Arbeitern

und Angestellten durch das Kündigungsfristengesetz vom 7. Oktober 1993, BGBl. I S. 1668) können heute häufig die Arbeitnehmer nicht mehr bis zum Ende der Kündigungsfrist im insolventen Unternehmen beschäftigt werden. Ihr Entgeltanspruch bleibt gleichwohl erhalten. Dadurch wird die Masse verkürzt, in manchen Fällen sogar entleert.

Die Verbindung des besonderen Kündigungsrechts im Insolvenzverfahren mit der gesetzlichen Kündigungsfrist hat weiter den Nachteil, daß sie die Streitfrage entstehen läßt, ob tarifvertraglich festgelegte Kündigungsfristen als gesetzliche Fristen in diesem Sinne aufzufassen sind. Die Rechtsprechung des Bundesarbeitsgerichts bejaht dies bisher (BAGE 46, 206). Diese Frage stellt sich dagegen nicht, wenn in der Insolvenzordnung selbst für das besondere Kündigungsrecht eine bestimmte Frist genannt wird.

Absatz 1 enthält aus den dargelegten Gründen in Abweichung vom geltenden Recht für die Kündigung von Dienstverhältnissen in der Insolvenz eine eigene Kündigungsfrist von höchstens drei Monaten zum Monatsende. Diese Regelung schafft einen Ausgleich zwischen den sozialen Belangen der Arbeitnehmer und sonstigen Dienstverpflichteten des insolventen Unternehmers sowie den Interessen der Insolvenzgläubiger an der Erhaltung der Masse als Grundlage ihrer Befriedigung. Diese Höchstfrist wird in der Regel nur bei Dienstverpflichteten zur Anwendung kommen, die bereits längere Zeit im Unternehmen des insolventen Schuldners tätig sind. Für andere Dienstverhältnisse werden aufgrund von Gesetz, Tarifvertrag oder einzelvertraglicher Bestimmung regelmäßig kürzere Kündigungsfristen maßgeblich sein; diese sollen dann auch für die Kündigung im Insolvenzverfahren gelten. 3

Die neue Höchstfrist für die Kündigung im Insolvenzverfahren soll für alle Arten von Dienstverhältnissen anwendbar sein, bei denen der insolvente Schuldner der Dienstberechtigte ist. Der Begriff des Dienstverhältnisses ist entsprechend der Terminologie der §§ 621, 622 BGB der Oberbegriff für das Arbeitsverhältnis und für das Vertragsverhältnis über die Leistung von Diensten anderer Art. Neben den Arbeitsverhältnissen von Arbeitern und Angestellten, für die seit dem Inkrafttreten des Kündigungsfristengesetzes die gesetzlichen Kündigungsfristen in § 622 BGB zusammengefaßt sind, werden auch die Dienstverhältnisse erfaßt, für die sich die gesetzlichen Kündigungsfristen aus dem Seemannsgesetz, aus dem Heimarbeitsgesetz oder aus den allgemeinen Bestimmungen des § 621 BGB ergeben. 4

Auch der Begriff der Kündigung ist weit zu verstehen; sowohl die Beendigungskündigung als auch die Änderungskündigung werden erfaßt. 5

In Übereinstimmung mit § 22 Abs. 1 KO, jedoch im Gegensatz zu § 51 Abs. 2 VerglO soll das Recht zur vorzeitigen Beendigung des Dienstverhältnisses auch dem Dienstverpflichteten zustehen. Auch hier gilt die besondere Kündigungsfrist von höchstens drei Monaten. Sie wird insoweit allerdings nur geringe praktische Bedeutung erlangen, da für die Kündigung durch den Dienstverpflichteten regelmäßig eine kürzere Frist als die neue Höchstfrist maßgeblich sein wird. Zwar kann dem Insolvenzverwalter im Einzelfall die Fortführung des Unternehmens erschwert werden, wenn schwer ersetzbare Arbeitnehmer ihr Arbeitsverhältnis kurzfristig beenden. Jedoch haben die Arbeitnehmer ein berechtigtes Interesse daran, wegen der Gefährdung ihres Arbeitsplatzes durch den Insolvenzfall eine neue Tätigkeit zu suchen und dabei nicht durch lange Kündigungsfristen behindert zu werden. In dieser für den Arbeitnehmer ohnehin sehr schwierigen Situation sollte er nicht zusätzlich dadurch belastet werden, daß für den Insolvenzverwalter eine kürzere Kündigungsfrist gilt als für den Arbeitnehmer. 6

§ 114 – Einzelerläuterungen   Teil 2 – Insolvenzordnung

7   Absatz 2 dient der zügigen Klärung von Streitigkeiten um die Wirksamkeit von Kündigungen. Im Insolvenzverfahren besteht ein besonderes Bedürfnis dafür, Verzögerungen bei der Abwicklung der Rechtsverhältnisse des Schuldners zu vermeiden. Die Dreiwochenfrist, in der nach § 4 Kündigungsschutzgesetz das Fehlen der sozialen Rechtfertigung einer Kündigung geltend gemacht werden muß, wird daher durch Satz 1 für den Fall der Kündigung im Insolvenzverfahren auf alle anderen Gründe für die Unwirksamkeit einer Kündigung ausgedehnt; beispielsweise muß der Arbeitnehmer nach einer Kündigung durch den Insolvenzverwalter auch das Fehlen einer Zustimmung des Betriebsrats (§ 103 BetrVG) oder einen Verstoß gegen das Verbot der Kündigung wegen eines Betriebsübergangs (§ 613 a Abs. 4 BGB; vgl. hierzu auch Rdnr. 3 der Begründung zu § 128) innerhalb der Dreiwochenfrist geltend machen. Die Frist beginnt grundsätzlich mit dem Zugang der Kündigung. Soweit die Kündigung jedoch der Zustimmung einer Behörde bedarf – zum Beispiel der Hauptfürsorgestelle nach dem Schwerbehindertengesetz –, läuft die Frist erst von der Bekanntgabe der Entscheidung der Behörde an den Arbeitnehmer ab (Satz 2 in Verbindung mit § 4 Satz 4 KSchG). Für verspätete Klagen gilt § 5 KSchG entsprechend (Satz 2).

§ 114
Bezüge aus einem Dienstverhältnis

(1) Hat der Schuldner vor der Eröffnung des Insolvenzverfahrens eine Forderung für die spätere Zeit auf Bezüge aus einem Dienstverhältnis oder an deren Stelle tretende laufende Bezüge abgetreten oder verpfändet, so ist diese Verfügung nur wirksam, soweit sie sich auf die Bezüge für die Zeit vor Ablauf von drei Jahren nach dem Ende des zur Zeit der Eröffnung des Verfahrens laufenden Kalendermonats bezieht.

(2) Gegen die Forderung auf die Bezüge für den in Absatz 1 bezeichneten Zeitraum kann der Verpflichtete eine Forderung aufrechnen, die ihm gegen den Schuldner zusteht. Die §§ 95 und 96 Nr. 2 bis 4 bleiben unberührt.

(3) Ist vor der Eröffnung des Verfahrens im Wege der Zwangsvollstreckung über die Bezüge für die spätere Zeit verfügt worden, so ist diese Verfügung nur wirksam, soweit sie sich auf die Bezüge für den zur Zeit der Eröffnung des Verfahrens laufenden Kalendermonat bezieht. Ist die Eröffnung nach dem fünfzehnten Tag des Monats erfolgt, so ist die Verfügung auch für den folgenden Kalendermonat wirksam. § 88 bleibt unberührt; § 89 Abs. 2 Satz 2 gilt entsprechend.

§ 114 entspricht im wesentlichen § 132 RegEInsO. Der folgende Begründungstext beruht im wesentlichen auf BT-Drs. 12/2443, S. 150/151, „Zu § 132", und BT-Drs. 12/7302, S. 170, zu Nr. 73 („Zu § 132").

1   Ein Ziel des Gesetzes ist es, einem redlichen Schuldner die Möglichkeit zu geben, sich nach Durchführung eines Insolvenzverfahrens von seinen restlichen Schulden zu befreien. In diesem Rahmen wird eine „Wohlverhaltensphase" nach dem Ende des Verfahrens vorgesehen, während der die laufenden Einkünfte des Schuldners an die Insolvenzgläubiger verteilt werden (vgl. die §§ 286 bis 303).

Dieses System der Restschuldbefreiung setzt voraus, daß die laufenden Bezüge des Schuldners während einer längeren Zeit nach der Beendigung des Verfahrens für die Verteilung an die Insolvenzgläubiger zur Verfügung stehen. Vorausabtretungen, Verpfändungen und Pfändungen der Bezüge zugunsten eines einzelnen Gläubigers, wie sie bei der Insolvenz eines Arbeitnehmers regelmäßig vorliegen, müssen daher in ihrer Wirksamkeit beschränkt werden. Dies wird durch die neue Vorschrift erreicht, die sich an die Regelung des geltenden Konkursrechts zur Unwirksamkeit von Vorausverfügungen über Miet- und Pachtzinsforderungen anlehnt (§ 21 Abs. 2, 3 KO; vgl. § 110).

Würde auf jede Einschränkung der Vorausverfügungen über Bezüge aus einem Dienstverhältnis verzichtet, so könnte das Ziel der Restschuldbefreiung auch bei redlichen Schuldnern in sehr vielen Fällen nicht erreicht werden. Dies gilt unabhängig davon, welche Voraussetzungen im einzelnen für die Restschuldbefreiung gegenüber den Insolvenzgläubigern aufgestellt würden. Denn solange die – regelmäßig vorliegende – Abtretung, Verpfändung oder Pfändung der Bezüge wirksam wäre, müßte der Schuldner den pfändbaren Teil des Einkommens an den gesicherten Gläubiger fließen lassen, ohne insoweit in den Genuß einer Schuldbefreiung zu kommen. Die Restschuldbefreiung gegenüber den übrigen Gläubigern würde ihm wenig helfen. 2

Um die vertraglichen Sicherheiten an den laufenden Bezügen nicht zu entwerten, läßt Absatz 1 Abtretungen und Verpfändungen noch für eine Zeit von rund drei Jahren nach der Eröffnung des Insolvenzverfahrens wirksam sein; erst für die Folgezeit stehen die Bezüge des Schuldners für eine Verteilung an die Gesamtheit der Insolvenzgläubiger zur Verfügung. Zwar liegt auch in dieser Regelung eine erhebliche Einschränkung der Rechtsstellung des gesicherten Gläubigers; auf der anderen Seite wird der wirtschaftliche Wert seiner Sicherheit regelmäßig dadurch erhöht, daß der Schuldner durch die Aussicht auf die Restschuldbefreiung stärker motiviert ist, einer geregelten Arbeit nachzugehen, und durch die Wohlverhaltensobliegenheiten in der Zeit bis zur Restschuldbefreiung davon abgehalten wird, sein Arbeitsverhältnis oder einen Teil der erzielten Einkünfte zu verheimlichen. 3

Für den gleichen Zeitraum, für den eine Abtretung oder Verpfändung der Bezüge wirksam ist, soll nach Absatz 2 eine Aufrechnung gegen die Forderung auf Zahlung der Bezüge zulässig sein. Ebenso wie im Rahmen des § 110 wird eine Aufrechnungsbefugnis also in gleichem Umfang respektiert wie eine Vorausabtretung. Der Arbeitgeber, der dem Arbeitnehmer vor der Eröffnung des Insolvenzverfahrens ein Darlehen gegeben hat, ist ebenso geschützt wie ein anderer Darlehensgeber, dem der Arbeitnehmer die Forderung auf seine künftigen Bezüge zur Sicherheit abgetreten hat. Auch mit sonstigen Forderungen, etwa mit Schadensersatzforderungen aus dem Arbeitsverhältnis, kann der Arbeitgeber aufrechnen; dies gilt allerdings nur, soweit die Beschränkungen der §§ 95, 96 Nr. 2 bis 4 nicht entgegenstehen, die in Absatz 2 Satz 2 – ebenso wie in § 110 Abs. 3 Satz 2 – ausdrücklich vorbehalten werden. Bei einem Zusammentreffen von Pfändung oder Abtretung der Bezüge einerseits und Aufrechnungsbefugnis des zur Zahlung der Bezüge Verpflichteten andererseits sind die allgemeinen Vorschriften des Bürgerlichen Gesetzbuchs (§§ 392, 406) anzuwenden. Soweit eine Aufrechnung nicht zulässig ist, kann nach allgemeinen Grundsätzen auch ein Zurückbehaltungsrecht nicht ausgeübt werden. 4

Soweit nach Absatz 2 ein Recht zur Aufrechnung gegen die Forderung auf die Bezüge besteht, hat der zur Zahlung der Bezüge Verpflichtete nach § 294 Abs. 3 auch in der anschließenden Wohlverhaltensphase ein Aufrechnungsrecht.

Die Wirksamkeit einer Pfändung der Bezüge wird durch Absatz 3 stärker eingeschränkt: Eine solche Pfändung hat nur für rund einen Monat nach der Verfahrenseröffnung Bestand. Hier geht es nicht um eine Kreditsicherheit, sondern um den – häufig zufälligen – Vorsprung eines Gläubigers vor den übrigen. Satz 3 behält die noch wei- 5 tergehende Wirkung der „Rückschlagsperre" vor (§ 88): Ein Pfändungspfandrecht, das nicht früher als einen Monat vor dem Eröffnungsantrag erlangt worden ist, wird durch die Eröffnung des Verfahrens rückwirkend unwirksam. Unberührt bleiben allerdings – nach Satz 3 in Verbindung mit § 89 Abs. 2 Satz 2 – Vollstreckungsmaßnahmen von Unterhalts- und Deliktsgläubigern in den erweitert pfändbaren Teil der Bezüge. Soweit danach Vollstreckungsmaßnahmen dieser Gläubiger wirksam vorgenommen werden können, sind nach allgemeinen Grundsätzen auch Abtretungserklärungen zugunsten dieser Gläubiger wirksam (vgl. § 400 BGB).

§ 115
Erlöschen von Aufträgen

(1) Ein vom Schuldner erteilter Auftrag, der sich auf das zur Insolvenzmasse gehörende Vermögen bezieht, erlischt durch die Eröffnung des Insolvenzverfahrens.

(2) Der Beauftragte hat, wenn mit dem Aufschub Gefahr verbunden ist, die Besorgung des übertragenen Geschäfts fortzusetzen, bis der Insolvenzverwalter anderweitig Fürsorge treffen kann. Der Auftrag gilt insoweit als fortbestehend. Mit seinen Ersatzansprüchen aus dieser Fortsetzung ist der Beauftragte Massegläubiger.

(3) Solange der Beauftragte die Eröffnung des Verfahrens ohne Verschulden nicht kennt, gilt der Auftrag zu seinen Gunsten als fortbestehend. Mit den Ersatzansprüchen aus dieser Fortsetzung ist der Beauftragte Insolvenzgläubiger.

§ 116
Erlöschen von Geschäftsbesorgungsverträgen

Hat sich jemand durch einen Dienst- oder Werkvertrag mit dem Schuldner verpflichtet, ein Geschäft für diesen zu besorgen, so gilt § 115 entsprechend. Dabei gelten die Vorschriften für die Ersatzansprüche aus der Fortsetzung der Geschäftsbesorgung auch für die Vergütungsansprüche.

§ 115 entspricht § 133 RegEInsO; § 116 entspricht im wesentlichen § 134 RegEInsO. Der folgende Begründungstext entspricht BT-Drs. 12/2443, S. 151, „Zu § 133 und § 134".

Die Regelungen der Konkursordnung über das Erlöschen von Aufträgen und Geschäftsbesorgungsverträgen (§§ 23, 27 KO) werden inhaltlich unverändert übernommen. Ihr Ziel, sicherzustellen, daß die Verwaltung der Masse vom Zeitpunkt der Verfahrenseröffnung an allein in den Händen des Verwalters liegt, trifft auch für das neue Insolvenzverfahren zu.

§ 117
Erlöschen von Vollmachten

(1) Eine vom Schuldner erteilte Vollmacht, die sich auf das zur Insolvenzmasse gehörende Vermögen bezieht, erlischt durch die Eröffnung des Insolvenzverfahrens.

(2) Soweit ein Auftrag oder ein Geschäftsbesorgungsvertrag nach § 115 Abs. 2 fortbesteht, gilt auch die Vollmacht als fortbestehend.

(3) Solange der Bevollmächtigte die Eröffnung des Verfahrens ohne Verschulden nicht kennt, haftet er nicht nach § 179 des Bürgerlichen Gesetzbuchs.

§ 117 entspricht im wesentlichen § 135 RegEInsO. Der folgende Begründungstext entspricht im wesentlichen BT-Drs. 12/2443, S. 151/152, „Zu § 135".

Die Vorschrift, die in der Konkursordnung und der Vergleichsordnung kein Vorbild hat, ergänzt die vorangehenden Vorschriften. Auch durch den Fortbestand von Vollmachten über den Zeitpunkt der Verfahrenseröffnung hinaus kann die Verwaltungs- und Verfügungsbefugnis des Insolvenzverwalters beeinträchtigt werden. Zwar ergibt sich schon aus § 168 Satz 1 BGB, daß eine Vollmacht bei Beendigung des zugrundeliegenden Rechtsverhältnisses erlischt; für Vollmachten, die zur Durchführung eines Auftrags oder einer Geschäftsbesorgung erteilt worden sind, hat die neue Vorschrift daher nur klarstellende Bedeutung. Anders ist die Rechtslage jedoch sowohl bei Vollmachten, die auf der Grundlage eines Dienstverhältnisses erteilt worden sind – denn dieses besteht über den Zeitpunkt der Verfahrenseröffnung hinaus fort –, als auch bei sogenannten isolierten Vollmachten, bei denen das zugrundeliegende Rechtsverhältnis unwirksam ist oder ganz fehlt. Im Interesse einer klaren Rechtslage sollen auch derartige Vollmachten im Zeitpunkt der Eröffnung des Insolvenzverfahrens grundsätzlich erlöschen (Absatz 1). Der Insolvenzverwalter kann neue Vollmachten erteilen, soweit dies zur Fortsetzung der Geschäfte erforderlich ist.

Soweit ein Auftrag oder ein Geschäftsbesorgungsvertrag gemäß § 115 Abs. 2 oder § 116 Satz 1 in Verbindung mit § 115 Abs. 2 wegen Gefahr im Verzug fortbesteht, muß auch die Vollmacht fortbestehen (Absatz 2).

Wer die Eröffnung des Insolvenzverfahrens und damit das Erlöschen seiner Vollmacht ohne Verschulden nicht kennt, haftet nicht als Vertreter ohne Vertretungsmacht (Absatz 3; vgl. § 115 Abs. 3).

Die neue Vorschrift gilt auch für die Prokura und die Handlungsvollmacht.

§ 118
Auflösung von Gesellschaften

Wird eine Gesellschaft ohne Rechtspersönlichkeit oder eine Kommanditgesellschaft auf Aktien durch die Eröffnung des Insolvenzverfahrens über das Vermögen eines Gesellschafters aufgelöst, so ist der geschäftsführende Gesellschafter mit den Ansprüchen, die ihm aus der einstweiligen Fortführung eilbedürftiger Geschäfte zustehen, Massegläubiger. Mit den Ansprüchen aus der Fortführung der Geschäfte während der Zeit, in der er die Eröffnung des Insolvenzverfahrens ohne sein Verschulden nicht kannte, ist er Insolvenzgläubiger; § 84 Abs. 1 bleibt unberührt.

§ 118 entspricht im wesentlichen § 136 RegEInsO. Der folgende Begründungstext entspricht BT-Drs. 12/2443, S. 152, „Zu § 136".

Die Regelung, die § 28 KO für die Gesellschaft des Bürgerlichen Rechts trifft und die nach allgemeiner Meinung auch für die offene Handelsgesellschaft, die Kommanditgesellschaft und die Kommanditgesellschaft auf Aktien maßgeblich ist, wird in die neue Insolvenzordnung übernommen. Ob eine Gesellschaft durch die Eröffnung des Insolvenzverfahrens über das Vermögen eines Gesellschafters aufgelöst wird und welche Ansprüche sich aus der einstweiligen Fortführung eilbedürftiger Geschäfte oder aus der Fortführung von Geschäften bis zur Kenntnis von der Verfahrenseröffnung ergeben, ist aus den Bestimmungen des Bürgerlichen Rechts und des Handelsrechts zu entnehmen (§ 728 in Verbindung mit § 727 Abs. 2, Satz 2, 3, § 729 BGB; § 131 Nr. 5, §§ 136, 137, 141, 161 Abs. 2 HGB; § 278 Abs. 2 AktG).

§ 119
Unwirksamkeit abweichender Vereinbarungen

Vereinbarungen, durch die im voraus die Anwendung der §§ 103 bis 118 ausgeschlossen oder beschränkt wird, sind unwirksam.

§ 119 entspricht im wesentlichen § 137 Abs. 1 RegEInsO. Der folgende Begründungstext beruht weitgehend auf BT-Drs. 12/2443, S. 152/153, „Zu § 137", und BT-Drs. 12/7302, S. 170, zu Nr. 74 („Zu § 137").

Die Vorschriften über das Wahlrecht des Insolvenzverwalters bei gegenseitigen Verträgen, über die Kündigungsrechte bei Dauerschuldverhältnissen und über das Schicksal von Aufträgen und ähnlichen Rechtsverhältnissen im Insolvenzverfahren sind zwingendes Recht. § 119 stellt klar, daß sie nicht durch eine abweichende Vereinbarung außer Kraft gesetzt werden können. Dies ist auch für die Konkursordnung – ohne gesetzliche Regelung – anerkannt und für die entsprechenden Vorschriften der Vergleichsordnung ausdrücklich in § 53 niedergelegt.

Die Vereinbarung einer Vertragsauflösung oder eines Vertragsaufhebungsrechts für den Fall des Verzugs oder einer anderen Vertragsverletzung des Schuldners wird von § 119 nicht berührt, ohne daß dies einer besonderen Regelung bedarf. Ein vertragliches Rücktrittsrecht oder Kündigungsrecht, das den Verzug des Schuldners zur Voraussetzung hat, kann also auch nach der Eröffnung des Insolvenzverfahrens ausgeübt werden, wenn seine Voraussetzungen gegeben sind. Insoweit enthält nur § 112 für Miet- und Pachtverhältnisse eine Einschränkung.

§ 119 berührt auch nicht die Wirksamkeit der Bestimmung des § 8 Nr. 2 der Verdingungsordnung für Bauleistungen, Teil B, die in der Fassung von 1979 folgenden Wortlaut hat:

„(1) Der Auftraggeber kann den Vertrag kündigen, wenn der Auftragnehmer seine Zahlungen einstellt, das Vergleichsverfahren beantragt oder in Konkurs gerät.

(2) Die ausgeführten Leistungen sind nach § 6 Nr. 5 abzurechnen. Der Auftraggeber kann Schadenersatz wegen Nichterfüllung des Restes verlangen."

Wie der Bundesgerichtshof klargestellt hat (BGHZ 96, 34 zur insoweit gleichlautenden Fassung von 1973), liegt die Bedeutung dieser Bestimmung nicht in der Festlegung eines Kündigungsrechts des Auftraggebers für den Insolvenzfall; denn schon nach § 649 BGB kann der Besteller den Werkvertrag jederzeit kündigen. § 8 Nr. 2 VOB/B hat vielmehr den Zweck, die Rechtsfolgen einer Kündigung des Auftraggebers im Insolvenzfall abweichend von der Gesetzeslage zu regeln, insbesondere dem Auftraggeber in diesem Fall einen Anspruch auf Schadenersatz wegen Nichterfüllung einzuräumen. Die Frage, ob diese Regelung der Rechtsfolgen einer Kündigung wirksam ist, wird durch die neue Vorschrift der Insolvenzordnung nicht entschieden; die Beantwortung dieser Frage kann weiter der Rechtsprechung überlassen bleiben.

Entsprechendes gilt für § 9 Nr. 1 VOB/B, soweit diese bei Werkverträgen zugrunde gelegt wird.

§ 120
Kündigung von Betriebsvereinbarungen

(1) Sind in Betriebsvereinbarungen Leistungen vorgesehen, welche die Insolvenzmasse belasten, so sollen Insolvenzverwalter und Betriebsrat über eine einvernehmliche Herabsetzung der Leistungen beraten. Diese Betriebsvereinbarungen können auch dann mit einer Frist von drei Monaten gekündigt werden, wenn eine längere Frist vereinbart ist.

(2) Unberührt bleibt das Recht, eine Betriebsvereinbarung aus wichtigem Grund ohne Einhaltung einer Kündigungsfrist zu kündigen.

§ 120 entspricht § 138 Abs. 1 Satz 1, Abs. 2 RegEInsO. Der folgende Begründungstext entspricht im wesentlichen BT-Drs. 12/2443, S. 153, „Zu § 138" und BT-Drs. 12/7302, S. 170, zu Nr. 75 („Zu § 138 Abs. 1").

In Betriebsvereinbarungen können Regelungen getroffen sein, die das Unternehmen des Schuldners mit erheblichen Verbindlichkeiten belasten. So kann in einer Betriebsvereinbarung die Unterhaltung einer Kantine, eines Kindergartens oder eines Erholungsheims festgelegt sein (vgl. § 88 Nr. 2 BetrVG). Im Insolvenzverfahren muß es möglich sein, das Unternehmen kurzfristig von solchen Verbindlichkeiten zu entlasten, unabhängig davon, ob der betreffende Betrieb stillgelegt, im Rahmen des bisherigen Unternehmens fortgeführt oder an einen Dritten veräußert werden soll. Der Eintritt der Insolvenz zeigt, daß die wirtschaftliche Grundlage für eine derartige Betriebsvereinbarung zumindest in Frage gestellt ist.

Im Falle einer geplanten Betriebsveräußerung kann es besonders wichtig sein, eine belastende Betriebsvereinbarung rechtzeitig zu ändern oder aufzuheben: Bestehende Betriebsvereinbarungen sind gemäß § 613 a Abs. 1 Satz 2 BGB auch für den Erwerber des Betriebs verbindlich, und Erwerbsinteressenten könnten es ablehnen, einen so belasteten Betrieb zu übernehmen. Der Wegfall der Belastungen kann dann zur Erhaltung der Arbeitsplätze beitragen.

Absatz 1 sieht daher vor, daß im Insolvenzverfahren zwischen Verwalter und Betriebsrat über belastende Betriebsvereinbarungen verhandelt werden soll. Außerdem können solche Betriebsvereinbarungen stets mit der gesetzlichen Frist des § 77 Abs. 5 BetrVG gekündigt werden. Beide Seiten sind zur Kündigung berechtigt. Die Nachwirkung bestimmter Betriebsvereinbarungen nach § 77 Abs. 6 BetrVG wird dabei nicht angetastet.

Absatz 2 stellt ergänzend klar, daß die in Rechtsprechung und Lehre entwickelten Grundsätze zur Kündigung einer Betriebsvereinbarung aus wichtigem Grund unberührt bleiben (vgl. BAGE 16, 58). Auch die Möglichkeit einer Herabsetzung von Verpflichtungen aus einer Betriebsvereinbarung unter dem Gesichtspunkt des Wegfalls der Geschäftsgrundlage soll nicht eingeschränkt werden.

§ 121
Betriebsänderungen und Vermittlungsverfahren

Im Insolvenzverfahren über das Vermögen des Unternehmers gilt § 112 Abs. 2 Satz 1 des Betriebsverfassungsgesetzes mit der Maßgabe, daß dem Verfahren vor der Einigungsstelle nur dann ein Vermittlungsversuch des Präsidenten des Landesarbeitsamts vorangeht, wenn der Insolvenzverwalter und der Betriebsrat gemeinsam um eine solche Vermittlung ersuchen.

§ 121 entspricht § 139 RegEInsO. Der folgende Begründungstext entspricht BT-Drs. 12/2443, S. 153, „Zu § 139".

Kommt vor einer Betriebsänderung ein Interessenausgleich oder ein Sozialplan nicht zustande, so kann nach § 112 Abs. 2 BetrVG die Einigungsstelle grundsätzlich erst dann angerufen werden, wenn ein Vermittlungsversuch des Präsidenten des Landesarbeitsamtes erfolglos geblieben ist. Nur wenn weder der Unternehmer noch der Betriebsrat um eine solche Vermittlung ersuchen, ist es zulässig, die Einigungsstelle unmittelbar anzurufen.

Mit Rücksicht auf das Bedürfnis nach einer zügigen Durchführung des Insolvenzverfahrens wird diese Vorschrift für den Insolvenzfall dahin abgeändert, daß der Vermittlungsversuch des Präsidenten des Landesarbeitsamts nur bei einem übereinstimmenden Ersuchen von Verwalter und Betriebsrat stattfindet. Beide Parteien sind also berechtigt, nach einem Scheitern der Verhandlungen über einen Interessenausgleich oder einen Sozialplan unmittelbar die Einigungsstelle anzurufen.

§ 122
Gerichtliche Zustimmung zur Duchführung einer Betriebsänderung

(1) Ist eine Betriebsänderung geplant und kommt zwischen Insolvenzverwalter und Betriebsrat der Interessenausgleich nach § 112 des Betriebsverfassungsgesetzes nicht innerhalb von drei Wochen nach Verhandlungsbeginn oder schriftlicher Aufforderung zur Aufnahme von Verhandlungen zustande, obwohl der Verwalter den Betriebsrat rechtzeitig und umfassend unterrichtet hat, so kann der Verwalter die Zustimmung des Arbeitsgerichts dazu beantragen, daß die Betriebsänderung durchgeführt wird, ohne daß das Verfahren nach § 112 Abs. 2 des Betriebsverfassungsgesetzes vorangegangen ist. § 113 Abs. 3 des Betriebsverfassungsgesetzes ist insoweit nicht anzuwenden. Unberührt bleibt das Recht des Verwalters, einen Interessenausgleich nach § 125 zustande zu bringen oder einen Feststellungsantrag nach § 126 zu stellen.

(2) Das Gericht erteilt die Zustimmung, wenn die wirtschaftliche Lage des Unternehmens auch unter Berücksichtigung der sozialen Belange der Arbeitnehmer erfordert, daß die Betriebsänderung ohne vorheriges Verfahren nach § 112 Abs. 2 des Betriebsverfassungsgesetzes durchgeführt wird. Die Vorschriften des Arbeitsgerichtsgesetzes über das Beschlußverfahren gelten entsprechend; Beteiligte sind der Insolvenzverwalter und der Betriebsrat. Der Antrag ist nach Maßgabe des § 61 a Abs. 3 bis 6 des Arbeitsgerichtsgesetzes vorrangig zu erledigen.

(3) Gegen den Beschluß des Gerichts findet die Beschwerde an das Landesarbeitsgericht nicht statt. Die Rechtsbeschwerde an das Bundesarbeitsgericht findet statt, wenn sie in dem Beschluß des Arbeitsgerichts zugelassen wird; § 72 Abs. 2 und 3 des Arbeitsgerichtsgesetzes gilt entsprechend. Die Rechtsbeschwerde ist innerhalb eines Monats nach Zustellung der in vollständiger Form abgefaßten Entscheidung des Arbeitsgericht beim Bundesarbeitsgericht einzulegen und zu begründen.

§ 122 übernimmt mit Änderungen § 140 RegEInsO. Der folgende Begründungstext beruht zum Teil auf BT-Drs. 12/2443, S. 153/154, „Zu § 140", und BT-Drs. 12/7302, S. 170/171, zu Nr. 76 („Zu § 140").

Nach der Rechtsprechung des Bundesarbeitsgerichts darf eine Betriebsänderung im 1
Sinne des § 111 BetrVG erst durchgeführt werden, wenn ein Interessenausgleich zustande
gekommen oder das für den Versuch einer Einigung über den Interessenausgleich vorgesehene Verfahren bis zur Einigungsstelle voll ausgeschöpft ist. Wird die Betriebsänderung vor Abschluß dieses – häufig zeitraubenden – Verfahrens durchgeführt, so entstehen Ansprüche der Arbeitnehmer auf Nachteilsausgleich (§ 113 Abs. 3 BetrVG).
Dies gilt nach der Auffasung des Bundesarbeitsgerichts auch dann, wenn die Betriebsänderung im Konkursverfahren stattfindet und wenn sie die notwendige Folge einer wirtschaftlichen Zwangslage ist (BAGE 47, 329; 49, 160).

Mit dem Ziel einer zügigen Abwicklung des Insolvenzverfahrens ist diese Rechtslage 2
nicht vereinbar. Auch die Abkürzung des Weges zur Einigungsstelle durch § 121 reicht
in diesem Zusammenhang nicht aus. Nach dem Eintritt der Insolvenz ist häufig die
unverzügliche Einstellung der Unternehmenstätigkeit erforderlich, um weitere Verluste
zu vermeiden. Auch wenn Sanierungschancen bestehen, können diese entscheidend
beeinträchtigt werden, wenn es nicht gelingt, einzelne unrentable Betriebe des Unternehmens sofort stillzulegen.

Es wird daher ein Verfahren vorgesehen, das es dem Insolvenzverwalter erlaubt, geplante 3
Betriebsänderungen durchzuführen, bevor das in § 112 Abs. 2 BetrVG vorgesehene
Verfahren für das Zustandekommen eines Interessenausgleichs ausgeschöpft ist. § 122
bietet also – im Unterschied zu §§ 125, 126, die eine neue, eigene Art von Interessenausgleich vorsehen – eine Verkürzung des in § 122 BetrVG vorgesehenen Verfahrens
an. Voraussetzung ist, daß dreiwöchige ergebnislose Verhandlungen über einen Interessenausgleich stattgefunden haben oder seit schriftlicher Aufforderung zur Aufnahme
von Verhandlungen trotz Erfüllung der Unterstützungsobliegenheit des Insolvenzverwalters (Rdnr. 4) drei Wochen fruchtlos verstrichen sind.

Absatz 1 Satz 1 begründet die Obliegenheit des Verwalters, den Betriebsrat rechtzeitig 4
und umfassend zu unterrichten. Durch diese Regelung soll der Verwalter angehalten
werden, den Betriebsrat in seiner Tätigkeit zu unterstützen und in ernsthafte Verhandlungen mit diesem einzutreten. Das Instrumentatium des § 122 soll nicht dazu führen,
daß den im Betriebsverfassungsgesetz vorgesehenen Verfahrensschritten im Insolvenzverfahren regelmäßig ausgewichen wird.

Um Mißbräuchen vorzubeugen, muß die Zustimmung des Arbeitsgerichts eingeholt 5
werden (Absatz 1 Satz 1). Beteiligte an diesem Verfahren sind der Insolvenzverwalter
und der Betriebsrat (Absatz 2 Satz 2).

Durch Absatz 2 wird verdeutlicht, nach welchen Kriterien das Arbeitsgericht zu ent- 6
scheiden hat. Aufgabe des Arbeitsgerichts ist es nicht zu prüfen, ob die beabsichtigte
Betriebsänderung wirtschaftlich sinnvoll ist. Das Arbeitsgericht ist lediglich zur Entscheidung der Frage aufgerufen, ob eine Betriebsänderung aufgrund der wirtschaftlichen
Lage des Unternehmens ohne die Anrufung der Einigungsstelle nach § 112 Abs. 2
BetrVG durchgeführt werden muß. Im Vordergrund der arbeitsgerichtlichen Entscheidung steht also die Eilbedürftigkeit der geplanten Maßnahme. Soll eine Betriebsstillegung schon vor dem Berichtstermin durchgeführt werden, so ist nach § 158 Abs. 2
zusätzlich die Zustimmung des Insolvenzgerichts einzuholen; dieses entscheidet nach
dem im Rahmen von § 158 Abs. 2 maßgeblichen Kriterium, ob die Stillegung ohne
eine erhebliche Verminderung der Insolvenzmasse bis zum Berichtstermin aufgeschoben
werden kann. Diese Frage ist der Beurteilung des Arbeitsgerichts entzogen.

7 Verzögerungen wird ebenso wie bei dem Verfahren nach § 126 entgegengewirkt: Der Antrag des Verwalters ist vorrangig zu erledigen (Absatz 2 Satz 3); einziges Rechtsmittel ist die an scharfe Voraussetzungen gebundene Rechtsbeschwerde zum Bundesarbeitsgericht (Absatz 3).

8 Durch die Generalverweisung in Absatz 2 Satz 2 auf die Vorschriften des Arbeitsgerichtsgesetzes über das Beschlußverfahren wird auch § 85 Abs. 2 ArbGG in Bezug genommen. Danach ist auch im Beschlußverfahren nach § 122 der Erlaß einer einstweiligen Verfügung zulässig.

9 Absatz 1 Satz 3 stellt klar, daß der Insolvenzverwalter den Interessenausgleich nach § 125 oder das Sammelverfahren nach § 126 während des laufenden arbeitsgerichtlichen Verfahrens nach § 122 oder auch danach durchführen kann. Der Verwalter ist nicht gezwungen, das Ende des Verfahrens nach § 122 abzuwarten. Der Verwalter kann sein Vorgehen vielmehr flexibel planen.

§ 123
Umfang des Sozialplans

(1) In einem Sozialplan, der nach der Eröffnung des Insolvenzverfahrens aufgestellt wird, kann für den Ausgleich oder die Milderung der wirtschaftlichen Nachteile, die den Arbeitnehmern infolge der geplanten Betriebsänderung entstehen, ein Gesamtbetrag von bis zu zweieinhalb Monatsverdiensten (§ 10 Abs. 3 des Kündigungsschutzgesetzes) der von einer Entlassung betroffenen Arbeitnehmer vorgesehen werden.

(2) Die Verbindlichkeiten aus einem solchen Sozialplan sind Masseverbindlichkeiten. Jedoch darf, wenn nicht ein Insolvenzplan zustande kommt, für die Berichtigung von Sozialplanforderungen nicht mehr als ein Drittel der Masse verwendet werden, die ohne einen Sozialplan für die Verteilung an die Insolvenzgläubiger zur Verfügung stünde. Übersteigt der Gesamtbetrag aller Sozialplanforderungen diese Grenze, so sind die einzelnen Forderungen anteilig zu kürzen.

(3) Sooft hinreichende Barmittel in der Masse vorhanden sind, soll der Insolvenzverwalter mit Zustimmung des Insolvenzgerichts Abschlagszahlungen auf die Sozialplanforderungen leisten. Eine Zwangsvollstreckung in die Masse wegen einer Sozialplanforderung ist unzulässig.

§ 123 entspricht im wesentlichen § 141 RegEInsO. Der folgende Begründungstext entspricht im wesentlichen BT-Drs. 12/2443, S. 154/155, „Zu § 141", und BT-Drs. 12/7302, S. 171, zu Nr. 77 („Zu § 141 Abs. 2").

1 Die Vorschrift über das Volumen des Sozialplans im Insolvenzverfahren knüpft an das Modell an, das die Kommission für Insolvenzrecht für das „Liquidationsverfahren" entwickelt hat (Leitsätze 4.1.1 bis 4.1.11 des Ersten Berichts) und das in einer geänderten, an die Systematik des geltenden Rechts angepaßten Form bereits in das Gesetz über den Sozialplan im Konkurs- und Vergleichsverfahren aufgenommen worden ist.

Es sind zwei Begrenzungen vorgesehen: Die Gesamthöhe der Sozialplanforderungen darf den Betrag nicht übersteigen, der sich als Summe von zweieinhalb Monatsverdiensten aller von einer Entlassung betroffenen Arbeitnehmer ergibt (absolute Grenze, Absatz 1). Für die Berichtigung der Sozialplanforderungen darf nicht mehr als ein

Drittel der zur Verteilung stehenden Masse verwendet werden (relative Grenze, Absatz 2 Satz 2). Damit werden die Grenzen unverändert übernommen, die im Gesetz über den Sozialplan im Konkurs- und Vergleichsverfahren vorgesehen sind. Dies führt im Zusammenhang der Neuregelungen der Insolvenzordnung in vielen Fällen zu einer Besserstellung der Arbeitnehmer. Die Insolvenzordnung wirkt durch eine ganze Reihe von Maßnahmen der bisherigen Massearmut der Insolvenzen entgegen: Hinzuweisen ist insbesondere auf das verbesserte Anfechtungsrecht (§§ 129 bis 147) und auf den Kostenbeitrag absonderungsberechtigter Gläubiger (§ 171). Im Ergebnis werden die Arbeitnehmer durch die Beibehaltung der relativen Grenze des geltenden Rechts an dem größeren Umfang der Insolvenzmassen beteiligt.

Die absolute Grenze darf nicht dahin mißverstanden werden, daß in der Regel jeder von einer Entlassung betroffene Arbeitnehmer einen Betrag von zweieinhalb Monatsverdiensten als Sozialplanleistung erhalten soll. Vielmehr ist – ebenso wie nach dem geltenden Gesetz über den Sozialplan im Konkurs- und Vergleichsverfahren – stets die Situation des einzelnen Arbeitnehmers zu berücksichtigen. Bei besonderen sozialen Härten sollten höhere, in anderen Fällen geringere Beträge oder auch – wenn ein entlassener Arbeitnehmer sofort einen entsprechenden neuen Arbeitsplatz gefunden hat – gar keine Leistungen vorgesehen werden. 2

Die Vorschriften über die relative Grenze (Absatz 2 Satz 2, 3) gelten für jede Art der Verteilung der Insolvenzmasse nach den gesetzlichen Vorschriften. Sie gilt insbesondere auch für den Fall der Verteilung bei Masseunzulänglichkeit (§ 209); in diesem Fall führt diese Begrenzung dazu, daß auf den Sozialplan keine Zahlungen geleistet werden können. Die Vorschriften über die relative Grenze decken auch den Fall ab, daß in einem Insolvenzverfahren zeitlich nacheinander mehrere Sozialpläne aufgestellt werden. In diesem Fall darf die Gesamtsumme aller Forderungen aus diesen Sozialplänen die relative Grenze nicht übersteigen (vgl. § 4 Satz 3 des Gesetzes über den Sozialplan im Konkurs- und Vergleichsverfahren). 3

Zu beachten ist, daß die relative Begrenzung des Sozialplanvolumens bei einer abweichenden Regelung der Verteilung durch einen Plan, insbesondere aber bei einem Absehen von der Verteilung im Falle eines Fortführungsplans, nicht beachtet zu werden braucht. Das entspricht im wesentlichen der Rechtslage nach dem Gesetz über den Sozialplan im Konkurs- und Vergleichsverfahren: Die Grenze des § 4 Satz 2 dieses Gesetzes wirkt sich bei einer Verteilung nach den Regeln des Konkursverfahrens aus, nicht im Vergleichsverfahren.

Wie nach dem Gesetz über den Sozialplan im Konkurs- und Vergleichsverfahren sind die Begrenzungen des Sozialplanvolumens als Höchstgrenzen ausgestaltet. Ob sie ausgeschöpft werden, bleibt den Parteien, also dem Insolvenzverwalter und dem Betriebsrat, überlassen. Insbesondere wenn eine Sanierung in Aussicht steht, wird der Betriebsrat nicht selten bereit sein, das Volumen niedriger festzusetzen. 4

Die Sozialplanforderungen werden im künftigen Recht nicht mehr als bevorrechtigte Konkursforderungen eingeordnet, sondern als Masseforderungen (Absatz 2 Satz 1). Dadurch wird die Rechtsstellung der Arbeitnehmer mit Sozialplanforderungen formell verbessert. Diese Verbesserung hat allerdings nur begrenzte Bedeutung, da die Vorschrift über die relative Begrenzung des Sozialplanvolumens bewirkt, daß die Sozialplangläubiger grundsätzlich nur befriedigt werden, wenn die übrigen Masseverbindlichkeiten voll erfüllt werden können. Insofern stehen die Sozialplanforderungen trotz ihrer Höherstufung im Nachrang zu den herkömmlichen Masseforderungen. Die Einordnung der 5

Sozialplangläubiger als Massegläubiger hat immerhin den praktischen Vorteil, daß eine Anmeldung und Feststellung der Sozialplanforderungen entfällt.

6   Durch Absatz 3 wird darauf hingewirkt, daß die Arbeitnehmer möglichst frühzeitig Abschlagszahlungen auf ihre Sozialplanforderungen erhalten. Das Erfordernis der Zustimmung des Insolvenzgerichts ist vorgesehen, damit die Befriedigung anderer Gläubiger nicht durch zu hohe Abschlagszahlungen an die Sozialplanberechtigten gefährdet wird; insoweit lehnt sich die Vorschrift an die Regelung in § 170 KO für Vorauszahlungen an bevorrechtigte Gläubiger an. Eine Zwangsvollstreckung der Sozialplangläubiger in die Masse wird für unzulässig erklärt (Absatz 3 Satz 2); diese Rechtsfolge ergibt sich für das geltende Konkursrecht bereits aus der Einordnung der Sozialplanforderungen als Konkursforderungen.

§ 124
Sozialplan vor Verfahrenseröffnung

(1) Ein Sozialplan, der vor der Eröffnung des Insolvenzverfahrens, jedoch nicht früher als drei Monate vor dem Eröffnungsantrag aufgestellt worden ist, kann sowohl vom Insolvenzverwalter als auch vom Betriebsrat widerrufen werden.

(2) Wird der Sozialplan widerrufen, so können die Arbeitnehmer, denen Forderungen aus dem Sozialplan zustanden, bei der Aufstellung eines Sozialplans im Insolvenzverfahren berücksichtigt werden.

(3) Leistungen, die ein Arbeitnehmer vor der Eröffnung des Verfahrens auf seine Forderung aus dem widerrufenen Sozialplan erhalten hat, können nicht wegen des Widerrufs zurückgefordert werden. Bei der Aufstellung eines neuen Sozialplans sind derartige Leistungen an einen von einer Entlassung betroffenen Arbeitnehmer bei der Berechnung des Gesamtbetrags der Sozialplanforderungen nach § 123 Abs. 1 bis zur Höhe von zweieinhalb Monatsverdiensten abzusetzen.

§ 124 entspricht im wesentlichen § 142 RegEInsO. Der folgende Begründungstext entspricht BT-Drs. 12/2443, S. 155, „Zu § 142".

1   Sozialpläne, die vor der Eröffnung des Insolvenzverfahrens, jedoch nicht früher als drei Monate vor dem Eröffnungsantrag aufgestellt worden sind, sollen typischerweise bereits Nachteile ausgleichen, die mit dem Eintritt der Insolvenz in Zusammenhang stehen. Es erscheint daher angemessen, die durch solche Sozialpläne begünstigten Arbeitnehmer weitgehend den Arbeitnehmern gleichzustellen, denen Forderungen aus einem im Verfahren aufgestellten Sozialplan zustehen. Von diesem Grundgedanken geht auch das Gesetz über den Sozialplan im Konkurs- und Vergleichsverfahren aus, indem es einerseits die Forderungen aus derartigen Sozialplänen mit dem gleichen Konkursvorrecht versieht wie Forderungen aus im Verfahren aufgestellten Plänen (§ 4 Satz 1), andererseits diese Forderungen der Höhe nach begrenzt, um die Einhaltung des im Verfahren zulässigen Sozialplanvolumens zu gewährleisten (§ 3). Die Regelung ist in der Praxis bisher kaum zur Anwendung gekommen; dies hat eine Umfrage bei den Gerichten zum Sozialplangesetz ergeben.

2   In der neuen Vorschrift wird eine andere rechtstechnische Ausgestaltung gewählt. Ein in der kritischen Zeit vor der Verfahrenseröffnung zustande gekommener Sozialplan kann widerrufen werden (Absatz 1); in diesem Fall können die begünstigten Arbeit-

nehmer bei der Aufstellung des neuen Sozialplans berücksichtigt werden (Absatz 2). Diese Konstruktion ermöglicht es, daß bei der Aufstellung des Sozialplans im Insolvenzverfahren die Leistungen an die bereits in einem früheren Sozialplan berücksichtigten Arbeitnehmer neu festgesetzt werden. Auch insoweit kann die schwierige wirtschaftliche Lage, in die das Unternehmen geraten ist, voll berücksichtigt werden; z. B. kann das Sozialplanvolumen unterhalb der zulässigen Höchstgrenzen festgelegt werden, um die Sanierungschancen zu verbessern. Weiter kann die Beteiligung der einzelnen Arbeitnehmer an dem jetzt geringeren Gesamtvolumen neu festgelegt werden, z. B. können die Mittel auf besondere Notfälle konzentriert werden. Die Festlegung der Sozialplanleistungen im Insolvenzverfahren für die bereits in einem früheren Sozialplan berücksichtigten Arbeitnehmer gewährleistet im übrigen, daß auch diese Leistungen ungekürzt aus der Insolvenzmasse zu zahlen sind.

In Absatz 3 wird im Interesse der Rechtssicherheit festgelegt, daß bereits ausgezahlte Sozialplanleistungen nicht deshalb zurückgefordert werden können, weil der Sozialplan im Insolvenzverfahren widerrufen wird (Satz 1). Das Volumen des Sozialplans im Insolvenzverfahren ist dann unter Berücksichtigung dieser Leistungen niedriger festzusetzen (Satz 2). Eine Rückforderung auf Grund des Rechts der Insolvenzanfechtung wird durch die Vorschrift nicht ausgeschlossen. **3**

Ist ein Sozialplan früher als drei Monate vor dem Antrag auf Eröffnung des Insolvenzverfahrens aufgestellt worden und sind Forderungen aus diesem Sozialplan im Zeitpunkt der Verfahrenseröffnung noch nicht berichtigt, so können diese Forderungen im Verfahren nur als Insolvenzforderungen geltend gemacht werden. Nach den Erfahrungen mit dem Gesetz über den Sozialplan im Konkurs- und Vergleichsverfahren haben solche Fälle keine praktische Bedeutung. **4**

§ 125
Interessenausgleich und Kündigungsschutz

(1) Ist eine Betriebsänderung (§ 111 des Betriebsverfassungsgesetzes) geplant und kommt zwischen Insolvenzverwalter und Betriebsrat ein Interessenausgleich zustande, in dem die Arbeitnehmer, denen gekündigt werden soll, namentlich bezeichnet sind, so ist § 1 des Kündigungsschutzgesetzes mit folgenden Maßgaben anzuwenden:

1. es wird vermutet, daß die Kündigung der Arbeitsverhältnisse der bezeichneten Arbeitnehmer durch dringende betriebliche Erfordernisse, die einer Weiterbeschäftigung in diesem Betrieb oder einer Weiterbeschäftigung zu unveränderten Arbeitsbedingungen entgegenstehen, bedingt ist;

2. die soziale Auswahl der Arbeitnehmer kann nur im Hinblick auf die Dauer der Betriebszugehörigkeit, das Lebensalter und die Unterhaltspflichten und auch insoweit nur auf grobe Fehlerhaftigkeit nachgeprüft werden; sie ist nicht als grob fehlerhaft anzusehen, wenn eine ausgewogene Personalstruktur erhalten oder geschaffen wird.

Satz 1 gilt nicht, soweit sich die Sachlage nach Zustandekommen des Interessenausgleichs wesentlich geändert hat.

(2) Der Interessenausgleich nach Absatz 1 ersetzt die Stellungnahme des Betriebsrats nach § 17 Abs. 3 Satz 2 des Kündigungsschutzgesetzes.

§ 125 – Einzelerläuterungen   Teil 2 – Insolvenzordnung

§ 125 entspricht § 143 a BT-RA-EInsO, der § 128 RegEInsO mit Änderungen übernommen hat. Der folgende Begründungstext beruht weitgehend auf BT-Drs. 12/2443, S. 149, „Zu § 128", und BT-Drs. 12/7302, S. 171/172, zu Nr. 79 („Zu § 143 a").

1   Im Insolvenzverfahren sind häufig Betriebsänderungen erforderlich, die mit der Entlassung einer größeren Zahl von Arbeitnehmern verbunden sind. Die zügige Durchführung derartiger Betriebsänderungen darf nicht dadurch in Frage gestellt werden, daß der Insolvenzverwalter einer Fülle von langwierigen Kündigungsschutzprozessen ausgesetzt ist. Insbesondere muß verhindert werden, daß eine beabsichtigte, mit Rationalisierungsmaßnahmen verbundene Betriebsveräußerung daran scheitert, daß der potentielle Erwerber nicht übersehen kann, welche Arbeitsverhältnisse mit dem Betrieb auf ihn übergehen würden (§ 613 a BGB). Auf der anderen Seite darf den betroffenen Arbeitnehmern der Rechtsschutz gegen eine ungerechtfertigte Kündigung nicht genommen werden. Es ist daher erforderlich, besondere Verfahren zur schnellen und gemeinschaftlichen Klärung der Wirksamkeit aller im Zusammenhang mit einer Betriebsänderung ausgesprochenen Kündigungen zu schaffen. Diesem Ziel dienen die §§ 125 bis 127.

2   Diese neuen insolvenzrechtlichen Instrumentarien zur Erleichterung eines unvermeidlichen Personalabbaus und zur Vermeidung nachteiliger Wirkungen des § 613 a BGB werden insgesamt an die spezifisch betriebsverfassungsrechtlichen Insolvenzregelungen angeschlossen. Durch diese systematische Stellung wird auch erreicht, daß die allgemeinere Vorschrift des § 122, die an den Interessenausgleich nach § 112 BetrVG anknüpft, vor der besonderen Vorschrift über eine neue Art von Interessenausgleich im Insolvenzfall, § 125, steht.

3   Schon zum geltenden Betriebsverfassungsrecht hat das Bundesarbeitsgericht entschieden, daß in einem Interessenausgleich nach § 112 Abs. 1 BetrVG wirksam Auswahlkriterien für Kündigungen festgelegt werden können, die infolge der Betriebsänderung notwendig werden (BAGE 43, 357, 365). § 125 enthält eine weitergehende Regelung: Wenn zwischen Insolvenzverwalter und Betriebsrat in einem Interessenausgleich Einigkeit darüber erzielt worden ist, welche Arbeitnehmer im Zusammenhang mit der geplanten Betriebsänderung entlassen werden müssen, ist es gerechtfertigt, die soziale Rechtfertigung der Kündigungen nur noch in Ausnahmefällen in Frage stellen zu lassen. Denn es kann als Regelfall angenommen werden, daß der Betriebsrat seine Verantwortung gegenüber den Arbeitnehmern wahrnimmt, nur unvermeidbaren Entlassungen zustimmt und darauf achtet, daß bei der Auswahl der ausscheidenden Arbeitnehmer soziale Gesichtspunkte ausreichend berücksichtigt werden.

4   Nach Absatz 1 Satz 1 Nr. 1 wird daher vermutet, daß einer Weiterbeschäftigung der bezeichneten Arbeitnehmer dringende betriebliche Erfordernisse entgegenstehen; wenn die Arbeitnehmer dies bestreiten wollen, sind sie entgegen § 1 Abs. 2 Satz 4 KSchG beweispflichtig. Absatz 1 Satz 1 Nr. 1 gilt auch für den Fall der Änderungskündigung. Bei der Änderungskündigung besteht ebenfalls ein Bedürfnis, im Interesse der Verfahrensvereinfachung und der Verfahrensbeschleunigung die erforderlichen Kündigungen in einem Interessenausgleich zusammengefaßt zu regeln und dadurch erreichen zu können, daß die Rechtmäßigkeit der Kündigungen in späteren Individualkündigungsschutzverfahren nur eingeschränkt überprüft werden kann.

5   Die soziale Auswahl kann zudem nach Absatz 1 Satz 1 Nr. 2 nur dann mit Erfolg in Frage gestellt werden, wenn sie grob fehlerhaft ist, wobei nur die drei wesentlichen Kriterien der Dauer der Betriebszugehörigkeit, des Lebensalters und der Unterhalts-

pflichten nachgeprüft werden können. Diese Beschränkung des Prüfungsumfangs wird die Tätigkeit des Arbeitsgerichts erleichtern und die Individualkündigungsschutzverfahren verkürzen. Nummer 2 bestimmt ferner, daß eine Sozialauswahl dann nicht als grob fehlerhaft anzusehen ist, wenn sie der Erhaltung oder Schaffung einer ausgewogenen Personalstruktur dient. Diese Einschränkung kann im Fall der Sanierung eines Unternehmens eine wichtige Rolle spielen. Gerade im Hinblick auf die drei wesentlichen Kriterien zur sozialen Auswahl ist ein Korrektiv erforderlich, das dem Schuldner oder auch dem Übernehmer ein funktions- und wettbewerbsfähiges Arbeitnehmerteam erhält. Dafür ist die Ausgewogenheit der Personalstruktur von erheblicher Bedeutung.

Nachträgliche gravierende Änderungen der Sachlage sind allerdings zu berücksichtigen. Zu denken ist an die Fallkonstellation, daß ein Interessenausgleich im Hinblick auf eine Betriebsstillegung vereinbart wurde, nach Ausspruch der Kündigungen aber ein Erwerber den Betrieb übernimmt. Bei dieser gravierenden nachträglichen Änderung der Sachlage darf die Überprüfung der Rechtmäßigkeit der Kündigungen nicht eingeschränkt werden. **6**

Für das Zustandekommen des Interessenausgleichs gilt § 112 Abs. 1 bis 3 BetrVG; zu beachten ist lediglich die Sonderregelung in § 121 für den Vermittlungsversuch des Präsidenten des Landesarbeitsamts. Können sich also der Insolvenzverwalter und der Betriebsrat nicht darüber einigen, welche Personen zu entlassen sind, so kann auch die Einigungsstelle diese fehlende Einigung nicht ersetzen. Dem Insolvenzverwalter bleibt dann die Möglichkeit, die gerichtliche Feststellung nach § 126 zu beantragen. **7**

§ 125 bietet als eine zentrale Vorschrift zur Erleichterung der Sanierung eines insolventen Unternehmens dem Insolvenzverwalter eine von mehreren Möglichkeiten des Vorgehens. Beispielsweise ist der Insolvenzverwalter nicht gehindert, Arbeitsverhältnisse zu kündigen, ohne einen Interessenausgleich nach § 125 zu versuchen und ohne das gerichtliche Verfahren nach § 126 zur Feststellung der Betriebsbedingtheit und sozialen Rechtfertigung der Kündigung durchzuführen. Der Verwalter hat jedoch die Regelungen des Betriebsverfassungsgesetzes für einen Personalabbau, insbesondere § 112 a BetrVG, zu beachten. **8**

Absatz 2 dient dem zügigen Ablauf der für die Kündigungen erforderlichen Verfahrensschritte. **9**

§ 126
Beschlußverfahren zum Kündigungsschutz

(1) Hat der Betrieb keinen Betriebsrat oder kommt aus anderen Gründen innerhalb von drei Wochen nach Verhandlungsbeginn oder schriftlicher Aufforderung zur Aufnahme von Verhandlungen ein Interessenausgleich nach § 125 Abs. 1 nicht zustande, obwohl der Verwalter den Betriebsrat rechtzeitig und umfassend unterrichtet hat, so kann der Insolvenzverwalter beim Arbeitsgericht beantragen festzustellen, daß die Kündigung der Arbeitsverhältnisse bestimmter, im Antrag bezeichneter Arbeitnehmer durch dringende betriebliche Erfordernisse bedingt und sozial gerechtfertigt ist. Die soziale Auswahl der Arbeitnehmer kann nur im Hinblick auf die Dauer der Betriebszugehörigkeit, das Lebensalter und die Unterhaltspflichten nachgeprüft werden.

(2) Die Vorschriften des Arbeitsgerichtsgesetzes über das Beschlußverfahren gelten entsprechend; Beteiligte sind der Insolvenzverwalter, der Betriebsrat und

die bezeichneten Arbeitnehmer, soweit sie nicht mit der Beendigung der Arbeitsverhältnisse oder mit den geänderten Arbeitsbedingungen einverstanden sind. § 122 Abs. 2 Satz 3, Abs. 3 gilt entsprechend.

(3) Für die Kosten, die den Beteiligten im Verfahren des ersten Rechtszugs entstehen, gilt § 12 a Abs. 1 Satz 1 und 2 des Arbeitsgerichtsgesetzes entsprechend. Im Verfahren vor dem Bundesarbeitsgericht gelten die Vorschriften der Zivilprozeßordnung über die Erstattung der Kosten des Rechtsstreits entsprechend.

§ 126 entspricht im wesentlichen § 143 b BT-RA-EInsO, der § 129 RegEInsO mit Änderungen übernommen hat. Der folgende Begründungstext beruht im wesentlichen auf BT-Drs. 12/2443, S. 149/150, „Zu § 129", und BT-Drs. 12/7302, S. 172, zu Nr. 80 („Zu § 143 b").

1 Die Vorschrift ergänzt die Regelung des § 125. Ist eine umfassende Klärung der Rechtmäßigkeit von Kündigungen durch einen Interessenausgleich innerhalb von drei Wochen (Absatz 1 Satz 1) trotz Erfüllung der Unterrichtungsobliegenheiten (Absatz 1 Satz 1; vgl. hierzu auch Rdnr. 4 der Begründung zu § 122) nicht möglich – sei es, weil kein Betriebsrat vorhanden ist, sei es, weil keine Einigung zwischen Betriebsrat und Insolvenzverwalter erzielt wird –, so kann der Verwalter die soziale Rechtfertigung der geplanten Entlassungen in einem besonderen Beschlußverfahren vor dem Arbeitsgericht feststellen lassen. Entsprechend § 125 Abs. 1 Nr. 2 wird auch für das Sammelverfahren nach § 126 die Überprüfung der Sozialauswahl auf die genannten drei wesentlichen Kriterien begrenzt.

§ 126 gilt auch für Änderungskündigungen, wie sich aus Absatz 2 Satz 1 ergibt (vgl. hierzu Rdnr. 4 der Begründung zu § 125).

2 Für das Verfahren gelten im Grundsatz die Regelungen des Arbeitsgerichtsgesetzes über das Beschlußverfahren, z. B. § 82 ArbGG über die örtliche Zuständigkeit. Diese Regelungen werden ergänzt und abgeändert durch einzelne Vorschriften, die der besonderen Eilbedürftigkeit des neuen Verfahrens Rechnung tragen. Nach Absatz 2 Satz 2 i. V. m. § 122 Abs. 2 Satz 3 ist das Verfahren vom Gericht mit Vorrang vor anderen Verfahren zu behandeln und auch von den Beteiligten zügig voranzutreiben. Von den im Antrag bezeichneten Arbeitnehmern sind diejenigen nicht am Verfahren beteiligt, die – vor oder während des Verfahrens – die Kündigung als berechtigt anerkennen (Absatz 2 Satz 1). Einziges Rechtsmittel gegen die Entscheidung des Arbeitsgerichts ist die Rechtsbeschwerde zum Bundesarbeitsgericht, die nur bei grundsätzlicher Bedeutung der Rechtssache oder bei Abweichung von einer obergerichtlichen Entscheidung zugelassen werden darf. Das Rechtsmittel ist binnen eines Monates nicht nur einzulegen, sondern auch zu begründen (Absatz 2 Satz 2 i. V. m. § 122 Abs. 3).

3 Gerichtskosten sollen für das Verfahren nicht erhoben werden (vgl. § 12 Abs. 5 ArbGG). Eine Erstattung außergerichtlicher Kosten ist in Absatz 3 nicht für das erstinstanzliche Verfahren vor dem Arbeitsgericht, wohl aber für das Verfahren über die Rechtsbeschwerde vor dem Bundesarbeitsgericht vorgesehen. Dadurch wird insbesondere gewährleistet, daß ein Arbeitnehmer, der im Rechtsbeschwerdeverfahren obsiegt, die Kosten seines Prozeßvertreters ersetzt bekommt, ebenso wie dies in dem Fall geschieht, daß der Arbeitnehmer in einem Kündigungsschutzprozeß erfolgreich Revision einlegt. Für die Berechnung der Gebühren des Prozeßvertreters wird § 12 Abs. 7 ArbGG, der den Streitwert von Kündigungsschutzprozessen auf den Vierteljahresbetrag des Arbeitsentgelts beschränkt, entsprechend anzuwenden sein.

§ 127
Klage des Arbeitnehmers

(1) Kündigt der Insolvenzverwalter einem Arbeitnehmer, der in dem Antrag nach § 126 Abs. 1 bezeichnet ist, und erhebt der Arbeitnehmer Klage auf Feststellung, daß das Arbeitsverhältnis durch die Kündigung nicht aufgelöst oder die Änderung der Arbeitsbedingungen sozial ungerechtfertigt ist, so ist die rechtskräftige Entscheidung im Verfahren nach § 126 für die Parteien bindend. Dies gilt nicht, soweit sich die Sachlage nach dem Schluß der letzten mündlichen Verhandlung wesentlich geändert hat.

(2) Hat der Arbeitnehmer schon vor der Rechtskraft der Entscheidung im Verfahren nach § 126 Klage erhoben, so ist die Verhandlung über die Klage auf Antrag des Verwalters bis zu diesem Zeitpunkt auszusetzen.

§ 127 entspricht im wesentlichen § 143 c BT-RA-EInsO, der § 130 Abs. 1, 2 RegEInsO mit Änderungen übernommen hat. Der folgende Begründungstext beruht weitgehend auf BT-Drs. 12/2443, S. 150, „Zu § 130", und BT-Drs. 12/7302, S. 172/173 zu Nr. 81 („Zu § 143 c").

In der Vorschrift wird zunächst klargestellt, daß die rechtskräftige Entscheidung im Beschlußverfahren nach § 126 im Individualprozeß um den Kündigungsschutz des Arbeitnehmers wegen einer Kündigung oder Änderungskündigung bindend ist; nachträgliche wesentliche Änderungen der Sachlage sind allerdings – ebenso wie im Falle des § 125 – zu berücksichtigen (Absatz 1). 1

In Absatz 2 wird die zeitliche Koordinierung von Beschlußverfahren und Individualverfahren behandelt. Der Verwalter kann die Kündigungen, die er für erforderlich hält, schon vor der Antragstellung aussprechen. Er kann abwarten, welche Arbeitnehmer die Kündigungen nicht hinnehmen, sondern fristgerecht Klage erheben. Der Verwalter hat dann die Möglichkeit, den Feststellungsantrag nach § 126 auf diese streitigen Fälle zu beschränken; die Individualprozesse sind auf seinen Antrag bis zur rechtskräftigen Entscheidung über den Feststellungsantrag auszusetzen (Absatz 2). 2

§ 128
Betriebsveräußerung

(1) Die Anwendung der §§ 125 bis 127 wird nicht dadurch ausgeschlossen, daß die Betriebsänderung, die dem Interessenausgleich oder dem Feststellungsantrag zugrundeliegt, erst nach einer Betriebsveräußerung durchgeführt werden soll. An dem Verfahren nach § 126 ist der Erwerber des Betriebes beteiligt.

(2) Im Falle eines Betriebsübergangs erstreckt sich die Vermutung nach § 125 Abs. 1 Satz 1 Nr. 1 oder die gerichtliche Feststellung nach § 126 Abs. 1 Satz 1 auch darauf, daß die Kündigung der Arbeitsverhältnisse nicht wegen des Betriebsübergangs erfolgt.

§ 128 entspricht im wesentlichen § 143 d BT-RA-EInsO, der § 131 RegEInsO mit Änderungen übernommen hat. Der folgende Begründungstext entspricht im wesentlichen BT-Drs. 12/2443, S. 150, „Zu § 131", und BT-Drs. 12/7302, S. 173, zu Nr. 82 („Zu § 143 d").

1 Ein besonderes Bedürfnis für eine rasche Klärung von Kündigungsschutz-Streitigkeiten besteht häufig in dem Fall, daß eine Betriebsveräußerung geplant ist, bei der der Betrieb auf die Erfordernisse des Erwerbers umgestellt werden und ein Teil der Arbeitsplätze wegfallen soll. In diesem Fall soll der Insolvenzverwalter nicht darauf verwiesen werden, die Betriebsänderung selbst durchzuführen und den Betrieb erst anschließend zu veräußern. Um einen wirtschaftlich zweckmäßigen Ablauf nicht zu behindern, wird es ermöglicht, daß die Betriebsänderung erst vom Erwerber durchgeführt wird, daß der Insolvenzverwalter aber schon vor der Betriebsveräußerung nicht nur die erforderlichen Kündigungen ausspricht, sondern auch in den besonderen Verfahren der §§ 125 und 126 deren Wirksamkeit klärt (Absatz 1 Satz 1). Dem Erwerber wird durch Absatz 1 Satz 2 im Beschlußverfahren vor dem Arbeitsgericht die Rechtsstellung eines Beteiligten eingeräumt. Die Insolvenzordnung verringert auf diese Weise die praktischen Schwierigkeiten, die sich in der heutigen Konkurspraxis aus dem zwingend vorgeschriebenen Übergang aller Arbeitsverhältnisse auf einen Betriebserwerber (§ 613 a BGB) ergeben.

2 In Absatz 2 wird ergänzend festgelegt, daß sich im Falle eines Betriebsübergangs die Vermutungswirkung einer Betriebsvereinbarung nach § 125 und die gerichtliche Prüfung und Feststellung nach § 126 auch darauf erstrecken, daß kein Verstoß gegen § 613 a Abs. 4 BGB vorliegt. Ein Arbeitnehmer, der auf Grund von § 125 oder § 126 nicht mehr in Frage stellen kann, daß die Kündigung im Sinne des § 1 Abs. 2 Satz 1 KSchG betriebsbedingt ist, kann sich auch nicht mehr mit Erfolg darauf berufen, daß die Kündigung „wegen des Betriebsübergangs" erfolgt sei.

3 Ein weiterer Schritt zur Überwindung der praktischen Schwierigkeiten, die mit § 613 a BGB verbunden sind, liegt in der Regelung der Insolvenzordnung, daß ein Verstoß gegen § 613 a Abs. 4 BGB im Insolvenzverfahren nur innerhalb von drei Wochen geltend gemacht werden kann (§ 113 Abs. 2 Satz 1; vgl. auch Rdnr. 7 der Begründung zu § 113).

DRITTER ABSCHNITT
Insolvenzanfechtung

§ 129
Grundsatz

(1) Rechtshandlungen, die vor der Eröffnung des Insolvenzverfahrens vorgenommen worden sind und die Insolvenzgläubiger benachteiligen, kann der Insolvenzverwalter nach Maßgabe der §§ 130 bis 146 anfechten.

(2) Eine Unterlassung steht einer Rechtshandlung gleich.

§ 129 entspricht im wesentlichen § 144 RegEInsO. Der folgende Begründungstext entspricht im wesentlichen BT-Drs. 12/2443, S. 157, „Zu § 144".

1 In Anlehnung an das geltende Konkursrecht (§ 29 KO) umschreibt Absatz 1 den Anwendungsbereich der Insolvenzanfechtung. Sie erfaßt grundsätzlich nur Rechtshandlungen, die vor der Eröffnung des Verfahrens rechtswirksam vorgenommen worden sind. Entsprechend der Regelung des § 42 KO sollen Rechtshandlungen, die nach der Eröffnung des Verfahrens vorgenommen worden sind, nur in den Fällen des § 147 anfechtbar sein.

2 In Ergänzung des Wortlauts des § 29 KO hebt Absatz 1 als Grundvoraussetzung einer jeden Anfechtbarkeit hervor, daß – was von jeher in Rechtsprechung und Literatur unumstritten ist – die Insolvenzgläubiger in ihrer Gesamtheit durch die anzufechtende Rechtshandlung objektiv benachteiligt sein müssen.

Die Gläubiger werden in diesem Sinne benachteiligt, wenn ihre Befriedigung beeinträchtigt wird. Eine solche Beeinträchtigung liegt vor, wenn die Befriedigung verkürzt (vermindert), vereitelt, erschwert oder verzögert wird. Würde die Beseitigung des durch die Rechtshandlung eingetretenen Erfolges die Befriedigungsmöglichkeit der Gläubiger in keiner Weise verbessern, wäre das Erfordernis der Gläubigerbenachteiligung nicht erfüllt. Sofern die Insolvenzordnung nicht ausdrücklich eine unmittelbare Benachteiligung der Gläubiger verlangt, genügt auch eine mittelbare Beeinträchtigung; diese ist gegeben, wenn zwar die Rechtshandlung selbst noch keinen Nachteil für die Gläubiger bedeutet, wenn sie aber die Grundlagen für eine weitere, die Gläubiger schädigende Handlung schafft. So kann die Veräußerung eines Grundstücks auch dann wegen vorsätzlicher Benachteiligung (§ 133) anfechtbar sein, wenn sie zwar zu einem angemessenen Preis erfolgt, wenn der Schuldner aber die dem anderen Teil bekannte Absicht hat, das Geld dem Zugriff der Gläubiger zu entziehen.

Auf die Übernahme der Worte „als den Konkursgläubigern gegenüber unwirksam" (§ 29 KO) ist bewußt verzichtet worden. Schon zum geltenden Recht hat sich die Auffassung durchgesetzt, daß die Anfechtbarkeit einer Rechtshandlung nicht als relative Unwirksamkeit aufzufassen ist, sondern im Regelfall einen obligatorischen Rückgewähranspruch begründet (vgl. § 143). Eine weitergehende Stellungnahme zum Steit um die dogmatische Einordnung der Anfechtung ergibt sich aus der Insolvenzordnung nicht. **3**

Der Begriff der Rechtshandlung ist – wie im geltenden Recht – weit auszulegen. Die Handlung braucht nicht vom Schuldner, sondern kann auch von einem Dritten vorgenommen worden sein. Auch Vollstreckungshandlungen, gerichtliche Vermögensauseinandersetzungen und andere auf der Entscheidung eines Gerichts beruhende Vermögensverschiebungen werden erfaßt. **4**

Absatz 2 stellt Unterlassungen ausdrücklich den Rechtshandlungen gleich. Das geltende Anfechtungsrecht – innerhalb wie außerhalb des Konkursverfahrens – regelt dagegen die Unterlassungen nicht, da der Gesetzgeber davon ausging, daß Unterlassungen grundsätzlich nicht anfechtbar sind. In Rechtsprechung und Schrifttum hat sich jedoch schon lange und einheitlich die Auffassung durchgesetzt, daß – prozessuale und materielle – Unterlassungen für die Anfechtbarkeit den positiven Handlungen gleichgestellt werden müssen, weil sie die gleichen gläubigerbenachteiligenden Wirkungen haben können. Wie bei den Rechtshandlungen durch positives Tun richten sich die Voraussetzungen der Anfechtbarkeit von Unterlassungen nach den einzelnen Anfechtungstatbeständen. **5**

§ 130
Kongruente Deckung

(1) Anfechtbar ist eine Rechtshandlung, die einem Insolvenzgläubiger eine Sicherung oder Befriedigung gewährt oder ermöglicht hat,

1. wenn sie in den letzten drei Monaten vor dem Antrag auf Eröffnung des Insolvenzverfahrens vorgenommen worden ist, wenn zur Zeit der Handlung der Schuldner zahlungsunfähig war und wenn der Gläubiger zu dieser Zeit die Zahlungsunfähigkeit kannte oder

2. wenn sie nach dem Eröffnungsantrag vorgenommen worden ist und wenn der Gläubiger zur Zeit der Handlung die Zahlungsunfähigkeit oder den Eröffnungsantrag kannte.

(2) Der Kenntnis der Zahlungsunfähigkeit oder des Eröffnungsantrags steht die Kenntnis von Umständen gleich, die zwingend auf die Zahlungsunfähigkeit oder den Eröffnungsantrag schließen lassen.

(3) Gegenüber einer Person, die dem Schuldner zur Zeit der Handlung nahestand (§ 138), wird vermutet, daß sie die Zahlungsunfähigkeit oder den Eröffnungsantrag kannte.

§ 130 übernimmt mit Änderungen § 145 RegEInsO. Der folgende Begründungstext beruht weitgehend auf BT-Drs. 12/2443, S. 157/158, „Zu § 145", und BT-Drs. 12/7302, S. 173, zu Nr. 83 („Zu § 145").

1 Diese Vorschrift regelt die Anfechtbarkeit einer dem Gläubiger gebührenden (kongruenten) Sicherung oder Befriedigung (Deckung). Sie tritt an die Stelle von § 30 Nr. 1 Fall 2 KO (vgl. auch § 10 Abs. 1 Nr. 4 GesO).

2 Zum objektiven Tatbestand geht Absatz 1 über das geltende Konkursrecht insoweit hinaus, als mit dem Begriff „Insolvenzgläubiger" auch die nachrangigen Gläubiger (§ 39) erfaßt werden. Weiter werden auch Rechtshandlungen einbezogen, die eine Deckung „ermöglichen". Dabei ist vor allem an Prozeßhandlungen gedacht, die – wie z. B. ein Anerkenntnis – selbst zwar keine Deckung gewähren, jedoch zu einer solchen führen können. Ohne diese Erweiterung, die auch in § 131 vorgesehen ist, wäre in diesen Fällen nur eine Anfechtung wegen vorsätzlicher Benachteiligung unter den strengeren Voraussetzungen des § 133 möglich; dies erscheint indes nicht gerechtfertigt.

3 Eine weitere Abweichung von § 30 KO liegt darin, daß nicht auf die Zahlungseinstellung, sondern auf die Zahlungsunfähigkeit abgestellt wird. Die Zahlungseinstellung ist zwar die wichtigste Erscheinungsform der Zahlungsunfähigkeit; es gibt aber genügend Fälle, in denen Zahlungsunfähigkeit vorliegt, obwohl der Schuldner noch einzelne Gläubiger befriedigt. In diesen Fällen soll die Anfechtung unter den gleichen Voraussetzungen möglich sein wie bei einer allgemeinen Einstellung der Zahlungen.

4 Die Anfechtbarkeit vor dem Eröffnungsantrag vorgenommener Rechtshandlungen muß im Interesse der Rechtssicherheit zeitlich begrenzt werden. Absatz 1 Nr. 1 sieht hier einen Zeitraum von drei Monaten vor dem Eröffnungsantrag vor; er ersetzt die Sechsmonatsfrist des § 33 KO, die auf die Verfahrenseröffnung bezogen ist. Unberührt bleibt die Anfechtung nach anderen Tatbeständen, insbesondere wegen vorsätzlicher Benachteiligung (§ 133).

5 Die neue Vorschrift hält im Grundsatz (vgl. aber Rdnr. 6) an den subjektiven Voraussetzungen in der Person des Anfechtungsgegners fest. Ein Gläubiger, der eine vertraglich geschuldete Leistung erhalten hat, muß grundsätzlich darauf vertrauen können, daß er die ihm zustehende Leistung behalten darf. Dieses Vertrauen verdient jedoch dann keinen Schutz, wenn er wußte, daß die Krise eingetreten war. Er trägt dann das Risiko, daß er die empfangene Leistung zur Insolvenzmasse zurückgewähren muß, wenn das Insolvenzverfahren innerhalb einer bestimmten Zeit eröffnet wird.

6 Die zeitliche Nähe des Erwerbs zur Verfahrenseröffnung rechtfertigt aber auch die Kenntnis von Umständen, die zwingend auf die Zahlungsunfähigkeit oder den Eröff-

nungsantrag schließen lassen, der positiven Kenntnis gleichzusetzen (Absatz 2). Schutzwürdige Belange des Gläubigers werden dadurch nicht verletzt. Ihm wird nicht etwa zugemutet, Nachforschungen über die wirtschaftliche Leistungsfähigkeit des Schuldners anzustellen. Ihm soll es nach der Neuregelung nur verwehrt sein, sich beim Empfang der Leistung über Tatsachen hinwegzusetzen, die den zwingenden Schluß zulassen, daß die Krise eingetreten ist. In der Gesamtvollstreckungsordnung wird dieser Gedanke mit der Formulierung zum Ausdruck gebracht, daß die Zahlungsunfähigkeit oder der Eröffnungsantrag „den Umständen nach bekannt sein mußte" (§ 10 Abs. 1 Nr. 4 GesO).

Grundsätzlich hat der Insolvenzverwalter die objektiven und subjektiven Voraussetzungen der Anfechtung einer kongruenten Deckung zu beweisen. Bei einer Anfechtung gegenüber Personen, die dem Schuldner zur Zeit der Handlung nahestanden (vgl. § 138), kehrt Absatz 3 die Beweislast für die subjektive Voraussetzung der Kenntnis um. Diese Vermutung ist gerechtfertigt, da die nahestehenden Personen besondere Informationsmöglichkeiten über die wirtschaftlichen Verhältnisse des Schuldners haben. Ihnen steht zu ihrer Entlastung der Beweis offen, daß sie weder die Zahlungsunfähigkeit noch den Eröffnungsantrag kannten. 7

Maßgebend für das Vorliegen der subjektiven Voraussetzungen ist der Zeitpunkt der Vornahme der Rechtshandlung. Dieser Zeitpunkt wird in § 140 näher bestimmt. 8

§ 131
Inkongruente Deckung

(1) Anfechtbar ist eine Rechtshandlung, die einem Insolvenzgläubiger eine Sicherung oder Befriedigung gewährt oder ermöglicht hat, die er nicht oder nicht in der Art oder nicht zu der Zeit zu beanspruchen hatte,

1. wenn die Handlung im letzten Monat vor dem Antrag auf Eröffnung des Insolvenzverfahrens oder nach diesem Antrag vorgenommen worden ist,

2. wenn die Handlungen innerhalb des zweiten oder dritten Monats vor dem Eröffnungsantrag vorgenommen worden ist und der Schuldner zur Zeit der Handlung zahlungsunfähig war oder

3. wenn die Handlung innerhalb des zweiten oder dritten Monats vor dem Eröffnungsantrag vorgenommen worden ist und dem Gläubiger zur Zeit der Handlung bekannt war, daß sie die Insolvenzgläubiger benachteiligte.

(2) Für die Anwendung des Absatzes 1 Nr. 3 steht der Kenntnis der Benachteiligung der Insolvenzgläubiger die Kenntnis von Umständen gleich, die zwingend auf die Benachteiligung schließen lassen. Gegenüber einer Person, die dem Schuldner zur Zeit der Handlung nahestand (§ 138), wird vermutet, daß sie die Benachteiligung der Insolvenzgläubiger kannte.

§ 131 übernimmt mit Änderungen § 146 RegEInsO. Der folgende Begründungstext entspricht im wesentlichen BT-Drs. 12/2443, S. 158/159, „Zu § 146", und BT-Drs. 12/7302, S. 173, zu Nr. 84 („Zu § 146").

In Anlehnung an das geltende Konkursrecht (§ 30 Nr. 2 KO) behandelt diese Vorschrift die Anfechtbarkeit einer dem Gläubiger nicht oder so nicht gebührenden (inkongruenten) Sicherung oder Befriedigung (Deckung). Ebenso wie in § 130 wird der objektive Tat- 1 bestand durch die Worte „oder ermöglicht" erweitert (vgl. Rdnr. 2 der Begründung zu § 130).

Ein Gläubiger, der eine ihm nicht zustehende Leistung erhält, erscheint weniger schutzwürdig als ein Gläubiger, dem eine kongruente Deckung gewährt wird. Deshalb ist die Anfechtbarkeit inkongruenter Deckungen schon nach geltendem Konkursrecht (§ 30 Nr. 2 KO) doppelt verschärft: Einmal muß der Gläubiger einen Entlastungsbeweis führen, an den die Rechtsprechung strenge Anforderungen stellt; zum anderen wird die Anfechtbarkeit auf die letzten zehn Tage vor der Zahlungseinstellung oder dem Eröffnungsantrag ausgedehnt.

2   Wegen der besonderen Verdächtigkeit inkongruenten Erwerbs ist es gerechtfertigt, für einen Zeitraum von bis zu einem Monat vor dem Eröffnungsantrag auf subjektive Voraussetzungen in der Person des Anfechtungsgegners ganz zu verzichten. Aus Nummer 1 ergibt sich daher, daß die innerhalb des letzten Monats vor dem Eröffnungsantrag gewährten inkongruenten Deckungen ohne Rücksicht auf subjektive Voraussetzungen und den tatsächlichen Eintritt der Zahlungsunfähigkeit anfechtbar sind; Kenntnis von der Krise sowie die Krise selbst werden insoweit unwiderleglich vermutet. Dasselbe muß erst recht für diejenigen inkongruenten Deckungen gelten, die nach dem Eröffnungsantrag, also nach dem offenen Eintritt der Krise erfolgt sind. Im Gegensatz zu § 30 Nr. 2 KO wird der Verdachtszeitraum allein an den Eröffnungsantrag und nicht auch an die Zahlungseinstellung (Zahlungsunfähigkeit) geknüpft. Diese Änderung beruht darauf, daß der Anfechtungszeitraum einheitlich vom Eröffnungsantrag zurückgerechnet wird. Angesichts der Verlängerung des Verdachtszeitraums ist der Unterschied zum geltenden Recht gering.

Nummer 1 wird ergänzt durch § 88, nach dem Sicherungen, die im gleichen Zeitraum durch Zwangsvollstreckung erlangt worden sind, ipso iure unwirksam werden. Einer Anfechtung bedarf es in einem solchen Fall nicht.

3   Bei inkongruenten Deckungen, die innerhalb des zweiten oder dritten Monats vor dem Eröffnungsantrag erfolgt sind, ist eine unwiderlegliche Vermutung der Krise wegen des größeren zeitlichen Abstands zum Eröffnungsantrag nicht mehr gerechtfertigt. Nummer 2 hält deshalb für die Anfechtbarkeit dieser inkongruenten Deckungen daran fest, daß der Schuldner zur Zeit ihrer Gewährung zahlungsunfähig gewesen sein muß. Diese objektive Voraussetzung hat der Insolvenzverwalter zu beweisen; die subjektiven Voraussetzungen (Kenntnis von der Zahlungsunfähigkeit) werden dagegen wegen der besonderen Verdächtigkeit inkongruenten Erwerbs unwiderleglich vermutet.

4   Nummer 3 verzichtet bei inkongruenten Deckungen, die innerhalb des zweiten oder dritten Monats vor dem Eröffnungsantrag vorgenommen sind, auf die objektive Voraussetzung der Zahlungsunfähigkeit, verlangt dafür aber als subjektive Voraussetzung in der Person des Anfechtungsgegners, daß ihm die Benachteiligung der anderen Gläubiger (§ 129 Abs. 1) oder Umstände im Sinne von Absatz 2 Satz 1 bekannt waren. Bei dieser Regelung handelt es sich um einen auf inkongruente Deckungen bezogenen Sonderfall der Anfechtung wegen vorsätzlicher Benachteiligung nach § 133 (bisher: Absichtsanfechtung nach § 31 KO). Sie geht darauf zurück, daß die höchstrichterliche Rechtsprechung bei der Absichtsanfechtung inkongruenter Deckungen nach § 31 KO an den Nachweis der Benachteiligungsabsicht des Schuldners geringere Anforderungen als bei kongruenten Deckungen stellt. Bei inkongruenten Deckungen wird Benachteiligungsabsicht schon dann bejaht, wenn der Schuldner die Benachteiligung der anderen Gläubiger als notwendige Folge seines Handelns erkannt hat; schon die Tatsache, daß

er eine inkongruente Deckung gewährt hat, wird als „wesentlicher Anhaltspunkt" für das Vorhandensein eines solchen Bewußtseins angesehen. Bei inkongruenten Deckungen erleichtert die Rechtsprechung auch den Nachweis der Kenntnis des Anfechtungsgegners von der Benachteiligungsabsicht. Der von ihm erkannte Umstand, daß ihm eine inkongruente Deckung gewährt worden ist, wird als „starkes Beweisanzeichen" dafür gewertet, daß ihm der Wille des Schuldners bewußt war, seine anderen Gläubiger zu benachteiligen. Im Anschluß an diese auch im Schrifttum gebilligte Rechtsprechung sieht Nummer 3 für die von ihr erfaßten inkongruenten Deckungen wegen ihrer zeitlichen Nähe zur Verfahrenseröffnung weitere Erleichterungen vor: Bei Rechtshandlungen des Schuldners wird unwiderleglich vermutet, daß er die anderen Gläubiger benachteiligen wollte und daß dem Anfechtungsgegner dieser Wille bewußt war. Der Insolvenzverwalter hat lediglich zu beweisen, daß dem Anfechtungsgegner die Benachteiligung der anderen Gläubiger oder Umstände im Sinne von Absatz 2 Satz 1 bekannt waren.

Im Verhältnis zu nahestehenden Personen wird dem Insolvenzverwalter auch dieser Beweis abgenommen (Absatz 2 Satz 2). Gegenüber diesem Personenkreis, der sich über die Vermögensverhältnisse des Schuldners unterrichten kann, erscheint die Vermutung gerechtfertigt, daß die Benachteiligung der Insolvenzgläubiger durch die inkongruente Deckung im Zeitpunkt der Handlung bekannt war. Es ist Sache der nahestehenden Personen, diese Vermutung im Einzelfall zu widerlegen.

§ 132
Unmittelbar nachteilige Rechtshandlungen

(1) Anfechtbar ist ein Rechtsgeschäft des Schuldners, das die Insolvenzgläubiger unmittelbar benachteiligt,

1. wenn es in den letzten drei Monaten vor dem Antrag auf Eröffnung des Insolvenzverfahrens vorgenommen worden ist, wenn zur Zeit des Rechtsgeschäfts der Schuldner zahlungsunfähig war und wenn der andere Teil zu dieser Zeit die Zahlungsunfähigkeit kannte oder

2. wenn es nach dem Eröffnungsantrag vorgenommen worden ist und wenn der andere Teil zur Zeit des Rechtsgeschäfts die Zahlungsunfähigkeit oder den Eröffnungsantrag kannte.

(2) Einem Rechtsgeschäft, das die Insolvenzgläubiger unmittelbar benachteiligt, steht eine andere Rechtshandlung des Schuldners gleich, durch die der Schuldner ein Recht verliert oder nicht mehr geltend machen kann oder durch die ein vermögensrechtlicher Anspruch gegen ihn erhalten oder durchsetzbar wird.

(3) § 130 Abs. 2 und 3 gilt entsprechend.

§ 132 übernimmt mit Änderungen § 147 RegEInsO. Der folgende Begründungstext entspricht weitgehend BT-Drs. 12/2443, S. 159/160, „Zu § 147", und BT-Drs. 12/7302, S. 173, zu Nr. 85 („Zu § 147 Abs. 1").

In Anlehnung an § 30 Nr. 1 Fall 1 KO (vgl. auch § 10 Abs. 1 Nr. 4 GesO) erfaßt Absatz 1 Rechtsgeschäfte des Schuldners, durch deren Vornahme die Insolvenzgläubiger unmittelbar benachteiligt werden. Da es im Unterschied zu § 30 Nr. 1, Fall 1 KO nicht mehr „eingegangenes" sondern „vorgenommenes" Rechtsgeschäft heißt, werden jetzt auch einseitige Rechtsgeschäfte wie die Kündigung erfaßt. Es genügt jedoch weiterhin nicht, daß zwischen der Vornahme der Rechtshandlung (des Rechtsgeschäfts) und der Gläubigerbenachteiligung irgendein ursächlicher Zusammenhang besteht, die Benachteiligung muß vielmehr unmittelbar durch die Vornahme des Rechtsgeschäfts eingetreten sein.

Nicht zu den Rechtsgeschäften im Sinne dieser Vorschrift gehören Rechtshandlungen, die einem Insolvenzgläubiger eine Sicherung oder Befriedigung gewähren oder ermöglichen; für sie gelten die besonderen Vorschriften der §§ 130, 131.

Die weiteren Voraussetzungen für die Anfechtbarkeit sind entsprechend geregelt wie in § 130 (Anfechtung kongruenter Deckungen).

2 Absatz 2 stellt einen Auffangtatbestand für bestimmte Rechtshandlungen dar, die für die Gläubiger nachteilig sind, ohne daß sie von der Deckungsanfechtung (§§ 130 und 131) oder der Anfechtung unmittelbar benachteiligender Rechtsgeschäfte (vgl. Absatz 1) erfaßt werden. Es soll erreicht werden, daß solche Rechtshandlungen nicht nur wegen vorsätzlicher Benachteiligung unter den strengeren Voraussetzungen des § 133 anfechtbar sind, soweit nicht eine erleichterte (objektivierte) Anfechtung nach § 134 (unentgeltliche Zuwendung) in Betracht kommt. Damit will Absatz 2 vor allem Regelungslücken schließen, die nach geltendem Konkursrecht bei der Anfechtung von Unterlassungen im Bereich der besonderen Insolvenzanfechtung bestehen. Deshalb sind die genannten Rechtsfolgen auch im wesentlichen auf Unterlassungen zugeschnitten, die nach § 129 Abs. 2 den Rechtshandlungen gleichstehen. Das Erfordernis der unmittelbaren Gläubigerbenachteiligung des Absatzes 1 wird in den Fällen des Absatzes 2 unterstellt. Andererseits sind die subjektiven Tatbestandsvoraussetzungen, die nach Absatz 1 in der Person des Anfechtungsgegners vorliegen müssen, auch bei einer Anfechtung nach Absatz 2 erforderlich. Der durch eine Rechtshandlung (Unterlassung) nach Absatz 2 Begünstigte muß grundsätzlich darauf vertrauen können, daß es bei der eingetretenen Rechtsfolge bleibt. Nur wenn er wußte, daß der Schuldner zahlungsunfähig war oder daß ein Eröffnungsantrag gestellt war, oder wenn er Umstände kannte, die den zwingenden Schluß darauf zulassen (Absatz 3 i. V. m. § 130 Abs. 2), kann ihm zugemutet werden, den erlangten Vorteil wieder aufzugeben.

Als Beispiele für die einzelnen in Absatz 2 genannten Rechtsfolgen werden für den Fall einer Unterlassung genannt:

- „ein Recht verliert":
  Schuldner unterläßt Protest nach Wechselrecht und verliert deshalb Rechte, die den Protest voraussetzen; Schuldner unterläßt Unterbrechung der Ersitzung und verliert deshalb sein Eigentum;

- „ein Recht nicht mehr geltend machen kann":
  Schuldner unterläßt es, Rechtsmittel oder Rechtsbehelfe (z. B. Einspruch gegen Versäumnisurteil nach § 338 ZPO) einzulegen und verliert deshalb aussichtsreichen Aktivprozeß; Schuldner unterläßt Unterbrechung der Verjährung;

- „ein Anspruch erhalten wird":
  Schuldner unterläßt rechtzeitige Irrtumsanfechtung nach den §§ 119 ff. BGB;

- „ein Anspruch durchsetzbar wird":
  Schuldner unterläßt es, in einem Passivprozeß die Einrede der Verjährung zu erheben.

3 Durch Absatz 3 wird auf die besonderen Regelungen verwiesen, die in § 130 Abs. 2 und 3 für das neue subjektive Merkmal und für Rechtshandlungen gegenüber nahestehenden Personen getroffen werden.

§ 133
Vorsätzliche Benachteiligung

(1) Anfechtbar ist eine Rechtshandlung, die der Schuldner in den letzten zehn Jahren vor dem Antrag auf Eröffnung des Insolvenzverfahrens oder nach diesem Antrag mit dem Vorsatz, seine Gläubiger zu benachteiligen, vorgenommen hat, wenn der andere Teil zur Zeit der Handlung den Vorsatz des Schuldners kannte. Diese Kenntnis wird vermutet, wenn der andere Teil wußte, daß die Zahlungsunfähigkeit des Schuldners drohte und daß die Handlung die Gläubiger benachteiligte.

(2) Anfechtbar ist ein vom Schuldner mit einer nahestehenden Person (§ 138) geschlossener entgeltlicher Vertrag, durch den die Insolvenzgläubiger unmittelbar benachteiligt werden. Die Anfechtung ist ausgeschlossen, wenn der Vertrag früher als zwei Jahre vor dem Eröffnungsantrag geschlossen worden ist oder wenn dem anderen Teil zur Zeit des Vertragsschlusses ein Vorsatz des Schuldners, die Gläubiger zu benachteiligen, nicht bekannt war.

§ 133 entspricht im wesentlichen § 148 RegEInsO. Der folgende Begründungstext beruht im wesentlichen auf BT-Drs. 12/2443, S. 160, „Zu § 148", und BT-Drs. 12/7302, S. 173, zu Nr. 86 („Zu § 148 Abs. 2").

Die Vorschrift entspricht im wesentlichen der Absichtsanfechtung nach § 31 KO und § 10 Abs. 1 Nr. 1, 2 GesO. Die neue Bezeichnung „vorsätzliche Benachteiligung" beruht darauf, daß in Absatz 1 der irreführende Ausdruck „Absicht" durch den Begriff „Vorsatz" ersetzt wird. Diese Berichtigung des Gesetzeswortlauts bedeutet keine Änderung des geltenden Rechtszustandes. Rechtsprechung und Schrifttum zur Konkursanfechtung sind sich schon bisher einig, daß der Ausdruck „Absicht" weit ausgelegt werden muß. Danach ist nicht erforderlich, daß die Gläubigerbenachteiligung Beweggrund oder überwiegender Zweck der Handlung des Schuldners war. Entscheidend sind das Bewußtsein und der Wille, die Gläubiger zu benachteiligen; eine dem bedingten Vorsatz des Strafrechts entsprechende „bedingte Benachteiligungsabsicht" wird dabei als ausreichend erachtet. 1

In Absatz 1 ist anstelle des Dreißigjahreszeitraums des § 41 Abs.1 Satz 3 KO eine Frist von zehn Jahren vorgesehen, die allerdings nicht an die Ausübung des Anfechtungsrechts, sondern an den Eröffnungsantrag anknüpft. Eine längere Frist kann nicht mehr als zeitgemäß angesehen werden. 2

Wegen der gleichwohl noch weiten zeitlichen Erstreckung der Anfechtbarkeit ist es geboten, die engen materiellen Voraussetzungen des § 31 Nr. 1 KO (und des § 10 Abs. 1 Nr. 1 GesO) beizubehalten. Die Neufassung beschränkt sich daher darauf, dem Insolvenzverwalter die schwierige Beweisführung und damit die praktische Durchsetzung des Anfechtungsanspruchs zu erleichtern. Absatz 1 beläßt es zwar dabei, daß der Verwalter den Benachteiligungsvorsatz des Schuldners zu beweisen hat. Die – weiterhin erforderliche – Kenntnis des Anfechtungsgegners von diesem Benachteiligungsvorsatz wird jedoch vermutet, wenn dieser wußte, daß die Zahlungsunfähigkeit des Schuldners drohte (§ 18 Abs. 2) und daß die Handlung die Gläubiger benachteiligte, also die Befriedigung der Gläubiger beeinträchtigte. Gelingt dem Insolvenzverwalter der Beweis dieser die Vermutung rechtfertigenden Tatsachen, dann hat der Anfechtungsgegner, um diese Vermutung zu widerlegen, den Beweis des Gegenteils zu führen. 3

4 Absatz 2 sieht für die bisher in § 31 Nr. 2 KO (und § 10 Abs. 1 Nr. 2 GesO) geregelte Anfechtbarkeit von entgeltlichen, die Insolvenzgläubiger unmittelbar benachteiligenden Verträgen des Schuldners mit nahen Angehörigen weitere Verschärfungen vor. Die Beweislast wird nicht nur für die Kenntnis von dem Benachteiligungsvorsatz des Schuldners, sondern auch für den Zeitpunkt umgekehrt, in dem der Vertrag abgeschlossen worden ist; dadurch soll der Gefahr betrügerischer Rückdatierungen begegnet werden. Der Kreis der beweisbelasteten Personen wird gegenüber dem Konkursrecht erheblich erweitert. Denn der Verdacht, daß der Schuldner mit Benachteiligungsvorsatz gehandelt hat und der Vertragspartner davon Kenntnis gehabt hat, besteht nicht nur gegenüber nahen Angehörigen im Sinne des § 31 Nr. 2 KO, sondern gegenüber all denjenigen Personen, die dem Schuldner aus den in § 138 genannten – persönlichen, gesellschaftsrechtlichen oder sonstigen – Gründen zur Zeit des Vertragsabschlusses nahestanden. § 10 Abs. 1 Nr. 2 GesO enthält bereits, im Vorgriff auf die Gesamtreform, den Begriff der „nahestehenden Personen". Wegen der besonderen Verdächtigkeit der von Absatz 2 erfaßten Verträge ist es schließlich gerechtfertigt, den Anfechtungszeitraum, der auch hier vom Zeitpunkt des Eröffnungsantrages an zurückgerechnet werden soll, auf zwei Jahre auszudehnen.

§ 134
Unentgeltliche Leistung

(1) Anfechtbar ist eine unentgeltliche Leistung des Schuldners, es sei denn, sie ist früher als vier Jahre vor dem Antrag auf Eröffnung des Insolvenzverfahrens vorgenommen worden.

(2) Richtet sich die Leistung auf ein gebräuchliches Gelegenheitsgeschenk geringen Werts, so ist sie nicht anfechtbar.

§ 134 entspricht § 149 RegEInsO. Der folgende Begründungstext entspricht BT-Drs. 12/2443, S. 160/161, „Zu § 149".

1 Die Vorschrift behandelt die bisher in § 32 KO und § 10 Abs. 1 Nr. 3 GesO geregelte Schenkungsanfechtung. Der Gebrauch der Worte „unentgeltliche Leistung" statt „unentgeltliche Verfügungen" (§ 32 Nr. 1 und 2 KO) soll in Übereinstimmung mit der geltenden Rechtsauffassung deutlich machen, daß der Tatbestand nicht nur rechtsgeschäftliche Verfügungen im engen materiellrechtlichen Sinn erfaßt. Die übliche Bezeichnung „Schenkungsanfechtung" wird vermieden, weil der Begriff „unentgeltliche Leistung" weiter ist als derjenige der „Schenkung" im Sinne des § 516 BGB.

2 Die geringere Bestandskraft unentgeltlichen Erwerbs rechtfertigt es, den Anfechtungszeitraum allgemein auf vier Jahre zu erweitern, wobei auch hier der Eröffnungsantrag den Ausgangspunkt für die Berechnung bilden soll. Darüber hinaus wird die Beweislast für den Zeitpunkt des Rechtserwerbs umgekehrt, um betrügerische Rückdatierungen unschädlich zu machen. Wegen der Ausdehnung des Anfechtungszeitraums auf vier Jahre ist es nicht mehr erforderlich, eine Sonderregelung für den Ehegatten des Schuldners (§ 32 Nr. 2 KO) oder für alle nahestehenden Personen (§ 10 Abs. 1 Nr. 3 GesO) vorzusehen.

3 Die in § 32 KO vorgesehene Ausnahme für gebräuchliche Gelegenheitsgeschenke ist von der Rechtsprechung zum Teil sehr weit ausgelegt worden. Um dem für die Zukunft vorzubeugen, wird diese Ausnahme in Absatz 2 ausdrücklich auf Gegenstände „geringen Werts" beschränkt.

§ 135
Kapitelersetzende Darlehen

Anfechtbar ist eine Rechtshandlung, die für die Forderung eines Gesellschafters auf Rückgewähr eines kapitalersetzenden Darlehens oder für eine gleichgestellte Forderung

1. Sicherung gewährt hat, wenn die Handlung in den letzten zehn Jahren vor dem Antrag auf Eröffnung des Insolvenzverfahrens oder nach diesem Antrag vorgenommen worden ist;

2. Befriedigung gewährt hat, wenn die Handlung im letzten Jahr vor dem Eröffnungsantrag oder nach diesem Antrag vorgenommen worden ist.

§ 135 entspricht § 150 RegEInsO. Der folgende Begründungstext entspricht im wesentlichen BT-Drs. 12/2443, S. 161, „Zu § 150".

Die Vorschrift paßt § 32 a KO der Konzeption an, den Anfechtungszeitraum einheitlich an den Antrag auf Eröffnung des Insolvenzverfahrens zu knüpfen. Soweit es um die Anfechtung von Sicherungen geht, wird auch hier eine Zehnjahresfrist anstelle der Dreißigjahresfrist des § 41 Abs. 1 Satz 3 KO in den Tatbestand übernommen (vgl. Rdnr. 2 der Begründung zu § 133). 1

Der neue Anfechtungstatbestand nimmt anders als § 32 a KO nicht ausdrücklich auf § 32 a Abs. 1, 3 GmbHG Bezug, sondern spricht allgemein von der „Forderung eines Gesellschafters auf Rückgewähr eines kapitalersetzenden Darlehens". Damit ist klargestellt, daß auch die Fälle der §§ 129 a, 172 a HGB (kapitalersetzende Gesellschafterdarlehen bei einer offenen Handelsgesellschaft oder Kommanditgesellschaft ohne persönliche Haftung einer natürlichen Person) und auch die von der Rechtsprechung anerkannten weiteren Fälle kapitalersetzender Darlehen insbesondere bei der Aktiengesellschaft erfaßt werden. Die weiter in der neuen Vorschrift enthaltene Formulierung „gleichgestellte Forderung" zielt insbesondere auf den Fall des § 32a Abs. 3 GmbHG ab, also auf eine Forderung aus einer Rechtshandlung, die der Gewährung eines kapitalersetzenden Gesellschafterdarlehens wirtschaftlich entspricht (vgl. § 39 Abs. 1 Nr. 5 und Rdnr. 4 der Begründung zu dieser Vorschrift). 2

Die Anfechtbarkeit nach dieser Vorschrift wird nicht dadurch beseitigt, daß der Nachrang der Forderung im Insolvenzverfahren zusätzlich vertraglich vereinbart ist (vgl. § 39 Abs. 2). 3

§ 136
Stille Gesellschaft

(1) Anfechtbar ist eine Rechtshandlung, durch die einem stillen Gesellschafter die Einlage ganz oder teilweise zurückgewährt oder sein Anteil an dem entstandenen Verlust ganz oder teilweise erlassen wird, wenn die zugrundeliegende Vereinbarung im letzten Jahr vor dem Antrag auf Eröffnung des Insolvenzverfahrens über das Vermögen des Inhabers des Handelsgeschäfts oder nach diesem Antrag getroffen worden ist. Dies gilt auch dann, wenn im Zusammenhang mit der Vereinbarung die stille Gesellschaft aufgelöst worden ist.

(2) Die Anfechtung ist ausgeschlossen, wenn ein Eröffnungsgrund erst nach der Vereinbarung eingetreten ist.

§ 136 entspricht § 151 RegEInsO. Der folgende Begründungstext entspricht im wesentlichen BT-Drs. 12/2443, S. 161, „Zu § 151".

Die Vorschrift regelt in Anlehnung an § 237 HGB (früher: § 342 HGB) die Anfechtbarkeit einer Rechtshandlung, durch die einem stillen Gesellschafter die Einlage ganz oder teilweise zurückgewährt oder sein Anteil am Verlust ganz oder teilweise erlassen wird. Die besonderen gesellschaftsrechtlichen Beziehungen zwischen dem Inhaber des Handelsgeschäfts und dem stillen Gesellschafter rechtfertigen hier rein objektive Anfechtungsvoraussetzungen. Aus rechtssystematischen Gründen wird der im Handelsgesetzbuch geregelte echte Anfechtungstatbestand in das Insolvenzrecht zurückgeführt.

Ebenso wie in anderen Vorschriften wird in Absatz 1 der Anfechtungszeitraum an den Antrag auf Eröffnung des Insolvenzverfahrens geknüpft.

In Absatz 2 wird im Vergleich zu § 237 Abs. 2 HGB präzisiert, daß die Anfechtung ausgeschlossen ist, wenn erst nach der Vereinbarung ein Eröffnungsgrund (drohende Zahlungsunfähigkeit, Zahlungsunfähigkeit, bei juristischen Personen und Gesellschaften ohne persönliche Haftung einer natürlichen Person auch Überschuldung) eingetreten ist. Damit wird Absatz 2 für die Praxis handhabbar. Einer dem § 237 Abs. 3 HGB entsprechenden Vorschrift bedarf es nach der Übernahme des Anfechtungstatbestandes in die Insolvenzordnung nicht mehr.

Unberührt bleibt, da allgemein alle Anfechtungstatbestände miteinander konkurrieren, die Anfechtbarkeit der Rückgewähr einer Einlage oder des Erlasses eines Verlustanteils als unmittelbar nachteiliges Rechtsgeschäft (§ 132) oder als unentgeltliche Leistung (§ 134), falls die dort aufgestellten Voraussetzungen vorliegen.

§ 137
Wechsel- und Scheckzahlungen

(1) Wechselzahlungen des Schuldners können nicht auf Grund des § 130 vom Empfänger zurückgefordert werden, wenn nach Wechselrecht der Empfänger bei einer Verweigerung der Annahme der Zahlung den Wechselanspruch gegen andere Wechselverpflichtete verloren hätte.

(2) Die gezahlte Wechselsumme ist jedoch vom letzten Rückgriffsverpflichteten oder, wenn dieser den Wechsel für Rechnung eines Dritten begeben hatte, von dem Dritten zu erstatten, wenn der letzte Rückgriffsverpflichtete oder der Dritte zu der Zeit, als er den Wechsel begab oder begeben ließ, die Zahlungsunfähigkeit des Schuldners oder den Eröffnungsantrag kannte. § 130 Abs. 2 und 3 gilt entsprechend.

(3) Die Absätze 1 und 2 gelten entsprechend für Scheckzahlungen des Schuldners.

§ 137 entspricht im wesentlichen § 152 RegEInsO. Der folgende Begründungstext beruht auf BT-Drs. 12/2443, S. 161, „Zu § 152", und BT-Drs. 12/7302, S. 173, zu Nr. 87 („Zu § 52 Abs. 2").

Die Vorschrift entspricht § 34 KO. In Absatz 2 wird jedoch der Kenntnis der Zahlungsunfähigkeit oder des Eröffnungsantrags die Kenntnis von Umständen, die zwingend auf die Zahlungsunfähigkeit oder den Eröffnungsantrag schließen lassen, gleichgestellt (vgl. § 130 Abs. 2, auf den Absatz 2 Satz 2 verweist). Die weitere Verweisung in

Absatz 2 Satz 2 auf § 130 Abs. 3 bewirkt, daß die Beweislast für das Vorliegen der subjektiven Voraussetzungen umgekehrt wird, wenn der Anfechtungsgegner eine nahestehende Person im Sinne des § 138 ist.

§ 138
Nahestehende Personen

(1) Ist der Schuldner eine natürliche Person, so sind nahestehende Personen:

1. der Ehegatte des Schuldners, auch wenn die Ehe erst nach der Rechtshandlung geschlossen oder im letzten Jahr vor der Handlung aufgelöst worden ist;

2. Verwandte des Schuldners oder des in Nummer 1 bezeichneten Ehegatten in auf- und absteigender Linie und voll- und halbbürtige Geschwister des Schuldners oder des in Nummer 1 bezeichneten Ehegatten sowie die Ehegatten dieser Personen;

3. Personen, die in häuslicher Gemeinschaft mit dem Schuldner leben oder im letzten Jahr vor der Handlung in häuslicher Gemeinschaft mit dem Schuldner gelebt haben.

(2) Ist der Schuldner eine juristische Person oder eine Gesellschaft ohne Rechtspersönlichkeit, so sind nahestehende Personen:

1. die Mitglieder des Vertretungs- oder Aufsichtsorgans und persönlich haftende Gesellschafter des Schuldners sowie Personen, die zu mehr als einem Viertel am Kapital des Schuldners beteiligt sind;

2. eine Person oder eine Gesellschaft, die auf Grund einer vergleichbaren gesellschaftsrechtlichen oder dienstvertraglichen Verbindung zum Schuldner die Möglichkeit haben, sich über dessen wirtschaftliche Verhältnisse zu unterrichten;

3. eine Person, die zu einer der in Nummer 1 oder 2 bezeichneten Personen in einer in Absatz 1 bezeichneten persönlichen Verbindung steht; dies gilt nicht, soweit die in Nummer 1 oder 2 bezeichneten Personen kraft Gesetzes in den Angelegenheiten des Schuldners zur Verschwiegenheit verpflichtet sind.

§ 138 faßt §§ 153, 154 und 155 RegEInsO in zum Teil geänderter Fassung zusammen. Der folgende Begründungstext beruht weitgehend auf BT-Drs. 12/2443, S. 162/163, „Zu § 153", „Zu § 154" und „Zu § 155", sowie BT-Drs. 12/7302, S. 173/174, zu Nr. 88 („Zu § 153").

Eine Reihe von Vorschriften der Insolvenzordnung enthält den Begriff der „nahestehenden Personen" im Zusammenhang mit einer Beweislastregel (§ 130 Abs. 3, § 131 Abs. 2 Satz 2 sowie § 132 Abs. 3 und § 137 Abs. 2 Satz 2 durch Verweisung) oder auch als Tatbestandsvoraussetzung (§ 133 Abs. 2, § 162 Abs. 1 Nr. 1). Gemeint sind Personen, die zur Zeit der anfechtbaren Rechtshandlung aus persönlichen, gesellschaftlichen oder ähnlichen Gründen eine besondere Informationsmöglichkeit über die wirtschaftlichen Verhältnisse des Schuldners hatten. Dieser Begriff ersetzt und erweitert den Kreis der „nahen Angehörigen" im Sinne von § 4 Abs. 2, § 108 Abs. 2 VerglO (vgl. auch § 31 Nr. 2 KO); er ist im Vorgriff auf die Insolvenzrechtsform in § 10 Abs. 1 Nr. 2 und 3 GesO aufgenommen worden. Der neue Begriff wird in der vorliegenden Vorschrift im Hinblick auf die persönlich nahestehenden Personen (Absatz 1) und auf weitere Fälle (Absatz 2) näher bestimmt. 1

2 Die Nummern 1 und 2 des Absatzes 1 entsprechen dabei dem Personenkreis, den § 31 Nr. 2 KO angesprochen hat. Nummer 1 erfaßt jedoch auch den früheren Ehegatten des Schuldners, sofern die Ehe nicht früher als ein Jahr vor der anfechtbaren Handlung aufgelöst worden ist. Damit wird der Widerspruch beseitigt, daß § 31 Nr. 2 KO Verwandte des früheren Ehegatten schlechter behandelt als diesen selbst. Schon das Reichsgericht hatte aus dem Gesetzeswortlaut den Schluß gezogen, daß Verträge mit Verwandten des Ehegatten auch dann nach § 31 Nr. 2 KO anfechtbar sind, wenn die Ehe zur Zeit des Vertragsabschlusses nicht mehr bestand. Eine solche Fortdauer der durch die Ehe begründeten Angehörigeneigenschaft muß erst recht für den früheren Ehegatten selbst gelten. Allerdings ist es geboten, die erleichterte Anfechtbarkeit sowohl gegenüber dem Ehegatten als auch gegenüber dessen Verwandten auf einen Zeitraum von einem Jahr nach Auflösung der Ehe zu begrenzen, weil bei einem noch längeren Zeitablauf eine besondere Informationsmöglichkeit nicht mehr unterstellt werden kann.

Absatz 1 Nummer 3 ergänzt die Nummern 1 und 2 um Personen, die dem Schuldner aus anderen als den dort bezeichneten Gründen, nämlich deshalb, weil sie mit ihm in häuslicher Gemeinschaft leben oder gelebt haben, persönlich nahestehen. Gemeint ist vor allem der Partner einer nichtehelichen Lebensgemeinschaft. Auch hier ist es geboten, die erleichterte Anfechtbarkeit zeitlich zu begrenzen, und zwar auf ein Jahr nach Auflösung der häuslichen Gemeinschaft.

3, 4 Absatz 2 betrifft die aus gesellschaftlichen Gründen nahestehenden Personen:

5 Nummer 1 nennt die Mitglieder des Vertretungs- und Aufsichtsorgans sowie die persönlich haftenden Gesellschafter. Bei Aufsichtsorganen ist es unerheblich, ob sie auf Gesetz oder Gesellschaftsvertrag beruhen. In Betracht kommen auch fakultative Organe (Beiräte, Verwaltungsräte), denen Aufsichtsbefugnisse übertragen sind. Sonstige Personen, insbesondere Aktionäre, Kommanditaktionäre, Kommanditisten und Gesellschafter einer Gesellschaft mit beschränkter Haftung, können dann als nahestehende Personen angesehen werden, wenn sie mehr als ein Viertel des Grundkapitals halten. Für Aktionäre etwa bietet die mit einer solchen Beteiligungsquote verbundene Sperrminorität eine besondere Informationsmöglichkeit, die über das einem jeden Aktionär zustehende Auskunftsrecht nach § 131 AktG hinausgeht. Die Mitteilungspflichten nach den §§ 20 ff. AktG ermöglichen es dem Insolvenzverwalter, die betreffenden Aktionäre festzustellen.

Die Gesellschafter einer Gesellschaft mit beschränkter Haftung werden zwar in der Vergleichsordnung ohne Rücksicht auf die Höhe ihrer Beteiligung als „nahe Angehörige der Gesellschaft" (§ 108 Abs. 2 Satz 1 VerglO) behandelt. Bei einem nur geringen Kapitalanteil des Gesellschafters kann jedoch die besondere Informationsmöglichkeit im Sinne des Rechts der Insolvenzanfechtung nicht allgemein angenommen werden.

6 Absatz 2 Nummer 2 ergänzt die von Absatz 2 Nummer 1 erfaßten Personengruppen um Personen, die durch ihre Tätigkeit innerhalb des Unternehmens, z. B. als dessen Prokurist, eine besondere Informationsmöglichkeit über seine wirtschaftlichen Verhältnisse haben. Eine durch geschäftliche Beziehungen begründete Stellung zum Unternehmen, die z. B. Hausbanken oder Großlieferanten haben, wird nicht erfaßt.

7 Absatz 2 Nummer 2 betrifft ferner Unternehmen, von denen der Schuldner abhängig ist, und insbesondere auch den umgekehrten Fall des vom Schuldner beherrschten Unternehmens.

8 Absatz 2 Nummer 3 geht von § 108 Abs. 2 Satz 2 VerglO aus. Die Regelung stellt den in Nummer 1 oder 2 genannten Personen diejenigen Personen gleich, die ihnen aus den in Absatz 1 bezeichneten persönlichen Gründen nahestehen. Erfaßt werden also Personen, denen eine besondere Informationsmöglichkeit durch andere Personen vermittelt wird. Eine solche Vermittlung der Eigenschaft als nahestehende Person muß jedoch eingeschränkt werden. Sie gilt nicht bei denjenigen Personen, die kraft Gesetzes in Angelegenheiten der juristischen Personen oder der Gesellschaft zur Verschwiegenheit verpflichtet sind. Diesen Personen darf nicht unterstellt werden, daß sie jene Pflicht durch Weitergabe von Kenntnissen verletzt haben, die auf ihrer besonderen Informationsmöglichkeit beruhen und der Verschwiegenheit unterliegen; dies gilt vor allem für Vorstands- und Aufsichtsratsmitglieder einer Aktiengesellschaft aufgrund der gesetzlichen und strafbewehrten (vgl. § 404 AktG) Verschwiegenheitspflicht nach § 93 Abs. 1 Satz 2, § 116 AktG.

§ 139
Berechnung der Fristen vor dem Eröffnungsantrag

(1) Die in den §§ 88, 130 bis 136 bestimmten Fristen beginnen mit dem Anfang des Tages, der durch seine Zahl dem Tag entspricht, an dem der Antrag auf Eröffnung des Insolvenzverfahrens beim Insolvenzgericht eingegangen ist. Fehlt ein solcher Tag, so beginnt die Frist mit dem Anfang des folgenden Tages.

(2) Sind mehrere Eröffnungsanträge gestellt worden, so ist der erste zulässige und begründete Antrag maßgeblich, auch wenn das Verfahren aufgrund eines späteren Antrags eröffnet worden ist. Ein rechtskräftig abgewiesener Antrag wird nur berücksichtigt, wenn er mangels Masse abgewiesen worden ist.

§ 139 übernimmt in veränderter Fassung § 156 RegEInsO. Der folgende Begründungstext beruht im wesentlichen auf BT-Drs. 12/2443, S. 163, „Zu § 156", und BT-Drs. 12/7302, S. 174, zu Nr. 89 („Zu § 156 Abs. 1").

Absatz 1 enthält für die Berechnung des Anfechtungszeitraums klarstellende Regeln, die sich an § 187 Abs. 1, § 188 Abs. 2, 3 BGB anlehnen. Sie gelten auch außerhalb des Kapitels über die Insolvenzanfechtung für den in § 88 bestimmten Zeitraum. 1

Absatz 2 bestimmt für den Fall, daß mehrere Eröffnungsanträge nacheinander gestellt worden sind, daß der Anfechtungszeitraum nach dem ersten zulässigen und begründeten Antrag zu berechnen ist. Es ist nicht erforderlich, daß das Insolvenzverfahren aufgrund dieses Antrags eröffnet worden ist. Für die Berechnung kommt es allein darauf an, daß der Antrag zur Verfahrenseröffnung geführt hätte, wenn er nicht mangels Masse (vgl. § 26 Abs. 1) rechtskräftig abgewiesen oder das Verfahren nicht aufgrund eines späteren Antrags eröffnet worden wäre. Satz 2 hebt hervor, daß die Abweisung allein wegen nicht ausreichender Masse erfolgt sein muß. Aus anderen Gründen abgewiesene Anträge bleiben, auch wenn die Abweisung zu Unrecht erfolgt ist, unberücksichtigt. 2

Absatz 2 geht dabei von folgenden beiden Fallgestaltungen aus: 3

– Das Insolvenzverfahren wird unverzüglich aufgrund eines späteren Antrags eröffnet, weil dieser Antrag im Gegensatz zu den früheren Anträgen ohne weitere Ermittlungen entscheidungsreif ist.

– Ein an sich zulässiger und begründeter Antrag ist allein wegen nicht ausreichender Masse (§ 26 Abs. 1) abgewiesen worden. Aufgrund eines späteren Antrags wird das Verfahren doch noch eröffnet, nachdem ein Kostenvorschuß eingezahlt worden ist.

Für die Verfahrenseröffnung kommt es in beiden Fällen nicht darauf an, ob die früher gestellten Anträge zulässig und begründet waren. Für die Anfechtbarkeit hat diese Feststellung dagegen erhebliche Bedeutung: Wäre das Verfahren bereits aufgrund des ersten zulässigen und begründeten Antrags eröffnet worden, so wäre der für die Anfechtung maßgebende Zeitraum vom Zeitpunkt dieses Antrags an zurückzurechnen. Mithin bietet die Anknüpfung an den ersten zulässigen und begründeten Antrag den Vorteil, daß die Anfechtbarkeit zeitlich vorverlegt wird; vor allem können dann auch solche Deckungshandlungen von der besonderen Insolvenzanfechtung erfaßt werden, die der Schuldner in den letzten drei Monaten vor einem zunächst mangels kostendeckender Masse abgewiesenen Antrag noch vorgenommen hat.

§ 140
Zeitpunkt der Vornahme einer Rechtshandlung

(1) Eine Rechtshandlung gilt als in dem Zeitpunkt vorgenommen, in dem ihre rechtlichen Wirkungen eintreten.

(2) Ist für das Wirksamwerden eines Rechtsgeschäfts eine Eintragung im Grundbuch, im Schiffsregister, im Schiffsbauregister oder im Register für Pfandrechte an Luftfahrzeugen erforderlich, so gilt das Rechtsgeschäft als vorgenommen, sobald die übrigen Voraussetzungen für das Wirksamwerden erfüllt sind, die Willenserklärung des Schuldners für ihn bindend geworden ist und der andere Teil den Antrag auf Eintragung der Rechtsänderung gestellt hat. Ist der Antrag auf Eintragung einer Vormerkung zur Sicherung des Anspruchs auf die Rechtsänderung gestellt worden, so gilt Satz 1 mit der Maßgabe, daß dieser Antrag an die Stelle des Antrags auf Eintragung der Rechtsänderung tritt.

(3) Bei einer bedingten oder befristeten Rechtshandlung bleibt der Eintritt der Bedingung oder des Termins außer Betracht.

§ 140 entspricht § 159 RegEInsO. Der folgende Begründungstext entspricht im wesentlichen BT-Drs. 12/2443, S. 166/167, „Zu § 159".

1 Der Zeitpunkt, zu dem eine Rechtshandlung als „vorgenommen" gilt, ist im Rahmen der Anfechtungstatbestände von besonderer Bedeutung. Er wird in dieser Vorschrift näher bestimmt. Gemeinsamer Grundgedanke der Regelung der verschiedenen Absätze ist dabei, daß der Zeitpunkt entscheidet, in dem durch die Rechtshandlung eine Rechtsposition begründet worden ist, die im Falle der Eröffnung eines Insolvenzverfahrens beachtet werden müßte. Das geltende Konkursrecht kennt entsprechende gesetzliche Regelungen nicht; die Gesamtvollstreckungsordnung enthält in § 10 Abs. 3 eine Regelung, die Absatz 2 der neuen Vorschrift entspricht.

2 Nach Absatz 1 ist im Grundsatz der Zeitpunkt maßgeblich, in dem die Rechtswirkungen der Handlung eintreten. Eine Rechtshandlung, die aus mehreren Teilakten besteht, gilt also erst dann als vorgenommen, wenn der letzte zur Wirksamkeit erforderliche Teilakt erfolgt ist. Ein Rechtsgeschäft, dessen Wirksamkeit die Parteien von der Zustimmung eines Dritten abhängig gemacht haben, ist erst dann vorgenommen, wenn diese Zustimmung erteilt ist. Die Abtretung einer künftigen Forderung ist erst mit der Entstehung dieser Forderung vorgenommen. Die rechtlichen Wirkungen einer Unterlassung treten frühestens in dem Zeitpunkt ein, in dem die Rechtsfolgen der Unterlassung nicht mehr durch eine Handlung abgewendet werden können; vor diesem Zeitpunkt ist die Unterlassung noch nicht „vorgenommen".

Absatz 2 sieht eine Ausnahme für den Fall vor, daß für das Wirksamwerden eines mehraktigen Rechtsgeschäfts eine Eintragung im Grundbuch oder einem vergleichbaren Register erforderlich ist. Nach Satz 1 gilt das Rechtsgeschäft bereits dann als vorgenommen, wenn die übrigen Voraussetzungen für das Wirksamwerden erfüllt sind, die Einigungserklärung des Schuldners für ihn bindend geworden ist (vgl. § 873 Abs. 2 BGB, § 3 Abs. 2 Gesetz über Rechte an eingetragenen Schiffen und Schiffbauwerken, § 5 Abs. 2 Gesetz über Rechte an Luftfahrzeugen) und der andere Teil den Eintragungsantrag gestellt hat, so daß der Schuldner diesen Antrag nicht zurücknehmen kann. Bei Vorliegen dieser Voraussetzungen hat der Schuldner bereits eine gesicherte Rechtsposition, die auch durch die Eröffnung eines Insolvenzverfahrens nicht mehr beeinträchtigt werden kann (vgl. § 878 BGB, § 3 Abs. 3 Gesetz über Rechte an eingetragenen Schiffen und Schiffsbauwerken, § 5 Abs. 3 Gesetz über Rechte an Luftfahrzeugen). Als Eintragungsantrag des anderen Teils gilt auch der Antrag, den der Notar im Namen des anderen Teils – oder im Namen beider Beteiligter – stellt, denn auch nach einer solchen Antragstellung kann die Eintragung nicht mehr einseitig vom Schuldner oder von dessen Insolvenzverwalter verhindert werden. Nach Satz 2 ist schon der Antrag auf Eintragung einer Vormerkung ausreichend, da schon die Vormerkung eine im Insolvenzverfahren zu beachtende Rechtsposition begründet (vgl. § 106). Auf den Zeitpunkt der Eintragung selbst kommt es auch hier nicht an.

Ein Vergleich mit dem Recht der Konkursanfechtung zeigt, daß diese Regelung in Widerspruch zur bisherigen Rechtsprechung und einer verbreiteten Meinung im Schrifttum steht, die bei derartigen Rechtsgeschäften die Eintragung als Zeitpunkt der Vornahme des Rechtsgeschäfts ansehen. Diese Auffassung widerspricht jedoch dem Schutzzweck des geltenden § 15 Satz 2 KO, der in § 91 Abs. 2 übernommen wird. Danach wird die Wirksamkeit eines Grundstücksgeschäfts nicht dadurch berührt, daß ein Insolvenzverfahren eröffnet wird, nachdem die Erklärung des bisherigen Berechtigten bindend geworden und der Eintragungsantrag gestellt ist (vgl. § 878 BGB). Es ist unschädlich, wenn der Erwerber im Zeitpunkt der Eintragung Kenntnis von der Verfahrenseröffnung hat (vgl. § 892 Abs. 2 BGB). In gleicher Weise darf auch die Anfechtbarkeit von Rechtshandlungen, bei denen eine Eintragung zu erfolgen hat, nicht vom Zeitpunkt der Eintragung abhängig sein. Verzögerungen der Eintragung dürfen sich auch hier nicht zum Nachteil der Erwerber der Rechte auswirken. Die sich aus der Regelung ergebende Einschränkung der Anfechtbarkeit im Vergleich zur geltenden Rechtsprechung muß hingenommen werden.

Der Zeitpunkt der Antragstellung läßt sich durch Einsichtnahme in die entsprechenden Akten leicht feststellen.

Absatz 3 schließlich stellt klar, daß es bei einer Bedingung oder Befristung nicht auf den Eintritt der Bedingung oder des Termins ankommt, sondern auf den Abschluß der rechtsbegründenden Tatumstände. Das entspricht der Regelung, daß bedingte und befristete Forderungen im Insolvenzverfahren schon vor Eintritt der Bedingung oder des Termins geltend gemacht werden können. Als befristete Rechtshandlung ist auch die Kündigung zu einem zukünftigen Termin anzusehen.

§ 141
Vollstreckbarer Titel

Die Anfechtung wird nicht dadurch ausgeschlossen, daß für die Rechtshandlung ein vollstreckbarer Schuldtitel erlangt oder daß die Handlung durch Zwangsvollstreckung erwirkt worden ist.

§ 141 entspricht § 160 RegEInsO. Der folgende Begründungstext entspricht im wesentlichen BT-Drs. 12/2443, S. 167, „Zu § 160".

Diese Vorschrift übernimmt geltendes Recht (§ 35 KO). Die Anfechtung wird nicht dadurch ausgeschlossen, daß die anzufechtende Rechtshandlung durch einen Vollstreckungstitel, der sogar in einem rechtskräftigen Urteil bestehen kann, gedeckt wird oder mit Hilfe der staatlichen Vollstreckungsorgane vorgenommen worden ist.

Als Zwangsvollstreckung im Sinne dieser Vorschrift ist auch die Vollziehung eines Arrestes oder einer einstweiligen Verfügung anzusehen (vgl. hierzu Rdnr. 3 der Begründung zu § 89).

§ 142
Bargeschäft

Eine Leistung des Schuldners, für die unmittelbar eine gleichwertige Gegenleistung in sein Vermögen gelangt, ist nur anfechtbar, wenn die Voraussetzungen des § 133 Abs. 1 gegeben sind.

§ 142 entspricht im wesentlichen § 161 RegEInsO. Der folgende Begründungstext entspricht im wesentlichen BT-Drs. 12/2443, S. 167, „Zu § 161".

Die Vorschrift entspricht dem Grundsatz des geltenden Konkursrechts, daß Bargeschäfte nicht der Anfechtung kongruenter und inkongruenter Deckungen (§§ 130, 131) unterliegen und daß auch eine unmittelbar nachteilige Rechtshandlung (§ 132) nicht vorliegt, wenn der Schuldner für seine Leistung eine gleichwertige Gegenleistung erhält. Die Benachteiligung der Gläubiger, die in der Leistung des Schuldners liegt, bleibt außer Betracht, da sie durch die Gegenleistung wieder ausgeglichen wird. Eine Anfechtung ist in diesen Fällen nur möglich, wenn die Voraussetzungen der Absichtsanfechtung (§ 133 Abs. 1) vorliegen, da diese auch mittelbare Benachteiligungen der Insolvenzgläubiger erfaßt.

Der entscheidende Grund für die Ausnahmeregelung dieser Vorschrift ist der wirtschaftliche Gesichtspunkt, daß ein Schuldner, der sich in der Krise befindet, praktisch vom Geschäftsverkehr ausgeschlossen würde, wenn selbst die von ihm abgeschlossenen wertäquivalenten Bargeschäfte der Anfechtung unterlägen.

Die Vorschrift kommt nur zur Anwendung, wenn Leistung und Gegenleistung durch Parteivereinbarung miteinander verknüpft sind. Das wird durch die Worte „für die" zum Ausdruck gebracht.

Die Frage der Gleichwertigkeit ist nach objektiven Maßstäben zu beurteilen, weil die Benachteiligung ein objektives Erfordernis ist. An der Gleichwertigkeit fehlt es nicht schon deshalb, weil die Leistung an den Schuldner in Bargeld erfolgt, das leicht dem Zugriff der Gläubiger entzogen werden kann.

Das Wort „unmittelbar" besagt, daß zwischen Leistung und Gegenleistung ein enger zeitlicher Zusammenhang bestehen muß. Wie schon nach geltendem Recht steht der Annahme eines Bargeschäfts aber nicht entgegen, daß zwischen der Leistung des Vertragspartners und der Gegenleistung des Schuldners eine gewisse Zeitspanne liegt. Sie darf jedoch nicht so lang sein, daß das Rechtsgeschäft unter Berücksichtigung der üblichen Zahlungsbräuche den Charakter eines Kreditgeschäfts annimmt.

§ 143
Rechtsfolgen

(1) Was durch die anfechtbare Handlung aus dem Vermögen des Schuldners veräußert, weggegeben oder aufgegeben ist, muß zur Insolvenzmasse zurückgewährt werden. Die Vorschriften über die Rechtsfolgen einer ungerechtfertigten Bereicherung, bei der dem Empfänger der Mangel des rechtlichen Grundes bekannt ist, gelten entsprechend.

(2) Der Empfänger einer unentgeltlichen Leistung hat diese nur zurückzugewähren, soweit er durch sie bereichert ist. Dies gilt nicht, sobald er weiß oder den Umständen nach wissen muß, daß die unentgeltliche Leistung die Gläubiger benachteiligt.

§ 143 entspricht § 162 RegEInsO. Der folgende Begründungstext entspricht BT-Drs. 12/2443, S. 167/168, „Zu § 162".

Für den Umfang des Anspruchs auf Rückgewähr, der durch die insolvenzrechtliche Anfechtung geltend gemacht wird, folgt Absatz 1 Satz 1 dem Grundsatz des geltenden § 37 Abs. 1 KO, daß der Anfechtungsgegner alles zur Insolvenzmasse zurückgewähren muß, was dem Vermögen des Schuldners durch die anfechtbare Rechtshandlung entzogen worden ist; durch diese Art der „Rückgewähr" soll die Insolvenzmasse in die Lage zurückversetzt werden, in der sie sich befinden würde, wenn die anfechtbare Rechtshandlung unterblieben wäre. Daraus folgt, daß ein wirksam angefochtener Erwerb grundsätzlich „in Natur" zur Insolvenzmasse zurückzugewähren ist. 1

Für den Fall, daß eine Rückgewähr in Natur nicht möglich ist, hat der Anfechtungsgegner nach der gegenwärtig in Rechtsprechung und Literatur herrschenden Auffassung auch dann vollen Wertersatz zu leisten, wenn er die Unmöglichkeit der Rückgewähr oder die Verschlechterung des anfechtbar erworbenen Gegenstandes nicht verschuldet hat. Es ist jedoch nicht gerechtfertigt, dem Anfechtungsgegner eine schärfere (Zufalls)Haftung aufzuerlegen als bösgläubigen Bereicherungsschuldnern und unrechtmäßigen Besitzern, die gemäß § 819 Abs. 1, § 818 Abs. 4, § 292 Abs. 1, §§ 989, 990 BGB lediglich für die schuldhafte Unmöglichkeit der Herausgabe oder Verschlechterung des Gegenstands haften. Die angestrebte Gleichbehandlung wird durch die Verweisung des Absatzes 1 Satz 2 auf das Bereicherungsrecht erreicht. Aus ihr ergeben sich zugleich sachgerechte Regelungen für die Herausgabe von Nutzungen und den Ersatz von Verwendungen (vgl. die §§ 987, 994 Abs. 2 BGB). 2

Absatz 2 Satz 1 beläßt es bei der eingeschränkten Rückgewährpflicht, die § 37 Abs. 2 KO aus überzeugenden Gründen dem gutgläubigen Empfänger einer unentgeltlichen Leistung zugesteht. Im Gegensatz zu anderen Anfechtungsgegnern haftet ein solcher Leistungsempfänger nicht für die schuldhafte Unmöglichkeit der Rückgewähr des empfangenen Gegenstands oder die schuldhafte Verschlechterung desselben; auch eine Ersatzpflicht für schuldhaft nicht gezogene Nutzungen entfällt. 3

Gegenüber dem geltenden Recht enthält Absatz 2 Satz 2 gleichwohl zwei Neuerungen:

– Die „Bösgläubigkeit" (Unredlichkeit) wird definiert und
– durch den Wortlaut des Gesetzes wird dem anfechtenden Insolvenzverwalter die Beweislast dafür auferlegt, daß der Zuwendungsempfänger „bösgläubig" (unredlich) ist.

4 Bei der Definition der „Bösgläubigkeit" wird dabei an die herrschende Auffassung in Rechtsprechung und Literatur angeknüpft. Der Empfänger der unentgeltlichen Leistung ist einmal dann bösgläubig, wenn er schon im Zeitpunkt des Leistungsempfangs wußte oder nach den Umständen wissen mußte, daß durch die Leistung die Befriedigung der Gläubiger beeinträchtigt wird. Er ist aber auch dann bösgläubig, wenn er dies später erfährt oder wenn ihm später die Umstände bekannt werden, aus denen er es entnehmen muß. In diesem Fall haftet er von dem späteren Zeitpunkt an nach Absatz 1 der Vorschrift.

5 Hinsichtlich der Beweislastverteilung hingegen weicht die Bestimmung von der herrschenden Auffassung ab. Rechtsprechung und Literatur haben aufgrund der allgemeinen Regel, daß einen Ausnahmetatbestand zu beweisen hat, wer sich auf die Ausnahme beruft, die Beweislast des Anfechtungsgegners hinsichtlich des Vorliegens der Voraussetzungen des geltenden § 37 Abs. 2 KO angenommen. Diese Beweislastverteilung trifft den Zuwendungsempfänger jedoch zu hart. Denn er, dessen Gutgläubigkeit schon dann ausgeschlossen ist, wenn er den Umständen nach wissen mußte, daß die unentgeltliche Zuwendung die Gläubiger des Zuwendenden benachteiligt, hat einen „Negativbeweis" zu erbringen. Deshalb droht die dem Empfänger aus überzeugenden Gründen zuerkannte Begünstigung (vgl. Absatz 2 Satz 1) in einer Vielzahl der Fälle an der Beweislast zu scheitern, was dem Zweck des Gesetzes zuwiderläuft. Dem ist durch eine Verlagerung der Beweislast auf den Anfechtenden abgeholfen worden.

§ 144
Ansprüche des Anfechtungsgegners

(1) Gewährt der Empfänger einer anfechtbaren Leistung das Erlangte zurück, so lebt seine Forderung wieder auf.

(2) Eine Gegenleistung ist aus der Insolvenzmasse zu erstatten, soweit sie in dieser noch unterscheidbar vorhanden ist oder soweit die Masse um ihren Wert bereichert ist. Darüber hinaus kann der Empfänger der anfechtbaren Leistung die Forderung auf Rückgewähr der Gegenleistung nur als Involvenzgläubiger geltend machen.

§ 144 entspricht § 163 RegEInsO. Der folgende Begründungstext entspricht BT-Drs. 12/2443, S. 168, „Zu § 163".

In Anlehnung an das geltende Konkursrecht (§§ 38, 39 KO) sind in dieser Vorschrift die Rechte des Anfechtungsgegners geregelt.

Zu Absatz 1 ist hervorzuheben, daß mit der Forderung rückwirkend und kraft Gesetzes auch deren Sicherungen wiederaufleben, sofern sie unanfechtbar begründet worden sind; dies entspricht der einhelligen Auffassung in Rechtsprechung und Literatur.

§ 145
Anfechtung gegen Rechtsnachfolger

(1) Die Anfechtbarkeit kann gegen den Erben oder einen anderen Gesamtrechtsnachfolger des Anfechtungsgegners geltend gemacht werden.

(2) Gegen einen sonstigen Rechtsnachfolger kann die Anfechtbarkeit geltend gemacht werden:

1. wenn dem Rechtsnachfolger zur Zeit seines Erwerbs die Umstände bekannt waren, welche die Anfechtbarkeit des Erwerbs seines Rechtsvorgängers begründen;
2. wenn der Rechtsnachfolger zur Zeit seines Erwerbs zu den Personen gehörte, die dem Schuldner nahestehen (§ 138), es sei denn, daß ihm zu dieser Zeit die Umstände unbekannt waren, welche die Anfechtbarkeit des Erwerbs seines Rechtsvorgängers begründen;
3. wenn dem Rechtsnachfolger das Erlangte unentgeltlich zugewendet worden ist.

§ 145 entspricht im wesentlichen § 164 RegEInsO. Der folgende Begründungstext beruht im wesentlichen auf BT-Drs. 12/2443, S. 168, „Zu § 164", und BT-Drs. 12/7302, S. 174, zu Nr. 91 („Zu § 164 Abs. 2").

Die Vorschrift knüpft an § 40 KO an. Absatz 1 dehnt die Anfechtbarkeit auf Gesamtrechtsnachfolger und Absatz 2 auf bestimmte Sonderrechtsnachfolger aus.

Absatz 1 bestätigt die heute herrschende Rechtsauffassung, daß sich die Anfechtbarkeit auch auf andere Gesamtrechtsnachfolger als den Erben erstreckt. Für die Annahme einer Gesamtrechtsnachfolge im Sinne dieser Vorschrift kommt es darauf an, daß der Rechtsnachfolger kraft Gesetzes in die Verbindlichkeiten des Rechtsvorgängers eingetreten ist; dabei ist es gleichgültig, ob die Haftung des Rechtsvorgängers neben der des Rechtsnachfolgers fortdauert.

Absatz 2 Nr. 1 entspricht dem geltenden Recht (§ 40 Abs. 2 Nr. 1 KO) und beläßt es bei der subjektiven Voraussetzung, daß der Rechtsnachfolger die zur Anfechtbarkeit des Vorerwerbs führenden Umstände gekannt hat.

Absatz 2 Nr. 2 entspricht ebenfalls dem geltenden Recht mit der Erweiterung, daß auf den Personenkreis des § 138 Bezug genommen wird. Wie bereits nach geltendem Recht obliegt dem Rechtsnachfolger der Beweis der Unkenntnis der die Anfechtbarkeit begründenden Umstände.

Absatz 2 Nr. 3 übernimmt § 40 Abs. 2 Nr. 3 KO. Der bisherige Absatz 3 des § 40 KO wird als entbehrlich angesehen, weil sich bereits aus § 143 Abs. 2 (bisher: § 37 Abs. 2 KO) ergibt, daß der gutgläubige Empfänger einer unentgeltlichen Zuwendung auch im Falle der Sonderrechtsnachfolge nur im Umfang der noch vorhandenen Bereicherung haftet.

§ 146
Verjährung des Anfechtungsanspruchs

(1) Der Anfechtungsanspruch verjährt in zwei Jahren seit der Eröffnung des Insolvenzverfahrens.

(2) Auch wenn der Anfechtungsanspruch verjährt ist, kann der Insolvenzverwalter die Erfüllung einer Leistungspflicht verweigern, die auf einer anfechtbaren Handlung beruht.

§ 146 übernimmt in veränderter und verkürzter Fassung § 165 RegEInsO. Der folgende Begründungstext entspricht weitgehend BT-Drs. 12/2443, S. 168/169, „Zu § 165", und BT-Drs. 12/7302, S. 174, zu Nr. 92 („Zu § 165").

1 Durch diese Vorschrift wird § 41 Abs. 1 KO grundlegend umgestaltet. Die Ausschlußfrist des § 41 Abs. 1 Satz 1 KO für die Ausübung des Anfechtungsrechts wird durch eine Verjährungsfrist ersetzt; eine dem § 41 Abs. 1 Satz 2 KO entsprechende Regelung wird dadurch entbehrlich. Durch die Heraufsetzung der Frist auf zwei Jahre wird die Ausübungsfrist im Vergleich zum Konkursrecht um ein Jahr verlängert; die Gesamtvollstreckungsordnung enthält im Vorgriff auf die Reform bereits eine Frist von zwei Jahren (§ 10 Abs. 2 GesO). Die Frist des § 41 Abs. 1 Satz 3 KO ist in die dort genannten Anfechtungstatbestände übernommen worden, wobei sie von 30 auf 10 Jahre herabgesetzt wurde (vgl. § 133 Abs. 1 Satz 1, § 135 Nr. 1).

2 Die Ausübung entstandener Rechte – auch der Anfechtungsrechte – kann zeitlich durch eine Ausschlußfrist oder durch eine Verjährungsfrist begrenzt werden. Der Gesetzgeber der Konkursordnung von 1877 hatte sich für eine Verjährungsfrist entschieden. § 34 KO hatte als Vorläufer des heute geltenden § 41 KO den Wortlaut, daß „das Anfechtungsrecht ... in einem Jahr seit der Eröffnung des Verfahrens (verjährt)". Erst die Konkursnovelle von 1898, mit der die Konkursordnung dem Bürgerlichen Gesetzbuch angepaßt wurde, hat die Verjährungsfrist nach dem Vorbild des § 124 BGB durch eine Ausschlußfrist ersetzt. Diese Änderung beruhte auf der damaligen Vorstellung, daß das Anfechtungsrecht ein Gestaltungsrecht sei, durch dessen Ausübung die angefochtenen Rechtshandlungen den Konkursgläubigern gegenüber unwirksam würden (vgl. auch den Wortlaut des § 29 KO). Nachdem sich die Auffassung durchgesetzt hat, daß die Anfechtbarkeit im Regelfall einen Anspruch auf Rückführung in die Insolvenzmasse begründet, ist es folgerichtig, für diesen Anspruch zur Verjährungsfrist zurückzukehren, wie es in Absatz 1 vorgesehen ist.

3 Daraus ergibt sich der Vorteil, daß die Vorschriften des Bürgerlichen Gesetzbuchs über Hemmung und Unterbrechung der Verjährung unmittelbar anwendbar sind, und zwar über die Vorschriften hinaus, die kraft gesetzlicher Regelung (so § 41 Abs. 1 Satz 2 KO für § 203 Abs. 2, § 207 BGB) oder nach herrschender Auffassung auf die heutige Ausschlußfrist des § 41 Abs. 1 Satz 1 KO entsprechend anzuwenden sind; letzteres gilt für die Anwendung des Rechtsgedankens der §§ 206, 207 auf einen Verwalterwechsel, für § 209 Abs. 2 und wohl auch für § 212 Abs. 2 BGB.

Durch die Rückkehr zur Verjährungsfrist wird vor allem auch § 208 BGB in den Bereich der unmittelbar anwendbaren Vorschriften einbezogen. Dies hat zur Folge, daß eine Anerkennung des Anfechtungsanspruchs den Lauf der Verjährungsfrist unterbricht; nach geltendem Recht kann der Konkursverwalter dagegen trotz der Anerkennung genötigt sein, den Rückgewähranspruch nur deshalb gerichtlich geltend zu machen, um die Frist des § 41 Abs. 1 Satz 1 KO zu wahren. Schließlich bildet eine Verjährungsfrist eher als eine Ausschlußfrist die Möglichkeit, dem Anfechtungsgegner in besonderen Ausnahmefällen mit Rücksicht auf Treu und Glauben (§ 242 BGB) zu versagen, sich auf den Ablauf der Frist zu berufen.

4 Absatz 2 ist an § 41 Abs. 2 KO angelehnt, erweitert jedoch in vorsichtiger Weise das Leistungsverweigerungsrecht des Insolvenzverwalters. Im Vergleich zum geltenden Recht soll die gewählte Formulierung verdeutlichen, daß auch ein mittelbarer Zusammenhang zwischen anfechtbarer Handlung und Leistungspflicht genügt, daß jede Art von Leistungspflicht genügt (z. B. eine sachenrechtliche Leistungspflicht) und daß die Leistungspflicht nicht schon vor der Verfahrenseröffnung gegenüber dem Schuldner bestanden haben muß.

§ 147
Rechtshandlungen nach Verfahrenseröffnung

(1) Eine Rechtshandlung, die nach der Eröffnung des Insolvenzverfahrens vorgenommen worden ist und die nach den §§ 892, 893 des Bürgerlichen Gesetzbuchs, §§ 16, 17 des Gesetzes über Rechte an eingetragenen Schiffen und Schiffsbauwerken und §§ 16, 17 des Gesetzes über Rechte an Luftfahrzeugen wirksam ist, kann nach den Vorschriften angefochten werden, die für die Anfechtung einer vor der Verfahrenseröffnung vorgenommenen Rechtshandlung gelten.

(2) Die Verjährungsfrist nach § 146 Abs. 1 beginnt mit dem Zeitpunkt, in dem die rechtlichen Wirkungen der Handlung eintreten.

§ 147 entspricht im wesentlichen § 166 RegEInsO. Der folgende Begründungstext entspricht im wesentlichen BT-Drs. 12/2443, S. 169, „Zu § 166".

1 Diese Vorschrift greift in Absatz 1 § 42 Satz 1 KO auf und paßt in Absatz 2 die Regelung des § 42 Satz 2 KO der Vorschrift des § 146 an.

2 Absatz 1 verzichtet bewußt darauf, neben §§ 892, 893 BGB auch § 878 BGB zu erwähnen. Damit soll zum Ausdruck gebracht werden, daß ein Rechtserwerb, der aufgrund des § 91 Abs. 2 (§ 15 Satz 2 KO) in Verbindung mit §§ 878, 873 Abs. 2 BGB nach Eröffnung des Insolvenzverfahrens wirksam vollendet wird, nicht nach den Grundsätzen über die Anfechtung von Rechtshandlungen nach Verfahrenseröffnung anfechtbar ist. Die gegenteilige, von Rechtsprechung und herrschender Lehre vertretene Auffassung überzeugt nicht. Der Erwerber eines Grundstücksrechts ist nach bindender Einigung (§ 873 Abs. 2 BGB) und Stellung des Eintragungsantrags beim Grundbuchamt Inhaber eines Anwartschaftsrechts, das durch die Eröffnung des Insolvenzverfahrens nicht beeinträchtigt wird. Denn wie sich aus § 91 Abs. 2 (§ 15 Satz 2 KO) in Verbindung mit § 878 BGB ergibt, wird der Rechtserwerb trotz der Verfahrenseröffnung mit der Eintragung vollendet, und zwar unabhängig davon, ob der Erwerber zu diesem Zeitpunkt die Verfahrenseröffnung gekannt hat oder nicht. Es wäre ein Wertungswiderspruch, das Anwartschaftsrecht aus § 878 BGB für „insolvenzfest" zu erklären, andererseits aber den Rechtserwerb, der sich ungeachtet der Verfahrenseröffnung und des guten oder bösen Glaubens des Erwerbers aufgrund einer solchen Anwartschaft wirksam vollzieht, der Anfechtung zu unterwerfen. Einem „insolvenzfesten" Anwartschaftsrecht muß ein „anfechtungsfester" Rechtserwerb entsprechen. Die Insolvenzordnung gewährleistet dies dadurch, daß ein Grundstücksgeschäft, zu dessen Wirksamwerden im Zeitpunkt der Verfahrenseröffnung nur noch die Eintragung fehlt, als vor der Verfahrenseröffnung vorgenommen gilt (§ 140 Abs. 2).

3 Die Vorschrift gilt auch für diejenigen nach Verfahrenseröffnung vorgenommenen Rechtshandlungen, die den Insolvenzgläubigern gegenüber nach den §§ 16, 17 Schiffsrechtegesetz, §§ 16, 17 Luftfahrzeugrechtegesetz wirksam sind; ein nach § 91 Abs. 2 (§ 15 Satz 2 KO) in Verbindung mit § 3 Abs. 3 Schiffsrechtegesetz, § 5 Abs. 5 Luftfahrzeugrechtegesetz wirksamer Erwerb ist jedoch nach dem Leitsatz ebensowenig anfechtbar wie ein solcher nach § 878 BGB.

4 Die Verjährungsfrist des § 146 Abs. 1 kann, da die anfechtbare Rechtshandlung erst nach der Verfahrenseröffnung liegt, mit der Eröffnung des Insolvenzverfahrens noch nicht zu laufen beginnen. Statt dessen wird in Absatz 2 auf den Zeitpunkt abgestellt, in dem die rechtlichen Wirkungen der Handlung eintreten, im Falle der Übereignung

eines Grundstücks also auf den Zeitpunkt der Eintragung der Rechtsänderung im Grundbuch.

VIERTER TEIL
Verwaltung und Verwertung der Insolvenzmasse

ERSTER ABSCHNITT
Sicherung der Insolvenzmasse

§ 148
Übernahme der Insolvenzmasse

(1) Nach der Eröffnung des Insolvenzverfahrens hat der Insolvenzverwalter das gesamte zur Insolvenzmasse gehörende Vermögen sofort in Besitz und Verwaltung zu nehmen.

(2) Der Verwalter kann auf Grund einer vollstreckbaren Ausfertigung des Eröffnungsbeschlusses die Herausgabe der Sachen, die sich im Gewahrsam des Schuldners befinden, im Wege der Zwangsvollstreckung durchsetzen. § 766 der Zivilprozeßordnung gilt mit der Maßgabe, daß an die Stelle des Vollstreckungsgerichts das Insolvenzgericht tritt.

§ 148 übernimmt in veränderter Fassung § 167 RegEInsO. Der folgende Begründungstext beruht weitgehend auf BT-Drs. 12/2443, S. 170/171, „Zu § 167", und BT-Drs. 12/7302, S. 174, zu Nr. 93 („Zu § 167 Abs. 2, 3").

1 Die in Absatz 1 geregelte Pflicht des Verwalters, die Gegenstände der Masse in Besitz und Verwaltung zu nehmen, entspricht geltendem Konkursrecht (§ 117 Abs. 1 KO; vgl. § 8 Abs. 2 GesO).

2 In Absatz 2 Satz 1 wird – in Übereinstimmung mit der herrschenden Meinung zum geltenden Konkursrecht – vorgesehen, daß die Herausgabe der Sachen, die sich im Gewahrsam des Schuldners befinden, aufgrund einer vollstreckbaren Ausfertigung des Eröffnungsbeschlusses im Wege der Zwangsvollstreckung durchgesetzt werden kann. Der Eröffnungsbeschluß berechtigt den Verwalter und den von ihm beauftragten Gerichtsvollzieher auch dazu, die Wohnung des Schuldners zu betreten, um Gegenstände der Insolvenzmasse in Besitz zu nehmen; einer zusätzlichen richterlichen Anordnung bedarf es insoweit nicht. Für die Durchführung der Zwangsvollstreckung gelten die Vorschriften der Zivilprozeßordnung, unter ihnen auch § 739 ZPO, nach dem der Schuldner als Gewahrsamsinhaber gilt, soweit aufgrund von § 1362 BGB vermutet wird, daß ihm bewegliche Sachen im Besitz seines Ehegatten oder im Mitbesitz beider Ehegatten gehören. In Absatz 2 Satz 2 ist allerdings vorgesehen, daß über Einwendungen des Schuldners gegen das Verfahren bei der Zwangsvollstreckung entgegen § 766 ZPO nicht das Vollstreckungsgericht, sondern das Insolvenzgericht entscheidet; dies erscheint zweckmäßig, da die Vollstreckung hier der Sammlung der Insolvenzmasse dient. Gegen die Entscheidung des Insolvenzgerichts ist kein Rechtsmittel gegeben (vgl. § 6 Abs. 1).

Die Regelungen des Absatzes 2 gelten unabhängig davon, ob die Sache selbst Bestandteil der Insolvenzmasse ist oder ob nur das Recht zum Besitz der Sache zur Masse gehört. Beispielsweise kann der Insolvenzverwalter nach diesen Regelungen auch die Übertragung des Besitzes an vom Schuldner gemieteten Sachen durchsetzen.

§ 149
Wertgegenstände

(1) Der Gläubigerausschuß kann bestimmen, bei welcher Stelle und zu welchen Bedingungen Geld, Wertpapiere und Kostbarkeiten hinterlegt oder angelegt werden sollen. Ist kein Gläubigerausschuß bestellt oder hat der Gläubigerausschuß noch keinen Beschluß gefaßt, so kann das Insolvenzgericht Entsprechendes anordnen.

(2) Ist ein Gläubigerausschuß bestellt, so ist der Insolvenzverwalter nur dann berechtigt, Geld, Wertpapiere oder Kostbarkeiten von der Stelle, bei der hinterlegt oder angelegt worden ist, in Empfang zu nehmen, wenn ein Mitglied des Gläubigerausschusses die Quittung mitunterzeichnet. Anweisungen des Verwalters auf diese Stelle sind nur gültig, wenn ein Mitglied des Gläubigerausschusses sie mitunterzeichnet hat.

(3) **Die Gläubigerversammlung kann abweichende Regelungen beschließen.**

§ 149 übernimmt in veränderter Fassung § 168 RegEInsO. Der folgende Begründungstext beruht weitgehend auf BT-Drs. 12/2443, S. 171, „Zu § 168", und BT-Drs. 12/7302, S. 174/175, zu Nr. 94 („Zu § 168").

Die verschiedenen Vorschriften des geltenden Konkursrechts über die Hinterlegung oder die Anlage von Geld, Wertpapieren und Kostbarkeiten (§ 129 Abs. 2, § 132 Abs. 1, § 137 KO) werden ohne wesentliche inhaltliche Änderungen zu einer Vorschrift zusammengefaßt.

Die Anlage und Verwahrung von Geld und Wertsachen obliegen grundsätzlich dem Insolvenzverwalter; er trägt dafür die Verantwortung. Absatz 1 Satz 1 enthält die Befugnis des Gläubigerausschusses, Satz 2 die Befugnis des Insolvenzgerichts, auf diesen Handlungs- und Verantwortungsbereich des Verwalters Einfluß zu nehmen.

Absatz 2 enthält einige dem geltenden Recht entsprechende Verfahrensanweisungen für den Umgang des Insolvenzverwalters mit Wertgegenständen. Absatz 3 ermöglicht es der Gläubigerversammlung, eine abweichende Verfahrensweise für den Insolvenzverwalter zu beschließen. Insbesondere kann dem Insolvenzverwalter zur Vermeidung praktischer Schwierigkeiten frühzeitig das Recht übertragen werden, angelegtes Geld, Wertpapiere und Kostbarkeiten ohne Beteiligung eines Gläubigerausschußmitglieds in Empfang zu nehmen oder allein Anweisungen auf die Hinterlegungsstelle auszustellen.

§ 150
Siegelung

Der Insolvenzverwalter kann zur Sicherung der Sachen, die zur Insolvenzmasse gehören, durch den Gerichtsvollzieher oder eine andere dazu gesetzlich ermächtigte Person Siegel anbringen lassen. Das Protokoll über eine Siegelung oder Entsiegelung hat der Verwalter auf der Geschäftsstelle zur Einsicht der Beteiligten niederzulegen.

§ 150 entspricht § 169 RegEInsO. Der folgende Begründungstext entspricht BT-Drs. 12/2443, S. 171, „Zu § 169".

Auch diese Vorschrift entspricht im wesentlichen dem geltenden Konkursrecht (§ 122 Abs. 1, § 124 Satz 2 KO). Als Person, die zur Anbringung von Siegeln gesetzlich ermächtigt ist, wird der Gerichtsvollzieher ausdrücklich genannt, um die Regelung verständlicher zu machen und um zugleich eine gewisse Vereinheitlichung der bisher rein landesrechtlich geregelten Zuständigkeiten zu erreichen.

§ 151
Verzeichnis der Massegegenstände

(1) Der Insolvenzverwalter hat ein Verzeichnis der einzelnen Gegenstände der Insolvenzmasse aufzustellen. Der Schuldner ist hinzuzuziehen, wenn dies ohne eine nachteilige Verzögerung möglich ist.

(2) Bei jedem Gegenstand ist dessen Wert anzugeben. Hängt der Wert davon ab, ob das Unternehmen fortgeführt oder stillgelegt wird, sind beide Werte anzugeben. Besonders schwierige Bewertungen können einem Sachverständigen übertragen werden.

(3) Auf Antrag des Verwalters kann das Insolvenzgericht gestatten, daß die Aufstellung des Verzeichnisses unterbleibt; der Antrag ist zu begründen. Ist ein Gläubigerausschuß bestellt, so kann der Verwalter den Antrag nur mit Zustimmung des Gläubigerausschusses stellen.

§ 151 übernimmt in veränderter Fassung § 170 RegEInsO. Der folgende Begründungstext beruht weitgehend auf BT-Drs. 12/2443, S. 171, „Zu § 170", und BT-Drs. 12/7302, S. 175, zu Nr. 95 („Zu § 170").

1   Das Verzeichnis der Massegegenstände ist zusammen mit dem Gläubigerverzeichnis (§ 152) Grundlage für die Vermögensübersicht (§ 153), die den Insolvenzgläubigern eine Beurteilung der Vermögenslage des Schuldners ermöglichen soll.

   In den Einzelheiten lehnt sich die Vorschrift weitgehend an § 123 KO an. Alle Gegenstände der Masse sind genau zu bezeichnen, z. B. Grundstücke mit der Angabe des Grundbuchblattes. Auch Ansprüche, die sich aus den Vorschriften über die Insolvenzanfechtung ergeben, gehören zur Masse und sind daher in das Verzeichnis aufzunehmen. Die Hinzuziehung eines Gerichtsvollziehers oder einer anderen ermächtigten Person bei der Aufstellung des Masseverzeichnisses erscheint entbehrlich. Von der entsprechenden Regelung in § 132 KO wird in der Praxis regelmäßig Befreiung erteilt.

2   Für jeden Gegenstand ist der tatsächliche Wert anzugeben (Absatz 2 Satz 1). Bei Forderungen, die rechtlich zweifelhaft oder schwer einbringlich sind, müssen Abschläge vom Forderungsbetrag vorgenommen werden. Soweit die Möglichkeit der Fortführung des Unternehmens besteht und zu einer unterschiedlichen Bewertung von Vermögensgegenständen führt, sind Fortführungswerte und Einzelveräußerungswerte nebeneinander anzugeben; der Verwalter ist nicht berechtigt, bei der Bewertung nach seinem Ermessen die Fortführung oder die Einzelveräußerung zugrunde zu legen und dadurch die Entscheidung der Gläubiger über den Fortgang des Verfahrens vorwegzunehmen.

3   Auch bewegliche Sachen, die der Verwalter nicht in seinem Besitz hat, sind zu bewerten. Häufig wird der Verwalter berechtigt sein, die Herausgabe einer solchen Sache zur Verwertung zu verlangen; ist dies nicht der Fall – z. B. weil die Sache im Besitz eines absonderungsberechtigten Gläubigers ist –, so kann der Verwalter doch nach den §§ 809, 811 BGB verlangen, daß ihm die Besichtigung der Sache gestattet wird. Die besondere Regelung einer Vorlegungspflicht, wie sie in § 120 KO getroffen worden ist, erscheint daher entbehrlich.

Durch die in Absatz 3 vorgesehene besondere Begründung des Antrags, von der Pflicht zur Aufstellung eines Verzeichnisses der Massegegenstände befreit zu werden, wird das Vorgehen des Verwalters gegenüber dem Gericht, aber auch gegenüber den Gläubigern transparenter gestaltet. Die Mißbrauchsgefahr bei der Inanspruchnahme dieser Ausnahmeregelung sinkt.

§ 152
Gläubigerverzeichnis

(1) Der Insolvenzverwalter hat ein Verzeichnis aller Gläubiger des Schuldners aufzustellen, die ihm aus den Büchern und Geschäftspapieren des Schuldners, durch sonstige Angaben des Schuldners, durch die Anmeldung ihrer Forderungen oder auf andere Weise bekannt geworden sind.

(2) In dem Verzeichnis sind die absonderungsberechtigten Gläubiger und die einzelnen Rangklassen der nachrangigen Insolvenzgläubiger gesondert aufzuführen. Bei jedem Gläubiger sind die Anschrift sowie der Grund und der Betrag seiner Forderung anzugeben. Bei den absonderungsberechtigten Gläubigern sind zusätzlich der Gegenstand, an dem das Absonderungsrecht besteht, und die Höhe des mutmaßlichen Ausfalls zu bezeichnen; § 151 Abs. 2 Satz 2 gilt entsprechend.

(3) Weiter ist anzugeben, welche Möglichkeiten der Aufrechnung bestehen. Die Höhe der Masseverbindlichkeiten im Falle einer zügigen Verwertung des Vermögens des Schuldners ist zu schätzen.

§ 152 entspricht im wesentlichen § 171 RegEInsO. Der folgende Begründungstext entspricht im wesentlichen BT-Drs. 12/2443, S. 171, „Zu § 171".

Das Gläubigerverzeichnis, das der Insolvenzverwalter nach dieser Vorschrift aufzustellen hat, ist von der Tabelle zu unterscheiden, in die er die angemeldeten Forderungen der Insolvenzgläubiger einträgt (§ 175). Das Gläubigerverzeichnis des Verwalters erfaßt auch die absonderungsberechtigten Gläubiger, denen keine persönliche Forderung gegen den Schuldner zusteht, und die Insolvenzgläubiger, die ihre Forderung nicht oder noch nicht angemeldet haben. Wie das Verzeichnis der Massegegenstände einen möglichst vollständigen Überblick über das Vermögen verschaffen soll, das zur Befriedigung der Gläubiger zur Verfügung steht, so soll das Gläubigerverzeichnis die diesem Vermögen gegenüberstehenden Belastungen und Verbindlichkeiten so vollständig wie möglich aufzeigen. 1

Wegen der unterschiedlichen Stellung der verschiedenen Gläubigerkategorien im Verfahren wird in Absatz 2 vorgeschrieben, daß im Gläubigerverzeichnis die absonderungsberechtigten Gläubiger und die verschiedenen Rangklassen der nachrangigen Insolvenzgläubiger (vgl. die §§ 39, 327) gesondert von den übrigen Insolvenzgläubigern aufzuführen sind. Die aussonderungsberechtigten Gläubiger dagegen können bei der Aufstellung des Gläubigerverzeichnisses außer Betracht bleiben; denn die auszusondernden Gegenstände sind in das Verzeichnis der Massegegenstände ebenfalls nicht aufzunehmen. Jede Forderung, die in das Gläubigerverzeichnis aufgenommen wird, ist nach Anschrift des Gläubigers, Grund und Betrag genau zu bezeichnen. 2

Absatz 3 vervollständigt die Aussagekraft des Gläubigerverzeichnisses zunächst dadurch, daß Aufrechnungslagen anzugeben sind; denn eine bestehende Aufrechnungslage kann ebenso zur vollen Befriedigung des Gläubigers führen wie ein Recht auf abgesonderte Befriedigung. Weiter wird vorgeschrieben, daß die Höhe der Masseverbindlichkeiten, die 3 bei der Verfahrenseröffnung noch nicht feststeht, vom Verwalter geschätzt wird. Dabei hat er die alsbaldige Liquidation zu unterstellen, da die bei einer Unternehmensfortführung entstehenden Masseverbindlichkeiten in ihrer Höhe maßgeblich von der Dauer der Fortführung abhängen und daher im voraus kaum geschätzt werden können.

§ 153
Vermögensübersicht

(1) Der Insolvenzverwalter hat auf den Zeitpunkt der Eröffnung des Insolvenzverfahrens eine geordnete Übersicht aufzustellen, in der die Gegenstände der Insolvenzmasse und die Verbindlichkeiten des Schuldners aufgeführt und einander gegenübergestellt werden. Für die Bewertung der Gegenstände gilt § 151 Abs. 2 entsprechend, für die Gliederung der Verbindlichkeiten § 152 Abs. 2 Satz 1.

(2) Nach der Aufstellung der Vermögensübersicht kann das Insolvenzgericht auf Antrag des Verwalters oder eines Gläubigers dem Schuldner aufgeben, die Vollständigkeit der Vermögensübersicht eidesstattlich zu versichern. Die §§ 98, 101 Abs. 1 Satz 1, 2 gelten entsprechend.

§ 153 entspricht im wesentlichen § 172 RegEInsO. Der folgende Begründungstext beruht im wesentlichen auf BT-Drs. 12/2443, S. 172, „Zu § 172", und BT-Drs. 12/7302, S. 175, zu Nr. 96 („Zu § 172 Abs. 2").

1   In der Vermögensübersicht werden die Gegenstände der Insolvenzmasse und die Verbindlichkeiten des Schuldners ähnlich wie in einer Bilanz zusammengefaßt und gegenübergestellt. Buchwerte sind jedoch nicht zulässig; der Verwalter kann sich also nicht auf eine vorhandene Handelsbilanz beziehen, sondern muß die Vermögensübersicht auf der Grundlage des Verzeichnisses der Massegegenstände und des Gläubigerverzeichnisses neu erstellen. Die Vermögensübersicht nach dieser Vorschrift ähnelt der „Konkurseröffnungsbilanz" nach § 124 KO, dem Vermögensverzeichnis nach § 11 Abs. 1 GesO und der Vermögensübersicht nach § 5 Abs. 1 VerglO; jedoch ist hervorzuheben, daß nach der neuen Vorschrift nebeneinander die Fortführungs- und die Einzelveräußerungswerte anzugeben sind (Absatz 1 Satz 2 i. V. m. § 151 Abs. 2).

2   Auf Anordnung des Insolvenzgerichts hat der Schuldner eidesstattlich zu versichern, daß die Gegenstände der Insolvenzmasse und die Verbindlichkeiten des Schuldners nach seiner Kenntnis in der Vermögensübersicht vollständig erfaßt sind. Die Anordnung setzt voraus, daß der Verwalter oder ein Gläubiger sie beantragt und daß sie zur Herbeiführung wahrheitsgemäßer Aussagen erforderlich erscheint (Absatz 2 i. V. m. § 98 Abs. 1).

§ 154
Niederlegung in der Geschäftsstelle

Das Verzeichnis der Massegegenstände, das Gläubigerverzeichnis und die Vermögensübersicht sind spätestens eine Woche vor dem Berichtstermin in der Geschäftsstelle zur Einsicht der Beteiligten niederzulegen.

§ 154 entspricht § 173 RegEInsO. Der folgende Begründungstext entspricht BT-Drs. 12/2443, S. 172, „Zu § 173".

Um allen am Verfahren Beteiligten zu ermöglichen, sich vor dem Berichtstermin über die Vermögensverhältnisse des Schuldners zu unterrichten, wird vorgeschrieben, daß die Verzeichnisse der Massegegenstände und der Gläubiger sowie die Vermögensübersicht rechtzeitig vor diesem Termin in der Geschäftsstelle des Gerichts niederzulegen sind (vgl. § 124 Satz 2 KO; § 22 Abs. 3 VerglO).

§ 155
Handels- und steuerrechtliche Rechnungslegung

(1) Handels- und steuerrechtliche Pflichten des Schuldners zur Buchführung und zur Rechnungslegung bleiben unberührt. In bezug auf die Insolvenzmasse hat der Insolvenzverwalter diese Pflichten zu erfüllen.

(2) Mit der Eröffnung des Insolvenzverfahrens beginnt ein neues Geschäftsjahr. Jedoch wird die Zeit bis zum Berichtstermin in gesetzliche Fristen für die Aufstellung oder die Offenlegung eines Jahresabschlusses nicht eingerechnet.

(3) Für die Bestellung des Abschlußprüfers im Insolvenzverfahren gilt § 318 des Handelsgesetzbuchs mit der Maßgabe, daß die Bestellung ausschließlich durch das Registergericht auf Antrag des Verwalters erfolgt. Ist für das Geschäftsjahr vor der Eröffnung des Verfahrens bereits ein Abschlußprüfer bestellt, so wird die Wirksamkeit dieser Bestellung durch die Eröffnung nicht berührt.

§ 155 entspricht § 174 RegEInsO. Der folgende Begründungstext entspricht im wesentlichen BT-Drs. 12/2443, S. 172/173, „Zu § 174".

Absatz 1 stellt klar, daß die Bestimmungen über die insolvenzrechtliche Rechnungslegung die Buchführungs- und Rechnungslegungspflichten des Handels- und Steuerrechts unberührt lassen und daß auch diese Pflichten, soweit es um die Insolvenzmasse geht, vom Insolvenzverwalter zu erfüllen sind. Im Grundsatz hat der Insolvenzverwalter also Handelsbücher zu führen (§ 239 HGB) und für den Schluß eines jeden Geschäftsjahrs eine Bilanz und eine Gewinn- und Verlustrechnung aufzustellen (§ 242 HGB), wenn das Insolvenzverfahren ein vollkaufmännisches Unternehmen betrifft (vgl. § 4 Abs. 1 HGB). Ein ursprünglich vollkaufmännisches Unternehmen kann jedoch je nach dem Stand der Abwicklung im Insolvenzverfahren nur noch einen minderkaufmännischen Geschäftsbetrieb im Sinne des § 4 Abs. 1 HGB erfordern und dadurch von den handelsrechtlichen Buchführungs- und Bilanzierungsvorschriften nicht mehr erfaßt werden. Bei Kapitalgesellschaften, für die nach § 6 Abs. 2 HGB die Erleichterungen für Minderkaufleute nicht gelten, können die besonderen Vorschriften über die Jahresabschlüsse im Liquidationsstadium insoweit entsprechend angewendet werden, als dort vorgesehen ist, daß das Registergericht von der Prüfung des Jahresabschlusses und des Lageberichts durch einen Abschlußprüfer befreien kann (vgl. § 270 Abs. 3 AktG; § 71 Abs. 3 GmbHG). 1

Der Insolvenzverwalter hat zu prüfen, ob nach den Gegebenheiten des Einzelfalles in der Handelsbilanz das vorhandene Vermögen mit Fortführungs- oder Liquidationswerten anzusetzen ist. Nach der Eröffnung des Insolvenzverfahrens werden jedenfalls dann nur noch Liquidationswerte gerechtfertigt sein, wenn der Geschäftsbetrieb sofort eingestellt wird. Führt der Insolvenzverwalter jedoch das insolvente Unternehmen aufgrund eines Beschlusses der Gläubigerversammlung fort, so sind Fortführungswerte anzusetzen.

Da nach Absatz 2 mit der Eröffnung des Insolvenzverfahrens ein neues Geschäftsjahr beginnt, hat der Insolvenzverwalter auf den Zeitpunkt der Verfahrenseröffnung eine 2

Eröffnungsbilanz aufzustellen; entsprechende Regelungen enthalten § 154 HGB, § 270 Abs. 1 AktG und § 71 Abs. 1 GmbHG für die gesellschaftsrechtliche Liquidation. Um den Verwalter jedoch in der Eingangsphase des Insolvenzverfahrens nicht allzu stark zu belasten, ist in Absatz 2 Satz 2 vorgesehen, daß die gesetzlichen Fristen für die Aufstellung und die Offenlegung von Jahresabschlüssen (vgl. insbesondere § 264 Abs. 1 Satz 2, § 325 Abs. 1 Satz 1, § 336 Abs. 1 Satz 2 HGB, § 5 Abs. 1 Satz 1, § 9 Abs. 1 Satz 1 Publizitätsgesetz und die §§ 140, 141 AO 1977) – die für die Eröffnungsbilanz entsprechend gelten (§ 242 Abs. 1 Satz 2 HGB) – um die Zeit bis zum Prüfungstermin verlängert werden. In dieser Zeit hat die insolvenzrechtliche Rechnungslegung, also die Aufstellung der Vermögensübersicht nach § 153 auf der Grundlage des Verzeichnisses der Massegegenstände und des Gläubigerverzeichnisses, Vorrang vor der handels- und steuerrechtlichen Rechnungslegung.

3 Das Geschäftsjahr umfaßt auch im Insolvenzverfahren einen Zeitraum von höchstens zwölf Monaten. Dauert das Insolvenzverfahren länger, so beginnt ein neues Insolvenzgeschäftsjahr. Nach § 4 a Abs. 1 Satz 1 Nr. 2 Satz 2 EStG ist die Umstellung des Wirtschaftsjahres steuerlich nur wirksam, wenn sie im Einvernehmen mit dem Finanzamt vorgenommen wird. Im Falle der Eröffnung des Insolvenzverfahrens wird es in der Regel ermessensgerecht sein, wenn das Finanzamt die Zustimmung erteilt.

Dem Beginn eines neuen Geschäftsjahres bei der Eröffnung des Insolvenzverfahrens entspricht es, daß auch die Beendigung des Verfahrens ein neues Geschäftsjahr beginnen läßt, wenn der Schuldner nach einer Einstellung des Verfahrens oder nach dessen Aufhebung aufgrund der Bestätigung eines Insolvenzplans sein Unternehmen fortführt. Im Gesetzestext braucht dies nicht besonders zum Ausdruck gebracht zu werden.

Absatz 3 betrifft Kapitalgesellschaften, die nach § 316 Abs. 1 Satz 1 HGB den Jahresabschluß durch einen Abschlußprüfer prüfen lassen müssen und die auch nicht von dieser Pflicht durch das Registergericht befreit worden sind (vgl. oben Rdnr. 1). Aus Satz 1 ergibt sich, daß die Befugnis der Gesellschafter, den Abschlußprüfer zu wählen (§ 318 Abs. 1 Satz 1 HGB), im Insolvenzverfahren nicht fortbestehen soll. Diese Befugnis der Gesellschafter erscheint wegen der wirtschaftlichen Bedeutung der Bestellung des Abschlußprüfers im Insolvenzverfahren nicht mehr angemessen. Vielmehr soll die Bestellung in dieser Situation ausschließlich auf Antrag des Insolvenzverwalters durch das zuständige Registergericht erfolgen. Wenn allerdings im Zeitpunkt der Eröffnung des Insolvenzverfahrens bereits ein Abschlußprüfer gewählt und ihm der Prüfungsauftrag erteilt worden war, soll dieser Abschlußprüfer berechtigt bleiben, den Jahresabschluß des mit der Eröffnung des Insolvenzverfahrens endenden – regelmäßig verkürzten – Geschäftsjahres zu prüfen.

ZWEITER ABSCHNITT
Entscheidung über die Verwertung

§ 156
Berichtstermin

(1) Im Berichtstermin hat der Insolvenzverwalter über die wirtschaftliche Lage des Schuldners und ihre Ursachen zu berichten. Er hat darzulegen, ob Aussichten bestehen, das Unternehmen des Schuldners im ganzen oder in Teilen zu erhalten, welche Möglichkeiten für einen Insolvenzplan bestehen und welche Auswirkungen jeweils für die Befriedigung der Gläubiger eintreten würden.

(2) Dem Schuldner, dem Gläubigerausschuß, dem Betriebsrat und dem Sprecherausschuß der leitenden Angestellten ist im Berichtstermin Gelegenheit zu geben, zu dem Bericht des Verwalters Stellung zu nehmen. Ist der Schuldner Handels- oder Gewerbetreibender oder Landwirt, so kann auch der zuständigen amtlichen Berufsvertretung der Industrie, des Handels, des Handwerks oder der Landwirtschaft im Termin Gelegenheit zur Äußerung gegeben werden.

§ 156 übernimmt in veränderter Fassung § 175 RegEInsO. Der folgende Begründungstext beruht im wesentlichen auf BT-Drs. 12/2443, S. 173, „Zu § 175", und BT-Drs. 12/7302, S. 175, zu Nr. 97 („Zu § 175 Abs. 2").

In dem neu eingeführten Berichtstermin sollen die verschiedenen Möglichkeiten für den Fortgang des Verfahrens auf der Grundlage eines Berichts des Insolvenzverwalters umfassend erörtert werden; die Gläubigerversammlung soll entscheiden, welche dieser Möglichkeiten wahrgenommen oder näher untersucht werden sollen. **1**

Der Bericht des Insolvenzverwalters soll nach Absatz 1 drei Aspekte umfassen: Der Verwalter soll erstens die wirtschaftliche Lage des Schuldners und ihre Ursachen analysieren (vgl. insoweit § 131 KO). Er soll zweitens dazu Stellung nehmen, ob das Unternehmen des Schuldners im ganzen oder in Teilen erhalten werden kann, sei es durch eine Sanierung des Schuldners als des bisherigen Unternehmensträgers, sei es durch eine Gesamtveräußerung an einen Dritten (übertragene Sanierung). Drittens hat der Verwalter in seinem Bericht die Frage zu behandeln, ob sich anstelle der Abwicklung nach den gesetzlichen Regeln die Aufstellung eines Plans empfiehlt, wobei dieser insbesondere der Fortführung des Unternehmens des Schuldners oder der Liquidation dieses Unternehmens dienen kann (vgl. die Begründung zu § 217). Bei der Darstellung der verschiedenen Möglichkeiten für den Fortgang des Verfahrens hat sich der Verwalter im Hinblick auf das vorrangige Verfahrensziel, die bestmögliche Befriedigung der Gläubiger, stets auch dazu zu äußern, wie sich diese Möglichkeiten auf die Befriedigung der Gläubiger auswirken würden.

Der umfassenden Unterrichtung der Gläubiger im Berichtstermin dient es weiter, daß **2**
nach Absatz 2 dem Schuldner, dem Gläubigerausschuß, dem Betriebsrat und dem Sprecherausschuß der leitenden Angestellten (Gesetz vom 20. Dezember 1988, BGBl. I S. 2316) Gelegenheit zur Stellungnahme zu dem Bericht des Verwalters zu geben ist. Der zuständigen amtlichen Berufsvertretung, der Industrie- und Handelskammer, der Handwerkskammer oder der Landwirtschaftskammer kann ebenfalls Gelegenheit zur Äußerung eingeräumt werden. Das geltende Recht schreibt die Anhörung der amtlichen Berufsvertretung für das Vergleichsverfahren vor (§ 14 VerglO).

§ 157
Entscheidung über den Fortgang des Verfahrens

Die Gläubigerversammlung beschließt im Berichtstermin, ob das Unternehmen des Schuldners stillgelegt oder vorläufig fortgeführt werden soll. Sie kann den Verwalter beauftragen, einen Insolvenzplan auszuarbeiten, und ihm das Ziel des Plans vorgeben. Sie kann ihre Entscheidungen in späteren Terminen ändern.

§ 157 entspricht § 176 RegEInsO. Der folgende Begründungstext entspricht im wesentlichen BT-Drs. 12/2443, S. 173, „Zu § 176".

Entsprechend dem Grundsatz der Gläubigerautonomie ist es Sache der Gläubigerversammlung, im Berichtstermin über den Fortgang des Verfahrens zu entscheiden. Insbesondere hat die Gläubigerversammlung festzulegen, ob das Unternehmen des Schuldners fortgeführt oder stillgelegt werden soll (vgl. insoweit § 132 Abs. 1 KO; § 15 Abs. 5 Satz 1 GesO). Die Entscheidung kann in jedem späteren Termin abgeändert werden.

Für das Stimmrecht, die Mehrheitserfordernisse und den Minderheitenschutz gelten die §§ 76 bis 78. Kommt im Berichtstermin kein Beschluß über den Fortgang des Verfahrens zustande, so ist das Vermögen des Schuldners unverzüglich zu verwerten (§ 159).

§ 158
Maßnahmen vor der Entscheidung

(1) Will der Insolvenzverwalter vor dem Berichtstermin das Unternehmen des Schuldners stillegen, so hat er die Zustimmung des Gläubigerausschusses einzuholen, wenn ein solcher bestellt ist.

(2) Vor der Beschlußfassung des Gläubigerausschusses oder, wenn ein solcher nicht bestellt ist, vor der Stillegung des Unternehmens hat der Verwalter den Schuldner zu unterrichten. Das Insolvenzgericht untersagt auf Antrag des Schuldners und nach Anhörung des Verwalters die Stillegung, wenn diese ohne eine erhebliche Verminderung der Insolvenzmasse bis zum Berichtstermin aufgeschoben werden kann.

§ 158 übernimmt in veränderter und verkürzter Fassung § 177 RegEInsO. Der folgende Begründungstext entspricht im wesentlichen BT-Drs. 12/2443, S. 173/174, „Zu § 177", und BT-Drs. 12/7302, S. 175, zu Nr. 98 („Zu § 177").

1 Die Entscheidung der Gläubigerversammlung im Berichtstermin über den Fortgang des Insolvenzverfahrens wird präjudiziert, wenn der Insolvenzverwalter schon vor diesem Termin das Unternehmen stillegt oder veräußert oder sonstiges Vermögen des Schuldners versilbert, das für die Fortführung des Unternehmens erforderlich ist. Da in manchen Fällen aber solche Maßnahmen schon vor dem Berichtstermin aus wirtschaftlichen Gründen zwingend und unaufschiebbar geboten sind, können sie dem Insolvenzverwalter nicht generell untersagt werden. Sie werden vielmehr – in Anlehnung an die Vorschriften des geltenden Konkursrechts – an die Zustimmung des Gläubigerausschusses und bestimmte weitere Voraussetzungen gebunden.

2 In § 158 wird der Fall der vorzeitigen Stillegung im einzelnen geregelt, wobei Teile der Regelung aus § 129 Abs. 2 und § 130 KO übernommen werden. Der Schuldner soll das Recht haben, beim Insolvenzgericht die Untersagung der vorzeitigen Stillegung zu beantragen, auch dann, wenn der Gläubigerausschuß bereits mit Mehrheit die Zustimmung zur Stillegung erteilt hat. Als Kriterium für die Entscheidung des Gerichts wird vorgegeben, ob die sofortige Stillegung zur Vermeidung einer erheblichen Verminderung der Insolvenzmasse erforderlich ist.

3 Die einzelnen Mitglieder des Gläubigerausschusses haben kein entsprechendes Antragsrecht. Zwar können die Gläubigerinteressen durch eine Stillegung des insolventen Unternehmens vor dem Berichtstermin erheblich betroffen sein. Wenn ein Gläubigerausschuß bestellt ist, sind diese Interessen jedoch ausreichend dadurch gewahrt, daß diese Maßnahme nur mit Zustimmung des Gläubigerausschusses erfolgen kann (Absatz 1). Es ist nicht erforderlich, daß ein überstimmtes Mitglied die Möglichkeit hat, nachträglich einen Mehrheitsbeschluß des Ausschusses korrigieren zu lassen.

Für die wesentliche Handlung der Unternehmensveräußerung soll auch in der Zeit vor dem Berichtstermin keine Sonderregelung gelten. Die Zulässigkeit der Unternehmensveräußerung setzt immer die Zustimmung des Gläubigerausschusses oder der Gläubigerversammlung voraus (§ 160 Abs. 2 Nr. 1). Der Sonderfall der Veräußerung eines zur Fortführung erforderlichen Gegenstands wird künftig ebenfalls unter § 160 zu fassen sein, wenn diese Rechtshandlung von besonderer Bedeutung für das Insolvenzverfahren ist. Die Lösung anderer Fallgestaltungen bleibt der Rechtsprechung überlassen.

§ 159
Verwertung der Insolvenzmasse

Nach dem Berichtstermin hat der Insolvenzverwalter unverzüglich das zur Insolvenzmasse gehörende Vermögen zu verwerten, soweit die Beschlüsse der Gläubigerversammlung nicht entgegenstehen.

§ 159 entspricht § 178 RegEInsO. Der folgende Begründungstext entspricht BT-Drs. 12/2443, S. 174, „Zu § 178".

Nach dem Berichtstermin hat der Insolvenzverwalter bei der weiteren Verwaltung der Insolvenzmasse die Beschlüsse der Gläubigerversammlung zu beachten, also gegebenenfalls das Unternehmen stillzulegen oder einen Sanierungs-, Schuldenregulierungs- oder Liquidationsplan auszuarbeiten. Auch ohne daß die Gläubigerversammlung ihn ausdrücklich dazu auffordert, hat er unverzüglich die Insolvenzmasse zu verwerten, soweit die Beschlüsse der Gläubigerversammlung nicht entgegenstehen.

§ 160
Besonders bedeutsame Rechtshandlungen

(1) Der Insolvenzverwalter hat die Zustimmung des Gläubigerausschusses einzuholen, wenn er Rechtshandlungen vornehmen will, die für das Insolvenzverfahren von besonderer Bedeutung sind. Ist ein Gläubigerausschuß nicht bestellt, so ist die Zustimmung der Gläubigerversammlung einzuholen.

(2) Die Zustimmung nach Absatz 1 ist insbesondere erforderlich,

1. wenn das Unternehmen oder ein Betrieb, das Warenlager im ganzen, ein unbeweglicher Gegenstand aus freier Hand, die Beteiligung des Schuldners an einem anderen Unternehmen, die der Herstellung einer dauernden Verbindung zu diesem Unternehmen dienen soll, oder das Recht auf den Bezug wiederkehrender Einkünfte veräußert werden soll;

2. wenn ein Darlehen aufgenommen werden soll, das die Insolvenzmasse erheblich belasten würde;

3. wenn ein Rechtsstreit mit erheblichem Streitwert anhängig gemacht oder aufgenommen, die Aufnahme eines solchen Rechtsstreits abgelehnt oder zur Beilegung oder zur Vermeidung eines solchen Rechtsstreits ein Vergleich oder ein Schiedsvertrag geschlossen werden soll.

§ 160 entspricht im wesentlichen § 179 RegEInsO. Der folgende Begründungstext entspricht im wesentlichen BT-Drs. 12/2443, S. 174, „Zu § 179", und BT-Drs. 12/7302, S. 175, zu Nr. 99 („Zu § 179 Abs. 2").

1 Daß der Verwalter vor bestimmten, für das Verfahren besonders bedeutsamen Rechtshandlungen die Zustimmung des Gläubigerausschusses einholen muß, entspricht im Grundsatz geltendem Konkursrecht (§ 133 Nr. 2, § 134 KO). Während die Konkursordnung jedoch diese Rechtshandlungen abschließend aufzählt und dabei noch hinsichtlich der Voraussetzungen und der Rechtsfolgen differenziert, ist die neue Vorschrift flexibler gefaßt. Sie stellt in Absatz 1 Satz 1 den allgemeinen Begriff der „Rechtshandlungen, die für das Insolvenzverfahren von besonderer Bedeutung sind" voran; in Absatz 2 wird dieser Begriff beispielhaft erläutert (ähnlich § 15 Abs. 6 Satz 4 GesO). Alle besonders aufgezählten Rechtshandlungen sind für das Verfahren so wichtig, daß es gerechtfertigt ist, bei Fehlen eines Gläubigerausschusses die Zustimmung der Gläubigerversammlung zu verlangen (Absatz 1 Satz 2).

Die Aufzählung in Absatz 2 stellt eine beispielhafte Aufzählung dar. Dies wird durch das Wort „insbesondere" verdeutlicht. Auch Fälle, die mit einer Veräußerung des Unternehmens oder eines Betriebs vergleichbar sind, sollen von Absatz 2 erfaßt werden. Die Veräußerung eines Unternehmensteils unterliegt danach der Regelung, auch ohne daß sie besonders erwähnt werden muß.

2 Die Vorschrift schließt nicht aus, daß der Insolvenzverwalter durch einen Beschluß der Gläubigerversammlung verpflichtet werden kann, auch bei Vorhandensein eines Gläubigerausschusses bestimmte Geschäfte – etwa eine Unternehmensveräußerung – nur mit Zustimmung der Gläubigerversammlung vorzunehmen.

3 In Absatz 2 entspricht die Nummer 1 weitgehend § 134 Nr. 1 KO. Der Veräußerung eines Betriebs steht die Veräußerung eines Unternehmens im ganzen, die Veräußerung eines Unternehmensteils oder eines Betriebsteils gleich (vgl. auch Rdnr. 1). Zusätzlich aufgenommen worden ist die Veräußerung der Beteiligung des Schuldners an einem anderen Unternehmen, die der Herstellung einer dauernden Verbindung zu diesem Unternehmen dienen soll; die Formulierung lehnt sich an § 271 Abs. 1 Satz 1 HGB (in der Fassung des Bilanzrichtlinien-Gesetzes vom 19. Dezember 1985, BGBl. I S. 2355) an. Die Nummern 2 und 3, die Kreditaufnahmen und Rechtsstreitigkeiten betreffen, regeln im wesentlichen Fälle, die auch von § 133 Nr. 2, § 134 Nr. 2 KO abgedeckt werden. Sie sind so formuliert, daß wirtschaftlich weniger bedeutsame Rechtshandlungen nicht erfaßt werden, ohne daß eine bestimmte Wertgrenze angegeben werden muß.

4 Soweit Rechtshandlungen von besonderer Bedeutung nicht vorgenommen werden, hat der Gläubigerausschuß keinen Einfluß auf die Geschäftsführung durch den Verwalter.

§ 161
Vorläufige Untersagung der Rechtshandlung

In den Fällen des § 160 hat der Insolvenzverwalter vor der Beschlußfassung des Gläubigerausschusses oder der Gläubigerversammlung den Schuldner zu unterrichten, wenn dies ohne nachteilige Verzögerung möglich ist. Sofern nicht die Gläubigerversammlung ihre Zustimmung erteilt hat, kann das Insolvenzgericht auf Antrag des Schuldners oder einer in § 75 Abs. 1 Nr. 3 bezeichneten Mehrzahl von Gläubigern und nach Anhörung des Verwalters die Vornahme der Rechtshandlung vorläufig untersagen und eine Gläubigerversammlung einberufen, die über die Vornahme beschließt.

§ 161 entspricht im wesentlichen § 180 RegEInsO. Der folgende Begründungstext entspricht im wesentlichen BT-Drs. 12/2443, S. 174, „Zu § 180".

Von besonders bedeutsamen Rechtshandlungen soll auch der Schuldner im voraus unterrichtet werden, damit er Gelegenheit hat, seine Auffassung gegenüber dem Insolvenzverwalter darzulegen. Er kann beim Gericht beantragen, daß anstelle des Gläubigerausschusses eine Gläubigerversammlung über die Zweckmäßigkeit der Handlung entscheidet. Die Regelung ist insoweit an § 135 KO angelehnt.

Das gleiche Antragsrecht wird in der neuen Vorschrift auch Minderheiten von Gläubigern gegeben, wobei diese Minderheiten ebenso definiert sind wie in der Vorschrift über das Recht, die Einberufung einer Gläubigerversammlung zu erzwingen (§ 75). Die Rechte der Gläubigerversammlung im Verhältnis zum Gläubigerausschuß werden auf diese Weise gestärkt.

§ 162
Betriebsveräußerung an besonders Interessierte

(1) Die Veräußerung des Unternehmens oder eines Betriebs ist nur mit Zustimmung der Gläubigerversammlung zulässig, wenn der Erwerber oder eine Person, die an seinem Kapital zu mindestens einem Fünftel beteiligt ist,

1. zu den Personen gehört, die dem Schuldner nahestehen (§ 138),

2. ein absonderungsberechtigter Gläubiger oder ein nicht nachrangiger Insolvenzgläubiger ist, dessen Absonderungsrechte und Forderungen nach der Schätzung des Insolvenzgerichts zusammen ein Fünftel der Summe erreichen, die sich aus dem Wert aller Absonderungsrechte und den Forderungsbeträgen aller nicht nachrangigen Insolvenzgläubiger ergibt.

(2) Eine Person ist auch insoweit im Sinne des Absatzes 1 am Erwerber beteiligt, als ein von der Person abhängiges Unternehmen oder ein Dritter für Rechnung der Person oder des abhängigen Unternehmens am Erwerber beteiligt ist.

§ 162 übernimmt in veränderter und verkürzter Fassung § 181 RegEInsO. Der folgende Begründungstext beruht weitgehend auf BT-Drs. 12/2443, S. 174/175, „Zu § 181", und BT-Drs. 12/7302, S. 175/176, zu Nr. 100 („Zu § 181").

Bereits aus § 160 ergibt sich, daß der Insolvenzverwalter das Unternehmen im ganzen, einen Unternehmensteil, einen Betrieb oder einen Betriebsteil nur mit Zustimmung des Gläubigerausschusses veräußern darf. Absatz 1 der vorliegenden Vorschrift verschärft die Voraussetzungen einer solchen Veräußerung für den Fall, daß der Erwerber oder eine am Erwerber maßgeblich beteiligte Person über besondere Informationsmöglichkeiten gegenüber dem Schuldner verfügt – insoweit wird an den anfechtungsrechtlichen Begriff der „nahestehenden Person" angeknüpft – oder als großer oder mittlerer Gläubiger am Schuldner besonders interessiert ist und besonderen Einfluß auf den Ablauf des Verfahrens hat. Eine solche Veräußerung soll nur mit Zustimmung der Gläubigerversammlung möglich sein. Dies ist gerechtfertigt, da die Veräußerung des Unternehmens oder größerer Teile desselben an einen derartigen „Insider" die Vermutung nahelegt, daß der bei der Veräußerung erzielte Preis nicht dem Marktpreis entspricht. Jeder Gläubiger soll die Möglichkeit haben, sich insbesondere im Vorfeld der Gläubigerversammlung (vgl. etwa die Begründung zu § 79) über die Einzelheiten der vorgesehenen Veräußerungen zu unterrichten.

Der Gesellschafter einer Personengesellschaft ist dann im Sinne der Vorschrift „am Kapital zu mindestens einem Fünftel beteiligt", wenn er im Falle der Liquidation der Gesellschaft mindestens ein Fünftel des Gesellschaftsvermögens zu beanspruchen hat.

Für die Gläubiger wird die Eigenschaft als „Insider" an eine bestimmte Mindesthöhe der Forderung oder des Wertes des Absonderungsrechts gebunden. Die Schwelle von einem Fünftel (der Summe der Forderungen aller nicht nachrangigen Insolvenzgläubiger und des Wertes aller Absonderungsrechte) entspricht der Grenze, die in § 75 Abs. 1 Nr. 3 für den Antrag einer Mehrzahl von Gläubigern auf Einberufung einer Gläubigerversammlung vorgesehen ist (vgl. auch § 93 Abs. 1 Satz 2 KO).

§ 163
Betriebsveräußerung unter Wert

(1) Auf Antrag des Schuldners oder einer in § 75 Abs. 1 Nr. 3 bezeichneten Mehrzahl von Gläubigern und nach Anhörung des Insolvenzverwalters kann das Insolvenzgericht anordnen, daß die geplante Veräußerung des Unternehmens oder eines Betriebs nur mit Zustimmung der Gläubigerversammlung zulässig ist, wenn der Antragsteller glaubhaft macht, daß eine Veräußerung an einen anderen Erwerber für die Insolvenzmasse günstiger wäre.

(2) Sind dem Antragsteller durch den Antrag Kosten entstanden, so ist er berechtigt, die Erstattung dieser Kosten aus der Insolvenzmasse zu verlangen, sobald die Anordnung des Gerichts ergangen ist.

§ 163 übernimmt in veränderter Fassung § 182 RegEInsO. Der folgende Begründungstext beruht im wesentlichen auf BT-Drs. 12/2443, S. 175, „Zu § 182", und BT-Drs. 12/7302, S. 176, zu Nr. 101 („Zu § 182 Abs. 1").

1 Eine Unternehmens- oder Betriebsveräußerung soll auch dann nur mit Zustimmung der Gläubigerversammlung stattfinden, wenn zwar keine „Insider" am Erwerber beteiligt sind, wenn aber aus anderen Gründen anzunehmen ist, daß die Bedingungen der geplanten Veräußerung für die Insolvenzmasse – und damit für die Befriedigung der Gläubiger – ungünstiger sind als die Konditionen, die bei einer Veräußerung an einen anderen Erwerber erzielt werden könnten. Auch hier besteht bei einer Veräußerung ohne Zustimmung der Gläubigerversammlung die erhöhte Gefahr, daß bestimmten Beteiligten auf Kosten anderer wirtschaftliche Werte zufließen. Allerdings werden für diesen Fall zusätzliche Voraussetzungen aufgestellt, um Unternehmens- und Betriebsveräußerungen im Insolvenzverfahren nicht übermäßig zu erschweren: Erforderlich ist ein Antrag des Schuldners oder einer starken Minderheit von Gläubigern; die Möglichkeit einer günstigeren Veräußerung muß glaubhaft gemacht werden (Absatz 1).

2 Bei der Beurteilung der Frage, ob eine Veräußerungsmöglichkeit günstiger ist als eine andere, sind alle Umstände des Falles zu berücksichtigen. Nicht der Preis allein ist entscheidend, sondern z. B. auch der Zahlungstermin und das mit einer Stundung verbundene Risiko.

Wer glaubhaft machen will, zu welchen Bedingungen eine andere Veräußerung möglich wäre, wird häufig einen Sachverständigen konsultieren oder ähnliche Kosten aufwenden müssen. Wenn der Antrag Erfolg hat, wenn das Gericht also die beantragte Anordnung trifft, erscheint es gerechtfertigt, diese Kosten aus der Insolvenzmasse zu erstatten (Absatz 2). Es wird aber auch Fälle geben, in denen schon die Wertangaben im Verzeichnis der Massegegenstände (§ 151) für die erforderliche Glaubhaftmachung ausreichen, insbesondere wenn schon die dort angegebenen Einzelveräußerungswerte den beabsichtigten Verkaufspreis übersteigen.

Hat der Gläubigerausschuß der beabsichtigten Veräußerung bereits zugestimmt, so empfiehlt es sich, daß der Antragsteller zusätzlich beim Insolvenzgericht beantragt, die Veräußerung nach § 161 vorläufig zu untersagen.

3

§ 164
Wirksamkeit der Handlung

Durch einen Verstoß gegen die §§ 160 bis 163 wird die Wirksamkeit der Handlung des Insolvenzverwalters nicht berührt.

§ 164 übernimmt in veränderter Fassung § 183 RegEInsO. Der folgende Begründungstext entspricht im wesentlichen BT-Drs. 12/2443, S. 175, „Zu § 183", und BT-Drs. 12/7302, S. 176, zu Nr. 102 („Zu § 183").

Die Vorschriften der §§ 160 und 161, nach denen vor bedeutsamen Rechtshandlungen die Zustimmung des Gläubigerausschusses oder der Gläubigerversammlung einzuholen und der Schuldner zu unterrichten ist, haben wie im geltenden Konkursrecht (§ 136 KO) keine Außenwirkung, damit Rechtsunsicherheiten im Geschäftsverkehr vermieden werden. Gleiches gilt für die neuen Vorschriften, nach denen Betriebsveräußerungen unter bestimmten Voraussetzungen nur mit Zustimmung der Gläubigerversammlung zulässig sind (§§ 162, 163). Bei einem Verstoß des Verwalters gegen diese Vorschriften kommen aufsichtsrechtliche Maßnahmen (vgl. die §§ 58 und 59) und haftungsrechtliche Folgen (vgl. § 60) in Betracht.

DRITTER ABSCHNITT
Gegenstände mit Absonderungsrechten

§ 165
Verwertung unbeweglicher Gegenstände

Der Insolvenzverwalter kann beim zuständigen Gericht die Zwangsversteigerung oder die Zwangsverwaltung eines unbeweglichen Gegenstands der Insolvenzmasse betreiben, auch wenn an dem Gegenstand ein Absonderungsrecht besteht.

§ 165 entspricht § 186 RegEInsO. Der folgende Begründungstext entspricht im wesentlichen BT-Drs. 12/2443, S. 176, „Zu § 186".

Die Vorschrift entspricht § 126 KO. Das Verwertungsrecht, das sie dem Verwalter zuerkennt, wird im Rahmen des Einführungsgesetzes zur Insolvenzordnung durch eine Ergänzung der §§ 172 bis 174 des Gesetzes über die Zwangsversteigerung und die Zwangsverwaltung näher geregelt.

Ist der unbewegliche Gegenstand mit einem Absonderungsrecht belastet, so steht außer dem Verwalter auch dem Gläubiger das Recht zu, die Verwertung im Wege der Zwangsversteigerung oder der Zwangsverwaltung zu betreiben (vgl. § 49). Auch insoweit tritt gegenüber dem geltenden Konkursrecht keine Änderung der Rechtslage ein. Das Verwertungsrecht des Gläubigers ist allerdings durch die folgenden Vorschriften eingeschränkt. Durch eine Änderung des § 10 ZVG im Rahmen des Einführungsgesetzes wird außerdem erreicht, daß aus dem Verwertungserlös Feststellungskosten zu begleichen sind.

§ 166
Verwertung beweglicher Gegenstände

(1) Der Insolvenzverwalter darf eine bewegliche Sache, an der ein Absonderungsrecht besteht, freihändig verwerten, wenn er die Sache in seinem Besitz hat.

(2) Der Verwalter darf eine Forderung, die der Schuldner zur Sicherung eines Anspruchs abgetreten hat, einziehen oder in anderer Weise verwerten.

§ 166 übernimmt in veränderter Fassung § 191 RegEInsO. Der folgende Begründungstext entspricht im wesentlichen BT-Drs. 12/2443, S. 178/179, „Zu § 191", und BT-Drs. 12/7302, S. 176, zu Nr. 106 („Zu § 191 Abs. 2"), und BT-Drs. 12/7302, S. 178, zu Nr. 112 („Zu § 199").

1 Nach geltendem Konkursrecht ist der Verwalter nur in Ausnahmefällen berechtigt, bewegliche Gegenstände, an denen Absonderungsrechte bestehen, zu verwerten (vgl. § 127 KO). Vielmehr ist regelmäßig der Gläubiger verwertungsberechtigt; dieser kann den Gegenstand, an dem sein Absonderungsrecht besteht, bei Eintritt der Verwertungsreife an sich ziehen, ohne auf die Interessen der übrigen Gläubiger Rücksicht zu nehmen. Die Gesamtvollstreckungsordnung sieht in § 12 Abs. 1 gar kein Verwertungsrecht des Verwalters an Gegenständen vor, an denen Dritten ein Eigentums- oder ein Pfandrecht zusteht; erwähnt wird lediglich die – auch nach der Konkursordnung gegebene – Möglichkeit, ein Pfandrecht durch Zahlung abzulösen.

2 Diese Rechtslage ist insbesondere beim Sicherungseigentum, das wie bisher den Vorschriften über Absonderungsrechte unterliegen soll, wenig befriedigend. Wenn nach der Eröffnung eines Konkursverfahrens die zur Sicherung übereigneten Sachen von den gesicherten Gläubigern aus dem Unternehmensverbund herausgelöst werden, verliert das insolvente Unternehmen häufig Betriebsmittel, die für eine Fortführung unentbehrlich sind; die Chancen für eine Sanierung des Schuldners auf der Grundlage eines Zwangsvergleichs oder für eine Gesamtveräußerung werden erheblich beeinträchtigt oder ganz vereitelt. Entsprechendes gilt für Sachen, an denen aufgrund der Vereinbarung eines verlängerten oder erweiterten Eigentumsvorbehalts ein Absonderungsrecht besteht. In der Reformdiskussion wird seit langem gefordert, die Ausübung von Absonderungsrechten insoweit einzuschränken, als sie den Zwecken des Insolvenzverfahrens zuwiderläuft.

3 Die neue Vorschrift vermeidet die geschilderten Nachteile. Zunächst begründet Absatz 1 ein Verwertungsrecht des Insolvenzverwalters an allen mit Absonderungsrechten belasteten beweglichen Sachen, die er in seinem Besitz hat. Den Gläubigern wird dadurch der Zugriff auf die wirtschaftliche Einheit des schuldnerischen Unternehmens verwehrt. Vorhandene Chancen für eine zeitweilige oder dauernde Fortführung des Unternehmens des Schuldners werden erhalten. Darüber hinaus wird dem Insolvenzverwalter ermöglicht, durch eine gemeinsame Verwertung zusammengehöriger, aber für unterschiedliche Gläubiger belasteter Gegenstände einen höheren Verwertungserlös zu erzielen. Soweit durch eine Sanierung des Unternehmens der Fortführungswert der Sicherheiten erhalten bleibt oder soweit eine vorteilhafte Gesamtveräußerung erfolgt, kommt die Neuregelung des Verwertungsrechts auch unmittelbar den gesicherten Gläubigern zugute.

4 Die Voraussetzung für die Anwendung der Vorschrift, daß der Verwalter eine mit einem Absonderungsrecht belastete bewegliche Sache in Besitz hat, kann auch für gepfändete

Sachen und für mit einem Vermieterpfandrecht belastete Sachen zutreffen. Bei einer Veräußerung gepfändeter Sachen durch den Verwalter hat der Gerichtsvollzieher die Handlungen vorzunehmen, die zur Beseitigung der öffentlich-rechtlichen Verstrickung erforderlich sind, also z. B. das Pfandsiegel zu entfernen.

Das Verwertungsrecht des Verwalters braucht dagegen nicht generell auf solche mit Absonderungsrechten belasteten Sachen ausgedehnt zu werden, die sich nicht im Besitz des Verwalters befinden. Dies betrifft insbesondere bewegliche Sachen, die der Schuldner vor der Eröffnung des Verfahrens rechtsgeschäftlich verpfändet hat. Solche Sachen in Besitz eines Pfandgläubigers werden in der Regel für eine Fortführung des Unternehmens oder eine Gesamtveräußerung von Gegenständen ohne Bedeutung sein. Es reicht daher aus, daß der Verwalter die Möglichkeit hat, die gesicherte Forderung zu berichtigen und dann nach den allgemeinen Regeln des Bürgerlichen Rechts die Sache herauszuverlangen. 5

Auch Sachen im Besitz des Verwalters, an denen ein einfacher Eigentumsvorbehalt besteht, werden von der Regelung nicht erfaßt. Der Vorbehaltslieferant ist wie nach der geltenden Rechtsprechung zur Aussonderung berechtigt. Durch das Wahlrecht des Verwalters zwischen der Erfüllung des Kaufvertrages und der Ablehnung dieser Erfüllung (§ 103) und durch das Recht des Verwalters, die Ausübung des Wahlrechts bis zum Berichtstermin aufzuschieben (§ 107 Abs. 2), wird jedoch auch für Sachen, an denen ein einfacher Eigentumsvorbehalt besteht, sichergestellt, daß sie nach der Eröffnung des Insolvenzverfahrens zunächst nicht herausgegeben werden müssen. 6

Rechte, an denen Absonderungsrechte bestehen, unterliegen insoweit einem Verwertungsrecht des Verwalters, als dieser nach Absatz 2 zur Einziehung oder sonstigen Verwertung von Forderungen, die zur Sicherung abgetreten worden sind, berechtigt ist. Auch bei solchen Forderungen ist die Verwertung durch den Verwalter vom Ziel der Erhaltung der Fortführungs- und Veräußerungschancen her nicht zwingend geboten. Die getroffene Regelung erscheint jedoch zweckmäßig, da der Verwalter über die Unterlagen des Schuldners verfügt, die ihm die Einziehung der Forderungen ermöglichen. Der gesicherte Gläubiger wäre dagegen ohne Auskunftserteilung und Unterstützung durch den Insolvenzverwalter meist nicht in der Lage, die zur Sicherung abgetretenen Forderungen festzustellen und mögliche Einwendungen des Drittschuldners auszuräumen. Schon heute scheint es in der Praxis weithin üblich zu sein, daß der durch Sicherungsabtretung geschützte Gläubiger dem Konkursverwalter die Einziehung der Forderung vertraglich überträgt. 7

Für Forderungen, die nach den Vorschriften des Bürgerlichen Gesetzbuchs verpfändet worden sind, wird dagegen kein Einziehungsrecht des Verwalters vorgesehen. Die Begründung eines Pfandrechts an einer Forderung setzt nach § 1280 BGB voraus, daß die Verpfändung dem Schuldner dieser Forderung angezeigt wird. Bei Fälligkeit der gesicherten Forderung ist der Gläubiger zur Einziehung der Forderung gegen den Drittschuldner berechtigt (§ 1282 Abs. 1 BGB). Der Drittschuldner kennt also den gesicherten Gläubiger, und er muß von vornherein damit rechnen, von diesem in Anspruch genommen zu werden. Ein Einziehungsrecht des Verwalters würde hier die praktische Abwicklung nicht vereinfachen.

Soweit ein Recht des Verwalters zur Verwertung besteht, ist der absonderungsberechtigte Gläubiger nicht mehr verwertungsberechtigt (vgl. § 173). Eine Zwangsvollstreckung für den Gläubiger in den belasteten Gegenstand ist jetzt unzulässig; war die Zwangsvollstreckung schon begonnen – wie bei einer gepfändeten Sache im Besitz des Verwalters –, so darf sie nicht mehr fortgesetzt werden. 9

§ 167
Unterrichtung des Gläubigers

(1) Ist der Insolvenzverwalter nach § 166 Abs. 1 zur Verwertung einer beweglichen Sache berechtigt, so hat er dem absonderungsberechtigten Gläubiger auf dessen Verlangen Auskunft über den Zustand der Sache zu erteilen. Anstelle der Auskunft kann er dem Gläubiger gestatten, die Sache zu besichtigen.

(2) Ist der Verwalter nach § 166 Abs. 2 zur Einziehung einer Forderung berechtigt, so hat er dem absonderungsberechtigten Gläubiger auf dessen Verlangen Auskunft über die Forderung zu erteilen. Anstelle der Auskunft kann er dem Gläubiger gestatten, Einsicht in die Bücher und Geschäftspapiere des Schuldners zu nehmen.

§ 167 entspricht im wesentlichen § 192 RegEInsO. Der folgende Begründungstext entspricht im wesentlichen BT-Drs. 12/2443, S. 179, „Zu § 192".

Schon für das geltende Konkursrecht ist eine Auskunftspflicht des Konkursverwalters gegenüber absonderungsberechtigten Gläubigern anerkannt, wobei allerdings der genaue Inhalt dieser Pflicht streitig ist. Auch die Insolvenzordnung trifft zu diesem Bereich keine abschließende Regelung. Sie konkretisiert jedoch einzelne Aspekte der Auskunftspflicht, die gegenüber den Gläubigern im Hinblick auf die von § 166 erfaßten Mobiliarsicherheiten besteht.

Hintergrund der neuen Vorschrift sind die Regelungen, die das Verwertungsrecht an diesen Sicherheiten auf den Verwalter übertragen (§ 166), den gesicherten Gläubigern aber ein Eintrittsrecht (§ 168) und Rechte zum Schutz vor einer Verzögerung der Verwertung (§ 169) gewähren. Die Wahrnehmung dieser Rechte wird den Gläubigern erleichtert, wenn sie über den Zustand der Sachen und über Höhe und Fälligkeit der Forderungen, die ihnen als Sicherheit dienen, unterrichtet sind. Beispielsweise werden Warenlieferanten, die mit dem Schuldner einen verlängerten Eigentumsvorbehalt vereinbart haben, bei der Eröffnung des Insolvenzverfahrens häufig nicht darüber unterrichtet sein, ob die von ihnen gelieferten Waren bereits verarbeitet oder veräußert sind und zu welchen Bedingungen gegebenenfalls die Veräußerung erfolgt ist.

Die entsprechenden Auskünfte sind vom Verwalter zu erteilen. Zur Erleichterung der Geschäftsführung des Verwalters können die Gläubiger darauf verwiesen werden, sich selbst vom Zustand der Sachen zu überzeugen oder selbst die Geschäftsunterlagen des Schuldners einzusehen (Absatz 1 Satz 2, Absatz 2 Satz 2).

§ 168
Mitteilung der Veräußerungsabsicht

(1) Bevor der Insolvenzverwalter einen Gegenstand, zu dessen Verwertung er nach § 166 berechtigt ist, an einen Dritten veräußert, hat er dem absonderungsberechtigten Gläubiger mitzuteilen, auf welche Weise der Gegenstand veräußert werden soll. Er hat dem Gläubiger Gelegenheit zu geben, binnen einer Woche auf eine andere, für den Gläubiger günstigere Möglichkeit der Verwertung des Gegenstands hinzuweisen.

(2) Erfolgt ein solcher Hinweis innerhalb der Wochenfrist oder rechtzeitig vor der Veräußerung, so hat der Verwalter die vom Gläubiger genannte Verwer-

tungsmöglichkeit wahrzunehmen oder den Gläubiger so zu stellen, wie wenn er sie wahrgenommen hätte.

(3) Die andere Verwertungsmöglichkeit kann auch darin bestehen, daß der Gläubiger den Gegenstand selbst übernimmt. Günstiger ist eine Verwertungsmöglichkeit auch dann, wenn Kosten eingespart werden.

§ 168 übernimmt in veränderter und verkürzter Fassung § 193 RegEInsO. Der folgende Begründungstext beruht weitgehend auf BT-Drs. 12/2443, S. 179, „Zu § 193", und BT-Drs. 12/7302, S. 176/177, zu Nr. 107 („Zu § 193").

Die Übertragung des Verwertungsrechts auf den Verwalter soll nicht dazu führen, daß günstigere Verwertungsmöglichkeiten des absonderungsberechtigten Gläubigers ungenutzt bleiben und der Gläubiger dadurch einen Schaden erleidet. 1

Absatz 1 sieht daher in seinen Sätzen 1 und 2 vor, daß der Verwalter dem absonderungsberechtigten Gläubiger vor einer Veräußerung des belasteten Gegenstands Informationen über die Bedingungen der beabsichtigten Veräußerung und Gelegenheit geben muß, ihm innerhalb einer Woche eine günstigere Verwertungsmöglichkeit nachzuweisen. Diese Möglichkeit kann auch darin bestehen, daß der Gläubiger anbietet, das Sicherungsgut selbst zu übernehmen (Absatz 3 Satz 1). Absatz 3 Satz 2 stellt klar, daß auch eine kostensparende Verwertungsmöglichkeit als günstiger gilt. Zeigt der Gläubiger eine günstigere Verwertungsmöglichkeit auf, so wird der Verwalter in der Regel die angebotene Gelegenheit wahrnehmen. Geschieht dies jedoch nicht – aus welchen Gründen auch immer –, so muß der Verwalter den Gläubiger so stellen, daß diesem durch die Unterlassung kein Nachteil entsteht: Er muß ihm den Erlös auszahlen, den der Gläubiger bei einer Realisierung der günstigeren Verwertungsmöglichkeit hätte beanspruchen können. Dies gilt auch dann, wenn der Verwalter die Veräußerung einer Gesamtheit von Gegenständen beabsichtigt, der Gläubiger jedoch nur eine Verwertungsmöglichkeit für den einzelnen Gegenstand nachweist, an dem sein Absonderungsrecht besteht. Die Beweislast dafür, daß die vom Verwalter nicht wahrgenommene Verwertungsmöglichkeit tatsächlich bestand und daß sie einen bestimmten höheren Erlös erbracht hätte, trifft den Gläubiger. 2

Die konkrete Benennung der Fristdauer von einer Woche trägt zur Rechtssicherheit bei. Die einwöchige Dauer der Frist berücksichtigt das Bedürfnis nach einer zügigen Abwicklung des Insolvenzverfahrens. 3

Die Frist des Absatzes 1 ist nicht als Ausschlußfrist gestaltet. Zur flexiblen Durchführung der Verwertung mit dem Ziel der bestmöglichen Befriedigung auch der absonderungsberechtigten Gläubiger sowie der bestmöglichen Anreicherung der Insolvenzmasse sollen Hinweise des Gläubigers auf eine günstigere Verwertungsmöglichkeit auch dann noch berücksichtigt werden, wenn sie nach Ablauf der Wochenfrist, aber noch rechtzeitig vor der Veräußerung beim Verwalter eingehen.

§ 169
Schutz des Gläubigers vor einer Verzögerung der Verwertung

Solange ein Gegenstand, zu dessen Verwertung der Insolvenzverwalter nach § 166 berechtigt ist, nicht verwertet wird, sind dem Gläubiger vom Berichtstermin an laufend die geschuldeten Zinsen aus der Insolvenzmasse zu zahlen. Ist der Gläubiger schon vor der Eröffnung des Insolvenzverfahrens aufgrund einer Anordnung nach

§ 21 an der Verwertung des Gegenstands gehindert worden, so sind die geschuldeten Zinsen spätestens von dem Zeitpunkt an zu zahlen, der drei Monate nach dieser Anordnung liegt. Die Sätze 1 und 2 gelten nicht, soweit nach der Höhe der Forderung sowie dem Wert und der sonstigen Belastung des Gegenstands nicht mit einer Befriedigung des Gläubigers aus dem Verwertungserlös zu rechnen ist.

§ 169 übernimmt in veränderter Fassung § 194 Abs. 3 RegEInsO. Der folgende Begründungstext beruht weitgehend auf BT-Drs. 12/2443, S. 180, „Zu § 194", BT-Drs. 12/2443, S. 176/177, „Zu § 188", und BT-Drs. 12/7302, S. 177, zu Nr. 108 („Zu § 194").

1   Der Verwalter darf die Verwertung von Sicherungsgut nicht unnötig hinauszögern. Hat er einen berechtigten Grund, die Verwertung aufzuschieben, so darf sich dies nicht zum Schaden des absonderungsberechtigten Gläubigers auswirken.

2   Die grundsätzliche Verpflichtung des Verwalters zur unverzüglichen Ausübung seines Verwertungsrechts ergibt sich aus § 159. Diese Regelung ist durch ihre Bezugnahme auf die Beschlüsse der Gläubigerversammlung ausreichend flexibel, um dem Insolvenzverwalter in Ausnahmefällen einen angemessenen zeitlichen Spielraum zu gewährleisten. Mißbräuchen zu Lasten der Gläubiger wird durch die Regelung des § 60 entgegengewirkt, die eine Haftung auch für den Fall schuldhafter Verzögerung der Verwertung zum Nachteil der Gläubiger enthält.

3   § 169 vermeidet, daß der absonderungsberechtigte Gläubiger einen Schaden dadurch erleidet, daß die Verwertung des Sicherungsguts im Interesse einer Unternehmensfortführung oder einer Gesamtveräußerung hinausgeschoben wird. Ihm wird ein Anspruch auf laufende Zinszahlungen aus der Insolvenzmasse zuerkannt. Im Regelfall soll diese Verzinsungspflicht für die Zeit vom Berichtstermin an gelten, in dem Fall jedoch, daß schon eine Anordnung nach § 21 vorangegangen ist, spätestens von dem Zeitpunkt an, der drei Monate nach dieser Anordnung liegt. Auf diese Weise soll erreicht werden, daß der Gläubiger höchstens drei Monate lang am Zugriff gehindert ist, ohne laufend Zinszahlungen zu erhalten.

4   Für die Höhe der Zinszahlungen wird aus Gründen der Praktikabilität auf die Zinsen abgestellt, die der Gläubiger aufgrund seines Rechtsverhältnisses mit dem Schuldner beanspruchen kann. Dies können vertraglich vereinbarte oder kraft Gesetzes geschuldete (§ 288 BGB; § 352 HGB) Zinsen sein. Tilgungszahlungen soll der Gläubiger dagegen in dem fraglichen Zeitraum nicht erhalten. Schon aufgrund der Zinszahlungen wird er regelmäßig dazu in der Lage sein, die ihm zeitweilig vorenthaltene Liquidität anderweitig zu beschaffen und so eine wirtschaftliche Einbuße zu vermeiden.

5   Für die Zeit bis zum Berichtstermin wird, von dem Fall der Anordnung nach § 21 abgesehen, auch eine Zinszahlung nicht vorgesehen. Dieser Zeitraum dient dem Verwalter zur Feststellung der Rechte aller Beteiligten und zur Prüfung der Frage, welche Art der Durchführung des Insolvenzverfahrens für alle Beteiligten – auch für die absonderungsberechtigten Gläubiger – am günstigsten ist. Hinzu kommt, daß der Zeitraum bis zum Berichtstermin eng begrenzt ist (vgl. § 29 Abs. 1 Nr. 1) und daß die Durchsetzung von Rechten im Wege der Zwangsvollstreckung stets mit einem gewissen Zeitaufwand verbunden ist. Daß der Gläubiger für die Zeit bis zum Berichtstermin im Grundsatz keine laufenden Zinszahlungen erhält, bedeutet im übrigen nicht, daß auch die Haftung der Sicherheit für diese Zinsen fortfiele; bei einer späteren Verteilung des Versteigerungserlöses oder bei einer Ablösung des Sicherungsrechts durch den Verwalter sind nach den allgemeinen Regeln auch diese Zinsen zu berücksichtigen.

Kein Grund zu laufenden Zahlungen aus der Insolvenzmasse nach Satz 1 oder 2 besteht in dem Fall, daß wegen der Höhe der Forderung, anderweitiger Belastungen des Gegenstands oder wegen dessen geringen Werts nicht damit zu rechnen ist, daß die Verwertung zur Befriedigung des Gläubigers führen wird. Ist nur eine Teilbefriedigung des Gläubigers zu erwarten, so sind entsprechend herabgesetzte Zahlungen anzuordnen (Satz 3). Wird beispielsweise eine Forderung von 20.000 DM voraussichtlich nur in Höhe von 10.000 DM aus dem Verwertungserlös berichtigt werden können, so ist eine Zahlung der geschuldeten Zinsen aus der Insolvenzmasse (Satz 1) nur für die Teilforderung von 10.000 DM anzuordnen. Daß diese Zinsen durch den zu erwartenden Verwertungserlös nicht gedeckt sind, ist unerheblich.

Im Regelfall soll diese Verzinsungspflicht für die Zeit vom Berichtstermin an gelten; in diesem Fall jedoch, daß schon eine Anordnung nach § 21 vorausgegangen ist, spätestens von dem Zeitpunkt an, der drei Monate nach dieser Anordnung liegt.

§ 170
Verteilung des Erlöses

(1) Nach der Verwertung einer beweglichen Sache oder einer Forderung durch den Insolvenzverwalter sind aus dem Verwertungserlös die Kosten der Feststellung und der Verwertung des Gegenstands vorweg für die Insolvenzmasse zu entnehmen. Aus dem verbleibenden Betrag ist unverzüglich der absonderungsberechtigte Gläubiger zu befriedigen.

(2) Überläßt der Insolvenzverwalter einen Gegenstand, zu dessen Verwertung er nach § 165 berechtigt ist, dem Gläubiger zur Verwertung, so hat dieser aus dem von ihm erzielten Verwertungserlös einen Betrag in Höhe der Kosten der Feststellung sowie des Umsatzsteuerbetrages (§ 171 Abs. 2 Satz 3) vorweg an die Masse abzuführen.

§ 170 übernimmt in veränderter Fassung § 195 RegEInsO. Der folgende Begründungstext beruht im wesentlichen auf BT-Drs. 12/2443, S. 180/181, „Zu § 195", und BT-Drs. 12/7302, S. 177, zu Nr. 109 („Zu § 195").

Die Vorschrift enthält eine wichtige Abweichung vom geltenden Konkursrecht. Der Erlös aus der Verwertung von beweglichen Gegenständen, die dem Verwertungsrecht des Verwalters unterliegen, wird vor der Befriedigung des absonderungsberechtigten Gläubigers um einen Kostenbeitrag gekürzt. 1

Im Konkursverfahren verursachen die Absonderungsrechte – insbesondere die Verlängerungs- und Erweiterungsformen des Eigentumsvorbehalts, die Sicherungsübereignung und die Sicherungsabtretung – erhebliche Bearbeitungskosten. Insbesondere ist nach § 4 Abs. 2 Buchstabe a der Vergütungsverordnung vom 25. Mai 1960 für den Konkursverwalter eine den Regelsatz übersteigende Vergütung festzusetzen, wenn die Bearbeitung von Aus- und Absonderungsrechten einen erheblichen Teil der Verwaltertätigkeit ausgemacht hat, ohne daß die Teilungsmasse entsprechend größer geworden ist; in der Praxis werden aufgrund dieser Vorschrift häufig beträchtliche Zuschläge zum Verwalterhonorar gewährt. Es wird allgemein als unbillig empfunden, daß diese Bearbeitungskosten nicht von den gesicherten Gläubigern getragen werden, sondern aus der Masse aufgebracht werden müssen, so daß sie im Ergebnis zu einer Kürzung der Quote der ungesicherten Gläubiger führen. Der in der neuen Vorschrift vorgesehene Kostenbeitrag dient dazu, diese Unbilligkeit zu vermeiden.

2   Der Kostenbeitrag wird bei den gleichen Gegenständen erhoben, die nach § 166 dem Verwertungsrecht des Verwalters unterliegen: bei mit Absonderungsrechten belasteten beweglichen Sachen, die sich im Besitz des Verwalters befinden, und bei Forderungen, die ohne Anzeige an den Drittschuldner zur Sicherung abgetreten sind. Nicht nur die Kosten der Verwertung durch den Verwalter, sondern auch die Kosten der rechtlichen und tatsächlichen Feststellung der Sicherheiten fallen regelmäßig nur bei diesen Gegenständen zu Lasten der Insolvenzmasse an. Bei einer Forderung beispielsweise, deren Verpfändung oder Sicherungsabtretung dem Drittschuldner angezeigt worden ist, wird die Feststellung dieser Belastung regelmäßig keine besonderen Schwierigkeiten bereiten und daher auch keine besonderen Kosten verursachen. Noch deutlicher ist dies bei verpfändeten, dem Pfandgläubiger übergebenen Sachen.

3   Bei Sachen, die unter einfachem Eigentumsvorbehalt geliefert sind, kann zwar im Einzelfall die tatsächliche Feststellung der Sachen und die Prüfung der rechtlichen Wirksamkeit des Eigentumsvorbehalts Schwierigkeiten bereiten; in der Mehrzahl der Fälle sind solche Schwierigkeiten jedoch nicht vorhanden oder erheblich geringer als bei den vom Verwertungsrecht des Verwalters erfaßten Sicherungsformen, so daß es gerechtfertigt erscheint, den einfachen Eigentumsvorbehalt nicht mit einem Kostenbeitrag zu belasten.

4   Während Absatz 1 der Vorschrift den Regelfall betrifft, daß der Verwalter sein Verwertungsrecht auch ausübt, regelt Absatz 2 die Überlassung der Sicherheit an den Gläubiger. In diesem Fall hat der Gläubiger die Kosten der Feststellung der Sicherheit und den bei ihrer Überlassung anfallenden Umsatzsteuerbetrag der Masse zu erstatten. Dagegen entstehen die sonstigen Verwertungskosten von vornherein beim Gläubiger; sie können diesem also nicht von der Insolvenzmasse in Rechnung gestellt werden.

5   Die Fallgestaltung des Absatzes 2 ist von dem Fall zu unterscheiden, daß der Verwalter einen Kaufvertrag über eine belastete Sache abschließt und der gesicherte Gläubiger dann nach § 168 Abs. 3 Satz 1 in den Kaufvertrag eintritt. In diesem Fall liegt eine Verwertung durch den Verwalter vor; die Kosten der Vorbereitung und Durchführung dieser Verwertung sind der Insolvenzmasse entstanden und müssen gemäß § 170 Abs. 1 der Masse erstattet werden.

6   Vereinbarungen zwischen Verwalter und Gläubiger über Erhaltungsmaßnahmen und über die Beteiligung des Gläubigers an deren Kosten werden durch die Neufassung der Vorschrift nicht ausgeschlossen.

7   Trotz des Kostenbeitrags bleibt eine volle Sicherung von Krediten durch Mobiliarsicherheiten möglich. Da die Sicherheit auch für die Kosten in Anspruch genommen werden kann, ist der Gläubiger rechtlich in der Lage, den Kostenbeitrag durch eine ausreichende Bemessung der Sicherheit oder durch eine Anpassung der Höhe des Kreditbetrags aufzufangen. Der einfache Eigentumsvorbehalt, bei dem diese Anpassung Schwierigkeiten bereiten würde, wird von der Regelung über den Kostenbeitrag nicht erfaßt.

§ 171
Berechnung des Kostenbeitrags

(1) Die Kosten der Feststellung umfassen die Kosten der tatsächlichen Feststellung des Gegenstands und der Feststellung der Rechte an diesem. Sie sind pauschal mit vier vom Hundert des Verwertungserlöses anzusetzen.

(2) Als Kosten der Verwertung sind pauschal fünf vom Hundert des Verwertungserlöses anzusetzen. Lagen die tatsächlich entstandenen, für die Verwertung erforderlichen Kosten erheblich niedriger oder erheblich höher, so sind diese Kosten anzusetzen. Führt die Verwertung zu einer Belastung der Masse mit Umsatzsteuer, so ist der Umsatzsteuerbetrag zusätzlich zu der Pauschale nach Satz 1 oder den tatsächlich entstandenen Kosten nach Satz 2 anzusetzen.

§ 171 übernimmt in veränderter und verkürzter Fassung § 196 RegEInsO. Der folgende Begründungstext beruht weitgehend auf BT-Drs. 12/2443, S. 181/182, „Zu § 196", und BT-Drs. 12/7302, S. 177/178, zu Nr. 110 („Zu § 196"), und zu „§ 200 a".

Für die Höhe des Kostenbeitrags gilt jeweils der Grundsatz, daß dem Gläubiger nur die tatsächlich entstandenen Kosten der Feststellung und der Verwertung auferlegt werden sollen. Im Interesse der Praktikabilität werden jedoch Pauschalierungen vorgesehen. 1

Die Feststellungskosten umfassen nach Absatz 1 zwei verschiedene Arten von Kosten. Es sind die Kosten der tatsächlichen Ermittlung und Trennung des belasteten Gegenstandes und die Kosten der Prüfung der Rechtsverhältnisse an dem Gegenstand. Diese beiden Kostenarten entstehen der Insolvenzmasse regelmäßig in der Form, daß aufgrund der genannten Arbeiten Zuschläge zur Vergütung des Verwalters zu zahlen sind. Da diese Zuschläge zusammen mit der sonstigen Vergütung des Verwalters vom Gericht erst am Ende des Insolvenzverfahrens festgesetzt werden, steht ihre Höhe bei der Verwertung der Sicherheiten und bei der Auszahlung der Verwertungserlöse an die gesicherten Gläubiger regelmäßig noch nicht fest. Ein Abzug konkret ermittelter Kosten der tatsächlichen und rechtlichen Feststellung des Sicherungsguts stößt daher auf praktische Schwierigkeiten. Als Ausweg bietet sich an, die Kosten zu pauschalieren. Legt man die Höhe der Zuschläge zugrunde, die in der Gerichtspraxis bisher üblicherweise festgesetzt werden, so erscheint eine Pauschale von 4 vom Hundert des Erlöses des Sicherungsgutes (Bruttoerlös) angemessen, um diese Kosten abzudecken. 2

Für die Verwertungskosten wird in Absatz 2 Satz 1 eine Pauschale von fünf vom Hundert des Verwertungserlöses (Bruttoerlös) festgelegt. Nach Mitteilungen von Kreditinstituten und Kreditversicherern kommt dieser Wert dem Durchschnitt der tatsächlich entstehenden Verwertungskosten nahe. Da die Verwertungskosten jedoch im Einzelfall ein Mehrfaches oder auch nur einen Bruchteil von fünf vom Hundert betragen, erlaubt Absatz 2 Satz 2 die Widerlegung der Vermutung, die für die Pauschale spricht. Um unergiebige Streitigkeiten um geringfügige Beträge zu vermeiden, kann die Pauschale jedoch nur durch den Nachweis einer „erheblichen" Abweichung ausgeräumt werden. Als „erheblich" in diesem Sinne wird man eine Abweichung jedenfalls dann ansehen müssen, wenn die tatsächlich entstandenen und erforderlichen Verwertungskosten statt fünf vom Hundert die Hälfte oder das Doppelte dieses Vomhundertsatzes betragen. 3

Der absonderungsberechtigte Gläubiger kann damit im Einzelfall mit Verwertungskosten belastet werden, die weit über fünf vom Hundert liegen. Dies bedeutet jedoch für ihn keine unbillige Benachteiligung. Auch im Falle der Zwangsvollstreckung hätte er diese Verwertungskosten aufwenden müssen, ebenso in dem Fall einer Freigabe des Sicherungsguts durch den Insolvenzverwalter. Der Gläubiger mußte diese Kosten daher von vornherein in seine Kalkulation aufnehmen.

4 Nach Absatz 2 Satz 3 wird zu den Verwertungskosten auch die Umsatzsteuerbelastung gerechnet, die bei der Verwertung von Sicherungsgut für die Masse entstehen kann.

In der Veräußerung zur Sicherung übereigneter Sachen liegt regelmäßig ein steuerbarer Umsatz im Sinne des Umsatzsteuerrechts. Der Fiskus kann daher nach einer solchen Veräußerung eine Umsatzsteuerforderung im Insolvenzverfahren geltend machen. Dies gilt ebenso für die Verwertung durch den Insolvenzverwalter wie für die Verwertung durch den Gläubiger; überläßt der Verwalter dem Gläubiger die Verwertung und veräußert dieser daraufhin das Sicherungsgut, so sind zwei steuerbare Umsätze anzunehmen, ein Umsatz zwischen Insolvenzverwalter und Gläubiger und ein zweiter zwischen Gläubiger und Dritterwerber. Die Umsatzsteuerforderung, die der Fiskus aufgrund der Verwertung von Sicherungsgut im Insolvenzverfahren geltend machen kann, ist nach der Rechtsprechung des Bundesfinanzhofs nicht als Konkursforderung anzusehen, sondern als Masseforderung (BFH ZIP 1987, 1134).

Die Belastung der Insolvenzmasse, die daraus folgt, kann nach der bisherigen Rechtslage nicht auf den absonderungsberechtigten Gläubiger verlagert werden. Nach Auffassung des Bundesgerichtshofs kann der gesicherte Gläubiger, wenn der Sicherungsvertrag es so vorsieht, den gesamten Verwertungserlös einschließlich des darin enthaltenen Umsatzsteueranteils für sich beanspruchen (BGHZ 77, 139). Im Ergebnis entsteht also durch die Verwertung von Sicherungsgut im Konkursverfahren häufig eine erhebliche Belastung der Insolvenzmasse, die sich in einer erheblichen Verminderung der Befriedigungschancen der ungesicherten Gläubiger niederschlägt. Auch der Bundesgerichtshof hat dieses Ergebnis als rechtspolitisch zweifelhaft empfunden und eine Änderung durch den Gesetzgeber zu erwägen gegeben (BGHZ 77, 139, 150). Die Insolvenzordnung ändert diese Rechtslage; der Insolvenzverwalter ist nach der Veräußerung von Sicherungsgut nur zur Auszahlung des Nettoerlöses, des um den Umsatzsteuerbetrag verminderten Erlöses, verpflichtet. Insgesamt werden damit in den Fällen, in denen die Verwertung von Sicherungsgut zu einer Umsatzsteuerbelastung der Masse führt, vom Bruttoverwertungserlös die nach Satz 1 oder Satz 2 des Absatzes 2 berechneten Verwertungskosten und der Umsatzsteuerbetrag abgezogen.

Bei der Einziehung zur Sicherung abgetretener Forderungen entsteht das Problem nicht, da dieser Vorgang keine Umsatzsteuerbelastung der Masse auslöst.

§ 172
Sonstige Verwendung beweglicher Sachen

(1) Der Insolvenzverwalter darf eine bewegliche Sache, zu deren Verwertung er berechtigt ist, für die Insolvenzmasse benutzen, wenn er den dadurch entstehenden Wertverlust von der Eröffnung des Insolvenzverfahrens an durch laufende Zahlungen an den Gläubiger ausgleicht. Die Verpflichtung zu Ausgleichszahlungen besteht nur, soweit der durch die Nutzung entstehende Wertverlust die Sicherung des absonderungsberechtigten Gläubigers beeinträchtigt.

(2) Der Verwalter darf eine solche Sache verbinden, vermischen und verarbeiten, soweit dadurch die Sicherung des absonderungsberechtigten Gläubigers nicht beeinträchtigt wird. Setzt sich das Recht des Gläubigers an einer anderen Sache fort, so hat der Gläubiger die neue Sicherheit insoweit freizugeben, als sie den Wert der bisherigen Sicherheit übersteigt.

§ 172 übernimmt in veränderter und verkürzter Fassung § 197 RegEInsO. Der folgende Begründungstext entspricht im wesentlichen BT-Drs. 12/2443, S. 182, „Zu § 197", und BT-Drs. 12/7302, S. 178, zu Nr. 111 („Zu den §§ 197, 198").

Im Falle einer Fortführung des schuldnerischen Unternehmens ist der Insolvenzverwalter regelmäßig darauf angewiesen, daß er die mit Absonderungsrechten belasteten beweglichen Sachen, die zur wirtschaftlichen Einheit des Unternehmens gehören, weiter für das Unternehmen nutzen darf. Die Vorschrift trägt diesem Bedürfnis Rechnung, berücksichtigt aber in gleicher Weise das berechtigte Sicherungsinteresse des absonderungsberechtigten Gläubigers. Sie geht abweichenden vertraglichen Vereinbarungen vor. 1

Absatz 1 gestattet dem Insolvenzverwalter, bewegliche Sachen, die er in seinem Besitz hat, trotz des Bestehens von Absonderungsrechten für die Insolvenzmasse zu benutzen. Der durch die Benutzung entstehende Wertverlust soll sich jedoch nicht zum Schaden des Gläubigers auswirken. Im Grundsatz sind daher vom Beginn der Nutzung, gegebenenfalls von der Verfahrenseröffnung an laufende Ausgleichszahlungen zu leisten. Unterbleiben die Ausgleichszahlungen, so braucht der gesicherte Gläubiger die weitere Nutzung der Sache für die Insolvenzmasse nicht zu dulden; den Anspruch auf Zahlung von Rückständen kann er als Masseforderung geltend machen. Nicht erforderlich sind die Ausgleichszahlungen allerdings, wenn der Wertverlust die Sicherung des Gläubigers nicht gefährdet, wenn der Gegenstand also trotz des Wertverlustes die Haupt- und Nebenforderungen des Gläubigers voll deckt. Außerdem können die Ausgleichszahlungen dadurch vermieden werden, daß der Verwalter eine Ersatzsicherheit stellt. 2

Der in Absatz 1 vorgesehene Ausgleich für einen Wertverlust durch Nutzung des Sicherungsguts besteht unabhängig von dem Anspruch auf Zinszahlungen nach § 169 wegen der Verzögerung der Verwertung. Wenn der Verwalter den Gegenstand für die Masse nutzt und die weiteren Voraussetzungen für Ansprüche nach den §§ 169 und 172 gegeben sind, erhält der Gläubiger laufend sowohl den Nutzungsausgleich als auch die Zinsen. 3

Die Verbindung, Vermischung oder Verarbeitung ist dem Insolvenzverwalter grundsätzlich gestattet (Absatz 2 Satz 1). Jedoch darf auch hier die Sicherung des absonderungsberechtigten Gläubigers nicht beeinträchtigt werden. Es bleibt dem Verwalter allerdings unbenommen, das Stellen einer Ersatzsicherheit im Einzelfall mit dem Gläubiger zu vereinbaren. Er hat insbesondere stets die rechtliche Möglichkeit, sich durch Zahlung der gesicherten Forderung die uneingeschränkte Verfügungsbefugnis über das Sicherungsgut zu verschaffen. Aus den allgemeinen Vorschriften über die Verbindung, Vermischung oder Verarbeitung kann sich aber im Einzelfall auch ergeben, daß dem Gläubiger ein zusätzlicher Wert zuwächst; dies ist beispielsweise der Fall, wenn die mit dem Absonderungsrecht belastete Sache mit einer anderen Sache verbunden wird und die belastete Sache als Hauptsache anzusehen ist (vgl. die §§ 947, 949 Satz 3 BGB). In diesem Fall ist der Gläubiger nach Absatz 2 Satz 2 verpflichtet, den zusätzlich erworbenen Teil der Sicherheit freizugeben. Er darf auf die neue Sicherheit also nur insoweit zugreifen, als er aus der alten Sicherheit Befriedigung hätte erlangen können. 4

Die Vorschriften des § 172 gelten auch für den Fall, daß die Benutzung, der Verbrauch, die Verbindung, die Vermischung oder die Verarbeitung schon vor dem Berichtstermin erfolgt. Das Verwertungsrecht des Verwalters, an das die Vorschrift anknüpft, besteht nach § 166 von der Eröffnung des Insolvenzverfahrens an. Daß der Verwalter grundsätzlich erst nach dem Berichtstermin gegenüber dem gesicherten Gläubiger verpflichtet ist, das Verwertungsrecht unverzüglich auszuüben (§ 169), ist in diesem Zusammenhang unerheblich. 5

§ 173
Verwertung durch den Gläubiger

(1) Soweit der Insolvenzverwalter nicht zur Verwertung einer beweglichen Sache oder einer Forderung berechtigt ist, an denen ein Absonderungsrecht besteht, bleibt das Recht des Gläubigers zur Verwertung unberührt.

(2) Auf Antrag des Verwalters und nach Anhörung des Gläubigers kann das Insolvenzgericht eine Frist bestimmen, innerhalb welcher der Gläubiger den Gegenstand zu verwerten hat. Nach Ablauf der Frist ist der Verwalter zur Verwertung berechtigt.

§ 173 entspricht im wesentlichen § 200 RegEInsO. Der folgende Begründungstext entspricht im wesentlichen BT-Drs. 12/2443, S. 183, „Zu § 200", und BT-Drs. 12/7302, S. 178, zu Nr. 113 („Zu § 200 Abs. 1").

Absatz 1 stellt klar, daß außerhalb des Bereichs, in dem nach den vorangehenden Vorschriften das Verwertungsrecht des Verwalters besteht, der Gläubiger zur Verwertung berechtigt ist. Insbesondere bleibt das Verwertungsrecht des Gläubigers bei vertraglich verpfändeten Gegenständen regelmäßig unberührt.

In Absatz 2 ist nach dem Vorbild des § 127 Abs. 2 KO ein Verfahren zur Beschleunigung der Verwertung durch den Gläubiger vorgesehen.

FÜNFTER TEIL
Befriedigung der Insolvenzgläubiger. Einstellung des Verfahrens

ERSTER ABSCHNITT
Feststellung der Forderungen

§ 174
Anmeldung der Forderungen

(1) Die Insolvenzgläubiger haben ihre Forderungen schriftlich beim Insolvenzverwalter anzumelden. Der Anmeldung sollen die Urkunden, aus denen sich die Forderung ergibt, in Abdruck beigefügt werden.

(2) Bei der Anmeldung sind der Grund und der Betrag der Forderung anzugeben.

(3) Die Forderungen nachrangiger Gläubiger sind nur anzumelden, soweit das Insolvenzgericht besonders zur Anmeldung dieser Forderungen auffordert. Bei der Anmeldung solcher Forderungen ist auf den Nachrang hinzuweisen und die dem Gläubiger zustehende Rangstelle zu bezeichnen.

§ 174 übernimmt in veränderter Fassung § 201 RegEInsO. Der folgende Begründungstext entspricht weitgehend BT-Drs. 12/2443, S. 184, „Zu § 201", BT-Drs. 12/7302, S. 178, zu Nr. 114 („Zu § 201 Abs. 1"), und BT-Drs. 12/7302, S. 159, zu Nr. 22 („Zu § 32").

1   Die Vorschrift entspricht im Grundsatz § 139 KO und § 67 Abs. 1, 2 VerglO. Die Anmeldung der Forderungen soll jedoch künftig statt beim Insolvenzgericht beim Insolvenzverwalter erfolgen (vgl. Rdnr. 1 der Begründung zu § 28).

Die Anmeldung nachrangiger Forderungen wird in Absatz 3 besonders geregelt. Die 2
in den §§ 39 und 327 bezeichneten nachrangigen Gläubiger können nur in Ausnahmefällen mit einer Befriedigung rechnen: entweder wenn alle nicht nachrangigen Insolvenzgläubiger voll befriedigt werden können und dann noch ein Überschuß in der Masse verbleibt oder wenn ein Insolvenzplan vorgelegt wird, der – insbesondere im Zusammenhang mit einer Sanierung des Schuldners – auch Zahlungen an nachrangige Gläubiger vorsieht. Die Insolvenzverfahren, in denen keiner dieser Ausnahmefälle vorliegt, brauchen mit der Anmeldung und Prüfung der nachrangigen Forderungen nicht belastet zu werden. In Absatz 3 Satz 1 ist daher vorgesehen, daß nachrangige Forderungen nur anzumelden sind, wenn das Gericht besonders zur Anmeldung dieser Forderungen auffordert. Eine solche Aufforderung wird häufig nicht schon bei der Eröffnung des Verfahrens, sondern zu einem späteren Zeitpunkt erfolgen, beispielsweise wenn sich nach der vollständigen Verwertung des Schuldnervermögens herausstellt, daß Mittel zur Befriedigung der nachrangigen Gläubiger zur Verfügung stehen. Die Prüfung dieser nachträglichen Anmeldungen muß dann in einem besonderen Prüfungstermin erfolgen (vgl. § 177 Abs. 2), der jedoch in dem genannten Beispielsfall mit dem Schlußtermin verbunden werden könnte. Bei einer Prüfung der nachrangigen Forderungen erst im Schlußtermin besteht auch die Möglichkeit, sämtliche den Gläubigern während des Verfahrens entstandenen Kosten, die nach § 39 Abs. 1 Nr. 2 mit Nachrang zu befriedigen sind, in die Prüfung und Feststellung der Forderungen einzubeziehen. Ein anderer Anlaß für eine nachträgliche Aufforderung zur Anmeldung nachrangiger Forderungen wäre die Vorlage eines Sanierungsplans, der auch eine Rückzahlung kapitalersetzender Darlehen vorsieht (vgl. § 39 Abs. 1 Nr. 5). Stets braucht sich die Aufforderung des Gerichts nicht auf alle nachrangigen Forderungen zu beziehen, sondern sie kann sich auf die Rangklassen beschränken, deren Befriedigung im konkreten Fall in Betracht kommt.

In Absatz 3 Satz 2 wird vorgeschrieben, daß bei der Anmeldung angegeben wird, 3
welche der in den §§ 39 und 327 aufgeführten Rangstellen für die Forderung in Anspruch genommen wird. Wenn eine nachrangige Forderung angemeldet wird, ohne daß der Gläubiger dabei auf den Nachrang hinweist, gilt dies als Anmeldung einer nicht nachrangigen Forderung; die Folge wird sein, daß der Rang im Prüfungstermin bestritten wird.

§ 175
Tabelle

Der Insolvenzverwalter hat jede angemeldete Forderung mit den in § 174 Abs. 2 und 3 genannten Angaben in eine Tabelle einzutragen. Die Tabelle ist mit den Anmeldungen sowie den beigefügten Urkunden innerhalb des ersten Drittels des Zeitraums, der zwischen dem Ablauf der Anmeldefrist und dem Prüfungstermin liegt, in der Geschäftsstelle des Insolvenzgerichts zur Einsicht der Beteiligten niederzulegen.

§ 175 übernimmt in veränderter Fassung § 202 RegEInsO. Der folgende Begründungstext entspricht im wesentlichen BT-Drs. 12/2443, S. 184, „Zu § 202", und BT-Drs. 12/7302, S. 178, zu Nr. 115 („Zu § 202").

Die Vorschrift über die Niederlegung der Anmeldungen in der Geschäftsstelle und über die Aufnahme der Anmeldungen in eine Tabelle lehnt sich an § 140 KO an. Sie berücksichtigt aber, daß die Anmeldung beim Verwalter erfolgt. Dem Verwalter obliegt die Führung der Tabelle, das heißt, er hat die Eintragung der Forderungen vorzunehmen. Die Niederlegung zur Einsichtnahme der Beteiligten erfolgt in der Geschäftsstelle des

Insolvenzgerichts. Daß die Tabelle mit Hilfe der elektronischen Datenverarbeitung geführt werden kann, ergibt sich aus § 5 Abs. 3.

§ 176
Verlauf des Prüfungstermins

Im Prüfungstermin werden die angemeldeten Forderungen ihrem Betrag und ihrem Rang nach geprüft. Die Forderungen, die vom Insolvenzverwalter, vom Schuldner oder von einem Insolvenzgläubiger bestritten werden, sind einzeln zu erörtern.

§ 176 entspricht § 203 Abs. 1 RegEInsO. Der folgende Begründungstext beruht im wesentlichen auf BT-Drs. 12/2443, S. 184, „Zu § 203", und BT-Drs. 12/7302, S. 178, zu Nr. 116 („Zu § 203").

Während das geltende Konkursrecht vorsieht, daß im Prüfungstermin jede angemeldete Forderung einzeln erörtert wird (§ 141 Abs. 1 KO), sollen in Zukunft nur die streitigen Forderungen Gegenstand einer detaillierten Erörterung sein (Satz 2). Der Ablauf des Prüfungstermins soll dadurch gestrafft werden. Die Vorschrift schließt aber nicht aus, daß der Insolvenzverwalter oder ein Gläubiger erst im Verlauf des Prüfungstermins eine Forderung bestreitet; hierzu muß das Insolvenzgericht auch Gelegenheit geben.

Daß eine Forderung auch dann geprüft wird, wenn der Gläubiger im Prüfungstermin nicht anwesend ist, ergibt sich aus § 176, ohne daß es insoweit einer besonderen Regelung (vgl. § 143 KO) bedarf.

§ 177
Nachträgliche Anmeldungen

(1) Im Prüfungstermin sind auch die Forderungen zu prüfen, die nach dem Ablauf der Anmeldefrist angemeldet worden sind. Widerspricht jedoch der Insolvenzverwalter oder ein Insolvenzgläubiger dieser Prüfung oder wird eine Forderung erst nach dem Prüfungstermin angemeldet, so hat das Insolvenzgericht auf Kosten des Säumigen entweder einen besonderen Prüfungstermin zu bestimmen oder die Prüfung im schriftlichen Verfahren anzuordnen. Für nachträgliche Änderungen der Anmeldung gelten die Sätze 1 und 2 entsprechend.

(2) Hat das Gericht nachrangige Gläubiger nach § 174 Abs. 3 zur Anmeldung ihrer Forderungen aufgefordert und läuft die für diese Anmeldung gesetzte Frist später als eine Woche vor dem Prüfungstermin ab, so ist auf Kosten der Insolvenzmasse entweder ein besonderer Prüfungstermin zu bestimmen oder die Prüfung im schriftlichen Verfahren anzuordnen.

(3) Der besondere Prüfungstermin ist öffentlich bekanntzumachen. Zu dem Termin sind die Insolvenzgläubiger, die eine Forderung angemeldet haben, der Verwalter und der Schuldner besonders zu laden.

§ 177 übernimmt in veränderter Fassung § 204 RegEInsO. Der folgende Begründungstext entspricht weitgehend BT-Drs. 12/2443, S. 184, „Zu § 204", und BT-Drs. 12/7302, S. 178/179, zu Nr. 117 („Zu § 204").

1 Die Regelung über die Prüfung nachträglich angemeldeter Forderungen und über nachträgliche Änderungen der Anmeldung in Absatz 1 entspricht inhaltlich geltendem Konkursrecht (§ 142 KO). Die abweichende Regelung der Gesamtvollstreckungsordnung, nach der verspätete Anmeldungen nur dann zu berücksichtigen sind, wenn die Verspätung unverschuldet war und das Gericht zustimmt (§ 14 GesO), wird nicht übernommen.

Satz 2 schafft allerdings für das Gericht die Möglichkeit, für die Prüfung nachträglich angemeldeter Forderungen von einem besonderen Prüfungstermin abzusehen und die Prüfung im schriftlichen Verfahren anzuordnen.

Der Grundsatz, daß der nachträglich anmeldende Gläubiger die Kosten des besonderen Prüfungstermins zu tragen hat, paßt nicht für den Fall, daß dieser Termin erforderlich wird, weil das Gericht erst während des Verfahrens die nachrangigen Gläubiger zur Anmeldung aufgefordert hat (vgl. § 174 Abs. 3). In diesem Fall trägt nach Absatz 2 die Insolvenzmasse die Kosten des besonderen Prüfungstermins oder die Kosten der Prüfung im schriftlichen Verfahren. 2

Absatz 3, der die öffentliche Bekanntmachung eines besonderen Prüfungstermins und die Ladung der Beteiligten zu diesem Termin vorschreibt, ist zur Klarstellung ergänzt. 3

§ 178
Voraussetzungen und Wirkungen der Feststellung

(1) Eine Forderung gilt als festgestellt, soweit gegen sie im Prüfungstermin oder im schriftlichen Verfahren (§ 177) ein Widerspruch weder vom Insolvenzverwalter noch von einem Insolvenzgläubiger erhoben wird oder soweit ein erhobener Widerspruch beseitigt ist. Ein Widerspruch des Schuldners steht der Feststellung der Forderung nicht entgegen.

(2) Das Insolvenzgericht trägt für jede angemeldete Forderung in die Tabelle ein, inwieweit die Forderung ihrem Betrag und ihrem Rang nach festgestellt ist oder wer der Feststellung widersprochen hat. Auch ein Widerspruch des Schuldners ist einzutragen. Auf Wechseln und sonstigen Schuldurkunden ist vom Urkundsbeamten der Geschäftsstelle die Feststellung zu vermerken.

(3) Die Eintragung in die Tabelle wirkt für die festgestellten Forderungen ihrem Betrag und ihrem Rang nach wie ein rechtskräftiges Urteil gegenüber dem Insolvenzverwalter und allen Insolvenzgläubigern.

§ 178 faßt §§ 205 und 206 RegEInsO in veränderter Fassung zusammen. Der folgende Begründungstext beruht im wesentlichen auf BT-Drs. 12/2443, S. 185, „Zu § 205" und „Zu § 206", und BT-Drs. 12/7302, S. 179, zu Nr. 118 („Zu § 205").

Durch Satz 1 wird § 144 Abs. 1 KO sinngemäß unter Berücksichtigung der Möglichkeit der Prüfung im schriftlichen Verfahren (§ 177 Abs. 1) übernommen. Satz 2, nach dem ein Widerspruch des Schuldners der Feststellung nicht entgegensteht, ist zur Klarstellung hinzugefügt.

In Absatz 2 wird im Vergleich zu § 145 Abs. 1 Satz 1 KO präzisiert, welche Eintragungen in der Tabelle vorzunehmen sind. Ist eine Forderung als festgestellt eingetragen, so wirkt dies auch gegenüber dem Verwalter wie ein rechtskräftiges Urteil (Absatz 3); dies wird zwar in § 145 Abs. 2 KO nicht ausdrücklich gesagt, ist jedoch auch für das geltende Konkursrecht anerkannt (vgl. BGH WPM 1984, 1548).

§ 179
Streitige Forderungen

(1) Ist eine Forderung vom Insolvenzverwalter oder von einem Insolvenzgläubiger bestritten worden, so bleibt es dem Gläubiger überlassen, die Feststellung gegen den Bestreitenden zu betreiben.

(2) Liegt für eine solche Forderung ein vollstreckbarer Schuldtitel oder ein Endurteil vor, so obliegt es dem Bestreitenden, den Widerspruch zu verfolgen.

(3) Das Insolvenzgericht erteilt dem Gläubiger, dessen Forderung bestritten worden ist, einen beglaubigten Auszug aus der Tabelle. Im Falle des Absatzes 2 erhält auch der Bestreitende einen solchen Auszug. Die Gläubiger, deren Forderungen festgestellt worden sind, werden nicht benachrichtigt; hierauf sollen die Gläubiger vor dem Prüfungstermin hingewiesen werden.

§ 180
Zuständigkeit für die Feststellung

(1) Auf die Feststellung ist im ordentlichen Verfahren Klage zu erheben. Für die Klage ist das Amtsgericht ausschließlich zuständig, bei dem das Insolvenzverfahren anhängig ist oder anhängig war. Gehört der Streitgegenstand nicht zur Zuständigkeit der Amtsgerichte, so ist das Landgericht ausschließlich zuständig, zu dessen Bezirk das Insolvenzgericht gehört.

(2) War zur Zeit der Eröffnung des Insolvenzverfahrens ein Rechtsstreit über die Forderung anhängig, so ist die Feststellung durch Aufnahme des Rechtsstreits zu betreiben.

§ 181
Umfang der Feststellung

Die Feststellung kann nach Grund, Betrag und Rang der Forderung nur in der Weise begehrt werden, wie die Forderung in der Anmeldung oder im Prüfungstermin bezeichnet worden ist.

§ 179 übernimmt und ergänzt § 207 RegEInsO; § 180 entspricht § 208 RegEInsO, § 181 entspricht § 209 RegEInsO. Der folgende Begründungstext entspricht im wesentlichen BT-Drs. 12/2443, S. 185, „Zu § 207, § 208 und § 209", und BT-Drs. 12/7302, S. 179, zu Nr. 119 („Zu § 207 Abs. 3").

1 Die Vorschriften regeln das Recht des Gläubigers, dessen Forderung im Prüfungstermin bestritten worden ist, zur Klage auf Feststellung seiner Forderung inhaltlich entsprechend wie § 146 Abs. 1 bis 4, 6 KO (vgl. auch § 11 Abs. 3 GesO).

2 § 179 Abs. 3 Satz 1 verpflichtet das Insolvenzgericht in Übereinstimmung mit dem geltenden Konkursrecht, dem Gläubiger, dessen Forderung bestritten worden ist, als Grundlage für einen Prozeß einen beglaubigten Auszug aus der Tabelle zu erteilen. In Satz 2 wird ergänzend bestimmt, daß der Gläubiger, der eine titulierte Forderung bestreitet – so daß ihn nach Absatz 2 die Obliegenheit trifft, den Widerspruch im Wege der Klage zu verfolgen –, ebenfalls einen solchen Auszug erhält.

3 § 179 Abs. 3 Satz 3 verdeutlicht den Zweck der Vorschrift. Der Tabellenauszug zugunsten des Gläubigers einer bestrittenen Forderung dient dem Zweck, dem Gläubiger den

Nachweis von Anmeldung und Widerspruch für den Forderungsfeststellungsstreit zu erleichtern. Einen derartigen Nachweis hat der Gläubiger einer festgestellten Forderung nicht zu führen; insoweit bedarf er des Tabellenauszuges nicht. Satz 3 sieht vor, daß zur Vermeidung unnötiger Nachfragen beim Insolvenzgericht und beim Insolvenzverwalter die Gläubiger vor dem Prüfungstermin auf diese Rechtslage hingewiesen werden sollen. Denkbar ist beispielsweise ein Hinweis in Verbindung mit der Zustellung des Eröffnungsbeschlusses.

§ 182
Streitwert

Der Wert des Streitgegenstands einer Klage auf Feststellung einer Forderung, deren Bestand vom Insolvenzverwalter oder von einem Insolvenzgläubiger bestritten worden ist, bestimmt sich nach dem Betrag, der bei der Verteilung der Insolvenzmasse für die Forderung zu erwarten ist.

§ 182 entspricht § 210 RegEInsO. Der folgende Begründungstext entspricht BT-Drs. 12/2443, S. 185, „Zu § 210".

Die unbestimmte Formulierung des § 148 KO, die dem Gericht bei der Festsetzung des Streitwertes einer Feststellungsklage ein weites Ermessen einzuräumen scheint, wird dahin präzisiert, daß bei einer Forderung, deren Bestand bestritten wird, die Höhe des Betrags entscheidend ist, den der Gläubiger bei der Verteilung der Insolvenzmasse zu erwarten hat. Der Fall, daß nur die Höhe oder der Rang der Forderung bestritten ist, wird nicht ausdrücklich geregelt; für diesen Fall ergibt jedoch die entsprechende Anwendung der Vorschrift, daß der Unterschied zwischen den Beträgen maßgeblich ist, die der Gläubiger bei einem Obsiegen oder bei einem Unterliegen gegenüber dem Bestreitenden erhalten würde.

§ 183
Wirkung der Entscheidung

(1) Eine rechtskräftige Entscheidung, durch die eine Forderung festgestellt oder ein Widerspruch für begründet erklärt wird, wirkt gegenüber dem Insolvenzverwalter und allen Insolvenzgläubigern.

(2) Der obsiegenden Partei obliegt es, beim Insolvenzgericht die Berichtigung der Tabelle zu beantragen.

(3) Haben nur einzelne Gläubiger, nicht der Verwalter, den Rechtsstreit geführt, so können diese Gläubiger die Erstattung ihrer Kosten aus der Insolvenzmasse insoweit verlangen, als der Masse durch die Entscheidung ein Vorteil erwachsen ist.

§ 183 entspricht § 211 RegEInsO. Der folgende Begründungstext entspricht im wesentlichen BT-Drs. 12/2443, S. 185, „Zu § 211".

Die Vorschrift entspricht § 146 Abs. 7, § 147 KO. In Absatz 1 wird – wie in § 178 Abs. 3 – ergänzend klargestellt, daß die Wirkung auch im Verhältnis zum Insolvenzverwalter eintritt.

§ 184
Klage gegen einen Widerspruch des Schuldners

Hat der Schuldner im Prüfungstermin oder im schriftlichen Verfahren (§ 177) eine Forderung bestritten, so kann der Gläubiger Klage auf Feststellung der Forderung gegen den Schuldner erheben. War zur Zeit der Eröffnung des Insolvenzverfahrens ein Rechtsstreit über die Forderung anhängig, so kann der Gläubiger diesen Rechtsstreit gegen den Schuldner aufnehmen.

§ 184 übernimmt in veränderter Fassung § 212 RegEInsO. Der folgende Begründungstext beruht im wesentlichen auf BT-Drs. 12/2443, S. 185, „Zu § 212", und BT-Drs. 12/7302, S. 179, zu Nr. 120 („Zu § 212").

Wenn der Schuldner im Prüfungstermin oder im schriftlichen Verfahren einer Forderung widerspricht, so steht dies der Feststellung der Forderung nicht entgegen (§ 178 Abs. 2 Satz 2). Der Widerspruch des Schuldners schließt es jedoch aus, daß der Gläubiger nach der Aufhebung des Insolvenzverfahrens aus der Eintragung in die Tabelle die Zwangsvollstreckung betreiben kann (vgl. § 201 Abs. 2). Der Gläubiger hat also ein rechtliches Interesse daran, den Widerspruch des Schuldners auszuräumen. Er kann dies schon während des Insolvenzverfahrens im Wege der Klage (Satz 1) oder, wenn schon ein Rechtsstreit anhängig war, im Wege der Aufnahme dieses Rechtsstreits (Satz 2) zu erreichen versuchen. In der Konkursordnung ist nur der zweite Fall ausdrücklich geregelt (§ 144 Abs. 2 KO).

§ 185
Besondere Zuständigkeiten

Ist für die Feststellung einer Forderung der Rechtsweg zum ordentlichen Gericht nicht gegeben, so ist die Feststellung bei dem zuständigen anderen Gericht zu betreiben oder von der zuständigen Verwaltungsbehörde vorzunehmen. § 180 Abs. 2 und die §§ 181, 183 und 184 gelten entsprechend. Ist die Feststellung bei einem anderen Gericht zu betreiben, so gilt auch § 182 entsprechend.

§ 185 entspricht im wesentlichen § 213 RegEInsO. Der folgende Begründungstext entspricht im wesentlichen BT-Drs. 12/2443, S. 185, „Zu § 213".

Streitigkeiten um Forderungen, für deren Feststellung die ordentlichen Gerichte nicht zuständig sind, sollen von den zuständigen anderen Gerichten oder der zuständigen Verwaltungsbehörde entschieden werden. So sind Streitigkeiten um die Feststellung von Forderungen aus Arbeitsverhältnissen vor den Arbeitsgerichten auszutragen; bei einem Widerspruch gegen eine angemeldete Steuerforderung kann die Finanzbehörde einen Feststellungsbescheid erlassen. Für diese Verfahren gelten sinngemäß die Vorschriften der Insolvenzordnung über die Feststellung einer Forderung durch das ordentliche Gericht. All dies entspricht geltendem Konkursrecht (vgl. § 146 Abs. 5 KO). Die Verweisung in Satz 3 auf die Streitwertregelung in § 182 wird ausdrücklich auf das Feststellungsverfahren bei einem Gericht beschränkt. In die Vorschriften über das Verfahren bei Verwaltungsbehörden soll durch die Insolvenzordnung nicht eingegriffen werden.

§ 186
Wiedereinsetzung in den vorigen Stand

(1) Hat der Schuldner den Prüfungstermin versäumt, so hat ihm das Insolvenzgericht auf Antrag die Wiedereinsetzung in den vorigen Stand zu ge-

währen. § 51 Abs. 2, § 85 Abs. 2, §§ 233 bis 236 der Zivilprozeßordnung gelten entsprechend.

(2) Die den Antrag auf Wiedereinsetzung betreffenden Schriftsätze sind dem Gläubiger zuzustellen, dessen Forderung nachträglich bestritten werden soll. Das Bestreiten in diesen Schriftsätzen steht, wenn die Wiedereinsetzung erteilt wird, dem Bestreiten im Prüfungstermin gleich.

§ 186 entspricht § 214 RegEInsO. Der folgende Begründungstext entspricht BT-Drs. 12/2443, S. 185, „Zu § 214".

Hat der Schuldner ohne sein Verschulden den Prüfungstermin versäumt, so muß er die Möglichkeit haben, angemeldete Forderungen nachträglich zu bestreiten. Die Vorschrift gewährleistet dies in inhaltlicher Übereinstimmung mit § 165 KO.

ZWEITER ABSCHNITT
Verteilung

§ 187
Befriedigung der Insolvenzgläubiger

(1) Mit der Befriedigung der Insolvenzgläubiger kann erst nach dem allgemeinen Prüfungstermin begonnen werden.

(2) Verteilungen an die Insolvenzgläubiger können stattfinden, sooft hinreichende Barmittel in der Insolvenzmasse vorhanden sind. Nachrangige Insolvenzgläubiger sollen bei Abschlagsverteilungen nicht berücksichtigt werden.

(3) Die Verteilungen werden vom Insolvenzverwalter vorgenommen. Vor jeder Verteilung hat er die Zustimmung des Gläubigerausschusses einzuholen, wenn ein solcher bestellt ist.

§ 187 entspricht § 215 RegEInsO. Der folgende Begründungstext entspricht im wesentlichen BT-Drs. 12/2443, S. 186, „Zu § 215".

Die Vorschrift sieht in Übereinstimmung mit den §§ 149 und 167 KO vor, daß der Insolvenzverwalter nach dem allgemeinen Prüfungstermin Abschlagsverteilungen vornimmt, sooft hinreichende Barmittel in der Masse vorhanden sind. Allerdings wird dem Verwalter insoweit durch eine Kann-Vorschrift Ermessen eingeräumt. Abschlagsverteilungen können beispielsweise dann aufgeschoben werden, wenn vorhandene Barmittel für eine zeitweilige Fortführung des insolventen Unternehmens benötigt werden. Im Einzelfall kann es auch sinnvoll sein, anstelle einer Abschlagsverteilung gesicherte Gläubiger abzufinden, um hohe Zinszahlungen an diese Gläubiger wegen der Nutzung des Sicherungsguts für die Insolvenzmasse zu vermeiden (vgl. § 169). 1

Daß der Verwalter vor jeder Verteilung die Zustimmung des Gläubigerausschusses einzuholen hat (Absatz 3 Satz 2), entspricht § 150 KO. 2

Ergänzt ist die Regelung des Absatzes 2 Satz 2: Die nachrangigen Insolvenzgläubiger sollen bei Abschlagszahlungen noch nicht berücksichtigt werden, da sie nur im Falle der vollen Befriedigung der übrigen Insolvenzgläubiger überhaupt Zahlungen aus der Masse beanspruchen können (vgl. § 39). 3

§ 188
Verteilungsverzeichnis

Vor einer Verteilung hat der Insolvenzverwalter ein Verzeichnis der Forderungen aufzustellen, die bei der Verteilung zu berücksichtigen sind. Das Verzeichnis ist auf der Geschäftsstelle zur Einsicht der Beteiligten niederzulegen. Der Verwalter hat die Summe der Forderungen und den für die Verteilung verfügbaren Betrag aus der Insolvenzmasse öffentlich bekanntzumachen.

§ 188 entspricht § 216 RegEInsO. Der folgende Begründungstext entspricht BT-Drs. 12/2443, S. 186, „Zu § 216".

Die Vorschrift entspricht § 151 KO.

§ 189
Berücksichtigung bestrittener Forderungen

(1) Ein Insolvenzgläubiger, dessen Forderung nicht festgestellt ist und für dessen Forderung ein vollstreckbarer Titel oder ein Endurteil nicht vorliegt, hat spätestens innerhalb einer Ausschlußfrist von zwei Wochen nach der öffentlichen Bekanntmachung dem Insolvenzverwalter nachzuweisen, daß und für welchen Betrag die Feststellungsklage erhoben oder das Verfahren in dem früher anhängigen Rechtsstreit aufgenommen ist.

(2) Wird der Nachweis rechtzeitig geführt, so wird der auf die Forderung entfallende Anteil bei der Verteilung zurückbehalten, solange der Rechtsstreit anhängig ist.

(3) Wird der Nachweis nicht rechtzeitig geführt, so wird die Forderung bei der Verteilung nicht berücksichtigt.

§ 189 entspricht § 217 RegEInsO. Der folgende Begründungstext entspricht BT-Drs. 12/2443, S. 186, „Zu § 217".

Die §§ 152, 168 Nr. 1 KO werden sinngemäß übernommen.

§ 190
Berücksichtigung absonderungsberechtigter Gläubiger

(1) Ein Gläubiger, der zur abgesonderten Befriedigung berechtigt ist, hat spätestens innerhalb der in § 189 Abs. 1 vorgesehenen Ausschlußfrist dem Insolvenzverwalter nachzuweisen, daß und für welchen Betrag er auf abgesonderte Befriedigung verzichtet hat oder bei ihr ausgefallen ist. Wird der Nachweis nicht rechtzeitig geführt, so wird die Forderung bei der Verteilung nicht berücksichtigt.

(2) Zur Berücksichtigung bei einer Abschlagsverteilung genügt es, wenn der Gläubiger spätestens innerhalb der Ausschlußfrist dem Verwalter nachweist, daß die Verwertung des Gegenstands betrieben wird, an dem das Absonderungsrecht besteht, und den Betrag des mutmaßlichen Ausfalls glaubhaft macht. In diesem Fall wird der auf die Forderung entfallende Anteil bei der Verteilung zurückbehalten. Sind die Voraussetzungen des Absatzes 1 bei der Schlußverteilung nicht erfüllt, so wird der zurückbehaltene Anteil für die Schlußverteilung frei.

(3) Ist nur der Verwalter zur Verwertung des Gegenstands berechtigt, an dem das Absonderungsrecht besteht, so sind die Absätze 1 und 2 nicht anzuwenden. Bei einer Abschlagsverteilung hat der Verwalter, wenn er den Gegenstand noch nicht verwertet hat, den Ausfall des Gläubigers zu schätzen und den auf die Forderung entfallenden Anteil zurückzubehalten.

§ 190 entspricht im wesentlichen § 218 RegEInsO. Der folgende Begründungstext entspricht im wesentlichen BT-Drs. 12/2443, S. 186, „Zu § 218".

Im Vergleich zum geltenden Konkursrecht (§§ 153, 156, 168 Nr. 3 KO) wird in Absatz 3 zusätzlich klargestellt, daß die in den Absätzen 1 und 2 geregelten Obliegenheiten des Gläubigers nur dann bestehen, wenn der Gläubiger selbst zur Verwertung berechtigt ist. Steht bei einem Absonderungsrecht an einem beweglichen Gegenstand das Verwertungsrecht dem Verwalter zu (vgl. § 166), so hat der Verwalter dafür zu sorgen, daß der Gegenstand vor der Schlußverteilung verwertet wird und der Ausfall des Gläubigers damit rechtzeitig feststeht. Bei einer Abschlagsverteilung hat der Verwalter den Ausfall des Gläubigers zu schätzen.

§ 191
Berücksichtigung aufschiebend bedingter Forderungen

(1) Eine aufschiebend bedingte Forderung wird bei einer Abschlagsverteilung mit ihrem vollen Betrag berücksichtigt. Der auf die Forderung entfallende Anteil wird bei der Verteilung zurückbehalten.

(2) Bei der Schlußverteilung wird eine aufschiebend bedingte Forderung nicht berücksichtigt, wenn die Möglichkeit des Eintritts der Bedingung so fernliegt, daß die Forderung zur Zeit der Verteilung keinen Vermögenswert hat. In diesem Fall wird ein gemäß Absatz 1 Satz 2 zurückbehaltener Anteil für die Schlußverteilung frei.

§ 191 entspricht § 219 RegEInsO. Der folgende Begründungstext entspricht im wesentlichen BT-Drs. 12/2443, S. 186, „Zu § 219".

Die Vorschriften über aufschiebend bedingte Forderungen in den §§ 154, 156 und 168 Nr. 2 KO werden in einer Vorschrift zusammengefaßt. 1

Für auflösend bedingte Forderungen ergibt sich aus § 42, daß diese bis zum Eintritt der Bedingung im gesamten Insolvenzverfahren wie unbedingte Forderungen zu berücksichtigen sind. 2

§ 192
Nachträgliche Berücksichtigung

Gläubiger, die bei einer Abschlagsverteilung nicht berücksichtigt worden sind und die Voraussetzungen der §§ 189, 190 nachträglich erfüllen, erhalten bei der folgenden Verteilung aus der restlichen Insolvenzmasse vorab einen Betrag, der sie mit den übrigen Gläubigern gleichstellt.

§ 192 entspricht im wesentlichen § 220 RegEInsO. Der folgende Begründungstext entspricht BT-Drs. 12/2443, S. 186, „Zu § 220".

Die Vorschrift entspricht im wesentlichen § 155 KO. Zur Vereinfachung des Verteilungsverfahrens wird jedoch ausdrücklich vorgesehen, daß die Gläubiger, die nachträglich die Voraussetzungen für die Berücksichtigung bei einer Verteilung erfüllen, nicht sofort, sondern erst bei der folgenden Verteilung den übrigen Gläubigern gleichgestellt werden.

§ 193
Änderung des Verteilungsverzeichnisses

Der Insolvenzverwalter hat die Änderungen des Verzeichnisses, die auf Grund der §§ 189 bis 192 erforderlich werden, binnen drei Tagen nach Ablauf der in § 189 Abs. 1 vorgesehenen Ausschlußfrist vorzunehmen.

§ 193 entspricht im wesentlichen § 221 RegEInsO. Der folgende Begründungstext entspricht BT-Drs. 12/2443, S. 186, „Zu § 221".

Die Vorschrift entspricht § 157 KO.

§ 194
Einwendungen gegen das Verteilungsverzeichnis

(1) Bei einer Abschlagsverteilung sind Einwendungen eines Gläubigers gegen das Verzeichnis bis zum Ablauf einer Woche nach dem Ende der in § 189 Abs. 1 vorgesehenen Ausschlußfrist bei dem Insolvenzgericht zu erheben.

(2) Eine Entscheidung des Gerichts, durch die Einwendungen zurückgewiesen werden, ist dem Gläubiger und dem Insolvenzverwalter zuzustellen. Dem Gläubiger steht gegen den Beschluß die sofortige Beschwerde zu.

(3) Eine Entscheidung des Gerichts, durch die eine Berichtigung des Verzeichnisses angeordnet wird, ist dem Gläubiger und dem Verwalter zuzustellen und in der Geschäftsstelle zur Einsicht der Beteiligten niederzulegen. Dem Verwalter und den Insolvenzgläubigern steht gegen den Beschluß die sofortige Beschwerde zu. Die Beschwerdefrist beginnt mit dem Tag, an dem die Entscheidung niedergelegt worden ist.

§ 194 übernimmt in veränderter und verkürzter Fassung § 222 RegEInsO. Der folgende Begründungstext entspricht weitgehend BT-Drs. 12/2443, S. 186 „Zu § 222", und BT-Drs. 12/7302, S. 179, zu Nr. 121 („Zu § 222 Abs. 1").

Die Regelung des § 158 KO für Abschlagsverteilungen wird sinngemäß übernommen. Zusätzlich wird klargestellt, wem die Entscheidungen des Gerichts zuzustellen sind und wem die sofortige Beschwerde gegen die Entscheidungen zusteht (Absätze 2, 3 Satz 1, 2). Da nachrangige Insolvenzgläubiger bei Abschlagsverteilungen nicht berücksichtigt werden sollen (§ 187 Abs. 2 Satz 2), werden sie in aller Regel durch eine Berichtigung des Verteilungsverzeichnisses für eine Abschlagsverteilung nicht beschwert sein.

§ 195
Festsetzung des Bruchteils

(1) Für eine Abschlagsverteilung bestimmt der Gläubigerausschuß auf Vorschlag des Insolvenzverwalters den zu zahlenden Bruchteil. Ist kein Gläubigerausschuß bestellt, so bestimmt der Verwalter den Bruchteil.

(2) Der Verwalter hat den Bruchteil den berücksichtigten Gläubigern mitzuteilen.

§ 196
Schlußverteilung

(1) Die Schlußverteilung erfolgt, sobald die Verwertung der Insolvenzmasse beendet ist.

(2) Die Schlußverteilung darf nur mit Zustimmung des Insolvenzgerichts vorgenommen werden.

§ 197
Schlußtermin

(1) Bei der Zustimmung zur Schlußverteilung bestimmt das Insolvenzgericht den Termin für eine abschließende Gläubigerversammlung. Dieser Termin dient

1. zur Erörterung der Schlußrechnung des Insolvenzverwalters,

2. zur Erhebung von Einwendungen gegen das Schlußverzeichnis und

3. zur Entscheidung der Gläubiger über die nicht verwertbaren Gegenstände der Insolvenzmasse.

(2) Zwischen der öffentlichen Bekanntmachung des Termins und dem Termin soll eine Frist von mindestens drei Wochen und höchstens einem Monat liegen.

(3) Für die Entscheidung des Gerichts über Einwendungen eines Gläubigers gilt § 194 Abs. 2 und 3 entsprechend.

§ 195 entspricht § 223 RegEInsO, § 196 entspricht § 224 RegEInsO; § 197 entspricht im wesentlichen § 225 RegEInso. Der folgende Begründungstext entspricht im wesentlichen BT-Drs. 12/2443, S. 186/187, „Zu § 223, § 224 und § 225".

Die §§ 159, 161 und 162 KO werden sinngemäß übernommen. Soweit § 197 den Gegenstand des Schlußtermins festlegt, wird er ergänzt durch § 289 Abs. 1 Satz 1, der für den Fall eines Antrags auf Restschuldbefreiung vorschreibt, daß die Insolvenzgläubiger und der Insolvenzverwalter im Schlußtermin zu dem Antrag zu hören sind.

§ 198
Hinterlegung zurückbehaltener Beträge

Beträge, die bei der Schlußverteilung zurückzubehalten sind, hat der Insolvenzverwalter mit Zustimmung des Insolvenzgerichts für Rechnung der Beteiligten bei einer geeigneten Stelle zu hinterlegen.

§ 198 übernimmt in veränderter Fassung § 226 RegEInsO. Der folgende Begründungstext entspricht im wesentlichen BT-Drs. 12/2443, S. 187, „Zu § 226", und BT-Drs. 12/7302, S. 179, zu Nr. 122 („Zu § 226").

Die Worte „bei einer geeigneten Stelle" dienen der Klarstellung. Zurückbehaltene Beträge können nicht nur bei der amtlichen Hinterlegungsstelle nach § 372 BGB hinterlegt werden, sondern auch bei einer Bank oder bei einer anderen Stelle.

Die bisherige Regelung in § 169 KO verlangt auch bei Beträgen, die vom Gläubiger nicht rechtzeitig „erhoben werden", die Hinterlegung mit Zustimmung des Gerichts. Die zu verteilenden Beträge sollten jedoch vom Verwalter an den Gläubiger ausgezahlt werden, auch wenn dieser nicht besonders darauf hinwirkt; bei unbekanntem Aufenthalt des Gläubigers sind sie nach den §§ 372 ff. BGB zu hinterlegen, ohne daß es einer Zustimmung des Insolvenzgerichts bedürfte.

§ 199
Überschuß bei der Schlußverteilung

Können bei der Schlußverteilung die Forderungen aller Insolvenzgläubiger in voller Höhe berichtigt werden, so hat der Insolvenzverwalter einen verbleibenden Überschuß dem Schuldner herauszugeben. Ist der Schuldner keine natürliche Person, so hat der Verwalter jeder am Schuldner beteiligten Person den Teil des Überschusses herauszugeben, der ihr bei einer Abwicklung außerhalb des Insolvenzverfahrens zustünde.

§ 199 entspricht § 227 RegEInsO. Der folgende Begründungstext entspricht BT-Drs. 12/2443, S. 187, „Zu § 227".

Die Vorschrift stellt in ihrem Satz 1 zunächst klar, daß ein Überschuß bei der Verteilung der Insolvenzmasse dem Schuldner auszuhändigen ist. Ihre Hauptbedeutung liegt jedoch in Satz 2: Verbleibt ein solcher Überschuß im Insolvenzverfahren über das Vermögen einer juristischen Person oder einer Gesellschaft, so hat der Insolvenzverwalter auch für die Verteilung des Überschusses an die einzelnen Beteiligten zu sorgen. Auf die Weise wird vermieden, daß sich dem Insolvenzverfahren noch eine gesellschaftsrechtliche Liquidation anschließen muß. Maßstab für diese Verteilung sind die gesetzlichen oder vertraglichen Bestimmungen über die Aufteilung des Vermögens im Falle einer solchen Liquidation.

§ 200
Aufhebung des Insolvenzverfahrens

(1) Sobald die Schlußverteilung vollzogen ist, beschließt das Insolvenzgericht die Aufhebung des Insolvenzverfahrens.

(2) Der Beschluß und der Grund der Aufhebung sind öffentlich bekanntzumachen. Die Bekanntmachung ist, unbeschadet des § 9, auszugsweise im Bundesanzeiger zu veröffentlichen. Die §§ 31 bis 33 gelten entsprechend.

§ 200 entspricht im wesentlichen § 228 RegEInsO. Der folgende Begründungstext entspricht im wesentlichen BT-Drs. 12/2443, S. 187, „Zu § 228", und BT-Drs. 12/7302, S. 179, zu Nr. 123 („Zu § 228 Abs. 2").

In Abweichung von § 163 Abs. 1 Satz 1 KO wird in Absatz 1 vorgesehen, daß die Aufhebung des Insolvenzverfahrens nicht schon dann ausgesprochen wird, wenn der Schlußtermin abgehalten worden ist, sondern erst nach dem Vollzug der Schlußverteilung. Dies erscheint zweckmäßig, da das Amt des Verwalters und die Aufsichtspflicht des Gerichts während der Schlußverteilung stets noch andauern.

Der Beschluß, durch den das Gericht das Verfahren aufhebt, ist nicht anfechtbar (vgl. § 6 Abs. 1).

Die Vorschriften in Absatz 2 über die Bekanntmachung der Aufhebung des Verfahrens entsprechen § 163 Abs. 2 und 3 KO.

Wie die Eröffnung ist auch die Aufhebung des Insolvenzverfahrens neben der Veröffentlichung in dem für Bekanntmachungen des Gerichts bestimmten Organ auszugsweise im Bundesanzeiger zu veröffentlichen, um eine umfassende Unterrichtung des Geschäftsverkehrs sicherzustellen.

§ 201
Rechte der Insolvenzgläubiger nach Verfahrensaufhebung

(1) Die Insolvenzgläubiger können nach der Aufhebung des Insolvenzverfahrens ihre restlichen Forderungen gegen den Schuldner unbeschränkt geltend machen.

(2) Die Insolvenzgläubiger, deren Forderungen festgestellt und nicht vom Schuldner im Prüfungstermin bestritten worden sind, können aus der Eintragung in die Tabelle wie aus einem vollstreckbaren Urteil die Zwangsvollstreckung gegen den Schuldner betreiben. Einer nicht bestrittenen Forderung steht eine Forderung gleich, bei der ein erhobener Widerspruch beseitigt ist.

(3) Die Vorschriften über die Restschuldbefreiung bleiben unberührt.

§ 202
Zuständigkeit bei der Vollstreckung

(1) Im Falle des § 201 ist das Amtsgericht, bei dem das Insolvenzverfahren anhängig ist oder anhängig war, ausschließlich zuständig für Klagen:

1. auf Erteilung der Vollstreckungsklausel;

2. durch die nach der Erteilung der Vollstreckungsklausel bestritten wird, daß die Voraussetzungen für die Erteilung eingetreten waren;

3. durch die Einwendungen geltend gemacht werden, die den Anspruch selbst betreffen.

(2) Gehört der Streitgegenstand nicht zur Zuständigkeit der Amtsgerichte, so ist das Landgericht ausschließlich zuständig, zu dessen Bezirk das Insolvenzgericht gehört.

§ 201 entspricht § 229 RegEInsO; § 202 entspricht im wesentlichen § 230 RegEInsO. Der folgende Begründungstext entspricht im wesentlichen BT-Drs. 12/2443, S. 187, „Zu § 229 und § 230".

§ 164 KO wird sinngemäß übernommen. Dabei wird der Fall der Restschuldbefreiung (§§ 286 bis 303) ausdrücklich vorbehalten. In § 201 Abs. 2 wird klargestellt, daß die Eintragung in die Tabelle auch dann die Wirkung eines Vollstreckungstitels hat, wenn der Schuldner der Forderung im Prüfungstermin widersprochen hat, dieser Widerspruch aber nachträglich durch Feststellungsklage des Gläubigers (vgl. § 184) oder durch freiwillige Rücknahme beseitigt ist.

§ 203
Anordnung der Nachtragsverteilung

(1) Auf Antrag des Insolvenzverwalters oder eines Insolvenzgläubigers oder von Amts wegen ordnet das Insolvenzgericht eine Nachtragsverteilung an, wenn nach dem Schlußtermin

1. zurückbehaltene Beträge für die Verteilung frei werden,
2. Beträge, die aus der Insolvenzmasse gezahlt sind, zurückfließen oder
3. Gegenstände der Masse ermittelt werden.

(2) Die Aufhebung des Verfahrens steht der Anordnung einer Nachtragsverteilung nicht entgegen.

(3) Das Gericht kann von der Anordnung absehen und den zur Verfügung stehenden Betrag oder den ermittelten Gegenstand dem Schuldner überlassen, wenn dies mit Rücksicht auf die Geringfügigkeit des Betrags oder den geringen Wert des Gegenstands und die Kosten einer Nachtragsverteilung angemessen erscheint. Es kann die Anordnung davon abhängig machen, daß ein Geldbetrag vorgeschossen wird, der die Kosten der Nachtragsverteilung deckt.

§ 204
Rechtsmittel

(1) Der Beschluß, durch den der Antrag auf Nachtragsverteilung abgelehnt wird, ist dem Antragsteller zuzustellen. Gegen den Beschluß steht dem Antragsteller die sofortige Beschwerde zu.

(2) Der Beschluß, durch den eine Nachtragsverteilung angeordnet wird, ist dem Insolvenzverwalter, dem Schuldner und, wenn ein Gläubiger die Verteilung beantragt hatte, diesem Gläubiger zuzustellen. Gegen den Beschluß steht dem Schuldner die sofortige Beschwerde zu.

§ 205
Vollzug der Nachtragsverteilung

Nach der Anordnung der Nachtragsverteilung hat der Insolvenzverwalter den zur Verfügung stehenden Betrag oder den Erlös aus der Verwertung des ermittelten Gegenstands auf Grund des Schlußverzeichnisses zu verteilen. Er hat dem Insolvenzgericht Rechnung zu legen.

§ 203 entspricht § 231 RegEInsO, § 204 entspricht § 232 RegEInsO und § 205 entspricht § 233 RegEInsO. Der folgende Begründungstext entspricht im wesentlichen BT-Drs. 12/2443, S. 187, „Zu § 231, § 232 und § 233".

§ 166 KO wird in redaktionell geänderter Fassung übernommen.

Ergänzt ist § 203 Abs. 3. Um den Bedürfnissen der Praxis entgegenzukommen, ist in Satz 1 dieses Absatzes vorgesehen, daß von einer Nachtragsverteilung abgesehen werden kann, wenn nur eine geringfügige Masse für die Verteilung zur Verfügung steht; diese Regelung ist in Österreich bereits geltendes Recht (§ 138 Abs. 3 österreichische Konkursordnung). In Zweifelsfällen kann das Gericht die Anordnung der Nachtragsverteilung von einem Kostenvorschuß abhängig machen (Satz 2 des gleichen Absatzes); dies kommt beispielsweise in Betracht, wenn ganz unsicher ist, welcher Erlös bei der Verwertung eines nachträglich ermittelten Massegegenstands erzielt werden kann.

In § 204 wird klargestellt, wem der Beschluß des Gerichts zuzustellen ist und wem ein Rechtsmittel gegen den Beschluß zusteht.

§ 206
Ausschluß von Massegläubigern

Massegläubiger, deren Ansprüche dem Insolvenzverwalter

1. bei einer Abschlagsverteilung erst nach der Festsetzung des Bruchteils,

2. bei der Schlußverteilung erst nach der Beendigung des Schlußtermins oder

3. bei einer Nachtragsverteilung erst nach der öffentlichen Bekanntmachung

bekanntgeworden sind, können Befriedigung nur aus den Mitteln verlangen, die nach der Verteilung in der Insolvenzmasse verbleiben.

§ 206 entspricht § 234 RegEInsO. Der folgende Begründungstext entspricht BT-Drs. 12/2443, S. 187, „Zu § 234".

Die schwer verständliche Vorschrift des § 172 KO wird in klarerer Fassung übernommen.

DRITTER ABSCHNITT
Einstellung des Verfahrens

§ 207
Einstellung mangels Masse

(1) Stellt sich nach der Eröffnung des Insolvenzverfahrens heraus, daß die Insolvenzmasse nicht ausreicht, um die Kosten des Verfahrens zu decken, so stellt das Insolvenzgericht das Verfahren ein. Die Einstellung unterbleibt, wenn ein ausreichender Geldbetrag vorgeschossen wird; § 26 Abs. 3 gilt entsprechend.

(2) Vor der Einstellung sind die Gläubigerversammlung, der Insolvenzverwalter und die Massegläubiger zu hören.

(3) Soweit Barmittel in der Masse vorhanden sind, hat der Verwalter vor der Einstellung die Kosten des Verfahrens, von diesen zuerst die Auslagen, nach dem Verhältnis ihrer Beträge zu berichtigen. Zur Verwertung von Massegegenständen ist er nicht mehr verpflichtet.

§ 207 entspricht im wesentlichen § 234 a BT-RA-EInsO, der im wesentlichen § 317 RegEInsO entspricht. Der folgende Begründungstext beruht im wesentlichen auf BT-Drs. 12/2443, S. 218, „Zu § 317", und BT-Drs. 12/7302, S. 179, zu Nr. 124 („Zu § 234 a").

Absatz 1 entspricht im Grundsatz der Regelung in § 204 Abs. 1 KO: Wenn die vorhandene Masse nicht einmal die Kosten deckt, wird das Verfahren eingestellt, es sei denn, der fehlende Betrag wird von einem Beteiligten vorgeschossen (vgl. auch § 19 Abs. 1 Nr. 3 GesO). Der Begriff „Kosten des Verfahrens" in der neuen Vorschrift, der in § 54 genau definiert wird, ist allerdings enger als der Begriff der „im § 58 Nr. 1, 2 bezeichneten

1

Massekosten", auf den § 204 Abs. 1 KO jedenfalls in seinem Satz 2 Bezug nimmt (vgl. die Begründung zu § 54). Weiter ist im Rahmen der neuen Vorschrift unerheblich, welche Masseverbindlichkeiten neben den Kosten des Verfahrens zu begleichen sind; denn der Vorrang bestimmter Masseschulden vor den Massekosten (§ 60 Abs. 1 KO) wird von der Insolvenzordnung nicht übernommen (vgl. § 209). In Absatz 1 Satz 2, 2. Halbsatz, wird die Regelung des § 26 Abs. 3 übernommen, nach der ein Beteiligter, der einen Kostenvorschuß geleistet hat, diesen unter bestimmten Voraussetzungen von den antragspflichtigen Organmitgliedern erstattet verlangen kann. Die Regelung kommt auch zur Anwendung, wenn ein Massegläubiger einen Kostenvorschuß leistet, um eine sonst drohende Einstellung mangels Masse abzuwenden. All diese Abweichungen vom geltenden Recht wirken sich dahin aus, daß sich die Zahl der Fälle, in denen das Verfahren wegen Massemangels nicht weitergeführt werden kann, erheblich verringert. Wie zu verfahren ist, wenn zwar die Kosten des Verfahrens aus der Masse gedeckt werden können, nicht aber die sonstigen Masseverbindlichkeiten, ergibt sich aus den folgenden Vorschriften (§§ 208 bis 211).

2   Die Einstellung mangels Masse soll wie im geltenden Recht von Amts wegen erfolgen. Damit eine umfassende Information des Gerichts gewährleistet ist und damit die Beteiligten Gelegenheit zur Leistung eines Kostenvorschusses haben, sind nach Absatz 2 vor der Entscheidung über die Einstellung außer der Gläubigerversammlung (vgl. § 204 Abs. 2 KO) der Insolvenzverwalter und die Massegläubiger zu hören. Die Anhörung der Gläubigerversammlung kann mit dem Termin zur Abnahme der Schlußrechnung des Verwalters (vgl. § 66 Abs. 1) verbunden werden.

3   Absatz 3 stellt klar, daß der Verwalter bei fehlender Kostendeckung nur noch verpflichtet ist, mit den vorhandenen Barmitteln gleichmäßig die Kosten des Verfahrens zu berichtigen. Die Verwertung der Masse fortzusetzen, obwohl seine Vergütungsansprüche nicht voll erfüllt werden können, kann ihm nicht zugemutet werden.

§ 208
Anzeige der Masseunzulänglichkeit

(1) Sind die Kosten des Insolvenzverfahrens gedeckt, reicht die Insolvenzmasse jedoch nicht aus, um die fälligen sonstigen Masseverbindlichkeiten zu erfüllen, so hat der Insolvenzverwalter dem Insolvenzgericht anzuzeigen, daß Masseunzulänglichkeit vorliegt. Gleiches gilt, wenn die Masse voraussichtlich nicht ausreichen wird, um die bestehenden sonstigen Masseverbindlichkeiten im Zeitpunkt der Fälligkeit zu erfüllen.

(2) Das Gericht hat die Anzeige der Masseunzulänglichkeit öffentlich bekanntzumachen. Den Massegläubigern ist sie besonders zuzustellen.

(3) Die Pflicht des Verwalters zur Verwaltung und zur Verwertung der Masse besteht auch nach der Anzeige der Masseunzulänglichkeit fort.

§ 208 entspricht § 234 b BT-RA-EInsO, der in veränderter Fassung § 318 Abs. 1, § 319 Abs. 1 und § 320 Abs. 1 RegEInsO übernommen hat. Der folgende Begründungstext beruht zum Teil auf BT-Drs. 12/2443, S. 218/219, „Zu § 318", „Zu § 319" und „Zu § 320", sowie BT-Drs. 12/7302, S. 179/180, zu Nr. 125 („Zu § 234 b").

1   In der geltenden Konkursordnung ist nicht im einzelnen geregelt, wie ein Konkursverfahren in dem Fall abzuwickeln ist, daß die vorhandene Masse zur vollständigen

Befriedigung aller Massegläubiger nicht ausreicht. § 60 KO schreibt lediglich vor, daß die Massekosten und die Masseschulden in einer bestimmten Rangfolge zu berichtigen sind. Es wird aber kein Verfahren bereitgestellt, das es dem Konkursverwalter ohne übermäßiges Haftungsrisiko ermöglicht, die Voraussetzungen für diese Verteilung zu schaffen, nämlich seine Tätigkeit so lange fortzusetzen, bis die Masse vollständig verwertet ist. Wenn er neue Masseverbindlichkeiten begründet, die er wegen des Massemangels nur anteilig befriedigen kann, läuft er Gefahr, persönlich von den betreffenden Gläubigern auf Schadensersatz in Anspruch genommen zu werden. Auch fehlt im Gesetz ein Schutz des Verwalters vor Vollstreckungsmaßnahmen eines Massegläubigers, durch die eine Befriedigung nach der Rangfolge des § 60 KO vereitelt wird.

Um hier Abhilfe zu schaffen, haben Wissenschaft und Praxis außerhalb des Gesetzeswortlauts dem Konkursverwalter das Recht gegeben, den Eintritt der Masseunzulänglichkeit während des Konkursverfahrens bekanntzugeben, mit der Folge, daß die nach der Erklärung der Masseunzulänglichkeit begründeten Masseverbindlichkeiten in voller Höhe berichtigt werden dürfen, obwohl die übrigen Massegläubiger nur anteilig befriedigt werden können. Gegen Vollstreckungsmaßnahmen von Massegläubigern hat man dem Verwalter die Vollstreckungsgegenklage zugestanden. Auf diese Weise ist es dem Verwalter ermöglicht worden, auch bei Masseunzulänglichkeit die Verwertung zum Abschluß zu bringen.

Der Bundesgerichtshof hat diese Verfahrensweise jedoch in seinem Urteil vom 15. Februar 1984 (BGHZ 90, 145) nicht gebilligt. Er hat ausgeführt, die Konkursordnung sehe eine unterschiedliche Befriedigung von „Neumassegläubigern" und „Altmassegläubigern" nicht vor. Nur der Gesetzgeber könne die Rangordnung des § 60 KO abändern, nicht die Rechtsprechung. Für die Praxis sind durch dieses Urteil erhebliche Schwierigkeiten entstanden. **2**

Die neue Vorschrift lehnt sich an das vor dem Urteil üblich gewordene Verfahren an. Die Anzeige der Masseunzulänglichkeit durch den Verwalter nach Absatz 1 soll ausreichen, um die in den folgenden Bestimmungen geregelten besonderen Rechtsfolgen eintreten zu lassen, deren weitreichendste die in § 209 angeordnete Vorabbefriedigung der „Neumassegläubiger" darstellt. Die Gefahr einer verfrühten und unrichtigen Anzeige ist wegen der den Verwalter treffenden Haftung nur gering. In Absatz 1 Satz 2 wird auch die drohende Masseunzulänglichkeit für ausreichend erklärt, parallel zum Eröffnungsgrund der drohenden Zahlungsunfähigkeit; denn auch wenn die Masseunzulänglichkeit noch nicht eingetreten ist, aber ihr baldiger Eintritt voraussehbar ist, kann sich der Verwalter schadensersatzpflichtig machen, wenn er neue Masseverbindlichkeiten eingeht, die später nicht voll erfüllt werden können (vgl. § 61). **3**

Die Massegläubiger müssen über die Anzeige der Masseunzulänglichkeit unterrichtet werden, damit sie sich auf die Rechtsfolgen einstellen können (Absatz 2). Wegen der Bedeutung der Anzeige der Masseunzulänglichkeit für das weitere Verfahren bedarf es der öffentlichen Bekanntmachung. Ebenso ist die besondere Zustellung an die Massegläubiger erforderlich. **4**

Die Feststellung der Masseunzulänglichkeit läßt die Pflichten des Insolvenzverwalters zur Verwaltung und Verwertung der Masse unberührt (Absatz 3). Das Ziel dieser Feststellung ist es gerade, dem Verwalter die Fortsetzung der Verwertung und die anschließende Verteilung des Verwertungserlöses unter den Massegläubigern zu ermöglichen. **5**

Die Klärung der Frage, ob die Regeln über die Erfüllung gegenseitiger Verträge, über die Aufrechnung im Verfahren sowie über die Unwirksamkeit von vor der Eröffnung des Verfahrens durch Zwangsvollstreckung erlangten Sicherungen auf derartige Masseverbindlichkeiten übertragen werden können, kann der Rechtsprechung vorbehalten bleiben.

§ 209
Befriedigung der Massegläubiger

(1) Der Insolvenzverwalter hat die Masseverbindlichkeiten nach folgender Rangordnung zu berichtigen, bei gleichem Rang nach dem Verhältnis ihrer Beträge:

1. **die Kosten des Insolvenzverfahrens;**

2. **die Masseverbindlichkeiten, die nach der Anzeige der Masseunzulänglichkeit begründet worden sind, ohne zu den Kosten des Verfahrens zu gehören;**

3. **die übrigen Masseverbindlichkeiten, unter diesen zuletzt der nach den §§ 100, 101 Abs. 1 Satz 3 bewilligte Unterhalt.**

(2) Als Masseverbindlichkeiten im Sinne des Absatzes 1 Nr. 2 gelten auch die Verbindlichkeiten

1. **aus einem gegenseitigen Vertrag, dessen Erfüllung der Verwalter gewählt hat, nachdem er die Masseunzulänglichkeit angezeigt hatte;**

2. **aus einem Dauerschuldverhältnis für die Zeit nach dem ersten Termin, zu dem der Verwalter nach der Anzeige der Masseunzulänglichkeit kündigen konnte;**

3. **aus einem Dauerschuldverhältnis, soweit der Verwalter nach der Anzeige der Masseunzulänglichkeit für die Insolvenzmasse die Gegenleistung in Anspruch genommen hat.**

§ 209 entspricht im wesentlichen § 234c BT-RA-EInsO, der § 321 RegEInsO mit Änderungen übernommen hat. Der folgende Begründungstext beruht weitgehend auf BT-Drs. 12/2443, S. 220, „Zu § 321", BT-Drs. 12/2443, S. 143, „Zu § 114", und BT-Drs. 12/7302, S. 180, zu Nr. 126 („Zu § 234 c").

1 Für die Befriedigung der Massegläubiger in massearmen Verfahren tritt an die Stelle der Rangfolge in § 60 KO die neue Rangfolge in Absatz 1: Die „Kosten des Insolvenzverfahrens" müssen zuerst berichtigt werden; gemäß § 54 sind unter diesem Begriff nur die Gerichtskosten sowie die Vergütung des Insolvenzverwalters, des vorläufigen Insolvenzverwalters und der Mitglieder des Gläubigerausschusses zu verstehen. Es folgen die „Neumasseverbindlichkeiten", die der Verwalter nach dem Antrag auf Feststellung der Masseunzulänglichkeit begründet hat. Alle übrigen Masseverbindlichkeiten (mit einer Ausnahme; vgl. Rdnr. 2) sind mit dem gleichen, dritten Rang zu erfüllen, unabhängig davon, ob sie bisher als Massekosten (§ 58 KO) oder als Masseschulden (§ 59 KO) eingeordnet sind und welcher Rang ihnen bisher nach § 60 KO zusteht. Auch die Frage, ob ein Masseanspruch auf Geld gerichtet ist oder auf eine andere Leistung, spielt für den Rang keine Rolle mehr (anders § 60 Abs. 1 KO); nicht auf Geld gerichtete Ansprüche sind bei anteiliger Befriedigung in Geld umzurechnen. Die komplizierte und nicht in allen Einzelheiten überzeugende Rangfolge des § 60 KO wird damit durch eine einfache und praktikable Regelung ersetzt.

Diejenigen Masseverbindlichkeiten, die durch die Bewilligung von Unterhalt des Schuldners bzw. vertretungsberechtigten persönlich haftenden Gesellschafters des Schuldners und seiner Familie gemäß §§ 100, 101 Abs. 1 Satz 3 entstehen, werden nach den drittrangigen Masseverbindlichkeiten erfüllt (Absatz 1 Nr. 3). Durch diese Regelung wird einer übermäßigen Belastung der Insolvenzmasse durch Unterhaltsansprüche des Schuldners und seiner Angehörigen vorgebeugt.

2

Für Ansprüche aus einem Sozialplan hat die Vorschrift keine Bedeutung, da sich aus den Vorschriften über die Kürzung derartiger Ansprüche bei geringer Masse ergibt, daß im Falle der Masseunzulänglichkeit keine solchen Ansprüche bestehen (vgl. § 123 Abs. 2 Satz 2, 3).

3

Absatz 2 präzisiert die Abgrenzung zwischen „Neumasseverbindlichkeiten" und „Altmasseverbindlichkeiten" bei gegenseitigen Verträgen. Er enthält parallele Regelungen zu § 90 Abs. 2, der die Einstellung der Zwangsvollstreckung wegen eines Masseanspruchs unabhängig von einer Masseunzulänglichkeit betrifft.

4

Wählt der Verwalter nach der Anzeige der Masseunzulänglichkeit die Erfüllung eines gegenseitigen Vertrages (vgl. § 103), so steht die Forderung des anderen Teils aus diesem Vertrag einer neu begründeten Forderung gleich (Nummer 1). Lehnt der Verwalter dagegen die Erfüllung eines solchen Vertrages ab, so ist die Schadensersatzforderung des anderen Teils Altmasseverbindlichkeit. Kündigt der Verwalter nach der Anzeige der Masseunzulänglichkeit ein Dauerschuldverhältnis zum ersten zulässigen Termin, so sind die Ansprüche, die dem anderen Teil aus dem Vertrag noch erwachsen, Altmasseverbindlichkeiten. Unterläßt er die Kündigung, so sind die Ansprüche des anderen Teils nur insoweit Altmasseverbindlichkeiten, als sie bis zum ersten möglichen Beendigungstermin entstehen; für die dann folgende Zeit sind sie wie neu begründete Forderungen zu behandeln, da der Verwalter die Möglichkeit gehabt hätte, ihr Entstehen zu verhindern (Nummer 2). Schließlich sind auch die Verbindlichkeiten, für die der Verwalter nach der Anzeige der Masseunzulänglichkeit die Gegenleistung in Anspruch nimmt, als Neumasseverbindlichkeit zu behandeln (Nummer 3). Auch nach der Anzeige der Masseunzulänglichkeit muß ein Arbeitnehmer, der seine Leistung voll zu erbringen hat – der also nicht vom Verwalter „freigestellt" worden ist –, Anspruch auf volle Vergütung für diese Arbeitsleistung haben.

Ein wichtiger Teil der neuen Regelung in § 209 ist in § 13 Abs. 1 Nr. 3 Buchstabe a GesO vorweggenommen worden: Danach sind die Ansprüche der Arbeitnehmer des Schuldners für den Zeitraum, für den diese nach einer Kündigung durch den Verwalter von ihrer Beschäftigung freigestellt sind, in den dritten und letzten Rang der Masseverbindlichkeiten eingestuft.

§ 210
Vollstreckungsverbot

Sobald der Insolvenzverwalter die Masseunzulänglichkeit angezeigt hat, ist die Vollstreckung wegen einer Masseverbindlichkeit im Sinne des § 209 Abs. 1 Nr. 3 unzulässig.

§ 210 entspricht im wesentlichen § 234 d BT-RA-EInsO, der auf § 322 RegEInsO zurückgeht. Der folgende Begründungstext entspricht weitgehend BT-Drs. 12/2443, S. 220, „Zu § 322", und BT-Drs. 12/7302, S. 180, zu Nr. 127 („Zu § 234 d").

§ 210 verbietet nach Anzeige der Masseunzulänglichkeit die Zwangsvollstreckung wegen der in § 209 Abs. 1 Nr. 3 bezeichneten „Altmasseverbindlichkeiten". Mit dieser Regelung wird weitgehend vermieden, daß die Masse vor der Verteilung an die Massegläubiger außerhalb der gesetzlichen Rangfolge entleert wird. Die Gläubiger von „Neumasseverbindlichkeiten" im Sinne des neuen § 209 Abs. 1 Nr. 2 sind von diesem Verbot ausgenommen. Neugläubiger, die nach der Anzeige der Masseunzulänglichkeit mit dem Verwalter kontrahiert haben, sollen die Vollstreckungsmöglichkeit nicht verlieren. Anderenfalls könnten derartige Verträge vom Verwalter kaum noch geschlossen werden; sein Handlungsspielraum würde wesentlich zum Nachteil der Gläubigergesamtheit eingeschränkt. Auch besteht wegen des Vorrangs der „Neumassegläubiger" allenfalls ein geringes Bedürfnis für einen Vollstreckungsschutz gegenüber diesen.

Weitere Rechtsfolgen der Masseunzulänglichkeit, insbesondere die Stellung der Massegläubiger in der Gläubigerversammlung und das Recht zur Vorlage eines Insolvenzplans werden nicht ausdrücklich geregelt. Die Insolvenzordnung überläßt diese Probleme der Rechtsprechung.

§ 211
Einstellung nach Anzeige der Masseunzulänglichkeit

(1) Sobald der Insolvenzverwalter die Insolvenzmasse nach Maßgabe des § 209 verteilt hat, stellt das Insolvenzgericht das Insolvenzverfahren ein.

(2) Der Verwalter hat für seine Tätigkeit nach der Anzeige der Masseunzulänglichkeit gesondert Rechnung zu legen.

(3) Werden nach der Einstellung des Verfahrens Gegenstände der Insolvenzmasse ermittelt, so ordnet das Gericht auf Antrag des Verwalters oder eines Massegläubigers oder von Amts wegen eine Nachtragsverteilung an. § 203 Abs. 3 und die §§ 204 und 205 gelten entsprechend.

§ 211 entspricht im wesentlichen § 234 e BT-RA-EInsO, der § 324 RegEInsO in veränderter Fassung übernommen hat. Der folgende Begründungstext beruht im wesentlichen auf BT-Drs. 12/2443, S. 221, „Zu § 324", und BT-Drs. 12/7302, S. 180/181, zu Nr. 128 („Zu § 234 e").

1 Erst wenn der Verwalter das massearme Insolvenzverfahren nach den vorangehenden Vorschriften abgewickelt hat, kann das Verfahren eingestellt werden (Absatz 1). Im Rahmen der Schlußrechnung des Verwalters (vgl. § 66) ist zwischen der Zeit vor der Anzeige der Masseunzulänglichkeit und der späteren Zeit zu unterscheiden, da die in der letztgenannten Zeit begründeten Verbindlichkeiten vorrangig zu erfüllen sind (Absatz 2).

2 Zum geltenden Konkursrecht wird kritisiert, daß nach einer Einstellung mangels Masse die Verteilung nachträglich ermittelter Masse nicht möglich ist. Absatz 3 hilft diesem Mangel ab, indem er die Vorschriften über die Nachtragsverteilung für entsprechend anwendbar erklärt.

§ 212
Einstellung wegen Wegfalls des Eröffnungsgrunds

Das Insolvenzverfahren ist auf Antrag des Schuldners einzustellen, wenn gewährleistet ist, daß nach der Einstellung beim Schuldner weder Zahlungsunfähig-

keit noch drohende Zahlungsunfähigkeit noch, soweit die Überschuldung Grund für die Eröffnung des Insolvenzverfahrens ist, Überschuldung vorliegt. Der Antrag ist nur zulässig, wenn das Fehlen der Eröffnungsgründe glaubhaft gemacht wird.

§ 212 entspricht § 234 f BT-RA-EInsO, der seinerseits § 325 Abs. 1 RegEInsO entspricht. Der folgende Begründungstext beruht im wesentlichen auf BT-Drs. 12/2443, S. 221, „Zu § 325", und BT-Drs. 12/7302, S. 181, zu Nr. 129 („Zu § 234 f").

Das geltende Konkursrecht kennt keine Einstellung wegen Fehlens oder Wegfalls des Eröffnungsgrundes. Stellt sich während des Konkursverfahrens heraus, daß ein Eröffnungsgrund nicht mehr gegeben ist – oder von vornherein nicht gegeben war –, so kann der Schuldner eine vorzeitige Beendigung des Verfahrens nur mit Zustimmung aller Gläubiger erreichen (§ 202 KO, vgl. § 213). Dies ist als ein Mangel des geltenden Konkursrechts anzusehen. Die schwerwiegenden Eingriffe, die eine Eröffnung des Insolvenzverfahrens für die Freiheit des Schuldners zur Verfügung über sein Vermögen mit sich bringt, sind nicht mehr zu rechtfertigen, wenn feststeht, daß eine Insolvenz nicht oder nicht mehr gegeben ist. In die Gesamtvollstreckungsordnung ist daher eine Regelung aufgenommen worden, nach der das Verfahren auf Antrag des Schuldners einzustellen ist, wenn der Eröffnungsgrund beseitigt ist (§ 19 Abs. 1 Nr. 4 Alternative 2 GesO). 1

Auch die neue Vorschrift gibt dem Schuldner das Recht, in einem solchen Fall die Einstellung des Verfahrens zu verlangen. Dabei präzisiert Absatz 1, daß dem Antrag nur entsprochen werden darf, wenn im Falle der Einstellung beim Schuldner weder Zahlungsunfähigkeit noch drohende Zahlungsunfähigkeit vorläge; bei einer juristischen Person oder bei einer Gesellschaft ohne persönlich haftende natürliche Person darf auch keine Überschuldung vorliegen. 2

§ 213
Einstellung mit Zustimmung der Gläubiger

(1) Das Insolvenzverfahren ist auf Antrag des Schuldners einzustellen, wenn er nach Ablauf der Anmeldefrist die Zustimmung aller Insolvenzgläubiger beibringt, die Forderungen angemeldet haben. Bei Gläubigern, deren Forderungen vom Schuldner oder vom Insolvenzverwalter bestritten werden, und bei absonderungsberechtigten Gläubigern entscheidet das Insolvenzgericht nach freiem Ermessen, inwieweit es einer Zustimmung dieser Gläubiger oder einer Sicherheitsleistung gegenüber ihnen bedarf.

(2) Das Verfahren kann auf Antrag des Schuldners vor dem Ablauf der Anmeldefrist eingestellt werden, wenn außer den Gläubigern, deren Zustimmung der Schuldner beibringt, andere Gläubiger nicht bekannt sind.

§ 213 entspricht § 234 g BT-RA-EInsO, der seinerseits § 326 Abs. 1 und 2 RegEInsO entspricht. Der folgende Begründungstext entspricht im wesentlichen BT-Drs. 12/2443, S. 221/222, „Zu § 326", und BT-Drs. 12/7302, S. 181, zu Nr. 130 („Zu § 234 g").

Die Vorschrift übernimmt die bisherige Regelung in § 202 KO (vgl. auch § 19 Abs. 1 Nr. 4 Alternative 1 GesO). Zusätzlich wird vorgesehen, daß bei absonderungsberechtigten Gläubigern das Insolvenzgericht nach seinem Ermessen entscheidet, ob ihre Zustimmung zur Einstellung erforderlich ist. Die Zustimmung eines Insolvenzgläubigers, der zugleich zur abgesonderten Befriedigung berechtigt ist, kann damit im Einzelfall für entbehrlich erklärt werden. Auf der anderen Seite kann auch die Zustimmung eines absonderungsberechtigten Gläubigers, dem der Schuldner nicht persönlich haftet, verlangt werden. Entscheidend sollte sein, ob der Gläubiger ein berechtigtes Interesse an der zumindest zeitweiligen Fortsetzung des Verfahrens hat. Dieses Interesse kann daraus folgen, daß eine Ausfallforderung gegen den Schuldner nicht voll gedeckt ist. Es kann sich aber z. B. auch daraus ergeben, daß eine vom Verwalter begonnene Verwertung von dinglichen Sicherheiten zu Ende geführt werden sollte oder daß eine Gesamtverwertung der belasteten Gegenstände für die gesicherten Gläubiger vorteilhaft wäre.

§ 214
Verfahren bei der Einstellung

(1) Der Antrag auf Einstellung des Insolvenzverfahrens nach § 212 oder § 213 ist öffentlich bekanntzumachen. Er ist in der Geschäftsstelle zur Einsicht der Beteiligten niederzulegen; im Falle des § 213 sind die zustimmenden Erklärungen der Gläubiger beizufügen. Die Insolvenzgläubiger können binnen einer Woche nach der öffentlichen Bekanntmachung schriftlich oder zu Protokoll der Geschäftsstelle Widerspruch gegen den Antrag erheben.

(2) Das Insolvenzgericht beschließt über die Einstellung nach Anhörung des Antragstellers, des Insolvenzverwalters und des Gläubigerausschusses, wenn ein solcher bestellt ist. Im Falle eines Widerspruchs ist auch der widersprechende Gläubiger zu hören.

(3) Vor der Einstellung hat der Verwalter die unstreitigen Masseansprüche zu berichtigen und für die streitigen Sicherheit zu leisten.

§ 214 entspricht im wesentlichen § 234 h BT-RA-EInsO, der seinerseits im wesentlichen § 327 RegEInsO entspricht. Der folgende Begründungstext entspricht im wesentlichen BT-Drs. 12/2443, S. 222, „Zu § 327", und BT-Drs. 12/7302, S. 181, zu Nr. 131 („Zu § 234 h").

1   Die Regeln, die bisher in § 203 KO für die verfahrensrechtliche Behandlung des Antrags auf Einstellung mit Zustimmung der Gläubiger vorgesehen sind, werden weitgehend übernommen und auf den Fall der Einstellung wegen Wegfalls des Eröffnungsgrundes (§ 212) ausgedehnt.

2   In Absatz 1 Satz 3 wird das Recht zum Widerspruch gegen den Einstellungsantrag jedem Insolvenzgläubiger zugebilligt; die bisher in § 203 Abs. 1 Satz 3 KO vorgesehene Einschränkung braucht nicht übernommen zu werden, da die Voraussetzungen für die Einstellung ohnehin von Amts wegen zu prüfen sind. Weiter erscheint es zweckmäßig, vor der Entscheidung über die Einstellung neben dem Antragsteller und dem Insolvenzverwalter auch den Gläubigerausschuß zu hören (Absatz 2 Satz 1).

3   Die in Absatz 3 geregelte Pflicht des Verwalters, im Falle der Einstellung des Verfahrens die Masseansprüche zu berichtigen oder sicherzustellen, ergibt sich bisher aus § 205 Abs. 2 in Verbindung mit § 191 Abs. 1 KO. Das Gericht hat dem Verwalter die Möglichkeit zu geben, diese Pflicht zu erfüllen, bevor der Schuldner durch die Einstellung die Verfügungsbefugnis zurückerhält (vgl. § 215 Abs. 2).

§ 215
Bekanntmachung und Wirkungen der Einstellung

(1) Der Beschluß, durch den das Insolvenzverfahren nach [den §] § 207, 211, 212 oder 213 eingestellt wird, und der Grund der Einstellung sind öffentlich bekanntzumachen. Der Schuldner, der Insolvenzverwalter und die Mitglieder des Gläubigerausschusses sind vorab über den Zeitpunkt des Wirksamwerdens der Einstellung (§ 9 Abs. 1 Satz 3) zu unterrichten. § 200 Abs. 2 Satz 2 und 3 gilt entsprechend.

(2) Mit der Einstellung des Insolvenzverfahrens erhält der Schuldner das Recht zurück, über die Insolvenzmasse frei zu verfügen. Die §§ 201, 202 gelten entsprechend.

§ 215 entspricht im wesentlichen § 234 i BT-RA-EInsO, der seinerseits im wesentlichen §§ 328, 329 Abs. 1 RegEInsO entspricht. Der folgende Begründungstext beruht weitgehend auf BT-Drs. 12/2443, S. 222, „Zu § 328" und „Zu § 329", sowie BT-Drs. 12/7302, S. 181, zu Nr. 132 („Zu § 234 i").

Wie nach geltendem Recht (§ 205 Abs. 2 i.V.m. § 111 Abs. 2, § 112 und § 113 KO; § 19 Abs. 2, 4 GesO) ist die Einstellung des Verfahrens dem Handels-, Genossenschafts- oder Vereinsregister mitzuteilen, in das Grundbuch oder vergleichbare Immobiliarregister einzutragen (Satz 3) und öffentlich bekanntzumachen (Satz 1). Die Bekanntmachung der Einstellung des Insolvenzverfahrens soll den gleichen Regelungen folgen wie die Bekanntmachung der Aufhebung des Insolvenzverfahrens. Wegen der Bedeutung der bekanntzumachenden Tatsache für den Geschäftsverkehr ist der Beschluß auch im Bundesanzeiger zu veröffentlichen (§ 200 Abs. 2 Satz 2). 1

Ergänzt ist – entsprechend der Regelung in § 258 Abs. 3 Satz 2 –, daß der Schuldner und der Insolvenzverwalter vorab über den Zeitpunkt zu unterrichten sind, in dem durch die Einstellung des Verfahrens die Verfügungsbefugnis wieder auf den Schuldner übergeht (Satz 2).

Absatz 1 entspricht inhaltlich dem bisherigen § 206 KO. 2

§ 216
Rechtsmittel

(1) Wird das Insolvenzverfahren nach [den §] § 207, 212 oder 213 eingestellt, so steht jedem Insolvenzgläubiger und, wenn die Einstellung nach § 207 erfolgt, dem Schuldner die sofortige Beschwerde zu.

(2) Wird ein Antrag nach § 212 oder § 213 abgelehnt, so steht dem Schuldner die sofortige Beschwerde zu.

§ 216 entspricht im wesentlichen § 234 j BT-RA-EInsO, der seinerseits im wesentlichen § 330 RegEInsO entspricht. Der folgende Begründungstext entspricht im wesentlichen BT-Drs. 12/2443, S. 222, „Zu § 330", und BT-Drs. 12/7302, S. 181, zu Nr. 133 („Zu § 234 j").

Für die Fälle der vorzeitigen Einstellung des Verfahrens mangels Masse oder auf Antrag des Schuldners ist es zur Wahrung der Rechte der Beteiligten geboten, Rechtsmittel vorzusehen (Absatz 1). Gleiches gilt für den Fall der Abweisung eines Einstellungsantrags des Schuldners (Absatz 2).

Die Einstellung nach Anzeige der Masseunzulänglichkeit (§ 211) erfolgt dagegen erst nach der Verteilung des Schuldnervermögens oder nach der Bestätigung eines Plans. Ein Rechtsmittel braucht deshalb hier ebensowenig vorgesehen zu werden wie im Falle der Aufhebung des Verfahrens nach der Schlußverteilung oder der Planbestätigung (vgl. die §§ 200, 258).

SECHSTER TEIL
Insolvenzplan

ERSTER ABSCHNITT
Aufstellung des Plans

§ 217
Grundsatz

Die Befriedigung der absonderungsberechtigten Gläubiger und der Insolvenzgläubiger, die Verwertung der Insolvenzmasse und deren Verteilung an die Beteiligten sowie die Haftung des Schuldners nach der Beendigung des Insolvenzverfahrens können in einem Insolvenzplan abweichend von den Vorschriften dieses Gesetzes geregelt werden.

§ 217 übernimmt in veränderter und verkürzter Fassung § 253 RegEInsO. Der folgende Begründungstext beruht auf BT-Drs. 12/2443, S. 195, „Zu § 253", und BT-Drs. 12/7302, S. 181, zu Nr. 134 („Zu § 253").

1 Die Vorschrift stellt klar, daß in einem Insolvenzplan abweichend von den übrigen Bestimmungen der Insolvenzordnung alle Regelungen getroffen werden können, die zur Insolvenzbewältigung sinnvoll erscheinen und die dem Hauptziel des Insolvenzverfahrens, der bestmöglichen Befriedigung der Gläubiger, am besten gerecht werden.

Als Sanierungsplan kann der Plan etwa die Wiederherstellung der Ertragskraft des schuldnerischen Unternehmens und die Befriedigung der Gläubiger aus den Erträgen des Unternehmens zum Gegenstand haben. Mit diesem Ziel kann vorgesehen werden, daß der Schuldner das Unternehmen fortführen und die langfristig gestundeten Insolvenzforderungen im Laufe der Jahre berichtigen soll (Reorganisationsplan). Inhalt eines Sanierungsplans kann aber auch sein, daß das Unternehmen auf einen Dritten übertragen wird („übertragende Sanierung") und dieser die Gläubiger in der beschriebenen Weise befriedigt.

2 Ist der Schuldner eine natürliche Person, die eine nicht nur geringfügige selbständige wirtschaftliche Tätigkeit ausübt, und finden dementsprechend die §§ 304 bis 314 (insbesondere die Regelungen über den Schuldenbereinigungsplan, §§ 305 bis 310) keine Anwendung, kann in einem Insolvenzplan eine Restschuldbefreiung unter anderen Voraussetzungen gewährt werden, als sie in den §§ 286 bis 303 vorgesehen sind. Beispielsweise können auch einem Schuldner, der vor der Eröffnung des Insolvenzverfahrens nicht alle Voraussetzungen der „Redlichkeit" erfüllt hat, in einem Plan Verbindlichkeiten erlassen werden. Die Laufzeit eines Schuldenbereinigungsplans kann kürzer sein als die siebenjährige „Wohlverhaltensphase", und die Leistungen des Schuldners während der Laufzeit können abweichend von der gesetzlichen Regelung festgesetzt werden. Wird der Schuldner verpflichtet, jeden Monat einen bestimmten Betrag zu zahlen, so

sollte im Plan Vorsorge für eine Anpassung an veränderte Umstände getroffen werden, z. B. an den Fall der Arbeitslosigkeit des Schuldners.

Der Plan kann auch darauf beschränkt werden, die Verwertung der Insolvenzmasse und deren Verteilung an die Beteiligten – die absonderungsberechtigten Gläubiger, die Insolvenzgläubiger oder den Schuldner – abweichend von den gesetzlichen Vorschriften zu gestalten (Liquidationsplan). 3

Schließlich kann in einem Insolvenzplan als Regelung auch ein Verzicht auf die Haftung eines persönlich haftenden Gesellschafters vorgesehen werden (vgl. § 227 Abs. 2). 4

Insgesamt bietet das Rechtsinstitut des Plans über die Möglichkeiten hinaus, die im geltenden Recht mit einem gerichtlichen Vergleichsverfahren, einem Zwangsvergleich im Konkurs oder einem Vergleich im Gesamtvollstreckungsverfahren verbunden sind, insbesondere durch die Einbeziehung der absonderungsberechtigten und der nachrangigen Gläubiger, zahlreiche weitere Gestaltungsmöglichkeiten. 5

Rechte der aussonderungsberechtigten Gläubiger können durch einen Insolvenzplan nicht beeinträchtigt werden. Einem aussonderungsberechtigten Gläubiger steht insoweit ein Gläubiger gleich, dessen Anspruch auf Übereignung eines unbeweglichen Gegenstands der Insolvenzmasse gerichtet und durch eine Vormerkung gesichert ist; denn es ergibt sich aus § 106, daß ein solcher Gläubiger wie ein Aussonderungsberechtigter die volle Erfüllung seines Anspruchs aus der Insolvenzmasse verlangen kann. 6

§ 218
Vorlage des Insolvenzplans

(1) Zur Vorlage eines Insolvenzplans an das Insolvenzgericht sind der Insolvenzverwalter und der Schuldner berechtigt. Die Vorlage durch den Schuldner kann mit dem Antrag auf Eröffnung des Insolvenzverfahrens verbunden werden. Ein Plan, der erst nach dem Schlußtermin beim Gericht eingeht, wird nicht berücksichtigt.

(2) Hat die Gläubigerversammlung den Verwalter beauftragt, einen Insolvenzplan auszuarbeiten, so hat der Verwalter den Plan binnen angemessener Frist dem Gericht vorzulegen.

(3) Bei der Aufstellung des Plans durch den Verwalter wirken der Gläubigerausschuß, wenn ein solcher bestellt ist, der Betriebsrat, der Sprecherausschuß der leitenden Angestellten und der Schuldner beratend mit.

§ 218 übernimmt in veränderter Fassung § 254 RegEInsO. Der folgende Begründungstext beruht auf BT-Drs. 12/2443, S. 195/196, „Zu § 254" und „Zu § 255", sowie BT-Drs. 12/7302, S. 181/182, zu Nr. 135 („Zu den §§ 254, 255").

Absatz 1 sieht ausschließlich für den Insolvenzverwalter und für den Schuldner das Recht zur Vorlage eines Insolvenzplans vor. Durch diese Regelung soll verhindert werden, daß das Insolvenzverfahren durch eine Vielzahl konkurrierender Pläne erschwert, verlängert und verteuert wird. 1

Absatz 2 knüpft an die Regelung an, nach der die Gläubigerversammlung im Berichtstermin darüber entscheidet, ob das Insolvenzverfahren auf der Grundlage der gesetzlichen Vorschriften über die Zwangsverwertung des Schuldnervermögens oder auf der Grundlage eines Plans abgewickelt werden soll (§ 157). Ist der Verwalter von der Gläubi- 2 gerversammlung beauftragt worden, einen solchen Plan auszuarbeiten, so hat er diesen Auftrag binnen einer nach den Umständen angemessenen Frist auszuführen (Absatz 1); gegen Verzögerungen hat notfalls das Gericht mit Aufsichtsmaßnahmen einzuschreiten (vgl. §§ 58, 59).

3 Bei der Aufstellung des Plans hat der Verwalter nach Absatz 3 den Rat des Gläubigerausschusses, des Schuldners und gegebenenfalls des Betriebsrats und des Sprecherausschusses der leitenden Angestellten einzuholen. Hervorzuheben ist jedoch, daß diese Mitwirkung keine besonderen Vergütungs- oder Entschädigungsansprüche auslöst. Für die Mitglieder des Gläubigerausschusses, des Betriebsrats und des Sprecherausschusses gelten auch im Hinblick auf diese Mitwirkung die Vergütungs- und Entschädigungsregelungen in § 73, in den §§ 37, 40 BetrVG und in § 14 des Sprecherausschußgesetzes.

§ 219
Gliederung des Plans

Der Insolvenzplan besteht aus dem darstellenden Teil und dem gestaltenden Teil. Ihm sind die in den §§ 229 und 230 genannten Anlagen beizufügen.

§ 219 entspricht im wesentlichen § 257 Abs. 1 RegEInsO. Der folgende Begründungstext entspricht im wesentlichen BT-Drs. 12/2443, S. 197, „Zu § 257", und BT-Drs. 12/7302, S. 182, zu Nr. 137 („Zu § 257").

Die Vorschrift über die Aufgliederung des Plans in den darstellenden Teil, den gestaltenden Teil und die Anlagen dient, im Zusammenhang mit den folgenden Vorschriften über den Inhalt der einzelnen Teile, der vollen Information der Beteiligten über die Grundlagen, den Gegenstand und die Auswirkungen des Plans.

§ 220
Darstellender Teil

(1) Im darstellenden Teil des Insolvenzplans wird beschrieben, welche Maßnahmen nach der Eröffnung des Insolvenzverfahrens getroffen worden sind oder noch getroffen werden sollen, um die Grundlagen für die geplante Gestaltung der Rechte der Beteiligten zu schaffen.

(2) Der darstellende Teil soll alle sonstigen Angaben zu den Grundlagen und den Auswirkungen des Plans enthalten, die für die Entscheidung der Gläubiger über die Zustimmung zum Plan und für dessen gerichtliche Bestätigung erheblich sind.

§ 220 Abs. 1 übernimmt § 258 Abs. 1 RegEInsO; mit Absatz 2 faßt § 220 §§ 259 bis 263 RegEInsO zusammen. Der folgende Begründungstext beruht weitgehend auf BT-Drs. 12/2443, S. 197, „Zu § 258", und BT-Drs. 12/7302, S. 182, zu Nr. 138 („Zu den §§ 258 – 262").

1 Während der gestaltende Teil des Plans die Rechtsänderungen enthält, die durch die Bestätigung des Plans konstitutiv verwirklicht werden sollen (vgl. § 221), wird im darstellenden Teil das Konzept dargelegt und im einzelnen erläutert, das diesen Rechtsänderungen zugrunde liegt (Absatz 1).

2 Absatz 2 bestimmt allgemein, welchen Inhalt der darstellende Teil haben sollte. Auf eine detaillierte Aufzählung der Anforderungen an den darstellenden Teil wird verzichtet.

Wer einen Plan aufstellt und die Zustimmung der Gläubiger zu diesem Plan erreichen will, ist schon von sich aus daran interessiert, den Gläubigern die für diese erforderlichen Informationen zu geben.

Im darstellenden Teil werden – soweit im Einzelfall relevant – insbesondere die wichtigen Maßnahmen anzugeben und zu erläutern sein, die bei der Sanierung eines Unternehmens häufig zu treffen sind. Die Wiederherstellung der Ertragskraft eines insolventen Unternehmens wird regelmäßig organisatorische und personelle Maßnahmen erfordern, z. B. die Stillegung einzelner Betriebe oder Betriebsteile und die Entlassung von Teilen der Belegschaft. Die Mitteilung, welche derartigen Maßnahmen geplant oder bereits getroffen worden sind, ist eine wichtige Grundlage für die Entscheidung der Gläubiger über den Plan. 3

Klarheit sollte auch über den Umfang der entstehenden Sozialplanforderungen bestehen. Ein Sozialplan, der alle mit der Sanierung verbundenen Betriebsänderungen berücksichtigt, sollte nach Möglichkeit vor der Abstimmung der Gläubiger über den Plan vorliegen. Ist ein solcher Sozialplan im Zeitpunkt der Vorlage des Plans noch nicht zustande gekommen, so ist der voraussichtliche Gesamtbetrag der Sozialplanforderungen nach dem Stand der Verhandlungen zwischen Betriebsrat und Insolvenzverwalter anzugeben; jede Unsicherheit über diesen Gesamtbetrag wird allerdings die Bereitschaft der Gläubiger zur Annahme des Plans herabsetzen. Ist eine Rahmenvereinbarung für künftige Sozialpläne getroffen worden, so dürfte auch diese als Grundlage für die Entscheidung der Gläubiger über den Plan in den darstellenden Teil aufzunehmen sein.

Darlehen, die der Verwalter während des Verfahrens aufgenommen hat, müssen in voller Höhe aus der Insolvenzmasse zurückgezahlt werden (vgl. § 55 Abs. 1 Nr. 1). Sie bedeuten daher ein Risiko für die Befriedigung der Insolvenzgläubiger, über das diese Gläubiger vor der Entscheidung über einen Plan unterrichtet werden müssen.

Über diese Maßnahmen hinaus sind bei der beabsichtigten Unternehmenssanierung alle geplanten Eingriffe in die Vermögens-, Finanz- und Ertragssituation und die zu erwartenden Auswirkungen dieser Eingriffe ausführlich darzustellen; denn nur auf der Grundlage einer solchen Darstellung lassen sich die Sanierungsfähigkeit des Unternehmens und damit die Erfüllbarkeit des Insolvenzplans einigermaßen sicher beurteilen. 4

§ 221
Gestaltender Teil

Im gestaltenden Teil des Insolvenzplans wird festgelegt, wie die Rechtsstellung der Beteiligten durch den Plan geändert werden soll.

§ 221 entspricht § 264 RegEInsO. Der folgende Begründungstext entspricht im wesentlichen BT-Drs. 12/2443, S. 199, „Zu § 264".

Im Gegensatz zum unterrichtenden Charakter des darstellenden Teils enthält der gestaltende Teil des Plans die Rechtsänderungen, die durch den Plan verwirklicht werden sollen. Die „Beteiligten", deren Rechtsstellung geändert werden kann, sind die absonderungsberechtigten Gläubiger, die Insolvenzgläubiger, der Schuldner und, wenn dieser keine natürliche Person ist, die am Schuldner beteiligten Personen (vgl. die §§ 217, 222, 227).

§ 222
Bildung von Gruppen

(1) Bei der Festlegung der Rechte der Beteiligten im Insolvenzplan sind Gruppen zu bilden, soweit Gläubiger mit unterschiedlicher Rechtsstellung betroffen sind. Es ist zu unterscheiden zwischen

1. den absonderungsberechtigten Gläubigern, wenn durch den Plan in deren Rechte eingegriffen wird;
2. den nicht nachrangigen Insolvenzgläubigern;
3. den einzelnen Rangklassen der nachrangigen Insolvenzgläubiger, soweit deren Forderungen nicht nach § 225 als erlassen gelten sollen.

(2) Aus den Gläubigern mit gleicher Rechtsstellung können Gruppen gebildet werden, in denen Gläubiger mit gleichartigen wirtschaftlichen Interessen zusammengefaßt werden. Die Gruppen müssen sachgerecht voneinander abgegrenzt werden. Die Kriterien für die Abgrenzung sind im Plan anzugeben.

(3) Die Arbeitnehmer sollen eine besondere Gruppe bilden, wenn sie als Insolvenzgläubiger mit nicht unerheblichen Forderungen beteiligt sind. Für Kleingläubiger können besondere Gruppen gebildet werden.

§ 222 übernimmt in veränderter Fassung § 265 RegEInsO. Der folgende Begründungstext entspricht weitgehend BT-Drs. 12/2443, S. 199/200, „Zu § 265", und BT-Drs. 12/7302, S. 182, zu Nr. 140 („Zu § 265").

1 Der Plan soll nach Möglichkeit die vermögensrechtliche Stellung aller Beteiligten verbessern, jedenfalls aber keinen Beteiligten gegen seinen Willen wirtschaftlich schlechter stellen, als er im Falle der Verwertung des Schuldnervermögens nach den gesetzlichen Vorschriften stünde. Dieses Ziel kann der Plan nur erreichen, wenn er die Rechtsstellung der Beteiligten im Insolvenzverfahren berücksichtigt. Bei den Gläubigern muß der Plan differenzieren zwischen den absonderungsberechtigten Gläubigern, soweit es um deren Recht auf Befriedigung aus der Sicherheit geht, den nicht nachrangigen Insolvenzgläubigern, die im Regelfall des Insolvenzverfahrens Aussicht auf eine quotale Befriedigung ihrer Forderung aus dem Verwertungserlös der Insolvenzmasse haben, und den verschiedenen Rangklassen der nachrangigen Gläubiger, soweit deren Forderungen nicht nach § 225 als erlassen gelten.

2 Auch die Beteiligten mit gleicher Rechtsstellung sind jedoch nicht notwendig gleichzubehandeln. Die wirtschaftliche Effektivität des Plans wird gesteigert, wenn die unterschiedlichen wirtschaftlichen Interessen verschiedener Gläubigergruppen berücksichtigt werden. So werden die Geschäftspartner des Schuldners nicht selten an einer Fortsetzung der Geschäftsbeziehungen und damit an einer Sanierung des schuldnerischen Unternehmens interessiert sein; sie werden daher im Falle eines Sanierungsplans eher zu einem Entgegenkommen gegenüber dem Schuldner oder einem Erwerber des Unternehmens bereit sein als andere Gläubiger, die dieses Interesse nicht haben. Absonderungsberechtigte Gläubiger, deren Forderung zwar vom Fortführungswert der Sicherheit gedeckt ist, nicht jedoch von deren Einzelveräußerungswert, sind stärker an einer Sanierung des Unternehmens interessiert als andere absonderungsberechtigte Gläubiger. Ein Angehöriger des Schuldners, der diesem ein Darlehen gegeben hat, kann zu einem besonderen Sanierungsbeitrag bereit sein.

Ein Gläubiger, dessen Forderung bei der Eröffnung des Insolvenzverfahrens noch gar nicht fällig war, wird typischerweise weniger an schnellen Zahlungen aus dem Schuldnervermögen interessiert sein als andere Gläubiger. All dies kann Veranlassung geben, auch innerhalb der Gläubiger mit gleicher Rechtsstellung Gruppen zu bilden, die im Plan unterschiedlich behandelt werden können. Die Beispiele zeigen zugleich, daß sich die Bildung der Gruppen an dem Inhalt des Plans orientieren muß; insbesondere sind bei einem Sanierungsplan andere Gruppen zu bilden als bei einem Liquidationsplan.

Für den Pensions-Sicherungs-Verein als Träger der Insolvenzsicherung der betrieblichen Altersversorgung sind auf der Grundlage dieser Überlegungen durch eine Änderung des Gesetzes zur Verbesserung der betrieblichen Altersversorgung im Rahmen des Einführungsgesetzes zur Insolvenzordnung Sonderregelungen getroffen worden, die auch berücksichtigen, daß er im Falle einer Fortführung des insolventen Unternehmens regelmäßig eher an einer „vertikalen" oder „horizontalen" Aufteilung der künftigen Zahlungen für die Altersversorgung interessiert ist als an einer sofortigen quotalen Befriedigung seines Rückgriffsanspruchs. 3

§ 222 nennt als maßgebliche Kriterien für die Gruppenbildung im Plan die gleiche Rechtsstellung (Absatz 1) – dieses Kriterium ist für die Gläubiger in Absatz 1 Satz 2 näher erläutert – und die gleichartigen wirtschaftlichen Interessen der in einer Gruppe zusammengefaßten Beteiligten (Absatz 2). Um Manipulationen zur Beschaffung von Mehrheiten zu vermeiden, ist ausdrücklich vorgeschrieben, daß die Gruppen gleichartig wirtschaftlich Interessierter sachgerecht voneinander abgegrenzt und die Kriterien für die Abgrenzung im Plan angegeben werden müssen (Absatz 2 Satz 2 und 3). Der Verfasser des Plans kann sich also nicht damit begnügen, einige Beteiligte anderen Gruppen zuzuordnen und ihnen damit andere Ansprüche zuzuweisen als den übrigen, sondern er muß zusätzlich erläutern, inwiefern diese Differenzierung nach den rechtlichen und wirtschaftlichen Interessen der Beteiligten gerechtfertigt ist. Fehlt diese Erläuterung oder erscheint die vorgenommene Aufteilung der Gruppen nicht sachgerecht, so hat das Insolvenzgericht auf eine Änderung hinzuwirken und gegebenenfalls den Plan zurückzuweisen (vgl. § 231). Sind die Gruppen jedoch sachgerecht abgegrenzt, so entscheiden die Beteiligten im Abstimmungstermin über die Angemessenheit der Regelungen, die für die einzelnen Gruppen vorgesehen sind; insoweit hat das Gericht keine Zurückweisungsbefugnis. 4

Durch Absatz 3 Satz 1 wird auf die besondere Situation der Arbeitnehmer hingewiesen. Auch wenn sie mit Forderungen auf rückständiges Arbeitsentgelt, die nicht durch Insolvenzausfallgeld gedeckt sind, als Insolvenzgläubiger am Verfahren beteiligt sind, weicht ihre Interessenlage in der Regel von der anderer Insolvenzgläubiger ab, da die Arbeitsverhältnisse über den Zeitpunkt der Verfahrenseröffnung hinaus fortbestehen und da im Verfahren über die Erhaltung der Arbeitsplätze entschieden wird. Wenn den Arbeitnehmern nicht unerhebliche Insolvenzforderungen zustehen, ist daher in einem Plan regelmäßig eine besondere Gruppe der Arbeitnehmer zu bilden. 5

In Absatz 3 Satz 2 wird klargestellt, daß auch eine besondere Behandlung der Gläubiger mit Forderungen geringer Höhe zulässig ist. Insbesondere kann die volle Befriedigung aller Gläubiger mit Forderungen bis zu einer bestimmten Höhe zweckmäßig sein, um die Durchführung des Verfahrens zu vereinfachen, z. B. um eine Abstimmung dieser Gläubiger über den Plan überflüssig werden zu lassen (vgl. auch die besondere Erwähnung der Kleingläubiger in § 106 VerglO). Aus diesen Gründen der Praktikabilität erkennt die Insolvenzordnung die Möglichkeit der besonderen Behandlung der Kleingläubiger ausdrücklich an. Ohne diese Vorschrift könnte zweifelhaft sein, ob allein die geringe 6

Höhe der Forderung ein besonderes „wirtschaftliches Interesse" im Sinne des Absatzes 2 Satz 1 begründet.

7 In geeigneten Fällen kann allerdings zur Vereinfachung des Verfahrens gänzlich auf die Bildung von Gruppen verzichtet werden. Wenn etwa der Plan die Rechte der gesicherten Gläubiger unangetastet läßt und nichts daran ändert, daß die Forderungen der nachrangigen Gläubiger als erlassen gelten (vgl. § 225), bleiben Regelungen nur für die nichtnachrangigen Insolvenzgläubiger zu treffen, die im Sinne des § 222 rechtlich gleichgestellt sind.

Auch von einer Bildung von Gruppen gleichartig wirtschaftlich Interessierter kann abgesehen werden, selbst wenn die betroffenen Gläubiger sehr unterschiedliche wirtschaftliche Interessen haben (Absatz 1 Satz 1, Absatz 2).

§ 223
Rechte der Absonderungsberechtigten

(1) Ist im Insolvenzplan nichts anderes bestimmt, so wird das Recht der absonderungsberechtigten Gläubiger zur Befriedigung aus den Gegenständen, an denen Absonderungsrechte bestehen, vom Plan nicht berührt.

(2) Soweit im Plan eine abweichende Regelung getroffen wird, ist im gestaltenden Teil für die absonderungsberechtigten Gläubiger anzugeben, um welchen Bruchteil die Rechte gekürzt, für welchen Zeitraum sie gestundet oder welchen sonstigen Regelungen sie unterworfen werden sollen.

§ 223 übernimmt in veränderter und verkürzter Fassung § 266 RegEInsO. Der folgende Begründungstext beruht weitgehend auf BT-Drs. 12/2443, S. 200/201, „Zu § 266", und BT-Drs. 12/7302, S. 182, zu Nr. 141 („Zu § 266").

1 Nach geltendem Recht können die Rechte der absonderungsberechtigten Gläubiger nicht durch Mehrheitsentscheidung in einem Vergleich gekürzt oder in anderer Weise beeinträchtigt werden (vgl. § 27 VerglO, § 173 KO und § 16 Abs. 2 GesO). Auch nach der Insolvenzordnung besteht für Mehrheitsentscheidungen in diesem Bereich nur ein begrenzter Spielraum, da die Absonderungsberechtigten ohne einen Plan grundsätzlich voll befriedigt werden (vgl. die §§ 49, 50) und da kein Gläubiger, der dem Plan widerspricht, durch den Plan schlechter gestellt werden darf, als er ohne einen Plan stünde (§ 251). Häufig wird jedoch nur ein Teil der Absonderungsberechtigten so gesichert sein, daß er unabhängig vom Verfahrensausgang mit voller Befriedigung rechnen kann. Soweit der Wert der Sicherheiten bei einer Fortführung des insolventen Unternehmens höher ist als bei einer Einzelverwertung, sind die Absonderungsberechtigten als „potentiell gesicherte Gläubiger" an einer Fortführung interessiert, und sie werden bereit sein, in einem Sanierungsplan Zugeständnisse zu machen. Solange jedem Gläubiger der Einzelveräußerungswert seiner Sicherheit erhalten bleibt, sind die Minderheitsrechte gewahrt.

2 Dennoch wird der Plan nicht selten die Rechte der absonderungsberechtigten Gläubiger unberührt lassen. Absatz 1 berücksichtigt dies, indem er festlegt, daß die Rechte der absonderungsberechtigten Gläubiger im Zweifel von den im Plan vorgesehenen Änderungen der Gläubigerrechte nicht betroffen werden. Soweit jedoch Regelungen für die absonderungsberechtigten Gläubiger vorgesehen werden, ist der Inhalt dieser Regelungen im gestaltenden Teil des Plans genau anzugeben; dabei ist die Vorschrift über die Änderung sachenrechtlicher Verhältnisse in § 228 zu beachten.

§ 224
Rechte der Insolvenzgläubiger

Für die nicht nachrangigen Gläubiger ist im gestaltenden Teil des Insolvenzplans anzugeben, um welchen Bruchteil die Forderungen gekürzt, für welchen Zeitraum sie gestundet, wie sie gesichert oder welchen sonstigen Regelungen sie unterworfen werden sollen.

§ 224 entspricht im wesentlichen § 267 RegEInsO. Der folgende Begründungstext entspricht im wesentlichen BT-Drs. 12/2443, S. 201, „Zu § 267", und BT-Drs. 12/7302, S. 182, zu Nr. 142 („Zu § 267").

Die Gestaltung der Rechte der nicht nachrangigen Insolvenzgläubiger ist im Regelfall Hauptgegenstand des Plans. Die vorgesehenen Rechtsänderungen müssen im gestaltenden Teil genau bezeichnet sein, wobei wieder zwischen den verschiedenen Gruppen dieser Gläubiger differenziert werden muß, wenn im Plan solche Gruppen gebildet werden. Auf die Beseitigung von Unklarheiten hat notfalls das Gericht hinzuwirken (vgl. § 231 Abs. 1 Nr. 1).

§ 225
Rechte der nachrangigen Insolvenzgläubiger

(1) Die Forderungen nachrangiger Insolvenzgläubiger gelten, wenn im Insolvenzplan nichts anderes bestimmt ist, als erlassen.

(2) Soweit im Plan eine abweichende Regelung getroffen wird, sind im gestaltenden Teil für jede Gruppe der nachrangigen Gläubiger die in § 224 vorgeschriebenen Angaben zu machen.

(3) Die Haftung des Schuldners nach der Beendigung des Insolvenzverfahrens für Geldstrafen und die diesen in § 39 Abs. 1 Nr. 3 gleichgestellten Verbindlichkeiten kann durch einen Plan weder ausgeschlossen noch eingeschränkt werden.

§ 225 entspricht im wesentlichen § 268 RegEInsO. Der folgende Begründungstext entspricht im wesentlichen BT-Drs. 12/2443, S. 201, „Zu § 268".

1 Die Gläubiger, die die Insolvenzordnung in § 39 als nachrangige Insolvenzgläubiger einordnet – also insbesondere die Insolvenzgläubiger hinsichtlich ihrer Zins- und Kostenforderungen sowie die Gläubiger von Forderungen aus Geldstrafen, Schenkungsversprechen und kapitalersetzenden Darlehen –, nehmen nach geltendem Recht nicht an einem Vergleichsverfahren teil (vgl. § 29 VerglO, § 32 a Abs. 1 Satz 1 GmbHG und für den Zwangsvergleich im Konkurs §§ 63, 173 KO). Die Wirkungen eines Vergleichs werden jedoch in unterschiedlicher Weise auf sie erstreckt: Forderungen aus Schenkungsversprechen und aus kapitalersetzenden Darlehen werden in gleicher Weise gekürzt oder gestundet wie die Forderungen der Vergleichsgläubiger (§ 83 Abs. 1 VerglO, § 32a Abs. 1 Satz 2 GmbHG). Die Zins- und Kostenforderungen der Vergleichsgläubiger gelten im Zweifel als erlassen (§ 83 Abs. 2 VerglO). Nur Geldstrafen und die ihnen gleichgestellten Sanktionen werden vom Vergleich generell nicht betroffen.

2 Die Behandlung der Forderungen aus Schenkungsversprechen und aus kapitalersetzenden Darlehen nach geltendem Vergleichsrecht erscheint wenig einleuchtend. Im Konkurs gehen die Gläubiger dieser Forderungen leer aus, da sie nach § 63 KO, § 32 a Abs. 1 Satz 1 GmbHG nicht zur Teilnahme am Verfahren berechtigt sind; sie haben nur die

geringe Chance, auf den Neuerwerb des Schuldners und gegebenenfalls auf einen Überschuß zuzugreifen, der nach der Verteilung der Konkursmasse an die Konkursgläubiger für den Schuldner verbleibt. Kommt es jedoch zum Vergleich, so sind sie den Vergleichsgläubigern gleichgestellt: Sie erhalten bei einem Quotenvergleich die gleiche Quote wie die Vergleichsgläubiger. Die Insolvenzordnung übernimmt diese Regelung nicht. Indem sie alle genannten Gläubiger als nachrangige Gläubiger in das Insolvenzverfahren einbezieht und es ermöglicht, auch ihre Rechte durch einen Plan zu regeln, schafft sie die Grundlage für sachgerechtere Lösungen, die an die Umstände des jeweiligen Einzelfalls angepaßt sind.

3   Als Grundsatz verallgemeinert Absatz 1 die Regelung, die das geltende Vergleichsrecht für Zins- und Kostenforderungen der Vergleichsgläubiger enthält: Die Forderungen der nachrangigen Gläubiger gelten als erlassen, wenn im Plan nichts anderes vorgesehen ist. Auch für Forderungen aus Schenkungsversprechen und aus kapitalersetzenden Darlehen trifft die Erwägung zu, daß im Regelfall kein Anlaß besteht, den Gläubigern dieser Forderungen im Plan einen wirtschaftlichen Wert zuzuweisen, obwohl typischerweise schon die nicht nachrangigen Insolvenzgläubiger keine volle Befriedigung mehr erhalten.

4   Aufgrund der Gegebenheiten des Einzelfalls unter Berücksichtigung des Inhalts des Plans kann aber eine abweichende Regelung naheliegen (Absatz 2). Dies gilt zunächst dann, wenn eine besonders effektive Abwicklung der Insolvenz auf der Grundlage eines Plans dazu führt, daß alle nicht nachrangigen Insolvenzgläubiger voll befriedigt werden können und daß noch ein Überschuß für die nachrangigen Gläubiger verbleibt. Aber auch andere Fälle kommen in Betracht: Werden dem Schuldner durch den Plan wirtschaftliche Werte zugewendet – etwa indem ihm die Fortführung des Unternehmens zu günstigeren Bedingungen gestattet wird, als sie einem Dritten für die Übernahme des Unternehmens eingeräumt werden würden –, so wird es angemessen sein, auch für die Gläubiger mit kapitalersetzenden Darlehen Leistungen vorzusehen.

5   Für Geldstrafen und die diesen in § 39 Abs. 1 Nr. 3 gleichgestellten Verbindlichkeiten bleibt es bei der Regelung des geltenden Vergleichsrechts (Absatz 3). Es entspricht der besonderen Natur dieser Verbindlichkeiten, daß sie nicht der Disposition der Gläubigergremien unterliegen. Für den Fall, daß die entsprechenden Forderungen wegen Insolvenz des Schuldners uneinbringlich sind, ist bereits in anderen Gesetzen Vorsorge getroffen (vgl. insbesondere § 43 StGB über die Ersatzfreiheitsstrafe; § 95 Abs. 2, § 96 Abs. 2 OWiG über das Absehen von einer Vollstreckung und über Zahlungserleichterungen bei Geldbußen; § 888 Abs. 1 Satz 1 ZPO über die Ersetzung eines Zwangsgelds durch Zwangshaft).

§ 226
Gleichbehandlung der Beteiligten

(1) Innerhalb jeder Gruppe sind allen Beteiligten gleiche Rechte anzubieten.

(2) Eine unterschiedliche Behandlung der Beteiligten einer Gruppe ist nur mit Zustimmung aller betroffenen Beteiligten zulässig. In diesem Fall ist dem Insolvenzplan die zustimmende Erklärung eines jeden betroffenen Beteiligten beizufügen.

(3) Jedes Abkommen des Insolvenzverwalters, des Schuldners oder anderer Personen mit einzelnen Beteiligten, durch das diesen für ihr Verhalten bei Ab-

stimmungen oder sonst im Zusammenhang mit dem Insolvenzverfahren ein nicht im Plan vorgesehener Vorteil gewährt wird, ist nichtig.

§ 226 entspricht § 269 RegEInsO. Der folgende Begründungstext entspricht im wesentlichen BT-Drs. 12/2443, S. 201/202, „Zu § 269".

Wenn der Plan, wie es § 222 ermöglicht, in jeder Gruppe Beteiligte mit gleicher Rechtsstellung und gleichartigen wirtschaftlichen Interessen zusammenfaßt, hat jeder Beteiligte einen Anspruch darauf, mit den übrigen Beteiligten seiner Gruppe gleichbehandelt zu werden (Absatz 1). In diesen Grenzen wird der Gleichbehandlungsgrundsatz des geltenden Vergleichsrechts übernommen (§ 8 Abs. 1 VerglO; für den Zwangsvergleich im Konkurs § 181 Satz 1 KO; für den Vergleich im Gesamtvollstreckungsverfahren § 16 Abs. 3 Satz 2 GesO). 1

Absatz 2 stellt klar, daß Abweichungen vom Gleichbehandlungsgrundsatz mit Zustimmung der betroffenen Beteiligten zulässig sind. Im Interesse der Rechtsklarheit wird jedoch verlangt, daß in diesem Fall dem Plan die Zustimmungserklärungen der Betroffenen als Anlagen beigefügt werden. Als „betroffen" wird bei unterschiedlichen Leistungen innerhalb einer Gruppe im Grundsatz jeder Gruppenangehörige anzusehen sein; nur wenn einige Beteiligte eindeutig besser gestellt werden als andere, wird lediglich die Zustimmung der Benachteiligten zu verlangen sein. 2

Zulässig ist danach auch, mit Rücksicht auf den Minderheitenschutz jedes Beteiligten (§ 251) eine Barabfindung für Gläubiger vorzusehen, die dem Plan nicht zustimmen. Die gerichtliche Überprüfung, ob diese Barabfindung den nach § 251 gewährleisteten Liquidationswert erreicht, wird dadurch nicht ausgeschlossen.

Absatz 3 enthält das Verbot von Sonderabkommen, das sich in ähnlicher Weise auch im geltenden Recht findet (§ 8 Abs. 3 VerglO; für den Zwangsvergleich im Konkurs § 181 Satz 3 KO). Die Formulierung verdeutlicht zum einen, daß es nur um Abreden geht, die im Zusammenhang mit dem Insolvenzverfahren stehen, zum anderen, daß im Plan offengelegte Vorteilszuwendungen nicht erfaßt werden. 3

§ 227
Haftung des Schuldners

(1) Ist im Insolvenzplan nichts anderes bestimmt, so wird der Schuldner mit der im gestaltenden Teil vorgesehenen Befriedigung der Insolvenzgläubiger von seinen restlichen Verbindlichkeiten gegenüber diesen Gläubigern befreit.

(2) Ist der Schuldner eine Gesellschaft ohne Rechtspersönlichkeit oder eine Kommanditgesellschaft auf Aktien, so gilt Absatz 1 entsprechend für die persönliche Haftung der Gesellschafter.

§ 227 entspricht § 270 Abs. 1, 2 RegEInsO. Der folgende Begründungstext entspricht weitgehend BT-Drs. 12/2443, S. 202, „Zu § 270", und BT-Drs. 12/7302, S. 182, zu Nr. 143 („Zu § 270").

Der Schuldner kann in der Regel nicht erwarten, daß ihm in einem Plan wirtschaftliche Werte aus der Insolvenzmasse zugewiesen werden. Er hat jedoch ein erhebliches Interesse an der Frage, inwieweit er durch den Plan von seinen Verbindlichkeiten gegenüber den Insolvenzgläubigern befreit wird. Absatz 1 stellt dazu klar, daß ein Plan zwar nicht zwangsläufig, wohl aber beim Fehlen einer abweichenden Bestimmung den Schuld- 1 ner insoweit von seinen Verbindlichkeiten gegenüber den Insolvenzgläubigern befreit, als der Plan keine Vorsorge für die Erfüllung dieser Verbindlichkeiten trifft. Sieht der Plan also lediglich vor, daß die Forderungen der Insolvenzgläubiger innerhalb eines Jahres in Höhe von 50 % zu erfüllen sind, so ist nach Absatz 1 daraus zu entnehmen, daß die restlichen 50 % erlassen sein sollen.

2   Zu beachten ist, daß auch der Schuldner das Recht hat, durch einen Plan nicht schlechter gestellt zu werden, als er ohne einen Plan stünde. Ein Plan, dem der Schuldner widerspricht, weil der Plan ihm eine weitergehende Haftung auferlegt, als sie ihn ohne einen Plan treffen würde, darf vom Gericht nicht bestätigt werden (vgl. die §§ 247, 248). Ein Schuldner, der ohne einen Plan Anspruch auf Restschuldbefreiung nach den §§ 286 bis 303 hätte, darf also gegen seinen Willen durch den Plan nicht in geringerem Maße von seinen restlichen Verbindlichkeiten befreit werden.

3   Absatz 2 erstreckt die Regelung des Absatzes 1 auf persönlich haftende Gesellschafter des Schuldners. Wenn der Plan nichts anderes vorsieht, wirkt ein Erlaß von Forderungen gegenüber dem Schuldner auch im Verhältnis zu dessen persönlich haftenden Gesellschaftern. Das entspricht § 109 Abs. 1 Nr. 3 VerglO und § 211 Abs. 2 KO.

§ 228
Änderung sachenrechtlicher Verhältnisse

Sollen Rechte an Gegenständen begründet, geändert, übertragen oder aufgehoben werden, so können die erforderlichen Willenserklärungen der Beteiligten in den gestaltenden Teil des Insolvenzplans aufgenommen werden. Sind im Grundbuch eingetragene Rechte an einem Grundstück oder an eingetragenen Rechten betroffen, so sind diese Rechte unter Beachtung des § 28 der Grundbuchordnung genau zu bezeichnen. Für Rechte, die im Schiffsregister, im Schiffsbauregister oder im Register für Pfandrechte an Luftfahrzeugen eingetragen sind, gilt Satz 2 entsprechend.

§ 228 entspricht § 271 RegEInsO. Der folgende Begründungstext entspricht im wesentlichen BT-Drs. 12/2443, S. 202/203, „Zu § 271".

1   Wer einen Insolvenzplan ausarbeitet, kann sich damit begnügen, in dem Plan lediglich schuldrechtliche Verhältnisse zu regeln, etwa die Stundung von Forderungen. Auch soweit im Plan die Rechte absonderungsberechtigter Gläubiger geregelt werden, ist es möglich, nur schuldrechtliche Wirkungen des Plans vorzusehen. Beispielsweise kann in den Plan aufgenommen werden, daß sich die absonderungsberechtigten Gläubiger verpflichten, ihre Sicherheiten freizugeben, sobald bestimmte Teilbeträge gezahlt worden sind.

2   Die Beteiligten können aber auch daran interessiert sein, die Änderung sachenrechtlicher Verhältnisse unmittelbar zum Gegenstand des Plans zu machen. In diesem Fall haben sie die Möglichkeit, die erforderlichen Willenserklärungen – also z. B. den Verzicht auf ein Pfandrecht (§ 1255 BGB) oder die Einigung über die Übereignung einer beweglichen Sache (§ 929 BGB) – in den gestaltenden Teil des Plans aufzunehmen. Die rechtskräftige Bestätigung des Plans durch das Insolvenzgericht hat dann die Wirkung, daß diese Erklärungen als abgegeben gelten, auch in bezug auf die Beteiligten, die dem Plan nicht zugestimmt haben (§ 254 Abs. 1 Satz 2, 3). Hängt der Eintritt der Rechtsänderung von zusätzlichen tatsächlichen Voraussetzungen ab – etwa von der Übergabe einer beweglichen Sache –, so können diese durch den Plan nicht ersetzt werden; sie sind gesondert herbeizuführen.

Bei Grundstücksgeschäften im Sinne des § 873 BGB können demnach die Einigung und die Eintragungsbewilligung (§ 19 GBO) in den gestaltenden Teil des Plans aufgenommen und durch die rechtskräftige Bestätigung des Plans ersetzt werden; die Rechtsänderung tritt aber erst mit der Eintragung im Grundbuch ein, die anschließend zu beantragen ist. Hierzu wird in Satz 2 ergänzend vorgeschrieben, daß die vom Plan betroffenen Grundstücksrechte so genau zu bezeichnen sind, daß die Eintragung der Rechtsänderung im Grundbuch keine Schwierigkeiten bereitet. Wird diese Vorschrift nicht beachtet, hat das Insolvenzgericht den Plan zurückzuweisen (§ 231 Abs. 1 Nr. 1). – Die Regelungen, die in der Vorschrift für dingliche Rechte getroffen werden, gelten entsprechend für Vormerkungen, die einen Anspruch auf Eintragung oder Aufhebung eines solchen Rechts sichern.

Im Zusammenhang mit Satz 2 steht eine Änderung des § 925 Abs. 1 Satz 3 BGB, die im Rahmen des Einführungsgesetzes zur Insolvenzordnung vorgenommen worden ist. Es wird ermöglicht, die Auflassung in einem Insolvenzplan zu erklären.

Eine Regelung dinglicher Rechtsverhältnisse im Insolvenzplan wird regelmäßig im Zusammenhang stehen mit einer Neubestimmung der Rechte der absonderungsberechtigten Gläubiger (§ 223). Möglich ist aber auch, daß den Insolvenzgläubigern dingliche Rechtspositionen eingeräumt werden sollen, beispielsweise daß ihre Forderungen im Plan gekürzt, für die gekürzten Forderungen aber Sicherheiten bestellt werden sollen.

§ 229
Vermögensübersicht. Ergebnis- und Finanzplan

Sollen die Gläubiger aus den Erträgen des vom Schuldner oder von einem Dritten fortgeführten Unternehmens befriedigt werden, so ist dem Insolvenzplan eine Vermögensübersicht beizufügen, in der die Vermögensgegenstände und die Verbindlichkeiten, die sich bei einem Wirksamwerden des Plans gegenüberstünden, mit ihren Werten aufgeführt werden. Ergänzend ist darzustellen, welche Aufwendungen und Erträge für den Zeitraum, während dessen die Gläubiger befriedigt werden sollen, zu erwarten sind und durch welche Abfolge von Einnahmen und Ausgaben die Zahlungsfähigkeit des Unternehmens während dieses Zeitraums gewährleistet werden soll.

§ 229 entspricht § 273 RegEInsO. Der folgende Begründungstext entspricht BT-Drs. 12/2443, S. 203, „Zu § 273".

Bei einem Plan, der die Sanierung eines Unternehmens zum Gegenstand hat und nach dem die Verbindlichkeiten ganz oder zum Teil aus den künftigen Erträgen des Unternehmens erfüllt werden sollen, sind die Gläubiger besonders daran interessiert, Grundlagen für die Beurteilung der künftigen wirtschaftlichen Entwicklung des Unternehmens zu erhalten. Für diesen Fall wird daher zunächst vorgeschrieben, daß in Form einer Vermögensübersicht dargestellt wird, welche Aktiva und welche Passiva sich im Falle einer Bestätigung des Plans gegenüberstünden. Darüber hinaus sollen die Gläubiger für den vorgesehenen Befriedigungszeitraum in einem Ergebnisplan über die zu erwartenden Aufwendungen und Erträge und in einem Finanzplan über die zeitliche Abfolge von Einnahmen und Ausgaben zur Gewährleistung der Liquidität des Unternehmens unterrichtet werden.

§ 230
Weitere Anlagen

(1) Ist im Insolvenzplan vorgesehen, daß der Schuldner sein Unternehmen fortführt, und ist der Schuldner eine natürliche Person, so ist dem Plan die Erklärung des Schuldners beizufügen, daß er zur Fortführung des Unternehmens auf der Grundlage des Plans bereit ist. Ist der Schuldner eine Gesellschaft ohne Rechtspersönlichkeit oder eine Kommanditgesellschaft auf Aktien, so ist dem Plan eine entsprechende Erklärung der persönlich haftenden Gesellschafter beizufügen. Die Erklärung des Schuldners nach Satz 1 ist nicht erforderlich, wenn dieser selbst den Plan vorlegt.

(2) Sollen Gläubiger Anteils- oder Mitgliedschaftsrechte oder Beteiligungen an einer juristischen Person, einem nicht rechtsfähigen Verein oder einer Gesellschaft ohne Rechtspersönlichkeit übernehmen, so ist dem Plan die zustimmende Erklärung eines jeden dieser Gläubiger beizufügen.

(3) Hat ein Dritter für den Fall der Bestätigung des Plans Verpflichtungen gegenüber den Gläubigern übernommen, so ist dem Plan die Erklärung des Dritten beizufügen.

§ 230 entspricht § 274 RegEInsO. Der folgende Begründungstext entspricht im wesentlichen BT-Drs. 12/2443, S. 203/204, „Zu § 274".

1 In besonderen Fällen können weitere Anlagen zum Plan erforderlich sein (vgl. auch § 226 Abs. 2).

Daß die Gläubiger über eine Fortführung des Unternehmens durch eine natürliche Person oder durch eine Gesellschaft mit persönlich haftenden Gesellschaftern entscheiden, ist nicht sinnvoll, solange nicht feststeht, daß die Bereitschaft besteht, die persönliche Haftung für die Fortführung des Unternehmens zu übernehmen. Absatz 1 schreibt daher vor, daß in einem solchen Fall dem Plan eine entsprechende Erklärung des Schuldners oder der persönlich haftenden Gesellschafter beizufügen ist.

Dabei ist die Erklärung des Schuldners entbehrlich, wenn dieser selbst den Plan vorlegt (Satz 3); für die persönlich haftenden Gesellschafter gilt diese Ausnahme nicht.

2 Es wird nicht verlangt, daß die Gesellschafter einer Gesellschaft, die durch die Eröffnung des Insolvenzverfahrens aufgelöst worden ist, aber nach dem Inhalt des Plans fortgeführt werden soll, bereits vor der Zustimmung der Gläubiger zum Plan einen Beschluß über die Fortsetzung der Gesellschaft fassen. Insoweit wird die Rechtslage übernommen, die nach geltendem Recht für die Gesellschaften des Handelsrechts beim Zwangsvergleich im Konkurs besteht: Die Gesellschaften werden durch die Konkurseröffnung aufgelöst, können aber nach einem Zwangsvergleich durch Beschluß der Gesellschafter fortgesetzt werden (vgl. insbesondere für die OHG § 131 Nr. 3, § 144 Abs. 1 HGB; für die AG § 262 Abs. 1 Nr. 3, § 274 Abs. 1, 2 Nr. 1 AktG; für die GmbH § 60 Abs. 1 Nr. 4 GmbHG). Im Plan kann aber vorgesehen werden, daß er nur wirksam werden soll, wenn ein solcher Fortsetzungsbeschluß gefaßt wird; in diesem Fall darf das Gericht den Plan erst nach dem Fortsetzungsbeschluß bestätigen (vgl. § 249). Die Gesellschafter können sich auch vertraglich verpflichten, im Falle der Annahme eines Plans durch die Gläubiger die Fortsetzung der Gesellschaft zu beschließen; wird eine solche Abrede verletzt, so kann eine Schadensersatzpflicht entstehen.

Keinem Gläubiger sollen gegen seinen Willen Anteils- oder Mitgliedschaftsrechte oder Beteiligungen anstelle einer Befriedigung in Geld aufgedrängt werden. Mit dem Einverständnis aller Betroffenen kann eine derartige Regelung aber in den Plan aufgenommen werden. Um vor der Abstimmung über einen solchen Plan Klarheit über die erforderliche Bereitschaft der Gläubiger zu schaffen, sieht Absatz 2 vor, daß eine Erklärung jedes einzelnen betroffenen Gläubigers dem Plan als Anlage beizufügen ist. 3

Absatz 3 schließlich betrifft den Fall, daß ein Dritter zu Leistungen an die Gläubiger bereit ist. Es kann sich z. B. um einen Verwandten des Schuldners handeln, der diesem helfen will. Wenn der Schuldner keine natürliche Person ist, kann die Muttergesellschaft zu Zugeständnissen an die Gläubiger bereit sein. Der Plan kann vorsehen, daß ein Dritter, der das Unternehmen fortführen will, die Gläubiger befriedigen soll. In all diesen Fällen dient es der vollständigen Unterrichtung der Gläubiger, wenn die Erklärung des Dritten dem Plan als Anlage beigefügt wird, so daß ihre genaue Tragweite von jedem interessierten Gläubiger beurteilt werden kann. 4

Die Vorschrift schließt nicht aus, daß ein Dritter noch nachträglich, etwa im Zusammenhang mit dem Erörterungstermin, Verpflichtungen gegenüber den Gläubigern übernimmt (vgl. § 257 Abs. 2). Liegt die Verpflichtungserklärung des Dritten jedoch bereits vor, bevor der Plan eingereicht wird, und nimmt der Plan auf sie Bezug, so ist sie dem Plan beizufügen.

§ 231
Zurückweisung des Plans

(1) Das Insolvenzgericht weist den Insolvenzplan vom Amts wegen zurück,

1. wenn die Vorschriften über das Recht zur Vorlage und den Inhalt des Plans nicht beachtet sind und der Vorlegende den Mangel nicht beheben kann oder innerhalb einer angemessenen, vom Gericht gesetzten Frist nicht behebt,

2. wenn ein vom Schuldner vorgelegter Plan offensichtlich keine Aussicht auf Annahme durch die Gläubiger oder auf Bestätigung durch das Gericht hat oder

3. wenn die Ansprüche, die den Beteiligten nach dem gestaltenden Teil eines vom Schuldner vorgelegten Plans zustehen, offensichtlich nicht erfüllt werden können.

(2) Hatte der Schuldner in dem Insolvenzverfahren bereits einen Plan vorgelegt, der von den Gläubigern abgelehnt, vom Gericht nicht bestätigt oder vom Schuldner nach der öffentlichen Bekanntmachung des Erörterungstermins zurückgezogen worden ist, so hat das Gericht einen neuen Plan des Schuldners zurückzuweisen, wenn der Insolvenzverwalter mit Zustimmung des Gläubigerausschusses, wenn ein solcher bestellt ist, die Zurückweisung beantragt.

(3) Gegen den Beschluß, durch den der Plan zurückgewiesen wird, steht dem Vorlegenden die sofortige Beschwerde zu.

§ 231 übernimmt in veränderter Fassung § 275 RegEInsO. Der folgende Begründungstext beruht weitgehend auf BT-Drs. 12/2443, S. 204, „Zu § 275", und BT-Drs. 12/7302, S. 182/183, zu Nr. 145 („Zu § 275").

1 Die Vorschrift verlangt eine Vorprüfung des vom Schuldner vorgelegten Plans durch das Insolvenzgericht. Die gesetzlichen Bestimmungen über das Vorlagerecht (§ 218) und den Inhalt des Plans (§§ 219 bis 230) müssen beachtet sein; beispielsweise müssen die im Plan vorgesehenen Gruppen der Gläubiger nach sachgerechten, im Plan angegebenen Kriterien voneinander abgegrenzt sein (§ 222 Abs. 2). Bei behebbaren Mängeln hat das Gericht zunächst Gelegenheit zur Beseitigung der Mängel zu geben (Absatz 1 Nr. 1). Zurückzuweisen ist ein Plan auch dann, wenn offensichtlich keine Aussicht besteht, daß die Voraussetzungen für das Wirksamwerden des Plans erfüllt werden (Absatz 1 Nr. 2). Dies kann z. B. der Fall sein, wenn der Schuldner einen Plan vorlegt, der ihm die Fortführung des Unternehmens ermöglicht, wenn sich aber eine Gläubigerversammlung bereits mit großer Mehrheit gegen eine Fortführung des Unternehmens durch den Schuldner ausgesprochen hat. Ferner ist ein vom Schuldner vorgelegter Plan zurückzuweisen, der nach der Vermögenslage des Schuldners und den sonstigen Umständen des Falles offensichtlich nicht erfüllt werden kann (Absatz 1 Nr. 3). Hierbei ist in erster Linie an den Fall zu denken, daß der Schuldner einen Plan vorlegt, in dem er zur Abwendung der Einzelverwertung seines Vermögens den Gläubigern Leistungen zusagt, von denen bei objektiver Betrachtung feststeht, daß sie nicht erbracht werden können. Einen Plan, der dem Schuldner nicht einmal das Existenzminimum läßt, hat das Gericht zurückzuweisen. Sowohl in der Nummer 2 wie in der Nummer 3 des Absatzes 1 wird durch das Wort „offensichtlich" zum Ausdruck gebracht, daß nur in eindeutigen Fällen von der Befugnis zur Zurückweisung Gebrauch gemacht werden darf; andernfalls würde das Gericht der Entscheidung der Gläubiger in ungerechtfertigter Weise vorgreifen.

2 Bei einem vom Verwalter vorgelegten Plan kann davon ausgegangen werden, daß er nicht offensichtlich aussichtslos oder unerfüllbar ist; eine Vorprüfung durch das Gericht ist insoweit nicht erforderlich.

3 Absatz 2 zielt darauf ab zu vermeiden, daß die Regelung des § 218 zur Verfahrensverschleppung mißbraucht wird. Wenn das dort geregelte Recht des Schuldners, einen Plan vorzulegen, zum zweiten Male ausgeübt wird, hat das Gericht diesen Plan zurückzuweisen, wenn der Insolvenzverwalter und der Gläubigerausschuß es übereinstimmend verlangen. Die Regelung lehnt sich inhaltlich eng an § 176 KO an, der das Recht des Gemeinschuldners zur wiederholten Vorlage eines Zwangsvergleichsvorschlags einschränkt.

4 Wegen der Bedeutung der Entscheidung über die Zurückweisung des Plans sieht Absatz 3 die Statthaftigkeit der sofortigen Beschwerde vor.

§ 232
Stellungnahmen zum Plan

(1) Wird der Insolvenzplan nicht zurückgewiesen, so leitet das Insolvenzgericht ihn zur Stellungnahme zu:

1. dem Gläubigerausschuß, wenn ein solcher bestellt ist, dem Betriebsrat und dem Sprecherausschuß der leitenden Angestellten;

2. dem Schuldner, wenn der Insolvenzverwalter den Plan vorgelegt hat;

3. dem Verwalter, wenn der Schuldner den Plan vorgelegt hat.

(2) Das Gericht kann auch der für den Schuldner zuständigen amtlichen Berufsvertretung der Industrie, des Handels, des Handwerks oder der Landwirtschaft oder anderen sachkundigen Stellen Gelegenheit zur Äußerung geben.

(3) Das Gericht bestimmt eine Frist für die Abgabe der Stellungnahmen.

§ 232 übernimmt in veränderter Fassung § 276 RegEInsO. Der folgende Begründungstext entspricht im wesentlichen BT-Drs. 12/2443, S. 204, „Zu § 276", und BT-Drs. 12/7302, S. 183, zu Nr. 146 („Zu § 276").

Die Stellungnahmen, die nach dieser Vorschrift einzuholen sind oder eingeholt werden können, sollen die Entscheidung der Beteiligten über den Plan vorbereiten. Die Regelung lehnt sich zum Teil an das geltende Recht an (vgl. § 177 KO: Stellungnahme des Gläubigerausschusses zum Zwangsvergleichsvorschlag; § 14 VerglO: Anhörung der Berufsvertretung).

Durch Absatz 3 soll Verfahrensverzögerungen entgegengewirkt werden.

§ 233
Aussetzung von Verwertung und Verteilung

Soweit die Durchführung eines vorgelegten Insolvenzplans durch die Fortsetzung der Verwertung und Verteilung der Insolvenzmasse gefährdet würde, ordnet das Insolvenzgericht auf Antrag des Schuldners oder des Insolvenzverwalters die Aussetzung der Verwertung und Verteilung an. Das Gericht sieht von der Aussetzung ab oder hebt sie auf, soweit mit ihr die Gefahr erheblicher Nachteile für die Masse verbunden ist oder soweit der Verwalter mit Zustimmung des Gläubigerausschusses oder der Gläubigerversammlung die Fortsetzung der Verwertung und Verteilung beantragt.

§ 233 übernimmt in veränderter Fassung § 277 RegEInsO. Der folgende Begründungstext entspricht weitgehend BT-Drs. 12/2443, S. 204/205, „Zu § 277", und BT-Drs. 12/7302, S. 183, zu Nr. 147 („Zu § 277").

Das Recht des Schuldners und auch des Insolvenzverwalters (vgl. hierzu aber Rdnr. 4) zur Vorlage eines Plans würde ausgehöhlt, wenn der Verwalter die Verwertung und Verteilung der Insolvenzmasse stets ohne Rücksicht auf den vorgelegten Plan fortsetzen müßte (vgl. die §§ 159, 196 Abs. 1). Dem Plan könnte durch den Fortgang der Verwertung die tatsächliche Grundlage entzogen werden, schon bevor die Gläubiger Gelegenheit hatten, über die Annahme des Plans zu entscheiden. Dem Schuldner und dem Verwalter wird daher in Absatz 1 Satz 1 das Recht eingeräumt, eine Anordnung des Insolvenzgerichts über die Aussetzung der Verwertung und Verteilung zu beantragen. **1**

Auf der anderen Seite besteht die Gefahr, daß eine solche Aussetzung das Insolvenzverfahren zum Nachteil vieler Beteiligter erheblich verzögert. Bis zum Abstimmungstermin, der Klarheit über die Annahme des Plans bringt, wird regelmäßig erhebliche Zeit vergehen. Hätte die Vorlage eines Plans stets die Aussetzung der Verwertung und Verteilung zur Folge, so könnte z. B. der Schuldner eine bereits ausgehandelte, für die Gläubiger günstige Unternehmensveräußerung durch die Vorlage eines Fortführungsplans für beträchtliche Zeit blockieren und dadurch möglicherweise ganz zum Scheitern bringen. In Absatz 1 Satz 2 ist daher vorgesehen, daß die Aussetzung nicht angeordnet wird, wenn sie mit der Gefahr solcher Nachteile verbunden wäre. Die Anordnung soll außerdem unterbleiben oder wieder aufgehoben werden, wenn der Verwalter mit Zustimmung des Gläubigerausschusses oder der Gläubigerversammlung – die unter den Voraussetzungen des § 75 kurzfristig einzuberufen ist – einen entsprechenden Antrag stellt. Wenn der Verwalter und ein Organ der Gläubiger übereinstimmend **2** der Auffassung sind, daß die Verwertung und die Verteilung nicht länger aufgeschoben werden sollten, hat das Gericht dieser Auffassung zu folgen.

3   Das geltende Recht regelt die parallele Problematik, inwieweit ein Zwangsvergleichsvorschlag des Schuldners im Konkurs zur Aussetzung der Verwertung führt, in etwas komplizierterer Weise: Bevor ein Zwangsvergleichsvorschlag erledigt ist, darf der Konkursverwalter Gegenstände der Konkursmasse grundsätzlich nur mit Zustimmung des Gläubigerausschusses veräußern (§ 133 Nr. 1 KO). Vor der Beschlußfassung des Gläubigerausschusses hat der Verwalter den Schuldner zu unterrichten, und dieser kann beim Konkursgericht beantragen, die Veräußerung bis zur Entscheidung einer Gläubigerversammlung vorläufig zu untersagen (§ 135 KO). Das Gericht kann auf Antrag des Schuldners die Aussetzung einer Abschlagsverteilung anordnen, wenn ein Zwangsvergleichsvorschlag vorgelegt worden ist (§ 160 KO). Hat jedoch der Gläubigerausschuß den Vergleichsvorschlag allgemein nicht für annehmbar erklärt, so ist der Widerspruch des Schuldners gegen die Verwertung nicht zu berücksichtigen (§ 177 Abs. 2 KO).

4   Kein Anlaß für eine besondere Aussetzungsanordnung des Gerichts besteht in dem Fall, daß der Verwalter selbst im Auftrag der Gläubigerversammlung einen Insolvenzplan ausarbeitet (vgl. § 157). Denn die Pflicht des Verwalters zur zügigen Verwertung der Insolvenzmasse ist den Beschlüssen der Gläubigerversammlung untergeordnet (vgl. § 159). Der Verwalter, der mit der Ausarbeitung eines Plans beauftragt ist, hat also ohne eine Anordnung des Gerichts darauf zu achten, daß er die Durchführbarkeit des Plans nicht durch Verwertungshandlungen gefährdet. Für die Verteilung der Masse gilt Entsprechendes.

§ 234
Niederlegung des Plans

Der Insolvenzplan ist mit seinen Anlagen und den eingegangenen Stellungnahmen in der Geschäftsstelle zur Einsicht der Beteiligten niederzulegen.

§ 234 entspricht § 278 RegEInsO. Der folgende Begründungstext entspricht BT-Drs. 12/2443, S. 205, „Zu § 278".

Die Niederlegung des Plans in der Geschäftsstelle des Gerichts ermöglicht es allen Beteiligten, sich über den Inhalt des Plans genau zu unterrichten. Eine Übersendung des vollständigen Plans an alle Beteiligten wäre in vielen Fällen zu aufwendig; sie kann daher zwar im Einzelfall erfolgen, soll jedoch nicht generell vorgeschrieben werden.

ZWEITER ABSCHNITT
Annahme und Bestätigung des Plans

§ 235
Erörterungs- und Abstimmungstermin

(1) Das Insolvenzgericht bestimmt einen Termin, in dem der Insolvenzplan und das Stimmrecht der Gläubiger erörtert werden und anschließend über den Plan abgestimmt wird (Erörterungs- und Abstimmungstermin). Der Termin soll nicht über einen Monat hinaus angesetzt werden.

(2) Der Erörterungs- und Abstimmungstermin ist öffentlich bekanntzumachen. Dabei ist darauf hinzuweisen, daß der Plan und die eingegangenen Stellungnahmen in der Geschäftsstelle eingesehen werden können.

(3) Die Insolvenzgläubiger, die Forderungen angemeldet haben, die absonderungsberechtigten Gläubiger, der Insolvenzverwalter, der Schuldner, der Betriebsrat und der Sprecherausschuß der leitenden Angestellten sind besonders zu laden. Mit der Ladung ist ein Abdruck des Plans oder eine Zusammenfassung seines wesentlichen Inhalts, die der Vorlegende auf Aufforderung einzureichen hat, zu übersenden.

§ 235 übernimmt in veränderter Fassung § 279 RegEInsO. Der folgende Begründungstext beruht weitgehend auf BT-Drs. 12/2443, S. 206, „Zu § 279", und BT-Drs. 12/7302, S. 183, zu Nr. 148 („Zu § 279").

Die Einzelheiten über die Anberaumung des Erörterungs- und Abstimmungstermins, dessen Bekanntmachung und die Ladung der Beteiligten sind in Anlehnung an § 179 KO geregelt (vgl. auch § 66 VerglO). Der Kreis der zu Ladenden ist allerdings gegenüber dem geltenden Recht des Zwangsvergleichs ausgeweitet (Absatz 3): Da im Plan die Rechte aller Insolvenzgläubiger und zusätzlich die Rechte der absonderungsberechtigten Gläubiger geregelt werden können, sind alle diese Gläubiger zum Termin zu laden. Weiter erscheint es zweckmäßig, daß bei Unternehmen, die einen Betriebsrat und einen Sprecherausschuß der leitenden Angestellten besitzen, im Termin die Standpunkte dieser Gremien geäußert werden können. 1

Durch Absatz 3 Satz 2 wird klargestellt, daß entweder die Mitteilung des wesentlichen Inhalts des Plans oder ein Abdruck des Plans übersandt werden kann (ebenso bei § 252); vgl. auch § 234 und die Begründung zu dieser Vorschrift. 2

Ferner wird durch Absatz 3 Satz 2 klargestellt, daß die Zusammenfassung des wesentlichen Inhalts des Plans nicht Aufgabe des Insolvenzgerichts, sondern Aufgabe des Vorlegenden ist.

Der Termin dient der Erläuterung des Plans durch den Insolvenzverwalter oder, wenn der Schuldner den Plan vorgelegt hat, durch diesen. Verhandlungen über eine inhaltliche Änderung des Plans werden ermöglicht. Weiter wird in diesem Termin das Stimmrecht der Gläubiger festgelegt. Insgesamt schafft der Erörterungstermin die Grundlagen für die endgültige Entscheidung des Beteiligten. 3

§ 236
Verbindung mit dem Prüfungstermin

Der Erörterungs- und Abstimmungstermin darf nicht vor dem Prüfungstermin stattfinden. Beide Termine können jedoch verbunden werden.

§ 236 entspricht im wesentlichen § 280 RegEInsO. Der folgende Begründungstext entspricht im wesentlichen BT-Drs. 12/2443, S. 206, „Zu § 280", und BT-Drs. 12/7302, S. 183, zu Nr. 149 („Zu den §§ 280, 282, 283").

Durch die Vorlage eines Insolvenzplans wird die Prüfung und Feststellung der Insolvenzforderungen nicht entbehrlich. Die Ergebnisse des Prüfungstermins bilden vielmehr eine wichtige Grundlage für die Schätzung des Gesamtumfangs der Verbindlichkeiten des Schuldners und damit für die Beurteilung, ob die im Plan vorgesehene Gestaltung 1 der Rechte der Beteiligten sachgerecht ist. Die Festsetzung des Stimmrechts für die Abstimmung über den Plan wird durch die Prüfung der Forderungen erleichtert. Aus diesen Gründen wird in Satz 1 vorgeschrieben, daß der Termin, in dem der Plan erörtert wird, nicht vor dem Prüfungstermin stattfinden darf.

2 Im Interesse einer zügigen Durchführung des Insolvenzverfahrens wird jedoch in Satz 2 ausdrücklich darauf hingewiesen, daß der Erörterungs- und Abstimmungstermin mit dem Prüfungstermin verbunden werden kann; dies setzt freilich voraus, daß der Plan rechtzeitig vor dem Prüfungstermin vorgelegt worden ist. Im Einzelfall kann sogar eine Verbindung beider Termine mit dem Berichtstermin möglich sein (vgl. § 29 Abs. 2). Insbesondere gilt dies in dem Fall, daß der Schuldner schon bei der Stellung des Antrags auf Eröffnung des Insolvenzverfahrens einen Plan vorlegt.

3 Das geltende Recht des Zwangsvergleichs im Konkurs kennt eine ähnliche Regelung: Nach § 173 KO kann ein Zwangsvergleich erst geschlossen werden, wenn der allgemeine Prüfungstermin abgehalten worden ist, und nach § 180 KO kann der Vergleichstermin auf Antrag mit dem allgemeinen Prüfungstermin verbunden werden (ähnlich § 16 Abs. 2, 4 Satz 2 für den Vergleich im Gesamtvollstreckungsverfahren).

§ 237
Stimmrecht der Insolvenzgläubiger

(1) Für das Stimmrecht der Insolvenzgläubiger bei der Abstimmung über den Insolvenzplan gilt § 77 Abs. 1 Satz 1, Abs. 2 und 3 Nr. 1 entsprechend. Absonderungsberechtigte Gläubiger sind nur insoweit zur Abstimmung als Insolvenzgläubiger berechtigt, als ihnen der Schuldner auch persönlich haftet und sie auf die abgesonderte Befriedigung verzichten oder bei ihr ausfallen; solange der Ausfall nicht feststeht, sind sie mit dem mutmaßlichen Ausfall zu berücksichtigen.

(2) Gläubiger, deren Forderungen durch den Plan nicht beeinträchtigt werden, haben kein Stimmrecht.

§ 237 entspricht im wesentlichen § 281 RegEInsO. Der folgende Begründungstext entspricht im wesentlichen BT-Drs. 12/2443, S. 206/207, „Zu § 281".

1 Für das Stimmrecht der Insolvenzgläubiger bei der Abstimmung über den Plan gelten zunächst die Grundsätze für das Stimmrecht in der Gläubigerversammlung entsprechend (Absatz 1 Satz 1): Angemeldete Forderungen, die weder vom Insolvenzverwalter noch von einem anderen Gläubiger bestritten worden sind, gewähren ohne weiteres ein Stimmrecht; ein Bestreiten durch den Schuldner ist unerheblich. Gläubiger mit Forderungen, die vom Verwalter oder von einem Gläubiger bestritten werden, sind stimmberechtigt, soweit sich der Verwalter und die im Erörterungstermin erschienenen Gläubiger über das Stimmrecht einigen; hilfsweise entscheidet das Insolvenzgericht über das Stimmrecht. Diese Regelung gilt entsprechend für aufschiebend bedingte Forderungen.

2 Wenn nach dem Inhalt des Plans ausnahmsweise auch eine Abstimmung nachrangiger Insolvenzgläubiger in Betracht kommt (vgl. § 246), ist auch für diese Gläubiger nach den beschriebenen Grundsätzen das Stimmrecht festzustellen.

3 Bei der Abstimmung der absonderungsberechtigten Gläubiger über einen Plan ist zwischen dem gesicherten Teil der Forderung zu unterscheiden, mit dem der Gläubiger als Absonderungsberechtigter nach § 238 stimmberechtigt ist, und der Ausfallforderung, mit der er bei den Insolvenzgläubigern abstimmen kann. Solange der Ausfall noch

ungewiß ist und der Gläubiger auch nicht auf die abgesonderte Befriedigung verzichtet hat, ist der mutmaßliche Ausfall zu berücksichtigen; notfalls entscheidet das Insolvenzgericht (vgl. die entsprechenden Regelungen in § 96 Abs. 1 KO und § 27 Abs. 1, § 71 Abs. 3 VerglO). Hängt die Höhe des Ausfalls davon ab, ob das Unternehmen fortgeführt oder stillgelegt wird, so ist von der Hypothese auszugehen, die dem Plan zugrunde liegt, der zur Abstimmung gestellt wird. Bei einem Sanierungsplan ist für die Berechnung der Ausfallforderungen der absonderungsberechtigten Gläubiger also der Fortführungswert der Sicherheiten zugrunde zu legen.

Absatz 2 übernimmt den Grundsatz des § 72 Abs. 1 VerglO, daß nicht beeinträchtigte Gläubiger kein Stimmrecht haben. Sieht der Plan beispielsweise vor, daß die Kapitalforderungen der ungesicherten Kleingläubiger (bis zu einer bestimmten Höhe der Forderung) ohne Stundung voll erfüllt werden sollen, so haben diese Gläubiger, was diese Kapitalforderungen angeht, kein Stimmrecht bei der Abstimmung über den Plan. 4

Kein Gegenstück in der Insolvenzordnung hat die Regelung des geltenden Vergleichs- und Zwangsvergleichsrechts, nach der die Zustimmung des Ehegatten des Schuldners bei der Berechnung der erforderlichen Stimmenmehrheiten außer Betracht bleibt (§ 183 KO; § 75 VerglO). Die Zurücksetzung des Ehegatten ist in dieser Form verfassungsrechtlich bedenklich. Die besondere Interessenlage des Ehegatten des Schuldners und anderer ihm nahestehender Personen kann nach der Insolvenzordnung bei der Gruppenbildung berücksichtigt werden (vgl. etwa Rdnr. 2 der Begründung zu § 222). 5

§ 238
Stimmrecht der absonderungsberechtigten Gläubiger

(1) Soweit im Insolvenzplan auch die Rechtsstellung absonderungsberechtigter Gläubiger geregelt wird, sind im Termin die Rechte dieser Gläubiger einzeln zu erörtern. Ein Stimmrecht gewähren die Absonderungsrechte, die weder vom Insolvenzverwalter noch von einem absonderungsberechtigten Gläubiger noch von einem Insolvenzgläubiger bestritten werden. Für das Stimmrecht bei streitigen, aufschiebend bedingten oder nicht fälligen Rechten gelten die §§ 41, 77 Abs. 2, 3 Nr. 1 entsprechend.

(2) § 237 Abs. 2 gilt entsprechend.

§ 238 entspricht im wesentlichen § 282 RegEInsO. Der folgende Begründungstext entspricht im wesentlichen BT-Drs. 12/2443, S. 207, „Zu § 282", und BT-Drs. 12/7302, S. 183, zu Nr. 149 („Zu den §§ 280, 282, 283").

Für das Stimmrecht der absonderungsberechtigten Gläubiger gelten entsprechende Grundsätze wie für das Stimmrecht der Insolvenzgläubiger.

Zu beachten ist, daß die Ausfallforderungen der absonderungsberechtigten Gläubiger hier außer Betracht bleiben; auf Rdnr. 3 der Begründung zu § 237 Abs. 1 Satz 2 wird verwiesen.

§ 239
Stimmliste

Der Urkundsbeamte der Geschäftsstelle hält in einem Verzeichnis fest, welche Stimmrechte den Gläubigern nach dem Ergebnis der Erörterung im Termin zustehen.

§ 239 entspricht im wesentlichen § 283 RegEInsO. Der folgende Begründungstext entspricht BT-Drs. 12/2443, S. 207, „Zu § 283 ", und BT-Drs. 12/7302, S. 183, zu Nr. 149 („Zu den §§ 280, 282, 283 ").

Die Aufstellung einer besonderen Stimmliste durch den Urkundsbeamten der Geschäftsstelle entspricht einer Praxis, die sich zu § 71 Abs. 4 VerglO herausgebildet hat.

§ 240
Änderung des Plans

Der Vorlegende ist berechtigt, einzelne Regelungen des Insolvenzplans auf Grund der Erörterung im Termin inhaltlich zu ändern. Über den geänderten Plan kann noch in demselben Termin abgestimmt werden.

§ 240 übernimmt in veränderter Fassung § 284 Abs. 1 RegEInsO. Der folgende Begründungstext beruht auf BT-Drs. 12/2443, S. 207, „Zu § 284", und BT-Drs. 12/7302, S. 183, zu Nr. 150 („Zu § 284").

Es ist ein Ziel des Erörterungstermins, dem Vorlegenden zu ermöglichen, den Plan auf Grund der Verhandlungen im Termin zu ändern. Allerdings darf der zügige Fortgang des Verfahrens dadurch nicht gefährdet werden.

In § 240 wird deshalb vorgesehen, daß eine Änderung des Plans aufgrund der Erörterung im Termin die Abstimmung noch in demselben Termin grundsätzlich nicht ausschließt. Allerdings dürfen nur „einzelne Regelungen" des Plans geändert werden, der Kern muß erhalten bleiben. Das Gericht kann einen gesonderten Abstimmungstermin bestimmen (§ 241).

§ 241
Gesonderter Abstimmungstermin

(1) Das Insolvenzgericht kann einen gesonderten Termin zur Abstimmung über den Insolvenzplan bestimmen. In diesem Fall soll der Zeitraum zwischen dem Erörterungstermin und dem Abstimmungstermin nicht mehr als einen Monat betragen.

(2) Zum Abstimmungstermin sind die stimmberechtigten Gläubiger und der Schuldner zu laden. Im Falle einer Änderung des Plans ist auf die Änderung besonders hinzuweisen.

§ 241 übernimmt in veränderter Fassung § 285 RegEInsO. Der folgende Begründungstext entspricht weitgehend BT-Drs. 12/2443, S. 207, „Zu § 285", und BT-Drs. 12/7302, S. 183, zu Nr. 151 („Zu § 285").

Durch Absatz 1 wird darauf hingewirkt, daß Erörterungstermin und Abstimmungstermin – wenn sie entgegen § 235 getrennt werden – ohne großen zeitlichen Abstand aufeinanderfolgen.

Zum Abstimmungstermin brauchen nach Absatz 2 Satz 1 nicht alle die Beteiligten geladen zu werden, die zum Erörterungs- und Abstimmungstermin nach § 235 zu laden sind (vgl. § 235 Abs. 3), sondern nur die stimmberechtigten Gläubiger und der Schuldner. Wenn die Absonderungsberechtigten durch den Plan nicht in ihren Rechten berührt werden, sind sie nicht zum Abstimmungstermin zu laden. Der Insolvenzverwalter und der Betriebsrat brauchen generell nicht geladen zu werden. Der Schuldner ist zu laden, da dieser das Recht hat, im Abstimmungstermin dem Plan durch Erklärung zu Protokoll zu widersprechen (vgl. § 247 Abs. 1).

Wird der Plan auf Grund des Erörterungstermins geändert, so sind die stimmberechtigten Gläubiger und der Schuldner besonders darauf hinzuweisen (Absatz 2 Satz 2). Dieser Hinweis kann regelmäßig mit der Ladung zum Abstimmungstermin und der Übersendung des Stimmzettels (§ 242) verbunden werden.

Auch im gesonderten Abstimmungstermin kann der Plan noch erörtert werden, soweit dies – z. B. wegen Änderungen des Plans – erforderlich ist.

§ 242
Schriftliche Abstimmung

(1) Ist ein gesonderter Abstimmungstermin bestimmt, so kann das Stimmrecht schriftlich ausgeübt werden.

(2) Das Insolvenzgericht übersendet den stimmberechtigten Gläubigern nach dem Erörterungstermin den Stimmzettel und teilt ihnen dabei ihr Stimmrecht mit. Die schriftliche Stimmabgabe wird nur berücksichtigt, wenn sie dem Gericht spätestens am Tag vor dem Abstimmungstermin zugegangen ist; darauf ist bei der Übersendung des Stimmzettels hinzuweisen.

§ 242 übernimmt mit Änderungen § 287 RegEInsO. Der folgende Begründungstext entspricht im wesentlichen BT-Drs. 12/2443, S. 207/208, „Zu § 287", und BT-Drs. 12/7302, S. 183, zu Nr. 153 („Zu § 287").

Eine schriftliche Ausübung des Stimmrechts ist nach geltendem Recht beim Zwangsvergleich im Konkurs nicht möglich. Die Vergleichsordnung läßt sie in eingeschränktem Umfang zu: § 73 VerglO erlaubt die schriftliche Zustimmung zu einem Vergleichsvorschlag, sieht jedoch eine schriftliche Ablehnung nicht vor.

Die Insolvenzordnung läßt die schriftliche Abstimmung zu, wenn dem Abstimmungstermin ein gesonderter Erörterungstermin vorausgegangen ist, in dem die Stimmrechte der Gläubiger festgesetzt worden sind. In diesem Fall können auf Grund der Stimmliste (§ 239) den stimmberechtigten Gläubigern Stimmzettel übersandt werden, die eine eindeutige Stimmabgabe für oder gegen den Plan ermöglichen. Es ist zweckmäßig, die Übersendung der Stimmzettel mit der Ladung zum Abstimmungstermin zu verbinden.

Nach § 73 Abs. 1 VerglO ist die schriftliche Stimmabgabe auch dann wirksam, wenn sie während des Abstimmungstermins bei Gericht eingeht. Dies verursacht praktische Schwierigkeiten, insbesondere dann, wenn der Abstimmungstermin außerhalb des Gerichtsgebäudes stattfindet. Absatz 2 Satz 2 der neuen Vorschrift verlangt daher, daß der Stimmzettel am Tag vor der Abstimmung zugeht.

Der in Absatz 2 Satz 2 zusätzlich vorgesehene Hinweis dient der Unterrichtung der Gläubiger.

§ 243
Abstimmung in Gruppen

Jede Gruppe der stimmberechtigten Gläubiger stimmt gesondert über den Insolvenzplan ab.

§ 243 entspricht § 288 RegEInsO. Der folgende Begründungstext entspricht im wesentlichen BT-Drs. 12/2443, S. 208, „Zu § 288".

Daß der Plan einer mehrheitlichen Zustimmung der betroffenen Gläubiger bedarf, entspricht dem geltenden Recht des gerichtlichen Vergleichs und des Zwangsvergleichs im Konkurs. Eine Abstimmung in Gruppen ist in der Vergleichsordnung in der Weise vorgesehen, daß bei unterschiedlicher Behandlung der Vergleichsgläubiger im Vergleichsvorschlag die „zurückgesetzten" Gläubiger gesondert über den Plan abstimmen (§ 8 Abs. 2 Nr. 1 VerglO), zusätzlich zu einer allgemeinen Abstimmung aller stimmberechtigten Vergleichsgläubiger (§ 74 VerglO).

Bei einem Plan, der Gläubiger mit unterschiedlicher Rechtsstellung im Insolvenzverfahren einbeziehen kann und der innerhalb der Gläubiger mit gleicher Rechtsstellung in der Weise differenzieren kann, daß den unterschiedlichen wirtschaftlichen Interessen angemessen Rechnung getragen wird (§ 222), erscheint es nicht sachgerecht, darauf abzustellen, welche Gruppe von Gläubigern gegenüber welchen anderen „zurückgesetzt" ist. Vorgesehen ist vielmehr, daß jede Gruppe von Gläubigern gesondert über den Plan abstimmt. Eine Gesamtabstimmung aller stimmberechtigten Gläubiger entfällt.

§ 244
Erforderliche Mehrheiten

(1) Zur Annahme des Insolvenzplans durch die Gläubiger ist erforderlich, daß in jeder Gruppe

1. die Mehrheit der abstimmenden Gläubiger dem Plan zustimmt und

2. die Summe der Ansprüche der zustimmenden Gläubiger mehr als die Hälfte der Summe der Ansprüche der abstimmenden Gläubiger beträgt.

(2) Gläubiger, denen ein Recht gemeinschaftlich zusteht oder deren Rechte bis zum Eintritt des Eröffnungsgrunds ein einheitliches Recht gebildet haben, werden bei der Abstimmung als ein Gläubiger gerechnet. Entsprechendes gilt, wenn an einem Recht ein Pfandrecht oder ein Nießbrauch besteht.

§ 244 entspricht §§ 289 und 87 Abs. 3 RegEInsO. Der folgende Begründungstext beruht weitgehend auf BT-Drs. 12/2443, S. 208, „Zu § 289", BT-Drs. 12/2443, S. 133, „Zu § 87", und BT-Drs. 12/7302, S. 183/184, zu Nr. 154 („Zu § 289").

1 Absatz 1 stimmt im Ausgangspunkt mit dem geltenden Recht des gerichtlichen Vergleichs, des Zwangsvergleichs im Konkurs und des Vergleichs im Gesamtvollstreckungsverfahren überein (§ 74 Abs. 1 VerglO, § 182 Abs. 1 KO, § 16 Abs. 4 Satz 3 GesO): Für die Zustimmung der Gläubiger zum Plan wird eine doppelte Mehrheit verlangt, nämlich eine Mehrheit nach der Zahl der Gläubiger (Kopfmehrheit) und eine Mehrheit nach der Höhe der Ansprüche (Summenmehrheit).

2 Bei der Berechnung dieser Mehrheiten wird nur auf die abstimmenden Gläubiger abgestellt; wer sich an der Abstimmung nicht beteiligt, bleibt außer Betracht, auch wenn er im Termin anwesend ist. Passives Verhalten von Gläubigern soll bei der Abstimmung über den Plan nicht den Ausschlag geben. Nach der Vergleichsordnung und der Konkursordnung sind dagegen für die Berechnung der Kopfmehrheit alle anwesenden Gläubiger, für die Berechnung der Summenmehrheit sogar alle stimmberechtigten Gläubiger zu berücksichtigen. Die Gesamtvollstreckungsordnung erleichtert bereits das Zustande-

kommen eines Vergleichs, indem sie für beide Mehrheiten auf die anwesenden Gläubiger abstellt.

Die erforderliche Summenmehrheit, die im geltenden Recht 75% beträgt, wird in der neuen Vorschrift dahin herabgesetzt, daß ein Überschreiten von 50% ausreicht. Das entspricht der Grundentscheidung des Gesetzentwurfs, daß die Abwicklung der Insolvenz auf der Grundlage eines Plans den Gläubigern als gleichwertige Alternative zur Zwangsverwertung nach den gesetzlichen Vorschriften zur Verfügung stehen soll. Die Annahme eines Plans darf daher nicht durch Verfahrensregeln übermäßig erschwert werden. Für den Schutz überstimmter Minderheiten ist durch § 251 gesorgt. 3

Die Vorschrift in Absatz 2 über Rechte, die mehreren Gläubigern gemeinschaftlich zustehen, die ursprünglich ein Recht bildeten oder an denen ein dingliches Recht besteht, entspricht § 72 Abs. 2 VerglO. Sie hat Bedeutung für die Berechnung der nach Absatz 1 Nr. 1 erforderlichen Kopfmehrheit. 4

§ 245
Obstruktionsverbot

(1) Auch wenn die erforderlichen Mehrheiten nicht erreicht worden sind, gilt die Zustimmung einer Abstimmungsgruppe als erteilt, wenn

1. **die Gläubiger dieser Gruppe durch den Insolvenzplan nicht schlechter gestellt werden, als sie ohne einen Plan stünden,**

2. **die Gläubiger dieser Gruppe angemessen an dem wirtschaftlichen Wert beteiligt werden, der auf der Grundlage des Plans den Beteiligten zufließen soll, und**

3. **die Mehrheit der abstimmenden Gruppen dem Plan mit den erforderlichen Mehrheiten zugestimmt hat.**

(2) Eine angemessene Beteiligung der Gläubiger einer Gruppe im Sinne des Absatzes 1 Nr. 2 liegt vor, wenn nach dem Plan

1. **kein anderer Gläubiger wirtschaftliche Werte erhält, die den vollen Betrag seines Anspruchs übersteigen,**

2. **weder ein Gläubiger, der ohne einen Plan mit Nachrang gegenüber den Gläubigern der Gruppe zu befriedigen wäre, noch der Schuldner oder eine an ihm beteiligte Person einen wirtschaftlichen Wert erhält und**

3. **kein Gläubiger, der ohne einen Plan gleichrangig mit den Gläubigern der Gruppe zu befriedigen wäre, besser gestellt wird als diese Gläubiger.**

§ 245 übernimmt in veränderter Fassung § 290 RegEInsO. Der folgende Begründungstext entspricht weitgehend BT-Drs. 12/2443, S. 208/209, „Zu § 290", und BT-Drs. 12/7302, S. 184, zu Nr. 155 („Zu § 290").

Wenn eine Abstimmungsgruppe die Zustimmung zum Plan verweigert, kann in dieser Verweigerung ein Mißbrauch liegen. So besteht kein vernünftiger Grund für eine Gruppe von Gläubigern, einem von anderen Gläubigern gewünschten Plan zu widersprechen, wenn die Gruppe durch den Plan wirtschaftlich nicht schlechter gestellt wird, als sie ohne einen Plan stünde, und wenn zusätzlich gewährleistet ist, daß die Gruppe bei der Verteilung des durch den Plan realisierten Mehrwertes im Verhältnis zu anderen Gruppen nicht unbillig benachteiligt wird. Dieser Gedanke, der im In- 1 solvenzrecht der Vereinigten Staaten von Amerika entwickelt worden ist, wird in Absatz 1 niedergelegt.

2   Das Erfordernis in Nummer 1, daß der Plan die Gläubiger, um deren Zustimmung es geht, nicht schlechter stellen darf, als sie ohne einen Plan stünden, kann im Einzelfall für das Insolvenzgericht schwer zu beurteilen sein. Auch das geltende Recht verlangt jedoch für die Bestätigung des Vergleichs, daß der Vergleich „den gemeinsamen Interessen der Vergleichsgläubiger" nicht widerspricht (§ 79 Nr. 4 VerglO); aus diesem Erfordernis wird entnommen, daß durch das Gericht zu prüfen ist, ob die Gläubiger ohne das Zustandekommen des Vergleichs besser gestellt wären.

3   Die angemessene Beteiligung der Gläubiger an dem wirtschaftlichen Wert, der durch den Plan realisiert wird, wird in Absatz 1 Nr. 2 angesprochen und in Absatz 2 näher beschrieben. Drei Voraussetzungen werden genannt, die kumulativ für das Vorliegen einer angemessenen Beteiligung erforderlich sind: Keine vom Plan betroffene Gruppe von Gläubigern muß es hinnehmen, daß sie zwar nicht schlechter steht als ohne einen Plan, daß jedoch andere Gläubiger wirtschaftliche Werte erhalten, die den Betrag der Ansprüche dieser Gläubiger übersteigen (Absatz 2 Nr. 1). Ebensowenig muß hingenommen werden, daß der Plan die Rechte der Gläubiger dieser Gruppe beeinträchtigt, wenn andere Beteiligte, die ohne einen Plan mit Nachrang zu den Gläubigern dieser Gruppe zu befriedigen wären, wirtschaftliche Werte erhalten sollen (Absatz 2 Nr. 2). Schließlich kann eine Gruppe auch dadurch unangemessen benachteiligt werden, daß andere Gläubiger besser gestellt werden, obwohl sie ohne einen Plan gleichrangig mit den Gläubigern der Gruppe zu befriedigen wären (Absatz 2 Nr. 3); auch in diesem Fall kann der Plan nicht ohne die mehrheitliche Zustimmung der Gruppe bestätigt werden.

4   Daß die Massegläubiger voll befriedigt werden, bleibt im Zusammenhang des Absatzes 2 außer Betracht; denn die Befriedigung dieser Gläubiger ist nicht Gegenstand des Plans. Beispielsweise kann eine angemessene Beteiligung der absonderungsberechtigten Gläubiger an dem durch den Plan realisierten Wert nicht mit der Begründung verneint werden, daß die Rechte dieser Gläubiger gekürzt, die Massegläubiger aber voll befriedigt würden.

5   Soll der Schuldner nach dem Inhalt des Plans sein Unternehmen fortführen, so liegt darin nicht zwangsläufig die Zuwendung eines wirtschaftlichen Wertes an den Schuldner, die nach Absatz 2 Nr. 2 die Anwendung des Obstruktionsverbots gegenüber einer Gläubigergruppe ausschließen würde. Vielmehr sind die Umstände des Einzelfalles zu betrachten. Insbesondere kommt es darauf an, ob die Leistungen, die der Schuldner nach dem Plan zu erbringen hat, den noch vorhandenen Wert des Unternehmens aufwiegen. Wenn kein Dritter bereit ist, anstelle des Schuldners das Unternehmen zu den im Plan vorgesehenen Bedingungen fortzuführen, kann im Zweifel nicht angenommen werden, daß der Schuldner durch den Plan „einen wirtschaftlichen Wert erhält".

6   Das Obstruktionsverbot kann schließlich nur dann eingreifen, wenn die Mehrheit der abstimmenden Gruppen dem Plan zugestimmt hat. Es muß sich um eine Zustimmung „mit den erforderlichen Mehrheiten" handeln, also nicht um eine unterstellte Zustimmung etwa aufgrund von § 246.

Über die Frage, ob eine Zustimmung nach § 245 oder nach den §§ 246, 247 als erteilt gilt, wird im Rahmen der Bestätigung des Plans entschieden (vgl. auch § 248 Abs. 1).

§ 246
Zustimmung nachrangiger Insolvenzgläubiger

Für die Annahme des Insolvenzplans durch die nachrangigen Insolvenzgläubiger gelten ergänzend folgende Bestimmungen:

1. Die Zustimmung der Gruppen mit dem Rang des § 39 Abs. 1 Nr. 1 oder 2 gilt als erteilt, wenn die entsprechenden Zins- oder Kostenforderungen im Plan erlassen werden oder nach § 225 Abs. 1 als erlassen gelten und wenn schon die Hauptforderungen der Insolvenzgläubiger nach dem Plan nicht voll berichtigt werden.

2. Die Zustimmung der Gruppen mit einem Rang hinter § 39 Abs. 1 Nr. 3 gilt als erteilt, wenn kein Insolvenzgläubiger durch den Plan besser gestellt wird als die Gläubiger dieser Gruppen.

3. Beteiligt sich kein Gläubiger einer Gruppe an der Abstimmung, so gilt die Zustimmung der Gruppe als erteilt.

§ 246 entspricht im wesentlichen § 291 RegEInsO. Der folgende Begründungstext entspricht im wesentlichen BT-Drs. 12/2443, S. 209/210, „Zu § 291", und BT-Drs. 12/7302, S. 184, zu Nr. 156 („Zu § 291").

Die Insolvenzordnung bezieht bestimmte Gläubigerkategorien, die nach geltendem Recht von der Teilnahme am Konkurs- und Vergleichsverfahren ausgeschlossen sind, als nachrangige Insolvenzgläubiger in das Verfahren ein (§ 39). Sie eröffnet die Möglichkeit, die Rechtsstellung dieser Gläubiger in einem Plan zu regeln. Diese Regelungen haben das Ziel, in den Einzelfällen, in denen die Forderungen dieser Gläubiger wirtschaftliche Bedeutung haben, sachgerechte Lösungen zu ermöglichen (vgl. die Begründung zu § 39 und zu § 225). Die neue Konzeption in diesem Bereich soll aber nicht dazu führen, daß die Abstimmung über den Plan in all den Fällen unnötig belastet wird, in denen die nachrangigen Gläubiger von vornherein keine Befriedigung erwarten können. Es werden daher ergänzende Regeln aufgestellt, die es zulassen, von einer Abstimmung dieser Gläubiger unter bestimmten Voraussetzungen abzusehen. **1**

Nummer 1 betrifft die Zins- und Kostenforderungen der Insolvenzgläubiger. Wenn schon die Hauptforderungen der Insolvenzgläubiger nicht voll befriedigt werden können, ist es nicht unangemessen, die Zins- und Kostenforderungen dieser Gläubiger zu erlassen. Auf eine gesonderte Abstimmung der Insolvenzgläubiger in ihrer Eigenschaft als Gläubiger der nachrangigen Zins- und Kostenforderungen kann also in der großen Mehrzahl der Fälle verzichtet werden. Ein Bedürfnis für eine Abstimmung dieser Gläubiger besteht allerdings dann, wenn nach dem Plan wirtschaftliche Werte verteilt werden, die mehr als den vollen Betrag der Ansprüche der absonderungsberechtigten Gläubiger und der Kapitalforderungen der Insolvenzgläubiger abdecken. **2**

Eine Abstimmung der nachrangigen Gläubiger mit dem Rang des § 39 Abs. 1 Nr. 3 entfällt schon deshalb, weil Geldstrafen und die diesen gleichgestellten Verbindlichkeiten durch einen Plan nicht beeinträchtigt werden können (§ 225 Abs. 3).

Für die nach diesen Gläubigern rangierenden Gläubiger ist in Nummer 2 vorgesehen, daß ihre Zustimmung nicht nur unter den allgemeinen Voraussetzungen des § 245, sondern auch dann entbehrlich ist, wenn sie den höherrangigen Insolvenzgläubigern gleichgestellt werden, also bei einer quotalen Befriedigung der nicht nachrangigen **3**

Insolvenzgläubiger die gleiche Quote erhalten wie diese. Die Regelungen des geltenden Vergleichsrechts, nach denen die Gläubiger von Schenkungsversprechen und kapitalersetzenden Darlehen im Falle eines Quotenvergleichs stets ebenso wie die Vergleichsgläubiger die Vergleichsquote erhalten (§ 83 Abs. 1 VerglO, § 32 a Abs. 1 Satz 2 GmbHG), erscheint zwar in dieser Ausprägung nicht sachgerecht (vgl. die Begründung zu § 225), sie enthält jedoch den zutreffenden Gedanken, daß die Zustimmung dieser Gläubiger nicht erforderlich ist, wenn ihre Rechte lediglich in dieser Weise eingeschränkt werden. Sieht der Plan weitergehende Einschränkungen vor, so haben auch diese Gläubiger über den Plan abzustimmen. – Werden im Plan verschiedenen Gruppen von nicht nachrangigen Insolvenzgläubigern unterschiedliche wirtschaftliche Werte zugewiesen, so ist die Zustimmung der von Nummer 2 erfaßten Gruppen nur dann nicht erforderlich, wenn diese der Gruppe zumindest gleichgestellt sind, die den höchsten wirtschaftlichen Wert erhält. – Im Falle eines Nachlaßinsolvenzverfahrens betrifft Nummer 2 auch die in § 327 bezeichneten nachrangigen Verbindlichkeiten.

4 Der Vereinfachung des Abstimmungsverfahrens dient schließlich die Regelung in Nummer 3, nach der die Zustimmung einer Gruppe von nachrangigen Gläubigern als erteilt gilt, wenn sich kein Gläubiger dieser Gruppe an der Abstimmung beteiligt. Sieht der Plan beispielsweise den Erlaß eines kapitalersetzenden Darlehens vor und stimmt der betreffende Gläubiger weder schriftlich noch mündlich im Termin ab, so schließt dieses Verhalten des Gläubigers eine Bestätigung des Plans nicht aus. Es kann erwartet werden, daß ein solcher Gläubiger, der bei einer Verwertung ohne einen Plan in aller Regel leer ausgeht, an der Abstimmung teilnimmt, wenn er mit dem Plan nicht einverstanden ist.

§ 247
Zustimmung des Schuldners

(1) **Die Zustimmung des Schuldners zum Plan gilt als erteilt, wenn der Schuldner dem Plan nicht spätestens im Abstimmungstermin schriftlich oder zu Protokoll der Geschäftsstelle widerspricht.**

(2) **Ein Widerspruch ist im Rahmen des Absatzes 1 unbeachtlich, wenn**

1. **der Schuldner durch den Plan nicht schlechter gestellt wird, als er ohne einen Plan stünde, und**

2. **kein Gläubiger einen wirtschaftlichen Wert erhält, der den vollen Betrag seines Anspruchs übersteigt.**

§ 247 übernimmt in veränderter und verkürzter Fassung § 293 RegEInsO. Der folgende Begründungstext entspricht weitgehend BT-Drs. 12/2443, S. 210, „Zu § 293", und BT-Drs. 12/7302, S. 184, zu Nr. 158 („Zu § 293").

1 In einem Plan kann auch die Rechtsstellung des Schuldners geregelt werden, insbesondere seine Haftung nach der Beendigung des Insolvenzverfahrens und gegebenenfalls auch sein Recht auf einen Überschuß, der nach der Verteilung des Erlöses aus der Verwertung der Insolvenzmasse an die Gläubiger verbleibt. Der Schuldner muß daher in die Lage versetzt werden, das Wirksamwerden eines Plans zu verhindern, wenn dieser die Rechte des Schuldners unangemessen beeinträchtigt. Die Vorschrift gewährleistet dies dadurch, daß sie in Absatz 1 Satz 1 dem Schuldner das Recht einräumt, dem Plan im Abstimmungstermin zu widersprechen, und in Absatz 2 näher festlegt, unter welchen Voraussetzungen eine unangemessene Benachteiligung des Schuldners vorliegt. Ist der Widerspruch nach diesen Regeln beachtlich, so darf das Gericht den Plan nicht bestätigen (vgl. § 248 Abs. 1).

Nach geltendem Recht kann ein Vergleichsvorschlag nur vom Schuldner ausgehen, so daß ein Bedürfnis für ein Widerspruchsrecht des Schuldners nicht besteht.   2

Im Interesse der Rechtssicherheit ist in Absatz 1 Satz 1 vorgesehen, daß der Widerspruch nur berücksichtigt wird, wenn er spätestens im Abstimmungstermin schriftlich oder zu Protokoll der Geschäftsstelle erklärt wird.   3

Absatz 2, der die Voraussetzungen für eine Unbeachtlichkeit des Widerspruchs näher regelt, überträgt die Grundgedanken des Obstruktionsverbots in § 245 auf den Widerspruch des Schuldners. Der Schuldner wird unangemessen benachteiligt, wenn der Plan seine Rechtsstellung verschlechtert – z. B. ihm eine weitergehende Haftung auferlegt als die gesetzliche Regelung – oder wenn der wirtschaftliche Wert, der durch den Plan realisiert wird, so verteilt wird, daß einzelne Gläubiger mehr erhalten, als sie zivilrechtlich zu beanspruchen haben.   4

§ 248
Gerichtliche Bestätigung

(1) Nach der Annahme des Insolvenzplans durch die Gläubiger (§§ 244 bis 246) und der Zustimmung des Schuldners bedarf der Plan der Bestätigung durch das Insolvenzgericht.

(2) Das Gericht soll vor der Entscheidung über die Bestätigung den Insolvenzverwalter, den Gläubigerausschuß, wenn ein solcher bestellt ist, und den Schuldner hören.

§ 248 entspricht weitgehend § 295 RegEInsO. Der folgende Begründungstext entspricht im wesentlichen BT-Drs. 12/2443, S. 210/211, „Zu § 295", und BT-Drs. 12/7302, S. 184, zu Nr. 160 („Zu § 295").

Das Erfordernis der gerichtlichen Bestätigung des Plans (Absatz 1) entspricht dem geltenden Recht des gerichtlichen Vergleichs (§ 78 Abs. 1 VerglO), des Zwangsvergleichs im Konkurs (§ 184 Abs. 1 KO) und des Vergleichs im Gesamtvollstreckungsverfahren (§ 16 Abs. 5 Satz 1 GesO). Nur wenn der Abstimmungstermin zu dem Ergebnis führt, daß die Zustimmungserklärung der betroffenen Gläubiger und des Schuldners erteilt sind oder als erteilt gelten, entscheidet das Gericht über die Bestätigung.   1

Durch die Gleichstellung von ausdrücklicher Zustimmung und Zustimmungsfiktionen und -vermutungen (Obstruktionsverbot, Zustimmung nachrangiger Insolvenzgläubiger) in dem Klammerzusatz in Absatz 1 wird klargestellt, daß über das Vorliegen der Voraussetzungen dieser Fiktionen und Vermutungen im Rahmen der Bestätigung des Plans entschieden wird. Gleiches gilt für die Fiktion der Zustimmung des Schuldners (§ 247 Abs. 2).   2

Die Anhörung der Beteiligten vor der Entscheidung (Absatz 2; vgl. § 78 Abs. 2 VerglO, § 184 Abs. 2 KO) wird regelmäßig schon im Abstimmungstermin erfolgen können (vgl. § 252 Abs. 1), so daß sie das Verfahren nicht verzögert. Jeder Beteiligte hat dabei Gelegenheit, Umstände aufzuzeigen, aufgrund deren die Bestätigung von Amts wegen zu versagen ist (§ 250). Beteiligte, die dem Plan widersprochen haben, können den Antrag auf Versagung der Bestätigung nach § 251 stellen.   3

§ 249
Bedingter Plan

Ist im Insolvenzplan vorgesehen, daß vor der Bestätigung bestimmte Leistungen erbracht oder andere Maßnahmen verwirklicht werden sollen, so darf der Plan nur bestätigt werden, wenn diese Voraussetzungen erfüllt sind. Die Bestätigung ist von Amts wegen zu versagen, wenn die Voraussetzungen auch nach Ablauf einer angemessenen, vom Insolvenzgericht gesetzten Frist nicht erfüllt sind.

§ 249 entspricht § 296 RegEInsO. Der folgende Begründungstext entspricht im wesentlichen BT-Drs. 12/2443, S. 211, „Zu § 296".

1 Nicht selten wird ein Bedürfnis dafür bestehen, das Wirksamwerden von Rechtsänderungen, die im gestaltenden Teil des Plans vorgesehen sind, davon abhängig zu machen, daß bestimmte Leistungen erbracht oder andere Maßnahmen verwirklicht werden. Denkbar ist zum Beispiel, daß der Verzicht auf ein Pfandrecht erst wirksam werden soll, wenn ein neues Pfandrecht an einer anderen Sache bestellt worden ist. In einem solchen Fall ist es allerdings auch möglich, in den Plan lediglich die schuldrechtliche Verpflichtung aufzunehmen, die Sicherheiten Zug um Zug auszutauschen. Diese Verpflichtung kann dann notfalls mit dem rechtskräftig bestätigten Plan als Vollstreckungstitel (§ 257) zwangsweise durchgesetzt werden.

2 Ihre Hauptbedeutung hat die Vorschrift in dem Fall, daß bestimmte Maßnahmen im darstellenden Teil des Plans als Grundlage für die vorgesehenen Rechtsänderungen aufgeführt sind. Beispielsweise kann zur Bedingung für die Änderung der Rechtsstellung der Gläubiger gemacht werden, daß bestimmte gesellschaftsrechtliche Beschlüsse gefaßt werden, etwa eine Kapitalerhöhung erfolgt. Die Vorschrift schafft die Möglichkeit, daß solche gesellschaftsrechtlichen Beschlüsse erst dann gefaßt werden müssen, wenn die Zustimmung der Gläubiger zu dem Plan feststeht, daß andererseits aber der Plan nicht wirksam wird, wenn die vorgesehenen gesellschaftsrechtlichen Beschlüsse ausbleiben. Gesellschaftsrechtliche und insolvenzrechtliche Beschlußfassungen können sinnvoll miteinander verzahnt werden.

3 Satz 2 dient dazu, eine längere Ungewißheit über die Bestätigung des Plans zu vermeiden: Das Insolvenzgericht kann eine Frist bestimmen, innerhalb deren die Voraussetzungen für die Bestätigung des Plans erfüllt werden müssen.

§ 250
Verstoß gegen Verfahrensvorschriften

Die Bestätigung ist von Amts wegen zu versagen,

1. wenn die Vorschriften über den Inhalt und die verfahrensmäßige Behandlung des Insolvenzplans sowie über die Annahme durch die Gläubiger und die Zustimmung des Schuldners in einem wesentlichen Punkt nicht beachtet worden sind und der Mangel nicht behoben werden kann oder
2. wenn die Annahme des Plans unlauter, insbesondere durch Begünstigung eines Gläubigers, herbeigeführt worden ist.

§ 250 entspricht § 297 RegEInsO. Der folgende Begründungstext entspricht BT-Drs. 12/2443, S. 211, „Zu § 297".

Die Vorschrift entspricht inhaltlich der Regelung in § 79 Nr. 1 und 3 VerglO: Wesentliche Verfahrensfehler, deren Folgen nicht mehr beseitigt werden können, oder die Verfälschung einer Abstimmung etwa durch einen zunächst unentdeckten Stimmenkauf, der für das Abstimmungsergebnis ursächlich war, führen dazu, daß die Bestätigung des Plans von Amts wegen versagt werden muß (vgl. § 186 Nr. 1, § 188 Abs. 1 Nr. 1 KO für den Zwangsvergleich im Konkurs; § 16 Abs. 5 Satz 3 GesO für den Vergleich im Gesamtvollstreckungsverfahren).

§ 251
Minderheitenschutz

(1) Auf Antrag eines Gläubigers ist die Bestätigung des Insolvenzplans zu versagen, wenn der Gläubiger

1. dem Plan spätestens im Abstimmungstermin schriftlich oder zu Protokoll der Geschäftsstelle widersprochen hat und

2. durch den Plan schlechter gestellt wird, als er ohne einen Plan stünde.

(2) Der Antrag ist nur zulässig, wenn der Gläubiger glaubhaft macht, daß er durch den Plan schlechter gestellt wird.

§ 251 entspricht weitgehend § 298 RegEInsO. Der folgende Begründungstext entspricht im wesentlichen BT-Drs. 12/2443, S. 211/212, „Zu § 298", und BT-Drs. 12/7302, S. 184, zu Nr. 161 („Zu § 298").

Wenn die Mehrheit einer Gruppe von Gläubigern dem Plan zustimmt, so ist damit noch nicht gewährleistet, daß der Plan auch die Interessen der überstimmten Minderheit angemessen berücksichtigt. Die Entscheidung der Mehrheit kann auf Gesichtspunkten beruhen, die allein für sie zutreffen. Im Falle eines Sanierungsplans ist es möglich, daß die Mehrheit sich Vorteile aus künftigen Geschäftsbeziehungen mit dem Schuldner verspricht, während für die Minderheit diese Erwartungen nicht gegeben sind; nicht alle derartigen Interessenunterschiede werden bei der Gruppenbildung (vgl. § 222) berücksichtigt werden können. Die Mehrheitsentscheidung einer Gruppe ist keine ausreichende Legitimation dafür, daß einem einzelnen Beteiligten gegen seinen Willen Vermögenswerte entzogen werden. Auf einen Minderheitenschutz für alle Gruppen von Beteiligten, die über den Plan zu entscheiden haben, kann daher nicht verzichtet werden. 1

Dieser Schutz bei der Minderheit braucht allerdings nicht so weit zu reichen wie der Schutz der Mehrheit einer Gruppe von Gläubigern dagegen, daß ein Plan trotz der Ablehnung durch diese Mehrheit bestätigt wird (vgl. das Obstruktionsverbot des § 245). Er braucht nicht eine angemessene Beteiligung an dem durch den Plan realisierten Wert zu erfassen, sondern nur zu garantieren, daß kein widersprechender Beteiligter schlechter gestellt wird, als er ohne einen Plan stünde. Wäre ohne einen Plan eine Gesamtveräußerung des insolventen Unternehmens möglich, so wird der Minderheit allerdings der so zu realisierende Fortführungswert gewährleistet. 2

Nach geltendem Vergleichs- und Zwangsvergleichsrecht würde bei einem Vergleich, der diesen Standard des Minderheitenschutzes nicht beachtet, regelmäßig ein Verstoß gegen das „gemeinsame Interesse der Vergleichsgläubiger" angenommen werden, mit der Folge einer Verwerfung des Vergleichs durch das Gericht (vgl. § 79 Nr. 4 VerglO, § 188 Abs. 1 Nr. 2 KO und Rdnr. 2 der Begründung zu § 245). Die neue Vorschrift übernimmt allerdings nicht den Begriff des „gemeinsamen Interesses", sondern benutzt 3 eine präzisere Formulierung: Sie stellt auf das Interesse des einzelnen Beteiligten ab und erleichtert damit die Anwendung der Regelung (§ 16 Abs. 5 Satz 3 GesO spricht von der unangemessenen Benachteiligung eines Teils der Gläubiger).

4   Mit der Vorschrift ist – ebenso wie mit den genannten Bestimmungen des geltenden Rechts – ein nicht immer leicht zu kalkulierendes Risiko für das Zustandekommen der einvernehmlichen Regelung verbunden. Es ist möglich, daß ein Plan, der nach langwierigen Verhandlungen ausformuliert worden ist und anschließend die erforderlichen Zustimmungen der Mehrheiten in den Gläubigergruppen erhalten hat, dennoch nicht bestätigt wird, weil nach Auffassung des Gerichts die für einzelne widersprechende Beteiligte vorgesehenen Leistungen dem Mindeststandard nicht entsprechen. Dieses Risiko kann jedoch dadurch ausgeschlossen oder vermindert werden, daß im Plan zusätzliche Leistungen an solche Beteiligte vorgesehen werden, die dem Plan widersprechen und den Nachweis führen, daß sie ohne solche Zusatzleistungen durch den Plan schlechter gestellt werden als ohne einen Plan. Enthält der Plan eine solche Bestimmung, ist die Finanzierung der Leistungen gesichert und ist eindeutig, daß im Falle der zusätzlichen Leistungen der Mindeststandard erreicht wird, so steht der Minderheitenschutz der Bestätigung des Plans nicht entgegen. Ob die zusätzlichen Leistungen zu erbringen sind, kann dann außerhalb des Insolvenzverfahrens geklärt werden.

5   Voraussetzung für die Zulässigkeit des Antrags, die Bestätigung des Plans zu versagen, ist zunächst, daß der Antragsteller seinen Widerspruch spätestens im Abstimmungstermin schriftlich erklärt oder zu Protokoll gegeben hat (Absatz 1 Nr. 1, vgl. die parallele Regelung in § 247 Abs. 1); ob er stimmberechtigt war oder nicht, ist unerheblich. Zusätzlich wird verlangt, daß der Antragsteller die Verletzung seines wirtschaftlichen Interesses glaubhaft macht (Absatz 2). Die letztere Voraussetzung lehnt sich an § 188 Abs. 2 KO an; sie soll das Insolvenzgericht davor bewahren, daß ein Antrag, der auf bloße Vermutungen gestützt wird, zu aufwendigen Ermittlungen durch das Gericht führen muß.

Eine Frist ist für den Antrag nicht vorgesehen. Er kann gestellt werden, bis der Plan bestätigt und die Bestätigung rechtskräftig geworden ist. Auch insoweit entspricht die Vorschrift dem geltenden Recht des Zwangsvergleichs.

§ 252
Bekanntgabe der Entscheidung

(1) Der Beschluß, durch den der Insolvenzplan bestätigt oder seine Bestätigung versagt wird, ist im Abstimmungstermin oder in einem alsbald zu bestimmenden besonderen Termin zu verkünden.

(2) Wird der Plan bestätigt, so ist den Insolvenzgläubigern, die Forderungen angemeldet haben, und den absonderungsberechtigten Gläubigern unter Hinweis auf die Bestätigung ein Abdruck des Plans oder eine Zusammenfassung seines wesentlichen Inhalts zu übersenden.

§ 252 übernimmt in veränderter Fassung § 299 RegEInsO. Der folgende Begründungstext entspricht im wesentlichen BT-Drs. 12/2443, S. 212, „Zu § 299", und BT-Drs. 12/7302, S. 184, zu Nr. 162 („Zu § 299").

Absatz 1, nach dem die Entscheidung über die Bestätigung des Plans in einem Termin zu verkünden ist, entspricht § 78 Abs. 3 VerglO und § 185 KO. Wird außerhalb des

Abstimmungstermins ein besonderer Verkündungstermin anberaumt, so sind zu diesem Termin die gleichen Personen zu laden wie zum Abstimmungstermin (vgl. § 241 Abs. 2).

Zusätzlich ist in Absatz 2 – wie in § 78 Abs. 4 VerglO – eine besondere Unterrichtung der Gläubiger vorgesehen.

Mit Absatz 2 wird zudem klargestellt, daß anstelle der Mitteilung des wesentlichen Inhalts des Plans auch ein Abdruck des Plans übersandt werden kann (vgl. auch § 235 Rdnr. 2).

§ 253
Rechtsmittel

Gegen den Beschluß, durch den der Insolvenzplan bestätigt oder die Bestätigung versagt wird, steht den Gläubigern und dem Schuldner die sofortige Beschwerde zu.

§ 253 entspricht weitgehend § 300 RegEInsO. Der folgende Begründungstext entspricht weitgehend BT-Drs. 12/2443, S. 212, „Zu § 300", und BT-Drs. 12/7302, S. 184, zu Nr. 163 („Zu § 300").

In Anlehnung an § 189 Abs. 1 KO, die entsprechende Vorschrift für den Zwangsvergleich im Konkurs, wird dem Schuldner und den Gläubigern ein Beschwerderecht gegen die Entscheidung über die Bestätigung eingeräumt. Es wird allerdings nicht auf die stimmberechtigten Gläubiger beschränkt; auch die Gläubiger streitiger Forderungen, denen das Gericht kein Stimmrecht zuerkannt hat, sollen zur Beschwerde berechtigt sein (vgl. die Begründung zu der parallelen Regelung in § 78 Abs. 1).

Daß die Frist zur Einlegung der Beschwerde mit der Verkündung des Beschlusses beginnt (vgl. § 189 Abs. 2 KO), ergibt sich im Rahmen der Insolvenzordnung aus der allgemeinen Vorschrift des § 6 Abs. 2 Satz 1.

DRITTER ABSCHNITT
Wirkungen des bestätigten Plans. Überwachung der Planerfüllung

§ 254
Allgemeine Wirkungen des Plans

(1) Mit der Rechtskraft der Bestätigung des Insolvenzplans treten die im gestaltenden Teil festgelegten Wirkungen für und gegen alle Beteiligten ein. Soweit Rechte an Gegenständen begründet, geändert, übertragen oder aufgehoben oder Geschäftsanteile einer Gesellschaft mit beschränkter Haftung abgetreten werden sollen, gelten die in den Plan aufgenommenen Willenserklärungen der Beteiligten als in der vorgeschriebenen Form abgegeben; entsprechendes gilt für die in den Plan aufgenommenen Verpflichtungserklärungen, die einer Begründung, Änderung, Übertragung oder Aufhebung von Rechten an Gegenständen oder einer Abtretung von Geschäftsanteilen zugrunde liegen. Die Sätze 1 und 2 gelten auch für Insolvenzgläubiger, die ihre Forderungen nicht angemeldet haben, und auch für Beteiligte, die dem Plan widersprochen haben.

(2) Die Rechte der Insolvenzgläubiger gegen Mitschuldner und Bürgen des Schuldners sowie die Rechte dieser Gläubiger an Gegenständen, die nicht zur

Insolvenzmasse gehören, oder aus einer Vormerkung, die sich auf solche Gegenstände bezieht, werden durch den Plan nicht berührt. Der Schuldner wird jedoch durch den Plan gegenüber dem Mitschuldner, dem Bürgen oder anderen Rückgriffsberechtigten in gleicher Weise befreit wie gegenüber dem Gläubiger.

(3) Ist ein Gläubiger weitergehend befriedigt worden, als er nach dem Plan zu beanspruchen hat, so begründet dies keine Pflicht zur Rückgewähr des Erlangten.

§ 254 übernimmt in veränderter und ergänzter Fassung § 301 RegEInsO. Der folgende Begründungstext entspricht im wesentlichen BT-Drs. 12/2443, S. 212/213, „Zu § 301", und BT-Drs. 12/7302, S. 185, zu Nr. 164 („Zu § 301"), und beruht im übrigen auf BT-Drs. 12/3803, S. 135/136, „Zu Nummer 18", BT-Drs. 12/7302, S. 176, zu Nr. 105 („Zu den §§ 187 bis 190"), und BT-Drs. 12/7303, S. 108/109, zu Nr. 12 b (zu Artikel 20 Nr. 2 bis 3 c des Einführungsgesetzes).

1 Mit der Rechtskraft der Bestätigung des Plans äußert er seine Wirkungen gegenüber allen Beteiligten, also gegenüber den absonderungsberechtigten Gläubigern, gegenüber den Insolvenzgläubigern und gegenüber dem Schuldner. Dies gilt unabhängig davon, ob die genannten Personen tatsächlich am Verfahren teilgenommen haben (Absatz 1 Satz 1, 3; vgl. § 82 Abs. 1 VerglO, § 193 Satz 1 KO und § 16 Abs. 5 Satz 2 GesO).

2 Für den Fall allerdings, daß der Plan die Begründung, Änderung, Übertragung oder Aufhebung dinglicher Rechte vorsieht, wird in Satz 2 eine Einschränkung gemacht. Insoweit hat die Rechtskraft der Bestätigung des Plans lediglich die Wirkung, daß die gemäß § 228 in den Plan aufgenommenen Willenserklärungen der Beteiligten als abgegeben gelten. Auch die vorgeschriebene Form dieser Erklärungen (vgl. z. B. § 1154 Abs. 1 BGB) gilt als gewahrt; hierzu wird ergänzend durch eine Änderung des § 925 Abs. 1 Satz 3 BGB im Rahmen des Einführungsgesetzes zur Insolvenzordnung festgelegt, daß die Auflassung ebenso wie in einem gerichtlichen Vergleich auch in einem rechtskräftig bestätigten Insolvenzplan erklärt werden kann. Die Übertragung des Besitzes an einer Sache, wie sie etwa zur Bestellung eines Pfandrechts erforderlich ist (§ 1205 BGB), oder die Eintragung einer Rechtsänderung im Grundbuch als Voraussetzung für das Wirksamwerden der Rechtsänderung können jedoch durch den Insolvenzplan nicht ersetzt werden. Sieht der Plan beispielsweise vor, daß eine Grundschuld, die ein Grundstück des Schuldners belastet, auf die Hälfte ihres Betrages herabgesetzt wird, dann wird diese Herabsetzung erst wirksam, wenn sie in das Grundbuch eingetragen worden ist (vgl. § 1168 Abs. 1, 2 Satz 1, § 1192 Abs. 1 BGB). Gemäß § 13 Abs. 1 GBO ist der Schuldner berechtigt, die Eintragung im Grundbuch zu beantragen. Ist die Eintragungsbewilligung des Gläubigers in den Plan aufgenommen worden, so kann der nach § 29 GBO erforderliche Nachweis durch Vorlage einer Ausfertigung von Bestätigungsbeschluß und Insolvenzplan geführt werden.

3 Absatz 1 Satz 2 gewährleistet zudem, daß auch schuldrechtliche Verpflichtungserklärungen, die der Änderung sachenrechtlichr Verhältnisse zugrunde liegen, und Erklärungen zur Übertragung von Anteilen an einer Gesellschaft mit beschränkter Haftung als formwirksam abgegeben gelten, wenn sie in den Plan aufgenommen worden sind.

4 Persönliche Ansprüche der Gläubiger gegen Dritte, etwa aus einer Bürgschaft, und dingliche Sicherungsrechte der Gläubiger am Vermögen Dritter werden jedoch durch den Plan nicht berührt. Ebensowenig können die Wirkungen einer Vormerkung beeinträchtigt werden, die den Anspruch eines Gläubigers auf Einräumung oder Aufhebung

eines Rechts an dem Grundstück eines Dritten sichert (Absatz 2; vgl. § 82 Abs. 2 VerglO und § 193 Satz 2 KO).

Kein Vorbild in den geltenden Insolvenzgesetzen hat die Regelung des Absatzes 3, die zur Klarstellung angefügt worden ist. Sieht der Plan vor, daß Ansprüche teilweise erlassen werden, so hat das nicht die Folge, daß ein Gläubiger, der nach Aufhebung des Verfahrens vom Schuldner voll befriedigt wird, einem Rückgewähranspruch ausgesetzt wäre; insoweit besteht eine natürliche Verbindlichkeit fort, die einen Rechtsgrund für eine volle Befriedigung bildet. Aber auch wenn der Insolvenzverwalter während des Verfahrens einzelne Insolvenzgläubiger voll befriedigt – etwa Kleingläubiger auszahlt –, kann von diesen nichts zurückgefordert werden; sie scheiden mit der vollen Befriedigung endgültig aus dem Kreis der Insolvenzgläubiger aus. Besondere Bedeutung hat das Problem bei den absonderungsberechtigten Gläubigern, da es bei diesen kein Ausnahmefall ist, daß sie schon während des Insolvenzverfahrens voll befriedigt werden. Die Regelungen des Plans für die absonderungsberechtigten Gläubiger wirken sich nur für die Gläubiger aus, die bis zur Rechtskraft der Bestätigung des Plans noch keine Befriedigung erlangt haben. Sieht der Plan die Fortführung des insolventen Unternehmens vor, so sind dies in erster Linie die Gläubiger, deren Absonderungsrechte an Gegenständen bestehen, die für die Fortführung des Unternehmens unentbehrlich sind; denn der Zugriff dieser Gläubiger auf ihre Sicherheiten kann während des Verfahrens ausgeschlossen werden (vgl. für unbewegliche Gegenstände § 30 d ZVG, der durch Artikel 20 Nr. 3 a des Einführungsgesetzes zur Insolvenzordnung eingefügt wird) oder ist während des Verfahrens durch den Übergang des Verwertungsrechts auf den Verwalter kraft Gesetzes ausgeschlossen (vgl. § 166 Abs. 1 für bewegliche Sachen im Besitz des Verwalters).

§ 255
Wiederauflebensklausel

(1) Sind auf Grund des gestaltenden Teils des Insolvenzplans Forderungen von Insolvenzgläubigern gestundet oder teilweise erlassen worden, so wird die Stundung oder der Erlaß für den Gläubiger hinfällig, gegenüber dem der Schuldner mit der Erfüllung des Plans erheblich in Rückstand gerät. Ein erheblicher Rückstand ist erst anzunehmen, wenn der Schuldner eine fällige Verbindlichkeit nicht bezahlt hat, obwohl der Gläubiger ihn schriftlich gemahnt und ihm dabei eine mindestens zweiwöchige Nachfrist gesetzt hat.

(2) Wird vor vollständiger Erfüllung des Plans über das Vermögen des Schuldners ein neues Insolvenzverfahren eröffnet, so ist die Stundung oder der Erlaß für alle Insolvenzgläubiger hinfällig.

(3) Im Plan kann etwas anderes vorgesehen werden. Jedoch kann von Absatz 1 nicht zum Nachteil des Schuldners abgewichen werden.

§ 256
Streitige Forderungen. Ausfallforderungen

(1) Ist eine Forderung im Prüfungstermin bestritten worden oder steht die Höhe der Ausfallforderung eines absonderungsberechtigten Gläubigers noch nicht fest, so ist ein Rückstand mit der Erfüllung des Insolvenzplans im Sinne des § 255 Abs. 1 nicht anzunehmen, wenn der Schuldner die Forderung bis zur endgültigen Feststellung ihrer Höhe in dem Ausmaß berücksichtigt, das der Entscheidung des Insolvenzgerichts über das Stimmrecht des Gläubigers bei der Abstimmung über

den Plan entspricht. Ist keine Entscheidung über das Stimmrecht getroffen worden, so hat das Gericht auf Antrag des Schuldners oder des Gläubigers nachträglich festzustellen, in welchem Ausmaß der Schuldner vorläufig die Forderung zu berücksichtigen hat.

(2) Ergibt die endgültige Feststellung, daß der Schuldner zuwenig gezahlt hat, so hat er das Fehlende nachzuzahlen. Ein erheblicher Rückstand mit der Erfüllung des Plans ist erst anzunehmen, wenn der Schuldner das Fehlende nicht nachzahlt, obwohl der Gläubiger ihn schriftlich gemahnt und ihm dabei eine mindestens zweiwöchige Nachfrist gesetzt hat.

(3) Ergibt die endgültige Feststellung, daß der Schuldner zuviel gezahlt hat, so kann er den Mehrbetrag nur insoweit zurückfordern, als dieser auch den nicht fälligen Teil der Forderung übersteigt, die dem Gläubiger nach dem Insolvenzplan zusteht.

§ 255 entspricht weitgehend § 302 RegEInsO; § 256 entspricht im wesentlichen § 303 RegEInsO. Der folgende Begründungstext entspricht im wesentlichen BT-Drs. 12/2443, S. 213/214, „Zu § 302 und § 303", sowie BT-Drs. 12/7302, S. 185, zu Nr. 165 („Zu § 302").

1 Für den Fall, daß der Schuldner mit der Erfüllung des Plans gegenüber den Insolvenzgläubigern erheblich in Rückstand gerät, werden die Regelungen des geltenden Vergleichsrechts über das Wiederaufleben der ursprünglichen Forderungen und über die Behandlung streitiger und teilweise gesicherter Forderungen in einem solchen Fall im wesentlichen unverändert übernommen (§ 9 Abs. 1, 2 und 4, § 97 VerglO). Der Mindestzeitraum für die dem Schuldner zu gewährenden Nachfristen wird auf einheitlich zwei Wochen festgesetzt (§ 255 Abs. 1 Satz 2, § 256 Abs. 2 Satz 2); bisher sieht § 9 Abs. 1 Halbsatz 2 VerglO eine einwöchige, § 97 Abs. 3 Satz 2 VerglO eine zweiwöchige Frist vor. Weiter wird der Begriff des „Verzuges" vermieden, da er im allgemeinen Zivilrecht geringere Voraussetzungen hat, als sie hier aufgestellt werden. Übereinstimmung mit der zivilrechtlichen Regelung des Verzugs besteht darin, daß es nicht darauf ankommt, ob der Zahlungsrückstand des Schuldners verschuldet ist; denn für einen Mangel an Zahlungsmitteln muß der Schuldner nach dem Grundsatz des § 279 BGB immer einstehen.

2 Sollen die Insolvenzgläubiger nach dem Inhalt des Plans nicht vom Schuldner befriedigt werden, sondern von einer Übernahmegesellschaft (vgl. § 260 Abs. 3) oder einem sonstigen Dritten oder beschränkt sich der Plan auf die Art der Verwertung des Schuldnervermögens, so finden die Vorschriften keine Anwendung.

3 Auch die Erfüllung der Ansprüche gegenüber den absonderungsberechtigten Gläubigern – von deren Ausfallforderungen abgesehen – wird von den Vorschriften nicht erfaßt. Ein Wiederaufleben von dinglichen Rechten, die durch die Wirkungen des Plans zunächst erloschen sind, würde praktische Schwierigkeiten bereiten. In aller Regel wird auch kein Bedürfnis für eine Wiederauflebensklausel gegenüber den absonderungsberechtigten Gläubigern bestehen. Eine Regelung der Absonderungsrechte im Plan wird im allgemeinen dahin gehen, daß diese Gläubiger auf einen Teil ihrer Sicherheiten verzichten, daß sie ihre Sicherheiten zeitweise nicht ausüben dürfen oder daß ihre Sicherheiten gegen andere Sicherheiten ausgetauscht werden (vgl. § 223 Abs. 2). In diesen Fällen sind die Gläubiger ohne Schwierigkeiten in der Lage, die ihnen nach dem Plan zustehenden Rechte durch Zugriff auf die Sicherheiten auch gegen den Willen des Schuldners durchzusetzen.

Für den Pensions-Sicherungs-Verein als Träger der betrieblichen Altersversorgung wird das Wiederaufleben von Forderungen durch eine Änderung des Gesetzes zur Verbesserung der betrieblichen Altersversorgung im Rahmen des Einführungsgesetzes zur Insolvenzordnung besonders geregelt.

§ 257
Vollstreckung aus dem Plan

(1) Aus dem rechtskräftig bestätigten Insolvenzplan in Verbindung mit der Eintragung in die Tabelle können die Insolvenzgläubiger, deren Forderungen festgestellt und nicht vom Schuldner im Prüfungstermin bestritten worden sind, wie aus einem vollstreckbaren Urteil die Zwangsvollstreckung gegen den Schuldner betreiben. Einer nicht bestrittenen Forderung steht eine Forderung gleich, bei der ein erhobener Widerspruch beseitigt ist. § 202 gilt entsprechend.

(2) Gleiches gilt für die Zwangsvollstreckung gegen einen Dritten, der durch eine dem Insolvenzgericht eingereichte schriftliche Erklärung für die Erfüllung des Plans neben dem Schuldner ohne Vorbehalt der Einrede der Vorausklage Verpflichtungen übernommen hat.

(3) Macht ein Gläubiger die Rechte geltend, die ihm im Falle eines erheblichen Rückstands des Schuldners mit der Erfüllung des Plans zustehen, so hat er zur Erteilung der Vollstreckungsklausel für diese Rechte und zur Durchführung der Vollstreckung die Mahnung und den Ablauf der Nachfrist glaubhaft zu machen, jedoch keinen weiteren Beweis für den Rückstand des Schuldners zu führen.

§ 257 entspricht im wesentlichen § 304 RegEInsO. Der folgende Begründungstext entspricht im wesentlichen BT-Drs. 12/2443, S. 214, „Zu § 304".

Auch die Vorschrift über die Titulierung der Forderungen der Insolvenzgläubiger durch den Plan und die gerichtliche Zuständigkeit bei der Vollstreckung (Absatz 1 Satz 3 in Verbindung mit § 202) ist ohne wesentliche Änderung des Inhalts aus dem geltenden Vergleichsrecht übernommen (§§ 85, 86 VerglO; vgl. auch § 194 KO und § 16 Abs. 6 GesO). Allerdings wird für die Vollstreckbarkeit einer Forderung in Absatz 1 Satz 1 verlangt, daß die Forderung im Prüfungstermin „festgestellt", also weder vom Insolvenzverwalter noch von einem Insolvenzgläubiger bestritten worden ist; insoweit folgt die neue Vorschrift der Regelung in § 194 KO, während nach der Vergleichsordnung, die kein förmliches Prüfungsverfahren kennt, das Bestreiten durch einen Gläubiger für die Vollstreckbarkeit unerheblich ist (vgl. § 85 Abs. 1 VerglO). In Absatz 1 Satz 2 wird zusätzlich klargestellt, daß auch eine bestrittene Forderung tituliert wird, wenn der Widerspruch gegen die Forderung im Wege der Klage oder durch Rücknahme des Widerspruchs ausgeräumt worden ist.

Absatz 2 über die Zwangsvollstreckung gegen einen Dritten betrifft vor allem den Fall, daß der Dritte die Verpflichtungen gegenüber den Insolvenzgläubigern in einer dem Plan als Anlage beigefügten Erklärung (vgl. § 230 Abs. 3) übernommen hat; sie erfaßt aber auch eine in anderer Weise beim Insolvenzgericht eingereichte – etwa im Erörterungs- und Abstimmungstermin übergebene – Erklärung (vgl. dazu § 85 Abs. 2 Halbsatz 2 VerglO).

Wieder wird die Regelung nicht auf absonderungsberechtigte Gläubiger erstreckt. Diese Rechte werden im Verfahren nicht förmlich geprüft, sondern nur, soweit sie vom Plan betroffen sind, im Hinblick auf ihr Stimmrecht erörtert. Für eine Titulierung dieser Rechte durch die Planbestätigung bietet das Verfahren daher keine ausreichende Grundlage.

§ 258
Aufhebung des Insolvenzverfahrens

(1) Sobald die Bestätigung des Insolvenzplans rechtskräftig ist, beschließt das Insolvenzgericht die Aufhebung des Insolvenzverfahrens.

(2) Vor der Aufhebung hat der Verwalter die unstreitigen Masseansprüche zu berichtigen und für die streitigen Sicherheit zu leisten.

(3) Der Beschluß und der Grund der Aufhebung sind öffentlich bekanntzumachen. Der Schuldner, der Insolvenzverwalter und die Mitglieder des Gläubigerausschusses sind vorab über den Zeitpunkt des Wirksamwerdens der Aufhebung (§ 9 Abs. 1 Satz 3) zu unterrichten. § 200 Abs. 2 Satz 2 und 3 gilt entsprechend.

§ 258 entspricht im wesentlichen § 305 RegEInsO. Der folgende Begründungstext entspricht im wesentlichen BT-Drs. 12/2443, S. 214 „Zu § 305", und BT-Drs. 12/7302, S. 185, zu Nr. 166 („Zu § 305").

Die Vorschrift über die Aufhebung des Verfahrens nach Bestätigung eines Plans, über die Erfüllung und Sicherstellung der Masseansprüche sowie über die öffentliche Bekanntmachung der Aufhebung und deren Eintragung in die Register entspricht der Regelung in den §§ 190, 191 KO für den Zwangsvergleich (vgl. auch §§ 90, 98 VerglO; § 19 Abs. 1 Nr. 2, Abs. 2 bis 4 GesO). Ergänzt ist Absatz 2 Satz 2, der vorschreibt, daß der Schuldner, der Insolvenzverwalter und die Mitglieder des Gläubigerausschusses vorab über den Zeitpunkt des Wirksamwerdens der Aufhebung zu unterrichten sind. Diesen Personen muß der Zeitpunkt rechtzeitig bekannt sein, da der Schuldner mit dem Wirksamwerden der Aufhebung das Verfügungsrecht über die Insolvenzmasse zurückerhält (vgl. § 259 Abs. 1). Wenn das Gericht bei der Aufhebung des Verfahrens den genauen Tag der Veröffentlichung im Bundesanzeiger noch nicht feststellen kann, genügt der Hinweis, daß die Veröffentlichung der Aufhebung veranlaßt ist und die Aufhebung mit dem Ablauf des zweiten Tages nach der Veröffentlichung wirksam wird (vgl. § 9 Abs. 1 Satz 3).

§ 259
Wirkungen der Aufhebung

(1) Mit der Aufhebung des Insolvenzverfahrens erlöschen die Ämter des Insolvenzverwalters und der Mitglieder des Gläubigerausschusses. Der Schuldner erhält das Recht zurück, über die Insolvenzmasse frei zu verfügen.

(2) Die Vorschriften über die Überwachung der Planerfüllung bleiben unberührt.

(3) Einen anhängigen Rechtsstreit, der die Insolvenzanfechtung zum Gegenstand hat, kann der Verwalter auch nach der Aufhebung des Verfahrens fortführen, wenn dies im gestaltenden Teil des Plans vorgesehen ist. In diesem Fall wird der Rechtsstreit für Rechnung des Schuldners geführt, wenn im Plan keine abweichende Regelung getroffen wird.

§ 259 entspricht § 306 RegEInsO. Der folgende Begründungstext entspricht im wesentlichen BT-Drs. 12/2443, S. 214, „Zu § 306".

Die Vorschrift regelt zunächst in Anlehnung an Bestimmungen des geltenden Rechts das Erlöschen der Ämter des Verwalters und der Mitglieder des Gläubigerausschusses (Absatz 1 Satz 1; vgl. § 98 Abs. 1 VerglO) und den Übergang der Verfügungsbefugnis über die Insolvenzmasse vom Verwalter auf den Schuldner (Absatz 1 Satz 2; vgl. § 192 KO). Dabei werden in Absatz 2 die Vorschriften über die Überwachung der Planerfüllung (§§ 260 bis 269) vorbehalten.

1

Absatz 3 betrifft den Fall, daß ein Anfechtungsprozeß des Insolvenzverwalters im Zeitpunkt der Aufhebung des Insolvenzverfahrens noch nicht beendet ist. Für das geltende Recht wird angenommen, daß der Anfechtungsanspruch mit der Aufhebung des Konkursverfahrens nach einem Zwangsvergleich erlischt und der Anfechtungsprozeß damit in der Hauptsache erledigt ist. Diese Rechtslage ist unbefriedigend, da sie einen Anreiz für den Anfechtungsgegner schafft, den Prozeß zu verschleppen. Die neue Vorschrift schafft daher die Möglichkeit, im Plan vorzusehen, daß die Prozeßführungsbefugnis des Verwalters über die Aufhebung des Verfahrens hinaus fortbesteht. In diesem Fall wird der Anfechtungsanspruch von der Aufhebung des Verfahrens nach der Bestätigung des Insolvenzplans nicht berührt. Die Verteilung des durch den Prozeß Erlangten im Falle eines Obsiegens des Verwalters kann ebenfalls im Plan geregelt werden; fehlt eine solche Regelung, so fällt das Erlangte an den Schuldner. Auch die Kosten eines verlorenen Prozesses trägt im Zweifel der Schuldner (Absatz 3 Satz 2).

2

§ 260
Überwachung der Planerfüllung

(1) Im gestaltenden Teil des Insolvenzplans kann vorgesehen werden, daß die Erfüllung des Plans überwacht wird.

(2) Im Falle des Absatzes 1 wird nach der Aufhebung des Insolvenzverfahrens überwacht, ob die Ansprüche erfüllt werden, die den Gläubigern nach dem gestaltenden Teil gegen den Schuldner zustehen.

(3) Wenn dies im gestaltenden Teil vorgesehen ist, erstreckt sich die Überwachung auf die Erfüllung der Ansprüche, die den Gläubigern nach dem gestaltenden Teil gegen eine juristische Person oder Gesellschaft ohne Rechtspersönlichkeit zustehen, die nach der Eröffnung des Insolvenzverfahrens gegründet worden ist, um das Unternehmen oder einen Betrieb des Schuldners zu übernehmen und weiterzuführen (Übernahmegesellschaft).

§ 260 entspricht im wesentlichen § 307 RegEInsO. Der folgende Begründungstext entspricht im wesentlichen BT-Drs. 12/2443, S. 214/215, „Zu § 307", und BT-Drs. 12/7302, S. 185, zu Nr. 167 („Zu § 307").

Das geltende Recht des Zwangsvergleichs im Konkurs und des Vergleichs im Gesamtvollstreckungsverfahren enthält keine Vorschriften über eine Überwachung der Erfüllung des Vergleichs. Die Vergleichsordnung trifft dagegen eine differenzierte Regelung: Für Verfahren geringer Bedeutung folgt sie dem Beispiel der Konkursordnung, sieht also keine Überwachung vor (§ 90 Abs. 1 Nr. 2 VerglO, Summe der Vergleichsforderungen nicht über 20 000 DM). Größere Verfahren werden grundsätzlich erst aufgehoben, wenn der Vergleich erfüllt ist; bis zu diesem Zeitpunkt hat der Vergleichs-

1

verwalter die Erfüllung des Vergleichs zu überwachen (§ 96 VerglO). Dies gilt jedoch nicht, wenn die Vergleichsgläubiger mehrheitlich die Aufhebung des Verfahrens ohne eine Überwachung beantragen (§ 90 Abs. 1 Nr. 1) oder wenn der Schuldner sich im Vergleich der Überwachung durch einen Sachwalter unterwirft (§§ 91 bis 95 VerglO); in diesen Fällen kann das Verfahren mit der Bestätigung des Vergleichs aufgehoben werden.

2 Die Insolvenzordnung enthält eine weniger komplizierte Lösung. Die Erfüllung eines Plans wird durch den Insolvenzverwalter überwacht, wenn der gestaltende Teil des Plans dies vorsieht. Auf den Zeitpunkt der Aufhebung des Insolvenzverfahrens hat die Überwachung keinen Einfluß (vgl. § 258 Abs. 1, § 259 Abs. 1). Jedoch bleiben der Insolvenzverwalter und die Mitglieder des Gläubigerausschusses insoweit im Amt, als es die Überwachung erfordert (§ 261 Abs. 1).

3 Aus der Vertragsfreiheit der Beteiligten ergibt sich, daß im Plan anstelle der in der Insolvenzordnung geregelten Art der Überwachung auch andere Formen vorgesehen werden können, etwa eine Überwachung durch einen von den Gläubigern bestimmten Sachwalter. An eine derartige Überwachung können aber nicht die Rechtsfolgen gebunden werden, die die Insolvenzordnung vorsieht, insbesondere sind weder dinglich wirkende Verfügungsbeschränkungen für den Schuldner möglich (vgl. § 263) noch Regelungen der Rangverhältnisse von künftigen Darlehensforderungen im Verhältnis zu den Forderungen anderer Neugläubiger (vgl. die §§ 264 bis 266).

4 Gegenstand der Überwachung ist nach Absatz 2 die Erfüllung der Ansprüche, die den Gläubigern nach dem gestaltenden Teil des Plans gegen den Schuldner zustehen. Die Regelung ist auf den Fall zugeschnitten, daß nach dem Plan der Schuldner seine wirtschaftliche Tätigkeit fortsetzt, insbesondere sein Unternehmen fortführt, und die Gläubiger aus den Erträgen befriedigt werden sollen. Auch die Erfüllung der Ansprüche, die den absonderungsberechtigten Gläubigern nach dem Plan zustehen, wird überwacht; soweit die Sicherheiten dieser Gläubiger fortbestehen oder durch andere Sicherheiten ersetzt werden, besteht allerdings kein Bedürfnis für besondere Kontrollen des Verwalters. Den Schwerpunkt der Überwachung bildet die Erfüllung der Forderungen der Insolvenzgläubiger.

5 Führt ein Dritter das Unternehmen fort, so kann die Überwachung nur unter den Voraussetzungen des Absatzes 3 auf ihn erstreckt werden. Es muß sich um eine juristische Person oder Gesellschaft ohne Rechtspersönlichkeit handeln, die nach der Eröffnung des Insolvenzverfahrens eigens zu dem Zweck gegründet worden ist, das Unternehmen oder Teile des Unternehmens fortzuführen. Bei einer derartigen Übernahmegesellschaft lassen sich die Einschränkungen der Geschäftstätigkeit rechtfertigen, mit denen die Überwachung verbunden ist (vgl. § 261 Abs. 1 Satz 3 in Verbindung mit § 22 Abs. 3; § 263); denn die Personen, die sich an dem neuen Unternehmen beteiligen, können sich von vornherein auf diese Einschränkungen einstellen. Den Gesellschaftern einer schon vor dem Verfahren bestehenden Gesellschaft und den Gläubigern einer solchen Gesellschaft wäre eine Überwachung dagegen nicht zuzumuten.

§ 261
Aufgaben und Befugnisse des Insolvenzverwalters

(1) Die Überwachung ist Aufgabe des Insolvenzverwalters. Die Ämter des Verwalters und der Mitglieder des Gläubigerausschusses und die Aufsicht des Insolvenzgerichts bestehen insoweit fort. § 22 Abs. 3 gilt entsprechend.

(2) Während der Zeit der Überwachung hat der Verwalter dem Gläubigerausschuß, wenn ein solcher bestellt ist, und dem Gericht jährlich über den jeweiligen Stand und die weiteren Aussichten der Erfüllung des Insolvenzplans zu berichten. Unberührt bleibt das Recht des Gläubigerausschusses und des Gerichts, jederzeit einzelne Auskünfte oder einen Zwischenbericht zu verlangen.

§ 261 entspricht im wesentlichen § 308 RegEInsO. Der folgende Begründungstext entspricht im wesentlichen BT-Drs. 12/2443, S. 215, „Zu § 308".

Es erscheint zweckmäßig, daß die Überwachung Aufgabe des Insolvenzverwalters ist, der in der Regel den Plan selbst ausgearbeitet hat, in jedem Falle aber über dessen Inhalt im einzelnen unterrichtet ist. Zu Eingriffen in die Geschäftsführung des Unternehmens ist er im Grundsatz nicht mehr berechtigt; Ausnahmen ergeben sich aus den §§ 263 (zustimmungsbedürftige Handlungen) und § 264 Abs. 2 (schriftliche Bestätigung von Krediten). Er hat wie ein vorläufiger Insolvenzverwalter das Recht, sich in den Geschäftsräumen des Schuldners über die Einzelheiten der Geschäftsführung zu unterrichten (Absatz 1 Satz 3 in Verbindung mit § 22 Abs. 3).

Soweit die Zwecke der Überwachung es erfordern, bestehen auch die Ämter der Mitglieder des Gäubigerausschusses und die Aufsicht des Insolvenzgerichts über den Verwalter fort. Insbesondere gilt dies für die allgemeinen Auskunfts- und Berichtspflichten des Verwalters gegenüber Gläubigerausschuß und Gericht. Ein jährlicher Bericht des Verwalters gegenüber diesen Stellen über den Stand und die Aussichten der Erfüllung des Plans ist besonders vorgeschrieben (Absatz 2 Satz 1).

§ 262
Anzeigepflicht des Insolvenzverwalters

Stellt der Insolvenzverwalter fest, daß Ansprüche, deren Erfüllung überwacht wird, nicht erfüllt werden oder nicht erfüllt werden können, so hat er dies unverzüglich dem Gläubigerausschuß und dem Insolvenzgericht anzuzeigen. Ist ein Gläubigerausschuß nicht bestellt, so hat der Verwalter an dessen Stelle alle Gläubiger zu unterrichten, denen nach dem gestaltenden Teil des Insolvenzplans Ansprüche gegen den Schuldner oder die Übernahmegesellschaft zustehen.

§ 262 entspricht § 309 RegEInsO. Der folgende Begründungstext entspricht im wesentlichen BT-Drs. 12/2443, S. 215/216, „Zu § 309".

Mit seiner Überwachungstätigkeit soll der Insolvenzverwalter in erster Linie dazu beitragen, daß der Plan erfüllt wird. Stellt sich jedoch heraus, daß der Schuldner die im Plan vorgesehenen Ansprüche nicht erfüllt oder nicht erfüllen kann, so dient die Überwachung dazu, daß der Eintritt dieser Umstände den Gläubigern schnell bekannt wird. Die Vorschrift sieht daher vor, daß der Insolvenzverwalter den Gläubigerausschuß – oder die einzelnen Gläubiger – und das Gericht unverzüglich zu unterrichten hat, wenn er die Nichterfüllung oder die fehlende Erfüllbarkeit des Plans feststellt. Die Gläubiger haben dann die Möglichkeit, rechtzeitig die Eröffnung eines neuen Insolvenzverfahrens zu beantragen. Eine Verfahrenseröffnung von Amts wegen ist auch in diesem Fall nicht vorgesehen; daß der Verwalter nach der Vorschrift auch das Gericht zu unterrichten hat, ist eine Konkretisierung seiner allgemeinen Pflicht zur Information des Gerichts über den Stand der Erfüllung des Plans (vgl. § 261 Abs. 2).

§ 263
Zustimmungsbedürftige Geschäfte

Im gestaltenden Teil des Insolvenzplans kann vorgesehen werden, daß bestimmte Rechtsgeschäfte des Schuldners oder der Übernahmegesellschaft während der Zeit der Überwachung nur wirksam sind, wenn der Insolvenzverwalter ihnen zustimmt. § 81 Abs. 1 und § 82 gelten entsprechend.

§ 263 entspricht im wesentlichen § 310 RegEInsO. Der folgende Begründungstext entspricht im wesentlichen BT-Drs. 12/2443, S. 216, „Zu § 310".

Mit der Aufhebung des Insolvenzverfahrens, die der Überwachung vorausgeht, erlangt der Schuldner grundsätzlich die volle Verfügungsbefugnis über die Gegenstände der Insolvenzmasse zurück (vgl. § 258 Abs. 1, § 259 Abs. 1). Den Beteiligten wird jedoch die Möglichkeit eingeräumt, während der Zeit der Überwachung Rechtsgeschäfte des Schuldners – insbesondere solche, die wirtschaftlich besonders bedeutsam sind oder ein besonderes Risiko einschließen – an die Zustimmung des Verwalters zu binden. Ist im gestaltenden Teil des Plans eine solche Einschränkung der Verfügungsbefugnis des Schuldners vorgesehen, so hat dies Wirkungen gegenüber jedem Dritten: Ein Rechtsgeschäft, das der Schuldner ohne die erforderliche Zustimmung des Verwalters vornimmt, ist unwirksam (vgl. § 81 Abs. 1 und § 82, die in Satz 2 für entsprechend anwendbar erklärt werden).

In gleicher Weise kann die Verfügungsbefugnis einer Übernahmegesellschaft (§ 260 Abs. 3) eingeschränkt werden.

§ 264
Kreditrahmen

(1) Im gestaltenden Teil des Insolvenzplans kann vorgesehen werden, daß die Insolvenzgläubiger nachrangig sind gegenüber Gläubigern mit Forderungen aus Darlehen und sonstigen Krediten, die der Schuldner oder die Übernahmegesellschaft während der Zeit der Überwachung aufnimmt oder die ein Massegläubiger in die Zeit der Überwachung hinein stehen läßt. In diesem Fall ist zugleich ein Gesamtbetrag für derartige Kredite festzulegen (Kreditrahmen). Dieser darf den Wert der Vermögensgegenstände nicht übersteigen, die in der Vermögensübersicht des Plans (§ 229 Satz 1) aufgeführt sind.

(2) Der Nachrang der Insolvenzgläubiger gemäß Absatz 1 besteht nur gegenüber Gläubigern, mit denen vereinbart wird, daß und in welcher Höhe der von ihnen gewährte Kredit nach Hauptforderung, Zinsen und Kosten innerhalb des Kreditrahmens liegt, und gegenüber denen der Insolvenzverwalter diese Vereinbarung schriftlich bestätigt.

(3) § 39 Abs. 1 Nr. 5 bleibt unberührt.

§ 264 entspricht im wesentlichen § 311 RegEInsO. Der folgende Begründungstext entspricht im wesentlichen BT-Drs. 12/2443, S. 216, „Zu § 311", und BT-Drs. 12/7302, S. 185, zu Nr. 168 („Zu § 311").

1 Für das Gelingen einer Sanierung wird häufig entscheidend sein, daß dem Unternehmen nach der Bestätigung des Sanierungsplans und der Aufhebung des Insolvenzverfahrens Kredite gewährt werden, mit denen die schwierige Anlaufzeit nach dem Insolvenzverfahren überbrückt wird. Solche Kredite werden aber in dem erforderlichen Umfang nur

gewährt werden, wenn der Kreditgeber einigermaßen sicher sein kann, daß er auch im Falle eines Scheiterns der Sanierung und der Eröffnung eines neuen Insolvenzverfahrens seinen Rückzahlungsanspruch durchsetzen kann. Da die üblichen Kreditsicherheiten dem Unternehmen in dieser Situation kaum zur Verfügung stehen werden, eröffnet Absatz 1 die Möglichkeit, durch eine Regelung im Plan die Forderungen, die den Insolvenzgläubigern nach dem Plan zustehen, im Rang zurücktreten zu lassen gegenüber den Forderungen aus Krediten, die während der Zeit der Überwachung aufgenommen worden sind. Diesen Krediten gleichgestellt sind Kredite, die schon während des Insolvenzverfahrens aufgenommen worden sind und bei denen der Gläubiger bereit ist, die Rückzahlung über den Zeitpunkt der Aufhebung des Verfahrens (vgl. § 258 Abs. 2) hinauszuschieben, den Kredit also in die Zeit der Überwachung hinein „stehen zu lassen".

Für das Vergleichsverfahren des geltenden Rechts erfüllt § 106 VerglO eine ähnliche Funktion: Ansprüche aus Darlehen, die der Schuldner während des Vergleichsverfahrens mit Zustimmung des Vergleichsverwalters aufgenommen hat, gehören in einem Anschlußkonkurs zu den Massekosten, werden also im Ergebnis vor den Forderungen der Konkursgläubiger aus der Konkursmasse berichtigt. Die neue Vorschrift weicht allerdings im Anwendungsbereich und in der rechtlichen Konstruktion erheblich von diesem Vorbild ab. Absatz 1 Satz 1 erlaubt die Einbeziehung von Krediten jeder Art, die während der Zeit der Überwachung aufgenommen oder in diese Zeit hinein stehengelassen werden; es kann sich auch um Lieferantenkredite, also die Stundung von Kaufpreisforderungen, handeln. Voraussetzung für die rangmäßige Begünstigung von Krediten ist jedoch, daß im Plan ein Gesamtbetrag festgelegt ist, bis zu dem höchstens derartige Kredite vereinbart werden dürfen (Absatz 1 Satz 2). Dieser „Kreditrahmen" darf das nach der Bestätigung des Plans vorhandene Aktivvermögen nicht übersteigen (Absatz 1 Satz 3). Diese Einschränkung der Möglichkeit, begünstigte Kredite zu vereinbaren, dient dem Schutz aller Beteiligten vor den Folgen einer übermäßigen Kreditaufnahme; vor allem werden aber hier die Interessen der Neugläubiger gewahrt, gegenüber denen der Kreditrahmen nach § 265 ebenfalls wirksam sein kann, obwohl sie auf das Zustandekommen des Plans keinen Einfluß haben. 2

Absatz 2 verlangt im Interesse der Rechtsklarheit, daß der Schuldner oder die Übernahmegesellschaft mit jedem Gläubiger, dem die Vorteile des Kreditrahmens zugute kommen sollen, genau vereinbart, daß und in welcher Höhe die Rückzahlungsforderungen nach Hauptforderung, Zinsen und Kosten innerhalb des Kreditrahmens liegen soll. Erforderlich ist weiter eine schriftliche Bestätigung des Insolvenzverwalters. Aufgabe des Verwalters ist es dabei nicht, die Zweckmäßigkeit des aufgenommenen Kredits zu beurteilen, sondern zu prüfen, ob der Kreditrahmen ausreicht, um den neuen Kredit abzudecken. Weiter hat der Verwalter darauf zu achten, daß die getroffene Vereinbarung einen eindeutigen Inhalt hat. 3

Durch Absatz 3 wird klargestellt, daß der Nachrang, der Forderungen aus kapitalersetzenden Darlehen eines Gesellschafters und gleichgestellten Forderungen nach § 39 Abs. 1 Nr. 5 zukommt, nicht durch Aufnahme solcher Forderungen in den Kreditrahmen beseitigt werden kann. Dies würde dem Ziel einer ordnungsgemäßen Kapitalausstattung der sanierten Gesellschaft widersprechen. 4

§ 265
Nachrang von Neugläubigern

Gegenüber den Gläubigern mit Forderungen aus Krediten, die nach Maßgabe des § 264 aufgenommen oder stehen gelassen werden, sind nachrangig auch die

Gläubiger mit sonstigen vertraglichen Ansprüchen, die während der Zeit der Überwachung begründet werden. Als solche Ansprüche gelten auch die Ansprüche aus einem vor der Überwachung vertraglich begründeten Dauerschuldverhältnis für die Zeit nach dem ersten Termin, zu dem der Gläubiger nach Beginn der Überwachung kündigen konnte.

§ 265 entspricht im wesentlichen § 312 RegEInsO. Der folgende Begründungstext entspricht im wesentlichen BT-Drs. 12/2443, S. 216/217, „Zu § 312".

1 Satz 1 schützt den Kreditgeber, dessen Kredit nach Maßgabe des § 264 aufgenommen worden ist, auch im Verhältnis zu den Gläubigern von vertraglichen Forderungen, die während der Zeit der Überwachung neu begründet werden. Ohne diesen zusätzlichen Schutz wäre die Begünstigung des Kreditgebers von geringem Wert; denn der Schuldner oder die Übernahmegesellschaft hätten es in der Hand, durch die Aufnahme neuer, nicht in den Kreditrahmen fallender Kredite gleichrangige Forderungen zu begründen. Den von der Vorschrift erfaßten Neugläubigern ist der Nachrang zuzumuten, da die Tatsache der Überwachung und der Kreditrahmen öffentlich bekanntgemacht und ins Handelsregister eingetragen werden (§ 267 Abs. 1, Abs. 2 Nr. 3, Abs. 3 Satz 1) und da es diesen Gläubigern freisteht, von einem Vertragsschluß abzusehen; sie können außerdem in Verhandlungen mit dem Verwalter zu erreichen versuchen, daß auch ihre Forderungen in den Kreditrahmen einbezogen werden.

2 Ansprüche aus Dauerschuldverhältnissen, die vor der Überwachung vertraglich begründet worden sind, werden durch Satz 2 neu begründeten Ansprüchen insoweit gleichgestellt, als der Gläubiger nach Beginn der Überwachung durch Kündigung die Entstehung der Ansprüche hätte verhindern können.

3 Forderungen aus einem gesetzlichen Schuldverhältnis, die während der Zeit der Überwachung begründet werden oder für diese Zeit aus einem Dauerschuldverhältnis entstehen, werden von der Vorschrift nicht erfaßt. Sie sind daher auch nicht nachrangig gegenüber den Forderungen aus Krediten, die nach Maßgabe des § 264 aufgenommen worden sind. Ein Gläubiger beispielsweise, den der Schuldner während der Zeit der Überwachung durch eine unerlaubte Handlung geschädigt hat, ist in einem während der Überwachung eröffneten Insolvenzverfahren gleichrangig mit den begünstigten Kreditgebern. Gegenüber einem solchen Gläubiger könnte eine Anwendung der Vorschrift nicht gerechtfertigt werden.

§ 266
Berücksichtigung des Nachrangs

(1) Der Nachrang der Insolvenzgläubiger und der in § 265 bezeichneten Gläubiger wird nur in einem Insolvenzverfahren berücksichtigt, das vor der Aufhebung der Überwachung eröffnet wird.

(2) In diesem neuen Insolvenzverfahren gehen diese Gläubiger den übrigen nachrangigen Gläubigern im Range vor.

§ 266 entspricht im wesentlichen § 313 RegEInsO. Der folgende Begründungstext entspricht im wesentlichen BT-Drs. 12/2443, S. 217, „Zu § 313".

Die Erleichterung der Kreditaufnahmemöglichkeiten durch den „Kreditrahmen" soll der Überwindung der Anfangsschwierigkeiten des Unternehmens nach der Aufhebung des Insolvenzverfahrens dienen. Sie soll kein Dauerzustand sein. Schon im Hinblick auf die Chancengleichheit im Wettbewerb sollen für die Kreditaufnahme des Unternehmens nicht auf Dauer besondere Regeln gelten. Daher können nur Kredite begünstigt werden, die während der Zeit der Überwachung aufgenommen oder in diese Zeit hinein stehengelassen werden (§ 264 Abs. 1 Satz 1), und die rangmäßige Begünstigung der Forderungen aus diesen Krediten wird auch nur in einem Insolvenzverfahren berücksichtigt, das während der Dauer der Überwachung eröffnet wird (Absatz 1 der vorliegenden Vorschrift). Da für die Überwachung eine Höchstfrist von drei Jahren vorgesehen ist (§ 268), werden die Auswirkungen des Kreditrahmens damit in angemessener Weise zeitlich eingegrenzt.

Absatz 2 regelt das Verhältnis der Gläubiger, die nach den vorstehenden Bestimmungen nachrangig sind, zu den übrigen nachrangigen Gläubigern.

§ 267
Bekanntmachung der Überwachung

(1) Wird die Erfüllung des Insolvenzplans überwacht, so ist dies zusammen mit dem Beschluß über die Aufhebung des Insolvenzverfahrens öffentlich bekanntzumachen.

(2) Ebenso ist bekanntzumachen:

1. im Falle des § 260 Abs. 3 die Erstreckung der Überwachung auf die Übernahmegesellschaft;

2. im Falle des § 263, welche Rechtsgeschäfte an die Zustimmung des Insolvenzverwalters gebunden werden;

3. im Falle des § 264, in welcher Höhe ein Kreditrahmen vorgesehen ist.

(3) § 31 gilt entsprechend. Soweit im Falle des § 263 das Recht zur Verfügung über ein Grundstück, ein eingetragenes Schiff, Schiffsbauwerk oder Luftfahrzeug, ein Recht an einem solchen Gegenstand oder ein Recht an einem solchen Recht beschränkt wird, gelten die §§ 32 und 33 entsprechend.

§ 267 entspricht im wesentlichen § 314 RegEInsO. Der folgende Begründungstext entspricht im wesentlichen BT-Drs. 12/2443, S. 217, „Zu § 314".

Die Überwachung ist öffentlich bekanntzumachen (Absatz 1), da das Unternehmen während dieser Zeit unter besonderen Bedingungen arbeitet. Von besonderem Interesse für den Rechtsverkehr ist dabei, ob die Überwachung auf eine Übernahmegesellschaft erstreckt ist, ob und gegebenenfalls welche Rechtsgeschäfte an die Zustimmung des Insolvenzverwalters gebunden sind und ob und gegebenenfalls in welcher Höhe ein Kreditrahmen vorgesehen ist; diese Umstände sind daher in die Bekanntmachung aufzunehmen (Absatz 2). 1

Absatz 3 ergänzt die Regelung dadurch, daß er auch eine Eintragung ins Handels-, Genossenschafts- oder Vereinsregister vorschreibt (Satz 1 in Verbindung mit § 31). Bei Immobilien und Gegenständen, die vom Gesetz wie Immobilien behandelt werden, ist die Eintragung von Verfügungsbeschränkungen im Grundbuch oder in dem vergleichbaren Register erforderlich (Satz 2 in Verbindung mit den §§ 32 und 33). 2

§ 268
Aufhebung der Überwachung

(1) Das Insolvenzgericht beschließt die Aufhebung der Überwachung,

1. wenn die Ansprüche, deren Erfüllung überwacht wird, erfüllt sind oder die Erfüllung dieser Ansprüche gewährleistet ist oder

2. wenn seit der Aufhebung des Insolvenzverfahrens drei Jahre verstrichen sind und kein Antrag auf Eröffnung eines neuen Insolvenzverfahrens vorliegt.

(2) Der Beschluß ist öffentlich bekanntzumachen. § 267 Abs. 3 gilt entsprechend.

§ 268 entspricht im wesentlichen § 315 RegEInsO. Der folgende Begründungstext entspricht im wesentlichen BT-Drs. 12/2443, S. 217, „Zu § 315".

Wegen der weitreichenden Wirkungen, die mit einer Überwachung verbunden sein können, wird ihre förmliche Aufhebung durch das Insolvenzgericht vorgesehen. Diese Aufhebung kann erfolgen, sobald feststeht, daß die Ansprüche, die im gestaltenden Teil des Plans vorgesehen sind, erfüllt werden (Absatz 1 Nr. 1). Unabhängig vom Eintritt dieser Voraussetzung ist die Überwachung aufzuheben, wenn eine Höchstfrist von drei Jahren verstrichen ist; allerdings ist in diesem Fall zu prüfen, ob bereits ein Antrag auf Eröffnung eines neuen Insolvenzverfahrens vorliegt (Absatz 1 Nr. 2). Ist ein solcher Antrag gestellt, so dauert die Überwachung an, bis ein neues Insolvenzverfahren eröffnet wird oder bis die Überwachung nach der rechtskräftigen Abweisung des Eröffnungsantrags aufgehoben wird.

Absatz 2 sieht für die Aufhebung der Überwachung entsprechende Veröffentlichungen und Eintragungen vor wie § 267 für die Überwachung selbst.

Ein Rechtsmittel ist gegen die Aufhebung der Überwachung nicht gegeben (vgl. § 6 Abs. 1).

§ 269
Kosten der Überwachung

Die Kosten der Überwachung trägt der Schuldner. Im Falle des § 260 Abs. 3 trägt die Übernahmegesellschaft die durch ihre Überwachung entstehenden Kosten.

§ 269 entspricht im wesentlichen § 316 RegEInsO. Der folgende Begründungstext entspricht BT-Drs. 12/2443, S. 217, „Zu § 316".

Auch während der Zeit der Überwachung entstehen Verfahrenskosten. Insbesondere ist dem Insolvenzverwalter und den Mitgliedern des Gläubigerausschusses für ihre Überwachungstätigkeit eine Vergütung zu zahlen; die Auslagen dieser Personen sind zu ersetzen. Für diese in der Vergütungsverordnung näher zu bestimmenden Kosten haftet der Schuldner; soweit eine Übernahmegesellschaft überwacht wird, haftet diese Gesellschaft.

SIEBTER TEIL
Eigenverwaltung

§ 270
Voraussetzungen

(1) Der Schuldner ist berechtigt, unter der Aufsicht eines Sachwalters die Insolvenzmasse zu verwalten und über sie zu verfügen, wenn das Insolvenzgericht in dem Beschluß über die Eröffnung des Insolvenzverfahrens die Eigenverwaltung anordnet. Für das Verfahren gelten die allgemeinen Vorschriften, soweit in diesem Teil nichts anderes bestimmt ist.

(2) Die Anordnung setzt voraus,

1. daß sie vom Schuldner beantragt worden ist,
2. wenn der Eröffnungsantrag von einem Gläubiger gestellt worden ist, daß der Gläubiger dem Antrag des Schuldners zugestimmt hat und
3. daß nach den Umständen zu erwarten ist, daß die Anordnung nicht zu einer Verzögerung des Verfahrens oder zu sonstigen Nachteilen für die Gläubiger führen wird.

(3) Im Falle des Absatzes 1 wird anstelle des Insolvenzverwalters ein Sachwalter bestellt. Die Forderungen der Insolvenzgläubiger sind beim Sachwalter anzumelden. Die §§ 32 und 33 sind nicht anzuwenden.

§ 270 entspricht weitgehend § 331 RegEInsO. Der folgende Begründungstext beruht weitgehend auf BT-Drs. 12/2443, S. 223, „Zu § 331", und BT-Drs. 12/7302, S. 185, zu Nr. 169 („Zu § 331").

Im Interesse einer klaren Rechtslage soll die Eigenverwaltung unter Aufsicht eines Sachwalters nur dann in Betracht kommen, wenn sie der Schuldner vor der Eröffnung des Insolvenzverfahrens beantragt hat. Er hat dazu Gelegenheit, wenn er entweder selbst den Antrag auf Eröffnung des Insolvenzverfahrens stellt oder zu dem Antrag eines Gläubigers angehört wird (vgl. § 14 Abs. 2). 1

Wird der Antrag auf Eigenverwaltung in dieser Weise gestellt, so entscheidet das Gericht bei der Eröffnung des Insolvenzverfahrens vorläufig über den Antrag. Es ordnet die Eigenverwaltung unter Aufsicht des Sachwalters an, wenn der Gläubiger dem Antrag des Schuldners zugestimmt hat und wenn keine Umstände bekannt sind, die eine Gefährdung der Gläubigerinteressen durch die Anordnung befürchten lassen. 2

Die zuletzt genannte Voraussetzung ist Gegenstand von Absatz 2 Nr. 3; durch diese Regelung soll sichergestellt werden, daß das Verfahren in Eigenverwaltung des Schuldners nicht zum Nachteil der Gläubiger praktiziert werden kann.

Insbesondere ist es nicht Zweck eines derartigen Verfahrens, daß der Schuldner über längere Zeit ein Unternehmen oder einen Betrieb weiterführen kann, ohne das Ziel des Insolvenzverfahrens, die bestmögliche Gläubigerbefriedigung, zu fördern. Für eine Anordnung der Eigenverwaltung muß deshalb neben den Voraussetzungen der Nummern 1 und 2 nach den Umständen zu erwarten sein, daß den Gläubigern die Anordnung nicht zum Nachteil gereichen wird. Als Beispiel für eine Benachteiligung der Gläubiger führt die Nummer 3 das Element der Verzögerung des Verfahrens durch die Eigen- 3 verwaltung auf. Es ist vom Gericht zu prüfen, ob das Verfahren in Eigenverwaltung voraussichtlich vergleichbar zügig ablaufen wird wie ein Insolvenzverfahren, bei dem ein Insolvenzverwalter bestellt ist. Für den Gesichtspunkt der Verzögerung wird dabei von besonderer Bedeutung sein, inwieweit der Schuldner bei der Verwertung seines Vermögens besondere Kenntnisse einbringen kann und insoweit Einarbeitungszeit eines Insolvenzverwalters erspart. Weiter muß nach den Umständen zu erwarten sein, daß die Anordnung der Eigenverwaltung auch nicht zu sonstigen wirtschaftlichen Nachteilen für die Gläubiger führen wird. Lassen sich die in der Nummer 3 genannten Voraussetzungen nicht feststellen, so hat das Gericht von der Anordnung der Eigenverwaltung abzusehen. Es dürfte davon auszugehen sein, daß die Eigenverwaltung die Ausnahme sein wird, nicht die Regel.

4   Wird diese Art der Eigenverwaltung angeordnet, so ist kein Insolvenzverwalter, sondern ein Sachwalter zu bestellen (Absatz 3). Nach Absatz 3 Satz 2 sollen die Forderungen beim Sachwalter angemeldet werden. Die übrigen Rechte und Pflichten des Sachwalters werden in den §§ 274 bis 285 geregelt und gegenüber der Rechtsstellung des Schuldners abgegrenzt. Für diese Abgrenzung sind dabei die Grundsätze maßgebend, daß die laufenden Geschäfte vom Schuldner geführt werden und daß der Sachwalter einerseits diese Geschäftsführung kontrolliert und unterstützt, andererseits die besonderen Aufgaben wahrnimmt, die im Regelinsolvenzverfahren dem Insolvenzverwalter in erster Linie im Interesse der Gläubiger übertragen sind, insbesondere die Anfechtung von gläubigerbenachteiligenden Rechtshandlungen. Nach diesen Grundsätzen ist die Aufteilung der Befugnisse zwischen Schuldner und Sachwalter auch in den Fällen vorzunehmen, die in der Insolvenzordnung nicht ausdrücklich geregelt sind; z. B. ist zur Aufnahme eines Rechtsstreits (vgl. die §§ 85, 86) anstelle des (im Regelinsolvenzverfahren hierzu allein befugten) Insolvenzverwalters der Schuldner berechtigt.

5   Solange der Schuldner verfügungsbefugt bleibt, ist eine Eintragung der Verfahrenseröffnung im Grundbuch oder in einem anderen sachenrechtlichen Register entbehrlich (Absatz 3 Satz 2). Diese Eintragung hat erst zu erfolgen, wenn eine Verfügungsbeschränkung angeordnet wird (§ 277 Abs. 3 Satz 3).

6   Außerhalb des Bereichs der Verwaltungs- und Verfügungsbefugnisse gelten für das Insolvenzverfahren, bei dem die Eigenverwaltung unter der Aufsicht eines Sachwalters angeordnet ist, die gleichen Bestimmungen wie für ein Insolvenzverfahren mit Insolvenzverwalter (Absatz 1 Satz 2).

§ 271
Nachträgliche Anordnung

Hatte das Insolvenzgericht den Antrag des Schuldners auf Eigenverwaltung abgelehnt, beantragt die erste Gläubigerversammlung jedoch die Eigenverwaltung, so ordnet das Gericht diese an. Zum Sachwalter kann der bisherige Insolvenzverwalter bestellt werden.

§ 271 entspricht im wesentlichen § 332 Abs. 2 RegEInsO. Der folgende Begründungstext beruht im wesentlichen auf BT-Drs. 12/2443, S. 223/224, „Zu § 332", und BT-Drs. 12/7302, S. 186, zu Nr. 170 („Zu § 332").

Ähnlich wie die erste Gläubigerversammlung die Möglichkeit hat, einen anderen Insolvenzverwalter zu wählen oder den Gläubigerausschuß anders zusammenzusetzen (vgl. die §§ 57, 68), soll sie auch die vorläufige Entscheidung des Gerichts über den

Antrag des Schuldners auf Eigenverwaltung korrigieren können. § 271 regelt den Fall, daß der Antrag des Schuldners vom Gericht abgelehnt worden ist, daß die Gläubigerversammlung ihn jedoch für gerechtfertigt hält. Der umgekehrte Fall, daß die Gläubigerversammlung eine vom Gericht angeordnete Eigenverwaltung unter Aufsicht eines Sachwalters nicht bestätigt, ist in der folgenden Vorschrift geregelt.

Sieht eine Minderheit in der Gläubigerversammlung durch die von der Mehrheit getroffene Entscheidung ihre Interessen gefährdet, so steht das allgemeine Verfahren zur Verfügung, nach dem Beschlüsse der Gläubigerversammlung, die einen Teil der Gläubiger unangemessen benachteiligen, vom Gericht aufgehoben werden können (§ 78).

§ 272
Aufhebung der Anordnung

(1) Das Insolvenzgericht hebt die Anordnung der Eigenverwaltung auf,

1. wenn dies von der Gläubigerversammlung beantragt wird;
2. wenn dies von einem absonderungsberechtigten Gläubiger oder von einem Insolvenzgläubiger beantragt wird und die Voraussetzung des § 270 Abs. 2 Nr. 3 weggefallen ist.
3. wenn dies vom Schuldner beantragt wird.

(2) Der Antrag eines Gläubigers ist nur zulässig, wenn der Wegfall der Voraussetzung glaubhaft gemacht wird. Vor der Entscheidung über den Antrag ist der Schuldner zu hören. Gegen die Entscheidung steht dem Gläubiger und dem Schuldner die sofortige Beschwerde zu.

(3) Zum Insolvenzverwalter kann der bisherige Sachwalter bestellt werden.

§ 272 entspricht im wesentlichen § 333 RegEInsO. Der folgende Begründungstext entspricht im wesentlichen BT-Drs. 12/2443, S. 224, „Zu § 333", und BT-Drs. 12/7302, S. 186, zu Nr. 171 („Zu den §§ 333, 334").

Die Anordnung der Eigenverwaltung unter Aufsicht wird immer dann wieder aufgehoben, wenn dies von einer Gläubigerversammlung beantragt wird. Nicht nur die erste Gläubigerversammlung, die nach § 271 über die Eigenverwaltung zu entscheiden hat, sondern auch jede spätere Gläubigerversammlung kann die Eigenverwaltung beenden (Absatz 1 Nr. 1). 1

Die Eigenverwaltung bedeutet trotz der Aufsicht des Sachwalters ein erhebliches Risiko für die Gläubiger. Daher muß es auch möglich sein, die Eigenverwaltung unter Aufsicht des Sachwalters kurzfristig zu beenden, wenn eine Gefährdung der Interessen der Gläubiger sichtbar wird. Absatz 1 Nr. 2 schafft diese Möglichkeit, indem er unabhängig vom Zusammentritt einer Gläubigerversammlung jedem Einzelgläubiger gestattet, unter Hinweis auf eine drohende Benachteiligung der Gläubiger die Aufhebung der Anordnung der Eigenverwaltung zu beantragen.

Zur Abwehr von mißbräuchlichen Anträgen ist vorgesehen, daß der Gläubiger die drohenden Nachteile glaubhaft machen muß. Die Entscheidung über einen solchen Antrag kann erst nach Anhörung des Schuldners ergehen. Sie unterliegt dem Rechtsmittel der sofortigen Beschwerde (Absatz 2). 2

3 Die Eigenverwaltung unter Aufsicht des Sachwalters kann nur Erfolg haben, wenn der Schuldner bereit ist, die ihm zufallenden Aufgaben mit vollem Einsatz zu erfüllen. Auch wenn er zunächst die Eigenverwaltung unter Aufsicht des Sachwalters beantragt hat, kann seine Bereitschaft im weiteren Verlauf des Insolvenzverfahrens entfallen, etwa weil er mit den Weisungen des Gläubigerausschusses oder mit den ihm auf Antrag der Gläubigerversammlung auferlegten Einschränkungen nicht einverstanden ist (vgl. die §§ 276, 277). Absatz 1 Nr. 3 gibt ihm in einem solchen Fall die Möglichkeit, die Eigenverwaltung vorzeitig beenden zu lassen.

4 Die Aufhebung der Eigenverwaltung unter Aufsicht eines Sachwalters hat die Folge, daß ein Insolvenzverwalter eingesetzt wird und die Verwaltung der Insolvenzmasse übernimmt. Die Bestellung erfolgt nach allgemeinen Regeln zunächst durch das Gericht. In der Regel wird es vorteilhaft sein, zum Insolvenzverwalter den bisherigen Sachwalter zu bestellen, da dieser bereits einen Einblick in die Vermögensverhältnisse des Schuldners gewonnen hat.

§ 273
Öffentliche Bekanntmachung

Der Beschluß des Insolvenzgerichts, durch den nach der Eröffnung des Insolvenzverfahrens die Eigenverwaltung angeordnet oder die Anordnung aufgehoben wird, ist öffentlich bekanntzumachen.

§ 273 entspricht im wesentlichen § 334 RegEInsO. Der folgende Begründungstext entspricht BT-Drs. 12/2443, S. 224, „Zu § 334", und beruht ferner auf BT-Drs. 12/7302, S. 186, zu Nr. 171 („Zu den §§ 333, 334").

Die öffentliche Bekanntmachung der Anordnung der Eigenverwaltung unter Aufsicht eines Sachwalters oder der Aufhebung dieser Anordnung ist erforderlich, damit im Geschäftsverkehr Klarheit über die Verfügungs- und Verwaltungsbefugnisse im Insolvenzverfahren besteht. Wenn die Anordnung schon bei der Eröffnung des Verfahrens ergeht, wird sie als Teil des Eröffnungsbeschlusses öffentlich bekanntgemacht. Spätere Entscheidungen über die Eigenverwaltung müssen gesondert bekanntgemacht werden.

§ 274
Rechtsstellung des Sachwalters

(1) Für die Bestellung des Sachwalters, für die Aufsicht des Insolvenzgerichts sowie für die Haftung und die Vergütung des Sachwalters gelten § 54 Nr. 2 und die §§ 56 bis 60, 62 bis 65 entsprechend.

(2) Der Sachwalter hat die wirtschaftliche Lage des Schuldners zu prüfen und die Geschäftsführung sowie die Ausgaben für die Lebensführung zu überwachen. § 22 Abs. 3 gilt entsprechend.

(3) Stellt der Sachwalter Umstände fest, die erwarten lassen, daß die Fortsetzung der Eigenverwaltung zu Nachteilen für die Gläubiger führen wird, so hat er dies unverzüglich dem Gläubigerausschuß und dem Insolvenzgericht anzuzeigen. Ist ein Gläubigerausschuß nicht bestellt, so hat der Sachwalter an dessen Stelle die Insolvenzgläubiger, die Forderungen angemeldet haben, und die absonderungsberechtigten Gläubiger zu unterrichten.

§ 274 entspricht im wesentlichen § 335 RegEInsO. Der folgende Begründungstext entspricht im wesentlichen BT-Drs. 12/2443, S. 224, „Zu § 335", und BT-Drs. 12/7302, S. 186, zu Nr. 172 („Zu § 335").

Absatz 1 verweist für die Stellung des Sachwalters zum Insolvenzgericht, für seine Haftung und seine Vergütung auf die Vorschriften, die den Insolvenzverwalter betreffen. Wegen des eingeschränkten Tätigkeitsbereichs des Sachwalters wird seine Vergütung allerdings in der künftigen Vergütungsverordnung niedriger zu bemessen sein als die Vergütung des Insolvenzverwalters.

Im Hinblick auf die Geschäftsführung hat er nur Aufsichtsfunktionen (Absatz 2). Insoweit werden die §§ 39, 40 VerglO inhaltlich übernommen.

Nach Absatz 3 ist der Sachwalter zur Unterrichtung des Gerichts und der Gläubiger verpflichtet, wenn er erkennt, daß bei einer Fortsetzung der Eigenverwaltung Nachteile für die Gläubiger drohen. Die Gläubiger werden auf diese Weise in die Lage versetzt, die Aufhebung der Anordnung der Eigenverwaltung zu beantragen (vgl. § 272 Abs. 1 Nr. 2). Eine ähnliche Unterrichtungspflicht, allerdings nur gegenüber dem Gericht, enthält die Vergleichsordnung in § 40 Abs. 2.

§ 275
Mitwirkung des Sachwalters

(1) Verbindlichkeiten, die nicht zum gewöhnlichen Geschäftsbetrieb gehören, soll der Schuldner nur mit Zustimmung des Sachwalters eingehen. Auch Verbindlichkeiten, die zum gewöhnlichen Geschäftsbetrieb gehören, soll er nicht eingehen, wenn der Sachwalter widerspricht.

(2) Der Sachwalter kann vom Schuldner verlangen, daß alle eingehenden Gelder nur vom Sachwalter entgegengenommen und Zahlungen nur vom Sachwalter geleistet werden.

§ 275 entspricht im wesentlichen § 336 RegEInsO. Der folgende Begründungstext entspricht BT-Drs. 12/2443, S. 224, „Zu § 336", und beruht ferner auf BT-Drs. 12/7302, S. 186, zu Nr. 173 („Zu § 336 Abs. 2").

Auch die Vorschrift über die Mitwirkung des Sachwalters bei der Begründung von Verbindlichkeiten und seine Befugnis zur Kassenführung entspricht geltendem Vergleichsrecht (§ 57 VerglO).

§ 276
Mitwirkung des Gläubigerausschusses

Der Schuldner hat die Zustimmung des Gläubigerausschusses einzuholen, wenn er Rechtshandlungen vornehmen will, die für das Insolvenzverfahren von besonderer Bedeutung sind. § 160 Abs. 1 Satz 2, Abs. 2, § 161 Satz 2 und § 164 gelten entsprechend.

§ 276 entspricht im wesentlichen § 337 RegEInsO. Der folgende Begründungstext entspricht im wesentlichen BT-Drs. 12/2443, S. 224, „Zu § 337".

Es wird klargestellt, daß die Geschäfte, die im Regelinsolvenzverfahren an die Zustimmung des Gläubigerausschusses gebunden sind, auch im Falle der Eigenverwaltung unter Aufsicht eines Sachwalters nur mit Zustimmung des Gläubigerausschusses vorgenommen werden dürfen. Auch das Recht einer Minderheit von Gläubigern, im Falle einer Zustimmung des Gläubigerausschusses die Einberufung der Gläubigerversammlung zu beantragen (§ 161 Satz 2), wird übernommen; anstelle des Insolvenzverwalters ist in diesem Fall der Sachwalter zu hören.

§ 277
Anordnung der Zustimmungsbedürftigkeit

(1) **Auf Antrag der Gläubigerversammlung ordnet das Insolvenzgericht an, daß bestimmte Rechtsgeschäfte des Schuldners nur wirksam sind, wenn der Sachwalter ihnen zustimmt. § 81 Abs. 1 Satz 2 und 3 und § 82 gelten entsprechend. Stimmt der Sachwalter der Begründung einer Masseverbindlichkeit zu, so gilt § 61 entsprechend.**

(2) **Die Anordnung kann auch auf den Antrag eines absonderungsberechtigten Gläubigers oder eines Insolvenzgläubigers ergehen, wenn sie unaufschiebbar erforderlich ist, um Nachteile für die Gläubiger zu vermeiden. Der Antrag ist nur zulässig, wenn diese Voraussetzung der Anordnung glaubhaft gemacht wird.**

(3) **Die Anordnung ist öffentlich bekanntzumachen. § 31 gilt entsprechend. Soweit das Recht zur Verfügung über ein Grundstück, ein eingetragenes Schiff, Schiffsbauwerk oder Luftfahrzeug, ein Recht an einem solchen Gegenstand oder ein Recht an einem solchen Recht beschränkt wird, gelten die §§ 32 und 33 entsprechend.**

§ 277 entspricht im wesentlichen § 338 RegEInsO. Der folgende Begründungstext entspricht im wesentlichen BT-Drs. 12/2443, S. 225, „Zu § 338", und BT-Drs. 12/7302, S. 186, zu Nr. 174 („Zu § 338 Abs. 1").

Die Verwaltungs- und Verfügungsbefugnis des Schuldners kann in der Weise eingeschränkt werden, daß bestimmte Rechtsgeschäfte nur mit Zustimmung des Sachwalters wirksam sind. Im Unterschied zu den Beschränkungen, die der Schuldner nach den beiden vorangehenden Vorschriften zu beachten hat, wirkt die hier vorgesehene Einschränkung auch gegenüber Dritten. Gutgläubige Dritte werden nur im engen Rahmen des § 81 Abs. 1 Satz 2 und 3 und des § 82 geschützt. Für die Erfüllung von Masseverbindlichkeiten, die mit Zustimmung des Sachwalters begründet werden, haftet dieser entsprechend § 61.

In der Regel setzt eine entsprechende Anordnung des Gerichts einen Antrag der Gläubigerversammlung voraus (Absatz 1). In Eilfällen, insbesondere wenn ein nachteiliges Rechtsgeschäft des Schuldners unmittelbar bevorsteht, kann die Beschränkung aber auch auf Antrag eines einzelnen Gläubigers angeordnet werden (Absatz 2).

Wegen der Drittwirkung der Anordnung sind eine öffentliche Bekanntmachung und die Verlautbarung der Anordnung im Handelsregister und gegebenenfalls im Grundbuch erforderlich (Absatz 3).

§ 278
Mittel zur Lebensführung des Schuldners

(1) **Der Schuldner ist berechtigt, für sich und die in § 100 Abs. 2 Satz 2 genannten Familienangehörigen aus der Insolvenzmasse die Mittel zu entnehmen,**

die unter Berücksichtigung der bisherigen Lebensverhältnisse des Schuldners eine bescheidene Lebensführung gestatten.

(2) Ist der Schuldner keine natürliche Person, so gilt Absatz 1 entsprechend für die vertretungsberechtigten persönlich haftenden Gesellschafter des Schuldners.

§ 278 übernimmt in veränderter Fassung § 339 RegEInsO. Der folgende Begründungstext entspricht weitgehend BT-Drs. 12/2443, S. 225, „Zu § 339", und BT-Drs. 12/7302, S. 186, zu Nr. 175 („Zu § 339").

Die Vorschrift legt in Anlehnung an § 56 VerglO fest, daß im Falle der Eigenverwaltung unter Aufsicht eines Sachwalters nicht nur der notwendige Unterhalt des Schuldners, sondern darüber hinaus Mittel zu einer bescheidenen Lebensführung unter Berücksichtigung der bisherigen Lebensverhältnisse des Schuldners aus der Insolvenzmasse entnommen werden dürfen. Häufig werden diese Mittel allerdings ganz oder überwiegend aus dem unpfändbaren Teil seines laufenden Einkommens, der nicht zur Insolvenzmasse gehört, bestritten werden können; insoweit entfällt dann ein Recht zur Entnahme aus der Insolvenzmasse. Der Kreis der Personen, deren Unterhalt die Vorschrift gewährleistet, wird durch die Verweisung auf § 100 Abs. 2 Satz 2 in Absatz 1 und durch Absatz 2 in gleicher Weise abgegrenzt wie im Regelinsolvenzverfahren.

§ 279
Gegenseitige Verträge

Die Vorschriften über die Erfüllung der Rechtsgeschäfte und die Mitwirkung des Betriebsrats (§§ 103 bis 128) gelten mit der Maßgabe, daß an die Stelle des Insolvenzverwalters der Schuldner tritt. Der Schuldner soll seine Rechte nach diesen Vorschriften im Einvernehmen mit dem Sachwalter ausüben. Die Rechte nach den §§ 120, 122 und 126 kann er wirksam nur mit Zustimmung des Sachwalters ausüben.

§ 279 entspricht im wesentlichen § 340 RegEInsO. Der folgende Begründungstext entspricht im wesentlichen BT-Drs. 12/2443, S. 225, „Zu § 340".

Das Wahlrecht bei gegenseitigen Verträgen und das Recht zur vorzeitigen Kündigung von Dauerschuldverhältnissen werden in der Vergleichsordnung in besonderer, vom Konkursrecht abweichender Weise geregelt (§§ 50 bis 53 VerglO). Für die Eigenverwaltung unter Aufsicht eines Sachwalters sind dagegen keine solchen Sonderregelungen vorgesehen. Die Entscheidung, ob ein Insolvenzverwalter eingesetzt wird oder ob diese Art der Eigenverwaltung zugelassen wird, soll nicht dadurch beeinflußt werden, daß unterschiedliche materiell-rechtliche Regeln zur Anwendung kommen. 1

Das Wahlrecht und das Kündigungsrecht sollen nach Satz 1 vom Schuldner ausgeübt werden, da sie unmittelbar mit der vom Schuldner ausgeübten Geschäftsführung zusammenhängen. Wegen der Bedeutung dieser Rechte soll er von ihnen allerdings nur im Einvernehmen mit dem Sachwalter Gebrauch machen (Satz 2). Ein Verstoß des Schuldners gegen diese Vorschrift hat im allgemeinen keine Außenwirkung; die Ausübung des Wahlrechts oder des Kündigungsrechts ist wirksam, auch wenn der Sachwalter nicht einverstanden ist. Nach Satz 3 gilt dies jedoch nicht für bestimmte Rechte, durch die ohne Zustimmung des Betriebsrats in die Rechtsstellung einer Vielzahl von Arbeitnehmern eingegriffen werden kann: für das Recht, beim Arbeitsgericht die soziale Rechtfertigung der Entlassung bestimmter Arbeitnehmer feststellen zu lassen (§ 126), 2 für die vorzeitige Kündigung von Betriebsvereinbarungen (§ 120) und für den Antrag auf gerichtliche Zustimmung zur Durchführung einer Betriebsänderung (§ 122). Die Ausübung dieser besonders weitreichenden Rechte ist unwirksam, solange die Zustimmung des Sachwalters fehlt.

3 Unberührt bleibt das Recht der Gläubigerversammlung, nach § 277 eine Anordnung des Gerichts zu beantragen, nach der auch andere, nicht von Satz 3 erfaßte Rechtsgeschäfte des Schuldners wirksam nur mit Zustimmung des Sachwalters vorgenommen werden können. Verstößt der Schuldner gegen die in Satz 2 geregelte Pflicht, im Einvernehmen mit dem Sachwalter zu handeln, so kann dies zu einem solchen Antrag der Gläubigerversammlung oder auch zum Antrag auf Aufhebung der Eigenverwaltung (§ 272) führen.

§ 280
Haftung. Insolvenzanfechtung

Nur der Sachwalter kann die Haftung nach den §§ 92 und 93 für die Insolvenzmasse geltend machen und Rechtshandlungen nach den §§ 129 bis 147 anfechten.

§ 280 entspricht im wesentlichen § 341 RegEInsO. Der folgende Begründungstext entspricht im wesentlichen BT-Drs. 12/2443, S. 225, „Zu § 341", und BT-Drs. 12/7302, S. 186, zu Nr. 176 („Zu § 341").

Zur Geltendmachung der Ansprüche auf Ersatz eines Gesamtschadens (§ 92) oder der persönlichen Haftung von Gesellschaftern (§ 93) und zur Ausübung des Anfechtungsrechts erscheint der Sachwalter besser geeignet als der Schuldner. Daß die Insolvenzanfechtung trotz der Eigenverwaltung möglich ist, bedeutet wieder eine Abweichung vom Recht der Vergleichsordnung.

§ 281
Unterrichtung der Gläubiger

(1) Das Verzeichnis der Massegegenstände, das Gläubigerverzeichnis und die Vermögensübersicht (§§ 151 bis 153) hat der Schuldner zu erstellen. Der Sachwalter hat die Verzeichnisse und die Vermögensübersicht zu prüfen und jeweils schriftlich zu erklären, ob nach dem Ergebnis seiner Prüfung Einwendungen zu erheben sind.

(2) Im Berichtstermin hat der Schuldner den Bericht zu erstatten. Der Sachwalter hat zu dem Bericht Stellung zu nehmen.

(3) Zur Rechnungslegung (§§ 66, 155) ist der Schuldner verpflichtet. Für die Schlußrechnung des Schuldners gilt Absatz 1 Satz 2 entsprechend.

§ 281 entspricht im wesentlichen § 342 RegEInsO. Der folgende Begründungstext entspricht BT-Drs. 12/2443, S. 225, „Zu § 342".

Für die Unterrichtung der Gläubiger werden Regelungen vorgesehen, die in erster Linie den Schuldner zur Erstellung von Unterlagen und zum mündlichen Bericht verpflichten, da der Schuldner die Geschäfte führt. Der Sachwalter wird zur Prüfung der Unterlagen verpflichtet. Im Berichtstermin hat er sich zu dem Bericht des Schuldners zu äußern. Eine vollständige und korrekte Unterrichtung der Gläubiger erscheint auf diese Weise am besten gewährleistet.

§ 282
Verwertung von Sicherungsgut

(1) Das Recht des Insolvenzverwalters zur Verwertung von Gegenständen, an denen Absonderungsrechte bestehen, steht dem Schuldner zu. Kosten der Feststellung der Gegenstände und der Rechte an diesen werden jedoch nicht erhoben. Als Kosten der Verwertung können nur die tatsächlich entstandenen, für die Verwertung erforderlichen Kosten und der Umsatzsteuerbetrag angesetzt werden.

(2) Der Schuldner soll sein Verwertungsrecht im Einvernehmen mit dem Sachwalter ausüben.

§ 282 entspricht § 343 RegEInsO. Der folgende Begründungstext entspricht im wesentlichen BT-Drs. 12/2443, S. 226, „Zu § 343".

In der Regel wird die Eigenverwaltung unter Aufsicht eines Sachwalters in Fällen angeordnet werden, in denen der Schuldner ein Unternehmen betreibt und in denen Aussichten bestehen, dieses Unternehmen auf der Grundlage eines Insolvenzplans zu sanieren. Ein ungehinderter Zugriff der absonderungsberechtigten Gläubiger auf ihre Sicherheiten kann hier ebensowenig hingenommen werden wie im Regelinsolvenzverfahren. Die Übertragung des Verwertungsrechts auf den Schuldner – in den Grenzen, die sonst für das Verwertungsrecht des Insolvenzverwalters bestehen – ermöglicht es, die gleichen günstigen Voraussetzungen für eine gemeinsame Verwertung verschiedener belasteter Gegenstände zu schaffen wie im sonstigen Insolvenzverfahren (Absatz 1 Satz 1). 1

Dabei kann die Kostenerstattung begrenzt werden (Absatz 1 Satz 2, 3): Der Schuldner, der mit der Eigenverwaltung betraut wird, ist in der Regel über die Rechte der Gläubiger an den Gegenständen der Insolvenzmasse hinreichend unterrichtet. Der Sachwalter braucht insoweit nur im Rahmen seiner allgemeinen Aufsicht eingeschaltet zu werden. Kosten der Feststellung der belasteten Gegenstände und der Rechte an diesen fallen daher typischerweise nicht an. Sie brauchen nicht in Abzug gebracht zu werden, weder bei Sicherheiten an beweglichen Gegenständen (vgl. die §§ 170, 171), noch im Hinblick auf das Grundstückszubehör (bei dem durch eine Änderung des § 10 ZVG im Rahmen des Einführungsgesetzes zur Insolvenzordnung Feststellungskosten erhoben werden). 2

Auch eine Verwertungskostenpauschale, wie sie in § 171 Abs. 2 Satz 1 für Absonderungsrechte an beweglichen Sachen vorgesehen wird, erscheint hier nicht angemessen. Im typischen Fall der Eigenverwaltung, bei einer Fortführung des Unternehmens durch den Schuldner, werden regelmäßig keine aufwendigen Verwertungsvorgänge stattfinden: Sicherheiten an Betriebsmitteln, die zur Fortführung des Unternehmens erforderlich sind, werden während des Verfahrens bestehen bleiben. Die Veräußerung von belasteten Waren wird häufig im laufenden Geschäftsbetrieb, ohne besondere Kosten, erfolgen können. Auch die Einziehung von zur Sicherheit abgetretenen Forderungen wird im Falle der Eigenverwaltung regelmäßig geringere Kosten verursachen. Tatsächlich entstandene Verwertungskosten können allerdings abgesetzt werden (vgl. § 171 Abs. 2 Satz 2), sowohl im Falle der Fortführung des Unternehmens durch den Schuldner als auch in dem Ausnahmefall, daß der Schuldner im Wege der Eigenverwaltung unter Aufsicht des Sachwalters die Einzelverwertung seines Vermögens betreibt. Auch die Umsatzsteuerbelastung der Masse aus der Verwertung von Sicherungsgut kann vom Verwertungserlös abgezogen werden (vgl. § 171 Abs. 2 Satz 3). 3

§ 283 – Einzelerläuterungen   Teil 2 – Insolvenzordnung

4   In Absatz 2 wird für das Verwertungsrecht des Schuldners eine entsprechende Regelung getroffen wie in § 279 Satz 2 für seine Rechte bei gegenseitigen Verträgen: Es soll Einvernehmen mit dem Sachwalter hergestellt werden.

§ 283
Befriedigung der Insolvenzgläubiger

(1) Bei der Prüfung der Forderungen können außer den Insolvenzgläubigern der Schuldner und der Sachwalter angemeldete Forderungen bestreiten. Eine Forderung, die ein Insolvenzgläubiger, der Schuldner oder der Sachwalter bestritten hat, gilt nicht als festgestellt.

(2) Die Verteilungen werden vom Schuldner vorgenommen. Der Sachwalter hat die Verteilungsverzeichnisse zu prüfen und jeweils schriftlich zu erklären, ob nach dem Ergebnis seiner Prüfung Einwendungen zu erheben sind.

§ 283 entspricht im wesentlichen § 344 RegEInsO. Der folgende Begründungstext entspricht im wesentlichen BT-Drs. 12/2443, S. 226, „Zu § 344", und BT-Drs. 12/7302, S. 186, zu Nr. 177 („Zu § 344 Abs. 1").

Nach geltendem Vergleichsrecht sind sowohl der Schuldner auch als der Vergleichsverwalter berechtigt, Forderungen im Vergleichstermin zu bestreiten. Ein solcher Widerspruch hat nicht nur Auswirkungen auf das Stimmrecht (§ 71 Abs. 1, 2 VerglO), sondern auch auf die Vollstreckung aus dem Vergleich (§ 85 Abs. 1 VerglO). In Anlehnung an diese Regelung sieht Absatz 1 für das neue Insolvenzverfahren vor, daß eine Forderung nicht als festgestellt gilt, wenn sie bei der Prüfung entweder vom Schuldner oder vom Sachwalter bestritten wird. Die gleiche Wirkung hat das Bestreiten durch einen Insolvenzgläubiger (vgl. § 178 Abs. 1).

Im Verteilungsverfahren werden die Befugnisse zwischen Schuldner und Sachwalter in der Weise aufgeteilt, daß der Schuldner die Verteilungsverzeichnisse aufstellt und die Verteilungen vornimmt, der Sachwalter aber die Verzeichnisse überprüft (Absatz 2). Sehr häufig werden die Fälle allerdings nicht sein, in denen der Schuldner die Verteilung im Wege der Eigenverwaltung unter Aufsicht eines Sachwalters durchführt. Wenn feststeht, daß eine Fortführung des Unternehmens durch den Schuldner nicht möglich ist, wird es für die Gläubigerversammlung naheliegen, die Aufhebung einer angeordneten Eigenverwaltung zu beantragen und die Verteilungen durch einen Insolvenzverwalter vornehmen zu lassen.

§ 284
Insolvenzplan

(1) Ein Auftrag der Gläubigerversammlung zur Ausarbeitung eines Insolvenzplans ist an den Sachwalter oder an den Schuldner zu richten. Wird der Auftrag an den Schuldner gerichtet, so wirkt der Sachwalter beratend mit.

(2) Eine Überwachung der Planerfüllung ist Aufgabe des Sachwalters.

§ 284 entspricht im wesentlichen § 345 RegEInsO. Der folgende Begründungstext entspricht im wesentlichen BT-Drs. 12/2443, S. 226, „Zu § 345", und BT-Drs. 12/7302, S. 186, zu Nr. 178 („Zu § 345 Abs. 1").

Es entspricht der allgemeinen Aufteilung der Befugnisse zwischen Schuldner und Sachwalter im Falle der Eigenverwaltung, daß ein Insolvenzplan, den die Gläubigerversammlung in Auftrag gibt, vom Schuldner, beraten durch den Sachwalter, erstellt werden kann, wobei die Überwachung der Planerfüllung durch den Sachwalter erfolgt.

§ 284 Abs. 1 eröffnet der Gläubigerversammlung zusätzlich die Möglichkeit, anstelle des Schuldners den Sachwalter mit der Ausarbeitung eines Insolvenzplans zu beauftragen. Das Verfahren der Eigenverwaltung wird dadurch flexibler gestaltet. Die Gläubigerautonomie wird durch die Möglichkeit der Beauftragung einer vom Schuldner unabhängigen Person gestärkt. Die Möglichkeit, den Plan durch einen Sachwalter ausarbeiten zu lassen, kann zur Akzeptanz dieser besonderen Verfahrensart beitragen. Häufig wird auch der Sachwalter wegen der Vielzahl der widerstreitenden Interessen geeigneter sein als der Schuldner selbst, den Plan auszuarbeiten.

§ 285
Masseunzulänglichkeit

Masseunzulänglichkeit ist vom Sachwalter dem Insolvenzgericht anzuzeigen.

§ 285 übernimmt in veränderter Fassung § 346 RegEInsO. Der folgende Begründungstext beruht auf BT-Drs. 12/2443, S. 226, „Zu § 346", und BT-Drs. 12/7302, S. 186, zu Nr. 179 („Zu § 346").

Für die Abwicklung eines massearmen Insolvenzverfahrens nach den §§ 208 bis 211 ist es bedeutsam, daß die Anzeige der Masseunzulänglichkeit möglichst schnell nach dem Eintritt der Masseunzulänglichkeit erfolgt. Im Hinblick darauf wird diese Aufgabe dem Sachwalter übertragen.

ACHTER TEIL
Restschuldbefreiung

§ 286
Grundsatz

Ist der Schuldner eine natürliche Person, so wird er nach Maßgabe der §§ 287 bis 303 von den im Insolvenzverfahren nicht erfüllten Verbindlichkeiten gegenüber den Insolvenzgläubigern befreit.

§ 286 entspricht im wesentlichen § 346 a, BZ-RA-EInsO, der seinerseits im wesentlichen § 235 RegEInsO entspricht. Der folgende Begründungstext beruht auf BT-Drs. 12/2443, S. 189, „Zu § 235", und BT-Drs. 12/7302, S. 187, zu Nr. 180 („Zu § 346 a).

Die Vorschrift enthält den Grundsatz der Restschuldbefreiung. Sie stellt zugleich klar, daß nur eine natürliche Person auf der Grundlage eines Insolvenzverfahrens (sei es ein Verbraucherinsolvenz- oder sonstiges Kleinverfahren für Verbraucher oder Kleingewerbetreibende, sei es ein Regelinsolvenzverfahren für die übrigen natürlichen Personen; vgl. § 304 und die Begründung zu dieser Bestimmung) über ihr eigenes Vermögen in den Genuß dieser Regelung kommen kann. Der persönlich haftende Gesellschafter einer Gesellschaft kann also nicht aufgrund eines Insolvenzverfahrens über das Vermögen der Gesellschaft, sondern nur durch ein Insolvenzverfahren über sein eigenes Vermögen nach den folgenden Vorschriften von seiner Mithaftung für die Gesellschaftsschulden befreit werden. Die Ehefrau eines insolventen Unternehmers, die durch Bürgschaft oder Schuldbeitritt die Mithaftung für dessen Verbindlichkeiten übernommen hat, kann von dieser Haftung nur nach einem gesonderten Insolvenzverfahren über ihr Vermögen befreit werden. Weiter bringt die Formulierung zum Ausdruck, daß die Schuldbefreiung nach dem Achten Teil nur gegenüber den Insolvenzgläubigern eintritt, die Rechte der absonderungsberechtigten Gläubiger bleiben im Grundsatz unberührt (vgl. § 301 und die Begründung zu dieser Vorschrift).

Wird eine Restschuldbefreiung nicht erteilt, können die Insolvenzgläubiger ihre restlichen Forderungen gegen den Schuldner – nach wie vor – unbeschränkt geltend machen (§ 201 Abs. 1).

§ 287
Antrag des Schuldners

(1) **Die Restschuldbefreiung setzt einen Antrag des Schuldners voraus. Der Antrag ist spätestens im Berichtstermin entweder schriftlich beim Insolvenzgericht einzureichen oder zu Protokoll der Geschäftsstelle zu erklären. Er kann mit dem Antrag auf Eröffnung des Insolvenzverfahrens verbunden werden.**

(2) **Dem Antrag ist die Erklärung beizufügen, daß der Schuldner seine pfändbaren Forderungen auf Bezüge aus einem Dienstverhältnis oder an deren Stelle tretende laufende Bezüge für die Zeit von sieben Jahren nach der Aufhebung des Insolvenzverfahrens an einem vom Gericht zu bestimmenden Treuhänder abtritt. Hatte der Schuldner diese Forderungen bereits vorher an einen Dritten abgetreten oder verpfändet, so ist in der Erklärung darauf hinzuweisen.**

(3) **Vereinbarungen, die eine Abtretung der Forderungen des Schuldners auf Bezüge aus einem Dienstverhältnis oder an deren Stelle tretende laufende Bezüge ausschließen, von einer Bedingung abhängig machen oder sonst einschränken, sind insoweit unwirksam, als sie die Abtretungserklärung nach Absatz 2 Satz 1 vereiteln oder beeinträchtigen würden.**

§ 287 entspricht § 346 b BT-RA-EInsO, der § 236 RegEInsO übernommen und ergänzt hat. Der folgende Begründungstext beruht auf BT-Drs. 12/2443, S. 189, „Zu § 236", und BT-Drs. 12/7302, S. 187, zu Nr. 181 („Zu § 346 b").

1   Absatz 1 begründet das Erfordernis der Antragstellung durch den Schuldner und bestimmt zugleich, daß der Antrag auf Erteilung der Restschuldbefreiung nur bis zum Schluß des Berichtstermins gestellt werden kann.

Ist der Schuldner eine natürliche Person, die keine oder nur eine geringfügige selbständige wirtschaftliche Tätigkeit ausübt (vgl. § 304 und die Begründung zu dieser Bestimmung) und findet dementsprechend der Neunte Teil (Verbraucherinsolvenzverfahren und sonstige Kleinverfahren) Anwendung, so ist der Antrag auf Erteilung der Restschuldbefreiung dem Antrag auf Eröffnung des Verbraucherinsolvenzverfahrens beizufügen, § 305 Abs. 1 Nr. 2.

Die Obliegenheit des Schuldners, den Antrag möglichst früh zu stellen, dient dem zügigen Ablauf des Verfahrens. Der Schuldner wird durch den in § 30 Abs. 3 vorgesehenen Hinweis des Gerichts in die Lage versetzt, sich frühzeitig zu erklären, ob er den Weg der Restschuldbefreiung gehen möchte. Die Gläubiger können eventuell vorliegenden Versagungsgründen gegen die Erteilung der Restschuldbefreiung schon zu einem frühen Zeitpunkt nachgehen.

Für Verbraucherinsolvenz- und sonstige Kleinverfahren ergibt sich die Hinweispflicht des Gerichts aus § 305 Abs. 3.

Dem Antrag auf Erteilung der Restschuldbefreiung ist nach Absatz 2 Satz 1 die Erklärung beizufügen, daß der Schuldner sein pfändbares Arbeitseinkommen oder seine vergleichbaren Bezüge für die Dauer der „Wohlverhaltensphase" an einen vom Gericht zu bestimmenden Treuhänder abtritt. Dieses Erfordernis macht dem Schuldner deutlich, daß er Restschuldbefreiung nur erlangen kann, wenn er sich für eine geraume Zeit mit dem pfändungsfreien Arbeitseinkommen begnügt. Es hat damit eine Warnfunktion und wird den Schuldner, der nicht freiwillig bereit ist, auf sein pfändbares Einkommen zu verzichten, davon abhalten, die Erteilung der Restschuldbefreiung zu beantragen. Das Gericht wird so vor leichtfertig gestellten Anträgen geschützt. Schuldner, denen der Weg zur gesetzlichen Restschuldbefreiung zu schwer erscheint, können sich um einen Schuldenregulierungsplan bemühen, der eine kürzere Laufzeit als sieben Jahre hat und dem Schuldner mehr als nur die pfändungsfreien Beträge beläßt (vgl. die Begründung zu § 305 und zu § 217). 2

Für die Wirksamkeit der Abtretungserklärung des Schuldners ist es erforderlich, daß das Gericht den Treuhänder benennt (§ 291 Abs. 2; für Verbraucher- und sonstige Kleinverfahren § 313 Abs. 1 Satz 2) und dieser durch die Übernahme des Amtes konkludent sein Einverständnis mit der Abtretung erklärt (vgl. § 398 Satz 1 BGB). 3

Der Begriff der „Bezüge aus einem Dienstverhältnis oder an deren Stelle tretende laufende Bezüge" wird auch in anderen Vorschriften der Insolvenzordnung verwendet; er wird in Rdnr. 3 und 4 der Begründung zu § 81 näher erläutert.

Hatte der Schuldner die Bezüge bereits vorher an einen Dritten abgetreten oder verpfändet, so wird diese Abtretung oder Verpfändung rund drei Jahre nach der Eröffnung des Verfahrens unwirksam (§ 114 Abs. 1). Die neue Abtretungserklärung erfaßt dann nur die Bezüge für den Rest der siebenjährigen Wohlverhaltensphase. Daher hat der Schuldner auf die frühere Abtretung oder Verpfändung hinzuweisen (Absatz 2 Satz 2). 4

Mit Absatz 3 soll sichergestellt werden, daß Abtretungsverbote, wie sie nicht selten in Tarifverträgen, Arbeitsverträgen oder in anderen Abreden für die Bezüge aus Arbeitsverhältnissen vereinbart werden, das für die Restschuldbefreiung vorgesehene Verfahren nicht beeinträchtigen. 5

§ 288
Vorschlagsrecht

Der Schuldner und die Gläubiger können dem Insolvenzgericht als Treuhänder eine für den jeweiligen Einzelfall geeignete natürliche Person vorschlagen.

§ 288 entspricht § 346 c BT-RA-EInsO und hat im RegEInsO kein Vorbild. Der folgende Begründungstext beruht auf BT-Drs. 12/7302, S. 187, zu Nr. 182 („Zu § 346 c").

Ein Vorschlag des Schuldners und der Gläubiger für die Person des Treuhänders ist insbesondere dann zweckmäßig, wenn eine Person bekannt ist, die das Amt des Treuhänders auch unentgeltlich auszuüben bereit ist. Damit können die Kosten des Verfahrens gering gehalten werden (vgl. die Begründung zu § 293).

§ 289
Entscheidung des Insolvenzgerichts

(1) Die Insolvenzgläubiger und der Insolvenzverwalter sind im Schlußtermin zu dem Antrag des Schuldners zu hören. Das Insolvenzgericht entscheidet über den Antrag des Schuldners durch Beschluß.

(2) Gegen den Beschluß steht dem Schuldner und jedem Insolvenzgläubiger, der im Schlußtermin die Versagung der Restschuldbefreiung beantragt hat, die sofortige Beschwerde zu. Das Insolvenzverfahren wird erst nach Rechtskraft des Beschlusses aufgehoben. Der rechtskräftige Beschluß ist zusammen mit dem Beschluß über die Aufhebung des Insolvenzverfahrens öffentlich bekanntzumachen.

(3) Im Falle der Einstellung des Insolvenzverfahrens kann Restschuldbefreiung nur erteilt werden, wenn nach Anzeige der Masseunzulänglichkeit die Insolvenzmasse nach § 209 verteilt worden ist und die Einstellung nach § 211 erfolgt. Absatz 2 gilt mit der Maßgabe, daß an die Stelle der Aufhebung des Verfahrens die Einstellung tritt.

§ 289 entspricht im wesentlichen § 346 d BT-RA-EInsO, der in teilweise veränderter Fassung die §§ 237, 238 und 329 Abs. 2 RegEInsO übernommen hat. Der folgende Begründungstext beruht auf BT-Drs. 12/2443, S. 189, „Zu § 237", BT-Drs. 12/2443, S. 189/190, „Zu § 238", BT.Drs. 12/2443, S. 222, „Zu § 329", und BT-Drs. 12/7302, S. 187, zu Nr. 183 („Zu § 346 d").

1   Der Grundsatz des rechtlichen Gehörs verlangt, daß die Insolvenzgläubiger zu dem Antrag des Schuldners auf Restschuldbefreiung gehört werden. Zusätzlich wird die Anhörung des Insolvenzverwalters vorgeschrieben, der meist den besten Einblick in das Verhalten des Schuldners vor und während der Zeit des Insolvenzverfahrens hat. Die Anhörung soll nach Absatz 1 Satz 1 erst im Schlußtermin stattfinden, damit für die gesamte Verfahrensdauer festgestellt werden kann, ob der Schuldner seinen Auskunfts- und Mitwirkungspflichten genügt hat (vgl. § 290 Abs. 1 Nr. 5).

2   Nach Absatz 1 Satz 2 entscheidet das Insolvenzgericht, nachdem es die Beteiligten angehört hat, durch Beschluß über den Antrag des Schuldners auf Erteilung der Restschuldbefreiung. Es bestehen zwei Entscheidungsmöglichkeiten: Die Erteilung der Restschuldfreiung wird bereits zu diesem Zeitpunkt versagt, weil von einem Gläubiger geltend gemachte Versagungsgründe vorliegen (§§ 290, 314 Abs. 3 Satz 2), oder es wird die Erteilung der Restschuldbefreiung „angekündigt" (§ 291).

3   Absatz 2 Satz 1 bestimmt das Rechtsmittel und den Kreis der Beschwerdeberechtigten.

4   Wie in Absatz 2 Satz 2 vorgesehen ist, wird das Insolvenzverfahren erst dann aufgehoben (§ 200), wenn die Entscheidung nach Absatz 1 Satz 2 rechtskräftig geworden ist. Damit soll verhindert werden, daß die Laufzeit der Abtretungserklärung (§ 287 Abs. 2) schon vor der Rechtskraft der Entscheidung über den Antrag des Schuldners beginnt. Durch die öffentliche Bekanntmachung des rechtskräftigen Beschlusses (Satz 3) erhält jeder Gläubiger die Möglichkeit zu erfahren, ob dem Schuldner die Restschuldbefreiung versagt oder die Chance zur Erlangung der Restschuldbefreiung eingeräumt worden ist.

5   Aus Absatz 2 ergibt sich zunächst, daß auch ein Insolvenzverfahren, innerhalb dessen die Masseunzulänglichkeit angezeigt worden ist, Grundlage für die gesetzliche Rest-

schuldbefreiung sein kann. Auch ein solches Verfahren ist, wenn nicht ein Insolvenzplan bestätigt wird, bis zur vollständigen Verwertung der Insolvenzmasse durchzuführen. Die siebenjährige Wohlverhaltensphase schließt sich in diesem Fall an die Einstellung des Verfahrens an. Die Zahlungen, die an den Treuhänder geleistet werden, sind in erster Linie an die noch nicht befriedigten Massegläubiger zu verteilen.

In einem Insolvenzverfahren dagegen, das vorzeitig abgebrochen werden muß, weil nicht einmal die Kosten des Verfahrens gedeckt werden können (§ 207), kann in aller Regel keine vollständige Übersicht über das Vermögen und die Verbindlichkeiten des Schuldners gewonnen werden. Ein solches Verfahren ist daher keine geeignete Grundlage für die Restschuldbefreiung. Auch nach einer vorzeitigen Einstellung wegen Wegfalls des Eröffnungsgrundes oder mit Zustimmung der Gläubiger (§§ 212, 213) kommt eine Restschuldbefreiung nicht in Betracht. 6

§ 290
Versagung der Restschuldbefreiung

(1) In dem Beschluß ist die Restschuldbefreiung zu versagen, wenn dies im Schlußtermin von einem Insolvenzgläubiger beantragt worden ist und wenn

1. der Schuldner wegen einer Straftat nach den §§ 283 bis 283 c des Strafgesetzbuchs rechtskräftig verurteilt worden ist,

2. der Schuldner in den letzten drei Jahren vor dem Antrag auf Eröffnung des Insolvenzverfahrens oder nach diesem Antrag vorsätzlich oder grob fahrlässig schriftlich unrichtige oder unvollständige Angaben über seine wirtschaftlichen Verhältnisse gemacht hat, um einen Kredit zu erhalten, Leistungen aus öffentlichen Mitteln zu beziehen oder Leistungen an öffentliche Kassen zu vermeiden.

3. in den letzten zehn Jahren vor dem Antrag auf Eröffnung des Insolvenzverfahrens oder nach diesem Antrag dem Schuldner Restschuldbefreiung erteilt oder nach § 296 oder § 297 versagt worden ist.

4. der Schuldner im letzten Jahr vor dem Antrag auf Eröffnung des Insolvenzverfahrens oder nach diesem Antrag vorsätzlich oder grob fahrlässig die Befriedigung der Insolvenzgläubiger dadurch beeinträchtigt hat, daß er unangemessene Verbindlichkeiten begründet oder Vermögen verschwendet oder ohne Aussicht auf eine Besserung seiner wirtschaftlichen Lage die Eröffnung des Insolvenzverfahrens verzögert hat.

5. der Schuldner während des Insolvenzverfahrens Auskunfts- oder Mitwirkungspflichten nach diesem Gesetz vorsätzlich oder grob fahrlässig verletzt hat oder

6. der Schuldner in den nach § 305 Abs. 1 Nr. 3 vorzulegenden Verzeichnissen seines Vermögens und seines Einkommens, seiner Gläubiger und der gegen ihn gerichteten Forderungen vorsätzlich oder grob fahrlässig unrichtige oder unvollständige Angaben gemacht hat.

(2) Der Antrag des Gläubigers ist nur zulässig, wenn ein Versagungsgrund glaubhaft gemacht wird.

§ 290 entspricht § 346 e BT-RA-EInsO, der in veränderter und ergänzter Fassung § 239 RegEInsO übernommen hat. Der folgende Begründungstext entspricht weitgehend BT-

Drs. 12/2443, S. 190/191, „Zu § 239", BT-Drs. 12/2443, S. 256, 267, jeweils „Zu Nummer 31", und BT-Drs. 12/7302, S. 187/188, zu Nr. 184 („Zu § 346 e").

1   Diese Vorschrift bezeichnet die Gründe, bei deren Vorliegen die Erteilung der Restschuldbefreiung auf Antarg eines Insolvenzgläubigers zu versagen ist, noch bevor es zur Aufhebung des Verfahrens kommt. Ihren Ursprung haben alle Versagungsgründe in dem Grundsatz der Regelung, daß nur ein redlicher Schuldner, der sich seinen Gläubigern gegenüber nichts hat zuschulden kommen lassen, die Möglichkeit der Restschuldbefreiung erhalten soll. Aus Gründen der Rechtssicherheit wird davon abgesehen, die Versagung durch eine Generalklausel zu gestalten. Die Umschreibung der verschiedenen Fallgruppen mit ihren Eigentümlichkeiten soll der Gerechtigkeit dienen und es im Interesse der Voraussehbarkeit und Berechenbarkeit zugleich verhindern, die Entscheidung über Schuldbefreiung oder Haftung in ein weites Ermessen des Insolvenzgerichts zu stellen. Schuldner und Insolvenzgläubiger sollen von vornherein wissen, unter welchen Bedingungen das Privileg der Restschuldbefreiung erteilt oder versagt werden kann, damit sie die Folgen bestimmter Verhaltensweisen erkennen und vorausberechnen können.

2   Absatz 1 legt fest, daß Versagungsgründe vom Insolvenzgericht nur geprüft werden, wenn die Versagung der Erteilung der Restschuldbefreiung von einem Insolvenzgläubiger beantragt wird. Kommt es bis zum Ende des Schlußtermins zu keinem derartigen Antrag, so hat das Insolvenzgericht – bei Vorliegen der weiteren Voraussetzungen (§ 287 Abs. 2) – die „Ankündigung" der Restschuldbefreiung auszusprechen. Allein die Gläubiger sollen darüber entscheiden, ob Versagungsgründe zu überprüfen sind, weil es um den Verlust ihrer Forderungen geht. Zur Zulässigkeit eines Gläubigerantrags ist zusätzlich erforderlich, daß der geltend gemachte Versagungsgrund glaubhaft gemacht wird (Absatz 2).

3   Zu den einzelnen Versagungsgründen ist folgendes zu bemerken:

4   Der Gesetzgeber hat im Abschnitt „Konkursstraftaten" – in Zukunft: „Insolvenzstraftaten" – des Strafgesetzbuchs mit den Tatbeständen der §§ 283 bis 283 c StGB bestimmte Verhaltensweisen erfaßt, durch welche die Befriedigung der Gläubiger erheblich beeinträchtigt oder gefährdet wird. Ein Schuldner, der solche Handlungen zum eigenen Vorteil und zum Nachteil der Gläubiger vornimmt, kann nach den Grundgedanken der neuen Regelung keine Schuldbefreiung beanspruchen (Nummer 1).

Um das Insolvenzgericht nicht mit der Aufgabe zu belasten, selbst die objektiven und subjektiven Voraussetzungen einer solchen Straftat nachzuprüfen, wird darauf abgestellt, ob eine rechtskräftige Verurteilung erfolgt ist (vgl. die entsprechende Formulierung in § 175 Nr. 3 KO – weitergehend allerdings § 175 Nr. 2 KO – und § 17 Nr. 3, § 79 Nr. 2 VerglO, die die Anhängigkeit eines gerichtlichen Verfahrens ausreichen lassen).

5   Ebensowenig kann ein Schuldner als „redlich" angesehen werden, der vorsätzlich oder grob fahrlässig unrichtige Angaben über seine wirtschaftlichen Verhältnisse gemacht hat, um einen Kredit zu erhalten, um Sozialleistungen oder andere Zuwendungen aus öffentlichen Mitteln zu beziehen oder um Steuerzahlungen oder andere Leistungen an öffentliche Kassen zu vermeiden (Nummer 2). Hier wird die Feststellung, ob der Versagungsgrund vorliegt, dadurch erleichtert, daß nur schriftliche Angaben des Schuldners zu berücksichtigen sind.

6   Der Zweck des Versagungsgrundes der Nummer 3 liegt darin, einen Mißbrauch des Insolvenzverfahrens als Mittel zur wiederholten Reduzierung der Schuldenlast zu ver-

hindern. Die Restschuldbefreiung soll als Hilfe für unverschuldet in Not geratene Personen dienen, nicht als Zuflucht für diejenigen, die bewußt finanzielle Risiken auf andere abwälzen wollen. Deshalb ist eine Sperrwirkung der einmal erteilten Befreiung zweckmäßig.

Die Zehn-Jahres-Sperre für einen erneuten Antrag auf Restschuldbefreiung soll aber nicht nur bei der Erteilung der Restschuldbefreiung in Gang gesetzt werden, sondern auch bei einer Versagung der Restschuldbefreiung wegen einer Obliegenheitsverletzung oder einer Verurteilung des Schuldners. Damit wird der Schuldner zugleich zu einer gewissenhaften Mitwirkung an dem Restschuldbefreiungsverfahren und insbesondere zur Einhaltung der Obliegenheiten angehalten.

Bei mißbräuchlichen Verhaltensweisen des Schuldners, die zu einer Beeinträchtigung der Befriedigung der Insolvenzgläubiger geführt haben, soll die Restschuldbefreiung ebenfalls versagt werden (Nummer 4). Wer im letzten Jahr vor dem Antrag auf Eröffnung des Insolvenzverfahrens seine Gläubiger vorsätzlich oder grob fahrlässig geschädigt hat, indem er – vielleicht sogar im Hinblick auf eine mögliche Restschuldbefreiung – übermäßige Verbindlichkeiten begründet oder Vermögen verschwendet hat, verdient keine Restschuldbefreiung. Hierher gehören Ausgaben für Luxusaufwendungen, aber auch die Begründung von Schadensersatzforderungen durch vorsätzliche unerlaubte Handlungen. **7**

Weiter wäre die Inanspruchnahme der Restschuldbefreiung mißbräuchlich, wenn der Schuldner in aussichtsloser wirtschaftlicher Situation die Eröffnung des Insolvenzverfahrens zum Nachteil seiner Gläubiger verschleppt hat. Damit soll keine Pflicht des Schuldners zur Stellung eines Eröffnungsantrags statuiert werden, wie sie für die Vertretungsorgane juristischer Personen gilt. Der Schuldner soll jedoch davon abgehalten werden, durch eine Täuschung der Gläubiger über seine Vermögensverhältnisse oder in ähnlicher Weise zu verhindern, daß ein unvermeidliches Insolvenzverfahren rechtzeitig beantragt und eröffnet wird. Durch diese Regelung wird darauf hingewirkt, daß die Insolvenzmasse, die zur Befriedigung der Gläubiger zur Verfügung steht, größer ist als bisher.

Die Schuldbefreiung soll ferner dann versagt werden, wenn der Schuldner Auskunfts- und Mitwirkungspflichten, die er insbesondere nach den §§ 97, 98 im Insolvenzverfahren zu erfüllen hat, verletzt und dadurch die Befriedigungsaussichten der Gläubiger vermindert hat (Nummer 5). Von einem Schuldner, der von seinen Verbindlichkeiten befreit werden will, kann erwartet werden, daß er diese Verpflichtungen genau erfüllt. Er hat seine Vermögensverhältnisse offenzulegen, alle verlangten Auskünfte zu erteilen und sich auf Anordnung des Insolvenzgerichts jederzeit zur Verfügung zu stellen. Er darf sich nicht weigern, Auslandsvermögen herbeizuschaffen, auf das der Insolvenzverwalter möglicherweise nicht zugreifen kann. **8**

Durch Nummer 6 soll schließlich darauf hingewirkt werden, daß der Schuldner die im Rahmen des Verbraucherinsolvenzverfahrens vorzulegenden Verzeichnisse nach § 305 Abs. 1 Nr. 3 sorgfältig erstellt, zum Beispiel seine Gläubiger richtig und vollständig angibt. **9**

§ 291
Ankündigung der Restschuldbefreiung

(1) Sind die Voraussetzungen des § 290 nicht gegeben, so stellt das Gericht in dem Beschluß fest, daß der Schuldner Restschuldbefreiung erlangt, wenn er

den Obliegenheiten nach § 295 nachkommt und die Voraussetzungen für eine Versagung nach §§ 297 oder 298 nicht vorliegen.

(2) Im gleichen Beschluß bestimmt das Gericht den Treuhänder, auf den die pfändbaren Bezüge des Schuldners nach Maßgabe der Abtretungserklärung (§ 287 Abs. 2) übergehen.

§ 291 entspricht im wesentlichen § 346 f BT-RA-EInsO, der § 240 RegEInsO im wesentlichen übernommen hat. Der folgende Begründungstext beruht auf BT-Drs. 12/2443, S. 191, „Zu § 240", und BT-Drs. 12/7302, S. 188, zu Nr. 185 („Zu § 346 f").

1 Liegen Versagungsgründe nicht vor oder werden sie nicht in der vorgesehenen Form geltend gemacht, so erhält der Schuldner die Chance, Restschuldbefreiung zu erlangen. In dem Beschluß, der unter den genannten Voraussetzungen ergeht, stellt das Gericht fest, daß dem Schuldner die Restschuldbefreiung gewährt wird, wenn die Voraussetzungen für eine Versagung nach §§ 296, 297 oder 298 nicht vorliegen. Der Schuldner hat es dann in der Hand, durch Erfüllung der Obliegenheiten Restschuldbefreiung zu erlangen, ohne daß sein Verhalten in der Vergangenheit noch eine Rolle spielt.

2 Absatz 2 bestimmt, daß das Gericht zugleich mit der Entscheidung den Treuhänder benennt, sofern nicht ein Verbraucherinsolvenzverfahren vorausgegangen ist, in dem nach § 313 Abs. 1 bereits mit der Eröffnung des Verfahrens ein Treuhänder zu bestellen ist. Auf den Treuhänder gehen die Bezüge des Schulders über, soweit sie unter Berücksichtigung früherer Abtretungen und Verpfändungen (vgl. § 114 Abs. 1) von der Abtretungserklärung erfaßt werden. Mit dem Übergang auf den Treuhänder wird gewährleistet, daß der pfändbare Teil des Arbeitseinkommens des Schuldners an die Insolvenzgläubiger verteilt werden kann.

§ 292
Rechtsstellung des Treuhänders

(1) Der Treuhänder hat den zur Zahlung der Bezüge Verpflichteten über die Abtretung zu unterrichten. Er hat die Beträge, die er durch die Abtretung erlangt, und sonstige Leistungen des Schuldners oder Dritter von seinem Vermögen getrennt zu halten und einmal jährlich auf Grund des Schlußverzeichnisses an die Insolvenzgläubiger zu verteilen. Von den Beträgen, die er durch die Abtretung erlangt, und den sonstigen Leistungen hat er an den Schuldner nach Ablauf von vier Jahren seit der Aufhebung des Insolvenzverfahrens zehn vom Hundert, nach Ablauf von fünf Jahren seit der Aufhebung fünfzehn vom Hundert und nach Ablauf von sechs Jahren seit der Aufhebung zwanzig vom Hundert abzuführen.

(2) Die Gläubigerversammlung kann dem Treuhänder zusätzlich die Aufgabe übertragen, die Erfüllung der Obliegenheiten des Schuldners zu überwachen. In diesem Fall hat der Treuhänder die Gläubiger unverzüglich zu benachrichtigen, wenn er einen Verstoß gegen diese Obliegenheiten feststellt. Der Treuhänder ist nur zur Überwachung verpflichtet, soweit die ihm dafür zustehende zusätzliche Vergütung gedeckt ist oder vorgeschossen wird.

(3) Der Treuhänder hat bei der Beendigung seines Amtes dem Insolvenzgericht Rechnung zu legen. Die §§ 58 und 59 gelten entsprechend, § 59 jedoch mit der Maßgabe, daß die Entlassung von jedem Insolvenzgläubiger beantragt werden kann und daß die sofortige Beschwerde jedem Insolvenzgläubiger zusteht.

§ 292 entspricht im wesentlichen § 346 g BT-RA-EInsO, der in veränderter und ergänzter Fassung § 241 RegEInsO übernommen hat. Der folgende Begründungstext beruht weitgehend auf BT-Drs. 12/2443, S. 191, „Zu § 241", und BT-Drs. 12/7302, S. 188, zu Nr. 186 („Zu § 346 g").

Aufgabe des Treuhänders ist nach Absatz 1 Satz 1 zunächst, den Arbeitgeber des Schuldners oder den sonstigen Zahlungsverpflichteten über die Abtretungserklärung und deren Laufzeit zu unterrichten. Er hat alle erlangten Leistungen von seinem eigenen Vermögen gesondert zu halten; die abgetretenen Ansprüche und die erlangten Beträge bilden ein Treuhandvermögen, auf das die Gläubiger des Treuhänders nicht zugreifen dürfen. Wird von einem solchen Gläubiger in dieses Vermögen vollstreckt, so steht jedem Insolvenzgläubiger die Drittwiderspruchsklage zu (§ 771 ZPO). Weiter hat der Treuhänder die von ihm erlangten Beträge auf Grund des Schlußverzeichnisses (§ 197 Abs. 1 Nr. 2) zu verteilen. Wie bei einer Nachtragsverteilung (§ 203) werden also nur die Insolvenzgläubiger berücksichtigt, die ihre Forderungen rechtzeitig im Verfahren geltend gemacht haben. Gemäß Absatz 1 Satz 2 hat der Treuhänder nur einmal im Jahr die Verteilung an die Gläubiger vorzunehmen. 1

Nach Absatz 1 Satz 3 darf der Schuldner nach Ablauf von vier Jahren einen Teil der pfändbaren Bezüge selbst behalten. Damit soll seine Motivation, die siebenjährige „Wohlverhaltensphase" durchzustehen, gestärkt werden. 2

Die Pflicht, den Schuldner zu überwachen und die Gläubiger von Obliegenheitsverletzungen des Schuldners zu unterrichten, hat der Treuhänder nach Absatz 2 nur dann, wenn ihm die Gläubigerversammlung diese Pflicht besonders übertragen hat. Die Übernahme dieser zusätzlichen Aufgabe wird eine Erhöhung der Vergütung des Treuhänders zur Folge haben (vgl. die Begründung zu § 293); die Gläubiger sollen daher selbst entscheiden, ob sie die Überwachung des Schuldners durch den Treuhänder für sinnvoll halten. 3

Mit Absatz 2 Satz 3 wird sichergestellt, daß der Treuhänder den Schuldner nicht ohne eine Vergütung überwachen muß. Außerdem soll die Erteilung der Restschuldbefreiung nicht daran scheitern, daß die Kosten der Überwachung nicht gedeckt sind. Für die Überwachung als eine Aufgabe, die dem Treuhänder im Einzelfall zusätzlich übertragen wird, kann eine andere Kostenregelung getroffen werden als für die sonstigen Aufgaben des Treuhänders (vgl. § 298).

Absatz 3 regelt in Satz 1 die Pflicht des Treuhänders zur Rechnungslegung. In Satz 2 wird zur Aufsicht des Insolvenzgerichts und zur Entlassung des Treuhänders auf die Vorschriften für den Insolvenzverwalter verwiesen. 5

§ 293
Vergütung des Treuhänders

(1) Der Treuhänder hat Anspruch auf Vergütung für seine Tätigkeit und auf Erstattung angemessener Auslagen. Dabei ist dem Zeitaufwand des Treuhänders und dem Umfang seiner Tätigkeit Rechnung zu tragen.

(2) Die §§ 64 und 65 gelten entsprechend.

§ 293 entspricht im wesentlichen § 346 h BT-RA-EInsO, der seinerseits im wesentlichen § 242 RegEInsO entspricht. Der folgende Begründungstext entspricht weitgehend BT-Drs. 12/2443, S. 191, „Zu § 242", und BT-Drs. 12/7302, S. 188, zu Nr. 187 („Zu § 346 h").

Für die Höhe der Vergütung sollen der Zeitaufwand des Treuhänders und der Umfang seiner Tätigkeit maßgeblich sein (Absatz 1). Haben die Gläubiger dem Treuhänder die Aufgabe übertragen, den Schuldner zu überwachen, so wird ein entsprechender Zuschlag zur Regelvergütung erforderlich sein.

Die Vergütung des Treuhänders ist ebenso wie die des Insolvenzverwalters vom Insolvenzgericht festzusetzen. Die Einzelheiten sind in einer Rechtsverordnung des Bundesministeriums der Justiz zu regeln (Absatz 2).

§ 293 schließt nicht aus, daß der Treuhänder auf eine Vergütung verzichten kann, um das Verfahren für den Schuldner möglichst kostengünstig durchführen zu können. Die Möglichkeit des Verzichts auf eine Vergütung ergibt sich aus allgemeinen Rechtsgrundsätzen, ohne daß es insoweit einer ausdrücklichen Regelung bedarf.

§ 294
Gleichbehandlung der Gläubiger

(1) Zwangsvollstreckungen für einzelne Insolvenzgläubiger in das Vermögen des Schuldners sind während der Laufzeit der Abtretungserklärung nicht zulässig.

(2) Jedes Abkommen des Schuldners oder anderer Personen mit einzelnen Insolvenzgläubigern, durch das diesen ein Sondervorteil verschafft wird, ist nichtig.

(3) Gegen die Forderung auf die Bezüge, die von der Abtretungserklärung erfaßt werden, kann der Verpflichtete eine Forderung gegen den Schuldner nur aufrechnen, soweit er bei einer Fortdauer des Insolvenzverfahrens nach § 114 Abs. 2 zur Aufrechnung berechtigt wäre.

§ 294 entspricht im wesentlichen § 346 i BT-RA-EInsO, der seinerseits im wesentlichen § 243 RegEInsO entspricht. Der folgende Begründungstext entspricht weitgehend BT-Drs. 12/2443, S. 191/192, „Zu § 243", und BT-Drs. 12/7302, S. 188, zu Nr. 188 („Zu den §§ 346 i, 346 j").

1 Absatz 1 bestimmt, daß während der Dauer der „Wohlverhaltensphase" Zwangsvollstreckungen in das Vermögen des Schuldners für einzelne Insolvenzgläubiger nicht zulässig sind. Während dieser Zeit sollen sich die Befriedigungsaussichten der Insolvenzgläubiger untereinander nicht verschieben. Diesen Gläubigern fließen die pfändbaren Bezüge des Schuldners zu, weiter gegebenenfalls zusätzliche Zahlungen, die vom Schuldner oder von Dritten an den Treuhänder geleistet werden. Der Zugriff auf den sonstigen Neuerwerb des Schuldners bleibt ihnen verwehrt. Das Recht zur Vollstreckung lebt insoweit nur dann wieder auf, wenn die Restschuldbefreiung wegen einer Obliegenheitsverletzung des Schuldners rechtskräftig versagt wird.

2 Auch die Regelung in Absatz 2 beruht auf dem Gedanken, daß die gleichmäßige Befriedigung der Insolvenzgläubiger auch während der Dauer der „Wohlverhaltensphase" ein wesentlicher Grundsatz der Regeln über die Restschuldbefreiung ist. Die Vorschrift erklärt deshalb sog. Sonderabkommen, durch die dieser Grundsatz durchbrochen würde, für nichtig (vgl. auch § 295 Abs. 1 Nr. 4, § 181 Satz 3 KO und § 8 Abs. 3 VerglO).

3 Absatz 3 erstreckt die Beschränkungen der Aufrechnung, die während des Insolvenzverfahrens für den Arbeitgeber des Schuldners – oder den sonst zur Zahlung von Bezügen an den Schuldner Verpflichteten – gelten, in die Zeit der „Wohlverhaltensphase". Auch mit Forderungen, die der Arbeitgeber schon zur Zeit der Eröffnung des Insolvenzver-

fahrens erworben hatte, kann er nur gegen die Forderungen auf die Bezüge für rund drei Jahre nach der Verfahrenseröffnung aufrechnen (vgl. § 114 Abs. 2).

Die Befriedigung der Insolvenzgläubiger aus dem pfändbaren Teil der Bezüge kann also durch eine bei Verfahrenseröffnung bestehende Aufrechnungslage nur insoweit beeinträchtigt werden, als auch eine vor der Verfahrenseröffnung erfolgte Abtretung der Bezüge in die „Wohlverhaltensphase" hinein fortwirkt. Erwirbt der Arbeitgeber neue Forderungen gegen den Schuldner, so ist die Aufrechnung bis zum Ende der „Wohlverhaltensphase" ganz ausgeschlossen (§ 114 Abs. 2 Satz 2 in Verbindung mit § 93 Nr. 2, 4). Eine Aufrechnung gegen den unpfändbaren Teil der Bezüge, den die Abtretung an den Treuhänder nicht erfaßt, wird durch die Regelung nicht ausgeschlossen; eine solche Aufrechnung kommt nach den in der Rechtsprechung entwickelten Grundsätzen zur Auslegung des § 394 BGB in Betracht, wenn der Schuldner seinem Arbeitgeber vorsätzlich Schaden zufügt.

§ 295
Obliegenheiten des Schuldners

(1) Dem Schuldner obliegt es, während der Laufzeit der Abtretungserklärung

1. eine angemessene Erwerbstätigkeit auszuüben und, wenn er ohne Beschäftigung ist, sich um eine solche zu bemühen und keine zumutbare Tätigkeit abzulehnen;

2. Vermögen, das er von Todes wegen oder mit Rücksicht auf ein künftiges Erbrecht erwirbt, zur Hälfte des Wertes an den Treuhänder herauszugeben;

3. jeden Wechsel des Wohnsitzes oder der Beschäftigungsstelle unverzüglich dem Insolvenzgericht und dem Treuhänder anzuzeigen, keine von der Abtretungserklärung erfaßten Bezüge und kein von Nummer 2 erfaßtes Vermögen zu verheimlichen und dem Gericht und dem Treuhänder auf Verlangen Auskunft über seine Erwerbstätigkeit oder seine Bemühungen um eine solche sowie über seine Bezüge und sein Vermögen zu erteilen;

4. Zahlungen zur Befriedigung der Insolvenzgläubiger nur an den Treuhänder zu leisten und keinem Insolvenzgläubiger einen Sondervorteil zu verschaffen.

(2) Soweit der Schuldner eine selbständige Tätigkeit ausübt, obliegt es ihm, die Insolvenzgläubiger durch Zahlungen an den Treuhänder so zu stellen, wie wenn er ein angemessenes Dienstverhältnis eingegangen wäre.

§ 295 entspricht § 346 j BT-RA-EInsO, der seinerseits § 244 RegEInsO entspricht. Der folgende Begründungstext entspricht im wesentlichen BT-Drs. 12/2443, S. 192/193, „Zu § 244", und BT-Drs. 12/7302, S. 188, zu Nr. 188 („Zu den §§ 346 i, 346 j").

Als eine der zentralen Regelungen der Restschuldbefreiung legt diese Vorschrift die Obliegenheiten des Schuldners fest, die dieser während der Dauer der „Wohlverhaltensphase" zu beachten hat. Der Schuldner soll sich nach Kräften bemühen, seine Gläubiger während dieses Zeitraums so weit wie möglich zu befriedigen, um anschließend endgültig von seinen restlichen Schulden befreit zu werden. 1

Absatz 1 betrifft den Regelfall eines Dienstverhältnisses, bei dem die Bezüge des Schuldners von der Abtretungserklärung (§ 287 Abs. 2) erfaßt werden.

2   Unterläßt der Schuldner die Ausübung einer angemessenen Tätigkeit oder nimmt er, wenn er arbeitslos ist, ein ihm zumutbares Arbeitsverhältnis nicht auf, so steht ihm das Privileg der Restschuldbefreiung nicht zu (Nummer 1).

Schuldbefreiung wird also nicht nur dann erteilt, wenn während der Dauer der „Wohlverhaltensphase" ständig Beträge über den Treuhänder an die Insolvenzgläubiger abgeführt worden sind. Hat der Schuldner seine Obliegenheiten zur Ausübung einer angemessenen Erwerbstätigkeit und zur Annahme zumutbarer Arbeiten erfüllt, so ist es unschädlich, wenn er wegen unvermeidbarer Arbeitslosigkeit zeitweise keine pfändbaren Einkünfte hatte.

Die Obliegenheit hat jedoch auch zum Inhalt, daß der Schuldner das ihm Mögliche tun muß, um durch die Ausübung einer angemessenen Erwerbstätigkeit oder, falls er ohne Arbeit ist, die Annahme einer zumutbaren Arbeit seinen Teil zur Gläubigerbefriedigung beizutragen. An die Zumutbarkeit im Sinne dieser Vorschrift sind strenge Anforderungen zu stellen. Anzunehmen ist zum Beispiel auch eine berufsfremde Arbeit, eine auswärtige Arbeit, notfalls auch eine Aushilfs- oder Gelegenheitstätigkeit. Der Erwerbslose muß sich selbst um eine Arbeitsstelle bemühen und nicht nur für das Arbeitsamt seine Arbeitskraft vorhalten. Allerdings ist auf Pflichten des Schuldners gegenüber seinen Familienangehörigen Rücksicht zu nehmen; z. B. kann es einer Mutter mit Kleinkindern unzumutbar sein, eine Erwerbstätigkeit auszuüben.

Die Obliegenheiten des Schuldners sind insoweit immer auch unter dem Gesichtspunkt der bestmöglichen Befriedigung der Gläubiger zu sehen. So wird es zuzulassen sein, daß der Schuldner zeitweilig Fort- und Weiterbildungsmaßnahmen in Anspruch nimmt, wenn dadurch seine Chancen, eine qualifizierte Tätigkeit zu erlangen, steigen und Aussicht auf bessere Einkünfte während der weiteren Laufzeit der Abtretungserklärung besteht.

3   Nummer 2 betrifft den Sonderfall, daß der Schuldner während der „Wohlverhaltensphase" als Erbe Vermögen erlangt. In diesem Fall wäre es unbillig, dem Schuldner die Restschuldbefreiung zu gewähren, ohne daß er dieses Vermögen antasten muß. Auf der anderen Seite würde eine Obliegenheit, dieses Vermögen vollständig an den Treuhänder abzuführen, in vielen Fällen dazu führen, daß der Schuldner durch Ausschlagung der Erbschaft oder in anderer Weise dafür sorgt, daß ihm das betreffende Vermögen gar nicht zufällt; es wäre fraglich, ob man in einem solchen Verhalten die Verletzung einer Obliegenheit sehen könnte. Die Insolvenzordnung wählt daher die Lösung, daß eine Erbschaft nur zur Hälfte ihres Wertes an den Treuhänder herauszugeben ist. Die Formulierung gewährleistet dabei, daß ebenso wie eine Erbschaft auch ein anderer Vermögenserwerb von Todes wegen oder mit Rücksicht auf ein künftiges Erbrecht behandelt wird (vgl. § 1374 Abs. 2 BGB).

4   Nummer 3 nennt Obliegenheiten, deren Erfüllung es dem Treuhänder und dem Insolvenzgericht ermöglichen sollen, das Verhalten des Schuldners ohne großen eigenen Untersuchungsaufwand zu überwachen und erforderlichenfalls zu überprüfen. Die Anzeige eines jeden Wechsels des Wohnsitzes oder der Beschäftigungsstelle hat dabei besondere Bedeutung. Wichtig ist weiter, daß der Schuldner stets dazu beiträgt, daß die von der Abtretungserklärung erfaßten Bezüge vollständig an den Treuhänder abgeführt werden. Wird die Abtretungserklärung im Einzelfall vom Arbeitgeber nicht beachtet, so daß der Schuldner die pfändbaren Bezüge selbst erhält, so hat er sie unverzüglich an den Treuhänder weiterzuleiten.

Wegen des Grundsatzes der gleichmäßigen Befriedigung der Insolvenzgläubiger bestimmt Nummer 4, daß zusätzliche Zahlungen nur an den Treuhänder geleistet und keinem der Insolvenzgläubiger Sondervorteile verschafft werden dürfen. 5

Aus Absatz 2 ergibt sich zunächst, daß der Schuldner auch dann Restschuldbefreiung erlangen kann, wenn er während der „Wohlverhaltensphase" eine selbständige Tätigkeit ausübt, etwa ein Gewerbe betreibt. Eine Zuweisung der Einkünfte des Schuldners an die Gläubiger im Wege der Vorausabtretung ist in einem solchen Fall nicht möglich. Der Schuldner muß selbst beurteilen, welche Mittel er jeweils an den Treuhänder abführen kann, ohne den Fortbestand des Gewerbebetriebes zu gefährden. Im Ergebnis darf er die Gläubiger aber nicht schlechter stellen, als wenn er ein Dienstverhältnis eingegangen wäre, das von seiner Ausbildung und von seinen Vortätigkeiten her angemessen gewesen wäre. Der Schuldner darf zeitweilig geringere oder gar keine Leistungen erbringen, wenn seine wirtschaftliche Lage dazu zwingt, er muß dies dann aber durch spätere höhere Leistungen ausgleichen. Wenn er bei Ablauf der „Wohlverhaltensphase" insgesamt den gleichen wirtschaftlichen Wert an den Treuhänder abgeführt hat, den dieser im Falle eines angemessenen Dienstverhältnisses des Schuldners erhalten hätte, hat der Schuldner seine Obliegenheit erfüllt. Dabei ist auch der eingetretene Zinsverlust zu berücksichtigen. 6

§ 296
Verstoß gegen Obliegenheiten

(1) Das Insolvenzgericht versagt die Restschuldbefreiung auf Antrag eines Insolvenzgläubigers, wenn der Schuldner während der Laufzeit der Abtretungserklärung eine seiner Obliegenheiten verletzt und dadurch die Befriedigung der Insolvenzgläubiger beeinträchtigt; dies gilt nicht, wenn den Schuldner kein Verschulden trifft. Der Antrag kann nur binnen eines Jahres nach dem Zeitpunkt gestellt werden, in dem die Obliegenheitsverletzung dem Gläubiger bekanntgeworden ist. Er ist nur zulässig, wenn die Voraussetzungen der Sätze 1 und 2 glaubhaft gemacht werden.

(2) Vor der Entscheidung über den Antrag sind der Treuhänder, der Schuldner und die Insolvenzgläubiger zu hören. Der Schuldner hat über die Erfüllung seiner Obliegenheiten Auskunft zu erteilen und, wenn es der Gläubiger beantragt, die Richtigkeit dieser Auskunft an Eides Statt zu versichern. Gibt er die Auskunft oder die eidesstattliche Versicherung ohne hinreichende Entschuldigung nicht innerhalb der ihm gesetzten frist ab oder erscheint er trotz ordnungsgemäßer Ladung ohne hinreichende Entschuldigung nicht zu einem Termin, den das Gericht für die Erteilung der Auskunft oder die eidesstattliche Versicherung anberaumt hat, so ist die Restschuldbefreiung zu versagen.

(3) Gegen die Entscheidung steht dem Antragsteller und dem Schuldner die sofortige Beschwerde zu. Die Versagung der Restschuldbefreiung ist öffentlich bekanntzumachen.

§ 296 entspricht § 346 k BT-RA-EInsO, der § 245 RegEInsO in veränderter Fassung übernommen hat. Der folgende Begründungstext beruht weitgehend auf BT-Drs. 12/2443, S. 193, „Zu § 245", und BT-Drs. 12/7302, S. 188, zu Nr. 189 („Zu § 346 k").

Die Vorschrift schafft die Möglichkeit, die siebenjährige Frist zur Erlangung der Restschuldbefreiung vorzeitig abzubrechen. Wenn der Schuldner während der Dauer der 1

"Wohlverhaltensphase" vorsätzlich oder fahrlässig die ihm in § 295 auferlegten Obliegenheiten verletzt und dadurch die Befriedigung der Insolvenzgläubiger beeinträchtigt, kann jeder Insolvenzgläubiger die Versagung der Restschuldbefreiung erreichen. Kann nicht festgestellt werden, ob den Schuldner ein Verschulden trifft, so geht dies zu Lasten des Schuldners. Der entsprechende Antrag eines Gläubigers ist nach Absatz 1 Satz 2 aus Gründen der Rechtssicherheit innerhalb eines Jahres nach Bekanntwerden der Obliegenheitsverletzung zu stellen. Die Voraussetzungen des Antrags sind glaubhaft zu machen (Absatz 1 Satz 3); geschieht dies nicht, so ist der Antrag ohne weitere Prüfung als unzulässig abzuweisen.

2   Ein Verstoß des Schuldners gegen seine Obliegenheiten kann beispielsweise dadurch glaubhaft gemacht werden, daß der Gläubiger eine schriftliche Erklärung des Treuhänders vorlegt, nach der der Schuldner nach einer Beendigung seines Arbeitsverhältnisses trotz Aufforderung durch den Treuhänder keine Auskunft über seine Bemühungen, einen neuen Arbeitsplatz zu finden, gegeben hat.

3   Ist der Antrag zulässig, so kann – wenn dies notwendig erscheint – das Gericht einen Termin bestimmen, in dem der Antrag erörtert wird. Zur Erleichterung der Sachaufklärung wird dem Schuldner aufgegeben, Auskünfte zu erteilen und gegebenenfalls die Richtigkeit dieser Auskünfte eidesstattlich zu versichern. Weigert sich der Schuldner, so ist die Restschuldbefreiung zu versagen. Das Verfahren oder einzelne seiner Teile – die Anhörung der Verfahrensbeteiligten, die Einholung von Auskünften des Schuldners und die Abnahme der eidesstattlichen Versicherung – sollen, sofern nicht die Anberaumung eines Termins sinnvoller und einfacher erscheint, schriftlich durchgeführt werden können.

4   § 245 schließt nicht aus, daß dem Schuldner bei ganz unwesentlichen Verstößen die Restschuldbefreiung nicht versagt wird. Das Verbot des Rechtsmißbrauchs (§ 242 BGB) kann herangezogen werden, um übermäßige Härten im Einzelfall zu vermeiden.

5   Absatz 3 berücksichtigt die weitreichende Bedeutung der Entscheidung des Insolvenzgerichts, indem er ein Rechtsmittel zuläßt und für den Fall der Versagung die öffentliche Bekanntmachung fordert.

§ 297
Insolvenzstraftaten

(1) Das Insolvenzgericht versagt die Restschuldbefreiung auf Antrag eines Insolvenzgläubigers, wenn der Schuldner in dem Zeitraum zwischen Schlußtermin und Aufhebung des Insolvenzverfahrens oder während der Laufzeit der Abtretungserklärung wegen einer Straftat nach den §§ 283 bis 283 c des Strafgesetzbuchs rechtskräftig verurteilt wird.

(2) § 296 Abs. 1 Satz 2 und 3, Abs. 3 gilt entsprechend.

§ 297 entspricht im wesentlichen § 346 l BT-RA-EInsO, der im RegEInsO kein Vorbild hat. Vgl. hierzu BT-Drs. 12/2443, S. 257, 267, jeweils „Zu Nummer 34", und BT-Drs. 12/7302, S. 188, zu Nr. 190 („Zu § 346 l").

Es ist denkbar, daß die in § 290 Abs. 1 Nr. 1 bezeichnete Verurteilung wegen einer Straftat nach den §§ 283 bis 283 c StGB nicht schon im Zeitpunkt des Schlußtermins ergangen ist, sondern erst in dem Zeitpunkt zwischen Schlußtermin und Aufhebung des Insolvenzverfahrens oder während der Laufzeit der Abtretungserklärung erfolgt.

Auch in diesem Fall ist die Versagung der Restschuldbefreiung geboten. Die Versagung erfolgt auch hier auf Antrag eines Insolvenzgläubigers und in Anlehnung an das Verfahren nach § 296. Wegen der Klarheit des Sachverhalts ist eine Anhörung der Beteiligten hier zwar möglich, aber im Regelfalle nicht erforderlich.

§ 298
Deckung der Mindestvergütung des Treuhänders

(1) Das Insolvenzgericht versagt die Restschuldbefreiung auf Antrag des Treuhänders, wenn die an diesen abgeführten Beträge für das vorangegangene Jahr seiner Tätigkeit die Mindestvergütung nicht decken und der Schuldner den fehlenden Betrag nicht einzahlt, obwohl ihn der Treuhänder schriftlich zur Zahlung binnen einer Frist von mindestens zwei Wochen aufgefordert und ihn dabei auf die Möglichkeit der Versagung der Restschuldbefreiung hingewiesen hat.

(2) Vor der Entscheidung ist der Schuldner zu hören. Die Versagung unterbleibt, wenn der Schuldner binnen zwei Wochen nach Aufforderung durch das Gericht den fehlenden Betrag einzahlt.

(3) § 296 Abs. 3 gilt entsprechend.

§ 298 entspricht im wesentlichen § 346 m BT-RA-EInsO, der seinerseits weitgehend § 246 RegEInsO entspricht. Der folgende Begründungstext entspricht weitgehend BT-Drs. 12/2443, S. 193, „Zu § 246", und BT-Drs. 12/7302, S. 189, zu Nr. 191 („Zu § 346 m").

Die Vergütung des Treuhänders kann im allgemeinen aus den Beträgen gedeckt werden, die aufgrund der Abtretungserklärung des Schuldners beim Treuhänder eingehen. Wenn der Schuldner aber längere Zeit hindurch nicht über pfändbare Bezüge verfügt, obwohl er seine Obliegenheiten erfüllt, fehlt diese Möglichkeit. In einem solchen Fall kann es dem Treuhänder nicht zugemutet werden, über einen längeren Zeitraum hinweg ohne jede Vergütung tätig zu sein. Er muß wenigstens einmal in jedem Jahr seiner Tätigkeit eine bescheidene Mindestvergütung erhalten. Dem Schuldner wird daher aufgegeben, diese Mindestvergütung notfalls aus seinem unpfändbaren Vermögen einzuzahlen. Läßt er entsprechende Aufforderungen des Treuhänders und des Gerichts unbeachtet, so ist die Restschuldbefreiung zu versagen.

Durch die Verweisung in Absatz 3 berücksichtigt die Vorschrift die weitreichende Bedeutung der Entscheidung des Insolvenzgerichts, in dem ein Rechtsmittel zugelassen und für den Fall der Versagung die öffentliche Bekanntmachung gefordert wird.

§ 299
Vorzeitige Beendigung

Wird die Restschuldbefreiung nach [den §]§ 296, 297 oder 298 versagt, so enden die Laufzeit der Abtretungserklärung, das Amt des Treuhänders und die Beschränkung der Rechte der Gläubiger mit der Rechtskraft der Entscheidung.

§ 299 entspricht im wesentlichen § 346 n BT-RA-EInsO, der seinerseits im wesentlichen § 247 RegEInsO entspricht. Der folgende Begründungstext entspricht im wesentlichen BT-Drs. 12/2443, S. 193, „Zu § 247", und BT-Drs. 12/7302, S. 189, zu Nr. 192 („Zu § 346 n").

Die Vorschrift stellt klar, daß die Versagung der Restschuldbefreiung auch dann, wenn sie schon während der „Wohlverhaltensphase" ausgesprochen wird, das freie Nachforderungsrecht der Gläubiger wiederaufleben läßt. Die Laufzeit der Abtretungserklärung und das Amt des Treuhänders enden vorzeitig.

§ 300
Entscheidung über die Restschuldbefreiung

(1) Ist die Laufzeit der Abtretungserklärung ohne eine vorzeitige Beendigung verstrichen, so entscheidet das Insolvenzgericht nach Anhörung der Insolvenzgläubiger, des Treuhänders und des Schuldners durch Beschluß über die Erteilung der Restschuldbefreiung.

(2) Das Insolvenzgericht versagt die Restschuldbefreiung auf Antrag eines Insolvenzgläubigers, wenn die Voraussetzungen des § 296 Abs. 1 oder 2 Satz 3 oder des § 297 vorliegen, oder auf Antrag des Treuhänders, wenn die Voraussetzungen des § 298 vorliegen.

(3) Der Beschluß ist öffentlich bekanntzumachen. Wird die Restschuldbefreiung erteilt, so ist die Bekanntmachung, unbeschadet des § 9, auszugsweise im Bundesanzeiger zu veröffentlichen. Gegen den Beschluß steht dem Schuldner und jedem Insolvenzgläubiger, der bei der Anhörung nach Absatz 1 die Versagung der Restschuldbefreiung beantragt hat, die sofortige Beschwerde zu.

§ 300 entspricht im wesentlichen § 346 o BT-RA-EInsO, der §§ 248 und 249 RegEInsO in veränderter Fassung zusammengefaßt hat. Der folgende Begründungstext entspricht weitgehend BT-Drs. 12/2443, S. 193, „Zu § 248", und „Zu § 249", sowie BT-Drs. 12/7302, S. 189, zu Nr. 193 („Zu § 346 o").

1 Vor der abschließenden Entscheidung über die Restschuldbefreiung nach Ablauf der „Wohlverhaltensphase" sollen alle Beteiligten Gelegenheit zu Äußerungen haben. Wie im Falle des § 296 Abs. 2 hat der Schuldner Auskunft zu erteilen und gegebenenfalls eine eidesstattliche Versicherung abzugeben.

Das Gericht kann für die abschließende Anhörung einen Termin anberaumen; es kann aber auch im schriftlichen Verfahren entscheiden.

2 Aufgrund des Ergebnisses der Anhörung entscheidet das Gericht, ob die Restschuldbefreiung erteilt oder versagt wird (Absatz 1). Sie wird auf Antrag versagt, wenn der Schuldner die Obliegenheiten des § 295 verletzt und dadurch die Befriedigung der Insolvenzgläubiger beeinträchtigt hat, wenn die Voraussetzungen des § 297 vorliegen oder wenn die Mindestvergütung des Treuhänders für das vorangegangene Jahr seiner Tätigkeit nicht gezahlt ist.

3 Die Verweisung in Absatz 2 auf § 296 Abs. 1 besagt zugleich, daß auch für diesen Versagungsantrag die Frist von einem Jahr seit der Kenntnis von der Obliegenheitsverletzung gilt und daß auch hier die Voraussetzungen des Antrags glaubhaft gemacht werden müssen. Die Restschuldbefreiung wird weiter dann versagt, wenn der Schuldner dem Termin der Anhörung unentschuldigt fernbleibt oder es ablehnt, über die Erfüllung seiner Obliegenheiten Auskunft zu erteilen und die Richtigkeit dieser Auskunft eidesstattlich zu versichern (Absatz 2 in Verbindung mit § 296 Abs. 2 Satz 3).

Absatz 3 regelt die öffentliche Bekanntmachung und die Rechtsmittel gegen die Entscheidung des Gerichts. **4**

§ 301
Wirkung der Restschuldbefreiung

(1) Wird die Restschuldbefreiung erteilt, so wird sie gegen alle Insolvenzgläubiger. Dies gilt auch für Gläubiger, die ihre Forderungen nicht angemeldet haben.

(2) Die Rechte der Insolvenzgläubiger gegen Mitschuldner und Bürgen des Schuldners sowie die Rechte dieser Gläubiger aus einer zu ihrer Sicherung eingetragenen Vormerkung oder aus einem Recht, das im Insolvenzverfahren zur abgesonderten Befriedigung berechtigt, werden durch die Restschuldbefreiung nicht berührt. Der Schuldner wird jedoch gegenüber dem Mitschuldner, dem Bürgen oder anderen Rückgriffsberechtigten in gleicher Weise befreit wie gegenüber den Insolvenzgläubigern.

(3) Wird ein Gläubiger befriedigt, obwohl er auf Grund der Restschuldbefreiung keine Befriedigung zu beanspruchen hat, so begründet dies keine Pflicht zur Rückgewähr des Erlangten.

§ 301 entspricht § 346 p BT-RA-EInsO, der seinerseits § 250 RegEInsO entspricht. Der folgende Begründungstext entspricht im wesentlichen BT-Drs. 12/2443, S. 194, „Zu § 250", und BT-Drs. 12/7302, S. 189, zu Nr. 194 („Zu den §§ 346 p, 346 q und 346 r").

Diese Vorschrift regelt die rechtliche Wirkung des Beschlusses, in dem die Restschuldbefreiung ausgesprochen wird. **1**

Absatz 2 macht deutlich, daß die Rechte der Gläubiger gegen mithaftende Personen und die Zugriffsrechte auf dingliche Sicherheiten durch die Gewährung der Schuldbefreiung nicht tangiert werden. Eine parallele, in den Einzelheiten aber abweichende Vorschrift findet sich für die Schuldbefreiung durch Plan in § 254 Abs. 2 (vgl. auch § 193 Satz 2 KO und § 82 Abs. 2 VerglO). **2**

Die restlichen Forderungen der Insolvenzgläubiger werden bei Erteilung der Restschuldbefreiung zu erfüllbaren, aber nicht erzwingbaren Verbindlichkeiten (sog. unvollkommene Verbindlichkeiten). Dies drückt Absatz 3 aus (vgl. auch § 254 Abs. 3). **3**

§ 302
Ausgenommene Forderungen

Von der Erteilung der Restschuldbefreiung werden nicht berührt:

1. Verbindlichkeiten des Schuldners aus einer vorsätzlich begangenen unerlaubten Handlung;

2. Geldstrafen und die diesen in § 39 Abs. 2 Nr. 3 gleichgestellten Verbindlichkeiten des Schuldners.

§ 302 entspricht im wesentlichen § 346 q BT-RA-EInsO, der seinerseits im wesentlichen § 251 RegEInsO entspricht. Der folgende Begründungstext entspricht im wesentlichen BT-Drs. 12/2443, S. 194, „Zu § 251", und BT-Drs. 12/7302, S. 189, zu Nr. 194 („Zu den §§ 346 p, 346 q und 346 r").

Es erscheint sachgerecht, Schadensersatzpflichten aus vorsätzlich begangenen unerlaubten Handlungen sowie Geldstrafen und vergleichbare Verbindlichkeiten von der Schuldbefreiung auszunehmen. Der Erfüllung solcher Verbindlichkeiten soll sich der Schuldner auch durch das neu geschaffene Verfahren nicht entziehen können. Häufig werden ohnehin Versagungsgründe nach § 290 Abs. 1 vorliegen, wenn derartige Verbindlichkeiten zur Zeit der Eröffnung des Insolvenzverfahrens bestehen.

§ 303
Widerruf der Restschuldbefreiung

(1) Auf Antrag eines Insolvenzgläubigers widerruft das Insolvenzgericht die Erteilung der Restschuldbefreiung, wenn sich nachträglich herausstellt, daß der Schuldner eine seiner Obliegenheiten vorsätzlich verletzt und dadurch die Befriedigung der Insolvenzgläubiger erheblich beeinträchtigt hat.

(2) Der Antrag des Gläubigers ist nur zulässig, wenn er innerhalb eines Jahres nach der Rechtskraft der Entscheidung über die Restschuldbefreiung gestellt wird und wenn glaubhaft gemacht wird, daß die Voraussetzungen des Absatzes 1 vorliegen und daß der Gläubiger bis zur Rechtskraft der Entscheidung keine Kenntnis von ihnen hatte.

(3) Vor der Entscheidung sind der Schuldner und der Treuhänder zu hören. Gegen die Entscheidung steht dem Antragsteller und dem Schuldner die sofortige Beschwerde zu. Die Entscheidung, durch welche die Restschuldbefreiung widerrufen wird, ist öffentlich bekanntzumachen.

§ 303 entspricht § 346 r BT-RA-EInsO, der seinerseits § 252 RegEInsO entspricht. Der folgende Begründungstext entspricht im wesentlichen BT-Drs. 12/2443, S. 194, „Zu § 252", und BT-Drs. 12/7302, S. 189, zu Nr. 194 („Zu den §§ 346 p, 346 q und 346 r").

1 Das Verhalten des Schuldners kann es ausnahmsweise als gerechtfertigt erscheinen lassen, die ihm erteilte Restschuldbefreiung zu widerrufen.

2 Absatz 1 regelt die Voraussetzungen eines solchen Widerrufs. Hat der Schuldner seine Obliegenheiten vorsätzlich verletzt und dadurch die Befriedigung der Insolvenzgläubiger erheblich beeinträchtigt und ist dies auch im Anhörungstermin verborgen geblieben, so soll die Restschuldbefreiung auf Antrag eines Insolvenzgläubigers widerrufen werden können. Auch wenn der Widerruf der Restschuldbefreiung einen schweren Eingriff zum Nachteil des Schuldners darstellt, ist er in einem solchen Fall wegen der Schwere der Verfehlung gerechtfertigt.

3 Aus Gründen der Rechtssicherheit ist nach Absatz 2 der Antrag nur zulässig, wenn er innerhalb eines Jahres nach Rechtskraft der Entscheidung über die Restschuldbefreiung gestellt wird.

Zusätzlich hat der antragstellende Gläubiger die Voraussetzungen des Absatzes 1 sowie die Tatsache, daß er vor Rechtskraft der Entscheidung keine Kenntnis von diesen Umständen hatte, glaubhaft zu machen.

4 In Absatz 3 sind die Anhörung des Schuldners und des Treuhänders, das Rechtsmittel und die öffentliche Bekanntmachung geregelt. Mit dem rechtskräftigen Widerruf entfallen die Wirkungen der Restschuldbefreiung. Das unbeschränkte Nachforderungsrecht der Gläubiger lebt wieder auf.

NEUNTER TEIL
Verbraucherinsolvenzverfahren und sonstige Kleinverfahren

ERSTER ABSCHNITT
Anwendungsbereich

§ 304
Grundsatz

(1) Ist der Schuldner eine natürliche Person, die keine oder nur eine geringfügige selbständige wirtschaftliche Tätigkeit ausübt, so gelten für das Verfahren die allgemeinen Vorschriften, soweit in diesem Teil nichts anderes bestimmt ist.

(2) Eine selbständige wirtschaftliche Tätigkeit ist insbesondere dann geringfügig im Sinne des Absatzes 1, wenn sie nach Art oder Umfang einen in kaufmännischer Weise eingerichteten Geschäftsbetrieb nicht erfordert.

§ 304 entspricht § 357 a BT-RA-EInsO und hat im RegEInsO kein Vorbild. Vgl. hierzu auch BT-Drs. 12/7302, S. 189/190, zu Nr. 195 („Zu § 357 a").

Das im Neunten Teil geregelte Verfahren für Verbraucher- und sonstige Kleininsolvenzen ist auf Verbraucher und Kleingewerbetreibende anwendbar. Durch diese Bestimmung des persönlichen Anwendungsbereichs in Absatz 1 wird zugleich klargestellt, daß für sonstige natürliche Personen – etwa persönlich haftende Gesellschafter größerer Unternehmen – nicht der Neunte Teil, sondern das Regelinsolvenzverfahren (mit der auch dort bestehenden Möglichkeit der Restschuldbefreiung; vgl. die Begründung zu § 286) Anwendung findet. Für die Abgrenzung der beiden Personengruppen, Kleingewerbetreibende einerseits und sonstige selbständig wirtschaftlich tätige Menschen andererseits, stellt Absatz 1 auf den Begriff der „geringfügigen selbständigen wirtschaftlichen Tätigkeit" ab. Die Auslegung wird dadurch erleichtert, daß in Absatz 2 an die Definition des Minderkaufmanns in § 4 Abs. 1 HGB angeknüpft wird.

ZWEITER ABSCHNITT
Schuldenbereinigungsplan

§ 305
Eröffnungsantrag des Schuldners

(1) Mit dem Antrag auf Eröffnung des Insolvenzverfahrens (§ 311) oder unverzüglich nach diesem Antrag hat der Schuldner vorzulegen:

1. eine Bescheinigung, die von einer geeigneten Person oder Stelle ausgestellt ist und aus der sich ergibt, daß eine außergerichtliche Einigung mit den Gläubigern über die Schuldenbereinigung auf der Grundlage eines Plans innerhalb der letzten sechs Monate vor dem Eröffnungsantrag erfolglos versucht worden ist; die Länder können bestimmen, welche Personen oder Stellen als geeignet anzusehen sind;

2. den Antrag auf Erteilung von Restschuldbefreiung (§ 287) oder die Erklärung, daß Restschuldbefreiung nicht beantragt werden soll;

3. ein Verzeichnis des vorhandenen Vermögens und des Einkommens (Vermögensverzeichnis), ein Verzeichnis der Gläubiger und ein Verzeichnis der gegen ihn gerichteten Forderungen; den Verzeichnissen ist die Erklärung beizufügen, daß die in diesen enthaltenen Angaben richtig und vollständig sind;

4. einen Schuldenbereinigungsplan; dieser kann alle Regelungen enthalten, die unter Berücksichtigung der Gläubigerinteressen sowie der Vermögens-, Einkommens- und Familienverhältnisse des Schuldners geeignet sind, zu einer angemessenen Schuldenbereinigung zu führen; in den Plan ist aufzunehmen, ob und inwieweit Bürgschaften, Pfandrechte und andere Sicherheiten der Gläubiger vom Plan berührt werden sollen.

(2) In dem Verzeichnis der Forderungen nach Absatz 1 Nr. 3 kann auch auf beigefügte Forderungsaufstellungen der Gläubiger Bezug genommen werden. Auf Aufforderung des Schuldners sind die Gläubiger verpflichtet, auf ihre Kosten dem Schuldner zur Vorbereitung des Forderungsverzeichnisses eine schriftliche Aufstellung ihrer gegen diesen gerichteten Forderungen zu erteilen; insbesondere haben sie ihm die Höhe ihrer Forderungen und deren Aufgliederung in Hauptforderung, Zinsen und Kosten anzugeben. Die Aufforderung des Schuldners muß einen Hinweis auf einen bereits bei Gericht eingereichten oder in naher Zukunft beabsichtigten Antrag auf Eröffnung eines Insolvenzverfahrens enthalten.

(3) Hat der Schuldner die in Absatz 1 genannten Erklärungen und Unterlagen nicht vollständig abgegeben, so fordert ihn das Insolvenzgericht auf, das Fehlende unverzüglich zu ergänzen. Kommt der Schuldner dieser Aufforderung nicht binnen eines Monats nach, so gilt sein Antrag auf Eröffnung des Insolvenzverfahrens als zurückgenommen.

§ 305 entspricht im wesentlichen § 357 b BT-RA-EInsO und hat im RegEInsO kein Vorbild. Der folgende Begründungstext beruht zum Teil auf BT-Drs. 12/7302, S. 190/191, zu Nr. 196 („Zu § 357 b").

1 Der Schuldner hat mit dem Antrag auf Eröffnung des Insolvenzverfahrens eine Reihe weiterer Unterlagen einzureichen (Absatz 1).

2 Zur Verhinderung einer übermäßigen Belastung der Gerichte mit Verbraucherinsolvenzverfahren ist der Antrag des Schuldners auf Eröffnung des Insolvenzverfahrens nur dann zulässig, wenn eine außergerichtliche Schuldenbereinigung erfolglos versucht worden ist. Dies hat der Schuldner durch eine Bescheinigung zu belegen (Nummer 1). Um zu gewährleisten, daß eine außergerichtliche Einigung ernstlich betrieben worden ist, also z. B. nicht nur zwei kurze Telefongespräche geführt wurden, wird vorgeschrieben, daß die Schuldenbereinigung auf der Grundlage eines Plans versucht worden sein muß. Der außergerichtliche Schuldenbereinigungsversuch muß in zeitlichem Zusammenhang mit dem Antrag auf Eröffnung des Insolvenzverfahrens stehen. Dabei ist eine Frist von 6 Monaten angemessen (Nummer 1).

3 Nummer 1 selbst zählt die zur Ausstellung der verlangten Bescheinigung geeignet erscheinen Personen oder Stellen nicht auf. Solange und soweit keine ergänzenden Bestimmungen der Länder (Nummer 1 Halbsatz 2) getroffen sind, werden die Gerichte selbst bestimmte Anforderungen an die Eignung der Personen oder Stellen aufstellen müssen: Es muß insbesondere gewährleistet sein, daß die Person oder Stelle keine Gefälligkeitsbescheinigungen ausstellt. Ferner sollte Gewißheit darüber bestehen, daß

die Schuldenbereinigung von einer entsprechend qualifizierten Person oder Stelle versucht wird.

Kraft ihres Berufes kommen für die außergerichtliche Schuldenbereinigung die Angehörigen der rechtsberatenden Berufe (Rechtsanwälte, Notare) und die Steuerberater in Betracht. Durch das Berufs- und Standesrecht ist eine verantwortungsbewußte Tätigkeit gesichert. Welche Personen sonst im Einzelfall als geeignet anzuerkennen sind, wird vom Gericht auf der Grundlage der genannten Kriterien festzustellen sein. Als geeignete Stellen können etwa die Schuldnerberatungsstellen anzusehen sein, die von Gemeinden und Landkreisen, von Wohlfahrtsverbänden und Kirchen eingerichtet worden sind oder in Zukunft zusätzlich eingerichtet werden. Zur Sicherung der Qualität der Tätigkeit müssen die Besetzung und die Ausstattung der Schuldnerberatungsstellen bestimmten Anforderungen entsprechen. Als weitere geeignete Stellen kommen z. B. die Gütestellen im Sinne des § 794 Abs. 1 Nr. 1 ZPO und wohl auch Schiedsstellen („Vergleichsbehörde" im Sinne des § 380 StPO) in Betracht. 4

Die Ermächtigung an die Länder zur Bestimmung geeigneter Personen und Stellen soll die Gerichte entlasten, in jedem Bundesland eine einheitliche, zweifelsfrei berechenbare Einschätzung der von Absatz 1 Nr. 1 geforderten Geeignetheit einer Person oder Stelle gewährleisten und die Möglichkeit bieten, regionalen Besonderheiten und dem Stand des Ausbaus eines Netzes von Schuldnerberatungsstellen Rechnung zu tragen. 5

Durch die in Nummer 2 getroffene Regelung wird frühzeitig Klarheit darüber geschaffen, ob der Schuldner bei Scheitern des Schuldenbereinigungsplans die gesetzliche Restschuldbefreiung erreichen will. Regelmäßig wird zwar der Schuldner den Antrag auf Restschuldbefreiung stellen. Ein Schuldenbereinigungsplan kann aber auch in einem Fall sinnvoll sein und zustande kommen, in dem der Schuldner die gesetzlichen Voraussetzungen für die Restschuldbefreiung offensichtlich nicht erfüllt, z. B. weil ihm innerhalb der letzten zehn Jahre schon einmal Restschuldbefreiung gewährt worden ist (vgl. § 290 Abs. 1 Nr. 3). 6

Die nach Nummer 3 vorzulegenden Verzeichnisse des Vermögens, der Gläubiger und der Forderungen müssen sorgfältig und vollständig erstellt werden (vgl. auch § 290 Abs. 1 Nr. 6). Das Verzeichnis der Gläubiger hat deren Anschriften zu enthalten, damit das Gericht ohne Schwierigkeiten die Unterlagen den Gläubigern zustellen kann (§ 307 Abs. 1 Satz 1). 7

Das Kernstück der vom Schuldner einzureichenden Unterlagen ist der Schuldenbereinigungsplan (Nummer 4). Er ist in dem Verbraucherinsolvenzverfahren das Instrument der gütlichen Einigung zwischen Schuldnern und Gläubigern. Die in Nummer 1 erwähnten geeigneten Stellen können den Schuldner bei der Aufstellung des Schuldenbereinigungsplans unterstützen. In geeigneten Fällen kann der Schuldner auch auf den Plan zurückgreifen, mit dem er eine außergerichtliche Einigung versucht hat. 8

Der Inhalt des Schuldenbereinigungsplans unterliegt der Privatautonomie (vgl. hierzu auch Rdnr. 1 der Begründung zu § 308). Die Beteiligten sind bei der Gestaltung frei; so können etwa Stundungen, Ratenzahlungen, Teilerlasse oder vergleichbare Regelungen vereinbart werden. Auch ein Wiederaufleben der ursprünglichen Forderungen bei Zahlungsverzug kann vorgesehen werden, wobei allerdings die Belange des Schuldners angemessen gewahrt werden sollten (vgl. § 255, der für den Insolvenzplan insoweit eine gesetzliche Regelung vorsieht). In der Regel wird es angebracht sein, eine Anpassung des Plans für den Fall einer Änderung der wirtschaftlichen Verhältnisse des Schuldners zu vereinbaren, also Vorsorge insbesondere für den Fall der Arbeitslosigkeit zu treffen. 9

10 Mit dem ausdrücklichen Hinweis im Gesetz, daß im Schuldenbereinigungsplan auch die familiären Verhältnisse zu berücksichtigen sind, wird zunächst klargestellt, daß den Unterhaltspflichten vorrangige Bedeutung beigemessen wird. Es wird aber auch deutlich gemacht, daß Familienangehörige unter besonderen Umständen (etwa bei einem arbeitslosen Schuldner mit verdienendem Ehepartner einerseits oder bei Mithaftung eines Angehörigen andererseits) in den Schuldenbereinigungsplan einbezogen werden können.

11 Der im letzten Halbsatz der Nummer 4 geforderte Hinweis auf die Behandlung von Bürgschaften, Pfandrechetn und anderen Sicherheiten ist wichtig, um Irrtümer der Beteiligten über die Wirkungen des Schuldenbereinigunsplans zu vermeiden: Nach dem für diesen Plan maßgeblichen allgemeinen Zivilrecht können nach der Kürzung einer Forderung im Plan auch die Sicherheiten nicht mehr in voller Höhe in Anspruch genommen werden (anders § 254 Abs. 2 für den Insolvenzplan und § 301 Abs. 2 für die Restschuldbefreiung).

12 Auch streitige Forderungen können in den Schuldenbereinigungsplan aufgenommen werden. Wünschenswert ist zwar in erster Linie, daß sich Schuldner und Gläubiger vor der Aufstellung des Schuldenbereinigungsplans über Bestand und Höhe der Forderung einigen. Gelingt dies nicht, so hat der Schuldner die Möglichkeit, eine von ihm bestrittene Forderung im Plan mit dem Wert „Null" zu berücksichtigen; damit kann er erreichen, daß bei Schweigen des Gläubigers das Nichtbestehen der Forderung als anerkannt gilt (vgl. § 307 Abs. 2). Der Schuldner kann in dem Plan aber auch vorsehen, daß der Gläubiger, dessen Forderung bestritten wird, dieselbe Quote erhält wie die anderen Gläubiger, sofern er in einem Rechtsstreit mit dem Schuldner über das Bestehen der Forderung obsiegt; auf diese Weise kann erreicht werden, daß das Zustandekommen des Plans nicht an dem Streit über die Forderung scheitert (vgl. § 309 Abs. 3).

13 Mit dem in Absatz 2 geregelten Auskunftsanspruch des Schuldners gegenüber den Gläubigern wird dem Umstand Rechnung getragen, daß dem Schulder in der Praxis häufig die genaue Aufstellung seiner Verbindlichkeiten Probleme bereitet. Demgegenüber bedeutet die Auskunftspflicht für die Gläubiger keine unzumutbare Härte, da sie für die Anmeldung im Insolvenzverfahren ohnehin ihre Forderungen genau berechnen müssen. Der in Satz 3 geforderte Hinweis des Schuldners auf einen bereits gestellten oder in naher Zukunft beabsichtigten Insolvenzantrag soll die Gläubiger vor wiederholten Aufforderungen des Schuldners schützen.

14 Absatz 3 dient der Verfahrensbeschleunigung und -vereinfachung. Mit der Fristbestimmung in Satz 2 wird auf ein zügiges Handeln des Schuldners hingewirkt.

§ 306
Ruhen des Verfahrens

(1) Das Verfahren über den Antrag auf Eröffnung des Insolvenzverfahrens ruht bis zur Entscheidung über den Schuldenbereinigungsplan. Dieser Zeitraum soll drei Monate nicht überschreiten.

(2) Absatz 1 steht der Anordnung von Sicherungsmaßnahmen nicht entgegen.

(3) Beantragt ein Gläubiger die Eröffnung des Verfahrens, so hat das Insolvenzgericht vor der Entscheidung über die Eröffnung dem Schuldner Gele-

genheit zu geben, ebenfalls einen Antrag zu stellen. **Stellt der Schuldner einen Antrag, so gilt Absatz 1 auch für den Antrag des Gläubigers.**

§ 306 entspricht § 357 c BT-RA-EInsO und hat im RegEInsO kein Vorbild. Der folgende Begründungstext entspricht weitgehend BT-Drs. 12/7302, S. 191, zu Nr. 197 („Zu § 357 c").

Durch Absatz 1 wird sichergestellt, daß die Eröffnung des Insolvenzverfahrens unterbleibt, solange über den Schuldenbereinigungsplan nicht entschieden ist. Wenn der Plan zustande kommt, entfällt das Bedürfnis für die Durchführung des Insolvenzverfahrens (vgl. § 308 Abs. 2). Durch Satz 2 wird der zügige Fortgang des Verfahrens gefördert. **1**

Absatz 2 stellt klar, daß trotz des in Absatz 1 angeordneten Ruhens des Verfahrens vom Gericht sinnvolle Sicherungsmaßnahmen nach § 21 angeordnet werden können, etwa die Einstellung von Zwangsvollstreckungsmaßnahmen oder die Bestellung eines vorläufigen Treuhänders, der an die Stelle des vorläufigen Insolvenzverwalters tritt (vgl. § 313). **2**

Absatz 3 sieht eine interessengerechte Lösung für den Fall vor, daß nicht der Schuldner nach §§ 304, 305, sondern ein Gläubiger den Antrag auf Eröffnung des Insolvenzverfahrens stellt. Nimmt der Schuldner die Gelegenheit nicht wahr, ebenfalls einen Antrag zu stellen, so finden der Erste und Dritte Abschnitt des Neunten Teils auf das Verfahren keine Anwendung; stellt auch der Schuldner einen Antrag, so ist der Neunte Teil insgesamt anzuwenden. **3**

§ 307
Zustellung an die Gläubiger

(1) Das Insolvenzgericht stellt den vom Schuldner genannten Gläubigern das Vermögensverzeichnis, das Gläubigerverzeichnis, das Forderungsverzeichnis sowie den Schuldenbereinigungsplan zu und fordert die Gläubiger zugleich auf, binnen einer Notfrist von einem Monat zu den Verzeichnissen und zu dem Schuldenbereinigungsplan Stellung zu nehmen. Zugleich ist jedem Gläubiger mit ausdrücklichem Hinweis auf die Rechtsfolgen des § 308 Abs. 3 Satz 2 Gelegenheit zu geben, binnen der Frist nach Satz 1 die Angaben über seine Forderungen in dem Forderungsverzeichnis zu überprüfen und erforderlichenfalls zu ergänzen. Auf die Zustellung nach Satz 1 ist § 8 Abs. 1 Satz 2, 3, Abs. 2 und 3 nicht anzuwenden.

(2) Geht binnen der Frist nach Absatz 1 Satz 1 bei Gericht die Stellungnahme eines Gläubigers nicht ein, so gilt dies als Einverständnis mit dem Schuldenbereinigungsplan. Darauf ist in der Aufforderung hinzuweisen.

(3) Nach Ablauf der Frist nach Absatz 1 Satz 1 ist dem Schuldner Gelegenheit zu geben, den Schuldenbereinigungsplan binnen einer vom Gericht zu bestimmenden Frist zu ändern oder zu ergänzen, wenn dies auf Grund der Stellungnahme eines Gläubigers erforderlich oder zur Förderung einer einverständlichen Schuldenbereinigung sinnvoll erscheint. Die Änderungen oder Ergänzungen sind den Gläubigern zuzustellen, soweit dies erforderlich ist. Absatz 1 Satz 1, 3 und Absatz 2 gelten entsprechend.

§ 307 entspricht im wesentlichen § 357 d BT-RA-EInsO und hat im RegEInsO kein Vorbild. Der folgende Begründungstext entspricht im wesentlichen BT-Drs. 12/7302, S. 191/192, zu Nr. 198 („Zu § 357 d").

Das Verfahren über den Schuldenbereinigungsplan kann schriftlich durchgeführt werden. **1**

2 Im Interesse der zügigen Abwicklung sind die Gläubiger nach Absatz 2 verpflichtet, zu dem Schuldenbereinigungsplan, der ihnen förmlich zugestellt wird (Satz 3), innerhalb einer Notfrist Stellung zu nehmen (Satz 1). Die Bezeichnung der Frist als Notfrist öffnet den Weg in die Regelungen zur Wiedereinsetzung in den vorherigen Stand nach der Zivilprozeßordnung (vgl. § 233 ZPO), so daß für in Ausnahmefällen denkbare Konflikte bei Fristversäumnis eine bewährte und unkomplizierte Lösung zur Verfügung steht. Die Aufforderung zur Ergänzung des Forderungsverzeichnisses nach Satz 2 hat das Gericht mit dem Hinweis darauf zu verbinden, daß ein Gläubiger, der eine Forderung oder Teilforderung trotz entsprechender Möglichkeit nicht ergänzt, nach dem Zustandekommen des Schuldenbereinigungsplans insoweit nicht mehr Erfüllung verlangen kann (vgl. § 308 Abs. 3 Satz 2); dadurch wird darauf hingewirkt, daß die Gläubiger in Kenntnis der Rechtslage aktiv an der Schuldenbereinigung mitwirken. Für den Fall, daß der Schuldenbereinigungsplan nicht zustande kommt, wird die Durchführung des Insolvenzverfahrens durch diese Mitwirkung der Gläubiger vereinfacht.

3 Die Bestimmung des Absatzes 2, nach der ein Schweigen des Gläubigers als Zustimmung gewertet wird, ist ein weiteres Mittel, um die Gläubiger zur Mitarbeit zu veranlassen und das Verfahren zu vereinfachen und zu beschleunigen. Auf die Bedeutung eines eventuellen Schweigens sind die Gläubiger hinzuweisen.

4 Absatz 3 erleichtert sinnvolle Änderungen eines Plans, der in der ursprünglich vorgeschlagenen Fassung keine Mehrheit findet, und fördert so die Erfolgsaussichten für gütliche Einigungen. Grundsätzlich ist der geänderte Plan erneut allen Gläubigern zuzustellen; in Ausnahmefällen kann von diesem Grundsatz abgewichen werden, z. B. im Verhältnis zu Gläubigern, die bereits ihr Einverständnis mit dem geänderten Plan mitgeteilt haben.

§ 308
Annahme des Schuldenbereinigungsplans

(1) Hat kein Gläubiger Einwendungen gegen den Schuldenbereinigungsplan erhoben oder wird die Zustimmung nach § 309 ersetzt, so gilt der Schuldenbereinigungsplan als angenommen; das Insolvenzgericht stellt dies durch Beschluß fest. Der Schuldenbereinigungsplan hat die Wirkung eines Vergleichs im Sinne des § 794 Abs. 1 Nr. 1 der Zivilprozeßordnung. Den Gläubigern und dem Schuldner ist eine Ausfertigung des Schuldenbereinigungsplans und des Beschlusses nach Satz 1 zuzustellen.

(2) Die Anträge auf Eröffnung des Insolvenzverfahrens und auf Erteilung von Restschuldbefreiung gelten als zurückgenommen.

(3) Soweit Forderungen in dem Verzeichnis des Schuldners nicht enthalten sind und auch nicht nachträglich bei dem Zustandekommen des Schuldenbereinigungsplans berücksichtigt worden sind, können die Gläubiger von dem Schuldner Erfüllung verlangen. Dies gilt nicht, soweit ein Gläubiger die Angaben über seine Forderung in dem Forderungsverzeichnis, das ihm nach § 307 Abs. 1 vom Gericht übersandt worden ist, nicht innerhalb der gesetzten Frist ergänzt hat, obwohl die Forderung vor dem Ablauf der Frist entstanden war; insoweit erlischt die Forderung.

§ 308 entspricht im wesentlichen § 357 e BT-RA-EInsO und hat im RegEInsO kein Vorbild. Der folgende Begründungstext entspricht im wesentlichen BT-Drs. 12/7302, S. 192, zu Nr. 199 („Zu § 357 e").

Der in Absatz 1 vorgesehene Beschluß, durch den das Gericht feststellt, daß kein 1
Gläubiger Einwendungen gegen den Plan erhoben hat oder daß die fehlenden Zustimmungen nach § 309 ersetzt worden sind, dient der Klarstellung, ohne nennenswerten Aufwand beim Gericht auszulösen. Die Bezugnahme auf den Prozeßvergleich im Sinne des § 794 Abs. 1 Nr. 1 ZPO stellt zum einen die Vollstreckbarkeit des Schuldenbereinigungsplans sicher; den Vollstreckungstitel bildet der Feststellungsbeschluß des Gerichts in Verbindung mit einem Auszug aus dem Schuldenbereinigungsplan. Zum anderen ergibt sich aus der Verweisung auf den Prozeßvergleich, daß der Schuldenbereinigungsplan den Regeln der Vertragsfreiheit unterliegt (vgl. hierzu Rdnr. 9 der Begründung zu § 305) und daß zur Lösung von etwaigen Problemsituationen, z. B. für eine arglistige Täuschung oder eine Drohung bei der Abgae von Erklärungen im Zusammenhang mit dem Schuldenbereinigungsplan, das Bürgerliche Gesetzbuch herangezogen werden kann.

Durch Absatz 2 wird sichergestellt, daß bei Zustandekommen eines Schuldenbereinigungsplans das Verfahren über die Anträge auf Eröffnung eines Insolvenzverfahrens und auf Restschuldbefreiung nicht weiterbetrieben wird. 2

Absatz 3 regelt die Rechtsfolgen eines angenommenen Schuldenbereinigungsplans. Satz 3
1 dient dem Gläubigerschutz. Gläubiger, deren Forderungen nicht in den Plan aufgenommen worden sind und denen der Plan daher auch nicht zugestellt worden ist, werden von den Wirkungen des Plans nicht betroffen. Wenn einem Gläubiger allerdings ein unvollständiges Forderungsverzeichnis übersandt worden ist und er das Verzeichnis trotz der gerichtlichen Aufforderung nach § 307 Abs. 1 Satz 2 nicht ergänzt hat, erlöschen die nicht berücksichtigten Forderungen oder Teilforderungen (Satz 2). Diese Wirkung stellt die Mitarbeit der Gläubiger im Verfahren sicher.

§ 309
Ersetzung der Zustimmung

(1) Hat dem Schuldenbereinigungsplan mehr als die Hälfte der benannten Gläubiger zugestimmt und beträgt die Summe der Ansprüche der zustimmenden Gläubiger mehr als die Hälfte der Summe der Ansprüche der benannten Gläubiger, so ersetzt das Insolvenzgericht auf Antrag eines Gläubigers oder des Schuldners die Einwendungen eines Gläubigers gegen den Schuldenbereinigungsplan durch eine Zustimmung. Dies gilt nicht, wenn

1. der Gläubiger, der Einwendungen erhoben hat, im Verhältnis zu den übrigen Gläubigern nicht angemessen beteiligt wird oder

2. dieser Gläubiger durch den Schuldenbereinigungsplan wirtschaftlich schlechter gestellt wird, als er bei Durchführung des Verfahrens über die Anträge auf Eröffnung des Insolvenzverfahrens und Erteilung von Restschuldbefreiung stünde; hierbei ist im Zweifel zugrunde zu legen, daß die Einkommens-, Vermögens- und Familienverhältnisse des Schuldners zum Zeitpunkt des Antrags nach Satz 1 während der gesamten Dauer des Verfahrens maßgeblich bleiben.

(2) Vor der Entscheidung ist der Gläubiger zu hören. Die Gründe, die gemäß Absatz 1 Satz 2 einer Ersetzung seiner Einwendungen durch eine Zustimmung entgegenstehen, hat er glaubhaft zu machen. Gegen den Beschluß steht dem Antragsteller und dem Gläubiger, dessen Zustimmung ersetzt wird, die sofortige Beschwerde zu.

(3) Macht ein Gläubiger Tatsachen glaubhaft, aus denen sich ernsthafte Zweifel ergeben, ob eine vom Schuldner angegebene Forderung besteht oder sich auf einen höheren oder niedrigeren Betrag richtet als angegeben, und hängt vom Ausgang des Streits ab, ob der Gläubiger im Verhältnis zu den übrigen Gläubigern angemessen beteiligt wird (Absatz 1 Satz 2 Nr. 1), so kann die Zustimmung dieses Gläubigers nicht ersetzt werden.

§ 309 entspricht § 357 f BT-RA-EInsO und hat im RegEInsO kein Vorbild. Der folgende Begründungstext entspricht weitgehend BT-Drs. 12/7302, S. 192/193, zu Nr. 200 („Zu § 357 f").

1   Die „Ersetzung der Zustimmung" ist ein wichtiges Instrument zur Förderung gütlicher Einigungen. Auf diesem Weg kann verhindert werden, daß der Schuldenbereinigungsplan an der obstruktiven Verweigerung der Zustimmung durch einzelne Gläubiger scheitert.

2   Voraussetzung ist nach Absatz 1 Satz 1, daß eine Kopf- und Summenmehrheit der Gläubiger dem Plan zugestimmt hat. Außerdem ist ein Antrag eines Gläubigers oder des Schuldners erforderlich. Absatz 1 Satz 2 schützt diejenigen Gläubiger, die die Zustimmung zu dem Plan aus berechtigten Gründen verweigert haben:

3   Die Gläubiger dürfen gegen ihren Willen nicht weniger erhalten als andere Gläubiger in vergleichbarer Situation (Absatz 1 Satz 2 Nr. 1). Das Wort „angemessen" gibt dem Gericht dabei einen gewissen Spielraum bei der Bewertung des Plans.

4   Die Gläubiger dürfen gegen ihren Willen auch nicht schlechter gestellt werden, als sie bei Entscheidung über die Anträge auf Verfahrenseröffnung und Restschuldbefreiung stünden (Absatz 1 Satz 2 Nr. 2). So kann etwa in die Rechtsstellung der gesicherten Gläubiger nicht gegen deren Willen eingegriffen werden (§ 301 Abs. 2 Satz 1, § 313 Abs. 3 Satz 2). Entsprechendes gilt für die Forderung gegen einen Bürgen bei (Teil-)Verzicht auf die Hauptforderung (§ 301 Abs. 2 Satz 1). Andererseits müssen sich etwa die durch Lohnabtretung gesicherten Gläubiger entgegenhalten lassen, daß gemäß § 114 Abs. 1 die Abtretung drei Jahre nach Eröffnung eines Insolvenzverfahrens unwirksam werden würde.

5   Zur Erleichterung der Entscheidung der Frage, ob der Gläubiger durch den Plan wirtschaftlich schlechter gestellt wird, ordnet Nummer 1 Halbsatz 2 an, daß im Zweifel anzunehmen ist, daß sich die wirtschaftlichen und familiären Verhältnisse des Schuldners während der Dauer eines Insolvenzverfahrens und der anschließenden siebenjährigen Frist bis zur gesetzlichen Restschuldbefreiung nicht geändert hätten. Durch die Formulierung „im Zweifel" wird verdeutlicht, daß absehbare Veränderungen bei der Vergleichsrechnung zu berücksichtigen sind.

6   Durch die Absätze 2 und 3 wird vermieden, daß das Insolvenzgericht bei der Entscheidung über die Ersetzung einer Zustimmung langwierige Prüfungen und Beweisaufnahmen zum Bestehen und zur Höhe streitiger Forderungen durchführen muß. Nur wenn ein Gläubiger Gründe glaubhaft machen kann, die der Ersetzung seiner Zustimmung entgegenstehen, hat sich das Gericht mit diesen Gründen zu befassen (Absatz 2 Satz 2). Bei ernsthaften Zweifeln über das Bestehen oder die Höhe einer Forderung kann die Zustimmung eines Gläubigers, dessen „angemessene Beteiligung" (Absatz 1 Satz 2 Nr. 1) von der Beantwortung dieser offenen Frage des Bestehens und der Höhe der forderung abhängt (Absatz 3; zur Aufnahme streitiger Forderungen in den Schuldenbereinigungsplan vgl. Rdnr. 12 der Begründung zu § 305), nicht ersetzt werden.

Richtet sich der Streit nur auf einen geringfügigen Betrag, so wird er meist keinen Einfluß auf die „angemessene Beteiligung" haben (vgl. hierzu auch oben Rdnr. 3).

Wegen der großen Tragweite der Ersetzung einer Zustimmung ist in Absatz 2 Satz 3 ein Rechtsmittel gegen die Entscheidung des Gerichts vorgesehen. 7

§ 310
Kosten

Die Gläubiger haben gegen den Schuldner keinen Anspruch auf Erstattung der Kosten, die ihnen im Zusammenhang mit dem Schuldenbereinigungsplan entstehen.

§ 310 entspricht § 357 g BT-RA-EInsO und hat im RegEInsO kein Vorbild. Der folgende Begründungstext entspricht BT-Drs. 12/7302, S. 193, zu Nr. 201 („Zu § 357 g").

Die Erstattung außergerichtlicher Kosten wird ausgeschlossen, da bei Verbraucherinsolvenzen häufig leichtfertig außergerichtliche Kosten in großer Höhe verursacht werden, die dem Schuldner jede Möglichkeit für eine gütliche Schuldenbereinigung nehmen. Die Gläubiger werden durch diese Regelung nicht unangemessen benachteiligt. Sie haben es selbst in der Hand, in welchem Umfang sie außergerichtliche Kosten entstehen lassen. Die Regelung wird zudem bewirken, daß Gläubiger aktiver an außergerichtlichen Einigungen mitwirken.

DRITTER ABSCHNITT
Vereinfachtes Insolvenzverfahren

§ 311
Aufnahme des Verfahrens über den Eröffnungsantrag

Werden Einwendungen gegen den Schuldenbereinigungsplan erhoben, die nicht gemäß § 309 durch gerichtliche Zustimmung ersetzt werden, so wird das Verfahren über den Eröffnungsantrag von Amts wegen wieder aufgenommen.

§ 311 entspricht im wesentlichen § 357 h BT-RA-EInsO und hat im RegEInsO kein Vorbild. Der folgende Begründungstest entspricht BT-Drs. 12/7302, S. 193, zu Nr. 202 („Zu § 357 h").

Beim Scheitern des Verfahrens über den Schuldenbereinigungsplan soll das Verfahren über den Antrag auf Eröffnung des Insolvenzverfahrens ohne einen neuen Antrag des Schuldners wieder aufgenommen werden. Dies dient der Beschleunigung des Verfahrens.

§ 312
Allgemeine Verfahrensvereinfachungen

(1) Bei der Eröffnung des Insolvenzverfahrens wird abweichend von § 29 nur der Prüfungstermin bestimmt.

(2) Sind die Vermögensverhältnisse des Schuldners überschaubar und die Zahl der Gläubiger oder die Höhe der Verbindlichkeiten gering, so kann das Insolvenzgericht anordnen, daß das Verfahren oder einzelne seiner Teile schriftlich durchgeführt werden. Es kann diese Anordnung jederzeit aufheben oder abändern.

(3) Die Vorschriften über den Insolvenzplan (§§ 217 bis 269) und über die Eigenverwaltung (§§ 270 bis 285) sind nicht anzuwenden.

§ 312 entspricht im wesentlichen § 357 i BT-RA-EInsO und hat im RegEInsO kein Vorbild. Der folgende Begründungstext entspricht im wesentlichen BT-Drs. 12/7302, S. 193, zu Nr. 203 („Zu § 357 i").

Das Insolvenzverfahren für Verbraucher und kleine Gewerbetreibende soll einfach gestaltet sein und die Gerichte so wenig wie möglich belasten. Zu diesem Zweck reduziert Absatz 1 die Termine auf das für Kleininsolvenzen notwendige Maß; der Berichtstermin, in dem die Gläubiger über den Fortgang des Verfahrens entscheiden (§ 29 Abs. 1 Nr. 1), ist hier entbehrlich, da die Möglichkeiten für einvernehmliche Lösungen bereits vor der Verfahrenseröffnung ausgelotet werden. Der Entlastung der Gerichte dient auch die generelle Ermächtigung in Absatz 2, einfach gelagerte Kleinverfahren ganz oder teilweise schriftlich durchzuführen.

Die besonderen Regelungen des Schuldenbereinigungsplans werden durch die Unanwendbarkeit der Vorschriften über den Insolvenzplan ergänzt; auch die Regelungen über die Eigenverwaltung unter Aufsicht eines Sachwalters sind nur für Unternehmensinsolvenzen, nicht aber für Verbraucherinsolvenzen sinnvoll (Absatz 3).

§ 313
Treuhänder

(1) Die Aufgaben des Insolvenzverwalters werden von dem Treuhänder (§ 292) wahrgenommen. Dieser wird abweichend von § 291 Abs. 2 bereits bei der Eröffnung des Insolvenzverfahrens bestimmt. Die §§ 56 bis 66 gelten entsprechend.

(2) Zur Anfechtung von Rechtshandlungen nach den §§ 129 bis 147 ist nicht der Treuhänder, sondern jeder Insolvenzgläubiger berechtigt. Aus dem Erlangten sind dem Gläubiger die ihm entstandenen Kosten vorweg zu erstatten. Hat die Gläubigerversammlung den Gläubiger mit der Anfechtung beauftragt, so sind diesem die entstandenen Kosten, soweit sie nicht aus dem Erlangten gedeckt werden können, aus der Insolvenzmasse zu erstatten.

(3) Der Treuhänder ist nicht zur Verwertung von Gegenständen berechtigt, an denen Pfandrechte oder andere Absonderungsrechte bestehen. Das Verwertungsrecht steht dem Gläubiger zu.

§ 313 entspricht im wesentlichen § 357 j BT-RA-EInsO und hat im RegEInsO kein Vorbild. Der folgende Begründungstext entspricht im wesentlichen BT-Drs. 12/7302, S. 193/194, zu Nr. 204 („Zu § 357 i").

1 Absatz 1 gewährleistet, daß bei Kleininsolvenzen nur eine Person für die Wahrnehmung der Verwalter- und Treuhänderaufgaben bestellt wird. Dies führt zu einer Vereinfachung des Verfahrens und damit auch dazu, daß kostengünstiger abgewickelt werden kann.

2 Absätze 2 und 3 verlagern einige Tätigkeiten des Treuhänders in seiner Funktion als Verwalter auf die Gläubiger. Dadurch wird der Aufgabenbereich des Treuhänders beschränkt. Dieser eingeschränkte Aufgabenbereich des Treuhänders wird bei der Bemessung seiner Vergütung in der künftigen Vergütungsordnung (Absatz 1 Satz 2 in Verbindung mit § 65) zu berücksichtigen sein.

Die Aufgabenverlagerungen sind inhaltlich berechtigt: Die Gläubiger sind motiviert und in der Lage, selbst die Anfechtung gläubigerschädigender Handlungen durchzuführen. Die Gründe, die bei Unternehmensinsolvenzen für ein Recht des Verwalters zur Verwertung von Sicherungsgut sprechen – insbesondere die Wahrung der Chancen für Sanierungen und Gesamtveräußerungen –, kommen bei Verbraucherinsolvenzen und sonstigen Kleininsolvenzen kaum zum Tragen.

§ 314
Vereinfachte Verteilung

(1) Auf Antrag des Treuhänders ordnet das Insolvenzgericht an, daß von einer Verwertung der Insolvenzmasse ganz oder teilweise abgesehen wird. In diesem Fall hat es dem Schuldner zusätzlich aufzugeben, binnen einer vom Gericht festgesetzen Frist an den Treuhänder einen Betrag zu zahlen, der dem Wert der Masse entspricht, die an die Insolvenzgläubiger zu verteilen wäre. Von der Anordnung soll abgesehen werden, wenn die Verwertung der Insolvenzmasse insbesondere im Interesse der Gläubiger geboten erscheint.

(2) Vor der Entscheidung sind die Insolvenzgläubiger zu hören.

(3) Die Entscheidung über einen Antrag des Schuldners auf Erteilung von Restschuldbefreiung (§§ 289 bis 291) ist erst nach Ablauf der nach Absatz 1 Satz 2 festgesetzten Frist zu treffen. Das Gericht versagt die Restschuldbefreiung auf Antrag eines Insolvenzgläubigers, wenn der nach Absatz 1 Satz 2 zu zahlende Betrag auch nach Ablauf einer weiteren Frist von zwei Wochen, die das Gericht unter Hinweis auf die Möglichkeit der Versagung der Restschuldbefreiung gesetzt hat, nicht gezahlt ist. Vor der Entscheidung ist der Schuldner zu hören.

§ 314 entspricht im wesentlichen § 357 k BT-RA-EInsO und hat im RegEInsO kein Vorbild. Der folgende Begründungstext entspricht im wesentlichen BT-Drs. 12/7302, S. 194, zu Nr. 205 („Zu § 357 k").

Absatz 1 sieht die Möglichkeit einer weiteren Verfahrensvereinfachung vor. Es soll erreicht werden, daß im Regelfall der Verbraucherinsolvenzverfahren, bei dem verwertungsfähige Masse in nennenswertem Umfang nicht vorhanden ist, der Verfahrensaufwand auf ein Minimum reduziert werden kann. Wenn der Schuldner in der Lage ist, aus seinem pfändungsfreien Vermögen oder aus Zuwendungen Dritter an den Treuhänder einen Betrag zu zahlen, der dem Wert der verwertbaren Masse entspricht, und keine Nachteile für die Gläubiger ersichtlich sind, kann das Gericht anordnen, daß die Verwertung der Masse unterbleibt und der Betrag innerhalb einer festgesetzten Frist einzuzahlen ist. Zur Wahrung der Rechte der Beteiligten setzt die Anordnung einen Antrag des Treuhänders (Absatz 1 Satz 1) und eine Anhörung der Insolvenzgläubiger (Absatz 2) voraus.

Zahlt der Schuldner anschließend den Betrag nicht ein, so kann dies zur Versagung der Restschuldbefreiung führen (Absatz 3); dies soll sicherstellen, daß der Schuldner an dem vereinfachten Verfahren aktiv mitwirkt. Die Möglichkeit der Nachfristsetzung soll den Schuldner vor einer unangemessen harten Versagungsentscheidung bewahren.

ZEHNTER TEIL
Besondere Arten des Insolvenzverfahrens

ERSTER ABSCHNITT
Nachlaßinsolvenzverfahren

§ 315
Örtliche Zuständigkeit

Für das Insolvenzverfahren über einen Nachlaß ist ausschließlich das Insolvenzgericht örtlich zuständig, in dessen Bezirk der Erblasser zur Zeit seines Todes seinen allgemeinen Gerichtsstand hatte. Lag der Mittelpunkt einer selbständigen wirtschaftlichen Tätigkeit des Erblassers an einem anderen Ort, so ist ausschließlich das Insolvenzgericht zuständig, in dessen Bezirk dieser Ort liegt.

§ 315 entspricht § 358 RegEInsO. Der folgende Begründungstext entspricht im wesentlichen BT-Drs. 12/2443, S. 229/230, „Zu § 358".

1   Die Vorschrift stimmt in ihrem Ausgangspunkt mit dem geltenden Recht überein (§ 214 KO): Für die örtliche Zuständigkeit wird an die Verhältnisse des Erblassers zur Zeit seines Todes angeknüpft. Jedoch soll sich auch im Insolvenzverfahren über einen Nachlaß die örtliche Zuständigkeit in erster Linie nach dem Ort des Mittelpunkts einer selbständigen wirtschaftlichen Tätigkeit des Erblassers zur Zeit seines Todes richten (vgl. § 71 KO, § 3); erst bei deren Fehlen soll auf den allgemeinen Gerichtsstand des Erblassers abgestellt werden.

2   Durch diese Abweichung vom bisherigen Recht wird insbesondere erreicht, daß das Insolvenzverfahren über den Nachlaß eines Einzelkaufmanns am Sitz des Unternehmens durchgeführt werden kann. Auch im Nachlaßinsolvenzverfahren wird den Gründen Rechnung getragen, die zur Regelung des § 71 Abs. 1 KO geführt haben und die auch in § 3 Abs. 1 berücksichtigt werden. Der Nachteil, daß die örtliche Zuständigkeit des Nachlaßinsolvenzgerichts damit für den Fall einer selbständigen wirtschaftlichen Tätigkeit des Erblassers abweichend von der des Nachlaßgerichts geregelt wird – dem u. a. das Verfahren zum Aufgebot der Nachlaßgläubiger und die Anordnung einer Nachlaßverwaltung obliegen (vgl. die §§ 1970 bis 1988 BGB, § 73 FGG) –, hat demgegenüber geringeres Gewicht. Abweichungen zwischen den Zuständigkeiten dieser Gerichte ergeben sich auch unabhängig von dieser Neuregelung aus der Konzentration der Insolvenzverfahren bei Schwerpunktgerichten, die durch die Insolvenzordnung gegenüber dem geltenden Recht gefördert werden soll (vgl. § 2 und § 71 Abs. 3 KO).

3   Da die Identität von Nachlaßgericht und Insolvenzgericht unter diesen Umständen häufig nicht mehr gegeben sein wird, verzichtet die Insolvenzordnung auf eine § 229 KO entsprechende Vorschrift: Die Anmeldung einer Forderung im Aufgebotsverfahren kann die Anmeldung im Insolvenzverfahren nicht entbehrlich machen.

§ 316
Zulässigkeit der Eröffnung

(1) Die Eröffnung des Insolvenzverfahrens wird nicht dadurch ausgeschlossen, daß der Erbe die Erbschaft noch nicht angenommen hat oder daß er für die Nachlaßverbindlichkeiten unbeschränkt haftet.

(2) Sind mehrere Erben vorhanden, so ist die Eröffnung des Verfahrens auch nach der Teilung des Nachlasses zulässig.

(3) Über einen Erbteil findet ein Insolvenzverfahren nicht statt.

§ 316 faßt §§ 359 und 377 RegEInsO zusammen. Der folgende Begründungstext entspricht im wesentlichen BT-Drs. 12/2443, S. 230, „Zu § 359", BT-Drs. 12/2443, S. 233, „Zu § 377", und BT-Drs. 12/7302, S. 194, zu Nr. 206 („Zu § 359 Abs. 3").

In Übereinstimmung mit dem geltenden Recht des Nachlaßkonkurses (§ 216 KO) stellt die Vorschrift klar, daß die Trennung des Nachlasses vom sonstigen Vermögen des Erben durch Eröffnung des Nachlaßinsolvenzverfahrens schon vor der Annahme der Erbschaft zulässig ist und daß ihr weder der Eintritt endgültig unbeschränkter Haftung des Erben für die Nachlaßverbindlichkeiten noch die Teilung des Nachlasses unter den Miterben entgegensteht. 　1

Die Vergleichsordnung läßt dagegen die Eröffnung des Nachlaßvergleichsverfahrens nicht mehr zu, wenn ein Erbe für die Nachlaßverbindlichkeiten allen oder einzelnen Nachlaßgläubigern gegenüber unbeschränkt haftet oder wenn der Nachlaß geteilt ist (§ 113 Abs. 1 Nr. 3 VerglO). Diese Regelung beruht jedoch auf Besonderheiten des Vergleichsrechts: Die Nachlaßgläubiger sind nicht zum Antrag auf Eröffnung des Nachlaßvergleichsverfahrens berechtigt, und sie allein können nach dem Eintritt der unbeschränkten Erbenhaftung noch ein Interesse an der Verfahrenseröffnung haben, um sich für den übrigen Gläubigern des Erben aus dem Nachlaß zu befriedigen. Das Ziel, durch einen Vergleich den Nachlaß als wirtschaftliche Einheit zu erhalten, ist nach der Teilung des Nachlasses kaum noch zu erreichen. Das neue Insolvenzverfahren kennt keine derartige Beschränkung des Antragsrechts, und die Erhaltung wirtschaftlicher Einheiten ist nicht die vorrangige Zielsetzung dieses Verfahrens. 　2

Absatz 3 entspricht § 235 KO. 　3

§ 317
Antragsberechtigte

(1) Zum Antrag auf Eröffnung des Insolvenzverfahrens über einen Nachlaß ist jeder Erbe, der Nachlaßverwalter sowie ein anderer Nachlaßpfleger, ein Testamentsvollstrecker, dem die Verwaltung des Nachlasses zusteht, und jeder Nachlaßgläubiger berechtigt.

(2) Wird der Antrag nicht von allen Erben gestellt, so ist er zulässig, wenn der Eröffnungsgrund glaubhaft gemacht wird. Das Insolvenzgericht hat die übrigen Erben zu hören.

(3) Steht die Verwaltung des Nachlasses einem Testamentsvollstrecker zu, so ist, wenn der Erbe die Eröffnung beantragt, der Testamentsvollstrecker, wenn der Testamentsvollstrecker den Antrag stellt, der Erbe zu hören.

§ 317 entspricht § 360 RegEInsO. Der folgende Begründungstext entspricht im wesentlichen BT-Drs. 12/2443, S. 230, „Zu § 360".

Die Vorschrift, die den Kreis der Antragsberechtigten beim Nachlaßinsolvenzverfahren weit zieht, entspricht dem geltenden Recht des Nachlaßkonkurses (§ 217 KO). 　1

Allerdings wird die Beschränkung des Antragsrechts, die sich aus § 219 KO für bestimmte nachrangige Nachlaßgläubiger ergibt, nicht in die Insolvenzordnung übernommen. Die 　2

Vorschrift des geltenden Rechts beruht auf dem Gedanken, daß diesen nachrangigen Gläubigern das Rechtsschutzbedürfnis für den Antrag auf Eröffnung des Nachlaßkonkurses fehlt, da sie aus einem überschuldeten Nachlaß bei zusätzlicher Berücksichtigung der Verfahrenskosten keine Befriedigung erwarten können. Auf das künftige Nachlaßinsolvenzverfahren trifft dieser Gedanke jedoch so nicht zu. Es soll auch bei Zahlungsunfähigkeit oder drohender Zahlungsunfähigkeit eröffnet werden können. Weiter ist zu berücksichtigen, daß der Nachlaß im Insolvenzverfahren an wirtschaftlichem Wert gewinnen kann – etwa durch die Fortführung eines zum Nachlaß gehörenden Unternehmens. Die Frage, ob ein Rechtsschutzbedürfnis für den Antrag eines Gläubigers auf Verfahrenseröffnung gegeben ist, muß im Einzelfall auf der Grundlage des § 14 Abs. 1 geprüft werden.

3 Die Einschränkungen, die das Recht des Nachlaßvergleichs für die Antragsberechtigung enthält (§ 113 Abs. 1 Nr. 1 VerglO: keine Antragsberechtigung der Nachlaßgläubiger; mehrere Erben nur gemeinschaftlich antragsberechtigt), passen offensichtlich nicht für das künftige einheitliche Insolvenzverfahren.

§ 318
Antragsrecht beim Gesamtgut

(1) Gehört der Nachlaß zum Gesamtgut einer Gütergemeinschaft, so kann sowohl der Ehegatte, der Erbe ist, als auch der Ehegatte, der nicht Erbe ist, aber das Gesamtgut allein oder mit seinem Ehegatten gemeinschaftliche verwaltet, die Eröffnung des Insolvenzverfahrens über den Nachlaß beantragen. Die Zustimmung des anderen Ehegatten ist nicht erforderlich. Die Ehegatten behalten das Antragsrecht, wenn die Gütergemeinschaft endet.

(2) Wird der Antrag nicht von beiden Ehegatten gestellt, so ist er zulässig, wenn der Eröffnungsgrund glaubhaft gemacht wird. Das Insolvenzgericht hat den anderen Ehegatten zu hören.

§ 318 entspricht § 361 RegEInsO. Der folgende Begründungstext entspricht BT-Drs. 12/2443, S. 230, „Zu § 361".

Auch hier wird im wesentlichen das geltende Recht des Nachlaßkonkurses übernommen (§ 218 KO).

§ 319
Antragsfrist

Der Antrag eines Nachlaßgläubigers auf Eröffnung des Insolvenzverfahrens ist unzulässig, wenn seit der Annahme der Erbschaft zwei Jahre verstrichen sind.

§ 319 entspricht § 362 RegEInsO. Der folgende Begründungstext entspricht BT-Drs. 12/2443, S. 230, „Zu § 362".

Die Antragsfrist des § 220 KO, die ihre Parallele im Recht der Nachlaßverwaltung hat (§ 1981 Abs. 2 Satz 2 BGB), wird übernommen. Sie trägt der Tatsache Rechnung, daß die Trennung des Nachlasses vom Eigenvermögen des Erben um so schwerer gelingt, je länger die Verschmelzung beider Vermögensmassen gedauert hat.

Wie im geltenden Recht des Nachlaßkonkurses gilt die Frist nur für den Antrag eines Nachlaßgläubigers, nicht für den Antrag des Erben. Der Erbe ist jedoch nach § 1980

BGB verpflichtet, unverzüglich die Eröffnung eines Insolvenzverfahrens zu beantragen, wenn er von der Überschuldung (der in Zukunft die Zahlungsunfähigkeit gleichstellen soll) des Nachlasses Kenntnis erhält.

§ 320
Eröffnungsgründe

Gründe für die Eröffnung des Insolvenzverfahrens über einen Nachlaß sind die Zahlungsunfähigkeit und die Überschuldung. Beantragt der Erbe, der Nachlaßverwalter oder ein anderer Nachlaßpfleger oder ein Testamentsvollstrecker die Eröffnung des Verfahrens, so ist auch die drohende Zahlungsunfähigkeit Eröffnungsgrund.

§ 320 entspricht § 363 RegEInsO. Der folgende Begründungstext entspricht im wesentlichen BT-Drs. 12/2443, S. 230/231, „Zu § 363".

Abweichend vom geltenden Konkurs- und Vergleichsrecht (§ 215 KO; § 2 Abs. 1 Satz 3, § 113 VerglO) sind beim Nachlaß neben der Überschuldung die Zahlungsunfähigkeit und die drohende Zahlungsunfähigkeit als Eröffnungsgründe anzuerkennen (§ 1 Abs. 1 Satz 1 GesO erlaubt die Eröffnung des Verfahrens bei Überschuldung und bei Zahlungsunfähigkeit des Nachlasses). Zur Erläuterung der einzelnen Eröffnungsgründe kann auf die §§ 17, 18 und 19 sowie die Begründung hierzu verwiesen werden. 1

Das geltende Konkursrecht, das die Eröffnung des Nachlaßinsolvenzverfahrens nur bei Überschuldung vorsieht, geht von der Erwägung aus, daß der Nachlaß ein abgeschlossenes Vermögen darstellt, das keine Erwerbsfähigkeit mehr besitzt. Für die Frage, ob der Konkurs zu eröffnen sei, könne nur die „Suffizienz oder Insuffizienz" des Nachlasses von Bedeutung sein (vgl. Hahn, Materialien zur Konkursordnung, 1881, S. 399 f.). 2

Tatsächlich ist der Nachlaß jedoch keine solche statische, abgeschlossene Vermögensmasse. Er kann zunehmen oder sich verringern durch für oder gegen den Erblasser anhängige Zivilprozesse ebenso wie durch Kursgewinne oder -verluste von Wertpapieren, die zum Nachlaß gehören. Noch offensichtlicher sind die Möglichkeiten wesentlicher Veränderungen des wirtschaftlichen Wertes des Nachlasses, wenn zu diesem ein Unternehmen gehört, das nach dem Erbfall fortgeführt wird. 3

Schon die Vergleichsordnung von 1927 hatte diese Umstände berücksichtigt und die Eröffnung des Nachlaßvergleichsverfahrens auch bei Zahlungsunfähigkeit zugelassen. Die Vergleichsordnung von 1935 ist davon allerdings wieder abgerückt, offenbar mit dem Ziel, die Eröffnungsgründe für den Nachlaßvergleich an die des Nachlaßkonkurses anzupassen.

Für die Anerkennung der Zahlungsunfähigkeit und der drohenden Zahlungsunfähigkeit als Eröffnungsgründe spricht auch, daß die Feststellung der Überschuldung des Nachlasses oft geraume Zeit in Anspruch nimmt. Während dieser Zeit können – auch wenn die Nachlaßverwaltung angeordnet ist – die Nachlaßgläubiger in den Nachlaß vollstrecken (§ 1985 BGB) und ihm damit wertvolle Vermögensstücke entziehen, die nur unter den Voraussetzungen des Anfechtungsrechts zurückgewonnen werden können, wenn schließlich die Überschuldung festgestellt und das Nachlaßinsolvenzverfahren eröffnet wird. Dieser Nachteil kann in vielen Fällen vermieden werden, wenn bei Zahlungsunfähigkeit und drohender Zahlungsunfähigkeit sofort das Nachlaßinsolvenzver- 4 fahren eröffnet werden kann. Hinzu kommt, daß einheitliche Eröffnungsgründe für das Nachlaßinsolvenzverfahren und das Regelinsolvenzverfahren die gesetzliche Regelung vereinfachen und praktische Schwierigkeiten vermeiden helfen. Insbesondere erlauben sie einen unkomplizierten Übergang von der Regel- zur Sonderinsolvenz, wenn der Schuldner nach dem Eröffnungsantrag stirbt. Wird heute über das Vermögen eines Schuldners das Konkursverfahren wegen Zahlungsunfähigkeit eröffnet und stirbt dieser dann, so stellt sich die vom Gesetz nicht gelöste Frage, ob das Verfahren unabhängig vom Vorliegen einer Überschuldung als Nachlaßkonkurs weitergeführt werden kann. Die Gesamtvollstreckungsordnung berücksichtigt diese Gesichtspunkte insoweit, als sie beim Nachlaßgesamtvollstreckungsverfahren ebenso wie beim Gesamtvollstreckungsverfahren über das Vermögen einer natürlichen oder juristischen Person die Zahlungsunfähigkeit als Eröffnungsgrund anerkennt. Daneben behält sie die Überschuldung als Eröffnungsgrund bei.

5 Bei der Prüfung der Zahlungsunfähigkeit oder der drohenden Zahlungsunfähigkeit „des Schuldners" im Zusammenhang mit der Eröffnung eines Nachlaßinsolvenzverfahrens sind lediglich die im Nachlaß vorhandenen flüssigen Mittel zu berücksichtigen. „Schuldner" im Sinne der §§ 17 und 18 ist hier der Nachlaß. Die sonstigen Vermögensverhältnisse des Erben bleiben außer Betracht.

6 In Anlehnung an § 18 ist die drohende Zahlungsunfähigkeit des Nachlasses nur dann Eröffnungsgrund, wenn der Erbe, der Nachlaßverwalter, ein anderer Nachlaßpfleger oder ein Testamentsvollstrecker, dem die Verwaltung des Nachlasses zusteht, die Eröffnung beantragt. Der Antrag eines Nachlaßgläubigers auf Eröffnung des Insolvenzverfahrens kann nicht auf drohende Zahlungsunfähigkeit gestützt werden. Auch soll durch drohende Zahlungsunfähigkeit noch keine Antragspflicht des Erben ausgelöst werden (vgl. § 1980 BGB, der im Rahmen des Einführungsgesetzes zur Insolvenzordnung dahin geändert wird, daß ebenso wie die Überschuldung des Nachlasses auch dessen Zahlungsunfähigkeit zum Insolvenzantrag verpflichtet).

§ 321
Zwangsvollstreckung nach Erbfall

Maßnahmen der Zwangsvollstreckung in den Nachlaß, die nach dem Eintritt des Erbfalls erfolgt sind, gewähren kein Recht zur abgesonderten Befriedigung.

§ 322
Anfechtbare Rechtshandlungen des Erben

Hat der Erbe vor der Eröffnung des Insolvenzverfahrens aus dem Nachlaß Pflichtteilsansprüche, Vermächtnisse oder Auflagen erfüllt, so ist diese Rechtshandlung in gleicher Weise anfechtbar wie eine unentgeltliche Leistung des Erben.

§ 321 entspricht § 364 RegEInsO, § 322 entspricht § 365 RegEInsO. Der folgende Begründungstext entspricht weitgehend BT-Drs. 12/2443, S. 231, „Zu § 364 und § 365".

Die Vorschriften entsprechen dem geltenden Recht des Nachlaßkonkurses (§§ 221, 222 KO). Sie dienen dazu, für die Zwecke des Nachlaßinsolvenzverfahrens so weit wie möglich die Rechtslage wiederherzustellen, die zur Zeit des Erbfalls bestand.

Abweichend von der Formulierung des § 221 KO brauchen der Arrest und die einstweilige Verfügung nicht besonders genannt zu werden, da sie auch ohne besondere

Regelung von den Vorschriften über die Zwangsvollstreckung erfaßt werden (vgl. Rdnr. 3 der Begründung zu § 89).

§ 323
Aufwendungen des Erben

Dem Erben steht wegen der Aufwendungen, die ihm nach den §§ 1978, 1979 des Bürgerlichen Gesetzbuchs aus dem Nachlaß zu ersetzen sind, ein Zurückbehaltungsrecht nicht zu.

§ 323 entspricht § 366 RegEInsO. Der folgende Begründungstext entspricht BT-Drs. 12/2443, S. 231, „Zu § 366".

Auch hier wird das geltende Recht des Nachlaßkonkurses übernommen (§ 223 KO).

§ 324
Masseverbindlichkeiten

(1) Masseverbindlichkeiten sind außer den in den §§ 54, 55 bezeichneten Verbindlichkeiten:

1. die Aufwendungen, die dem Erben nach den §§ 1978, 1979 des Bürgerlichen Gesetzbuchs aus dem Nachlaß zu ersetzen sind;

2. die Kosten der Beerdigung des Erblassers;

3. die im Falle der Todeserklärung des Erblassers dem Nachlaß zur Last fallenden Kosten des Verfahrens;

4. die Kosten der Eröffnung einer Verfügung des Erblassers von Todes wegen, der gerichtlichen Sicherung des Nachlasses, einer Nachlaßpflegschaft, des Aufgebots der Nachlaßgläubiger und der Inventarerrichtung;

5. die Verbindlichkeiten aus den von einem Nachlaßpfleger oder einem Testamentsvollstrecker vorgenommenen Rechtsgeschäften;

6. die Verbindlichkeiten, die für den Erben gegenüber einem Nachlaßpfleger, einem Testamentsvollstrecker oder einem Erben, der die Erbschaft ausgeschlagen hat, aus der Geschäftsführung dieser Personen entstanden sind, soweit die Nachlaßgläubiger verpflichtet wären, wenn die bezeichneten Personen die Geschäfte für sie zu besorgen gehabt hätten.

(2) Im Falle der Masseunzulänglichkeit haben die in Absatz 1 bezeichneten Verbindlichkeiten den Rang des § 209 Abs. 1 Nr. 3.

§ 324 entspricht im wesentlichen § 367 RegEInsO. Der folgende Begründungstext entspricht im wesentlichen BT-Drs. 12/2443, S. 231, „Zu § 367".

In enger Anlehnung an § 224 Abs. 1 KO erweitert Absatz 1 für den Bereich des Nachlaßinsolvenzverfahrens den Kreis der Masseverbindlichkeiten. Er begünstigt damit Aufwendungen, die typischerweise nach Eintritt des Erbfalls im Rahmen einer ordnungsgemäßen Verwaltung der Erbschaft erfolgt sind. Auch hier kommt der Grundsatz zum Tragen, daß die Wirkungen der Eröffnung des Nachlaßinsolvenzverfahrens so weit wie möglich auf den Zeitpunkt des Erbfalls zurückbezogen werden sollen (vgl. die Begründung zu den §§ 321, 322).

§ 325 – Einzelerläuterungen   Teil 2 – Insolvenzordnung

Absatz 2 paßt den bisherigen § 224 Abs. 2 KO an die durch § 209 neu gestaltete Rangordnung der Masseverbindlichkeiten an.

§ 325
Nachlaßverbindlichkeiten

Im Insolvenzverfahren über einen Nachlaß können nur die Nachlaßverbindlichkeiten geltend gemacht werden.

§ 325 entspricht § 368 RegEInsO. Der folgende Begründungstext entspricht BT-Drs. 12/2443, S. 232, „Zu § 368".

Da das Nachlaßinsolvenzverfahren zur Befriedigung der Nachlaßgläubiger aus dem Nachlaß dient, können im Verfahren alle Nachlaßverbindlichkeiten im Sinne des § 1967 BGB, aber auch nur diese geltend gemacht werden (vgl. § 226 Abs. 1 KO). Eigenschulden des Erben sind nur dann zu berücksichtigen, wenn sie zugleich Nachlaßverbindlichkeiten sind (sog. Nachlaßerbenschulden).

§ 326
Ansprüche des Erben

(1) Der Erbe kann die ihm gegen den Erblasser zustehenden Ansprüche geltend machen.

(2) Hat der Erbe eine Nachlaßverbindlichkeit erfüllt, so tritt er, soweit nicht die Erfüllung nach § 1979 des Bürgerlichen Gesetzbuchs als für Rechnung des Nachlasses erfolgt gilt, an die Stelle des Gläubigers, es sei denn, daß er für die Nachlaßverbindlichkeiten unbeschränkt haftet.

(3) Haftet der Erbe einem einzelnen Gläubiger gegenüber unbeschränkt, so kann er dessen Forderung für den Fall geltend machen, daß der Gläubiger sie nicht geltend macht.

§ 326 entspricht § 369 RegEInsO. Der folgende Begründungstext entspricht BT-Drs. 12/2443, S. 232, „Zu § 369".

Entsprechend der Regelung in § 225 KO soll auch im künftigen Nachlaßinsolvenzverfahren der Erbe berechtigt sein, die Ansprüche geltend zu machen, die ihm gegen den Erblasser zustanden (Absatz 1). Im Falle der Erfüllung einer Nachlaßverbindlichkeit oder der unbeschränkten Haftung gegenüber einem Nachlaßgläubiger soll er weiterhin unter den Voraussetzungen der Absätze 2 und 3 die Stellung eines Nachlaßgläubigers haben.

§ 327
Nachrangige Verbindlichkeiten

(1) Im Rang nach den in § 39 bezeichneten Verbindlichkeiten und in folgender Rangfolge, bei gleichem Rang nach dem Verhältnis ihrer Beträge, werden erfüllt:

1. die Verbindlichkeiten gegenüber Pflichtteilsberechtigten;

2. die Verbindlichkeiten aus den vom Erblasser angeordneten Vermächtnissen und Auflagen;

3. die Verbindlichkeiten gegenüber Ersatzberechtigten.

(2) Ein Vermächtnis, durch welches das Recht des Bedachten auf den Pflichtteil nach § 2307 des Bürgerlichen Gesetzbuchs ausgeschlossen wird, steht, soweit es den Pflichtteil nicht übersteigt, im Rang den Pflichtteilsrechten gleich. Hat der Erblasser durch Verfügung von Todes wegen angeordnet, daß ein Vermächtnis oder eine Auflage vor einem anderen Vermächtnis oder einer anderen Auflage erfüllt werden soll, so hat das Vermächtnis oder die Auflage den Vorrang.

(3) Eine Verbindlichkeit, deren Gläubiger im Wege des Aufgebotsverfahrens ausgeschlossen ist oder nach § 1974 des Bürgerlichen Gesetzbuchs einem ausgeschlossenen Gläubiger gleichsteht, wird erst nach den in § 39 bezeichneten Verbindlichkeiten und, so weit sie zu den in Absatz 1 bezeichneten Verbindlichkeiten gehört, erst nach den Verbindlichkeiten erfüllt, mit denen sie ohne die Beschränkung gleichen Rang hätte. Im übrigen wird durch die Beschränkungen an der Rangordnung nichts geändert.

§ 327 entspricht im wesentlichen § 370 RegEInsO. Der folgende Begründungstext entspricht im wesentlichen BT-Drs. 12/2443, S. 232, „Zu § 370".

Die Rangfolge der nachrangigen Nachlaßverbindlichkeiten ist bisher in § 226 Abs. 2 bis 4 KO geregelt. Soweit diese Regelung die Zinsen der Konkursforderungen, die Nebenfolgen einer Straftat oder Ordnungswidrigkeit und die Verbindlichkeiten aus einer „Freigebigkeit" unter Lebenden betrifft (§ 226 Abs. 2 Nr. 1 bis 3 KO), hat sie ihr Gegenstück in § 39 Abs. 1 Nr. 1, 3 und 4 der Insolvenzordnung; derartige Verbindlichkeiten sollen in jedem Insolvenzverfahren als nachrangige Verbindlichkeiten geltend gemacht werden können. Im übrigen wird die Regelung der Konkursordnung inhaltlich übernommen. Dabei wird klargestellt, daß die Verbindlichkeiten gegenüber Pflichtteilsberechtigten, aus Vermächtnissen und Auflagen und gegenüber Erbersatzberechtigten (Absatz 1 Nr. 1 bis 3, bisher § 226 Abs. 2 Nr. 4 bis 6 KO) im Rang nach allen anderen Verbindlichkeiten einzuordnen sind, also auch nach Verbindlichkeiten aus Darlehen mit vertraglichem Nachrang (§ 39 Abs. 2); die Gläubiger solcher Verbindlichkeiten sollen insoweit nicht besser stehen als der Erbe selbst. Zins- und Kostenforderungen nachrangiger Insolvenzgläubiger haben den gleichen Rang wie die entsprechenden Hauptforderungen (§ 39 Abs. 3; bisher § 227 KO).

§ 328
Zurückgewährte Gegenstände

(1) Was infolge der Anfechtung einer vom Erblasser oder ihm gegenüber vorgenommenen Rechtshandlung zur Insolvenzmasse zurückgewährt wird, darf nicht zur Erfüllung der in § 327 Abs. 1 bezeichneten Verbindlichkeiten verwendet werden.

(2) Was der Erbe aufgrund der §§ 1978 bis 1980 des Bürgerlichen Gesetzbuchs zur Masse zu ersetzen hat, kann von den Gläubigern, die im Wege des Aufgebotsverfahrens ausgeschlossen sind oder nach § 1974 des Bürgerlichen Gesetzbuchs einem ausgeschlossenen Gläubiger gleichstehen, nur insoweit beansprucht werden, als der Erbe auch nach den Vorschriften über die Herausgabe einer ungerechtfertigten Bereicherung ersatzpflichtig wäre.

§ 328 entspricht im wesentlichen § 371 RegEInsO. Der folgende Begründungstext entspricht BT-Drs. 12/2443, S. 232, „Zu § 371".

Die Vorschrift, die bestimmte nachrangige Insolvenzforderungen weiter zurücksetzt, entspricht dem geltenden Recht des Nachlaßkonkurses (§ 228 KO).

§ 329
Nacherbfolge

Die §§ 323, 324 Abs. 1 Nr. 1 und § 326 Abs. 2, 3 gelten für den Vorerben auch nach dem Eintritt der Nacherbfolge.

§ 329 entspricht im wesentlichen § 373 RegEInsO. Der folgende Begründungstext entspricht im wesentlichen BT-Drs. 12/2443, S. 323, „Zu § 373".

Die Vorschrift entspricht § 231 KO. An der Durchsetzung der Aufwendungsersatzansprüche des Vorerben gemäß den §§ 323, 324 Abs. 1 Nr. 1 soll der Eintritt der Nacherbfolge nichts ändern, ebensowenig an seiner Gläubigerstellung nach der Erfüllung einer Nachlaßverbindlichkeit oder im Falle der unbeschränkten Haftung gegenüber einem Nachlaßgläubiger (§ 326 Abs. 2, 3).

§ 330
Erbschaftskauf

(1) Hat der Erbe die Erbschaft verkauft, so tritt für das Insolvenzverfahren der Käufer an seine Stelle.

(2) Der Erbe ist wegen einer Nachlaßverbindlichkeit, die im Verhältnis zwischen ihm und dem Käufer diesem zur Last fällt, wie ein Nachlaßgläubiger zum Antrag auf Eröffnung des Verfahrens berechtigt. Das gleiche Recht steht ihm auch wegen einer anderen Nachlaßverbindlichkeit zu, es sei denn, daß er unbeschränkt haftet oder daß eine Nachlaßverwaltung angeordnet ist. Die §§ 323, 325 Abs. 1 Nr. 1 und § 326 gelten für den Erben auch nach dem Verkauf der Erbschaft.

(3) Die Absätze 1 und 2 gelten entsprechend für den Fall, daß jemand eine durch Vertrag erworbene Erbschaft verkauft oder sich in sonstiger Weise zur Veräußerung einer ihm angefallenen oder anderweit von ihm erworbenen Erbschaft verpflichtet hat.

§ 330 faßt §§ 374 und 375 RegEInsO in zum Teil veränderter Fassung zusammen. Der folgende Begründungstext entspricht im wesentlichen BT-Drs. 12/2443, S. 232, „Zu § 374 und § 375", sowie BT-Drs. 12/7302, S. 194, zu Nr. 208 („Zu § 374").

Wie nach geltendem Nachlaßkonkursrecht (§§ 232, 233 KO) soll nach einem Verkauf der Erbschaft das Nachlaßinsolvenzverfahren gegen den Käufer ermöglicht werden; denn dieser haftet den Nachlaßgläubigern nach § 2382 BGB. Der Erbe soll zum Eröffnungsantrag berechtigt sein, wenn er vom Käufer die Erfüllung einer Nachlaßverbindlichkeit verlangen kann oder wenn er die Verfahrenseröffnung als Mittel zur Haftungsbeschränkung benötigt. Bei einem Weiterverkauf der Erbschaft soll entsprechendes gelten (Absatz 3).

§ 331
Gleichzeitige Insolvenz des Erben

(1) Im Insolvenzverfahren über das Vermögen des Erben gelten, wenn auch über den Nachlaß das Insolvenzverfahren eröffnet oder wenn eine Nachlaßver-

waltung angeordnet ist, die §§ 52, 190, 192, 198, 237 Abs. 1 Satz 2 entsprechend für Nachlaßgläubiger, denen gegenüber der Erbe unbeschränkt haftet.

(2) Gleiches gilt, wenn ein Ehegatte der Erbe ist und der Nachlaß zum Gesamtgut gehört, das vom anderen Ehegatten allein verwaltet wird, auch im Insolvenzverfahren über das Vermögen des anderen Ehegatten und, wenn das Gesamtgut von den Ehegatten gemeinschaftlich verwaltet wird, auch im Insolvenzverfahren über das Gesamtgut und im Insolvenzverfahren über das sonstige Vermögen des Ehegatten, der nicht Erbe ist.

§ 331 entspricht im wesentlichen § 376 RegEInsO. Der folgende Begründungstext entspricht im wesentlichen BT-Drs. 12/2443, S. 232/233, „Zu § 376".

§ 234 KO wird sinngemäß übernommen.

Im Insolvenzverfahren über das Vermögen des unbeschränkt haftenden Erben können die Nachlaßgläubiger nur für den Teil ihrer Forderung anteilsmäßige Befriedigung verlangen, für den sie im Nachlaßinsolvenzverfahren keine Befriedigung erhalten (Absatz 1). Insoweit wird grundsätzlich auf die Regelungen verwiesen, die für absonderungsberechtigte Gläubiger gelten. Ausgenommen von der Verweisung sind allerdings die Vorschriften, nach denen die Absonderungsberechtigten in der Gläubigerversammlung mit dem vollen Wert des Absonderungsrechts abstimmen (§ 74 Abs. 1 Satz 2, § 76 Abs. 2 Halbsatz 2). Für die Nachlaßgläubiger ist diese Lösung nicht angemessen. Ihr Stimmrecht im Insolvenzverfahren über das Vermögen des Erben richtet sich generell nach ihrer Ausfallforderung – in der Gläubigerversammlung ebenso wie bei der Abstimmung über einen Insolvenzplan (vgl. die Verweisung auf § 237 Abs. 1 Satz 2).

Absatz 2 überträgt diese Regelung auf den Fall, daß der Nachlaß zum Gesamtgut einer Gütergemeinschaft gehört.

ZWEITER ABSCHNITT
Insolvenzverfahren über das Gesamtgut einer fortgesetzten Gütergemeinschaft

§ 332
Verweisung auf das Nachlaßinsolvenzverfahren

(1) Im Falle der fortgesetzten Gütergemeinschaft gelten die §§ 315 bis 331 entsprechend für das Insolvenzverfahren über das Gesamtgut.

(2) Insolvenzgläubiger sind nur die Gläubiger, deren Forderungen schon zur Zeit des Eintritts der fortgesetzten Gütergemeinschaft als Gesamtgutsverbindlichkeiten bestanden.

(3) Die anteilsberechtigten Abkömmlinge sind nicht berechtigt, die Eröffnung des Verfahrens zu beantragen. Sie sind jedoch vom Insolvenzgericht zu einem Eröffnungsantrag zu hören.

§ 332 entspricht im wesentlichen § 378 RegEInsO. Der folgende Begründungstext entspricht im wesentlichen BT-Drs. 12/2443, S. 233, „Zu § 378", und BT-Drs. 12/7302, S. 194, zu Nr. 210 („Zu § 378").

§ 333 – Einzelerläuterungen	Teil 2 – Insolvenzordnung

1   Absatz 1 erklärt in Anlehnung an das geltende Recht (§ 236 KO, § 114 VerglO), daß die Vorschriften über das Nachlaßinsolvenzverfahren auf das Insolvenzverfahren über das Gesamtgut einer fortgesetzten Gütergemeinschaft entsprechend anwendbar sind. Die nachfolgenden Absätze 2 und 3 tragen – ebenfalls angelehnt an das geltende Recht – den Besonderheiten der fortgesetzten Gütergemeinschaft gegenüber dem Nachlaß Rechnung.

2   Absatz 2 umschreibt den Kreis der Insolvenzgläubiger. Er geht von folgendem Grundgedanken aus: Wie das Nachlaßinsolvenzverfahren die Eigengläubiger des Erben vom Zugriff auf den Nachlaß ausschließen soll, so soll das Insolvenzverfahren über das Gesamtgut der fortgesetzten Gütergemeinschaft diejenigen Gläubiger des überlebenden Ehegatten vom Zugriff auf das Gesamtgut ausschließen, die nicht schon bei Eintritt der fortgesetzten Gütergemeinschaft Gesamtgutsgläubiger waren. Die Teilnahme am Insolvenzverfahren wird daher den Gläubigern versagt, denen bei Eintritt der fortgesetzten Gütergemeinschaft das Gesamtgut noch nicht haftete, und zwar auch dann, wenn ihre Ansprüche schon vor diesem Zeitpunkt entstanden sind. Die Formulierung des geltenden Rechts (§ 236 Satz 2 KO) wird durch den Zusatz verdeutlicht, daß die Forderungen bei Eintritt der fortgesetzten Gütergemeinschaft „als Gesamtgutsverbindlichkeiten" bestanden haben müssen.

3   Nach Absatz 3 können – wie im geltenden Konkursrecht (§ 236 Satz 4 KO) – die anteilsberechtigten Abkömmlinge den Insolvenzantrag nicht stellen, weil für sie aus der fortgesetzten Gütergemeinschaft keine persönliche Haftung für die Gesamtgutsverbindlichkeiten folgt (§ 1489 Abs. 3 BGB) und sie daher kein schutzwürdiges Interesse an der Eröffnung des Insolvenzverfahrens haben können. Ihnen wird aber zur Wahrung ihrer Gemeinschaftsrechte Gelegenheit geboten, sich zum Insolvenzantrag zu äußern.

4   Nicht übernommen wird die Regelung des § 236 Satz 3 KO, nach der denjenigen Gläubigern, denen der überlebende Ehegatte zur Zeit des Eintritts der fortgesetzten Gütergemeinschaft persönlich haftete (§§ 1437, 1459 BGB), das Recht versagt ist, das Insolvenzverfahren über das Gesamtgut zu beantragen, so daß sie nur ein einheitliches, das Vermögen ihres Schuldners und das Gesamtgut umfassendes Insolvenzverfahren beantragen können. Auch diese Gläubiger können ein rechtliches Interesse daran haben, das Gesamtgut dem Zugriff neuer Gesamtgutsgläubiger zu entziehen. Ob im Einzelfall ein solches Interesse besteht, kann im Rahmen der allgemeinen Regelung über das Rechtsschutzinteresse beim Eröffnungsantrag (§ 14 Abs. 1) geprüft werden.

5   Eröffnungsgründe sind nunmehr neben der Überschuldung des Gesamtguts die Zahlungsunfähigkeit und, wenn der überlebende Ehegatte oder ein Gesamtgutsverwalter die Eröffnung beantragt, die drohende Zahlungsunfähigkeit (Absatz 1 mit § 320). Die Überschuldung, die Zahlungsunfähigkeit und die drohende Zahlungsunfähigkeit müssen im Zeitpunkt der Eröffnung des Insolvenzverfahrens vorliegen, nicht etwa schon zur Zeit des Eintritts der fortgesetzten Gütergemeinschaft.

DRITTER ABSCHNITT
Insolvenzverfahren über das gemeinschaftlich verwaltete Gesamtgut
einer Gütergemeinschaft

§ 333
Antragsrecht. Eröffnungsgründe

(1) Zum Antrag auf Eröffnung des Insolvenzverfahrens über das Gesamtgut einer Gütergemeinschaft, das von den Ehegatten gemeinschaftlich verwaltet wird,

ist jeder Gläubiger berechtigt, der die Erfüllung einer Verbindlichkeit aus dem Gesamtgut verlangen kann.

(2) Antragsberechtigt ist auch jeder Ehegatte. Wird der Antrag nicht von beiden Ehegatten gestellt, so ist er zulässig, wenn die Zahlungsunfähigkeit des Gesamtguts glaubhaft gemacht wird; das Insolvenzgericht hat den anderen Ehegatten zu hören. Wird der Antrag von beiden Ehegatten gestellt, so ist auch die drohende Zahlungsunfähigkeit Eröffnungsgrund.

§ 333 übernimmt in veränderter Fassung § 19 RegEInsO. Der folgende Begründungstext beruht auf BT-Drs. 12/7302, S. 194, zu Nr. 211 („Zu § 378 a") und BT-Drs. 12/2443, S. 114, „Zu § 19".

§ 236 a Abs. 2 und 3 KO wird sinngemäß übernommen. Für den Antrag eines Gläubigers ist gemäß § 14 Abs. 1 zusätzlich ein rechtliches Interesse erforderlich. Eröffnungsgrund ist neben der Zahlungsunfähigkeit die drohende Zahlungsunfähigkeit, wenn der Antrag von beiden Ehegatten gestellt wird.

§ 334
Persönliche Haftung der Ehegatten

(1) Die persönliche Haftung der Ehegatten für die Verbindlichkeiten, deren Erfüllung aus dem Gesamtgut verlangt werden kann, kann während der Dauer des Insolvenzverfahrens nur vom Insolvenzverwalter oder vom Sachwalter geltend gemacht werden.

(2) Im Falle eines Insolvenzplans gilt für die persönliche Haftung der Ehegatten § 227 Abs. 1 entsprechend.

§ 334 Abs. 1 entspricht § 105 Abs. 2 RegEInsO; § 334 Abs. 2 entspricht im wesentlichen § 270 Abs. 3 RegEInsO. Vgl. hierzu auch BT-Drs. 12/7302, S. 194, zu Nr. 212 („Zu § 378 b"). BT-Drs. 12/2443, S. 139/140, „Zu § 105", und BT-Drs. 12/2443, S. 202, „Zu § 270".

Absatz 1 regelt die persönliche Haftung der Ehegatten im Insolvenzverfahren über das gemeinschaftlich verwaltete Gesamtgut (vgl. zu der abweichenden Lösung des geltenden Rechts: § 236 c KO und § 114 b VerglO) entsprechend der persönlichen Haftung eines Gesellschafters im Insolvenzverfahren über das Vermögen der Gesellschaft (vgl. hierzu die Begründung zu § 93).

Absatz 2 hat sein Vorbild im geltenden Recht, § 236 b Abs. 2 KO, § 114 a Nr. 3 VerglO (vgl. hierzu auch die Begründung zu § 227).

ELFTER TEIL
Inkrafttreten

§ 335
Verweisung auf das Einführungsgesetz

Dieses Gesetz tritt an dem Tage in Kraft, der durch das Einführungsgesetz zur Insolvenzordnung bestimmt wird.

§ 335 hat im RegEInsO kein Vorbild. Der folgende Begründungstext entspricht im wesentlichen BT-Drs. 12/7302, S. 195, zu Nr. 213 („Zu § 378 c").

Mit Rücksicht auf Artikel 82 Abs. 2 GG wird in die Insolvenzordnung eine eigene Inkrafttretensregelung aufgenommen. Sie verweist auf das Einführungsgesetz, dessen Artikel 110 Abs. 1 das gleichzeitige Inkrafttreten der Insolvenzordnung und des Einführungsgesetzes am 1. Januar 1999 gewährleistet; vgl. hierzu und zu den Ausnahmeregelungen, die einzelne Normen bereits am Tage nach der Verkündung in Kraft gesetzt haben: Artikel 110 des Einführungsgesetzes und die Begründung hierzu.

TEIL 3

Einführungsgesetz

Übersicht über Teil 3 Seite

I. Das Einführungsgesetz zur Insolvenzordnung 465
   1. Gliederung 465
   2. Gesetzestext 470
II. Einzelerläuterungen zu ausgewählten Artikeln
    des Einführungsgesetzes 552

I. Das Einführungsgesetz zur Insolvenzordnung

1. Gliederung

ERSTER TEIL Seite
Neufassung des Anfechtungsgesetzes

Artikel 1 Gesetz über die Anfechtung von Rechtshandlungen eines Schuldners
außerhalb des Insolvenzverfahrens (Anfechtungsgesetz – AnfG) . . . 470

§ 1 Grundsatz 470
§ 2 Anfechtungsberechtigte 470
§ 3 Vorsätzliche Benachteiligung 470
§ 4 Unentgeltliche Leistung 471
§ 5 Rechtshandlungen des Erben 471
§ 6 Kapitalersetzende Darlehen 471
§ 7 Berechnung der Fristen 471
§ 8 Zeitpunkt der Vornahme einer Rechtshandlung 471
§ 9 Anfechtung durch Einrede 472
§ 10 Vollstreckbarer Titel 472
§ 11 Rechtsfolgen 472
§ 12 Ansprüche des Anfechtungsgegners 472
§ 13 Bestimmter Klageantrag 472
§ 14 Vorläufig vollstreckbarer Schuldtitel. Vorbehaltsurteil 473
§ 15 Anfechtung gegen Rechtsnachfolger 473
§ 16 Eröffnung des Insolvenzverfahrens 473
§ 17 Unterbrechung des Verfahrens 473
§ 18 Beendigung des Insolvenzverfahrens 474
§ 19 Internationales Anfechtungsrecht 474
§ 20 Übergangsregeln 474

ZWEITER TEIL
Aufhebung und Änderung von Gesetzen

Artikel 2 Aufhebung von Gesetzen 474

Artikel 3 Änderung des Gesetzes über die Kontrolle von Kriegswaffen 475

Artikel 4 Änderung des Verwaltungskostengesetzes 475

Artikel 5 Änderung des Baugesetzbuchs 476

Artikel 6 Änderung des Gesetzes über die Sicherung der Baufordderungen . . 476

Artikel 7 Änderung des Vereinsgesetzes 477

Artikel 8 Änderung des Zweiten Wohnungsbaugesetzes 477

Artikel 9	Änderung des Gesetzes zur Förderung des Bergarbeiterwohnungsbaues im Kohlenbergbau	477
Artikel 10	Änderung des Wohnungsbaugesetzes für das Saarland	478
Artikel 11	Änderung des Auslandskostengesetzes	478
Artikel 12	Änderung des Gerichtsverfassungsgesetzes	478
Artikel 13	Änderung des Gesetzes über die Zuständigkeit der Gerichte bei Änderungen der Gerichtseinteilung	479
Artikel 14	Änderung des Rechtspflegergesetzes	479
Artikel 15	Änderung der Bundesnotarordnung	480
Artikel 16	Änderung der Bundesrechtsanwaltsordnung	481
Artikel 17	Änderung des Rechtsberatungsgesetzes	482
Artikel 18	Änderung der Zivilprozeßordnung	482
Artikel 19	Änderung des Gesetzes betreffend die Unzulässigkeit der Pfändung von Eisenbahnfahrbetriebsmitteln	483
Artikel 20	Änderung des Gesetzes über die Zwangsversteigerung und die Zwangsverwaltung	483
Artikel 21	Änderung der Seerechtlichen Verteilungsordnung	486
Artikel 22	Änderung des Gesetzes über den Sozialplan im Konkurs- und Vergleichsverfahren	487
Artikel 23	Änderung des Gesetzes über die Angelegenheiten der freiwilligen Gerichtsbarkeit	487
Artikel 24	Änderung der Grundbuchordnung	488
Artikel 25	Änderung des Arbeitsgerichtsgesetzes	488
Artikel 26	Änderung des Sozialgerichtsgesetzes	489
Artikel 27	Änderung der Verwaltungsgerichtsordnung	489
Artikel 28	Änderung der Finanzgerichtsordnung	489
Artikel 29	Änderung des Gerichtskostengesetzes	489
Artikel 30	Änderung der Kostenordnung	492
Artikel 31	Änderung der Bundesgebührenordnung für Rechtsanwälte	493
Artikel 32	Änderung des Einführungsgesetzes zum Bürgerlichen Gesetzbuche	494
Artikel 33	Änderung des Bürgerlichen Gesetzbuchs	495
Artikel 34	Änderung des Vertragshilfegesetzes	499
Artikel 35	Änderung des Wohnungseigentumsgesetzes	499
Artikel 36	Änderung des Gesetzes über Rechte an eingetragenen Schiffen und Schiffsbauwerken	499

Artikel 37	Änderung der Verordnung über das Erbbaurecht	500
Artikel 38	Änderung des Gesetzes über Rechte an Luftfahrzeugen	500
Artikel 39	Änderung des Kabelpfandgesetzes	500
Artikel 40	Änderung des Handelsgesetzbuchs	500
Artikel 41	Änderung des EWIV-Ausführungsgesetzes	504
Artikel 42	Änderung des Gesetzes betreffend die privatrechtlichen Verhältnisse der Flößerei	505
Artikel 43	Änderung des Umwandlungsgesetzes	505
Artikel 44	Änderung des Gesetzes über die Kapitalerhöhung aus Gesellschaftsmitteln und über die Verschmelzung von Gesellschaften mit beschränkter Haftung	505
Artikel 45	Änderung des Gesetzes über Kapitalanlagegesellschaften	506
Artikel 46	Änderung des Gesetzes über die Spaltung der von der Treuhandanstalt verwalteten Unternehmen	506
Artikel 47	Änderung des Aktiengesetzes	506
Artikel 48	Änderung des Gesetzes betreffend die Gesellschaft mit beschränkter Haftung	509
Artikel 49	Änderung des Gesetzes betreffend die Erwerbs- und Wirtschaftsgenossenschaften	514
Artikel 50	Änderung des Gesetzes über Unternehmensbeteiligungsgesellschaften	520
Artikel 51	Änderung des Depotgesetzes	520
Artikel 52	Änderung des Wechselgesetzes	522
Artikel 53	Änderung des Gesetzes betreffend die gemeinsamen Rechte der Besitzer von Schuldverschreibungen	522
Artikel 54	Änderung des Gesetzes über die Pfandbriefe und verwandten Schuldverschreibungen öffentlich-rechtlicher Kreditanstalten	523
Artikel 55	Änderung des Gesetzes zur Änderung und Ergänzung des Gesetzes über die Pfandbriefe und verwandten Schuldverschreibungen öffentlich-rechtlicher Kreditanstalten	523
Artikel 56	Änderung des Gesetzes über Arbeitnehmererfindungen	524
Artikel 57	Änderung der Patentanwaltsordnung	524
Artikel 58	Änderung des Gesetzes gegen den unlauteren Wettbewerb	526
Artikel 59	Änderung des Gesetzes über das Verlagsrecht	526
Artikel 60	Änderung des Strafgesetzbuchs	526
Artikel 61	Änderung des EG-Beitreibungsgesetzes	527

Artikel 62	Änderung des Steuerberatungsgesetzes	527
Artikel 63	Änderung des Tabaksteuergesetzes	528
Artikel 64	Änderung des Gesetzes über das Branntweinmonopol	528
Artikel 65	Änderung des Altsparergesetzes	528
Artikel 66	Änderung des Reichsschuldbuchgesetzes	529
Artikel 67	Änderung des Allgemeinen Kriegsfolgengesetzes	529
Artikel 68	Änderung des Rechtsträger-Abwicklungsgesetzes	529
Artikel 69	Änderung der Wirtschaftsprüferordnung	529
Artikel 70	Änderung des Zweiten Gesetzes zur Durchführung von Richtlinien der Europäischen Wirtschaftsgemeinschaft über die Niederlassungsfreiheit und den freien Dienstleistungsverkehr	530
Artikel 71	Änderung der Gewerbeordnung	530
Artikel 72	Änderung der Handwerksordnung	531
Artikel 73	Änderung des Waffengesetzes	531
Artikel 74	Änderung des Sprengstoffgesetzes	531
Artikel 75	Änderung des Gesetzes zur Ausführung des Abkommens vom 27. Februar 1953 über deutsche Auslandsschulen	532
Artikel 76	Änderung des Bundesberggesetzes	532
Artikel 77	Änderung des Erdölbevorratungsgesetzes	532
Artikel 78	Änderung des Gesetzes zur Abwicklung der unter Sonderverwaltung stehenden Vermögen von Kreditinstituten, Versicherungsunternehmen und Bausparkassen	532
Artikel 79	Änderung des Gesetzes über das Kreditwesen	532
Artikel 80	Änderung des Gesetzes über die Deutsche Bundesbank	534
Artikel 81	Änderung des Gesetzes über die Deutsche Genossenschaftsbank	534
Artikel 82	Änderung des Gesetzes über die Landwirtschaftliche Rentenbank	534
Artikel 83	Änderung des Zweiten Gesetzes zur Änderung des Gesetzes über die Landwirtschaftliche Rentenbank	535
Artikel 84	Änderung des Gesetzes betreffend die Industriekreditbank Aktiengesellschaft	535
Artikel 85	Änderung des Hypothekenbankgesetzes	535
Artikel 86	Änderung des Schiffsbankgesetzes	536
Artikel 87	Änderung des Versicherungsaufsichtsgesetzes	536
Artikel 88	Änderung des Gesetzes über den Versicherungsvertrag	539
Artikel 89	Änderung des Gesetzes über Bausparkassen	539

Artikel 90	Änderung des Gesetzes über die Lohnstatistik	539
Artikel 91	Änderung des Gesetzes zur Verbesserung der betrieblichen Altersversorgung	540
Artikel 92	Änderung des Mutterschutzgesetzes	543
Artikel 93	Änderung des Arbeitsförderungsgesetzes	543
Artikel 94	Änderung des Vorruhestandsgesetzes	546
Artikel 95	Änderung des Ersten Buches Sozialgesetzbuch	547
Artikel 96	Änderung des Vierten Buches Sozialgesetzbuch	547
Artikel 97	Änderung des Schwerbehindertengesetzes	547
Artikel 98	Änderung des Fahrlehrergesetzes	548
Artikel 99	Änderung des Güterkraftverkehrsgesetzes	548
Artikel 100	Änderung des Gesetzes über Maßnahmen zur Aufrechterhaltung des Betriebs von Bahnunternehmen des öffentlichen Verkehrs	548
Artikel 101	Änderung des Vermögensgesetzes	548

DRITTER TEIL
**Internationales Insolvenzrecht.
Übergangs- und Schlußvorschriften**

Artikel 102	Internationales Insolvenzrecht	549
Artikel 103	Anwendung des bisherigen Rechts	549
Artikel 104	Anwendung des neuen Rechts	549
Artikel 105	Finanztermingeschäfte	550
Artikel 106	Insolvenzanfechtung	550
Artikel 107	Restschuldbefreiung	550
Artikel 108	Fortbestand der Vollstreckungsbeschränkung	551
Artikel 109	Schuldverschreibungen	551
Artikel 110	Inkrafttreten	551

2. Gesetzestext (BGBl. 1994 I S. 2911)

Einführungsgesetz zur Insolvenzordnung
(EGInsO)

Vom 5. Oktober 1994

Der Bundestag hat das folgende Gesetz beschlossen:

Erster Teil
Neufassung des Anfechtungsgesetzes

Artikel 1
Gesetz über die Anfechtung von Rechtshandlungen eines Schuldners außerhalb des Insolvenzverfahrens
(Anfechtungsgesetz – AnfG)

§ 1
Grundsatz

(1) Rechtshandlungen eines Schuldners, die seine Gläubiger benachteiligen, können außerhalb des Insolvenzverfahrens nach Maßgabe der folgenden Bestimmungen angefochten werden.

(2) Eine Unterlassung steht einer Rechtshandlung gleich.

§ 2
Anfechtungsberechtigte

Zur Anfechtung ist jeder Gläubiger berechtigt, der einen vollstreckbaren Schuldtitel erlangt hat und dessen Forderung fällig ist, wenn die Zwangsvollstreckung in das Vermögen des Schuldners nicht zu einer vollständigen Befriedigung des Gläubigers geführt hat oder wenn anzunehmen ist, daß sie nicht dazu führen würde.

§ 3
Vorsätzliche Benachteiligung

(1) Anfechtbar ist eine Rechtshandlung, die der Schuldner in den letzten zehn Jahren vor der Anfechtung mit dem Vorsatz, seine Gläubiger zu benachteiligen, vorgenommen hat, wenn der andere Teil zur Zeit der Handlung den Vorsatz des Schuldners kannte. Diese Kenntnis wird vermutet, wenn der andere Teil wußte, daß die Zahlungsunfähigkeit des Schuldners drohte und daß die Handlung die Gläubiger benachteiligte.

(2) Anfechtbar ist ein vom Schuldner mit einer nahestehenden Person (§ 138 der Insolvenzordnung) geschlossener entgeltlicher Vertrag, durch den seine Gläubiger unmittelbar benachteiligt werden. Die Anfechtung ist ausgeschlossen, wenn der Vertrag früher als zwei Jahre vor der Anfechtung geschlossen worden ist oder wenn dem anderen Teil zur Zeit des Vertragsschlusses ein Vorsatz des Schuldners, die Gläubiger zu benachteiligen, nicht bekannt war.

§ 4
Unentgeltliche Leistung

(1) Anfechtbar ist eine unentgeltliche Leistung des Schuldners, es sei denn, sie ist früher als vier Jahre vor der Anfechtung vorgenommen worden.

(2) Richtet sich die Leistung auf ein gebräuchliches Gelegenheitsgeschenk geringen Werts, so ist sie nicht anfechtbar.

§ 5
Rechtshandlungen des Erben

Hat der Erbe aus dem Nachlaß Pflichtteilsansprüche, Vermächtnisse oder Auflagen erfüllt, so kann ein Nachlaßgläubiger, der im Insolvenzverfahren über den Nachlaß dem Empfänger der Leistung im Rang vorgehen oder gleichstehen würde, die Leistung in gleicher Weise anfechten wie eine unentgeltliche Leistung des Erben.

§ 6
Kapitalersetzende Darlehen

Anfechtbar ist eine Rechtshandlung, die für die Forderung eines Gesellschafters auf Rückgewähr eines kapitalersetzenden Darlehens oder für eine gleichgestellte Forderung

1. Sicherung gewährt hat, wenn die Handlung in den letzten zehn Jahren vor der Anfechtung vorgenommen worden ist;
2. Befriedigung gewährt hat, wenn die Handlung im letzten Jahr vor der Anfechtung vorgenommen worden ist.

§ 7
Berechnung der Fristen

(1) Die in den §§ 3, 4 und 6 bestimmten Fristen sind von dem Zeitpunkt zurückzurechnen, in dem die Anfechtbarkeit gerichtlich geltend gemacht wird.

(2) Hat der Gläubiger, bevor er einen vollstreckbaren Schuldtitel erlangt hatte oder seine Forderung fällig war, dem Anfechtungsgegner seine Absicht, die Rechtshandlung anzufechten, schriftlich mitgeteilt, so wird die Frist vom Zeitpunkt des Zugangs der Mitteilung zurückgerechnet, wenn schon zu dieser Zeit der Schuldner unfähig war, den Gläubiger zu befriedigen, und wenn bis zum Ablauf von zwei Jahren seit diesem Zeitpunkt die Anfechtbarkeit gerichtlich geltend gemacht wird.

(3) In die Fristen wird die Zeit nicht eingerechnet, während der Maßnahmen nach § 46a Abs. 1 Satz 1 des Gesetzes über das Kreditwesen angeordnet waren.

§ 8
Zeitpunkt der Vornahme einer Rechtshandlung

(1) Eine Rechtshandlung gilt als in dem Zeitpunkt vorgenommen, in dem ihre rechtlichen Wirkungen eintreten.

(2) Ist für das Wirksamwerden eines Rechtsgeschäfts eine Eintragung im Grundbuch, im Schiffsregister, im Schiffsbauregister oder im Register für Pfandrechte an Luftfahrzeugen erforderlich, so gilt das Rechtsgeschäft als vorgenommen, sobald die übrigen Voraussetzungen für das Wirksamwerden erfüllt sind, die Willenserklärung

des Schuldners für ihn bindend geworden ist und der andere Teil den Antrag auf Eintragung der Rechtsänderung gestellt hat. Ist der Antrag auf Eintragung einer Vormerkung zur Sicherung des Anspruchs auf die Rechtsänderung gestellt worden, so gilt Satz 1 mit der Maßgabe, daß dieser Antrag an die Stelle des Antrags auf Eintragung der Rechtsänderung tritt.

(3) Bei einer bedingten oder befristeten Rechtshandlung bleibt der Eintritt der Bedingung oder des Termins außer Betracht.

§ 9
Anfechtung durch Einrede

Die Anfechtbarkeit kann im Wege der Einrede geltend gemacht werden, bevor ein vollstreckbarer Schuldtitel für die Forderung erlangt ist; der Gläubiger hat diesen jedoch vor der Entscheidung binnen einer vom Gericht zu bestimmenden Frist beizubringen.

§ 10
Vollstreckbarer Titel

Die Anfechtung wird nicht dadurch ausgeschlossen, daß für die Rechtshandlung ein vollstreckbarer Schuldtitel erlangt oder daß die Handlung durch Zwangsvollstreckung erwirkt worden ist.

§ 11
Rechtsfolgen

(1) Was durch die anfechtbare Rechtshandlung aus dem Vermögen des Schuldners veräußert, weggegeben oder aufgegeben ist, muß dem Gläubiger zur Verfügung gestellt werden, soweit es zu dessen Befriedigung erforderlich ist. Die Vorschriften über die Rechtsfolgen einer ungerechtfertigten Bereicherung, bei der dem Empfänger der Mangel des rechtlichen Grundes bekannt ist, gelten entsprechend.

(2) Der Empfänger einer unentgeltlichen Leistung hat diese nur zur Verfügung zu stellen, soweit er durch sie bereichert ist. Dies gilt nicht, sobald er weiß oder den Umständen nach wissen muß, daß die unentgeltliche Leistung die Gläubiger benachteiligt.

§ 12
Ansprüche des Anfechtungsgegners

Wegen der Erstattung einer Gegenleistung oder wegen eines Anspruchs, der infolge der Anfechtung wiederauflebt, kann sich der Anfechtungsgegner nur an den Schuldner halten.

§ 13
Bestimmter Klageantrag

Wird der Anfechtungsanspruch im Wege der Klage geltend gemacht, so hat der Klageantrag bestimmt zu bezeichnen, in welchem Umfang und in welcher Weise der Anfechtungsgegner das Erlangte zur Verfügung stellen soll.

§ 14
Vorläufig vollstreckbarer Schuldtitel. Vorbehaltsurteil

Liegt ein nur vorläufig vollstreckbarer Schuldtitel des Gläubigers oder ein unter Vorbehalt ergangenes Urteil vor, so ist in dem Urteil, das den Anfechtungsanspruch für begründet erklärt, die Vollstreckung davon abhängig zu machen, daß die gegen den Schuldner ergangene Entscheidung rechtskräftig oder vorbehaltlos wird.

§ 15
Anfechtung gegen Rechtsnachfolger

(1) Die Anfechtbarkeit kann gegen den Erben oder einen anderen Gesamtrechtsnachfolger des Anfechtungsgegners geltend gemacht werden.

(2) Gegen einen sonstigen Rechtsnachfolger kann die Anfechtbarkeit geltend gemacht werden:

1. wenn dem Rechtsnachfolger zur Zeit seines Erwerbs die Umstände bekannt waren, welche die Anfechtbarkeit des Erwerbs seines Rechtsvorgängers begründen;
2. wenn der Rechtsnachfolger zur Zeit seines Erwerbs zu den Personen gehörte, die dem Schuldner nahestehen (§ 138 der Insolvenzordnung), es sei denn, daß ihm zu dieser Zeit die Umstände unbekannt waren, welche die Anfechtbarkeit des Erwerbs seines Rechtsvorgängers begründen;
3. wenn dem Rechtsnachfolger das Erlangte unentgeltlich zugewendet worden ist.

(3) Zur Erstreckung der Fristen nach § 7 Abs. 2 genügt die schriftliche Mitteilung an den Rechtsnachfolger, gegen den die Anfechtung erfolgen soll.

§ 16
Eröffnung des Insolvenzverfahrens

(1) Wird über das Vermögen des Schuldners das Insolvenzverfahren eröffnet, so ist der Insolvenzverwalter berechtigt, die von den Insolvenzgläubigern erhobenen Anfechtungsansprüche zu verfolgen. Aus dem Erstrittenen sind dem Gläubiger die Kosten des Rechtsstreits vorweg zu erstatten.

(2) Hat ein Insolvenzgäubiger bereits vor der Eröffnung des Insolvenzverfahrens auf Grund seines Anfechtungsanspruchs Sicherung oder Befriedigung erlangt, so gilt § 130 der Insolvenzordnung entsprechend.

§ 17
Unterbrechung des Verfahrens

(1) Ist das Verfahren über den Anfechtungsanspruch im Zeitpunkt der Eröffnung des Insolvenzverfahrens noch rechtshängig, so wird es unterbrochen. Es kann vom Insolvenzverwalter aufgenommen werden. Wird die Aufnahme verzögert, so gilt § 239 Abs. 2 bis 4 der Zivilprozeßordnung entsprechend.

(2) Der Insolvenzverwalter kann den Klageantrag nach Maßgabe der §§ 143, 144 und 146 der Insolvenzordnung erweitern.

(3) Lehnt der Insolvenzverwalter die Aufnahme des Rechtsstreits ab, so kann dieser hinsichtlich der Kosten von jeder Partei aufgenommen werden. Durch die Ablehnung der Aufnahme wird das Recht des Insolvenzverwalters, nach den Vorschriften der Insolvenzordnung den Anfechtungsanspruch geltend zu machen, nicht ausgeschlossen.

§ 18
Beendigung des Insolvenzverfahrens

(1) Nach der Beendigung des Insolvenzverfahrens können Anfechtungsansprüche, die der Insolvenzverwalter geltend machen konnte, von den einzelnen Gläubigern nach diesem Gesetz verfolgt werden, soweit nicht dem Anspruch entgegenstehende Einreden gegen den Insolvenzverwalter erlangt sind.

(2) War der Anfechtungsanspruch nicht schon zur Zeit der Eröffnung des Insolvenzverfahrens gerichtlich geltend gemacht, so werden die in den §§ 3, 4 und 6 bestimmten Fristen von diesem Zeitpunkt an berechnet, wenn der Anspruch bis zum Ablauf eines Jahres seit der Beendigung des Insolvenzverfahrens gerichtlich geltend gemacht wird.

§ 19
Internationales Anfechtungsrecht

Bei Sachverhalten mit Auslandsberührung ist für die Anfechtbarkeit einer Rechtshandlung das Recht maßgeblich, dem die Wirkungen der Rechtshandlung unterliegen.

§ 20
Übergangsregeln

(1) Dieses Gesetz ist auf die vor dem 1. Januar 1999 vorgenommenen Rechtshandlungen nur anzuwenden, soweit diese nicht nach dem bisherigen Recht der Anfechtung entzogen oder in geringerem Umfang unterworfen sind.

(2) Das Gesetz, betreffend die Anfechtung von Rechtshandlungen eines Schuldners außerhalb des Konkursverfahrens in der im Bundesgesetzblatt Teil III, Gliederungsnummer 311-5, veröffentlichten bereinigten Fassung, zuletzt geändert durch Artikel 9 des Gesetzes vom 4. Juli 1980 (BGBl. I S. 836), wird aufgehoben. Es ist jedoch weiter auf die Fälle anzuwenden, bei denen die Anfechtbarkeit vor dem 1. Januar 1999 gerichtlich geltend gemacht worden ist.

Zweiter Teil
Aufhebung und Änderung von Gesetzen

Artikel 2
Aufhebung von Gesetzen

Es werden aufgehoben:

1. die Vergleichsordnung in der im Bundesgesetzblatt Teil III, Gliederungsnummer 311-1, veröffentlichten bereinigten Fassung, zuletzt geändert durch Artikel 6 des Gesetzes vom 25. Juli 1994 (BGBl. I S. 1744);

2. das Gesetz betreffend die Einführung der Konkursordnung in der im Bundesgesetzblatt Teil III, Gliederungsnummer 311-2, veröffentlichten bereinigten Fassung, geändert durch Artikel 1 Nr. 10 des Gesetzes vom 11. März 1974 (BGBl. I S. 671);

3. das Einführungsgesetz zu dem Gesetz, betreffend Änderungen der Konkursordnung in der im Bundesgesetzblatt Teil III, Gliederungsnummer 311-3, veröffentlichten bereinigten Fassung;

4. die Konkursordnung in der im Bundesgesetzblatt Teil III, Gliederungsnummer 311-4, veröffentlichten bereinigten Fassung, zuletzt geändert durch Artikel 5 des Gesetzes vom 25. Juli 1994 (BGBl. I S. 1744);

5. die Verordnung über die Vergütung des Konkursverwalters, des Vergleichsverwalters, der Mitglieder des Gläubigerausschusses und der Mitglieder des Gläubigerbeirats in der im Bundesgesetzblatt Teil III, Gliederungsnummer 311-6, veröffentlichten bereinigten Fassung, zuletzt geändert durch die Verordnung vom 11. Juni 1979 (BGBl. I S. 637);

6. das Gesetz zur Schaffung eines Vorrechts für Umlagen auf die Erzeugung von Kohle und Stahl vom 1. März 1989 (BGBl. I S. 326);

7. die Gesamtvollstreckungsordnung in der Fassung der Bekanntmachung vom 23. Mai 1991 (BGBl. I S. 1185), geändert durch Artikel 5 des Gesetzes vom 24. Juni 1994 (BGBl. I S. 1374);

8. das Gesamtvollstreckungs-Unterbrechungsgesetz in der Fassung der Bekanntmachung vom 23. Mai 1991 (BGBl. I S. 1191);

9. das Gesetz über die Auflösung und Löschung von Gesellschaften und Genossenschaften in der im Bundesgesetzblatt Teil III, Gliederungsnummer 4120-3, veröffentlichten bereinigten Fassung, geändert durch Artikel 9 des Gesetzes vom 19. Dezember 1985 (BGBl. I S. 2355).

Artikel 3
Änderung des Gesetzes über die Kontrolle von Kriegswaffen

In § 12 Abs. 6 Nr. 2 des Gesetzes über die Kontrolle von Kriegswaffen in der Fassung der Bekanntmachung vom 22. November 1990 (BGBl. I S. 2506), das zuletzt durch Artikel 12 Abs. 3 des Gesetzes vom 14. September 1994 (BGBl. I S. 2325) geändert worden ist, wird das Wort „Konkursverwalter" durch das Wort „Insolvenzverwalter" ersetzt.

Artikel 4
Änderung des Verwaltungskostengesetzes

In § 20 Abs. 3 des Verwaltungskostengesetzes vom 23. Juni 1970 (BGBl. I S. 821), das zuletzt durch Artikel 12 Abs. 6 des Gesetzes vom 14. September 1994 (BGBl. I S. 2325) geändert worden ist, wird das Wort „Konkurs" durch das Wort „Insolvenzverfahren" ersetzt.

Artikel 5
Änderung des Baugesetzbuchs

Das Baugesetzbuch in der Fassung der Bekanntmachung vom 8. Dezember 1986 (BGBl. 1 S. 2253), zuletzt geändert durch Artikel 3 des Gesetzes vom 14. September 1994 (BGBl. I S. 2324), wird wie folgt geändert:

1. § 159 wird wie folgt geändert:

   a) Absatz 6 wird wie folgt gefaßt:

   „(6) Kündigt die Gemeinde im Falle der Eröffnung des Insolvenzverfahrens über das Vermögen des für eigene Rechnung tätigen Sanierungsträgers den mit diesem geschlossenen Vertrag, kann sie vom Insolvenzverwalter verlangen, ihr die im förmlich festgelegten Sanierungsgebiet gelegenen Grundstücke, die der Sanierungsträger nach Übertragung der Aufgaben zur Vorbereitung oder Durchführung der Sanierung erworben hat, gegen Erstattung der vom Sanierungsträger erbrachten Aufwendungen zu übereignen. Der Insolvenzverwalter ist verpflichtet, der Gemeinde ein Verzeichnis dieser Grundstücke zu übergeben. Die Gemeinde kann ihren Anspruch nur binnen sechs Monaten nach Übergabe des Grundstücksverzeichnisses geltend machen. Im übrigen haftet die Gemeinde den Gläubigern von Verbindlichkeiten aus der Durchführung der Ordnungsmaßnahmen wie ein Bürge, soweit sie aus dem Vermögen des Sanierungsträgers im Insolvenzverfahren keine vollständige Befriedigung erlangt haben."

   b) Absatz 7 wird aufgehoben.

2. § 161 Abs. 3 wird wie folgt gefaßt:

   „(3) Im Falle der Eröffnung des Insolvenzverfahrens über das Vermögen des Sanierungsträgers gehört das Treuhandvermögen nicht zur Insolvenzmasse. Kündigt die Gemeinde das Treuhandverhältnis, so hat der Insolvenzverwalter das Treuhandvermögen auf die Gemeinde zu übertragen und bis zur Übertragung zu verwalten. Von der Übertragung an haftet die Gemeinde anstelle des Sanierungsträgers für die Verbindlichkeiten, für die dieser mit dem Treuhandvermögen gehaftet hat. Die mit der Eröffnung des Insolvenzverfahrens verbundenen Rechtsfolgen treten hinsichtlich der Verbindlichkeiten nicht ein. § 418 des Bürgerlichen Gesetzbuchs ist nicht anzuwenden."

Artikel 6
Änderung des Gesetzes über die Sicherung der Bauforderungen

Das Gesetz über die Sicherung der Bauforderungen in der im Bundesgesetzblatt Teil III, Gliederungsnummer 213-2, veröffentlichten bereinigten Fassung, zuletzt geändert durch Artikel 74 des Gesetzes vom 2. März 1974 (BGBl. I S. 469), wird wie folgt geändert:

1. In § 5 wird das Wort „Konkursverfahren" durch das Wort „Insolvenzverfahren" und das Wort „Konkurseröffnung" durch die Worte „Eröffnung des Insolvenzverfahrens" ersetzt.

2. In § 6 Abs. 1 wird das Wort „Konkursverfahren" durch das Wort „Insolvenzverfahren" und das Wort „Konkurseröffnung" durch die Worte „Eröffnung des Insolvenzverfahrens" ersetzt.

Artikel 7
Änderung des Vereinsgesetzes

Das Vereinsgesetz vom 5. August 1964 (BGBl. I S. 593), zuletzt geändert durch Artikel 19 des Gesetzes vom 17. Dezember 1990 (BGBl. I S. 2809), wird wie folgt geändert:

1. In § 12 Abs. 5 Satz 2 werden die Worte „seiner in § 31 Nr. 2 der Konkursordnung genannten Angehörigen" durch die Worte „einer Person, die ihm im Sinne des § 138 Abs. 1 der Insolvenzordnung nahesteht," ersetzt.

2. § 13 wird wie folgt geändert:

   a) In Absatz 1 Satz 2 werden die Worte „Forderungen, die im Falle des Konkurses Konkursforderungen wären" durch die Worte „Gläubigern, die im Falle des Insolvenzverfahrens Insolvenzgläubiger wären" ersetzt.

   b) In Absatz 3 Satz 1 wird das Wort „Konkursverfahren" durch das Wort „Insolvenzverfahren" ersetzt.

   c) In Absatz 3 Satz 3 werden die Worte „gelten als Massekosten, die Verwaltungsschulden als Masseschulden" durch die Worte „sowie die Verwaltungsschulden gelten als Masseverbindlichkeiten" ersetzt .

   d) In Absatz 3 Satz 4 wird das Wort „Konkursverwalter" durch das Wort „Insolvenzverwalter" und das Wort „Konkursgericht" durch das Wort „Insolvenzgericht" ersetzt.

   e) Absatz 3 Satz 5 wird wie folgt gefaßt:

   „Die §§ 57, 67 bis 73, 101 der Insolvenzordnung sind nicht anzuwenden."

3. In § 19 Nr. 2 werden die Worte „den Konkurs" durch die Worte „das Insolvenzverfahren" ersetzt.

Artikel 8
Änderung des Zweiten Wohnungsbaugesetzes

In § 88 Abs. 3 Satz 4 des Zweiten Wohnungsbaugesetzes in der Fassung der Bekanntmachung vom 19. August 1994 (BGBl. I S. 2137), das durch Artikel 12 Abs. 21 des Gesetzes vom 14. September 1994 (BGBl. I S. 2325) geändert worden ist, wird das Wort „konkursrechtlichen" durch das Wort „insolvenzrechtlichen" ersetzt.

Artikel 9
Änderung des Gesetzes zur Förderung des Bergarbeiterwohnungsbaues im Kohlenbergbau

In § 18 Abs. 4 des Gesetzes zur Förderung des Bergarbeiterwohnungsbaues im Kohlenbergbau in der im Bundesgesetzblatt Teil III, Gliederungsnummer 2330-4, veröffentlichten bereinigten Fassung, das zuletzt durch Artikel 8 § 3 des Gesetzes vom 6. Juni 1994 (BGBl. I S. 1184) geändert worden ist, werden in Satz 1 und Satz 5 die Worte „des Konkursverfahrens" jeweils durch die Worte „des Insolvenzverfahrens", in Satz 2 das Wort „Konkursmasse" durch das Wort „Insolvenzmasse" und in Satz 3 das Wort „Konkursverwalter" durch das Wort „Insolvenzverwalter" ersetzt.

Artikel 10
Änderung des Wohnungsbaugesetzes für das Saarland

In § 51 a Abs. 3 Satz 4 des Wohnungsbaugesetzes für das Saarland in der Fassung der Bekanntmachung vom 20. November 1990 (Amtsblatt des Saarlandes 1991 S. 273), das zuletzt durch Artikel 2 des Gesetzes vom 6. Juni 1994 (BGBl. I S. 1184) geändert worden ist, wird das Wort „konkursrechtlichen" durch das Wort „insolvenzrechtlichen" ersetzt.

Artikel 11
Änderung des Auslandskostengesetzes

In § 20 Abs. 3 des Auslandskostengesetzes vom 21. Februar 1978 (BGBl. 1 S. 301) wird das Wort „Konkurs" durch das Wort „Insolvenzverfahren" ersetzt.

Artikel 12
Änderung des Gerichtsverfassungsgesetzes

Das Gerichtsverfassungsgesetz in der Fassung der Bekanntmachung vom 9. Mai 1975 (BGBl. I S. 1077), zuletzt geändert durch Artikel 12 des Gesetzes vom 26. Juli 1994 (BGBl. I S. 1749), wird wie folgt geändert:

1. § 22 wird wie folgt geändert:

    a) Absatz 5 wird wie folgt gefaßt:

    „(5) Es können Richter kraft Auftrags verwendet werden. Richter auf Probe können verwendet werden, soweit sich aus Absatz 6, § 23 b Abs. 3 Satz 2 oder § 29 Abs. 1 Satz 2 nichts anderes ergibt."

    b) Es wird folgender neuer Absatz 6 angefügt:

    „(6) Ein Richter auf Probe darf im ersten Jahr nach seiner Ernennung Geschäfte in Insolvenzsachen nicht wahrnehmen."

2. § 32 Nr. 3 wird aufgehoben; der Strichpunkt am Ende der Nummer 2 wird durch einen Punkt ersetzt.

3. § 33 wird wie folgt geändert:

    a) Der Punkt am Ende der Nummer 4 wird durch einen Strichpunkt ersetzt.

    b) Nach der Nummer 4 wird folgende neue Nummer 5 angefügt:

    „5. Personen, die in Vermögensverfall geraten sind."

4. An § 109 Abs. 3 wird folgender Satz angefügt:

    „Zum ehrenamtlichen Richter soll nicht ernannt werden, wer nach § 33 Nr. 5 zu dem Amt eines Schöffen nicht berufen werden soll."

5. § 113 wird wie folgt geändert:

    a) Nach Absatz 1 wird folgender neuer Absatz 2 eingefügt:

    „(2) Ein ehrenamtlicher Richter soll seines Amtes enthoben werden, wenn Umstände eintreten oder bekannt werden, bei deren Vorhandensein eine Ernennung nach § 109 Abs. 3 Satz 2 nicht erfolgen soll."

b) Die bisherigen Absätze 2 und 3 werden neue Absätze 3 und 4.

6. In § 202 werden die Worte „, das Konkursverfahren und das Vergleichsverfahren zur Abwendung des Konkurses" durch die Worte „und das Insolvenzverfahren" ersetzt.

Artikel 13
Änderung des Gesetzes
über die Zuständigkeit der Gerichte
bei Änderungen der Gerichtseinteilung

In Artikel 1 Eingangssatz des Gesetzes über die Zuständigkeit der Gerichte bei Änderungen der Gerichtseinteilung in der im Bundesgesetzblatt Teil III, Gliederungsnummer 300-4, veröffentlichten bereinigten Fassung, das zuletzt durch Artikel 10 des Gesetzes vom 2. September 1994 (BGBl. I S. 2278) geändert worden ist, werden die Worte „des Konkurses und des Vergleichsverfahrens" durch die Worte „des Insolvenzverfahrens" ersetzt.

Artikel 14
Änderung des Rechtspflegergesetzes

Das Rechtspflegergesetz vom 5. November 1969 (BGBl. I S. 2065), zuletzt geändert durch Artikel 3 des Gesetzes vom 25. Juli 1994 (BGBl. I S. 1744), wird wie folgt geändert:

1. § 3 Nr. 2 wird wie folgt geändert:

   a) In Buchstabe e wird das Wort „Konkursordnung" durch das Wort „Insolvenzordnung" ersetzt.

   b) Buchstabe f wird gestrichen.

2. § 11 Abs. 5 Satz 2 wird wie folgt gefaßt:

   „Die Erinnerung ist ferner in den Fällen der §§ 694, 700 der Zivilprozeßordnung und gegen die Entscheidungen über die Gewährung eines Stimmrechts (§§ 77, 237 und 238 der Insolvenzordnung) ausgeschlossen."

3. In der Überschrift des Zweiten Abschnitts werden die Worte „Konkursverfahren, Vergleichsverfahren" durch das Wort „Insolvenzverfahren" ersetzt.

4. § 17 wird wie folgt geändert:

   a) Die Nummer 1 Buchstabe e wird wie folgt gefaßt:

   „e) auf Löschungen im Handelsregister nach den §§ 141 a, 142 und 144 des Gesetzes über die Angelegenheiten der freiwilligen Gerichtsbarkeit und nach § 43 Abs. 2 des Gesetzes über das Kreditwesen,".

   b) Die Nummer 2 Buchstabe b wird wie folgt gefaßt:

   „b) die Ernennung von Liquidatoren auf Antrag eines Beteiligten durch das Gericht, wenn eine Löschung nach § 141 a des Gesetzes über die Angelegenheiten der freiwilligen Gerichtsbarkeit erfolgt ist, soweit sich diese nicht auf Genossenschaften bezieht, sowie die Verfügungen nach § 47 Abs. 2 des

Gesetzes über die Beaufsichtigung der privaten Versicherungsunternehmungen und Bausparkassen und nach § 38 Abs. 1 Satz 5 des Gesetzes über das Kreditwesen;".

5. § 18 wird wie folgt gefaßt:

„§ 18
Insolvenzverfahren

(1) In Verfahren nach der Insolvenzordnung bleiben dem Richter vorbehalten:

1. das Verfahren bis zur Entscheidung über den Eröffnungsantrag unter Einschluß dieser Entscheidung und der Ernennung des Insolvenzverwalters sowie des Verfahrens über einen Schuldenbereinigungsplan nach den §§ 305 bis 310 der Insolvenzordnung,

2. bei einem Antrag des Schuldners auf Erteilung der Restschuldbefreiung die Entscheidungen nach den §§ 289, 296, 297 und 300 der Insolvenzordnung, wenn ein Insolvenzgläubiger die Versagung der Restschuldbefreiung beantragt, sowie die Entscheidung über den Widerruf der Restschuldbefreiung nach § 303 der Insolvenzordnung.

(2) Der Richter kann sich das Insolvenzverfahren ganz oder teilweise vorbehalten, wenn er dies für geboten erachtet. Hält er den Vorbehalt nicht mehr für erforderlich, kann er das Verfahren dem Rechtspfleger übertragen. Auch nach der Übertragung kann er das Verfahren wieder an sich ziehen, wenn und solange er dies für erforderlich hält.

(3) Die Entscheidung des Rechtspflegers über die Gewährung des Stimmrechts nach den §§ 77, 237 und 238 der Insolvenzordnung hat nicht die in § 256 der Insolvenzordnung bezeichneten Rechtsfolgen. Hat sich die Entscheidung des Rechtspflegers auf das Ergebnis einer Abstimmung ausgewirkt, so kann der Richter auf Antrag eines Gläubigers oder des Insolvenzverwalters das Stimmrecht neu festsetzen und die Wiederholung der Abstimmung anordnen; der Antrag kann nur bis zum Schluß des Termins gestellt werden, in dem die Abstimmung stattgefunden hat.

(4) Ein Beamter auf Probe darf im ersten Jahr nach seiner Ernennung Geschäfte des Rechtspflegers in Insolvenzsachen nicht wahrnehmen."

6. § 19 wird aufgehoben.

Artikel 15
Änderung der Bundesnotarordnung

Die Bundesnotarordnung in der im Bundesgesetzblatt Teil III, Gliederungsnummer 303-1, veröffentlichten bereinigten Fassung, zuletzt geändert durch Artikel 2 § 7 des Gesetzes vom 21. September 1994 (BGBl. I S. 2457), wird wie folgt geändert:

1. In § 8 Abs. 3 wird das Wort „Konkursverwalter" durch das Wort „Insolvenzverwalter" ersetzt.

2. § 50 wird wie folgt geändert:

   a) Absatz 1 Nr. 5 wird wie folgt gefaßt:

„5. wenn er in Vermögensverfall geraten ist; ein Vermögensverfall wird vermutet, wenn ein Insolvenzverfahren über das Vermögen des Notars eröffnet oder der Notar in das vom Insolvenzgericht oder vom Vollstreckungsgericht zu führende Verzeichnis (§ 26 Abs. 2 der Insolvenzordnung, § 915 der Zivilprozeßordnung) eingetragen ist;".

b) In Absatz 3 Satz 3 wird die Angabe „Nr. 6 und Nr. 7" durch die Angabe „Nr. 5 bis 7" ersetzt.

Artikel 16
Änderung der Bundesrechtsanwaltsordnung

Die Bundesrechtsanwaltsordnung in der im Bundesgesetzblatt Teil III, Gliederungsnummer 303-8, veröffentlichten bereinigten Fassung, zuletzt geändert durch Artikel 2 des Gesetzes vom 30. August 1994 (BGBl. 1994 II S. 1438) und Artikel 1 des Gesetzes vom 2. September 1994 (BGBl. I S. 2278), wird wie folgt geändert:

1. § 7 wird wie folgt geändert:

   a) Die Nummer 9 wird wie folgt gefaßt:

   „9. wenn der Bewerber sich im Vermögensverfall befindet; ein Vermögensverfall wird vermutet, wenn ein Insolvenzverfahren über das Vermögen des Bewerbers eröffnet oder der Bewerber in das vom Insolvenzgericht oder vom Vollstreckungsgericht zu führende Verzeichnis (§ 26 Abs. 2 der Insolvenzordnung, § 915 der Zivilprozeßordnung) eingetragen ist;".

   b) Die Nummer 10 wird aufgehoben; die bisherige Nummer 11 wird die neue Nummer 10.

2. § 14 Abs. 2 wird wie folgt geändert:

   a) Die Nummer 7 wird aufgehoben; die bisherigen Nummern 8 und 9 werden die neuen Nummern 7 und 8.

   b) Die neue Nummer 7 wird wie folgt gefaßt:

   „7. wenn der Rechtsanwalt in Vermögensverfall geraten ist, es sei denn, daß dadurch die Interessen der Rechtsuchenden nicht gefährdet sind; ein Vermögensverfall wird vermutet, wenn ein Insolvenzverfahren über das Vermögen des Rechtsanwalts eröffnet oder der Rechtsanwalt in das vom Insolvenzgericht oder vom Vollstreckungsgericht zu führende Verzeichnis (§ 26 Abs. 2 der Insolvenzordnung, § 915 der Zivilprozeßordnung) eingetragen ist;".

3. In § 66 wird Nummer 1 aufgehoben; die bisherigen Nummern 2 bis 4 werden die neuen Nummern 1 bis 3.

4. § 69 wird wie folgt geändert:

   a) In Absatz 1 Nr. 1 wird die Angabe „§ 66 Nr. 1 und 4" durch die Angabe „§ 66 Nr. 3" ersetzt.

   b) In Absatz 4 Satz 1 wird die Angabe „§ 66 Nr. 3" durch die Angabe „§ 66 Nr. 2" ersetzt.

Artikel 17
Änderung des Rechtsberatungsgesetzes

In Artikel 1 § 3 Nr. 6 des Rechtsberatungsgesetzes in der im Bundesgesetzblatt Teil III, Gliederungsnummer 303-12, veröffentlichten bereinigten Fassung, das zuletzt durch Artikel 4 des Gesetzes vom 30. August 1994 (BGBl. 1994 II S. 1438) geändert worden ist, wird das Wort „Konkursverwalter" durch das Wort „Insolvenzverwalter" ersetzt.

Artikel 18
Änderung der Zivilprozeßordnung

Die Zivilprozeßordnung in der im Bundesgesetzblatt Teil III, Gliederungsnummer 310-4, veröffentlichten bereinigten Fassung, zuletzt geändert durch Artikel 3 des Gesetzes vom 14. September 1994 (BGBl. I S. 2323), wird wie folgt geändert:

1. Nach § 19 wird folgender § 19 a eingefügt:

    „§ 19 a

    Der allgemeine Gerichtsstand eines Insolvenzverwalters für Klagen, die sich auf die Insolvenzmasse beziehen, wird durch den Sitz des Insolvenzgerichts bestimmt."

2. § 240 wird wie folgt gefaßt:

    „§ 240

    Im Falle der Eröffnung des Insolvenzverfahrens über das Vermögen einer Partei wird das Verfahren, wenn es die Insolvenzmasse betrifft, unterbrochen, bis es nach den für das Insolvenzverfahren geltenden Vorschriften aufgenommen oder das Insolvenzverfahren beendet wird. Entsprechendes gilt, wenn die Verwaltungs- und Verfügungsbefugnis über das Vermögen des Schuldners auf einen vorläufigen Insolvenzverwalter übergeht."

3. In § 243 werden die Worte „der Konkurs" durch die Worte „das Insolvenzverfahren" ersetzt.

4. In § 782 Satz 2 werden die Worte „des Nachlaßkonkurses" durch die Worte „des Nachlaßinsolvenzverfahrens" und die Worte „des Konkursverfahrens" durch die Worte „des Insolvenzverfahrens" ersetzt.

5. In § 784 Abs. 1 werden die Worte „der Nachlaßkonkurs" durch die Worte „das Nachlaßinsolvenzverfahren" ersetzt.

6. In § 786 wird die Angabe „419," gestrichen.

7. In § 804 Abs. 2 werden die Worte „eines Konkurses" durch die Worte „eines Insolvenzverfahrens" ersetzt.

8. § 807 Abs. 1 Satz 2 wird wie folgt gefaßt:

    „Aus dem Vermögensverzeichnis müssen auch ersichtlich sein

    1. die in den letzten zwei Jahren vor dem ersten zur Abgabe der eidesstattlichen Versicherung anberaumten Termin vorgenommenen entgeltlichen Veräußerungen des Schuldners an eine nahestehende Person (§ 138 der Insolvenzordnung);

2. die in den letzten vier Jahren vor dem ersten zur Abgabe der eidesstattlichen Versicherung anberaumten Termin von dem Schuldner vorgenommenen unentgeltlichen Leistungen, sofern sie sich nicht auf gebräuchliche Gelegenheitsgeschenke geringen Werts richteten."

9. In § 993 werden die Worte „des Nachlaßkonkurses" jeweils durch die Worte „des Nachlaßinsolvenzverfahrens" ersetzt.

Artikel 19
Änderung des Gesetzes betreffend die Unzulässigkeit der Pfändung von Eisenbahnfahrbetriebsmitteln

In Absatz 2 des Gesetzes betreffend die Unzulässigkeit der Pfändung von Eisenbahnfahrbetriebsmitteln in der im Bundesgesetzblatt Teil III, Gliederungsnummer 310-11, veröffentlichten bereinigten Fassung werden die Worte „des Konkursverfahrens" durch die Worte „des Insolvenzverfahrens" und das Wort „Konkursmasse" durch das Wort „Insolvenzmasse" ersetzt.

Artikel 20
Änderung des Gesetzes über die Zwangsversteigerung und die Zwangsverwaltung

Das Gesetz über die Zwangsversteigerung und die Zwangsverwaltung in der im Bundesgesetzblatt Teil III, Gliederungsnummer 310-14, veröffentlichten bereinigten Fassung, zuletzt geändert durch Artikel 2 § 2 des Gesetzes vom 21. September 1994 (BGBl. I S. 2457), wird wie folgt geändert:

1. In § 10 Abs. 1 wird nach der Nummer 1 die folgende Nummer 1 a eingefügt:

„1 a. im Falle einer Zwangsversteigerung, bei der das Insolvenzverfahren über das Vermögen des Schuldners eröffnet ist, die zur Insolvenzmasse gehörenden Ansprüche auf Ersatz der Kosten der Feststellung der beweglichen Gegenstände, auf die sich die Versteigerung erstreckt; diese Kosten sind nur zu erheben, wenn ein Insolvenzverwalter bestellt ist, und pauschal mit vier vom Hundert des Wertes anzusetzen, der nach § 74 a Abs. 5 Satz 2 festgesetzt worden ist;".

2. Der bisherige § 30 c wird aufgehoben.

3. Der bisherige § 30 d wird neuer § 30 c; in seinem Absatz 1 werden die Worte „oder § 30 c" und die Worte „und des § 30 c" gestrichen.

4. Es wird folgender neuer § 30 d eingefügt:

„§ 30 d

(1) Ist über das Vermögen des Schuldners ein Insolvenzverfahren eröffnet, so ist auf Antrag des Insolvenzverwalters die Zwangsversteigerung einstweilen einzustellen, wenn

1. im Insolvenzverfahren der Berichtstermin nach § 29 Abs. 1 Nr. 1 der Insolvenzordnung noch bevorsteht,

2. das Grundstück nach dem Ergebnis des Berichtstermins nach § 29 Abs. 1 Nr. 1 der Insolvenzordnung im Insolvenzverfahren für eine Fortführung des Unter-

nehmens oder für die Vorbereitung der Veräußerung eines Betriebs oder einer anderen Gesamtheit von Gegenständen benötigt wird,

3. durch die Versteigerung die Durchführung eines vorgelegten Insolvenzplans gefährdet würde oder

4. in sonstiger Weise durch die Versteigerung die angemessene Verwertung der Insolvenzmasse wesentlich erschwert würde.

Der Antrag ist abzulehnen, wenn die einstweilige Einstellung dem Gläubiger unter Berücksichtigung seiner wirtschaftlichen Verhältnisse nicht zuzumuten ist.

(2) Hat der Schuldner einen Insolvenzplan vorgelegt und ist dieser nicht nach § 231 der Insolvenzordnung zurückgewiesen worden, so ist die Zwangsversteigerung auf Antrag des Schuldners unter den Voraussetzungen des Absatzes 1 Satz 1 Nr. 3, Satz 2 einstweilen einzustellen.

(3) § 30 b Abs. 2 bis 4 gilt entsprechend mit der Maßgabe, daß an die Stelle des Schuldners der Insolvenzverwalter tritt, wenn dieser den Antrag gestellt hat, und daß die Zwangsversteigerung eingestellt wird, wenn die Voraussetzungen für die Einstellung glaubhaft gemacht sind.

(4) Ist vor der Eröffnung des Insolvenzverfahrens ein vorläufiger Verwalter bestellt, so ist auf dessen Antrag die Zwangsversteigerung einstweilen einzustellen, wenn glaubhaft gemacht wird, daß die einstweilige Einstellung zur Verhütung nachteiliger Veränderungen in der Vermögenslage des Schuldners erforderlich ist."

5. Nach § 30 d wird folgender § 30 e eingefügt:

„§ 30 e

(1) Die einstweilige Einstellung ist mit der Auflage anzuordnen, daß dem betreibenden Gläubiger für die Zeit nach dem Berichtstermin nach § 29 Abs. 1 Nr. 1 der Insolvenzordnung laufend die geschuldeten Zinsen binnen zwei Wochen nach Eintritt der Fälligkeit aus der Insolvenzmasse gezahlt werden. Ist das Versteigerungsverfahren schon vor der Eröffnung des Insolvenzverfahrens nach § 30 d Abs. 4 einstweilen eingestellt worden, so ist die Zahlung von Zinsen spätestens von dem Zeitpunkt an anzuordnen, der drei Monate nach der ersten einstweiligen Einstellung liegt.

(2) Wird das Grundstück für die Insolvenzmasse genutzt, so ordnet das Gericht auf Antrag des betreibenden Gläubigers weiter die Auflage an, daß der entstehende Wertverlust von der Einstellung des Versteigerungsverfahrens an durch laufende Zahlungen aus der Insolvenzmasse an den Gläubiger auszugleichen ist.

(3) Die Absätze 1 und 2 gelten nicht, soweit nach der Höhe der Forderung sowie dem Wert und der sonstigen Belastung des Grundstücks nicht mit einer Befriedigung des Gläubigers aus dem Versteigerungserlös zu rechnen ist."

6. Nach § 30 e wird folgender § 30 f eingefügt:

„§ 30 f

(1) Im Falle des § 30 d Abs. 1 bis 3 ist die einstweilige Einstellung auf Antrag des Gläubigers aufzuheben, wenn die Voraussetzungen für die Einstellung fortgefallen sind, wenn die Auflagen nach § 30 e nicht beachtet werden oder wenn der Insol-

venzverwalter, im Falle des § 30 d Abs. 2 der Schuldner, der Aufhebung zustimmt. Auf Antrag des Gläubigers ist weiter die einstweilige Einstellung aufzuheben, wenn das Insolvenzverfahren beendet ist.

(2) Die einstweilige Einstellung nach § 30 d Abs. 4 ist auf Antrag des Gläubigers aufzuheben, wenn der Antrag auf Eröffnung des Insolvenzverfahrens zurückgenommen oder abgewiesen wird. Im übrigen gilt Absatz 1 Satz 1 entsprechend.

(3) Vor der Entscheidung des Gerichts ist der Insolvenzverwalter, im Falle des § 30 d Abs. 2 der Schuldner, zu hören. § 30 b Abs. 3 gilt entsprechend."

7. § 31 Abs. 2 Buchstabe c wird wie folgt gefaßt:

„c) im Falle des § 30 f Abs. 1 mit dem Ende des Insolvenzverfahrens, im Falle des § 30 f Abs. 2 mit der Rücknahme oder der Abweisung des Antrags auf Eröffnung des Insolvenzverfahrens,".

8. In § 145 a Nr. 5 Satz 2 wird das Wort „Konkurs" durch das Wort „Insolvenzverfahren" ersetzt.

9. Nach § 153 a wird folgender § 153 b eingefügt:

„§ 153 b

(1) Ist über das Vermögen des Schuldners das Insolvenzverfahren eröffnet, so ist auf Antrag des Insolvenzverwalters die vollständige oder teilweise Einstellung der Zwangsverwaltung anzuordnen, wenn der Insolvenzverwalter glaubhaft macht, daß durch die Fortsetzung der Zwangsverwaltung eine wirtschaftlich sinnvolle Nutzung der Insolvenzmasse wesentlich erschwert wird.

(2) Die Einstellung ist mit der Auflage anzuordnen, daß die Nachteile, die dem betreibenden Gläubiger aus der Einstellung erwachsen, durch laufende Zahlungen aus der Insolvenzmasse ausgeglichen werden.

(3) Vor der Entscheidung des Gerichts sind der Zwangsverwalter und der betreibende Gläubiger zu hören."

10. Nach § 153 b wird folgender § 153 c eingefügt:

„§ 153 c

(1) Auf Antrag des betreibenden Gläubigers hebt das Gericht die Anordnung der einstweiligen Einstellung auf, wenn die Voraussetzungen für die Einstellung fortgefallen sind, wenn die Auflagen nach § 153 b Abs. 2 nicht beachtet werden oder wenn der Insolvenzverwalter der Aufhebung zustimmt.

(2) Vor der Entscheidung des Gerichts ist der Insolvenzverwalter zu hören. Wenn keine Aufhebung erfolgt, enden die Wirkungen der Anordnung mit der Beendigung des Insolvenzverfahrens."

11. In § 168 c Nr. 5 Satz 2 und in § 171 e Nr. 5 Satz 2 wird das Wort „Konkurs" jeweils durch das Wort „Insolvenzverfahren" ersetzt.

12. In den §§ 172 und 173 Satz 2 wird das Wort „Konkursverwalter" jeweils durch das Wort „Insolvenzverwalter" ersetzt.

13. In § 174 wird das Wort „Gemeinschuldner" durch die Worte „Schuldner des Insolvenzverfahrens" und das Wort „Konkursverwalter" durch das Wort „Insolvenzverwalter" ersetzt.

14. Nach § 174 wird folgender § 174 a eingefügt:

„§ 174 a

Der Insolvenzverwalter kann bis zum Schluß der Verhandlung im Versteigerungstermin verlangen, daß bei der Feststellung des geringsten Gebots nur die den Ansprüchen aus § 10 Abs. 1 Nr. 1 a vorgehenden Rechte berücksichtigt werden; in diesem Fall ist das Grundstück auch mit der verlangten Abweichung auszubieten."

15. § 178 wird wie folgt geändert:

   a) In Absatz 1 werden die Worte „des Nachlaßkonkurses" durch die Worte „des Nachlaßinsolvenzverfahrens" ersetzt.

   b) In Absatz 2 werden die Worte „des Nachlaßkonkurses" durch die Worte „des Nachlaßinsolvenzverfahrens" und das Wort „Konkursverwalter" durch das Wort „Insolvenzverwalter" ersetzt.

Artikel 21
Änderung der Seerechtlichen Verteilungsordnung

(1) Die Seerechtliche Verteilungsordnung vom 25. Juli 1986 (BGBl. I S. 1130), zuletzt geändert durch Artikel 7 Abs. 10 des Gesetzes vom 17. Dezember 1990 (BGBl. I S. 2847), wird wie folgt geändert:

1. In § 7 Abs. 2 Nr. 7 werden die Worte „§ 108 Abs. 2 der Konkursordnung" durch die Worte „§ 27 Abs. 3 der Insolvenzordnung" ersetzt.

2. In § 8 Abs. 6 werden die Worte „das Konkursverfahren oder das gerichtliche Vergleichsverfahren" durch die Worte „das Insolvenzverfahren" ersetzt.

3. § 9 Abs. 1 Satz 2 wird wie folgt gefaßt:

   „§ 56 Abs. 2 der Insolvenzordnung gilt entsprechend."

4. § 18 Satz 2 wird durch folgende Sätze 2 und 3 ersetzt:

   „In diesem Termin hat sich der Schuldner zu den Ansprüchen zu erklären. § 177 der Insolvenzordnung gilt entsprechend."

5. § 19 Abs. 3 Satz 2 wird wie folgt gefaßt:

   „Die Vorschriften des § 179 Abs. 2, 3, der §§ 180 bis 183 und des § 185 der Insolvenzordnung gelten sinngemäß."

6. In § 26 Abs. 2 Satz 2 werden die Worte „§ 158 der Konkursordnung" durch die Worte „§ 194 der Insolvenzordnung" ersetzt.

7. In § 31 Abs. 2 Nr. 2 werden die Worte „§ 147 Satz 2 der Konkursordnung" durch die Worte „§ 183 Abs. 3 der Insolvenzordnung" ersetzt.

(2) Die Maßgabe zur Seerechtlichen Verteilungsordnung in Anlage I Kapitel III Sachgebiet D Abschnitt III Nr. 3 Buchstabe b des Einigungsvertrages vom 31. August

1990 in Verbindung mit Artikel 1 des Gesetzes vom 23. September 1990 (BGBl. 1990 II S. 885, 960) ist nicht mehr anzuwenden.

Artikel 22
Änderung des Gesetzes über den Sozialplan
im Konkurs- und Vergleichsverfahren

In § 8 des Gesetzes über den Sozialplan im Konkurs- und Vergleichsverfahren vom 20. Februar 1985 (BGBl. I S. 369), das zuletzt durch das Gesetz vom 20. Dezember 1993 (BGBl. I S. 2237) geändert worden ist, wird die Jahreszahl „1995" durch die Jahreszahl „1998" ersetzt.

Artikel 23
Änderung des Gesetzes über die Angelegenheiten
der freiwilligen Gerichtsbarkeit

Das Gesetz über die Angelegenheiten der freiwilligen Gerichtsbarkeit in der im Bundesgesetzblatt Teil III, Gliederungsnummer 315-1, veröffentlichten bereinigten Fassung, zuletzt geändert durch Artikel 2 des Gesetzes vom 28. September 1994 (BGBl. I S. 2735), wird wie folgt geändert:

1. Nach § 141 wird folgender neuer § 141 a eingefügt:

„§ 141 a

(1) Eine Aktiengesellschaft, Kommanditgesellschaft auf Aktien oder eine Gesellschaft mit beschränkter Haftung, die kein Vermögen besitzt, kann von Amts wegen oder auf Antrag auch der Steuerbehörde gelöscht werden. Sie ist von Amts wegen zu löschen, wenn das Insolvenzverfahren über das Vermögen der Gesellschaft durchgeführt worden ist und keine Anhaltspunkte dafür vorliegen, daß die Gesellschaft noch Vermögen besitzt. Vor der Löschung sind die in § 126 bezeichneten Organe zu hören.

(2) Das Gericht hat die Absicht der Löschung den gesetzlichen Vertretern der Gesellschaft, soweit solche vorhanden sind und ihre Person und ihr inländischer Aufenthalt bekannt ist, nach den für die Zustellung von Amts wegen geltenden Vorschriften der Zivilprozeßordnung bekanntzumachen und ihnen zugleich eine angemessene Frist zur Geltendmachung des Widerspruchs zu bestimmen. Das Gericht kann anordnen, auch wenn eine Pflicht zur Bekanntmachung und Fristbestimmung nach Satz 1 nicht besteht, daß die Bekanntmachung und die Bestimmung der Frist durch Einrückung in die Blätter, die für die Bekanntmachung der Eintragung in das Handelsregister bestimmt sind, sowie durch Einrückung in weitere Blätter erfolgt; in diesem Fall ist jeder zur Erhebung des Widerspruchs berechtigt, der an der Unterlassung der Löschung ein berechtigtes Interesse hat. Die Vorschriften des § 141 Abs. 3 und 4 gelten entsprechend.

(3) Die Absätze 1 und 2 finden entsprechende Anwendung auf offene Handelsgesellschaften und Kommanditgesellschaften, bei denen kein persönlich haftender Gesellschafter eine natürliche Person ist. Eine solche Gesellschaft kann jedoch nur gelöscht werden, wenn die zur Vermögenslosigkeit geforderten Voraussetzungen sowohl bei der Gesellschaft als auch bei den persönlich haftenden Gesellschaftern vorliegen. Die Sätze 1 und 2 gelten nicht, wenn zu den persönlich haftenden Ge-

sellschaftern eine andere offene Handelsgesellschaft oder Kommanditgesellschaft gehört, bei der ein persönlich haftender Gesellschafter eine natürliche Person ist."

2. § 147 wird wie folgt geändert:

   a) Absatz 1 wird wie folgt gefaßt:

   „(1) Die Vorschriften der §§ 127 bis 130, 141 a bis 143 finden auf die Eintragungen in das Genossenschaftsregister entsprechende Anwendung."

   b) Nach Absatz 1 wird folgender neuer Absatz 2 eingefügt:

   „(2) Im Falle des § 141 a Abs. 1 tritt der Prüfungsverband an die Stelle der in § 126 bezeichneten Organe."

   c) Die bisherigen Absätze 2, 3 und 4 werden neue Absätze 3, 4 und 5.

   d) Im neuen Absatz 5 werden die Worte „der Absätze 2, 3" durch die Worte „der Absätze 3, 4" ersetzt.

Artikel 24
Änderung der Grundbuchordnung

Die Grundbuchordnung in der Fassung der Bekanntmachung vom 26. Mai 1994 (BGBl. I S. 1114) wird wie folgt geändert:

1. § 12 c Abs. 2 Nr. 3 wird wie folgt gefaßt:

„3. die Entscheidungen über Ersuchen des Gerichts um Eintragung oder Löschung des Vermerks über die Eröffnung des Insolvenzverfahrens und über die Verfügungsbeschränkungen nach der Insolvenzordnung oder des Vermerks über die Einleitung eines Zwangsversteigerungs- und Zwangsverwaltungsverfahrens;".

2. In § 144 Abs. 1 werden der Nummer 1 folgende Sätze angefügt:

„Vorschriften nach den Sätzen 2 und 3 können auch dann beibehalten, geändert oder ergänzt werden, wenn die Grundbücher wieder von den Amtsgerichten geführt werden. Sind vor dem 19. Oktober 1994 in Grundbüchern, die in dem in Artikel 3 des Einigungsvertrages genannten Gebiet geführt werden, Eintragungen vorgenommen worden, die nicht den Vorschriften des § 44 Abs. 1 entsprechen, so sind diese Eintragungen dennoch wirksam, wenn sie den Anforderungen der für die Führung des Grundbuchs von dem jeweiligen Land erlassenen Vorschriften genügen."

Artikel 25
Änderung des Arbeitsgerichtsgesetzes

§ 21 Abs. 2 des Arbeitsgerichtsgesetzes in der Fassung der Bekanntmachung vom 2. Juli 1979 (BGBl. I S. 853, 1036), das zuletzt durch Artikel 4 des Gesetzes vom 14. September 1994 (BGBl. I S. 2323) geändert worden ist, wird wie folgt geändert:

a) Die Nummer 3 wird aufgehoben; die Nummer 4 wird die neue Nummer 3.

b) Es wird folgender neuer Satz 2 angefügt:

„Personen, die in Vermögensverfall geraten sind, sollen nicht als ehrenamtliche Richter berufen werden."

Artikel 26
Änderung des Sozialgerichtsgesetzes

§ 17 Abs. 1 des Sozialgerichtsgesetzes in der Fassung der Bekanntmachung vom 23. September 1975 (BGBl. I S. 2535), das zuletzt durch Artikel 8 Abs. 9 des Gesetzes vom 24. Juni 1994 (BGBl. I S. 1325) geändert worden ist, wird wie folgt geändert:

a) Die Nummer 3 wird aufgehoben; die Nummer 4 wird die neue Nummer 3.

b) Es wird folgender neuer Satz 2 angefügt:

„Personen, die in Vermögensverfall geraten sind, sollen nicht zu ehrenamtlichen Richtern berufen werden."

Artikel 27
Änderung der Verwaltungsgerichtsordnung

§ 21 der Verwaltungsgerichtsordnung in der Fassung der Bekanntmachung vom 19. März 1991 (BGBl. I S. 686), die zuletzt durch Artikel 7 des Gesetzes vom 27. September 1994 (BGBl. I S. 2705) geändert worden ist, wird wie folgt geändert:

a) Der bisherige Text wird Absatz 1.

b) Die Nummer 3 wird aufgehoben; die Nummer 4 wird die neue Nummer 3.

c) Es wird folgender neuer Absatz 2 angefügt:

„(2) Personen, die in Vermögensverfall geraten sind, sollen nicht zu ehrenamtlichen Richtern berufen werden."

Artikel 28
Änderung der Finanzgerichtsordnung

§ 18 der Finanzgerichtsordnung vom 6. Oktober 1965 (BGBl. I S. 1477), die zuletzt durch Artikel 6 des Gesetzes vom 24. Juni 1994 (BGBl. I S. 1395) geändert worden ist, wird wie folgt geändert:

a) Der bisherige Text wird Absatz 1.

b) Die Nummern 3 und 4 werden aufgehoben; die Nummer 5 wird die neue Nummer 3.

c) Es wird folgender neuer Absatz 2 angefügt:

„(2) Personen, die in Vermögensverfall geraten sind, sollen nicht zu ehrenamtlichen Richtern berufen werden."

Artikel 29
Änderung des Gerichtskostengesetzes *

Das Gerichtskostengesetz in der Fassung der Bekanntmachung vom 15. Dezember 1975 (BGBl. I S. 3047), zuletzt geändert durch Artikel 12 Abs. 25 des Gesetzes vom 14. September 1994 (BGBl. I S. 2325), wird wie folgt geändert:

---

* Der Artikel ist in den Nummern 2, 10, 13 und 14 noch nicht an die Änderung des Gerichtskostengesetzes durch Artikel 1 des Kostenrechtsänderungsgesetzes vom 24. Juni 1994 (BGBl. I S. 1325) angepaßt.

1. In § 1 Abs. 1 Buchstabe a werden die Worte „der Konkursordnung, der Vergleichsordnung" durch die Worte „der Insolvenzordnung" ersetzt.

2. In § 12 Abs. 1 werden die Worte „und § 148 der Konkursordnung" durch die Worte „und § 182 der Insolvenzordnung" ersetzt.

3. In der Überschrift des Dritten Abschnitts werden die Worte „Vergleichsverfahren zur Abwendung des Konkurses, Konkursverfahren" durch das Wort „Insolvenzverfahren" ersetzt.

4. In § 35 werden die Worte „im Vergleichsverfahren zur Abwendung des Konkurses, im Konkursverfahren" durch die Worte „im Insolvenzverfahren" ersetzt.

5. § 36 wird aufgehoben.

6. § 37 wird wie folgt gefaßt:

„§ 37
Wertberechnung

(1) Die Gebühren für den Antrag auf Eröffnung des Insolvenzverfahrens und für die Durchführung des Insolvenzverfahrens werden nach dem Wert der Insolvenzmasse zur Zeit der Beendigung des Verfahrens erhoben. Gegenstände, die zur abgesonderten Befriedigung dienen, werden nur in Höhe des für diese nicht erforderlichen Betrags angesetzt.

(2) Ist der Antrag auf Eröffnung des Insolvenzverfahrens von einem Gläubiger gestellt, so wird die Gebühr für das Verfahren über den Antrag nach dem Betrag seiner Forderung, wenn jedoch der Wert der Insolvenzmasse geringer ist, nach diesem Wert erhoben."

7. § 38 wird wie folgt gefaßt:

„§ 38
Beschwerden

Bei der Beschwerde des Schuldners gegen die Eröffnung des Insolvenzverfahrens oder gegen die Abweisung des Eröffnungsantrags mangels Masse gilt § 37 Abs. 1. Bei der Beschwerde eines sonstigen Antragstellers gegen die Abweisung des Eröffnungsantrags gilt § 37 Abs. 2."

8. § 50 wird wie folgt gefaßt:

„§ 50
Kostenschuldner im Insolvenzverfahren

(1) Im Insolvenzverfahren ist der Antragsteller Schuldner der Gebühr für das Verfahren über den Antrag auf Eröffnung des Insolvenzverfahrens. Wird der Antrag abgewiesen oder zurückgenommen, so ist der Antragsteller auch Schuldner der in dem Verfahren entstandenen Auslagen.

(2) Der Insolvenzgläubiger, der die Versagung oder den Widerruf der Restschuldbefreiung beantragt, ist Schuldner der Kosten.

(3) Im übrigen ist Schuldner der Gebühren und Auslagen der Schuldner des Insolvenzverfahrens."

9. § 51 wird aufgehoben.

10. In § 60 wird die Angabe „§§ 57 bis 60, 142 der Konkursordnung" durch die Angabe „§§ 53 bis 55, 177, 209 und 269 der Insolvenzordnung" ersetzt.

11. In § 61 werden die Worte „im Konkursverfahren, im Vergleichsverfahren zur Abwendung des Konkurses" durch die Worte „im Insolvenzverfahren" ersetzt.

12. In § 73 Abs. 3 werden die Worte „Vergleichsverfahren zur Abwendung des Konkurses, Konkursverfahren" durch das Wort „Insolvenzverfahren" ersetzt.

13. Der Hauptabschnitt D des Kostenverzeichnisses (Anlage 1 zum Gerichtskostengesetz) wird wie folgt gefaßt:

Nr.	Gebührentatbestand	Gebührenbetrag in DM oder Satz der Gebühr nach § 11 Abs. 2 GKG
	„D. Insolvenzverfahren, seerechtliches Verteilungsverfahren	
	I. Insolvenzverfahren	
	1. Eröffnungsverfahren	
1400	Verfahren über den Antrag des Schuldners auf Eröffnung des Insolvenzverfahrens	$1/2$
	Die Gebühr entsteht auch, wenn das Verfahren nach § 306 InsO ruht.	
1401	Verfahren über den Antrag eines Gläubigers auf Eröffnung des Insolvenzverfahrens	$1/2$ mindestens 200 DM
	2. Durchführung des Insolvenzverfahrens auf Antrag des Schuldners, auch wenn das Verfahren gleichzeitig auf Antrag eines Gläubigers eröffnet wurde	
1410	Durchführung des Insolvenzverfahrens	$2 1/2$
1411	Eröffnungsbeschluß wird auf Beschwerde aufgehoben	Gebühr 1410 entfällt
1412	Verfahren wird vor dem Ende des Prüfungstermins nach §§ 207, 211, 212, 213 InsO oder § 3 des Ausführungsgesetzes zum deutsch-österreichischen Konkursvertrag eingestellt	Gebühr 1410 ermäßigt sich auf $1/2$
1413	Verfahren wird nach dem Ende des Prüfungstermins nach §§ 207, 211, 212, 213 InsO oder § 3 des Ausführungsgesetzes zum deutsch-österreichischen Konkursvertrag eingestellt	Gebühr 1410 ermäßigt sich auf $1 1/2$
	3. Durchführung des Insolvenzverfahrens auf Antrag eines Gläubigers	
1420	Durchführung des Insolvenzverfahrens	3
1421	Eröffnungsbeschluß wird auf Beschwerde aufgehoben	Gebühr 1420 entfällt
1422	Verfahren wird vor dem Ende des Prüfungstermins nach §§ 207, 211, 212, 213 InsO oder § 3 des Ausführungsgesetzes zum deutsch-österreichischen Konkursvertrag eingestellt	Gebühr 1420 ermäßigt sich auf 1
1423	Verfahren wird nach dem Ende des Prüfungstermins nach §§ 207, 211, 212, 213 InsO oder § 3 des Ausführungsgesetzes zum deutsch-österreichischen Konkursvertrag eingestellt	Gebühr 1420 ermäßigt sich auf 2
	4. Besonderer Prüfungstermin und schriftlichen Prüfungsverfahren (§ 177 InsO)	
1430	Prüfung von Forderungen je Gläubiger	20 DM

Nr.	Gebührentatbestand	Gebührenbetrag in DM oder Satz der Gebühr nach § 11 Abs. 2 GKG
	5. Restschuldbefreiung	
1431	Entscheidung über den Antrag auf Versagung oder Widerruf der Restschuldbefreiung (§§ 296, 297, 300, 303 InsO)	50 DM
	II. Seerechtliches Verteilungsverfahren	
1440	Verfahren über den Antrag auf Eröffnung des seerechtlichen Verteilungsverfahrens...............................	1
1441	Durchführung des Verteilungsverfahrens	2
1445	Prüfung von Forderungen in einem besonderen Prüfungstermin (§ 11 der Seerechtlichen Verteilungsordnung) je Gläubiger ...	20 DM
	III. Beschwerdeverfahren	
1450	Beschwerde gegen den Beschluß über die Eröffnung des Insolvenzverfahrens (§ 34 InsO)	1
1451	Verfahren über nicht aufgeführte Beschwerden, die nicht nach anderen Vorschriften gebührenfrei sind: Soweit die Beschwerde verworfen oder zurückgewiesen wird	1".

14. In Nummer 1903 des Kostenverzeichnisses (Anlage 1 zum Gerichtskostengesetz) wird die Angabe „§ 142 KO" durch die Angabe „§ 177 InsO" ersetzt.

Artikel 30
Änderung der Kostenordnung*

Die Kostenordnung in der im Bundesgesetzblatt Teil III, Gliederungsnummer 361-1, veröffentlichten bereinigten Fassung, zuletzt geändert durch Artikel 12 Abs. 26 des Gesetzes vom 14. September 1994 (BGBl. I S. 2325), wird wie folgt geändert:

1. § 69 Abs. 2 wird wie folgt geändert:

   a) Der bisherige einzige Satz wird Satz 1; in ihm werden die Worte „des Vergleichs-, Konkurs- oder Vollstreckungsgerichts" durch die Worte „des Insolvenz- oder Vollstreckungsgerichts" ersetzt.

   b) Es wird folgender neuer Satz 2 angefügt:

   „Soweit eine Eintragung oder Löschung nach den Vorschriften der Insolvenzordnung statt auf Ersuchen des Insolvenzgerichts auf Antrag des Insolvenzverwalters oder, wenn kein Verwalter bestellt ist, auf Antrag des Schuldners erfolgt, ist sie ebenfalls gebührenfrei."

2. In § 87 Nr. 1 werden die Worte „eines Vergleichs- oder Konkursverfahrens" durch die Worte „eines Insolvenzverfahrens" und die Worte „des Vollstreckungsgerichts" durch die Worte „des Insolvenz- oder Vollstreckungsgerichts" ersetzt; es wird folgender Halbsatz angefügt:

   „ferner für Eintragungen oder Löschungen, die nach den Vorschriften der Insolvenzordnung statt auf Ersuchen des Insolvenzgerichts auf Antrag des Insolvenzverwalters oder, wenn kein Verwalter bestellt ist, auf Antrag des Schuldners erfolgen;".

3. § 88 Abs. 2 Satz 1 wird wie folgt gefaßt:

---

* Der Artikel ist in Nummer 3 noch nicht an die Änderung der Kostenordnung durch Artikel 4 des Gesetzes vom 25. Juli 1994 (BGBl. I S. 1744) angepaßt.

„Für Löschungen nach den §§ 141a bis 144 und 147 Abs. 1 und den §§ 159 und 161 des Gesetzes über die Angelegenheiten der freiwilligen Gerichtsbarkeit werden keine Gebühren erhoben."

Artikel 31
Änderung der Bundesgebührenordnung für Rechtsanwälte

Die Bundesgebührenordnung für Rechtsanwälte in der im Bundesgesetzblatt Teil III, Gliederungsnummer 368-1, veröffentlichten bereinigten Fassung, zuletzt geändert durch Artikel 2 des Gesetzes vom 14. September 1994 (BGBl. I S. 2323), wird wie folgt geändert:

1. § 1 Abs. 2 Satz 1 wird wie folgt gefaßt:

„Dieses Gesetz gilt nicht, wenn der Rechtsanwalt als Vormund, Betreuer, Pfleger, Testamentsvollstrecker, Insolvenzverwalter, Sachwalter, Mitglied des Gläubigerausschusses, Nachlaßverwalter, Zwangsverwalter, Treuhänder, Schiedsrichter oder in ähnlicher Stellung tätig wird."

2. In der Überschrift des Fünften Abschnitts werden die Worte „Konkursverfahren und in Vergleichsverfahren zur Abwendung des Konkurses sowie" durch die Worte „Insolvenzverfahren und" ersetzt.

3. Die §§ 72 bis 77 werden wie folgt gefaßt:

„§ 72
Eröffnung des Insolvenzverfahrens,
Schuldenbereinigungsplan

(1) Im Verfahren über einen Antrag auf Eröffnung des Insolvenzverfahrens erhält der Rechtsanwalt, der den Schuldner vertritt, für das Betreiben des Geschäfts (Geschäftsgebühr) drei Zehntel der vollen Gebühr. Ist der Rechtsanwalt auch im Verfahren über den Schuldenbereinigungsplan tätig, so erhöht sich die Geschäftsgebühr auf eine volle Gebühr.

(2) Der Rechtsanwalt, der einen Gläubiger vertritt, erhält im Verfahren über einen Antrag auf Eröffnung des Insolvenzverfahrens eine Geschäftsgebühr in Höhe der Hälfte der vollen Gebühr. Wird er auch im Verfahren über den Schuldenbereinigungsplan tätig, so erhöht sich die Geschäftsgebühr auf acht Zehntel der vollen Gebühr.

§ 73
Vertretung im Insolvenzverfahren

Für die Vertretung im Insolvenzverfahren erhält der Rechtsanwalt die Hälfte der vollen Gebühr.

§ 74
Restschuldbefreiung, Insolvenzplan

(1) Für die Tätigkeit im Verfahren über einen Antrag auf Restschuldbefreiung und im Verfahren über einen Insolvenzplan erhält der Rechtsanwalt eine besondere volle Gebühr. Vertritt er im Verfahren über einen Insolvenzplan den Schuldner, der den Plan vorgelegt hat, so erhält er neben der Gebühr des Satzes 1 zwei weitere volle Gebühren. Wird der Rechtsanwalt sowohl im Verfahren über einen Antrag

auf Restschuldbefreiung als auch im Verfahren über einen Insolvenzplan tätig, erhält er die Gebühr nur einmal nach dem höchsten Gebührensatz.

(2) Wird nach der Aufhebung des Insolvenzverfahrens ein Antrag auf Versagung oder Widerruf der Restschuldbefreiung gestellt (§§ 296, 297, 300 und 303 der Insolvenzordnung), so erhält der Rechtsanwalt in dem Verfahren die Hälfte der vollen Gebühr. Das Verfahren ist eine besondere Angelegenheit; das Verfahren über mehrere, gleichzeitig anhängige Anträge ist eine Angelegenheit.

§ 75
Anmeldung einer Insolvenzforderung

Beschränkt sich die Tätigkeit des Rechtsanwalts auf die Anmeldung einer Insolvenzforderung, so erhält er drei Zehntel der vollen Gebühr.

§ 76
Beschwerdeverfahren, Feststellungsverfahren

Der Rechtsanwalt erhält im Beschwerdeverfahren besonders fünf Zehntel der in § 31 bestimmten Gebühren. Die Vorschriften des § 32 und des § 33 Abs. 1 und 2 gelten nicht.

§ 77
Gegenstandswert

(1) Die Gebühren des § 72 Abs. 1 und des § 73 sowie des § 76 im Falle der Beschwerde gegen den Beschluß über die Eröffnung des Insolvenzverfahrens werden, wenn der Auftrag vom Schuldner erteilt ist, nach dem Wert der Insolvenzmasse (§ 37 des Gerichtskostengesetzes) berechnet. Im Falle des § 72 Abs. 1 beträgt der Gegenstandswert jedoch mindestens 6000 Deutsche Mark.

(2) Ist der Auftrag von einem Insolvenzgläubiger erteilt, so werden die Gebühren des § 72 Abs. 2 und der §§ 73, 75 sowie die Gebühren im Falle der Beschwerde gegen den Beschluß über die Eröffnung des Insolvenzverfahrens nach dem Nennwert der Forderung berechnet. Nebenforderungen sind mitzurechnen.

(3) Im übrigen ist der Gegenstandswert im Insolvenzverfahren unter Berücksichtigung des wirtschaftlichen Interesses, das der Auftraggeber im Verfahren verfolgt, nach § 8 Abs. 2 Satz 2 zu bestimmen."

4. Die §§ 78 bis 80 sowie der bisherige § 81 werden aufgehoben.

5. Der bisherige § 81 a wird neuer § 81. In seinem Absatz 1 Satz 2 werden die Worte „der Aktivmasse" durch die Worte „des Wertes der Insolvenzmasse" ersetzt.

Artikel 32
Änderung des Einführungsgesetzes zum Bürgerlichen Gesetzbuche

Das Einführungsgesetz zum Bürgerlichen Gesetzbuche in der Fassung der Bekanntmachung vom 21. September 1994 (BGBl. I S. 2494) wird wie folgt geändert:

1. In Artikel 51 werden das Wort „Konkursordnung" durch das Wort „Insolvenzordnung" und die Worte „Gesetze, betreffend die Anfechtung von Rechtshandlungen eines Schuldners außerhalb des Konkursverfahrens, vom 21. Juli 1879 (Reichsgesetzblatt S. 277)" durch das Wort „Anfechtungsgesetz" ersetzt.

2. In Artikel 131 werden die Worte „des Konkurses" durch die Worte „des Insolvenzverfahrens" und die Worte „dem Konkursverwalter das Recht," durch die Worte „das Recht, für die Insolvenzmasse" ersetzt.

3. In Artikel 232 § 5 Abs. 2 wird die Jahreszahl „1994" durch die Jahreszahl „1998" ersetzt.

Artikel 33
Änderung des Bürgerlichen Gesetzbuchs

Das Bürgerliche Gesetzbuch in der im Bundesgesetzblatt Teil III, Gliederungsnummer 400-2, veröffentlichten bereinigten Fassung, zuletzt geändert durch Artikel 2 § 4 des Gesetzes vom 21. September 1994 (BGBl. I S. 2457), wird wie folgt geändert:

1. § 42 wird wie folgt gefaßt:

„§ 42

(1) Der Verein wird durch die Eröffnung des Insolvenzverfahrens aufgelöst. Wird das Verfahren auf Antrag des Schuldners eingestellt oder nach der Bestätigung eines Insolvenzplans, der den Fortbestand des Vereins vorsieht, aufgehoben, so kann die Mitgliederversammlung die Fortsetzung des Vereins beschließen. Durch die Satzung kann bestimmt werden, daß der Verein im Falle der Eröffnung des Insolvenzverfahrens als nichtrechtsfähiger Verein fortbesteht; auch in diesem Falle kann unter den Voraussetzungen des Satzes 2 die Fortsetzung als rechtsfähiger Verein beschlossen werden.

(2) Der Vorstand hat im Falle der Zahlungsunfähigkeit oder der Überschuldung die Eröffnung des Insolvenzverfahrens zu beantragen. Wird die Stellung des Antrags verzögert, so sind die Vorstandsmitglieder, denen ein Verschulden zur Last fällt, den Gläubigern für den daraus entstehenden Schaden verantwortlich; sie haften als Gesamtschuldner."

2. In § 47 wird der Punkt am Ende des Satzes durch ein Komma ersetzt; es wird folgendes angefügt:

„sofern nicht über das Vermögen des Vereins das Insolvenzverfahren eröffnet ist."

3. In § 74 Abs. 1 Satz 2 werden die Worte „des Konkurses" durch die Worte „des Insolvenzverfahrens" ersetzt.

4. § 75 wird wie folgt gefaßt:

„§ 75

Die Eröffnung des Insolvenzverfahrens ist von Amts wegen einzutragen. Das gleiche gilt für

1. die Aufhebung des Eröffnungsbeschlusses;

2. die Bestellung eines vorläufigen Insolvenzverwalters, wenn zusätzlich dem Schuldner ein allgemeines Verfügungsverbot auferlegt oder angeordnet wird, daß Verfügungen des Schuldners nur mit Zustimmung des vorläufigen Insolvenzverwalters wirksam sind, und die Aufhebung einer derartigen Sicherungsmaßnahme;

3. die Einstellung und die Aufhebung des Verfahrens und

4. die Überwachung der Erfüllung eines Insolvenzplans und die Aufhebung der Überwachung."

5. In § 89 Abs. 2 werden die Worte „der Konkurs" durch die Worte „das Insolvenzverfahren" ersetzt.

6. In § 161 Abs. 1 Satz 2 wird das Wort „Konkursverwalter" durch das Wort „Insolvenzverwalter" ersetzt.

7. In § 184 Abs. 2 wird das Wort „Konkursverwalter" durch das Wort „Insolvenzverwalter" ersetzt.

8. In § 207 Satz 1 werden die Worte „der Konkurs" durch die Worte „das Insolvenzverfahren" ersetzt.

9. In § 209 Abs. 2 Nr. 2 wird das Wort „Konkurse" durch das Wort „Insolvenzverfahren" ersetzt.

10. § 214 wird wie folgt geändert:

    a) In Absatz 1 werden die Worte „im Konkurse" durch die Worte „im Insolvenzverfahren" und die Worte „der Konkurs" durch die Worte „das Insolvenzverfahren" ersetzt.

    b) In Absatz 3 werden die Worte „des Konkurses" jeweils durch die Worte „des Insolvenzverfahrens" ersetzt.

11. In § 218 Abs. 1 Satz 2 wird das Wort „Konkurs" durch das Wort „Insolvenzverfahren" ersetzt.

12. In § 353 Abs. 2 wird das Wort „Konkursverwalter" durch das Wort „Insolvenzverwalter" ersetzt.

13. In § 377 Abs. 2 werden die Worte „der Konkurs" durch die Worte „das Insolvenzverfahren" und die Worte „des Konkurses" durch die Worte „des Insolvenzverfahrens" ersetzt.

14. In § 401 Abs. 2 werden die Worte „des Konkurses" durch die Worte „des Insolvenzverfahrens" ersetzt.

15. In § 418 Abs. 2 werden die Worte „des Konkurses" durch die Worte „des Insolvenzverfahrens" und die Worte „im Konkurs" durch die Worte „im Insolvenzverfahren" ersetzt.

16. § 419 wird aufgehoben.

17. Der bisherige einzige Absatz des § 455 wird Absatz 1. Es wird folgender Absatz 2 angefügt:

    „(2) Die Vereinbarung eines Eigentumsvorbehalts ist nichtig, soweit der Eigentumsübergang davon abhängig gemacht wird, daß der Käufer Forderungen eines Dritten, insbesondere eines mit dem Verkäufer verbundenen Unternehmens, erfüllt."

18. In § 457 werden die Worte „durch den Konkursverwalter" durch die Worte „aus einer Insolvenzmasse" ersetzt.

19. In § 499 Satz 2 wird das Wort „Konkursverwalter" durch das Wort „Insolvenzverwalter" ersetzt.

20. In § 512 werden die Worte „durch den Konkursverwalter" durch die Worte „aus einer Insolvenzmasse" ersetzt.

21. § 728 wird wie folgt gefaßt:

„§ 728

(1) Die Gesellschaft wird durch die Eröffnung des Insolvenzverfahrens über das Vermögen der Gesellschaft aufgelöst. Wird das Verfahren auf Antrag des Schuldners eingestellt oder nach der Bestätigung eines Insolvenzplans, der den Fortbestand der Gesellschaft vorsieht, aufgehoben, so können die Gesellschafter die Fortsetzung der Gesellschaft beschließen.

(2) Die Gesellschaft wird durch die Eröffnung des Insolvenzverfahrens über das Vermögen eines Gesellschafters aufgelöst. Die Vorschriften des § 727 Abs. 2 Satz 2, 3 finden Anwendung."

22. In § 730 Abs. 1 wird der Punkt am Ende des Satzes durch ein Komma ersetzt; es wird folgendes angefügt:

„sofern nicht über das Vermögen der Gesellschaft das Insolvenzverfahren eröffnet ist."

23. In § 736 Abs. 1 werden die Worte „der Konkurs" durch die Worte „das Insolvenzverfahren" ersetzt.

24. In § 773 Abs. 1 Nr. 3 werden die Worte „der Konkurs" durch die Worte „das Insolvenzverfahren" ersetzt.

25. In § 883 Abs. 2 Satz 2 wird das Wort „Konkursverwalter" durch das Wort „Insolvenzverwalter" ersetzt.

26. In § 925 Abs. 1 Satz 3 werden nach den Worten „in einem gerichtlichen Vergleich" die Worte „oder in einem rechtskräftig bestätigten Insolvenzplan" eingefügt.

27. In § 1098 Abs. 1 Satz 2 wird das Wort „Konkursverwalter" durch das Wort „Insolvenzverwalter" ersetzt.

28. § 1670 wird aufgehoben.

29. § 1680 wird wie folgt geändert:

a) In Absatz 1 werden die Sätze 3 und 4 gestrichen.

b) In Absatz 2 Satz 1 werden die Worte „oder endet seine Vermögenssorge nach § 1670," gestrichen.

30. In § 1781 wird die Nummer 3 gestrichen; der Strichpunkt am Ende der Nummer 2 wird durch einen Punkt ersetzt.

31. In § 1968 wird das Wort „standesmäßigen" gestrichen.

32. In § 1971 werden die Worte „Konkurse" in Satz 1 und „Konkurs" in Satz 2 jeweils durch das Wort „Insolvenzverfahren" ersetzt.

33. In § 1974 Abs. 2 werden die Worte „des Nachlaßkonkurses" durch die Worte „des Nachlaßinsolvenzverfahrens" ersetzt.

34. In den §§ 1975 und 1976 werden die Worte „der Nachlaßkonkurs" jeweils durch die Worte „das Nachlaßinsolvenzverfahren" ersetzt.

35. In § 1977 Abs. 1 werden die Worte „des Nachlaßkonkurses" jeweils durch die Worte „des Nachlaßinsolvenzverfahrens" ersetzt.

36. In § 1978 Abs. 1 Satz 1 werden die Worte „der Nachlaßkonkurs" durch die Worte „das Nachlaßinsolvenzverfahren" ersetzt.

37. § 1980 wird wie folgt geändert:

    a) Absatz 1 Satz 1 wird wie folgt gefaßt:

    „Hat der Erbe von der Zahlungsunfähigkeit oder der Überschuldung des Nachlasses Kenntnis erlangt, so hat er unverzüglich die Eröffnung des Nachlaßinsolvenzverfahrens zu beantragen."

    b) In Absatz 2 Satz 1 werden nach dem Wort „Kenntnis" die Worte „der Zahlungsunfähigkeit oder" eingefügt.

38. In § 1984 Abs. 1 Satz 2 wird die Angabe „§§ 7 und 8 der Konkursordnung" durch die Angabe „§§ 81 und 82 der Insolvenzordnung" ersetzt.

39. In § 1988 Abs. 1 werden die Worte „des Nachlaßkonkurses" durch die Worte „des Nachlaßinsolvenzverfahrens" ersetzt.

40. § 1989 erhält folgende Fassung:

    „§ 1989

    Ist das Nachlaßinsolvenzverfahren durch Verteilung der Masse oder durch einen Insolvenzplan beendet, so finden auf die Haftung des Erben die Vorschriften des § 1973 entsprechende Anwendung."

41. In § 1990 Abs. 1 Satz 1 werden die Worte „des Nachlaßkonkurses" durch die Worte „des Nachlaßinsolvenzverfahrens" und das Wort „Konkursverfahren" durch das Wort „Insolvenzverfahren" ersetzt.

42. In § 1991 Abs. 4 werden die Worte „des Konkurses" durch die Worte „des Insolvenzverfahrens" ersetzt.

43. § 2000 wird wie folgt gefaßt:

    „§ 2000

    Die Bestimmung einer Inventarfrist wird unwirksam, wenn eine Nachlaßverwaltung angeordnet oder das Nachlaßinsolvenzverfahren eröffnet wird. Während der Dauer der Nachlaßverwaltung oder des Nachlaßinsolvenzverfahrens kann eine Inventarfrist nicht bestimmt werden. Ist das Nachlaßinsolvenzverfahren durch Verteilung der Masse oder durch einen Insolvenzplan beendet, so bedarf es zur Abwendung der unbeschränkten Haftung der Inventarerrichtung nicht."

44. § 2060 Nr. 3 wird wie folgt gefaßt:

„3. wenn das Nachlaßinsolvenzverfahren eröffnet und durch Verteilung der Masse oder durch einen Insolvenzplan beendigt worden ist."

45. In § 2115 Satz 1 wird das Wort „Konkursverwalter" durch das Wort „Insolvenzverwalter" ersetzt.

Artikel 34
Änderung des Vertragshilfegesetzes

Das Vertragshilfegesetz in der im Bundesgesetzblatt Teil III, Gliederungsnummer 402-4, veröffentlichten bereinigten Fassung wird wie folgt geändert:

1. In § 10 werden die Worte „des Konkurs- oder Vergleichsverfahrens" jeweils durch die Worte „des Insolvenzverfahrens" ersetzt.

2. § 12 Abs. 2 wird wie folgt gefaßt:

„(2) Insbesondere kann es dem Schuldner Verfügungsbeschränkungen gemäß § 21 Abs. 2 Nr. 1, 2, §§ 22 bis 25 der Insolvenzordnung auferlegen mit der Maßgabe, daß an Stelle des vorläufigen Insolvenzverwalters eine Vertrauensperson bestellt werden kann. Der Vertrauensperson kann die Beaufsichtigung des Gewerbebetriebes des Schuldners übertragen werden. Auf ihre Rechte und Pflichten sind die §§ 56, 58 bis 65 der Insolvenzordnung entsprechend anzuwenden."

Artikel 35
Änderung des Wohnungseigentumsgesetzes

Das Wohnungseigentumsgesetz in der im Bundesgesetzblatt Teil III, Gliederungsnummer 403-1, veröffentlichten bereinigten Fassung, zuletzt geändert durch Artikel 8 Abs. 11 des Gesetzes vom 24. Juni 1994 (BGBl. IS. 1325), wird wie folgt geändert:

1. § 11 Abs. 2 wird wie folgt gefaßt:

„(2) Das Recht eines Pfändungsgläubigers (§ 751 des Bürgerlichen Gesetzbuchs) sowie das im Insolvenzverfahren bestehende Recht (§ 84 Abs. 2 der Insolvenzordnung), die Aufhebung der Gemeinschaft zu verlangen, ist ausgeschlossen."

2. In § 12 Abs. 3 Satz 2 wird das Wort „Konkursverwalter" durch das Wort „Insolvenzverwalter" ersetzt.

Artikel 36
Änderung des Gesetzes über Rechte
an eingetragenen Schiffen und Schiffsbauwerken

Das Gesetz über Rechte an eingetragenen Schiffen und Schiffsbauwerken in der im Bundesgesetzblatt Teil III, Gliederungsnummer 403-4, veröffentlichten bereinigten Fassung, zuletzt geändert durch das Gesetz vom 28. August 1969 (BGBl. IS. 1513), wird wie folgt geändert:

1. In § 10 Abs. 2 Satz 2 wird das Wort „Konkursverwalter" durch das Wort „Insolvenzverwalter" ersetzt.

2. In § 34 Abs. 2 Satz 2 wird das Wort „Konkurs" durch die Worte „das Insolvenzverfahren über das Vermögen" ersetzt.

Artikel 37
Änderung der Verordnung über das Erbbaurecht

In § 8 der Verordnung über das Erbbaurecht in der im Bundesgesetzblatt Teil III, Gliederungsnummer 403-6, veröffentlichten bereinigten Fassung, die zuletzt durch Artikel 2 § 1 des Gesetzes vom 21. September 1994 (BGBl. I S. 2457) geändert worden ist, wird das Wort „Konkursverwalter" durch das Wort „Insolvenzverwalter" ersetzt.

Artikel 38
Änderung des Gesetzes über Rechte an Luftfahrzeugen

Das Gesetz über Rechte an Luftfahrzeugen in der im Bundesgesetzblatt Teil III, Gliederungsnummer 403-9, veröffentlichten bereinigten Fassung, zuletzt geändert durch Artikel 9 Nr. 4 des Gesetzes vom 3. Dezember 1976 (BGBl. IS. 3281), wird wie folgt geändert:

1. In § 10 Abs. 2 Satz 2 wird das Wort „Konkursverwalter" durch das Wort „Insolvenzverwalter" ersetzt.

2. In § 34 Abs. 2 Satz 2 wird das Wort „Konkurs" durch die Worte „das Insolvenzverfahren über das Vermögen" ersetzt.

3. § 98 wird wie folgt geändert:

   a) In Absatz 1 Satz 1 werden die Worte „in diesem Gesetz" durch das Wort „gesetzlich" ersetzt.

   b) Absatz 3 wird aufgehoben.

Artikel 39
Änderung des Kabelpfandgesetzes

In § 31 des Kabelpfandgesetzes in der im Bundesgesetzblatt Teil III, Gliederungsnummer 403-10, veröffentlichten bereinigten Fassung, das durch Artikel 123 des Gesetzes vom 2. März 1974 (BGBl. I S. 469) geändert worden ist, werden die Worte „des Konkurses" durch die Worte „des Insolvenzverfahrens" und das Wort „Konkursmasse" durch das Wort „Insolvenzmasse" ersetzt.

Artikel 40
Änderung des Handelsgesetzbuchs

Das Handelsgesetzbuch in der im Bundesgesetzblatt Teil III, Gliederungsnummer 4100-1, veröffentlichten bereinigten Fassung, zuletzt geändert durch Artikel 2 des Gesetzes vom 25. Juli 1994 (BGBl. IS. 1682), wird wie folgt geändert:

1. In § 13 e Abs. 4 werden die Worte „eines Konkurs-, Vergleichs- oder ähnlichen Verfahrens" durch die Worte „eines Insolvenzverfahrens oder ähnlichen Verfahrens" ersetzt.

2. § 32 wird wie folgt gefaßt:

„§ 32

(1) Wird über das Vermögen eines Kaufmanns das Insolvenzverfahren eröffnet, so ist dies von Amts wegen in das Handelsregister einzutragen. Das gleiche gilt für

1. die Aufhebung des Eröffnungsbeschlusses,

2. die Bestellung eines vorläufigen Insolvenzverwalters, wenn zusätzlich dem Schuldner ein allgemeines Verfügungsverbot auferlegt oder angeordnet wird, daß Verfügungen des Schuldners nur mit Zustimmung des vorläufigen Insolvenzverwalters wirksam sind, und die Aufhebung einer derartigen Sicherungsmaßnahme,

3. die Einstellung und die Aufhebung des Verfahrens und

4. die Überwachung der Erfüllung eines Insolvenzplans und die Aufhebung der Überwachung.

(2) Die Eintragungen werden nicht bekanntgemacht. Die Vorschriften des § 15 sind nicht anzuwenden."

3. § 34 wird wie folgt geändert:

a) In Absatz 1 werden die Angabe „§ 33 Abs. 3" durch die Angabe „§ 33 Abs. 2 Satz 2 und 3" und die Worte „des Konkurses" durch die Worte „des Insolvenzverfahrens" ersetzt.

b) In Absatz 2 wird die Angabe „§ 33 Abs. 3" durch die Angabe „§ 33 Abs. 2 Satz 2 und 3" ersetzt.

c) In Absatz 5 werden die Worte „des Konkurses" durch die Worte „des Insolvenzverfahrens" ersetzt.

4. § 130 a wird wie folgt geändert:

a) Absatz 1 Satz 1 wird wie folgt gefaßt:

„Wird eine Gesellschaft, bei der kein Gesellschafter eine natürliche Person ist, zahlungsunfähig oder ergibt sich die Überschuldung der Gesellschaft, so ist die Eröffnung des Insolvenzverfahrens zu beantragen; dies gilt nicht, wenn zu den Gesellschaftern der offenen Handelsgesellschaft eine andere offene Handelsgesellschaft oder Kommanditgesellschaft gehört, bei der ein persönlich haftender Gesellschafter eine natürliche Person ist."

b) Absatz 1 Satz 4 wird gestrichen.

c) In Absatz 3 Satz 1 werden die Worte „des Konkursverfahrens oder des gerichtlichen Vergleichsverfahrens" durch die Worte „des Insolvenzverfahrens" ersetzt.

d) Absatz 3 Satz 5 wird wie folgt gefaßt:

„Satz 4 gilt nicht, wenn der Ersatzpflichtige zahlungsunfähig ist und sich zur Abwendung des Insolvenzverfahrens mit seinen Gläubigern vergleicht oder wenn die Ersatzpflicht in einem Insolvenzplan geregelt wird."

5. In § 130 b Abs. 1 werden die Worte „des Konkursverfahrens oder des gerichtlichen Vergleichsverfahrens" durch die Worte „des Insolvenzverfahrens" ersetzt.

6. § 131 wird wie folgt geändert:

   a) Der bisherige Text wird Absatz 1.

   b) In den Nummern 3 und 5 werden die Worte „des Konkurses" jeweils durch die Worte „des Insolvenzverfahrens" ersetzt.

   c) Es wird folgender neuer Absatz 2 angefügt:

   „(2) Eine offene Handelsgesellschaft, bei der kein persönlich haftender Gesellschafter eine natürliche Person ist, wird ferner aufgelöst:

   1. mit der Rechtskraft des Beschlusses, durch den die Eröffnung des Insolvenzverfahrens mangels Masse abgelehnt worden ist;

   2. durch die Löschung wegen Vermögenslosigkeit nach § 141a des Gesetzes über die Angelegenheiten der freiwilligen Gerichtsbarkeit.

   Dies gilt nicht, wenn zu den persönlich haftenden Gesellschaftern eine andere offene Handelsgesellschaft oder Kommanditgesellschaft gehört, bei der ein persönlich haftender Gesellschafter eine natürliche Person ist."

7. In § 137 Abs. 2 werden die Worte „des Konkurses" durch die Worte „des Insolvenzverfahrens" ersetzt.

8. In § 138 werden die Worte „der Konkurs" durch die Worte „das Insolvenzverfahren" ersetzt.

9. § 141 Abs. 2 wird wie folgt gefaßt:

   „(2) Diese Vorschriften finden im Falle der Eröffnung des Insolvenzverfahrens über das Vermögen eines Gesellschafters mit der Maßgabe Anwendung, daß die Erklärung gegenüber dem Insolvenzverwalter oder, wenn Eigenverwaltung angeordnet ist, gegenüber dem Schuldner zu erfolgen hat und daß der Schuldner mit dem Zeitpunkt der Eröffnung des Insolvenzverfahrens als aus der Gesellschaft ausgeschieden gilt."

10. In § 142 Abs. 2 werden die Worte „der Konkurs" durch die Worte „das Insolvenzverfahren" ersetzt.

11. § 143 Abs. 1 und 2 wird wie folgt gefaßt:

    „(1) Die Auflösung der Gesellschaft ist von sämtlichen Gesellschaftern zur Eintragung in das Handelsregister anzumelden. Dies gilt nicht in den Fällen der Eröffnung oder der Ablehnung der Eröffnung des Insolvenzverfahrens über das Vermögen der Gesellschaft (§ 131 Abs. 1 Nr. 3 und Abs. 2 Nr. 1). In diesen Fällen hat das Gericht die Auflösung und ihren Grund von Amts wegen einzutragen. Im Falle der Löschung der Gesellschaft (§ 131 Abs. 2 Nr. 2) entfällt die Eintragung der Auflösung.

    (2) Absatz 1 Satz 1 gilt entsprechend für das Ausscheiden eines Gesellschafters aus der Gesellschaft."

12. § 144 Abs. 1 wird wie folgt gefaßt:

„(1) Ist die Gesellschaft durch die Eröffnung des Insolvenzverfahrens über ihr Vermögen aufgelöst, das Verfahren aber auf Antrag des Schuldners eingestellt oder nach der Bestätigung eines Insolvenzplans, der den Fortbestand der Gesellschaft vorsieht, aufgehoben, so können die Gesellschafter die Fortsetzung der Gesellschaft beschließen."

13. § 145 wird wie folgt geändert:

   a) In Absatz 1 werden die Worte „der Konkurs" durch die Worte „das Insolvenzverfahren" ersetzt.

   b) Absatz 2 wird wie folgt gefaßt:

   „(2) Ist die Gesellschaft durch Kündigung des Gläubigers eines Gesellschafters oder durch die Eröffnung des Insolvenzverfahrens über das Vermögen eines Gesellschafters aufgelöst, so kann die Liquidation nur mit Zustimmung des Gläubigers oder des Insolvenzverwalters unterbleiben; ist im Insolvenzverfahren Eigenverwaltung angeordnet, so tritt an die Stelle der Zustimmung des Insolvenzverwalters die Zustimmung des Schuldners."

   c) Es wird folgender neuer Absatz 3 angefügt:

   „(3) Ist die Gesellschaft durch Löschung wegen Vermögenslosigkeit aufgelöst, so findet eine Liquidation nur statt, wenn sich nach der Löschung herausstellt, daß Vermögen vorhanden ist, das der Verteilung unterliegt."

14. § 146 wird wie folgt geändert:

   a) An Absatz 2 wird folgender neuer Satz angefügt:

   „Im Falle des § 145 Abs. 3 sind die Liquidatoren auf Antrag eines Beteiligten durch das Gericht zu ernennen."

   b) Absatz 3 wird wie folgt gefaßt:

   „(3) Ist über das Vermögen eines Gesellschafters das Insolvenzverfahren eröffnet und ist ein Insolvenzverwalter bestellt, so tritt dieser an die Stelle des Gesellschafters."

15. § 171 Abs. 2 wird wie folgt gefaßt:

   „(2) Ist über das Vermögen der Gesellschaft das Insolvenzverfahren eröffnet, so wird während der Dauer des Verfahrens das den Gesellschaftsgläubigern nach Absatz 1 zustehende Recht durch den Insolvenzverwalter oder den Sachwalter ausgeübt."

16. § 236 wird wie folgt geändert:

   a) In Absatz 1 werden die Worte „der Konkurs" durch die Worte „das Insolvenzverfahren" und das Wort „Konkursgläubiger" durch das Wort „Insolvenzgläubiger" ersetzt.

   b) In Absatz 2 wird das Wort „Konkursmasse" durch das Wort „Insolvenzmasse" ersetzt.

17. § 237 wird aufgehoben.

18. § 370 wird aufgehoben.

19. In § 505 Abs. 2 werden die Worte „der Konkurs" durch die Worte „das Insolvenzverfahren" ersetzt.

20. Nach § 506 wird folgender neuer § 506 a eingefügt:

„§ 506 a

Die Reederei wird durch die Eröffnung des Insolvenzverfahrens über ihr Vermögen aufgelöst. Wird das Insolvenzverfahren auf Antrag des Schuldners eingestellt oder nach der Bestätigung eines Insolvenzplans, der den Fortbestand der Reederei vorsieht, aufgehoben, so können die Mitreeder die Fortsetzung der Reederei beschließen."

21. In § 761 wird folgender neuer Satz 2 angefügt:

„Sie haben Vorrang auch insoweit, als zoll- und steuerpflichtige Sachen nach gesetzlichen Vorschriften als Sicherheit für öffentliche Abgaben dienen."

22. In § 888 Satz 1 wird das Wort „Konkursmasse" durch das Wort „Insolvenzmasse" ersetzt.

23. In § 889 Abs. 1 wird das Wort „Konkursmasse" durch das Wort „Insolvenzmasse" ersetzt.

Artikel 41
Änderung des EWIV-Ausführungsgesetzes

Das EWIV-Ausführungsgesetz vom 14. April 1988 (BGBl. I S. 514) wird wie folgt geändert:

1. In § 8 werden die Worte „der Konkurs" durch die Worte „das Insolvenzverfahren" ersetzt.

2. In § 10 Abs. 1 werden die Worte „des Konkursverfahrens" durch die Worte „des Insolvenzverfahrens über das Vermögen der Vereinigung" ersetzt.

3. § 11 wird wie folgt geändert:

    a) In der Überschrift werden die Worte „des Konkurs- oder des Vergleichsverfahrens" durch die Worte „des Insolvenzverfahrens" ersetzt.

    b) In Satz 1 werden die Worte „des Konkursverfahrens oder des gerichtlichen Vergleichsverfahrens" durch die Worte „des Insolvenzverfahrens" ersetzt.

4. § 15 wird wie folgt geändert:

    a) In der Überschrift wird das Wort „Konkursantragspflicht" durch die Worte „Antragspflicht bei Insolvenz" ersetzt.

    b) In Absatz 1 werden die Worte „des Konkursverfahrens oder des gerichtlichen Vergleichsverfahrens" durch die Worte „des Insolvenzverfahrens" ersetzt.

Artikel 42
Änderung des Gesetzes betreffend
die privatrechtlichen Verhältnisse der Flößerei

In § 22 Abs. 2 Satz 1 und § 28 Abs. 1 Satz 1 des Gesetzes betreffend die privatrechtlichen Verhältnisse der Flößerei in der im Bundesgesetzblatt Teil III, Gliederungsnummer 4103-5, veröffentlichten bereinigten Fassung, das zuletzt durch Artikel 65 des Gesetzes vom 26. Mai 1994 (BGBl. I S. 1014) geändert worden ist, werden die Worte „§ 41 der Konkursordnung" jeweils durch die Worte „§ 50 Abs. 1 der Insolvenzordnung" ersetzt.

Artikel 43
Änderung des Umwandlungsgesetzes

Das Umwandlungsgesetz in der Fassung der Bekanntmachung vom 6. November 1969 (BGBl. I S. 2081), zuletzt geändert durch Artikel 2 des Gesetzes vom 18. März 1994 (BGBl. I S. 560), wird wie folgt geändert:

1. § 2 Abs. 2 wird wie folgt gefaßt:

    „(2) Das gleiche gilt, wenn eine Kapitalgesellschaft oder eine bergrechtliche Gewerkschaft durch die Eröffnung des Insolvenzverfahrens aufgelöst, das Verfahren aber auf Antrag des Schuldners eingestellt oder nach der Bestätigung eines Insolvenzplans, der den Fortbestand der Gesellschaft oder bergrechtlichen Gewerkschaft vorsieht, aufgehoben worden ist."

2. In § 7 Abs. 2 werden die Worte „des Konkurses" durch die Worte „des Insolvenzverfahrens" ersetzt.

3. § 50 Satz 2 wird wie folgt gefaßt:

    „Die Umwandlung ist ausgeschlossen, wenn die Verbindlichkeiten des Einzelkaufmanns sein Vermögen übersteigen."

4. § 53 Abs. 2 Satz 3 wird wie folgt gefaßt:

    „Die Prüfung hat sich ferner darauf zu erstrecken, ob die Verbindlichkeiten des Einzelkaufmanns sein Vermögen übersteigen."

5. In § 54 Abs. 2 wird die Nummer 2 gestrichen; die bisherige Nummer 3 wird Nummer 2.

6. § 55 Abs. 3 wird gestrichen.

7. In § 56e Abs. 2 wird die Nummer 2 gestrichen; die bisherige Nummer 3 wird Nummer 2.

8. In § 56f Abs. 2 Satz 1 wird die Angabe „ , 3" gestrichen.

Artikel 44
Änderung des Gesetzes über die Kapitalerhöhung aus Gesellschaftsmitteln
und über die Verschmelzung von Gesellschaften mit beschränkter Haftung

In § 26 Abs. 2 des Gesetzes über die Kapitalerhöhung aus Gesellschaftsmitteln und über die Verschmelzung von Gesellschaften mit beschränkter Haftung in der im Bundesgesetzblatt Teil III, Gliederungsnummer 4120-2, veröffentlichten bereinigten Fassung, das zuletzt durch Artikel 10 Abs. 9 des Gesetzes vom 19. Dezember 1985 (BGBl. I S. 2355) geändert worden ist, werden die Worte „des Konkurses" durch die Worte „des Insolvenzverfahrens" ersetzt.

Artikel 45
Änderung des Gesetzes über Kapitalanlagegesellschaften

Das Gesetz über Kapitalanlagegesellschaften in der Fassung der Bekanntmachung vom 14. Januar 1970 (BGBl. I S. 127), zuletzt geändert durch Artikel 3 des Gesetzes vom 26. Juli 1994 (BGBl. IS. 1749), wird wie folgt geändert:

1. In § 11 Abs. 1 wird das Wort „Konkursverwalter" durch das Wort „Insolvenzverwalter" ersetzt.

2. § 13 wird wie folgt geändert:

    a) Absatz 3 wird wie folgt gefaßt:

    „(3) Das Recht der Kapitalanlagegesellschaft, die Sondervermögen zu verwalten, erlischt ferner mit der Eröffnung des Insolvenzverfahrens über das Vermögen der Kapitalanlagegesellschaft oder mit der Rechtskraft des Gerichtsbeschlusses, durch den die Eröffnung des Insolvenzverfahrens mangels Masse abgelehnt wird (§ 26 der Insolvenzordnung). Die Sondervermögen gehören nicht zur Insolvenzmasse der Kapitalanlagegesellschaft."

    b) In Absatz 4 werden die Worte „oder wird das gerichtliche Vergleichsverfahren eröffnet" gestrichen.

Artikel 46
Änderung des Gesetzes über die Spaltung der von der Treuhandanstalt verwalteten Unternehmen

In § 11 Abs. 1 Satz 4 des Gesetzes über die Spaltung der von der Treuhandanstalt verwalteten Unternehmen vom 5. April 1991 (BGBl. I S. 854), das durch Artikel 3 Abs. 1 des Gesetzes vom 9. August 1994 (BGBl. I S. 2062) geändert worden ist, werden die Worte „des Konkurses" durch die Worte „des Insolvenzverfahrens" ersetzt.

Artikel 47
Änderung des Aktiengesetzes

Das Aktiengesetz vom 6. September 1965 (BGBl. 1 S. 1089), zuletzt geändert durch Artikel 1 des Gesetzes vom 2. August 1994 (BGBl. I S. 1961), wird wie folgt geändert:

1. § 50 Satz 2 wird wie folgt gefaßt:

    „Die zeitliche Beschränkung gilt nicht, wenn der Ersatzpflichtige zahlungsunfähig ist und sich zur Abwendung des Insolvenzverfahrens mit seinen Gläubigern vergleicht oder wenn die Ersatzpflicht in einem Insolvenzplan geregelt wird."

2. § 62 Abs. 2 Satz 2 wird wie folgt gefaßt:

„Ist über das Vermögen der Gesellschaft das Insolvenzverfahren eröffnet, so übt während dessen Dauer der Insolvenzverwalter oder der Sachwalter das Recht der Gesellschaftsgläubiger gegen die Aktionäre aus."

3. § 87 Abs. 3 wird wie folgt gefaßt:

„(3) Wird über das Vermögen der Gesellschaft das Insolvenzverfahren eröffnet und kündigt der Insolvenzverwalter den Anstellungsvertrag eines Vorstandsmitglieds, so kann es Ersatz für den Schaden, der ihm durch die Aufhebung des Dienstverhältnisses entsteht, nur für zwei Jahre seit dem Ablauf des Dienstverhältnisses verlangen."

4. § 92 Abs. 2 wird wie folgt gefaßt:

„(2) Wird die Gesellschaft zahlungsunfähig, so hat der Vorstand ohne schuldhaftes Zögern, spätestens aber drei Wochen nach Eintritt der Zahlungsunfähigkeit, die Eröffnung des Insolvenzverfahrens zu beantragen. Dies gilt sinngemäß, wenn sich eine Überschuldung der Gesellschaft ergibt."

5. § 93 wird wie folgt geändert:

a) Absatz 4 Satz 4 wird wie folgt gefaßt:

„Die zeitliche Beschränkung gilt nicht, wenn der Ersatzpflichtige zahlungsunfähig ist und sich zur Abwendung des Insolvenzverfahrens mit seinen Gläubigern vergleicht oder wenn die Ersatzpflicht in einem Insolvenzplan geregelt wird."

b) Absatz 5 Satz 4 wird wie folgt gefaßt:

„Ist über das Vermögen der Gesellschaft das Insolvenzverfahren eröffnet, so übt während dessen Dauer der Insolvenzverwalter oder der Sachwalter das Recht der Gläubiger gegen die Vorstandsmitglieder aus."

6. § 117 Abs. 5 Satz 3 wird wie folgt gefaßt:

„Ist über das Vermögen der Gesellschaft das Insolvenzverfahren eröffnet, so übt während dessen Dauer der Insolvenzverwalter oder der Sachwalter das Recht der Gläubiger aus."

7. In § 225 Abs. 1 Satz 3 werden die Worte „des Konkurses" durch die Worte „des Insolvenzverfahrens" ersetzt.

8. In § 233 Abs. 2 Satz 3 werden die Worte „des Konkurses" durch die Worte „des Insolvenzverfahrens" ersetzt.

9. § 262 Abs. 1 wird wie folgt geändert:

a) In der Nummer 3 werden die Worte „des Konkursverfahrens" durch die Worte „des Insolvenzverfahrens" ersetzt.

b) Die Nummer 4 wird wie folgt gefaßt:

„4. mit der Rechtskraft des Beschlusses, durch den die Eröffnung des Insolvenzverfahrens mangels Masse abgelehnt wird;".

c) Der Punkt am Ende der Nummer 5 wird durch einen Strichpunkt ersetzt; es wird folgende neue Nummer 6 angefügt:

„6. durch Löschung der Gesellschaft wegen Vermögenslosigkeit nach § 141 a des Gesetzes über die Angelegenheiten der freiwilligen Gerichtsbarkeit."

10. § 263 wird wie folgt geändert:

   a) In Satz 2 werden die Worte „des Konkursverfahrens" durch die Worte „des Insolvenzverfahrens" ersetzt.

   b) Es wird folgender neuer Satz 4 angefügt:

   „Im Falle der Löschung der Gesellschaft (§ 262 Abs. 1 Nr. 6) entfällt die Eintragung der Auflösung."

11. § 264 wird wie folgt geändert:

   a) In Absatz 1 wird das Wort „Konkursverfahren" durch das Wort „Insolvenzverfahren" ersetzt.

   b) Absatz 2 wird neuer Absatz 3.

   c) Es wird folgender neuer Absatz 2 eingefügt:

   „(2) Ist die Gesellschaft durch Löschung wegen Vermögenslosigkeit aufgelöst, so findet eine Abwicklung nur statt, wenn sich nach der Löschung herausstellt, daß Vermögen vorhanden ist, das der Verteilung unterliegt. Die Abwickler sind auf Antrag eines Beteiligten durch das Gericht zu ernennen."

12. § 274 Abs. 2 Nr. 1 wird wie folgt gefaßt:

   „1. durch die Eröffnung des Insolvenzverfahrens aufgelöst, das Verfahren aber auf Antrag des Schuldners eingestellt oder nach der Bestätigung eines Insolvenzplans, der den Fortbestand der Gesellschaft vorsieht, aufgehoben worden ist;".

13. § 283 Nr. 14 wird wie folgt gefaßt:

   „14. den Antrag auf Eröffnung des Insolvenzverfahrens."

14. § 289 wird wie folgt geändert:

   a) Absatz 2 Nr. 1 wird wie folgt gefaßt:

   „1. mit der Rechtskraft des Beschlusses, durch den die Eröffnung des Insolvenzverfahrens mangels Masse abgelehnt wird;".

   b) In Absatz 2 wird der Punkt am Ende der Nummer 2 durch einen Strichpunkt ersetzt; es wird folgende neue Nummer 3 angefügt:

   „3. durch die Löschung der Gesellschaft wegen Vermögenslosigkeit nach § 141 a des Gesetzes über die Angelegenheiten der freiwilligen Gerichtsbarkeit."

   c) In Absatz 3 Satz 1 werden die Worte „des Konkursverfahrens" durch die Worte „des Insolvenzverfahrens" ersetzt.

   d) An Absatz 6 werden folgende neue Sätze angefügt:

   „In den Fällen des Absatzes 2 hat das Gericht die Auflösung und ihren Grund von Amts wegen einzutragen. Im Falle des Absatzes 2 Nr. 3 entfällt die Eintragung der Auflösung."

15. An § 290 wird folgender neuer Absatz 3 angefügt:

„(3) Ist die Gesellschaft durch Löschung wegen Vermögenslosigkeit aufgelöst, so findet eine Abwicklung nur statt, wenn sich nach der Löschung herausstellt, daß Vermögen vorhanden ist, das der Verteilung unterliegt. Die Abwickler sind auf Antrag eines Beteiligten durch das Gericht zu ernennen."

16. § 302 Abs. 3 Satz 2 wird wie folgt gefaßt:

„Dies gilt nicht, wenn der Ausgleichspflichtige zahlungsunfähig ist und sich zur Abwendung des Insolvenzverfahrens mit seinen Gläubigern vergleicht oder wenn die Ersatzpflicht in einem Insolvenzplan geregelt wird."

17. In § 303 Abs. 2 werden die Worte „des Konkurses" durch die Worte „des Insolvenzverfahrens" ersetzt.

18. § 309 wird wie folgt geändert:

a) Absatz 3 Satz 2 wird wie folgt gefaßt:

„Die zeitliche Beschränkung gilt nicht, wenn der Ersatzpflichtige zahlungsunfähig ist und sich zur Abwendung des Insolvenzverfahrens mit seinen Gläubigern vergleicht oder wenn die Ersatzpflicht in einem Insolvenzplan geregelt wird."

b) Absatz 4 Satz 5 wird wie folgt gefaßt:

„Ist über das Vermögen der Gesellschaft das Insolvenzverfahren eröffnet, so übt während dessen Dauer der Insolvenzverwalter oder der Sachwalter das Recht der Aktionäre und Gläubiger, den Ersatzanspruch der Gesellschaft geltend zu machen, aus."

19. In § 321 Abs. 2 werden die Worte „des Konkurses" durch die Worte „des Insolvenzverfahrens" ersetzt.

20. In § 347 Abs. 2 werden die Worte „des Konkurses" durch die Worte „des Insolvenzverfahrens" ersetzt.

21. § 385 q wird wie folgt geändert:

a) In Satz 1 wird das Wort „Konkursverfahren" durch das Wort „Insolvenzverfahren" ersetzt.

b) In Satz 2 wird die Angabe „§§ 105 bis 115 a, 116 und 117" durch die Angabe „§§ 105 bis 115 a und § 116 Nr. 1 bis 3" ersetzt.

22. In § 401 Abs. 1 Nr. 2 werden die Worte „des Konkursverfahrens oder des gerichtlichen Vergleichsverfahrens" durch die Worte „des Insolvenzverfahrens" ersetzt.

**Artikel 48
Änderung des Gesetzes betreffend
die Gesellschaften mit beschränkter Haftung**

Das Gesetz betreffend die Gesellschaften mit beschränkter Haftung in der im Bundesgesetzblatt Teil III, Gliederungsnummer 4123-1, veröffentlichten bereinigten Fassung, zuletzt geändert durch Artikel 3 des Gesetzes vom 25. Juli 1994 (BGBl. I S. 1682), wird wie folgt geändert:

1. § 9 b Abs. 1 Satz 2 wird wie folgt gefaßt:

„Dies gilt nicht, wenn der Ersatzpflichtige zahlungsunfähig ist und sich zur Abwendung des Insolvenzverfahrens mit seinen Gläubigern vergleicht oder wenn die Ersatzpflicht in einem Insolvenzplan geregelt wird."

2. § 32 a wird wie folgt geändert:

   a) Absatz 1 wird wie folgt gefaßt:

   „(1) Hat ein Gesellschafter der Gesellschaft in einem Zeitpunkt, in dem ihr die Gesellschafter als ordentliche Kaufleute Eigenkapital zugeführt hätten, statt dessen ein Darlehen gewährt, so kann er den Anspruch auf Rückgewähr des Darlehens im Insolvenzverfahren über das Vermögen der Gesellschaft nur als nachrangiger Insolvenzgläubiger geltend machen."

   b) In Absatz 2 werden die Worte „im Konkursverfahren oder im Vergleichsverfahren zur Abwendung des Konkurses" ersetzt durch die Worte „im Insolvenzverfahren".

3. § 32 b Satz 1 wird wie folgt gefaßt:

„Hat die Gesellschaft im Fall des § 32 a Abs. 2, 3 das Darlehen im letzten Jahr vor dem Antrag auf Eröffnung des Insolvenzverfahrens oder nach diesem Antrag zurückgezahlt, so hat der Gesellschafter, der die Sicherung bestellt hatte oder als Bürge haftete, der Gesellschaft den zurückgezahlten Betrag zu erstatten; § 146 der Insolvenzordnung gilt entsprechend."

4. Nach § 58 werden die folgenden §§ 58 a bis 58 f eingefügt:

„§ 58 a

(1) Eine Herabsetzung des Stammkapitals, die dazu dienen soll, Wertminderungen auszugleichen oder sonstige Verluste zu decken, kann als vereinfachte Kapitalherabsetzung vorgenommen werden.

(2) Die vereinfachte Kapitalherabsetzung ist nur zulässig, nachdem der Teil der Kapital- und Gewinnrücklagen, der zusammen über zehn vom Hundert des nach der Herabsetzung verbleibenden Stammkapitals hinausgeht, vorweg aufgelöst ist. Sie ist nicht zulässig, solange ein Gewinnvortrag vorhanden ist.

(3) Im Beschluß über die vereinfachte Kapitalherabsetzung sind die Nennbeträge der Geschäftsanteile dem herabgesetzten Stammkapital anzupassen. Die Geschäftsanteile können auf jeden durch zehn teilbaren Betrag, müssen jedoch auf mindestens fünfzig Deutsche Mark gestellt werden. Geschäftsanteile, deren Nennbetrag durch die Herabsetzung unter fünfzig Deutsche Mark sinken würde, sind von den Geschäftsführern zu gemeinschaftlichen Geschäftsanteilen zu vereinigen, wenn die Einlagen auf die Geschäftsanteile voll geleistet, die Geschäftsanteile nicht mit einer Nachschußpflicht oder mit Rechten Dritter belastet und nach dem Gesellschaftsvertrag nicht mit verschiedenen Rechten und Pflichten ausgestattet sind. Die Erklärung über die Vereinigung der Geschäftsanteile bedarf der notariellen Beurkundung. Die Vereinigung wird mit der Eintragung des Beschlusses über die Kapitalherabsetzung in das Handelsregister wirksam.

(4) Das Stammkapital kann unter den in § 5 Abs. 1 bestimmten Mindestnennbetrag herabgesetzt werden, wenn dieser durch eine Kapitalerhöhung wieder erreicht wird, die zugleich mit der Kapitalherabsetzung beschlossen ist und bei der

Sacheinlagen nicht festgesetzt sind. Die Beschlüsse sind nichtig, wenn sie nicht binnen drei Monaten nach der Beschlußfassung in das Handelsregister eingetragen worden sind. Der Lauf der Frist ist gehemmt, solange eine Anfechtungs- oder Nichtigkeitsklage rechtshängig ist oder eine zur Kapitalherabsetzung oder Kapitalerhöhung beantragte staatliche Genehmigung noch nicht erteilt ist. Die Beschlüsse sollen nur zusammen in das Handelsregister eingetragen werden.

(5) Neben den §§ 53 und 54 über die Abänderung des Gesellschaftsvertrags gelten die §§ 58 b bis 58 f.

§ 58 b

(1) Die Beträge, die aus der Auflösung der Kapital- oder Gewinnrücklagen und aus der Kapitalherabsetzung gewonnen werden, dürfen nur verwandt werden, um Wertminderungen auszugleichen und sonstige Verluste zu decken.

(2) Daneben dürfen die gewonnenen Beträge in die Kapitalrücklage eingestellt werden, soweit diese zehn vom Hundert des Stammkapitals nicht übersteigt. Als Stammkapital gilt dabei der Nennbetrag, der sich durch die Herabsetzung ergibt, mindestens aber der nach § 5 Abs. 1 zulässige Mindestnennbetrag.

(3) Ein Betrag, der auf Grund des Absatzes 2 in die Kapitalrücklage eingestellt worden ist, darf vor Ablauf des fünften nach der Beschlußfassung über die Kapitalherabsetzung beginnenden Geschäftsjahrs nur verwandt werden

1. zum Ausgleich eines Jahresfehlbetrags, soweit er nicht durch einen Gewinnvortrag aus dem Vorjahr gedeckt ist und nicht durch Auflösung von Gewinnrücklagen ausgeglichen werden kann;

2. zum Ausgleich eines Verlustvortrags aus dem Vorjahr, soweit er nicht durch einen Jahresüberschuß gedeckt ist und nicht durch Auflösung von Gewinnrücklagen ausgeglichen werden kann;

3. zur Kapitalerhöhung aus Gesellschaftsmitteln.

§ 58 c

Ergibt sich bei Aufstellung der Jahresbilanz für das Geschäftsjahr, in dem der Beschluß über die Kapitalherabsetzung gefaßt wurde, oder für eines der beiden folgenden Geschäftsjahre, daß Wertminderungen und sonstige Verluste in der bei der Beschlußfassung angenommenen Höhe tatsächlich nicht eingetreten oder ausgeglichen waren, so ist der Unterschiedsbetrag in die Kapitalrücklage einzustellen. Für einen nach Satz 1 in die Kapitalrücklage eingestellten Betrag gilt § 58 b Abs. 3 sinngemäß.

§ 58 d

(1) Gewinn darf vor Ablauf des fünften nach der Beschlußfassung über die Kapitalherabsetzung beginnenden Geschäftsjahrs nur ausgeschüttet werden, wenn die Kapital- und Gewinnrücklagen zusammen zehn vom Hundert des Stammkapitals erreichen. Als Stammkapital gilt dabei der Nennbetrag, der sich durch die Herabsetzung ergibt, mindestens aber der nach § 5 Abs. 1 zulässige Mindestnennbetrag.

(2) Die Zahlung eines Gewinnanteils von mehr als vier vom Hundert ist erst für ein Geschäftsjahr zulässig, das später als zwei Jahre nach der Beschlußfassung über die Kapitalherabsetzung beginnt. Dies gilt nicht, wenn die Gläubiger, deren

Forderungen vor der Bekanntmachung der Eintragung des Beschlusses begründet worden waren, befriedigt oder sichergestellt sind, soweit sie sich binnen sechs Monaten nach der Bekanntmachung des Jahresabschlusses, auf Grund dessen die Gewinnverteilung beschlossen ist, zu diesem Zweck gemeldet haben. Einer Sicherstellung der Gläubiger bedarf es nicht, die im Fall des Insolvenzverfahrens ein Recht auf vorzugsweise Befriedigung aus einer Deckungsmasse haben, die nach gesetzlicher Vorschrift zu ihrem Schutz errichtet und staatlich überwacht ist. Die Gläubiger sind in der Bekanntmachung nach § 325 Abs. 1 Satz 2 oder Abs. 2 Satz 1 des Handelsgesetzbuchs auf die Befriedigung oder Sicherstellung hinzuweisen.

§ 58 e

(1) Im Jahresabschluß für das letzte vor der Beschlußfassung über die Kapitalherabsetzung abgelaufene Geschäftsjahr können das Stammkapital sowie die Kapital- und Gewinnrücklagen in der Höhe ausgewiesen werden, in der sie nach der Kapitalherabsetzung bestehen sollen. Dies gilt nicht, wenn der Jahresabschluß anders als durch Beschluß der Gesellschafter festgestellt wird.

(2) Der Beschluß über die Feststellung des Jahresabschlusses soll zugleich mit dem Beschluß über die Kapitalherabsetzung gefaßt werden.

(3) Die Beschlüsse sind nichtig, wenn der Beschluß über die Kapitalherabsetzung nicht binnen drei Monaten nach der Beschlußfassung in das Handelsregister eingetragen worden ist. Der Lauf der Frist ist gehemmt, solange eine Anfechtungs- oder Nichtigkeitsklage rechtshängig ist oder eine zur Kapitalherabsetzung beantragte staatliche Genehmigung noch nicht erteilt ist.

(4) Der Jahresabschluß darf nach § 325 des Handelsgesetzbuchs erst nach Eintragung des Beschlusses über die Kapitalherabsetzung offengelegt werden.

§ 58 f

(1) Wird im Fall des § 58 e zugleich mit der Kapitalherabsetzung eine Erhöhung des Stammkapitals beschlossen, so kann auch die Kapitalerhöhung in dem Jahresabschluß als vollzogen berücksichtigt werden. Die Beschlußfassung ist nur zulässig, wenn die neuen Stammeinlagen übernommen, keine Sacheinlagen festgesetzt sind und wenn auf jede neue Stammeinlage die Einzahlung geleistet ist, die nach § 56 a zur Zeit der Anmeldung der Kapitalerhöhung bewirkt sein muß. Die Übernahme und die Einzahlung sind dem Notar nachzuweisen, der den Beschluß über die Erhöhung des Stammkapitals beurkundet.

(2) Sämtliche Beschlüsse sind nichtig, wenn die Beschlüsse über die Kapitalherabsetzung und die Kapitalerhöhung nicht binnen drei Monaten nach der Beschlußfassung in das Handelsregister eingetragen worden sind. Der Lauf der Frist ist gehemmt, solange eine Anfechtungs- oder Nichtigkeitsklage rechtshängig ist oder eine zur Kapitalherabsetzung oder Kapitalerhöhung beantragte staatliche Genehmigung noch nicht erteilt worden ist. Die Beschlüsse sollen nur zusammen in das Handelsregister eingetragen werden.

(3) Der Jahresabschluß darf nach § 325 des Handelsgesetzbuchs erst offengelegt werden, nachdem die Beschlüsse über die Kapitalherabsetzung und Kapitalerhöhung eingetragen worden sind."

5. § 60 Abs. 1 wird wie folgt geändert:

   a) Die Nummer 4 wird wie folgt gefaßt:

   „4. durch die Eröffnung des Insolvenzverfahrens; wird das Verfahren auf Antrag des Schuldners eingestellt oder nach der Bestätigung eines Insolvenzplans, der den Fortbestand der Gesellschaft vorsieht, aufgehoben, so können die Gesellschafter die Fortsetzung der Gesellschaft beschließen;".

   b) Die bisherige Nummer 5 wird die neue Nummer 6; der Punkt am Ende dieser Nummer wird durch einen Strichpunkt ersetzt.

   c) Es wird folgende neue Nummer 5 eingefügt:

   „5. mit der Rechtskraft des Beschlusses, durch den die Eröffnung des Insolvenzverfahrens mangels Masse abgelehnt worden ist;".

   d) Es wird folgende neue Nummer 7 angefügt:

   „7. durch die Löschung der Gesellschaft wegen Vermögenslosigkeit nach § 141a des Gesetzes über die Angelegenheiten der freiwilligen Gerichtsbarkeit."

6. § 63 wird aufgehoben.

7. § 64 Abs. 1 wird wie folgt gefaßt:

   „(1) Wird die Gesellschaft zahlungsunfähig, so haben die Geschäftsführer ohne schuldhaftes Zögern, spätestens aber drei Wochen nach Eintritt der Zahlungsunfähigkeit, die Eröffnung des Insolvenzverfahrens zu beantragen. Dies gilt sinngemäß, wenn sich eine Überschuldung der Gesellschaft ergibt."

8. § 65 Abs. 1 wird wie folgt geändert:

   a) Satz 2 wird wie folgt gefaßt:

   „Dies gilt nicht in den Fällen der Eröffnung oder der Ablehnung der Eröffnung des Insolvenzverfahrens und der gerichtlichen Feststellung eines Mangels des Gesellschaftsvertrags oder der Nichteinhaltung der Verpflichtungen nach § 19 Abs. 4."

   b) Es wird folgender neuer Satz 4 angefügt:

   „Im Falle der Löschung der Gesellschaft (§ 60 Abs. 1 Nr. 7) entfällt die Eintragung der Auflösung."

9. § 66 wird wie folgt geändert:

   a) In Absatz 1 werden die Worte „des Konkursverfahrens" durch die Worte „des Insolvenzverfahrens" ersetzt.

   b) Es wird folgender neuer Absatz 5 angefügt:

   „(5) Ist die Gesellschaft durch Löschung wegen Vermögenslosigkeit aufgelöst, so findet eine Liquidation nur statt, wenn sich nach der Löschung herausstellt, daß Vermögen vorhanden ist, das der Verteilung unterliegt. Die Liquidatoren sind auf Antrag eines Beteiligten durch das Gericht zu ernennen."

10. § 84 Abs. 1 Nr. 2 wird wie folgt gefaßt:

„2. als Geschäftsführer entgegen § 64 Abs. 1 oder als Liquidator entgegen § 71 Abs. 4 unterläßt, bei Zahlungsunfähigkeit oder Überschuldung die Eröffnung des Insolvenzverfahrens zu beantragen."

Artikel 49
Änderung des Gesetzes betreffend
die Erwerbs- und Wirtschaftsgenossenschaften

Das Gesetz betreffend die Erwerbs- und Wirtschaftsgenossenschaften in der Fassung der Bekanntmachung vom 19. August 1994 (BGBl. I S. 2202) wird wie folgt geändert:

1. In § 6 Nr. 3 werden die Worte „im Konkurs" durch die Worte „im Insolvenzverfahren über das Vermögen" und das Wort „Konkursmasse" durch das Wort „Insolvenzmasse" ersetzt.

2. In § 22a Abs. 1 wird das Wort „Konkursmasse" durch das Wort „Insolvenzmasse" ersetzt.

3. § 34 wird wie folgt geändert:

   a) In Absatz 3 Nr. 4 werden die Worte „Konkursgrund nach § 98 Abs. 1" durch die Worte „nach § 98 Grund für die Eröffnung des Insolvenzverfahrens" ersetzt.

   b) In Absatz 5 Satz 3 werden die Worte „der Konkurs" durch die Worte „das Insolvenzverfahren" und das Wort „Konkursverwalter" durch die Worte „Insolvenzverwalter oder Sachwalter" ersetzt.

4. In § 47 Abs. 3 werden in Satz 1 nach dem Wort „betrifft," die Worte „oder wird die Fortsetzung der Genossenschaft nach § 117 beschlossen," eingefügt.

5. In § 73 Abs. 2 Satz 3 werden die Worte „des Konkurses" durch die Worte „des Insolvenzverfahrens" ersetzt.

6. In § 76 Abs. 3 werden die Worte „des Konkursverfahrens" durch die Worte „des Insolvenzverfahrens" ersetzt.

7. Nach § 81 wird folgender neuer § 81a eingefügt:

„§ 81a

Die Genossenschaft wird aufgelöst

1. mit der Rechtskraft des Beschlusses, durch den die Eröffnung des Insolvenzverfahrens mangels Masse abgelehnt worden ist;

2. durch die Löschung wegen Vermögenslosigkeit nach § 141a des Gesetzes über die Angelegenheiten der freiwilligen Gerichtsbarkeit."

8. An § 82 wird folgender neuer Absatz 3 angefügt:

„(3) Im Falle der Löschung der Genossenschaft (§ 81a Nr. 2) sind die Absätze 1 und 2 nicht anzuwenden."

9. An § 83 wird folgender neuer Absatz 5 angefügt:

„(5) Ist die Genossenschaft durch Löschung wegen Vermögenslosigkeit aufgelöst, so findet eine Liquidation nur statt, wenn sich nach der Löschung herausstellt, daß Vermögen vorhanden ist, das der Verteilung unterliegt. Die Liquidatoren sind auf Antrag eines Beteiligten durch das Gericht zu ernennen."

10. In § 87a Abs. 2 Satz 2 wird das Wort „Konkursmasse" durch das Wort „Insolvenzmasse" ersetzt.

11. In § 93m Abs. 2 Satz 1 werden die Worte „des Konkurses" durch die Worte „des Insolvenzverfahrens" ersetzt.

12. In § 93r Abs. 2 wird das Wort „Konkursverfahren" durch das Wort „Insolvenzverfahren" ersetzt.

13. In § 95 Abs. 4 wird das Wort „Konkursmasse" durch das Wort „Insolvenzmasse" ersetzt.

14. In der Überschrift des Siebenten Abschnitts wird das Wort „Konkursverfahren" durch das Wort „Insolvenzverfahren" ersetzt.

15. § 98 wird wie folgt gefaßt:

„§ 98

Abweichend von § 19 Abs. 1 der Insolvenzordnung ist bei einer Genossenschaft die Überschuldung nur dann Grund für die Eröffnung des Insolvenzverfahrens, wenn

1. die Genossen Nachschüsse bis zu einer Haftsumme zu leisten haben und die Überschuldung ein Viertel des Gesamtbetrages der Haftsummen aller Genossen übersteigt,

2. die Genossen keine Nachschüsse zu leisten haben oder

3. die Genossenschaft aufgelöst ist."

16. § 99 wird wie folgt geändert:

a) Absatz 1 wird wie folgt gefaßt:

„(1) Wird die Genossenschaft zahlungsunfähig, so hat der Vorstand, bei einer aufgelösten Genossenschaft der Liquidator, ohne schuldhaftes Zögern, spätestens aber drei Wochen nach Eintritt der Zahlungsunfähigkeit, die Eröffnung des Insolvenzverfahrens zu beantragen. Dies gilt sinngemäß, wenn eine Überschuldung besteht, die für die Genossenschaft nach § 98 Grund für die Eröffnung des Insolvenzverfahrens ist."

b) In Absatz 2 Satz 1 werden die Worte „die für die Genossenschaft Konkursgrund nach § 98 Abs. 1 ist" durch die Worte „die für die Genossenschaft nach § 98 Grund für die Eröffnung des Insolvenzverfahrens ist" ersetzt.

17. § 100 wird aufgehoben.

18. In § 101 werden die Worte „des Konkursverfahrens" durch die Worte „des Insolvenzverfahrens" ersetzt.

19. § 102 wird wie folgt gefaßt:

„§ 102

(1) Die Eröffnung des Insolvenzverfahrens ist von Amts wegen in das Genossenschaftsregister einzutragen. Das gleiche gilt für

1. die Aufhebung des Eröffnungsbeschlusses,

2. die Bestellung eines vorläufigen Insolvenzverwalters, wenn zusätzlich dem Schuldner ein allgemeines Verfügungsverbot auferlegt oder angeordnet wird, daß Verfügungen des Schuldners nur mit Zustimmung des vorläufigen Insolvenzverwalters wirksam sind, und die Aufhebung einer derartigen Sicherungsmaßnahme,

3. die Einstellung und die Aufhebung des Verfahrens und

4. die Überwachung der Erfüllung eines Insolvenzplans und die Aufhebung der Überwachung.

(2) Die Eintragungen nach Absatz 1 werden nicht bekanntgemacht."

20. § 103 wird aufgehoben.

21. § 104 wird aufgehoben.

22. § 105 wird wie folgt geändert:

a) Absatz 1 wird wie folgt gefaßt:

„(1) Soweit die Ansprüche der Massegläubiger oder die bei der Schlußverteilung (§ 196 der Insolvenzordnung) berücksichtigten Forderungen der Insolvenzgläubiger aus dem vorhandenen Vermögen der Genossenschaft nicht berichtigt werden, sind die Genossen verpflichtet, Nachschüsse zur Insolvenzmasse zu leisten, es sei denn, daß das Statut die Nachschußpflicht ausschließt. Im Falle eines rechtskräftig bestätigten Insolvenzplans besteht die Nachschußpflicht insoweit, als sie im gestaltenden Teil des Plans vorgesehen ist."

b) In Absatz 5 wird das Wort „Konkursgläubiger" durch das Wort „Insolvenzgläubiger" ersetzt.

23. § 106 wird wie folgt geändert:

a) Absatz 1 wird wie folgt gefaßt:

„(1) Der Insolvenzverwalter hat sofort, nachdem die Vermögensübersicht (§ 153 der Insolvenzordnung) auf der Geschäftsstelle niedergelegt ist, zu berechnen, wieviel zur Deckung des aus der Vermögensübersicht ersichtlichen Fehlbetrages die Genossen vorschußweise beizutragen haben. Sind in der Vermögensübersicht Fortführungs- und Stillegungswerte nebeneinander angegeben, so ist der Fehlbetrag maßgeblich, der sich auf der Grundlage der Stillegungswerte ergibt."

b) In Absatz 3 wird jeweils das Wort „Konkursgericht" durch das Wort „Insolvenzgericht" ersetzt.

24. In § 108 Abs. 1 wird das Wort „Konkursverwalter" durch das Wort „Insolvenzverwalter" ersetzt.

25. In § 108a Abs. 1 werden das Wort „Konkursverwalter" durch das Wort „Insolvenzverwalter" und die Worte „des Konkursgerichts" durch die Worte „des Insolvenzgerichts" ersetzt.

26. § 109 wird wie folgt geändert:

a) In Absatz 1 wird das Wort „Konkursverwalter" durch das Wort „Insolvenzverwalter" ersetzt.

b) In Absatz 3 werden das Wort „Konkursverfahren" durch das Wort „Insolvenzverfahren" und die Worte „der Bezirk des Konkursgerichts" durch die Worte „das Insolvenzgericht" ersetzt.

27. § 110 wird wie folgt gefaßt:

„§ 110

Die eingezogenen Beträge sind nach Maßgabe des § 149 der Insolvenzordnung zu hinterlegen oder anzulegen."

28. In § 111 Abs. 1 Satz 2 wird das Wort „Konkursverwalter" durch das Wort „Insolvenzverwalter" ersetzt.

29. § 112 a Abs. 1 wird wie folgt gefaßt:

„(1) Der Insolvenzverwalter kann über den von dem Genossen zu leistenden Nachschuß einen Vergleich abschließen. Der Vergleich bedarf zu seiner Wirksamkeit der Zustimmung des Gläubigerausschusses, wenn ein solcher bestellt ist, und der Bestätigung durch das Insolvenzgericht."

30. In § 113 Abs. 1 Satz 1 wird das Wort „Konkursverwalter" durch das Wort „Insolvenzverwalter" ersetzt.

31. § 114 wird wie folgt geändert:

a) Absatz 1 Satz 1 wird wie folgt gefaßt:

„Sobald mit dem Vollzug der Schlußverteilung (§ 196 der Insolvenzordnung) begonnen wird oder sobald nach einer Anzeige der Masseunzulänglichkeit (§ 208 der Insolvenzordnung) die Insolvenzmasse verwertet ist, hat der Insolvenzverwalter schriftlich festzustellen, ob und in welcher Höhe nach der Verteilung des Erlöses ein Fehlbetrag verbleibt und inwieweit er durch die bereits geleisteten Nachschüsse gedeckt ist."

b) In Absatz 2 wird das Wort „Konkursverwalter" durch das Wort „Insolvenzverwalter" ersetzt.

32. § 115 wird wie folgt geändert:

a) In Absatz 1 werden das Wort „Verwalter" jeweils durch das Wort „Insolvenzverwalter" und die Angabe „(Konkursordnung § 166)" durch die Angabe „(§ 203 der Insolvenzordnung)" ersetzt.

b) In Absatz 2 Satz 1 wird die Angabe „§ 168 der Konkursordnung" durch die Angabe „§§ 189 bis 191 der Insolvenzordnung" ersetzt.

c) In Absatz 3 wird das Wort „Konkursverwalter" durch das Wort „Insolvenzverwalter" ersetzt.

33. § 115 a wird wie folgt geändert:

a) Absatz 1 wird wie folgt gefaßt:

„(1) Nimmt die Abwicklung des Insolvenzverfahrens voraussichtlich längere Zeit in Anspruch, so kann der Insolvenzverwalter mit Zustimmung des Gläubigerausschusses, wenn ein solcher bestellt ist, und des Insolvenzgerichts die eingezogenen Beträge (§ 110) schon vor dem in § 115 Abs. 1 bezeichneten Zeitpunkt im Wege der Abschlagsverteilung nach den §§ 187 bis 195 der Insolvenzordnung an die Gläubiger verteilen. Eine Abschlagsverteilung soll unterbleiben, soweit nach dem Verhältnis der Schulden zu dem Vermögen mit einer Erstattung eingezogener Beträge an Genossen nach § 105 Abs. 4 oder § 115 Abs. 3 zu rechnen ist."

b) In Absatz 2 wird das Wort „Konkursmasse" durch das Wort „Insolvenzmasse" ersetzt.

34. In § 115 b werden das Wort „Konkursgläubiger" durch das Wort „Insolvenzgläubiger", die Worte „vor der Eröffnung des Konkursverfahrens" durch die Worte „vor dem Antrag auf Eröffnung des Insolvenzverfahrens oder nach diesem Antrag" und das Wort „Konkursmasse" durch das Wort „Insolvenzmasse" ersetzt.

35. In § 115 c Abs. 1 wird das Wort „Konkursverwalter" durch das Wort „Insolvenzverwalter" ersetzt.

36. In § 115 d Abs. 2 wird das Wort „Konkursgläubiger" durch das Wort „Insolvenzgläubiger" ersetzt.

37. Der bisherige § 115 e wird aufgehoben; an seiner Stelle wird eingefügt:

„§ 115 e

Ist gemäß § 270 oder § 271 der Insolvenzordnung die Eigenverwaltung unter Aufsicht eines Sachwalters angeordnet, so gelten die §§ 105 bis 115 d mit der Maßgabe, daß an die Stelle des Insolvenzverwalters der Sachwalter tritt."

38. Der bisherige § 116 wird aufgehoben; an seiner Stelle wird eingefügt:

„§ 116

Die Vorschriften der Insolvenzordnung über den Insolvenzplan sind mit folgenden Abweichungen anzuwenden:

1. Ein Plan wird berücksichtigt, wenn er vor der Beendigung des Nachschußverfahrens beim Insolvenzgericht eingeht;

2. im darstellenden Teil des Plans ist anzugeben, in welcher Höhe die Genossen bereits Nachschüsse geleistet haben und zu welchen weiteren Nachschüssen sie nach dem Statut herangezogen werden könnten;

3. bei der Bildung der Gruppen für die Festlegung der Rechte der Gläubiger im Plan kann zwischen den Gläubigern, die zugleich Mitglieder der Genossenschaft sind, und den übrigen Gläubigern unterschieden werden;

4. vor dem Erörterungstermin hat das Insolvenzgericht den Prüfungsverband, dem die Genossenschaft angehört, darüber zu hören, ob der Plan mit den Interessen der Genossen vereinbar ist."

39. Der bisherige § 117 wird aufgehoben; an seiner Stelle wird eingefügt:

„§ 117

(1) Ist das Insolvenzverfahren auf Antrag des Schuldners eingestellt oder nach der Bestätigung eines Insolvenzplans, der den Fortbestand der Genossenschaft vorsieht, aufgehoben worden, so kann die Generalversammlung die Fortsetzung der Genossenschaft beschließen. Zugleich mit dem Beschluß über die Fortsetzung der Genossenschaft ist die nach § 6 Nr. 3 notwendige Bestimmung im Statut zu beschließen, ob die Genossen für den Fall, daß die Gläubiger im Insolvenzverfahren über das Vermögen der Genossenschaft nicht befriedigt werden, Nachschüsse zur Insolvenzmasse unbeschränkt, beschränkt auf eine Haftsumme oder überhaupt nicht zu leisten haben.

(2) Die Beschlüsse nach Absatz 1 bedürfen einer Mehrheit, die mindestens drei Viertel der abgegebenen Stimmen umfaßt. Das Statut kann außer dieser Mehrheit noch andere Erfordernisse aufstellen. Die Vorschriften des § 79 a Abs. 2 bis 4 sind anzuwenden.

(3) Die Fortsetzung der Genossenschaft ist zusammen mit dem Beschluß über die Nachschußpflicht der Genossen durch den Vorstand ohne Verzug zur Eintragung in das Genossenschaftsregister anzumelden."

40. Nach § 117 wird eingefügt:

„§ 118

(1) Wird die Fortsetzung der Genossenschaft gemäß § 117 beschlossen, so kann kündigen

1. jeder in der Generalversammlung erschienene Genosse, wenn er gegen den Beschluß Widerspruch zur Niederschrift erklärt hat oder wenn die Aufnahme seines Widerspruchs in die Niederschrift verweigert worden ist;

2. jeder in der Generalversammlung nicht erschienene Genosse, wenn er zu der Generalversammlung zu Unrecht nicht zugelassen worden ist oder die Versammlung nicht gehörig berufen oder der Gegenstand der Beschlußfassung nicht gehörig angekündigt worden ist.

Hat eine Vertreterversammlung die Fortsetzung der Genossenschaft beschlossen, so kann jeder Genosse kündigen; für die Vertreter gilt Satz 1.

(2) Die Kündigung hat durch schriftliche Erklärung innerhalb eines Monats zu geschehen. Die Frist beginnt in den Fällen des Absatzes 1 Satz 1 Nr. 1 mit der Beschlußfassung, in den Fällen des Absatzes 1 Satz 1 Nr. 2 mit der Erlangung der Kenntnis von der Beschlußfassung. Ist der Zeitpunkt der Kenntniserlangung streitig, so hat die Genossenschaft die Beweislast. Im Falle der Kündigung wirkt der Beschluß über die Fortsetzung der Genossenschaft weder für noch gegen den Genossen.

(3) Der Zeitpunkt des Ausscheidens des Genossen ist unverzüglich in die Mitgliederliste einzutragen; der Genosse ist hiervon unverzüglich zu benachrichtigen.

(4) Für die Auseinandersetzung des ausgeschiedenen Genossen mit der Genossenschaft ist die für die Fortsetzung der Genossenschaft aufgestellte Eröffnungsbilanz maßgeblich. Das Geschäftsguthaben des Genossen ist binnen sechs Monaten

nach dem Ausscheiden auszuzahlen; auf die Rücklagen und das sonstige Vermögen der Genossenschaft hat er vorbehaltlich des § 73 Abs. 3 keinen Anspruch. § 74 ist anzuwenden."

41. In § 119 wird das Wort „Konkursmasse" durch das Wort „Insolvenzmasse" ersetzt.

42. In § 148 Abs. 1 Nr. 2 werden die Worte „des Konkursverfahrens oder des gerichtlichen Vergleichsverfahrens" durch die Worte „des Insolvenzverfahrens" ersetzt.

Artikel 50
Änderung des Gesetzes über Unternehmensbeteiligungsgesellschaften

In § 12 Abs. 2 Nr. 1 des Gesetzes über Unternehmensbeteiligungsgesellschaften vom 17. Dezember 1986 (BGBl. I S. 2488), das durch Artikel 9 des Gesetzes vom 26. Juli 1994 (BGBl. I S. 1749) geändert worden ist, wird das Wort „Konkurs" durch das Wort „Insolvenzverfahren" ersetzt.

Artikel 51
Änderung des Depotgesetzes

Das Depotgesetz in der im Bundesgesetzblatt Teil III, Gliederungsnummer 4130-1, veröffentlichten bereinigten Fassung, zuletzt geändert durch Artikel 7 des Gesetzes vom 26. Juli 1994 (BGBl. I S. 1749), wird wie folgt geändert:

1. In der Überschrift des Dritten Abschnitts wird das Wort „Konkursvorrecht" durch die Worte „Vorrang im Insolvenzverfahren" ersetzt.

2. § 32 wird wie folgt gefaßt:

„§ 32
Vorrangige Gläubiger

(1) Im Insolvenzverfahren über das Vermögen eines der in den §§ 1, 17, 18 bezeichneten Verwahrer, Pfandgläubiger oder Kommissionäre haben Vorrang nach den Absätzen 3 und 4:

1. Kommittenten, die bei Eröffnung des Insolvenzverfahrens das Eigentum oder Miteigentum an Wertpapieren noch nicht erlangt, aber ihre Verpflichtungen aus dem Geschäft über diese Wertpapiere dem Kommissionär gegenüber vollständig erfüllt haben; dies gilt auch dann, wenn im Zeitpunkt der Eröffnung des Insolvenzverfahrens der Kommissionär die Wertpapiere noch nicht angeschafft hat;

2. Hinterleger, Verpfänder und Kommittenten, deren Eigentum oder Miteigentum an Wertpapieren durch eine rechtswidrige Verfügung des Verwahrers, Pfandgläubigers oder Kommissionärs oder ihrer Leute verletzt worden ist, wenn sie bei Eröffnung des Insolvenzverfahrens ihre Verpflichtungen aus dem Geschäft über diese Wertpapiere dem Schuldners vollständig erfüllt haben;

3. die Gläubiger der Nummern 1 und 2, wenn der nichterfüllte Teil ihrer dort bezeichneten Verpflichtungen bei Eröffnung des Insolvenzverfahrens zehn vom Hundert des Wertes ihres Wertpapierlieferungsanspruchs nicht überschreitet und wenn sie binnen einer Woche nach Aufforderung des Insolvenzverwalters diese Verpflichtungen vollständig erfüllt haben.

(2) Entsprechendes gilt im Insolvenzverfahren über das Vermögen eines Eigenhändlers, bei dem jemand Wertpapiere gekauft oder erworben hat, und im Insolvenzverfahren über das Vermögen eines Kommissionärs, der den Auftrag zum Einkauf oder zum Umtausch von Wertpapieren im Wege des Selbsteintritts ausgeführt hat (§ 31).

(3) Die nach den Absätzen 1 und 2 vorrangigen Forderungen werden vor den Forderungen aller anderen Insolvenzgläubiger aus einer Sondermasse beglichen; diese wird gebildet aus den in der Masse vorhandenen Wertpapieren derselben Art und aus den Ansprüchen auf Lieferung solcher Wertpapiere. Die vorrangigen Forderungen werden durch Lieferung der vorhandenen Wertpapiere beglichen, soweit diese nach dem Verhältnis der Forderungsbeträge an alle vorrangigen Gläubiger verteilt werden können. Soweit eine solche Verteilung nicht möglich ist, wird der volle Erlös der nichtverteilten Wertpapiere unter die vorrangigen Gläubiger im Verhältnis ihrer Forderungsbeträge verteilt.

(4) Die Gläubiger der Absätze 1 und 2 haben den beanspruchten Vorrang bei der Anmeldung der Forderung nach § 174 der Insolvenzordnung anzugeben. Sie können aus dem sonstigen Vermögen des Schuldners nur unter entsprechender Anwendung der für die Absonderungsberechtigten geltenden Vorschriften der §§ 52, 190 und 192 der Insolvenzordnung Befriedigung erlangen. Im übrigen bewendet es für sie bei den Vorschriften der Insolvenzordnung über Insolvenzgläubiger.

(5) Das Insolvenzgericht hat, wenn es nach Lage des Falles erforderlich ist, den vorrangigen Gläubigern zur Wahrung der ihnen zustehenden Rechte einen Pfleger zu bestellen. Für die Pflegschaft tritt an die Stelle des Vormundschaftsgerichts das Insolvenzgericht. § 78 Abs. 2 bis 5 des Versicherungsaufsichtsgesetzes ist sinngemäß anzuwenden."

3. § 33 wird wie folgt geändert:

   a) Die Überschrift wird wie folgt gefaßt:

   „Ausgleichsverfahren bei Verpfändung".

   b) In Absatz 1 wird das Wort „Konkurs" durch das Wort „Insolvenzverfahren" ersetzt.

   c) In Absatz 3 Satz 2 wird das Wort „Konkurseröffnung" durch die Worte „Eröffnung des Insolvenzverfahrens" ersetzt; in Satz 4 wird das Wort „Konkursmasse" durch das Wort „Insolvenzmasse" ersetzt.

   d) In Absatz 4 Satz 1 wird das Wort „Konkurseröffnung" durch die Worte „Eröffnung des Insolvenzverfahrens" ersetzt.

   e) In Absatz 5 wird das Wort „Konkursmasse" durch das Wort „Insolvenzmasse" ersetzt.

4. § 37 wird wie folgt geändert:

   a) In der Überschrift werden die Worte „der Konkurseröffnung" durch die Worte „des Insolvenzverfahrens" ersetzt.

   b) Die Zahl „43" und das Komma vor dieser Zahl werden gestrichen; das Wort „Konkursverfahren" wird durch das Wort „Insolvenzverfahren" ersetzt.

Artikel 52
Änderung des Wechselgesetzes

Das Wechselgesetz in der im Bundesgesetzblatt Teil III, Gliederungsnummer 4133-1, veröffentlichten bereinigten Fassung, zuletzt geändert durch Artikel 12 Abs. 29 des Gesetzes vom 14. September 1994 (BGBl. IS. 2325), wird wie folgt geändert:

1. In Artikel 43 Abs. 2 Nr. 2 und 3 werden die Worte „der Konkurs oder das gerichtliche Vergleichsverfahren (Ausgleichsverfahren)" jeweils durch die Worte „das Insolvenzverfahren" ersetzt.

2. In Artikel 44 Abs. 6 Satz 1 werden die Worte „Konkurs oder das gerichtliche Vergleichsverfahren (Ausgleichsverfahren)" durch die Worte „das Insolvenzverfahren" und die Worte „des Konkurses oder des gerichtlichen Vergleichsverfahrens (Ausgleichsverfahrens)" durch die Worte „des Insolvenzverfahrens" ersetzt.

Artikel 53
Änderung des Gesetzes betreffend die gemeinsamen Rechte der Besitzer von Schuldverschreibungen

Das Gesetz betreffend die gemeinsamen Rechte der Besitzer von Schuldverschreibungen in der im Bundesgesetzblatt Teil III, Gliederungsnummer 4134-1, veröffentlichten bereinigten Fassung, zuletzt geändert durch Artikel 3 Abs. 4 des Gesetzes vom 20. Dezember 1993 (BGBl. I S. 2182), wird wie folgt geändert:

1. § 11 Abs. 1 wird wie folgt gefaßt:

„(1) Die Aufgabe oder Beschränkung von Rechten der Gläubiger, insbesondere die Ermäßigung des Zinsfußes oder die Bewilligung einer Stundung, kann von der Gläubigerversammlung höchstens für die Dauer von drei Jahren und nur zur Abwendung einer Zahlungseinstellung oder des Insolvenzverfahrens über das Vermögen des Schuldners beschlossen werden. Wird binnen drei Jahren nach einem solchen Beschluß das Insolvenzverfahren eröffnet, so wird die Aufgabe oder Beschränkung der Rechte allen Gläubigern gegenüber hinfällig."

2. § 18 wird wie folgt gefaßt:

„§ 18

(1) Ist über das Vermögen des Schuldners das Insolvenzverfahren eröffnet, so gelten in Ansehung der Versammlung der in § 1 bezeichneten Gläubiger die folgenden besonderen Vorschriften.

(2) Die Versammlung wird von dem Insolvenzgericht einberufen und geleitet.

(3) Unverzüglich nach der Eröffnung des Insolvenzverfahrens ist eine Versammlung der Gläubiger einzuberufen, um über die Bestellung eines gemeinsamen Vertreters im Insolvenzverfahren zu beschließen; die Berufung kann unterbleiben, wenn schon vorher von einer Versammlung über die Bestellung eines solchen Vertreters Beschluß gefaßt worden ist.

(4) Das Insolvenzgericht hat außer den Fällen des § 3 Abs. 2 eine Versammlung der Gläubiger einzuberufen, wenn dies von dem Insolvenzverwalter, dem Gläubigerausschuß (§ 67 der Insolvenzordnung) oder der Aufsichtsbehörde verlangt wird.

(5) Die Stelle, bei welcher die Gläubiger die Schuldverschreibungen zu hinterlegen haben, wird durch das Insolvenzgericht bestimmt.

(6) Die Vorschriften des § 5 Abs. 1 und 2 und des § 13 sind nicht anzuwenden."

3. In § 19 Satz 1 wird das Wort „Konkurs" durch das Wort „Insolvenzverfahren" ersetzt.

4. § 19a wird wie folgt gefaßt:

„§ 19a

(1) In einem Insolvenzplan sind allen in § 1 bezeichneten Gläubigern gleiche Rechte anzubieten.

(2) Die Vorschriften des § 11 Abs. 1 und des § 12 Abs. 3 sind nicht anzuwenden."

Artikel 54
Änderung des Gesetzes über die Pfandbriefe und verwandten Schuldverschreibungen öffentlich-rechtlicher Kreditanstalten

§ 6 des Gesetzes über die Pfandbriefe und verwandten Schuldverschreibungen öffentlich-rechtlicher Kreditanstalten in der im Bundesgesetzblatt Teil III, Gliederungsnummer 4135-1, veröffentlichten bereinigten Fassung, das zuletzt durch Artikel 45 des Gesetzes vom 27. April 1993 (BGBl. I S. 512, 2436) geändert worden ist, wird wie folgt geändert:

1. In Absatz 1 Satz 1 werden die Worte „des Konkurses" durch die Worte „des Insolvenzverfahrens" und das Wort „Konkursgläubiger" durch das Wort „Insolvenzgläubiger" ersetzt.

2. In Absatz 2 wird die Angabe „der §§ 64, 153, 155, 156 und des § 168 Nr. 3 der Konkursordnung" durch die Angabe „der §§ 52, 190 und 192 der Insolvenzordnung" ersetzt.

3. In Absatz 3 wird das Wort „Konkursmasse" durch das Wort „Insolvenzmasse" ersetzt.

4. Es wird folgender neuer Absatz 4 angefügt:

„(4) Konkursvorrechte zugunsten der Schuldverschreibungsgläubiger einer öffentlich-rechtlichen Kreditanstalt, die ihren Sitz in einem anderen Mitgliedstaat der Europäischen Gemeinschaften, in einem anderen Vertragsstaat des Abkommens über den Europäischen Wirtschaftsraum oder in der Schweiz hat, sind in einem inländischen Insolvenzverfahren anzuerkennen, wenn sie im wesentlichen dem Vorrecht des Absatzes 1 entsprechen und die Gegenseitigkeit verbürgt ist."

Artikel 55
Änderung des Gesetzes zur Änderung und Ergänzung des Gesetzes über die Pfandbriefe und verwandten Schuldverschreibungen öffentlich-rechtlicher Kreditanstalten

In Artikel 2 Abs. 2 Satz 2 des Gesetzes zur Änderung und Ergänzung des Gesetzes über die Pfandbriefe und verwandten Schuldverschreibungen öffentlich-rechtlicher Kreditanstalten in der im Bundesgesetzblatt Teil III, Gliederungsnummer 4135-2, veröffentlichten bereinigten Fassung werden die Worte „eines Konkurses" durch die Worte „eines Insolvenzverfahrens" ersetzt.

Artikel 56
Änderung des Gesetzes über Arbeitnehmererfindungen

§ 27 des Gesetzes über Arbeitnehmererfindungen in der im Bundesgesetzblatt Teil III, Gliederungsnummer 422-1, veröffentlichten bereinigten Fassung, das zuletzt durch Artikel 9 Nr. 5 des Gesetzes vom 24. Juni 1994 (BGBl. I S. 1325) geändert worden ist, wird wie folgt gefaßt:

„§ 27
Insolvenzverfahren

Wird nach unbeschränkter Inanspruchnahme der Diensterfindung das Insolvenzverfahren über das Vermögen des Arbeitgebers eröffnet, so gilt folgendes:

1. Veräußert der Insolvenzverwalter die Diensterfindung mit dem Geschäftsbetrieb, so tritt der Erwerber für die Zeit von der Eröffnung des Insolvenzverfahrens an in die Vergütungspflicht des Arbeitgebers (§ 9) ein.

2. Veräußert der Insolvenzverwalter die Diensterfindung ohne den Geschäftsbetrieb, so hat der Arbeitnehmer ein Vorkaufsrecht. Übt der Arbeitnehmer das Vorkaufsrecht aus, so kann er mit seinen Ansprüchen auf Vergütung für die unbeschränkte Inanspruchnahme der Diensterfindung gegen die Kaufpreisforderung aufrechnen. Für den Fall, daß der Arbeitnehmer das Vorkaufsrecht nicht ausübt, kann der Insolvenzverwalter mit dem Erwerber vereinbaren, daß sich dieser verpflichtet, dem Arbeitnehmer eine angemessene Vergütung (§ 9) für die weitere Verwertung der Diensterfindung zu zahlen. Wird eine solche Vereinbarung nicht getroffen, so erhält der Arbeitnehmer eine angemessene Abfindung aus dem Veräußerungserlös.

3. Verwertet der Insolvenzverwalter die Diensterfindung im Unternehmen des Schuldners, so hat er dem Arbeitnehmer eine angemessene Vergütung für die Verwertung aus der Insolvenzmasse zu zahlen.

4. Will der Insolvenzverwalter die Diensterfindung weder im Unternehmen des Schuldners verwerten noch veräußern, so gilt § 16 Abs. 1 und 2 entsprechend. Verlangt der Arbeitnehmer die Übertragung der Erfindung, so kann er mit seinen Ansprüchen auf Vergütung für die unbeschränkte Inanspruchnahme der Diensterfindung gegen den Anspruch auf Erstattung der Kosten der Übertragung aufrechnen.

5. Im übrigen kann der Arbeitnehmer seine Vergütungsansprüche nur als Insolvenzgläubiger geltend machen."

Artikel 57
Änderung der Patentanwaltsordnung

Die Patentanwaltsordnung vom 7. September 1966 (BGBl. I S. 557), zuletzt geändert durch Artikel 2 des Gesetzes vom 2. September 1994 (BGBl. I S. 2278), wird wie folgt geändert:

1. § 14 Abs. 1 wird wie folgt gefaßt:

„(1) Die Zulassung zur Patentanwaltschaft ist zu versagen,

1. wenn der Bewerber nach der Entscheidung des Bundesverfassungsgerichts ein Grundrecht verwirkt hat;

2. wenn der Bewerber infolge strafgerichtlicher Verurteilung die Fähigkeit zur Bekleidung öffentlicher Ämter nicht besitzt;

3. wenn der Bewerber durch rechtskräftiges Urteil aus der Patentanwaltschaft oder aus der Rechtsanwaltschaft ausgeschlossen ist und seit Rechtskraft des Urteils noch nicht acht Jahre verstrichen sind;

4. wenn gegen den Bewerber im Verfahren über die Richteranklage auf Entlassung oder im Disziplinarverfahren auf Entfernung aus dem Dienst in der Rechtspflege oder aus dem Dienst als Angehöriger des Patentamts rechtskräftig erkannt worden ist;

5. wenn der Bewerber sich eines Verhaltens schuldig gemacht hat, das ihn unwürdig erscheinen läßt, den Beruf eines Patentanwalts auszuüben;

6. wenn der Bewerber die freiheitliche demokratische Grundordnung in strafbarer Weise bekämpft;

7. wenn der Bewerber infolge eines körperlichen Gebrechens, wegen Schwäche seiner geistigen Kräfte oder wegen einer Sucht nicht nur vorübergehend unfähig ist, den Beruf eines Patentanwalts ordnungsmäßig auszuüben;

8. wenn der Bewerber eine Tätigkeit ausübt, die mit dem Beruf eines Patentanwalts oder mit dem Ansehen der Patentanwaltschaft nicht vereinbar ist;

9. wenn der Bewerber auf Grund eines ständigen Dienst- oder ähnlichen Beschäftigungsverhältnisses dem Auftraggeber seine Arbeitszeit und -kraft für eine Tätigkeit auf dem Gebiet des gewerblichen Rechtsschutzes überwiegend zur Verfügung stellen muß;

10. wenn der Bewerber sich im Vermögensverfall befindet; ein Vermögensverfall wird vermutet, wenn ein Insolvenzverfahren über das Vermögen des Bewerbers eröffnet oder der Bewerber in das vom Insolvenzgericht oder vom Vollstreckungsgericht zu führende Verzeichnis (§ 26 Abs. 2 der Insolvenzordnung, § 915 der Zivilprozeßordnung) eingetragen ist;

11. wenn der Bewerber Richter, Beamter, Berufssoldat oder Soldat auf Zeit ist, es sei denn, daß er die ihm übertragenen Aufgaben ehrenamtlich wahrnimmt oder daß seine Rechte und Pflichten auf Grund der §§ 5, 6, 8 und 36 des Abgeordnetengesetzes oder entsprechender Rechtsvorschriften ruhen;

12. wenn der Bewerber nicht Deutscher im Sinne des Artikels 116 Abs. 1 des Grundgesetzes ist. Die Bestimmungen des Gesetzes über die Rechtsstellung heimatloser Ausländer im Bundesgebiet vom 25. April 1951 (BGBl. I S. 269) sowie Bestimmungen in Staatsverträgen bleiben unberührt."

2. § 21 Abs. 2 wird wie folgt geändert:

a) Die Nummer 10 wird aufgehoben; die bisherigen Nummern 11 und 12 werden die neuen Nummern 10 und 11.

b) Die neue Nummer 10 wird wie folgt gefaßt:

„10. wenn der Patentanwalt in Vermögensverfall geraten ist, es sei denn, daß dadurch die Interessen der Rechtsuchenden nicht gefährdet sind; ein Vermögensverfall wird vermutet, wenn ein Insolvenzverfahren über das Vermögen des Patentanwalts eröffnet oder der Patentanwalt in das vom Insolvenzgericht oder vom Vollstreckungsgericht zu führende Verzeichnis (§ 26 Abs. 2 der Insolvenzordnung, § 915 der Zivilprozeßordnung) eingetragen ist;".

3. In § 46 Abs. 4 Satz 3 wird die Angabe „10 bis 12" durch die Angabe „10 und 11" ersetzt.

4. In § 48 Abs. 1 Satz 2 wird die Angabe „10 bis 12" durch die Angabe „10 und 11" ersetzt.

5. In § 60 wird die Nummer 1 aufgehoben; die bisherigen Nummern 2 bis 4 werden die neuen Nummern 1 bis 3.

6. § 63 wird wie folgt geändert:

   a) In Absatz 1 Nr. 1 wird die Angabe „§ 60 Nr. 1 und 4" durch die Angabe „§ 60 Nr. 3" ersetzt.

   b) In Absatz 4 Satz 1 wird die Angabe „§ 60 Nr. 3" durch die Angabe „§ 60 Nr. 2" ersetzt.

Artikel 58
Änderung des Gesetzes gegen den unlauteren Wettbewerb

In § 6 Abs. 1 und 2 Satz 1 des Gesetzes gegen den unlauteren Wettbewerb in der im Bundesgesetzblatt Teil III, Gliederungsnummer 43-1, veröffentlichten bereinigten Fassung, das zuletzt durch Artikel 15 des Gesetzes vom 2. September 1994 (BGBl. IS. 2278) geändert worden ist, wird das Wort „Konkursmasse" jeweils durch das Wort „Insolvenzmasse" ersetzt.

Artikel 59
Änderung des Gesetzes über das Verlagsrecht

§ 36 des Gesetzes über das Verlagsrecht in der im Bundesgesetzblatt Teil III, Gliederungsnummer 441-1, veröffentlichten bereinigten Fassung, das durch § 141 Nr. 4 des Gesetzes vom 9. September 1965 (BGBl. I S. 1273) geändert worden ist, wird wie folgt geändert:

1. In Absatz 1 werden die Worte „der Konkurs" durch die Worte „das Insolvenzverfahren" und die Worte „§ 17 der Konkursordnung" durch die Worte „§ 103 der Insolvenzordnung" ersetzt.

2. In Absatz 2 werden das Wort „Konkursverwalter" durch das Wort „Insolvenzverwalter", das Wort „Konkursmasse" jeweils durch das Wort „Insolvenzmasse" und das Wort „Konkursverfahren" durch das Wort „Insolvenzverfahren" ersetzt.

Artikel 60
Änderung des Strafgesetzbuchs

Das Strafgesetzbuch in der Fassung der Bekanntmachung vom 10. März 1987 (BGBl. I S. 945, 1160), zuletzt geändert durch § 35 des Gesetzes vom 7. Oktober 1994 (BGBl. I S. 2835), wird wie folgt geändert:

1. In der Überschrift des Vierundzwanzigsten Abschnitts des Besonderen Teils wird das Wort „Konkursstraftaten" durch das Wort „Insolvenzstraftaten" ersetzt.

2. § 283 wird wie folgt geändert:

   a) In Absatz 1 Nr. 1 wird das Wort „Konkurseröffnung" durch die Worte „Eröffnung des Insolvenzverfahrens" und das Wort „Konkursmasse" durch das Wort „Insolvenzmasse" ersetzt.

   b) In Absatz 6 wird das Wort „Konkursverfahren" durch das Wort „Insolvenzverfahren" ersetzt.

3. § 283 d wird wie folgt geändert:

   a) Absatz 1 wird wie folgt gefaßt:

   „(1) Mit Freiheitsstrafe bis zu fünf Jahren oder mit Geldstrafe wird bestraft, wer

   1. in Kenntnis der einem anderen drohenden Zahlungsunfähigkeit oder

   2. nach Zahlungseinstellung, in einem Insolvenzverfahren oder in einem Verfahren zur Herbeiführung der Entscheidung über die Eröffnung des Insolvenzverfahrens eines anderen

   Bestandteile des Vermögens eines anderen, die im Falle der Eröffnung des Insolvenzverfahrens zur Insolvenzmasse gehören, mit dessen Einwilligung oder zu dessen Gunsten beiseite schafft oder verheimlicht oder in einer den Anforderungen einer ordnungsgemäßen Wirtschaft widersprechenden Weise zerstört, beschädigt oder unbrauchbar macht."

   b) In Absatz 4 wird das Wort „Konkursverfahren" durch das Wort „Insolvenzverfahren" ersetzt.

Artikel 61
Änderung des EG-Beitreibungsgesetzes

§ 6 des EG-Beitreibungsgesetzes vom 10. August 1979 (BGBl. I S. 1429), das zuletzt durch Artikel 11 des Gesetzes vom 21. Dezember 1992 (BGBl. I S. 2150, 1993 I S. 169) geändert worden ist, wird aufgehoben.

Artikel 62
Änderung des Steuerberatungsgesetzes*

Das Steuerberatungsgesetz in der Fassung der Bekanntmachung vom 4. November 1975 (BGBl. I S. 2735), zuletzt geändert durch Artikel 7 des Gesetzes vom 25. Juli 1994 (BGBl. I S. 1744), wird wie folgt geändert:

1. § 46 Abs. 2 wird wie folgt geändert:

   a) Die Nummer 5 wird aufgehoben; die bisherigen Nummern 6 und 7 werden die neuen Nummern 5 und 6.

---

* Der Artikel ist noch nicht an das Sechste Gesetz zur Änderung des Steuerberatungsgesetzes vom 24. Juni 1994 (BGBl. I S. 1387) angepaßt.

b) Die neue Nummer 5 wird wie folgt gefaßt:

„5. in Vermögensverfall geraten ist, es sei denn, daß dadurch die Interessen der Auftraggeber nicht gefährdet sind; ein Vermögensverfall wird vermutet, wenn ein Insolvenzverfahren über das Vermögen des Steuerberaters oder Steuerbevollmächtigten eröffnet oder der Steuerberater oder Steuerbevollmächtigte in das vom Insolvenzgericht oder vom Vollstreckungsgericht zu führende Verzeichnis (§ 26 Abs. 2 der Insolvenzordnung; § 915 der Zivilprozeßordnung) eingetragen ist;".

2. In § 56 Satz 1 wird die Angabe „Nr. 7" durch die Angabe „Nr. 6" ersetzt.

Artikel 63
Änderung des Tabaksteuergesetzes

In § 25 Satz 1 Nr. 2 Buchstabe a des Tabaksteuergesetzes vom 21. Dezember 1992 (BGBl. I S. 2150), das durch Artikel 9 des Gesetzes vom 24. Juni 1994 (BGBl. I S. 1395) geändert worden ist, werden die Worte „des Konkurses" durch die Worte „des Insolvenzverfahrens" ersetzt.

Artikel 64
Änderung des Gesetzes über das Branntweinmonopol

§ 113 des Gesetzes über das Branntweinmonopol in der im Bundesgesetzblatt Teil III, Gliederungsnummer 612-7, veröffentlichten bereinigten Fassung, das zuletzt durch Artikel 7 des Gesetzes vom 24. Juni 1994 (BGBl. I S. 1395) geändert worden ist, wird aufgehoben.

Artikel 65
Änderung des Altsparergesetzes

Das Altsparergesetz in der im Bundesgesetzblatt Teil III, Gliederungsnummer 621-4, veröffentlichten bereinigten Fassung, zuletzt geändert durch Anlage I Kapitel IV Sachgebiet A Abschnitt II Nr. 1 des Einigungsvertrages vom 31. August 1990 in Verbindung mit Artikel 1 des Gesetzes vom 23. September 1990 (BGBl. 1990 II S. 885, 965), wird wie folgt geändert:

1. § 20 Abs. 2 wird wie folgt geändert:

    a) In Satz 1 wird das Wort „Konkursverfahren" durch das Wort „Insolvenzverfahren" und das Wort „Konkurseröffnung" durch die Worte „Eröffnung des Insolvenzverfahrens" ersetzt.

    b) In Satz 2 wird das Wort „Konkursverwalter" durch das Wort „Insolvenzverwalter" ersetzt; nach dem Wort „und" werden die Worte „, wenn das Unternehmen nicht auf der Grundlage eines Insolvenzplans vom Schuldner fortgeführt wird," eingefügt.

    c) In den Sätzen 3 und 4 wird jeweils das Wort „Konkursverwalter" durch das Wort „Insolvenzverwalter" ersetzt.

2. § 20 Abs. 3 wird aufgehoben.

3. In § 20 Abs. 4 werden die Worte „des Konkursverwalters" durch die Worte „des Insolvenzverwalters" ersetzt.

Artikel 66
Änderung des Reichsschuldbuchgesetzes

Das Reichsschuldbuchgesetz in der im Bundesgesetzblatt Teil III, Gliederungsnummer 651-1, veröffentlichten bereinigten Fassung wird wie folgt geändert:

1. In § 9 Abs. 1 Nr. 3 wird das Wort „Konkursverwalter" durch das Wort „Insolvenzverwalter" ersetzt.

2. In § 20 Abs. 1 Nr. 3 werden die Worte „der Konkurs" durch die Worte „das Insolvenzverfahren" ersetzt.

Artikel 67
Änderung des Allgemeinen Kriegsfolgengesetzes

In § 9 Abs. 1 Satz 2 des Allgemeinen Kriegsfolgengesetzes in der im Bundesgesetzblatt Teil III, Gliederungsnummer 653-1, veröffentlichten bereinigten Fassung, das zuletzt durch Artikel 12 Abs. 46 des Gesetzes vom 14. September 1994 (BGBl. I S. 2325) geändert worden ist, wird die Angabe „§§ 69, 70 der Konkursordnung" durch die Angabe „§§ 45, 46 der Insolvenzordnung" ersetzt.

Artikel 68
Änderung des Rechtsträger-Abwicklungsgesetzes

Das Rechtsträger-Abwicklungsgesetz vom 6. September 1965 (BGBl. I S. 1065), zuletzt geändert durch Artikel 2 des Gesetzes vom 19. Dezember 1985 (BGBl. I S. 2460), wird wie folgt geändert:

1. In § 8 Abs. 1 Satz 2 wird die Angabe „§§ 65 bis 67 und 69 der Konkursordnung" ersetzt durch die Angabe „§§ 41, 42 und 45 der Insolvenzordnung".

2. In § 19 Abs. 2 Satz 1 werden die Worte „im Konkursfalle" durch die Worte „im Falle des Insolvenzverfahrens" ersetzt.

Artikel 69
Änderung der Wirtschaftsprüferordnung

Die Wirtschaftsprüferordnung in der Fassung der Bekanntmachung vom 5. November 1975 (BGBl. I S. 2803), zuletzt geändert durch Artikel 6 des Gesetzes vom 30. August 1994 (BGBl. 1994 II S. 1438), wird wie folgt geändert:

1. In § 10 Abs. 2 wird die Nummer 1 aufgehoben; die bisherigen Nummern 2 und 3 werden die neuen Nummern 1 und 2.

2. In § 20 Abs. 3 Nr. 1 wird folgender Satzteil gestrichen:

   „infolge gerichtlicher Anordnung in der Verfügung über sein Vermögen allgemein beschränkt ist oder wenn er".

3. In § 34 Abs. 2 wird folgender Satzteil gestrichen:

„infolge gerichtlicher Anordnung in der Verfügung über ihr Vermögen allgemein beschränkt ist oder wenn sie".

Artikel 70
Änderung des Zweiten Gesetzes zur Durchführung von Richtlinien der Europäischen Wirtschaftsgemeinschaft über die Niederlassungsfreiheit und den freien Dienstleistungsverkehr

§ 1 Abs. 3 des Zweiten Gesetzes zur Durchführung von Richtlinien der Europäischen Wirtschaftsgemeinschaft über die Niederlassungsfreiheit und den freien Dienstleistungsverkehr vom 14. Dezember 1970 (BGBl. 1 S. 1709) wird wie folgt geändert:

1. In den Sätzen 1 und 2 wird das Wort „Konkursverfahren" jeweils durch das Wort „Insolvenzverfahren" ersetzt.

2. In Satz 3 wird das Wort „Konkurseröffnung" durch die Worte „Eröffnung des Insolvenzverfahrens" ersetzt.

Artikel 71
Änderung der Gewerbeordnung

Die Gewerbeordnung in der Fassung der Bekanntmachung vom 1. Januar 1987 (BGBl. I S. 425), zuletzt geändert durch Artikel 2 des Gesetzes vom 8. Juli 1994 (BGBl. I S. 1490), wird wie folgt geändert:

1. Es wird folgender neuer § 12 eingefügt:

„§ 12
Insolvenzverfahren

Vorschriften, welche die Untersagung eines Gewerbes oder die Rücknahme oder den Widerruf einer Zulassung wegen Unzuverlässigkeit des Gewerbetreibenden, die auf ungeordnete Vermögensverhältnisse zurückzuführen ist, ermöglichen, finden während eines Insolvenzverfahrens, während der Zeit, in der Sicherungsmaßnahmen nach § 21 der Insolvenzordnung angeordnet sind, und während der Überwachung der Erfüllung eines Insolvenzplans (§ 260 der Insolvenzordnung) keine Anwendung in bezug auf das Gewerbe, das zur Zeit des Antrags auf Eröffnung des Insolvenzverfahrens ausgeübt wurde."

2. § 34 b Abs. 4 Satz 1 Nr. 2 wird wie folgt gefaßt:

„2. der Antragsteller in ungeordneten Vermögensverhältnissen lebt; dies ist in der Regel der Fall, wenn über das Vermögen des Antragstellers das Insolvenzverfahren eröffnet worden oder er in das vom Insolvenzgericht oder vom Vollstreckungsgericht zu führende Verzeichnis (§ 26 Abs. 2 Insolvenzordnung, § 915 Zivilprozeßordnung) eingetragen ist."

3. § 34 c wird wie folgt geändert:

a) In Absatz 2 Nr. 1 wird das Wort „Konkursstraftat" durch das Wort „Insolvenzstraftat" ersetzt.

b) Absatz 2 Nr. 2 wird wie folgt gefaßt:

„2. der Antragsteller in ungeordneten Vermögensverhältnissen lebt; dies ist in der Regel der Fall, wenn über das Vermögen des Antragstellers das Insolvenzverfahren eröffnet worden oder er in das vom Insolvenzgericht oder vom Vollstreckungsgericht zu führende Verzeichnis (§ 26 Abs. 2 Insolvenzordnung, § 915 Zivilprozeßordnung) eingetragen ist."

Artikel 72
Änderung der Handwerksordnung

Die Handwerksordnung in der Fassung der Bekanntmachung vom 28. Dezember 1965 (BGBl. 1966 I S. 1), zuletzt geändert durch Artikel 1 des Gesetzes vom 20. Dezember 1993 (BGBl. I S. 2256), wird wie folgt geändert:

1. In § 4 Abs. 1 Satz 1 wird das Wort „Nachlaßkonkursverwalter" durch das Wort „Nachlaßinsolvenzverwalter" ersetzt.

2. § 77 wird wie folgt geändert:

   a) In Absatz 1 werden die Worte „des Konkursverfahrens" durch die Worte „des Insolvenzverfahrens" ersetzt.

   b) In Absatz 2 Satz 1 werden die Worte „im Falle der Überschuldung" durch die Worte „im Falle der Zahlungsunfähigkeit oder der Überschuldung" und die Worte „des Konkursverfahrens" durch die Worte „des Insolvenzverfahrens" ersetzt.

3. § 96 Abs. 2 wird wie folgt gefaßt:

   „(2) Nicht wahlberechtigt sind Personen, die infolge strafgerichtlicher Verurteilung das Recht, in öffentlichen Angelegenheiten zu wählen oder zu stimmen, nicht besitzen."

4. In § 104 Abs. 2 wird die Nummer 3 aufgehoben; das Komma nach der Nummer 2 wird durch einen Punkt ersetzt.

Artikel 73
Änderung des Waffengesetzes

In § 43 Abs. 1 des Waffengesetzes in der Fassung der Bekanntmachung vom 8. März 1976 (BGBl. 1 S. 432), das zuletzt durch Artikel 4 des Gesetzes vom 15. Juli 1993 (BGBl. 1993 II S. 1010) geändert worden ist, wird das Wort „Konkursverwalter" durch das Wort „Insolvenzverwalter" ersetzt.

Artikel 74
Änderung des Sprengstoffgesetzes

In § 12 Abs. 1 Satz 2 des Sprengstoffgesetzes in der Fassung der Bekanntmachung vom 17. April 1986 (BGBl. I S. 577), das zuletzt durch Artikel 12 Abs. 59 des Gesetzes vom 14. September 1994 (BGBl. I S. 2325) geändert worden ist, wird das Wort „Nachlaßkonkursverwalter" durch das Wort „Nachlaßinsolvenzverwalter" ersetzt.

Artikel 75
Änderung des Gesetzes zur Ausführung des Abkommens vom 27. Februar 1953 über deutsche Auslandsschulden

In § 93 Abs. 2 des Gesetzes zur Ausführung des Abkommens vom 27. Februar 1953 über deutsche Auslandsschulden in der im Bundesgesetzblatt Teil III, Gliederungsnummer 7411-1, veröffentlichten bereinigten Fassung, das zuletzt durch Artikel 20 des Gesetzes vom 2. September 1994 (BGBl. I S. 2278) geändert worden ist, wird das Wort „Konkurs" durch die Worte „das Insolvenzverfahren" ersetzt.

Artikel 76
Änderung des Bundesberggesetzes

In § 22 Abs. 2 Satz 2 des Bundesberggesetzes vom 13. August 1980 (BGBl. I S. 1310), das zuletzt durch Artikel 7 des Gesetzes vom 6. Juni 1994 (BGBl. I S. 1170) geändert worden ist, wird das Wort „Nachlaßkonkursverwalter" durch das Wort „Nachlaßinsolvenzverwalter" ersetzt.

Artikel 77
Änderung des Erdölbevorratungsgesetzes

In § 24 Abs. 2 des Erdölbevorratungsgesetzes in der Fassung der Bekanntmachung vom 8. Dezember 1987 (BGBl. I S. 2509) wird das Wort „Konkursverfahren" durch das Wort „Insolvenzverfahren" ersetzt.

Artikel 78
Änderung des Gesetzes zur Abwicklung der unter Sonderverwaltung stehenden Vermögen von Kreditinstituten, Versicherungsunternehmen und Bausparkassen

§ 9 des Gesetzes zur Abwicklung der unter Sonderverwaltung stehenden Vermögen von Kreditinstituten, Versicherungsunternehmen und Bausparkassen vom 21. März 1972 (BGBl. I S. 465), das durch Artikel 1 des Gesetzes vom 31. Januar 1974 (BGBl. I S. 133) geändert worden ist, wird wie folgt geändert:

   a) In Absatz 1 Nr. 1 werden die Worte „im Konkursfalle" durch die Worte „im Falle eines Insolvenzverfahrens" ersetzt.

   b) In Absatz 7 wird die Angabe „§§ 65 bis 67 und 69 der Konkursordnung" durch die Angabe „§§ 41, 42 und 45 der Insolvenzordnung" ersetzt.

Artikel 79
Änderung des Gesetzes über das Kreditwesen

Das Gesetz über das Kreditwesen in der Fassung der Bekanntmachung vom 30. Juni 1993 (BGBl. I S. 1082), zuletzt geändert durch Artikel 12 Abs. 64 des Gesetzes vom 14. September 1994 (BGBl. I S. 2325) und Artikel 1 des Gesetzes vom 28. September 1994 (BGBl. I S. 2735), wird wie folgt geändert:

1. In § 2 Abs. 4 Satz 1 werden die Worte „sowie des § 112 Abs. 2 der Vergleichsordnung" gestrichen.

2. In § 9 Abs. 1 Satz 3 Nr. 3 werden die Worte „, dem Vergleich oder dem Konkurs" durch die Worte „oder dem Insolvenzverfahren über das Vermögen" ersetzt.

3. § 10 wird wie folgt geändert:

   a) In Absatz 4 Satz 1 Nr. 2, in Absatz 5 Satz 1 Nr. 2 und Absatz 5 a Satz 1 Nr. 1 werden die Worte „des Konkurses" jeweils durch die Worte „des Insolvenzverfahrens über das Vermögen des Kreditinstituts" ersetzt.

   b) In Absatz 5 a Satz 7 werden die Worte „des Konkurses" durch die Worte „des Insolvenzverfahrens" ersetzt.

4. § 46 a wird wie folgt geändert:

   a) In der Überschrift wird das Wort „Konkursgefahr" durch das Wort „Insolvenzgefahr" ersetzt.

   b) In Absatz 1 Satz 1 und in Absatz 3 Satz 2 werden die Worte „des Konkurses" jeweils durch die Worte „des Insolvenzverfahrens" ersetzt.

5. § 46 b wird wie folgt gefaßt:

„§ 46 b
Insolvenzantrag

Wird ein Kreditinstitut zahlungsunfähig oder tritt Überschuldung ein, so haben die Geschäftsleiter und bei einem in der Rechtsform des Einzelkaufmanns betriebenen Kreditinstitut der Inhaber dies dem Bundesaufsichtsamt unverzüglich anzuzeigen. Soweit diese Personen nach anderen Rechtsvorschriften verpflichtet sind, bei Zahlungsunfähigkeit oder Überschuldung die Eröffnung des Insolvenzverfahrens zu beantragen, tritt an die Stelle der Antragspflicht die Anzeigepflicht nach Satz 1. Das Insolvenzverfahren über das Vermögen eines Kreditinstituts findet im Falle der Zahlungsunfähigkeit oder der Überschuldung statt. Der Antrag auf Eröffnung des Insolvenzverfahrens über das Vermögen des Kreditinstituts kann nur von dem Bundesaufsichtsamt gestellt werden."

6. § 46 c wird wie folgt gefaßt:

„§ 46 c
Berechnung von Fristen

Die nach den §§ 88, 130 bis 136 der Insolvenzordnung und nach § 32 b Satz 1 des Gesetzes betreffend die Gesellschaften mit beschränkter Haftung vom Tage des Antrags auf Eröffnung des Insolvenzverfahrens an zu berechnenden Fristen sind vom Tage des Erlasses einer Maßnahme nach § 46 a Abs. 1 an zu berechnen."

7. In § 47 Abs. 1 Nr. 1 werden die Worte „das Vergleichsverfahren oder der Konkurs" durch die Worte „das Insolvenzverfahren" ersetzt.

8. In § 49 wird die Angabe „der §§ 36, 45, 46, 46 a Abs. 1 und des § 46 b" durch die Angabe „der §§ 36, 45, 46 und des § 46 a Abs. 1" ersetzt.

9. § 63 a Abs. 6 wird aufgehoben.

Artikel 80
Änderung des Gesetzes über die Deutsche Bundesbank

Das Gesetz über die Deutsche Bundesbank in der Fassung der Bekanntmachung vom 22. Oktober 1992 (BGBl. I S. 1782), zuletzt geändert durch Artikel 1 des Gesetzes vom 8. Juli 1994 (BGBl. I S. 1465), wird wie folgt geändert:

1. In § 19 Abs. 1 Nr. 3 wird das Wort „Konkursmasse" durch das Wort „Insolvenzmasse" ersetzt.

2. In § 23 Abs. 2 werden die Worte „der Konkurs" durch die Worte „das Insolvenzverfahren" ersetzt.

Artikel 81
Änderung des Gesetzes über die Deutsche Genossenschaftsbank

§ 16 des Gesetzes über die Deutsche Genossenschaftsbank in der Fassung der Bekanntmachung vom 22. Dezember 1975 (BGBl. I S. 3171), das zuletzt durch Artikel 3 des Gesetzes vom 8. Juli 1994 (BGBl. I S. 1465) geändert worden ist, wird wie folgt geändert:

1. In der Überschrift wird das Wort „Konkurs" durch das Wort „Insolvenzverfahren" ersetzt.

2. Absatz 2 Satz 1 wird wie folgt gefaßt:

„Im Falle des Insolvenzverfahrens gehen bei der Befriedigung aus der nach § 14 Abs. 4 gebildeten Deckungsmasse die Forderungen der Inhaber der Schuldverschreibungen einschließlich ihrer seit Eröffnung des Insolvenzverfahrens laufenden Zinsforderungen den Forderungen aller anderen Insolvenzgläubiger vor."

3. In Absatz 3 wird die Angabe „§§ 64, 153, 155, 156 und 168 Nr. 3 der Konkursordnung" durch die Angabe „§§ 52, 190 und 192 der Insolvenzordnung" ersetzt.

Artikel 82
Änderung des Gesetzes über die Landwirtschaftliche Rentenbank

§ 15 des Gesetzes über die Landwirtschaftliche Rentenbank in der im Bundesgesetzblatt Teil III, Gliederungsnummer 7624-1, veröffentlichten bereinigten Fassung, das zuletzt durch Artikel 5 des Gesetzes vom 8. Juli 1994 (BGBl. I S. 1465) geändert worden ist, wird wie folgt geändert:

a) In der Überschrift wird das Wort „Konkurs" durch das Wort „Insolvenzverfahren" ersetzt.

b) Absatz 2 Satz 1 erhält folgende Fassung:

„Im Falle des Insolvenzverfahrens gehen bei der Befriedigung aus der nach § 18 Abs. 2 gebildeten Deckungsmasse die Forderungen der Inhaber der gedeckten Schuldverschreibungen einschließlich ihrer seit Eröffnung des Insolvenzverfahrens laufenden Zinsforderungen den Forderungen aller anderen Insolvenzgläubiger vor."

c) In Absatz 3 wird die Angabe „§§ 64,153,155,156 und 168 Nr. 3 der Konkursordnung" durch die Angabe „§§ 52, 190 und 192 der Insolvenzordnung" ersetzt.

d) In Absatz 4 werden die Worte „im Konkursfalle" durch die Worte „im Falle der Eröffnung des Insolvenzverfahrens" ersetzt.

Artikel 83
Änderung des Zweiten Gesetzes zur Änderung des Gesetzes über die Landwirtschaftliche Rentenbank

In Artikel 2 Satz 1 des Zweiten Gesetzes zur Änderung des Gesetzes über die Landwirtschaftliche Rentenbank in der im Bundesgesetzblatt Teil III, Gliederungsnummer 7624-1-2, veröffentlichten bereinigten Fassung werden die Worte „des Konkurses" durch die Worte „der Eröffnung des Insolvenzverfahrens" ersetzt.

Artikel 84
Änderung des Gesetzes betreffend die Industriekreditbank Aktiengesellschaft

§ 1 des Gesetzes betreffend die Industriekreditbank Aktiengesellschaft in der im Bundesgesetzblatt Teil III, Gliederungsnummer 7627-1, veröffentlichten bereinigten Fassung wird wie folgt geändert:

a) Absatz 1 Satz 1 wird wie folgt gefaßt:

„Gibt die Industriekreditbank Aktiengesellschaft Schuldverschreibungen auf den Inhaber aus und bildet sie für eine bestimmte Gattung von Schuldverschreibungen eine gesonderte Deckungsmasse, so gehen, falls über ihr Vermögen das Insolvenzverfahren eröffnet wird, in Ansehung der Befriedigung aus der gesonderten Deckungsmasse die Forderungen der Inhaber der Schuldverschreibungen, für die die gesonderte Deckungsmasse gebildet ist, einschließlich ihrer seit Eröffnung des Insolvenzverfahrens laufenden Zinsforderungen den Forderungen aller anderen Insolvenzgläubiger vor."

b) In Absatz 2 wird die Angabe „§§ 64, 153, 155, 156 und 168 Nr. 3 der Konkursordnung" durch die Angabe „§§ 52, 190 und 192 der Insolvenzordnung" ersetzt.

Artikel 85
Änderung des Hypothekenbankgesetzes

Das Hypothekenbankgesetz in der Fassung der Bekanntmachung vom 19. Dezember 1990 (BGBl. I S. 2898), zuletzt geändert durch Artikel 66 des Gesetzes vom 27. April 1993 (BGBl. I S. 512, 2436), wird wie folgt geändert:

1. In § 5 Abs. 1 Nr. 2 und Nr. 2a werden jeweils nach den Worten „Europäischen Wirtschaftsraum" die Worte „oder in der Schweiz" eingefügt.

2. § 35 wird wie folgt geändert:

a) In Absatz 1 Satz 1 werden die Worte „der Konkurs" durch die Worte „das Insolvenzverfahren" und das Wort „Konkursgläubiger" durch das Wort „Insolvenzgläubiger" ersetzt.

b) In Absatz 2 wird die Angabe „§§ 64, 153, 155, 156 und des § 168 Nr. 3 der Konkursordnung" durch die Angabe „§§ 52, 190 und 192 der Insolvenzordnung" ersetzt.

c) In Absatz 3 wird das Wort „Konkursmasse" durch das Wort „Insolvenzmasse" ersetzt.

d) In Absatz 4 werden die Worte „des Konkurses" durch die Worte „des Insolvenzverfahrens" und das Wort „Konkursmasse" durch das Wort „Insolvenzmasse" ersetzt.

e) Es wird folgender Absatz 5 angefügt:

„(5) Konkursvorrechte zugunsten der Schuldverschreibungsgläubiger eines Realkreditinstituts, das seinen Sitz in einem anderen Mitgliedstaat der Europäischen Gemeinschaften, in einem anderen Vertragsstaat des Abkommens über den Europäischen Wirtschaftsraum oder in der Schweiz hat, sind in einem inländischen Insolvenzverfahren anzuerkennen, wenn sie im wesentlichen dem Vorrecht des Absatzes 1 entsprechen und die Gegenseitigkeit verbürgt ist."

3. Die §§ 43 und 47 werden gestrichen.

Artikel 86
Änderung des Schiffsbankgesetzes

Das Schiffsbankgesetz in der im Bundesgesetzblatt Teil III, Gliederungsnummer 7628-2, veröffentlichten bereinigten Fassung, zuletzt geändert durch Artikel 4 des Gesetzes vom 21. Dezember 1992 (BGBl. I S. 2211), wird wie folgt geändert:

1. § 36 wird wie folgt geändert:

a) In Absatz 1 Satz 1 werden die Worte „der Konkurs" durch die Worte „das Insolvenzverfahren" und das Wort „Konkursgläubiger" durch das Wort „Insolvenzgläubiger" ersetzt.

b) In Absatz 2 wird die Angabe „§§ 64, 153, 155, 156, 168 Nr. 3 der Konkursordnung" durch die Angabe „§§ 52, 190 und 192 der Insolvenzordnung" ersetzt.

c) In Absatz 3 wird das Wort „Konkursmasse" durch das Wort „Insolvenzmasse" ersetzt.

d) In Absatz 4 werden die Worte „des Konkurses" durch die Worte „des Insolvenzverfahrens" und das Wort „Konkursmasse" durch das Wort „Insolvenzmasse" ersetzt.

2. In § 36a Nr. 4 Satz 2 wird das Wort „Konkursverfahren" durch das Wort „Insolvenzverfahren" ersetzt.

Artikel 87
Änderung des Versicherungsaufsichtsgesetzes

Das Versicherungsaufsichtsgesetz in der Fassung der Bekanntmachung vom 17. Dezember 1992 (BGBl. 1993 I S. 2), zuletzt geändert durch Artikel 12 Abs. 66 des Gesetzes vom 14. September 1994 (BGBl. I S. 2325), wird wie folgt geändert:

1. § 42 wird wie folgt geändert:

   a) In der Nummer 3 werden die Worte „des Konkursverfahrens" durch die Worte „des Insolvenzverfahrens" ersetzt.

   b) Die Nummer 4 wird wie folgt gefaßt:

   „4. mit der Rechtskraft des Beschlusses, durch den die Eröffnung des Insolvenzverfahrens mangels Masse abgelehnt wird."

2. § 45 wird wie folgt geändert:

   a) In Satz 2 wird das Wort „Konkursverfahren" durch das Wort „Insolvenzverfahren" ersetzt.

   b) In Satz 3 werden die Worte „des Konkursgerichts" durch die Worte „des Insolvenzgerichts" ersetzt.

3. In § 46 Abs. 1 wird das Wort „Konkursverfahren" durch das Wort „Insolvenzverfahren" ersetzt.

4. § 49 Abs. 2 wird wie folgt gefaßt:

   „(2) Gleiches gilt, wenn der Verein durch die Eröffnung des Insolvenzverfahrens aufgelöst, das Verfahren aber auf Antrag des Vereins eingestellt oder nach der Bestätigung eines Insolvenzplans, der den Fortbestand des Vereins vorsieht, aufgehoben worden ist."

5. § 50 wird wie folgt geändert:

   a) In Absatz 1 wird das Wort „Konkurs" durch die Worte „Eröffnung des Insolvenzverfahrens" ersetzt.

   b) In Absatz 2 werden die Worte „vor der Konkurseröffnung" durch die Worte „vor dem Antrag auf Eröffnung des Insolvenzverfahrens oder nach diesem Antrag" ersetzt.

6. § 51 Abs. 1 wird wie folgt gefaßt:

   „(1) Die Ansprüche auf Tilgung des Gründungsstocks stehen allen übrigen Insolvenzforderungen nach. Unter diesen werden Ansprüche aus einem Versicherungsverhältnis, die den bei Eröffnung des Insolvenzverfahrens dem Verein angehörenden oder im letzten Jahr vor dem Eröffnungsantrag oder nach diesem Antrag ausgeschiedenen Mitgliedern zustehen, im Rang nach den Ansprüchen der anderen Insolvenzgläubiger befriedigt."

7. § 52 erhält folgende Fassung:

   „§ 52

   (1) Die Nachschüsse oder Umlagen, die das Insolvenzverfahren erfordert, werden vom Insolvenzverwalter festgestellt und ausgeschrieben. Dieser hat sofort, nachdem die Vermögensübersicht (§ 153 der Insolvenzordnung) auf der Geschäftsstelle niedergelegt ist, zu berechnen, wieviel die Mitglieder zur Deckung des aus der Vermögensübersicht ersichtlichen Fehlbetrags nach ihrer Beitragspflicht vorzuschießen haben. Für diese Vorschußberechnung und für Zusatzberechnungen gelten entsprechend § 106 Abs. 1 Satz 2, Abs. 2 und 3 sowie die §§ 107 bis 113 des Genossenschaftsgesetzes.

(2) Alsbald nach Beginn der Schlußverteilung (§ 196 der Insolvenzordnung) hat der Insolvenzverwalter zu berechnen, welche Beiträge die Mitglieder endgültig zu leisten haben. Dafür und für das weitere Verfahren gelten entsprechend § 114 Abs. 2 und die §§ 115 bis 118 des Genossenschaftsgesetzes."

8. § 77 wird wie folgt geändert:

   a) In Absatz 3 wird das Wort „Konkurseröffnung" jeweils durch die Worte „Eröffnung des Insolvenzverfahrens" ersetzt.

   b) In Absatz 4 Satz 1 wird das Wort „Konkursgläubiger" durch das Wort „Insolvenzgläubiger" ersetzt.

   c) In Absatz 4 Satz 3 wird die Angabe „§§ 64, 153, 155, 156 und 168 Nr. 3 der Konkursordnung" durch die Angabe „§§ 52, 190 und 192 der Insolvenzordnung" ersetzt.

   d) Es wird folgender neuer Absatz 5 angefügt:

   „(5) Konkursvorrechte zugunsten der Versicherten eines Lebensversicherungsunternehmens und zugunsten von Versicherten eines Kranken- und Unfallversicherungsunternehmens der in § 12 genannten Art, die ihren Sitz in einem Mitgliedstaat der Europäischen Gemeinschaft oder in einem anderen Vertragsstaat des Abkommens über den Europäischen Wirtschaftsraum haben, sind in einem inländischen Insolvenzverfahren anzuerkennen, wenn sie dem Vorrecht des Absatzes 4 entsprechen und die Gegenseitigkeit verbürgt ist."

9. § 78 wird wie folgt geändert:

   a) In Absatz 1 wird das Wort „Konkursgericht" jeweils durch das Wort „Insolvenzgericht" ersetzt.

   b) In Absatz 4 werden das Wort „Konkursverwalter" durch das Wort „Insolvenzverwalter" und die Worte „des Gemeinschuldners" durch die Worte „des Schuldners" ersetzt.

10. Die Überschrift vor § 80 wird gestrichen.

11. § 80 wird aufgehoben.

12. § 88 wird wie folgt geändert:

    a) Absatz 1 wird wie folgt gefaßt:

    „(1) Der Antrag auf Eröffnung des Insolvenzverfahrens über das Vermögen eines Versicherungsunternehmens kann nur von der Aufsichtsbehörde gestellt werden."

    b) In Absatz 2 Satz 3 wird das Wort „Konkurseröffnung" durch die Worte „die Eröffnung des Insolvenzverfahrens" ersetzt.

13. In § 89 Abs. 1 Satz 1 werden die Worte „des Konkurses" durch die Worte „des Insolvenzverfahrens" ersetzt.

14. § 110 d Abs. 4 Nr. 6 wird gestrichen.

Artikel 88
Änderung des Gesetzes über den Versicherungsvertrag

Das Gesetz über den Versicherungsvertrag in der im Bundesgesetzblatt Teil III, Gliederungsnummer 7632-1, veröffentlichten bereinigten Fassung, zuletzt geändert durch Artikel 2 des Gesetzes vom 21. Juli 1994 (BGBl. I S. 1630), wird wie folgt geändert:

1. § 13 wird wie folgt geändert:

    a) In Satz 1 werden die Worte „der Konkurs" durch die Worte „das Insolvenzverfahren" und das Wort „Konkursmasse" durch das Wort „Insolvenzmasse" ersetzt.

    b) In Satz 2 wird das Wort „Konkurseröffnung" durch die Worte „Eröffnung des Insolvenzverfahrens" ersetzt.

2. In § 14 Abs. 1 werden die Worte „des Konkurses oder des Vergleichsverfahrens" durch die Worte „des Insolvenzverfahrens" ersetzt.

3. In § 77 Satz 1 werden die Worte „der Konkurs" durch die Worte „das Insolvenzverfahren" und das Wort „Konkursmasse" durch das Wort „Insolvenzmasse" ersetzt.

4. In § 157 werden die Worte „der Konkurs" durch die Worte „das Insolvenzverfahren" ersetzt.

5. § 177 wird wie folgt geändert:

    a) In Absatz 1 Satz 1 werden die Worte „der Konkurs" durch die Worte „das Insol- venzverfahren" ersetzt.

    b) In Absatz 1 Satz 2 wird das Wort „Konkursmasse" durch das Wort „Insolvenzmasse" ersetzt.

    c) In Absatz 3 Satz 2 werden die Worte „der Konkurs" durch die Worte „das Insolvenzverfahren" ersetzt.

Artikel 89
Änderung des Gesetzes über Bausparkassen

In § 15 Satz 1 des Gesetzes über Bausparkassen in der Fassung der Bekanntmachung vom 15. Februar 1991 (BGBl. I S. 454), das zuletzt durch Artikel 68 des Gesetzes vom 27. April 1993 (BGBl. I S. 512, 2436) geändert worden ist, werden die Worte „des Konkurses" durch die Worte „des Insolvenzverfahrens" ersetzt.

Artikel 90
Änderung des Gesetzes über die Lohnstatistik

In § 9 Nr. 5 des Gesetzes über die Lohnstatistik in der im Bundesgesetzblatt Teil III, Gliederungsnummer 800-16, veröffentlichten bereinigten Fassung, das zuletzt durch Artikel 2 des Gesetzes vom 2. März 1994 (BGBl. I S. 384) geändert worden ist, wird das Wort „Konkursausfallgeld" durch das Wort „Insolvenzausfallgeld" ersetzt.

Artikel 91
Änderung des Gesetzes zur Verbesserung der betrieblichen Altersversorgung

Das Gesetz zur Verbesserung der betrieblichen Altersversorgung vom 19. Dezember 1974 (BGBl. I S. 3610), zuletzt geändert durch Artikel 8 des Gesetzes vom 21. Juli 1994 (BGBl. I S. 1630), wird wie folgt geändert:

1. § 3 Abs. 1 wird wie folgt gefaßt:

   „(1) Für eine Anwartschaft, die der Arbeitnehmer nach § 1 Abs. 1 bis 3 bei Beendigung des Arbeitsverhältnisses behält, kann ihm mit seiner Zustimmung eine einmalige Abfindung gewährt werden, wenn die Anwartschaft auf einer Versorgungszusage beruht, die weniger als zehn Jahre vor dem Ausscheiden aus dem Unternehmen erteilt wurde, oder wenn die Monatsrente eins vom Hundert der monatlichen Bezugsgröße gemäß § 18 des Vierten Buches Sozialgesetzbuch, bei Kapitalleistungen zwölf Zehntel dieser Bezugsgröße, nicht überschreitet. Für Versorgungsleistungen, die gemäß § 2 Abs. 4 von einer Unterstützungskasse zu erbringen sind, kann dem Arbeitnehmer mit seiner Zustimmung eine einmalige Abfindung gewährt werden, wenn er vor der Beendigung des Arbeitsverhältnisses weniger als zehn Jahre zu dem Kreis der Begünstigten der Unterstützungskasse gehört hat; im übrigen gilt Satz 1 entsprechend. Darüber hinaus kann dem Arbeitnehmer mit seiner Zustimmung eine einmalige Abfindung auch dann gewährt werden, wenn dem Arbeitnehmer die Beiträge zur gesetzlichen Rentenversicherung erstattet worden sind. Ebenso kann dem Arbeitnehmer für den Teil einer Anwartschaft, der während eines Insolvenzverfahrens erdient worden ist, ohne seine Zustimmung eine einmalige Abfindung gewährt werden, wenn die Betriebstätigkeit vollständig eingestellt und das Unternehmen liquidiert wird."

2. § 7 wird wie folgt gefaßt:

   „§ 7

   (1) Versorgungsempfänger, deren Ansprüche aus einer unmittelbaren Versorgungszusage des Arbeitgebers nicht erfüllt werden, weil über das Vermögen des Arbeitgebers oder über seinen Nachlaß das Insolvenzverfahren eröffnet worden ist, und ihre Hinterbliebenen haben gegen den Träger der Insolvenzsicherung einen Anspruch in Höhe der Leistung, die der Arbeitgeber auf Grund der Versorgungszusage zu erbringen hätte, wenn das Insolvenzverfahren nicht eröffnet worden wäre. Satz 1 gilt entsprechend, wenn Leistungen aus einer Direktversicherung nicht gezahlt werden, weil der Arbeitgeber die Ansprüche aus dem Versicherungsvertrag abgetreten oder beliehen hat und seiner Verpflichtung nach § 1 Abs. 2 Satz 3 wegen der Eröffnung des Insolvenzverfahrens nicht nachkommt oder wenn eine Unterstützungskasse die nach ihrer Versorgungsregelung vorgesehene Versorgung nicht erbringt, weil über das Vermögen oder den Nachlaß eines Arbeitgebers, der der Unterstützungskasse Zuwendungen leistet (Trägerunternehmen), das Insolvenzverfahren eröffnet worden ist. § 11 des Versicherungsvertragsgesetzes findet entsprechende Anwendung. Der Eröffnung des Insolvenzverfahrens stehen bei der Anwendung der Sätze 1 bis 3 gleich

   1. die Abweisung des Antrags auf Eröffnung des Insolvenzverfahrens mangels Masse,

   2. der außergerichtliche Vergleich (Stundungs-, Quoten- oder Liquidationsvergleich) des Arbeitgebers mit seinen Gläubigern zur Abwendung eines Insolvenzverfahrens, wenn ihm der Träger der Insolvenzsicherung zustimmt,

3. die vollständige Beendigung der Betriebstätigkeit im Geltungsbereich dieses Gesetzes, wenn ein Antrag auf Eröffnung des Insolvenzverfahrens nicht gestellt worden ist und ein Insolvenzverfahren offensichtlich mangels Masse nicht in Betracht kommt.

(2) Personen, die bei Eröffnung des Insolvenzverfahrens oder bei Eintritt der nach Absatz 1 Satz 4 gleichstehenden Voraussetzungen (Sicherungsfall) eine nach § 1 unverfallbare Versorgungsanwartschaft haben, und ihre Hinterbliebenen erhalten bei Eintritt des Versorgungsfalls einen Anspruch gegen den Träger der Insolvenzsicherung, wenn die Anwartschaft beruht

1. auf einer unmittelbaren Versorgungszusage des Arbeitgebers oder
2. auf einer Direktversicherung und der Arbeitnehmer hinsichtlich der Leistungen des Versicherers widerruflich bezugsberechtigt ist oder die Ansprüche aus dem Versicherungsvertrag durch den Arbeitgeber beliehen oder an Dritte abgetreten sind.

Satz 1 gilt entsprechend für Personen, die zum Kreis der Begünstigten einer Unterstützungskasse gehören, wenn der Sicherungsfall bei einem Trägerunternehmen eingetreten ist. Die Höhe des Anspruchs richtet sich nach der Höhe der Leistungen gemäß § 2 Abs. 1 und Abs. 2 Satz 2, bei Unterstützungskassen nach dem Teil der nach der Versorgungsregelung vorgesehenen Versorgung, der dem Verhältnis der Dauer der Betriebszugehörigkeit zu der Zeit vom Beginn der Betriebszugehörigkeit bis zum Erreichen der in der Versorgungsregelung vorgesehenen festen Altersgrenze entspricht; § 2 Abs. 5 ist entsprechend anzuwenden. Für die Berechnung der Höhe des Anspruchs nach Satz 3 wird die Betriebszugehörigkeit bis zum Eintritt des Sicherungsfalls berücksichtigt.

(3) Ein Anspruch auf laufende Leistungen gegen den Träger der Insolvenzsicherung beträgt jedoch im Monat höchstens das Dreifache der im Zeitpunkt der ersten Fälligkeit maßgebenden monatlichen Bezugsgröße gemäß § 18 des Vierten Buches Sozialgesetzbuch. Satz 1 gilt entsprechend bei einem Anspruch auf Kapitalleistungen mit der Maßgabe, daß zehn vom Hundert der Leistung als Jahresbetrag einer laufenden Leistung anzusetzen sind.

(4) Ein Anspruch auf Leistungen gegen den Träger der Insolvenzsicherung vermindert sich in dem Umfange, in dem der Arbeitgeber oder sonstige Träger der Versorgung die Leistungen der betrieblichen Altersversorgung erbringt. Wird im Insolvenzverfahren ein Insolvenzplan bestätigt, so vermindert sich der Anspruch auf Leistungen gegen den Träger der Insolvenzsicherung insoweit, als im Plan vorgesehen ist, daß der Arbeitgeber oder sonstige Träger der Versorgung einen Teil der Leistungen selbst zu erbringen hat. Ist im Plan vorgesehen, daß der Arbeitgeber oder sonstige Träger der Versorgung die Leistungen der betrieblichen Altersversorgung von einem bestimmten Zeitpunkt an selbst zu erbringen hat, so entfällt der Anspruch auf Leistungen gegen den Träger der Insolvenzsicherung von diesem Zeitpunkt an. Für den Fall des Absatzes 1 Satz 4 Nr. 2 gelten die Sätze 2 und 3 entsprechend. Im Plan soll vorgesehen werden, daß bei einer nachhaltigen Besserung der wirtschaftlichen Lage des Arbeitgebers die vom Träger der Insolvenzsicherung zu erbringenden Leistungen ganz oder zum Teil wieder vom Arbeitgeber oder sonstigen Träger der Versorgung übernommen werden.

(5) Ein Anspruch gegen den Träger der Insolvenzsicherung besteht nicht, soweit nach den Umständen des Falles die Annahme gerechtfertigt ist, daß es der

alleinige oder überwiegende Zweck der Versorgungszusage oder ihrer Verbesserung, der Beleih- ung oder Abtretung eines Anspruchs aus einer Direktversicherung gewesen ist, den Träger der Insolvenzsicherung in Anspruch zu nehmen. Diese Annahme ist insbesondere dann gerechtfertigt, wenn bei Erteilung oder Verbesserung der Versorgungszusage wegen der wirtschaftlichen Lage des Arbeitgebers zu erwarten war, daß die Zusage nicht erfüllt werde. Verbesserungen der Versorgungszusagen werden bei der Bemessung der Leistungen des Trägers der Insolvenzsicherung nicht berücksichtigt, soweit sie in den beiden letzten Jahren vor dem Eintritt des Sicherungsfalles vereinbart worden sind.

(6) Ist der Sicherungsfall durch kriegerische Ereignisse, innere Unruhen, Naturkatastrophen oder Kernenergie verursacht worden, so kann der Träger der Insolvenzsicherung mit Zustimmung des Bundesaufsichtsamtes für das Versicherungswesen die Leistungen nach billigem Ermessen abweichend von den Absätzen 1 bis 5 festsetzen."

3. In § 8 Abs. 2 Satz 1 wird der Punkt am Satzende durch ein Komma ersetzt; es wird folgender Satzteil angefügt:

„oder wenn die Monatsrente eins vom Hundert der monatlichen Bezugsgröße gemäß § 18 des Vierten Buches Sozialgesetzbuch, bei Kapitalleistungen zwölf Zehntel dieser Bezugsgröße, nicht überschreitet."

4. § 9 wird wie folgt geändert:

a) In Absatz 2 Satz 1 werden die Worte „eines Konkurs- oder gerichtlichen Vergleichsverfahrens" durch die Worte „eines Insolvenzverfahrens" ersetzt.

b) An Absatz 2 wird folgender neuer Satz 3 angefügt:

„Die mit der Eröffnung des Insolvenzverfahrens übergegangenen Anwartschaften werden im Insolvenzverfahren als unbedingte Forderungen nach § 45 der Insolvenzordnung geltend gemacht."

c) In Absatz 3 Satz 4 wird die Angabe „§ 7 Abs. 1 Satz 3 Nr. 2, 3 oder 5" durch die Angabe „§ 7 Abs. 1 Satz 4 Nr. 2" ersetzt.

d) Es werden folgende Absätze 4 und 5 angefügt:

„(4) In einem Insolvenzplan, der die Fortführung des Unternehmens oder eines Betriebes vorsieht, kann für den Träger der Insolvenzsicherung eine besondere Gruppe gebildet werden. Sofern im Insolvenzplan nichts anderes vorgesehen ist, kann der Träger der Insolvenzsicherung, wenn innerhalb von drei Jahren nach der Aufhebung des Insolvenzverfahrens ein Antrag auf Eröffnung eines neuen Insolvenzverfahrens über das Vermögen des Arbeitgebers gestellt wird, in diesem Verfahren als Insolvenzgläubiger Erstattung der von ihm erbrachten Leistungen verlangen.

(5) Dem Träger der Insolvenzsicherung steht gegen den Beschluß, durch den das Insolvenzverfahren eröffnet wird, die sofortige Beschwerde zu."

5. § 11 wird wie folgt geändert:

a) In Absatz 1 Satz 2 wird das Wort „Konkursverwalter" durch das Wort „Insolvenzverwalter" ersetzt.

b) In Absatz 3 wird das Wort „Konkursverwalter" durch das Wort „Insolvenzverwalter" ersetzt; die Worte „des Konkursverfahrens" werden jeweils durch die Worte „des Insolvenzverfahrens" ersetzt.

c) In Absatz 4 wird das Wort „Konkursverwalter" durch das Wort „Insolvenzverwalter" ersetzt.

d) Absatz 5 wird wie folgt gefaßt:

„(5) In den Fällen, in denen ein Insolvenzverfahren nicht eröffnet wird (§ 7 Abs. 1 Satz 4) oder nach § 207 der Insolvenzordnung eingestellt worden ist, sind die Pflichten des Insolvenzverwalters nach Absatz 3 vom Arbeitgeber oder dem sonstigen Träger der Versorgung zu erfüllen."

6. In § 17 Abs. 2 werden die Worte „der Konkurs" durch die Worte „das Insolvenzverfahren" ersetzt.

7. § 31 wird wie folgt gefaßt:

„§ 31

Auf Sicherungsfälle, die vor dem 1. Januar 1999 eingetreten sind, ist dieses Gesetz in der bis zu diesem Zeitpunkt geltenden Fassung anzuwenden."

Artikel 92
Änderung des Mutterschutzgesetzes

In § 14 Abs. 3 des Mutterschutzgesetzes in der Fassung der Bekanntmachung vom 18. April 1968 (BGBl. I S. 315), das zuletzt durch Artikel 10 des Gesetzes vom 6. Juni 1994 (BGBl. I S. 1170) geändert worden ist, werden die Worte „des Konkursverfahrens" durch die Worte „des Insolvenzverfahrens" und die Worte „des Konkurseröffnungsantrags" durch die Worte „des Antrags auf Eröffnung des Insolvenzverfahrens" ersetzt.

Artikel 93
Änderung des Arbeitsförderungsgesetzes

Das Arbeitsförderungsgesetz vom 25. Juni 1969 (BGBl. I S. 582), zuletzt geändert durch das Gesetz vom 20. September 1994 (BGBl. I S. 2456), wird wie folgt geändert:

1. In § 3 Abs. 2 Satz 1 Nr. 7 wird das Wort „Konkursausfallgeld" durch das Wort „Insolvenzausfallgeld" ersetzt.

2. In § 42 a Abs. 1 Satz 2 werden die Worte „des Konkursverfahrens" durch die Worte „des Insolvenzverfahrens" ersetzt.

3. § 71 Abs. 4 wird wie folgt gefaßt:

„(4) Wird über das Vermögen eines Arbeitgebers, der von der Bundesanstalt Beträge zur Auszahlung an die Arbeitnehmer erhalten, diesen aber noch nicht ausgezahlt hat, das Insolvenzverfahren eröffnet, so kann die Bundesanstalt diese Beträge als Insolvenzgläubiger zurückverlangen."

4. Im Vierten Abschnitt wird in der Überschrift des Dritten Unterabschnitts das Wort „Konkursausfallgeld" durch das Wort „Insolvenzausfallgeld" ersetzt.

5. In § 141 a wird der Klammerzusatz „(Konkursausfallgeld)" durch den Klammerzusatz „(Insolvenzausfallgeld)" ersetzt.

6. § 141 b wird wie folgt gefaßt:

„§ 141 b

(1) Anspruch auf Insolvenzausfallgeld hat ein Arbeitnehmer, der bei Eröffnung des Insolvenzverfahrens über das Vermögen seines Arbeitgebers für die letzten der Eröffnung des Insolvenzverfahrens vorausgehenden drei Monate des Arbeitsverhältnisses noch Ansprüche auf Arbeitsentgelt hat. Der Anspruch auf Insolvenzausfallgeld ist nicht dadurch ausgeschlossen, daß der Arbeitnehmer vor der Eröffnung des Insolvenzverfahrens gestorben ist. Für die Zeit nach Beendigung des Arbeitsverhältnisses bestehende Ansprüche auf Arbeitsentgelt begründen keinen Anspruch auf Insolvenzausfallgeld.

(2) Zu den Ansprüchen auf Arbeitsentgelt gehören alle Ansprüche auf Bezüge aus dem Arbeitsverhältnis.

(3) Der Eröffnung des Insolvenzverfahrens stehen bei der Anwendung der Vorschriften dieses Unterabschnitts gleich:

1. die Abweisung des Antrags auf Eröffnung des Insolvenzverfahrens mangels Masse,

2. die vollständige Beendigung der Betriebstätigkeit im Geltungsbereich dieses Gesetzes, wenn ein Antrag auf Eröffnung des Insolvenzverfahrens nicht gestellt worden ist und ein Insolvenzverfahren offensichtlich mangels Masse nicht in Betracht kommt.

(4) Hat der Arbeitnehmer in Unkenntnis des Abweisungsbeschlusses nach Absatz 3 Nr. 1 weitergearbeitet oder die Arbeit aufgenommen, so treten an die Stelle der letzten dem Abweisungsbeschluß vorausgehenden drei Monate des Arbeitsverhältnisses die letzten dem Tag der Kenntnisnahme vorausgehenden drei Monate des Arbeitsverhältnisses.

(5) Der Arbeitgeber ist verpflichtet, einen Beschluß des Insolvenzgerichts, mit dem ein Antrag auf Eröffnung des Insolvenzverfahrens über sein Vermögen mangels Masse abgewiesen worden ist, dem Betriebsrat oder, soweit ein Betriebsrat nicht besteht, den Arbeitnehmern unverzüglich bekanntzugeben."

7. § 141 c wird wie folgt gefaßt:

„§ 141 c

Ansprüche auf Arbeitsentgelt, die der Arbeitnehmer durch eine Rechtshandlung erworben hat, die nach den Vorschriften der Insolvenzordnung angefochten worden ist, begründen keinen Anspruch auf Insolvenzausfallgeld; das gleiche gilt, wenn der Insolvenzverwalter von seinem Recht Gebrauch macht, die Leistungen zu verweigern. Ist ein Insolvenzverfahren nicht eröffnet worden, so begründen die Ansprüche auf Arbeitsentgelt keinen Anspruch auf Insolvenzausfallgeld, wenn die Rechtshandlung im Falle der Eröffnung des Insolvenzverfahrens nach den Vorschriften der Insolvenzordnung angefochten werden könnte. Soweit Insolvenzausfallgeld auf Grund von Ansprüchen auf Arbeitsentgelt zuerkannt worden ist, die nach den Sätzen 1 und 2 keinen Anspruch auf Insolvenzausfallgeld begründen, ist es zu erstatten."

8. § 141 d wird wie folgt geändert:

   a) In Absatz 1 Satz 1 werden das Wort „Konkursausfallgeld" durch das Wort „Insolvenzausfallgeld" und die Worte „des Konkursverfahrens" durch die Worte „des Insolvenzverfahrens" ersetzt.

   b) In Absatz 2 Satz 1 wird das Wort „Konkursausfallgeld" durch das Wort „Insolvenzausfallgeld" ersetzt.

9. § 141 e wird wie folgt geändert:

   a) In Absatz 1 Satz 1 und 3 wird das Wort „Konkursausfallgeld" jeweils durch das Wort „Insolvenzausfallgeld" ersetzt.

   b) In Absatz 1 Satz 2 werden die Worte „des Konkursverfahrens" durch die Worte „des Insolvenzverfahrens" ersetzt.

   c) In Absatz 2 Satz 2 wird das Wort „Konkursgericht" durch das Wort „Insolvenzgericht" ersetzt.

   d) In Absatz 3 Satz 2 wird das Wort „Konkursausfallgeld" durch das Wort „Insolvenzausfallgeld" ersetzt.

10. § 141 f wird wie folgt geändert:

    a) In Absatz 1 werden das Wort „Konkursausfallgeld" durch das Wort „Insolvenzausfallgeld" und die Worte „des Konkursverwalters" durch die Worte „des Insolvenzverwalters" ersetzt.

    b) In Absatz 2 wird das Wort „Konkursausfallgeld" jeweils durch das Wort „Insolvenzausfallgeld" ersetzt.

11. In § 141 g wird das Wort „Konkursverwalter" durch das Wort „Insolvenzverwalter" ersetzt.

12. § 141 h wird wie folgt geändert:

    a) In Absatz 1 Satz 1 werden das Wort „Konkursverwalter" durch das Wort „Insolvenzverwalter", das Wort „Konkursausfallgeld" durch das Wort „Insolvenzausfallgeld" und die Worte „des Konkursverfahrens" durch die Worte „des Insolvenzverfahrens" ersetzt.

    b) In Absatz 2 wird das Wort „Konkursverwalter" durch das Wort „Insolvenzverwalter" ersetzt.

    c) Absatz 3 erhält folgende Fassung:

        „(3) In den Fällen, in denen ein Insolvenzverfahren nicht eröffnet wird (§ 141 b Abs. 3) oder nach § 207 der Insolvenzordnung eingestellt worden ist, sind die Pflichten des Insolvenzverwalters nach Absatz 1 vom Arbeitgeber zu erfüllen."

13. In § 141 i Satz 1 werden das Wort „Konkursverwalter" durch das Wort „Insolvenzverwalter", das Wort „Konkursausfallgeld" durch das Wort „Insolvenzausfallgeld" und die Worte „des Konkursausfallgelds" durch die Worte „des Insolvenzausfallgelds" ersetzt.

14. § 141 k wird wie folgt geändert:

a) In Absatz 1 Satz 1 und Absatz 2 Satz 1 wird das Wort „Konkursausfallgeld" jeweils durch das Wort „Insolvenzausfallgeld" ersetzt.

b) In Absatz 2a Satz 1 werden die Worte „des Konkursverfahrens" durch die Worte „des Insolvenzverfahrens" und das Wort „Konkursausfallgeld" durch das Wort „Insolvenzausfallgeld" ersetzt.

c) In Absatz 3 wird das Wort „Konkursausfallgeld" durch das Wort „Insolvenzausfallgeld" ersetzt.

15. In § 141l wird das Wort „Konkursausfallgeld" jeweils durch das Wort „Insolvenzausfallgeld" ersetzt.

16. § 141 m wird wie folgt geändert:

a) In Absatz 1 wird das Wort „Konkursausfallgeld" jeweils durch das Wort „Insolvenzausfallgeld" ersetzt.

b) In Absatz 2 wird das Wort „Konkursordnung" durch das Wort „Insolvenzordnung" ersetzt.

17. In § 141n Abs. 1 Satz 1 werden die Worte „des Konkursverfahrens" jeweils durch die Worte „des Insolvenzverfahrens" ersetzt.

18. In § 145 Nr. 3 wird das Wort „Konkursverwalter" durch das Wort „Insolvenzverwalter" ersetzt.

19. Im Sechsten Abschnitt wird in der Überschrift des Dritten Unterabschnitts das Wort „Konkursausfallgeld" durch das Wort „Insolvenzausfallgeld" ersetzt.

20. In § 186b Abs. 1 werden das Wort „Konkursausfallgeld" durch das Wort „Insolvenzausfallgeld" und die Worte „des Konkursausfallgelds" durch die Worte „des Insolvenzausfallgelds" ersetzt.

21. § 186c wird wie folgt geändert:

a) In Absatz 1 Satz 1 wird das Wort „Konkursausfallgeld" durch das Wort „Insolvenzausfallgeld" ersetzt.

b) In Absatz 2 Satz 2 werden die Worte „der Konkurs" durch die Worte „das Insolvenzverfahren" ersetzt.

22. In § 186d Abs. 1 Satz 1 wird das Wort „Konkursausfallgeld" durch das Wort „Insolvenzausfallgeld" ersetzt.

23. In § 231 Abs. 1 Nr. 3 werden die Worte „des Konkursgerichts" durch die Worte „des Insolvenzgerichts" und die Worte „des Konkursverfahrens" durch die Worte „des Insolvenzverfahrens" ersetzt.

24. § 249c Abs. 21 wird aufgehoben.

Artikel 94
Änderung des Vorruhestandsgesetzes

§ 9 Abs. 1 Satz 1 des Vorruhestandsgesetzes vom 13. April 1984 (BGBl. I S. 601), das zuletzt durch Artikel 2 des Gesetzes vom 22. Dezember 1989 (BGBl. I S. 2398) geändert worden ist, wird wie folgt geändert:

1. In der Nummer 1 wird das Wort „Konkursverfahren" durch das Wort „Insolvenzverfahren" ersetzt.

2. In der Nummer 2 werden die Worte „des Konkursverfahrens" durch die Worte „des Insolvenzverfahrens" ersetzt.

3. Die Nummer 3 wird gestrichen; die bisherige Nummer 4 wird Nummer 3.

4. In der neuen Nummer 3 werden die Worte „nach vorausgegangener Zahlungseinstellung im Sinne der Konkursordnung" durch die Worte „zur Abwendung eines Insolvenzverfahrens" ersetzt.

Artikel 95
Änderung des Ersten Buches Sozialgesetzbuch

In § 19 Abs. 1 Nr. 5 des Ersten Buches Sozialgesetzbuch (Artikel I des Gesetzes vom 11. Dezember 1975, BGBl. I S. 3015), das zuletzt durch Artikel 2 des Gesetzes vom 29. Juli 1994 (BGBl. I S. 1890) geändert worden ist, wird das Wort „Konkursausfallgeld" durch das Wort „Insolvenzausfallgeld" ersetzt.

Artikel 96
Änderung des Vierten Buches Sozialgesetzbuch

Das Vierte Buch Sozialgesetzbuch (Artikel I des Gesetzes vom 23. Dezember 1976, BGBl. 1 S. 3845), zuletzt geändert durch Artikel 3 des Gesetzes vom 29. Juli 1994 (BGBl. I S. 1890), wird wie folgt geändert:

1. In § 18a Abs. 3 Satz 1 Nr. 1 wird das Wort „Konkursausfallgeld" durch das Wort „Insolvenzausfallgeld" ersetzt.

2. § 51 Abs. 6 Nr. 3 wird aufgehoben.

Artikel 97
Änderung des Schwerbehindertengesetzes

Das Schwerbehindertengesetz in der Fassung der Bekanntmachung vom 26. August 1986 (BGBl. I S. 1421, 1550), zuletzt geändert durch Artikel 12 Abs. 73 des Gesetzes vom 14. September 1994 (BGBl. I S. 2325), wird wie folgt geändert:

An § 19 wird folgender neuer Absatz 3 angefügt:

„(3) Ist das Insolvenzverfahren über das Vermögen des Arbeitgebers eröffnet, soll die Hauptfürsorgestelle die Zustimmung erteilen, wenn

1. der Schwerbehinderte in einem Interessenausgleich namentlich als einer der zu entlassenden Arbeitnehmer bezeichnet ist (§ 125 der Insolvenzordnung),

2. die Schwerbehindertenvertretung beim Zustandekommen des Interessenausgleichs gemäß § 25 Abs. 2 beteiligt worden ist,

3. der Anteil der nach dem Interessenausgleich zu entlassenden Schwerbehinderten an der Zahl der beschäftigten Schwerbehinderten nicht größer ist als der Anteil der zu entlassenden übrigen Arbeitnehmer an der Zahl der beschäftigten übrigen Arbeitnehmer und

4. die Gesamtzahl der Schwerbehinderten, die nach dem Interessenausgleich bei dem Arbeitgeber verbleiben sollen, zur Erfüllung der Verpflichtung nach § 5 ausreicht."

Artikel 98
Änderung des Fahrlehrergesetzes

In § 15 Abs. 1 Nr. 3 des Fahrlehrergesetzes vom 25. August 1969 (BGBl. 1 S. 1336), das zuletzt durch Artikel 12 Abs. 78 des Gesetzes vom 14. September 1994 (BGBl. I S. 2325) geändert worden ist, wird das Wort „Nachlaßkonkursverwalters" durch das Wort „Nachlaßinsolvenzverwalters" und das Wort „Nachlaßkonkursverwaltung" durch das Wort „Nachlaßinsolvenzverwaltung" ersetzt.

Artikel 99
Änderung des Güterkraftverkehrsgesetzes

§ 102 b Abs. 2 Nr. 4 des Güterkraftverkehrsgesetzes in der Fassung der Bekanntmachung vom 3. November 1993 (BGBl. I S. 1839, 1992), das durch Artikel 40 des Gesetzes vom 29. Juli 1994 (BGBl. I S. 1890) geändert worden ist, wird wie folgt gefaßt:

„4. über das Vermögen des Unternehmers das Insolvenzverfahren eröffnet oder die Eröffnung des Insolvenzverfahrens mangels Masse abgelehnt wird,".

Artikel 100
Änderung des Gesetzes über Maßnahmen zur Aufrechterhaltung des Betriebs von Bahnunternehmen des öffentlichen Verkehrs

Das Gesetz über Maßnahmen zur Aufrechterhaltung des Betriebs von Bahnunternehmen des öffentlichen Verkehrs in der im Bundesgesetzblatt Teil III, Gliederungsnummer 932-1, veröffentlichten bereinigten Fassung wird wie folgt geändert:

1. In § 1 Satz 2 wird das Wort „Konkurs" durch das Wort „Insolvenzverfahren" ersetzt.

2. In § 2 werden die Worte „im Konkurs" durch die Worte „im Insolvenzverfahren", die Worte „§ 134 der Konkursordnung" durch die Worte „§ 160 der Insolvenzordnung", das Wort „Genehmigung" durch das Wort „Zustimmung" und die Worte „des Konkursverwalters" durch die Worte „des Insolvenzverwalters oder des Sachwalters" ersetzt; die Worte „oder zur Masse gehörige Gegenstände verpfändet" werden gestrichen.

3. In § 5 Abs. 2 werden die Worte „vom 29. März 1951 (BGBl. I S. 225)" durch die Worte „vom 27. Dezember 1993 (BGBl. I S. 2378, 2396)" ersetzt.

4. § 6 wird gestrichen.

Artikel 101
Änderung des Vermögensgesetzes

Das Vermögensgesetz in der Fassung der Bekanntmachung vom 3. August 1992 (BGBl. I S. 1446, 1993 I S. 1811), zuletzt geändert durch Artikel 10 des Gesetzes vom 27. September 1994 (BGBl. I S. 2624), wird wie folgt geändert:

1. In § 3 Abs. 3 Satz 7 und 9 sowie in § 3 b Abs. 1 Satz 1 werden die Worte „der Gesamtvollstreckung" jeweils durch die Worte „des Insolvenzverfahrens" ersetzt.
2. In § 6 Abs. 6 a Satz 6 werden die Worte „die Gesamtvollstreckung" durch die Worte „das Insolvenzverfahren über das Vermögen" ersetzt.

Dritter Teil
Internationales Insolvenzrecht.
Übergangs- und Schlußvorschriften

Artikel 102
Internationales Insolvenzrecht

(1) Ein ausländisches Insolvenzverfahren erfaßt auch das im Inland befindliche Vermögen des Schuldners. Dies gilt nicht,

1. wenn die Gerichte des Staates der Verfahrenseröffnung nach inländischem Recht nicht zuständig sind;
2. soweit die Anerkennung des ausländischen Verfahrens zu einem Ergebnis führt, das mit wesentlichen Grundsätzen des deutschen Rechts offensichtlich unvereinbar ist, insbesondere soweit sie mit den Grundrechten unvereinbar ist.

(2) Eine Rechtshandlung, für deren Wirkungen inländisches Recht maßgeblich ist, kann vom ausländischen Insolvenzverwalter nur angefochten werden, wenn die Rechtshandlung auch nach inländischem Recht entweder angefochten werden kann oder aus anderen Gründen keinen Bestand hat.

(3) Die Anerkennung eines ausländischen Verfahrens schließt nicht aus, daß im Inland ein gesondertes Insolvenzverfahren eröffnet wird, das nur das im Inland befindliche Vermögen des Schuldners erfaßt. Ist im Ausland gegen den Schuldner ein Insolvenzverfahren eröffnet, so bedarf es zur Eröffnung des inländischen Insolvenzverfahrens nicht des Nachweises der Zahlungsunfähigkeit oder der Überschuldung.

Artikel 103
Anwendung des bisherigen Rechts

Auf Konkurs-, Vergleichs- und Gesamtvollstreckungsverfahren, die vor dem 1. Januar 1999 beantragt worden sind, und deren Wirkungen sind weiter die bisherigen gesetzlichen Vorschriften anzuwenden. Gleiches gilt für Anschlußkonkursverfahren, bei denen der dem Verfahren vorausgehende Vergleichsantrag vor dem 1. Januar 1999 gestellt worden ist.

Artikel 104
Anwendung des neuen Rechts

In einem Insolvenzverfahren, das nach dem 31. Dezember 1998 beantragt wird, gelten die Insolvenzordnung und dieses Gesetz auch für Rechtsverhältnisse und Rechte, die vor dem 1. Januar 1999 begründet worden sind.

Artikel 105
Finanztermingeschäfte

(1) War für Finanzleistungen, die einen Markt- oder Börsenpreis haben, eine bestimmte Zeit oder eine bestimmte Frist vereinbart und tritt die Zeit oder der Ablauf der Frist erst nach der Eröffnung eines Konkursverfahrens ein, so kann nicht die Erfüllung verlangt, sondern nur eine Forderung wegen der Nichterfüllung geltend gemacht werden. Als Finanzleistungen gelten insbesondere

1. die Lieferung von Edelmetallen,

2. die Lieferung von Wertpapieren oder vergleichbaren Rechten, soweit nicht der Erwerb einer Beteiligung an einem Unternehmen zur Herstellung einer dauernden Verbindung zu diesem Unternehmen beabsichtigt ist,

3. Geldleistungen, die in ausländischer Währung oder in einer Rechnungseinheit zu erbringen sind,

4. Geldleistungen, deren Höhe unmittelbar oder mittelbar durch den Kurs einer ausländischen Währung oder einer Rechnungseinheit, durch den Zinssatz von Forderungen oder durch den Preis anderer Güter oder Leistungen bestimmt wird,

5. Optionen und andere Rechte auf Lieferungen oder Geldleistungen im Sinne der Nummern 1 bis 4.

Sind Geschäfte über Finanzleistungen in einem Rahmenvertrag zusammengefaßt, für den vereinbart ist, daß er bei Vertragsverletzungen nur einheitlich beendet werden kann, so gilt die Gesamtheit dieser Geschäfte als ein gegenseitiger Vertrag.

(2) Die Forderung wegen der Nichterfüllung richtet sich auf den Unterschied zwischen dem vereinbarten Preis und dem Markt- oder Börsenpreis, der am zweiten Werktag nach der Eröffnung des Verfahrens am Erfüllungsort für einen Vertrag mit der vereinbarten Erfüllungszeit maßgeblich ist. Der andere Teil kann eine solche Forderung nur als Konkursgläubiger geltend machen.

(3) Die in den Absätzen 1 und 2 für den Fall der Eröffnung eines Konkursverfahrens getroffenen Regelungen gelten entsprechend für den Fall der Eröffnung eines Vergleichs- oder Gesamtvollstreckungsverfahrens.

Artikel 106
Insolvenzanfechtung

Die Vorschriften der Insolvenzordnung über die Anfechtung von Rechtshandlungen sind auf die vor dem 1. Januar 1999 vorgenommenen Rechtshandlungen nur anzuwenden, soweit diese nicht nach dem bisherigen Recht der Anfechtung entzogen oder in geringerem Umfang unterworfen sind.

Artikel 107
Restschuldbefreiung

War der Schuldner bereits vor dem 1. Januar 1997 zahlungsunfähig, so verkürzt sich die Laufzeit der Abtretung nach § 287 Abs. 2 Satz 1 der Insolvenzordnung von sieben auf fünf Jahre, die Dauer der Wirksamkeit von Verfügungen nach § 114 Abs. 1 der Insolvenzordnung von drei auf zwei Jahre.

Artikel 108
Fortbestand der Vollstreckungsbeschränkung

(1) Bei der Zwangsvollstreckung gegen einen Schuldner, über dessen Vermögen ein Gesamtvollstreckungsverfahren durchgeführt worden ist, ist auch nach dem 31. Dezember 1998 die Vollstreckungsbeschränkung des § 18 Abs. 2 Satz 3 der Gesamtvollstreckungsordnung zu beachten.

(2) Wird über das Vermögen eines solchen Schuldners nach den Vorschriften der Insolvenzordnung ein Insolvenzverfahren eröffnet, so sind die Forderungen, die der Vollstreckungsbeschränkung unterliegen, im Rang nach den in § 39 Abs. 1 der Insolvenzordnung bezeichneten Forderungen zu berichtigen.

Artikel 109
Schuldverschreibungen

Soweit den Inhabern von Schuldverschreibungen, die vor dem 1. Januar 1963 von anderen Kreditinstituten als Hypothekenbanken ausgegeben worden sind, nach Vorschriften des Landesrechts in Verbindung mit § 17 Abs. 1 des Einführungsgesetzes zur Konkursordnung ein Vorrecht bei der Befriedigung aus Hypotheken, Reallasten oder Darlehen des Kreditinstituts zusteht, ist dieses Vorrecht auch in künftigen Insolvenzverfahren zu beachten.

Artikel 110
Inkrafttreten

(1) Die Insolvenzordnung und dieses Gesetz treten, soweit nichts anderes bestimmt ist, am 1. Januar 1999 in Kraft.

(2) § 2 Abs. 2 und § 7 Abs. 3 der Insolvenzordnung sowie die Ermächtigung der Länder in § 305 Abs. 1 Nr. 1 der Insolvenzordnung treten am Tage nach der Verkündung in Kraft. Gleiches gilt für § 65 der Insolvenzordnung und für § 21 Abs. 2 Nr. 1, § 73 Abs. 2, § 274 Abs. 1, § 293 Abs. 2 und § 313 der Insolvenzordnung, soweit sie § 65 der Insolvenzordnung für entsprechend anwendbar erklären.

(3) Artikel 2 Nr. 9 dieses Gesetzes, soweit darin die Aufhebung von § 2 Abs. 1 Satz 2 des Gesetzes über die Auflösung und Löschung von Gesellschaften und Genossenschaften angeordnet wird, Artikel 22, Artikel 24 Nr. 2, Artikel 32 Nr. 3, Artikel 48 Nr. 4, Artikel 54 Nr. 4 und Artikel 85 Nr. 1 und 2 Buchstabe e, Artikel 87 Nr. 8 Buchstabe d und Artikel 105 dieses Gesetzes treten am Tage nach der Verkündung in Kraft.

II. Einzelerläuterungen zu ausgewählten Artikeln des Einführungsgesetzes

Einführungsgesetz zur Insolvenzordnung (EGInsO)

ERSTER TEIL
Neufassung des Anfechtungsgesetzes

Artikel 1
Gesetz über die Anfechtung von Rechtshandlungen eines Schuldners außerhalb des Insolvenzverfahrens (Anfechtungsgesetz – AnfG)

§ 1
Grundsatz

(1) Rechtshandlungen eines Schuldners, die seine Gläubiger benachteiligen, können außerhalb des Insolvenzverfahrens nach Maßgabe der folgenden Bestimmungen angefochten werden.

(2) Eine Unterlassung steht einer Rechtshandlung gleich.

§ 2
Anfechtungsberechtigte

Zur Anfechtung ist jeder Gläubiger berechtigt, der einen vollstreckbaren Schuldtitel erlangt hat und dessen Forderung fällig ist, wenn die Zwangsvollstreckung in das Vermögen des Schuldners nicht zu einer vollständigen Befriedigung des Gläubigers geführt hat oder wenn anzunehmen ist, daß sie nicht dazu führen würde.

§ 3
Vorsätzliche Benachteiligung

(1) Anfechtbar ist eine Rechtshandlung, die der Schuldner in den letzten zehn Jahren vor der Anfechtung mit dem Vorsatz, seine Gläubiger zu benachteiligen, vorgenommen hat, wenn der andere Teil zur Zeit der Handlung den Vorsatz des Schuldners kannte. Diese Kenntnis wird vermutet, wenn der andere Teil wußte, daß die Zahlungsunfähigkeit des Schuldners drohte und daß die Handlung die Gläubiger benachteiligte.

(2) Anfechtbar ist ein vom Schuldner mit einer nahestehenden Person (§ 138 der Insolvenzordnung) geschlossener entgeltlicher Vertrag, durch den seine Gläubiger unmittelbar benachteiligt werden. Die Anfechtung ist ausgeschlossen, wenn der Vertrag früher als zwei Jahre vor der Anfechtung geschlossen worden ist oder wenn dem anderen Teil zur Zeit des Vertragsschlusses ein Vorsatz des Schuldners, die Gläubiger zu benachteiligen, nicht bekannt war.

§ 4
Unentgeltliche Leistung

(1) Anfechtbar ist eine unentgeltliche Leistung des Schuldners, es sei denn, sie ist früher als vier Jahre vor der Anfechtung vorgenommen worden.

(2) Richtet sich die Leistung auf ein gebräuchliches Gelegenheitsgeschenk geringen Werts, so ist sie nicht anfechtbar.

§ 5
Rechtshandlungen des Erben

Hat der Erbe aus dem Nachlaß Pflichtteilsansprüche, Vermächtnisse oder Auflagen erfüllt, so kann ein Nachlaßgläubiger, der im Insolvenzverfahren über den Nachlaß dem Empfänger der Leistung im Rang vorgehen oder gleichstehen würde, die Leistung in gleicher Weise anfechten wie eine unentgeltliche Leistung des Erben.

§ 6
Kapitalersetzende Darlehen

Anfechtbar ist eine Rechtshandlung, die für die Forderung eines Gesellschafters auf Rückgewähr eines kapitalersetzenden Darlehens oder für eine gleichgestellte Forderung

1. Sicherung gewährt hat, wenn die Handlung in den letzten zehn Jahren vor der Anfechtung vorgenommen worden ist;
2. Befriedigung gewährt hat, wenn die Handlung im letzten Jahr vor der Anfechtung vorgenommen worden ist.

§ 7
Berechnung der Fristen

(1) Die in den §§ 3, 4 und 6 bestimmten Fristen sind von dem Zeitpunkt zurückzurechnen, in dem die Anfechtbarkeit gerichtlich geltend gemacht wird.

(2) Hat der Gläubiger, bevor er einen vollstreckbaren Schuldtitel erlangt hatte oder seine Forderung fällig war, dem Anfechtungsgegner seine Absicht, die Rechtshandlung anzufechten, schriftlich mitgeteilt, so wird die Frist vom Zeitpunkt des Zugangs der Mitteilung zurückgerechnet, wenn schon zu dieser Zeit der Schuldner unfähig war, den Gläubiger zu befriedigen, und wenn bis zum Ablauf von zwei Jahren seit diesem Zeitpunkt die Anfechtbarkeit gerichtlich geltend gemacht wird.

(3) In die Fristen wird die Zeit nicht eingerechnet, während der Maßnahmen nach § 46 a Abs. 1 Satz 1 des Gesetzes über das Kreditwesen angeordnet waren.

§ 8
Zeitpunkt der Vornahme einer Rechtshandlung

(1) Eine Rechtshandlung gilt als in dem Zeitpunkt vorgenommen, in dem ihre rechtlichen Wirkungen eintreten.

(2) Ist für das Wirksamwerden eines Rechtsgeschäfts eine Eintragung im Grundbuch, im Schiffsregister, im Schiffsbauregister oder im Register für Pfandrechte an Luftfahrzeugen erforderlich, so gilt das Rechtsgeschäft als vorgenommen,

sobald die übrigen Voraussetzungen für das Wirksamwerden erfüllt sind, die Willenserklärung des Schuldners für ihn bindend geworden ist und der andere Teil den Antrag auf Eintragung der Rechtsänderung gestellt hat. Ist der Antrag auf Eintragung einer Vormerkung zur Sicherung des Anspruchs auf die Rechtsänderung gestellt worden, so gilt Satz 1 mit der Maßgabe, daß dieser Antrag an die Stelle des Antrags auf Eintragung der Rechtsänderung tritt.

(3) Bei einer bedingten oder befristeten Rechtshandlung bleibt der Eintritt der Bedingung oder des Termins außer Betracht.

§ 9
Anfechtung durch Einrede

Die Anfechtbarkeit kann im Wege der Einrede geltend gemacht werden, bevor ein vollstreckbarer Schuldtitel für die Forderung erlangt ist; der Gläubiger hat diesen jedoch vor der Entscheidung binnen einer vom Gericht zu bestimmenden Frist beizubringen.

§ 10
Vollstreckbarer Titel

Die Anfechtung wird nicht dadurch ausgeschlossen, daß für die Rechtshandlung ein vollstreckbarer Schuldtitel erlangt oder daß die Handlung durch Zwangsvollstreckung erwirkt worden ist.

§ 11
Rechtsfolgen

(1) Was durch die anfechtbare Rechtshandlung aus dem Vermögen des Schuldners veräußert, weggegeben oder aufgegeben ist, muß dem Gläubiger zur Verfügung gestellt werden, soweit es zu dessen Befriedigung erforderlich ist. Die Vorschriften über die Rechtsfolgen einer ungerechtfertigten Bereicherung, bei der dem Empfänger der Mangel des rechtlichen Grundes bekannt ist, gelten entsprechend.

(2) Der Empfänger einer unentgeltlichen Leistung hat diese nur zur Verfügung zu stellen, soweit er durch sie bereichert ist. Dies gilt nicht, sobald er weiß oder den Umständen nach wissen muß, daß die unentgeltliche Leistung die Gläubiger benachteiligt.

§ 12
Ansprüche des Anfechtungsgegners

Wegen der Erstattung einer Gegenleistung oder wegen eines Anspruchs, der infolge der Anfechtung wiederauflebt, kann sich der Anfechtungsgegner nur an den Schuldner halten.

§ 13
Bestimmter Klageantrag

Wird der Anfechtungsanspruch im Wege der Klage geltend gemacht, so hat der Klageantrag bestimmt zu bezeichnen, in welchem Umfang und in welcher Weise der Anfechtungsgegner das Erlangte zur Verfügung stellen soll.

§ 14
Vorläufig vollstreckbarer Schuldtitel. Vorbehaltsurteil

Liegt ein nur vorläufig vollstreckbarer Schuldtitel des Gläubigers oder ein unter Vorbehalt ergangenes Urteil vor, so ist in dem Urteil, das den Anfechtungsanspruch für begründet erklärt, die Vollstreckung davon abhängig zu machen, daß die gegen den Schuldner ergangene Entscheidung rechtskräftig oder vorbehaltlos wird.

§ 15
Anfechtung gegen Rechtsnachfolger

(1) Die Anfechtbarkeit kann gegen den Erben oder einen anderen Gesamtrechtsnachfolger des Anfechtungsgegners geltend gemacht werden.

(2) Gegen einen sonstigen Rechtsnachfolger kann die Anfechtbarkeit geltend gemacht werden:

1. wenn dem Rechtsnachfolger zur Zeit seines Erwerbs die Umstände bekannt waren, welche die Anfechtbarkeit des Erwerbs seines Rechtsvorgängers begründen;
2. wenn der Rechtsnachfolger zur Zeit seines Erwerbs zu den Personen gehörte, die dem Schuldner nahestehen (§ 138 der Insolvenzordnung), es sei denn, daß ihm zu dieser Zeit die Umstände unbekannt waren, welche die Anfechtbarkeit des Erwerbs seines Rechtsvorgängers begründen;
3. wenn dem Rechtsnachfolger das Erlangte unentgeltlich zugewendet worden ist.

(3) Zur Erstreckung der Fristen nach § 7 Abs. 2 genügt die schriftliche Mitteilung an den Rechtsnachfolger, gegen den die Anfechtung erfolgen soll.

§ 16
Eröffnung des Insolvenzverfahrens

(1) Wird über das Vermögen des Schuldners das Insolvenzverfahren eröffnet, so ist der Insolvenzverwalter berechtigt, die von den Insolvenzgläubigern erhobenen Anfechtungsansprüche zu verfolgen. Aus dem Erstrittenen sind dem Gläubiger die Kosten des Rechtsstreits vorweg zu erstatten.

(2) Hat ein Insolvenzgläubiger bereits vor der Eröffnung des Insolvenzverfahrens auf Grund seines Anfechtungsanspruchs Sicherung oder Befriedigung erlangt, so gilt § 130 der Insolvenzordnung entsprechend.

§ 17
Unterbrechung des Verfahrens

(1) Ist das Verfahren über den Anfechtungsanspruch im Zeitpunkt der Eröffnung des Insolvenzverfahrens noch rechtshängig, so wird es unterbrochen. Es kann vom Insolvenzverwalter aufgenommen werden. Wird die Aufnahme verzögert, so gilt § 239 Abs. 2 bis 4 der Zivilprozeßordnung entsprechend.

(2) Der Insolvenzverwalter kann den Klageantrag nach Maßgabe der §§ 143, 144 und 146 der Insolvenzordnung erweitern.

(3) Lehnt der Insolvenzverwalter die Aufnahme des Rechtsstreits ab, so kann dieser hinsichtlich der Kosten von jeder Partei aufgenommen werden. Durch die Ablehnung der Aufnahme wird das Recht des Insolvenzverwalters, nach den Vorschriften der Insolvenzordnung den Anfechtungsanspruch geltend zu machen, nicht ausgeschlossen.

§ 18
Beendigung des Insolvenzverfahrens

(1) Nach der Beendigung des Insolvenzverfahrens können Anfechtungsansprüche, die der Insolvenzverwalter geltend machen konnte, von den einzelnen Gläubigern nach diesem Gesetz verfolgt werden, soweit nicht dem Anspruch entgegenstehende Einreden gegen den Insolvenzverwalter erlangt sind.

(2) War der Anfechtungsanspruch nicht schon zur Zeit der Eröffnung des Insolvenzverfahrens gerichtlich geltend gemacht, so werden die in den §§ 3, 4 und 6 bestimmten Fristen von diesem Zeitpunkt an berechnet, wenn der Anspruch bis zum Ablauf eines Jahres seit der Beendigung des Insolvenzverfahrens gerichtlich geltend gemacht wird.

§ 19
Internationales Anfechtungsrecht

Bei Sachverhalten mit Auslandsberührung ist für die Anfechtbarkeit einer Rechtshandlung das Recht maßgeblich, dem die Wirkungen der Rechtshandlung unterliegen.

§ 20
Übergangsregeln

(1) Dieses Gesetz ist auf die vor dem 1. Januar 1999 vorgenommenen Rechtshandlungen nur anzuwenden, soweit diese nicht nach dem bisherigen Recht der Anfechtung entzogen oder in geringerem Umfang unterworfen sind.

(2) Das Gesetz, betreffend die Anfechtung von Rechtshandlungen eines Schuldners außerhalb des Konkursverfahrens in der im Bundesgesetzblatt Teil III, Gliederungsnummer 311-5, veröffentlichten bereinigten Fassung, zuletzt geändert durch Artikel 9 des Gesetzes vom 4. Juli 1980 (BGBl. I S. 836), wird aufgehoben. Es ist jedoch weiter auf die Fälle anzuwenden, bei denen die Anfechtbarkeit vor dem 1. Januar 1999 gerichtlich geltend gemacht worden ist.

Artikel 1 entspricht im wesentlichen Artikel 1 RegEEGInsO. Der folgende Begründungstext entspricht im wesentlichen BT-Drs. 12/3803, S. 55 bis 59, „Zu Artikel 1", und BT-Drs. 12/7303, S. 106/107, zu Nr. 1 („Zu Artikel 1").

1   Allgemeines

Das geltende Gesetz betreffend die Anfechtung von Rechtshandlungen eines Schuldners außerhalb des Konkursverfahrens hat ebenso wie die Vorschriften der geltenden Konkursordnung über die Anfechtung das Ziel, die Gläubiger davor zu schützen, daß der Schuldner pfändbare Vermögensgegenstände ihrem Zugriff entzieht. In beiden Gesetzen wird das Anfechtungsrecht auf einheitlicher Grundlage geregelt; die grundlegenden Bestimmungen der Konkursordnung über die Anfechtung gelten auch für die Anfechtung außerhalb des Konkursverfahrens, soweit nicht Unterschiede zwischen dem Recht der Einzelzwangsvollstreckung und dem Konkursrecht Abweichungen erforderlich machen.

Die Abweichungen bestehen im wesentlichen in folgendem: Während das konkursrechtliche Anfechtungsrecht der gemeinschaftlichen Befriedigung der Konkursgläubiger dient und in dem Augenblick zur Entstehung gelangt, in dem das Konkursverfahren eröffnet wird, entsteht das Anfechtungsrecht außerhalb des Konkurses nicht vor dem Augenblick, in dem der einzelne Gläubiger einen vollstreckbaren Schuldtitel erlangt; die Anfechtung ist nur insoweit zulässig, als das Interesse des Gläubigers, der Zweck der Vollstreckung nach Maßgabe des vollstreckbaren Schuldtitels, dieselben bedingt. Der außerkonkursrechtlichen Anfechtung unterliegen deshalb nicht die Rechtshandlungen, die lediglich die gemeinschaftliche Befriedigung der Konkursgläubiger beeinträchtigen (besondere Konkursanfechtung), sondern nur Handlungen, die für die Befriedigung des vollstreckungsberechtigten Gläubigers selbst nachteilig sind.

Seit langem ist erkennbar, daß das Anfechtungsrecht – innerhalb wie außerhalb des Konkursverfahrens – seine Zwecke nur unvollkommen erfüllt. Der Durchsetzung von Anfechtungsansprüchen stehen praktische Schwierigkeiten entgegen, die dazu geführt haben, daß vom Anfechtungsrecht nur in geringem Umfang Gebrauch gemacht wird. Wichtige Ursachen für diese Entwicklung liegen darin, daß der Nachweis subjektiver Voraussetzungen des Anfechtungsanspruchs häufig nicht glückt und daß die für die Anfechtung vorgesehenen Fristen zum Teil zu kurz bemessen sind. 2

Den aufgezeigten Mängeln des geltenden Anfechtungsrechts wird einerseits dadurch Rechnung getragen, daß die Insolvenzordnung wesentliche Änderungen auf dem Gebiet des Anfechtungsrechts innerhalb des Insolvenzverfahrens vorsieht (vgl. die §§ 129 bis 147 der Insolvenzordnung und die Begründung hierzu).

Zum anderen ist es geboten, das Anfechtungsrecht außerhalb des Insolvenzverfahrens in entsprechender Weise zu verbessern. Die hierzu vorgesehene Neufassung des Anfechtungsgesetzes enthält die erforderlichen Anpassungen an die Insolvenzordnung, berücksichtigt aber auch die weiterhin erforderlichen Abweichungen. Außerdem werden die zum Teil schwer verständlichen Vorschriften des geltenden Anfechtungsrechts redaktionell vereinfacht.

Einzelbegründung 3

Zum Titel des Gesetzes

Die Überschrift des Gesetzes ist in Anlehnung an den Sprachgebrauch der Insolvenzordnung umformuliert worden.

Zu § 1 (Grundsatz) 4

In Anlehnung an das geltende Recht (§ 1 AnfG) umschreibt Absatz 1 den Zweck und den Anwendungsbereich der Anfechtung außerhalb des Insolvenzverfahrens. Ebenso wie in § 129 Abs. 1 der Insolvenzordnung wird als Grundvoraussetzung einer jeden Anfechtbarkeit hervorgehoben, daß die Gläubiger durch die anzufechtende Rechtshandlung objektiv benachteiligt sein müssen.

Absatz 2, der Unterlassungen des Schuldners betrifft, stimmt wörtlich mit § 129 Abs. 2 der Insolvenzordnung überein.

5   *Zu § 2 (Anfechtungsberechtigte)*

Die Vorschrift übernimmt geltendes Recht (§ 2 AnfG). Sie bestimmt, wann ein Einzelanfechtungsanspruch gerichtlich verfolgbar ist. Die im einzelnen aufgeführten Voraussetzungen haben keinen materiell-rechtlichen Gehalt, sondern sind Voraussetzungen für die gerichtliche Geltendmachung des Anfechtungsanspruchs.

6   *Zu § 3 (Vorsätzliche Benachteiligung)*

Die Vorschrift übernimmt im wesentlichen geltendes Recht (§ 3 Abs. 1 Nr. 1, 2 AnfG). Ihr Gegenstück im Recht der Insolvenzanfechtung ist § 133 der Insolvenzordnung (bisher § 31 KO). Bezüglich der Änderungen gegenüber dem geltenden Recht wird auf die Begründung zu § 133 der Insolvenzordnung Bezug genommen.

In Absatz 1 Satz 1 wird eine Frist – zehn Jahre – in den Tatbestand dieser Anfechtungsnorm eingeführt. Ihre Länge entspricht der in § 133 der Insolvenzordnung vorgesehenen Zeitspanne. Sie tritt an die Stelle der im geltenden Recht in § 12 AnfG geregelten Fristen. Anzuknüpfen ist hier, anders als bei der Insolvenzanfechtung, an den Zeitpunkt der Anfechtung: Die Anfechtung setzt voraus, daß die Rechtshandlung innerhalb eines Zeitraums von zehn Jahren vor der Anfechtung vorgenommen worden ist (vgl. auch die §§ 7, 8).

Diese zeitliche Eingrenzung ist – wie im geltenden Recht und wie die der nachfolgenden Bestimmungen – weder eine prozessuale Frist noch eine Verjährungsfrist, sondern eine materiell-rechtliche Ausschlußfrist. Nach Ablauf des Zeitraums ist der durch die Rechtshandlung Begünstigte vor einer Anfechtung gesichert. Die Nachteile im Vergleich zur Ausgestaltung der Frist als Verjährungsfrist – insbesondere das Fehlen der Möglichkeit einer Unterbrechung der Frist – können, nicht zuletzt wegen der Dauer der Fristen und im Hinblick auf die Regelungen in § 7, in Kauf genommen werden. Auch eine Auflockerung der Ausschlußfrist durch die entsprechende Anwendung einzelner Vorschriften des Verjährungsrechts – wie dies bisher in § 12 Abs. 1 Satz 2 AnfG vorgesehen ist – erscheint im Interesse der Rechtssicherheit nicht zweckmäßig.

7   *Zu § 4 (Unentgeltliche Leistung)*

Diese Vorschrift regelt die bisher in § 3 Nr. 3 und 4 AnfG niedergelegte Anfechtbarkeit unentgeltlicher Zuwendungen (sog. Schenkungsanfechtung).

Die Änderungen entsprechen denjenigen, die § 32 KO durch § 134 der Insolvenzordnung erfahren hat. Auf die Begründung zu dieser Vorschrift wird daher Bezug genommen.

8   *Zu § 5 (Rechtshandlungen des Erben)*

Die Vorschrift übernimmt geltendes Recht (§ 3 a AnfG). Die Erfüllung von Pflichtteilsansprüchen, Vermächtnissen oder Auflagen durch den Erben kann wie eine unentgeltliche Verfügung des Erben angefochten werden. Nicht zur Anfechtung berechtigt ist jedoch ein Gläubiger, der in einem Insolvenzverfahren über den Nachlaß dem Empfänger der Leistung im Rang nachgehen würde.

9   *Zu § 6 (Kapitalersetzende Darlehen)*

Diese Vorschrift stimmt im wesentlichen mit dem geltenden Recht (§ 3 b AnfG) überein und ist an die entsprechende Regelung in § 135 der Insolvenzordnung angelehnt.

Abweichend von § 3 b Abs. 1 AnfG wird in Nummer 1 ein bestimmter Anfechtungszeitraum in den Tatbestand übernommen. Auf die Begründung zu § 3, der die gleiche Abweichung vom geltenden Recht aufweist, wird verwiesen.

Zu § 7 (Berechnung der Fristen) **10**

Diese Vorschrift legt einheitlich für alle Anfechtungstatbestände fest, wie die vorgesehenen Fristen zu berechnen sind.

Absatz 1 macht deutlich, daß der Zeitpunkt, von dem an für die Bestimmung der Anfechtungsfristen zurückzurechnen ist, die gerichtliche Geltendmachung der Anfechtbarkeit ist. Das entspricht der herrschenden Auffassung in Rechtsprechung und Literatur. Eine Anknüpfung an die Rechtshängigkeit des Anfechtungsanspruchs wäre zu eng, da die Anfechtbarkeit auch im Wege der Einrede geltend gemacht werden kann (vgl. § 9). Erforderlich ist jedoch eine Geltendmachung bei Gericht, sei es durch Klage oder Widerklage, durch Einrede oder Gegeneinrede. Die Zustellung eines nur vorbereitenden Schriftsatzes genügt daher nicht zur Fristenwahrung (vgl. die ähnliche Regelung in den §§ 864, 972, 1002 BGB).

Indem Absatz 1 die Fristen an die gerichtliche Geltendmachung der Anfechtbarkeit anknüpft, bringt er mittelbar auch zum Ausdruck, daß die Finanzbehörden nicht mehr berechtigt sein sollen, das Anfechtungsrecht im Wege des Duldungsbescheids nach § 191 der Abgabenordnung geltend zu machen. Die Rechtsprechung des Bundesfinanzhofs und des Bundesverwaltungsgerichts, die dies zum geltenden Anfechtungsgesetz zuläßt (BFHE 149, 204, 205 f. m. w. N., BVerwG JZ 1990, 969), ist nur schwer vereinbar damit, daß der Anfechtungsanspruch zivilrechtlicher Natur ist und auch von den Finanzbehörden vor den ordentlichen Gerichten geltend gemacht werden kann (BGH ZIP 1991, 113). Sie führt zu praktischen Schwierigkeiten insbesondere dann, wenn vor dem rechtskräftigen Abschluß des Anfechtungsstreits das Insolvenzverfahren über das Vermögen des Schuldners eröffnet wird und der Insolvenzverwalter den Anfechtungsanspruch weiterverfolgen will (vgl. § 16).

Absatz 2 übernimmt geltendes Recht (§ 4 AnfG). Die vorgenommenen Änderungen **11** am Wortlaut sollen keine sachlichen Änderungen bewirken, sondern beschränken sich darauf, Auslegungen, die Rechtsprechung und Literatur gegeben haben, in den Wortlaut des Gesetzes aufzunehmen. So ist es seit langem unbestritten, daß „Schriftsatz" für eine einseitige empfangsbedürftige Willenserklärung steht, die der Schriftform bedarf (§ 126 Abs. 1 BGB), und daß unter „Zustellung" nicht diejenige im technischen Sinne (der Zivilprozeßordnung) zu verstehen ist. Es genügt daher auch jede andere Form der schriftlichen Benachrichtigung.

Auch Absatz 3 knüpft an geltendes Recht an (§ 3 Abs. 2 AnfG). Einer dem § 3 Abs. 2 **12** Satz 1 AnfG entsprechenden Regelung bedarf es jedoch nicht mehr: Die bisherige Zweigleisigkeit mit der Rückschlagsperre im Vergleichsverfahren und der Anfechtung im Konkurs wird durch die Einführung des einheitlichen Insolvenzverfahrens beseitigt. Die bisherige Konkursanfechtung wird zu einem Instrument des einheitlichen Insolvenzverfahrens. Der Zweck des geltenden § 3 Abs. 2 Satz 1 AnfG, zu verhüten, daß Gläubiger dadurch eine Rechtseinbuße erleiden, daß sie wegen der Vollstreckungssperre eines Vergleichsverfahrens ihre Anfechtungsansprüche nicht ausüben können, braucht nicht mehr verfolgt zu werden.

Demgegenüber gelten weiterhin die §§ 46 ff. KWG über Aufsichts- und Sanierungs- **13** maßnahmen bei Kreditinstituten. Gemäß § 46 a Abs. 1 Satz 4 KWG sind Zwangsvollstreckungen, Arreste und einstweilige Verfügungen während der Dauer der Maßnahme nach § 46 a Abs. 1 Satz 1 KWG nicht zulässig. Damit besteht hier weiter ein Schutzbedürfnis der Gläubiger in oben angeführtem Sinn, weil die Rechtshandlungen des

Kreditinstituts in dieser Zeit nicht angefochten werden können. § 3 Abs. 2 Satz 2 AnfG wird daher inhaltlich übernommen.

14 *Zu § 8* (Zeitpunkt der Vornahme einer Rechtshandlung)

In Übereinstimmung mit § 140 der Insolvenzordnung bestimmt diese Vorschrift, zu welchem Zeitpunkt eine Rechtshandlung als vorgenommen gilt. Auf die Begründung zu § 140 der Insolvenzordnung wird Bezug genommen.

15 *Zu § 9* (Anfechtung durch Einrede)

Die Vorschrift übernimmt geltendes Recht (§ 5 AnfG). Sie bezweckt zunächst die Klarstellung, daß die Anfechtbarkeit einer Rechtshandlung auch im Wege der Einrede (und Gegeneinrede) geltend gemacht werden kann. Beispielsweise kann ein Gläubiger, für den eine Sache beim Schuldner gepfändet worden ist, der Drittwiderspruchsklage des Eigentümers (§ 771 ZPO) entgegenhalten, daß dieser das Eigentum anfechtbar erworben habe. Darüber hinaus bringt die Vorschrift für den Fall der einredeweisen Geltendmachung des Anspruchs eine Erleichterung, indem von dem Titelerfordernis des § 2 einstweilen, aber nicht endgültig abgesehen wird.

16 *Zu § 10* (Vollstreckbarer Titel)

§ 6 des bisherigen Anfechtungsgesetzes wird sinngemäß übernommen. Satz 1 stimmt mit § 141 der Insolvenzordnung überein. Auf die Begründung zu dieser Vorschrift wird Bezug genommen. Wegen der Bedeutung des Begriffs „Zwangsvollstreckung", der auch Arrest und einstweilige Verfügung mit umfaßt, wird auf Rdnr. 3 zu § 89 InsO verwiesen.

17 *Zu § 11* (Rechtsfolgen)

Die Vorschrift lehnt sich an das geltende Recht an (§ 7 AnfG, § 37 KO), nimmt jedoch kleinere Korrekturen vor:

Absatz 1 Satz 1 beschreibt in Übereinstimmung mit dem geltenden Recht den Inhalt des Anfechtungsschuldverhältnisses. Anders als im Konkursrecht (§ 37 KO; vgl. auch § 143 Abs. 1 Satz 1 der Insolvenzordnung) ist der Anfechtungsanspruch nach dem bisherigen Anfechtungsgesetz (§ 7) nicht auf Rückgewähr im Sinne einer Rückübertragung von Rechten gerichtet, sondern lediglich auf Wiederherstellung der Zugriffslage, die dem Anfechtenden gestattet, wegen seiner Geldforderung die Zwangsvollstreckung nach Maßgabe der §§ 803 ff. der Zivilprozeßordnung in den Gegenstand zu betreiben. Ziel des Anfechtungsanspruchs ist es, dem Forderungsberechtigten die Befriedigungsmöglichkeit (wieder) zu geben.

Die Formulierung des geltenden § 7 Abs. 1 AnfG ist allerdings irreführend. Durch die Neuformulierung soll Mißverständnissen vorgebeugt werden, ohne daß der Inhalt des Anfechtungsrechts verändert werden soll.

Die in Absatz 1 Satz 2 getroffene Regelung zielt darauf ab, den Anfechtungsgegner für den Fall der Unmöglichkeit der Wiederherstellung dieser Zugriffslage oder einer Verschlechterung des anfechtbar erworbenen Gegenstandes haftungsrechtlich nicht schlechter, aber auch nicht besser zu stellen als bösgläubige Bereicherungsschuldner und unrechtmäßige Besitzer. Die Regelung entspricht der in § 143 der Insolvenzordnung. Auf die Begründung zu dieser Vorschrift wird Bezug genommen.

Absatz 2 übernimmt geltendes Recht (§ 7 Abs. 2 AnfG), jedoch mit den gleichen Abweichungen, die § 143 Abs. 2 der Insolvenzordnung gegenüber § 37 Abs. 2 KO aufweist.

Zu § 12 (Ansprüche des Anfechtungsgegners) **18**

Die Vorschrift entspricht dem geltenden Recht (§ 8 AnfG). Die Veränderung des Wortlautes in der zweiten Alternative dient der besseren Verständlichkeit der Vorschrift. Mit ihr soll deutlich gemacht werden, daß die Ansprüche betroffen sind, die dadurch wiederaufleben, daß der Anfechtungsgegner als Empfänger einer anfechtbaren Leistung das Empfangene dem Anfechtenden zur Befriedigung zur Verfügung gestellt hat.

Zu § 13 (Bestimmter Klageantrag) **19**

Im Vergleich zu § 9 des bisherigen Anfechtungsgesetzes wird klargestellt, daß das Erlangte vom Anfechtungsgegner (zur Befriedigung) zur Verfügung zu stellen ist.

Zu § 14 (Vorläufig vollstreckbarer Schuldtitel. Vorbehaltsurteil) **20**

Die Vorschrift entspricht dem geltenden Recht (§ 10 AnfG).

Zu § 15 (Anfechtung gegen Rechtsnachfolger) **21**

Die Vorschrift knüpft an § 11 AnfG an. In enger Anlehnung an § 145 der Insolvenzordnung werden kleinere Korrekturen vorgenommen.

Wegen der Absätze 1 und 2 wird auf die Begründung zu § 145 der Insolvenzordnung Bezug genommen.

Absatz 3, der die Fristerstreckung nach § 7 Abs. 2 betrifft, entspricht dem geltenden Recht (§ 11 Abs. 4 AnfG).

Zu § 16 (Eröffnung des Insolvenzverfahrens), **22**
zu § 17 (Unterbrechung des Verfahrens) und
zu § 18 (Beendigung des Insolvenzverfahrens)

§ 13 des geltenden Anfechtungsgesetzes wird übernommen und im Wortlaut an die Insolvenzordnung angepaßt.

Kein Gegenstück im neuen Anfechtungsgesetz hat allerdings § 13 Abs. 5 des geltenden Gesetzes, der den Konkursgläubigern auch während des Konkursverfahrens die Einzelanfechtung von Rechtshandlungen gestattet, die sich auf das konkursfreie Vermögen des Schuldners beziehen. Da die Insolvenzordnung auch den Neuerwerb des Schuldners zur Insolvenzmasse rechnet und da Handlungen, die sich auf das unpfändbare Vermögen des Schuldners beziehen, der Anfechtung nicht unterliegen, hat das Problem in Zukunft keine Bedeutung mehr.

Zu § 19 (Internationales Anfechtungsrecht) **23**

Die Vorschrift klärt die bisher stark umstrittene Frage, welches Recht bei grenzüberschreitenden Sachverhalten für die Anfechtbarkeit von Rechtshandlungen maßgeblich ist. Indem sie das Recht für anwendbar erklärt, dem die Wirkungen der Rechtshandlung unterliegen, bietet sie eine einfache Lösung, die den Interessen des Rechtsverkehrs gerecht wird: Ist für die Wirkungen einer Rechtshandlung, zum Beispiel für die Wirksamkeit einer Vertragserklärung, inländisches Recht maßgeblich, so entscheidet auch das inländische Recht über die Anfechtbarkeit der Handlung.

Zu § 20 (Übergangsregeln) **24**

Diese Vorschrift enthält Übergangsregelungen, die auf Grund bisherigen Rechts erworbene Rechtspositionen schützen und für anhängige Prozesse praktikable Lösungen enthalten.

ZWEITER TEIL
Aufhebung und Änderung von Gesetzen

Artikel 2
Aufhebung von Gesetzen

Es werden aufgehoben:

1. die Vergleichsordnung in der im Bundesgesetzblatt Teil III, Gliederungsnummer 311-1, veröffentlichten bereinigten Fassung, zuletzt geändert durch Artikel 6 des Gesetzes vom 25. Juli 1994 (BGBl. I S. 1744);

2. das Gesetz betreffend die Einführung der Konkursordnung in der im Bundesgesetzblatt Teil III, Gliederungsnummer 311-2, veröffentlichten bereinigten Fassung, geändert durch Artikel 1 Nr. 10 des Gesetzes vom 11. März 1974 (BGBl. I S. 671);

3. das Einführungsgesetz zu dem Gesetz, betreffend Änderungen der Konkursordnung in der im Bundesgesetzblatt Teil III, Gliederungsnummer 311-3, veröffentlichten bereinigten Fassung;

4. die Konkursordnung in der im Bundesgesetzblatt Teil III, Gliederungsnummer 311-4, veröffentlichten bereinigten Fassung, zuletzt geändert durch Artikel 5 des Gesetzes vom 25. Juli 1994 (BGBl. I S. 1744);

5. die Verordnung über die Vergütung des Konkursverwalters, des Vergleichsverwalters, der Mitglieder des Gläubigerausschusses und der Mitglieder des Gläubigerbeirats in der im Bundesgesetzblatt Teil III, Gliederungsnummer 311-6, veröffentlichten bereinigten Fassung, zuletzt geändert durch die Verordnung vom 11. Juni 1979 (BGBl. I S. 637);

6. das Gesetz zur Schaffung eines Vorrechts für Umlagen auf die Erzeugung von Kohle und Stahl vom 1. März 1989 (BGBl. I S. 326);

7. die Gesamtvollstreckungsordnung in der Fassung der Bekanntmachung vom 23. Mai 1991 (BGBl. I S. 1185), geändert durch Artikel 5 des Gesetzes vom 24. Juni 1994 (BGBl. I S. 1744);

8. das Gesamtvollstreckungs-Unterbrechungsgesetz in der Fassung der Bekanntmachung vom 23. Mai 1991 (BGBl. I S. 1191);

9. das Gesetz über die Auflösung und Löschung von Gesellschaften und Genossenschaften in der im Bundesgesetzblatt Teil III, Gliederungsnummer 4120-3, veröffentlichten bereinigten Fassung, geändert durch Artikel 9 des Gesetzes vom 19. Dezember 1985 (BGBl. I S. 2355).

Artikel 2 übernimmt in ergänzter Fassung Art. 2 RegEEGInsO. Der folgende Begründungstext beruht auf BT-Drs. 12/3803, S. 60/61, „Zu Artikel 2", und BT-Drs. 12/7303, S. 107, zu Nr. 2 („Zu Artikel 2").

1 Durch diesen Artikel werden die geltenden insolvenzrechtlichen Gesetze sowie das Löschungsgesetz, dessen Inhalt im Rahmen der Reform zum Zwecke der Rechtsbereinigung in andere Gesetze verlagert wird, vollständig aufgehoben.

Das Gesetz über den Sozialplan im Konkurs- und Vergleichsverfahren vom 20. Februar 1985 (BGBl. I S. 369), zuletzt geändert durch das Gesetz vom 20. Dezember 1991 (BGBl. I S. 2289), bedarf nach dem gegenwärtigen Stand keiner besonderen Aufhebung. Es ist bis zum 31. Dezember 1998 befristet (vgl. Artikel 22 des Einführungsgesetzes und die Begründung zu dieser Norm).

Zu Nummer 1 (Vergleichsordnung)

Die neue Insolvenzordnung ersetzt das Konkursverfahren und das Vergleichsverfahren durch ein einheitliches Insolvenzverfahren. Die Vergleichsordnung ist daher aufzuheben.

Zu Nummer 2 (Gesetz betreffend die Einführung der Konkursordnung)

Das Gesetz betreffend die Einführung der Konkursordnung kann mit allen seinen Vorschriften aufgehoben werden.

Ob § 2, der bestimmt, daß Gesetz im Sinne der Konkursordnung und dieses Gesetzes jede Rechtsnorm ist, aus heutiger Sicht noch erforderlich ist, kann dahinstehen. Jedenfalls ist es ausreichend, daß in § 12 EGZPO die gleiche Bestimmung für die Zivilprozeßordnung getroffen ist, die auf die Insolvenzordnung nach deren § 4 entsprechend anzuwenden ist. Auch aus Artikel 2 EGBGB ergibt sich, daß diese Erläuterung des Begriffs des Gesetzes allgemeingültig ist; sie braucht nicht in jedem neuen Gesetz wiederholt zu werden.

§ 6 bezieht sich ausschließlich auf registrierte Gesellschaften, welche auf Grund des bayerischen Gesetzes vom 29. April 1869, betreffend die privatrechtliche Stellung der Erwerbs- und Wirtschaftsgesellschaften, bestehen. Dieses Gesetz ist durch § 1 Nr. 6 des Ersten Gesetzes zur Aufhebung von Rechtsvorschriften vom 6. April 1981 aufgehoben worden (Bayerisches Gesetz- und Verordnungsblatt 1981, 85). Die Vorschrift ist somit gegenstandslos und kann ersatzlos gestrichen werden.

Nach § 17 hat die Landesgesetzgebung die Möglichkeit, den Inhabern bestimmter Schuldverschreibungen im Konkurs ein Vorrecht einzuräumen. Die Vorschrift hat heute nur noch im Bundesland Bayern für die Inhaber der vor dem 1. Januar 1963 emittierten Schuldverschreibungen der Bayerischen Landwirtschaftsbank eine gewisse Bedeutung. Insoweit wird sie durch eine besondere Übergangsvorschrift aufrechterhalten (vgl. Artikel 109).

Zu Nummer 3 (Einführungsgesetz zu dem Gesetz betreffend Änderungen der Konkursordnung)

Das Einführungsgesetz zu dem Gesetz betreffend Änderungen der Konkursordnung kann ebenfalls aufgehoben werden.

Der Inhalt des Artikels III ist bereits bei der geplanten Änderung des § 761 HGB durch Anfügung eines neuen Satzes 2 berücksichtigt (vgl. Artikel 40 Nr. 21 des Einführungsgesetzes).

Die in Artikel IV vorgesehene Möglichkeit, aufgrund landesgesetzlicher Vorschriften die Konkursfähigkeit von juristischen Personen des öffentlichen Rechtes auszuschließen, wird nunmehr in § 12 der Insolvenzordnung geregelt.

Artikel IX hat heute keine praktische Bedeutung mehr. Gemäß Artikel 11 BayAGGVG i. V. m. § 8 EGGVG ist eine Zuständigkeit des Bayerischen Obersten Landesgerichts in Konkurssachen nicht denkbar. Es erscheint ausgeschlossen, daß in Konkursverfahren in erster Linie Landesrecht zur Anwendung kommt.

Artikel 2 – Einzelerläuterungen   Teil 3 – Einführungsgesetz

5   *Zu Nummer 4* (Konkursordnung)

Ebenso wie die Vergleichsordnung (Nummer 1) ist auch die Konkursordnung aufzuheben.

6   *Zu Nummer 5* (Vergütungsverordnung)

Auch die Vergütungsverordnung ist aufzuheben. Sie wird durch eine neue Verordnung auf der Grundlage von § 65 der Insolvenzordnung ersetzt werden.

7   *Zu Nummer 6* (Gesetz zur Schaffung eines Vorrechts für Umlagen auf die Erzeugung von Kohle und Stahl)

Das im März 1989 in Kraft getretene Gesetz sieht vor, daß im Konkursverfahren die Konkursforderungen wegen der Umlagen auf die Erzeugung von Kohle und Stahl (Artikel 49 Abs. 1 des Vertrags über die Gründung der Europäischen Gemeinschaft für Kohle und Stahl vom 18. April 1951) mit dem Vorrecht des § 61 Abs. 1 Nr. 2 der Konkursordnung zu berichtigen sind. Das gleiche gilt für Konkursforderungen wegen bestimmter Säumniszuschläge.

Da das Vorrecht für öffentliche Abgaben des § 61 Abs. 1 Nr. 2 KO – ebenso wie alle anderen allgemeinen Konkursvorrechte – in die neue Insolvenzordnung nicht übernommen wird, ist auch für eine Bevorrechtigung der genannten Umlagen und Säumniszuschläge kein Raum mehr. Die für die Mitgliedstaaten verbindliche Empfehlung der Kommission der Europäischen Gemeinschaften vom 13. Mai 1986 (ABl. Nr. L 144/40 vom 29. Mai 1986), die dem Gesetz zugrunde liegt, verlangt diese Bevorrechtigung nur in den Mitgliedstaaten, die auch den nationalen Steuerforderungen ein Vorrecht einräumen.

Das Gesetz ist damit ersatzlos aufzuheben. Die Forderungen wegen der Umlagen auf die Erzeugung von Kohle und Stahl und wegen der Säumniszuschläge sind im künftigen Insolvenzverfahren einfache Insolvenzforderungen.

8   *Zu den Nummern 7 und 8* (Gesamtvollstreckungsordnung und Gesamtvollstreckungs-Unterbrechungsgesetz)

Durch die Insolvenzrechtsreform wird die Rechtseinheit innerhalb Deutschlands im Bereich des Insolvenzrechts wiederhergestellt. Die besonderen Insolvenzgesetze der neuen Bundesländer und Berlins (Ost) sind daher aufzuheben.

9   *Zu Nummer 9* (Gesetz über die Auflösung und Löschung von Gesellschaften und Genossenschaften)

Die bisher im Gesetz über die Auflösung und Löschung von Gesellschaften und Genossenschaften enthaltenen Regelungen werden in die Gesetze verlagert, in denen sie ihren systematisch richtigen Standort haben. Dies dient der Rechtsklarheit. Vorschriften, die Regelungen des Löschungsgesetzes übernehmen, sind enthalten in den §§ 31 und 34 der Insolvenzordnung, im Rechtspflegergesetz (Artikel 14 Nr. 4 des Einführungsgesetzes), im Gesetz über die Angelegenheiten der freiwilligen Gerichtsbarkeit (Artikel 23), in der Kostenordnung (Artikel 30 Nr. 3), im Handelsgesetzbuch (Artikel 40 Nr. 6, 11, 13, 15), im Aktiengesetz (Artikel 47 Nr. 9, 10, 11, 14, 15), im Gesetz betreffend die Gesellschaft mit beschränkter Haftung (Artikel 48 Nr. 5, 8, 9), im Gesetz betreffend die Erwerbs- und Wirtschaftsgenossenschaften (Artikel 49 Nr. 7, 8, 9). Das Gesetz über die Auflösung und Löschung von Gesellschaften und Genossenschaften kann deshalb aufgehoben werden.

Artikel 5
Änderung des Baugesetzbuchs

Das Baugesetzbuch in der Fassung der Bekanntmachung vom 8. Dezember 1986 (BGBl. I S. 2253), zuletzt geändert durch Artikel 3 des Gesetzes vom 14. September 1994 (BGBl. I S. 2324), wird wie folgt geändert:

1. § 159 wird wie folgt geändert:

   a) Absatz 6 wird wie folgt gefaßt:

   „(6) Kündigt die Gemeinde im Falle der Eröffnung des Insolvenzverfahrens über das Vermögen des für eigene Rechnung tätigen Sanierungsträgers den mit diesem geschlossenen Vertrag, kann sie vom Insolvenzverwalter verlangen, ihr die im förmlich festgelegten Sanierungsgebiet gelegenen Grundstücke, die der Sanierungsträger nach Übertragung der Aufgaben zur Vorbereitung oder Durchführung der Sanierung erworben hat, gegen Erstattung der vom Sanierungsträger erbrachten Aufwendungen zu übereignen. Der Insolvenzverwalter ist verpflichtet, der Gemeinde ein Verzeichnis dieser Grundstücke zu übergeben. Die Gemeinde kann ihren Anspruch nur binnen sechs Monaten nach Übergabe des Grundstücksverzeichnisses geltend machen. Im übrigen haftet die Gemeinde den Gläubigern von Verbindlichkeiten aus der Durchführung der Ordnungsmaßnahmen wie ein Bürge, soweit sie aus dem Vermögen des Sanierungsträgers im Insolvenzverfahren keine vollständige Befriedigung erlangt haben."

   b) Absatz 7 wird aufgehoben.

2. § 161 Abs. 3 wird wie folgt gefaßt:

   „(3) Im Falle der Eröffnung des Insolvenzverfahrens über das Vermögen des Sanierungsträgers gehört das Treuhandvermögen nicht zur Insolvenzmasse. Kündigt die Gemeinde das Treuhandverhältnis, so hat der Insolvenzverwalter das Treuhandvermögen auf die Gemeinde zu übertragen und bis zur Übertragung zu verwalten. Von der Übertragung an haftet die Gemeinde anstelle des Sanierungsträgers für die Verbindlichkeiten, für die dieser mit dem Treuhandvermögen gehaftet hat. Die mit der Eröffnung des Insolvenzverfahrens verbundenen Rechtsfolgen treten hinsichtlich der Verbindlichkeiten nicht ein. § 418 des Bürgerlichen Gesetzbuches ist nicht anzuwenden."

Artikel 5 entspricht Art. 5 RegEEGInsO. Der folgende Begründungstext entspricht im wesentlichen BT-Drs. 12/3803, S. 62, „Zu Artikel 5".

Zu Nummer 1 (§ 159)

§ 159 BauGB enthält in Absätzen 6 und 7 unterschiedliche Regelungen für den Konkurs und für das Vergleichsverfahren des auf eigene Rechnung tätigen Sanierungsträgers. Im Falle des Konkurses erlischt der zwischen der Gemeinde und dem Sanierungsträger abgeschlossene Vertrag, im Falle des Vergleichsverfahrens werden der Gemeinde für den Fall der Kündigung des Vertrages entsprechende Rechte eingeräumt wie bei einer Vertragsauflösung.

Nach der Insolvenzordnung werden das Konkurs- und das Vergleichsverfahren durch ein einheitliches Insolvenzverfahren abgelöst, das Elemente beider bisherigen Verfahrensarten enthält. Es erscheint sachgerecht, für dieses einheitliche Verfahren die bisher für das Vergleichsverfahren vorgesehene Regelung zu übernehmen: Ein automatisches Erlöschen des Vertrages würde der Möglichkeit einer Fortführung des in wirtschaftliche Schwierigkeiten geratenen Sanierungsträgers auf der Grundlage eines Insolvenzplans nicht gerecht werden. Die schutzwürdigen Belange der Gemeinde sind durch das Kündigungsrecht hinreichend gewahrt.

2   *Zu Nummer 2 (§ 161 Abs. 3)*

Für den Vertrag mit einem treuhänderischen Sanierungsträger ist in § 161 Abs. 3 Satz 1 BauGB bisher vorgesehen, daß der Vertrag im Falle der Eröffnung des Konkursverfahrens erlischt. Der Fall des Vergleichsverfahrens ist nicht besonders geregelt.

Nach der Neufassung des Absatzes 3 führt die Eröffnung des einheitlichen Insolvenzverfahrens nicht zu einem automatischen Erlöschen des treuhänderischen Sanierungsvertrags. Parallel zu der Regelung, die in § 159 Abs. 6 BauGB für den auf eigene Rechnung tätigen Sanierungsträger getroffen wird, wird vorgesehen, daß auch im Insolvenzfall zur Beendigung des Vertragsverhältnisses eine Kündigung der Gemeinde erforderlich ist.

Artikel 7
Änderung des Vereinsgesetzes

Das Vereinsgesetz vom 5. August 1964 (BGBl. I S. 593), zuletzt geändert durch Artikel 19 des Gesetzes vom 17. Dezember 1990 (BGBl. I S. 2809), wird wie folgt geändert:

1. In § 12 Abs. 5 Satz 2 werden die Worte „seiner in § 31 Nr. 2 der Konkursordnung genannten Angehörigen" durch die Worte „einer Person, die ihm im Sinne des § 138 Abs. 1 der Insolvenzordnung nahesteht," ersetzt.

2. § 13 wird wie folgt geändert:

    a) In Absatz 1 Satz 2 werden die Worte „Forderungen, die im Falle des Konkurses Konkursforderungen wären" durch die Worte „Gläubigern, die im Falle des Insolvenzverfahrens Insolvenzgläubiger wären" ersetzt.

    b) In Absatz 3 Satz 1 wird das Wort „Konkursverfahren" durch das Wort „Insolvenzverfahren" ersetzt.

    c) In Absatz 3 Satz 3 werden die Worte „gelten als Massekosten, die Verwaltungsschulden als Masseschulden" durch die Worte „sowie die Verwaltungsschulden gelten als Masseverbindlichkeiten" ersetzt.

    d) In Absatz 3 Satz 4 wird das Wort „Konkursverwalter" durch das Wort „Insolvenzverwalter" und das Wort „Konkursgericht" durch das Wort „Insolvenzgericht" ersetzt.

    e) Absatz 3 Satz 5 wird wie folgt gefaßt:

    „Die §§ 57, 67 bis 73, 101 der Insolvenzordnung sind nicht anzuwenden."

3. *

Die mit * versehene Nummer 3 enthält eine rein redaktionelle Anpassung, vgl. Gesamtabdruck des Einführungsgesetzes.

Artikel 7 entspricht im wesentlichen Art. 7 RegEEGInsO. Der folgende Begründungstext entspricht weitgehend BT-Drs. 12/3803, S. 62/63, „Zu Artikel 7", und BT-Drs. 12/7303, S. 107, zu Nr. 4 („Zu Artikel 7").

Zu Nummer 1 (§ 12 Abs. 5 Satz 2) 1

Für den Fall eines Vereinsverbotes bestimmt § 12 Abs. 5 Satz 1 des Vereinsgesetzes, daß Verfügungen des Vereins, die in den letzten sechs Monaten vor dem Erlaß des Verbots in der dem anderen Teil bekannten Absicht vorgenommen wurden, Gegenstände des Vereinsvermögens beiseite zu schaffen, dem Einziehungsbegünstigten gegenüber unwirksam sind. Daß die Absicht dem anderen Teil bekannt war, wird nach der bisherigen Fassung des Satzes 2 vermutet, wenn zugunsten eines Vereinsmitgliedes oder seiner in § 31 Nr. 2 der Konkursordnung genannten Angehörigen verfügt worden ist. Die Neufassung ersetzt diesen Kreis von Angehörigen des Vereinsmitgliedes durch den Personenkreis, der auch im Rahmen der Insolvenzordnung, bei der Anfechtung von Rechtshandlungen wegen vorsätzlicher Benachteiligung, an die Stelle der in § 31 Nr. 2 der Konkursordnung genannten Personen tritt und zu dessen Lasten auch dort die Kenntnis von dem mit der Rechtshandlung verbundenen Zweck vermutet wird. Eine inhaltliche Änderung liegt insbesondere darin, daß dem Ehegatten eines Vereinsmitgliedes ein früherer Ehegatte gleichgestellt wird, wenn die Ehe im letzten Jahr aufgelöst worden ist, und daß auch Personen erfaßt werden, die in häuslicher Gemeinschaft mit dem Vereinsmitglied leben.

Zu Nummer 2 (§ 13) 2

Absatz 1 Satz 2 und Absatz 3 Satz 1 und 4 werden redaktionell angepaßt.

Mit der Änderung von Absatz 3 Satz 3 wird der Tatsache Rechnung getragen, daß die Insolvenzordnung nicht mehr zwischen „Massekosten" und „Masseschulden" unterscheidet (vgl. die §§ 57 bis 60 KO), sondern nur noch zwischen den „Kosten des Insolvenzverfahrens", die auf die Gerichtskosten und die Vergütung des vorläufigen Insolvenzverwalters, des Insolvenzverwalters und der Mitglieder des Gläubigerausschusses beschränkt sind, und den „sonstigen Masseverbindlichkeiten" (§§ 53 bis 55 der Insolvenzordnung). Eine Unterscheidung zwischen Verwaltungsaufwendungen und Prozeßkosten einerseits, die bisher als Massekosten gelten, und Verwaltungsschulden andererseits, die den Masseschulden gleichgestellt werden, ist damit nicht mehr möglich. Alle derartigen Verbindlichkeiten sind in Zukunft als „sonstige Masseverbindlichkeiten" zu behandeln.

In Absatz 3 Satz 5 werden entsprechend der bisherigen Regelung die Vorschriften über die Wahl eines neuen Insolvenzverwalters durch die Gläubigerversammlung und über den Gläubigerausschuß für unanwendbar erklärt. An die Stelle des Ausschlusses der bisherigen §§ 101, 125 KO (Anwesenheitspflicht, Zwangsvorführung, eidesstattliche Versicherung des Gemeinschuldners) tritt der Ausschluß des § 101 der Insolvenzordnung, aus dem sich – in Verbindung mit den §§ 97, 98 – die Auskunfts- und Mitwirkungspflichten der Vorstandsmitglieder eines Vereins im Insolvenzverfahren über dessen Vermögen ergeben. Das Vereinsgesetz enthält in § 10 Abs. 4 eine eigene Vorschrift über die Auskunftspflicht der Vorstandsmitglieder, die den Besonderheiten des Vereinsverbotsverfahrens gerecht wird.

Artikel 12
Änderung des Gerichtsverfassungsgesetzes

Das Gerichtsverfassungsgesetz in der Fassung der Bekanntmachung vom 9. Mai 1975 (BGBl. I S. 1077), zuletzt geändert durch Artikel 12 des Gesetzes vom 26. Juli 1994 (BGBl. I S. 1749), wird wie folgt geändert:

1. § 22 wird wie folgt geändert:

   a) Absatz 5 wird wie folgt gefaßt:

   „(5) Es können Richter kraft Auftrags verwendet werden. Richter auf Probe können verwendet werden, soweit sich aus Absatz 6, § 23 b Abs. 3 Satz 2 oder § 29 Abs. 1 Satz 2 nichts anderes ergibt."

   b) Es wird folgender neuer Absatz 6 angefügt:

   „(6) Ein Richter auf Probe darf im ersten Jahr nach seiner Ernennung Geschäfte in Insolvenzsachen nicht wahrnehmen."

2. § 32 Nr. 3 wird aufgehoben; der Strichpunkt am Ende der Nummer 2 wird durch einen Punkt ersetzt.

3. § 33 wird wie folgt geändert:

   a) Der Punkt am Ende der Nummer 4 wird durch einen Strichpunkt ersetzt.

   b) Nach der Nummer 4 wird folgende neue Nummer 5 angefügt:

   „5. Personen, die in Vermögensverfall geraten sind."

4. An § 109 Abs. 3 wird folgender Satz angefügt:

   „Zum ehrenamtlichen Richter soll nicht ernannt werden, wer nach § 33 Nr. 5 zu dem Amt eines Schöffen nicht berufen werden soll."

5. § 113 wird wie folgt geändert:

   a) Nach Absatz 1 wird folgender neuer Absatz 2 eingefügt:

   „(2) Ein ehrenamtlicher Richter soll seines Amtes enthoben werden, wenn Umstände eintreten oder bekannt werden, bei deren Vorhandensein eine Ernennung nach § 109 Abs. 3 Satz 2 nicht erfolgen soll."

   b) Die bisherigen Absätze 2 und 3 werden neue Absätze 3 und 4.

6. *

*Die mit * versehene Nummer 6 enthält eine rein redaktionelle Anpassung, vgl. Gesamtabdruck des Einführungsgesetzes.*

Artikel 12 übernimmt in veränderter und ergänzter Fassung Art. 12 RegEEGInsO. Der folgende Begründungstext beruht weitgehend auf BT-Drs. 12/3803, S. 63/64, „Zu Artikel 12", und BT-Drs. 12/7303, S. 107, zu Nr. 7 („Zu Artikel 12").

1   *Zu Nummer 1 (§ 22 Abs. 5 und 6)*

Die besonderen Anforderungen, die das künftige Insolvenzrecht an die Qualifikation des Insolvenzrichters stellen wird, setzen voraus, daß ein erstmals für Insolvenzverfahren zuständiger Richter jedenfalls mit der richterlichen Tätigkeit als solcher hinreichend vertraut ist. Auch wenn die Funktion des Insolvenzrichters im wesentlichen auf die Leitung des Verfahrens und die Aufsicht über die Vermögensverwaltung beschränkt ist und viele wirtschaftlich bedeutsame Entscheidungen vom Verwalter und von den Gläubigergremien getroffen werden, muß der Insolvenzrichter doch über Erfahrung, Verhandlungsgeschick, Entschlußkraft und Durchsetzungsvermögen verfügen. Schon die Entscheidung über die Eröffnung des Insolvenzverfahrens ist, wenn es um ein großes oder mittleres Unternehmen geht, von solcher Tragweite, daß sie einen jungen, unerfahrenen Richter regelmäßig überfordert. Die allgemeinen Bedenken, die gegen einen Ausschluß der Richter auf Probe von bestimmten richterlichen Tätigkeiten sprechen, müssen demgegenüber zurücktreten. Richter auf Probe sollen daher im ersten Jahr ihrer Tätigkeit nicht Insolvenzrichter sein. Eine entsprechende Regelung ist in § 29 Abs. 1 Satz 2 GVG für das Amt des Vorsitzenden eines Schöffengerichts getroffen, während vom Amt des Familienrichters sogar jeder Richter auf Probe ohne Rücksicht auf den Zeitpunkt seiner Ernennung ausgeschlossen ist (§ 23 b Abs. 3 Satz 2 GVG).

Die neue Vorschrift könnte allenfalls bei sehr kleinen Amtsgerichten zu personellen Problemen führen. Bei der Konzentration der Insolvenzverfahren bei dem Amtsgericht am Sitz des Landgerichts (vgl. § 2 der Insolvenzordnung) sind personelle Probleme hingegen nicht zu erwarten.

Als Standort für die beabsichtigte Regelung wurde § 22 GVG gewählt, weil hier die Verwendung von Richtern bei den Amtsgerichten geregelt ist. Um die Regelungen des Gerichtsverfassungsgesetzes, nach denen ein Richter auf Probe bestimmte Geschäfte zeitlich begrenzt oder unbegrenzt nicht wahrnehmen darf, zusammenzufassen, ist § 22 Abs. 5 GVG neu gefaßt und die neue Regelung betreffend die Insolvenzsachen als Absatz 6 angefügt worden (vgl. hierzu auch BT-Drs. 12/3803, S. 121, 132, jeweils zu Nummer 3).

Zu den Nummern 2 und 3 (§ 32 Nr. 3, § 33 Nr. 5)

Nach § 32 Nr. 3 GVG verliert eine Person, die durch gerichtliche Anordnung in der Verfügung über ihr Vermögen beschränkt wird, die Fähigkeit, das Amt eines Schöffen auszuüben.

Die Vorschrift setzt ein absolutes Verfügungsverbot voraus. Sie zielt in erster Linie auf den Fall der Konkurseröffnung ab; daneben erfaßte sie bisher die Fälle der Entmündigung und der vorläufigen Vormundschaft sowie wohl auch der Beschlagnahme des Vermögens gemäß den §§ 290, 443 StPO.

Ob der Ausschluß vom Amt des Schöffen als Folge der Konkurseröffnung rechtspolitisch berechtigt ist, erscheint schon für das geltende Recht zweifelhaft. Der Konkurs wird heute nicht mehr in jedem Fall als Beeinträchtigung der Ehre des Schuldners empfunden. Für das neue Insolvenzverfahren, das auch die Fälle des bisherigen Vergleichsverfahrens erfaßt, erscheint eine zwingende Vorschrift über den Ausschluß des Schuldners vom Amt des Schöffen jedenfalls unangemessen.

Auf der anderen Seite darf nicht übersehen werden, daß der Vermögensverfall auch heute noch das Vertrauen in die Integrität eines ehrenamtlichen Richters erschüttern kann. So müssen Schöffen unter Umständen über Personen richten, denen Insolvenzstraftaten vorgeworfen werden oder die in anderer Weise im Zusammenhang mit ihren schlechten wirtschaftlichen Verhältnissen mit dem Gesetz in Konflikt geraten sind. Für eine gesetzliche Regelung, die dies unberücksichtigt ließe, könnte es an einer Akzeptanz durch die Allgemeinheit fehlen.

4 Deshalb wird § 32 Nr. 3 aufgehoben und statt dessen in § 33 eine neue Nummer 5 eingefügt, nach der zum Schöffen nicht bestellt werden soll, wer in Vermögensverfall geraten ist. Dieser unbestimmte Rechtsbegriff des „Vermögensverfalls" wird im Einzelfall häufig leicht ausgefüllt werden können. Beispielsweise kann Anknüpfungspunkt das Schuldnerverzeichnis sein. Personen, die hier eingetragen sind, erscheinen regelmäßig nicht geeignet, das Amt eines Schöffen auszuüben. Auch aus der Eröffnung des Insolvenzverfahrens kann auf den Vermögensverfall geschlossen werden.

Die Ausgestaltung als „Soll-Vorschrift" gewährleistet, daß besondere Umstände des Einzelfalls berücksichtigt werden können. So kann es ausnahmsweise gerechtfertigt sein, eine Person zum Ehrenamt des Schöffen zuzulassen, wenn sie völlig unverschuldet in eine wirtschaftliche Notlage geraten ist oder wenn sie selbst die Eröffnung des Insolvenzverfahrens beantragt hat mit dem Ziel, auf der Grundlage eines Insolvenzplans oder der gesetzlichen Vorschriften über die Restschuldbefreiung wieder zu geordneten Vermögensverhältnissen zu gelangen. Im übrigen wird durch die Ausgestaltung als „Soll-Vorschrift" erreicht, daß der Vermögensverfall eines Schöffen nicht zu der Rüge berechtigt, das Gericht sei nicht ordnungsgemäß besetzt.

5 Das Recht der Entmündigung und der Vormundschaft über Volljährige war Gegenstand eines grundlegenden Reformvorhabens. Durch das Betreuungsgesetz vom 12. September 1990 (BGBl. I S. 2002) ist die Entmündigung abgeschafft worden; an die Stelle der Vormundschaft oder Pflegschaft über Volljährige ist das neue Rechtsinstitut der Betreuung getreten, das für den Betreuten nicht die zwingende Rechtsfolge einer Verfügungsbeschränkung hat. Auch soweit im Einzelfall eine solche Verfügungsbeschränkung angeordnet wird, entspricht es der Zielsetzung der Reform, an diese Anordnung nicht automatisch weitere gesetzliche Sanktionen zu knüpfen. § 33 Nr. 4 GVG gewährleistet ausreichend, daß Personen, die wegen geistiger Gebrechen zum Schöffenamt nicht geeignet sind, von diesem Ehrenamt ferngehalten werden.

Die Fälle einer strafprozessualen Beschlagnahme des Vermögens rechtfertigen es für sich allein nicht, § 32 Nr. 3 GVG beizubehalten.

Die Änderungen der §§ 32 und 33 GVG wirken sich in gleicher Weise wie für Schöffen auch für die ehrenamtlichen Beisitzer der Landwirtschaftsgerichte aus, da § 4 Abs. 3 Nr. 2 des Gesetzes über das gerichtliche Verfahren in Landwirtschaftssachen allgemein auf die §§ 32 bis 34 GVG verweist.

6 *Zu Nummer 4* (§ 109 Abs. 3)

Die Vorschrift wird in Anlehnung an die neugefaßten §§ 32 und 33 Nr. 5 GVG geändert.

Ebenso wie dort soll nicht mehr die gerichtliche Anordnung einer Verfügungsbeschränkung, sondern der „Vermögensverfall" ausschlaggebend sein. Von ehrenamtlichen Richtern an den Kammern für Handelssachen wird erwartet, daß sie in den Verhandlungen und Beratungen des Gerichts besonderen Sachverstand in wirtschaftlichen Angelegenheiten einbringen. Bei einem Schuldner, der in Vermögensverfall geraten ist, kann dieser wirtschaftliche Sachverstand in aller Regel nicht vorausgesetzt werden.

Allerdings sind auch hier Fälle denkbar, in denen eine andere Beurteilung angebracht ist, zum Beispiel weil ein Kaufmann völlig unverschuldet in eine wirtschaftliche Notlage geraten ist. Deshalb wird § 109 Abs. 3 Satz 2 GVG ebenso wie § 33 Nr. 5 GVG als „Soll-Vorschrift" ausgestaltet, so daß besondere Umstände des Einzelfalls berücksichtigt werden können. Auch nach geltendem Recht führt die Eröffnung eines Vergleichsverfahrens nicht zwingend zum Verlust des Amts des Handelsrichters.

Zu Nummer 5 (§ 113)

Der neue § 113 Abs. 2 GVG stellt sicher, daß ebenso wie bei der Ernennung zum ehrenamtlichen Richter auch bei der Amtsenthebung des ehrenamtlichen Richters die Eröffnung des Insolvenzverfahrens nicht zwangsläufig zum Ausschluß des Schuldners vom Amt des ehrenamtlichen Richters führt. Zur Begründung wird auf die Gegenäußerung der Bundesregierung zur Stellungnahme des Bundesrates verwiesen (BT-Drs. 12/3803, S. 122, 132/133, jeweils zu Nummer 5; vgl. Anhang II 3).

Artikel 14
Änderung des Rechtspflegergesetzes

Das Rechtspflegergesetz vom 5. November 1969 (BGBl. I S. 2065), zuletzt geändert durch Artikel 3 des Gesetzes vom 25. Juli 1994 (BGBl. I S. 1744), wird wie folgt geändert:

1. § 3 Nr. 2 wird wie folgt geändert:

    a) In Buchstabe e wird das Wort „Konkursordnung" durch das Wort „Insolvenzordnung" ersetzt.

    b) Buchstabe f wird gestrichen.

2. § 11 Abs. 5 Satz 2 wird wie folgt gefaßt:

    „Die Erinnerung ist ferner in den Fällen der §§ 694, 700 der Zivilprozeßordnung und gegen die Entscheidungen über die Gewährung eines Stimmrechts (§§ 77, 237 und 238 der Insolvenzordnung) ausgeschlossen."

3. *

4. § 17 wird wie folgt geändert:

    a) Die Nummer 1 Buchstabe e wird wie folgt gefaßt:

    „e) auf Löschungen im Handelsregister nach den §§ 141 a, 142 und 144 des Gesetzes über die Angelegenheiten der freiwilligen Gerichtsbarkeit und nach § 43 Abs. 2 des Gesetzes über das Kreditwesen,".

    b) Die Nummer 2 Buchstabe b wird wie folgt gefaßt:

    „b) die Ernennung von Liquidatoren auf Antrag eines Beteiligten durch das Gericht, wenn eine Löschung nach § 141 a des Gesetzes über die Angelegenheiten der freiwilligen Gerichtsbarkeit erfolgt ist, soweit sich diese nicht auf Genossenschaften bezieht, sowie die Verfügungen nach § 47 Abs. 2 des Gesetzes über die Beaufsichtigung der privaten Versicherungsunternehmungen und Bausparkassen und nach § 38 Abs. 1 Satz 5 des Gesetzes über das Kreditwesen;".

5. § 18 wird wie folgt gefaßt:

„§ 18
Insolvenzverfahren

(1) In Verfahren nach der Insolvenzordnung bleiben dem Richter vorbehalten:

1. das Verfahren bis zur Entscheidung über den Eröffnungsantrag unter Einschluß dieser Entscheidung und der Ernennung des Insolvenzverwalters sowie des Verfahrens über einen Schuldenbereinigungsplan nach den §§ 305 bis 310 der Insolvenzordnung,

2. bei einem Antrag des Schuldners auf Erteilung der Restschuldbefreiung die Entscheidungen nach den §§ 289, 296, 297 und 300 der Insolvenzordnung, wenn ein Insolvenzgläubiger die Versagung der Restschuldbefreiung beantragt, sowie die Entscheidung über den Widerruf der Restschuldbefreiung nach § 303 der Insolvenzordnung.

(2) Der Richter kann sich das Insolvenzverfahren ganz oder teilweise vorbehalten, wenn er dies für geboten erachtet. Hält er den Vorbehalt nicht mehr für erforderlich, kann er das Verfahren dem Rechtspfleger übertragen. Auch nach der Übertragung kann er das Verfahren wieder an sich ziehen, wenn und solange er dies für erforderlich hält.

(3) Die Entscheidung des Rechtspflegers über die Gewährung des Stimmrechts nach den §§ 77, 237 und 238 der Insolvenzordnung hat nicht die in § 256 der Insolvenzordnung bezeichneten Rechtsfolgen. Hat sich die Entscheidung des Rechtspflegers auf das Ergebnis einer Abstimmung ausgewirkt, so kann der Richter auf Antrag eines Gläubigers oder des Insolvenzverwalters das Stimmrecht neu festsetzen und die Wiederholung der Abstimmung anordnen; der Antrag kann nur bis zum Schluß des Termins gestellt werden, in dem die Abstimmung stattgefunden hat.

(4) Ein Beamter auf Probe darf im ersten Jahr nach seiner Ernennung Geschäfte des Rechtspflegers in Insolvenzsachen nicht wahrnehmen."

6. § 19 wird aufgehoben.

Die mit * versehene Nummer 3 enthält eine rein redaktionelle Anpassung, vgl. Gesamtabdruck des Einführungsgesetzes.

Artikel 14 übernimmt in veränderter Fassung Art. 14 RegEEGInsO. Der folgende Begründungstext entspricht weitgehend BT-Drs. 12/3803, S. 64 bis 66, „Zu Artikel 14", und BT-Drs. 12/7303, S. 107, zu Nr. 8 („Zu Artikel 14").

1 *Zu Nummer 1 (§ 3 Nr. 2)*

Diese Vorschrift regelt die Vorbehaltsübertragung von Geschäften auf den Rechtspfleger. Das Einführungsgesetz folgt dem geltenden Recht, das sich in der Praxis bewährt hat, und überträgt dem Rechtspfleger das Sachgebiet „Verfahren nach der Insolvenzordnung", behält jedoch einzelne Geschäfte, die in § 18 Rechtspflegergesetz aufgeführt sind, dem Richter vor.

Im einzelnen:

Zu Buchstabe a

An die Stelle der Konkursordnung tritt die Insolvenzordnung.

Zu Buchstabe b

Als Folge der Aufhebung der Vergleichsordnung ist diese Vorschrift aufzuheben.

Zu Nummer 2 (§ 11 Abs. 5 Satz 2)

Wie im geltenden Recht sollen die Entscheidungen des Rechtspflegers über die Gewährung eines Stimmrechts nicht mit der Erinnerung anfechtbar sein. Damit soll der Gefahr einer Verzögerung des Abstimmungsverfahrens entgegengewirkt werden. Für den Fall, daß sich eine Stimmrechtsfestsetzung durch den Rechtspfleger auf das Ergebnis einer Abstimmung auswirkt, kann allerdings der Richter aufgrund des neuen § 18 Abs. 3 Satz 2 Rechtspflegergesetz korrigierend eingreifen.

Wegen der Aufhebung der Vergleichsordnung entfallen die in Bezug genommenen Regeln der Vergleichsordnung.

Zu Nummer 4 (§ 17)

Wegen der Aufhebung des Gesetzes über die Auflösung und Löschung von Gesellschaften und Genossenschaften, die in Artikel 2 Nr. 9 dieses Gesetzes enthalten ist, und der Aufnahme der speziellen Löschungsvorschriften für Personenhandels- und Kapitalgesellschaften in das Gesetz über die Angelegenheiten der freiwilligen Gerichtsbarkeit (vgl. Artikel 23) bedarf es einer redaktionellen Anpassung des § 17 Nr. 1 Buchstabe e und Nr. 2 Buchstabe b.

Zu Nummer 5 (§ 18)

In dieser Vorschrift sind die Geschäfte aufgeführt, die dem Richter im Rahmen der Vorbehaltsübertragung (§ 3 Nr. 2 Buchstabe e) vorbehalten sind.

Im einzelnen:

§ 18 Abs. 1 Nr. 1

Wie im geltenden Recht bleibt das Insolvenzverfahren bis zur Entscheidung über den Eröffnungsantrag und die Ernennung des Insolvenzverwalters dem Richter ausnahmslos vorbehalten. Diese Regelung hat sich in der Praxis bestens bewährt und soll deshalb auch in Zukunft Anwendung finden.

Diese Praxis soll darüber hinaus auf das Verbraucherinsolvenzverfahren übertragen werden. Bei der Verbraucherinsolvenz ruht das Verfahren über den Eröffnungsantrag (vgl. § 306 der Insolvenzordnung), während versucht wird, die Zustimmung der Gläubiger zum Schuldenbereinigungsplan des Schuldners zu erhalten. Die während dieser Zeit erforderlichen Entscheidungen, zum Beispiel die Anordnung von Sicherungsmaßnahmen (§ 306 Abs. 2 der Insolvenzordnung), die Feststellung der Annahme des Schuldenbereinigungsplans (§ 308 der Insolvenzordnung) oder die Ersetzung der Gläubigerzustimmung zum Schuldenbereinigungsplan (§ 309 der Insolvenzordnung), sollen ebenso wie die im Regelinsolvenzverfahren bis zur Eröffnung des Konkursverfahrens zu treffenden Entscheidungen dem Richter vorbehalten werden.

Das Verfahren zur Erlangung der Restschuldbefreiung (§§ 286 bis 303 der Insolvenzordnung) ist ein völlig neues Verfahren, das auf Antrag des Schuldners in Gang gesetzt wird. Im Regelfall sind bis zur Erteilung der Restschuldbefreiung zwei Entscheidungen notwendig: Die Ankündigung der Restschuldbefreiung (§ 291 der Insolvenzordnung) und die Gewährung der Restschuldbefreiung (§ 300 der Insolvenzordnung). Werden von den Gläubigern bis zum Schlußtermin, während der „Wohlverhaltensphase" und im Rahmen der abschließenden Anhörung Versagungsgründe nicht geltend gemacht, erteilt das Gericht nach Ablauf der Wohlverhaltensphase die Befreiung von der Restschuld. Dieses Verfahren soll der Rechtspfleger im Rahmen der Vorbehaltsübertragung als neue Aufgabe abwickeln.

8 Dem Richter sind jedoch die Entscheidungen vorzubehalten, die zu treffen sind, wenn ein Gläubiger Versagungsgründe entweder im Schlußtermin (§§ 289, 290 der Insolvenzordnung), während der Dauer der „Wohlverhaltensphase" (§§ 296, 297 der Insolvenzordnung) oder im Rahmen der abschließenden Anhörung (§ 300 der Insolvenzordnung) geltend macht oder den Widerruf der (rechtskräftig) erteilten Restschuldbefreiung beantragt (§ 303 der Insolvenzordnung). Diese Entscheidungen kommen der rechtsprechenden Tätigkeit im Sinne von Artikel 92 des Grundgesetzes zumindest sehr nahe, da sie in einem kontradiktorischen Verfahren nach Anhörung der Beteiligten ergehen, regelmäßig schwierige Abwägungen und Bewertungen erfordern und tief in die rechtliche Stellung des Schuldners oder der Gläubiger eingreifen. Sie sind daher aus verfassungsrechtlichen Gründen dem Richter vorzubehalten.

9 *§ 18 Abs. 2*

Diese Vorschrift übernimmt das geltende Recht und paßt den Wortlaut lediglich an den Sprachgebrauch der Insolvenzordnung an.

10 *§ 18 Abs. 3*

Satz 1 übernimmt den Grundgedanken des geltenden Rechts, der in § 19 Abs. 4 Rechtspflegergesetz niedergelegt ist. Sie ist zu verstehen als „Korrektiv" zu der Regelung, daß gegen die Entscheidung des Rechtspflegers über das Stimmrecht die Erinnerung nicht statthaft ist (§ 11 Abs. 5 Satz 2 Rechtspflegergesetz). Soweit allerdings im vorbehaltenen Verfahren der Richter entschieden hat, ist auch § 256 der Insolvenzordnung voll anwendbar.

Der neue Satz 2 ermöglicht es, ein Abstimmungsergebnis, das auf einer Stimmrechtsfestsetzung durch den Rechtspfleger beruht, nachträglich zu korrigieren: Auf Antrag eines Beteiligten kann der Richter das Stimmrecht neu festsetzen und die Wiederholung der Abstimmung anordnen. Verfassungsrechtliche Bedenken, die gegen die bisherige Regelung erhoben worden sind, werden dadurch ausgeräumt. Damit keine übermäßige Verzögerung des Verfahrens eintritt, kann der Antrag nur im Abstimmungstermin gestellt werden; dadurch wird erreicht, daß die Wiederholung der Abstimmung häufig – wenn der Richter sofort zur Verfügung steht – noch im gleichen Termin stattfinden kann. Im übrigen ist der Antrag nur zulässig, wenn das Ergebnis der Abstimmung zeigt, daß sich die Stimmrechtsfestsetzung auf dieses Ergebnis ausgewirkt hat.

Über den Antrag soll unmittelbar der Richter entscheiden. Der Rechtspfleger, der nach streitiger Erörterung des Stimmrechts unter den Beteiligten (vgl. § 77 Abs. 2 der Insolvenzordnung) über das Stimmrecht entschieden hat, wird kaum bereit sein, seine Entscheidung nach der Abstimmung zu revidieren.

Die Regelung in Satz 1 wird durch den neuen Satz 2 nicht überflüssig, da eine Stimmrechtsfestsetzung durch den Rechtspfleger, die sich nicht auf das Ergebnis der Abstimmung auswirkt, nach wie vor unanfechtbar ist.

§ 18 Abs. 4 11

Diese Vorschrift entspricht der Regelung für den Richter in Artikel 12 Nr. 1 des Einführungsgesetzes. Ein Rechtspfleger, der sich noch im Beamtenverhältnis auf Probe befindet, soll im ersten Jahr nach seiner Ernennung nicht die Geschäfte in Insolvenzsachen wahrnehmen. Diese sollen erfahrenen Rechtspflegern vorbehalten bleiben.

Zu Nummer 6 (§ 19) 12

Die Aufhebung dieser Vorschrift folgt aus der Aufhebung der Vergleichsordnung.

Artikel 15
Änderung der Bundesnotarordnung

Die Bundesnotarordnung in der im Bundesgesetzblatt Teil III, Gliederungsnummer 303-1, veröffentlichten bereinigten Fassung, zuletzt geändert durch Artikel 2 § 7 des Gesetzes vom 21. September 1994 (BGBl. I S. 2457), wird wie folgt geändert:

1. *

2. § 50 wird wie folgt geändert:

a) Absatz 1 Nr. 5 wird wie folgt gefaßt:

„**5. wenn er in Vermögensverfall geraten ist; ein Vermögensverfall wird vermutet, wenn ein Insolvenzverfahren über das Vermögen des Notars eröffnet oder der Notar in das vom Insolvenzgericht oder vom Vollstreckungsgericht zu führende Verzeichnis (§ 26 Abs. 2 der Insolvenzordnung, § 915 der Zivilprozeßordnung) eingetragen ist;".**

b) In Absatz 3 Satz 3 wird die Angabe „Nr. 6 und Nr. 7" durch die Angabe „Nr. 5 bis 7" ersetzt.

Die mit * versehene Nummer 1 enthält eine rein redaktionelle Anpassung, vgl. Gesamtabdruck des Einführungsgesetzes.

Artikel 15 entspricht Art. 15 RegEEGInsO. Der folgende Begründungstext entspricht im wesentlichen BT-Drs. 12/3803, S. 66/67, „Zu Artikel 15".

Zu Nummer 2 (§ 50) 1

Zu Buchstabe a

Nach der bisherigen Fassung des § 50 Abs. 1 Nr. 5 ist der Notar seines Amtes zu entheben, „wenn er durch gerichtliche Anordnung in der Verfügung über sein Vermögen beschränkt ist". Die Vorschrift setzt ein allgemeines Verfügungsverbot voraus. Sie zielt in erster Linie auf den Fall der Konkurseröffnung ab; daneben erfaßt sie die Fälle der Entmündigung und der vorläufigen Vormundschaft nach § 1906 BGB des bisherigen Vormundschaftsrechts und der Anordnung eines Einwilligungsvorbehalts nach § 1903 BGB in der Fassung des neuen Betreuungsgesetzes sowie wohl auch der Beschlagnahme des Vermögens gemäß der §§ 290, 443 StPO.

Das künftige Insolvenzverfahren, das auch in den Fällen des bisherigen Vergleichsverfahrens zur Anwendung kommen soll, hat nicht die zwingende Folge eines allgemeinen Verfügungsverbots für den Schuldner. Auch nach der Eröffnung des Insolvenzverfahrens kann dem Schuldner unter der Aufsicht eines Sachwalters die Verfügungsbefugnis über sein Vermögen belassen werden (vgl. die §§ 270 bis 285 der Insolvenzordnung). Ob dies im Einzelfall geschieht, entscheiden Gericht und Gläubigerversammlung unter dem Gesichtspunkt der wirtschaftlichen Zweckmäßigkeit. Allgemein verfolgt das neue Insolvenzverfahren rein vermögensrechtliche Ziele; eine Beeinträchtigung der Ehre des Schuldners als Grundlage für dessen Ausschluß von bestimmten Berufen soll mit dem Verfahren nicht verbunden sein. Beides spricht dagegen, an der bisherigen Fassung der Vorschrift festzuhalten und die Anordnung einer Verfügungsbeschränkung als entscheidendes Kriterium für den Ausschluß des Notars von seinem Amt zu belassen.

Eine allgemeine Formulierung, die an den Vermögensverfall des Notars anknüpft, begegnet diesen Bedenken nicht. Schon der Vermögensverfall als solcher ist geeignet, das besondere Vertrauen, das in die Person des Notars gesetzt wird, zu erschüttern. Die Eröffnung eines Insolvenzverfahrens soll ebenso wie die Eintragung im Schuldnerverzeichnis die Vermutung begründen, daß ein solcher Vermögensverfall eingetreten ist; auch ein Vermögensverfall, der noch nicht zu einem dieser Ereignisse geführt hat, soll jedoch die Amtsenthebung rechtfertigen.

Der Fall, daß ein Notar wegen Schwäche seiner geistigen Kräfte zur Ausübung seines Amtes unfähig ist, wird bereits speziell in § 50 Abs. 1 Nr. 6 BNotO geregelt. Auch die Fälle einer strafprozessualen Beschlagnahme des Vermögens rechtfertigen es nicht, den bisherigen Wortlaut des § 50 Abs. 1 Nr. 5 BNotO beizubehalten, da sie ein so gravierendes Fehlverhalten des Notars voraussetzen, daß er stets schon aus anderen Gründen seines Amtes zu entheben sein wird.

2   Der neu gefaßte § 50 Abs. 1 Nr. 5 BNotO muß im Zusammenhang mit dem unverändert gebliebenen § 50 Abs. 1 Nr. 7 BNotO gesehen werden. Diese Vorschrift ermöglicht es bereits dann, einen Notar seines Amtes zu entheben, wenn seine wirtschaftlichen Verhältnisse oder die Art seiner Wirtschaftsführung die Interessen der Rechtsuchenden gefährden. In vielen Fällen eines Vermögensverfalls wird daher bereits diese Nummer 7 eingreifen. Ein Rückgriff auf die neu gefaßte Nummer 5 wird nur noch in extremen Fällen erforderlich sein.

Die geänderte Fassung des § 50 Abs. 1 Nr. 5 BNotO ist auch für die Besetzung des Beisitzenden bei den Disziplinargerichten für Notare beim Oberlandesgericht und beim Bundesgerichtshof maßgeblich (§ 103 Abs. 4 Nr. 1 i. V. m. § 54 Abs. 1 Nr. 2, § 104 Abs. 2 Satz 1 BNotO; § 108 Abs. 2 Satz 2 i. V. m. § 103 Abs. 4 Nr. 1 BNotO).

3   Zu Buchstabe b

Bereits nach dem derzeit geltenden Recht sieht § 50 Abs. 3 Satz 3 für Amtsenthebungsgründe nach § 50 Abs. 1 Nr. 6 und 7 eine „Vorverlagerung" der gerichtlichen Prüfung der Amtsenthebung vor, da diese beiden Amtsenthebungsgründe mitunter schwierig zu beurteilen sind. Die zur Ausfüllung der beiden Versagungsgründe erforderlichen Tatsachen müssen jeweils im konkreten Einzelfall beigebracht und bewertet werden. Der neu gefaßte § 50 Abs. 1 Nr. 5 knüpft zwar an eine vorausgegangene gerichtliche Entscheidung an, nämlich die Eröffnung des Insolvenzverfahrens bzw. die Entscheidung, die zur Eintragung des Notars in das vom Insolvenzgericht oder vom Vollstreckungsgericht zu führende Verzeichnis geführt hat. Auch in diesem Fall sind jedoch die besonderen Umstände des Einzelfalls zu prüfen. Der betroffene Notar kann die im Gesetz statuierte Vermutung, daß er sich in Vermögensverfall befindet, widerlegen. Es erscheint sachgerecht, dem betroffenen Notar auch hier die Möglichkeit zu eröffnen, im Wege eines vorweggezogenen Gerichtsverfahrens die Rechtmäßigkeit der Entscheidung überprüfen zu lassen.

Artikel 16
Änderung der Bundesrechtsanwaltsordnung

Die Bundesrechtsanwaltsordnung in der im Bundesgesetzblatt Teil III, Gliederungsnummer 303-8, veröffentlichten bereinigten Fassung, zuletzt geändert durch Artikel 2 des Gesetzes vom 30. August 1994 (BGBl 1994 II S. 1438 und Artikel 1 des Gesetzes vom 2. September 1994 (BGBl. I S. 2278), wird wie folgt geändert:

1. § 7 wird wie folgt geändert:

   a) Die Nummer 9 wird wie folgt gefaßt:

   „9. wenn der Bewerber sich im Vermögensverfall befindet; ein Vermögensverfall wird vermutet, wenn ein Insolvenzverfahren über das Vermögen des Bewerbers eröffnet oder der Bewerber in das vom Insolvenzgericht oder vom Vollstreckungsgericht zu führende Verzeichnis (§ 26 Abs. 2 der Insolvenzordnung, § 915 der Zivilprozeßordnung) eingetragen ist;".

   b) Die Nummer 10 wird aufgehoben; die bisherige Nummer 11 wird die neue Nummer 10.

2. § 14 Abs. 2 wird wie folgt geändert:

   a) Die Nummer 7 wird aufgehoben; die bisherigen Nummern 8 und 9 werden die neuen Nummern 7 und 8.

   b) Die neue Nummer 7 wird wie folgt gefaßt:

   „7. wenn der Rechtsanwalt in Vermögensverfall geraten ist, es sei denn, daß dadurch die Interessen der Rechtsuchenden nicht gefährdet sind; ein Vermögensverfall wird vermutet, wenn ein Insolvenzverfahren über das Vermögen des Rechtsanwalts eröffnet oder der Rechtsanwalt in das vom Insolvenzgericht oder vom Vollstreckungsgericht zu führende Verzeichnis (§ 26 Abs. 2 der Insolvenzordnung, § 915 der Zivilprozeßordnung) eingetragen ist;".

3. In § 66 wird Nummer 1 aufgehoben; die bisherigen Nummern 2 bis 4 werden die neuen Nummern 1 bis 3.

4. *

*Die mit * versehene Nummer 4 enthält eine rein redaktionelle Anpassung, vgl. Gesamtabdruck des Einführungsgesetzes.*

Artikel 16 entspricht im wesentlichen Art. 16 RegEEGInsO. Der folgende Begründungstext entspricht im wesentlichen BT-Drs. 12/3803, S. 67, „Zu Artikel 16", und BT-Drs. 12/7303, S. 107, zu Nr. 9 („Zu Artikel 16").

Zu den Nummern 1 und 2 (§§ 7, 14 Abs. 2)   **1**

Nach § 7 Nr. 10 BRAO ist die Zulassung zur Rechtsanwaltschaft zu versagen, wenn der Bewerber infolge gerichtlicher Anordnung in der Verfügung über sein Vermögen beschränkt ist. Entsprechend bestimmt § 14 Abs. 2 Nr. 7 BRAO, daß die Zulassung zur Rechtsanwaltschaft zu widerrufen ist, wenn eine derartige Verfügungsbeschränkung nachträglich angeordnet wird.

Beide Vorschriften zielen in erster Linie auf den Fall der Konkurseröffnung ab. Sie werden dadurch entbehrlich, daß in § 7 Nr. 9 und in § 14 Abs. 2 Nr. 7, der bisherigen Nummer 8 dieser Vorschrift, die Eröffnung des Insolvenzverfahrens als zusätzlicher Fall aufgeführt wird, in dem ein Vermögensverfall vermutet wird. Zur näheren Begründung wird auf die entsprechende Änderung des § 50 Abs. 1 Nr. 5 BNotO hingewiesen (vgl. oben Artikel 15 Nr. 2).

2 *Zu Nummer 3* (§ 66 Nr. 1 bis 4)

§ 66 Nr. 1 BRAO bestimmt, daß zum Mitglied des Vorstandes einer Rechtsanwaltskammer nicht gewählt werden kann, wer infolge gerichtlicher Anordnung in der Verfügung über sein Vermögen beschränkt ist.

Voraussetzung für die Mitgliedschaft in der Rechtsanwaltskammer ist jedoch, daß seine Zulassung gemäß § 7 BRAO erfolgt und die Zulassung nicht wirksam zurückgenommen oder widerrufen (§ 14 BRAO) worden ist. § 66 Nr. 1 BRAO kann somit ersatzlos entfallen.

Die Streichung des derzeitigen § 66 Nr. 1 BRAO hat auch keine praktischen Auswirkungen auf die Besetzung der Ehrengerichte, der Ehrengerichtshöfe und der Senate für Anwaltssachen beim Bundesgerichtshof. Zwar verweisen die einschlägigen Vorschriften (§ 94 Abs. 3 Satz 1, § 95 Abs. 2 Nr. 1 und 2; § 103 Abs. 2 Satz 1 i. V. m. § 94 Abs. 3 Satz 1; § 103 Abs. 2 Satz 4 i. V. m. § 95 Abs. 2 sowie § 108 Abs. 1, § 109 Abs. 1 Nr. 1 und 2 BRAO) auf § 66 BRAO. Zum Mitglied des Ehrengerichts, zum anwaltlichen Mitglied des Ehrengerichtshofs und zum Beisitzenden beim Senat für Anwaltssachen des Bundesgerichtshofs kann jedoch nur ein Anwalt ernannt werden. Verliert er seine Zulassung zur Anwaltschaft, so ist er auch von diesem Ehrenamt zu entheben. Eine eigenständige Vorschrift im Sinne des § 66 Nr. 1 a. F. BRAO ist somit nicht erforderlich.

Artikel 18
Änderung der Zivilprozeßordnung

Die Zivilprozeßordnung in der im Bundesgesetzblatt Teil III, Gliederungsnummer 310-4, veröffentlichten bereinigten Fassung, zuletzt geändert durch Artikel 3 des Gesetzes vom 14. September 1994 (BGBl. I S. 2323), wird wie folgt geändert:

1. Nach § 19 wird folgender § 19a eingefügt:

„§ 19a

Der allgemeine Gerichtsstand eines Insolvenzverwalters für Klagen, die sich auf die Insolvenzmasse beziehen, wird durch den Sitz des Insolvenzgerichts bestimmt."

2. § 240 wird wie folgt gefaßt:

„§ 240

Im Falle der Eröffnung des Insolvenzverfahrens über das Vermögen einer Partei wird das Verfahren, wenn es die Insolvenzmasse betrifft, unterbrochen, bis es

nach den für das Insolvenzverfahren geltenden Vorschriften aufgenommen oder das Insolvenzverfahren beendet wird. Entsprechendes gilt, wenn die Verwaltungs- und Verfügungsbefugnis über das Vermögen des Schuldners auf einen vorläufigen Insolvenzverwalter übergeht."

3. *

4. *

5. *

6. In § 786 wird die Angabe „419," gestrichen.

7. *

8. § 807 Abs. 1 Satz 2 wird wie folgt gefaßt:

„Aus dem Vermögensverzeichnis müssen auch ersichtlich sein

1. die in den letzten zwei Jahren vor dem ersten zur Abgabe der eidesstattlichen Versicherung anberaumten Termin vorgenommenen entgeltlichen Veräußerungen des Schuldners an eine nahestehende Person (§ 138 der Insolvenzordnung);

2. die in den letzten vier Jahren vor dem ersten zur Abgabe der eidesstattlichen Versicherung anberaumten Termin von dem Schuldner vorgenommenen unentgeltlichen Leistungen, sofern sie sich nicht auf gebräuchliche Gelegenheitsgeschenke geringen Werts richteten."

9. *

Die mit * versehenen Nummern 3, 4, 5, 7 und 9 enthalten rein redaktionelle Anpassungen, vgl. Gesamtabdruck des Einführungsgesetzes.

Artikel 18 übernimmt in veränderter Fassung Art. 18 RegEEGInsO. Der folgende Begründungstext beruht auf BT-Drs. 12/3803, S. 67/68, „Zu Artikel 18", BT-Drs. 12/3803, S. 122, 133, jeweils zu Nummer 6, und BT-Drs. 12/7303, S. 108, zu Nr. 11 („Zu Artikel 18").

Zu Nummer 1 (§ 31 a) 1

Durch die Einfügung des § 19a in die Zivilprozeßordnung wird die nach geltendem Recht strittige Frage geklärt, ob Passivprozesse gegen die Insolvenzmasse am (Wohn-) Sitz des Schuldners oder des Verwalters oder aber am Ort der Insolvenzverwaltung zu führen sind. Der Bundesgerichtshof hat diese Frage mit Urteil vom 27. Oktober 1983 (BGHZ 88, 331) so entschieden, daß bei Klagen, die materiell gegen die Konkursmasse gerichtet sind, sich der Gerichtsstand nach dem Wohnsitz des Konkursverwalters bestimmt. Diese Entscheidung hat Kritik deswegen erfahren, weil sie dazu führt, daß bei Passivprozessen gegen die sogenannten hauptberuflichen Insolvenzverwalter, die häufig über die Landesgrenzen hinaus tätig sind, Gerichte befaßt werden, die weit ab vom eigentlichen Ort des Geschehens sind.

Durch § 19a ZPO wird deshalb ein neuer allgemeiner Gerichtsstand des Insolvenz- 2
verwalters für Klagen, die sich auf die Insolvenzmasse beziehen, begründet. Dadurch wird erreicht, daß für Klagen betreffend die Insolvenzmasse der allgemeine Gerichtsstand des Insolvenzverwalters gemäß § 13 ZPO (an dessen Wohnsitz) als Gerichtsstand aus-

geschlossen wird, andere namentlich besondere Gerichtsstände hingegen zur Wahl bestehenbleiben. Soweit noch andere Gerichtsstände in Frage kommen (vor allem der Gerichtsstand des Erfüllungsortes – § 29 ZPO – oder ein vereinbarter Gerichtsstand – §§ 38 bis 40 ZPO –) und kein ausschließlicher Gerichtsstand gegeben ist, hat der Kläger dementsprechend gemäß § 35 ZPO die Wahl, wo er die Klage gegen die Masse erheben will. Durch § 19 a ZPO werden dementsprechend nicht alle Passivprozesse gegen die Masse bei dem Prozeßgericht, in dessen Bezirk das Insolvenzgericht seinen Sitz hat, geführt werden. Für den Kläger gegen die Insolvenzmasse wird jedoch die Möglichkeit geboten, wegen des engen Sachzusammenhangs mit dem Insolvenzverfahren die Sache an dem Prozeßgericht anhängig zu machen, in dessen Bezirk das Insolvenzgericht seinen Sitz hat.

3 *Zu Nummer 2 (§ 240)*

§ 240 ZPO wird an die Terminologie der Insolvenzordnung angepaßt. Durch den neuen Satz 2 wird sichergestellt, daß ein anhängiger Zivilprozeß auch dann unterbrochen wird, wenn vor der Eröffnung des Insolvenzverfahrens die Verwaltungs- und Verfügungsbefugnis über das Vermögen des Schuldners auf einen vorläufigen Insolvenzverwalter übergeht (vgl. § 22 Abs. 1 Satz 1, § 24 Abs. 2 der Insolvenzordnung).

4 *Zu Nummer 6 (§ 786)*

Durch Artikel 33 des Einführungsgesetzes wird § 419 des Bürgerlichen Gesetzbuchs aufgehoben. Die Bezugnahme auf diese Bestimmung in § 786 ZPO ist daher zu streichen.

5 *Zu Nummer 8 (§ 807 Abs. 1 Satz 2)*

Die Angaben, die in § 807 Abs. 1 Satz 2 ZPO vom Schuldner verlangt werden, sollen den Gläubiger in die Lage versetzen, von seinem Anfechtungsrecht Gebrauch zu machen. Die Vorschrift ist daher an die Neufassung des Anfechtungsgesetzes durch Artikel 1 des Einführungsgesetzes anzupassen, die im Einklang mit den neuen Vorschriften über die Anfechtung nach der Insolvenzordnung steht. Insbesondere ist zu berücksichtigen, daß die Anfechtungszeiträume ausgedehnt werden, daß die Anfechtbarkeit nachteiliger entgeltlicher Verträge mit bestimmten Angehörigen auf Verträge mit einem größeren Kreis „nahestehender Personen" ausgedehnt wird und daß unentgeltliche Leistungen in Zukunft ohne Unterscheidung zwischen Leistungen an Ehegatten und Leistungen an andere Personen der Anfechtung unterliegen.

Artikel 20
Änderung des Gesetzes über die
Zwangsversteigerung und die Zwangsverwaltung

Das Gesetz über die Zwangsversteigerung und die Zwangsverwaltung in der im Bundesgesetzblatt Teil III, Gliederungsnummer 310-14, veröffentlichten bereinigten Fassung, zuletzt geändert durch Artikel 2 § 2 des Gesetzes vom 21. September 1994 (BGBl. I S. 2457), wird wie folgt geändert:

1. In § 10 Abs. 1 wird nach der Nummer 1 die folgende Nummer 1 a eingefügt:

„1 a. im Falle einer Zwangsversteigerung, bei der das Insolvenzverfahren über das Vermögen des Schuldners eröffnet ist, die zur Insolvenzmasse gehörenden Ansprüche auf Ersatz der Kosten der Feststellung der beweglichen Gegenstände, auf die sich die Versteigerung erstreckt; diese Kosten sind nur zu erheben, wenn ein Insolvenzverwalter bestellt ist, und pauschal mit vier vom Hundert des Wertes anzusetzen, der nach § 74 a Abs. 5 Satz 2 festgesetzt worden ist;".

2. Der bisherige § 30 c wird aufgehoben.

3. Der bisherige § 30 d wird neuer § 30 c; in seinem Absatz 1 werden die Worte „oder § 30 c" und die Worte „und des § 30 c" gestrichen.

4. Es wird folgender neuer § 30 d eingefügt:

„§ 30 d

(1) Ist über das Vermögen des Schuldners ein Insolvenzverfahren eröffnet, so ist auf Antrag des Insolvenzverwalters die Zwangsversteigerung einstweilen einzustellen, wenn

1. im Insolvenzverfahren der Berichtstermin nach § 29 Abs. 1 Nr. 1 der Insolvenzordnung noch bevorsteht,

2. das Grundstück nach dem Ergebnis des Berichtstermins nach § 29 Abs. 1 Nr. 1 der Insolvenzordnung im Insolvenzverfahren für eine Fortführung des Unternehmens oder für die Vorbereitung der Veräußerung eines Betriebs oder einer anderen Gesamtheit von Gegenständen benötigt wird,

3. durch die Versteigerung die Durchführung eines vorgelegten Insolvenzplans gefährdet würde oder

4. in sonstiger Weise durch die Versteigerung die angemessene Verwertung der Insolvenzmasse wesentlich erschwert würde.

Der Antrag ist abzulehnen, wenn die einstweilige Einstellung dem Gläubiger unter Berücksichtigung seiner wirtschaftlichen Verhältnisse nicht zuzumuten ist.

(2) Hat der Schuldner einen Insolvenzplan vorgelegt und ist dieser nicht nach § 231 der Insolvenzordnung zurückgewiesen worden, so ist die Zwangsversteigerung auf Antrag des Schuldners unter den Voraussetzungen des Absatzes 1 Satz 1 Nr. 3, Satz 2 einstweilen einzustellen.

(3) § 30 b Abs. 2 bis 4 gilt entsprechend mit der Maßgabe, daß an die Stelle des Schuldners der Insolvenzverwalter tritt, wenn dieser den Antrag gestellt hat, und daß die Zwangsversteigerung eingestellt wird, wenn die Voraussetzungen für die Einstellung glaubhaft gemacht sind.

(4) Ist vor der Eröffnung des Insolvenzverfahrens ein vorläufiger Verwalter bestellt, so ist auf dessen Antrag die Zwangsversteigerung einstweilen einzustellen, wenn glaubhaft gemacht wird, daß die einstweilige Einstellung zur Verhütung nachteiliger Veränderungen in der Vermögenslage des Schuldners erforderlich ist."

5. Nach § 30 d wird folgender § 30 e eingefügt:

„§ 30 e

(1) Die einstweilige Einstellung ist mit der Auflage anzuordnen, daß dem betreibenden Gläubiger für die Zeit nach dem Berichtstermin nach § 29 Abs. 1 Nr. 1 der Insolvenzordnung laufend die geschuldeten Zinsen binnen zwei Wochen nach Eintritt der Fälligkeit aus der Insolvenzmasse gezahlt werden. Ist das Versteigerungsverfahren schon vor der Eröffnung des Insolvenzverfahrens nach § 30 d Abs. 4 einstweilen eingestellt worden, so ist die Zahlung von Zinsen spätestens von dem Zeitpunkt an anzuordnen, der drei Monate nach der ersten einstweiligen Einstellung liegt.

(2) Wird das Grundstück für die Insolvenzmasse genutzt, so ordnet das Gericht auf Antrag des betreibenden Gläubigers weiter die Auflage an, daß der entstehende Wertverlust von der Einstellung des Versteigerungsverfahrens an durch laufende Zahlungen aus der Insolvenzmasse an den Gläubiger auszugleichen ist.

(3) Die Absätze 1 und 2 gelten nicht, soweit nach der Höhe der Forderung sowie dem Wert und der sonstigen Belastung des Grundstücks nicht mit einer Befriedigung des Gläubigers aus dem Versteigerungserlös zu rechnen ist."

6. Nach § 30 e wird folgender § 30 f eingefügt:

„§ 30 f

(1) Im Falle des § 30 d Abs. 1 bis 3 ist die einstweilige Einstellung auf Antrag des Gläubigers aufzuheben, wenn die Voraussetzungen für die Einstellung fortgefallen sind, wenn die Auflagen nach § 30 e nicht beachtet werden oder wenn der Insolvenzverwalter, im Falle des § 30 d Abs. 2 der Schuldner, der Aufhebung zustimmt. Auf Antrag des Gläubigers ist weiter die einstweilige Einstellung aufzuheben, wenn das Insolvenzverfahren beendet ist.

(2) Die einstweilige Einstellung nach § 30 d Abs. 4 ist auf Antrag des Gläubigers aufzuheben, wenn der Antrag auf Eröffnung des Insolvenzverfahrens zurückgenommen oder abgewiesen wird. Im übrigen gilt Absatz 1 Satz 1 entsprechend.

(3) Vor der Entscheidung des Gerichts ist der Insolvenzverwalter, im Falle des § 30 d Abs. 2 der Schuldner, zu hören. § 30 b Abs. 3 gilt entsprechend."

7. § 31 Abs. 2 Buchstabe c wird wie folgt gefaßt:

„c) im Falle des § 30 f Abs. 1 mit dem Ende des Insolvenzverfahrens, im Falle des § 30 f Abs. 2 mit der Rücknahme oder der Abweisung des Antrags auf Eröffnung des Insolvenzverfahrens,".

8.*

9. Nach § 153 a wird folgender § 153 b eingefügt:

„§ 153 b

(1) Ist über das Vermögen des Schuldners das Insolvenzverfahren eröffnet, so ist auf Antrag des Insolvenzverwalters die vollständige oder teil-

weise Einstellung der Zwangsverwaltung anzuordnen, wenn der Insolvenzverwalter glaubhaft macht, daß durch die Fortsetzung der Zwangsverwaltung eine wirtschaftlich sinnvolle Nutzung der Insolvenzmasse wesentlich erschwert wird.

(2) Die Einstellung ist mit der Auflage anzuordnen, daß die Nachteile, die dem betreibenden Gläubiger aus der Einstellung erwachsen, durch laufende Zahlungen aus der Insolvenzmasse ausgeglichen werden.

(3) Vor der Entscheidung des Gerichts sind der Zwangsverwalter und der betreibende Gläubiger zu hören."

10. Nach § 153 b wird folgender § 153 c eingefügt:

„§ 153 c

(1) Auf Antrag des betreibenden Gläubigers hebt das Gericht die Anordnung der einstweiligen Einstellung auf, wenn die Voraussetzungen für die Einstellung fortgefallen sind, wenn die Auflagen nach § 153 b Abs. 2 nicht beachtet werden oder wenn der Insolvenzverwalter der Aufhebung zustimmt.

(2) Vor der Entscheidung des Gerichts ist der Insolvenzverwalter zu hören. Wenn keine Aufhebung erfolgt, enden die Wirkungen der Anordnung mit der Beendigung des Insolvenzverfahrens."

11.*

12.*

13.*

14. Nach § 174 wird folgender § 174 a eingefügt:

„§ 174 a

Der Insolvenzverwalter kann bis zum Schluß der Verhandlung im Versteigerungstermin verlangen, daß bei der Feststellung des geringsten Gebots nur die den Ansprüchen aus § 10 Abs. 1 Nr. 1 a vorgehenden Rechte berücksichtigt werden; in diesem Fall ist das Grundstück auch mit der verlangten Abweichung auszubieten."

15.*

*Die mit * versehenen Nummern 8, 11, 12, 13 und 15 enthalten rein redaktionelle Anpassungen, vgl. Gesamtabdruck des Einführungsgesetzes.*

Artikel 20 enthält in veränderter Fassung Art. 20 RegEEGInsO sowie §§ 187, 188, 189, 190 des Regierungsentwurfs einer Insolvenzordnung. Der folgende Begründungstext beruht auf BT-Drs. 12/3803, S. 68 bis 70, „Zu Artikel 20", BT-Drs. 12/3803, S. 123, 133, jeweils zu „Nummer 7", BT-Drs. 12/2443, S. 176, „Zu § 187", BT-Drs. 12/2443, S. 176/177, „Zu § 188", BT-Drs. 12/2443, S. 177, „Zu § 189", BT-Drs. 12/2443, S. 177, „Zu § 190", und BT-Drs. 12/7303, S. 108/109, zu Nr. 12 („Zu Artikel 20").

1 Allgemeines

Die Insolvenzordnung sieht in § 170 Abs. 1, § 171 Abs. 1 vor, daß der Insolvenzmasse die Kosten erstattet werden, die ihr – insbesondere in der Form einer erhöhten Vergütung des Insolvenzverwalters – durch die Feststellung der beweglichen Gegenstände, an denen Absonderungsrechte bestehen, und der Rechte an diesen entstehen; diese Kosten sind pauschal mit vier vom Hundert des Verwertungserlöses anzusetzen.

Parallel zu diesen Regelungen wird das Gesetz über die Zwangsversteigerung und die Zwangsverwaltung dahin geändert, daß im Falle der Zwangsversteigerung in ein Grundstück der Insolvenzmasse die Kosten zur Insolvenzmasse zu erstatten sind, die durch die Feststellung des mithaftenden Grundstückszubehörs entstehen (vgl. § 20 Abs. 2, § 21 ZVG i. V. m. den §§ 1120 bis 1122 BGB).

Durch diese Gesetzesänderung wird auch für den Bereich der Absonderungsrechte an unbeweglichen Gegenständen vermieden, daß die Insolvenzmasse zum Nachteil der ungesicherten Gläubiger mit Kosten belastet bleibt, die ausschließlich im Interesse der gesicherten Gläubiger aufgewendet werden.

Die Erstattung der Feststellungskosten wird ausschließlich auf das Grundstückszubehör bezogen, da die Feststellung der Rechte an dem Grundstück selbst für den Insolvenzverwalter typischerweise unproblematisch sein wird; denn diese Rechte sind zum größten Teil eindeutig aus dem Grundbuch zu entnehmen. Der Verwalter wird dagegen häufig Schwierigkeiten haben zu klären, ob die beim Schuldner vorgefundenen unbeweglichen Sachen rechtlich als Zubehör einzuordnen sind und ob die Voraussetzung des § 1120 BGB gegeben ist, daß die Zubehörstücke ins Eigentum des Schuldners gelangt sind.

2

Rechtstechnisch wird die Erstattung der Kosten zur Insolvenzmasse dadurch erreicht, daß durch eine Änderung des § 10 ZVG ein vorrangiges Recht auf Befriedigung aus dem Grundstück geschaffen wird. Dieses Recht muß bei jeder Zwangsversteigerung, die von einem Gläubiger mit schlechterem Rang betrieben wird, ins geringste Bargebot aufgenommen werden (vgl. § 49 Abs. 1 ZVG). Der Verwalter kann auch selbst die Versteigerung des Grundstücks mit dem Rang dieses Rechts betreiben; hierzu wird ihm durch die Einfügung eines § 174a ZVG ein vereinfachtes Verfahren bereitgestellt. Bei einer freihändigen Veräußerung des Grundstücks hat das Recht allerdings keine Wirkungen; in diesem Fall kann der Verwalter die entstandenen Kosten jedoch regelmäßig aus dem erzielten Erlös abdecken.

3

Die Regelung des Zwangsversteigerungsgesetzes über die einstweilige Einstellung der Zwangsversteigerung mit Rücksicht auf ein Insolvenzverfahren, das über das Vermögen des Grundstückseigentümers eröffnet worden ist, wird an das neue Insolvenzverfahren angepaßt und in der erforderlichen Weise ausführlicher gefaßt. Außerdem wird die Möglichkeit einer einstweiligen Einstellung der Zwangsverwaltung mit Rücksicht auf ein Insolvenzverfahren über das Vermögen des Grundstückseigentümers eingeführt. In den Regierungsentwürfen zur Insolvenzrechtsreform war vorgesehen, daß für die Anordnung einer einstweiligen Einstellung der Zwangsversteigerung oder der Zwangsverwaltung nicht die Vollstreckungsgerichte, sondern die Insolvenzgerichte zuständig sein sollten. Dementsprechend waren die neuen Regelungen als §§ 187, 188, 189 und 190 in den Regierungsentwurf einer Insolvenzordnung eingestellt worden. Im Rahmen der parlamentarischen Beratungen der Insolvenzrechtsreform ist beschlossen worden, diese Zuständigkeit von den Insolvenzgerichten auf die Vollstreckungsgerichte zurückzuverlagern, weil dies insbesondere aus Gründen der Verfahrensvereinfachung zweckmäßiger schien. Die neuen Regelungen sind deshalb aus dem Regierungsentwurf einer Insolvenzordnung herausgestrichen und als neue §§ 30 d, 30 e und 30 f in einer etwas veränderten und an den neuen Regelungsstandort angepaßten Fassung in das Gesetz über die Zwangsversteigerung und Zwangsverwaltung eingestellt worden.

Zu Nummer 1 (§ 10 Abs. 1) 4

Die Ersatzansprüche, die in der neuen Nummer 1a des § 10 Abs. 1 ZVG geregelt sind, setzen voraus, daß „das Insolvenzverfahren über das Vermögen des Schuldners eröffnet ist". Schuldner in diesem Sinne ist der Eigentümer des Grundstücks, in das die Zwangsversteigerung betrieben wird (vgl. § 17 ZVG). Wird also ein Grundstück, das zu einer Insolvenzmasse gehört, freihändig an einen Dritten veräußert, so gehen die Ansprüche unter.

Die Höhe der zu ersetzenden Feststellungskosten wird – wie in der Parallelregelung des § 171 Abs. 1 der Insolvenzordnung – auf vier vom Hundert pauschaliert. Bezugsgröße ist der Wert der beweglichen Sachen, auf die sich die Versteigerung erstreckt. Dieser Wert wird schon nach geltendem Recht vor der Zwangsversteigerung eines Grundstücks neben dessen Verkehrswert besonders festgesetzt (§ 64a Abs. 5 Satz 2 ZVG). Diese Festsetzung des Zubehörwertes ist zwar nicht gesondert anfechtbar; sie kann jedoch durch sofortige Beschwerde gegen die Festsetzung des gesamten Grundstückswertes mit zur Überprüfung gestellt werden (§ 74a Abs. 5 Satz 3 ZVG).

Wenn im Insolvenzverfahren kein Insolvenzverwalter bestellt worden ist, sollen die Kosten der Feststellung nicht erhoben werden. Das ergibt sich auch bereits aus den Regelungen der Insolvenzordnung für die Eigenverwaltung unter der Aufsicht eines Sachwalters, § 282 Abs. 1 Satz 2 der Insolvenzordnung.

Zu Nummer 2 (bisheriger § 30 c) 5

Der bisherige § 30 c ZVG ist mit Rücksicht auf den neuen § 30 d ZVG (vgl. Nummer 4, Rdnr. 7 ff.) aufzuheben. Die Möglichkeiten, die in dem neuen § 30 d ZVG für eine einstweilige Einstellung des Zwangsversteigerungsverfahrens vorgesehen sind, passen den bisherigen § 30 c ZVG an das neue Insolvenzverfahren an; vgl. hierzu im einzelnen die Begründung zu Nummer 4.

Zu Nummer 3 (bisheriger § 30 d Abs. 1) 6

Da der bisherige § 30 c aufgehoben wird, ist die Bezugnahme auf diese Vorschrift in dem bisherigen § 30 d, der neuer § 30 c wird, zu streichen.

Zu Nummer 4 (neuer § 30 d) 7

Für das Konkursverfahren des geltenden Rechts ist in § 30 c ZVG vorgesehen, daß die Zwangsversteigerung eines Grundstücks der Konkursmasse im Hinblick auf eine angemessene Verwertung der Masse durch das Vollstreckungsgericht einstweilen eingestellt werden kann. Diese Regelung wird inhaltlich an das neue Insolvenzverfahren angepaßt. Dabei wird die Zuständigkeit des Vollstreckungsgerichts für die Anordnung der einstweiligen Einstellung beibehalten; auch die Durchführung dieser Anordnung obliegt dem Vollstreckungsgericht (vgl. § 775 Nr. 2 ZPO).

Absatz 1 nennt die Voraussetzungen einer Anordnung der einstweiligen Einstellung: 8 Bis zum Berichtstermin ergeht die Anordnung auf Antrag des Insolvenzverwalters ohne weitere Bedingungen (Nummer 1); denn bis zu diesem Termin sollen alle Möglichkeiten für die weitere Durchführung des Insolvenzverfahrens offengehalten werden (vgl. die Begründung zu § 156 der Insolvenzordnung). Nach dem Berichtstermin ist in erster

Linie darauf abzustellen, ob das Grundstück oder der sonstige „unbewegliche Gegenstand" (vgl. § 49 der Insolvenzordnung) aufgrund der Entscheidung der Gläubigerversammlung für eine Fortführung des Unternehmens oder eine Gesamtveräußerung benötigt wird (Nummer 2); dies gilt unabhängig davon, ob die Fortführung des Unternehmens oder die geplante Gesamtveräußerung auf der Grundlage eines Insolvenzplans erfolgen sollen oder ohne einen solchen Plan. Ferner ist die Anordnung der einstweiligen Einstellung auch dann möglich, wenn die Versteigerung die Durchführung eines vorgelegten Insolvenzplans gefährden würde (Nummer 3); eine entsprechende Regelung enthält § 233 der Insolvenzordnung. Nummer 4 ermöglicht schließlich die Anordnung der einstweiligen Einstellung auch dann, wenn in sonstiger Weise „durch die Versteigerung die angemessene Verwertung der Insolvenzmasse wesentlich erschwert würde"; mit diesen Worten wird das bisherige Einstellungskriterium des (bisherigen) § 30c Abs. 1 Satz 1 ZVG aufgegriffen. Ein Fall der Nummer 4 ist insbesondere dann gegeben, wenn bei einer sofortigen Versteigerung ein erheblich geringerer Erlös zu erwarten ist als bei einer späteren Veräußerung, wenn also eine Versteigerung „zur Unzeit" vermieden werden soll.

9   Satz 2 legt in entsprechender Weise, wie dies in dem bisherigen § 30c Abs. 1 Satz 2 ZVG vorgesehen ist, fest, daß die Belange des betreibenden Gläubigers bei der Entscheidung über die Einstellung zu berücksichtigen sind. Die Interessen der Gläubigergesamtheit sind also gegen die Interessen des betreibenden Gläubigers abzuwägen.

10   Absatz 2 gibt dem Schuldner für den Fall, daß er einen Insolvenzplan vorgelegt hat (vgl. § 218 Abs. 1 der Insolvenzordnung) ebenfalls die Möglichkeit, unter den Voraussetzungen des Absatzes 1 Satz 1 Nr. 3, Satz 2 die einstweilige Einstellung der Zwangsversteigerung zu beantragen.

11   Absatz 3 enthält durch Verweisung auf § 30b Abs. 2 bis 4 die Vorschriften über das einzuhaltende Verfahren und die Rechtsmittel. Dabei ist durch den Verweis auf § 30b Abs. 3 die weitere Beschwerde ausgeschlossen. Der ebenfalls in Bezug genommene § 30b Abs. 2 Satz 3 wird dahin modifiziert, daß die Einstellung erfolgt, wenn ihre Voraussetzungen glaubhaft gemacht werden.

12   Absatz 4 regelt die einstweilige Einstellung der Zwangsversteigerung im Eröffnungsverfahren und ergänzt damit § 21 Abs. 2 Nr. 3 der Insolvenzordnung, der unter anderem die einstweilige Einstellung von Zwangsvollstreckungsmaßnahmen durch das Insolvenzgericht vorsieht, soweit nicht unbewegliche Gegenstände betroffen sind.

13   *Zu Nummer 5* (neuer § 30 e)

Durch die einstweilige Einstellung soll der wirtschaftliche Wert des Rechts des betreibenden Gläubigers nicht vermindert werden. Der Gläubiger soll durch den Zeitablauf im Grundsatz keinen Schaden erleiden.

Absatz 1 verpflichtet daher das Gericht zu der Anordnung, daß dem Gläubiger laufend Zinsen aus der Insolvenzmasse zu zahlen sind. Im Regelfall soll diese Verzinsungspflicht für die Zeit vom Berichtstermin an angeordnet werden, in dem Fall jedoch, daß schon eine einstweilige Einstellung vor der Verfahrenseröffnung vorangegangen ist, spätestens von dem Zeitpunkt an, der drei Monate nach der ersten einstweiligen Einstellung liegt. Auf diese Weise soll erreicht werden, daß der Gläubiger höchstens drei Monate lang am Zwangszugriff gehindert ist, ohne laufend Zinszahlungen zu erhalten.

Für die Höhe der Zinszahlungen wird aus Gründen der Praktikabilität auf die Zinsen abgestellt, die der Gläubiger auf Grund seines Rechtsverhältnisses mit dem Schuldner beanspruchen kann. Dies können vertraglich vereinbarte oder kraft Gesetzes geschuldete (§ 288 BGB; § 352 HGB) Zinsen sein. Tilgungszahlungen soll der Gläubiger dagegen während der Einstellung nicht erhalten. Schon auf Grund der Zinszahlungen wird er regelmäßig dazu in der Lage sein, die ihm durch die Einstellung vorenthaltene Liquidität anderweitig zu beschaffen und so eine wirtschaftliche Einbuße zu vermeiden.

Für die Zeit bis zum Berichtstermin wird, von dem Sonderfall der einstweiligen Einstellung im Eröffnungsverfahren abgesehen, auch eine Zinszahlung nicht vorgesehen. Dieser Zeitraum dient dem Verwalter zur Feststellung der Rechte aller Beteiligten und zur Prüfung der Frage, welche Art der Durchführung des Insolvenzverfahrens für alle Beteiligten – auch für die absonderungsberechtigten Gläubiger – am günstigsten ist. Hinzu kommt, daß der Zeitraum bis zum Berichtstermin eng begrenzt ist (vgl. § 29 Abs. 1 Nr. 1 der Insolvenzordnung) und daß die Durchsetzung von Rechten im Wege der Zwangsvollstreckung stets mit einem gewissen Zeitaufwand verbunden ist. Daß der Gläubiger für die Zeit bis zum Berichtstermin im Grundsatz keine laufenden Zinszahlungen erhält, bedeutet im übrigen nicht, daß auch die Haftung der Sicherheit für diese Zinsen fortfiele; bei einer späteren Verteilung des Versteigerungserlöses oder bei einer Ablösung des Sicherungsrechts durch den Verwalter sind nach den allgemeinen Regeln auch diese Zinsen zu berücksichtigen.

Durch Absatz 2 wird die Anordnung laufender Zahlungen an den Gläubiger auch für den Fall vorgesehen, daß der unbewegliche Gegenstand während der Dauer der Einstellung des Zwangsversteigerungsverfahrens für die Insolvenzmasse genutzt wird und dadurch einen Wertverlust erleidet. Diese Ausgleichszahlungen sind von der Einstellung an zu leisten, also ohne eine dreimonatige Zwischenfrist. 14

Kein Grund zu laufenden Zahlungen aus der Insolvenzmasse nach Absatz 1 oder 2 besteht in dem Fall, daß wegen anderweitiger Belastungen des Grundstücks oder wegen dessen geringen Werts nicht damit zu rechnen ist, daß die Zwangsversteigerung zur Befriedigung des betreibenden Gläubigers führen wird. Ist nur eine Teilbefriedigung des Gläubigers zu erwarten, so sind entsprechend herabgesetzte Zahlungen anzuordnen (Absatz 3). Wird beispielsweise eine Forderung von 20 000,– DM voraussichtlich nur in Höhe von 10 000,– DM aus dem Versteigerungserlös berichtigt werden können, so ist eine Zahlung der geschuldeten Zinsen aus der Insolvenzmasse (Absatz 1) nur für die Teilforderung von 10 000,– DM anzuordnen. Daß diese Zinsen durch den zu erwartenden Versteigerungserlös nicht gedeckt sind, ist unerheblich. Einen Anhaltspunkt für die Höhe des zu erwartenden Versteigerungserlöses bietet die Festsetzung des Verkehrswerts im Rahmen des Zwangsversteigerungsverfahrens (§ 74 a Abs. 5 ZVG). 15

Im geltenden Recht hat die Vorschrift eine gewisse Entsprechung in § 30 a Abs. 3 ZVG, der Vorschrift über die einstweilige Einstellung einer Zwangsversteigerung auf Antrag des Schuldners außerhalb eines Konkursverfahrens. In den Einzelheiten ist die dortige Regelung jedoch abweichend ausgestaltet. Für die Einstellung der Zwangsversteigerung im Konkursfall nach § 30 c ZVG sind laufende Zahlungen an den Gläubiger bisher nicht vorgesehen. 16

Zu Nummer 6 (§ 30 f) 17

Die Aufhebung der Anordnung der einstweiligen Einstellung wird in inhaltlicher Anlehnung an den bisherigen § 30 c Abs. 1 Satz 3, Abs. 2 i. V. m. § 30 b ZVG geregelt. Dabei wird auch dem Fall Rechnung getragen, daß die einstweilige Einstellung im Eröffnungsverfahren angeordnet worden ist (Absatz 2).

18 *Zu Nummer 7 (§ 31 Abs. 2)*

§ 31 Abs. 2 Buchstabe c wird im Hinblick auf die Streichung des bisherigen § 30 c ZVG und die Einfügung des neuen § 30 f ZVG neu gefaßt.

19 *Zu Nummer 9 und 10 (§ 153 b, § 153 c)*

Nach der bisherigen Rechtslage ergeben sich nicht selten praktische Schwierigkeiten, wenn während eines Konkursverfahrens ein zur Masse gehörendes Grundstück der Zwangsverwaltung unterliegt. Die Befugnis des Zwangsverwalters zur Nutzung des Grundstücks (§ 152 Abs. 1 ZVG) kann erheblich mit dem Recht des Konkursverwalters zur Verwaltung der Konkursmasse kollidieren; wie diese Kollision zu lösen ist, wird vom Gesetz offengelassen. Der neue § 153 b schafft in Absatz 1 die Möglichkeit, das Zwangsverwaltungsverfahren insoweit einstellen zu lassen, als es die Tätigkeit des Insolvenzverwalters ernsthaft behindert. Mittelbar wird dadurch klargestellt, daß die Verwaltungsrechte des Insolvenzverwalters Vorrang vor den Rechten des Zwangsverwalters haben; die einvernehmliche Lösung von Konflikten wird gefördert.

20 Absatz 2 des § 153 b gewährleistet, daß dem betreibenden Gläubiger aus der Einstellung der Zwangsverwaltung kein Nachteil erwächst. Er ist durch laufende Zahlungen aus der Insolvenzmasse dafür zu entschädigen, daß die Einnahmen aus der Zwangsverwaltung ausfallen oder sich vermindern.

21 § 153 b Abs. 3 und § 153 c regeln das Verfahren, in dem die Einstellung angeordnet (§ 153 b) und die Anordnung wieder aufgehoben wird (§ 153 c), in inhaltlicher Anlehnung an den neuen § 30 d Abs. 3 und den neuen § 30 f. Gegen die einstweilige Einstellung der Zwangsverwaltung ist das Rechtsmittel der sofortigen Beschwerde mit Rücksicht auf den Schutz der Gläubiger durch laufende Zahlungen aus der Insolvenzmasse (§ 153 b Abs. 2 ZVG) nicht vorgesehen.

22 Eine Abwägung der Interessen des betreibenden Gläubigers gegen die Interessen der Gesamtgläubigerschaft (vgl. § 30 d Abs. 1 Satz 2 ZVG für die Einstellung der Zwangsversteigerung) ist bei der Einstellung der Zwangsverwaltung nicht erforderlich, da der betreibende Gläubiger hier vollen Ausgleich aus der Insolvenzmasse erhält.

23 *Zu Nummer 14 (§ 174 a)*

Wenn der Konkursverwalter – in Zukunft: der Insolvenzverwalter – nach § 172 ZVG die Zwangsversteigerung eines Massegrundstücks beantragt, kann nach § 174 ZVG jeder Gläubiger, der ein vom Verwalter anerkanntes Recht auf Befriedigung aus dem Grundstück hat, verlangen, daß bei der Feststellung des geringsten Gebots nur die seinem Anspruch vorgehenden Rechte berücksichtigt werden; verlangt er dies, so wird das Grundstück auch mit dieser Abweichung ausgeboten. Der neue § 174 a überträgt diese Regelung sinngemäß auf die neu geschaffenen Ansprüche aus § 10 Abs. 1 Nr. 1 a ZVG: Der Verwalter, der auf Grund von § 172 ZVG die Zwangsversteigerung betreibt, kann verlangen, daß das Grundstück auch in der Weise ausgeboten wird, daß im geringsten Gebot abgesehen von Kosten des Verfahrens (vgl. § 109 Abs. 1 ZVG) nur die Ansprüche aus § 10 Abs. 1 Nr. 1 ZVG berücksichtigt werden.

Von diesem Recht wird der Verwalter insbesondere dann Gebrauch machen, wenn sich andernfalls wegen der hohen Belastungen des Grundstücks kein Bieter in der Zwangsversteigerung finden würde. Die Gläubiger, denen der Verlust ihrer Rechte an dem Grundstück droht (vgl. § 52 Abs. 1, § 91 Abs. 1 ZVG), können diesen Verlust dadurch abwenden, daß sie die Ansprüche aus § 10 Abs. 1 Nr. 1 a berichtigen. Insoweit wird § 268 BGB auf die vom Verwalter betriebene Zwangsversteigerung, die keine echte

Zwangsvollstreckung darstellt, entsprechend anzuwenden sein. Das hat die weitere Folge, daß mit der Befriedigung des Verwalters die Ansprüche auf den betreffenden Gläubiger übergehen. Auch nach dem Übergang auf den Gläubiger erlöschen die Ansprüche allerdings, wenn das Grundstück freihändig an einen Dritten veräußert wird oder wenn das Insolvenzverfahren endet. Der Gläubiger, der die Ansprüche ablösen will, wird also genau prüfen müssen, ob die Ablösung auch unter diesen Bedingungen in seinem Interesse liegt.

Artikel 22
Änderung des Gesetzes über den Sozialplan im Konkurs- und Vergleichsverfahren

In § 8 des Gesetzes über den Sozialplan im Konkurs- und Vergleichsverfahren vom 20. Februar 1985 (BGBl. I S. 369), das zuletzt durch das Gesetz vom 20. Dezember 1993 (BGBl. I S. 2237) geändert worden ist, wird die Jahreszahl „1995" durch die Jahreszahl „1998" ersetzt.

Artikel 22 hat im RegEEGInsO kein Vorbild. Der folgende Begründungstext entspricht im wesentlichen BT-Drs. 12/7303, S. 109, zu Nr. 14 („Zu Artikel 21 a").

Durch Artikel 22 wird das Gesetz über den Sozialplan im Konkurs- und Vergleichsverfahren, das zur Zeit bis zum 31. Dezember 1995 befristet ist, bis zum Inkrafttreten der Insolvenzordnung verlängert.

Artikel 23
Änderung des Gesetzes über die Angelegenheiten der freiwilligen Gerichtsbarkeit

Das Gesetz über die Angelegenheiten der freiwilligen Gerichtsbarkeit in der im Bundesgesetzblatt Teil III, Gliederungsnummer 315-1, veröffentlichten bereinigten Fassung, zuletzt geändert durch Artikel 2 des Gesetzes vom 28. September 1994 (BGBl. I S. 2735), wird wie folgt geändert:

1. Nach § 141 wird folgender neuer § 141 a eingefügt:

„§ 141 a

(1) Eine Aktiengesellschaft, Kommanditgesellschaft auf Aktien oder eine Gesellschaft mit beschränkter Haftung, die kein Vermögen besitzt, kann von Amts wegen oder auf Antrag auch der Steuerbehörde gelöscht werden. Sie ist von Amts wegen zu löschen, wenn das Insolvenzverfahren über das Vermögen der Gesellschaft durchgeführt worden ist und keine Anhaltspunkte dafür vorliegen, daß die Gesellschaft noch Vermögen besitzt. Vor der Löschung sind die in § 126 bezeichneten Organe zu hören.

(2) Das Gericht hat die Absicht der Löschung den gesetzlichen Vertretern der Gesellschaft, soweit solche vorhanden sind und ihre Person und ihr inländischer Aufenthalt bekannt ist, nach den für die Zustellung von Amts wegen geltenden Vorschriften der Zivilprozeßordnung bekanntzumachen und ihnen

zugleich eine angemessene Frist zur Geltendmachung des Widerspruchs zu bestimmen. Das Gericht kann anordnen, auch wenn eine Pflicht zur Bekanntmachung und Fristbestimmung nach Satz 1 nicht besteht, daß die Bekanntmachung und die Bestimmung der Frist durch Einrückung in die Blätter, die für die Bekanntmachung der Eintragung in das Handelsregister bestimmt sind, sowie durch Einrückung in weitere Blätter erfolgt; in diesem Fall ist jeder zur Erhebung des Widerspruchs berechtigt, der an der Unterlassung der Löschung ein berechtigtes Interesse hat. Die Vorschriften des § 141 Abs. 3 und 4 gelten entsprechend.

(3) Absätze 1 und 2 finden entsprechende Anwendung auf offene Handelsgesellschaften und Kommanditgesellschaften, bei denen kein persönlich haftender Gesellschafter eine natürliche Person ist. Eine solche Gesellschaft kann jedoch nur gelöscht werden, wenn die zur Vermögenslosigkeit geforderten Voraussetzungen sowohl bei der Gesellschaft als auch bei den persönlich haftenden Gesellschaftern vorliegen. Die Sätze 1 und 2 gelten nicht, wenn zu den persönlich haftenden Gesellschaftern eine andere offene Handelsgesellschaft oder Kommanditgesellschaft gehört, bei der ein persönlich haftender Gesellschafter eine natürliche Person ist."

2. § 147 wird wie folgt geändert:

a) Absatz 1 wird wie folgt gefaßt:

„(1) Die Vorschriften der §§ 127 bis 130, 141a bis 143 finden auf die Eintragungen in das Genossenschaftsregister entsprechende Anwendung."

b) Nach Absatz 1 wird folgender neuer Absatz 2 eingefügt:

„(2) Im Falle des § 141a Abs. 1 tritt der Prüfungsverband an die Stelle der in § 126 bezeichneten Organe."

c) Die bisherigen Absätze 2, 3 und 4 werden neue Absätze 3, 4 und 5.

d) Im neuen Absatz 5 werden die Worte „der Absätze 2, 3" durch die Worte „der Absätze 3, 4" ersetzt.

Artikel 23 übernimmt in veränderter und verkürzter Fassung Art. 22 RegEEGInsO. Der folgende Begründungstext beruht auf BT-Drs. 12/3803, S. 70/71, „Zu Artikel 22", BT-Drs. 12/3803, S. 123, 133, jeweils zu Nummer 8 und zu Nummer 9, sowie auf BT-Drs. 12/7303, S. 109, zu Nr. 15 („Zu Artikel 22").

1 *Zu Nummer 1 (§ 141a)*

Es ist ein Ziel des neuen Insolvenzverfahrens, das Vermögen des Schuldners vollständig abzuwickeln. Bei Gesellschaften soll es vermieden werden, daß sich an die Liquidation im Insolvenzverfahren noch eine gesellschaftsrechtliche Liquidation anschließen muß. Eine Gesellschaft soll, sofern kein Sanierungsplan zustande kommt, im Insolvenzverfahren bis zur Löschungsreife abgewickelt werden; ein bei Verfahrensende etwa noch vorhandenes Restvermögen soll vom Insolvenzverwalter nach den Regeln des Gesellschaftsrechts an die am Schuldner beteiligten Personen verteilt werden (vgl. die §§ 1, 199 der Insolvenzordnung). Auch für den Fall, daß im Insolvenzverfahren Masseunzulänglichkeit festgestellt wird, ist eine vollständige Verteilung der Insolvenzmasse durch den Insolvenzverwalter vorgesehen (§ 211 der Insolvenzordnung). Nur wenn sich nach der Eröffnung des Verfahrens herausstellt, daß nicht einmal die Kosten des Verfahrens gedeckt werden können, wird das Verfahren ohne weitere Verwertungshandlungen mangels Masse eingestellt (§ 207 der Insolvenzordnung). Auch die seltenen Fälle der Einstellung wegen Wegfalls des Eröffnungsgrundes oder mit Zustimmung der Gläubiger (§§ 212, 213 der Insolvenzordnung) bilden Ausnahmen vom Grundsatz der vollständigen Verwertung des Schuldnervermögens im Insolvenzverfahren.

In Zukunft kann damit im Regelfall davon ausgegangen werden, daß nach der Durchführung eines Insolvenzverfahrens über das Vermögen einer Gesellschaft kein Gesellschaftsvermögen mehr vorhanden ist. Es erscheint wünschenswert, für diesen Regelfall auch die Löschung der Gesellschaft im Handelsregister sicherzustellen. 2

Diesen Löschungstatbestand sowie die weiteren bisher im Gesetz über die Auflösung und Löschung von Gesellschaften und Genossenschaften aufgeführten Löschungstatbestände enthält der neue § 141 a. Aus Gründen der Rechtsbereinigung werden die Modalitäten der Löschung nunmehr im Gesetz über die Angelegenheiten der freiwilligen Gerichtsbarkeit geregelt. Das Gesetz über die Auflösung und Löschung von Gesellschaften und Genossenschaften wird aufgehoben (vgl. Artikel 2 Nr. 9). 3

Absatz 1 Satz 1 des § 141 a entspricht im wesentlichen § 2 Abs. 1 Satz 1 des Gesetzes über die Auflösung und Löschung von Gesellschaften und Genossenschaften. Durch einen neuen Satz 2 wird das Registergericht verpflichtet, sobald es vom Insolvenzgericht über die Aufhebung oder Einstellung eines Insolvenzverfahrens unterrichtet worden ist (§ 200 Abs. 2 Satz 3 und § 215 Abs. 1 Satz 3, jeweils i. V. m. § 31 der Insolvenzordnung), von Amts wegen zu prüfen, ob die Gesellschaft wegen Vermögenslosigkeit gelöscht werden kann. Das Löschungsverfahren bestimmt sich nach Absatz 3, der dem § 2 Abs. 2 des Gesetzes über die Auflösung und Löschung von Gesellschaften und Genossenschaften entspricht. 4

Absatz 3 erstreckt den Anwendungsbereich der Absätze 1 und 2 auf Gesellschaften ohne Rechtspersönlichkeit, bei denen keine persönliche Haftung einer natürlichen Person besteht. Auch die Haftung derartiger Gesellschaften ist auf ein bestimmtes Vermögen beschränkt; ist dieses Vermögen tatsächlich nicht mehr vorhanden, muß so weit wie möglich verhindert werden, daß die Gesellschaften weiterhin am Geschäftsverkehr teilnehmen. Im Hinblick auf den Eröffnungsgrund der Überschuldung (§ 19 der Insolvenzordnung) und die Pflicht der Gesellschaftsorgane zum Insolvenzantrag (§§ 130 a, 177 a HGB) sind die von Absatz 3 erfaßten Gesellschaften bereits den Handelsgesellschaften mit Rechtspersönlichkeit gleichgestellt. 5

Nach Satz 2 des Absatzes 3 müssen bei diesen Gesellschaften die Voraussetzungen der Löschung, soweit sie sich auf die Vermögenslosigkeit beziehen, nicht nur bei der Gesellschaft, sondern auch bei den persönlich haftenden Gesellschaftern vorliegen. Es besteht kein Anlaß, beispielsweise eine GmbH und Co. KG zu löschen, solange die GmbH noch Vermögen besitzt.

Das Amtslöschungsverfahren des § 2 Abs. 1 Satz 2 des Gesetzes über die Auflösung und Löschung von Gesellschaften und Genossenschaften für Gesellschaften, die entgegen gesetzlichen Verpflichtungen in drei aufeinanderfolgenden Jahren ihren Jahresabschluß und die mit ihm offenzulegenden Unterlagen ganz oder teilweise nicht bekanntgemacht und zum Handelsregister eingereicht haben, wird durch das Einführungsgesetz nicht in den neuen § 141 a des Gesetzes über die Angelegenheiten der freiwilligen Gerichtsbarkeit übernommen. Dieses Verfahren hat sich nicht bewährt. 6

Die Androhung, Einleitung und Durchführung des Löschungsverfahrens verursacht bei den Registergerichten einen ganz erheblichen Aufwand, der angesichts des erzielbaren 7

Ergebnisses nicht sinnvoll ist. Die Einleitung des Löschungsverfahrens muß nämlich keineswegs dazu führen, daß die betroffenen Unternehmen nunmehr ihren gesetzlichen Offenlegungspflichten nachkommen. Zur Abwendung einer Löschung genügt es nämlich, dem Registergericht das Vorhandensein von Vermögen der Gesellschaft glaubhaft zu machen. Wird Vermögen nachgewiesen, hat das Gericht das Löschungsverfahren einzustellen und gegebenenfalls im nächsten Jahr von neuem zu beginnen.

Die Registergerichte arbeiten bereits am Rande ihrer Kapazität. Zusätzliches Personal kann jedenfalls im erforderlichen Umfange nicht zur Verfügung gestellt werden. Dies dürfte insbesondere für die neuen Länder gelten. Es ist deshalb nicht vertretbar, weiterhin Kräfte mit einem weitgehend ineffektiven Verfahren zu binden.

8 Die Vorschrift über das Löschungsverfahren bei Nichterfüllung von Offenlegungspflichten wird daher gestrichen. Zur Erzwingung der Offenlegungspflichten müssen, soweit dies gemeinschaftsrechtlich geboten ist, gegebenenfalls andere, effizientere Maßnahmen erwogen werden. Hierzu kommt vor allem die Begründung materiell-rechtlicher Nachteile bei Verletzung der Offenlegungspflichten in Betracht. Aus den genannten Gründen ist die Vorschrift über das Löschungsverfahren bei Nichterfüllung von Offenlegungspflichten sobald wie möglich aufzuheben. Da hiermit für die Registergerichte nur eine Verfahrensvereinfachung verbunden ist, bedarf es insoweit keiner Übergangsfrist. In Artikel 110 Abs. 3 des Einführungsgesetzes ist deshalb vorgesehen, daß die Aufhebung von § 2 Abs. 1 Satz 2 des Gesetzes über die Auflösung und Löschung von Gesellschaften und Genossenschaften vorab am Tag nach der Verkündung der Gesetze zur Insolvenzrechtsreform in Kraft tritt.

9 *Zu Nummer 2 (§ 147)*

Die Änderungen des § 147 haben das Ziel, die Vorschriften über die Löschung von Gesellschaften in dem neuen § 141 a auch für Genossenschaften anwendbar zu machen. Sie ersetzen insoweit den bisherigen § 3 des Gesetzes über die Auflösung und Löschung von Gesellschaften und Genossenschaften. Anstelle des Wortes „Revisionsverband" wird entsprechend dem heutigen Sprachgebrauch das Wort „Prüfungsverband" verwendet.

Artikel 24
Änderung der Grundbuchordnung

Die Grundbuchordnung in der Fassung der Bekanntmachung vom 26. Mai 1994 (BGBl. I S. 1114) wird wie folgt geändert:

1. § 12 c Abs. 2 Nr. 3 wird wie folgt gefaßt:

„3. die Entscheidungen über Ersuchen des Gerichts um Eintragung oder Löschung des Vermerks über die Eröffnung des Insolvenzverfahrens und über die Verfügungsbeschränkungen nach der Insolvenzordnung oder des Vermerks über die Einleitung eines Zwangsversteigerungs- und Zwangsverwaltungsverfahrens;".

2. In § 144 Abs. 1 werden der Nummer 1 folgende Sätze angefügt:

„Vorschriften nach Satz 2 und 3 können auch dann beibehalten, geändert oder ergänzt werden, wenn die Grundbücher wieder von den Amtsgerichten geführt werden. Sind vor dem 19. Oktober 1994 in Grundbüchern, die in dem in Artikel 3 des Einigungsvertrages genannten Gebiet geführt werden, Eintragungen vorgenommen worden, die nicht den Vorschriften des § 44 Abs. 1 entsprechen, so sind diese Eintragungen dennoch wirksam, wenn sie den Anforderungen der für die Führung des Grundbuchs von dem jeweiligen Land erlassenen Vorschriften genügen."

Artikel 24 hat im RegEEGInsO kein Vorbild. Der folgende Begründungstext entspricht im wesentlichen BT-Drs. 12/7303, S. 109/110, zu Nr. 16 („Zu Artikel 22 a").

Zu Nummer 1 (§ 12 c) 1

§ 12 c der Grundbuchordnung, der durch Artikel 1 Nr. 12 des Gesetzes vom 20. Dezember 1993 (BGBl. I S. 2182) in das Gesetz eingefügt worden ist und u. a. den Fall der Eintragung oder Löschung des Vermerks über die Eröffnung des Konkurs- und Gesamtvollstreckungsverfahrens regelt, bedarf der redaktionellen Anpassung an die Insolvenzrechtsreform. Dabei ist zusätzlich der Fall zu regeln, daß nach § 23 Abs. 3, § 267 Abs. 3 oder § 277 Abs. 3 der Insolvenzordnung eine Verfügungsbeschränkung in das Grundbuch einzutragen ist.

Zu Nummer 2 (§ 144) 2

Durch die Ergänzung des § 144 Abs. 1 Nr. 1 Grundbuchordnung wird eine mögliche Unklarheit der Rechtslage im Beitrittsgebiet beseitigt. Die Vorschrift, die ebenfalls durch das Gesetz vom 20. Dezember 1993 in die Grundbuchordnung eingefügt worden ist, ermächtigt im Anschluß an entsprechende Vorschriften des Einigungsvertrages die neuen Bundesländer, in drei verschiedenen Punkten von Bestimmungen der Grundbuchordnung abzuweichen: Die Länder dürfen erstens andere Behörden mit der Führung der Grundbücher beauftragen (Satz 1). Zweitens ist es ihnen möglich, die Zuständigkeit zwischen Rechtspfleger und Urkundsbeamten der Geschäftsstelle anders abzugrenzen oder auch bestimmte andere Personen mit Eintragungen in das Grundbuch zu beauftragen (Satz 2). Drittens sind die neuen Länder dazu ermächtigt, anstelle der in der Grundbuchordnung für die Wirksamkeit einer Eintragung vorgesehenen zwei Unterschriften eine Unterschrift genügen zu lassen (Satz 3). Die Ergänzung der Vorschrift stellt klar, daß die Verfahrenserleichterungen nach Satz 2 und 3 für die Zeit beibehalten werden konnten und können, in der die Grundbücher wieder von den Amtsgerichten geführt werden.

Artikel 25
Änderung des Arbeitsgerichtsgesetzes

§ 21 Abs. 2 des Arbeitsgerichtsgesetzes in der Fassung der Bekanntmachung vom 2. Juli 1979 (BGBl. I S. 853, 1036), das zuletzt durch Artikel 4 des Gesetzes vom 14. September 1994 (BGBl. I S. 2323) geändert worden ist, wird wie folgt geändert:

a) **Die Nummer 3 wird aufgehoben; die Nummer 4 wird die neue Nummer 3.**

b) **Es wird folgender neuer Satz 2 angefügt:**

„Personen, die in Vermögensverfall geraten sind, sollen nicht als ehrenamtliche Richter berufen werden."

Artikel 25 übernimmt in veränderter Fassung Art. 23 RegEEGInsO. Der folgende Begründungstext beruht auf BT-Drs. 12/3803, S. 71, „Zu Artikel 23", BT-Drs. 12/3803,

Artikel 26 – Einzelerläuterungen   Teil 3 – Einführungsgesetz

S. 123/124, 134, jeweils zu Nummer 10, BT-Drs. 12/7303, S. 110, zu Nr. 17 („Zu den Artikeln 23 bis 26").

§ 21 Abs. 2 ArbGG wird in Anlehnung an die Änderungen von § 32 Nr. 3, § 33 Nr. 5 und § 109 Abs. 3 GVG geändert.

Artikel 26
Änderung des Sozialgerichtsgesetzes

§ 17 Abs. 1 des Sozialgerichtsgesetzes in der Fassung der Bekanntmachung vom 23. September 1975 (BGBl. I S. 2535), das zuletzt durch Artikel 8 Abs. 9 des Gesetzes vom 24. Juni 1994 (BGBl. I S. 1325) geändert worden ist, wird wie folgt geändert:

a) Die Nummer 3 wird aufgehoben; die Nummer 4 wird die neue Nummer 3.

b) Es wird folgender neuer Satz 2 angefügt:

„Personen, die in Vermögensverfall geraten sind, sollen nicht zu ehrenamtlichen Richtern berufen werden."

Artikel 26 übernimmt in veränderter Fassung Art. 24 RegEEGInsO. Der folgende Begründungstext beruht auf BT-Drs. 12/3803, S. 71, „Zu Artikel 24", BT-Drs. 12/3803, S. 124, 134, jeweils zu Nummer 11, und BT-Drs. 12/7303, S. 110, zu Nr. 17 („Zu den Artikeln 23 bis 26").

§ 17 Abs. 1 SGG wird in Anlehnung an die Änderungen von § 32 Nr. 3, § 33 Nr. 5 und § 109 Abs. 3 GVG sowie § 21 Abs. 2 ArbGG geändert.

Artikel 27
Änderung der Verwaltungsgerichtsordnung

§ 21 der Verwaltungsgerichtsordnung in der Fassung der Bekanntmachung vom 19. März 1991 (BGBl. I S. 686), die zuletzt durch Artikel 7 des Gesetzes vom 27. September 1994 (BGBl. I S. 2705) geändert worden ist, wird wie folgt geändert:

a) Der bisherige Text wird Absatz 1.

b) Die Nummer 3 wird aufgehoben; die Nummer 4 wird die neue Nummer 3.

c) Es wird folgender neuer Absatz 2 angefügt:

„(2) Personen, die in Vermögensverfall geraten sind, sollen nicht zu ehrenamtlichen Richtern berufen werden."

Artikel 27 übernimmt in veränderter Fassung Art. 25 RegEEGInsO. Der folgende Begründungstext beruht auf BT-Drs. 12/3803, S. 71, „Zu Artikel 25", BT-Drs. 12/3803, S. 124, 134, jeweils zu Nummer 12, und BT-Drs. 12/7303, S. 110, zu Nr. 17 („Zu den Artikeln 23 bis 26").

§ 21 VwGO wird in Anlehnung an die Änderungen von § 32 Nr. 3, § 33 Nr. 5 und § 109 Abs. 3 GVG sowie § 21 Abs. 2 ArbGG und § 17 Abs. 1 SGG geändert.

Artikel 28
Änderung der Finanzgerichtsordnung

§ 18 der Finanzgerichtsordnung vom 6. Oktober 1965 (BGBl. I S. 1477), die zuletzt durch Artikel 6 des Gesetzes vom 24. Juni 1994 (BGBl. I S. 1395) geändert worden ist, wird wie folgt geändert:

a) Der bisherige Text wird Absatz 1.

b) Die Nummern 3 und 4 werden aufgehoben; die Nummer 5 wird die neue Nummer 3.

c) Es wird folgender neuer Absatz 2 angefügt:

„(2) Personen, die in Vermögensverfall geraten sind, sollen nicht zu ehrenamtlichen Richtern berufen werden."

Artikel 28 übernimmt in veränderter Fassung Art. 26 RegEEGInsO. Der folgende Begründungstext entspricht BT-Drs. 12/3803, S. 71, „Zu Artikel 26"; vgl. auch BT-Drs. 12/3803, S. 124, 134, jeweils zu Nummer 13, und BT-Drs. 12/7303, S. 110, zu Nr. 17 („Zu den Artikeln 23 bis 26").

§ 18 FGO wird in Anlehnung an die Änderungen von § 32 Nr. 3, § 33 Nr. 5 und § 109 Abs. 3 GVG sowie § 21 Abs. 2 ArbGG, § 17 Abs. 1 SGG und § 21 VwGO geändert. Die derzeit geltende Fassung der Vorschrift berücksichtigt bereits, daß Personen, die nicht in geordneten Vermögensverhältnissen leben, für das Amt eines ehrenamtlichen Richters ungeeignet sein können. Die Vorschrift enthält jedoch einige Ungereimtheiten. Die derzeitige Nummer 3 hat zur Folge, daß Personen während der Dauer eines Konkursverfahrens von dem Amt eines ehrenamtlichen Richters ausgeschlossen sind. Die Nummer 4 bestimmt darüber hinaus, daß dieser Ausschluß auch dann gilt, wenn die Person in den letzten drei Jahren in einem Zwangsvollstreckungsverfahren wegen einer Geldforderung eine eidesstattliche Versicherung abgegeben hat oder wenn gegen sie während dieser Zeit die Haft zur Erzwingung der Abgabe einer solchen eidesstattlichen Versicherung angeordnet worden ist.

Die Vorschrift erfaßt demnach zwei wichtige Problemfälle nicht: Die Abweisung eines Antrags auf Eröffnung eines Insolvenzverfahrens mangels Masse oder die Einstellung eines solchen Verfahrens mangels Masse führen nicht zum Verlust des Ehrenamtes. Auch ist die zeitliche Dauer eines Insolvenzverfahrens begrenzt. Nur während der Dauer des Verfahrens gilt der Ausschluß der derzeitigen Nummer 3.

Im Rahmen des neuen Absatzes 2 können auch diese Fälle erfaßt werden. Gleichzeitig wird erreicht, daß für alle ehrenamtlich tätigen Richter ein einheitlicher Ausschlußgrund im Gesetz statuiert wird. Im Rahmen der neu eingeführten „Soll-Vorschrift" des Absatzes 2 ist nun ebenso wie bei den Schöffen sowie bei den ehrenamtlichen Richtern bei den Landwirtschaftsgerichten, bei den Kammern für Handelssachen, bei den Arbeitsgerichten, bei den Sozialgerichten und bei den Verwaltungsgerichten der „Vermögensverfall" ausschlaggebend.

Artikel 29
Änderung des Gerichtskostengesetzes

Das Gerichtskostengesetz in der Fassung der Bekanntmachung vom 15. Dezember 1975 (BGBl. I S. 3047), zuletzt geändert durch Artikel 12 Abs. 25 des Gesetzes vom 14. September 1994 (BGBl. I S. 2325), wird wie folgt geändert:

1.*

2.*

3.*

4.*

5. § 36 wird aufgehoben.

6. § 37 wird wie folgt gefaßt:

„§ 37
Wertberechnung

(1) Die Gebühren für den Antrag auf Eröffnung des Insolvenzverfahrens und für die Durchführung des Insolvenzverfahrens werden nach dem Wert der Insolvenzmasse zur Zeit der Beendigung des Verfahrens erhoben. Gegenstände, die zur abgesonderten Befriedigung dienen, werden nur in Höhe des für diese nicht erforderlichen Betrags angesetzt.

(2) Ist der Antrag auf Eröffnung des Insolvenzverfahrens von einem Gläubiger gestellt, so wird die Gebühr für das Verfahren über den Antrag nach dem Betrag seiner Forderung, wenn jedoch der Wert der Insolvenzmasse geringer ist, nach diesem Wert erhoben."

7. § 38 wird wie folgt gefaßt:

„§ 38
Beschwerden

Bei der Beschwerde des Schuldners gegen die Eröffnung des Insolvenzverfahrens oder gegen die Abweisung des Eröffnungsantrags mangels Masse gilt § 37 Abs. 1. Bei der Beschwerde eines sonstigen Antragstellers gegen die Abweisung des Eröffnungsantrags gilt § 37 Abs. 2."

8. § 50 wird wie folgt gefaßt:

„§ 50
Kostenschuldner im Insolvenzverfahren

(1) Im Insolvenzverfahren ist der Antragsteller Schuldner der Gebühr für das Verfahren über den Antrag auf Eröffnung des Insolvenzverfahrens. Wird der Antrag abgewiesen oder zurückgenommen, so ist der Antragsteller auch Schuldner der in dem Verfahren entstandenen Auslagen.

(2) Der Insolvenzgläubiger, der die Versagung oder den Widerruf der Restschuldbefreiung beantragt, ist Schuldner der Kosten.

(3) Im übrigen ist Schuldner der Gebühren und Auslagen der Schuldner des Insolvenzverfahrens."

9. § 51 wird aufgehoben.

10. In § 60 wird die Angabe „§§ 57 bis 60, 142 der Konkursordnung" durch die Angabe „§§ 53 bis 55, 177, 209 und 269 der Insolvenzordnung" ersetzt.

11. In § 61 werden die Worte „im Konkursverfahren, im Vergleichsverfahren zur Abwendung des Konkurses" durch die Worte „im Insolvenzverfahren" ersetzt.

12. In § 73 Abs. 3 werden die Worte „Vergleichsverfahren zur Abwendung des Konkurses, Konkursverfahren" durch das Wort „Insolvenzverfahren" ersetzt.

13. Der Hauptabschnitt D des Kostenverzeichnisses (Anlage 1 zum Gerichtskostengesetz) wird wie folgt gefaßt:

Nr.	Gebührentatbestand	Gebührenbetrag in DM oder Satz der Gebühr nach § 11 Abs. 2 GKG
	„D. Insolvenzverfahren, seerechtliches Verteilungsverfahren	
	I. Insolvenzverfahren	
	1. Eröffnungsverfahren	
1400	Verfahren über den Antrag des Schuldners auf Eröffnung des Insolvenzverfahrens.............................	$1/2$
	Die Gebühr entsteht auch, wenn das Verfahren nach § 306 InsO ruht.	
1401	Verfahren über den Antrag eines Gläubigers auf Eröffnung des Insolvenzverfahrens.............................	$1/2$ mindestens 200 DM
	2. Durchführung des Insolvenzverfahrens auf Antrag des Schuldners, auch wenn das Verfahren gleichzeitig auf Antrag eines Gläubigers eröffnet wurde	
1410	Durchführung des Insolvenzverfahrens.................	$2^{1}/_{2}$
1411	Eröffnungsbeschluß wird auf Beschwerde aufgehoben.....	Gebühr 1410 entfällt
1412	Verfahren wird vor dem Ende des Prüfungstermins nach §§ 207, 211, 212, 213 InsO oder § 3 des Ausführungsgesetzes zum deutsch-österreichischen Konkursvertrag eingestellt..	Gebühr 1410 ermäßigt sich auf $1/2$
1413	Verfahren wird nach dem Ende des Prüfungstermins nach §§ 207, 211, 212, 213 InsO oder § 3 des Ausführungsgesetzes zum deutsch-österreichischen Konkursvertrag eingestellt..	Gebühr 1410 ermäßigt sich auf $1^{1}/_{2}$
	3. Durchführung des Insolvenzverfahrens auf Antrag eines Gläubigers	
1420	Durchführung des Insolvenzverfahrens.................	3
1421	Eröffnungsbeschluß wird auf Beschwerde aufgehoben.....	Gebühr 1420 entfällt
1422	Verfahren wird vor dem Ende des Prüfungstermins nach §§ 207, 211, 212, 213 InsO oder § 3 des Ausführungsgesetzes zum deutsch-österreichischen Konkursvertrag eingestellt..	Gebühr 1420 ermäßigt sich auf 1
1423	Verfahren wird nach dem Ende des Prüfungstermins nach §§ 207, 211, 212, 213 InsO oder § 3 des Ausführungsgesetzes zum deutsch-österreichischen Konkursvertrag eingestellt..	Gebühr 1420 ermäßigt sich auf 2

Artikel 29 – Einzelerläuterungen   Teil 3 – Einführungsgesetz

Nr.	Gebührentatbestand	Gebührenbetrag in DM oder Satz der Gebühr nach § 11 Abs. 2 GKG
	4. Besonderer Prüfungstermin und schriftliches Prüfungsverfahren (§ 177 InsO)	
1430	Prüfung von Forderungen je Gläubiger	20 DM
	5. Restschuldbefreiung	
1431	Entscheidung über den Antrag auf Versagung oder Widerruf der Restschuldbefreiung (§§ 296, 297, 300, 303 InsO)	50 DM
	II. Seerechtliches Verteilungsverfahren	
1440	Verfahren über den Antrag auf Eröffnung des seerechtlichen Verteilungsverfahrens	1
1441	Durchführung des Verteilungsverfahrens	2
1445	Prüfung von Forderungen in einem besonderen Prüfungstermin (§ 11 der Seerechtlichen Verteilungsordnung) je Gläubiger	20 DM
	III. Beschwerdeverfahren	
1450	Beschwerde gegen den Beschluß über die Eröffnung des Insolvenzverfahrens (§ 34 InsO)	1
1451	Verfahren über nicht aufgeführte Beschwerden, die nicht nach anderen Vorschriften gebührenfrei sind: Soweit die Beschwerde verworfen oder zurückgewiesen wird	1".

14. In Nummer 1903 des Kostenverzeichnisses (Anlage 1 zum Gerichtskostengesetz) wird die Angabe „§ 142 KO" durch die Angabe „§ 177 InsO" ersetzt.

Die mit * versehenen Nummern 1, 2, 3 und 4 enthalten rein redaktionelle Anpassungen, vgl. Gesamtabdruck des Einführungsgesetzes.

Artikel 29 übernimmt in veränderter und ergänzter Fassung Art. 27 RegEEGInsO. Der folgende Begründungstext entspricht weitgehend BT-Drs. 12/3803, S. 72 bis 74, „Zu Artikel 27", und BT-Drs. 12/7303, S. 110, zu Nr. 18 („Zu Artikel 27").

Artikel 29 in der aktuellen, im Bundesgesetzblatt verkündeten Fassung ist in Nummern 10, 13 und 14 noch nicht an die Änderung des Gerichtskostengesetzes durch Artikel 1 des Kostenrechtsänderungsgesetzes vom 24. Juni 1994 (BGBl. I S. 1325) angepaßt. Der oben abgedruckte Gesetzestext entspricht der im Bundesgesetzblatt verkündeten Fassung; der folgende Begründungstext bezieht sich zur Vermeidung von Mißverständnissen auf diese Fassung und das dieser Fassung zugrundeliegende Gerichtskostengesetz in der Fassung vom 15. Dezember 1975 (BGBl. I S. 3047), zuletzt geändert durch Artikel 7 Abs. 16 des Gesetzes vom 17. Dezember 1990 (BGBl. I S. 2847).

1 *Allgemeines*

Die Vorschriften des Gerichtskostengesetzes über Konkurs- und Vergleichsverfahren werden an das einheitliche Insolvenzverfahren angepaßt.

Die Regelungen, die bisher für das Konkursverfahren gelten, werden im wesentlichen auf das Insolvenzverfahren übertragen. Berechnungsgrundlage für die Gebühren soll in Anlehnung an das bisher geltende Recht die Insolvenzmasse sein, die zur Zeit der Beendigung des Verfahrens vorhanden ist.

Die Mindestgebühr für das Verfahren über den Antrag eines Gläubigers auf Eröffnung des Insolvenzverfahrens soll auf 200 DM festgesetzt werden (neue Nummer 1401 des Kostenverzeichnisses).

Daß ein Insolvenzplan keine zusätzliche Gebühr auslöst, entspricht der bisherigen Behandlung des Zwangsvergleichs. Aber auch die neu eingeführte Restschuldbefreiung soll im Grundsatz mit den allgemeinen Gebühren für die Durchführung des Insolvenzverfahrens abgegolten sein; es erscheint sachgerecht, daß die gesetzliche Restschuldbefreiung grundsätzlich keine höheren Gebühren auslöst als die Restschuldbefreiung auf der Grundlage eines Insolvenzplans. Der Belastung des Gerichts, die durch Gläubigeranträge auf Versagung oder Widerruf der Restschuldbefreiung eintritt, soll allerdings durch eine Gebühr für derartige Anträge Rechnung getragen werden.

Zu Nummer 5 (§ 36)

§ 36, der sich auf das Vergleichsverfahren bezieht, ist aufzuheben, da dieses Verfahren in dem künftigen einheitlichen Insolvenzverfahren aufgeht.

Zu Nummer 6 (§ 37)

Nach der bisherigen Fassung der §§ 36 und 37 GKG wird die Gebühr für das Vergleichsverfahren nach dem Betrag der Aktiven zur Zeit des Eröffnungsantrags erhoben, die Gebühren für das Konkursverfahren dagegen grundsätzlich nach dem Betrag der Aktivmasse zur Zeit der Beendigung des Verfahrens. Für das einheitliche Insolvenzverfahren soll der Wert der Insolvenzmasse zur Zeit der Beendigung des Verfahrens maßgeblich sein, für die Erhebung der Gerichtskosten ebenso wie für die Berechnung der Vergütung des Insolvenzverwalters (vgl. § 63 Satz 2 der Insolvenzordnung). Wie bisher sollen Gegenstände, die mit Absonderungsrechten belastet sind, nur in Höhe des die Belastung übersteigenden Werts angesetzt werden. Neuerwerb des Schuldners während des Verfahrens erhöht den maßgeblichen Wert; dies gilt auch für die laufenden Bezüge des Schuldners, deren pfändbarer Teil während der gesamten Laufzeit des Verfahrens in die Insolvenzmasse fließt (vgl. die §§ 35, 36 der Insolvenzordnung).

Zu Nummer 7 (§ 38)

Die bisherigen Regelungen für Beschwerden gegen die Eröffnung des Konkursverfahrens oder gegen die Abweisung des Eröffnungsantrags werden sinngemäß übernommen; dabei wird zusätzlich berücksichtigt, daß nach § 34 Abs. 1 der Insolvenzordnung gegen die Abweisung mangels Masse stets auch dem Schuldner die sofortige Beschwerde zusteht. Aufgehoben werden dagegen die Sonderregelungen für die Beschwerde gegen die Bestätigung eines Zwangsvergleichs, die für die Beschwerde des Schuldners auf den Wert der Aktivmasse, für die Beschwerde eines Gläubigers auf die zu erwartende Konkursquote abstellen (Satz 1 Fall 2, Satz 3). Dem wirtschaftlichen Interesse, das im Einzelfall mit der Beschwerde verfolgt wird, werden diese Regelungen nicht immer gerecht. Für Beschwerden gegen die Bestätigung eines Insolvenzplans – der die Funktionen des Zwangsvergleichs übernehmen soll – gilt damit die flexible Lösung, die sich aus der allgemeinen Regelung des § 35 GKG in Verbindung mit § 3 ZPO ergibt.

Zu Nummer 8 (§ 50)

In Absatz 1 wird die Regelung des bisherigen § 50 Abs. 1 für das Konkursverfahren auf das Insolvenzverfahren übertragen.

Dabei wird davon ausgegangen, daß die Vorschrift des Absatzes 1 Satz 2, nach der bei Abweisung oder Rücknahme des Eröffnungsantrages der Antragsteller Schuldner der im Verfahren entstandenen Auslagen ist, nicht zu der Haftung des Antragstellers für die Vergütung eines vorläufigen Insolvenzverwalters führen kann. Diese Vergütung fällt nicht unter den Begriff der Auslagen. Das Kostenverzeichnis enthält keinen derartigen Auslagentatbestand.

Absatz 2 wird neu eingeführt.

6   Die Restschuldbefreiung im Anschluß an das Insolvenzverfahren kann auf Antrag eines Insolvenzgläubigers unter bestimmten Voraussetzungen versagt (§§ 296, 297, 300 der Insolvenzordnung) oder widerrufen (§ 303 der Insolvenzverordnung) werden. Für diese Entscheidung des Gerichts wird eine Gebühr vorgesehen. Absatz 2 bestimmt als Kostenschuldner insoweit den Insolvenzgläubiger. Es soll gewährleistet werden, daß der Gläubiger nur in aussichtsreichen Fällen den Antrag stellt. Auch für die Auslagen, zum Beispiel für die von Amts wegen vorzunehmende öffentliche Bekanntmachung der Versagung bzw. des Widerrufs (§ 296 Abs. 3 Satz 2, § 300 Abs. 3 Satz 1, § 303 Abs. 3 Satz 3 der Insolvenzordnung), ist eine entsprechende Kostenhaftung des Antragstellers vorgesehen. Dadurch wird vermieden, daß diese Auslagen vom Staat zu tragen sind, der mit einem Rückgriffsanspruch gegen den Schuldner häufig keine Befriedigung erlangen könnte. Die Formulierung stellt gleichzeitig klar, daß der Treuhänder bei seinem Antrag nach § 298 der Insolvenzordnung nicht mit Gerichtskosten belastet wird.

Der bisherige Absatz 2 wird in redaktionell angepaßter Form zu Absatz 3.

7   *Zu den Nummern 9 bis 12 (§§ 51, 60, 61, 73 Abs. 3)*

Die Vorschriften werden redaktionell angepaßt. In § 60, der Vorschrift über die Kostenhaftung gegenüber der Staatskasse, wird auch § 269 der Insolvenzordnung aufgenommen, so daß auch die von dieser Vorschrift erfaßten Kosten einer Überwachung der Planerfüllung von der Staatskasse ohne besonderen Titel beigetrieben werden können.

8   *Zu Nummer 13 (Kostenverzeichnis)*

Bisher ist Hauptabschnitt D in drei Abschnitte gegliedert:

I. Vergleichsverfahren zur Abwendung des Konkurses

II. Konkursverfahren

III. Seerechtliches Verteilungsverfahren.

Die beiden ersten Abschnitte werden zum neuen Abschnitt I „Insolvenzverfahren" zusammengefaßt. Die auf das Vergleichsverfahren bezogenen Nummern (1400, 1401, 1402, 1412, 1425) werden aufgehoben, die auf das Konkursverfahren bezogenen werden inhaltlich für das einheitliche Insolvenzverfahren übernommen. Die Vorschriften über das seerechtliche Verteilungsverfahren, die im übrigen unverändert bleiben, werden zum Abschnitt II. Die in den bisherigen Nummern 1440, 1441 und 1460 enthaltenen Gebührenregelungen für das Beschwerdeverfahren sind in den neuen Abschnitt III eingestellt worden.

Abschnitt I wird in fünf Unterabschnitte aufgeteilt:

9   Unterabschnitt 1 enthält die Gebühren für das Eröffnungsverfahren. Nummer 1400 bestimmt, daß die vorgesehene halbe Gebühr für das Verfahren über den Antrag des

Schuldners auf Eröffnung des Insolvenzverfahrens auch entsteht, wenn das Verfahren nach § 306 der Insolvenzordnung im Hinblick auf das Bemühen um einen Schuldenbereinigungsplan ruht; mit dieser Festlegung wird zugleich klargestellt, daß das Verfahren über den Schuldenbereinigungsplan ebenso wie das Verfahren auf Erteilung der Restschuldbefreiung (vgl. oben zu „Allgemeines") keine gesonderten Gebühren auslösen soll.

Die Mindestgebühr für das Verfahren über den Eröffnungsantrag eines Gläubigers wird von bisher 30 auf 200 DM erhöht (Nummer 1401). Hierdurch soll sowohl der Bedeutung eines Insolvenzverfahrens für den Schuldner als auch dem oft erheblichen Aufwand des Gerichts Rechnung getragen werden. Gleichzeitig soll die Hemmschwelle, ein so bedeutsames und aufwendiges Verfahren in Gang zu setzen, für Gläubiger mit Kleinforderungen spürbar erhöht werden.

Im Unterabschnitt 2 sind die Gebühren für den Fall bestimmt, daß das Verfahren auf Antrag des Schuldners eröffnet wurde. Die nach der geltenden Nummer 1424 bestimmte Ermäßigung der Gebühren um die Gebühr für das Eröffnungsverfahren wird in der Weise übernommen, daß die Gebührensätze um $1/2$ – dies ist der Gebührensatz für das Eröffnungsverfahren – niedriger angesetzt werden. Dies entspricht inhaltlich dem geltenden Recht für das Konkursverfahren, weil der zugrundeliegende Wert in beiden Fällen nach der gleichen Vorschrift bestimmt wird. Durch die erweiterte Überschrift wird klargestellt, daß die niedrigeren Gebühren auch zu erheben sind, wenn das Verfahren sowohl auf Antrag des Schuldners als auch auf Antrag eines Gläubigers eröffnet wurde. Dies entspricht der geltenden Rechtslage. **10**

Die neuen Nummern 1412 und 1413 stellen für die Ermäßigung der Gebühr ebenso wie das geltende Recht (bisher geltende Nummern 1422, 1423) auf den Prüfungstermin ab.

Im Unterabschnitt 3 sind die Gebühren für den Fall bestimmt, daß das Verfahren allein auf Antrag eines Gläubigers eröffnet wurde. Die Gebührentatbestände stimmen mit denen des Unterabschnitts 2 überein. Die Gebührensätze liegen aber jeweils um $1/2$ höher, weil in diesen Fällen nach geltendem Recht auch im Konkursverfahren keine Anrechnung anderer Gebühren bestimmt ist. **11**

Die Gebühr für die Prüfung von Forderungen bildet künftig den Unterabschnitt 4, weil die Höhe dieser Gebühr unabhängig davon ist, wer den Antrag auf Eröffnung des Verfahrens gestellt hat. Die Vorschrift entspricht der geltenden Nummer 1430. **12**

Unterabschnitt 5 erfaßt die Fälle, in denen ein Gläubiger nach Durchführung des Insolvenzverfahrens einen Antrag auf Versagung oder Widerruf der Restschuldbefreiung stellt. Die Erhebung einer gesonderten Gebühr ist sachgerecht, da auf die Gerichte insoweit ein erheblicher, über die normale Restschuldbefreiung hinausgehender Bearbeitungsaufwand zukommt. Gleichzeitig soll gewährleistet werden, daß Gläubiger nur in aussichtsreichen Fällen einen Antrag stellen. **13**

Im Abschnitt III sind die im Beschwerdeverfahren zu erhebenden Gebühren sowohl für das Insolvenzverfahren als auch für das seerechtliche Verteilungsverfahren zusammengefaßt. Die Nummer 1450 entspricht der für das Konkursverfahren geltenden Nummer 1440, die Nummer 1451 faßt die geltenden Nummern 1441 und 1460 zusammen. **14**

Bei Nummer 1420 braucht nicht besonders erwähnt zu werden, daß die Gebühren für die Durchführung des Insolvenzverfahrens auch die Verfahren im Hinblick auf eine **15** eidesstattliche Versicherung des Schuldners mit abdecken; denn die eidesstattliche Versicherung soll in Zukunft vom Insolvenzgericht abgenommen werden (§ 98 Abs. 1 der Insolvenzordnung), und es versteht sich von selbst, daß Handlungen des Insolvenzgerichts im Rahmen des Insolvenzverfahrens zusätzliche Gebühren nur entstehen lassen, wenn dies in einer weiteren Nummer des Kostenverzeichnisses besonders vorgesehen ist (wie für Beschwerden in den Nummern 1450 und 1451).

Artikel 30
Änderung der Kostenordnung

Die Kostenordnung in der im Bundesgesetzblatt Teil III, Gliederungsnummer 361-1, veröffentlichten bereinigten Fassung, zuletzt geändert durch Artikel 12 Abs. 26 des Gesetzes vom 14. September 1994 (BGBl. I S. 2325), wird wie folgt geändert:

1. § 69 Abs. 2 wird wie folgt geändert:

   a) Der bisherige einzige Satz wird Satz 1; in ihm werden die Worte „des Vergleichs-, Konkurs- oder Vollstreckungsgerichts" durch die Worte „des Insolvenz- oder Vollstreckungsgerichts" ersetzt.

   b) Es wird folgender neuer Satz 2 angefügt:

   „Soweit eine Eintragung oder Löschung nach den Vorschriften der Insolvenzordnung statt auf Ersuchen des Insolvenzgerichts auf Antrag des Insolvenzverwalters oder, wenn kein Verwalter bestellt ist, auf Antrag des Schuldners erfolgt, ist sie ebenfalls gebührenfrei."

2. In § 87 Nr. 1 werden die Worte „eines Vergleichs- oder Konkursverfahrens" durch die Worte „eines Insolvenzverfahrens" und die Worte „des Vollstreckungsgerichts" durch die Worte „des Insolvenz- oder Vollstreckungsgerichts" ersetzt; es wird folgender Halbsatz angefügt:

   „ferner für Eintragungen oder Löschungen, die nach den Vorschriften der Insolvenzordnung statt auf Ersuchen des Insolvenzgerichts auf Antrag des Insolvenzverwalters oder, wenn kein Verwalter bestellt ist, auf Antrag des Schuldners erfolgen;".

3. § 88 Abs. 2 Satz 1 wird wie folgt gefaßt:

   „Für Löschungen nach den §§ 141a bis 144 und 147 Abs. 1 und den §§ 159 und 161 des Gesetzes über die Angelegenheiten der freiwilligen Gerichtsbarkeit werden keine Gebühren erhoben."

Artikel 30 entspricht Art. 28 RegEEGInsO. Der folgende Begründungstext entspricht im wesentlichen BT-Drs. 12/3803, S. 74, „Zu Artikel 28".

Artikel 30 in der aktuellen, im Bundesgesetzblatt verkündeten Fassung ist in Nummer 3 noch nicht an die Änderung der Kostenordnung durch Artikel 4 des Gesetzes vom 25. Juli 1994 (BGBl. I S. 1744) angepaßt. Der oben abgedruckte Gesetzestext entspricht der im Bundesgesetzblatt verkündeten Fassung; der folgende Begründungstext bezieht sich zur Vermeidung von Mißverständnissen auf diese Fassung und die dieser Fassung zugrundeliegende Kostenordnung in der im Bundesgesetzblatt Teil III, Gliederungsnummer 361-1, veröffentlichten bereinigten Fassung, zuletzt geändert durch Artikel 7 Abs. 17 des Gesetzes vom 17. Dezember 1990 (BGBl. I S. 2847).

Zu Nummer 1 (§ 69 Abs. 2)

Der bisher einzige Satz wird redaktionell angepaßt. Durch den neuen Satz 2 wird gewährleistet, daß die Eintragungen in das Grundbuch, die infolge der Eröffnung eines Insolvenzverfahrens veranlaßt werden können, stets gebührenfrei sind. Eine gebührenrechtliche Differenzierung zwischen der Eintragung auf Ersuchen des Insolvenzgerichts und der Eintragung auf Antrag des Insolvenzverwalters – wenn kein Verwalter bestellt ist (vgl. § 277 Abs. 3 der Insolvenzordnung), auf Antrag des Schuldners – ist nicht geboten. Insoweit entspricht die Regelung dem bisherigen § 115 KO.

Zu Nummer 2 (§ 87 Nr. 1)

Die Vorschrift wird ebenso wie § 69 Abs. 2 redaktionell angepaßt und dahin ergänzt, daß auch Eintragungen auf Antrag des Insolvenzverwalters oder des Schuldners gebührenfrei sind (vgl. die Begründung zu Nummer 1).

Zu Nummer 3 (§ 88 Abs. 2 Satz 1)

Es handelt sich um eine redaktionelle Änderung, bedingt durch die Aufhebung des Gesetzes über die Auflösung und Löschung von Gesellschaften und Genossenschaften und die Einfügung der in Bezug genommenen Regeln in das Gesetz über die Angelegenheiten der freiwilligen Gerichtsbarkeit.

Artikel 31
Änderung der Bundesgebührenordnung für Rechtsanwälte

Die Bundesgebührenordnung für Rechtsanwälte in der im Bundesgesetzblatt Teil III, Gliederungsnummer 368-1, veröffentlichten bereinigten Fassung, zuletzt geändert durch Artikel 2 des Gesetzes vom 14. September 1994 (BGBl. I S. 2323), wird wie folgt geändert:

1.*

2.*

3. Die §§ 72 bis 77 werden wie folgt gefaßt:

„§ 72
Eröffnung des Insolvenzverfahrens, Schuldenbereinigungsplan

(1) Im Verfahren über einen Antrag auf Eröffnung des Insolvenzverfahrens erhält der Rechtsanwalt, der den Schuldner vertritt, für das Betreiben des Geschäfts (Geschäftsgebühr) drei Zehntel der vollen Gebühr. Ist der Rechtsanwalt auch im Verfahren über den Schuldenbereinigungsplan tätig, so erhöht sich die Geschäftsgebühr auf eine volle Gebühr.

(2) Der Rechtsanwalt, der einen Gläubiger vertritt, erhält im Verfahren über einen Antrag auf Eröffnung des Insolvenzverfahrens eine Geschäftsgebühr in Höhe der Hälfte der vollen Gebühr. Wird er auch im Verfahren über den Schuldenbereinigungsplan tätig, so erhöht sich die Geschäftsgebühr auf acht Zehntel der vollen Gebühr.

§ 73
Vertretung im Insolvenzverfahren

Für die Vertretung im Insolvenzverfahren erhält der Rechtsanwalt die Hälfte der vollen Gebühr.

§ 74
Restschuldbefreiung, Insolvenzplan

(1) Für die Tätigkeit im Verfahren über einen Antrag auf Restschuldbefreiung und im Verfahren über einen Insolvenzplan erhält der Rechtsanwalt eine besondere volle Gebühr. Vertritt er im Verfahren über einen Insolvenzplan den Schuldner, der den Plan vorgelegt hat, so erhält er neben der Gebühr des Satzes 1 zwei weitere volle Gebühren. Wird der Rechtsanwalt sowohl im Verfahren über einen Antrag auf Restschuldbefreiung als auch im Verfahren über einen Insolvenzplan tätig, erhält er die Gebühr nur einmal nach dem höchsten Gebührensatz.

(2) Wird nach der Aufhebung des Insolvenzverfahrens ein Antrag auf Versagung oder Widerruf der Restschuldbefreiung gestellt (§§ 296, 297, 300 und 303 der Insolvenzordnung), so erhält der Rechtsanwalt in dem Verfahren die Hälfte der vollen Gebühr. Das Verfahren ist eine besondere Angelegenheit; das Verfahren über mehrere, gleichzeitig anhängige Anträge ist eine Angelegenheit.

§ 75
Anmeldung einer Insolvenzforderung

Beschränkt sich die Tätigkeit des Rechtsanwalts auf die Anmeldung einer Insolvenzforderung, so erhält er drei Zehntel der vollen Gebühr.

§ 76
Beschwerdeverfahren, Feststellungsverfahren

Der Rechtsanwalt erhält im Beschwerdeverfahren besonders fünf Zehntel der in § 31 bestimmten Gebühren. Die Vorschriften des § 32 und des § 33 Abs. 1 und 2 gelten nicht.

§ 77
Gegenstandswert

(1) Die Gebühren des § 72 Abs. 1 und des § 73 sowie des § 76 im Falle der Beschwerde gegen den Beschluß über die Eröffnung des Insolvenzverfahrens werden, wenn der Auftrag vom Schuldner erteilt ist, nach dem Wert der Insolvenzmasse (§ 37 des Gerichtskostengesetzes) berechnet. Im Falle des § 72 Abs. 1 beträgt der Gegenstandswert jedoch mindestens 6 000 Deutsche Mark.

(2) Ist der Auftrag von einem Insolvenzgläubiger erteilt, so werden die Gebühren des § 72 Abs. 2 und der §§ 73, 75 sowie die Gebühren im Falle der Beschwerde gegen den Beschluß über die Eröffnung des Insolvenzverfahrens nach dem Nennwert der Forderung berechnet. Nebenforderungen sind mitzurechnen.

(3) Im übrigen ist der Gegenstandswert im Insolvenzverfahren unter Berücksichtigung des wirtschaftlichen Interesses, das der Auftraggeber im Verfahren verfolgt, nach § 8 Abs. 2 Satz 2 zu bestimmen."

4. Die §§ 78 bis 80 sowie der bisherige § 81 werden aufgehoben.

5. Der bisherige § 81a wird neuer § 81. In seinem Absatz 1 Satz 2 werden die Worte „der Aktivmasse" durch die Worte „des Wertes der Insolvenzmasse" ersetzt.

Die mit * versehenen Nummern 1 und 2 enthalten rein redaktionelle Anpassungen, vgl. Gesamtabdruck des Einführungsgesetzes.

Artikel 31 übernimmt in veränderter und ergänzter Fassung Art. 29 RegEEGInsO. Der folgende Begründungstext entspricht weitgehend BT-Drs. 12/3803, S. 74/75, „Zu Artikel 29", und BT-Drs. 12/7303, S. 110/111, zu Nr. 19 („Zu Artikel 29").

Allgemeines   1

Die Bundesgebührenordnung für Rechtsanwälte wird unter Beibehaltung der wesentlichen Grundsätze des bisher geltenden Rechts an das einheitliche Insolvenzverfahren angepaßt.

Abweichend von den schematischen Regeln, die bisher für das Zwangsvergleichsverfahren gelten, soll der Gegenstandswert für die Tätigkeit im Zusammenhang mit einem Insolvenzplan unter Berücksichtigung des wirtschaftlichen Interesses, das der Auftraggeber verfolgt, nach billigem Ermessen bestimmt werden; damit wird der Flexibilität des Insolvenzplans Rechnung getragen, mit dem im Insolvenzverfahren die verschiedensten Ziele verfolgt werden können (Sanierungsplan, Liquidationsplan, Schuldenbereinigungsplan usw.).

Für die Restschuldbefreiung, die neu in das deutsche Recht eingeführt wird, werden zusätzliche Gebührenvorschriften geschaffen.

Zu Nummer 3 (§§ 72 bis 77)   2

§ 72 (Eröffnung des Insolvenzverfahrens. Schuldenbereinigungsplan)

Die Neufassung des § 72 berücksichtigt die neuen Regelungen zum Schuldenbereinigungsplan (vgl. §§ 305 bis 310 der Insolvenzordnung). Außerdem wird durch die Bezeichnung der hier geregelten Gebühren als Geschäftsgebühren klargestellt, daß diese Gebühren im Rahmen der Anrechnung nach § 118 Abs. 2 BRAGO zu berücksichtigen sind.

§ 73 (Vertretung im Insolvenzverfahren)   3

Redaktionelle Anpassung.

§ 74 (Restschuldbefreiung. Insolvenzplan)   4

Ob ein Schuldner aufgrund des Insolvenzverfahrens Restschuldbefreiung erlangen kann, hängt von besonderen Voraussetzungen ab: Insbesondere darf er vor der Eröffnung des Insolvenzverfahrens keine schwerwiegenden Handlungen zum Nachteil der Insolvenzgläubiger vorgenommen haben, und er muß während des Verfahrens seine Auskunfts- und Miwirkungspflichten erfüllen (vgl. § 290 der Insolvenzordnung). Die Prüfung dieser Voraussetzungen wird in der Regel nicht ganz einfach sein. Es erscheint daher angemessen, dem Rechtsanwalt, der im Verfahren über einen Antrag auf Restschuldbefreiung tätig wird, eine besondere volle Gebühr zuzuerkennen (Absatz 1 Satz 1 erster Halbsatz). Mit dieser Gebühr soll nur die Tätigkeit bis zur Aufhebung – oder Einstellung – des Insolvenzverfahrens abgegolten sein. Wird während der siebenjährigen „Wohlverhaltensphase", die sich als weitere Voraussetzung für die Restschuldbefreiung an das Insolvenzverfahren anschließt, ein Antrag auf Versagung der Restschuldbefreiung gestellt oder wird später der Widerruf der Restschuldbefreiung beantragt (vgl. die §§ 296, 297, 303 der Insolvenzordnung), so soll der Rechtsanwalt, der in diesem Zusammenhang beaufragt wird, nach Absatz 2 die Hälfte der vollen Gebühr erhalten. Das Verfahren bildet aber eine besondere Angelegenheit.

5   Für die Tätigkeit im Zusammenhang mit einem Insolvenzplan ist – wie bisher für die Vertretung im Zwangsvergleichsverfahren – ebenfalls eine besondere Gebühr vorgesehen. Da die Mitwirkung an der Vorlage und Durchsetzung eines Plans mit besonderem Aufwand verbunden ist, werden für die Vertretung des Schuldners, der den Plan vorgelegt hat, anstelle einer Gebühr insgesamt drei Gebühren vorgesehen (Absatz 1 Satz 2).

6   In einem Insolvenzverfahren, in dem der Schuldner (der eine nicht lediglich geringfügige selbständige wirtschaftliche Tätigkeit ausübt und für den deshalb das Verbraucherinsolvenzverfahren des Neunten Teils keine Anwendung findet) einen Antrag auf Restschuldbefreiung gestellt hat, kann auch ein Insolvenzplan vorgelegt werden, der abweichende Voraussetzungen für die Restschuldbefreiung vorsieht. In diesem Fall erhält der Rechtsanwalt nach Absatz 1 Satz 2 die Gebühr nach Absatz 1 Satz 1 nur einmal nach dem höheren Gebührensatz.

7   Der Gegenstandswert aller in § 74 behandelten Tätigkeiten bestimmt sich nach der flexiblen Vorschrift des neuen § 77 Abs. 3.

8   *§ 75 (Anmeldung einer Insolvenzforderung)*

Redaktionelle Anpassung.

9   *§ 76 (Beschwerdeverfahren)*

Die bisherige Regelung wird im Hinblick auf Beschwerdeverfahren (Satz 1 Nr. 1) aufrechterhalten. Die bisherige Nummer 2 des Satzes 1 entfällt, da das hier geregelte Verfahren über Anträge auf Anordnung von Sicherheitsmaßregeln im Falle des § 197 Abs. 2 der Konkursordnung in der Insolvenzordnung keine Entsprechung hat.

10 *§ 77 (Gegenstandswert)*

In den Absätzen 1 und 2 wird die bisher für das Konkursverfahren getroffene Regelung insoweit für das einheitliche Insolvenzverfahren übernommen, als es um die Tätigkeit im Eröffnungsverfahren und um die Vertretung des Schuldners im eröffneten Verfahren geht; Berechnungsgrundlage ist der Wert der Insolvenzmasse zur Zeit der Beendigung des Verfahrens (§ 37 GKG). Der in Absatz 1 Satz 2 festgesetzte Mindestgegenstandswert von 6 000 DM stellt eine angemessene Vergütung des Rechtsanwalts bei Kleinverfahren sicher. Für die Vertretung eines Insolvenzgläubigers im eröffneten Verfahren wird in Absatz 2 in Anlehnung an das geltende Recht auf den Nennbetrag der Forderung abgestellt.

Für die sonstigen Gebühren wird in Absatz 3 eine neue Regelung getroffen, die auf das wirtschaftliche Interesse des Auftraggebers abstellt und im übrigen auf die Ermessensvorschrift des § 8 Abs. 2 Satz 2 BRAGO verweist; soweit genügende tatsächliche

Anhaltspunkte für eine Schätzung fehlen, ist danach im Zweifel ein Gegenstandswert von 6000 DM anzunehmen. Diese Regelung betrifft die besonderen Gebühren der §§ 74 und 76.

Zu Nummer 4 (§§ 78 bis 81) 11

Die bisherige Vorschrift für das wiederaufgenommene Konkursverfahren, das im neuen Insolvenzrecht keine Entsprechung hat, ist ebenso aufzuheben wie die Vorschriften für das Vergleichsverfahren (§§ 78 bis 81).

Zu Nummer 5 (§ 81 a) 12

§ 81 a, der das seerechtliche Verteilungsverfahren betrifft, wird redaktionell angepaßt. Standort der Regelung des bisherigen § 81 a soll in Zukunft § 81 sein.

Artikel 32
Änderung des Einführungsgesetzes zum Bürgerlichen Gesetzbuche

Das Einführungsgesetz zum Bürgerlichen Gesetzbuche in der Fassung der Bekanntmachung vom 21. September 1994 (BGBl. I S. 2494) wird wie folgt geändert:

1.*

2. In Artikel 131 werden die Worte „des Konkurses" durch die Worte „des Insolvenzverfahrens" und die Worte „dem Konkursverwalter das Recht," durch die Worte „das Recht, für die Insolvenzmasse" ersetzt.

3. In Artikel 232 § 5 Abs. 2 wird die Jahreszahl „1994" durch die Jahreszahl „1998" ersetzt.

Die mit * versehene Nummer 1 enthält eine rein redaktionelle Anpassung, vgl. Gesamtabdruck des Einführungsgesetzes.

Artikel 32 übernimmt und ergänzt Art. 30 RegEEGInsO. Der folgende Begründungstext entspricht BT-Drs. 12/3803, S. 75, „Zu Artikel 30", und BT-Drs. 12/7303, S. 111, zu Nr. 20 („Zu Artikel 30").

Die Vorschriften werden redaktionell angepaßt. Artikel 131 wird dabei so formuliert, 1
daß auch der Fall des Insolvenzverfahrens ohne Insolvenzverwalter berücksichtigt wird (vgl. die §§ 270 bis 285 der Insolvenzordnung).

Durch die in Nummer 3 vorgenommene Änderung des Artikels 232 § 5 Abs. 2 EGBGB 2
wird die zur Zeit bis Ende 1994 befristete Aussetzung des § 613 a BGB für Betriebsübertragungen im Gesamtvollstreckungsverfahren bis zum Inkrafttreten der Insolvenzordnung verlängert.

Artikel 33
Änderung des Bürgerlichen Gesetzbuchs

Das Bürgerliche Gesetzbuch in der im Bundesgesetzblatt Teil III, Gliederungsnummer 400-2, veröffentlichten bereinigten Fassung, zuletzt geändert durch Artikel 2 § 4 des Gesetzes vom 21. September 1994 (BGBl. I S. 2457), wird wie folgt geändert:

1. § 42 wird wie folgt gefaßt:

„§ 42

(1) Der Verein wird durch die Eröffnung des Insolvenzverfahrens aufgelöst. Wird das Verfahren auf Antrag des Schuldners eingestellt oder nach der Bestätigung eines Insolvenzplans, der den Fortbestand des Vereins vorsieht, aufgehoben, so kann die Mitgliederversammlung die Fortsetzung des Vereins beschließen. Durch die Satzung kann bestimmt werden, daß der Verein im Falle der Eröffnung des Insolvenzverfahrens als nichtrechtsfähiger Verein fortbesteht; auch in diesem Falle kann unter den Voraussetzungen des Satzes 2 die Fortsetzung als rechtsfähiger Verein beschlossen werden.

(2) Der Vorstand hat im Falle der Zahlungsunfähigkeit oder der Überschuldung die Eröffnung des Insolvenzverfahrens zu beantragen. Wird die Stellung des Antrags verzögert, so sind die Vorstandsmitglieder, denen ein Verschulden zur Last fällt, den Gläubigern für den daraus entstehenden Schaden verantwortlich; sie haften als Gesamtschuldner."

2. In § 47 wird der Punkt am Ende des Satzes durch ein Komma ersetzt; es wird folgendes angefügt:

„sofern nicht über das Vermögen des Vereins das Insolvenzverfahren eröffnet ist."

3. *

4. § 75 wird wie folgt gefaßt:

„§ 75

Die Eröffnung des Insolvenzverfahrens ist von Amts wegen einzutragen. Das gleiche gilt für

1. die Aufhebung des Eröffnungsbeschlusses;

2. die Bestellung eines vorläufigen Insolvenzverwalters, wenn zusätzlich dem Schuldner ein allgemeines Verfügungsverbot auferlegt oder angeordnet wird, daß Verfügungen des Schuldners nur mit Zustimmung des vorläufigen Insolvenzverwalters wirksam sind, und die Aufhebung einer derartigen Sicherungsmaßnahme;

3. die Einstellung und die Aufhebung des Verfahrens und

4. die Überwachung der Erfüllung eines Insolvenzplans und die Aufhebung der Überwachung."

5. *

6. *

7. *
8. *
9. *
10. *
11. *
12. *
13. *
14. In § 401 Abs. 2 werden die Worte „des Konkurses" durch die Worte „des Insolvenzverfahrens" ersetzt.
15. In § 418 Abs. 2 werden die Worte „des Konkurses" durch die Worte „des Insolvenzverfahrens" und die Worte „im Konkurs" durch die Worte „im Insolvenzverfahren" ersetzt.
16. § 419 wird aufgehoben.
17. Der bisherige einzige Absatz des § 455 wird Absatz 1. Es wird folgender Absatz 2 angefügt:

„(2) Die Vereinbarung eines Eigentumsvorbehalts ist nichtig, soweit der Eigentumsübergang davon abhängig gemacht wird, daß der Käufer Forderungen eines Dritten, insbesondere eines mit dem Verkäufer verbundenen Unternehmens, erfüllt."

18. In § 457 werden die Worte „durch den Konkursverwalter" durch die Worte „aus einer Insolvenzmasse" ersetzt.
19. *
20. In § 512 werden die Worte „durch den Konkursverwalter" durch die Worte „aus einer Insolvenzmasse" ersetzt.
21. § 728 wird wie folgt gefaßt:

„§ 728

(1) Die Gesellschaft wird durch die Eröffnung des Insolvenzverfahrens über das Vermögen der Gesellschaft aufgelöst. Wird das Verfahren auf Antrag des Schuldners eingestellt oder nach der Bestätigung eines Insolvenzplans, der den Fortbestand der Gesellschaft vorsieht, aufgehoben, so können die Gesellschafter die Fortsetzung der Gesellschaft beschließen.

(2) Die Gesellschaft wird durch die Eröffnung des Insolvenzverfahrens über das Vermögen eines Gesellschafters aufgelöst. Die Vorschriften des § 727 Abs. 2 Satz 2, 3 finden Anwendung."

22. In § 730 Abs. 1 wird der Punkt am Ende des Satzes durch ein Komma ersetzt; es wird folgendes angefügt:

„sofern nicht über das Vermögen der Gesellschaft das Insolvenzverfahren eröffnet ist."

23. *

24. *

25. *

26. In § 925 Abs. 1 Satz 3 werden nach den Worten „in einem gerichtlichen Vergleich" die Worte „oder in einem rechtskräftig bestätigten Insolvenzplan" eingefügt.

27. *

28. § 1670 wird aufgehoben.

29. § 1680 wird wie folgt geändert:

   a) In Absatz 1 werden die Sätze 3 und 4 gestrichen.

   b) In Absatz 2 Satz 1 werden die Worte „oder endet seine Vermögenssorge nach § 1670," gestrichen.

30. In § 1781 wird die Nummer 3 gestrichen; der Strichpunkt am Ende der Nummer 2 wird durch einen Punkt ersetzt.

31. In § 1968 wird das Wort „standesmäßigen" gestrichen.

32. *

33. *

34. *

35. *

36. *

37. § 1980 wird wie folgt geändert:

   a) Absatz 1 Satz 1 wird wie folgt gefaßt:

   „Hat der Erbe von der Zahlungsunfähigkeit oder der Überschuldung des Nachlasses Kenntnis erlangt, so hat er unverzüglich die Eröffnung des Nachlaßinsolvenzverfahrens zu beantragen."

   b) In Absatz 2 Satz 1 werden nach dem Wort „Kenntnis" die Worte „der Zahlungsunfähigkeit oder" eingefügt.

38. In § 1984 Abs. 1 Satz 2 wird die Angabe „§§ 7 und 8 der Konkursordnung" durch die Angabe „§§ 81 und 82 der Insolvenzordnung" ersetzt.

39. *

40. *

41. *

42. *

43. *

44. *

45. *

Die mit * versehenen Nummern 3, 5 bis 13, 19, 23 bis 25, 27, 32 bis 36 und 39 bis 45 enthalten rein redaktionelle Anpassungen, vgl. Gesamtabdruck des Einführungsgesetzes.

Artikel 33 übernimmt in veränderter und ergänzter Fassung Art. 31 RegEEGInsO. Der folgende Begründungstext entspricht weitgehend BT-Drs. 12/3803, S. 75 bis 80, „Zu Artikel 31", BT-Drs. 12/3803, S. 124/125, 134, jeweils zu Nummer 15, BT-Drs. 12/3803, S. 125, 134/135, jeweils zu Nummer 16, BT-Drs. 12/3803, S. 125, 135, jeweils zu Nummer 17, BT-Drs. 12/3803, S. 125/126, 135/136, jeweils zu Nummer 18, und BT-Drs. 12/7303, S. 111, zu Nr. 21 („Zu Artikel 31").

Allgemeines 1

Die Änderungen, die im Bürgerlichen Gesetzbuch im Zusammenhang mit der Reform des Insolvenzrechts vorgenommen werden, betreffen zunächst das Recht des Vereins und des Vereinsregisters. § 419 BGB, die Vorschrift über die Haftung des Vermögensübernehmers, wird aufgehoben. Durch eine Ergänzung des § 455 BGB (Eigentumsvorbehalt) wird der sogenannte Konzernvorbehalt für unwirksam erklärt. Bei der Gesellschaft des Bürgerlichen Rechts wird berücksichtigt, daß nach § 11 Abs. 2 Nr. 1 der Insolvenzordnung künftig auch über das Vermögen dieser Gesellschaft ein Insolvenzverfahren zulässig sein soll. § 925 BGB wird dahin geändert, daß die Auflassung auch in einem Insolvenzplan erklärt werden kann. Im Recht der elterlichen Vermögenssorge und der Vormundschaft werden Anpassungen vorgenommen. Die Vorschriften über die Haftung des Erben gegenüber den Nachlaßgläubigern werden im Hinblick auf die Neuregelung des Nachlaßinsolvenzverfahrens geändert.

Zu Nummer 1 (§ 42) 2

Durch die Änderung des Absatzes 1 wird zunächst klargestellt, daß auch der rechtsfähige Verein durch die Eröffnung des Insolvenzverfahrens aufgelöst wird. Trotz der bisherigen Formulierung „verliert die Rechtsfähigkeit" ist durch die Rechtsprechung bereits anerkannt, daß der rechtsfähige Verein auch im Konkursverfahren als rechtsfähig behandelt wird. Der neue Satz 1 entspricht den gesetzlichen Regelungen, die für den Konkurs der offenen Handelsgesellschaft (§ 131 Nr. 3 HGB), der Aktiengesellschaft (§ 262 Abs. 1 Nr. 3 AktG), der Gesellschaft mit beschränkter Haftung (§ 60 Abs. 1 Nr. 4 GmbHG) und der Genossenschaft (§ 101 GenG) gelten und die auf das einheitliche Insolvenzverfahren umgestellt werden. Eine entsprechende Regelung ist auch für die Gesellschaft des Bürgerlichen Rechts in § 728 BGB (vgl. unten Nummer 21) vorgesehen.

Für die Fälle der Einstellung des Insolvenzverfahrens auf Antrag des Schuldners (vgl. die §§ 212, 213 der Insolvenzordnung) und der Aufhebung des Verfahrens nach der Bestätigung eines Insolvenzplans, der den Fortbestand des Vereins vorsieht (vgl. § 258 der Insolvenzordnung), wird der Mitgliederversammlung das Recht eingeräumt, die Fortsetzung des Vereins zu beschließen. Auch hier wird die Parallelität zum Recht der Handelsgesellschaften hergestellt (vgl. § 144 Abs. 1 HGB; § 274 Abs. 1, 2 Nr. 1 AktG; § 60 Abs. 1 Nr. 4 GmbHG). Bisher war für den Verein wegen Fehlens einer entsprechenden gesetzlichen Regelung streitig, ob die Möglichkeit der Fortsetzung nach Konkursbeendigung besteht.

Mit Absatz 1 Satz 3 soll die nach dem geltenden § 42 Abs. 1 BGB bestehende Rechtslage insoweit fortgeschrieben werden, als in Konkurs geratene Vereine zumindest durch Willenserklärung den Fortbestand als nicht rechtsfähiger Verein sichern können. Satz 3 gewährleistet, daß Vereine in freier Entscheidung Vereinstraditionen aufrechterhalten und die Vereinsziele dann als nicht rechtsfähiger Verein fortsetzen können. Satz 3 schützt damit zugleich die Vereinsautonomie.

In Absatz 2 Satz 1 wird die Verpflichtung des Vorstandes, die Eröffnung des Insolvenzverfahrens zu beantragen, auf den Fall der Zahlungsunfähigkeit erweitert, da auch beim Verein der allgemeine Eröffnungsgrund die Zahlungsunfähigkeit ist (§ 17 der Insolvenzordnung). Eine Unklarheit des geltenden Rechts wird dadurch beseitigt.

Der neue Eröffnungsgrund der drohenden Zahlungsunfähigkeit (§ 18 der Insolvenzordnung) soll dagegen keine Antragspflicht begründen. Andernfalls würden die Möglichkeiten der Sanierung außerhalb eines Insolvenzverfahrens übermäßig eingeschränkt.

3 *Zu Nummer 2 (§ 47)*

Im Falle der Eröffnung eines Insolvenzverfahrens über den Verein erübrigt sich eine Liquidation des Vereinsvermögens, da es das Ziel des Insolvenzverfahrens ist, die Vollabwicklung des Vereinsvermögens zu erreichen. Ein etwa verbleibender Überschuß ist gemäß § 199 Satz 2 der Insolvenzordnung den Vereinsmitgliedern auszuzahlen.

4 *Zu Nummer 4 (§ 75)*

Zum Schutz der Bürger im Rechtsverkehr mit dem insolventen Verein wird in § 75 die Eintragungspflicht auf die Fälle erweitert, die neben der Eröffnung des Insolvenzverfahrens und der Aufhebung des Eröffnungsbeschlusses von erheblicher Bedeutung sein können. Dazu zählen die Bestellung eines vorläufigen Insolvenzverwalters, wenn zugleich dem Schuldner ein allgemeines Verfügungsverbot auferlegt oder vom Insolvenzgericht angeordnet wird, daß Verfügungen des Schuldners nur mit Zustimmung des vorläufigen Insolvenzverwalters wirksam sind (§ 21 Abs. 2 Nr. 1, 2 der Insolvenzordnung), und die Aufhebung einer derartigen Sicherungsmaßnahme. Die Geschäftsstelle des Insolvenzgerichts hat dem Registergericht eine Ausfertigung des entsprechenden Beschlusses zur Eintragung im Vereinsregister zu übermitteln (§ 23 Abs. 2 der Insolvenzordnung).

Entsprechende Regelungen enthält die Insolvenzordnung für die Aufhebung und die Einstellung des Insolvenzverfahrens (§ 200 Abs. 2 Satz 3, § 215 Abs. 1 Satz 3, § 258 Abs. 3 Satz 3) sowie die Überwachung der Erfüllung eines Plans und die Aufhebung dieser Maßnahme (§ 267 Abs. 3 Satz 1, § 215 Abs. 1 Satz 3).

In der Änderung des § 75 liegt – wie in der Änderung des § 42 Abs. 1 – eine Anpassung an das Recht der Handelsgesellschaften.

5 *Zu den Nummern 14 und 15 (§ 401 Abs. 2, § 418 Abs. 2)*

Die Vorschriften werden nur redaktionell angepaßt. Die bisherige Formulierung „ein mit der Forderung für den Fall des Konkurses verbundenes Vorzugsrecht" kann auf das neue Insolvenzverfahren übertragen werden, obwohl die allgemeinen Konkursvorrechte, wie sie insbesondere in § 61 KO geregelt sind, im künftigen Recht kein Gegenstück haben. Als insolvenzrechtliche Vorzugsrechte kommen weiterhin die Absonderungsrechte (§§ 49 bis 51 der Insolvenzordnung) und die Vorrechte an Sondermassen, wie sie z. B. in § 35 Hypothekenbankgesetz, §§ 32, 33 Depotgesetz und § 77 Abs. 3 und 4 Versicherungsaufsichtsgesetz geregelt sind, in Betracht. Auch die Eigenschaft einer Forderung als Masseforderung (§§ 53 bis 55 der Insolvenzordnung) könnte als Vorzugsrecht im Sinne der §§ 401 und 418 BGB angesehen werden.

Zu Nummer 16 (§ 419) 6

§ 419 BGB hat den Zweck, den Gläubigern das Vermögen des Schuldners, also die natürliche Grundlage seines Kredits, als Zugriffsobjekt zu erhalten, wenn der Schuldner sein Vermögen vertraglich auf einen Dritten überträgt. Es gilt als deutsch-rechtlicher Gedanke, daß die Schulden eine Last des Vermögens seien und bei dessen Übertragung mit übergehen müßten.

Die Vorschrift gehört in den Bereich des Gläubigerschutzes, auf den auch die Anfechtung nach der geltenden Konkursordnung und nach dem Gesetz betreffend die Anfechtung von Rechtshandlungen eines Schuldners außerhalb des Konkursverfahrens abzielt. Dem Gesetzgeber des Bürgerlichen Gesetzbuches standen Sachverhalte wie bäuerliche Verpfründungsverträge, die Vermögensübertragung im Wege der vorweggenommenen Erbfolge oder die Vermögensschenkung vor Augen. Er hat freilich den Haftungsdurchgriff verallgemeinert, weil kein Grund vorliege, die Bestimmung auf gewisse Verträge zu begrenzen; das Vermögen werde im Regelfall ohnedies zur Deckung der Schulden mehr als genügen. Die heutige Problematik der Regelung, insbesondere den weiten Anwendungsbereich, den die Rechtsprechung ihr später gab, konnte der Gesetzgeber kaum absehen.

§ 419 BGB paßt nicht in die heutige Wirklichkeit. Der Kredit weiter Bevölkerungskreise beruht gegenwärtig überwiegend auf der Arbeitskraft oder der Erwerbsfähigkeit des einzelnen und seiner Eingliederung in das Erwerbsleben, nicht aber auf dem gegenständlichen Vermögen. Dieses reicht im Regelfall zur Deckung der Schulden von vornherein nicht aus. 7

Durch die Mithaftung des Vermögensnehmers wird der Gläubigerschutz überbewertet. Sie führt zu Ungerechtigkeiten: Da die Haftungsmasse sich um das Entgelt vermehrt, „beschenkt" § 419 BGB die Gläubiger auf Kosten des Vermögensübernehmers. Der Übernehmer, der selbst keinen Kredit gewährt hat, trägt nach der Vermögensübernahme das Insolvenzrisiko des Schuldners.

Die wesentlichen Anwendungsgebiete der Vorschrift sind heute die entgeltliche Geschäftsübertragung und die Veräußerung von Grundstücken. Gerade auf diese Geschäfte hat sie schädliche Auswirkungen:

Sie behindert die freie – außergerichtliche – Sanierung von Unternehmen durch Übertragung auf einen neuen Unternehmensträger. Das Unternehmen stellt bei Kapitalgesellschaften praktisch immer, bei sonstigen Unternehmensträgern häufig das gesamte Vermögen im Sinne der Vorschrift dar. Übernahmeinteressenten schrecken im Einzelfall vor dem Haftungsrisiko zurück; auch wirtschaftlich sinnvolle Sanierungsversuche scheitern. Stets werden zeit- und kostenaufwendige Verhandlungen notwendig; immer wieder kommt es zu wirtschaftlich sachwidrigen Umgehungskonstruktionen. Auf die Veräußerung aus einer Konkursmasse ist § 419 BGB nicht anwendbar, da die Konkursgläubiger auf die Befriedigung im Konkursverfahren beschränkt sind (BGHZ 66, 217, 228). 8

Auch die freie Veräußerung eines Grundstücks wird unangemessen behindert. In Not geratenen Grundstückseigentümern wird häufig die Möglichkeit abgeschnitten, ihr Grundstück freihändig zu veräußern. Da § 419 BGB auf die Veräußerung im Wege der Zwangsversteigerung nicht anwendbar ist, kommt es in solchen Fällen zur Zwangsversteigerung von Grundeigentum. 9

Rechtsvergleichend betrachtet ist die Vorschrift eine Besonderheit des deutschen Rechts. Dem französischen und angelsächsischen Rechtskreis ist eine Haftung aus Vermögens- 10 übernahme ganz fremd. Das schweizerische und das österreichische Recht kennen zwar eine solche Haftung, begrenzen sie aber wesentlich stärker als das Bürgerliche Gesetzbuch.

11   Es ist sachgerecht, § 419 BGB ersatzlos aufzuheben. Die Verschärfung des Anfechtungsrechts innerhalb und außerhalb des Insolvenzverfahrens macht den über sein Ziel hinausschießenden Gläubigerschutz durch § 419 BGB vollends entbehrlich. Gläubigerschutz und Verkehrsinteresse lassen sich im Anfechtungsrecht einzelfallbezogen angemessen zum Ausgleich bringen. Das gilt auch für (teilweise) unentgeltliche Vermögensübernahmen.

12   Bei vollständiger Unentgeltlichkeit der Vermögensübertragung ist die Anfechtung nach § 4 Abs. 1 der Neufassung des Anfechtungsgesetzes (Artikel 1 des Einführungsgesetzes) und, im Falle der Eröffnung eines Insolvenzverfahrens, nach § 134 Abs. 1 der Insolvenzordnung für einen vier Jahre langen Zeitraum möglich, ohne daß subjektive Erfordernisse aufgestellt werden. Dadurch sind die Gläubigerinteressen ausreichend gewahrt.

13   Bei teilweise unentgeltlichen Vermögensübertragungen wird danach zu unterscheiden sein, ob die Vertragspartner sich der Wertdifferenz bewußt sind und wollen, daß die Vermögensübertragung teilweise unentgeltlich erbracht wird; dann dürfte eine gemischte Schenkung vorliegen, deren unentgeltlicher Teil nach den Vorschriften für unentgeltliche Leistungen angefochten werden kann (Jaeger/Henckel, Konkursordnung, 9. Aufl., § 32 Rdnr. 20 f.). Fehlt es an diesem Willen, so kommen die Vorschriften über die Anfechtung nachteiliger Rechtsgeschäfte (§ 132 Abs. 1 der Insolvenzordnung) und über die Anfechtung wegen vorsätzlicher Benachteiligung (§ 3 der Neufassung des Anfechtungsgesetzes, § 133 der Insolvenzordnung) zum tragen. Es trifft zu, daß die Anfechtung nach diesen Vorschriften voraussetzt, daß subjektive Voraussetzungen in der Person des Anfechtungsgegners vorliegen: Im Falle des § 132 der Insolvenzordnung muß Kenntnis von der Zahlungsunfähigkeit oder dem Eröffnungsantrag oder Kenntnis von Umständen, die zwingend auf die Zahlungsunfähigkeit oder den Eröffnungsantrag schließen lassen, festgestellt werden können, im Falle der Anfechtung wegen vorsätzlicher Benachteiligung Kenntnis vom Benachteiligungsvorsatz, die allerdings bei Kenntnis von der Zahlungsunfähigkeit des Schuldners und der Benachteiligung der Gläubiger vermutet wird. Diese Voraussetzungen erscheinen erforderlich, um die Sicherheit des Rechtsverkehrs nicht zu gefährden. Dies gilt auch für den bisher von § 419 BGB erfaßten Fall, daß Gegenstände übertragen werden, die das gesamte oder nahezu das gesamte Vermögen des Veräußerers bilden. Wer ohne die genannten subjektiven Voraussetzungen ein Unternehmen übernimmt oder ein Grundstück erwirbt, muß davor geschützt sein, daß er nachträglich wegen einer Abweichung zwischen den Werten von Leistung und Gegenleistung für Schulden des Veräußerers haftbar gemacht wird; dieser Schutz erscheint auch dann erforderlich, wenn der Erwerber wußte, daß das Unternehmen oder das Grundstück das gesamte Vermögen des Veräußerers bildeten.

14   Das Handelsgesetzbuch enthält in § 25 HGB eine dem § 419 BGB ähnliche Vorschrift. Danach haftet derjenige, der ein unter Lebenden erworbenes Handelsgeschäft unter der bisherigen Firma mit oder ohne Beifügung eines das Nachfolgeverhältnis andeutenden Zusatzes fortführt, für alle im Betriebe des Geschäfts begründeten Verbindlichkeiten des früheren Inhabers (§ 25 Abs. 1 HGB). Die Aufhebung des § 419 BGB macht eine Änderung oder Aufhebung des § 25 HGB jedoch nicht erforderlich. Der Normzweck dieser Vorschrift ist mit dem des § 419 BGB nicht identisch. Dies zeigt sich auch daran, daß die Haftung nach § 25 HGB – anders als die nach § 419 BGB – abdingbar

ist (§ 25 Abs. 2 HGB). Zu einer unangemessenen Behinderung von Geschäftsübernahmen kommt es deswegen nicht. Soweit teilweise die Abdingbarkeit des § 25 HGB geleugnet und eine kontinuierliche Haftung des jeweiligen Unternehmensträgers für die Unternehmensverbindlichkeiten gefordert wird, steht dem der eindeutige Wortlaut des § 25 Abs. 2 HGB entgegen.

Mit der Aufhebung des § 419 BGB könnte auch eine Grundlage für § 729 Abs. 1 ZPO entfallen sein. Mit Rücksicht auf die bisher bestehende Haftung des Vermögensübernehmers läßt es diese prozeßrechtliche Vorschrift zu, nach der rechtskräftigen Feststellung einer Schuld eine Vollstreckungsklausel auch gegen denjenigen zu erteilen, der das Vermögen der Partei übernommen hat, gegen die das rechtskräftige Urteil ergangen ist. In dem Einführungsgesetz ist aber von der Streichung der Vorschrift in der Zivilprozeßordnung abgesehen worden, da im Rahmen der Reform des Einzelzwangsvollstreckungsrechts geprüft werden soll, ob die Vorschrift mit geändertem Inhalt aufrechterhalten werden kann. **15**

Zu Nummer 17 (§ 455) **16**

Durch den neuen § 455 Abs. 2 BGB werden Vereinbarungen für unwirksam erklärt, durch die bei einem Kaufvertrag der Übergang des Eigentums von der Erfüllung von Forderungen abhängig gemacht wird, die nicht im Verhältnis zwischen den Kaufvertragsparteien, sondern im Verhältnis zwischen dem Käufer und einem Dritten begründet worden sind. Die Regelung zielt in erster Linie auf den sogenannten Konzernvorbehalt ab, durch den der Eigentumsübergang an die Erfüllung der Forderungen von Unternehmen gebunden wird, die mit dem Verkäufer in einem Unternehmensverbund (§ 15 des Aktiengesetzes) zusammengefaßt sind.

Schon nach geltendem Recht werden gegen die Zulässigkeit eines solchen Vorbehalts als Erweiterungsform des Eigentumsvorbehalts in der Literatur erhebliche Bedenken geltend gemacht. Durch die Verknüpfung des Eigentumserwerbs mit der Erfüllung aller Forderungen aller mit dem Verkäufer verbundenen Unternehmen wird das Eigentum häufig auf unabsehbare Zeit zugunsten einer oft kaum überschaubaren Vielzahl von Gläubigern reserviert. Diese langdauernde Bindung des Käufers und diese Intransparenz der Vereinbarung ließen sich zwar auch durch eine gesetzliche Regelung vermeiden, nach der die Wirksamkeit eines solchen Vorbehalts davon abhängig gemacht wird, daß eine zeitliche Grenze für den Eigentumsvorbehalt oder eine Möglichkeit der Beendigung des Schwebezustands durch den Käufer (Weiterveräußerung, Verarbeitung) vorgesehen wird und daß die begünstigten Dritten nicht generell bezeichnet, sondern einzeln mit Namen oder Firma aufgeführt werden. An der Zulässigkeit des sogenannten Konzernvorbehalts wird schon de lege lata aber auch deshalb gezweifelt, weil bei dieser Sicherungsform der innere Zusammenhang zwischen dem Sicherungsmittel und der zu sichernden Forderung fehlt; die Erfüllung der Hauptpflicht des Verkäufers, das Eigentum an der Kaufsache zu übertragen, wird aus Gründen aufgeschoben, die außerhalb der vertraglichen Beziehungen zwischen Verkäufer und Käufer liegen. Der Vorbehalt schränkt die wirtschaftliche Bewegungsfreiheit des Käufers übermäßig ein, erheblich stärker als der einfache Eigentumsvorbehalt oder als die Vereinbarung, nach der das Eigentum beim Kauf erst übergehen soll, wenn außer der Kaufpreisforderung noch andere Forderungen des Verkäufers selbst gegen den Käufer erfüllt sind. Dies ist nicht zuletzt deshalb bedenklich, weil sich die zusätzlichen Belastungen für den Käufer bei dessen Insolvenz dahin auswirken, daß in unangemessener Weise die Insolvenzmasse geschmälert und die Befriedigungsaussichten der ungesicherten Gläubiger beeinträchtigt werden. Diese wesentlichen Bedenken gegen den **17** sogenannten Konzernvorbehalt lassen sich nur durch ein generelles Verbot dieses Sicherungsmittels ausräumen.

18   Die neue Vorschrift begnügt sich allerdings nicht damit, die Bindung des Eigentumsübergangs an die Erfüllung der Forderungen von mit dem Verkäufer verbundenen Unternehmen für nichtig zu erklären, sondern sie ergreift über diese Forderungen hinaus jede Forderung „eines Dritten", d. h. jede Forderung einer Person, die nicht Partei des Kaufvertrages ist. Die Bedenken, die gegen die Zulässigkeit des sogenannten Konzernvorbehalts bestehen, verstärken sich noch, wenn der Eigentumsvorbehalt zur Sicherung der Forderungen von Unternehmen oder Personen eingesetzt wird, die dem Verkäufer noch ferner stehen als Unternehmen desselben Konzerns (vgl. § 18 AktG) oder in anderer Weise mit dem Verkäufer verbundene Unternehmen (§ 15 AktG). Der Fall, daß der Dritte ein mit dem Verkäufer verbundenes Unternehmen ist, wird zur Verdeutlichung aber besonders erwähnt.

Als „Forderung eines Dritten" ist nicht die Forderung anzusehen, die im Verhältnis zwischen Verkäufer und Käufer begründet worden ist und die ein Dritter lediglich im Wege der Abtretung erlangt hat. Die Abtretung von Forderungen beispielsweise im Rahmen eines Factoring-Vertrages wird durch die neue Vorschrift nicht verhindert oder erschwert.

Als Rechtsfolge ist in der neuen Vorschrift vorgesehen, daß die Vereinbarung insoweit nichtig ist, als der Eigentumsvorbehalt die Forderung eines Dritten sichern soll. Daraus ergibt sich, daß eine Vereinbarung, nach der das Eigentum erst nach der Erfüllung sowohl von Forderungen des Verkäufers als auch von Forderungen Dritter übergehen soll, auf ihren wirksamen Kern reduziert wird. Jedenfalls als einfacher Eigentumsvorbehalt, der die Erfüllung der Kaufpreisforderung sichert, und gegebenenfalls auch als erweiterter Eigentumsvorbehalt, der zusätzlich andere Forderungen des Verkäufers gegen den Käufer erfaßt, bleibt die Vereinbarung also wirksam. Würde als Rechtsfolge die Gesamtnichtigkeit einer solchen Vereinbarung vorgesehen, so würde nicht selten über § 139 BGB auch die Nichtigkeit des Kaufvertrages die Folge sein. Damit würde das Ziel der Regelung überschritten.

19   *Zu Nummer 18 (§ 457)*

Nach der Insolvenzordnung kann anstelle des Insolvenzverwalters der Schuldner über das zur Insolvenzmasse gehörende Vermögen verfügen, wenn das Gericht die Eigenverwaltung unter Aufsicht eines Sachwalters (§ 270 der Insolvenzordnung) angeordnet hat. Die Formulierung „aus einer Insolvenzmasse" berücksichtigt diese Besonderheiten.

20   *Zu Nummer 20 (§ 512)*

Auf die Begründung zu Nummer 18, Rdnr. 19, wird Bezug genommen.

21   *Zu Nummer 21 (§ 728)*

Gemäß § 11 Abs. 2 Nr. 1 der Insolvenzordnung ist ein Insolvenzverfahren künftig auch über das Vermögen einer Gesellschaft des Bürgerlichen Rechts zulässig. Demgemäß wird § 728 BGB dahin erweitert, daß – wie im Falle des rechtsfähigen Vereins (vgl. oben Nummer 1, § 42) – die Gesellschaft mit der Eröffnung des Insolvenzverfahrens aufgelöst wird. Im Falle der Einstellung des Verfahrens auf Antrag des Schuldners oder der Aufhebung des Verfahrens nach der Bestätigung eines Fortführungsplans wird den Gesellschaftern die Möglichkeit eingeräumt, die Fortsetzung der Gesellschaft zu beschließen. Die bisher geltende Fassung des § 728 wird Absatz 2.

Zu Nummer 22 (§ 730 Abs. 1)

Wird die Gesellschaft durch die Eröffnung des Insolvenzverfahrens aufgelöst (§ 728 Abs. 1), so findet die Vollabwicklung im Rahmen dieses Verfahrens statt. § 730 Abs. 1 wird daher ebenso ergänzt wie § 47 für den Verein (oben Nummer 2).

Zu Nummer 26 (§ 925 Abs. 1 Satz 3)

Die Einigung zwischen Veräußerer und Erwerber zur Übertragung des Eigentums an einem Grundstück (Auflassung) ist nach § 925 Abs. 1 Satz 2 grundsätzlich vor einem Notar zu erklären. Nach Satz 3 der gleichen Vorschrift kann sie jedoch auch in einen Prozeßvergleich aufgenommen werden. Dieser Satz 3 wird dahin ergänzt, daß die Auflassung auch in einem rechtskräftig bestätigten Insolvenzplan (§§ 217 bis 269 der Insolvenzordnung) erklärt werden kann. Gemäß § 228 der Insolvenzordnung sollen in einen solchen Insolvenzplan auch die Willenserklärungen, die zur Änderung sachenrechtlicher Verhältnisse erforderlich sind, aufgenommen werden können. Da der Insolvenzplan zu seinem Wirksamwerden der gerichtlichen Bestätigung bedarf, ist in ähnlicher Weise wie bei einem Prozeßvergleich die gerichtliche Kontrolle der Auflassungserklärungen gewährleistet.

Die Aufnahme von sachenrechtlichen Erklärungen, insbesondere von Auflassungen, sollte in einem Insolvenzplan aber nur in geeigneten Fällen erfolgen. Das Insolvenzgericht wird darauf hinzuwirken haben, daß in schwierig gelagerten Fällen ein Notar eingeschaltet wird, um eine ausgewogene Beratung der Beteiligten bei sachenrechtlichen Erklärungen und ihren problemlosen Vollzug sicherzustellen.

Die Erklärung der Auflassung in einem Insolvenzplan läßt sich mit der Bedingungsfeindlichkeit der Auflassung nach § 925 Abs. 2 BGB vereinbaren: Bei der gerichtlichen Bestätigung des Insolvenzplans handelt es sich um eine Rechtsbedingung, die der Wirksamkeit der Auflassung nicht entgegensteht. Die Aufnahme des Insolvenzplans durch die erforderlichen Gläubigermehrheiten ist lediglich eine Voraussetzung für die gerichtliche Bestätigung. Die in § 249 der Insolvenzordnung genannten aufschiebenden Bedingungen müssen bei der gerichtlichen Bestätigung des Insolvenzplans bereits eingetreten sein, so daß sich auch insoweit keine Schwierigkeiten ergeben. Die Möglichkeit, in einen Insolvenzplan eine auflösende Bedingung aufzunehmen, ist in der Insolvenzordnung nicht vorgesehen. Dafür besteht auch kein Bedürfnis, da das Wiederaufleben von im Plan erlassenen Teilforderungen bei Nichterfüllung des Plans in § 255 der Insolvenzordnung besonders geregelt ist. Ob es zulässig wäre, einen Insolvenzplan mit einer von § 249 der Insolvenzordnung nicht erfaßten aufschiebenden Bedingung oder mit einer auflösenden Bedingung zu versehen, kann offen bleiben. Würde in einem solchen bedingten Plan eine Auflassung erklärt, so wäre diese gemäß § 925 Abs. 2 BGB unwirksam. Es träte die Rechtsfolge ein, die auch dann eintritt, wenn in einer von einem Notar oder in einem Prozeßvergleich erklärten Auflassung eine Bedingung enthalten ist.

Zu Nummer 28 (§ 1670)

Die Vorschrift des § 1670 BGB, nach der die Vermögenssorge eines Elternteils mit der Eröffnung des Konkursverfahrens über sein Vermögen endet – im Falle des Eigenantrags sogar schon mit der Antragstellung –, paßt für das neue Insolvenzverfahren nicht. Dieses Verfahren schließt auch die Fälle des heutigen Vergleichsverfahrens ein, mit dessen Eröffnung keine solche Rechtsfolge verbunden ist. Die Insolvenzordnung berücksichtigt in weitem Umfang den Fall, daß ein redlicher Schuldner ohne vorwerfbares Verhalten insolvent wird, vor allem durch die Vorschriften über die Restschuldbefreiung (§§ 286 bis 303) und durch die Möglichkeit der Eigenverwaltung (§ 270). Wenn auch die Eröffnung des neuen Insolvenzverfahrens die unausweichliche Folge hätte, daß der Schuldner die Vermögenssorge im Hinblick auf das Vermögen seiner Kinder verliert, könnte diese Rechtsfolge einen unverschuldet in Not geratenen Elternteil davon abhalten, durch ein Insolvenzverfahren mit anschließender Restschuldbefreiung oder durch einen Schuldenbereinigungsplan seine Vermögensverhältnisse wieder in Ordnung zu bringen.

§ 1670 BGB wird daher aufgehoben. Unberührt bleibt das Recht des Vormundschaftsgerichts, auf der Grundlage des § 1667 Abs. 1, 5 BGB im Einzelfall eine Gefährdung des Kindesvermögens dadurch abzuwenden, daß es einem Elternteil die Vermögenssorge entzieht.

27 *Zu Nummer 29 (§ 1680)*

§ 1680 BGB wird redaktionell an die Aufhebung des § 1670 BGB angepaßt.

28 *Zu Nummer 30 (§ 1781 Nr. 3)*

Der bisherige § 1781 Nr. 3 BGB, nach dem ein Gemeinschuldner nicht zum Vormund bestellt werden soll, wird ergänzt durch § 1886 BGB, nach dem der Vormund u. a. dann zu entlassen ist, wenn einer der in § 1781 BGB bestimmten Gründe vorliegt. Aus dem Zusammenspiel dieser Vorschriften ergibt sich, daß ein in Konkurs geratener Schuldner stets als nicht zum Vormund geeignet angesehen wird.

Aus den Gründen, die vorstehend zu Nummer 28 (§ 1670 BGB) angegeben sind, erscheint diese Rechtsfolge für das künftige Insolvenzverfahren unangemessen. Auch § 1781 Nr. 3 BGB ist daher aufzuheben.

Diese Aufhebung ist also allein durch die Anpassung an die neue Insolvenzordnung veranlaßt. Eine etwaige Überarbeitung des Rechts der Vormundschaft über Minderjährige wird dadurch nicht vorweggenommen.

29 *Zu Nummer 31 (§ 1968)*

Nach dem bisherigen Wortlaut des § 1968 BGB trägt der Erbe die Kosten einer „standesmäßigen" Beerdigung des Erblassers. Mit der Streichung des Wortes „standesmäßigen" wird die Vorschrift an die Formulierung entsprechender Bestimmungen in anderen Teilen des Bürgerlichen Gesetzbuchs (§ 844 Abs. 1, § 1615 Abs. 2, § 1615 m) und in der Insolvenzordnung (§ 324 Abs. 1 Nr. 2) angepaßt. Eine inhaltliche Änderung ist nicht beabsichtigt.

30 *Zu Nummer 37 (§ 1980)*

Für das Nachlaßinsolvenzverfahren ist vorgesehen, daß neben der Überschuldung auch die Zahlungsunfähigkeit Eröffnungsgrund wird (§ 320 Satz 1 der Insolvenzordnung). Die Antragspflicht des § 1980 BGB wird daher auf diesen Eröffnungsgrund ausgedehnt.

Die drohende Zahlungsunfähigkeit (§ 18 der Insolvenzordnung), die nur für den Antrag des Erben, eines Nachlaßverwalters oder anderen Nachlaßpflegers oder eines Testamentsvollstreckers Eröffnungsgrund werden soll (§ 320 Satz 2 der Insolvenzordnung), ist im Rahmen des § 1980 BGB dagegen nicht zu berücksichtigen. Bei drohender Zahlungsunfähigkeit eines zum Nachlaß gehörenden Unternehmens soll der Erbe noch die Möglichkeit haben, ohne die Gefahr von Schadensersatzpflichten eine freie Sanierung zu versuchen. Entsprechendes ist für die vereins- und gesellschaftsrechtlichen Antragspflichten vorgesehen: Auch diese Antragspflichten sollen bei drohender Zahlungsunfähigkeit noch nicht eingreifen (vgl. oben Nummer 1 – § 42 Abs. 2 BGB –; § 130 a Abs. 1 HGB in der Fassung des Artikels 40 Nr. 4 dieses Gesetzes; § 64 Abs. 1 GmbHG in der Fassung des Artikels 48 Nr. 7; § 99 Abs. 1 GenG in der Fassung des Artikels 49 Nr. 16).

Zu Nummer 38 (§ 1984 Abs. 1 Satz 2) **31**

Die in Bezug genommenen Bestimmungen der §§ 7 und 8 KO finden ihre inhaltliche Entsprechung in den §§ 81 und 82 der Insolvenzordnung. Daher werden letztere Bestimmungen für entsprechend anwendbar erklärt.

Artikel 34
Änderung des Vertragshilfegesetzes

Das Vertragshilfegesetz in der im Bundesgesetzblatt Teil III, Gliederungsnummer 402-4, veröffentlichten bereinigten Fassung wird wie folgt geändert:

1. *

2. § 12 Abs. 2 wird wie folgt gefaßt:

„**(2) Insbesondere kann es dem Schuldner Verfügungsbeschränkungen gemäß § 21 Abs. 2 Nr. 1, 2, §§ 22 bis 25 der Insolvenzordnung auferlegen mit der Maßgabe, daß an Stelle des vorläufigen Insolvenzverwalters eine Vertrauensperson bestellt werden kann. Der Vertrauensperson kann die Beaufsichtigung des Gewerbebetriebes des Schuldners übertragen werden. Auf ihre Rechte und Pflichten sind die §§ 56, 58 bis 65 der Insolvenzordnung entsprechend anzuwenden.**"

Die mit * versehene Nummer 1 enthält eine rein redaktionelle Anpassung, vgl. Gesamtabdruck des Einführungsgesetzes.

Artikel 34 entspricht im wesentlichen Art. 32 RegEEGInsO. Der folgende Begründungstext entspricht im wesentlichen BT-Drs. 12/3803, S. 80, „Zu Artikel 32", und BT-Drs. 12/7303, S. 112, zu Nr. 22 („Zu Artikel 32").

Zu Nummer 2 (§ 12 Abs. 2)

Die bisher in § 12 Abs. 2 in Bezug genommenen Bestimmungen der §§ 58 bis 65 und §§ 38 bis 43 der Vergleichsordnung fallen durch die Aufhebung der Vergleichsordnung weg. Eine den Bestimmungen über die Verfügungsbeschränkungen gemäß §§ 58 bis 65 der Vergleichsordnung ähnliche Regelung findet sich in § 21 Abs. 2 Nr. 1, 2, §§ 22 bis 25 der Insolvenzordnung; eine den Vorschriften der §§ 38 bis 43 der Vergleichsordnung über den Vergleichsverwalter entsprechende Regelung enthalten die §§ 56, 58 bis 65 der Insolvenzordnung.

Artikel 38
Änderung des Gesetzes über Rechte an Luftfahrzeugen

Das Gesetz über Rechte an Luftfahrzeugen in der im Bundesgesetzblatt Teil III, Gliederungsnummer 403-9, veröffentlichten bereinigten Fassung, zuletzt geändert

durch Artikel 9 Nr. 4 des Gesetzes vom 3. Dezember 1976 (BGBl. I S. 3281), wird wie folgt geändert:

1. *

2. *

3. § 98 wird wie folgt geändert:

   a) In Absatz 1 Satz 1 werden die Worte „in diesem Gesetz" durch das Wort „gesetzlich" ersetzt.

   b) Absatz 3 wird aufgehoben.

Die mit * versehenen Nummern 1 und 2 enthalten rein redaktionelle Anpassungen, vgl. Gesamtabdruck des Einführungsgesetzes.

Artikel 38 entspricht Art. 36 RegEEGInsO. Der folgende Begründungstext entspricht im wesentlichen BT-Drs. 12/3803, S. 80, „Zu Artikel 36".

Zu Nummer 3 (§ 98)

Durch die Änderung von Absatz 1 Satz 1 wird klargestellt, daß auch Vorschriften anderer Gesetze die Luftfahrzeuge anders als bewegliche Sachen behandeln können. Die Notwendigkeit dieser Klarstellung ergibt sich aus der Aufhebung des Absatzes 3.

Nach § 98 Abs. 3 gelten die Vorschriften des Konkurs- und Vergleichsrechts über eingetragene Schiffe entsprechend für eingetragene Luftfahrzeuge. In den entsprechenden Vorschriften der Insolvenzordnung werden die Luftfahrzeuge ausdrücklich neben den Schiffen erwähnt. Einer Gleichstellung im Gesetz über Rechte an Luftfahrzeugen bedarf es daher nicht mehr.

Artikel 40
Änderung des Handelsgesetzbuchs

Das Handelsgesetzbuch in der im Bundesgesetzblatt Teil III, Gliederungsnummer 4100-1, veröffentlichten bereinigten Fassung, zuletzt geändert durch Artikel 2 des Gesetzes vom 25. Juli 1994 (BGBl. I S. 1682), wird wie folgt geändert:

1. *

2. § 32 wird wie folgt gefaßt:

„§ 32

(1) Wird über das Vermögen eines Kaufmanns das Insolvenzverfahren eröffnet, so ist dies von Amts wegen in das Handelsregister einzutragen. Das gleiche gilt für

1. die Aufhebung des Eröffnungsbeschlusses,

2. die Bestellung eines vorläufigen Insolvenzverwalters, wenn zusätzlich dem Schuldner ein allgemeines Verfügungsverbot auferlegt oder angeordnet wird, daß Verfügungen des Schuldners nur mit Zustimmung des vorläufigen Insolvenzverwalters wirksam sind, und die Aufhebung einer derartigen Sicherungsmaßnahme,

3. die Einstellung und die Aufhebung des Verfahrens und

4. die Überwachung der Erfüllung eines Insolvenzplans und die Aufhebung der Überwachung.

(2) Die Eintragungen werden nicht bekanntgemacht. Die Vorschriften des § 15 sind nicht anzuwenden."

3. § 34 wird wie folgt geändert:

   a) In Absatz 1 werden die Angabe „§ 33 Abs. 3" durch die Angabe „§ 33 Abs. 2 Satz 2 und 3" und die Worte „des Konkurses" durch die Worte „des Insolvenzverfahrens" ersetzt.

   b) In Absatz 2 wird die Angabe „§ 33 Abs. 3" durch die Angabe „§ 33 Abs. 2 Satz 2 und 3" ersetzt.

   c) In Absatz 5 werden die Worte „des Konkurses" durch die Worte „des Insolvenzverfahrens" ersetzt.

4. § 130 a wird wie folgt geändert:

   a) Absatz 1 Satz 1 wird wie folgt gefaßt:

   „Wird eine Gesellschaft, bei der kein Gesellschafter eine natürliche Person ist, zahlungsunfähig oder ergibt sich die Überschuldung der Gesellschaft, so ist die Eröffnung des Insolvenzverfahrens zu beantragen; dies gilt nicht, wenn zu den Gesellschaftern der offenen Handelsgesellschaft eine andere offene Handelsgesellschaft oder Kommanditgesellschaft gehört, bei der ein persönlich haftender Gesellschafter eine natürliche Person ist."

   b) Absatz 1 Satz 4 wird gestrichen.

   c) In Absatz 3 Satz 1 werden die Worte „des Konkursverfahrens oder des gerichtlichen Vergleichsverfahrens" durch die Worte „des Insolvenzverfahrens" ersetzt.

   d) Absatz 3 Satz 5 wird wie folgt gefaßt:

   „Satz 4 gilt nicht, wenn der Ersatzpflichtige zahlungsunfähig ist und sich zur Abwendung des Insolvenzverfahrens mit seinen Gläubigern vergleicht oder wenn die Ersatzpflicht in einem Insolvenzplan geregelt wird."

5. *

6. § 131 wird wie folgt geändert:

   a) Der bisherige Text wird Absatz 1.

   b) In den Nummern 3 und 5 werden die Worte „des Konkurses" jeweils durch die Worte „des Insolvenzverfahrens" ersetzt.

   c) Es wird folgender neuer Absatz 2 angefügt:

   „(2) Eine offene Handelsgesellschaft, bei der kein persönlich haftender Gesellschafter eine natürliche Person ist, wird ferner aufgelöst:

   1. mit der Rechtskraft des Beschlusses, durch den die Eröffnung des Insolvenzverfahrens mangels Masse abgelehnt worden ist;

2. durch die Löschung wegen Vermögenslosigkeit nach § 141a des Gesetzes über die Angelegenheiten der freiwilligen Gerichtsbarkeit.

Dies gilt nicht, wenn zu den persönlich haftenden Gesellschaftern eine andere offene Handelsgesellschaft oder Kommanditgesellschaft gehört, bei der ein persönlich haftender Gesellschafter eine natürliche Person ist."

7. In § 137 Abs. 2 werden die Worte „des Konkurses" durch die Worte „des Insolvenzverfahrens" ersetzt.

8. In § 138 werden die Worte „der Konkurs" durch die Worte „das Insolvenzverfahren" ersetzt.

9. § 141 Abs. 2 wird wie folgt gefaßt:

„(2) Diese Vorschriften finden im Falle der Eröffnung des Insolvenzverfahrens über das Vermögen eines Gesellschafters mit der Maßgabe Anwendung, daß die Erklärung gegenüber dem Insolvenzverwalter oder, wenn Eigenverwaltung angeordnet ist, gegenüber dem Schuldner zu erfolgen hat und daß der Schuldner mit dem Zeitpunkt der Eröffnung des Insolvenzverfahrens als aus der Gesellschaft ausgeschieden gilt."

10. In § 142 Abs. 2 werden die Worte „der Konkurs" durch die Worte „das Insolvenzverfahren" ersetzt.

11. § 143 Abs. 1 und 2 wird wie folgt gefaßt:

„(1) Die Auflösung der Gesellschaft ist von sämtlichen Gesellschaftern zur Eintragung in das Handelsregister anzumelden. Dies gilt nicht in den Fällen der Eröffnung oder der Ablehnung der Eröffnung des Insolvenzverfahrens über das Vermögen der Gesellschaft (§ 131 Abs. 1 Nr. 3 und Abs. 2 Nr. 1). In diesen Fällen hat das Gericht die Auflösung und ihren Grund von Amts wegen einzutragen. Im Falle der Löschung der Gesellschaft (§ 131 Abs. 2 Nr. 2) entfällt die Eintragung der Auflösung.

(2) Absatz 1 Satz 1 gilt entsprechend für das Ausscheiden eines Gesellschafters aus der Gesellschaft."

12. § 144 Abs. 1 wird wie folgt gefaßt:

„(1) Ist die Gesellschaft durch die Eröffnung des Insolvenzverfahrens über ihr Vermögen aufgelöst, das Verfahren aber auf Antrag des Schuldners eingestellt oder nach der Bestätigung eines Insolvenzplans, der den Fortbestand der Gesellschaft vorsieht, aufgehoben, so können die Gesellschafter die Fortsetzung der Gesellschaft beschließen."

13. § 145 wird wie folgt geändert:

a) In Absatz 1 werden die Worte „der Konkurs" durch die Worte „das Insolvenzverfahren" ersetzt.

b) Absatz 2 wird wie folgt gefaßt:

„(2) Ist die Gesellschaft durch Kündigung des Gläubigers eines Gesellschafters oder durch die Eröffnung des Insolvenzverfahrens über das Vermögen eines Gesellschafters aufgelöst, so kann die Liquidation nur mit Zustimmung des Gläubigers oder des Insolvenzverwalters unterbleiben; ist im Insolvenzverfahren Eigenverwaltung angeordnet, so tritt an die Stelle der Zustimmung des Insolvenzverwalters die Zustimmung des Schuldners."

c) Es wird folgender neuer Absatz 3 angefügt:

„(3) Ist die Gesellschaft durch Löschung wegen Vermögenslosigkeit aufgelöst, so findet eine Liquidation nur statt, wenn sich nach der Löschung herausstellt, daß Vermögen vorhanden ist, das der Verteilung unterliegt."

14. § 146 wird wie folgt geändert:

a) An Absatz 2 wird folgender neuer Satz angefügt:

„Im Falle des § 145 Abs. 3 sind die Liquidatoren auf Antrag eines Beteiligten durch das Gericht zu ernennen."

b) Absatz 3 wird wie folgt gefaßt:

„(3) Ist über das Vermögen eines Gesellschafters das Insolvenzverfahren eröffnet und ist ein Insolvenzverwalter bestellt, so tritt dieser an die Stelle des Gesellschafters."

15. § 171 Abs. 2 wird wie folgt gefaßt:

„(2) Ist über das Vermögen der Gesellschaft das Insolvenzverfahren eröffnet, so wird während der Dauer des Verfahrens das den Gesellschaftsgläubigern nach Absatz 1 zustehende Recht durch den Insolvenzverwalter oder den Sachwalter ausgeübt."

16. § 236 wird wie folgt geändert:

a) In Absatz 1 werden die Worte „der Konkurs" durch die Worte „das Insolvenzverfahren" und das Wort „Konkursgläubiger" durch das Wort „Insolvenzgläubiger" ersetzt.

b) In Absatz 2 wird das Wort „Konkursmasse" durch das Wort „Insolvenzmasse" ersetzt.

17. § 237 wird aufgehoben.

18. § 370 wird aufgehoben.

19. *

20. Nach § 506 wird folgender neuer § 506 a eingefügt:

„§ 506 a

Die Reederei wird durch die Eröffnung des Insolvenzverfahrens über ihr Vermögen aufgelöst. Wird das Insolvenzverfahren auf Antrag des Schuldners eingestellt oder nach der Bestätigung eines Insolvenzplans, der den Fortbestand der Reederei vorsieht, aufgehoben, so können die Mitreeder die Fortsetzung der Reederei beschließen."

21. In § 761 wird folgender neuer Satz 2 angefügt:

„Sie haben Vorrang auch insoweit, als zoll- und steuerpflichtige Sachen nach gesetzlichen Vorschriften als Sicherheit für öffentliche Abgaben dienen."

22. *

23. *

*Die mit * versehenen Nummern 1, 5, 19, 22 und 23 enthalten rein redaktionelle Anpassungen, vgl. Gesamtabdruck des Einführungsgesetzes.*

Artikel 40 übernimmt in veränderter und ergänzter Fassung Art. 38 RegEEGInsO. Der folgende Begründungstext entspricht im wesentlichen BT-Drs. 12/3803, S. 81 bis 83, „Zu Artikel 38", und BT-Drs. 12/7303, S. 112, zu Nr. 23 („Zu Artikel 38").

1 *Allgemeines*

Die Reform des Insolvenzrechts hat im Handelsgesetzbuch zunächst Auswirkungen auf das Recht des Handelsregisters (Änderung des § 32 HGB). Die Vorschriften über die offene Handelsgesellschaft sind insbesondere insoweit betroffen, als es um die Antragspflicht der Organe von Gesellschaften geht, bei denen kein persönlich haftender Gesellschafter eine natürliche Person ist (§ 130 a HGB), als die Eröffnung des Insolvenzverfahrens über das Vermögen der Gesellschaft oder eines Gesellschafters zur Auflösung der Gesellschaft führt und als Fälle der Auflösung der offenen Handelsgesellschaft, die bisher im Gesetz über die Auflösung und Löschung von Gesellschaften und Genossenschaften geregelt sind, ins Handelsgesetzbuch verlagert werden (§§ 131, 137 bis 144 HGB). Schließlich wird § 370 HGB aufgehoben, der bisher das kaufmännische Zurückbehaltungsrecht auf nicht fällige Forderungen ausdehnt.

2 *Zu Nummer 2 (§ 32)*

Nach der bisherigen Fassung der Vorschrift sind die Eröffnung des Konkursverfahrens, die Aufhebung des Eröffnungsbeschlusses sowie die Einstellung und die Aufhebung des Konkursverfahrens ins Handelsregister einzutragen. Für die Eröffnung und die Aufhebung des Vergleichsverfahrens finden sich entsprechende Vorschriften in § 23 Abs. 2 und § 98 Abs. 3 VerglO. Ziel dieser Regelungen ist es, den Geschäftsverkehr vor insolventen Schuldnern zu warnen und ihn im Hinblick auf die Verfügungsbeschränkungen im Konkurs- und Vergleichsverfahren über solche Verfahren zu unterrichten.

Die Neufassung der Vorschrift übernimmt die bisherigen Regelungen für das einheitliche Insolvenzverfahren. Über die bisherigen Fälle der Eintragung hinaus erfaßt sie auch die Anordnung von Verfügungsbeschränkungen im Eröffnungsverfahren und die neu geschaffene Einrichtung der Überwachung der Erfüllung eines Insolvenzplans nach der Aufhebung des Insolvenzverfahrens. Eine Unterrichtung des Geschäftsverkehrs über eine Überwachung der Planerfüllung ist im Hinblick darauf erforderlich, daß der Schuldner in der Zeit der Überwachung Verfügungsbeschränkungen unterliegen kann (vgl. § 263 der Insolvenzordnung) und daß Forderungen aus bestimmten Krediten, die während der Zeit der Überwachung aufgenommen werden, in einem späteren Insolvenzverfahren Vorrang vor den Ansprüchen anderer Gläubiger haben können (§§ 264 bis 266 der Insolvenzordnung). Nach § 267 Abs. 3 in Verbindung mit § 31 der Insolvenzordnung hat die Geschäftsstelle des Insolvenzgerichts das Registergericht auch darüber zu unterrichten, welche Einschränkungen im Einzelfall mit der Überwachung verbunden sind. In das Handelsregister sollen diese Einzelheiten jedoch nicht eingetragen werden; dies würde das Register überlasten. Nur die Überwachung als solche und deren Aufhebung sind einzutragen. Die genaueren Informationen können im Einzelfall den Akten des Registergerichts entnommen werden.

Zu Nummer 3 (§ 34)

Die Vorschrift wird redaktionell an die Ersetzung des Konkurses durch das einheitliche Insolvenzverfahren angepaßt. Bei dieser Gelegenheit werden die Verweisungen auf § 33 berichtigt, die bisher eine frühere Änderung dieser Vorschrift nicht berücksichtigen.

Zu Nummer 4 (§ 130 a)

Die bisher für den Konkurs und das Vergleichsverfahren getroffenen Regelungen werden auf das einheitliche Insolvenzverfahren übertragen. Dabei wird die Pflicht der organschaftlichen Vertreter, den Antrag auf Eröffnung eines Insolvenzverfahrens zu stellen, nicht auf den neuen Eröffnungsgrund der drohenden Zahlungsunfähigkeit (§ 18 der Insolvenzordnung) erstreckt. Eine freie Sanierung im Vorfeld einer Insolvenz soll nicht erschwert werden. Die Antragspflicht soll weiterhin nur bei eingetretener Zahlungsunfähigkeit und bei Überschuldung bestehen.

In Absatz 1 Satz 1 wird der Halbsatz „oder deckt das Vermögen der Gesellschaft nicht mehr die Schulden" durch die Worte „oder ergibt sich die Überschuldung der Gesellschaft" ersetzt, um nicht den Eindruck zu erwecken, daß hier von dem allgemeinen Begriff der Überschuldung in § 19 der Insolvenzordnung abgewichen werden soll.

Nach dem bisherigen Absatz 1 Satz 4 ist der Konkursantrag nicht schuldhaft verzögert, wenn die Eröffnung eines gerichtlichen Vergleichsverfahrens mit der erforderlichen Sorgfalt betrieben wird. Mit dem Wegfall des Vergleichsverfahrens ist auch dieser Satz aufzuheben. Dadurch wird zugleich klargestellt, daß Sanierungsbemühungen nicht dazu berechtigen, die in Absatz 1 Satz 3 niedergelegte Drei-Wochen-Frist für den Eröffnungsantrag zu überschreiten.

Absatz 3 Satz 5 wird inhaltlich und redaktionell angepaßt. Daß die Schadensersatzpflichten der organschaftlichen Vertreter durch einen Verzicht oder Vergleich der Gesellschaft nicht zum Nachteil der Gläubiger aufgehoben werden können, soll nicht für einen außergerichtlichen Vergleich nach Eintritt der Zahlungsunfähigkeit des Ersatzpflichtigen und nicht für die Regelung in einem Insolvenzplan gelten. Parallele Formulierungen sind für § 50 Satz 2, § 93 Abs. 4 Satz 4, § 302 Abs. 3 Satz 2, § 309 Abs. 3 Satz 2 AktG und für § 9 b Abs. 1 Satz 2 GmbH-Gesetz vorgesehen (vgl. Artikel 47 Nr. 1, 5 Buchstabe a, Nr. 16, 18 Buchstabe a, Artikel 48 Nr. 1 des Einführungsgesetzes).

Zu den Nummern 6 bis 14 (§ 131 Abs. 1 Nr. 3 und 5, Abs. 2, § 137 Abs. 2, §§ 138, 141 Abs. 2, § 142 Abs. 2, § 143 Abs. 1 und 2, § 144 Abs. 1, §§ 145, 146 Abs. 2 und 3)

Bisher wird die offene Handelsgesellschaft durch die Eröffnung des Konkurses über ihr Vermögen aufgelöst, nicht jedoch durch die Eröffnung des gerichtlichen Vergleichsverfahrens (§ 131 Nr. 3 HGB). Wird im Konkurs ein Zwangsvergleich abgeschlossen oder wird das Verfahren auf Antrag des Gemeinschuldners eingestellt, so können die Gesellschafter die Fortsetzung der Gesellschaft beschließen (§ 144 Abs. 1 HGB).

Für das einheitliche Insolvenzverfahren wird die bisher für den Konkurs getroffene Regelung sinngemäß übernommen: Die Eröffnung des Verfahrens löst die Gesellschaft auf (Neufassung des § 131 Nr. 3 HGB). Kommt ein Insolvenzplan zustande, der den Fortbestand der Gesellschaft vorsieht, oder wird das Verfahren auf Antrag des Schuldners eingestellt (vgl. die §§ 212, 213 der Insolvenzordnung), so können die Gesellschafter die Fortsetzung der Gesellschaft beschließen (Neufassung des § 144 Abs. 1).

6 In entsprechender Weise werden die Regelungen, die die Wirkungen des Konkurses über das Vermögen eines Gesellschafters betreffen, als Wirkungen der Eröffnung des Insolvenzverfahrens über das Vermögen eines Gesellschafters übernommen (Neufassung des § 131 Nr. 5, des § 137 Abs. 2, der §§ 138, 141 Abs. 2, des § 142 Abs. 2, des § 145 Abs. 2 und des § 146 Abs. 3 HGB). Bei der Formulierung der neuen § 141 Abs. 2, § 145 Abs. 2, § 146 Abs. 3 wird zusätzlich berücksichtigt, daß nach der Insolvenzordnung nicht in jedem Insolvenzverfahren ein Insolvenzverwalter bestellt wird, sondern daß die Möglichkeit besteht, dem Schuldner unter Aufsicht eines Sachwalters (§§ 270 bis 285) die Verwaltungs- und Verfügungsbefugnis über sein Vermögen zu belassen.

7 Bedingt durch die Aufhebung des Gesetzes über die Auflösung und Löschung von Gesellschaften und Genossenschaften werden die Löschungstatbestände in die spezialgesetzlichen Regelungen aufgenommen (vgl. Artikel 2 Nr. 9). Im Rahmen dieser Änderungen sieht § 141 a Abs. 3 FGG eine Gleichstellung der offenen Handelsgesellschaft, bei der kein persönlich haftender Gesellschafter eine natürliche Person ist, hinsichtlich ihrer Löschung mit den Gesellschaften mit Rechtspersönlichkeit vor. In entsprechender Weise werden die bisherigen Regelungen des Löschungsgesetzes über die Auflösung von Gesellschaften auf derartige offene Handelsgesellschaften erstreckt und in das Handelsgesetzbuch eingestellt.

8 Der neue § 131 Abs. 2 Nr. 1 entspricht dem bisherigen § 1 Abs. 1 des Gesetzes über die Auflösung und Löschung von Gesellschaften und Genossenschaften. Die im Handelsgesetzbuch geregelten Auflösungsgründe für die offene Handelsgesellschaft werden für Gesellschaften, bei denen kein persönlich haftender Gesellschafter eine natürliche Person ist, um den rechtskräftigen Beschluß, durch den die Eröffnung eines Insolvenzverfahrens mangels Masse abgelehnt worden ist, erweitert.

Zum Schutz des Rechtsverkehrs wird durch den neuen § 131 Abs. 2 Nr. 2 die nach § 141 a Abs. 3 i. V. m. Abs. 1 FGG gelöschte offene Handelsgesellschaft gesetzlich aufgelöst. Mit der Löschung fehlt es an der in § 106 HGB geforderten Publizität.

§ 143 Abs. 1 wird mit den neuen Sätzen 2 und 3 um die Eintragung der Auflösung von Amts wegen erweitert. Die Regelung entspricht dem bisherigen § 1 Abs. 2 Satz 2 Gesetz über die Auflösung von Gesellschaften und Genossenschaften.

Der neue Satz 4 desselben Absatzes erklärt die Eintragung der Auflösung der gelöschten Gesellschaft für entbehrlich. Der Warnfunktion des Registers ist bereits durch die Löschung genüge getan.

Der neue § 145 Abs. 3 sowie die Ergänzung des § 146 Abs. 2 enthalten Vorschriften über die Liquidation und die Bestellung der Liquidatoren im Falle der Auflösung der Gesellschaft wegen Vermögenslosigkeit. Sie übernehmen die Regelung des bisherigen § 2 Abs. 3 des Gesetzes über die Auflösung und Löschung von Gesellschaften und Genossenschaften.

Im übrigen werden redaktionelle Anpassungen vorgenommen.

9 *Zu Nummer 15 (§ 171 Abs. 2 HGB)*

Wie im bisherigen Konkursverfahren hat auch im künftigen Insolvenzverfahren der Verwalter das Recht, die persönliche Haftung, die den Kommanditisten bis zur Höhe seiner Einlage gegenüber den Gläubigern trifft, für die Masse geltend zu machen. Wenn im Insolvenzverfahren die Eigenverwaltung unter Aufsicht eines Sachwalters angeordnet ist (§ 270 der Insolvenzordnung), übt der Sachwalter, nicht die Gesellschaft selbst, diesen Anspruch aus; für ähnliche Ansprüche ist in § 280 der Insolvenzordnung entsprechendes geregelt.

Zu Nummer 16 (§ 236)

Die Vorschrift über die Stellung des stillen Gesellschafters im Konkurs des Inhabers des Handelsgeschäfts wird auf das Insolvenzverfahren umgestellt.

Zu Nummer 17 (§ 237)

In § 237 HGB (bis zum Bilanzrichtliniengesetz vom 19. Dezember 1985: § 342 HGB) wird ein Fall der Konkursanfechtung geregelt: Bei der Stillen Gesellschaft kann die Rückgewähr der Einlage des Stillen Gesellschafters oder der Erlaß seines Verlustanteils unter gewissen Voraussetzungen vom Konkursverwalter angefochten werden.

Der Standort dieser Regelung wird in die Insolvenzordnung verlagert, um das Recht der Insolvenzanfechtung übersichtlich zusammenzufassen; gleichzeitig wird die Regelung inhaltlich an das übrige Anfechtungsrecht angepaßt (vgl. § 136 der Insolvenzordnung). § 237 HGB wird daher aufgehoben.

Zu Nummer 18 (§ 370)

Nach § 370 kann das kaufmännische Zurückbehaltungsrecht des § 369 HGB, das im Insolvenzverfahren ein Absonderungsrecht gewährt (§ 51 Nr. 3 der Insolvenzordnung, der § 49 Abs. 1 Nr. 4 KO entspricht), in bestimmten Fällen auch wegen nicht fälliger Forderungen geltend gemacht werden (sog. „Notzurückbehaltungsrecht").

Soweit nach dieser Vorschrift die Konkurseröffnung die Folge hat, ein vorher nicht bestehendes Zurückbehaltungsrecht und damit ein Absonderungsrecht entstehen zu lassen, kann sie nicht in das neue Insolvenzrecht übernommen werden.

Es ist ein wichtiger Grundsatz der Reform, daß die Rechte eines Gläubigers durch die Eröffnung des Insolvenzverfahrens nicht erweitert werden dürfen. Mit dieser Begründung ist insbesondere in § 95 Abs. 1 der Insolvenzordnung die Regelung des geltenden Rechts beseitigt worden, daß nach der Eröffnung des Insolvenzverfahrens auch mit nicht fälligen Forderungen sofort aufgerechnet werden darf (vgl. § 54 KO, § 54 VerglO). Das kaufmännische Zurückbehaltungsrecht, das dem Gläubiger auch die Befriedigung aus den zurückbehaltenen Gegenständen erlaubt (§ 371 HGB), entspricht insoweit funktional der Aufrechnung. Auch dieses Zurückbehaltungsrecht soll daher nicht durch die Eröffnung des Insolvenzverfahrens vorzeitig zum Entstehen gebracht werden.

Es ist auch nicht gerechtfertigt, § 370 insoweit beizubehalten, als die Vorschrift auf die Zahlungseinstellung und die vergebliche Zwangsvollstreckung abstellt. Die Aufrechnung mit nicht fälligen Forderungen ist beim Eintritt dieser Ereignisse ebenfalls nicht zulässig.

§ 370 wird daher insgesamt aufgehoben.

Zu Nummer 20 (§ 506 a)

Ob ein besonderes Konkursverfahren über das Vermögen der Partenreederei zulässig ist, geht bisher aus dem Gesetz nicht hervor. Für das künftige Insolvenzverfahren wird die Frage in § 11 Abs. 2 Nr. 1 der Insolvenzordnung positiv entschieden. Ergänzend wird in dem neuen § 506 a HGB geregelt, daß die Verfahrenseröffnung die Reederei auflöst, daß aber unter bestimmten Voraussetzungen die Fortsetzung der Reederei beschlossen werden kann. Dies entspricht der Rechtslage für die offene Handelsgesellschaft (§ 131 – künftig Abs. 1 – Nr. 3, § 144 Abs. 1 HGB) und für andere Gesellschaftsformen.

14 *Zu Nummer 21 (§ 761 Satz 2)*

Im geltenden Recht schreibt § 49 Abs. 2 KO vor, daß die sog. Sachhaftung zoll- und steuerpflichtiger Waren für öffentliche Abgaben allen anderen Absonderungsrechten vorgeht, daß dies jedoch nicht gegenüber den Schiffsgläubigern nach § 754 HGB gilt. Nach Artikel III des „Einführungsgesetzes zu dem Gesetze, betreffend Änderungen der Konkursordnung" vom 17. Mai 1898 (BGBl. III 311-3) findet diese Regelung auch außerhalb des Konkurses Anwendung. Insbesondere ist die Rangfolge des § 49 Abs. 2 KO auch in der Einzelzwangsvollstreckung zu beachten.

Es scheint systematisch richtiger, ein Rangverhältnis, das auch außerhalb des Insolvenzverfahrens gelten soll, nicht in der Insolvenzordnung zu regeln. Der allgemeine Vorrang der „Sachhaftung" ergibt sich bereits aus § 76 Abs. 1 der Abgabenordnung 1977 („Verbrauchssteuerpflichtige Waren und zollpflichtige Waren dienen ohne Rücksicht auf die Rechte Dritter als Sicherheit für die darauf ruhenden Steuern.") und aus § 110 Abs. 2 Satz 2 des Branntweinmonopolgesetzes vom 8. April 1922 (BGBl. III 612-7) („Solcher Branntwein haftet ohne Rücksicht auf die Rechte Dritter ..."); § 49 Abs. 2 erster Halbsatz kann daher ersatzlos entfallen. Der Vorrang der Schiffsgläubigerrechte auch vor der „Sachhaftung" wird durch die vorgeschlagene Ergänzung des § 761 HGB zum Ausdruck gebracht.

Im Ergebnis wird also die Rangfolge des geltenden Rechts zwischen den Schiffsgläubigerrechten, der „Sachhaftung" zoll- und steuerpflichtiger Waren und den sonstigen Rechten, die im Insolvenzverfahren zur abgesonderten Befriedigung berechtigen, unverändert beibehalten.

Artikel 43
Änderung des Umwandlungsgesetzes

Das Umwandlungsgesetz in der Fassung der Bekanntmachung vom 6. November 1969 (BGBl. I S. 2081), zuletzt geändert durch Artikel 2 des Gesetzes vom 18. März 1994 (BGBl. I S. 560), wird wie folgt geändert:

1. § 2 Abs. 2 wird wie folgt gefaßt:

„(2) Das gleiche gilt, wenn eine Kapitalgesellschaft oder eine bergrechtliche Gewerkschaft durch die Eröffnung des Insolvenzverfahrens aufgelöst, das Verfahren aber auf Antrag des Schuldners eingestellt oder nach der Bestätigung eines Insolvenzplans, der den Fortbestand der Gesellschaft oder bergrechtlichen Gewerkschaft vorsieht, aufgehoben worden ist."

2. *

3. § 50 Satz 2 wird wie folgt gefaßt:

„Die Umwandlung ist ausgeschlossen, wenn die Verbindlichkeiten des Einzelkaufmanns sein Vermögen übersteigen."

4. § 53 Abs. 2 Satz 3 wird wie folgt gefaßt:

„Die Prüfung hat sich ferner darauf zu erstrecken, ob die Verbindlichkeiten des Einzelkaufmanns sein Vermögen übersteigen."

5. In § 54 Abs. 2 wird die Nummer 2 gestrichen; die bisherige Nummer 3 wird Nummer 2.

6. § 55 Abs. 3 wird gestrichen.

7. In § 56e Abs. 2 wird die Nummer 2 gestrichen; die bisherige Nummer 3 wird Nummer 2.

8. In § 56f Abs. 2 Satz 1 wird die Angabe ", 3" gestrichen.

Die mit * versehene Nummer 2 enthält eine rein redaktionelle Anpassung, vgl. Gesamtabdruck des Einführungsgesetzes.

Artikel 43 entspricht im wesentlichen Art. 41 RegEEGInsO. Der folgende Begründungstext entspricht im wesentlichen BT-Drs. 12/3803, S. 84, „Zu Artikel 41", und BT-Drs. 12/7303, S. 112, zu Nr. 25, „Zu Artikel 41".

Zu Nummer 1 (§ 2 Abs. 2)

Die Vorschrift wird inhaltlich an die Änderung des Insolvenzrechts angepaßt. Wie bisher die Eröffnung des Konkursverfahrens, so hat in Zukunft die Eröffnung des Insolvenzverfahrens die Folge, daß Kapitalgesellschaften und bergrechtliche Gewerkschaften aufgelöst werden. Der Zwangsvergleich als Grundlage für die Fortsetzung der Kapitalgesellschaft oder bergrechtlichen Gewerkschaft wird ersetzt durch das neue Rechtsinstitut des Insolvenzplans.

Zu den Nummern 3 bis 8 (§ 50 Satz 2, § 53 Abs. 2 Satz 3, § 54 Abs. 2, § 55 Abs. 3, § 56e Abs. 2, § 56f Abs. 2)

Im Rahmen der Reform des Insolvenzrechts wird § 419 BGB, die Vorschrift über die Haftung des Vermögensübernehmers, aufgehoben. Die Vorschriften des Umwandlungsgesetzes, die sich auf § 419 BGB beziehen, sind daher zu streichen.

Artikel 47
Änderung des Aktiengesetzes

Das Aktiengesetz vom 6. September 1965 (BGBl. I S. 1089), zuletzt geändert durch Artikel 1 des Gesetzes vom 2. August 1994 (BGBl. I S. 1961), wird wie folgt geändert:

1. § 50 Satz 2 wird wie folgt gefaßt:

   „Die zeitliche Beschränkung gilt nicht, wenn der Ersatzpflichtige zahlungsunfähig ist und sich zur Abwendung des Insolvenzverfahrens mit seinen Gläubigern vergleicht oder wenn die Ersatzpflicht in einem Insolvenzplan geregelt wird."

2. § 62 Abs. 2 Satz 2 wird wie folgt gefaßt:

   „Ist über das Vermögen der Gesellschaft das Insolvenzverfahren eröffnet, so übt während dessen Dauer der Insolvenzverwalter oder der Sachwalter das Recht der Gesellschaftsgläubiger gegen die Aktionäre aus."

3. § 87 Abs. 3 wird wie folgt gefaßt:

„(3) Wird über das Vermögen der Gesellschaft das Insolvenzverfahren eröffnet und kündigt der Insolvenzverwalter den Anstellungsvertrag eines Vorstandsmitglieds, so kann es Ersatz für den Schaden, der ihm durch die Aufhebung des Dienstverhältnisses entsteht, nur für zwei Jahre seit dem Ablauf des Dienstverhältnisses verlangen."

4. § 92 Abs. 2 wird wie folgt gefaßt:

„(2) Wird die Gesellschaft zahlungsunfähig, so hat der Vorstand ohne schuldhaftes Zögern, spätestens aber drei Wochen nach Eintritt der Zahlungsunfähigkeit, die Eröffnung des Insolvenzverfahrens zu beantragen. Dies gilt sinngemäß, wenn sich eine Überschuldung der Gesellschaft ergibt."

5. § 93 wird wie folgt geändert:

a) Absatz 4 Satz 4 wird wie folgt gefaßt:

„Die zeitliche Beschränkung gilt nicht, wenn der Ersatzpflichtige zahlungsunfähig ist und sich zur Abwendung des Insolvenzverfahrens mit seinen Gläubigern vergleicht oder wenn die Ersatzpflicht in einem Insolvenzplan geregelt wird."

b) Absatz 5 Satz 4 wird wie folgt gefaßt:

„Ist über das Vermögen der Gesellschaft das Insolvenzverfahren eröffnet, so übt während dessen Dauer der Insolvenzverwalter oder der Sachwalter das Recht der Gläubiger gegen die Vorstandsmitglieder aus."

6. § 117 Abs. 5 Satz 3 wird wie folgt gefaßt:

„Ist über das Vermögen der Gesellschaft das Insolvenzverfahren eröffnet, so übt während dessen Dauer der Insolvenzverwalter oder der Sachwalter das Recht der Gläubiger aus."

7. *

8. *

9. § 262 Abs. 1 wird wie folgt geändert:

a) In der Nummer 3 werden die Worte „des Konkursverfahrens" durch die Worte „des Insolvenzverfahrens" ersetzt.

b) Die Nummer 4 wird wie folgt gefaßt:

„4. mit der Rechtskraft des Beschlusses, durch den die Eröffnung des Insolvenzverfahrens mangels Masse abgelehnt wird;".

c) Der Punkt am Ende der Nummer 5 wird durch einen Strichpunkt ersetzt; es wird folgende neue Nummer 6 angefügt:

„6. durch Löschung der Gesellschaft wegen Vermögenslosigkeit nach § 141a des Gesetzes über die Angelegenheiten der freiwilligen Gerichtsbarkeit."

10. § 263 wird wie folgt geändert:

a) In Satz 2 werden die Worte „des Konkursverfahrens" durch die Worte „des Insolvenzverfahrens" ersetzt.

b) Es wird folgender neuer Satz 4 angefügt:

„Im Falle der Löschung der Gesellschaft (§ 262 Abs. 1 Nr. 6) entfällt die Eintragung der Auflösung."

11. § 264 wird wie folgt geändert:

a) In Absatz 1 wird das Wort „Konkursverfahren" durch das Wort „Insolvenzverfahren" ersetzt.

b) Absatz 2 wird neuer Absatz 3.

c) Es wird folgender neuer Absatz 2 eingefügt:

„(2) Ist die Gesellschaft durch Löschung wegen Vermögenslosigkeit aufgelöst, so findet eine Abwicklung nur statt, wenn sich nach der Löschung herausstellt, daß Vermögen vorhanden ist, das der Verteilung unterliegt. Die Abwickler sind auf Antrag eines Beteiligten durch das Gericht zu ernennen."

12. § 274 Abs. 2 Nr. 1 wird wie folgt gefaßt:

„1. durch die Eröffnung des Insolvenzverfahrens aufgelöst, das Verfahren aber auf Antrag des Schuldners eingestellt oder nach der Bestätigung eines Insolvenzplans, der den Fortbestand der Gesellschaft vorsieht, aufgehoben worden ist;".

13. *

14. § 289 wird wie folgt geändert:

a) Absatz 2 Nr. 1 wird wie folgt gefaßt:

„1. mit der Rechtskraft des Beschlusses, durch den die Eröffnung des Insolvenzverfahrens mangels Masse abgelehnt wird;".

b) In Absatz 2 wird der Punkt am Ende der Nummer 2 durch einen Strichpunkt ersetzt; es wird folgende neue Nummer 3 angefügt:

„3. durch die Löschung der Gesellschaft wegen Vermögenslosigkeit nach § 141 a des Gesetzes über die Angelegenheiten der freiwilligen Gerichtsbarkeit."

c) In Absatz 3 Satz 1 werden die Worte „des Konkursverfahrens" durch die Worte „des Insolvenzverfahrens" ersetzt.

d) An Absatz 6 werden folgende neue Sätze angefügt:

„In den Fällen des Absatzes 2 hat das Gericht die Auflösung und ihren Grund von Amts wegen einzutragen. Im Falle des Absatzes 2 Nr. 3 entfällt die Eintragung der Auflösung."

15. An § 290 wird folgender neuer Absatz 3 angefügt:

„(3) Ist die Gesellschaft durch Löschung wegen Vermögenslosigkeit aufgelöst, so findet eine Abwicklung nur statt, wenn sich nach der Löschung herausstellt, daß Vermögen vorhanden ist, das der Verteilung unterliegt. Die Abwickler sind auf Antrag eines Beteiligten durch das Gericht zu ernennen."

16. § 302 Abs. 3 Satz 2 wird wie folgt gefaßt:

„Dies gilt nicht, wenn der Ausgleichspflichtige zahlungsunfähig ist und sich zur Abwendung des Insolvenzverfahrens mit seinen Gläubigern vergleicht oder wenn die Ersatzpflicht in einem Insolvenzplan geregelt wird."

17. *

18. § 309 wird wie folgt geändert:

a) Absatz 3 Satz 2 wird wie folgt gefaßt:

„Die zeitliche Beschränkung gilt nicht, wenn der Ersatzpflichtige zahlungsunfähig ist und sich zur Abwendung des Insolvenzverfahrens mit seinen Gläubigern vergleicht oder wenn die Ersatzpflicht in einem Insolvenzplan geregelt wird."

b) Absatz 4 Satz 5 wird wie folgt gefaßt:

„Ist über das Vermögen der Gesellschaft das Insolvenzverfahren eröffnet, so übt während dessen Dauer der Insolvenzverwalter oder der Sachwalter das Recht der Aktionäre und Gläubiger, den Ersatzanspruch der Gesellschaft geltend zu machen, aus."

19. *

20. *

21. § 385 q wird wie folgt geändert:

a) In Satz 1 wird das Wort „Konkursverfahren" durch das Wort „Insolvenzverfahren" ersetzt.

b) In Satz 2 wird die Angabe „§§ 105 bis 115 a, 116 und 117" durch die Angabe „§§ 105 bis 115 a und § 116 Nr. 1 bis 3" ersetzt.

22. *

Die mit * versehenen Nummern 7, 8, 13, 17, 19, 20 und 22 enthalten rein redaktionelle Anpassungen, vgl. Gesamtabdruck des Einführungsgesetzes.

Artikel 47 entspricht Art. 45 RegEEGInsO. Der folgende Begründungstext entspricht im wesentlichen BT-Drs. 12/3803, S. 84 bis 86, „Zu Artikel 45".

1 *Allgemeines*

Das Aktiengesetz wird an den Ablauf des neuen Insolvenzverfahrens und die Terminologie der Insolvenzordnung angepaßt. Weiter wird die Aufhebung des Gesetzes über die Auflösung und Löschung von Gesellschaften und Genossenschaften und – bei den Umwandlungsvorschriften – Änderungen im Genossenschaftsrecht berücksichtigt.

2 *Zu Nummer 1 (§ 50 Satz 2)*

Die Vorschrift wird in entsprechender Weise wie § 130 a Abs. 3 Satz 5 HGB und § 9 b Abs. 1 Satz 2 GmbH-Gesetz neu gefaßt (vgl. Artikel 40 Nr. 4 Buchstabe d, Artikel 48 Nr. 1 des Einführungsgesetzes). Entgegen § 50 Satz 1 AktG kann die Gesellschaft auch in den ersten drei Jahren nach ihrer Eintragung in das Handelsregister auf Schadensersatzansprüche gegen die Gründer ganz oder teilweise verzichten, wenn dies nach

Eintritt der Zahlungsunfähigkeit des Ersatzpflichtigen in einem außergerichtlichen Vergleich oder in einem Insolvenzplan geschieht. Im Falle eines Insolvenzplans kommt es nicht darauf an, ob dieser Plan von der ersatzpflichtigen Person oder aber vom Insolvenzverwalter (§ 218 der Insolvenzordnung) vorgelegt worden ist. Ebenso ist unerheblich, ob der Ausgleichspflichtige nach § 247 der Insolvenzordnung einem Plan zugestimmt oder widersprochen hat.

Zu Nummer 2 (§ 62 Abs. 2 Satz 2)

Auch im künftigen Insolvenzverfahren hat der Verwalter das Recht, die Ansprüche der Gesellschaft gegen ihre Aktionäre auf Rückgewähr gesetzwidriger Leistungen für die Masse geltend zu machen. Wenn im Insolvenzverfahren die Eigenverwaltung unter Aufsicht eines Sachwalters angeordnet ist (§ 270 der Insolvenzordnung), übt der Sachwalter, nicht die Gesellschaft selbst, diese Ansprüche aus; die Vorschrift lehnt sich insoweit an den ebenfalls neu gefaßten § 171 Abs. 2 HGB an (vgl. Artikel 40 Nr. 15 des Einführungsgesetzes).

Zu Nummer 3 (§ 87 Abs. 3)

Die bisherigen Regelungen für den Konkurs und für das Vergleichsverfahren werden auf das künftige einheitliche Insolvenzverfahren übertragen und an die Terminologie der Insolvenzordnung angepaßt. Dabei braucht im Gesetzestext nicht besonders erwähnt zu werden, daß das Recht des Insolvenzverwalters zur vorzeitigen Kündigung eines Dienstverhältnisses (§ 113 Abs. 1 Satz 1 der Insolvenzordnung) im Falle der Eigenverwaltung unter Aufsicht eines Sachwalters dem Schuldner zusteht (vgl. § 279 der Insolvenzordnung).

Zu Nummer 4 (§ 92 Abs. 2)

Die Vorschrift über die Konkursantragspflicht des Vorstands wird an die Einführung eines einheitlichen Insolvenzverfahrens angepaßt. Zu den Einzelheiten wird auf die Begründung zur Neufassung der Parallelvorschrift des § 130 a Abs. 1 HGB Bezug genommen (vgl. Artikel 40 Nr. 4 des Einführungsgesetzes).

Zu den Nummern 5 und 6 (§§ 93, 117 Abs. 5 Satz 3)

§ 93 Abs. 4 Satz 4 wird in gleicher Weise geändert wie die parallele Vorschrift des § 50 Satz 2. Die Änderung des § 93 Abs. 5 Satz 4 und des § 117 Abs. 5 Satz 3 entspricht der Änderung des § 62 Abs. 2 Satz 2. Auf die Begründung zu den Nummern 1 und 2 wird verwiesen.

Zu den Nummern 9 bis 11 (§ 262 Abs. 1, §§ 263, 264)

Die Vorschriften über die Auflösung der Aktiengesellschaft durch die Eröffnung oder die Ablehnung der Eröffnung des Konkursverfahrens werden auf das künftige Insolvenzverfahren übertragen.

Bedingt durch die Aufhebung des Gesetzes über die Auflösung und Löschung von Gesellschaften und Genossenschaften werden die Auflösungsbestimmungen dieses Gesetzes betreffend die Aktiengesellschaften unmittelbar in die aktienrechtlichen Vorschriften aufgenommen. Der neue § 262 Abs. 1 Nr. 6 bestimmt die Auflösung der wegen Vermögenslosigkeit nach § 141 a FGG gelöschten Gesellschaft. Die Regelung entspricht dem bisherigen § 2 Abs. 1 Satz 3 des Gesetzes über die Auflösung und Löschung von Gesellschaften und Genossenschaften.

Zur Begründung der Ergänzung des § 263 Satz 4 sei auf den neuen § 143 Abs. 1 Satz 4 HGB (vgl. Artikel 40 Nr. 11) hingewiesen.

Der neue § 264 Abs. 2 entspricht dem bisherigen § 2 Abs. 3 des Gesetzes über die Auflösung und Löschung von Gesellschaften und Genossenschaften.

8 *Zu Nummer 12 (§ 274 Abs. 2 Nr. 1)*

Die Änderung der Regelung über die Fortsetzung einer aufgelösten Gesellschaft berücksichtigt, daß die Funktionen des bisherigen Zwangsvergleichs im künftigen Insolvenzverfahren von dem neuen Rechtsinstitut des Insolvenzplans übernommen werden. Die Formulierung entspricht der neuen Fassung von § 144 Abs. 1 HGB und § 60 Abs. 1 Nr. 4 GmbHG (vgl. Artikel 40 Nr. 12, Artikel 48 Nr. 5 des Einführungsgesetzes).

9 *Zu den Nummern 14 und 15 (§§ 289, 290 Abs. 3)*

§§ 289 und 290 Abs. 3 enthalten die bisher für die Kommanditgesellschaft auf Aktien im Gesetz über die Auflösung und Löschung von Gesellschaften und Genossenschaften geregelten Auflösungs- und Löschungstatbestände. Zur Begründung sei auf die entsprechenden Vorschriften für die Auflösung und Löschung der Aktiengesellschaft unter Nummern 9 bis 11 verwiesen.

Zusätzlich sind redaktionelle Anpassungen erfolgt.

10 *Zu Nummer 16 (§ 302 Abs. 3 Satz 2)*

Satz 2 wird in Anlehnung an die neue Formulierung von § 50 Satz 2 und § 93 Abs. 4 Satz 4 neu gefaßt.

11 *Zu Nummer 18 (§ 309)*

Absatz 3 Satz 2 wird in gleicher Weise geändert wie § 50 Satz 2, § 93 Abs. 4 Satz 4 und § 302 Abs. 3 Satz 2.

Absatz 4 Satz 5 wird ebenso wie § 62 Abs. 2 Satz 2, § 93 Abs. 5 Satz 4 und § 117 Abs. 5 Satz 3 neu gefaßt.

12 *Zu Nummer 21 (§ 385 q)*

Die Vorschrift über den Gläubigerschutz in einem Insolvenzverfahren, das innerhalb von zwei Jahren nach der Umwandlung einer Genossenschaft in eine Aktiengesellschaft über das Vermögen dieser Gesellschaft eröffnet worden ist, wird in Satz 1 redaktionell angepaßt.

In Satz 2, der die Regelung des Genossenschaftsgesetzes über die Nachschußpflicht im Insolvenzfall für sinngemäß anwendbar erklärt, entfällt die Verweisung auf die bisherigen §§ 116 und 117 des Genossenschaftsgesetzes, da diese Vorschriften durch Artikel 49 Nr. 38 und 39 des Einführungsgesetzes aufgehoben und durch inhaltlich neue Vorschriften ersetzt werden.

Der neue § 116 wird in seinen Nummern 1 bis 3 zusätzlich in die Verweisung einbezogen. Es erschien zweckmäßig, im Zusammenhang mit den Regeln über die Nachschußpflicht auch die Vorschriften für sinngemäß anwendbar zu erklären, die das Verhältnis von Nachschußpflicht und Insolvenzplan betreffen.

13 Die Nummer 1, nach der im Insolvenzverfahren über das Vermögen einer Genossenschaft ein Insolvenzplan bis zur Beendigung des Nachschußverfahrens beim Insolvenzgericht vorgelegt werden kann – statt bis zum Schlußtermin wie nach allgemeinem Insolvenzrecht (vgl. § 218 Abs. 1 Satz 3 der Insolvenzordnung) –, trägt der Tatsache Rechnung, daß sich im Genossenschafts-Insolvenzverfahren die Feststellung der von den Genossen zu leistenden Nachschüsse zeitlich an die Zustimmung des Gerichts zur Schlußverteilung anschließt (vgl. § 114 GenG i. d. F. v. Artikel 49 Nr. 31). Da dieser Ablauf des Insolvenzverfahrens nach § 385 q Satz 2 AktG i. V. m. § 114 GenG auch für die in eine Aktiengesellschaft umgewandelte Genossenschaft gelten soll, ist es stimmig, für diesen Fall den zeitlichen Rahmen für die Vorlage eines Plans entsprechend auszuweiten.

An die Nachschußpflicht der Genossen knüpft auch die Nummer 2 des neuen § 116 GenG an, nach der im Insolvenzplan anzugeben ist, welche Nachschüsse bereits geleistet sind und welche weiteren Nachschußpflichten bestehen. Diese Angabe im Plan ist für die Nachschußpflicht nach der Umwandlung einer Genossenschaft in eine Aktiengesellschaft ebenso sinnvoll wie für die Nachschußpflicht im Genossenschaftsrecht. **14**

Nach Nummer 3 kann bei der Bildung der Gruppen für die Festlegung der Rechte der Gläubiger im Insolvenzplan zwischen den Gläubigern, die zugleich Mitglieder der Genossenschaft sind und Nachschüsse zu leisten haben, und den übrigen Gläubigern unterschieden werden. Der Grundgedanke der Regelung, daß die Gläubiger, die zugleich als Genossen nachschußpflichtig sind, andere wirtschaftliche Interessen haben als die übrigen Gläubiger, trifft im Insolvenzverfahren über das Vermögen einer Aktiengesellschaft, die aus einer Genossenschaft hervorgegangen ist und bei der noch Nachschußpflichten bestehen, in gleicher Weise zu. **15**

Von einer Verweisung auf den neuen § 116 Nr. 4 GenG wird dagegen abgesehen, da eine Mitwirkung des genossenschaftlichen Prüfungsverbands nach der Umwandlung der Genossenschaft in eine Aktiengesellschaft nicht mehr zweckmäßig ist.

Artikel 48
Änderung des Gesetzes betreffend die Gesellschaft mit beschränkter Haftung

Das Gesetz betreffend die Gesellschaft mit beschränkter Haftung in der im Bundesgesetzblatt Teil III, Gliederungsnummer 4123-1, veröffentlichten bereinigten Fassung, zuletzt geändert durch Artikel 3 des Gesetzes vom 25. Juli 1994 (BGBl. I S. 1682), wird wie folgt geändert:

1. § 9 b Abs. 1 Satz 2 wird wie folgt gefaßt:

„Dies gilt nicht, wenn der Ersatzpflichtige zahlungsunfähig ist und sich zur Abwendung des Insolvenzverfahrens mit seinen Gläubigern vergleicht oder wenn die Ersatzpflicht in einem Insolvenzplan geregelt wird."

2. § 32 a wird wie folgt geändert:

a) Absatz 1 wird wie folgt gefaßt:

„(1) Hat ein Gesellschafter der Gesellschaft in einem Zeitpunkt, in dem ihr die Gesellschafter als ordentliche Kaufleute Eigenkapital zugeführt hätten, statt dessen ein Darlehen gewährt, so kann er den Anspruch auf Rückgewähr des Darlehens im Insolvenzverfahren über das Vermögen der Gesellschaft nur als nachrangiger Insolvenzgläubiger geltend machen."

b) In Absatz 2 werden die Worte „im Konkursverfahren oder im Vergleichsverfahren zur Abwendung des Konkurses" ersetzt durch die Worte „im Insolvenzverfahren".

3. § 32 b Satz 1 wird wie folgt gefaßt:

„Hat die Gesellschaft im Fall des § 32 a Abs. 2, 3 das Darlehen im letzten Jahr vor dem Antrag auf Eröffnung des Insolvenzverfahrens oder nach diesem Antrag zurückgezahlt, so hat der Gesellschafter, der die Sicherung bestellt hatte oder als Bürge haftete, der Gesellschaft den zurückgezahlten Beitrag zu erstatten; § 146 der Insolvenzordnung gilt entsprechend."

4. Nach § 58 werden die folgenden §§ 58 a bis 58 f eingefügt:

„§ 58 a

(1) Eine Herabsetzung des Stammkapitals, die dazu dienen soll, Wertminderungen auszugleichen oder sonstige Verluste zu decken, kann als vereinfachte Kapitalherabsetzung vorgenommen werden.

(2) Die vereinfachte Kapitalherabsetzung ist nur zulässig, nachdem der Teil der Kapital- und Gewinnrücklagen, der zusammen über zehn vom Hundert des nach der Herabsetzung verbleibenden Stammkapitals hinausgeht, vorweg aufgelöst ist. Sie ist nicht zulässig, solange ein Gewinnvortrag vorhanden ist.

(3) Im Beschluß über die vereinfachte Kapitelherabsetzung sind die Nennbeträge der Geschäftsanteile dem herabgesetzten Stammkapital anzupassen. Die Geschäftsanteile können auf jeden durch zehn teilbaren Betrag, müssen jedoch auf mindestens fünfzig Deutsche Mark gestellt werden. Geschäftsanteile, deren Nennbetrag durch die Herabsetzung unter fünfzig Deutsche Mark sinken würde, sind von den Geschäftsführern zu gemeinschaftlichen Geschäftsanteilen zu vereinigen, wenn die Einlagen auf die Geschäftsanteile voll geleistet, die Geschäftsanteile nicht mit einer Nachschußpflicht oder mit Rechten Dritter belastet und nach dem Gesellschaftsvertrag nicht mit verschiedenen Rechten und Pflichten ausgestattet sind. Die Erklärung über die Vereinigung der Geschäftsanteile bedarf der notariellen Beurkundung. Die Vereinigung wird mit der Eintragung des Beschlusses über die Kapitalherabsetzung in das Handelsregister wirksam.

(4) Das Stammkapital kann unter den in § 5 Abs. 1 bestimmten Mindestnennbetrag herabgesetzt werden, wenn dieser durch eine Kapitalerhöhung wieder erreicht wird, die zugleich mit der Kapitalherabsetzung beschlossen ist und bei der Sacheinlagen nicht festgesetzt sind. Die Beschlüsse sind nichtig, wenn sie nicht binnen drei Monaten nach der Beschlußfassung in das Handelsregister eingetragen worden sind. Der Lauf der Frist ist gehemmt, solange eine Anfechtungs- oder Nichtigkeitsklage rechtshängig ist oder eine zur Kapitalherabsetzung oder Kapitalerhöhung beantragte staatliche Genehmigung noch nicht erteilt ist. Die Beschlüsse sollen nur zusammen in das Handelsregister eingetragen werden.

(5) Neben den §§ 53 und 54 über die Abänderung des Gesellschaftsvertrags gelten die §§ 58 b bis 58 f.

§ 58 b

(1) Die Beträge, die aus der Auflösung der Kapital- oder Gewinnrücklagen und aus der Kapitalherabsetzung gewonnen werden, dürfen nur verwandt werden, um Wertminderungen auszugleichen und sonstige Verluste zu decken.

(2) Daneben dürfen die gewonnenen Beträge in die Kapitalrücklage eingestellt werden, soweit diese zehn vom Hundert des Stammkapitals nicht übersteigt. Als Stammkapital gilt dabei der Nennbetrag, der sich durch die Herabsetzung ergibt, mindestens aber der nach § 5 Abs. 1 zulässige Mindestnennbetrag.

(3) Ein Betrag, der auf Grund des Absatzes 2 in die Kapitalrücklage eingestellt worden ist, darf vor Ablauf des fünften nach der Beschlußfassung über die Kapitalherabsetzung beginnenden Geschäftsjahrs nur verwandt werden

1. zum Ausgleich eines Jahresfehlbetrags, soweit er nicht durch einen Gewinnvortrag aus dem Vorjahr gedeckt ist und nicht durch Auflösung von Gewinnrücklagen ausgeglichen werden kann;
2. zum Ausgleich eines Verlustvortrags aus dem Vorjahr, soweit er nicht durch einen Jahresüberschuß gedeckt ist und nicht durch Auflösung von Gewinnrücklagen ausgeglichen werden kann;
3. zur Kapitalerhöhung aus Gesellschaftsmitteln.

§ 58 c

Ergibt sich bei Aufstellung der Jahresbilanz für das Geschäftsjahr, in dem der Beschluß über die Kapitalherabsetzung gefaßt wurde, oder für eines der beiden folgenden Geschäftsjahre, daß Wertminderungen und sonstige Verluste in der bei der Beschlußfassung angenommenen Höhe tatsächlich nicht eingetreten oder ausgeglichen waren, so ist der Unterschiedsbetrag in die Kapitalrücklage einzustellen. Für einen nach Satz 1 in die Kapitalrücklage eingestellten Betrag gilt § 58 b Abs. 3 sinngemäß.

§ 58 d

(1) Gewinn darf vor Ablauf des fünften nach der Beschlußfassung über die Kapitalherabsetzung beginnenden Geschäftsjahrs nur ausgeschüttet werden, wenn die Kapital- und Gewinnrücklagen zusammen zehn vom Hundert des Stammkapitals erreichen. Als Stammkapital gilt dabei der Nennbetrag, der sich durch die Herabsetzung ergibt, mindestens aber der nach § 5 Abs. 1 zulässige Mindestnennbetrag.

(2) Die Zahlung eines Gewinnanteils von mehr als vier vom Hundert ist erst für ein Geschäftsjahr zulässig, das später als zwei Jahre nach der Beschlußfassung über die Kapitalherabsetzung beginnt. Dies gilt nicht, wenn die Gläubiger, deren Forderungen vor der Bekanntmachung der Eintragung des Beschlusses begründet worden waren, befriedigt oder sichergestellt sind, soweit sie sich binnen sechs Monaten nach der Bekanntmachung des Jahresabschlusses, aufgrund dessen die Gewinnverteilung beschlossen ist, zu diesem Zweck gemeldet haben. Einer Sicherstellung der Gläubiger bedarf es nicht, die im Fall des Insolvenzverfahrens ein Recht auf vorzugsweise Befriedigung aus einer

Deckungsmasse haben, die nach gesetzlicher Vorschrift zu ihrem Schutz errichtet und staatlich überwacht ist. Die Gläubiger sind in der Bekanntmachung nach § 325 Abs. 1 Satz 2 oder Abs. 2 Satz 1 des Handelsgesetzbuchs auf die Befriedigung oder Sicherstellung hinzuweisen.

§ 58 e

(1) Im Jahresabschluß für das letzte vor der Beschlußfassung über die Kapitalherabsetzung abgelaufene Geschäftsjahr können das Stammkapital sowie die Kapital- und Gewinnrücklagen in der Höhe ausgewiesen werden, in der sie nach der Kapitalherabsetzung bestehen sollen. Dies gilt nicht, wenn der Jahresabschluß anders als durch Beschluß der Gesellschafter festgestellt wird.

(2) Der Beschluß über die Feststellung des Jahresabschlusses soll zugleich mit dem Beschluß über die Kapitalherabsetzung gefaßt werden.

(3) Die Beschlüsse sind nichtig, wenn der Beschluß über die Kapitalherabsetzung nicht binnen drei Monaten nach der Beschlußfassung in das Handelsregister eingetragen worden ist. Der Lauf der Frist ist gehemmt, solange eine Anfechtungs- oder Nichtigkeitsklage rechtshängig ist oder eine zur Kapitalherabsetzung beantragte staatliche Genehmigung noch nicht erteilt ist.

(4) Der Jahresabschluß darf nach § 325 des Handelsgesetzbuchs erst nach Eintragung des Beschlusses über die Kapitalherabsetzung offengelegt werden.

§ 58 f

(1) Wird im Fall des § 58 e zugleich mit der Kapitalherabsetzung eine Erhöhung des Stammkapitals beschlossen, so kann auch die Kapitalerhöhung in dem Jahresabschluß als vollzogen berücksichtigt werden. Die Beschlußfassung ist nur zulässig, wenn die neuen Stammeinlagen übernommen, keine Sacheinlagen festgesetzt sind und wenn auf jede neue Stammeinlage die Einzahlung geleistet ist, die nach § 56 a zur Zeit der Anmeldung der Kapitalerhöhung bewirkt sein muß. Die Übernahme und die Einzahlung sind dem Notar nachzuweisen, der den Beschluß über die Erhöhung des Stammkapitals beurkundet.

(2) Sämtliche Beschlüsse sind nichtig, wenn die Beschlüsse über die Kapitalherabsetzung und die Kapitalerhöhung nicht binnen drei Monaten nach der Beschlußfassung in das Handelsregister eingetragen worden sind. Der Lauf der Frist ist gehemmt, solange eine Anfechtungs- oder Nichtigkeitsklage rechtshängig ist oder eine zur Kapitalherabsetzung oder Kapitalerhöhung beantragte staatliche Genehmigung noch nicht erteilt worden ist. Die Beschlüsse sollen nur zusammen in das Handelsregister eingetragen werden.

(3) Der Jahresabschluß darf nach § 325 des Handelsgesetzbuchs erst offengelegt werden, nachdem die Beschlüsse über die Kapitalherabsetzung und Kapitalerhöhung eingetragen worden sind."

5. § 60 Abs. 1 wird wie folgt geändert:

a) Die Nummer 4 wird wie folgt gefaßt:

„4. durch die Eröffnung des Insolvenzverfahrens; wird das Verfahren auf Antrag des Schuldners eingestellt oder nach der Bestätigung eines Insolvenzplans, der den Fortbestand der Gesellschaft vorsieht, aufgehoben, so können die Gesellschafter die Fortsetzung der Gesellschaft beschließen;".

b) Die bisherige Nummer 5 wird die neue Nummer 6; der Punkt am Ende dieser Nummer wird durch einen Strichpunkt ersetzt.

c) Es wird folgende neue Nummer 5 eingefügt:

„5. mit der Rechtskraft des Beschlusses, durch den die Eröffnung des Insolvenzverfahrens mangels Masse abgelehnt worden ist;".

d) Es wird folgende neue Nummer 7 angefügt:

„7. durch die Löschung der Gesellschaft wegen Vermögenslosigkeit nach § 141 a des Gesetzes über die Angelegenheiten der freiwilligen Gerichtsbarkeit."

6. § 63 wird aufgehoben.

7. § 64 Abs. 1 wird wie folgt gefaßt:

„(1) Wird die Gesellschaft zahlungsunfähig, so haben die Geschäftsführer ohne schuldhaftes Zögern, spätestens aber drei Wochen nach Eintritt der Zahlungsunfähigkeit, die Eröffnung des Insolvenzverfahrens zu beantragen. Dies gilt sinngemäß, wenn sich eine Überschuldung der Gesellschaft ergibt."

8. § 65 Abs. 1 wird wie folgt geändert:

a) Satz 2 wird wie folgt gefaßt:

„Dies gilt nicht in den Fällen der Eröffnung oder der Ablehnung der Eröffnung des Insolvenzverfahrens und der gerichtlichen Feststellung eines Mangels des Gesellschaftsvertrags oder der Nichteinhaltung der Verpflichtungen nach § 19 Abs. 4."

b) Es wird folgender neuer Satz 4 angefügt:

„Im Falle der Löschung der Gesellschaft (§ 60 Abs. 1 Nr. 7) entfällt die Eintragung der Auflösung."

9. § 66 wird wie folgt geändert:

a) In Absatz 1 werden die Worte „des Konkursverfahrens" durch die Worte „des Insolvenzverfahrens" ersetzt.

b) Es wird folgender neuer Absatz 5 angefügt:

„(5) Ist die Gesellschaft durch Löschung wegen Vermögenslosigkeit aufgelöst, so findet eine Liquidation nur statt, wenn sich nach der Löschung herausstellt, daß Vermögen vorhanden ist, das der Verteilung unterliegt. Die Liquidatoren sind auf Antrag eines Beteiligten durch das Gericht zu ernennen."

10. § 84 Abs. 1 Nr. 2 wird wie folgt gefaßt:

„2. als Geschäftsführer entgegen § 64 Abs. 1 oder als Liquidator entgegen § 71 Abs. 4 unterläßt, bei Zahlungsunfähigkeit oder Überschuldung die Eröffnung des Insolvenzverfahrens zu beantragen."

Artikel 48 entspricht im wesentlichen Art. 46 RegEEGInsO. Der folgende Begründungstext entspricht im wesentlichen BT-Drs. 12/3803, S. 86 bis 90, „Zu Artikel 46", BT-Drs. 12/3803, S. 126, 136, jeweils zu Nummer 22, und BT-Drs. 12/7303, S. 112, zu Nr. 26 („Zu Artikel 46").

1 *Allgemeines*

Im GmbH-Gesetz werden die Vorschriften über kapitalersetzende Darlehen (§§ 32 a, 32 b) an das neue Insolvenzrecht angepaßt. Ferner wird durch die neuen §§ 58 a bis 58 f das Rechtsinstitut der vereinfachten Kapitalherabsetzung eingeführt, das bisher nur dem Aktienrecht bekannt ist; die Sanierung innerhalb wie außerhalb eines Insolvenzverfahrens wird dadurch erleichtert. Im Zusammenhang mit der Aufhebung des Gesetzes über die Auflösung und Löschung von Gesellschaften und Genossenschaften werden die §§ 60, 65 und 66 des GmbH-Gesetzes um zusätzliche Auflösungsvorschriften ergänzt. Schließlich werden die Vorschriften über die Konkursantragspflicht der Geschäftsführer (§ 64 Abs. 1, § 84 Abs. 1 Nr. 2) auf das neue Insolvenzverfahren umgestellt.

2 *Zu Nummer 1 (§ 9)*

Absatz 1 Satz 2 wird redaktionell angepaßt, wobei die gleiche Formulierung gewählt wird, die auch für § 130 a Abs. 3 Satz 5 HGB und für § 50 Satz 2, § 93 Abs. 4 Satz 4, § 302 Abs. 3 Satz 2, § 309 Abs. 3 Satz 2 AktG vorgesehen ist (vgl. Artikel 40 Nr. 4 Buchstabe d und Artikel 47 Nr. 1, 5 Buchstabe a, Nr. 16, 18 Buchstabe a des Einführungsgesetzes). Die Schadensersatzansprüche der Gesellschaft gegen die Gesellschafter, die Geschäftsführer und die in § 9 a Abs. 4 genannten Personen können mit Wirkung gegen die Gläubiger eingeschränkt oder aufgehoben werden, wenn sich der Ersatzpflichtige nach Eintritt der Zahlungsunfähigkeit mit seinen Gläubigern außergerichtlich vergleicht oder wenn in einem Insolvenzplan eine derartige Regelung getroffen wird.

3 *Zu Nummer 2 (§ 32 a)*

Nach geltendem Recht können Ansprüche auf Rückgewähr kapitalersetzender Gesellschafterdarlehen im Konkurs- oder Vergleichsverfahren der Gesellschaft mit beschränkter Haftung nicht geltend gemacht werden (§ 32 a Abs. 1 Satz 1 GmbHG). Im Falle eines Zwangsvergleichs oder eines im Vergleichsverfahren geschlossenen Vergleichs werden diese Ansprüche jedoch wie Konkurs- oder Vergleichsforderungen behandelt (Satz 2 der gleichen Vorschrift).

Die Insolvenzordnung ändert diese Rechtslage dahin gehend, daß Ansprüche auf Rückgewähr kapitalersetzender Gesellschafterdarlehen als nachrangige Insolvenzforderungen in das Insolvenzverfahren einbezogen werden (vgl. § 39 der Insolvenzordnung und die Begründung zu dieser Vorschrift). In einem Insolvenzplan kann auch die Erfüllung dieser Ansprüche geregelt werden (vgl. die §§ 222, 225 und 246 der Insolvenzordnung). § 32 a GmbHG ist an diese Neuregelung anzupassen.

Im einzelnen wird in § 32 a Abs. 1 der bisherige Satz 1 dahin abgeändert, daß an die Stelle des Ausschlusses der Geltendmachung im Konkurs- oder Vergleichsverfahren der Nachrang im Insolvenzverfahren gesetzt wird. Der bisherige Satz 2 wird gestrichen. Absatz 2 wird in der Formulierung angepaßt.

4 *Zu Nummer 3 (§ 32 b Satz 1)*

§ 32 b, der in engem Zusammenhang mit dem Recht der Insolvenzanfechtung steht, wird inhaltlich an die Neuregelung dieses Rechtsgebiets angepaßt: Die in der Vorschrift enthaltene Jahresfrist wird nicht mehr von der Verfahrenseröffnung, sondern vom Eröffnungsantrag zurückgerechnet. Durch die neu eingefügte Verweisung auf § 146 der Insolvenzordnung wird erreicht, daß der Rückforderungsanspruch nach § 32 b GmbHG in gleicher Weise verjährt wie ein Anfechtungsanspruch nach der Insolvenzordnung. Die bisherige Rechtslage ist in diesem Punkt unstimmig: Hat die Gesellschaft im letzten Jahr vor der Konkurseröffnung ein (kapitalersetzendes) Darlehen zurückgezahlt, das ihr ein Gesellschafter gewährt hat, so muß der Konkursverwalter die Anfechtung nach § 32 a Satz 2 KO innerhalb eines Jahres nach Konkurseröffnung geltend machen (§ 41 Abs. 1 Satz 1 KO). Hat dagegen ein Dritter der Gesellschaft ein (kapitalersetzendes) Darlehen gewährt, für dessen Rückgewähr sich ein Gesellschafter verbürgt hat, und hat die Gesellschaft dieses Darlehen im letzten Jahr vor der Konkurseröffnung zurückgezahlt, so kann der Konkursverwalter den Gesellschafter ohne eine derartige Frist nach § 32 b GmbHG auf Erstattung des zurückgezahlten Betrages in Anspruch nehmen.

Zu Nummer 4 (§§ 58 a bis 58 f)   5

Die bei einer Kapitalherabsetzung erforderlichen Gläubigersicherungen des geltenden Rechts, insbesondere die dafür vorgeschriebene Einhaltung des sogenannten Sperrjahres (§ 58 Abs. 1 Nr. 3 GmbHG), stehen einer Sanierung der Gesellschaft häufig im Wege. Soll eine Kapitalherabsetzung nur dazu dienen, Wertminderungen auszugleichen oder sonstige Verluste zu decken, soll also kein bisher gebundenes Kapital an die Gesellschafter ausgeschüttet werden, können die Gläubiger durch andere Vorschriften geschützt werden, die eine Sanierung nicht behindern. Dazu kann auf die früher vorübergehend im GmbH-Recht zugelassene, gegenwärtig aber nur im Aktienrecht vorhandene Einrichtung der sogenannten vereinfachten Kapitalherabsetzung zurückgegriffen werden. Sie soll es Gesellschaften erleichtern, den Nennbetrag des Stammkapitals an den durch schlechten Geschäftsgang verminderten Vermögensbestand der Gesellschaft anzugleichen. Das Gesetz führt durch die §§ 58 a bis 58 f GmbHG eine entsprechende Regelung für die GmbH ein, die allerdings wegen der Besonderheiten der GmbH in einigen Einzelheiten der Modifizierung gegenüber dem Aktiengesetz bedarf.

§ 58 a   6

Die Vorschrift regelt die Voraussetzungen für die vereinfachte Kapitalherabsetzung.

Absatz 1 entspricht § 229 Abs. 1 AktG mit der Abweichung, daß eine vereinfachte Kapitalherabsetzung bei der GmbH nur zum Ausgleich von Wertminderungen oder zur Deckung sonstiger Verluste vorgenommen werden darf. Die Einstellung von Beträgen in die Kapitalrücklage darf hingegen nicht ständiger Zweck einer vereinfachten Kapitalherabsetzung sein. Die Kapitalrücklage ist kein gesetzlicher Reservefonds, sondern dient in den Fällen des § 58 c als Ersatz für den hier nicht eingreifenden Gläubigerschutz des § 58. Das durch die Kapitalherabsetzung freiwerdende Kapital wird statt dessen im Interesse der Gläubiger durch Einstellung in die Kapitalrücklage gebunden. Nach § 58 b Abs. 2 soll zwar ausnahmsweise aus Anlaß einer vereinfachten Kapitalherabsetzung über deren Zweck (Ausgleich von Wertminderungen oder Deckung sonstiger Verluste) hinaus ein beschränkter Betrag in die Kapitalrücklage eingestellt werden dürfen, damit die Gesellschaft (nach dem Zwang zur vorherigen Auflösung freier Rücklagen, § 58 a Abs. 2) nicht im nächsten Jahr u. U. schon wieder einen Verlust ausweisen muß. Eine Einstellung in die Kapitalrücklage darf jedoch nicht Selbstzweck einer vereinfachten Kapitalherabsetzung sein, da sonst die Gefahr bestünde, daß die für die ordentliche Kapitalherabsetzung geltenden Gläubigerschutzvorschriften (§ 58) umgangen werden könnten.

7 Anders als § 229 Abs. 1 Satz 2 AktG sieht das Einführungsgesetz nicht ausdrücklich vor, daß der Zweck der Kapitalherabsetzung im Kapitalherabsetzungsbeschluß angegeben werden muß. In der Sache soll dies allerdings auch bei der GmbH gelten, doch bedingt das geltende GmbH-Gesetz eine insoweit abweichende Fassung. Zur Kapitalherabsetzung nach § 58 hat sich auch ohne gesetzliche Regelung bereits die Auffassung durchgesetzt, daß auch dort die Angabe des Zwecks der Kapitalherabsetzung erforderlich ist. Würde dies nunmehr nur für die vereinfachte Kapitalherabsetzung ausdrücklich geregelt, könnte das zu dem unrichtigen Gegenschluß verleiten, daß die Angabe des Zwecks bei der Kapitalherabsetzung nach § 58 künftig nicht mehr erforderlich sei. Um dies und einen zusätzlichen Regelungsaufwand bei § 58 zu vermeiden, verzichtet das Einführungsgesetz auch in § 58 a auf eine ausdrückliche Regelung und geht davon aus, daß sich die Angabe des Zwecks auch bei der vereinfachten Kapitalherabsetzung durchsetzt.

8 Absatz 2 lehnt sich im wesentlichen an § 229 Abs. 2 AktG an. In die mitgliedschaftliche Position der Gesellschafter soll nur eingegriffen werden dürfen, wenn keine anderen Möglichkeiten zum Ausgleich von Wertminderungen oder zur Deckung sonstiger Verluste offenstehen.

9 Absatz 3 klärt Streitfragen des geltenden Rechts. Insoweit ist umstritten, ob bei einer Kapitalherabsetzung zur Beseitigung einer Unterbilanz die Nennbeträge der Geschäftsanteile an den Nennbetrag des herabgesetzten Kapitals angepaßt werden müssen und bis zu welcher Grenze gegebenenfalls Zwerggeschäftsanteile gebildet werden dürfen, die nicht den Anforderungen des § 5 Abs. 1, 3 genügen. Das Einführungsgesetz verpflichtet einerseits zur Anpassung der Nennbeträge der Geschäftsanteile an den Nennbetrag des herabgesetzten Stammkapitals, damit die aus den Geschäftsanteilen der Gesellschafter fließenden Rechte in ihrem Umfang eindeutig identifiziert werden (Absatz 3 Satz 1). Zur Vermeidung von Rechtsunsicherheit soll diese Anpassung in den Beschluß über die vereinfachte Kapitalherabsetzung aufgenommen werden müssen. Das Einführungsgesetz klärt andererseits, daß zur Erleichterung der Kapitalherabsetzung zwar wie im Fall des § 6 Abs. 1 Satz 2 KapErhG die Geschäftsanteile bis zu einem Mindestnennbetrag von 50 DM herabgesetzt werden können und nur durch zehn teilbar sein müssen, aber diese Mindestgrenzen zur Vermeidung unübersichtlicher Zwergbeteiligungen auch nicht unterschritten werden dürfen (Absatz 3 Satz 2). Kann auch dieser geringere Mindestnennbetrag nicht eingehalten werden, was z. B. der Fall sein kann, wenn ein sehr kräftiger Kapitalschnitt erforderlich ist, so können die Geschäftsführer gleichartige Geschäftsanteile zu gemeinschaftlichen Geschäftsanteilen vereinigen (Absatz 3 Satz 3), an denen die betroffenen Gesellschafter alsdann Mitberechtigte (§ 18) sind. Die Kompetenz für die Vereinigung wird den Geschäftsführern übertragen, damit das Verfahren nicht durch das Erfordernis eines Gesellschafterbeschlusses, dessen Inhalt durch die gesetzliche Verpflichtung zur Vereinigung festgelegt ist, zusätzlich erschwert wird. Um die Zahl der notwendigen Vereinigungen von Geschäftsanteilen in Grenzen zu halten, verzichtet das Einführungsgesetz darauf, einen über 50 DM liegenden Mindestnennbetrag festzusetzen. Damit durch eine Vereinigung von Geschäftsanteilen die Kette notarieller Urkunden über die Geschäftsanteile nicht unterbrochen wird, bestimmt Absatz 3 Satz 4, daß die Erklärung über die Vereinigung der Geschäftsanteile der notariellen Beurkundung bedarf. Absatz 3 Satz 5 stellt sicher, daß die Bereinigung der Beteiligungsverhältnisse vor der Anmeldung der Kapitalherabsetzung eingeleitet werden muß, damit mit der Eintragung der Kapitalherabsetzung in das Handelsregister klare Beteiligungsverhältnisse bestehen.

Von einer weiteren gesetzlichen Vorsorge für den Fall, daß eine Vereinigung von Geschäftsanteilen wegen ihrer Verschiedenartigkeit nach Absatz 3 Satz 3 nicht zulässig ist, sieht das Einführungsgesetz hingegen ab. Insbesondere erscheint es nicht angemessen, die Gesellschafter, deren Geschäftsanteile den Mindestnennbetrag von 50 DM nicht erreichen, zu verpflichten, ihre Geschäftsanteile auf Verlangen der Geschäftsführer gegen angemessenes Entgelt an einen anderen Gesellschafter abzutreten (vgl. § 110 Abs. 3 Satz 4 des Entwurfs eines GmbH-Gesetzes von 1938). Aufgrund einer solchen Regelung könnten die Geschäftsführer die bisherigen Mehrheitsverhältnisse in der Gesellschaft verschieben. Die Regelung führt auch nicht zu befriedigenden Ergebnissen, wenn kein Gesellschafter bereit ist, den abzutretenden Geschäftsanteil zu übernehmen. Dieser Lösungsversuch stößt somit wie andere letztlich auf Schranken, die durch gesetzliche Regelungen nicht überwunden werden können. Es wird daher der Gesellschaft überlassen, dem Einzelfall angemessene Lösungen zu suchen. **10**

Zur Erleichterung einer Sanierung von Gesellschaften gestattet Absatz 4 die Herabsetzung des Stammkapitals unter den Mindestnennbetrag (§ 5 Abs. 1), wenn dieser durch eine gleichzeitig beschlossene Kapitalerhöhung wieder erreicht wird. Die Einzelheiten der Regelung entsprechen im wesentlichen § 228 AktG. Lediglich die Eintragungsfrist wird in Absatz 4 Satz 2 abweichend geregelt und auf drei Monate festgesetzt. Es ist ein Gleichlauf mit den anderen Fristenregelungen in den Vorschriften über die vereinfachte Kapitalherabsetzung bei der GmbH herzustellen und nicht mit § 228 AktG, der die ordentliche Kapitalherabsetzung betrifft. **11**

Absatz 5 verweist für die vereinfachte Kapitalherabsetzung zusätzlich auf die Anwendung der §§ 58 b bis 58 f. Diese Verweisungstechnik ist notwendig, weil die Regelungen über die vereinfachte Kapitalherabsetzung im Interesse der Erleichterung von Sanierungen, aber auch zur Gewährleistung des gebotenen Gläubigerschutzes einen über die normale Kapitalherabsetzung hinausgehenden Regelungsaufwand erfordern und daher anders als in § 58 nicht in einer einzigen Vorschrift zusammengefaßt werden können. Andererseits können die §§ 58 a bis 58 f die vereinfachte – wie auch § 58 die normale – Kapitalherabsetzung nicht abschließend regeln, da das GmbH-Gesetz nach seiner Systematik Kapitalveränderungen nicht abschließend je für sich, sondern nur ergänzend als besondere Fälle einer Änderung des Gesellschaftsvertrags regelt. Auch die vereinfachte Kapitalherabsetzung ist ihrem Inhalt nach eine Änderung des Gesellschaftsvertrags. Zusätzlich zu den allgemein für Änderungen des Gesellschaftsvertrags geltenden Vorschriften (vgl. §§ 53, 54) und zu § 58 a Abs. 1 bis 4 gelten daher für die vereinfachte Kapitalherabsetzung die §§ 58 b bis 58 f. **12**

§ 58 b **13**

Entsprechend dem Zweck, dem eine vereinfachte Kapitalherabsetzung dienen darf (§ 58 a Abs. 1), dürfen die aus der Auflösung der offenen Rücklagen und aus der Kapitalherabsetzung gewonnenen Beträge nur zum Ausgleich von Wertminderungen oder zur Deckung sonstiger Verluste verwandt werden (Absatz 1). Diese Regelung schließt – ohne daß dies der ausdrücklichen Hervorhebung bedarf – ein, daß die gewonnenen Beträge nicht zu Zahlungen an die Gesellschafter und nicht dazu verwandt werden dürfen, die Gesellschafter von der Verpflichtung zur Leistung von Einlagen zu befreien (vgl. § 230 Satz 1 AktG).

Neben den in Absatz 1 zugelassenen Zwecken dürfen aus Anlaß einer vereinfachten Kapitalherabsetzung Beträge in die Kapitalrücklage eingestellt werden, soweit diese zehn vom Hundert nicht übersteigt (Absatz 2 Satz 1; vgl. auch die Begründung zu § 58 a Abs. 1). Absatz 2 Satz 2 bestimmt, wie für diesen Fall das Stammkapital zu berechnen ist.

Von einer ausdrücklichen Regelung darüber, daß die Verwendung zur Einstellung in die Kapitalrücklage nur zulässig sein soll, wenn sie im Beschluß über die Kapitalherabsetzung angegeben ist, sieht das Einführungsgesetz aus den zu § 58 a Abs. 1 dargelegten Gründen ab, geht aber davon aus, daß auch insoweit eine Pflicht zur Angabe dieser Verwendung besteht.

14 Absatz 3 regelt, zu welchen Zwecken ein nach Absatz 2 in die Sonderrücklage eingestellter Betrag verwendet werden darf. Im Hinblick auf den besonderen Charakter der Kapitalrücklage (vgl. Begründung zu § 58 a Abs. 1) bedarf es abweichend vom Aufbau des Aktiengesetzes, das in § 150 Abs. 3 und 4 AktG allgemein regelt, zu welchen Zwecken die gesetzliche Rücklage verwendet werden darf, in Absatz 3 einer vollständigen Regelung über die Verwendung der in die Kapitalrücklage eingestellten Beträge. Die vereinfachte Kapitalherabsetzung darf nicht dazu mißbraucht werden, das zur Deckung des Stammkapitals erforderliche Vermögen der Gesellschaft an die Gesellschafter auszuschütten, ohne daß die für die ordentliche Kapitalherabsetzung bestehenden Gläubigerschutzvorschriften (§ 58) eingehalten werden. Ein solcher Mißbrauch könnte dadurch verhindert werden, daß vor einer Auflösung der Sonderrücklage die gleichen Voraussetzungen erfüllt werden müßten, unter denen eine Ausschüttung von Beträgen an die Gesellschafter bei einer ordentlichen Kapitalherabsetzung zulässig ist (§ 58). Da Beträge nach Absatz 2 jedoch nur in sehr beschränktem Umfang in die Kapitalrücklage eingestellt werden dürfen, sieht das Einführungsgesetz davon ab, die Gesellschaft zu verpflichten, vor Auflösung der Sonderrücklage die Einhaltung der Gläubigerschutzvorschriften (§ 58) gleichsam nachzuholen. Das Einführungsgesetz bindet jeden in die Kapitalrücklage eingestellten Betrag statt dessen in der Weise, daß dieser Betrag innerhalb von fünf Jahren nur zu ganz begrenzten Zwecken verwendet werden darf, die keine Gläubigerbenachteiligungen zur Folge haben können. Hat die Gesellschaft die vereinfachte Kapitalherabsetzung fünf Jahre wirtschaftlich überlebt, so bedürfen die Gläubiger keines besonderen Schutzes gegen eine Ausschüttung von Beträgen mehr, die nach Absatz 2 in die Kapitalrücklage eingestellt worden sind. Soweit ein in die Kapitalrücklage eingestellter Betrag nicht zu den nach Absatz 3 erlaubten Zwecken verwandt worden ist, wird er daher mit Ablauf des fünften nach der Beschlußfassung über die Kapitalherabsetzung beginnenden Geschäftsjahrs frei.

15 § 58 c

Die Vorschrift regelt die Einstellung von Beträgen in die Kapitalrücklage bei zu hoch angenommenen Verlusten.

Satz 1 entspricht § 232 AktG.

Satz 2 beschränkt aus den gleichen Gründen wie § 58 b Abs. 3 die Verwendung jedes in die Kapitalrücklage eingestellten Betrags.

16 § 58 d

Die Vorschrift beschränkt im Gläubigerschutzinteresse die Gewinnausschüttung nach einer vereinfachten Kapitalherabsetzung.

Absatz 1 entspricht § 233 Abs. 1 AktG mit der Abweichung, daß das Gewinnausschüttungsverbot des Absatzes 1 Satz 1 auf fünf Jahre nach der Beschlußfassung über die Kapitalherabsetzung begrenzt wird. Da die GmbH auch sonst nicht zur Bildung eines gesetzlichen Reservefonds im Sinne der aktienrechtlichen gesetzlichen Reserve verpflichtet ist, kann sie nach Ablauf von fünf Jahren auch dann Gewinn ausschütten, wenn die Kapitalrücklage zehn vom Hundert des Stammkapitals nicht erreicht. Die vereinfachte Kapitalherabsetzung führt nicht dazu, daß die Gesellschaft künftig stets einen gesetzlichen Reservefonds aufrechterhalten muß.

Absatz 2 ist wegen gleichgelagerter Interessenlage unverändert aus § 233 Abs. 2 AktG übernommen worden.

§ 58 e 17

Die Vorschrift erlaubt unter bestimmten Voraussetzungen eine rückwirkende Kapitalherabsetzung in vereinfachter Form.

Gesellschaften, die ihren Jahresabschluß offenlegen müssen, können in ihrem Kredit gefährdet werden, wenn sie gezwungen sind, mit einem Verlustabschluß hervorzutreten. Dies zu fordern, erscheint unbillig, wenn der Verlust durch eine Kapitalherabsetzung in vereinfachter Form bereinigt werden kann. Das Einführungsgesetz gestattet daher in gleicher Weise wie § 234 AktG, daß der bei der Herabsetzung erzielte Buchgewinn schon in der Bilanz für das letzte Geschäftsjahr in Erscheinung treten kann.

Eine solche Verbindung der Beschlüsse über die Feststellung des Jahresabschlusses und die Kapitalherabsetzung ist jedoch nur möglich, sofern die Gesellschafter für beide Beschlüsse zuständig sind. Da die Gesellschafter für den Beschluß über die Feststellung des Jahresabschlusses im Gesellschaftsvertrag die Zuständigkeit anderer Organe oder Personen begründen können (§ 46 Nr. 1) und das Einführungsgesetz in diese Gestaltungsfreiheit auch für den vorliegenden Fall nicht eingreifen will, wird in Absatz 1 Satz 2 eine rückwirkende Kapitalherabsetzung dann nicht zugelassen, wenn der Jahresabschluß anders als durch Beschluß der Gesellschafter festgestellt wird. Abgesehen von dieser Besonderheit, die auch bedingt, daß § 234 Abs. 2 Satz 1 AktG nicht übernommen werden kann, stimmt die Regelung mit § 234 AktG überein. Absatz 4 ist aus § 236 (erster Fall) AktG übernommen.

§ 58 f 18

Die Vorschrift entspricht § 235 und § 236 (zweiter Fall) AktG.

Zu Nummer 5 (§ 60 Abs. 1) 19

Der erste Halbsatz der Nummer 4 wird an die Einführung eines einheitlichen Insolvenzverfahrens angepaßt; in Zukunft führt die Eröffnung dieses Verfahrens zur Auflösung der Gesellschaft (vgl. die Begründung zur entsprechenden Anpassung des § 131 Nr. 3 HGB durch Artikel 40 Nr. 6 des Einführungsgesetzes). Der neugefaßte zweite Halbsatz trägt dem Umstand Rechnung, daß das Insolvenzverfahren keinen Zwangsvergleich mehr kennt. Die Gesellschafter können jedoch die Fortsetzung der Gesellschaft beschließen, wenn ein Insolvenzplan zustandegekommen ist, der den Fortbestand der Gesellschaft vorsieht. Die Formulierung lehnt sich dabei an den ebenfalls neu gefaßten § 144 Abs. 1 HGB an (vgl. Artikel 40 Nr. 12 des Einführungsgesetzes).

Die neuen Nummern 5 und 7 enthalten für die Gesellschaft mit beschränkter Haftung die 20
Auflösungsvorschriften, die bisher in §§ 1, 2 Gesetz über die Auflösung und Löschung von Gesellschaften und Genossenschaften enthalten waren. Gemäß Artikel 2 Nr. 9 des Einführungsgesetzes wird dieses Gesetz aufgehoben (vgl. die Begründung zu dieser Vorschrift).

Zu Nummer 6 (§ 63) 21

Die im bisherigen § 63 enthaltenen Vorschriften zu den Voraussetzungen der Konkurseröffnung bei der Gesellschaft mit beschränkter Haftung sind bereits im Rahmen der §§ 11, 15 und 19 der Insolvenzordnung berücksichtigt. § 63 ist daher aufzuheben.

22 *Zu Nummer 7 (§ 64 Abs. 1)*

Die Vorschrift über die Konkursantragspflicht der Geschäftsführer wird an die Einführung eines einheitlichen Insolvenzverfahrens angepaßt. Zu den Einzelheiten wird auf die Begründung zur Neufassung der Parallelvorschrift des § 130a Abs. 1 HGB Bezug genommen (vgl. Artikel 40 Nr. 4 des Einführungsgesetzes).

23 *Zu Nummer 8 (§ 65 Abs. 1)*

Durch die Änderung des Satzes 2 wird der Inhalt des bisherigen § 1 Abs. 2 Satz 2 des Gesetzes über die Auflösung und Löschung von Gesellschaften und Genossenschaften, soweit er die GmbH betrifft, in das GmbH-Gesetz übernommen. Zur Ergänzung des neuen Satzes 4 wird auf die Begründung zu § 143 Abs. 1 Satz 4 HGB (Artikel 40 Nr. 11) verwiesen.

24 *Zu Nummer 9 (§ 66)*

Der neue Absatz 5 entspricht dem bisherigen § 2 Abs. 3 des Gesetzes über die Auflösung und Löschung von Gesellschaften und Genossenschaften.

Im übrigen werden redaktionelle Anpassungen vorgenommen.

25 *Zu Nummer 10 (§ 84 Abs. 1 Nr. 2)*

Die Vorschrift wird an das einheitliche Insolvenzverfahren angepaßt. Außerdem wird die bisherige Verweisung auf § 71 Abs. 2 berichtigt. Durch das Bilanzrichtlinien-Gesetz vom 19. Dezember 1985 (BGBl. I S. 2355) wurde § 71 neu gefaßt. § 71 Abs. 2 wurde § 71 Abs. 4. In § 84 Abs. 1 Nr. 2 muß daher auf § 71 Abs. 4 verwiesen werden.

Artikel 49
Änderung des Gesetzes betreffend die Erwerbs- und Wirtschaftsgenossenschaften

Das Gesetz betreffend die Erwerbs- und Wirtschaftsgenossenschaften in der Fassung der Bekanntmachung vom 19. August 1994 (BGBl. I S. 2202) wird wie folgt geändert:

1. *

2. *

3. § 34 wird wie folgt geändert:

   a) **In Absatz 3 Nr. 4 werden die Worte „Konkursgrund nach § 98 Abs. 1" durch die Worte „nach § 98 Grund für die Eröffnung des Insolvenzverfahrens" ersetzt.**

   b) **In Absatz 5 Satz 3 werden die Worte „der Konkurs" durch die Worte „das Insolvenzverfahren" und das Wort „Konkursverwalter" durch die Worte „Insolvenzverwalter oder Sachwalter" ersetzt.**

4. In § 47 Abs. 3 werden in Satz 1 nach dem Wort „betrifft," die Worte „oder wird die Fortsetzung der Genossenschaft nach § 117 beschlossen," eingefügt.

5. *

6. *

7. Nach § 81 wird folgender neuer § 81 a eingefügt:

„§ 81 a

Die Genossenschaft wird aufgelöst

1. mit der Rechtskraft des Beschlusses, durch den die Eröffnung des Insolvenzverfahrens mangels Masse abgelehnt worden ist;

2. durch die Löschung wegen Vermögenslosigkeit nach § 141 a des Gesetzes über die Angelegenheiten der freiwilligen Gerichtsbarkeit."

8. An § 82 wird folgender neuer Absatz 3 angefügt:

„(3) im Falle der Löschung der Genossenschaft (§ 81 a Nr. 2) sind die Absätze 1 und 2 nicht anzuwenden."

9. An § 83 wird folgender neuer Absatz 5 angefügt:

„(5) Ist die Genossenschaft durch Löschung wegen Vermögenslosigkeit aufgelöst, so findet eine Liquidation nur statt, wenn sich nach der Löschung herausstellt, daß Vermögen vorhanden ist, das der Verteilung unterliegt. Die Liquidatoren sind auf Antrag eines Beteiligten durch das Gericht zu ernennen."

10. *

11. *

12. *

13. *

14. *

15. § 98 wird wie folgt gefaßt:

„§ 98

Abweichend von § 19 Abs. 1 der Insolvenzordnung ist bei einer Genossenschaft die Überschuldung nur dann Grund für die Eröffnung des Insolvenzverfahrens, wenn

1. die Genossen Nachschüsse bis zu einer Haftsumme zu leisten haben und die Überschuldung ein Viertel des Gesamtbetrages der Haftsummen aller Genossen übersteigt,

2. die Genossen keine Nachschüsse zu leisten haben oder

3. die Genossenschaft aufgelöst ist."

16. § 99 wird wie folgt geändert:

a) Absatz 1 wird wie folgt gefaßt:

„(1) Wird die Genossenschaft zahlungsunfähig, so hat der Vorstand, bei einer aufgelösten Genossenschaft der Liquidator, ohne schuldhaftes Zögern, spätestens aber drei Wochen nach Eintritt der Zahlungsunfähigkeit, die Eröffnung des Insolvenzverfahrens zu beantragen. Dies gilt sinngemäß, wenn eine Überschuldung besteht, die für die Genossenschaft nach § 98 Grund für die Eröffnung des Insolvenzverfahrens ist."

b) In Absatz 2 Satz 1 werden die Worte „die für die Genossenschaft Konkursgrund nach § 98 Abs. 1 ist" durch die Worte „die für die Genossenschaft nach § 98 Grund für die Eröffnung des Insolvenzverfahrens ist" ersetzt.

17. § 100 wird aufgehoben.

18. *

19. § 102 wird wie folgt gefaßt:

„§ 102

(1) Die Eröffnung des Insolvenzverfahrens ist von Amts wegen in das Genossenschaftsregister einzutragen. Das gleiche gilt für

1. die Aufhebung des Eröffnungsbeschlusses,

2. die Bestellung eines vorläufigen Insolvenzverwalters, wenn zusätzlich dem Schuldner ein allgemeines Verfügungsverbot auferlegt oder angeordnet wird, daß Verfügungen des Schuldners nur mit Zustimmung des vorläufigen Insolvenzverwalters wirksam sind, und die Aufhebung einer derartigen Sicherungsmaßnahme,

3. die Einstellung und die Aufhebung des Verfahrens und

4. die Überwachung der Erfüllung eines Insolvenzplans und die Aufhebung der Überwachung.

(2) Die Eintragungen nach Absatz 1 werden nicht bekanntgemacht."

20. § 103 wird aufgehoben.

21. § 104 wird aufgehoben.

22. § 105 wird wie folgt geändert:

a) Absatz 1 wird wie folgt gefaßt:

„(1) Soweit die Ansprüche der Massegläubiger oder die bei der Schlußverteilung (§ 196 der Insolvenzordnung) berücksichtigten Forderungen der Insolvenzgläubiger aus dem vorhandenen Vermögen der Genossenschaft nicht berichtigt werden, sind die Genossen verpflichtet, Nachschüsse zur Insolvenzmasse zu leisten, es sei denn, daß das Statut die Nachschußpflicht ausschließt. Im Falle eines rechtskräftig bestätigten Insolvenzplans besteht die Nachschußpflicht insoweit, als sie im gestaltenden Teil des Plans vorgesehen ist."

b) In Absatz 5 wird das Wort „Konkursgläubiger" durch das Wort „Insolvenzgläubiger" ersetzt.

23. § 106 wird wie folgt geändert:

a) Absatz 1 wird wie folgt gefaßt:

„(1) Der Insolvenzverwalter hat sofort, nachdem die Vermögensübersicht (§ 153 der Insolvenzordnung) auf der Geschäftsstelle niedergelegt ist, zu berechnen, wieviel zur Deckung des aus der Vermögensübersicht ersichtlichen Fehlbetrages die Genossen vorschußweise beizutragen haben. Sind in der Vermögensübersicht Fortführungs- und Stillegungswerte nebeneinander angegeben, so ist der Fehlbetrag maßgeblich, der sich auf der Grundlage der Stillegungswerte ergibt."

b) In Absatz 3 wird jeweils das Wort „Konkursgericht" durch das Wort „Insolvenzgericht" ersetzt.

24. *

25. *

26. § 109 wird wie folgt geändert:

a) In Absatz 1 wird das Wort „Konkursverwalter" durch das Wort „Insolvenzverwalter" ersetzt.

b) In Absatz 3 werden das Wort „Konkursverfahren" durch das Wort „Insolvenzverfahren" und die Worte „der Bezirk des Konkursgerichts" durch die Worte „das Insolvenzgericht" ersetzt.

27. § 110 wird wie folgt gefaßt:

„§ 110

Die eingezogenen Beträge sind nach Maßgabe des § 149 der Insolvenzordnung zu hinterlegen oder anzulegen."

28. *

29. § 112a Abs. 1 wird wie folgt gefaßt:

„(1) Der Insolvenzverwalter kann über den von dem Genossen zu leistenden Nachschuß einen Vergleich abschließen. Der Vergleich bedarf zu seiner Wirksamkeit der Zustimmung des Gläubigerausschusses, wenn ein solcher bestellt ist, und der Bestätigung durch das Insolvenzgericht."

30. *

31. § 114 wird wie folgt geändert:

a) Absatz 1 Satz 1 wird wie folgt gefaßt:

„Sobald mit dem Vollzug der Schlußverteilung (§ 196 der Insolvenzordnung) begonnen wird oder sobald nach einer Anzeige der Masseunzulänglichkeit (§ 208 der Insolvenzordnung) die Insolvenzmasse verwertet ist, hat der Insolvenzverwalter schriftlich festzustellen, ob und in welcher Höhe nach der Verteilung des Erlöses ein Fehlbetrag verbleibt und inwieweit er durch die bereits geleisteten Nachschüsse gedeckt ist."

b) In Absatz 2 wird das Wort „Konkursverwalter" durch das Wort „Insolvenzverwalter" ersetzt.

32. § 115 wird wie folgt geändert:

a) In Absatz 1 werden das Wort „Verwalter" jeweils durch das Wort „Insolvenzverwalter" und die Angabe „(Konkursordnung § 166)" durch die Angabe „(§ 203 der Insolvenzordnung)" ersetzt.

b) In Absatz 2 Satz 1 wird die Angabe „§ 168 der Konkursordnung" durch die Angabe „§§ 189 bis 191 der Insolvenzordnung" ersetzt.

c) In Absatz 3 wird das Wort „Konkursverwalter" durch das Wort „Insolvenzverwalter" ersetzt.

33. § 115 a wird wie folgt geändert:

a) Absatz 1 wird wie folgt gefaßt:

„(1) Nimmt die Abwicklung des Insolvenzverfahrens voraussichtlich längere Zeit in Anspruch, so kann der Insolvenzverwalter mit Zustimmung des Gläubigerausschusses, wenn ein solcher bestellt ist, und des Insolvenzgerichts die eingezogenen Beträge (§ 110) schon vor dem in § 115 Abs. 1 bezeichneten Zeitpunkt im Wege der Abschlagsverteilung nach den §§ 187 bis 195 der Insolvenzordnung an die Gläubiger verteilen. Eine Abschlagsverteilung soll unterbleiben, soweit nach dem Verhältnis der Schulden zu dem Vermögen mit einer Erstattung eingezogener Beträge an Genossen nach § 105 Abs. 4 oder § 115 Abs. 3 zu rechnen ist."

b) In Absatz 2 wird das Wort „Konkursmasse" durch das Wort „Insolvenzmasse" ersetzt.

34. In § 115 b werden das Wort „Konkursgläubiger" durch das Wort „Insolvenzgläubiger", die Worte „vor der Eröffnung des Konkursverfahrens" durch die Worte „vor dem Antrag auf Eröffnung des Insolvenzverfahrens oder nach diesem Antrag" und das Wort „Konkursmasse" durch das Wort „Insolvenzmasse" ersetzt.

35. *

36. *

37. Der bisherige § 115 e wird aufgehoben; an seiner Stelle wird eingefügt:

„§ 115 e

Ist gemäß § 270 oder § 271 der Insolvenzordnung die Eigenverwaltung unter Aufsicht eines Sachwalters angeordnet, so gelten die §§ 105 bis 115 d mit der Maßgabe, daß an die Stelle des Insolvenzverwalters der Sachwalter tritt."

38. Der bisherige § 116 wird aufgehoben; an seiner Stelle wird eingefügt:

„§ 116

Die Vorschriften der Insolvenzordnung über den Insolvenzplan sind mit folgenden Abweichungen anzuwenden:

1. Ein Plan wird berücksichtigt, wenn er vor der Beendigung des Nachschußverfahrens beim Insolvenzgericht eingeht;

2. im darstellenden Teil des Plans ist anzugeben, in welcher Höhe die Genossen bereits Nachschüsse geleistet haben und zu welchen weiteren Nachschüssen sie nach dem Statut herangezogen werden könnten;

3. bei der Bildung der Gruppen für die Festlegung der Rechte der Gläubiger im Plan kann zwischen den Gläubigern, die zugleich Mitglieder der Genossenschaft sind, und den übrigen Gläubigern unterschieden werden;

4. vor dem Erörterungstermin hat das Insolvenzgericht den Prüfungsverband, dem die Genossenschaft angehört, darüber zu hören, ob der Plan mit den Interessen der Genossen vereinbar ist."

39. Der bisherige § 117 wird aufgehoben; an seiner Stelle wird eingefügt:

„§ 117

(1) Ist das Insolvenzverfahren auf Antrag des Schuldners eingestellt oder nach der Bestätigung eines Insolvenzplans, der den Fortbestand der Genossenschaft vorsieht, aufgehoben worden, so kann die Generalversammlung die Fortsetzung der Genossenschaft beschließen. Zugleich mit dem Beschluß über die Fortsetzung der Genossenschaft ist die nach § 6 Nr. 3 notwendige Bestimmung im Statut zu beschließen, ob die Genossen für den Fall, daß die Gläubiger im Insolvenzverfahren über das Vermögen der Genossenschaft nicht befriedigt werden, Nachschüsse zur Insolvenzmasse unbeschränkt, beschränkt auf eine Haftsumme oder überhaupt nicht zu leisten haben.

(2) Die Beschlüsse nach Absatz 1 bedürfen einer Mehrheit, die mindestens drei Viertel der abgegebenen Stimmen umfaßt. Das Statut kann außer dieser Mehrheit noch andere Erfordernisse aufstellen. Die Vorschriften des § 79 a Abs. 2 bis 4 sind anzuwenden.

(3) Die Fortsetzung der Genossenschaft ist zusammen mit dem Beschluß über die Nachschußpflicht der Genossen durch den Vorstand ohne Verzug zur Eintragung in das Genossenschaftsregister anzumelden."

40. Nach § 117 wird eingefügt:

„§ 118

(1) Wird die Fortsetzung der Genossenschaft gemäß § 117 beschlossen, so kann kündigen

1. jeder in der Generalversammlung erschienene Genosse, wenn er gegen den Beschluß Widerspruch zur Niederschrift erklärt hat oder wenn die Aufnahme seines Widerspruchs in die Niederschrift verweigert worden ist;

2. jeder in der Generalversammlung nicht erschienene Genosse, wenn er zu der Generalversammlung zu Unrecht nicht zugelassen worden ist oder die Versammlung nicht gehörig berufen oder der Gegenstand der Beschlußfassung nicht gehörig angekündigt worden ist.

Hat eine Vertreterversammlung die Fortsetzung der Genossenschaft beschlossen, so kann jeder Genosse kündigen; für die Vertreter gilt Satz 1.

(2) Die Kündigung hat durch schriftliche Erklärung innerhalb eines Monats zu geschehen. Die Frist beginnt in den Fällen des Absatzes 1 Satz 1 Nr. 1 mit der Beschlußfassung, in den Fällen des Absatzes 1 Satz 1 Nr. 2 mit der Erlangung der Kenntnis von der Beschlußfassung. Ist der Zeitpunkt der

Kenntniserlangung streitig, so hat die Genossenschaft die Beweislast. Im Falle der Kündigung wirkt der Beschluß über die Fortsetzung der Genossenschaft weder für noch gegen den Genossen.

(3) Der Zeitpunkt des Ausscheidens des Genossen ist unverzüglich in die Mitgliederliste einzutragen; der Genosse ist hiervon unverzüglich zu benachrichtigen.

(4) Für die Auseinandersetzung des ausgeschiedenen Genossen mit der Genossenschaft ist die für die Fortsetzung der Genossenschaft aufgestellte Eröffnungsbilanz maßgeblich. Das Geschäftsguthaben des Genossen ist binnen sechs Monaten nach dem Ausscheiden auszuzahlen; auf die Rücklagen und das sonstige Vermögen der Genossenschaft hat er vorbehaltlich des § 73 Abs. 3 keinen Anspruch. § 74 ist anzuwenden."

41. *

42. In § 148 Abs. 1 Nr. 2 werden die Worte „des Konkursverfahrens oder des gerichtlichen Vergleichsverfahrens" durch die Worte „des Insolvenzverfahrens" ersetzt.

*Die mit * versehenen Nummern 1, 2, 5, 6, 10 bis 14, 18, 24, 25, 28, 30, 35, 36 und 41 enthalten rein redaktionelle Anpassungen, vgl. Gesamtabdruck des Einführungsgesetzes.*

Artikel 49 entspricht im wesentlichen Art. 47 RegEEGInsO. Der folgende Begründungstext entspricht im wesentlichen BT-Drs. 12/3803, S. 90 bis 96, „Zu Artikel 47", und BT-Drs. 12/7303, S. 112/113, zu Nr. 27 („Zu Artikel 47").

1 *Allgemeines*

Das Genossenschaftsgesetz enthält in seinem Siebenten Abschnitt Sonderregelungen für das Konkursverfahren der Genossenschaft, die zusätzlich zum allgemeinen Insolvenzrecht zu beachten sind oder dieses in einzelnen Punkten abändern. Den Kern dieser Regelungen bilden die Vorschriften über die Verwirklichung der Pflicht der Genossen, Nachschüsse zur Konkursmasse zu leisten (§§ 105 bis 115 b GenG), sofern nicht das Statut die Nachschußpflicht ausschließt (§ 6 Nr. 3 GenG). Durch die vorgesehene Neuregelung des allgemeinen Insolvenzrechts ändert sich insoweit nichts an der Notwendigkeit einer insolvenzrechtlichen Sonderregelung für Genossenschaften, für die auch künftig das Genossenschaftsgesetz als sachgerechter und zweckmäßiger Standort erscheint.

2 Entsprechend der allgemeinen Zielrichtung der Insolvenzrechtsreform zielt auch das Insolvenzverfahren über das Vermögen einer Genossenschaft nicht mehr in erster Linie auf die Liquidation ab. Vielmehr sollen die Verfahrensbeteiligten darüber entscheiden, ob eine Sanierung oder eine Liquidation der Genossenschaft vorteilhafter erscheint. Insbesondere für eine Sanierung steht das neue Rechtsinstrument des Insolvenzplans zur Verfügung. Dies hat einige wesentliche Änderungen von insolvenzrechtlichen Vorschriften für die Genossenschaften erforderlich gemacht. Die Regelungen des Zwangsvergleichs in § 115 e GenG sowie des Vergleichsverfahrens in § 111 VerglO mußten im Rahmen des einheitlichen Insolvenzverfahrens durch neue Vorschriften ersetzt werden. Die Nachschußpflicht knüpft nicht mehr an den Konkurs, sondern an die Eröffnung des einheitlichen Insolvenzverfahrens an. Wird ein Insolvenzplan bestätigt, so sind Nachschüsse zu leisten, soweit dies im gestaltenden Teil des Plans festgelegt ist. Ferner wird die Möglichkeit, die Fortsetzung der aufgelösten Genossenschaft zu beschließen, über § 79 a GenG hinaus auf die Fälle der Bestätigung eines Insolvenzplans und der Einstellung des Insolvenzverfahrens auf Antrag des Schuldners erstreckt.

Im übrigen werden die insolvenzrechtlichen Begriffe des Genossenschaftsgesetzes an die Terminologie der Insolvenzordnung angepaßt. Aus dem Gesetz über die Auflösung und Löschung von Gesellschaften und Genossenschaften, dessen Aufhebung in Artikel 2 Nr. 9 des Einführungsgesetzes geregelt ist, werden Regelungen in das Genossenschaftsgesetz verlagert. 3

Zu Nummer 3 (§ 34) 4

Zu Buchstabe a:

Die terminologische Änderung des Absatzes 3 Nr. 4 berücksichtigt die Neufassung des § 98.

Zu Buchstabe b:

In Absatz 5 Satz 3 werden die Worte „Konkurs" und „Konkursverwalter" angepaßt. Ferner wird der Fall des § 270 der Insolvenzordnung berücksichtigt, daß anstelle eines Insolvenzverwalters ein Sachwalter bestellt wird.

Zu Nummer 4 (§ 47 Abs. 3) 5

Nach dem neuen § 117 (unter Nummer 39, Rdnr. 28) kann die Generalversammlung einer durch Eröffnung des Insolvenzverfahrens aufgelösten Genossenschaft deren Fortsetzung beschließen, wenn das Insolvenzverfahren auf Antrag des Schuldners eingestellt oder nach der Bestätigung eines Insolvenzplans, der den Fortbestand der Genossenschaft vorsieht, aufgehoben worden ist. Der neue § 118 (unter Nummer 40, Rdnr 29 ff.) sieht in Absatz 1 Nr. 1 in diesen Fällen ein Kündigungsrecht eines Genossen vor, der in der Generalversammlung gegen den Fortsetzungsbeschluß Widerspruch zur Niederschrift erklärt hat.

Das aus Gründen der Beweissicherung in § 47 Abs. 3 vorgeschriebene Verzeichnis der erschienenen oder vertretenen Genossen und der Vertreter der Genossen ist daher auch bei Beschlüssen nach § 117 erforderlich.

Zu den Nummern 7 bis 9 (§§ 81 a, 82 Abs. 3, § 83 Abs. 5) 6

Mit den neuen Vorschriften des § 81 a sowie des § 82 Abs. 3 und des § 83 Abs. 5 werden Regelungen über die Auflösung der Genossenschaft in das Genossenschaftsgesetz eingestellt, die sich bisher aus § 1 Abs. 1 Satz 1, § 2 Abs. 1 Satz 3, 4, Abs. 3 i. V. m. § 3 des Gesetzes über die Auflösung und Löschung von Gesellschaften und Genossenschaften ergeben (vgl. die Begründung zu Artikel 2 Nr. 9).

Zu Nummer 15 (§ 98) 7

In den §§ 17 bis 19 der Insolvenzordnung wird allgemein bestimmt, daß bei juristischen Personen die Zahlungsunfähigkeit und die Überschuldung, bei einem Antrag des Schuldners auch die drohende Zahlungsunfähigkeit Gründe für die Eröffnung des Insolvenzverfahrens sind. Die Vorschrift des Absatzes 1 Nr. 1 des § 98 GenG wird dadurch entbehrlich; Absatz 1 Nr. 2 und 3 wird neu formuliert, ohne daß hiermit Änderungen gegenüber dem geltenden Recht verbunden sind.

Die bisherige Regelung in § 98 Abs. 2 ist allgemein für juristische Personen in § 11 Abs. 3 der Insolvenzordnung vorgesehen und kann daher entfallen.

8 *Zu Nummer 16 (§ 99)*

Zu Buchstabe a:

In Absatz 1 Satz 1 entfällt die Verweisung auf die Eröffnung des gerichtlichen Vergleichsverfahrens, da dieses durch das einheitliche Insolvenzverfahren ersetzt wird. Absatz 1 Satz 3 ist daher zu streichen. Ferner ist der Begriff „Konkursverfahren" anzupassen. Entsprechend den Regelungen zum Handelsgesetzbuch und zum GmbH-Gesetz wird auch bei den Genossenschaften die Pflicht des Vorstands, die Eröffnung des Insolvenzverfahrens zu beantragen, nicht auf den neuen Eröffnungsgrund der drohenden Zahlungsunfähigkeit (§ 18 der Insolvenzordnung) erstreckt.

In Absatz 1 Satz 2 entfällt in Anlehnung an § 64 Abs. 1 Satz 1 GmbHG in der Fassung des Zweiten Gesetzes zur Bekämpfung der Wirtschaftskriminalität vom 15. Mai 1986 (BGBl. I S. 721) der Hinweis auf die „Aufstellung des Jahresabschlusses oder einer Zwischenbilanz". Ferner wird die Verweisung auf den neugefaßten § 98 angepaßt.

Zu Buchstabe b:

Auch in Absatz 2 Satz 1 wird berücksichtigt, daß § 98 neu gefaßt wird.

9 *Zu Nummer 17 (§ 100)*

Die Vorschriften der Absätze 1 und 2 über das Antragsrecht der Vorstandsmitglieder sind wegen der allgemeinen Regelung in § 15 der Insolvenzordnung entbehrlich.

Für die Bestimmung in Absatz 3, wonach abweichend von § 107 Konkursordnung der Eröffnungsantrag nicht aus dem Grunde abgewiesen werden kann, daß eine den Kosten des Verfahrens entsprechende Konkursmasse nicht vorhanden sei, besteht kein Bedürfnis. Bei der Prüfung der Massedeckung müssen ohnehin alle der Insolvenzmasse zugewiesenen Haftungsansprüche oder Nachschußpflichten berücksichtigt werden. Zudem trägt § 100 Abs. 3 nicht dem Fall Rechnung, daß das Statut der Genossenschaft eine Nachschußpflicht ausschließt.

10 *Zu Nummer 19 (§ 102)*

Abweichend vom geltenden Recht werden außer der Eröffnung des Insolvenzverfahrens künftig auch die Aufhebung des Eröffnungsbeschlusses (vgl. § 32 HGB), die Bestellung eines vorläufigen Insolvenzverwalters bei allgemeinen Verfügungsbeschränkungen für den Schuldner (vgl. § 21 Abs. 2 Nr. 2 der Insolvenzordnung) und die Aufhebung dieser Sicherungsmaßnahme, die Einstellung und Aufhebung des Insolvenzverfahrens sowie die Überwachung der Erfüllung eines Insolvenzplans und die Aufhebung der Überwachung (vgl. §§ 260 bis 268 der Insolvenzordnung) in das Genossenschaftsregister eingetragen. § 102 wird daher neu gefaßt. Dabei wird ausdrücklich klargestellt, daß die Eintragungen von Amts wegen vorzunehmen sind.

In der Insolvenzordnung sind entsprechende Mitteilungspflichten der Geschäftsstelle des Insolvenzgerichts gegenüber dem Registergericht vorgesehen (vgl. § 23 Abs. 2, § 25 Abs. 1, § 34 Abs. 3, § 200 Abs. 2, § 258 Abs. 3, § 267 Abs. 1 und 3, § 268, § 215 jeweils in Verbindung mit § 31 der Insolvenzordnung). In Übereinstimmung mit dem bisherigen § 102 Satz 2 GenG bestimmt der neue § 102 Abs. 2, daß die Eintragungen nicht bekanntgemacht werden.

11 *Zu Nummer 20 (§ 103)*

Die zwingende Bestellung eines Gläubigerausschusses erscheint nicht notwendig. Bei den Genossenschaften liegen keine besonderen Umstände vor, die eine Abweichung von der allgemeinen Regelung in § 68 der Insolvenzordnung, nach welcher die Gläubigerversammlung über die Einsetzung eines Gläubigerausschusses zu beschließen hat, erforderlich machen würden. § 103 entfällt daher ersatzlos.

Zu Nummer 21 (§ 104)

Nach dem geltenden § 104 muß im Konkursfalle die Generalversammlung unverzüglich zur Beschlußfassung darüber berufen werden, ob die bisherigen Vorstands- und Aufsichtsratsmitglieder weiterhin im Amt bleiben sollen. Diese Sonderregelung für die Genossenschaft erscheint im Hinblick auf die Pflicht des Vorstands nach § 33 Abs. 3, bei Verlust der Hälfte der Geschäftsguthaben und Rücklagen die Generalversammlung einzuberufen, entbehrlich. In dieser Generalversammlung können bereits die Geschäftsführung des Vorstands und die Tätigkeit des Aufsichtsrats zur Diskussion gestellt und eventuelle Konsequenzen gezogen werden. Daher wird davon abgesehen, die Einberufung einer weiteren Generalversammlung, die mit nicht unerheblichen Kosten zu Lasten des den Gläubigern zur Verfügung stehenden Vermögens verbunden ist, gesetzlich vorzuschreiben. § 104 entfällt daher ersatzlos.

Zu Nummer 22 (§ 105)

Zu Buchstabe a:

In § 105 Abs. 1, der den Gesamtumfang der von den Genossen zur Befriedigung der Gläubiger zu leistenden Nachschüsse bestimmt, ist zusätzlich zur Regelung des Falles der Schlußverteilung (§ 196 der Insolvenzordnung) klargestellt worden, daß die Nachschußpflicht der Genossen auch in den Fällen der Masselosigkeit und der Masseunzulänglichkeit (§§ 207, 208 der Insolvenzordnung) besteht; eine Schlußverteilung im Sinne des § 196 der Insolvenzordnung findet in diesen Fällen nicht statt. Außerdem wird berücksichtigt, daß die Befriedigung der Gläubiger, die Verwertung der Insolvenzmasse und deren Verteilung sowie die Haftung des Schuldners in einem rechtskräftig bestätigten Insolvenzplan geregelt werden können (§§ 217 ff. der Insolvenzordnung). In diesem Fall besteht die Nachschußpflicht insoweit, als sie im gestaltenden Teil des Plans vorgesehen ist. Die Vorschrift über den Minderheitenschutz bei einem Insolvenzplan (§ 251 der Insolvenzordnung) garantiert, daß kein Genosse gegen seinen Willen zu höheren Nachschüssen verpflichtet werden kann, als er sie bei einer konkursmäßigen Verwertung der Insolvenzmasse zu leisten hätte.

Der nach dem geltenden § 105 Abs. 1 für die Bestimmung des Vermögens maßgebliche Zeitpunkt der Konkurseröffnung ist sachlich nicht gerechtfertigt, da auch eine Vergrößerung der Masse während des Insolvenzverfahrens berücksichtigt werden muß. Der neugefaßte Absatz 1 stellt daher allgemein auf das vorhandene Vermögen ab.

Zu Buchstabe b:

In Absatz 5 wird der Begriff „Konkursgläubiger" angepaßt.

Zu Nummer 23 (§ 106)

Zu Buchstabe a:

Der neugefaßte Absatz 1 berücksichtigt, daß an die Stelle der Konkurseröffnungsbilanz nach § 124 Konkursordnung eine Vermögensübersicht treten soll (vgl. § 153 der Insolvenzordnung). Bei Gegenständen, deren Wert davon abhängt, ob das Unternehmen fortgeführt oder stillgelegt wird, sind in der Vermögensübersicht beide Werte anzugeben (vgl. § 151 Abs. 2 Satz 2 der Insolvenzordnung). Da die Aussichten einer Fortführung ungewiß sind, ist nach Absatz 1 Satz 2 der Stillegungswert zugrunde zu legen.

Zu Buchstabe b:

In Absatz 3 wird jeweils das Wort „Konkursgericht" angepaßt.

15 *Zu den Nummern 24 bis 26 (§ 108 Abs. 1, § 108 a Abs. 1, § 109)*

In den angeführten Bestimmungen werden jeweils die Worte „Konkursverwalter" und „Konkursgericht" sowie das Wort „Konkursverfahren" angepaßt. Die Präzisierung in § 109 Abs. 3 „der Bezirk des (Konkursgerichts)" erscheint überflüssig und entfällt daher (vgl. die entsprechende Formulierung in § 202 Abs. 2 der Insolvenzordnung).

16 *Zu Nummer 27 (§ 110)*

Die vorgeschlagene Neufassung enthält die erforderliche Anpassung der Regelung an § 149 der Insolvenzordnung. Abweichend vom geltenden Recht obliegt die Bestimmung der Hinterlegungsstelle nicht stets der Gläubigerversammlung.

17 *Zu Nummer 29 (§ 112 a Abs. 1)*

Bei der Neufassung ist berücksichtigt, daß künftig der Gläubigerausschuß fakultativ sein soll (vgl. die Änderung des § 103). Außerdem sind redaktionelle Anpassungen vorgenommen worden.

18 *Zu Nummer 31 (§ 114)*

Der neugefaßte Absatz 1 Satz 1 berücksichtigt zusätzlich den Fall der Masseunzulänglichkeit (§ 208 der Insolvenzordnung), da eine Schlußverteilung nach § 196 der Insolvenzordnung für diesen Fall nicht vorgesehen ist. Maßgeblicher Zeitpunkt für die Nachschußberechnung ist der Abschluß der Verwertung der Insolvenzmasse nach der Anzeige der Masseunzulänglichkeit durch den Insolvenzverwalter.

Im übrigen wird der Begriff „Konkursverwalter" in Absatz 1 Satz 1 und Absatz 2 angepaßt.

19 *Zu Nummer 32 (§ 115)*

Die Verweisungen in § 115 Abs. 1 und 2 auf die §§ 166, 168 KO werden an die entsprechenden Bestimmungen der Insolvenzordnung angepaßt. Ferner werden in Absatz 1 der Begriff „Verwalter" und in Absatz 3 der Begriff „Konkursverwalter" durch „Insolvenzverwalter" ersetzt.

20 *Zu Nummer 33 (§ 115 a)*

Die Regelung in § 115a über Abschlagsverteilungen der Nachschüsse wird sachlich unverändert beibehalten. Die Neufassung des Absatzes 1 enthält die notwendigen Anpassungen der Verweisungen auf Bestimmungen der Konkursordnung und der Begriffe „Konkursverwalter" und „Konkursgericht"; der Inhalt des bisherigen letzten Halbsatzes wird in dem neuen Satz 2 verdeutlicht. In Absatz 2 mußte der Begriff „Konkursmasse" angepaßt werden.

21 *Zu Nummer 34 (§ 115 b)*

Die Begriffe „Konkursgläubiger", „Konkursverfahren" und „Konkursmasse" werden angepaßt. Ferner wird bestimmt, daß für die Berechnung der 18monatigen Frist entsprechend den in der Insolvenzordnung für das neue Insolvenzanfechtungsrecht und für vergleichbare Fälle vorgesehenen Regelungen (vgl. die §§ 88, 130 bis 136 der Insolvenzordnung) bereits der Antrag auf Eröffnung des Insolvenzverfahrens maßgeblich ist.

Zu Nummer 37 (§ 115 e) 22

Die Funktion des bisher im § 115 e geregelten Zwangsvergleichs wird künftig von dem Rechtsinstrument des Insolvenzplans (vgl. §§ 217 ff. der Insolvenzordnung) übernommen. Der bisherige § 115 e wird daher aufgehoben. Die im Falle eines Insolvenzplans bei Genossenschaften zu berücksichtigenden Besonderheiten werden in dem neugefaßten § 116 geregelt.

Der neue § 115 e berücksichtigt, daß nach den §§ 270, 271 der Insolvenzordnung die Eigenverwaltung des Vermögens des Schuldners unter der Aufsicht eines Sachwalters angeordnet werden kann. In diesen Fällen erscheint der Sachwalter geeignet, für die Durchsetzung der Nachschußpflichten an die Stelle des Insolvenzverwalters zu treten. Daher gelten die Bestimmungen der §§ 105 bis 115 d, soweit sie sich auf die Rechte und Pflichten des Insolvenzverwalters beziehen, entsprechend für den Sachwalter.

Zu Nummer 38 (§ 116) 23

Der geltende § 116 enthält eine Sonderregelung der Einstellung des Konkursverfahrens mit Zustimmung aller Gläubiger. Abweichend von § 202 Abs. 2 KO ist danach eine Einstellung ausnahmslos erst nach Ablauf der vom Gericht festgelegten Anmeldefrist möglich. Besondere Gründe, die bei Genossenschaften eine solche Beschränkung der Möglichkeit, das Konkursverfahren einzustellen, als notwendig erscheinen lassen, sind nicht ersichtlich. Im Interesse einer einheitlichen Regelung gilt künftig auch für das Insolvenzverfahren bei Genossenschaften die Vorschrift des § 213 der Insolvenzordnung, die an die Stelle des § 202 Konkursordnung tritt.

Der neue § 116 enthält die im Falle eines Insolvenzplans bei den Genossenschaften erforderlichen Abweichungen von den §§ 217 ff. der Insolvenzordnung. Da der Insolvenzplan die Funktion des Zwangsvergleichs übernimmt, waren insbesondere auch die bisherigen Sondervorschriften in § 115 e für den Zwangsvergleich zu berücksichtigen.

§ 116 Nr. 1 24

Nach § 218 Abs. 1 Satz 3 der Insolvenzordnung kann ein Insolvenzplan, der erst nach dem Schlußtermin beim Insolvenzgericht eingeht, nicht mehr berücksichtigt werden. Entsprechend der bisherigen Regelung in § 115 e Abs. 1 für den Zwangsvergleich ist bei Genossenschaften maßgeblich, ob der Plan vor der Beendigung des Nachschußverfahrens beim Insolvenzgericht eingeht.

§ 116 Nr. 2 25

Für die Beurteilung des Insolvenzplans ist es für die Beteiligten von Interesse, inwieweit die Genossen bereits Nachschüsse geleistet haben und ob und inwieweit sie nach dem Statut zu weiteren Nachschüssen herangezogen werden könnten. Daher sollen diese Angaben in den darstellenden Teil des Plans aufgenommen werden. In welcher Höhe im konkreten Fall noch Nachschüsse geleistet werden sollen, ergibt sich aus dem gestaltenden Teil des Plans (vgl. den neuen § 105 Abs. 1).

§ 116 Nr. 3 26

Gläubiger, die Mitglieder der Genossenschaft sind, haben regelmäßig andere wirtschaftliche Interessen als die übrigen Gläubiger. Nach der allgemeinen Vorschrift des § 222 Abs. 2 der Insolvenzordnung können daher bei der Aufstellung eines Insolvenzplans die Genossen einer besonderen Gruppe zugewiesen werden (vgl. auch den bisherigen § 115 e Abs. 2 Nr. 2 GenG).

27 *§ 116 Nr. 4*

Wie bisher für den Zwangsvergleich in § 115 e Abs. 2 Nr. 1 vorgeschrieben, wird auch für den Insolvenzplan bestimmt, daß der Prüfungsverband darüber zu hören ist, ob der Plan mit den Interessen der Genossen vereinbar ist. Die Äußerung des Prüfungsverbands muß vor dem Erörterungstermin (§ 235 der Insolvenzordnung) durch das Insolvenzgericht eingeholt werden.

28 *Zu Nummer 39 (§ 117)*

Der bisherige § 117 verpflichtet den Vorstand, den Konkursverwalter bei den ihm durch das Genossenschaftsgesetz zugewiesenen Obliegenheiten zu unterstützen. Nach § 97 Abs. 2 der Insolvenzordnung hat der Schuldner den Insolvenzverwalter bei der Erfüllung dieser Aufgaben zu unterstützen; diese Pflicht trifft nach § 101 Abs. 1 Satz 1 der Insolvenzordnung auch die organschaftlichen Vertreter. Für die Regelung in § 117 besteht daher kein Bedürfnis mehr.

Der neue § 117 bestimmt für das künftige Insolvenzverfahren, daß die Generalversammlung die Fortsetzung der durch die Eröffnung des Verfahrens aufgelösten Genossenschaft beschließen kann, wenn das Insolvenzverfahren auf Antrag des Schuldners eingestellt (vgl. §§ 212, 213 der Insolvenzordnung) oder nach der Bestätigung eines Insolvenzplans, der den Fortbestand der Genossenschaft vorsieht, aufgehoben worden ist (vgl. §§ 217, 248, 258 der Insolvenzordnung). Entsprechende Regelungen gelten auch für die übrigen Gesellschaften und juristischen Personen.

Der Fortsetzungsbeschluß hat für die Mitglieder der Genossenschaft zur Folge, daß eine neue Nachschußpflicht entstehen kann, sofern nicht nach dem Statut eine Nachschußpflicht ausgeschlossen ist. Um den Genossen bei der Beschlußfassung über die Fortsetzung der Genossenschaft diese Konsequenz deutlich zu machen, sieht Absatz 1 Satz 2 vor, daß die Generalversammlung zugleich über die nach § 6 Nr. 3 notwendige Bestimmung im Statut über die Nachschußpflicht zu beschließen hat. Der Beschluß ist auch dann erforderlich, wenn die bisherige Regelung des Statuts über die Nachschußpflicht beibehalten werden soll.

Die für den Beschluß nach Absatz 1 Satz 1 und 2 in Absatz 2 Satz 1 und 2 bestimmten Erfordernisse entsprechen der Regelung in § 79 a Abs. 1 Satz 1 und 2 für die Fortsetzung einer durch Beschluß der Generalversammlung oder durch Zeitablauf aufgelösten Genossenschaft. Auch das Erfordernis nach § 79 a Abs. 2 bis 4 der Einschaltung des Prüfungsverbands soll im Falle des § 117 gelten.

Die Regelung in Absatz 3, nach welcher der Vorstand die Beschlüsse nach Absatz 1 unverzüglich zur Eintragung in das Genossenschaftsregister anzumelden hat, entspricht § 79 a Abs. 5.

29 *Zu Nummer 40 (§ 118)*

Der neu eingefügte § 118 sieht ein außerordentliches Kündigungsrecht für die Genossen im Falle einer Fortsetzung der Genossenschaft nach § 117 vor. Dieses Kündigungsrecht ist zum Schutze des Genossen, der bei Beschlußfassung über die Fortsetzung der Genossenschaft in der Minderheit geblieben ist, notwendig, da mit diesem Beschluß neue Zahlungspflichten verbunden sein können. Zum einen kommt eine weitere Nachschußpflicht im Falle der erneuten Insolvenz der Genossenschaft in Betracht, sofern nicht die Nachschußpflicht im Statut ausgeschlossen ist. Zum anderen können sich aus § 87 a weitere Zahlungspflichten des Genossen ergeben; abweichend von § 79 a Abs. 1 Satz 3 kann die Fortsetzung nach § 117 auch dann beschlossen werden, wenn die Genossen nach § 87 a Abs. 2 zu Zahlungen herangezogen worden sind.

Die für das Kündigungsrecht und dessen Ausübung in § 118 Abs. 1 und 2 vorgesehene Regelung stimmt sachlich im wesentlichen mit den Vorschriften des § 67 a Abs. 1 und 2 für das außerordentliche Kündigungsrecht bei Änderungen des Statuts überein. Abweichend von § 67 a Abs. 2 Satz 2 soll die Kündigung aber nicht erst zum Schluß des Geschäftsjahres erklärt werden können. Im Falle der Fortsetzung einer aufgelösten Genossenschaft erscheint es im Interesse des Genossen gerechtfertigt, sein sofortiges Ausscheiden zuzulassen. Die Auseinandersetzung kann auf der Grundlage der Eröffnungsbilanz erfolgen (vgl. Absatz 4).

Nach Absatz 3 ist der Vorstand verpflichtet, die Kündigung unverzüglich in die Liste der Genossen einzutragen.

Die durch das Ausscheiden des Genossen erforderliche Auseinandersetzung mit der Genossenschaft ist in Absatz 4 in Anlehnung an § 73 Abs. 2 Satz 1 und 2, Abs. 3 geregelt. Die Auseinandersetzung soll auf der Grundlage der Eröffnungsbilanz vorgenommen werden, die im Falle der Fortsetzung der Genossenschaft nach der Bestätigung eines Insolvenzplans auf den Zeitpunkt der Beendigung des Insolvenzverfahrens aufzustellen ist. Eine Verlustbeteiligungspflicht des Ausscheidenden gemäß § 73 Abs. 2 Satz 3 kommt in den Fällen des § 118 nicht in Betracht. Für die Verjährung des Auseinandersetzungsanspruchs soll § 74 gelten.

Zu Nummer 42 (§ 148)

Da das gerichtliche Vergleichsverfahren künftig in dem einheitlichen Insolvenzverfahren aufgeht, wird in § 148 Abs. 1 Nr. 2 auf die Eröffnung des Insolvenzverfahrens abgestellt.

Artikel 51
Änderung des Depotgesetzes

Das Depotgesetz in der im Bundesgesetzblatt Teil III, Gliederungsnummer 4130-1, veröffentlichten bereinigten Fassung, zuletzt geändert durch Artikel 7 des Gesetzes vom 26. Juli 1994 (BGBl. I S. 1749), wird wie folgt geändert:

1. **In der Überschrift des Dritten Abschnitts wird das Wort „Konkursvorrecht" durch die Worte „Vorrang im Insolvenzverfahren" ersetzt.**

2. **§ 32 wird wie folgt gefaßt:**

„§ 32
Vorrangige Gläubiger

(1) Im Insolvenzverfahren über das Vermögen eines der in den §§ 1, 17, 18 bezeichneten Verwahrer, Pfandgläubiger oder Kommissionäre haben Vorrang nach den Absätzen 3 und 4:

1. Kommittenten, die bei Eröffnung des Insolvenzverfahrens das Eigentum oder Miteigentum an Wertpapieren noch nicht erlangt, aber ihre Verpflichtungen aus dem Geschäft über diese Wertpapiere dem Kommissionär gegenüber vollständig erfüllt haben; dies gilt auch dann, wenn im Zeitpunkt der Eröffnung des Insolvenzverfahrens der Kommissionär die Wertpapiere noch nicht angeschafft hat;

2. Hinterleger, Verpfänder und Kommittenten, deren Eigentum oder Miteigentum an Wertpapieren durch eine rechtswidrige Verfügung des Ver-

wahrers, Pfandgläubigers oder Kommissionärs oder ihrer Leute verletzt worden ist, wenn sie bei Eröffnung des Insolvenzverfahrens ihre Verpflichtungen aus dem Geschäft über diese Wertpapiere dem Schuldner gegenüber vollständig erfüllt haben;

3. die Gläubiger der Nummern 1 und 2, wenn der nichterfüllte Teil ihrer dort bezeichneten Verpflichtungen bei Eröffnung des Insolvenzverfahrens zehn vom Hundert des Wertes ihres Wertpapierlieferungsanspruchs nicht überschreitet und wenn sie binnen einer Woche nach Aufforderung des Insolvenzverwalters diese Verpflichtungen vollständig erfüllt haben.

(2) Entsprechendes gilt im Insolvenzverfahren über das Vermögen eines Eigenhändlers, bei dem jemand Wertpapiere gekauft oder erworben hat, und im Insolvenzverfahren über das Vermögen eines Kommissionärs, der den Auftrag zum Einkauf oder zum Umtausch von Wertpapieren im Wege des Selbsteintritts ausgeführt hat (§ 31).

(3) Die nach den Absätzen 1 und 2 vorrangigen Forderungen werden vor den Forderungen aller anderen Insolvenzgläubiger aus einer Sondermasse beglichen; diese wird gebildet aus den in der Masse vorhandenen Wertpapieren derselben Art und aus den Ansprüchen auf Lieferung solcher Wertpapiere. Die vorrangigen Forderungen werden durch Lieferung der vorhandenen Wertpapiere beglichen, soweit diese nach dem Verhältnis der Forderungsbeträge an alle vorrangigen Gläubiger verteilt werden können. Soweit eine solche Verteilung nicht möglich ist, wird der volle Erlös der nichtverteilten Wertpapiere unter die vorrangigen Gläubiger im Verhältnis ihrer Forderungsbeträge verteilt.

(4) Die Gläubiger der Absätze 1 und 2 haben den beanspruchten Vorrang bei der Anmeldung der Forderung nach § 174 der Insolvenzordnung anzugeben. Sie können aus dem sonstigen Vermögen des Schuldners nur unter entsprechender Anwendung der für die Absonderungsberechtigten geltenden Vorschriften der §§ 52, 190 und 192 der Insolvenzordnung Befriedigung erlangen. Im übrigen bewendet es für sie bei den Vorschriften der Insolvenzordnung über Insolvenzgläubiger.

(5) Das Insolvenzgericht hat, wenn es nach Lage des Falles erforderlich ist, den vorrangigen Gläubigern zur Wahrung der ihnen zustehenden Rechte einen Pfleger zu bestellen. Für die Pflegschaft tritt an die Stelle des Vormundschaftsgerichts das Insolvenzgericht. § 78 Abs. 2 bis 5 des Versicherungsaufsichtsgesetzes ist sinngemäß anzuwenden."

3. § 33 wird wie folgt geändert:

a) Die Überschrift wird wie folgt gefaßt:

„Ausgleichsverfahren bei Verpfändung".

b) In Absatz 1 wird das Wort „Konkurs" durch das Wort „Insolvenzverfahren" ersetzt.

c) In Absatz 3 Satz 2 wird das Wort „Konkurseröffnung" durch die Worte „Eröffnung des Insolvenzverfahrens" ersetzt; in Satz 4 wird das Wort „Konkursmasse" durch das Wort „Insolvenzmasse" ersetzt.

d) In Absatz 4 Satz 1 wird das Wort „Konkurseröffnung" durch die Worte „Eröffnung des Insolvenzverfahrens" ersetzt.

e) In Absatz 5 wird das Wort „Konkursmasse" durch das Wort „Insolvenzmasse" ersetzt.

4. § 37 wird wie folgt geändert:

a) In der Überschrift werden die Worte „der Konkurseröffnung" durch die Worte „des Insolvenzverfahrens" ersetzt.

b) Die Zahl „43" und das Komma vor dieser Zahl werden gestrichen; das Wort „Konkursverfahren" wird durch das Wort „Insolvenzverfahren" ersetzt.

Artikel 51 entspricht Art. 49 RegEEGInsO. Der folgende Begründungstext entspricht im wesentlichen BT-Drs. 12/3803, S. 96, „Zu Artikel 49".

Der Dritte Abschnitt des Depotgesetzes begründet im Konkurs einer Person, der in ihrer Eigenschaft als Verwahrer, Pfandgläubiger oder Kommissionär Wertpapiere anvertraut worden sind, ein Vorrecht des Hinterlegers, Verpfänders oder Kommittenten. Das Vorrecht besteht nur an einer Sondermasse, die im Regelfall aus den vorhandenen Wertpapieren derselben Art und den Ansprüchen auf Lieferung solcher Wertpapiere gebildet wird.

Im Rahmen der Reform des Insolvenzrechts werden alle allgemeinen Konkursvorrechte beseitigt. Vorrechte an Sondermassen bleiben jedoch erhalten. Sie stehen den Absonderungsrechten näher als den allgemeinen Konkursvorrechten; denn auch bei den Vorrechten an Sondermassen wird nur ein bestimmter, deutlich abgegrenzter Teil des Vermögens des Schuldners für die Befriedigung bestimmter Gläubiger reserviert. Der Schutz des Anlegers beim Wertpapiergeschäft soll nicht beeinträchtigt werden.

Die Vorschriften des Depotgesetzes bedurften daher nur einer redaktionellen Anpassung. Dabei wird der Begriff „Vorrecht" durch den Begriff „Vorrang" ersetzt, um insoweit an die Terminologie der Insolvenzordnung anzuschließen, als dieser von „nachrangigen Insolvenzgläubigern" (§ 39) und vom „Rang" der angemeldeten Forderungen (§ 176 Abs. 1 Satz 1) spricht. An die Stelle der Verweisung auf bestimmte Vorschriften der Konkursordnung in § 32 Abs. 4 Depotgesetz tritt die Verweisung auf die entsprechenden Vorschriften der Insolvenzordnung. Die Verweisung in § 37 auf § 43 Depotgesetz, die den gegenstandslosen Satz 3 betrifft, wird durch Nummer 4 Buchstabe b gestrichen.

Artikel 53
Änderung des Gesetzes betreffend die gemeinsamen Rechte der Besitzer von Schuldverschreibungen

Das Gesetz betreffend die gemeinsamen Rechte der Besitzer von Schuldverschreibungen in der im Bundesgesetzblatt Teil III, Gliederungsnummer 4134-1, veröffentlichten bereinigten Fassung, zuletzt geändert durch Artikel 3 Abs. 4 des Gesetzes vom 20. Dezember 1993 (BGBl. I S. 2182), wird wie folgt geändert:

1. § 11 Abs. 1 wird wie folgt gefaßt:

„(1) Die Aufgabe oder Beschränkung von Rechten der Gläubiger, insbesondere die Ermäßigung des Zinsfußes oder die Bewilligung einer Stundung, kann von der Gläubigerversammlung höchstens für die Dauer von drei Jahren und nur zur Abwendung einer Zahlungseinstellung oder des Insolvenzverfahrens über das Vermögen des Schuldners beschlossen werden. Wird binnen drei Jahren nach einem solchen Beschluß das Insolvenzverfahren eröffnet, so wird die Aufgabe oder Beschränkung der Rechte allen Gläubigern gegenüber hinfällig."

2. § 18 wird wie folgt gefaßt:

„§ 18

(1) Ist über das Vermögen des Schuldners das Insolvenzverfahren eröffnet, so gelten in Ansehung der Versammlung der in § 1 bezeichneten Gläubiger die folgenden besonderen Vorschriften.

(2) Die Versammlung wird von dem Insolvenzgericht einberufen und geleitet.

(3) Unverzüglich nach der Eröffnung des Insolvenzverfahrens ist eine Versammlung der Gläubiger einzuberufen, um über die Bestellung eines gemeinsamen Vertreters im Insolvenzverfahren zu beschließen; die Berufung kann unterbleiben, wenn schon vorher von einer Versammlung über die Bestellung eines solchen Vertreters Beschluß gefaßt worden ist.

(4) Das Insolvenzgericht hat außer den Fällen des § 3 Abs. 2 eine Versammlung der Gläubiger einzuberufen, wenn dies von dem Insolvenzverwalter, dem Gläubigerausschuß (§ 67 der Insolvenzordnung) oder der Aufsichtsbehörde verlangt wird.

(5) Die Stelle, bei welcher die Gläubiger die Schuldverschreibungen zu hinterlegen haben, wird durch das Insolvenzgericht bestimmt.

(6) Die Vorschriften des § 5 Abs. 1 und 2 und des § 13 sind nicht anzuwenden."

3. *

4. § 19 a wird wie folgt gefaßt:

„§ 19 a

(1) In einem Insolvenzplan sind allen in § 1 bezeichneten Gläubigern gleiche Rechte anzubieten.

(2) Die Vorschriften des § 11 Abs. 1 und des § 12 Abs. 3 sind nicht anzuwenden."

Die mit * versehene Nummer 3 enthält eine rein redaktionelle Anpassung, vgl. Gesamtabdruck des Einführungsgesetzes.

Artikel 53 entspricht im wesentlichen Art. 51 RegEEGInsO. Der folgende Begründungstext entspricht im wesentlichen BT-Drs. 12/3803, S. 96 bis 98, „Zu Artikel 51" und BT-Drs. 12/7303, S. 113, zu Nr. 28 („Zu Artikel 51").

1 *Allgemeines*

Das Gesetz regelt unter anderem Maßnahmen zur Abwendung der Zahlungseinstellung oder des Konkurses über das Vermögen des Ausstellers sowie die Stellung der Besitzer von Schuldverschreibungen in einem Konkurs- oder Vergleichsverfahren. Es ist gegenwärtig von geringer praktischer Bedeutung. Insbesondere die insolvenzrechtlichen Vorschriften sind in der Praxis noch kaum erprobt. Die Regelung hat immerhin bei der Festlegung der Emissionsbedingungen internationaler Anleihen nicht selten eine gewisse Modellfunktion. Im Zuge der angestrebten Deregulierung der deutschen Kapitalmärkte könnte das Gesetz indessen rasch größere Bedeutung für die Praxis erlangen.

Werden Schuldverschreibungen ausgestellt, machen sie regelmäßig einen erheblichen Teil der Gesamtverschuldung des Ausstellers aus. Die oftmals auf geringe Nennwerte lautenden Stücke werden anonym, häufig an den Wertpapierbörsen, gehandelt. Im Regelfall sieht sich der Schuldner einer Vielzahl kleiner und anonymer Gläubiger gegenüber. Das Gesetz will dem Aussteller die freie Sanierung dadurch erleichtern, daß die Gläubigermehrheit mit Wirkung für alle Gläubiger ein Entgegenkommen beschließen kann. Den Besitzern von Schuldverschreibungen soll zugleich innerhalb und außerhalb eines Insolvenzverfahrens die Rechtsverfolgung und die Bildung eines gemeinschaftlichen Willens erleichtert sowie die Gleichbehandlung gewährleistet werden. Das Bedürfnis nach einer Organisation der Gläubiger, insbesondere nach einer gemeinschaftlichen Vertretung, bleibt auch künftig anerkennenswert. 2

Aufgabe der Insolvenzrechtsreform ist es nicht, die freie Sanierung von Unternehmen zu erschweren oder zurückzudrängen. Der Gesamtheit der Gläubiger soll es deshalb auch künftig unbenommen bleiben, mehrheitlich gewisse Maßnahmen zu treffen, die der Insolvenzverhütung dienen (Nummer 1). Allerdings sind, ebenso wie im Insolvenzverfahren, Vorkehrungen dagegen erforderlich, daß einer Minderheit von der Mehrheit Sonderopfer auferlegt werden, die allein im Interesse der Mehrheit liegen. Das Schutzbedürfnis der Minderheit ist um so dringender, als eine Rechtsänderung nach § 11 nicht voraussetzt, daß auch andere Gläubigergruppen einen Sanierungsbeitrag erbringen. 3

Der Schutz der Minderheiten läßt sich im Vorfeld der Insolvenz anders als im Insolvenzverfahren (vgl. § 251 Abs. 1 Nr. 2 der Insolvenzordnung) nicht derart gewährleisten, daß die Minderheit so gestellt wird, wie wenn die Sanierungsmaßnahme nicht getroffen würde. Das Gesetz schützt die Minderheiten außerhalb des Insolvenzverfahrens vielmehr dadurch, daß es den Kreis der zulässigen Maßnahmen einschränkt. Die Aufgabe oder Beschränkung von Gläubigerrechten kann höchstens für drei Jahre beschlossen werden. Außerdem wird die Änderung von Gläubigerrechten hinfällig, wenn binnen drei Jahren nach der Beschlußfassung das Insolvenzverfahren über das Vermögen des Ausstellers eröffnet wird. In diesem richten sich die Rechte der Gläubiger dann allein nach den Vorschriften der Insolvenzordnung. 4

Die Regelung gestattet es, insolvenzabwendende Maßnahmen zu treffen, die einem konkreten Sanierungsbedürfnis entsprechen. Im Verlauf von drei Jahren zeigt es sich regelmäßig, ob ein Sanierungsversuch gelungen ist oder als gescheitert angesehen werden muß. Die Neuregelung ermöglicht es der Mehrheit der Gläubiger jedoch nicht, ein unrentables Schuldnerunternehmen längere Zeit durch erzwungene Opfer der Minderheitsgläubiger am Markt zu halten. Damit werden Wettbewerb und Strukturwandel in ähnlicher Weise begünstigt wie von den Vorschriften der Insolvenzordnung. 5

Der formalen Gleichstellung der Besitzer von Schuldverschreibungen entsprechend wird vorgesehen, daß diesen in einem Insolvenzplan stets gleiche Rechte anzubieten sind (Nummer 4). 6

7 Einzelne Vorschriften des Gesetzes bedurften der redaktionellen Anpassung an die Insolvenzordnung (Nummern 2 und 3).

Die Regelung beschränkt sich auf Maßnahmen, die in unmittelbarem Zusammenhang mit der Reform des Insolvenzrechts stehen. So entscheidet das Einführungsgesetz beispielsweise nicht die Zweifelsfrage, wie sich Gläubiger, die nicht im Besitze effektiver Stücke der Schuldverschreibungen sind, zur Rechtsausübung innerhalb und außerhalb eines Insolvenzverfahrens legitimieren müssen.

8 Das Einführungsgesetz sieht vorläufig auch davon ab, die Geltendmachung der Rechte der Gläubiger im Insolvenzverfahren durch eine Regelung zu erleichtern, nach der entgegen § 14 Abs. 3 des Gesetzes der Vertreter der Gläubiger im Insolvenzverfahren auch ohne besonderen Beschluß der Gläubigerversammlung zu einem Verzicht auf Rechte der Gläubiger berechtigt ist. Eine solche Regelung würde es ermöglichen, den Vertreter stets als ermächtigt anzusehen, für die Gläubiger über einen Plan abzustimmen. Allerdings dürfte die Regelung nicht dazu führen, daß die Besitzer von Schuldverschreibungen einen geringeren Minderheitenschutz genießen als alle anderen Verfahrensbeteiligten. Jedem Gläubiger müßte daher das Recht eingeräumt werden, im Abstimmungstermin zu Protokoll zu erklären, daß er sich gegen den Plan verwahrt; eine derartige Erklärung wäre einem Widerspruch nach § 251 Abs. 1 Nr. 1 der Insolvenzordnung gleichzustellen.

9 Ein entsprechendes Recht zum Schutz der Minderheit könnte dann auch gegen Erklärungen von Personen eingeführt werden, die als Vertreter oder Treuhänder Rechte der Gläubiger hinsichtlich einer dinglichen Sicherheit ausüben. Das Gesetz regelt derartige Rechte der Gläubiger bisher nicht. Verfügungen eines Grundbuchvertreters nach § 1189 BGB oder eines Sicherheitentreuhänders können Minderheitenrechte jedoch ebenso beeinträchtigen wie Handlungen eines nach § 14 bestellten Gläubigervertreters.

10 *Zu Nummer 1 (§ 11 Abs. 1)*

Die Versammlung der Gläubiger kann die Beschränkung von Gläubigerrechten wie bisher nur zur Abwendung der Zahlungseinstellung oder eines Insolvenzverfahrens beschließen. Rechtsänderungen, insbesondere eine Anpassung des Zinsfußes oder eine Stundung, können jedoch nur noch für höchstens drei Jahre vorgesehen werden. Ein Verzicht auf die dem Nennwert der Schuldverschreibungen entsprechenden Kapitalforderungen ist auch künftig nicht möglich (§ 12 Abs. 3).

Wird binnen drei Jahren nach der Beschlußfassung ein Insolvenzverfahren eröffnet, leben die ursprünglichen Rechte der Gläubiger wieder auf. Es tritt also die gleiche Rechtsfolge ein, wie wenn ein Vergleich geltenden Rechts (vgl. § 9 VerglO) oder ein Insolvenzplan künftigen Rechts (vgl. § 255 Abs. 2 der Insolvenzordnung) bei der Eröffnung eines neuen Insolvenzverfahrens noch nicht vollständig erfüllt ist. Die Regelung schließt weitgehend aus, daß einzelnen Gläubigern bei drohender Insolvenz durch Mehrheitsbeschluß unzumutbare Vermögensnachteile auferlegt werden. Im Insolvenzverfahren genießen die Gläubiger die Rechte nach der Insolvenzordnung, insbesondere den Minderheitenschutz nach § 251.

Nach dem Sinn der Regelung können nur solche Maßnahmen beschlossen werden, die geeignet sind, die Insolvenz des Schuldners abzuwenden. Ein vertraglicher Rangrücktritt kann durch Beschluß der Versammlung nicht vorgesehen werden, da er nach Satz 2 im Insolvenzverfahren keinen Bestand hätte und deswegen die Insolvenz des Schuldners nicht ausräumen würde.

Ein Beschluß über die Aufgabe oder Beschränkung von Gläubigerrechten, der noch 11
auf der Grundlage der bisher geltenden Fassung des § 11 Abs. 1 des Gesetzes zustande
gekommen ist, bleibt auch nach dem Inkrafttreten der Reform wirksam; er wird entsprechend dem bisherigen Recht von der Eröffnung eines Insolvenzverfahrens nicht berührt. Verfassungsrechtliche Gründe verbieten es, den neuen § 11 Abs. 1 Satz 2 rückwirkend auf vorher zustande gekommene Beschlüsse anzuwenden und dadurch in erworbene Rechtspositionen des Schuldners einzugreifen.

Zu Nummer 2 (§ 18) 12

Die Vorschrift wird redaktionell angepaßt. Der bisher in Absatz 6 enthaltene Ausschluß der Anwendbarkeit des § 11 Abs. 1 und des § 12 Abs. 3 im Insolvenzverfahren wird aus Gründen des Sachzusammenhangs in den neuen § 19 a verlagert.

Zu Nummer 4 (§ 19 a) 13

Die Vorschrift des Absatzes 1 versteht sich als Sonderregelung zu § 222 Abs. 2 der Insolvenzordnung. Die Verbriefung der Gläubigerrechte in einem Inhaberpapier macht es erforderlich, bei der Gruppenbildung von den unterschiedlichen wirtschaftlichen Interessen der Besitzer von Schuldverschreibungen abzusehen. Es können deshalb auch beim Vorliegen unterschiedlicher Interessen nicht mehrere Gruppen einer Rangklasse gebildet werden. Auch ist es nicht möglich, für Kleingläubiger eine besondere Gruppe der Besitzer von Schuldverschreibungen zu bilden.

Auf die Besitzer von Schuldverschreibungen sind die Vorschriften der Insolvenzordnung über die Behandlung der Gruppen in einem Plan anzuwenden. Steht den Gläubigern ein Absonderungsrecht zu, ist § 223 der Insolvenzordnung zu beachten, sonst § 224 oder § 225 der Insolvenzordnung. Der Plan muß den Beteiligten nach § 226 der Insolvenzordnung gleiche Rechte anbieten.

Die engen Grenzen für die Beschränkung von Rechten der Gläubiger in § 11 Abs. 1 und § 12 Abs. 3 passen für den Fall eines Insolvenzplans nicht. Sie werden daher durch Absatz 2 ausgeschlossen, ebenso wie sie durch die bisherige Fassung des § 18 Abs. 6 und des § 19 a für den Zwangsvergleich im Konkurs und den Vergleich nach der Vergleichsordnung nicht gelten.

Artikel 54
Änderung des Gesetzes über die Pfandbriefe und verwandten Schuldverschreibungen öffentlich-rechtlicher Kreditanstalten

§ 6 des Gesetzes über die Pfandbriefe und verwandten Schuldverschreibungen öffentlich-rechtlicher Kreditanstalten in der im Bundesgesetzblatt Teil III, Gliederungsnummer 4135-1, veröffentlichten bereinigten Fassung, das zuletzt durch Artikel 45 des Gesetzes vom 27. April 1993 (BGBl. I S. 512, 2436) geändert worden ist, wird wie folgt geändert:

1. *

2. In Absatz 2 wird die Angabe „der §§ 64, 153, 155, 156 und des § 168 Nr. 3 der Konkursordnung" durch die Angabe „der §§ 52, 190 und 192 der Insolvenzordnung" ersetzt.

3. *

4. Es wird folgender neuer Absatz 4 angefügt:

„(4) Konkursvorrechte zugunsten der Schuldverschreibungsgläubiger einer öffentlich-rechtlichen Kreditanstalt, die ihren Sitz in einem anderen Mitgliedstaat der Europäischen Gemeinschaften, in einem anderen Vertragsstaat des Abkommens über den Europäischen Wirtschaftsraum oder in der Schweiz hat, sind in einem inländischen Insolvenzverfahren anzuerkennen, wenn sie im wesentlichen dem Vorrecht des Absatzes 1 entsprechen und die Gegenseitigkeit verbürgt ist."

Die mit * versehenen Nummern 1 und 3 enthalten rein redaktionelle Anpassungen, vgl. Gesamtabdruck des Einführungsgesetzes.

Artikel 54 entspricht im wesentlichen Art. 52 RegEEGInsO. Der folgende Begründungstext entspricht im wesentlichen BT-Drs. 12/3803, S. 98/99, „Zu Artikel 52", und BT-Drs. 12/7303, S. 113, zu Nr. 29 („Zu Artikel 52").

Zu Nummer 2 (§ 6 Abs. 2)

Die bisher in Bezug genommenen §§ 64, 153, 155, 156 und § 168 Nr. 3 KO finden ihre inhaltliche Entsprechung in den §§ 52, 190 und 192 der Insolvenzordnung.

Zu Nummer 4 (§ 6 Abs. 4)

Durch den neuen Absatz 4 soll in entsprechender Weise wie durch den neuen § 35 Abs. 5 Hypothekenbankgesetz (vgl. Artikel 85 Nr. 2 Buchstabe e des Einführungsgesetzes) darauf hingewirkt werden, daß die Insolvenzvorrechte der Pfandbriefgläubiger in Zukunft über die Staatsgrenzen hinweg anerkannt werden. Auf die Begründung zu dieser Vorschrift wird verwiesen. In dem Text wird neben den Mitgliedstaaten des Abkommens über den Europäischen Wirtschaftsraum (vgl. BGBl. 1993, II. S. 266) die Schweiz besonders genannt, obwohl diese dem Abkommen nicht beigetreten ist; die Schweiz ist jedoch Mitgliedstaat der Europäischen Freihandelsassoziation. Die Berechtigung öffentlich-rechtlicher Kreditanstalten, auch Pfandrechte an ausländischen Grundstücken als Sicherheit für Pfandbriefe zu verwenden, ergibt sich aus der im Jahre 1990 angefügten Regelung des § 9 Abs. 1 Satz 2 und 3 des Gesetzes über die Pfandbriefe und verwandten Schuldverschreibungen öffentlich-rechtlicher Kreditanstalten.

Artikel 56
Änderung des Gesetzes über Arbeitnehmererfindungen

§ 27 des Gesetzes über Arbeitnehmererfindungen in der im Bundesgesetzblatt Teil III, Gliederungsnummer 422-1, veröffentlichten bereinigten Fassung, das zuletzt durch Artikel 9 Nr. 5 des Gesetzes vom 24. Juni 1994 (BGBl. I S. 1325) geändert worden ist, wird wie folgt gefaßt:

„§ 27
Insolvenzverfahren

Wird nach unbeschränkter Inanspruchnahme der Diensterfindung das Insolvenzverfahren über das Vermögen des Arbeitgebers eröffnet, so gilt folgendes:

1. Veräußert der Insolvenzverwalter die Diensterfindung mit dem Geschäftsbetrieb, so tritt der Erwerber für die Zeit von der Eröffnung des Insolvenzverfahrens an in die Vergütungspflicht des Arbeitgebers (§ 9) ein.

2. Veräußert der Insolvenzverwalter die Diensterfindung ohne den Geschäftsbetrieb, so hat der Arbeitnehmer ein Vorkaufsrecht. Übt der Arbeitnehmer das Vorkaufsrecht aus, so kann er mit seinen Ansprüchen auf Vergütung für die unbeschränkte Inanspruchnahme der Diensterfindung gegen die Kaufpreisforderung aufrechnen. Für den Fall, daß der Arbeitnehmer das Vorkaufsrecht nicht ausübt, kann der Insolvenzverwalter mit dem Erwerber vereinbaren, daß sich dieser verpflichtet, dem Arbeitnehmer eine angemessene Vergütung (§ 9) für die weitere Verwertung der Diensterfindung zu zahlen. Wird eine solche Vereinbarung nicht getroffen, so erhält der Arbeitnehmer eine angemessene Abfindung aus dem Veräußerungserlös.

3. Verwertet der Insolvenzverwalter die Diensterfindung im Unternehmen des Schuldners, so hat er dem Arbeitnehmer eine angemessene Vergütung für die Verwertung aus der Insolvenzmasse zu zahlen.

4. Will der Insolvenzverwalter die Diensterfindung weder im Unternehmen des Schuldners verwerten noch veräußern, so gilt § 16 Abs. 1 und 2 entsprechend. Verlangt der Arbeitnehmer die Übertragung der Erfindung, so kann er mit seinen Ansprüchen auf Vergütung für die unbeschränkte Inanspruchnahme der Diensterfindung gegen den Anspruch auf Erstattung der Kosten der Übertragung aufrechnen.

5. Im übrigen kann der Arbeitnehmer seine Vergütungsansprüche nur als Insolvenzgläubiger geltend machen."

Artikel 56 entspricht Art. 54 RegEEGInsO. Der folgende Begründungstext entspricht im wesentlichen BT-Drs. 12/3803, S. 99, „Zu Artikel 54".

In seiner bisherigen Fassung regelt § 27 des Gesetzes über Arbeitnehmererfindungen unter der Überschrift „Konkurs" zunächst ein Vorkaufsrecht des Arbeitnehmers, dessen Diensterfindung unbeschränkt in Anspruch genommen worden ist (Absatz 1); dieses Vorkaufsrecht besteht in dem Fall, daß über das Vermögen des Arbeitgebers der Konkurs eröffnet wird und der Konkursverwalter die Diensterfindung ohne den Geschäftsbetrieb veräußert. In Absatz 2 werden die Vergütungsansprüche des Arbeitnehmers für die unbeschränkte Inanspruchnahme einer Diensterfindung, für das Benutzungsrecht an einer Erfindung – z. B. bei beschränkter Inanspruchnahme – oder für die Verwertung eines technischen Verbesserungsvorschlags mit einem Vorrecht im Konkurs ausgestattet.

1

Die Neuregelung überträgt das Vorkaufsrecht des bisherigen Absatzes 1 inhaltlich unverändert auf das neue Insolvenzverfahren (Nummer 2 Satz 1). Das Konkursvorrecht kann dagegen nicht übernommen werden, da die Insolvenzordnung keine derartigen Vorrechte mehr kennt. Es wird durch eine Regelung ersetzt, die einerseits die Rechtsstellung des Arbeitnehmers, dessen Diensterfindung vor Eröffnung des Insolvenzverfahrens unbeschränkt in Anspruch genommen worden ist, der Rechtsstellung eines absonderungsberechtigten Gläubigers annähert, andererseits die Besonderheiten des Arbeitnehmer-Erfinderrechts berücksichtigt:

2

Soweit die Erfindung nach der Eröffnung des Insolvenzverfahrens verwertet wird – sei es durch Veräußerung an einen Dritten (Nummern 1 und 2 Satz 3, 4), sei es durch Benutzung im insolventen Unternehmen (Nummer 3), erhält der Arbeitnehmer eine angemessene Vergütung. Sieht der Insolvenzverwalter von einer derartigen Verwertung ab, hat er dem Arbeitnehmer die Übertragung der Erfindung anzubieten (Nummer 4).

Vergütungsforderungen, die sich auf Verwertungshandlungen vor der Eröffnung des Insolvenzverfahrens beziehen, werden nicht bevorzugt behandelt (Nummer 5); denn insoweit fließt der Insolvenzmasse kein Gegenwert mehr zu. Dem Arbeitnehmer wird lediglich in zwei Fällen aus Billigkeitsgründen das Recht eingeräumt, mit rückständigen Vergütungsansprüchen aufzurechnen: in dem Fall, daß er sein Vorkaufsrecht bei einer Veräußerung der Diensterfindung ohne den Geschäftsbetrieb ausübt (Nummer 2 Satz 2), und in dem Fall, daß die Erfindung auf ihn übertragen wird (Nummer 4 Satz 2).

3 Die Regelung in den Nummern 1 und 2 Satz 3, 4 über die Vergütungsansprüche bei einer Veräußerung der Diensterfindung unterscheidet danach, ob die Veräußerung zusammen mit dem Geschäftsbetrieb oder isoliert erfolgt. Im ersten Fall hat der Erwerber, der nach § 613a Abs. 1 Satz 1 BGB in das Arbeitsverhältnis mit dem Arbeitnehmererfinder eintritt, kraft Gesetzes auch die Vergütungspflichten nach dem Gesetz über Arbeitnehmererfindungen zu erfüllen. Für den zweiten Fall ist vorgesehen, daß sich der Erwerber vertraglich zur Zahlung einer angemessenen Vergütung verpflichten kann; geschieht dies nicht, so hat der Insolvenzverwalter dem Arbeitnehmer aus dem Veräußerungserlös eine angemessene Vergütung zu zahlen.

Für die Höhe der Vergütung gelten in jedem Fall die allgemeinen Maßstäbe des § 9 des Gesetzes über Arbeitnehmererfindungen.

4 Anders als der bisherige § 27 Abs. 2 des Gesetzes gilt die Neuregelung nicht für Vergütungsansprüche aus der beschränkten Inanspruchnahme einer Diensterfindung oder aus der Verwertung eines technischen Verbesserungsvorschlags. Für solche Vergütungsansprüche, die jeweils erst durch die tatsächliche Benutzung oder Verwertung begründet werden (vgl. § 10 Abs. 1 Satz 1, § 20 Abs. 1 Satz 1 Gesetz über Arbeitnehmererfindungen), folgt schon aus allgemeinen insolvenzrechtlichen Grundsätzen, daß sie Masseforderungen sind, soweit der Insolvenzverwalter nach der Eröffnung Nutzungs- oder Verwertungshandlungen vornimmt (vgl. § 55 Abs. 1 Nr. 1 der Insolvenzordnung), und Insolvenzforderungen, soweit die Nutzung oder Verwertung schon vor der Verfahrenseröffnung erfolgt ist.

5 Auch der Fall, daß die unbeschränkte Inanspruchnahme einer Diensterfindung nach der Eröffnung des Insolvenzverfahrens durch den Insolvenzverwalter erfolgt, wird von der Vorschrift nicht erfaßt. Die allgemeinen insolvenzrechtlichen Regeln führen hier dazu, daß die entstehenden Vergütungsansprüche des Arbeitnehmers voll aus der Insolvenzmasse zu erfüllen sind.

Artikel 57
Änderung der Patentanwaltsordnung

Die Patentanwaltsordnung vom 7. September 1966 (BGBl. I S. 557), zuletzt geändert durch Artikel 2 des Gesetzes vom 2. September 1994 (BGBl. I S. 2278), wird wie folgt geändert:

1. § 14 Abs. 1 wird wie folgt gefaßt:

    „(1) Die Zulassung zur Patentanwaltschaft ist zu versagen,

    1. wenn der Bewerber nach der Entscheidung des Bundesverfassungsgerichts ein Grundrecht verwirkt hat;

    2. wenn der Bewerber infolge strafgerichtlicher Verurteilung die Fähigkeit zur Bekleidung öffentlicher Ämter nicht besitzt;

3. wenn der Bewerber durch rechtskräftiges Urteil aus der Patentanwaltschaft oder aus der Rechtsanwaltschaft ausgeschlossen ist und seit Rechtskraft des Urteils noch nicht acht Jahre verstrichen sind;

4. wenn gegen den Bewerber im Verfahren über die Richteranklage auf Entlassung oder im Disziplinarverfahren auf Entfernung aus dem Dienst in der Rechtspflege oder aus dem Dienst als Angehöriger des Patentamtes rechtskräftig erkannt worden ist;

5. wenn der Bewerber sich eines Verhaltens schuldig gemacht hat, das ihn unwürdig erscheinen läßt, den Beruf eines Patentanwalts auszuüben;

6. wenn der Bewerber die freiheitliche demokratische Grundordnung in strafbarer Weise bekämpft;

7. wenn der Bewerber infolge eines körperlichen Gebrechens, wegen Schwäche seiner geistigen Kräfte oder wegen einer Sucht nicht nur vorübergehend unfähig ist, den Beruf eines Patentanwalts ordnungsmäßig auszuüben;

8. wenn der Bewerber eine Tätigkeit ausübt, die mit dem Beruf eines Patentanwalts oder mit dem Ansehen der Patentanwaltschaft nicht vereinbar ist;

9. wenn der Bewerber auf Grund eines ständigen Dienst- oder ähnlichen Beschäftigungsverhältnisses dem Auftraggeber seine Arbeitszeit und -kraft für eine Tätigkeit auf dem Gebiet des gewerblichen Rechtsschutzes überwiegend zur Verfügung stellen muß;

10. wenn der Bewerber sich im Vermögensverfall befindet; ein Vermögensverfall wird vermutet, wenn ein Insolvenzverfahren über das Vermögen des Bewerbers eröffnet oder der Bewerber in das vom Insolvenzgericht oder vom Vollstreckungsgericht zu führende Verzeichnis (§ 26 Abs. 2 der Insolvenzordnung, § 915 der Zivilprozeßordnung) eingetragen ist;

11. wenn der Bewerber Richter, Beamter, Berufssoldat oder Soldat auf Zeit ist, es sei denn, daß er die ihm übertragenen Aufgaben ehrenamtlich wahrnimmt oder daß seine Rechte und Pflichten auf Grund der §§ 5, 6, 8 und 36 des Abgeordnetengesetzes oder entsprechender Rechtsvorschriften ruhen;

12. wenn der Bewerber nicht Deutscher im Sinne des Artikels 116 Abs. 1 des Grundgesetzes ist. Die Bestimmungen des Gesetzes über die Rechtsstellung heimatloser Ausländer im Bundesgebiet vom 25. April 1951 (BGBl. I S. 269) sowie Bestimmungen in Staatsverträgen bleiben unberührt."

2. § 21 Abs. 2 wird wie folgt geändert:

a) Die Nummer 10 wird aufgehoben; die bisherigen Nummern 11 und 12 werden die neuen Nummern 10 und 11.

b) Die neue Nummer 10 wird wie folgt gefaßt:

„10. wenn der Patentanwalt in Vermögensverfall geraten ist, es sei denn, daß dadurch die Interessen der Rechtsuchenden nicht gefährdet sind; ein Vermögensverfall wird vermutet, wenn ein Insolvenzverfahren über das Vermögen des Patentanwalts eröffnet oder der Patentanwalt in das vom Insolvenzgericht oder vom Vollstreckungsgericht zu führende Verzeichnis (§ 26 Abs. 2 der Insolvenzordnung, § 915 der Zivilprozeßordnung) eingetragen ist;".

3. In § 46 Abs. 4 Satz 3 wird die Angabe „10 bis 12" durch die Angabe „10 und 11" ersetzt.

4. In § 48 Abs. 1 Satz 2 wird die Angabe „10 bis 12" durch die Angabe „10 und 11" ersetzt.

5. In § 60 wird die Nummer 1 aufgehoben; die bisherigen Nummern 2 bis 4 werden die neuen Nummern 1 bis 3.

6. § 63 wird wie folgt geändert:

   a) In Absatz 1 Nr. 1 wird die Angabe „§ 60 Nr. 1 und 4" durch die Angabe „§ 60 Nr. 3" ersetzt.

   b) In Absatz 4 Satz 1 wird die Angabe „§ 60 Nr. 3" durch die Angabe „§ 60 Nr. 2" ersetzt.

Artikel 57 entspricht Art. 55 RegEEGInsO. Der folgende Begründungstext entspricht im wesentlichen BT-Drs. 12/3803, S. 99, „Zu Artikel 55".

§ 14 Abs. 1 und § 21 Abs. 2 PatAnwO werden in entsprechender Weise geändert wie § 7 und § 14 Abs. 2 BRAO (vgl. Artikel 16 Nr. 1 und 2 des Einführungsgesetzes). Im übrigen erfolgen redaktionelle Anpassungen.

Artikel 60
Änderung des Strafgesetzbuchs

Das Strafgesetzbuch in der Fassung der Bekanntmachung vom 10. März 1987 (BGBl. I S. 945, 1160), zuletzt geändert durch § 35 des Gesetzes vom 7. Oktober 1994 (BGBl. I S. 2835), wird wie folgt geändert:

1. In der Überschrift des Vierundzwanzigsten Abschnitts des Besonderen Teils wird das Wort „Konkursstraftaten" durch das Wort „Insolvenzstraftaten" ersetzt.

2. § 283 wird wie folgt geändert:

   a) In Absatz 1 Nr. 1 wird das Wort „Konkurseröffnung" durch die Worte „Eröffnung des Insolvenzverfahrens" und das Wort „Konkursmasse" durch das Wort „Insolvenzmasse" ersetzt.

   b) In Absatz 6 wird das Wort „Konkursverfahren" durch das Wort „Insolvenzverfahren" ersetzt.

3. § 283 d wird wie folgt geändert:

   a) Absatz 1 wird wie folgt gefaßt:

   „(1) Mit Freiheitsstrafe bis zu fünf Jahren oder mit Geldstrafe wird bestraft, wer

   1. in Kenntnis der einem anderen drohenden Zahlungsunfähigkeit oder

2. nach Zahlungseinstellung, in einem Insolvenzverfahren oder in einem Verfahren zur Herbeiführung der Entscheidung über die Eröffnung des Insolvenzverfahrens eines anderen

Bestandteile des Vermögens eines anderen, die im Falle der Eröffnung des Insolvenzverfahrens zur Insolvenzmasse gehören, mit dessen Einwilligung oder zu dessen Gunsten beiseite schafft oder verheimlicht oder in einer den Anforderungen einer ordnungsgemäßen Wirtschaft widersprechenden Weise zerstört, beschädigt oder unbrauchbar macht."

b) In Absatz 4 wird das Wort „Konkursverfahren" durch das Wort „Insolvenzverfahren" ersetzt.

Artikel 60 entspricht Art. 58 RegEEGInsO. Der folgende Begründungstext entspricht im wesentlichen BT-Drs. 12/3803, S. 100, „Zu Artikel 58".

Die Vorschriften des Strafgesetzbuchs über die Konkursstraftaten werden daran angepaßt, daß an die Stelle von Konkurs- und Vergleichsverfahren das einheitliche Insolvenzverfahren tritt. Weiter ist zu beachten, daß der Begriff der drohenden Zahlungsunfähigkeit, den das Konkursstrafrecht schon bisher verwendet, in Zukunft durch die neue Definition dieses Begriffs in § 18 Abs. 2 der Insolvenzordnung konkretisiert wird. Im übrigen erscheinen Änderungen des Strafgesetzbuchs von den Zielen der Insolvenzrechtsreform her nicht erforderlich. 1

In der Praxis wird sich die Reform dahin auswirken, daß die Erleichterung der Eröffnung der Insolvenzverfahren auch zu einer Erleichterung der Aufklärung von Insolvenzstraftaten führen wird; die Zahl der Fälle, in denen ein Insolvenzantrag mangels Masse abgewiesen wird und die näheren Umstände des Insolvenzeintritts im dunkeln bleiben, wird sich erheblich vermindern. 2

Artikel 61
Änderung des EG-Beitreibungsgesetzes

§ 6 des EG-Beitreibungsgesetzes vom 10. August 1979 (BGBl. I S. 1429), das zuletzt durch Artikel 11 des Gesetzes vom 21. Dezember 1992 (BGBl. I S. 2150, 1993 I S. 169) geändert worden ist, wird aufgehoben.

Artikel 61 entspricht Art. 61 RegEEGInsO. Der folgende Begründungstext entspricht im wesentlichen BT-Drs. 12/3803, S. 100, „Zu Artikel 61".

§ 6 des Gesetzes bezieht sich auf das Konkursvorrecht für öffentliche Abgaben nach der Konkursordnung, das im Rahmen der Reform ersatzlos entfällt. Die Vorschrift wird daher aufgehoben.

Artikel 62
Änderung des Steuerberatungsgesetzes

Das Steuerberatungsgesetz in der Fassung der Bekanntmachung vom 4. November 1975 (BGBl. I S. 2735), zuletzt geändert durch Artikel 7 des Gesetzes vom 25. Juli 1994 (BGBl. I S. 1744), wird wie folgt geändert:

1. § 46 Abs. 2 wird wie folgt geändert:

   a) Die Nummer 5 wird aufgehoben; die bisherigen Nummern 6 und 7 werden die neuen Nummern 5 und 6.

   b) Die neue Nummer 5 wird wie folgt gefaßt:

   „5. in Vermögensverfall geraten ist, es sei denn, daß dadurch die Interessen der Auftraggeber nicht gefährdet sind; ein Vermögensverfall wird vermutet, wenn ein Insolvenzverfahren über das Vermögen des Steuerberaters oder Steuerbevollmächtigten eröffnet oder der Steuerberater oder Steuerbevollmächtigte in das vom Insolvenzgericht oder vom Vollstreckungsgericht zu führende Verzeichnis (§ 26 Abs. 2 der Insolvenzordnung; § 915 der Zivilprozeßordnung) eingetragen ist;".

2. *

*Die mit * versehene Nummer 2 enthält eine rein redaktionelle Anpassung, vgl. Gesamtabdruck des Einführungsgesetzes.*

Artikel 62 entspricht Art. 63 RegEEGInsO. Der folgende Begründungstext entspricht im wesentlichen BT-Drs. 12/3803, S. 100/101, „Zu Artikel 63".

Artikel 62 in der aktuellen, im Bundesgesetzblatt verkündeten Fassung ist noch nicht an die Änderung des Steuerberatungsgesetzes durch das Sechste Gesetz zur Änderung des Steuerberatungsgesetzes vom 24. Juni 1994 (BGBl. I S. 1387) angepaßt. Der oben abgedruckte Gesetzestext entspricht der im Bundesgesetzblatt verkündeten Fassung; der folgende Begründungstext bezieht sich zur Vermeidung von Mißverständnissen auf diese Fassung und das dieser Fassung zugrundeliegende Steuerberatungsgesetz in der Fassung der Bekanntmachung vom 4. November 1975 (BGBl. I S. 2735), zuletzt geändert durch Artikel 23 des Gesetzes vom 25. Februar 1992 (BGBl. I S. 297).

1 *Zu Nummer 1 (§ 46 Abs. 2)*

Bisher bestimmt § 46 Abs. 2 Nr. 5 StBerG, daß die Bestellung zum Steuerberater oder Steuerbevollmächtigten zu widerrufen ist, wenn der Betreffende infolge gerichtlicher Anordnung in der Verfügung über sein Vermögen beschränkt wird. Die Vorschrift setzt ein allgemeines Verfügungsverbot voraus. Sie zielt in erster Linie auf den Fall der Konkurseröffnung ab; daneben werden die Fälle der Entmündigung und der vorläufigen Vormundschaft nach § 1906 BGB des bisherigen Vormundschaftsrechts und der Anordnung eines Einwilligungsvorbehalts nach § 1903 BGB in der Fassung des neuen Betreuungsgesetzes sowie wohl auch der Beschlagnahme des Vermögens gemäß der §§ 290, 443 StPO erfaßt.

2 Verfügungsbeschränkungen im Rahmen des künftigen Insolvenzverfahrens, das auch die Fälle des bisherigen Vergleichsverfahrens einschließt und keine Beeinträchtigung der Ehre des Schuldners bedeutet, erscheinen nicht als geeigneter Ansatzpunkt für einen Ausschluß des Schuldners von bestimmten Berufen (vgl. die Begründung zur Änderung des § 50 Abs. 1 Nr. 5 BNotO, Artikel 15 Nr. 2 des Einführungsgesetzes). § 46 Abs. 2 Nr. 5 StBerG kann aufgehoben werden, ohne daß eine Regelungslücke entsteht.

3 Der Widerruf der Bestellung wegen eines Vermögensverfalls ist bereits heute in § 46 Abs. 2 Nr. 6 StBerG geregelt. Der Vermögensverfall wird vermutet, wenn der Steuerberater oder

Steuerbevollmächtigte in das vom Konkursgericht (zukünftig Insolvenzgericht) oder vom Vollstreckungsgericht zu führende Verzeichnis eingetragen ist. Die Eröffnung eines Insolvenzverfahrens macht den Vermögensverfall ebenfalls evident. Die Vermutungsregel, die in die neue Nummer 5 aufgenommen worden ist, wurde daher entsprechend ergänzt.

Bereits nach dem derzeit geltenden Recht kann die Bestellung ferner dann widerrufen werden, wenn der Steuerberater oder Steuerbevollmächtigte wegen Schwäche seiner geistigen Kräfte dauernd unfähig ist, seinen Beruf ordnungsgemäß auszuüben (§ 46 Abs. 3 Nr. 2 StBerG). 4

Die Fälle einer strafprozessualen Beschlagnahme des Vermögens (§§ 290, 443 StPO) rechtfertigen es für sich allein nicht, § 46 Abs. 2 Nr. 5 StBerG beizubehalten. Der Einfluß einer strafgerichtlichen Verurteilung auf die Bestellung zum Steuerberater oder Steuerbevollmächtigten wird durch § 46 Abs. 2 Nr. 3 StBerG sachgerecht geregelt. 5

Artikel 64
Änderung des Gesetzes über das Branntweinmonopol

§ 113 des Gesetzes über das Branntweinmonopol in der im Bundesgesetzblatt Teil III, Gliederungsnummer 612-7, veröffentlichten bereinigten Fassung, das zuletzt durch Artikel 7 des Gesetzes vom 24. Juni 1994 (BGBl. I S. 1395) geändert worden ist, wird aufgehoben.

Artikel 64 entspricht Art. 68 RegEEGInsO. Der folgende Begründungstext entspricht im wesentlichen BT-Drs. 12/3803, S. 101, „Zu Artikel 68".

Die Insolvenzordnung übernimmt die in der Konkursordnung vorgesehenen Vorrechte für öffentliche Abgaben nicht. Ein Vorrecht des Bundes wegen öffentlicher Abgaben in der Zwangsvollstreckung besteht nicht. § 113 wird deshalb aufgehoben.

Artikel 65
Änderung des Altsparergesetzes

Das Altsparergesetz in der im Bundesgesetzblatt Teil III, Gliederungsnummer 621-4, veröffentlichten bereinigten Fassung, zuletzt geändert durch Anlage I Kapitel IV Sachgebiet A Abschnitt II Nr. 1 des Einigungsvertrages vom 31. August 1990 in Verbindung mit Artikel 1 des Gesetzes vom 23. September 1990 (BGBl. 1990 II S. 885, 965), wird wie folgt geändert:

1. § 20 Abs. 2 wird wie folgt geändert:

   a) In Satz 1 wird das Wort „Konkursverfahren" durch das Wort „Insolvenzverfahren" und das Wort „Konkurseröffnung" durch die Worte „Eröffnung des Insolvenzverfahrens" ersetzt.

   b) In Satz 2 wird das Wort „Konkursverwalter" durch das Wort „Insolvenzverwalter" ersetzt; nach dem Wort „und" werden die Worte „ , wenn das Unternehmen nicht auf der Grundlage eines Insolvenzplans vom Schuldner fortgeführt wird," eingefügt.

   c) In den Sätzen 3 und 4 wird jeweils das Wort „Konkursverwalter" durch das Wort „Insolvenzverwalter" ersetzt.

2. § 20 Abs. 3 wird aufgehoben.

3. In § 20 Abs. 4 werden die Worte „des Konkursverwalters" durch die Worte „des Insolvenzverwalters" ersetzt.

Artikel 65 entspricht Art. 69 RegEEGInsO. Der folgende Begründungstext entspricht BT-Drs. 12/3803, S. 101, „Zu Artikel 69".

1 Das Altsparergesetz regelt den Ausgleich von Verlusten, die durch die Währungsreform an Sparguthaben eingetreten sind. Die Durchführung der Entschädigung wird in erster Linie Kreditinstituten und ähnlichen Institutionen übertragen. § 20 verpflichtet die Institute, die Mittel, die ihnen zu diesem Zweck zur Verfügung gestellt werden, ausschließlich zur Erfüllung der Entschädigungsansprüche der Sparer zu verwenden. Im Konkurs des Instituts bilden diese Mittel ein zweckgebundenes Treuhandvermögen, das nicht zur Konkursmasse gehört (Absatz 2). Auch im Vergleichsverfahren sind die Entschädigungsansprüche voll zu erfüllen (Absatz 3).

2 Die für den Konkurs getroffene Regelung wird inhaltlich unverändert auf das neue Insolvenzverfahren umgestellt. In Absatz 2 Satz 2 wird dabei klargestellt, daß die Pflicht zur Übertragung des Treuhandvermögens auf ein anderes Institut nicht besteht, wenn das Unternehmen des Schuldners auf der Grundlage des Insolvenzplans saniert wird. Das entspricht der Regelung, die im bisherigen Absatz 3 Satz 2 für den Fall eines Fortführungsvergleichs getroffen wird.

Artikel 69
Änderung der Wirtschaftsprüferordnung

Die Wirtschaftsprüferordnung in der Fassung der Bekanntmachung vom 5. November 1975 (BGBl. I S. 2803), zuletzt geändert durch Artikel 6 des Gesetzes vom 30. August 1994 (BGBl. 1994 II S. 1438), wird wie folgt geändert:

1. In § 10 Abs. 2 wird die Nummer 1 aufgehoben; die bisherigen Nummern 2 und 3 werden die neuen Nummern 1 und 2.

2. In § 20 Abs. 3 Nr. 1 wird folgender Satzteil gestrichen:

   „infolge gerichtlicher Anordnung in der Verfügung über sein Vermögen allgemein beschränkt ist oder wenn er".

3. In § 34 Abs. 2 wird folgender Satzteil gestrichen:

   „infolge gerichtlicher Anordnung in der Verfügung über ihr Vermögen allgemein beschränkt ist oder wenn sie".

Artikel 69 entspricht Art. 73 RegEEGInsO. Der folgende Begründungstext entspricht im wesentlichen BT-Drs. 12/3803, S. 102/103, „Zu Artikel 73".

1 *Zu den Nummern 1 und 2 (§ 10 Abs. 2 und § 20 Abs. 3 Nr. 1)*

Nach § 10 Abs. 2 Nr. 1 WiPrO kann die Zulassung zur Prüfung als Wirtschaftsprüfer versagt werden, wenn der Bewerber infolge gerichtlicher Anordnung in der Verfügung über sein Vermögen allgemein beschränkt ist. Aus dem gleichen Grund kann die Zulassung vor vollendeter Prüfung gemäß § 11 Satz 2 i. V. m. § 10 Abs. 2 Nr. 1 WiPrO zurückgenommen oder widerrufen werden.

Ergänzende Bestimmungen gelten für die Bestellung als Wirtschaftsprüfer und für deren Widerruf bzw. Rücknahme. Gemäß § 16 Abs. 2 Nr. 1 i. V. m. § 11 Satz 2, § 10 Abs. 2 Nr. 1 WiPrO kann die Bestellung zum Wirtschaftsprüfer versagt werden, wenn Gründe eingetreten oder bekanntgeworden sind, aus denen die Zulassung zur Prüfung hätte versagt, zurückgenommen oder widerrufen werden können. Für die Rücknahme und den Widerruf der Bestellung als Wirtschaftsprüfer bestimmt hingegen § 20 Abs. 3 Nr. 1 WiPrO gesondert, daß die Bestellung widerrufen werden kann, wenn eine allgemeine Verfügungsbeschränkung aufgrund gerichtlicher Anordnung ergangen ist.

Die genannten Vorschriften zielen ebenso wie § 46 Abs. 2 Nr. 5 StBerG in erster Linie auf den Fall der Eröffnung eines Konkursverfahrens ab. Ebenso wie diese Vorschrift werden sie aufgehoben, da sie im Rahmen des künftigen Insolvenzrechts keine Berechtigung mehr haben (vgl. oben Artikel 62 Nr. 1).

Die beiden besonders wichtigen Fallgruppen einer gerichtlichen Verfügungsbeschränkung – der Vermögensverfall und die Schwäche der geistigen Kräfte – sind bereits gesondert im Gesetz geregelt. **2**

Gemäß § 10 Abs. 1 Nr. 4 WiPrO ist die Zulassung zur Prüfung zu versagen, wenn der Bewerber sich nicht in geordneten wirtschaftlichen Verhältnissen befindet. Die Zulassung zur Prüfung muß daher auch gemäß § 11 Satz 1 WiPrO zurückgenommen werden, wenn nachträglich bekannt wird, daß die wirtschaftlichen Verhältnisse des Bewerbers nicht geordnet sind. Entsprechendes gilt für die Bestellung als Wirtschaftsprüfer. Die Bestellung ist zu versagen (§ 16 Abs. 1 Nr. 1 i. V. m. § 10 Abs. 1 Nr. 4, § 11 Satz 1 WiPrO), wenn die wirtschaftlichen Verhältnisse des zukünftigen Wirtschaftsprüfers nicht geordnet sind. Schließlich sieht § 20 Abs. 3 Nr. 1 WiPrO vor, daß die Bestellung widerrufen werden kann, wenn der Wirtschaftsprüfer in Vermögensverfall geraten ist und dadurch die Interessen der Auftraggeber oder anderer Personen gefährdet sind.

Die Eröffnung eines Insolvenzverfahrens kann ein Indiz sein, das eine nähere Prüfung rechtfertigt, ob der Bewerber in geordneten wirtschaftlichen Verhältnissen lebt. In diesem Sinne muß auch § 131 m Nr. 2 WiPrO ausgelegt werden, der die Möglichkeit der Anforderung einer Bescheinigung vorsieht, daß sich ein ausländischer Bewerber nicht im Konkurs befindet. Die Vorlage einer solchen Bescheinigung kann die Behörden nicht von der Pflicht entbinden, die Voraussetzung des Vermögensverfalls zu prüfen.

Die Zulassung zur Prüfung ist ferner zu versagen, zurückzunehmen oder zu widerrufen (§ 10 Abs. 1 Nr. 3, § 11 Satz 1 WiPrO), wenn der Bewerber infolge eines körperlichen Gebrechens oder wegen Schwäche seiner geistigen Kräfte dauernd unfähig ist, den Beruf des Wirtschaftsprüfers ordnungsgemäß auszuüben. Entsprechendes gilt für die Versagung der Bestellung als Wirtschaftsprüfer und für die Rücknahme oder den Widerruf der Bestellung (§ 16 Abs. 1 Nr. 1 i. V. m. § 10 Abs. 1 Nr. 3, § 11 Satz 1; § 20 Abs. 2 Nr. 3 WiPrO).

Auch soweit man davon ausgeht, daß eine strafprozessuale Beschlagnahme des Vermögens (§§ 290, 443 StPO) zu einer allgemeinen Verfügungsbeschränkung führt, wäre es nicht gerechtfertigt, diesen Fall gesondert im Gesetz aufzuführen (vgl. § 10 Abs. 1 Nr. 1, § 20 Abs. 2 Nr. 2 WiPrO). **3**

Für die Zulassung zur Prüfung und zum Beruf des vereidigten Buchprüfers gilt oben Gesagtes entsprechend. Für die Zulassung zur Prüfung verweist § 131 Abs. 4 WiPrO u. a. auf die §§ 10 und 11 WiPrO. Gemäß § 131 b Abs. 1 WiPrO finden die §§ 16 und 20 WiPrO auch für die Bestellung zum vereidigten Buchprüfer Anwendung. **4**

Vereidigte Buchprüfer, Steuerberater und Rechtsanwälte können gemäß § 131 c WiPrO abweichend von den Vorschriften des Ersten und Zweiten Abschnitts des Zweiten Teils der Wirtschaftsprüferordnung als Wirtschaftsprüfer bestellt werden, soweit sie die erforderliche Prüfung bestanden haben. Für die Zulassung zu dieser Prüfung gelten gemäß § 131 c Abs. 6 WiPrO insbesondere die §§ 10 und 11 WiPrO entsprechend. Die oben geschilderte Problematik gilt daher auch für diese Berufsgruppe.

5 *Zu Nummer 3 (§ 34 Abs. 2)*

§ 34 Abs. 2 WiPrO bestimmt, daß die Anerkennung als Wirtschaftsprüfergesellschaft u. a. widerrufen werden kann, wenn die Gesellschaft infolge gerichtlicher Anordnung in der Verfügung über ihr Vermögen allgemein beschränkt ist.

Auch diese Regelung kann ersatzlos aufgehoben werden. Bereits nach dem geltenden Recht ist der einzig hier denkbare Fall die Eröffnung eines Konkursverfahrens. Für diesen Fall reicht es aus, daß § 34 Abs. 2 WiPrO darüber hinaus bestimmt, daß die Anerkennung auch widerrufen werden kann, wenn die Wirtschaftsprüfergesellschaft in Vermögensverfall geraten ist und dadurch die Interessen der Auftraggeber oder anderer Personen gefährdet sind. Die Eröffnung eines Konkursverfahrens (künftig Insolvenzverfahren) verdeutlicht lediglich in besonderer Weise, daß die Gesellschaft in Vermögensverfall geraten ist.

Soweit gemäß § 34 Abs. 1 WiPrO die Anerkennung als Wirtschaftsprüfergesellschaft zurückzunehmen oder zu widerrufen ist, wenn für die Person eines Vorstandsmitglieds, Geschäftsführers oder persönlich haftenden Gesellschafters die Bestellung als Wirtschaftsprüfer gemäß § 20 WiPrO zurückgenommen oder widerrufen worden ist, sind ebenfalls keine Regelungslücken zu erwarten. Wie oben ausgeführt, kann bereits der Vermögensverfall eines Gesellschafters dazu führen, daß seine Bestellung als Wirtschaftsprüfer zurückgenommen oder widerrufen werden kann.

Soweit für die Buchprüfungsgesellschaften gemäß § 130 Abs. 2 WiPrO § 34 WiPrO entsprechend Anwendung findet, gilt oben Gesagtes auch für diese Gesellschaften.

**Artikel 71
Änderung der Gewerbeordnung**

Die Gewerbeordnung in der Fassung der Bekanntmachung vom 1. Januar 1987 (BGBl. I S. 425), zuletzt geändert durch Artikel 2 des Gesetzes vom 8. Juli 1994 (BGBl. I S. 1490), wird wie folgt geändert:

1. Es wird folgender neuer § 12 eingefügt:

„**§ 12
Insolvenzverfahren**

Vorschriften, welche die Untersagung eines Gewerbes oder die Rücknahme oder den Widerruf einer Zulassung wegen Unzuverlässigkeit des Gewerbetreibenden, die auf ungeordnete Vermögensverhältnisse zurückzuführen ist, ermöglichen, finden während eines Insolvenzverfahrens, während der Zeit, in der Sicherungsmaßnahmen nach § 21 der Insolvenzordnung angeordnet sind, und während der Überwachung der Erfüllung eines Insolvenzplans (§ 260 der Insolvenzordnung) keine Anwendung in bezug auf das Gewerbe, das zur Zeit des Antrags auf Eröffnung des Insolvenzverfahrens ausgeübt wurde."

2. § 34 b Abs. 4 Satz 1 Nr. 2 wird wie folgt gefaßt:

„2. der Antragsteller in ungeordneten Vermögensverhältnisse lebt; dies ist in der Regel der Fall, wenn über das Vermögen des Antragstellers das Insolvenzverfahren eröffnet worden oder er in das vom Insolvenzgericht oder vom Vollstreckungsgericht zu führende Verzeichnis (§ 26 Abs. 2 Insolvenzordnung, § 915 Zivilprozeßordnung) eingetragen ist."

3. § 34 c wird wie folgt geändert:

a) In Absatz 2 Nr. 1 wird das Wort „Konkursstraftat" durch das Wort „Insolvenzstraftat" ersetzt.

b) Absatz 2 Nr. 2 wird wie folgt gefaßt:

„2. der Antragsteller in ungeordneten Vermögensverhältnissen lebt; dies ist in der Regel der Fall, wenn über das Vermögen des Antragstellers das Insolvenzverfahren eröffnet worden oder er in das vom Insolvenzgericht oder vom Vollstreckungsgericht zu führende Verzeichnis (§ 26 Abs. 2 Insolvenzordnung, § 915 Zivilprozeßordnung) eingetragen ist."

Artikel 71 entspricht Art. 75 RegEEGInsO. Der folgende Begründungstext entspricht im wesentlichen BT-Drs. 12/3803, S. 103/104, „Zu Artikel 75".

Zu Nummer 1 (§ 12)

1 Verschiedene Vorschriften der Gewerbeordnung geben der Gewerbeüberwachungsbehörde das Recht, bei Unzuverlässigkeit des Gewerbetreibenden aufgrund ungeordneter Vermögensverhältnisse die Ausübung des Gewerbes zu untersagen oder die erforderliche Erlaubnis zurückzunehmen oder zu widerrufen (vgl. insbesondere § 35 Abs. 1, §§ 59, 70 a GewO; §§ 48, 49 Verwaltungsverfahrensgesetz in Verbindung mit den gewerberechtlichen Zulassungsvorschriften, z. B. §§ 30 ff., § 57 GewO). Diese Vorschriften können mit den Zielen des künftigen Insolvenzverfahrens in Konflikt geraten: In diesem Verfahren soll nach dem ersten Zeitabschnitt, während dessen der Insolvenzverwalter die wirtschaftlichen Verhältnisse des insolventen Unternehmens prüft, die Gläubigerversammlung darüber entscheiden, ob das Unternehmen fortgeführt oder stillgelegt wird (vgl. die §§ 156, 157 der Insolvenzordnung). Diese Entscheidung der Gläubigerversammlung würde vorweggenommen, wenn die Gewerbeüberwachungsbehörde schon vor der Versammlung dem insolventen Unternehmen wegen finanzieller Unzuverlässigkeit die weitere Ausübung seines Gewerbes untersagen könnte. Ebenso könnte der Erfolg eines Insolvenzplans (§ 217 der Insolvenzordnung), der die Sanierung des Unternehmens zum Ziel hat, durch eine Gewerbeuntersagung während des Verfahrens vereitelt werden. Ein Bedürfnis dafür, den Geschäftsverkehr vor einer Fortsetzung der gewerblichen Tätigkeit des insolventen Gewerbetreibenden zu schützen, besteht während des Insolvenzverfahrens nicht, da neue Vertragspartner durch die Vorschriften des Insolvenzrechts über die Einsetzung eines Insolvenzverwalters, den Vorrang der Masseverbindlichkeiten und die Aufsicht des Insolvenzgerichts hinreichend gesichert sind.

2 Der neue § 12 schließt daher die Anwendung der genannten Vorschriften der Gewerbeordnung für die Dauer des Insolvenzverfahrens aus. Dies gilt allerdings nur für das Gewerbe, das der Schuldner zur Zeit des Antrags auf Eröffnung des Verfahrens betrieben hat; denn es soll dem Schuldner nicht ermöglicht werden, trotz mangelnder wirtschaftlicher Leistungsfähigkeit weitere Gewerbebetriebe zu eröffnen. Der Dauer des Verfahrens wird die Zeit gleichgestellt, während der nach der Stellung eines Insolvenzantrags, aber vor der Eröffnung des Insolvenzverfahrens vorläufige Sicherungsmaßnahmen angeordnet sind.

Auch während dieser Zeit besteht das Bedürfnis, die Möglichkeit einer Sanierung des insolventen Unternehmens offenzuhalten. Auf der anderen Seite unterliegt der Schuldner auch schon während dieser Zeit der Aufsicht durch das Insolvenzgericht. Entsprechendes gilt für die Zeit von höchstens drei Jahren, während der nach der Aufhebung des Insolvenzverfahrens die Erfüllung eines Plans überwacht wird (vgl. die §§ 260, 268 der Insolvenzordnung).

3   Der Anwendungsbereich des neuen § 12 ist nicht auf die Gewerbeordnung selbst beschränkt. In zahlreichen Nebengesetzen, die ebenfalls Vorschriften über die Untersagung eines Gewerbes oder die Rücknahme oder den Widerruf gewerberechtlicher Erlaubnisse enthalten, wird die Gewerbeordnung insofern für ergänzend anwendbar erklärt, als nicht in diesen Gesetzen besondere Bestimmungen getroffen worden sind (z. B. § 31 Gaststättengesetz). Auch bei Fehlen einer ausdrücklichen Verweisung kann die Gewerbeordnung ergänzend Anwendung finden (z. B. im Falle der Handwerksordnung).

Als Standort der neuen Regelung wird der zur Zeit nicht besetzte § 12 gewählt. Zwar ist auch der bisherige § 11 weggefallen; ein neuer § 11 soll jedoch bereits im Zusammenhang mit einer geplanten Änderung datenschutzrechtlicher Vorschriften im Gewerberecht eingefügt werden.

4   *Zu Nummer 2* (§ 34 b Abs. 4 Satz 1 Nr. 2)

Die Vorschrift wird an die Regelungen der Insolvenzordnung angepaßt. Entsprechend dem geltenden Recht (§ 107 Abs. 2 KO) sieht auch die Insolvenzordnung in § 26 Abs. 2 vor, daß das Insolvenzgericht Schuldner, bei denen der Eröffnungsantrag mangels Masse abgewiesen worden ist, in ein Schuldnerverzeichnis einzutragen hat.

5   *Zu Nummer 3* (§ 34 c)

§ 34 c Abs. 2 Nr. 1 wird redaktionell angepaßt. § 34 c Abs. 2 Nr. 2 wird entsprechend der Begründung zu Nummer 2 neu gefaßt.

**Artikel 72
Änderung der Handwerksordnung**

Die Handwerksordnung in der Fassung der Bekanntmachung vom 28. Dezember 1965 (BGBl. 1966 I S. 1), zuletzt geändert durch Artikel 1 des Gesetzes vom 20. Dezember 1993 (BGBl. I S. 2256), wird wie folgt geändert:

1. *

2. § 77 wird wie folgt geändert:

   a) In Absatz 1 werden die Worte „des Konkursverfahrens" durch die Worte „des Insolvenzverfahrens" ersetzt.

   b) In Absatz 2 Satz 1 werden die Worte „im Falle der Überschuldung" durch die Worte „im Falle der Zahlungsunfähigkeit oder der Überschuldung" und die Worte „des Konkursverfahrens" durch die Worte „des Insolvenzverfahrens" ersetzt.

3. § 96 Abs. 2 wird wie folgt gefaßt:

„(2) Nicht wahlberechtigt sind Personen, die infolge strafgerichtlicher Verurteilung das Recht, in öffentlichen Angelegenheiten zu wählen oder zu stimmen, nicht besitzen."

4. In § 104 Abs. 2 wird die Nummer 3 aufgehoben; das Komma nach der Nummer 2 wird durch einen Punkt ersetzt.

Die mit * versehene Nummer 1 enthält eine rein redaktionelle Anpassung, vgl. Gesamtabdruck des Einführungsgesetzes.

Artikel 72 übernimmt in veränderter Fassung Art. 76 RegEEGInsO. Der folgende Begründungstext entspricht im wesentlichen BT-Drs. 12/3803, S. 104/105, „Zu Artikel 76", und BT-Drs. 12/7303, S. 114, zu Nr. 33 („Zu Artikel 76").

Zu Nummer 2 (§ 77)

Während Absatz 1 nur redaktionell anzupassen ist, soll Absatz 2 Satz 1 auch inhaltlich geändert werden: Für die Handwerksinnung als Körperschaft des öffentlichen Rechts und damit als juristische Person sieht die Insolvenzordnung die Zahlungsunfähigkeit und die Überschuldung als Eröffnungsgründe vor (§§ 17, 19 der Insolvenzordnung). Es erscheint sachgerecht, die Insolvenzantragspflicht des Vorstands, die nach dem bisherigen Gesetzestext nur bei Überschuldung besteht, auf den Fall der Zahlungsunfähigkeit zu erstrecken.

Zu den Nummern 3 und 4 (§ 96 Abs. 2 und § 104 Abs. 2)

Nach der bisherigen Fassung des § 96 Abs. 2 Nr. 2 HwO sind Personen nicht wahlberechtigt, „die infolge gerichtlicher Anordnung in der Verfügung über ihr Vermögen beschränkt sind". Ergänzend bestimmt § 104 Abs. 2 Nr. 3 HwO, daß gesetzliche Vertreter juristischer Personen und vertretungsberechtigte Gesellschafter der Personengesellschaften aus dem Amt als Mitglied der Vollversammlung auszuscheiden haben, wenn „durch gerichtliche Anordnung die juristische Person oder die Gesellschafter der Personengesellschaft in der Verfügung über das Gesellschaftsvermögen beschränkt sind".

Beide Vorschriften setzen ein allgemeines Verfügungsverbot voraus. Während § 104 Abs. 2 Nr. 3 HwO ausschließlich den Fall der Konkurseröffnung erfaßt, erstreckt sich § 96 Abs. 2 Nr. 2 HwO auch auf die Entmündigung und die vorläufige Vormundschaft nach dem bisherigen Vormundschaftsrecht und die Anordnung eines Einwilligungsvorbehalts nach § 1903 BGB in der Fassung des neuen Betreuungsgesetzes vom 12. September 1990 (BGBl. I S. 2002) sowie wohl auch auf die Beschlagnahme des Vermögens gemäß den §§ 290, 443 StPO.

Das künftige Insolvenzverfahren, das auch in den Fällen des bisherigen Vergleichsverfahrens zur Anwendung kommen soll, hat nicht die zwingende Folge eines allgemeinen Verfügungsverbots für den Schuldner. Auch nach Eröffnung des Insolvenzverfahrens kann dem Schuldner unter der Aufsicht eines Sachwalters die Verfügungsbefugnis über sein Vermögen belassen werden (vgl. die §§ 270 bis 285 der Insolvenzordnung). Ob dies im Einzelfall geschieht, entscheiden Gericht und Gläubigerversammlung unter dem Gesichtspunkt der wirtschaftlichen Zweckmäßigkeit. Allgemein verfolgt das neue Insolvenzrecht rein vermögensrechtliche Ziele; eine Beeinträchtigung der Ehre des Schuldners soll mit dem Verfahren nicht verbunden sein.

4 Ein Einwilligungsvorbehalt nach dem neuen § 1903 BGB wird angeordnet, „soweit dies zur Abwendung einer erheblichen Gefahr für die Person oder das Vermögen des Betreuten erforderlich ist". Es würde der Zielsetzung des Betreuungsgesetzes widersprechen, an eine solche Anordnung zwingend den Verlust einer Wahlberechtigung zu knüpfen. Besonders gravierende Fälle der Geisteskrankheit oder Geistesschwäche werden bereits durch § 96 Abs. 3 HwO erfaßt. Danach ist an der Ausübung des Wahlrechts gehindert, wer wegen Geisteskrankheit oder Geistesschwäche in einem psychiatrischen Krankenhaus untergebracht ist, wer sich in Straf- oder Untersuchungshaft befindet oder wer infolge gerichtlicher oder polizeilicher Anordnung in Verwahrung gehalten wird.

5 Die Fälle der strafprozessualen Beschlagnahme des Vermögens rechtfertigen es für sich allein nicht, den bisherigen Ausschlußtatbestand beizubehalten.

6 Insgesamt erscheint es daher nicht angebracht, einem Mitglied der Handwerkskammer die Berechtigung zur Wahl mit der Begründung abzusprechen, daß er in der Verfügung über sein Vermögen beschränkt ist (§ 96 Abs. 2 Nr. 2 HwO). Solange er Mitglied der Kammer ist, kann ihm sein aktives Wahlrecht nur aus besonders schwerwiegenden Gründen genommen werden.

Den derzeitigen hohen Voraussetzungen für den Verlust des Wahlrechts würde es auch nicht entsprechen, wenn in Anlehnung an die Bundesrechtsanwalts- und Patentanwaltsordnung der neue Ausschlußgrund des „Vermögensverfalls" eingeführt würde. Eine allgemeine Herabsetzung dieser Voraussetzungen ist im Rahmen der Reform des Insolvenzrechts nicht veranlaßt.

7 Aus den gleichen Gründen darf die Eröffnung eines Insolvenzverfahrens nicht dazu führen, daß ein Mitglied der Vollversammlung sein Amt verliert. Bereits nach der derzeitigen Fassung der Handwerksordnung kommt es nicht darauf an, ob der Betroffene in geordneten Vermögensverhältnissen lebt. Die Abgabe einer eidesstattlichen Versicherung hat nicht den Verlust des Amtes zur Folge.

In Anlehnung an die Änderung des § 96 Abs. 2 HwO ist daher § 104 Abs. 2 Nr. 3 HwO zu streichen.

Artikel 79
Änderung des Gesetzes über das Kreditwesen

Das Gesetz über das Kreditwesen in der Fassung der Bekanntmachung vom 30. Juni 1993 (BGBl. I S. 1082), zuletzt geändert durch Artikel 12 Abs. 64 des Gesetzes vom 14. September 1994 (BGBl. I S. 2325) und Artikel 1 des Gesetzes vom 28. September 1994 (BGBl. I S. 2735), wird wie folgt geändert:

1. In § 2 Abs. 4 Satz 1 werden die Worte „sowie des § 112 Abs. 2 der Vergleichsordnung" gestrichen.

2. *

3. *

4. *

5. § 46 b wird wie folgt gefaßt:

„§ 46 b
Insolvenzantrag

Wird ein Kreditinstitut zahlungsunfähig oder tritt Überschuldung ein, so haben die Geschäftsleiter und bei einem in der Rechtsform des Einzelkaufmanns betriebenen Kreditinstitut der Inhaber dies dem Bundesaufsichtsamt unverzüglich anzuzeigen. Soweit diese Personen nach anderen Rechtsvorschriften verpflichtet sind, bei Zahlungsunfähigkeit oder Überschuldung die Eröffnung des Insolvenzverfahrens zu beantragen, tritt an die Stelle der Antragspflicht die Anzeigepflicht nach Satz 1. Das Insolvenzverfahren über das Vermögen eines Kreditinstituts findet im Falle der Zahlungsunfähigkeit oder der Überschuldung statt. Der Antrag auf Eröffnung des Insolvenzverfahrens über das Vermögen des Kreditinstituts kann nur von dem Bundesaufsichtsamt gestellt werden."

6. § 46 c wird wie folgt gefaßt:

„§ 46 c
Berechnung von Fristen

Die nach den §§ 88, 130 bis 136 der Insolvenzordnung und nach § 32 b Satz 1 des Gesetzes betreffend die Gesellschaften mit beschränkter Haftung vom Tage des Antrags auf Eröffnung des Insolvenzverfahrens an zu berechnenden Fristen sind vom Tage des Erlasses einer Maßnahme nach § 46 a Abs. 1 an zu berechnen."

7. In § 47 Abs. 1 Nr. 1 werden die Worte „das Vergleichsverfahren oder der Konkurs" durch die Worte „das Insolvenzverfahren" ersetzt.

8. In § 49 wird die Angabe „der §§ 36, 45, 46, 46a Abs. 1 und des § 46b" durch die Angabe „der §§ 36, 45, 46 und des § 46a Abs. 1" ersetzt.

9. § 63 a Abs. 6 wird aufgehoben.

Die mit * versehenen Nummern 2, 3 und 4 enthalten rein redaktionelle Anpassungen, vgl. Gesamtabdruck des Einführungsgesetzes.

Artikel 79 übernimmt in veränderter und ergänzter Fassung Art. 83 RegEEGInsO. Der folgende Begründungstext entspricht im wesentlichen BT-Drs. 12/3803, S. 105/106, „Zu Artikel 83", und BT-Drs. 12/7303, S. 114, zu Nr. 35 („Zu Artikel 83").

Zu Nummer 1 (§ 2 Abs. 4 Satz 1) 1

Da die Vergleichsordnung aufgehoben wird, ist die Bezugnahme auf § 112 Abs. 2 zu streichen.

Zu Nummer 5 (§ 46 b) 2

Für das Konkursverfahren über das Vermögen eines Kreditinstituts gelten nach der bisherigen Fassung des § 46 b KWG einige Besonderheiten:

– Unabhängig von der Rechtsform des Kreditinstituts ist neben der Zahlungsunfähigkeit auch die Überschuldung Grund für die Eröffnung des Konkursverfahrens.

– Die Geschäftsleiter oder der Inhaber des Kreditinstituts sind bei Eintritt eines Eröffnungsgrundes verpflichtet, dies dem Aufsichtsrat unverzüglich anzuzeigen.

– Der Eröffnungsantrag kann nur vom Aufsichtsamt gestellt werden.

– Das Konkursgericht hat dem Antrag zu entsprechen, sofern nicht ein Fall der Abweisung mangels Masse vorliegt oder ein Vergleichsantrag gestellt ist; der Eröffnungsbeschluß ist unanfechtbar.

3   Die Neufassung der Vorschrift überträgt die ersten drei Besonderheiten auf das neue Insolvenzverfahren, ohne daß dabei weitere inhaltliche Änderungen vorgenommen werden.

Die Bindung des Gerichts an den Eröffnungsantrag des Aufsichtsamtes und die Unanfechtbarkeit des Eröffnungsbeschlusses werden jedoch nicht übernommen. Diese Regelung kann zu verfahrensrechtlichen Schwierigkeiten führen. Der Antrag des Bundesaufsichtsamtes ist wegen seiner Bindungswirkung als Verwaltungsakt anzusehen, der im Verwaltungsrechtsweg angefochten werden kann. Widerspruch und Anfechtungsklage haben im Grundsatz keine aufschiebende Wirkung (§ 49 KWG). Über die Anfechtungsklage wird regelmäßig erst nach der Eröffnung des Insolvenzverfahrens entschieden werden; hinzu kommt, daß der Rechtsstreit durch drei Instanzen bis zum Bundesverwaltungsgericht geführt werden kann. Bis dieses Gericht entschieden hat, kann das Insolvenzverfahren bereits durchgeführt sein.

Das Insolvenzgericht steht der Aufgabe, das Vorliegen eines Eröffnungsgrundes zu prüfen, näher als die Verwaltungsgerichte. Eine Lösung, die eine Bindung des Insolvenzgerichts an den Antrag einer Verwaltungsbehörde vermeidet, erscheint auch aus verfassungspolitischer Sicht vorzugswürdig, da sie den Prinzipien der Gewaltenteilung und der Unabhängigkeit der Rechtsprechung besser gerecht wird.

4, 5   Nach der Neufassung der Vorschrift kann damit auch die Eröffnung des Insolvenzverfahrens über das Vermögen eines Kreditinstituts mit der sofortigen Beschwerde angefochten werden (vgl. § 34 Abs. 2 der Insolvenzordnung). Der Eröffnungsantrag der Aufsichtsbehörde, dem die Bindungswirkung fehlt, ist nicht als anfechtbarer Verwaltungsakt anzusehen.

6   *Zu Nummer 6 (§ 46 c)*

Die bisherigen Verweisungen auf Vorschriften des Konkursanfechtungsrechts und auf § 237 HGB werden durch Verweisungen auf die entsprechenden Vorschriften der Insolvenzordnung ersetzt. Die bisher weiter in Bezug genommenen Vorschriften des § 183 Abs. 2 KO sowie des § 75 Abs. 2 VerglO haben in der Insolvenzordnung keine Entsprechung.

7   *Zu Nummer 7 (§ 47)*

Da Vergleichs- und Konkursverfahren zu einem einheitlichen Insolvenzverfahren zusammengefaßt werden, ist die redaktionelle Anpassung der Vorschrift erforderlich.

8   *Zu Nummer 8 (§ 49)*

Die Erwähnung des § 46 b im Zusammenhang mit der sofortigen Vollziehbarkeit von Verwaltungsakten wird gestrichen, da der Antrag der Aufsichtsbehörde auf Eröffnung des Insolvenzverfahrens in Zukunft nicht mehr als anfechtbarer Verwaltungsakt anzusehen sein wird (vgl. oben zu Nummer 5).

9   *Zu Nummer 9 (§ 63 a Abs. 6)*

§ 63 a Abs. 6 KWG, der sich auf das Verfahren nach der Gesamtvollstreckungsordnung bezieht, kann mit der Aufhebung dieses Gesetzes entfallen.

Artikel 85
Änderung des Hypothekenbankgesetzes

Das Hypothekenbankgesetz in der Fassung der Bekanntmachung vom 19. Dezember 1990 (BGBl. I S. 2898), zuletzt geändert durch Artikel 66 des Gesetzes vom 27. April 1993 (BGBl. I S. 512, 2436), wird wie folgt geändert:

1. In § 5 Abs. 1 Nr. 2 und Nr. 2a werden jeweils nach den Worten „Europäischen Wirtschaftsraum" die Worte „oder in der Schweiz" eingefügt.

2. § 35 wird wie folgt geändert:

   a) In Absatz 1 Satz 1 werden die Worte „der Konkurs" durch die Worte „das Insolvenzverfahren" und das Wort „Konkursgläubiger" durch das Wort „Insolvenzgläubiger" ersetzt.

   b) In Absatz 2 wird die Angabe „§§ 64, 153, 155, 156 und des § 168 Nr. 3 der Konkursordnung" durch die Angabe „§§ 52, 190 und 192 der Insolvenzordnung" ersetzt.

   c) In Absatz 3 wird das Wort „Konkursmasse" durch das Wort „Insolvenzmasse" ersetzt.

   d) In Absatz 4 werden die Worte „des Konkurses" durch die Worte „des Insolvenzverfahrens" und das Wort „Konkursmasse" durch das Wort „Insolvenzmasse" ersetzt.

   e) Es wird folgender Absatz 5 angefügt:

   „(5) Konkursvorrechte zugunsten der Schuldverschreibungsgläubiger eines Realkreditinstituts, das seinen Sitz in einem anderen Mitgliedstaat der Europäischen Gemeinschaften, in einem anderen Vertragsstaat des Abkommens über den Europäischen Wirtschaftsraum oder in der Schweiz hat, sind in einem inländischen Insolvenzverfahren anzuerkennen, wenn sie im wesentlichen dem Vorrecht des Absatzes 1 entsprechen und die Gegenseitigkeit verbürgt ist."

3. Die §§ 43 und 47 werden gestrichen.

Artikel 85 übernimmt in veränderter Fassung Art. 89 RegEEGInsO. Der folgende Begründungstext entspricht im wesentlichen BT-Drs. 12/3803, S. 106/107, „Zu Artikel 89", und BT-Drs. 12/7303, S. 114, zu Nr. 36 („Zu Artikel 89").

Zu Nummer 1 (§ 5)

Parallel zu dem neuen § 35 Abs. 5 Nr. 2e wird durch Nummer 1 auch der Anwendungsbereich des § 5 Abs. 1 Nr. 2 und 2a auf die Schweiz erstreckt.

Zu Nummer 2 (§ 35)

Die bisher in § 35 Abs. 2 in Bezug genommenen §§ 64, 153, 155, 156 und § 168 Nr. 3 KO finden ihre inhaltliche Entsprechung in den §§ 59, 190 und 192 der Insolvenzordnung.

Die Absätze 1, 3 und 4 werden redaktionell angepaßt.

Absatz 5 wird neu eingefügt.

Mit der Gestattung einer Beleihungstätigkeit der Hypothekenbanken in den Mitgliedstaaten der Europäischen Gemeinschaften sowie den Mitgliedstaaten der Europäischen Freihandelsassoziation (vgl. § 5 Abs. 1 Nr. 2 a, Abs. 2 HBG) sind Fallgestaltungen denkbar, in denen das Insolvenzvorrecht der Pfandbriefgläubiger nach § 35 HBG im Ausland nicht durchgesetzt werden kann. In diesen Fällen kann der den Pfandbriefgläubigern zur Befriedigung zur Verfügung stehende Deckungsstock zu ihren Lasten verringert werden.

Der neue Absatz 5 des § 35 HBG soll ein erster Schritt in Richtung auf das Ziel sein, daß alle Mitgliedstaaten der Europäischen Gemeinschaften oder der Europäischen Freihandelsassoziation ihre jeweiligen Insolvenzvorrechte der Pfandbriefgläubiger gegenseitig anerkennen. Dieser erste Schritt besteht darin, daß für ein inländisches Insolvenzverfahren die Anerkennung solcher ausländischer Vorrechte vorgeschrieben wird, die dem deutschen Vorrecht der Pfandbriefgläubiger im wesentlichen entsprechen. Um eine einseitige Vorleistung der deutschen Seite zu vermeiden, wird die Anerkennung davon abhängig gemacht, daß auch das deutsche Vorrecht in einem Insolvenzverfahren des betreffenden ausländischen Staates anerkannt wird. Damit hat jeder Mitgliedstaat der Europäischen Gemeinschaften oder der Europäischen Freihandelsassoziation, dessen Rechtsordnung ein solches Vorrecht kennt, die Möglichkeit, durch den Erlaß einer entsprechenden gesetzlichen Regelung die Anerkennung seines Vorrechts im deutschen Insolvenzverfahren zu erreichen.

§ 35 Abs. 5 des Hypothekenbankgesetzes ist in gleicher Weise an das Inkrafttreten des Abkommens über den Europäischen Wirtschaftsraum angepaßt wie § 6 Abs. 4 des Gesetzes über die Pfandbriefe und verwandten Schuldverschreibungen öffentlich-rechtlicher Kreditanstalten (vgl. Artikel 54 Nr. 4 des Einführungsgesetzes). Auf die Erläuterungen zu Artikel 54 Nummer 4 wird verwiesen.

4 *Zu Nummer 3* (§§ 43 und 47)

§ 43 enthält bisher eine Neufassung des § 17 des Einführungsgesetzes zur Konkursordnung. Mit der Aufhebung dieses Gesetzes durch Artikel 2 Nr. 2 des Einführungsgesetzes kann auch § 43 HBG gestrichen werden. Der sachliche Inhalt der Regelung wird, soweit er heute noch Bedeutung hat, durch Artikel 109 des Einführungsgesetzes beibehalten. § 47, der sich auf das Recht der ehemaligen Deutschen Demokratischen Republik bezieht, ist obsolet.

Artikel 87
Änderung des Versicherungsaufsichtsgesetzes

Das Versicherungsaufsichtsgesetz in der Fassung der Bekanntmachung vom 17. Dezember 1992 (BGBl. 1993 I S. 2), zuletzt geändert durch Artikel 12 Abs. 66 des Gesetzes vom 14. September 1994 (BGBl. I S. 2325), wird wie folgt geändert:

1. *

2. *

3. *

4. § 49 Abs. 2 wird wie folgt gefaßt:

„(2) **Gleiches gilt, wenn der Verein durch die Eröffnung des Insolvenzverfahrens aufgelöst, das Verfahren aber auf Antrag des Vereins eingestellt** oder nach der Bestätigung eines Insolvenzplans, der den Fortbestand des Vereins vorsieht, aufgehoben worden ist."

5. § 50 wird wie folgt geändert:

   a) In Absatz 1 wird das Wort „Konkurs" durch die Worte „Eröffnung des Insolvenzverfahrens" ersetzt.

   b) In Absatz 2 werden die Worte „vor der Konkurseröffnung" durch die Worte „vor dem Antrag auf Eröffnung des Insolvenzverfahrens oder nach diesem Antrag" ersetzt.

6. § 51 Abs. 1 wird wie folgt gefaßt:

   „(1) Die Ansprüche auf Tilgung des Gründungsstocks stehen allen übrigen Insolvenzforderungen nach. Unter diesen werden Ansprüche aus einem Versicherungsverhältnis, die den bei Eröffnung des Insolvenzverfahrens dem Verein angehörenden oder im letzten Jahr vor dem Eröffnungsantrag oder nach diesem Antrag ausgeschiedenen Mitgliedern zustehen, im Rang nach den Ansprüchen der anderen Insolvenzgläubiger befriedigt."

7. § 52 erhält folgende Fassung:

   „§ 52

   (1) Die Nachschüsse oder Umlagen, die das Insolvenzverfahren erfordert, werden vom Insolvenzverwalter festgestellt und ausgeschrieben. Dieser hat sofort, nachdem die Vermögensübersicht (§ 153 der Insolvenzordnung) auf der Geschäftsstelle niedergelegt ist, zu berechnen, wieviel die Mitglieder zur Deckung des aus der Vermögensübersicht ersichtlichen Fehlbetrags nach ihrer Beitragspflicht vorzuschießen haben. Für diese Vorschußberechnung und für Zusatzberechnungen gelten entsprechend § 106 Abs. 1 Satz 2, Abs. 2 und 3 sowie die §§ 107 bis 113 des Genossenschaftsgesetzes.

   (2) Alsbald nach Beginn der Schlußverteilung (§ 196 der Insolvenzordnung) hat der Insolvenzverwalter zu berechnen, welche Beiträge die Mitglieder endgültig zu leisten haben. Dafür und für das weitere Verfahren gelten entsprechend § 114 Abs. 2 und die §§ 115 bis 118 des Genossenschaftsgesetzes."

8. § 77 wird wie folgt geändert:

   a) In Absatz 3 wird das Wort „Konkurseröffnung" jeweils durch die Worte „Eröffnung des Insolvenzverfahrens" ersetzt.

   b) In Absatz 4 Satz 1 wird das Wort „Konkursgläubiger" durch das Wort „Insolvenzgläubiger" ersetzt.

   c) In Absatz 4 Satz 3 wird die Angabe „§§ 64, 153, 155, 156 und 168 Nr. 3 der Konkursordnung" durch die Angabe „§§ 52, 190 und 192 der Insolvenzordnung" ersetzt.

   d) Es wird folgender neuer Absatz 5 angefügt:

   „(5) Konkursvorrechte zugunsten der Versicherten eines Lebensversicherungsunternehmens und zugunsten von Versicherten eines Kranken- und Unfallversicherungsunternehmens der in § 12 genannten Art, die ihren Sitz in einem Mitgliedstaat der Europäischen Gemeinschaft oder in einem anderen Vertragsstaat des Abkommens über den Europäischen Wirtschaftsraum haben, sind in einem inländischen Insolvenzverfahren anzuerkennen, wenn sie dem Vorrecht des Absatzes 4 entsprechen und die Gegenseitigkeit verbürgt ist."

9. *

10. Die Überschrift vor § 80 wird gestrichen.

11. § 80 wird aufgehoben.

12. § 88 wird wie folgt geändert:

   a) Absatz 1 wird wie folgt gefaßt:

   „(1) Der Antrag auf Eröffnung des Insolvenzverfahrens über das Vermögen eines Versicherungsunternehmens kann nur von der Aufsichtsbehörde gestellt werden."

   b) In Absatz 2 Satz 3 wird das Wort „Konkurseröffnung" durch die Worte „die Eröffnung des Insolvenzverfahrens" ersetzt.

13. *

14. *

Die mit * versehenen Nummern 1, 2, 3, 9, 13 und 14 enthalten rein redaktionelle Anpassungen, vgl. Gesamtabdruck des Einführungsgesetzes.

Artikel 87 entspricht weitgehend Art. 91 RegEEGInsO. Der folgende Begründungstext entspricht im wesentlichen BT-Drs. 12/3803, S. 107/108, „Zu Artikel 91", und BT-Drs. 12/7303, S. 114, zu Nr. 37 („Zu Artikel 91").

1 *Allgemeines*

Die Änderungen, die im Versicherungsaufsichtsgesetz vorzunehmen sind, betreffen verschiedene Bereiche. Das Recht der Versicherungsvereine auf Gegenseitigkeit (§§ 15 bis 53 b VAG) wird mit geringen inhaltlichen Änderungen an die Insolvenzordnung und an die Neuregelung der Genossenschaftsinsolvenz im Genossenschaftsgesetz angepaßt. Die Vorschriften über den Deckungsstock bei der Lebensversicherung (§§ 77 bis 79) werden nur redaktionell geändert. Das Konkursvorrecht bei der Schadensversicherung (§ 80) wird aufgehoben. Schließlich werden die Vorschriften über die Befugnisse der Aufsichtsbehörden bei wirtschaftlichen Schwierigkeiten eines Versicherungsunternehmens in entsprechender Weise geändert wie die parallelen Vorschriften des Kreditwesengesetzes durch Artikel 79 des Einführungsgesetzes.

2 *Zu Nummer 4 (§ 49 Abs. 2)*

Das Insolvenzverfahren kennt den Zwangsvergleich nicht mehr. Dessen Funktion übernimmt der Insolvenzplan. Die Formulierung der Vorschrift ist entsprechend anzupassen. Dabei wird klargestellt, daß nur ein Fortführungsplan, nicht ein Liquidationsplan, Grundlage für einen Fortsetzungsbeschluß der obersten Vertretung des Versicherungsvereins sein kann.

Zu Nummer 5 (§ 50)

Neben redaktionellen Anpassungen wird in Absatz 2 die Frist für die Nachhaftung ausgeschiedener Mitglieder des Vereins nicht mehr auf die Verfahrenseröffnung, sondern auf den Zeitpunkt des Eröffnungsantrags bezogen. Das entspricht der Fristberechnung im neuen Insolvenzanfechtungsrecht und in vergleichbaren Vorschriften (vgl. die §§ 88, 129 bis 136 der Insolvenzordnung). Auch für die Nachschußpflicht ausgeschiedener Genossen nach § 115 b GenG ist eine entsprechende Änderung vorgesehen.

Zu Nummer 6 (§ 51 Abs. 1)

Die Frist in Satz 2 wird wie im neuen § 50 Abs. 2 auf den Eröffnungsantrag bezogen.

Zu Nummer 7 (§ 52)

Die bisher in Bezug genommenen §§ 124 und 161 der Konkursordnung finden ihre Entsprechung in den §§ 153 und 196 der Insolvenzordnung. Im übrigen erfolgt eine redaktionelle Anpassung, wobei auch berücksichtigt wird, daß die Vorschriften des Genossenschaftsgesetzes, auf die Absatz 1 Satz 3 und Absatz 2 Satz 2 verweisen, durch Artikel 49 des Einführungsgesetzes geändert werden.

Zu Nummer 8 (§ 77)

In den Absätzen 3 und 4 werden redaktionelle Anpassungen vorgenommen. Die in Absatz 4 Satz 3 bisher in Bezug genommenen Bestimmungen der §§ 64, 153, 155, 156 und 158 Nr. 3 der Konkursordnung finden in den §§ 52, 190 und 192 der Insolvenzordnung ihre Entsprechung.

Mit dem neuen Absatz 5 wird der zukünftigen Regelung Rechnung getragen, daß aufgrund der Dritten Richtlinie für die Schadens- und Lebensversicherung die bisher noch bestehenden Beschränkungen für die Belegenheit des Deckungsstockvermögens im Ausland aufgegeben werden müssen und der Deckungsstock im Gebiet der Europäischen Gemeinschaften, der anderen Vertragsstaaten des Abkommens über den Europäischen Wirtschaftsraum oder der Schweiz (vgl. hierzu auch die Begründung zu Artikel 54 Nummer 4) belegen sein kann.

Der neue Absatz 5 regelt ähnlich dem § 35 Abs. 5 Hypothekenbankgesetz in der Fassung des Artikels 85 des Einführungsgesetzes den Schutz des für inländische Versicherungsgläubiger eines Lebensversicherungsunternehmens bestehenden Deckungsstocks im Ausland. Die gleiche Regelung gilt für die Kranken- und Unfallversicherung, soweit diese nach Art der Lebensversicherung betrieben wird.

Zu Nummer 10 (Überschrift vor § 80)

Da § 80 aufgehoben wird und die Überschrift sich nur auf diese Bestimmung bezieht, ist sie ebenfalls aufzuheben.

Zu Nummer 11 (§ 80)

§ 80 Versicherungsaufsichtsgesetz gewährt ein Konkursvorrecht mit dem Rang vor § 61 Abs. 1 Nr. 6 KO für Forderungen aus Versicherungsverträgen auf Rückerstattung der Teile des Versicherungsentgelts, die auf die Zeit nach Beendigung des Versicherungsverhältnisses entfallen, und auf Ersatz eines zur Zeit der Konkurseröffnung bereits eingetretenen Schadens. Die Vorschrift ist auf die Versicherungszweige beschränkt, für die nicht die besonderen Vorschriften über die Deckungsrücklage gelten.

Mit der Beseitigung aller allgemeinen Konkursvorrechte im Rahmen der Reform muß auch dieses Vorrecht entfallen. Ohnehin ist wegen der Versicherungsaufsicht das Risiko, daß ein Versicherungsunternehmen insolvent wird, äußerst gering, so daß dem Konkursvorrecht kaum praktische Bedeutung zukommt. Weiter ist zu berücksichtigen, daß in dem seltenen Fall eines Insolvenzverfahrens ein derartig abgegrenztes Vorrecht nur von beschränktem Nutzen sein kann, da nach der Art der Geschäfte eines Versicherungsunternehmens die meisten anderen Gläubiger ebenfalls dieses Vorrecht genießen werden. Die Versicherungsnehmer werden die weitaus überwiegende Zahl der Gläubiger stellen; auf andere Gläubiger, z. B. Versicherungsvertreter, wird nur ein relativ geringer Anteil an der Gesamtsumme der Forderungen entfallen.

9 *Zu Nummer 12* (§ 88)

§ 88 Abs. 1 VAG wird im gleichen Sinne geändert wie § 46 b KWG (vgl. die Begründung zu Artikel 79 Nr. 3 des Einführungsgesetzes): Die Bindung des Konkursgerichts an den Eröffnungsantrag der Aufsichtsbehörde und die Unanfechtbarkeit des Eröffnungsbeschlusses werden für das neue Insolvenzverfahren nicht übernommen. Die bisherige Regelung des Versicherungsaufsichtsgesetzes führt ebenso wie die des Kreditwesengesetzes dazu, daß die Konkurseröffnung mittelbar durch eine verwaltungsgerichtliche Anfechtungsklage gegen den Eröffnungsantrag in Frage gestellt werden kann. Allerdings besteht hier eher die Möglichkeit, eine endgültige verwaltungsgerichtliche Entscheidung noch vor der Verfahrenseröffnung zu erreichen: Gemäß § 10 a des Gesetzes über die Errichtung eines Bundesaufsichtsamtes für das Versicherungswesen vom 31. Juli 1951 (BGBl. III 7630-1) entscheidet das Bundesverwaltungsgericht über die Anfechtungsklage gegen den Konkursantrag des Bundesaufsichtsamtes im ersten und letzten Rechtszug; darüber hinaus haben Widerspruch und Klage – anders als nach § 49 KWG – aufschiebende Wirkung, sofern nicht sofortige Vollziehung angeordnet wird (§ 80 Abs. 1, 2 Nr. 4 VwGO). Verfassungspolitisch erscheint es auch hier vorzugswürdig, die Bindung eines Gerichts an den Antrag einer Verwaltungsbehörde zu vermeiden.

Auch der Eröffnungsantrag der Versicherungsaufsichtsbehörde ist daher in Zukunft nicht mehr als anfechtbarer Verwaltungsakt anzusehen (vgl. die Begründung zu Artikel 79 Nr. 3 und 6 des Einführungsgesetzes).

§ 88 Abs. 2 VAG wird redaktionell angepaßt.

**Artikel 88
Änderung des Gesetzes über den Versicherungsvertrag**

Das Gesetz über den Versicherungsvertrag in der im Bundesgesetzblatt Teil III, Gliederungsnummer 7632-1, veröffentlichten bereinigten Fassung, zuletzt geändert durch Artikel 2 des Gesetzes vom 21. Juli 1994 (BGBl. I S. 1630), wird wie folgt geändert:

1. **§ 13 wird wie folgt geändert:**

    a) In Satz 1 werden die Worte „der Konkurs" durch die Worte „das Insolvenzverfahren" und das Wort „Konkursmasse" durch das Wort „Insolvenzmasse" ersetzt.

    b) In Satz 2 wird das Wort „Konkurseröffnung" durch die Worte „Eröffnung des Insolvenzverfahrens" ersetzt.

2. In § 14 Abs. 1 werden die Worte „des Konkurses oder des Vergleichsverfahrens" durch die Worte „des Insolvenzverfahrens" ersetzt.

3. *

4. In § 157 werden die Worte „der Konkurs" durch die Worte „das Insolvenzverfahren" ersetzt.

5. *

*Die mit * versehenen Nummern 3 und 5 enthalten rein redaktionelle Anpassungen, vgl. Gesamtabdruck des Einführungsgesetzes.*

Artikel 88 übernimmt in veränderter und verkürzter Fassung Art. 92 RegEEGInsO. Der folgende Begründungstext beruht auf BT-Drs. 12/3803, S. 109, „Zu Artikel 92", und BT-Drs. 12/7303, S. 114/115, zu Nr. 38 („Zu Artikel 92").

Zu Nummer 1 (§ 13) 1

Die Vorschrift, nach der die Eröffnung des Konkursverfahrens über das Vermögen des Versicherers zur Beendigung des Versicherungsverhältnisses führt, wird ohne inhaltliche Änderung auf das Insolvenzverfahren übertragen. Das hat die Folge, daß die Sanierung eines Versicherungsunternehmens im Insolvenzverfahren kaum möglich ist; dies kann jedoch hingenommen werden, da zur Beseitigung wirtschaftlicher Schwierigkeiten von Versicherungsunternehmen die besonderen Eingriffsrechte der Aufsichtsbehörde nach § 89 VAG zur Verfügung stehen. Nach geltendem Recht ist das gerichtliche Vergleichsverfahren über das Vermögen eines Versicherungsunternehmens sogar ausdrücklich ausgeschlossen (§ 112 Abs. 1 VerglO).

Zu Nummer 2 (§ 14) 2

§ 14 wird inhaltlich unverändert übernommen. Die Zulässigkeit von Vereinbarungen über Vertragsauflösungen im Insolvenzfall soll durch die Neuregelung des Insolvenzrechts nicht eingeschränkt werden. § 14 wird lediglich redaktionell angepaßt.

Zu Nummer 4 (§ 157) 3

Die Vorschrift wird inhaltlich unverändert übernommen. Nach dem Eintritt eines Versicherungsfalls bei der Haftpflichtversicherung soll auch im künftigen Insolvenzverfahren ein Absonderungsrecht des geschädigten Dritten an der Entschädigungsforderung des Versicherungsnehmers gegen den Haftpflichtversicherer anerkannt werden. Auch außerhalb eines Insolvenzverfahrens hat der geschädigte Dritte eine besonders geschützte Rechtsstellung (vgl. § 156 VVG).

Artikel 91
Änderung des Gesetzes zur Verbesserung der betrieblichen Altersversorgung

Das Gesetz zur Verbesserung der betrieblichen Altersversorgung vom 19. Dezember 1974 (BGBl. I S. 3610), zuletzt geändert durch Artikel 8 des Gesetzes vom 21. Juli 1994 (BGBl. I S. 1630), wird wie folgt geändert:

1. § 3 Abs. 1 wird wie folgt gefaßt:

„(1) Für eine Anwartschaft, die der Arbeitnehmer nach § 1 Abs. 1 bis 3 bei Beendigung des Arbeitsverhältnisses behält, kann ihm mit seiner Zustimmung eine einmalige Abfindung gewährt werden, wenn die Anwartschaft auf einer Versorgungszusage beruht, die weniger als zehn Jahre vor dem Ausscheiden aus dem Unternehmen erteilt wurde, oder wenn die Monatsrente eins vom Hundert der monatlichen Bezugsgröße gemäß § 18 des Vierten Buches Sozialgesetzbuch, bei Kapitalleistungen zwölf Zehntel dieser Bezugsgröße, nicht überschreitet. Für Versorgungsleistungen, die gemäß § 2 Abs. 4 von einer Unterstützungskasse zu erbringen sind, kann dem Arbeitnehmer mit seiner Zustimmung eine einmalige Abfindung gewährt werden, wenn er vor der Beendigung des Arbeitsverhältnisses weniger als zehn Jahre zu dem Kreis der Begünstigten der Unterstützungskasse gehört hat; im übrigen gilt Satz 1 entsprechend. Darüber hinaus kann dem Arbeitnehmer mit seiner Zustimmung eine einmalige Abfindung auch dann gewährt werden, wenn dem Arbeitnehmer die Beiträge zur gesetzlichen Rentenversicherung erstattet worden sind. Ebenso kann dem Arbeitnehmer für den Teil einer Anwartschaft, der während eines Insolvenzverfahrens erdient worden ist, ohne seine Zustimmung eine einmalige Abfindung gewährt werden, wenn die Betriebstätigkeit vollständig eingestellt und das Unternehmen liquidiert wird."

2. § 7 wird wie folgt gefaßt:

„§ 7

(1) Versorgungsempfänger, deren Ansprüche aus einer unmittelbaren Versorgungszusage des Arbeitgebers nicht erfüllt werden, weil über das Vermögen des Arbeitgebers oder über seinen Nachlaß das Insolvenzverfahren eröffnet worden ist, und ihre Hinterbliebenen haben gegen den Träger der Insolvenzsicherung einen Anspruch in Höhe der Leistung, die der Arbeitgeber auf Grund der Versorgungszusage zu erbringen hätte, wenn das Insolvenzverfahren nicht eröffnet worden wäre. Satz 1 gilt entsprechend, wenn Leistungen aus einer Direktversicherung nicht gezahlt werden, weil der Arbeitgeber die Ansprüche aus dem Versicherungsvertrag abgetreten oder beliehen hat und seiner Verpflichtung nach § 1 Abs. 2 Satz 3 wegen der Eröffnung des Insolvenzverfahrens nicht nachkommt oder wenn eine Unterstützungskasse die nach ihrer Versorgungsregelung vorgesehene Versorgung nicht erbringt, weil über das Vermögen oder den Nachlaß eines Arbeitgebers, der der Unterstützungskasse Zuwendungen leistet (Trägerunternehmen), das Insolvenzverfahren eröffnet worden ist. § 11 des Versicherungsvertragsgesetzes findet entsprechende Anwendung. Der Eröffnung des Insolvenzverfahrens stehen bei der Anwendung der Sätze 1 bis 3 gleich

1. die Abweisung des Antrags auf Eröffnung des Insolvenzverfahrens mangels Masse,

2. der außergerichtliche Vergleich (Stundungs-, Quoten- oder Liquidationsvergleich) des Arbeitgebers mit seinen Gläubigern zur Abwendung eines Insolvenzverfahrens, wenn ihm der Träger der Insolvenzsicherung zustimmt,

3. die vollständige Beendigung der Betriebstätigkeit im Geltungsbereich dieses Gesetzes, wenn ein Antrag auf Eröffnung des Insolvenzverfahrens nicht gestellt worden ist und ein Insolvenzverfahren offensichtlich mangels Masse nicht in Betracht kommt.

(2) Personen, die bei Eröffnung des Insolvenzverfahrens oder bei Eintritt der nach Absatz 1 Satz 4 gleichstehenden Voraussetzungen (Sicherungsfall) eine

nach § 1 unverfallbare Versorgungsanwartschaft haben, und ihre Hinterbliebenen erhalten bei Eintritt des Versorgungsfalls einen Anspruch gegen den Träger der Insolvenzsicherung, wenn die Anwartschaft beruht

1. auf einer unmittelbaren Versorgungszusage des Arbeitgebers oder

2. auf einer Direktversicherung und der Arbeitnehmer hinsichtlich der Leistungen des Versicherers widerruflich bezugsberechtigt ist oder die Ansprüche aus dem Versicherungsvertrag durch den Arbeitgeber beliehen oder an Dritte abgetreten sind.

Satz 1 gilt entsprechend für Personen, die zum Kreis der Begünstigten einer Unterstützungskasse gehören, wenn der Sicherungsfall bei einem Trägerunternehmen eingetreten ist. Die Höhe des Anspruchs richtet sich nach der Höhe der Leistungen gemäß § 2 Abs. 1 und Abs. 2 Satz 2, bei Unterstützungskassen nach dem Teil der nach der Versorgungsregelung vorgesehenen Versorgung, der dem Verhältnis der Dauer der Betriebszugehörigkeit zu der Zeit vom Beginn der Betriebszugehörigkeit bis zum Erreichen der in der Versorgungsregelung vorgesehenen festen Altersgrenze entspricht; § 2 Abs. 5 ist entsprechend anzuwenden. Für die Berechnung der Höhe des Anspruchs nach Satz 3 wird die Betriebszugehörigkeit bis zum Eintritt des Sicherungsfalls berücksichtigt.

(3) Ein Anspruch auf laufende Leistungen gegen den Träger der Insolvenzsicherung beträgt jedoch im Monat höchstens das Dreifache der im Zeitpunkt der ersten Fälligkeit maßgebenden monatlichen Bezugsgröße gemäß § 18 des Vierten Buches Sozialgesetzbuch. Satz 1 gilt entsprechend bei einem Anspruch auf Kapitalleistungen mit der Maßgabe, daß zehn vom Hundert der Leistung als Jahresbetrag einer laufenden Leistung anzusetzen sind.

(4) Ein Anspruch auf Leistungen gegen den Träger der Insolvenzsicherung vermindert sich in dem Umfange, in dem der Arbeitgeber oder sonstige Träger der Versorgung die Leistungen der betrieblichen Altersversorgung erbringt. Wird im Insolvenzverfahren ein Insolvenzplan bestätigt, so vermindert sich der Anspruch auf Leistungen gegen den Träger der Insolvenzsicherung insoweit, als im Plan vorgesehen ist, daß der Arbeitgeber oder sonstige Träger der Versorgung einen Teil der Leistungen selbst zu erbringen hat. Ist im Plan vorgesehen, daß der Arbeitgeber oder sonstige Träger der Versorgung die Leistungen der betrieblichen Altersversorgung von einem bestimmten Zeitpunkt an selbst zu erbringen hat, so entfällt der Anspruch auf Leistungen gegen den Träger der Insolvenzsicherung von diesem Zeitpunkt an. Für den Fall des Absatzes 1 Satz 4 Nr. 2 gelten die Sätze 2 und 3 entsprechend. Im Plan soll vorgesehen werden, daß bei einer nachhaltigen Besserung der wirtschaftlichen Lage des Arbeitgebers die vom Träger der Insolvenzsicherung zu erbringenden Leistungen ganz oder zum Teil wieder vom Arbeitgeber oder sonstigen Träger der Versorgung übernommen werden.

(5) Ein Anspruch gegen den Träger der Insolvenzsicherung besteht nicht, soweit nach den Umständen des Falles die Annahme gerechtfertigt ist, daß es der alleinige oder überwiegende Zweck der Versorgungszusage oder ihrer Verbesserung, der Beleihung oder Abtretung eines Anspruchs aus einer Direktversicherung gewesen ist, den Träger der Insolvenzsicherung in Anspruch zu nehmen. Diese Annahme ist insbesondere dann gerechtfertigt, wenn bei Erteilung

oder Verbesserung der Versorgungszusage wegen der wirtschaftlichen Lage des Arbeitgebers zu erwarten war, daß die Zusage nicht erfüllt werde. Verbesserungen der Versorgungszusagen werden bei der Bemessung der Leistungen des Trägers der Insolvenzsicherung nicht berücksichtigt, soweit sie in den beiden letzten Jahren vor dem Eintritt des Sicherungsfalles vereinbart worden sind.

(6) Ist der Sicherungsfall durch kriegerische Ereignisse, innere Unruhen, Naturkatastrophen oder Kernenergie verursacht worden, so kann der Träger der Insolvenzsicherung mit Zustimmung des Bundesaufsichtsamtes für das Versicherungswesen die Leistungen nach billigem Ermessen abweichend von den Absätzen 1 bis 5 festsetzen."

3. In § 8 Abs. 2 Satz 1 wird der Punkt am Satzende durch ein Komma ersetzt; es wird folgender Satzteil angefügt:

„oder wenn die Monatsrente eins vom Hundert der monatlichen Bezugsgröße gemäß § 18 des Vierten Buches Sozialgesetzbuch, bei Kapitalleistungen zwölf Zehntel dieser Bezugsgröße, nicht überschreitet."

4. § 9 wird wie folgt geändert:

a) In Absatz 2 Satz 1 werden die Worte „eines Konkurs- oder gerichtlichen Vergleichsverfahrens" durch die Worte „eines Insolvenzverfahrens" ersetzt.

b) An Absatz 2 wird folgender neuer Satz 3 angefügt:

„Die mit der Eröffnung des Insolvenzverfahrens übergegangenen Anwartschaften werden im Insolvenzverfahren als unbedingte Forderungen nach § 45 der Insolvenzordnung geltend gemacht."

c) In Absatz 3 Satz 4 wird die Angabe „§ 7 Abs. 1 Satz 3 Nr. 2, 3 oder 5" durch die Angabe „§ 7 Abs. 1 Satz 4 Nr. 2" ersetzt.

d) Es werden folgende Absätze 4 und 5 angefügt:

„(4) In einem Insolvenzplan, der die Fortführung des Unternehmens oder eines Betriebes vorsieht, kann für den Träger der Insolvenzsicherung eine besondere Gruppe gebildet werden. Sofern im Insolvenzplan nichts anderes vorgesehen ist, kann der Träger der Insolvenzsicherung, wenn innerhalb von drei Jahren nach der Aufhebung des Insolvenzverfahrens ein Antrag auf Eröffnung eines neuen Insolvenzverfahrens über das Vermögen des Arbeitgebers gestellt wird, in diesem Verfahren als Insolvenzgläubiger Erstattung der von ihm erbrachten Leistungen verlangen.

(5) Dem Träger der Insolvenzsicherung steht gegen den Beschluß, durch den das Insolvenzverfahren eröffnet wird, die sofortige Beschwerde zu."

5. § 11 wird wie folgt geändert:

a) *

b) *

c) *

d) Absatz 5 wird wie folgt gefaßt:

„(5) In den Fällen, in denen ein Insolvenzverfahren nicht eröffnet wird (§ 7 Abs. 1 Satz 4) oder nach § 207 der Insolvenzordnung eingestellt worden ist, sind die Pflichten des Insolvenzverwalters nach Absatz 3 vom Arbeitgeber oder dem sonstigen Träger der Versorgung zu erfüllen."

6. *

7. § 31 wird wie folgt gefaßt:

„§ 31

Auf Sicherungsfälle, die vor dem 1. Januar 1999 eingetreten sind, ist dieses Gesetz in der bis zu diesem Zeitpunkt geltenden Fassung anzuwenden."

Die mit * versehenen § 11 Buchstabe a, b und c in Nummer 5 sowie Nummer 6 enthalten rein redaktionelle Anpassungen, vgl. Gesamtabdruck des Einführungsgesetzes.

Artikel 91 entspricht im wesentlichen Art. 94 und 113 RegEEGInsO. Der folgende Begründungstext entspricht im wesentlichen BT-Drs. 12/3803, S. 109/110/111/112/113, „Zu Artikel 94", BT-Drs. 12/3803, S. 119/120, „Zu Artikel 113", BT-Drs. 12/3803, S. 127, 137, jeweils zu Nummer 27, BT-Drs. 12/3803, S. 127/128, 137, jeweils zu Nummer 28, BT-Drs. 12/3803, S. 128, 137/138, jeweils zu Nummer 29, BT-Drs. 12/3803, S. 128/129, 138 jeweils zu Nummer 30, und BT-Drs. 12/7303, S. 115, zu Nr. 40 („Zu Artikel 94").

Allgemeines 1

Die Vorschriften des Gesetzes zur Verbesserung der betrieblichen Altersversorgung vom 19. Dezember 1974, die bisher auf das geltende Konkurs- und Vergleichsverfahren abgestellt sind, müssen inhaltlich und sprachlich an das neue Insolvenzverfahren angepaßt werden. Zusätzlich werden einige inhaltliche Änderungen vorgenommen, die in der Insolvenzpraxis aufgetretene Schwierigkeiten beseitigen oder die Durchführung der betrieblichen Altersversorgung generell erleichtern. Insbesondere wird Vorsorge dafür getroffen, daß der Pensions-Sicherungs-Verein auf Gegenseitigkeit (PSVaG) als Träger der betrieblichen Altersversorgung nach der erfolgreichen Sanierung eines insolventen Unternehmens wieder von den übernommenen Versorgungsleistungen entlastet werden kann. Für Anwartschaften geringer Höhe wird eine Abfindung zugelassen. Der besondere Sicherungsfall der „wirtschaftlichen Notlage", der kaum praktische Bedeutung erlangt hat, wird beseitigt. Die Einstandspflicht des PSVaG bei besonders hohen Betriebsrenten wird herabgesetzt.

Im Falle einer Betriebsübertragung im Konkursverfahren tritt der Erwerber nach geltendem Recht vom Zeitpunkt der Verfahrenseröffnung an in die bestehenden betrieblichen Versorgungsanwartschaften der übernommenen Arbeitnehmer ein (vgl. § 613 a Abs. 1 Satz 1 BGB und BAGE 32, 326). Diese Rechtslage wird für das künftige Insolvenzverfahren übernommen; gesetzlicher Änderungen bedarf es daher insoweit nicht.

Zu Nummer 1 (§ 3 Abs. 1) 2

Die Möglichkeiten, Anwartschaften geringen Umfangs abfinden zu können, werden auf zwei Fälle ausgedehnt, in denen sich in der Praxis ein besonderes Bedürfnis für die Abfindung ergeben hat. Dabei wird der sozialpolitische Zweck des § 3 des Gesetzes, die Versorgung im Alter oder im Invaliditätsfall sicherzustellen, nicht berührt.

Die Sätze 1 und 2 werden dahin erweitert, daß Anwartschaften geringer Höhe (im Jahre 1992 bis 35 DM monatlich bei Anwartschaften auf Rentenzahlung und bis 4200 DM bei Kapitalleistungen) mit Zustimmung des Arbeitnehmers abgefunden werden können. Dadurch wird die verwaltungsmäßige Durchführung der betrieblichen Altersversorgung für die Unternehmen allgemein vereinfacht.

Der neue Satz 4 betrifft speziell das Insolvenzverfahren. Nach dem Gesetzeswortlaut und der ständigen Rechtsprechung des Bundesarbeitsgerichts ist bei der Berechnung des Wertes der Anwartschaft, für die im Insolvenzfall der PSVaG einzustehen hat, auf den Tag des Eintritts des Sicherungsfalles abzustellen. Wertsteigerungen der Anwartschaft nach der Eröffnung eines Insolvenzverfahrens werden von der Eintrittspflicht des PSVaG nicht erfaßt; sie belasten die Insolvenzmasse. Das neu geschaffene Recht des Insolvenzverwalters, diesen Anwartschaftsteil abzufinden, erleichtert die Liquidation eines Unternehmens im Insolvenzverfahren. Da der Wert des abzufindenden Anwartschaftsteils in aller Regel sehr gering sein wird, bestehen auch hier keine Bedenken im Hinblick auf die sozialpolitische Zielsetzung des § 3.

3 *Zu Nummer 2 (§ 7)*

Schon bisher tritt die Leistungspflicht des Trägers der Insolvenzsicherung bei der Eröffnung jedes Insolvenzverfahrens ein, nach § 7 Abs. 1 Satz 1 und 2 bei der Konkurseröffnung, nach Satz 3 Nr. 2 des gleichen Absatzes bei der Eröffnung des Vergleichsverfahrens. Dem entspricht es, daß die Neufassung des § 7 in Absatz 1 Satz 2 die Eröffnung des „Insolvenzverfahrens" zum Sicherungsfall erklärt. Wegen des Wegfalls des Vergleichsverfahrens muß die bisherige Regelung in Satz 3 Nr. 2 entfallen.

4 In Absatz 1 wird ein neuer Satz 3 eingefügt, der die Vorschriften über die Fälligkeit von Versicherungsleistungen in § 11 VVG für entsprechend anwendbar erklärt. Bisher ist der Zeitpunkt der ersten Fälligkeit der Ansprüche der Arbeitnehmer gegenüber dem PSVaG im Betriebsrentengesetz nicht bestimmt. Die Rechtsprechung des Bundesgerichtshofs verlegt den Zeitpunkt der ersten Fälligkeit auf den Eintritt des Sicherungsfalls, wenn sich aus der Versorgungszusage nicht ein späterer Fälligkeitszeitpunkt ergibt. Das entspricht nicht den allgemeinen Regelungen im Versicherungsrecht. Nach § 11 Abs. 1 VVG werden Geldleistungen des Versicherers mit Beendigung der zur Feststellung des Versicherungsfalls und des Umfangs der Leistungen des Versicherers nötigen Erhebungen fällig; vor diesem Zeitpunkt kann der Versicherer nicht in Verzug gesetzt werden. Diese Vorschrift soll künftig auch für den PSVaG anwendbar sein. Für die Neuregelung spricht auch, daß die Ansprüche der Begünstigten gemäß § 9 Abs. 2 des Gesetzes zum Teil erst dann auf den PSVaG übergehen, wenn dieser aufgrund der angestellten notwendigen Ermittlungen einen Anwartschaftsausweis oder Leistungsbescheid nach § 9 Abs. 1 des Gesetzes erteilt hat. Durch die Verweisung auf § 11 Abs. 2 und 3 VVG wird eine Rechtsgrundlage dafür geschaffen, daß der PSVaG je nach Lage des Einzelfalles bereits vor Fälligkeit der Verbindlichkeit einen Vorschuß gewährt. Nach dem weiter entsprechend anwendbaren § 11 Abs. 4 VVG ist der vertragliche Ausschluß von Verzugszinsen unwirksam.

5 In Absatz 1 Satz 3 Nr. 3 (künftig Satz 4 Nr. 2), der Regelung über den außergerichtlichen Vergleich, werden die Worte „nach vorausgegangener Zahlungseinstellung im Sinne der Konkursordnung" ersetzt durch die Worte „zur Abwendung eines Insolvenzverfahrens". Die Änderung wird vorgenommen, weil die geltende Regelung den Bedürfnissen der Praxis nicht gerecht wird. Ein außergerichtlicher Vergleich kommt in der Regel nur dann zustande, wenn bereits vor Zahlungseinstellung ein Arrangement ge-

funden wird, in das der PSVaG gegebenenfalls eingebunden wird. Die vorgeschlagene Neuformulierung macht hinreichend deutlich, daß die Vorschrift nur einen Vergleich betrifft, der bei drohender oder schon eingetretener Insolvenz geschlossen wird.

Der Sicherungsfall der wirtschaftlichen Notlage, der bisher in Absatz 1 Satz 3 Nr. 5, Satz 4 geregelt ist, wird beseitigt. Nach den von der Rechtsprechung des Bundesarbeitsgerichts aufgestellten Grundsätzen – Verbot eines Sonderopfers der Versorgungsberechtigten zur besseren Befriedigung anderer Gläubiger, Gebot eines aussichtsreichen Sanierungsplans für das Unternehmen – ist dieser Sicherungsfall so stark in die Nähe eines außergerichtlichen Vergleichs gerückt, daß er als gesonderter Sicherungsfall entbehrlich ist. In aller Regel mündet er ohnehin in einen außergerichtlichen Vergleich oder in ein Insolvenzverfahren ein. **6**

Durch den Wegfall des Sicherungsfalles „wirtschaftliche Notlage" wird die Rechtsposition des Arbeitnehmers nicht verschlechtert. Denn aufgrund des von der Rechtsprechung hergestellten untrennbaren Zusammenhangs zwischen der Berechtigung zum Widerruf der Anwartschaft auf der einen und der gleichzeitigen Übernahme des widerrufenen Teils der Anwartschaft durch den PSVaG auf der anderen Seite ist mit der Streichung des Sicherungsfalles „wirtschaftliche Notlage" auch ein einseitiger Widerruf der Anwartschaft durch den Arbeitgeber aufgrund einer wirtschaftlichen Notlage arbeitsrechtlich nicht mehr zulässig.

Die Verweisung des Arbeitgebers auf den außergerichtlichen Vergleich oder das neue Insolvenzverfahren dürfte auch für ihn keine nachhaltige Beeinträchtigung darstellen. Wie eine Übersicht des PSVaG zeigt, wurden von ihm von den im Jahre 1990 beantragten 18 und den im Jahre 1991 beantragten 21 Leistungsübernahmen außerhalb eines Konkurs- oder gerichtlichen Vergleichsverfahrens nur 7 (1990) bzw. 6 (1991) anerkannt. Dabei wurden im Jahre 1990 2 Fälle und im Jahre 1991 kein Fall auf den Sicherungsgrund der wirtschaftlichen Notlage gestützt.

Durch die Änderung des § 7 Abs. 3 Satz 1 wird die Einstandspflicht des Trägers der Insolvenzsicherung bei besonders hohen Betriebsrenten herabgesetzt. Der Träger der Insolvenzsicherung haftet nach der Neuregelung nicht mehr für Betriebsrenten bis zum Dreifachen der Beitragsbemessungsgrenze für Monatsbezüge in der gesetzlichen Rentenversicherung, sondern höchstens bis zum Dreifachen der monatlichen Bezugsgröße nach § 18 Viertes Buch Sozialgesetzbuch (1992 = 10.500 DM pro Monat gegenüber 20.400 DM pro Monat nach bisherigem Recht). Eine Reduzierung der Höchstgrenze für die Einstandspflicht des PSVaG wird seit langem gefordert. **7**

Absatz 4 wird im Vergleich zum geltenden Recht flexibler ausgestaltet. Bisher ist dort für den Fall eines Vergleichs nur die „vertikale Aufteilung" der Versorgungsrechte geregelt: Der Arbeitgeber oder sonstige Träger der Versorgung übernimmt die Leistungen der betrieblichen Altersversorgung in Höhe der Vergleichsquote, für die Ausfallquote haftet der Träger der Insolvenzsicherung. Für den Fall eines Plans im Insolvenzverfahren wird im neuen Satz 3 zusätzlich die Möglichkeit angesprochen, daß im Plan anstelle – oder in Kombination mit – der „vertikalen Aufteilung" die „horizontale Aufteilung" der Versorgungsrechte vorgesehen wird: Der Träger der Insolvenzsicherung übernimmt die Leistungen der betrieblichen Altersversorgung für einen bestimmten Zeitraum in voller Höhe und wird nach Ablauf dieses Zeitraums von den Leistungspflichten frei. Eine solche Aufteilung kann sowohl für den Schuldner als auch für den PSVaG als Träger der Insolvenzsicherung vorteilhaft sein. Für einen Schuldner, dem durch den Plan die Fortführung des Unternehmens ermöglicht wird, bedeutet sie eine fühlbare **8**

Liquiditätshilfe, weil der Schuldner für eine bestimmte Zeit von allen Rentenzahlungen freigestellt wird. Dem PSVaG bietet eine horizontale Aufteilung den Vorteil einer erheblichen Verwaltungsvereinfachung, weil er nach Ablauf der vorgesehenen Zeit sowohl von den laufenden Rentenzahlungen als auch von den unverfallbaren Anwartschaften freigestellt wird. Darüber hinaus wird vermieden, daß nach einer erfolgreichen Sanierung die Arbeitnehmer des sanierten Unternehmens noch Jahre oder Jahrzehnte später Ansprüche gegen den PSVaG erwerben, obwohl der Schuldner durch die Sanierung längst wieder in der Lage wäre, die Renten in voller Höhe zu bezahlen. Diese Vorteile muß der PSVaG allerdings gegen den Nachteil abwägen, daß er bei einer „horizontalen Aufteilung" ein erhöhtes Risiko auf sich nimmt. In dem Fall, daß die Sanierung einige Zeit nach der Bestätigung des Plans und der Aufhebung des Insolvenzverfahrens scheitert und das Unternehmen in einem zweiten Insolvenzverfahren liquidiert wird, haftet der PSVaG sowohl für die während des bestimmten Zeitraums als auch für die nach Eintritt des neuen Sicherungsfalls zu erbringenden Versorgungsleistungen in voller Höhe. Wird allerdings innerhalb von drei Jahren nach der Aufhebung des Insolvenzverfahrens ein Antrag auf ein neues Insolvenzverfahren über das Vermögen des Arbeitgebers gestellt, kann der PSVaG, wenn im Plan nichts anderes vorgesehen ist, als Insolvenzgläubiger Erstattung der von ihm erbrachten Leistungen verlangen (neuer § 9 Abs. 4 Satz 2).

9   Jede Regelung der Versorgungsrechte im Plan, ebenso die „vertikale" wie die „horizontale Aufteilung", wird nur wirksam, wenn der Plan als Ganzer die erforderliche Zustimmung der Gläubigergruppen erhält. Daher kann auch die Bemessung der Übernahmefrist bei der „horizontalen Aufteilung" der Autonomie der Beteiligten überlassen bleiben. Wird die Frist so kurz bemessen, daß der PSVaG im Vergleich zu den übrigen ungesicherten Gläubigern in ungerechtfertigter Weise bevorzugt wird, so werden die übrigen Gläubiger ihre Zustimmung zu dem Plan verweigern. Daß in einem Plan überhaupt die Rechtsstellung des PSVaG im Vergleich zu der Stellung der übrigen ungesicherten Gläubiger besonders geregelt wird, ist durch die besondere Natur der Versorgungsrechte, vor allem die zeitliche Erstreckung der Fälligkeiten, gerechtfertigt; für den PSVaG kann innerhalb des Plans eine eigene Gläubigergruppe gebildet werden (vgl. § 222 der Insolvenzordnung, neuer § 9 Abs. 4 dieses Gesetzes).

10 Die Zustimmung der Inhaber der Versorgungsrechte, also der gegenwärtigen und künftigen Empfänger von Versorgungsleistungen, zu einer „vertikalen" oder „horizontalen Aufteilung" der Versorgungsrechte ist nicht erforderlich. Durch die Eintrittspflicht des PSVaG in den vom Gesetz vorgesehenen Fällen ist gewährleistet, daß die Ansprüche der Berechtigten auf Versorgungsleistungen stets in voller Höhe erfüllt werden, auch soweit nach dem Plan der Arbeitgeber oder sonstige Träger der Versorgung primär leistungspflichtig ist.

11 Nach Absatz 4 Satz 5 soll im Plan vorgesehen werden, daß bei einer nachhaltigen Besserung der wirtschaftlichen Lage des Arbeitgebers die vom Träger der Insolvenzsicherung zu erbringenden Leistungen ganz oder zum Teil wieder vom Arbeitgeber oder vom sonstigen Träger der Versorgung übernommen werden. Damit wird einer wiederholten Forderung der Wirtschaft und des PSVaG Rechnung getragen. Die am Insolvenzverfahren Beteiligten werden dazu angehalten, in einem Sanierungsplan das Erlöschen der Einstandspflicht des PSVaG für den Fall zu vereinbaren, daß sich die wirtschaftliche Lage des Arbeitgebers nachhaltig bessert (Besserungsklausel). Enthält ein Insolvenzplan keine solche Bestimmung, ohne daß dies durch besondere Umstände gerechtfertigt ist, so hat das Insolvenzgericht den Plan von Amts wegen zurückzuweisen (§ 231 Abs. 1 Nr. 1 der Insolvenzordnung).

Durch die Änderung in § 7 Abs. 5 Satz 3 wird die Einstandspflicht des Trägers der 12
Insolvenzsicherung für Verbesserungen, die in dem Zeitraum von zwei Jahren vor Eintritt
des Sicherungsfalles vereinbart sind, ausgeschlossen, ohne daß es des Nachweises einer
Mißbrauchsabsicht bedarf. Die bisherige Frist von einem Jahr hat sich in der Praxis
als zu kurz erwiesen.

Zu Nummer 3 (§ 8 Abs. 2 Satz 1) 13

Durch die Ergänzung des § 8 Abs. 2 Satz 1 wird die erweiterte Abfindungsmöglichkeit,
wie sie in § 3 Abs. 1 Satz 1 neu geschaffen worden ist, auch auf den PSVaG übertragen.

Zu Nummer 4 (§ 9) 14

Für den in Absatz 2 Satz 1 geregelten Forderungsübergang auf den Träger der Insolvenzsicherung ist in Zukunft nicht mehr auf die Eröffnung des Konkurs- oder Vergleichsverfahrens, sondern auf die Eröffnung des Insolvenzverfahrens abzustellen.

Der neue Satz 3 des Absatzes 2 überträgt die bisherige Rechtsprechung des Bundes- 15
arbeitsgerichts zur Behandlung von mit der Eröffnung des Insolvenzverfahrens auf
den Träger der Insolvenzsicherung übergegangenen Versorgungsanwartschaften in das
Gesetz. Das Bundesarbeitsgericht geht in ständiger Rechtsprechung davon aus, daß
die Versorgungsanwartschaft trotz ihres Charakters als aufschiebend bedingte Forderung
aus Gründen der Praktikabilität nicht nach § 67 KO, sondern nach § 69 KO zu behandeln
ist (vgl. BAG DB 1972, 2116, 2118; BAG DB 1978, 941, 942; BAG ZIP 1990, 400,
401). Auch nach der Insolvenzordnung sollen die auf den Träger der Insolvenzsicherung
übergegangenen Versorgungsanwartschaften nach Umrechnung (§ 45 der Insolvenzordnung) und Feststellung zur Insolvenztabelle bei der Verteilung der Insolvenzmasse
berücksichtigt werden können, ohne daß die Umwandlung der Versorgungsanwartschaft
in einen Versorgungsanspruch abgewartet werden muß. Die Regelung beseitigt eine
durch ein obiter dictum des Bundesgerichtshofs (BGH NJW 1991, 1111) entstandene
Unsicherheit. Die Ergänzung dient der Rechtsklarheit.

Die Verweisung in Absatz 3 Satz 4 auf § 7 ist der Änderung dieser Vorschrift anzupassen. 16

Die Anfügung des Absatzes 4 Satz 1 trägt den besonderen Interessen des PSVaG im 17
Insolvenzverfahren Rechnung. Die Verpflichtungen des PSVaG erstrecken sich über
lange Zeiträume; sie sind im Falle der Sanierung auf der Grundlage eines Insolvenzplans
nach Maßgabe des neuen § 7 Abs. 4 in besonderer Weise gegenüber den Verpflichtungen
des Schuldners oder des sonstigen Trägers der Versorgung abzugrenzen. Der allgemeine
Grundsatz, daß bei der Festlegung der Rechte der Beteiligten in einem Insolvenzplan
nur Beteiligte mit gleicher Rechtsstellung in derselben Gruppe zusammenzufassen sind
(§ 222 Abs. 1 der Insolvenzordnung) und darüber hinaus Beteiligte mit gleichartigen
wirtschaftlichen Interessen in derselben Gruppe zusammengefaßt werden können (§ 222
Abs. 2 der Insolvenzordnung), wird daher hier konkretisiert: Für den PSVaG kann
eine besondere Gruppe gebildet werden, wenn eine Fortführung des Unternehmens
oder eines Betriebes vorgesehen ist. Bei Stillegung und Liquidation des gesamten Unternehmens kann sich das Interesse des PSVaG auf eine möglichst hohe Liquidationsquote beschränken und insoweit mit dem der übrigen Gläubiger übereinstimmen;
in einem solchen Liquidationsplan wird daher auch der PSVaG mit anderen Gläubigern
in einer gemeinsamen Gruppe zusammengefaßt werden. Die Möglichkeit, für den PSVaG
eine eigene Gruppe zu bilden, beugt damit der Gefahr vor, daß der PSVaG im Falle
einer Sanierung zum Nachteil der von ihm vertretenen Solidargemeinschaft von anderen
Gläubigern überstimmt werden kann; dabei ist durch das Obstruktionsverbot des § 245

der Insolvenzordnung sichergestellt, daß ein Sanierungsplan, der die vom PSVaG vertretenen Interessen angemessen berücksichtigt, trotz eines Widerspruchs des PSVaG bestätigt werden kann.

18 Die in § 255 der Insolvenzordnung normierte Wiederauflebungsklausel, nach der eine Stundung oder ein Erlaß von Insolvenzforderungen hinfällig wird, wenn der Schuldner mit der Erfüllung des Plans erheblich in Rückstand gerät oder wenn vor der vollständigen Erfüllung des Plans ein neues Insolvenzverfahren eröffnet wird, paßt für die langfristige Aufteilung der Verpflichtungen aus einer betrieblichen Altersversorgung zwischen dem PSVaG und dem sanierten Unternehmen nicht. Sie wird durch die Regelung ersetzt, daß der PSVaG die in einem Insolvenzplan übernommenen Leistungen in einem neuen Insolvenzverfahren als Insolvenzgläubiger erstattet verlangen kann, wenn der Antrag auf Eröffnung dieses Verfahrens innerhalb von drei Jahren nach der Aufhebung des ersten Verfahrens gestellt worden ist. Die Dreijahresfrist ist an die Höchstdauer einer Planüberwachung angelehnt (vgl. § 268 Abs. 1 Nr. 2 der Insolvenzordnung).

19 Im neuen Absatz 5 wird dem PSVaG ein eigenes Beschwerderecht gegen den Beschluß, durch den das Insolvenzverfahren eröffnet wird, eingeräumt. Mit der Eröffnung des Insolvenzverfahrens tritt der PSVaG in die Verpflichtungen des Schuldners aus einer betrieblichen Altersversorgung ein. Die Eröffnung des Verfahrens hat für den PSVaG also unmittelbare rechtliche Wirkungen von erheblicher wirtschaftlicher Tragweite. Es erscheint daher sachgerecht, ihm das Recht zur sofortigen Beschwerde gegen den Eröffnungsbeschluß zuzugestehen.

20 *Zu Nummer 5 (§ 11)*

Zu Buchstabe d:

Soweit in dem Klammerzusatz § 7 in Bezug genommen wird, ist die Änderung dieser Vorschrift zu berücksichtigen. Die Bezugnahme auf § 204 der Konkursordnung ist auf die inhaltlich entsprechende Vorschrift des § 207 der Insolvenzordnung umzustellen.

21 *Zu Nummer 7 (§ 31)*

§ 31 BetrAVG, der bisher die obsolete Berlin-Klausel enthält, wird neu gefaßt. In ihn wird die Übergangsvorschrift für das Recht der betrieblichen Altersversorgung aufgenommen; durch diese systematische Stellung der Übergangsvorschrift wird für den Rechtsanwender das Auffinden dieser Bestimmung erleichtert.

Durch § 31 BetrAVG wird klargestellt, daß die in Artikel 91 des Einführungsgesetzes vorgesehenen Einschränkungen der Insolvenzsicherung (u. a. wird der bisherige Sicherungsfall der wirtschaftlichen Notlage beseitigt, bisher § 7 Abs. 1 Satz 3 Nr. 5 BetrAVG; die Höchstgrenze für laufende Leistungen des Trägers der Insolvenzsicherung in § 7 Abs. 3 BetrAVG wird gesenkt; Verbesserungen der Versorgungszusagen sollen in Zukunft unberücksichtigt bleiben, wenn diese Verbesserungen in den letzten zwei Jahren – bisher im letzten Jahr – vor dem Eintritt des Sicherungsfalls vereinbart worden sind; Neufassung des § 7 Abs. 5 Satz 3 BetrAVG) nicht für Sicherungsfälle gelten, die vor Inkrafttreten der Reform eingetreten sind. Wer aufgrund des Sicherungsfalls der wirtschaftlichen Notlage bereits laufend Leistungen des Pensions-Sicherungs-Vereins erhält, verliert seinen Anspruch nicht durch das Inkrafttreten der Reform. Ebensowenig werden die bereits bestehenden Leistungspflichten des Pensions-Sicherungs-Vereins durch die Änderung der höhenmäßigen Begrenzungen in § 7 Abs. 3 und 5 BetrAVG berührt.

Artikel 92
Änderung des Mutterschutzgesetzes

In § 14 Abs. 3 des Mutterschutzgesetzes in der Fassung der Bekanntmachung vom 18. April 1968 (BGBl. I S. 315), das zuletzt durch Artikel 10 des Gesetzes vom 6. Juni 1994 (BGBl. I S. 1170) geändert worden ist, werden die Worte „des Konkursverfahrens" durch die Worte „des Insolvenzverfahrens" und die Worte „des Konkurseröffnungsantrags" durch die Worte „des Antrags auf Eröffnung des Insolvenzverfahrens" ersetzt.

Artikel 92 entspricht Art. 95 RegEEGInsO. Der folgende Begründungstext entspricht im wesentlichen BT-Drs. 12/3803, S. 113, „Zu Artikel 95".

Die bisher für den Konkurs getroffene Regelung über den Zuschuß zum Mutterschaftsgeld wird auf das einheitliche Insolvenzverfahren umgestellt. Das führt dazu, daß die in § 14 Abs. 3 gewährten Leistungen des Bundes in Zukunft auch in den Fällen zu erbringen sind, in denen bisher das Vergleichsverfahren durchgeführt wird, für das keine entsprechende Regelung besteht. Diese Ausweitung erscheint jedoch ebenso sachgerecht wie die entsprechende Ausweitung des Konkursausfallgeldes (vgl. die Änderung des Arbeitsförderungsgesetzes durch Artikel 93 des Einführungsgesetzes). Eine fühlbare Mehrbelastung des Bundes wird sich aus der Ausweitung nicht ergeben. Das Vergleichsverfahren ist in den letzten Jahren fast zur statistischen Bedeutungslosigkeit herabgesunken: 1991 wurde in weniger als 0,5 vom Hundert der Insolvenzen ein Vergleichsverfahren eröffnet (39 von 12.922), und 20 eröffnete Vergleichsverfahren wurden in den Anschlußkonkurs übergeleitet.

Artikel 93
Änderung des Arbeitsförderungsgesetzes

Das Arbeitsförderungsgesetz vom 25. Juni 1969 (BGBl. I S. 582), zuletzt geändert durch das Gesetz vom 20. September 1994 (BGBl. I S. 2456), wird wie folgt geändert:

1. *

2. *

3. § 71 Abs. 4 wird wie folgt gefaßt:

   „(4) Wird über das Vermögen eines Arbeitgebers, der von der Bundesanstalt Beträge zur Auszahlung an die Arbeitnehmer erhalten, diesen aber noch nicht ausgezahlt hat, das Insolvenzverfahren eröffnet, so kann die Bundesanstalt diese Beträge als Insolvenzgläubiger zurückverlangen."

4. *

5. *

6. § 141 b wird wie folgt gefaßt:

   „§ 141 b

   (1) Anspruch auf Insolvenzausfallgeld hat ein Arbeitnehmer, der bei Eröffnung des Insolvenzverfahrens über das Vermögen seines Arbeitgebers für die letzten der Eröffnung des Insolvenzverfahrens vorausgehenden drei Monate

des Arbeitsverhältnisses noch Ansprüche auf Arbeitsentgelt hat. Der Anspruch auf Insolvenzausfallgeld ist nicht dadurch ausgeschlossen, daß der Arbeitnehmer vor der Eröffnung des Insolvenzverfahrens gestorben ist. Für die Zeit nach Beendigung des Arbeitsverhältnisses bestehende Ansprüche auf Arbeitsentgelt begründen keinen Anspruch auf Insolvenzausfallgeld.

(2) Zu den Ansprüchen auf Arbeitsentgelt gehören alle Ansprüche auf Bezüge aus dem Arbeitsverhältnis.

(3) Der Eröffnung des Insolvenzverfahrens stehen bei der Anwendung der Vorschriften dieses Unterabschnitts gleich:

1. die Abweisung des Antrags auf Eröffnung des Insolvenzverfahrens mangels Masse,

2. die vollständige Beendigung der Betriebstätigkeit im Geltungsbereich dieses Gesetzes, wenn ein Antrag auf Eröffnung des Insolvenzverfahrens nicht gestellt worden ist und ein Insolvenzverfahren offensichtlich mangels Masse nicht in Betracht kommt.

(4) Hat der Arbeitnehmer in Unkenntnis des Abweisungsbeschlusses nach Absatz 3 Nr. 1 weitergearbeitet oder die Arbeit aufgenommen, so treten an die Stelle der letzten dem Abweisungsbeschluß vorausgehenden drei Monate des Arbeitsverhältnisses die letzten dem Tag der Kenntnisnahme vorausgehenden drei Monate des Arbeitsverhältnisses.

(5) Der Arbeitgeber ist verpflichtet, einen Beschluß des Insolvenzgerichts, mit dem ein Antrag auf Eröffnung des Insolvenzverfahrens über sein Vermögen mangels Masse abgewiesen worden ist, dem Betriebsrat oder, soweit ein Betriebsrat nicht besteht, den Arbeitnehmern unverzüglich bekanntzugeben."

7. *

8. *

9. *

10. *

11. *

12. § 141 h wird wie folgt geändert:

a) In Absatz 1 Satz 1 werden das Wort „Konkursverwalter" durch das Wort „Insolvenzverwalter", das Wort „Konkursausfallgeld" durch das Wort „Insolvenzausfallgeld" und die Worte „des Konkursverfahrens" durch die Worte „des Insolvenzverfahrens" ersetzt.

b) In Absatz 2 wird das Wort „Konkursverwalter" durch das Wort „Insolvenzverwalter" ersetzt.

c) Absatz 3 erhält folgende Fassung:

„(3) In den Fällen, in denen ein Insolvenzverfahren nicht eröffnet wird (§ 141 b Abs. 3) oder nach § 207 der Insolvenzordnung eingestellt worden ist, sind die Pflichten des Insolvenzverwalters nach Absatz 1 vom Arbeitgeber zu erfüllen."

13. *

14. § 141 k wird wie folgt geändert:

    a) In Absatz 1 Satz 1 und Absatz 2 Satz 1 wird das Wort „Konkursausfallgeld" jeweils durch das Wort „Insolvenzausfallgeld" ersetzt.

    b) In Absatz 2 a Satz 1 werden die Worte „des Konkursverfahrens" durch die Worte „des Insolvenzverfahrens" und das Wort „Konkursausfallgeld" durch das Wort „Insolvenzausfallgeld" ersetzt.

    c) In Absatz 3 wird das Wort „Konkursausfallgeld" durch das Wort „Insolvenzausfallgeld" ersetzt.

15. *
16. *
17. *
18. *
19. *
20. *
21. *
22. *
23. *
24. § 249 c Abs. 21 wird aufgehoben.

Die mit * versehenen Nummern 1, 2, 4, 5, 7 bis 11, 13 und 15 bis 23 enthalten rein redaktionelle Anpassungen, vgl. Gesamtabdruck des Einführungsgesetzes.

Artikel 93 übernimmt in veränderter Fassung Art. 96 RegEEGInsO. Der folgende Begründungstext entspricht im wesentlichen BT-Drs. 12/3803, S. 113/114, „Zu Artikel 96", BT-Drs. 12/3803, S. 129, 138, jeweils zu Nummer 31, BT-Drs. 12/3803, S. 129, 138 jeweils zu Nummer 32, und BT-Drs. 12/7303, S. 115, zu Nr. 41 („Zu Artikel 96").

Allgemeines   1

Die Vorschriften des Dritten Unterabschnitts des Vierten Abschnitts des Arbeitsförderungsgesetzes über das „Konkursausfallgeld" (§§ 141 a–141 n), die bisher auf das geltende Konkursverfahren abgestellt sind, werden inhaltlich und sprachlich an das neue Insolvenzverfahren angepaßt. Inhaltlich bedeutsam ist die Änderung des § 141 b AFG, der die Anspruchsvoraussetzungen festlegt. Die sprachliche Anpassung besteht u. a. darin, daß der Ausdruck „Konkursausfallgeld" durch „Insolvenzausfallgeld" ersetzt wird.

Zu Nummer 3 (§ 71 Abs. 4)   2

Im bisherigen § 71 Abs. 4 Satz 2 ist der Bundesanstalt für ihr Rückforderungsrecht das Vorrecht gemäß § 61 Abs. 1 Nr. 1 KO eingeräumt. Da nach der Insolvenzordnung alle Vorrechte entfallen, wird Satz 2 gestrichen und in Satz 1 zum Ausdruck gebracht, daß die Bundesanstalt Insolvenzgläubiger, nicht etwa Massegläubiger ist.

3   *Zu Nummer 6 (§ 141 b)*

Das geltende Recht gewährt Konkursausfallgeld für die letzten der Eröffnung des Konkursverfahrens vorausgehenden drei Monate des Arbeitsverhältnisses (§ 141 b Abs. 1 AFG). Da das bisherige Konkursverfahren im neuen Insolvenzverfahren aufgeht, ist vorgesehen, daß in dieser Vorschrift an die Stelle der Eröffnung des Konkursverfahrens die Eröffnung des Insolvenzverfahrens tritt.

Hierin liegt eine gewisse Erweiterung des Anwendungsbereichs der Ausfallversicherung. Das neue Insolvenzverfahren schließt auch die Fälle ein, in denen nach bisherigem Recht das Vergleichsverfahren eröffnet worden wäre. Für das Vergleichsverfahren besteht bisher keine dem Konkursausfallgeld entsprechende Sicherung von Ansprüchen auf rückständiges Arbeitsentgelt.

4   Diese Ausweitung erscheint jedoch sachgerecht. Das neue Insolvenzverfahren bietet den Beteiligten einen organisatorischen Rahmen für die Entscheidung zwischen der Sanierung des insolventen Unternehmens und dessen Liquidation; beide Alternativen können sowohl auf der Grundlage eines „Plans", dem die Gläubiger mit Mehrheit zustimmen (Sanierungsplan/Liquidationsplan), als auch ohne einen solchen Plan auf- grund der gesetzlichen Befugnisse des Insolvenzverwalters und der Gläubigerorgane (Gesamtveräußerung/Einzelverwertung) verwirklicht werden. Welche dieser Möglichkeiten gewählt wird, hängt davon ab, wie die Verfahrensbeteiligten, insbesondere die Gläubiger, ihre Vermögensinteressen am besten gewahrt sehen. Hätte die Abwicklung des Insolvenzverfahrens auf der Grundlage eines Plans die Folge, daß der Schutz des Arbeitsentgelts durch eine Ausfallversicherung entfiele, so würden die wirtschaftlichen Rahmenbedingungen für die Wahl zwischen den verschiedenen Sanierungs- und Liquidationsmöglichkeiten verzerrt.

5   Eine fühlbare Mehrbelastung der Unternehmen wird sich aus der Ausweitung der Ausfallversicherung auf die Fälle des bisherigen Vergleichsverfahrens nicht ergeben. Das Vergleichsverfahren ist in den letzten Jahren fast zur statistischen Bedeutungslosigkeit herabgesunken: 1991 wurde in lediglich 39 von insgesamt 12.922 Insolvenzen (weniger als 0,5 vom Hundert) ein Vergleichsverfahren eröffnet; 20 eröffnete Vergleichsverfahren wurden in den Anschlußkonkurs übergeleitet. Hinzu kommt, daß das Vergleichsverfahren des geltenden Rechts nur solchen Schuldnern zur Verfügung steht, die zur vollen Befriedigung aller Gläubiger, die im Konkurs Massegläubiger sind oder ein Vorrecht genießen, imstande sind (vgl. § 26 VerglO). Die Forderungen, die dem Schutz der Ausfallversicherung unterliegen, sind fast ausnahmslos Masseforderungen oder bevorrechtigte Forderungen (vgl. § 59 Abs. 1 Nr. 3, § 61 Abs. 1 Nr. 1 KO), werden also in einem Vergleichsverfahren in aller Regel voll befriedigt.

6   § 141 b Abs. 2, der bisher auf § 59 KO verweist, wird ohne inhaltliche Änderung neu gefaßt.

7   *Zu Nummer 12 (§ 141 h)*

Die bisher in Absatz 3 in Bezug genommene Bestimmung des § 204 KO wird aufgehoben. Sie findet ihre inhaltliche Entsprechung in § 207 der Insolvenzordnung. Im übrigen erfolgen redaktionelle Anpassungen.

8   *Zu Nummer 14 (§ 141 k)*

Die Vorschrift wird nur redaktionell angepaßt. Auch Absatz 2 a, der durch das Gesetz zur Ergänzung arbeitsmarktpolitischer Instrumente und zum Schutz der Solidargemeinschaft vor Leistungsmißbrauch vom 14. Dezember 1987 (BGBl. I S. 2602) neu eingefügt worden ist, wird inhaltlich nicht geändert. Ansprüche auf Arbeitsentgelt können damit auch weiterhin schon vor der Eröffnung des Insolvenzverfahrens zur Vorfinanzierung von Insolvenzausfallgeld übertragen oder verpfändet werden, wenn der neue Gläubiger oder Pfandgläubiger nicht zugleich Gläubiger des Arbeitgebers oder an dessen Unternehmen beteiligt ist und wenn auch ein Umgehungsgeschäft nicht vorliegt. Zwar wäre es mit der marktwirtschaftlichen Ausrichtung der Insolvenzrechtsreform nicht vereinbar, wenn das Insolvenzausfallgeld durch eine Vorfinanzierung bei außergerichtlichen Sanierungsversuchen zur Subventionierung notleidender Unternehmen durch ihre umlagepflichtigen Wettbewerber zweckentfremdet würde. Schon die Gesetzesänderung von 1987 hatte jedoch das Ziel, derartigen Mißbräuchen entgegenzuwirken. Im Lichte der Erfahrungen mit der praktischen Anwendung der Insolvenzordnung wird die Bundesregierung prüfen, ob die gesetzlichen Vorschriften über die Vorfinanzierung von Insolvenzausfallgeld erneut geändert werden sollten.

Zu Nummer 24 (§ 249 c Abs. 21) 9

§ 249 c Abs. 21 AFG bezieht sich auf die Gesamtvollstreckungsordnung und wird durch die Aufhebung dieses Gesetzes in Artikel 2 Nr. 7 des Einführungsgesetzes obsolet.

Artikel 96
Änderung des Vierten Buches Sozialgesetzbuch

Das Vierte Buch Sozialgesetzbuch (Artikel I des Gesetzes vom 23. Dezember 1976, BGBl. I S. 3845), zuletzt geändert durch Artikel 3 des Gesetzes vom 29. Juli 1994 (BGBl. I S. 1890), wird wie folgt geändert:

1.*

2. § 51 Abs. 6 Nr. 3 wird aufgehoben.

Die mit * versehene Nummer 1 enthält eine rein redaktionelle Anpassung, vgl. Gesamtabdruck des Einführungsgesetzes.

Artikel 96 entspricht Art. 99 RegEEGInsO. Der folgende Begründungstext entspricht im wesentlichen BT-Drs. 12/3803, S. 114/115, „Zu Artikel 99".

Zu Nummer 2 (§ 51 Abs. 6 Nr. 3)

§ 51 Abs. 6 Nr. 3 SGB IV bestimmt, daß als Mitglied der Vertreterversammlung und als Vorstand (§ 52 Abs. 3 SGB IV) nicht gewählt werden kann, wer durch gerichtliche Anordnung in der Verfügung über sein Vermögen beschränkt ist. Die Vorschrift wird in Anlehnung an die Änderungen des § 96 Abs. 2 und des § 104 Abs. 2 HwO aufgehoben (vgl. oben Artikel 72 Nr. 3 und 4). Auch hier ist die Reform des Insolvenzrechts kein Anlaß, die Vorschrift um den allgemeinen Versagungsgrund des „Vermögensverfalls" zu erweitern. § 51 SGB IV stellt nicht darauf ab, ob der zu Wählende über besondere Qualifikationen oder über die geistigen und körperlichen Voraussetzungen zur Erfüllung seines Amtes verfügt. § 50 Abs. 2 SGB IV verweist nach seiner Novellierung durch das neue Betreuungsrecht lediglich allgemein auf den ebenfalls neu gefaßten § 13 des Bundeswahlgesetzes.

Es besteht ferner die Möglichkeit, daß das Mitglied eines Selbstverwaltungsorgans gemäß § 59 Abs. 3 SGB IV seines Amtes enthoben wird, wenn es in grober Weise gegen seine Amtspflichten verstößt.

Artikel 97
Änderung des Schwerbehindertengesetzes

Das Schwerbehindertengesetz in der Fassung der Bekanntmachung vom 26. August 1986 (BGBl. I S. 1421, 1550), zuletzt geändert durch Artikel 12 Abs. 73 des Gesetzes vom 14. September 1994 (BGBl. I S. 2325), wird wie folgt geändert:

An § 19 wird folgender neuer Absatz 3 angefügt:

„(3) Ist das Insolvenzverfahren über das Vermögen des Arbeitgebers eröffnet, soll die Hauptfürsorgestelle die Zustimmung erteilen, wenn

1. der Schwerbehinderte in einem Interessenausgleich namentlich als einer der zu entlassenden Arbeitnehmer bezeichnet ist (§ 125 der Insolvenzordnung),

2. die Schwerbehindertenvertretung beim Zustandekommen des Interessenausgleichs gemäß § 25 Abs. 2 beteiligt worden ist,

3. der Anteil der nach dem Interessenausgleich zu entlassenden Schwerbehinderten an der Zahl der beschäftigten Schwerbehinderten nicht größer ist als der Anteil der zu entlassenden übrigen Arbeitnehmer an der Zahl der beschäftigten übrigen Arbeitnehmer und

4. die Gesamtzahl der Schwerbehinderten, die nach dem Interessenausgleich bei dem Arbeitgeber verbleiben sollen, zur Erfüllung der Verpflichtung nach § 5 ausreicht."

Artikel 97 übernimmt in veränderter und verkürzter Fassung Art. 100 RegEEGInsO. Der folgende Begründungstext übernimmt Teile von BT-Drs. 12/3803, S. 115, „Zu Artikel 100", und BT-Drs. 12/7303, S. 116, zu Nr. 43 („Zu Artikel 100").

Im Insolvenzverfahren besteht ein besonderes Bedürfnis dafür, daß Betriebsänderungen zügig durchgeführt werden können, auch wenn sie mit der Entlassung einer größeren Zahl von Arbeitnehmern verbunden sind. Auf der anderen Seite soll den Arbeitnehmern auch im Insolvenzverfahren der Rechtsschutz gegen ungerechtfertigte Kündigungen nicht genommen werden (vgl. die §§ 125, 126 der Insolvenzordnung und die Begründung zu diesen Vorschriften).

Deshalb wird in Anwendung dieser Grundsätze auf das Recht des Sonderkündigungsschutzes für Schwerbehinderte ein neuer § 19 Abs. 3 vorgesehen, der an die Regelung des § 125 der Insolvenzordnung anknüpft. Ist ein Schwerbehinderter in einem Interessenausgleich zwischen Insolvenzverwalter und Betriebsrat als einer der zu entlassenden Arbeitnehmer aufgeführt, ist die Schwerbehindertenvertretung ordnungsgemäß beteiligt worden, sollen anteilsmäßig nicht mehr Schwerbehinderte entlassen werden als andere Arbeitnehmer und reicht die Zahl der weiterbeschäftigten Schwerbehinderten zur Erfüllung der Beschäftigungspflicht aus, so ist die Hauptfürsorgestelle verpflichtet, ihre Zustimmung zu erteilen, wenn nicht besondere Umstände vorliegen („soll").

Für die letzte der vier Voraussetzungen, die Erfüllung der Beschäftigungspflicht, wird darauf abgestellt, wie viele Schwerbehinderte nach der Durchführung der beabsichtigten Betriebsänderung bei dem Arbeitgeber verbleiben; überträgt der Insolvenzverwalter das gesamte Unternehmen auf eine Übernahmegesellschaft, so kommt es für die Erfüllung dieser Voraussetzung auf die Verhältnisse bei dem neuen Arbeitgeber an.

DRITTER TEIL
Internationales Insolvenzrecht.
Übergangs- und Schlußvorschriften

Artikel 102
Internationales Insolvenzrecht

(1) Ein ausländisches Insolvenzverfahren erfaßt auch das im Inland befindliche Vermögen des Schuldners. Dies gilt nicht,

1. wenn die Gerichte des Staates der Verfahrenseröffnung nach inländischem Recht nicht zuständig sind;

2. soweit die Anerkennung des ausländischen Verfahrens zu einem Ergebnis führt, das mit wesentlichen Grundsätzen des deutschen Rechts offensichtlich unvereinbar ist, insbesondere soweit sie mit den Grundrechten unvereinbar ist.

(2) Eine Rechtshandlung, für deren Wirkungen inländisches Recht maßgeblich ist, kann vom ausländischen Insolvenzverwalter nur angefochten werden, wenn die Rechtshandlung auch nach inländischem Recht entweder angefochten werden kann oder aus anderen Gründen keinen Bestand hat.

(3) Die Anerkennung eines ausländischen Verfahrens schließt nicht aus, daß im Inland ein gesondertes Insolvenzverfahren eröffnet wird, das nur das im Inland befindliche Vermögen des Schuldners erfaßt. Ist im Ausland gegen den Schuldner ein Insolvenzverfahren eröffnet, so bedarf es zur Eröffnung des inländischen Insolvenzverfahrens nicht des Nachweises der Zahlungsunfähigkeit oder der Überschuldung.

Artikel 102 ersetzt den im Verlauf des Gesetzgebungsverfahrens gestrichenen ursprünglichen Neunten Teil des Regierungsentwurfs einer Insolvenzordnung, in dem ausführliche Regelungen zum Internationalen Insolvenzrecht vorgesehen waren, und hat dementsprechend im RegEEGInsO kein Vorbild. Der folgende Begründungstext entspricht weitgehend BT-Drs. 12/7303, S. 117/118, zu Nr. 50 („Zu Artikel 106a").

1   Die laufenden Verhandlungen in Brüssel über ein Konkursübereinkommen der Europäischen Gemeinschaften dürften in absehbarer Zeit erfolgreich abgeschlossen sein. Nach dem gegenwärtigen Stand der Verhandlungen ist damit zu rechnen, daß der Inhalt des künftigen Übereinkommens in seinen Grundzügen und vielen Einzelheiten den Vorstellungen entspricht, die für eine detaillierte Regelung des Internationalen Insolvenzrechts im Rahmen der Insolvenzrechtsreform maßgeblich gewesen wären. Unter diesen Umständen erscheint es sinnvoll, mit einer umfassenden Neuregelung des deutschen Internationalen Insolvenzrechts bis zur Fertigstellung des Übereinkommens zu warten. Diese Neuregelung wird dann voraussichtlich in der Weise vorgenommen werden können, daß in das Zustimmungsgesetz zu dem Übereinkommen eine Regelung aufgenommen wird, nach der die Vorschriften des Übereinkommens im wesentlichen unverändert auch im Verhältnis zu Nichtvertragsstaaten anzuwenden sind.

2   Für die Zwischenzeit reicht es aus, in Artikel 102 des Einführungsgesetzes zur Insolvenzordnung die wesentlichen Grundsätze eines modernen deutschen Internationalen Insolvenzrechts niederzulegen. Die Absätze 1 und 3 der Neuregelung entsprechen weitgehend § 22 Abs. 1 bis 3 GesO, der wiederum auf der neuen Rechtsprechung des

Bundesgerichtshofs zum Internationalen Konkursrecht aufbaut. Nach Absatz 1 sind die Wirkungen ausländischer Insolvenzverfahren grundsätzlich auch im Inland anzuerkennen. Absatz 3 erlaubt zum Schutz der inländischen Interessen die Eröffnung eines Sonderinsolvenzverfahrens über das Inlandsvermögen, wobei – wie nach § 22 Abs. 2 GesO – ein Gerichtsstand überall dort gegeben ist, wo sich Gegenstände des Inlandsvermögens befinden.

3   Absatz 2, der kein Vorbild in der Gesamtvollstreckungsordnung hat, enthält eine Sonderregelung für einen praktisch wichtigen Teilbereich des Internationalen Insolvenzrechts, nämlich das Internationale Anfechtungsrecht. Nach dieser Regelung ist eine Rechtshandlung nur dann anfechtbar, wenn die Voraussetzungen der Insolvenzanfechtung sowohl nach dem Recht des Staates der Verfahrenseröffnung als auch nach dem Recht, das für die Wirkungen der Rechtshandlung maßgeblich ist, gegeben sind.

Um die Schwierigkeiten zu vermeiden, die sich aus der vollen Kumulation zweier Rechtsordnungen z. B. bei den Fragen ergeben, wie die Anfechtung ausgeübt wird und welche Rechtsfolgen sie hat, sollen das Recht des Staates der Verfahrenseröffnung und das Recht, dem die Wirkungen der Rechtshandlung unterliegen, nicht gleichberechtigt für die Anfechtung maßgeblich sein; die Anfechtung soll sich vielmehr in erster Linie nach dem Statut der Verfahrenseröffnung richten. Dieses Recht soll die Voraussetzungen und Rechtsfolgen der Anfechtung bestimmen. Das Wirkungsstatut wird nur ergänzend herangezogen: Um den Schutz des Rechtsverkehrs zu gewährleisten, soll nur eine Rechtshandlung anfechtbar sein, die auch nach dem Recht, das die Wirkungen der Rechtshandlung bestimmt, in irgendeiner Weise angegriffen werden kann. Nach dem derzeitigen Stand der Verhandlungen über ein Europäisches Konkursübereinkommen ist damit zu rechnen, daß die Insolvenzanfechtung in dem Übereinkommen in dieser Weise geregelt werden wird.

Artikel 103
Anwendung des bisherigen Rechts

Auf Konkurs-, Vergleichs- und Gesamtvollstreckungsverfahren, die vor dem 1. Januar 1999 beantragt worden sind, und deren Wirkungen sind weiter die bisherigen gesetzlichen Vorschriften anzuwenden. Gleiches gilt für Anschlußkonkursverfahren, bei denen der dem Verfahren vorausgehende Vergleichsantrag vor dem 1. Januar 1999 gestellt worden ist.

Artikel 103 entspricht im wesentlichen Art. 107 RegEEGInsO. Der folgende Begründungstext entspricht im wesentlichen BT-Drs. 12/3803, S. 116/117, „Zu Artikel 107", und BT-Drs. 12/7303, S. 118, zu Nr. 51 („Zu Artikel 107").

1   Das neue Insolvenzrecht weist so viele grundlegende Unterschiede zum geltenden Konkurs- und Vergleichsrecht sowie zur Gesamtvollstreckungsordnung auf, daß es sich nicht empfiehlt, das neue Recht auf bereits eröffnete Verfahren anzuwenden. Darüber hinaus soll das bisherige Recht auch dann maßgeblich bleiben, wenn im Zeitpunkt des Inkrafttretens der Reform ein Konkurs-, Vergleichs- oder Gesamtvollstreckungsverfahren zwar noch nicht eröffnet, aber bereits beantragt war. Auch die Vorschriften, nach denen durch einstweilige Maßnahmen zwischen Antrag und Eröffnung einzelne Wirkungen der Verfahrenseröffnung vorgezogen werden können, eignen sich nicht zur Anwendung in bereits anhängigen Eröffnungsverfahren. Außerdem sollte vermieden werden, daß auf einen vor Inkrafttreten der Reform gestellten Vergleichsantrag des

Schuldners das einheitliche Insolvenzverfahren eröffnet wird, das ganz andere Wirkungen für die Rechtsstellung des Schuldners hat als das bisherige Vergleichsverfahren. Galt im Zeitpunkt der Antragstellung noch das bisherige Recht, kann also auch nach dem Inkrafttreten der Reform noch ein Konkurs-, Vergleichs- oder Gesamtvollstreckungsverfahren eröffnet werden; für dieses Verfahren bleiben uneingeschränkt die bisherigen Vorschriften maßgeblich. Weder die neue Insolvenzordnung, noch die diese ergänzenden Änderungen anderer Gesetze, etwa des Rechtspflegergesetzes oder der Kostengesetze (Artikel 14, 29 bis 31 des Einführungsgesetzes), sind auf ein solches Verfahren anwendbar. Soweit die Übergangsvorschriften der Kostengesetze (§ 73 Abs. 3 GKG, § 134 Abs. 1 BRAGO) zur Anwendung neuen Kostenrechts in bereits anhängigen Verfahren führen, werden sie durch den vorliegenden Artikel verdrängt.

Durch die Worte „und deren Wirkungen" wird verdeutlicht, daß nicht nur für die Konkurs-, Vergleichs- und Gesamtvollstreckungsverfahren selbst, die bei Inkrafttreten der Reform bereits beantragt waren, die bisher geltenden Vorschriften maßgeblich bleiben, sondern auch für die Wirkungen dieser Verfahren, also deren Ausstrahlungen in andere Bereiche. Damit soll z. B. klargestellt werden, daß für die Löschung von Konkursvermerken im Grundbuch auch nach dem Inkrafttreten der Insolvenzordnung die bisherigen gesetzlichen Vorschriften anzuwenden sind. 2

Artikel 104
Anwendung des neuen Rechts

In einem Insolvenzverfahren, das nach dem 31. Dezember 1998 beantragt wird, gelten die Insolvenzordnung und dieses Gesetz auch für Rechtsverhältnisse und Rechte, die vor dem 1. Januar 1999 begründet worden sind.

Artikel 104 entspricht im wesentlichen Art. 108 RegEEGInsO. Der folgende Begründungstext entspricht im wesentlichen BT-Drs. 12/3803, S. 117/118, „Zu Artikel 108", und BT-Drs. 12/7303, S. 118, zu Nr. 52 („Zu Artikel 108").

Mittelbar ergibt sich bereits aus Artikel 103, daß Insolvenzverfahren, die nach dem Inkrafttreten der Reform beantragt werden, dem neuen Insolvenzrecht unterliegen. Artikel 104 stellt ergänzend klar, daß dies nicht nur für die neuen verfahrensrechtlichen Vorschriften gilt, sondern daß im Grundsatz auch die materiellrechtlichen Regeln des neuen Rechts zur Anwendung kommen. Beispielsweise gelten, wenn ein Insolvenzverfahren dem neuen Recht unterliegt, die Vorschriften der Insolvenzordnung über das Recht zur vorzeitigen Kündigung von Dauerschuldverhältnissen (§§ 109, 113) und die Unwirksamkeit abweichender Vereinbarungen (§ 119) auch für Schuldverhältnisse, die vor dem Zeitpunkt des Inkrafttretens der Reform begründet worden sind. Die Vorschriften über das Verwertungsrecht des Verwalters (§ 166) und den Kostenbeitrag der gesicherten Gläubiger (§§ 170, 171) gelten in einem neuen Verfahren auch für Sicherheiten, die schon vor diesem Zeitpunkt bestanden. Ebenso ist die neue Vorschrift, nach der die Abtretung oder Pfändung laufender Bezüge durch die Eröffnung eines Insolvenzverfahrens nach Ablauf bestimmter Fristen unwirksam wird (§ 114 Abs. 1, 3), auch auf bereits bestehende Rechtspositionen anwendbar. Die Insolvenzgläubiger, deren Forderungen vor dem Zeitpunkt des Inkrafttretens der Reform begründet worden sind, haben keine andere Stellung im neuen Insolvenzverfahren als die übrigen Insolvenzgläubiger; der Wegfall der Konkursvorrechte gilt für beide Kategorien von Forderungen, und die Restschuldbefreiung ergreift beide Kategorien in gleicher Weise. 1

2 Daß in dieser Weise auch Rechtspositionen, die bei Inkrafttreten der Reform bereits bestehen, den Einschränkungen des neuen Insolvenzrechts unterworfen werden, ist zur Verwirklichung der Ziele der Reform erforderlich. Wenn alle persönlichen und dinglichen Rechte, die vor dem Inkrafttreten der Reform begründet worden sind, den bisherigen Vorschriften unterworfen blieben, wären die Praktikabilität und die Funktionsfähigkeit des neuen Insolvenzrechts für viele Jahre stark beeinträchtigt. Grundlegende Mängel des geltenden Insolvenzrechts, etwa die fehlende Einbeziehung der gesicherten Gläubiger und die fehlende Anpassung arbeitsrechtlicher Schutzpositionen an die Insolvenzsituation, würden auch viele neue Verfahren belasten. Eine vollständige Restschuldbefreiung wäre noch für Jahrzehnte in vielen Fällen ausgeschlossen.

3 Die Anwendung des neuen Insolvenzrechts auf bereits bestehende Rechtspositionen bedeutet keinen Verstoß gegen die Eigentumsgarantie des Grundgesetzes (Artikel 14 Abs. 1 GG) oder den aus dem Rechtsstaatsprinzip folgenden Vertrauensschutz (Artikel 20 Abs. 3 GG). Die Parteien privater Schuldverhältnisse können nicht darauf vertrauen, daß die verfahrensrechtlichen Vorschriften zur Durchsetzung ihrer Rechte unverändert bleiben. Sie müssen auch damit rechnen, daß die Vorschriften über die Beendigung von Dauerschuldverhältnissen, etwa von Miet- und Arbeitsverhältnissen, aus Gründen des öffentlichen Wohls in angemessener Weise auch für bestehende Schuldverhältnisse geändert werden. Die Abtretung laufender Bezüge wird erst drei Jahre nach dem Ende des Kalendermonats unwirksam, in dem das Insolvenzverfahren eröffnet worden ist (§ 114 Abs. 1 der Insolvenzordnung); hier ist weiter zu berücksichtigen, daß der wirtschaftliche Wert einer solchen Abtretung ohnehin von der Kooperationsbereitschaft des Schuldners abhängt, der jederzeit durch einen Wechsel des Arbeitsverhältnisses die Realisierung der Abtretung erschweren oder durch die völlige Einstellung seiner Arbeit die Abtretung ganz wirkungslos machen kann. Ein Gläubiger, der nach bisherigem Recht ein Konkursvorrecht genießt, kann schon heute nicht sicher sein, daß im Falle der Insolvenz seines Schuldners das Vorrecht zur Anwendung kommt; er muß damit rechnen, daß ein Konkursverfahren mangels Masse nicht eröffnet wird oder daß im eröffneten Verfahren nur Massegläubiger befriedigt werden. Durch die Restschuldbefreiung dürften die Gläubiger von „Altforderungen" regelmäßig allenfalls einen geringen wirtschaftlichen Wert verlieren, insbesondere wenn man berücksichtigt, daß der Schuldner durch die gesetzlichen Voraussetzungen der Restschuldbefreiung vor der Eröffnung des Insolvenzverfahrens, während des Verfahrens und noch anschließend sieben Jahre lang zum „Wohlverhalten" gegenüber seinen Gläubigern angereizt wird. Der Eingriff in alle genannten Rechtspositionen wird schließlich dadurch gemildert, daß eine Frist von mehr als vier Jahren zwischen der Verkündung und dem Inkrafttreten der Reformgesetze vorgesehen ist (vgl. Artikel 110 Abs. 1).

4 Die Vorschriften der Insolvenzordnung über die Einbeziehung der dinglichen Sicherheiten in das Verfahren erfordern keine besondere Übergangsvorschrift, da sie so ausgestaltet sind, daß der wirtschaftliche Wert der Sicherheiten nicht oder nur unwesentlich beeinträchtigt wird. Mit der Feststellungskostenpauschale von 4 vom Hundert des Verwertungserlöses werden dem gesicherten Gläubiger in erster Linie Kosten auferlegt, die typischerweise als Zuschlag zum Verwalterhonorar entstehen und die Gegenleistung für eine Tätigkeit des Verwalters im Interesse dieses Gläubigers darstellen (vgl. die Begründung zu § 171 Abs. 1 der Insolvenzordnung). Diese Kosten der rechtlichen und tatsächlichen Feststellung des Sicherungsguts werden zwar im heutigen Konkursverfahren dem gesicherten Gläubiger abgenommen. In der Einzelzwangsvollstreckung, auf die der Gläubiger auch im Insolvenzfall dann angewiesen ist, wenn ein Konkursantrag nicht gestellt oder mangels Masse abgewiesen wird, kommen diese Kosten aber in

Form von Rechtsverfolgungskosten auf den Gläubiger zu; dieser muß sie in jedem Fall einkalkulieren. Die Verwertungskosten, die der Gläubiger tragen muß, wären auch bei einer Verwertung durch den Gläubiger entstanden und vom Gläubiger zu tragen gewesen. Neu ist allerdings die Belastung der gesicherten Gläubiger mit einem bei der Verwertung anfallenden Umsatzsteuerbetrag (§ 171 Abs. 2 Satz 3 der Insolvenzordnung). In der bisherigen Konkurspraxis wurde diese Umsatzsteuerforderung regelmäßig zu Lasten der Insolvenzmasse beglichen, so daß der Gläubiger in der Regel den Bruttoerlös ausgekehrt erhielt (vgl. die Begründung zu § 171 Abs. 2 Satz 3 der Insolvenzordnung). Auf den Fortbestand der bisherigen Praxis konnten die gesicherten Gläubiger jedoch nicht vertrauen, da sie allgemein als rechtspolitisch unbefriedigend angesehen wird, da eine klare gesetzliche Grundlage fehlt und da sogar der Bundesgerichtshof, auf dessen Rechtsprechung die bisherige Praxis beruht, ein korrigierendes Eingreifen des Gesetzgebers zu erwägen gegeben hat (BGHZ 77, 139, 150). Zudem schützt Artikel 14 Abs. 1 GG grundsätzlich nicht gegen die Auferlegung nicht übermäßig belastender Geldleistungspflichten, die keine grundlegende Beeinträchtigung der Vermögensverhältnisse verursachen (BVerfGE 81, 108, 122 mit weiteren Nachweisen).

Die Anwendung der neuen Regeln über die Kostenbeteiligung der gesicherten Gläubiger auf bereits bestehende Sicherheiten bedeutet auch deshalb keine unangemessene Belastung, weil jeder Rechtsinhaber stets damit rechnen muß, daß sich die Kosten der Durchsetzung seines Rechts durch neue Gerichts- oder Anwaltsgebühren erhöhen.

Zu beachten ist allerdings, daß Artikel 104 nicht auf die Änderung von Vorschriften angewendet werden kann, die zum Bürgerlichen Recht oder Handelsrecht gehören und unabhängig vom Eintritt einer Insolvenz anzuwenden sind. Für die Aufhebung des § 419 BGB durch Artikel 33 Nr. 16 des Einführungsgesetzes bleibt es bei dem allgemeinen Grundsatz, der aus Artikel 170 EGBGB abgeleitet werden kann: Änderungen des Schuldrechts lassen bereits entstandene Schuldverhältnisse unberührt. Wer vor dem Zeitpunkt des Inkrafttretens der Reform durch Vertrag das gesamte Vermögen eines anderen übernommen hat und daher nach § 419 BGB für dessen Schulden haftet, wird also durch die Aufhebung der Vorschrift nicht von seiner Haftung befreit. Von den neuen Bestimmungen über die vereinfachte Kapitalherabsetzung bei der Gesellschaft mit beschränkter Haftung (Artikel 48 Nr. 4 des Einführungsgesetzes) kann vom Tag nach der Verkündung (vgl. hierzu Artikel 110 Abs. 3 und die Begründung zu dieser Bestimmung des Einführungsgesetzes) der Reform an Gebrauch gemacht werden; auch für diesen Bereich ist Artikel 104 nicht einschlägig.

Artikel 105
Finanztermingeschäfte

(1) War für Finanzleistungen, die einen Markt- oder Börsenpreis haben, eine bestimmte Zeit oder eine bestimmte Frist vereinbart und tritt die Zeit oder der Ablauf der Frist erst nach der Eröffnung eines Konkursverfahrens ein, so kann nicht die Erfüllung verlangt, sondern nur eine Forderung wegen der Nichterfüllung geltend gemacht werden. Als Finanzleistungen gelten insbesondere

1. **die Lieferung von Edelmetallen,**

2. **die Lieferung von Wertpapieren oder vergleichbaren Rechten, soweit nicht der Erwerb einer Beteiligung an einem Unternehmen zur Herstellung einer dauernden Verbindung zu diesem Unternehmen beabsichtigt ist,**

3. Geldleistungen, die in ausländischer Währung oder in einer Rechnungseinheit zu erbringen sind,

4. Geldleistungen, deren Höhe unmittelbar oder mittelbar durch den Kurs einer ausländischen Währung oder einer Rechnungseinheit, durch den Zinssatz von Forderungen oder durch den Preis anderer Güter oder Leistungen bestimmt wird,

5. Optionen und andere Rechte auf Lieferungen oder Geldleistungen im Sinne der Nummern 1 bis 4.

Sind Geschäfte über Finanzleistungen in einem Rahmenvertrag zusammengefaßt, für den vereinbart ist, daß er bei Vertragsverletzungen nur einheitlich beendet werden kann, so gilt die Gesamtheit dieser Geschäfte als ein gegenseitiger Vertrag.

(2) Die Forderung wegen der Nichterfüllung richtet sich auf den Unterschied zwischen dem vereinbarten Preis und dem Markt- oder Börsenpreis, der am zweiten Werktag nach der Eröffnung des Verfahrens am Erfüllungsort für einen Vertrag mit der vereinbarten Erfüllungszeit maßgeblich ist. Der andere Teil kann eine solche Forderung nur als Konkursgläubiger geltend machen.

(3) Die in den Absätzen 1 und 2 für den Fall der Eröffnung eines Konkursverfahrens getroffenen Regelungen gelten entsprechend für den Fall der Eröffnung eines Vergleichs- oder Gesamtvollstreckungsverfahrens.

Artikel 105 hat im RegEEGInsO kein Vorbild. Der folgende Begründungstext entspricht weitgehend BT-Drs. 12/7303, S. 118, zu Nr. 53 („Zu Artikel 108a").

§ 104 Abs. 2 und 3 der Insolvenzordnung trifft eine Regelung für die Behandlung von Finanztermingeschäften im künftigen Insolvenzrecht. Im Hinblick darauf, daß die Insolvenzordnung nach Artikel 110 Abs. 1 des Einführungsgesetzes erst am 1. Januar 1999 in Kraft tritt und die beabsichtigte Neuregelung der Finanztermingeschäfte dringend geboten ist, enthält Artikel 105 Regelungen, in denen die Problematik für die Zwischenzeit bis zum Inkrafttreten der Reform geregelt wird. Artikel 105 überträgt die Bestimmungen, die in § 104 Abs. 2 und 3 der Insolvenzordnung für die Behandlung von Finanztermingeschäften im künftigen Insolvenzverfahren vorgesehen sind, auf Konkurs-, Vergleichs- und Gesamtvollstreckungsverfahren nach geltendem Recht.

Artikel 106
Insolvenzanfechtung

Die Vorschriften der Insolvenzordnung über die Anfechtung von Rechtshandlungen sind auf die vor dem 1. Januar 1999 vorgenommenen Rechtshandlungen nur anzuwenden, soweit diese nicht nach dem bisherigen Recht der Anfechtung entzogen oder in geringerem Umfang unterworfen sind.

Artikel 106 entspricht im wesentlichen Art. 110 RegEEGInsO. Der folgende Begründungstext entspricht im wesentlichen BT-Drs. 12/3803, S. 118/119, „Zu Artikel 110", und BT-Drs. 12/7303, S. 118, zu Nr. 54 („Zu den Artikeln 109 ... und 110 ...").

1 Das neue Recht der Insolvenzanfechtung in den §§ 129 bis 147 der Insolvenzordnung enthält schärfere Regeln als das bisherige Recht der Anfechtung nach der Konkurs- und der Gesamtvollstreckungsordnung. Viele Rechtshandlungen, bei denen eine An-

fechtung bisher rechtlich nicht möglich war oder aus Beweisgründen nicht durchgesetzt werden konnte, werden in Zukunft mit Erfolg angefochten werden können.

Würden die neuen Anfechtungsvorschriften uneingeschränkt auch auf Rechtshandlungen angewendet werden, die vor dem Inkrafttreten der Reform vorgenommen worden sind, so könnten dadurch Tatbestände schutzwürdigen Vertrauens mißachtet werden: Wer beispielsweise einen Gegenstand entgeltlich erwirbt, den der Veräußerer drei Jahre zuvor von seinem Ehegatten als Geschenk erhalten hat, kann heute darauf vertrauen, daß auch im Falle der Insolvenz des Ehegatten eine Anfechtung nicht mehr möglich ist (vgl. §§ 32, 40 Abs. 2 KO; § 10 Abs. 1 Nr. 3 GesO); nach dem neuen Recht wäre dies wegen der längeren Frist für die Anfechtung unentgeltlicher Verfügungen (§ 134 der Insolvenzordnung) nicht der Fall. 2

Die neuen Vorschriften über die Insolvenzanfechtung sollen daher auf bereits vorgenommene Rechtshandlungen nur anwendbar sein, soweit diese auch nach dem bisherigen Recht der Anfechtung unterlagen. Diese Übergangsvorschrift entspricht der Regelung, die beim Inkrafttreten der Konkursordnung getroffen worden ist (§ 9 des Gesetzes betreffend die Einführung der Konkursordnung). Für das neue Recht der Anfechtung außerhalb eines Insolvenzverfahrens ist eine parallele Vorschrift vorgesehen (§ 20 Abs. 1 des Anfechtungsgesetzes in der Fassung des Artikels 1 des Einführungsgesetzes). 3

Artikel 107
Restschuldbefreiung

War der Schuldner bereits vor dem 1. Januar 1997 zahlungsunfähig, so verkürzt sich die Laufzeit der Abtretung nach § 287 Abs. 2 Satz 1 der Insolvenzordnung von sieben auf fünf Jahre, die Dauer der Wirksamkeit von Verfügungen nach § 114 Abs. 1 der Insolvenzordnung von drei auf zwei Jahre.

Artikel 107 hat im RegEEGInsO kein Vorbild. Der folgende Begründungstext entspricht im wesentlichen BT-Drs. 12/7303, S. 118, zu Nr. 55 („Zu Artikel 110 a").

Durch Artikel 107 soll der Gefahr entgegengewirkt werden, daß durch das Hinausschieben des Inkrafttretens der Insolvenzordnung (vgl. Artikel 110 Abs. 1) redliche Schuldner unzumutbar lange auf eine Restschuldbefreiung warten müssen. Wer schon zwei Jahre vor Inkrafttreten der Insolvenzordnung zahlungsunfähig ist, kann zwar den Antrag auf Eröffnung des Insolvenzverfahrens erst nach dem Inkrafttreten stellen, braucht aber dann im Verfahren zur Erlangung der Restschuldbefreiung nur fünf Jahre lang, nicht sieben Jahre lang, sein pfändbares Einkommen den Gläubigern zufließen zu lassen. Parallel zur Verkürzung der Sieben-Jahres-Frist auf fünf Jahre wird die Drei-Jahres-Frist in § 114 Abs. 1 der Insolvenzordnung für die Unwirksamkeit von Abtretungen der laufenden Bezüge auf zwei Jahre verkürzt.

Artikel 108
Fortbestand der Vollstreckungsbeschränkung

(1) Bei der Zwangsvollstreckung gegen einen Schuldner, über dessen Vermögen ein Gesamtvollstreckungsverfahren durchgeführt worden ist, ist auch nach dem 31. Dezember 1998 die Vollstreckungsbeschränkung des § 18 Abs. 2 Satz 3 der Gesamtvollstreckungsordnung zu beachten.

(2) Wird über das Vermögen eines solchen Schuldners nach den Vorschriften der Insolvenzordnung ein Insolvenzverfahren eröffnet, so sind die Forderungen, die der Vollstreckungsbeschränkung unterliegen, im Rang nach den in § 39 Abs. 1 der Insolvenzordnung bezeichneten Forderungen zu berichtigen.

Artikel 108 entspricht im wesentlichen Art. 111 RegEEGInsO. Der folgende Begründungstext entspricht im wesentlichen BT-Drs. 12/3803, S. 119, „Zu Artikel 111", und BT-Drs. 12/7303, S. 118, zu Nr. 56 („Zu Artikel 111").

1   Nach § 18 Abs. 2 Satz 3 GesO findet nach der Durchführung eines Gesamtvollstreckungsverfahrens eine Zwangsvollstreckung zugunsten der Gläubiger, die am Verfahren beteiligt waren, gegen den Schuldner nur statt, soweit der Schuldner über ein angemessenes Einkommen hinaus zu neuem Vermögen gelangt. Dies gilt nicht, wenn der Schuldner vor oder während des Verfahrens vorsätzlich oder grob fahrlässig zum Nachteil seiner Gläubiger gehandelt hat. Die Konkursordnung kennt diese Vollstreckungsbeschränkung nicht, sondern geht von einem unbeschränkten Nachforderungsrecht der Konkursgläubiger aus (§ 164 KO).

2   Die Insolvenzordnung wählt einen anderen Weg, um redliche Schuldner nach der Beendigung eines Insolvenzverfahrens zu entlasten. Sie enthält in den §§ 286 bis 303 Regelungen über die Restschuldbefreiung der natürlichen Personen. Nach Durchführung des Insolvenzverfahrens und nach Ablauf einer siebenjährigen Wohlverhaltensphase kann der Schuldner von seinen Restschulden befreit werden.

3   Würde der Vollstreckungsschutz nach der Gesamtvollstreckungsordnung mit dem Inkrafttreten der Insolvenzordnung fortfallen, so würde schutzwürdiges Vertrauen des Schuldners verletzt. Um eine Restschuldbefreiung zu erlangen, müßte der Schuldner ein neues Insolvenzverfahren gegen sich beantragen. Um dies zu vermeiden, sieht Absatz 1 eine Fortgeltung der Vollstreckungsbeschränkung nach Inkrafttreten der Insolvenzordnung vor.

4   Auch bei Weitergeltung der Vollstreckungsbeschränkung kann nicht ausgeschlossen werden, daß der Schuldner, um endgültige Restschuldbefreiung zu erreichen, ein neues Insolvenzverfahren beantragt oder daß neue Gläubiger des Schuldners ein solches Insolvenzverfahren beantragen. Die Stellung der alten Gläubiger in einem solchen Insolvenzverfahren wird in Absatz 2 der neuen Vorschrift geregelt; ihre Forderungen sollen nach den in § 39 Abs. 1 der Insolvenzordnung bezeichneten Forderungen berichtigt werden. Die Einordnung als nachrangige Forderungen mit einem schlechten Rang entspricht am besten dem Inhalt des § 18 Abs. 2 Satz 3 GesO, der eine Vollstreckung nur in neues Vermögen zuläßt, das ein angemessenes Einkommen übersteigt.

Artikel 109
Schuldverschreibungen

Soweit den Inhabern von Schuldverschreibungen, die vor dem 1. Januar 1963 von anderen Kreditinstituten als Hypothekenbanken ausgegeben worden sind, nach Vorschriften des Landesrechts in Verbindung mit § 17 Abs. 1 des Einführungsgesetzes zur Konkursordnung ein Vorrecht bei der Befriedigung aus Hypotheken, Reallasten oder Darlehen des Kreditinstituts zusteht, ist dieses Vorrecht auch in künftigen Insolvenzverfahren zu beachten.

Artikel 109 entspricht Art. 114 RegEEGInsO. Der folgende Begründungstext entspricht im wesentlichen BT-Drs. 12/3803, S. 120, „Zu Artikel 114".

In Bayern ist in Artikel 1 des Gesetzes zur Sicherung der Inhaber von Pfandbriefen und Schuldverschreibungen der Bayerischen Landwirtschaftsbank vom 1. August 1930 (BayRS 413-1-J) ein Vorrecht für die Inhaber von Pfandbriefen und Schuldverschreibungen der Bank geregelt. Diese Vorschrift in Verbindung mit § 17 des Gesetzes betreffend die Einführung der Konkursordnung ist auch heute noch die Rechtsgrundlage für das Vorrecht der Inhaber solcher Pfandbriefe und Schuldverschreibungen, die vor dem 1. Januar 1963 emittiert wurden. Erst seit diesem Zeitpunkt gilt auch für die Bayerische Landwirtschaftsbank (heute Münchener Hypothekenbank eG) die inhaltlich entsprechende Regelung des § 35 Hypothekenbankgesetz (vgl. Artikel II des Fünften Gesetzes zur Änderung und Ergänzung des Hypothekenbankgesetzes vom 14. Januar 1963, BGBl. I S. 9).

Durch Artikel 109 wird gewährleistet, daß die Stellung der Inhaber von Pfandbriefen und Schuldverschreibungen, die vor dem 1. Januar 1963 emittiert worden sind, nicht beeinträchtigt wird.

Artikel 110
Inkrafttreten

(1) Die Insolvenzordnung und dieses Gesetz treten, soweit nichts anderes bestimmt ist, am 1. Januar 1999 in Kraft.

(2) § 2 Abs. 2 und § 7 Abs. 3 der Insolvenzordnung sowie die Ermächtigung der Länder in § 305 Abs. 1 Nr. 1 der Insolvenzordnung treten am Tage nach der Verkündung in Kraft. Gleiches gilt für § 65 der Insolvenzordnung und für § 21 Abs. 2 Nr. 1, § 73 Abs. 2, § 274 Abs. 1, § 293 Abs. 2 und § 313 der Insolvenzordnung, soweit sie § 65 der Insolvenzordnung für entsprechend anwendbar erklären.

(3) Artikel 2 Nr. 9 dieses Gesetzes, soweit darin die Aufhebung von § 2 Abs. 1 Satz 2 des Gesetzes über die Auflösung und Löschung von Gesellschaften und Genossenschaften angeordnet wird, Artikel 22, Artikel 24 Nr. 2, Artikel 32 Nr. 3, Artikel 48 Nr. 4, Artikel 54 Nr. 4 und Artikel 85 Nr. 1 und 2 Buchstabe e, Artikel 87 Nr. 8 Buchstabe d und Artikel 105 dieses Gesetzes treten am Tag nach der Verkündung in Kraft.

Artikel 110 übernimmt in veränderter und ergänzter Fassung Art. 115 RegEEGInsO. Der folgende Begründungstext entspricht weitgehend BT-Drs. 12/3803, S. 120, „Zu Artikel 115", und BT-Drs. 12/7303, S. 119, zu Nr. 59 („Zu Artikel 115").

Zwischen der Verkündung im Bundesgesetzblatt und dem Inkrafttreten der Reform ist ein Zeitraum von mehr als vier Jahren vorgesehen, damit sich die Praxis auf die neuen Regelungen vorbereiten kann. Diese Inkrafttretensregelung mit dem für Gesetze außergewöhnlich langen Zeitraum zwischen Verkündung und Inkrafttreten trägt den von den Ländern im Hinblick auf die zusätzliche Belastung der Insolvenzgerichte insbesondere durch Verbraucherinsolvenzverfahren wiederholt geäußerten Bedenken Rechnung. Die erforderlichen Umstellungen bei den Gerichten werden zusätzlich dadurch erleichtert, daß die neuen Gesetze zum Jahreswechsel in Kraft treten (Absatz 1). 1

Die Ermächtigungen der Landesregierungen zur Konzentration von gerichtlichen Zuständigkeiten in § 2 Abs. 2 der Insolvenzordnung, die Ermächtigung der Länder zur 2

Bestimmung geeigneter Stellen gemäß § 305 Abs. 1 Nr. 1 der Insolvenzordnung und die Ermächtigung des Bundesministeriums der Justiz zum Erlaß einer Vergütungsordnung in § 65 der Insolvenzordnung werden sofort in Kraft gesetzt, damit die entsprechenden Regelungen rechtzeitig vor dem Inkrafttreten der Gesamtreform verkündet werden können (Absatz 2).

3 Absatz 3 nennt weitere Bestimmungen, die ohne Übergangsfrist in Kraft gesetzt werden. So wird der Entlastungseffekt für die Registergerichte durch die in Artikel 2 Nummer 9 des Einführungsgesetzes vorgesehene Verfahrensvereinfachung (Wegfall der Amtslöschung von Gesellschaften, die ihre Publizitätsverpflichtungen nicht erfüllen; vgl. hierzu auch Artikel 23 Rdnr. 6–8) sofort eintreten. Folgende weitere Regelungen treten vorzeitig in Kraft:

- die Verlängerungen des Gesetzes über den Sozialplan im Konkurs- und Vergleichsverfahren (Artikel 22) und der Aussetzung des § 613a BGB in Gesamtvollstreckungsverfahren (Artikel 32 Nr. 3) bis zum Inkrafttreten der Insolvenzrechtsreform;

- die Beseitigung einer möglichen Unklarheit der Rechtslage im Beitrittsgebiet auf dem Gebiet des Grundbuchrechts (Artikel 24);

- die Vorschriften über die vereinfachte Kapitalherabsetzung bei der Gesellschaft mit beschränkter Haftung, die unabhängig von der Insolvenzrechtsreform in Kraft treten können (Artikel 48 Nr. 4);

- die Anerkennung ausländischer Konkursvorrechte an Sondermassen nach dem Gesetz über die Pfandbriefe und verwandten Schuldverschreibungen öffentlich-rechtlicher Kreditanstalten (Artikel 54 Nr. 4), nach dem Hypothekenbankgesetz (Artikel 85 Nr. 2 Buchstabe e) und nach dem Versicherungsaufsichtsgesetz (Artikel 87 Nr. 8 Buchstabe d) sowie die Anpassung anderer Vorschriften des Hypothekenbankgesetzes an das Inkrafttreten des Abkommens über den Europäischen Wirtschaftsraum (Artikel 85 Nr. 1);

- die Übergangsregelung für Finanztermingeschäfte für die Zeit bis zum Inkrafttreten der Insolvenzrechtsreform (Artikel 105).

4 Soweit in einzelnen Bestimmungen dieser vor der Insolvenzordnung in Kraft tretenden Teile der Reform von „Insolvenzverfahren" die Rede ist (vgl. etwa § 58d Abs. 2 Satz 3 GmbH-Gesetz in der Fassung des Artikels 48 Nr. 4 des Einführungsgesetzes; § 35 Abs. 5 Hypothekenbankgesetz in der Fassung des Artikels 85 Nr. 2 Buchstabe e des Einführungsgesetzes), sind unter dieser Bezeichnung bis zum Inkrafttreten der Insolvenzordnung das Konkursverfahren, das Vergleichsverfahren und das Gesamtvollstreckungsverfahren des geltenden Rechts zu verstehen.

ANHANG

Übersicht über den Anhang   Seite

Gliederung des Anhangs 717
Vorbemerkungen zum Anhang 718
  I. Materialien zur Insolvenzordnung 722
 II. Materialien zum Einführungsgesetz 943

Gliederung des Anhangs   Seite

Vorbemerkungen zum Anhang 718

I. Materialien zur Insolvenzordnung* ·················· 722
    1. BT-Drs. 12/2443, Vorblatt 723
    2. BT-Drs. 12/2443, Stellungnahme des Bundesrates 727
    3. BT-Drs. 12/2443, Gegenäußerung der Bundesregierung 740
    4. BT-Drs. 12/7302, Vorblatt 749
    5. BT-Drs. 12/7302, „Zusammenstellung"* (u. a.: RegEInsO) 753
    6. BT-Drs. 12/7302, allgemeine Begründung 903
    7. BT-Drs. 12/7302, besondere Begründung (Auszug)* 910
    8. Plenarprotokoll 12/222, 19114 B bis 19132 C 913
    9. BR-Drs. 336/94 (Beschluß)....................... 934
  10. BR-Drs. 643/94 940
  11. BR-Drs. 643/94 (Beschluß)....................... 941

II. Materialien zum Einführungsgesetz* ················ 943
    1. BT-Drs. 12/3803, Vorblatt 944
    2. BT-Drs. 12/3803, Stellungnahme des Bundesrates 947
    3. BT-Drs. 12/3803, Gegenäußerung der Bundesregierung 958
    4. BT-Drs. 12/7303, Vorblatt 966
    5. BT-Drs. 12/7303, „Zusammenstellung"* (u. a.: RegEEGInsO) 968
    6. BT-Drs. 12/7303, allgemeine Begründung 1078
    7. BT-Drs. 337/94 (Beschluß) 1080
    8. BT-Drs. 12/7667 1083
    9. BT-Drs. 12/7948 1085
  10. BR-Drs. 644/94 1087
  11. BR-Drs. 644/94 (Beschluß)....................... 1090

---

* Wegen der näheren Informationen zu den Drucksachennummern und wegen der Erläuterung der Angaben „Zusammenstellung" und „(Auszug)" werden die Vorbemerkungen zum Anhang in Bezug genommen.

Vorbemerkungen zum Anhang

Im folgenden werden alle wesentlichen Materialien zur Insolvenzordnung und zum Einführungsgesetz chronologisch entsprechend dem Verlauf des Gesetzgebungsverfahrens unter Angabe der Drucksachen-Nummern aufgelistet.

Zu jeder Drucksache ist angegeben, ob sie im Anhang vollständig, auszugsweise oder nicht abgedruckt ist.

Zu den abgedruckten Materialien ist jeweils die Anhangnummer vermerkt.

Bei der Auswahl der im Anhang abgedruckten Materialien war die Frage entscheidend, ob und inwieweit die Drucksachen als **ergänzende** Informationsquellen zu den Teilen 1, 2 und 3 dieses Buches notwendig oder nützlich sind:

I. Insolvenzordnung:

- **BR-Drs. 1/92** vom 3. Januar 1992
  Inhalt: Regierungsentwurf mit Vorblatt, allgemeiner und besonderer Begründung
  auszugsweise abgedruckt: Regierungsentwurf als Bestandteil des Berichts des Bundestags-Rechtsausschusses (linke Spalte der „Zusammenstellung", **Anhang I 5**)

  (Die Begründung zum Regierungsentwurf ist in Teil 1 und 2 des Buches eingearbeitet.)

- **BR-Drs. 1/92 (Beschluß)** vom 14. Februar 1992
  Inhalt: Stellungnahme des Bundesrates
  abgedruckt: als Bestandteil der BT-Drs. 12/2443

- **BT-Drs. 12/2443** vom 15. April 1992
  Inhalt: BR-Drs. 1/92, BR-Drs. 1/92 (Beschluß) und die Gegenäußerung der Bundesregierung zur Bundesratsstellungnahme
  auszugsweise abgedruckt: = Vorblatt **(Anhang I 1)**
                        = Stellungnahme des Bundesrates **(Anhang I 2)**
                        = Gegenäußerung **(Anhang I 3)**
                        = Regierungsentwurf als Bestandteil des Berichts des Bundestags-Rechtsausschusses (linke Spalte der „Zusammenstellung", **Anhang I 5**)

  (Die Begründung zum Regierungsentwurf ist in Teil 1 und 2 des Buches eingearbeitet.)

- **Plenarprotokoll 12/94** vom 3. Juni 1992, 7769 D bis 7777 D
  Inhalt: Erste Lesung des Regierungsentwurfs mit Debatte
  nicht abgedruckt

- **Stenographisches Protokoll der 74. Sitzung des Bundestags-Rechtsausschusses**
  vom 28. April 1993 mit Anlagen
  Inhalt: Sachverständigen-Anhörung, mündliche Statements und (als Anlagen) schriftliche Stellungnahmen
  nicht abgedruckt (zu umfangreich, mehrere hundert Seiten)

– **BT-Drs. 12/7302** vom 19. April 1994
 Inhalt: Bericht des Rechtsausschusses
 auszugsweise abgedruckt: = Vorblatt **(Anhang I 4)**
 = „Zusammenstellung", d. h. Synopse des Regierungsentwurfs und des Entwurfs einer Insolvenzordnung in der vom Bundestags-Rechtsausschuß empfohlenen Fassung **(Anhang I 5)**
 = allgemeiner Teil der Begründung **(Anhang I 6)**
 = besonderer Teil der Begründung insoweit als er die vom Ausschuß gestrichenen Paragraphen des Regierungsentwurfs betrifft **(Anhang I 7)**

– **Plenarprotokoll 12/222** vom 21. April 1994, 19114 B bis 19132 C
 Inhalt: Zweite u. Dritte Lesung des Regierungsentwurfs mit Debatte
 abgedruckt **(Anhang I 8)**

– **BR-Drs. 336/94** vom 29. April 1994
 Inhalt: Entwurf einer Insolvenzordnung in der vom Deutschen Bundestag beschlossenen Fassung
 nicht abgedruckt (vgl. Gesamtabdruck der Insolvenzordnung in Teil 2, I.)

– **BR-Drs. 336/94 (Beschluß)** vom 20. Mai 1994
 Inhalt: Anrufung des Vermittlungsausschusses durch den Bundesrat
 abgedruckt **(Anhang I 9)**

– **BR-Drs. 643/94** vom 24. Juni 1994
 Inhalt: Empfehlung des Vermittlungsausschusses
 abgedruckt **(Anhang I 10)**

– **BR-Drs. 643/94 (Beschluß)** vom 8. Juli 1994
 Inhalt: Mit einer Entschließung verbundener Beschluß des Bundesrates, keinen Einspruch einzulegen; d. h. endgültige Verabschiedung der Insolvenzordnung
 abgedruckt **(Anhang I 11)**

– **BT-Drs. 12/8506** vom 21. September 1994
 Inhalt: Berichtigungen* zu den Berichten des Rechtsausschusses zum Entwurf einer Insolvenzordnung (BT-Drs. 12/7302) und zum Entwurf des zugehörigen Einführungsgesetzes (BT-Drs. 12/7303)

 * Aufgrund redaktioneller Versehen weichen die genannten Drucksachen an einigen Stellen von den dem Plenum des Deutschen Bundestages zur zweiten und dritten Lesung vorgelegten Beschlußempfehlungen des Rechtsausschusses ab.

 nicht abgedruckt (Die in der BT-Drs. 12/8506 angegebenen redaktionellen Versehen sind an den jeweiligen Stellen im Anhang I 5 und im Anhang II 5 berichtigt bzw. in Teil 2 des Buches bei den Einzelerläuterungen zu den Normen der Insolvenzordnung berücksichtigt worden.)

II. Einführungsgesetz

- **BR-Drs. 511/92** vom 14. August 1992
  Inhalt: Regierungsentwurf mit Vorblatt, allgemeiner und besonderer Begründung
  auszugsweise abgedruckt: Regierungsentwurf als Bestandteil des Berichts des Bundestags-Rechtsausschusses (linke Spalte der „Zusammenstellung", **Anhang II 5**)
  (Die Begründung zum Regierungsentwurf ist in Teil 1 und 3 des Buches eingearbeitet)

- **BR-Drs. 511/92 (Beschluß)** vom 25. September 1992
  Inhalt: Stellungnahme des Bundesrates
  abgedruckt: als Bestandteil der BT-Drs. 12/3803

- **BT-Drs. 12/3803** vom 24. November 1994
  Inhalt: BR-Drs. 511/92, BR-Drs. 511/92 (Beschluß) und die Gegenäußerung der Bundesregierung zur Bundesratsstellungnahme
  auszugsweise abgedruckt: = Vorblatt **(Anhang II 1)**
  = Bundesratsstellungnahme **(Anhang II 2)**
  = Gegenäußerung **(Anhang II 3)**
  = Regierungsentwurf als Bestandteil des Berichts des Bundestags-Rechtsausschusses (linke Spalte der „Zusammenstellung", **Anhang II 5**)
  (Die Begründung zum Regierungsentwurf ist in Teil 1 und 3 des Buches eingearbeitet)

- **Plenarprotokoll 12/128** vom 10. Dezember 1992, 11087 D
  Inhalt: Erste Lesung des Regierungsentwurfs mit Debatte
  nicht abgedruckt

- **Stenographisches Protokoll der 74. Sitzung des Bundestags-Rechtsausschusses**
  vom 28. April 1993 mit Anlagen
  Inhalt: Ergebnis der Sachverständigen-Anhörung, mündliche Statements und (als Anlage) schriftliche Stellungnahmen
  nicht abgedruckt (zu umfangreich, mehrere hundert Seiten)

- **BT-Drs. 12/7303** vom 18. April 1994
  Inhalt: Bericht des Rechtsausschusses
  auszugsweise abgedruckt: = Vorblatt **(Anhang II 4)**
  = „Zusammenstellung", d. h. Synopse des Regierungsentwurfs und des Entwurfs einer Insolvenzordnung in der vom Bundestags-Rechtsausschuß empfohlenen Fassung **(Anhang II 5)**
  = allgemeiner Teil der Begründung **(Anhang II 6)**

- **Plenarprotokoll 12/222** vom 21. April 1994, 19114 B bis 19132 C
  Inhalt: Zweite u. Dritte Lesung des Regierungsentwurfs mit Debatte
  abgedruckt (s. o. zur Insolvenzordnung, **Anhang I 8**)

- **BR-Drs. 337/94** vom 29. April 1994
  Inhalt: Entwurf eines Einführungsgesetzes zur Insolvenzordnung in der vom Deutschen Bundestag am 21. April 1994 beschlossenen Fassung
  nicht abgedruckt (vgl. Gesamtabdruck des Einführungsgesetzes in Teil 3, I.)
- **BR-Drs. 337/94 (Beschluß)** vom 20. Mai 1994
  Inhalt: Anrufung des Vermittlungsausschusses durch den Bundesrat
  abgedruckt **(Anhang II 7)**
- **BT-Drs. 12/7667** vom 24. Mai 1994
  Inhalt: Unterrichtung über die Anrufung des Vermittlungsausschusses
  abgedruckt **(Anhang II 8)**
- **BT-Drs. 12/7948** vom 16. Juni 1994
  Inhalt: Empfehlungen des Vermittlungsausschusses zur Änderung des am 21. April 1994 vom Deutschen Bundestag beschlossenen Entwurfs eines Einführungsgesetzes
  abgedruckt **(Anhang II 9)**
- **Plenarprotokoll 12/234** vom 17. Juni 1994, 20438 B
  Inhalt: Abstimmung über die Vorschläge des Vermittlungsausschusses
  nicht abgedruckt
- **BR-Drs. 644/94** vom 24. Juni 1994
  Inhalt: Änderungen des Entwurfs des Einführungsgesetzes in der vom Deutschen Bundestag am 17. Juni 1994 beschlossenen Fassung
  abgedruckt **(Anhang II 10)**
- **BR-Drs. 644/94 (Beschluß)** vom 8. Juli 1994
  Inhalt: Mit einer Entschließung verbundener Beschluß des Bundesrates, keinen Einspruch einzulegen; d. h. endgültige Verabschiedung des Einführungsgesetzes
  abgedruckt **(Anhang II 11)**
- **BT-Drs. 12/8506** vom 21. September 1994
  Inhalt: Berichtigungen* zu den Berichten des Rechtsausschusses zum Entwurf einer Insolvenzordnung (BT-Drs. 12/7302) und zum Entwurf des zugehörigen Einführungsgesetzes (BT-Drs. 12/7303)

  * Aufgrund redaktioneller Versehen weichen die genannten Drucksachen an einigen Stellen von den dem Plenum des Deutschen Bundestages zur zweiten und dritten Lesung vorgelegten Beschlußempfehlungen des Rechtsausschusses ab.

  nicht abgedruckt (Die in der BT-Drs. 12/8506 angegebenen redaktionellen Versehen sind an den jeweiligen Stellen im Anhang I 5 und im Anhang II 5 berichtigt bzw. in Teil 2 des Buches bei den Einzelerläuterungen zu den Normen der Insolvenzordnung berücksichtigt worden.)

I. Materialien zur Insolvenzordnung* Seite

1. BT-Drs. 12/2443, Vorblatt 723
2. BT-Drs. 12/2443, Stellungnahme des Bundesrates 727
3. BT-Drs. 12/2443, Gegenäußerung der Bundesregierung 740
4. BT-Drs. 12/7302, Vorblatt 749
5. BT-Drs. 12/7302, „Zusammenstellung"* (u. a.: RegEInsO) 753
6. BT-Drs. 12/7302, allgemeine Begründung 903
7. BT-Drs. 12/7302, besondere Begründung (Auszug)* 910
8. Plenarprotokoll 12/222, 19114 B bis 19132 C 913
9. BR-Drs. 336/94 (Beschluß) 934
10. BR-Drs. 643/94 940
11. BR-Drs. 643/94 (Beschluß) 941

* Wegen der näheren Informationen zu den Drucksachennummern und wegen der Erläuterung der Angaben „Zusammenstellung" und „(Auszug)" werden die Vorbemerkungen zum Anhang in bezug genommen.

Anhang I 1

Deutscher Bundestag   **Drucksache 12/2443**
12. Wahlperiode
15.04.92
Sachgebiet 311

Gesetzentwurf
der Bundesregierung

Entwurf einer Insolvenzordnung (InsO)

A. Zielsetzung

Das weitgehend funktionsunfähig gewordene Konkurs- und Vergleichsrecht soll durch ein modernes Insolvenzrecht ersetzt werden. Gleichzeitig soll die innerdeutsche Rechtseinheit verwirklicht werden, indem die Gesamtvollstreckungsordnung wegfällt, die bisher in den neuen Bundesländern und Ost-Berlin als Übergangsrecht fortgilt.

B. Lösung

1. Im Rahmen der neuen Insolvenzordnung gehen Konkurs- und Vergleichsverfahren in einem einheitlichen Insolvenzverfahren auf. Die Voraussetzungen für die Eröffnung des neuen Verfahrens werden so ausgestaltet, daß die Abweisung mangels Masse von der Regel wieder zur Ausnahme wird. Unter anderem wird vorgesehen:

   a) Zur Eröffnung reicht es aus, daß die Gerichts- und Verwalterkosten für den ersten Abschnitt des Verfahrens gedeckt sind.

   b) Masseverbindlichkeiten aus fortbestehenden Dauerschuldverhältnissen hindern die Eröffnung nicht. Sie werden bei Masseunzulänglichkeit nur anteilig erfüllt.

   c) Bei juristischen Personen haften für die Verfahrenskosten subsidiär die Geschäftsführer, wenn sie nicht nachweisen, daß sie ihre Antragspflicht ohne Verschulden verletzt haben.

2. Mit dem Einverständnis der Gläubiger kann der Schuldner im Insolvenzverfahren verwaltungs- und verfügungsbefugt bleiben und dabei lediglich unter die Aufsicht eines „Sachwalters" gestellt werden. Neben dieser Art der Eigenverwaltung wird vorgesehen, daß in Kleinverfahren, insbesondere im Insolvenzverfahren über das Vermögen eines Arbeitnehmers, auch auf den Sachwalter verzichtet werden kann.

3. Das Anfechtungsrecht wird verschärft, damit Vermögensverschiebungen im Vorfeld des Insolvenzverfahrens besser als bisher rückgängig gemacht werden können.

4. Der Ablauf des Insolvenzverfahrens wird weitgehend von der Autonomie der Gläubiger bestimmt. Insbesondere entscheiden die Gläubiger darüber, ob und in welcher Weise versucht werden soll, das Unternehmen des Schuldners zu sanieren. Die Reorganisation des Schuldners und die übertragende Sanierung stehen gleichberechtigt nebeneinander. Mißbräuchen bei der übertragenden Sanierung wird vorgebeugt.

5. Über einen „Insolvenzplan", der nicht nur eine Sanierung, sondern auch eine Liquidation vorsehen kann, entscheiden die wirtschaftlich Betroffenen nach Maßgabe des Wertes ihrer Rechtsstellung. Ein wirksamer Minderheitenschutz garantiert, daß kein Beteiligter, auch nicht der Schuldner oder eine an ihm beteiligte Person, gegen seinen Willen den Wert verliert, der ihm im Falle einer Liquidation ohne einen Plan zufließen würde. Die Erfüllung eines Sanierungsplans kann nach der Aufhebung des Insolvenzverfahrens vom Insolvenzverwalter überwacht werden. Gleichzeitig wird die Aufnahme von Sanierungskrediten während dieser Zeit der Überwachung erleichtert.

6. Für den Liquidationsfall werden alle allgemeinen Konkursvorrechte beseitigt. Lohnrückstände der Arbeitnehmer bleiben durch das Konkursausfallgeld gesichert, das ähnlich wie nach geltendem Recht für die letzten drei Monate des Arbeitsverhältnisses vor der Eröffnung des Insolvenzverfahrens gezahlt werden soll.

7. Die Kreditsicherheiten behalten im Insolvenzverfahren ihren wirtschaftlichen Wert. Die Ausübung dieser Rechte wird jedoch an die Bedürfnisse des Verfahrens angepaßt:

   a) Bei Gegenständen des Schuldnervermögens, die zur Sicherung übereignet oder zur Sicherung abgetreten sind oder einem verlängerten oder erweiterten Eigentumsvorbehalt unterliegen, ist im Grundsatz der Insolvenzverwalter verwertungsberechtigt. Der gesicherte Gläubiger hat jedoch ein Eintrittsrecht in beabsichtigte Veräußerungen und Initiativrechte zur Beschleunigung der Verwertung.

   b) Die Kosten der Feststellung, der Erhaltung und der Verwertung der genannten „besitzlosen Mobiliarsicherheiten" werden vorab aus dem Verwertungserlös entnommen. Zu den Verwertungskosten wird auch die Umsatzsteuerforderung gerechnet, die bei der Verwertung von Sicherungsgut im Insolvenzverfahren entsteht.

   c) Solange die Sicherheiten nicht verwertet werden, ist dem gesicherten Gläubiger laufend eine Nutzungsentschädigung aus der Insolvenzmasse zu zahlen. Dies gilt nicht für den ersten Verfahrensabschnitt von höchstens drei Monaten, während dessen der Verwalter die wirtschaftliche Lage des Schuldners prüft. Wertverluste werden vom Beginn des Verfahrens an ausgeglichen.

    d) Der einfache Eigentumsvorbehalt wird von diesen Regelungen nicht erfaßt. Er berechtigt weiterhin zur Aussonderung.

8. Der Sozialplan im Insolvenzverfahren wird in Anlehnung an das Gesetz vom 20. Februar 1985 mit den dort genannten Höchstgrenzen geregelt.

9. Das Arbeitsgericht kann dem Insolvenzverwalter gestatten, eilbedürftige, unvermeidbare Betriebsänderungen durchzuführen, ohne daß zuvor ein Interessenausgleich mit dem Betriebsrat zustandegekommen oder das für die Einigung vorgesehene Verfahren bis zum Ende durchgeführt ist.

10. Streitigkeiten über den Kündigungsschutz, insbesondere bei Betriebsveräußerungen, können durch einen Interessenausgleich zwischen Insolvenzverwalter und Betriebsrat weitgehend vermieden werden. Kommt ein solcher Interessenausgleich nicht zustande, können in einem besonderen Beschlußverfahren vor dem Arbeitsgericht alle streitigen Rechtsverhältnisse schnell geklärt werden. In die materiellrechtlichen Regeln des Kündigungsschutzgesetzes oder des § 613a BGB braucht dadurch nicht eingegriffen zu werden.

11. Ein Schuldner, der trotz redlichen Bemühens wirtschaftlich gescheitert ist, erhält nach Durchführung eines Insolvenzverfahrens die Chance, sich von seinen restlichen Schulden zu befreien. Zur Vermeidung von Mißbräuchen wird diese Schuldbefreiung an scharfe Voraussetzungen geknüpft. Der Schuldner muß vor der Verfahrenseröffnung gläubigerschädigende Handlungen unterlassen, im Verfahren konstruktiv mitwirken und schließlich während einer „Wohlverhaltensperiode" von sieben Jahren nach der Aufhebung des Verfahrens sein pfändbares Einkommen zur Befriedigung der Gläubiger zur Verfügung stellen.

12. Die Wirkungen ausländischer Insolvenzverfahren werden im Inland grundsätzlich anerkannt. Zum Schutz der inländischen Interessen wird jedoch vorgesehen, daß über das Inlandsvermögen eines ausländischen Schuldners ein besonderes Insolvenzverfahren eröffnet werden kann, das inländischem Recht unterliegt.

13. Der vorliegende Entwurf der Insolvenzordnung soll in einigen Monaten durch den Entwurf eines Einführungsgesetzes zur Insolvenzordnung ergänzt werden. Dieser Entwurf wird u. a. folgende flankierende Maßnahmen zur Reform enthalten:

    a) Um Sanierungen außerhalb eines Insolvenzverfahrens zu erleichtern, soll die Haftung des Vermögensübernehmers für Schulden des Veräußerers nach § 419 BGB beseitigt werden.

b) Die Zuführung neuen Kapitals an sanierungsbedürftige Unternehmen, die regelmäßig einen Kapitalschnitt voraussetzt, soll dadurch begünstigt werden, daß bei der Gesellschaft mit beschränkter Haftung eine vereinfachte Kapitalherabsetzung ermöglicht wird.

c) Der sog. Konzernvorbehalt als besonders weitreichendes Sicherungsmittel soll für unwirksam erklärt werden.

C. Alternativen

Keine

D. Kosten

Steuerausfälle für Bund, Länder oder Gemeinden dürften im Ergebnis nicht zu erwarten sein. Zwar wird die Abschaffung des Fiskusvorrechts zu Mindereinnahmen führen. Die Maßnahmen des Gesetzentwurfs zur Anreicherung der Masse werden jedoch Forderungsausfälle vermeiden, die bisher durch die Abweisung von Konkursanträgen mangels Masse und durch die geringen Quoten auf nicht bevorrechtigte Forderungen eingetreten sind. Es ist sichergestellt, daß die Umsatzsteuer aus der Verwertung von Sicherungsgut im Insolvenzverfahren dem Fiskus ungeschmälert zufließt.

Die größere Zahl der Verfahrenseröffnungen und insbesondere die Verbraucherinsolvenzverfahren mit dem Ziel der Restschuldbefreiung werden bei den Gerichten zu einem erheblichen personellen Mehrbedarf führen. Dieser wird allerdings zumindest zum Teil durch eine Entlastung der Gerichte von Einzelzwangsvollstreckungsmaßnahmen ausgeglichen werden.

Anhang I 2

[im folgenden: BT-Drs. 12/2443, S. 248]

Anlage 2

Stellungnahme des Bundesrates

Der Bundesrat hat in seiner 639. Sitzung am 14. Februar 1992 gemäß Artikel 76 Abs. 2 des Grundgesetzes beschlossen, zu dem Gesetzentwurf, wie nachfolgend ersichtlich, Stellung zu nehmen.

1. **Zu § 5 Abs. 3**

   Der Bundesrat bittet, im weiteren Gesetzgebungsverfahren zu prüfen, ob eine maschinelle Bearbeitung bei weiteren gerichtlichen Tätigkeiten ermöglicht werden sollte.

   Begründung

   Die Fassung des Entwurfs läßt lediglich eine Hilfe der elektronischen Datenverarbeitung oder anderer maschineller Einrichtungen bei den nach §§ 202 und 283 vorzunehmenden Eintragungen zu. Der zunehmend auch für Zwecke der Rechtspflege empfohlene verstärkte Einsatz von EDV sollte Anlaß geben, durch eine nicht abschließende Aufzählung in § 5 Abs. 3 alle zukünftigen Möglichkeiten rationeller Verfahrensabwicklung offenzuhalten. Offensichtlich notwendig ist technische Hilfe in Großverfahren. Aber auch wenn für einzelne Verfahrensschritte das schriftliche Verfahren für zulässig erklärt wird, könnte es rationeller mit Hilfe moderner Bürotechnik abgewickelt werden. Auch könnte z. B. die öffentliche Bekanntmachung durch die Zulässigkeit technischer Kommunikationsmittel mit dem Bundesanzeiger erleichtert werden. Das Reformgesetz sollte daher bisher übliche Arbeitsmethoden nicht festschreiben.

2. **Zu § 9 Abs. 1 Satz 1 und 3, § 36 Abs. 1 Satz 2 – neu –, § 228 Abs. 2 Satz 2 – neu –, § 305 Abs. 3 Satz 2 – neu –, § 319 Abs. 2 Satz 2 – neu –, § 328 Satz 2 – neu –**

   a) § 9 Abs. 1 ist wie folgt zu ändern:

   aa) In Satz 1 sind die Worte „im Bundesanzeiger" durch die Worte „in dem für das Insolvenzgericht dafür bestimmten Blatt" zu ersetzen.

   bb) In Satz 3 sind die Worte „im Bundesanzeiger" zu streichen.

   b) In § 36 Abs. 1 ist folgender Satz 2 anzufügen:

   „Die Bekanntmachung ist, unbeschadet der Vorschrift des § 9, auszugsweise im Bundesanzeiger zu veröffentlichen."

   c) In § 228 Abs. 2 ist nach Satz 1 folgender Satz einzufügen:

   „Die Bekanntmachung ist, unbeschadet der Vorschrift des § 9, auszugsweise im Bundesanzeiger zu veröffentlichen."

   d) In § 305 Abs. 3 ist nach Satz 1 folgender Satz einzufügen:

   „Die Bekanntmachung ist, unbeschadet der Vorschrift des § 9, auszugsweise im Bundesanzeiger zu veröffentlichen."

   e) In § 319 Abs. 1 ist nach Satz 1 folgender Satz einzufügen:

   „Die Bekanntmachung ist, unbeschadet der Vorschrift des § 9, auszugsweise im Bundesanzeiger zu veröffentlichen."

   f) In § 328 ist nach Satz 1 folgender Satz einzufügen:

   „Die Bekanntmachung ist, unbeschadet der Vorschrift des § 9, auszugsweise im Bundesanzeiger zu veröffentlichen."

   Begründung

   Die durchgängige Veröffentlichung der öffentlichen Bekanntmachungen im Bundesanzeiger ist für die große Mehrheit der Insolvenzverfahren, die Unternehmen mit lediglich örtlicher oder regionaler Bedeutung betreffen, nicht zu rechtfertigen. Sie führt zu erhöhten Kosten und damit zu einer Verminderung der Insolvenzmasse, weil die Veröffentlichung im Bundesanzeiger eine Veröffentlichung in den örtlichen Blättern gemäß § 9 Abs. 2 des Entwurfs nicht entbehrlich macht. Völlig unverhältnismäßig wäre eine Veröffentlichung im Bundesanzeiger für die große Masse von Insolvenzverfahren, die von Verbrauchern lediglich wegen der Möglichkeit einer Restschuldbefreiung nach §§ 235 ff. des Entwurfs beantragt werden, insbesondere für Kleinverfahren nach den §§ 347 ff. des Entwurfs, sowie für Nachlaßinsolvenzverfahren.

   In § 9 Abs. 1 Satz 1 des Entwurfs ist der erste Halbsatz daher durch die bewährten Regelungen in § 76 Abs. 1 KO, in § 119 Abs. 2 Satz 1 VerglO und in § 6 Abs. 1 GesO in Verbindung mit § 41 Abs. 1 ZPO-DDR zu ersetzen. Danach sind die öffentlichen Bekanntmachungen in dem zur Veröffentlichung amtlicher

Bekanntmachungen des Gerichts bestimmten Blatt bzw. in einer vom Gericht bestimmten Tageszeitung zu veröffentlichen. Das Veröffentlichungsblatt i. S. des § 9 Abs. 1 Satz 1 des Entwurfs wird – wie nach geltendem Recht – durch Landesrecht bestimmt.

Zur Unterrichtung überregionaler Gläubiger genügt die auszugsweise Bekanntmachung des **[im folgenden: BT-Drs. 12/2443, S. 249]** Eröffnungsbeschlusses im Bundesanzeiger, die auch das geltende Recht in § 111 Abs. 2 KO ausreichen läßt. Diese Gläubiger können ihre Forderungen beim Insolvenzgericht anmelden und werden sodann gemäß § 8 des Entwurfs über den weiteren Verfahrensablauf unterrichtet. § 36 Abs. 1 des Entwurfs ist daher dahin zu ergänzen, daß lediglich ein Auszug des Eröffnungsbeschlusses zwingend im Bundesanzeiger bekanntzumachen ist. Dem Insolvenzgericht bleibt es überlassen, gemäß § 9 Abs. 2 des Entwurfs den vollständigen Eröffnungsbeschluß sowie weitere Bekanntmachungen im Bundesanzeiger zu veröffentlichen.

Entsprechendes gilt für die Bekanntmachung der Aufhebung des Insolvenzverfahrens nach § 228 Abs. 2 Satz 1 und nach § 305 Abs. 3 des Entwurfs entsprechend den Regelungen des geltenden Rechts in § 163 Abs. 3 und in § 190 Abs. 3 KO und für die Bekanntmachung der Einstellung des Verfahrens mangels Masse nach § 319 Abs. 1 Satz 1 und nach § 328 Satz 1 des Entwurfs entsprechend der Regelung des geltenden Rechts in § 205 Abs. 2 KO.

3. **Zu § 30 Abs. 1 Satz 1**

Der Bundesrat bittet, im weiteren Gesetzgebungsverfahren zu prüfen, ob es näherer gesetzlicher Regelung bedarf, wer bei Abweisung eines Eröffnungsantrages mangels Masse die entstandenen Verfahrenskosten zu tragen hat.

Begründung

Der Entwurf enthält keine ausdrückliche Regelung der Frage, wer bei Abweisung eines Eröffnungsantrags mangels Masse die entstandenen Verfahrenskosten – die Gerichtskosten und die oft nicht unerhebliche Vergütung des vorläufigen Insolvenzverwalters – zu tragen hat. Dies kann unerwünschte Folgen haben. Wurde der Eröffnungsantrag vom Schuldner gestellt, läuft ein vorläufiger Insolvenzverwalter Gefahr, bei nicht kostendeckender Masse hinsichtlich seiner Vergütung und seiner Auslagen leer auszugehen. Das ist unbillig und sollte ihm nicht zugemutet werden. Wurde der Eröffnungsantrag von einem Gläubiger gestellt, so kommt zwar gemäß § 4 des Entwurfs in Verbindung mit § 91 ZPO dessen Kostenhaftung in Betracht. Die entstandenen Kosten werden jedoch häufig, etwa wenn ein Arbeitnehmer des Schuldners Antragsteller war, außer Verhältnis zu der Forderung stehen, die Anlaß für den Eröffnungsantrag gab. Das Kostenrisiko wird deshalb nicht selten Gläubiger davon abhalten, einen zu einer geordneten Haftungsverwirklichung in einem Insolvenzverfahren wünschenswerten Eröffnungsantrag zu stellen. Es sollte daher erwogen werden, für den Fall der Abweisung eines Eröffnungsantrags mangels Masse eine ausdrückliche gesetzliche Regelung zu schaffen, die die dargestellten unbefriedigenden Ergebnisse vermeidet.

4. **Zu § 30 Abs. 3 Satz 1**

In § 30 Abs. 3 Satz 1 sind die Worte „die nach den Vorschriften des Gesellschaftsrechts verpflichtet war, bei Vorliegen eines Eröffnungsgrunds die Eröffnung des Insolvenzverfahrens über das Vermögen des Schuldners zu beantragen, und die den Antrag" durch die Worte „die entgegen den Vorschriften des Gesellschaftsrechts den Antrag auf Eröffnung des Insolvenzverfahrens" zu ersetzen.

Begründung

Absatz 3 Satz 1 setzt u. a. voraus, daß der Antrag auf Eröffnung des Insolvenzverfahrens im Hinblick auf die Vorschriften des Gesellschaftsrechts „pflichtwidrig ... nicht gestellt" worden ist. Einer gleichzeitigen Beschreibung des Inhalts der Pflicht durch die Worte „verpflichtet war, bei Vorliegen eines Eröffnungsgrunds die Eröffnung des Insolvenzverfahrens über das Vermögen des Schuldners zu beantragen" bedarf es daher nicht.

5. **Zu § 35 Abs. 3 – neu –**

In § 35 ist nach Absatz 2 folgender Absatz 3 anzufügen:

„(3) Das Insolvenzgericht kann anordnen, daß die angemeldeten Forderungen im schriftlichen Verfahren geprüft werden."

Begründung

Zur Vereinfachung des Verfahrens kann das Insolvenzgericht nach dem in § 35 anzufügenden Absatz 3 anordnen, daß die angemeldeten Forderungen nicht in einer Gläubigerversammlung, sondern im schriftlichen Verfahren geprüft werden, wie dies z. B. in den Artikeln 244 bis 250 des schweizerischen Gesetzes über Schuldbetreibung und Konkurs vorgesehen ist. Die schriftliche Prüfung durch das Insolvenzgericht kommt insbesondere in Betracht, wenn die Zahl der Gläubiger oder die Höhe der Verbindlichkeiten gering ist.

Die Regelung trägt den Erfahrungen der gerichtlichen Praxis Rechnung. Danach hat der Prüfungstermin, in dem der Verwalter die auf Grund seiner Vorprüfung gefundenen Ergebnisse in die Konkurstabelle eintragen läßt, nur noch formale Bedeutung. Das Interesse der Gläubiger an einer Teilnahme ist durchweg gering, Widersprüche der Beteiligten sind äußerst selten. Für eine eingehende Erörterung bestrittener Forderungen reicht die Zeit ohnehin nicht aus.

[im folgenden: BT-Drs. 12/2443, S. 250]

6. **Zu § 42**

In § 42 ist das Wort „oder" durch das Wort „und" zu ersetzen.

Begründung

Klarstellung des Gewollten. Das Insolvenzverfahren soll das dem Schuldner zur Zeit der Eröffnung des Verfahrens gehörende Vermögen und das während des Verfahrens erlangte Vermögen nicht alternativ, sondern kumulativ erfassen.

7. **Zu § 44 Abs. 1 Satz 2**

§ 44 Abs. 1 Satz 2 ist wie folgt zu fassen:

„Eine Auseinandersetzung des Gesamtguts findet nicht statt."

Begründung

Sprachliche Verbesserung

8. **Zu § 52 und § 118 Abs. 2**

In § 52 und in § 118 Abs. 2 Nr. 1 sind nach den Worten „in ausländischer Währung" jeweils die Worte „oder in einer Rechnungseinheit" einzufügen.

Begründung

Vor allem der internationale Wirtschaftsverkehr bedient sich in zunehmendem Maß bestimmter Rechnungseinheiten zur Denominierung von Geldforderungen. Besondere Bedeutung hat insofern neben dem Sonderziehungsrecht des Internationalen Währungsfonds die ECU erlangt, die jedoch (vorerst) keine eigene Währung darstellt. Es entspricht der Sachlogik wie auch der Gesetzgebung und Verwaltungspraxis an anderer Stelle, Forderungen in diesen Rechnungseinheiten solchen in ausländischen Währungen gleichzustellen.

9. **Zu § 58**

§ 58 ist wie folgt zu fassen:

„**§ 58
Sicherungsübertragung**

Den in § 57 genannten Gläubigern stehen die Gläubiger gleich, denen der Schuldner zur Sicherung eines Anspruchs eine bewegliche Sache übereignet oder ein Recht übertragen hat."

Begründung

Vereinfachung der Vorschrift

10. **Zu §§ 62 bis 64 und 321**

Die Bundesregierung wird gebeten, sich dafür einzusetzen, daß die Bestimmungen zu den Massegläubigern, den Kosten des Insolvenzverfahrens, den sonstigen Masseverbindlichkeiten und der Befriedigung der Massegläubiger übersichtlicher gestaltet und eine einheitliche Bestimmung über die Rangordnung der Ansprüche aufgenommen wird. Ferner sollte an dem geltenden Vorrang in § 60 Abs. 1 Nr. 1 KO für bestimmte Masseschulden gegenüber den Kosten des Verfahrens festgehalten werden.

Begründung

Die Zusammenfassung der im Entwurf der Insolvenzordnung verstreuten Bestimmungen dient der Übersichtlichkeit und erleichtert die Anwendung des Gesetzes im Wirtschaftsleben gerade für die kleinen und mittleren Unternehmen. Ferner sind zwingende Gründe für eine bessere Rangordnung der Verfahrenskosten im Vergleich zur geltenden Rechtslage nicht ersichtlich. Der geforderte Vorrang stellt insbesondere einen Ausgleich für das Wahlrecht des Insolvenzverwalters nach § 117 InsO-E dar.

11. **Zu § 64 Abs. 1**

Der Bundesrat ist der Auffassung, daß der durch § 59 Abs. 1 Nr. 3 der Konkursordnung den Arbeitnehmern und den in Heimarbeit Beschäftigten gewährte soziale Schutz im Ergebnis aufrechterhalten bleiben muß. Der Bundesrat bittet daher die Bundesregierung, sich dafür einzusetzen, daß dieses Ziel entweder im Rahmen der Insolvenzordnung oder – falls dies mit Blick auf die Gesamtkonzeption des Entwurfs nicht verwirklicht werden kann – in anderer geeigneter Weise erreicht wird.

12. **Zu § 66 Satz 2**

In § 66 Satz 2 sind nach den Worten „geeignet ist" die Worte „, insbesondere nicht geschäftskundig oder nicht unabhängig ist" einzufügen.

Begründung

Das Ergebnis eines Insolvenzverfahrens wird maßgeblich durch die Tätigkeit des Insolvenzverwalters bestimmt. Ein für alle Beteiligten optimales Ergebnis wird sich nur durch einen Verwalter erzielen lassen, der nicht nur sachkundig, sondern auch unabhängig ist (§ 65 Abs. 1), insbesondere unabhängig von Sonderinteressen einzelner Gläubiger.

Eignung und Unabhängigkeit des Verwalters werden in aller Regel sichergestellt sein, wenn [im folgenden: BT-Drs. 12/2443, S. 251] das Gericht die Verwalterauswahl vornimmt. Macht dagegen die – möglicherweise von einigen wenigen Gläubigern beherrschte – erste Gläubigerversammlung von ihrer Befugnis Gebrauch, anstelle des vom Gericht bestellten Verwalters eine andere Person zu wählen (§ 66 Satz 1), werden diese Voraussetzungen für ein optimales Verfahrensergebnis nicht im gleichen Umfang gewährleistet sein. Erscheint ihr Vorliegen zweifelhaft, darf das Gericht nicht verpflichtet sein, den Gewählten gleichwohl zu bestellen. Im Gesetz ist deshalb zu verdeutlichen, daß das Gericht die Eignung der gewählten Person sehr gründlich zu prüfen hat. Die vorgeschlagene Ergänzung zählt beispielhaft besonders bedeutsame Fälle auf, in denen das Gericht die Bestellung des von der Gläubigerversammlung gewählten Verwalters zu versagen hat.

13. **Zu § 74 Abs. 2**

In § 74 Abs. 2 sind nach dem Wort „Rechtsverordnung" die Worte „mit Zustimmung des Bundesrates" einzufügen.

Begründung

Die Mitwirkung des Bundesrates ermöglicht es, beim Erlaß der Vergütungsverordnung den Sachverstand der Insolvenzpraxis zu berücksichtigen. Demgemäß hatte auch die Konkursordnung in § 85 Abs. 2 und in § 91 Abs. 2 die Landesjustizverwaltungen zu allgemeinen Anordnungen für die Vergütung ermächtigt.

14. **Zu § 75 Abs. 2 Satz 3 – neu –**

In § 75 Abs. 2 ist nach Satz 2 folgender Satz 3 anzufügen:

„Anstelle der öffentlichen Bekanntmachung kann der Beschluß den Gläubigern, deren Anschrift dem Gericht bekannt ist, gemäß § 8 zugestellt werden."

Begründung

Für die Entscheidung über die Vergütung und die Auslagen des Insolvenzverwalters ist zur Vereinfachung und Beschleunigung des Verfahrens anstelle der in Absatz 1 Satz 1 vorgesehenen öffentlichen Bekanntmachung alternativ die Zustellung an die bekannten Gläubiger durch Aufgabe zur Post (§ 8 Abs. 1 des Entwurfs) zuzulassen. Diese Nebenentscheidung richtet sich nicht mehr an einen noch unbekannten und offenen Adressatenkreis. Insbesondere die Gläubiger hatten Gelegenheit, auf Grund der öffentlichen Bekanntmachung des Eröffnungsbeschlusses (§ 36 Abs. 1 des Entwurfs) ihre Forderungen beim Insolvenzgericht anzumelden.

Die Regelung gilt auf Grund der Verweisung auf § 75 in § 84 Abs. 2 und in § 242 Abs. 2 des Entwurfs auch für die Entscheidungen über die Vergütung der Mitglieder des Gläubigerausschusses und über die Vergütung des Treuhänders.

15. **Zu § 76 Abs. 2 Satz 2**

In § 76 Abs. 2 Satz 2 sind nach den Worten „Beteiligten aus" die Worte „,; es kann dem Gläubigerausschuß für dessen Stellungnahme eine Frist setzen" einzufügen.

Begründung

In der Insolvenzpraxis lassen sich die Mitglieder des Gläubigerausschusses mit der Prüfung der Schlußrechnung des Verwalters häufig sehr viel Zeit. Dies führt zu erheblichen Verfahrensverzögerungen. Das Insolvenzgericht soll deshalb die Befugnis erhalten, dem Gläubigerausschuß für seine Stellungnahme eine Frist zu setzen. Nach deren fruchtlosem Ablauf kann es die Schlußrechnung ohne die Bemerkungen des Gläubigerausschusses auslegen.

16. **Zu § 78 Abs. 2 Satz 3**

In § 78 Abs. 2 Satz 3 sind die Worte „und wenn es von der Größe des Ausschusses her gerechtfertigt erscheint" zu streichen.

Begründung

Die im Entwurf vorgesehene Einschränkung, daß ein Vertreter der Arbeitnehmer dem Gläubigerausschuß nur dann angehören soll, wenn dies von der Größe des Ausschusses her gerechtfertigt erscheint, ist nicht sachgerecht. Es ist nicht verständlich, daß Arbeitnehmer, die mit nicht unerheblichen Forderungen am Insolvenzverfahren beteiligt sind, anders als andere Insolvenzgläubiger lediglich im Hinblick auf die Größe des Gläubigerausschusses von einer Beteiligung daran sollen ausgeschlossen werden können. Die Arbeitnehmer mit rückständigem Arbeitsentgelt stellen eine besondere Gläubigergruppe dar, die – wenn ihre Forderungen nicht nur unerheblich sind – im Gläubigerausschuß vertreten sein sollte, weil nur auf diese Weise das vom Entwurf angestrebte Ziel, bei der Zusammensetzung des Gläubigerausschusses die Interessen aller beteiligten Gläubiger angemessen zu berücksichtigen, erreicht werden kann. Es wird deshalb vorgeschlagen, in § 78 Abs. 2 Satz 3 den letzten Halbsatz zu streichen.

17. **Zu § 89 Abs. 3 Satz 1**

In § 89 Abs. 3 Satz 1 sind nach dem Wort „bekanntzumachen" die Worte „,; anstelle der öffentlichen Bekanntmachung kann der Beschluß den absonderungsberechtigten Gläubigern und den nicht nachrangigen Insolvenzgläubigern, deren Anschrift dem Gericht bekannt ist, gemäß § 8 zugestellt werden" einzufügen.

[im folgenden: BT-Drs. 12/2443, S. 252]

Begründung

Für den Aufhebungsbeschluß des Insolvenzgerichts ist zur Vereinfachung und Beschleunigung des Verfahrens anstelle der öffentlichen Bekanntmachung alternativ die Zustellung an die bekannten Gläubiger durch Aufgabe zur Post (§ 8 Abs. 1 des Entwurfs) zuzulassen. Diese Entscheidung richtet sich nicht mehr an einen noch unbekannten und offenen Adressatenkreis. Die Gläubiger hatten auf Grund der öffentlichen Bekanntmachung des Eröffnungsbeschlusses (§ 36 Abs. 1 des Entwurfs) und der Einberufung der Gläubigerversammlung (§ 85 Abs. 2 Satz 1 des Entwurfs) Gelegenheit, ihre Anschrift dem Insolvenzgericht mitzuteilen.

18. **Zu § 112 Abs. 1 Satz 2 sowie Satz 3 und 4 – neu –**

§ 112 Abs. 1 ist wie folgt zu ändern:

a) In Satz 2 sind die Worte „nach Anhörung des Schuldners" zu streichen.

b) Nach Satz 2 sind folgende Sätze einzufügen:

„Vorher ist der Schuldner anzuhören, wenn dies ohne Gefährdung des Zwecks der Anordnung möglich ist. Ist der Beschluß ohne vorherige Anhörung des Schuldners ergangen, ist sie unverzüglich nachzuholen."

Begründung

Die in § 112 Abs. 1 zwingend vorgeschriebene Anhörung des Schuldners vor Anordnung einer Postsperre entspricht nicht den Bedürfnissen der Insolvenzpraxis. Die Postsperre wird häufig nur wirksam sein, wenn der Schuldner vor ihrer Einrichtung nicht gewarnt wird. Das Gesetz muß dem Insolvenzgericht deshalb die Möglichkeit einräumen, eine Postsperre auch ohne vorherige Anhörung des Schuldners anzuordnen, wenn ansonsten der Zweck der Maßnahme gefährdet werden könnte. Das rechtliche Gehör des Schuldners ist in diesem Fall unverzüglich nachzuholen.

19. **Zu §§ 126 und 137**

Der Bundesrat bittet, im weiteren Gesetzgebungsverfahren zu prüfen, ob die Regelungen des § 126 und des § 137 hinreichend aufeinander abgestimmt sind.

Begründung

Die genannten Vorschriften erscheinen unstimmig. § 126 enthält die – sinnvolle – Regelung, daß bereits nach einem Antrag auf Eröffnung des Insolvenzverfahrens ein vom Schuldner als Mieter oder Pächter eingegangenes Miet- oder Pachtverhältnis vom anderen Teil nicht mehr wegen eines vor dem Antrag eingetretenen Zahlungsverzuges oder wegen der Verschlechterung der Vermögensverhältnisse des Schuldners gekündigt werden kann. Nach § 137 Abs. 1 kann u. a. die Anwendung von § 126 im voraus weder ausgeschlossen noch beschränkt werden. Nach § 137 Abs. 2 Satz 1 sind Vereinbarungen, die für den Fall der Eröffnung des Insolvenzverfahrens die Auflösung eines gegenseitigen Vertrages, etwa eines Miet- oder Pachtvertrages, vorsehen oder der anderen Partei das Recht geben, sich einseitig vom Vertrag zu lösen, ebenfalls unwirksam.

§ 137 Abs. 2 Satz 2 schreibt demgegenüber vor, daß das in einem gegenseitigen Vertrag vereinbarte Recht des anderen Teils, sich bei einer Verschlechterung der Vermögensverhältnisse vom Vertrag zu lösen, erst nach Eröffnung des Insolvenzverfahrens nicht mehr ausgeübt werden kann. Nach § 137 Abs. 3 soll ferner auch die Wirksamkeit von Vereinbarungen, die an den Verzug anknüpfen, durch § 137 Abs. 1 und 2 nicht berührt werden. Vermieter und Verpächter hätten danach – folgt man dem Text des Entwurfs – ungeachtet der Vorschrift des § 126 weiterhin die Möglichkeit, aufgrund entsprechender Vertragsklauseln Miet- und Pachtverträge auch nach einem Eröffnungsantrag noch wegen Zahlungsverzugs oder wegen Verschlechterung der Vermögensverhältnisse einseitig zu beenden. Dieses mit der Zielsetzung von § 126 nicht zu vereinbarende Ergebnis dürfte auch durch den Hinweis in der Begründung zu § 137 Abs. 3, § 126 enthalte eine Einschränkung des durch § 137 nicht berührten Rechts, wegen Verzuges des Schuldners zu kündigen, nicht sicher vermieden werden. Es wäre daher zu erwägen, im Gesetz klarzustellen, daß § 126 für Miet- und Pachtverhältnisse eine Einschränkung gegenüber der Regelung des § 137 enthält.

20. **Zu § 127 Abs. 1 Satz 1, Abs. 2**

a) In § 127 Abs. 1 Satz 1 sind vor dem Wort „gesetzlichen" die Worte „tariflichen, in Ermangelung einer solchen unter Einhaltung der" einzufügen.

b) § 127 Abs. 2 ist zu streichen.

Begründung

Zu Buchstabe a

Nach der Rechtsprechung des BAG zu § 22 Konkursordnung ist als gesetzliche Kündigungsfrist im Sinne dieser Vorschrift auch die tarifliche Kündigungsfrist anzusehen. Aus der Begründung zu § 127 des Entwurfs ergibt sich, daß das Rechtsproblem gesehen, aber offengelassen wurde. Hier bietet sich die Möglichkeit, eine rechtliche Unsicherheit in Anlehnung an das bestehende und praktizierte Recht zu beseitigen. Ein Zusammenhang mit der in der Begründung aufgeführten erwarteten Neuregelung der Kündigungsfrist für Arbeiter und Angestellte besteht dagegen nicht. Unabhängig davon, wie diese Kündigungsfristen künftig gesetzlich geregelt werden, werden daneben tarifvertragliche Kündigungsfristen auch [im folgenden: BT-Drs. 12/2443, S. 253] weiterhin mit einer verlängerten oder verkürzten Kündigungsfrist zulässig sein.

Zu Buchstabe b

Die Vorschrift führt zu einer nicht gerechtfertigten Einschränkung des materiellen Kündigungsschutzes. Die Beschränkung auf die Drei-Wochen-Frist ist nicht ausreichend für alle Kündigungsgründe, insbesondere im Bereich des Sonderkündigungsschutzes. So ist es z. B. beim Mutterschutz und bei Behinderten nicht hinnehmbar, daß das Informationsrisiko den Arbeitnehmerinnen und Arbeitnehmern einseitig angelastet wird.

Ein echtes Bedürfnis für eine entsprechende Regelung ist zudem nicht gegeben. In der Praxis wird von den Arbeitnehmern üblicherweise die Drei-Wochen-Frist eingehalten, und gerade in den Fällen, in denen ihnen dies unmöglich ist, würde das Klagerecht abgeschnitten. Im übrigen reicht das Rechtsinstitut der prozessualen Verwirkung zur Beschleunigung aus.

21. **Zu § 140 Abs. 1 Satz 1**

In § 140 Abs. 1 Satz 1 sind die Worte „von drei Wochen" durch die Worte „eines Monats" zu ersetzen.

Begründung

Die in § 140 Abs. 1 Satz 1 vorgesehene dreiwöchige Frist für die Verhandlungen zwischen Insolvenzverwalter und Betriebsrat erscheint unangemessen knapp. Um erfolgversprechend verhandeln zu können, muß sich der Betriebsrat die nötigen Informationen verschaffen und sein Vorgehen mit der Belegschaft abstimmen. Diese Vorbereitung der Verhandlungen ist typischerweise sehr zeitaufwendig. Um einerseits das Ziel einer zügigen Abwicklung des Insolvenzverfahrens (S. 155 der Begründung zu § 140) nicht zu gefährden, andererseits dem Betriebsrat die zur Vorbereitung mindestens notwendige Zeit zu gewähren, erscheint eine Frist von einem Monat angemessen.

22. **Zu § 140 Abs. 2 Satz 2 – neu –**

In § 140 Abs. 2 ist folgender Satz 2 anzufügen:

„Das Recht des Insolvenzverwalters oder des Betriebsrates, die Einigungsstelle mit dem Ziel des Abschlusses eines Sozialplanes entsprechend den Regelungen der §§ 112 ff. des Betriebsverfassungsgesetzes anzurufen, bleibt unberührt."

Begründung

Durch die Änderung wird sichergestellt, daß einerseits die Betriebsänderung nicht verzögert wird, andererseits aber die Sozialplanrechte der Arbeitnehmer nicht ausgeschlossen werden.

23. **Zu § 143 Abs. 2**

§ 143 Abs. 2 ist zu streichen.

Begründung

Die vorgesehene und zu begrüßende Begünstigung eines potentiellen Erwerbers durch eine Begrenzung des Sozialplanrisikos wird durch den § 143 Abs. 3 des Entwurfs gesichert. In dem Fall weiß auch der Betriebsrat als vertragschließende Partei der Betriebsvereinbarung, um welchen Erwerber es sich handelt.

Soweit aber ein unbekannter Erwerber den Betrieb übernimmt, muß dem Betriebsrat die Möglichkeit gegeben sein zu entscheiden, ob ein Rahmensozialplan, und ggf. mit welcher Begrenzung, mit diesem Erwerber abgeschlossen wird. Der Betriebsrat muß die Möglichkeit haben, auch die Kapitalkraft des Erwerbers zu berücksichtigen.

24. **Zu § 145 Abs. 2**

§ 145 Abs. 2 ist zu streichen.

Als Folge ist

a) in § 147 Abs. 3 die Angabe „und 3" zu streichen;

b) in § 152 Abs. 2 Satz 2 die Angabe „145 Abs. 3" durch die Angabe „145 Abs. 2" zu ersetzen.

Begründung

Das künftige Recht der Insolvenzanfechtung läßt aus guten Gründen bei den subjektiven Tatbestandsvoraussetzungen grob fahrlässige Unkenntnis der Zahlungsunfähigkeit oder des Eröffnungsantrags genügen. Von dieser Regel weicht § 145 Abs. 2 ab: Rechtshandlungen, durch die ein Recht an einem Grundstück erworben wurde, sollen einer Anfechtung des Insolvenzverwalters nur dann ausgesetzt sein können, wenn der Gläubiger zum maßgebenden Zeitpunkt positive Kenntnis der gesamten Krisentatsachen hatte.

Diese Privilegierung einer bestimmten Gläubigergruppe ist – auch nach Auffassung maßgeblicher Stimmen aus der Wissenschaft – sachlich nicht gerechtfertigt. Die Begründung dafür, die auf das erhöhte Verkehrsschutzbedürfnis im Grundstücksrecht verweist, ist nicht tragfähig. Zwar behandelt das Bürgerliche Gesetzbuch die Erwerber von Grundstücken und Rechten an Grundstücken, bei denen grob fahrlässige Unkenntnis der wahren Rechtslage unschädlich ist, anders als die Erwerber beweglicher Sachen, bei denen bereits grob fahrlässige Unkenntnis der tatsächlichen Eigentumsverhältnisse einem gutgläubigen Erwerb entgegensteht (vgl. §§ 892, 893, 932 BGB). Diese Differenzierung beruht jedoch darauf, daß die bei Grundstücken für den Eigentums- bzw. Rechtserwerb maßgeblichen Rechtsverhältnisse durch das Grundbuch und damit durch ein amtlich geführtes, die Vermutung [im folgenden: BT-Drs. 12/2443, S. 254] der Richtigkeit genießendes Verzeichnis dokumentiert werden, auf dessen Inhalt der Rechtsverkehr vertrauen kann und muß. Bei der Prüfung der Frage, ob eine Rechtshandlung zwischen dem Schuldner und einem Insolvenzgläubiger durch Anfechtung rückgängig zu machen ist, fehlt es dagegen an einem vergleichbaren Vertrauenstatbestand, der eine abweichende Behandlung von Grundstücksgeschäften geboten erscheinen ließe. Die Möglichkeiten eines Gläubigers, Kenntnis von der Zahlungsunfähigkeit des Schuldners bzw. davon zu erlangen, ob ein Eröffnungsantrag gestellt wurde, hängen auch nicht davon ab, ob sich die Rechtshandlung auf den Erwerb eines Rechts an einem Grundstück oder auf den Erwerb einer beweglichen Sache oder einer Forderung bezieht. § 145 Abs. 2 sollte deshalb ersatzlos entfallen.

25. Zu § 148 Abs. 1 Satz 2

§ 148 Abs. 1 Satz 2 ist wie folgt zu fassen:

„Der Benachteiligungsvorsatz wird vermutet, wenn der Schuldner wußte, daß ihm die Zahlungsunfähigkeit drohte; die Kenntnis des anderen Teils von diesem Vorsatz wird vermutet, wenn der andere Teil wußte, daß die Zahlungsunfähigkeit des Schuldners drohte und daß die Handlung die Gläubiger benachteiligte."

Begründung

Die derzeitige Fassung des § 148 Abs. 1 Satz 2 enthält eine Vermutung allein für die Kenntnis des „anderen Teils", nicht aber für den Benachteiligungsvorsatz des Schuldners. Das zwingt den Anfechtenden und insbesondere die Gerichte, den einer direkten Beweisführung in aller Regel unzugänglichen Benachteiligungsvorsatz des Schuldners mit Hilfe von Indizien festzustellen. Dies erscheint nicht sachgerecht. Streng genommen braucht der Schuldner – auch wenn seine Kenntnis von seiner drohenden Zahlungsunfähigkeit bereits feststeht – lediglich zu bestreiten, daß er die Benachteiligung seiner Gläubiger als mögliche Folge der angefochtenen Rechtshandlung erkannt und gebilligt habe, um dadurch den Anfechtenden in erhebliche Beweisnot zu bringen. Bei feststehender Kenntnis von der (drohenden) Zahlungsunfähigkeit sollte es aber Sache des Schuldners sein, die sich darauf gründende Vermutung des Benachteiligungsvorsatzes zu widerlegen. Schon jetzt verwertet die gerichtliche Praxis die Kenntnis des Schuldners von seiner desolaten Lage als Indiz für den (bedingten) Benachteiligungsvorsatz. Eine entsprechende Vermutungsregelung führt auch dann nicht zu unbilligen Ergebnissen, wenn dem Schuldner der Gegenbeweis nicht gelingt, da der Anfechtende jedenfalls beweisen muß, daß die Gläubiger benachteiligt worden sind. Gelingt dieser Beweis, dürften schützenswerte Interessen des Schuldners nicht mehr bestehen.

26. Zu § 170 Abs. 1 Satz 2 und Abs. 3 Satz 1

§ 170 ist wie folgt zu ändern:

a) Absatz 1 Satz 2 ist zu streichen.

b) In Absatz 3 Satz 1 sind die Worte „oder ohne den Gerichtsvollzieher oder die andere dazu ermächtigte Person vorgenommen wird" zu streichen.

Begründung

Gerichtsvollzieher oder andere ermächtigte Personen stehen regelmäßig nicht zur Verfügung, um zur Aufstellung des Verzeichnisses der Massegegenstände hinzugezogen zu werden. Gemäß § 123 Abs. 2 KO wird daher in allen Fällen Befreiung beantragt und vom Gericht auch bewilligt. Außerdem läßt die Regelung offen, welche Aufgabe der Gerichtsvollzieher bei der Aufstellung des Verzeichnisses durch den Verwalter erfüllen soll und wozu die andere Person gesetzlich ermächtigt sein muß.

27. Zu § 231

Der Bundesrat bittet, im weiteren Gesetzgebungsverfahren zu prüfen, ob dem Gericht die Befugnis eingeräumt werden sollte, die Entscheidung über einen Antrag auf Anordnung der Nachtragsverteilung auszusetzen, wenn zu erwarten ist, daß die in § 231 Abs. 1 genannten Voraussetzungen in absehbarer Zeit erneut eintreten werden.

Begründung

Die Fassung des Entwurfs schreibt dem Gericht bei entsprechendem Antrag die Anordnung der Nachtragsverteilung vor, sobald eine der Voraussetzungen des § 231 Abs. 1 vorliegt. Nach § 233 des Entwurfs hat der Insolvenzverwalter nach Anordnung die Nachtragsverteilung zu vollziehen.

In der Praxis kann sich jedoch innerhalb eines relativ kurzen Zeitraums die Notwendigkeit mehrerer Nachtragsverteilungen abzeichnen, wenn z. B. zu erwarten ist, daß mehrere anhängige Feststellungsklagen von Insolvenzgläubigern zu deren Nachteil oder noch laufende Anfechtungsprozesse zugunsten der Insolvenzmasse ausgehen werden.

In solchen Fällen könnte es wünschenswert sein, mit einer sich anstehenden Nachtragsverteilung so lange zu warten, bis alle oder mehrere der genannten Verfahren abgeschlossen sind und möglichst eine einzige Nachtragsverteilung für alle Beträge durchgeführt werden kann.

28. **Zu §§ 235 bis 252 insgesamt**

Der Bundesrat begrüßt grundsätzlich die Einführung einer Restschuldbefreiung. Unbeschadet der Änderungen, die er zu den §§ 235 **[im folgenden: BT-Drs. 12/2443, S. 255]** bis 252 im übrigen vorschlägt, bittet er jedoch, im weiteren Gesetzgebungsverfahren zu prüfen, ob das Institut der Restschuldbefreiung nicht in einem selbständigen Verfahren außerhalb der Insolvenzordnung geregelt werden sollte. Dies gilt jedenfalls für die Schuldenbereinigung überschuldeter Verbraucher. Eine solche Regelung sollte spätestens mit der Insolvenzordnung in Kraft treten.

Begründung

Wird eine Restschuldbefreiung nur im Anschluß an ein Insolvenzverfahren ermöglicht, so wird dies zu einer Flut zusätzlicher Gesamtvollstreckungsverfahren führen, deren Eröffnung zahlungsunfähige Schuldner lediglich wegen dieser Möglichkeit beantragen. Dabei handelt es sich in aller Regel um Personen, gegen die bisher ausschließlich im Wege der Einzelzwangsvollstreckung vorgegangen wird. Falls neben Ansprüchen auf Bezüge aus einem Arbeitsverhältnis überhaupt nennenswertes Vermögen vorhanden ist, wird dies regelmäßig unter Eigentumsvorbehalt stehen oder mit Absonderungsrechten belastet sein. Gegen solche Schuldner wird kein vernünftiger Gläubiger die Eröffnung des Insolvenzverfahrens beantragen. Soweit die Bundesregierung in der Begründung annimmt, wegen der strengen Voraussetzungen einer Restschuldbefreiung werde sich die zusätzliche Belastung der Insolvenzgerichte in Grenzen halten, übersieht sie einmal, daß in jedem Fall zunächst ein – in der Regel zusätzliches – Insolvenzverfahren durchzuführen ist, zum anderen, daß die Belastung nicht so sehr durch die Entscheidungen zur Restschuldbefreiung verursacht wird, sondern vielmehr gerade durch die Prüfung der Voraussetzungen. Das Institut der Restschuldbefreiung wird damit zu einer ganz erheblichen Mehrbelastung der Insolvenzgerichte und damit der Justizhaushalte der Länder führen. Hierauf hatte bereits die Kommission für Insolvenzrecht hingewiesen (vgl. den Zweiten Bericht der Kommission, 1986, Begründung zu Leitsatz 6.3).

Außerdem ist ein Insolvenzverfahren, in dem mangels Masse eine Verteilung an die Gläubiger nicht stattfindet, das vielmehr nur wegen der Aussicht auf Restschuldbefreiung betrieben wird, als Gesamtvollstreckungsverfahren nicht zu rechtfertigen. Um einen derartigen Mißbrauch der Verfahrensart zu vermeiden, sollte erwogen werden, die Restschuldbefreiung in einem selbständigen Entschuldungsverfahren zu regeln, das dem Schuldner auch außerhalb eines Insolvenzverfahrens zur Verfügung steht. Diese Möglichkeit hat auch die Kommission für Insolvenzrecht in Betracht gezogen (vgl. den Zweiten Bericht der Kommission 1986, Leitsatz 6.3 Abs. 2 Buchstabe b). Ein solches Entschuldungsverfahren stünde auch Schuldnern offen, die Verbindlichkeiten gegenüber nur einem Gläubiger haben; auch gegen diese Schuldner kann aus einem Vollstreckungstitel 30 Jahre lang vollstreckt werden. Damit könnte zugleich die Unbilligkeit der im Entwurf vorgesehenen Regelung vermieden werden, Restschuldbefreiung nur solchen Schuldnern zu ermöglichen, die sich gegenüber mehreren Gläubigern verschuldet haben.

Da die Restschuldbefreiung nicht mehr der Erfüllung des verfassungsrechtlichen Justizgewährungsanspruchs dient, könnte ein verselbständigtes Entschuldungsverfahren statt den Gerichten der freiwilligen Gerichtsbarkeit (vgl. dazu das Gesetz über die richterliche Vertragshilfe vom 26. März 1952, BGBl. I S. 198) im Rahmen der Schuldnerberatung z. B. auch den Sozialhilfebehörden übertragen werden.

29. Der Bundesrat bittet, im weiteren Gesetzgebungsverfahren zu prüfen, wie sichergestellt werden kann, daß bei natürlichen Personen die Durchführung des Insolvenzverfahrens und des Verfahrens auf Restschuldbefreiung nicht an dem finanziellen Unvermögen des Schuldners zur Aufbringung der Verfahrenskosten scheitert.

Der Gesetzentwurf sieht in § 30 die Abweisung des Antrages auf Eröffnung des Insolvenzverfahrens vor, wenn das Vermögen des Schuldners voraussichtlich nicht ausreichen wird, um die Kosten des Verfahrens bis zum Berichtstermin zu decken. Darüber hinaus sehen die §§ 246 und 249 des Entwurfs eine Versagung der Restschuldbefreiung vor, wenn der Schuldner zur Deckung der Mindestvergütung des Treuhänders nicht in der Lage ist.

Dies führt zu einem nicht zu rechtfertigenden Ausschluß von der Möglichkeit einer Restschuldbefreiung bei natürlichen Personen, die in einem Maße verschuldet sind, daß sie noch nicht einmal zur Aufbringung der Verfahrenskosten in der Lage sind. Um solchen völlig überschuldeten Personen einen neuen Anfang zu ermöglichen, sollten in den Entwurf Regelungen aufgenommen werden, die unter Berücksichtigung der Erfolgsaussichten des Verfahrens und der Bereitschaft des Schuldners zur Mitarbeit diesen in die Lage versetzen, eine Restschuldbefreiung zu erlangen.

30. Der Bundesrat bittet, im weiteren Gesetzgebungsverfahren zu prüfen, ob gesetzliche Regelungen über die Auswahl, Qualifikation und Tätigkeit des Treuhänders zu treffen sind.

Begründung

Der Entwurf beschränkt sich auf Vorschriften über die Rechtsstellung des Treuhänders und seine Vergütung, ohne zu letzterer erkennen zu lassen, ob und welche Unterschiede zur Vergütung des Insolvenzverwalters zu erwarten sind. Hinweise darauf, wen das Gericht zum Treuhänder bestimmen darf, welche Qualifikation dieser haben sollte und ob er über die in § 241 bezeichneten Aufgaben hinaus für den Erfolg des Restschuldbefreiungsverfahrens tätig werden darf, enthält [im folgenden BT-Drs. 12/2443, S. 256] der Entwurf nicht. Dies würde sowohl zu einer erheblichen Rechtsunsicherheit als auch zu einer unzumutbaren Mehrbelastung für das Insolvenzgericht führen, das – insbesondere im Verfahren mit Eigenverwaltung des Schuldners – von Amts wegen (§ 5) im Interesse der Restschuldbefreiung tätig zu werden hat. Die Mehrbelastung der Gerichte durch das neuartige Restschuldbefreiungsverfahren wird ohnehin sehr beträchtlich sein und das Rechtspflegepersonal vor z. T. völlig neue und ungewohnte Aufgaben stellen. Schätzungen gehen von 1,2 bis 1,5 Millionen überschuldeten Haushalten aus. Wenn nur ein Teil davon Restschuldbefreiung beantragt, werden die Rechtsanwender im Bereich der Verbraucherinsolvenz schon im Eröffnungsverfahren mit Problemen konfrontiert, für deren Lösung sie nicht ausgebildet sind. Deshalb wird für den Erfolg des neuen Restschuldbefreiungsverfahrens außerhalb der Unternehmensinsolvenz entscheidend sein, ob der Treuhänder – insbesondere nach den vom Entwurf vorgesehenen Verfahren mit Eigenverwaltung (§§ 331 ff., 347 ff.) – dem Schuldner während der Wohlverhaltensperiode als ,,Schuldnerbetreuer" mit Rat und Tat zur Seite stehen darf. Als Treuhänder sollten deshalb nicht nur Rechtsanwälte oder vergleichbare Personen, die eine Vergütung beanspruchen müßten, sondern auch karitative Organisationen, Schuldnerberatungsstellen, Sozialbehörden, aber auch Verwandte, Bekannte oder andere Vertrauenspersonen des Schuldners unentgeltlich tätig werden können. Eine solche Wahl müßte dem Gericht im Interesse der Rechtssicherheit allerdings ausdrücklich eröffnet und auch ein Verzicht auf die Mindestvergütung (vgl. auch die Regelung in § 246) zugelassen werden.

31. **Zu § 239 Abs. 1 Nr. 1 bis 4**

§ 239 Abs. 1 ist wie folgt zu ändern:

a) Nummer 1 ist wie folgt zu fassen:
,,1. der Schuldner wegen einer Straftat nach den §§ 283 bis 283 c des Strafgesetzbuchs rechtskräftig verurteilt worden ist,".

b) In Nummer 2 sind die Worte ,,nicht früher als drei Jahre vor dem Antrag auf Eröffnung des Insolvenzverfahrens" durch die Worte ,,in den letzten drei Jahren vor dem Antrag auf Eröffnung des Insolvenzverfahrens oder nach diesem Antrag" zu ersetzen.

c) In Nummer 3 sind die Worte ,,nicht früher als zehn Jahre" durch die Worte ,,in den letzten zehn Jahren" zu ersetzen.

d) In Nummer 4 sind die Worte ,,nicht früher als ein Jahr vor dem Antrag auf Eröffnung des Insolvenzverfahrens" durch die Worte ,,im letzten Jahr vor dem Antrag auf Eröffnung des Insolvenzverfahrens oder nach diesem Antrag" zu ersetzen.

Begründung

Zu Buchstabe a

Eine Versagung der Restschuldbefreiung ist nur gerechtfertigt, wenn eine strafbare Handlung des Schuldners nach den §§ 283 bis 283 c StGB rechtskräftig festgestellt ist. Allein der Verdacht entsprechender Taten reicht nicht aus.

Zu Buchstaben b bis d

Bessere Lesbarkeit der Bestimmungen und Anpassung an den Sprachgebrauch des Entwurfs, z. B. in § 145 Abs. 1 Nr. 1, § 146 Abs. 1 Nr. 1 und § 147 Abs. 1 Nr. 1.

32. **Zu § 241 Abs. 2 a – neu –**

In § 241 ist nach Absatz 2 folgender Absatz 2 a einzufügen:

,,(2 a) Der Treuhänder soll darauf hinwirken, daß der Schuldner sich im Bedarfsfall an eine Schuldnerberatungsstelle wendet."

Begründung

Der Abschnitt Restschuldbefreiung sieht erstmals im deutschen Recht unter sehr engen Voraussetzungen einen Schuldenerlaß von Privatschulden vor. Die Verbraucherinsolvenz wird in dem vorliegenden Gesetzentwurf vollständig aus dem Zusammenhang mit präventiven

Maßnahmen beim Verbraucherrecht gelöst; die Schuldenproblematik wird nicht als (auch) individuelle und familiäre Problematik begriffen, sondern als Insolvenz in der Wirtschaft geregelt. Dem entspricht, daß der Gesetzentwurf in der hergebrachten Vorstellung steckenbleibt, nur mit repressiven Methoden (Arbeitspflichten, Wohlverhalten, Abtretung) könne der Schuldner im Insolvenzverfahren zum Schuldenerlaß motiviert werden.

Die Realität sieht anders aus: Die Überschuldung von Privatschuldnern beruht im wesentlichen auf Faktoren wie Ungewandtheit, Unwissenheit, Sorglosigkeit und realitätsferne Einschätzung der Sachlage beim Schuldner. Die verschiedenen Facetten der Überschuldung – dabei besonders die Folgen des damit verbundenen sozialen langfristigen Abstiegs – haben dazu geführt, daß es inzwischen bundesweit Schuldnerberatungsstellen gibt. Die Durchführung des Restschuldbefreiungsverfahrens ohne zumindest das Angebot von Schuldnerberatung würde die Entschuldung auf rein finanzielle, wirtschaftliche Aspekte reduzieren, vielfach zwangsläufig erneute Verschuldung zur Folge haben und die Belange von Schuldnern als schutzwürdiger Zielgruppe vernachlässigen. Um dieser Gefahr im Rahmen der (engen) Möglichkeiten der Insolvenzordnung zu begegnen, ist in einem eigenen Absatz vorzusehen, daß der Treuhänder beratend auf ihre Hinzuziehung hinwirken soll. Ob der Schuldner dieses Angebot annimmt, kann nicht vorgegeben werden. Die Inanspruchnahme einer Schuldnerberatungs- **[im folgenden: BT-Drs. 12/2443, S. 257]** stelle darf nicht in den Katalog der Obliegenheitsverpflichtungen nach § 244 aufgenommen werden.

33. **Zu § 244 Abs. 1 Nr. 2**

Der Bundesrat bittet, im weiteren Gesetzgebungsverfahren zu prüfen, ob – außer dem in § 244 Abs. 1 Nr. 2 genannten – auch weiteres Vermögen, das der Schuldner während der Laufzeit der Abtretungserklärung erwirbt, zur Hälfte des Wertes an den Treuhänder herauszugeben sein sollte.

Begründung

Nach der bisherigen Regelung soll der Schuldner während der Laufzeit der Abtretungserklärung lediglich gemäß § 236 Abs. 2 Satz 1 seine pfändbaren Forderungen auf Bezüge aus einem Dienstverhältnis oder – bei Freiberuflern – an deren Stelle tretenden laufenden Bezüge sowie gemäß § 244 Abs. 1 Nr. 2 Vermögen, das er von Todes wegen oder mit Rücksicht auf künftiges Erbrecht erwirbt, dieses aber nur zur Hälfte, an den Treuhänder herausgeben. Nicht geregelt ist der Fall, daß der Schuldner während der Wohlverhaltensperiode zu sonstigem Vermögen kommt. Es ist beispielsweise denkbar, daß ein Schuldner innerhalb der Wohlverhaltensperiode überdurchschnittlich erfolgreich einen Gewerbebetrieb unterhält. Gemäß § 244 Abs. 2 soll er dann nur soviel an den Treuhänder zahlen, wie wenn er ein angemessenes Dienstverhältnis eingegangen wäre. Den überschießenden, möglicherweise beträchtlichen Teil dieser Einkünfte könnte er selber vereinnahmen. Dies erscheint gegenüber den Insolvenzgläubigern ungerecht.

Um andererseits dem Schuldner nicht jeglichen Anreiz für den Erwerb von Neuvermögen zu nehmen, sollte geprüft werden, ob derartiges Neuvermögen nicht ebenso wie Erbschaften zur Hälfte an den Treuhänder herausgegeben werden sollte.

34. **Zu § 245 a – neu –**

Nach § 245 ist folgender § 245 a einzufügen:

„**§ 245 a
Insolvenzstraftaten**

(1) Das Insolvenzgericht versagt die Restschuldbefreiung auf Antrag eines Insolvenzgläubigers, wenn der Schuldner in dem Zeitraum zwischen Schlußtermin und Aufhebung des Insolvenzverfahrens oder während der Laufzeit der Abtretungserklärung wegen einer Straftat nach den §§ 283 bis 283 c des Strafgesetzbuchs rechtskräftig verurteilt wird.

(2) § 245 Abs. 1 Satz 2 und 3, Abs. 2 und 3 gilt entsprechend."

Als Folge sind

a) in § 240 Abs. 1 nach dem Wort „nachkommt" die Worte „und die Voraussetzungen für eine Versagung nach §§ 245 a oder 246 nicht vorliegen" und

b) in § 249 Abs. 2 nach der Angabe „§ 245 Abs. 1 oder 2 Satz 3" die Angabe „oder des § 245 a"

einzufügen.

Begründung

Der Gesetzentwurf sieht eine Versagung der Restschuldbefreiung während der Laufzeit der Abtretungserklärung nur vor, wenn der Schuldner die in § 244 aufgeführten Obliegenheiten verletzt. Denkbar ist aber auch, daß die in § 239 Abs. 1 Nr. 1 bezeichnete Verurteilung wegen einer Straftat nach den §§ 283 bis 283 c StGB nicht schon im Zeitpunkt des Schlußtermins ergangen ist, sondern erst in dem Zeitraum zwischen Schlußtermin und Aufhebung des Insolvenzverfahrens oder während der Laufzeit der Abtretungserklärung erfolgt. Auch in diesem Fall ist die Versagung der Restschuldbefreiung geboten. Die Versagung soll in Anlehnung an § 245 Abs. 1 Satz 1 auf Antrag eines Insolvenzgläubigers erfolgen. Entsprechend anwendbar ist § 245 Abs. 1 Satz 2 und 3, Abs. 2 und 3.

35. **Zu § 246 Abs. 1 und 2 Satz 2**

§ 246 ist wie folgt zu ändern:

a) In Absatz 1 sind die Worte „versagt die Restschuldbefreiung auf Antrag des Treuhänders" durch die Worte „kann die Restschuldbefreiung auf Antrag des Treuhänders versagen" zu ersetzen.

b) In Absatz 2 Satz 2 sind nach dem Wort „einzahlt" die Worte „oder glaubhaft macht, daß er dazu vorübergehend nicht in der Lage ist" einzufügen.

Begründung

Die rigide Regelung des Entwurfs kann zu einer ungerechtfertigten vorzeitigen Beendigung des Verfahrens mit der Folge erneuter Inanspruchnahme des Gerichts und Vollstreckungsversuchen der Gläubiger führen. Schon die Ausgangsüberlegung, es könne „dem Treuhänder nicht zugemutet werden, über einen längeren Zeitraum hinweg ohne jede Vergütung tätig zu sein" (Begründung zu § 246, BR-Drucksache 1/92, Seite 193), berücksichtigt nicht, daß im Interesse möglichst erfolgreicher Restschuldbefreiungsverfahren als Treuhänder auch Personen eingesetzt werden sollten, die u. U. auch ohne Vergütung tätig werden (vgl. dazu Stellungnahme zu §§ 235 ff.). Hat jedoch der Treuhänder Anspruch auf eine Vergütung, zu deren Höhe der Entwurf im übrigen nichts sagt, erscheint eine Prüfung unverzichtbar, ob der Schuldner diese im entscheidenden Zeitpunkt zahlen kann. Nach dem Entwurf ist die Rest-[**im folgenden: BT-Drs. 12/2443, S. 258**]schuldbefreiung zu versagen, wenn der Schuldner die Mindestvergütung nicht notfalls aus seinem pfändungsfreien Vermögen einzahlt. Eine derartig stringente Forderung läßt dem Gericht keinen Raum für eine sachgerechte und letztlich auch im Interesse der Gläubiger liegende Entscheidung. Der Entwurf zwänge das Gericht z. B., die Restschuldbefreiung nach sieben Jahren auch dann zu versagen, wenn der Schuldner sechs Jahre lang nicht nur seine Obliegenheiten erfüllt, sondern auch – etwa aufgrund einer Erbschaft – erheblich höhere Beträge als vorgesehen an die Gläubiger übermittelt hat, im siebten Jahr aufgrund eines Unfalls die Mindestvergütung nicht an den Treuhänder überweisen konnte, jedoch drei Wochen nach der Aufforderung des Gerichts gemäß § 246 Abs. 2 wieder verdienen und den Betrag einzahlen könnte. Ein solches Ergebnis wäre unbillig; die Gläubiger würden nicht benachteiligt, könnte das Gericht die besondere Lage des gutwilligen Schuldners angemessen berücksichtigen. Deshalb soll durch die vorgeschlagenen Änderungen dem Gericht ein gewisser Entscheidungsspielraum eingeräumt werden, damit es in Anlehnung an den Grundgedanken des § 850 f ZPO abwägen kann, ob dem Schuldner die Zahlung der Mindestvergütung aus seinem unpfändbaren Vermögen zuzumuten war oder ob er dazu innerhalb der ihm gesetzten Frist ausnahmsweise, z. B. wegen besonderer Bedürfnisse oder erhöhter Unterhaltspflichten, nicht in der Lage ist.

36. **Zu § 250 Abs. 2**

Der Bundesrat ist der Auffassung, daß die Wirkungen der Restschuldbefreiung im Fall der Insolvenz eines Verbrauchers (§ 1 Abs. 1 Verbraucherkreditgesetz) umfassend dem gesamten Familien- und Haushaltsverbund, in dem der Schuldner lebt, zugute kommen müssen und nicht auf die Person des Schuldners beschränkt bleiben dürfen. Im weiteren Gesetzgebungsverfahren sollte daher § 250 Abs. 2 dahin geändert werden, daß insoweit die Rechte der Insolvenzgläubiger aus § 250 Abs. 2 Satz 1 Insolvenzordnung gegen Ehegatten, Kinder und Eltern des Schuldners sowie gegen solche Personen, die mit dem Schuldner in eheähnlicher Gemeinschaft leben, ausgeschlossen werden, sofern diese Personen von dem Schuldner wirtschaftlich abhängig sind.

Begründung

Das begrüßenswerte Ziel des Restschuldbefreiungsverfahrens ist es, „die Verbindlichkeiten des Schuldners umfassend zu bereinigen" (vgl. Begründung vor § 235, BR-Drucksache 1/92, Seite 188). Dieses Ziel wird – zumindest im Bereich der Verbraucherinsolvenz – verfehlt, wenn die Wirkung der Restschuldbefreiung sich auf die Person des Schuldners beschränkt. Die formale Betrachtungsweise des Entwurfs wird bei notleidenden Konsumentenkrediten der Lebenswirklichkeit nicht gerecht, in der ein Familien- und Haushaltsverbund für eine Forderung haftet. Die Befreiung des Schuldners, z. B. eines Ehemannes, von der Restschuld erlaubt diesem in der Praxis keineswegs einen wirtschaftlichen Neubeginn, wenn der Gläubiger noch gegen die mithaftende Ehefrau oder die Kinder vollstrecken könnte. Deshalb muß die Wirkung der Restschuldbefreiung jedenfalls im Bereich der Verbraucherinsolvenz umfassend sein und zu einer endgültigen Schuldenbereinigung führen.

Die Regelungen des Entwurfs über die Wirkung der Restschuldbefreiung sind auch in diesem Punkt zu sehr auf die Insolvenz eines Unternehmers abgestellt. Dabei wird es durchweg viele Gläubiger mit verschiedenartigen Forderungen und Absicherungen geben, bei denen es angebracht sein mag, daß sich die mithaftende Ehefrau einem gesonderten Insolvenzverfahren über ihr Vermögen unterziehen muß, um von ihren Verbindlichkeiten befreit zu werden (vgl. Begründung zu § 235, Seite 191). Beim typischen Konsumentenkredit dürfte schon zweifelhaft sein, ob eine Mithaft der – in der Regel vermögenslosen – Ehefrau oder eines Kindes uneingeschränkt mit den guten Sitten vereinbar ist und einen wirtschaftlichen Wert darstellt. Jedenfalls muß das neue Instrument der Restschuldbefreiung im Bereich des Verbraucherkredits deutlich über die Wirkungen des bisherigen Zwangsvergleichs (vgl. § 193 Satz 2 KO, § 82 Abs. 2 VerglO) hinausgehen und die Verbindlichkeiten in der Schuldnersphäre für den Regelfall abschließend bereinigen. Das ist für die Gläubiger nicht unzumutbar, denn eine Vollstreckung gegen mithaftende Familienangehörige ist typischerweise wenig aussichtsreich. Etwaige Zugriffsrechte der Gläubiger auf dingliche Sicherheiten sollen zudem auch in der Verbraucherinsolvenz durch die Gewährung der Schuldbefreiung nicht berührt werden. Eine baldige, möglichst uneingeschränkte Wiederaufnahme der Schuldnerfamilie in das Wirtschaftsleben dient letztlich auch den Gläubigerinteressen.

Der vorgeschlagene Ausschluß der Mitschuldner- und Bürgenhaftung soll auf den Bereich der aufgezählten Personen beschränkt bleiben. Andere Personen (z. B. entferntere Verwandte und Freunde), die nicht in dieser engen persönlichen Bindung zu dem Schuldner stehen, unterwerfen sich in der Regel bewußt und überlegt der Mitschuldner- oder Bürgenhaftung. Sie bedürfen keiner Besserstellung. Zudem leben solche Personen in der Regel auch nicht mit dem Schuldner in einem Haushaltsverbund zusammen, so daß der wirtschaftliche Neubeginn des Schuldners von der Haftung solcher Personen nicht berührt wird.

Ebenso ist der Ausschluß der Mitschuldner- und Bürgenhaftung nur dann gerechtfertigt, wenn die haftenden Personen wirtschaftlich von dem Schuldner abhängig sind. Dies ist in der Regel dann der Fall, wenn der Schuldner diesen Personen auf Grund einer gesetzlichen oder sittlichen Pflicht Unterhalt leistet.

[im folgenden: BT-Drs. 12/2443, S. 259]

Es erscheint sinnvoll, die Wirkungen der Restschuldbefreiung unter diesen Bedingungen kraft Gesetzes auf die genannten Personen zu erstrecken und sie nicht erst auf ein eigenes Restschuldbefreiungsverfahren zu verweisen. Die dann notwendigen Insolvenzverfahren gegen die mithaftenden Personen wären in der Regel unergiebig und würden die ohnehin überlastete Justiz unnötig belasten.

Der Vorschlag wird allerdings manche Folgeänderungen notwendig machen. So wird zu prüfen sein, ob die mithaftenden Personen zu Beginn des Restschuldbefreiungsverfahrens durch einen eigenen Antrag am Verfahren beteiligt werden können. Dies erscheint auch deshalb sinnvoll, weil so die Obliegenheiten des § 244 Insolvenzordnung auch die mithaftenden Personen treffen könnten.

37. **Zu § 298 Abs. 1 Nr. 2 und Abs. 2**

In § 298 Abs. 1 Nr. 2 und Abs. 2 sind jeweils vor dem Wort „schlechter" die Worte „nicht unerheblich" einzufügen.

Begründung

Ein wirksamer Minderheitenschutz ist erforderlich, jedoch muß das Insolvenzgericht davor bewahrt werden, auf Anträge uneinsichtiger oder querulatorischer Gläubiger aufwendige Ermittlungen veranlassen zu müssen. Dazu genügt die in § 298 Abs. 2 vorgesehene Glaubhaftmachung einer Interessenverletzung allein nicht. Bei formaler Sicht liegt es nicht fern, nahezu jeden Unterschied zwischen der Lage des Gläubigers ohne Plan und der aufgrund des Plans als Schlechterstellung anzusehen. Ausschlaggebend darf aber nur eine unangemessene Benachteiligung, also eine nicht unerhebliche Schlechterstellung sein. Eine solche Wertung entspricht auch der Regelung in § 89 Abs. 1 des Entwurfs sowie in § 16 Abs. 5 Satz 3 GesO.

38. **Zu § 338 Abs. 1 Satz 2**

In § 338 Abs. 1 Satz 2 ist die Angabe „§ 92 Abs. 1" durch die Angabe „§ 92 Abs. 1 Satz 2 und 3" zu ersetzen.

Begründung

Die Verweisung auf § 92 Abs. 1 betrifft in der Sache nur dessen Sätze 2 und 3. Eine Verweisung auch auf Absatz 1 Satz 1 ist überflüssig, da die Unwirksamkeit eines vom Schuldner ohne Zustimmung des Sachwalters vorgenommenen Rechtsgeschäfts bereits aus § 338 Abs. 1 Satz 1 folgt.

39. **Zu §§ 347 bis 357**

§§ 347 bis 357 sind zu streichen.

Begründung

Auf die im Zweiten Abschnitt des Achten Teils geregelte Eigenverwaltung ohne Sachwalter bei Kleinverfahren ist zu verzichten. Durch diese besondere Art des Insolvenzverfahrens werden sowohl die Schuldner als auch die Insolvenzgerichte überfordert.

Der Entwurf geht davon aus, daß eine natürliche Person, die bis zum Eintritt der Insolvenz nicht in der Lage war, ihre Einkommens- und Vermögensverhältnisse in Ordnung zu halten, insbesondere sich nur im Rahmen ihrer finanziellen Leistungsfähigkeit zu verschulden, hierzu nach Eintritt der Insolvenz befähigt sei.

Dies ist wirklichkeitsfremd. Vielen Schuldnern, bei denen die Voraussetzungen des § 347 Abs. 2 Nr. 2 des Entwurfs vorliegen, würde eine dem Gesetz entsprechende Insolvenzabwicklung schon auf Grund ihres Bildungs- und Kenntnisstandes nicht möglich sein; sie bedürften massiver Beratung und Unterstützung durch das Insolvenzgericht. Andere Schuldner, die nach ihrer Persönlichkeit und ihren Lebensumständen auf gerichtliche Hilfe bei der Insolvenzabwicklung verzichten könnten, müßten nicht selten zur Verhinderung von Mißbräuchen intensiv durch das Gericht überwacht werden. Eine geordnete Abwicklung der Insolvenz durch den Schuldner selbst ohne Verwalter oder Sachwalter wird daher nicht möglich sein.

Es trifft zwar zu, daß in Kleininsolvenzen die Bestellung eines Insolvenzverwalters und die Einsetzung eines Sachwalters einen unverhältnismäßigen Aufwand bedeuten kann. Der Verzicht auf einen Verwalter führt aber nur scheinbar zum Wegfall von Kosten. Diese Kosten entstehen vielmehr der Staatskasse, da die Aufgaben, die der Insolvenzverwalter und der Sachwalter wahrzunehmen hätten, dem Insolvenzgericht übertragen werden. Die Gerichte sind zur Erfüllung der danach auf sie zukommenden, nur mit erheblichem Aufwand zu bewältigenden neuen Aufgaben jedoch bereits aus personellen Gründen nicht in der Lage. Im übrigen ist Schuldnerberatung eine außergerichtliche Aufgabe, die auch in Zukunft den auf diesem Gebiet tätigen Institutionen überlassen werden sollte. Dem Gerichtspersonal, das bislang für eine derartige Tätigkeit nicht ausgebildet worden ist, wird es nur schwer möglich sein, ihr sachgerecht nachzukommen.

Im übrigen bleibt auch offen, aus welchen Quellen der selbstverwaltende Schuldner die Insolvenzgläubiger gemäß § 356 des Entwurfs befriedigen soll. Wie die Begründung zu den §§ 351 und 356 des Entwurfs selbst hervorhebt, ist das Vermögen des Schuldners – einschließlich des pfändbaren Teiles seiner Einkünfte – regelmä-[**im folgenden: BT-Drs. 12/2443, S. 260**]ßig mit Absonderungsrechten belastet. Die Verwertung dieser Sicherheiten erfolgt nach § 355 des Entwurfs durch die absonderungsberechtigten Gläubiger. Da auch die Abtretung oder die Verpfändung des pfändbaren Teiles der Einkünfte gemäß § 132 Abs. 1 des Entwurfs mindestens für drei Jahre ab Verfahrenseröffnung wirksam ist, besteht für die gesicherten Gläubiger kein Anlaß, die anderen Gläubiger auf Grund eines Insolvenzplans (§ 357 des Entwurfs) an diesen Einkünften partizipieren zu lassen. Im übrigen ist nichts zu verteilen. Vielmehr wird es sich regelmäßig um eine masselose Insolvenz handeln. Damit kann das in den §§ 347 bis 357 des Entwurfs vorgesehene Verfahren nicht gerechtfertigt werden.

Allein die Einführung eines Verfahrens zur Restschuldbefreiung wird angesichts von 1,2 bis 1,5 Mio. überschuldeten Haushalten (so jüngste Schätzungen) bereits zu einer erheblichen Zunahme von Insolvenzverfahren und damit zu einer für die Justizhaushalte der Länder kaum zu verkraftenden finanziellen Mehrbelastung führen. Deshalb kann nicht hingenommen werden, daß der Bund die personal- und kostenintensive neue Eigenverwaltung ohne Sachwalter, deren praktischer Nutzen zweifelhaft ist, zu Lasten der Länder vorsieht, obwohl deren personelle und finanzielle Ressourcen durch die deutsche Einheit und weitere gesetzliche Aufgaben erschöpft sind.

40. **Zu §§ 379, 384**

Die Bundesregierung wird gebeten, im weiteren Verlauf des Gesetzgebungsverfahrens darzulegen, ob und inwieweit §§ 379, 384 dazu führen, daß öffentlich-rechtliche Forderungen fremder Staaten in Deutschland vollstreckbar werden.

Begründung

Zu den auch international anerkannten Grundsätzen des Kollisionsrechts gehört das Prinzip der Territorialität öffentlich-rechtlicher Forderungen, insbesondere von Steuerverbindlichkeiten. Insoweit besteht weitgehende Einigkeit, daß solche Ansprüch fremder Staaten im Inland nicht vollstreckt werden. Der Entwurf der Bundesregierung läßt nicht erkennen, ob dieser Grundsatz auch bei der Anerkennung ausländischer Konkurse Berücksichtigung findet, indem etwa die Gesamtverbindlichkeiten des Schuldners für die Wirkung des Verfahrens im Inland um öffentlich-rechtliche Ansprüche gekürzt werden. Fraglich erscheint auch, ob das erwähnte Prinzip durch die Weiterentwicklung der europäischen Integration Einschränkungen erlitten hat.

41. **Zu §§ 384 bis 392**

Die Bundesregierung wird gebeten sicherzustellen, daß bei der Fortentwicklung des Internationalen Insolvenzrechts das Prinzip der Gegenseitigkeit berücksichtigt wird.

Begründung

Die erstmalige umfassende Kodifizierung des Insolvenzrechts ist zwar zu begrüßen. Dabei ist jedoch die Berücksichtigung des im internationalen Verkehr anerkannten Prinzips der Gegenseitigkeit zu gewährleisten. Inlandsgläubiger sollten im Falle eines Auslandskonkurses ebenso weitgehende Rechte haben wie Auslandsgläubiger bei einem Inlandskonkurs.

Anhang I 3

[im folgenden: BT-Drs. 12/2443, S. 261]

Anlage 3

Gegenäußerung der Bundesregierung zu der Stellungnahme des Bundesrates

Zu Nummer 1

Die Bundesregierung hält eine Änderung oder Ergänzung des Entwurfs der Insolvenzordnung mit dem Ziel, die maschinelle Bearbeitung bei weiteren gerichtlichen Tätigkeiten zu ermöglichen, nicht für erforderlich.

Die Vorschriften des Entwurfs stehen dem Einsatz moderner Bürotechnik nicht im Wege. Damit ist der Weg zur rationellen Bearbeitung von Großverfahren offen. Die Zustellung von Entscheidungen des Insolvenzgerichts an eine Vielzahl von Beteiligten ist bereits dadurch vereinfacht, daß § 8 Abs. 1 Satz 2 des Entwurfs – in Übereinstimmung mit § 77 Abs. 1 Satz 2 KO und § 118 Abs. 1 Satz 2 VerglO – die Beglaubigung des zuzustellenden Schriftstücks für entbehrlich erklärt. Inwieweit die Übermittlung gerichtlicher Entscheidungen an andere Stellen durch automatisierte Verbindungen vereinfacht werden sollte, ist eine allgemeine Frage, die sich nicht nur für den Bereich der Insolvenzgerichte stellt, sondern auch für die anderen Bereiche der Gerichtsbarkeit; diese Frage müßte daher in größerem Zusammenhang geprüft werden, wobei die Gesichtspunkte des Datenschutzes nicht vernachlässigt werden dürften.

Zu Nummer 2

Die Bundesregierung stimmt den Vorschlägen mit folgenden Maßgaben zu:

Zu Buchstabe a

Zur redaktionellen Verbesserung sollte der Wortlaut des geänderten § 9 Abs. 1 Satz 1 wie folgt lauten:

„Die öffentliche Bekanntmachung erfolgt durch Veröffentlichung in dem für amtliche Bekanntmachungen des Gerichts bestimmten Blatt; die Veröffentlichung kann auszugsweise geschehen."

Zu Buchstabe b

Der an § 36 Abs. 1 anzufügende Satz 2 kann wie folgt verkürzt werden:

„Die Bekanntmachung ist, unbeschadet des § 9, auszugsweise im Bundesanzeiger zu veröffentlichen."

Zu Buchstabe c

Der nach § 228 Abs. 2 Satz 1 einzufügende Satz kann wie folgt verkürzt werden:

„Die Bekanntmachung ist, unbeschadet des § 9, auszugsweise im Bundesanzeiger zu veröffentlichen."

Zu Buchstabe d

Zur redaktionellen Vereinfachung sollte auf die Einfügung eines neuen Satzes nach § 305 Abs. 3 Satz 1 verzichtet werden. Statt dessen sollte § 305 Abs. 3 Satz 3 wie folgt gefaßt werden:

„§ 228 Abs. 2 Satz 2 und 3 gilt entsprechend".

Zu Buchstabe e

Von der vorgeschlagenen Änderung des § 319 sollte abgesehen werden. Nach der Begründung der Vorschläge des Bundesrates sollen entsprechend dem geltenden Konkursrecht nur die Eröffnung und die Beendigung des Verfahrens im Bundesanzeiger bekanntgemacht werden. § 319 betrifft die Feststellung der Masseunzulänglichkeit; diese Feststellung beendet das Verfahren noch nicht.

Zu Buchstabe f

Zur redaktionellen Vereinfachung sollte auf die Einfügung eines neuen Satzes nach § 328 Satz 1 verzichtet werden. Statt dessen sollte § 328 Satz 3 wie folgt gefaßt werden:

„§ 228 Abs. 2 Satz 2 und 3 gilt entsprechend."

Zusätzlich zu den vom Bundesrat vorgeschlagenen Änderungen sollte entsprechend § 116 Satz 2 i. V. m. § 111 Abs. 2 KO die Bekanntmachung im Bundesanzeiger auch für die gerichtliche Aufhebung des Eröffnungsbeschlusses vorgesehen werden. § 41 Abs. 3 Satz 2 sollte wie folgt gefaßt werden:

„§ 228 Abs. 2 Satz 2 und 3 gilt entsprechend."

Außerdem dürfte sich die Veröffentlichung im Bundesanzeiger auch für die Bekanntmachung der Eröffnung ausländischer Insolvenzverfahren empfehlen. § 385 Abs. 1 Satz 3 sollte wie folgt gefaßt werden:

„§ 9 Abs. 1, 2 und § 36 Abs. 1 Satz 2 gelten entsprechend."

[im folgenden: BT-Drs. 12/2443, S. 262]

Zu Nummer 3

Die Bundesregierung hält nähere gesetzliche Regelungen der angesprochenen Art nicht für erforderlich.

Gemäß § 50 GKG, der die Kosten des Konkursverfahrens betrifft und durch das Einführungsgesetz zur Insolvenzordnung auf das Insolvenzverfahren umgestellt werden soll, trägt bei Abweisung mangels Masse der Antragsteller die Gerichtsgebühr für das Verfahren über den Eröffnungsantrag sowie die in dem Verfahren entstandenen Auslagen. Die Vergütung des vorläufigen Insolvenzverwalters fällt nicht unter den Begriff der Auslagen. Das Kostenverzeichnis enthält keinen derartigen Auslagentatbestand. Ein antragstellender Gläubiger haftet also nicht für die Vergütung eines vorläufigen Insolvenzverwalters.

Im Falle der Abweisung mangels Masse ist der Vergütungsanspruch des vorläufigen Insolvenzverwalters gemäß § 29 Abs. 2 Satz 1 des Entwurfs dadurch geschützt, daß der vorläufige Verwalter vor der Aufhebung seiner Bestellung aus dem von ihm verwalteten Vermögen die entstandenen Kosten und damit auch sein Honorar entnehmen darf. Nur soweit dieses Vermögen nicht ausreicht, geht der vorläufige Verwalter leer aus. Ob diese Gefahr besteht, wird der Verwalter mit den in § 26 des Entwurfs eingeräumten rechtlichen Möglichkeiten häufig rechtzeitig feststellen können.

Die Regelung des Entwurfs setzt den vorläufigen Insolvenzverwalter damit einem begrenzten Risiko aus, seinen Vergütungsanspruch nicht voll durchsetzen zu können. Auf der anderen Seite beugt sie der Gefahr vor, daß der vorläufige Verwalter auch in einer Situation, in der die Abweisung mangels Masse geboten ist, zu Lasten der übrigen Beteiligten weiter wirtschaftet.

Zu Nummer 4

Die Bundesregierung stimmt dem Vorschlag zu.

Zu Nummer 5

Die Bundesregierung hält die vorgeschlagene Änderung nicht für zweckmäßig. Eine Verfahrensvereinfachung wäre durch die Einführung eines schriftlichen Verfahrens zur Prüfung der angemeldeten Forderungen nicht zu erwarten.

Es würde nicht ausreichen, schlicht durch Ergänzung von § 35 des Entwurfs das schriftliche Verfahren fakultativ zuzulassen. Zur Wahrung des rechtlichen Gehörs aller Beteiligten müßten darüber hinaus Regelungen geschaffen werden, die den Gläubigern, dem Insolvenzverwalter und dem Schuldner die Möglichkeit gäben, jede angemeldete Forderung zu prüfen und ihr gegebenenfalls zu widersprechen. Die Gläubiger sollten in der Lage sein, sich über die Haltung des Schuldners und des Verwalters zu jeder angemeldeten Forderung zu unterrichten. All dies wäre auch für nachträgliche Anmeldungen zu regeln. Insgesamt wäre das Verfahren schwerfälliger als der bisher vorgesehene Prüfungstermin, der nur geringen Aufwand bedeutet: Er wird im Eröffnungsbeschluß festgesetzt und kann mit dem Wahltermin und dem Berichtstermin verbunden werden. Der Ablauf des Prüfungstermins wird in Abweichung vom geltenden Konkursrecht dadurch gestrafft, daß nach § 203 Abs. 1 Satz 2 des Entwurfs nur die bestrittenen Forderungen einzeln zu erörtern sind.

Besonders ein Vergleich mit dem schweizerischen Recht belegt, daß das schriftliche Prüfungsverfahren nicht zu einer Vereinfachung führt. Das schweizerische Schuldbetreibungs- und Konkursgesetz sieht zwar in seinen Artikeln 244 bis 250 ein schriftliches Prüfungsverfahren vor. Gemäß Artikel 247 Abs. 1 Satz 2 dieses Gesetzes ist der nach Prüfung der angemeldeten Forderungen durch die Konkursverwaltung aufgestellte sogenannte Kollokationsplan durch den Gläubigerausschuß zu genehmigen oder erforderlichenfalls binnen einer verlängerbaren Frist von drei Tagen abzuändern. In den Artikeln 249 und 250 des genannten Gesetzes ist sodann im einzelnen die Auslegung des Kollokationsplanes durch den Verwalter und eine besondere Anzeige an alle betroffenen Gläubiger vorgesehen; jeder dieser Gläubiger hat die Möglichkeit, den Kollokationsplan anzufechten. Im übrigen ist das Verfahren des schweizerischen Schuldbetreibungs- und Konkursgesetzes trotz des schriftlichen Prüfungsverfahrens auf mehrere Gläubigerversammlungen angelegt.

Zu Nummer 6

Die Bundesregierung stimmt dem Vorschlag zu.

Zu Nummer 7

Die Bundesregierung stimmt dem Vorschlag zu.

Zu Nummer 8

Die Bundesregierung stimmt dem Vorschlag zu.

Zu Nummer 9

Die Bundesregierung stimmt dem Vorschlag zu.

Zu Nummer 10

Die Bundesregierung hält die in Satz 1 vorgeschlagenen Klarstellungen nicht für erforderlich und widerspricht der in Satz 2 vorgeschlagenen Änderung.

Zu Satz 1

Der Entwurf regelt in den §§ 62 bis 64, welche Gläubiger als Massegläubiger vorweg zu befriedigen sind. Die Rangfolge dieser Gläubiger ist in § 321 im **[im folgenden: BT-Drs. 12/2443, S. 263]** Zusammenhang mit der Einstellung des Verfahrens nach Masseunzulänglichkeit geregelt, da diese Rangfolge nur bei Masseunzulänglichkeit von Bedeutung ist. Darüber hinaus wird in einigen Einzelvorschriften klargestellt, daß bestimmte dort näher geregelte Verbindlichkeiten als Masseverbindlichkeiten aus der Insolvenzmasse zu erfüllen sind; dies gilt insbesondere für die Verpflichtungen zur Auslagenerstattung, zur Vergütung und zur Unterhaltsleistung an den Schuldner (§§ 113 bis 115 des Entwurfs), für Verbindlichkeiten aus einem Sozialplan (§ 141 Abs. 2 Satz 1 des Entwurfs) und für Ausgleichszahlungen an dinglich gesicherte Gläubiger (§§ 188, 190 Abs. 2, § 194 Abs. 3, § 197 Abs. 1 des Entwurfs). Die Vorschriften über den Unterhalt aus der Masse (§ 114 des Entwurfs) und den Umfang des Sozialplans (§ 141 des Entwurfs) enthalten zusätzlich Regelungen, die gewährleisten, daß diese Verbindlichkeiten bei Massearmut gekürzt werden oder ganz wegfallen. All diese Einzelvorschriften können aus dem jeweiligen Sachzusammenhang kaum herausgenommen werden, ohne das Verständnis der Regelungen zu erschweren.

Zu Satz 2

Der Vorrang der Verfahrenskosten vor allen übrigen Masseverbindlichkeiten ist notwendiger Regelungsbestandteil für ein zentrales Reformziel, die Erleichterung der Verfahrenseröffnung. Ein Verfahren soll bereits dann eröffnet werden können, wenn eine Masse vorhanden ist, mit der zwar die Kosten, nicht aber die übrigen Masseverbindlichkeiten gedeckt werden können. Dies läßt sich nur erreichen, wenn den Verfahrenskosten der erste Rang eingeräumt wird. Diese Regelung bedeutet gegenüber § 60 Abs. 1 Nr. 1 KO einen wesentlichen Fortschritt und kommt den Beteiligten selbst dann zugute, wenn nur eine zeitlich begrenzte Eröffnung möglich ist (vgl. die allgemeine Begründung zum Entwurf unter A. 4. b), bb).

Zu Nummer 11

Die Bundesregierung wird das Anliegen des Bundesrates prüfen, soweit es Beschäftigte betrifft, die bisher von § 59 Abs. 1 Nr. 3 KO erfaßt werden, aber nicht durch das Konkursausfallgeld gesichert sind. Im übrigen hält die Bundesregierung gesetzgeberische Maßnahmen im Rahmen der Insolvenzordnung oder in anderen Bereichen nicht für erforderlich.

Ein kleiner, bisher durch Vorzugsrechte im Konkurs geschützter Personenkreis hat keinen Anspruch auf Konkursausfallgeld. Es handelt sich insbesondere um Hausgewerbetreibende, Zwischenmeister und Heimarbeitern gleichgestellte Personen (jeweils im Sinne von § 12 SGB IV). Für diesen Personenkreis wird die Bundesregierung im weiteren Verlauf des Gesetzgebungsverfahrens erneut prüfen, ob ein Ausgleich möglich ist.

Im übrigen kann den Arbeitnehmern der Wegfall der Vorzugsstellung nach § 59 Abs. 1 Nr. 3 KO im Rahmen der Gesamtreform zugemutet werden. Die wesentlichen Lohnrückstände sind durch das Konkursausfallgeld abgesichert, woran durch die Insolvenzrechtsreform nichts geändert werden soll. Für alle Beschäftigten wird sich positiv auswirken, daß die Tendenz des geltenden Konkursrechts zur Zerschlagung insolventer Unternehmen beseitigt wird und daß in einem einheitlichen Verfahren die Chancen für die Sanierung von Unternehmen und die Erhaltung von Arbeitsplätzen gewahrt bleiben. Für den Sozialplan werden die Grenzen des geltenden Sozialplangesetzes beibehalten; die Sozialplanansprüche werden als Masseforderungen eingeordnet und dadurch noch besser abgesichert.

Zu Nummer 12

Die Bundesregierung hält die vorgeschlagene Ergänzung des § 66 Satz 2 nicht für erforderlich. In § 65 Abs. 1 des Entwurfs ist als allgemeiner Grundsatz festgelegt, daß zum Insolvenzverwalter eine geschäftskundige, unabhängige Person zu ernennen ist. Aus dem Zusammenhang der Regelung ergibt sich ohne weiteres, daß dieser Grundsatz auch zur Auslegung des Wortes „geeignet" in § 66 Satz 2 heranzuziehen ist.

Zu Nummer 13

Die Bundesregierung widerspricht dem Vorschlag.

Die Zustimmung des Bundesrates zu der Vergütungsverordnung vorzusehen, ist gemäß Artikel 80 Abs. 2 Grundgesetz nicht zwingend geboten, sondern nur möglich. Die Bundesregierung sieht keine Veranlassung, die Zustimmungsbedürftigkeit vorzusehen.

Der Sachverstand der Insolvenzpraxis kann und wird auch ohne die vorgeschlagene Änderung Berücksichtigung finden. Die Vorbereitung der derzeit geltenden Vergütungsverordnung für Konkursverwalter, an der die Landesjustizverwaltungen von Anfang an beteiligt waren, hat dies bewiesen.

Der Wortlaut von § 85 Abs. 2 und § 91 Abs. 2 KO hat in diesem Zusammenhang keine Aussagekraft. Die dort vorgesehene Ermächtigung der Landesjustizverwaltungen ist in der Folge der Neugliederung des Reichs im Jahre 1934 auf den Reichsminister der Justiz und nach Inkrafttreten des Grundgesetzes auf den Bundesminister der Justiz übergegangen. Dies ist allgemein anerkannt und war 1960 im Zusammenhang mit dem Erlaß der Vergütungsverordnung für Konkursverwalter noch nicht einmal als Zweifelsfall im Sinne von Artikel 129 Abs. 1 Satz 2 Grundgesetz angesehen worden.

Zu Nummer 14

Die Bundesregierung hält die vorgeschlagene Ergänzung nicht für zweckmäßig.

Eine Ersetzung der öffentlichen Bekanntmachung durch die Zustellung an alle bekannten Gläubiger würde insbesondere im Hinblick auf den Lauf der **[im folgenden: BT-Drs. 12/2443, S. 264]** Beschwerdefrist zu Unsicherheiten führen. Für jeden Beschwerdeberechtigten würde eine eigene Beschwerdefrist laufen. Dies könnte bei Zustellungsproblemen, die in der Praxis nicht selten sind, und bei Gläubigern, deren Anschrift dem Gericht nicht bekannt ist, dazu führen, daß einzelne Beschwerdeberechtigte unter Umständen noch nach Monaten zulässigerweise Beschwerde gegen die Vergütungsfestsetzung einlegen könnten. Demgegenüber beginnt bei der im Entwurf vorgesehenen öffentlichen Bekanntmachung gemäß § 6 Abs. 2 Satz 1, zweiter Fall, i.V.m. § 9 Abs. 3 für alle Beschwerdeberechtigten einheitlich die Beschwerdefrist zwei Tage nach der Veröffentlichung. So ist gewährleistet, daß in angemessener Zeit Klarheit über die Verwaltervergütung besteht.

Im übrigen ist mit der vorgeschlagenen Änderung nicht zwingend eine Vereinfachung und Beschleunigung des Verfahrens verbunden. Die vorgesehene Ermessensentscheidung und jederzeit denkbare Rückläufe bei Zustellungen können erheblich gerichtsbelastender sein als die ausnahmslose Veranlassung einer öffentlichen Bekanntmachung.

Zu Nummer 15

Die Bundesregierung stimmt dem Vorschlag zu.

Zu Nummer 16

Die Bundesregierung stimmt dem Vorschlag zu.

Zu Nummer 17

Die Bundesregierung hält die vorgeschlagene Ergänzung aus den zu Nummer 14 ausgeführten Gründen nicht für zweckmäßig.

Zu Nummer 18

Die Bundesregierung hält das vom Bundesrat verfolgte Anliegen im Kern für begründet.

Die vom Bundesrat vorgeschlagene Ergänzung von § 112 des Entwurfs birgt jedoch die Gefahr in sich, daß sich die Postsperre ohne vorherige Anhörung des Schuldners als Regelfall herausbildet. Dies ist im Hinblick auf das Grundrecht des Briefgeheimnisses (Artikel 10 Grundgesetz) bedenklich. Ein Eingriff in diesen grundrechtlich geschützten Bereich ist ohne vorherige Anhörung des Betroffenen nämlich nach der Rechtsprechung des Bundesverfassungsgerichts (BVerfGE 9, 89, 98 und 18, 399, 404 m. w. N.) nur zulässig, wenn dies an enge Voraussetzungen gebunden und unabweisbar ist, um nicht den Zweck der Maßnahme zu gefährden. Die vom Bundesrat vorgeschlagene Formulierung ist vor dem Hintergrund dieser Voraussetzungen wohl auch unabhängig von der oben angesprochenen Gefahr zu weit gefaßt.

Die Bundesregierung schlägt vor, dem Anliegen des Bundesrates durch folgende Änderungen bzw. Ergänzungen von § 112 des Entwurfs Rechnung zu tragen:

In § 112 Abs. 1 Satz 1 sind nach den Worten „von Amts wegen" folgende Worte zu ergänzen:

„durch begründeten Beschluß".

In § 112 Abs. 1 Satz 2 sind die Worte „durch begründeten Beschluß" durch folgende Worte zu ersetzen:

„, sofern dadurch nicht wegen besonderer Umstände des Einzelfalles der Zweck der Anordnung gefährdet wird; unterbleibt die vorherige Anhörung des Schuldners, so ist dies in dem Beschluß gesondert zu begründen und die Anhörung unverzüglich nachzuholen."

Zu Nummer 19

Die Bundesregierung sieht keinen Widerspruch zwischen § 126 und § 137 des Entwurfs.

Bei den in § 126 genannten Miet- und Pachtverhältnissen kann der andere Teil – was auch der Bundesrat für sinnvoll erachtet – bereits nach Stellung des Eröffnungsantrages nicht mehr wegen einer Verschlechterung der Vermögensverhältnisse des Schuldners oder wegen Verzuges mit der Entrichtung des Miet- oder Pachtzinses, der in der Zeit vor dem Eröffnungsantrag eingetreten ist, kündigen. Allgemein für gegenseitige Verträge sieht § 137 Abs. 2 vor, daß Vertragsklauseln unwirksam sind, die für den Fall der Eröffnung des Insolvenzverfahrens die Vertragsauflösung oder ein Kündigungsrecht vorsehen, und daß nach der Eröffnung des Verfahrens ein Kündigungsrecht für den Fall einer Verschlechterung der Vermögensverhältnisse des Vertragspartners nicht mehr ausgeübt werden kann. Für die Zeit vor der Eröffnung des Insolvenzverfahrens enthält § 137 keine Regelung. Insoweit wird er durch § 126 ergänzt.

Zu Nummer 20

Zu Buchstabe a

Die Bundesregierung hält die vorgeschlagene Änderung zur Zeit nicht für angebracht.

§ 127 Abs. 1 schafft einen Interessenausgleich zwischen den Gläubigern eines insolventen Arbeitgebers, deren Befriedigungsaussichten durch die Möglichkeit einer kurzfristigen Entlassung nicht mehr benötigter Arbeitnehmer erhöht werden, und den Arbeitnehmern, die ein berechtigtes Interesse an möglichst langen Kündigungsfristen haben. Dieser Interessenausgleich orientiert sich an dem gesetzlich vorgegebenen Mindestschutz für Arbeitnehmer, indem die Kündigung mit der gesetzlichen Frist für zulässig erklärt wird. Dadurch ist zugleich im Interesse der Rechtssicherheit ein einheitlicher Maßstab für alle Unternehmen gewährleistet. Ob es erforderlich und sinnvoll ist, im Anschluß an die gegenwärtige Rechtsprechung des Bundesarbeitsgerichts (BAGE 46, 206 ff., 209 f.) tarifvertragliche Kündigungsfristen **[im folgenden: BT-Drs. 12/2443, S. 265]** den gesetzlichen Kündigungsfristen gleichzustellen, hängt nicht zuletzt von der konkreten Neuregelung der Kündigungsfristen ab, die nach der Entscheidung des Bundesverfassungsgerichts vom 30. Mai 1990 (NJW 1990, 2246 ff., 2249) bis zum 30. Juni 1993 zu erfolgen hat. Die Erforderlichkeit einer Änderung von § 127 Abs. 1 Satz 1 des Entwurfs wird daher im Zusammenhang mit der Neuregelung der Kündigungsfristen für Angestellte und Arbeiter zu prüfen sein.

Zu Buchstabe b

Die Bundesregierung widerspricht dem Änderungsvorschlag des Bundesrates.

Zur effektiven Durchführung von Insolvenzverfahren ist es unabdingbar sicherzustellen, daß Unklarheiten über die Wirksamkeit der Kündigung von Arbeitsverhältnissen möglichst schnell beseitigt werden. Um dies zu gewährleisten, muß der unter Umständen unumgänglichen gerichtlichen Klärung von Zweifelsfragen eine enge zeitliche Grenze gesetzt werden. Unter dieser Voraussetzung kann das materielle Kündigungsschutzrecht in allen wesentlichen Punkten auch für das Insolvenzverfahren unverändert bleiben.

Die Frist von drei Wochen, die aus § 4 Kündigungsschutzgesetz übernommen ist, dürfte auch im Bereich des Sonderkündigungsschutzes regelmäßig ohne besondere Schwierigkeiten einzuhalten sein; war im Einzelfall dem Arbeitnehmer die Wahrung der Frist unmöglich, so ist auch eine verspätete Klage zuzulassen (§ 127 Abs. 2 Satz 2 des Entwurfs in Verbindung mit § 5 Kündigungsschutzgesetz). Soweit die Kündigung der Zustimmung einer Behörde bedarf – wie bei Schwerbehinderten –, läuft die Frist ohnehin erst von der Bekanntgabe der Entscheidung der Behörde an den Arbeitnehmer ab (§ 127 Abs. 2 Satz 2 des Entwurfs in Verbindung mit § 4 Satz 4 Kündigungsschutzgesetz).

Zu Nummer 21

Die Bundesregierung widerspricht der vorgeschlagenen Änderung.

Das Ziel des § 140 des Entwurfs ist es, die zügige Durchführung einer aus wirtschaftlichen Gründen unabdingbaren Betriebsänderung zu ermöglichen. Eine Verlängerung der für die Verhandlungen vorgesehenen Frist von drei Wochen, zu der noch die Zeit des Verfahrens vor dem Arbeitsgericht hinzukommt, würde den gewünschten Erfolg beeinträchtigen.

Zu Nummer 22

Die Bundesregierung hält die vorgeschlagene Ergänzung nicht für erforderlich.

Daß das Recht des Insolvenzverwalters und des Betriebsrats, die Einigungsstelle mit dem Ziel des Abschlusses eines Sozialplans anzurufen, unberührt bleibt, ergibt sich deutlich genug aus dem Zusammenhang der Regelung. Eine pauschale Inbezugnahme der §§ 112 ff. Betriebsverfassungsgesetz könnte zudem zu Mißverständnissen führen, da diese Vorschriften im Insolvenzverfahren nur mit den in den §§ 139 bis 143 des Entwurfs enthaltenen Abweichungen gelten sollen.

Zu Nummer 23

Die Bundesregierung hält den Vorschlag nicht für zweckmäßig.

Die Regelung in § 143 Abs. 2 ist zur Beseitigung von Unklarheiten nützlich. Wenn dem Betriebsrat daran gelegen ist, die Wirksamkeit des Rahmensozialplans für den Fall der Betriebsveräußerung einzuschränken, kann er seine Zustimmung davon abhängig machen, daß eine entsprechende Einschränkung in den Plan aufgenommen wird.

Zu Nummer 24

Die Bundesregierung widerspricht der vorgeschlagenen Änderung.

Die Anfechtbarkeit von Rechtshandlungen, die sich auf Immobilien beziehen, ist im Entwurf bewußt an schärfere Voraussetzungen geknüpft als die Anfechtbarkeit anderer Rechtshandlungen. Der besondere Verkehrsschutz für Grundstücksrecht soll auch nicht mittelbar gefährdet werden. Zwar ist richtig, daß die für die Anfechtbarkeit nach § 145 des Entwurfs entscheidenden Tatsachen der Zahlungsunfähigkeit und des Eröffnungsantrags nicht aus dem Grundbuch ersichtlich sind. Das Vertrauen des Rechtsverkehrs auf die Wirksamkeit ordnungsgemäß vollzogener Grundstücksgeschäfte würde dennoch leiden, wenn schon die grob fahrlässige Unkenntnis des Vertragspartners von einer dieser Tatsachen dazu führen könnte, daß der Bestand des Geschäfts nachträglich in Frage gestellt wird.

Zu Nummer 25

Die Bundesregierung widerspricht der vorgeschlagenen Änderung.

§ 148 des Entwurfs ermöglicht die Anfechtung von Rechtshandlungen, die schon bis zu zehn Jahre zurückliegen. Vor diesem Hintergrund muß das Interesse an Masseanreicherung durch Verschärfung des Anfechtungsrechts besonders sorgfältig gegen den erforderlichen Schutz des Rechtsverkehrs abgewogen werden. Die Neuregelung in § 148 Abs. 1 Satz 2 des Entwurfs schafft bereits mit der Beweislastumkehr für die Kenntnis des anderen Teils eine wesentliche Erleichterung. Eine gesetzliche Vermutung auch noch für den Benachteiligungsvorsatz des Schuldners brächte die Gefahr eines Ungleichgewichts zu Lasten der Rechtssicherheit mit sich. Es sollte nach wie vor der gerichtlichen Praxis überlassen bleiben, im Einzelfall, gegebenenfalls an Hand von Indizien, fest- zu-[im folgenden: BT-Drs. 12/2443, S. 266]stellen, ob ein Benachteiligungsvorsatz des Schuldners vorlag.

Zu Nummer 26

Die Bundesregierung stimmt den Vorschlägen zu.

Zu Nummer 27

Die Bundesregierung hält die vorgeschlagene Ergänzung von § 231 nicht für erforderlich.

Bei sinnvoller, interessengerechter Auslegung erlaubt bereits die gegenwärtige Fassung des § 231 Abs. 1 des Entwurfs, die Anordnung einer Nachtragsverteilung aufzuschieben, wenn nach Lage der Dinge nicht abzusehen ist, daß die Voraussetzungen einer Nachtragsverteilung in absehbarer Zeit erneut eintreten werden und kein besonderes Interesse an einer sofortigen Anordnung ersichtlich ist. Die Vorschrift bietet in ihrer derzeitigen Fassung einen flexiblen Rahmen, der an die Erfordernisse des Einzelfalles angepaßt werden kann. Bei der Formulierung eines konkreten Aussetzungstatbestandes bestünde die Gefahr, daß dieser flexible Rahmen eher eingeschränkt als erweitert wird.

Zu Nummer 28

Die Bundesregierung sieht keine Vorteile darin, ein selbständiges Restschuldbefreiungsverfahren einzuführen.

Beweggrund des Bundesrates für die Bitte, diese Möglichkeit zu prüfen, ist offenbar die Suche nach einer kostengünstigeren Alternative zum verwalterlosen Verfahren, dessen Streichung der Bundesrat fordert (Nummer 39). Ein selbständiges Restschuldbefreiungsverfahren müßte sich jedoch in seiner Ausgestaltung der Restschuldbefreiung im Rahmen eines Insolvenzverfahrens derart annähern, daß eine Kostenersparnis nicht zu erwarten wäre. Beispielhaft sei nur erwähnt, daß die Ermittlung des gegenwärtigen Vermögens und des laufenden Einkommens des Schuldners und die Feststellung seiner Verbindlichkeiten in einem selbständigen Restschuldbefreiungsverfahren nicht weniger aufwendig sein dürften als bei der vorgesehenen Restschuldbefreiung im Rahmen eines Insolvenzverfahrens. Auch ein gesetzlicher Rahmen für einen Insolvenzplan (Schuldenbereinigungsplan) müßte vorgesehen werden, um dem Schuldner die Möglichkeit einer Restschuldbefreiung ohne eine gesetzliche Wohlverhaltensfrist zu erhalten.

Zusätzlichen Bedenken begegnet die Erwägung des Bundesrates, anstelle der Gerichte andere Stellen – etwa der Sozialhilfebehörden – mit der Restschuldbefreiung zu betrauen. Es erscheint nicht sachgerecht, die Entscheidung über die Restschuldbefreiung mit ihren für den Schuldner und für die Gläubiger erheblichen Konsequenzen von den Gerichten auf Verwaltungsbehörden zu verlagern. Außerdem belasten diese anderen Stellen die öffentlichen Haushalte ebenso wie die Gerichte.

Die vom Bundesrat weiter aufgeworfene Frage, ob ein Insolvenzverfahren voraussetzt, daß der Schuldner mehrere Gläubiger hat, dürfte kaum praktische Bedeutung haben. Ein Schuldner, der zahlungsunfähig ist und die Eröffnung eines Insolvenzverfahrens erreichen will, wird keine Schwierigkeiten haben, offene Verbindlichkeiten gegenüber mehreren Personen nachzuweisen.

Zu Nummer 29

Dieses Anliegen des Bundesrates ist weitgehend durch das verwalterlose Verfahren der §§ 347 bis 357 des Entwurfs erfüllt. In einem solchen Verfahren sind bei Vermögenslosigkeit des Schuldners nur geringe Gerichtskosten und die Mindestvergütung des Treuhänders zu erheben. Auch ein Schuldner mit sehr niedrigem Einkommen wird regelmäßig diese Beträge aufbringen können.

Der Bundesrat setzt sich allerdings mit diesem Anliegen in Widerspruch zu seinem Antrag Nr. 39. Einerseits lehnt er das verwalterlose und damit für Kleinverbraucher möglichst kostengünstige Verfahren als zu gerichtsbelastend und damit für die öffentlichen Haushalte zu teuer ab; andererseits fordert er eine Verfahrensvariante mit einer noch weitergehenden finanziellen Belastung der öffentlichen Haushalte, indem er im Bedarfsfalle die Befreiung des Schuldners von sämtlichen Verfahrenskosten befürwortet.

Dem Wunsch des Bundesrates nach Beibehaltung des Verwalters einerseits und finanzieller Entlastung des Schuldners andererseits könnte letztlich nur dadurch entsprochen werden, daß eine Prozeßkostenhilfe für Kleininsolvenzen eingeführt würde, die sämtliche Verfahrenskosten einschließlich der Kosten für Insolvenzverwalter und Treuhänder umfaßte. Diese Lösung würde aber die öffentlichen Haushalte erheblich stärker belasten als die Regelungen des Entwurfs.

Zu Nummer 30

Die Bundesregierung hält die angesprochenen gesetzlichen Regelungen nicht für erforderlich.

Die Aufgaben des Treuhänders sind in § 241 des Entwurfs klar geregelt. Eine besondere Berufsausbildung soll für die Tätigkeit als Treuhänder nicht verlangt werden. Vielmehr soll das Gericht die Freiheit haben, eine Person auszuwählen, die es für dieses Amt als geeignet ansieht; gerade dies eröffnet die Möglichkeit, eine Person zu bestellen, die bereit ist, das Amt unentgeltlich auszuüben. Auch die Auswahl des Insolvenzverwalters wird sowohl im geltenden Recht als auch im Entwurf in dieser Weise in das Ermessen des Gerichts gestellt.

[im folgenden: BT-Drs. 12/2443, S. 267]

Zu Nummer 31

Die Bundesregierung stimmt den Vorschlägen mit der Maßgabe zu, daß Buchstabe c lauten sollte:

c) In Nummer 3 sind die Worte „nicht früher als zehn Jahre vor dem Antrag auf Eröffnung des Insolvenzverfahrens" durch die Worte „in den letzten zehn Jahren vor dem Antrag auf Eröffnung des Insolvenzverfahrens oder nach diesem Antrag" zu ersetzen.

Zu Nummer 32

Die Bundesregierung widerspricht der vorgeschlagenen Ergänzung.

Die Frage, ob und wann der Schuldner eine Schuldnerberatungsstelle aufsucht, sollte nicht – auch nicht ansatzweise – reglementiert werden, sondern der freien Entscheidung des Schuldners überlassen bleiben. Die Notwendigkeit der Beratung und evtl. Betreuung des Schuldners wird sich im Bedarfsfalle diesem selbst, dem Gericht, dem Insolvenzverwalter, dem Treuhänder oder den

Gläubigern auch ohne „gesetzliche Mahnung" aufdrängen. Ohne jede gesetzliche Vorgaben ist am ehesten gewährleistet, daß sich bedarfsorientierte und effektive Beratungs- und Betreuungsformen herausbilden.

Außerdem wäre für Hinweise der vom Bundesrat vorgeschlagenen Art eher das Gericht als der Treuhänder zuständig. Für das Gericht ist aber bereits in § 139 Abs. 1 ZPO, der gemäß § 4 des Entwurfs für das Insolvenzverfahren entsprechend gilt, eine allgemeine Hinweispflicht angelegt. Es kann und sollte dem Gericht überlassen bleiben zu beurteilen, ob im Einzelfall die Aufklärung des Schuldners über bestimmte Beratungsmöglichkeiten von dieser Hinweispflicht umfaßt ist.

Zu Nummer 33

Die Bundesregierung hält die erwogene Ergänzung der Regelung des Entwurfs nicht für zweckmäßig.

Das Verfahren zur Erlangung der Restschuldbefreiung ist im Entwurf so ausgestaltet, daß es das Gericht, den Treuhänder und die Gläubiger so wenig wie möglich belastet. Ob der Schuldner seine Obliegenheiten erfüllt, soll an Hand klarer Kriterien leicht feststellbar sein. Diesem Ziel würde es widersprechen, den Schuldner zu verpflichten, bei „überdurchschnittlich erfolgreicher" gewerblicher Tätigkeit oder nach dem Empfang von Geschenken zusätzliche Zahlungen an den Treuhänder zu leisten. Die Feststellung des Umfangs der vom Schuldner zu erbringenden Leistungen würde erhebliche Schwierigkeiten bereiten. Im übrigen wäre es für den Schuldner oft leicht, dafür zu sorgen, daß ihm die entsprechenden Gewinne oder Geschenke erst nach Ablauf der siebenjährigen Wohlverhaltensperiode zuflössen.

Zu Nummer 34

Die Bundesregierung stimmt den Vorschlägen zu.

Zu Nummer 35

Die Bundesregierung widerspricht den vorgeschlagenen Änderungen.

§ 246 des Entwurfs ermöglicht eine Versagung der Restschuldbefreiung erst dann, wenn der Schuldner mindestens ein Jahr lang nichts oder nur einen ganz geringfügigen Betrag an den Treuhänder abgeführt hat und die Mindestvergütung für diesen Zeitraum auch während der Folgezeit von mindestens vier Wochen trotz zweimaliger Aufforderung nicht eingezahlt hat. Es erscheint nicht unbillig, einem Schuldner die Restschuldbefreiung zu versagen, der mehr als ein Jahr lang nicht einmal die geringe Zahlung leistet, die die Mindestvergütung des Treuhänders deckt, obwohl er über die Rechtsfolge belehrt ist.

Der Fall, daß der Treuhänder bereit ist, ohne Vergütung tätig zu sein, wird von der Regelung des Entwurfs befriedigend gelöst. Die Versagung der Restschuldbefreiung nach § 246 Abs. 1 setzt einen Antrag des Treuhänders voraus. Wer zur unentgeltlichen Tätigkeit bereit ist, wird diesen Antrag nicht stellen.

Zu Nummer 36

Die Bundesregierung widerspricht der vorgeschlagenen Änderung von § 250 Abs. 2 des Entwurfs.

Die Bürgen und die Mitschuldner können – wie die Hauptschuldner – im Rahmen eines eigenständigen Insolvenzverfahrens Restschuldbefreiung erlangen. Eine Privilegierung der Bürgen und Mitschuldner dergestalt, daß ihnen „automatisch" ohne ein besonderes Insolvenzverfahren Restschuldbefreiung gewährt wird, wenn der Hauptschuldner Restschuldbefreiung erlangt, ist nicht sachgerecht. Durch eine solche Privilegierung würden nämlich nicht nur bedürftige Personen, die sich wohlverhalten haben, sondern auch solche Bürgen und Mitschuldner begünstigt werden, die eine Restschuldbefreiung aufgrund ihrer finanziellen Verhältnisse nicht benötigen oder wegen ihres Verhaltens nicht verdienen. Dem jeweiligen Einzelfall kann man letztlich nur gerecht werden, wenn für jede mithaftende Person ein eigenständiges Restschuldbefreiungsverfahren im Rahmen eines Insolvenzverfahrens durchgeführt wird.

Die vom Bundesrat vorgenommene Begrenzung der vorgeschlagenen Änderung auf Verbraucherinsolvenzen einerseits und auf wirtschaftlich abhängige Ehegatten, Lebenspartner und Verwandte andererseits mindert diese Bedenken zwar, räumt sie aber nicht aus. Wenn die Einbeziehung einer mithaftenden Person in die Restschuldbefreiung einen eigenen Antrag auf Beteiligung am Verfahren und eine gesonderte Prüfung von Obliegenheitsverletzungen dieser Person voraussetzen sollte, wie dies am Schluß der Begründung des Änderungsvorschlags erwogen wird, ist kaum noch ersichtlich, inwiefern diese Lösung die [**im folgenden: BT-Drs. 12/2443, S. 268**] Restschuldbefreiung des Mitschuldners schneller und rationeller herbeiführen soll als zwei gesonderte Insolvenzverfahren. Es liegt näher, in einer solchen Lösung eine zusätzliche, die Gerichte belastende Komplikation des Verfahrensablaufs zu sehen.

Das in der Begründung zu dem Änderungsantrag ebenfalls angesprochene Problem der unangemessenen Einbeziehung mitteloser naher Angehöriger in ein für sie unübersehbares und nicht zu bewältigendes Haftungsrisiko gehört letztlich – wie auch die Begründung erkennen läßt – nicht in den Bereich des Insolvenzrechts, sondern in den des materiellen Zivilrechts. Es sollte in erster Linie mit Mitteln des Zivilrechts gelöst werden. Überlegungen und Gespräche mit dem Ziel, eine solche Lösung zu prüfen, sind bereits unabhängig von der Insolvenzrechtsreform im Gange.

Zu Nummer 37

Die Bundesregierung widerspricht der vorgeschlagenen Änderung.

Bei der Durchführung eines Insolvenzverfahrens ohne einen Insolvenzplan erhält nach dem Entwurf jeder Beteiligte den Anteil am wirtschaftlichen Ergebnis des Verfahrens, der ihm nach seiner Rechtsstellung außerhalb des Insolvenzverfahrens zusteht. Jeder Beteiligte muß die Möglichkeit haben, sich dagegen zu wehren, daß die Mehrheit ihm durch einen Insolvenzplan diesen wirtschaftlichen Wert entzieht oder schmälert. Die Wahrung dieser – auch durch Artikel 14 Grundgesetz geschützten – Rechtsposition durch einen Beteiligten kann nicht ohne weiteres als querulatorisch angesehen werden. Im übrigen bleibt es den an einem Insolvenzplan Interessierten unbenommen, in Fällen nur geringfügiger Benachteiligung eines Betroffenen Nachteil selbst durch geeignete Maßnahmen auszugleichen, um den Bestand des Insolvenzplans nicht zu gefährden (vgl. die Begründung zu § 298 des Entwurfs).

Die vorgeschlagene Änderung ist auch nicht als Konsequenz zu § 89 Abs. 1 des Entwurfs vorgegeben. § 89 Abs. 1 einerseits und § 298 des Entwurfs andererseits betreffen unterschiedliche Sachverhalte, die eine unterschiedliche Regelung erlauben. Bei den Beschlüssen der Gläubigerversammlung, auf die sich § 89 Abs. 1 bezieht, werden in erster Linie die Grundlagen des Verfahrensablaufs festgelegt, ohne daß dies unmittelbare Auswirkungen auf die Position der Beteiligten hätte. Der Insolvenzplan hingegen, auf den sich § 298 des Entwurfs bezieht, hat nicht nur mittelbare, sondern unmittelbare Wirkungen und kann den konkreten Verlust einer rechtlichen oder wirtschaftlichen Position bedeuten.

Daß § 298 des Entwurfs in seiner Formulierung von § 16 Abs. 5 Satz 3 GesO abweicht, ist richtig, sollte aber nach Auffassung der Bundesregierung nicht den Ausschlag geben.

Zu Nummer 38

DIe Bundesregierung stimmt dem Vorschlag zu.

In entsprechender Weise sollte dann auch die Formulierung des § 351 Abs. 1 Satz 2 des Entwurfs präzisiert werden. Diese Vorschrift sollte lauten:

„§ 92 Abs. 1 Satz 2, 3, Abs. 2, 3 und § 93 gelten entsprechend."

Zu Nummer 39

Die Bundesregierung widerspricht diesem Vorschlag.

Das verwalterlose Verfahren ist erforderlich, um Verbrauchern mit geringem Vermögen und niedrigem Einkommen eine sie finanziell möglichst wenig belastende und damit realistische Möglichkeit einzuräumen, Restschuldbefreiung im Rahmen eines Insolvenzverfahrens zu erlangen. Daß auch der Bundesrat dieses Ziel anerkennt, zeigt sein Antrag Nr. 29.

Dem Argument der Mehrbelastung der Gerichte ist entgegenzusetzen, daß es eine entsprechend effektive, kostengünstigere Alternative zur Erreichung des genannten Zweckes nicht gibt. So würde etwa die Einführung von Prozeßkostenhilfe für Kleininsolvenzen zwar dem Interesse des betroffenen Personenkreises ebenso gerecht werden können wie das verwalterlose Verfahren; sie würde aber erheblich höhere Kosten verursachen. Beispielhaft seien nur erwähnt die personellen und damit finanziellen Aufwendungen für das Bewilligungsverfahren und die Bezahlung des Insolvenzverwalters aus der Staatskasse. Das vom Bundesrat vorgeschlagene selbständige Restschuldbefreiungsverfahren stellt aus den zu Nummer 28 ausgeführten Gründen keine geeignete Lösung dar.

Durch die §§ 347 bis 357 werden die Gerichte auch nicht mit Aufgaben belastet, die dem Berufsbild der Richter und Justizbediensteten widersprechen. Insbesondere die Beratung und die evtl. erforderliche Betreuung der Schuldner liegen auch im Rahmen des verwalterlosen Verfahrens nicht bei den Gerichten, sondern bei den Rechtsanwälten, den Schuldnerberatern und den Sozialarbeitern. Die Möglichkeit der Beratung und Betreuung durch diese Stellen entkräftet auch die Befürchtung des Bundesrates, der Schuldner könnte durch das verwalterlose Verfahren überfordert werden.

Die Bundesregierung wird dem Anliegen des Bundesrates, die Mehrbelastung der Gerichte so gering wie möglich zu halten, in anderer Weise Rechnung zu tragen versuchen. Sie wird während des weiteren Gesetzgebungsverfahrens prüfen, ob im Insolvenzverfahren allgemein und in besonderen bei den Regelungen zur Restschuldbefreiung noch weitere Verfahrensvereinfachungen zur Entlastung der Gerichte und damit der öffentlichen Haushalte vorgenommen werden können.

[im folgenden: BT-Drs. 12/2443, S. 269]

Zu Nummer 40

Der Bitte des Bundesrates, die Auswirkungen der Anerkennung ausländischer Insolvenzverfahren auf die Vollstreckbarkeit öffentlich-rechtlicher Forderungen fremder Staaten zu erläutern, kommt die Bundesregierung wie folgt nach:

Ausländische öffentlich-rechtliche Forderungen können in einem inländischen Insolvenzverfahren nicht geltend gemacht werden. Dies gilt in gleicher Weise für das geltende und für das künftige Recht. Allgemein anerkannte Voraussetzung für die Berücksichtigung einer Forderung im Konkursverfahren ist, daß der Anspruch klagbar und mittels Zwangsvollstreckung in das Vermögen des Schuldners verfolgbar ist. Öffentlich-rechtliche Forderungen unterliegen dem Prinzip der Territorialität, d. h. sie können nur im Staat ihrer Entstehung – in dem Staat, in dem der Bescheid erlassen worden ist – gerichtlich geltend gemacht werden. Ausländische öffentlich-rechtliche Forderungen sind also im Inland nicht klagbar.

Das Internationale Insolvenzrecht des Entwurfs erkennt im Grundsatz den Auslandskonkurs und seine Wirkungen an (§§ 379, 384). Dies hat zur Folge, daß inländisches Vermögen zur Befriedigung ausländischer Forderungen in eine ausländische Insolvenzmasse gezogen werden kann. Das inländische Vermögen kann in diesem Fall auch der Befriedigung ausländischer öffentlich-rechtlicher Forderungen dienen.

Zur Vermeidung dieses Ergebnisses und zum Schutz der inländischen Gläubiger ermöglicht § 393 des Entwurfs die Eröffnung eines Sonderinsolvenzverfahrens über im Inland gelegenes Vermögen. Jeder Gläubiger, der in dem ausländischen Insolvenzverfahren voraussichtlich erheblich schlechter stehen wird als in einem inländischen Verfahren, kann ein solches Sonderinsolvenzverfahren über das Inlandsvermögen beantragen (vgl. § 396 Abs. 2 des Entwurfs).

Zu Nummer 41

Die Bundesregierung wird das Anliegen des Bundesrates bei den Arbeiten an internationalen Übereinkommen auf dem Gebiet des Insolvenzrechts, insbesondere bei der Vorbereitung eines Konkursübereinkommens im Rahmen der Europäischen Gemeinschaften, berücksichtigen.

Die Gleichstellung von Auslands- und Inlandsgläubigern in einem inländischen Insolvenzverfahren auch ohne Verbürgung der Gegenseitigkeit ist schon bisher gesetzlich anerkannt (vgl. § 5 KO, § 37 VerglO). Ausländische Insolvenzverfahren werden nach der Rechtsprechung des Bundesgerichtshofs im Inland ebenfalls anerkannt, ohne daß es auf eine Gegenseitigkeit ankommt. Ein Abgehen von diesen beiden Prinzipien würde gegenüber dem geltenden Konkurs- und Vergleichsrecht einen Rückschritt bedeuten, der insbesondere in der gegenwärtigen Entwicklung Europas in Richtung auf den Gemeinsamen Markt nicht vertretbar sein dürfte.

Das Ziel sollte daher darin bestehen, eine Diskriminierung inländischer Gläubiger in ausländischen Insolvenzverfahren zu verhindern. Dies läßt sich über internationale Übereinkommen auf dem Gebiet des Insolvenzrechts erreichen. Der deutsch-österreichische Konkursvertrag von 1979, das Konkursübereinkommen des Europarates von 1990 und die bisher vorliegenden Entwürfe für ein Konkursübereinkommen der Europäischen Gemeinschaften gehen jeweils von der Gleichbehandlung ausländischer und inländischer Gläubiger in allen Vertragsstaaten aus.

Kosten

Hinsichtlich der Kosten für Bund, Länder und Gemeinden ergeben sich aus der Gegenäußerung keine Änderungen.

Auch die Auswirkungen auf die Einzelpreise und das allgemeine Preisniveau werden nicht verändert. Bei den Vorschlägen des Bundesrates, denen die Bundesregierung zustimmt, handelt es sich im wesentlichen um redaktionelle Klarstellungen oder Änderungen, die zu einem sinnvolleren und vereinfachten Verfahrensablauf führen und sich allenfalls kostenentlastend auswirken können. Die zu Nummer 11 gegebene Prüfungszusage betrifft lediglich einen kleinen Personenkreis. Ein zusätzlicher Schutz für diesen Personenkreis wird keine meßbaren zusätzlichen kostenmäßigen Belastungen für die betroffene Wirtschaft bringen und insoweit auch keine preislichen Auswirkungen haben.

Anhang I 4

Deutscher Bundestag Drucksache 12/7302
12. Wahlperiode 19.04.94

Beschlußempfehlung und Bericht
des Rechtsausschusses (6. Ausschuß)

zu dem Gesetzentwurf der Bundesregierung
– Drucksache 12/2443 –

Entwurf einer Insolvenzordnung (InsO)

A. Problem

Das geltende Konkurs- und Vergleichsrecht ist weitgehend funktionsunfähig geworden: Dreiviertel aller Konkursanträge werden mangels Masse abgewiesen, Vergleichsverfahren finden kaum noch statt. Es fehlt ein Verfahren zur Entschuldung von natürlichen Personen. Überdies gilt in den neuen Ländern nach wie vor die Gesamtvollstreckungsordnung als Übergangsrecht zur innerdeutschen Rechtsangleichung.

B. Lösung

Mit der neuen Insolvenzordnung wird ein funktionsfähiges einheitliches Insolvenzverfahren zur Verfügung gestellt, das die bisherige Zweispurigkeit von Konkurs und Vergleich aufhebt, ein besonderes Verbraucherinsolvenzverfahren und eine gesetzliche Restschuldbefreiung einführt sowie die innerdeutsche Rechtseinheit auf dem Gebiet des Insolvenzrechts herstellt.

Die vom Rechtsausschuß zur Annahme empfohlene Fassung des Gesetzentwurfs basiert vor allem auf folgenden Zielsetzungen und Grundentscheidungen:

- Die Eröffnung des Insolvenzverfahrens wird erleichtert, u. a. durch eine Veränderung der Rangfolge der Masseverbindlichkeiten und durch eine Haftung der Geschäftsführer juristischer Personen für die Verfahrenskosten bei der Verletzung der Pflicht zum Insolvenzantrag. Ein Insolvenzverfahren soll nur eröffnet werden, wenn die Kosten des gesamten Verfahrens gedeckt sind. Es wird die Möglichkeit geschaffen, schon vor der Eröffnung die Chancen für die Sanierung eines insolventen Unternehmens zu prüfen.

- Der Schuldner kann mit dem Einverständnis der Gläubiger während des Insolvenzverfahrens verwaltungs- und verfügungsbefugt bleiben und lediglich unter die Aufsicht eines Sachwalters gestellt werden.

- Das Anfechtungsrecht zur Bekämpfung gläubigerschädigender Vermögensverschiebungen wird verschärft.

- Der Ablauf des Insolvenzverfahrens wird durch die Autonomie der Gläubiger bestimmt, die Gläubigerversammlung entscheidet über Liquidation, Sanierung des Schuldners oder übertragende Sanierung. Für Sanierungen steht das neue Rechtsinstrument des Insolvenzplans zur Verfügung.

- Die „besitzlosen Mobiliarsicherheiten" werden in das Insolvenzverfahren einbezogen, insbesondere durch ein Verwertungsrecht des Insolvenzverwalters und durch eine Beteiligung der gesicherten Gläubiger an den Kosten der Feststellung und Verwertung der Sicherheiten.

- Die allgemeinen Konkursvorrechte werden beseitigt.

- Der Sozialplan im Insolvenzverfahren wird innerhalb der Höchstgrenzen des geltenden Rechts gewährleistet.

- Der Schutz der Arbeitnehmer durch das Kündigungsschutzgesetz und den zwingenden Übergang der Arbeitsverhältnisse bei Betriebsveräußerungen (§ 613 a BGB) bleibt im Insolvenzverfahren erhalten. Um den praktischen Schwierigkeiten entgegenzuwirken, die sich aus der Anwendung dieser Normen im Insolvenzfall ergeben, werden verfahrensrechtliche Vereinfachungen eingeführt, insbesondere die Begrenzung der gerichtlichen Nachprüfung von Kündigungsvoraussetzungen sowie weitere Maßnahmen zur Beschleunigung des Verfahrensablaufs.

- Ein neu konzipiertes Verbraucherinsolvenzverfahren ist darauf ausgerichtet, außergerichtliche Verhandlungen zwischen Schuldnern und Gläubigern zu fördern. Wird die Eröffnung des Insolvenzverfahrens beantragt, so stellt das Gericht zunächst fest, ob das Einverständnis der Gläubiger mit einem Schuldenbereinigungsplan zu erreichen ist. Führt auch das Verfahren über den Schuldenbereinigungsplan nicht zum Erfolg, wird ein vereinfachtes Insolvenzverfahren durchgeführt. Daran schließt sich eine siebenjährige Wohlverhaltensperiode an, in der der Schuldner sein pfändbares Einkommen den Gläubigern zur Verfügung stellen muß und an deren Ende die gesetzliche Restschuldbefreiung für redliche Schuldner steht.

Einstimmige Annahme des Gesetzentwurfs in erheblich veränderter Fassung.

C. Alternativen

Annahme des Gesetzentwurfs in unveränderter Fassung.

D. Kosten

Nachteilige Auswirkungen auf das Steueraufkommen des Bundes, der Länder und der Gemeinden sind nicht zu erwarten.

Der Entwurf der Insolvenzordnung in der Fassung der Beschlußempfehlung wird insbesondere in zwei Bereichen zu einer stärkeren Belastung der Amtsgerichte als Insolvenzgerichte führen: Die Zahl der Fälle, in denen ein Verfahren mangels Masse nicht eröffnet werden kann, wird zurückgehen, und es werden zahlreiche Verbraucherinsolvenzverfahren durchgeführt werden. Durch die weitgehenden Verfahrensvereinfachungen und die Neugestaltung des Verbraucherinsolvenzverfahrens in der Beschlußempfehlung wird die Mehrbelastung der Gerichte jedoch im Vergleich zum Regierungsentwurf erheblich geringer sein.

Eine Entlastung der Gerichte wird sich im Bereich der Einzelzwangsvollstreckung ergeben. Außerdem werden im Rahmen des parallel beratenden Entwurfs des Einführungsgesetzes zur Insolvenzordnung die Registergerichte von dem Amtslöschungsverfahren für Gesellschaften, die ihren Jahresabschluß nicht offenlegen, entlastet. Bei den Gerichtskosten werden sich Mehreinnahmen für die Länder durch die größere Zahl der Verfahren und durch die – ebenfalls im Entwurf des Einführungsgesetzes enthaltene – Anhebung der Gerichtsgebühren für einen Gläubigerantrag auf Eröffnung des Insolvenzverfahrens ergeben.

Die Sozialhilfeleistungen werden in dem Maße zurückgehen, in dem es gelingt, die Schulden insolventer Personen durch einvernehmliche Regelungen oder durch die gesetzliche Restschuldbefreiung zu bereinigen und diesen Personen eine neue wirtschaftliche Existenz zu ermöglichen.

Im Ergebnis werden die Mehrbelastungen, die sich für die Haushalte der Länder aus der erforderlichen Stellenvermehrung bei den Insolvenzgerichten ergeben, nach Auffassung des Ausschusses durch Einsparungen und Mehreinnahmen in anderen Bereichen zu einem großen Teil wieder ausgeglichen.

Beschlußempfehlung

Der Bundestag wolle beschließen,
den Gesetzentwurf – Drucksache 12/2443 – in der aus der anliegenden Zusammenstellung ersichtlichen Fassung anzunehmen.

Bonn, den 13. April 1994

Der Rechtsausschuß

Horst Eylmann	**Hermanm Bachmaier**	**Joachim Gres**	**Detlef Kleinert (Hannover)**
Vorsitzender	**Dr. Eckhart Pick**	**Dr. Wolfgang Frhr. von Stetten**	
	Berichterstatter		

Anhang I 5

[im folgenden: BT-Drs. 12/7302, S. 5]

Zusammenstellung

des Entwurfs einer Insolvenzordnung (InsO)
– Drucksache 12/2443 –
mit den Beschlüssen des Rechtsausschusses (6. Ausschuß)

Entwurf	Beschlüsse des 6. Ausschusses
Der Bundestag hat das folgende Gesetz beschlossen:	Der Bundestag hat das folgende Gesetz beschlossen:
Insolvenzordnung (InsO)	**Insolvenzordnung (InsO)**
ERSTER TEIL **Allgemeine Vorschriften**	**ERSTER TEIL** **Allgemeine Vorschriften**
§ 1 **Ziele des Insolvenzverfahrens**	**§ 1** **Ziele des Insolvenzverfahrens**
(1) Das Insolvenzverfahren dient dazu, die Gläubiger eines Schuldners gemeinschaftlich zu befriedigen, indem das Vermögen des Schuldners verwertet und der Erlös verteilt wird. *(2) Die Interessen des Schuldners und seiner Familie sowie die Interessen der Arbeitnehmer des Schuldners werden im Verfahren berücksichtigt.* Dem redlichen Schuldner wird Gelegenheit gegeben, sich von seinen restlichen Verbindlichkeiten zu befreien. *Bei juristischen Personen und Gesellschaften ohne Rechtspersönlichkeit tritt das Verfahren an die Stelle der gesellschafts- oder organisationsrechtlichen Abwicklung.* *(3) Die Beteiligten können ihre Rechte in einem Insolvenzplan abweichend von den gesetzlichen Vorschriften regeln. Sie können insbesondere bestimmen, daß der Schuldner sein Unternehmen fortführt und die Gläubiger aus den Erträgen des Unternehmens befriedigt werden.*	Das Insolvenzverfahren dient dazu, die Gläubiger eines Schuldners gemeinschaftlich zu befriedigen, indem das Vermögen des Schuldners verwertet und der Erlös verteilt oder in einem Insolvenzplan eine abweichende Regelung insbesondere zum Erhalt des Unternehmens getroffen wird. Dem redlichen Schuldner wird Gelegenheit gegeben, sich von seinen restlichen Verbindlichkeiten zu befreien.
§ 2 **Amtsgericht als Insolvenzgericht**	**§ 2** unverändert
(1) Für das Insolvenzverfahren ist das Amtsgericht, in dessen Bezirk ein Landgericht seinen Sitz hat, als Insolvenzgericht für den Bezirk dieses Landgerichts ausschließlich zuständig. (2) Die Landesregierungen werden ermächtigt, zur sachdienlichen Förderung oder schnelleren Erledigung der Verfahren durch Rechtsverordnung andere oder zusätzliche Amtsgerichte zu Insolvenzgerichten zu bestimmen und die Bezirke der Insolvenzgerichte	

[im folgenden: BT-Drs. 12/7302, S. 6]

Entwurf	Beschlüsse des 6. Ausschusses
abweichend festzulegen. Die Landesregierungen können die Ermächtigung auf die Landesjustizverwaltungen übertragen.	
§ 3 **Örtliche Zuständigkeit**	**§ 3** unverändert
(1) Örtlich zuständig ist ausschließlich das Insolvenzgericht, in dessen Bezirk der Schuldner seinen allgemeinen Gerichtsstand hat. Liegt der Mittelpunkt einer selbständigen wirtschaftlichen Tätigkeit des Schuldners an einem anderen Ort, so ist ausschließlich das Insolvenzgericht zuständig, in dessen Bezirk dieser Ort liegt.	
(2) Sind mehrere Gerichte zuständig, so schließt das Gericht, bei dem zuerst die Eröffnung des Insolvenzverfahrens beantragt worden ist, die übrigen aus.	
§ 4 **Anwendbarkeit der Zivilprozeßordnung**	**§ 4** unverändert
Für das Insolvenzverfahren gelten, soweit dieses Gesetz nichts anderes bestimmt, die Vorschriften der Zivilprozeßordnung entsprechend.	
§ 5 **Verfahrensgrundsätze**	**§ 5** **Verfahrensgrundsätze**
(1) Das Insolvenzgericht hat von Amts wegen alle Umstände zu ermitteln, die für das Insolvenzverfahren von Bedeutung sind. Es kann zu diesem Zweck insbesondere Zeugen und Sachverständige vernehmen *und den Schuldner hören*.	(1) Das Insolvenzgericht hat von Amts wegen alle Umstände zu ermitteln, die für das Insolvenzverfahren von Bedeutung sind. Es kann zu diesem Zweck insbesondere Zeugen und Sachverständige vernehmen.
(2) Die Entscheidungen des Gerichts können ohne mündliche Verhandlung ergehen.	(2) unverändert
(3) Tabellen und Verzeichnisse können maschinell hergestellt und bearbeitet werden.	(3) unverändert
§ 6 **Sofortige Beschwerde**	**§ 6** **Sofortige Beschwerde**
(1) Die Entscheidungen des Insolvenzgerichts unterliegen nur in den Fällen einem Rechtsmittel, in denen dieses Gesetz die sofortige Beschwerde vorsieht.	(1) unverändert
(2) Die Beschwerdefrist beginnt mit der Verkündigung der Entscheidung oder, wenn diese nicht verkündet wird, mit deren Zustellung. Das Insolvenzgericht kann der Beschwerde abhelfen.	(2) unverändert
(3) Über die Beschwerde entscheidet das Landgericht. Seine Entscheidung wird erst mit der Rechtskraft wirksam. Das Landgericht kann jedoch die sofortige Wirksamkeit der Entscheidung anordnen.	(3) **Die Entscheidung des Landgerichts über Beschwerde** wird erst mit der Rechtskraft wirksam. Das Landgericht kann jedoch die sofortige Wirksamkeit der Entscheidung anordnen.

[im folgenden: BT-Drs. 12/7302, S. 7]

Entwurf	Beschlüsse des 6. Ausschusses
§ 7 **Weitere Beschwerde**	**§ 7** **Weitere Beschwerde**
(1) Gegen die Entscheidung des Landgerichts *findet* die sofortige weitere Beschwerde *statt. Sie kann nur* darauf gestützt *werden*, daß die Entscheidung auf einer Verletzung des Gesetzes beruht. Die §§ 550, 551, 561 und 563 der Zivilprozeßordnung gelten entsprechend.	(1) Gegen die Entscheidung des Landgerichts **läßt das Oberlandesgericht auf Antrag** die sofortige weitere Beschwerde **zu, wenn diese** darauf gestützt **wird**, daß die Entscheidung auf einer Verletzung des Gesetzes beruht, **und die Nachprüfung der Entscheidung zur Sicherung einer einheitlichen Rechtsprechung geboten ist. Für den Zulassungsantrag gelten die Vorschriften über die Einlegung der sofortigen weiteren Beschwerde entsprechend, für die Prüfung der Verletzung des Gesetzes** die §§ 550, 551, 561 und 563 der Zivilprozeßordnung.
(2) *Über die weitere Beschwerde entscheidet das Oberlandesgericht.*	(2) Will das Oberlandesgericht bei der Entscheidung **über die weitere Beschwerde in** einer Frage aus dem Insolvenzrecht von der auf weitere Beschwerde ergangenen Entscheidung eines anderen Oberlandesgerichts abweichen, so hat es die weitere Beschwerde dem Bundesgerichtshof zur Entscheidung vorzulegen. Ist über die Rechtsfrage bereits eine Entscheidung des Bundesgerichtshof ergangen, so gilt das gleiche, wenn das Oberlandesgericht von dieser Entscheidung abweichen will. Der Vorlagebeschluß ist zu begründen; ihm ist die Stellungnahme des Beschwerdeführers beizufügen.
(3) Will das Oberlandesgericht bei der Entscheidung einer Frage aus dem Insolvenzrecht von der auf weitere Beschwerde ergangenen Entscheidung eines anderen Oberlandesgericht abweichen, so hat es die weitere Beschwerde dem Bundesgerichtshof zur Entscheidung vorzulegen. Ist über die Rechtsfrage bereits eine Entscheidung des Bundesgerichtshofs ergangen, so gilt das gleiche, wenn das Oberlandesgericht von dieser Entscheidung abweichen will. Der Vorlagebeschluß ist zu begründen; ihm ist die Stellungnahme des Beschwerdeführers beizufügen.	(3) **Sind in einem Land mehrere Oberlandesgerichte errichtet, so kann die Entscheidung über die weitere Beschwerde in Insolvenzsachen von den Landesregierungen durch eine Rechtsverordnung einem der Oberlandesgerichte oder dem Obersten Landesgericht zugewiesen werden, sofern die Zusammenfassung der Rechtspflege in Insolvenzsachen, insbesondere der Sicherung einer einheitlichen Rechtsprechung, dienlich ist. Die Landesregierungen können die Ermächtigung auf die Landesjustizverwaltungen übertragen. Absatz 2 bleibt unberührt.**
§ 8 **Zustellungen**	**§ 8** **Zustellungen**
(1) Die Zustellungen *erfolgen* von Amts wegen, *und zwar* durch Aufgabe zur Post. Einer Beglaubigung des zuzustellenden Schriftstücks bedarf es nicht.	(1) Die Zustellungen **geschehen** von Amts wegen. **Sie können** durch Aufgabe zur Post **erfolgen**. Einer Beglaubigung des zuzustellenden Schriftstücks bedarf es nicht.
(2) An Personen, deren Aufenthalt unbekannt ist, wird nicht zugestellt. Haben sie einen zur Entgegennahme von Zustellungen berechtigten Vertreter, so wird dem Vertreter zugestellt.	(2) unverändert
	(3) **Das Insolvenzgericht kann den Insolvenzverwalter beauftragen, die Zustellungen durchzuführen.**

[im folgenden: BT-Drs. 12/7302, S. 8]

Entwurf	Beschlüsse des 6. Ausschusses
§ 9 **Öffentliche Bekanntmachung**	**§ 9** **Öffentliche Bekanntmachung**
(1) Die öffentliche Bekanntmachung erfolgt durch Veröffentlichung *im Bundesanzeiger; diese kann auszugsweise geschehen.* Dabei ist der Schuldner genau zu bezeichnen, insbesondere sind seine Anschrift und sein Geschäftszweig anzugeben. Die Bekanntmachung gilt als bewirkt, sobald nach dem Tag der Veröffentlichung im Bundesanzeiger zwei weitere Tage verstrichen sind.	(1) Die öffentliche Bekanntmachung erfolgt durch Veröffentlichung **in dem für amtliche Bekanntmachungen des Gerichts bestimmten** Blatt; die Veröffentlichung kann auszugsweise geschehen. Dabei ist der Schuldner genau zu bezeichnen, insbesondere sind seine Anschrift und sein Geschäftszweig anzugeben. Die Bekanntmachung gilt als bewirkt, sobald nach dem Tag der Veröffentlichung zwei weitere Tage verstrichen sind.
(2) Das Insolvenzgericht kann weitere und wiederholte Veröffentlichungen veranlassen.	(2) unverändert.
(3) Die öffentliche Bekanntmachung genügt zum Nachweis der Zustellung an alle Beteiligten, auch wenn dieses Gesetz neben ihr eine besondere Zustellung vorschreibt.	(3) unverändert
§ 10 **Anhörung des Schuldners**	**§ 10** unverändert
(1) Soweit in diesem Gesetz eine Anhörung des Schuldners vorgeschrieben ist, kann sie unterbleiben, wenn sich der Schuldner im Ausland aufhält und die Anhörung das Verfahren übermäßig verzögern würde oder wenn der Aufenthalt des Schuldners unbekannt ist. In diesem Fall soll ein Vertreter oder Angehöriger des Schuldners gehört werden.	
(2) Ist der Schuldner keine natürliche Person, so gilt Absatz 1 entsprechend für die Anhörung von Personen, die zur Vertretung des Schuldners berechtigt oder an ihm beteiligt sind.	
§ 11 *Haft*	**§ 11** entfällt
(1) Für die Anordnung von Haft durch das Insolvenzgericht gelten die §§ 904 bis 910, 913 der Zivilprozeßordnung entsprechend. Haft darf nicht angeordnet werden, wenn sie zu den Nachteilen, die durch die Verhaftung abgewendet werden sollen, außer Verhältnis steht.	
(2) Der Haftbefehl ist von Amts wegen aufzuheben, sobald die Voraussetzungen für die Anordnung von Haft nicht mehr vorliegen.	
(3) Gegen die Anordnung der Haft und gegen die Abweisung eines Antrags auf Aufhebung des Haftbefehls wegen Wegfalls seiner Voraussetzungen findet die sofortige Beschwerde statt.	
§ 12 *Arrest und einstweilige Verfügung*	**§ 12** entfällt
Zwangsvollstreckung im Sinne dieses Gesetzes ist auch die Vollziehung eines Arrests oder einer einstweiligen Verfügung.	

[im folgenden: BT-Drs. 12/7302, S. 9]

Entwurf	Beschlüsse des 6. Ausschusses
ZWEITER TEIL Eröffnung des Insolvenzverfahrens. Erfaßtes Vermögen und Verfahrensbeteiligte	**ZWEITER TEIL** Eröffnung des Insolvenzverfahrens. Erfaßtes Vermögen und Verfahrensbeteiligte
ERSTER ABSCHNITT Eröffnungsvoraussetzungen und Eröffnungsverfahren	ERSTER ABSCHNITT Eröffnungsvoraussetzungen und Eröffnungsverfahren
§ 13 **Zulässigkeit des Insolvenzverfahrens**	§ 13 **Zulässigkeit des Insolvenzverfahrens**
(1) Ein Insolvenzverfahren kann über das Vermögen jeder natürlichen und jeder juristischen Person eröffnet werden. Der nicht rechtsfähige Verein steht insoweit einer juristischen Person gleich.	(1) unverändert
(2) Ein Insolvenzverfahren ist ferner zulässig:	(2) Ein Insolvenzverfahren **kann** ferner eröffnet werden:
1. über das Vermögen einer Gesellschaft ohne Rechtspersönlichkeit (offene Handelsgesellschaft, Kommanditgesellschaft, Gesellschaft des Bürgerlichen Rechts, Partenreederei, Europäische wirtschaftliche Interessenvereinigung);	1. unverändert
2. über das Gesamtgut einer Gütergemeinschaft, das von den Ehegatten gemeinschaftlich verwaltet wird;	2. **nach Maßgabe der §§ 358 bis 378 b über einen Nachlaß, über das Gesamtgut einer fortgesetzten Gütergemeinschaft oder** über das Gesamtgut einer Gütergemeinschaft, das von den Ehegatten gemeinschaftlich verwaltet wird.
3. über einen Nachlaß oder das Gesamtgut einer fortgesetzten Gütergemeinschaft nach Maßgabe der §§ 358 bis 378.	
(3) Nach Auflösung einer juristischen Person oder einer Gesellschaft ohne Rechtspersönlichkeit *sowie nach Beendigung einer Gütergemeinschaft, deren Gesamtgut gemeinschaftlich verwaltet wurde*, ist die Eröffnung des Insolvenzverfahrens zulässig, solange die Verteilung des Vermögens nicht vollzogen ist.	(3) Nach Auflösung einer juristischen Person oder einer Gesellschaft ohne Rechtspersönlichkeit ist die Eröffnung des Insolvenzverfahrens zulässig, solange die Verteilung des Vermögens nicht vollzogen ist.
§ 14 **Juristische Personen des öffentlichen Rechts**	§ 14 unverändert
(1) Unzulässig ist das Insolvenzverfahren über das Vermögen	
1. des Bundes oder eines Landes;	
2. einer juristischen Person des öffentlichen Rechts, die der Aufsicht eines Landes untersteht, wenn das Landesrecht dies bestimmt.	

[im folgenden: BT-Drs. 12/7302, S. 10]

(2) Hat ein Land nach Absatz 1 Nr. 2 das Insolvenzverfahren über das Vermögen einer juristischen Person für unzulässig erklärt, so können im Falle der Zahlungsunfähigkeit oder der Überschuldung dieser juristischen Person deren Arbeitnehmer von dem Land die Leistungen verlangen,

Entwurf	Beschlüsse des 6. Ausschusses
die sie im Falle der Eröffnung eines Insolvenzverfahrens nach den Vorschriften des Arbeitsförderungsgesetzes über das Insolvenzausfallgeld vom Arbeitsamt und nach den Vorschriften des Gesetzes zur Verbesserung der betrieblichen Altersversorgung vom Träger der Insolvenzsicherung beanspruchen könnten.	
§ 15 **Eröffnungsantrag**	§ 15 unverändert
(1) Das Insolvenzverfahren wird nur auf Antrag eröffnet. Antragsberechtigt sind die Gläubiger und der Schuldner.	
(2) Der Antrag kann zurückgenommen werden, bis das Insolvenzverfahren eröffnet oder der Antrag rechtskräftig abgewiesen ist.	
§ 16 **Antrag eines Gläubigers**	§ 16 unverändert
(1) Der Antrag eines Gläubigers ist zulässig, wenn der Gläubiger ein rechtliches Interesse an der Eröffnung des Insolvenzverfahrens hat und seine Forderung und den Eröffnungsgrund glaubhaft macht.	
(2) Ist der Antrag zulässig, so hat das Insolvenzgericht den Schuldner zu hören.	
§ 17 **Antragsrecht bei juristischen Personen**	§ 17 **Antragsrecht bei juristischen Personen und Gesellschaften ohne Rechtspersönlichkeit**
(1) Zum Antrag auf Eröffnung des Insolvenzverfahrens über das Vermögen einer juristischen Person ist außer den Gläubigern jedes Mitglied des Vertretungsorgans und jeder Abwickler berechtigt.	(1) Zum Antrag auf Eröffnung eines Insolvenzverfahrens über das Vermögen einer juristischen Person **oder einer Gesellschaft ohne Rechtspersönlichkeit** ist außer den Gläubigern jedes Mitglied des Vertretungsorgans, **bei einer Gesellschaft ohne Rechtspersönlichkeit oder bei einer Kommanditgesellschaft auf Aktien jeder persönlich haftende Gesellschafter, sowie** jeder Abwickler berechtigt.
(2) Wird der Antrag nicht von allen Mitgliedern des Vertretungsorgans oder allen Abwicklern gestellt, so ist er zulässig, wenn der Eröffnungsgrund glaubhaft gemacht wird. Das Insolvenzgericht hat die übrigen Mitglieder oder Abwickler zu hören.	(2) Wird der Antrag nicht von allen Mitgliedern des Vertretungsorgans, **allen persönlich haftenden Gesellschaftern** oder allen Abwicklern gestellt, so ist er zulässig, wenn der Eröffnungsgrund glaubhaft gemacht wird. Das Insolvenzgericht hat die übrigen Mitglieder **des Vertretungsorgans, persönlich haftenden Gesellschafter** oder Abwickler zu hören.

[im folgenden: BT-Drs. 12/7302, S. 11]

(3) *Für die Kommanditgesellschaft auf Aktien gelten die Absätze 1 und 2 mit der Maßgabe, daß an die Stelle der Mitglieder des Vertretungsorgans die persönlich haftenden Gesellschafter treten.*	(3) **Ist bei einer Gesellschaft ohne Rechtspersönlichkeit kein persönlich haftender Gesellschafter eine natürliche Person, so gelten die Absätze 1 und 2 entsprechend für die organschaftlichen Vertreter und die Abwickler der**

Entwurf	Beschlüsse des 6. Ausschusses
	zur Vertretung der Gesellschaft ermächtigten Gesellschafter. Entsprechendes gilt, wenn sich die Verbindung von Gesellschaften in dieser Art fortsetzt.
§ 18 *Antragsrecht bei Gesellschaften ohne Rechtspersönlichkeit* *(1) Zum Antrag auf Eröffnung des Insolvenzverfahrens über das Vermögen einer Gesellschaft ohne Rechtspersönlichkeit ist außer den Gläubigern jeder persönlich haftende Gesellschafter und jeder Abwickler berechtigt.* *(2) wird der Antrag nicht von allen persönlich haftenden Gesellschaftern oder allen Abwicklern gestellt, so ist er zulässig, wenn der Eröffnungsgrund glaubhaft gemacht wird. Das Insolvenzgericht hat die übrigen persönlich haftenden Gesellschafter oder Abwickler zu hören.* *(3) Ist kein persönlich haftender Gesellschafter eine natürliche Person, so gelten die Absätze 1 und 2 entsprechend für die organschaftlichen Vertreter und die Abwickler der zur Vertretung der Gesellschaft ermächtigten Gesellschafter. Entsprechendes gilt, wenn sich die Verbindung von Gesellschaften in dieser Art fortsetzt.*	§ 18 entfällt
§ 19 *Antragsrecht beim Gesamtgut* *(1) Zum Antrag auf Eröffnung des Insolvenzverfahrens über ein gemeinschaftlich verwaltetes Gesamtgut ist jeder Gläubiger berechtigt, der die Erfüllung einer Verbindlichkeit aus dem Gesamtgut verlangen kann.* *(2) Antragsberechtigt ist auch jeder Ehegatte. Wird der Antrag nicht von beiden Ehegatten gestellt, so ist er zulässig, wenn der Eröffnungsgrund glaubhaft gemacht wird. Das Insolvenzgericht hat den anderen Ehegatten zu hören.*	§ 19 entfällt
§ 20 **Eröffnungsgrund** Die Eröffnung des Insolvenzverfahrens setzt voraus, daß ein Eröffnungsgrund gegeben ist.	§ 20 unverändert
§ 21 **Zahlungsunfähigkeit** (1) Allgemeiner Eröffnungsgrund ist die Zahlungsunfähigkeit. (2) Der Schuldner ist zahlungsunfähig, wenn er nicht in der Lage ist, die fälligen Zahlungsverpflichtungen zu erfüllen. Zahlungsunfähigkeit ist in der Regel anzunehmen, wenn der Schuldner seine Zahlungen eingestellt hat.	§ 21 unverändert

Entwurf	Beschlüsse des 6. Ausschusses
[im folgenden: BT-Drs. 12/7302, S. 12]	
§ 22 **Drohende Zahlungsunfähigkeit**	§ 22 **Drohende Zahlungsunfähigkeit**
(1) Beantragt der Schuldner die Eröffnung des Insolvenzverfahrens, so ist auch die drohende Zahlungsunfähigkeit Eröffnungsgrund.	(1) unverändert
(2) Der Schuldner droht zahlungsunfähig zu werden, wenn er voraussichtlich nicht in der Lage sein wird, die bestehenden Zahlungspflichten im Zeitpunkt der Fälligkeit zu erfüllen.	(2) unverändert
(3) *Dem Antrag des Schuldners steht gleich:* 1. bei einer juristischen Person oder einer Gesellschaft ohne Rechtspersönlichkeit der Antrag eines Mitglieds des Vertretungsorgans, eines persönlich haftenden Gesellschafters oder eines Abwicklers; 2. bei einem gemeinschaftlich verwalteten Gesamtgut der Antrag des Ehegatten.	(3) **Wird** bei einer juristischen Person oder einer Gesellschaft ohne Rechtspersönlichkeit der Antrag **nicht von allen Mitgliedern des Vertretungsorgans, allen persönlich haftenden Gesellschaftern oder allen Abwicklern gestellt, so ist** Absatz 1 **nur anzuwenden, wenn der oder die Antragsteller zur Vertretung der juristischen Person oder der Gesellschaft berechtigt sind.**
§ 23 **Überschuldung**	§ 23 **Überschuldung**
(1) Bei einer juristischen Person ist auch die Überschuldung Eröffnungsgrund.	(1) unverändert
(2) Überschuldung liegt vor, wenn das Vermögen des Schuldners die bestehenden Verbindlichkeiten nicht mehr deckt.	(2) Überschuldung liegt vor, wenn das Vermögen des Schuldners die bestehenden Verbindlichkeiten nicht mehr deckt. **Bei der Bewertung des Vermögens des Schuldners ist jedoch die Fortführung des Unternehmens zugrunde zu legen, wenn diese nach den Umständen überwiegend wahrscheinlich ist.**
(3) Ist bei einer Gesellschaft ohne Rechtspersönlichkeit kein persönlich haftender Gesellschafter eine natürliche Person, so gelten die Absätze 1 und 2 entsprechend. Dies gilt nicht, wenn zu den persönlich haftenden Gesellschaftern eine andere Gesellschaft gehört, bei der ein persönlich haftender Gesellschafter eine natürliche Person ist.	(3) unverändert
§ 24 **Auskunftspflicht im Eröffnungsverfahren**	§ 24 **Auskunftspflicht im Eröffnungsverfahren**
Ist der Antrag zulässig, so hat der Schuldner dem Insolvenzgericht die Auskünfte zu erteilen, die zur Entscheidung über den Antrag erforderlich sind. Die §§ 109, 115 Abs. 1 Satz 1, 2, Abs. 2 gelten entsprechend.	Ist der Antrag zulässig, so hat der Schuldner dem Insolvenzgericht die Auskünfte zu erteilen, die zur Entscheidung über den Antrag erforderlich sind. Die §§ 109, **110**, 115 Abs. 1 Satz 1, 2, Abs. 2 gelten entsprechend.
[im folgenden: BT-Drs. 12/7302, S. 13]	
§ 25 **Anordnung von Sicherungsmaßnahmen**	§ 25 **Anordnung von Sicherungsmaßnahmen**
(1) Das Insolvenzgericht hat alle Maßnahmen zu treffen, die erforderlich erscheinen, um bis zur Entscheidung über den Antrag eine den Gläubigern	(1) unverändert

Entwurf	Beschlüsse des 6. Ausschusses

nachteilige Veränderung in der Vermögenslage des Schuldners zu verhüten.

(2) Das Gericht kann insbesondere

1. einen verläufigen Insolvenzverwalter bestellen, für den die §§ 65, 67 bis 77 entsprechend gelten;

2. dem Schuldner ein allgemeines Verfügungsverbot auferlegen oder anordnen, daß Verfügungen des Schuldners nur mit Zustimmung des vorläufigen Insolvenzverwalters wirksam sind;

3. Maßnahmen der Zwangsvollstreckung gegen den Schuldner untersagen oder einstweilen einstellen.

(3) Reichen andere Maßnahmen nicht aus, so kann das Gericht den Schuldner zwangsweise vorführen und nach Anhörung in Haft nehmen lassen. Ist der Schuldner keine natürliche Person, so gilt Entsprechendes für seine organschaftlichen Vertreter.

§ 26
Rechtsstellung des vorläufigen Insolvenzverwalters

(1) Wird ein vorläufiger Insolvenzverwalter bestellt und dem Schuldner ein allgemeines Verfügungsverbot auferlegt, so geht die Verwaltungs- und Verfügungsbefugnis über das Vermögen des Schuldners auf den vorläufigen Insolvenzverwalter über. In diesem Fall hat der vorläufige Insolvenzverwalter:

1. das Vermögen des Schuldners zu sichern und zu erhalten;

2. ein Unternehmen, das der Schuldner betreibt, bis zur Entscheidung über die Eröffnung des Insolvenzverfahrens fortzuführen, soweit nicht das Insolvenzgericht einer Stillegung zustimmt, um eine erhebliche Verminderung des Vermögens zu vermeiden;

3. zu prüfen, ob das Vermögen des Schuldners die Kosten des Verfahrens bis zum Berichtstermin decken wird; das Gericht kann ihn zusätzlich beauftragen zu prüfen, ob ein Eröffnungsgrund vorliegt.

(2) Wird ein vorläufiger Insolvenzverwalter bestellt, ohne daß dem Schuldner ein allgemeines Verfügungsverbot auferlegt wird, so bestimmt das Gericht die Pflichten des vorläufigen Insolvenzverwalters. Sie dürfen nicht über die Pflichten nach Absatz 1 Satz 2 hinausgehen.

---

(2) Das Gericht kann insbesondere

1. einen verläufigen Insolvenzverwalter bestellen, für den die §§ 65, **68** bis **76** entsprechend gelten;

2. unverändert

3. Maßnahmen der Zwangsvollstreckung gegen den Schuldner untersagen oder einstweilen einstellen, **soweit nicht unbewegliche Gegenstände betroffen sind.**

(3) Reichen andere Maßnahmen nicht aus, so kann das Gericht den Schuldner zwangsweise vorführen und nach Anhörung in Haft nehmen lassen. Ist der Schuldner keine natürliche Person, so gilt entsprechendes für seine organschaftlichen Vertreter. **Für die Anordnung von Haft gilt § 110 Abs. 3 entsprechend.**

§ 26
Rechtsstellung des vorläufigen Insolvenzverwalters

(1) Wird ein vorläufiger Insolvenzverwalter bestellt und dem Schuldner ein allgemeines Verfügungsverbot auferlegt, so geht die Verwaltungs- und Verfügungsbefugnis über das Vermögen des Schuldners auf den vorläufigen Insolvenzverwalter über. In diesem Fall hat der vorläufige Insolvenzverwalter:

1. unverändert

2. unverändert

3. zu prüfen, ob das Vermögen des Schuldners die Kosten des Verfahrens decken wird; das Gericht kann ihn zusätzlich beauftragen, **als Sachverständiger zu** prüfen, ob ein Eröffnungsgrund vorliegt **und welche Aussichten für eine Fortführung des Unternehmens des Schuldners bestehen.**

(2) unverändert

Entwurf	Beschlüsse des 6. Ausschusses
	[im folgenden: BT-Drs. 12/7302, S. 14]
(3) Der vorläufige Insolvenzverwalter ist berechtigt, die Geschäftsräume des Schuldners zu betreten und dort Nachforschungen anzustellen. Der Schuldner hat dem vorläufigen Insolvenzverwalter Einsicht in seine Bücher und Geschäftspapiere zu gestatten. Er hat ihm alle erforderlichen Auskünfte zu erteilen; die §§ 109, 115 Abs. 1 Satz 1, 2, Abs. 2 gelten entsprechend.	(3) Der vorläufige Insolvenzverwalter ist berechtigt, die Geschäftsräume des Schuldners zu betreten und dort Nachforschungen anzustellen. Der Schuldner hat dem vorläufigen Insolvenzverwalter Einsicht in seine Bücher und Geschäftspapiere zu gestatten. Er hat ihm alle erforderlichen Auskünfte zu erteilen; die §§ 109, **110,** 115 Abs. 1 Satz 1, 2 Abs. 2 gelten entsprechend.
§ 27 Bekanntmachung der Verfügungsbeschränkungen	§ 27 Bekanntmachung der Verfügungsbeschränkungen
(1) Der Beschluß, durch den eine der in § 25 Abs. 2 Nr. 2 vorgesehenen Verfügungsbeschränkungen angeordnet und ein vorläufiger Insolvenzverwalter bestellt wird, ist öffentlich bekanntzumachen. Er ist dem Schuldner, den Personen, die Verpflichtungen gegenüber dem Schuldner haben *und deren Anschrift dem Gericht bekannt ist,* und dem vorläufigen Insolvenzverwalter besonders zuzustellen. Die Schuldner des Schuldners sind zugleich aufzufordern, nur noch unter Beachtung des Beschlusses zu leisten.	(1) Der Beschluß, durch den eine der in § 25 Abs. 2 Nr. 2 vorgesehenen Verfügungsbeschränkungen angeordnet und ein vorläufiger Insolvenzverwalter bestellt wird, ist öffentlich bekanntzugeben. Er ist dem Schuldner, den Personen, die Verpflichtungen gegenüber dem Schuldner haben, und dem vorläufigen Insolvenzverwalter besonders zuzustellen. Die Schuldner des Schuldners sind zugleich aufzufordern, nur noch unter Beachtung des Beschlusses zu leisten.
(2) Ist der Schuldner im Handels-, Genossenschafts- oder Vereinsregister eingetragen, so hat die Geschäftsstelle des Insolvenzgerichts dem Registergericht eine Ausfertigung des Beschlusses zu übermitteln.	(2) unverändert
(3) Für die Eintragung der Verfügungsbeschränkung im Grundbuch, im Schiffsregister, im Schiffsbauregister und im Register über Pfandrechte an Luftfahrzeugen gelten die §§ 39, 40 entsprechend.	(3) unverändert
§ 28 Wirkungen der Verfügungsbeschränkungen	§ 28 unverändert
(1) Bei einem Verstoß gegen eine der in § 25 Abs. 2 Nr. 2 vorgesehenen Verfügungsbeschränkungen gelten die §§ 92, 93 entsprechend.	
(2) Ist die Verfügungsbefugnis über das Vermögen des Schuldners auf einen vorläufigen Insolvenzverwalter übergegangen, so gelten für die Aufnahme anhängiger Rechtsstreitigkeiten § 96 Abs. 1 Satz 1 und § 97 entsprechend.	
§ 29 Aufhebung der Sicherungsmaßnahmen	§ 29 Aufhebung der Sicherungsmaßnahmen
(1) *Die Sicherungsmaßnahmen sind aufzuheben, wenn der Antrag auf Eröffnung des Insolvenzverfahrens abgewiesen wird oder die Maßnahmen aus anderen Gründen entbehrlich werden.*	(1) **Werden die Sicherungsmaßnahmen aufgehoben, so gilt für die Bekanntmachung der Aufhebung einer Verfügungsbeschränkung § 27 entsprechend.**
	[im folgenden: BT-Drs. 12/7302, S. 15]
(2) Ist die Verfügungsbefugnis über das Vermögen des Schuldners auf einen vorläufigen Insolvenzverwalter übergegangen, so hat dieser vor	(2) unverändert

Entwurf	Beschlüsse des 6. Ausschusses
der Aufhebung seiner Bestellung aus dem von ihm verwalteten Vermögen die entstandenen Kosten zu berichtigen und die von ihm begründeten Verbindlichkeiten zu erfüllen. Gleiches gilt für die Verbindlichkeiten aus einem Dauerschuldverhältnis, soweit der vorläufige Insolvenzverwalter für das von ihm verwaltete Vermögen die Gegenleistung in Anspruch genommen hat.	
(3) Für die Bekanntmachung der Aufhebung einer Verfügungsbeschränkung gilt § 27 entsprechend.	(3) entfällt

§ 30
Abweisung mangels Masse

(1) Das Insolvenzgericht weist den Antrag auf Eröffnung des Insolvenzverfahrens ab, wenn das Vermögen des Schuldners voraussichtlich nicht ausreichen wird, um die Kosten des Verfahrens *bis zum Berichtstermin (§ 35 Abs. 1 Nr. 2)* zu decken. Die Abweisung unterbleibt, wenn ein ausreichender Geldbetrag vorgeschossen wird.	(1) Das Insolvenzgericht weist den Antrag auf Eröffnung des Insolvenzverfahrens ab, wenn das Vermögen des Schuldners voraussichtlich nicht ausreichen wird, um die Kosten des Verfahrens zu decken. Die Abweisung unterbleibt, wenn ein ausreichender Geldbetrag vorgeschossen wird.
(2) Das Gericht hat die Schuldner, bei denen der Eröffnungsantrag mangels Masse abgewiesen worden ist, in ein Verzeichnis einzutragen (Schuldnerverzeichnis). Die Vorschriften über das Schuldnerverzeichnis nach der Zivilprozeßordnung gelten entsprechend.	(2) Das Gericht hat die Schuldner, bei denen der Eröffnungsantrag mangels Masse abgewiesen worden ist, in ein Verzeichnis einzutragen (Schuldnerverzeichnis). Die Vorschriften über das Schuldnerverzeichnis nach der Zivilprozeßordnung gelten entsprechend; **jedoch beträgt die Löschungsfrist fünf Jahre.**
(3) Wer nach Absatz 1 Satz 2 einen Vorschuß geleistet hat, kann die Erstattung des vorgeschossenen Betrages von jeder Person verlangen, die *nach den Vorschriften des Gesellschaftsrechts verpflichtet war, bei Vorliegen eines Eröffnungsgrunds die Eröffnung des Insolvenzverfahrens über das Vermögen des Schuldners zu beantragen, und die* den Antrag pflichtwidrig und schuldhaft nicht gestellt hat. Ist streitig, ob die Person pflichtwidrig und schuldhaft gehandelt hat, so trifft sie die Beweislast. Der Anspruch verjährt in fünf Jahren.	(3) Wer nach Absatz 1 Satz 2 einen Vorschuß geleistet hat, kann die Erstattung des vorgeschossenen Betrages von jeder Person verlangen, die **entgegen** den Vorschriften des Gesellschaftsrechts den Antrag auf Eröffnung des Insolvenzverfahrens pflichtwidrig und schuldhaft nicht gestellt hat. Ist streitig, ob die Person pflichtwidrig und schuldhaft gehandelt hat, so trifft sie die Beweislast. Der Anspruch verjährt in fünf Jahren.

§ 31
Eröffnungsbeschluß

(1) Wird das Insolvenzverfahren eröffnet, so ernennt das Insolvenzgericht einen Insolvenzverwalter. Die §§ 331, *347* bleiben unberührt.	(1) Wird das Insolvenzverfahren eröffnet, so ernennt das Insolvenzgericht einen Insolvenzverwalter. Die §§ 331, **357 j Abs. 1** bleiben unberührt.
(2) Der Eröffnungsbeschluß enthält:	(2) unverändert
1. Firma oder Namen und Vornamen, Geschäftszweig oder Beschäftigung, gewerbliche Niederlassung oder Wohnung des Schuldners;	
2. Namen und Anschrift des Insolvenzverwalters;	
3. die Stunde der Eröffnung.	
(3) Ist die Stunde der Eröffnung nicht angegeben, so gilt als Zeitpunkt der Eröffnung die Mit-	(3) unverändert

Entwurf	Beschlüsse des 6. Ausschusses
tagsstunde des Tages, an dem der Beschluß erlassen worden ist.	

[im folgenden: BT-Drs. 12/7302, S. 16]

§ 32
Aufforderung zur Anmeldung der Forderungen

Im Eröffnungsbeschluß sind die Gläubiger aufzufordern, ihre Forderungen innerhalb einer bestimmten Frist unter Beachtung des § 201 *bei der Geschäftsstelle des Insolvenzgerichts* anzumelden. Die Frist ist auf einen Zeitraum von mindestens zwei Wochen und höchstens drei Monaten festzusetzen.

§ 33
Aufforderung zur Mitteilung von Absonderungsrechten

Im Eröffnungsbeschluß sind die Gläubiger aufzufordern, dem Insolvenzverwalter unverzüglich mitzuteilen, welche Sicherungsrechte sie an beweglichen Sachen oder an Rechten des Schuldners in Anspruch nehmen. Der Gegenstand, an dem das Sicherungsrecht beansprucht wird, die Art und der Entstehungsgrund des Sicherungsrechts sowie die gesicherte Forderung sind zu bezeichnen. Wer die Mitteilung schuldhaft unterläßt oder verzögert, haftet für den daraus entstehenden Schaden.

§ 34
Aufforderung an die Schuldner des Schuldners

Im Eröffnungsbeschluß sind die Personen, die Verpflichtungen gegenüber dem Schuldner haben, aufzufordern, nicht mehr an den Schuldner zu leisten, sondern an den Insolvenzverwalter.

§ 35
Terminbestimmungen

(1) Im Eröffnungsbeschluß bestimmt das Insolvenzgericht Termine für:

§ 32
Aufforderungen an die Gläubiger und die Schuldner

(1) Im Eröffnungsbeschluß sind die Gläubiger aufzufordern, ihre Forderungen innerhalb einer bestimmten Frist unter Beachtung des § 201 **beim Insolvenzverwalter** anzumelden. Die Frist ist auf einen Zeitraum von mindestens zwei Wochen und höchstens drei Monaten festzusetzen.

(2) Im Eröffnungsbeschluß sind die Gläubiger aufzufordern, dem Verwalter unverzüglich mitzuteilen, welche Sicherungsrechte sie an beweglichen Sachen oder an Rechten des Schuldners in Anspruch nehmen. Der Gegenstand, an dem das Sicherungsrecht beansprucht wird, die Art und der Entstehungsgrund des Sicherungsrechts sowie die gesicherte Forderung sind zu bezeichnen. Wer die Mitteilung schuldhaft unterläßt oder verzögert, haftet für den daraus entstehenden Schaden.

(3) Im Eröffnungsbeschluß sind die Personen, die Verpflichtungen gegenüber dem Schuldner haben, aufzufordern, nicht mehr an den Schuldner zu leisten, sondern an den Verwalter.

§ 33
entfällt

§ 34
entfällt

§ 35
Terminbestimmungen

(1) Im Eröffnungsbeschluß bestimmt das Insolvenzgericht Termine für:

Entwurf	Beschlüsse des 6. Ausschusses
1. *eine Gläubigerversammlung, in der über die Wahl eines anderen Insolvenzverwalters und über die Bestellung eines Gläubigerausschusses beschlossen wird (Wahltermin); der Termin soll nicht über einen Monat hinaus angesetzt werden;*	**1. entfällt**

[im folgenden: BT-Drs. 12/7302, S. 17]

2. eine Gläubigerversammlung, in der auf der Grundlage eines Berichts des Insolvenzverwalters über den Fortgang des Insolvenzverfahrens beschlossen wird (Berichtstermin); der Termin soll nicht über sechs Wochen und darf nicht über drei Monate hinaus angesetzt werden;	2. unverändert
3. eine Gläubigerversammlung, in der die angemeldeten Forderungen geprüft werden (Prüfungstermin); der Zeitraum zwischen dem Ablauf der Anmeldefrist und dem Prüfungstermin soll mindestens eine Woche und höchstens zwei Monate betragen.	3. unverändert
(2) Der Berichtstermin soll mit dem Wahltermin oder dem Prüfungstermin verbunden werden. *Sind die Vermögensverhältnisse des Schuldners überschaubar und die Zahl der Gläubiger oder die Höhe der Verbindlichkeiten gering, so sollen alle drei Termine verbunden werden.*	(2) **Die Termine können** verbunden werden.
§ 36 Bekanntmachung des Eröffnungsbeschlusses	§ 36 Bekanntmachung des Eröffnungsbeschlusses **Hinweis auf Restschuldbefreiung**
(1) Die Geschäftsstelle des Insolvenzgerichts hat den Eröffnungsbeschluß sofort öffentlich bekanntzumachen.	(1) Die Geschäftsstelle des Insolvenzgerichts hat den Eröffnungsbeschluß sofort öffentlich bekanntzumachen. **Die Bekanntmachung ist, unbeschadet des § 9, auszugsweise im Bundesanzeiger zu veröffentlichen.**
(2) Den Gläubigern und Schuldnern des Schuldners, *deren Anschrift dem Gericht bekannt ist,* und dem Schuldner selbst ist der Beschluß besonders zuzustellen.	(2) Den Gläubigern und Schuldnern des Schuldners und dem Schuldner selbst ist der Beschluß besonders zuzustellen.
	(3) Ist der Schuldner eine natürliche Person, so soll er bei der Eröffnung des Insolvenzverfahrens darauf hingewiesen werden, daß er nach Maßgabe der §§ 346 a bis 346 r Restschuldbefreiung erlangen kann.
§ 37 Hinweis auf Restschuldbefreiung	§ 37 entfällt
Ist der Schuldner eine natürliche Person, so soll er bei der Eröffnung des Insolvenzverfahrens darauf hingewiesen werden, daß er nach Maßgabe der §§ 235 bis 252 Restschuldbefreiung erlangen kann.	
§ 38 Handels-, Genossenschafts- und Vereinsregister	§ 38 unverändert
Ist der Schuldner im Handels-, Genossenschafts- oder Vereinsregister eingetragen, so hat	

| Entwurf | Beschlüsse des 6. Ausschusses |

die Geschäftsstelle des Insolvenzgerichts dem Registergericht zu übermitteln:

1. im Falle der Eröffnung des Insolvenzverfahrens eine Ausfertigung des Eröffnungsbeschlusses;

[im folgenden: BT-Drs. 12/7302, S. 18]

2. im Falle der Abweisung des Eröffnungsantrags mangels Masse eine Ausfertigung des abweisenden Beschlusses, wenn der Schuldner eine juristische Person oder eine Gesellschaft ohne Rechtspersönlichkeit ist, die durch die Abweisung mangels Masse aufgelöst wird.

§ 39
Grundbuch

(1) Die Eröffnung des Insolvenzverfahrens ist in das Grundbuch einzutragen:

1. bei Grundstücken, als deren Eigentümer der Schuldner eingetragen ist.

2. bei den für den Schuldner eingetragenen Rechten an Grundstücken und an eingetragenen Rechten, wenn nach der Art des Rechts und den Umständen zu befürchten ist, daß ohne die Eintragung die Insolvenzgläubiger benachteiligt würden.

(2) Soweit dem Insolvenzgericht solche Grundstücke oder Rechte bekannt sind, hat es das Grundbuchamt von Amts wegen um die Eintragung zu ersuchen. Die Eintragung kann auch vom Insolvenzverwalter beim Grundbuchamt beantragt werden.

(3) Werden ein Grundstück oder ein Recht, bei denen die Eröffnung des Verfahrens eingetragen worden ist, vom Verwalter freigegeben oder veräußert, so hat das Insolvenzgericht auf Antrag das Grundbuchamt um Löschung der Eintragung zu ersuchen. Die Löschung kann auch vom Verwalter beim Grundbuchamt beantragt werden.

§ 39
unverändert

§ 40
Register für Schiffe und Luftfahrzeuge

Für die Eintragung der Eröffnung des Insolvenzverfahrens in das Schiffsregister, das Schiffsbauregister und das Register für Pfandrechte an Luftfahrzeugen gilt § 39 entsprechend. Dabei treten an die Stelle der Grundstücke die in diese Register eingetragenen Schiffe, Schiffsbauwerke und Luftfahrzeuge, an die Stelle des Grundbuchamtes das Registergericht.

§ 40
unverändert

§ 41
Rechtsmittel

(1) Wird die Eröffnung des Insolvenzverfahrens abgelehnt, so steht dem Antragsteller und,

§ 41
Rechtsmittel

(1) unverändert

Entwurf	Beschlüsse des 6. Ausschusses
wenn die Abweisung des Antrags nach § 30 erfolgt, dem Schuldner die sofortige Beschwerde zu.	
(2) Wird das Insolvenzverfahren eröffnet, so steht dem Schuldner die sofortige Beschwerde zu.	(2) unverändert

[im folgenden: BT-Drs. 12/7302, S. 19]

(3) Sobald eine Entscheidung, die den Eröffnungsbeschluß aufhebt, Rechtskraft erlangt hat, ist die Aufhebung des Verfahrens öffentlich bekanntzumachen. *Die §§ 38 bis 40 gelten* entsprechend. Die Wirkungen der Rechtshandlungen, die vom Insolvenzverwalter oder ihm gegenüber vorgenommen worden sind, werden durch die Aufhebung nicht berührt.	(3) Sobald eine Entscheidung, die den Eröffnungsbeschluß aufhebt, Rechtskraft erlangt hat, ist die Aufhebung des Verfahrens öffentlich bekanntzumachen. **§§ 228 Abs. 2 Satz 2 und 3 gilt** entsprechend. Die Wirkungen der Rechtshandlungen, die vom Insolvenzverwalter oder ihm gegenüber vorgenommen worden sind, werden durch die Aufhebung nicht berührt.

ZWEITER ABSCHNITT
Insolvenzmasse. Einteilung der Gläubiger

§ 42
Begriff der Insolvenzmasse

Das Insolvenzverfahren erfaßt das gesamte Vermögen, das dem Schuldner zur Zeit der Eröffnung des Verfahrens gehört *oder* das er während des Verfahrens erlangt (Insolvenzmasse).	Das Insolvenzverfahren erfaßt das gesamte Vermögen, das dem Schuldner zur Zeit der Eröffnung des Verfahrens gehört **und** das er während des Verfahrens erlangt (Insolvenzmasse).

§ 43
Unpfändbare Gegenstände

(1) Gegenstände, die nicht der Zwangsvollstreckung unterliegen, gehören nicht zur Insolvenzmasse.	§ 43 unverändert
(2) Zur Insolvenzmasse gehören jedoch	
1. die Geschäftsbücher des Schuldners; gesetzliche Pflichten zur Aufbewahrung von Unterlagen bleiben unberührt;	
2. die Sachen, die nach § 811 Nr. 4 und 9 der Zivilprozeßordnung nicht der Zwangsvollstreckung unterliegen.	
(3) Sachen, die zum gewöhnlichen Hausrat gehören und im Haushalt des Schuldners gebraucht werden, gehören nicht zur Insolvenzmasse, wenn ohne weiteres ersichtlich ist, daß durch ihre Verwertung nur ein Erlös erzielt werden würde, der zu dem Wert außer allem Verhältnis steht.	

§ 44
Gesamtgut bei Gütergemeinschaft

(1) Wird bei dem Güterstand der Gütergemeinschaft das Gesamtgut von einem Ehegatten allein verwaltet und über das Vermögen dieses Ehegatten das Insolvenzverfahren eröffnet, so gehört das Gesamtgut zur Insolvenzmasse. Eine Auseinandersetzung *wegen* des Gesamtguts *zwischen* den Ehe-	(1) Wird bei dem Güterstand der Gütergemeinschaft das Gesamtgut von einem Ehegatten allein verwaltet und über das Vermögen dieses Ehegatten das Insolvenzverfahren eröffnet, so gehört das Gesamtgut zur Insolvenzmasse. Eine Auseinandersetzung des Gesamtguts findet nicht statt. Durch das

Entwurf	Beschlüsse des 6. Ausschusses
gatten findet nicht statt. Durch das Insolvenzverfahren über das Vermögen des anderen Ehegatten wird das Gesamtgut nicht berührt.	Insolvenzverfahren über das Vermögen des anderen Ehegatten wird das Gesamtgut nicht berührt.
(2) Verwalten die Ehegatten das Gesamtgut gemeinschaftlich, so wird das Gesamtgut durch das Insolvenzverfahren über das Vermögen eines Ehegatten nicht berührt.	(2) unverändert

[im folgenden: BT-Drs. 12/7302, S. 20]

(3) Absatz 1 ist bei der fortgesetzten Gütergemeinschaft mit der Maßgabe anzuwenden, daß an die Stelle des Ehegatten, der das Gesamtgut allein verwaltet, der überlebende Ehegatte, an die Stelle des anderen Ehegatten die Abkömmlinge treten.	(3) unverändert

§ 45
Begriff der Insolvenzgläubiger

§ 45
unverändert

Die Insolvenzmasse dient zur Befriedigung der persönlichen Gläubiger, die einen zur Zeit der Eröffnung des Insolvenzverfahrens begründeten Vermögensanspruch gegen den Schuldner haben (Insolvenzgläubiger).

§ 46
Nachrangige Insolvenzgläubiger

§ 46
unverändert

(1) Im Rang nach den übrigen Forderungen der Insolvenzgläubiger werden in folgender Rangfolge, bei gleichem Rang nach dem Verhältnis ihrer Beträge, berichtigt:

1. die seit der Eröffnung des Insolvenzverfahrens laufenden Zinsen der Forderungen der Insolvenzgläubiger;

2. die Kosten, die den einzelnen Insolvenzgläubigern durch ihre Teilnahme am Verfahren erwachsen;

3. Geldstrafen, Geldbußen, Ordnungsgelder und Zwangsgelder sowie solche Nebenfolgen einer Straftat oder Ordnungswidrigkeit, die zu einer Geldzahlung verpflichten;

4. Forderungen auf eine unentgeltliche Leistung des Schuldners;

5. Forderungen auf Rückgewähr des kapitalersetzenden Darlehens eines Gesellschafters oder gleichgestellte Forderungen.

(2) Forderungen, für die zwischen Gläubiger und Schuldner der Nachtrag im Insolvenzverfahren vereinbart worden ist, werden im Zweifel nach den in Absatz 1 bezeichneten Forderungen berichtigt.

(3) Die Zinsen der Forderungen nachrangiger Insolvenzgläubiger und die Kosten, die diesen Gläubigern durch ihre Teilnahme am Verfahren entstehen, haben den gleichen Rang wie die Forderungen dieser Gläubiger.

Entwurf	Beschlüsse des 6. Ausschusses
§ 47 **Unterhaltsansprüche** Familienrechtliche Unterhaltsansprüche und familienrechtliche Erstattungsansprüche der Mutter eines nichtehelichen Kindes gegen den Schuldner können im Insolvenzverfahren für die Zeit nach der Eröffnung nur geltend gemacht werden, soweit der Schuldner als Erbe des Verpflichteten haftet. § 114 bleibt unberührt.	**§ 47** unverändert

[im folgenden: BT-Drs. 12/7302, S. 21]

Entwurf	Beschlüsse des 6. Ausschusses
§ 48 **Nicht fällige Forderungen** (1) Nicht fällige Forderungen gelten als fällig. (2) Sind sie unverzinslich, so sind sie mit dem gesetzlichen Zinssatz abzuzinsen. Sie vermindern sich dadurch auf den Betrag, der bei Hinzurechnung der gesetzlichen Zinsen für die Zeit von der Eröffnung des Insolvenzverfahrens bis zur Fälligkeit dem vollen Betrag der Forderung entspricht.	**§ 48** unverändert
§ 49 **Auflösend bedingte Forderungen** Auflösend bedingte Forderungen werden, solange die Bedingung nicht eingetragen ist, im Insolvenzverfahren wie unbedingte Forderungen berücksichtigt.	**§ 49** unverändert
§ 50 **Haftung mehrerer Personen** Ein Gläubiger, dem mehrere Personen für dieselbe Leistung auf das Ganze haften, kann im Insolvenzverfahren gegen jeden Schuldner bis zu seiner vollen Befriedigung den ganzen Betrag geltend machen, den er zur Zeit der Eröffnung des Verfahrens zu fordern hatte.	**§ 50** unverändert
§ 51 **Rechte der Gesamtschuldner und Bürgen** Der Gesamtschuldner und der Bürge können die Forderung, die sie durch eine Befriedigung des Gläubigers künftig gegen den Schuldner erwerben könnten, im Insolvenzverfahren nur dann geltend machen, wenn der Gläubiger seine Forderung nicht geltend macht.	**§ 51** unverändert
§ 52 **Umrechnung von Forderungen** Forderungen, die nicht auf Geld gerichtet sind oder deren Geldbetrag unbestimmt ist oder in ausländischer Währung ausgedrückt ist, sind mit dem Wert geltend zu machen, der für die Zeit der Eröffnung des Insolvenzverfahrens in inländischer Währung geschätzt werden kann.	**§ 52** **Umrechnung von Forderungen** Forderungen, die nicht auf Geld gerichtet sind oder deren Geldbetrag unbestimmt ist, sind mit dem Wert geltend zu machen, der für die Zeit der Eröffnung des Insolvenzverfahrens geschätzt werden kann. Forderungen, die in ausländischer Währung **oder in einer Rechnungseinheit ausgedrückt sind, sind nach dem Kurswert, der zur Zeit der Verfahrenseröffnung für den Zah-**

Entwurf	Beschlüsse des 6. Ausschusses
	lungsort maßgeblich ist, in inländische Währung umzurechnen.

<table>
<tr><th>§ 53
Wiederkehrende Leistungen</th><th>§ 53
Wiederkehrende Leistungen</th></tr>
<tr><td>Forderungen auf wiederkehrende Leistungen, deren Betrag und Dauer bestimmt sind, sind mit dem Betrag geltend zu machen, der sich ergibt, wenn die noch ausstehenden Leistungen unter Abzug des in § 48 bezeichneten Zwischenzinses zusammengerechnet werden. Ist die Dauer der Leistungen unbestimmt, so gilt § 52 entsprechend.</td><td>Forderungen auf wiederkehrende Leistungen, deren Betrag und Dauer bestimmt sind, sind mit dem Betrag geltend zu machen, der sich ergibt, wenn die noch ausstehenden Leistungen unter Abzug des in § 48 bezeichneten Zwischenzinses zusammengerechnet werden. Ist die Dauer der Leistungen unbestimmt, so gilt § 52 **Satz 1** entsprechend.</td></tr>
</table>

[im folgenden: BT-Drs. 12/7302, S. 22]

<table>
<tr><th>§ 54
Aussonderung</th><th>§ 54
unverändert</th></tr>
<tr><td>Wer auf Grund eines dinglichen oder persönlichen Rechts geltend machen kann, daß ein Gegenstand nicht zur Insolvenzmasse gehört, ist kein Insolvenzgläubiger. Sein Anspruch auf Aussonderung des Gegenstands bestimmt sich nach den Gesetzen, die außerhalb des Insolvenzverfahrens gelten.</td><td></td></tr>
</table>

<table>
<tr><th>§ 55
Ersatzaussonderung</th><th>§ 55
Ersatzaussonderung</th></tr>
<tr><td>Ist ein Gegenstand, dessen Aussonderung hätte verlangt werden können, vom Insolvenzverwalter unberechtigt veräußert worden, so kann der Aussonderungsberechtigte die Abtretung des Rechts auf die Gegenleistung verlangen, soweit diese noch aussteht. Er kann die Gegenleistung aus der Insolvenzmasse verlangen, soweit sie in der Masse unterscheidbar vorhanden ist.</td><td>Ist ein Gegenstand, dessen Aussonderung hätte verlangt werden können, **vor der Eröffnung des Insolvenzverfahrens vom Schuldner oder nach der Eröffnung** vom Insolvenzverwalter unberechtigt veräußert worden, so kann der Aussonderungsberechtigte die Abtretung des Rechts auf die Gegenleistung verlangen, soweit diese noch aussteht. Er kann die Gegenleistung aus der Insolvenzmasse verlangen, soweit sie in der Masse unterscheidbar vorhanden ist.</td></tr>
</table>

<table>
<tr><th>§ 56
Abgesonderte Befriedigung aus unbeweglichen Gegenständen</th><th>§ 56
Abgesonderte Befriedigung aus unbeweglichen Gegenständen</th></tr>
<tr><td>Gläubiger, denen ein Recht auf Befriedigung aus Gegenständen zusteht, die der Zwangsvollstreckung in das unbewegliche Vermögen unterliegen (unbewegliche Gegenstände), sind nach Maßgabe der §§ 187 bis 190 und des Gesetzes über die Zwangsversteigerung und die Zwangsverwaltung zur abgesonderten Befriedigung berechtigt.</td><td>Gläubiger, denen ein Recht auf Befriedigung aus Gegenständen zusteht, die der Zwangsvollstreckung in das unbewegliche Vermögen unterliegen (unbewegliche Gegenstände), sind nach Maßgabe des Gesetzes über die Zwangsversteigerung und die Zwangsverwaltung zur abgesonderten Befriedigung berechtigt.</td></tr>
</table>

<table>
<tr><th>§ 57
Abgesonderte Befriedigung der Pfandgläubiger</th><th>§ 57
Abgesonderte Befriedigung der Pfandgläubiger</th></tr>
<tr><td>(1) Gläubiger, die an einem Gegenstand der Insolvenzmasse ein rechtsgeschäftliches Pfandrecht, ein durch Pfändung erlangtes Pfandrecht oder ein gesetzliches Pfandrecht haben, sind nach Maßgabe der §§ 191 bis 200 zur abgesonderten Befriedigung aus dem Pfandgegenstand berechtigt. *Der Erlös wird zunächst auf die Kosten, dann*</td><td>(1) Gläubiger, die an einem Gegenstand der Insolvenzmasse ein rechtsgeschäftliches Pfandrecht, ein durch Pfändung erlangtes Pfandrecht oder ein gesetzliches Pfandrecht haben, sind nach Maßgabe der §§ 191 bis 200 **für Hauptforderung, Zinsen und Kosten** zur abgesonderten Befriedigung aus dem Pfandgegenstand berechtigt.</td></tr>
</table>

Entwurf | Beschlüsse des 6. Ausschusses

auf die Zinsen und zuletzt auf das Kapital angerechnet, soweit nicht § 11 Abs. 3 des Verbraucherkreditgesetzes eine andere Reihenfolge der Tilgung vorschreibt.

(2) Das gesetzliche Pfandrecht des Vermieters oder Verpächters kann im Insolvenzverfahren wegen des Miet- oder Pachtzinses für eine frühere Zeit als *das letze Jahr* vor der Eröffnung des Verfahrens sowie wegen der Entschädigung, die infolge einer Kündigung des Insolvenzverwalters zu zahlen ist, nicht geltend gemacht werden. Das Pfandrecht des Verpächters eines landwirtschaftlichen Grundstücks unterliegt wegen des Pachtzinses nicht dieser Beschränkung.

(2) Das gesetzliche Pfandrecht des Vermieters oder Verpächters kann im Insolvenzverfahren wegen des Miet- oder Pachtzinses für eine frühere Zeit als **die letzten zwölf Monate** vor der Eröffnung des Verfahrens sowie wegen der Entschädigung, die infolge einer Kündigung des Insolvenzverwalters zu zahlen ist, nicht geltend gemacht werden. Das Pfandrecht des Verpächters eines landwirtschaftlichen Grundstücks unterliegt wegen des Pachtzinses nicht dieser Beschränkung.

[im folgenden: BT-Drs. 12/7302, S. 23]

§ 58
Sicherungsübertragung

Den in § 57 genannten Gläubigern stehen *die Gläubiger* gleich,

1. denen der Schuldner zur Sicherung eines Anspruchs eine bewegliche Sache übereignet hat;

2. denen der Schuldner zur Sicherung eines Anspruchs ein Recht übertragen hat.

§ 58
Sonstige Absonderungsberechtigte

Den in § 57 genannten Gläubigern stehen gleich:

1. **Gläubiger,** denen der Schuldner zur Sicherung eines Anspruchs eine bewegliche Sache übereignet **oder ein Recht übertragen** hat;

2. **Gläubiger,** denen ein Zurückbehaltungsrecht an einer Sache zusteht, weil sie etwas zum Nutzen der Sache verwendet haben, soweit ihre Forderung aus der Verwendung den noch vorhandenen Vorteil nicht übersteigt;

3. **Gläubiger,** denen nach dem Handelsgesetzbuch ein Zurückbehaltungsrecht zusteht;

4. **Bund, Länder, Gemeinden und Gemeindeverbände,** soweit ihnen zoll- und steuerpflichtige Sachen nach gesetzlichen Vorschriften als Sicherheit für öffentliche Abgaben dienen.

§ 59
Sonstige Absonderungsberechtigte

Den in § 57 genannten Gläubigern stehen gleich:

1. *Bund, Länder, Gemeinden und Gemeindeverbände, soweit ihnen zoll- und steuerpflichtige Sachen nach gesetzlichen Vorschriften als Sicherheit für öffentliche Abgaben dienen;*

2. *Gläubiger, denen ein Zurückbehaltungsrecht an einer Sache zusteht, weil sie etwas zum Nutzen der Sache verwendet haben, soweit ihre Forderung aus der Verwendung den noch vorhandenen Vorteil nicht übersteigt;*

3. *Gläubiger, denen nach dem Handelsgesetzbuch ein Zurückbehaltungsrecht zusteht.*

§ 59
entfällt

Entwurf	Beschlüsse des 6. Ausschusses
§ 60 **Ersatzabsonderung**	**§ 60** **entfällt**
Ist ein Gegenstand, an dem ein Absonderungsrecht bestand, vom Insolvenzverwalter unberechtigt veräußert worden, so kann der Absonderungsberechtigte abgesonderte Befriedigung aus dem Recht auf die Gegenleistung verlangen, soweit diese noch aussteht. Er kann abgesonderte Befriedigung aus der Gegenleistung verlangen, soweit diese in der Insolvenzmasse unterscheidbar vorhanden ist.	
§ 61 **Ausfall der Absonderungsberechtigten**	**§ 61** **unverändert**
Gläubiger, die abgesonderte Befriedigung beanspruchen können, sind Insolvenzgläubiger, soweit ihnen der Schuldner auch persönlich haftet. Sie sind zur anteilsmäßigen Befriedigung aus der Insolvenzmasse jedoch nur berechtigt, soweit sie auf eine abgesonderte Befriedigung verzichten oder bei ihr ausgefallen sind.	

[im folgenden: BT-Drs. 12/7302, S. 24]

§ 62 **Massegläubiger**	**§ 62** **unverändert**
Aus der Insolvenzmasse sind die Kosten des Insolvenzverfahrens und die sonstigen Masseverbindlichkeiten vorweg zu berichtigen.	
§ 63 **Kosten des Insolvenzverfahrens**	**§ 63** **Kosten des Insolvenzverfahrens**
(1) Kosten des Insolvenzverfahrens sind:	Kosten des Insolvenzverfahrens sind:
1. die Gerichtskosten für das Insolvenzverfahren;	1. unverändert
2. die Vergütungen und die Auslagen des Insolvenzverwalters und der Mitglieder des Gläubigerausschusses.	2. die Vergütungen und die Auslagen **des vorläufigen Insolvenzverwalters,** des Insolvenzverwalters und der Mitglieder des Gläubigerausschusses.
(2) Die Kosten, die durch die Bestellung eines vorläufigen Insolvenzverwalters entstanden sind, gelten nach der Eröffnung des Verfahrens als Teil der Kosten des Verfahrens.	**(2) entfällt**
§ 64 **Sonstige Masseverbindlichkeiten**	**§ 64** **unverändert**
(1) Masseverbindlichkeiten sind weiter die Verbindlichkeiten:	
1. die durch Handlungen des Insolvenzverwalters oder in anderer Weise durch die Verwaltung, Verwertung und Verteilung der Insolvenzmasse begründet werden, ohne zu den Kosten des Insolvenzverfahrens zu gehören;	
2. aus gegenseitigen Verträgen, soweit deren Erfüllung zur Insolvenzmasse verlangt wird oder	

Entwurf	Beschlüsse des 6. Ausschusses
für die Zeit nach der Eröffnung des Insolvenzverfahrens erfolgen muß;	
3. aus einer ungerechtfertigten Bereicherung der Masse.	
(2) Verbindlichkeiten, die von einem vorläufigen Insolvenzverwalter begründet worden sind, auf den die Verfügungsbefugnis über das Vermögen des Schuldners übergegangen ist, gelten nach der Eröffnung des Verfahrens als Masseverbindlichkeiten. Gleiches gilt für Verbindlichkeiten aus einem Dauerschuldverhältnis, soweit der vorläufige Insolvenzverwalter für das von ihm verwaltete Vermögen die Gegenleistung in Anspruch genommen hat.	
DRITTER ABSCHNITT Insolvenzverwalter. Organe der Gläubiger	DRITTER ABSCHNITT Insolvenzverwalter. Organe der Gläubiger
§ 65 **Bestellung des Insolvenzverwalters**	§ 65 **Bestellung des Insolvenzverwalters**
(1) Zum Insolvenzverwalter ist eine geschäftskundige, von den Gläubigern und dem Schuldner unabhängige Person zu bestellen.	(1) Zum Insolvenzverwalter ist eine **für den jeweiligen Einzelfall geeignete, insbesondere** geschäftskundige **und** von den Gläubigern und dem Schuldner unabhängige **natürliche** Person zu bestellen.

[im folgenden: BT-Drs. 12/7302, S. 25]

(2) *Das Insolvenzgericht kann aus besonderen Gründen dem Verwalter die Leistung einer Sicherheit auferlegen.*	(2) **Der Verwalter erhält eine Urkunde über seine Bestellung. Bei Beendigung seines Amtes hat er die Urkunde dem Insolvenzgericht zurückzugeben.**
§ 66 **Wahl eines anderen Insolvenzverwalters**	§ 66 unverändert
In der ersten Gläubigerversammlung, die auf die Bestellung des Insolvenzverwalters folgt, können die Gläubiger an dessen Stelle eine andere Person wählen. Das Gericht kann die Bestellung des Gewählten nur versagen, wenn dieser für die Übernahme des Amtes nicht geeignet ist. Gegen die Versagung steht jedem Insolvenzgläubiger die sofortige Beschwerde zu.	
§ 67 *Bestellungsurkunde,* *Öffentliche Bekanntmachung*	§ 67 entfällt
(1) Der Insolvenzverwalter erhält eine Urkunde über seine Bestellung. Bei Beendigung seines Amtes hat er die Urkunde dem Insolvenzgericht zurückzugeben.	
(2) Wird ein Verwalter nach der Eröffnung des Insolvenzverfahrens bestellt, so sind auch der Name und die Anschrift dieses Verwalters öffentlich bekanntzumachen.	

Entwurf	Beschlüsse des 6. Ausschusses
§ 68 **Aufsicht des Insolvenzgerichts** Der Insolvenzverwalter steht unter der Aufsicht des Insolvenzgerichts. Das Gericht kann jederzeit einzelne Auskünfte oder einen Bericht über den Sachstand und die Geschäftsführung von ihm verlangen.	**§ 68** **Aufsicht des Insolvenzgerichts** **(1)** Der Insolvenzverwalter steht unter der Aufsicht des Insolvenzgerichts. Das Gericht kann jederzeit einzelne Auskünfte oder einen Bericht über den Sachstand und die Geschäftsführung von ihm verlangen. **(2) Erfüllt der Verwalter seine Pflichten nicht, so kann das Gericht nach vorheriger Androhung Zwangsgeld gegen ihn festsetzen. Das einzelne Zwangsgeld darf den Betrag von fünfzigtausend Deutsche Mark nicht übersteigen. Gegen den Beschluß steht dem Verwalter die sofortige Beschwerde zu.** **(3) Absatz 2 gilt entsprechend für die Durchsetzung der Herausgabepflichten eines entlassenen Verwalters.**
§ 69 *Vollstreckbarer Beschluß* *(1) Erfüllt der Insolvenzverwalter eine seiner Pflichten gegenüber dem Insolvenzgericht oder den Beteiligten nicht, so kann das Gericht von Amts wegen oder auf Antrag einer Beteiligten dem Verwalter durch Beschluß die Erfüllung der Pflicht aufgeben. Der Verwalter ist vorher zu hören. Die Sätze 1 und 2 gelten auch für die Herausgabepflichten eines entlassenen Verwalters.* *(2) Der Beschluß ist nach den Vorschriften der Zivilprozeßordnung vollstreckbar. Jedoch tritt bei der Anwendung des § 883 Abs. 2 und der §§ 887, 888, 890 das Insolvenzgericht an die Stelle des Vollstreckungsgerichts oder des Prozeßgerichts des ersten Rechtszugs.* *(3) Gegen den Beschluß steht dem Verwalter die sofortige Beschwerde zu.*	§ 69 entfällt [im folgenden: BT-Drs. 12/7302, S. 26]
§ 70 **Entlassung des Insolvenzverwalters** (1) Das Insolvenzgericht kann den Insolvenzverwalter aus wichtigem Grund aus dem Amt entlassen. Die Entlassung kann von Amts wegen oder auf Antrag des Verwalters, des Gläubigerausschusses oder der Gläubigerversammlung erfolgen. Vor der Entscheidung des Gerichts ist der Verwalter zu hören. (2) Gegen die Entlassung steht dem Verwalter die sofortige Beschwerde zu. Gegen die Ablehnung des Antrags steht dem Verwalter, dem Gläubigerausschuß oder, wenn die Gläubigerversammlung den Antrag gestellt hat, jedem Insolvenzgläubiger die sofortige Beschwerde zu.	§ 70 unverändert

Entwurf	Beschlüsse des 6. Ausschusses
§ 71 **Haftung des Insolvenzverwalters**	**§ 71** **Haftung des Insolvenzverwalters**
(1) Der Insolvenzverwalter ist allen Beteiligten zum Schadenersatz verpflichtet, wenn er schuldhaft die Pflichten verletzt, die ihm nach diesem Gesetz obliegen. Er hat für die Sorgfalt eines ordentlichen und gewissenhaften Insolvenzverwalters einzustehen.	(1) unverändert
(2) Bedient er sich anderer Personen zur Erfüllung der ihm als Verwalter obliegenden Pflichten, so hat er ein Verschulden dieser Personen gemäß § 278 des Bürgerlichen Gesetzbuchs zu vertreten.	(2) Soweit er zur Erfüllung der ihm als Verwalter obliegenden Pflichten Angestellte des Schuldners im Rahmen ihrer bisherigen Tätigkeit einsetzen muß und diese Angestellten nicht offensichtlich ungeeignet sind, hat der Verwalter ein Verschulden dieser Personen nicht gemäß § 278 des Bürgerlichen Gesetzbuchs zu vertreten, sondern ist nur für deren Überwachung und für Entscheidungen von besonderer Bedeutung verantwortlich.
(3) Absatz 2 gilt nicht, soweit der Verwalter Angestellte des Schuldners, die nicht offensichtlich ungeeignet sind, im Rahmen ihrer bisherigen Tätigkeit einsetzt. Insoweit ist er nur für die Überwachung der Angestellten und für Entscheidungen von besonderer Bedeutung verantwortlich.	(3) entfällt

[im folgenden: BT-Drs. 12/7302, S. 27]

§ 72 **Nichterfüllung von Masseverbindlichkeiten**	**§ 72** unverändert
Kann eine Masseverbindlichkeit, die durch eine Rechtshandlung des Insolvenzverwalters begründet worden ist, aus der Insolvenzmasse nicht voll erfüllt werden, so ist der Verwalter dem Massegläubiger zum Schadenersatz verpflichtet. Dies gilt nicht, wenn der Verwalter bei der Begründung der Verbindlichkeit nicht erkennen konnte, daß die Masse voraussichtlich zur Erfüllung nicht ausreichen würde.	
§ 73 **Verjährung**	**§ 73** unverändert
Der Anspruch auf Ersatz des Schadens, der aus einer Pflichtverletzung des Insolvenzverwalters entstanden ist, verjährt in drei Jahren von dem Zeitpunkt an, in dem der Verletzte von dem Schaden und den Umständen, welche die Ersatzpflicht des Verwalters begründen, Kenntnis erlangt. Der Anspruch verjährt spätestens in drei Jahren von der Aufhebung oder der Rechtskraft der Einstellung des Insolvenzverfahrens an. Für Pflichtverletzungen, die im Rahmen einer Nachtragsverteilung (§ 231) oder einer Überwachung der Planerfüllung (§ 307) begangen worden sind, gilt Satz 2 mit der Maßgabe, daß an die Stelle der Aufhebung des Insolvenzverfahrens der Vollzug der Nachtragsverteilung oder die Beendigung der Überwachung tritt.	

Entwurf	Beschlüsse des 6. Ausschusses
§ 74 **Vergütung des Insolvenzverwalters**	**§ 74** **Vergütung des Insolvenzverwalters**
(1) Der Insolvenzverwalter hat Anspruch auf Vergütung für seine Geschäftsführung und auf Erstattung angemessener Auslagen. Der Regelsatz der Vergütung wird nach dem Wert der Insolvenzmasse zur Zeit der Beendigung des Insolvenzverfahrens berechnet. Dem Umfang und der Schwierigkeit der Geschäftsführung des Verwalters wird durch Abweichungen vom Regelsatz Rechnung getragen.	(1) unverändert
(2) Der Bundesminister der Justiz wird ermächtigt, die Vergütung und die Erstattung der Auslagen des Verwalters durch Rechtsordnung näher zu regeln.	**(2) entfällt**
§ 75 **Festsetzung durch das Gericht**	**§ 75** **Festsetzung durch das Gericht**
(1) Das Insolvenzgericht setzt die Vergütung und die zu erstattenden Auslagen des Insolvenzverwalters durch Beschluß fest.	(1) unverändert

[im folgenden: BT-Drs. 12/7302, S. 28]

(2) Der Beschluß ist öffentlich bekanntzumachen und dem Verwalter, dem Schuldner und, wenn ein Gläubigerausschuß bestellt ist, den Mitgliedern des Ausschusses besonders zuzustellen. In der öffentlichen Bekanntmachung brauchen die festgesetzten Beträge nicht enthalten zu sein, wenn darauf hingewiesen wird, daß der vollständige Beschluß in der Geschäftsstelle eingesehen werden kann.	(2) Der Beschluß ist öffentlich bekanntzumachen und dem Verwalter, dem Schuldner und, wenn ein Gläubigerausschuß bestellt ist, den Mitgliedern des Ausschusses besonders zuzustellen. **Die festgesetzten Beträge sind nicht zu veröffentlichen; in der öffentlichen Bekanntmachung ist darauf hinzuweisen,** daß der vollständige Beschluß in der Geschäftsstelle eingesehen werden kann.
(3) Gegen den Beschluß steht dem Verwalter, dem Schuldner und jedem Insolvenzgläubiger die sofortige Beschwerde zu. § 567 Abs. 2 der Zivilprozeßordnung gilt entsprechend.	(3) unverändert
	§ 75 a **Verordnungsermächtigung** **Das Bundesministerium der Justiz wird ermächtigt, die Vergütung und die Erstattung der Auslagen des Insolvenzverwalters durch Rechtsverordnung näher zu regeln.**
§ 76 **Rechnungslegung**	**§ 76** **Rechnungslegung**
(1) Der Insolvenzverwalter hat bei der Beendigung seines Amtes einer Gläubigerversammlung Rechnung zu legen.	(1) unverändert
(2) Vor der Gläubigerversammlung prüft das Insolvenzgericht die Schlußrechnung des Verwalters. Es legt die Schlußrechnung mit den Belegen, mit einem Vermerk über die Prüfung und, wenn ein Gläubigerausschuß bestellt ist, mit dessen Bemerkungen in der Geschäftsstelle zur Einsicht der Beteiligten aus. Der Zeitraum zwischen der Aus-	(2) Vor der Gläubigerversammlung prüft das Insolvenzgericht die Schlußrechnung des Verwalters. Es legt die Schlußrechnung mit den Belegen, mit einem Vermerk über die Prüfung und, wenn ein Gläubigerausschuß bestellt ist, mit dessen Bemerkungen zur Einsicht der Beteiligten aus; **es kann dem Gläubigerausschuß für dessen Stel-**

Entwurf	Beschlüsse des 6. Ausschusses
legung der Unterlagen und dem Termin der Gläubigerversammlung soll mindestens eine Woche betragen.	lungnahme eine Frist setzen. Der Zeitraum zwischen der Auslegung der Unterlagen und dem Termin der Gläubigerversammlung soll mindestens eine Woche betragen.
(3) Die Gläubigerversammlung kann dem Verwalter aufgeben, zu bestimmten Zeitpunkten während des Verfahrens Zwischenrechnung zu legen. Die Absätze 1 und 2 gelten entsprechend.	(3) unverändert
§77 *Sonderinsolvenzverwalter* *(1) Ein Sonderinsolvenzverwalter wird bestellt, soweit der Insolvenzverwalter aus rechtlichen oder tatsächlichen Gründen seine Aufgaben nicht wahrnehmen kann. Ein Sonderinsolvenzverwalter kann bestellt werden, wenn zur Befriedigung bestimmter Gläubigergruppen Sondermassen zu bilden sind.* *(2) Der Sonderinsolvenzverwalter hat in dem Bereich, für den er bestellt ist, die Rechtsstellung des Insolvenzverwalters. Die §§ 65 bis 76 gelten entsprechend.*	§77 **entfällt**

[im folgenden: BT-Drs. 12/7302, S. 29]

§ 78 Einsetzung des Gläubigerausschusses	§ 78 Einsetzung des Gläubigerausschusses
(1) Vor der ersten Gläubigerversammlung soll das Insolvenzgericht einen Gläubigerausschuß einsetzen, *es sei denn, die Vermögensverhältnisse des Schuldners sind überschaubar und die Zahl der Gläubiger oder die Höhe der Verbindlichkeiten gering.*	(1) Vor der ersten Gläubigerversammlung **kann** das Insolvenzgericht einen Gläubigerausschuß einsetzen.
(2) Im Gläubigerausschuß sollen die absonderungsberechtigten Gläubiger und die Insolvenzgläubiger vertreten sein. *Neben den Gläubigern mit den höchsten Ansprüchen soll dem Ausschuß auch ein Vertreter der Kleingläubiger angehören.* Dem Ausschuß soll ein Vertreter der Arbeitnehmer angehören, wenn diese als Insolvenzgläubiger mit nicht unerheblichen Forderungen beteiligt sind und wenn es von der Größe des Ausschusses her gerechtfertigt erscheint.	(2) Im Gläubigerausschuß sollen die absonderungsberechtigten Gläubiger, die Insolvenzgläubiger **mit den höchsten Forderungen und die Kleingläubiger** vertreten sein. Dem Ausschuß soll ein Vertreter der Arbeitnehmer angehören, wenn diese als Insolvenzgläubiger mit nicht unerheblichen Forderungen beteiligt sind.
(3) Zu Mitgliedern des Gläubigerausschusses können auch Personen bestellt werden, die keine Gläubiger sind.	(3) unverändert
§ 79 Wahl anderer Mitglieder	§ 79 Wahl anderer Mitglieder
(1) Die Gläubigerversammlung beschließt, ob ein Gläubigerausschuß eingesetzt werden soll. Hat das Insolvenzgericht bereits einen Gläubigerausschuß eingesetzt, so beschließt sie, ob dieser beibehalten werden soll.	(1) unverändert
(2) Sie kann vom Insolvenzgericht bestellte Mitglieder abwählen und andere oder zusätzliche Mitglieder des Gläubigerausschusses wählen. *Das*	(2) Sie kann vom Insolvenzgericht bestellte Mitglieder abwählen und andere oder zusätzliche Mitglieder des Gläubigerausschusses wählen.

Entwurf	Beschlüsse des 6. Ausschusses
Gericht kann es aus besonderen Gründen ablehnen, die Bestellung eines abgewählten Mitglieds zu widerrufen oder eine gewählte Person zum Mitglied des Gläubigerausschusses zu bestellen.	
§ 80 **Aufgaben des Gläubigerausschusses**	**§ 80** **Aufgaben des Gläubigerausschusses**
(1) Die Mitglieder des Gläubigerausschusses haben den Insolvenzverwalter bei seiner Geschäftsführung zu unterstützen und zu überwachen. Sie *können* sich über den Gang der Geschäfte unterrichten, die Bücher und Geschäftspapiere einsehen und den *Bestand der Kasse* prüfen.	Die Mitglieder des Gläubigerausschusses haben den Insolvenzverwalter bei seiner Geschäftsführung zu unterstützen und zu überwachen. Sie **haben** sich über den Gang der Geschäfte zu unterrichten **sowie** die Bücher und Geschäftspapiere einsehen und den **Geldverkehr und -bestand** prüfen **zu lassen**.
(2) Der Gläubigerausschuß ist berechtigt, von dem Verwalter einzelne Auskünfte oder einen Bericht über den Sachstand und die Geschäftsführung zu verlangen.	
(3) Der Gläubigerausschuß ist verpflichtet, wenigstens einmal in jedem Vierteljahr die Kasse des Verwalters prüfen zu lassen.	

[im folgenden: BT-Drs. 12/7302, S. 30]

§ 81 Entlassung	§ 81 Entlassung
Das Insolvenzgericht kann ein Mitglied des Gläubigerausschusses aus wichtigem Grund aus dem Amt entlassen. Die Entlassung kann von Amts wegen, auf Antrag des Mitglieds des Gläubigerausschusses oder auf Antrag der Gläubigerversammlung erfolgen. Vor der Entscheidung des Gerichts ist das Mitglied des Gläubigerausschusses zu hören.	Das Insolvenzgericht kann ein Mitglied des Gläubigerausschusses aus wichtigem Grund aus dem Amt entlassen. Die Entlassung kann von Amts wegen, auf Antrag des Mitglieds des Gläubigerausschusses oder auf Antrag der Gläubigerversammlung erfolgen. Vor der Entscheidung des Gerichts ist das Mitglied des Gläubigerausschusses zu hören; **gegen die Entscheidung steht ihm die sofortige Beschwerde zu.**
§ 82 Haftung der Mitglieder des Gläubigerausschusses	§ 82 Haftung der Mitglieder des Gläubigerausschusses
Die Mitglieder des Gläubigerausschusses sind den absonderungsberechtigten Gläubigern und den Insolvenzgläubigern zum Schadenersatz verpflichtet, wenn sie schuldhaft die Pflichten verletzen, die ihnen nach diesem Gesetz obliegen. *§ 71 Abs. 2 und § 73 gelten* entsprechend.	Die Mitglieder des Gläubigerausschusses sind den absonderungsberechtigten Gläubigern und den Insolvenzgläubigern zum Schadenersatz verpflichtet, wenn sie schuldhaft die Pflichten verletzen, die ihnen nach diesem Gesetz obliegen. § 73 gilt entsprechend.
§ 83 Beschlüsse des Gläubigerausschusses	§ 83 unverändert
Ein Beschluß des Gläubigerausschusses ist gültig, wenn die Mehrheit der Mitglieder an der Beschlußfassung teilgenommen hat und der Beschluß mit der Mehrheit der abgegebenen Stimmen gefaßt worden ist.	

Entwurf	Beschlüsse des 6. Ausschusses
§ 84 **Vergütung der Mitglieder** **des Gläubigerausschusses** (1) Die Mitglieder des Gläubigerausschusses haben Anspruch auf Vergütung für ihre Tätigkeit und auf Erstattung angemessener Auslagen. Dabei ist *dem Umfang der Tätigkeit und dem Zeitaufwand* Rechnung zu tragen. (2) § 74 Abs. 2 und § 75 gelten entsprechend.	**§ 84** **Vergütung der Mitglieder** **des Gläubigerausschusses** (1) Die Mitglieder des Gläubigerausschusses haben Anspruch auf Vergütung für ihre Tätigkeit und auf Erstattung angemessener Auslagen. Dabei ist **dem Zeitaufwand und dem Umfang der Tätigkeit** Rechnung zu tragen. (2) **Die §§ 75 und 75 a** gelten entsprechend.
§ 85 **Einberufung der Gläubigerversammlung** (1) Die Gläubigerversammlung wird vom Insolvenzgericht einberufen. Zur Teilnahme an der Versammlung sind alle absonderungsberechtigten Gläubiger, alle Insolvenzgläubiger, der Insolvenzverwalter und der Schuldner berechtigt. (2) Die Zeit, der Ort und die Tagesordnung der Gläubigerversammlung sind öffentlich bekanntzumachen. Die öffentliche Bekanntmachung kann unterbleiben, wenn in einer Gläubigerversammlung die Verhandlung vertagt wird.	**§ 85** unverändert

[im folgenden: BT-Drs. 12/7302, S. 31]

§ 86 **Antrag auf Einberufung** (1) Die Gläubigerversammlung ist einzuberufen, wenn dies beantragt wird: 1. vom Insolvenzverwalter; 2. vom Gläubigerausschuß; 3. von mindestens fünf absonderungsberechtigten Gläubigern oder nicht nachrangigen Insolvenzgläubigern, deren Absonderungsrechte und Forderungen nach der Schätzung des Insolvenzgerichts zusammen ein Fünftel der Summe erreichen, die sich aus dem Wert aller Absonderungsrechte und den Forderungsbeträgen aller nicht nachrangigen Insolvenzgläubiger ergibt. (2) Der Zeitraum zwischen dem Eingang des Antrags und dem Termin der Gläubigerversammlung soll höchstens zwei Wochen betragen. (3) Wird die Einberufung abgelehnt, so steht dem Antragsteller die sofortige Beschwerde zu.	**§ 86** **Antrag auf Einberufung** (1) Die Gläubigerversammlung ist einzuberufen, wenn dies beantragt wird: 1. unverändert 2. unverändert 3. von mindestens fünf absonderungsberechtigten Gläubigern oder nicht nachrangigen Insolvenzgläubigern, deren Absonderungsrechte und Forderungen nach der Schätzung des Insolvenzgerichts zusammen ein Fünftel der Summe erreichen, die sich aus dem Wert aller Absonderungsrechte und den Forderungsbeträgen aller nicht nachrangigen Insolvenzgläubiger ergibt; 4. **von einem oder mehreren absonderungsberechtigten Gläubigern oder nicht nachrangigen Insolvenzgläubigern, deren Absonderungsrechte und Forderungen nach der Schätzung des Gerichts zwei Fünftel der in Nummer 3 bezeichneten Summe erreichen.** (2) unverändert (3) unverändert

| Entwurf | Beschlüsse des 6. Ausschusses |

§ 87
Beschlüsse der Gläubigerversammlung

(1) Die Gläubigerversammlung wird vom Insolvenzgericht geleitet.

(2) Ein Beschluß der Gläubigerversammlung kommt zustande, wenn

1. *die Mehrheit der abstimmenden Gläubiger dem Beschlußvorschlag zustimmt und*

2. *die Summe der Forderungsbeträge der zustimmenden Gläubiger mehr als die Hälfte der Summe der Forderungsbeträge der abstimmenden Gläubiger beträgt; bei absonderungsberechtigten Gläubigern tritt der Wert des Absonderungsrechts an die Stelle des Forderungsbetrags.*

(3) Gläubiger, denen ein Recht gemeinschaftlich zusteht oder deren Rechte bis zum Eintritt des Eröffnungsgrunds ein einheitliches Recht gebildet haben, werden bei der Abstimmung als ein Gläubiger gerechnet. Entsprechendes gilt, wenn an einem Recht ein Pfandrecht oder ein Nießbrauch besteht.

§ 87
Beschlüsse der Gläubigerversammlung

(1) unverändert

(2) Ein Beschluß der Gläubigerversammlung kommt zustande, wenn die Summe der Forderungsbeträge der zustimmenden Gläubiger mehr als die Hälfte der Summe der Forderungsbeträge der abstimmenden Gläubiger beträgt; bei absonderungsberechtigten Gläubigern, **denen der Schuldner nicht persönlich haftet,** tritt der Wert des Absonderungsrechts an die Stelle des Forderungsbetrags.

(3) **entfällt**

§ 88
Feststellung des Stimmrechts

(1) Ein Stimmrecht gewähren die Forderungen, die angemeldet und weder vom Insolvenzverwalter noch

§ 88
unverändert

[im folgenden: BT-Drs. 12/7302, S. 32]

von einem stimmberechtigten Gläubiger bestritten worden sind. Nachrangige Gläubiger sind nicht stimmberechtigt.

(2) Die Gläubiger, deren Forderungen bestritten werden, sind stimmberechtigt, soweit sich in der Gläubigerversammlung der Verwalter und die erschienenen stimmberechtigten Gläubiger über das Stimmrecht geeinigt haben. Kommt es nicht zu einer Einigung, so entscheidet das Insolvenzgericht. Es kann seine Entscheidung auf den Antrag des Verwalters oder eines in der Gläubigerversammlung erschienenen Gläubigers ändern.

(3) Absatz 2 gilt entsprechend

1. für die Gläubiger aufschiebend bedingter Forderungen;

2. für die absonderungsberechtigten Gläubiger.

§ 89
Aufhebung eines Beschlusses der Gläubigerversammlung

(1) *Wird durch* einen Beschluß der Gläubigerversamlung *ein Teil der Gläubiger unangemessen benachteiligt,* so hat das Insolvenzgericht den Beschluß aufzuheben, wenn ein absonderungsberech-

§ 89
Aufhebung eines Beschlusses der Gläubigerversammlung

(1) **Widerspricht** ein Beschluß der Gläubigerversammlung **dem gemeinsamen Interesse der Insolvenzgläubiger,** so hat das Insolvenzgericht den Beschluß aufzuheben, wenn ein absonde-

Entwurf	Beschlüsse des 6. Ausschusses
tigter Gläubiger, ein nicht nachrangiger Insolvenzgläubiger oder der Insolvenzverwalter dies in der Gläubigerversammlung beantragt.	rungsberechtigter Gläubiger, ein nicht nachrangiger Insolvenzgläubiger oder der Insolvenzverwalter dies in der Gläubigerversammlung beantragt.
(2) Eine unangemessene Benachteiligung im Sinne des Absatzes 1 liegt insbesondere vor, wenn einige Gläubiger im Hinblick auf ihre besonderen rechtlichen oder wirtschaftlichen Interessen durch den Beschluß erheblich schlechter gestellt werden, als sie ohne den Beschluß stünden, und in dem Beschluß keine Vorsorge dafür getroffen wird, daß diese Schlechterstellung durch Sicherheitsleistung, Ausgleichszahlungen oder in anderer Weise beseitigt wird.	**(2) entfällt**
(3) Die Aufhebung des Beschlusses ist öffentlich bekanntzumachen. Gegen die Aufhebung steht jedem absonderungsberechtigten Gläubiger und jedem nicht nachrangigen Insolvenzgläubiger die sofortige Beschwerde zu. Gegen die Ablehnung des Antrags auf Aufhebung steht dem Antragsteller die sofortige Beschwerde zu.	(3) unverändert

§ 90
Unterrichtung der Gläubigerversammlung

Die Gläubigerversammlung ist berechtigt, vom Insolvenzverwalter einzelne Auskünfte *oder* einen Bericht über den Sachstand und die Geschäftsführung zu verlangen. Ist ein Gläubigerausschuß nicht bestellt,	Die Gläubigerversammlung ist berechtigt, vom Insolvenzverwalter einzelne Auskünfte **und** einen Bericht über den Sachstand und die Geschäftsführung zu verlangen. Ist ein Gläubigerausschuß nicht bestellt,

[im folgenden: BT-Drs. 12/7302, S. 33]

so kann die Gläubigerversammlung *die Kasse* des Verwalters prüfen lassen.	so kann die Gläubigerversammlung **den Geldverkehr und -bestand** des Verwalters prüfen lassen.

DRITTER TEIL
Wirkungen der Eröffnung
des Insolvenzverfahrens

ERSTER ABSCHNITT
Allgemeine Wirkungen

§ 91
**Übergang des Verwaltungs-
und Verfügungsrechts**

unverändert

(1) Durch die Eröffnung des Insolvenzverfahrens geht das Recht des Schuldners, das zur Insolvenzmasse gehörende Vermögen zu verwalten und über es zu verfügen, auf den Insolvenzverwalter über.

(2) Ein gegen den Schuldner bestehendes Veräußerungsverbot, das nur den Schutz bestimmter Personen bezweckt (§§ 135, 136 des Bürgerlichen Gesetzbuchs), hat im Verfahren keine Wirkung. Die Vorschriften über die Wirkungen einer Pfändung oder einer Beschlagnahme im Wege der Zwangsvollstreckung bleiben unberührt.

Entwurf	Beschlüsse des 6. Ausschusses
§ 92 **Verfügungen des Schuldners**	**§ 92** unverändert

(1) Hat der Schuldner nach der Eröffnung des Insolvenzverfahrens über einen Gegenstand der Insolvenzmasse verfügt, so ist diese Verfügung unwirksam. Unberührt bleiben die §§ 892, 893 des Bürgerlichen Gesetzbuchs, §§ 16, 17 des Gesetzes über Rechte an eingetragenen Schiffen und Schiffsbauwerken und §§ 16, 17 des Gesetzes über Rechte an Luftfahrzeugen. Dem anderen Teil ist die Gegenleistung aus der Insolvenzmasse zurückzugewähren, soweit die Masse durch sie bereichert ist.

(2) Für eine Verfügung über künftige Forderungen auf Bezüge aus einem Dienstverhältnis des Schuldners oder an deren Stelle tretende laufende Bezüge gilt Absatz 1 auch insoweit, als die Bezüge für die Zeit nach der Beendigung des Insolvenzverfahrens betroffen sind. Das Recht des Schuldners zur Abtretung dieser Bezüge an einen Treuhänder mit dem Ziel der gemeinschaftlichen Befriedigung der Insolvenzgläubiger bleibt unberührt.

(3) Hat der Schuldner am Tag der Eröffnung des Verfahrens verfügt, so wird vermutet, daß er nach der Eröffnung verfügt hat.

§ 93 **Leistungen an den Schuldner**	**§ 93** unverändert

Ist nach der Eröffnung des Insolvenzverfahrens zur Erfüllung einer Verbindlichkeit an den Schuldner

[im folgenden: BT-Drs. 12/7302, S. 34]

geleistet worden, obwohl die Verbindlichkeit zur Insolvenzmasse zu erfüllen war, so wird der Leistende befreit, wenn er zur Zeit der Leistung die Eröffnung des Verfahrens nicht kannte. Hat er vor der öffentlichen Bekanntmachung der Eröffnung geleistet, so wird vermutet, daß er die Eröffnung nicht kannte.

§ 94 **Erbschaft. Fortgesetzte Gütergemeinschaft**	**§ 94** unverändert

(1) Ist dem Schuldner vor der Eröffnung des Insolvenzverfahrens eine Erbschaft oder ein Vermächtnis angefallen oder geschieht dies während des Verfahrens, so steht die Annahme oder Ausschlagung nur dem Schuldner zu. Gleiches gilt von der Ablehnung der fortgesetzten Gütergemeinschaft.

(2) Ist der Schuldner Vorerbe, so darf der Insolvenzverwalter über die Gegenstände der Erbschaft nicht verfügen, wenn die Verfügung im Falle des Eintritts der Nacherbfolge nach § 2115 des Bürgerlichen Gesetzbuchs dem Nacherben gegenüber unwirksam ist.

Entwurf	Beschlüsse des 6. Ausschusses
§ 95 **Auseinandersetzung einer Gesellschaft oder Gemeinschaft**	**§ 95** unverändert

Entwurf:

(1) Besteht zwischen dem Schuldner und Dritten eine Gemeinschaft nach Bruchteilen, eine andere Gemeinschaft oder eine Gesellschaft ohne Rechtspersönlichkeit, so erfolgt die Teilung oder sonstige Auseinandersetzung außerhalb des Insolvenzverfahrens. Aus dem dabei ermittelten Anteil des Schuldners kann für Ansprüche aus dem Rechtsverhältnis abgesonderte Befriedigung verlangt werden.

(2) Eine Vereinbarung, durch die bei einer Gemeinschaft nach Bruchteilen das Recht, die Aufhebung der Gemeinschaft zu verlangen, für immer oder auf Zeit ausgeschlossen oder eine Kündigungsfrist bestimmt worden ist, hat im Verfahren keine Wirkung. Gleiches gilt für eine Anordnung dieses Inhalts, die ein Erblasser für die Gemeinschaft seiner Erben getroffen hat, und für eine entsprechende Vereinbarung der Miterben.

§ 96 **Aufnahme von Aktivprozessen**	**§ 96** unverändert

(1) Rechtsstreitigkeiten über das zur Insolvenzmasse gehörende Vermögen, die zur Zeit der Eröffnung des Insolvenzverfahrens für den Schuldner anhängig sind, können in der Lage, in der sie sich befinden, vom Insolvenzverwalter aufgenommen werden. Wird die Aufnahme verzögert, so gilt § 239 Abs. 2 bis 4 der Zivilprozeßordnung entsprechend.

(2) Lehnt der Verwalter die Aufnahme des Rechtsstreits ab, so können sowohl der Schuldner als auch der Gegner den Rechtsstreit aufnehmen.

[im folgenden: BT-Drs. 12/7302, S. 35]

§ 97 **Aufnahme bestimmter Passivprozesse**	**§ 97** unverändert

(1) Rechtsstreitigkeiten, die zur Zeit der Eröffnung des Insolvenzverfahrens gegen den Schuldner anhängig sind, können sowohl vom Insolvenzverwalter als auch vom Gegner aufgenommen werden, wenn sie betreffen:

1. die Aussonderung eines Gegenstandes aus der Insolvenzmasse,

2. die abgesonderte Befriedigung oder

3. eine Masseverbindlichkeit.

(2) Erkennt der Verwalter den Anspruch sofort an, so kann der Gegner einen Anspruch auf Erstattung der Kosten des Rechtsstreits nur als Insolvenzgläubiger geltend machen.

Entwurf	Beschlüsse des 6. Ausschusses
§ 98 **Forderungen der Insolvenzgläubiger** Die Insolvenzgläubiger können ihre Forderungen nur nach den Vorschriften über das Insolvenzverfahren verfolgen.	**§ 98** unverändert
§ 99 **Vollstreckung vor Verfahrenseröffnung** Hat ein Insolvenzgläubiger im letzten Monat vor dem Antrag auf Eröffnung des Insolvenzverfahrens oder nach diesem Antrag durch Zwangsvollstreckung eine Sicherung an dem zur Insolvenzmasse gehörenden Vermögen des Schuldners erlangt, so wird diese Sicherung mit der Eröffnung des Verfahrens unwirksam.	**§ 99** unverändert
§ 100 **Vollstreckungsverbot** (1) Zwangsvollstreckungen für einzelne Insolvenzgläubiger sind während der Dauer des Insolvenzverfahrens weder in die Insolvenzmasse noch in das sonstige Vermögen des Schuldners zulässig. (2) Zwangsvollstreckungen in künftige Forderungen auf Bezüge aus einem Dienstverhältnis des Schuldners oder an deren Stelle tretende laufende Bezüge sind während der Dauer des Verfahrens auch für Gläubiger unzulässig, die keine Insolvenzgläubiger sind. Dies gilt nicht für die Zwangsvollstreckung wegen eines Unterhaltsanspruchs oder einer Forderung aus einer vorsätzlichen unerlaubten Handlung in den Teil der Bezüge, der für andere Gläubiger nicht pfändbar ist. (3) Über Einwendungen, die auf Grund der Absätze 1 oder 2 gegen die Zulässigkeit einer Zwangsvollstreckung erhoben werden, entscheidet das Insolvenzgericht. Das Gericht kann vor der Entscheidung eine einstweilige Anordnung erlassen; es kann insbesondere anordnen, daß die Zwangsvollstreckung gegen oder ohne Sicherheitsleistung einstweilen einzustellen oder nur gegen Sicherheitsleistung fortzusetzen sei.	**§ 100** unverändert

[im folgenden: BT-Drs. 12/7302, S. 36]

§ 101 *Vollstreckungsschutz* *bei Masseverbindlichkeiten* (1) Auf Antrag des Insolvenzverwalters hat das Insolvenzgericht die Zwangsvollstreckung wegen einer Masseverbindlichkeit einstweilen auf die Dauer von höchstens sechs Monaten einzustellen, wenn die Zwangsvollstreckung die Durchführung des Insolvenzverfahrens wesentlich erschwert. *Der Antrag ist abzulehnen, wenn die Masseverbindlichkeit durch eine Rechtshandlung des Verwalters begründet worden ist.* (2) Als Masseverbindlichkeiten im Sinne des Absatzes 1 Satz 2 gelten auch die Verbindlichkeiten:	**§ 101** **Vollstreckungsverbot** **bei Masseverbindlichkeiten** (1) **Zwangsvollstreckungen wegen Masseverbindlichkeiten, die nicht durch eine Rechtshandlung des Insolvenzverwalters begründet worden sind, sind für die Dauer von sechs Monaten seit der Eröffnung des Insolvenzverfahrens unzulässig.** (2) **Nicht als derartige Masseverbindlichkeiten gelten die Verbindlichkeiten:**

Entwurf	Beschlüsse des 6. Ausschusses
1. aus einem gegenseitigen Vertrag, dessen Erfüllung der Verwalter gewählt hat;	1. unverändert
2. aus einem Dauerschuldverhältnis für die Zeit nach dem ersten Termin, zu dem der Verwalter kündigen konnte;	2. unverändert
3. aus einem Dauerschuldverhältnis, soweit der Verwalter für die Insolvenzmasse die Gegenleistung in Anspruch nimmt;	3. unverändert
(3) Vor der Entscheidung über den Antrag ist der Gläubiger zu hören. Gegen die Entscheidung findet die sofortige Beschwerde statt. Eine erneute Einstellung kann nicht bewilligt werden.	(3) entfällt

§ 102
Ausschluß sonstigen Rechtserwerbs

(1) Rechte an den Gegenständen der Insolvenzmasse können nach der Eröffnung des Insolvenzverfahrens nicht wirksam erhoben werden, auch wenn keine Verfügung des Schuldners und keine Zwangsvollstreckung für einen Insolvenzgläubiger zugrunde liegt.	§ 102 Ausschluß sonstigen Rechtserwerbs (1) unverändert
(2) Absatz 1 gilt nicht für	(2) entfällt
1. Verfügungen des Insolvenzverwalters;	
2. die Zwangsvollstreckung für einen Massegläubiger;	
3. die Übertragung von Rechten, die Dritten an Gegenständen der Insolvenzmasse zustehen.	
(3) Unberührt bleiben die §§ 878, 892, 893 des Bürgerlichen Gesetzbuchs, § 3 Abs. 3, §§ 16, 17 des Gesetzes über Rechte an eingetragenen Schiffen und Schiffsbauwerken, § 5 Abs. 3, §§ 16, 17 des Gesetzes über Rechte an Luftfahrzeugen und § 20 Abs. 3 der Seerechtlichen Verteilungsordnung.	(3) unverändert

[im folgenden BT-Drs. 12/7302, S. 37]

§ 103
Gesamtschaden

(1) Ansprüche der Insolvenzgläubiger auf Ersatz eines Schadens, den diese Gläubiger gemeinschaftlich durch eine Verminderung des zur Insolvenzmasse gehörenden Vermögens vor oder nach der Eröffnung des Insolvenzverfahrens erlitten haben (Gesamtschaden), können während der Dauer des Insolvenzverfahrens nur vom Insolvenzverwalter geltend gemacht werden. Richten sich die Ansprüche gegen den Verwalter, so können sie nur von einem neu bestellten Insolvenzverwalter oder von einem Sonderinsolvenzverwalter geltend gemacht werden.	§ 103 Gesamtschaden Ansprüche der Insolvenzgläubiger auf Ersatz eines Schadens, den diese Gläubiger gemeinschaftlich durch eine Verminderung des zur Insolvenzmasse gehörenden Vermögens vor oder nach der Eröffnung des Insolvenzverfahrens erlitten haben (Gesamtschaden), können während der Dauer des Insolvenzverfahrens nur vom Insolvenzverwalter geltend gemacht werden. Richten sich die Ansprüche gegen den Verwalter, so können sie nur von einem neu bestellten Insolvenzverwalter geltend gemacht werden.
(2) Leistet der zum Schadenersatz Verpflichtete entgegen Absatz 1 an einen Insolvenzgläubiger, so gilt § 93 entsprechend.	

Entwurf	Beschlüsse des 6. Ausschusses
§ 104 *Schadenersatzprozeß eines Insolvenzgläubigers*	**§ 104** entfällt

Entwurf:

§ 104
Schadenersatzprozeß eines Insolvenzgläubigers

(1) Ist zur Zeit der Eröffnung des Insolvenzverfahrens für einen Insolvenzgläubiger ein Rechtsstreit über einen Anspruch anhängig, der auf Ersatz eines Gesamtschadens gerichtet ist, so wird der Rechtsstreit unterbrochen. Er kann vom Insolvenzverwalter aufgenommen werden. Wird die Aufnahme verzögert, so gilt § 239 Abs. 2 bis 4 der Zivilprozeßordnung entsprechend.

(2) Der Verwalter kann den Klageantrag nach Maßgabe des § 103 Abs. 1 umstellen und erweitern. Aus dem Erstrittenen sind dem Gläubiger die Kosten des Rechtsstreits vorweg zu erstatten.

(3) Lehnt der Verwalter die Aufnahme des Rechtsstreits ab, so kann dieser hinsichtlich der Kosten von jeder Partei aufgenommen werden. Durch die Ablehnung der Aufnahme verliert der Verwalter nicht das Recht, eine eigene Klage auf Ersatz des Gesamtschadens zu erheben.

Beschlüsse des 6. Ausschusses:

§ 104 entfällt

---

§ 105 **Persönliche Haftung der Gesellschafter und der Ehegatten**	§ 105 **Persönliche Haftung der Gesellschafter**
(1) Ist das Insolvenzverfahren über das Vermögen einer Gesellschaft ohne Rechtspersönlichkeit oder einer Kommanditgesellschaft auf Aktien eröffnet, so kann die persönliche Haftung eines Gesellschafters für die Verbindlichkeiten der Gesellschaft während der Dauer des Insolvenzverfahrens nur vom Insolvenzverwalter geltend gemacht werden.	Ist das Insolvenzverfahren über das Vermögen einer Gesellschaft ohne Rechtspersönlichkeit oder einer Kommanditgesellschaft auf Aktien eröffnet, so kann die persönliche Haftung eines Gesellschafters für die Verbindlichkeiten der Gesellschaft während der Dauer des Insolvenzverfahrens nur vom Insolvenzverwalter geltend gemacht werden.

[im folgenden: BT-Drs. 12/7302, S. 38]

(2) Im Insolvenzverfahren über das Gesamtgut einer Gütergemeinschaft, das von den Ehegatten gemeinschaftlich verwaltet wird, gilt Absatz 1 entsprechend für die persönliche Haftung der Ehegatten.

(3) § 103 Abs. 2 und § 104 gelten entsprechend.

---

§ 106 **Erhaltung einer Aufrechnungslage**	§ 106 **Erhaltung einer Aufrechnungslage**
Ist ein Insolvenzgläubiger zur Zeit der Eröffnung des Insolvenzverfahrens zur Aufrechnung berechtigt, so wird dieses Recht durch das Verfahren nicht berührt.	Ist ein Insolvenzgläubiger zur Zeit der Eröffnung des Insolvenzverfahrens **kraft Gesetzes oder auf Grund einer Vereinbarung** zur Aufrechnung berechtigt, so wird dieses Recht durch das Verfahren nicht berührt.

---

§ 107 **Eintritt der Aufrechnungslage im Verfahren**	§ 107 **Eintritt der Aufrechnungslage im Verfahren**
Sind zur Zeit der Eröffnung des Insolvenzverfahrens die aufzurechnenden Forderungen oder eine von ihnen noch aufschiebend bedingt oder nicht fällig oder die Forderungen noch nicht auf	(1) unverändert

Entwurf	Beschlüsse des 6. Ausschusses
gleichartige Leistungen gerichtet, so kann die Aufrechnung erst erfolgen, wenn ihre Voraussetzungen eingetreten sind. Die §§ 48, 52 sind nicht anzuwenden. Die Aufrechnung ist ausgeschlossen, wenn die Forderung, die aufgerechnet werden soll, unbedingt und fällig wird, bevor die Aufrechnung erfolgen kann.	
	(2) Die Aufrechnung wird nicht dadurch ausgeschlossen, daß die Forderungen auf unterschiedliche Währungen oder Rechnungseinheiten lauten, wenn die Währungen oder Rechnungseinheiten am Zahlungsort der Forderung, gegen die aufgerechnet wird, frei getauscht werden können. Die Umrechnung erfolgt nach dem Kurswert, der für diesen Ort zur Zeit des Zugangs der Aufrechnungserklärung maßgeblich ist.

§ 108 Unzulässigkeit der Aufrechnung	§ 108 unverändert
Die Aufrechnung ist unzulässig, 1. wenn ein Insolvenzgläubiger erst nach der Eröffnung des Insolvenzverfahrens etwas zur Insolvenzmasse schuldig geworden ist, 2. wenn ein Insolvenzgläubiger seine Forderung erst nach der Eröffnung des Verfahrens von einem anderen Gläubiger erworben hat, 3. wenn ein Insolvenzgläubiger die Möglichkeit der Aufrechnung durch eine anfechtbare Rechtshandlung erlangt hat, 4. wenn ein Gläubiger, dessen Forderung aus dem freien Vermögen des Schuldners zu erfüllen ist, etwas zur Insolvenzmasse schuldet.	

[im folgenden: BT-Drs. 12/7302, S. 39]

§ 109 Auskunftspflicht des Schuldners	§ 109 Auskunfts- und Mitwirkungspflichten des Schuldners
(1) Der Schuldner ist verpflichtet, dem Insolvenzgericht, dem Insolvenzverwalter, dem Gläubigerausschuß und auf Anordnung des Gerichts der Gläubigerversammlung über alle das Verfahren betreffenden Verhältnisse Auskunft zu geben. Er hat auch Tatsachen zu offenbaren, die geeignet sind, eine Verfolgung wegen einer Straftat oder einer Ordnungswidrigkeit herbeizuführen. Jedoch darf eine Auskunft, die der Schuldner gemäß seiner Verpflichtung nach Satz 1 erteilt, in einem Strafverfahren oder in einem Verfahren nach dem Gesetz über Ordnungswidrigkeiten gegen den Schuldner oder einen in § 52 Abs. 1 der Strafprozeßordnung bezeichneten Angehörigen des Schuldners nur mit Zustimmung des Schuldners *verwertet* werden.	(1) Der Schuldner ist verpflichtet, dem Insolvenzgericht, dem Insolvenzverwalter, dem Gläubigerausschuß und auf Anordnung des Gerichts der Gläubigerversammlung über alle das Verfahren betreffenden Verhältnisse Auskunft zu geben. Er hat auch Tatsachen zu offenbaren, die geeignet sind, eine Verfolgung wegen einer Straftat oder einer Ordnungswidrigkeit herbeizuführen. Jedoch darf eine Auskunft, die der Schuldner gemäß seiner Verpflichtung nach Satz 1 erteilt, in einem Strafverfahren oder in einem Verfahren nach dem Gesetz über Ordnungswidrigkeiten gegen den Schuldner oder einen in § 52 Abs. 1 der Strafprozeßordnung bezeichneten Angehörigen des Schuldners nur mit Zustimmung des Schuldners **verwendet** werden.

| Entwurf | Beschlüsse des 6. Ausschusses |

(2) Wenn es zur Herbeiführung wahrheitsgemäßer Aussagen erforderlich erscheint, ordnet das Insolvenzgericht an, daß der Schuldner zu Protokoll an Eides Statt versichert, er habe die von ihm verlangte Auskunft nach bestem Wissen und Gewissen richtig und vollständig erteilt. Die §§ 478 bis 480, 483 der Zivilprozeßordnung gelten entsprechend.

(2) Der Schuldner hat den Verwalter bei der Erfüllung von dessen Aufgaben zu unterstützen.

(3) Das Insolvenzgericht kann den Schuldner zwangsweise vorführen und nach Anhörung in Haft nehmen lassen, um die Auskunft oder die eidesstattliche Versicherung zu erzwingen.

(3) Der Schuldner ist verpflichtet, sich auf Anordnung des Gerichts jederzeit zur Verfügung zu stellen, um seine Auskunfts- und Mitwirkungspflichten zu erfüllen. Er hat alle Handlungen zu unterlassen, die der Erfüllung dieser Pflichten zuwiderlaufen.

§ 110
Mitwirkungspflicht des Schuldners

§ 110
Durchsetzung der Pflichten des Schuldners

(1) Der Schuldner hat den Insolvenzverwalter bei der Erfüllung von dessen Aufgaben zu unterstützen.

(1) Wenn es zur Herbeiführung wahrheitsgemäßer Aussagen erforderlich erscheint, ordnet das Insolvenzgericht an, daß der Schuldner zu Protokoll an Eides Statt versichert, er habe die von ihm verlangte Auskunft nach bestem Wissen und Gewissen richtig und vollständig erteilt. Die §§ 478 bis 480, 483 der Zivilprozeßordnung gelten entsprechend.

(2) Das Insolvenzgericht kann auf Antrag des Verwalters und nach Anhörung des Schuldners durch Beschluß anordnen, daß der Schuldner im Rahmen seiner Mitwirkungspflicht eine bestimmte Handlung vorzunehmen hat. § 69 Abs. 2 gilt entsprechend. Gegen den Beschluß steht dem Schuldner die sofortige Beschwerde zu.

(2) Das Gericht kann den Schuldner zwangsweise vorführen und nach Anhörung in Haft nehmen lassen,

1. wenn der Schuldner eine Auskunft oder die eidesstattliche Versicherung oder die Mitwirkung bei der Erfüllung der Aufgaben des Insolvenzverwalters verweigert;

2. wenn der Schuldner sich der Erfüllung seiner Auskunfts- und Mitwirkungspflichten entziehen will, insbesondere Anstalten zur Flucht trifft, oder

3. wenn dies zur Vermeidung von Handlungen des Schuldners, die der Erfüllung seiner Auskunfts- und Mitwirkungspflichten zuwiderlaufen, insbesondere zur Sicherung der Insolvenzmasse, erforderlich ist.

[im folgenden: BT-Drs. 12/7302, S. 40]

(3) Für die Anordnung von Haft gelten die §§ 904 bis 910, 913 der Zivilprozeßordnung entsprechend. Der Haftbefehl ist von Amts wegen aufzuheben, sobald die Voraussetzungen für die Anordnung von Haft nicht mehr vorliegen. Gegen die Anordnung der Haft und gegen die Abweisung eines Antrags auf Aufhebung des Haftbefehls wegen Wegfalls seiner Voraussetzungen findet die sofortige Beschwerde statt.

Entwurf	Beschlüsse des 6. Ausschusses
§ 111 *Bereitschaftpflicht des Schuldners*	**§ 111** entfällt

(1) Der Schuldner ist verpflichtet, sich auf Anordnung des Insolvenzgerichts jederzeit zur Verfügung zu stellen, um seine Auskunfts- und Mitwirkungspflichten zu erfüllen. Er hat alle Handlungen zu unterlassen, die der Erfüllung dieser Pflichten zuwiderlaufen.

(2) Das Insolvenzgericht kann den Schuldner zwangsweise vorführen und nach Anhörung in Haft nehmen lassen,

1. wenn der Schuldner sich der Erfüllung seiner Auskunfts- und Mitwirkungspflichten entziehen will, insbesondere Anstalten zur Flucht trifft, oder

2. wenn dies zur Vermeidung von Handlungen des Schuldners, die der Erfüllung seiner Auskunfts- und Mitwirkungspflichten zuwiderlaufen, insbesondere zur Sicherung der Insolvenzmasse, erforderlich ist.

§ 112 Postsperre	§ 112 Postsperre

(1) Soweit dies erforderlich erscheint, um für die Gläubiger nachteilige Rechtshandlungen des Schuldners aufzuklären oder zu verhindern, ordnet das Insolvenzgericht auf Antrag des Insolvenzverwalters oder von Amts wegen an, daß bestimmte oder alle Postsendungen für den Schuldner dem Verwalter zuzuleiten sind. Die Anordnung ergeht nach Anhörung des Schuldners *durch begründeten Beschluß. Gegen den Beschluß steht dem Schuldner, gegen die Abweisung eines Antrags dem Verwalter die sofortige Beschwerde zu.*

(1) Soweit dies erforderlich erscheint, um für die Gläubiger nachteilige Rechtshandlungen des Schuldners aufzuklären oder zu verhindern, ordnet das Insolvenzgericht auf Antrag des Insolvenzverwalters oder von Amts wegen **durch begründeten Beschluß an,** daß bestimmte oder alle Postsendungen für den Schuldner dem Verwalter zuzuleiten sind. Die Anordnung ergeht nach Anhörung des Schuldners, **sofern dadurch nicht wegen besonderer Umstände des Einzelfalls der Zweck der Anordnung gefährdet wird. Unterbleibt die vorherige Anhörung des Schuldners, so ist dies in dem Beschluß gesondert zu begründen und die Anhörung unverzüglich nachzuholen.**

(2) Der *Insolvenz*verwalter ist berechtigt, die ihm zugeleiteten Sendungen zu öffnen. Sendungen, deren Inhalt nicht die Insolvenzmasse betrifft, sind dem Schuldner zuzuleiten. Die übrigen Sendungen kann der Schuldner einsehen.

(2) Der Verwalter ist berechtigt, die ihm zugeleiteten Sendungen zu öffnen. Sendungen, deren Inhalt nicht die Insolvenzmasse betrifft, sind dem Schuldner **unverzüglich** zuzuleiten. Die übrigen Sendungen kann der Schuldner einsehen.

(3) Das Gericht hat die Anordnung nach Anhörung des Verwalters aufzuheben, soweit ihre Voraussetzungen fortfallen. *Gegen die Aufhebung steht dem Verwalter die sofortige Beschwerde zu.*

(3) **Gegen die Anordnung der Postsperre steht dem Schuldner die sofortige Beschwerde zu.** Das Gericht hat die Anordnung nach Anhörung des Verwalters aufzuheben, soweit ihre Voraussetzungen fortfallen.

[im folgenden: BT-Drs. 12/7302, S. 41]

§ 113 *Auslagen und Vergütung des Schuldners*	§ 113 entfällt

(1) Dem Schuldner sind aus der Insolvenzmasse die notwendigen Auslagen zu erstatten, die ihm bei der Erfüllung seiner Auskunfts- und Mitwirkungspflichten entstehen. Ihm ist eine Vergütung aus der

| Entwurf | Beschlüsse des 6. Ausschusses |

Masse zu zahlen, wenn dies nach Art, Dauer und Umfang seiner Tätigkeit angemessen erscheint.

(2) Einigen sich der Insolvenzverwalter und der Schuldner nicht über die Höhe der zu erstattenden Auslagen oder der zu zahlenden Vergütung, so entscheidet nach Anhörung des Schuldners und des Insolvenzverwalters das Insolvenzgericht.

§ 114
Unterhalt aus der Insolvenzmasse

(1) Dem Schuldner ist aus der Insolvenzmasse der notwendige Unterhalt zu gewähren, soweit dieser nicht aus sonstigem Vermögen bestritten werden kann. Die gleiche Verpflichtung besteht gegenüber den minderjährigen unverheirateten Kindern des Schuldners, seinem Ehegatten, seinem früheren Ehegatten und der Mutter seines nichtehelichen Kindes hinsichtlich des Anspruchs nach den §§ 1615 l, 1615 n des Bürgerlichen Gesetzbuchs. Die Gläubigerversammlung kann eine weitergehende Unterstützung bewilligen.

(2) Würde die Gewährung von Unterhalt dazu führen, daß andere Massegläubiger nicht mehr voll befriedigt werden können, so sind die Unterhaltsleistungen an die Berechtigten zu gleichen Anteilen zu kürzen. Für das Rangverhältnis des Ehegatten zu einem früheren Ehegatten gilt jedoch § 1582 des Bürgerlichen Gesetzbuchs entsprechend.

(3) Einigen sich der Insolvenzverwalter und der Unterhaltsberechtigte nicht über die Höhe des notwendigen Unterhalts, so entscheidet nach Anhörung des Verwalters und des Berechtigten das Insolvenzgericht. Das Insolvenzgericht kann das Rangverhältnis verschiedener Unterhaltsberechtigter zueinander auf Antrag eines dieser Berechtigten und nach Anhörung der übrigen nach billigem Ermessen abweichend von Absatz 2 festsetzen.

§ 115
Organschaftliche Vertreter. Angestellte

(1) Ist der Schuldner keine natürliche Person, so gelten die §§ 109 bis 113 entsprechend für die organschaftlichen Vertreter des Schuldners. § 109 gilt außerdem entsprechend für frühere organschaftliche Vertreter des Schuldners, sofern sie nicht früher als zwei Jahre vor dem Antrag auf Eröffnung des Insolvenzverfahrens ausgeschieden sind. § 114 gilt entsprechend für organschaftliche Vertreter, die zugleich persönlich haftende Gesellschafter des Schuldners sind.

§ 114
Unterhalt aus der Insolvenzmasse

(1) Die Gläubigerversammlung beschließt, ob und in welchem Umfang dem Schuldner und seiner Familie Unterhalt aus der Insolvenzmasse gewährt werden soll.

(2) Bis zur Entscheidung der Gläubigerversammlung kann der Insolvenzverwalter mit Zustimmung des Gläubigerausschusses, wenn ein solcher bestellt ist, dem Schuldner den notwendigen Unterhalt gewähren. In gleicher Weise kann den minderjährigen unverheirateten Kindern des Schuldners, seinem Ehegatten, seinem früheren Ehegatten und der Mutter seines nichtehelichen Kindes hinsichtlich des Anspruchs nach den §§ 1615 l, 1615 n des Bürgerlichen Gesetzbuchs Unterhalt gewährt werden.

(3) entfällt

§ 115
Organschaftliche Vertreter. Angestellte

(1) Ist der Schuldner keine natürliche Person, so gelten die §§ 109 bis **112** entsprechend für die **Mitglieder des Vertretungs- oder Aufsichtsorgans und die vertretungsberechtigten persönlich haftenden Gesellschafter des Schuldners. § 109 Abs. 1 und § 110**

[im folgenden: BT-Drs. 12/7302, S. 42]

gelten außerdem entsprechend für **Personen, die nicht früher als zwei Jahre vor dem Antrag auf Eröffnung des Insolvenzverfahrens aus einer in Satz 1 genannten Stellung ausgeschieden sind.** § 114 gilt entsprechend für **die vertretungs-**

Entwurf	Beschlüsse des 6. Ausschusses
	berechtigten persönlich haftenden Gesellschafter des Schuldners.
(2) § 109 Abs. 1 Satz 1 gilt entsprechend für Angestellte des Schuldners.	(2) § 109 Abs. 1 Satz 1 gilt entsprechend für Angestellte **und frühere Angestellte des Schuldners, sofern diese nicht früher als zwei Jahre vor dem Eröffnungsantrag ausgeschieden sind.**
§ 116 Einschränkung eines Grundrechts	§ 116 unverändert
Durch die §§ 112, 115 Abs. 1 Satz 1 wird das Grundrecht des Briefgeheimnisses sowie des Post- und Fernmeldegeheimnisses (Artikel 10 Grundgesetz) eingeschränkt.	
ZWEITER ABSCHNITT Erfüllung der Rechtsgeschäfte. Mitwirkung des Betriebsrats	ZWEITER ABSCHNITT Erfüllung der Rechtsgeschäfte. Mitwirkung des Betriebsrats
§ 117 Wahlrecht des Insolvenzverwalters	§ 117 unverändert
(1) Ist ein gegenseitiger Vertrag zur Zeit der Eröffnung des Insolvenzverfahrens vom Schuldner und vom anderen Teil nicht oder nicht vollständig erfüllt, so kann der Insolvenzverwalter anstelle des Schuldners den Vertrag erfüllen und die Erfüllung vom anderen Teil verlangen.	
(2) Lehnt der Verwalter die Erfüllung ab, so kann der andere Teil eine Forderung wegen der Nichterfüllung nur als Insolvenzgläubiger geltend machen. Fordert der andere Teil den Verwalter zur Ausübung seines Wahlrechts auf, so hat der Verwalter unverzüglich zu erklären, ob er die Erfüllung verlangen will. Unterläßt er dies, so kann er auf der Erfüllung nicht bestehen.	
§ 118 Fixgeschäfte. Devisen- und Finanztermingeschäfte	§ 118 Fixgeschäfte. Finanztermingeschäfte
(1) War die Lieferung von Waren, die einen Markt- oder Börsenpreis haben, genau zu einer festbestimmten Zeit oder innerhalb einer festbestimmten Frist vereinbart und tritt die Zeit oder der Ablauf der Frist erst nach der Eröffnung des Insolvenzverfahrens ein, so kann nicht die Erfüllung verlangt, sondern nur eine Forderung wegen der Nichterfüllung geltend gemacht werden. *Als Waren im Sinne des Satzes 1 gelten auch Wertpapiere.*	(1) War die Lieferung von Waren, die einen Markt- oder Börsenpreis haben, genau zu einer festbestimmten Zeit oder innerhalb einer festbestimmten Frist vereinbart und tritt die Zeit oder der Ablauf der Frist erst nach der Eröffnung des Insolvenzverfahrens ein, so kann nicht die Erfüllung verlangt, sondern nur eine Forderung wegen der Nichterfüllung geltend gemacht werden.

[im folgenden: BT-Drs. 12/7302, S. 43]

(2) War für *Geld*leistungen, die einen Markt- oder Börsenpreis haben, eine bestimmte Zeit oder eine bestimmte Frist vereinbart und tritt die Zeit oder der Ablauf der Frist erst nach der Eröffnung des Verfahrens ein, so kann nicht die Erfüllung verlangt, sondern nur eine Forderung wegen der Nichterfüllung geltend gemacht werden, *wenn*	(2) War für **Finanz**leistungen, die einen Markt- oder Börsenpreis haben, eine bestimmte Zeit oder eine bestimmte Frist vereinbart und tritt die Zeit oder der Ablauf der Frist erst nach der Eröffnung des Verfahrens ein, so kann nicht die Erfüllung verlangt, sondern nur eine Forderung wegen der Nichterfüllung geltend gemacht werden. **Als Finanzleistungen gelten insbesondere**

Entwurf	Beschlüsse des 6. Ausschusses
1. *die Geldleistungen in ausländischer Währung zu erbringen sind oder*	1. **die Lieferung von Edelmetallen,**
2. *die Höhe der Geldleistungen durch den Kurs einer ausländischen Währung, durch den Zinssatz von Forderungen oder durch deren Preis von Gütern oder Leistungen bestimmt wird.*	2. **die Lieferung von Wertpapieren oder vergleichbaren Rechten, soweit nicht der Erwerb einer Beteiligung an einem Unternehmen zur Herstellung einer dauernden Verbindung zu diesem Unternehmen beabsichtigt ist,**
	3. Geldleistungen, die in ausländischer Währung oder in einer Rechnungseinheit zu erbringen sind,
	4. Geldleistungen, deren Höhe unmittelbar oder mittelbar durch den Kurs einer ausländischen Währung oder einer Rechnungseinheit, durch den Zinssatz von Forderungen oder durch den Preis anderer Güter oder Leistungen bestimmt wird,
	5. Optionen und andere Rechte auf Lieferungen oder Geldleistungen im Sinne der Nummern 1 bis 4.
	Sind Geschäfte über Finanzleistungen in einem Rahmenvertrag zusammengefaßt, für den vereinbart ist, daß er bei Vertragsverletzungen nur einheitlich beendet werden kann, so gilt die Gesamtheit dieser Geschäfte als ein gegenseitiger Vertrag im Sinne der §§ 117, 118.
(3) Die Forderung wegen der Nichterfüllung richtet sich auf den Unterschied zwischen dem *Kaufpreis* und dem Markt- oder Börsenpreis, der am zweiten Werktag nach der Eröffnung des Verfahrens am Erfüllungsort für einen Vertrag mit der vereinbarten Erfüllungszeit maßgeblich ist. Der andere Teil kann eine solche Forderung nur als Insolvenzgläubiger geltend machen.	(3) Die Forderung wegen der Nichterfüllung richtet sich auf den Unterschied zwischen dem **vereinbarten Preis** und dem Markt- oder Börsenpreis, der am zweiten Werktag nach der Eröffnung des Verfahrens am Erfüllungsort für einen Vertrag mit der vereinbarten Erfüllungszeit maßgeblich ist. Der andere Teil kann eine solche Forderung nur als Insolvenzgläubiger geltend machen.
§ 119 **Teilbare Leistungen**	§ 119 unverändert
Sind die geschuldeten Leistungen teilbar und hat der andere Teil die ihm obliegende Leistung zur Zeit der Eröffnung des Insolvenzverfahrens bereits teilweise erbracht, so ist er mit dem der Teilleistung entsprechenden Betrag seines Anspruchs auf die Gegenleistung Insolvenzgläubiger, auch wenn der Insolvenzverwalter wegen der noch ausstehenden Leistung Erfüllung verlangt. Der andere Teil ist nicht berechtigt, wegen der Nichterfüllung seines Anspruchs auf die Gegenleistung die Rückgabe einer vor der Eröffnung des Verfahrens in das Vermögen des Schuldners übergegangenen Teilleistung aus der Insolvenzmasse zu verlangen.	

[im folgenden: BT-Drs. 12/7302, S. 44]

Entwurf	Beschlüsse des 6. Ausschusses
§ 120 **Vormerkung**	**§ 120** unverändert
(1) Ist zur Sicherung eines Anspruchs auf Einräumung oder Aufhebung eines Rechts an einem Grundstück des Schuldners oder an einem für den Schuldner eingetragenen Recht oder zur Sicherung eines Anspruchs auf Änderung des Inhalts oder des Ranges eines solchen Rechts eine Vormerkung im Grundbuch eingetragen, so kann der Gläubiger für seinen Anspruch Befriedigung aus der Insolvenzmasse verlangen. Dies gilt auch, wenn der Schuldner dem Gläubiger gegenüber weitere Verpflichtungen übernommen hat und diese nicht oder nicht vollständig erfüllt sind.	
(2) Für eine Vormerkung, die im Schiffsregister, Schiffsbauregister oder Register für Pfandrechte an Luftfahrzeugen eingetragen ist, gilt Absatz 1 entsprechend.	
§ 121 **Eigentumsvorbehalt**	**§ 121** **Eigentumsvorbehalt**
(1) Hat vor der Eröffnung des Insolvenzverfahrens der Schuldner eine bewegliche Sache unter Eigentumsvorbehalt verkauft und dem Käufer den Besitz an der Sache übertragen, so kann der Käufer die Erfüllung des Kaufvertrages verlangen. Dies gilt auch, wenn der Schuldner dem Käufer gegenüber weitere Verpflichtungen übernommen hat und diese nicht oder nicht vollständig erfüllt sind.	(1) unverändert
(2) Hat vor der Eröffnung des Insolvenzverfahrens der Schuldner eine bewegliche Sache unter Eigentumsvorbehalt gekauft und vom Verkäufer den Besitz an der Sache erlangt, so *gilt* § 117 Abs. 2 Satz 2 *mit der Maßgabe, daß der Insolvenzverwalter, den der Verkäufer zur Ausübung des Wahlrechts aufgefordert hat, unverzüglich nach dem Berichtstermin zu erklären hat, ob er die Erfüllung verlangen will.*	(2) Hat vor der Eröffnung des Insolvenzverfahrens der Schuldner eine bewegliche Sache unter Eigentumsvorbehalt gekauft und vom Verkäufer den Besitz an der Sache erlangt, so **braucht** der Insolvenzverwalter, den der Verkäufer zur Ausübung des Wahlrechts aufgefordert hat, **die Erklärung nach** § 117 Abs. 2 Satz 2 **erst** unverzüglich nach dem Berichtstermin **abzugeben. Dies gilt nicht, wenn in der Zeit bis zum Berichtstermin eine erhebliche Verminderung des Wertes der Sache zu erwarten ist und der Gläubiger den Verwalter auf diesen Umstand hingewiesen hat.**
§ 122 **Fortbestehen von Dauerschuldverhältnissen**	**§ 122** unverändert
(1) Miet- und Pachtverhältnisse des Schuldners über unbewegliche Gegenstände oder Räume sowie Dienstverhältnisse des Schuldners bestehen mit Wirkung für die Insolvenzmasse fort.	
(2) Ansprüche für die Zeit vor der Eröffnung des Insolvenzverfahrens kann der andere Teil nur als Insolvenzgläubiger geltend machen.	
§ 123 **Schuldner als Mieter oder Pächter**	**§ 123** **Schuldner als Mieter oder Pächter**
(1) Ein Miet- oder Pachtverhältnis über einen unbeweglichen Gegenstand oder über Räume, das der	(1) unverändert

Entwurf	Beschlüsse des 6. Ausschusses
	[im folgenden: BT-Drs. 12/7302, S. 45]

Schuldner als Mieter oder Pächter eingegangen war, kann der Insolvenzverwalter ohne Rücksicht auf die vereinbarte Vertragsdauer unter Einhaltung der gesetzlichen Frist kündigen. Kündigt der Verwalter nach Satz 1, so kann der andere Teil wegen der vorzeitigen Beendigung des Vertragsverhältnisses als Insolvenzgläubiger Schadenersatz verlangen.

(2) Waren dem Schuldner der unbewegliche Gegenstand oder die Räume zur Zeit der Eröffnung des Verfahrens noch nicht überlassen, so kann sowohl der *Insolvenz*verwalter als auch der andere Teil vom Vertrag zurücktreten. Tritt der Verwalter zurück, so kann der andere Teil wegen der vorzeitigen Beendigung des Vertragsverhältnisses als Insolvenzgläubiger Schadenersatz verlangen. Jeder Teil hat dem anderen auf dessen Verlangen *unverzüglich* zu erklären, ob er vom Vertrag zurücktreten will; unterläßt er dies, so verliert er das Rücktrittsrecht.

(2) Waren dem Schuldner der unbewegliche Gegenstand oder die Räume zur Zeit der Eröffnung des Verfahrens noch nicht überlassen, so kann sowohl der **Verwalter** als auch der andere Teil vom Vertrag zurücktreten. Tritt der Verwalter zurück, so kann der andere Teil wegen der vorzeitigen Beendigung des Vertragsverhältnisses als Insolvenzgläubiger Schadenersatz verlangen. Jeder Teil hat dem anderen auf dessen Verlangen **binnen zwei Wochen** zu erklären, ob er vom Vertrag zurücktreten will; unterläßt er dies, so verliert er das Rücktrittsrecht.

§ 124
Schuldner als Vermieter oder Verpächter

(1) Hatte der Schuldner als Vermieter oder Verpächter eines unbeweglichen Gegenstandes oder von Räumen vor der Eröffnung des Insolvenzverfahrens über die Miet- oder Pachtzinsforderung für die spätere Zeit verfügt, so ist diese Verfügung nur wirksam, soweit sie sich auf den Miet- oder Pachtzins für den zur Zeit der Eröffnung des Verfahrens laufenden Kalendermonat bezieht. Ist die Eröffnung nach dem fünfzehnten Tag des Monats erfolgt, so ist die Verfügung auch für den folgenden Kalendermonat wirksam.

(2) Eine Verfügung im Sinne des Absatzes 1 ist insbesondere die Einbeziehung des Miet- oder Pachtzinses. Einer rechtsgeschäftlichen Verfügung steht eine Verfügung gleich, die im Wege der Zwangsvollstreckung erfolgt.

(3) Der Mieter oder der Pächter kann gegen die Miet- oder Pachtzinsforderung für den in Absatz 1 bezeichneten Zeitraum eine Forderung aufrechnen, die ihm gegen den Schuldner zusteht. Die §§ 107 und 108 Nr. 2 bis 4 bleiben unberührt.

§ 124
unverändert

§ 125
Veräußerung des Miet- oder Pachtobjekts

Veräußert der Insolvenzverwalter einen unbeweglichen Gegenstand oder Räume, die der Schuldner vermietet oder verpachtet hatte, und tritt der Erwerber anstelle des Schuldners in das Miet- oder Pachtverhältnis ein, so kann der Erwerber das Miet- oder Pachtverhältnis unter Einhaltung der gesetzlichen Frist kündigen. Die Kündigung kann nur für den ersten Termin erfolgen, für den

§ 125
unverändert

Entwurf	Beschlüsse des 6. Ausschusses
sie zulässig ist. § 57 c des Gesetzes über die Zwangsversteigerung und die Zwangsverwaltung gilt entsprechend.	

[im folgenden: BT-Drs. 12/7302, S. 46]

§ 126 Kündigungssperre	§ 126 unverändert
Ein Miet- oder Pachtverhältnis, das der Schuldner als Mieter oder Pächter eingegangen war, kann der andere Teil nach dem Antrag auf Eröffnung des Insolvenzverfahrens nicht kündigen: 1. wegen eines Verzugs mit der Entrichtung des Miet- oder Pachtzinses, der in der Zeit vor dem Eröffnungsantrag eingetreten ist; 2. wegen einer Verschlechterung der Vermögensverhältnisse des Schuldners.	

§ 127 Kündigung eines Dienstverhältnisses	§ 127 Kündigung eines Dienstverhältnisses
(1) Ein Dienstverhältnis, bei dem der Schuldner der Dienstberechtigte ist, kann vom Insolvenzverwalter und vom anderen Teil ohne Rücksicht auf *die* vereinbarte Vertragsdauer unter Einhaltung der gesetzlichen Frist gekündigt werden. Kündigt der Verwalter, so kann der andere Teil wegen der vorzeitigen Beendigung des Dienstverhältnisses als Insolvenzgläubiger Schadenersatz verlangen. (2) Will ein Arbeitnehmer geltend machen, daß die Kündigung seines Arbeitsverhältnisses durch den Insolvenzverwalter unwirksam ist, so muß er auch dann innerhalb von drei Wochen nach Zugang der Kündigung Klage beim Arbeitsgericht erheben, wenn er sich für die Unwirksamkeit der Kündigung auf andere als die in § 1 Abs. 2 und 3 des Kündigungsschutzgesetzes bezeichneten Gründe beruft. § 4 Satz 4 und § 5 des Kündigungsschutzgesetzes gelten entsprechend.	(1) Ein Dienstverhältnis, bei dem der Schuldner der Dienstberechtigte ist, kann vom Insolvenzverwalter und vom anderen Teil ohne Rücksicht auf **eine** vereinbarte Vertragsdauer **oder einen vereinbarten Ausschluß des Rechts zur ordentlichen Kündigung** gekündigt werden. **Die Kündigungsfrist beträgt drei Monate zum Monatsende, wenn nicht eine kürzere Frist maßgeblich ist.** Kündigt der Verwalter, so kann der andere Teil wegen der vorzeitigen Beendigung des Dienstverhältnisses als Insolvenzgläubiger Schadenersatz verlangen. (2) unverändert

§ 128 Interessenausgleich und Kündigungsschutz	§ 128 **entfällt hier;** vgl. § 143 a
Ist eine Betriebsänderung (§ 111 des Betriebsverfassungsgesetzes) geplant und kommt zwischen Insolvenzverwalter und Betriebsrat ein Interessenausgleich zustande, in dem die zu entlassenden Arbeitnehmer namentlich bezeichnet sind, so wird vermutet, daß die Kündigung der Arbeitsverhältnisse der bezeichneten Arbeitnehmer durch dringende betriebliche Erfordernisse, die einer Weiterbeschäftigung in diesem Betrieb entgegenstehen, bedingt ist. Die soziale Auswahl der Arbeitnehmer kann nur auf grobe Fehlerhaftigkeit nachgeprüft werden. Die Sätze 1 und 2 gelten nicht, soweit sich die Sachlage nach Zustandekommen des Interessenausgleichs geändert hat.	

[im folgenden: BT-Drs. 12/7302, S. 47]

| Entwurf | Beschlüsse des 6. Ausschusses |

§ 129
Beschlußverfahren zum Kündigungsschutz

§ 129
entfällt hier; vgl. § 143 b

(1) Hat der Betrieb keinen Betriebsrat oder kommt aus anderen Gründen ein Interessenausgleich nach *§ 128* nicht zustande, so kann der Insolvenzverwalter beim Arbeitsgericht beantragen festzustellen, daß die Kündigung der Arbeitsverhältnisse bestimmter, im Antrag bezeichneter Arbeitnehmer durch dringende betriebliche Erfordernisse bedingt und sozial gerechtfertigt ist. Die Vorschriften des Arbeitsgerichtsgesetzes über das Beschlußverfahren gelten entsprechend; Beteiligte sind der Insolvenzverwalter, der Betriebsrat und diejenigen der bezeichneten Arbeitnehmer, die nicht die Kündigung als berechtigt anerkennen. Der Antrag ist nach Maßgabe des § 61 a Abs. 3 bis 6 des Arbeitsgerichtsgesetzes vorrangig zu erledigen.

(2) Gegen den Beschluß des Gerichts findet die Beschwerde an das Landesarbeitsgericht nicht statt. Die Rechtsbeschwerde an das Bundesarbeitsgericht findet statt, wenn sie in dem Beschluß des Arbeitsgerichts zugelassen wird; § 72 Abs. 2 und 3 des Arbeitsgerichtsgesetzes gilt entsprechend. Die Rechtsbeschwerde ist innerhalb eines Monats nach Zustellung der in vollständiger Form abgefaßten Entscheidung des Arbeitsgerichts beim Bundesarbeitsgericht einzulegen und zu begründen.

(3) Für die Kosten, die den Beteiligten im Verfahren des ersten Rechtszugs entstehen, gilt § 12 a Abs. 1 Satz 1 und 2 des Arbeitsgerichtsgesetzes entsprechend. Im Verfahren vor dem Bundesarbeitsgericht gelten die Vorschriften der Zivilprozeßordnung über die Erstattung der Kosten des Rechtsstreits entsprechend.

§ 130
Klage des Arbeitnehmers

§ 130
entfällt hier; vgl. § 143 c

(1) Kündigt der Verwalter einem Arbeitnehmer, der in dem Antrag nach *§ 129 Abs. 1* bezeichnet ist, und erhebt der Arbeitnehmer Klage auf Feststellung, daß das Arbeitsverhältnis durch die Kündigung nicht aufgelöst ist, so ist die rechtskräftige Entscheidung im Verfahren nach *§ 129* für die Parteien bindend. Dies gilt nicht, soweit sich die Sachlage nach dem Schluß der letzten mündlichen Verhandlung geändert hat.

(2) Hat der Arbeitnehmer schon vor der Rechtskraft der Entscheidung Klage erhoben, so ist die Verhandlung über die Klage auf Antrag des Verwalters bis zu diesem Zeitpunkt auszusetzen.

(3) Die Frist für die Klage des Arbeitnehmers (§ 4 Satz 1 des Kündigungsschutzgesetzes, § 127 Abs. 2) beginnt nicht vor dem Tag, an dem die rechtskräftige Entscheidung dem Arbeitnehmer zugestellt wird.

Entwurf	Beschlüsse des 6. Ausschusses
§ 131 Betriebsveräußerung	§ 131 entfällt hier; vgl. § 143 d

(1) Die Anwendung der §§ 128 bis 130 wird nicht dadurch ausgeschlossen, daß die Betriebsänderung,

[im folgenden: BT-Drs. 12/7302, S. 48]

die dem Interessenausgleich oder dem Feststellungsantrag zugrunde liegt, erst nach einer Betriebsveräußerung durchgeführt werden soll. An dem Verfahren nach § 129 ist der Erwerber des Betriebs beteiligt.

(2) Im Falle eines Betriebsübergangs erstreckt sich die Vermutung nach § 128 Satz 1 oder die gerichtliche Feststellung nach § 129 Abs. 1 Satz 1 auch darauf, daß die Kündigung der Arbeitsverhältnisse nicht wegen des Betriebsübergangs erfolgt.

§ 132 Bezüge aus einem Dienstverhältnis	§ 132 unverändert

(1) Hat der Schuldner vor der Eröffnung des Insolvenzverfahrens eine Forderung für die spätere Zeit auf Bezüge aus einem Dienstverhältnis oder an deren Stelle tretende laufende Bezüge abgetreten oder verpfändet, so ist diese Verfügung nur wirksam, soweit sie sich auf die Bezüge für die Zeit vor Ablauf von drei Jahren nach dem Ende des zur Zeit der Eröffnung des Verfahrens laufenden Kalendermonats bezieht.

(2) Gegen die Forderung auf die Bezüge für den in Absatz 1 bezeichneten Zeitraum kann der Verpflichtete eine Forderung aufrechnen, die ihm gegen den Schuldner zusteht. Die §§ 107 und 108 Nr. 2 bis 4 bleiben unberührt.

(3) Ist vor der Eröffnung des Verfahrens im Wege der Zwangsvollstreckung über die Bezüge für die spätere Zeit verfügt worden, so ist diese Verfügung nur wirksam, soweit sie sich auf die Bezüge für den zur Zeit der Eröffnung des Verfahrens laufenden Kalendermonat bezieht. Ist die Eröffnung nach dem fünfzehnten Tag des Monats erfolgt, so ist die Verfügung auch für den folgenden Kalendermonat wirksam. § 99 bleibt unberührt; § 100 Abs. 2 Satz 2 gilt entsprechend.

§ 133 Erlöschen von Aufträgen	§ 133 unverändert

(1) Ein vom Schuldner erteilter Auftrag, der sich auf das zur Insolvenzmasse gehörende Vermögen bezieht, erlischt durch die Eröffnung des Insolvenzverfahrens.

(2) Der Beauftragte hat, wenn mit dem Aufschub Gefahr verbunden ist, die Besorgung des übertragenen Geschäfts fortzusetzen, bis der Insolvenzverwalter anderweitig Fürsorge treffen kann. Der Auftrag gilt insoweit als fortbestehend.

Entwurf	Beschlüsse des 6. Ausschusses
Mit seinen Ersatzansprüchen aus dieser Fortsetzung ist der Beauftragte Massegläubiger.	
(3) Solange der Beauftragte die Eröffnung des Verfahrens ohne Verschulden nicht kennt, gilt der Auftrag zu seinen Gunsten als fortbestehend. Mit den Ersatzansprüchen aus dieser Fortsetzung ist der Beauftragte Insolvenzgläubiger.	
	[im folgenden: BT-Drs. 12/7302, S. 49]
§ 134 **Erlöschen von Geschäftsbesorgungsverträgen**	§ 134 unverändert
Hat sich jemand durch einen Dienst- oder Werkvertrag mit dem Schuldner verpflichtet, ein Geschäft für diesen zu besorgen, so gilt § 133 entsprechend. Dabei gelten die Vorschriften für die Ersatzansprüche aus der Fortsetzung der Geschäftsbesorgung auch für die Vergütungsansprüche.	
§ 135 **Erlöschen von Vollmachten**	§ 135 unverändert
(1) Eine vom Schuldner erteilte Vollmacht, die sich auf das zur Insolvenzmasse gehörende Vermögen bezieht, erlischt durch die Eröffnung des Insolvenzverfahrens.	
(2) Soweit ein Auftrag oder ein Geschäftsbesorgungsvertrag nach § 133 Abs. 2 fortbesteht, gilt auch die Vollmacht als fortbestehend.	
(3) Solange der Bevollmächtigte die Eröffnung des Verfahrens ohne Verschulden nicht kennt, haftet er nicht nach § 179 des Bürgerlichen Gesetzbuchs.	
§ 136 **Auflösung von Gesellschaften**	§ 136 unverändert
Wird eine Gesellschaft ohne Rechtspersönlichkeit oder eine Kommanditgesellschaft auf Aktien durch die Eröffnung des Insolvenzverfahrens über das Vermögen eines Gesellschafters aufgelöst, so ist der geschäftsführende Gesellschafter mit den Ansprüchen, die ihm aus der einstweiligen Fortführung eilbedürftiger Geschäfte zustehen, Massegläubiger. Mit den Ansprüchen aus der Fortführung der Geschäfte während der Zeit, in der er die Eröffnung des Insolvenzverfahrens ohne sein Verschulden nicht kannte, ist er Insolvenzgläubiger; § 95 Abs. 1 bleibt unberührt.	
§ 137 **Unwirksamkeit abweichender Vereinbarungen**	§ 137 **Unwirksamkeit abweichender Vereinbarungen**
(1) Vereinbarungen, durch die im voraus die Anwendung der §§ 117 bis 136 ausgeschlossen oder beschränkt wird, sind unwirksam.	Vereinbarungen, durch die im voraus die Anwendung der §§ 117 bis 136 ausgeschlossen oder beschränkt wird, sind unwirksam.
(2) Vereinbarungen, die für den Fall der Eröffnung des Insolvenzverfahrens die Auflösung eines gegenseitigen Vertrags vorsehen oder der an-	

Entwurf | Beschlüsse des 6. Ausschusses

deren Partei das Recht geben, sich einseitig vom Vertrag zu lösen, sind unwirksam. Ist in einem gegenseitigen Vertrag vereinbart, daß bei einer Verschlechterung der Vermögensverhältnisse einer Vertragspartei die andere das Recht hat, sich einseitig vom Vertrag zu lösen, so kann dieses Recht nach der Eröffnung des Insolvenzverfahrens nicht mehr ausgeübt werden.

[im folgenden: BT-Drs. 12/7302, S. 50]

(3) *Die Wirksamkeit von Vereinbarungen, die an den Verzug oder an andere Vertragsverletzungen anknüpfen, wird durch die Absätze 1 und 2 nicht berührt.*

§ 138
Kündigung von Betriebsvereinbarungen

(1) Sind in Betriebsvereinbarungen Leistungen vorgesehen, welche die Insolvenzmasse belasten, so sollen Insolvenzverwalter und Betriebsrat über eine einvernehmliche Herabsetzung der Leistungen beraten. Diese Betriebsvereinbarungen können auch dann mit einer Frist von drei Monaten gekündigt werden, wenn eine längere Frist vereinbart ist. *§ 77 Abs. 6 des Betriebsverfassungsgesetzes bleibt unberührt.*

(2) Unberührt bleibt das Recht, eine Betriebsvereinbarung aus wichtigem Grund ohne Einhaltung einer Kündigungsfrist zu kündigen.

§ 139
Betriebsänderungen und Vermittlungsverfahren

Im Insolvenzverfahren über das Vermögen des Unternehmers gilt § 112 Abs. 2 Satz 1 des Betriebsverfassungsgesetzes mit der Maßgabe, daß dem Verfahren vor der Einigungsstelle nur dann ein Vermittlungsversuch des Präsidenten des Landesarbeitsamts vorangeht, wenn der Insolvenzverwalter und der Betriebsrat gemeinsam um eine solche Vermittlung ersuchen.

§ 140
Gerichtliche Zustimmung zur Durchführung einer Betriebsänderung

(1) Ist eine Betriebsänderung geplant und kommt zwischen Insolvenzverwalter und Betriebsrat *ein* Interessenausgleich nicht innerhalb von drei Wochen *seit* Verhandlungsbeginn zustande, so kann der *Insolvenz*verwalter die Zustimmung des Arbeitsgerichts dazu beantragen, daß die Betriebsänderung durchgeführt wird, ohne daß das Verfahren nach § 112 Abs. 2 des Betriebsverfassungsgesetzes vorangegangen ist. § 113 Abs. 3 des Betriebsverfassungsgesetzes ist insoweit nicht anzuwenden.

§ 138
Kündigung von Betriebsvereinbarungen

(1) Sind in Betriebsvereinbarungen Leistungen vorgesehen, welche die Insolvenzmasse belasten, so sollen Insolvenzverwalter und Betriebsrat über eine einvernehmliche Herabsetzung der Leistungen beraten. Diese Betriebsvereinbarungen können auch dann mit einer Frist von drei Monaten gekündigt werden, wenn eine längere Frist vereinbart ist.

(2) unverändert

§ 139
unverändert

§ 140
Gerichtliche Zustimmung zur Durchführung einer Betriebsänderung

(1) Ist eine Betriebsänderung geplant und kommt zwischen Insolvenzverwalter und Betriebsrat **der Interessenausgleich nach § 112 des Betriebsverfassungsgesetzes** nicht innerhalb von drei Wochen **nach** Verhandlungsbeginn **oder schriftlicher Aufforderung zur Aufnahme von Verhandlungen** zustande, **obwohl der Verwalter den Betriebsrat rechtzeitig und umfassend unterrichtet hat,** so kann der **Verwalter** die Zustimmung des Arbeitsgerichts dazu beantragen, daß die Betriebsänderung durchgeführt wird, ohne daß das Verfahren nach § 112 Abs. 2 des Betriebsverfassungsgesetzes vorangegangen ist. § 113 Abs. 3 des Betriebsverfassungsgesetzes ist inso-

Entwurf	Beschlüsse des 6. Ausschusses
	weit nicht anzuwenden. **Unberührt bleibt das Recht des Verwalters, einen Interessenausgleich nach § 143 a zustande zu bringen oder einen Feststellungsantrag nach § 143 b zu stellen.**
(2) Das Gericht erteilt die Zustimmung, wenn die wirtschaftliche Lage des Unternehmens auch unter Berücksichtigung der sozialen Belange der Arbeitnehmer *die alsbaldige Durchführung der Betriebsänderung* erfordert.	(2) Das Gericht erteilt die Zustimmung, wenn die wirtschaftliche Lage des Unternehmens auch unter Berücksichtigung der sozialen Belange der Arbeitnehmer erfordert, **daß die Betriebsänderung ohne vorheriges Verfahren nach § 112 Abs. 2 des Betriebsverfassungsgesetzes durchgeführt wird.** Die Vorschriften des Arbeitsgerichtsgesetzes über das Beschlußverfahren gelten entsprechend; Beteiligte sind der Insolvenzverwalter und der Betriebsrat. **Der Antrag ist nach Maßgabe des § 61 a Abs. 3 bis 6 des Arbeitsgerichtsgesetzes vorrangig zu erledigen.**
(3) Die Vorschriften des Arbeitsgerichtsgesetzes über das Beschlußverfahren gelten entsprechend; Beteiligte sind der Insolvenzverwalter und der Betriebsrat. § 129 Abs. 1 Satz 3, Abs. 2 gilt entsprechend.	(3) **Gegen den Beschluß des Gerichts findet die Beschwerde an das Landesarbeitsgericht nicht statt. Die Rechtsbeschwerde an das Bundesarbeitsgericht findet statt, wenn sie in dem Beschluß des Arbeitsgerichts zugelassen wird; § 72 Abs. 2 und 3 des Arbeitsgerichtsgesetzes gilt entsprechend. Die Rechtsbeschwerde ist innerhalb eines Monats nach Zustellung der in vollständiger Form abgefaßten Entscheidung des Arbeitsgerichts beim Bundesarbeitsgericht einzulegen und zu begründen.**

[im folgenden: BT-Drs. 12/7302, S. 51]

§ 141 Umfang des Sozialplans	§ 141 Umfang des Sozialplans
(1) In einem Sozialplan, der nach der Eröffnung des Insolvenzverfahrens aufgestellt wird, kann für den Ausgleich oder die Milderung der wirtschaftlichen Nachteile, die den Arbeitnehmern infolge der geplanten Betriebsänderung entstehen, ein Gesamtbetrag von bis zu zweieinhalb Monatsverdiensten (§ 10 Abs. 3 des Kündigungsschutzgesetzes) der von einer Entlassung betroffenen Arbeitnehmer vorgesehen werden.	(1) unverändert
(2) Die Verbindlichkeiten aus einem solchen Sozialplan sind Masseverbindlichkeiten. Jedoch darf *bei einer Verteilung der Insolvenzmasse nach den §§ 215 bis 234* für die Berichtigung von Sozialplanforderungen nicht mehr als ein Drittel der Masse verwendet werden, die ohne einen Sozialplan für die Verteilung an die Insolvenzgläubiger zur Verfügung stünde. Übersteigt der Gesamtbetrag aller Sozialplanforderungen diese Grenze, so sind die einzelnen Forderungen anteilig zu kürzen.	(2) Die Verbindlichkeiten aus einem solchen Sozialplan sind Masseverbindlichkeiten. Jedoch darf, **wenn nicht ein Insolvenzplan zustande kommt,** für die Berichtigung von Sozialplanforderungen nicht mehr als ein Drittel der Masse verwendet werden, die ohne einen Sozialplan für die Verteilung an die Insolvenzgläubiger zur Verfügung stünde. Übersteigt der Gesamtbetrag aller Sozialplanforderungen diese Grenze, so sind die einzelnen Forderungen anteilig zu kürzen.
(3) Sooft hinreichende Barmittel in der Masse vorhanden sind, soll der Insolvenzverwalter mit Zustimmung des Insolvenzgerichts Abschlagszahlungen auf die Sozialplanforderungen leisten. Eine Zwangsvollstreckung in die Masse wegen einer Sozialplanforderung ist unzulässig.	(3) unverändert

Entwurf | Beschlüsse des 6. Ausschusses

§ 142
Sozialplan vor Verfahrenseröffnung

§ 142
unverändert

(1) Ein Sozialplan, der vor der Eröffnung des Insolvenzverfahrens, jedoch nicht früher als drei Monate vor dem Eröffnungsantrag aufgestellt worden ist, kann sowohl vom Insolvenzverwalter als auch vom Betriebsrat widerrufen werden.

[im folgenden: BT-Drs. 12/7302, S. 52]

(2) Wird der Sozialplan widerrufen, so können die Arbeitnehmer, denen Forderungen aus dem Sozialplan zustanden, bei der Aufstellung eines Sozialplans im Insolvenzverfahren berücksichtigt werden.

(3) Leistungen, die ein Arbeitnehmer vor der Eröffnung des Verfahrens auf seine Forderung aus dem widerrufenen Sozialplan erhalten hat, können nicht wegen des Widerrufs zurückgefordert werden. Bei der Aufstellung eines neuen Sozialplans sind derartige Leistungen an einen von einer Entlassung betroffenen Arbeitnehmer bei der Berechnung des Gesamtbetrags der Sozialplanforderungen nach § 141 Abs. 1 bis zur Höhe von zweieinhalb Monatsverdiensten abzusetzen.

§ 143
Rahmensozialplan

§ 143
entfällt

(1) Der Insolvenzverwalter und der Betriebsrat können mit der Wirkung einer Betriebsvereinbarung festlegen, daß die Forderungen aus Sozialplänen, die innerhalb eines bestimmten Zeitraums wegen einer Einschränkung oder Stillegung des Betriebs oder von wesentlichen Betriebsteilen oder wegen eines Personalabbaus in den Größenordnungen des § 112a Abs. 1 des Betriebsverfassungsgesetzes aufzustellen sind, bestimmte Höchstgrenzen nicht übersteigen dürfen. Der Zeitraum darf höchstens vier Jahre von der Beendigung des Insolvenzverfahrens an umfassen.

(2) Wenn nichts anderes vorgesehen ist, bleibt die Vereinbarung auch dann verbindlich, wenn der Betrieb während des Verfahrens oder nach dessen Beendigung auf einen anderen Inhaber übertragen wird.

(3) Die Vereinbarung kann unter der Bedingung geschlossen werden, daß der Betrieb auf einen bestimmten anderen Inhaber übertragen wird oder daß ein bestimmter Insolvenzplan bestätigt wird.

Vgl. § 128

§ 143a
Interessenausgleich und Kündigungsschutz

(1) Ist eine Betriebsänderung (§ 111 des Betriebsverfassungsgesetzes) geplant und kommt zwischen Insolvenzverwalter und Betriebsrat ein Interessenausgleich zustande, in dem die Arbeitnehmer, **denen gekündigt werden soll,** namentlich

Entwurf	Beschlüsse des 6. Ausschusses
	bezeichnet sind, so **ist § 1 des Kündigungsschutzgesetzes mit folgenden Maßgaben anzuwenden:**

1. **es** wird vermutet, daß die Kündigung der Arbeitsverhältnisse der bezeichneten Arbeitnehmer durch dringende betriebliche Erfordernisse, die einer Weiterbeschäftigung in diesem Betrieb **oder einer Weiterbeschäftigung zu unveränderten Arbeitsbedingungen** entgegenstehen, bedingt ist;

2. die soziale Auswahl der Arbeitnehmer kann nur **im Hinblick auf die Dauer der Betriebszugehörigkeit, das Lebensalter und die Unterhaltspflichten und** |
| [im folgenden: BT-Drs. 12/7302, S. 53] | auch insoweit nur auf grobe Fehlerhaftigkeit nachgeprüft werden; **sie ist nicht als grob fehlerhaft anzusehen, wenn eine ausgewogene Personalstruktur erhalten oder geschaffen wird. Satz 1 gilt** nicht, soweit sich die Sachlage nach Zustandekommen des Interessenausgleichs **wesentlich** geändert hat.

(2) Der Interessenausgleich nach Absatz 1 ersetzt die Stellungnahme des Betriebsrats nach § 17 Abs. 3 Satz 2 des Kündigungsschutzgesetzes. |
| Vgl. § 129 | **§ 143 b
Beschlußverfahren zum Kündigungsschutz**

(1) Hat der Betrieb keinen Betriebsrat oder kommt aus anderen Gründen **innerhalb von drei Wochen nach Verhandlungsbeginn oder schriftlicher Aufforderung zur Aufnahme von Verhandlungen** ein Interessenausgleich nach § 143 a **Abs. 1** nicht zustande, **obwohl der Verwalter den Betriebsrat rechtzeitig und umfassend unterrichtet hat,** so kann der Insolvenzverwalter beim Arbeitsgericht beantragen festzustellen, daß die Kündigung der Arbeitsverhältnisse bestimmter, im Antrag bezeichneter Arbeitnehmer durch dringende betriebliche Erfordernisse bedingt und sozial gerechtfertigt ist. **Die soziale Auswahl der Arbeitnehmer kann nur im Hinblick auf die Dauer der Betriebszugehörigkeit, das Lebensalter und die Unterhaltspflichten nachgeprüft werden.**

(2) Die Vorschriften des Arbeitsgerichtsgesetzes über das Beschlußverfahren gelten entsprechend; Beteiligte sind der Insolvenzverwalter, der Betriebsrat und **die bezeichneten Arbeitnehmer, soweit sie nicht mit der Beendigung der Arbeitsverhältnisse oder mit den geänderten Arbeitsbedingungen einverstanden sind.** § 140 Abs. 2 Satz 3, Abs. 3 gilt entsprechend.

(3) Für die Kosten, die den Beteiligten im Verfahren des ersten Rechtszugs entstehen, gilt § 12 a Abs. 1 Satz 1 und 2 des Arbeitsgerichtsgesetzes |

Entwurf	Beschlüsse des 6. Ausschusses
	entsprechend. Im Verfahren vor dem Bundesarbeitsgericht gelten die Vorschriften der Zivilprozeßordnung über die Erstattung der Kosten des Rechtsstreits entsprechend.

Vgl. § 130

§ 143 c
Klage des Arbeitnehmers

(1) Kündigt der **Insolvenzverwalter** einem Arbeitnehmer, der in dem Antrag nach § 143 b Abs. 1 bezeichnet ist, und erhebt der Arbeitnehmer Klage auf Feststellung, daß das Arbeitsverhältnis durch die Kündigung nicht aufgelöst **oder die Änderung der Arbeitsbedingungen sozial ungerechtfertigt** ist, so ist die rechtskräftige Entscheidung im Verfahren nach § 143 b für die Parteien bindend. Dies gilt nicht, soweit sich die Sachlage nach dem Schluß der letzten mündlichen Verhandlungen **wesentlich** geändert hat.

[im folgenden: BT-Drs. 12/7302, S. 54]

(2) Hat der Arbeitnehmer schon vor der Rechtskraft der Entscheidung **im Verfahren nach § 143 b** Klage erhoben, so ist die Verhandlung über die Klage auf Antrag des Verwalters bis zu diesem Zeitpunkt auszusetzen.

(3) entfällt

Vgl. § 131

§ 143 d
Betriebsveräußerung

(1) Die Anwendung der §§ 143 a bis 143 c wird nicht dadurch ausgeschlossen, daß die Betriebsänderung, die dem Interessenausgleich oder dem Feststellungsantrag zugrunde liegt, erst nach einer Betriebsveräußerung durchgeführt werden soll. An dem Verfahren nach § 143 b ist der Erwerber des Betriebs beteiligt.

(2) Im Falle eines Betriebsübergangs erstreckt sich die Vermutung nach § 143 a Abs. 1 Satz 1 Nr. 1 oder die gerichtliche Feststellung nach § 143 b Abs. 1 Satz 1 auch darauf, daß die Kündigung der Arbeitsverhältnisse nicht wegen des Betriebsübergangs erfolgt.

DRITTER ABSCHNITT	DRITTER ABSCHNITT
Insolvenzanfechtung	Insolvenzanfechtung
§ 144	§ 144
Grundsatz	unverändert

(1) Rechtshandlungen, die vor der Eröffnung des Insolvenzverfahrens vorgenommen worden sind und die Insolvenzgläubiger benachteiligen, kann der Insolvenzverwalter nach Maßgabe der §§ 145 bis 165 anfechten.

(2) Eine Unterlassung steht einer Rechtshandlung gleich.

Entwurf	Beschlüsse des 6. Ausschusses
§ 145 **Kongruente Deckung**	§ 145 **Kongruente Deckung**
(1) Anfechtbar ist eine Rechtshandlung, die einem Insolvenzgläubiger eine Sicherung oder Befriedigung gewährt oder ermöglicht hat,	(1) Anfechtbar ist eine Rechtshandlung, die einem Insolvenzgläubiger eine Sicherung oder Befriedigung gewährt oder ermöglicht hat,
1. wenn sie in den letzten drei Monaten vor dem Antrag auf Eröffnung des Insolvenzverfahrens vorgenommen worden ist, wenn zur Zeit der Handlung der Schuldner zahlungsunfähig war und wenn der Gläubiger zu dieser Zeit die Zahlungsunfähigkeit kannte *oder infolge grober Fahrlässigkeit nicht kannte,* oder	1. wenn sie in den letzten drei Monaten vor dem Antrag auf Eröffnung des Insolvenzverfahrens vorgenommen worden ist, wenn zur Zeit der Handlung der Schuldner zahlungsunfähig war und wenn der Gläubiger zu dieser Zeit die Zahlungsunfähigkeit kannte oder
2. wenn sie nach dem Eröffnungsantrag vorgenommen worden ist und wenn der Gläubiger zur Zeit der Handlung die Zahlungsunfähigkeit oder den Eröffnungsantrag kannte *oder infolge grober Fahrlässigkeit nicht* kannte.	2. wenn sie nach dem Eröffnungsantrag vorgenommen worden ist und wenn der Gläubiger zur Zeit der Handlung die Zahlungsunfähigkeit oder den Eröffnungsantrag kannte.

[im folgenden: BT-Drs. 12/7302, S. 55]

(2) *Ist eine Rechtshandlung vorgenommen worden, durch die ein Recht an einem Grundstück erworben wird, so ist sowohl die Handlung als auch das zugrundeliegende Verpflichtungsgeschäft nur dann nach Absatz 1 anfechtbar, wenn der Gläubiger die Zahlungsunfähigkeit oder den Eröffnungsantrag kannte. Gleiches gilt für die anderen Rechtshandlungen, die in den §§ 892, 893 des Bürgerlichen Gesetzbuchs, §§ 16, 17 des Gesetzes über Rechte an eingetragenen Schiffen und Schiffsbauwerken oder §§ 16, 17 des Gesetzes über Rechte an Luftfahrzeugen bezeichnet sind.*	(2) **Der Kenntnis der Zahlungsunfähigkeit oder des Eröffnungsantrags steht die Kenntnis von Umständen gleich, die zwingend auf die Zahlungsunfähigkeit oder den Eröffnungsantrag schließen lassen.**
(3) Gegenüber einer Person, die dem Schuldner zur Zeit der Handlung nahestand (*§§ 153 bis 155*), wird vermutet, daß sie die Zahlungsunfähigkeit oder den Eröffnungsantrag kannte.	(3) Gegenüber einer Person, die dem Schuldner zur Zeit der Handlung nahestand (§ 153), wird vermutet, daß sie die Zahlungsunfähigkeit oder den Eröffnungsantrag kannte.
§ 146 **Inkongruente Deckung**	§ 146 **Inkongruente Deckung**
Anfechtbar ist eine Rechtshandlung, die einem Insolvenzgläubiger eine Sicherung oder Befriedigung gewährt oder ermöglicht hat, die er nicht oder nicht in der Art oder nicht zu der Zeit zu beanspruchen hatte,	(1) Anfechtbar ist eine Rechtshandlung, die einem Insolvenzgläubiger eine Sicherung oder Befriedigung gewährt oder ermöglicht hat, die er nicht oder nicht in der Art oder nicht zu der Zeit zu beanspruchen hatte,
1. wenn die Handlung im letzten Monat vor dem Antrag auf Eröffnung des Insolvenzverfahrens oder nach diesem Antrag vorgenommen worden ist,	1. unverändert
2. wenn die Handlung innerhalb des zweiten oder dritten Monats vor dem Eröffnungsantrag vorgenommen worden ist und der Schuldner zur Zeit der Handlung zahlungsunfähig war oder	2. unverändert
3. wenn die Handlung innerhalb des zweiten oder dritten Monats vor dem Eröffnungsantrag vorgenommen worden ist und dem Gläubiger zur	3. wenn die Handlung innerhalb des zweiten oder dritten Monats vor dem Eröffnungsantrag vorgenommen worden ist und dem Gläubiger zur

Entwurf	Beschlüsse des 6. Ausschusses
Zeit der Handlung bekannt *oder infolge grober Fahrlässigkeit unbekannt* war, daß sie die Insolvenzgläubiger benachteiligte; *gegenüber einer Person, die dem Schuldner zur Zeit der Handlung nahestand (§§ 153 bis 155), wird vermutet, daß sie die Benachteiligung der Insolvenzgläubiger kannte.*	Zeit der Handlung bekannt war, daß sie die Insolvenzgläubiger benachteiligte.
	(2) Für die Anwendung des Absatzes 1 Nr. 3 steht der Kenntnis der Benachteiligung der Insolvenzgläubiger die Kenntnis von Umständen gleich, die zwingend auf die Benachteiligung schließen lassen. Gegenüber einer Person, die dem Schuldner zur Zeit der Handlung nahestand (§ 153), wird vermutet, daß sie die Benachteiligung der Insolvenzgläubiger kannte.

§ 147
Unmittelbar nachteilige Rechtshandlungen

§ 147
Unmittelbar nachteilige Rechtshandlungen

(1) Anfechtbar ist ein Rechtsgeschäft des Schuldners, das die Insolvenzgläubiger unmittelbar benachteiligt,

(1) Anfechtbar ist ein Rechtsgeschäft des Schuldners, das die Insolvenzgläubiger unmittelbar benachteiligt,

[im folgenden: BT-Drs. 12/7302, S. 56]

1. wenn es in den letzten drei Monaten vor dem Antrag auf Eröffnung des Insolvenzverfahrens vorgenommen worden ist, wenn zur Zeit des Rechtsgeschäfts der Schuldner zahlungsunfähig war und wenn der andere Teil zu dieser Zeit die Zahlungsunfähigkeit kannte *oder infolge grober Fahrlässigkeit nicht kannte,* oder

1. wenn es in den letzten drei Monaten vor dem Antrag auf Eröffnung des Insolvenzverfahrens vorgenommen worden ist, wenn zur Zeit des Rechtsgeschäfts der Schuldner zahlungsunfähig war und wenn der andere Teil zu dieser Zeit die Zahlungsunfähigkeit kannte oder

2. wenn es nach dem Eröffnungsantrag vorgenommen worden ist und wenn der andere Teil zur Zeit des Rechtsgeschäfts die Zahlungsunfähigkeit oder den Eröffnungsantrag kannte *oder infolge grober Fahrlässigkeit nicht kannte.*

2. wenn es nach dem Eröffnungsantrag vorgenommen worden ist und wenn der andere Teil zur Zeit des Rechtsgeschäfts die Zahlungsunfähigkeit oder den Eröffnungsantrag kannte.

(2) Einem Rechtsgeschäft, das die Insolvenzgläubiger unmittelbar benachteiligt, steht eine andere Rechtshandlung des Schuldners gleich, durch die der Schuldner ein Recht verliert oder nicht mehr geltend machen kann oder durch die ein vermögensrechtlicher Anspruch gegen ihn erhalten oder durchsetzbar wird.

(2) unverändert

(3) § 145 Abs. 2 und 3 gilt entsprechend.

(3) unverändert

§ 148
Vorsätzliche Benachteiligung

§ 148
Vorsätzliche Benachteiligung

(1) Anfechtbar ist eine Rechtshandlung, die der Schuldner in den letzten zehn Jahren vor dem Antrag auf Eröffnung des Insolvenzverfahrens oder nach diesem Antrag mit dem Vorsatz, seine Gläubiger zu benachteiligen, vorgenommen hat, wenn der andere Teil zur Zeit der Handlung den Vorsatz des Schuldners kannte. Diese Kenntnis wird vermutet, wenn der andere Teil wußte, daß die Zahlungsunfähigkeit des Schuldners drohte und daß die Handlung die Gläubiger benachteiligte.

(1) unverändert

Entwurf	Beschlüsse des 6. Ausschusses
(2) Anfechtbar ist ein vom Schuldner mit einer nahestehenden Person (§§ 153 bis 155) geschlossener entgeltlicher Vertrag, durch den die Insolvenzgläubiger unmittelbar benachteiligt werden. Die Anfechtung ist ausgeschlossen, wenn der Vertrag früher als zwei Jahre vor dem Eröffnungsantrag geschlossen worden ist oder wenn dem anderen Teil zur Zeit des Vertragsabschlusses ein Vorsatz des Schuldners, die Gläubiger zu benachteiligen, nicht bekannt war.	(2) Anfechtbar ist ein vom Schuldner mit einer nahestehenden Person (**§ 153**) geschlossener entgeltlicher Vertrag, durch den die Insolvenzgläubiger unmittelbar benachteiligt werden. Die Anfechtung ist ausgeschlossen, wenn der Vertrag früher als zwei Jahre vor dem Eröffnungsantrag geschlossen worden ist oder wenn dem anderen Teil zur Zeit des Vertragsschlusses ein Vorsatz des Schuldners, die Gläubiger zu benachteiligen, nicht bekannt war.

§ 149
Unentgeltliche Leistung

§ 149
unverändert

(1) Anfechtbar ist eine unentgeltliche Leistung des Schuldners, es sei denn, sie ist früher als vier Jahre vor dem Antrag auf Eröffnung des Insolvenzverfahrens vorgenommen worden.

(2) Richtet sich die Leistung auf ein gebräuchliches Gelegenheitsgeschenk geringen Werts, so ist sie nicht anfechtbar.

[im folgenden: BT-Drs. 12/7302, S. 57]

§ 150
Kapitalersetzende Darlehen

§ 150
unverändert

Anfechtbar ist eine Rechtshandlung, die für die Forderung eines Gesellschafters auf Rückgewähr eines kapitalersetzenden Darlehens oder für eine gleichgestellte Forderung

1. Sicherung gewährt hat, wenn die Handlung in den letzten zehn Jahren vor dem Antrag auf Eröffnung des Insolvenzverfahrens oder nach diesem Antrag vorgenommen worden ist;

2. Befriedigung gewährt hat, wenn die Handlung im letzten Jahr vor dem Eröffnungsantrag oder nach diesem Antrag vorgenommen worden ist.

§ 151
Stille Gesellschaft

§ 151
unverändert

(1) Anfechtbar ist eine Rechtshandlung, durch die einem stillen Gesellschafter die Einlage ganz oder teilweise zurückgewährt oder sein Anteil an dem entstandenen Verlust ganz oder teilweise erlassen wird, wenn die zugrundeliegende Vereinbarung im letzten Jahr vor dem Antrag auf Eröffnung des Insolvenzverfahrens über das Vermögen des Inhabers des Handelsgeschäfts oder nach diesem Antrag getroffen worden ist. Dies gilt auch dann, wenn im Zusammenhang mit der Vereinbarung die stille Gesellschaft aufgelöst worden ist.

(2) Die Anfechtung ist ausgeschlossen, wenn ein Eröffnungsgrund erst nach der Vereinbarung eingetreten ist.

Entwurf	Beschlüsse des 6. Ausschusses
§ 152 **Wechsel- und Scheckzahlungen**	**§ 152** **Wechsel- und Scheckzahlungen**
(1) Wechselzahlungen des Schuldners können nicht auf Grund des § 145 vom Empfänger zurückgefordert werden, wenn nach Wechselrecht der Empfänger bei einer Verweigerung der Annahme der Zahlung den Wechselanspruch gegen andere Wechselverpflichtete verloren hätte.	(1) unverändert
(2) Die gezahlte Wechselsumme ist jedoch vom letzten Rückgriffsverpflichteten oder, wenn dieser den Wechsel für Rechnung eines Dritten begeben hatte, von dem Dritten zu erstatten, wenn der letzte Rückgriffsverpflichtete oder der Dritte zu der Zeit, als er den Wechsel begab oder begeben ließ, die Zahlungsunfähigkeit des Schuldners oder den Eröffnungsantrag kannte oder infolge grober Fahrlässigkeit nicht kannte. § 143 Abs. 3 gilt entsprechend.	(2) Die gezahlte Wechselsumme ist jedoch vom letzten Rückgriffsverpflichteten oder, wenn dieser den Wechsel für Rechnung eines Dritten begeben hatte, von dem Dritten zu erstatten, wenn der letzte Rückgriffsverpflichtete oder der Dritte zu der Zeit, als er den Wechsel begab oder begeben ließ, die Zahlungsunfähigkeit des Schuldners oder den Eröffnungsantrag kannte. § 142 Abs. **2 und 3** gilt entsprechend.
(3) Die Absätze 1 und 2 gelten entsprechend für Scheckzahlungen des Schuldners.	(3) unverändert

[im folgenden: BT-Drs. 12/7302, S. 58]

§ 153 *Persönlich* **nahestehende Personen**	**§ 153** **Nahestehende Personen**
Personen, die dem Schuldner persönlich nahestehen, sind:	(1) Ist der Schuldner eine natürliche Person, so sind nahestehende Personen:
1. der Ehegatte des Schuldners, auch wenn die Ehe erst nach der Rechtshandlung geschlossen oder im letzten Jahr vor der Handlung aufgelöst worden ist;	1. unverändert
2. Verwandte des Schuldners oder des in Nummer 1 bezeichneten Ehegatten in auf- und absteigender Linie und voll- und halbbürtige Geschwister des Schuldners oder des in Nummer 1 bezeichneten Ehegatten sowie die Ehegatten dieser Personen;	2. unverändert
3. Personen, die in häuslicher Gemeinschaft mit dem Schuldner leben oder im letzten Jahr vor der Handlung in häuslicher Gemeinschaft mit dem Schuldner gelebt haben.	3. unverändert
	(2) Ist der Schuldner eine juristische Person oder eine Gesellschaft ohne Rechtspersönlichkeit, so sind nahestehende Personen:
	1. die Mitglieder des Vertretungs- oder Aufsichtsorgans und persönlich haftende Gesellschafter des Schuldners sowie Personen, die zu mehr als einem Viertel am Kapital des Schuldners beteiligt sind;
	2. eine Person oder eine Gesellschaft, die auf Grund einer vergleichbaren gesellschaftsrechtlichen oder dienstvertraglichen Verbindung zum Schuldner die Möglichkeit haben, sich über dessen wirtschaftliche Verhältnisse zu unterrichten;

Entwurf	Beschlüsse des 6. Ausschusses
	3. eine Person, die zu einer der in Nummer 1 oder 2 bezeichneten Personen in einer in Absatz 1 bezeichneten persönlichen Verbindung steht; dies gilt nicht, soweit die in Nummer 1 oder 2 bezeichneten Personen kraft Gesetzes in den Angelegenheiten des Schuldners zur Verschwiegenheit verpflichtet sind.
§ 154 *Gesellschaftsrechtlich nahestehende Personen*	§ 154 entfällt
(1) Personen, die dem Schuldner gesellschaftsrechtlich nahestehen, sind:	
1. *wenn der Schuldner eine juristische Person ist, die Mitglieder des Vertretungs- oder Aufsichtsorgans; bei einer Aktiengesellschaft, Kommanditgesellschaft auf Aktien oder Gesellschaft mit beschränkter Haftung zusätzlich diejenigen Aktionäre, Kommanditaktionäre oder Gesellschafter, die zu mehr als einem Viertel am Grund- oder Stammkapital beteiligt sind; bei der Partenreederei zusätzlich der Korrespondentreeder, der nicht zu den persönlich haftenden Gesellschaftern (Mitreedern) gehört;*	
	[im folgenden: BT-Drs. 12/7302, S. 59]
2. *wenn der Schuldner eine Gesellschaft ohne Rechtspersönlichkeit ist, die persönlich haftenden Gesellschafter und, wenn einer dieser Gesellschafter eine juristische Person ist, die in Nummer 1 bezeichneten Personen; bei einer Kommanditgesellschaft zusätzlich die Kommanditisten, die zu mehr als einem Viertel am Kapital der Gesellschaft beteiligt sind;*	
3. *Unternehmen, die von dem Schuldner abhängig sind oder von denen der Schuldner abhängig ist (§ 17 des Aktiengesetzes).*	
(2) Eine Person ist auch insoweit im Sinne des Absatzes 1 Nr. 1, 2 am Schuldner beteiligt, als ein von der Person abhängiges Unternehmen oder ein Dritter für Rechnung der Person oder des abhängigen Unternehmens am Schuldner beteiligt ist.	
§ 155 *Sonstige nahestehende Personen*	§ 155 entfällt
Nahestehende Personen sind außerdem:	
1. *eine Person, die auf Grund ihrer Tätigkeit im Unternehmen des Schuldners die Möglichkeit hat, sich über dessen wirtschaftliche Verhältnisse zu unterrichten;*	
2. *eine Person oder Gesellschaft ohne Rechtspersönlichkeit, bei denen eine der in Nummer 1 oder in § 154 bezeichneten Verbindungen zum Schuldner im letzten Jahr vor der Rechtshandlung weggefallen ist, sofern die Möglichkeit,*	

Entwurf	Beschlüsse des 6. Ausschusses
sich über die wirtschaftlichen Verhältnisse zu unterrichten, zur Zeit der Handlung fortbestanden;	
3. eine Person, die zu einer der in Nummer 1 oder 2 oder in § 154 bezeichneten Personen in einer in § 153 bezeichneten persönlichen Verbindung steht; dies gilt nicht, soweit diese Personen kraft Gesetzes in den Angelegenheiten des Schuldners zur Verschwiegenheit verpflichtet sind.	
§ 156 **Berechnung der Fristen vor dem Eröffnungsantrag**	**§ 156** **Berechnung der Fristen vor dem Eröffnungsantrag**
(1) Die in den §§ 99, 145 bis 151 bestimmten Fristen *vor dem Antrag auf Eröffnung des Insolvenzverfahrens* beginnen mit dem Anfang *desjenigen* Tages des *maßgeblichen Monats*, der durch seine Zahl dem Tag des Eingangs des Eröffnungsantrags entspricht. Fehlt *dieser* Tag *in dem maßgeblichen Monat*, so beginnt die Frist mit dem Anfang des *ersten* Tages *des folgenden Monats*.	(1) Die in den §§ 99, 145 bis 151 bestimmten Fristen beginnen mit dem Anfang des Tages, der durch seine Zahl dem Tag entspricht, **an dem der Antrag auf Eröffnung des Insolvenzverfahrens beim Insolvenzgericht eingegangen ist.** Fehlt **ein** solcher Tag, so beginnt die Frist mit dem Anfang des **folgenden Tages.**
(2) Sind mehrere Eröffnungsanträge gestellt worden, so ist der erste zulässige und begründete Antrag maßgeblich, auch wenn das Verfahren auf Grund eines späteren Antrags eröffnet worden ist. Ein	(2) unverändert

[im folgenden: BT-Drs. 12/7302, S. 60]

rechtskräftig abgewiesener Antrag wird nur berücksichtigt, wenn er mangels Masse abgewiesen worden ist.	
§ 157 *Feststellung der Zahlungsunfähigkeit*	§ 157 entfällt
(1) Auf Antrag des Insolvenzverwalters stellt das Insolvenzgericht fest, zu welchem Zeitpunkt der Schuldner zahlungsunfähig geworden ist. Das Gericht kann sich auf die Feststellung beschränken, daß die Zahlungsunfähigkeit jedenfalls zu einem bestimmten Zeitpunkt vorgelegen habe; eine solche Entscheidung kann auch als Teilentscheidung ergehen. Vor der Entscheidung sind der Schuldner und die Personen zu hören, die der Verwalter dem Gericht als mutmaßliche Anfechtungsgegner benannt hat.	
(2) Gegen die Entscheidung steht dem Verwalter und den benannten Personen die sofortige Beschwerde zu. Die rechtskräftige Entscheidung ist in einem Rechtsstreit zwischen dem Verwalter und einer benannten Person bindend.	
(3) Das Gericht kann anordnen, daß die Kosten, die zur zweckentsprechenden Erledigung der Angelegenheit notwendig waren, vom Verwalter oder von einer benannten Person ganz oder teilweise zu erstatten sind, wenn dies der Billigkeit entspricht. Hat einer der Beteiligten Kosten durch	

Entwurf	Beschlüsse des 6. Ausschusses

ein unbegründetes Rechtsmittel oder durch grobes Verschulden veranlaßt, so sind ihm die Kosten aufzuerlegen.

§ 158
Feststellung des maßgeblichen Eröffnungsantrags

Waren mehrere Anträge auf Eröffnung des Insolvenzverfahrens gestellt worden, so stellt das Insolvenzgericht auf Antrag des Insolvenzverwalters fest, welcher Antrag nach § 156 Abs. 2 für die Berechnung der Fristen vor dem Eröffnungsantrag maßgeblich ist. Für das Verfahren gilt § 157 entsprechend.

§ 158
entfällt

§ 159
Zeitpunkt der Vornahme einer Rechtshandlung

(1) Eine Rechtshandlung gilt als in dem Zeitpunkt vorgenommen, in dem ihre rechtlichen Wirkungen eintreten.

(2) Ist für das Wirksamwerden eines Rechtsgeschäfts eine Eintragung im Grundbuch, im Schiffsregister, im Schiffsbauregister oder im Register für Pfandrechte an Luftfahrzeugen erforderlich, so gilt das Rechtsgeschäft als vorgenommen, sobald die übrigen Voraussetzungen für das Wirksamwerden erfüllt sind, die Willenserklärung des Schuldners für ihn bindend geworden ist und der andere Teil den Antrag auf Eintragung der Rechtsänderung gestellt hat. Ist der Antrag auf Eintragung einer Vormerkung zur Sicherung des Anspruchs auf die Rechtsänderung gestellt worden, so gilt Satz 1 mit der Maßgabe, daß dieser Antrag an die Stelle des Antrags auf Eintragung der Rechtsänderung tritt.

§ 159
unverändert

[im folgenden: BT-Drs. 12/7302, S. 61]

(3) Bei einer bedingten oder befristeten Rechtshandlung bleibt der Eintritt der Bedingung oder des Termins außer Betracht.

§ 160
Vollstreckbarer Titel

Die Anfechtung wird nicht dadurch ausgeschlossen, daß für die Rechtshandlung ein vollstreckbarer Schuldtitel erlangt oder daß die Handlung durch Zwangsvollstreckung erwirkt worden ist.

§ 160
unverändert

§ 161
Bargeschäft

Eine Leistung des Schuldners, für die unmittelbar eine gleichwertige Gegenleistung in sein Vermögen gelangt, ist nur anfechtbar, wenn die Voraussetzungen des § 148 Abs. 1 gegeben sind.

§ 161
unverändert

Entwurf	Beschlüsse des 6. Ausschusses
§ 162 **Rechtsfolgen** (1) Was durch die anfechtbare Handlung aus dem Vermögen des Schuldners veräußert, weggegeben oder aufgegeben ist, muß zur Insolvenzmasse zurückgewährt werden. Die Vorschriften über die Rechtsfolgen einer ungerechtfertigten Bereicherung, bei der dem Empfänger der Mangel des rechtlichen Grundes bekannt ist, gelten entsprechend. (2) Der Empfänger einer unentgeltlichen Leistung hat diese nur zurückzugewähren, soweit er durch sie bereichert ist. Dies gilt nicht, sobald er weiß oder den Umständen nach wissen muß, daß die unentgeltliche Leistung die Gläubiger benachteiligt.	**§ 162** unverändert
§ 163 **Ansprüche des Anfechtungsgegners** (1) Gewährt der Empfänger einer anfechtbaren Leistung das Erlangte zurück, so lebt seine Forderung wieder auf. (2) Eine Gegenleistung ist aus der Insolvenzmasse zu erstatten, soweit sie in dieser noch unterscheidbar vorhanden ist oder soweit die Masse um ihren Wert bereichert ist. Darüber hinaus kann der Empfänger der anfechtbaren Leistung die Forderung auf Rückgewähr der Gegenleistung nur als Insolvenzgläubiger geltend machen.	**§ 163** unverändert

[im folgenden: BT-Drs. 12/7302, S. 62]

Entwurf	Beschlüsse des 6. Ausschusses
§ 164 **Anfechtung gegen Rechtsnachfolger** (1) Die Anfechtbarkeit kann gegen den Erben oder einen anderen Gesamtrechtsnachfolger des Anfechtungsgegners geltend gemacht werden. (2) Gegen einen sonstigen Rechtsnachfolger kann die Anfechtbarkeit geltend gemacht werden: 1. wenn dem Rechtsnachfolger zur Zeit seines Erwerbs die Umstände bekannt waren, welche die Anfechtbarkeit des Erwerbs seines Rechtsvorgängers begründen; 2. wenn der Rechtsnachfolger zur Zeit seines Erwerbs zu den Personen gehörte, die dem Schuldner nahestehen (§§ 153 *bis* 155), es sei denn, daß ihm zu dieser Zeit die Umstände unbekannt waren, welche die Anfechtbarkeit des Erwerbs seines Rechtsvorgängers begründen; 3. wenn dem Rechtsnachfolger das Erlangte unentgeltlich zugewendet worden ist.	**§ 164** **Anfechtung gegen Rechtsnachfolger** (1) unverändert (2) Gegen einen sonstigen Rechtsnachfolger kann die Anfechtbarkeit geltend gemacht werden: 1. unverändert 2. wenn der Rechtsnachfolger zur Zeit seines Erwerbs zu den Personen gehörte, die dem Schuldner nahestehen (**§ 153**), es sei denn, daß ihm zu dieser Zeit die Umstände unbekannt waren, welche die Anfechtbarkeit des Erwerbs seines Rechtsvorgängers begründen; 3. unverändert

Entwurf	Beschlüsse des 6. Ausschusses
§ 165 **Verjährung des Anfechtungsanspruchs**	**§ 165** **Verjährung des Anfechtungsanspruchs**
(1) Der Anfechtungsanspruch verjährt in zwei Jahren seit der Eröffnung des Insolvenzverfahrens.	(1) unverändert
(2) *Stellt der Insolvenzverwalter einen Antrag auf Feststellung der Zahlungsunfähigkeit (§ 157) oder des ersten zulässigen und begründeten Eröffnungsantrags (§ 158), so wird gegenüber den Personen, die der Verwalter dem Insolvenzgericht als mutmaßliche Anfechtungsgegner benennt, die Verjährung unterbrochen. Die Unterbrechung dauert bis zur rechtskräftigen Beendigung des Feststellungsverfahrens fort. § 211 Abs. 2 und die §§ 212, 215 Abs. 2 des Bürgerlichen Gesetzbuchs gelten entsprechend.*	(2) **entfällt**
(3) Auch wenn der Anfechtungsanspruch verjährt ist, kann der *Verwalter* die Erfüllung einer Leistungspflicht verweigern, die auf einer anfechtbaren Handlung beruht.	(3) Auch wenn der Anfechtungsanspruch verjährt ist, kann der **Insolvenzverwalter** die Erfüllung einer Leistungspflicht verweigern, die auf einer anfechtbaren Handlung beruht.
§ 166 **Rechtshandlungen nach Verfahrenseröffnung**	**§ 166** unverändert
(1) Eine Rechtshandlung, die nach der Eröffnung des Insolvenzverfahrens vorgenommen worden ist und die nach den §§ 892, 893 des Bürgerlichen Gesetzbuchs, §§ 16, 17 des Gesetzes über Rechte an eingetragenen Schiffen und Schiffsbauwerken und §§ 16, 17 des Gesetzes über Rechte an Luftfahrzeugen wirksam ist, kann nach den Vorschriften angefochten werden, die für die Anfechtung einer vor der Verfahrenseröffnung vorgenommenen Rechtshandlung gelten.	
(2) Die Verjährungsfrist nach § 165 Abs. 1 beginnt mit dem Zeitpunkt, in dem die rechtlichen Wirkungen der Handlung eintreten.	

[im folgenden: BT-Drs. 12/7302, S. 63]

VIERTER TEIL **Verwaltung und Verwertung** **der Insolvenzmasse**	**VIERTER TEIL** **Verwaltung und Verwertung** **der Insolvenzmasse**
ERSTER ABSCHNITT Sicherung der Insolvenzmasse	ERSTER ABSCHNITT Sicherung der Insolvenzmasse
§ 167 **Übernahme der Insolvenzmasse**	**§ 167** **Übernahme der Insolvenzmasse**
(1) Nach der Eröffnung des Insolvenzverfahrens hat der Insolvenzverwalter das gesamte zur Insolvenzmasse gehörende Vermögen sofort in Besitz und Verwaltung zu nehmen.	(1) unverändert

Entwurf

Beschlüsse des 6. Ausschusses

(2) Der Verwalter kann auf Grund einer vollstreckbaren Ausfertigung des Eröffnungsbeschlusses die Herausgabe *beweglicher* Sachen, die sich im Gewahrsam des Schuldners befinden, im Wege der Zwangsvollstreckung durchsetzen. § 766 der Zivilprozeßordnung gilt mit der Maßgabe, daß an die Stelle des Vollstreckungsgerichts das Insolvenzgericht tritt.

(2) Der Verwalter kann auf Grund einer vollstreckbaren Ausfertigung des Eröffnungsbeschlusses die Herausgabe **der** Sachen, die sich im Gewahrsam des Schuldners befinden, im Wege der Zwangsvollstreckung durchsetzen. § 766 der Zivilprozeßordnung gilt mit der Maßgabe, daß an die Stelle des Vollstreckungsgerichts das Insolvenzgericht tritt.

(3) Auf Antrag des Verwalters ordnet das Insolvenzgericht an, daß der Schuldner dem Verwalter den Besitz an einer unbeweglichen Sache einzuräumen hat. Gegen die Anordnung steht dem Schuldner, gegen eine Ablehnung dem Verwalter die sofortige Beschwerde zu.

(3) **entfällt**

§ 168
Wertgegenstände

§ 168
Wertgegenstände

(1) *Der Insolvenzverwalter hat Geld, Wertpapiere und Kostbarkeiten zu hinterlegen oder anzulegen, wenn der Gläubigerausschuß es beschließt. Der Gläubigerausschuß kann zusätzlich bestimmen,* bei welcher Stelle und zu welchen Bedingungen hinterlegt oder angelegt werden soll. Ist kein Gläubigerausschuß bestellt oder hat der Gläubigerausschuß noch keinen Beschluß gefaßt, so kann das Insolvenzgericht Entsprechendes anordnen.

(1) **Der Gläubigerausschuß kann bestimmen,** bei welcher Stelle und zu welchen Bedingungen Geld, Wertpapiere und Kostbarkeiten **hinterlegt oder angelegt werden sollen.** Ist kein Gläubigerausschuß bestellt oder hat der Gläubigerausschuß noch keinen Beschluß gefaßt, so kann das Insolvenzgericht Entsprechendes anordnen.

(2) Ist ein Gläubigerausschuß bestellt, *so sind Quittungen des Verwalters über den Empfang von* Geld, Wertpapieren oder Kostbarkeiten von der Stelle, bei der hinterlegt oder angelegt worden ist, und Anweisungen des Verwalters auf diese Stelle nur gültig, wenn ein Mitglied des Gläubigerausschusses sie mitunterzeichnet hat.

(2) Ist ein Gläubigerausschuß bestellt, **so ist der Insolvenzverwalter nur dann berechtigt,** Geld, Wertpapiere oder Kostbarkeiten von der Stelle, bei der hinterlegt oder angelegt worden ist, **in Empfang zu nehmen,** wenn ein Mitglied des Gläubigerausschusses die Quittung mitunterzeichnet. Anweisungen des Verwalters auf diese Stelle sind nur gültig, wenn ein Mitglied des Gläubigerausschusses sie mitunterzeichnet hat.

(3) Die Gläubigerversammlung kann abweichende Regelungen beschließen.

(3) unverändert

[im folgenden: BT-Drs. 12/7302, S. 64]

§ 169
Siegelung

§ 169
unverändert

Der Insolvenzverwalter kann zur Sicherung der Sachen, die zur Insolvenzmasse gehören, durch den Gerichtsvollzieher oder eine andere dazu gesetzlich ermächtigte Person Siegel anbringen lassen. Das Protokoll über eine Siegelung oder Entsiegelung hat der Verwalter auf der Geschäftsstelle zur Einsicht der Beteiligten niederzulegen.

§ 170
Verzeichnis der Massegegenstände

§ 170
Verzeichnis der Massegegenstände

(1) Der Insolvenzverwalter hat ein Verzeichnis der einzelnen Gegenstände der Insolvenzmasse aufzustellen. *Dabei ist der Gerichtsvollzieher oder eine andere dazu gesetzlich ermächtigte Person hinzuzuziehen.* Der Schuldner ist hinzuzuziehen,

(1) Der Insolvenzverwalter hat ein Verzeichnis der einzelnen Gegenstände der Insolvenzmasse aufzustellen. Der Schuldner ist hinzuzuziehen, wenn dies ohne eine nachteilige Verzögerung möglich ist.

Entwurf	Beschlüsse des 6. Ausschusses
wenn dies ohne eine nachteilige Verzögerung möglich ist.	
(2) Bei jedem Gegenstand ist dessen Wert anzugeben. Hängt der Wert davon ab, ob das Unternehmen fortgeführt oder stillgelegt wird, sind beide Werte anzugeben. Besonders schwierige Bewertungen können einem Sachverständigen übertragen werden.	(2) unverändert
(3) Auf Antrag des Verwalters kann das Insolvenzgericht gestatten, daß die Aufstellung des Verzeichnisses unterbleibt *oder ohne den Gerichtsvollzieher oder die andere dazu ermächtigte Person vorgenommen wird*. Ist ein Gläubigerausschuß bestellt, so kann der Verwalter den Antrag nur mit Zustimmung des Gläubigerausschusses stellen.	(3) Auf Antrag des Verwalters kann das Insolvenzgericht gestatten, daß die Aufstellung des Verzeichnisses unterbleibt; **der Antrag ist zu begründen**. Ist ein Gläubigerausschuß bestellt, so kann der Verwalter den Antrag nur mit Zustimmung des Gläubigerausschusses stellen.

§ 171
Gläubigerverzeichnis

§ 171
unverändert

(1) Der Insolvenzverwalter hat ein Verzeichnis aller Gläubiger des Schuldners aufzustellen, die ihm aus den Büchern und Geschäftspapieren des Schuldners, durch sonstige Angaben des Schuldners, durch die Anmeldung ihrer Forderungen oder auf andere Weise bekannt geworden sind.

(2) In dem Verzeichnis sind die absonderungsberechtigten Gläubiger und die einzelnen Rangklassen der nachrangigen Insolvenzgläubiger gesondert aufzuführen. Bei jedem Gläubiger sind die Anschrift sowie der Grund und der Betrag seiner Forderung anzugeben. Bei den absonderungsberechtigten Gläubigern sind zusätzlich der Gegenstand, an dem das Absonderungsrecht besteht, und die Höhe des mutmaßlichen Ausfalls zu bezeichnen; § 170 Abs. 2 Satz 2 gilt entsprechend.

(3) Weiter ist anzugeben, welche Möglichkeiten der Aufrechnung bestehen. Die Höhe der Masseverbind-

[im folgenden: BT-Drs. 12/7302, S. 65]

lichkeiten im Falle einer zügigen Verwertung des Vermögens des Schuldners ist zu schätzen.

§ 172 Vermögensübersicht	§ 172 Vermögensübersicht
(1) Der Insolvenzverwalter hat auf den Zeitpunkt der Eröffnung des Insolvenzverfahrens eine geordnete Übersicht aufzustellen, in der die Gegenstände der Insolvenzmasse und die Verbindlichkeiten des Schuldners aufgeführt und einander gegenübergestellt werden. Für die Bewertung der Gegenstände gilt § 170 Abs. 2 entsprechend, für die Gliederung der Verbindlichkeiten § 171 Abs. 2 Satz 1.	(1) unverändert
(2) Nach der Aufstellung der Vermögensübersicht kann das Insolvenzgericht auf Antrag des Verwalters oder eines Gläubigers dem Schuldner	(2) Nach der Aufstellung der Vermögensübersicht kann das Insolvenzgericht auf Antrag des Verwalters oder eines Gläubigers dem Schuldner

Entwurf	Beschlüsse des 6. Ausschusses
aufgeben, die Vollständigkeit der Vermögensübersicht eidesstattlich zu versichern. *§ 109 Abs. 2, 3* und § 115 Abs. 1 Satz 1, 2 gelten entsprechend.	aufgeben, die Vollständigkeit der Vermögensübersicht eidesstattlich zu versichern. **Die §§ 110,** 115 Abs. 1 Satz 1, 2 gelten entsprechend.

§ 173
Niederlegung in der Geschäftsstelle

§ 173
unverändert

Das Verzeichnis der Massegegenstände, das Gläubigerverzeichnis und die Vermögensübersicht sind spätestens eine Woche vor dem Berichtstermin in der Geschäftstelle zur Einsicht der Beteiligten niederzulegen.

§ 174
Handels- und steuerrechtliche Rechnungslegung

§ 174
unverändert

(1) Handels- und steuerrechtliche Pflichten des Schuldners zur Buchführung und zur Rechnungslegung bleiben unberührt. In bezug auf die Insolvenzmasse hat der Insolvenzverwalter diese Pflichten zu erfüllen.

(2) Mit der Eröffnung des Insolvenzverfahrens beginnt ein neues Geschäftsjahr. Jedoch wird die Zeit bis zum Berichtstermin in gesetzliche Fristen für die Aufstellung oder die Offenlegung eines Jahresabschlusses nicht eingerechnet.

(3) Für die Bestellung des Abschlußprüfers im Insolvenzverfahren gilt § 318 des Handelsgesetzbuchs mit der Maßgabe, daß die Bestellung ausschließlich durch das Registergericht auf Antrag des Verwalters erfolgt. Ist für das Geschäftsjahr vor der Eröffnung des Verfahrens bereits ein Abschlußprüfer bestellt, so wird die Wirksamkeit dieser Bestellung durch die Eröffnung nicht berührt.

[im folgenden: BT-Drs. 12/7302, S. 66]

ZWEITER ABSCHNITT
Entscheidung über die Verwertung

ZWEITER ABSCHNITT
Entscheidung über die Verwertung

§ 175
Berichtstermin

§ 175
Berichtstermin

(1) Im Berichtstermin hat der Insolvenzverwalter über die wirtschaftliche Lage des Schuldners und ihre Ursachen zu berichten. Er hat darzulegen, ob Aussichten bestehen, das Unternehmen des Schuldners im ganzen oder in Teilen zu erhalten, welche Möglichkeiten für einen Insolvenzplan bestehen und welche Auswirkungen jeweils für die Befriedigung der Gläubiger eintreten würden.

(1) unverändert

(2) *Der* Schuldner, *der* Gläubigerausschuß, *der* Betriebsrat und *der* Sprecherausschuß der leitenden Angestellten *sind* im Berichtstermin zu dem Bericht des Verwalters *zu hören*. Ist der Schuldner Handels- oder Gewerbetreibender oder Landwirt, so kann auch *die* zuständige amtliche Berufsvertretung der Industrie, des Handels, des Handwerks oder der Landwirtschaft im Termin *gehört* werden.

(2) **Dem** Schuldner, **dem** Gläubigerausschuß, **dem** Betriebsrat und **dem** Sprecherausschuß der leitenden Angestellten **ist** im Berichtstermin **Gelegenheit zu geben,** zu dem Bericht des Verwalters **Stellung zu nehmen.** Ist der Schuldner Handels- oder Gewerbetreibender oder Landwirt, so kann auch **der** zuständig**en** amtlich**en** Berufsvertretung der Industrie, des Handels, des Handwerks oder

Entwurf	Beschlüsse des 6. Ausschusses
	der Landwirtschaft im Termin **Gelegenheit zur Äußerung gegeben** werden.
§ 176 **Entscheidung über den Fortgang des Verfahrens**	**§ 176** unverändert
Die Gläubigerversammlung beschließt im Berichtstermin, ob das Unternehmen des Schuldners stillgelegt oder vorläufig fortgeführt werden soll. Sie kann den Verwalter beauftragen, einen Insolvenzplan auszuarbeiten, und ihm das Ziel des Plans vorgeben. Sie kann ihre Entscheidungen in späteren Terminen ändern.	
§ 177 **Maßnahmen vor der Entscheidung**	**§ 177** **Maßnahmen vor der Entscheidung**
(1) Will der Insolvenzverwalter vor dem Berichtstermin das Unternehmen des Schuldners stilllegen, so hat er die Zustimmung des Gläubigerausschusses einzuholen, wenn ein solcher bestellt ist.	(1) unverändert
(2) Vor der Beschlußfassung des Gläubigerausschusses oder, wenn ein solcher nicht bestellt ist, vor der Stillegung des Unternehmens hat der Verwalter den Schuldner zu unterrichten. Das Insolvenzgericht untersagt auf Antrag des Schuldners *oder eines Mitglieds des Gläubigerausschusses* und nach Anhörung des Verwalters die Stillegung, wenn diese ohne eine erhebliche Verminderung der Insolvenzmasse bis zum Berichtstermin aufgeschoben werden kann.	(2) Vor der Beschlußfassung des Gläubigerausschusses oder, wenn ein solcher nicht bestellt ist, vor der Stillegung des Unternehmens hat der Verwalter den Schuldner zu unterrichten. Das Insolvenzgericht untersagt auf Antrag des Schuldners und nach Anhörung des Verwalters die Stillegung, wenn diese ohne eine erhebliche Verminderung der Insolvenzmasse bis zum Berichtstermin aufgeschoben werden kann.
(3) Die Absätze 1 und 2 gelten entsprechend für den Fall, daß der Verwalter vor dem Berichtstermin das Unternehmen oder einen Gegenstand, der zur Fortführung des Unternehmens erforderlich ist, veräußern will. Durch einen Verstoß gegen diese Vorschrift wird die Wirksamkeit der Veräußerung nicht berührt.	**(3) entfällt**

[im folgenden: BT-Drs. 12/7302, S. 67]

§ 178 **Verwertung der Insolvenzmasse**	**§ 178** unverändert
Nach dem Berichtstermin hat der Insolvenzverwalter unverzüglich das zur Insolvenzmasse gehörende Vermögen zu verwerten, soweit die Beschlüsse der Gläubigerversammlung nicht entgegenstehen.	
§ 179 **Besonders bedeutsame Rechtshandlungen**	**§ 179** **Besonders bedeutsame Rechtshandlungen**
(1) Der Insolvenzverwalter hat die Zustimmung des Gläubigerausschusses einzuholen, wenn er Rechtshandlungen vornehmen will, die für das Insolvenzverfahren von besonderer Bedeutung sind. Ist ein Gläubigerausschuß nicht bestellt, so ist die Zustimmung der Gläubigerversammlung einzuholen.	(1) unverändert

Entwurf	Beschlüsse des 6. Ausschusses
(2) Die Zustimmung nach Absatz 1 ist insbesondere erforderlich,	(2) Die Zustimmung nach Absatz 1 ist insbesondere erforderlich,
1. wenn ein Betrieb, das Warenlager im ganzen, ein unbeweglicher Gegenstand aus freier Hand, die Beteiligung des Schuldners an einem anderen Unternehmen, die der Herstellung einer dauernden Verbindung zu diesem Unternehmen dienen soll, oder das Recht auf den Bezug wiederkehrender Einkünfte veräußert werden soll;	1. wenn **das Unternehmen oder** ein Betrieb, das Warenlager im ganzen, ein unbeweglicher Gegenstand aus freier Hand, die Beteiligung des Schuldners an einem anderen Unternehmen, die der Herstellung einer dauernden Verbindung zu diesem Unternehmen dienen soll, oder das Recht auf den Bezug wiederkehrender Einkünfte veräußert werden soll;
2. wenn ein Darlehen aufgenommen werden soll, das die Insolvenzmasse erheblich belasten würde;	2. unverändert
3. wenn ein Rechtsstreit mit erheblichem Streitwert anhängig gemacht oder aufgenommen, die Aufnahme eines solchen Rechtsstreits abgelehnt oder zur Beteiligung oder zur Vermeidung eines solchen Rechtsstreits ein Vergleich oder ein Schiedsvertrag geschlossen werden soll.	3. unverändert

§ 180 **Vorläufige Untersagung der Rechtshandlung**	§ 180 unverändert
In den Fällen des § 179 hat der Insolvenzverwalter vor der Beschlußfassung des Gläubigerausschusses oder der Gläubigerversammlung den Schuldner zu unterrichten, wenn dies ohne nachteilige Verzögerung möglich ist. Sofern nicht die Gläubigerversammlung ihre Zustimmung erteilt hat, kann das Insolvenzgericht auf Antrag des Schuldners oder einer in § 86 Abs. 1 Nr. 3 bezeichneten Mehrzahl von Gläubigern und nach Anhörung des Verwalters die Vornahme der Rechtsbehandlung vorläufig untersagen und eine Gläubigerversammlung einberufen, die über die Vornahme beschließt.	

[im folgenden: BT-Drs. 12/7302, S. 68]

§ 181 **Betriebsveräußerung an besonders Interessierte**	§ 181 **Betriebsveräußerung an besonders Interessierte**
(1) Die Veräußerung eines Betriebs ist nur *auf der Grundlage eines Insolvenzplans* zulässig, wenn der Erwerber oder eine Person, die an seinem Kapital zu mindestens einem Fünftel beteiligt ist,	(1) Die Veräußerung **des Unternehmens oder** eines Betriebs ist nur **mit Zustimmung der Gläubigerversammlung** zulässig, wenn der Erwerber oder eine Person, die an seinem Kapital zu mindestens einem Fünftel beteiligt ist,
1. zu den Personen gehört, die dem Schuldner nahestehen (§§ *153 bis 155*),	1. zu den Personen gehört, die dem Schuldner nahestehen (§ 153),
2. ein absonderungsberechtigter Gläubiger oder ein nicht nachrangiger Insolvenzgläubiger ist, dessen Absonderungsrechte und Forderungen nach der Schätzung des Insolvenzgerichts zusammen ein Fünftel der Summe erreichen, die sich aus dem Wert aller Absonderungsrechte und den Forderungsbeträgen aller nicht nachrangigen Insolvenzgläubiger ergibt.	2. unverändert

Entwurf	Beschlüsse des 6. Ausschusses
(2) Will der Insolvenzverwalter einen Betrieb ohne einen Plan veräußern, so hat er, wenn er gemäß § 179 die Zustimmung des Gläubigerausschusses oder der Gläubigerversammlung einholt, im einzelnen darzulegen, daß die Voraussetzungen des Absatzes 1 nicht gegeben sind.	**(2) entfällt**
(3) eine Person ist auch insoweit im Sinne des Absatzes 1 am Erwerber beteiligt, als ein von der Person abhängiges Unternehmen oder ein Dritter für Rechnung der Person oder des abhängigen Unternehmens am Erwerber beteiligt ist.	(3) unverändert
§ 182 *Betriebsveräußerung unter Wert*	§ 182 **Betriebsveräußerung unter Wert**
(1) Auf Antrag des Schuldners oder einer in § 86 Abs. 1 Nr. 3 bezeichneten Mehrzahl von Gläubigern und nach Anhörung des Insolvenzverwalters kann das Insolvenzgericht anordnen, daß die geplante Veräußerung eines Betriebs nur auf der Grundlage eines Insolvenzplans zulässig ist, wenn der Antragsteller glaubhaft macht, daß eine Veräußerung des Betriebs an einen anderen Erwerber für die Insolvenzmasse günstiger wäre.	(1) Auf Antrag des Schuldners oder einer in § 86 Abs. 1 Nr. 3 bezeichneten Mehrzahl von Gläubigern und nach Anhörung des Insolvenzverwalters kann das Insolvenzgericht anordnen, daß die geplante Veräußerung **des Unternehmens oder** eines Betriebs nur **mit Zustimmung der Gläubigerversammlung** zulässig ist, wenn der Antragsteller glaubhaft macht, daß eine Veräußerung an einen anderen Erwerber für die Insolvenzmasse günstiger wäre.
(2) Sind dem Antragsteller durch den Antrag Kosten entstanden, so ist er berechtigt, die Erstattung dieser Kosten aus der Insolvenzmasse zu verlangen, sobald die Anordnung des Gerichts ergangen ist.	(2) unverändert
§ 183 *Wirksamkeit der Handlung*	§ 183 **Wirksamkeit der Handlung**
Durch einen Verstoß gegen die §§ 179 bis 182 wird die Wirksamkeit der Handlung des *Verwalters* nicht berührt.	Durch einen Verstoß gegen die §§ 179 bis 182 wird die Wirksamkeit der Handlung des **Insolvenzverwalters** nicht berührt.

[im folgenden: BT-Drs. 12/7302, S. 69]

§ 184 *Nachweis der Gelegenheit zur Betriebsveräußerung*	§ 184 **entfällt**
Hat ein absonderungsberechtigter Gläubiger, ein Insolvenzgläubiger, der Schuldner oder eine am Schuldner beteiligte Person dem Insolvenzverwalter die Gelegenheit zur Veräußerung eines Betriebs nachgewiesen, so sind sie berechtigt, die Erstattung der durch den Nachweis entstandenen Kosten aus der Insolvenzmasse zu verlangen, wenn die Veräußerung infolge des Nachweises zustande kommt. Dies gilt auch dann, wenn die Veräußerung auf der Grundlage eines Insolvenzplans erfolgt.	
§ 185 *Unternehmensveräußerung*	§ 185 **entfällt**
Die Vorschriften über die Veräußerung eines Betriebs gelten entsprechend für die Veräußerung des Unternehmens im ganzen, eines Unternehmensteils oder eines Betriebsteils.	

Entwurf	Beschlüsse des 6. Ausschusses
DRITTER ABSCHNITT Gegenstände mit Absonderungsrechten	**DRITTER ABSCHNITT** Gegenstände mit Absonderungsrechten
§ 186 **Verwertung unbeweglicher Gegenstände**	**§ 186** unverändert
Der Insolvenzverwalter kann beim zuständigen Gericht die Zwangsversteigerung oder die Zwangsverwaltung eines unbeweglichen Gegenstands der Insolvenzmasse betreiben, auch wenn an dem Gegenstand ein Absonderungsrecht besteht.	
§ 187 *Einstweilige Einstellung der Zwangsversteigerung*	**§ 187** entfällt
(1) Betreibt ein absonderungsberechtigter Gläubiger die Zwangsversteigerung eines unbeweglichen Gegenstands der Insolvenzmasse, so ordnet das Insolvenzgericht auf Antrag des Insolvenzverwalters die einstweilige Einstellung des Versteigerungsverfahrens an, wenn	
1. der Berichtstermin noch bevorsteht,	
2. der Gegenstand nach dem Ergebnis des Berichtstermins für eine Fortführung des Unternehmens oder für die Vorbereitung der Veräußerung eines Betriebs oder einer anderen Gesamtheit von Gegenständen benötigt wird oder	

[im folgenden: BT-Drs. 12/7302, S. 70]

3. in sonstiger Weise durch die Versteigerung die angemessene Verwertung der Insolvenzmasse wesentlich erschwert würde.	
(2) Vor der Entscheidung des Gerichts ist der betreibende Gläubiger zu hören. Der Antrag ist abzulehnen, wenn die einstweilige Einstellung dem Gläubiger unter Berücksichtigung seiner wirtschaftlichen Verhältnisse nicht zuzumuten ist. Gegen die Entscheidung des Gerichts steht dem Verwalter und dem Gläubiger die sofortige Beschwerde zu.	
§ 188 *Schutz des Gläubigers*	**§ 188** entfällt
(1) Die einstweilige Einstellung ist mit der Auflage anzuordnen, daß dem betreibenden Gläubiger für die Zeit nach dem Berichtstermin laufend die geschuldeten Zinsen binnen zwei Wochen nach Eintritt der Fälligkeit aus der Insolvenzmasse gezahlt werden. Ist das Versteigerungsverfahren schon vor der Eröffnung des Insolvenzverfahrens auf Grund einer Anordnung nach § 25 einstweilen eingestellt worden, so ist die Zahlung von Zinsen spätestens von dem Zeitpunkt an anzuordnen, der drei Monate nach der ersten einstweiligen Einstellung liegt.	

Entwurf	Beschlüsse des 6. Ausschusses

(2) Wird der unbewegliche Gegenstand für die Insolvenzmasse genutzt, so ordnet das Insolvenzgericht auf Antrag des betreibenden Gläubigers weiter die Auflage an, daß der entstehende Wertverlust von der Einstellung des Versteigerungsverfahrens an durch laufende Zahlungen aus der Insolvenzmasse an den Gläubiger auszugleichen ist.

(3) Die Absätze 1 und 2 gelten nicht, soweit nach der Höhe der Forderung sowie dem Wert und der sonstigen Belastung des unbeweglichen Gegenstands nicht mit einer Befriedigung des Gläubigers aus dem Versteigerungserlös zu rechnen ist.

§ 189 *Aufhebung der Anordnung*	§ 189 entfällt

(1) Das Insolvenzgericht hebt die Anordnung der einstweiligen Einstellung auf Antrag des betreibenden Gläubigers auf, wenn die Voraussetzungen für die Einstellung fortgefallen sind, wenn die Auflagen nach § 188 nicht beachtet werden oder wenn der Insolvenzverwalter der Aufhebung zustimmt.

(2) Vor der Entscheidung des Gerichts ist der Insolvenzverwalter zu hören. Gegen die Entscheidung steht dem Gläubiger und dem Verwalter die sofortige Beschwerde zu.

(3) Wenn keine Aufhebung erfolgt, enden die Wirkungen der Anordnung mit der Beendigung des Insolvenzverfahrens.

§ 190 *Einstweilige Einstellung der Zwangsverwaltung*	§ 190 entfällt

(1) Betreibt ein absonderungsberechtigter Gläubiger die Zwangsverwaltung eines unbeweglichen Gegenstands der Insolvenzmasse und wird durch die

[im folgenden: BT-Drs. 12/7302, S. 71]

Zwangsverwaltung eine wirtschaftlich sinnvolle Nutzung der Masse wesentlich erschwert, so ordnet das Insolvenzgericht auf Antrag des Insolvenzverwalters an, daß das Zwangsverwaltungsverfahren ganz oder teilweise eingestellt wird.

(2) Die Einstellung ist mit der Auflage anzuordnen, daß die Nachteile, die dem betreibenden Gläubiger aus der Einstellung erwachsen, durch laufende Zahlungen aus der Masse ausgeglichen werden.

(3) Vor der Entscheidung des Gerichts sind der Zwangsverwalter und der betreibende Gläubiger zu hören. Gegen die Entscheidung steht dem Verwalter und dem Gläubiger die sofortige Beschwerde zu. Für die Aufhebung der Einstellung gilt § 189 entsprechend.

Entwurf	Beschlüsse des 6. Ausschusses
§ 191 **Verwertung beweglicher Gegenstände**	**§ 191** **Verwertung beweglicher Gegenstände**
(1) Der Insolvenzverwalter darf eine bewegliche Sache, an der ein Absonderungsrecht besteht, freihändig verwerten, wenn er die Sache in seinem Besitz hat.	(1) unverändert
(2) Der Verwalter darf eine Forderung, die der Schuldner zur Sicherung eines Anspruchs abgetreten hat, einziehen oder in anderer Weise verwerten, *wenn die Abtretung dem Drittschuldner nicht angezeigt worden ist.*	(2) Der Verwalter darf eine Forderung, die der Schuldner zur Sicherung eines Anspruchs abgetreten hat, einziehen oder in anderer Weise verwerten.
§ 192 **Unterrichtung des Gläubigers**	**§ 192** unverändert
(1) Ist der Insolvenzverwalter nach § 191 Abs. 1 zur Verwertung einer beweglichen Sache berechtigt, so hat er dem absonderungsberechtigten Gläubiger auf dessen Verlangen Auskunft über den Zustand der Sache zu erteilen. Anstelle der Auskunft kann er dem Gläubiger gestatten, die Sache zu besichtigen.	
(2) Ist der Verwalter nach § 191 Abs. 2 zur Einziehung einer Forderung berechtigt, so hat er dem absonderungsberechtigten Gläubiger auf dessen Verlangen Auskunft über die Forderung zu erteilen. Anstelle der Auskunft kann er dem Gläubiger gestatten, Einsicht in die Bücher und Geschäftspapiere des Schuldners zu nehmen.	
§ 193 *Eintrittsrecht des Gläubigers*	**§ 193** **Mitteilung der Veräußerungsabsicht**
(1) Bevor der Insolvenzverwalter einen Gegenstand, zu dessen Verwertung er nach § 191 berechtigt ist, an einen Dritten veräußert, hat er dem absonderungsberechtigten Gläubiger *die Bedingungen der beabsichtigten Veräußerung* mitzuteilen. *Er hat ihm den Gegenstand zu diesen Bedingungen anzubieten und*	(1) Bevor der Insolvenzverwalter einen Gegenstand, zu dessen Verwertung er nach § 191 berechtigt ist, an einen Dritten veräußert, hat er dem absonderungsberechtigten Gläubiger mitzuteilen, **auf welche Weise der Gegenstand veräußert werden soll. Er hat dem Gläubiger Gelegenheit zu geben, binnen einer**
	[im folgenden: BT-Drs. 12/7302, S. 72]
eine angemessene Frist für die Annahme dieses Angebots einzuräumen. Hat der Verwalter dies beachtet, so kann der Gläubiger nicht geltend machen, daß der Wert des veräußerten Gegenstands zur Zeit der Veräußerung höher gewesen sei als der Erlös.	**Woche auf eine andere, für den Gläubiger günstigere Möglichkeit der Verwertung des Gegenstands hinzuweisen.**
(2) *Absatz 1 gilt nicht für die Veräußerung*	(2) **Erfolgt ein solcher Hinweis innerhalb der Wochenfrist oder rechtzeitig vor der Veräußerung, so hat der Verwalter die vom Gläubiger genannte Verwertungsmöglichkeit wahrzunehmen oder den Gläubiger so zu stellen, wie wenn er sie wahrgenommen hätte.**
1. *Im Rahmen der laufenden Geschäfte bei der Fortführung des Unternehmens;*	
2. *eines Betriebs oder einer anderen Gesamtheit von Gegenständen;*	
3. *im Wege der öffentlichen Versteigerung.*	

Entwurf

(3) In den Fällen des Absatzes 2 hat der Verwalter dem absonderungsberechtigten Gläubiger vor der Veräußerung mitzuteilen, auf welche Weise der Gegenstand veräußert werden soll. Hat der Gläubiger ihn binnen kurzer Frist auf eine andere, für den Gläubiger günstigere Möglichkeit der Verwertung des Gegenstands hingewiesen, so hat der Verwalter diese Möglichkeit wahrzunehmen oder den Gläubiger so zu stellen, wie wenn er sie wahrgenommen hätte. Die andere Verwertungsmöglichkeit kann auch darin bestehen, daß der Gläubiger den Gegenstand selbst übernimmt.

§ 194
Schutz des Gläubigers vor einer Verzögerung der Verwertung

(1) Der Insolvenzverwalter hat einen Gegenstand, zu dessen Verwertung er nach § 191 berechtigt ist, unverzüglich zu verwerten, sobald der Berichtstermin abgehalten worden ist. Dies gilt nicht, solange der Gegenstand für eine Fortführung des Unternehmens oder für die Vorbereitung der Veräußerung eines Betriebs oder einer anderen Gesamtheit von Gegenständen benötigt wird.

(2) Auf Antrag des Gläubigers und nach Anhörung des Verwalters kann das Insolvenzgericht eine Frist bestimmen, innerhalb welcher der Verwalter den Gegenstand zu verwerten hat. Dabei hat das Gericht auch die Nachteile zu berücksichtigen, die sich bei einer Verzögerung der Verwertung für den Gläubiger unter Berücksichtigung seiner wirtschaftlichen Verhältnisse ergeben. Nach Ablauf der Frist ist der Verwalter nicht mehr zur Verwertung berechtigt.

(3) Solange der Gegenstand nicht verwertet wird, sind dem Gläubiger vom Berichtstermin an laufend die geschuldeten Zinsen aus der Insolvenzmasse zu zahlen. Ist der Gläubiger schon vor der Eröffnung des Insolvenzverfahrens auf Grund einer Anordnung nach § 25 an der Verwertung des Gegenstands gehindert worden, so sind die geschuldeten Zinsen spätestens von dem Zeitpunkt an zu zahlen, der drei Monate nach dieser Anordnung liegt. Die Sätze 1 und 2 gelten nicht, soweit nach der Höhe der Forderung sowie dem Wert und der sonstigen Belastung des Gegenstands nicht mit einer Befriedigung des Gläubigers aus dem Verwertungserlös zu rechnen ist.

§ 195
Verteilung der Erlöses

(1) Nach der Verwertung einer beweglichen Sache oder einer Forderung durch den Insolvenzverwalter sind aus dem Verwertungserlös die Kosten der Festellung, der *Erhaltung* und der Verwertung des Gegenstands vorweg für die Insol-

Beschlüsse des 6. Ausschusses

(3) Die andere Verwertungsmöglichkeit kann auch darin bestehen, daß der Gläubiger den Gegenstand selbst übernimmt. **Günstiger ist eine Verwertungsmöglichkeit auch dann, wenn Kosten eingespart werden.**

§ 194
Schutz des Gläubigers vor einer Verzögerung der Verwertung

(1) entfällt

(2) entfällt

(3) Solange ein Gegenstand, **zu dessen Verwertung der Insolvenzverwalter nach § 191 berechtigt ist,** nicht verwertet wird, sind dem Gläubiger vom Berichtstermin an die geschuldeten Zinsen aus der Insolvenzmasse zu zahlen. Ist der Gläubiger schon vor der Eröffnung des Insolvenzverfahrens auf Grund einer Anordnung nach § 25 an der Verwertung des Gegenstands gehindert worden, so sind die geschuldeten Zinsen spätestens von dem Zeitpunkt an zu zahlen, der drei Monate nach dieser Anordnung

[im folgenden: BT-Drs. 12/7302, S. 73]

liegt. Die Sätze 1 und 2 gelten nicht, soweit nach der Höhe der Forderung sowie dem Wert und der sonstigen Belastung des Gegenstands nicht mit einer Befriedigung des Gläubigers aus dem Verwertungserlös zu rechnen ist.

§ 195
Verteilung des Erlöses

(1) Nach der Verwertung einer beweglichen Sache oder einer Forderung durch den Insolvenzverwalter sind aus dem Verwertungserlös die Kosten der Feststellung und der Verwertung des Gegenstands vorweg für die Insolvenzmasse zu

Entwurf	Beschlüsse des 6. Ausschusses
venzmasse zu entnehmen. Aus dem verbleibenden Betrag ist unverzüglich der absonderungsberechtigte Gläubiger zu befriedigen.	entnehmen. Aus dem verbleibenden Betrag ist unverzüglich der absonderungsberechtigte Gläubiger zu befriedigen.
(2) Überläßt der Insolvenzverwalter einen Gegenstand, zu dessen Verwertung er nach § 191 berechtigt ist, dem Gläubiger zur Verwertung, so hat dieser aus dem von ihm erzielten Verwertungserlös einen Betrag in Höhe der Kosten der Feststellung *und der Erhaltung* sowie des Umsatzsteuerbetrages (§ 196 Abs. 3 Satz 3) vorweg an die Masse abzuführen.	(2) Überläßt der Insolvenzverwalter einen Gegenstand, zu dessen Verwertung er nach § 191 berechtigt ist, dem Gläubiger zur Verwertung, so hat dieser aus dem von ihm erzielten Verwertungserlös einen Betrag in Höhe der Kosten der Feststellung sowie des Umsatzsteuerbetrages (§ 196 Abs. 3 Satz 3) vorweg an die Masse abzuführen.

§ 196
Berechnung des Kostenbeitrags

(1) Die Kosten der Feststellung umfassen die Kosten der tatsächlichen Feststellung des Gegenstands, der Feststellung der Rechte an diesem *und eine Beteiligung an den allgemeinen Verfahrenskosten*. Sie sind pauschal mit *sechs* vom Hundert des Verwertungserlöses anzusetzen.

(2) *Als Kosten der Erhaltung sind nur die Kosten zu berücksichtigen, die der Insolvenzmasse tatsächlich entstanden sind und die zur Erhaltung der nötigen Verbesserung des Gegenstands auch im Interesse des absonderungsberechtigten Gläubigers erforderlich waren.*

(3) Als Kosten der Verwertung sind pauschal fünf vom Hundert des Verwertungserlöses anzusetzen. Lagen die tatsächlich entstandenen, für die Verwertung erforderlichen Kosten erheblich niedriger oder erheblich höher, so sind diese Kosten anzusetzen. Führt die Verwertung zu einer Belastung der Masse mit Umsatzsteuer, so ist der Umsatzsteuerbetrag zusätzlich zu der Pauschale nach Satz 1 oder den tatsächlich entstandenen Kosten nach Satz 2 anzusetzen.

§ 196
Berechnung des Kostenbeitrags

(1) Die Kosten der Feststellung umfassen die Kosten der tatsächlichen Feststellung des Gegenstands **und** der Feststellung der Rechte an diesem. Sie sind pauschal mit **vier** vom Hundert des Verwertungserlöses anzusetzen.

(2) entfällt

(3) unverändert

§ 197
Sonstige Verwendung beweglicher Sachen

(1) Der Insolvenzverwalter darf eine bewegliche Sache, zu deren Verwertung er berechtigt ist, für die Insolvenzmasse benutzen, wenn er den dadurch entstehenden Wertverlust von der Eröffnung des

[im folgenden: BT-Drs. 12/7302, S. 74]

Insolvenzverfahrens an durch laufende Zahlungen an den Gläubiger ausgleicht. Die Verpflichtung zu Ausgleichszahlungen besteht nur, soweit der durch die Nutzung entstehende Wertverlust die Sicherung des absonderungsberechtigten Gläubigers beeinträchtigt. *Die Verpflichtung entfällt, wenn der Verwalter dem Gläubiger eine gleichwertige Ersatzsicherheit stellt.*	Insolvenzverfahrens an durch laufende Zahlungen an den Gläubiger ausgleicht. Die Verpflichtung zu Ausgleichszahlungen besteht nur, soweit der durch die Nutzung entstehende Wertverlust die Sicherung des absonderungsberechtigten Gläubigers beeinträchtigt.
(2) Der Verwalter darf eine solche Sache für die Insolvenzmasse verbrauchen, wenn er dem absonderungsberechtigten Gläubiger zuvor eine gleichwertige Ersatzsicherheit stellt.	**(2) entfällt**

Entwurf	Beschlüsse des 6. Ausschusses
(3) Der Verwalter darf eine solche Sache verbinden, vermischen und verarbeiten. Soweit dadurch die Sicherung des absonderungsberechtigten Gläubigers beeinträchtigt wird, *hat der Verwalter zuvor eine gleichwertige Ersatzsicherheit zu stellen.* Setzt sich das Recht des Gläubigers an einer anderen Sache fort, so hat der Gläubiger die neue Sicherheit insoweit freizugeben, als sie den Wert der bisherigen Sicherheit übersteigt.	(3) Der Verwalter darf eine solche Sache verbinden, vermischen und verarbeiten, soweit dadurch die Sicherung des absonderungsberechtigten Gläubigers nicht beeinträchtigt wird. Setzt sich das Recht des Gläubigers an einer anderen Sache fort, so hat der Gläubiger die neue Sicherheit insoweit freizugeben, als sie den Wert der bisherigen Sicherheit übersteigt.

§ 198
Ersatzsicherheit

§ 198
entfällt

(1) Will der Insolvenzverwalter einem Gläubiger nach § 197 eine Ersatzsicherheit stellen, so hat er dem Gläubiger schriftlich mitzuteilen, welcher Gegenstand als Ersatzsicherheit dienen soll.

(2) Binnen zwei Wochen nach Zugang der Mitteilung kann der Gläubiger beim Insolvenzgericht beantragen festzustellen, daß die Ersatzsicherheit nicht gleichwertig ist. Die Frist beginnt nur zu laufen, wenn der Verwalter den Gläubiger schriftlich auf das Antragsrecht und die Frist hingewiesen hat. Über den Antrag entscheidet das Gericht nach Anhörung des Verwalters.

(3) Stellt der Gläubiger keinen solchen Antrag, so gilt die angebotene Ersatzsicherheit als gleichwertig.

§ 199
Überlassung beweglicher Gegenstände

§ 199
entfällt

(1) Wird eine bewegliche Sache, an der ein Absonderungsrecht besteht und die sich nicht im Besitz des Insolvenzverwalters befindet, für die Geschäftsführung des Verwalters benötigt, so ordnet das Insolvenzgericht auf Antrag des Verwalters und nach Anhörung des Gläubigers an, daß die Sache dem Verwalter zu übergeben ist. Wird ein Recht, an dem ein Absonderungsrecht besteht, für die Geschäftsführung des Verwalters benötigt, so ordnet das Gericht auf Antrag des Verwalters und nach Anhörung des Gläubigers an, daß der Verwalter das Recht für die Insolvenzmasse nutzen darf. Gegen die Entscheidung des Gerichts nach Satz 1 oder 2 steht dem Gläubiger und dem Verwalter die sofortige Beschwerde zu.

[im folgenden: BT-Drs. 12/7302, S. 75]

(2) Der Verwalter ist berechtigt, den Gegenstand zu verwerten. Die §§ 192 bis 198 gelten entsprechend. Kosten der Feststellung werden nicht erhoben.

§ 200 **Verwertung durch den Gläubiger**	§ 200 **Verwertung durch den Gläubiger**
(1) Soweit der Insolvenzverwalter nicht zur Verwertung einer beweglichen Sache oder *eines Rechts* berechtigt ist, an denen ein Absonderungs-	(1) Soweit der Insolvenzverwalter nicht zur Verwertung einer beweglichen Sache oder **einer Forderung** berechtigt ist, an denen ein Abson-

Entwurf	Beschlüsse des 6. Ausschusses
recht besteht, bleibt das Recht des Gläubigers zur Verwertung unberührt.	derungsrecht besteht, bleibt das Recht des Gläubigers zur Verwertung unberührt.
(2) Auf Antrag des Verwalters und nach Anhörung des Gläubigers kann das Insolvenzgericht eine Frist bestimmen, innerhalb welcher der Gläubiger den Gegenstand zu verwerten hat. Nach Ablauf der Frist ist der Verwalter zur Verwertung berechtigt.	(2) unverändert

FÜNFTER TEIL	FÜNFTER TEIL
Befriedigung der Insolvenzgläubiger. Restschuldbefreiung	Befriedigung der Insolvenzgläubiger. Einstellung des Verfahrens
ERSTER ABSCHNITT	ERSTER ABSCHNITT
Feststellung der Forderungen	Feststellung der Forderungen

§ 201
Anmeldung der Forderungen

(1) *Die Anmeldung der Forderung eines Insolvenzgläubigers kann schriftlich eingereicht oder zu Protokoll der Geschäftsstelle erklärt werden.* Der Anmeldung sollen die Urkunden, aus denen sich die Forderung ergibt, in Abdruck beigefügt werden.

(1) **Die Insolvenzgläubiger haben ihre Forderungen schriftlich beim Insolvenzverwalter anzumelden.** Der Anmeldung sollen die Urkunden, aus denen sich die Forderung ergibt, in Abdruck beigefügt werden.

(2) Bei der Anmeldung sind der Grund und der Betrag der Forderung anzugeben.

(2) unverändert

(3) Die Forderungen nachrangiger Gläubiger sind nur anzumelden, soweit das Insolvenzgericht besonders zur Anmeldung dieser Forderungen auffordert. Bei der Anmeldung solcher Forderungen ist auf den Nachrang hinzuweisen und die dem Gläubiger zustehende Rangstelle zu bezeichnen.

(3) unverändert

§ 202
Tabelle

(1) *Die Anmeldungen sind in der Geschäftsstelle zur Einsicht der Beteiligten niederzulegen.*

(2) *Der Urkundsbeamte der Geschäftsstelle hat* jede Forderung mit den in § 201 Abs. 2 und 3 genannten Angaben *sofort nach der Anmeldung* in eine Tabelle einzutragen. Die Tabelle ist innerhalb des ersten Drittels des Zeitraums, der zwischen dem Ablauf der Anmeldefrist und dem Prüfungstermin liegt, in der Geschäftsstelle zur Einsicht der Beteiligten niederzulegen. *Der Insolvenzverwalter erhält einen Abdruck der Tabelle.*

Der Insolvenzverwalter hat jede **angemeldete** Forderung mit den in § 201 Abs. 2 und 3 genannten Angaben in eine Tabelle einzutragen. Die Tabelle ist **mit den Anmeldungen sowie den beigefügten Urkunden** innerhalb des ersten Drittels des Zeitraums, der zwischen dem Ablauf der Anmeldefrist und dem Prüfungstermin liegt, in der Geschäftsstelle **des Insolvenzgerichts** zur Einsicht der Beteiligten niederzulegen.

[im folgenden: BT-Drs. 12/7302, S. 76]

§ 203
Verlauf des Prüfungstermins

(1) Im Prüfungstermin werden die angemeldeten Forderungen ihrem Betrag und ihrem Rang nach geprüft. Die Forderungen, die vom Insol-

Im Prüfungstermin werden die angemeldeten Forderungen ihrem Betrag und ihrem Rang nach geprüft. Die Forderungen, die vom Insolvenzver-

Entwurf	Beschlüsse des 6. Ausschusses

venzverwalter, vom Schuldner oder von einem Insolvenzgläubiger bestritten werden, sind einzeln zu erörtern.

(2) Eine Forderung wird auch dann geprüft, wenn der Gläubiger, der die Forderung angemeldet hat, im Prüfungstermin ausbleibt.

§ 204
Nachträgliche Anmeldungen

(1) Im Prüfungstermin sind auch die Forderungen zu prüfen, die nach dem Ablauf der Anmeldefrist angemeldet worden sind. Widerspricht jedoch der Insolvenzverwalter oder ein Insolvenzgläubiger dieser Prüfung oder wird eine Forderung erst nach dem Prüfungstermin angemeldet, so hat das Insolvenzgericht auf Kosten des Säumigen einen besonderen Prüfungstermin zu bestimmen. Für nachträgliche Änderungen der Anmeldung gelten die Sätze 1 und 2 entsprechend.

(2) Hat das Gericht nachrangige Gläubiger nach § 201 Abs. 3 zur Anmeldung ihrer Forderungen aufgefordert und läuft die für diese Anmeldung gesetzte Frist später als eine Woche vor dem Prüfungstermin ab, so ist auf Kosten der Insolvenzmasse ein besonderer Prüfungstermin zu bestimmen.

(3) Der besondere Prüfungstermin ist öffentlich bekanntzumachen. Zu dem Termin sind die Insolvenzgläubiger, die eine Forderung angemeldet haben, der Verwalter und der Schuldner besonders zu laden.

§ 205
Voraussetzungen der Feststellung

Eine Forderung gilt als festgestellt, soweit gegen sie im Prüfungstermin ein Widerspruch weder vom Insolvenzverwalter noch von einem Insolvenzgläubiger erhoben wird oder soweit ein erhobener Widerspruch beseitigt ist. Ein Widerspruch des Schuldners steht der Feststellung der Forderung nicht entgegen.

[im folgenden: BT-Drs. 12/7302, S. 77]

walter, vom Schuldner oder von einem Insolvenzgläubiger bestritten werden, sind einzeln zu erörtern.

§ 204
Nachträgliche Anmeldungen

(1) Im Prüfungstermin sind auch die Forderungen zu prüfen, die nach dem Ablauf der Anmeldefrist angemeldet worden sind. Widerspricht jedoch der Insolvenzverwalter oder ein Insolvenzgläubiger dieser Prüfung oder wird eine Forderung erst nach dem Prüfungstermin angemeldet, so hat das Insolvenzgericht auf Kosten des Säumigen **entweder** einen besonderen Prüfungstermin zu bestimmen **oder die Prüfung im schriftlichen Verfahren anzuordnen.** Für nachträgliche Änderungen der Anmeldung gelten die Sätze 1 und 2 entsprechend.

(2) Hat das Gericht nachrangige Gläubiger nach § 201 Abs. 3 zur Anmeldung ihrer Forderungen aufgefordert und läuft die für diese Anmeldung gesetzte Frist später als eine Woche vor dem Prüfungstermin ab, so ist auf Kosten der Insolvenzmasse **entweder** ein besonderer Prüfungstermin zu bestimmen **oder die Prüfung im schriftlichen Verfahren anzuordnen.**

(3) unverändert

§ 205
Voraussetzungen und Wirkungen der Feststellung

(1) Eine Forderung gilt als festgestellt, soweit gegen sie im Prüfungstermin **oder im schriftlichen Verfahren (§ 204)** ein Widerspruch weder vom Insolvenzverwalter noch von einem Insolvenzgläubiger erhoben wird oder soweit ein erhobener Widerspruch beseitigt ist. Ein Widerspruch des Schuldners steht der Feststellung der Forderung nicht entgegen.

(2) Das Insolvenzgericht trägt für jede angemeldete Forderung in die Tabelle ein, inwieweit die Forderung ihrem Betrag und ihrem Rang nach festgestellt ist oder wer der Feststellung widersprochen hat. Auch ein Widerspruch des Schuldners ist einzutragen. Auf Wechseln und sonstigen Schuldurkunden ist vom Urkundsbeamten der Geschäftsstelle die Feststellung zu vermerken.

Entwurf	Beschlüsse des 6. Ausschusses
	(3) **Die Eintragung in die Tabelle wirkt für die festgestellten Forderungen ihrem Betrag und ihrem Rang nach wie ein rechtskräftiges Urteil gegenüber dem Insolvenzverwalter und allen Insolvenzgläubigern.**
§ 206 *Eintragung in die Tabelle*	§ 206 entfällt
(1) Das Insolvenzgericht trägt für jede angemeldete Forderung in die Tabelle ein, inwieweit die Forderung ihrem Betrag und ihrem Rang nach festgestellt ist oder wer der Feststellung widersprochen hat. Auch ein Widerspruch des Schuldners ist einzutragen.	
(2) Auf Wechseln und sonstigen Schuldurkunden ist vom Urkundsbeamten der Geschäftsstelle die Feststellung zu vermerken.	
(3) Die Eintragung in die Tabelle wirkt für die festgestellten Forderungen ihrem Betrag und ihrem Rang nach wie ein rechtskräftiges Urteil gegenüber dem Insolvenzverwalter und allen Insolvenzgläubigern.	
§ 207 Streitige Forderungen	§ 207 Streitige Forderungen
(1) Ist eine Forderung vom Insolvenzverwalter oder von einem Insolvenzgläubiger bestritten worden, so bleibt es dem Gläubiger überlassen, die Feststellung gegen den Bestreitenden zu betreiben.	(1) unverändert
(2) Liegt für eine solche Forderung ein vollstreckbarer Schuldtitel oder ein Endurteil vor, so obliegt es dem Bestreitenden, den Widerspruch zu verfolgen.	(2) unverändert
(3) Das Insolvenzgericht erteilt dem Gläubiger, dessen Forderung bestritten worden ist, einen beglaubigten Auszug aus der Tabelle. Im Falle des Absatzes 2 erhält auch der Bestreitende einen solchen Auszug.	(3) Das Insolvenzgericht erteilt dem Gläubiger, dessen Forderung bestritten worden ist, einen beglaubigten Auszug aus der Tabelle. Im Falle des Absatzes 2 erhält auch der Bestreitende einen solchen Auszug. **Die Gläubiger, deren Forderungen festgestellt worden sind, werden nicht benachrichtigt; hierauf sollen die Gläubiger vor dem Prüfungstermin hingewiesen werden.**
§ 208 Zuständigkeit für die Feststellung	§ 208 unverändert
(1) Auf die Feststellung ist im ordentlichen Verfahren Klage zu erheben. Für die Klage ist das Amtsgericht ausschließlich zuständig, bei dem das Insolvenzverfahren anhängig ist oder anhängig war. Gehört der Streitgegenstand nicht zur Zuständigkeit der Amtsgerichte, so ist das Landgericht ausschließlich zuständig, zu dessen Bezirk das Insolvenzgericht gehört.	

Entwurf	Beschlüsse des 6. Ausschusses
(2) War zur Zeit der Eröffnung des Insolvenzverfahrens ein Rechtsstreit über die Forderung anhängig, so ist die Feststellung durch Aufnahme des Rechtsstreits zu betreiben.	
	[im folgenden: BT-Drs. 12/7302, S. 78]
§ 209 **Umfang der Feststellung**	**§ 209** unverändert
Die Feststellung kann nach Grund, Betrag und Rang der Forderung nur in der Weise begehrt werden, wie die Forderung in der Anmeldung oder im Prüfungstermin bezeichnet worden ist.	
§ 210 **Streitwert**	**§ 210** unverändert
Der Wert des Streitgegenstands einer Klage auf Feststellung einer Forderung, deren Bestand vom Insolvenzverwalter oder von einem Insolvenzgläubiger bestritten worden ist, bestimmt sich nach dem Betrag, der bei der Verteilung der Insolvenzmasse für die Forderung zu erwarten ist.	
§ 211 **Wirkung der Entscheidung**	**§ 211** unverändert
(1) Eine rechtskräftige Entscheidung, durch die eine Forderung festgestellt oder ein Widerspruch für begründet erklärt wird, wirkt gegenüber dem Insolvenzverwalter und allen Insolvenzgläubigern.	
(2) Der obsiegenden Partei obliegt es, beim Insolvenzgericht die Berichtigung der Tabelle zu beantragen.	
(3) Haben nur einzelne Gläubiger, nicht der Verwalter, den Rechtsstreit geführt, so können diese Gläubiger die Erstattung ihrer Kosten aus der Insolvenzmasse insoweit verlangen, als der Masse durch die Entscheidung ein Vorteil erwachsen ist.	
§ 212 **Klage gegen einen Widerspruch des Schuldners**	**§ 212** **Klage gegen einen Widerspruch des Schuldners**
Hat der Schuldner im Prüfungstermin eine Forderung bestritten, so kann der Gläubiger Klage auf Feststellung der Forderung gegen den Schuldner erheben. War zur Zeit der Eröffnung des Insolvenzverfahrens ein Rechtsstreit über die Forderung anhängig, so kann der Gläubiger diesen Rechtsstreit gegen den Schuldner aufnehmen.	Hat der Schuldner im Prüfungstermin **oder im schriftlichen Verfahren (§ 204)** eine Forderung bestritten, so kann der Gläubiger Klage auf Feststellung der Forderung gegen den Schuldner erheben. War zur Zeit der Eröffnung des Insolvenzverfahrens ein Rechtsstreit über die Forderung anhängig, so kann der Gläubiger diesen Rechtsstreit gegen den Schuldner aufnehmen.
§ 213 **Besondere Zuständigkeiten**	**§ 213** unverändert
Ist für die Feststellung einer Forderung der Rechtsweg zum ordentlichen Gericht nicht gegeben, so ist die Feststellung bei dem zuständigen anderen Gericht zu betreiben oder von der zuständigen Verwaltungsbehörde vorzunehmen. § 208	

Entwurf	Beschlüsse des 6. Ausschusses

Abs. 2 und die §§ 209, 211 und 212 gelten entsprechend. Ist die Feststellung bei einem anderen Gericht zu betreiben, so gilt auch § 210 entsprechend.

[im folgenden: BT-Drs. 12/7302, S. 79]

§ 214 Wiedereinsetzung in den vorigen Stand	§ 214 unverändert

(1) Hat der Schuldner den Prüfungstermin versäumt, so hat ihm das Insolvenzgericht auf Antrag die Wiedereinsetzung in den vorigen Stand zu gewähren. § 51 Abs. 2, § 85 Abs. 2, §§ 233 bis 236 der Zivilprozeßordnung gelten entsprechend.

(2) Die den Antrag auf Wiedereinsetzung betreffenden Schriftsätze sind dem Gläubiger zuzustellen, dessen Forderung nachträglich bestritten werden soll. Das Bestreiten in diesen Schriftsätzen steht, wenn die Wiedereinsetzung erteilt wird, dem Bestreiten im Prüfungstermin gleich.

ZWEITER ABSCHNITT Verteilung	ZWEITER ABSCHNITT Verteilung

§ 215 Befriedigung der Insolvenzgläubiger	§ 215 unverändert

(1) Mit der Befriedigung der Insolvenzgläubiger kann erst nach dem allgemeinen Prüfungstermin begonnen werden.

(2) Verteilungen an die Insolvenzgläubiger können stattfinden, so oft hinreichende Barmittel in der Insolvenzmasse vorhanden sind. Nachrangige Insolvenzgläubiger sollen bei Abschlagsverteilungen nicht berücksichtigt werden.

(3) Die Verteilungen werden vom Insolvenzverwalter vorgenommen. Vor jeder Verteilung hat er die Zustimmung des Gläubigerausschusses einzuholen, wenn ein solcher bestellt ist.

§ 216 Verteilungsverzeichnis	§ 216 unverändert

Vor einer Verteilung hat der Insolvenzverwalter ein Verzeichnis der Forderungen aufzustellen, die bei der Verteilung zu berücksichtigen sind. Das Verzeichnis ist auf der Geschäftsstelle zur Einsicht der Beteiligten niederzulegen. Der Verwalter hat die Summe der Forderungen und den für die Verteilung verfügbaren Betrag aus der Insolvenzmasse öffentlich bekanntzumachen.

§ 217 Berücksichtigung bestrittener Forderungen	§ 217 unverändert

(1) Ein Insolvenzgläubiger, dessen Forderung nicht festgestellt ist und für dessen Forderung ein vollstreckbarer Titel oder ein Endurteil nicht vorliegt, hat spätestens innerhalb einer Ausschlußfrist

Entwurf	Beschlüsse des 6. Ausschusses
von zwei Wochen nach der öffentlichen Bekanntmachung dem Insolvenzverwalter nachzuweisen, daß und für welchen Betrag die Feststellungsklage erhoben oder das Verfahren in dem früher anhängigen Rechtsstreit aufgenommen ist.	[im folgenden: BT-Drs. 12/7302, S. 80]
(2) Wird der Nachweis rechtzeitig geführt, so wird der auf die Forderung entfallende Anteil bei der Verteilung zurückbehalten, solange der Rechtsstreit anhängig ist.	
(3) Wird der Nachweis nicht rechtzeitig geführt, so wird die Forderung bei der Verteilung nicht berücksichtigt.	
§ 218 **Berücksichtigung absonderungsberechtigter Gläubiger**	§ 218 unverändert
(1) Ein Gläubiger, der zur abgesonderten Befriedigung berechtigt ist, hat spätestens innerhalb der in § 217 Abs. 1 vorgesehenen Ausschlußfrist dem Insolvenzverwalter nachzuweisen, daß und für welchen Betrag er auf abgesonderte Befriedigung verzichtet hat oder bei ihr ausgefallen ist. Wird der Nachweis nicht rechtzeitig geführt, so wird die Forderung bei der Verteilung nicht berücksichtigt.	
(2) Zur Berücksichtigung bei einer Abschlagsverteilung genügt es, wenn der Gläubiger spätestens innerhalb der Ausschlußfrist dem Verwalter nachweist, daß die Verwertung des Gegenstands betrieben wird, an dem das Absonderungsrecht besteht, und den Betrag des mutmaßlichen Ausfalls glaubhaft macht. In diesem Fall wird der auf die Forderung entfallende Anteil bei der Verteilung zurückbehalten. Sind die Voraussetzungen des Absatzes 1 bei der Schlußverteilung nicht erfüllt, so wird der zurückbehaltene Anteil für die Schlußverteilung frei.	
(3) Ist nur der Verwalter zur Verwertung des Gegenstands berechtigt, an dem das Absonderungsrecht besteht, so sind die Absätze 1 und 2 nicht anzuwenden. Bei einer Abschlagsverteilung hat der Verwalter, wenn er den Gegenstand noch nicht verwertet hat, den Ausfall des Gläubigers zu schätzen und den auf die Forderung entfallenden Anteil zurückzubehalten.	
§ 219 **Berücksichtigung aufschiebend bedingter Forderungen**	§ 219 unverändert
(1) Eine aufschiebend bedingte Forderung wird bei einer Abschlagsverteilung mit ihrem vollen Betrag berücksichtigt. Der auf die Forderung entfallende Anteil wird bei der Verteilung zurückbehalten.	

Entwurf

(2) Bei der Schlußverteilung wird eine aufschiebend bedingte Forderung nicht berücksichtigt, wenn die Möglichkeit des Eintritts der Bedingung so fernliegt, daß die Forderung zur Zeit der Verteilung keinen Vermögenswert hat. In diesem Fall wird ein gemäß Absatz 1 Satz 2 zurückbehaltener Anteil für die Schlußverteilung frei.

Beschlüsse des 6. Ausschusses

[im folgenden: BT-Drs. 12/7302, S. 81]

§ 220
Nachträgliche Berücksichtigung

Gläubiger, die bei einer Abschlagsverteilung nicht berücksichtigt worden sind und die Voraussetzungen der §§ 217, 218 nachträglich erfüllen, erhalten bei der folgenden Verteilung aus der restlichen Insolvenzmasse vorab einen Betrag, der sie mit den übrigen Gläubigern gleichstellt.

§ 220
unverändert

§ 221
Änderung des Verteilungsverzeichnisses

Der Insolvenzverwalter hat die Änderungen des Verzeichnisses, die auf Grund der §§ 217 bis 220 erforderlich werden, binnen drei Tagen nach Ablauf der in § 217 Abs. 1 vorgesehenen Ausschlußfrist vorzunehmen.

§ 221
unverändert

§ 222
Einwendungen
gegen das Verteilungsverzeichnis

(1) Bei einer Abschlagsverteilung sind Einwendungen eines Gläubigers gegen das Verzeichnis bis zum Ablauf einer Woche nach dem Ende der in § 217 Abs. 1 vorgesehenen Ausschlußfrist bei dem Insolvenzgericht zu erheben. *Die Einwendungen können schriftlich eingereicht oder zu Protokoll der Geschäftsstelle erklärt werden.*

§ 222
Einwendungen
gegen das Verteilungsverzeichnis

(1) Bei einer Abschlagsverteilung sind Einwendungen eines Gläubigers gegen das Verzeichnis bis zum Ablauf einer Woche nach dem Ende der in § 217 Abs. 1 vorgesehenen Ausschlußfrist bei dem Insolvenzgericht zu erheben.

(2) Eine Entscheidung des Gerichts, durch die Einwendungen zurückgewiesen werden, ist dem Gläubiger und dem Insolvenzverwalter zuzustellen. Dem Gläubiger steht gegen den Beschluß die sofortige Beschwerde zu.

(2) unverändert

(3) Eine Entscheidung des Gerichts, durch die eine Berichtigung des Verzeichnisses angeordnet wird, ist dem Gläubiger und dem Verwalter zuzustellen und in der Geschäftsstelle zur Einsicht der Beteiligten niederzulegen. Dem Verwalter und den Insolvenzgläubigern steht gegen den Beschluß die sofortige Beschwerde zu. Die Beschwerdefrist beginnt mit dem Tag, an dem die Entscheidung niedergelegt worden ist.

(3) unverändert

§ 223
Festsetzung des Bruchteils

(1) Für eine Abschlagszahlung bestimmt der Gläubigerausschuß auf Vorschlag des Insolvenzverwalters den zu zahlenden Bruchteil. Ist kein

§ 223
unverändert

Entwurf	Beschlüsse des 6. Ausschusses

Gläubigerausschuß bestellt, so bestimmt der Verwalter den Bruchteil.

(2) Der Verwalter hat den Bruchteil den berücksichtigten Gläubigern mitzuteilen.

[im folgenden: BT-Drs. 12/7302, S. 82]

§ 224 **Schlußverteilung**	§ 224 unverändert

(1) Die Schlußverteilung erfolgt, sobald die Verwertung der Insolvenzmasse beendet ist.

(2) Die Schlußverteilung darf nur mit Zustimmung des Insolvenzgerichts vorgenommen werden.

§ 225 **Schlußtermin**	§ 225 unverändert

(1) Bei der Zustimmung zur Schlußverteilung bestimmt das Insolvenzgericht den Termin für eine abschließende Gläubigerversammlung. Dieser Termin dient

1. zur Erörterung der Schlußrechnung des Insolvenzverwalters,

2. zur Erhebung von Einwendungen gegen das Schlußverzeichnis und

3. zur Entscheidung der Gläubiger über die nicht verwertbaren Gegenstände der Insolvenzmasse.

(2) Zwischen der öffentlichen Bekanntmachung des Termins und dem Termin soll eine Frist von mindestens drei Wochen und höchstens einem Monat liegen.

(3) Für die Entscheidung des Gerichts über Einwendungen eines Gläubigers gilt § 222 Abs. 2 und 3 entsprechend.

§ 226 **Hinterlegung zurückbehaltener Beträge**	§ 226 **Hinterlegung zurückbehaltener Beträge**

Beträge, die bei der Schlußverteilung zurückzubehalten sind, hat der Insolvenzverwalter mit Zustimmung des Insolvenzgerichts für Rechnung der Beteiligten zu hinterlegen.

Beträge, die bei der Schlußverteilung zurückzubehalten sind, hat der Insolvenzverwalter mit Zustimmung des Insolvenzgerichts für Rechnung der Beteiligten **bei einer geeigneten Stelle** zu hinterlegen.

§ 227 **Überschuß bei der Schlußverteilung**	§ 227 unverändert

Können bei der Schlußverteilung die Forderungen aller Insolvenzgläubiger in voller Höhe berichtigt werden, so hat der Insolvenzverwalter einen verbleibenden Überschuß dem Schuldner herauszugeben. Ist der Schuldner keine natürliche Person, so hat der Verwalter jeder am Schuldner

Entwurf	Beschlüsse des 6. Ausschusses
beteiligten Person den Teil des Überschusses herauszugeben, der ihr bei einer Abwicklung außerhalb des Insolvenzverfahrens zustünde.	
§ 228 **Aufhebung des Insolvenzverfahrens**	§ 228 **Aufhebung des Insolvenzverfahrens**
(1) Sobald die Schlußverteilung vollzogen ist, beschließt das Insolvenzgericht die Aufhebung des Insolvenzverfahrens.	(1) unverändert
(2) Der Beschluß und der Grund der Aufhebung sind öffentlich bekanntzumachen. Die §§ 38 bis 40 gelten entsprechend.	(2) Der Beschluß und der Grund der Aufhebung sind öffentlich bekanntzumachen. **Die Bekanntmachung ist, unbeschadet des § 9, auszugsweise im Bundesanzeiger zu veröffentlichen.** Die §§ 38 bis 40 gelten entsprechend.

[im folgenden: BT-Drs. 12/7302, S. 83]

§ 229 **Rechte der Insolvenzgläubiger nach Verfahrensaufhebung**	§ 229 unverändert
(1) Die Insolvenzgläubiger können nach der Aufhebung des Insolvenzverfahrens ihre restlichen Forderungen gegen den Schuldner unbeschränkt geltend machen.	
(2) Die Insolvenzgläubiger, deren Forderungen festgestellt und nicht vom Schuldner im Prüfungstermin bestritten worden sind, können aus der Eintragung in die Tabelle wie aus einem vollstreckbaren Urteil die Zwangsvollstreckung gegen den Schuldner betreiben. Einer nicht bestrittenen Forderung steht eine Forderung gleich, bei der ein erhobener Widerspruch beseitigt ist.	
(3) Die Vorschriften über die Restschuldbefreiung bleiben unberührt.	
§ 230 **Zuständigkeit bei der Vollstreckung**	§ 230 unverändert
(1) Im Fall des § 229 ist das Amtsgericht, bei dem das Insolvenzverfahren anhängig ist oder anhängig war, ausschließlich zuständig für Klagen:	
1. auf Erteilung der Vollstreckungsklausel;	
2. durch die nach der Erteilung der Vollstreckungsklausel bestritten wird, daß die Voraussetzungen für die Erteilung eingetreten waren;	
3. durch die Einwendungen geltend gemacht werden, die den Anspruch selbst betreffen.	
(2) Gehört der Streitgegenstand nicht zur Zuständigkeit der Amtsgerichte, so ist das Landgericht ausschließlich zuständig, zu dessen Bezirk das Insolvenzgericht gehört.	

Entwurf	Beschlüsse des 6. Ausschusses
§ 231 **Anordnung der Nachtragsverteilung**	**§ 231** unverändert

(1) Auf Antrag des Insolvenzverwalters oder eines Insolvenzgläubigers oder von Amts wegen ordnet das Insolvenzgericht eine Nachtragsverteilung an, wenn nach dem Schlußtermin

1. zurückbehaltene Beträge für die Verteilung frei werden,

2. Beträge, die aus der Insolvenzmasse gezahlt sind, zurückfließen oder

3. Gegenstände der Masse ermittelt werden.

(2) Die Aufhebung des Verfahrens steht der Anordnung einer Nachtragsverteilung nicht entgegen.

[im folgenden: BT-Drs. 12/7302, S. 84]

(3) Das Gericht kann von der Anordnung absehen und den zur Verfügung stehenden Betrag oder den ermittelten Gegenstand dem Schuldner überlassen, wenn dies mit Rücksicht auf die Geringfügigkeit des Betrags oder den geringen Wert des Gegenstands und die Kosten einer Nachtragsverteilung angemessen erscheint. Es kann die Anordnung davon abhängig machen, daß ein Geldbetrag vorgeschossen wird, der die Kosten der Nachtragsverteilung deckt.

§ 232 **Rechtsmittel**	**§ 232** unverändert

(1) Der Beschluß, durch den der Antrag auf Nachtragsverteilung abgelehnt wird, ist dem Antragsteller zuzustellen. Gegen den Beschluß steht dem Antragsteller die sofortige Beschwerde zu.

(2) Der Beschluß, durch den eine Nachtragsverteilung angeordnet wird, ist dem Insolvenzverwalter, dem Schuldner und, wenn ein Gläubiger die Verteilung beantragt hatte, diesem Gläubiger zuzustellen. Gegen den Beschluß steht dem Schuldner die sofortige Beschwerde zu.

§ 233 **Vollzug der Nachtragsverteilung**	**§ 233** unverändert

Nach der Anordnung der Nachtragsverteilung hat der Insolvenzverwalter den zur Verfügung stehenden Betrag oder den Erlös aus der Verwertung des ermittelten Gegenstands auf Grund des Schlußverzeichnisses zu verteilen. Er hat dem Insolvenzgericht Rechnung zu legen.

§ 234 **Ausschluß von Massegläubigern**	**§ 234** unverändert

Massegläubiger, deren Ansprüche dem Insolvenzverwalter

Entwurf	Beschlüsse des 6. Ausschusses
1. bei einer Abschlagsverteilung erst nach der Festsetzung des Bruchteils,	
2. bei der Schlußverteilung erst nach der Beendigung des Schlußtermins oder	
3. bei einer Nachtragsverteilung erst nach der öffentlichen Bekanntmachung	
bekanntgeworden sind, können Befriedigung nur aus den Mitteln verlangen, die nach der Verteilung in der Insolvenzmasse verbleiben.	

[im folgenden: BT-Drs. 12/7302, S. 85]

Vgl. § 317	DRITTER ABSCHNITT Einstellung des Verfahrens § 234 a **Einstellung mangels Masse** (1) Stellt sich nach der Eröffnung des Insolvenzverfahrens heraus, daß die Insolvenzmasse nicht ausreicht, um die Kosten des Verfahrens zu decken, so stellt das Insolvenzgericht das Verfahren ein. Die Einstellung unterbleibt, wenn ein ausreichender Geldbetrag vorgeschossen wird; § 30 Abs. 3 gilt entsprechend. (2) Vor der Einstellung sind die Gläubigerversammlung, der Insolvenzverwalter und die Massegläubiger zu hören. (3) Soweit Barmittel in der Masse vorhanden sind, hat der Verwalter vor der Einstellung die Kosten des Verfahrens, von diesen zuerst die Auslagen, nach dem Verhältnis ihrer Beträge zu berichtigen. Zur Verwertung von Massegegenständen ist er nicht mehr verpflichtet.
Vgl. § 318	§ 234 b **Anzeige der Masseunzulänglichkeit** (1) Sind die Kosten des Insolvenzverfahrens gedeckt, reicht die Insolvenzmasse jedoch nicht aus, um die fälligen sonstigen Masseverbindlichkeiten zu erfüllen, so **hat der Insolvenzverwalter dem Insolvenzgericht anzuzeigen,** daß Masseunzulänglichkeit vorliegt. Gleiches gilt, wenn die Masse voraussichtlich nicht ausreichen wird, um die bestehenden sonstigen Masseverbindlichkeiten im Zeitpunkt der Fälligkeit zu erfüllen. (2) **Das Gericht hat die Anzeige der Masseunzulänglichkeit öffentlich bekanntzumachen. Den Massegläubigern ist sie besonders zuzustellen.** (3) **Die Pflicht des Verwalters zur Verwaltung und zur Verwertung der Masse besteht**

Entwurf	Beschlüsse des 6. Ausschusses

auch nach der Anzeige der Masseunzulänglichkeit fort.

Vgl. § 321

§ 234 c
Befriedigung der Massegläubiger

(1) Der Insolvenzverwalter hat die Masseverbindlichkeiten nach folgender Rangordnung zu berichtigen, bei gleichem Rang nach dem Verhältnis ihrer Beträge:

1. die Kosten des Insolvenzverfahrens;

2. die Masseverbindlichkeiten, die nach **der Anzeige** der Masseunzulänglichkeit begründet worden sind, ohne zu den Kosten des Verfahrens zu gehören;

[im folgenden: BT-Drs. 12/7302, S. 86]

3. die übrigen Masseverbindlichkeiten, **unter diesen zuletzt der nach den §§ 114, 115 Abs. 1 Satz 3 bewilligte Unterhalt.**

(2) Als Masseverbindlichkeiten im Sinne des Absatzes 1 Nr. 2 gelten auch die Verbindlichkeiten

1. aus einem gegenseitigen Vertrag, dessen Erfüllung der Verwalter gewählt hat, nachdem er **die Masseunzulänglichkeit angezeigt** hatte;

2. aus einem Dauerschuldverhältnis für die Zeit nach dem ersten Termin, zu dem der Verwalter **nach der Anzeige der Masseunzulänglichkeit** kündigen konnte;

3. aus einem Dauerschuldverhältnis, soweit der Verwalter **nach der Anzeige der Masseunzulänglichkeit** für die Insolvenzmasse die Gegenleistung in Anspruch genommen hat.

Vgl. § 322

§ 234 d
Vollstreckungsverbot

Sobald der Insolvenzverwalter die Masseunzulänglichkeit angezeigt hat, ist die Vollstreckung wegen einer Masseverbindlichkeit im Sinne des § 234 c Abs. 1 Nr. 3 unzulässig.

Vgl. § 324

§ 234 e
Einstellung nach Anzeige der Masseunzulänglichkeit

(1) Sobald der Insolvenzverwalter die Insolvenzmasse nach Maßgabe des § **234 c** verteilt hat, stellt das Insolvenzgericht das Insolvenzverfahren ein.

(2) Der Verwalter hat für seine Tätigkeit nach **der Anzeige** der Masseunzulänglichkeit gesondert Rechnung zu legen.

(3) Werden nach der Einstellung des Verfahrens Gegenstände der Insolvenzmasse ermittelt, so ord-

Entwurf	Beschlüsse des 6. Ausschusses
	net das Gericht auf Antrag des **Verwalters** oder eines Massegläubigers oder von Amts wegen eine Nachtragsverteilung an. § 231 Abs. 3 und die §§ 232 und 233 gelten entsprechend.
Vgl. § 325	**§ 234 f** **Einstellung wegen Wegfalls des Eröffnungsgrunds** Das Insolvenzverfahren ist auf Antrag des Schuldners einzustellen, wenn gewährleistet ist, daß nach der Einstellung beim Schuldner weder Zahlungsunfähigkeit noch drohende Zahlungsunfähigkeit noch, soweit die Überschuldung Grund für die Eröffnung des Insolvenzverfahrens ist, Überschuldung vorliegt. Der Antrag ist nur zulässig, wenn das Fehlen der Eröffnungsgründe glaubhaft gemacht wird.

[im folgenden: BT-Drs. 12/7302, S. 87]

Vgl. § 326	**§ 234 g** **Einstellung mit Zustimmung der Gläubiger** (1) Das Insolvenzverfahren ist auf Antrag des Schuldners einzustellen, wenn er nach Ablauf der Anmeldefrist die Zustimmung aller Insolvenzgläubiger beibringt, die Forderungen angemeldet haben. Bei Gläubigern, deren Forderungen vom Schuldner oder vom Insolvenzverwalter bestritten werden, und bei absonderungsberechtigten Gläubigern entscheidet das Insolvenzgericht nach freiem Ermessen, inweiweit es einer Zustimmung dieser Gläubiger oder einer Sicherheitsleistung gegenüber ihnen bedarf. (2) Das Verfahren kann auf Antrag des Schuldners vor dem Ablauf der Anmeldefrist eingestellt werden, wenn außer den Gläubigern, deren Zustimmung der Schuldner beibringt, andere Gläubiger nicht bekannt sind. (3) entfällt
Vgl. § 327	**§ 234 h** **Verfahren bei der Einstellung** (1) Der Antrag auf Einstellung des Insolvenzverfahrens nach **§ 234 f** oder **§ 234 g** ist öffentlich bekanntzumachen. Er ist in der Geschäftsstelle zur Einsicht der Beteiligten niederzulegen; im Falle des **§ 234 g** sind die zustimmenden Erklärungen der Gläubiger beizufügen. Die Insolvenzgläubiger können binnen einer Woche nach der öffentlichen Bekanntmachung schriftlich oder zu Protokoll der Geschäftsstelle Widerspruch gegen den Antrag erheben. (2) Das Insolvenzgericht beschließt über die Einstellung nach Anhörung des Antragstellers, des Insolvenzverwalters und des Gläubigerausschusses, wenn ein solcher bestellt ist. Im Falle eines Widerspruchs ist auch der widersprechende Gläubiger zu hören.

Entwurf	Beschlüsse des 6. Ausschusses
	(3) Vor der Einstellung hat der Verwalter die unstreitigen Masseansprüche zu berichtigen und für die streitigen Sicherheit zu leisten.
Vgl. § 328	**§ 234 i** **Bekanntmachung und Wirkungen der Einstellung** **(1)** Der Beschluß, durch den das Insolvenzverfahren nach den §§ **234 a, 234 e, 234 f** oder **234 g** eingestellt wird, und der Grund der Einstellung sind öffentlich bekanntzumachen. Der Schuldner, der Insolvenzverwalter und die Mitglieder des Gläubigerausschusses sind vorab über den Zeitpunkt des Wirksamwerdens der Einstellung (§ 9 Abs. 1 Satz 3) zu unterrichten. § **228 Abs. 2 Satz 2 und 3 gilt entsprechend.** **(2) Mit der Einstellung des Insolvenzverfahrens erhält der Schuldner das Recht zurück, über die Insolvenzmasse frei zu verfügen. Die §§ 229, 230 gelten entsprechend.**

[im folgenden: BT-Drs. 12/7302, S. 88]

Vgl. § 330	**§ 234 j** **Rechtsmittel** (1) Wird das Insolvenzverfahren nach den §§ **234 a, 234 f** oder **234 g** eingestellt, so steht jedem Insolvenzgläubiger und, wenn die Einstellung nach § **234 a** erfolgt, dem Schuldner die sofortige Beschwerde zu. (2) Wird ein Antrag nach den §§ **234 f** oder **234 g** abgelehnt, so steht dem Schuldner die sofortige Beschwerde zu.
DRITTER ABSCHNITT Restschuldbefreiung	DRITTER ABSCHNITT Restschuldbefreiung **entfällt hier;** vgl. den neuen Achten Teil im Anschluß an § 346
§ 235 *Grundsatz*	§ 235 **entfällt hier;** vgl. § 346 a
Ist der Schuldner eine natürliche Person, so wird er nach Maßgabe der §§ 236 bis 252 von den im Insolvenzverfahren nicht erfüllten Verbindlichkeiten gegenüber den Insolvenzgläubigern befreit.	
§ 236 *Antrag des Schuldners*	§ 236 **entfällt hier;** vgl. § 346 b
(1) Die Restschuldbefreiung setzt einen Antrag des Schuldners voraus. Der Antrag ist spätestens	

Anhang – I. Materialien zur InsO   Anhang I 5

Entwurf   Beschlüsse des 6. Ausschusses

im Berichtstermin entweder schriftlich beim Insolvenzgericht einzureichen oder zu Protokoll der Geschäftsstelle zu erklären. Er kann mit dem Antrag auf Eröffnung des Insolvenzverfahrens verbunden werden.

(2) Dem Antrag ist die Erklärung beizufügen, daß der Schuldner seine pfändbaren Forderungen auf Bezüge aus einem Dienstverhältnis oder an deren Stelle tretende laufende Bezüge für die Zeit von sieben Jahren nach der Aufhebung des Insolvenzverfahrens an einen vom Gericht zu bestimmenden Treuhänder abtritt. Hatte der Schuldner diese Forderungen bereits vorher an einen Dritten abgetreten oder verpfändet, so ist in der Erklärung darauf hinzuweisen.

§ 237
Anhörung

§ 237
entfällt hier; vgl. § 346 d

Die Insolvenzgläubiger und der Insolvenzverwalter sind im Schlußtermin zu dem Antrag des Schuldners zu hören.

§ 238
Entscheidung des Insolvenzgerichts

§ 238
entfällt

(1) Das Insolvenzgericht entscheidet über den Antrag des Schuldners durch Beschluß.

[im folgenden: BT-Drs. 12/7302, S. 89]

(2) Gegen den Beschluß steht dem Schuldner und jedem Insolvenzgläubiger, der im Schlußtermin die Versagung der Restschuldbefreiung beantragt hat, die sofortige Beschwerde zu.

(3) Das Insolvenzverfahren wird erst nach Rechtskraft des Beschlusses aufgehoben. Der rechtskräftige Beschluß ist zusammen mit dem Beschluß über die Aufhebung des Insolvenzverfahrens öffentlich bekanntzumachen.

§ 239
Versagung der Restschuldbefreiung

§ 239
entfällt hier; vgl. § 346 e

(1) In dem Beschluß ist die Restschuldbefreiung zu versagen, wenn dies im Schlußtermin von einem Insolvenzgläubiger beantragt worden ist und wenn

1. *gegen den Schuldner* wegen einer Straftat nach den §§ 283 bis 283 c des Strafgesetzbuchs *eine gerichtliche Untersuchung oder ein wiederaufgenommenes Verfahren anhängig oder* der Schuldner *wegen einer solchen Straftat* rechtskräftig verurteilt worden ist,

2. der Schuldner *nicht früher als drei Jahre* vor dem Antrag auf Eröffnung des Insolvenzverfahrens vorsätzlich oder grob fahrlässig schriftlich unrichtige oder unvollständige Angaben über seine wirtschaftlichen Verhältnisse ge-

| Entwurf | Beschlüsse des 6. Ausschusses |

macht hat, um einen Kredit zu erhalten, Leistungen aus öffentlichen Mitteln zu beziehen oder Leistungen an öffentliche Kassen zu vermeiden,

3. der Schuldner *nicht früher als zehn Jahre* vor dem Antrag auf Eröffnung des Insolvenzverfahrens Restschuldbefreiung *erlangt hatte,*

4. der Schuldner *nicht früher als ein Jahr* vor dem Antrag auf Eröffnung des Insolvenzverfahrens vorsätzlich oder grob fahrlässig die Befriedigung der Insolvenzgläubiger dadurch beeinträchtigt hat, daß er unangemessene Verbindlichkeiten begründet oder Vermögen verschwendet oder ohne Aussicht auf eine Besserung seiner wirtschaftlichen Lage die Eröffnung des Insolvenzverfahrens verzögert hat, *oder*

5. der Schuldner während des Insolvenzverfahrens Auskunfts- oder Mitwirkungspflichten nach diesem Gesetz vorsätzlich oder grob fahrlässig verletzt hat.

(2) Der Antrag des Gläubigers ist nur zulässig, wenn ein Versagungsgrund glaubhaft gemacht wird.

§ 240
Ankündigung der Restschuldbefreiung

§ 240
entfällt hier; vgl. § 346 f

(1) Sind die Voraussetzungen des *§ 239* nicht gegeben, so stellt das Gericht in dem Beschluß fest, daß der Schuldner Restschuldbefreiung erlangt, wenn er den Obliegenheiten nach *§ 244* nachkommt.

[im folgenden: BT-Drs. 12/7302, S. 90]

2) Im gleichen Beschluß bestimmt das Gericht den Treuhänder, auf den die pfändbaren Bezüge des Schuldners nach Maßgabe der Abtretungserklärung (§ 236 Abs. 2) übergehen.

§ 241
Rechtsstellung des Treuhänders

§ 241
entfällt hier; vgl. § 346 g

(1) Der Treuhänder hat den zur Zahlung der Bezüge Verpflichteten über die Abtretung zu unterrichten. Er hat die Beträge, die er durch die Abtretung erlangt, und sonstige Leistungen des Schuldners oder Dritter von seinem Vermögen getrennt zu halten und aufgrund des Schlußverzeichnisses an die Insolvenzgläubiger zu verteilen.

(2) Die Gläubigerversammlung kann dem Treuhänder zusätzlich die Aufgabe übertragen, die Erfüllung der Obliegenheiten des Schuldners zu überwachen. In diesem Fall hat der Treuhänder die Gläubiger unverzüglich zu benachrichtigen, wenn er einen Verstoß gegen diese Obliegenheiten feststellt.

| Entwurf | Beschlüsse des 6. Ausschusses |

(3) Der Treuhänder hat bei der Beendigung seines Amtes dem Insolvenzgericht Rechnung zu legen. Die §§ 68 und 70 gelten entsprechend, § 70 jedoch mit der Maßgabe, daß die Entlassung von jedem Insolvenzgläubiger beantragt werden kann und daß die sofortige Beschwerde jedem Insolvenzgläubiger zusteht.

§ 242
Vergütung des Treuhänders

§ 242
entfällt hier; vgl. § 346 h

(1) Der Treuhänder hat Anspruch auf Vergütung für seine Tätigkeit und auf Erstattung angemessener Auslagen. Dabei ist dem Zeitaufwand des Treuhänders und dem Umfang seiner Tätigkeit Rechnung zu tragen.

(2) § 74 Abs. 2 und § 75 gelten entsprechend.

§ 243
Gleichbehandlung der Gläubiger

§ 243
entfällt hier; vgl. § 346 i

(1) Zwangsvollstreckungen für einzelne Insolvenzgläubiger in das Vermögen des Schuldners sind während der Laufzeit der Abtretungserklärung nicht zulässig.

(2) Jedes Abkommen des Schuldners oder anderer Personen mit einzelnen Insolvenzgläubigern, durch das diesen ein Sondervorteil verschafft wird, ist nichtig.

(3) Gegen die Forderung auf die Bezüge, die von der Abtretungserklärung erfaßt werden, kann der Verpflichtete eine Forderung gegen den Schuldner nur aufrechnen, soweit er bei einer Fortdauer des Insolvenzverfahrens nach § 132 Abs. 2 zur Aufrechnung berechtigt wäre.

[im folgenden: BT-Drs. 12/7302, S. 91]

§ 244
Obliegenheiten des Schuldners

§ 244
entfällt hier; vgl. § 346 j

(1) Dem Schuldner obliegt es, während der Laufzeit der Abtretungserklärung

1. *eine angemessene Erwerbstätigkeit auszuüben und, wenn er ohne Beschäftigung ist, sich um eine solche zu bemühen und keine zumutbare Tätigkeit abzulehnen;*

2. *Vermögen, das er von Todes wegen oder mit Rücksicht auf ein künftiges Erbrecht erwirbt, zur Hälfte des Wertes an den Treuhänder herauszugeben;*

3. *jeden Wechsel des Wohnsitzes oder der Beschäftigungsstelle unverzüglich dem Insolvenzgericht und dem Treuhänder anzuzeigen, keine von der Abtretungserklärung erfaßten Bezüge und kein von Nummer 2 erfaßtes Vermögen zu*

| Entwurf | Beschlüsse des 6. Ausschusses |

verheimlichen und dem Gericht und dem Treuhänder auf Verlangen Auskunft über seine Erwerbstätigkeit oder seine Bemühungen um eine solche sowie über seine Bezüge und sein Vermögen zu erteilen;

4. *Zahlungen zur Befriedigung der Insolvenzgläubiger nur an den Treuhänder zu leisten und keinem Insolvenzgläubiger einen Sondervorteil zu verschaffen.*

(2) Soweit der Schuldner eine selbständige Tätigkeit ausübt, obliegt es ihm, die Insolvenzgläubiger durch Zahlungen an den Treuhänder so zu stellen, wie wenn er ein angemessenes Dienstverhältnis eingegangen wäre.

| § 245
Verstoß gegen Obliegenheiten | § 245
entfällt hier; vgl. § 346 k |

(1) Das Insolvenzgericht versagt die Restschuldbefreiung auf Antrag eines Insolvenzgläubigers, wenn der Schuldner während der Laufzeit der Abtretungserklärung eine seiner Obliegenheiten verletzt und dadurch die Befriedigung der Insolvenzgläubiger beeinträchtigt; dies gilt nicht, wenn den Schuldner kein Verschulden trifft. Der Antrag kann nur binnen eines Jahres nach dem Zeitpunkt gestellt werden, in dem die Obliegenheitsverletzung dem Gläubiger bekanntgeworden ist. Er ist nur zulässig, wenn die Voraussetzungen der Sätze 1 und 2 glaubhaft gemacht werden.

(2) *Zur* Entscheidung über den Antrag *bestimmt das Gericht einen Termin, in dem* der Treuhänder, der Schuldner und die Insolvenzgläubiger zu hören sind. Der Schuldner hat über die Erfüllung seiner Obliegenheiten Auskunft zu erteilen und, wenn es der Gläubiger beantragt, die Richtigkeit dieser Auskunft an Eides Statt zu versichern. Erscheint er trotz ordnungsgemäßer Ladung ohne hinreichende Entschuldigung nicht *zum* Termin *oder lehnt er die Erteilung der Auskunft oder die eidesstattliche Versicherung ab,* so ist die Restschuldbefreiung zu versagen.

[im folgenden: BT-Drs. 12/7302, S. 92]

(3) Gegen die Entscheidung steht dem Antragsteller und dem Schuldner die sofortige Beschwerde zu. Die Versagung der Restschuldbefreiung ist öffentlich bekanntzumachen.

| § 246
Deckung der Mindestvergütung des Treuhänders | § 246
entfällt hier; vgl. § 346 m |

(1) Das Insolvenzgericht versagt die Restschuldbefreiung auf Antrag des Treuhänders, wenn die an diesen abgeführten Beträge für das vorangegangene Jahr seiner Tätigkeit die Mindestvergütung nicht decken und der Schuldner den fehlenden Betrag nicht einzahlt, obwohl ihn der Treu-

Entwurf	Beschlüsse des 6. Ausschusses

händer schriftlich zur Zahlung binnen einer Frist von mindestens zwei Wochen aufgefordert und ihn dabei auf die Möglichkeit der Versagung der Restschuldbefreiung hingewiesen hat.

(2) Vor der Entscheidung ist der Schuldner zu hören. Die Versagung unterbleibt, wenn der Schuldner binnen zwei Wochen nach Aufforderung durch das Gericht den fehlenden Betrag einzahlt.

(3) Gegen die Entscheidung steht dem Treuhänder und dem Schuldner die sofortige Beschwerde zu.

§ 247 Vorzeitige Beendigung	§ 247 entfällt hier; vgl. § 346 n

Wird die Restschuldbefreiung nach § 245 oder § 246 versagt, so enden die Laufzeit der Abtretungserklärung, das Amt des Treuhänders und die Beschränkung der Rechte der Gläubiger mit der Rechtskraft der Entscheidung.

§ 248 Erneute Anhörung	§ 248 entfällt hier; vgl. § 346 o

Ist die Laufzeit der Abtretungserklärung ohne eine vorzeitige Beendigung verstrichen, *so bestimmt das Insolvenzgericht einen Termin, in dem die Insolvenzgläubiger, der Treuhänder und der Schuldner zur Erteilung der Restschuldbefreiung zu hören sind. § 245 Abs. 2 Satz 2 gilt entsprechend.*

§ 249 *Entscheidung über die Restschuldbefreiung*	§ 249 entfällt

(1) Nach der Anhörung entscheidet das Insolvenzgericht durch Beschluß über die Erteilung der Restschuldbefreiung.

(2) Das Insolvenzgericht versagt die Restschuldbefreiung auf Antrag eines Insolvenzgläubigers, wenn die Voraussetzungen des § 245 Abs. 1 oder 2 Satz 3 vorliegen, oder auf Antrag des Treuhänders, wenn die Voraussetzungen des § 246 vorliegen.

[im folgenden: BT-Drs. 12/7302, S. 93]

(3) Der Beschluß ist öffentlich bekanntzumachen. Gegen den Beschluß steht dem Schuldner und jedem Insolvenzgläubiger, der bei der Anhörung nach § 248 die Versagung der Restschuldbefreiung beantragt hat, die sofortige Beschwerde zu.

§ 250 Wirkung der Restschuldbefreiung	§ 250 entfällt hier; vgl. § 346 p

(1) Wird die Restschuldbefreiung erteilt, so wirkt sie gegen alle Insolvenzgläubiger. Dies gilt auch für Gläubiger, die ihre Forderungen nicht angemeldet haben.

Entwurf	Beschlüsse des 6. Ausschusses

(2) Die Rechte der Insolvenzgläubiger gegen Mitschuldner und Bürgen des Schuldners sowie die Rechte dieser Gläubiger aus einer zu ihrer Sicherung eingetragenen Vormerkung oder aus einem Recht, das im Insolvenzverfahren zur abgesonderten Befriedigung berechtigt, werden durch die Restschuldbefreiung nicht berührt. Der Schuldner wird jedoch gegenüber dem Mitschuldner, dem Bürgen oder anderen Rückgriffsberechtigten in gleicher Weise befreit wie gegenüber den Insolvenzgläubigern.

(3) Wird ein Gläubiger befriedigt, obwohl er auf Grund der Restschuldbefreiung keine Befriedigung zu beanspruchen hat, so begründet dies keine Pflicht zur Rückgewährung des Erlangten.

§ 251 **Ausgenommene Forderungen**	§ 251 entfällt hier; vgl. § 346 g

Von der Erteilung der Restschuldbefreiung werden nicht berührt:

1. Verbindlichkeiten des Schuldners aus einer vorsätzlich begangenen unerlaubten Handlung;

2. Geldstrafen und die diesen in § 46 Abs. 1 Nr. 3 gleichgestellten Verbindlichkeiten des Schuldners.

§ 252 **Widerruf der Restschuldbefreiung**	§ 252 entfällt hier, vgl. § 346 r

(1) Auf Antrag eines Insolvenzgläubigers widerruft das Insolvenzgericht die Erteilung der Restschuldbefreiung, wenn sich nachträglich herausstellt, daß der Schuldner eine seiner Obliegenheiten vorsätzlich verletzt und dadurch die Befriedigung der Insolvenzgläubiger erheblich beeinträchtigt hat.

(2) Der Antrag des Gläubigers ist nur zulässig, wenn er innerhalb eines Jahres nach der Rechtskraft der Entscheidung über die Restschuldbefreiung gestellt wird und wenn glaubhaft gemacht wird, daß die Voraussetzungen des Absatzes 1 vorliegen und daß der Gläubiger bis zur Rechtskraft der Entscheidung keine Kenntnis von ihnen hatte.

[im folgenden: BT-Drs. 12/7302, S. 94]

(3) Vor der Entscheidung sind der Schuldner und der Treuhänder zu hören. Gegen die Entscheidung steht dem Antragsteller und dem Schuldner die sofortige Beschwerde zu. Die Entscheidung, durch welche die Restschuldbefreiung widerrufen wird, ist öffentlich bekanntzumachen.

Entwurf	Beschlüsse des 6. Ausschusses
SECHSTER TEIL Insolvenzplan	**SECHSTER TEIL** Insolvenzplan
ERSTER ABSCHNITT Aufstellung des Plans	ERSTER ABSCHNITT Aufstellung des Plans
§ 253 **Grundsatz**	§ 253 **Grundsatz**
(1) Die Befriedigung der absonderungsberechtigten Gläubiger und der Insolvenzgläubiger, die Verwertung der Insolvenzmasse und deren Verteilung an die Beteiligten sowie die Haftung des Schuldners und *dessen persönlich haftender Gesellschafter* nach der Beendigung des Insolvenzverfahrens können in einem Insolvenzplan abweichend von den Vorschriften dieses Gesetzes geregelt werden.	Die Befriedigung der absonderungsberechtigten Gläubiger und der Insolvenzgläubiger, die Verwertung der Insolvenzmasse und deren Verteilung an die Beteiligten sowie die Haftung des Schuldners nach der Beendigung des Insolvenzverfahrens können in einem Insolvenzplan abweichend von den Vorschriften dieses Gesetzes geregelt werden.
(2) Gegenstand eines Plans kann insbesondere sein, *1. daß die Gläubiger aus den Erträgen des vom Schuldner oder von einem Dritten fortgeführten Unternehmens oder aus dem Arbeitseinkommen des Schuldners befriedigt werden;* *2. daß ein Treuhänder im Auftrag der Gläubiger die Insolvenzmasse verwertet;* *3. daß die Ansprüche der Gläubiger gestundet und teilweise erlassen werden.*	
§ 254 **Vorlage** *durch den Insolvenzverwalter*	§ 254 **Vorlage des Insolvenzplans**
(1) Hat die Gläubigerversammlung den *Insolvenz*verwalter beauftragt, einen Insolvenzplan auszuarbeiten, so hat der Verwalter den Plan binnen angemessener Frist dem *Insolvenz*gericht vorzulegen.	(1) **Zur Vorlage eines Insolvenzplans an das Insolvenzgericht sind der Insolvenzverwalter und der Schuldner berechtigt. Die Vorlage durch den Schuldner kann mit dem Antrag auf Eröffnung des Insolvenzverfahrens verbunden werden. Ein Plan, der erst nach dem Schlußtermin beim Gericht eingeht, wird nicht berücksichtigt.**
(2) Bei der Aufstellung des Plans durch den Verwalter wirken der Gläubigerausschuß, wenn ein solcher bestellt ist, der Betriebsrat, der Sprecherausschuß der leitenden Angestellten und der Schuldner beratend mit. *Ist der Schuldner keine natürliche Person, so ist auch jede Person oder Mehrzahl von Personen, die am Kapital des Schuldners zu mindestens einem Fünftel beteiligt ist, dazu berechtigt, durch einen dem Gericht benannten Vertreter auf eigene Kosten beratend mitzuwirken.*	(2) Hat die Gläubigerversamlung den **Verwalter** beauftragt, einen Insolvenzplan auszuarbeiten, so hat der Verwalter den Plan binnen angemessener Frist dem **Gericht** vorzulegen.
	[im folgenden: BT-Drs. 12/7302, S. 95]
	(3) Bei der Aufstellung des Plans durch den Verwalter wirken der Gläubigerausschuß, wenn ein solcher bestellt ist, der Betriebsrat, der Sprecherausschuß der leitenden Angestellten und der Schuldner beratend mit.

Entwurf	Beschlüsse des 6. Ausschusses
§ 255 **Vorlage durch andere Beteiligte**	**§ 255** entfällt

Entwurf:

(1) Zur Vorlage eines Insolvenzplans an das Insolvenzgericht sind auch ohne einen Beschluß der Gläubigerversammlung berechtigt:

1. mindestens fünf absonderungsberechtigte Gläubiger oder nicht nachrangige Insolvenzgläubiger, die nach der Schätzung des Gerichts zusammen ein Fünftel des Stimmrechts in der Gläubigerversammlung erreichen, das sich insgesamt aus den Forderungsbeträgen und dem Wert der Absonderungsrechte ergibt;

2. der Schulder und, wenn dieser keine natürliche Person ist, jede Person oder Mehrzahl von Personen, die am Kapital des Schuldners zu mindestens einem Fünftel beteiligt ist, und jeder persönlich haftende Gesellschafter.

(2) Ein solcher Plan kann schon vor dem Berichtstermin vorgelegt werden. Die Vorlage kann mit dem Antrag auf Eröffnung des Insolvenzverfahrens verbunden werden. Ein Plan, der erst nach dem Schlußtermin beim Insolvenzgericht eingeht, wird nicht berücksichtigt.

§ 256 **Kosten des Plans**	**§ 256** entfällt

Entwurf:

(1) Wer gemäß § 255 einen Insolvenzplan vorlegt, hat keinen Anspruch auf Ersatz der Kosten, die ihm durch die Ausarbeitung des Plans entstanden sind. Er hat zur Insolvenzmasse die Kosten zu erstatten, die durch die Behandlung des Plans im Insolvenzverfahren zusätzlich entstehen. Im Plan können abweichende Regelungen getroffen werden.

(2) Das Insolvenzgericht kann dem Vorlegenden aufgeben, die in Absatz 1 Satz 2 bezeichneten Kosten vorzuschießen.

§ 257 **Gliederung des Plans**	**§ 257** **Gliederung des Plans**
(1) Der Insolvenzplan besteht aus dem darstellenden Teil und dem gestaltenden Teil. Ihm sind die in den §§ 273 und 274 genannten Anlagen beizufügen.	Der Insolvenzplan besteht aus dem darstellenden Teil und dem gestaltenden Teil. Ihm sind die in den § 273 und 274 genannten Anlagen beizufügen.
(2) Auf den darstellenden Teil kann verzichtet werden, wenn die Vermögensverhältnisse des Schuldners überschaubar und die Zahl der Gläubiger oder die Höhe der Verbindlichkeiten gering sind.	

[im folgenden: BT-Drs. 12/7302, S. 96]

§ 258 **Darstellender Teil**	**§ 258** **Darstellender Teil**
(1) Im darstellenden Teil des Insolvenzplans wird beschrieben, welche Maßnahmen nach der	(1) unverändert

Entwurf	Beschlüsse des 6. Ausschusses
Eröffnung des Insolvenzverfahrens getroffen worden sind oder noch getroffen werden sollen, um die Grundlagen für die geplante Gestaltung der Rechte der Beteiligten zu schaffen.	
(2) *Insbesondere sind anzugeben und zu erläutern:*	(2) **Der darstellende Teil soll alle sonstigen Angaben zu den Grundlagen und den Auswirkungen des Plans enthalten, die für die Entscheidung der Gläubiger über die Zustimmung zum Plan und für dessen gerichtliche Bestätigung erheblich sind.**
1. Betriebsänderungen und andere organisatorische und personelle Maßnahmen innerhalb des Unternehmens;	
2. der Gesamtbetrag der Sozialplanforderungen sowie eine für künftige Sozialpläne getroffene Vereinbarung (§ 143);	
3. die Höhe und die Bedingungen der Darlehen, die während des Insolvenzverfahrens aufgenommen worden sind oder noch aufgenommen werden sollen.	
§ 259 *Vergleichsrechnung*	§ 259 entfällt
Im darstellenden Teil ist anzugeben, in welchem Umfang die Gläubiger voraussichtlich bei einer Verwertung der Insolvenzmasse ohne einen Insolvenzplan befriedigt werden könnten.	
§ 260 *Insolvenzstraftaten*	§ 260 entfällt
(1) Soll der Schuldner das Unternehmen fortführen und ist gegen den Schuldner wegen einer Straftat nach den §§ 283 bis 283 c des Strafgesetzbuchs eine gerichtliche Untersuchung oder ein wiederaufgenommenes Verfahren anhängig oder der Schuldner wegen einer solchen Straftat rechtskräftig verurteilt worden, so ist im darstellenden Teil darauf hinzuweisen.	
*(2) Ist der Schuldner keine natürliche Person, so gilt Absatz 1 entsprechend für die organschaft*lichen Vertreter des Schuldners	
§ 261 *Beteiligungen der Gläubiger*	§ 261 entfällt
Ist der Schuldner keine natürliche Person, so ist im darstellenden Teil anzugeben, inwieweit dem Vorlegenden bekannt ist, daß absonderungsberechtigte Gläubiger oder Insolvenzgläubiger am Schuldner beteiligt sind. Ein Gläubiger ist auch insoweit im Sinne des Satzes 1 am Schuldner beteiligt, als ein von dem Gläubiger abhängiges Unternehmen oder ein Dritter für Rechnung des Gläubigers oder des abhängigen Unternehmens am Schuldner beteiligt ist.	

[im folgenden: BT-Drs. 12/7302, S. 97]

Entwurf	Beschlüsse des 6. Ausschusses
§ 262 **Sanierung des Schuldners**	**§ 262** entfällt
Soll der Schuldner das Unternehmen fortführen, so ist im darstellenden Teil auf Änderungen der Rechtsform, des Gesellschaftsvertrags oder der Satzung sowie der Beteiligungsverhältnisse hinzuweisen, wenn solche Änderungen nach der Eröffnung des Insolvenzverfahrens vorgenommen worden sind oder noch vorgenommen werden sollen.	
§ 263 **Betriebsveräußerung**	**§ 263** entfällt
(1) Im Falle der Veräußerung eines Betriebs sind im darstellenden Teil die Bedingungen der Veräußerung und die Person des Erwerbers anzugeben.	
(2) Sind die Voraussetzungen des § 181 Abs. 1, 3 gegeben, so sind diese im einzelnen darzulegen. Ist nicht bekannt, ob diese Voraussetzungen gegeben sind, so ist darauf hinzuweisen.	
§ 264 **Gestaltender Teil**	**§ 264** unverändert
Im gestaltenden Teil des Insolvenzplans wird festgelegt, wie die Rechtsstellung der Beteiligten durch den Plan geändert werden soll.	
§ 265 **Bildung von Gruppen**	**§ 265** **Bildung von Gruppen**
(1) Bei der Festlegung der Rechte der Beteiligten sind Gruppen zu bilden, *in denen Beteiligte mit gleicher* Rechtsstellung und *gleichartigen wirtschaftlichen Interessen zusammengefaßt werden.* Die Gruppen müssen sachgerecht voneinander abgegrenzt werden. Die Kriterien für die Abgrenzung sind im Insolvenzplan anzugeben.	(1) Bei der Festlegung der Rechte der Beteiligten **im Insolvenzplan** sind Gruppen zu bilden, **soweit Gläubiger mit unterschiedlicher Rechtsstellung betroffen sind.** Es ist zu unterscheiden zwischen
(2) *Bei der Bildung von Gruppen der Gläubiger* ist *zumindest zu* unterscheiden zwischen	
1. den absonderungsberechtigten Gläubigern;	1. den absonderungsberechtigten Gläubigern, **wenn durch den Plan in deren Rechte eingegriffen wird;**
2. den nicht nachrangigen Insolvenzgläubigern;	2. den nicht nachrangigen Insolvenzgläubigern;
3. den einzelnen Rangklassen der nachrangigen Insolvenzgläubiger.	3. den einzelnen Rangklassen der nachrangigen Insolvenzgläubiger, **soweit deren Forderungen nicht nach § 268 als erlassen gelten sollen.**
	(2) **Aus den Gläubigern mit gleicher Rechtsstellung können Gruppen gebildet werden, in denen Gläubiger mit gleichartigen wirtschaftlichen Interessen zusammengefaßt werden. Die Gruppen müssen sachgerecht voneinander abgegrenzt werden. Die Kriterien für die Abgrenzung sind im Plan anzugeben.**

Entwurf	Beschlüsse des 6. Ausschusses
	[im folgenden: BT-Drs. 12/7302, S. 98]

<table>
<tr><td>

(3) Die Arbeitnehmer sollen eine besondere Gruppe bilden, wenn sie als Insolvenzgläubiger mit nicht unerheblichen Forderungen beteiligt sind. Für Kleingläubiger können besondere Gruppen gebildet werden.

§ 266
Rechte der Absonderungsberechtigten

(1) Ist im Insolvenzplan nichts anderes bestimmt, so wird das Recht der absonderungsberechtigten Gläubiger zur Befriedigung aus den Gegenständen, an denen Absonderungsrechte bestehen, vom Plan nicht berührt.

(2) Soweit im Plan eine abweichende Regelung getroffen wird, ist im gestaltenden Teil für *jede Gruppe der* absonderungsberechtigten Gläubiger anzugeben, um welchen Bruchteil die Rechte gekürzt, für welchen Zeitraum sie gestundet, *ob sie durch andere Sicherungen ersetzt* oder welchen sonstigen Regelungen sie unterworfen werden sollen.

(3) Ist im Plan vorgesehen, daß die Rechte durch andere Sicherungen ersetzt werden sollen, so ist zugleich anzugeben, wie die bisherigen Rechte und die neuen Sicherungen bewertet werden. Die Bewertungen sind durch das Gutachten eines Sachverständigen oder in einer anderen geeigneten Weise glaubhaft zu machen.

§ 267
Rechte der Insolvenzgläubiger

Für jede Gruppe der Insolvenzgläubiger, die nicht nachrangig sind, ist im gestaltenden Teil des Insolvenzplans anzugeben, um welchen Bruchteil die Forderungen gekürzt, für welchen Zeitraum sie gestundet, wie sie gesichert oder welchen sonstigen Regelungen sie unterworfen werden sollen.

§ 268
Rechte der nachrangigen Insolvenzgläubiger

(1) Die Forderungen nachrangiger Insolvenzgläubiger gelten, wenn im Insolvenzplan nichts anderes bestimmt ist, als erlassen.

(2) Soweit im Plan eine abweichende Regelung getroffen wird, sind im gestaltenden Teil für jede Gruppe der nachrangigen Gläubiger die in § 267 vorgeschriebenen Angaben zu machen.

(3) Die Haftung des Schuldners nach der Beendigung des Insolvenzverfahrens für Geldstrafen und die diesen in § 46 Abs. 1 Nr. 3 gleichgestellten Verbindlichkeiten kann durch einen Plan weder ausgeschlossen noch eingeschränkt werden.

</td><td>

(3) unverändert

§ 266
Rechte der Absonderungsberechtigten

(1) unverändert

(2) Soweit im Plan eine abweichende Regelung getroffen wird, ist im gestaltenden Teil für **die** absonderungsberechtigten Gläubiger anzugeben, um welchen Bruchteil die Rechte gekürzt, für welchen Zeitraum sie gestundet oder welchen sonstigen Regelungen sie unterworfen werden sollen.

(3) **entfällt**

§ 267
Rechte der Insolvenzgläubiger

Für die nicht nachrangigen Gläubiger ist im gestaltenden Teil des Insolvenzplans anzugeben, um welchen Bruchteil die Forderungen gekürzt, für welchen Zeitraum sie gestundet, wie sie gesichert oder welchen sonstigen Regelungen sie unterworfen werden sollen.

§ 268
unverändert

</td></tr>
</table>

Entwurf	Beschlüsse des 6. Ausschusses
	[im folgenden: BT-Drs. 12/7302, S. 99]

§ 269 **Gleichbehandlung der Beteiligten**	§ 269 unverändert
(1) Innerhalb jeder Gruppe sind allen Beteiligten gleiche Rechte anzubieten.	
(2) Eine unterschiedliche Behandlung der Beteiligten einer Gruppe ist nur mit Zustimmung aller betroffenen Beteiligten zulässig. In diesem Fall ist dem Insolvenzplan die zustimmende Erklärung eines jeden betroffenen Beteiligten beizufügen.	
(3) Jedes Abkommen des Insolvenzverwalters, des Schuldners oder anderer Personen mit einzelnen Beteiligten, durch das diesen für ihr Verhalten bei Abstimmungen oder sonst im Zusammenhang mit dem Insolvenzverfahren ein nicht im Plan vorgesehener Vorteil gewährt wird, ist nichtig.	
§ 270 **Haftung des Schuldners**	§ 270 **Haftung des Schuldners**
(1) Ist im Insolvenzplan nichts anderes bestimmt, so wird der Schuldner mit der im gestaltenden Teil vorgesehenen Befriedigung der Insolvenzgläubiger von seinen restlichen Verbindlichkeiten gegenüber diesen Gläubigern befreit.	(1) unverändert
(2) Ist der Schuldner eine Gesellschaft ohne Rechtspersönlichkeit oder eine Kommanditgesellschaft auf Aktien, so gilt Absatz 1 entsprechend für die persönliche Haftung der Gesellschafter.	(2) unverändert
(3) Bei einem selbständigen Insolvenzverfahren über das Gesamtgut einer Gütergemeinschaft gilt Absatz 1 entsprechend für die persönliche Haftung der Ehegatten.	(3) entfällt
§ 271 **Änderung sachenrechtlicher Verhältnisse**	§ 271 unverändert
Sollen Rechte an Gegenständen begründet, geändert, übertragen oder aufgehoben werden, so können die erforderlichen Willenserklärungen der Beteiligten in den gestaltenden Teil des Insolvenzplans aufgenommen werden. Sind im Grundbuch eingetragene Rechte an einem Grundstück oder an eingetragenen Rechten betroffen, so sind diese Rechte unter Beachtung des § 28 der Grundbuchordnung genau zu bezeichnen. Für Rechte, die im Schiffsregister, im Schiffsbauregister oder im Register für Pfandrechte an Luftfahrzeugen eingetragen sind, gilt Satz 2 entsprechend.	
§ 272 *Behördliche Genehmigung, Erklärung Dritter*	§ 272 entfällt
Ist zur Wirksamkeit einer Maßnahme, die im Insolvenzplan vorgesehen ist, die Genehmigung einer	

Entwurf	Beschlüsse des 6. Ausschusses
	[im folgenden: BT-Drs. 12/7302, S. 100]

Behörde oder die Erklärung eines Dritten erforderlich, so ist im Plan anzugeben, ob die Genehmigung oder die Erklärung vorliegt, ob sie verbindlich zugesagt ist oder aus welchen Gründen mit ihr gerechnet werden kann.

§ 273 Vermögensübersicht, Ergebnis- und Finanzplan	§ 273 unverändert

Sollen die Gläubiger aus den Erträgen des vom Schuldner oder von einem Dritten fortgeführten Unternehmens befriedigt werden, so ist dem Insolvenzplan eine Vermögensübersicht beizufügen, in der die Vermögensgegenstände und die Verbindlichkeiten, die sich bei einem Wirksamwerden des Plans gegenüberstünden, mit ihren Werten aufgeführt werden. Ergänzend ist darzustellen, welche Aufwendungen und Erträge für den Zeitraum, während dessen die Gläubiger befriedigt werden sollen, zu erwarten sind und durch welche Abfolge von Einnahmen und Ausgaben die Zahlungsfähigkeit des Unternehmens während dieses Zeitraums gewährleistet werden soll.

§ 274 Weitere Anlagen	§ 274 unverändert

(1) Ist im Insolvenzplan vorgesehen, daß der Schuldner sein Unternehmen fortführt, und ist der Schuldner eine natürliche Person, so ist dem Plan die Erklärung des Schuldners beizufügen, daß er zur Fortführung des Unternehmens auf der Grundlage des Plans bereit ist. Ist der Schuldner eine Gesellschaft ohne Rechtspersönlichkeit oder eine Kommanditgesellschaft auf Aktien, so ist dem Plan eine entsprechende Erklärung der persönlich haftenden Gesellschafter beizufügen. Die Erklärung des Schuldners nach Satz 1 ist nicht erforderlich, wenn dieser selbst den Plan vorlegt.

(2) Sollen Gläubiger Anteils- oder Mitgliedschaftsrechte oder Beteiligungen an einer juristischen Person, einem nicht rechtsfähigen Verein oder einer Gesellschaft ohne Rechtspersönlichkeit übernehmen, so ist dem Plan die zustimmende Erklärung eines jeden dieser Gläubiger beizufügen.

(3) Hat ein Dritter für den Fall der Bestätigung des Plans Verpflichtungen gegenüber den Gläubigern übernommen, so ist dem Plan die Erklärung des Dritten beizufügen.

§ 275 Zurückweisung des Plans	§ 275 Zurückweisung des Plans

(1) Das Insolvenzgericht weist den Insolvenzplan von Amts wegen zurück,

1. wenn die Vorschriften über das Recht zur Vorlage und den Inhalt des Plans nicht beachtet sind und der Vorlegende den Mangel nicht

(1) Das Insolvenzgericht weist den Insolvenzplan von Amts wegen zurück,

1. unverändert

Entwurf	Beschlüsse des 6. Ausschusses
beheben kann oder innerhalb einer angemessenen, vom Gericht gesetzten Frist nicht behebt,	

[im folgenden: BT-Drs. 12/7302, S. 101]

2. wenn *der* Plan offensichtlich keine Aussicht auf Annahme durch den Gläubiger oder auf Bestätigung durch das Gericht hat oder

3. wenn die Ansprüche, die den Beteiligten nach dem gestaltenden Teil *des* Plans zustehen, offensichtlich nicht erfüllt werden können.

(2) Hatte *im Falle des § 255 der Vorlegende* in dem Insolvenzverfahren bereits einen Plan vorgelegt, der von den Gläubigern abgelehnt, vom Gericht nicht bestätigt oder vom *Vorlegenden* nach der öffentlichen Bekanntmachung der Erörterungstermins zurückgezogen worden ist, so hat das Gericht *den* Plan zurückzuweisen, wenn der Insolvenzverwalter mit Zustimmung des Gläubigerausschusses, wenn ein solcher bestellt ist, die Zurückweisung beantragt.

(3) Gegen den Beschluß, durch den der Plan zurückgewiesen wird, steht dem Vorlegenden die sofortige Beschwerde zu. *Im Falle des Absatzes 2 steht dem Verwalter gegen den Beschluß, durch den die Zurückweisung abgelehnt wird, die sofortige Beschwerde zu.*

2. wenn **ein vom Schuldner vorgelegter** Plan offensichtlich keine Aussicht auf Annahme durch die Gläubiger oder auf Bestätigung durch das Gericht hat oder

3. wenn die Ansprüche, die den Beteiligten nach dem gestaltenden Teil **eines vom Schuldner vorgelegten** Plans zustehen, offensichtlich nicht erfüllt werden können.

(2) Hatte **der Schuldner** in dem Insolvenzverfahren bereits einen Plan vorgelegt, der von den Gläubigern abgelehnt, vom Gericht nicht bestätigt oder vom **Schuldner** nach der öffentlichen Bekanntmachung des Erörterungstermins zurückgezogen worden ist, so hat das Gericht **einen neuen Plan des Schuldners** zurückzuweisen, wenn der Insolvenzverwalter mit Zustimmung des Gläubigerausschusses, wenn ein solcher bestellt ist, die Zurückweisung beantragt.

(3) Gegen den Beschluß, durch den der Plan zurückgewiesen wird, steht dem Vorlegenden die sofortige Beschwerde zu.

§ 276
Stellungnahmen zum Plan

(1) Wird der Insolvenzplan nicht zurückgewiesen, so leitet das Insolvenzgericht ihn zur Stellungnahme zu:

1. dem Gläubigerausschuß, wenn ein solcher bestellt ist, dem Betriebsrat und dem Sprecherausschuß der leitenden Angestellten;

2. dem Schuldner, wenn *nicht dieser den* Plan vorgelegt hat, und

3. *im Falle des § 255 dem Insolvenzverwalter.*

(2) Das Gericht kann auch der für den Schuldner zuständigen amtlichen Berufsvertretung der Industrie, des Handels, des Handwerks oder der Landwirtschaft oder anderen sachkundigen Stellen Gelegenheit zur Äußerung geben.

§ 276
Stellungnahmen zum Plan

(1) Wird der Insolvenzplan nicht zurückgewiesen, so leitet das Insolvenzgericht ihn zur Stellungnahme zu:

1. unverändert

2. dem Schuldner, wenn **der Insolvenzverwalter** den Plan vorgelegt hat;

3. **dem Verwalter, wenn der Schuldner den Plan vorgelegt hat.**

(2) unverändert

(3) **Das Gericht bestimmt eine Frist für die Abgabe der Stellungnahmen.**

| Entwurf | Beschlüsse des 6. Ausschusses |

§ 277
Aussetzung von Verwertung und Verteilung

(1) Soweit die Durchführung eines gemäß § 255 vorgelegten Insolvenzplans durch die Fortsetzung der Verwertung und Verteilung der Insolvenzmasse gefährdet würde, ordnet das Insolvenzgericht auf Antrag des Vorlegenden oder des Insolvenzverwalters die Aussetzung der Verwertung und Verteilung an. Das Gericht sieht von der Aussetzung ab oder hebt sie auf, soweit mit ihr die Gefahr erheblicher Nachteile für die Masse verbunden ist oder soweit der Verwalter mit Zustimmung des Gläubigerausschusses oder der Gläubigerversammlung die Fortsetzung der Verwertung und Verteilung beantragt.

§ 277
Aussetzung von Verwertung und Verteilung

Soweit die Durchführung eines vorgelegten Insolvenzplans durch die Fortsetzung der Verwertung und Verteilung der Insolvenzmasse gefährdet würde, ordnet das Insolvenzgericht auf Antrag des **Schuldners** oder des Insolvenzverwalters die Aussetzung der Verwertung und Verteilung an. Das Gericht sieht von der Aussetzung ab oder hebt sie auf, soweit mit ihr die Gefahr erheblicher Nachteile für die Masse verbunden ist oder soweit der Verwalter mit Zustimmung des Gläubigerausschusses oder der Gläubigerversammlung die Fortsetzung der Verwertung und Verteilung beantragt.

[im folgenden: BT-Drs. 12/7302, S. 102]

(2) Betreibt ein absonderungsberechtigter Gläubiger die Zwangsversteigerung eines unbeweglichen Gegenstands der Insolvenzmasse und würde die Fortsetzung des Versteigerungsverfahrens die Durchführung des gemäß § 255 vorgelegten Plans gefährden, so ordnet das Gericht auf Antrag des Vorlegenden oder des Verwalters die einstweilige Einstellung des Versteigerungsverfahrens an. § 187 Abs. 2 und die §§ 188, 189 gelten entsprechend.

§ 278
Niederlegung des Plans

Der Insolvenzplan ist mit seinen Anlagen und den eingegangenen Stellungnahmen in der Geschäftsstelle zur Einsicht der Beteiligten niederzulegen.

§ 278
unverändert

ZWEITER ABSCHNITT
Annahme und Bestätigung des Plans

ZWEITER ABSCHNITT
Annahme und Bestätigung des Plans

§ 279
Erörterungstermin

(1) Das Insolvenzgericht bestimmt einen Termin, in dem der Insolvenzplan und das Stimmrecht der Gläubiger *bei der Abstimmung* über den Plan erörtert werden (Erörterungstermin). Der Termin soll nicht über einen Monat hinaus angesetzt werden.

(2) Der Erörterungstermin ist öffentlich bekanntzumachen. Dabei ist darauf hinzuweisen, daß der Plan und die eingegangenen Stellungnahmen in der Geschäftsstelle eingesehen werden können.

(3) Die Insolvenzgläubiger, die Forderungen angemeldet haben, der Insolvenzverwalter, der Schuldner, der Betriebsrat und der Sprecherausschuß der leitenden Angestellten sind besonders zu

§ 279
Erörterungs- und Abstimmungstermin

(1) Das Insolvenzgericht bestimmt einen Termin, in dem der Insolvenzplan und das Stimmrecht der Gläubiger erörtert werden **und anschließend über den Plan abgestimmt wird** (Erörterungs- **und Abstimmung**stermin). Der Termin soll nicht über einen Monat hinaus angesetzt werden.

(2) Der Erörterungs- **und Abstimmungs**termin ist öffentlich bekanntzumachen. Dabei ist darauf hinzuweisen, daß der Plan und die eingegangenen Stellungnahmen in der Geschäftsstelle eingesehen werden können.

(3) Die Insolvenzgläubiger, die Forderungen angemeldet haben, **die absonderungsberechtigten Gläubiger,** der Insolvenzverwalter, der Schuldner, der Betriebsrat und der Sprecheraus-

Entwurf	Beschlüsse des 6. Ausschusses
laden. *Es sind auch die absonderungsberechtigten Gläubiger besonders zu laden, denen der Schuldner nicht persönlich haftet oder die ihre Forderungen nicht angemeldet haben.* Der wesentliche Inhalt des Plans ist bei der Ladung mitzuteilen.	schuß der leitenden Angestellten sind besonders zu laden. **Mit der Ladung ist ein Abdruck des Plans oder eine Zusammenfassung seines wesentlichen Inhalts, die der Vorlegende auf Aufforderung einzureichen hat, zu übersenden.**

§ 280
Verbindung mit dem Prüfungstermin

Der Erörterungstermin darf nicht vor dem Prüfungstermin stattfinden. Beide Termine können jedoch verbunden werden.

§ 280
Verbindung mit dem Prüfungstermin

Der Erörterungs- **und Abstimmungs**termin darf nicht vor dem Prüfungstermin stattfinden. Beide Termine können jedoch verbunden werden.

§ 281
Stimmrecht der Insolvenzgläubiger

(1) Für das Stimmrecht der Insolvenzgläubiger bei der Abstimmung über den Insolvenzplan gilt § 88

§ 281
unverändert

[im folgenden: BT-Drs. 12/7302, S. 103]

Abs. 1 Satz 1, Abs. 2 und 3 Nr. 1 entsprechend. Absonderungsberechtigte Gläubiger sind nur insoweit zur Abstimmung als Insolvenzgläubiger berechtigt, als ihnen der Schuldner auch persönlich haftet und sie auf die abgesonderte Befriedigung verzichten oder bei ihr ausfallen; solange der Ausfall nicht feststeht, sind sie mit dem mutmaßlichen Ausfall zu berücksichtigen.

(2) Gläubiger, deren Forderungen durch den Plan nicht beeinträchtigt werden, haben kein Stimmrecht.

§ 282
Stimmrecht der absonderungsberechtigten Gläubiger

(1) Soweit im Insolvenzplan auch die Rechtsstellung absonderungsberechtigter Gläubiger geregelt wird, sind im *Erörterungs*termin die Rechte dieser Gläubiger einzeln zu erörtern. Ein Stimmrecht gewähren die Absonderungsrechte, die weder vom Insolvenzverwalter noch von einem absonderungsberechtigten Gläubiger noch von einem Insolvenzgläubiger bestritten werden. Für das Stimmrecht bei streitigen, aufschiebend bedingten oder nicht fälligen Rechten gelten die §§ 48, 88 Abs. 2, 3 Nr. 1 entsprechend.

§ 282
Stimmrecht der absonderungsberechtigten Gläubiger

(1) Soweit im Insolvenzplan auch die Rechtsstellung absonderungsberechtigter Gläubiger geregelt wird, sind im Termin die Rechte dieser Gläubiger einzeln zu erörtern. Ein Stimmrecht gewähren die Absonderungsrechte, die weder vom Insolvenzverwalter noch von einem absonderungsberechtigten Gläubiger noch von einem Insolvenzgläubiger bestritten werden. Für das Stimmrecht bei streitigen, aufschiebend bedingten oder nicht fälligen Rechten gelten die §§ 48, 88 Abs. 2, 3 Nr. 1 entsprechend.

§ 283
Stimmliste

Der Urkundsbeamte der Geschäftsstelle hält in einem Verzeichnis fest, welche Stimmrechte den Gläubigern nach dem Ergebnis *des Erörterungstermins* zustehen.

§ 283
Stimmliste

Der Urkundsbeamte der Geschäftsstelle hält in einem Verzeichnis fest, welche Stimmrechte den Gläubigern nach dem Ergebnis **der Erörterung im Termin** zustehen.

§ 284
Änderung *oder Zurückweisung* des Plans

(1) Der Vorlegende ist berechtigt, *den Insolvenzplan* auf Grund *des Erörterungstermins* inhaltlich zu ändern. *Will er von diesem Recht Ge-*

§ 284
Änderung des Plans

Der Vorlegende ist berechtigt, **einzelne Regelungen des Insolvenzplans** aufgrund **der Erörterung im Termin** inhaltlich zu ändern. **Über den**

Entwurf	Beschlüsse des 6. Ausschusses
brauch machen, so hat er dies im Erörterungstermin anzukündigen. Das Insolvenzgericht setzt ihm eine angemessene Frist für die Änderung des Plans.	geänderten Plan kann noch in demselben Termin abgestimmt werden.
(2) Hat der Erörterungstermin ergeben, daß der Plan offensichtlich keine Aussicht auf Aufnahme durch die Gläubiger oder auf Bestätigung durch das Gericht hat oder daß die Ansprüche, die den Gläubigern nach dem gestaltenden Teil des Plans zustehen, offensichtlich nicht erfüllt werden können, so hat das Gericht den Plan von Amts wegen zurückzuweisen. Dies gilt nicht, wenn der Vorlegende den Plan innerhalb der nach Absatz 1 Satz 3 gesetzten Frist abändert und die Voraussetzungen des Satzes 1 dadurch fortfallen. Gegen den Beschluß, durch den der Plan zurückgewiesen wird, steht dem Vorlegenden die sofortige Beschwerde zu.	

[im folgenden: BT-Drs. 12/7302, S. 104]

§ 285 Abstimmungstermin	§ 285 Gesonderter Abstimmungstermin
(1) Das Insolvenzgericht bestimmt einen Termin zur Abstimmung über den Insolvenzplan *(Abstimmungstermin)*. Der Zeitraum zwischen dem Erörterungstermin und diesem Termin soll nicht mehr als einen Monat betragen.	(1) Das Insolvenzgericht **kann einen gesonderten** Termin zur Abstimmung über den Insolvenzplan **bestimmen. In diesem Fall soll** der Zeitraum zwischen dem Erörterungstermin und **dem Abstimmungstermin** nicht mehr als einen Monat betragen.
(2) Zum Abstimmungstermin sind die stimmberechtigten Gläubiger und der Schuldner zu laden. Im Falle einer Änderung des Plans ist auf die Änderung besonders hinzuweisen.	(2) unverändert

§ 286 Verbindung mit dem Erörterungstermin	§ 286 entfällt
(1) Das Gericht kann den Abstimmungstermin mit dem Erörterungstermin verbinden. Es soll die Termine verbinden, wenn die Vermögensverhältnisse des Schuldners überschaubar und die Zahl der Gläubiger oder die Höhe der Verbindlichkeiten gering sind.	
(2) Sind die Termine verbunden worden und will der Vorlegende den Insolvenzplan nach dessen Erörterung ändern, so ist ein gesonderter Abstimmungstermin zu bestimmen. Dies gilt nicht, wenn alle Beteiligten, die von der Änderung betroffen werden, im Termin anwesend sind.	

§ 287 Schriftliche Abstimmung	§ 287 Schriftliche Abstimmung
(1) Werden *Erörterungstermin und Abstimmungstermin nicht verbunden,* so kann das Stimmrecht schriftlich ausgeübt werden.	(1) **Ist ein gesonderter Abstimmungstermin bestimmt,** so kann das Stimmrecht schriftlich ausgeübt werden.
(2) Das Insolvenzgericht übersendet den stimmberechtigten Gläubigern nach dem Erörterungstermin den Stimmzettel und teilt ihnen dabei ihr	(2) Das Insolvenzgericht übersendet den stimmberechtigten Gläubigern nach dem Erörterungstermin den Stimmzettel und teilt ihnen dabei ihr

Entwurf	Beschlüsse des 6. Ausschusses
Stimmrecht mit. Die schriftliche Stimmabgabe wird nur berücksichtigt, wenn sie dem Gericht spätestens am Tag vor dem Abstimmungstermin zugegangen ist.	Stimmrecht mit. Die schriftliche Stimmabgabe wird nur berücksichtigt, wenn sie dem Gericht spätestens am Tag vor dem Abstimmungstermin zugegangen ist; darauf ist bei der Übersendung des Stimmzettels hinzuweisen.

§ 288
Abstimmung in Gruppen

§ 288
unverändert

Jede Gruppe der stimmberechtigten Gläubiger stimmt gesondert über den Insolvenzplan ab.

§ 289
Erforderliche Mehrheiten

§ 289
Erforderliche Mehrheiten

(1) Zur Annahme des Insolvenzplans durch die Gläubiger ist erforderlich, daß in jeder Gruppe

(1) unverändert

1. die Mehrheit der abstimmenden Gläubiger dem Plan zustimmt und

[im folgenden: BT-Drs. 12/7302, S. 105]

2. die Summe der Ansprüche der zustimmenden Gläubiger mehr als die Hälfte der Summe der Ansprüche der abstimmenden Gläubiger beträgt.

(2) § 87 Abs. 3 gilt entsprechend.

(2) **Gläubiger, denen ein Recht gemeinschaftlich zusteht oder deren Rechte bis zum Eintritt des Eröffnungsgrunds ein einheitliches Recht gebildet haben, werden bei der Abstimmung als ein Gläubiger gerechnet. Entsprechendes gilt, wenn an einem Recht ein Pfandrecht oder ein Nießbrauch besteht.**

§ 290
Obstruktionsverbot

§ 290
Obstruktionsverbot

(1) Auch wenn die erforderlichen Mehrheiten nicht erreicht worden sind, gilt die Zustimmung einer Abstimmungsgruppe als erteilt, wenn

(1) Auch wenn die erforderlichen Mehrheiten nicht erreicht worden sind, gilt die Zustimmung einer Abstimmungsgruppe als erteilt, wenn

1. die Gläubiger dieser Gruppe durch den Insolvenzplan nicht schlechter gestellt werden, als sie ohne einen Plan stünden,

1. unverändert

2. die Gläubiger dieser Gruppe angemessen an dem wirtschaftlichen Wert beteiligt werden, der auf der Grundlage des Plans den Beteiligten zufließen soll, und

2. unverändert

3. *mindestens eine andere Gruppe* dem Plan mit den erforderlichen Mehrheiten zugestimmt hat.

3. **die Mehrheit der abstimmenden Gruppen** dem Plan mit den erforderlichen Mehrheiten zugestimmt hat.

(2) Eine angemessene Beteiligung der Gläubiger einer Gruppe im Sinne des Absatzes 1 Nr. 2 liegt vor, wenn nach dem Plan

(2) unverändert

1. kein anderer Gläubiger wirtschaftliche Werte erhält, die den vollen Betrag seines Anspruchs übersteigen,

Entwurf

2. weder ein Gläubiger, der ohne einen Plan mit Nachrang gegenüber den Gläubigern der Gruppe zu befriedigen wäre, noch der Schuldner oder eine an ihm beteiligte Person einen wirtschaftlichen Wert erhält und

3. kein Gläubiger, der ohne einen Plan gleichrangig mit den Gläubigern der Gruppe zu befriedigen wäre, besser gestellt wird als diese Gläubiger.

§ 291
Zustimmung nachrangiger Insolvenzgläubiger

Für die Annahme des Insolvenzplans durch die nachrangigen Insolvenzgläubiger gelten ergänzend folgende Bestimmungen:

1. Die Zustimmung der Gruppen mit dem Rang des § 46 Abs. 1 Nr. 1 oder 2 gilt als erteilt, wenn die entsprechenden Zins- oder Kostenforderungen im Plan erlassen werden oder nach § 268 Abs. 1 als erlassen gelten und wenn schon die *Kapital*forderungen der Insolvenzgläubiger nach dem Plan nicht voll berichtigt werden.

2. Die Zustimmung der Gruppen mit einem Rang hinter § 46 Abs. 1 Nr. 3 gilt als erteilt, wenn kein Insolvenzgläubiger durch den Plan besser gestellt wird als die Gläubiger dieser Gruppen.

3. Beteiligt sich kein Gläubiger einer Gruppe an der Abstimmung, so gilt die Zustimmung der Gruppe als erteilt.

§ 292
Zweiter Abstimmungstermin

(1) Sind nicht in allen Gruppen die erforderlichen Mehrheiten erreicht worden und gelten die fehlenden Zustimmungen auch nicht nach § 290 oder § 291 als erteilt, hat jedoch mindestens eine der Gruppen mit mindestens einer der erforderlichen Mehrheiten zugestimmt, so hat das Insolvenzgericht einen zweiten Abstimmungstermin zu bestimmen, wenn der Vorlegende dies innerhalb einer Woche nach der ersten Abstimmung beantragt.

(2) Ein dritter Abstimmungstermin darf nicht bestimmt werden.

§ 293
Zustimmung des Schuldners

(1) Die Zustimmung des Schuldners zum Plan gilt als erteilt, wenn der Schuldner dem Plan nicht spätestens im Abstimmungstermin schriftlich oder zu Protokoll der Geschäftsstelle widerspricht. *Ist der Schuldner keine natürliche Person, so steht der Widerspruch einer oder mehrerer Personen,*

Beschlüsse des 6. Ausschusses

§ 291
Zustimmung nachrangiger Insolvenzgläubiger

Für die Annahme des Insolvenzplans durch die nachrangigen Insolvenzgläubiger gelten ergänzend folgende Bestimmungen:

1. Die Zustimmung der Gruppen mit dem Rang des § 46 Abs. 1 Nr. 1 oder 2 gilt als erteilt, wenn die entsprechenden Zins- oder Kostenforderungen im Plan erlassen werden oder nach § 268 Abs. 1 als erlassen gelten und wenn schon die **Haupt**forderungen der Insolvenzgläubiger nach dem Plan nicht voll berichtigt werden.

[im folgenden: BT-Drs. 12/7302, S. 106]

2. unverändert

3. unverändert

§ 292
entfällt

§ 293
Zustimmung des Schuldners

(1) Die Zustimmung des Schuldners zum Plan gilt als erteilt, wenn der Schuldner dem Plan nicht spätestens im Abstimmungstermin schriftlich oder zu Protokoll der Geschäftsstelle widerspricht.

Entwurf	Beschlüsse des 6. Ausschusses
die am Schuldner mit Kapitalmehrheit beteiligt sind, dem Widerspruch des Schuldners gleich.	
(2) Ein Widerspruch ist im Rahmen des Absatzes 1 unbeachtlich, wenn	(2) Ein Widerspruch ist im Rahmen des Absatzes 1 unbeachtlich, wenn
1. der *Widersprechende* durch den Plan nicht schlechter gestellt wird, als er ohne einen Plan stünde, und	1. der **Schuldner** durch den Plan nicht schlechter gestellt wird, als er ohne einen Plan stünde, und
2. kein Gläubiger einen wirtschaftlichen Wert erhält, der den vollen Betrag seines Anspruchs übersteigt.	2. unverändert
§ 294 *Mehrere Pläne*	§ 294 entfällt
Liegen mehrere Insolvenzpläne vor, so soll das Insolvenzgericht für alle vorliegenden Pläne einen einheitlichen Erörterungstermin und einen einheitlichen Abstimmungstermin bestimmen.	

[im folgenden: BT-Drs. 12/7302, S. 107]

§ 295 **Gerichtliche Bestätigung**	§ 295 **Gerichtliche Bestätigung**
(1) Nach der Annahme des Insolvenzplans durch die Gläubiger und der Zustimmung des Schuldners bedarf der Plan der Bestätigung durch das Insolvenzgericht.	(1) Nach der Annahme des Insolvenzplans durch die Gläubiger (**§§ 289 bis 291**) und der Zustimmung des Schuldners bedarf der Plan der Bestätigung durch das Insolvenzgericht.
(2) Das Gericht soll vor der Entscheidung über die Bestätigung den Insolvenzverwalter, den Gläubigerausschuß, wenn ein solcher bestellt ist, den Schuldner *und, wenn andere Personen den Plan vorgelegt haben, diese Personen* hören.	(2) Das Gericht soll vor der Entscheidung über die Bestätigung den Insolvenzverwalter, den Gläubigerausschuß, wenn ein solcher bestellt ist, **und** den Schuldner hören.
§ 296 **Bedingter Plan**	§ 296 unverändert
Ist im Insolvenzplan vorgesehen, daß vor der Bestätigung bestimmte Leistungen erbracht oder andere Maßnahmen verwirklicht werden sollen, so darf der Plan nur bestätigt werden, wenn diese Voraussetzungen erfüllt sind. Die Bestätigung ist von Amts wegen zu versagen, wenn die Voraussetzungen auch nach Ablauf einer angemessenen, vom Insolvenzgericht gesetzten Frist nicht erfüllt sind.	
§ 297 **Verstoß gegen Verfahrensvorschriften**	§ 297 unverändert
Die Bestätigung ist von Amts wegen zu versagen,	
1. wenn die Vorschriften über den Inhalt und die verfahrensmäßige Behandlung des Insolvenzplans sowie über die Annahme durch die Gläubiger und die Zustimmung des Schuldners in einem wesentlichen Punkt nicht beachtet worden sind und der Mangel nicht behoben werden kann oder	

Entwurf	Beschlüsse des 6. Ausschusses
2. wenn die Annahme des Plans unlauter, insbesondere durch Begünstigung eines Gläubigers, herbeigeführt worden ist.	

§ 298
Minderheitenschutz

(1) Auf Antrag eines Gläubigers *oder, wenn der Schuldner keine natürliche Person ist, einer am Schuldner beteiligten Person* ist die Bestätigung des Insolvenzplans zu versagen, wenn der *Antragsteller*

1. dem Plan spätestens im Abstimmungstermin schriftlich oder zu Protokoll der Geschäftsstelle widersprochen hat und

2. durch den Plan schlechter gestellt wird, als er ohne einen Plan stünde.

§ 298
Minderheitenschutz

(1) Auf Antrag eines Gläubigers ist die Bestätigung des Insolvenzplans zu versagen, wenn der **Gläubiger**

1. unverändert

2. unverändert.

[im folgenden: BT-Drs. 12/7302, S. 108]

(2) Der Antrag ist nur zulässig, wenn der *Antragsteller* glaubhaft macht, daß er durch den Plan schlechter gestellt wird.

(2) Der Antrag ist nur zulässig, wenn der **Gläubiger** glaubhaft macht, daß er durch den Plan schlechter gestellt wird.

§ 299
Bekanntgabe der Entscheidung

(1) Der Beschluß, durch den der Insolvenzplan bestätigt oder seine Bestätigung versagt wird, ist im Abstimmungstermin oder in einem alsbald zu bestimmenden besonderen Termin zu verkünden.

(2) Wird der Plan bestätigt, so ist *sein wesentlicher Inhalt* den Insolvenzgläubigern, die Forderungen angemeldet haben, unter Hinweis auf die Bestätigung *mitzuteilen. Die Mitteilung nach Satz 1 ist auch gegenüber den absonderungsberechtigten Gläubigern zu machen, denen der Schuldner nicht persönlich haftet oder die ihre Forderungen nicht angemeldet haben.*

§ 299
Bekanntgabe der Entscheidung

(1) unverändert

(2) Wird der Plan bestätigt, so ist den Insolvenzgläubigern, die Forderungen angemeldet haben, **und den absonderungsberechtigten Gläubigern** unter Hinweis auf die Bestätigung **ein Abdruck des Plans oder eine Zusammenfassung seines wesentlichen Inhalts zu übersenden.**

§ 300
Rechtsmittel

Gegen den Beschluß, durch den der Insolvenzplan bestätigt oder die Bestätigung versagt wird, steht den Gläubigern, dem Schuldner *und, wenn dieser keine natürliche Person ist, den am Schuldner beteiligten Personen* die sofortige Beschwerde zu.

§ 300
Rechtsmittel

Gegen den Beschluß, durch den der Insolvenzplan bestätigt oder die Bestätigung versagt wird, steht den Gläubigern **und** dem Schuldner die sofortige Beschwerde zu.

| Entwurf | Beschlüsse des 6. Ausschusses |

DRITTER ABSCHNITT
Wirkungen des bestätigten Plans.
Überwachung der Planerfüllung

§ 301
Allgemeine Wirkungen des Plans

(1) Mit der Rechtskraft der Bestätigung des Insolvenzplans treten die im gestaltenden Teil festgelegten Wirkungen für und gegen alle Beteiligten ein. Soweit Rechte an Gegenständen begründet, geändert, übertragen oder aufgehoben werden sollen, gelten die in den Plan aufgenommenen Willenserklärungen der Beteiligten als in der vorgeschriebenen Form abgegeben. Die Sätze 1 und 2 gelten auch für Insolvenzgläubiger, die ihre Forderungen nicht angemeldet haben, und auch für Beteiligte, die dem Plan widersprochen haben.

(2) Die Rechte der Insolvenzgläubiger gegen Mitschuldner und Bürgen des Schuldners sowie die Rechte dieser Gläubiger an Gegenständen, die nicht zur Insolvenzmasse gehören, oder aus einer Vormerkung, die sich auf solche Gegenstände bezieht, wer-

[im folgenden: BT-Drs. 12/7302, S. 109]

den durch den Plan nicht berührt. Der Schuldner wird jedoch durch den Plan gegenüber dem Mitschuldner, dem Bürgen oder anderen Rückgriffsberechtigten in gleicher Weise befreit wie gegenüber dem Gläubiger.

(3) Ist ein Gläubiger weitergehend befriedigt worden, als er nach dem Plan zu beanspruchen hat, so begründet dies keine Pflicht zur Rückgewähr des Erlangten.

§ 302
Wiederauflebensklausel

(1) Sind *im* gestaltenden Teil des Insolvenzplans Forderungen von Insolvenzgläubigern gestundet oder teilweise erlassen worden, so wird die Stundung oder der Erlaß für den Gläubiger hinfällig, gegenüber dem der Schuldner mit der Erfüllung des Plans erheblich in Rückstand gerät. Ein erheblicher Rückstand ist erst anzunehmen, wenn der Schuldner eine fällige Verbindlichkeit nicht bezahlt hat, obwohl der Gläubiger ihn schriftlich gemahnt und ihm dabei eine mindestens zweiwöchige Nachfrist gesetzt hat.

(2) Wird vor vollständiger Erfüllung des Plans über das Vermögen des Schuldners ein neues Insolvenzverfahren eröffnet, so ist die Stundung oder der Erlaß für alle Insolvenzgläubiger hinfällig.

DRITTER ABSCHNITT
Wirkungen des bestätigten Plans.
Überwachung der Planerfüllung

§ 301
Allgemeine Wirkungen des Plans

(1) Mit der Rechtskraft der Bestätigung des Insolvenzplans treten die im gestaltenden Teil festgelegten Wirkungen für und gegen alle Beteiligten ein. Soweit Rechte an Gegenständen begründet, geändert, übertragen oder aufgehoben **oder Geschäftsanteile einer Gesellschaft mit beschränkter Haftung abgetreten** werden sollen, gelten die in den Plan aufgenommenen Willenserklärungen der Beteiligten als in der vorgeschriebenen Form abgegeben; **entsprechendes gilt für die in den Plan aufgenommenen Verpflichtungserklärungen, die einer Begründung, Änderung, Übertragung oder Aufhebung von Rechten an Gegenständen oder einer Abtretung von Geschäftsanteilen zugrunde liegen**. Die Sätze 1 und 2 gelten auch für Insolvenzgläubiger, die ihre Forderungen nicht angemeldet haben, und auch für Beteiligte, die dem Plan widersprochen haben.

(2) unverändert

(3) unverändert

§ 302
Wiederauflebensklausel

(1) Sind **auf Grund** des gestaltenden Teils des Insolvenzplans Forderungen von Insolvenzgläubigern gestundet oder teilweise erlassen worden, so wird die Stundung oder der Erlaß für den Gläubiger hinfällig, gegenüber dem der Schuldner mit der Erfüllung des Plans erheblich in Rückstand gerät. Ein erheblicher Rückstand ist erst anzunehmen, wenn der Schuldner eine fällige Verbindlichkeit nicht bezahlt hat, obwohl der Gläubiger ihn schriftlich gemahnt und ihm dabei eine mindestens zweiwöchige Nachfrist gesetzt hat.

(2) unverändert

Entwurf	Beschlüsse des 6. Ausschusses

Entwurf:

(3) Im Plan kann etwas anderes vorgesehen werden. Jedoch kann von Absatz 1 nicht zum Nachteil des Schuldners abgewichen werden.

Beschlüsse des 6. Ausschusses:

(3) unverändert

---

§ 303
Streitige Forderungen. Ausfallforderungen

§ 303
unverändert

(1) Ist eine Forderung im Prüfungstermin bestritten worden oder steht die Höhe der Ausfallforderung eines absonderungsberechtigten Gläubigers noch nicht fest, so ist ein Rückstand mit der Erfüllung des Insolvenzplans im Sinne des § 302 Abs. 1 nicht anzunehmen, wenn der Schuldner die Forderung bis zur endgültigen Feststellung ihrer Höhe in dem Ausmaß berücksichtigt, das der Entscheidung des Insolvenzgerichts über das Stimmrecht des Gläubigers bei der Abstimmung über den Plan entspricht. Ist keine Entscheidung über das Stimmrecht getroffen worden, so hat das Gericht auf Antrag des Schuldners oder des Gläubigers nachträglich festzustellen, in welchem Ausmaß der Schuldner vorläufig die Forderung zu berücksichtigen hat.

(2) Ergibt die endgültige Feststellung, daß der Schuldner zuwenig gezahlt hat, so hat er das Fehlende nachzuzahlen. Ein erheblicher Rückstand mit der Erfüllung des Plans ist erst anzunehmen, wenn der Schuldner das Fehlende nicht nachzahlt, obwohl der Gläubiger ihn schriftlich gemahnt und ihm dabei eine mindestens zweiwöchige Nachfrist gesetzt hat.

[im folgenden: BT-Drs. 12/7302, S. 110]

(3) Ergibt die endgültige Feststellung, daß der Schuldner zuviel gezahlt hat, so kann er den Mehrbetrag nur insoweit zurückfordern, als dieser auch den nicht fälligen Teil der Forderung übersteigt, die dem Gläubiger nach dem Insolvenzplan zusteht.

---

§ 304
Vollstreckung aus dem Plan

§ 304
unverändert

(1) Aus dem rechtskräftig bestätigten Insolvenzplan in Verbindung mit der Eintragung in die Tabelle können die Insolvenzgläubiger, deren Forderungen festgestellt und nicht vom Schuldner im Prüfungstermin bestritten worden sind, wie aus einem vollstreckbaren Urteil die Zwangsvollstreckung gegen den Schuldner betreiben. Einer nicht bestrittenen Forderung steht eine Forderung gleich, bei der ein erhobener Widerspruch beseitigt ist. § 230 gilt entsprechend.

(2) Gleiches gilt für die Zwangsvollstreckung gegen einen Dritten, der durch eine dem Insolvenzgericht eingereichte schriftliche Erklärung für die Erfüllung des Plans neben dem Schuldner ohne Vorbehalt der Einrede der Vorausklage Verpflichtungen übernommen hat.

Entwurf	Beschlüsse des 6. Ausschusses
(3) Macht ein Gläubiger die Rechte geltend, die ihm im Falle eines erheblichen Rückstands des Schuldners mit der Erfüllung des Plans zustehen, so hat er zur Erteilung der Vollstreckungsklausel für diese Rechte und zur Durchführung der Vollstreckung die Mahnung und den Ablauf der Nachfrist glaubhaft zu machen, jedoch keinen weiteren Beweis für den Rückstand des Schuldners zu führen.	
§ 305 Aufhebung des Insolvenzverfahrens	§ 305 Aufhebung des Insolvenzverfahrens
(1) Sobald die Bestätigung des Insolvenzplans rechtskräftig ist, beschließt das Insolvenzgericht die Aufhebung des Insolvenzverfahrens.	(1) unverändert
(2) Vor der Aufhebung hat der Verwalter die unstreitigen Masseansprüche zu berichtigen und für die streitigen Sicherheit zu leisten.	(2) unverändert
(3) Der Beschluß und der Grund der Aufhebung sind öffentlich bekanntzumachen. Der Schuldner, der Insolvenzverwalter und die Mitglieder des Gläubigerausschusses sind vorab über den Zeitpunkt des Wirksamwerdens der Aufhebung (§ 9 Abs. 1 Satz 3) zu unterrichten. *Die §§ 38 bis 40 gelten* entsprechend.	(3) Der Beschluß und der Grund der Aufhebung sind öffentlich bekanntzumachen. Der Schuldner, der Insolvenzverwalter und die Mitglieder des Gläubigerausschusses sind vorab über den Zeitpunkt des Wirksamwerdens der Aufhebung (§ 9 Abs. 1 Satz 3) zu unterrichten. **§ 228 Abs. 2 Satz 2 und 3 gilt** entsprechend.
§ 306 Wirkungen der Aufhebung	§ 306 unverändert
(1) Mit der Aufhebung des Insolvenzverfahrens erlöschen die Ämter des Insolvenzverwalters und der	

[im folgenden: BT-Drs. 12/7302, S. 111]

Mitglieder des Gläubigerausschusses. Der Schuldner erhält das Recht zurück, über die Insolvenzmasse frei zu verfügen.	
(2) Die Vorschriften über die Überwachung der Planerfüllung bleiben unberührt.	
(3) Einen anhängigen Rechtsstreit, der die Insolvenzanfechtung zum Gegenstand hat, kann der Verwalter auch nach der Aufhebung des Verfahrens fortführen, wenn dies im gestaltenden Teil des Plans vorgesehen ist. In diesem Fall wird der Rechtsstreit für Rechnung des Schuldners geführt, wenn im Plan keine abweichende Regelung getroffen wird.	
§ 307 Überwachung der Planerfüllung	§ 307 Überwachung der Planerfüllung
(1) Im gestaltenden Teil des Insolvenzplans kann vorgesehen werden, daß die Erfüllung des Plans überwacht wird.	(1) unverändert
(2) Im Falle des Absatzes 1 wird nach der Aufhebung des Insolvenzverfahrens überwacht, ob die Ansprüche erfüllt werden, die den Gläubigern nach dem gestaltenden Teil gegen den Schuldner zustehen.	(2) unverändert

Entwurf | Beschlüsse des 6. Ausschusses

(3) Wenn dies im gestaltenden Teil vorgesehen ist, erstreckt sich die Überwachung auf die Erfüllung der Ansprüche, die den Gläubigern nach dem gestaltenden Teil gegen eine juristische Person oder Gesellschaft ohne Rechtspersönlichkeit zustehen, die nach der Eröffnung des Insolvenzverfahrens gegründet worden ist, um das Unternehmen des Schuldners, *einen Unternehmensteil,* einen Betrieb oder *einen Betriebsteil* zu übernehmen und weiterzuführen (Übernahmegesellschaft).

(3) Wenn dies im gestaltenden Teil vorgesehen ist, erstreckt sich die Überwachung auf die Erfüllung der Ansprüche, die den Gläubigern nach dem gestaltenden Teil gegen eine juristische Person oder Gesellschaft ohne Rechtspersönlichkeit zustehen, die nach der Eröffnung des Insolvenzverfahrens gegründet worden ist, um das Unternehmen **oder einen Betrieb** des Schuldners zu übernehmen und weiterzuführen (Übernahmegesellschaft).

§ 308
Aufgaben und Befugnisse des Insolvenzverwalters

§ 308
unverändert

(1) Die Überwachung ist Aufgabe des Insolvenzverwalters. Die Ämter des Verwalters und der Mitglieder des Gläubigerausschusses und die Aufsicht des Insolvenzgerichts bestehen insoweit fort. § 26 Abs. 3 gilt entsprechend.

(2) Während der Zeit der Überwachung hat der Verwalter dem Gläubigerausschuß, wenn ein solcher bestellt ist, und dem Gericht jährlich über den jeweiligen Stand und die weiteren Aussichten der Erfüllung des Insolvenzplans zu berichten. Unberührt bleibt das Recht des Gläubigerausschusses und des Gerichts, jederzeit einzelne Auskünfte oder einen Zwischenbericht zu verlangen.

§ 309
Anzeigepflicht des Insolvenzverwalters

§ 309
unverändert

Stellt der Insolvenzverwalter fest, daß Ansprüche, deren Erfüllung überwacht wird, nicht erfüllt werden

[im folgenden: BT-Drs. 12/7302, S. 112]

oder nicht erfüllt werden können, so hat er dies unverzüglich dem Gläubigerausschuß und dem Insolvenzgericht anzuzeigen. Ist ein Gläubigerausschuß nicht bestellt, so hat der Verwalter an dessen Stelle alle Gläubiger zu unterrichten, denen nach dem gestaltenden Teil des Insolvenzplans Ansprüche gegen den Schuldner oder die Übernahmegesellschaft zustehen.

§ 310
Zustimmungsbedürftige Geschäfte

§ 310
unverändert

Im gestaltenden Teil des Insolvenzplans kann vorgesehen werden, daß bestimmte Rechtsgeschäfte des Schuldners oder der Übernahmegesellschaft während der Zeit der Überwachung nur wirksam sind, wenn der Insolvenzverwalter ihnen zustimmt. § 92 Abs. 1 und § 93 gelten entsprechend.

Entwurf	Beschlüsse des 6. Ausschusses
§ 311 **Kreditrahmen**	**§ 311** **Kreditrahmen**
(1) Im gestaltenden Teil des Insolvenzplans kann vorgesehen werden, daß die Insolvenzgläubiger nachrangig sind gegenüber Gläubigern mit Forderungen aus Darlehen und sonstigen Krediten, die der Schuldner oder die Übernahmegesellschaft während der Zeit der Überwachung aufnimmt oder die ein Massegläubiger in die Zeit der Überwachung hinein stehen läßt. In diesem Fall ist zugleich ein Gesamtbetrag für derartige Kredite festzulegen (Kreditrahmen). Dieser darf den Wert der Vermögensgegenstände nicht übersteigen, die in der Vermögensübersicht des Plans (§ 273) aufgeführt sind.	(1) Im gestaltenden Teil des Insolvenzplans kann vorgesehen werden, daß die Insolvenzgläubiger nachrangig sind gegenüber Gläubigern mit Forderungen aus Darlehen und sonstigen Krediten, die der Schuldner oder die Übernahmegesellschaft während der Zeit der Überwachung aufnimmt oder die ein Massegläubiger in die Zeit der Überwachung hinein stehen läßt. In diesem Fall ist zugleich ein Gesamtbetrag für derartige Kredite festzulegen (Kreditrahmen). Dieser darf den Wert der Vermögensgegenstände nicht übersteigen, die in der Vermögensübersicht des Plans (§ 273 **Satz 1**) aufgeführt sind.
(2) Der Nachrang der Insolvenzgläubiger gemäß Absatz 1 besteht nur gegenüber Gläubigern, mit denen vereinbart wird, daß und in welcher Höhe der von ihnen gewährte Kredit nach *Kapital,* Zinsen und Kosten innerhalb des Kreditrahmens liegt, und gegenüber denen der Insolvenzverwalter diese Vereinbarung schriftlich bestätigt.	(2) Der Nachrang der Insolvenzgläubiger gemäß Absatz 1 besteht nur gegenüber Gläubigern, mit denen vereinbart wird, daß und in welcher Höhe der von ihnen gewährte Kredit nach **Hauptforderung,** Zinsen und Kosten innerhalb des Kreditrahmens liegt, und gegenüber denen der Insolvenzverwalter diese Vereinbarung schriftlich bestätigt.
(3) § 46 Abs. 1 Nr. 5 bleibt unberührt.	(3) unverändert
§ 312 **Nachrang von Neugläubigern**	**§ 312** unverändert
Gegenüber den Gläubigern mit Forderungen aus Krediten, die nach Maßgabe des § 311 aufgenommen oder stehen gelassen werden, sind nachrangig auch die Gläubiger mit sonstigen vertraglichen Ansprüchen, die während der Zeit der Überwachung begründet werden. Als solche Ansprüche gelten auch die Ansprüche aus einem vor der Überwachung vertraglich begründeten Dauerschuldverhältnis für die Zeit nach dem ersten Termin, zu dem der Gläubiger nach Beginn der Überwachung kündigen konnte.	

[im folgenden: BT-Drs. 12/7302, S. 113]

§ 313 **Berücksichtigung des Nachrangs**	**§ 313** unverändert
(1) Der Nachrang der Insolvenzgläubiger und der in § 312 bezeichneten Gläubiger wird nur in einem Insolvenzverfahren berücksichtigt, das vor der Aufhebung der Überwachung eröffnet wird.	
(2) In diesem neuen Insolvenzverfahren gehen diese Gläubiger den übrigen nachrangigen Gläubigern im Range vor.	
§ 314 **Bekanntmachung der Überwachung**	**§ 314** unverändert
(1) Wird die Erfüllung des Insolvenzplans überwacht, so ist dies zusammen mit dem Beschluß über die Aufhebung des Insolvenzverfahrens öffentlich bekanntzumachen.	

Entwurf	Beschlüsse des 6. Ausschusses
(2) Ebenso ist bekanntzumachen:	
1. im Falle des § 307 Abs. 3 die Erstreckung der Überwachung auf die Übernahmegesellschaft;	
2. im Falle des § 310, welche Rechtsgeschäfte an die Zustimmung des Insolvenzverwalters gebunden werden;	
3. im Falle des § 311, in welcher Höhe ein Kreditrahmen vorgesehen ist.	
(3) § 38 gilt entsprechend. Soweit im Falle des § 310 das Recht zur Verfügung über ein Grundstück, ein eingetragenes Schiff, Schiffsbauwerk oder Luftfahrzeug, ein Recht an einem solchen Gegenstand oder ein Recht an einem solchen Recht beschränkt wird, gelten die §§ 39 und 40 entsprechend.	
§ 315 **Aufhebung der Überwachung**	§ 315 unverändert
(1) Das Insolvenzgericht beschließt die Aufhebung der Überwachung,	
1. wenn die Ansprüche, deren Erfüllung überwacht wird, erfüllt sind oder die Erfüllung dieser Ansprüche gewährleistet ist oder	
2. wenn seit der Aufhebung des Insolvenzverfahrens drei Jahre verstrichen sind und kein Antrag auf Eröffnung eines neuen Insolvenzverfahrens vorliegt.	
(2) Der Beschluß ist öffentlich bekanntzumachen. § 314 Abs. 3 gilt entsprechend.	
§ 316 **Kosten der Überwachung**	§ 316 unverändert
Die Kosten der Überwachung trägt der Schuldner. Im Falle des § 307 Abs. 3 trägt die Übernahmegesellschaft die durch ihre Überwachung entstehenden Kosten.	

[im folgenden: BT-Drs. 12/7302, S. 114]

SIEBTER TEIL Einstellung des Insolvenzverfahrens	**SIEBTER TEIL** Einstellung des Insolvenzverfahrens **entfällt hier;** vgl. den neuen Dritten Abschnitt des Fünften Teils im Anschluß an § 234
§ 317 Einstellung mangels Masse	§ 317 entfällt hier; vgl. § 234 a
(1) Stellt sich nach der Eröffnung des Insolvenzverfahrens heraus, daß die Insolvenzmasse nicht ausreicht, um die Kosten des Verfahrens zu decken, so stellt das Insolvenzgericht das Verfah-	

Entwurf	Beschlüsse des 6. Ausschusses

ren ein. Vor dem Berichtstermin darf die Einstellung nur erfolgen, wenn die Kosten nicht gedeckt sind, die bis zu diesem Termin entstehen. Die Einstellung unterbleibt, wenn ein ausreichender Geldbetrag vorgeschossen wird; § 30 Abs. 3 gilt entsprechend.

(2) Vor der Einstellung sind die Gläubigerversammlung, der Insolvenzverwalter und die Massegläubiger zu hören.

(3) Soweit Barmittel in der Masse vorhanden sind, hat der Verwalter vor der Einstellung die Kosten des Verfahrens, von diesen zuerst die Auslagen, nach dem Verhältnis ihrer Beträge zu berichtigen. Zur Verwertung von Massegegenständen ist er nicht mehr verpflichtet.

§ 318 **Feststellung der Masseunzulänglichkeit**	§ 318 entfällt hier; vgl. § 234 b

(1) Sind die Kosten des Insolvenzverfahrens gedeckt, reicht die Insolvenzmasse jedoch nicht aus, um die fälligen sonstigen Masseverbindlichkeiten zu erfüllen, so stellt das Insolvenzgericht auf Antrag des Insolvenzverwalters fest, daß Masseunzulänglichkeit vorliegt. Gleiches gilt, wenn die Masse voraussichtlich nicht ausreichen wird, um die bestehenden sonstigen Masseverbindlichkeiten im Zeitpunkt der Fälligkeit zu erfüllen.

(2) Vor der Entscheidung über den Antrag sind der Gläubigerausschuß und die betroffenen Massegläubiger zu hören. Ist ein Gläubigerausschuß nicht bestellt, so ist an seiner Stelle die Gläubigerversammlung zu hören.

§ 319 *Öffentliche Bekanntmachung. Rechtsmittel*	§ 319 entfällt

(1) Der Beschluß, durch den die Masseunzulänglichkeit festgestellt wird, ist öffentlich bekanntzumachen. Den Massegläubigern, deren Anschrift dem Insolvenzgericht bekannt ist, und dem Insolvenzverwalter ist er besonders zuzustellen.

(2) Wird die Feststellung der Masseunzulänglichkeit abgelehnt, so steht dem Verwalter die sofortige Beschwerde zu.

[im folgenden: BT-Drs. 12/7302, S. 115]

§ 320 *Wirkungen der Feststellung*	§ 320 entfällt

(1) Die Pflicht des Insolvenzverwalters zur Verwaltung und zur Verwertung der Insolvenzmasse besteht auch nach der Feststellung der Masseunzulänglichkeit fort.

(2) Für die Masseverbindlichkeiten, die vor dem Antrag auf Feststellung der Masseunzulänglichkeit begründet worden sind, gelten entsprechend die Vorschriften über die Erfüllung gegen-

Entwurf | Beschlüsse des 6. Ausschusses

seitiger Verträge im Insolvenzverfahren, über die Aufrechnung im Verfahren und über die Unwirksamkeit von Sicherungen, die vor der Verfahrenseröffnung durch Zwangsvollstreckung erlangt worden sind.

§ 321
Befriedigung der Massegläubiger

§ 321
entfällt hier; vgl. § 234 c

(1) Der Insolvenzverwalter hat die Masseverbindlichkeiten nach folgender Rangordnung zu berichtigen, bei gleichem Rang nach dem Verhältnis ihrer Beträge:

1. die Kosten des Insolvenzverfahrens;

2. die Masseverbindlichkeiten, die nach *dem Antrag auf Feststellung* der Masseunzulänglichkeit begründet worden sind, ohne zu den Kosten des Verfahrens zu gehören;

3. die übrigen Masseverbindlichkeiten.

(2) Als Masseverbindlichkeiten im Sinne des Absatzes 1 Nr. 2 gelten auch die Verbindlichkeiten

1. aus einem gegenseitigen Vertrag, dessen Erfüllung der Verwalter gewählt hat, nachdem er *den Antrag auf Feststellung der* Masseunzulänglichkeit *gestellt* hatte;

2. aus einem Dauerschuldverhältnis für die Zeit nach dem ersten Termin, zu dem der Verwalter kündigen konnte, nachdem er *den Antrag gestellt* hatte;

3. aus einem Dauerschuldverhältnis, soweit der Verwalter für die Insolvenzmasse die Gegenleistung in Anspruch genommen hat, *nachdem er den Antrag gestellt hatte.*

§ 322
Vollstreckungsschutz

§ 322
entfällt hier; vgl. § 234 d

(1) Hat der Insolvenzverwalter die Feststellung der Masseunzulänglichkeit beantragt, so hat das Insolvenzgericht auf Antrag des Verwalters anzuordnen, daß die Vollstreckung wegen einer Masseverbindlichkeit einstweilen eingestellt wird, soweit die Vollstreckung die Befriedigung der Massegläubiger nach der Rangordnung des § 321 gefährden würde.

(2) Vor der Entscheidung über den Antrag ist der Gläubiger zu hören. Gegen die Entscheidung findet die sofortige Beschwerde statt.

[im folgenden: BT-Drs. 12/7302, S. 116]

§ 323
Gläubigerversammlung. Insolvenzplan

§ 323
entfällt

(1) Nach der Feststellung der Masseunzulänglichkeit treten in der Gläubigerversammlung an

Entwurf	Beschlüsse des 6. Ausschusses

die Stelle der nicht nachrangigen Insolvenzgläubiger die Massegläubiger mit dem Rang des § 321 Abs. 1 Nr. 3. Soweit Insolvenzgläubiger zur abgesonderten Befriedigung berechtigt sind, bleiben ihre Rechte in der Gläubigerversammlung unberührt.

(2) Durch die Feststellung der Masseunzulänglichkeit wird die Vorlage eines Insolvenzplans nicht ausgeschlossen. Die Vorschriften über den Plan gelten mit der Maßgabe, daß an die Stelle der nicht nachrangigen Insolvenzgläubiger die Massegläubiger mit dem Rang des § 321 Abs. 1 Nr. 3 treten und daß für die nicht nachrangigen Insolvenzgläubiger § 291 Nr. 3 entsprechend gilt.

§ 324 Einstellung nach *Feststellung* der Masseunzulänglichkeit	§ 324 entfällt hier; vgl. § 234 e

(1) Sobald der Insolvenzverwalter die Insolvenzmasse nach Maßgabe des *§ 321* verteilt hat oder sobald die Bestätigung eines Plans rechtskräftig ist, stellt das Insolvenzgericht das Insolvenzverfahren ein.

(2) Der Verwalter hat für seine Tätigkeit nach *dem Antrag auf Feststellung* der Masseunzulänglichkeit gesondert Rechnung zu legen.

(3) Werden nach der Einstellung des Verfahrens Gegenstände der Insolvenzmasse ermittelt, so ordnet das Gericht auf Antrag des *Insolvenzverwalters* oder eines Massegläubigers oder von Amts wegen eine Nachtragsverteilung an. § 321 Abs. 3 und die §§ 232 und 233 gelten entsprechend.

§ 325 Einstellung wegen Wegfalls des Eröffnungsgrunds	§ 325 entfällt hier; vgl. § 234 f

(1) Das Insolvenzverfahren ist auf Antrag des Schuldners einzustellen, wenn gewährleistet ist, daß nach der Einstellung beim Schuldner weder Zahlungsunfähigkeit noch drohende Zahlungsunfähigkeit, noch, soweit die Überschuldung Grund für die Eröffnung des Insolvenzverfahrens ist, Überschuldung vorliegt. Der Antrag ist nur zulässig, wenn das Fehlen der Eröffnungsgründe glaubhaft gemacht wird.

(2) Ist der Schuldner keine natürliche Person, so ist auch jede am Schuldner beteiligte Person antragsberechtigt.

[im folgenden: BT-Drs. 12/7302, S. 117]

§ 326 Einstellung mit Zustimmung der Gläubiger	§ 326 entfällt hier; vgl. § 234 g

(1) Das Insolvenzverfahren ist auf Antrag des Schuldners einzustellen, wenn er nach Ablauf der

Anhang – I. Materialien zur InsO

Entwurf	Beschlüsse des 6. Ausschusses

Anmeldefrist die Zustimmung aller Insolvenzgläubiger beibringt, die Forderungen angemeldet haben. Bei Gläubigern, deren Forderungen vom Schuldner oder vom Insolvenzverwalter bestritten werden, und bei absonderungsberechtigten Gläubigern entscheidet das Insolvenzgericht nach freiem Ermessen, inwieweit es einer Zustimmung dieser Gläubiger oder einer Sicherheitsleistung gegenüber ihnen bedarf.

(2) Das Verfahren kann auf Antrag des Schuldners vor dem Ablauf der Anmeldefrist eingestellt werden, wenn außer den Gläubigern, deren Zustimmung der Schuldner beibringt, andere Gläubiger nicht bekannt sind.

(3) § 325 Abs. 2 gilt entsprechend.

§ 327 **Verfahren bei der Einstellung**	§ 327 **entfällt hier;** vgl. § 234 h

(1) Der Antrag auf Einstellung des Insolvenzverfahrens nach § 325 oder § 326 ist öffentlich bekanntzumachen. Er ist in der Geschäftsstelle zur Einsicht der Beteiligten niederzulegen; im Falle des § 326 sind die zustimmenden Erklärungen der Gläubiger beizufügen. Die Insolvenzgläubiger können binnen einer Woche nach der öffentlichen Bekanntmachung schriftlich oder zu Protokoll der Geschäftsstelle Widerspruch gegen den Antrag erheben.

(2) Das Insolvenzgericht beschließt über die Einstellung nach Anhörung des Antragstellers, des Insolvenzverwalters und des Gläubigerausschusses, wenn ein solcher bestellt ist. Im Falle eines Widerspruchs ist auch der widersprechende Gläubiger zu hören.

(3) Vor der Einstellung hat der Verwalter die unstreitigen Masseansprüche zu berichtigen und für die streitigen Sicherheit zu leisten.

§ 328 **Bekanntmachung der Einstellung**	§ 328 **entfällt hier;** vgl. § 234 i

Der Beschluß, durch den das Insolvenzverfahren nach den §§ 317, 324, 325 oder 326 eingestellt wird, und der Grund der Einstellung sind öffentlich bekanntzumachen. Der Schuldner, der Insolvenzverwalter und die Mitglieder des Gläubigerausschusses sind vorab über den Zeitpunkt des Wirksamwerdens der Einstellung (§ 9 Abs. 1 Satz 3) zu unterrichten. *Die §§ 38 bis 40 gelten* entsprechend.

[im folgenden: BT-Drs. 12/7302, S. 118]

§ 329 *Wirkungen der Einstellung*	§ 329 **entfällt**

(1) Mit der Einstellung des Insolvenzverfahrens erhält der Schuldner das Recht zurück, über die

Entwurf	Beschlüsse des 6. Ausschusses

Insolvenzmasse frei zu verfügen. Die §§ 229, 230 gelten entsprechend.

(2) Restschuldbefreiung kann dem Schuldner nur erteilt werden, wenn die Einstellung nach § 324 erfolgt. Die §§ 235 bis 252 gelten mit der Maßgabe, daß in § 238 an die Stelle der Aufhebung des Verfahrens die Einstellung tritt.

<table>
<tr><td>

§ 330
Rechtsmittel

</td><td>

§ 330
entfällt hier; vgl. § 234 j

</td></tr>
</table>

(1) Wird das Insolvenzverfahren nach den §§ 317, 325 oder 326 eingestellt, so steht jedem Insolvenzgläubiger und, wenn die Einstellung nach § 317 erfolgt, dem Schuldner die sofortige Beschwerde zu.

(2) Wird ein Antrag nach den §§ 325 oder 326 abgelehnt, so steht dem Schuldner die sofortige Beschwerde zu.

ACHTER TEIL *Besondere Arten des Insolvenzverfahrens*	**SIEBTER TEIL** **Eigenverwaltung**
ERSTER ABSCHNITT Eigenverwaltung *unter Aufsicht eines Sachwalters*	
§ 331 **Voraussetzungen**	§ 331 **Voraussetzungen**

(1) Der Schuldner ist berechtigt, unter der Aufsicht eines Sachwalters die Insolvenzmasse zu verwalten und über sie zu verfügen, wenn das Insolvenzgericht in dem Beschluß über die Eröffnung des Insolvenzverfahrens die Eigenverwaltung *unter Aufsicht eines Sachwalters* anordnet. Für das Verfahren gelten die allgemeinen Vorschriften, soweit in diesem Abschnitt nichts anderes bestimmt ist.

(1) Der Schuldner ist berechtigt, unter der Aufsicht eines Sachwalters die Insolvenzmasse zu verwalten und über sie zu verfügen, wenn das Insolvenzgericht in dem Beschluß über die Eröffnung des Insolvenzverfahrens die Eigenverwaltung anordnet. Für das Verfahren gelten die allgemeinen Vorschriften, soweit in diesem Abschnitt nichts anderes bestimmt ist.

(2) Die Anordnung setzt voraus,

1. daß sie vom Schuldner beantragt worden ist,

2. wenn der Eröffnungsantrag von einem Gläubiger gestellt worden ist, daß der Gläubiger dem Antrag des Schuldners zugestimmt hat und

3. daß *keine Umstände bekannt sind, die erwarten lassen,* daß die Anordnung zu Nachteilen für die Gläubiger führen wird.

(2) Die Anordnung setzt voraus,

1. unverändert

2. unverändert

3. daß **nach den Umständen zu erwarten ist,** daß die Anordnung **nicht zu einer Verzögerung des Verfahrens oder zu sonstigen** Nachteilen für die Gläubiger führen wird.

[im folgenden: BT-Drs. 12/7302, S. 119]

(3) Im Falle des Absatzes 1 wird anstelle eines Insolvenzverwalters ein Sachwalter bestellt. Die §§ 39 und 40 sind nicht anzuwenden.

(3) Im Falle des Absatzes 1 wird anstelle des Insolvenzverwalters ein Sachwalter bestellt. **Die Forderungen der Insolvenzgläubiger sind beim Sachwalter anzumelden.** Die §§ 39 und 40 sind nicht anzuwenden.

Entwurf	Beschlüsse des 6. Ausschusses
§332 *Entscheidung der Gläubigerversammlung*	§332 **Nachträgliche Anordnung**
(1) Hat der Schuldner vor der Eröffnung des Insolvenzverfahrens die Eigenverwaltung unter Aufsicht eines Sachwalters beantragt, so hat die erste Gläubigerversammlung über die Anordnung zu beschließen.	Hatte das Insolvenzgericht den Antrag des Schuldners **auf Eigenverwaltung** abgelehnt, beantragt die **erste** Gläubigerversammlung jedoch die Eigenverwaltung, so ordnet das Gericht diese an. Zum Sachwalter kann der bisherige Insolvenzverwalter bestellt werden.
(2) Hatte das Insolvenzgericht den Antrag des Schuldners abgelehnt, beantragt die Gläubigerversammlung jedoch die Eigenverwaltung *unter Aufsicht eines Sachwalters,* so ordnet das Gericht diese an. Zum Sachwalter kann der bisherige Insolvenzverwalter bestellt werden.	
§333 **Aufhebung der Anordnung**	§333 **Aufhebung der Anordnung**
(1) Das Insolvenzgericht hebt die Anordnung der Eigenverwaltung *unter Aufsicht eines Sachwalters* auf,	(1) Das Insolvenzgericht hebt die Anordnung der Eigenverwaltung auf,
1. wenn dies von der Gläubigerversammlung beantragt wird;	1. unverändert
2. wenn dies von einem absonderungsberechtigten Gläubiger oder von einem Insolvenzgläubiger beantragt wird und die Voraussetzung des §331 Abs. 2 Nr. 3 weggefallen ist;	2. unverändert
3. wenn dies vom Schuldner beantragt wird.	3. unverändert
(2) Der Antrag eines Gläubigers ist nur zulässig, wenn der Wegfall der Voraussetzung glaubhaft gemacht wird. Vor der Entscheidung über den Antrag ist der Schuldner zu hören. Gegen die Entscheidung steht dem Gläubiger und dem Schuldner die sofortige Beschwerde zu.	(2) unverändert
(3) Zum Insolvenzverwalter kann der bisherige Sachwalter bestellt werden.	(3) unverändert
§334 **Öffentliche Bekanntmachung**	§334 **Öffentliche Bekanntmachung**
Der Beschluß des Insolvenzgerichts, durch den nach der Eröffnung des Insolvenzverfahrens die Eigenverwaltung *unter Aufsicht eines Sachwalters* angeordnet oder die Anordnung aufgehoben wird, ist öffentlich bekanntzumachen.	Der Beschluß des Insolvenzgerichts, durch den nach der Eröffnung des Insolvenzverfahrens die Eigenverwaltung angeordnet oder die Anordnung aufgehoben wird, ist öffentlich bekanntzumachen.

[im folgenden: BT-Drs. 12/7302, S. 120]

§335 **Rechtsstellung des Sachwalters**	§335 **Rechtsstellung des Sachwalters**
(1) Für die Bestellung des Sachwalters, für die Aufsicht des Insolvenzgerichts sowie für die Haftung und die Vergütung des Sachwalters gelten §63 *Abs. 1* Nr. 2 und die §§65 bis 71, 73 bis 75 entsprechend.	(1) Für die Bestellung des Sachwalters, für die Aufsicht des Insolvenzgerichts sowie für die Haftung und die Vergütung des Sachwalters gelten §63 Nr. 2 und die §§65 bis 71, 73 bis 75 **a** entsprechend.

Entwurf	Beschlüsse des 6. Ausschusses
(2) Der Sachwalter hat die wirtschaftliche Lage des Schuldners zu prüfen und die Geschäftsführung sowie die Ausgaben für die Lebensführung zu überwachen. § 26 Abs. 3 gilt entsprechend.	(2) unverändert
(3) Stellt der Sachwalter Umstände fest, die erwarten lassen, daß die Fortsetzung der Eigenverwaltung *unter Aufsicht eines Sachwalters* zu Nachteilen für die Gläubiger führen wird, so hat er dies unverzüglich dem Gläubigerausschuß und dem Insolvenzgericht anzuzeigen. Ist ein Gläubigerausschuß nicht bestellt, so hat der Sachwalter an dessen Stelle die Insolvenzgläubiger, die Forderungen angemeldet haben, und die absonderungsberechtigten Gläubiger zu unterrichten.	(3) Stellt der Sachwalter Umstände fest, die erwarten lassen, daß die Fortsetzung der Eigenverwaltung zu Nachteilen für die Gläubiger führen wird, so hat er dies unverzüglich dem Gläubigerausschuß und dem Insolvenzgericht anzuzeigen. Ist ein Gläubigerausschuß nicht bestellt, so hat der Sachwalter an dessen Stelle die Insolvenzgläubiger, die Forderungen angemeldet haben, und die absonderungsberechtigten Gläubiger zu unterrichten.

§ 336
Mitwirkung des Sachwalters

§ 336
Mitwirkung des Sachwalters

(1) Verbindlichkeiten, die nicht zum gewöhnlichen Geschäftsbetrieb gehören, soll der Schuldner nur mit Zustimmung des Sachwalters eingehen. Auch Verbindlichkeiten, die zum gewöhnlichen Geschäftsbetrieb gehören, soll er nicht eingehen, wenn der Sachwalter widerspricht.	(1) unverändert
(2) *Auf Verlangen des Sachwalters hat der Schuldner zu gestatten,* daß alle eingehenden Gelder nur *von dem* Sachwalter entgegengenommen und Zahlungen nur *von dem* Sachwalter geleistet werden.	(2) **Der Sachwalter kann vom Schuldner verlangen,** daß alle eingehenden Gelder nur **vom** Sachwalter entgegengenommen und Zahlungen nur **vom** Sachwalter geleistet werden.

§ 337
Mitwirkung des Gläubigerausschusses

§ 337
unverändert

Der Schuldner hat die Zustimmung des Gläubigerausschusses einzuholen, wenn er Rechtshandlungen vornehmen will, die für das Insolvenzverfahren von besonderer Bedeutung sind. § 179 Abs. 1 Satz 2, Abs. 2, § 180 Satz 2 und § 183 gelten entsprechend.

§ 338
Anordnung der Zustimmungsbedürftigkeit

§ 338
Anordnung der Zustimmungsbedürftigkeit

(1) Auf Antrag der Gläubigerversammlung ordnet das Insolvenzgericht an, daß bestimmte Rechtsgeschäfte des Schuldners nur wirksam sind, wenn der Sachwalter ihnen zustimmt. § 92 Abs. 1 und § 93 gelten entsprechend. Stimmt der Sachwalter der Begründung einer Masseverbindlichkeit zu, so gilt § 72 entsprechend.	(1) Auf Antrag der Gläubigerversammlung ordnet das Insolvenzgericht an, daß bestimmte Rechtsgeschäfte des Schuldners nur wirksam sind, wenn der Sachwalter ihnen zustimmt. § 92 Abs. 1 **Satz 2 und 3** und § 93 gelten entsprechend. Stimmt der Sachwalter der Begründung einer Masseverbindlichkeit zu, so gilt § 72 entsprechend.

[im folgenden: BT-Drs. 12/7302, S. 121]

(2) Die Anordnung kann auch auf den Antrag eines absonderungsberechtigten Gläubigers oder eines Insolvenzgläubigers ergehen, wenn sie unaufschiebbar erforderlich ist, um Nachteile für die Gläubiger zu vermeiden. Der Antrag ist nur zulässig, wenn diese Voraussetzung der Anordnung glaubhaft gemacht wird.	(2) unverändert

Entwurf	Beschlüsse des 6. Ausschusses
(3) Die Anordnung ist öffentlich bekanntzumachen. § 38 gilt entsprechend. Soweit das Recht zur Verfügung über ein Grundstück, ein eingetragenes Schiff, Schiffsbauwerk oder Luftfahrzeug, ein Recht an einem solchen Gegenstand oder ein Recht an einem solchen Recht beschränkt wird, gelten die §§ 39 und 40 entsprechend.	(3) unverändert
§ 339 **Mittel zur Lebensführung des Schuldners** (1) Der Schuldner ist berechtigt, Mittel zur Lebensführung aus der Insolvenzmasse zu entnehmen. § 114 *gilt entsprechend mit der Maßgabe, daß an die Stelle des notwendigen Unterhalts der Unterhalt tritt, der* unter Berücksichtigung der bisherigen Lebensverhältnisse des Schuldners eine bescheidene Lebensführung gestatt*et*. (2) Ist der Schuldner keine natürliche Person, so gilt Absatz 1 entsprechend für *organschaftliche Vertreter, die zugleich* persönlich haftende Gesellschafter des Schuldners *sind*.	§ 339 **Mittel zur Lebensführung des Schuldners** (1) Der Schuldner ist berechtigt, **für sich und die in § 114 Abs. 2 Satz 2 genannten Familienangehörigen** aus der Insolvenzmasse **die** Mittel zu entnehmen, **die** unter Berücksichtigung der bisherigen Lebensverhältnisse des Schuldners eine bescheidene Lebensführung gestatten. (2) Ist der Schuldner keine natürliche Person, so gilt Absatz 1 entsprechend für **die vertretungsberechtigten** persönlich haftenden Gesellschafter des Schuldners.
§ 340 **Gegenseitige Verträge** Die Vorschriften über die Erfüllung der Rechtsgeschäfte und die Mitwirkung des Betriebsrats (§§ 117 bis 143) gelten mit der Maßgabe, daß an die Stelle des Insolvenzverwalters der Schuldner tritt. Der Schuldner soll seine Rechte nach diesen Vorschriften im Einvernehmen mit dem Sachwalter ausüben. Die Rechte nach den §§ *129,* 138 und 140 kann er wirksam nur mit Zustimmung des Sachwalters ausüben.	§ 340 **Gegenseitige Verträge** Die Vorschriften über die Erfüllung der Rechtsgeschäfte und die Mitwirkung des Betriebsrats (§§ 117 bis 143 **d**) gelten mit der Maßgabe, daß an die Stelle des Insolvenzverwalters der Schuldner tritt. Der Schuldner soll seine Rechte nach diesen Vorschriften im Einvernehmen mit dem Sachwalter ausüben. Die Rechte nach den §§ 138, 140 und **143 b** kann er wirksam nur mit Zustimmung des Sachwalters ausüben.
§ 341 **Haftung. Insolvenzanfechtung** Nur der Sachwalter kann die Haftung nach den §§ 103 *bis* 105 für die Insolvenzmasse geltend machen und Rechtshandlungen nach den §§ 144 bis 166 anfechten.	§ 341 **Haftung. Insolvenzanfechtung** Nur der Sachwalter kann die Haftung nach den §§ 103 **und** 105 für die Insolvenzmasse geltend machen und Rechtshandlungen nach den §§ 144 bis 166 anfechten.
§ 342 **Unterrichtung der Gläubiger** (1) Das Verzeichnis der Massegegenstände, das Gläubigerverzeichnis und die Vermögensübersicht (§§ 170 bis 172) hat der Schuldner zu erstellen. Der Sachwalter hat die Verzeichnisse und die Vermögens-	§ 342 unverändert

[im folgenden: BT-Drs. 12/7302, S. 122]

übersicht zu prüfen und jeweils schriftlich zu erklären, ob nach dem Ergebnis seiner Prüfung Einwendungen zu erheben sind.

(2) Im Berichtstermin hat der Schuldner den Bericht zu erstatten. Der Sachwalter hat zu dem Bericht Stellung zu nehmen.

| Entwurf | Beschlüsse des 6. Ausschusses |

(3) Zur Rechnungslegung (§§ 76, 174) ist der Schuldner verpflichtet. Für die Schlußrechnung des Schuldners gilt Absatz 1 Satz 2 entsprechend.

§ 343
Verwertung von Sicherungsgut

(1) Das Recht des Insolvenzverwalters zur Verwertung von Gegenständen, an denen Absonderungsrechte bestehen, steht dem Schuldner zu. Kosten der Feststellung der Gegenstände und der Rechte an diesen werden jedoch nicht erhoben. Als Kosten der Verwertung können nur die tatsächlich entstandenen, für die Verwertung erforderlichen Kosten und der Umsatzsteuerbetrag angesetzt werden.

(2) Der Schuldner soll sein Verwertungsrecht im Einvernehmen mit dem Sachwalter ausüben.

§ 343
unverändert

§ 344
Befriedigung der Insolvenzgläubiger

(1) *Im Prüfungstermin* können außer den Insolvenzgläubigern der Schuldner und der Sachwalter angemeldete Forderungen bestreiten. *Der Sachwalter hat eine Forderung zu bestreiten, wenn sich auf Grund der Geschäftsbücher des Schuldners oder aus anderen Gründen Bedenken gegen die Forderung ergeben, die der Schuldner nicht zerstreuen kann.* Eine Forderung, die ein Insolvenzgläubiger, der Schuldner oder der Sachwalter bestritten hat, gilt nicht als festgestellt.

(2) Die Verteilungen werden vom Schuldner vorgenommen. Der Sachwalter hat die Verteilungsverzeichnisse zu prüfen und jeweils schriftlich zu erklären, ob nach dem Ergebnis seiner Prüfung Einwendungen zu erheben sind.

§ 344
Befriedigung der Insolvenzgläubiger

(1) **Bei der Prüfung der Forderungen** können außer den Insolvenzgläubigern der Schuldner und der Sachwalter angemeldete Forderungen bestreiten. Eine Forderung, die ein Insolvenzgläubiger, der Schuldner oder der Sachwalter bestritten hat, gilt nicht als festgestellt.

(2) unverändert

§ 345
Insolvenzplan

(1) Ein Auftrag der Gläubigerversammlung zur Ausarbeitung eines Insolvenzplans ist an den Schuldner zu richten. Der Sachwalter wirkt beratend mit.

(2) Eine Überwachung der Planerfüllung ist Aufgabe des Sachwalters.

§ 345
Insolvenzplan

(1) Ein Auftrag der Gläubigerversammlung zur Ausarbeitung eines Insolvenzplans ist an den **Sachwalter oder an den** Schuldner zu richten. **Wird der Auftrag an den Schuldner gerichtet,** so wirkt der Sachwalter beratend mit.

(2) unverändert

[im folgenden: BT-Drs. 12/7302, S. 123]

§ 346
Masseunzulänglichkeit

Die Feststellung der Masseunzulässigkeit *kann vom Schuldner oder* vom Sachwalter *beantragt werden.*

§ 346
Masseunzulänglichkeit

Masseunzulänglichkeit **ist** vom Sachwalter **dem Insolvenzgericht anzuzeigen.**

Entwurf	Beschlüsse des 6. Ausschusses
	ACHTER TEIL **Restschuldbefreiung**
Vgl. § 235	**§ 346 a** **Grundsatz** Ist der Schuldner eine natürliche Person, so wird er nach Maßgabe der §§ 346 a bis 346 r von den im Insolvenzverfahren nicht erfüllten Verbindlichkeiten gegenüber den Insolvenzgläubigern befreit.
Vgl. § 236	**§ 346 b** **Antrag des Schuldners** (1) Die Restschuldbefreiung setzt einen Antrag des Schuldners voraus. Der Antrag ist spätestens im Berichtstermin entweder schriftlich beim Insolvenzgericht einzureichen oder zu Protokoll der Geschäftsstelle zu erklären. Er kann mit dem Antrag auf Eröffnung des Insolvenzverfahrens verbunden werden. (2) Dem Antrag ist die Erklärung beizufügen, daß der Schuldner seine pfändbaren Forderungen auf Bezüge aus einem Dienstverhältnis oder an deren Stelle tretende laufende Bezüge für die Zeit von sieben Jahren nach der Aufhebung des Insolvenzverfahrens an einen vom Gericht zu bestimmenden Treuhänder abtritt. Hatte der Schuldner diese Forderungen bereits vorher an einen Dritten abgetreten oder verpfändet, so ist in der Erklärung darauf hinzuweisen. (3) Vereinbarungen, die eine Abtretung der Forderungen des Schuldners auf Bezüge aus einem Dienstverhältnis oder an deren Stelle tretende laufende Bezüge ausschließen, von einer Bedingung abhängig machen oder sonst einschränken, sind insoweit unwirksam, als sie die Abtretungserklärung nach Absatz 2 Satz 1 vereiteln oder beeinträchtigen würden. **§ 346 c** **Vorschlagsrecht** Der Schuldner und die Gläubiger können dem Insolvenzgericht als Treuhänder eine für den jeweiligen Einzelfall geeignete natürliche Person vorschlagen.
[im folgenden: BT-Drs. 12/7302, S. 124]	
Vgl. § 237	**§ 346 d** **Entscheidung des Insolvenzgerichts** (1) Die Insolvenzgläubiger und der Insolvenzverwalter sind im Schlußtermin zu dem Antrag des Schuldners zu hören. **Das Insolvenzgericht entscheidet über den Antrag des Schuldners durch Beschluß.** (2) Gegen den Beschluß steht dem Schuldner und jedem Insolvenzgläubiger, der im Schlußtermin die Versagung der Restschuldbe-

Entwurf	Beschlüsse des 6. Ausschusses
	freiung beantragt hat, die sofortige Beschwerde zu. Das Insolvenzverfahren wird erst nach Rechtskraft des Beschlusses aufgehoben. Der rechtskräftige Beschluß ist zusammen mit dem Beschluß über die Aufhebung des Insolvenzverfahrens öffentlich bekanntzumachen.
	(3) Im Falle der Einstellung des Insolvenzverfahrens kann Restschuldbefreiung nur erteilt werden, wenn nach Anzeige der Masseunzulänglichkeit die Insolvenzmasse nach § 234 c verteilt worden ist und die Einstellung nach § 234 e erfolgt. Absatz 2 gilt mit der Maßgabe, daß an die Stelle der Aufhebung des Verfahrens die Einstellung tritt.
Vgl. § 239	**§ 346 e** **Versagung der Restschuldbefreiung**
	(1) In dem Beschluß ist die Restschuldbefreiung zu versagen, wenn dies im Schlußtermin von einem Insolvenzgläubiger beantragt worden ist und wenn
	1. **der** Schuldner wegen einer Straftat nach den §§ 283 bis 283 c des Strafgesetzbuchs rechtskräftig verurteilt worden ist,
	2. der Schuldner **in den letzten drei Jahren** vor dem Antrag auf Eröffnung des Insolvenzverfahrens **oder nach diesem Antrag** vorsätzlich oder grob fahrlässig schriftlich unrichtige oder unvollständige Angaben über seine wirtschaftlichen Verhältnisse gemacht hat, um einen Kredit zu erhalten, Leistungen aus öffentlichen Mitteln zu beziehen oder Leistungen an öffentliche Kassen zu vermeiden,
	3. **in den letzten zehn Jahren** vor dem Antrag auf Eröffnung des Insolvenzverfahrens **oder nach diesem Antrag dem Schuldner** Restschuldbefreiung **erteilt oder nach § 346 k oder § 346 l versagt worden ist,**
	4. der Schuldner **im letzten Jahr** vor dem Antrag auf Eröffnung des Insolvenzverfahrens **oder nach diesem Antrag** vorsätzlich oder grob fahrlässig die Befriedigung der Insolvenzgläubiger dadurch beeinträchtigt hat, daß er unangemessene Verbindlichkeiten begründet oder Vermögen verschwendet oder ohne Aussicht auf eine Besserung seiner wirtschaftlichen Lage die Eröffnung des Insolvenzverfahrens verzögert hat,
	5. der Schuldner während des Insolvenzverfahrens Auskunfts- oder Mitwirkungspflichten nach die-
[im folgenden: BT-Drs. 12/7302, S. 125]	sem Gesetz vorsätzlich oder grob fahrlässig verletzt hat **oder**

Entwurf	Beschlüsse des 6. Ausschusses
	6. der Schuldner in den nach § 357 b Abs. 1 Nr. 3 vorzulegenden Verzeichnissen seines Vermögens und seines Einkommens, seiner Gläubiger und der gegen ihn gerichteten Forderungen vorsätzlich oder grob fahrlässig unrichtige oder unvollständige Angaben gemacht hat.
	(2) Der Antrag des Gläubigers ist nur zulässig, wenn ein Versagungsgrund glaubhaft gemacht wird.
Vgl. § 240	**§ 346 f** **Ankündigung der Restschuldbefreiung**
	(1) Sind die Voraussetzungen des § 346 e nicht gegeben, so stellt das Gericht in dem Beschluß fest, daß der Schuldner Restschuldbefreiung erlangt, wenn er den Obliegenheiten nach § 346 j nachkommt **und die Voraussetzungen für eine Versagung nach den §§ 346 k oder 346 l nicht vorliegen.**
	(2) Im gleichen Beschluß bestimmt das Gericht den Treuhänder, auf den die pfändbaren Bezüge des Schuldners nach Maßgabe der Abtretungserklärung (§ 346 b Abs. 2) übergehen.
Vgl. § 241	**§ 346 g** **Rechtsstellung des Treuhänders**
	(1) Der Treuhänder hat den zur Zahlung der Bezüge Verpflichteten über die Abtretung zu unterrichten. Er hat die Beträge, die er durch die Abtretung erlangt, und sonstige Leistungen des Schuldners oder Dritter von seinem Vermögen getrennt zu halten und **einmal jährlich** auf Grund des Schuldverzeichnisses an die Insolvenzgläubiger zu verteilen. **Von den Beträgen, die er durch die Abtretung erlangt, und den sonstigen Leistungen hat er an den Schuldner nach Ablauf von vier Jahren seit der Aufhebung des Insolvenzverfahrens zehn vom Hundert, nach Ablauf von fünf Jahren seit der Aufhebung fünfzehn vom Hundert und nach Ablauf von sechs Jahren seit der Aufhebung zwanzig vom Hundert abzuführen.**
	(2) Die Gläubigerversammlung kann dem Treuhänder zusätzlich die Aufgabe übertragen, die Erfüllung der Obliegenheiten des Schuldners zu überwachen. In diesem Fall hat der Treuhänder die Gläubiger unverzüglich zu benachrichtigen, wenn er einen Verstoß gegen diese Obliegenheiten feststellt. **Der Treuhänder ist nur zur Überwachung verpflichtet, soweit die ihm dafür zustehende zusätzliche Vergütung gedeckt ist oder vorgeschossen wird.**
	(3) Der Treuhänder hat bei der Beendigung seines Amtes dem Insolvenzgericht Rechnung zu legen. Die §§ 68 und 70 gelten entsprechend, § 70 jedoch mit der Maßgabe, daß die Entlassung von

Entwurf

Beschlüsse des 6. Ausschusses

jedem Insolvenzgläubiger beantragt werden kann und daß die sofortige Beschwerde jedem Insolvenzgläubiger zusteht.

[im folgenden: BT-Drs. 12/7302, S. 126]

Vgl. § 242

§ 346 h
Vergütung des Treuhänders

(1) Der Treuhänder hat Anspruch auf Vergütung für seine Tätigkeit und auf Erstattung angemessener Auslagen. Dabei ist dem Zeitaufwand des Treuhänders und dem Umfang seiner Tätigkeit Rechnung zu tragen.

(2) **Die §§ 75 und 75 a** gelten entsprechend.

Vgl. § 243

§ 346 i
Gleichbehandlung der Gläubiger

(1) Zwangsvollstreckungen für einzelne Insolvenzgläubiger in das Vermögen des Schuldners sind während der Laufzeit der Abtretungserklärung nicht zulässig.

(2) Jedes Abkommen des Schuldners oder anderer Personen mit einzelnen Insolvenzgläubigern, durch das diesen ein Sondervorteil verschafft wird, ist nichtig.

(3) Gegen die Forderung auf die Bezüge, die von der Abtretungserklärung erfaßt werden, kann der Verpflichtete eine Forderung gegen den Schuldner nur aufrechnen, soweit er bei einer Fortdauer des Insolvenzverfahrens nach § 132 Abs. 2 zur Aufrechnung berechtigt wäre.

Vgl. § 244

§ 346 j
Obliegenheiten des Schuldners

(1) Dem Schuldner obliegt es, während der Laufzeit der Abtretungserklärung

1. eine angemessene Erwerbstätigkeit auszuüben und, wenn er ohne Beschäftigung ist, sich um eine solche zu bemühen und keine zumutbare Tätigkeit abzulehnen;

2. Vermögen, das er von Todes wegen oder mit Rücksicht auf ein künftiges Erbrecht erwirbt, zur Hälfte des Wertes an den Treuhänder herauszugeben;

3. jeden Wechsel des Wohnsitzes oder der Beschäftigungsstelle unverzüglich dem Insolvenzgericht und dem Treuhänder anzuzeigen, keine von der Abtretungserklärung erfaßten Bezüge und kein von Nummer 2 erfaßtes Vermögen zu verheimlichen und dem Gericht und dem Treuhänder auf Verlangen Auskunft über seine Erwerbstätigkeit oder seine Bemühungen um eine solche sowie über seine Bezüge und sein Vermögen zu erteilen;

Entwurf	Beschlüsse des 6. Ausschusses
	4. Zahlungen zur Befriedigung der Insolvenzgläubiger nur an den Treuhänder zu leisten und keinem Insolvenzgläubiger einen Sondervorteil zu verschaffen.
	(2) Soweit der Schuldner eine selbständige Tätigkeit ausübt, obliegt es ihm, die Insolvenzgläubiger durch Zahlungen an den Treuhänder so zu stellen, wie wenn er ein angemessenes Dienstverhältnis eingegangen wäre.

[im folgenden: BT-Drs. 12/7302, S. 127]

Vgl. § 245

§ 346 k
Verstoß gegen Obliegenheiten

(1) Das Insolvenzgericht versagt die Restschuldbefreiung auf Antrag eines Insolvenzgläubigers, wenn der Schuldner während der Laufzeit der Abtretungserklärung eine seiner Obliegenheiten verletzt und dadurch die Befriedigung der Insolvenzgläubiger beeinträchtigt; dies gilt nicht, wenn den Schuldner kein Verschulden trifft. Der Antrag kann nur binnen eines Jahres nach dem Zeitpunkt gestellt werden, in dem die Obliegenheitsverletzung dem Gläubiger bekanntgeworden ist. Er ist nur zulässig, wenn die Voraussetzungen der Sätze 1 und 2 glaubhaft gemacht werden.

(2) **Vor der** Entscheidung über den Antrag sind der Treuhänder, der Schuldner und die Insolvenzgläubiger zu hören. Der Schuldner hat über die Erfüllung seiner Obliegenheiten Auskunft zu erteilen und, wenn es der Gläubiger beantragt, die Richtigkeit dieser Auskunft an Eides Statt zu versichern. **Gibt er die Auskunft oder die eidesstattliche Versicherung ohne hinreichende Entschuldigung nicht innerhalb der ihm gesetzten Frist ab** oder erscheint er trotz ordnungsgemäßer Ladung ohne hinreichende Entschuldigung nicht zu **einem Termin, den das Gericht für die Erteilung der Auskunft oder die eidesstattliche Versicherung anberaumt hat,** so ist die Restschuldbefreiung zu versagen.

(3) Gegen die Entscheidung steht dem Antragsteller und dem Schuldner die sofortige Beschwerde zu. Die Versagung der Restschuldbefreiung ist öffentlich bekanntzumachen.

§ 346 l
Insolvenzstraftaten

(1) Das Insolvenzgericht versagt die Restschuldbefreing auf Antrag eines Insolvenzgläubigers, wenn der Schuldner in dem Zeitraum zwischen Schlußtermin und Aufhebung des Insolvenzverfahrens oder während der Laufzeit der Abtretungserklärung wegen einer Straftat nach §§ 283 bis 283 c des Strafgesetzbuchs rechtskräftig verurteilt wird.

(2) § 346 k Abs. 1 Satz 2 und 3, Abs. 3 gilt entsprechend.

Entwurf	Beschlüsse des 6. Ausschusses
Vgl. § 246	**§ 346 m** **Deckung der Mindestvergütung des Treuhänders** (1) Das Insolvenzgericht versagt die Restschuldbefreiung auf Antrag des Treuhänders, wenn die an diesen abgeführten Beträge für das vorangegangene Jahr seiner Tätigkeit die Mindestvergütung nicht decken und der Schuldner den fehlenden Betrag nicht einzahlt, obwohl ihn der Treuhänder schriftlich zur Zahlung binnen einer Frist von mindestens zwei Wochen aufgefordert und ihn dabei auf die Möglichkeit der Versagung der Restschuldbefreiung hingewiesen hat.
[im folgenden: BT-Drs. 12/7302, S. 128]	(2) Vor der Entscheidung ist der Schuldner zu hören. Die Versagung unterbleibt, wenn der Schuldner binnen zwei Wochen nach Aufforderung durch das Gericht den fehlenden Betrag einzahlt. (3) § 346 k Abs. 3 gilt entsprechend.
Vgl. § 247	**§ 346 n** **Vorzeitige Beendigung** Wird die Restschuldbefreiung nach **den §§ 346 k, 346 l oder 346 m** versagt, so enden die Laufzeit der Abtretungserklärung, das Amt des Treuhänders und die Beschränkung der Rechte der Gläubiger mit der Rechtskraft der Entscheidung.
Vgl. § 248	**§ 346 o** **Entscheidung über die Restschuldbefreiung** (1) Ist die Laufzeit der Abtretungserklärung ohne eine vorzeitige Beendigung verstrichen, so **entscheidet das Insolvenzgericht nach Anhörung der Insolvenzgläubiger, des Treuhänders und des Schuldners durch Beschluß über die Erteilung der Restschuldbefreiung.** (2) Das Insolvenzgericht versagt die Restschuldbefreiung auf Antrag eines Insolvenzgläubigers, wenn die Voraussetzungen des § 346 k Abs. 1 oder 2 Satz 3 oder des § 346 l vorliegen, oder auf Antrag des Treuhänders, wenn die Voraussetzungen des § 346 m vorliegen. (3) Der Beschluß ist öffentlich bekanntzumachen. Wird die Restschuldbefreiung erteilt, so ist die Bekanntmachung, unbeschadet des § 9, auszugsweise im Bundesanzeiger zu veröffentlichen. Gegen den Beschluß steht dem Schuldner und jedem Insolvenzgläubiger, der bei der Anhörung nach Absatz 1 die Versagung der Restschuldbefreiung beantragt hat, die sofortige Beschwerde zu.

Entwurf	Beschlüsse des 6. Ausschusses
Vgl. § 250	**§ 346 p** **Wirkung der Restschuldbefreiung** (1) Wird die Restschuldbefreiung erteilt, so wirkt sie gegen alle Insolvenzgläubiger. Dies gilt auch für Gläubiger, die ihre Forderungen nicht angemeldet haben. (2) Die Rechte der Insolvenzgläubiger gegen Mitschuldner und Bürgen des Schuldners sowie die Rechte dieser Gläubiger aus einer zu ihrer Sicherung eingetragenen Vormerkung oder aus einem Recht, das im Insolvenzverfahren zur abgesonderten Befriedigung berechtigt, werden durch die Restschuldbefreiung nicht berührt. Der Schuldner wird jedoch gegenüber dem Mitschuldner, dem Bürgen oder anderen Rückgriffsberechtigten in gleicher Weise befreit wie gegenüber den Insolvenzgläubigern.

[im folgenden: BT-Drs. 12/7302, S. 129]

(3) Wird ein Gläubiger befriedigt, obwohl er auf Grund der Restschuldbefreiung keine Befriedigung zu beanspruchen hat, so begründet dies keine Pflicht zur Rückgewähr des Erlangten.

Vgl. § 251	**§ 346 q** **Ausgenommene Forderungen** Von der Erteilung der Restschuldbefreiung werden nicht berührt: 1. Verbindlichkeiten des Schuldners aus einer vorsätzlich begangenen unerlaubten Handlung; 2. Geldstrafen und die diesen in § 46 Abs. 1 Nr. 3 gleichgestellten Verbindlichkeiten des Schuldners.
Vgl. § 252	**§ 346 r** **Widerruf der Restschuldbefreiung** (1) Auf Antrag eines Insolvenzgläubigers widerruft das Insolvenzgericht die Erteilung der Restschuldbefreiung, wenn sich nachträglich herausstellt, daß der Schuldner eine seiner Obliegenheiten vorsätzlich verletzt und dadurch die Befriedigung der Insolvenzgläubiger erheblich beeinträchtigt hat. (2) Der Antrag des Gläubigers ist nur zulässig, wenn er innerhalb eines Jahres nach der Rechtskraft der Entscheidung über die Restschuldbefreiung gestellt wird und wenn glaubhaft gemacht wird, daß die Voraussetzungen des Absatzes 1 vorliegen und daß der Gläubiger bis zur Rechtskraft der Entscheidung keine Kenntnis von ihnen hatte. (3) Vor der Entscheidung sind der Schuldner und der Treuhänder zu hören. Gegen die Entscheidung steht dem Antragsteller und dem Schuldner

Entwurf	Beschlüsse des 6. Ausschusses
	die sofortige Beschwerde zu. Die Entscheidung, durch welche die Restschuldbefreiung widerrufen wird, ist öffentlich bekanntzumachen.

<table>
<tr><td>ZWEITER ABSCHNITT
Eigenverwaltung ohne Sachwalter
bei Kleinverfahren</td><td>ZWEITER ABSCHNITT
Eigenverwaltung ohne Sachwalter
bei Kleinverfahren</td></tr>
<tr><td>§ 347
Voraussetzungen</td><td>**entfällt**
[§§ 347 bis 357]</td></tr>
</table>

(1) Der Schuldner ist berechtigt, die Insolvenzmasse zu verwalten, wenn das Insolvenzgericht in dem Beschluß über die Eröffnung des Insolvenzverfahrens die Eigenverwaltung ohne Sachwalter anordnet. § 331 Abs. 1 Satz 2 gilt entsprechend.

(2) Die Anordnung setzt voraus,

1. daß sie vom Schuldner oder von einem Gläubiger beantragt worden ist,

[im folgenden: BT-Drs. 12/7302, S. 130]

2. daß der Schuldner eine natürliche Person ist und keine oder nur eine geringfügige selbständige wirtschaftliche Tätigkeit ausübt, daß seine Vermögensverhältnisse überschaubar und die Zahl seiner Gläubiger oder die Höhe seiner Verbindlichkeiten gering sind und

3. daß keine Umstände bekannt sind, die erwarten lassen, daß die Anordnung zu Nachteilen für die Gläubiger führen wird.

(3) Im Falle des Absatzes 1 wird weder ein Insolvenzverwalter noch ein Sachwalter bestellt.

§ 348
Entscheidung der Gläubigerversammlung

Hat das Insolvenzgericht die Eigenverwaltung ohne Sachwalter angeordnet, so hat die erste Gläubigerversammlung über die Anordnung zu beschließen.

§ 349
Abweichende Anordnung

(1) Das Insolvenzgericht bestellt einen Insolvenzverwalter oder ordnet die Eigenverwaltung unter Aufsicht eines Sachwalters an, wenn die entstehenden Kosten bis zum Berichtstermin gedeckt sind oder vorgeschossen werden und

1. wenn dies von der Gläubigerversammlung beantragt wird;

2. wenn dies von einem absonderungsberechtigten Gläubiger oder von einem Insolvenzgläubiger beantragt wird und die Voraussetzung des § 347 Abs. 2 Nr. 3 weggefallen ist.

Entwurf

Beschlüsse des 6. Ausschusses

(2) Der Antrag eines Gläubigers ist nur zulässig, wenn der Wegfall der Voraussetzung glaubhaft gemacht wird. Vor der Entscheidung über den Antrag ist der Schuldner zu hören. Gegen die Entscheidung steht dem Gläubiger und dem Schuldner die sofortige Beschwerde zu.

§ 350
Unterrichtung der Gläubiger

Stellt das Gericht Umstände fest, die erwarten lassen, daß die Fortsetzung der Eigenverwaltung ohne Sachwalter zu Nachteilen für die Gläubiger führen wird, so hat es dies unverzüglich dem Gläubigerausschuß mitzuteilen. Ist ein Gläubigerausschuß nicht bestellt, so hat das Gericht die Insolvenzgläubiger, die Forderungen angemeldet haben, und die absonderungsberechtigten Gläubiger zu unterrichten.

[im folgenden: BT-Drs. 12/7302, S. 131]

§ 351
Verfügungsrecht des Schuldners

(1) Verfügungen des Schuldners über Gegenstände der Insolvenzmasse sind nur wirksam, wenn das Insolvenzgericht zustimmt. Die §§ 92 und 93 gelten entsprechend.

(2) Verbindlichkeiten, die der Schuldner nach der Eröffnung des Insolvenzverfahrens begründet, sind nur dann aus der Insolvenzmasse zu erfüllen, wenn das Gericht der Begründung der Verbindlichkeit zustimmt.

(3) Die Zustimmung kann allgemein für bestimmte Arten von Rechtshandlungen erteilt werden.

§ 352
Gegenseitige Verträge

Die Vorschriften über die Erfüllung der Rechtsgeschäfte gelten mit der Maßgabe, daß an die Stelle des Insolvenzverwalters der Schuldner tritt. Das Insolvenzgericht soll den Schuldner auf seine Rechte hinweisen.

§ 353
Insolvenzanfechtung

(1) Zur Anfechtung von Rechtshandlungen nach den §§ 144 bis 166 ist jeder Insolvenzgläubiger berechtigt. Aus dem Erlangten sind dem Gläubiger die ihm entstandenen Kosten vorweg zu erstatten.

(2) Hat die Gläubigerversammlung den Gläubiger mit der Anfechtung beauftragt, so sind diesem die entstandenen Kosten, soweit sie nicht aus dem Erlangten gedeckt werden können, aus der Insolvenzmasse zu erstatten.

Entwurf

§ 354
Verzeichnisse, Vermögensübersicht

Das Verzeichnis der Massegegenstände, das Gläubigerverzeichnis und die Vermögensübersicht (§§ 170 bis 172) hat der Schuldner zu erstellen. Das Insolvenzgericht hat die Verzeichnisse und die Vermögensübersicht zu prüfen.

§ 355
Verwertung von Sicherungsgut

(1) Der Schuldner ist nicht zur Verwertung der Gegenstände berechtigt, die nach § 191 dem Verwertungsrecht des Insolvenzverwalters unterliegen. Eine Verwertung dieser Gegenstände durch die absonderungsberechtigten Gläubiger ist erst nach dem Berichtstermin zulässig.

(2) Das Recht des Insolvenzverwalters, die Zwangsversteigerung oder die Zwangsverwaltung eines unbeweglichen Gegenstands der Insolvenzmasse zu betreiben, steht dem Schuldner nicht zu. Die Zwangsversteigerung oder die Zwangsverwaltung kann nach dem Berichtstermin nicht auf Grund von § 187 oder § 190 einstweilen eingestellt werden.

§ 356
Befriedigung der Insolvenzgläubiger

(1) Eine Forderung gilt auch dann nicht als festgestellt, wenn der Schuldner sie im Prüfungstermin bestritten hat.

(2) Die Verteilungen werden vom Schuldner vorgenommen. Das Insolvenzgericht hat die Verteilungsverzeichnisse zu prüfen.

§ 357
Insolvenzplan

(1) Das Insolvenzgericht soll die Beteiligten darauf hinweisen, daß sie ihre Ansprüche in einem Insolvenzplan abweichend von den gesetzlichen Vorschriften regeln können.

(2) Eine Überwachung der Planerfüllung nach den §§ 307 bis 316 kann nicht vorgesehen werden.

Beschlüsse des 6. Ausschusses

[im folgenden: BT-Drs. 12/7302, S. 132]

NEUNTER TEIL
Verbraucherinsolvenzverfahren und sonstige Kleinverfahren

ERSTER ABSCHNITT
Anwendungsbereich

§ 357 a
Grundsatz

(1) Ist der Schuldner eine natürliche Person, die keine oder nur eine geringfügige selbstän-

Entwurf	Beschlüsse des 6. Ausschusses

dige wirtschaftliche Tätigkeit ausübt, so gelten für das Verfahren die allgemeinen Vorschriften, soweit in diesem Teil nichts anderes bestimmt ist.

(2) Eine selbständige wirtschaftliche Tätigkeit ist insbesondere dann geringfügig im Sinne des Absatzes 1, wenn sie nach Art oder Umfang einen in kaufmännischer Weise eingerichteten Geschäftsbetrieb nicht erfordert.

ZWEITER ABSCHNITT
Schuldenbereinigungsplan

§ 357 b
Eröffnungsantrag des Schuldners

(1) Mit dem Antrag auf Eröffnung des Insolvenzverfahrens (§ 357 h) oder unverzüglich

[im folgenden: BT-Drs. 12/7302, S. 133]

nach diesem Antrag hat der Schuldner vorzulegen:

1. eine Bescheinigung, die von einer geeigneten Person oder Stelle ausgestellt ist und aus der sich ergibt, daß eine außergerichtliche Einigung mit den Gläubigern über die Schuldenbereinigung auf der Grundlage eines Plans innerhalb der letzten sechs Monate vor dem Eröffnungsantrag erfolglos versucht worden ist; die Länder können bestimmen, welche Personen oder Stellen als geeignet anzusehen sind;

2. den Antrag auf Erteilung von Restschuldbefreiung (§ 346 b) oder die Erklärung, daß Restschuldbefreiung nicht beantragt werden soll;

3. ein Verzeichnis des vorhandenen Vermögens und des Einkommens (Vermögensverzeichnis), ein Verzeichnis der Gläubiger und ein Verzeichnis der gegen ihn gerichteten Forderungen; den Verzeichnissen ist die Erklärung beizufügen, daß die in diesen enthaltenen Angaben richtig und vollständig sind;

4. einen Schuldenbereinigungsplan; dieser kann alle Regelungen enthalten, die unter Berücksichtigung der Gläubigerinteressen sowie der Vermögens-, Einkommens- und Familienverhältnisse des Schuldners geeignet sind, zu einer angemessenen Schuldenbereinigung zu führen; in den Plan ist aufzunehmen, ob und inwieweit Bürgschaften, Pfandrechte und andere Sicherheiten der Gläubiger vom Plan berührt werden sollen.

Entwurf　　　　Beschlüsse des 6. Ausschusses

(2) In dem Verzeichnis der Forderungen nach Absatz 1 Nr. 3 kann auch auf beigefügte Forderungsaufstellungen der Gläubiger Bezug genommen werden. Auf Aufforderung des Schuldners sind die Gläubiger verpflichtet, auf ihre Kosten dem Schuldner zur Vorbereitung des Forderungsverzeichnisses eine schriftliche Aufstellung ihrer gegen diesen gerichteten Forderungen zu erteilen; insbesondere haben sie ihm die Höhe ihrer Forderungen und deren Aufgliederung in Hauptforderung, Zinsen und Kosten anzugeben. Die Aufforderung des Schuldners muß einen Hinweis auf einen bereits bei Gericht eingereichten oder in naher Zukunft beabsichtigten Antrag auf Eröffnung eines Insolvenzverfahrens enthalten.

(3) Hat der Schuldner die in Absatz 1 genannten Erklärungen und Unterlagen nicht vollständig abgegeben, so fordert ihn das Insolvenzgericht auf, das Fehlende unverzüglich zu ergänzen. Kommt der Schuldner dieser Aufforderung nicht binnen eines Monats nach, so gilt sein Antrag auf Eröffnung des Insolvenzverfahrens als zurückgenommen.

§ 357 c
Ruhen des Verfahrens

(1) Das Verfahren über den Antrag auf Eröffnung des Insolvenzverfahrens ruht bis zur Entscheidung

[im folgenden: BT-Drs. 12/7302, S. 134]

über den Schuldenbereinigungsplan. Dieser Zeitraum soll drei Monate nicht überschreiten.

(2) Absatz 1 steht der Anordnung von Sicherungsmaßnahmen nicht entgegen.

(3) Beantragt ein Gläubiger die Eröffnung des Verfahrens, so hat das Insolvenzgericht vor der Entscheidung über die Eröffnung dem Schuldner Gelegenheit zu geben, ebenfalls einen Antrag zu stellen. Stellt der Schuldner einen Antrag, so gilt Absatz 1 auch für den Antrag des Gläubigers.

§ 357 d
Zustellung an die Gläubiger

(1) Das Insolvenzgericht stellt den vom Schuldner genannten Gläubigern das Vermögensverzeichnis, das Gläubigerverzeichnis, das Forderungsverzeichnis sowie den Schuldenbereinigungsplan zu und fordert die Gläubiger zugleich auf, binnen einer Notfrist von einem Monat zu den Verzeichnissen und zu dem Schuldenbereinigungsplan Stellung zu nehmen. Zugleich ist jedem Gläubiger mit ausdrücklichem Hinweis auf die Rechtsfolgen des § 357 e Abs. 3 Satz 2 Gelegenheit zu geben, binnen der Frist nach Satz 1 die Angaben über seine Forderungen in dem Forderungsverzeichnis zu überprü-

Entwurf	Beschlüsse des 6. Ausschusses
	fen und erforderlichenfalls zu ergänzen. Auf die Zustellung nach Satz 1 ist § 8 Abs. 1 Satz 2, 3, Abs. 2 und 3 nicht anzuwenden.
	(2) Geht binnen der Frist nach Absatz 1 Satz 1 bei Gericht die Stellungnahme eines Gläubigers nicht ein, so gilt dies als Einverständnis mit dem Schuldenbereinigungsplan. Darauf ist in der Aufforderung hinzuweisen.
	(3) Nach Ablauf der Frist nach Absatz 1 Satz 1 ist dem Schuldner Gelegenheit zu geben, den Schuldenbereinigungsplan binnen einer vom Gericht zu bestimmenden Frist zu ändern oder zu ergänzen, wenn dies auf Grund der Stel- lungnahme eines Gläubigers erforderlich oder zur Förderung einer einverständlichen Schuldenbereinigung sinnvoll erscheint. Die Änderungen oder Ergänzungen sind den Gläubigern zuzustellen, soweit dies erforderlich ist. Absatz 1 Satz 1, 3 und Absatz 2 gelten entsprechend.
	§ 357 e Annahme des Schuldenbereinigungsplans
	(1) Hat kein Gläubiger Einwendungen gegen den Schuldenbereinigungsplan erhoben oder wird die Zustimmung nach § 357 f ersetzt, so gilt der Schuldenbereinigungsplan als angenommen; das Insolvenzgericht stellt dies durch Beschluß fest. Der Schuldenbereinigungsplan hat die Wirkung eines Vergleichs im Sinne des § 794 Abs. 1 Nr. 1 der Zivilprozeßordnung. Den Gläubigern und dem Schuldner ist eine Ausfertigung des Schuldenbereinigungsplans und des Beschlusses nach Satz 1 zuzustellen.
[im folgenden: BT-Drs. 12/7302, S. 135]	(2) Die Anträge auf Eröffnung des Insolvenzverfahrens und auf Erteilung von Restschuldbefreiung gelten als zurückgenommen.
	(3) Soweit Forderungen in dem Verzeichnis des Schuldners nicht enthalten sind und auch nicht nachträglich bei dem Zustandekommen des Schuldenbereinigungsplans berücksichtigt worden sind, können die Gläubiger von dem Schuldner Erfüllung verlangen. Dies gilt nicht, soweit ein Gläubiger die Angaben über seine Forderungen in dem Forderungsverzeichnis, das ihm nach § 357 d Abs. 1 vom Gericht übersandt worden ist, nicht innerhalb der gesetzten Frist ergänzt hat, obwohl die Forderung vor dem Ablauf der Frist entstanden war; insoweit erlischt die Forderung.
	§ 357 f Ersetzung der Zustimmung
	(1) Hat dem Schuldenbereinigungsplan mehr als die Hälfte der benannten Gläubiger zugestimmt und beträgt die Summe der An-

Entwurf   Beschlüsse des 6. Ausschusses

sprüche der zustimmenden Gläubiger mehr als die Hälfte der Summe der Ansprüche der benannten Gläubiger, so ersetzt das Insolvenzgericht auf Antrag eines Gläubigers oder des Schuldners die Einwendungen eines Gläubigers gegen den Schuldenbereinigungsplan durch eine Zustimmung. Dies gilt nicht, wenn

1. der Gläubiger, der Einwendungen erhoben hat, im Verhältnis zu den übrigen Gläubigern nicht angemessen beteiligt wird, oder

2. dieser Gläubiger durch den Schuldenbereinigungsplan wirtschaftlich schlechter gestellt wird, als er bei Durchführung des Verfahrens über die Anträge auf Eröffnung des Insolvenzverfahrens und Erteilung von Restschuldbefreiung stünde; hierbei ist im Zweifel zugrunde zu legen, daß die Einkommens-, Vermögens- und Familienverhältnisse des Schuldners zum Zeitpunkt des Antrags nach Satz 1 während der gesamten Dauer des Verfahrens maßgeblich bleiben.

(2) Vor der Entscheidung ist der Gläubiger zu hören. Die Gründe, die gemäß Absatz 1 Satz 2 einer Ersetzung seiner Einwendungen durch eine Zustimmung entgegenstehen, hat er glaubhaft zu machen. Gegen den Beschluß steht dem Antragsteller und dem Gläubiger, dessen Zustimmung ersetzt wird, die sofortige Beschwerde zu.

(3) Macht ein Gläubiger Tatsachen glaubhaft, aus denen sich ernsthafte Zweifel ergeben, ob eine vom Schuldner angegebene Forderung besteht oder sich auf einen höheren oder niedrigeren Betrag richtet als angegeben, und hängt vom Ausgang des Streits ab, ob der Gläubiger im Verhältnis zu den übrigen Gläubigern angemessen beteiligt wird (Absatz 1 Satz 2 Nr. 1), so kann die Zustimmung dieses Gläubigers nicht ersetzt werden.

[im folgenden: BT-Drs. 12/7302, S. 136]

§ 357 g
Kosten

Die Gläubiger haben gegen den Schuldner keinen Anspruch auf Erstattung der Kosten, die ihnen im Zusammenhang mit dem Schuldenbereinigungsplan entstehen.

DRITTER ABSCHNITT
Vereinfachtes Insolvenzverfahren

§ 357 h
Aufnahme des Verfahrens
über den Eröffnungsantrag

Werden Einwendungen gegen den Schuldenbereinigungsplan erhoben, die nicht gemäß

Entwurf	Beschlüsse des 6. Ausschusses
	§ 357 f durch gerichtliche Zustimmung ersetzt werden, so wird das Verfahren über den Eröffnungsantrag von Amts wegen wieder aufgenommen.
	§ 357 i **Allgemeine Verfahrensvereinfachungen**
	(1) Bei der Eröffnung des Insolvenzverfahrens wird abweichend von § 35 nur der Prüfungstermin bestimmt.
	(2) Sind die Vermögensverhältnisse des Schuldners überschaubar und die Zahl der Gläubiger oder die Höhe der Verbindlichkeiten gering, so kann das Insolvenzgericht anordnen, daß das Verfahren oder einzelne seiner Teile schriftlich durchgeführt werden. Es kann diese Anordnung jederzeit aufheben oder abändern.
	(3) Die Vorschriften über den Insolvenzplan (§§ 253 bis 316) und über die Eigenverwaltung (§§ 331 bis 346) sind nicht anzuwenden.
	§ 357 j **Treuhänder**
	(1) Die Aufgaben des Insolvenzverwalters werden von dem Treuhänder (§ 346 g) wahrgenommen. Dieser wird abweichend von § 346 f Abs. 2 bereits bei der Eröffnung des Insolvenzverfahrens bestimmt. Die §§ 65 bis 76 gelten entsprechend.
	(2) Zur Anfechtung von Rechtshandlungen nach den §§ 144 bis 166 ist nicht der Treuhänder, sondern jeder Insolvenzgläubiger berechtigt. Aus dem Erlangten sind dem Gläubiger die ihm entstandenen Kosten vorweg zu erstatten. Hat die Gläubigerversammlung den Gläubiger mit der Anfechtung beauftragt, so sind diesem die entstandenen Kosten, soweit sie nicht aus dem Erlangten gedeckt werden können, aus der Insolvenzmasse zu erstatten.

[im folgenden: BT-Drs. 12/7302, S. 137]

	(3) Der Treuhänder ist nicht zur Verwertung von Gegenständen berechtigt, an denen Pfandrechte oder andere Absonderungsrechte bestehen. Das Verwertungsrecht steht dem Gläubiger zu.
	§ 357 k **Vereinfachte Verteilung**
	(1) Auf Antrag des Treuhänders ordnet das Insolvenzgericht an, daß von einer Verwertung der Insolvenzmasse ganz oder teilweise abgesehen wird. In diesem Fall hat es dem Schuldner zusätzlich aufzugeben, binnen einer vom Gericht festgesetzten Frist an den Treuhänder einen Betrag zu zahlen, der dem Wert der Masse entspricht, die an die Insolvenzgläubi-

Entwurf	Beschlüsse des 6. Ausschusses
	ger zu verteilen wäre. Von der Anordnung soll abgesehen werden, wenn die Verwertung der Insolvenzmasse insbesondere im Interesse der Gläubiger geboten erscheint.
	(2) Vor der Entscheidung sind die Insolvenzgläubiger zu hören.
	(3) Die Entscheidung über einen Antrag des Schuldners auf Erteilung von Restschuldbefreiung (§§ 346 d bis 346 f) ist erst nach Ablauf der nach Absatz 1 Satz 2 festgesetzten Frist zu treffen. Das Gericht versagt die Restschuldbefreiung auf Antrag eines Insolvenzgläubigers, wenn der nach Absatz 1 Satz 2 zu zahlende Betrag auch nach Ablauf einer weiteren Frist von zwei Wochen, die das Gericht unter Hinweis auf die Möglichkeit der Versagung der Restschuldbefreiung gesetzt hat, nicht gezahlt ist. Vor der Entscheidung ist der Schuldner zu hören.

ZEHNTER TEIL
Besondere Arten des Insolvenzverfahrens

DRITTER ABSCHNITT	ERSTER ABSCHNITT
Nachlaßinsolvenzverfahren	Nachlaßinsolvenzverfahren
§ 358 Örtliche Zuständigkeit	§ 358 unverändert
Für das Insolvenzverfahren über einen Nachlaß ist ausschließlich das Insolvenzgericht örtlich zuständig, in dessen Bezirk der Erblasser zur Zeit seines Todes seinen allgemeinen Gerichtsstand hatte. Lag der Mittelpunkt einer selbständigen wirtschaftlichen Tätigkeit des Erblassers an einem anderen Ort, so ist ausschließlich das Insolvenzgericht zuständig, in dessen Bezirk dieser Ort liegt.	
§ 359 Zulässigkeit der Eröffnung	§ 359 Zulässigkeit der Eröffnung
(1) Die Eröffnung des Insolvenzverfahrens wird nicht dadurch ausgeschlossen, daß der Erbe die Erbschaft noch nicht angenommen hat oder daß er für die Nachlaßverbindlichkeiten unbeschränkt haftet.	(1) unverändert

[im folgenden: BT-Drs. 12/7302, S. 138]

(2) Sind mehrere Erben vorhanden, so ist die Eröffnung des Verfahrens auch nach der Teilung des Nachlasses zulässig.	(2) unverändert
	(3) Über einen Erbteil findet ein Insolvenzverfahren nicht statt.
§ 360 Antragsberechtigte	§ 360 unverändert
(1) Zum Antrag auf Eröffnung des Insolvenzverfahrens über einen Nachlaß ist jeder Erbe, der	

Entwurf	Beschlüsse des 6. Ausschusses

Nachlaßverwalter sowie ein anderer Nachlaßpfleger, ein Testamentsvollstrecker, dem die Verwaltung des Nachlasses zusteht, und jeder Nachlaßgläubiger berechtigt.

(2) Wird der Antrag nicht von allen Erben gestellt, so ist er zulässig, wenn der Eröffnungsgrund glaubhaft gemacht wird. Das Insolvenzgericht hat die übrigen Erben zu hören.

(3) Steht die Verwaltung des Nachlasses einem Testamentsvollstrecker zu, so ist, wenn der Erbe die Eröffnung beantragt, der Testamentsvollstrecker, wenn der Testamentsvollstrecker den Antrag stellt, der Erbe zu hören.

§ 361 **Antragsrecht beim Gesamtgut**	§ 361 unverändert

(1) Gehört der Nachlaß zum Gesamtgut einer Gütergemeinschaft, so kann sowohl der Ehegatte, der Erbe ist, als auch der Ehegatte, der nicht Erbe ist, aber das Gesamtgut allein oder mit seinem Ehegatten gemeinschaftlich verwaltet, die Eröffnung des Insolvenzverfahrens über den Nachlaß beantragen. Die Zustimmung des anderen Ehegatten ist nicht erforderlich. Die Ehegatten behalten das Antragsrecht, wenn die Gütergemeinschaft endet.

(2) Wird der Antrag nicht von beiden Ehegatten gestellt, so ist er zulässig, wenn der Eröffnungsgrund glaubhaft gemacht wird. Das Insolvenzgericht hat den anderen Ehegatten zu hören.

§ 362 **Antragsfrist**	§ 362 unverändert

Der Antrag eines Nachlaßgläubigers auf Eröffnung des Insolvenzverfahrens ist unzulässig, wenn seit der Annahme der Erbschaft zwei Jahre verstrichen sind.

§ 363 **Eröffnungsgründe**	§ 363 unverändert

Gründe für die Eröffnung des Insolvenzverfahrens über einen Nachlaß sind die Zahlungsunfähigkeit und die Überschuldung. Beantragt der Erbe, der Nachlaßverwalter oder ein anderer Nachlaßpfleger oder ein

[im folgenden: BT-Drs. 12/7302, S. 139]

Testamentsvollstrecker die Eröffnung des Verfahrens, so ist auch die drohende Zahlungsunfähigkeit Eröffnungsgrund.

§ 364 **Zwangsvollstreckung nach Erbfall**	§ 364 unverändert

Maßnahmen der Zwangsvollstreckung in den Nachlaß, die nach dem Eintritt des Erbfalls erfolgt sind, gewähren kein Recht zur abgesonderten Befriedigung.

Entwurf	Beschlüsse des 6. Ausschusses
§ 365 **Anfechtbare Rechtshandlungen des Erben**	**§ 365** unverändert

Hat der Erbe vor der Eröffnung des Insolvenzverfahrens aus dem Nachlaß Pflichtteilsansprüche, Vermächtnisse oder Auflagen erfüllt, so ist diese Rechtshandlung in gleicher Weise anfechtbar wie eine unentgeltliche Leistung des Erben.

§ 366
Aufwendungen des Erben

§ 366
unverändert

Dem Erben steht wegen der Aufwendungen, die ihm nach den §§ 1978, 1979 des Bürgerlichen Gesetzbuchs aus dem Nachlaß zu ersetzen sind, ein Zurückbehaltungsrecht nicht zu.

§ 367
Masseverbindlichkeiten

§ 367
Masseverbindlichkeiten

(1) Masseverbindlichkeiten sind außer den in den §§ 63, 64 bezeichneten Verbindlichkeiten:

(1) unverändert

1. die Aufwendungen, die dem Erben nach den §§ 1978, 1979 des Bürgerlichen Gesetzbuchs aus dem Nachlaß zu ersetzen sind;

2. die Kosten der Beerdigung des Erblassers;

3. die im Falle der Todeserklärung des Erblassers dem Nachlaß zur Last fallenden Kosten des Verfahrens;

4. die Kosten der Eröffnung einer Verfügung des Erblassers von Todes wegen, der gerichtlichen Sicherung des Nachlasses, einer Nachlaßpflegschaft, des Aufgebots der Nachlaßgläubiger und der Inventarerrichtung;

5. die Verbindlichkeiten aus den von einem Nachlaßpfleger oder einem Testamentsvollstrecker vorgenommenen Rechtsgeschäften;

6. die Verbindlichkeiten, die für den Erben gegenüber einem Nachlaßpfleger, einem Testamentsvollstrecker oder einem Erben, der die Erbschaft ausgeschlagen hat, aus der Geschäftsführung dieser Personen entstanden sind, soweit die Nachlaßgläubiger verpflichtet wären, wenn die bezeichneten Personen die Geschäfte für sie zu besorgen gehabt hätten.

[im folgenden: BT-Drs. 12/7302, S. 140]

(2) Im Falle der Masseunzulänglichkeit haben die in Absatz 1 bezeichneten Verbindlichkeiten den Rang des *§ 321 Abs. 1 Nr. 3*.

(2) Im Falle der Masseunzulänglichkeit haben die in Absatz 1 bezeichneten Verbindlichkeiten den Rang des *§ 234 c Abs. 1 Nr. 3*.

§ 368
Nachlaßverbindlichkeiten

§ 368
unverändert

Im Insolvenzverfahren über einen Nachlaß können nur die Nachlaßverbindlichkeiten geltend gemacht werden.

Entwurf	Beschlüsse des 6. Ausschusses
§ 369 **Ansprüche der Erben**	§ 369 unverändert

(1) Der Erbe kann die ihm gegen den Erblasser zustehenden Ansprüche geltend machen.

(2) Hat der Erbe eine Nachlaßverbindlichkeit erfüllt, so tritt er, soweit nicht die Erfüllung nach § 1979 des Bürgerlichen Gesetzbuchs als für Rechnung des Nachlasses erfolgt gilt, an die Stelle des Gläubigers, es sei denn, daß er für die Nachlaßverbindlichkeiten unbeschränkt haftet.

(3) Haftet der Erbe einem einzelnen Gläubiger gegenüber unbeschränkt, so kann er dessen Forderung für den Fall geltend machen, daß der Gläubiger sie nicht geltend macht.

§ 370 **Nachrangige Verbindlichkeiten**	§ 370 unverändert

(1) Im Rang nach den in § 46 bezeichneten Verbindlichkeiten und in folgender Rangfolge, bei gleichem Rang nach dem Verhältnis ihrer Beträge, werden erfüllt:

1. die Verbindlichkeiten gegenüber Pflichtteilsberechtigten;
2. die Verbindlichkeiten aus den vom Erblasser angeordneten Vermächtnissen und Auflagen;
3. die Verbindlichkeiten gegenüber Erbersatzberechtigten.

(2) Ein Vermächtnis, durch welches das Recht des Bedachten auf den Pflichtteil nach § 2307 des Bürgerlichen Gesetzbuchs ausgeschlossen wird, steht, soweit es den Pflichtteil nicht übersteigt, im Rang den Pflichtteilsrechten gleich. Hat der Erblasser durch Verfügung von Todes wegen angeordnet, daß ein Vermächtnis oder eine Auflage vor einem anderen Vermächtnis oder einer anderen Auflage erfüllt werden soll, so hat das Vermächtnis oder die Auflage den Vorrang.

(3) Eine Verbindlichkeit, deren Gläubiger im Wege des Aufgebotsverfahrens ausgeschlossen ist oder nach § 1974 des Bürgerlichen Gesetzbuchs einem ausgeschlossenen Gläubiger gleichsteht, wird erst nach den in § 46 bezeichneten Verbindlichkeiten und, soweit sie zu den in Absatz 1 bezeichneten Verbindlichkeiten gehört, erst nach den Verbindlichkeiten erfüllt, mit denen sie ohne die Beschränkung gleichen Rang hätte. Im übrigen wird durch die Beschränkungen an der Rangordnung nichts geändert.

[im folgenden: BT-Drs. 12/7302, S. 141]

§ 371 **Zurückgewährte Gegenstände**	§ 371 unverändert

(1) Was infolge der Anfechtung einer vom Erblasser oder ihm gegenüber vorgenommenen

| Entwurf | Beschlüsse des 6. Ausschusses |

Rechtshandlung zur Insolvenzmasse zurückgewährt wird, darf nicht zur Erfüllung der in § 370 Abs. 1 bezeichneten Verbindlichkeiten verwendet werden.

(2) Was der Erbe auf Grund der §§ 1978 bis 1980 des Bürgerlichen Gesetzbuchs zur Masse zu ersetzen hat, kann von den Gläubigern, die im Wege des Aufgebotsverfahrens ausgeschlossen sind oder nach § 1974 des Bürgerlichen Gesetzbuchs einem ausgeschlossenen Gläubiger gleichstehen, nur insoweit beansprucht werden, als der Erbe auch nach den Vorschriften über die Herausgabe einer ungerechtfertigten Bereicherung ersatzpflichtig wäre.

| § 372 *Insolvenzplan* | § 372 entfällt |

Bei mehreren Erben ist jeder Erbe, dessen Anteil am Nachlaß mindestens ein Fünftel beträgt, und jede Mehrzahl von Erben mit einem solchen Anteil auch ohne einen Beschluß der Gläubigerversammlung zur Vorlage eines Insolvenzplans berechtigt.

| § 373 **Nacherbfolge** | § 373 unverändert |

Die §§ 366, 367 Abs. 1 Nr. 1 und § 369 Abs. 2, 3 gelten für den Vorerben auch nach dem Eintritt der Nacherbfolge.

| § 374 **Erbschaftskauf** | § 374 **Erbschaftskauf** |

(1) Hat der Erbe die Erbschaft verkauft, so tritt für das Insolvenzverfahren der Käufer an seine Stelle.

(1) unverändert

(2) Der Erbe ist wegen einer Nachlaßverbindlichkeit, die im Verhältnis zwischen ihm und dem Käufer diesem zur Last fällt, wie ein Nachlaßgläubiger zum Antrag auf Eröffnung des Verfahrens berechtigt. Das gleiche Recht steht ihm auch wegen einer anderen Nachlaßverbindlichkeit zu, es sei denn, daß er unbeschränkt haftet oder daß eine Nachlaßverwaltung angeordnet ist. Die §§ 366, 367 Abs. 1 Nr. 1 und § 369 gelten für den Erben auch nach dem Verkauf der Erbschaft.

(2) unverändert

(3) Die Absätze 1 und 2 gelten entsprechend für den Fall, daß jemand eine durch Vertrag erworbene Erbschaft verkauft oder sich in sonstiger Weise zur Veräußerung einer ihm angefallenen oder anderweitig von ihm erworbenen Erbschaft verpflichtet hat.

[im folgenden: BT-Drs. 12/7302, S. 142]

| § 375 *Weiterverkauf der Erbschaft* | § 375 entfällt |

§ 374 gilt entsprechend für den Fall, daß jemand eine durch Vertrag erworbene Erbschaft verkauft oder sich in sonstiger Weise zur Veräußerung einer

Entwurf	Beschlüsse des 6. Ausschusses
ihm angefallenen oder anderweitig von ihm erworbenen Erbschaft verpflichtet hat.	
§ 376 **Gleichzeitige Insolvenz des Erben**	**§ 376** unverändert
(1) Im Insolvenzverfahren über das Vermögen des Erben gelten, wenn auch über den Nachlaß das Insolvenzverfahren eröffnet oder wenn eine Nachlaßverwaltung angeordnet ist, die §§ 61, 218, 220, 226, 281 Abs. 1 Satz 2 entsprechend für Nachlaßgläubiger, denen gegenüber der Erbe unbeschränkt haftet.	
(2) Gleiches gilt, wenn ein Ehegatte der Erbe ist und der Nachlaß zum Gesamtgut gehört, das vom anderen Ehegatten allein verwaltet wird, auch im Insolvenzverfahren über das Vermögen des anderen Ehegatten und, wenn das Gesamtgut von den Ehegatten gemeinschaftlich verwaltet wird, auch im Insolvenzverfahren über das Gesamtgut und im Insolvenzverfahren über das sonstige Vermögen des Ehegatten, der nicht Erbe ist.	
§ 377 *Erbteil*	**§ 377** entfällt
Über einen Erbteil findet ein Insolvenzverfahren nicht statt.	
	ZWEITER ABSCHNITT **Insolvenzverfahren über das Gesamtgut einer fortgesetzten Gütergemeinschaft**
§ 378 *Fortgesetzte Gütergemeinschaft*	**§ 378** **Verweisung auf das Nachlaßinsolvenzverfahren**
(1) Im Falle der fortgesetzten Gütergemeinschaft gelten die §§ 358 bis *377* entsprechend für das Insolvenzverfahren über das Gesamtgut.	(1) Im Falle der fortgesetzten Gütergemeinschaft gelten die §§ 358 bis **376** entsprechend für das Insolvenzverfahren über das Gesamtgut.
(2) Insolvenzgläubiger sind nur die Gläubiger, deren Forderungen schon zur Zeit des Eintritts der fortgesetzten Gütergemeinschaft als Gesamtgutsverbindlichkeiten bestanden.	(2) unverändert
(3) Die anteilsberechtigten Abkömmlinge sind nicht berechtigt, die Eröffnung des Verfahrens zu beantragen. Sie sind jedoch vom Insolvenzgericht zu einem Eröffnungsantrag zu hören.	(3) unverändert

[im folgenden: BT-Drs. 12/7302, S. 143]

Entwurf	Beschlüsse des 6. Ausschusses
	DRITTER ABSCHNITT Insolvenzverfahren über das gemeinschaftlich verwaltete Gesamtgut einer Gütergemeinschaft **§ 378 a** Antragsrecht, Eröffnungsgründe (1) Zum Antrag auf Eröffnung des Insolvenzverfahrens über das Gesamtgut einer Gütergemeinschaft, das von den Ehegatten gemeinschaftlich verwaltet wird, ist jeder Gläubiger berechtigt, der die Erfüllung einer Verbindlichkeit aus dem Gesamtgut verlangen kann. (2) Antragsberechtigt ist auch jeder Ehegatte. Wird der Antrag nicht von beiden Ehegatten gestellt, so ist er zulässig, wenn die Zahlungsunfähigkeit des Gesamtguts glaubhaft gemacht wird; das Insolvenzgericht hat den anderen Ehegatten zu hören. Wird der Antrag von beiden Ehegatten gestellt, so ist auch die drohende Zahlungsunfähigkeit Eröffnungsgrund. **§ 378 b** Persönliche Haftung der Ehegatten (1) Die persönliche Haftung der Ehegatten für die Verbindlichkeiten, deren Erfüllung aus dem Gesamtgut verlangt werden kann, kann während der Dauer des Insolvenzverfahrens nur vom Insolvenzverwalter oder vom Sachwalter geltend gemacht werden. (2) Im Falle eines Insolvenzplans gilt für die persönliche Haftung der Ehegatten § 270 Abs. 1 entsprechend. **ELFTER TEIL** Inkrafttreten **§ 378 c** Verweisung auf das Einführungsgesetz Dieses Gesetz tritt an dem Tage in Kraft, der durch das Einführungsgesetz zur Insolvenzverordnung bestimmt wird.
NEUNTER TEIL Internationales Insolvenzrecht *ERSTER ABSCHNITT* *Allgemeine Vorschriften* § 379 **Grundsatz** Das Insolvenzverfahren und seine Wirkungen unterliegen, soweit nichts anderes bestimmt ist,	**NEUNTER TEIL** Internationales Insolvenzrecht entfällt (§§ 379 bis 399)

Entwurf	Beschlüsse des 6. Ausschusses

dem Recht des Staates, in dem das Verfahren eröffnet worden ist.

[im folgenden: BT-Drs. 12/7302, S. 144]

§ 380
Miete, Pacht

Die Wirkungen des Insolvenzverfahrens auf ein Miet- oder Pachtverhältnis über einen unbeweglichen Gegenstand unterliegen dem Recht, das nach dem Einführungsgesetz zum Bürgerlichen Gesetzbuche für das Miet- oder Pachtverhältnis maßgeblich ist.

§ 381
Arbeitsverhältnis

Die Wirkungen des Insolvenzverfahrens auf ein Arbeitsverhältnis unterliegen dem Recht, das nach dem Einführungsgesetz zum Bürgerlichen Gesetzbuche für das Arbeitsverhältnis maßgeblich ist.

§ 382
Insolvenzanfechtung

Eine Rechtshandlung kann nur angefochten werden, wenn die Voraussetzungen der Insolvenzanfechtung nicht nur nach dem Recht des Staates der Verfahrenseröffnung erfüllt sind, sondern auch nach dem Recht, das für die Wirkungen der Rechtshandlung maßgeblich ist.

§ 383
Herausgabepflicht. Anrechnung

(1) Erlangt ein Insolvenzgläubiger durch Zwangsvollstreckung, durch eine Leistung des Schuldners oder in sonstiger Weise etwas auf Kosten der Insolvenzmasse aus dem Vermögen, das nicht im Staat der Verfahrenseröffnung belegen ist, so hat er das Erlangte dem Insolvenzverwalter herauszugeben. Die Vorschriften über die Rechtsfolgen einer ungerechtfertigten Bereicherung gelten entsprechend.

(2) Der Gläubiger darf behalten, was er in einem besonderen Insolvenzverfahren erlangt hat, das in einem anderen Staat eröffnet worden ist und nur das in diesem Staat belegene Vermögen erfaßt. Er wird jedoch bei den Verteilungen erst berücksichtigt, wenn die übrigen Gläubiger mit ihm gleichgestellt sind.

ZWEITER ABSCHNITT
Ausländisches Insolvenzverfahren

§ 384
Anerkennung

Die Anerkennung der Eröffnung eines ausländischen Insolvenzverfahrens und der in diesem Verfahren ergehenden Entscheidungen ist ausgeschlossen:

Entwurf

1. wenn die Gerichte des Staates der Verfahrenseröffnung nach deutschem Recht nicht zuständig sind;

2. soweit sie zu einem Ergebnis führt, das mit wesentlichen Grundsätzen des deutschen Rechts offensichtlich unvereinbar ist, insbesondere soweit sie mit den Grundrechten unvereinbar ist.

§ 385
Öffentliche Bekanntmachung

(1) Sind die Voraussetzungen für die Anerkennung der Verfahrenseröffnung gegeben, so hat das Insolvenzgericht auf Antrag des ausländischen Insolvenzverwalters den wesentlichen Inhalt der Entscheidung, durch die das ausländische Insolvenzverfahren eröffnet worden ist, im Inland öffentlich bekanntzumachen. Gleiches gilt für die Bestellung des Verwalters. § 9 Abs. 1 und 2 gilt entsprechend.

(2) Der Antrag ist nur zulässig, wenn glaubhaft gemacht wird, daß die tatsächlichen Voraussetzungen für die Anerkennung der Verfahrenseröffnung vorliegen. Dem Verwalter ist eine Ausfertigung des Beschlusses, durch den die Bekanntmachung angeordnet wird, zu erteilen.

§ 386
Grundbuch

Wird durch die Verfahrenseröffnung die Verfügungsbefugnis des Schuldners eingeschränkt, so hat das Insolvenzgericht auf Antrag des ausländischen Insolvenzverwalters das Grundbuchamt zu ersuchen, die Eröffnung des Insolvenzverfahrens und die Art der Einschränkung der Verfügungsbefugnis des Schuldners in das Grundbuch einzutragen:

1. bei Grundstücken, als deren Eigentümer der Schuldner eingetragen ist;

2. bei den für den Schuldner eingetragenen Rechten an Grundstücken und an eingetragenen Rechten, wenn nach der Art des Rechts und den Umständen zu befürchten ist, daß ohne die Eintragung die Insolvenzgläubiger benachteiligt würden.

(2) Der Antrag ist nur zulässig, wenn glaubhaft gemacht wird, daß die tatsächlichen Voraussetzungen für die Anerkennung der Verfahrenseröffnung vorliegen. Gegen die Entscheidung des Insolvenzgerichts ist die sofortige Beschwerde zulässig. Für die Löschung der Eintragung gilt § 39 Abs. 3 entsprechend.

(3) Für die Eintragung der Verfahrenseröffnung in das Schiffsregister, das Schiffsbauregister und das Register für Pfandrechte an Luftfahrzeugen gelten die Absätze 1 und 2 entsprechend.

Beschlüsse des 6. Ausschusses

[im folgenden: BT-Drs. 12/7302, S. 145]

Entwurf Beschlüsse des 6. Ausschusses

§ 387
Zuständiges Insolvenzgericht

(1) Für die Entscheidungen nach den §§ 385 und 386 ist jedes inländische Insolvenzgericht zuständig, in dessen Bezirk Vermögen des Schuldners belegen ist. § 3 Abs. 2 gilt entsprechend.

[im folgenden: BT-Drs. 12/7302, S. 146]

(2) Die Landesregierungen werden ermächtigt, zur sachdienlichen Förderung oder schnelleren Erledigung der Verfahren durch Rechtsverordnung die Entscheidungen nach den §§ 385 und 386 für die Bezirke mehrerer Insolvenzgerichte einem von diesen zuzuweisen. Die Landesregierungen können die Ermächtigung auf die Landesjustizverwaltungen übertragen.

(3) Die Länder können vereinbaren, daß die Entscheidungen nach den §§ 385 und 386 für mehrere Länder den Gerichten eines Landes zugewiesen werden.

§ 388
Verfügungen über unbewegliche Gegenstände

(1) Hat der Schuldner über einen unbeweglichen Gegenstand der Insolvenzmasse, der im Inland im Grundbuch, Schiffsregister, Schiffsbauregister oder Register für Pfandrechte an Luftfahrzeugen eingetragen ist, oder über ein Recht an einem solchen Gegenstand verfügt, so sind die §§ 878, 892, 893 des Bürgerlichen Gesetzbuchs, § 3 Abs. 3, §§ 16, 17 des Gesetzes über Rechte an eingetragenen Schiffen und Schiffsbauwerken und § 5 Abs. 3, §§ 16, 17 des Gesetzes über Rechte an Luftfahrzeugen anzuwenden.

(2) Ist zur Sicherung eines Anspruches im Inland eine Vormerkung im Grundbuch, Schiffsregister, Schiffsbauregister oder Register für Pfandrechte an Luftfahrzeugen eingetragen, so bleibt § 120 unberührt.

§ 389
Leistung an den Schuldner

Ist im Inland zur Erfüllung einer Verbindlichkeit an den Schuldner geleistet worden, obwohl die Verbindlichkeit zur Insolvenzmasse des ausländischen Insolvenzverfahrens zu erfüllen war, so wird der Leistende befreit, wenn er zur Zeit der Leistung die Eröffnung des Verfahrens nicht kannte. Hat er vor der öffentlichen Bekanntmachung nach § 385 geleistet, so wird vermutet, daß er die Eröffnung nicht kannte.

§ 390
Dingliche Rechte

(1) Das Recht eines Dritten an einem Gegenstand der Insolvenzmasse wird von der Eröffnung des ausländischen Insolvenzverfahrens nicht be-

Entwurf	Beschlüsse des 6. Ausschusses

rührt, wenn der Gegenstand zur Zeit der Eröffnung im Inland belegen war.

(2) Die Eröffnung des ausländischen Insolvenzverfahrens hat auf Rechte an unbeweglichen Gegenständen, die im Inland belegen sind, keine Wirkungen, die im deutschen Recht nicht vorgesehen sind.

[im folgenden: BT-Drs. 12/7302, S. 147]

§ 391
Unterbrechung und Aufnahme eines Rechtsstreits

Durch die Eröffnung des ausländischen Insolvenzverfahrens wird ein Rechtsstreit unterbrochen, der zur Zeit der Eröffnung anhängig ist und die Insolvenzmasse betrifft. Die Unterbrechung dauert an, bis der Rechtsstreit von einer Person aufgenommen wird, die nach dem Recht des Staates der Verfahrenseröffnung zur Fortführung des Rechtsstreits berechtigt ist, oder bis das Insolvenzverfahren beendet ist.

§ 392
Vollstreckbarkeit ausländischer Entscheidungen

Aus einer Entscheidung, die in dem ausländischen Insolvenzverfahren ergeht, findet die Zwangsvollstreckung nur statt, wenn ihre Zulässigkeit durch ein Vollstreckungsurteil ausgesprochen ist. § 722 Abs. 2 und § 723 Abs. 1 der Zivilprozeßordnung gelten entsprechend.

DRITTER ABSCHNITT
Sonderinsolvenzverfahren über das Inlandsvermögen

§ 393
Voraussetzungen des Sonderinsolvenzverfahrens

(1) Ist die Zuständigkeit eines deutschen Gerichts zur Eröffnung eines Insolvenzverfahrens über das gesamte Vermögen des Schuldners nicht gegeben, hat der Schuldner jedoch im Inland eine Niederlassung oder sonstiges Vermögen, so ist ein besonderes Insolvenzverfahren über das inländische Vermögen des Schuldners zulässig.

(2) Für das Verfahren ist ausschließlich das Insolvenzgericht zuständig, in dessen Bezirk die Niederlassung oder, wenn eine Niederlassung fehlt, das Vermögen des Schuldners liegt. § 3 Abs. 2 gilt entsprechend.

Entwurf | Beschlüsse des 6. Ausschusses

§ 394
Restschuldbefreiung. Insolvenzplan

(1) In dem Sonderinsolvenzverfahren sind die Vorschriften über die Restschuldbefreiung nicht anzuwenden.

(2) Ein Insolvenzplan, in dem eine Stundung, ein Erlaß oder sonstige Einschränkungen der Rechte der Gläubiger vorgesehen sind, kann in diesem Verfahren nur bestätigt werden, wenn alle betroffenen Gläubiger dem Plan zugestimmt haben.

§ 395
Parallelinsolvenzverfahren

Die Anerkennung eines ausländischen Insolvenzverfahrens schließt ein Sonderinsolvenzverfahren

[im folgenden: BT-Drs. 12/7302, S. 148]

über das inländische Vermögen nicht aus. Für das Sonderinsolvenzverfahren gelten in diesem Fall ergänzend die §§ 396 bis 399.

§ 396
Besonderheiten der Eröffnung

(1) Zum Antrag auf Eröffnung des Sonderinsolvenzverfahrens ist auch der ausländische Insolvenzverwalter berechtigt.

(2) Der Antrag eines Gläubigers ist nur zulässig, wenn dieser ein besonderes Interesse an der Eröffnung des Verfahrens hat, insbesondere wenn er in dem ausländischen Verfahren voraussichtlich erheblich schlechter stehen wird als in einem inländischen Verfahren.

(3) Das Verfahren wird eröffnet, ohne daß ein Eröffnungsgrund festgestellt werden muß.

§ 397
Ausübung von Gläubigerrechten

(1) Der Insolvenzverwalter ist berechtigt, eine Forderung, die im Sonderinsolvenzverfahren angemeldet worden ist, im ausländischen Verfahren anzumelden. Das Recht des Gläubigers, die Anmeldung zurückzunehmen, bleibt unberührt.

(2) Der Verwalter gilt als bevollmächtigt, das Stimmrecht aus einer Forderung, die im Sonderinsolvenzverfahren angemeldet worden ist, im ausländischen Verfahren auszuüben, wenn der Gläubiger nicht an der Abstimmung teilnimmt.

§ 398
Zusammenarbeit der Insolvenzverwalter

(1) Der Insolvenzverwalter hat dem ausländischen Verwalter unverzüglich alle Umstände mitzuteilen, die für die Durchführung des ausländischen Verfahrens Bedeutung haben können. Er hat

Entwurf	Beschlüsse des 6. Ausschusses
dem ausländischen Verwalter Gelegenheit zu geben, Vorschläge für die Verwertung oder sonstige Verwendung des inländischen Vermögens zu unterbreiten. *(2) Der ausländische Verwalter ist berechtigt, an den Gläubigerversammlungen teilzunehmen.* *(3) Ein Insolvenzplan ist dem ausländischen Verwalter zur Stellungnahme zuzuleiten. Der ausländische Verwalter ist berechtigt, selbst einen Plan vorzulegen, § 255 Abs. 2 und § 256 gelten entsprechend.* § 399 **Überschuß bei der Schlußverteilung** *Können bei der Schlußverteilung im Sonderinsolvenzverfahren alle Forderungen in voller Höhe berichtigt werden, so hat der Insolvenzverwalter einen verbleibenden Überschuß dem ausländischen Verwalter herauszugeben.*	

Anhang I 6
[im folgenden: BT-Drs. 12/7302, S. 149]

Bericht der Abgeordneten Hermann Bachmaier, Joachim Gres, Detlef Kleinert (Hannover), Dr. Eckhart Pick und Dr. Wolfgang Frhr. von Stetten

A. Zum Beratungsverfahren

Der Deutsche Bundestag hat den von der Bundesregierung eingebrachten Gesetzentwurf einer Insolvenzordnung (InsO) – Drucksache 12/2443 – in seiner 94. Sitzung vom 3. Juni 1992 in erster Lesung beraten. Die Vorlage wurde zur federführenden Beratung an den Rechtsausschuß und zur Mitberatung an den Finanzausschuß, den Ausschuß für Wirtschaft und den Ausschuß für Arbeit und Sozialordnung überwiesen.

Der Finanzausschuß hat in seiner Sitzung vom 24. Juni 1992 den Gesetzentwurf in seiner ursprünglichen Fassung einstimmig bei Abwesenheit der Gruppe BÜNDNIS 90/DIE GRÜNEN zur Kenntnis genommen.

Der Ausschuß für Wirtschaft hat in seiner 72. Sitzung vom 2. März 1994 dem Gesetzentwurf in der von den Berichterstattern des Rechtsausschusses zur Annahme empfohlenen Fassung einstimmig bei 4 Enthaltungen zugestimmt.

Auf der Grundlage seiner 109. Sitzung vom 2. Februar 1994 hat der Ausschuß für Arbeit und Sozialordnung mit den Stimmen der Koalitionsfraktionen gegen die Stimmen der Mitglieder der Fraktion der SPD bei Abwesenheit der Gruppen empfohlen, den Gesetzentwurf in der Fassung der Berichterstatter des Rechtsausschusses anzunehmen. Darüber hinaus hat der Ausschuß für Arbeit und Sozialordnung mit den Stimmen der Koalitionsfraktionen und der Fraktion der SPD bei einer Gegenstimme aus der Fraktion der SPD die Annahme einer Reihe von Änderungsanträgen zu § 128 Abs. 1, §§ 129, 130 Abs. 1 und § 140 Abs. 1 empfohlen. Auf diese Änderungsanträge wird im Zusammenhang mit der Begründung der Beschlußempfehlung zu den einzelnen Vorschriften eingegangen.

Der Rechtsausschuß hat den Gesetzentwurf in seinen Sitzungen vom 16. September 1992, 20. Januar 1993, 28. April 1993, 9. Dezember 1993, 20. Januar 1994, 2. März 1994 und 13. April 1994 (48., 63., 74., 105., 108., 115. und 121. Sitzung) beraten. In seiner 74. Sitzung vom 28. April 1993 hat der Rechtsausschuß eine öffentliche Anhörung von Sachverständigen und Verbänden durchgeführt. Daran teilgenommen haben:

– Bundesverband der Deutschen Industrie – BDI, Köln

– Deutscher Industrie- und Handelstag – DIHT, Bonn

– Zentralverband des Deutschen Handwerks – ZvDH, Bonn

– Zentraler Kreditausschuß, Köln

– Bankenfachverband, Bonn

– Bundesverband des Deutschen Groß- und Außenhandels – BGA, Bonn

– Deutscher Gewerkschaftsbund – DGB, Düsseldorf

– Bundesvereinigung der Deutschen Arbeitgeberverbände, Köln

– Deutsche Angestellten Gewerkschaft – DAG, Hamburg

– Arbeitsgemeinschaft der Verbraucherverbände – AgV, Bonn

– Pensions-Sicherungsverein, Köln

– Bundesarbeitsgemeinschaft der Freien Wohlfahrtspflege – BAGfw, Bonn

– Gesamtverband der Deutschen Versicherungswirtschaft, Bonn

– Bundesarbeitsgemeinschaft der Schuldnerberatungsstellen, Kassel

– Bundesverband Deutscher Inkassounternehmen – BDIU, Hamburg

– Verband der Vereine Creditreform, Neuss

– Deutscher Anwaltverein – DAV, Bonn

– Wustrauer Arbeitskreis Gesamtvollstreckung, Potsdam

– Institut der Wirtschaftsprüfer in Deutschland e. V., Düsseldorf

– Dr. Hans Peter Ackmann, Bonn

– Prof. Dr. Rolf Bender, Stuttgart

– Rechtsanwalt Hans-Jörg Derra, Ulm

– Rechtsanwalt Dr. Volker Grub, Stuttgart

– Prof. Dr. Horst Keller, Berlin

– Prof. Dr. Wolfgang Kothe, Halle/Saale

- Rechtsanwalt Dr. Bruno Kübler, Köln
- Prof. Dr. Manfred Löwisch, Freiburg
- RiOLG Dr. Manfred Postler, Nürnberg
- Prof. Dr. Udo Reifner, Hamburg
- Prof. Dr. Karsten Schmidt, Hamburg
- RiAG Prof. Dr. Wilhelm Uhlenbruck, Köln
- Rechtsanwalt Dr. Jobst Wellensiek, Heidelberg

Hinsichtlich der Ergebnisse der Anhörung wird auf das Stenographische Protokoll der 74. Sitzung des Rechtsausschusses mit den anliegenden Stellungnah-[**im folgenden: BT-Drs. 12/7302, S. 150**]men der Sachverständigen und Verbände verwiesen.

In seiner Sitzung vom 2. März 1994 hat der Rechtsausschuß Vertreter des Bayerischen Staatsministeriums der Justiz und des Justizministeriums des Landes Nordrhein-Westfalen zu den Auswirkungen der Insolvenzrechtsform für die Länder angehört.

Die Berichterstatter haben sich zunächst im Rahmen einer Delegationsreise vom 29. November bis zum 5. Dezember 1992 über das amerikanische Insolvenzrecht informiert. Gesprächspartner in New York, Boston und Washington waren u. a. Vertreter des Justizministeriums, führende Rechtsanwälte und Rechtswissenschaftler für Insolvenzrecht, Richter und Vertreter von Banken sowie der Präsident der Schuldnerberatungsorganisation Budget and Credit Counseling Services. Insbesondere wurden das Recht des Reorganisationsverfahrens, die Stellung der gesicherten Gläubiger im Insolvenzverfahren und die Schuldbefreiung durch Insolvenzverfahren erörtert. Die Ergebnisse der Gespräche sind maßgeblich in die weiteren Beratungen der Berichterstatter und des Ausschusses eingeflossen.

Die Berichterstatter haben die Beratungen im Rechtsausschuß sodann durch eine Reihe von intensiven Gesprächen mit dem Parlamentarischen Staatssekretär im Bundesministerium der Justiz, Rainer Funke, MdB, und den Vertretern der zuständigen Fachabteilung des Bundesministeriums der Justiz vorbereitet. Gespräche fanden am 2. Juli, 16. August, 23. August, 8. September, 16. September, 12. Oktober, 28. Oktober, 12. November, 25. November und 1. Dezember 1993 sowie am 13. Januar und am 1. März 1994 statt. Die Ergebnisse dieser Berichterstattergespräche (dargestellt in der Synoptischen Darstellung der Änderungsvorschläge der Berichterstatter zum Regierungsentwurf der Insolvenzordnung) waren Grundlage der Beratungen und Abstimmungen im Rechtsausschuß sowie in den mitberatenden Ausschüssen für Wirtschaft und für Arbeit und Sozialordnung.

Der Rechtsausschuß empfiehlt einstimmig die Annahme des Gesetzentwurfs – Drucksache 12/2443 – in erheblich veränderter Fassung, wie sie aus der obigen Zusammenstellung ersichtlich ist.

B. Zum Inhalt der Beschlußempfehlung

In die vom Rechtsausschuß beschlossene Fassung des Entwurfs der Insolvenzordnung sind wesentliche Zielsetzungen und Grundentscheidungen des Regierungsentwurfs übernommen worden. Hervorzuheben sind:

- die Wiederherstellung der innerdeutschen Rechtseinheit auf dem Gebiet des Insolvenzrechts;
- die Schaffung eines einheitlichen Insolvenzverfahrens anstelle der Zweispurigkeit von Konkurs und Vergleich;
- die Möglichkeit, daß der Schuldner mit dem Einverständnis der Gläubiger während des Insolvenzverfahrens verwaltungs- und verfügungsbefugt bleibt und lediglich unter die Aufsicht eines ,,Sachwalters" gestellt wird;
- die Verschärfung des Anfechtungsrechts zur Bekämpfung gläubigerschädigender Vermögensverschiebungen;
- die Bestimmung des Ablaufs des Insolvenzverfahrens durch die Autonomie der Gläubiger, insbesondere die Entscheidung der Gläubigerversammlung über Liquidation, Sanierung des Schuldners oder übertragende Sanierung;
- die Beseitigung der allgemeinen Konkursvorrechte;
- die Gewährleistung des Sozialplans im Insolvenzverfahren innerhalb der Höchstgrenzen des geltenden Rechts.

In einigen Bereichen besteht zwar grundsätzliche Übereinstimmung zwischen der Auffassung des Rechtsausschusses und den Zielsetzungen des Regierungsentwurfs, bei den Beratungen sind aber erhebliche Änderungen vorgenommen worden:

- Wie im Regierungsentwurf wird die Eröffnung der Insolvenzverfahren erleichtert, unter anderem durch eine Veränderung der Reihenfolge der Masseverbindlichkeiten und durch eine Haftung der Geschäftsführer juristischer Personen für die Verfahrenskosten bei einer Verletzung der Pflicht zum Insolvenzantrag. Abweichend vom Regierungsentwurf soll aber ein Insolvenzverfahren nur eröffnet werden, wenn die Kosten des gesamten Verfahrens gedeckt sind, und es wird die Möglichkeit geschaffen, schon vor der Eröffnung die Chancen für die Sanierung eines insolventen Unternehmens zu prüfen.
- Der Insolvenzplan als flexibles Instrument für Sanierungen oder sonstige von der gesetzlich geregelten Liquidation abweichende Verfah-

rensgestaltungen ist vom Rechtsausschuß vereinfacht und praktikabler gestaltet worden.

- Die Einbeziehung der „besitzlosen Mobiliarsicherheiten" in das Insolvenzverfahren unter anderem durch ein Verwertungsrecht des Insolvenzverwalters wird als legitimes Ziel der Reform anerkannt. Die Kostenbelastung der gesicherten Gläubiger wird jedoch gesenkt.

- Wie nach dem Regierungsentwurf soll der Schutz der Arbeitnehmer durch das Kündigungsschutzgesetz und den zwingenden Übergang der Arbeitsverhältnisse bei Betriebsveräußerungen (§ 613a BGB) grundsätzlich auch im Insolvenzverfahren gelten, jedoch verfahrensrechtlich modifiziert werden, um den praktischen Schwierigkeiten entgegenzuwirken, die sich aus der Anwendung dieser Normen ergeben. Diese Verzahnung des Arbeitsrechts mit dem Insolvenzrecht ist vom Rechtsausschuß praxisnäher gestaltet worden, insbesondere durch Begrenzung der gerichtlichen Nachprüfung von Kündigungsvoraussetzungen und durch weitere Maßnahmen zur Beschleunigung des Verfahrensablaufs.

[im folgenden: BT-Drs. 12/7302, S. 151]

- Die Restschuldbefreiung für redliche Schuldner, die ein Insolvenzverfahren durchlaufen haben und während der anschließenden sieben Jahre ihr pfändbares Einkommen den Gläubigern zur Verfügung stellen, ist in wichtigen Einzelpunkten verbessert worden: Die Abwehr von Mißbräuchen wird verstärkt; der „Selbstbehalt" des Schuldners steigt während der letzten Jahre der „Wohlverhaltensperiode"; die Wohlverhaltensperiode wird für Übergangsfälle auf fünf Jahre verkürzt.

Grundlegende Abweichungen vom Regierungsentwurf enthält die Beschlußempfehlung des Rechtsausschusses in folgenden Bereichen:

- Ein neu konzipiertes Verbraucherinsolvenzverfahren ist darauf ausgerichtet, außergerichtliche Verhandlungen zwischen Schuldnern und Gläubigern zu fördern. Wird die Eröffnung des Insolvenzverfahrens beantragt, so versucht das Gericht zunächst, das Einverständnis der Gläubiger mit einem Schuldenbereinigungsplan zu erreichen; wenn die Mehrheit der Gläubiger nicht widerspricht und der Plan inhaltlich angemessen ist, kann die Zustimmung der Minderheit vom Gericht ersetzt werden. Führt auch das Verfahren über den Schuldenbereinigungsplan nicht zum Erfolg, wird ein vereinfachtes Insolvenzverfahren durchgeführt, an das sich die siebenjährige Wohlverhaltensperiode mit dem Ziel der gesetzlichen Restschuldbefreiung anschließt.

- Das im Regierungsentwurf vorgesehene Insolvenzverfahren ohne Insolvenzverwalter und ohne Sachwalter ist nicht übernommen worden.

- Der Neunte Teil des Regierungsentwurfs mit dem Titel „Internationales Insolvenzrecht" ist auf eine Vorschrift verkürzt und in den Entwurf des Einführungsgesetzes zur Insolvenzordnung verlagert worden.

C. Zur Begründung der Beschlußempfehlung

I. Allgemeines

Die Koalitionsfraktionen und die Fraktion der SPD haben in gleicher Weise die Hauptziele des Regierungsentwurfs befürwortet, durch eine grundlegende Insolvenzrechtsreform die gegenwärtige Massearmut der Insolvenzverfahren zu überwinden, in einem einheitlichen Insolvenzverfahren Hindernisse für wirtschaftlich sinnvolle Sanierungen zu beseitigen, Gläubigervorrechte abzubauen und in Not geratenen Schuldnern die Chance für einen wirtschaftlichen Neubeginn zu geben. Die Beratungen des Rechtsausschusses waren von dem gemeinsamen Bemühen aller Fraktionen und Gruppen getragen, die Umsetzung dieser Ziele im Entwurf der Insolvenzordnung zu vereinfachen und praktikabler zu gestalten.

Wesentlich bestimmt wurden die Beratungen vom Ergebnis der Sachverständigenanhörung am 28. April 1993. Diese Anhörung hatte zwar zu den genannten Hauptzielen fast vollständige Einigkeit ergeben. Der Regierungsentwurf war aber von vielen Seiten als zu kompliziert und zu wenig praktikabel bezeichnet worden. Diese Kritik hatte sich allgemein auf die Vielzahl der vorgesehenen Gerichtsentscheidungen und Rechtsmittel bezogen und besonders auf die Bereiche der Mobiliarsicherheiten, des Insolvenzplans und die arbeitsrechtlichen Folgen von Betriebsübertragungen (§ 613a BGB) konzentriert. Für Verbraucherinsolvenzen war weitergehend die Eignung des Regierungsentwurfs zur Lösung der Problematik grundsätzlich in Frage gestellt worden; es waren neue Konzeptionen für ein einfaches und kostengünstiges Verbraucherinsolvenzverfahren gefordert worden. Eine wichtige Rolle bei den Beratungen des Rechtsausschusses spielte auch die Befürchtung der Landesjustizverwaltungen, das neue Insolvenzrecht – insbesondere die Öffnung des Insolvenzverfahrens für Verbraucher, die Restschuldbefreiung erreichen wollen – werde die Gerichte zu stark belasten (Beschluß der 64. Konferenz der Justizministerinnen und -minister vom 22.–24. Juni 1993 in Dresden).

Vor diesem Hintergrund lassen sich die Ergebnisse der Beratungen des Rechtsausschusses wie folgt zusammenfassen:

1. Allgemeine Maßnahmen zur Gerichtsentlastung und Verfahrensvereinfachung

Die Beschlußempfehlung führt im Vergleich zum Regierungsentwurf in vielfacher Hinsicht zu einer Entlastung der Gerichte; zum Teil werden die Insolvenzgerichte auch von Aufgaben befreit, die ihnen nach geltendem Konkursrecht obliegen. Zu nennen sind insbesondere folgende Regelungen:

- Die weitere Beschwerde wird in eine Zulassungsbeschwerde umgewandelt (§ 7).

- Es wird die Möglichkeit geschaffen, die Zustellungen vom Gericht auf den Verwalter zu verlagern (§ 8).

- Das Insolvenzverfahren wird nur eröffnet und durchgeführt, wenn die Kosten des gesamten Verfahrens gedeckt sind (§§ 30, 317).

- Die Forderungen sind beim Insolvenzverwalter oder beim Sachwalter anzumelden, nicht beim Gericht (§§ 32, 201, 202, 331).

- Der obligatorische „Wahltermin", die besondere Gläubigerversammlung für die Wahl eines anderen Insolvenzverwalters und die Bestellung eines Gläubigerausschusses, wird abgeschafft (§ 35).

- Die im Regierungsentwurf vorgesehene Möglichkeit von vollstreckbaren Beschlüssen des Insolvenzgerichts gegen den Insolvenzverwalter und den Schuldner wird beseitigt (§§ 69, 110).

- Die Abstimmungen in der Gläubigerversammlung werden vereinfacht: Die Summenmehrheit reicht aus, der Minderheitenschutz wird wie im geltenden Recht geregelt (§§ 87, 89).

- Der Vollstreckungsschutz für Masseverbindlichkeiten setzt keine Gerichtsentscheidung voraus (§§ 101, 322).

[im folgenden: BT-Drs. 12/7302, S. 152]

- Dem Verwalter wird bei Entscheidungen über die Postsperre kein Beschwerderecht eingeräumt (§ 112).

- Der Schuldner hat keinen Anspruch auf Unterhalt aus der Insolvenzmasse, sondern die Unterhaltsgewährung steht im Ermessen der Gläubigerversammlung (§ 114).

- Das besondere gerichtliche Verfahren zur Feststellung der Zahlungsunfähigkeit oder des maßgeblichen Eröffnungsantrags fällt weg (§§ 157, 158).

- Der Eröffnungsbeschluß kann auch bei unbeweglichen Sachen als Vollstreckungstitel dienen (§ 167).

- Das Insolvenzgericht wird bei Betriebsveräußerungen vor dem „Berichtstermin" nicht eingeschaltet (§ 177).

- Betriebsveräußerungen an Insider oder unter Wert werden an die Zustimmung der Gläubigerversammlung gebunden statt an das Erfordernis eines Insolvenzplans (§§ 181, 182).

- Die Zuständigkeit für eine einstweilige Einstellung der Zwangsversteigerung wird vom Insolvenzgericht auf das Vollstreckungsgericht zurückverlagert (§§ 187, 190, 277).

- Die Prüfung verspätet angemeldeter Forderungen kann im schriftlichen Verfahren erfolgen (§ 204).

- Masseunzulänglichkeit ist vom Verwalter anzuzeigen, nicht durch das Gericht festzustellen (§§ 318, 319).

- Die Regelung des Regierungsentwurfs, daß der Schuldner bei Kleinverfahren die Insolvenzmasse ohne Insolvenzverwalter und ohne Sachwalter selbst verwalten darf (§§ 347 ff), wird nicht übernommen.

2. Praktikablere Gestaltung der arbeitsrechtlichen Regelungen zu Betriebsänderungen und Betriebsveräußerungen

Der Ausschuß hat die Probleme des Insolvenz-Arbeitsrechts, insbesondere die Beendigung von Arbeitsverhältnissen im Insolvenzverfahren, intensiv beraten und dabei auch die Stellungnahme des mitberatenden Ausschusses für Arbeit und Sozialordnung des Deutschen Bundestags berücksichtigt. Er teilt die dem Regierungsentwurf zugrunde liegende Auffassung, daß der Schutz, den die Arbeitnehmer nach dem Kündigungsschutzgesetz, dem Betriebsverfassungsgesetz und nach § 613 a BGB genießen, grundsätzlich auch im Insolvenzverfahren erhalten bleiben soll, daß jedoch verfahrensrechtliche Regelungen zur Beschleunigung der Entscheidung über die Wirksamkeit der Beendigung von Arbeitsverhältnissen erforderlich sind. Zur Verbesserung der Praktikabilität der Regelung des Regierungsentwurfs hat der Ausschuß insbesondere folgende Beschlüsse gefaßt:

- Für die Kündigung von Dienstverhältnissen im Insolvenzverfahren wird eine Höchstfrist von drei Monaten zum Monatsende eingeführt (§ 127).

- Wenn zwischen Insolvenzverwalter und Betriebsrat ein Interessenausgleich zustande kommt, in dem die Arbeitnehmer namentlich bezeichnet sind, deren Arbeitsverhältnis gekündigt werden soll, wird schon nach dem Regierungsentwurf (§ 128) vermutet, daß die Kündigung durch dringende betriebliche Erfordernisse bedingt ist; die soziale Rechtfertigung kann nur auf grobe Fehlerhaftigkeit nachgeprüft werden. Die Beschlußempfehlung des Rechtsausschusses schränkt die Nachprüfbarkeit der sozialen Auswahl weiter dahin ein, daß nur die Dauer der Betriebszugehörigkeit, das Lebensalter und die Unterhaltspflichten zu berücksichtigen sind und daß die Auswahl dann nicht grob fehlerhaft ist, wenn eine ausgewogene Personalstruktur erhalten oder geschaffen wird (§ 143 a).

- Für den Fall, daß ein solcher Interessenausgleich nicht innerhalb von drei Wochen zustande kommt, wird schon nach dem Regierungsentwurf (§ 129) ein Sammelverfahren vor dem Arbeitsgericht zur zusammengefaßten Prüfung der Wirksamkeit aller Kündigungen zur Verfügung gestellt. Die Beschlußempfehlung verengt auch hier die Nachprüfbarkeit der Sozialauswahl auf die Kriterien Dauer der Betriebszugehörigkeit, Lebensalter und Unterhaltspflichten (§ 143 b).

— Der Interessenausgleich nach § 112 des Betriebsverfassungsgesetzes als Voraussetzung für die Durchführung einer Betriebsänderung soll wie nach dem Regierungsentwurf entbehrlich sein, wenn das Arbeitsgericht seine Zustimmung erteilt (§ 140). In der Beschlußempfehlung des Rechtsausschusses wird dazu klargestellt, daß schon während dieses arbeitsgerichtlichen Verfahrens über einen Interessenausgleich nach § 143 a des Entwurfs verhandelt oder ein Sammelverfahren nach § 143 b des Entwurfs in Gang gesetzt werden kann.

3. Vereinfachung der Regelungen über die Mobiliarsicherheiten, Entlastung der gesicherten Gläubiger

Der Rechtsausschuß hat nach Abwägung der Belange der gesicherten Gläubiger und der Bedürfnisse einer wirtschaftlich effektiven Verfahrensgestaltung die Grundsätze des Regierungsentwurfs gebilligt,

— daß im Insolvenzverfahren der Insolvenzverwalter zur Verwertung der mit Absonderungsrechten belasteten beweglichen Sachen, die er in seinem Besitz hat, und der zur Sicherung abgetretenen Forderungen berechtigt ist;

— daß vom Verwertungserlös die Feststellungs- und Verwertungskosten einschließlich der Umsatzsteuer an die Masse abzuführen sind.

Er hat jedoch folgende Beschlüsse zur Verfahrensvereinfachung und zur Vermeidung einer übermäßigen Belastung der gesicherten Gläubiger gefaßt:

[im folgenden: BT-Drs. 12/7302, S. 153]

— Bei der Forderungsabtretung wird nicht danach differenziert, ob die Abtretung dem Drittschuldner angezeigt worden ist (§ 191).

— Das einem Vorkaufsrecht ähnliche Eintrittsrecht des gesicherten Gläubigers vor der Veräußerung von Sicherungsgut durch den Verwalter wird durch eine Pflicht des Verwalters zur Mitteilung der Veräußerungsabsicht ersetzt (§ 193).

— Das Recht des gesicherten Gläubigers, dem Verwalter eine gerichtliche Verwertungsfrist setzen zu lassen, wird beseitigt (§ 194).

— Der Abzug vom Verwertungserlös für die Feststellungskosten wird von 6% auf 4% ermäßigt, ein Abzug von Erhaltungskosten wird nicht vorgesehen (§§ 195, 196).

— Die Regelungen über die Ersatzsicherheiten werden beseitigt (§§ 197, 198).

— Die Vorschrift über die Herausgabe von verpfändeten Sachen an den Verwalter wird gestrichen (§ 199).

4. Vereinfachung der Regelungen über den Insolvenzplan

Die Vorschriften des Regierungsentwurfs über den Insolvenzplan werden unter Beibehaltung ihrer Grundgedanken wesentlich vereinfacht und gestrafft:

— Nur der Insolvenzverwalter und der Schuldner sollen das Recht haben, einen Plan vorzulegen (Neufassung des § 254).

— Die Pflicht zur Bildung von Gläubigergruppen im Insolvenzplan wird auf den Fall reduziert, daß Gläubiger mit unterschiedlicher Rechtsstellung vom Plan betroffen werden. Unterschiedliche wirtschaftliche Interessen der betroffenen Gläubiger verpflichten nicht zur Gruppenbildung (§ 265).

— Die gerichtliche Vorprüfung der Aussichten eines vorgelegten Plans wird auf die Vorlage durch den Schuldner beschränkt. Eine Zurückweisung des Plans durch das Gericht nach dem Erörterungstermin entfällt (§§ 275, 284).

— Die Erörterung des Plans und die Abstimmung über diesen sollen in der Regel in einem einheitlichen Termin stattfinden, in dem auch Änderungen des Plans möglich sind. Ein zweiter Abstimmungstermin kann nicht anberaumt werden (§§ 279, 284, 285, 292).

— Das „Obstruktionsverbot" des Regierungsentwurfs wird dahin reduziert, daß die Zustimmung einer den Plan ablehnenden Abstimmungsgruppe nur dann als erteilt gelten kann, wenn die Mehrheit der anderen Gruppen dem Plan zugestimmt hat (§ 290).

5. Mißbrauchsabwehr und Verfahrensvereinfachung bei der Restschuldbefreiung

Die Regelungen des Regierungsentwurfs über die gesetzliche Restschuldbefreiung als Folge eines Insolvenzverfahrens – die nicht nur für Verbraucher, sondern auch für persönlich haftende Unternehmer bedeutsam sind – werden in der Beschlußempfehlung im Grundsatz unverändert gelassen. Es bleibt dabei, daß ein Schuldner, der sich vor der Eröffnung des Insolvenzverfahrens korrekt verhält, während des Verfahrens seine Mitwirkungspflichten erfüllt und nach der Verfahrensaufhebung sieben Jahre lang nach besten Kräften dazu beiträgt, daß der pfändbare Teil seines Einkommens einem Treuhänder der Gläubiger zufließt, von seinen restlichen Schulden befreit wird. Die Regelung bietet dem Schuldner einen Ausweg aus der lebenslangen Schuldenhaftung, gewährleistet aber durch die hohen Anforderungen an die gesetzliche Restschuldbefreiung, daß die Gläubiger wirtschaftlich im Regelfall nicht schlechter gestellt werden als in der gegenwärtigen Situation, in der das freie Nachforderungsrecht der

Gläubiger zwar im Gesetz vorgesehen ist, faktisch aber meist nur mit großen Schwierigkeiten und nur in geringer Höhe durchgesetzt werden kann. Auf diese Weise werden die verfassungsrechtlichen Zielsetzungen des Schutzes erworbener Rechtspositionen (Artikel 14 Abs. 1 Satz 1 GG) und der staatlichen Hilfe für in Not geratene Personen (Artikel 20 Abs. 1 GG, Sozialstaatsgebot) in angemessener Weise zum Ausgleich gebracht.

Die Beschlußempfehlung des Rechtsausschusses enthält jedoch eine Reihe von Änderungen, die zum Teil die Mißbrauchsverhütung im Bereich der Restschuldbefreiung verbessern, zum Teil das Verfahren vereinfachen und die Gerichte entlasten:

- Abreden, welche die Abtretung der Bezüge an den Treuhänder hindern, sind insoweit unwirksam (§ 346 b).

- Den Beteiligten wird ein Vorschlagsrecht für einen geeigneten Treuhänder eingeräumt (§ 346 c).

- Nicht nur nach einer Erteilung der Restschuldbefreiung, sondern auch nach deren Versagung wegen Obliegenheitsverletzungen tritt eine zehnjährige Sperre für einen erneuten Antrag auf Restschuldbefreiung ein (§ 346 e).

- Als zusätzlichen Anreiz für den Schuldner, die siebenjährige „Wohlverhaltensperiode" durchzustehen, sieht der Beschlußvorschlag vor, daß dem Schuldner während der letzten drei Jahre zunächst 10%, dann 15% und schließlich 20% des pfändungsfreien Betrages verbleiben (§ 346 g).

- Die Entscheidungen über die Restschuldbefreiung können ohne mündliche Verhandlung erfolgen, sie sind stets öffentlich bekannt zu machen (§§ 346 h, 346 m, 346 o).

[im folgenden: BT-Drs. 12/7302, S. 154]

6. Neukonzeption des Verbraucherinsolvenzverfahrens

Die Abwicklung von Verbraucherinsolvenzen ist in der Beschlußempfehlung neu konzipiert worden. Die Neuregelung hat das Ziel, den besonderen Bedürfnissen der Verbraucher besser Rechnung zu tragen und gleichzeitig die Gerichte soweit wie möglich zu entlasten. Es wird ein dreistufiger Ablauf vorgesehen:

- In erster Linie sollen insolvente Verbraucher eine außergerichtliche Einigung mit ihren Gläubigern versuchen. Dies kann beispielsweise mit Unterstützung eines Rechtsanwalts oder einer Schuldnerberatungsstelle geschehen.

- Scheitert der außergerichtliche Einigungsversuch, so kann der Verbraucher beim Insolvenzgericht die Eröffnung eines Insolvenzverfahrens beantragen. Er hat diesem Antrag Verzeichnisse seines Vermögens, seiner Gläubiger und der gegen ihn gerichteten Forderungen sowie einen Schuldenbereinigungsplan beizufügen. Diesen Plan übersendet das Gericht den benannten Gläubigern zur Stellungnahme. Stimmt die Mehrheit der Gläubiger zu oder widerspricht sie nicht und erscheint der Plan inhaltlich angemessen, so ersetzt das Gericht die Zustimmung der übrigen Gläubiger. Inhaltlich angemessen ist in diesem Sinne der Plan nur dann, wenn er die widersprechenden Gläubiger wirtschaftlich nicht schlechter stellt, als sie bei Durchführung eines Insolvenzverfahrens mit der Möglichkeit der Restschuldbefreiung stünden; auf diese Weise ist der verfassungsrechtlich gebotene Schutz der Rechtspositionen der Gläubiger gewährleistet. Der zustande gekommene Schuldenbereinigungsplan hat die Wirkung eines Prozeßvergleichs.

- Erst wenn auch dieses Verfahren nicht zum Erfolg führt, kann ein abgekürztes Verbraucherinsolvenzverfahren eröffnet werden, das mit nur einem Termin oder sogar im schriftlichen Verfahren durchgeführt werden kann. Die Aufgaben des Insolvenzverwalters werden in reduziertem Umfang von einem Treuhänder wahrgenommen. Anschließen kann sich die siebenjährige Wohlverhaltensperiode, die mit der gesetzlichen Restschuldbefreiung endet.

7. Aufnahme einzelner Verbesserungsvorschläge aus der Praxis

Außerhalb der genannten Schwerpunktbereiche enthält die Ausschußfassung eine Reihe von Änderungen des Regierungsentwurfs, durch die Verbesserungsvorschläge aus der Praxis aufgegriffen werden. Besonders wichtig sind die folgenden:

- Schon die Zeit vor der Verfahrenseröffnung soll dazu genutzt werden können, durch einen vorläufigen Insolvenzverwalter die Chancen für die Sanierung des insolventen Unternehmens prüfen zu lassen (§ 26).

- Die Ersatzaussonderung ist erweitert worden (§ 55).

- Nur natürliche Personen werden zum Amt des Insolvenzverwalters zugelassen (§ 65).

- Das Recht einer Gläubigerminderheit, die Einberufung der Gläubigerversammlung zu verlangen, wird ausgeweitet (§ 86).

- Die Aufrechnung währungsverschiedener Forderungen wird zugelassen (§ 107).

- Die Regelung über Finanztermingeschäfte wird um Geschäfte mit Edelmetallen, Wertpapieren und Optionen ergänzt. Gleichzeitig wird sichergestellt, daß im Insolvenzfall alle noch nicht erfüllten Ansprüche aus zwischen zwei Parteien bestehenden Finanztermingeschäften saldiert werden können (§ 118).

– Für leicht verderbliche Waren, die unter Eigentumsvorbehalt geliefert worden sind, wird eine Sonderregelung getroffen (§ 121).

– § 137 Abs. 2 des Regierungsentwurfs, der Vereinbarungen über die Auflösung eines Vertragsverhältnisses bei der Eröffnung eines Insolvenzverfahrens für unwirksam erklärte, ist im Interesse der Vertragsfreiheit gestrichen worden.

– Die Sicherung oder Befriedigung eines Gläubigers vor der Eröffnung des Insolvenzverfahrens soll nur dann anfechtbar sein, wenn der Gläubiger die Zahlungsunfähigkeit oder den Eröffnungsantrag kannte oder wenn aus ihm bekannten Umständen zwingend auf die Krise geschlossen werden mußte (§ 145).

8. *Neugliederung und redaktionelle Straffung des Entwurfs*

Der Gesetzentwurf ist vom Rechtsausschuß übersichtlicher gegliedert worden: In erster Linie ging es darum, der Bedeutung der Restschuldbefreiung und des Verbraucherinsolvenzverfahrens dadurch Rechnung zu tragen, daß für diese beiden Materien jeweils ein eigener Teil des Gesetzentwurfs gebildet wird (Achter und Neunter Teil). Der weniger bedeutsame Siebte Teil des Regierungsentwurfs mit dem Titel „Einstellung des Verfahrens" ist zu einem Abschnitt des Fünften Teils zurückgestuft worden; den neuen Siebten Teil bildet die Eigenverwaltung. Die im Regierungsentwurf verstreuten Vorschriften zum Insolvenzverfahren über das Gesamtgut einer Gütergemeinschaft werden zu einem Abschnitt im Zehnten Teil „Besondere Arten des Insolvenzverfahrens" zusammengefaßt. Der Neunte Teil des Regierungsentwurfs „Internationales Insolvenzrecht" hat in der Beschlußempfehlung des Rechtsausschusses keine Entsprechung. Es erschien dem Ausschuß nicht sinnvoll, in einem Zeitpunkt, in dem die Arbeiten an dem Konkursübereinkommen der Europäischen Gemeinschaften vor dem Abschluß stehen, eine ausführliche nationale Regelung des Internationalen Insolvenzrechts zu treffen. Eine Kodifizierung der wichtigsten Grundsätze des Internationalen Insolvenzrechts in einer Vorschrift des Einführungsgesetzes zur Insolvenzordnung (Artikel 106 a) ist für die Übergangszeit ausreichend.

[im folgenden: BT-Drs. 12/7302, S. 155]

Der gesamte Entwurf ist vom Rechtsausschuß redaktionell gestrafft worden. Bei jeder Norm, die ohne inhaltliche Einbuße gekürzt oder gestrichen werden konnte, war jeweils abzuwägen, ob die Straffung des Entwurfs den Vorrang verdiente oder ob die ausführlichere Fassung im Interesse der besseren Verständlichkeit und der Vermeidung gerichtsbelastender Auslegungsschwierigkeiten beibehalten werden sollte. Im Ergebnis ist der Entwurfstext wesentlich verkürzt worden; an die Stelle der 399 Paragraphen des Regierungsentwurfs sind in der Beschlußempfehlung 335 Paragraphen getreten.

In der folgenden Einzelbegründung werden die vom Ausschuß beschlossenen Änderungen des Regierungsentwurfs erläutert. Es wird auch zu einigen Vorschriften Stellung genommen, die erörtert wurden, aber im Ergebnis unverändert geblieben sind. Ergänzend wird auf die Begründung zum Regierungsentwurf in der Drucksache 12/2443 verwiesen.

Anhang I 7

[im folgenden: BT-Drs. 12/7302, S. 155 ff. (Bericht des Bundestags-Rechtsausschusses zum Entwurf einer Insolvenzordnung, „C. Zur Begründung der Beschlußempfehlung", „II. Zu den einzelnen Vorschriften") **auszugsweise – soweit die vom Ausschuß gestrichenen Paragraphen des Regierungsentwurfs einer Insolvenzordnung betroffen sind.**]

[im folgenden: BT-Drs. 12/7302, S. 156]

7. Zu § 11

Die in § 11 des Regierungsentwurfs enthaltene Regelung wird in § 110 Abs. 3 der Beschlußempfehlung verlagert. § 11 kann somit entfallen.

8. Zu § 12

§ 12 des Regierungsentwurfs erscheint entbehrlich. Der Begriff der Zwangsvollstreckung muß auch ohne diese Vorschrift als Oberbegriff im Sinne der Terminologie der Zivilprozeßordnung verstanden werden. Dort sind im Achten Buch unter der Bezeichnung „Zwangsvollstreckung" sowohl die Einzelzwangsvollstreckung als auch der Arrest und die einstweilige Verfügung abgehandelt. Insoweit bedarf es keiner eigenen Definition dieses Begriffs in der Insolvenzordnung.

[im folgenden: BT-Drs. 12/7302, S. 160]

34. Zu § 60

Die Vorschrift entfällt aus Gründen der redaktionellen Straffung. Der Ausschuß will dadurch jedoch nicht die Möglichkeit der Ersatzabsonderung ausschließen. Auch in der Konkursordnung hat die Ersatzabsonderung keine ausdrückliche Regelung gefunden und ist gleichwohl anerkannt. Die analoge Anwendung der Vorschriften über die Ersatzaussonderung erscheint dem Ausschuß für die Insolvenzordnung ebenso wie für die Konkursordnung ein praktikabler Lösungsweg.

[im folgenden: BT-Drs. 12/7302, S. 161]

38. Zu § 68

Die Neufassung des § 68, die in Absatz 1 die Regelung des bisherigen § 68 enthält, macht zugleich § 69 des Regierungsentwurfs entbehrlich.

...

[im folgenden: BT-Drs. 12/7302, S. 162]

44. Zu § 77

Die Vorschrift des Regierungsentwurfs über den Sonderinsolvenzverwalter ist als überflüssig gestrichen worden. Der Ausschuß geht davon aus, daß die Bestellung eines Sonderinsolvenzverwalters in den im Regierungsentwurf geregelten Fällen auch ohne eine ausdrückliche Regelung möglich ist. Dies entspricht der bisherigen Praxis zur Konkursordnung, die ebenfalls keine spezielle Regelung des Problems des Sonderinsolvenzverwalters enthält.

[im folgenden: BT-Drs. 12/7302, S. 165]

58. Zu § 104

§ 104 des Regierungsentwurfs entfällt. Auch er regelt Details, die wie bisher der Rechtsprechung überlassen bleiben können.

[im folgenden: BT-Drs. 12/7302, S. 166]

64. Zu § 111

Der Inhalt des § 111 des Regierungsentwurfs ist in die neuen §§ 109 und 110 eingegangen. Die Vorschrift kann deshalb entfallen.

[im folgenden: BT-Drs. 12/7302, S. 167]

66. Zu § 113

Die Vorschrift zu den Auslagen und zur Vergütung des Schuldners wird gestrichen. Diese Vorschrift ist ein Beispiel für den in der Sachverständigenanhörung vor dem Rechtsausschuß am 28. April 1993 gerügten Detailperfektionismus. Auch im geltenden Konkursrecht findet sich keine gesetzliche Regelung der Auslagen und Vergütung des Schuldners im Zusammenhang mit der Erfüllung seiner Auskunfts- und Mitwirkungspflichten. Die Streichung der Vorschrift wirkt sich zudem gerichtsentlastend aus, da bei Fehlen eines gesetzlichen Anspruchs des Schuldners auf Vergütung und Auslagenerstattung eine gerichtliche Entscheidung – wie sie in Absatz 2 des Regierungsentwurfs vorgesehen ist – kaum erforderlich werden wird.

[im folgenden: BT-Drs. 12/7302, S. 171]

78. Zu § 143

Die Regelung über Rahmensozialpläne ist vom Ausschuß gestrichen worden. Damit wird in einem Bereich, der voraussichtlich keine größere praktische Bedeutung erlangen wird, im Interesse der Straffung des Gesetzentwurfs auf eine gesetzliche Regelung verzichtet.

[im folgenden: BT-Drs. 12/7302, S. 174]

90. Zu den §§ 157, 158

Die Vorschriften des Regierungsentwurfs zur Feststellung des Zeitpunkts der Zahlungsunfähigkeit und des maßgeblichen Eröffnungsantrags enthalten ein neuartiges Verfahren, das das Insolvenzgericht zusätzlich belastet. Der Ausschuß läßt dieses Verfahren entfallen. Wie nach der Konkursordnung werden der maßgebliche Zeitpunkt oder der maßgebliche Eröffnungsantrag in den jeweiligen Anfechtungsprozessen vor dem ordentlichen Gericht festzustellen sein, wobei auch die Möglichkeit von Musterprozessen besteht.

[im folgenden: BT-Drs. 12/7302, S. 176]

103. **Zu § 184**

Die Regelung zur Erstattung von Kosten für den Nachweis einer Veräußerungsmöglichkeit entfällt. Nach Ansicht des Ausschusses ist davon auszugehen, daß die Gläubiger aufgrund der neuen und weitreichenden Beteiligungsrechte ausreichende Anreize zur Förderung der Ziele des Insolvenzverfahrens haben werden. Im übrigen kann die Problematik den Vereinbarungen zwischen den Beteiligten überlassen bleiben.

104. **Zu § 185**

Die Vorschrift ist zur redaktionellen Straffung des Gesetzentwurfs gestrichen worden. Sie ist durch die Gleichstellung der Unternehmensveräußerung mit der Betriebsveräußerung in den §§ 179, 181 und 182 der Beschlußempfehlung ersetzt worden. Für Betriebsteile brauchen diese Regelungen nicht zu gelten. Die Anwendung auf Unternehmensteile kann der Rechtsprechung überlassen bleiben; für § 179 ergibt sie sich aus der beispielhaften Aufzählung in Absatz 2 dieser Vorschrift (vgl. oben zu § 179 Abs. 2).

[im folgenden: BT-Drs. 12/7302, S. 178]

111. **Zu den §§ 197, 198**

Die im Regierungsentwurf vorgesehenen Regelungen über Ersatzsicherheiten (§ 197 Abs. 1 Satz 3, Abs. 2, Abs. 3 Satz 2, § 198) führen nach Auffassung der Mehrheit des Ausschusses zu einer unnötigen Komplizierung des Gesetzentwurfs. Der Verwalter hat stets die rechtliche Möglichkeit, sich durch Zahlung der gesicherten Forderung die uneingeschränkte Verfügungsbefugnis über das Sicherungsgut zu verschaffen. Der Ausschuß hat diese Regelungen daher – gegen die Stimmen der Opposition – gestrichen und die Formulierung des § 197 Abs. 3 entsprechend angepaßt. Es bleibt dem Verwalter gleichwohl unbenommen, das Stellen einer Ersatzsicherheit im Einzelfall mit dem Gläubiger zu vereinbaren.
Der in Absatz 1 der Beschlußempfehlung vorgesehene Ausgleich für einen Wertverlust durch Nutzung des Sicherungsguts besteht unabhängig von dem Anspruch auf Zinszahlungen nach § 194 des Entwurfs wegen der Verzögerung der Verwertung. Wenn der Verwalter den Gegenstand für die Masse nutzt und die weiteren Voraussetzungen für Ansprüche nach den §§ 194 und 197 gegeben sind, erhält der Gläubiger laufend sowohl den Nutzungsausgleich als auch die Zinsen.

112. **Zu § 199**

Mit dem Ziel einer Entlastung des Insolvenzgerichts hat der Rechtsausschuß § 199 des Regierungsentwurfs gestrichen. Ein besonderes gerichtliches Verfahren zur Herausgabe von Pfandsachen an den Insolvenzverwalter ist nach Auffassung des Ausschusses nicht erforderlich. Es ist ausreichend, daß der Verwalter die Möglichkeit hat, die gesicherte Forderung zu berichtigen und dann nach den allgemeinen Regeln des Bürgerlichen Rechts die Sache herauszuverlangen.

[im folgenden: BT-Drs. 12/7302, S. 180]

127. **Zu § 234 d**

...

Der Regierungsentwurf regelt in § 323 weitere Rechtsfolgen der Masseunzulänglichkeit, insbesondere die Stellung der Massegläubiger in der Gläubigerversammlung und das Recht zur Vorlage eines Insolvenzplans. Der Ausschuß überläßt diese Probleme der Rechtsprechung.

[im folgenden: BT-Drs. 12/7302, S. 181]

135. **Zu den §§ 254, 255**

Ebenfalls zur Verfahrensvereinfachung wird das Recht zur Vorlage eines Insolvenzplans durch die Neufassung des § 254 und die gleichzeitige Streichung des § 255 auf den Schuldner und auf den Insolvenzverwalter beschränkt. Dadurch werden die praktischen Schwierigkeiten vermieden, die sich nach dem Regierungsentwurf bei konkurrierenden Insolvenzplänen von Gläubigergruppen hätten ergeben können.
Der neue Absatz 2 entspricht dem bisherigen Absatz 1, der neue Absatz 3 entspricht dem bisherigen Absatz 2 Satz 1. Auf den bisherigen Absatz 2 Satz 2 (Mitwirkung der am Schuldner – der keine natürliche Person ist – beteiligten Personen [im folgenden: BT-Drs. 12/7302, S. 182] bei der Aufstellung des Plans) wird zur Verfahrensvereinfachung verzichtet.

136. **Zu § 256**

Durch die Beschränkung des Planinitiativrechts (Neufassung des § 254) verliert § 256 weitgehend seine praktische Bedeutung; der Ausschuß hat die Vorschrift daher gestrichen. Daß der Schuldner ohne eine entsprechende Vereinbarung keinen Anspruch auf Kostenersatz hat, wenn er einen Plan vorlegt, ergibt sich auch ohne die Vorschrift. Ein Anspruch nach den Vorschriften über die Geschäftsführung ohne Auftrag scheitert daran, daß die Voraussetzung der Besorgung eines Geschäfts „für einen anderen" regelmäßig nicht gegeben ist. Wenn der Schuldner einen Plan ausarbeitet, besorgt er ein eigenes Geschäft, nicht eines der Masse oder der Gläubigergesamtheit.

138. **Zu den §§ 258–262**

Der neue § 258 Abs. 2 dient der redaktionellen Straffung; er erlaubt es, auf die §§ 259–262 und 272 des Regierungsentwurfs zu verzichten. Statt detailliert aufzuzählen, welche Anforderungen an den darstellenden Teil des Insolvenzplans zu stellen sind, wird allgemein bestimmt, welchen Inhalt dieser Teil haben sollte. Wer einen Plan aufstellt und die Zustimmung der Gläubiger zu diesem Plan erreichen will, ist schon von sich aus daran interessiert, den Gläubigern die für diese erforderlichen Informationen zu geben.

139. **Zu § 263**

Die Vorschrift ist durch die beschlossene Änderung des § 181 überflüssig geworden. Nach der Beschlußempfehlung des Ausschusses kann eine Betriebsveräußerung auch dann, wenn sie an einen „Insider" erfolgt, ohne einen Insolvenzplan erfolgen.

144. **Zu § 272**

Die Streichung der Vorschrift ist eine Folgeänderung zur Neufassung des § 258 Abs. 2.

[im folgenden: BT-Drs. 12/7302, S. 183]

152. **Zu § 286**

Die Streichung der Vorschrift ist eine Folgeänderung zur Änderung bei den §§ 279 und 284.

[im folgenden: BT-Drs. 12/7302, S. 184]

157. **Zu § 292**

Die Vorschrift über den zweiten Abstimmungstermin entfällt. Sie könnte zu Verzögerungen des Verfahrens führen, z. B. dazu, daß die Frage, ob die fehlende Zustimmung einer Gläubigergruppe nach § 290 als erteilt gilt, zunächst offen gelassen und eine neue Abstimmung in einem zweiten Termin versucht wird.
Unberührt bleibt die Möglichkeit, nach der Ablehnung eines Plans einen neuen Plan vorzulegen, der inhaltlich weitgehend mit dem abgelehnten Plan übereinstimmen kann.

159. **Zu § 294**

Die Streichung der Vorschrift des Regierungsentwurfs über konkurrierende Pläne dient der redaktionellen Straffung. Das Bedürfnis für die Regelung hat sich dadurch vermindert, daß der Ausschuß das Recht zur Vorlage eines Plans in dem neuen § 254 auf den Schuldner und den Verwalter beschränkt hat.

[im folgenden: BT-Drs. 12/7302, S. 187]

183. **Zu § 346 d**

Die §§ 237 und 238 des Regierungsentwurfs werden zur redaktionellen Straffung in den Absätzen 1 und 2 zusammengefaßt.
Der neue Absatz 3 entspricht § 329 Abs. 2 des Regierungsentwurfs. Die Umstellung erscheint zweckmäßig, da in der Beschlußempfehlung die Einstellung des Verfahrens in einem früheren Abschnitt der Insolvenzordnung geregelt wird als die Restschuldbefreiung.

[im folgenden: BT-Drs. 12/7302, S. 189]

193. **Zu § 346 o**

Die §§ 248 und 249 des Regierungsentwurfs werden zusammengefaßt. Das Verfahren soll wesentlich vereinfacht werden: Ein Termin ist nun nicht mehr zwingend erforderlich; es kann auch im schriftlichen Verfahren entschieden werden.
Absatz 2 ist redaktionell an die Einfügung des § 346 l angepaßt worden.
In Absatz 3 wird die Veröffentlichung im Bundesanzeiger vorgeschrieben, um der weitreichenden Wirkung der Restschuldbefreiung besser zu entsprechen, als dies durch eine Veröffentlichung in einem örtlichen oder regionalen Blatt möglich wäre.

[im folgenden: BT-Drs. 12/7302, S. 194]

207. **Zu § 372**

§ 372 des Regierungsentwurfs entfällt infolge der Beschränkung des Planinitiativrechts auf den Schuldner und den Verwalter in § 254 der Beschlußempfehlung.

209. **Zu § 377**

§ 377 des Regierungsentwurfs entfällt infolge der Aufnahme der Regelung in § 359 Abs. 3 der Beschlußempfehlung.

Anhang I 8

[im folgenden: Plenarprotokoll 12/222, auszugsweise – soweit es die zweite und dritte Lesung der Gesetzentwürfe zur Insolvenzordnung betrifft.]

Plenarprotokoll 12/222

Deutscher Bundestag

Stenographischer Bericht
222. Sitzung
Bonn, Donnerstag, den 21. April 1994

Inhalt:

Tagesordnungspunkt 2:

a) Zweite und dritte Beratung des von der Bundesregierung eingebrachten Entwurfs einer Insolvenzordnung (Drucksachen 12/2443, 12/7302)

b) Zweite und dritte Beratung des von der Bundesregierung eingebrachten Entwurfs eines **Einführungsgesetzes zur Insolvenzordnung** (Drucksachen 12/3803, 12/7303)

Joachim Gres CDU/CSU . . . . 19114 B

Dr. Eckhart Pick SPD . . . . 19117 D

Rainer Funke F. D. P. . . . . 19120 A

Dr. Uwe-Jens Heuer PDS/Linke Liste 19121 A,
. . . . 19131 D

Dr. Wolfgang Ullmann BÜNDNIS 90/
DIE GRÜNEN . . . . 19122 C

Sabine Leutheusser-Schnarrenberger,
Bundesministerin BMJ . . . . 19123 B

Hermann Bachmaier SPD . . . . . . 19124 D

Dr. Freiherr Wolfgang von Stetten
CDU/CSU . . . . 19126 C

Dr. Hans de With SPD . . . . 19128 B

Detlef Kleinert (Hannover) F. D. P. . . . 19129 B

Dr. Ulrich Briefs fraktionslos . . . . 19130 D

[im folgenden: 19114 (A)]

Ich rufe den Tagesordnungspunkt 2 auf:

a) Zweite und dritte Beratung des von der Bundesregierung eingebrachten Entwurfs einer Insolvenzordnung (InsO)
– Drucksache 12/2443 –
(Erste Beratung 94. Sitzung)
Beschlußempfehlung und Bericht des Rechtsausschusses (6. Ausschuß)

– Drucksache 12/7302 –
Berichterstattung:
Abgeordnete Hermann Bachmaier
Joachim Gres
Detlef Kleinert (Hannover)

[im folgenden: 19114 (B)]

Dr. Eckhart Pick
Dr. Wolfgang Freiherr von Stetten

b) Zweite und dritte Beratung des von der Bundesregierung eingebrachten Entwurfs eines **Einführungsgesetzes zur Insolvenzordnung** (EGInsO)
– Drucksache 12/3803 –
(Erste Beratung 128. Sitzung)
Beschlußempfehlung und Bericht des Rechtsausschusses (6. Ausschuß)
– Drucksache 12/7303 –
Berichterstattung:
Abgeordnete Hermann Bachmaier
Joachim Gres
Detlef Kleinert (Hannover)
Dr. Eckhart Pick
Dr. Wolfgang Freiherr von Stetten

Dazu liegen zwei Änderungsanträge der Fraktion der SPD vor.

Nach einer Vereinbarung im Ältestenrat sind für die gemeinsame Aussprache anderthalb Stunden vorgesehen. – Auch dazu sehe ich keinen Widerspruch. Wir verfahren so, und ich eröffne die Aussprache. Als erster nimmt das Wort der Kollege Joachim Gres.

Joachim Gres (CDU/CSU): Frau Präsidentin! Meine sehr geehrten Damen und Herren! Mit der heutigen Verabschiedung der Insolvenzordnung und des Einführungsgesetzes zur Insolvenzordnung sind wir am Ende eines langen parlamentarischen Weges. Die Vorbereitungen für dieses komplexe Gesetzgebungs-[**im folgenden: 19114 (A)**]vorhaben – daran sei heute erinnert! – gehen auf das Jahr 1978 zurück, als der damalige Justizminister Vogel eine Insolvenzrechtskommission einsetzte. Die vielen Entwürfe und Konzepte, die Fülle der Beiträge aus Wissenschaft und Wirtschaft, die seitdem zu dem Thema Insolvenzrechtsreform entstanden sind, sind auch für Experten nicht mehr zu überblicken.

Nach einem ersten Anlauf in der vergangenen Legislaturperiode hat die Bundesregierung im Jahr 1992 den heute hier zur Schlußberatung anstehenden Gesetzentwurf vorgelegt. Dieser Gesetzentwurf soll die Konkursordnung, die Vergleichsordnung und die Gesamtvollstreckungsordnung in den neuen Bundesländern durch eine neue **einheitliche Insolvenzrechtsregelung** mit modernen und ausgewogenen Bestimmungen ersetzen, die insbesondere folgende **Ziele** verfolgt:

erstens, bei der Liquidation von insolventen Unternehmen die gleichmäßige Gläubigerbefriedigung besser zu ordnen,

zweitens, sanierungsfähigen Unternehmen die Möglichkeit zur Verhinderung von volkswirtschaftlich sinnlosen Zerschlagungsabläufen zu geben und damit die Chance zur Erhaltung von Arbeitsplätzen einzuräumen,

drittens schließlich, den Menschen, die sich in hoffnungslosen persönlichen Überschuldungssituationen befinden, angemessene Auswege aus dieser Sackgasse anzubieten.

Der ursprüngliche Gesetzentwurf wurde zum Zeitpunkt der Einbringung allgemein wegen seiner [**im folgenden: 19114 (D)**] Gesetzestechnik und der Kohärenz seiner ineinandergreifenden Bestimmungen in der Wissenschaft als gelungene Kodifikation anerkannt und deshalb in der ersten Lesung fraktionsübergreifend im Grundsatz begrüßt. Wie das aber bei Gesetzgebungsvorhaben oft so ist, die eine längere Vorbereitungs- und Anlaufzeit haben, haben sich zwischenzeitlich die Rahmenbedingungen für dieses Gesetz ein wenig verschoben. Bei allgemein knapp gewordenen staatlichen Ressourcen ist auch die Ressource Recht oder – besser gesagt – sind die praktischen Möglichkeiten zur justitiellen Bewältigung von Insolvenzrechtsfällen knapp geworden. Bei aller Berechtigung der oben genannten drei generellen Ziele des Gesetzentwurfes der Bundesregierung ist in der Folgediskussion die Frage der **praktischen Bewältigung von Insolvenzverfahren** in den Vordergrund gerückt. Nicht nur die Justizverwaltungen fürchteten eine Überlastung durch zusätzliche Aufgaben, auch die Praktiker zweifelten, ob der ursprüngliche Gesetzentwurf nicht teilweise überkompliziert und zu rechtsmittelanfällig sei. Kurz: Es zeigte sich, daß ein schlankeres und weniger perfektionistisches Gesetz besser in die Zeit des Jahres 1994 und wohl auch in die nächsten Jahre paßt.

Um diese Kritik und Anregungen aufzugreifen, war das Parlament gefordert, und das Parlament

hat gehandelt. Unter Beibehaltung der grundsätzlichen Ziele des Gesetzentwurfes der Bundesregierung ist in den letzten anderthalb Jahren in zahllosen Gesprächen, Diskussionen und Beratungen im Rechtsausschuß bzw. zwischen den Berichterstattern der Frak-[**im folgenden: 19115 (A)**] tionen der Gesetzentwurf in vielen Bereichen ganz erheblich geändert worden, umgestellt worden und teilweise drastisch vereinfacht worden.

Meine Damen und Herren, aus aktuellem Anlaß füge ich allerdings hinzu: Insolvenzen – also in der Regel **falsche unternehmerische Entscheidungen** – kann die neue Insolvenzordnung auch nicht verhindern. Insbesondere dann, wenn Banken und Gläubiger über die Vermögenslage eines Unternehmens getäuscht werden, wenn gar in betrügerischer Absicht Lieferanten und sonstige Vertragspartner von einem Unternehmen hinters Licht geführt werden, wenn andererseits die Gläubiger selbst – also z. B. Banken, aber auch mittelständische Baubetriebe, Mieter und sonstige Kunden – die vorhandenen Warnzeichen nicht wahrnehmen oder nicht ernst nehmen oder beiseite schieben, oder wenn z. B. Bauhandwerker von den Sicherungsmöglichkeiten, die das Gesetz jetzt schon bietet, keinen Gebrauch machen, kann auch die neue Insolvenzordnung bei der nächsten Insolvenzgelegenheit nur beschränkt helfen.

Ein wenig helfen wird sie allerdings schon,

(Beifall bei Abgeordneten der SPD)

z. B. durch die Verschärfung der persönlichen Haftung der Unternehmensführung für die Folgen eines verspätet gestellten Insolvenzantrages, z.B. durch die Verschärfung der Anfechtungsmöglichkeiten von Vermögensverschiebungen im Vorfeld der Insolvenzkrise eines Unternehmens, z. B. durch die Aufbesserung der freien Insolvenzmasse durch Abführen von Teilen des Verwertungserlöses von Immobiliarsicher-[**im folgenden: 19115 (B)**] heiten und von Mobiliarsicherheiten, z. B. durch Verzicht auf vorrangige Befriedigungsprivilegien, wie z. B. der Finanzämter für rückständige Steuern usw., so daß am Ende die **ungesicherten Gläubiger**, also z. B. typischerweise Handwerksbetriebe, Dienstleistungsunternehmen, beratende Berufe, wie Baustatiker usw., auf ihre Forderungen dann doch noch eine gewisse Abschlagszahlung erhalten werden. Das wird den Schaden dieser Gläubiger trotz allem in der Regel nicht voll ausgleichen, so daß es meiner Meinung nach gerechtfertigt ist, jenseits aller rechtlichen Verpflichtungen und juristischen Konstruktionen in einer Baupleite der aktuellen Dimension die finanzierenden Banken nachhaltig zu bitten, für den betroffenen mittelständischen Betrieb die Überbrückung von finanziellen Engpässen sicherzustellen und gegebenenfalls die einzelnen Objekte auch mit neuen Mitteln zu Ende bauen zu lassen, damit sich die Insolvenzpleite eines Immobilienkonzerns nicht auf beteiligte mittelständische Strukturen ausbreitet.

(Beifall bei der CDU/CSU sowie bei Abgeordneten der F. D. P.)

Ich hielte eine solche Bereitschaftserklärung der beteiligten Banken für einen Akt der Fairneß, aber auch für einen Akt der Klugheit.

(Beifall bei der CDU/CSU und der F. D. P. sowie bei Abgeordneten der SPD)

Meine Damen und Herren, lassen Sie mich zu den Grundzügen der neuen Insolvenzordnung zurückkehren.

[im folgenden: 19115 (C)]

Erstens. Wie ich schon sagte, ist das Gesetz zunächst einmal erheblich verschlankt worden. Überflüssiges ist gestrichen und sprachlich komprimiert worden, rechtsmittelanfällige Regelungen sind beseitigt worden. Unter Verstärkung der Autonomierechte der Gläubiger ist ein jetzt insgesamt **praktikables gesetzliches Instrumentarium** geschaffen worden, um sowohl Unternehmensinsolvenzen wie auch Insolvenzen von natürlichen Personen in kurzen, knappen und praktischen Verfahren bewältigen zu können.

Zweitens. Die Regelungen für eine **gleichmäßige Gläubigerbefriedigung im Rahmen der Liquidation** eines insolventen Unternehmens sind verbessert worden. Hierzu nur einige Beispiele.

Es bleibt das Ziel des Gesetzes, die **Zahl der eröffneten Insolvenzverfahren** nachhaltig zu erhöhen, damit die Ordnungsfunktion von Insolvenzverfahren überhaupt erst einmal entfaltet werden kann. Zu diesem Zweck müssen die **Insolvenzmassen** so angereichert werden, daß zunächst einmal die Kosten der Insolvenzverfahren gedeckt sind. Dies wird durch den Wegfall der allgemeinen Konkursvorrechte, auch durch den Wegfall des Vorrangs von Steuerforderungen, auch durch Veränderung der Reihenfolge der Masseverbindlichkeiten, durch verbesserte Anfechtungsmöglichkeiten zur Bekämpfung gläubigerschädigender Vermögensverschiebungen und schließlich durch Beiträge der Immobiliar- und Mobiliarsicherheitsgläubiger aus dem Verwertungserlös ihrer Sicherheiten erreicht.

Der Aufwand für die Eröffnung von Insolvenzverfahren macht aber nur Sinn, wenn die Verfahren nicht **[im folgenden: 19115 (D)]** alsbald nach Eröffnung und doch wieder mangels Masse eingestellt werden müssen. Wir sehen daher in der heute vorliegenden Gesetzesfassung vor, daß einerseits Insolvenzverfahren zukünftig nur eröffnet werden sollen, wenn die gesamten Kosten des Verfahrens gedeckt sind – was wegen der erhöhten Insolvenzmassen zukünftig in verstärktem Maße der Fall sein wird –, und daß andererseits der Insolvenzverwalter zukünftig in der Zeit zwischen dem Insolvenzantrag und der tatsächlichen Insolvenzeröffnung die Chancen für eine Sanierung des insolventen Unternehmens prüfen und praktisch unmittelbar mit der Eröffnung des Verfahrens einen entsprechenden Sanierungsvorschlag auf den Tisch legen kann, über den dann bereits die erste Gläubigerversammlung zu entscheiden hat.

Meine Damen und Herren, in diesem Zusammenhang bleibt es dabei, daß die **Inhaber der sogenannten besitzlosen Mobiliarpfandrechte,** also insbesondere die Vertragspartner des insolventen Unternehmens, die sich Vermögenswerte zur Sicherheit haben übereignen oder abtreten lassen, diese Vermögenswerte der Verwertung durch den Verwalter überlassen und an den Verwalter gewisse **Pauschalen aus dem Verwertungserlös** an die Masse abführen müssen. Wir haben diese Pauschalen aber ein wenig gekürzt und teilweise ganz gestrichen, weil die übermäßige Belastung gerade der mittelständischen Wirtschaft vermieden werden muß. Viele gerade mittelständische Betriebe verfügen in der Regel zur Besicherung ihrer Lieferantenkredite nur über Mobiliarsicherheiten. Würde die Werthaltigkeit dieser Mobiliar-**[im folgenden: 19116 (A)]**sicherheiten drastisch beschnitten, würden die Kreditversorgungsmöglichkeiten gerade im mittelständischen Bereich möglicherweise eingeschränkt werden. Dies wollen wir nicht.

Die jetzt vorgeschlagenen Abführungspauschalen sind in der Summe aber auch akzeptabel und gerechtfertigt und nehmen hinreichend Rücksicht auf die individuellen Fallgestaltungen. In der Summe führen alle diese Maßnahmen dazu, daß die zu verteilende freie Masse erhöht wird, Privilegien abgebaut werden und damit auch ungesicherte Gläubiger die Chance bekommen, auf ihre Forderungen im Rhamen der Liquidation eine angemessene Zahlung zu erhalten. Dies ist eine entscheidende und richtige gesetzgeberische Zielrichtung.

Drittens. Das weitere Ziel der Insolvenzordnung ist die **Sanierung von sanierungsfähigen Unternehmen.** Sie bleibt ebenfalls im Mittelpunkt der jetzt vorgeschlagenen Gesetzesfassung. Die Erarbeitung eines entsprechenden Insolvenzplans durch den Insolvenzverwalter oder den Gemeinschuldner wird durch die jetzt vorgeschlagenen Regularien erheblich erleichtert. Das Schreckgespenst eines Insolvenzplanwirrwarrs, wie wir es als schlechtes Beispiel aus den USA kennen, wird durch die Konzentration des Planinitiativrechts vermieden. Im Rahmen der Gläubigerautonomie kann zukünftig ein Unternehmen mit einem Minimum an richterlichen Genehmigungs- und Kontrollvorbehalten – die aber in der jetzt vorgesehenen Form doch wohl nötig sind, um Mißbräuche zu verhindern – im Rahmen eines ausgewogenen Insolvenzplans saniert werden, was derzeit unter dem Regime der Konkursordnung und der Vergleichsordnung **[im folgenden: 19116 (B)]** so nicht oder nur sehr erschwert möglich ist.

Wir haben in diesem Zusammenhang die Regelung von § 613 a BGB, also den zwingenden **Übergang von Arbeitsverhältnissen bei Betriebsveräußerungen** z. B. im Rahmen von Sanierungsübertragungen, im Gesetz unangetastet gelassen, obwohl viele Sachverständige in der Anhörung deutlich erklärt haben, daß diese Regelung ein erhebliches Sanierungshindernis sei.

Wir haben allerdings für den Insolvenzverwalter Möglichkeiten geschaffen, zur Rettung des sanierungsfähigen Kernbereichs und der damit verbundenen Arbeitsplätze auch **Kündigungen** aussprechen zu können und hierzu notfalls von den Arbeitsgerichten mittels Eilbeschluß eine entsprechende Zustimmungsgrundlage einholen zu können.

In diesem Zusammenhang sollten wir uns immer wieder bewußtmachen, daß die Sanierung von insolventen Unternehmen in der Regel ein Wettlauf mit der Zeit ist und daß der Insolvenzverwalter Handlungsmöglichkeiten haben muß, um sein Konzept gegebenenfalls auch rasch durchsetzen zu können. Dem muß der gesetzliche Handlungsrahmen angemessen Rechnung tragen.

(Dr. Wolfgang Weng [Gerlingen] [F. D. P.]: Richtig!)

Viertens. Meine Damen und Herren, das **Verbraucherinsolvenzverfahren** haben wir in seiner Grundstruktur erheblich geändert. Das Hauptziel der jetzt vorgeschlagenen Regelung ist es, zunächst **außerge-[im folgenden: 19116 (C)]richtlich** zu einer fairen **Vergleichsregelung** zu kommen. Diesem Ziel dient z. B. die Abschaffung der Übernehmerhaftung gemäß § 419 BGB – ein juristisches Problem, das schon Generationen von Rechtsgelehrten beschäftigt hat.

Diesem Ziel dient aber auch die Tatsache, daß die Gläubiger zukünftig mit dem formalen Restschuldbefreiungsverfahren rechnen müssen, an dessen Ende die Gläubiger trotz hoher Rechtsverfolgungskosten in der Regel auch keine höheren Zahlungen von den Schuldnern erhalten werden als über einen außergerichtlichen Vergleich in einem frühen Stadium der Insolvenz, so daß erfahrene Gläubiger in vielen Fällen den Fall mittels einer akzeptablen außergerichtlichen Einigung abschließen werden.

Kommt es nicht zu einem außergerichtlichen Vergleich und wird durch eine Bestätigung z. B. eines Anwalts, einer Schuldnerberatungsstelle oder eines Steuerberaters nachgewiesen, daß der Versuch einer außergerichtlichen Einigung mit den Gläubigern des Schuldners erfolglos geblieben ist, dann kann der Schuldner das gerichtliche Verfahren zunächst in Form eines Schuldenbereinigungsplanverfahrens einleiten. Mein Kollege von Stetten wird nachher darauf im einzelnen eingehen. Bei allem kann und soll nicht übersehen werden, daß das neue Gesetz trotz aller Straffungen und Verschlankungen, die wir vorgesehen haben, eine gewisse **Mehrbelastung für die Justiz** bedeutet. Ziel der Reform ist es gerade, daß wieder mehr Insolvenzverfahren eröffnet werden und daß die verhängnisvolle Regel der Abweisung von Konkursanträgen mangels Masse wieder zur Ausnahme wird. Dies bedeutet mehr Arbeit für Richter **[im folgenden: 19116 (D)]** und Rechtspfleger.

Ein weiteres Ziel des Gesetzes ist es schließlich, dazu beizutragen, daß sich redliche Schuldner aus einer **privaten Überschuldungssituation** befreien können und daß sie die **Chance zu einem Neuanfang** bekommen.

Trotz aller Bemühungen, den Ausgleich zwischen Gläubigern und Schuldnern in die außer- und vorgerichtliche Phase zu verlagern, wird dieses Gesetz am Ende dennoch einen personellen Mehraufwand für die Justiz bedeuten.

Ich appelliere daher mit Nachdruck von dieser Stelle an die **Bundesländer**, diese mit den neuen Gesetz verbundenen Aufgaben anzunehmen und sich in den vor uns liegenden Monaten hierauf personell vorzubereiten. Um dies den Ländern zu erleichtern, sehen wir schweren Herzens auf Drängen der Bundesländer vor, daß das Gesetz in wesentlichen Teilen erst zum 1. Januar 1997 in Kraft treten soll.

Die Länderjustizminister haben in den letzten Jahren quer über alle Parteigrenzen hinweg immer wieder betont, wie wichtig auch ihnen die Reform des Insolvenzrechts ist. Dann müssen die Bundesländer hierzu jetzt aber auch stehen.

Natürlich wäre es hinsichtlich der personellen Konsequenzen für die Justizverwaltungen in den einzelnen Bundesländern einfacher, sich mit dem ,,Konkurs des Konkurses" im Gefolge der alten Konkursordnung weiterhin bequem einzurichten; denn für mangels Masse abgewiesene Konkursanträge braucht man **[im folgenden: 19117 (A)]** wenige Richter und Rechtspfleger. Einfach wäre es, auch für die Bewältigung von Verbraucherinsolvenzverfahren keine personelle Vorsorge treffen zu müssen, wenn es auf absehbare Zeit hierfür keine gesetzliche Regelung gibt. Dies ist für uns aus den genannten Gründen nicht akzeptabel.

Zudem können wir alle die tatsächlichen Auswirkungen der heute zu verabschiedenden Insolvenzordnung für die Justiz der Länder nicht klar prognostizieren. Vieles, was die Länder hierzu vortragen, ist spekulativ. Den Äußerungen der Landesjustizminister entnehme ich, daß die Bedenken jedenfalls sehr justizverwaltungsspezifisch sind und eine Gesamtbetrachtung fehlt. Denn natürlich bedeutet ein Insolvenzverfahren – z. B. mit dem Ziel der Sanierung eines Unternehmens – zunächst einmal personellen Mehraufwand an Richtern und Rechtspflegern; aber andererseits bedeutet es eben auch die Rettung eines Unternehmens oder eines Betriebes und die Rettung der damit verbundenen Arbeitsplätze. Dies wiederum bedeutet Einsparung an Sozialhilfekosten, Sozialinfrastrukturkosten usw. Das gleiche gilt in noch verschärfterer Form für die Verbraucherinsolvenzrechtsregelung.

Der ohne das neue Gesetz entstehende personelle Aufwand wäre höher oder jedenfalls im wesentlichen der gleiche; nur würde er möglicherweise aus anderen Etats, z. B. aus den Etats der Sozialminister und nicht aus den Etats der Justizminister, zu begleichen sein.

Ich danke ganz ausdrücklich an dieser Stelle dem Vertreter des Freistaates Bayern,

(Zuruf von der CDU/CSU: Wen wundert es? [im folgenden: 19117 (B)] – Norbert Geis [CDU/CSU]: Aber Baden-Württemberg müssen wir auch loben!)

der in der Schlußphase der Beratungen des Rechtsausschusses signalisiert hat, daß Bayern der jetzt gefundenen Kompromißlösung zustimmen kann. Ich hoffe sehr, daß sich die Vertreter der anderen Bundesländer diesem Votum anschließen.

(Beifall der Abgeordneten der CDU/CSU, der F. D. P., der SPD und des BÜNDNISSES 90/DIE GRÜNEN)

Meine Damen und Herren, alles in allem können wir heute mit gutem Gewissen und in der Erwartung, daß sich das Gesetz in der Praxis bewähren wird, der vorgeschlagenen Insolvenzordnung und dem Einführungsgesetz zur Insolvenzordnung zustimmen. Quer über die Fraktionsgrenzen danke ich bei dieser Gelegenheit meinen Mitberichterstattern für die gute und sachbezogene Arbeit. Ich nenne hier insbesondere meine Kollegen Kleinert und von Stetten von den Koalitionsfraktionen

(Dr. Wolfgang Weng [Gerlingen] [F. D. P.]: Sehr gut! Hinter Kleinert!)

und von der SPD-Bundestagsfraktion die Herren Professor Pick und Bachmaier. Es war eine gute und an der Sache orientierte Arbeit auf hohem juristischem Niveau, die Freude gemacht hat und von der ich glaube, daß sie für die Akzeptanz des neuen Gesetzes einiges bewirkt hat.

(Beifall bei der CDU/CSU, der F. D. P., der SPD und dem BÜNDNIS 90/DIE GRÜNEN)

[im folgenden: 19117 (C)]

Ich danke aber auch den Damen und Herren aus dem Bundesministerium der Justiz, an ihrer Spitze Herrn Parlamentarischen Staatssekretär Funke, dem Herrn Professor Rieß, Herrn Dr. Hilger, Herrn Dr. Landfermann und, last, but not least, Frau Dr. Schmidt-Räntsch, die sich in einer ganz außergewöhnlichen Weise, oftmals bis weit nach Mitternacht,

(Beifall bei Abgeordneten der CDU/CSU, der F. D. P., der SPD und des BÜNDNISSES 90/DIE GRÜNEN)

mit uns über die Grundzüge und Feinheiten dieses Gesetzes ausgetauscht haben.

Meine Damen und Herren, die derzeit noch geltende Konkursordnung stammt aus dem Jahr 1877. Sie wird nach 120 Jahren, in dem Jahr 1997, von der Insolvenzordnung abgelöst. Ich bin nun nicht so vermessen zu erwarten, daß auch die heute hier zu verabschiedende Insolvenzordnung 120 Jahre halten wird. Aber daß wir so gut gearbeitet haben, daß das Gesetz für die Gerichte und für die Praktiker einen verläßlichen Rahmen für die nächsten Jahrzehnte bieten wird, das hoffe ich doch.

Ich danke Ihnen für die Aufmerksamkeit.

(Beifall bei der CDU/CSU, der F. D. P., der SPD und dem BÜNDNIS 90/DIE GRÜNEN)

Präsidentin Dr. Rita Süssmuth: Als nächster spricht der Kollege Professor Dr. Eckhart Pick.

Dr. Eckhart Pick (SPD): Frau Präsidentin! Meine Damen und Herren! Der Bundestag verabschiedet heute eines der großen Reformwerke der letzten [im folgenden: 19117 (D)] Jahre, eine neue Insolvenzordnung. Das wird nicht allein schon durch den Umfang – über 330 Paragraphen – deutlich. Darüber hinaus wird es ein Einführungsgesetz mit einem ebenfalls gewichtigen Umfang geben. Ich bin in den letzten Monaten – das knüpft an die Bemerkungen von Herrn Kollegen Gres an –, seit Beginn der Beratungen im Bundestag und im Rechtsausschuß, häufig gefragt worden, ob ein solches Werk in dieser Zeit überhaupt verabschiedet werden sollte. Es wurde die Skepsis geäußert, ob denn der Bundestag die Kraft habe, angesichts der sonst zu beobachtenden Kurzatmigkeit politischer Entscheidungen und auch vielberufener Entscheidungsunfähigkeit eine solche Reform zu verwirklichen.

Man hat sich etwas an die Kontroverse des Jahres 1815 erinnert gefühlt, als es den berühmten Streit zwischen Savigny und Thibaut über die Frage gegeben hat, ob für Deutschland ein neues Zivilgesetzbuch in Kraft gesetzt werden sollte oder nicht.

(Norbert Geis [CDU/CSU]: 1814!)

Ich habe diese Frage immer ohne Einschränkung bejaht. Ein neues Insolvenzrecht ist überfällig. Zum anderen kann es auch als Entkräftung des Vorurteils gelten, daß unsere Zeit nicht mehr zu großen Justizreformwerken befähigt sei.

Wir wissen, daß wir uns an hohen Maßstäben messen lassen müssen. Die Konkursordnung – es ist darauf hingewiesen worden – hat schon über 100 Jahre auf dem Buckel. Sie entstand im Zusammenhang mit den damals erlassenen Reichsjustizgesetzen. Ob das neue Insolvenzrecht ähnlich lange [im folgenden: 19118 (A)] Bestand haben wird, das können wir nicht wissen. Aber wir wissen, daß allein die Tatsache seiner Geltung Maßstäbe auch für außergerichtliche Lösungen bei Insolvenzfällen setzen wird. Wir haben festgestellt, daß das **Konkurs- und Vergleichsrecht** eine der schwierigsten Materien unserer Rechtsordnung überhaupt darstellt, und zwar einfach deswegen, weil sich hier höchst unterschiedliche Interessen, der Öffentlichkeit, der Wirtschaft, von Arbeitnehmern, von Verwaltern und Gläubigern – die wiederum unterschiedlich –, im Raum stoßen. Es ist deshalb unmöglich, einen einigermaßen gerechten Ausgleich zustande zu bringen, der alle befriedigen würde. Deshalb wird es auch immer Kritik am gesetzgeberischen Entscheidungsvorgang geben.

Das geltende Recht der Konkursordnung bzw. der Vergleichsordnung genügt den Anforderungen an ein zeitgemäßes Insolvenzrecht nicht mehr. Die Gründe sind: Erstens. Drei Viertel aller **Konkursverfahren** werden mangels **Masse** abgewiesen.

Zweitens. In den übrigbleibenden Verfahren können die **normalen Gläubiger** mit einer lächerlichen Quote von 4 bis 6% rechnen.

Drittens. Auch bei den **bevorrechtigten Gläubigern** bedeutet eine Durchschnittsqote von 18% ebenfalls nur eine Bruchteilsbefriedigung.

Viertens. Über 17 000 Konkursverfahren im letzten Jahr gegenüber mehr als 6,5 Millionen **Einzelzwangsvollstreckungen** zeigen, daß der Konkurs zu einer Restgröße verkommen ist; die geordnete Gesamtab-[**im folgenden: 19118 (B)**]wicklung ist die Ausnahme geworden.

Fünftens. Mit einer Zahl von unter 40 pro Jahr ist das **Vergleichsverfahren** praktisch nicht mehr vorhanden.

Sechstens. Das Ziel der **Sanierung von Unternehmen,** abgesehen von den spektakulären Fällen wie z. B. AEG oder Metallgesellschaft, ist die große Ausnahme, weil das derzeitige Insolvenzrecht in erster Linie auf Liquidation und Gläubigerbefriedigung ausgerichtet ist.

Siebtens. Die **Schäden für Gläubiger und öffentliche Hände** durch Insolvenzen sind immens. Nach Schätzungen betragen die Verluste von Privatgläubigern ca. 18 Milliarden DM, für die öffentlichen Hände 12 Milliarden im Jahr.

Achtens. Schließlich haben wir noch eine **gespaltene Rechtslage** in der Bundesrepublik: Im Westen Deutschlands gelten die Konkursordnung bzw. die Vergleichsordnung und im Osten die Gesamtvollstreckungsordnung.

Diese Gründe – der letzte Grund natürlich noch nicht – haben dazu geführt, daß der damalige Justizminister Hans-Jochen Vogel 1978 den Auftrag erteilte, ein modernes, sanierungsfreundliches Insolvenzrecht zu entwickeln. Ich möchte gleichzeitig auch den Namen unseres Kollegen Hans de With in diesem Zusammenhang erwähnen, der damals mit dazu beigetragen hat, daß es überhaupt einmal zu einer solchen Reforminitiative gekommen ist. Ich glaube, er [**im folgenden: 19118 (C)**] wird froh sein, daß er heute die Früchte seiner damaligen Initiative sozusagen ernten kann.

(Beifall bei der SPD, der CDU/CSU und der F. D. P. – Detlef Kleinert [Hannover] [F. D. P.]: Das ist großartig!)

Die Insolvenzrechtskommission hat dann in den Jahren 1984 und 1985 Grundsätze einer Insolvenzrechtsreform entwickelt, und auf dieser Grundlage sind schließlich Referentenentwurf und Regierungsentwurf zustande gekommen.

Herr Kollege Gres hat schon gesagt, wie dieser Entwurf aufgenommen worden ist. Die Anhörung hierzu war äußerst eindrucksvoll. Insbesondere ist natürlich bei uns der Vorwurf haftengeblieben, daß dieser Entwurf äußerst bürokratisch sei, viele Rechtsbehelfe beinhalte und für die Praxis äußerst schwer handhabbar sei.

Es wurde zweitens der Vorwurf gemacht, daß man das Problem des modernen Schuldturms, also die Verbraucherinsolvenz, nicht angemessen behandelt habe, und das ist sicher auch richtig.

In der Folgezeit wurde der **Entwurf der Bundesregierung** durch die Berichterstatter in einer Form **überarbeitet,** die zu einer wesentlichen Kürzung geführt hat. Das ist aber nur die formale Seite der Medaille. Wichtiger ist, daß der gesamte Entwurf von vorne bis hinten durchforstet worden ist. Es wurde der Versuch gemacht, Wesentliches vom Unwesentlichen zu scheiden, es wurde gestrichen, umgestellt, auch ergänzt, präzisiert und vereinfacht. In vielen Sitzungen haben die Berichterstatter diskutiert, gestritten, [**im folgenden: 19118 (D)**] abgewogen und letztlich im Einvernehmen im Sinne von Vorschlägen an den Rechtsausschuß; der Ausschußbericht legt davon Zeugnis ab.

Ich darf hinzufügen, daß damit überhaupt noch nicht unsere zahlreichen Gespräche mit Banken, dem Mittelstand, Richtern, Konkursverwaltern, Gewerkschaften und Schuldnerberatern aufgeführt worden sind. Ich kann aber sagen, daß eine Vielzahl von Anregungen und Vorschlägen aufgenommen worden ist. Ich persönlich lege großen Wert darauf, festzustellen, daß die Anhörung und die Diskussionen keine Alibiveranstaltungen gewesen sind, sondern daß wir sehr viele Anregungen aufgenommen haben, die den Entwurf wesentlich beeinflußt haben.

Ich sage: Das, was heute vorliegt, ist nicht mehr der Entwurf der Bundesregierung, sondern ein Projekt des Parlaments. Ich finde, das ist ein ganz wichtiger Gesichtspunkt.

(Beifall bei Abgeordneten aller Fraktionen und Gruppen)

Insgesamt war dieses Ergebnis nur möglich, weil die Regierungsfraktionen mit uns in einer Form kooperiert haben, die zielorientiert auf einen möglichst breiten **Konsens** war.

(Dr. Kurt Faltlhauser [CDU/CSU]: Das machen wir immer so!)

Es bleiben Unterschiede bestehen; die wollen wir auch nicht verwischen. Wir wollen auch nicht bestreiten, daß unsere Vorstellungen hier nicht alle verwirk-[**im folgenden: 19119 (A)**]licht worden sind. Aber das Ergebnis ist so, daß wir dem Gesetzentwurf insgesamt zustimmen können.

Auch ich möchte mich dem Dank des Kollegen Gres an die Mitarbeiterinnen und Mitarbeiter des Ministeriums anschließen, die hier in einer äußerst kenntnisreichen und sehr zügigen Weise den Entwurf auf den jeweils neuesten Stand gebracht haben. Das war schon eine ausgesprochen großartige Leistung.

(Beifall bei Abgeordneten aller Fraktionen und Gruppen – Norbert Geis [CDU/CSU]: Wenn das ein Professor sagt, ist das schon was!)

Wir haben unsere **Änderungsanträge** in die zweite Lesung eingebracht. Sie werden – unabhängig vom Ergebnis der Abstimmung – an unserer Zustimmung nichts ändern.

Im einzelnen waren für uns, ohne auf Details eingehen zu wollen, zwei Punkte besonders wichtig. Das war einmal die **Erhaltung von Arbeitsplätzen unter Wahrung der Arbeitnehmerrechte.** Dazu zähle ich: Das Gesetz muß die Sanierung und Erhaltung von Unternehmen soweit wie möglich fördern. Dazu gehören zahlreiche Vorschriften, die zu einer **Anreicherung der Masse** führen sollen, damit ein Verfahren überhaupt eröffnet und die Sanierungschance geprüft werden kann. Dies geschieht mittels Beiträgen der Gläubiger, die durch Sicherheiten begünstigt sind, z. B. durch Pfandrechte, aber auch durch Grundpfandrechte. – Mein Kollege, Herr Bachmaier, wird zur aktuellen Situation insbesondere der durch Grundpfandrechte gesicherten Banken in diesem spektaku-[im folgenden: 191119 (B)]lären Verfahren, das wir heute leider beklagen müssen, noch einiges sagen.

Wir haben das auch mittels einer **Verschärfung des Anfechtungsrechts** getan, das den Verwalter in die Lage versetzt, auch längere Zeit zurückliegende Manipulationen des Schuldners zu verfolgen und Vermögenswerte zur Masse zu ziehen. Der Masseanreicherung dient letztlich auch der Wegfall aller Vorzugsrechte der bisherigen §§ 59 und 51 Konkursordnung. Diese betreffen z. B. Lohnrückstände der Arbeitnehmer, aber auch Steuerforderungen.

Dem Prinzip „Sanierung vor Liquidation" dient das neue **Institut des Insolvenzplans.** Es tritt an die Stelle des bisherigen Vergleichs, sieht jedoch keine festen Quoten wie bisher von 35% bzw. 40% vor. Vereinbarungen sind also künftig einfacher, auch gegen einzelne Gläubiger durchzusetzen.

Der zweite Punkt ist die Wahrung der Arbeitnehmerrechte auch im Insolvenzfall. Wenn künftig mehr Sanierungen vor allem auch im mittelständischen Bereich durchgeführt werden können und mehr **Arbeitsplätze** erhalten bleiben, dann ist das schon ein Erfolg des Projekts. Ich sage das auch vor dem Hintergrund, daß die **Gewerkschaften** der Konkursordnung sehr skeptisch gegenüberstehen.

Kritisiert wird der **Wegfall der jetzigen Vorzugsrechte.** Aber dazu ist zu sagen, daß sie in der Praxis zumindest in dreiviertel der Fälle nur auf dem Papier stehen und bei dem restlichen Viertel nur zu einem geringen Teil erfüllt werden. Wirksamer sind andere Instrumente, die in der Konkursordnung jetzt im [im folgenden: 19119 (C)] Insolvenzverfahren enthalten sind: Sozialplan, Interessenausgleich, Insolvenzausfallgeld – auch im Falle des Vergleichs – und andere Regelungen, die hier jetzt getroffen worden sind.

Der zweite Schwerpunkt unserer Vorschläge war die Verbraucherinsolvenz. Ich muß positiv darstellen, daß es überhaupt gelungen ist, erstmals ein **Verbraucherinsolvenzverfahren** als eigenständiges Verfahren gegenüber dem allgemeinen Insolvenzverfahren in den Gesetzentwurf einzufügen.

Dies wird bei aller Kritik, meine Damen und Herren, auch von den betroffenen Verbänden anerkannt. Entgegen der Konzeption des Gesetzentwurfs der Bundesregierung mißt der jetzige Vorschlag der **außergerichtlichen Einigung** zwischen Gläubiger und Schuldner höchste Priorität bei. Wir haben erreicht, daß dieses Ziel der Entlastung der Justiz in dem Gesetzentwurf ausdrücklich verankert wird. Dazu gehört auch der Druck auf die Gläubiger zu einer außergerichtlichen Einigung durch entsprechende Maßnahmen wie Kostenbeiträge usw. Wir erwarten, daß dieses Verfahren künftig als Muster und Anleitung für außergerichtliche Einigungsbemühungen dient.

Wir haben auch festzustellen, daß einige unserer Forderungen hier nicht erfüllt worden sind. Für uns ist die starre **Wohlverhaltensperiode** von sieben Jahren ein Manko. Wir wollten eine eher flexible Regelung mit Verkürzung, gegebenenfalls mit einer Verlängerung auf sieben Jahre, aber im Regelfalle fünf Jahre haben. Auch das Problem der Vorausabtretungen ist unbefriedigend gelöst. Drei Jahre sind nach unserer [**im folgenden: 19119 (D)**] Auffassung zuviel.

Insgesamt ist es aber ein wesentlicher sozialer Fortschritt, daß man sich endlich des Problems der über 1 Million überschuldeter Haushalte angenommen hat. Die SPD hat sich seit einigen Jahren gewidmet.

(Dr. Wolfgang Weng [Gerlingen] [F. D. P.]: Nicht nur die SPD!)

– Nicht nur die SPD, aber wir besonders, mit entsprechenden parlamentarischen Initiativen. Insofern, denke ich, haben wir hier unseren Beitrag geleistet.

Zu den **Bedenken der Länder** hat Herr Gres einiges gesagt. Ich denke, diese Reform ist nicht zum Nulltarif zu haben, und wer sozialen Fortschritt will, wer ein zeitgemäßes Insolvenzrecht haben will, kann nicht so tun, als sei das ohne finanzielle Mehrbelastungen zu erreichen.

(Beifall bei der SPD und dem BÜNDNIS 90/DIE GRÜNEN)

Meine Damen und Herren, mit dem Prinzip „Vorrang der Sanierung vor Zerschlagung", der Möglichkeit der Restschuldbefreiung und der Verbraucherentschuldung sind wesentliche Forderungen erfüllt worden, die wir seit langem gestellt haben.

Wir begrüßen dieses Gesetz und werden ihm zustimmen, und wir hoffen, daß es ab 1. Januar 1997 greift und endlich entsprechende Regelungen für die Praxis zur Verfügung stellt.

[im folgenden: 19120 (A)]

Schönen Dank.

(Beifall bei der SPD und dem BÜNDNIS 90/DIE GRÜNEN sowie bei Abgeordneten der CDU/CSU und der F. D. P.)

Präsidentin Dr. Rita Süssmuth: Als nächster spricht der Abgeordnete Rainer Funke.

Rainer Funke (F. D. P.): Frau Präsidentin! Meine Damen und Herren! Als jemand, der die Insolvenzrechtsreform während dieser Legislaturperiode intensiv begleitet hat, freut mich natürlich die **Einmütigkeit,** mit der die Reform jetzt von allen Parteien getragen wird. Diese Einmütigkeit ist sicherlich auch das Resultat intensiver Vorarbeit und intensiver Vorbereitungen durch die Kollegen im Bundesjustizministerium, aber auch durch die Berichterstatter. Das ist schon erwähnt worden. All diesen Mitarbeitern im Bundesjustizministerium und den Kollegen aus dem Bundestag möchte ich meinen aufrichtigen Dank für die kooperative Zusammenarbeit sagen.

(Beifall bei der F. D. P.,
der CDU/CSU und der SPD)

Man soll ja mit großen Worten sparsam umgehen, gleichwohl meine ich sagen zu können: Die **Verabschiedung der Insolvenzrechtsreform** ist ein **Meilenstein** der Rechts-, Wirtschafts- und Sozialpolitik. Es wird ein modernes, praxisgerechtes Insolvenzrecht geschaffen, das endlich auch den Anforderungen des internationalen Wirtschaftslebens gerecht wird.

Im künftigen Insolvenzverfahren – und darauf hat Herr Pick besonders hingewiesen – tritt die **Sanie-[im folgenden: 19120 (B)]rung** gleichberechtigt neben die **Liquidation.** Die Gläubiger entscheiden, welche Art der Insolvenzabwicklung ihren Interessen am besten entspricht. Es war ja auch immer der Wunsch des Kollegen Kleinert, mit dieser Insolvenzrechtsreform die Gläubigerautonomie zu stärken. Dieses ist hier umgesetzt worden. Für die Beschlußfassung in der Gläubigerversammlung ist die Summenmehrheit vorgesehen, um die Abstimmung einfach und das Verfahren effizient zu gestalten. Marktwirtschaftlich sinnvolle Sanierungen werden auf diese Weise begünstigt, Sanierungen auf Kosten der Gläubiger vermieden.

Ein weiteres wichtiges Ziel der Reform ist es, Einzelkaufleuten und Verbrauchern die **Restschuldbefreiung** und damit einen wirtschaftlichen Neubeginn zu ermöglichen. Die marktgerechte **Verbesserung der Sanierungschancen** für insolvente Unternehmen ist in der heutigen wirtschaftlichen Situation besonders wichtig. Das neue Insolvenzrecht sieht deshalb eine Reihe von Maßnahmen vor, die von der Zerschlagungsautomatik des alten Konkursrechts wegkommen und nunmehr zu der Sanierungsautomatik – so möchte man es fast nennen – des neuen Insolvenzrechts führen.

Der Schuldner kann den Antrag auf Eröffnung des Insolvenzverfahrens schon bei drohender Zahlungsunfähigkeit stellen, um frühzeitig verfahrensrechtliche Gegenmaßnahmen einleiten und damit die **Liquidation** verhindern zu können. Schon vor der Eröffnung des Verfahrens können die Chancen für eine Sanierung des insolventen Unternehmens geprüft werden.

[im folgenden: 19120 (C)]

Ich glaube, daß es ganz wichtig ist, daß wir sozusagen ein Sanierungsverfahren vor dem eigentlichen Insolvenzverfahren bekommen. Dazu tragen eine Reihe von rechtlichen Bestimmungen bei. Ich will nur einige wenige nennen, die die außergerichtliche Sanierung unterstützen. Dazu gehört der Wegfall des § 419 BGB, aber auch der Umstand, daß die neue Insolvenzordnung die Chancen der Befriedigung der Gläubiger dadurch erhöht, daß auch die Eröffnung des Verfahrens erleichtert wird.

Hinzu kommt, daß wir das sogenannte „**Netting**"-**Verfahren** in die Insolvenzordnung eingestellt haben – ein Verfahren, das insbesondere im internationalen Insolvenzrecht eine große Rolle spielen wird; denn wir haben schon bei dem damaligen Konkursverfahren der Herstatt-Bank gesehen, wie wichtig die gegenseitige Aufrechnung von verschiedenen Devisenpositionen ist. Dies ist nunmehr in die Insolvenzordnung eingestellt worden.

Aber von ganz besonderer Bedeutung ist die Restschuldbefreiung. Wir müssen derzeit von ungefähr 1,7 Millionen überschuldeten Haushalten ausgehen, so daß Millionen von Menschen im modernen Schuldturm gefangen sind, und diese Zahl ist leider weiter im Steigen begriffen. Mit der **Restschuldbefreiung** wird diesen Menschen, und zwar Einzelkaufleuten genauso wie Verbrauchern, die Chance für einen wirtschaftlichen Neubeginn gegeben. Sie sollen die Möglichkeit erhalten, sich auch gegen den Willen ihrer Gläubiger von ihren restlichen Verbindlichkeiten zu befreien. Nach der Durchführung eines Insolvenzverfahrens und einer siebenjährigen **Wohlverhaltensperiode** sind diese Schuldner frei von ihren Verbindlich-[im folgenden: 19120 (D)]keiten. Ich glaube, daß das eine ganz wesentliche gesellschaftspolitische Komponente dieser Insolvenzordnung ist.

Für das Verbraucherinsolvenzverfahren sind im übrigen noch eine Reihe von Sonderregelungen vorgesehen, damit die Gerichte so wenig wie möglich belastet werden. Die Berichterstatter haben hier ein ganz besonderes **Vorschaltverfahren** vorgesehen. Dieses ist im gegenseitigen Einvernehmen akzeptiert worden. Dieses Vorschaltverfahren wird dazu führen, daß die Länder mit ihrer Befürchtung, daß sie eine große Zahl von Richterstellen und Rechtspflegerstellen einwerben müssen, wahrscheinlich doch nicht recht haben. Sicherlich wird es den einen oder anderen Richter und auch den einen oder anderen Rechtspfleger mehr geben müssen, aber insgesamt wird sich dieses Insolvenzverfahren, diese Restschuldbefreiung auch für den Staat rechnen; dadurch nämlich, daß der Verbraucher nicht mehr in die Schwarzarbeit abgedrängt, sondern wieder motiviert wird, ordentliche Arbeit anzunehmen, Krankenkassenbeiträge und Rentenversicherungsbeiträge zu zahlen, so daß er später der Sozialhilfe nicht zur Last fällt.

(Detlef Kleinert [Hannover] [F. D. P.]: Steuern!)

– Steuern wird er auch zahlen,

(Dr. Wolfgang Weg [Gerlingen] [F. D. P.]: Und Abgaben!)

häufig allerdings nicht in einer Größenordnung, die sehr ins Gewicht fällt, aber sicherlich wird er in die [im folgenden: 19121 (A)] wirtschaftliche Gesellschaft zurückkehren. Auf diese Weise hat jedermann die Chance, einen Neubeginn zu starten.

Vielen Dank für Ihre Aufmerksamkeit.

(Beifall bei der F. D. P., der CDU/CSU, der SPD und dem Bündnis 90/DIE GRÜNEN)

Präsidentin Dr. Rita Süssmuth: Als nächstes spricht der Abgeordnete Professor Dr. Uwe-Jens Heuer.

Dr. Uwe-Jens Heuer (PDS/Linke Liste): Frau Präsidentin! Meine Damen und Herren! Die Insolvenz, die Zahlungsunfähigkeit, ist notwendiger Bestandteil jedes marktwirtschaftlichen Systems. Die Frage ist nur: Wie geht man damit um? Mir scheint ein tiefgreifender Widerspruch dieser Gesellschaft darin zu bestehen, daß auf der einen Seite jedermann ermuntert wird, Schulden zu machen – wir haben bei unserem USA-Besuch festgestellt, wie weit dies dort ist; dieses Vorbild wirkt auch bei uns –, und andererseits muß der Markt gesetzmäßig diejenigen bestrafen, die dann zahlungsunfähig sind. Der **Schneider-Skandal**, der die Republik in diesen Tagen bewegt, macht die durch dieses Gesetz geregelte Problematik ganz deutlich.

Es geht jetzt darum: Wie gehen wir denn mit der Insolvenz, der Zahlungsunfähigkeit, um? Wir haben es in meinen Augen mit drei ganz unterschiedlichen **Gruppen von Gläubigern und Schuldnern** zu tun: erstens mit den Großgläubigern, den Banken, die die ausgereichten Kredite in aller Regel ausreichend sichern und die selbst bei Großpleiten wie der von [im folgenden: 19121 (B)] Schneider natürlich nicht in Existenznot geraten und vielleicht auch deshalb mit ihren Großschuldnern so großzügig umgehen; zweitens mit den mittleren und kleinen Unternehmen, die immer mehr oder weniger am Rande der Zahlungsunfähigkeit operieren und massenhaft in die Insolvenz getrieben werden, wenn ein Großkunde wie Schneider zahlungsunfähig wird, mit allen Konsequenzen auch für die Arbeitsplätze. – Herr Gres hat erklärt, die Bauhandwerker sollten mehr von ihren gesetzlichen Möglichkeiten Gebrauch machen. Man müßte sich dann darüber verständigen, warum sie das nicht tun. – Drittens nenne ich die Verbraucher, die dem Konsumdruck und dem Zeitgeist dieser Gesellschaft erliegen und sich über ihre Verhältnisse verschulden. Herr Staatssekretär Funke hat hier soeben die Zahl von 1,7 Millionen Einzelkaufleuten und Verbrauchern genannt.

Eine Nebenbemerkung in diesem Zusammenhang: Bei einer Befragung von 1000 ostdeutschen Unternehmen durch den Bundesverband der Deutschen Industrie stellte sich heraus, daß die Banken ihr Geld im Osten am liebsten nur an Tochterunternehmen westdeutscher Konzerne oder Treuhandunternehmen geben, echte Neugründungen bleiben auf der Strecke. Im Bericht über diese Umfrage heißt es nach der heute erschienenen „Wochenpost":

Generell gilt: Je größer ein Unternehmen, um so unkomplizierter gestaltet sich die Antragstellung.

Bei über 6 Milliarden DM Bankschulden genügt dann offenbar schon Charisma des Antragstellers, wie man der Presse entnehmen darf.

[im folgenden: 19121 (C)]

Die von mir genannten drei Gruppen müssen auch in der Insolvenz unterschiedlich behandelt werden. Ich meine, daß das vorliegende Gesetz insofern einen Schritt in die richtige Richtung darstellt, als es erstmalig die Möglichkeit der **Sanierung von Unternehmen** in der Insolvenz und die **Entschuldung der Privaten** vorsieht. Unbestreitbar ist hier eine sehr große Arbeit geleistet worden; darauf wurde schon hingewiesen.

Meine Kritik betrifft zunächst den im Gesetzentwurf erweiterten Grundsatz der **Gläubigerautonomie,** der letztlich nicht zu einer größeren Autonomie von Gläubigern, soweit sie natürliche Personen sind, führen wird, sondern – im Gegenteil – zu einer beherrschenden Rolle der Banken über Gläubiger, Schuldner und Verfahrensablauf. Meines Erachtens ist mit diesem zugunsten der Banken wirkenden Grundsatz der Gläubigerautonomie eng der Vorrang der Liquidation von Unternehmen und Betrieben verbunden. Alternativkonzepte zur Sanierung von Unternehmen, Betrieben und Schuldnern können nur im Rahmen der Gläubigerautonomie eingebracht werden, sind also von Konzeptionen der Banken und deren Wirtschaftspolitik abhängig, die solche Sanierungen ablehnen, wenn sie an Kapitalvernichtung interessiert sind. Die Liquidierung und eventuell auch die Sanierung zahlungsunfähiger Wirtschaftsunternehmen kann nicht Maßstab für die Entschuldung natürlicher Personen sein. Dieser Weg – mit erheblicher Konsequenz – ist jetzt eingeschlagen worden.

Nach meiner Meinung verlangt ein an dem Gedanken der sozialen Rehabilitation orientiertes Verfahren zur Entschuldung privater Personen und

Haushalte aber auch ein **Beratungskonzept,** das sich auf eine **[im folgenden: 19121 (D)]** gesicherte **Vertrauensgrundlage** beziehen kann. Die notwendige Durchführung eines Insolvenzverfahrens, wie es der Gesetzentwurf vorsieht, kann sich hier kontraproduktiv auswirken, insbesondere auch deshalb, weil durch einen fremden, unter Gläubigerkontrolle stehenden Insolvenzverwalter über die Privatperson und deren Interessen verfügt wird. Für Alternativen, vermittelt durch Personen des Vertrauens und staatliche Einflußnahme gegen einseitige Interessenwahrnehmung der Gläubigerausschüsse, bleibt kein Platz, insbesondere auch deshalb nicht, weil wir keine Beiordnung von Beiständen und keine dem Prozeßkostenhilferecht gleichwertige Regelung kennen.

Ich sehe die Gefahr, daß die hier geregelte Verfahrensweise trotz allem von der Mehrheit der Betroffenen als bedrohlich empfunden wird, so daß sie auch weiterhin nur sehr zögerlich Beratungsstellen aufsuchen werden. Wegen der erheblichen psychischen Belastung der Schuldner erscheint mir eine solche Beteiligung von vertrauten Beratern unabdingbar, und dies auch langfristig, etwa bei der Motivierung zu erneuter Arbeitssuche. Ein Treuhänder, der sich für die Betroffenen ebenso als ein Fremdkörper darstellt wie der Insolvenzverwalter, wird eine solche Beziehung nicht gewährleisten.

Ich unterstütze den SPD-Antrag auf **Fristverkürzung für** das **Wohlverhalten.**

Eine **Motivierung des Schuldners** muß auch seine weitere Existenzsicherung und die seiner Angehörigen betreffen. Die Befugnisse der Gläubigeraus-**[im folgenden: 19122 (A)]**schüsse nach § 114 des Entwurfs wirken nach meiner Ansicht hier negativ.

Das **Existenzminimum der Betroffenen** und der unterhaltsberechtigten Personen muß vorab voll abgesichert werden, bei gleichzeitiger Unterstützung bei der Arbeitsplatzsuche. Mir scheint es nicht angängig zu sein, daß die Unterhaltsinteressen zur Disposition der Gläubigerausschüsse gestellt werden, wo sie untergehen werden. Außerdem erscheint es mir notwendig, sicherzustellen, daß sich der Selbstbehalt gegenüber den Gläubigeransprüchen bei Arbeitsaufnahme erhöhen kann, damit der Schuldner zur Arbeitsaufnahme motiviert wird.

Pfändungen sollten nach meiner Auffassung im Bereich des Hausrates begrenzt werden, wenn ein Entschuldungsplan vorliegt, der eine Restschuldbefreiung rechtfertigt. Es muß eine resozialisierende, sanierende und weitere präventive Hilfe geben, nicht eine Zerstörung der Lebensverhältnisse und Perspektiven des Schuldners.

Die Entschuldungsregelungen sollten so ausgestaltet sein, daß sie **Mitverschulden von Politik und Gläubiger,** insbesondere der Banken, an den sozialen Problemen des Schuldners berücksichtigen und Restschuldbefreiung entsprechend hoch ansetzen und dabei nicht in das Belieben der beteiligten Instanzen stellen, die über den Schuldner zu richten haben. Hier fehlen entsprechende Regelungen.

Bei der Entschuldung hätte die Erfahrung berücksichtigt werden sollen, daß **außergerichtliche Einzelvergleiche** den Vorzug vor einem Gesamtvollstrek-**[im folgenden: 19122 (B)]**kungsverfahren verdienen, weil hier die Entschuldung für alle Beteiligten nachvollziehbarer, übersichtlicher und für einen großen Teil der Schuldner schneller erreichbar ist, mit positiven Folgen für eine neue Perspektive für den Schuldner.

Weiterhin hätte nach unserer Meinung der Grundsatz der **Einzelzwangsvollstreckung** beibehalten werden sollen, und zwar mit der Begrenzung eines gesetzlich geforderten Sanierungskonzepts, auf das sich die Gläubiger einlassen müssen mit der Folge, daß Vollstreckungsmaßnahmen rechtsmißbräuchlich werden, soweit ein Sanierungskonzept sinnvoll und möglich erscheint. Entsprechende Überlegungen liegen schon von den Gerichten vor.

Das jetzige Verfahren scheint uns auch für die private Entschuldung viel zu kostenträchtig zu sein, was eine weitgehende, zügige Entschuldung ebenfalls behindert.

Ein Punkt der Kritik – auch das wird in den SPD-Anträgen aufgenommen – betrifft die unzureichende Beachtung von **Arbeitnehmerinteressen** im Gesetzentwurf. Während den Gläubigern – zumeist Banken – unter Erweiterung ihrer Verfahrensrechte die üblichen Absonderungs- und Aussonderungsrechte erhalten bleiben, werden die bisherigen Vorrechte der Arbeitnehmer weitgehend beseitigt.

Nicht angemessen ist nach unserer Ansicht auch die Begrenzung der **Vertretung der Arbeitnehmerschaft im Gläubigerausschuß.** Vertreten sein muß auf jeden Fall der Betriebsrat des Unternehmens; wenn dieser **[im folgenden: 19122 (C)]** nicht vorhanden ist, ein von der Arbeitnehmerschaft bestimmter Vertreter, etwa der Gewerkschaften.

Ich denke, daß das **Inkrafttreten des Gesetzes** erst am 1. Januar 1997 jedenfalls die gute Seite hat, daß man vorher noch über eine Novellierung nachdenken kann.

Ich danke für die Aufmerksamkeit.

(Beifall bei der PDS/Linke Liste)

Präsidentin Dr. Rita Süssmuth: Als nächster der Kollege Dr. Wolfgang Ullmann.

Dr. Wolfgang Ullmann (BÜNDNIS 90/DIE GRÜNEN): Frau Präsidentin! Meine Damen und Herren! Der Rechtsausschuß des Bundestages hat meines Erachtens gut getan, in seinem Bericht über den Gesetzentwurf und dessen Beratungen die Wiederherstellung der Rechtseinheit im ganzen Bundesgebiet voranzustellen, wenn er Inhalt und Bedeutung der neuen Insolvenzordnung würdigt.

Der unlängst erschienene **Schuldenreport 1993,** der von der Arbeitsgemeinschaft der Verbraucherverbände zusammen mit dem Roten Kreuz herausgegeben wird, dokumentiert, in welchem Ausmaß mittlerweile auch das Thema Schulden und Überschuldung ein gesamtdeutsches Problem geworden ist. Dazu kommt aber ein zweiter positiver Effekt. Die **Vereinheitlichung der deutschen Rechtsprechung** vollzieht sich in diesem Falle so, daß es auch innerhalb des betroffenen Rechtsgebietes zur Vereinheitlichung bisher getrennter Regelungen kommt, in dem das **[im folgenden: 19122 (D)]** bisherige Nebeneinander von Konkurs und Vergleich im Insolvenzverfahren zusammengefaßt wird. Das ist ein Vorgang, der leider sehr vereinzelt in der Rechtsprechung seit der Vereinigung der beiden deutschen Staaten dasteht.

Ein besonders grelles, zusätzliches Schlaglicht wird durch den **Konkursfall Schneider** auf unsere Beratungen geworfen. Es ist vom Institut für Finanzdienstleistungen sogar der Vorschlag geäußert worden, die Beschlußfassung auszusetzen, um eine Überprüfung durchzuführen, wie der Fall Schneider auf der Basis der neuen Insolvenzordnung zu behandeln wäre. Denn im Moment muß er ja nach der alten Konkursordnung abgewickelt werden.

Ich stimme dem insoweit zu, als diese Äußerung die Bedeutung unseres Gesetzgebungsvorhabens unterstreicht. Den Vorschlag, den **Verbraucherkonkurs** und die **Restschuldbefreiung** gesondert zu verabschieden, lehne ich jedoch ab. Denn das würde die mühsam errungene Einheitlichkeit der gesetzlichen Regelung erneut mit Zersplitterung bedrohen. Das muß um so mehr betont werden, als Anhörung und Beratung im Rechtsausschuß gerade im Bereich des Verbraucherkonkurses und der Restschuldbefreiung zu erheblichen und höchst erfreulichen Verbesserungen geführt haben.

Wenn aus den Reihen der Schuldnerberatung die Kritik geäußert wird, die **Wohlverhaltensfrist** von sieben Jahren sei zu lang, so ist darauf hinzuweisen, daß der Gesetzentwurf selbst schon die Möglichkeit einer Verkürzung auf fünf Jahre vorsieht. Ob das ausreicht, wird die Praxis lehren – ein zusätzliches **[im folgenden: 19123 (A)]** Argument für eine schnelle Verabschiedung, wie ich meine. Das sage ich auch im Blick auf den vorgesehenen späten Zeitpunkt des Inkrafttretens: im Jahre 1997.

Daß im ganzen mit diesem Entwurf unserer Rechtsprechung ein erheblicher Fortschritt ermöglicht wird, kann schon jetzt als ausgemacht gelten. Ebenso unstreitig ist, daß damit nur eine Seite dieser für Vermögens-, Arbeits- und Wirtschaftsrecht zentralen Frage geregelt ist. Das gilt ganz besonders unter dem Gesichtspunkt der **Gläubigerautonomie,** die im Gesetzentwurf so stark betont wird. Der Kollege Heuer hat auf die Problematik dieser Sache soeben hingewiesen.

Die Rolle der Kreditgeber im Falle Schneider zwingt meines Erachtens zu gesetzgeberischen Überlegungen, wie – nachdem wir mit der neuen Insolvenzordnung einen wichtigen Schritt getan haben – durch eine Erweiterung der Transparenz und der öffentlichen Kontrolle der **Mißbrauch des Bankgeheimnisses** noch deutlicher erschwert wird, als das in den bisherigen Gesetzen betreffend den Umkreis der organisierten Kriminalität geschehen ist. Die **Möglichkeiten des betrügerischen Konkurses** müssen gesetzgeberisch noch sehr viel drastischer beschnitten werden. Ich glaube, daß das auch im Blick auf die angestrebte europäische Währungsunion eine unaufschiebbare Aufgabe ist.

Meine Damen und Herren, ich meine, das Parlament sollte durch eine eindrucksvolle Mehrheit – soweit das bei der jetzt absehbaren Anwesenheit möglich ist – all denen danken, durch deren Mitwirkung dieses wichtige Gesetzeswerk zustande gekommen **[im folgenden: 19123 (B)]** ist. Ich hoffe wie der Herr Kollege Pick, daß dieser Gesetzentwurf den Behuf unserer Zeit zur Gesetzgebung so eindrucksvoll unter Beweis stellt, daß alle schon geäußerten Zweifel, aber auch alle künftigen niedergeschlagen werden.

(Beifall des Abg. Dr. Hans de With [SPD])

Präsidentin Dr. Rita Süssmuth: Als nächste spricht die Bundesministerin Sabine Leutheusser-Schnarrenberger.

Sabine Leutheusser-Schnarrenberger, Bundesministerin der Justiz: Frau Präsidentin! Meine Damen und Herren! Wir erleben heute eine seltene, eine **historische Stunde der Gesetzgebung.** Nach über zehn Jahre dauernden Reformarbeiten stehen wir vor dem Abschluß einer umfassenden, schwierigen Gesamtreform, nicht einfach vor der parlamentarischen Verabschiedung eines einzelnen Änderungsgesetzes, sondern vor der vollständigen Ersetzung eines Reichsjustizgesetzes, das über hundert Jahre gegolten hat, durch eine **grundlegende Neukodifikation.**

Diese Neukodifikation ist eine politisch und wirtschaftlich dringend erforderliche Anpassung an das moderne internationale Wirtschaftsleben und gleichzeitig ein wichtiger Beitrag zur weiteren **Vereinheitlichung des Rechts in den alten und in den neuen Bundesländern.**

(Beifall bei Abgeordneten der F. D. P.
und der CDU/CSU)

[im folgenden: 19123 (C)]

Ich freue mich, daß die Koalition und die SPD in dieser Frage einer Meinung sind. Wir brauchen eine Reform unseres geltenden Konkurs- und Vergleichsrechts. Wir brauchen genau das Insolvenzrecht, das hier in der vom Rechtsausschuß entscheidend mitgestalteten Fassung der Regierungsentwürfe vorliegt. Wir sind uns alle einig, daß wir es in absehbarer Zeit brauchen.

Schon seit längerem wissen wir, daß unser geltendes Konkurs- und Vergleichsrecht nicht nur

Mängel aufweist, sondern den sich ständig weiterentwickelnden modernen Wirtschaftsverhältnissen einfach nicht mehr gewachsen ist. Zu Recht ist ja auch von Ihnen, Herr Gres, das Schlagwort vom **Konkurs des Konkursrechts** erwähnt worden. Nur selten kommt es überhaupt noch zu echten Konkursverfahren, weil in der Regel die Masse nicht einmal mehr ausreicht, um die Verfahrenskosten zu decken und das Verfahren zu eröffnen.

Ich erinnere auch daran, daß es erhebliche Ungleichheiten zwischen den Gläubigern und ihren Befriedigungsmöglichkeiten in der Praxis gibt und nach dem geltenden Konkursrecht der einfache Konkursgläubiger häufig auf der Strecke bleibt. Vergleichsverfahren – das ist schon gesagt worden – kommen in der Praxis fast überhaupt nicht mehr vor. Was am schwersten wiegt und in einer modernen Wirtschaftsordnung nicht länger hingenommen werden kann, ist, daß das geltende Konkursrecht nicht sanierungsfreundlich ausgestaltet ist.

[im folgenden: 19123 (D)]

Was wir in Deutschland zur Sicherung des Wirtschaftsstandorts, zur Erhaltung von Unternehmen, Arbeitskraft und Arbeitsplätzen brauchen, ist ein modernes, praxisgerechtes Recht, das im internationalen Vergleich bestehen kann und auch vertrauensbildend bei Investoren wirkt, ein Insolvenzrecht, das **Sanierungshemmnisse** abbaut und damit den wirtschaftlichen Interessen aller Beteiligten einschließlich der Arbeitnehmer entspricht.

All dies hat dazu geführt, daß die Konkursordnung von 1877 und die Vergleichsordnung von 1935 nicht nur an einzelnen Stellen ergänzt oder geändert, sondern insgesamt durch ein neues Insolvenzrecht ersetzt werden mußten.

Die schon vor längerer Zeit für dieses Frühjahr beabsichtigte Verabschiedung unseres neuen Insolvenzrechts gewinnt vor dem Hintergrund aktueller Ereignisse besondere Bedeutung. Mit Blick auf den Konkurs der **Immobiliengruppe Schneider** möchte ich nachdrücklich klarstellen: Weder die neue Insolvenzordnung noch andere staatliche Maßnahmen hätten einen solchen Konkurs verhindern können. Mögliche Versäumnisse auf seiten der Großgläubiger, der Banken, können nicht durch das Insolvenzrecht ausgeglichen werden.

(Beifall bei der F. D. P. sowie bei Abgeordneten der CDU/CSU)

Aber ich appelliere wegen ihrer großen Verantwortung an die Banken, alles zur Schadensbegrenzung **[im folgenden: 19124 (A)]** Mögliche zu tun, insbesondere zugunsten der Handwerker und der Lieferanten.

(Beifall bei der F. D. P. sowie bei Abgeordneten der CDU/CSU – Dr. Wolfgang Weng [Gerlingen] [F. D. P.]: Dringend notwendig!)

Gegen die unredliche Inanspruchnahme von Krediten und dadurch bedingtes Pleitemachen hilft keine noch so gute Insolvenzordnung. Aufgabe des Staates in einer freien Marktwirtschaft ist es, gesetzliche Regelungen bereitzustellen, die die Bewältigung solcher Krisensituationen in einem geordneten Verfahren ermöglichen und zu einer **bestmöglichen Befriedigung der Gläubiger** und gerade immer der sogenannten kleinen Gläubiger führen.

Genau dies hat sich die Insolvenzrechtsreform zum Ziel gesetzt, wenn sie neben der Verbesserung von Sanierungschancen für insolvente Unternehmen die Befriedigungschancen insbesondere der kleinen Gläubiger erhöht.

Künftig wird die an die ungesicherten Gläubiger zu verteilende Vermögensmasse größer. Die Privilegierung bestimmter Gläubigergruppen, auch des Staates, für Steuerforderungen entfällt. Zusätzlich wird durch Kostenbeiträge der gesicherten Gläubiger und durch die erweiterte Anfechtung gläubigerschädlicher Handlungen mehr Masse als bisher zur Verteilung an die ungesicherten Gläubiger zur Verfügung stehen. Gerade **mittelständische Lieferanten und Bauhandwerker** können dann damit rechnen, mit größeren Beträgen als bisher befriedigt zu werden.

Erlauben Sie mir aber in diesem Zusammenhang **[im folgenden: 19124 (B)]** auch einen Hinweis auf die geltende Rechtslage. Zur besseren Sicherung der Handwerker ermöglicht es schon jetzt das vor einem Jahr auf Initiative der Bundesregierung beschlossene **Bauhandwerkersicherungsgesetz** Handwerkern, sich durch besondere Sicherheiten des Bauherrn bzw. des Bauunternehmers zusätzlich gegen Risiken, besonders Konkursrisiken, abzusichern. Bauhandwerker sind danach berechtigt, für ihre vertraglichen Bauforderungen nicht nur die Einräumung einer Sicherungshypothek am Baugrundstück, sondern auch die Sicherung am Baugeld des Auftraggebers zu verlangen. Der Bauhandwerker kann die Leistung verweigern, wenn der Bauherr oder der Bauunternehmer die verlangte Sicherung verweigern.

Die Möglichkeit, eine Bankbürgschaft der baufinanzierenden Banken zu verlangen, ist aber offensichtlich noch zuwenig bekannt und wird leider auch noch zuwenig genutzt. Diese Art der Sicherung sollte bei größeren Vorhaben und Risiken zur Selbstverständlichkeit werden, und zwar auch dann, wenn der Auftraggeber einen großen Namen hat.

Bei der aktuellen Diskussion über die Notwendigkeit und Dringlichkeit eines neuen Insolvenzrechts besteht die Gefahr – in dieser Debatte nicht; denn diesen Punkt haben alle Redner betont –, daß ein Komplex in den Hintergrund treten könnte, dem meines Erachtens hohe, in ihrem Wert heute kaum abschätzbare wirtschaftliche Bedeutung, vor allem aber soziale Bedeutung zukommt, nämlich die **Restschuldbefreiung**. Über dieses Institut wird in Zukunft den Insolvenzschuldnern die Möglichkeit gegeben, **[im folgenden: 19124 (C)]** sich von ihren Verbindlichkeiten zu befreien und damit die Chance für einen wirtschaftlichen Neubeginn zu erhalten. Dies ist ein Ausweg aus dem bisherigen lebenslänglichen Schuldturm.

Die Forderungen der Verbraucherverbände nach noch weiter gehenden Lösungen lassen die berechtigten Interessen der Gläubiger außer Betracht. Die Restschuldbefreiung hilft jedoch nicht nur den Betroffenen aus ihrer oft lebenslangen wirtschaftlichen Not, sondern ist auch gesamtwirtschaftlich sinnvoll und erstrebenswert. Gescheiterten Unternehmen wird eine weitere Startchance gegeben, die Verbraucher erhalten einen Anreiz, sich durch eigene Arbeit zu ernähren und nicht weiterhin von der Sozialhilfe und damit auf Kosten der Allgemeinheit zu leben. Ich denke, daß sich das – jedenfalls nach einer Anlaufphase – auf dem Arbeitsmarkt und im Sozialbereich bemerkbar machen wird.

(Beifall bei der F. D. P.)

Die Insolvenzrechtsreform hat im Rahmen der parlamentarischen Beratungen – auch ich möchte darauf hinweisen – nicht nur Zustimmung erfahren. Kritische Stimmen haben sich aus mehreren Ländern geäußert; nicht – das möchte ich deutlich betonen –, weil sie die Ziele und den Inhalt des Reformpakets kritisieren, sondern die Bedenken sind vor allem – ich möchte sagen: ausschließlich – von der Befürchtung getragen, mit der Reform könne auf die **Justiz** eine **Belastung** zukommen, der sie nicht gewachsen sei.

Diese Bedenken sind von allen Berichterstattern bei den täglichen und den nächtlichen Beratungen – dafür möchte ich an dieser Stelle ganz herzlich danken, **[im folgenden: 19124 (D)]** weil wir sonst heute nicht die zweite und die dritte Beratung im Rahmen dieses Gesetzgebungsvorhabens durchführen könnten – berücksichtigt worden. Deshalb ist ja der Entwurf entscheidend verschlankt und vereinfacht worden, so daß die Gerichte nicht mehr als unbedingt notwendig belastet werden. Wir kommen den Ländern mit dem Zeitpunkt des Inkrafttretens, nämlich erst zum Januar 1997, ganz entscheidend entgegen, und zwar nicht, Herr Heuer, um eine Novellierung ins Auge zu fassen, sondern um den Ländern damit die ausreichende Möglichkeit zu geben, sich auf die Umstellung auf das neue Recht einzurichten.

Vielen Dank.

(Beifall bei der CDU/CSU und der F. D. P. sowie bei Abgeordneten der SPD)

Präsidentin Dr. Rita Süssmuth: Als nächster spricht der Kollege Hermann Bachmaier.

Hermann Bachmaier (SPD): Frau Präsidentin! Meine Damen und Herren! Der **Finanz- und Bauskandal Schneider** hat dazu geführt, daß die höchst unterschiedliche Absicherung von Gläubigern im Konkursfall zur Zeit in aller Munde ist. Wir werden wohl – die Frau Ministerin hat ja darauf hingewiesen – der Frage nachgehen müssen, warum im konkreten Fall insbesondere das erst vor einem Jahr beschlossene Bauhandwerkersicherungsgesetz so wenig Vorsorge getroffen hat und welche Dinge dafür ursächlich **[im folgenden: 19125 (A)]** waren, daß es so wenig zur Anwendung und zur Absicherung von Handwerkern gekommen ist.

(Detlef Kleinert [Hannover] [F. D. P.]: Charisma!)

Ich werde zur allgemeinen Problematik gleich noch mehr sagen. Lassen Sie mich zunächst zur generellen Problematik einer Insolvenzrechtsreform einiges ausführen.

Die Verabschiedung der Insolvenzrechtsreform – darauf haben alle Vorrednerinnen und Vorredner hingewiesen – ist überfällig. Seit Jahrzehnten wird beklagt, daß die über 110 Jahre alte Konkursordnung und die aus dem Jahre 1935 stammende Vergleichsordnung den gegenwärtigen Anforderungen an ein modernes Insolvenzrecht nicht mehr genügen. Wenn es überhaupt noch zur Eröffnung eines Verfahrens kommt, ist die Liquidation die Regel und die Sanierung die Ausnahme. Nur dann, wenn talentierte Konkurs- und Vergleichsverwalter mit unternehmerischem Geschick und mit Unterstützung der Gläubiger ein notleidendes Unternehmen in den Bereichen reorganisieren, die überlebensfähig sind, können Arbeitsplätze gerettet, Betriebe und Produktionsstätten erhalten werden.

Unser **bestehendes Insolvenzrecht,** also Konkurs- und Vergleichsordnung, ist bei diesen wünschenswerten Sanierungsverfahren eher hinderlich, weil es eben der wertevernichtenden und Arbeitsplätze zerstörenden Liquidation den Vorrang gibt, das auch in aller Regel den nicht abgesicherten Gläubigern keine Vorteile gebracht hat.

[im folgenden: 19125 (B)]

Erst recht war das geltende Insolvenzrecht völlig ungeeignet, den unverschuldet in Not geratenen Verbrauchern bei entsprechender Anstrengung wieder auf die Beine zu helfen und einen Neuanfang zu ermöglichen. Mit Recht wurde – mehrere Vorrednerinnen und Vorredner haben dies erwähnt – vom Konkurs des Konkurses gesprochen und immer nachdrücklicher vom Gesetzgeber Abhilfe verlangt.

Insbesondere die USA, aber auch Österreich und andere europäische Staaten haben längst ein modernes Insolvenzrecht, das der Sanierung und Reorganisation Vorrang vor der Vernichtung und Zerschlagung von Betrieben einräumt und auch überschuldeten Verbrauchern bei entsprechender Anstrengung eine Überlebensperspektive auf dem Weg der Restschuldbefreiung bietet. Nur in der Bundesrepublik wollte es trotz gründlicher Vorarbeiten und vielfältiger Versprechungen auch der Koalitionsmehrheit zunächst nicht gelingen, den völlig antiquierten Rechtszustand zu beseitigen und ein **zeitgerechtes Insolvenzrecht** zu schaffen.

Für uns war es daher, meine Damen und Herren, eine geradezu selbstverständliche Verpflichtung, uns nach der Vorlage des Regierungsentwurfes zum Insolvenzrecht mit den Berichterstattern von der CSU/CSU und der F. D. P. und den Damen und Herren des Justizministeriums auf die Suche nach einem von allen Fraktionen getragenen Kompromiß zu machen, um noch in dieser Legislaturperiode dem Gesetzgebungsnotstand – und um einen solchen handelt es sich – im Insolvenzbereich ein Ende zu bereiten und [im folgenden: 19125 (C)] ein modernes Insolvenzrecht auf den Weg zu bringen.

Wie mein Kollege Professor Pick bereits ausgeführt hat, sind dabei natürlich – wie das bei einem Kompromiß geradezu zwangsläufig der Fall ist – viele unserer Wünsche und Forderungen offen geblieben. Dennoch glauben wir, daß es nicht vertretbar wäre, dem heute nach langen und eingehenden Berichterstattergesprächen vorgelegten Entwurf letztlich die Zustimmung zu versagen. Schon ein oberflächlicher Vergleich mit dem ursprünglichen Regierungsentwurf zeigt, daß der heute zur Abstimmung gestellte Gesetzentwurf nicht nur kräftig entschlackt wurde, sondern auch substantielle Verbesserungen in den sehr offenen und fair geführten Verhandlungen erreicht werden konnten.

Meine Damen und Herren, das für uns zentrale Anliegen der **Sanierung** von notleidend gewordenen Betrieben und damit der **Erhaltung von Arbeitsplätzen** im Insolvenzverfahren kraft Gesetzes einen hohen Stellenwert einzuräumen, kommt nicht nur bereits im § 1 der Insolvenzordnung als gesetzlich vorgegebenes Ziel zum Ausdruck. Die Realisierung dieses Zieles zieht sich buchstäblich wie ein roter Faden durch alle Vorschriften, die die Unternehmensinsolvenz betreffen. Vor allem schafft das neue Recht gesetzliche Möglichkeiten, das Betriebsvermögen vor dem schnellen Zugriff der Sicherungsgläubiger zu bewahren, so daß der Betrieb als Ganzes noch einer Sanierung bzw. einer arbeitsplatzerhaltenden Weiterveräußerung zugeführt werden kann. Sicherlich wäre es meines Erachtens im Sanierungsinteresse von großer Bedeutung, wenn die Sicherungsgläubiger, also vor [im folgenden: 19125 (D)] allem die Banken, in größerem Umfange, als dies im Gesetz vorgesehen ist, ihren Beitrag zur arbeitsplatzerhaltenden Sanierung leisten müßten.

Die **abgesicherte Sonderstellung** insbesondere der Banken ist auch, wie der Frankfurter Konkursfall Schneider zeigt, eine der ganz entscheidenden Ursachen skandalöser Pleiten. Die gesicherten Banken sehen leider allzu häufig keinen Anlaß, rechtzeitig dem unverantwortlichen Treiben großspuriger Geschäftemacher Einhalt zu gebieten. **Arbeitnehmer, ungesicherte Handwerker und Zulieferer,** die darauf vertrauen, daß die Banken ihre vielfältigen Kontrollmöglichkeiten wahrnehmen, haben am Ende dann das für sie existenzvernichtende Nachsehen.

Würde den abgesicherten Gläubigern – hiermit meine ich vor allem die Banken – im Insolvenzfall ein höheres Insolvenzopfer aufgebürdet, dann würden sie auch ihren Kontrollpflichten gegenüber ihren Großkreditnehmern gründlicher nachkommen als bisher. Die Folge wäre, daß die Sanierung nicht nur leichter und aussichtsreicher wäre; Arbeitnehmer, Handwerker und ungesicherte Lieferanten wären dann letztlich besser geschützt, als dies auch nach dem neuen Recht leider immer noch der Fall ist. Lassen Sie uns, auch im Lichte der riesigen Frankfurter Immobilienpleite, nochmals über eine stärkere Beteiligung der Banken im Insolvenzfall reden! Ein größeres Engagement der Sicherungsgläubiger würde manchen Sanierungsversuch aussichtsreicher gestalten.

Meine Damen und Herren, auch wenn wir im Detail noch viele Verbesserungswünsche haben, so bleibt [im folgenden: 19126 (A)] doch die Tatsache, daß wir in diesem Gesetz erstmals ein eigenständiges **Verbraucherinsolvenzverfahren** schaffen, an dessen Ende den unverschuldet in Not Geratenen durch die **Restschuldbefreiung** eine neue Lebensperspektive geboten wird. Diesen schon heute mehr als eine Million Privathaushalten, deren Zahl in der gegenwärtigen Wirtschaftskrise immer dramatischer steigt, bliebe nach heutigem Recht kaum eine Chance, dem modernen Schuldturm mit seinem verhängnisvollen Kreislauf aus Zinsen und Kosten jemals zu entrinnen.

Den für diese Menschen so aufopferungsvoll tätigen Schuldnerberaterinnen und Schuldnerberatern bietet das neue Recht eine, wie ich meine, gute Hilfe an, nicht zuletzt dadurch, daß der außergerichtliche Vergleichsversuch dem gerichtlichen Verfahren obligatorisch vorgeschaltet ist. Die Möglichkeiten des Verbraucherinsolvenzverfahrens mit der späteren Restschuldbefreiung werden schon auf das **außergerichtliche Schuldenbereinigungsverfahren** einen heilsamen Druck ausüben und damit die Arbeit der Schuldnerberatungsstellen wesentlich erleichtern.

Meine Damen und Herren, das Insolvenzrecht alleine wird auch in Zukunft Leid und wirtschaftliche Not nicht verhindern. Darauf ist schon mehrfach hingewiesen worden. Ein auf Sanierung und Restschuldbefreiung ausgerichtetes Insolvenzrecht kann aber mithelfen, um wieder Wege aus dem wirtschaftlichen Zusammenbruch von Unternehmen zu finden und unverschuldeten Privatpersonen eine neue Lebensperspektive zu geben. Letztlich wird das neue Recht [im folgenden: 19126 (B)] allen Beteiligten, einschließlich der Gläubiger, von Nutzen sein.

Ein sanierungsorientiertes Insolvenzrecht leistet im übrigen auch einen Beitrag dazu, wirtschaftliche Zusammenbrüche zu verhindern, wenn auch einzelne Gläubigergruppen – darauf habe ich schon hingewiesen –, die sich heute durch alle erdenklichen Sicherungssysteme völlig konkursfest absichern, in Zukunft ihren leider sehr bescheidenen Beitrag im Insolvenzfall zu erbringen haben. Geld- und Warenkreditgeber werden, wenn sie sich nicht gänzlich risikofrei absichern können, auch bei guten Kunden etwas behutsamer sein.

Noch eines: Nach der Verabschiedung des Insolvenzrechtes sollten wir darangehen, die Möglichkeiten, die unser Gesellschaftsrecht bietet, Haftungsrisiken zu Lasten von ungesicherten Gläubigern einzuschränken, einmal sehr gründlich zu durchforsten. Ich denke dabei an die haftungsrechtlich nach wie vor attraktiven Betriebsaufspaltungen. Auch sollte der uns durch die Insolvenzstatistik belegte entschieden zu hohe Anteil der Gesellschaftsformen der GmbH und der GmbH & Co KG zu denken geben. Diese Gesellschaftsformen bieten noch immer eine große Chance, das **Haftungs- und Insolvenzrisiko** auf ein Minimum zu reduzieren. Sie wirken nicht selten einladend auf diejenigen, die sich einen Teufel um ihre unternehmerische Verantwortung und um ein ausgewogenes Verhältnis von Chance und Risiko im Geschäftsleben scheren und damit häufig unbetei-[**im folgenden: 19126 (C)**]ligte Dritte, die auf die Liquidität dieser Firmen vertrauen, ins Unglück stürzen.

(Detlef Kleinert [Hannover] [F. D. P.]:
Das ist ein weltfremdes Feindbild!
Völlig weltfremd!)

– Aber Herr Kleinert, Sie wissen doch, daß ich zu einem Feindbild völlig unfähig bin.

(Lachen bei der SPD – Dr. Wolfgang Weng [Gerlingen] [F. D. P.]: Aber weltfremd sind Sie!)

Herzlichen Dank.

(Beifall bei der SPD und
dem BÜNDNIS 90/DIE GRÜNEN)

Präsidentin Dr. Rita Süssmuth: Das Wort nimmt jetzt der Kollege Wolfgang von Stetten.

Dr. Wolfgang Freiherr von Stetten: Frau Präsidentin! Meine Damen und Herren! Wir stehen, wie schon gesagt, vor der Verabschiedung eines Jahrhundergesetzes – Kollege Geis nannte es so –, und Frau Justizministerin sprach von einer „historischen Stunde", wenn die über hundert Jahre alte Konkursordnung und die fast 60 Jahre alte Vergleichsordnung durch ein einheitliches Insolvenzsystem abgelöst werden.

Ich will vorweg sagen: Es ist ein gutes Gesetz, bei aller Kritik an dem einen oder anderen Detail, in sich schlüssig, durchdacht und, wie man heute so schön sagt, „händelbar". Dennoch verhehle ich nicht, daß ich lange Zeit ein Befürworter einer einfacheren Lösung gewesen wäre, nämlich der Modernisierung [**im folgenden: 19126 (D)**] der Konkursordnung z. B. durch Streichung der Vorrechte, Einführung eines Sequesters und insbesondere Einführung des Vergleichsordnung in diese Konkursordnung. Dadurch wäre eine überschaubare Insolvenzordnung geschaffen worden, für die bereits in vielen Teilen die Rechtsprechung vorläge. Die Restschuldbefreiung und die Verbraucherinsolvenz hätte ich gern in ein neues, eigenes Gesetz gebracht.

Manchmal ist aber ein Gesetzeswerk schon so weit fortgeschritten, und die 15 oder gar 20 Jahre alten Vorarbeiten sind nicht ohne Spuren geblieben; und es ist letztlich so imponierend in seiner Perfektion, in seinen Details, daß die Maschinerie nicht mehr aufgehalten werden kann.

Ziel war es – und das ist im wesentlichen ja erreicht –, ein einheitliches Insolvenzverfahren durchzuführen mit der Zielvorgabe, möglichst viele Unternehmen zu erhalten, insbesondere kleine Gläubiger dadurch zu schützen, daß wenigstens, wenn auch oft nur bei kleinen Quoten, etwas ausgeschüttet wird.

Das neue Insolvenzrecht kann naturgemäß betrügerische Konkurse – wie den aktuellen Fall des Baulöwen Schneider – nicht verhindern; aber dadurch, daß mobile Werte und Zubehör in Zukunft mit ca. 9% zur Masse beitragen und Vorrechte aufgehoben werden, kann es wenigstens bewirken, daß ein Teil der **ungesicherten Forderungen** ersetzt wird.

In diesem Zusammenhang darf ich darauf hinweisen – es wurde von mehreren Vorrednern bereits [**im folgenden: 19127 (A)**] erwähnt –, daß eigentlich keiner der Handwerker und Lieferanten auch nur einen Pfennig hätte verlieren müssen, wenn er die von uns im letzten Jahr verabschiedeten **Bausicherungsmöglichkeiten** genutzt hätte.

Wir haben bewußt den alten § 648 BGB, die Sicherungshypothek des Bauunternehmers, ergänzt, weil das eine schlechte Möglichkeit war. Wir haben nun die Möglichkeit des Unternehmers und des Handwerkers nach der Auftragserteilung – das ist ganz wichtig –, daß er vor Beginn von seinem Bauherrn eine Sicherung verlangen kann. Leider ist dies teilweise nicht bekannt. Die Handwerkskammern und die Industrie- und Handelskammern sollten aktuell auf diese Sicherungsmöglichkeit hinweisen und sie ihren Mitgliedern näherbringen.

(Beifall des Abg. Dr. Hans de With [SPD])

Ich glaube, das ist ganz wichtig.

Nicht ganz glauben kann ich in diesem Zusammenhang eine Äußerung des Konkursverwalters Grub, der den § 648 a als uneffektiv bezeichnet, weil er vorher abbedungen werde. Es gibt einen Absatz 7, der besagt, daß abbedungene Sicherungen unwirksam sind. Das heißt, selbst wenn in einem Auftragsvertrag etwas steht, kann eine Sicherung verlangt werden. Und das sollten die Handwerker tun.

Meine Damen und Herren, es ist überhaupt keine Frage, daß es auch Mängel gibt. Ein Großteil der CDU/CSU-Fraktion und auch der Freien Demokraten hätte gern gesehen, wenn wir im Rahmen des Insolvenzrechts auch die Bestimmungen des § 613 a Abs. 4 [**im folgenden: 19127 (B)**] BGB hätten ändern können, damit sie im Konkursfall nicht gelten. Manche Betriebe wären in der Vergangenheit leichter zu retten gewesen und in der Zukunft leichter zu retten, wenn nicht im Konkurs-

bzw. im späteren Insolvenzfall die bestehenden **Arbeitsverhältnisse** zwangsweise übergingen. Dadurch wird manches Unternehmen nicht gerettet, sondern quasi zur Liquidation getrieben, weil ein Unternehmer sich nicht mit den Altlasten belasten will.

(Beifall des Abg. Detlef Kleinert [Hannover] [F. D. P.]

Die Bestimmungen des § 613 a Abs. 4 sind sicher gut gemeint gewesen, aber sie sind eher ein Arbeitsplatzkiller als ein Arbeitsplatzerhalter. Lösungen ohne finanzielle Beeinträchtigung der Arbeitnehmer hätte es gegeben; aber – lassen Sie mich das so grob sagen – ideologische Scheuklappen haben eine Reform in diesem Punkt verhindert.

(Beifall bei der CDU/CSU sowie des Abg. Detlef Kleinert [Hannover] [F. D. P.])

Die neuen Regelungen, die jetzt in die §§ 127 ff. aufgenommen wurden, sind noch vertretbar, machen aber die Fortführung einer Firma nach wie vor schwierig.

Richtig ist der Ansatz, die Gläubiger an den Kosten des Insolvenzverfahrens zu beteiligen, wie es bei den mobilen Sicherheiten durchgeführt wurde. Ich hätte mich aber nicht gescheut, lieber Kollege Gres, die **Sicherheiten der Grundpfandrechte** – meistens von Banken – z. B. auch mit einem Prozent ihres Wertes hinzuzuziehen. Den dagegen vorgebrachten Einwen-[im folgenden: 19127 (C)] dungen, daß dies den Immobiliarkredit verteuere, wurde durch einfache Berechnungen der Boden entzogen. Die Verteuerungen hätten im Promillebereich gelegen, da nur wenige Prozent der Kredite durch Insolvenzverfahren berührt sind und die Verteuerung sich vielleicht auf 0,01% beliefe. Die verfassungsrechtlichen Bedenken teile ich im übrigen nicht.

Richtigerweise wurde eine **Vorphase** eingeführt, der dann das Insolvenzverfahren folgt, mit der Maßgabe, zu erhalten oder gegebenenfalls zu liquidieren. Neu wurde die Eigenverwaltung des Schuldners eingeführt. Sie wurde teilweise stark kritisiert, aber sie ist doch sehr sinnvoll, wenn z. B. ein Schuldner unverschuldet in eine Liquiditätskrise gerät und dadurch nicht mehr weitermachen kann. Hier können unter Aufsicht eines Sachwalters die Geschäfte durch den Schuldner fortgeführt werden und kann er selber sein Unternehmen retten.

Ein völlig neues, aber richtiges und den Lebensverhältnissen angepaßtes Instrument ist die **Restschuldbefreiung**. Danach kann der Schuldner, der bisher 30 Jahre lang oder sein ganzes Leben für nicht befriedigte Forderungen haftete und damit letztlich aus dem Geschäftsverkehr gezogen wurde, es sei denn, er hat über Ehefrau, Kinder oder Bekannte Geschäfte getätigt, nach einer Übergangszeit von fünf oder sieben Jahren ins normale Geschäftsleben zurückkehren. Auf Einzelheiten will ich jetzt nicht eingehen. Richtig ist jedoch, daß eine solche Restschuldbefreiung dann nicht stattfinden kann, wenn der Schuldner einer Konkursstraftat überführt ist oder bereits ein Insolvenzverfahren hinter sich hat, seinen Mitwirkungspflichten nicht nachkommt oder unwahre [im folgenden: 19127 (D)] Angaben macht. Dabei hat der Schuldner das über der Pfändungsgrenze liegende Einkommen über einen gewissen Zeitraum abzutreten und möglichst eine Erwerbstätigkeit aufzunehmen.

Folgerichtig wurde für Privatschuldner eine sogenannte **Verbraucherinsolvenz** eingeführt, damit auch Kleinschuldner nicht ihr Leben lang von Gerichtsvollziehern verfolgt werden. Diese kleine Insolvenz ist entsprechend ausgestaltet und kann nur beantragt werden, wenn im vorhinein eine private Schuldenbereinigung versucht wurde. Ich glaube – und wir werden es nach drei Jahren sicher wissen –, daß von diesen privaten Schuldenbereinigungsverfahren, dem Vorverfahren, viele Gebrauch machen, weil es schneller und kostengünstiger ist als ein offizielles Verfahren. Die Gläubiger werden zu einem solchen Verfahren angehalten, weil sie nun wissen, daß es auch von Amts wegen durchgeführt werden kann, wenn sie sich nicht im Vorfeld mit dem Schuldner einigen.

Auch hier sind Schranken eingebaut, daß nicht ohne Sinn und Verstand oder – wie man landläufig sagt – auf Teufel komm raus Schulden gemacht werden, die man dann bei einem Verbraucherinsolvenzverfahren erlassen bekommt. Das soll und darf kein Freibrief zum Schuldenmachen sein, sondern ist ein Instrument, aus dem modernen Schuldturm herauszukommen. Ich rate übrigens allen Schuldnern zu versuchen, schon nach Verabschiedung dieses Gesetzes ein Vorverfahren durchzuführen und gegebenenfalls bereits vorher vernünftige Vereinbarungen zu [im folgenden: 19128 (A)] treffen, um den Versuch bei Inkrafttreten dieses Gesetzes nachweisen zu können.

Ich teile die Bedenken der Länder, daß es am Anfang zu einem Boom von Verfahren kommt. Dies wird aber im Laufe der ersten Jahre nachlassen, weil wir derzeit einen Rückstau aufweisen. Dabei wird nicht verkannt, daß es zu einer Stellenvermehrung führen wird, die letztlich auch zu Kostenbelastungen führt. Dennoch muß es ein Anliegen des Staates sein, den einzelnen Bürgern zu ermöglichen, nach einer Verschuldung ins normale Erwerbsleben zurückzukehren, wenn er dies will und eine entsprechende Zeit Wohlverhalten zeigt. Dies kann nur im Interesse eines sozialen Friedens sein und ist auch Anreiz, zu arbeiten und Geld zu verdienen, anstatt sich mit dem Lebensminimum zu beschränken oder mit der Sozialhilfe zufriedenzugeben oder auf krummen Wegen Geschäfte zu tätigen. Gerade junge Leute, die sich aus Unerfahrenheit oder Leichtsinn überschuldet haben, wird dadurch eine Zukunftsperspektive gegeben. Insoweit darf ich mich auch bei den beiden Justizministern von Baden-Württemberg, Dr. Schäuble, und von Bayern, Herrn Leeb, bedanken, die, durch Vermittlung von Herrn Geis, hier ihren Beitrag geleistet und ihre Bedenken zurückgestellt haben. Ich glaube, das ist gut.

Durch dieses neue Gesetz mußten auch in weit über hundert anderen Gesetzen Vorschriften geändert werden, um das Gesetz mit den bestehenden Gesetzen in Einklang zu bringen. So wurde u. a. die Anfechtungsmöglichkeit beim unredlichen Schuldner verbessert, z. B. die Durchgriffshaftung gegebenenfalls auch auf Schneiders Privatvermögen. Auch die ersatzlose Streichung des § 419 BGB will ich hervor-[im folgenden: 19128 (B)]heben. Diese Bestimmungen, von Anfang an umstritten, hinderten oft die Verwertung von Vermögen auch im Insolvenzfall, weil die Sorge bestand, daß es sich im wesentlichen um das letzte Vermögen eines Schuldners handelte und dadurch eine Art Durchgriffshaftung drohte. Es war daher oft ein Kredithemmschuh, der nun beseitigt ist.

Lassen Sie mich auch den Dank an alle Kollegen der Berichterstattergruppe sagen, aber auch des Rechtsausschusses, den Mitarbeitern des Ministeriums. Es war eine sehr angenehme, kollegiale Zusammenarbeit, in der wir in vielen Stunden zusammensaßen, um dieses Jahrhundertwerk mit zu beraten und auch zu verabschieden.

Dieses Gesetz wird, auch wenn es jetzt noch stark kritisiert wird – ich teile teilweise die Kritik – von der Wirtschaft und den Konkursverwaltern angenommen und in wenigen Jahren nicht mehr wegzudenken sein. Es ist ein gutes Gesetz, und es zeigt, daß dieser Bundestag handlungsfähig ist.

Danke schön.

(Beifall bei der CDU/CSU, der F. D. P., dem BÜNDNIS 90/DIE GRÜNEN sowie bei Abgeordneten der SPD)

Präsidenten Dr. Rita Süssmuth: Als nächster spricht der Kollege Dr. Hans de With.

Dr. Hans de With (SPD): Frau Präsidentin! Meine sehr verehrten Damen und Herren! Am Anfang noch [im folgenden: 19128 (C)] einmal ein Zahlenwerk: Schon 101 Jahre alt war das geltende Konkursrecht, als der damalige Bundesminister der Justiz, Hans-Jochen Vogel – Herr Kollege Greis hat dankenswerterweise darauf hingewiesen –, schon 1978 den Start zur Reform gab. Dasselbe Jahr, 1978, war es auch, in dem die Amerikaner durch den Bankruptcy Reform Act ihr Insolvenzrecht erneuerten, von dem wir ein kleines Stück, um es zuzugeben, abgeschaut haben.

Wenn 1997 das hier zu verabschiedende Werk in Kraft tritt, wird die alte Konkursordnung 120 Jahre alt sein. Das belegt ganz klar: Die Zeit für eine Reform ist überreif. Schon 1978 war offenkundig: Erstens. Das geltende Recht war allein auf die Verteilung der noch übriggebliebenen Masse angelegt und nicht etwa auf die Sicherung von Arbeitsplätzen.

Zweitens. Der Anspruch auf **Verteilung der Masse** stand im Grunde – sagen wir es so, wie es ist – auf dem Papier; denn zu 75% wurden die Konkurse schon damals mangels Masse abgewiesen.

Drittens. Selbst die eröffneten Konkurse brachten nichts, weil im Schnitt die **Zuteilungsquote** um die 5% herum pendelte und damit das Wort vom Konkurs als Wertvernichter schlimmster Art – es stammt aus der Zeit vor dem Ersten Weltkrieg – mehr als belegt ist.

Viertens. Allenfalls wurden die Gläubiger geschützt, die sich durch Grundstücke oder Eigentumsvorbehalt am beweglichen Vermögen sichern konnten, und diese **Sicherungsrechte** tragen mit zum Konkurs des Konkurses bei.

[im folgenden: 19128 (D)]

Fünftens. Es fehlte ein System für den redlichen Kleinschuldner mit einer **Restschuldbefreiung,** um den – ich sage es so, wie es ist – überschuldeten Häuslebauer, die arbeitslos gewordene Alleinerziehende oder den übervorteilten Ratenzahler aus dem modernen Schuldturm herauszuholen.

In all diesen Bereichen schafft das heute zu verabschiedende Gesetz klar Abhilfe. Es stellt erstens auf die Rettung der Arbeitsplätze ab. Zweitens wird die Masse, also das an alle gleichermaßen zu verteilende Vermögen, vergrößert und damit auch den Arbeitnehmern geholfen. Drittens wird das Mobiliarpfandrecht zu 24% bei der Masse herangezogen, d. h. das Abholen des unter Eigentumsvorbehalt stehenden Rohmaterials und der daraus gewonnenen Produkte ohne jede Beteiligung an der Masse ist damit nicht mehr möglich.

Viertens. Es schafft zum ersten Mal ein besonderes, dreistufiges Verfahren für die schuldlos in Not geratenene Einzelperson mit der Möglichkeit der Restschuldbefreiung nach sieben Jahren.

Natürlich – das sei wiederholt – hätten wir Sozialdemokraten einiges anders gemacht. Unsere Änderungsanträge belegen das. Das gilt für die Arbeitnehmerrechte genauso wie für Verbraucherbestimmungen. Aber ich sage auch: Es ist nicht zu leugnen, daß es seit Hans-Jochen Vogels Auftragserteilung eine kontinuierliche Linie, die nachgezeichnet werden kann, bis zu diesem Gesetzesvorhaben gibt. Ich erwähne auch, daß es dem hartnäckigen Verhandeln unserer Berichterstatter Hermann Bachmaier und Eckhart [im folgenden: 19129 (A)] Pick zu verdanken ist, daß es hier im Sinne der sozialen Gerechtigkeit deutliche Fortschritte gab.

Hinzugefügt werden muß aber auch: Es ist gut, wenn ein derart wesentliches Gesetz letztlich gemeinsam erarbeitet worden ist und von einer breiten Mehrheit getragen wird. Es ist gut der Sache wegen, es ist gut für das Parlament.

Ich nehme diese Gelegenheit zum Anlaß, meinem Nachnachnachfolger – wenn ich das so sagen darf –, Herrn Parlamentarischen Staatssekretär Funke, sehr herzlich zu danken; denn es ist wesentlich ihm zu verdanken, daß es hier parteiübergreifend zu dem Werk kam, das wir eigentlich alle gelobt haben. Herr Kollege Funke, vielen Dank; Sie haben es wirklich verdient.

(Beifall im ganzen Hause)

Mit diesem Gesetz werden wir im internationalen Vergleich wieder eine Spitzenstellung erreichen; nicht nur mit der Hervorhebung der **Sanierung** des bankrotten Betriebes gegenüber – ich sage es etwas salopp – der „Versilberung" des restlichen Vermögens und nicht nur mit der spezifischen **Verbraucherinsolvenz;** nein, wir bieten im Einzelfall ein Stück mehr **Gerechtigkeit.**

Dazu kommt: Unsere gesamte Volkswirtschaft kann nur profitieren, wenn durch ausgeklügelte Verfahren versucht wird, Betriebe zu retten und Menschen vor dem lebenslang bestehenden Schuldenturm zu bewahren. Daß das für die Justiz keine leichte Aufgabe sein wird, ist schon erwähnt worden: Es kostet Geld; neue Planstellen für Rechtspfleger und für Richter sind einzurichten. Aber es kommt für den Staat [**im folgenden: 19129 (B)**] auch zu Entlastungen, wenn auch in anderen Töpfen.

Ich sage deswegen mit vielen meiner Vorredner: Wir haben an die Länder zu appellieren, nicht nur die auf die Justiz zukommenden Beschwernisse zu beachten, sondern auch die für alle unübersehbaren Vorteile in Betracht zu ziehen. Die Gesetze sind ja nicht zustimmungsbedürftig. Eine Blockade im Bundesrat wäre deshalb entweder ein Pyrrhussieg oder aber – bei einem endgültigen Scheitern – ein Verlust nicht nur für die Betroffenen, sondern letztlich – lassen Sie mich das so formulieren – ein Bankrott für die Gesetzgebung.

Vielen Dank.

(Beifall bei der SPD, der PDS/Linke Liste und dem BÜNDNIS 90/DIE GRÜNEN sowie bei Abgeordneten der CDU/CSU und der F. D. P.)

Präsidentin Dr. Rita Süssmuth: Als nächster nimmt der Abgeordnete Detlef Kleinert das Wort.

Detlef Kleinert (Hannover) (F. D. P.): Frau Präsidentin! Meine sehr verehrten Damen! Meine Herren! 1877 – die Zahl ist mehrfach genannt worden – ist das Vorgängergesetz – jedenfalls die eine Hälfte der beiden Vorgängergesetze – in Kraft getreten. Ich möchte darauf hinweisen, daß es damals kein Telefon gab und daß die Anreise aus den Wahlkreisen nach Berlin erheblich beschwerlicher war als heute der Weg aus den Wahlkreisen nach Bonn. Daraus leite ich [**im folgenden: 19129 (C)**] den Schluß ab, daß das Gesetz so lange – bei allen immer mehr zutage tretenden Mängeln im Vergleich zu den Anforderungen der modernen Zeit – tauglich geblieben ist, während wir in unserer Zeit dank der Erfindung des Telefons, des Automobils

(Dr. Wolfgang Weng [Gerlingen] [F. D. P.]: Des Radioweckers!)

und einer sehr viel schnelleren Eisenbahn leider eine etwas andere Art, Gesetze zu machen, entwickeln mußten. Immerhin ist das Frankfurter Zimmer im Bundesministerium der Justiz, in dem die Berichterstattergespräche stattgefunden haben,

mit dem Frankfurter Schrank, der dort steht und eine gewisse zeitlose Behaglichkeit ausstrahlt, eine Erinnerung an die Zeiten, in denen unsere Vorfahren das Vorgängergesetz geschaffen haben.

Darum können wir uns zum wiederholten Male darüber freuen, daß hier interfraktionell sachlich, ordentlich und ruhig gearbeitet worden ist, um ein Gesetz zustande zu bringen, das hier zu Recht von allen gelobt worden ist, das aber, wie ich eben schon angedeutet habe, in unserer Zeit einmal mehr den Kompromißvorstellungen zwischen vermuteten und tatsächlichen Interessen dienen mußte – anders, als das früher bei einem Streben nach Vollkommenheit sowie letzter Konsequenz und Eleganz möglich war. Darum habe ich ähnlich wie der Kollege von Stetten auch für mich persönlich zu beklagen, daß einige der Blütenträume – das ist nun einmal bei Kompromissen so – nicht reifen konnten.

[**im folgenden: 19129 (D)**]

Natürlich ist das Verfahren im ganzen effizienter geworden; natürlich ist zutreffend ausgeführt worden, wer alles vernünftigerweise in Zukunft Opfer zu bringen hat, um in erster Linie die **Erhaltung von Unternehmen** und damit von wirtschaftlicher Substanz sicherzustellen, die sich nicht nur in Warenwerten oder Konten – in diesem Falle übrigens auf verhältnismäßig negativen Konten – äußert, sondern auch im Know-how, in Arbeitsplätzen, in der Tradition, in der Bedeutung einer Marke und anderen Werten, die im Konkurs- oder Vergleichsfall eben verlorengehen, und zwar ersatzlos. Gerade das soll in möglichst vielen Fällen vermieden werden. Wir hoffen, daß es gelingt.

Ganz leise ist schon angesprochen worden: Viele haben Opfer gebracht. Es gibt einige, die hier verhältnismäßig wenig Opfer gebracht haben, selbst im Verhältnis zu dem als besonders hartleibig bekannten Fiskus, der nach langen und harten Kämpfen auf sein Vorrecht verzichtet hat. Dafür gebührt, neben vielem anderen, Herrn Parlamentarischen Staatssekretär Funke besonderer Dank. Nach vielen hartnäckigen Kämpfen hat der Bundesminister der Finanzen einen Verzicht erklärt.

Der Deutsche Gewerkschaftsbund und seine parlamentarische Vertretung in diesem Hause, nämlich die Kollegen von der Sozialdemokratie, haben so weit nicht gehen mögen, gehen können, gehen dürfen – was weiß ich, wie das intern abläuft –,

(Dr. Wolfgang Weng [Gerlingen] [F. D. P.]: Herr de With wird es uns erklären!)

[**im folgenden: 19130 (A)**]

und deshalb haben wir in **§ 613 a BGB** und im **Sozialplan** immer noch erhebliche Hindernisse für eine vernünftige Rettung von Unternehmen behalten, was wir natürlich bei dem gemeinsam angestrebten Ziel für höchst bedauerlich halten.

(Carl-Ludwig Thiele [F. D. P.]: So ist es!)

Wir hoffen, daß das noch bei passender Gelegenheit, wie einiges andere, nachgebessert wird.

Auch die Vergleichsbereitschaft einer Berufsgruppe, die zwar klein, aber edel ist und in diesem Zusammenhang eine besondere Rolle spielt, die sich bezeichnenderweise im Gravenbrucher Kreis zusammengeschlossen hat – aus einem Grund, der Kennern der Hotelszene bekannt ist –,

(Heiterkeit)

ist nicht groß. Diese Berufsgruppe hat verhältnismäßig wenig Opferbereitschaft an den Tag gelegt. Meine Idee, das **Honorar** für so außergewöhnliche Leistungen wie die Verwaltung einer großen Vermögensmasse in diesen Fällen frei zu vereinbaren, ist leider nicht aufgegriffen worden. Man hält es lieber bequemerweise mit einer Gebührenordnung, die bei den hier in Rede stehenden Streitwerten schlechthin unrealistisch ist und fast diskussionslos führt, daß um die Geldfrage vornehmerweise gegenüber dem **Verwalter** nicht gestritten wird. Daß der Gläubigerausschuß hier gewisse zusätzliche Möglichkeiten hat, doch etwas zu unternehmen, ist eine Kleinigkeit am Rande, die nicht so sehr ins Gewicht fällt, wie wir das gerne gehabt hätten.

[im folgenden: 19130 (B)]

Ich möchte gerne auf die aktuelle Lage hinweisen. Die Kollegen, die sich bei den Zeitungen mit den besonders dicken Schlagzeilen in den letzten Tagen – weil sie immer bei gegebenem Anlaß wach werden – mit interessanten Vorschlägen geäußert haben, wie die armen Handwerker in dem Schneider-Konkurs zu retten seien, sind heute hier alle nicht anwesend.

(Dr. Hans de With [SPD]:
Im Kanzleramt sitzen die!)

– Macht auch nichts; richtig. – Sie haben auch nicht gewußt, daß wir vor Jahresfrist eine gewisse Verbesserung bei der **Handwerkersicherungshypothek**, die ich nicht so optimistisch beurteile wie die Frau Bundesjustizministerin, verabschiedet haben. Ich habe damals Bedenken geäußert, ob das Instrument angenommen werden wird. Meine Bedenken sind leider berechtigt. Es hat sich fast nichts verändert. Der Handwerker ist zu schwach, um vom Unternehmer eine entsprechende Sicherstellung zu verlangen, solange er noch um den Auftrag kämpft. Deshalb muß man sich die Geschichte neu überlegen.

Ganz zum Schluß – Frau Präsidentin, ich bitte vielmals um Vergebung; ich sehe hier allerlei Lichtzeichen, die mich völlig verwirren –

(Heiterkeit)

möchte ich insbesondere die verehrten Kollegen von der Sozialdemokratie, die sich zur Zeit mit dem Gedanken einer 1,5%igen **Vermögenssteuer** trägt, darauf hinweisen, daß die Zusammenballung von **[im folgenden: 19130 (C)]** Erbschaftsteuer, Vermögensteuer, Zinsbesteuerung, Gewerbekapitalsteuer einen Teil der Konkurse überhaupt erst verursacht.

(Zurufe von der SPD: Na! Na!)

Wir sind der Meinung, daß wir, da das Kapital in privaten Händen nun einmal besser aufgehoben ist als in öffentlichen Händen,

(Beifall bei der F. D. P. und der CDU/CSU)

in diesem Bereich ohne Rücksicht auf Neidkomplexe zum Handeln kommen müssen, damit im Vorfeld Konkurse vermieden werden, statt daß man in die Lage kommt – das muß man sich mal überlegen –,

(Dr. Nils Diederich [Berlin] [SPD]:
Ist der Schneider durch Steuern in Konkurs getrieben worden?)

Erbschaftsteuer als Familienfremder frühestens in zehn Jahren aus üppigen Erträgnissen eines Unternehmens abbezahlen zu können und ab dem elften Jahr Rückflüsse zu bekommen. In Hongkong rechnet man mit einem kompletten **Kapitalrückfluß** nach sechs Jahren.

Präsidentin Dr. Rita Süssmuth: Herr Kleinert, denken Sie an die vielen Leuchten!

(Heiterkeit)

Detlef Kleinert (Hannover) (F. D. P.): Diese Punkte, meine Damen und Herren von der Sozialdemokratie, sollten Sie fairerweise bei der Insolvenzordnung beachten.

[im folgenden: 19130 (D)]

Ganz zum Schluß kann ich Ihnen das besonders plastisch machen am Beispiel des Kollegen Heuer: Hier Belehrungen über Konkurse im Individualbereich von denjenigen zu empfangen, die am einzigen gesamtvolkswirtschaftlichen Konkurs der Weltgeschichte maßgeblich beteiligt waren, das geht zu weit.

(Heiterkeit und Beifall bei der F. D. P. und der CDU/CSU – Zuruf von der CDU/CSU:
Zugabe!)

Präsidentin Dr. Rita Süssmuth: Abschließend in dieser Debatte der Kollege Briefs.

Dr. Ulrich Briefs (fraktionslos): Frau Präsidentin! Meine Damen und Herren! Bis Anfang der 70er Jahre betrug in der Bundesrepublik die Zahl der jährlichen Firmenpleiten etwa 3000. Heute liegt diese Zahl weit über 10 000. Konkurse und Vergleiche, die heute nach Angaben des Vereins Creditreform jährlich über 300 000 Arbeitsplätze kosten, sind im wesentlichen wie die Massenarbeitslosigkeit ein Ergebnis der **Überkapazitäten**, die in allen wesentlichen Wirtschaftszweigen seit dem großen Boom Ende der 60er, Anfang der 70er Jahre entstanden sind. Überakkumulation, so schrieb damals einer der alternativen Wirtschaftsprofessoren, ist der Kern der strukturellen

Wirtschaftsprobleme, zu denen auch **Unternehmenszusammenbrüche** mit Vergleichs- und Konkursverfahren zählen.

[im folgenden: 19131 (A)]

Die hohe Zahl der Insolvenzen ist eine ganz übliche Form der Kapazitätsbereinigung in einer Marktwirtschaft, die nicht durch Mangel, sondern durch Überfluß an Produktion und Produktionsmöglichkeiten gekennzeichnet ist. Nicht zwangsläufiges Ergebnis des marktwirtschaftlichen Prozesses ist es dagegen, wie die Folgen verteilt werden, wer mit wieviel für die Folgen aufzukommen hat. Die **Verteilung der Lasten und der Folgen von Insolvenzen** ist vielmehr gerade auch eine Frage und eine Aufgabe der rechtlichen Ausgestaltung der relevanten Vorschriften und auch der Vorschriften im Vorfeld, z. B. bei den Rechnungslegungsvorschriften. Ich möchte hinzufügen, daß ich mich zu diesem Redebeitrag gemeldet habe, um eigentlich darauf einmal hinzuweisen.

Die derzeit gültigen Vorschriften und die alteingefahrene Praxis – das ist vielleicht das größere Problem – begünstigen eindeutig die Banken und diejenigen, die sich irgendwie dinglich sichern können. Dienstliefernde **Lieferanten** oder auch kleine **Handwerker** am Bau sind dagegen schon wesentlich schlechter dran. Das ist nicht erst seit dem jüngsten großen Bauträgerkonkurs bekannt.

Noch schlechter sind die **Beschäftigten** dran. Erst seit der relativ späten Schaffung des Konkursausfallgeldes haben auch sie in Insolvenzfällen eine gewisse Sicherung.

(Norbert Geis [CDU/CSU]: Sie kommen
bevorrechtigt dran!)

Ganz schlecht sind – wenn auch nicht unverschuldet – diejenigen dran, die als **kleine Gewerbetreibende** oder als abhängig Beschäftigte ihr Leben lang **[im folgenden: 19131 (B)]** unter einem Schuldenberg ächzen müssen und ihr Leben lang nicht mehr aus dem Würgegriff der oft anonymen Gläubiger herauskommen.

(Norbert Geis [CDU/CSU]: Am besten,
wir machen wieder Staatswirtschaft!)

Leichtsinn oder auch die Not und Unerfahrenheit dieser Betroffenen, häufig aber auch – das wird zu oft vergessen – wucherische und ausbeuterische Praktiken der Gläubiger haben in solchen Fällen oft zum Insolvenzfall, der lebenslang nachhängt, beigetragen.

In diesen letzteren Fällen und auch bei den Lohnforderungen bringt die vorgesehene neugefaßte Insolvenzordnung teilweise Verbesserungen. Das ist durchaus anzuerkennen. Andererseits – da ist die Kritik des bereits genannten Gravenbrucher Kreises, so denke ich, berechtigt – wird der Zugriff der Banken durch Aufgabe des Kopfprinzips in der Gläubigerversammlung noch erhöht.

Insgesamt sind die Verbesserungen, die diese Insolvenzordnung bringt, unzureichend. Unzureichend sind z. B. nach wie vor die Mitbestimmungsmöglichkeiten der betroffenen Beschäftigten und der betrieblichen Interessenvertretungen. Unzureichend geregelt sind nach wie vor die Bestimmungen des Verbraucherinsolvenzverfahrens. Unzureichend sind die Bestimmungen, die die Sanierungsverfahren unterstützen können.

Problematisch ist auch, daß die Stellung des unabhängigen **Insolvenzverwalters** geschwächt, die der **[im folgenden: 19131 (C)] Insolvenzschuldner** jedoch gestärkt wird. Damit werden Inhaber, die oft erst durch ihre Managementfehler den Insolvenzfall herbeigeführt haben, in wesentlichen Aspekten zu bestimmten Faktoren im Insolvenzabwicklungsverfahren.

Der ganz große Wurf, das Jahrhundertwerk, wie es soeben genannt wurde, ist meines Erachtens diese Insolvenzordnung nun doch nicht.

Ich möchte abschließend auf erhebliche Mißstände im Vorfeld der Entstehung von Insolvenzfällen hinweisen. Nicht selten erscheint es so, als ob sich Insolvenzfälle überhaupt erst im Schatten der völlig unzureichenden **Rechnungslegungsvorschriften** in Deutschland entwickeln können. Deutsche Unternehmen rechnen sich bekanntlich, wenn es ihnen gut geht, systematisch arm. Wenn es ihnen schlechtgeht, haben sie vielfältige legale, manipulative Möglichkeiten, z. B. durch Schaffung von Bucherträgen das Ergebnis zu schönen. Das Ergebnis ist, daß im Vorfeld eines solchen Prozesses ein Bild entstanden, aus dem die wesentlichen Informationen über die wirtschaftliche Lage und Entwicklung des Unternehmens gar nicht richtig ersichtlich sind.

Das hat auch von einer anderen Seite her Konsequenzen. Deshalb möchte ich darauf noch einmal deutlich hinweisen. Als die Daimler-Benz AG an die New Yorker Börse gehen wollte, hat ihr der Vorstand der New Yorker Börse gesagt: Mit euren deutschen Rechnungslegungsvorschriften kommt ihr uns hier nicht rein, werdet ihr nicht auf die amerikanischen Kapitalanleger losgelassen.

So mußte die Daimler-Benz AG zunächst einmal 4,5 Milliarden DM an stillen Reserven in Rückstellun-**[im folgenden: 19131 (D)]**gen auflösen. Das legt schlaglichtartig offen, welche gewaltigen Mißstände es gerade bei den laufenden Berichterstattungs- und Rechnungslegungsvorschriften in der Wirtschaft gibt.

Ich denke, gerade hier müssen wir ansetzen. Ich glaube, das ist ein ganz wichtiger Beitrag, der dazu führen könnte, daß Insolvenzverfahren, deren Zahl ich ja genannt habe, mit den bekannten unsozialen Folgen in dieser Größenordnung und mit den Folgen, wie wir sie gerade im Fall Schneider erleben, einfach nicht mehr entstehen.

Wenn wir so weit sind, daß wir das deutsche Rechnungslegungsrecht und auch das deutsche Steuerrecht – ich glaube, die Insider wissen, was damit gemeint ist – grundlegend reformieren, dann haben wir wirklich ein Jahrhundertwerk vollbracht.

Frau Präsidentin, ich danke Ihnen.

Präsidentin Dr. Rita Süssmuth: Zu einer Kurzintervention hat der Kollege Heuer das Wort.

Dr. Uwe-Jens Heuer (PDS/Linke Liste): Ich bitte, mir zu gestatten, mit zwei Bemerkungen auf die Ausführungen von Herrn Kleinert zu antworten.

Ich möchte erstens sagen: Er hat noch einmal erwähnt, daß ich aus den bekannten Gründen, nämlich meiner Herkunft aus der DDR, kein Recht hätte, hier zu reden.

(Joachim Gres [CDU/CSU]: Richtig!)

[im folgenden: 19132 (A)]

Ich hoffe, daß er das in der nächsten Wahlperiode unterläßt.

Zum zweiten möchte ich sagen: Ich bin Herrn Kleinert in gewisser Weise dankbar, daß er das Konkursrecht auf die DDR anwenden will, weil das den Bürgern Ostdeutschlands ihre Lage klarmacht. Es macht deutlich, was von ihnen an Unterhaltsverzicht und Wohlverhaltensforderungen für die nächsten sieben Jahre erwartet wird. Ich hoffe, sie werden Ihnen bei den Wahlen die entsprechende Quittung erteilen.

(Dr. Wolfgang Weng [Gerlingen] [F. D. P.]: Das ist eine freche Lüge, die Sie da machen!)

Ich danke schön.

(Dr. Wolfgang Freiherr von Stetten [CDU/CSU]: Frechheit!)

Präsidentin Dr. Rita Süssmuth: Wollen Sie antworten, Herr Kleinert?

Detlef Kleinert (Hannover) (F. D. P.): Nein.

(Zuruf von der CDU/CSU: Das lohnt nicht!)

Präsidentin Dr. Rita Süssmuth: Damit schließe ich die Aussprache.

Wir kommen zur Abstimmung über den von der Bundesregierung eingebrachten Entwurf einer Insolvenzordnung, Drucksache 12/2443 und Drucksache 12/7302. Dazu liegt ein Änderungsantrag der Fraktion **[im folgenden: 19132 (B)]** der SPD auf Drucksache 12/7329 vor, über den wir zuerst abstimmen. Wer stimmt für den Änderungsantrag? – Gegenprobe! – Enthaltungen? – Der Änderungsantrag der SPD ist mit Mehrheit abgelehnt.

Ich bitte nun diejenigen, die dem Gesetzentwurf in der Ausschußfassung zustimmen wollen, um das Handzeichen. – Gegenstimmen? – Enthaltungen? – Der Gesetzentwurf ist damit in zweiter Beratung bei Enthaltung der PDS/Linke Liste angenommen.

Ich komme jetzt zur

dritten Beratung

und Schlußabstimmung. Ich bitte diejenigen, die dem Gesetzentwurf zustimmen wollen, sich zu erheben. – Wer stimmt dagegen? – Enthaltungen? – Damit ist der Gesetzentwurf bei Enthaltung der PDS/Linke Liste angenommen.

(Beifall bei der CDU/CSU und der F. D. P.)

Wir kommen zur Abstimmung über den von der Bundesregierung eingebrachten Entwurf eines Einführungsgesetzes zur Insolvenzordnung, Drucksache 12/3803 und 12/7303. Dazu liegt ein Änderungsantrag der Fraktion der SPD auf Drucksache 12/7330 vor, über den wir zuerst abstimmen. Wer stimmt für den Änderungsantrag? – Gegenprobe! – Enthaltungen? – Der Änderungsantrag ist mit den Stimmen der CDU/CSU und der F. D. P. abgelehnt.

Ich bitte nun diejenigen, die dem Gesetzentwurf in der Ausschußfassung zustimmen wollen, um das Handzeichen. – Wer stimmt dagegen? – Enthaltungen? – Damit ist der Gesetzentwurf bei Enthaltung der PDS/Linke Liste angenommen.

[im folgenden: 19132 (C)]

Wir kommen zur

dritten Beratung

und Schlußabstimmung. Ich bitte diejenigen, die dem Gesetzentwurf zustimmen wollen, sich zu erheben. – Gegenstimmen? – Enthaltungen? – Damit ist der Gesetzentwurf bei Enthaltung der PDS/Linke Liste angenommen.

Anhang I 9

Bundesrat   Drucksache 336/94 (Beschluß)

20.05.94

Anrufung
des Vermittlungsausschusses
durch den Bundesrat

Insolvenzordnung (InsO)

Der Bundesrat hat in seiner 669. Sitzung am 20. Mai 1994 beschlossen, zu dem vom Deutschen Bundestag am 21. April 1994 verabschiedeten Gesetz zu verlangen, daß der Vermittlungsausschuß gemäß Artikel 77 Abs. 2 des Grundgesetzes aus den in der Anlage angegebenen Gründen einberufen wird.

Anlage zu Drucksache 336/94 (Beschluß)

[im folgenden: S. 1 der Anlage]

Gründe für die Einberufung des Vermittlungsausschusses zur Insolvenzordnung (InsO)

1. Zu dem Gesetz insgesamt

   a) Der Bundesrat fordert, das Inkrafttreten der Insolvenzrechtsreform auszusetzen, bis der erforderliche Stellenmehrbedarf aufgrund flankierender Entlastungsmaßnahmen in anderen Bereichen der Justiz, insbesondere innerhalb der Zivil- und Strafrechtspflege, erwirtschaftet werden kann. Das Inkraftsetzen der Reform (Artikel 111 EGInsO) soll einem gesonderten Bundesgesetz vorbehalten bleiben, das gleichzeitig die erforderlichen Entlastungsmaßnahmen schafft.

   b) Die Bundesregierung soll so rechtzeitig ein neues Konzept zur Verbraucherentschuldung außerhalb der Insolvenzordnung und weitgehend ohne gerichtliche Verfahren entwickeln, daß das neue Recht gleichzeitig mit der darauf abgestellten, zu ändernden Insolvenzordnung in Kraft treten kann. Dieses Verfahren sollte so strukturiert werden, daß die gesamte Sachverhaltsermittlung, Beratung und Betreuung der Schuldner in erster Linie anderen Stellen außerhalb der Justiz obliegt und zwar unabhängig von einer Antragstellung nach der InsO.

   c) Der Bundesrat bittet zu prüfen, ob und in welcher Form ein Fonds zur Finanzierung der außergerichtlichen Schuldnerberatungstätigkeit unter Beteiligung der Kreditwirtschaft geschaffen werden kann.

Begründung

zu a):

Der Bundesrat geht in Übereinstimmung mit dem Bundestag davon aus, daß die geltende Konkurs- und Vergleichsordnung den wirtschaftlichen Realitäten nicht mehr gerecht wird. Die Schaffung einer neuen Grundlage für eine rechtsstaatliche, geordnete Abwicklung finanzieller Zusammenbrüche ist dringend notwendig. Besonderes Gewicht muß hierbei auch die Sanierung von Unternehmen und der Erhalt von Arbeitsplätzen haben.

[im folgenden: S. 2 der Anlage]

Eine realistische Reformkonzeption muß allerdings auch die finanziellen Möglichkeiten der für die Umsetzung zuständigen Länder hinreichend berücksichtigen. Der Bundesrat begrüßt hierbei ausdrücklich die Bemühungen des Deutschen Bundestages, durch eine Verschlankung des Regierungsentwurfs die Belastungen der Länder zu senken.

Auch die nunmehr verabschiedete Gesetzesfassung erfordert aber gerade wegen der neu eingefügten Verbraucherentschuldung personellen Mehrbedarf in einem Umfang, der auch bis zum 1. Januar 1997 nicht realisiert werden kann. Da die derzeitige Haushaltslage Neueinstellungen in nennenswertem Umfang nicht erlaubt, muß das Personal an anderer Stelle erwirtschaftet werden. Hierfür müssen aber zunächst die notwendigen entlastenden Rahmenbedingungen geschaffen werden.

Der Bundesrat hält es daher für unverzichtbar, die Reform erst dann in Kraft treten zu lassen, wenn der Gesetzgeber weitere spürbare Entlastungen im Justizbereich geschaffen hat, die den Ländern überhaupt erst die Erwirtschaftung des im Insolvenzbereich benötigten Personals an anderer Stelle ermöglichen. Die Möglichkeiten zur Entlastung der Justiz sind insbesondere im Strafbereich noch lange nicht ausgeschöpft.

zu b):

Angesichts der derzeitigen Wirtschaftslage hält der Bundesrat in Übereinstimmung mit dem Bundestag die gesetzliche Ausgestaltung einer Verbraucherentschuldung für sehr wünschenswert. Im Anschluß an seine Stellungnahme vom 14. 02. 1992 zum Regierungsentwurf einer Insolvenzordnung vertritt er jedoch nach wie vor die Auffassung, daß die Verbraucherentschuldung in einem gesonderten Verfahren außerhalb der Insolvenzordnung geregelt werden sollte. Hilfeleistung für den typisch überschuldeten Verbraucher stellt eine schwierige und zeitaufwendige Aufgabe dar. Sie kann sich nicht nur darauf beschränken, das Ergebnis einer langjährigen Verschuldung letztlich durch richterliche Eingriffe in den Forderungsbestand der Gläubiger zu beseitigen. Ein nicht geringer Teil der überschuldeten Verbraucher ist geschäftlich unerfahren, von Werbung leicht verführbar und hat vor allem kaum Überblick über seine gesamten Vermögensverhältnisse. Dieser Personenkreis benötigt in erster Linie einen wirtschaftlich und psychologisch versierten Helfer, über den die Justiz nicht verfügt. Für eine im Rahmen einer effektiven Verbraucherentschuldung notwendige flankierende persönliche Betreuung ist das Justizpersonal weder ausgebildet noch in dem erforderlichen Umfang vorhanden. Will man eine in der täglichen Praxis auch realisierbare Verbraucherentschuldung schaffen, muß nach Lösungen außerhalb von justizfördernden Verfahren gesucht werden.

Diesen Anforderungen genügt das vom Bundestag zur Entlastung der Gerichte gegen Ende der Beratungen eingefügte Erfordernis eines obligatorischen außergerichtlichen Einigungsversuchs nicht.

[im folgenden: S. 3 der Anlage]

Der Bundesrat bezweifelt zudem, ob hierdurch überhaupt eine spürbare Entlastung der Justiz geschaffen werden kann. Die erforderliche Bescheinigung über fruchtlose Regulierungsverhandlungen ist nur eine Verfahrensvoraussetzung für das gerichtliche Schuldenbereinigungsverfahren der Insolvenzordnung. Mehrausgaben für die eingeschalteten Rechtsanwälte im Rahmen der Beratungshilfe kämen hinzu. Auch diese Lösung bleibt daher bei einem justizförmlichen Ansatz.

Der Bundesrat hält statt dessen ein eigenständiges Verfahren außerhalb der Justiz für notwendig. Hierbei sollte auf einer ersten Stufe ohne Einschaltung der Gerichte eine weitgehend einvernehmliche gütliche Einigung zwischen Schuldner und Gläubiger in einem gesonderten Verfahren werden, dessen Ergebnisse Grundlage eines späteren gerichtlichen Einigungsverfahrens sein können. Sobald der Schuldner ein außergerichtliches Schuldenbereinigungsverfahren einleitet, sollten alle Gläubiger gehindert sein, das eigentliche Insolvenzverfahren nach der Insolvenzordnung durchzuführen. Das außergerichtliche Schuldenbereinigungsverfahren soll auf Antrag von anerkannten Schuldnerberatungsstellen durchgeführt werden.

zu c):

Da eine weitgehende Verlagerung der Durchführung der Verbraucherentschuldung aus dem Bereich der Justiz in den Sozialbereich eine flächendeckende Schaffung von Schuldnerberatungsstellen mit geeignetem Personal voraussetzt, wird die finanzielle Ausstattung der Schuldnerberatungsstellen allein im Rahmen von § 17 des Bundessozialhilfegesetzes nicht gewährleistet werden können. Es sollte deshalb geprüft werden, ob die Kreditwirtschaft in gewissem Umfang an der Finanzierung der Schuldnerberatungsstellen zu beteiligen ist.

Gerade bei den überschuldeten Verbrauchern sind Hauptgläubiger häufig Banken. Die Vorteile einer erfolgreichen Schuldnerberatung würden insbesondere ihnen zufließen, weil der Schuldner im Rahmen eines Schuldenbereinigungsplanes oft überobligationsmäßige Leistungen zur Schuldentilgung erbringt. Auf diese Weise könnten auch bislang uneinbringliche Kreditforderungen wieder realisierbar werden.

Darüber hinaus zeichnen sich insbesondere Konsumentenkredite vielfach durch eine außergewöhnlich hohe Absicherung der Banken infolge umfangreicher Einkommensvorausabtretungen der Schuldner aus. Im Gegensatz zu den Gläubigern mit Mobiliarsicherheiten, deren Vorzugstellung im Rahmen der Unternehmensinsolvenz durch eine angemessene Kostenbeteiligung kompensiert wird, fehlt eine vergleichbare Kompensation bei der Verbraucherentschuldung zu Lasten der durch Vorausabtretungen abgesicherten Gläubiger. Auch aus diesem Grund hält es der Bundesrat für erwägenswert, die Kreditwirtschaft in gewissem Umfang an den Kosten der Verbraucherentschuldung und der Schuldnerberatungsstellen zu beteiligen.

[im folgenden: S. 4 der Anlage]

2. Zu § 55 Abs. 1 Nr. 4 – neu –

In § 55 Abs. 1 ist nach Nummer 3 folgende Nummer 4 anzufügen.

„4. wegen Rückständen für die letzten sechs Monate vor der Eröffnung des Verfahrens oder dem Ableben des Schuldners die Ansprüche

a) der Arbeitnehmer auf die Bezüge aus einem Arbeitsverhältnis mit dem Schuldner, der im Rahmen betrieblicher Berufsbildung Beschäftigten auf die Bezüge aus einem Berufsbildungsverhältnis mit dem Schuldner sowie der in Heimarbeit Beschäftigten und der ihnen Gleichgestellten auf die Bezüge aus einem Beschäftigungsverhältnis mit dem Schuldner, soweit sie nicht durch Konkursausfallgeld gedeckt sind,

b) der Arbeitnehmer auf Entschädigung aus einer Wettbewerbsabrede mit dem Schuldner,

c) der Handelsvertreter auf Vergütung einschließlich Provision gegen den Schuldner, sofern diese Handelsvertreter zu dem Personenkreis gehören, für den nach § 92a des Handelsgesetzbuchs die untere Grenze der vertraglichen Leistungen des Unternehmers festgesetzt werden kann, und ihnen während der letzten sechs Monate des Vertragsverhältnisses, bei kürzerer Vertragsdauer während dieser, im Durchschnitt monatlich nicht mehr als tausend Deutsche Mark an Vergütung einschließlich Provision und Ersatz für im regelmäßigen Geschäftsbetrieb entstandene Aufwendungen zugestanden haben oder noch zustehen,

d) der Berechtigten auf Leistungen aus einer betrieblichen Altersversorgung gegen den Schuldner,

e) der Träger der Sozialversicherung und der Bundesanstalt für Arbeit auf Beiträge einschließlich Säumniszuschläge und auf Umlagen."

[im folgenden: S. 5 der Anlage]

Begründung:

Die Nichtübernahme des § 59 Abs. 1 Nr. 3 Buchstabe a bis e Konkursordnung ist ausgesprochen arbeitnehmer- und versichertenfeindlich. Aus übergeordneten sozialpolitischen Erwägungen und zur Abwendung von ansteigenden Schäden für die Versichertengemeinschaft durch steigende Beitragsausfälle und Umlagenausfälle infolge ihrer Nichtbeitreibbarkeit muß auf seiner Beibehaltung bestanden werden. Die in dieser bisherigen Gesetzesvorschrift enthaltenen Ansprüche sind im Interesse des sozialen Gemeinwohls in ganz besonderer Weise durch ihre Ausweisung als Masseschulden schutzwürdig. Das in den Vordergrund geschobene Interesse des einzelnen Gläubigers hat hinter das Interesse des sozialen Gemeinwohls zurückzutreten.

Zudem paßt der Gesichtspunkt einer stärker marktwirtschaftlich orientierten Insolvenzabwicklung nicht auf die Situation der Sozialversicherungsträger insbesondere im Bereich der Krankenversicherung. Die Sozialversicherungsträger stehen im Insolvenzrecht den übrigen Gläubigern nicht gleichberechtigt gegenüber. Sie unterliegen im Rahmen ihres gesetzlichen Auftrages einem Kontrahierungszwang gegenüber jedem künftigen Schuldner im Gegensatz zu den übrigen Gläubigern, die frei entscheiden können, mit wem sie vertragliche Beziehungen aufnehmen. Für sie besteht regelmäßig auch keine Möglichkeit, ihre Forderungen durch geeignete Maßnahmen abzusichern. Eine Gleichbehandlung mit den privaten Gläubigern ist daher nicht gerechtfertigt.

In besonderem Maße wären von der Neuregelung die in Heimarbeit Beschäftigten (Heimarbeiter und Hausgewerbetreibende) und ihnen Gleichgestellten betroffen. Bei dieser Gruppe abhängig Beschäftigter wird rückständiges Arbeitsentgelt (Minderentgelt, fehlende oder zu geringe Zuschläge) in der Regel erst durch die turnusmäßigen Kontrollen der staatlichen Entgeltüberwachung aufgedeckt. Rückstände aus einem Zeitraum von einem Jahr und mehr sind in diesem Bereich eher Regel als Ausnahme. Für Heimarbeiter wäre daher durch das Konkursausfallgeld nur ein geringer Teil ihres rückständigen Entgelts abgesichert.

[im folgenden: S. 6 der Anlage]

Für Hausgewerbetreibende und ihnen Gleichgestellte würde sich die Neuregelung noch nachteiliger auswirken: Bei den nach geltendem Recht für die letzten sechs Monate vor Konkurseröffnung als Masseschulden und für weitere sechs Monate als bevorrechtigte Forderungen eingestuften rückständigen Bezüge der Hausgewerbetreibenden und Gleichgestellten handelt es sich um das Entgelt aus Lohnaufträgen, die diese mit auch von ihnen selbst beschäftigten fremden Hilfskräften und Heimarbeitern (bei Gleichgestellten bis zu 20 Beschäftigten) im Auftrag und für Rechnung des Schuldners ausgeführt haben.

Als einfache Insolvenzgläubiger wären diese abhängig Beschäftigten zum einen hinsichtlich des Entgelts für ihre eigene Arbeitsleistung in vollem Umfang betroffen, weil ihnen als formell Selbständigen kein Konkursausfallgeld zusteht; darüber hinaus müßten sie für die Entgelte der zur Ausführung der Lohnaufträge von ihnen Beschäftigten aus eigenen Mitteln in voller Höhe aufkommen mit der ungewissen Aussicht einer teilweisen Befriedigung aus der Insolvenzmasse.

Diese Kleinstgewerbetreibenden sind aufgrund ihrer wirtschaftlichen Abhängigkeit von ihren Auftraggebern, die sich insbesondere durch den fehlenden eigenen Zugang zum Absatzmarkt und die damit fehlende Möglichkeit unternehmerischer Gewinnchancen ergibt, in den Schutz des Heimarbeitsgesetzes einbezogen. Die Schutzfunktion dieses Gesetzes – zwingend vorgeschriebene Mindestentgelte, deren staatliche Überwachung und Durchsetzung gegenüber den Auftraggebern – wäre im Insolvenzfall des Auftraggebers aufgehoben. Die nachfolgende Insolvenz dieser abhängig Beschäftigten mit den entsprechenden Konsequenzen für deren Arbeitnehmer und Heimarbeiter wäre vorhersehbar.

Präventive Anpassungsmöglichkeiten an die Neuregelung sind dieser Personengruppe versagt. Von der verbesserten Einstufung der Ansprüche aus Sozialplänen als Masseverbindlichkeiten wären Heimarbeiter allenfalls marginal berührt; Hausgewerbetreibende und Gleichgestellte sind hiervon ausgeschlossen.

Aus sozialer Sicht erscheint es deshalb erforderlich, für diese Fälle Vorsorge zu treffen.

[im folgenden: S. 7 der Anlage]

3. Zu § 76 Abs. 2 und 3 – neu –

§ 76 ist wie folgt zu ändern:

a) Absatz 2 ist wie folgt zu fassen:

„(2) Ein Beschluß der Gläubigerversammlung kommt zustande, wenn

1. mehr als ein Drittel der abstimmenden Gläubiger dem Beschlußvorschlag zustimmt und

2. die Summe der Forderungsbeträge der zustimmenden Gläubiger mehr als die Hälfte der Summe der Forderungsbeträge der abstimmenden Gläubiger beträgt; bei absonderungsberechtigten Gläubigern, denen der Schuldner nicht persönlich haftet, tritt der Wert des Absonderungsrechts an die Stelle des Forderungsbetrags."

b) Nach Absatz 2 ist folgender Absatz 3 anzufügen:

„(3) Gläubiger, denen ein Recht gemeinschaftlich zusteht oder deren Rechte bis zum Eintritt des Eröffnungsgrunds ein einheitliches Recht gebildet haben, werden bei der Abstimmung als ein Gläubiger berechnet. Entsprechendes gilt, wenn an einem Recht ein Pfandrecht oder ein Nießbrauch besteht."

Begründung:

Das geltende Recht sieht gemäß § 94 KO nur eine Summenmehrheit vor. Der von der Bundesregierung eingebrachte Entwurf einer Insolvenzordnung sah demgegenüber zusätzlich zu der Summenmehrheit eine Kopfmehrheit vor. Dies wurde damit begründet, daß die Beschlüsse dadurch auf eine breitere Grundlage gestellt würden und einem übermäßigen Gewicht einzelner Großgläubiger vorgebeugt werde. Das vom Bundestag beschlossene Gesetz sieht hingegen auf Empfehlung des Rechtsausschusses des Bundestages wiederum nur die Summenmehrheit vor. Der Rechtsausschuß des Bundestages hat dies damit begründet, daß die Abstimmungen dadurch einfacher gestaltet würden und das Verfahren in der Gläubigerversammlung erleichtert werde. Die Interessen der Kleingläubiger würden besonders durch die Vorschrift über ihre Vertretung im Gläubigerausschuß und durch die Möglichkeit der Überprüfung der Beschlüsse der Gläubigerversammlung nach § 89 geschützt.

Der völlige Verzicht auf ein bestimmtes Quorum nach Köpfen erscheint nicht vertretbar. Er führte dazu, daß einzelne Großgläubiger ein übermäßiges Gewicht in der Gläubigerversammlung erlangen. Dies gilt um so mehr, als künftig auch die absonderungsberechtigten Gläubiger ein Stimmrecht in der Gläubigerversammlung haben sollen. In den Beratungen des Rechtsausschusses des Bundestages wurde zwar zunächst erwogen, die Teilnahme der **[im folgenden: S. 8 der Anlage]** absonderungsberechtigten Gläubiger an der Gläubigerversammlung wieder zu streichen. Diese Überlegung wurde jedoch nicht verwirklicht. Hingegen blieb es bei der damit im Zusammenhang stehenden Empfehlung, die Kopfmehrheit ersatzlos zu streichen. Im Interesse der Klein- und Mittelgläubiger ist es erforderlich, für eine breitere Basis der Beschlüsse zu sorgen.

Auf der anderen Seite könnte die im Entwurf der Bundesregierung vorgesehene Kopfmehrheit zu einer nachteiligen Schwerfälligkeit bei der Willensbildung der Gläubigerversammlung führen. Die Handlungsfähigkeit dieses Organs könnte gefährdet werden. Die vorgeschlagene Einschränkung auf mehr als ein Drittel der abstimmenden Gläubiger reicht einerseits aus, um einen wirksamen Minderheitenschutz zu gewährleisten, und berücksichtigt andererseits das Interesse aller Beteiligten an einer Entscheidungseffizienz der Gläubigerversammlung.

4. Zu § 113

§ 113 ist wie folgt zu fassen:

„§ 113
Kündigung eines Dienstverhältnisses

Ein Dienstverhältnis, bei dem der Schuldner der Dienstberechtigte ist, kann von dem Insolvenzverwalter und vom anderen Teil ohne Rücksicht auf die vereinbarte Vertragsdauer unter Einhaltung der tariflichen, in Ermangelung einer solchen der gesetzlichen Frist gekündigt werden. Kündigt der Verwalter, so kann der andere Teil wegen der vorzeitigen Beendigung des Dienstverhältnisses als Insolvenzgläubiger Schadensersatz verlangen."

Begründung:

Die im Gesetzesbeschluß vorgesehene Verkürzung der Kündigungsfrist auf maximal 3 Monate zum Monatsende wird abgelehnt. Für langjährig beschäftigte Angestellte hat bereits die Neuregelung der Kündigungsfristen in § 622 BGB eine Verschlechterung der Kündigungsfristen mit sich gebracht. Eine weitere Verschlechterung durch die Begrenzung der Kündigungsfrist auf max. 3 Monate zum Monatsende ist nicht zu rechtfertigen. Die Staffelung der Kündigungsfristen nach Beschäftigungsdauer beruht auf dem wohlerwogenen Argument, daß der langjährig beschäftigte Arbeitnehmer aufgrund seines fortgeschrittenen Lebensalters auf dem Arbeitsmarkt erheblich größere Schwierigkeiten hat, eine neue Stelle zu finden, als jüngere Arbeitnehmer. Nach 10 Jahren Beschäftigungszugehörigkeit hat ein Arbeitnehmer eine Kündigungsfrist von 4 Monaten, nach 12 Jahren eine solche von 5 Monaten, nach 15 Jahre eine solche von 6 Monaten und nach 20 Jahren eine solche von 7 Monaten jeweils zum Monatsende. Dieser Schutz vornehmlich älterer

Arbeitnehmer muß auch im Konkurs erhalten bleiben.

[im folgenden: S. 9 der Anlage]

Es ist auch an dem Beschluß des Bundesrates vom 14. 02. 1992 (BR-Drucks. 1/92 (Beschluß) Ziff. 20 a) festzuhalten, als gesetzliche Kündigungsfrist auch eine auf das Arbeitsverhältnis anwendbare tarifliche Kündigungsfrist anzusehen. Ebenfalls hatte der Bundesrat am 14. 02. 1992 (vgl. BR-Drucks. 1/92 (Beschluß) Ziff. 20 b) beschlossen, eine insolvenzspezifische Klagefrist abzulehnen. Der im Gesetzesbeschluß enthaltene Absatz 2 des § 113 würde zu einer nicht gerechtfertigen Einschränkung des materiellen Kündigungsschutzes führen.

5. **Zu § 122 Abs. 2 nach Satz 1**

In § 122 Abs. 2 ist nach Satz 1 folgender Satz einzufügen:

„Das Recht des Insolvenzverwalters oder des Betriebsrates, die Einigungsstelle mit dem Ziel des Abschlusses eines Sozialplanes entsprechend den Regelungen der §§ 112 ff. des Betriebsverfassungsgesetzes anzurufen, bleibt unberührt."

Begründung:

Durch die Änderung, die auch der Bundesrat am 14. 02. 1992 (vgl. BR-Drucks. 1/92 (Beschluß) Ziff. 22) gefordert hatte, wird sichergestellt, daß einerseits die Betriebsänderung nicht verzögert wird, andererseits aber die Sozialplanrechte der Arbeitnehmer nicht ausgeschlossen werden.

6. **Zu §§ 125 bis 128**

Die §§ 125 bis 128 sind zu streichen.

Begründung:

Diese Vorschriften heben den Kündigungsschutz der Arbeitnehmer im Insolvenzfall praktisch vollständig auf. Die Interessen der Arbeitnehmer am Erhalt des Arbeitsplatzes werden zugunsten der Interessen der sonstigen Insolvenzgläubiger geopfert. Von einer gleichmäßigen Verteilung der Belastungen im Insolvenzfall zwischen den reinen Kapitalgläubigern und den Arbeitnehmern kann nicht mehr gesprochen werden.

Es kann dem Betriebsrat nicht zugemutet werden, Einzelarbeitnehmer auszusondern, die ihren Arbeitsplatz verlieren sollen. Darüber hinaus ist es auch verfassungsrechtlich bedenklich, Betriebsrat und Insolvenzverwalter die Kompetenz zu geben, die Individualinteressen der Arbeitnehmer zu schmälern. Betriebsrat und Insolvenzverwalter würden faktisch Verträge zu Lasten Dritter (der einzelnen Arbeitnehmer) abschließen.

[im folgenden: S. 10 der Anlage]

Der zivilrechtliche Rechtsschutz des einzelnen Arbeitnehmers würde durch das vorgesehene System der Kündigung im Insolvenzfall aufgelöst.

Ein Nachweis betriebsbedingter Gründe durch den Arbeitgeber bzw. der Insolvenzverwalter ist bei der Stillegung eines Betriebes oder bei wesentlichen Betriebseinschränkungen, wie die Praxis zeigt, problemlos. Auch nach bisherigem Recht sind diese Handlungen des Insolvenzverwalters unternehmerische Entscheidungen und unterliegen daher nicht der Kontrolle der Gerichte.

Anhang I 10

Bundesrat   **Drucksache 643/94**

24.06.94

Einigungsvorschlag
des Vermittlungsausschusses

Insolvenzordnung (InsO)

Vermittlungsausschuß
des Deutschen Bundestages
und des Bundesrates
– Der Vorsitzende –   Bonn, den 15. Juni 1994

An den

Herrn Präsidenten des Bundesrates

Der Vermittlungsausschuß hat in seiner 26. Sitzung am 15. Juni 1994 folgenden Einigungsvorschlag beschlossen:

Die vom Deutschen Bundestag in seiner 222. Sitzung am 21. April 1994 beschlossene

    Insolvenzordnung (InsO)

    – Drucksachen 12/2443, 12/7302 –

wird bestätigt.

[im folgenden: BR-Drs. 643/94, S. 2]

Gemäß § 11 der Gemeinsamen Geschäftsordnung des Bundestages und des Bundesrates für den Ausschuß nach Artikel 77 des Grundgesetzes (Vermittlungsausschuß) gebe ich hiervon Kenntnis.

Anhang I 11

Bundesrat Drucksache 643/94 (Beschluß)

08.07.94

Beschluß
des Bundesrates

Insolvenzordnung (InsO)

Der Bundesrat hat in seiner 672. Sitzung am 8. Juli 1994 beschlossen, gegen das vom Deutschen Bundestag am 21. April 1994 verabschiedete Gesetz einen Einspruch gemäß Artikel 77 Abs. 3 des Grundgesetzes nicht einzulegen.

Der Bundesrat hat ferner die aus der Anlage ersichtliche Entschließung gefaßt.

[im folgenden: Anlage zu der BR-Drs. 643/94 (Beschluß)]

Anlage

Entschließung
zur
Insolvenzordnung (InsO)

Der Bundesrat hält eine Novellierung des geltenden Konkursrechts zwar für wünschenswert, da dieses den Bedürfnissen der Wirtschaft und der Verbraucher nicht mehr gerecht wird. Die Umsetzung der verabschiedeten Fassung der Insolvenzrechtsreform erfordert von den Ländern jedoch zusätzliches Personal in einer Größenordnung, die ohne flankierende Hilfen nicht zu realisieren sind.

Der Bundesrat bedauert es deshalb, daß die von ihm geforderte Koppelung des Inkraftsetzens der Reform an die gleichzeitige Verabschiedung von Entlastungsgesetzen im Vermittlungsausschuß abgelehnt worden ist und daß nicht einmal die Notwendigkeit tiefgreifender Entlastungmaßnahmen im Vermittlungsergebnis zum Ausdruck kommt.

Allein die Verschiebung des Inkrafttretens um zwei Jahre versetzt die Länder noch nicht in die Lage, die Reform erfolgreich umzusetzen. Wegen der mittelfristig absehbaren Finanzlage der Länder wird es auch bis 1999 ausgeschlossen sein, die Personalhaushalte der Jusitz in der für diese Reform erforderlichen Größenordnung auszuweiten. Der Bundesrat hält es daher weiterhin für unverzichtbar, daß der Deutsche Bundestag rechtzeitig vor dem Inkrafttreten der Insolvenzordnung im Justizbereich Entlastungsmaßnahmen in einem Umfang verabschiedet, der dem durch die Reform verursachten Mehrbedarf entspricht. Andernfalls müßte die Reform 1999 zu Lasten des in anderen Rechtsbereichen eingesetzten Personals umgesetzt werden. Dann ständen z. B. für Zivil- und Strafverfahren noch weniger Richter und z. B. in Grundbuchsachen noch weniger Rechtspfleger als bisher zur Verfügung. Bei einem Scheitern der Reform, insbesondere der Verbraucherentschuldung, müßten die Erwartungen und Hoffnungen zahlreicher Schuldner enttäuscht werden.

II. Materialien zum Einführungsgesetz*   Seite

1. BT-Drs. 12/3803, Vorblatt 944
2. BT-Drs. 12/3803, Stellungnahme des Bundesrates 947
3. BT-Drs. 12/3803, Gegenäußerung der Bundesregierung 958
4. BT-Drs. 12/7303, Vorblatt 966
5. BT-Drs. 12/7303, „Zusammenstellung"* (u. a. RegEEGInsO) 968
6. BT-Drs. 12/7303, allgemeine Begründung 1078
7. BR-Drs. 337/94 (Beschluß) 1080
8. BT-Drs. 12/7667 1083
9. BT-Drs. 12/7948 1085
10. BR-Drs. 644/94 1087
11. BR-Drs. 644/94 (Beschluß) 1090

* Wegen der näheren Informationen zu den Drucksachennummern und wegen der Erläuterung der Angabe „Zusammenstellung" werden die Vorbemerkungen zum Anhang in Bezug genommen.

Anhang II 1

Deutscher Bundestag Drucksache 12/3803
12. Wahlperiode

24.11.92

Sachgebiet 311

Gesetzentwurf
der Bundesregierung

Entwurf eines Einführungsgesetzes zur Insolvenzordnung (EGInsO)

A. Zielsetzung

Der Entwurf der Insolvenzordnung (BR-Drucksache 1/92, BT-Drucksache 12/2443) soll durch Regelungen ergänzt werden, die das bisherige Insolvenzrecht aufheben und alle übrigen Bundesgesetze mit Berührung zum Insolvenzrecht inhaltlich und redaktionell an die Insolvenzordnung anpassen. Weiter sind Übergangs- und Schlußvorschriften für das Inkrafttreten der Reform erforderlich.

B. Lösung

Die erforderlichen Anpassungen und Ergänzungen werden im Entwurf des Einführungsgesetzes in drei Teilen verwirklicht.

Der erste Teil (Artikel 1) enthält die Neufassung des Anfechtungsgesetzes. Die außerhalb des Insolvenzverfahrens mögliche Anfechtung wird an die Insolvenzanfechtung nach der Insolvenzordnung angepaßt.

Der zweite Teil (Artikel 2 bis 106) umfaßt die Aufhebungen und Änderungen der Bundesgesetze. Artikel 2 ordnet die Aufhebung derjenigen bundesgesetzlichen Vorschriften an, die durch die Insolvenzordnung abgelöst werden. Darüber hinaus ist im Zusammenhang mit der Reform die Aufhebung des Gesetzes über die Auflösung und Löschung von Gesellschaften und Genossenschaften vorgesehen, dessen Regelungen im Interesse der Rechtsbereinigung in andere Gesetze an ihren systematisch richtigen Standort verlagert werden.

Neben redaktionellen Anpassungen an die Terminologie der Insolvenzordnung enthalten die Artikel 3 bis 106 wichtige inhaltliche Änderungen, die durch die Reform des Insolvenzrechts veranlaßt werden. Unter anderem wird vorgesehen:

a) Durch Änderungen des Gerichtsverfassungsgesetzes (Artikel 12) und anderer Verfahrensgesetze werden die Vorschriften beseitigt, nach denen der Schuldner durch eine Konkurseröffnung zwingend vom Amt des ehrenamtlichen Richters ausgeschlossen wird. Mit dem neuen Insolvenzverfahren soll keine Beeinträchtigung der Ehre des Schuldners verbunden sein. In Zukunft „soll" zum ehrenamtlichen Richter nicht ernannt werden, wer in Vermögensverfall geraten ist.

In ähnlicher Weise werden durch Änderungen der Bundesnotarordnung, der Bundesrechtsanwaltsordnung und der Patentanwaltsordnung Zugangsbeschränkungen zu diesen Berufen neu gefaßt (Artikel 15, 16, 55).

b) Für Klagen gegen den Insolvenzverwalter wird in der Zivilprozeßordnung (Artikel 18) ein Gerichtsstand am Ort des Insolvenzgerichts geschaffen.

c) Durch die Änderung des Gesetzes über die Zwangsversteigerung und die Zwangsverwaltung (Artikel 20) werden die gesicherten Gläubiger an den Kosten der Feststellung des Grundstückszubehörs und der Erhaltung des Grundstücks beteiligt.

d) Die Mindestgebühr für den Insolvenzantrag des Gläubigers erhöht sich im Gerichtskostengesetz (Artikel 27) auf 200 DM. Das Gerichtskostengesetz und die Bundesgebührenordnung für Rechtsanwälte (Artikel 29) werden um Regelungen über die Kosten der Restschuldbefreiung ergänzt.

e) § 419 BGB, der die zwingende Haftung des Vermögensübernehmers vorschreibt, wird aufgehoben (Artikel 31). Dadurch werden Sanierungen außerhalb des Insolvenzverfahrens erleichtert.

f) Durch eine weitere Änderung des Bürgerlichen Gesetzbuchs soll künftig der sogenannte Konzernvorbehalt unwirksam sein, durch den in Erweiterung des Eigentumsvorbehalts der Eigentumserwerb des Käufers von der Erfüllung von Forderungen mit dem Verkäufer verbundener Unternehmen abhängig gemacht wird. Durch diese Vereinbarung werden der Käufer und seine sonstigen Gläubiger übermäßig benachteiligt.

g) § 370 HGB, der das kaufmännische Zurückbehaltungsrecht im Insolvenzfall auf nicht fällige Forderungen ausdehnt, wird als systemwidrige Bevorzugung bestimmter Gläubiger aufgehoben (Artikel 38).

h) Im Rahmen der Änderungen des Gesetzes betreffend die Gesellschaft mit beschränkter Haftung (Artikel 46) wird die vereinfachte Kapitalherabsetzung eingeführt. Dieses Instrument soll Sanierungen erleichtern.

i) Die umfangreichen insolvenzrechtlichen Vorschriften des Genossenschaftsgesetzes werden auf die Reform umgestellt (Artikel 47). Dabei wird dafür gesorgt, daß auch bei der Genossenschaft eine Sanierung im Insolvenzverfahren erfolgen kann.

j) Die Gewerbeordnung (Artikel 75) wird um eine Vorschrift ergänzt, die zur Erhaltung der Sanierungschancen eines Unternehmens eine Gewerbeuntersagung im Insolvenzverfahren verbietet.

k) Durch Änderungen des Kreditwesengesetzes und des Versicherungsaufsichtsgesetzes wird die bisherige Bindung des Konkursgerichts an den Eröffnungsantrag der Aufsichtsbehörde beseitigt (Artikel 83, 91).

l) Die Änderungen des Gesetzes zur Verbesserung der betrieblichen Altersversorgung (Artikel 94) tragen zur Weiterentwicklung der dort begründeten Insolvenzsicherung bei. So wird darauf hingewirkt, daß der Pensions-Sicherungs-Verein nach einer gelungenen Sanierung wieder von den übernommenen Verpflichtungen entlastet wird. Die Abfindung kleiner Anwartschaften wird ermöglicht. Die Einstandspflicht des Pensions-Sicherungs-Vereins für besonders hohe Betriebsrenten wird herabgesetzt.

m) Die Vorschriften des Arbeitsförderungsgesetzes über das Konkursausfallgeld werden auf das neue Insolvenzverfahren umgestellt (Artikel 96).

Im dritten Teil des Entwurfs des Einführungsgesetzes finden sich Übergangsvorschriften sowie die erforderlichen Inkrafttretensregelungen zum Entwurf der Insolvenzordnung. Grundsätzlich gilt mit dem Inkrafttreten der Insolvenzordnung im gesamten Bundesgebiet das neue Recht. Die Fortgeltung des bisherigen Rechts ist nur für Verfahren vorgesehen, die vor dem Inkrafttreten der Insolvenzordnung beantragt worden sind. Zusätzlich wird zugunsten eines Schuldners, über dessen Vermögen ein Gesamtvollstreckungsverfahren durchgeführt worden ist, die Vollstreckungsbeschränkung des § 18 Abs. 2 Satz 3 GesO auch nach Inkrafttreten der Insolvenzordnung erhalten. Eine Reihe von Übergangsvorschriften, z. B. zur Pfändung von Bezügen (Artikel 109), zur Insolvenzanfechtung (Artikel 110) oder zur betrieblichen Altersversorgung (Artikel 113) vermeiden Härten zu Lasten der Betroffenen.

C. Alternativen

Keine

D. Kosten

Die in diesem Entwurf enthaltenen Ergänzungen zum Entwurf der Insolvenzordnung werden, für sich betrachtet, keine Mehrbelastungen der Haushalte von Bund, Ländern oder Gemeinden zur Folge haben.

Anhang II 2

[im folgenden: BT-Drs. 12/3803, S. 121]

Anlage 2

Stellungnahme des Bundesrates

Der Bundesrat hat in seiner 646. Sitzung am 25. September 1992 gemäß Artikel 76 Abs. 2 des Grundgesetzes beschlossen, zu dem Gesetzentwurf wie folgt Stellung zu nehmen:

1. **Zu Artikel 1** (§ 3 Abs. 1 Satz 2 AnfG)

   In Artikel 1 ist § 3 Abs. 1 Satz 2 wie folgt zu fassen:

   „Der Benachteiligungsvorsatz wird vermutet, wenn der Schuldner wußte, daß ihm die Zahlungsfähigkeit drohte; die Kenntnis des anderen Teils von diesem Vorsatz wird vermutet, wenn der andere Teil wußte, daß die Zahlungsunfähigkeit des Schuldners drohte und daß die Handlung die Gläubiger benachteiligte."

   Begründung

   Die Änderung folgt aus der Stellungnahme des Bundesrates vom 14. Februar 1992 zu § 148 Abs. 1 Satz 2 InsO (Nr. 25).

   Die derzeitige Fassung des § 3 Abs. 1 Satz 2 enthält ebenso wie § 148 Abs. 1 Satz 2 InsO lediglich eine Vermutung für die Kenntnis des „anderen Teils", nicht aber für die Benachteiligungsvorsatz des Schuldners. Das zwingt den Anfechtenden und insbesondere die Gerichte, den einer direkten Beweisführung in aller Regel unzulänglichen Benachteiligungsvorsatz des Schuldners mit Hilfe von Indizien festzustellen. Dies erscheint nicht sachgerecht. Streng genommen braucht der Schuldner – auch wenn seine Kenntnis von seiner drohenden Zahlungsunfähigkeit bereits feststeht – lediglich zu bestreiten, daß er die Benachteiligung seiner Gläubiger als mögliche Folge der angefochtenen Rechtshandlung erkannt und gebilligt habe, um dadurch den Anfechtenden in erhebliche Beweisnot zu bringen. Bei feststehender Kenntnis von der (drohenden) Zahlungsunfähigkeit sollte es aus Sache des Schuldners sein, sich darauf gründende Vermutung des Benachteiligungsvorsatzes zu widerlegen. Schon jetzt verwertet die gerichtliche Praxis die Kenntnis des Schuldners von seiner desolaten Lage als Indiz für den (bedingten) Benachteiligungsvorsatz. Eine entsprechende Vermutungsregelung führt auch dann nicht zu unbilligen Ergebnissen, wenn dem Schuldner der Gegenbeweis nicht gelingt, da der Anfechtende jedenfalls beweisen muß, daß die Gläubiger benachteiligt worden sind. Gelingt dieser Beweis, dürften schützenswerte Interesse des Schuldners nicht mehr bestehen.

2. **Zu Artikel 9 a – neu –** (§ 51 a Abs. 3 Satz 4 Wohnungsbaugesetz Saarland)

   Nach Artikel 9 ist folgender Artikel 9 a einzufügen:

   ‚Artikel 9 a
   Änderung des Zweiten Wohnungsbaugesetzes für das Saarland

   In § 51 a Abs. 3 Satz 4 des Wohnungsbaugesetzes für das Saarland in der Fassung der Bekanntmachung vom 20. November 1990 (Amtsblatt des Saarlandes 1991 S. 273), das zuletzt durch Artikel 12 des Gesetzes vom 27. Juli 1992 (BGBl. I S. 1398) geändert worden ist, wird das Wort „konkursrechtlichen" durch das Wort „insolvenzrechtlichen" ersetzt.'

   Begründung

   Redaktionelle Anpassung.

3. **Zu Artikel 12 Nr. 1** (§ 22 Abs. 5 GVG)

   Der Bundesrat bittet, im weiteren Gesetzgebungsverfahren zu prüfen, ob die Regelungen, nach denen ein Richter auf Probe bestimmte Geschäfte zeitlich begrenzt oder unbegrenzt nicht wahrnehmen darf, nicht in § 22 Abs. 5 GVG zusammengefaßt werden sollten.

   Begründung

   Nach § 22 Abs. 5 GVG können beim Amtsgericht Richter auf Probe verwendet werden. Der nach Artikel 12 Nr. 1 anzufügende Satz schließt Richter auf Probe im ersten Jahr nach ihrer Ernennung von der Wahrnehmung der Geschäfte in Insolvenzsachen aus. Hieraus könnte geschlossen werden, daß Richter auf Probe im übrigen alle Geschäfte beim Amtsgericht wahrnehmen können. Sie sind jedoch nach § 23 b Abs. 3 Satz 2 GVG auch von der Wahrnehmung der Geschäfte des Familienrichters und nach § 29 Abs. 1 Satz 2 GVG im ersten Jahr nach ihrer Ernennung auch als Vorsitzender des Schöffengerichts ausgeschlossen.

   Aus Gründen der Rechtsklarheit empfiehlt es sich, diese Regelungen in einer Bestimmung zusammenzufassen.

[im folgenden: BT-Drs. 12/3803, S. 122]

4. **Zu Artikel 12 Nr. 3 Buchstabe b** (§ 33 Nr. 5 GVG)

Der Bundesrat bittet, im weiteren Gesetzgebungsverfahren zu prüfen, ob der Begriff „Vermögensverfall" im Regelungszusammenhang des Artikels 12 Nr. 3 ausreichend präzisiert ist.

Begründung

Die vorgesehene Regelung ist nicht klar und bestimmt genug. Der Begriff „Vermögensverfall" wird auch in der Gesetzesbegründung nicht ausreichend deutlich definiert (vgl. S. 30 und 31) und kann – insbesondere auch nicht gewollte – Assoziationen mit dem strafrechtlichen Begriff des Verfalls (§ 73 StGB) wecken.

Es sind in der Praxis erhebliche Schwierigkeiten bei der Feststellung zu erwarten, unter welchen Voraussetzungen im Einzelfall ein „Vermögensverfall" vorliegt, der die betroffene Person als ungeeignet zur Ausübung des Schöffenamtes erscheinen läßt.

Die Vorschrift des § 7 Nr. 9 BRAO, die ebenfalls mit dem Begriff „Vermögensverfall" arbeitet, ist durch die Hinzufügung einer Vermutungsregelung konkreter gefaßt.

Auch die Fakten für die Ausfüllung des in der Gesetzesbegründung aufgeführten Kriteriums des „völlig unverschuldet in Not geratenen Menschen" lassen sich in der Praxis nur schwierig und unter Umständen zeitraubend feststellen.

5. **Zu Artikel 12 Nr. 4** (§ 109 Abs. 3 GVG)

Artikel 12 Nr. 4 ist wie folgt zu fassen:

‚4. § 109 Abs. 3 wird wie folgt gefaßt:

„(3) Vom Amt des ehrenamtlichen Richters sind Personen ausgeschlossen,

1. die zu dem Amt eines Schöffen unfähig sind oder nach § 33 Nr. 4 zu dem Amt eines Schöffen nicht berufen werden sollen;
2. über deren Vermögen ein Insolvenzverfahren eröffnet ist;
3. die in das vom Insolvenzgericht oder vom Vollstreckungsgericht zu führende Verzeichnis (§ 30 Abs. 2 der Insolvenzordnung; § 915 der Zivilprozeßordnung) eingetragen sind."'

Begründung

Nach geltendem Recht ist von dem Amt des Handelsrichters ausgeschlossen, wer infolge gerichtlicher Anordnung in der Verfügung über sein Vermögen beschränkt ist (§ 109 Abs. 3 i. V. m. § 32 Nr. 3 GVG). Hauptfall dieser Verfügungsbeschränkung ist die Konkurseröffnung. Artikel 12 Nr. 4 i. V. m. Artikel 12 Nr. 2 und 3 des Entwurfs würde dazu führen, daß künftig die Eröffnung eines Insolvenzverfahrens nicht zum Ausschluß vom Amt des Handelsrichters führen würde; der Entwurf würde lediglich festlegen, daß Personen, die „in Vermögensverfall geraten sind", nicht zum Handelsrichter ernannt werden sollen.

Diese Regelung wäre mit der Bedeutung des ehrenamtlichen Richteramts an der Kammer für Handelssachen nicht zu vereinbaren. Anders als vom Schöffen wird vom Handelsrichter erwartet, daß er in die Verhandlungen und Beratungen des Gerichts besonderen Sachverstand in wirtschaftlichen Angelegenheiten einbringt. Bei einem Schuldner, über dessen Vermögen das Insolvenzverfahren eröffnet ist, kann dieser wirtschaftliche Sachverstand in aller Regel nicht angenommen werden (so noch die Begründung zu Artikel 4 der Ergänzungen zum Diskussionsentwurf eines Gesetzes zur Reform des Insolvenzrechts).

Die vorgeschlagene Formulierung orientiert sich an den Vermutungsregelungen in Artikel 15 Nr. 2 Buchstabe a (§ 50 Abs. 1 Nr. 5 BNotO) und Artikel 16 Nr. 2 Buchstabe b (§ 14 Abs. 2 Nr. 7 BRAO).

Die Soll-Vorschrift des Regierungsentwurfs reicht nicht aus. Unklar bliebe insoweit auch die Anwendbarkeit des § 113 GVG (Amtsenthebung). Die bloße Umwandlung in eine Muß-Vorschrift könnte wegen des unscharfen Begriffs des Vermögensverfalls Schwierigkeiten im Hinblick auf den gesetzlichen Richter bringen.

An dem Begriff „ehrenamtlicher Richter" wird trotz § 45 a DRiG im Hinblick auf den sonstigen Sprachgebrauch des GVG im 7. Titel festgehalten.

6. **Zu Artikel 18 Nr. 1** (§ 31 a Satz 2 – neu – ZPO)

In Artikel 18 Nr. 1 ist in § 31 a folgender Satz anzufügen:

„§ 13 findet keine Anwendung."

Begründung

Nach der Begründung des Entwurfs soll durch die Einfügung des § 31 a ZPO unter anderem verhindert werden, daß – entsprechend der Entscheidung des Bundesgerichtshofs vom 27. Oktober 1983 (BGHZ 88, 331) – materiell gegen die Insolvenzmasse gerichtete Prozesse am Wohnort des Insolvenzverwalters und damit häufig weitab vom eigentlichen Ort des Geschehens geführt werden müssen.

Da der vorgesehene besondere Gerichtsstand des § 31 a ZPO aber kein ausschließlicher sein soll (weil insbesondere der Gerichtsstand des § 29 ZPO und ein vereinbarter Gerichtsstand nicht ausgeschlossen werden sollen), würde die Neuregelung im Hinblick auf die o. g. Rechtsprechung des BGH auch künftig eine Klage am Wohnort des Insolvenzverwalters (§ 13 ZPO) nicht ausschließen. Dem soll Satz 2 abhelfen.

[im folgenden: BT-Drs. 12/3803, S. 123]

7. **Zu Artikel 20 Nr. 1** (§ 10 Abs. 1 Nr. 1 a ZVG)

In Artikel 20 Nr. 1 sind in § 10 Abs. 1 Nr. 1 a die Worte „nur zu erheben, wenn ein Insolvenzverwalter bestellt ist, und" zu streichen.

Begründung

Für die ausdrückliche Einschränkung, daß Feststellungskosten nur bei Bestellung eines Insolvenzverwalters zu erheben sind, besteht kein Bedürfnis. Daß bei der Eigenverwaltung unter der Aufsicht eines Sachwalters die Kosten der Feststellung nicht erhoben werden, ergibt sich bereits aus § 343 Abs. 1 Satz 2 des Entwurfs der Insolvenzordnung. Der Regelungsgehalt von § 10 Abs. 1 Nr. 1 a zweiter Halbsatz erschöpfte sich dann darin, die Nichterhebung von Feststellungskosten für die Eigenverwaltung ohne Sachwalter bei Kleinverfahren festzulegen. Die dieses Verfahren betreffenden §§ 347 bis 357 des Entwurfs der Insolvenzordnung sollen nach den Vorstellungen des Bundesrates aber gerade entfallen werden, weil durch diese besondere Art des Insolvenzverfahrens sowohl die Schuldner als auch die Insolvenzgerichte überfordert würden. Entfällt die Eigenverwaltung ohne Sachwalter bei Kleinverfahren, ist die entsprechende Kostenregelung in § 10 Abs. 1 Nr. 1 a obsolet.

8. **Zu Artikel 22 Nr. 1** (§ 141 a Abs. 1 Satz 2 FGG) **und Artikel 115 Abs. 3 – neu –** (Inkrafttreten)

a) In Artikel 22 Nr. 1 ist § 141 a Abs. 1 Satz 2 zu streichen.

b) In Artikel 115 ist nach Absatz 2 folgender Absatz 3 anzufügen:

„(3) Artikel 2 Nr. 8 dieses Gesetzes tritt am Tage nach der Verkündung in Kraft, soweit darin die Aufhebung von § 2 Abs. 1 Satz 2 des Gesetzes über die Auflösung und Löschung von Gesellschaften und Genossenschaften angeordnet wird."

Begründung

Zu Buchstabe a):

Der Entwurf übernimmt § 2 Abs. 1 Satz 2 des Gesetzes über die Auflösung und Löschung von Gesellschaften und Genossenschaften (LöschG) unverändert. Das dort vorgeschriebene Amtslöschungsverfahren für Gesellschaften, die entgegen gesetzlichen Verpflichtungen in drei aufeinanderfolgenden Jahren ihren Jahresabschluß und die mit ihm offenzulegenden Unterlagen ganz oder teilweise nicht bekanntgemacht und zum Handelsregister eingereicht haben, hat sich jedoch nicht bewährt.

Die Androhung, Einleitung und Durchführung des Löschungsverfahrens verursacht bei den Registergerichten einen ganz erheblichen Aufwand, der angesichts des erzielten Ergebnisses nicht sinnvoll ist. Die Einleitung des Löschungsverfahrens muß nämlich keineswegs dazu führen, daß die betroffenen Unternehmen nunmehr ihren gesetzlichen Offenlegungspflichten nachkommen. Zur Abwendung einer Löschung genügt es nämlich, dem Registergericht das Vorhandensein von Vermögen der Gesellschaft glaubhaft zu machen. Wird Vermögen nachgewiesen, hat das Gericht das Löschungsverfahren einzustellen und gegebenenfalls im nächsten Jahr von neuem zu beginnen.

Die Registergerichte arbeiten bereits am Rande ihrer Kapazität. Zusätzliches Personal kann jedenfalls im erforderlichen Umfange nicht zur Verfügung gestellt werden. Dies dürfte insbesondere für die neuen Länder gelten. Es ist deshalb nicht vertretbar, weiterhin Kräfte mit einem weitgehend ineffektiven Verfahren zu binden.

Die Vorschrift über das Löschungsverfahren bei Nichterfüllung von Offenlegungspflichten ist daher zu streichen. Zur Erzwingung der Offenlegungspflichten müssen, soweit dies gemeinschaftsrechtlich geboten ist, gegebenenfalls andere, effizientere Maßnahmen erwogen werden. Hierzu kommt vor allem die Begründung materiellrechtlicher Nachteile bei Verletzung der Offenlegungspflichten in Betracht.

Zu Buchstabe b):

Aus den Gründen unter a) ist die Vorschrift über das Löschungsverfahren bei Nichterfüllung von Offenlegungspflichten so bald wie möglich aufzuheben. Da hiermit für die Registergerichte nur eine Verfahrensvereinfachung verbunden ist, bedarf es insoweit keiner Übergangsfrist.

9. **Zu Artikel 22 Nr. 1** (§ 141 a Abs. 3 FGG)

Der Bundesrat bittet, im weiteren Gesetzgebungsverfahren zu prüfen, ob § 141 a Abs. 3 FGG sprachlich verständlicher gefaßt werden kann, zum Beispiel, indem der zweite Halbsatz des Satzes 1 an das Ende des Absatzes gestellt wird.

10. **Zu Artikel 23 Buchstabe b** (§ 21 Abs. 2 Satz 2 ArbGG)

In Artikel 23 Buchstabe b ist § 21 Abs. 2 Satz 2 wie folgt zu fassen:

„Personen, die in Vermögensverfall geraten sind, sollen nicht als ehrenamtliche Richter berufen werden."

Begründung

Nach der bisher im Arbeitsgerichtsgesetz einheitlichen Gesetzesterminologie reicht für die Begründung des Amtes die Berufung aus (vgl. §§ 20, 21 Abs. 1, 3, 4, 5, § 37 Abs. 2, § 43 ArbGG). Eine Ernennung mittels Aushändigung einer Ernennungsurkunde ist danach nicht zwingend erfor-[im folgenden: BT-Drs. 12/3803, S. 124]derlich. Von dieser einheitlichen Gesetzesterminologie sollte nicht abgewichen werden.

11. **Zu Artikel 24 Buchstabe b** (§ 17 Abs. 1 Satz 2 SGG)

In Artikel 24 Buchstabe b ist § 17 Abs. 1 Satz 2 wie folgt zu fassen:

„Personen, die in Vermögensverfall geraten sind, sollen nicht zu ehrenamtlichen Richtern berufen werden."

Begründung

Nach der bisher im SGG einheitlichen Gesetzesterminologie reicht für die Begründung des Amtes als ehrenamtliche Richterin oder ehrenamtlicher Richter die Berufung aus (vgl. §§ 13, 45 Abs. 2). Eine Ernennung mittels Aushändigung einer Ernennungsurkunde ist demnach nicht zwingend erforderlich. Von dieser Regelung sollte nicht abgewichen und durch eine andere Terminologie sollte keine Verwirrung geschaffen werden.

12. **Zu Artikel 25 Buchstabe c** (§ 21 Abs. 2 VwGO)

In Artikel 25 Buchstabe c ist § 21 Abs. 2 wie folgt zu fassen:

„(2) Personen, die in Vermögensverfall geraten sind, sollen nicht zu ehrenamtlichen Richtern berufen werden."

Begründung

Nach der bisher in der VwGO einheitlichen Gesetzesterminologie reicht für die Begründung des Amtes als ehrenamtliche Richterin oder ehrenamtlicher Richter die Berufung aus (vgl. §§ 22, 23). Eine Ernennung mittels Aushändigung einer Ernennungsurkunde ist demnach nicht zwingend erforderlich. Von dieser Regelung sollte nicht abgewichen und durch eine andere Terminologie sollte keine Verwirrung geschaffen werden.

13. **Zu Artikel 26 Buchstabe c** (§ 18 Abs. 2 FGO)

In Artikel 26 Buchstabe c ist § 18 Abs. 2 wie folgt zu fassen:

„(2) Personen, die in Vermögensverfall geraten sind, sollen nicht zu ehrenamtlichen Richtern berufen werden."

Begründung

Nach der bisher in der FGO einheitlichen Gesetzesterminologie reicht für die Begründung des Amtes als ehrenamtliche Richterin oder ehrenamtlicher Richter die Berufung aus (vgl. §§ 19, 20). Eine Ernennung mittels Aushändigung einer Ernennungsurkunde ist demnach nicht zwingend erforderlich. Von dieser Regelung sollte nicht abgewichen und durch eine andere Terminologie sollte keine Verwirrung geschaffen werden.

14. **Zu Artikel 30 Nr. 3 – neu** (Artikel 232 § 5 Abs. 2 EGBGB)

In Artikel 30 ist nach Nummer 2 folgende Nummer 3 anzufügen:

‚3. In Artikel 232 § 5 Abs. 2 werden in Satz 1 die Angabe „31. Dezember 1992" durch die Angabe „31. Dezember 1995" und in Nummer 1 das Wort „Gesamtvollstreckungsverfahren" durch das Wort „Insolvenzverfahren" ersetzt.'

Begründung

Die Bestimmung beruht auf der am 31. Dezember 1992 auslaufenden Regelung des § 16 Abs. 2 des Gesetzes über die Spaltung der von der Treuhandanstalt verwalteten Unternehmen und soll verlängert werden. Die Außerkraftsetzung des § 613 a BGB wird die Übernahme von insolventen Betrieben erheblich erleichtern und stellt damit einen erheblichen Anreiz für Investitionen in den neuen Bundesländern dar. Die Bestimmungen der §§ 127 bis 131 der Insolvenzordnung reichen in dieser Hinsicht nicht aus.

15. **Zu Artikel 31 Nr. 1** (§ 42 Abs. 1 Satz 3 – neu – BGB)

Der Bundesrat bittet, im weiteren Gesetzgebungsverfahren zu prüfen, ob in Artikel 31 Nr. 1 in § 42 Abs. 1 nach Satz 2 folgender Satz 3 anzufügen ist:

„Durch die Satzung kann bestimmt werden, daß der Verein in im Falle der Eröffnung des Insolvenzverfahrens als nichtrechtsfähiger Verein fortbesteht; auch in diesem Fall kann unter den Voraussetzungen des Satzes 2 die Fortsetzung als rechtsfähiger Verein beschlossen werden."

Begründung

Mit der Ergänzung soll die nach dem geltenden § 42 Abs. 1 BGB bestehende Rechtslage insoweit fortgeschrieben werden, als in Konkurs geratene Vereine zumindest durch Willenserklärung den Fortbestand als nichtrechtsfähiger Verein sichern können. Eine solche Regelung gewährleistet, daß Vereine in freier Entscheidung Vereinstraditionen aufrechterhalten und die Vereinsziele dann als nichtrechtsfähiger Verein fortsetzen können.

Der im Entwurf von § 42 Abs. 1 Satz 1 festgelegte Auflösungstatbestand würde das ausschließen, soweit nicht ein Fall des Satzes 2 vorliegt und die Fortsetzung als rechtsfähiger Verein möglich ist. Ansonsten käme nur eine Vereinsneugründung in Betracht.

[im folgenden: BT-Drs. 12/3803, S. 125]

Der vorgeschlagene Satz 3 würde auch dem Schutz der Vereinsautonomie noch mehr Genüge tun.

16. **Zu Artikel 31 Nr. 16** (§ 419 BGB)

Der Bundesrat bittet, im weiteren Gesetzgebungsverfahren zu prüfen, ob nicht anstelle der ersatzlosen Streichung von § 419 BGB eine interessengerechtere Lösung dadurch gefunden werden kann, daß es jedenfalls bei (teilweiser) Unentgeltlichkeit der Vermögensübernahme bei der Haftung des Übernehmers bleibt.

Begründung

Die ersatzlose Streichung von § 419 BGB erscheint nicht sachgerecht. Neben der Arbeitskraft oder der Erwerbsfähigkeit ist das Vermögen des Schuldners auch heute noch oftmals die natürliche Grundlage der ihm gewährten Kredite. Der Gläubiger hat daher weiterhin ein schutzwürdiges Interesse daran, daß ihm das Schuldnervermögen als Zugriffsobjekt erhalten bleibt.

Zwar bieten sowohl die geltenden (§ 32 KO, § 3 Abs. 1 Nr. 3 AnfG) als auch die im Rahmen der Insolvenzrechtsreform vorgesehenen Anfechtungsvorschriften einen weitgehenden Schutz des Gläubigers bei unentgeltlichen Verfügungen des Schuldners, da insoweit subjektive Erfordernisse nicht gegeben sind. Bei ganz oder teilweise entgeltlichen Geschäften ist jedoch auch auf Grund der vorgesehenen Verschärfung des Anfechtungsrechts eine Anfechtung durch den benachteiligten Gläubiger regelmäßig nur dann möglich, wenn der Anfechtungsgegner die Zahlungsunfähigkeit bzw. den Benachteiligungsvorsatz des Schuldners kannte (so Artikel 1 § 3 Abs. 1 AnfG) oder zumindest infolge grober Fahrlässigkeit nicht kannte. Zwar wird die Anfechtung in bezug auf die subjektiven Erfordernisse durch gesetzliche Vermutungen erleichtert. Gleichwohl bleibt der so zu erzielende Gläubigerschutz erheblich hinter dem nach § 419 BGB gewährten Schutz zurück, für den es ausreicht, daß der Vermögensübernehmer wußte, daß es sich um die Übertragung des ganzen oder nahezu des ganzen Vermögens des Schuldners

handelte. Die Lösung des Entwurfs, den Gläubiger auf den Weg der Anfechtung zu verweisen, kann daher in einer Vielzahl von Fällen, etwa bei einer vorweggenommenen Erbfolge, offensichtlich nicht überzeugen (Palandt/Heinrichs, BGB, 51. Aufl. 1992, § 419 Rn. 2).

Andererseits ist nicht zu verkennen, daß § 419 BGB in seiner derzeitigen Fassung zu einer nicht gerechtfertigten Übersicherung des Gläubigers führt, soweit der Übernehmer für das übernommene Vermögen eine Gegenleistung an den Schuldner erbracht hat. Eine auf den unentgeltlichen Teil des Geschäfts beschränkte Haftung des Vermögensübernehmers dürfte daher unter Berücksichtigung der Belange von Gläubiger, Schuldner und Vermögensübernehmer die interessengerechteste Lösung darstellen. Die tatsächlichen Schwierigkeiten, die sich aus der Notwendigkeit der Feststellung des unentgeltlichen Teils des Geschäfts ergeben können, wären zu bewältigen.

Eine entsprechende Änderung des § 419 BGB beansprucht nicht unerheblichen gesetzestechnischen Aufwand, insbesondere bei der Abstimmung der vorgeschlagenen Anspruchsbegrenzung mit der Haftungsbeschränkung des Absatzes 2 des § 419 BGB. Es wird daher lediglich eine Prüfungsbitte formuliert.

17. **Zu Artikel 31 Nr. 17** (§ 455 Abs. 2 BGB)

Der Bundesrat bittet, im weiteren Gesetzgebungsverfahren zu prüfen, ob auf den vorgesehenen § 455 Abs. 2 BGB verzichtet werden kann.

Begründung

Mit dem neu vorgesehenen § 455 Abs. 2 BGB soll der Konzernvorbehalt für unwirksam erklärt werden. Beim Konzernvorbehalt handelt es sich um eine verbreitete Form der Kreditsicherung, die im Rahmen der Vertragsfreiheit entwickelt wurde. Die Rechtsprechung hält diese Vereinbarung in der überwiegenden Zahl der möglichen Gestaltungen für wirksam. Zum Schutz des Warenkreditgläubigers sollte an diesem Instrument möglichst festgehalten werden. Die Berücksichtigung der in Teilen der Literatur erhobenen Bedenken sollte – entgegen der Begründung zum Gesetzentwurf – der Rechtsprechung vorbehalten bleiben.

18. **Zu Artikel 31 Nr. 26** (§ 925 Abs. 1 Satz 3 BGB)

Der Bundesrat bittet, im weiteren Gesetzgebungsverfahren zu prüfen, ob sich die Erklärung der Auflassung in einem Insolvenzplan mit der Bedingungsfeindlichkeit der Auflassung nach § 925 Abs. 2 BGB vereinbaren läßt.

Begründung

Der Insolvenzplan wird stets erst nach dem Eintritt von Bedingungen wirksam, die teilweise kraft Gesetzes, teilweise nur auf Grund entsprechender Festlegungen bestehen. Nach den §§ 289, 295 InsO-E bedarf jeder Insolvenzplan der Annahme durch die Mehrheit der Gläubiger sowie der gerichtlichen Bestätigung. Darüber hinaus kann der Plan weitere Bedingungen festlegen. In der Praxis dürften insbesondere auflösende Bedingungen für den Fall der Nichterfüllung des Planes vorkommen. Diese insolvenzspezifischen Bedingungen können wegen deren Bedingungsfeindlichkeit zur Unwirksamkeit der Auflassung führen; lediglich die gerichtliche Bestätigung des Vergleichs dürfte als Rechtsbedingung der Wirksamkeit der Auflassung nicht entgegenstehen.

Zur Vermeidung von Zweifeln an der Wirksamkeit empfiehlt es sich deshalb, die Auflassung [**im folgenden: BT-Drs. 12/3803, S. 126**] außerhalb des Insolvenzplanes zu erklären und in diesen lediglich die zugrundeliegenden schuldrechtlichen Erklärungen aufzunehmen. Ob die vorgeschlagene Ergänzung des § 925 BGB angesichts dieser rechtlichen Konsequenzen zweckmäßig ist, erscheint fraglich und sollte im weiteren Gesetzgebungsverfahren geprüft werden.

19. **Zu Artikel 38 Nr. 8** (§ 141 Abs. 2 HGB)

Der Bundesrat bittet, im weiteren Gesetzgebungsverfahren zu prüfen, ob die Fassung des § 141 Abs. 2 HGB ausreichend auf das Verfahren der Eigenverwaltung unter Aufsicht eines Sachwalters abgestimmt ist.

20. **Zu Artikel 38 Nr. 17** (§ 370 HGB)

Der Bundesrat bittet, im weiteren Gesetzgebungsverfahren zu prüfen, ob auf eine Aufhebung von § 370 HGB verzichtet werden kann.

Begründung

Das außerordentliche Zurückbehaltungsrecht bei beiderseitigen Handelsgeschäften stellt ein wichtiges Sicherungsinstrument im Konkursfall dar, das auch künftig beibehalten werden sollte. Eine Aufhebung von § 370 HGB ist zur Erreichung der Ziele der Insolvenzreform nicht erforderlich.

21. **Zu Artikel 39 Nr. 01 – neu –** (§ 8 des EWIV-Ausführungsgesetzes)

In Artikel 39 ist vor Nummer 1 folgende Nummer 01 einzufügen:

,01. In § 8 werden die Worte „der Konkurs" durch die Worte „das Insolvenzverfahren" ersetzt.'

Begründung

Redaktionelle Anpasung.

22. **Zu Artikel 46 Nr. 4** (§ 58 e Abs. 1 Satz 1 GmbHG)

In Artikel 46 Nr. 4 sind in § 58 e Abs. 1 Satz 1 die Worte „gezeichnete Kapital" durch das Wort „Stammkapital" zu ersetzen.

Begründung

§ 58 e Abs. 1 Satz 1 soll die Regelung von § 234 AktG übernehmen. Dem GmbH-Gesetz ist der Begriff „gezeichnetes Kapital" jedoch fremd. Der Zeichnung des Kapitals bei der Aktiengesellschaft entspricht bei der GmbH die Übernahme des Stammkapitals. Zwar findet sich der Begriff „gezeichnetes Kapital" auch in den Bilanzierungsvorschriften der §§ 266, 272 HGB. Diese Bilanzierungsvorschriften gelten jedoch gleichermaßen für alle Kapitalgesellschaften.

Bei der Einführung einer vereinfachten Kapitalherabsetzung für die GmbH sollte zur Vermeidung von Mißverständnissen innerhalb eines Gesetzes die übliche Formulierung (Stammkapital) beibehalten werden.

23. **Zu Artikel 59** (Änderung des Gesetzes über die Einführung des deutschen Rechts auf dem Gebiete der Steuern, Zölle und Finanzmonopole im Saarland)

Artikel 59 ist zu streichen.

Begründung

Von einer redaktionellen Anpassung der §§ 63 und 180 des Lastenausgleichsgesetzes an die Insolvenzrechtsreform wird in dem Entwurf abgesehen, da diese Vorschriften als obsolet anzusehen sind. In Artikel 59 des Entwurfs wird jedoch § 106 Abs. 2 Nr. 1 des Gesetzes über die Einführung des deutschen Rechts auf dem Gebiete der Steuern, Zölle und Finanzmonopole im Saarland dahin gehend geändert, daß die Verweisung auf „die Vorschriften über die Behandlung der Vermögensabgabe und der Kreditgewinnabgabe im Konkurs (§§ 63 und 180 des Lastenausgleichsgesetzes)" nunmehr lauten soll: „Die Vorschriften über die Behandlung der Vermögensabgabe und der Kreditgewinnabgabe in Insolvenzverfahren (§§ 63 und 180 des Lastenausgleichsgesetzes)". Konsequenter ist, ebenso wie die §§ 63 und 180 des Lastenausgleichsgesetzes auch die Verweisung auf die Vorschriften im Gesetz über die Einführung des deutschen Rechts auf dem Gebiete der Steuern, Zölle und Finanzmonopole im Saarland als obsolet zu behandeln. Artikel 59 ist daher zu streichen.

24. **Zu Artikel 63 Nr. 1** (§ 46 Abs. 2 Nr. 5 und 6 StBerG) **und Nr. 2** (§ 56 Satz 1 StBerG)

Artikel 63 ist wie folgt zu fassen:

‚Artikel 63
Änderung des Steuerberatungsgesetzes

§ 46 Abs. 2 Nr. 6 des Steuerberatungsgesetzes in der Fassung der Bekanntmachung vom 4. November 1975 (BGBl. I. S. 2735), das zuletzt durch Artikel 23 des Gesetzes vom 25. Februar 1992 (BGBl. I S. 297) geändert worden ist, wird wie folgt gefaßt:

„6. in Vermögensverfall geraten ist, es sei denn, daß dadurch die Interessen der Auftraggeber nicht gefährdet sind; ein Vermögensverfall wird vermutet, wenn der Steuerberater oder Steubervollmächtigte in das vom Insolvenzgericht oder vom Vollstreckungsgericht zu führende Verzeichnis (§ 30 Abs. 2 der Insol-[**im folgenden: BT-Drs. 12/3803, S. 127**]venzordnung; § 915 der Zivilprozeßordnung) eingetragen ist;".'

Begründung

Mit der Beibehaltung von § 46 Abs. 2 Nr. 5 StBerG wird sichergestellt, daß im Falle einer Verfügungsbeschränkung ein Widerruf der Bestellung als Steuerberater oder Steuerbevollmächtigter ohne Exkulpationsmöglichkeit erfolgen kann. Durch die Anordnung einer Verfügungsbeschränkung ist ein Steuerberater oder Steuerbevollmächtigter nicht mehr in der Lage, seinen Beruf eigenverantwortlich auszuüben. Im Interesse der Steuerpflichtigen muß deshalb die gegenüber § 46 Abs. 2 Nr. 6 StBerG strengere Regelung des § 46 Abs. 2 Nr. 5 StBerG beibehalten werden.

25. **Zu Artikel 76 Nr. 2 Buchstabe b** (§ 77 Abs. 2 Satz 1 HwO)

In Artikel 76 Nr. 2 Buchstabe b sind in § 77 Abs. 2 Satz 1 die Worte „der Zahlungsunfähigkeit oder" zu streichen.

Begründung

Die Antragspflicht des Vorstandes einer Handwerksinnung als Körperschaft des öffentlichen Rechts sollte nicht auf den Fall der Zahlungsunfähigkeit erstreckt werden. Auch wenn dies Regelvoraussetzung für eine Antragspflicht im Insolvenzfall ist, bedeutet dies für den Vorstand eine unnötige Erschwerung der Aufgaben. Da die Innung keinen Geschäftsbetrieb führt, der über laufende Einnahmen verfügt, kann der Fall vorübergehender Illiquidität leicht eintreten, die jedoch regelmäßig zu beheben sein wird. Durch die Streichung werden Gläubigerinteressen deshalb praktisch nicht berührt.

26. **Zu Artikel 93 – neu –** (Änderung des Gesetzes über die Lohnstatistik)

Nach Artikel 93 ist folgender Artikel 93 a einzufügen:

‚Artikel 93 a
Änderung des Gesetzes über die Lohnstatistik

In § 9 Nr. 5 des Gesetzes über die Lohnstatistik in der im Bundesgesetzblatt Teil III, Gliederungsnummer 800-16, veröffentlichten bereinigten Fassung, das zuletzt durch Gesetz vom 24. Oktober 1989 (BGBl. I S. 1912) geändert worden ist, wird das Wort „Konkursausfallgeld" durch das Wort „Insolvenzausfallgeld" ersetzt.'

Begründung

Redaktionelle Anpassung.

27. **Zu Artikel 94 Nr. 1** (§ 3 Abs. 1 Satz 1 BetrAVG)

In Artikel 94 Nr. 1 sind in § 3 Abs. 1 Satz 1 die Worte „Zustimmung des Arbeitnehmers" durch die Worte „seiner Zustimmung" zu ersetzen.

Begründung

Redaktionelle Verbesserung.

28. **Zu Artikel 94 Nr. 1** (§ 3 Abs. 1 Satz 4 BetrAVG)

In Artikel 94 Nr. 1 ist § 3 Abs. 1 Satz 4 wie folgt zu fassen:

„Ebenso kann dem Arbeitnehmer für den Teil einer Anwartschaft, der während eines Insolvenzverfahrens erdient worden ist, ohne seine Zustimmung eine einmalige Abfindung gewährt werden, wenn

1. die Betriebstätigkeit vollständig eingestellt und das Unternehmen liquidiert wird,

2. der Arbeitnehmer gemäß § 7 Abs. 2 einen Anspruch hinsichtlich dieser Anwartschaft gegenüber dem Träger der Insolvenzsicherung hat und

3. das Arbeitsverhältnis nicht später als ein Jahr nach Eröffnung des Insolvenzverfahrens endet."

Begründung

Die im Entwurf vorgesehene einseitige Abfindungsmöglichkeit ist allenfalls dann akzeptabel, wenn sie lediglich Anwartschaftsteile umfaßt, die auf einer insolvenzgesicherten Anwartschaft aufbauen und so gering sind, daß sie im Hinblick auf die spätere

Altersversorgung so gut wie keine Rolle spielen.

Nicht akzeptabel ist die Möglichkeit des Insolvenzverwalters, den Teil der Anwartschaft, der während des Insolvenzverfahrens erdient worden ist, dann abzufinden, wenn die Anwartschaft zwischen Insolvenzeröffnung und Ausscheiden des Arbeitnehmers unverfallbar geworden ist und somit kein Insolvenzschutz besteht. Dies ist im Gesetzestext deutlich zu machen.

Das Recht des Insolvenzverwalters, Anwartschaftsteile abzufinden, muß auch „wertmäßig" begrenzt werden. Es muß im Gesetzestext eindeutig festgelegt werden, in welchem Umfang einer Abfindung keine Bedenken im Hinblick auf die sozialpolitische Zielsetzung des § 3 entgegenstehen. Da im Hinblick auf die äußerst unterschiedliche Ausgestaltung der einzelnen betrieblichen Altersversorgungen eine betragsmäßige Festlegung zu sehr zufälligen Ergebnissen führen würde, erscheint eine zeitliche Festlegung angemessen. Wenn ein Arbeitnehmer bzw. eine [im folgenden: BT-Drs. 12/3803, S. 128] Arbeitnehmerin nach Eröffnung des Insolvenzverfahrens noch mindestens ein Jahr beschäftigt wird, rechtfertigt auch die mögliche Erschwerung der Unternehmensliquidation keine Ausnahme vom Abfindungsverbot mehr. Es kann nämlich anstelle der verwaltungsaufwendigen Hinterlegung des Kapitalwerts die Übertragung der Versorgungspflicht auf einen Dritten gewählt werden, was bei richtiger Ausgestaltung die zweckgerechte Verwendung der Versorgungsmittel sicherstellt und den liquidierten Insolvenzverwalter vor jahrelangen Verwaltungsarbeiten schützt.

29. **Zu Artikel 94 Nr. 2** (§ 7 Abs. 1 Satz 3 und 4 sowie 5 – neu – BetrAVG)

In Artikel 94 Nr. 2 ist § 7 Abs. 1 wie folgt zu ändern:

a) Satz 3 ist zu streichen.

b) Satz 4 ist wie folgt zu ändern:

aa) Die Angabe „Sätze 1 bis 3" ist durch die Angabe „Sätze 1 und 2" zu ersetzen.

bb) In Nummer 3 ist der Punkt durch ein Komma zu ersetzen und folgende Nummer 4 anzufügen:

„4. die Kürzung oder die Einstellung von Versorgungsleistungen wegen wirtschaftlicher Notlage des Arbeitgebers, soweit dies durch rechtskräftiges Urteil eines Gerichts für zulässig erklärt worden ist."

c) Nach Nummer 4 – neu – ist folgender Satz anzufügen:

„Im Falle der Nummer 4 kann der Träger der Insolvenzsicherung auch ohne das Vorliegen eines rechtskräftigen Urteils leisten, wenn er die Kürzung oder die Einstellung von Versorgungsleistungen wegen wirtschaftlicher Notlage des Arbeitgebers für zulässig erachtet."

Begründung

Zu Buchstabe a:

Die im Entwurf beabsichtigte Änderung führt dazu, daß der Fälligkeitszeitpunkt der Leistungen des Trägers der Insolvenzsicherung zu Lasten der Begünstigten auf einen späteren Zeitpunkt verschoben wird. Für eine derartige Regelung ist keinerlei Handlungsbedarf ersichtlich. Das Interesse der Versorgungsempfänger an einer möglichst frühzeitigen Zahlung der zu ihrem Lebensunterhalt erforderlichen Beträge ist weit höher einzuschätzen als der im Entwurf vorgebrachte Schutz des Trägers der Insolvenzsicherung vor Verzugszinsen. Die Möglichkeit des Trägers der Insolvenzsicherung, gemäß § 11 Abs. 2 und 3 Versicherungsvertragsgesetz vor Fälligkeit einen Vorschuß zu gewähren, stellt kein Äquivalent für die Schlechterstellung der Versorgungsberechtigten dar. Darüber hinaus übersieht der Gesetzentwurf, daß die betriebliche Altersversorgung kein Bestandteil des dem allgemeinen Zivilrecht zuzurechnenden Versicherungsrechtes ist. Die betriebliche Altersversorgung hat ihren Ursprung im Arbeitsverhältnis, einem Regelungsgegenstand des Arbeitsrechts, das anderen Maßstäben unterliegt als das allgemeine Zivilrecht.

Zu Buchstaben b und c:

Die Beibehaltung des Sicherungsfalls der wirtschaftlichen Notlage, der bisher in Absatz 1 Satz 3 Nr. 5 und Satz 4 geregelt ist, ist entgegen der Begründung des Gesetzentwurfs erforderlich. Die Behauptung in der Begründung des Gesetzentwurfs, daß auf Grund der Rechtsprechung auch bei Streichung des Sicherungsfalles „wirtschaftliche Notlage" ein einseitiger Widerruf der Anwartschaft durch den Arbeitgeber auf Grund einer wirtschaftlichen Notlage arbeitsrechtlich nicht mehr zulässig sei, ist nicht nachzuvollziehen. Die Verknüpfung zulässiger Kürzung oder Einstellung von Versorgungsleistungen aufgrund „wirtschaftlicher Notlage" mit dem Insolvenzschutz wurde im Zuge der gesetzlichen Verbesserung der betrieblichen Altersversorgung durch die Vorschriften eingeführt, die nunmehr beseitigt werden sollen. Die Rechtsprechung zur Verknüpfung der Berechtigung zum Widerruf der Anwartschaft mit der gleichzeitigen Übernahme des widerrufenen Teils der Anwartschaft durch den Träger der Insolvenzsicherung beruht gerade auf den Vorschriften des Absatzes 1 Satz 3 Nr. 5 und Satz 4. Eine Streichung hätte die Wiederherstellung der Rechtslage vor Inkrafttreten des Gesetzes zur Verbesserung der betrieblichen Altersversorgung zur Folge.

Bei dieser Rechtslage hatte das Bundesarbeitsgericht durchaus den einseitigen Widerruf durch den Arbeitgeber zugelassen (vgl. BAG AP Nr. 154 zu § 242 BGB Ruhegehalt).

30. **Zu Artikel 94 Nr. 2** (§ 7 Abs. 5 Satz 3 BetrAVG)

In Artikel 94 Nr. 2 ist § 7 Abs. 5 Satz 3 wie folgt zu fassen:

„Verbesserungen der Versorgungszusagen werden bei der Bemessung der Leistungen des Trägers der Insolvenzsicherung nicht berücksichtigt, soweit sie in dem letzten Jahr vor dem Eintritt des Sicherungsfalles größer gewesen sind als in dem diesem Jahr vorangegegangenen Jahr."

Begründung

Der Vorschlag zielt auf die Beibehaltung des bisherigen Rechtszustandes.

Durch die im Gesetzentwurf vorgesehene Änderung würde die Einstandspflicht des Trägers der Insolvenzsicherung für Verbesserungen, die in dem Zeitraum von zwei Jahren vor Eintritt des Sicherungsfalles vereinbart worden sind, ausgeschlossen, ohne daß es des Nachweises einer Mißbrauchsabsicht bedarf und ohne daß die Ver-[**im folgenden: BT-Drs. 12/3803, S. 129**]besserungen mit vorhergegangenen Verbesserungen verglichen werden. Die beabsichtigte Neuregelung stellt einen erheblichen Eingriff in die Rechtsposition der Arbeitnehmerinnen und Arbeitnehmer zugunsten des Trägers der Insolvenzsicherung dar. Die Begründung, „Die bisherige Frist von einem Jahr hat sich in der Praxis als zu kurz erwiesen.", kann keine Grundlage für die Verschlechterung der Rechtsposition der Arbeitnehmerinnen und Arbeitnehmer darstellen.

31. **Zu Artikel 96 Nr. 6** (§ 141 b Abs. 1 und 4 AFG)

In Artikel 96 Nr. 6 ist in den Absätzen 1 und 4 jeweils das Wort „drei" durch das Wort „sechs" zu ersetzen.

Als Folge ist in § 141 Abs. 1 Satz 1, § 141 h Abs. 1 Satz 1 und § 141 n Abs. 1 Satz 1 jeweils das Wort „drei" durch das Wort „sechs" zu ersetzen.

Begründung

Nach dem Entwurf der Insolvenzordnung sollen die Rangklassen des geltenden Konkursrechts für nicht gesicherte Forderungen (insbesondere Bezüge aus dem Arbeitsverhältnis) entfallen. Dies bedeutet, daß Arbeitnehmerinnen und Arbeitnehmer im Insolvenzverfahren künftig Entgeltrückstände für die letzten zwölf Monate vor Eröffnung des Insolvenzverfahrens weder als Masseschulden (vgl. § 59 Abs. 1 Nr. 3 Buchstabe a KO – Rückstände für die letzten sechs Monate) noch als bevorrechtigte Konkursforderungen (vgl. § 61 Abs. 1 Nr. 1 Buchstabe a KO – Rückstände für das letzte Jahr) geltend machen können. Ohne die vorgeschlagene Änderung wird dieser Wegfall der Vorrechte lediglich für die letzten drei Monate vor Eröffnung des Insolvenzverfahrens duch Insolvenzausfallgeld abgemildert. Um zumindest den in § 59 Abs. 1 Nr. 3 Buchstabe a KO bisher vorhandenen Schutz zu gewähren, ist die Erweiterung des Anspruchs auf Insolvenzausfallgeld erforderlich.

32. **Zu Artikel 96 Nr. 14 Buchstabe b 1 – neu** – (§ 141 k Abs. 2 a Satz 3 – neu – AFG)

In Artikel 95 Nr. 14 ist nach Buchstabe b folgender Buchstabe b 1 einzufügen:

‚b 1) In Absatz 2 a wird nach Satz 2 folgender Satz 3 angefügt:

„Satz 1 gilt nicht, wenn die Vorfinanzierung durch eine regionale Gebietskörperschaft im Zusammenhang mit einem Sanierungsversuch erfolgt ist."'

Begründung

Die Rückerstattung des durch eine regionale Gebietskörperschaft vorfinanzierten Arbeitsentgeltes ist durch die geltende Rechtslage ausgeschlossen, wenn wirtschaftliche Verpflichtungen zwischen der vorleistenden Gebietskörperschaft mit dem insolventen Betrieb bestehen. Im Ergebnis führt § 141 k Abs. 2 a AFG dazu, daß sich die öffentliche Hand finanziell nicht bei der Sanierung solcher gefährdeter Unternehmen engagiert, an denen sie mittelbar oder unmittelbar beteiligt ist. Die zu Sanierungsversuchen aufgeforderte regionale Gebietskörperschaft muß jegliche Vorfinanzierung des Arbeitsentgeltes ablehnen. Einer beschäftigungsorientierten Strukturpolitik ist damit eine wesentliche Grundlage entzogen. Die Sanierungsbemühungen werden wesentlich erschwert, ein endgültiger Zusammenbruch des Unternehmens und der Verlust von Arbeitsplätzen müssen in Kauf genommen werden. Durch die Ergänzung erhalten regionale Gebietskörperschaften die Möglichkeit, Arbeitsplätze über den Weg der Vorfinanzierung von Arbeitsentgelt abzusichern und damit die Grundlage für Sanierungsbemühungen zu schaffen.

33. **Zu Artikel 100 Nr. 1** (§ 18 Abs. 1 a Satz 3 SchwbG)

In Artikel 100 Nr. 1 ist § 18 Abs. 1 a Satz 3 zu streichen.

Begründung

Durch die im Gesetzentwurf vorgesehene Fiktion der Zustimmung wird unangemessen in die Rechtsstellung der Schwerbehinderten eingegriffen und die im Schwerbehindertengesetz vorhandene Systematik ohne Not geändert. Das Schwerbehindertengesetz sieht bisher eine Zustimmungsfiktion lediglich im Zusammenhang mit der außerordentlichen Kündigung vor. Dies hat seinen Grund auch darin, daß außerordentliche Kündigungen in der Regel verhaltensbedingte Kündigungen darstellen. Dieser Sachverhalt ist völlig anders zu beurteilen als der einer Kündigung im Rahmen des Insolvenzverfahrens, die aus betriebsbedingten Gründen ausgesprochen wird und bei der den betroffenen Schwerbehinderten keinerlei persönliches Fehlverhalten vorgeworfen werden kann. Auch das Bedürfnis nach einer möglichst schnellen Abwicklung des Insolvenzverfahrens kann zu keiner anderen Beurteilung führen. Dem ist bereits durch die neuen Sätze Genüge getan.

Darüber hinaus ist es durchaus umstritten, ob die Fiktion des Verwaltungsakts der Zustimmung eine Anfechtbarkeit durch Widerspruch und Anfechtungsklage ausschließt oder nicht. (Vgl. Cramer, Schwerbehindertengesetz, 4. Auflage, § 21 Anmerkung 6 m. w. N.) Den Schwerbehinderten das darin liegende Risiko aufzubürden, ist unangemessen.

[im folgenden: BT-Drs. 12/3803, S. 130]

34. **Zu Artikel 100 Nr. 2** (§ 19 Abs. 3 SchwbG)

Artikel 100 Nr. 2 ist zu streichen.

Begründung

Die im Gesetzentwurf vorgesehene Regelung verlagert durch ihre Ausgestaltung als Sollvorschrift die der staatlichen Hauptfürsorgestelle obliegende Wahrnehmung des Schwerbehindertenschutzes auf die betriebliche Ebene. Diese Aufgabe wird damit zum Gegenstand der betrieblichen Auseinandersetzung gemacht, ohne daß der Betriebsrat auch nur annähernd die Möglichkeit zur Durchsetzung des Schwerbehindertenschutzes wie die Hauptfürsorgestelle hat. Die geforderte Beteiligung der Schwerbehindertenvertretung beim Zustandekommen des Interessenausgleichs gemäß § 25 Abs. 2 SchwbG gewährt nicht den erforderlichen Schutz, da das Verfahren nach § 25 Abs. 2 SchwbG einzig und allein in einer Anhörung besteht. Auch das besondere Bedürfnis dafür, daß im Insolvenzverfahren Betriebsänderungen zügig durchgeführt werden können, kann die im Gesetzentwurf vorgesehene Änderung nicht rechtfertigen. Die in § 19 SchwbG bisher enthaltenen Regelungen sowie die Neuregelungen des § 18 Abs. 1 a SchwbG genügen diesem Ziel völlig.

35. **Zu Artikel 107 a – neu –** (§ 74 Insolvenzordnung)

Nach Artikel 107 ist folgender Artikel 107 a einzufügen:

‚Artikel 107 a
Anwendung der Insolvenzordnung

Bis zum 31. Dezember 1995 gilt § 74 der Insolvenzordnung in dem in Artikel 3 des Einigungsvertrages genannten Gebiet in folgender Fassung:

„§ 74
Vergütung des Insolvenzverwalters

(1) Der Insolvenzverwalter hat Anspruch auf Vergütung für seine Geschäftsführung und auf Erstattung angemessener Auslagen. Der Regelsatz der Vergütung wird nach dem Wert der Insolvenzmasse zur Zeit der Beendigung des Insolvenzverfahrens berechnet. Dem Umfang, der Schwierigkeit und dem Erfolg der Geschäftsführung des Verwalters wird durch Abweichungen vom Regelsatz Rechnung getragen.

(2) Die Gläubigerversammlung kann mit Zustimmung des Verwalters und des Insolvenzgerichtes die Vergütung und die zu erstattenden Auslagen für einen bestimmten Abschnitt des Verfahrens oder für ein bestimmtes Geschäft abweichend von Absatz 1 regeln. Der Beschluß der Gläubigerversammlung kann nicht zum Nachteil der Massegläubiger geltend gemacht werden.

(3) Der Bundesminister der Justiz wird ermächtigt, die Vergütung und die Erstattung der Auslagen des Verwalters durch Rechtsverordnung näher zu regeln."'

Begründung

Der ursprüngliche Entwurf des Bundesministers der Justiz sah schon vor, daß auch der Erfolg der Geschäftsführung des Insolvenzverwalters für Abweichungen vom Regelsatz bei Berechnung der Vergütung des Insolvenzverwalters maßgebend sein sollte. Daran sollte zumindest in dem in Artikel 3 des Einigungsvertrages genannten Gebiet festgehalten werden, um Insolvenzverwaltern dort zusätzliche Anreize für eine engagierte Arbeit, insbesondere im Hinblick auf die Sanierung von Unternehmen zu geben.

Die der Gläubigerversammlung eingeräumte Befugnis, die Vergütung und die Auslagen des Insolvenzverwalters abweichend zu regeln, soll die Bestellung besonders fähiger (d. h. bisher bei Sanierungen erfolgreicher) Insolvenzverwalter erleichtern. Insbesondere die Möglichkeit, auf Beschluß der Gläubigerversammlung höhere Vergütungen zu erhalten, dürfte einen Anreiz für Insolvenzverwalter darstellen, auch in den neuen Ländern tätig zu werden.

36. Zu Artikel 115 Abs. 1 (Inkrafttreten)

Im Artikel 115 Abs. 1 sind die Worte ,,bei Verkündung in der ersten Jahreshälfte das erste auf das Verkündungsjahr folgende Jahr, bei Verkündung in der zweiten Jahreshälfte" zu streichen.

Begründung

Die forensische Praxis bedarf zur Vorbereitung auf die Insolvenzordnung, die eine umfassende Neukodifizierung des Insolvenzrechts mit zum Teil neuartigen rechtlichen Institutionen darstellt, ausreichender Zeit. Nach Artikel 115 Abs. 1 des Entwurfs können zwischen der Verkündung und dem Inkrafttreten des Gesetzes gegebenenfalls lediglich sechs Monate liegen. Die vorgeschlagene Änderung stellt demgegenüber sicher, daß der gerichtlichen und anwaltschaftlichen Praxis in jedem Fall ein Jahr zur Vorbereitung auf die neue Insolvenzordnung verbleibt.

37. Zum Gesetzentwurf insgesamt

Der Bundesrat bittet, im weiteren Gesetzgebungsverfahren eine bereichsspezifische Regelung einzuführen, die der bestehenden Konkurs- und Vergleichsstatistik (Insolvenzstatistik) eine gesetzliche Grundlage vermittelt.

Begründung

Die Weiterführung der Konkurs- und Vergleichsstatistik (Insolvenzstatistik) ist dringend erforderlich. Sie beruht derzeit nur auf allgemeinen Ver-[**im folgenden: BT-Drs. 12/3803, S. 131**]waltungsvorschriften. Zu ihrer Weiterführung ist auch nach dem Urteil des Bundesverfassungsgerichts zum Volkszählungsgesetz (BVerfGE 65, 1 ff.) eine gesetzliche Grundlage erforderlich. Um dieser verfassungsrechtlichen Situation Rechnung zu tragen, erscheint eine bereichsspezifische gesetzliche Regelung notwendig und geeignet.

Im übrigen dient eine solche gesetzliche Regelung auch der Schaffung einer einheitlichen Rechtsgrundlage für die Durchführung einer Insolvenzstatistik in Deutschland.

Die Ergebnisse der Konkurs- und Vergleichsstatistik sind ein wichtiger Indikator für die wirtschaftliche Lage und für die Verfassung einer Volkswirtschaft. Sie geben einen Einblick in den betriebswirtschaftlichen Zustand von Unternehmen im Hinblick auf ihre (mangelnde) Ertrags- und Liquiditätslage. Die monatlichen Ergebnisse sind somit ein wichtiges Konjunktursignal. Darüber hinaus lassen sie in einer auf die unternehmerische Selbständigkeit gegründeten Marktwirtschaft wichtige Rückschlüsse auf die Tragfähigkeit dieses gesellschaftspolitischen Organisationsprinzips bzw. auf gegebenenfalls sich hierfür abzeichnende Schwierigkeiten zu. Die in Verbindung mit Insolvenzen freigesetzten Arbeitskräfte sind eine sozialpolitisch relevante Größe.

Im übrigen wird auf den Beschluß des Bundesrates vom 15. Mai 1992, BR-Drucksache 206/92 (Beschluß) Nr. 43, verwiesen.

Anhang II 3

[im folgenden: BT-Drs. 12/3803, S. 132]

Anlage 3

Gegenäußerung der Bundesregierung zu der Stellungnahme des Bundesrates

Zu Nummer 1

Die Bundesregierung widerspricht der vorgeschlagenen Änderung aus den gleichen Gründen, aus denen sie der Stellungnahme des Bundesrates zu der Parallelvorschrift des § 148 Abs. 1 Satz 2 Entwurf einer Insolvenzordnung widersprochen hat (BT-Drucksache 12/2443, S. 265 f, zu Nummer 25).

Artikel 1 § 3 Abs. 1 des Entwurfs ermöglicht die Anfechtung von Rechtshandlungen, die schon bis zu zehn Jahre zurückliegen. Vor diesem Hintergrund muß das Interesse der Gläubiger an einer Verbesserung ihrer Zugriffsmöglichkeit besonders sorgfältig gegen den erforderlichen Schutz des Rechtsverkehrs abgewogen werden. Artikel 1 § 3 Abs. 1 des Entwurfs schafft bereits mit der Beweislastumkehr für die Kenntnis des anderen Teils eine wesentliche Erleichterung. Eine gesetzliche Vermutung auch noch für den Benachteiligungsvorsatz des Schuldners brächte die Gefahr eines Ungleichgewichts zu Lasten der Rechtssicherheit mit sich. Es sollte nach wie vor der gerichtlichen Praxis überlassen bleiben, im Einzelfall, gegebenenfalls anhand von Indizien, festzustellen, ob ein Benachteiligungsvorsatz des Schuldners vorlag.

Zu Nummer 2

Die Bundesregierung stimmt dem Vorschlag zu.

Zu Nummer 3

Die Bundesregierung hält das vom Bundesrat verfolgte Anliegen im Kern für begründet.

Die vom Bundesrat vorgeschlagene Zusammenfassung aller die Verwendung von Richtern auf Probe bei den Amtsgerichten eingrenzenden Normen in § 22 Abs. 5 GVG würde jedoch dazu führen, daß die bisherigen Normen, § 23 b Abs. 3 Satz 2 GVG und § 29 Abs. 1 Satz 2 GVG, aus ihrem sachlichen Zusammenhang herausgelöst würden. Dies sollte ebenso vermieden werden wie eine Fassung, die die vom Bundesrat aufgezeigte Gefahr eines Mißverständnisses in sich birgt.

Die Bundesregierung schlägt vor, dem Anliegen des Bundesrates durch folgende Neufassung von Artikel 12 Nr. 1 des Entwurfs Rechnung zu tragen:

1. § 22 wird wie folgt geändert:

   a) Absatz 5 wird wie folgt gefaßt:

   „(5) Es können Richter kraft Auftrags verwendet werden. Richter auf Probe können verwendet werden, soweit sich aus Absatz 6, § 23 b Abs. 3 Satz 2 oder § 29 Abs. 1 Satz 2 nicht anderes ergibt."

   b) Es wird folgender neuer Absatz 6 angefügt:

   „(6) Ein Richter auf Probe darf im ersten Jahr nach seiner Ernennung Geschäfte in Insolvenzsachen nicht wahrnehmen."

Zu Nummer 4

Die Bundesregierung hält eine Präzisierung der angesprochenen Art nicht für zweckmäßig.

Der Begriff des Vermögensverfalls wird schon jetzt in einer Reihe von Gesetzen verwendet (z. B. in § 7 Nr. 9 und § 14 Abs. 2 Nr. 8 BRAO, § 46 Abs. 2 Nr. 6 StBerG), und zwar zum Teil auch ohne eine nähere Erläuterung (§ 20 Abs. 3 Nr. 1, § 34 Abs. 2 WiPrO). Es ist nicht bekannt geworden, daß dies in der Praxis zu Anwendungsschwierigkeiten geführt hätte. Der Begriff ist umfassend und begegnet dadurch der Gefahr, daß einzelne Fallkonstellationen, bei denen Personen wegen ihrer wirtschaftlichen Situation als ungeeignet zur Ausübung des Schöffenamtes erscheinen, nicht erfaßt werden.

Zur weiteren Verdeutlichung des Begriffs wäre es zwar denkbar, in § 33 Nr. 5 GVG eine Vermutungsregelung einzufügen, wie sie unter anderem in Artikel 16 Nr. 1 Buchstabe a des Entwurfs für § 7 Nr. 9 BRAO vorgesehen ist. Eine solche Ergänzung zöge jedoch als Konsequenz die entsprechende Ergänzung der vorgeschlagenen gesetzlichen Regelungen für die ehrenamtlichen Richter bei den Arbeitsgerichten, bei den Sozialgerichten, bei den Verwaltungsgerichten und bei den Finanzgerichten nach sich (vgl. Artikel 23 Buchstabe b, Artikel 24 Buchstabe b, Artikel 25 Buchstabe c, Artikel 26 Buchstabe c des Entwurfs). Insgesamt erscheint eine derartige Änderung zu schwerfällig.

Unter welchen besonderen Umständen es ausnahmsweise gerechtfertigt ist, auch eine in Vermögensverfall geratene Person zum Amt des Schöffen zuzulassen, entzieht sich einer Festlegung im Gesetz. Die Ausführungen in der Begründung des Gesetzentwurfs dürften der Praxis eine hinreichende Auslegungshilfe geben.

Zu Nummer 5

Die Bundesregierung widerspricht diesem Vorschlag.

Es ist ein wichtiges Anliegen des Entwurfs, der Eröffnung eines Insolvenzverfahrens den Charakter des Makels zu nehmen. Das neue Insolvenzverfahren ist ausschließlich vermögensrechtlich ausgerichtet und beeinträchtigt nicht die Ehre des Schuldners. Dieser [**im folgenden: BT-Drs. 12/3803, S. 133**] Zielsetzung widerspräche es, mit der Eröffnung eines Insolvenzverfahrens den Ausschluß des Schuldners vom Ehrenamt des Handelsrichters zu verbinden.

Die Anknüpfung des Gesetzentwurfs an den Vermögensverfall gewährleistet besser als die vom Bundesrat vorgeschlagene Aufzählung von Einzelfällen, daß Personen, bei denen der für das Amt des Handelsrichters erforderliche wirtschaftliche Sachverstand nicht angenommen werden kann, von diesem Amt ferngehalten werden. Nicht nur in den Fällen des anhängigen Insolvenzverfahrens und der Eintragung im Schuldnerverzeichnis, sondern zum Beispiel auch nach der Einstellung eines Insolvenzverfahrens mangels Masse ist offensichtlich Vermögensverfall gegeben und damit ein Ausschluß vom Amt des Handelsrichters möglich.

Auf der anderen Seite sind auch beim ehrenamtlichen Richter an der Kammer für Handelssachen Fälle denkbar, in denen – wie bisher in den Fällen des Vergleichsverfahrens – die Eröffnung eines Insolvenzverfahrens nicht zum Ausschluß des Schuldners von diesem Amt führen muß. Dies wird durch die Ausgestaltung der Regelung als Soll-Vorschrift berücksichtigt.

Die Begründung des Bundesrates zu seinem Änderungsvorschlag enthält jedoch einen Hinweis, den die Bundesregierung aufgreift. Um Unklarheiten zu vermeiden, sollte § 113 GVG der in Artikel 12 Nr. 4 des Entwurfs vorgesehenen Änderung von § 109 GVG durch folgende Regelung angepaßt werden:

In Artikel 12 ist nach der Nummer 4 folgende Nummer 4a anzufügen:

4a. § 113 wird wie folgt geändert:

a) Nach Absatz 1 wird folgender neuer Absatz 2 eingefügt:

„(2) Ein ehrenamtlicher Richter soll seines Amtes enthoben werden, wenn Umstände eintreten oder bekannt werden, bei deren Vorhandensein eine Ernennung nach § 109 Abs. 3 Satz 2 nicht erfolgen soll."

b) Die bisherigen Absätze 2 und 3 werden neue Absätze 3 und 4.

Zu Nummer 6

Die Bundesregierung hält das vom Bundesrat verfolgte Anliegen, den allgemeinen Gerichtsstand am Wohnsitz des Insolvenzverwalters für Klagen, die sich auf die Insolvenzmasse beziehen, auszuschließen, im Kern für berechtigt.

Die vom Bundesrat vorgeschlagene Ergänzung fügt sich jedoch nicht in das bestehende System der Gerichtsstände ein. Die Zivilprozeßordnung kennt allgemeine, besondere und ausschließliche Gerichtsstände. Einen besonderen Gerichtsstand, der – anders als die ausschließlichen – andere besondere Gerichtsstände zur Wahl bestehen läßt und nur den allgemeinen Gerichtsstand ausschließt, kennt die Zivilprozeßordnung hingegen nicht. Soll für Klagen, die sich formell gegen den Insolvenzverwalter richten, materiell aber auf die Insolvenzmasse beziehen, ein Gerichtsstand begründet werden, der den allgemeinen Gerichtsstand des Insolvenzverwalters ausschließt, die besonderen Gerichtsstände aber bestehen läßt, so ist dieser – neue – Gerichtsstand als allgemeiner Gerichtsstand zu fassen. Entsprechend ist auch der Standort der neuen Regelung zu ändern.

Die Bundesregierung schlägt vor, dem Anliegen des Bundesrates durch folgende Neufassung von Artikel 18 Nr. 1 des Entwurfs Rechnung zu tragen:

1. Nach § 19 wird folgender § 19a eingefügt:

§ 19a

Der allgemeine Gerichtsstand eines Insolvenzverwalters für Klagen, die sich auf die Insolvenzmasse beziehen, wird durch den Sitz des Insolvenzgerichts bestimmt.

Zu Nummer 7

Die Bundesregierung widerspricht diesem Vorschlag.

Sie hält die Eigenverwaltung ohne Sachwalter bei Kleinverfahren aus den Gründen, die in der Gegenäußerung zur Stellungnahme des Bundesrates zum Entwurf einer Insolvenzordnung wiedergegeben sind, für erforderlich (BT-Drucksache 12/2443, Anlage 3, S. 268, zu Nummer 39). Die Kostenregelung in dem vorgeschlagenen § 10 Abs. 1 Nr. 1a ZVG kann dementsprechend nicht wegfallen.

Zu Nummer 8

Die Bundesregierung stimmt diesem Vorschlag im Hinblick auf die mit dem Amtslöschungsverfahren des derzeit geltenden § 2 Abs. 1 Satz 2 des Löschungsgesetzes verbundene starke Belastung der Registergerichte zu. Als redaktionelle Folgeänderung sind im bisherigen Satz 3 des von der Bundesregierung vorgeschlagenen § 141a Abs. 1 die Worte „auch dann" zu streichen.

Zu Nummer 9

Die Bundesregierung schlägt vor, dem Anliegen des Bundesrates durch folgende Änderung Rechnung zu tragen:

In Artikel 22 Nr. 1 ist § 141a Abs. 3 wie folgt zu erfassen:

„(3) Die Absätze 1 und 2 finden entsprechende Anwendung auf offene Handelsgesellschaften und Kommanditgesellschaften, bei denen kein persönlich haftender Gesellschafter eine natürliche Person ist. Eine solche Gesellschaft kann jedoch nur gelöscht werden, wenn die zur Vermögenslosigkeit geforderten Voraussetzungen sowohl bei der Gesellschaft als auch bei den persönlich haftenden Gesellschaftern [im folgenden: BT-Drs. 12/3803, S. 134] vorliegen. Die Sätze 1 und 2 gelten nicht, wenn zu den persönlich haftenden Gesellschaftern eine andere offene Handelsgesellschaft oder Kommanditgesellschaft gehört, bei der ein persönlich haftender Gesellschafter eine natürliche Person ist."

Zu Nummer 10

Die Bundesregierung stimmt dem Vorschlag zu.

Zu Nummer 11

Die Bundesregierung stimmt dem Vorschlag zu.

Zu Nummer 12

Die Bundesregierung stimmt dem Vorschlag zu.

Zu Nummer 13

Die Bundesregierung stimmt dem Vorschlag zu.

Zu Nummer 14

Die Bundesregierung hält diesen Vorschlag nicht für geeignet, das mit ihm verfolgte Anliegen zu verwirklichen.

Die Regelung in Artikel 232 § 5 Abs. 2 EGBGB, durch die § 613a BGB für die Betriebsveräußerung im Gesamtvollstreckungsverfahren zeitweise ausgesetzt wird, läuft bereits am 31. Dezember 1992 aus. Zu diesem Zeitpunkt wird die Insolvenzrechtsreform auch nach den Vorstellungen des Bundesrates noch nicht in Kraft treten (vgl. Nummer 36 der Stellungnahme des Bundesrates). Die vom Bundesrat gewünschte Verlängerung müßte daher durch ein anderes Gesetz vorgenommen werden, das spätestens am 1. Januar 1993 in Kraft tritt, um die zeitliche Lücke bis zum Inkrafttreten der Insolvenzrechtsreform zu schließen.

Für die Verlängerung der Aussetzung des § 613a BGB über den Zeitpunkt des Inkrafttretens der Insolvenzrechtsreform hinaus sieht die Bundesregierung keine Veranlassung. Der Entwurf der Insolvenzordnung enthält verfahrensrechtliche Regelungen zur zügigen Klärung von Streitigkeiten über den Fortbestand von Arbeitsverhältnissen und beseitigt damit ohne einen Eingriff in § 613a BGB weitgehend die Hindernisse, die der Bestandsschutz der Arbeitsverhältnisse bisher für übertragende Sanierungen verursacht.

Zu Nummer 15

Die Bundesregierung hält die erwogene Ergänzung für zweckmäßig.

Zu Nummer 16

Die Bundesregierung hält daran fest, daß § 419 BGB vollständig aufgehoben werden sollte.

Wie in der Begründung des Gesetzentwurfs ausgeführt wird, ist die Vorschrift ein Hindernis für übertragende Sanierungen im Vorfeld von Insolvenzverfahren. Sie führt im Grundstücksverkehr zu Unsicherheiten.

Für den Schutz der Gläubiger ist § 419 BGB nicht mehr erforderlich, wenn das Anfechtungsrecht entsprechend den Vorschlägen der Bundesregierung verschärft wird. Das gilt auch für die vom Bundesrat angesprochenen (teilweise) unentgeltlichen Vermögensübernahmen.

Bei vollständiger Unentgeltlichkeit der Vermögensübertragung ist die Anfechtung nach § 4 Abs. 1 der Neufassung des Anfechtungsgesetzes (Artikel 1 des vorliegenden Gesetzentwurfs) und, im Falle der Eröffnung eines Insolvenzverfahrens, nach § 149 Abs. 1 des Entwurfs einer Insolvenzordnung für einen vier Jahre langen Zeitraum möglich, ohne daß subjektive Erfordernisse aufgestellt werden. Dadurch sind die Gläubigerinteressen ausreichend gewahrt. Diese Auffassung wird offenbar auch vom Bundesrat geteilt.

Bei teilweise unentgeltlichen Vermögensübertragungen wird danach zu unterscheiden sein, ob die Vertragspartner sich der Wertdifferenz bewußt sind und wollen, daß die Vermögensübertragung teilweise unentgeltlich erbracht wird; dann dürfte eine gemischte Schenkung vorliegen, deren unentgeltlicher Teil nach den Vorschriften für unentgeltliche Leistungen angefochten werden kann (Jaeger/Henckel, Konkursordnung, 9. Aufl., § 32 Rn. 20 f.). Fehlt es an diesem Willen, so kommen die Vorschriften über die Anfechtung nachteiliger Rechtsgeschäfte (§ 147 Abs. 1 des Entwurfs der Insolvenzordnung) und über die Anfechtung wegen vorsätzlicher Benachteiligung (§ 3 der Neufassung des Anfechtungsgesetzes, § 148 des Entwurfs der Insolvenzordnung) zum Tragen. Es trifft zu, daß die Anfechtung nach diesen Vorschriften voraussetzt, daß subjektive Voraussetzungen in der Person des Anfechtungsgegners vorliegen: Im Falle des § 147 des Entwurfs der Insolvenzordnung muß Kenntnis oder grobfahrlässige Unkenntnis von der Zahlungsunfähigkeit oder dem Eröffnungsantrag festgestellt werden können, im Falle der Anfechtung wegen vorsätzlicher Benachteiligung Kenntnis vom Benachteiligungsvorsatz, die allerdings bei Kenntnis von der Zahlungsunfähigkeit des Schuldners und der Benachteiligung der Gläubiger vermutet wird. Diese Voraussetzungen erscheinen jedoch erforderlich, um die Sicherheit des Rechtsverkehrs nicht zu gefährden. Dies gilt auch für den bisher vom § 419 BGB erfaßten Fall, daß Gegenstände übertragen werden, die das gesamte oder nahezu das gesamte Vermögen des Veräußerers bilden. Wer ohne die genannten subjek- [im folgenden: BT-Drs. 12/3803, S. 135]tiven Voraussetzungen ein Unternehmen übernimmt oder ein Grundstück erwirbt, muß davor geschützt sein, daß er nachträglich wegen einer Abweichung zwischen den Werten von Leistung und Gegenleistung für Schulden des Veräußerers haftbar gemacht wird; dieser Schutz erscheint auch dann erforderlich, wenn der Erwerber wußte, daß das Unternehmen oder das Grundstück das gesamte Vermögen des Veräußerers bildeten.

Zu Nummer 17

Die Bundesregierung hält daran fest, daß durch einen neuen § 455 Abs. 2 BGB der sogenannte Konzernvorbehalt für unwirksam erklärt werden sollte.

Der Schutz der Warenkreditgläubiger wird durch die Möglichkeit des einfachen Eigentumsvorbehalts, der im Insolvenzverfahren wie nach bisherigem Konkursrecht zur Aussonderung berechtigen soll, und durch die vom Entwurf einer Insolvenzordnung als Absonderungsrechte anerkannten Formen des verlängerten und erweiterten Eigentumsvorbehalts ausreichend gewährleistet. Der Konzernvorbehalt bedeutet, wie in der Begründung zu Artikel 31 Nr. 17 des Entwurfs näher ausgeführt wird, eine übermäßige Benachteiligung des Käufers und seiner sonstigen Gläubiger. Die Bundesregierung hat auch nicht feststellen können, daß die Rechtsprechung „diese Vereinbarung in der überwiegenden Zahl der möglichen Gestaltungen für wirksam" hält; höchstrichterliche Rechtsprechung liegt – soweit ersichtlich – bisher nicht vor.

Zu Nummer 18

Die Erklärung der Auflassung in einem Insolvenzplan läßt sich mit der Bedingungsfeindlichkeit der Auflassung nach § 925 Abs. 2 BGB vereinbaren.

Bei der gerichtlichen Bestätigung des Insolvenzplans handelt es sich, wie der Bundesrat in seiner Begründung zu dieser Prüfbitte selbst ausführt, um eine Rechtsbedingung, die der Wirksamkeit der Auflassung nicht entgegensteht. Die Annahme des Insolvenzplans durch die erforderlichen Gläubigermehrheiten ist lediglich eine Voraussetzung für die gerichtliche Bestätigung.

Die in § 296 des Entwurfs der Insolvenzordnung genannten aufschiebenden Bedingungen müssen bei der gerichtlichen Bestätigung des Insolvenzplans bereits eingetreten sein, so daß sich auch insoweit keine Schwierigkeiten ergeben.

Die Möglichkeit, in einen Insolvenzplan eine auflösende Bedingung aufzunehmen, ist im Gesetzentwurf nicht vorgesehen. Dafür besteht auch kein Bedürfnis, da das Wiederaufleben von im Plan erlassenen Teilforderungen bei Nichterfüllung des Plans § 302 des Entwurfs der Insolvenzordnung besonders geregelt ist.

Ob es zulässig wäre, einen Insolvenzplan mit einer von § 296 des Entwurfs der Insolvenzordnung nicht erfaßten aufschiebenden Bedingung oder mit einer auflösenden Bedingung zu versehen, kann offen bleiben. Würde in einem solchen bedingten Plan eine Auflassung erklärt, so wäre diese gemäß § 925 Abs. 2 BGB unwirksam. Es träte die Rechtsfolge ein, die auch dann eintritt, wenn in einer vor einem Notar oder in einem Prozeßvergleich erklärten Auflassung eine Bedingung enthalten ist.

Die Bundesregierung sieht sich aber durch die Prüfbitte des Bundesrates veranlaßt vorzuschlagen, in Artikel 31 die Nummer 26 wie folgt zu fassen:

26. In § 925 Abs. 1 Satz 3 werden nach den Worten „in einem gerichtlichen Vergleich" die Worte „oder in einem rechtskräftig bestätigten Insolvenzplan" eingefügt.

Die vorgeschlagene Ergänzung verdeutlicht, daß die Erklärung der Auflassung in einem Insolvenzplan erst durch die rechtskräftige Bestätigung des Plans wirksam wird und stellt zugleich eine inhaltliche und sprachliche Parallelität zu der Fassung von § 301 des Entwurfs einer Insolvenzordnung her.

Den Erwägungen des Bundesrates ist darüber hinaus in folgendem Teilbereich zuzustimmen: Den am Insolvenzverfahren Beteiligten sollte auch die Möglichkeit offen stehen, in einen Insolvenzplan lediglich die schuldrechtlichen Verpflichtungserklärungen aufzunehmen, die der Änderung sachenrechtlicher Verhältnisse zugrunde liegen. Auch diese schuldrechtlichen Erklärungen sollten, wenn sie in den Plan aufgenommen worden sind, wie die in § 301 Abs. 1 Satz 2 des Entwurfs einer Insolvenzordnung genannten sachenrechtlichen Erklärungen in der vorgeschriebenen Form als abgegeben gelten. Insbesondere sollte, wenn in einen Insolvenzplan die Verpflichtung zur Veräußerung eines Grundstücks und die entsprechende Erwerbsverpflichtung aufgenommen worden sind, die Form des § 313 Satz 1 BGB mit der rechtskräftigen Bestätigung des Plans als beachtet gelten.

Die Bundesregierung hält im Zusammenhang des § 301 des Entwurfs der Insolvenzordnung noch eine weitere Ergänzung für zweckmäßig: Es sollte zum Ausdruck gebracht werden, daß auch die Übertragung des Geschäftsanteils einer Gesellschaft mit beschränkter Haftung und die Verpflichtung zu einer solchen Übertragung formwirksam in einem Insolvenzplan vorgenommen werden können. Für die Übertragung von Geschäftsanteilen im Rahmen eines Insolvenzplans wird bei der Reorganisation einer insolventen Gesellschaft nicht selten ein Bedürfnis bestehen. Für die Einschränkung der Fungibilität von Geschäftsanteilen durch die in § 15 Abs. 3 und 4 GmbH-Gesetz vorgesehene besondere Form besteht bei Übertragungsgeschäften im Rahmen eines Insolvenzplans kein Bedürfnis. Die bisherige Formulierung des § 301 Abs. 1 Satz 2 des Entwurfs der Insolvenzordnung erfaßt zwar die Verpfändung eines Geschäftsanteils, nicht aber dessen Abtretung.

Diese Anliegen können dadurch verwirklicht werden, daß § 301 Abs. 1 Satz 2 des Entwurfs der Insolvenzordnung wie folgt gefaßt wird:

„Soweit Rechte an Gegenständen begründet, geändert, übertragen oder aufgehoben oder Geschäftsanteile einer Gesellschaft mit beschränkter Haftung abgetreten werden sollen, gelten die in den Plan [im folgenden: BT-Drs. 12/3803, S. 136] aufgenommenen Willenserklärungen der Beteiligten als in der vorgeschriebenen Form abgegeben; Entsprechendes gilt für die in den Plan aufgenommenen Verpflichtungserklärungen, die einer Begründung, Änderung, Übertragung oder Aufhebung von Rechten an Gegenständen oder einer Abtretung von Geschäftsanteilen zugrunde liegen."

Zu Nummer 19

In der Tat läßt der bisherige Text der im Entwurf vorgesehenen Neufassung des § 141 Abs. 2 HGB offen, wie die Fälle zu behandeln sind, in denen im Insolvenzverfahren die Eigenverwaltung unter Aufsicht eines Sachwalters (§ 331 des Entwurfs einer Insolvenzordnung) oder auch die Eigenverwaltung ohne Sachwalter (§ 347 des Entwurfs einer Insolvenzordnung) angeordnet ist. Um diese Lücke zu schließen, schlägt die Bundesregierung vor, Artikel 38 Nr. 8 des Entwurfs wie folgt zu fassen:

8. § 141 Abs. 2 wird wie folgt gefaßt:

„(2) Diese Vorschriften finden im Falle der Eröffnung eines Insolvenzverfahrens über das Vermögen eines Gesellschafters mit der Maßgabe Anwendung, daß die Erklärung gegenüber dem Insolvenzverwalter oder, wenn Eigenverwaltung angeordnet ist, gegenüber dem Schuldner zu erfolgen hat und daß der Schuldner mit dem Zeitpunkt der Eröffnung des Insolvenzverfahrens als aus der Gesellschaft ausgeschieden gilt."

In entsprechender Weise sollte dann auch Artikel 38 Nr. 12 Buchstabe b des Entwurfs gefaßt werden, der § 145 Abs. 2 HGB betrifft:

b) Absatz 2 wird wie folgt gefaßt:

„(2) Ist die Gesellschaft durch Kündigung des Gläubigers eines Gesellschafters oder durch die Eröffnung des Insolvenzverfahrens über das Vermögen eines Gesellschafters aufgelöst, so kann die Liquidation nur mit Zustimmung des Gläubigers oder des Insolvenzverwalters unterbleiben; ist im Insolvenzverfahren Eigenverwaltung angeordnet, so tritt an die Stelle der Zustimmung des Insolvenzverwalters die Zustimmung des Schuldners."

Zu Nummer 20

Die Bundesregierung hält daran fest, daß § 370 HGB aufgehoben werden sollte.

Die Aufhebung dieser Norm entspricht dem Ziel der Insolvenzrechtsreform, nicht gerechtfertigte Vorzugsstellungen abzubauen.

Das kaufmännische Zurückbehaltungsrecht setzt nach § 369 HGB voraus, daß die Forderung, für die es ausgeübt werden soll, bereits fällig ist. Auf diese Voraussetzung kommt es nach § 370 Abs. 1 HGB unter anderem dann nicht an, wenn das Konkursverfahren über das Vermögen des Schuldners eröffnet ist. Insoweit ist die Regelung systemwidrig: Die Eröffnung eines Insolvenzverfahrens soll der Durchsetzung der bestehenden Gläubigerrechte dienen, aber nicht neue, vorher nicht bestehende Gläubigerrechte zum Entstehen bringen.

Der Gläubiger, dessen Forderung nicht fällig ist und der daher nach der allgemeinen Vorschrift des § 369 HGB kein Zurückbehaltungsrecht an Sachen hat, die sich in seinem Besitz befinden und dem Schuldner gehören, muß sich auch nach geltendem Recht darauf einstellen, daß er bei Zahlungsschwierigkeiten des Schuldners keine gesicherte Position hat; er kann nicht darauf vertrauen, daß vor der Rückforderung der Sachen eines der in § 370 Abs. 1 aufgeführten Ereignisse eintritt. Durch die Aufhebung des § 370 HGB wird also keine gesicherte Rechtsposition beseitigt, sondern es wird vermieden, daß bei Eröffnung eines Insolvenzverfahrens einige ungesicherte Gläubiger ohne einleuchtenden Grund als gesicherte Gläubiger behandelt und damit vor den anderen ungesicherten Gläubigern bevorzugt werden.

Zu Nummer 21

Die Bundesregierung stimmt dem Vorschlag zu.

Zu Nummer 22

Die Bundesregierung stimmt dem Vorschlag zu.

Zu Nummer 23

Die Bundesregierung stimmt dem Vorschlag zu.

Zu Nummer 24

Die Bundesregierung widerspricht diesem Änderungsvorschlag.

Eine Regelung, die – wie § 46 Abs. 2 Nr. 5 StBerG – an die Eröffnung des Insolvenzverfahrens zwingend den Ausschluß von bestimmten Berufen knüpft, widerspricht einer wichtigen Zielsetzung des Entwurfs. Wie oben zu Nummer 5 ausgeführt wird, ist das neue Insolvenzverfahren ausschließlich vermögensrechtlich ausgerichtet; es beeinträchtigt nicht die Ehre des Schuldners.

Die Interessen der Steuerpflichtigen werden durch die in Artikel 63 des Entwurfs vorgesehene Fassung des § 46 Abs. 2 Nr. 5 StBerG angemessen und ausreichend berücksichtigt. Die vorgeschlagene Vorschrift ermöglicht eine einzelfallbezogene und gerechte Abwägung der Interessen der Steuerpflichtigen einerseits und der Belange des betroffenen Steuerberaters oder Steuerbevollmächtigten andererseits.

Im übrigen sind die in Artikel 63 des Entwurfs enthaltenen Änderungen parallel zu den Änderungen der Bundesnotarordnung, der Bundesrechtsanwaltsordnung, der Patentanwaltsordnung und der Wirtschaftsprüferordnung formuliert (vgl. die Artikel 15, 16, 55 und 73 des Entwurfs).

[im folgenden: BT-Drs. 12/3803, S. 137]

Zu Nummer 25

Die Bundesregierung widerspricht diesem Vorschlag.

Ein Bedürfnis für die vorgeschlagene Privilegierung der Handwerksinnungen gegenüber anderen juristischen Personen, auch des öffentlichen Rechts, ist nicht ersichtlich. Liegt der in der Begründung zu diesem Vorschlag angesprochene Fall ,,vorübergehender Illiquidität" vor, ,,die jedoch regelmäßig zu beheben sein wird", dürfte Zahlungsunfähigkeit im Sinne von § 21 des Entwurfs einer Insolvenzordnung regelmäßig nicht gegeben sein. Ein Schuldner, dem in einem bestimmten Zeitpunkt liquide Mittel fehlen – etwa weil Beiträge, zu deren Zahlung die Mitglieder der Handwerksinnungen verpflichtet sind, nicht eingegangen sind –, der sich die Liquidität aber kurzfristig wieder beschaffen kann – z. B. durch einen Bankkredit –, ist im Sinne von § 21 des Entwurfs einer Insolvenzordnung in der Lage, die fälligen Zahlungsverpflichtungen zu erfüllen (vgl. auch BT-Drucksache 12/2443 S. 114, Begründung zu §§ 20 und 21 des Entwurfs einer Insolvenzordnung).

Liegt eine nur vorübergehende Zahlungsstockung nicht vor, sondern Zahlungsunfähigkeit, so besteht im Interesse der Gläubiger das Bedürfnis, dem Vorstand der Handwerksinnung die Pflicht zur Insolvenzantragstellung aufzuerlegen.

Zu Nummer 26

Die Bundesregierung stimmt dem Vorschlag zu.

Zu Nummer 27

Die Bundesregierung stimmt dem Vorschlag zu.

Zu Nummer 28

Die Bundesregierung widerspricht diesem Vorschlag.

Die Abfindungsmöglichkeiten, welche § 3 BetrAVG in seiner bisherigen Fassung wie auch nach dem vorliegenden Entwurf vorsieht, beziehen sich ausschließlich auf gesetzlich unverfallbare Anwartschaften.

Zusätzlich geschaffen wird deshalb durch Satz 4 der Neuregelung nur die Abfindungsmöglichkeit für während des Insolvenzverfahrens erworbene gesetzlich unverfallbare Anwartschaftsteile. Auch bei einer länger andauernden Insolvenzabwicklung entstehen nur geringe zusätzliche Ansprüche. Von daher kann es – neben dem Grundanliegen der Reform des Insolvenzrechts, die Befriedigung aller Ansprüche abschließend zu ermöglichen – auch und gerade im Interesse der Arbeitnehmer liegen, bei fehlendem Insolvenzschutz eine Abfindung zu erhalten.

Eine zeitliche Begrenzung auf ein Jahr ändert den derzeitigen unbefriedigenden Zustand nicht ausreichend, da viele Insolvenzverfahren nicht innerhalb eines Jahres abgewickelt werden können. Die Einschätzung des Bundesrates, daß eine wertmäßige Begrenzung gleichfalls keine Lösung ist, wird geteilt.

Eine Lösung ist auch nicht der Vorschlag, die Versorgungsverpflichtung auf einen Dritten zu übertragen. Dies könnte lediglich nach § 4 BetrAVG geschehen, doch stehen dem zwei praktische Hindernisse entgegen, nämlich

— es muß zunächst für den beim Insolvenzverwalter ausscheidenden Arbeitnehmer ein neuer Arbeitgeber gefunden werden und

— der neue Arbeitgeber muß mit der Übertragung der Anwartschaft einverstanden sein.

Somit stünde dem Insolvenzverwalter weiterhin lediglich der Weg des Erwerbs einer Direktversicherung zugunsten der Versorgungsberechtigten offen, der aber insbesondere aus steuerlichen Gründen sehr finanzierungsaufwendig ist und von daher kaum beschritten werden kann.

Diese Schwierigkeiten, die auch jetzt schon nach geltendem Recht bestehen, will der vorliegende Entwurf beheben.

Zu Nummer 29

Die Bundesregierung widerspricht diesen Vorschlägen.

Zu Buchstabe a

Die Einfügung des Satzes 3 beinhaltet entgegen der Auffassung des Bundesrates eine arbeitnehmerfreundliche Regelung. Denn ein Verzug bei der Erbringung der Leistungen setzt Fälligkeit und Verschulden voraus. An letzterem wird es regelmäßig fehlen, weil die Insolvenzverwalter die für die Leistungsberechnung erforderlichen Angaben häufig erst sehr spät erstellen (können), so daß der Pensions-Sicherungs-Verein (PSV) den Leistungsfall vorher nicht berechnen kann. Durch die Verweisung auf § 11 des Versicherungsvertragsgesetzes erhält der PSV die Möglichkeit, in diesen Fällen zumindest Vorschüsse zu gewähren. Da es sich bei dem Pensions-Sicherungs-Verein um eine Versicherung handelt, erscheint die Verweisung auf das Versicherungsvertragsgesetz sachgerecht.

Zu Buchstaben b und c

Die Bundesregierung hält daran fest, daß der Sicherungsfall der ,,wirtschaftlichen Notlage" aufzuheben ist.

Für die Beibehaltung des Sicherungsfalls ,,wirtschaftliche Notlage" besteht gerade im Hinblick auf das neue Insolvenzverfahren kein schutzwürdiger Bedarf.

[im folgenden: BT-Drs. 12/3803, S. 138]

Das neue Insolvenzverfahren wird frühzeitiger eröffnet werden als das bisherige Konkursverfahren, unter anderem weil Eröffnungsgrund für den Fall des Schuldnerantrags bereits auch eine drohende Zahlungsunfähigkeit ist und weil die Voraussetzungen für die Deckung der Verfahrenskosten durch die Insolvenzmasse herabgesetzt werden. Insofern bleibt für einen Widerruf wegen wirtschaftlicher Notlage aus systematischen Gründen noch weniger Raum als bisher. Außerdem kommt dem Sicherungsfall der wirtschaftlichen Notlage auch schon nach bisher geltendem Recht in der Praxis offensichtlich nur geringe Bedeutung zu.

Es kann auch nicht davon ausgegangen werden, daß mit der Streichung des Sicherungsfalls „wirtschaftliche Notlage" der Rechtszustand, wie er vor dem Inkrafttreten des Gesetzes zur Verbesserung der betrieblichen Altersversorgung (BetrAVG) bestand, unverändert wieder auflebt. Denn die Rechtsprechung hat die Anforderungen an einen Widerruf insolvenzgeschützter laufender Leistungen und Anwartschaften (unantastbarer Besitzstand) weiter präzisiert und weiterentwickelt. Nach dieser insoweit fortgeltenden Rechtsprechung ist kaum ein Anwendungsfall vorstellbar, der – soweit der Fall „wirtschaftliche Notlage" positiv anzuerkennen ist – unter Zugrundelegung dieser Rechtsprechung nicht zugleich in einem außergerichtlichen Vergleich (Sicherungsfall nach § 7 Abs. 1 Satz 3 Nr. 3 – künftig Satz 4 Nr. 2 – BetrAVG) einmündet.

Zu Nummer 30

Die Bundesregierung widerspricht diesem Vorschlag.

Eine schlechte Wirtschaftslage eines Unternehmers, die in ein Insolvenzverfahren einmündet, ist nicht das Ergebnis kurzfristiger Entwicklungen, sondern in der Regel längerfristig angelegt. Es ist deshalb ein berechtigtes Anliegen, daß bei der auf der Solidarleistung aller Arbeitgeber beruhenden Insolvenzsicherung die Haftung begrenzt wird, wenn trotz schlechter Wirtschaftslage Versorgungszusagen eine Verbesserung erfahren. Dabei ist dem Bundesrat zuzustimmen, daß es sich dabei nur um neue, zusätzlich begründete Verbesserungen handeln kann und nicht um solche, die ihren Rechtsgrund aus früherer vor diesem Zeitraum herleiten. Denn Ziel der Regelung ist nur, die mißbräuchliche Inanspruchnahme von Solidarleistungen auszuschließen.

Zu Nummer 31

Die Bundesregierung widerspricht diesem Vorschlag.

Eine Erweiterung des Zeitraums, für den Anspruch auf Insolvenzausfallgeld besteht, von drei auf sechs Monate ist nicht erforderlich. Lohnrückstände für mehr als drei Monate sind selten von Bedeutung. Wegen der großen Zahl der Fälle, in denen nach dem bisherigen Rechtszustand ein Konkursverfahren mangels Masse nicht eröffnet wird, fallen die Arbeitnehmer mit derartigen Lohnrückständen gegenwärtig meist ganz aus. Es ist zu erwarten, daß künftig auch ältere Lohnrückstände häufiger als bisher ganz oder teilweise erfüllt werden.

Zu Nummer 32

Die Bundesregierung widerspricht diesem Vorschlag.

Auch regionale Körperschaften können die Sanierung von Unternehmen, an denen sie beteiligt sind, mit eigenen Mitteln versuchen. Ihre Stellung und Interessenlage unterscheidet sie insoweit nicht wesentlich von anderen Mitinhabern des Unternehmens. Eine Notwendigkeit, regionalen Körperschaften die Sanierung von Unternehmen, an denen sie beteiligt sind, durch Vorfinanzierung des Insolvenzausfallgeldes und damit letztlich aus der Insolvenzausfallgeld-Umlage zu ermöglichen, besteht nicht.

Zu Nummer 33

Die Bundesregierung widerspricht diesem Vorschlag.

Es trifft nicht zu, daß die im Gesetzentwurf vorgesehene Fiktion der Zustimmung unangemessen in die Rechtsstellung der Schwerbehinderten eingreift; die Regelung stellt vielmehr einen angemessenen Interessenausgleich her zwischen dem Bedürfnis, im Insolvenzverfahren Betriebsveräußerungen zügig durchzuführen, und der Sicherung des Rechtsschutzes von Arbeitnehmern gegen ungerechtfertigte Kündigungen. Im übrigen kommt es nur ganz ausnahmsweise zur Fiktion der Zustimmung, nämlich dann, wenn die Hauptfürsorgestelle pflichtwidrig nicht entscheidet.

Zu Nummer 34

Die Bundesregierung widerspricht diesem Vorschlag.

Es ist nicht richtig, daß die im Entwurf vorgesehene Regelung durch ihre Ausgestaltung als Soll-Vorschrift der Hauptfürsorgestelle obliegende Wahrnehmung des Schwerbehindertenschutzes auf die betriebliche Ebene verlagert. Die Entscheidung bleibt vielmehr bei der Hauptfürsorgestelle, wobei allerdings der innerbetriebliche Entscheidungsprozeß Vorrang erhält. Die Beteiligung der Schwerbehindertenvertretung ist nur eine von vier kumulativen Voraussetzungen, von denen die Entscheidung der Hauptfürsorgestelle abhängt. Diese Regelung ist auch gerechtfertigt, da im Insolvenzverfahren ein besonderes Bedürfnis dafür besteht, daß Betriebsänderungen zügig durchgeführt werden können.

[im folgenden: BT-Drs. 12/3803, S. 139]

Zu Nummer 35

Die Bundesregierung widerspricht diesem Vorschlag.

§ 74 des Entwurfs einer Insolvenzordnung berücksichtigt den Erfolg als Faktor für die Berechnung der Verwaltervergütung in angemessener Weise. Anders als der Referentenentwurf sieht § 74 des genannten Regierungsentwurfs als Bemessungsgrundlage für die Berechnung der Verwaltervergütung den Wert der Insolvenzmasse zur Zeit der Beendigung des Insolvenzverfahrens vor. Dieser Wert ist aber um so höher, je erfolgreicher der Insolvenzverwalter arbeitet. Darüber hinaus bestimmt § 74 des Entwurfs einer Insolvenzordnung ausdrücklich, daß dem Umfang und der Schwierigkeit der Geschäftsführung des Verwalters durch Abweichungen vom Regelsatz Rechnung getragen wird. Damit bietet er die vom Bundesrat zu Recht für erforderlich gehaltenen „Anreize für eine engagierte Arbeit, insbesondere im Hinblick auf die Sanierung von Unternehmen".

Weitergehende Regelungen erscheinen auch im Hinblick auf die neuen Bundesländer nicht erforderlich. Soweit der Bundesregierung bekannt ist, bestehen dort schon bisher keine Schwierigkeiten, qualifizierte Insolvenzverwalter zu finden. Auch zahlreiche erfahrene Verwalter aus dem alten Bundesgebiet sind in den neuen Bundesländern tätig. Es ist daher kein Bedürfnis dafür ersichtlich, zusätzliche Anreize für eine Tätigkeit in den neuen Bundesländern zu schaffen.

Zu Nummer 36

Die Bundesregierung hält die vorgeschlagene Änderung für zweckmäßig.

Der in Artikel 115 Abs. 1 des Entwurfs vorgesehene Zeitraum von mindestens sechs Monaten dürfte zwar für die erforderliche Umstellung der Praxis ebenfalls angemessen und ausreichend sein. Mit der vorgeschlagenen Änderung könnte aber zugleich besonderen Umstellungsschwierigkeiten Rechnung getragen werden, die sich möglicherweise in den neuen Bundesländern im Zusammenhang mit dem Neuaufbau der Justiz ergeben.

Zu Nummer 37

Die Bundesregierung ist bereits mit der Prüfung befaßt, in welches Gesetz die auch von ihr für notwendig erachtete gesetzliche Regelung für eine Konkurs- und Vergleichsstatistik (Insolvenzstatistik) aufzunehmen ist.

Auf die Ausführungen in der Gegenäußerung der Bundesregierung zu der Stellungnahme des Bundesrates zu dem Regierungsentwurf eines Justizmitteilungsgesetzes wird Bezug genommen (BT-Drucksache 12/3199 S. 69, zu Nummer 43).

Kosten

Für Bund, Länder und Gemeinden sowie für die Wirtschaft ergeben sich aus der Gegenäußerung keine Kostenbelastungen. Bei den Vorschlägen des Bundesrates, denen die Bundesregierung zustimmt, handelt es sich im wesentlichen um redaktionelle Anpassungen oder Änderungen, die zu einem sinnvolleren Verfahrensablauf führen und sich allenfalls geringfügig kostenentlastend auswirken können. Letzteres gilt insbesondere für die zu Nummer 8 vorgesehene Zustimmung zu dem Vorschlag des Bundesrates, ein die Registergerichte stark belastendes Verfahren zu beseitigen.

Insofern ergeben sich auf Grund der übernommenen Vorschläge des Bundesrates auch keine preislichen Auswirkungen.

Anhang II 4

Deutscher Bundestag   **Drucksache 12/7303**
12. Wahlperiode   18.04.94

Beschlußempfehlung und Bericht
des Rechtsausschusses (6. Ausschuß)

zu dem Gesetzentwurf der Bundesregierung
– Drucksache 12/3803 –

Entwurf eines Einführungsgesetzes zur Insolvenzordnung (EGInsO)

A. Problem

Der Gesetzentwurf der Insolvenzordnung (Drucksache 12/2443) bedarf ergänzender Regelungen, die das bisherige Insolvenzrecht aufheben und alle übrigen Bundesgesetze mit Berührung zum Insolvenzrecht inhaltlich und redaktionell an die Insolvenzordnung anpassen. Weiter sind Übergangs- und Schlußvorschriften für das Inkrafttreten der Reform erforderlich.

B. Lösung

Die erforderlichen Anpassungen werden im Entwurf des Einführungsgesetzes in drei Teilen vorgenommen. Im Ersten Teil wird das Anfechtungsgesetz unter Berücksichtigung der Neuregelung der Insolvenzanfechtung neu gefaßt.

Im Zweiten Teil werden die geltenden insolvenzrechtlichen Normen aufgehoben und die Bundesgesetze mit Berührung zum Insolvenzrecht an die Reform angepaßt. Die wichtigsten Änderungen betreffen das Gerichtsverfassungsgesetz, das Rechtspflegergesetz, die Bundesrechtsanwaltsordnung, das Gesetz über die Zwangsversteigerung und die Zwangsverwaltung, die einschlägigen Kostengesetze, das Genossenschaftsgesetz, das Gesetz zur Verbesserung der betrieblichen Altersversorgung und das Arbeitsförderungsgesetz. Der Zweite Teil enthält ferner wichtige flankierende Maßnahmen zur Insolvenzrechtsreform, insbesondere die Beseitigung der zwingenden Haftung des Vermögensübernehmers nach § 419 BGB, die Beseitigung des sogenannten Konzernvorbehalts und die Einführung einer vereinfachten Kapitalherabsetzung zur Erleichterung der Umstrukturierung von Gesellschaften mit beschränkter Haftung im Rahmen von Sanierungsmaßnahmen. Darüber hinaus wurden in den Zweiten Teil Regelungen aufgenommen, die ohne unmittelbaren Zusammenhang mit der Reform die Registergerichte entlasten und mögliche Unklarheiten beseitigen sollen. Abweichend vom Regierungsentwurf beinhaltet die vom Ausschuß zur Annahme empfohlene Fassung des Gesetzentwurfs keine Anpassung oder Neugestaltung von bundesrechtlichen Vorschriften, die das Verwaltungsverfahren der Länder regeln. Auch wurde von der Anpassung der Gesetze über Steuern, deren Aufkommen ganz oder teilweise den Ländern zufließt, abgesehen.

In den Dritten Teil des Entwurfs des Einführungsgesetzes wurde eine knappe Regelung des Internationalen Insolvenzrechts eingefügt, die den letzten Teil des Regierungsentwurfs der Insolvenzordnung ersetzt. Die Übergangs- und Schlußvorschriften wurden um eine Vorschrift ergänzt, die die Restschuldbefreiung für Altfälle durch eine Abkürzung der siebenjährigen Wohlverhaltensperiode auf fünf Jahre erleichtert. Das Inkrafttreten der Insolvenzordnung wird auf den 1. Januar 1997 festgesetzt, wichtige Teile des Einführungsgesetzes, die flankierende Maßnahmen und Regelungen ohne unmittelbaren Zusammenhang mit der Reform enthalten, werden vorab in Kraft gesetzt.

Einstimmige Annahme des Gesetzentwurfs in erheblich veränderter Fassung.

C. Alternativen

Keine

D. Kosten

Zu den Kosten der Insolvenzrechtsreform wird auf die Beschlußempfehlung und den Bericht des Rechtsausschusses zum Gesetzentwurf einer Insolvenzordnung (Drucksache 12/7302) verwiesen.

Beschlußempfehlung

Der Bundestag wolle beschließen,
den Gesetzentwurf – Drucksache 12/3803 – in der aus der anliegenden Zusammenstellung ersichtlichen Fassung anzunehmen.

Bonn, den 13. April 1994

Der Rechtsausschuß

Horst Eylmann	**Hermann Bachmaier**	**Joachim Gres**	**Detlef Kleinert (Hannover)**
Vorsitzender	Dr. Eckhart Pick	Dr. Wolfgang Frhr. von Stetten	
	Berichterstatter		

Anhang II 5

[im folgenden: BT-Drs. 12/7303, S. 4]

Zusammenstellung

des Entwurfs eines Einführungsgesetzes zur Insolvenzordnung
– Drucksache 12/3803 –
mit den Beschlüssen des Rechtsausschusses (6. Ausschuß)

Entwurf	Beschlüsse des 6. Ausschusses
–	–
Der Bundestag hat *mit Zustimmung des Bundesrates* das folgende Gesetz beschlossen:	Der Bundestag hat das folgende Gesetz beschlossen:
Einführungsgesetz zur Insolvenzordnung	**Einführungsgesetz zur Insolvenzordnung**
ERSTER TEIL **Neufassung des Anfechtungsgesetzes**	**ERSTER TEIL** **Neufassung des Anfechtungsgesetzes**
Artikel 1 **Gesetz über die Anfechtung von Rechtshandlungen eines Schuldners außerhalb des Insolvenzverfahrens (Anfechtungsgesetz – AnfG)**	**Artikel 1** **Gesetz über die Anfechtung von Rechtshandlungen eines Schuldners außerhalb des Insolvenzverfahrens (Anfechtungsgesetz – AnfG)**
§ 1 *Grundsatz*	§ 1 unverändert
(1) Rechtshandlungen eines Schuldners, die seine Gläubiger benachteiligen, können außerhalb des Insolvenzverfahrens nach Maßgabe der folgenden Bestimmungen angefochten werden.	
(2) Eine Unterlassung steht einer Rechtshandlung gleich.	
§ 2 *Anfechtungsberechtigte*	§ 2 unverändert
Zur Anfechtung ist jeder Gläubiger berechtigt, der einen vollstreckbaren Schuldtitel erlangt hat und dessen Forderung fällig ist, wenn die Zwangsvollstreckung in das Vermögen des Schuldners nicht zu einer vollständigen Befriedigung des Gläubigers geführt hat oder wenn anzunehmen ist, daß sie nicht dazu führen würde.	
§ 3 *Vorsätzliche Benachteiligung*	§ 3 *Vorsätzliche Benachteiligung*
(1) Anfechtbar ist eine Rechtshandlung, die der Schuldner in den letzten zehn Jahren vor der Anfechtung mit dem Vorsatz, seine Gläubiger zu benachteiligen, vorgenommen hat, wenn der andere Teil zur Zeit der Handlung den Vorsatz des Schuldners kannte. Diese Kenntnis wird vermutet, wenn der andere Teil wußte, daß die Zahlungsunfähigkeit des Schuldners drohte und daß die Handlung die Gläubiger benachteiligte.	(1) unverändert

[im folgenden: BT-Drs. 12/7303, S. 5]

Entwurf	Beschlüsse des 6. Ausschusses
(2) Anfechtbar ist ein vom Schuldner mit einer nahestehenden Person (§§ 153 *bis* 155 der Insolvenzordnung) geschlossener entgeltlicher Vertrag, durch den seine Gläubiger unmittelbar benachteiligt werden. Die Anfechtung ist ausgeschlossen, wenn der Vertrag früher als zwei Jahre vor der Anfechtung geschlossen worden ist oder wenn dem anderen Teil zur Zeit des Vertragsschlusses ein Vorsatz des Schuldners, die Gläubiger zu benachteiligen, nicht bekannt war.	(2) Anfechtbar ist ein vom Schuldner mit einer nahestehenden Person (§ 153 der Insolvenzordnung) geschlossener entgeltlicher Vertrag, durch den seine Gläubiger unmittelbar benachteiligt werden. Die Anfechtung ist ausgeschlossen, wenn der Vertrag früher als zwei Jahre vor der Anfechtung geschlossen worden ist oder wenn dem anderen Teil zur Zeit des Vertragsschlusses ein Vorsatz des Schuldners, die Gläubiger zu benachteiligen, nicht bekannt war.

§ 4
Unentgeltliche Leistung

(1) Anfechtbar ist eine unentgeltliche Leistung des Schuldners, es sei denn, sie ist früher als vier Jahre vor der Anfechtung vorgenommen worden.

(2) Richtet sich die Leistung auf ein gebräuchliches Gelegenheitsgeschenk geringen Werts, so ist sie nicht anfechtbar.

§ 4
unverändert

§ 5
Rechtshandlungen des Erben

Hat der Erbe aus dem Nachlaß Pflichtteilsansprüche, Vermächtnisse oder Auflagen erfüllt, so kann ein Nachlaßgläubiger, der im Insolvenzverfahren über den Nachlaß dem Empfänger der Leistung im Rang vorgehen oder gleichstehen würde, die Leistung in gleicher Weise anfechten wie eine unentgeltliche Leistung des Erben.

§ 5
unverändert

§ 6
Kapitalsetzende Darlehen

Anfechtbar ist eine Rechtshandlung, die für die Forderung eines Gesellschafters auf Rückgewähr eines kapitalersetzenden Darlehens oder für eine gleichgestellte Forderung

1. Sicherung gewährt hat, wenn die Handlung in den letzten zehn Jahren vor der Anfechtung vorgenommen worden ist;
2. Befriedigung gewährt hat, wenn die Handlung im letzten Jahr vor der Anfechtung vorgenommen worden ist.

§ 6
unverändert

§ 7
Berechnung der Fristen

(1) Die in den §§ 3, 4 und 6 bestimmten Fristen sind von dem Zeitpunkt zurückzurechnen, in dem die Anfechtbarkeit gerichtlich geltend gemacht wird.

(2) Hat der Gläubiger, bevor er einen vollstreckbaren Schuldtitel erlangt hatte oder seine Forderung fällig war, dem Anfechtungsgegner seine Absicht, die Rechtshandlung anzufechten, schriftlich mitgeteilt, so wird die Frist vom Zeitpunkt des Zugangs der Mitteilung zurückgerechnet, wenn schon zu dieser Zeit der Schuldner un-

§ 7
unverändert

| Entwurf | Beschlüsse des 6. Ausschusses |

fähig war, den Gläubiger zu befriedigen, und wenn bis zum Ablauf von zwei Jahren seit diesem

[im folgenden: BT-Drs. 12/7303, S. 6]

Zeitpunkt die Anfechtbarkeit gerichtlich geltend gemacht wird.

(3) In die Fristen wird die Zeit nicht eingerechnet, während der Maßnahmen nach § 46 a Abs. 1 Satz 1 des Gesetzes über das Kreditwesen angeordnet waren.

| § 8 *Zeitpunkt der Vornahme einer Rechtshandlung* | § 8 unverändert |

(1) Eine Rechtshandlung gilt als in dem Zeitpunkt vorgenommen, in dem ihre rechtlichen Wirkungen eintreten.

(2) Ist für das Wirksamwerden eines Rechtsgeschäfts eine Eintragung im Grundbuch, im Schiffsregister, im Schiffsbauregister oder im Register für Pfandrechte an Luftfahrzeugen erforderlich, so gilt das Rechtsgeschäft als vorgenommen, sobald die übrigen Voraussetzungen für das Wirksamwerden erfüllt sind, die Willenserklärung des Schuldners für ihn bindend geworden ist und der andere Teil den Antrag auf Eintragung der Rechtsänderung gestellt hat. Ist der Antrag auf Eintragung einer Vormerkung zur Sicherung des Anspruchs auf die Rechtsänderung gestellt worden, so gilt Satz 1 mit der Maßgabe, daß dieser Antrag an die Stelle des Antrags auf Eintragung der Rechtsänderung tritt.

(3) Bei einer bedingten oder befristeten Rechtshandlung bleibt der Eintritt der Bedingung oder des Termins außer Betracht.

| § 9 *Anfechtung durch Einrede* | § 9 unverändert |

Die Anfechtbarkeit kann im Wege der Einrede geltend gemacht werden, bevor ein vollstreckbarer Schuldtitel für die Forderung erlangt ist; der Gläubiger hat diesen jedoch vor der Entscheidung binnen einer vom Gericht zu bestimmenden Frist beizubringen.

| § 10 *Vollstreckbarer Titel. Zwangsvollstreckung* | § 10 *Vollstreckbarer Titel* |

Die Anfechtung wird nicht dadurch ausgeschlossen, daß für die Rechtshandlung ein vollstreckbarer Schuldtitel erlangt oder daß die Handlung durch Zwangsvollstreckung erwirkt worden ist. *Zwangsvollstreckung im Sinne des Satzes 1 ist auch die Vollziehung eines Arrests oder einer einstweiligen Verfügung.*

Die Anfechtung wird nicht dadurch ausgeschlossen, daß für die Rechtshandlung ein vollstreckbarer Schuldtitel erlangt oder daß die Handlung durch Zwangsvollstreckung erwirkt worden ist.

Entwurf	Beschlüsse des 6. Ausschusses

§ 11 *Rechtsfolgen*	§ 11 unverändert

(1) Was durch die anfechtbare Rechtshandlung aus dem Vermögen des Schuldners veräußert, weggegeben oder aufgegeben ist, muß dem Gläubiger zur Verfügung gestellt werden, soweit es zu dessen Befriedigung erforderlich ist. Die Vorschriften über die Rechtsfolgen einer ungerechtfertigten Bereicherung, bei der dem Empfänger der Mangel des rechtlichen Grundes bekannt ist, gelten entsprechend.

[im folgenden: BT-Drs. 12/7303, S. 7]

(2) Der Empfänger einer unentgeltlichen Leistung hat diese nur zur Verfügung zu stellen, soweit er durch sie bereichert ist. Dies gilt nicht, sobald er weiß oder den Umständen nach wissen muß, daß die unentgeltliche Leistung die Gläubiger benachteiligt.

§ 12 *Ansprüche des Anfechtungsgegners*	§ 12 unverändert

Wegen der Erstattung einer Gegenleistung oder wegen eines Anspruchs, der infolge der Anfechtung wiederauflebt, kann sich der Anfechtungsgegner nur an den Schuldner halten.

§ 13 *Bestimmter Klageantrag*	§ 13 unverändert

Wird der Anfechtungsanspruch im Wege der Klage geltend gemacht, so hat der Klageantrag bestimmt zu bezeichnen, in welchem Umfang und in welcher Weise der Anfechtungsgegner das Erlangte zur Verfügung stellen soll.

§ 14 *Vorläufig vollstreckbarer Schuldtitel. Vorbehaltsurteil*	§ 14 unverändert

Liegt ein nur vorläufig vollstreckbarer Schuldtitel des Gläubigers oder ein unter Vorbehalt ergangenes Urteil vor, so ist in dem Urteil, das den Anfechtungsanspruch für begründet erklärt, die Vollstreckung davon abhängig zu machen, daß die gegen den Schuldner ergangene Entscheidung rechtskräftig oder vorbehaltlos wird.

§ 15 *Anfechtung gegen Rechtsnachfolger*	§ 15 *Anfechtung gegen Rechtsnachfolger*
(1) Die Anfechtbarkeit kann gegen den Erben oder einen anderen Gesamtrechtsnachfolger des Anfechtungsgegners geltend gemacht werden.	(1) unverändert
(2) Gegen einen sonstigen Rechtsnachfolger kann die Anfechtbarkeit geltend gemacht werden:	(2) Gegen einen sonstigen Rechtsnachfolger kann die Anfechtbarkeit geltend gemacht werden:
1. wenn dem Rechtsnachfolger zur Zeit seines Erwerbs die Umstände bekannt waren, welche die Anfechtbarkeit des Erwerbs seines Rechtsvorgängers begründen;	1. unverändert

Entwurf	Beschlüsse des 6. Ausschusses
2. wenn der Rechtsnachfolger zur Zeit seines Erwerbs zu den Personen gehörte, die dem Schuldner nahestehen (§§ 153 *bis* 155 der Insolvenzordnung), es sei denn, daß ihm zu dieser Zeit die Umstände unbekannt waren, welche die Anfechtbarkeit des Erwerbs seines Rechtsvorgängers begründen;	2. wenn der Rechtsnachfolger zur Zeit seines Erwerbs zu den Personen gehörte, die dem Schuldner nahestehen (§ 153 der Insolvenzordnung), es sei denn, daß ihm zu dieser Zeit die Umstände unbekannt waren, welche die Anfechtbarkeit des Erwerbs seines Rechtsvorgängers begründen;
3. wenn dem Rechtsnachfolger das Erlangte unentgeltlich zugewendet worden ist.	3. unverändert

[im folgenden: BT-Drs. 12/7303, S. 8]

(3) Zur Erstreckung der Fristen nach § 7 Abs. 2 genügt die schriftliche Mitteilung an den Rechtsnachfolger, gegen den die Anfechtung erfolgen soll.	(3) unverändert

§ 16
Eröffnung des Insolvenzverfahrens

§ 16
unverändert

(1) Wird über das Vermögen des Schuldners das Insolvenzverfahren eröffnet, so ist der Insolvenzverwalter berechtigt, die von den Insolvenzgläubigern erhobenen Anfechtungsansprüche zu verfolgen. Aus dem Erstrittenen sind dem Gläubiger die Kosten des Rechtsstreits vorweg zu erstatten.

(2) Hat ein Insolvenzgläubiger bereits vor der Eröffnung des Insolvenzverfahrens auf Grund seines Anfechtungsanspruchs Sicherung oder Befriedigung erlangt, so gilt § 145 der Insolvenzordnung entsprechend.

§ 17
Unterbrechung des Verfahrens

§ 17
unverändert

(1) Ist das Verfahren über den Anfechtungsanspruch im Zeitpunkt der Eröffnung des Insolvenzverfahrens noch rechtshängig, so wird es unterbrochen. Es kann vom Insolvenzverwalter aufgenommen werden. Wird die Aufnahme verzögert, so gilt § 239 Abs. 2 bis 4 der Zivilprozeßordnung entsprechend.

(2) Der Insolvenzverwalter kann den Klageantrag nach Maßgabe der §§ 162, 163 und 165 der Insolvenzordnung erweitern.

(3) Lehnt der Insolvenzverwalter die Aufnahme des Rechtsstreits ab, so kann dieser hinsichtlich der Kosten von jeder Partei aufgenommen werden. Durch die Ablehnung der Aufnahme wird das Recht des Insolvenzverwalters, nach den Vorschriften der Insolvenzordnung den Anfechtungsanspruch geltend zu machen, nicht ausgeschlossen.

§ 18
Beendigung des Insolvenzverfahrens

§ 18
unverändert

(1) Nach der Beendigung des Insolvenzverfahrens können Anfechtungsansprüche, die der Insolvenzverwalter geltend machen konnte, von den einzelnen Gläubigern nach diesem Gesetz verfolgt werden, soweit nicht dem Anspruch entgegenste-

Entwurf	Beschlüsse des 6. Ausschusses
hende Einreden gegen den Insolvenzverwalter erlangt sind. (2) War der Anfechtungsanspruch nicht schon zur Zeit der Eröffnung des Insolvenzverfahrens gerichtlich geltend gemacht, so werden die in den §§ 3, 4 und 6 bestimmten Fristen von diesem Zeitpunkt an berechnet, wenn der Anspruch bis zum Ablauf eines Jahres seit der Beendigung des Insolvenzverfahrens gerichtlich geltend gemacht wird.	

[im folgenden: BT-Drs. 12/7303, S. 9]

§ 19 *Internationales Anfechtungsrecht*	§ 19 unverändert
Bei Sachverhalten mit Auslandsberührung ist für die Anfechtbarkeit einer Rechtshandlung das Recht maßgeblich, dem die Wirkungen der Rechtshandlung unterliegen.	
§ 20 *Übergangsregeln*	§ 20 *Übergangsregeln*
(1) Dieses Gesetz ist auf die vor dem 1. Januar ... *[Einsetzen: Jahr des Inkrafttretens nach Artikel 115 Abs. 1]* vorgenommenen Rechtshandlungen nur anzuwenden, soweit diese nicht nach dem bisherigen Recht der Anfechtung entzogen oder in geringerem Umfang unterworfen sind.	(1) Dieses Gesetz ist auf die vor dem 1. Januar **1997** vorgenommenen Rechtshandlungen nur anzuwenden, soweit diese nicht nach dem bisherigen Recht der Anfechtung entzogen oder in geringerem Umfang unterworfen sind.
(2) Das Gesetz, betreffend die Anfechtung von Rechtshandlungen eines Schuldners außerhalb des Konkursverfahrens in der im Bundesgesetzblatt Teil III, Gliederungsnummer 311-5, veröffentlichten bereinigten Fassung, zuletzt geändert durch *Artikel 9 des Gesetzes vom 4. Juli 1980 (BGBl.I S. 836)*, wird aufgehoben. Es ist jedoch weiter auf die Fälle anzuwenden, bei denen die Anfechtbarkeit vor dem 1. Januar... *[Einsetzen: Jahr des Inkrafttretens nach Artikel 115 Abs. 1]* gerichtlich geltend gemacht worden ist.	(2) Das Gesetz, betreffend die Anfechtung von Rechtshandlungen eines Schuldners außerhalb des Konkursverfahrens in der im Bundesgesetzblatt Teil III, Gliederungsnummer 311-5, veröffentlichten bereinigten Fassung, zuletzt geändert durch ..., wird aufgehoben. Es ist jedoch weiter auf die Fälle anzuwenden, bei denen die Anfechtbarkeit vor dem 1. Januar **1997** gerichtlich geltend gemacht worden ist.

ZWEITER TEIL **Aufhebung und Änderung von Gesetzen**	ZWEITER TEIL **Aufhebung und Änderung von Gesetzen**
Artikel 2 **Aufhebung von Gesetzen**	**Artikel 2** **Aufhebung von Gesetzen**
Es werden aufgehoben:	Es werden aufgehoben:
1. die Vergleichsordnung in der im Bundesgesetzblatt Teil III, Gliederungsnummer 311-1, veröffentlichten bereinigten Fassung, zuletzt geändert durch Artikel 7 Abs. 7 des Gesetzes vom 17. Dezember 1990 (BGBl. I S. 2847);	1. unverändert
2. das Gesetz betreffend die Einführung der Konkursordnung in der im Bundesgesetzblatt Teil III, Gliederungsnummer 311-2, veröffentlichten bereinigten Fassung, zuletzt geändert durch Artikel 1 Nr. 10 des Gesetzes vom 11. März 1974 (BGBl. I S. 671);	2. unverändert

Entwurf	Beschlüsse des 6. Ausschusses
3. das Einführungsgesetz zu dem Gesetz, betreffend Änderungen der Konkursordnung in der im Bundesgesetzblatt Teil III, Gliederungsnummer 311-3, veröffentlichten bereinigten Fassung;	3. unverändert
4. die Konkursordnung in der im Bundesgesetzblatt Teil III, Gliederungsnummer 311-4, veröffentlichten bereinigten Fassung, zuletzt geändert durch Artikel 7 Abs. 8 des Gesetzes vom 17. Dezember 1990 (BGBl. I S. 2847);	4. unverändert

[im folgenden: BT-Drs. 12/7303, S. 10]

	4a. die Verordnung über die Vergütung des Konkursverwalters, des Vergleichsverwalters, der Mitglieder des Gläubigerausschusses und der Mitglieder des Gläubigerbeirats in der im Bundesgesetzblatt Teil III, Gliederungsnummer 311-6, veröffentlichten bereinigten Fassung, zuletzt geändert durch die Verordnung vom 11. Juni 1979 (BGBL. I S. 637);
5. das Gesetz zur Schaffung eines Vorrechts für Umlagen auf die Erzeugung von Kohle und Stahl vom 1. März 1989 (BGBl. I S. 326);	5. unverändert
6. die Gesamtvollstreckungsordnung in der Fassung der Bekanntmachung vom 23. März 1991 (BGBl. I S. 1185);	6. unverändert
7. das Gesamtvollstreckungs-Unterbrechungsgesetz in der Fassung der Bekanntmachung vom 23. Mai 1991 (BGBl. I S. 1191);	7. unverändert
8. das Gesetz über die Auflösung und Löschung von Gesellschaften und Genossenschaften in der im Bundesgesetzblatt Teil III, Gliederungsnummer 4120-3, veröffentlichten bereinigten Fassung, geändert durch Artikel 9 des Gesetzes vom 19. Dezember 1985 (BGBl. I S. 2355).	8. unverändert

Artikel 3 Änderung des Gesetzes über die Kontrolle von Kriegswaffen	Artikel 3 unverändert
In § 12 Abs. 6 Nr. 2 des Gesetzes über die Kontrolle von Kriegswaffen in der Fassung der Bekanntmachung vom 22. November 1990 (BGBl. I S. 2506), das zuletzt durch Artikel 4 des Gesetzes vom 28. Februar 1992 (BGBl. I S. 376) geändert worden ist, wird das Wort „Konkursverwalter" durch das Wort „Insolvenzverwalter" ersetzt.	

Artikel 4 Änderung des Verwaltungskostengesetzes	Artikel 4 unverändert
In § 20 Abs. 3 des Verwaltungskostengesetzes vom 23. Juni 1970 (BGBl. I S. 821), das durch Artikel 41 des Gesetzes vom 14. Dezember 1976 (BGBl. I S. 3341) geändert worden ist, wird das Wort „Konkurs" durch das Wort „Insolvenzverfahren" ersetzt.	

Entwurf | Beschlüsse des 6. Ausschusses

**Artikel 5
Änderung des Baugesetzbuchs**

Das Baugesetzbuch in der Fassung der Bekanntmachung vom 8. Dezember 1986 (BGBl. I S. 2253), zuletzt geändert durch Anlage I Kapitel XIV Abschnitt II Nr. 1 des Einigungsvertrages vom 31. August 1990 in Verbindung mit Artikel 1 des Gesetzes vom 23. September 1990 (BGBl. 1990 II S. 885, 1122), wird wie folgt geändert:

Artikel 5
unverändert

[im folgenden: BT-Drs. 12/7303, S. 11]

2. In § 6 wird das Wort „Konkursverfahren" durch das Wort „Insolvenzverfahren" und das Wort „Konkurseröffnung" durch die Worte „Eröffnung des Insolvenzverfahrens" ersetzt.

2. In § 6 **Abs. 1** wird das Wort „Konkursverfahren" durch das Wort „Insolvenzverfahren" und das Wort „Konkurseröffnung" durch die Worte „Eröffnung des Insolvenzverfahrens" ersetzt.

**Artikel 7
Änderung des Vereinsgesetzes**

Das Vereinsgesetz vom 5. August 1964 (BGBl. I S. 593), zuletzt geändert durch *Artikel 19 des Gesetzes vom 17. Dezember 1990 (BGBl. I S. 2809)*, wird wie folgt geändert:

**Artikel 7
Änderung des Vereinsgesetzes**

Das Vereinsgesetz vom 5. August 1964 (BGBl. I S. 593), zuletzt geändert durch ..., wird wie folgt geändert:

1. In § 12 Abs. 5 Satz 2 werden die Worte „seiner in § 31 Nr. 2 der Konkursordnung genannten Angehörigen" durch die Worte „einer Person, die ihm im Sinne des § 153 der Insolvenzordnung nahesteht," ersetzt.

1. In § 12 Abs. 5 Satz 2 werden die Worte „seiner in § 31 Nr. 2 der Konkursordnung genannten Angehörigen" durch die Worte „einer Person, die ihm im Sinne des § 153 **Abs. 1** der Insolvenzordnung nahesteht," ersetzt.

2. § 13 wird wie folgt geändert:

    a) In Absatz 1 Satz 2 werden die Worte „Forderungen, die im Falle des Konkurses Konkursforderungen wären" durch die Worte „Gläubigern, die im Falle des Insolvenzverfahrens Insolvenzgläubiger wären" ersetzt.

    b) In Absatz 3 Satz 1 wird das Wort „Konkursverfahren" durch das Wort „Insolvenzverfahren" ersetzt.

    c) In Absatz 3 Satz 3 werden die Worte „gelten als Massekosten, die Verwaltungsschulden als Masseschulden" durch die Worte „sowie die Verwaltungsschulden gelten als Masseverbindlichkeiten" ersetzt.

    d) In Absatz 3 Satz 4 wird das Wort „Konkursverwalter" durch das Wort „Insolvenzverwalter" und das Wort „Konkursgericht" durch das Wort „Insolvenzgericht" ersetzt.

    e) Absatz 3 Satz 5 wird wie folgt gefaßt:
    „Die §§ 66, 78 bis 84, 115 der Insolvenzordnung sind nicht anzuwenden."

2. unverändert

3. In § 19 Nr. 2 werden die Worte „den Konkurs" durch die Worte „das Insolvenzverfahren" ersetzt.

3. unverändert

Entwurf | Beschlüsse des 6. Ausschusses

Artikel 8
Änderung des Zweiten Wohnungsbaugesetzes

In § 88 Abs. 3 Satz 4 des Zweiten Wohnungsbaugesetzes in der Fassung der Bekanntmachung vom 14. August 1990 (BGBl. I S. 1730), das zuletzt durch Artikel 35 des Gesetzes vom 25. Februar 1992 (BGBl. I S. 297) geändert worden ist, wird das Wort „konkursrechtlichen" durch das Wort „insolvenzrechtlichen" ersetzt.

Artikel 8
unverändert

[im folgenden: BT-Drs. 12/7303, S. 13]

Artikel 9
Änderung des Gesetzes zur Förderung des Bergarbeiterwohnungsbaues im Kohlenbergbau

In § 18 Abs. 4 des Gesetzes zur Förderung des Bergarbeiterwohnungsbaues im Kohlenbergbau in der im Bundesgesetzblatt Teil III, Gliederungsnummer 2330-4, veröffentlichten bereinigten Fassung, das zuletzt durch Artikel 53 des Gesetzes vom 18. Dezember 1989 (BGBl. I S. 2261) geändert worden ist, werden in Satz 1 und Satz 5 die Worte „des Konkursverfahrens" jeweils durch die Worte „des Insolvenzverfahrens", in Satz 2 das Wort „Konkursmasse" durch das Wort „Insolvenzmasse" und in Satz 3 das Wort „Konkursverwalter" durch das Wort „Insolvenzverwalter" ersetzt.

Artikel 9
unverändert

Artikel 9a
Änderung des Wohnungsbaugesetzes für das Saarland

In § 51a Abs. 3 Satz 4 des Wohnungsbaugesetzes für das Saarland in der Fassung der Bekanntmachung vom 20. November 1990 (Amtsblatt des Saarlandes 1991, S. 273), das zuletzt durch ... geändert worden ist, wird das Wort „konkursrechtlichen" durch das Wort „insolvenzrechtlichen" ersetzt.

Artikel 10
Änderung des Reichsheimstättengesetzes

In § 11 Abs. 1 Satz 2 des Reichsheimstättengesetzes in der im Bundesgesetzblatt Teil III, Gliederungsnummer 2332-1, veröffentlichten bereinigten Fassung, das zuletzt durch Artikel 21 § 5 Abs. 3 des Gesetzes vom 25. Juli 1988 (BGBl. I S. 1093) geändert worden ist, wird das Wort „Konkursverwalter" durch das Wort „Insolvenzverwalter" ersetzt.

Artikel 10
entfällt

Artikel 11
Änderung des Auslandskostengesetzes

In § 20 Abs. 3 des Auslandskostengesetzes vom 21. Februar 1978 (BGBl. I S. 301) wird das Wort „Konkurs" durch das Wort „Insolvenzverfahren" ersetzt.

Artikel 11
unverändert

Entwurf	Beschlüsse des 6. Ausschusses
Artikel 12 **Änderung des Gerichtsverfassungsgesetzes**	**Artikel 12** **Änderung des Gerichtsverfassungsgesetzes**
Das Gerichtsverfassungsgesetz in der Fassung der Bekanntmachung vom 9. Mai 1975 (BGBl. I S. 1077), zuletzt geändert durch *Artikel 2 des Gesetzes vom 17. Dezember 1990 (BGBl. I S. 2847)*, wird wie folgt geändert:	Das Gerichtsverfassungsgesetz in der Fassung der Bekanntmachung vom 9. Mai 1975 (BGBl I S. 1077), zuletzt geändert durch ..., wird wie folgt geändert:

[im folgenden: BT-Drs. 12/7303, S. 14]

1. An § 22 Abs. 5 wird folgender Satz angefügt: „Ein Richter auf Probe darf im ersten Jahr nach seiner Ernennung Geschäfte in Insolvenzsachen nicht wahrnehmen."	1. § 22 wird wie folgt geändert: a) Absatz 5 wird wie folgt gefaßt: „(5) Es können Richter kraft Auftrags verwendet werden. Richter auf Probe können verwendet werden, soweit sich aus Absatz 6, § 23 b Abs. 3 Satz 2 oder § 29 Abs. 1 Satz 2 nichts anderes ergibt." b) Es wird folgender neuer Absatz 6 angefügt: „(6) Ein Richter auf Probe darf im ersten Jahr nach seiner Ernennung Geschäfte in Insolvenzsachen nicht wahrnehmen."
2. § 32 Nr. 3 wird aufgehoben; der Strichpunkt am Ende der Nummer 2 wird durch einen Punkt ersetzt.	2. unverändert
3. § 33 wird wie folgt geändert: a) Der Punkt am Ende der Nummer 4 wird durch einen Strichpunkt ersetzt. b) Nach der Nummer 4 wird folgende neue Nummer 5 angefügt: „5. Personen, die in Vermögensverfall geraten sind."	3. unverändert
4. An § 109 Abs. 3 wird folgender Satz angefügt: „Zum ehrenamtlichen Richter soll nicht ernannt werden, wer nach § 33 Nr. 5 zu dem Amt eines Schöffen nicht berufen werden soll."	4. unverändert
	4a. § 113 wird wie folgt geändert: a) Nach Absatz 1 wird folgender neuer Absatz 2 eingefügt: „(2) Ein ehrenamtlicher Richter soll seines Amtes enthoben werden, wenn Umstände eintreten oder bekannt werden, bei deren Vorhandensein eine Ernennung nach § 109 Abs. 3 Satz 2 nicht erfolgen soll." b) Die bisherigen Absätze 2 und 3 werden neue Absätze 3 und 4.

Entwurf	Beschlüsse des 6. Ausschusses

5. In § 202 werden die Worte „das Konkursverfahren und das Vergleichsverfahren zur Abwendung des Konkurses" durch die Worte „und das Insolvenzverfahren" ersetzt.

5. unverändert

Artikel 13 Änderung des Gesetzes über die Zuständigkeit der Gerichte bei Änderungen der Gerichtseinteilung	Artikel 13 unverändert

In Artikel 1 Eingangssatz des Gesetzes über die Zuständigkeit der Gerichte bei Änderungen der Gerichtseinteilung in der im Bundesgesetzblatt Teil III, Gliederungsnummer 300-4, veröffentlichten bereinigten Fassung, das zuletzt durch Artikel 6 des Gesetzes vom 5. Oktober 1978 (BGBl. I S. 1645) geändert worden ist, werden die Worte „des Konkurses und des Vergleichsverfahrens" durch die Worte „des Insolvenzverfahrens" ersetzt.

[im folgenden: BT-Drs. 12/7303, S. 15]

Artikel 14 Änderung des Rechtspflegergesetzes	Artikel 14 Änderung des Rechtspflegergesetzes

Das Rechtspflegergesetz vom 5. November 1969 (BGBl. I S. 2065), zuletzt geändert durch *Artikel 2 Nr. 6 des Gesetzes vom 20. Dezember 1991 (BGBl. I S. 2317),* wird wie folgt geändert:

Das Rechtspflegergesetz vom 5. November 1969 (BGBl. I S. 2065), zuletzt geändert durch..., wird wie folgt geändert:

1. § 3 Nr. 2 wird wie folgt geändert:

   a) In Buchstabe e wird das Wort „Konkursordnung" durch das Wort „Insolvenzordnung" ersetzt.

   b) Buchstabe f wird gestrichen.

1. unverändert

2. § 11 Abs. 5 Satz 2 wird wie folgt gefaßt:

   „Die Erinnerung ist ferner in den Fällen der §§ 694, 700 der Zivilprozeßordnung und gegen die Entscheidungen über die Gewährung eines Stimmrechts (§§ 88, 281 und 282 der Insolvenzordnung) ausgeschlossen."

2. unverändert

3. In der Überschrift des Zweiten Abschnitts werden die Worte „Konkursverfahren, Vergleichsverfahren" durch das Wort „Insolvenzverfahren" ersetzt.

3. unverändert

4. § 17 wird wie folgt geändert:

   a) Die Nummer 1 Buchstabe e wird wie folgt gefaßt:

   „e) auf Löschungen im Handelsregister nach den §§ 141a, 142 und 144 des Gesetzes über die Angelegenheiten der freiwilligen Gerichtsbarkeit und nach § 43 Abs. 2 des Gesetzes über das Kreditwesen,".

4. unverändert

Entwurf	Beschlüsse des 6. Ausschusses
b) Die Nummer 2 Buchstabe b wird wie folgt gefaßt: „b) die Ernennung von Liquidatoren auf Antrag eines Beteiligten durch das Gericht, wenn eine Löschung nach § 141 a des Gesetzes über die Angelegenheiten der freiwilligen Gerichtsbarkeit erfolgt ist, soweit sich diese nicht auf Genossenschaften bezieht, sowie die Verfügungen nach § 47 Abs. 2 des Gesetzes über die Beaufsichtigung der privaten Versicherungsunternehmen und Bausparkassen und nach § 38 Abs. 1 Satz 5 des Gesetzes über das Kreditwesen;".	
5. § 18 wird wie folgt gefaßt:	5. § 18 wird wie folgt gefaßt:
„§ 18 Insolvenzverfahren	„§ 18 Insolvenzverfahren
(1) In Verfahren nach der Insolvenzordnung bleiben dem Richter vorbehalten:	(1) In Verfahren nach der Insolvenzordnung bleiben dem Richter vorbehalten:
1. das Verfahren bis zur Entscheidung über den Eröffnungsantrag unter Einschluß dieser Entscheidung und der Ernennung des Insolvenzverwalters,	1. das Verfahren bis zur Entscheidung über den Eröffnungsantrag unter Einschluß dieser Entscheidung und der Ernennung des Insolvenzverwalters **sowie des Verfahrens über einen Schuldenbereinigungsplan nach den §§ 357 b bis 357 g der Insolvenzordnung,**

[im folgenden: BT-Drs. 12/7303, S. 16]

2. bei einem Antrag des Schuldners auf Erteilung der Restschuldbefreiung die Entscheidungen nach den §§ *238, 245* und *249* der Insolvenzordnung, wenn ein Insolvenzgläubiger die Versagung der Restschuldbefreiung beantragt, sowie die Entscheidung über den Widerruf der Restschuldbefreiung nach § *252* der Insolvenzordnung,	2. bei einem Antrag des Schuldners auf Erteilung der Restschuldbefreiung die Entscheidungen nach den §§ **346 d, 346 k, 346 l** und **346 o** der Insolvenzordnung, wenn ein Insolvenzgläubiger die Versagung der Restschuldbefreiung beantragt, sowie die Entscheidung über den Widerruf der Restschuldbefreiung nach § **346 r** der Insolvenzordnung.
3. die Entscheidung über den Antrag des Insolvenzverwalters auf Feststellung der Zahlungsunfähigkeit oder des ersten zulässigen und begründeten Eröffnungsantrags gemäß den §§ 157, 158 der Insolvenzordnung.	**3. entfällt**
(2) Der Richter kann sich das Insolvenzverfahren ganz oder teilweise vorbehalten, wenn er dies für geboten erachtet. Hält er den Vorbehalt nicht mehr für erforderlich, kann er das Verfahren dem Rechtspfleger übertragen. Auch nach der Übertragung kann er das Verfahren wieder an sich ziehen, wenn und solange er dies für erforderlich hält.	(2) unverändert
(3) Die Entscheidung des Rechtspflegers über die Gewährung des Stimmrechts nach den §§ 88, 281 und 282 der Insolvenzordnung hat nicht die in § 303 der Insolvenzordnung bezeichneten Rechtsfolgen. Hat sich die Entscheidung des Rechtspflegers auf das Ergebnis einer Abstim-	(3) unverändert

Entwurf	Beschlüsse des 6. Ausschusses
mung ausgewirkt, so kann der Richter auf Antrag eines Gläubigers oder des Insolvenzverwalters das Stimmrecht neu festsetzen und die Wiederholung der Abstimmung anordnen; der Antrag kann nur bis zum Schluß des Termins gestellt werden, in dem die Abstimmung stattgefunden hat.	
(4) Ein Beamter auf Probe darf im ersten Jahr nach seiner Ernennung Geschäfte des Rechtspflegers in Insolvenzsachen nicht wahrnehmen."	(4) unverändert
6. § 19 wird aufgehoben.	6. unverändert

Artikel 15
Änderung der Bundesnotarordnung

Artikel 15
unverändert

Die Bundesnotarordnung in der im Bundesgesetzblatt Teil III, Gliederungsnummer 303-1, veröffentlichten bereinigten Fassung, zuletzt geändert durch Artikel 1 des Gesetzes vom 29. Januar 1991 (BGBl. I S. 150), wird wie folgt geändert:

1. In § 8 Abs. 3 wird das Wort „Konkursverwalter" durch das Wort „Insolvenzverwalter" ersetzt.

2. § 50 wird wie folgt geändert:

   a) Absatz 1 Nr. 5 wird wie folgt gefaßt:

   „5. wenn er in Vermögensverfall geraten ist; ein Vermögensverfall wird vermutet, wenn ein Insolvenzverfahren über das Vermögen des Notars eröffnet oder der Notar in das vom Insolvenzgericht oder vom Vollstreckungsgericht zu führende Verzeichnis (§ 30 Abs. 2 der Insolvenzordnung, § 915 der Zivilprozeßordnung) eingetragen ist;".

[im folgenden: BT-Drs. 12/7303, S. 17]

   b) In Absatz 3 Satz 3 wird die Angabe „Nr. 6 und Nr. 7" durch die Angabe „Nr. 5 bis 7" ersetzt.

Artikel 16
Änderung der Bundesrechtsanwaltsordnung

Artikel 16
Änderung der Bundesrechtsanwaltsordnung

Die Bundesrechtsanwaltsordnung in der im Bundesgesetzblatt Teil III, Gliederungsnummer 303-8, veröffentlichten bereinigten Fassung, zuletzt geändert durch *Artikel 2 des Gesetzes vom 27. Februar 1992 (BGBl. I S. 369),* wird wie folgt geändert:	Die Bundesrechtsanwaltsordnung in der im Bundesgesetzblatt Teil III, Gliederungsnummer 303-8, veröffentlichten bereinigten Fassung, zuletzt geändert durch ..., wird wie folgt geändert:
1. § 7 wird wie folgt geändert:	1. unverändert

   a) Die Nummer 9 wird wie folgt gefaßt:

   „9. wenn der Bewerber sich im Vermögensverfall befindet; ein Vermögensverfall wird vermutet, wenn ein Insolvenzverfahren über das Vermögen des Bewer-

Entwurf	Beschlüsse des 6. Ausschusses
bers eröffnet oder der Bewerber in das vom Insolvenzgericht oder vom Vollstreckungsgericht zu führende Verzeichnis (§ 30 Abs. 2 der Insolvenzordnung, § 915 der Zivilprozeßordnung) eingetragen ist;".	
b) Die Nummer 10 wird aufgehoben; die bisherige Nummer 11 wird die neue Nummer 10.	
2. § 14 Abs. 2 wird wie folgt geändert:	2. a) unverändert
a) Die Nummer 7 wird aufgehoben; die bisherigen Nummern 8 und 9 werden die neuen Nummern 7 und 8.	
b) Die neue Nummer 7 wird wie folgt gefaßt:	b) Die neue Nummer 7 wird wie folgt gefaßt:
„7. wenn der Rechtsanwalt in Vermögensverfall geraten ist, es sei denn, daß dadurch die Interessen der Rechtsuchenden nicht gefährdet sind; ein Vermögensverfall wird vermutet, wenn ein Insolvenzverfahren über das Vermögen des Rechtsanwalts eröffnet oder der Rechtsanwalt in das vom Insolvenzgericht oder vom Vollstreckungsgericht zu führende Verzeichnis (§ 30 Abs. 2 der Insolvenzordnung, § 915 der Zivilprozeßordnung) eingetragen ist;".	„7. wenn der Rechtsanwalt in Vermögensverfall geraten ist, es sei denn, daß dadurch die Interessen der Rechtsuchenden nicht gefährdet sind; ein Vermögensverfall wird vermutet, wenn ein Insolvenzverfahren über das Vermögen des Rechtsanwalts eröffnet oder der Rechtsanwalt in das vom Insolvenzgericht oder vom Vollstreckungsgericht zu führende Verzeichnis (§ 30 Abs. 2 der Insolvenzordnung, § 915 der Zivilprozeßordnung) eingetragen ist;".
3. In § 66 wird Nummer 1 aufgehoben; die bisherigen Nummern 2 bis 4 werden die neuen Nummern 1 bis 3.	3. unverändert
4. § 69 wird wie folgt geändert:	4. unverändert
a) In Absatz 1 Nr. 1 wird die Angabe „§ 66 Nr. 1 und 4" durch die Angabe „§ 66 Nr. 3" ersetzt.	
b) In Absatz 4 Satz 1 wird die Angabe „§ 66 Nr. 3" durch die Angabe „§ 66 Nr. 2" ersetzt.	

[im folgenden: BT-Drs. 12/7303, S. 18]

Artikel 17 **Änderung des Rechtsberatungsgesetzes**	**Artikel 17** unverändert
In Artikel 1 § 3 Nr. 6 des Rechtsberatungsgesetzes in der im Bundesgesetzblatt Teil III, Gliederungsnummer 303-12, veröffentlichten bereinigten Fassung, das zuletzt durch Gesetz vom 13. Dezember 1989 (BGBl. I S. 2135) geändert worden ist, wird das Wort „Konkursverwalter" durch das Wort „Insolvenzverwalter" ersetzt.	
Artikel 18 **Änderung der Zivilprozeßordnung**	**Artikel 18** **Änderung der Zivilprozeßordnung**
Die Zivilprozeßordnung in der im Bundesgesetzblatt Teil III, Gliederungsnummer 310-4, ver-	Die Zivilprozeßordnung in der im Bundesgesetzblatt Teil III, Gliederungsnummer 310-4, ver-

Entwurf	Beschlüsse des 6. Ausschusses
öffentlichten bereinigten Fassung, zuletzt geändert durch *Gesetz vom 1. April 1992 (BGBl. I S. 745),* wird wie folgt geändert:	öffentlichten bereinigten Fassung, zuletzt geändert durch ..., wird wie folgt geändert:
1. Nach § 31 wird folgender § 31a eingefügt:	1. Nach § 19 wird folgender § 19a eingefügt:
„§ 31a	„§ 19a
Für Klagen gegen den Insolvenzverwalter, die sich auf die Insolvenzmasse beziehen, ist das Gericht zuständig, in dessen Bezirk das Insolvenzgericht seinen Sitz hat."	**Der allgemeine Gerichtsstand eines Insolvenzverwalters für Klagen, die sich auf die Insolvenzmasse beziehen, wird durch den Sitz des Insolvenzgerichts bestimmt."**
2. § 240 wird wie folgt gefaßt:	2. unverändert
„§ 240	
Im Falle der Eröffnung des Insolvenzverfahrens über das Vermögen einer Partei wird das Verfahren, wenn es die Insolvenzmasse betrifft, unterbrochen, bis es nach den für das Insolvenzverfahren geltenden Vorschriften aufgenommen oder das Insolvenzverfahren beendet wird. Entsprechendes gilt, wenn die Verwaltungs- und Verfügungsbefugnis über das Vermögen des Schuldners auf einen vorläufigen Insolvenzverwalter übergeht."	
3. In § 243 werden die Worte „der Konkurs" durch die Worte „das Insolvenzverfahren" ersetzt.	3. unverändert
4. In § 782 Satz 2 werden die Worte „des Nachlaßkonkurses" durch die Worte „des Nachlaßinsolvenzverfahrens" und die Worte „des Konkursverfahrens" durch die Worte „des Insolvenzverfahrens" ersetzt.	4. unverändert
5. In § 784 Abs. 1 werden die Worte „der Nachlaßkonkurs" durch die Worte „das Nachlaßinsolvenzverfahren" ersetzt.	5. unverändert
6. In § 786 wird die Angabe „419" gestrichen.	6. unverändert
7. In § 804 Abs. 2 werden die Worte „eines Konkurses" durch die Worte „eines Insolvenzverfahrens" ersetzt.	7. unverändert
8. § 807 Abs. 1 Satz 2 wird wie folgt gefaßt:	8. § 807 Abs. 1 Satz 2 wird wie folgt gefaßt:
„Aus dem Vermögensverzeichnis müssen auch ersichtlich sein	„Aus dem Vermögensverzeichnis müssen auch ersichtlich sein

[im folgenden: BT-Drs. 12/7303, S. 19]

1. die in den letzten zwei Jahren vor dem ersten zur Abgabe der eidesstattlichen Versicherung anberaumten Termin vorgenommenen entgeltlichen Veräußerungen des Schuldners an eine nahestehende Person (§§ 153 *bis* 155 der Insolvenzordnung);	1. die in den letzten zwei Jahren vor dem ersten zur Abgabe der eidesstattlichen Versicherung anberaumten Termin vorgenommenen entgeltlichen Veräußerungen des Schuldners an eine nahestehende Person (§ 153 der Insolvenzordnung);
2. die in den letzten vier Jahren vor dem ersten zur Abgabe der eidesstattlichen Versicherung anberaumten Termin von dem Schuld-	2. unverändert

Entwurf | Beschlüsse des 6. Ausschusses

ner vorgenommenen unentgeltlichen Leistungen, sofern sie sich nicht auf gebräuchliche Gelegenheitsgeschenke geringen Werts richteten."

9. In § 993 werden die Worte „des Nachlaßkonkurses" jeweils durch die Worte „des Nachlaßinsolvenzverfahrens" ersetzt.

9. unverändert

Artikel 19
Änderung des Gesetzes, betreffend die Unzulässigkeit der Pfändung von Eisenbahnfahrbetriebsmitteln

In Absatz 2 des Gesetzes, betreffend die Unzulässigkeit der Pfändung von Eisenbahnfahrbetriebsmitteln in der im Bundesgesetzblatt Teil III, Gliederungsnummer 310-11, veröffentlichten bereinigten Fassung, werden die Worte „des Konkursverfahrens" durch die Worte „des Insolvenzverfahrens" und das Wort „Konkursmasse" durch das Wort „Insolvenzmasse" ersetzt.

Artikel 19
unverändert

Artikel 20
Änderung des Gesetzes über die Zwangsversteigerung und die Zwangsverwaltung

Das Gesetz über die Zwangsversteigerung und die Zwangsverwaltung in der im Bundesgesetzblatt Teil III, Gliederungsnummer 310-14, veröffentlichten bereinigten Fassung, zuletzt geändert durch *Artikel 7 Abs. 23 des Gesetzes vom 17. Dezember 1990 (BGBl. I S. 2847)*, wird wie folgt geändert:

1. In § 10 Abs. 1 wird nach der Nummer 1 folgende Nummer 1 a eingefügt:

„1a. im Falle einer Zwangsversteigerung, bei der das Insolvenzverfahren über das Vermögen des Schuldners eröffnet ist, die zur Insolvenzmasse gehörenden Ansprüche auf Ersatz *von Ausgaben, die zur Erhaltung oder nötigen Verbesserung des Grundstücks während des Insolvenzverfahrens auch im Interesse des Gläubigers erforderlich waren, sowie auf Ersatz* der Kosten der Feststellung der beweglichen Gegenstände, auf die sich die Versteigerung erstreckt; diese Kosten *der Feststellung* sind nur zu erheben, wenn ein Insolvenzverwalter bestellt ist, und pauschal mit *sechs* vom Hundert des Wertes anzusetzen, der nach § 74 a Abs. 5 Satz 2 festgesetzt worden ist;".

Artikel 20
Änderung des Gesetzes über die Zwangsversteigerung und die Zwangsverwaltung

Das Gesetz über die Zwangsversteigerung und die Zwangsverwaltung in der im Bundesgesetzblatt Teil III, Gliederungsnummer 310-14, veröffentlichten bereinigten Fassung, zuletzt geändert durch …, wird wie folgt geändert:

1. In § 10 Abs. 1 wird nach der Nummer 1 folgende Nummer 1 a eingefügt:

„1 a. im Falle einer Zwangsversteigerung, bei der das Insolvenzverfahren über das Vermögen des Schuldners eröffnet ist, die zur Insolvenzmasse gehörenden Ansprüche auf Ersatz der Kosten der Feststellung der beweglichen Gegenstände, auf die sich die Versteigerung erstreckt; diese Kosten sind nur zu erheben, wenn ein Insolvenzverwalter bestellt ist, und pauschal mit **vier** vom Hundert des Wertes anzusetzen, der nach § 74 a Abs. 5 Satz 2 festgesetzt worden ist;".

2. § 30 c wird aufgehoben.

2. Der bisherige § 30 c wird aufgehoben.

[im folgenden: BT-Drs. 12/7303, S. 20]

3. In § 30 d Abs. 1 werden die Worte „oder § 30 c" und die Worte „und des § 30 c" gestrichen.

3. Der bisherige § 30 d wird neuer § 30 c; in **seinem Absatz 1** werden die Worte „oder § 30 c" und die Worte „und des § 30 c" gestrichen.

Entwurf   Beschlüsse des 6. Ausschusses

3a. Es wird folgender neuer § 30 d eingefügt:

„30 d

(1) Ist über das Vermögen des Schuldners ein Insolvenzverfahren eröffnet, so ist auf Antrag des Insolvenzverwalters die Zwangsversteigerung einstweilen einzustellen, wenn

1. im Insolvenzverfahren der Berichtstermin nach § 35 Abs. 1 Nr. 2 der Insolvenzordnung noch bevorsteht,

2. das Grundstück nach dem Ergebnis des Berichtstermins nach § 35 Abs. 1 Nr. 2 der Insolvenzordnung im Insolvenzverfahren für eine Fortführung des Unternehmens oder für die Vorbereitung der Veräußerung eines Betriebs oder einer anderen Gesamtheit von Gegenständen benötigt wird,

3. durch die Versteigerung die Durchführung eines vorgelegten Insolvenzplans gefährdet würde oder

4. in sonstiger Weise durch die Versteigerung die angemessene Verwertung der Insolvenzmasse wesentlich erschwert würde.

Der Antrag ist abzulehnen, wenn die einstweilige Einstellung dem Gläubiger unter Berücksichtigung seiner wirtschaftlichen Verhältnisse nicht zuzumuten ist.

(2) Hat der Schuldner einen Insolvenzplan vorgelegt und ist dieser nicht nach § 275 der Insolvenzordnung zurückgewiesen worden, so ist die Zwangsversteigerung auf Antrag des Schuldners unter den Voraussetzungen des Absatzes 1 Satz 1 Nr. 3, Satz 2 einstweilen einzustellen.

(3) § 30 b Abs. 2 bis 4 gilt entsprechend mit der Maßgabe, daß an die Stelle des Schuldners der Insolvenzverwalter tritt, wenn dieser den Antrag gestellt hat, und daß die Zwangsversteigerung eingestellt wird, wenn die Voraussetzungen für die Einstellung glaubhaft gemacht sind.

(4) Ist vor der Eröffnung des Insolvenzverfahrens ein vorläufiger Verwalter bestellt, so ist auf dessen Antrag die Zwangsversteigerung einstweilen einzustellen, wenn glaubhaft gemacht wird, daß die einstweilige Einstellung zur Verhütung nachteiliger Veränderungen in der Vermögenslage des Schuldners erforderlich ist."

[im folgenden: BT-Drs. 12/7303, S. 21]

Entwurf	Beschlüsse des 6. Ausschusses
	3 b. Nach § 30 d wird folgender § 30 e eingefügt:

„§ 30 e

(1) Die einstweilige Einstellung ist mit der Auflage anzuordnen, daß dem betreibenden Gläubiger für die Zeit nach dem Berichtstermin nach § 35 Abs. 1 Nr. 2 der Insolvenzordnung laufend die geschuldeten Zinsen binnen zwei Wochen nach Eintritt der Fälligkeit aus der Insolvenzmasse gezahlt werden. Ist das Versteigerungsverfahren schon vor der Eröffnung des Insolvenzverfahrens nach § 30 d Abs. 4 einstweilen eingestellt worden, so ist die Zahlung von Zinsen spätestens von dem Zeitpunkt an anzuordnen, der drei Monate nach der ersten einstweiligen Einstellung liegt.

(2) Wird das Grundstück für die Insolvenzmasse genutzt, so ordnet das Gericht auf Antrag des betreibenden Gläubigers weiter die Auflage an, daß der entstehende Wertverlust von der Einstellung des Versteigerungsverfahrens an durch laufende Zahlungen aus der Insolvenzmasse an den Gläubiger auszugleichen ist.

(3) Die Absätze 1 und 2 gelten nicht, soweit nach der Höhe der Forderung sowie dem Wert und der sonstigen Belastung des Grundstücks nicht mit einer Befriedigung des Gläubigers aus dem Versteigerungserlös zu rechnen ist."

3 c. Nach § 30 e wird folgender § 30 f eingefügt:

„30 f

(1) Im Falle des § 30 d Abs. 1 bis 3 ist die einstweilige Einstellung auf Antrag des Gläubigers aufzuheben, wenn die Voraussetzungen für die Einstellung fortgefallen sind, wenn die Auflagen nach § 30 e nicht beachtet werden oder wenn der Insolvenzverwalter, im Falle des § 30 d Abs. 2 der Schuldner, der Aufhebung zustimmt. Auf Antrag des Gläubigers ist weiter die einstweilige Einstellung aufzuheben, wenn das Insolvenzverfahren beendet ist.

(2) Die einstweilige Einstellung nach § 30 d Abs. 4 ist auf Antrag des Gläubigers aufzuheben, wenn der Antrag auf Eröffnung des Insolvenzverfahrens zurückgenommen oder abgewiesen wird. Im übrigen gilt Absatz 1 Satz 1 entsprechend.

(3) Vor der Entscheidung des Gerichts ist der Insolvenzverwalter, im Falle des § 30 d Abs. 2 der Schuldner, zu hören. § 30 b Abs. 3 gilt entsprechend."

Entwurf	Beschlüsse des 6. Ausschusses
	[im folgenden: BT-Drs. 12/7303, S. 22]
4. § 31 Abs. 2 wird wie folgt *geändert:*	4. § 31 Abs. 2 **Buchstabe c** wird wie folgt **gefaßt:**
a) Buchstabe c wird gestrichen.	„c) im Falle des § 30 f Abs. 1 mit dem Ende des Insolvenzverfahrens, im Falle des § 30 f Abs. 2 mit der Rücknahme oder der Abweisung des Antrags auf Eröffnung des Insolvenzverfahrens,".
b) In Buchstabe d werden hinter dem Wort „Prozeßgericht" die Worte „oder vom Insolvenzgericht" eingefügt.	
	4 a. In § 145 a Nr. 5 Satz 2 wird das Wort „Konkurs" durch das Wort „Insolvenzverfahren" ersetzt.
	4 b. Nach § 153 a wird folgender § 153 b eingefügt:
	„§ 153 b
	(1) Ist über das Vermögen des Schuldners das Insolvenzverfahren eröffnet, so ist auf Antrag des Insolvenzverwalters die vollständige oder teilweise Einstellung der Zwangsverwaltung anzuordnen, wenn der Insolvenzverwalter glaubhaft macht, daß durch die Fortsetzung der Zwangsverwaltung eine wirtschaftlich sinnvolle Nutzung der Insolvenzmasse wesentlich erschwert wird.
	(2) Die Einstellung ist mit der Auflage anzuordnen, daß die Nachteile, die dem betreibenden Gläubiger aus der Einstellung erwachsen, durch laufende Zahlungen aus der Insolvenzmasse ausgeglichen werden.
	(3) Vor der Entscheidung des Gerichts sind der Zwangsverwalter und der betreibende Gläubiger zu hören."
	4 c. Nach § 153 b wird folgender § 153 c eingefügt:
	„§ 153 c
	(1) Auf Antrag des betreibenden Gläubigers hebt das Gericht die Anordnung der einstweiligen Einstellung auf, wenn die Voraussetzungen für die Einstellung fortgefallen sind, wenn die Auflagen nach § 153 b Abs. 2 nicht beachtet werden oder wenn der Insolvenzverwalter der Aufhebung zustimmt.
	(2) Vor der Entscheidung des Gerichts ist der Insolvenzverwalter zu hören. Wenn keine Aufhebung erfolgt, enden die Wirkungen der Anordnung mit der Beendigung des Insolvenzverfahrens."
5. In § 168 c Nr. 5 Satz 2 und in § 171 e Nr. 5 Satz 2 wird das Wort „Konkurs" jeweils durch das Wort „Insolvenzverfahren" ersetzt.	5. unverändert

Entwurf	Beschlüsse des 6. Ausschusses
6. In den §§ 172 und 173 Satz 2 wird das Wort „Konkursverwalter" jeweils durch das Wort „Insolvenzverwalter" ersetzt.	6. unverändert

[im folgenden: BT-Drs. 12/7303, S. 23]

7. In § 174 wird das Wort „Gemeinschuldner" durch die Worte „Schuldner des Insolvenzverfahrens" und das Wort „Konkursverwalter" durch das Wort „Insolvenzverwalter" ersetzt.	7. unverändert
8. Nach § 174 wird folgender § 174 a eingefügt:	8. unverändert

„§ 174 a

Der Insolvenzverwalter kann bis zum Schluß der Verhandlung im Versteigerungstermin verlangen, daß bei der Feststellung des geringsten Gebots nur die den Ansprüchen aus § 10 Abs. 1 Nr. 1 a vorgehenden Rechte berücksichtigt werden; in diesem Fall ist das Grundstück auch mit der verlangten Abweichung auszubieten."

9. § 178 wird wie folgt geändert:	9. unverändert

a) In Absatz 1 werden die Worte „des Nachlaßkonkurses" durch die Worte „des Nachlaßinsolvenzverfahrens" ersetzt.

b) In Absatz 2 werden die Worte „des Nachlaßkonkurses" durch die Worte „des Nachlaßinsolvenzverfahrens" und das Wort „Konkursverwalter" durch das Wort „Insolvenzverwalter" ersetzt.

Artikel 21 Änderung der Seerechtlichen Verteilungsordnung	Artikel 21 Änderung der Seerechtlichen Verteilungsordnung
(1) Die Seerechtliche Verteilungsordnung vom 25. Juli 1986 (BGBl. I S. 1130), zuletzt geändert durch *Artikel 7 Abs. 10 des Gesetzes vom 17. Dezember 1990 (BGBl. I S. 2847),* wird wie folgt geändert:	(1) Die Seerechtliche Verteilungsordnung vom 25. Juli 1986 (BGBl. I S. 1130), zuletzt geändert durch…, wird wie folgt geändert:
1. In § 7 Abs. 2 Nr. 7 werden die Worte „§ 108 Abs. 2 der Konkursordnung" durch die Worte „§ 31 Abs. 3 der Insolvenzordnung" ersetzt.	1. unverändert
2. In § 8 Abs. 6 werden die Worte „das Konkursverfahren oder das gerichtliche Vergleichsverfahren" durch die Worte „das Insolvenzverfahren" ersetzt.	2. unverändert
3. § 9 Abs. 1 Satz 2 wird wie folgt gefaßt:	3. § 9 Abs. 1 Satz 2 wird wie folgt gefaßt:
„§ 65 Abs. 2 *und § 67 Abs. 1* der Insolvenzordnung *gelten* entsprechend."	„§ 65 Abs. 2 der Insolvenzordnung **gilt** entsprechend."
4. § 18 Satz 2 wird durch folgende Sätze 2 und 3 ersetzt:	4. § 18 Satz 2 wird durch folgende Sätze 2 und 3 ersetzt:

Entwurf	Beschlüsse des 6. Ausschusses
„In diesem Termin hat sich der Schuldner zu den Ansprüchen zu erklären. *§ 203 Abs. 2 und § 204 der Insolvenzordnung gelten* entsprechend."	„In diesem Termin hat sich der Schuldner zu den Ansprüchen zu erklären. § 204 der Insolvenzordnung **gilt** entsprechend."
5. § 19 Abs. 3 Satz 2 wird wie folgt gefaßt:	5. unverändert
„Die Vorschriften des § 207 Abs. 2, 3, der §§ 208 bis 211 und des § 213 der Insolvenzordnung gelten sinngemäß".	

[im folgenden: BT-Drs. 12/7303, S. 24]

6. In § 26 Abs. 2 Satz 2 werden die Worte „§ 158 der Konkursordnung" durch die Worte „§ 222 der Insolvenzordnung" ersetzt.	6. unverändert
7. In § 31 Abs. 2 Nr. 2 werden die Worte „§ 147 Satz 2 der Konkursordnung" durch die Worte „§ 211 Abs. 3 der Insolvenzordnung" ersetzt.	7. unverändert
(2) Die Maßgabe zur Seerechtlichen Verteilungsordnung in Anlage I Kapitel III Sachgebiet D Abschnitt III Nr. 3 Buchstabe b des Einigungsvertrages vom 31. August 1990 in Verbindung mit Artikel 1 des Gesetzes vom 23. September 1990 (BGBl. 1990 II S. 885, 960) ist nicht mehr anzuwenden.	(2) unverändert
	Artikel 21a **Änderung des Gesetzes über den Sozialplan im Konkurs- und Vergleichsverfahren** In § 8 des Gesetzes über den Sozialplan im Konkurs- und Vergleichsverfahren vom 20. Februar 1985 (BGBl. I S. 369), das zuletzt durch … geändert worden ist, wird die Jahreszahl „1995" durch die Jahreszahl „1996" ersetzt.
Artikel 22 **Änderung des Gesetzes über die Angelegenheiten der freiwilligen Gerichtsbarkeit**	**Artikel 22** **Änderung des Gesetzes über die Angelegenheiten der freiwilligen Gerichtsbarkeit**
Das Gesetz über die Angelegenheiten der freiwilligen Gerichtsbarkeit in der im Bundesgesetzblatt Teil III, Gliederungsnummer 315-1, veröffentlichten bereinigten Fassung, zuletzt geändert durch *Artikel 2 des Gesetzes vom 18. Dezember 1991 (BGBl. I S. 2206),* wird wie folgt geändert:	Das Gesetz über die Angelegenheiten der freiwilligen Gerichtsbarkeit in der im Bundesgesetzblatt Teil III, Gliederungsnummer 315-1, veröffentlichten bereinigten Fassung, zuletzt geändert durch …, wird wie folgt geändert:
1. Nach § 141 wird folgender neuer § 141 a eingefügt:	1. Nach § 141 wird folgender neuer § 141 a eingefügt:
„§ 141 a	„§ 141 a
(1) Eine Aktiengesellschaft, Kommanditgesellschaft auf Aktien oder eine Gesellschaft mit beschränkter Haftung, die kein Vermögen besitzt, kann von Amts wegen oder auf Antrag auch der Steuerbehörde gelöscht werden. *Sie ist von Amts wegen zu löschen, wenn die Gesellschaft entgegen gesetzlicher Verpflichtung in drei aufeinanderfolgenden Jahren ihren Jahresabschluß und die mit ihm offenzulegenden Unterlagen ganz oder*	(1) Eine Aktiengesellschaft, Kommanditgesellschaft auf Aktien oder eine Gesellschaft mit beschränkter Haftung, die kein Vermögen besitzt, kann von Amts wegen oder auf Antrag auch der Steuerbehörde gelöscht werden. Sie ist von Amts wegen zu löschen, wenn das Insolvenzverfahren über das Vermögen der Gesellschaft durchgeführt worden ist und keine Anhaltspunkte dafür vorliegen, daß die Gesellschaft noch Vermögen besitzt.

Entwurf	Beschlüsse des 6. Ausschusses
teilweise nicht bekanntgemacht und zum Handelsregister eingereicht hat, die Offenlegung auch nicht innerhalb von sechs Monaten bewirkt, nachdem das Gericht die Absicht der Löschung mitgeteilt hat, und ein Beteiligter innerhalb dieser Frist nicht glaubhaft gemacht hat, daß die Gesellschaft Vermögen besitzt. Sie ist *auch dann* von Amts wegen	Vor der Löschung sind die in § 126 bezeichneten Organe zu hören.

[im folgenden: BT-Drs. 12/7303, S. 25]

zu löschen, wenn das Insolvenzverfahren über das Vermögen der Gesellschaft durchgeführt worden ist und keine Anhaltspunkte dafür vorliegen, daß die Gesellschaft noch Vermögen besitzt. Vor der Löschung sind die in § 126 bezeichneten Organe zu hören.	
(2) Das Gericht hat die Absicht der Löschung den gesetzlichen Vertretern der Gesellschaft, soweit solche vorhanden sind und ihre Person und ihr inländischer Aufenthalt bekannt ist, nach den für die Zustellung von Amts wegen geltenden Vorschriften der Zivilprozeßordnung bekanntzumachen und ihnen zugleich eine angemessene Frist zur Geltendmachung des Widerspruchs zu bestimmen. Das Gericht kann anordnen, auch wenn eine Pflicht zur Bekanntmachung und Fristbestimmung nach Satz 1 nicht besteht, daß die Bekanntmachung und die Bestimmung der Frist durch Einrückung in die Blätter, die für die Bekanntmachung der Eintragung in das Handelsregister bestimmt sind, sowie durch Einrückung in weitere Blätter erfolgt; in diesem Fall ist jeder zur Erhebung des Widerspruchs berechtigt, der an der Unterlassung der Löschung ein berechtigtes Interesse hat. Die Vorschriften des § 141 Abs. 3 und 4 gelten entsprechend.	(2) unverändert
(3) Absätze 1 und 2 finden entsprechende Anwendung auf offene Handelsgesellschaften und Kommanditgesellschaften, bei denen kein persönlich haftender Gesellschafter eine natürliche Person ist; *dies gilt nicht,* wenn zu den persönlich haftenden Gesellschaftern eine andere offene Handelsgesellschaft oder Kommanditgesellschaft gehört, bei der ein persönlich haftender Gesellschafter eine natürliche Person ist. Eine solche Gesellschaft kann jedoch nur gelöscht werden, wenn die zur Vermögenslosigkeit geforderten Voraussetzungen sowohl bei der Gesellschaft als auch bei den persönlich haftenden Gesellschaftern vorliegen."	(3) Absätze 1 und 2 finden entsprechende Anwendung auf offene Handelsgesellschaften und Kommanditgesellschaften, bei denen kein persönlich haftender Gesellschafter eine natürliche Person ist. Eine solche Gesellschaft kann jedoch nur gelöscht werden, wenn die zur Vermögenslosigkeit geforderten Voraussetzungen sowohl bei der Gesellschaft als auch bei den persönlich haftenden Gesellschaftern vorliegen. **Die Sätze 1 und 2 gelten nicht,** wenn zu den persönlich haftenden Gesellschaftern eine andere offene Handelsgesellschaft oder Kommanditgesellschaft gehört, bei der ein persönlich haftender Gesellschafter eine natürliche Person ist."
2. § 147 wird wie folgt geändert:	2. § 147 wird wie folgt geändert:
a) Absatz 1 wird wie folgt gefaßt:	a) Absatz 1 wird wie folgt gefaßt:
„(1) Die Vorschriften der §§ 127 bis 130, 141a bis 143 finden auf die Eintragung in das Genossenschaftsregister entsprechende Anwendung."	„(1) Die Vorschriften der §§ 127 bis 130, 141a bis 143 finden auf die Eintragungen in das Genossenschaftsregister entsprechende Anwendung."

| Entwurf | Beschlüsse des 6. Ausschusses |

b) Nach Absatz 1 wird folgender neuer Absatz 2 eingefügt: „(2) Im Falle des § 141 a Abs. 1 tritt der Prüfungsverband an die Stelle der in § 126 bezeichneten Organe." c) Die bisherigen Absätze 2, 3 und 4 werden neue Absätze 3, 4 und 5. d) Im neuen Absatz 5 werden die Worte „der Absätze 2, 3" durch die Worte „der Absätze 3, 4" ersetzt.	b), c) und d) unverändert

[im folgenden: BT-Drs. 12/7303, S. 26]

Artikel 22 a
Änderung der Grundbuchordnung

Die Grundbuchordnung in der im Bundesgesetzblatt Teil III, Gliederungsnummer 315-11, veröffentlichten bereinigten Fassung, die zuletzt durch . . . geändert worden ist, wird wie folgt geändert:

1. § 12 c Abs. 2 Nr. 3 wird wie folgt gefaßt:

„3. Die Entscheidungen über Ersuchen des Gerichts um Eintragung oder Löschung des Vermerks über die Eröffnung des Insolvenzverfahrens und über die Verfügungsbeschränkungen nach der Insolvenzordnung oder des Vermerks über die Einleitung eines Zwangsversteigerungs- und Zwangsverwaltungsverfahrens;".

2. In § 144 Abs. 1 werden der Nummer 1 folgende Sätze angefügt:

„Vorschriften nach Satz 2 und 3 können auch dann beibehalten, geändert oder ergänzt werden, wenn die Grundbücher wieder von den Amtsgerichten geführt werden. Sind vor dem . . . [Einsetzen: Tag des Inkrafttretens des Artikels 22 a Nr. 2 nach Artikel 115 Abs. 3] in Grundbüchern, die in dem in Artikel 3 des Einigungsvertrages genannten Gebiet geführt werden, Eintragungen vorgenommen worden, die nicht den Vorschriften des § 44 Abs. 1 entsprechen, so sind diese Eintragungen dennoch wirksam, wenn sie den Anforderungen der für die Führung des Grundbuchs von dem jeweiligen Land erlassenen Vorschriften genügen."

Artikel 23 Änderung des Arbeitsgerichtsgesetzes	Artikel 23 Änderung des Arbeitsgerichtsgesetzes
§ 21 Abs. 2 des Arbeitsgerichtsgesetzes in der Fassung der Bekanntmachung vom 2. Juli 1979	§ 21 Abs. 2 des Arbeitsgerichtsgesetzes in der Fassung der Bekanntmachung vom 2. Juli 1979

Anhang – II. Materialien zum Einführungsgesetz   Anhang II 5

Entwurf	Beschlüsse des 6. Ausschusses
(BGBl. I S. 853, 1036), das zuletzt durch *Artikel 3 des Gesetzes vom 17. Dezember 1990 (BGBl. I S. 2847) geändert worden ist,* wird wie folgt geändert:	(BGBl. I S. 853, 1036), das zuletzt durch ... wird wie folgt geändert:
a) Die Nummer 3 wird aufgehoben; die Nummer 4 wird die neue Nummer 3.	a) unverändert
b) Es wird folgender neuer Satz 2 angefügt:	b) Es wird folgender neuer Satz 2 angefügt:
„Personen, die in Vermögensverfall geraten sind, sollen nicht *zu* ehrenamtliche*n* Richter*n ernannt* werden."	„Personen, die in Vermögensverfall geraten sind, sollen nicht **als** ehrenamtliche Richter **berufen** werden."
Artikel 24 **Änderung des Sozialgerichtsgesetzes**	**Artikel 24** **Änderung des Sozialgerichtsgesetzes**
§ 17 Abs. 1 des Sozialgerichtsgesetzes in der Fassung der Bekanntmachung vom 23. September 1975 (BGBl. I S. 2535), das zuletzt durch *Artikel 4 des Gesetzes vom 17. Dezember 1990 (BGBl. I S. 2847) geändert worden ist,* wird wie folgt geändert:	§ 17 Abs. 1 des Sozialgerichtsgesetzes in der Fassung der Bekanntmachung vom 23. September 1975 (BGBl. I S. 2535), das zuletzt durch ... geändert worden ist, wird wie folgt geändert:

[im folgenden: BT-Drs. 12/7303, S. 27]

a) Die Nummer 3 wird aufgehoben; die Nummer 4 wird die neue Nummer 3.	a) unverändert
b) Es wird folgender neuer Satz 2 angefügt:	b) Es wird folgender neuer Satz 2 angefügt:
„Personen, die in Vermögensverfall geraten sind, sollen nicht zu ehrenamtlichen Richtern *ernannt* werden."	„Personen, die in Vermögensverfall geraten sind, sollen nicht **zu** ehrenamtlichen Richtern **berufen** werden."
Artikel 25 **Änderung der Verwaltungsgerichtsordnung**	**Artikel 25** **Änderung der Verwaltungsgerichtsordnung**
§ 21 der Verwaltungsgerichtsordnung in der Fassung der Bekanntmachung vom 19. März 1991 (BGBl. I S. 686), die zuletzt durch *Artikel 3 des Gesetzes vom 26. Juni 1992 (BGBl. I S. 1126)* geändert worden ist, wird wie folgt geändert:	§ 21 der Verwaltungsgerichtsordnung in der Fassung der Bekanntmachung vom 19. März 1991 (BGBl. I S. 686), die zuletzt durch ... geändert worden ist, wird wie folgt geändert:
a) Der bisherige Text wird Absatz 1.	a) unverändert
b) Die Nummer 3 wird aufgehoben; die Nummer 4 wird die neue Nummer 3.	b) unverändert
c) Es wird folgender neuer Absatz 2 angefügt:	c) Es wird folgender neuer Absatz 2 angefügt:
„(2) Personen, die in Vermögensverfall geraten sind, sollen nicht zu ehrenamtlichen Richtern *ernannt* werden."	„(2) Personen, die in Vermögensverfall geraten sind, sollen nicht zu ehrenamtlichen Richtern **berufen** werden."
Artikel 26 **Änderung der Finanzgerichtsordnung**	**Artikel 26** **Änderung der Finanzgerichtsordnung**
§ 18 der Finanzgerichtsordnung in der Fassung der Bekanntmachung vom 6. Oktober 1965 (BGBl. I S. 1477), die zuletzt durch *Artikel 6 des Gesetzes vom 17. Dezember 1990 (BGBl. I S. 2847)* geändert worden ist, wird wie folgt geändert:	§ 18 der Finanzgerichtsordnung in der Fassung der Bekanntmachung vom 6. Oktober 1965 (BGBl. I S. 1477), die zuletzt durch ... geändert worden ist, wird wie folgt geändert:

Entwurf	Beschlüsse des 6. Ausschusses
a) Der bisherige Text wird Absatz 1.	a) unverändert
b) Die Nummern 3 und 4 werden aufgehoben; die Nummer 5 wird die neue Nummer 3.	b) unverändert
c) Es wird folgender neuer Absatz 2 angefügt:	c) Es wird folgender neuer Absatz 2 angefügt:
„(2) Personen, die in Vermögensverfall geraten sind, sollen nicht zu ehrenamtlichen Richtern *ernannt* werden."	„(2) Personen, die in Vermögensverfall geraten sind, sollen nicht zu ehrenamtlichen Richtern **berufen** werden."

Artikel 27
Änderung des Gerichtskostengesetzes

Das Gerichtskostengesetz in der Fassung der Bekanntmachung vom 15. Dezember 1975 (BGBl. I S. 3047), zuletzt geändert durch *Artikel 7 Abs. 16 des Gesetzes vom 17. Dezember 1990 (BGBl. I S. 2847)*, wird wie folgt geändert:	Das Gerichtskostengesetz in der Fassung der Bekanntmachung vom 15. Dezember 1975 (BGBl. I S. 3047), zuletzt geändert durch . . ., wird wie folgt geändert:
1. In § 1 Abs. 1 Buchstabe a werden die Worte „der Konkursordnung, der Vergleichsordnung" durch die Worte „der Insolvenzordnung" ersetzt.	1. unverändert

[im folgenden: BT-Drs. 12/7303, S. 28]

2. In § 12 Abs. 1 werden die Worte „und § 148 der Konkursordnung" durch die Worte „und § 210 der Insolvenzordnung" ersetzt.	2. unverändert
3. In der Überschrift des Dritten Abschnitts werden die Worte „Vergleichsverfahren zur Abwendung des Konkurses, Konkursverfahren" durch das Wort „Insolvenzverfahren" ersetzt.	3. unverändert
4. In § 35 werden die Worte „im Vergleichsverfahren zur Abwendung des Konkurses, im Konkursverfahren" durch die Worte „im Insolvenzverfahren" ersetzt.	4. unverändert
5. § 36 wird aufgehoben.	5. unverändert
6. § 37 wird wie folgt gefaßt:	6. unverändert

„§ 37
Wertberechnung

(1) Die Gebühren für den Antrag auf Eröffnung des Insolvenzverfahrens und für die Durchführung des Insolvenzverfahrens werden nach dem Wert der Insolvenzmasse zur Zeit der Beendigung des Verfahrens erhoben. Gegenstände, die zur abgesonderten Befriedigung dienen, werden nur in Höhe des für diese nicht erforderlichen Betrags angesetzt.

(2) Ist der Antrag auf Eröffnung des Insolvenzverfahrens von einem Gläubiger gestellt, so wird die Gebühr für das Verfahren über den Antrag nach dem Betrag seiner Forderung, wenn jedoch der Wert der Insolvenzmasse geringer ist, nach diesem Wert erhoben."

Entwurf	Beschlüsse des 6. Ausschusses

7. § 38 wird wie folgt gefaßt:

„§ 38
Beschwerden

Bei der Beschwerde des Schuldners gegen die Eröffnung des Insolvenzverfahrens oder gegen die Abweisung des Eröffnungsantrags mangels Masse gilt § 37 Abs. 1. Bei der Beschwerde eines sonstigen Antragstellers gegen die Abweisung des Eröffnungsantrags gilt § 37 Abs. 2."

7. unverändert

8. § 50 wird wie folgt gefaßt:

„§ 50
Kostenschuldner im Insolvenzverfahren

(1) Im Insolvenzverfahren ist der Antragsteller Schuldner der Gebühr für das Verfahren über den Antrag auf Eröffnung des Insolvenzverfahrens. Wird der Antrag abgewiesen oder zurückgenommen, so ist der Antragsteller auch Schuldner der in dem Verfahren entstandenen Auslagen.

(2) Der Insolvenzgläubiger, der die Versagung oder den Widerruf der Restschuldbefreiung beantragt, ist Schuldner der Kosten.

8. unverändert

[im folgenden: BT-Drs. 12/7303, S. 29]

(3) Im übrigen ist Schuldner der Gebühren und Auslagen der Schuldner des Insolvenzverfahrens."

9. § 51 wird aufgehoben.

9. unverändert

10. In § 60 wird die Angabe „§§ 57 bis 60, 142 der Konkursordnung" durch die Angabe „§§ 62 bis 64, 204, 316 und *321* der Insolvenzordnung" ersetzt.

10. In § 60 wird die Angabe „§§ 57 bis 60, 142 der Konkursordnung" durch die Angabe „§§ 62 bis 64, 204, **234 c** und 316 der Insolvenzordnung" ersetzt.

11. In § 61 werden die Worte „im Konkursverfahren, im Vergleichsverfahren zur Abwendung des Konkurses" durch die Worte „im Insolvenzverfahren" ersetzt.

11. unverändert

12. In § 73 Abs. 3 werden die Worte „Vergleichsverfahren zur Abwendung des Konkurses, Konkursverfahren" durch das Wort „Insolvenzverfahren" ersetzt.

12. unverändert

13. Der Hauptabschnitt D des Kostenverzeichnisses (Anlage 1 zum Gerichtskostengesetz) wird wie folgt gefaßt:

13. Der Hauptabschnitt D des Kostenverzeichnisses (Anlage 1 zum Gerichtskostengesetz) wird wie folgt gefaßt:

[im folgenden: BT-Drs. 12/7303, S. 30]

Entwurf

Nr.	Gebührentatbestand	Gebührenbetrag in DM oder Satz der Gebühr nach § 11 Abs. 2 GKG
	„D. Insolvenzverfahren, seerechtliches Verteilungsverfahren	
	I. Insolvenzverfahren	
	1. Eröffnungsverfahren	
1400	Verfahren über den Antrag des Schuldners auf Eröffnung des Insolvenzverfahrens	$1/2$
1401	Verfahren über den Antrag eines Gläubigers auf Eröffnung des Insolvenzverfahrens	$1/2$ mindestens 200 DM
	2. Durchführung des Insolvenzverfahrens auf Antrag des Schuldners, auch wenn das Verfahren gleichzeitig auf Antrag eines Gläubigers eröffnet wurde	
1410	Durchführung des Insolvenzverfahrens	$2 1/2$
1411	Eröffnungsbeschluß wird auf Beschwerde aufgehoben	Gebühr 1410 entfällt
1412	Verfahren wird vor dem Ende des *Berichtstermins* nach §§ 317, 324, 325, 326 InsO oder § 3 des Ausführungsgesetzes zum deutsch-österreichischen Konkursvertrag eingestellt	Gebühr 1410 ermäßigt sich auf $1/2$
1413	Verfahren wird nach dem Ende des *Berichtstermins* nach §§ 317, 324, 325, 326 InsO oder § 3 des Ausführungsgesetzes zum deutsch-österreichischen Konkursvertrag eingestellt	Gebühr 1410 ermäßigt sich auf $1 1/2$
	3. Durchführung des Insolvenzverfahrens auf Antrag eines Gläubigers	
1420	Durchführung des Insolvenzverfahrens	3
1421	Eröffnungsbeschluß wird auf Beschwerde aufgehoben	Gebühr 1420 entfällt
1422	Verfahren wird vor dem Ende des *Berichtstermins* nach §§ 317, 324, 325, 326 InsO oder § 3 des Ausführungsgesetzes zum deutsch-österreichischen Konkursvertrag eingestellt	Gebühr 1420 ermäßigt sich auf 1
1423	Verfahren wird vor dem Ende des *Berichtstermins* nach §§ 317, 324, 325, 326 InsO oder § 3 des Ausführungsgesetzes zum deutsch-österreichischen Konkursvertrag eingestellt	Gebühr 1420 ermäßigt sich auf 2
	4. Besonderer Prüfungstermin (§ 204 InsO)	
1430	Prüfung von Forderungen je Gläubiger	20 DM
	5. Restschuldbefreiung	
1431	Entscheidung über den Antrag auf Versagung oder Widerruf der Restschuldbefreiung (§§ 245, 249, 252 InsO)	50 DM
	II. Seerechtliches Verteilungsverfahren	
1440	Verfahren über den Antrag auf Eröffnung des seerechtlichen Verteilungsverfahrens	1
1441	Durchführung des Verteilungsverfahrens	2
1445	Prüfung von Forderungen in einem besonderen Prüfungstermin (§ 11 der Seerechtlichen Verteilungsordnung) je Gläubiger	20 DM
	III. Beschwerdeverfahren	
1450	Beschwerde gegen den Beschluß über die Eröffnung des Insolvenzverfahrens (§ 41 InsO)	1
1451	Verfahren über nicht aufgeführte Beschwerden, die nicht nach anderen Vorschriften gebührenfrei sind: Soweit die Beschwerde verworfen oder zurückgewiesen wird	1"

[im folgenden: BT-Drs. 12/7303, S.31]

Beschlüsse des 6. Ausschusses

Nr.	Gebührentatbestand	Gebührenbetrag in DM oder Satz der Gebühr nach § 11 Abs. 2 GKG
	„D. Insolvenzverfahren, seerechtliches Verteilungsverfahren	
	I. Insolvenzverfahren	
	1. Eröffnungsverfahren	
1400	Verfahren über den Antrag des Schuldners auf Eröffnung des Insolvenzverfahrens....................	$^1/_2$
	Die Gebühr entsteht auch, wenn das Verfahren nach § 357 c InsO ruht.	
1401	Verfahren über den Antrag eines Gläubigers auf Eröffnung des Insolvenzverfahrens....................	$^1/_2$ mindestens 200 DM
	2. Durchführung des Insolvenzverfahrens auf Antrag des Schuldners, auch wenn das Verfahren gleichzeitig auf Antrag eines Gläubigers eröffnet wurde	
1410	Durchführung des Insolvenzverfahrens.............	$2^1/_2$
1411	Eröffnungsbeschluß wird auf Beschwerde aufgehoben.....	Gebühr 1410 entfällt
1412	Verfahren wird vor dem Ende des **Prüfungstermins** nach §§ 234 a, 234 e, 234 f, 234 g InsO oder § 3 des Ausführungsgesetzes zum deutsch-österreichischen Konkursvertrag eingestellt	Gebühr 1410 ermäßigt sich auf $^1/_2$
1413	Verfahren wird nach dem Ende des **Prüfungstermins** nach §§ 234 a, 234 e, 234 f, 234 g InsO oder § 3 des Ausführungsgesetzes zum deutsch-österreichischen Konkursvertrag eingestellt....................	Gebühr 1410 ermäßigt sich auf $1^1/_2$
	3. Durchführung des Insolvenzverfahrens auf Antrag eines Gläubigers	
1420	Durchführung des Insolvenzverfahrens.............	3
1421	Eröffnungsbeschluß wird auf Beschwerde aufgehoben.....	Gebühr 1420 entfällt
1422	Verfahren wird vor dem Ende des **Prüfungstermins** nach §§ 234 a, 234 e, 234 f, 234 g InsO oder § 3 des Ausführungsgesetzes zum deutsch-österreichischen Konkursvertrag eingestellt....................	Gebühr 1420 ermäßigt sich auf 1
1423	Verfahren wird nach dem Ende des **Prüfungstermins** nach §§ 234 a, 234 e, 234 f, 234 g InsO oder § 3 des Ausführungsgesetzes zum deutsch-österreichischen Konkursvertrag eingestellt....................	Gebühr 1420 ermäßigt sich auf 2
	4. Besonderer Prüfungstermin **und schriftliches Prüfungsverfahren** (§ 204 InsO)	
1430	Prüfung von Forderungen je Gläubiger.............	20 DM
	5. Restschuldbefreiung	
1431	Entscheidung über den Antrag auf Versagung oder Widerruf der Restschuldbefreiung (§§ 346 h, 346 o, 346 r InsO)....	50 DM
	II. Seerechtliches Verteilungsverfahren	
1440	Verfahren über den Antrag auf Eröffnung des seerechtlichen Verteilungsverfahrens....................	1
1441	Durchführung des Verteilungsverfahrens............	2

Beschlüsse des 6. Ausschusses

Nr.	Gebührentatbestand	Gebührenbetrag in DM oder Satz der Gebühr nach § 11 Abs. 2 GKG
1445	Prüfung von Forderungen in einem besonderen Prüfungstermin (§ 11 der Seerechtlichen Verteilungsordnung) je Gläubiger . .	20 DM
	III. Beschwerdeverfahren	
1450	Beschwerde gegen den Beschluß über die Eröffnung des Insolvenzverfahrens (§ 41 InsO)	1
1451	Verfahren über nicht aufgeführte Beschwerden, die nicht nach anderen Vorschriften gebührenfrei sind: Soweit die Beschwerde verworfen oder zurückgewiesen wird	1"

Entwurf	Beschlüsse des 6. Ausschusses
	[im folgenden: BT-Drs. 12/7303, S. 32]
	14. In Nummer 1903 des Kostenverzeichnisses (Anlage 1 zum Gerichtskostengesetz) wird die Angabe „§ 142 KO" durch die Angabe „§ 204 InsO" ersetzt.
Artikel 28 **Änderung der Kostenordnung**	**Artikel 28** unverändert

Die Kostenordnung in der im Bundesgesetzblatt Teil III, Gliederungsnummer 361-1, veröffentlichten bereinigten Fassung, zuletzt geändert durch Artikel 7 Abs. 17 des Gesetzes vom 17. Dezember 1990 (BGBl. I S. 2847), wird wie folgt geändert:

1. § 69 Abs. 2 wird wie folgt geändert:

   a) Der bisherige einzige Satz wird Satz 1; in ihm werden die Worte „des Vergleichs-, Konkurs- oder Vollstreckungsgerichts" durch die Worte „des Insolvenz- oder Vollstreckungsgerichts" ersetzt.

   b) Es wird folgender neuer Satz 2 angefügt:

   „Soweit eine Eintragung oder Löschung nach den Vorschriften der Insolvenzordnung statt auf Ersuchen des Insolvenzgerichts auf Antrag des Insolvenzverwalters oder, wenn kein Verwalter bestellt ist, auf Antrag des Schuldners erfolgt, ist sie ebenfalls gebührenfrei."

2. In § 87 Nr. 1 werden die Worte „eines Vergleichs- oder Konkursverfahrens" durch die Worte „eines Insolvenzverfahrens" und die Worte „des Vollstreckungsgerichts" durch die Worte „des Insolvenz- oder Vollstreckungsgerichts" ersetzt; es wird folgender Halbsatz angefügt:

   „ferner für Eintragungen oder Löschungen, die nach den Vorschriften der Insolvenzordnung statt auf Ersuchen des Insolvenzgerichts auf Antrag des Insolvenzverwalters oder, wenn kein Verwalter bestellt ist, auf Antrag des Schuldners erfolgen;".

3. § 88 Abs. 2 Satz 1 wird wie folgt gefaßt:

   „Für Löschungen nach §§ 141 a bis 144, 147 Abs. 1, §§ 159 und 161 des Gesetzes über die Angelegenheiten der freiwilligen Gerichtsbarkeit werden keine Gebühren erhoben."

Anhang – II. Materialien zum Einführungsgesetz

Entwurf | Beschlüsse des 6. Ausschusses

Artikel 29
Änderung der Bundesgebührenordnung für Rechtsanwälte

Die Bundesgebührenordnung für Rechtsanwälte in der im Bundesgesetzblatt Teil III, Gliederungsnummer 368-1, veröffentlichten bereinigten Fassung, zuletzt geändert durch *Artikel 2 Nr. 7 des Gesetzes vom 20. Dezember 1991 (BGBl. I S. 2317)*, wird wie folgt geändert:

1. § 1 Abs. 2 Satz 1 wird wie folgt gefaßt:
„Dieses Gesetz gilt nicht, wenn der Rechtsanwalt als Vormund, Betreuer, Pfleger, Testamentsvollstrecker, Insolvenzverwalter, Sachwalter, Mitglied des Gläubigerausschusses, Nachlaßverwalter, Zwangsverwalter, Treuhänder, Schiedsrichter oder in ähnlicher Stellung tätig wird."

2. In der Überschrift des Fünften Abschnitts werden die Worte „Konkursverfahren und in Vergleichsverfahren zur Abwendung des Konkurses sowie" durch die Worte „Insolvenzverfahren und" ersetzt.

3. Die §§ 72 bis 77 werden wie folgt gefaßt:

„§ 72
Eröffnung des Insolvenzverfahrens

Im Verfahren über einen Antrag auf Eröffnung des Insolvenzverfahrens erhält der Rechtsanwalt drei Zehntel der vollen Gebühr; *vertritt er einen Gläubiger, so erhält er die Hälfte der vollen Gebühr.*

§ 73
Vertretung im Insolvenzverfahren

Für die Vertretung im Insolvenzverfahren erhält der Rechtsanwalt die Hälfte der vollen Gebühr.

§ 74
Restschuldbefreiung, Insolvenzplan

(1) Für die Tätigkeit im Verfahren über einen Antrag auf Restschuldbefreiung und im Verfahren über einen Insolvenzplan erhält der Rechtsanwalt

Artikel 29
Änderung der Bundesgebührenordnung für Rechtsanwälte

Die Bundesgebührenordnung für Rechtsanwälte in der im Bundesgesetzblatt Teil III, Gliederungsnummer 368-1, veröffentlichten bereinigten Fassung, zuletzt geändert durch . . ., wird wie folgt geändert:

[im folgenden: BT-Drs. 12/7303, S. 33]

1. unverändert

2. unverändert

3. Die §§ 72 bis 77 werden wie folgt gefaßt:

„§ 72
Eröffnung des Insolvenzverfahrens.
Schuldenbereinigungsplan

(1) Im Verfahren über einen Antrag auf Eröffnung des Insolvenzverfahrens erhält der Rechtsanwalt, **der den Schuldner vertritt, für das Betreiben des Geschäfts (Geschäftsgebühr)** drei Zehntel der vollen Gebühr. **Ist der Rechtsanwalt auch im Verfahren über den Schuldenbereinigungsplan tätig, so erhöht sich die Geschäftsgebühr auf eine volle Gebühr.**

(2) Der Rechtsanwalt, der einen Gläubiger vertritt, erhält im Verfahren über einen Antrag auf Eröffnung des Insolvenzverfahrens eine Geschäftsgebühr in Höhe der Hälfte der vollen Gebühr. Wird er auch im Verfahren über den Schuldenbereinigungsplan tätig, so erhöht sich die Geschäftsgebühr auf acht Zehntel der vollen Gebühr.

§ 73
unverändert

§ 74
Restschuldbefreiung, Insolvenzplan

(1) Für die Tätigkeit im Verfahren über einen Antrag auf Restschuldbefreiung und im Verfahren über einen Insolvenzplan erhält der Rechtsanwalt

Entwurf	Beschlüsse des 6. Ausschusses
eine besondere volle Gebühr; vertritt er im Verfahren über einen Insolvenzplan den *Beteiligten*, der den Plan vorgelegt hat, so erhält er *drei besondere* volle Gebühren. Wird der Rechtsanwalt sowohl im Verfahren über einen Antrag auf Restschuldbefreiung als auch im Verfahren über einen Insolvenzplan tätig, erhält er die Gebühr nur einmal nach dem höchsten Gebührensatz.	eine besonders volle Gebühr. Vertritt er im Verfahren über einen Insolvenzplan den **Schuldner**, der den Plan vorgelegt hat, so erhält er **neben der Gebühr des Satzes 1 zwei weitere** volle Gebühren. Wird der Rechtsanwalt sowohl im Verfahren über einen Antrag auf Restschuldbefreiung als auch im Verfahren über einen Insolvenzplan tätig, erhält er die Gebühr nur einmal nach dem höchsten Gebührensatz.
(2) Wird nach der Aufhebung des Insolvenzverfahrens ein Antrag auf Versagung oder Widerruf der Restschuldbefreiung gestellt (§§ *245, 249* und *252* der Insolvenzordnung), so erhält der Rechtsanwalt in dem Verfahren die Hälfte der vollen Gebühr. Das Verfahren ist eine besondere Angelegenheit; das Verfahren über mehrere, gleichzeitig anhängige Anträge ist eine Angelegenheit.	(2) Wird nach der Aufhebung des Insolvenzverfahrens ein Antrag auf Versagung oder Widerruf der Restschuldbefreiung gestellt (§§ **346 h, 346 o** und **346 r** der Insolvenzordnung), so erhält der Rechtsanwalt in dem Verfahren die Hälfte der vollen Gebühr. Das Verfahren ist eine besondere Angelegenheit; das Verfahren über mehrere, gleichzeitig anhängige Anträge ist eine Angelegenheit.

[im folgenden: BT-Drs. 12/7303, S. 34]

§ 75 Anmeldung einer Insolvenzforderung	§ 75 unverändert
Beschränkt sich die Tätigkeit des Rechtsanwalts auf die Anmeldung einer Insolvenzforderung, so erhält er drei Zehntel der vollen Gebühr.	

§ 76 Beschwerdeverfahren, Feststellungsverfahren	§ 76 Beschwerdeverfahren, Feststellungsverfahren
Der Rechtsanwalt erhält besonders fünf Zehntel der in § 31 bestimmten Gebühren *1. im Beschwerdeverfahren,* *2. im Verfahren über einen Antrag auf Feststellung der Zahlungsunfähigkeit oder des maßgeblichen Eröffnungsantrags (§§ 157, 158 der Insolvenzordnung).* Die Vorschriften des § 32 und des § 33 Abs. 1 und 2 gelten nicht.	Der Rechtsanwalt erhält im Beschwerdeverfahren besonders fünf Zehntel der in § 31 bestimmten Gebühren. Die Vorschriften des § 32 und des § 33 Abs. 1 und 2 gelten nicht.

§ 77 Gegenstandswert	§ 77 Gegenstandswert
(1) Die Gebühren *der* §§ 72 und 73 sowie des § 76 im Falle der Beschwerde gegen den Beschluß über die Eröffnung des Insolvenzverfahrens werden, wenn der Auftrag vom Schuldner erteilt ist, nach dem Wert der Insolvenzmasse (§ 37 des Gerichtskostengesetzes) berechnet.	(1) Die Gebühren **des** § 72 **Abs. 1** und des § 73 sowie des § 76 im Falle der Beschwerde gegen den Beschluß über die Eröffnung des Insolvenzverfahrens werden, wenn der Auftrag vom Schuldner erteilt ist, nach dem Wert der Insolvenzmasse (§ 37 des Gerichtskostengesetzes) berechnet. **Im Fall des § 72 Abs. 1 beträgt der Gegenstandswert jedoch mindestens 6000 Deutsche Mark.**
(2) Ist der Auftrag von einem Insolvenzgläubiger erteilt, so werden die Gebühren *der* §§ 72, 73, 75 *und* die Gebühren im Falle der Beschwerde gegen den Beschluß über die Eröffnung des Insolvenzverfahrens nach dem Nennwert der Forderung berechnet. Nebenforderungen sind mitzurechnen.	(2) Ist der Auftrag von einem Insolvenzgläubiger erteilt, so werden die Gebühren **des** § 72 **Abs. 2 und der** §§ 73, 75 **sowie** die Gebühren im Falle der Beschwerde gegen den Beschluß über die Eröffnung des Insolvenzverfahrens nach dem Nennwert der Forderung berechnet. Nebenforderungen sind mitzurechnen.

| Entwurf | Beschlüsse des 6. Ausschusses |

(3) Im übrigen ist der Gegenstandswert im Insolvenzverfahren unter Berücksichtigung des wirtschaftlichen Interesses, das der Auftraggeber im Verfahren verfolgt, nach § 8 Abs. 2 Satz 2 zu bestimmen."

(3) unverändert

4. Die §§ 78 bis 80 sowie der bisherige § 81 werden aufgehoben.

4. unverändert

5. Der bisherige § 81 a wird neuer § 81. In seinem Absatz 1 Satz 2 werden die Worte „der Aktivmasse" durch die Worte „des Wertes der Insolvenzmasse" ersetzt.

5. unverändert

[im folgenden: BT-Drs. 12/7303, S. 35]

Artikel 30
Änderung des Einführungsgesetzes
zum Bürgerlichen Gesetzbuche

Das Einführungsgesetz zum Bürgerlichen Gesetzbuche in der im Bundesgesetzblatt Teil III, Gliederungsnummer 400-1, veröffentlichten bereinigten Fassung, zuletzt geändert durch *§ 32 Satz 2 Nr. 2 des Gesetzes vom 26. Juni 1992 (BGBl. I S. 1147)*, wird wie folgt geändert:

1. In Artikel 51 werden das Wort „Konkursordnung" durch das Wort „Insolvenzordnung" und die Worte „Gesetze, betreffend die Anfechtung von Rechtshandlungen eines Schuldners außerhalb des Konkursverfahrens, vom 21. Juli 1879 (Reichsgesetzblatt S. 277)" durch das Wort „Anfechtungsgesetz" ersetzt.

2. In Artikel 131 werden die Worte „des Konkurses" durch die Worte „des Insolvenzverfahrens" und die Worte „dem Konkursverwalter das Recht," durch die Worte „das Recht, für die Insolvenzmasse" ersetzt.

Artikel 30
Änderung des Einführungsgesetzes
zum Bürgerlichen Gesetzbuche

Das Einführungsgesetz zum Bürgerlichen Gesetzbuche in der im Bundesgesetzblatt Teil III, Gliederungsnummer 400-1, veröffentlichten bereinigten Fassung, zuletzt geändert durch . . ., wird wie folgt geändert:

1. unverändert

2. unverändert

3. In Artikel 232 § 5 Abs. 2 wird die Jahreszahl „1994" durch die Jahreszahl „1996" ersetzt.

Artikel 31
Änderung des Bürgerlichen Gesetzbuchs

Das Bürgerliche Gesetzbuch in der im Bundesgesetzblatt Teil III, Gliederungsnummer 400-2, veröffentlichten bereinigten Fassung, zuletzt geändert durch *Artikel 28 des Gesetzes vom 25. Juli 1991 (BGBl. I S. 1606)*, wird wie folgt geändert:

1. § 42 wird wie folgt gefaßt:

„§ 42

(1) Der Verein wird durch die Eröffnung des Insolvenzverfahrens aufgelöst. Wird das Verfahren auf Antrag des Schuldners eingestellt oder nach der Bestätigung eines Insolvenzplans, der den

Artikel 31
Änderung des Bürgerlichen Gesetzbuchs

Das Bürgerliche Gesetzbuch in der im Bundesgesetzblatt Teil III, Gliederungsnummer 400-2, veröffentlichten bereinigten Fassung, zuletzt geändert durch . . ., wird wie folgt geändert:

1. § 42 wird wie folgt gefaßt:

„§ 42

(1) Der Verein wird durch die Eröffnung des Insolvenzverfahrens aufgelöst. Wird das Verahren auf Antrag des Schuldners eingestellt oder nach der Bestätigung eines Insolvenzplans, der den

Entwurf	Beschlüsse des 6. Ausschusses
Fortbestand des Vereins vorsieht, aufgehoben, so kann die Mitgliederversammlung die Fortsetzung des Vereins beschließen.	Fortbestand des Vereins vorsieht, aufgehoben, so kann die Mitgliederversammlung die Fortsetzung des Vereins beschließen. **Durch die Satzung kann bestimmt werden, daß der Verein im Falle der Eröffnung des Insolvenzverfahrens als nichtrechtsfähiger Verein fortbesteht; auch in diesem Fall kann unter den Voraussetzungen des Satzes 2 die Fortsetzung als rechtsfähiger Verein beschlossen werden.**
(2) Der Vorstand hat im Falle der Zahlungsunfähigkeit oder der Überschuldung die Eröffnung des Insolvenzverfahrens zu beantragen. Wird die Stellung des Antrags verzögert, so sind die Vorstandsmitglieder, denen ein Verschulden zur Last fällt, den Gläubigern für den daraus entstehenden Schaden verantwortlich; sie haften als Gesamtschuldner."	(2) unverändert

[im folgenden: BT-Drs. 12/7303, S. 36]

2. In § 47 wird der Punkt am Ende des Satzes durch ein Komma ersetzt; es wird folgendes angefügt:
„sofern nicht über das Vermögen des Vereins das Insolvenzverfahren eröffnet ist."

2. unverändert

3. In § 74 Abs. 1 Satz 2 werden die Worte „des Konkurses" durch die Worte „des Insolvenzverfahrens" ersetzt.

3. unverändert

4. § 75 wird wie folgt gefaßt:

4. unverändert

„§ 75

Die Eröffnung des Insolvenzverfahrens ist von Amts wegen einzutragen. Das gleiche gilt für

1. die Aufhebung des Eröffnungsbeschlusses;

2. die Bestellung eines vorläufigen Insolvenzverwalters, wenn zusätzlich dem Schuldner ein allgemeines Verfügungsverbot auferlegt oder angeordnet wird, daß Verfügungen des Schuldners nur mit Zustimmung des vorläufigen Insolvenzverwalters wirksam sind, und die Aufhebung einer derartigen Sicherungsmaßnahme;

3. die Einstellung und die Aufhebung des Verfahrens und

4. die Überwachung der Erfüllung eines Insolvenzplans und die Aufhebung der Überwachung."

5. In § 89 Abs. 2 werden die Worte „der Konkurs" durch die Worte „das Insolvenzverfahren" ersetzt.

5. unverändert

6. In § 161 Abs. 1 Satz 2 wird das Wort „Konkursverwalter" durch das Wort „Insolvenzverwalter" ersetzt.

6. unverändert

Entwurf	Beschlüsse des 6. Ausschusses
7. In § 184 Abs. 2 wird das Wort „Konkursverwalter" durch das Wort „Insolvenzverwalter" ersetzt.	7. unverändert
8. In § 207 Satz 1 werden die Worte „der Konkurs" durch die Worte „das Insolvenzverfahren" ersetzt.	8. unverändert
9. In § 209 Abs. 2 Nr. 2 wird das Wort „Konkurse" durch das Wort „Insolvenzverfahren" ersetzt.	9. unverändert
10. § 214 wird wie folgt geändert:	10. unverändert
a) In Absatz 1 werden die Worte „im Konkurse" durch die Worte „im Insolvenzverfahren" und die Worte „der Konkurs" durch die Worte „das Insolvenzverfahren" ersetzt.	
b) In Absatz 3 werden die Worte „des Konkurses" jeweils durch die Worte „des Insolvenzverfahrens" ersetzt.	
11. In § 218 Abs. 1 Satz 2 wird das Wort „Konkurs" durch das Wort „Insolvenzverfahren" ersetzt.	11. unverändert
12. In § 353 Abs. 2 wird das Wort „Konkursverwalter" durch das Wort „Insolvenzverwalter" ersetzt.	12. unverändert

[im folgenden: BT-Drs. 12/7303, S. 37]

Entwurf	Beschlüsse des 6. Ausschusses
13. In § 377 Abs. 2 werden die Worte „der Konkurs" durch die Worte „das Insolvenzverfahren" und die Worte „des Konkurses" durch die Worte „des Insolvenzverfahrens" ersetzt.	13. unverändert
14. In § 401 Abs. 2 werden die Worte „des Konkurses" durch die Worte „des Insolvenzverfahrens" ersetzt.	14. unverändert
15. In § 418 Abs. 2 werden die Worte „des Konkurses" durch die Worte „des Insolvenzverfahrens" und die Worte „im Konkurs" durch die Worte „im Insolvenzverfahren" ersetzt.	15. unverändert
16. § 419 wird aufgehoben.	16. unverändert
17. Der bisherige einzige Absatz des § 455 wird Absatz 1. Es wird folgender Absatz 2 angefügt:	17. unverändert
„(2) Die Vereinbarung eines Eigentumsvorbehalts ist nichtig, soweit der Eigentumsübergang davon abhängig gemacht wird, daß der Käufer Forderungen eines Dritten, insbesondere eines mit dem Verkäufer verbundenen Unternehmens, erfüllt."	
18. In § 457 werden die Worte „durch den Konkursverwalter" durch die Worte „aus einer Insolvenzmasse" ersetzt.	18. unverändert

Entwurf	Beschlüsse des 6. Ausschusses
19. In § 499 Satz 2 wird das Wort „Konkursverwalter" durch das Wort „Insolvenzverwalter" ersetzt.	19. unverändert
20. In § 512 werden die Worte „durch den Konkursverwalter" durch die Worte „aus einer Insolvenzmasse" ersetzt.	20. unverändert
21. § 728 wird wie folgt gefaßt: „§ 728 (1) Die Gesellschaft wird durch die Eröffnung des Insolvenzverfahrens über das Vermögen der Gesellschaft aufgelöst. Wird das Verfahren auf Antrag des Schuldners eingestellt oder nach der Bestätigung eines Insolvenzplans, der den Fortbestand der Gesellschaft vorsieht, aufgehoben, so können die Gesellschafter die Fortsetzung der Gesellschaft beschließen. (2) Die Gesellschaft wird durch die Eröffnung des Insolvenzverfahrens über das Vermögen eines Gesellschafters aufgelöst. Die Vorschriften des § 727 Abs. 2 Satz 2, 3 finden Anwendung."	21. unverändert
22. In § 730 Abs. 1 wird der Punkt am Ende des Satzes durch ein Komma ersetzt; es wird folgendes angefügt: „sofern nicht über das Vermögen der Gesellschaft das Insolvenzverfahren eröffnet ist."	22. unverändert
23. In § 736 werden die Worte „der Konkurs" durch die Worte „das Insolvenzverfahren" ersetzt.	23. In § 736 **Abs. 1** werden die Worte „der Konkurs" durch die Worte „das Insolvenzverfahren" ersetzt.
24. In § 773 Abs. 1 Nr. 3 werden die Worte „der Konkurs" durch die Worte „das Insolvenzverfahren" ersetzt.	24. unverändert

[im folgenden: BT-Drs. 12/7303, S. 38]

Entwurf	Beschlüsse des 6. Ausschusses
25. In § 883 Abs. 2 Satz 2 wird das Wort „Konkursverwalter" durch das Wort „Insolvenzverwalter" ersetzt.	25. unverändert
26. In § 925 Abs. 1 Satz 3 werden nach den Worten „in einem gerichtlichen Vergleich" die Worte „oder in einem Insolvenzplan" eingefügt.	26. In § 925 Abs. 1 Satz 3 werden nach den Worten „in einem gerichtlichen Vergleich" die Worte „oder in einem **rechtskräftig bestätigten** Insolvenzplan" eingefügt.
27. In § 1098 Abs. 1 Satz 2 wird das Wort „Konkursverwalter" durch das Wort „Insolvenzverwalter" ersetzt.	27. unverändert
28. § 1670 wird aufgehoben.	28. unverändert
	28 a. **§ 1680 wird wie folgt geändert:** a) **In Absatz 1 werden die Sätze 3 und 4 gestrichen.**

Entwurf	Beschlüsse des 6. Ausschusses
	b) In Absatz 2 Satz 1 werden die Worte „oder endet seine Vermögenssorge nach § 1670," gestrichen.
29. In § 1781 wird die Nummer 3 gestrichen; der Strichpunkt am Ende der Nummer 2 wird durch einen Punkt ersetzt.	29. unverändert
30. In § 1968 wird das Wort „standesmäßigen" gestrichen.	30. unverändert
31. In § 1971 werden die Worte „Konkurse" in Satz 1 und „Konkurs" in Satz 2 jeweils durch das Wort „Insolvenzverfahren" ersetzt.	31. unverändert
32. In § 1974 Abs. 2 werden die Worte „des Nachlaßkonkurses" durch die Worte „des Nachlaßinsolvenzverfahrens" ersetzt.	32. unverändert
33. In den §§ 1975 und 1976 werden die Worte „der Nachlaßkonkurs" jeweils durch die Worte „das Nachlaßinsolvenzverfahren" ersetzt.	33. unverändert
34. In § 1977 Abs. 1 werden die Worte „des Nachlaßkonkurses" jeweils durch die Worte „des Nachlaßinsolvenzverfahrens" ersetzt.	34. unverändert
35. In § 1978 Abs. 1 Satz 1 werden die Worte „der Nachlaßkonkurs" durch die Worte „das Nachlaßinsolvenzverfahren" ersetzt.	35. unverändert
36. § 1980 wird wie folgt geändert: a) Absatz 1 Satz 1 wird wie folgt gefaßt: „Hat der Erbe von der Zahlungsunfähigkeit oder der Überschuldung des Nachlasses Kenntnis erlangt, so hat er unverzüglich die Eröffnung des Nachlaßinsolvenzverfahrens zu beantragen." b) In Absatz 2 Satz 1 werden nach dem Wort „Kenntnis" die Worte „der Zahlungsunfähigkeit oder" eingefügt.	36. unverändert
37. In § 1984 Abs. 1 Satz 2 werden die Angabe „§§ 7 und 8 der Konkursordnung" durch die Angabe „§§ 92 und 93 der Insolvenzordnung" ersetzt.	37. unverändert
38. In § 1988 Abs. 1 werden die Worte „des Nachlaßkonkurses" durch die Worte „des Nachlaßinsolvenzverfahrens" ersetzt.	38. unverändert

[im folgenden: BT-Drs. 12/7303, S. 39]

39. § 1989 erhält folgende Fassung: „§ 1989 Ist das Nachlaßinsolvenzverfahren durch Verteilung der Masse oder durch einen Insolvenzplan beendet, so finden auf die Haftung des Erben die Vorschriften des § 1973 entsprechende Anwendung."	39. unverändert

Entwurf	Beschlüsse des 6. Ausschusses
40. In § 1990 Abs. 1 Satz 1 werden die Worte „des Nachlaßkonkurses" durch die Worte „des Nachlaßinsolvenzverfahrens" und das Wort „Konkursverfahren" durch das Wort „Insolvenzverfahren" ersetzt.	40. unverändert
41. In § 1991 Abs. 4 werden die Worte „des Konkurses" durch die Worte „des Insolvenzverfahrens" ersetzt.	41. unverändert
42. § 2000 wird wie folgt gefaßt: „§ 2000 Die Bestimmung einer Inventarfrist wird unwirksam, wenn eine Nachlaßverwaltung angeordnet oder das Nachlaßinsolvenzverfahren eröffnet wird. Während der Dauer der Nachlaßverwaltung oder des Nachlaßinsolvenzverfahrens kann eine Inventarfrist nicht bestimmt werden. Ist das Nachlaßinsolvenzverfahren durch Verteilung der Masse oder durch einen Insolvenzplan beendet, so bedarf es zur Abwendung der unbeschränkten Haftung der Inventarerrichtung nicht."	42. unverändert
43. § 2060 Nr. 3 wird wie folgt gefaßt: „3. wenn das Nachlaßinsolvenzverfahren eröffnet und durch Verteilung der Masse oder durch einen Insolvenzplan beendigt worden ist."	43. unverändert
44. In § 2115 Satz 1 wird das Wort „Konkursverwalter" durch das Wort „Insolvenzverwalter" ersetzt.	44. unverändert
Artikel 32 **Änderung des Vertragshilfegesetzes**	**Artikel 32** **Änderung des Vertragshilfegesetzes**
Das Vertragshilfegesetz in der im Bundesgesetzblatt Teil III, Gliederungsnummer 402-4, veröffentlichten bereinigten Fassung wird wie folgt geändert:	Das Vertragshilfegesetz in der im Bundesgesetzblatt Teil III, Gliederungsnummer 402-4, veröffentlichten bereinigten Fassung wird wie folgt geändert:
1. In § 10 werden die Worte „des Konkurs- oder Vergleichsverfahrens" jeweils durch die Worte „des Insolvenzverfahrens" ersetzt.	1. unverändert
2. § 12 Abs. 2 wird wie folgt gefaßt: „(2) Insbesondere kann es dem Schuldner Verfügungsbeschränkungen gemäß § 25 Abs. 2 Nr. 1, 2, §§ 26 bis 29 der Insolvenzordnung auferlegen mit der Maßgabe, daß an Stelle des vorläufigen Insolvenzverwalters eine Vertrauensperson bestellt werden kann. Der Vertrauensperson kann die Beaufsichtigung des Gewerbebetriebes des Schuldners übertragen werden. Auf ihre Rechte und Pflichten sind die §§ 65, 68 bis 75 der Insolvenzordnung entsprechend anzuwenden."	2. § 12 Abs. 2 wird wie folgt gefaßt: „(2) Insbesondere kann es dem Schuldner Verfügungsbeschränkungen gemäß § 25 Abs. 2 Nr. 1, 2, §§ 26 bis 29 der Insolvenzordnung auferlegen mit der Maßgabe, daß an Stelle des vorläufigen Insolvenzverwalters eine Vertrauensperson bestellt werden kann. Der Vertrauensperson kann die Beaufsichtigung des Gewerbebetriebes des Schuldners übertragen werden. Auf ihre Rechte und Pflichten sind die §§ 65, 68 bis 75 **a** der Insolvenzordnung entsprechend anzuwenden."

[im folgenden: BT-Drs. 12/7303, S. 40]

Entwurf	Beschlüsse des 6. Ausschusses
Artikel 33 **Änderung des Wohnungseigentumsgesetzes**	**Artikel 33** unverändert

Das Wohnungseigentumsgesetz in der im Bundesgesetzblatt Teil III, Gliederungsnummer 403-1, veröffentlichten bereinigten Fassung, zuletzt geändert durch Artikel 11 des Gesetzes vom 22. März 1991 (BGBl. I S. 766), wird wie folgt geändert:

1. § 11 Abs. 2 wird wie folgt gefaßt:

    „(2) Das Recht eines Pfändungsgläubigers (§ 751 des Bürgerlichen Gesetzbuchs) sowie das im Insolvenzverfahren bestehende Recht (§ 95 Abs. 2 der Insolvenzordnung), die Aufhebung der Gemeinschaft zu verlangen, ist ausgeschlossen."

2. In § 12 Abs. 3 Satz 2 wird das Wort „Konkursverwalter" durch das Wort „Insolvenzverwalter" ersetzt.

Artikel 34 **Änderung des Gesetzes über Rechte an eingetragenen Schiffen und Schiffsbauwerken**	**Artikel 34** unverändert

Das Gesetz über Rechte an eingetragenen Schiffen und Schiffsbauwerken in der im Bundesgesetzblatt Teil III, Gliederungsnummer 403-4, veröffentlichten bereinigten Fassung, zuletzt geändert durch Gesetz vom 28. August 1969 (BGBl. I, S. 1513), wird wie folgt geändert:

1. In § 10 Abs. 2 Satz 2 wird das Wort „Konkursverwalter" durch das Wort „Insolvenzverwalter" ersetzt.

2. In § 34 Abs. 2 Satz 2 wird das Wort „Konkurs" durch die Worte „das Insolvenzverfahren über das Vermögen" ersetzt.

Artikel 35 **Änderung der Verordnung über das Erbbaurecht**	**Artikel 35** unverändert

In § 8 der Verordnung über das Erbbaurecht in der im Bundesgesetzblatt Teil III, Gliederungsnummer 403-6, veröffentlichten bereinigten Fassung, die zuletzt durch Artikel 2 Abs. 1 des Gesetzes vom 8. Juni 1988 (BGBl. I S. 710) geändert worden ist, wird das Wort „Konkursverwalter" durch das Wort „Insolvenzverwalter" ersetzt.

Artikel 36 **Änderung des Gesetzes über Rechte an Luftfahrzeugen**	**Artikel 36** unverändert

Das Gesetz über Rechte an Luftfahrzeugen in der im Bundesgesetzblatt Teil III, Gliederungsnummer 403-9, veröffentlichten bereinigten Fassung, zuletzt geändert durch Artikel 9 Nr. 4 des Gesetzes vom 3. Dezember 1976 (BGBl. I S. 3281), wird wie folgt geändert:

Entwurf   Beschlüsse des 6. Ausschusses

1. In § 10 Abs. 2 Satz 2 wird das Wort „Konkursverwalter" durch das Wort „Insolvenzverwalter" ersetzt.

[im folgenden: BT-Drs. 12/7303, S. 41]

2. In § 34 Abs. 2 Satz 2 wird das Wort „Konkurs" durch die Worte „das Insolvenzverfahren über das Vermögen" ersetzt.

3. § 98 wird wie folgt geändert:

   a) In Absatz 1 Satz 1 werden die Worte „in diesem Gesetz" durch das Wort „gesetzlich" ersetzt.

   b) Absatz 3 wird aufgehoben.

| **Artikel 37** | **Artikel 37** |
| **Änderung des Kabelpfandgesetzes** | unverändert |

In § 31 des Kabelpfandgesetzes in der im Bundesgesetzblatt Teil III, Gliederungsnummer 403-10, veröffentlichten bereinigten Fassung, das durch Artikel 123 des Gesetzes vom 2. März 1974 (BGBl. I S. 469) geändert worden ist, werden die Worte „des Konkurses" durch die Worte „des Insolvenzverfahrens" und das Wort „Konkursmasse" durch das Wort „Insolvenzmasse" ersetzt.

Artikel 38 **Artikel 38**
Änderung des Handelsgesetzbuchs **Änderung des Handelsgesetzbuchs**

Das Handelsgesetzbuch in der im Bundesgesetzblatt Teil III, Gliederungsnummer 4100-1, veröffentlichten bereinigten Fassung, zuletzt geändert durch *Artikel 8 Abs. 5 des Gesetzes vom 17. Dezember 1990 (BGBl. I S. 2847)*, wird wie folgt geändert:

Das Handelsgesetzbuch in der im Bundesgesetzblatt Teil III, Gliederungsnummer 4100-1, veröffentlichten bereinigten Fassung, zuletzt geändert durch ..., wird wie folgt geändert:

0. In § 13 e Abs. 4 werden die Worte „eines Konkurs-, Vergleichs- oder ähnlichen Verfahrens" durch die Worte „eines Insolvenzverfahrens oder ähnlichen Verfahrens" ersetzt.

1. § 32 wird wie folgt gefaßt: 1. unverändert

„§ 32

(1) Wird über das Vermögen eines Kaufmanns das Insolvenzverfahren eröffnet, so ist dies von Amts wegen in das Handelsregister einzutragen. Das gleiche gilt für

1. die Aufhebung des Eröffnungsbeschlusses,

2. die Bestellung eines vorläufigen Insolvenzverwalters, wenn zusätzlich dem Schuldner ein allgemeines Verfügungsverbot auferlegt oder angeordnet wird, daß Verfügungen des Schuldners nur mit Zustimmung des vorläufigen Insolvenzverwalters wirksam sind,

Entwurf	Beschlüsse des 6. Ausschusses

und die Aufhebung einer derartigen Sicherungsmaßnahme,

3. die Einstellung und die Aufhebung des Verfahrens und

4. die Überwachung der Erfüllung eines Insolvenzplans und die Aufhebung der Überwachung.

(2) Die Eintragungen werden nicht bekanntgemacht. Die Vorschriften des § 15 sind nicht anzuwenden."

[im folgenden: BT-Drs. 12/7303, S. 42]

2. § 34 wird wie folgt geändert:

    a) In Absatz 1 werden die Angabe „§ 33 Abs. 3" durch die Angabe „§ 33 Abs. 2 Satz 2 und 3" und die Worte „des Konkurses" durch die Worte „des Insolvenzverfahrens" ersetzt.

    b) In Absatz 2 wird die Angabe „§ 33 Abs. 3" durch die Angabe „§ 33 Abs. 2 Satz 2 und 3" ersetzt.

    c) In Absatz 5 werden die Worte „des Konkurses" durch die Worte „des Insolvenzverfahrens" ersetzt.

3. § 130 a wird wie folgt geändert:

    a) Absatz 1 Satz 1 wird wie folgt gefaßt:

    „Wird eine Gesellschaft, bei der kein Gesellschafter eine natürliche Person ist, zahlungsunfähig oder ergibt sich die Überschuldung der Gesellschaft, so ist die Eröffnung des Insolvenzverfahrens zu beantragen; dies gilt nicht, wenn zu den Gesellschaftern der offenen Handelsgesellschaft eine andere offene Handelsgesellschaft oder Kommanditgesellschaft gehört, bei der ein persönlich haftender Gesellschafter eine natürliche Person ist."

    b) Absatz 1 Satz 4 wird gestrichen.

    c) In Absatz 3 Satz 1 werden die Worte „des Konkursverfahrens oder des gerichtlichen Vergleichsverfahrens" durch die Worte „des Insolvenzverfahrens" ersetzt.

    d) Absatz 3 Satz 5 wird wie folgt gefaßt:

    „Satz 4 gilt nicht, wenn der Ersatzpflichtige zahlungsunfähig ist und sich zur Abwendung des Insolvenzverfahrens mit seinen Gläubigern vergleicht oder wenn die Ersatzpflicht in einem Insolvenzplan geregelt wird."

2. unverändert

3. unverändert

Entwurf	Beschlüsse des 6. Ausschusses
4. In § 130 b Abs. 1 werden die Worte „des Konkursverfahrens oder des gerichtlichen Vergleichsverfahrens" durch die Worte „des Insolvenzverfahrens" ersetzt.	4. unverändert
5. § 131 wird wie folgt geändert: a) Der bisherige Text wird Absatz 1. b) In den Nummern 3 und 5 werden die Worte „des Konkurses" jeweils durch die Worte „des Insolvenzverfahrens" ersetzt. c) Es wird folgender neuer Absatz 2 angefügt: „(2) Eine offene Handelsgesellschaft, bei der kein persönlich haftender Gesellschafter eine natürliche Person ist, wird ferner aufgelöst: 1. mit der Rechtskraft des Beschlusses, durch den die Eröffnung des Insolvenzverfahrens mangels Masse abgelehnt worden ist; 2. durch die Löschung wegen Vermögenslosigkeit nach § 141 a des Gesetzes über die Angelegenheiten der freiwilligen Gerichtsbarkeit.	5. unverändert

[im folgenden: BT-Drs. 12/7303, S. 43]

Dies gilt nicht, wenn zu den persönlich haftenden Gesellschaftern eine andere offene Handelsgesellschaft oder Kommanditgesellschaft gehört, bei der ein persönlich haftender Gesellschafter eine natürliche Person ist."	
6. In § 137 Abs. 2 werden die Worte „des Konkurses" durch die Worte „des Insolvenzverfahrens" ersetzt.	6. unverändert
7. In § 138 werden die Worte „der Konkurs" durch die Worte „das Insolvenzverfahren" ersetzt.	7. unverändert
8. § 141 Abs. 2 wird wie folgt gefaßt: „(2) Diese Vorschriften finden im Falle der Eröffnung des Insolvenzverfahrens über das Vermögen eines Gesellschafters mit der Maßgabe Anwendung, daß die Erklärung gegenüber dem Insolvenzverwalter zu erfolgen hat und daß der Schuldner mit dem Zeitpunkt der Eröffnung des Insolvenzverfahrens als aus der Gesellschaft ausgeschieden gilt."	8. § 141 Abs. 2 wird wie folgt gefaßt: „(2) Diese Vorschriften finden im Falle der Eröffnung des Insolvenzverfahrens über das Vermögen eines Gesellschafters mit der Maßgabe Anwendung, daß die Erklärung gegenüber dem Insolvenzverwalter **oder, wenn Eigenverwaltung angeordnet ist, gegenüber dem Schuldner** zu erfolgen hat und daß der Schuldner mit dem Zeitpunkt der Eröffnung des Insolvenzverfahrens als aus der Gesellschaft ausgeschieden gilt."
9. In § 142 Abs. 2 werden die Worte „der Konkurs" durch die Worte „das Insolvenzverfahren" ersetzt.	9. unverändert

| Entwurf | Beschlüsse des 6. Ausschusses |

10. § 143 Abs. 1 und 2 wird wie folgt gefaßt:

„(1) Die Auflösung der Gesellschaft ist von sämtlichen Gesellschaftern zur Eintragung in das Handelsregister anzumelden. Dies gilt nicht in den Fällen der Eröffnung oder der Ablehnung der Eröffnung des Insolvenzverfahrens über das Vermögen der Gesellschaft (§ 131 Abs. 1 Nr. 3 und Abs. 2 Nr. 1). In diesen Fällen hat das Gericht die Auflösung und ihren Grund von Amts wegen einzutragen. Im Falle der Löschung der Gesellschaft (§ 131 Abs. 2 Nr. 2) entfällt die Eintragung der Auflösung."

(2) Absatz 1 Satz 1 gilt entsprechend für das Ausscheiden eines Gesellschafters aus der Gesellschaft."

10. unverändert

11. § 144 Abs. 1 wird wie folgt gefaßt:

„(1) Ist die Gesellschaft durch die Eröffnung des Insolvenzverfahrens über ihr Vermögen aufgelöst, das Verfahren aber auf Antrag des Schuldners eingestellt oder nach der Bestätigung eines Insolvenzplans, der den Fortbestand der Gesellschaft vorsieht, aufgehoben, so können die Gesellschafter die Fortsetzung der Gesellschaft beschließen."

11. unverändert

12. § 145 wird wie folgt geändert:

a) In Absatz 1 werden die Worte „der Konkurs" durch die Worte „das Insolvenzverfahren" ersetzt.

12. § 145 wird wie folgt geändert:

a) unverändert

[im folgenden: BT-Drs. 12/7303, S. 44]

b) *In Absatz 2 werden die Worte „des Konkurses" durch die Worte „des Insolvenzverfahrens" und die Worte „des Konkursverwalters" durch die Worte „des Insolvenzverwalters" ersetzt.*

b) Absatz 2 **wird wie folgt gefaßt:**

„(2) Ist die Gesellschaft durch Kündigung des Gläubigers eines Gesellschafters oder durch die Eröffnung des Insolvenzverfahrens über das Vermögen eines Gesellschafters aufgelöst, so kann die Liquidation nur mit Zustimmung des Gläubigers oder des Insolvenzverwalters unterbleiben; ist im Insolvenzverfahren Eigenverwaltung angeordnet, so tritt an die Stelle der Zustimmung des Insolvenzverwalters die Zustimmung des Schuldners."

c) Es wird folgender neuer Absatz 3 angefügt:

„(3) Ist die Gesellschaft durch Löschung wegen Vermögenslosigkeit aufgelöst, so findet eine Liquidation nur statt, wenn sich nach der Löschung herausstellt, daß Vermögen vorhanden ist, das der Verteilung unterliegt."

c) unverändert

13. § 146 wird wie folgt geändert:

13. unverändert

Entwurf	Beschlüsse des 6. Ausschusses
a) An Absatz 2 wird folgender neuer Satz angefügt: „Im Falle des § 145 Abs. 3 sind die Liquidatoren auf Antrag eines Beteiligten durch das Gericht zu ernennen." b) Absatz 3 wird wie folgt gefaßt: „(3) Ist über das Vermögen eines Gesellschafters das Insolvenzverfahren eröffnet und ist ein Insolvenzverwalter bestellt, so tritt dieser an die Stelle des Gesellschafters."	
14. § 171 Abs. 2 wird wie folgt gefaßt: „(2) Ist über das Vermögen der Gesellschaft das Insolvenzverfahren eröffnet, so wird während der Dauer des Verfahrens das den Gesellschaftsgläubigern nach Absatz 1 zustehende Recht durch den Insolvenzverwalter oder den Sachwalter ausgeübt."	14. unverändert
15. § 236 wird wie folgt geändert: a) In Absatz 1 werden die Worte „der Konkurs" durch die Worte „das Insolvenzverfahren" und das Wort „Konkursgläubiger" durch das Wort „Insolvenzgläubiger" ersetzt. b) In Absatz 2 wird das Wort „Konkursmasse" durch das Wort „Insolvenzmasse" ersetzt.	15. unverändert
16. § 237 wird aufgehoben.	16. unverändert
17. § 370 wird aufgehoben.	17. unverändert
18. In § 505 Abs. 2 werden die Worte „der Konkurs" durch die Worte „das Insolvenzverfahren" ersetzt.	18. unverändert

[im folgenden: BT-Drs. 12/7303, S. 45]

19. Nach § 506 wird folgender neuer § 506 a eingefügt: „§ 506 a Die Reederei wird durch die Eröffnung des Insolvenzverfahrens über ihr Vermögen aufgelöst. Wird das Insolvenzverfahren auf Antrag des Schuldners eingestellt oder nach der Bestätigung eines Insolvenzplans, der den Fortbestand der Reederei vorsieht, aufgehoben, so können die Mitreeder die Fortsetzung der Reederei beschließen."	19. unverändert
20. In § 761 wird folgender neuer Satz 2 angefügt: „Sie haben Vorrang auch insoweit, als zoll- und steuerpflichtige Sachen nach gesetzlichen	20. unverändert

Entwurf	Beschlüsse des 6. Ausschusses
Vorschriften als Sicherheit für öffentliche Abgaben dienen."	
21. In § 888 Satz 1 wird das Wort „Konkursmasse" durch das Wort „Insolvenzmasse" ersetzt.	21. unverändert
22. In § 889 Abs. 1 wird das Wort „Konkursmasse" durch das Wort „Insolvenzmasse" ersetzt.	22. unverändert
Artikel 39 **Änderung des EWIV-Ausführungsgesetzes**	**Artikel 39** **Änderung des EWIV-Ausführungsgesetzes**
Das EWIV-Ausführungsgesetz vom 14. April 1988 (BGBl. I S. 514) wird wie folgt geändert:	Das EWIV-Ausführungsgesetz vom 14. April 1988 (BGBl. I S. 514) wird wie folgt geändert:
	0. In § 8 werden die Worte „der Konkurs" durch die Worte „das Insolvenzverfahren" ersetzt.
1. In § 10 Abs. 1 werden die Worte „des Konkursverfahrens" durch die Worte „des Insolvenzverfahrens über das Vermögen der Vereinigung" ersetzt.	1. unverändert
2. § 11 wird wie folgt geändert:	2. unverändert
a) In der Überschrift werden die Worte „des Konkurs- oder des Vergleichsverfahrens" durch die Worte „des Insolvenzverfahrens" ersetzt.	
b) In Satz 1 werden die Worte „des Konkursverfahrens oder des gerichtlichen Vergleichsverfahrens" durch die Worte „des Insolvenzverfahrens" ersetzt.	
3. § 15 wird wie folgt geändert:	3. unverändert
a) In der Überschrift wird das Wort „Konkursantragspflicht" durch die Worte „Antragspflicht bei Insolvenz" ersetzt.	
b) In Absatz 1 werden die Worte „des Konkursverfahrens oder des gerichtlichen Vergleichsverfahrens" durch die Worte „des Insolvenzverfahrens" ersetzt.	
Artikel 40 **Änderung des Gesetzes betreffend die privatrechtlichen Verhältnisse der Flößerei**	**Artikel 40** unverändert
In § 22 Abs. 2 Satz 1 und § 28 Abs. 1 Satz 1 des Gesetzes betreffend die privatrechtlichen Verhält-	

[im folgenden: BT-Drs. 12/7303, S. 46]

nisse der Flößerei in der im Bundesgesetzblatt Teil III, Gliederungsnummer 4103-5, veröffentlichten bereinigten Fassung, das zuletzt durch Artikel 287 Nr. 19 des Gesetzes vom 2. März 1974 (BGBl. I S. 469) geändert worden ist, werden die Worte „§ 41 der Konkursordnung" jeweils durch die Worte „§ 57 Abs. 1 der Insolvenzordnung" ersetzt.

Entwurf	Beschlüsse des 6. Ausschusses
Artikel 41 **Änderung des Umwandlungsgesetzes**	**Artikel 41** **Änderung des Umwandlungsgesetzes**
Das Umwandlungsgestz in der Fassung der Bekanntmachung vom 6. November 1969 (BGBl. I S. 2081), zuletzt geändert durch *Artikel 10 Abs. 8 des Gesetzes vom 19. Dezember 1985 (BGBl. I S. 2355)*, wird wie folgt geändert:	Das Umwandlungsgestz in der Fassung der Bekanntmachung vom 6. November 1969 (BGBl. I S. 2081), zuletzt geändert durch ..., wird wie folgt geändert:
1. § 2 Abs. 2 wird wie folgt gefaßt:	1. unverändert
„(2) Das gleiche gilt, wenn eine Kapitalgesellschaft oder eine bergrechtliche Gewerkschaft durch die Eröffnung des Insolvenzverfahrens aufgelöst, das Verfahren aber auf Antrag des Schuldners eingestellt oder nach der Bestätigung eines Insolvenzplans, der den Fortbestand der Gesellschaft oder bergrechtlichen Gewerkschaft vorsieht, aufgehoben worden ist."	
2. In § 7 Abs. 2 werden die Worte „des Konkurses" durch die Worte „des Insolvenzverfahrens" ersetzt.	2. unverändert
3. § 50 Satz 2 wird wie folgt gefaßt:	3. unverändert
„Die Umwandlung ist ausgeschlossen, wenn die Verbindlichkeiten des Einzelkaufmanns sein Vermögen übersteigen."	
4. § 53 Abs. 2 Satz 3 wird wie folgt gefaßt:	4. unverändert
„Die Prüfung hat sich ferner darauf zu erstrecken, ob die Verbindlichkeiten des Einzelkaufmanns sein Vermögen übersteigen."	
5. In § 54 Abs. 2 wird die Nummer 2 gestrichen; die bisherige Nummer 3 wird Nummer 2.	5. unverändert
6. § 55 Abs. 3 wird gestrichen.	6. unverändert
7. In § 56 e Abs. 2 wird die Nummer 2 gestrichen; die bisherige Nummer 3 wird Nummer 2.	7. unverändert
8. In § 56 f Abs. 2 wird die Angabe „und 3" gestrichen.	8. In § 56 f Abs. 2 **Satz 1** wird die Angabe „, **3**" gestrichen.
Artikel 42 **Änderung des Gesetzes über die Kapitalerhöhung aus Gesellschaftsmitteln und über die Verschmelzung von Gesellschaften mit beschränkter Haftung**	**Artikel 42** unverändert
In § 26 Abs. 2 des Gesetzes über die Kapitalerhöhung aus Gesellschaftsmitteln und über die Verschmelzung von Gesellschaften mit beschränkter Haftung in der im Bundesgesetzblatt Teil III, Gliederungsnummer 4120-2, veröffentlichten bereinigten Fassung, das zuletzt durch Artikel 10 Abs. 9 des Gesetzes vom 19. Dezember 1985 (BGBl. I S. 2355) geändert worden ist, werden die Worte „des Kon-	

[im folgenden: BT-Drs. 12/7303, S. 47]

| Entwurf | Beschlüsse des 6. Ausschusses |

kurses" durch die Worte „des Insolvenzverfahrens" ersetzt.

Artikel 43
Änderung des Gesetzes
über Kapitalanlagegesellschaften

Das Gesetz über Kapitalanlagegesellschaften in der Fassung der Bekanntmachung vom 14. Januar 1970 (BGBl. I S. 127), zuletzt geändert durch Artikel 5 des Gesetzes vom 25. Februar 1992 (BGBl. I S. 297), wird wie folgt geändert:

1. In § 11 Abs. 1 wird das Wort „Konkursverwalter" durch das Wort „Insolvenzverwalter" ersetzt.

2. § 13 wird wie folgt geändert:

   a) Absatz 3 wird wie folgt gefaßt:

   „(3) Das Recht der Kapitalanlagegesellschaft, die Sondervermögen zu verwalten, erlischt ferner mit der Eröffnung des Insolvenzverfahrens über das Vermögen der Kapitalanlagegesellschaft oder mit der Rechtskraft des Gerichtsbeschlusses, durch den die Eröffnung des Insolvenzverfahrens mangels Masse abgelehnt wird (§ 30 der Insolvenzordnung). Die Sondervermögen gehören nicht zur Insolvenzmasse der Kapitalanlagegesellschaft."

   b) In Absatz 4 werden die Worte „oder wird das gerichtliche Vergleichsverfahren eröffnet" gestrichen.

Artikel 44
Änderung des Gesetzes
über die Spaltung der von der
Treuhandanstalt verwalteten Unternehmen

In § 11 Abs. 1 Satz 4 des Gesetzes über die Spaltung der von der Treuhandanstalt verwalteten Unternehmen vom 5. April 1991 (BGBl. I S. 854) werden die Worte „des Konkurses" durch die Worte „des Insolvenzverfahrens" ersetzt.

Artikel 45
Änderung des Aktiengesetzes

Das Aktiengesetz vom 6. September 1965 (BGBl. I S. 1089), zuletzt geändert durch Artikel 2 des Gesetzes vom 30. November 1990 (BGBl. I S. 2570), wird wie folgt geändert:

1. § 50 Satz 2 wird wie folgt gefaßt:

„Die zeitliche Beschränkung gilt nicht, wenn der Ersatzpflichtige zahlungsunfähig ist und sich zur Abwendung des Insolvenzverfahrens

Artikel 43
unverändert

Artikel 44
unverändert

Artikel 45
unverändert

Entwurf · Beschlüsse des 6. Ausschusses

mit seinen Gläubigern vergleicht oder wenn die Ersatzpflicht in einem Insolvenzplan geregelt wird."

[im folgenden: BT-Drs. 12/7303, S. 48]

2. § 62 Abs. 2 Satz 2 wird wie folgt gefaßt:

„Ist über das Vermögen der Gesellschaft das Insolvenzverfahren eröffnet, so übt während dessen Dauer der Insolvenzverwalter oder der Sachwalter das Recht der Gesellschaftsgläubiger gegen die Aktionäre aus."

3. § 87 Abs. 3 wird wie folgt gefaßt:

„(3) Wird über das Vermögen der Gesellschaft das Insolvenzverfahren eröffnet und kündigt der Insolvenzverwalter den Anstellungsvertrag eines Vorstandsmitglieds, so kann es Ersatz für den Schaden, der ihm durch die Aufhebung des Dienstverhältnisses entsteht, nur für zwei Jahre seit dem Ablauf des Dienstverhältnisses verlangen."

4. § 92 Abs. 2 wird wie folgt gefaßt:

„(2) Wird die Gesellschaft zahlungsunfähig, so hat der Vorstand ohne schuldhaftes Zögern, spätestens aber drei Wochen nach Eintritt der Zahlungsunfähigkeit, die Eröffnung des Insolvenzverfahrens zu beantragen. Dies gilt sinngemäß, wenn sich eine Überschuldung der Gesellschaft ergibt."

5. § 93 wird wie folgt geändert:

a) Absatz 4 Satz 4 wird wie folgt gefaßt:

„Die zeitliche Beschränkung gilt nicht, wenn der Ersatzpflichtige zahlungsunfähig ist und sich zur Abwendung des Insolvenzverfahrens mit seinen Gläubigern vergleicht oder wenn die Ersatzpflicht in einem Insolvenzplan geregelt wird."

b) Absatz 5 Satz 4 wird wie folgt gefaßt:

„Ist über das Vermögen der Gesellschaft das Insolvenzverfahren eröffnet, so übt während dessen Dauer der Insolvenzverwalter oder der Sachwalter das Recht der Gläubiger gegen die Vorstandsmitglieder aus."

6. § 117 Abs. 5 Satz 3 wird wie folgt gefaßt:

„Ist über das Vermögen der Gesellschaft das Insolvenzverfahren eröffnet, so übt während dessen Dauer der Insolvenzverwalter oder der Sachwalter das Recht der Gläubiger aus."

7. In § 225 Abs. 1 Satz 3 werden die Worte „des Konkurses" durch die Worte „des Insolvenzverfahrens" ersetzt.

Entwurf	Beschlüsse des 6. Ausschusses

8. In § 233 Abs. 2 Satz 3 werden die Worte „des Konkurses" durch die Worte „des Insolvenzverfahrens" ersetzt.

9. § 262 Abs. 1 wird wie folgt geändert:

   a) In der Nummer 3 werden die Worte „des Konkursverfahrens" durch die Worte „des Insolvenzverfahrens" ersetzt.

[im folgenden: BT-Drs. 12/7303, S. 49]

   b) Die Nummer 4 wird wie folgt gefaßt:

   „4. mit der Rechtskraft des Beschlusses, durch den die Eröffnung des Insolvenzverfahrens mangels Masse abgelehnt wird;".

   c) Der Punkt am Ende der Nummer 5 wird durch einen Strichpunkt ersetzt; es wird folgende neue Nummer 6 angefügt:

   „6. durch Löschung der Gesellschaft wegen Vermögenslosigkeit nach § 141 a des Gesetzes über die Angelegenheiten der freiwilligen Gerichtsbarkeit."

10. § 263 wird wie folgt geändert:

    a) In Satz 2 werden die Worte „des Konkursverfahrens" durch die Worte „des Insolvenzverfahrens" ersetzt.

    b) Es wird folgender neuer Satz 4 angefügt:

    „Im Falle der Löschung der Gesellschaft (§ 262 Abs. 1 Nr. 6) entfällt die Eintragung der Auflösung."

11. § 264 wird wie folgt geändert:

    a) In Absatz 1 wird das Wort „Konkursverfahren" durch das Wort „Insolvenzverfahren" ersetzt.

    b) Absatz 2 wird neuer Absatz 3.

    c) Es wird folgender neuer Absatz 2 eingefügt:

    „(2) Ist die Gesellschaft durch Löschung wegen Vermögenslosigkeit aufgelöst, so findet eine Abwicklung nur statt, wenn sich nach der Löschung herausstellt, daß Vermögen vorhanden ist, das der Verteilung unterliegt. Die Abwickler sind auf Antrag eines Beteiligten durch das Gericht zu ernennen."

12. § 274 Abs. 2 Nr. 1 wird wie folgt gefaßt:

    „1. durch die Eröffnung des Insolvenzverfahrens aufgelöst, das Verfahren aber

Entwurf

Beschlüsse des 6. Ausschusses

auf Antrag des Schuldners eingestellt oder nach der Bestätigung eines Insolvenzplans, der den Fortbestand der Gesellschaft vorsieht, aufgehoben worden ist;".

13. § 283 Nr. 14 wird wie folgt gefaßt:

„14. den Antrag auf Eröffnung des Insolvenzverfahrens."

14. § 289 wird wie folgt geändert:

a) Absatz 2 Nr. 1 wird wie folgt gefaßt:

„1. mit der Rechtskraft des Beschlusses, durch den die Eröffnung des Insolvenzverfahrens mangels Masse abgelehnt wird;".

[im folgenden: BT-Drs. 12/7303, S. 50]

b) In Absatz 2 wird der Punkt am Ende der Nummer 2 durch einen Strichpunkt ersetzt; es wird folgende neue Nummer 3 angefügt:

„3. durch die Löschung der Gesellschaft wegen Vermögenslosigkeit nach § 141 a des Gesetzes über die Angelegenheiten der freiwilligen Gerichtsbarkeit."

c) In Absatz 3 Satz 1 werden die Worte „des Konkursverfahrens" durch die Worte „des Insolvenzverfahrens" ersetzt.

d) An Absatz 6 werden folgende neue Sätze angefügt:

„In den Fällen des Absatzes 2 hat das Gericht die Auflösung und ihren Grund von Amts wegen einzutragen. Im Falle des Absatzes 2 Nr. 3 entfällt die Eintragung der Auflösung."

15. An § 290 wird folgender neuer Absatz 3 angefügt:

„(3) Ist die Gesellschaft durch Löschung wegen Vermögenslosigkeit aufgelöst, so findet eine Abwicklung nur statt, wenn sich nach der Löschung herausstellt, daß Vermögen vorhanden ist, das der Verteilung unterliegt. Die Abwickler sind auf Antrag eines Beteiligten durch das Gericht zu ernennen."

16. § 302 Abs. 3 Satz 2 wird wie folgt gefaßt:

„Dies gilt nicht, wenn der Ausgleichspflichtige zahlungsunfähig ist und sich zur Abwendung des Insolvenzverfahrens mit seinen Gläubigern vergleicht oder wenn die Ersatzpflicht in einem Insolvenzplan geregelt wird."

| Entwurf | Beschlüsse des 6. Ausschusses |

17. In § 303 Abs. 2 werden die Worte „des Konkurses" durch die Worte „des Insolvenzverfahrens" ersetzt.

18. § 309 wird wie folgt geändert:

   a) Absatz 3 Satz 2 wird wie folgt gefaßt:

   „Die zeitliche Beschränkung gilt nicht, wenn der Ersatzpflichtige zahlungsunfähig ist und sich zur Abwendung des Insolvenzverfahrens mit seinen Gläubigern vergleicht oder wenn die Ersatzpflicht in einem Insolvenzplan geregelt wird."

   b) Absatz 4 Satz 5 wird wie folgt gefaßt:

   „Ist über das Vermögen der Gesellschaft das Insolvenzverfahren eröffnet, so übt während dessen Dauer der Insolvenzverwalter oder der Sachwalter das Recht der Aktionäre und Gläubiger, den Ersatzanspruch der Gesellschaft geltend zu machen, aus."

19. In § 321 Abs. 2 werden die Worte „des Konkurses" durch die Worte „des Insolvenzverfahrens" ersetzt.

[im folgenden: BT-Drs. 12/7303, S. 51]

20. In § 347 Abs. 2 werden die Worte „des Konkurses" durch die Worte „des Insolvenzverfahrens" ersetzt.

21. § 385 q wird wie folgt geändert:

   a) In Satz 1 wird das Wort „Konkursverfahren" durch das Wort „Insolvenzverfahren" ersetzt.

   b) In Satz 2 wird die Angabe „§§ 105 bis 115 a, 116 und 117" durch die Angabe „§§ 105 bis 115 a und § 116 Nr. 1 bis 3" ersetzt.

22. In § 401 Abs. 1 Nr. 2 werden die Worte „des Konkursverfahrens oder des gerichtlichen Vergleichsverfahrens" durch die Worte „des Insolvenzverfahrens" ersetzt.

Artikel 46 **Änderung des Gesetzes betreffend die Gesellschaft mit beschränkter Haftung**	Artikel 46 **Änderung des Gesetzes betreffend die Gesellschaft mit beschränkter Haftung**
Das Gesetz betreffend die Gesellschaft mit beschränkter Haftung in der im Bundesgesetzblatt Teil III, Gliederungsnummer 4123-1, veröffentlichten bereinigten Fassung, zuletzt geändert durch *Artikel 1 des Gesetzes vom 18. Dezember 1991 (BGBl. I S. 2206)*, wird wie folgt geändert:	Das Gesetz betreffend die Gesellschaft mit beschränkter Haftung in der im Bundesgesetzblatt Teil III, Gliederungsnummer 4123-1, veröffentlichten bereinigten Fassung, zuletzt geändert durch ..., wird wie folgt geändert:

Entwurf	Beschlüsse des 6. Ausschusses
1. § 9 b Abs. 1 Satz 2 wird wie folgt gefaßt:	1. unverändert
„Dies gilt nicht, wenn der Ersatzpflichtige zahlungsunfähig ist und sich zur Abwendung des Insolvenzverfahrens mit seinen Gläubigern vergleicht oder wenn die Ersatzpflicht in einem Insolvenzplan geregelt wird."	
2. § 32 a wird wie folgt geändert:	2. unverändert
a) Absatz 1 wird wie folgt gefaßt:	
„(1) Hat ein Gesellschafter der Gesellschaft in einem Zeitpunkt, in dem ihr die Gesellschaft als ordentliche Kaufleute Eigenkapital zugeführt hätten, statt dessen ein Darlehen gewährt, so kann er den Anspruch auf Rückgewähr des Darlehens im Insolvenzverfahren über das Vermögen der Gesellschaft nur als nachrangiger Insolvenzgläubiger geltend machen."	
b) In Absatz 2 werden die Worte „im Konkursverfahren oder im Vergleichsverfahren zur Abwendung des Konkurses" ersetzt durch die Worte „im Insolvenzverfahren".	
3. § 32 b Satz 1 wird wie folgt gefaßt:	3. unverändert
„Hat die Gesellschaft im Fall des § 32 a Abs. 2, 3 das Darlehen im letzten Jahr vor dem Antrag auf Eröffnung des Insolvenzverfahrens oder nach diesem Antrag zurückgezahlt, so hat der Gesellschafter, der die Sicherung bestellt hatte oder als Bürge	

[im folgenden: BT-Drs. 12/7303, S. 52]

haftete, der Gesellschaft den zurückgezahlten Betrag zu erstatten; § 165 der Insolvenzordnung gilt entsprechend."	
4. Nach § 58 werden die folgenden §§ 58 a bis 58 f eingefügt:	4. Nach § 58 werden die folgenden §§ 58 a bis 58 f eingefügt:
„§ 58 a	„§ 58 a
(1) Eine Herabsetzung des Stammkapitals, die dazu dienen soll, Wertminderungen auszugleichen oder sonstige Verluste zu decken, kann als vereinfachte Kapitalherabsetzung vorgenommen werden.	unverändert
(2) Die vereinfachte Kapitalherabsetzung ist nur zulässig, nachdem der Teil der Kapital- und Gewinnrücklagen, der zusammen über zehn vom Hundert des nach der Herabsetzung verbleibenden Stammkapitals hinausgeht, vorweg aufgelöst ist. Sie ist nicht zulässig, solange ein Gewinnvortrag vorhanden ist.	
(3) Im Beschluß über die vereinfachte Kapitalherabsetzung sind die Nennbeträge der Geschäftsanteile dem herabgesetzten Stammkapital anzupassen. Die Geschäftsanteile können	

Entwurf	Beschlüsse des 6. Ausschusses

auf jeden durch zehn teilbaren Betrag, müssen jedoch auf mindestens fünfzig Deutsche Mark gestellt werden. Geschäftsanteile, deren Nennbetrag durch die Herabsetzung unter fünfzig Deutsche Mark sinken würde, sind von den Geschäftsführern zu gemeinschaftlichen Geschäftsanteilen zu vereinigen, wenn die Einlagen auf die Geschäftsanteile voll geleistet, die Geschäftsanteile nicht mit einer Nachschußpflicht oder mit Rechten Dritter belastet und nach dem Gesellschaftsvertrag nicht mit verschiedenen Rechten und Pflichten ausgestattet sind. Die Erklärung über die Vereinigung der Geschäftsanteile bedarf der notariellen Beurkundung. Die Vereinigung wird mit der Eintragung des Beschlusses über die Kapitalherabsetzung in das Handelsregister wirksam.

(4) Das Stammkapital kann unter den in § 5 Abs. 1 bestimmten Mindestnennbetrag herabgesetzt werden, wenn dieser durch eine Kapitalerhöhung wieder erreicht wird, die zugleich mit der Kapitalherabsetzung beschlossen ist und bei der Sacheinlagen nicht festgesetzt sind. Die Beschlüsse sind nichtig, wenn sie nicht binnen drei Monaten nach der Beschlußfassung in das Handelsregister eingetragen worden sind. Der Lauf der Frist ist gehemmt, solange eine Anfechtungs- oder Nichtigkeitsklage rechtshängig ist oder eine zur Kapitalherabsetzung oder Kapitalerhöhung beantragte staatliche Genehmigung noch nicht erteilt ist. Die Beschlüsse sollen nur zusammen in das Handelsregister eingetragen werden.

(5) Neben den §§ 53 und 54 über die Abänderung des Gesellschaftsvertrags gelten die §§ 58 b bis 58 f.

[im folgenden: BT-Drs. 12/7303, S. 53]

§ 58 b	§ 58 b
(1) Die Beträge, die aus der Auflösung der Kapital- oder Gewinnrücklagen und aus der Kapitalherabsetzung gewonnen werden, dürfen nur verwandt werden, um Wertminderungen auszugleichen und sonstige Verluste zu decken.	unverändert

(2) Daneben dürfen die gewonnenen Beträge in die Kapitalrücklage eingestellt werden, soweit diese zehn vom Hundert des Stammkapitals nicht übersteigt. Als Stammkapital gilt dabei der Nennbetrag, der sich durch die Herabsetzung ergibt, mindestens aber der nach § 5 Abs. 1 zulässige Mindestnennbetrag.

(3) Ein Betrag, der auf Grund des Absatzes 2 in die Kapitalrücklage eingestellt worden ist, darf vor Ablauf des fünften nach der Beschlußfassung über die Kapitalherabsetzung beginnenden Geschäftsjahrs nur verwandt werden

| Entwurf | Beschlüsse des 6. Ausschusses |

1. zum Ausgleich eines Jahresfehlbetrags, soweit er nicht durch einen Gewinnvortrag aus dem Vorjahr gedeckt ist und nicht durch Auflösung von Gewinnrücklagen ausgeglichen werden kann;

2. zum Ausgleich eines Verlustvortrags aus dem Vorjahr, soweit er nicht durch einen Jahresüberschuß gedeckt ist und nicht durch Auflösung von Gewinnrücklagen ausgeglichen werden kann;

3. zur Kapitalerhöhung aus Gesellschaftsmitteln.

| § 58 c | § 58 c |

Ergibt sich bei Aufstellung der Jahresbilanz für das Geschäftsjahr, in dem der Beschluß über die Kapitalherabsetzung gefaßt wurde, oder für eines der beiden folgenden Geschäftsjahre, daß Wertminderungen und sonstige Verluste in der bei der Beschlußfassung angenommenen Höhe tatsächlich nicht eingetreten oder ausgeglichen waren, so ist der Unterschiedsbetrag in die Kapitalrücklage einzustellen. Für einen nach Satz 1 in die Kapitalrücklage eingestellten Betrag gilt § 58 b Abs. 3 sinngemäß.

unverändert

| § 58 d | § 58 d |

(1) Gewinn darf vor Ablauf des fünften nach der Beschlußfassung über die Kapitalherabsetzung beginnenden Geschäftsjahrs nur ausgeschüttet werden, wenn die Kapital- und Gewinnrücklagen zusammen zehn vom Hundert des Stammkapitals erreichen. Als Stammkapital gilt dabei der Nennbetrag, der sich durch die Herabsetzung ergibt, mindestens aber der nach § 5 Abs. 1 zulässige Mindestnennbetrag.

unverändert

(2) Die Zahlung eines Gewinnanteils von mehr als vier vom Hundert ist erst für ein

[im folgenden: BT-Drs. 12/7303, S. 54]

Geschäftsjahr zulässig, das später als zwei Jahre nach der Beschlußfassung über die Kapitalherabsetzung beginnt. Dies gilt nicht, wenn die Gläubiger, deren Forderungen vor der Bekanntmachung der Eintragung des Beschlusses begründet worden waren, befriedigt oder sichergestellt sind, soweit sie sich binnen sechs Monaten nach der Bekanntmachung des Jahresabschlusses, auf Grund dessen die Gewinnverteilung beschlossen ist, zu diesem Zweck gemeldet haben. Einer Sicherstellung der Gläubiger bedarf es nicht, die im Fall des Insolvenzverfahrens ein Recht auf vorzugsweise Befriedigung aus einer Deckungsmasse haben, die nach gesetzlicher Vorschrift zu ihrem Schutz errichtet und staatlich überwacht ist. Die Gläubiger sind in der Bekanntmachung nach § 325 Abs. 1 Satz 2 oder Abs. 2 Satz 1 des Handelsgesetzbuches auf die Befriedigung oder Sicherstellung hinzuweisen.

Entwurf	Beschlüsse des 6. Ausschusses
§ 58 e	**§ 58 e**
(1) Im Jahresabschluß für das letzte vor der Beschlußfassung über die Kapitalherabsetzung abgelaufene Geschäftsjahr können das *gezeichnete Kapital* sowie die Kapital- und Gewinnrücklagen in der Höhe ausgewiesen werden, in der sie nach der Kapitalherabsetzung bestehen sollen. Dies gilt nicht, wenn der Jahresabschluß anders als durch Beschluß der Gesellschafter festgestellt wird.	(1) Im Jahresabschluß für das letzte vor der Beschlußfassung über die Kapitalherabsetzung abgelaufene Geschäftsjahr können das Stammkapital sowie die Kapital- und Gewinnrücklagen in der Höhe ausgewiesen werden, in der sie nach der Kapitalherabsetzung bestehen sollen. Dies gilt nicht, wenn der Jahresabschluß anders als durch Beschluß der Gesellschafter festgestellt wird.
(2) Der Beschluß über die Feststellung des Jahresabschlusses soll zugleich mit dem Beschluß über die Kapitalherabsetzung gefaßt werden.	(2) unverändert
(3) Die Beschlüsse sind nichtig, wenn der Beschluß über die Kapitalherabsetzung nicht binnen drei Monaten nach der Beschlußfassung in das Handelsregister eingetragen worden ist. Der Lauf der Frist ist gehemmt, solange eine Anfechtungs- oder Nichtigkeitsklage rechtshängig ist oder eine zur Kapitalherabsetzung beantragte staatliche Genehmigung noch nicht erteilt ist.	(3) unverändert
(4) Der Jahresabschluß darf nach § 325 des Handelsgesetzbuchs erst nach Eintragung des Beschlusses über die Kapitalherabsetzung offengelegt werden.	(4) unverändert
§ 58 f	**§ 58 f**
(1) Wird im Falle des § 58 e zugleich mit der Kapitalherabsetzung eine Erhöhung des Stammkapitals beschlossen, so kann auch die Kapitalerhöhung in dem Jahresabschluß als vollzogen berücksichtigt werden. Die Beschlußfassung ist nur zulässig, wenn die neuen Stammeinlagen übernommen, keine Sacheinlagen festgesetzt sind und wenn auf jede neue Stammeinlage die Einzahlung geleistet ist, die nach § 56 a zur Zeit der Anmeldung der Kapitalerhöhung bewirkt sein muß. Die Übernahme und die Einzahlung sind dem Notar nachzuweisen, der den Beschluß über die Erhöhung des Stammkapitals beurkundet.	
(2) Sämtliche Beschlüsse sind nichtig, wenn die Beschlüsse über die Kapitalherabsetzung und die Kapitalerhöhung nicht binnen drei Monaten nach der Beschlußfassung in das Handelsregister eingetragen worden sind. Der Lauf der Frist ist gehemmt, solange eine Anfechtungs- oder Nichtigkeitsklage rechtshängig ist oder eine zur Kapitalherabsetzung oder Kapitalerhöhung beantragte staatliche Genehmigung noch nicht erteilt worden ist. Die Beschlüsse sollen nur zusammen in das Handelsregister eingetragen werden.	
(3) Der Jahresabschluß darf nach § 325 des Handelsgesetzbuchs erst offengelegt werden, nachdem die Beschlüsse über die Kapitalherab-	

[im folgenden: BT-Drs. 12/7303, S. 55]

unverändert

Entwurf | Beschlüsse des 6. Ausschusses

setzung und Kapitalerhöhung eingetragen worden sind."

5. § 60 Abs. 1 wird wie folgt geändert:

a) Die Nummer 4 wird wie folgt gefaßt:

„4. durch die Eröffnung des Insolvenzverfahrens; wird das Verfahren auf Antrag des Schuldners eingestellt oder nach der Bestätigung eines Insolvenzplans, der den Fortbestand der Gesellschaft vorsieht, aufgehoben, so können die Gesellschafter die Fortsetzung der Gesellschaft beschließen;".

b) Die bisherige Nummer 5 wird die neue Nummer 6; der Punkt am Ende dieser Nummer wird durch einen Strichpunkt ersetzt.

c) Es wird folgende neue Nummer 5 eingefügt:

„5. mit der Rechtskraft des Beschlusses, durch den die Eröffnung des Insolvenzverfahrens mangels Masse abgelehnt worden ist;".

d) Es wird folgende neue Nummer 7 angefügt:

„7. durch die Löschung der Gesellschaft wegen Vermögenslosigkeit nach § 141 a des Gesetzes über die Angelegenheiten der freiwilligen Gerichtsbarkeit."

5. unverändert

6. § 63 wird aufgehoben.

6. unverändert

7. § 64 Abs. 1 wird wie folgt gefaßt:

„(1) Wird die Gesellschaft zahlungsunfähig, so haben die Geschäftsführer ohne schuldhaftes Zögern, spätestens aber drei Wochen nach Eintritt der Zahlungsunfähigkeit, die Eröffnung des Insolvenzverfahrens zu beantragen. Dies gilt sinngemäß, wenn sich eine Überschuldung der Gesellschaft ergibt."

7. unverändert

[im folgenden: BT-Drs. 12/7303, S. 56]

8. § 65 Abs. 1 wird wie folgt geändert:

a) Satz 2 wird wie folgt gefaßt:

„Dies gilt nicht in den Fällen der Eröffnung oder der Ablehnung der Eröffnung des Insolvenzverfahrens und der gerichtlichen Feststellung eines Mangels des Gesellschaftsvertrags oder der Nichteinhaltung der Verpflichtungen nach § 19 Abs. 4 *Satz 1*."

b) Es wird folgender neuer Satz 4 angefügt:
„Im Falle der Löschung der Gesellschaft (§ 60 Abs. 1 Nr. 7) entfällt die Eintragung der Auflösung."

8. § 65 Abs. 1 wird wie folgt geändert:

a) Satz 2 wird wie folgt gefaßt:

„Dies gilt nicht in den Fällen der Eröffnung oder der Ablehnung der Eröffnung des Insolvenzfahrens und der gerichtlichen Feststellung eines Mangels des Gesellschaftsvertrags oder der Nichteinhaltung der Verpflichtungen nach § 19 Abs. 4."

b) unverändert

Entwurf	Beschlüsse des 6. Ausschusses
9. § 66 wird wie folgt geändert:	9. unverändert

Entwurf:

9. § 66 wird wie folgt geändert:

a) In Absatz 1 werden die Worte „des Konkursverfahrens" durch die Worte „des Insolvenzverfahrens" ersetzt.

b) Es wird folgender neuer Absatz 5 angefügt:

„(5) Ist die Gesellschaft durch Löschung wegen Vermögenslosigkeit aufgelöst, so findet eine Liquidation nur statt, wenn sich nach der Löschung herausstellt, daß Vermögen vorhanden ist, das der Verteilung unterliegt. Die Liquidatoren sind auf Antrag eines Beteiligten durch das Gericht zu ernennen."

10. § 84 Abs. 1 Nr. 2 wird wie folgt gefaßt:

„2. als Geschäftsführer entgegen § 64 Abs. 1 oder als Liquidator entgegen § 71 Abs. 4 unterläßt, bei Zahlungsunfähigkeit oder Überschuldung die Eröffnung des Insolvenzverfahrens zu beantragen."

Beschlüsse:

9. unverändert

10. unverändert

Artikel 47
Änderung des Gesetzes betreffend die Erwerbs- und Wirtschaftsgenossenschaften

Entwurf:

Das Gesetz betreffend die Erwerbs- und Wirtschaftsgenossenschaften in der im Bundesgesetzblatt Teil III, Gliederungsnummer 4125-1, veröffentlichten bereinigten Fassung, zuletzt geändert durch *Artikel 3 des Gesetzes vom 30. November 1990 (BGBl. I S. 2570)*, wird wie folgt geändert:

1. In § 6 Nr. 3 werden die Worte „im Konkurs" durch die Worte „im Insolvenzverfahren über das Vermögen" und das Wort „Konkursmasse" durch das Wort „Insolvenzmasse" ersetzt.

2. In § 22 a Abs. 1 wird das Wort „Konkursmasse" durch das Wort „Insolvenzmasse" ersetzt.

3. § 34 wird wie folgt geändert:

a) In Absatz 3 Nr. 4 werden die Worte „Konkursgrund nach § 98 Abs. 1" durch die Worte „nach § 98 Grund für die Eröffnung des Insolvenzverfahrens" ersetzt.

b) In Absatz 5 Satz 3 werden die Worte „der Konkurs" durch die Worte „das Insolvenzverfahren" und das Wort „Konkursverwalter" durch die Worte „Insolvenzverwalter oder Sachwalter" ersetzt.

4. In § 47 Abs. 3 werden in Satz 1 nach dem Wort „betrifft," die Worte „oder wird die Fortsetzung der Genossenschaft nach § 117 beschlossen," eingefügt.

Beschlüsse:

Das Gesetz betreffend die Erwerbs- und Wirtschaftsgenossenschaften in der im Bundesgesetzblatt Teil III, Gliederungsnummer 4125-1, veröffentlichten bereinigten Fassung, zuletzt geändert durch …, wird wie folgt geändert:

1. unverändert

2. unverändert

3. unverändert

[im folgenden: BT-Drs. 12/7303, S. 57]

4. unverändert

Entwurf	Beschlüsse des 6. Ausschusses
5. In § 73 Abs. 2 Satz 3 werden die Worte „des Konkurses" durch die Worte „des Insolvenzverfahrens" ersetzt.	5. unverändert
6. In § 76 Abs. 4 werden die Worte „des Konkursverfahrens" durch die Worte „des Insolvenzverfahrens" ersetzt.	6. In § 76 Abs. **3** werden die Worte „des Konkursverfahrens" durch die Worte „des Insolvenzverfahrens" ersetzt.
7. Nach § 81 wird folgender neuer § 81 a eingefügt: „§ 81 a Die Genossenschaft wird aufgelöst 1. mit der Rechtskraft des Beschlusses, durch den die Eröffnung des Insolvenzverfahrens mangels Masse abgelehnt worden ist; 2. durch die Löschung wegen Vermögenslosigkeit nach § 141 a des Gesetzes über die Angelegenheiten der freiwilligen Gerichtsbarkeit."	7. unverändert
8. An § 82 wird folgender neuer Absatz 3 angefügt: „(3) Im Falle der Löschung der Genossenschaft (§ 81 a Nr. 2) sind die Absätze 1 und 2 nicht anzuwenden."	8. unverändert
9. An § 83 wird folgender neuer Absatz 5 angefügt: „(5) Ist die Genossenschaft durch Löschung wegen Vermögenslosigkeit aufgelöst, so findet eine Liquidation nur statt, wenn sich nach der Löschung herausstellt, daß Vermögen vorhanden ist, das der Verteilung unterliegt. Die Liquidatoren sind auf Antrag eines Beteiligten durch das Gericht zu ernennen."	9. unverändert
10. In § 87 a Abs. 2 Satz 2 wird das Wort „Konkursmasse" durch das Wort „Insolvenzmasse" ersetzt.	10. unverändert
11. In § 93 m Abs. 2 Satz 1 werden die Worte „des Konkurses" durch die Worte „des Insolvenzverfahrens" ersetzt.	11. unverändert
12. In § 93 r Abs. 2 wird das Wort „Konkursverfahren" durch das Wort „Insolvenzverfahren" ersetzt.	12. unverändert
13. In § 95 Abs. 4 wird das Wort „Konkursmasse" durch das Wort „Insolvenzmasse" ersetzt.	13. unverändert
14. In der Überschrift des Siebenten Abschnitts wird das Wort „Konkursverfahren" durch das Wort „Insolvenzverfahren" ersetzt.	14. unverändert

[im folgenden: BT-Drs. 12/7303, S. 58]

15. § 98 wird wie folgt gefaßt:	15. unverändert

Entwurf	Beschlüsse des 6. Ausschusses

„§ 98

Abweichend von § 23 Abs. 1 der Insolvenzordnung ist bei einer Genossenschaft die Überschuldung nur dann Grund für die Eröffnung des Insolvenzverfahrens, wenn

1. die Genossen Nachschüsse bis zu einer Haftsumme zu leisten haben und die Überschuldung ein Viertel des Gesamtbetrages der Haftsummen aller Genossen übersteigt,

2. die Genossen keine Nachschüsse zu leisten haben oder

3. die Genossenschaft aufgelöst ist."

16. § 99 wird wie folgt geändert:	16. unverändert

a) Absatz 1 wird wie folgt geändert:

„(1) Wird die Genossenschaft zahlungsunfähig, so hat der Vorstand, bei einer aufgelösten Genossenschaft der Liquidator, ohne schuldhaftes Zögern, spätestens aber drei Wochen nach Eintritt der Zahlungsunfähigkeit, die Eröffnung des Insolvenzverfahrens zu beantragen. Dies gilt sinngemäß, wenn eine Überschuldung besteht, die für die Genossenschaft nach § 98 Grund für die Eröffnung des Insolvenzverfahrens ist."

b) In Absatz 2 Satz 1 werden die Worte „die für die Genossenschaft Konkursgrund nach § 98 Abs. 1 ist" durch die Worte „die für die Genossenschaft nach § 98 Grund für die Eröffnung des Insolvenzverfahrens ist" ersetzt.

17. § 100 wird aufgehoben.	17. unverändert
18. In § 101 werden die Worte „des Konkursverfahrens" durch die Worte „des Insolvenzverfahrens" ersetzt.	18. unverändert
19. § 102 wird wie folgt gefaßt:	19. unverändert

„§ 102

(1) Die Eröffnung des Insolvenzverfahrens ist von Amts wegen in das Genossenschaftsregister einzutragen. Das gleiche gilt für

1. die Aufhebung des Eröffnungsbeschlusses,

2. die Bestellung eines vorläufigen Insolvenzverwalters, wenn zusätzlich dem Schuldner ein allgemeines Verfügungsverbot auferlegt oder angeordnet wird, daß Verfügungen des Schuldners nur mit Zustimmung des vorläufigen Insolvenzverwalters wirksam sind, und die Aufhebung einer derartigen Sicherungsmaßnahme,

Entwurf	Beschlüsse des 6. Ausschusses
3. die Einstellung und die Aufhebung des Verfahrens und	

[im folgenden: BT-Drs. 12/7303, S. 59]

4. die Überwachung der Erfüllung eines Insolvenzplans und die Aufhebung der Überwachung. (2) Die Eintragungen nach Absatz 1 werden nicht bekanntgemacht."	
20. § 103 wird aufgehoben.	20. unverändert
21. § 104 wird aufgehoben.	21. unverändert
22. § 105 wird wie folgt geändert: a) Absatz 1 wird wie folgt gefaßt: „(1) Soweit die Ansprüche der Massegläubiger oder die bei der Schlußverteilung (§ 224 der Insolvenzordnung) berücksichtigten Forderungen der Insolvenzgläubiger aus dem vorhandenen Vermögen der Genossenschaft nicht berichtigt werden, sind die Genossen verpflichtet, Nachschüsse zur Insolvenzmasse zu leisten, es sei denn, daß der Status die Nachschußpflicht ausschließt. Im Falle eines rechtskräftig bestätigten Insolvenzplans besteht die Nachschußpflicht insoweit, als sie im gestaltenden Teil des Plans vorgesehen ist." b) In Absatz 5 wird das Wort „Konkursgläubiger" durch das Wort „Insolvenzgläubiger" ersetzt.	22. unverändert
23. § 106 wird wie folgt geändert: a) Absatz 1 wird wie folgt gefaßt: „(1) Der Insolvenzverwalter hat sofort, nachdem die Vermögensübersicht (§ 172 der Insolvenzordnung) auf der Geschäftsstelle niedergelegt ist, zu berechnen, wieviel zur Deckung des aus der Vermögensübersicht ersichtlichen Fehlbetrages die Genossen vorschußweise beizutragen haben. Sind in der Vermögensübersicht Fortführungs- und Stillegungswerte nebeneinander angegeben, so ist der Fehlbetrag maßgeblich, der sich auf der Grundlage der Stillegungswerte ergibt." b) In Absatz 3 wird jeweils das Wort „Konkursgericht" durch das Wort „Insolvenzgericht" ersetzt.	23. unverändert
24. In § 108 Abs. 1 wird das Wort „Konkursverwalter" durch das Wort „Insolvenzverwalter" ersetzt.	24. unverändert

Entwurf	Beschlüsse des 6. Ausschusses
25. In § 108 a Abs. 1 werden das Wort „Konkursverwalter" durch das Wort „Insolvenzverwalter" und die Worte „des Konkursgerichts" durch die Worte „des Insolvenzgerichts" ersetzt.	25. unverändert
26. § 109 wird wie folgt geändert: a) In Absatz 1 wird das Wort „Konkursverwalter" durch das Wort „Insolvenzverwalter" ersetzt. b) In Absatz 3 werden das Wort „Konkursverfahren" durch das Wort „Insolvenzverfahren" und die Worte „der Bezirk des Konkursgerichts" durch die Worte „das Insolvenzgericht" ersetzt.	26. unverändert

[im folgenden: BT-Drs. 12/7303, S. 60]

27. § 110 wird wie folgt gefaßt: „§ 110 Die eingezogenen Beträge sind nach Maßgabe des § 168 der Insolvenzordnung zu hinterlegen oder anzulegen."	27. unverändert
28. In § 111 Abs. 1 Satz 2 wird das Wort „Konkursverwalter" durch das Wort „Insolvenzverwalter" ersetzt.	28. unverändert
29. § 112 a Abs. 1 wird wie folgt gefaßt: „(1) Der Insolvenzverwalter kann über den von dem Genossen zu leistenden Nachschuß einen Vergleich abschließen. Der Vergleich bedarf zu seiner Wirksamkeit der Zustimmung des Gläubigerausschusses, wenn ein solcher bestellt ist, und der Bestätigung durch das Insolvenzgericht."	29. unverändert
30. In § 113 Abs. 1 Satz 1 wird das Wort „Konkursverwalter" durch das Wort „Insolvenzverwalter" ersetzt.	30. unverändert
31. § 114 wird wie folgt geändert: a) Absatz 1 Satz 1 wird wie folgt gefaßt: „Sobald mit dem Vollzug der Schlußverteilung (§ 224 der Insolvenzvordnung) begonnen wird oder sobald nach einer *Feststellung* der Masseunzulänglichkeit (*§ 308 der Insolvenzordnung*) die Insolvenzmasse verwertet ist, hat der Insolvenzverwalter schriftlich festzustellen, ob und in welcher Höhe nach der Verteilung des Erlöses ein Fehlbetrag verbleibt und inwieweit er durch die bereits geleisteten Nachschüsse gedeckt ist." b) In Absatz 2 wird das Wort „Konkursverwalter" durch das Wort „Insolvenzverwalter" ersetzt.	31. § 114 wird wie folgt geändert: a) Absatz 1 Satz 1 wird wie folgt gefaßt: „Sobald mit dem Vollzug der Schlußverteilung (§ 224 der Insolvenzvordnung) begonnen wird oder sobald nach einer **Anzeige** der Masseunzulänglichkeit (**§ 234 b** der Insolvenzordnung) die Insolvenzmasse verwertet ist, hat der Insolvenzverwalter schriftlich festzustellen, ob und in welcher Höhe nach der Verteilung des Erlöses ein Fehlbetrag verbleibt und inwieweit er durch die bereits geleisteten Nachschüsse gedeckt ist." b) unverändert

Entwurf	Beschlüsse des 6. Ausschusses

32. § 115 wird wie folgt geändert:

   a) In Absatz 1 werden das Wort „Verwalter" jeweils durch das Wort „Insolvenzverwalter" und die Angabe „(Konkursordnung § 166)" durch die Angabe „(§ 231 der Insolvenzordnung)" ersetzt.

   b) In Absatz 2 Satz 1 wird die Angabe „§ 168 der Konkursordnung" durch die Angabe „§§ 217 bis 219 der Insolvenzordnung" ersetzt.

   c) In Absatz 3 wird das Wort „Konkursverwalter" durch das Wort „Insolvenzverwalter" ersetzt.

32. unverändert

33. § 115 a wird wie folgt geändert:

   a) Absatz 1 wird wie folgt gefaßt:

   „(1) Nimmt die Abwicklung des Insolvenzverfahrens voraussichtlich längere Zeit in Anspruch, so kann der Insolvenzverwalter mit Zustimmung des Gläubigerausschusses, wenn ein solcher bestellt ist, und des Insolvenzgerichts die eingezogenen Beträge (§ 110) schon

33. unverändert

[im folgenden: BT-Drs. 12/7303, S. 61]

   vor dem in § 115 Abs. 1 bezeichneten Zeitpunkt im Wege der Abschlagsverteilung nach den §§ 215 bis 223 der Insolvenzordnung an die Gläubiger verteilen. Eine Abschlagsverteilung soll unterbleiben, soweit nach dem Verhältnis der Schulden zu dem Vermögen mit einer Erstattung eingezogener Beträge an Genossen nach § 105 Abs. 4 oder § 115 Abs. 3 zu rechnen ist."

   b) In Absatz 2 wird das Wort „Konkursmasse" durch das Wort „Insolvenzmasse" ersetzt.

34. In § 115 b werden das Wort „Konkursgläubiger" durch das Wort „Insolvenzgläubiger", die Worte „vor der Eröffnung des Konkursverfahrens" durch die Worte „vor dem Antrag auf Eröffnung des Insolvenzverfahrens oder nach diesem Antrag" und das Wort „Konkursmasse" durch das Wort „Insolvenzmasse" ersetzt.

34. unverändert

35. In § 115 c Abs. 1 wird das Wort „Konkursverwalter" durch das Wort „Insolvenzverwalter" ersetzt.

35. unverändert

36. In § 115 d Abs. 2 wird das Wort „Konkursgläubiger" durch das Wort „Insolvenzgläubiger" ersetzt.

36. unverändert

37. Der bisherige § 115 e wird aufgehoben; an seiner Stelle wird eingefügt:

37. unverändert

Entwurf	Beschlüsse des 6. Ausschusses

„§ 115 e

Ist gemäß §§ 331 oder 332 der Insolvenzordnung die Eigenverwaltung unter Aufsicht eines Sachwalters angeordnet, so gelten die §§ 105 bis 115 d mit der Maßgabe, daß an die Stelle des Insolvenzverwalters der Sachwalter tritt."

38. Der bisherige § 116 wird aufgehoben; an seiner Stelle wird eingefügt:	38. Der bisherige § 116 wird aufgehoben; an seiner Stelle wird eingefügt:
„§ 116	„§ 116
Die Vorschriften der Insolvenzordnung über den Insolvenzplan sind mit folgenden Abweichungen anzuwenden:	Die Vorschriften der Insolvenzordnung über den Insolvenzplan sind mit folgenden Abweichungen anzuwenden:
1. Ein *gemäß § 225 der Insolvenzordnung vorgelegter* Plan wird berücksichtigt, wenn er vor der Beendigung des Nachschußverfahrens beim Insolvenzgericht eingeht;	1. Ein Plan wird berücksichtigt, wenn er vor der Beendigung des Nachschußverfahrens beim Insolvenzgericht eingeht.
2. im darstellenden Teil des Plans ist anzugeben, in welcher Höhe die Genossen bereits Nachschüsse geleistet haben und zu welchen weiteren Nachschüssen sie nach dem Statut herangezogen werden könnten;	2. unverändert
3. bei der Bildung der Gruppen für die Festlegung der Rechte der Gläubiger im Plan *ist* zwischen den Gläubigern, die zugleich Mitglieder der Genossenschaft sind *und Nachschüsse zu leisten haben,* und den übrigen Gläubigern *zu unterscheiden;*	3. bei der Bildung der Gruppen für die Festlegung der Rechte der Gläubiger im Plan **kann** zwischen den Gläubigern, die zugleich Mitglieder der Genossenschaft sind, und den übrigen Gläubigern **unterschieden werden;**

[im folgenden: BT-Drs. 12/7303, S. 62]

4. vor dem Erörterungstermin hat das Insolvenzgericht den Prüfungsverband, dem die Genossenschaft angehört, darüber zu hören, ob der Plan mit den Interessen der Genossen vereinbar ist."	4. unverändert
39. Der bisherige § 117 wird aufgehoben; an seiner Stelle wird eingefügt:	39. unverändert

„§ 117

(1) Ist das Insolvenzverfahren auf Antrag des Schuldners eingestellt oder nach der Bestätigung eines Insolvenzplans, der den Fortbestand der Genossenschaft vorsieht, aufgehoben worden, so kann die Generalversammlung die Fortsetzung der Genossenschaft beschließen. Zugleich mit dem Beschluß über die Fortsetzung der Genossenschaft ist die nach § 6 Nr. 3 notwendige Bestimmung im Statut zu beschließen, ob die Genossen für den Fall, daß die Gläubiger im Insolvenzverfahren über das Vermögen der Genossenschaft nicht befriedigt werden, Nachschüsse zur Insolvenzmasse unbeschränkt, beschränkt auf eine Haftsumme oder überhaupt nicht zu leisten haben.

Entwurf	Beschlüsse des 6. Ausschusses
(2) Die Beschlüsse nach Absatz 1 bedürfen einer Mehrheit, die mindestens drei Viertel der abgegebenen Stimmen umfaßt. Das Statut kann außer dieser Mehrheit noch andere Erfordernisse aufstellen. Die Vorschriften des § 79 a Abs. 2 bis 4 sind anzuwenden.	
(3) Die Fortsetzung der Genossenschaft ist zusammen mit dem Beschluß über die Nachschußpflicht der Genossen durch den Vorstand ohne Verzug zur Eintragung in das Genossenschaftsregister anzumelden."	
40. Nach § 117 wird eingefügt:	40. Nach § 117 wird eingefügt:
„§ 118	„§ 118
(1) Wird die Fortsetzung der Genossenschaft gemäß § 117 beschlossen, so kann kündigen	(1) unverändert
1. jeder in der Generalversammlung erschienene Genosse, wenn er gegen den Beschluß Widerspruch zur Niederschrift erklärt hat oder wenn die Aufnahme seines Widerspruchs in die Niederschrift verweigert worden ist;	
2. jeder in der Generalversammlung nicht erschienene Genosse, wenn er zu der Generalversammlung zu Unrecht nicht zugelassen worden ist oder die Versammlung nicht gehörig berufen oder der Gegenstand der Beschlußfassung nicht gehörig angekündigt worden ist.	
Hat eine Vertreterversammlung die Fortsetzung der Genossenschaft beschlossen, so kann jeder Genosse kündigen; für die Vertreter gilt Satz 1.	

[im folgenden: BT-Drs. 12/7303, S. 63]

(2) Die Kündigung hat durch schriftliche Erklärung innerhalb eines Monats zu geschehen. Die Frist beginnt in den Fällen des Absatzes 1 Satz 1 Nr. 1 mit der Beschlußfassung, in den Fällen des Absatzes 1 Satz 1 Nr. 2 mit der Erlangung der Kenntnis von der Beschlußfassung. Ist der Zeitpunkt der Kenntniserlangung streitig, so hat die Genossenschaft die Beweislast. Im Falle der Kündigung wirkt der Beschluß über die Fortsetzung der Genossenschaft weder für noch gegen den Genossen.	
(3) *Der Vorstand hat die Kündigung des Genossen dem Gericht (§ 10) zur Eintragung in die Liste der Genossen unverzüglich anzumelden. Der Anmeldung sind das Kündigungsschreiben und die schriftliche Versicherung des Vorstands, daß die Kündigung rechtzeitig erklärt worden ist, beizufügen.*	(3) **Der Zeitpunkt des Ausscheidens des Genossen ist unverzüglich in die Mitgliederliste einzutragen; der Genosse ist hiervon unverzüglich zu benachrichtigen.**

Entwurf	Beschlüsse des 6. Ausschusses

(4) *Die Kündigung des Genossen ist in die Liste unverzüglich einzutragen. Mit der Eintragung scheidet der Genosse aus der Genossenschaft aus. Die Vorschriften der §§ 71 und 72 sind sinngemäß anzuwenden.*

(5) *Für die Auseinandersetzung des ausgeschiedenen Genossen mit der Genossenschaft ist die für die Fortsetzung der Genossenschaft aufgestellte Eröffnungsbilanz maßgeblich. Das Geschäftsguthaben des Genossen ist binnen sechs Monaten nach dem Ausscheiden auszuzahlen; auf die Rücklagen und das sonstige Vermögen der Genossenschaft hat er vorbehaltlich des § 73 Abs. 3 keinen Anspruch. § 74 ist anzuwenden."*

    (4) *Für die Auseinandersetzung des ausgeschiedenen Genossen mit der Genossenschaft ist die für die Fortsetzung der Genossenschaft aufgestellte Eröffnungsbilanz maßgeblich. Das Geschäftsguthaben des Genossen ist binnen sechs Monaten nach dem Ausscheiden auszuzahlen; auf die Rücklagen und das sonstige Vermögen der Genossenschaft hat er vorbehaltlich des § 73 Abs. 3 keinen Anspruch. § 74 ist anzuwenden."*

41. In § 119 wird das Wort „Konkursmasse" durch das Wort „Insolvenzmasse" ersetzt.

41. unverändert

42. *In § 147 Abs. 1 Nr. 1 wird nach der Angabe „§ 69 Abs. 1 Satz 2" das Wort „oder" durch ein Komma ersetzt und nach der Angabe „§ 93 l Abs. 1 Satz 2" die Angabe „oder § 118 Abs. 3 Satz 2" eingefügt.*

42. entfällt

43. In § 148 Abs. 1 Nr. 2 werden die Worte „des Konkursverfahrens oder des gerichtlichen Vergleichsverfahrens" durch die Worte „des Insolvenzverfahrens" ersetzt.

43. unverändert

44. *§ 161 wird wie folgt gefaßt:*

44. entfällt

„§ 161

Der Bundesminister der Justiz wird ermächtigt, durch Rechtsverordnung mit Zustimmung des Bundesrates die näheren Bestimmungen über die Einrichtung und Führung des Genossenschaftsregisters zu treffen."

[im folgenden: BT-Drs. 12/7303, S. 64]

Artikel 48 Änderung des Gesetzes über Unternehmensbeteiligungsgesellschaften	Artikel 48 unverändert

In § 12 Abs. 2 Nr. 1 des Gesetzes über Unternehmensbeteiligungsgesellschaften vom 17. Dezember 1986 (BGBl. I S. 2488) wird das Wort „Konkurs" durch das Wort „Insolvenzverfahren" ersetzt.

Artikel 49 Änderung des Depotgesetzes	Artikel 49 unverändert

Das Depotgesetz in der im Bundesgesetzblatt Teil III, Gliederungsnummer 4130-1, veröffentlichten bereinigten Fassung, zuletzt geändert durch Artikel 1 des Gesetzes vom 17. Juli 1985 (BGBl. I S. 1507), wird wie folgt geändert:

Entwurf

Beschlüsse des 6. Ausschusses

1. In der Überschrift des Dritten Abschnitts wird das Wort „Konkursvorrecht" durch die Worte „Vorrang im Insolvenzverfahren" ersetzt.

2. § 32 wird wie folgt gefaßt:

„§ 32
Vorrangige Gläubiger

(1) Im Insolvenzverfahren über das Vermögen eines der in den §§ 1, 17, 18 bezeichneten Verwahrer, Pfandgläubiger oder Kommissionäre haben Vorrang nach Absatz 3 und 4:

1. Kommittenten, die bei der Eröffnung des Insolvenzverfahrens das Eigentum oder Miteigentum an Wertpapieren noch nicht erlangt, aber ihre Verpflichtungen aus dem Geschäft über diese Wertpapiere dem Kommissionär gegenüber vollständig erfüllt haben; dies gilt auch dann, wenn im Zeitpunkt der Eröffnung des Insolvenzverfahrens der Kommissionär die Wertpapiere noch nicht angeschafft hat;

2. Hinterleger, Verpfänder und Kommittenten, deren Eigentum oder Miteigentum an Wertpapieren durch eine rechtswidrige Verfügung des Verwahrers, Pfandgläubigers oder Kommissionärs oder ihrer Leute verletzt worden ist, wenn sie bei der Eröffnung des Insolvenzverfahrens ihre Verpflichtungen aus dem Geschäft über diese Wertpapiere dem Schuldner gegenüber vollständig erfüllt haben;

3. die Gläubiger der Nummern 1 und 2, wenn der nichterfüllte Teil ihrer dort bezeichneten Verpflichtungen bei Eröffnung des Insolvenzverfahrens zehn vom Hundert des Wertes ihres Wertpapierlieferungsanspruchs nicht überschreitet und wenn sie binnen einer Woche nach Aufforderung des Insolvenzverwalters diese Verpflichtungen vollständig erfüllt haben.

(2) Entsprechendes gilt im Insolvenzverfahren über das Vermögen eines Eigenhändlers, bei dem jemand Wertpapiere gekauft oder erworben hat, und im Insolvenzverfahren über das Vermögen eines Kommissionärs, der den Auftrag zum Ein-

[im folgenden: BT-Drs. 12/7303, S.65]

kauf oder zum Umtausch von Wertpapieren im Wege des Selbsteintritts ausgeführt hat (§ 31).

(3) Die nach Absätzen 1 und 2 vorrangigen Forderungen werden vor den Forderungen aller anderen Insolvenzgläubiger aus einer Sondermasse beglichen; diese wird gebildet aus den in der Masse vorhandenen Wertpapieren derselben Art und aus den Ansprüchen auf

Entwurf Beschlüsse des 6. Ausschusses

Lieferung solcher Wertpapiere. Die vorrangigen Forderungen werden durch Lieferung der vorhandenen Wertpapiere beglichen, soweit diese nach dem Verhältnis der Forderungsbeträge an alle vorrangigen Gläubiger verteilt werden können. Soweit eine solche Verteilung nicht möglich ist, wird der volle Erlös der nichtverteilten Wertpapiere unter die vorrangigen Gläubiger im Verhältnis ihrer Forderungsbeträge verteilt.

(4) Die Gläubiger der Absätze 1 und 2 haben den beanspruchten Vorrang bei der Anmeldung der Forderung nach § 201 der Insolvenzordnung anzugeben. Sie können aus dem sonstigen Vermögen des Schuldners nur unter entsprechender Anwendung der für die Absonderungsberechtigten geltenden Vorschriften der §§ 61, 218 und 220 der Insolvenzordnung Befriedigung erlangen. Im übrigen bewendet es für sie bei den Vorschriften der Insolvenzordnung über Insolvenzgläubiger.

(5) Das Insolvenzgericht hat, wenn es nach Lage des Falles erforderlich ist, den vorrangigen Gläubigern zur Wahrung der ihnen zustehenden Rechte einen Pfleger zu bestellen. Für die Pflegschaft tritt an die Stelle des Vormundschaftsgerichts das Insolvenzgericht. § 78 Abs. 2 bis 5 des Versicherungsaufsichtsgesetzes ist sinngemäß anzuwenden."

3. § 33 wird wie folgt geändert:

a) Die Überschrift wird wie folgt gefaßt:

„Ausgleichsverfahren bei Verpfändung".

b) In Absatz 1 wird das Wort „Konkurs" durch das Wort „Insolvenzverfahren" ersetzt.

c) In Absatz 3 Satz 2 wird das Wort „Konkurseröffnung" durch die Worte „Eröffnung des Insolvenzverfahrens" ersetzt; in Satz 4 wird das Wort „Konkursmasse" durch das Wort „Insolvenzmasse" ersetzt.

d) In Absatz 4 Satz 1 wird das Wort „Konkurseröffnung" durch die Worte „Eröffnung des Insolvenzverfahrens" ersetzt.

e) In Absatz 5 wird das Wort „Konkursmasse" durch das Wort „Insolvenzmasse" ersetzt.

4. § 37 wird wie folgt geändert:

a) In der Überschrift werden die Worte „der Konkurseröffnung" durch die Worte „des Insolvenzverfahrens" ersetzt.

[im folgenden: BT-Drs. 12/7303, S. 66]

b) Die Zahl „43" und das Komma vor dieser Zahl werden gestrichen; das Wort „Kon-

| Entwurf | Beschlüsse des 6. Ausschusses |

kursverfahren" wird durch das Wort „Insolvenzverfahren" ersetzt.

Artikel 50
Änderung des Wechselgesetzes

Das Wechselgesetz in der im Bundesgesetzblatt Teil III, Gliederungsnummer 4133-1, veröffentlichten bereinigten Fassung, zuletzt geändert durch Artikel 3 des Gesetzes vom 17. Juli 1985 (BGBl. I S. 1507), wird wie folgt geändert:

1. In Artikel 43 Abs. 2 Nr. 2 und 3 werden die Worte „der Konkurs oder das gerichtliche Vergleichsverfahren (Ausgleichsverfahren)" jeweils durch die Worte „das Insolvenzverfahren" ersetzt.

2. In Artikel 44 Abs. 6 Satz 1 werden die Worte „Konkurs oder das gerichtliche Vergleichsverfahren (Ausgleichsverfahren)" durch die Worte „das Insolvenzverfahren" und die Worte „des Konkurses oder des gerichtlichen Vergleichsverfahrens (Ausgleichsverfahrens)" durch die Worte „des Insolvenzverfahrens" ersetzt.

Artikel 50
unverändert

Artikel 51
Änderung des Gesetzes betreffend die gemeinsamen Rechte der Besitzer von Schuldverschreibungen

Das Gesetz betreffend die gemeinsamen Rechte der Besitzer von Schuldverschreibungen in der im Bundesgesetzblatt Teil III, Gliederungsnummer 4134-1, veröffentlichten bereinigten Fassung, zuletzt geändert durch *Artikel 133 des Gesetzes vom 2. März 1974 (BGBl. I S. 469)*, wird wie folgt geändert:

1. § 11 Abs. 1 wird wie folgt gefaßt:

„(1) Die Aufgabe oder Beschränkung von Rechten der Gläubiger, insbesondere die Ermäßigung des Zinsfußes oder die Bewilligung einer Stundung, kann von der Gläubigerversammlung höchstens für die Dauer von drei Jahren und nur zur Abwendung einer Zahlungseinstellung oder des Insolvenzverfahrens über das Vermögen des Schuldners beschlossen werden. Wird binnen drei Jahren nach einem solchen Beschluß das Insolvenzverfahren eröffnet, so wird die Aufgabe oder Beschränkung der Rechte allen Gläubigern gegenüber hinfällig."

2. § 18 wird wie folgt gefaßt:

„§ 18

(1) Ist über das Vermögen des Schuldners das Insolvenzverfahren eröffnet, so gelten in Ansehung der Versammlung der in § 1 bezeich-

Artikel 51
Änderung des Gesetzes betreffend die gemeinsamen Rechte der Besitzer von Schuldverschreibungen

Das Gesetz betreffend die gemeinsamen Rechte der Besitzer von Schuldverschreibungen in der im Bundesgesetzblatt Teil III, Gliederungsnummer 4134-1, veröffentlichten bereinigten Fassung, zuletzt geändert durch . . ., wird wie folgt geändert:

1. unverändert

2. unverändert

Entwurf	Beschlüsse des 6. Ausschusses
neten Gläubiger die folgenden besonderen Vorschriften.	
(2) Die Versammlung wird von dem Insolvenzgericht einberufen und geleitet.	

[im folgenden: BT-Drs. 12/7303, S. 67]

(3) Unverzüglich nach der Eröffnung des Insolvenzverfahrens ist eine Versammlung der Gläubiger einzuberufen, um über die Bestellung eines gemeinsamen Vertreters im Insolvenzverfahren zu beschließen; die Berufung kann unterbleiben, wenn schon vorher von einer Versammlung über die Bestellung eines solchen Vertreters Beschluß gefaßt worden ist.	
(4) Das Insolvenzgericht hat außer den Fällen des § 3 Abs. 2 eine Versammlung der Gläubiger einzuberufen, wenn dies von dem Insolvenzverwalter, dem Gläubigerausschuß (§ 78 der Insolvenzordnung) oder der Aufsichtsbehörde verlangt wird.	
(5) Die Stelle, bei welcher die Gläubiger die Schuldverschreibungen zu hinterlegen haben, wird durch das Insolvenzgericht bestimmt.	
(6) Die Vorschriften des § 5 Abs. 1 und 2 und des § 13 sind nicht anzuwenden."	
3. In § 19 Satz 1 wird das Wort „Konkurs" durch das Wort „Insolvenzverfahren" ersetzt.	3. unverändert
4. § 19 a wird wie folgt gefaßt:	4. § 19 a wird wie folgt gefaßt:
„§ 19 a	„§ 19 a
(1) In einem Insolvenzplan sind *die* in § 1 bezeichneten Gläubiger *in einer besonderen Gruppe zusammenzufassen. § 265 Abs. 2 der Insolvenzordnung bleibt unberührt.*	(1) In einem Insolvenzplan sind **allen** in § 1 bezeichneten **Gläubigern gleiche Rechte anzubieten.**
(2) Die Gläubiger nehmen als Gruppe an der Abstimmung über den Plan teil. § 10 Abs. 2 bis 4 gilt entsprechend.	
(3) Die Vorschriften des § 11 Abs. 1 und des § 12 Abs. 3 sind nicht anzuwenden."	**(2)** Die Vorschriften des § 11 Abs. 1 und des § 12 Abs. 3 sind nicht anzuwenden."
Artikel 52 **Änderung des Gesetzes über die Pfandbriefe und verwandten Schuldverschreibungen öffentlich-rechtlicher Kreditanstalten**	**Artikel 52** **Änderung des Gesetzes über die Pfandbriefe und verwandten Schuldverschreibungen öffentlich-rechtlicher Kreditanstalten**
§ 6 des Gesetzes über die Pfandbriefe und verwandten Schuldverschreibungen öffentlich-rechtlicher Kreditanstalten in der im Bundesgesetzblatt Teil III, Gliederungsnummer 4135-1, veröffentlichten bereinigten Fassung, das zuletzt durch *Artikel 2 Nr. 4 des Gesetzes vom 13. Dezember 1990 (BGBl. I S. 2749)* geändert worden ist, wird wie folgt geändert:	§ 6 des Gesetzes über die Pfandbriefe und verwandten Schuldverschreibungen öffentlich-rechtlicher Kreditanstalten in der im Bundesgesetzblatt Teil III, Gliederungsnummer 4135-1, veröffentlichten bereinigten Fassung, das zuletzt durch . . . geändert worden ist, wird wie folgt geändert:

Entwurf	Beschlüsse des 6. Ausschusses
1. In Absatz 1 Satz 1 werden die Worte „des Konkurses" durch die Worte „des Insolvenzverfahrens" und das Wort „Konkursgläubiger" durch das Wort „Insolvenzgläubiger" ersetzt.	1. unverändert
2. In Absatz 2 wird die Angabe „der §§ 64, 153, 155, 156 und des § 168 Nr. 3 der Konkursordnung" durch die Angabe „der §§ 61, 218 und 220 der Insolvenzordnung" ersetzt.	2. unverändert
3. In Absatz 3 wird das Wort „Konkursmasse" durch das Wort „Insolvenzmasse" ersetzt.	3. unverändert

[im folgenden: BT-Drs. 12/7303, S. 68]

4. Es wird folgender neuer Absatz 4 angefügt:	4. Es wird folgender neuer Absatz 4 angefügt:
„(4) Konkursvorrechte zugunsten der Schuldverschreibungsgläubiger einer öffentlich-rechtlichen Kreditanstalt, die ihren Sitz in einem anderen Mitgliedstaat der Europäischen Gemeinschaften oder in einem Mitgliedstaat der Europäischen Freihandelsassoziation hat, sind in einem inländischen Insolvenzverfahren anzuerkennen, wenn sie im wesentlichen dem Vorrecht des Absatzes 1 entsprechen und die Gegenseitigkeit verbürgt ist."	„(4) Konkursvorrechte zugunsten der Schuldverschreibungsgläubiger einer öffentlich-rechtlichen Kreditanstalt, die ihren Sitz in einem anderen Mitgliedstaat der Europäischen Gemeinschaften, in einem **anderen Vertragsstaat des Abkommens über den Europäischen Wirtschaftsraum oder in der Schweiz** hat, sind in einem inländischen Insolvenzverfahren anzuerkennen, wenn sie im wesentlichen dem Vorrecht des Absatzes 1 entsprechen und die Gegenseitigkeit verbürgt ist."

Artikel 53 Änderung des Gesetzes zur Änderung und Ergänzung des Gesetzes über die Pfandbriefe und verwandten Schuldverschreibungen öffentlich-rechtlicher Kreditanstalten	**Artikel 53** unverändert
In Artikel 2 Abs. 2 Satz 2 des Gesetzes zur Änderung und Ergänzung des Gesetzes über die Pfandbriefe und verwandten Schuldverschreibungen in der im Bundesgesetzblatt Teil III, Gliederungsnummer 4135-2, veröffentlichten bereinigten Fassung werden die Worte „eines Konkurses" durch die Worte „eines Insolvenzverfahrens" ersetzt.	

Artikel 54 Änderung des Gesetzes über Arbeitnehmererfindungen	**Artikel 54** unverändert
§ 27 des Gesetzes über Arbeitnehmererfindungen in der im Bundesgesetzblatt Teil III, Gliederungsnummer 422-1, veröffentlichten bereinigten Fassung, das zuletzt durch Artikel 2 Abs. 2 des Gesetzes vom 15. August 1986 (BGBl. I S. 1446) geändert worden ist, wird wie folgt gefaßt:	

„§ 27
Insolvenzverfahren

Wird nach unbeschränkter Inanspruchnahme der Diensterfindung das Insolvenzverfahren über das Vermögen des Arbeitgebers eröffnet, so gilt folgendes:

Entwurf	Beschlüsse des 6. Ausschusses

1. Veräußert der Insolvenzverwalter die Diensterfindung mit dem Geschäftsbetrieb, so tritt der Erwerber für die Zeit von der Eröffnung des Insolvenzverfahrens an in die Vergütungspflicht des Arbeitgebers (§ 9) ein.

2. Veräußert der Insolvenzverwalter die Diensterfindung ohne den Geschäftsbetrieb, so hat der Arbeitnehmer ein Vorkaufsrecht. Übt der Arbeitnehmer das Vorkaufsrecht aus, so kann er mit seinen Ansprüchen auf Vergütung für die unbeschränkte Inanspruchnahme der Diensterfindung gegen die Kaufpreisforderung aufrechnen. Für den Fall, daß der Arbeitnehmer das Vorkaufsrecht nicht ausübt, kann der Insolvenzverwalter mit dem Erwerber vereinbaren, daß sich dieser verpflichtet, dem Arbeitnehmer eine angemessene Vergütung (§ 9) für die weitere Verwertung der Diensterfindung zu

[im folgenden: BT-Drs. 12/7303, S. 69]

zahlen. Wird eine solche Vereinbarung nicht getroffen, so erhält der Arbeitnehmer eine angemessene Abfindung aus dem Veräußerungserlös.

3. Verwertet der Insolvenzverwalter die Diensterfindung im Unternehmen des Schuldners, so hat er dem Arbeitnehmer eine angemessene Vergütung für die Verwertung aus der Insolvenzmasse zu zahlen.

4. Will der Insolvenzverwalter die Diensterfindung weder im Unternehmen des Schuldners verwerten noch veräußern, so gilt § 16 Abs. 1 und 2 entsprechend. Verlangt der Arbeitnehmer die Übertragung der Erfindung, so kann er mit seinen Ansprüchen auf Vergütung für die unbeschränkte Inanspruchnahme der Diensterfindung gegen den Anspruch auf Erstattung der Kosten der Übertragung aufrechnen.

5. Im übrigen kann der Arbeitnehmer seine Vergütungsansprüche nur als Insolvenzgläubiger geltend machen."

Artikel 55 **Änderung der Patentanwaltsordnung**	**Artikel 55** unverändert

Die Patentanwaltsordnung vom 7. September 1966 (BGBl. I S. 557), zuletzt geändert durch Artikel 2 Nr. 9 des Gesetzes vom 20. Dezember 1991 (BGBl. I S. 2317), wird wie folgt geändert:

1. § 14 Abs. 1 wird wie folgt gefaßt:

„(1) Die Zulassung zur Patentanwaltschaft ist zu versagen,

1. wenn der Bewerber nach der Entscheidung des Bundesverfassungsgerichts ein Grundrecht verwirkt hat;

Entwurf   Beschlüsse des 6. Ausschusses

2. wenn der Bewerber infolge strafgerichtlicher Verurteilung die Fähigkeit zur Bekleidung öffentlicher Ämter nicht besitzt;

3. wenn der Bewerber durch rechtskräftiges Urteil aus der Patentanwaltschaft oder aus der Rechtsanwaltschaft ausgeschlossen ist und seit Rechtskraft des Urteils noch nicht acht Jahre verstrichen sind;

4. wenn gegen den Bewerber im Verfahren über die Richteranklage auf Entlassung oder im Disziplinarverfahren auf Entfernung aus dem Dienst in der Rechtspflege oder aus dem Dienst als Angehöriger des Patentamts rechtskräftig erkannt worden ist;

5. wenn der Bewerber sich eines Verhaltens schuldig gemacht hat, das ihn unwürdig erscheinen läßt, den Beruf eines Patentanwalts auszuüben;

6. wenn der Bewerber die freiheitliche demokratische Grundordnung in strafbarer Weise bekämpft;

[im folgenden: BT-Drs. 12/7303, S. 70]

7. wenn der Bewerber infolge eines körperlichen Gebrechens, wegen Schwäche seiner geistigen Kräfte oder wegen einer Sucht nicht nur vorübergehend unfähig ist, den Beruf eines Patentanwalts ordnungsgemäß auszuüben;

8. wenn der Bewerber eine Tätigkeit ausübt, die mit dem Beruf eines Patentanwalts oder mit dem Ansehen der Patentanwaltschaft nicht vereinbar ist;

9. wenn der Bewerber aufgrund eines ständigen Dienst- oder ähnlichen Beschäftigungsverhältnisses dem Auftraggeber seine Arbeitszeit und -kraft für eine Tätigkeit auf dem Gebiet des gewerblichen Rechtsschutzes überwiegend zur Verfügung stellen muß;

10. wenn der Bewerber sich im Vermögensverfall befindet; ein Vermögensverfall wird vermutet, wenn ein Insolvenzverfahren über das Vermögen des Bewerbers eröffnet oder der Bewerber in das vom Insolvenzgericht oder vom Vollstreckungsgericht zu führende Verzeichnis (§ 30 Abs. 2 der Insolvenzordnung, § 915 der Zivilprozeßordnung) eingetragen ist;

11. wenn der Bewerber Richter, Beamter, Berufssoldat oder Soldat auf Zeit ist, es sei denn, daß er die ihm übertragenen Aufgaben ehrenamtlich wahrnimmt oder daß

Entwurf   Beschlüsse des 6. Ausschusses

seine Rechte und Pflichten aufgrund der §§ 5, 6, 8 und 36 des Abgeordnetengesetzes oder entsprechender Rechtsvorschriften ruhen;

12. wenn der Bewerber nicht Deutscher im Sinne des Artikels 116 Abs. 1 des Grundgesetzes ist. Die Bestimmungen des Gesetzes über die Rechtsstellung heimatloser Ausländer im Bundesgebiet vom 25. April 1951 (BGBl. I S. 269) sowie Bestimmungen in Staatsverträgen bleiben unberührt."

2. § 21 Abs. 2 wird wie folgt geändert:

a) Die Nummer 10 wird aufgehoben; die bisherigen Nummern 11 und 12 werden die neuen Nummern 10 und 11.

b) Die neue Nummer 10 wird wie folgt gefaßt:

„10. wenn der Patentanwalt in Vermögensverfall geraten ist, es sei denn, daß dadurch die Interessen der Rechtsuchenden nicht gefährdet sind; ein Vermögensverfall wird vermutet, wenn ein Insolvenzverfahren über das Vermögen des Patentanwalts eröffnet oder der Patenanwalt in das vom Insolvenzgericht oder vom Vollstreckungsgericht zu führende Verzeichnis (§ 30 Abs. 2 der Insolvenzordnung, § 915 der Zivilprozeßordnung) eingetragen ist;".

3. in § 46 Abs. 4 Satz 3 wird die Angabe „10 bis 12" durch die Angabe „10 bis 11" ersetzt.

4. In § 48 Abs. 1 Satz 2 wird die Angabe „10 bis 12" durch die Angabe „10 und 11" ersetzt.

[im folgenden: BT-Drs. 12/7303, S. 71]

5. In § 60 wird die Nummer 1 aufgehoben; die bisherigen Nummern 2 bis 4 werden die neuen Nummern 1 bis 3.

6. § 63 wird wie folgt geändert:

a) In Absatz 1 Nr. 1 wird die Angabe „§ 60 Nr. 1 und 4" durch die Angabe „§ 60 Nr. 3" ersetzt.

b) In Absatz 4 Satz 1 wird die Angabe „§ 60 Nr. 3" durch die Angabe „§ 60 Nr. 2" ersetzt.

Artikel 56
Änderung des Gesetzes
gegen den unlauteren Wettbewerb

In § 6 Abs. 1 und 2 Satz 1 des Gesetzes gegen den unlauteren Wettbewerb in der im Bundesgesetzblatt Teil III, Gliederungsnummer 43-1,

Artikel 56
unverändert

Entwurf

veröffentlichten bereinigten Fassung, das zuletzt durch Artikel 5 des Gesetzes vom 17. Dezember 1990 (BGBl. I S. 2840) geändert worden ist, wird das Wort „Konkursmasse" jeweils durch das Wort „Insolvenzmasse" ersetzt.

Artikel 57
Änderung des Gesetzes über das Verlagsrecht

§ 36 des Gesetzes über das Verlagsrecht in der im Bundesgesetzblatt Teil III, Gliederungsnummer 441-1, veröffentlichten bereinigten Fassung, das durch § 141 Nr. 4 des Gesetzes vom 9. September 1965 (BGBl. I S. 1273) geändert worden ist, wird wie folgt geändert:

1. In Absatz 1 werden die Worte „der Konkurs" durch die Worte „das Insolvenzverfahren" und die Worte „§ 17 der Konkursordnung" durch die Worte „§ 117 der Insolvenzordnung" ersetzt.

2. In Absatz 2 werden das Wort „Konkursverwalter" durch das Wort „Insolvenzverwalter", das Wort „Konkursmasse" jeweils durch das Wort „Insolvenzmasse" und das Wort „Konkursverfahren" durch das Wort „Insolvenzverfahren" ersetzt.

Artikel 58
Änderung des Strafgesetzbuchs

Das Strafgesetzbuch in der Fassung der Bekanntmachung vom 10. März 1987 (BGBl. I S. 945, 1160), zuletzt geändert durch Artikel 3 des Gesetzes vom 28. Februar 1992 (BGBl. I S. 372), wird wie folgt geändert:

1. In der Überschrift des Vierundzwanzigsten Abschnitts des Besonderen Teils wird das Wort „Konkursstraftaten" durch das Wort „Insolvenzstraftaten" ersetzt.

2. § 283 wird wie folgt geändert:

   a) In Absatz 1 Nr. 1 wird das Wort „Konkurseröffnung" durch die Worte „Eröffnung des Insolvenzverfahrens" und das Wort „Konkursmasse" durch das Wort „Insolvenzmasse" ersetzt.

[im folgenden: BT-Drs. 12/7303, S. 72]

   b) In Absatz 6 wird das Wort „Konkursverfahren" durch das Wort „Insolvenzverfahren" ersetzt.

3. § 283 d wird wie folgt geändert:

   a) Absatz 1 wird wie folgt gefaßt:

   „(1) Mit Freiheitsstrafe bis zu fünf Jahren oder mit Geldstrafe wird bestraft, wer

Beschlüsse des 6. Ausschusses

Artikel 57
unverändert

Artikel 58
unverändert

Entwurf	Beschlüsse des 6. Ausschusses

1. in Kenntnis der einem anderen drohenden Zahlungsunfähigkeit oder

2. nach Zahlungseinstellung, in einem Insolvenzverfahren oder in einem Verfahren zur Herbeiführung der Entscheidung über die Eröffnung des Insolvenzverfahrens eines anderen

Bestandteile des Vermögens eines anderen, die im Falle der Eröffnung des Insolvenzverfahrens zur Insolvenzmasse gehören, mit dessen Einwilligung oder zu dessen Gunsten beiseite schafft oder verheimlicht oder in einer den Anforderungen einer ordnungsgemäßen Wirtschaft widersprechenden Weise zerstört, beschädigt oder unbrauchbar macht."

b) In Absatz 4 wird das Wort „Konkursverfahren" durch das Wort „Insolvenzverfahren" ersetzt.

Artikel 59 *Änderung des Gesetzes über die Einführung des deutschen Rechts auf dem Gebiete der Steuern, Zölle und Finanzmonopole im Saarland*	Artikel 59 entfällt

In § 106 Abs. 2 Nr. 1 des Gesetzes über die Einführung des deutschen Rechts auf dem Gebiete der Steuern, Zölle und Finanzmonopole im Saarland in der im Bundesgesetzblatt Teil III, Gliederungsnummer 600-2, veröffentlichten bereinigten Fassung wird das Wort „Konkurs" durch das Wort „Insolvenzverfahren" ersetzt.

Artikel 60 *Änderung der Abgabenordnung*	Artikel 60 entfällt

Die Abgabenordnung vom 16. März 1976 (BGBl. I S. 613; 1977 I S. 269), zuletzt geändert durch Artikel 2 des Gesetzes vom 7. Juli 1992 (BGBl. I S. 1222), wird wie folgt geändert:

1. *§ 75 Abs. 2 wird wie folgt gefaßt:*

„(2) Absatz 1 gilt nicht für Erwerbe aus einer Insolvenzmasse und für Erwerbe im Vollstreckungsverfahren."

2. *§ 171 wird wie folgt geändert:*

a) *In Absatz 12 werden die Worte „der Konkurs" durch die Worte „das Insolvenzverfahren" ersetzt.*

b) *In Absatz 13 werden das Wort „Konkursverfahren" durch das Wort „Insolvenzverfahren" und die Worte „des Konkursverfahrens" durch die Worte „des Insolvenzverfahrens" ersetzt.*

[im folgenden: BT-Drs. 12/7303, S. 73]

Entwurf	Beschlüsse des 6. Ausschusses

3. § 231 wird wie folgt geändert:

   a) In Absatz 1 Satz 1 wird das Wort „Konkurs" durch das Wort „Insolvenzverfahren" ersetzt.

   b) In Absatz 2 Satz 1 werden die Worte „Konkurs" und „Konkursverfahren" jeweils durch das Wort „Insolvenzverfahren" ersetzt.

4. § 251 wird wie folgt geändert:

   a) In Absatz 2 Satz 1 werden die Worte „der Konkursordnung und der Vergleichsordnung" durch die Worte „der Insolvenzordnung" ersetzt.

   b) Absatz 2 Satz 2 wird wie folgt gefaßt:

   „Die Finanzbehörde ist berechtigt, in den Fällen des § 229 Abs. 2 und des § 304 der Insolvenzordnung gegen den Schuldner im Verwaltungsweg zu vollstrecken."

   c) Absatz 3 wird wie folgt gefaßt:

   „(3) Macht die Finanzbehörde im Insolvenzverfahren einen Anspruch aus dem Steuerschuldverhältnis als Insolvenzforderung geltend, so stellt sie erforderlichenfalls die Insolvenzforderung durch schriftlichen Verwaltungsakt fest."

5. In § 266 wird die Angabe „419," gestrichen.

6. In § 282 Abs. 2 wird das Wort „Konkurs" durch das Wort „Insolvenzverfahren" ersetzt.

7. § 284 Abs. 1 Satz 2 wird wie folgt gefaßt:

   „Aus dem Vermögensverzeichnis müssen auch ersichtlich sein

   1. die in den letzten zwei Jahren vor dem ersten zur Abgabe der eidesstattlichen Versicherung anberaumten Termin vorgenommenen entgeltlichen Veräußerungen des Schuldners an eine nahestehende Person (§§ 153 bis 155 der Insolvenzordnung);

   2. die in den letzten vier Jahren vor dem ersten zur Abgabe der eidesstattlichen Versicherung anberaumten Termin von dem Schuldner vorgenommenen unentgeltlichen Leistungen, sofern sie sich nicht auf gebräuchliche Gelegenheitsgeschenke geringen Werts richteten."

Artikel 61 **Änderung des EG-Beitreibungsgesetzes**	**Artikel 61** unverändert

§ 6 des EG-Beitreibungsgesetzes vom 10. August 1979 (BGBl. I S. 1429), das durch das Gesetz

Entwurf	Beschlüsse des 6. Ausschusses
vom 7. August 1981 (BGBl. I S. 807) geändert worden ist, wird aufgehoben.	
[im folgenden: BT-Drs. 12/7303, S. 74]	
Artikel 62 *Änderung des Berlinförderungsgesetzes*	**Artikel 62** entfällt
Das Berlinförderungsgesetz in der Fassung der Bekanntmachung vom 2. Februar 1990 (BGBl. I S. 173), zuletzt geändert durch Artikel 3 des Gesetzes vom 25. Februar 1992 (BGBl. I S. 297), wird wie folgt geändert:	
1. § 28 wird wie folgt geändert:	
a) In Absatz 1 Satz 4, Absatz 2 Satz 1 Nr. 3 und in Absatz 7 Satz 1 wird das Wort „Konkursausfallgeld" jeweils durch das Wort „Insolvenzausfallgeld" ersetzt.	
b) In Absatz 8 werden das Wort „Konkursverwalter" jeweils durch das Wort „Insolvenzverwalter" und die Worte „des Konkursausfallgeldes" durch die Worte „des Insolvenzausfallgeldes" ersetzt.	
2. § 29 wird wie folgt geändert:	
a) In Absatz 2 Satz 3 werden die Worte „des Konkursausfallgeldes" durch die Worte „des Insolvenzausfallgeldes" ersetzt.	
b) In Absatz 4 Satz 2 werden die Worte „des Konkursverwalters" durch die Worte „des Insolvenzverwalters" ersetzt.	
Artikel 63 *Änderung des Steuerberatungsgesetzes*	**Artikel 63** unverändert
Das Steuerberatungsgesetz in der Fassung der Bekanntmachung vom 4. November 1975 (BGBl. I S. 2735), zuletzt geändert durch Artikel 23 des Gesetzes vom 25. Februar 1992 (BGBl. I S. 297), wird wie folgt geändert:	
1. § 46 Abs. 2 wird wie folgt geändert:	
a) Die Nummer 5 wird aufgehoben; die bisherigen Nummern 6 und 7 werden die neuen Nummern 5 und 6.	
b) Die neue Nummer 5 wird wie folgt gefaßt:	
„5. in Vermögensverfall geraten ist, es sei denn, daß dadurch die Interessen der Auftraggeber nicht gefährdet sind; ein Vermögensverfall wird vermutet, wenn ein Insolvenzverfahren über das Vermögen des Steuerberaters oder Steuerbevollmächtigten eröffnet oder der Steuerberater oder Steuerbevollmächtigte in das vom Insolvenzgericht oder vom Vollstreckungsgericht zu führende	

Entwurf Beschlüsse des 6. Ausschusses

Verzeichnis (§ 30 Abs. 2 der Insolvenzordnung; § 915 der Zivilprozeßordnung) eingetragen ist;".

2. In § 56 Satz 1 wird die Angabe „Nr. 7" durch die Angabe „Nr. 6" ersetzt.

[im folgenden: BT-Drs. 12/7303, S. 75]

<table>
<tr><td>

Artikel 64
Änderung des Einkommensteuergesetzes

</td><td>

Artikel 64
entfällt

</td></tr>
</table>

Das Einkommensteuergesetz in der Fassung der Bekanntmachung vom 7. September 1990 (BGBl. I S. 1898, 1991 I S. 808), zuletzt geändert durch Artikel 1 des Gesetzes vom 25. Februar 1992 (BGBl. I S. 297), wird wie folgt geändert:

1. In § 32 b Abs. 1 Nr. 1 Buchstabe a wird das Wort „Konkursausfallgeld" durch das Wort „Insolvenzausfallgeld" ersetzt.

2. In § 50 c Abs. 3 Satz 2 wird das Wort „Konkursverfahren" durch das Wort „Insolvenzverfahren" ersetzt.

<table>
<tr><td>

Artikel 65
Änderung des Körperschaftsteuergesetzes

</td><td>

Artikel 65
entfällt

</td></tr>
</table>

In § 11 Abs. 7 des Körperschaftsteuergesetzes in der Fassung der Bekanntmachung vom 11. März 1991 (BGBl. I S. 638), das zuletzt durch Artikel 8 des Gesetzes vom 25. Februar 1992 (BGBl. I S. 297) geändert worden ist, wird das Wort „Konkursverfahren" durch das Wort „Insolvenzverfahren" ersetzt.

<table>
<tr><td>

Artikel 66
Änderung des Grundsteuergesetzes

</td><td>

Artikel 66
entfällt

</td></tr>
</table>

§ 11 Abs. 2 Satz 2 des Grundsteuergesetzes vom 7. August 1973 (BGBl. I S. 965), das zuletzt durch Anlage I Kapitel IV Sachgebiet B Abschnitt II Nr. 30 des Einigungsvertrages vom 31. August 1990 in Verbindung mit Artikel 1 des Gesetzes vom 23. September 1990 (BGBl. 1990 II S. 885, 986) geändert worden ist, wird wie folgt gefaßt:

„Das gilt nicht für Erwerbe aus einer Insolvenzmasse und für Erwerbe im Vollstreckungsverfahren."

<table>
<tr><td>

Artikel 67
Änderung des Tabaksteuergesetzes

</td><td>

Artikel 67
Änderung des Tabaksteuergesetzes

</td></tr>
<tr><td>

In § 16 Satz 1 Nr. 2 Buchstabe a des Tabaksteuergesetzes vom 13. Dezember 1979 (BGBl. I S. 2118), das zuletzt durch Artikel 33 des Gesetzes vom 25. Februar 1992 (BGBl. I S. 297) geändert worden ist, werden die Worte „des Konkurses" durch die Worte „des Insolvenzverfahrens" ersetzt.

</td><td>

In § 25 Satz 1 Nr. 2 Buchstabe a des Tabaksteuergesetzes vom **21. Dezember 1992** (BGBl. I S. 2150) werden die Worte „des Konkurses" durch die Worte „des Insolvenzverfahrens" ersetzt.

</td></tr>
</table>

Entwurf	Beschlüsse des 6. Ausschusses
Artikel 68 Änderung des Gesetzes über das Branntweinmonopol	**Artikel 68** unverändert

§ 113 des Gesetzes über das Branntweinmonopol in der im Bundesgesetzblatt Teil III, Gliederungsnummer 612-7, veröffentlichten bereinigten Fassung, das zuletzt durch § 4 Abs. 1 Nr. 4 des Gesetzes vom 25. September 1990 (BGBl. I S. 2106) geändert worden ist, wird aufgehoben.

[im folgenden: BT-Drs. 12/7303, S. 76]

Artikel 69 Änderung des Altsparergesetzes	**Artikel 69** unverändert

Das Altsparergesetz in der im Bundesgesetzblatt Teil III, Gliederungsnummer 621-4, veröffentlichten bereinigten Fassung, zuletzt geändert durch Anlage I Kapitel IV Sachgebiet A Abschnitt II Nr. 1 des Einigungsvertrages vom 31. August 1990 in Verbindung mit Artikel 1 des Gesetzes vom 23. September 1990 (BGBl. II S. 885, 965), wird wie folgt geändert:

1. § 20 Abs. 2 wird wie folgt geändert:

    a) In Satz 1 wird das Wort „Konkursverfahren" durch das Wort „Insolvenzverfahren" und das Wort „Konkurseröffnung" durch die Worte „Eröffnung des Insolvenzverfahrens" ersetzt.

    b) In Satz 2 wird das Wort „Konkursverwalter" durch das Wort „Insolvenzverwalter" ersetzt; nach dem Wort „und" werden die Worte „ , wenn das Unternehmen nicht auf der Grundlage eines Insolvenzplans vom Schuldner fortgeführt wird," eingefügt.

    c) In den Sätzen 3 und 4 wird jeweils das Wort „Konkursverwalter" durch das Wort „Insolvenzverwalter" ersetzt.

2. § 20 Abs. 3 wird aufgehoben.

3. In § 20 Abs. 4 werden die Worte „des Konkursverwalters" durch die Worte „des Insolvenzverwalters" ersetzt.

Artikel 70 Änderung des Reichsschuldbuchgesetzes	**Artikel 70** unverändert

Das Reichsschuldbuchgesetz in der im Bundesgesetzblatt Teil III, Gliederungsnummer 651-1, veröffentlichten bereinigten Fassung wird wie folgt geändert:

1. In § 9 Abs. 1 Nr. 3 wird das Wort „Konkursverwalter" durch das Wort „Insolvenzverwalter" ersetzt.

Entwurf	Beschlüsse des 6. Ausschusses
2. In § 20 Abs. 1 Nr. 3 werden die Worte „der Konkurs" durch die Worte „das Insolvenzverfahren" ersetzt.	

Artikel 71
Änderung des Allgemeinen Kriegsfolgengesetzes

In § 9 Abs. 1 Satz 2 des Allgemeinen Kriegsfolgengesetzes in der im Bundesgesetzblatt Teil III, Gliederungsnummer 653-1, veröffentlichten bereinigten Fassung, das zuletzt durch Anlage I Kapitel IV Sachgebiet A Abschnitt II Nr. 2 des Einigungsvertrages vom 31. August 1990 in Verbindung mit Artikel 1 des Gesetzes vom 23. September 1990 (BGBl. 1990 II S. 885, 965) geändert worden ist, wird die Angabe „§§ 69, 70 der Konkursordnung" durch die Angabe „§§ 52, 53 der Insolvenzordnung" ersetzt.

Artikel 71
unverändert

[im folgenden: BT-Drs. 12/7303, S. 77]

Artikel 72
Änderung des Rechtsträger-Abwicklungsgesetzes

Das Rechtsträger-Abwicklungsgesetz vom 6. September 1965 (BGBl. I S. 1065), zuletzt geändert durch Artikel 2 des Gesetzes vom 19. Dezember 1985 (BGBl. I S. 2460), wird wie folgt geändert:

1. In § 8 Abs. 1 Satz 2 wird die Angabe „§§ 65 bis 67 und 69 der Konkursordnung" ersetzt durch die Angabe „§§ 48, 49 und 52 der Insolvenzordnung".

2. In § 19 Abs. 2 Satz 1 werden die Worte „im Konkursfalle" durch die Worte „im Falle des Insolvenzverfahrens" ersetzt.

Artikel 72
unverändert

Artikel 73
Änderung der Wirtschaftsprüferordnung

Die Wirtschaftsprüferordnung in der Fassung der Bekanntmachung vom 5. November 1975 (BGBl. I S. 2803), zuletzt geändert durch Artikel 8 Abs. 9 des Gesetzes vom 17. Dezember 1990 (BGBl. I S. 2847), wird wie folgt geändert:

1. In § 10 Abs. 2 wird die Nummer 1 aufgehoben; die bisherigen Nummern 2 und 3 werden die neuen Nummern 1 und 2.

2. In § 20 Abs. 3 Nr. 1 wird folgender Satzteil gestrichen:

„infolge gerichtlicher Anordnung in der Verfügung über sein Vermögen allgemein beschränkt ist oder wenn er".

Artikel 73
unverändert

Entwurf	Beschlüsse des 6. Ausschusses

3. In § 34 Abs. 2 wird folgender Satzteil gestrichen:

„infolge gerichtlicher Anordnung in der Verfügung über ihr Vermögen allgemein beschränkt ist oder wenn sie".

Artikel 74 **Änderung des Zweiten Gesetzes zur Durchführung von Richtlinien der Europäischen Wirtschaftsgemeinschaft über die Niederlassungsfreiheit und den freien Dienstleistungsverkehr**	**Artikel 74** unverändert

§ 1 Abs. 3 des Zweiten Gesetzes zur Durchführung von Richtlinien der Europäischen Wirtschaftsgemeinschaft über die Niederlassungsfreiheit und den freien Dienstleistungsverkehr vom 14. Dezember 1970 (BGBl. I S. 1709) wird wie folgt geändert:

1. In den Sätzen 1 und 2 wird das Wort „Konkursverfahren" jeweils durch das Wort „Insolvenzverfahren" ersetzt.

2. In Satz 3 wird das Wort „Konkurseröffnung" durch die Worte „Eröffnung des Insolvenzverfahrens" ersetzt.

[im folgenden: BT-Drs. 12/7303, S. 78]

Artikel 75 **Änderung der Gewerbeordnung**	**Artikel 75** unverändert

Die Gewerbeordnung in der Fassung der Bekanntmachung vom 1. Januar 1987 (BGBl. I S. 425), zuletzt geändert durch Artikel 8 des Gesetzes vom 17. Dezember 1990 (BGBl. I S. 2840), wird wie folgt geändert:

1. Es wird folgender neuer § 12 eingefügt:

„§ 12
Insolvenzverfahren

Vorschriften, welche die Untersagung eines Gewerbes oder die Rücknahme oder den Widerruf einer Zulassung wegen Unzuverlässigkeit des Gewerbetreibenden, die auf ungeordnete Vermögensverhältnisse zurückzuführen ist, ermöglichen, finden während eines Insolvenzverfahrens, während der Zeit, in der Sicherungsmaßnahmen nach § 25 der Insolvenzordnung angeordnet sind, und während der Überwachung der Erfüllung eines Insolvenzplans (§ 307 der Insolvenzordnung) keine Anwendung in bezug auf das Gewerbe, das zur Zeit des Antrags auf Eröffnung des Insolvenzverfahrens ausgeübt wurde."

2. § 34 b Abs. 4 Satz 1 Nr. 2 wird wie folgt gefaßt:

„2. der Antragsteller in ungeordneten Vermögensverhältnissen lebt; dies ist in der Regel

Entwurf	Beschlüsse des 6. Ausschusses
der Fall, wenn über das Vermögen des Antragstellers das Insolvenzverfahren eröffnet worden oder er in das vom Insolvenzgericht oder vom Vollstreckungsgericht zu führende Verzeichnis (§ 30 Abs. 2 Insolvenzordnung, § 915 Zivilprozeßordnung) eingetragen ist."	
3. § 34c wird wie folgt geändert:	
a) In Absatz 2 Nr. 1 wird das Wort „Konkursstraftat" durch das Wort „Insolvenzstraftat" ersetzt.	
b) Absatz 2 Nr. 2 wird wie folgt gefaßt:	
„2. der Antragsteller in ungeordneten Vermögensverhältnissen lebt; dies ist in der Regel der Fall, wenn über das Vermögen des Antragstellers das Insolvenzverfahren eröffnet worden oder er in das vom Insolvenzgericht oder vom Vollstreckungsgericht zu führende Verzeichnis (§ 30 Abs. 2 Insolvenzordnung, § 915 Zivilprozeßordnung) eingetragen ist."	

Artikel 76
Änderung der Handwerksordnung

Entwurf	Beschlüsse des 6. Ausschusses
Die Handwerksordnung in der Fassung der Bekanntmachung vom 28. Dezember 1965 (BGBl. I S. 1966), zuletzt geändert durch *Artikel 43 des Gesetzes vom 28. Juni 1990 (BGBl. I S. 1221) und durch die Verordnung vom 9. Dezember 1991 (BGBl. I S. 2169)*, wird wie folgt geändert:	Die Handwerksordnung in der Fassung der Bekanntmachung vom 28. Dezember 1965 (BGBl. I S. 1966), zuletzt geändert durch . . ., wird wie folgt geändert:

[im folgenden: BT-Drs. 12/7303, S. 79]

Entwurf	Beschlüsse des 6. Ausschusses
1. In § 4 Abs. 1 Satz 1 wird das Wort „Nachlaßkonkursverwalter" durch das Wort „Nachlaßinsolvenzverwalter" ersetzt.	1. unverändert
2. § 77 wird wie folgt geändert:	2. § 77 wird wie folgt geändert:
a) In Absatz 1 werden die Worte „des Konkursverfahrens" durch die Worte „des Insolvenzverfahrens" ersetzt.	a) unverändert
b) Absatz 2 Satz 1 *wird wie folgt gefaßt:* „Der Vorstand hat im Falle der Zahlungsunfähigkeit oder der Überschuldung die Eröffnung des Insolvenzverfahrens zu beantragen."	b) In Absatz 2 Satz 1 **werden die Worte „im Falle der Überschuldung" durch die Worte „im Falle der Zahlungsunfähigkeit oder der Überschuldung" und die Worte „des Konkursverfahrens" durch die Worte „des Insolvenzverfahrens" ersetzt.**
3. § 96 Abs. 2 wird wie folgt gefaßt: „(2) Nicht wahlberechtigt sind Personen, die infolge strafgerichtlicher Verurteilung das Recht, in öffentlichen Angelegenheiten zu wählen oder zu stimmen, nicht besitzen."	3. unverändert

Entwurf	Beschlüsse des 6. Ausschusses
4. In § 104 Abs. 2 wird die Nummer 3 aufgehoben; das Komma nach der Nummer 2 wird durch einen Punkt ersetzt.	4. unverändert

Artikel 77	Artikel 77
Änderung des Waffengesetzes	unverändert

In § 43 Abs. 1 des Waffengesetzes in der Fassung der Bekanntmachung vom 8. März 1976 (BGBl. I S. 432), das zuletzt durch § 2 Abs. 2 des Gesetzes vom 25. September 1990 (BGBl. I S. 2106) geändert worden ist, wird das Wort „Konkursverwalter" durch das Wort „Insolvenzverwalter" ersetzt.

Artikel 78	Artikel 78
Änderung des Sprengstoffgesetzes	unverändert

In § 12 Abs. 1 Satz 2 des Sprengstoffgesetzes in der Fassung der Bekanntmachung vom 17. April 1986 (BGBl. I S. 577), das zuletzt durch Artikel 7 des Gesetzes vom 28. Juni 1990 (BGBl. I S. 1221) geändert worden ist, wird das Wort „Nachlaßkonkursverwalter" durch das Wort „Nachlaßinsolvenzverwalter" ersetzt.

Artikel 79	Artikel 79
Änderung des Gesetzes zur Ausführung des Abkommens vom 27. Februar 1953 über deutsche Auslandsschulden	unverändert

In § 93 Abs. 2 des Gesetzes zur Ausführung des Abkommens vom 27. Februar 1953 über deutsche Auslandsschulden in der im Bundesgesetzblatt Teil III, Gliederungsnummer 7411-1, veröffentlichten bereinigten Fassung, das zuletzt durch Artikel 2 Nr. 1 des Gesetzes vom 17. Dezember 1990 (BGBl. I S. 2839) geändert worden ist, wird das Wort „Konkurs" durch die Worte „das Insolvenzverfahren" ersetzt.

[im folgenden: BT-Drs. 12/7303, S. 80]

Artikel 80	Artikel 80
Änderung des Bundesberggesetzes	unverändert

In § 22 Abs. 2 Satz 2 des Bundesberggesetzes vom 13. August 1980 (BGBl. I S. 1310), das zuletzt durch das Gesetz vom 12. Februar 1990 (BGBl. I S. 215) geändert worden ist, wird das Wort „Nachlaßkonkursverwalter" durch das Wort „Nachlaßinsolvenzverwalter" ersetzt.

Artikel 81	Artikel 81
Änderung des Erdölbevorratungsgesetzes	unverändert

In § 24 Abs. 2 des Erdölbevorratungsgesetzes in der Fassung der Bekanntmachung vom 8. Dezember 1987 (BGBl. I S. 2509) wird das Wort „Konkursverfahren" durch das Wort „Insolvenzverfahren" ersetzt.

Entwurf | Beschlüsse des 6. Ausschusses

Artikel 82
Änderung des Gesetzes zur Abwicklung der unter Sonderverwaltung stehenden Vermögen von Kreditinstituten, Versicherungsunternehmen und Bausparkassen

§ 9 *Abs. 7* des Gesetzes zur Abwicklung der unter Sonderverwaltung stehenden Vermögen von Kreditinstituten, Versicherungsunternehmen und Bausparkassen vom 21. März 1972 (BGBl. I S. 465), das zuletzt durch *Artikel 1 des Gesetzes vom 31. Januar 1974 (BGBl. I S. 133)* geändert worden ist, wird wie folgt geändert:

a) In Absatz 1 Nr. 1 werden die Worte „im Konkursfalle" durch die Worte „im Falle eines Insolvenzverfahrens" ersetzt.

b) In Absatz 7 wird die Angabe „§§ 65 bis 67 und 69 der Konkursordnung" durch die Angabe „§§ 48, 49 und 52 der Insolvenzordnung" ersetzt.

Artikel 83
Änderung des Gesetzes über das Kreditwesen

Das Gesetz über das Kreditwesen in der Fassung der Bekanntmachung vom *11. Juli 1985 (BGBl. I S. 1472)*, zuletzt geändert durch *Artikel 5 des Gesetzes vom 30. November 1990 (BGBl. I S. 2570)*, wird wie folgt geändert:

1. In § 2 Abs. 4 Satz 1 werden die Worte „sowie des § 112 Abs. 2 der Vergleichsordnung" gestrichen.

2. § 46 a wird wie folgt geändert:

a) In der Überschrift wird das Wort „Konkursgefahr" durch das Wort „Insolvenzgefahr" ersetzt.

b) In Absatz 1 Satz 1 und in Absatz 3 Satz 2 werden die Worte „des Konkurses" jeweils durch die Worte „des Insolvenzverfahrens" ersetzt.

Artikel 82
Änderung des Gesetzes zur Abwicklung der unter Sonderverwaltung stehenden Vermögen von Kreditinstituten, Versicherungsunternehmen und Bausparkassen

§ 9 des Gesetzes zur Abwicklung der unter Sonderverwaltung stehenden Vermögen von Kreditinstituten, Versicherungsunternehmen und Bausparkassen vom 21. März 1972 (BGBl. I S. 465), das zuletzt durch . . . geändert worden ist, wird wie folgt geändert:

a) unverändert

b) unverändert

Artikel 83
Änderung des Gesetzes über das Kreditwesen

Das Gesetz über das Kreditwesen in der Fassung der Bekanntmachung vom **25. Oktober 1993 (BGBl. I S. 1082)**, geändert durch . . ., wird wie folgt geändert:

1. unverändert

1a. In § 9 Abs. 1 Satz 3 Nr. 3 werden die Worte „, dem Vergleich oder dem Konkurs" durch die Worte „oder dem Insolvenzverfahren über das Vermögen" ersetzt.

1b. § 10 wird wie folgt geändert:

a) In Absatz 4 Satz 1 Nr. 2, Absatz 5 Satz 1 Nr. 2 und Absatz 5 a Satz 1 Nr. 1 werden die Worte „des Konkurses" jeweils durch die Worte „des Insolvenzverfahrens über das Vermögen des Kreditinstituts" ersetzt.

b) In Absatz 5 a Satz 7 werden die Worte „des Konkurses" durch die Worte „des Insolvenzverfahrens" ersetzt."

2. unverändert

Entwurf	Beschlüsse des 6. Ausschusses
	[im folgenden: BT-Drs. 12/7303, S. 81]
3. § 46 b wird wie folgt gefaßt:	3. § 46 b wird wie folgt gefaßt:
„§ 46 b Insolvenzantrag	„§ 46 b Insolvenzantrag
Wird ein Kreditinstitut zahlungsunfähig oder tritt Überschuldung ein, so haben die Geschäftsleiter und bei einem in der Rechtsform des Einzelkaufmanns betriebenen Kreditinstitut der Inhaber dies dem Bundesaufsichtsamt unverzüglich anzuzeigen. Soweit diese Personen nach anderen Rechtsvorschriften verpflichtet sind, bei Zahlungsunfähigkeit oder Überschuldung die Eröffnung des Insolvenzverfahrens zu beantragen, tritt an die Stelle der Antragspflicht die Anzeigepflicht nach Satz 1. Das Insolvenzverfahren über das Vermögen eines Kreditinstituts findet im Falle der Zahlungsunfähigkeit oder der Überschuldung statt. Der Antrag auf Eröffnung des Insolvenzverfahrens über das Vermögen des Kreditinstituts kann nur von dem Bundesaufsichtsamt gestellt werden. *Wird ein ausländisches Insolvenzverfahren über das Vermögen eines Kreditinstituts im Inland anerkannt, so sind zum Antrag auf Eröffnung eines Sonderinsolvenzverfahrens über das inländische Vermögen des Kreditinstituts das Bundesaufsichtsamt, der ausländische Insolvenzverwalter und nach Maßgabe des § 396 Abs. 2 der Insolvenzordnung die Gläubiger berechtigt."*	Wird ein Kreditinstitut zahlungsunfähig oder tritt Überschuldung ein, so haben die Geschäftsleiter und bei einem in der Rechtsform des Einzelkaufmanns betriebenen Kreditinstitut der Inhaber dies dem Bundesaufsichtsamt unverzüglich anzuzeigen. Soweit diese Personen nach anderen Rechtsvorschriften verpflichtet sind, bei Zahlungsunfähigkeit oder Überschuldung die Eröffnung des Insolvenzverfahrens zu beantragen, tritt an die Stelle der Antragspflicht die Anzeigepflicht nach Satz 1. Das Insolvenzverfahren über das Vermögen eines Kreditinstituts findet im Falle der Zahlungsunfähigkeit oder der Überschuldung statt. Der Antrag auf Eröffnung des Insolvenzverfahrens über das Vermögen des Kreditinstituts kann nur von dem Bundesaufsichtsamt gestellt werden."
4. § 46 c wird wie folgt gefaßt:	4. unverändert
„§ 46 c Berechnung von Fristen	
Die nach den §§ 99, 145 bis 151 der Insolvenzordnung und nach § 32 b Satz 1 des Gesetzes betreffend die Gesellschaften mit beschränkter Haftung vom Tage des Antrags auf Eröffnung des Insolvenzverfahrens an zu berechnenden Fristen sind vom Tage des Erlasses einer Maßnahme nach § 46 a Abs. 1 an zu berechnen."	
5. In § 47 Abs. 1 Nr. 1 werden die Worte „das Vergleichsverfahren oder der Konkurs" durch die Worte „das Insolvenzverfahren" ersetzt.	5. unverändert
6. In § 49 wird die Angabe „der §§ 36, 45, 46, 46 a Abs. 1 und des § 46 b" durch die Angabe „der §§ 36, 45, 46 und des § 46 a Abs. 1" ersetzt.	6. unverändert
	7. § 63 a Abs. 6 wird aufgehoben.
Artikel 84 Änderung des Gesetzes über die Deutsche Bundesbank	Artikel 84 unverändert
Das Gesetz über die Deutsche Bundesbank in der im Bundesgesetzblatt Teil III, Gliederungs-	

Entwurf	Beschlüsse des 6. Ausschusses

nummer 7620-1, veröffentlichten bereinigten Fassung, zuletzt geändert durch Gesetz vom 20. Februar 1991 (BGBl. I S. 481), wird wie folgt geändert:

1. In § 19 Abs. 1 Nr. 3 wird das Wort „Konkursmasse" durch das Wort „Insolvenzmasse" ersetzt.

[im folgenden: BT-Drs. 12/7303, S. 82]

2. In § 23 Abs. 2 werden die Worte „der Konkurs" durch die Worte „das Insolvenzverfahren" ersetzt.

Artikel 85 Änderung des Gesetzes über die Deutsche Genossenschaftsbank	Artikel 85 unverändert

§ 16 des Gesetzes über die Deutsche Genossenschaftsbank in der Fassung der Bekanntmachung vom 22. Dezember 1975 (BGBl. I S. 3171), das zuletzt durch Artikel 2 Nr. 6 des Gesetzes vom 13. Dezember 1990 (BGBl. I S. 2749) geändert worden ist, wird wie folgt geändert:

1. In der Überschrift wird das Wort „Konkurs" durch das Wort „Insolvenzverfahren" ersetzt.

2. Absatz 2 Satz 1 wird wie folgt gefaßt:

„Im Falle des Insolvenzverfahrens gehen bei der Befriedigung aus der nach § 14 Abs. 4 gebildeten Deckungsmasse die Forderungen der Inhaber der Schuldverschreibungen einschließlich ihrer seit Eröffnung des Insolvenzverfahrens laufenden Zinsforderungen den Forderungen aller anderen Insolvenzgläubiger vor."

3. In Absatz 3 wird die Angabe „§§ 64, 153, 155, 156 und 168 Nr. 3 der Konkursordnung" durch die Angabe „§§ 61, 218 und 220 der Insolvenzordnung" ersetzt.

Artikel 86 Änderung des Gesetzes über die Landwirtschaftliche Rentenbank	Artikel 86 unverändert

§ 15 des Gesetzes über die Landwirtschaftliche Rentenbank in der im Bundesgesetzblatt Teil III, Gliederungsnummer 7624-1, veröffentlichten bereinigten Fassung, das zuletzt durch Artikel 2 Nr. 7 des Gesetzes vom 13. Dezember 1990 (BGBl. I S. 2749) geändert worden ist, wird wie folgt geändert:

a) In der Überschrift wird das Wort „Konkurs" durch das Wort „Insolvenzverfahren" ersetzt.

b) Absatz 2 Satz 1 erhält folgende Fassung:

„Im Falle des Insolvenzverfahrens gehen bei der Befriedigung aus der nach § 18 Abs. 2 gebildeten Deckungsmasse die Forderungen der

Entwurf	Beschlüsse des 6. Ausschusses

Inhaber der gedeckten Schuldverschreibungen einschließlich ihrer seit Eröffnung des Insolvenzverfahrens laufenden Zinsforderungen den Forderungen aller anderen Insolvenzgläubiger vor."

c) In Absatz 3 wird die Angabe „§§ 64, 153, 155, 156 und 168 Nr. 3 der Konkursordnung" durch die Angabe „§§ 61, 218 und 220 der Insolvenzordnung" ersetzt.

d) In Absatz 4 werden die Worte „im Konkursfalle" durch die Worte „im Falle der Eröffnung des Insolvenzverfahrens" ersetzt.

[im folgenden: BT-Drs. 12/7303, S. 83]

Artikel 87 Änderung des Zweiten Gesetzes zur Änderung des Gesetzes über die Landwirtschaftliche Rentenbank	Artikel 87 unverändert

In Artikel 2 Satz 1 des Zweiten Gesetzes zur Änderung des Gesetzes über die Landwirtschaftliche Rentenbank in der im Bundesgesetzblatt Teil III, Gliederungsnummer 7624-1-2, veröffentlichten bereinigten Fassung, werden die Worte „des Konkurses" durch die Worte „der Eröffnung des Insolvenzverfahrens" ersetzt.

Artikel 88 Änderung des Gesetzes betreffend die Industriekreditbank Aktiengesellschaft	Artikel 88 unverändert

§ 1 des Gesetzes betreffend die Industriekreditbank Aktiengesellschaft in der im Bundesgesetzblatt Teil III, Gliederungsnummer 7627-1, veröffentlichten bereinigten Fassung, wird wie folgt geändert:

a) Absatz 1 Satz 1 wird wie folgt gefaßt:

„Gibt die Industriekreditbank Aktiengesellschaft Schuldverschreibungen auf den Inhaber aus und bildet sie für eine bestimmte Gattung von Schuldverschreibungen eine gesonderte Deckungsmasse, so gehen, falls über ihr Vermögen das Insolvenzverfahren eröffnet wird, in Ansehung der Befriedigung aus der gesonderten Deckungsmasse die Forderungen der Inhaber der Schuldverschreibungen, für die die gesonderte Deckungsmasse gebildet ist, einschließlich ihrer seit Eröffnung des Insolvenzverfahrens laufenden Zinsforderungen den Forderungen aller anderen Insolvenzgläubiger vor."

b) In Absatz 2 wird die Angabe „§§ 64, 153, 155, 156 und 168 Nr. 3 der Konkursordnung" durch die Angabe §§ 61, 218 und 220 der Insolvenzordnung ersetzt.

Entwurf	Beschlüsse des 6. Ausschusses
Artikel 89 **Änderung des Hypothekenbankgesetzes**	**Artikel 89** **Änderung des Hypothekenbankgesetzes**

Das Hypothekenbankgesetz in der Fassung der Bekanntmachung vom 19. Dezember 1990 (BGBl. I S. 2898) wird wie folgt geändert:

Das Hypothekenbankgesetz in der Fassung der Bekanntmachung vom 19. Dezember 1990 (BGBl. I S. 2898) wird wie folgt geändert:

0. In § 5 Abs. 1 Nr. 2 und Nr. 2a werden jeweils nach den Worten „Europäischen Wirtschaftsraum" die Worte „oder in der Schweiz" eingefügt.

1. § 35 wird wie folgt geändert:

1. § 35 wird wie folgt geändert:

a) In Absatz 1 Satz 1 werden die Worte „der Konkurs" durch die Worte „das Insolvenzverfahren" und das Wort „Konkursgläubiger" durch das Wort „Insolvenzgläubiger" ersetzt.

a) bis d) unverändert

b) In Absatz 2 wird die Angabe „§§ 64, 153, 155, 156 und des § 168 Nr. 3 der Konkursordnung" durch die Angabe „§§ 61, 218 und 220 der Insolvenzordnung" ersetzt.

[im folgenden: BT-Drs. 12/7303, S. 84]

c) In Absatz 3 wird das Wort „Konkursmasse" durch das Wort „Insolvenzmasse" ersetzt.

d) In Absatz 4 werden die Worte „des Konkurses" durch die Worte „des Insolvenzverfahrens" und das Wort „Konkursmasse" durch das Wort „Insolvenzmasse" ersetzt.

e) Es wird folgender Absatz 5 angefügt:

e) Es wird folgender Absatz 5 angefügt:

„(5) Konkursvorrechte zugunsten der Schuldverschreibungsgläubiger eines Realkreditinstituts, das seinen Sitz in einem anderen Mitgliedstaat der Europäischen Gemeinschaften *oder in einem Mitgliedstaat der Europäischen Freihandelsassoziation* hat, sind in einem inländischen Insolvenzverfahren anzuerkennen, wenn sie im wesentlichen dem Vorrecht des Absatzes 1 entsprechen und die Gegenseitigkeit verbürgt ist."

„(5) Konkursvorrechte zugunsten der Schuldverschreibungsgläubiger eines Realkreditinstituts, das seinen Sitz in einem anderen Mitgliedstaat der Europäischen Gemeinschaften, in einem **anderen Vertragsstaat des Abkommens über den Europäischen Wirtschaftsraum oder in der Schweiz** hat, sind in einem inländischen Insolvenzverfahren anzuerkennen, wenn sie im wesentlichen dem Vorrecht des Absatzes 1 entsprechen und die Gegenseitigkeit verbürgt ist."

2. Die §§ 43 und 47 werden gestrichen.

2. unverändert

Artikel 90 **Änderung des Schiffsbankgesetzes**	**Artikel 90** unverändert

Das Schiffsbankgesetz in der im Bundesgesetzblatt Teil III, Gliederungsnummer 7628-2, veröffentlichten bereinigten Fassung, zuletzt geändert durch Artikel 10 des Gesetzes vom 30. November 1990 (BGBl. I S. 2570), wird wie folgt geändert:

1. § 36 wird wie folgt geändert:

Entwurf	Beschlüsse des 6. Ausschusses
a) In Absatz 1 Satz 1 werden die Worte „der Konkurs" durch die Worte „das Insolvenzverfahren" und das Wort „Konkursgläubiger" durch das Wort „Insolvenzgläubiger" ersetzt.	
b) In Absatz 2 wird die Angabe „§§ 64, 153, 155, 156, 168 Nr. 3 der Konkursordnung" durch die Angabe „§§ 61, 218 und 220 der Insolvenzordnung" ersetzt.	
c) In Absatz 3 wird das Wort „Konkursmasse" durch das Wort „Insolvenzmasse" ersetzt.	
d) In Absatz 4 werden die Worte „des Konkurses" durch die Worte „des Insolvenzverfahrens" und das Wort „Konkursmasse" durch das Wort „Insolvenzmasse" ersetzt.	
2. In § 36 a Nr. 4 Satz 2 wird das Wort „Konkursverfahren" durch das Wort „Insolvenzverfahren" ersetzt.	

Artikel 91 Änderung des Versicherungsaufsichtsgesetzes	Artikel 91 Änderung des Versicherungsaufsichtsgesetzes
Das Versicherungsaufsichtsgesetz in der Fassung der Bekanntmachung vom 13. Oktober 1983 (BGBl. I. S. 1261), zuletzt geändert durch *Artikel 1 des Gesetzes vom 17. Dezember 1990 (BGBl. I S. 2864)*, wird wie folgt geändert:	Das Versicherungsaufsichtsgesetz in der Fassung der Bekanntmachung vom 13. Oktober 1983 (BGBl. I S. 1261), zuletzt geändert durch ..., wird wie folgt geändert:

[im folgenden: BT-Drs. 12/7303, S. 85]

1. § 42 wird wie folgt geändert:	1. § 42 wird wie folgt geändert:
a) In der Nummer 3 werden die Worte „des Konkursverfahrens" durch die Worte „des Insolvenzverfahrens" ersetzt.	a) unverändert
b) Die Nummer 4 wird wie folgt gefaßt:	b) Die Nummer 4 wird wie folgt gefaßt:
„4. mit der Rechtskraft des Beschlusses, durch den die Eröffnung des Insolvenzverfahrens mangels Masse abgelehnt wird; *gegen den ablehnenden Beschluß steht auch dem Verein die sofortige Beschwerde zu.*"	„4. mit der Rechtskraft des Beschlusses, durch den die Eröffnung des Insolvenzverfahrens mangels Masse abgelehnt wird."
2. § 45 wird wie folgt geändert:	2. unverändert
a) In Satz 2 wird das Wort „Konkursverfahren" durch das Wort „Insolvenzverfahren" ersetzt.	
b) In Satz 3 werden die Worte „des Konkursgerichts" durch die Worte „des Insolvenzgerichts" ersetzt.	
3. In § 46 Abs. 1 wird das Wort „Konkursverfahren" durch das Wort „Insolvenzverfahren" ersetzt.	3. unverändert

Entwurf	Beschlüsse des 6. Ausschusses
4. § 49 Abs. 2 wird wie folgt gefaßt:	4. unverändert

„(2) Gleiches gilt, wenn der Verein durch die Eröffnung des Insolvenzverfahrens aufgelöst, das Verfahren aber auf Antrag des Vereins eingestellt, oder nach der Bestätigung eines Insolvenzplans, der den Fortbestand des Vereins vorsieht, aufgehoben worden ist."

5\. § 50 wird wie folgt geändert: 5. unverändert

a) In Absatz 1 wird das Wort „Konkurs" durch die Worte „Eröffnung des Insolvenzverfahrens" ersetzt.

b) In Absatz 2 werden die Worte „vor der Konkurseröffnung" durch die Worte „vor dem Antrag auf Eröffnung des Insolvenzverfahrens oder nach diesem Antrag" ersetzt.

6\. § 51 Abs. 1 wird wie folgt gefaßt: 6. unverändert

„(1) Die Ansprüche auf Tilgung des Gründungsstocks stehen allen übrigen Insolvenzforderungen nach. Unter diesen werden Ansprüche aus einem Versicherungsverhältnis, die den bei Eröffnung des Insolvenzverfahrens dem Verein angehörenden oder im letzten Jahr vor dem Eröffnungsantrag oder nach diesem Antrag ausgeschiedenen Mitgliedern zustehen, im Rang nach den Ansprüchen der anderen Insolvenzgläubiger befriedigt."

7\. § 52 erhält folgende Fassung: 7. unverändert

„§ 52

(1) Die Nachschüsse oder Umlagen, die das Insolvenzverfahren erfordert, werden vom Insolvenzverwalter festgestellt und ausgeschrieben.

[im folgenden: BT-Drs. 12/7303, S. 86]

Dieser hat sofort, nachdem die Vermögensübersicht (§ 172 der Insolvenzordnung) auf der Geschäftsstelle niedergelegt ist, zu berechnen, wieviel die Mitglieder zur Deckung des aus der Vermögensübersicht ersichtlichen Fehlbetrags nach ihrer Beitragspflicht vorzuschießen haben. Für diese Vorschußberechnung und für Zusatzberechnungen gelten entsprechend § 106 Abs. 1 Satz 2, Abs. 2 und 3 sowie die §§ 107 bis 113 des Genossenschaftsgesetzes.

(2) Alsbald nach Beginn der Schlußverteilung (§ 224 der Insolvenzordnung) hat der Insolvenzverwalter zu berechnen, welche Beiträge die Mitglieder endgültig zu leisten haben. Dafür und für das weitere Verfahren gelten entsprechend § 114 Abs. 2 und die §§ 115 bis 118 des Genossenschaftsgesetzes."

8\. § 77 wird wie folgt geändert: 8. § 77 wird wie folgt geändert:

Entwurf	Beschlüsse des 6. Ausschusses
a) In Absatz 3 wird das Wort „Konkurseröffnung" jeweils durch die Worte „Eröffnung des Insolvenzverfahrens" ersetzt.	a) unverändert
b) In Absatz 4 Satz 1 wird das Wort „Konkursgläubiger" durch das Wort „Insolvenzgläubiger" ersetzt.	b) unverändert
c) In Absatz 4 Satz 3 wird die Angabe „§§ 64, 153, 155, 156 und 168 Nr. 3 der Konkursordnung" durch die Angabe „§§ 61, 218 und 220 der Insolvenzordnung" ersetzt.	c) unverändert
d) Es wird folgender neuer Absatz 5 angefügt:	d) Es wird folgender neuer Absatz 5 angefügt:
„(5) Konkursvorrechte zugunsten der Versicherten eines Lebensversicherungsunternehmens und zugunsten von Versicherten eines Kranken- und Unfallversicherungsunternehmens der in § 12 genannten Art, die ihren Sitz in einem Mitgliedstaat der Europäischen *Wirtschaftsgemeinschaft* haben, sind in einem inländischen Insolvenzverfahren anzuerkennen, wenn sie dem Vorrecht des Absatzes 4 entsprechen und die Gegenseitigkeit verbürgt ist."	„(5) Konkursvorrechte zugunsten der Versicherten eines Lebensversicherungsunternehmens und zugunsten von Versicherten eines Kranken- und Unfallversicherungsunternehmens der in § 12 genannten Art, die ihren Sitz in einem Mitgliedstaat der Europäischen **Gemeinschaft oder in einem anderen Vertragsstaat des Abkommens über den Europäischen Wirtschaftsraum** haben, sind in einem inländischen Insolvenzverfahren anzuerkennen, wenn sie dem Vorrecht des Absatzes 4 entsprechen und die Gegenseitigkeit verbürgt ist."
9. § 78 wird wie folgt geändert:	9. unverändert
a) In Absatz 1 wird das Wort „Konkursgericht" jeweils durch das Wort „Insolvenzgericht" ersetzt.	
b) In Absatz 4 werden das Wort „Konkursverwalter" durch das Wort „Insolvenzverwalter" und die Worte „des Gemeinschuldners" durch die Worte „des Schuldners" ersetzt.	
10. Die Überschrift vor § 80 wird gestrichen.	10. unverändert
11. § 80 wird aufgehoben.	11. unverändert

[im folgenden: BT-Drs. 12/7303, S. 87]

12. § 88 wird wie folgt geändert:	12. § 88 wird wie folgt geändert:
a) Absatz 1 wird wie folgt gefaßt:	a) Absatz 1 wird wie folgt gefaßt:
„(1) Der Antrag auf Eröffnung des Insolvenzverfahrens über das Vermögen eines Versicherungsunternehmens kann nur von der Aufsichtsbehörde gestellt werden. *Wird ein ausländisches Insolvenzverfahren über das Vermögen eines Versicherungsunternehmens im Inland anerkannt, so sind zum Antrag auf Eröffnung eines Sonderinsolvenzverfahrens über das inländische Vermögen des Versicherungsunternehmens die Aufsichtsbehörde, der ausländische Insolvenzverwalter und nach Maßgabe des § 396*	„(1) Der Antrag auf Eröffnung des Insolvenzverfahrens über das Vermögen eines Versicherungsunternehmens kann nur von der Aufsichtsbehörde gestellt werden."

Entwurf	Beschlüsse des 6. Ausschusses
Abs. 2 der Insolvenzordnung die Gläubiger berechtigt."	
b) In Absatz 2 Satz 3 wird das Wort „Konkurseröffnung" durch die Worte „die Eröffnung des Insolvenzverfahrens" ersetzt.	b) unverändert
13. In § 89 Abs. 1 Satz 1 werden die Worte „des Konkurses" durch die Worte „des Insolvenzverfahrens" ersetzt.	13. unverändert
14. § 110d Abs. 4 Nr. 6 wird gestrichen.	14. unverändert

Artikel 92
Änderung des Gesetzes
über den Versicherungsvertrag

Das Gesetz über den Versicherungsvertrag in der im Bundesgesetzblatt Teil III, Gliederungsnummer 7632-1, veröffentlichten bereinigten Fassung, zuletzt geändert durch *Artikel 2 des Gesetzes vom 17. Dezember 1990 (BGBl. I S. 2864)*, wird wie folgt geändert:	Das Gesetz über den Versicherungsvertrag in der im Bundesgesetzblatt Teil III, Gliederungsnummer 7632-1, veröffentlichten bereinigten Fassung, zuletzt geändert durch ..., wird wie folgt geändert:
1. § 13 wird wie folgt geändert:	1. unverändert
a) In Satz 1 werden die Worte „der Konkurs" durch die Worte „das Insolvenzverfahren" und das Wort „Konkursmasse" durch das Wort „Insolvenzmasse" ersetzt.	
b) In Satz 2 wird das Wort „Konkurseröffnung" durch die Worte „Eröffnung des Insolvenzverfahrens" ersetzt.	
2. § 14 wird aufgehoben.	**2. In § 14 Abs. 1 werden die Worte „des Konkurses oder des Vergleichsverfahrens" durch die Worte „des Insolvenzverfahrens" ersetzt.**
3. In § 15a wird die Angabe „§§ 12, 14" durch die Angabe „§ 12" ersetzt.	**3. entfällt**
4. In § 40 Abs. 3 werden die Worte „oder wird es vom Versicherer auf Grund einer Vereinbarung nach § 14 gekündigt" gestrichen.	**4. entfällt**
5. In § 77 Satz 1 werden die Worte „der Konkurs" durch die Worte „das Insolvenzverfahren" und das Wort „Konkursmasse" durch das Wort „Insolvenzmasse" ersetzt.	5. unverändert
6. In § 157 werden die Worte „der Konkurs" durch die Worte „das Insolvenzverfahren" ersetzt.	6. unverändert

[im folgenden: BT-Drs. 12/7303, S. 88]

7. § 177 wird wie folgt geändert:	7. unverändert
a) In Absatz 1 Satz 1 werden die Worte „der Konkurs" durch die Worte „das Insolvenzverfahren" ersetzt.	

Entwurf	Beschlüsse des 6. Ausschusses

b) In Absatz 1 Satz 2 wird das Wort „Konkursmasse" durch das Wort „Insolvenzmasse" ersetzt.

c) In Absatz 3 Satz 2 werden die Worte „der Konkurs" durch die Worte „das Insolvenzverfahren" ersetzt.

Artikel 93 Änderung des Gesetzes über Bausparkassen	Artikel 93 unverändert

In § 15 Satz 1 des Gesetzes über Bausparkassen in der Fassung der Bekanntmachung vom 15. Februar 1991 (BGBl. I S. 454) werden die Worte „des Konkurses" durch die Worte „des Insolvenzverfahrens" ersetzt.

Artikel 93 a
Änderung des Gesetzes
über die Lohnstatistik

In § 9 Nr. 5 des Gesetzes über die Lohnstatistik in der im Bundesgesetzblatt Teil III, Gliederungsnummer 800-16, veröffentlichten bereinigten Fassung, das zuletzt durch ... geändert worden ist, wird das Wort „Konkursausfallgeld" durch das Wort „Insolvenzausfallgeld" ersetzt.

Artikel 94 Änderung des Gesetzes zur Verbesserung der betrieblichen Altersversorgung	Artikel 94 Änderung des Gesetzes zur Verbesserung der betrieblichen Altersversorgung

Das Gesetz zur Verbesserung der betrieblichen Altersversorgung vom 19. Dezember 1974 (BGBl. I S. 3610), zuletzt geändert durch *Artikel 34 des Gesetzes vom 25. Februar 1992 (BGBl. I S. 297)*, wird wie folgt geändert:

Das Gesetz zur Verbesserung der betrieblichen Altersversorgung vom 19. Dezember 1974 (BGBl. I S. 3610), zuletzt geändert durch ..., wird wie folgt geändert:

1. § 3 Abs. 1 wird wie folgt gefaßt:

1. § 3 Abs. 1 wird wie folgt gefaßt:

„(1) Für eine Anwartschaft, die der Arbeitnehmer nach § 1 Abs. 1 bis 3 bei Beendigung des Arbeitsverhältnisses behält, kann ihm mit Zustimmung *des Arbeitnehmers* eine einmalige Abfindung gewährt werden, wenn die Anwartschaft auf einer Versorgungszusage beruht, die weniger als zehn Jahre vor dem Ausscheiden aus dem Unternehmen erteilt wurde, oder wenn die Monatsrente eins vom Hundert der monatlichen Bezugsgröße gemäß § 18 Viertes Buch Sozialgesetzbuch, bei Kapitalleistungen zwölf Zehntel dieser Bezugsgröße, nicht überschreitet. Für Versorgungsleistungen, die gemäß § 2 Abs. 4 von einer Unterstützungskasse zu erbringen sind, kann dem Arbeitnehmer mit seiner Zustimmung eine einmalige Abfindung gewährt werden, wenn er vor der Beendigung des Arbeitsverhältnisses weniger als zehn Jahre zu dem Kreis der Begünstigten der Unterstützungskasse gehört hat; im übrigen gilt Satz 1 entsprechend.

„(1) Für eine Anwartschaft, die der Arbeitnehmer nach § 1 Abs. 1 bis 3 bei Beendigung des Arbeitsverhältnisses behält, kann ihm mit **seiner** Zustimmung eine einmalige Abfindung gewährt werden, wenn die Anwartschaft auf einer Versorgungszusage beruht, die weniger als zehn Jahre vor dem Ausscheiden aus dem Unternehmen erteilt wurde, oder wenn die Monatsrente eins vom Hundert der monatlichen Bezugsgröße gemäß § 18 Viertes Buch Sozialgesetzbuch, bei Kapitalleistungen zwölf Zehntel dieser Bezugsgröße, nicht überschreitet. Für Versorgungsleistungen, die gemäß § 2 Abs. 4 von einer Unterstützungskasse zu erbringen sind, kann dem Arbeitnehmer mit seiner Zustimmung eine einmalige Abfindung gewährt werden, wenn er vor der Beendigung des Arbeitsverhältnisses weniger als zehn Jahre zu dem Kreis der Begünstigten der Unterstützungskasse gehört hat; im übrigen gilt Satz 1 entsprechend. Darüber

[im folgenden: BT-Drs. 12/7303, S. 89]

Entwurf	Beschlüsse des 6. Ausschusses
Darüber hinaus kann dem Arbeitnehmer mit seiner Zustimmung eine einmalige Abfindung auch dann gewährt werden, wenn dem Arbeitnehmer die Beiträge zur gesetzlichen Rentenversicherung erstattet worden sind. Ebenso kann dem Arbeitnehmer für den Teil einer Anwartschaft, der während eines Insolvenzverfahrens erdient worden ist, ohne seine Zustimmung eine einmalige Abfindung gewährt werden, wenn die Betriebstätigkeit vollständig eingestellt und das Unternehmen liquidiert wird."	hinaus kann dem Arbeitnehmer mit seiner Zustimmung eine einmalige Abfindung auch dann gewährt werden, wenn dem Arbeitnehmer die Beiträge zur gesetzlichen Rentenversicherung erstattet worden sind. Ebenso kann dem Arbeitnehmer für den Teil einer Anwartschaft, der während eines Insolvenzverfahrens erdient worden ist, ohne seine Zustimmung eine einmalige Abfindung gewährt werden, wenn die Betriebstätigkeit vollständig eingestellt und das Unternehmen liquidiert wird."
2. § 7 wird wie folgt gefaßt:	2. unverändert

„§ 7

(1) Versorgungsempfänger, deren Ansprüche aus einer unmittelbaren Versorgungszusage des Arbeitgebers nicht erfüllt werden, weil über das Vermögen des Arbeitgebers oder über seinen Nachlaß das Insolvenzverfahren eröffnet worden ist, und ihre Hinterbliebenen haben gegen den Träger der Insolvenzsicherung einen Anspruch in Höhe der Leistung, die der Arbeitgeber aufgrund der Versorgungszusage zu erbringen hätte, wenn das Insolvenzverfahren nicht eröffnet worden wäre. Satz 1 gilt entsprechend, wenn Leistungen aus einer Direktversicherung nicht gezahlt werden, weil der Arbeitgeber die Ansprüche aus dem Versicherungsvertrag abgetreten oder beliehen hat und seiner Verpflichtung nach § 1 Abs. 2 Satz 3 wegen der Eröffnung des Insolvenzverfahrens nicht nachkommt oder wenn eine Unterstützungskasse die nach ihrer Versorgungsregelung vorgesehene Versorgung nicht erbringt, weil über das Vermögen oder den Nachlaß eines Arbeitgebers, der der Unterstützungskasse Zuwendungen leistet (Trägerunternehmen), das Insolvenzverfahren eröffnet worden ist. § 11 des Versicherungsvertragsgesetzes findet entsprechende Anwendung. Der Eröffnung des Insolvenzverfahrens stehen bei der Anwendung der Sätze 1 bis 3 gleich

1. die Abweisung des Antrags auf Eröffnung des Insolvenzverfahrens mangels Masse,

2. der außergerichtliche Vergleich (Stundungs-, Quoten- oder Liquidationsvergleich) des Arbeitgebers mit seinen Gläubigern zur Abwendung eines Insolvenzverfahrens, wenn ihm der Träger der Insolvenzsicherung zustimmt,

3. die vollständige Beendigung der Betriebstätigkeit im Geltungsbereich dieses Gesetzes, wenn ein Antrag auf Eröffnung des Insolvenzverfahrens nicht gestellt worden ist und ein Insolvenzverfahren offensichtlich mangels Masse nicht in Betracht kommt.

Entwurf | Beschlüsse des 6. Ausschusses

(2) Personen, die bei Eröffnung des Insolvenzverfahrens oder bei Eintritt der nach Absatz 1 Satz 4

[im folgenden: BT-Drs. 12/7303, S. 90]

gleichstehenden Voraussetzungen (Sicherungsfall) eine nach § 1 unverfallbare Versorgungsanwartschaft haben, und ihre Hinterbliebenen erhalten bei Eintritt des Versorgungsfalls einen Anspruch gegen den Träger der Insolvenzsicherung, wenn die Anwartschaft beruht

1. auf einer unmittelbaren Versorgungszusage des Arbeitgebers oder

2. auf einer Direktversicherung und der Arbeitnehmer hinsichtlich der Leistungen des Versicherers widerruflich bezugsberechtigt ist oder die Ansprüche aus dem Versicherungsvertrag durch den Arbeitgeber beliehen oder an Dritte abgetreten sind.

Satz 1 gilt entsprechend für Personen, die zum Kreis der Begünstigten einer Unterstützungskasse gehören, wenn der Sicherungsfall bei einem Trägerunternehmen eingetreten ist. Die Höhe des Anspruchs richtet sich nach der Höhe der Leistungen gemäß § 2 Abs. 1 und Abs. 2 Satz 2, bei Unterstützungskassen nach dem Teil der nach der Versorgungsregelung vorgesehenen Versorgung, der dem Verhältnis der Dauer der Betriebszugehörigkeit zu der Zeit vom Beginn der Betriebszugehörigkeit bis zum Erreichen der in der Versorgungsregelung vorgesehenen festen Altersgrenze entspricht; § 2 Abs. 5 ist entsprechend anzuwenden. Für die Berechnung der Höhe des Anspruchs nach Satz 3 wird die Betriebszugehörigkeit bis zum Eintritt des Sicherungsfalls berücksichtigt.

(3) Ein Anspruch auf laufende Leistungen gegen den Träger der Insolvenzsicherung beträgt jedoch im Monat höchstens das Dreifache der im Zeitpunkt der ersten Fälligkeit maßgebenden monatlichen Bezugsgröße gemäß § 18 Viertes Buch Sozialgesetzbuch. Satz 1 gilt entsprechend bei einem Anspruch auf Kapitalleistungen mit der Maßgabe, daß zehn vom Hundert der Leistung als Jahresbetrag einer laufenden Leistung anzusetzen sind.

(4) Ein Anspruch auf Leistungen gegen den Träger der Insolvenzsicherung vermindert sich in dem Umfange, in dem der Arbeitgeber oder sonstige Träger der Versorgung die Leistungen der betrieblichen Altersversorgung erbringt. Wird im Insolvenzverfahren ein Insolvenzplan bestätigt, so vermindert sich der Anspruch auf Leistungen gegen den Träger der Insolvenzsicherung insoweit, als im Plan vorgesehen ist, daß der Arbeitgeber oder sonstige Träger der Versorgung einen Teil der Leistungen selbst zu erbringen hat. Ist im Plan vorgesehen, daß der Arbeitgeber oder sonstige Träger der Versor-

Entwurf	Beschlüsse des 6. Ausschusses

gung die Leistungen der betrieblichen Altersversorgung von einem bestimmten Zeitpunkt an selbst zu erbringen hat, so entfällt der Anspruch auf Leistungen gegen den Träger der Insolvenzsicherung von diesem Zeitpunkt an. Für den Fall des Absatzes 1 Satz 4 Nr. 2 gelten die Sätze 2 und 3 entsprechend. Im Plan soll vorgesehen

[im folgenden: BT-Drs. 12/7303, S. 91]

werden, daß bei einer nachhaltigen Besserung der wirtschaftlichen Lage des Arbeitgebers die vom Träger der Insolvenzsicherung zu erbringenden Leistungen ganz oder zum Teil wieder vom Arbeitgeber oder sonstigen Träger der Versorgung übernommen werden.

(5) Ein Anspruch gegen den Träger der Insolvenzsicherung besteht nicht, soweit nach den Umständen des Falles die Annahme gerechtfertigt ist, daß es der alleinige oder überwiegende Zweck der Versorgungszusage oder ihrer Verbesserung, der Beleihung oder Abtretung eines Anspruchs aus einer Direktversicherung gewesen ist, den Träger der Insolvenzsicherung in Anspruch zu nehmen. Diese Annahme ist insbesondere dann gerechtfertigt, wenn bei Erteilung oder Verbesserung der Versorgungszusage wegen der wirtschaftlichen Lage des Arbeitgebers zu erwarten war, daß die Zusage nicht erfüllt werde. Verbesserungen der Versorgungszusagen werden bei der Bemessung der Leistungen des Trägers der Insolvenzsicherung nicht berücksichtigt, soweit sie in den beiden letzten Jahren vor dem Eintritt des Sicherungsfalles vereinbart worden sind.

(6) Ist der Sicherungsfall durch kriegerische Ereignisse, innere Unruhen, Naturkatastrophen oder Kernenergie verursacht worden, so kann der Träger der Insolvenzsicherung mit Zustimmung des Bundesaufsichtsamtes für das Versicherungswesen die Leistungen nach billigem Ermessen abweichend von den Absätzen 1 bis 5 festsetzen."

3. In § 8 Abs. 2 Satz 1 wird der Punkt am Satzende durch ein Komma ersetzt; es wird folgender Satzteil angefügt: „oder wenn die Monatsrente eins vom Hundert der monatlichen Bezugsgröße gemäß § 18 Viertes Buch Sozialgesetzbuch, bei Kapitalleistungen zwölf Zehntel dieser Bezugsgröße, nicht überschreitet."	3. unverändert
4. § 9 wird wie folgt geändert:	4. § 9 wird wie folgt geändert:
a) In Absatz 2 Satz 1 werden die Worte „eines Konkurs- oder gerichtlichen Vergleichsverfahrens" durch die Worte „eines Insolvenzverfahrens" ersetzt.	a) unverändert
b) An Absatz 2 wird folgender neuer Satz 3 angefügt:	b) unverändert

Entwurf	Beschlüsse des 6. Ausschusses
„Die mit der Eröffnung des Insolvenzverfahrens übergegangenen Anwartschaften werden im Insolvenzverfahren als unbedingte Forderungen nach § 52 der Insolvenzordnung geltend gemacht."	
c) In Absatz 3 Satz 4 wird die Angabe „§ 7 Abs. 1 Satz 3 Nr. 2, 3 oder 5" durch die Angabe „§ 7 Abs. 1 Satz 4 Nr. 2" ersetzt.	c) unverändert
d) Es werden folgende Absätze 4 und 5 angefügt:	d) Es werden folgende Absätze 4 und 5 angefügt:
„(4) In einem Insolvenzplan, der die Fortführung des Unternehmens oder eines Betriebes	„(4) In einem Insolvenzplan, der die Fortführung des Unternehmens oder eines Betriebes

[im folgenden: BT-Drs. 12/7303, S. 92]

vorsieht, *ist* für den Träger der Insolvenzsicherung eine besondere Gruppe *zu bilden.* Sofern im Insolvenzplan nichts anderes vorgesehen ist, kann der Träger der Insolvenzsicherung, wenn innerhalb von drei Jahren nach der Aufhebung des Insolvenzverfahrens ein Antrag auf Eröffnung eines neuen Insolvenzverfahrens über das Vermögen des Arbeitgebers gestellt wird, in diesem Verfahren als Insolvenzgläubiger Erstattung der von ihm erbrachten Leistungen verlangen.	vorsieht, **kann** für den Träger der Insolvenzsicherung eine besondere Gruppe **gebildet werden.** Sofern im Insolvenzplan nichts anderes vorgesehen ist, kann der Träger der Insolvenzsicherung, wenn innerhalb von drei Jahren nach der Aufhebung des Insolvenzverfahrens ein Antrag auf Eröffnung eines neuen Insolvenzverfahrens über das Vermögen des Arbeitgebers gestellt wird, in diesem Verfahren als Insolvenzgläubiger Erstattung der von ihm erbrachten Leistungen verlangen.
(5) Dem Träger der Insolvenzsicherung steht gegen den Beschluß, durch den das Insolvenzverfahren eröffnet wird, die sofortige Beschwerde zu."	(5) unverändert
5. § 11 wird wie folgt geändert:	5. § 11 wird wie folgt geändert:
a) In Absatz 1 Satz 2 wird das Wort „Konkursverwalter" durch das Wort „Insolvenzverwalter" ersetzt.	a) bis c) unverändert
b) In Absatz 3 wird das Wort „Konkursverwalter" durch das Wort „Insolvenzverwalter" ersetzt; die Worte „des Konkursverfahrens" werden jeweils durch die Worte „des Insolvenzverfahrens" ersetzt.	
c) In Absatz 4 wird das Wort „Konkursverwalter" durch das Wort „Insolvenzverwalter" ersetzt.	
d) Absatz 5 wird wie folgt gefaßt:	d) Absatz 5 wird wie folgt gefaßt:
„(5) In den Fällen, in denen ein Insolvenzverfahren nicht eröffnet wird (§ 7 Abs. 1 Satz 4) oder nach § *317* der Insolvenzordnung eingestellt worden ist, sind die Pflichten des Insolvenzverwalters nach Absatz 3 vom Arbeitgeber oder dem sonstigen Träger der Versorgung zu erfüllen."	„(5) In den Fällen, in denen ein Insolvenzverfahren nicht eröffnet wird (§ 7 Abs. 1 Satz 4) oder nach § **234 a** der Insolvenzordnung eingestellt worden ist, sind die Pflichten des Insolvenzverwalters nach Absatz 3 vom Arbeitgeber oder dem sonstigen Träger der Versorgung zu erfüllen."

Entwurf	Beschlüsse des 6. Ausschusses
6. In § 17 Abs. 2 werden die Worte „der Konkurs" durch die Worte „das Insolvenzverfahren" ersetzt.	6. unverändert
	7. § 31 wird wie folgt gefaßt: „§ 31 Auf Sicherungsfälle, die vor dem 1. Januar 1997 eingetreten sind, ist dieses Gesetz in der bis zu diesem Zeitpunkt geltenden Fassung anzuwenden."

<table>
<tr><td colspan="2" align="center">Artikel 95
Änderung des Mutterschutzgesetzes</td></tr>
<tr><td>In § 14 Abs. 3 des Mutterschutzgesetzes in der Fassung der Bekanntmachung vom 18. April 1968 (BGBl. I S. 315), das zuletzt durch Gesetz vom 3. Juli 1992 (BGBl. I S. 1191) geändert worden ist, werden die Worte „des Konkursverfahrens" durch die Worte „des Insolvenzverfahrens" und die Worte „des Konkurseröffnungsantrags" durch die Worte „des Antrags auf Eröffnung des Insolvenzverfahrens" ersetzt.</td><td>Artikel 95
unverändert</td></tr>
</table>

[im folgenden: BT-Drs. 12/7303, S. 93]

Artikel 96 Änderung des Arbeitsförderungsgesetzes	Artikel 96 Änderung des Arbeitsförderungsgesetzes
Das Arbeitsförderungsgesetz vom 25. Juni 1969 (BGBl. I S. 582), zuletzt geändert durch *Artikel 5 des Gesetzes vom 7. Juli 1992 (BGBl. I S. 1225)*, wird wie folgt geändert:	Das Arbeitsförderungsgesetz vom 25. Juni 1969 (BGBl. I S. 582), zuletzt geändert durch ..., wird wie folgt geändert:
1. In § 3 Abs. 2 Satz 1 Nr. 7 wird das Wort „Konkursausfallgeld" durch das Wort „Insolvenzausfallgeld" ersetzt.	1. unverändert
	1a. In § 42a Abs. 1 Satz 2 werden die Worte „des Konkursverfahrens" durch die Worte „des Insolvenzverfahrens" ersetzt.
2. *In § 44 Abs. 2 Satz 3 werden die Worte „des Konkursverfahrens" durch die Worte „des Insolvenzverfahrens" ersetzt.*	**2. entfällt**
3. § 71 Abs. 4 wird wie folgt gefaßt: „(4) Wird über das Vermögen eines Arbeitgebers, der von der Bundesanstalt Beträge zur Auszahlung an die Arbeitnehmer erhalten, diesen aber noch nicht ausgezahlt hat, das Insolvenzverfahren eröffnet, so kann die Bundesanstalt diese Beträge als Insolvenzgläubiger zurückverlangen."	3. unverändert
4. Im Vierten Abschnitt wird in der Überschrift des Dritten Unterabschnitts das Wort „Konkursausfallgeld" durch das Wort „Insolvenzausfallgeld" ersetzt.	4. unverändert

Entwurf	Beschlüsse des 6. Ausschusses
5. In § 141 a wird der Klammerzusatz „(Konkursausfallgeld)" durch den Klammerzusatz „(Insolvenzausfallgeld)" ersetzt.	5. unverändert
6. § 141b wird wie folgt gefaßt:	6. § 141b wird wie folgt gefaßt:
„§ 141 b	„§ 141 b
(1) Anspruch auf Insolvenzausfallgeld hat ein Arbeitnehmer, der bei Eröffnung des Insolvenzverfahrens über das Vermögen seines Arbeitgebers für die letzten der Eröffnung des Insolvenzverfahrens vorausgehenden drei Monate des Arbeitsverhältnisses noch Ansprüche auf Arbeitsentgelt hat.	(1) Anspruch auf Insolvenzausfallgeld hat ein Arbeitnehmer, der bei Eröffnung des Insolvenzverfahrens über das Vermögen seines Arbeitgebers für die letzten der Eröffnung des Insolvenzverfahrens vorausgehenden drei Monate des Arbeitsverhältnisses noch Ansprüche auf Arbeitsentgelt hat. **Der Anspruch auf Insolvenzausfallgeld ist nicht dadurch ausgeschlossen, daß der Arbeitnehmer vor der Eröffnung des Insolvenzverfahrens gestorben ist. Für die Zeit nach Beendigung des Arbeitsverhältnisses bestehende Ansprüche auf Arbeitsentgelt begründen keinen Anspruch auf Insolvenzausfallgeld.**
(2) Zu den Ansprüchen auf Arbeitsentgelt gehören alle Ansprüche auf Bezüge aus dem Arbeitsverhältnis.	(2) unverändert
(3) Der Eröffnung des Insolvenzverfahrens stehen bei der Anwendung der Vorschriften dieses Unterabschnitts gleich:	(3) unverändert
1. die Abweisung des Antrags auf Eröffnung des Insolvenzverfahrens mangels Masse,	
2. die vollständige Beendigung der Betriebstätigkeit im Geltungsbereich dieses Gesetzes, wenn ein Antrag auf Eröffnung des Insolvenzverfahrens nicht gestellt worden ist und ein Insolvenzverfahren offensichtlich mangels Masse nicht in Betracht kommt.	
(4) Hat der Arbeitnehmer in Unkenntnis des Abweisungsbeschlusses nach Absatz 3 Nr. 1 weitergearbeitet, so treten an die Stelle der letzten dem Abweisungsbeschluß vorausgehenden drei Monate des Arbeitsverhältnisses die letzten dem Tag der Kenntnisnahme vorausgehenden drei Monate des Arbeitsverhältnisses.	(4) Hat der Arbeitnehmer in Unkenntnis des Abweisungsbeschlusses nach Absatz 3 Nr. 1 weitergearbeitet **oder die Arbeit aufgenommen,** so treten an die Stelle der letzten dem Abweisungsbeschluß vorausgehenden drei Monate des Arbeitsverhältnisses die letzten dem Tag der Kenntnisnahme vorausgehenden drei Monate des Arbeitsverhältnisses.
(5) Der Arbeitgeber ist verpflichtet, einen Beschluß des Insolvenzgerichts, mit dem ein Antrag auf Eröffnung des Insolvenzverfahrens über sein Vermögen mangels Masse abgewiesen worden ist, dem Betriebsrat oder, soweit ein Betriebsrat nicht besteht, den Arbeitnehmern unverzüglich bekanntzugeben."	(5) unverändert
7. § 141 c wird wie folgt gefaßt:	7. unverändert

[im folgenden: BT-Drs. 12/7303, S. 94]

| Entwurf | Beschlüsse des 6. Ausschusses |

„§ 141 c

Ansprüche auf Arbeitsentgelt, die der Arbeitnehmer durch eine Rechtshandlung erworben hat, die nach den Vorschriften der Insolvenzordnung angefochten worden ist, begründen keinen Anspruch auf Insolvenzausfallgeld; das gleiche gilt, wenn der Insolvenzverwalter von seinem Recht Gebrauch macht, die Leistungen zu verweigern. Ist ein Insolvenzverfahren nicht eröffnet worden, so begründen die Ansprüche auf Arbeitsentgelt keinen Anspruch auf Insolvenzausfallgeld, wenn die Rechtshandlung im Falle der Eröffnung des Insolvenzverfahrens nach den Vorschriften der Insolvenzordnung angefochten werden könnte. Soweit Insolvenzausfallgeld auf Grund von Ansprüchen auf Arbeitsentgelt zuerkannt worden ist, die nach Sätzen 1 und 2 keinen Anspruch auf Insolvenzausfallgeld begründen, ist es zu erstatten."

8. § 141 d wird wie folgt geändert:

    a) In Absatz 1 Satz 1 werden das Wort „Konkursausfallgeld" durch das Wort „Insolvenzausfallgeld" und die Worte „des Konkursverfahrens" durch die Worte „des Insolvenzverfahrens" ersetzt.

    b) In Absatz 2 Satz 1 wird das Wort „Konkursausfallgeld" durch das Wort „Insolvenzausfallgeld" ersetzt.

8. unverändert

9. § 141 e wird wie folgt geändert:

    a) In Absatz 1 Satz 1 und 3 wird das Wort „Konkursausfallgeld" jeweils durch das Wort „Insolvenzausfallgeld" ersetzt.

    b) In Absatz 1 Satz 2 werden die Worte „des Konkursverfahrens" durch die Worte „des Insolvenzverfahrens" ersetzt.

9. unverändert

[im folgenden: BT-Drs. 12/7303, S. 95]

    c) In Absatz 2 Satz 2 wird das Wort „Konkursgericht" durch das Wort „Insolvenzgericht" ersetzt.

    d) In Absatz 3 Satz 2 wird das Wort „Konkursausfallgeld" durch das Wort „Insolvenzausfallgeld" ersetzt.

10. § 141 f wird wie folgt geändert:

    a) In Absatz 1 werden das Wort „Konkursausfallgeld" durch das Wort „Insolvenzausfallgeld" und die Worte „des Konkursverwalters" durch die Worte „des Insolvenzverwalters" ersetzt.

    b) In Absatz 2 wird das Wort „Konkursausfallgeld" jeweils durch das Wort „Insolvenzausfallgeld" ersetzt.

10. unverändert

Entwurf	Beschlüsse des 6. Ausschusses

11. In § 141 g wird das Wort „Konkursverwalter" durch das Wort „Insolvenzverwalter" ersetzt.

11. unverändert

12. § 141 h wird wie folgt geändert:

12. § 141 h wird wie folgt geändert:

  a) In Absatz 1 Satz 1 werden das Wort „Konkursverwalter" durch das Wort „Insolvenzverwalter", das Wort „Konkursausfallgeld" durch das Wort „Insolvenzausfallgeld" und die Worte „des Konkursverfahrens" durch die Worte „des Insolvenzverfahrens" ersetzt.

  a) und b) unverändert

  b) In Absatz 2 wird das Wort „Konkursverwalter" durch das Wort „Insolvenzverwalter" ersetzt.

  c) Absatz 3 erhält folgende Fassung:

  c) Absatz 3 erhält folgende Fassung:

   „(3) In den Fällen, in denen ein Insolvenzverfahren nicht eröffnet wird (§ 141 b Abs. 3) oder nach § *317* der Insolvenzordnung eingestellt worden ist, sind die Pflichten des Insolvenzverwalters nach Absatz 1 vom Arbeitgeber zu erfüllen."

   „(3) In den Fällen, in denen ein Insolvenzverfahren nicht eröffnet wird (§ 141 b Abs. 3) oder nach **§ 234 a** der Insolvenzordnung eingestellt worden ist, sind die Pflichten des Insolvenzverwalters nach Absatz 1 vom Arbeitgeber zu erfüllen."

13. In § 141 i Satz 1 werden das Wort „Konkursverwalter" durch das Wort „Insolvenzverwalter", das Wort „Konkursausfallgeld" durch das Wort „Insolvenzausfallgeld" und die Worte „des Konkursausfallgelds" durch die Worte „des Insolvenzausfallgelds" ersetzt.

13. unverändert

14. § 141 k wird wie folgt geändert:

14. unverändert

  a) In Absatz 1 Satz 1 und Absatz 2 Satz 1 wird das Wort „Konkursausfallgeld" jeweils durch das Wort „Insolvenzausfallgeld" ersetzt.

  b) In Absatz 2 a Satz 1 werden die Worte „des Konkursverfahrens" durch die Worte „des Insolvenzverfahrens" und das Wort „Konkursausfallgeld" durch das Wort „Insolvenzausfallgeld" ersetzt.

  c) In Absatz 3 wird das Wort „Konkursausfallgeld" durch das Wort „Insolvenzausfallgeld" ersetzt.

15. In § 141 l wird das Wort „Konkursausfallgeld" jeweils durch das Wort „Insolvenzausfallgeld" ersetzt.

15. unverändert

[im folgenden: BT-Drs. 12/7303, S. 96]

16. § 141 m wird wie folgt geändert:

16. unverändert

  a) In Absatz 1 wird das Wort „Konkursausfallgeld" jeweils durch das Wort „Insolvenzausfallgeld" ersetzt.

Entwurf	Beschlüsse des 6. Ausschusses
b) In Absatz 2 wird das Wort „Konkursordnung" durch das Wort „Insolvenzordnung" ersetzt.	
17. In § 141n Abs. 1 Satz 1 werden die Worte „des Konkursverfahrens" jeweils durch die Worte „des Insolvenzverfahrens" ersetzt.	17. unverändert
18. In § 145 Nr. 3 wird das Wort „Konkursverwalter" durch das Wort „Insolvenzverwalter" ersetzt.	18. unverändert
19. Im Sechsten Abschnitt wird in der Überschrift des Dritten Unterabschnitts das Wort „Konkursausfallgeld" durch das Wort „Insolvenzausfallgeld" ersetzt.	19. unverändert
20. In § 186b Abs. 1 werden das Wort „Konkursausfallgeld" durch das Wort „Insolvenzausfallgeld" und die Worte „des Konkursausfallgelds" durch die Worte „des Insolvenzausfallgelds" ersetzt.	20. unverändert
21. § 186c wird wie folgt geändert:	21. unverändert
a) In Absatz 1 Satz 1 wird das Wort „Konkursausfallgeld" durch das Wort „Insolvenzausfallgeld" ersetzt.	
b) In Absatz 2 Satz 2 werden die Worte „der Konkurs" durch die Worte „das Insolvenzverfahren" ersetzt.	
22. In § 186d Abs. 1 Satz 1 wird das Wort „Konkursausfallgeld" durch das Wort „Insolvenzausfallgeld" ersetzt.	22. unverändert
23. In § 231 Abs. 1 Nr. 3 werden die Worte „des Konkursgerichts" durch die Worte „des Insolvenzgerichts" und die Worte „des Konkursverfahrens" durch die Worte „des Insolvenzverfahrens" ersetzt.	
	24. § 249c Abs. 21 wird aufgehoben.
Artikel 97 **Änderung des Vorruhestandsgesetzes**	**Artikel 97** unverändert
§ 9 Abs. 1 Satz 1 des Vorruhestandsgesetzes vom 13. April 1984 (BGBl. I S. 601), das zuletzt durch Artikel 2 des Gesetzes vom 22. Dezember 1989 (BGBl. I S. 2398) geändert worden ist, wird wie folgt geändert:	
1. In der Nummer 1 wird das Wort „Konkursverfahren" durch das Wort „Insolvenzverfahren" ersetzt.	
2. In der Nummer 2 werden die Worte „des Konkursverfahrens" durch die Worte „des Insolvenzverfahrens" ersetzt.	
3. Die Nummer 3 wird gestrichen; die bisherige Nummer 4 wird zu Nummer 3.	

Entwurf	Beschlüsse des 6. Ausschusses
	[im folgenden: BT-Drs. 12/7303, S. 97]
4. In der neuen Nummer 3 werden die Worte „nach vorausgegangener Zahlungseinstellung im Sinne der Konkursordnung" durch die Worte „zur Abwendung eines Insolvenzverfahrens" ersetzt.	
Artikel 98 **Änderung des Ersten Buches Sozialgesetzbuch**	**Artikel 98** unverändert
In § 19 Abs. 1 Nr. 5 des Ersten Buches Sozialgesetzbuch (Artikel I des Gesetzes vom 11. Dezember 1975, BGBl. I S. 3015), das zuletzt durch Artikel 4 des Gesetzes vom 20. Juni 1991 (BGBl. I S. 1250) geändert worden ist, wird das Wort „Konkursausfallgeld" durch das Wort „Insolvenzausfallgeld" ersetzt.	
Artikel 99 **Änderung des Vierten Buches Sozialgesetzbuch**	**Artikel 99** unverändert
Das Vierte Buch Sozialgesetzbuch (Artikel I des Gesetzes vom 23. Dezember 1976, BGBl. I S. 3845), zuletzt geändert durch Artikel 5 des Gesetzes vom 7. Juli 1992 (BGBl. I S. 1222), wird wie folgt geändert:	
1. In § 18 a Abs. 3 Satz 1 Nr. 1 wird das Wort „Konkursausfallgeld" durch das Wort „Insolvenzausfallgeld" ersetzt.	
2. § 51 Abs. 6 Nr. 3 wird aufgehoben.	
Artikel 100 **Änderung des Schwerbehindertengesetzes**	**Artikel 100** **Änderung des Schwerbehindertengesetzes**
Das Schwerbehindertengesetz in der Fassung der Bekanntmachung vom 26. August 1986 (BGBl. I S. 1421, 1550), zuletzt geändert durch *Artikel 6 des Gesetzes vom 21. Juni 1991 (BGBl. I S. 1310)*, wird wie folgt geändert:	Das Schwerbehindertengesetz in der Fassung der Bekanntmachung vom 26. August 1986 (BGBl. I S. 1421, 1550), zuletzt geändert durch…, wird wie folgt geändert:
1. Nach § 18 Abs. 1 wird folgender neuer Absatz 1 a eingefügt:	1. entfällt
„(1 a) Ist das Insolvenzverfahren über das Vermögen des Arbeitgebers eröffnet, hat die Hauptfürsorgestelle die Entscheidung innerhalb eines Monats vom Tage des Eingangs des Antrags an zu treffen. Führen die für die Entscheidung erforderlichen Ermittlungen innerhalb dieser Frist nicht zu einem die Zustimmung rechtfertigenden Ergebnis, ist der Antrag abzulehnen. Wird innerhalb dieser Frist eine Entscheidung nicht getroffen, gilt die Zustimmung als erteilt."	
2. An § 19 wird folgender neuer Absatz 3 angefügt:	2. An § 19 wird folgender neuer Absatz 3 angefügt:

Entwurf	Beschlüsse des 6. Ausschusses
„(3) Ist das Insolvenzverfahren über das Vermögen des Arbeitgebers eröffnet, soll die Hauptfürsorgestelle die Zustimmung erteilen, wenn	„(3) Ist das Insolvenzverfahren über das Vermögen des Arbeitgebers eröffnet, soll die Hauptfürsorgestelle die Zustimmung erteilen, wenn
1. der Schwerbehinderte in einem Interessenausgleich namentlich als einer der zu entlassenden Arbeitnehmer bezeichnet ist (§ *128* der Insolvenzordnung),	1. der Schwerbehinderte in einem Interessenausgleich namentlich als einer der zu entlassenden Arbeitnehmer bezeichnet ist (§ **143 a** der Insolvenzordnung),

[im folgenden: BT-Drs. 12/7303, S. 98]

2. die Schwerbehindertenvertretung beim Zustandekommen des Interessenausgleichs gemäß § 25 Abs. 2 beteiligt worden ist,	2. bis 4. unverändert
3. der Anteil der nach dem Interessenausgleich zu entlassenden Schwerbehinderten an der Zahl der beschäftigten Schwerbehinderten nicht größer ist als der Anteil der zu entlassenden übrigen Arbeitnehmer an der Zahl der beschäftigten übrigen Arbeitnehmer und	
4. die Gesamtzahl der Schwerbehinderten, die nach dem Interessenausgleich bei dem Arbeitgeber verbleiben sollen, zur Erfüllung der Verpflichtung nach § 5 ausreicht."	

Artikel 101 **Änderung des Fahrlehrergesetzes**	**Artikel 101** unverändert
In § 15 Abs. 1 Nr. 3 des Fahrlehrergesetzes vom 25. August 1969 (BGBl. I S. 1336), das zuletzt durch Artikel 4 Abs. 12 des Gesetzes vom 8. Juni 1989 (BGBl. I S. 1026) geändert worden ist, wird das Wort „Nachlaßkonkursverwalters" durch das Wort „Nachlaßinsolvenzverwalters" und das Wort „Nachlaßkonkursverwaltung" durch das Wort „Nachlaßinsolvenzverwaltung" ersetzt.	

Artikel 102 **Änderung des Güterkraftverkehrsgesetzes**	**Artikel 102** **Änderung des Güterkraftverkehrsgesetzes**
Das Güterkraftverkehrsgesetz in der Fassung der Bekanntmachung vom 10. März 1983 (BGBl. I S. 256), zuletzt geändert durch Gesetz vom 21. Februar 1992 (BGBl. I S. 287), wird wie folgt geändert:	**§ 102 b Abs. 2 Nr. 4 des Güterkraftverkehrsgesetzes** in der Fassung der Bekanntmachung **vom 3. November 1993 (BGBl. I S. 1839, 1992),** wird wie folgt **gefaßt:**
1. § 23 Abs. 3 wird wie folgt geändert:	„4. über das Vermögen des Unternehmers das Insolvenzverfahren eröffnet oder die Eröffnung des Insolvenzverfahrens mangels Masse abgelehnt wird,".
a) In Satz 1 werden die Worte „des Konkurses" durch die Worte „des Insolvenzverfahrens über das Vermögen" ersetzt.	
b) Satz 2 wird wie folgt gefaßt:	
„Wird das Insolvenzverfahren erst nach dem Forderungsübergang eröffnet, ist der Antrag auf Eröffnung des Verfahrens aber innerhalb von drei Monaten nach dem Forderungsübergang gestellt worden, so kann der Insolvenzverwalter verlangen, daß die	

| Entwurf | Beschlüsse des 6. Ausschusses |

Bundesanstalt einen entsprechenden Teil der Forderung oder, falls diese bereits eingezogen ist, des Erlöses auf ihn zurücküberträgt."

2. In § 62 Abs. 4 Satz 2 werden die Worte „oder wird über sein Vermögen der Konkurs eröffnet" gestrichen.

3. § 102 b Abs. 2 Nr. 4 wird wie folgt gefaßt:

„4. über das Vermögen des Unternehmers das Insolvenzverfahren eröffnet oder die Eröffnung des Insolvenzverfahrens mangels Masse abgelehnt wird,".

[im folgenden: BT-Drs. 12/7303, S. 99]

| **Artikel 103**
Änderung des Bundesbahngesetzes | **Artikel 103**
entfällt |

In § 10 Abs. 7 Satz 2 des Bundesbahngesetzes in der im Bundesgesetzblatt Teil III, Gliederungsnummer 931-1, veröffentlichten bereinigten Fassung, das zuletzt durch Gesetz vom 19. Dezember 1990 (BGBl. I S. 2909) geändert worden ist, werden die Worte „oder wird über sein Vermögen der Konkurs eröffnet" gestrichen.

Artikel 104 Änderung des Gesetzes über Maßnahmen zur Aufrechterhaltung des Betriebs von Bahnunternehmen des öffentlichen Verkehrs	**Artikel 104** Änderung des Gesetzes über Maßnahmen zur Aufrechterhaltung des Betriebs von Bahnunternehmen des öffentlichen Verkehrs
Das Gesetz über Maßnahmen zur Aufrechterhaltung des Betriebs von Bahnunternehmen des öffentlichen Verkehrs in der im Bundesgesetzblatt Teil III, Gliederungsnummer 932-1, veröffentlichten bereinigten Fassung wird wie folgt geändert:	Das Gesetz über Maßnahmen zur Aufrechterhaltung des Betriebs von Bahnunternehmen des öffentlichen Verkehrs in der im Bundesgesetzblatt Teil III, Gliederungsnummer 932-1, veröffentlichten bereinigten Fassung wird wie folgt geändert:
1. In § 1 Satz 2 wird das Wort „Konkurs" durch das Wort „Insolvenzverfahren" ersetzt.	1. unverändert
2. § 2 wird wie folgt gefaßt: „§ 2 Im Insolvenzverfahren über das Vermögen eines Bahneigentümers, der Bahnunternehmen des öffentlichen Verkehrs betreibt, kann die nach § 179 der Insolvenzordnung erforderliche Zustimmung des Gläubigerausschusses oder der Gläubigerversammlung auf Antrag des Insolvenzverwalters oder des Sachwalters durch die Aufsichtsbehörde ersetzt werden, wenn 1. einzelne oder alle Bahnunternehmen freihändig veräußert werden sollen, 2. Darlehen zur Fortführung des Betriebs aufgenommen werden sollen."	2. In § 2 werden die Worte „im Konkurs" durch die Worte „im Insolvenzverfahren", die Worte „§ 134 der Konkursordnung" durch die Worte „§ 179 der Insolvenzordnung", das Wort „Genehmigung" durch das Wort „Zustimmung" und die Worte „des Konkursverwalters" durch die Worte „des Insolvenzverwalters oder des Sachverwalters" ersetzt; die Worte „oder zur Masse gehörige Gegenstände verpfändet" werden gestrichen.
	3. In § 5 Abs. 2 werden die Worte „vom 29. März 1951 (BGBl. I S. 225)" durch die Worte „vom 27. Dezember 1993 (BGBl. I S. 2378, 2396)" ersetzt.
	4. § 6 wird gestrichen.

Entwurf	Beschlüsse des 6. Ausschusses
Artikel 105 **Änderung des Binnenschiffsverkehrsgesetzes**	**Artikel 105** entfällt
In § 25 Abs. 2 Satz 2 des Binnenschiffsverkehrsgesetzes in der Fassung der Bekanntmachung vom 8. Januar 1969 (BGBl. I S. 65), das zuletzt durch Gesetz vom 5. Dezember 1990 (BGBl. I S. 2579) geändert worden ist, werden die Worte „oder wird über sein Vermögen der Konkurs eröffnet" gestrichen.	
Artikel 106 **Änderung des Vermögensgesetzes**	**Artikel 106** **Änderung des Vermögensgesetzes**
Das Vermögensgesetz in der Fassung der Bekanntmachung vom *18. April 1991 (BGBl. I S. 957)* wird wie folgt geändert:	Das Vermögensgesetz in der Fassung der Bekanntmachung vom **3. August 1992 (BGBl. I S. 1446), geändert durch ...**, wird wie folgt geändert:

[im folgenden: BT-Drs. 12/7303, S. 100]

1. In § 3 Abs. 3 Satz 7 werden die Worte „der Gesamtvollstreckung" durch die Worte „des Insolvenzverfahrens" ersetzt.	1. in § 3 Abs. 3 Satz 7 **und 9 sowie in § 3 b Abs. 1 Satz 1** werden die Worte „der Gesamtvollstreckung" **jeweils** durch die Worte „des Insolvenzverfahrens" ersetzt.
2. In § 6 Abs. 6 a Satz 6 werden die Worte „die Gesamtvollstreckung" durch die Worte „das Insolvenzverfahren über das Vermögen" ersetzt.	2. unverändert

DRITTER TEIL Übergangs- und Schlußvorschriften	DRITTER TEIL Internationales Insolvenzrecht. Übergangs- und Schlußvorschriften
	Artikel 106 a **Internationales Insolvenzrecht**
	(1) Ein ausländisches Insolvenzverfahren erfaßt auch das im Inland befindliche Vermögen des Schuldners. Dies gilt nicht,
	1. wenn die Gerichte des Staates der Verfahrenseröffnung nach inländischem Recht nicht zuständig sind;
	2. soweit die Anerkennung des ausländischen Verfahrens zu einem Ergebnis führt, das mit wesentlichen Grundsätzen des deutschen Rechts offensichtlich unvereinbar ist, insbesondere soweit sie mit den Grundrechten unvereinbar ist.
	(2) Eine Rechtshandlung, für deren Wirkungen inländisches Recht maßgeblich ist, kann vom ausländischen Insolvenzverwalter nur angefochten werden, wenn die Rechtshandlung auch nach inländischem Recht entweder angefochten werden kann oder aus anderen Gründen keinen Bestand hat.
	(3) Die Anerkennung eines ausländischen Verfahrens schließt nicht aus, daß im Inland ein

Entwurf	Beschlüsse des 6. Ausschusses
	gesondertes Insolvenzverfahren eröffnet wird, das nur das im Inland befindliche Vermögen des Schuldners erfaßt. Ist im Ausland gegen den Schuldner ein Insolvenzverfahren eröffnet, so bedarf es zur Eröffnung des inländischen Insolvenzverfahrens nicht des Nachweises der Zahlungsunfähigkeit oder der Überschuldung.
Artikel 107 **Anwendung des bisherigen Rechts**	**Artikel 107** **Anwendung des bisherigen Rechts**
Auf Konkurs-, Vergleichs- und Gesamtvollstreckungsverfahren, die vor dem 1. Januar ... *[Einsetzen: Jahr des Inkrafttretens des Gesetzes nach Artikel 115 Abs. 1]* beantragt worden sind, sind weiter die bisherigen gesetzlichen Vorschriften anzuwenden. Gleiches gilt für Anschlußkonkursverfahren, bei denen der dem Verfahren vorausgehende Vergleichsantrag vor dem 1. Januar ... *[Einsetzen: Jahr des Inkrafttretens]* gestellt worden ist.	Auf Konkurs-, Vergleichs- und Gesamtvollstreckungsverfahren, die vor dem 1. Januar **1997** beantragt worden sind, **und deren Wirkungen** sind weiter die bisherigen gesetzlichen Vorschriften anzuwenden. Gleiches gilt für Anschlußkonkursverfahren, bei denen der dem Verfahren vorausgehende Vergleichsantrag vor dem 1. Januar **1997** gestellt worden ist.

[im folgenden: BT-Drs. 12/7303, S. 101]

Artikel 108 **Anwendung des neuen Rechts**	**Artikel 108** **Anwendung des neuen Rechts**
In einem Insolvenzverfahren, das nach dem 31. Dezember ...*[Einsetzen: das dem Jahr des Inkrafttretens vorausgehende Jahr]* beantragt wird, gelten die Insolvenzordnung und dieses Gesetz auch für Rechtsverhältnisse und Rechte, die vor dem 1. Januar ... *[Einsetzen: Jahr des Inkrafttretens]* begründet worden sind.	In einem Insolvenzverfahren, das nach dem 31. Dezember **1996** beantragt wird, gelten die Insolvenzordnung und dieses Gesetz auch für Rechtsverhältnisse und Rechte, die vor dem 1. Januar **1997** begründet worden sind.
	Artikel 108 a **Finanztermingeschäfte**
	(1) War für Finanzleistungen, die einen Markt- oder Börsenpreis haben, eine bestimmte Zeit oder eine bestimmte Frist vereinbart und tritt die Zeit oder der Ablauf der Frist erst nach der Eröffnung eines Konkursverfahrens ein, so kann nicht die Erfüllung verlangt, sondern nur eine Forderung wegen der Nichterfüllung geltend gemacht werden. Als Finanzleistungen gelten insbesondere
	1. die Lieferung von Edelmetallen,
	2. die Lieferung von Wertpapieren oder vergleichbaren Rechten, soweit nicht der Erwerb einer Beteiligung an einem Unternehmen zur Herstellung einer dauernden Verbindung zu diesem Unternehmen beabsichtigt ist,
	3. Geldleistungen, die in ausländischer Währung oder in einer Rechnungseinheit zu erbringen sind,
	4. Geldleistungen, deren Höhe unmittelbar oder mittelbar durch den Kurs einer ausländischen Währung oder einer Rechnungs-

Entwurf	Beschlüsse des 6. Ausschusses
	einheit, durch den Zinssatz von Forderungen oder durch den Preis anderer Güter oder Leistungen bestimmt wird,
	5. Optionen und andere Rechte auf Lieferungen oder Geldleistungen im Sinne der Nummern 1 bis 4.
	Sind Geschäfte über Finanzleistungen in einem Rahmenvertrag zusammengefaßt, für den vereinbart ist, daß er bei Vertragsverletzungen nur einheitlich beendet werden kann, so gilt die Gesamtheit dieser Geschäfte als ein gegenseitiger Vertrag.
	(2) Die Forderung wegen der Nichterfüllung richtet sich auf den Unterschied zwischen dem vereinbarten Preis und dem Markt- oder Börsenpreis, der am zweiten Werktag nach der Eröffnung des Verfahrens am Erfüllungsort für einen Vertrag mit der vereinbarten Erfüllungszeit maßgeblich ist. Der andere Teil kann eine solche Forderung nur als Konkursgläubiger geltend machen.
	(3) Die in den Absätzen 1 und 2 für den Fall der Eröffnung eines Konkursverfahrens getroffenen Regelungen gelten entsprechend für den Fall der Eröffnung eines Vergleichs- oder Gesamtvollstreckungsverfahrens.

[im folgenden: BT-Drs. 12/7303, S. 102]

Artikel 109 Pfändung von Bezügen	Artikel 109 Pfändung von Bezügen
Ist vor dem 1. Januar ... *[Einsetzen: Jahr des Inkrafttretens]* im Wege der Zwangsvollstreckung über Bezüge aus einem Dienstverhältnis oder an deren Stelle tretende laufenden Bezüge verfügt worden und wird das Insolvenzverfahren vor dem 1. Januar ... *[Einsetzen: das dritte dem Jahr des Inkrafttretens folgende Jahr]* eröffnet, so ist diese Verfügung, soweit sie sich auf die Bezüge für die Zeit vor dem 1. Januar ... *[Einsetzen: das dritte dem Jahr des Inkrafttretens folgende Jahr]* bezieht, nicht nach § 132 Abs. 3 Satz 1 der Insolvenzordnung unwirksam.	Ist vor dem 1. Januar **1997** im Wege der Zwangsvollstreckung über Bezüge aus einem Dienstverhältnis oder an deren Stelle tretende laufende Bezüge verfügt worden und wird das Insolvenzverfahren vor dem 1. Januar **2000** eröffnet, so ist diese Verfügung, soweit sie sich auf die Bezüge für die Zeit vor dem 1. Januar **2000** bezieht, nicht nach § 132 Abs. 3 Satz 1 der Insolvenzordnung unwirksam.

Artikel 110 Insolvenzanfechtung	Artikel 110 Insolvenzanfechtung
Die Vorschriften der Insolvenzordnung über die Anfechtung von Rechtshandlungen sind auf die vor dem 1. Januar ... *[Einsetzen: Jahr des Inkrafttretens]* vorgenommenen Rechtshandlungen nur anzuwenden, soweit diese nicht nach dem bisherigen Recht der Anfechtung entzogen oder in geringerem Umfang unterworfen sind.	Die Vorschriften der Insolvenzordnung über die Anfechtung von Rechtshandlungen sind auf die vor dem 1. Januar **1997** vorgenommenen Rechtshandlungen nur anzuwenden, soweit diese nicht nach dem bisherigen Recht der Anfechtung entzogen oder in geringerem Umfang unterworfen sind.

Entwurf	Beschlüsse des 6. Ausschusses
	Artikel 110 a **Restschuldbefreiung** War der Schuldner bereits vor dem 1. Januar 1995 zahlungsunfähig, so verkürzt sich die Laufzeit der Abtretung nach § 346 b Abs. 2 Satz 1 der Insolvenzordnung von sieben auf fünf Jahre, die Dauer der Wirksamkeit von Verfügungen nach § 132 Abs. 1 der Insolvenzordnung von drei auf zwei Jahre; Verfügungen über die Bezüge im Wege der Zwangsvollstreckung nach § 132 Abs. 3 der Insolvenzordnung bleiben abweichend von Artikel 109 des Einführungsgesetzes zur Insolvenzordnung höchstens bis zum 1. Januar 1999 wirksam.
Artikel 111 **Fortbestand der Vollstreckungsbeschränkung** (1) Bei der Zwangsvollstreckung gegen einen Schuldner, über dessen Vermögen ein Gesamtvollstreckungsverfahren durchgeführt worden ist, ist auch nach dem 31. Dezember... *[Einsetzen: das dem Jahr des Inkrafttretens vorausgehende Jahr]* die Vollstreckungsbeschränkung des § 18 Abs. 2 Satz 3 der Gesamtvollstreckungsordnung zu beachten. (2) Wird über das Vermögen eines solchen Schuldners nach den Vorschriften der Insolvenzordnung ein Insolvenzverfahren eröffnet, so sind die Forderungen, die der Vollstreckungsbeschränkung unterliegen, im Rang nach den in § 46 Abs. 1 der Insolvenzordnung bezeichneten Forderungen zu berichtigen.	**Artikel 111** **Fortbestand der Vollstreckungsbeschränkung** (1) Bei der Zwangsvollstreckung gegen einen Schuldner, über dessen Vermögen ein Gesamtvollstreckungsverfahren durchgeführt worden ist, ist auch nach dem 31. Dezember **1996** die Vollstreckungsbeschränkung des § 18 Abs. 2 Satz 3 der Gesamtvollstreckungsordnung zu beachten. (2) unverändert

[im folgenden: BT-Drs. 12/7303, S. 103]

Artikel 112 *Kündigung von Versicherungverhältnissen* *(1) Hat sich vor dem 1. Januar ... [Einsetzen: Jahr des Inkrafttretens] ein Versicherer für den Fall der Eröffnung des Konkurses oder des Vergleichsverfahrens über das Vermögen des Versicherungsnehmers die Befugnis ausbedungen, das Versicherungsverhältnis mit einer Frist von einem Monat zu kündigen, und wird vor dem 1. Januar ... [Einsetzen: das dritte dem Jahr des Inkrafttretens folgende Jahr] das Insolvenzverfahren über das Vermögen des Versicherungsnehmers eröffnet, so kann der Versicherer trotz der in Artikel 92 Nr. 2 dieses Gesetzes vorgesehenen Aufhebung des § 14 des Versicherungsvertragsgesetzes das Versicherungsverhältnis mit dieser Frist kündigen.* *(2) Hat sich vor dem 1. Januar ... [Einsetzen: Jahr des Inkrafttretens] ein Versicherer ein solches Kündigungsrecht für den Fall ausbedungen, daß die Zwangsverwaltung des versicherten Grundstücks angeordnet wird, und tritt dieser Fall vor dem 1. Januar ... [Einsetzen: das dritte dem Jahr des Inkrafttretens folgende Jahr] ein, so gilt Absatz 1 entsprechend.*	**Artikel 112** entfällt

Entwurf | Beschlüsse des 6. Ausschusses

Artikel 113
Betriebliche Altersversorgung

Die durch Artikel 94 dieses Gesetzes geänderten Vorschriften des Gesetzes über die betriebliche Altersversorgung sind auf Sicherungsfälle, die vor dem 1. Januar ... [Einsetzen: Jahr des Inkrafttretens] eingetreten sind, in ihrer bisherigen Fassung anzuwenden.

Artikel 113
entfällt

Artikel 114
Schuldverschreibungen

Soweit den Inhabern von Schuldverschreibungen, die vor dem 1. Januar 1963 von anderen Kreditinstituten als Hypothekenbanken ausgegeben worden sind, nach Vorschriften des Landesrechts in Verbindung mit § 17 Abs. 1 des Einführungsgesetzes zur Konkursordnung ein Vorrecht bei der Befriedigung aus Hypotheken, Reallasten oder Darlehen des Kreditinstituts zusteht, ist dieses Vorrecht auch in künftigen Insolvenzverfahren zu beachten.

Artikel 114
unverändert

Artikel 115
Inkrafttreten

(1) Die Insolvenzordnung und dieses Gesetz treten, soweit nichts anderes bestimmt ist, am 1. Januar ... [Einsetzen: bei Verkündung in der ersten Jahreshälfte das erste auf das Verkündungsjahr folgende Jahr, bei Verkündung in der zweiten Jahreshälfte das zweite auf das Verkündungsjahr folgende Jahr] in Kraft.

Artikel 115
Inkrafttreten

(1) Die Insolvenzordnung und dieses Gesetz treten, soweit nichts anderes bestimmt ist, am 1. Januar **1997** in Kraft.

[im folgenden: BT-Drs. 12/7303, S. 104]

(2) § 2 Abs. 2 und *§ 387 Abs. 2, 3* der Insolvenzordnung treten am Tag nach der Verkündung in Kraft. Gleiches gilt für *§ 74 Abs. 2* der Insolvenzordnung und für § 25 Abs. 2 Nr. 1, § 84 Abs. 2, *§ 242 Abs. 2* und *§ 335 Abs. 1* der Insolvenzordnung, soweit sie *§ 74 Abs. 2* der Insolvenzordnung für entsprechend anwendbar erklären.

(2) § 2 Abs. 2 und **§ 7 Abs. 3** der Insolvenzordnung sowie **die Ermächtigung der Länder in** § 252 b Abs. 1 Nr. 1 der Insolvenzordnung treten am Tag nach der Verkündung in Kraft. Gleiches gilt für **§ 75 a** der Insolvenzordnung und für § 25 Abs. 2 Nr. 1, § 84 Abs. 2, § 242 Abs. 2, § 335 Abs. 1 und § 252 j der Insolvenzordnung, soweit sie **§ 75 a** der Insolvenzordnung für entsprechend anwendbar erklären.

(3) Artikel 2 Nr. 8 dieses Gesetzes, soweit darin die Aufhebung von § 2 Abs. 1 Satz 2 des Gesetzes über die Auflösung und Löschung von Gesellschaften und Genossenschaften angeordnet wird, Artikel 21 a, Artikel 22 a Nr. 2, Artikel 30 Nr. 3, Artikel 46 Nr. 4, Artikel 52 Nr. 4 und Artikel 89 Nr. 0, 1 Buchstabe e, Artikel 91 Nr. 8 Buchstabe d und Artikel 108 a dieses Gesetzes treten am Tag nach der Verkündung in Kraft.

Anhang II 6

[im folgenden: BT-Drs. 12/7303, S. 105]

Bericht der Abgeordneten Hermann Bachmaier, Joachim Gres, Detlef Kleinert, Dr. Eckhart Pick und Dr. Wolfgang Frhr. von Stetten

A. Zum Beratungsverfahren

Der Deutsche Bundestag hat den von der Bundesregierung eingebrachten Gesetzentwurf eines Einführungsgesetzes zur Insolvenzordnung (EGInsO) – Drucksache 12/3803 – in seiner 128. Sitzung vom 10. Dezember 1992 in erster Lesung beraten. Die Vorlage wurde zur federführenden Beratung an den Rechtsausschuß und zur Mitberatung an den Finanzausschuß, den Ausschuß für Wirtschaft und den Ausschuß für Arbeit und Sozialordnung überwiesen.

Der *Finanzausschuß* hat auf der Grundlage seiner Sitzung vom 20. Januar 1993 einstimmig bei Abwesenheit der beiden Gruppen vorgeschlagen, dem Deutschen Bundestag die Annahme der Vorlage unter der Voraussetzung zu empfehlen, daß der Entwurf einer Insolvenzordnung – Drucksache 12/2443 – bezüglich der in die Zuständigkeit des Finanzausschusses fallenden Artikel unverändert verabschiedet wird.

Der *Ausschuß für Wirtschaft* hat in seiner 72. Sitzung vom 2. März 1994 dem Gesetzentwurf in der von den Berichterstattern des Rechtsausschusses vorgeschlagenen Fassung einstimmig bei vier Enthaltungen zugestimmt.

Auf der Grundlage seiner 109. Sitzung vom 2. Februar 1994 hat der *Ausschuß für Arbeit und Sozialordnung* mit den Stimmen der Koalitionsfraktionen gegen die Stimmen der Mitglieder der Fraktion der SPD bei Abwesenheit der Gruppen empfohlen, den Gesetzentwurf in der von den Berichterstattern des Rechtsausschusses vorgeschlagenen Fassung anzunehmen.

Der *Rechtsausschuß* hat den Gesetzentwurf – jeweils zusammen mit dem Gesetzentwurf einer Insolvenzordnung (Drucksache 12/2443) in seinen Sitzungen vom 20. Januar 1993, 28. April 1993, 9. Dezember 1993, 20. Januar 1994, 2. März 1994 und 13. April 1994 (63., 74., 105., 108., 115. und 121. Sitzung) beraten. In seiner 74. Sitzung vom 28. April 1993 hat der Rechtsausschuß eine öffentliche Anhörung von Sachverständigen und Verbänden durchgeführt. Hinsichtlich der Teilnehmer und Ergebnisse der Anhörung sowie zum weiteren Beratungsverfahren, insbesondere der Vorbereitung der Ausschußberatungen durch zahlreiche Berichterstattergespräche mit Vertretern des Bundesministeriums der Justiz, wird auf den Bericht des Rechtsausschusses zum Gesetzentwurf einer Insolvenzordnung (Drucksache 12/...) verwiesen.

Der Rechtsausschuß empfiehlt einstimmig die Annahme des Gesetzentwurfs – Drucksache 12/3803 – in der aus der obigen Zusammenstellung ersichtlichen Fassung, die gegenüber dem Regierungsentwurf eine Reihe von Änderungen erfahren hat.

B. Zum Inhalt der Beschlußempfehlung

Die Beschlußempfehlung übernimmt den wesentlichen Inhalt des Regierungsentwurfs eines Einführungsgesetzes zur Insolvenzordnung. Es werden aber auch wichtige Ergänzungen vorgenommen.

Im Ersten Teil des Entwurfs wird wie im Regierungsentwurf das Anfechtungsgesetz unter Berücksichtigung der Neuregelung der Insolvenzanfechtung neu gefaßt.

Im Zweiten Teil werden, ebenfalls im Anschluß an den Regierungsentwurf, die geltenden insolvenzrechtlichen Normen aufgehoben und die Bundesgesetze mit Berührung zum Insolvenzrecht an die Reform angepaßt. Hervorzuheben sind:

– Die Beseitigung der Vorschriften, nach denen die Eröffnung des Konkursverfahrens den Schuldner zwingend vom Amt des ehrenamtlichen Richters und von bestimmten Berufen ausschließt (z. B. Artikel 12, 16);

– die Abgrenzung der Zuständigkeiten von Richter und Rechtspfleger im künftigen Insolvenzverfahren (Artikel 14);

– die Anpassung des Gesetzes über die Zwangsversteigerung und die Zwangsverwaltung an die veränderte Stellung der gesicherten Gläubiger im Insolvenzverfahren (Artikel 20);

– die Umstellung der Kostengesetze auf das einheitliche Insolvenzverfahren (Artikel 27 bis 29);

– die Berücksichtigung von Grundgedanken und Ausgestaltung des künftigen Insolvenzverfahrens im Rahmen der insolvenzrechtlichen Vorschriften des Genossenschaftsgesetzes (Artikel 47);

– die Weiterentwicklung des Gesetzes zur Verbesserung der betrieblichen Altersversorgung auf der Grundlage der Reform (Artikel 94);

– die Umstellung der Vorschriften über das Konkursausfallgeld im Arbeitsförderungsgesetz auf das neue Insolvenzverfahren (Artikel 96).

Im Gegensatz zum Regierungsentwurf vermeidet es die Beschlußempfehlung, bundesrechtliche Vorschriften anzupassen oder neu zu gestalten, die das Verwaltungsverfahren der Länder regeln (vgl. insbesondere Artikel 100 Nr. 1, § 18 Schwerbehindertengesetz). Auch von der Anpassung der Gesetze über Steuern, deren Aufkommen ganz oder teilweise den Ländern zufließt, wird abgesehen (vgl. insbesondere Artikel 60, 64 bis 66). Das Einführungsgesetz zur Insolvenzordnung bedarf daher in der Fassung der Beschlußempfehlung nicht der Zustimmung des Bun-[**im folgenden: BT-Drs. 12/7303, S. 106**]desrates (vgl. Artikel 84 Abs. 1, Artikel 105 Abs. 3, Artikel 108 Abs. 5 Satz 2 GG).

Weiter enthält der Zweite Teil wie im Regierungsentwurf wichtige flankierende Maßnahmen zur Insolvenzrechtsreform:

— Zur Erleichterung von außergerichtlichen Sanierungen wird die zwingende Haftung des Vermögensübernehmers nach § 419 BGB beseitigt (Artikel 31 Nr. 16).

— Um unangemessenen Übersicherungen entgegenzuwirken, wird der sogenannte Konzernvorbehalt für nichtig erklärt (Artikel 31 Nr. 17).

— Die Umstrukturierung von Gesellschaften mit beschränkter Haftung im Rahmen von Sanierungsmaßnahmen wird durch die Einführung einer vereinfachten Kapitalherabsetzung erleichtert (Artikel 46 Nr. 4).

Zusätzlich aufgenommen worden sind in den Zweiten Teil des Entwurfs einige Regelungen, die ohne unmittelbaren Zusammenhang mit der Reform die Registergerichte entlasten und mögliche Unklarheiten beseitigen:

— Das Amtslöschungsverfahren für Gesellschaften, die in drei aufeinanderfolgenden Jahren ihren Jahresabschluß nicht offen gelegt haben, wird beseitigt (Artikel 22 Nr. 1 in Verbindung mit Artikel 2 Nr. 8).

— Es wird klargestellt, daß die Verfahrenserleichterungen für die Führung der Grundbücher in den neuen Bundesländern auch nach dem Zeitpunkt gelten, in dem die Grundbücher wieder zu den Amtsgerichten verlagert wurden (Artikel 22 a Nr. 2).

In den Dritten Teil des Entwurfs des Einführungsgesetzes hat der Rechtsausschuß zunächst eine knappe Regelung des Internationalen Insolvenzrechts eingefügt, die den letzten Teil des Regierungsentwurfs der Insolvenzordnung ersetzt. Die Übergangs- und Schlußvorschriften des Regierungsentwurfs des Einführungsgesetzes sind insbesondere um eine Vorschrift ergänzt worden, welche die Restschuldbefreiung für Altfälle durch eine Abkürzung der siebenjährigen Wohlverhaltensperiode auf fünf Jahre erleichtert (Artikel 110 a). Während das Inkrafttreten der Insolvenzordnung auf den 1. Januar 1997 hinausgeschoben wird, werden wichtige Teile des Einführungsgesetzes, die flankierende Maßnahmen und Regelungen ohne unmittelbaren Zusammenhang mit der Reform enthalten, vorab in Kraft gesetzt (Artikel 115).

C. Zur Begründung der Beschlußempfehlung

I. Allgemeines

Zahlreiche Änderungen, die der Rechtsausschuß am Regierungsentwurf des Einführungsgesetzes vorgenommen hat, sind Folgeänderungen zur inhaltlichen und redaktionellen Neugestaltung des Entwurfs der Insolvenzordnung. Beispielsweise war die Neukonzeption des Verbraucherinsolvenzverfahrens im Rahmen des Rechtspflegergesetzes (Artikel 14) und der Bundesgebührenordnung für Rechtsanwälte (Artikel 29) zu berücksichtigen. Auswirkungen im Gesetz über die Zwangsversteigerung und die Zwangsverwaltung ergaben sich durch die Herabsetzung der Pauschale für die Kosten der Feststellung von Mobiliarsicherheiten und durch die Verlagerung der Zuständigkeit für die einstweilige Einstellung von Zwangsversteigerungsverfahren vom Insolvenzgericht auf das Vollstreckungsgericht (Artikel 20). Die Vereinfachung der Vorschriften über die Gruppenbildung beim Insolvenzplan erforderte Anpassungen im Genossenschaftsgesetz (Artikel 47 Nr. 38), im Gesetz betreffend die gemeinsamen Rechte der Besitzer von Schuldverschreibungen (Artikel 51 Nr. 4) und im Gesetz über die Verbesserung der betrieblichen Altersversorgung (Artikel 94 Nr. 4 Buchstabe d).

Weiter mußte der Gesetzentwurf redaktionell an Gesetzesänderungen angepaßt werden, die nach der Vorlage des Regierungsentwurfs verkündet worden sind. Z. B. haben die Vorschriften über den Genossenschaftskonkurs im Genossenschaftsgesetz (Artikel 47) durch Artikel 7 des Registerverfahrenbeschleunigungsgesetzes vom 20. Dezember 1993 (BGBl. I S. 2182, 2206) eine Reihe von Änderungen erfahren. Das Inkrafttreten des Abkommens über den Europäischen Wirtschaftsraum (BGBl. 1993 II S. 266) hat Auswirkungen z. B. im Bereich des Hypothekenbankgesetzes (Artikel 89) und des Versicherungsaufsichtsgesetzes (Artikel 91).

In der folgenden Einzelbegründung werden die Vorschriften und Änderungsanträge erläutert, die vom Ausschuß behandelt worden sind. Ergänzend wird auf die Begründung zum Regierungsentwurf in der Drucksache 12/3803 verwiesen.

Anhang II 7

Bundesrat   **Drucksache 337/94 (Beschluß)**

20.05.94

Anrufung
des Vermittlungsausschusses
durch den Bundesrat

Einführungsgesetz zur Insolvenzordnung (EGInsO)

Der Bundesrat hat in seiner 669. Sitzung am 20. Mai 1994 beschlossen, zu dem vom Deutschen Bundestag am 21. April 1994 verabschiedeten Gesetz zu verlangen, daß der Vermittlungsausschuß gemäß Artikel 77 Abs. 2 des Grundgesetzes aus dem in der Anlage angegebenen Grund einberufen wird.

Anlage zu Drucksache 337/94 (Beschluß)

[im folgenden: S. 1 der Anlage]

Gründe für die Einberufung des Vermittlungsausschusses zum Einführungsgesetz zur Insolvenzordnung (EGInsO)

Zu dem Gesetz insgesamt

a) Der Bundesrat fordert, das Inkrafttreten der Insolvenzrechtsreform auszusetzen, bis der erforderliche Stellenmehrbedarf aufgrund flankierender Entlastungsmaßnahmen in anderen Bereichen der Justiz, insbesondere innerhalb der Zivil- und Strafrechtspflege, erwirtschaftet werden kann. Das Inkraftsetzen der Reform (Artikel 111 EGInsO) soll einem gesonderten Bundesgesetz vorbehalten bleiben, das gleichzeitig die erforderlichen Entlastungsmaßnahmen schafft.

b) Die Bundesregierung soll so rechtzeitig ein neues Konzept zur Verbraucherentschuldung außerhalb der Insolvenzordnung und weitgehend ohne gerichtliches Verfahren entwickeln, daß das neue Recht gleichzeitig mit der darauf abgestellten, zu ändernden Insolvenzordnung in Kraft treten kann.

Dieses Verfahren sollte so strukturiert werden, daß die gesamte Sachverhaltsermittlung, Beratung und Betreuung der Schuldner in erster Linie anderen Stellen außerhalb der Justiz obliegt und zwar unabhängig von einer Antragstellung nach der InsO.

c) Der Bundesrat bittet zu prüfen, ob und in welcher Form ein Fonds zur Finanzierung der außergerichtlichen Schuldnerberatungstätigkeit unter Beteiligung der Kreditwirtschaft geschaffen werden kann.

Begründung:

zu a):

Der Bundesrat geht in Übereinstimmung mit dem Bundestag davon aus, daß die geltende Konkurs- und Vergleichsordnung den wirtschaftlichen Realitäten nicht mehr gerecht wird. Die Schaffung einer neuen Grundlage für eine rechtsstaatliche, [im folgenden: S. 2 der Anlage] geordnete Abwicklung finanzieller Zusammenbrüche ist dringend notwendig. Besonderes Gewicht muß hierbei auch die Sanierung von Unternehmen und der Erhalt von Arbeitsplätzen haben.

Eine realistische Reformkonzeption muß allerdings auch die finanziellen Möglichkeiten der für die Umsetzung zuständigen Länder hinreichend berücksichtigen. Der Bundesrat begrüßt hierbei ausdrücklich die Bemühungen des Deutschen Bundestages, durch eine Verschlankung des Regierungsentwurfs die Belastungen der Länder zu senken.

Auch die nunmehr verabschiedete Gesetzesfassung erfordert aber gerade wegen der neu eingefügten Verbraucherentschuldung personellen Mehrbedarf in einem Umfang, der auch bis zum 1. Januar 1997 nicht realisiert werden kann. Da die derzeitige Haushaltslage Neueinstellungen in nennenswertem Umfang nicht erlaubt, muß das Personal an anderer Stelle erwirtschaftet werden. Hierfür müssen aber zunächst die notwendigen entlastenden Rahmenbedingungen geschaffen werden.

Der Bundesrat hält es daher für unverzichtbar, die Reform erst dann in Kraft treten zu lassen, wenn der Gesetzgeber weitere spürbare Entlastungen im Justizbereich geschaffen hat, die den Ländern überhaupt erst die Erwirtschaftung des im Insolvenzbereich benötigten Personals an anderer Stelle ermöglichen. Die Möglichkeiten zur Entlastung der Justiz sind insbesondere im Strafbereich noch lange nicht ausgeschöpft.

zu b):

Angesichts der derzeitigen Wirtschaftslage hält der Bundesrat in Übereinstimmung mit dem Bundestag die gesetzliche Ausgestaltung einer Verbraucherentschuldung für sehr wünschenswert. Im Anschluß an seine Stellungnahme vom 14. 2. 1992 zum Regierungsentwurf einer Insolvenzordnung vertritt er jedoch nach wie vor die Auffassung, daß die Verbraucherentschuldung in einem gesonderten Verfahren außerhalb der Insolvenzordnung geregelt werden sollte. Hilfeleistung für den typisch überschuldeten Verbraucher stellt eine schwierige und zeitaufwendige Aufgabe dar. Sie kann sich nicht nur darauf beschränken, das Ergebnis einer langjährigen Verschuldung letzlich durch richterliche Eingriffe in den Forderungsbestand der Gläubiger zu beseitigen. Ein nicht geringer Teil der überschuldeten Verbraucher ist geschäftlich unerfahren, von Werbung leicht verführbar und hat vor allem kaum Überblick über seine gesamten Vermögensverhältnisse. Dieser Personenkreis benötigt in erster Linie einen wirtschaftlich und psychologisch versierten Helfer, über den die Justiz nicht verfügt. Für eine im Rahmen einer effektiven Verbraucherentschuldung notwendige flankierende persönliche Betreuung ist das Justizpersonal weder ausgebildet noch in dem erforderlichen Umfang vorhanden. Will man eine in der täglichen Praxis auch realisierbare Verbraucherentschuldung schaffen, muß nach Lösungen außerhalb von justizförmlichen Verfahren gesucht werden.

Diesen Anforderungen genügt das vom Bundestag zur Entlastung der Gerichte gegen Ende der Beratungen eingefügte Erfordernis eines obligatorischen außergerichtlichen Einigungsversuchs nicht.

Der Bundesrat bezweifelt zudem, ob hierdurch überhaupt eine spürbare Entlastung der Justiz geschaffen werden kann. Die erforderliche Bescheinigung über fruchtlose Regulierungsverhandlungen ist nur eine Verfahrensvoraussetzung für das gerichtliche Schuldenbereinigungsverfahren der Insolvenzordnung. Mehrausgaben für die [im folgenden: S. 3 der Anlage] eingeschalteten Rechtsanwälte im Rahmen der Beratungshilfe kämen hinzu. Auch diese Lösung bleibt daher bei einem justizförmlichen Ansatz.

Der Bundesrat hält statt dessen ein eigenständiges Verfahren außerhalb der Justiz für notwendig. Hierbei sollte auf einer ersten Stufe ohne Einschaltung der Gerichte eine weitgehend einvernehmliche gütliche Einigung zwischen Schuldner und Gläubiger in einem gesonderten Verfahren angestrebt werden, dessen Ergebnisse Grundlage eines späteren gerichtlichen Einigungsverfahrens sein können. Sobald der Schuldner ein außergerichtliches Schuldenbereinigungsverfahren einleitet, sollten alle Gläubiger gehindert sein, das eigentliche Insolvenzverfahren nach der Insolvenzordnung durchzuführen. Das außergerichtliche Schuldenbereinigungsverfahren soll auf Antrag von anerkannten Schuldnerberatungsstellen durchgeführt werden.

zu c):

Da eine weitgehende Verlagerung der Durchführung der Verbraucherentschuldung aus dem Bereich der Justiz in den Sozialbereich eine flächendeckende Schaffung von Schuldnerberatungsstellen mit geeignetem Personal voraussetzt, wird die finanzielle Ausstattung der Schuldnerberatungsstellen allein im Rahmen von § 17 des Bundessozialhilfegesetzes nicht gewährleistet werden können. Es sollte deshalb geprüft werden, ob die Kreditwirtschaft in gewissem Umfang an der Finanzierung der Schuldnerberatungsstellen zu beteiligen ist. Gerade bei den überschuldeten Verbrauchern sind Hauptgläubiger häufig Banken. Die Vorteile einer erfolgreichen Schuldnerberatung würden insbesondere ihnen zufließen, weil der Schuldner im Rahmen eines Schuldenbereinigungsplanes oft überobligationsmäßige Leistungen zur Schuldentilgung erbringt. Auf diese Weise könnten auch bislang uneinbringliche Kreditforderungen wieder realisierbar werden.

Darüber hinaus zeichnen sich insbesondere Konsumentenkredite vielfach durch eine außergewöhnlich hohe Absicherung der Banken infolge umfangreicher Einkommensvorausabtretungen der Schuldner aus. Im Gegensatz zu den Gläubigern mit Mobiliarsicherheiten, deren Vorzugstellung im Rahmen der Unternehmensinsolvenz durch eine angemessene Kostenbeteiligung kompensiert wird, fehlt eine vergleichbare Kompensation bei der Verbraucherentschuldung zu Lasten der durch Vorausabtretungen abgesicherten Gläubiger. Auch aus diesem Grund hält es der Bundesrat für erwägenswert, die Kreditwirtschaft in gewissem Umfang an den Kosten der Verbraucherentschuldung und der Schuldnerberatungsstellen zu beteiligen.

Anhang II 8

Deutscher Bundestag   Drucksache 12/7667
12. Wahlperiode

24.05.94

Unterrichtung
durch den Bundesrat

Einführungsgesetz zur Insolvenzordnung (EGInsO) – Drucksachen 12/3803, 12/7303 –

hier: Anrufung des Vermittlungsausschusses

Der Bundesrat hat in seiner 669. Sitzung am 20. Mai 1994 beschlossen, zu dem vom Deutschen Bundestag am 21. April 1994 verabschiedeten Gesetz zu verlangen, daß der Vermittlungsausschuß gemäß Artikel 77 Abs. 2 des Grundgesetzes aus dem folgenden Grund einberufen wird:

Zu dem Gesetz insgesamt

a) Der Bundesrat fordert, das Inkrafttreten der Insolvenzrechtsreform auszusetzen, bis der erforderliche Stellenmehrbedarf aufgrund flankierender Entlastungsmaßnahmen in anderen Bereichen der Justiz, insbesondere innerhalb der Zivil- und Strafrechtspflege, erwirtschaftet werden kann. Das Inkraftsetzen der Reform (Artikel 111 EGInsO) soll einem gesonderten Bundesgesetz vorbehalten bleiben, das gleichzeitig die erforderlichen Entlastungsmaßnahmen schafft.

b) Die Bundesregierung soll so rechtzeitig ein neues Konzept zur Verbraucherentschuldung außerhalb der Insolvenzordnung und weitgehend ohne gerichtliches Verfahren entwickeln, daß das neue Recht gleichzeitig mit der darauf abgestellten, zu ändernden Insolvenzordnung in Kraft treten kann.

Dieses Verfahren sollte so strukturiert werden, daß die gesamte Sachverhaltsermittlung, Beratung und Betreuung der Schuldner in erster Linie anderen Stellen außerhalb der Justiz obliegt, und zwar unabhängig von einer Antragstellung nach der InsO.

c) Der Bundesrat bittet zu prüfen, ob und in welcher Form ein Fonds zur Finanzierung der außergerichtlichen Schuldnerberatungstätigkeit unter Beteiligung der Kreditwirtschaft geschaffen werden kann.

Begründung

Zu Buchstabe a

Der Bundesrat geht in Übereinstimmung mit dem Deutschen Bundestag davon aus, daß die geltende Konkurs- und Vergleichsordnung den wirtschaftlichen Realitäten nicht mehr gerecht wird. Die Schaffung einer neuen Grundlage für eine rechtsstaatliche, geordnete Abwicklung finanzieller Zusammenbrüche ist dringend notwendig. Besonderes Gewicht muß hierbei auch die Sanierung von Unternehmen und der Erhalt von Arbeitsplätzen haben.

Eine realistische Reformkonzeption muß allerdings auch die finanziellen Möglichkeiten der für die Umsetzung zuständigen Länder hinreichend berücksichtigen. Der Bundesrat begrüßt hierbei ausdrücklich die Bemühungen des Deutschen Bundestages, durch eine Verschlankung des Regierungsentwurfs die Belastungen der Länder zu senken.

Auch die nunmehr verabschiedete Gesetzesfassung erfordert aber gerade wegen der neu **[im folgenden: BT-Drs. 12/7667, S. 2]** eingefügten Verbraucherentschuldung personellen Mehrbedarf in einem Umfang, der auch bis zum 1. Januar 1997 nicht realisiert werden kann. Da die derzeitige Haushaltslage Neueinstellungen in nennenswertem Umfang nicht erlaubt, muß das Personal an anderer Stelle erwirtschaftet werden. Hierfür müssen aber zunächst die notwendigen entlastenden Rahmenbedingungen geschaffen werden.

Der Bundesrat hält es daher für unverzichtbar, die Reform erst dann in Kraft treten zu lassen, wenn der Gesetzgeber weitere spürbare Entlastungen im Justizbereich geschaffen hat, die den Ländern überhaupt erst die Erwirtschaftung des im Insolvenzbereich benötigten Personals an anderer Stelle ermöglichen. Die Möglichkeiten zur Entlastung der Justiz sind insbesondere im Strafbereich noch lange nicht ausgeschöpft.

Zu Buchstabe b

Angesichts der derzeitigen Wirtschaftslage hält der Bundesrat in Übereinstimmung mit dem Deutschen Bundestag die gesetzliche Ausgestaltung einer Verbraucherentschuldung für sehr wünschenswert. Im Anschluß an seine Stellungnahme vom 14. Februar 1992 zum Regierungsentwurf einer Insolvenzordnung vertritt er jedoch nach wie vor die Auffassung, daß die Verbraucherentschldung in einem gesonderten Verfahren außerhalb der Insolvenzordnung geregelt werden sollte. Hilfeleistung für den typisch überschuldeten Verbraucher stellt eine schwierige und zeitaufwendige Aufgabe dar. Sie kann sich nicht nur darauf beschränken, das Ergebnis einer langjährigen Verschuldung letzlich durch richterliche Eingriffe in den Forderungsbestand der Gläubiger zu beseitigen. Ein nicht geringer Teil der überschuldeten Verbraucher ist geschäftlich unerfahren, von Werbung leicht verführbar und hat vor allem kaum Überblick über seine gesamten Vermögensverhältnisse. Dieser Personenkreis benötigt in erster Linie einen wirtschaftlich und psychologisch versierten Helfer, über den die Justiz nicht verfügt. Für eine im Rahmen einer effektiven Verbraucherentschuldung notwendige flankierende persönliche Betreuung ist das Justizpersonal weder ausgebildet noch in dem erforderlichen Umfang vorhanden. Will man eine in der täglichen Praxis auch realisierbare Verbraucherentschuldung schaffen, muß nach Lösungen außerhalb von justizförmlichen Verfahren gesucht werden.

Diesen Anforderungen genügt das vom Deutschen Bundestag zur Entlastung der Gerichte gegen Ende der Beratungen eingefügte Erfordernis eines obligatorischen außergerichtlichen Einigungsversuchs nicht.

Der Bundesrat bezweifelt zudem, ob hierdurch überhaupt eine spürbare Entlastung der Justiz geschaffen werden kann. Die erforderliche Bescheinigung über fruchtlose Regulierungsverhandlungen ist nur eine Verfahrensvoraussetzung für das gerichtliche Schuldenbereinigungsverfahren der Insolvenzordnung. Mehrausgaben für die eingeschalteten Rechtsanwälte im Rahmen der Beratungshilfe kämen hinzu. Auch diese Lösung bleibt daher bei einem justizförmlichen Ansatz.

Der Bundesrat hält statt dessen ein eigenständiges Verfahren außerhalb der Justiz für notwendig. Hierbei sollte auf einer ersten Stufe ohne Einschaltung der Gerichte eine weitgehend einvernehmliche gütliche Einigung zwischen Schuldner und Gläubiger in einem gesonderten Verfahren angestrebt werden, dessen Ergebnisse Grundlage eines späteren gerichtlichen Einigungsverfahrens sein können. Sobald der Schuldner ein außergerichtliches Schuldenbereinigungsverfahren einleitet, sollten alle Gläubiger gehindert sein, das eigentliche Insolvenzverfahren nach der Insolvenzordnung durchzuführen. Das außergerichtliche Schuldenbereinigungsverfahren soll auf Antrag von anerkannten Schuldnerberatungsstellen durchgeführt werden.

Zu Buchstabe c

Da eine weitgehende Verlagerung der Durchführung der Verbraucherentschuldung aus dem Bereich der Justiz in den Sozialbereich eine flächendeckende Schaffung von Schuldnerberatungsstellen mit geeignetem Personal voraussetzt, wird die finanzielle Ausstattung der Schuldnerberatungsstellen allein im Rahmen von § 17 des Bundessozialhilfegesetzes nicht gewährleistet werden können. Es sollte deshalb geprüft werden, ob die Kreditwirtschaft in gewissem Umfang an der Finanzierung der Schuldnerberatungsstellen zu beteiligen ist. Gerade bei den überschuldeten Verbrauchern sind Hauptgläubiger häufig Banken. Die Vorteile einer erfolgreichen Schuldnerberatung würden insbesondere ihnen zufließen, weil der Schuldner im Rahmen eines Schuldenbereinigungsplanes oft überobligationsmäßige Leistungen zur Schuldentilgung erbringt. Auf diese Weise könnten auch bislang uneinbringliche Kreditforderungen wieder realisierbar werden.

Darüber hinaus zeichnen sich insbesondere Konsumentenkredite vielfach durch eine außergewöhnlich hohe Absicherung der Banken infolge umfangreicher Einkommensvorausabtretungen der Schuldner aus. Im Gegensatz zu den Gläubigern mit Mobiliarsicherheiten, deren Vorzugsstellung im Rahmen der Unternehmensinsolvenz durch eine angemessene Kostenbeteiligung kompensiert wird, fehlt eine vergleichbare Kompensation bei der Verbraucherentschuldung zu Lasten der durch Vorausabtretungen abgesicherten Gläubiger. Auch aus diesem Grund hält es der Bundesrat für erwägenswert, die Kreditwirtschaft in gewissem Umfang an den Kosten der Verbraucherentschuldung und der Schuldnerberatungsstellen zu beteiligen.

Anhang II 9

Deutscher Bundestag
12. Wahlperiode

Drucksache 12/7948

16.06.94

Beschlußempfehlung
des Ausschusses nach Artikel 77 des Grundgesetzes (Vermittlungsausschuß)

zu dem Einführungsgesetz zur Insolvenzordnung (EGInsO)
– Drucksachen 12/3803, 12/7303, 12/7667 –

Berichterstatter im Bundestag: **Abgeordneter Dr. Heribert Blens**
Berichterstatter im Bundesrat: **Minister Heinz Schleußer**

Der Bundestag wolle beschließen:

Das vom Deutschen Bundestag in seiner 222. Sitzung am 21. April 1994 beschlossene Einführungsgesetz zur Insolvenzordnung (EGInsO) wird nach Maßgabe der in der Anlage zusammengefaßten Beschlüsse geändert.

Gemäß § 10 Abs. 3 Satz 1 seiner Geschäftsordnung hat der Vermittlungsausschuß beschlossen, daß im Deutschen Bundestag über die Änderungen gemeinsam abzustimmen ist.

Bonn, den 15. Juni 1994

Der Vermittlungsausschuß

Dr. Heribert Blens **Heinz Schleußer**
Vorsitzender   Berichterstatter

[im folgenden: Anlage zu der BT-Drs. 12/7948]

Anlage

Einführungsgesetz zur Insolvenzordnung (EGInsO)

1. **Zu Artikel 1** (§ 20 Abs. 1, 2 Satz 2 AnfG)

   In Artikel 1 wird in § 20 in Absatz 1 und in Absatz 2 Satz 2 jeweils die Angabe „1997" durch die Angabe „1999" ersetzt.

2. **Zu Artikel 22** (§ 8 des Gesetzes über den Sozialplan im Konkurs- und Vergleichsverfahren)

   In Artikel 22 wird die Angabe „1996" durch die Angabe „1998" ersetzt.

3. **Zu Artikel 32 Nr. 3** (Artikel 232 § 5 Abs. 2 EGBGB)

   In Artikel 32 Nr. 3 wird die Angabe „1996" durch die Angabe „1998" ersetzt.

4. **Zu Artikel 91 Nr. 7** (§ 31 des Gesetzes zur Verbesserung der betrieblichen Altersversorgung)

   In Artikel 91 Nr. 7 wird in § 31 die Angabe „1997" durch die Angabe „1999" ersetzt.

5. **Zu Artikel 103** (Anwendung des bisherigen Rechts)

   In Artikel 103 wird jeweils die Angabe „1997" durch die Angabe „1999" ersetzt.

6. **Zu Artikel 104** (Anwendung des neuen Rechts)

   In Artikel 104 wird die Angabe „1996" durch die Angabe „1998" und die Angabe „1997" durch die Angabe 1999" ersetzt.

7. **Zu Artikel 106** (Pfändung von Bezügen)

   Artikel 106 wird gestrichen.

8. **Zu Artikel 107** (Insolvenzanfechtung)

   Artikel 107 wird zu Artikel 106 mit der Maßgabe, daß die Angabe „1997" durch die Angabe „1999" ersetzt wird.

9. **Zu Artikel 108** (Restschuldbefreiung)

   Artikel 108 wird Artikel 107 und wie folgt gefaßt:

   „Artikel 107
   Restschuldbefreiung

   War der Schuldner bereits vor dem 1. Januar 1997 zahlungsunfähig, so verkürzt sich die Laufzeit der Abtretung nach § 287 Abs. 2 Satz 1 der Insolvenzordnung von sieben auf fünf Jahre, die Dauer der Wirksamkeit von Verfügungen nach § 114 Abs. 1 der Insolvenzordnung von drei auf zwei Jahre."

10. **Zu Artikel 109 Abs. 1** (Fortbestand der Vollstreckungsbeschränkung)

    Artikel 109 wird Artikel 108 mit der Maßgabe, daß in Absatz 1 die Angabe „1996" durch die Angabe „1998" ersetzt wird.

11. **Zu Artikel 110** (Schuldverschreibungen)

    Artikel 110 wird Artikel 109.

12. **Zu Artikel 111** (Inkrafttreten)

    Artikel 111 wird Artikel 110 mit der Maßgabe, daß in Absatz 1 die Angabe „1997" durch die Angabe „1999" ersetzt wird.

Anhang II 10

Bundesrat   Drucksache 664/94

24. 06. 94

Beschluß
des Deutschen Bundestages

Einführungsgesetz zur Insolvenzordnung (EGInsO)

Der Deutsche Bundestag hat in seiner 234. Sitzung am 17. Juni 1994 die beiliegende Beschlußempfehlung des Ausschusses nach Artikel 77 Abs. 2 des Grundgesetzes (Vermittlungsausschuß) – Drucksache 12/7948 – zu dem Einführungsgesetz zur Insolvenzordnung (EGInsO) angenommen.

zu BR-Drs. 644/94

Deutscher Bundestag
12. Wahlperiode

Drucksache 12/7948
16. 06. 94

Beschlußempfehlung
des Ausschusses nach Artikel 77 des Grundgesetzes
(Vermittlungsausschuß)

zu dem

Einführungsgesetz zur Insolvenzordnung (EGInsO)

– Drucksachen 12/3803, 12/7303, 12/7667 –

Berichterstatter im Bundestag: Abgeordneter Dr. Heribert Blens
Berichterstatter im Bundesrat: Minister Heinz Schleußer

Der Bundestag wolle beschließen:

Das vom Deutschen Bundestag in seiner 222. Sitzung am 21. April 1994 beschlossene Einführungsgesetz zur Insolvenzordnung (EGInsO) wird nach Maßgabe der in der Anlage zusammengefaßten Beschlüsse geändert.

Gemäß § 10 Abs. 3 Satz 1 seiner Geschäftsordnung hat der Vermittlungsausschuß beschlossen, daß im Deutschen Bundestag über die Änderungen gemeinsam abzustimmen ist.

Bonn, den 15. Juni 1994

Der Vermittlungsausschuß

Vorsitzender   Berichterstatter

[im folgenden: S. 2 der Anlage zu der BR-Drs. 644/94]

Anlage (zu der BT-Drs. 12/7948)

Einführungsgesetz zur Insolvenzordnung (EGInsO)

1. Zu Artikel 1 (§ 20 Abs. 1, 2 Satz 2 AnfG)

    In Artikel 1 wird in § 20 in Absatz 1 und im Absatz 2 Satz 2 jeweils die Angabe „1997" durch die Angabe „1999" ersetzt.

2. Zu Artikel 22 (§ 8 des Gesetzes über den Sozialplan im Konkurs- und Vergleichsverfahren)

    In Artikel 22 wird die Angabe „1996" durch die Angabe „1998" ersetzt.

3. Zu Artikel 32 Nr. 3 (Artikel 232 § 5 Abs. 2 EGBGB)

    In Artikel 32 Nr. 3 wird die Angabe „1996" durch die Angabe „1998" ersetzt.

4. Zu Artikel 91 Nr. 7 (§ 31 des Gesetzes zur Verbesserung der betrieblichen Altersversorgung)

    In Artikel 91 Nr. 7 wird in § 31 die Angabe „1997" durch die Angabe „1999" ersetzt.

[im folgenden: S. 3 der Anlage zu der BR-Drs. 644/94]

5. Zu Artikel 103 (Anwendung des bisherigen Rechts)

    In Artikel 103 wird jeweils die Angabe „1997" durch die Angabe „1999" ersetzt.

6. Zu Artikel 104 (Anwendung des neuen Rechts)

    In Artikel 104 wird die Angabe „1996" durch die Angabe „1998" und die Angabe „1997" durch die Angabe „1999" ersetzt.

7. Zu Artikel 106 (Pfändung von Bezügen)

    Artikel 106 wird gestrichen.

8. Zu Artikel 107 (Insolvenzanfechtung)

    Artikel 107 wird zu Artikel 106 mit der Maßgabe, daß die Angabe „1997" durch die Angabe „1999" ersetzt wird.

9. Zu Artikel 108 (Restschuldbefreiung)

    Artikel 108 wird Artikel 107 und wie folgt gefaßt:

    > „Artikel 107
    > Restschuldbefreiung
    >
    > War der Schuldner bereits vor dem 1. Januar 1997 zahlungsunfähig, so verkürzt sich die Laufzeit der Abtretung nach § 287 Abs. 2 Satz 1 der Insolvenzordnung von sieben auf fünf Jahre, die Dauer der Wirksamkeit von Verfügungen nach § 114 Abs. 1 der Insolvenzordnung von drei auf zwei Jahre."

[im folgenden: S. 4 der Anlage zu der BR-Drs. 644/94]

10. Zu Artikel 109 Abs. 1 (Fortbestand der Vollstreckungsbeschränkung)

    Artikel 109 wird Artikel 108 mit der Maßgabe, daß in Absatz 1 die Angabe „1996" durch die Angabe „1998" ersetzt wird.

11. Zu Artikel 110 (Schuldverschreibungen)

    Artikel 110 wird Artikel 109.

12. Zu Artikel 111 (Inkrafttreten)

    Artikel 111 wird Artikel 110 mit der Maßgabe, daß in Absatz 1 die Angabe „1997" durch die Angabe „1999" ersetzt wird.

Anhang II 11

Bundesrat Drucksache 644/94 (Beschluß)

08. 07. 94

Beschluß
des Bundesrates

Einführungsgesetz zur Insolvenzordnung (EGInsO)

Der Bundesrat hat in seiner 672. Sitzung am 8. Juli 1994 beschlossen, gegen das vom Deutschen Bundestag durch Beschlüsse vom 21. April 1994 und vom 17. Juni 1994 verabschiedete Gesetz einen Einspruch gemäß Artikel 77 Abs. 3 des Grundgesetzes nicht einzulegen.

Der Bundesrat hat ferner die aus der Anlage ersichtliche Entschließung gefaßt.

[im folgenden: Anlage zu der BR-Drs. 644/94 (Beschluß)]

Anlage

Entschließung
zum
Einführungsgesetz
zur Insolvenzordnung (EGInsO)

Der Bundesrat hält eine Novellierung des geltenden Konkursrechts zwar für wünschenswert, da dieses den Bedürfnissen der Wirtschaft und der Verbraucher nicht mehr gerecht wird. Die Umsetzung der verabschiedeten Fassung der Insolvenzrechtsreform erfordert von den Ländern jedoch zusätzliches Personal in einer Größenordnung, die ohne flankierende Hilfen nicht zu realisieren ist.

Der Bundesrat bedauert es deshalb, daß die von ihm geforderte Koppelung des Inkraftsetzens der Reform an die gleichzeitige Verabschiedung von Entlastungsgesetzen im Vermittlungsausschuß abgelehnt worden ist und daß nicht einmal die Notwendigkeit tiefgreifender Entlastungsmaßnahmen im Vermittlungsergebnis zum Ausdruck kommt.

Allein die Verschiebung des Inkrafttretens um zwei Jahre versetzt die Länder noch nicht in die Lage, die Reform erfolgreich umzusetzen. Wegen der mittelfristig absehbaren Finanzlage der Länder wird es auch bis 1999 ausgeschlossen sein, die Personalhaushalte der Justiz in der für diese Reform erforderlichen Größenordnung auszuweiten. Der Bundesrat hält es daher weiterhin für unverzichtbar, daß der Deutsche Bundestag rechtzeitig vor dem Inkrafttreten der Insolvenzordnung im Justizbereich Entlastungsmaßnahmen in einem Umfang verabschiedet, der dem durch die Reform verursachten Mehrbedarf entspricht. Andernfalls müßte die Reform 1999 zu Lasten des in anderen Rechtsbereichen eingesetzten Personals umgesetzt werden. Dann ständen z. B. für Zivil- und Strafverfahren noch weniger Richter und z. B. in Grundbuchsachen noch weniger Rechtspfleger als bisher zur Verfügung. Bei einem Scheitern der Reform, insbesondere der Verbraucherentschuldung, müßten die Erwartungen und Hoffnungen zahlreicher Schuldner enttäuscht werden.

Stichwortverzeichnis

Die Angaben „§ ..." und „§ ... Rdnr. ..." verweisen auf die Einzelbegründungen zu den Normen der Insolvenzordnung in Teil 2 des Buches.
Die Angaben „Art. ..." und „Art. ... Rdnr. ..." verweisen auf den Gesamtabdruck des Einführungsgesetzes zur Insolvenzordnung sowie die Einzelbegründungen zu ausgewählten Artikeln des Einführungsgesetzes in Teil 3 des Buches.
Die Angaben „E ... Rdnr. ..." verweisen auf die kurze Einführung in das neue Insolvenzrecht in Teil 1 des Buches.
Die Angaben „Anhang... ..." verweisen auf die im Anhang abgedruckten Materialien.

Abhilfemöglichkeit § 6 Rdnr. 3

Abschlagsverteilung §§ 187, 190–192, 194, 195

Abschlagszahlung § 123 Rdnr. 6

Abschlußprüfer § 155

„Absichtsanfechtung" s. vorsätzliche Benachteiligung

absonderungsberechtigte Gläubiger §§ 49–52; E 25, 75–98 (85 ff.)
- Abschlagsverteilung § 190
- Betriebsveräußerung an a. Gl. § 162
- Eigenverwaltung §§ 272, 277
- Einstellung § 213
- Eröffnungsverfahren § 21 Rdnr. 5
- Gläubigerausschuß § 67 Rdnr. 1, 2, § 71
- Gläubigerversammlung § 74, § 75 Rdnr. 1, 2, § 76 Rdnr. 2, § 77 Rdnr. 4, § 78 Rdnr. 3
- Gläubigerverzeichnis § 152 Rdnr. 2
- Kostenbeitrag s. dort
- Insolvenzplan § 217 Rdnr. 5, § 223, § 254 Rdnr. 5; § 222 Rdnr. 1, 2 u. E 110, 118 (Gruppen); § 235 Rdnr. 1, § 237 Rdnr. 3 (Abstimmung); §§ 255/256 Rdnr. 3 (Wiederaufleben)
- Nutzung des Sicherungsgegenstands § 172
- Verwertung durch Insolvenzverwalter § 166 Rdnr. 9, §§ 167–170
- Verwertung durch a. Gl. § 173

Absonderungsrechte § 166 Rdnr. 1–6, § 282, § 301 Rdnr. 2, Art. 88 Rdnr. 3, E 6, 77, 113; s. auch absonderungsberechtigte Gläubiger

Abstimmung §§ 242–244, 246

Abstimmungstermin §§ 235, 236, 240–242, 247; § 251 (Minderheitenschutz); § 252 (Bestätigung des Insolvenzplans)

Abtretung § 114 Rdnr. 1–3, § 287, § 291 Rdnr. 2

Abtretungsverbote § 287 Rdnr. 5

Abweisung mangels Masse § 26

- Registereintragung § 31 Rdnr. 1
- Rechtsmittel § 34 Rdnr. 1
- keine Restschuldbefreiung § 289 Rdnr. 6

Aktiengesellschaft § 135 Rdnr. 2; s. auch Aktiengesetz, juristische Personen

Aktiengesetz Art. 47

Aktivprozesse § 85

allgemeines Verfügungsverbot § 22 Rdnr. 2, 3; s. auch Schuldner (Insolvenzverwalter, Übergang der Befugnisse d. S. auf d. I.), Verfügungen, Wirkungen der Eröffnung)

Altersversorgung s. betriebliche A.

„Altmasseverbindlichkeiten" § 209 Rdnr. 4, § 210 Rdnr. 1, E 67

Altsparergesetz Art. 65

Amtsermittlung § 5 Rdnr. 1

Amtsgericht § 2

Amtslöschungsverfahren Art. 23 Rdnr. 6–8, Art. 110 Rdnr. 3

Änderung (des Insolvenzplans) §§ 240, 241

Änderung (des Schuldenbereinigungsplans) § 307 Rdnr. 4

Änderungskündigung § 125 Rdnr. 4

Anfechtung s. Insolvenzanfechtung, Anfechtung (von Rechtshandlungen außerhalb des Insolvenzverfahrens)

Anfechtung (von Rechtshandlungen außerhalb des Insolvenzverfahrens) Art. 1 (Neufassung des Anfechtungsgesetzes), E 38, 159; s. auch A.-Berechtigte, A.-Fristen, A.-Gegner, A.-Tatbestände

Anfechtungsberechtigte Art. 1 Rdnr. 5

Anfechtungsfristen § 139, Art. 1 Rdnr. 10

Anfechtungsgegner § 144, Art. 1 Rdnr. 18

Anfechtungsgesetz Art. 1, E 38, 159

Anfechtungstatbestände E 38

- Auskunftspflicht des Schuldners Art. 18 Rdnr. 5
- Bargeschäft § 142
- inkongruente Deckung § 131
- Kapitalersetzendes Darlehen § 135, Art. 1 Rdnr. 9

- kongruente Deckung § 130
- Prüfung im Eröffnungsverfahren § 22 Rdnr. 2
- Rechtshandlung des Erben Art. 1 Rdnr. 8
- Rechtshandlung nach Eröffnung § 147
- stille Gesellschaft § 136, Art. 40 Rdnr. 11
- unmittelbar nachteilige Rechtshandlungen § 132
- unentgeltliche Leistung § 134, Art. 1 Rdnr. 7
- Vermögensübernahme Art. 33 Rdnr. 12, 13
- vorsätzliche Benachteiligung § 133, Art. 1 Rdnr. 6

s. auch Insolvenzanfechtung

Angehörige § 10; E 154 (Schuldenbereinigungsplan); Art. 7 Rdnr. 1 (Vereinsgesetz); s. auch Familienangehörige, nahestehende Personen

Anhängige Prozesse s. Aktivprozesse, Aufnahme (anhängiger Rechtsstreitigkeiten), Passivprozesse

Anhörung § 10 (des Schuldners); § 289 Rdnr. 1 (zum Restschuldbefreiungsantrag)

Ankündigung der Restschuldbefreiung § 291

Anmeldefrist § 28 Rdnr. 2

Anmeldung der Forderungen § 174; § 28 Rdnr. 1, 2 (Eröffnungsbeschluß); § 175 (Tabelle); § 270 Rdnr. 4 (Eigenverwaltung); s. auch nachträgliche Anmeldung

Annahme (des Insolvenzplans) § 244, E 117

Annahme (des Schuldenbereinigungsplans) § 308

Anschlußkonkurs vgl. hierzu: einheitliches Insolvenzverfahren

Antrag s. Eröffnungsantrag

Antragsberechtigte § 13 Rdnr. 2, § 14 Rdnr. 2, § 15, E 121; § 317 (Nachlaßinsolvenz); § 318 (Gesamtgut); § 333 (Gütergemeinschaft)

Antragsfrist (bei Nachlaßinsolvenz) § 319

Antragspflicht § 26 Rdnr. 4; Art. 40 Rdnr. 4, E 71; Art. 47 Rdnr. 5 (AG); Art. 48 Rdnr. 2 (GmbH); Art. 49 Rdnr. 8 (Genossenschaft); Art. 72 Rdnr. 1 (Handwerksinnung)

Anzeige der Masseunzulänglichkeit §§ 208–210, 211 Rdnr. 1; E 67, § 285 (Eigenverwaltung); § 289 Rdnr. 5 (Restschuldbefreiung)

Arbeitnehmer E 7, 28, 102, 120–135, 180

- Beschlußverfahren zum Kündigungsschutz § 126
- Betriebsübergang § 128
- Gläubigerausschuß § 67 Rdnr. 2
- Insolvenzplan § 222 Rdnr. 5, E 113
- Interessenausgleich und Kündigungsschutz § 125

- Juristische Person des öffentlichen Rechts § 12 Rdnr. 2
- Kündigung § 113
- Kündigungsschutz § 127
- Sozialplan §§ 123, 124

Arbeitnehmererfindungen Art. 56

Arbeitseinkommen § 35 Rdnr. 4 (Insolvenzmasse); § 81 Rdnr. 3, 4 (Verfügungen über A.); § 89 Rdnr. 4, 6 (Vollstreckungsmaßnahmen); § 114 (Lohnabtretung, -pfändung)

Arbeitsförderungsgesetz Art. 93, E 171

Arbeitsgericht § 122 Rdnr. 5–9; § 126; E 131; s. auch Beschlußverfahren

Arbeitsgerichtsgesetz Art. 25

Arbeitsverhältnis § 113 Rdnr. 4; s. auch Dienstverhältnis

Arbeitsverhältnis bei Betriebsübergang im Gesamtvollstreckungsverfahren (§ 613 a BGB) Art. 32 Rdnr. 2, E 10, 126–129

Arrest § 89 Rdnr. 3, Art. 1 Rdnr. 16

Aufhebung von Gesetzen Art. 2, E 158

Aufhebung des Insolvenzverfahrens §§ 200–202; §§ 258, 259, 260 Rdnr. 2 (nach Bestätigung des Insolvenzplans); § 289 Rdnr. 4 (nach Ankündigung der Restschuldbefreiung)

Auflassung Art. 33 Rdnr. 23–25

auflösend bedingte Forderungen § 42 Rdnr. 1, § 191 Rdnr. 2

Auflösung (von Gesellschaften) § 118, Art. 47 Rdnr. 7, Art. 48 Rdnr. 19, 20, Art. 49 Rdnr. 6

Aufnahme (anhängiger Rechtsstreitigkeiten) §§ 85, 86 sowie § 24, § 270 Rdnr. 4

Aufnahme (des Verfahrens über Eröffnungsantrag) § 311

Aufrechnung §§ 94–96; § 114 Rdnr. 4 (Bezüge aus einem Dienstverhältnis); § 104 Rdnr. 5 (Finanztermingeschäfte); § 110 Rdnr. 3 (Miet- und Pachtverhältnisse); § 93 Rdnr. 5 (persönliche Haftung d. Gesellschafters); § 294 Rdnr. 3 (Restschuldbefreiung, Wohlverhaltensphase)

aufschiebend bedingte Forderung insb. § 42 Rdnr. 2, § 191 Rdnr. 1

Aufsicht § 58 Rdnr. 1

Auftrag §§ 115, 117

Auseinandersetzung einer Gesellschaft/Gemeinschaft § 84

Ausfallforderungen § 256

Auskunft § 296 Rdnr. 3; s. auch Auskunftsanspruch des Schuldners

Auskunftsanspruch des Schuldners § 305 Rdnr. 13, E 54, 152

Auskunftspflicht des
- Insolvenzverwalters § 58 Rdnr. 1, §§ 167, 262
- organschaftlichen Vertreters/Angestellten des Schuldners § 101 Rdnr. 1, 4
- Sachwalters § 274
- Sachwalters und Schuldners § 281
- Schuldners §§ 20, 97, 98
- Schuldners/Restschuldbefreiung § 290 Rdnr. 8, § 295 Rdnr. 4, § 296 Rdnr. 3
- Treuhänders § 292 Rdnr. 3

ausländische Währungen § 45, § 95 Rdnr. 3

außergerichtlicher Einigungsversuch § 305 Rdnr. 2–5, E 50, 52, 149; s. auch Bescheinigung

außerordentliches Kündigungsrecht Art. 49 Rdnr. 29, 30

Aussonderung § 47, E 6, 77; § 166 Rdnr. 6 u. E 82 (einfacher Eigentumsvorbehalt); s. auch aussonderungsberechtigte Gläubiger

aussonderungsberechtigte Gläubiger § 217 Rdnr. 6 (Insolvenzplan); § 152 Rdnr. 2 (Gläubigerverzeichnis); s. auch Aussonderung

Bargeschäft § 142

Baugesetzbuch Art. 5

bedingte Forderungen s. auflösend b. F., aufschiebend b. F.

bedingter Insolvenzplan § 249, Art. 33 Rdnr. 2, 5

Befriedigung insb. § 187 (Insolvenzgläubiger), § 209 (Massegläubiger)

Bekanntmachung s. öffentliche Bekanntmachung, Bundesanzeiger

Belastung der Gerichte s. Gerichtsbelastung

Bericht des Rechtsausschusses E 215, 216

Berichterstatter E 209, 216; s. auch Berichterstattergespräche

Berichterstattergespräche E 209–215

Berichtstermin § 156–159
- Anberaumung § 29 Rdnr. 1
- Eigenverwaltung § 281
- Restschuldbefreiungsantrag § 287 Rdnr. 1
- Sicherungsrechte § 169 Rdnr. 5, Art. 20 Rdnr. 8, 13, E 82, 91
- Verbraucherinsolvenzverfahren (kein B. im V.) § 312
- Verwertung (nach B.) § 159
- Vorbereitung des B. § 154

Berufsvertretungen § 156 Rdnr. 2, § 232

Bescheinigung (über außergerichtlichen Vergleichsversuch) § 305 Rdnr. 2–5, E 149

Beschwerde s. sofortige Beschwerde, weitere Beschwerde

Beschwerdeverfahren Art. 29 Rdnr. 4, 14, Art. 31 Rdnr. 9

Beschlußverfahren § 126, § 122 Rdnr. 8, E 131, 132; s. auch Kündigungsschutz

Bestätigung (des Insolvenzplans) s. gerichtliche Bestätigung

bestrittene Forderungen §§ 179–186, 189

– Einstellung des Insolvenzverfahrens § 213, § 214 Rdnr. 3

– Insolvenzplan § 237 Rdnr. 1, § 255/256 Rdnr. 1

– Stimmrechtsfeststellung § 77 Rdnr. 3, § 237 Rdnr. 1

– Verbraucherinsolvenzverfahren § 305 Rdnr. 12

betagte Forderungen § 41, E 113

betriebliche Altersversorgung (Gesetz zur Verbesserung der) Art. 91, E 170

Betriebsänderung §§ 121–123, 125, E 130, 131

Betriebsrat E 121, 130, 131, 134, § 122 Rdnr. 4, § 123 Rdnr. 4, § 156 Rdnr. 2, § 218 Rdnr. 3, § 235 Rdnr. 1

Betriebsübergang s. Arbeitsverhältnis bei B. (§ 613 a BGB), Betriebsveräußerung, Firmenfortführung, Unternehmensfortführung

Betriebsveräußerung § 128; s. auch Betriebsübertragung

Betriebsvereinbarung § 120

Branntweinmonopolgesetz Art. 64

Bund (Insolvenzunfähigkeit) § 12 Rdnr. 1

Bundesanzeiger (Veröffentlichungen im) § 9 Rdnr. 2, § 30 Rdnr. 2, § 34 Rdnr. 2, § 200, § 215 Rdnr. 1, § 258

Bundesgerichtshof § 7 Rdnr. 3

Bundesnotarordnung Art. 15

Bundesrat E 199, 201, 218, 220; Anhang I 9–11, II 7, 10, 11

Bundesrechtsanwaltsgebührenordnung Art. 31; s. auch Rechtsanwaltsgebühren

Bundesrechtsanwaltsordnung Art. 16

Bundestag s. Deutscher Bundestag

Bundestags-Rechtsausschuß E 203–209, 216, 217; s. auch Bericht des Rechtsausschusses, Berichterstatter, Berichterstattergespräche, Sachverständigenanhörung

Bürgen §§ 43, 44, § 254 Rdnr. 4, § 301, § 305 Rdnr. 11, § 309 Rdnr. 4, E 154

Bürgerliches Gesetzbuch Art. 33

Bürgerliches Gesetzbuch (zugehöriges Einführungsgesetz) Art. 32

Darstellender Teil (des Insolvenzplans)   § 220

Datenverarbeitung   § 5 Rdnr. 3

Dauerschuldverhältnis   § 25 Rdnr. 3, § 55 Rdnr. 3, § 108, § 265 Rdnr. 2

Deliktsgläubiger   § 89 Rdnr. 5

Depotgesetz   Art. 51

Deutscher Bundestag   E 200, 201, 216, 217, 219; Anhang I 1–8, II 1–6, 8, 9; s. auch Bundestags-Rechtsausschuß

Devisengeschäft   § 104 Rdnr. 2–6

Dienstbehörde   § 31 Rdnr. 2

Dienstverhältnis   § 81 Rdnr. 3, 4, § 108, § 114, § 287 Rdnr. 3; s. auch Arbeitsverhältnis

drohende Zahlungsunfähigkeit   § 18, § 317 Rdnr. 2, § 320 Rdnr. 1, 4–6, Art. 60 Rdnr. 1, E 63, 64

Edelmetalltermingeschäfte   § 104 Rdnr. 2–6

EG-Beitreibungsgesetz   Art. 61

Ehegatten   § 134 Rdnr. 2; s. auch Angehörige, Familienangehörige, nahestehende Personen

ehrenamtliche Richter   Art. 12 Rdnr. 6, 7, Art. 25–28, E 160, s. auch Schöffen

eidesstattliche Versicherung   § 98 Rdnr. 1, 2, Art. 29 Rdnr. 15

Eigentumsvorbehalt   s. einfacher E., erweiterter E., verlängerter E.

Eigenverwaltung (mit Sachwalter)   §§ 270–285, E 69, 74, 136, 190; § 312 u. E 157 keine E. bei Verbraucherinsolvenzverfahren; s. auch Sachwalter

Eigenverwaltung (ohne Sachwalter)   E 199, 213

einfacher Eigentumsvorbehalt   § 51 Rdnr. 1, § 107, § 166 Rdnr. 6, § 170 Rdnr. 3, E 82, 86; s. auch Eigentumsvorbehalt

Einführungsgesetz (zum Bürgerlichen Gesetzbuch)   Art. 32

Einführungsgesetz (zur Insolvenzordnung)
- Einzelerläuterungen zu ausgewählten Artikeln Teil 3, II.
- Text und Gliederung Teil 3, I.

einheitliches Insolvenzverfahren   E 56–62, 190

Einigungsversuch   s. außergerichtlicher Einigungsversuch

Einrede (Anfechtung durch E.)   Art. 1 Rdnr. 15

Einsichtnahme (in Verzeichnisse; in den Insolvenzplan)   s. Geschäftsstelle des Insolvenzgerichts

Einstellung s. E. mangels Masse, E. nach Anzeige der Masseunzulänglichkeit, E. wegen Wegfalls des Eröffnungsgrundes, E. mit Zustimmung der Gläubiger, Wirkungen der E.

Einstellung mangels Masse § 26 Rdnr. 5, § 207, § 216

Einstellung nach Anzeige der Masseunzulänglichkeit § 211, § 216

Einstellung wegen Wegfalls des Eröffnungsgrundes §§ 212, 214, § 216

Einstellung mit Zustimmung der Gläubiger § 213, 214, 216

einstweilige Einstellung der Zwangsversteigerung Art. 20 Rdnr. 3, 5, 7, 8; E 76, 85, 88

einstweilige Einstellung der Zwangsverwaltung Art. 20 Rdnr. 19–22; E 85, 88, 92

einstweilige Einstellung der Zwangsvollstreckungsmaßnahmen § 21 Rdnr. 5

einstweilige Verfügung § 89 Rdnr. 3

einvernehmliche Insolvenzbewältigung E 51; s. auch außergerichtlicher Einigungsversuch, Verbraucherinsolvenzverfahren

elektronische Datenverarbeitung s. Datenverarbeitung

Entlassung §§ 59, 70, 292 Rdnr. 4

Erben Art. 1 Rdnr. 8

Erbengemeinschaft § 316 Rdnr. 1, 2, § 317 Rdnr. 3

Erbschaft § 83, § 295 Rdnr. 3

Erbschaftskauf § 330

Erbteil § 316 Rdnr. 3

Erfüllung des Insolvenzplans §§ 260–269, § 284 (Eigenverwaltung)

Erfüllungsgehilfe (des Insolvenzverwalters) § 60 Rdnr. 3, 4

Erhaltungskosten § 170 Rdnr. 6

Eröffnung des Insolvenzverfahrens s. Eröffnungsbeschluß, Eröffnungsverfahren, Wirkungen der Eröffnung

Eröffnung des Insolvenzverfahrens (Erleichterung der E.) E 28, 63–74

Eröffnungsantrag §§ 13–15

– Kreditwesengesetz Art. 79 Rdnr. 3

– Nachlaßinsolvenzverfahren § 319

– Verbraucherinsolvenzverfahren § 305 Rdnr. 1, § 306 Rdnr. 3, § 308 Rdnr. 2, § 311, E 150

Eröffnungsbeschluß §§ 27, 28, 31 Rdnr. 1, §§ 32, 33, 34 Rdnr. 1, § 273, § 316 Rdnr. 1, 2, Art. 14 Rdnr. 5

Eröffnungsbilanz § 155 Rdnr. 2

Eröffnungsgrund §§ 16–19, 22 Rdnr. 2
- Einstellung wegen Wegfalls des E. § 212
- Genossenschaften Art. 49 Rdnr. 7
- Gütergemeinschaft §§ 332, 333
- Nachlaßinsolvenz § 320

Eröffnungsverfahren §§ 13–15, 20–34, Art. 20, Rdnr. 1, 2, Art. 31 Rdnr. 2; s. auch Eröffnung d. Insolvenzverfahrens (Erleichterung, d.), Eröffnungsantrag, -beschluß, -bilanz, -grund, -voraussetzungen, Gerichtsgebühren, Insolvenzverfahrensfähigkeit, Rechtsanwaltsgebühren)

Eröffnungsvoraussetzungen insb. § 26, E 65

Erörterungstermin §§ 235, 236, 239, 240

Ersatzaussonderung § 48

Ersatzsicherheit § 172 Rdnr. 2, 4

Ersetzung der Zustimmung §§ 309, 311, E 156

Erteilung der Restschuldbefreiung § 300 Rdnr. 2

erweiterter Eigentumsvorbehalt § 51 Rdnr. 1, E 83

Erwerbstätigkeit § 295 Rdnr. 2

Europäisches Konkursübereinkommen Art. 102 Rdnr. 1

Fälligkeit § 41

Familienangehörige § 40, § 100 Rdnr. 1, 2, § 278, § 305 Rdnr. 10; s. auch nahestehende Personen, Angehörige

Feststellung der Forderungen s. Forderungsfeststellung

Feststellungskosten § 170 Rdnr. 2, § 171 Rdnr. 2, § 282 Rdnr. 2, Art. 20 Rdnr. 1, 2, 4, Art. 104 Rdnr. 4, E 34, 63, 73, 93–98, 162

Finanzgerichtsordnung Art. 28

Finanztermingeschäfte § 104 Rdnr. 2–6, Art. 105, Art. 110 Rdnr. 3

Firmenfortführung (Haftung des Erwerbers) Art. 33 Rdnr. 14; s. auch Betriebsübergang

Fiskus, Fiskusvorrecht s. Konkursvorrechte (Wegfall der)

Fixgeschäft § 104

Forderungen s. Gläubiger, Insolvenzforderungen

Forderungsanmeldung s. Anmeldung der Forderung

Forderungsfeststellung §§ 178–183, § 283

Forderungsumrechnung § 45

Forderungsverzeichnis § 305 Rdnr. 7, § 307 Rdnr. 2, § 308 Rdnr. 3, E 151

Fortführungswert § 19 Rdnr. 2

fortgesetzte Gütergemeinschaft §§ 83, 332

freiwillige Gerichtsbarkeit (Gesetz über Angelegenheiten der) Art. 23

Gefälligkeitsbescheinigung § 305 Rdnr. 3

gegenseitige Verträge § 103; vgl. auch § 55 Rdnr. 1

Gegenstandswert Art. 31 Rdnr. 7, 10

Geld § 149

Geldbuße/Geldstrafe §§ 39, 302

Generalversammlung Art. 49 Rdnr. 5, 12

Genossenschaft Art. 49, Art. 23 Rdnr. 9

Genossenschaftsgesetz Art. 49, E 167

Genossenschaftsregister § 31, Art. 49 Rdnr. 10

Gericht s. Insolvenzgericht sowie Arbeitsgericht, Vollstreckungsgericht

gerichtliche Bestätigung (des Insolvenzplans) §§ 248–253, 258, E 108

Gerichtsbelastung E 47, 48, 53, 146, 199, 210, 220

Gerichtsgebühren Art. 29, insbesondere:

- Rdnr. 4, 14 (Beschwerdeverfahren)
- Rdnr. 1, 9 (Eröffnungsverfahren)
- Rdnr. 1, 4 (Insolvenzplan)
- Rdnr. 10 (Insolvenzverfahren)
- Rdnr. 5 (Kostenschuldner)
- Rdnr. 1, 6, 13 (Restschuldbefreiung)
- Rdnr. 9 (Schuldenbereinigungsplan)
- Rdnr. 3, 4 (Wertberechnung)

s. auch Kostenordnung

Gerichtskosten § 126 Rdnr. 3

Gerichtskostengesetz Art. 29

Gerichtsstand (allgemeiner G. des Insolvenzverwalters) Art. 18 Rdnr. 1, 2; E 161

Gerichtsverfassungsgesetz Art. 12, E 160

Gesamtschaden §§ 92, 280

Gesamtschuldner §§ 43, 44

Gesamtvollstreckungsordnung Art. 2 Rdnr. 8, E 3, 194–196

Gesamtvollstreckungsunterbrechungsgesetz Art. 2 Rdnr. 8, E 195

Geschäftsbesorgung §§ 116, 117

Geschäftsbücher § 36

Geschäftsführer § 26 Rdnr. 4, Art. 48 Rdnr. 22

Geschäftsjahr § 155 Rdnr. 2, 3

Geschäftsstelle (des Insolvenzgerichts) §§ 30, 66 Rdnr. 1, §§ 154, 175, 194, 234, 239

Geschichte der Insolvenzrechtsreform E 172–220

Gesellschaft bürgerlichen Rechts § 11 Rdnr. 3, Art. 33 Rdnr. 21, 22, § 93 Rdnr. 6

Gesellschaft mit beschränkter Haftung

insb.: E 4, 13, 22, 71, 166, § 135 Rdnr. 2, § 138 Rdnr. 5,

– Gesetz betreffend Gesellschaften mbH s. dort

– kapitalersetzendes Darlehen s. dort

– vereinfachte Kapitalherabsetzung s. dort

Gesellschaft ohne Rechtspersönlichkeit § 11 Rdnr. 3–5

– Auflösung § 118

– Eröffnungsverfahren/Eröffnungsgründe § 18 Rdnr. 5, § 19 Rdnr. 3, § 21 Rdnr. 9

– persönliche Haftung des Gesellschafters § 93

– Unterhalt § 101

Gesellschafter E 63, 70; § 138 Rdnr. 5; §§ 93, 227 Rdnr. 3 (persönlich haftende G.)

Gesetz betreffend Gesellschaften mit beschränkter Haftung Art. 48

Gesetzgebungsverfahren zur Insolvenzrechtsreform E 172–220, insb. 197–220; Anhang, insb. Vorbemerkungen zum Anhang

gesicherte Gläubiger E 9, 24, 34, 75–98, 142, 192; s. insb. auch absonderungsberechtigte Gläubiger

gestaltender Teil (des Insolvenzplans) § 221, § 223 Rdnr. 2, §§ 224, 225, 227, 228

Gewerbeerlaubnis Art. 71 Rdnr. 1–3

Gewerbeordnung Art. 71, E 168

Gläubiger

– Antragsberechtigung § 13 Rdnr. 2, § 14

– Verbraucherinsolvenzverfahren § 305 Rdnr. 7, § 306 Rdnr. 3, §§ 307–310, § 313 Rdnr. 2, 3

– Verteilungsverzeichnis § 194

– Vorschlagsrecht (für Treuhänder) § 288

s. auch absonderungsberechtigte Gläubiger, aussonderungsberechtigte Gläubiger, Deliktsgläubiger, gesicherte Gläubiger, Großgläubiger, Insolvenzgläubiger, Kleingläubiger, Massegläubiger, nachrangige Gläubiger, Pfandgläubiger, ungesicherte Gläubiger, Unterhaltsgläubiger

Gläubigerausschuß §§ 67–73, § 259 Rdnr. 1, E 80, 121
- Aufgaben und Befugnisse
  = Auskunftsrecht § 66 Rdnr. 1, § 97 Rdnr. 1
  = bedeutsame Rechtshandlungen § 160 Rdnr. 1, 4, § 161 Rdnr. 1
  = Entlassung des Insolvenzverwalters § 59 Rdnr. 2
  = Unterhaltsgewährung § 100 Rdnr. 2
  = Verteilung § 187 Rdnr. 2
  = Verwertung § 158 Rdnr. 2, 3, § 163 Rdnr. 3
  = Verzeichnis der Massegegenstände § 151
  = Wertgegenstände § 149
- Berichtstermin § 156 Rdnr. 2
- Eigenverwaltung § 276
- Einstellung § 214 Rdnr. 2
- Genossenschaft Art. 49 Rdnr. 11, 17
- Gläubigerversammlung § 76 Rdnr. 3
- Insolvenzplan § 218 Rdnr. 3, § 231 Rdnr. 3, § 232, § 233 Rdnr. 2, § 260 Rdnr. 2, §§ 261, 262, 269
- Kosten § 54

Gläubigerautonomie vgl. etwa E 21, 25, 56, 57, 103, 108, § 157, § 1 Rdnr. 1–3, §§ 68, 75 Rdnr. 2, 3, § 158 Rdnr. 1, §§ 160, 162, 163, 217

Gläubigerbefriedigung (als Ziel des Verfahrens) § 1 Rdnr. 1–3

Gläubigerbenachteiligung § 129 Rdnr. 2, § 132 Rdnr. 2, § 133, Art. 1 Rdnr. 1, 4, E 36

Gläubigerversammlung §§ 74–79, E 80
- Aufgaben und Befugnisse
  = Auskunftsanspruch § 66 Rdnr. 1, 3, 4, § 97 Rdnr. 1, § 292 Rdnr. 3
  = bedeutende Rechtshandlung § 160 Rdnr. 1, 2, § 161 Rdnr. 1, 2
  = Betriebsveräußerung §§ 162, 163
  = Eigenverwaltung § 271, § 272 Rdnr. 1, §§ 277, 284, § 279 Rdnr. 3, E 136
  = Einstellung mangels Masse § 207 Rdnr. 2
  = Gläubigerausschuß § 68
  = Insolvenzplan § 218 Rdnr. 2, § 233 Rdnr. 2
  = Insolvenzverwalter § 57 Rdnr. 1, 3, § 59 Rdnr. 2, 4
  = Unterhaltsgewährung § 100 Rdnr. 1, 2
  = Verwertung § 158 Rdnr. 1, § 159

= Wertgegenstände § 149

- Berichtstermin § 157
- Schlußtermin § 197
- Terminbestimmung § 29

Gläubigerverzeichnis § 152

- Eigenverwaltung § 281
- Verbraucherinsolvenzverfahren § 305 Rdnr. 7, § 307, E 151

Gleichbehandlung §§ 226, 294, E 110–116 (insb. 110, 113); § 309 Rdnr. 3 (Verbraucherinsolvenz)

Großgläubiger § 67 Rdnr. 2, § 75 Rdnr. 2, 3, § 76 Rdnr. 1

Grundbuch § 32; s. auch Grundbuchordnung

Grundbuchordnung Art. 24, Art. 110 Rdnr. 3

Grundpfandrechte s. Immobiliarsicherheiten

Gruppen (beim Insolvenzplan) E 104, 105, 110–116

- Abstimmung § 243
- Bildung v. Gruppen § 222, Art. 47 Rdnr. 15 (Aktiengesellschaft), Art. 49 Rdnr. 26 (Genossenschaften), Art. 91 Rdnr. 9 (Pensions-Sicherungs-Verein), Art. 53 Rdnr. 13 (Schuldverschreibung)
- Gleichbehandlung § 226
- Mehrheiten § 244, E 117–119
- nachrangige Insolvenzgläubiger § 246
- Obstruktionsverbot § 245, E 118, 119

Gütergemeinschaft § 11 Rdnr. 6, §§ 37, 333, 334

Haft § 21 Rdnr. 8, § 98 Rdnr. 2–5

Haftung

- wegen Antragspflichtverletzung § 26 Rdnr. 4, E 70
- Eigenverwaltung § 280
- der Gesellschafter § 93, E 70
- der Gläubigerausschußmitglieder § 71
- Gütergemeinschaft § 334
- des Insolvenzverwalters § 60
- des Schuldners/Restschuldbefreiung durch Insolvenzplan § 227

Handelsgesetzbuch Art. 40

Handelsregister § 31, Art. 40 Rdnr. 1, 2

Handwerksinnung Art. 72 Rdnr. 1

Handwerkskammer § 156 Rdnr. 2, § 232

Handwerksordnung Art. 72

Hausrat § 36

Hinterlegung § 198

Hinweispflicht (auf Restschuldbefreiung) § 30 Rdnr. 3

Hypothekenbankgesetz Art. 85, Art. 110 Rdnr. 3

Immobilien s. unbewegliche Gegenstände

Immobiliarsicherheiten E 76, 85, 88, 92, 98, § 49, Art. 20

Industrie- und Handelskammer § 156 Rdnr. 2, § 232

Informationsrechte (des vorläufigen Insolvenzverwalters) § 22 Rdnr. 6; s. auch Auskunft, Auskunftsanspruch des Schuldners, Auskunftspflicht

Inkongruente Deckung § 131

Inkrafttreten § 335, Art. 110, E 158

Insider-Geschäfte §§ 162, 164

Insolvenzanfechtung §§ 129–147, E 8, 36, 37, 63, 72; Art. 106 (Übergangsregelung)

– Aufhebung des Insolvenzverfahrens § 259 Rdnr. 2

– Aufrechnung § 96 Rdnr. 2, 3

– Eigenverwaltung § 270 Rdnr. 4, § 280, E 136

– kapitalersetzendes Darlehen Art. 48 Rdnr. 4

– Kreditwesengesetz Art. 79 Rdnr. 6

– Nachlaßinsolvenz § 322

– Rückschlagsperre § 88 Rdnr. 1, 2

– Verbraucherinsolvenz § 313 Rdnr. 2, 3

s. auch Anfechtungstatbestände, inkongruente Deckung, kongruente Deckung sowie Anfechtung (von Rechtshandlungen außerhalb des Insolvenzverfahrens)

Insolvenzausfallgeld Art. 93, E 102, 123, 171, § 12 Rdnr. 2

Insolvenzfähigkeit s. Insolvenzverfahrensfähigkeit

Insolvenzforderungen s. insb. Anmeldung der Forderungen, bedingte Forderungen, bestrittene Forderungen, betagte Forderungen, Forderungsfeststellung, Forderungsumrechnung, Forderungsverzeichnis, Insolvenzgläubiger

Insolvenzgericht

insbesondere: § 2, E 26

– Arbeitsrecht § 123 Rdnr. 6

– Eigenverwaltung § 270 Rdnr. 1, 2, §§ 271–273, 277, 279 Rdnr. 3, § 285

– Einstellung des Insolvenzverfahrens §§ 207, 208, 211–214

- Eröffnungsbeschluß §§ 27–34
- Eröffnungsverfahren §§ 21, 23, 25
- Forderungsfeststellung §§ 178, 179; § 174 Rdnr. 1 (Forderungsanmeldung beim Insolvenzverwalter), § 175 (Forderungstabelle), § 177 (nachträgliche Forderungsanmeldung)
- Gläubigerausschuß §§ 67, 70, 73
- Gläubigerversammlung §§ 74, 76, 77
- Insolvenzmasse §§ 148–151, 154
- Insolvenzplan (Aufstellung/Termine) §§ 231–235, 241, 242
- Insolvenzplan (gerichtliche Bestätigung) §§ 245, 248, 250–252
- Insolvenzplan (Verfahrensaufhebung/Planüberwachung) §§ 258, 262, 268
- Insolvenzverwalter §§ 56, 58, 59, 64, 66
- öffentliche Bekanntmachung s. dort
- Restschuldbefreiung §§ 288, 289 Rdnr. 1–4, § 290 Rdnr. 1, 2, §§ 291, 292 Rdnr. 4, §§ 296, 298, 300, 303
- Verbraucherinsolvenzverfahren §§ 307, 308 Rdnr. 1, §§ 309, 314
- Verteilung §§ 188, 194, 196–198, 200, 203–205
- Sonstiges
    = Aufhebung des Verfahrens §§ 200, 258, 289
    = bedeutende Rechtshandlungen § 161 Rdnr. 1
    = Beschluß der Gläubigerversammlung § 78 Rdnr. 1, 2
    = Betriebsstillegung § 158 Rdnr. 2
    = Betriebsveräußerung unter Wert § 163
    = einstweilige Einstellung der Zwangsversteigerung (I. insoweit nicht zuständig) Art. 20 Rdnr. 3
    = Nachlaßinsolvenz § 315 Rdnr. 3
    = Postsperre § 99
    = Schuldner (Auskunftspflicht gegenüber I.) §§ 97, 98
    = Stimmrecht § 77 Rdnr. 3
    = Verwertung § 173
    = Vollstreckungsverbot § 89 Rdnr. 7
    = Zuständigkeit § 3
- s. auch Geschäftsstelle (des I.)

Insolvenzgläubiger §§ 38 ff.
- Eigenverwaltung § 272 Rdnr. 1, §§ 277, 283
- Forderungsanmeldung u. -feststellung/Prüfungstermin §§ 174, 176–179, 183
- Insolvenzplan §§ 217, 222, 224, 225 Rdnr. 1, § 237 Rdnr. 1, § 257 Rdnr. 1, 2, § 266, E 110

Stichwortverzeichnis

- Restschuldbefreiung §§ 286, 290 Rdnr. 2, § 292 Rdnr. 1, §§ 294, 296 Rdnr. 1, §§ 297, 300 Rdnr. 1, §§ 301, 303 Rdnr. 2
- Verteilung §§ 187, 189, 203
- Sonstiges

    = Aufhebung des Verfahrens (Recht d. I. nach A.) § 201

    = Aufrechnung §§ 94, 96

    = Ausfall der Absonderungsberechtigten § 52

    = Einstellung § 214 Rdnr. 2, § 216

    = Gläubigerausschuß § 71

    = Gläubigerversammlung §§ 74, 78 Rdnr. 1

    = Gesamtschaden § 92

    = Gütergemeinschaft § 332 Rdnr. 2

    = Insolvenzanfechtung/Gläubigerbenachteiligung § 129

    = Rückschlagsperre § 88

    = Verbraucherinsolvenzverfahren § 314

s. Gläubiger, nachrangige Insolvenzgläubiger

Insolvenzmasse §§ 35, 36; § 91 (Ausschluß d. Rechtserwerbs an I.-Gegenständen); E 144

- Betriebsvereinbarungen § 120
- Sicherung d. I. §§ 148, 150, 151, 155
- Unterhalt § 100
- Verwertung § 159
- Sonstiges:

    = § 92 Gesamtschaden

    = § 37 Gütergemeinschaft

    = § 93 Rdnr. 2 persönliche Haftung der Gesellschafter

Insolvenzordnung

- Einzelerläuterungen Teil 2, III.
- Paragraphensynopsen Teil 2, II.
- Text und Gliederung Teil 2, I.

Insolvenzplan § 1 Rdnr. 3, §§ 217–269, E 56, 103–119, 190

- Aktiengesellschaft Art. 47 Rdnr. 2, 8, 14, 15
- Arbeitsrecht § 222 Rdnr. 5, E 124 (Gruppen/Arbeitnehmer), § 218 Rdnr. 3, E 134 (Betriebsrat/Sprecherausschuß)
- Auflassungserklärung Art. 33 Rdnr. 23–25
- Berichtstermin § 156 Rdnr. 1, §§ 157, 159
- Eigenverwaltung § 284

- einstweilige Einstellung der Zwangsversteigerung   Art. 20 Rdnr. 8
- Gebühren (Gerichts-)   Art. 29 Rdnr. 1, 4
- Gebühren (Rechtsanwalts-)   Art. 31 Rdnr. 1, 5–7
- Genossenschaften   Art. 49 Rdnr. 22–27
- Pensions-Sicherungs-Verein   Art. 91 Rdnr. 8–11
- Sozialplanvolumen   § 123 Rdnr. 3
- Schuldverschreibungen   Art. 53 Rdnr. 6, 13
- Verbraucherinsolvenzverfahren (kein I. im V.)   § 312, E 52, 157

Insolvenzrechtsreform   s. Geschichte der Reform, Reformbedürfnis, Regierungsentwürfe zur I.

Insolvenzrichter   Art. 12 Rdnr. 1, s. auch Richter

Insolvenzstraftaten   § 290 Rdnr. 4, § 297, Art. 60, E 139

Insolvenzverfahren (Gebühren für I.)   Art. 29 Rdnr. 10; s. auch Gerichtsgebühren

Insolvenzverfahrensfähigkeit   §§ 11, 12

Insolvenzverwalter   §§ 56–66, § 27 (Bestellung bei Eröffnungsbeschluß), Art. 14 Rdnr. 5 (Ernennung, zuständig für), § 80 (Verwaltungs- u. Verfügungsbefugnis), § 97 (Unterstützung d. I. durch Schuldner), E 27

- **allgemeine Pflichten, Aufgaben u. Befugnisse**
  = Berichtstermin   §§ 156, 158
  = Erfüllung von Rechtsgeschäften   §§ 103–111, 115, 119, E 82
  = Forderungsanmeldung   § 28 Rdnr. 1, § 174, § 175 (Tabelle), § 176 (Prüfungstermin), § 177 (nachträgliche F.)
  = Gläubigerausschuß   § 69
  = Gläubigerversammlung   §§ 74, 77 Rdnr. 3, § 78 Rdnr. 3, § 79
  = Sicherung der Insolvenzmasse   §§ 148–155, E 91
  = Verteilung   §§ 170, 187–195, 198, 199, 203, 205
  = Verwertung   §§ 159, 165, 166 Rdnr. 1, 3–6, §§ 167–169, 172, 173, E 82–84, 86, 88
  = Zustellungen   § 8 Rdnr. 3

- **sonstige Pflichten, Aufgaben u. Befugnisse**
  = Arbeitsrecht   §§ 113, 120–123, 125–128, E 131
  = Aufnahme von Rechtsstreitigkeiten   §§ 85/86, Rdnr. 3
  = bedeutsame Rechtshandlungen   §§ 160, 161 Rdnr. 1, § 164
  = Betriebsveräußerung unter Wert   § 163, § 164
  = Einstellung des Insolvenzverfahrens   § 207 Rdnr. 2, § 208 (Anzeige der Masseunzulänglichkeit), §§ 209, 211, 214 Rdnr. 2, 3
  = Insolvenzanfechtung   §§ 129, 146

= Insolvenzplan (Aufstellung)   §§ 218, 231 Rdnr. 2, 3, §§ 232, 233 Rdnr. 1, 4, § 235 Rdnr. 3

= Insolvenzplan (Überwachung der Planerfüllung)   §§ 258, 259 Rdnr. 1, § 260 Rdnr. 2, §§ 261–263, 269

= Postsperre   § 99

= Unterhaltsgewährung   § 100 Rdnr. 2

- **Sonstiges:**

  § 32, § 54 (Verfahrenskosten), § 55 Rdnr. 3 u. § 90 Rdnr. 1, 2 (Masseverbindlichkeiten), §§ 178, 183 (Forderungsfeststellung), § 272 Rdnr. 4 (Eigenverwaltung), § 334, Art. 40 Rdnr. 9 (KG), Art. 47 Rdnr. 3 (AG)

s. auch Informationsrechte, Vergütung, Vergütungsverordnung, vorläufiger Insolvenzverwalter

Insolvenzverwalterernennung (durch den Richter)   Art. 14 Rdnr. 5

Interessenausgleich   §§ 121, 122 Rdnr. 1–3, § 125 Rdnr. 3, 7, E 130–132, 134

Internationales Anfechtungsrecht   Art. 1 Rdnr. 23, Art. 102 Rdnr. 3

Internationales Insolvenzrecht   Art. 102, E 213

Juristische Personen   § 11 Rdnr. 2 (Insolvenzverfahrensfähigkeit)

- Abweisung mangels Masse   § 26 Rdnr. 4

- Antragsberechtigte   § 15

- Eröffnungsgründe   § 18 Rdnr. 4, 5, § 19 Rdnr. 1, 2

- Eröffnungsverfahren   § 21 Rdnr. 9

- Gläubigerausschuß   § 67 Rdnr. 3

- Insolvenzverwalter (j. P. kein I.)   § 56 Rdnr. 2

- Unterhalt   § 101

Juristische Personen des öffentlichen Rechts   § 12

Justizbelastung   s. Gerichtsbelastung

Kapitalersetzendes Darlehen   § 39 Rdnr. 4, §§ 135, 225, 246 Rdnr. 3, Art. 1 Rdnr. 9, Art. 48 Rdnr. 1, 3, 4 E 59, 61, 113

Kapitalherabsetzung   s. vereinfachte Kapitalherabsetzung

kaufmännisches Zurückbehaltungsrecht   Art. 40 Rdnr. 1, 12, E 165

Kirchen   § 12 Rdnr. 3

Kleingewerbetreibende   E 147, § 304

Kleingläubiger   § 67 Rdnr. 2, § 76 Rdnr. 1, § 222 Rdnr. 6

Kleinverfahren   s. Verbraucherinsolvenzverfahren

Kommanditgesellschaft Art. 40 Rdnr. 9, § 93 Rdnr. 6, § 135 Rdnr. 2

Kommission für Insolvenzrecht E 177–182 sowie 56, 77, 78, 79, 90, 97, 98, 105, 135, § 123 Rdnr. 1

kongruente Deckung § 130

Konkurs-... s. Insolvenz-...

Konkursordnung Art. 2 Rdnr. 5, Art. 2 Rdnr. 3, 4

Konkursvorrechte (Wegfall der) E 30–33, 35, 99–102, 122, 174, 189; § 55 Rdnr. 2, Art. 2 Rdnr. 7, Art. 51, Art. 56 Rdnr. 1, 2, Art. 61, Art. 64, Art. 87 Rdnr. 1, 8; s. auch Art. 33 Rdnr. 5

Kopfmehrheit § 76 Rdnr. 1, § 244 Rdnr. 1, 4, § 309 Rdnr. 2, E 117

Konzentration (der Insolvenzverfahren) § 2 Rdnr. 2, 3, § 7 Rdnr. 4, § 315 Rdnr. 2, Art. 110 Rdnr. 2

Konzernvorbehalt Art. 33 Rdnr. 16–18, E 164

Kostbarkeiten § 149

Kosten § 54
- Abweisung mangels Masse § 26 Rdnr. 1, E 65
- Betriebsveräußerung unter Wert § 163 Rdnr. 2
- Forderungsfeststellung § 183
- Gerichtskostengesetz (Änderung d.) Art. 29
- Insolvenzplan (Überwachung) § 269
- Massegläubiger § 53
- nachträgliche Anmeldung § 177 Rdnr. 2
- Verbraucherinsolvenzverfahren §§ 310, 313 Rdnr. 1, 2, E 155

Kostenbeiträge §§ 170, 171, Art. 20 Rdnr. 1, 2, 4 Art. 104 Rdnr. 4, E 78; s. auch Feststellungskosten, Verwertungskosten

Kostenordnung Art. 30

Kostenschuldner Art. 29 Rdnr. 5

Kreditinstitute Art. 1 Rdnr. 13, Art. 79 Rdnr. 2

Kreditrahmen (während der Planerfüllung) §§ 264–266

Kreditsicherungsrechte E 75–98; 192; s. auch Sicherungsrechte

Kreditwesengesetz Art. 79, E 169

Kündigung § 113; s. auch Kündigungsfrist, Kündigungsrecht, Kündigungsschutz, Kündigungsschutz (Beschlußverfahren zum), Kündigungsschutzklage, Kündigungssperre

Kündigungsfrist § 113 Rdnr. 2, 3

Kündigungsrecht s. außerordentliches Kündigungsrecht, Kündigungsfrist, Kündigungsschutz

Kündigungsschutz § 125, § 128, Art. 97 (betr. Schwerbehinderte), E 125–132

Kündigungsschutz (Beschlußverfahren zum) § 126

Kündigungsschutzklage § 113 Rdnr. 7, §§ 127, 128

Kündigungssperre § 112

Länder (Insolvenzunfähigkeit) § 12 Rdnr. 1, 2

Landwirtschaftskammer § 156 Rdnr. 2, § 232

Leistung an Schuldner § 82

Liquidationsplan § 217 Rdnr. 3

Lohnabtretung § 114, § 287 Rdnr. 2–5, § 309 Rdnr. 4, E 39, 141, 142

Lohnpfändung § 114, E 39, 141 143

Löschung (von Gesellschaften im Register) Art. 23 Rdnr. 2–4, 9, Art. 40 Rdnr. 1, 7, Art. 47 Rdnr. 7, E 61; s. auch Löschungsgesetz

Löschungsgesetz
- Aufhebung dieses Gesetzes   Art. 2 Rdnr. 1, 9
- Verlagerung der Regelungen des L. in andere Gesetze   § 31 Rdnr. 1, § 34 Rdnr. 1, Art. 14 Rdnr. 3, Art. 23 Rdnr. 3, Art. 47 Rdnr. 7, Art. 48 Rdnr. 1, 20, 23, 24, Art. 49 Rdnr. 6

Marktkonforme Insolvenzbewältigung E 16–27, 57, 78, 118, 185, 188, 192

maschinelle Verarbeitung   s. Datenverarbeitung

Masse   s. Insolvenzmasse, Masseansprüche, Massearmut, Massegläubiger, Masseverbindlichkeiten

Masseansprüche § 214 Rdnr. 3

Massearmut   E 38

Massegläubiger § 53, § 118 (Gesellschafter bei Gesellschaftsauflösung)
- Anhörung vor Einstellung mangels Masse   § 207 Rdnr. 2
- Anzeige der Masseunzulänglichkeit   § 208
- Aufrechnungsrecht   § 96 Rdnr. 5
- Befriedigung der M.   § 209
- Insolvenzplan (Obstruktionsverbot)   § 245 Rdnr. 4
- Verteilung   § 206

Masseverbindlichkeiten §§ 53, 55, E 63, 67, 68
- Aufrechnung   § 96 Rdnr. 5
- Dauerschuldverhältnisse   § 108 Rdnr. 3
- Einstellung des Insolvenzverfahrens   § 209

- Gläubigerverzeichnis § 152 Rdnr. 3
- Nachlaßinsolvenz § 324
- Nichterfüllung von M. § 61
- Sozialplan § 123 Rdnr. 5
- Vereinsgesetz Art. 7 Rdnr. 2
- Vollstreckungsverbot § 90

Miet- und Pachtverhältnisse §§ 108–112

Minderheitenschutz §§ 251, 309 Rdnr. 2–4, E 110, 115, 117

Mindestvergütung (des Treuhänders) § 298

Mitschuldner § 254 Rdnr. 4, § 301 Rdnr. 2, § 305 Rdnr. 10, E 154

Mitwirkungspflichten
- allgemeine M. d. Schuldners §§ 97, 98
- Verbraucherinsolvenzverfahren § 305 Rdnr. 2, 7, 13, § 307 Rdnr. 3; E 150–152, 156

Mitwirkungsrechte E 107

Mobiliarsicherheiten §§ 170, 171, E 75, 93, 179; s. insb. auch Eigentumsvorbehalt, Sicherungsübereignung, Sicherungszession sowie Kreditsicherungsrechte u. Sicherungsrechte

mündliche Verhandlung § 5 Rdnr. 2; s. auch schriftliches Verfahren

Mutterschutzgesetz Art. 92

Nacherbfolge § 329

Nachlaßgericht § 315 Rdnr. 3

Nachlaßinsolvenzverfahren §§ 315–331, Art. 33 Rdnr. 30

Nachlaßverbindlichkeiten §§ 325, 326

nachrangige Gläubiger § 39, E 61
- Anfechtung § 130 Rdnr. 2
- Forderungsfeststellung § 174 Rdnr. 2, 3
- Gläubigerversammlung §§ 74, 77 Rdnr. 2
- Gläubigerverzeichnis § 152 Rdnr. 2
- Insolvenzplan § 217 Rdnr. 5, § 222 Rdnr. 1, §§ 225, 237 Rdnr. 2, §§ 246, 266, E 110
- Nachlaßinsolvenz § 317 Rdnr. 2
- Verteilung § 187 Rdnr. 3

nachrangige Verbindlichkeiten insb. § 327, E 59, 61

Nachschußpflicht Art. 47 Rdnr. 12–15, Art. 49 Rdnr. 13, 28, 29

nachträgliche Anmeldung § 177

nachträgliche Berücksichtigung § 192

Nachtragsverteilung §§ 203–205, 211 Rdnr. 2

nahestehende Personen § 138, E 13

- Anfechtung § 130 Rdnr. 7, § 131 Rdnr. 5, § 132 Rdnr. 3, § 133 Rdnr. 4, § 134 Rdnr. 2, § 145; Art. 18 Rdnr. 5
- Betriebsveräußerung an besonders Interessierte § 162
- Verbraucherinsolvenzverfahren E 154
- Vereinsgesetz Art. 7 Rdnr. 1

s. auch Angehörige, Familienangehörige

natürliche Personen s. Restschuldbefreiung, Verbraucherinsolvenzverfahren

Netting § 104 Rdnr. 5

Neuerwerb § 35 Rdnr. 2–4

Neugläubiger § 265

„Neumasseverbindlichkeiten" § 209 Rdnr. 4, § 210, E 67

nicht fällige Forderungen s. betagte Forderungen

Notfrist § 307 Rdnr. 2

Nutzungsentschädigung § 172, Art. 20 Rdnr. 14, § 21 Rdnr. 5, E 24, 91, 92

Oberlandesgericht § 7 Rdnr. 2–4

Obliegenheiten § 291 Rdnr. 1, § 295; s. auch Mindestvergütung des Treuhänders

Obliegenheitsverletzungen § 292 Rdnr. 3, § 296, § 300 Rdnr. 2, 3

obligatorischer außergerichtlicher Einigungsversuch s. außergerichtlicher Einigungsversuch

Obstruktionsverbot

- Insolvenzplan §§ 245, 247 Rdnr. 4, E 110, 119
- Schuldenbereinigungsplan § 309 Rdnr. 1, E 151, 156

offene Handelsgesellschaften Art. 40 Rdnr. 1, 4–8, § 93 Rdnr. 6; s. auch Gesellschaft ohne Rechtspersönlichkeit

offener Arrest § 28 Rdnr. 3

öffentliche Bekanntmachung § 9

- Aufhebung des Insolvenzverfahrens § 200
- Eigenverwaltung §§ 273, 277
- Einstellung des Verfahrens §§ 208, 214, 215 Rdnr. 1
- Eröffnungsbeschluß § 30 Rdnr. 1, 2, § 34

- Eröffnungsverfahren §§ 23, 25 Rdnr. 1
- Gläubigerversammlung §§ 74, 78 Rdnr. 5
- Insolvenzplan § 235, §§ 258, 267, 268
- nachträgliche Anmeldung/besonderer Prüfungstermin § 177 Rdnr. 3
- Restschuldbefreiung § 289 Rdnr. 4, § 296 Rdnr. 5, § 298, § 300 Rdnr. 4, § 303 Rdnr. 4

s. auch Bundesanzeiger

oktroyierte Masseverbindlichkeiten § 90 Rdnr. 1, 3, E 68

Optionen § 104 Rdnr. 2–6

Ordnungswidrigkeiten § 97

organschaftliche Vertreter insb. E 63, 70, 71, §§ 15, 26 Rdnr. 4, §§ 101, 138 Rdnr. 5

örtliche Zuständigkeit s. Zuständigkeit

Pacht s. Miet- u. Pachtverhältnisse

Passivprozesse § 86

Patentanwaltsordnung Art. 57

Pensions-Sicherungs-Verein § 222 Rdnr. 3, §§ 255/256 Rdnr. 4, Art. 91, E 170

Personalabbau E 120–135 (insb. 125–132), Art. 32 Rdnr. 2; § 125 Rdnr. 1, 2; s. auch Arbeitsverhältnis bei Betriebsübergang (§ 613 a BGB)

persönlich haftende Gesellschafter § 217 Rdnr. 4, § 227 Rdnr. 3

Pfandbriefe Art. 54, Art. 110 Rdnr. 3

Pfandgläubiger § 50, E 84, 87

Pfändung § 114; s. auch Lohnpfändung

Planerfüllung s. Erfüllung des Insolvenzplans

Planinitiativrecht § 218

Postsperre § 99; § 21 Rdnr. 6, § 101 Rdnr. 2, § 102

Prüfung § 283; s. auch Prüfungstermin

Prüfungstermin §§ 176, 177
- Bestimmung des P. § 29 Rdnr. 1
- bestrittene Forderungen § 184
- Verbindung mit anderen Terminen § 236 Rdnr. 2
- Verbraucherinsolvenzverfahren § 312

Rechnungseinheit §§ 45, 95 Rdnr. 3

Rechnungslegung §§ 66, 155, 281, 292 Rdnr. 4

Rechtsanwaltsgebühren Art. 31, insb.
- Rdnr. 9 für Beschwerdeverfahren
- Rdnr. 2 für Eröffnungsverfahren
- Rdnr. 7, 10 zum Gegenstandswert
- Rdnr. 1, 5–7 für Insolvenzplan
- Rdnr. 4 für Restschuldbefreiungsverfahren
- Rdnr. 2 für Schuldenbereinigungsplan

Rechtsausschuß s. Bundestags-Rechtsausschuß

Rechtsbeschwerde § 122 Rdnr. 7, § 126 Rdnr. 2, s. auch weitere Beschwerde

Rechtserwerb § 91

Rechtshandlungen
- Anfechtung Art. 1 Rdnr. 4, 13, 14
- bedeutsame Rechtshandlungen §§ 160, 161 Rdnr. 1, § 164
- Insolvenzanfechtung § 129 Rdnr. 4, §§ 132, 133, 135, 136, § 140 (Zeitpunkt der Vornahme einer R.), § 147

s. auch Verfügungen

Rechtsmittel s. sofortige Beschwerde, weitere Beschwerde

Rechtsnachfolger § 145

Rechtspfleger Art. 14 Rdnr. 1, 11; s. auch Vorbehaltsübertragung

Rechtspflegergesetz Art. 14

Rechtspflegererinnerung § 6 Rdnr. 1, 3

Rechtsstreitigkeiten § 160 Rdnr. 3; s. auch Aufnahme anhängiger Rechtsstreitigkeiten

Rechtsvergleichung E 187–193

Reform s. Insolvenzrechtsreform

Reformbedürfnis E 2–14, 75, 96

Reformgeschichte s. Geschichte der Reform

Regierungsentwürfe zur Insolvenzrechtsreform E 172–216; s. auch Regierungsentwurf eines Einführungsgesetzes zur Insolvenzordnung, Regierungsentwurf einer Insolvenzordnung

Regierungsentwurf eines Einführungsgesetzes zur Insolvenzordnung E 197, 201, 202, Anhang II 5, II 1, II 2, II 3; s. auch Regierungsentwürfe zur Insolvenzrechtsreform

Regierungsentwurf einer Insolvenzordnung E 197–200, 202, 210–213, Anhang I 5, I 1, I 2, I 3; s. auch Regierungsentwürfe zur Insolvenzrechtsreform

Reorganisationsplan § 217 Rdnr. 1, § 230

Restschuldbefreiung §§ 286–303, § 1 Rdnr. 4, E 40–45, 62, 74, 106, 107, 137–145, 186, 199; E 189, 191 (Rechtsvergleichung); Art. 107 (Übergangsregelung)

- besondere Übergangsregelung   Art. 108 Rdnr. 2, 4
- Gebühren
    = Gerichtsgebühren   Art. 29 Rdnr. 1, 6, 13
    = Rechtanwaltsgebühren   Art. 31 Rdnr. 4
- Hinweis auf R.   § 30 Rdnr. 3
- Insolvenzplan   § 217 Rdnr. 2, E 62, 106, 107
- Lohnabtretung und -pfändung   § 114 (insb. Rdnr. 1, 2)
- Rechte der Insolvenzgläubiger nach Verfahrensaufhebung   § 201
- Rechtspflegerzuständigkeit   Art. 14 Rdnr. 7, 8
- Schöffen   Art. 12 Rdnr. 4
- Verbraucherinsolvenzverfahren   § 305 Rdnr. 6, E 45, 156, 157

Richter Art. 12 Rdnr. 2; s. auch ehrenamtliche Richter, Insolvenzrichter, Richter auf Probe, Schöffen, Vorbehaltsübertragung

Richter auf Probe Art. 12 Rdnr. 1, 2

Rückgewähranspruch § 129 Rdnr. 3, § 143

Rücknahme (des Eröffnungsantrages) § 13 Rdnr. 3, vgl. auch § 308 Rdnr. 2

Rückschlagsperre § 88 Rdnr. 2, Art. 1 Rdnr. 12, E 36, 37

Ruhen des Verfahrens § 306

Sachenrechtliche Verhältnisse §§ 228, 254 Rdnr. 2, 3

Sachverständige §§ 5, 22 Rdnr. 2, 4, § 151; s. auch Sachverständigenanhörung (Gesetzgebungsverfahren)

Sachverständigenanhörung (Gesetzgebungsverfahren) E 204–208

Sachwalter §§ 270–285, Art. 47 Rdnr. 3, 4, E 136; s. auch Eigenverwaltung

Saisonartikel § 107 Rdnr. 2

Sanierungsaussichten § 22 Rdnr. 3, 4, § 156 Rdnr. 1, § 166 Rdnr. 3, Art. 48 Rdnr. 1, 11, Art. 71 Rdnr. 2, E 8–10, 12, 19, 20, 64, 106, 107, 168

Sanierungsplan § 217 Rdnr. 1, §§ 229, 264

Schadensersatz §§ 60–62, 92

Scheckzahlung § 137

„Schenkungsanfechtung" s. unentgeltliche Leistung

Schlußrechnung §§ 66, 197, 281, 211 Rdnr. 1

Schlußtermin §§ 197, 289 Rdnr. 1, § 290 Rdnr. 2

Schlußverteilung §§ 190, 191, 198–200

Schöffen Art. 12 Rdnr. 3–5

schriftliche Abstimmung § 242

schriftliches Verfahren § 307 Rdnr. 1, § 312

Schuldenbereinigung s. außergerichtlicher Einigungsversuch, Insolvenzplan, Schuldenbereinigungsplan, Verbraucherinsolvenzverfahren

Schuldenbereinigungsplan §§ 305–310 (insb. § 305 Rdnr. 8–12), E 151, 153–156

– Annahme des S. § 308

– Änderung des S. § 307 Rdnr. 4

– Ersetzung der Zustimmmung § 309

– Gebühren

  = Gerichtsgebühren Art. 29 Rdnr. 9

  = Rechtsanwaltsgebühren Art. 31 Rdnr. 2

– Gläubiger (Zustellung des S. an/Stellungnahme zum S.) § 307 Rdnr. 2, 3

– Kosten § 310

– Ruhen des Verfahrens § 306

– Scheitern des S. § 311

Schuldner insb. § 11 Rdnr. 7

– Auskunfts- u. Informationspflichten §§ 20, 22 Rdnr. 6, §§ 97, 98

– Eigenverwaltung §§ 270–285 (insb. §§ 270, 271, 272 Rdnr. 2–4, §§ 278, 284)

– Einstellung des Insolvenzverfahrens §§ 212, 213, § 216

– Insolvenzplan § 218 Rdnr. 1, 3, §§ 221, 227, 230–232, 233 Rdnr. 1, 2, 235 Rdnr. 3, § 245 Rdnr. 5, §§ 247, 259, 263, 269

– Insolvenzverwalter (Übergang von Befugnissen des S. auf d. I.) §§ 80–86, 155

– Postsperre § 99

– Restschuldbefreiung §§ 286–288, 290, 292, 295, 296, 298, § 300 Rdnr. 1–3, §§ 301, 303 Rdnr. 1, 2, 4, E 137

– Unterhalt § 100

– Verbraucherinsolvenzverfahren §§ 304, 305 Rdnr. 1, 2, 6, 8, 13, 14, § 306 Rdnr. 3, § 309 Rdnr. 2, § 314 Rdnr. 1

– Sonstiges:

  = Anhörung § 10

  = bedeutsame Rechtshandlung § 161 Rdnr. 1

  = Berichtstermin §§ 156, 158 Rdnr. 2

  = Betriebsveräußerung unter Wert § 163 Rdnr. 1

  = Eröffnungsantrag § 13 Rdnr. 2, § 14 Rdnr. 3

  = Eröffnungsbeschluß § 27

= Gläubigerversammlung (Ladung zur) § 74

= Insolvenzverfahrensfähigkeit § 11 Rdnr. 7

= Miet- u. Pachtverhältnisse §§ 109, 110

= Nachtragsverteilung § 204

= Prüfungstermin § 176

= streitige Forderung § 184

= Verzeichnis der Massegegenstände § 151

Schuldnerberatung § 305 Rdnr. 3–5, 8; s. auch Schuldnerberatungsstellen

Schuldnerberatungsstellen § 305 Rdnr. 3–5, 8, E 149; s. auch Bescheinigung (über außergerichtlichen Einigungsversuch)

Schuldnerverzeichnis § 26 Rdnr. 3, §§ 205, 292 Rdnr. 1, Art. 12 Rdnr. 4

Schuldverschreibung Art. 53, Art. 109, Art. 110, Rdnr. 3

Schweigen § 307 Rdnr. 3; s. auch Schuldenbereinigungsplan, Verbraucherinsolvenzverfahren

Schwerbehindertengesetz Art. 97

selbständige Tätigkeit § 295 Rdnr. 6

Selbstbehalt s. steigender Selbstbehalt

Sicherungsmaßnahmen §§ 21, 25, 306 Rdnr. 2; s. auch Eröffnungsverfahren

Sicherungsrechte insb.: E 75–98

- Forderungsanmeldung § 28 Rdnr. 3
- Verbraucherinsolvenzverfahren § 305 Rdnr. 11, § 309 Rdnr. 4

s. insb. auch absonderungsberechtigte Gläubiger, Eigentumsvorbehalt, Immobiliarsicherheiten, Mobiliarsicherheiten, Sicherungsübereignung, Sicherungszession

Sicherungsübereignung § 51, § 166 Rdnr. 2, E 83

Sicherungszession E 83, s. auch Abtretung

Sieben-Jahres-Frist s. Wohlverhaltensphase

Siegelung § 150

sofortige Beschwerde § 6

- Eröffnungsbeschluß § 34 Rdnr. 1
- Gläubigerausschuß § 70 Rdnr. 2
- Gläubigerversammlung § 75 Rdnr. 4, § 78 Rdnr. 5
- Insolvenzplan § 231 Rdnr. 4, § 253
- Insolvenzverwalter § 57 Rdnr. 3, § 58 Rdnr. 2, § 59 Rdnr. 4, § 64 Rdnr. 3
- Postsperre § 99 Rdnr. 2
- Restschuldbefreiung § 289 Rdnr. 3, § 296 Rdnr. 5, § 298 Rdnr. 2, § 300 Rdnr. 4, § 303 Rdnr. 4

– Verbraucherinsolvenzverfahren § 309 Rdnr. 7
– Sonstiges:
  = Eigenverwaltung § 272 Rdnr. 2
  = Einstellung des Verfahrens § 216
  = Haft § 98 Rdnr. 5
  = Kreditwesengesetz Art. 79 Rdnr. 5
  = Nachtragsverteilung § 204
  = Pensions-Sicherungs-Verein Art. 91 Rdnr. 19
  = Verteilungsverzeichnis § 194

Sonderabkommen § 294 Rdnr. 2, § 295 Rdnr. 5

Sonderinsolvenzverfahren Art. 102 Rdnr. 2

Sonderinsolvenzverwalter § 56 Rdnr. 4

Sozialauswahl E 130, § 125 Rdnr. 5, § 126 Rdnr. 1

Sozialgerichtsgesetz Art. 26

Sozialplan § 96 Rdnr. 5, §§ 121, 123, 124, E 102, 134, 135, 180

Sozialplanansprüche §§ 123, 209 Rdnr. 3, E 99, 135

Sozialplangesetz Art. 2 Rdnr. 1, Art. 22, Art. 110 Rdnr. 3, E 102, 133, 135

Sozialplanvolumen § 123, E 135

Sprecherausschuß der leitenden Angestellten § 156 Rdnr. 2, § 218 Rdnr. 3, §§ 232, 235 Rdnr. 1, E 134

steigender Selbstbehalt § 292 Rdnr. 2

Steuerberatungsgesetz Art. 62

stille Gesellschaft § 136, Art. 40 Rdnr. 10, 11

Stillegung s. Unternehmensstillegung

Stimmliste § 239

Stimmrecht/Stimmrechtsfeststellung §§ 77, 237–239, Art. 14 Rdnr. 2, 10

Strafgesetzbuch Art. 60

Straftaten § 97 Rdnr. 1; s. auch Insolvenzstraftaten

Streitwert § 182

Stunde der Eröffnung § 27

Summenmehrheit § 76 Rdnr. 1, § 244 Rdnr. 1, 3, § 309 Rdnr. 2, E 117

Swap-Geschäfte § 104 Rdnr. 2–6

Tabellen § 5 Rdnr. 3, §§ 175, 178, 179, 183, 201

Teilleistung § 105

Termine s. Abstimmungs-T., Erörterungs-T., Prüfungs-T., Schluß-T., Wahl-T.

Terminbestimmung § 29

Treuhänder § 292, 293 (Vergütung), § 299
- Anhörung des T. § 300 Rdnr. 1, § 303 Rdnr. 4
- Auswahl/Bestellung des T. §§ 287, 288, 291 Rdnr. 2
- Mindestvergütung des T. § 298
- Obliegenheitsverletzungen (des Schuldners) §§ 295, 296 Rdnr. 2
- Verbraucherinsolvenzverfahren §§ 313, 314 Rdnr. 1, E 157

Übergangsregelungen Art. 103, Art. 104, E 158
- Anfechtungsgesetz Art. 1 Rdnr. 24
- betriebliche Altersversorgung Art. 91 Rdnr. 21
- Finanztermingeschäfte Art. 105
- Insolvenzanfechtung Art. 106 Rdnr. 3
- Restschuldbefreiung Art. 107
- Schuldverschreibungen Art. 109
- Vollstreckungsbeschränkungen Art. 108

Übernahme (der Insolvenzmasse) § 148

Übernahmegesellschaft § 260 Rdnr. 5, §§ 263, 267 Rdnr. 1, § 269

Überschuldung §§ 19, 320 Rdnr. 1, 2; s. auch Überschuldungsstatus

Überschuldungsstatus § 19 Rdnr. 2

Überschuß § 199

Überwachung der Planerfüllung §§ 260–269; § 284 (Eigenverwaltung)

Umrechnung der Forderungen § 45

Umsatzsteuer § 171 Rdnr. 4, § 282 Rdnr. 3

Umwandlungsgesetz Art. 43, E 14

unbewegliche Gegenstände §§ 49, 165, 228 Rdnr. 3, § 254 Rdnr. 2–4, § 267 Rdnr. 2, § 282 Rdnr. 2

unentgeltliche Leistung („Schenkungsanfechtung") § 134, Art. 1 Rdnr. 7

ungesicherte Gläubiger § 67 Rdnr. 2

unpfändbare Gegenstände § 36; s. auch Insolvenzmasse

Unterbrechung Art. 18 Rdnr. 3

Unterhalt §§ 100, 101 Rdnr. 3, §§ 278, 209 Rdnr. 2; s. auch Unterhaltsansprüche, Unterhaltsgläubiger

Unterhaltsansprüche § 40; s. auch Unterhalt

Unterhaltsgläubiger § 89 Rdnr. 5; s. auch Unterhalt

Unterlassung § 129 Rdnr. 5 (Insolvenzanfechtung), Art. 1 Rdnr. 4 (Anfechtungsgesetz)

Unternehmensfortführung § 21 Rdnr. 3, § 22 Rdnr. 2–4; s. auch Betriebsübergang

Unternehmensstillegung § 22 Rdnr. 2, §§ 158, 159

Unternehmensveräußerung § 158 Rdnr. 4, § 160 Rdnr. 3, §§ 163, 164; s. auch Insider-Geschäfte

Verabschiedung (der Gesetze zur Insolvenzrechtsreform) E 216–220 (insb. 217, 219, 220)

Veräußerungsverbot § 80

Verbraucherinsolvenzverfahren §§ 304–314, E 45–55, 146–157, 199, 207, 210, 214

– besonderer Versagungsgrund § 290 Rdnr. 9

– Richtervorbehalt Art. 14 Rdnr. 6

– Treuhänderbestellung § 291 Rdnr. 2

s. insb. auch außergerichtlicher Einigungsversuch, Kleingewebetreibende, Mitwirkungspflichten, schriftliches Verfahren, Schuldenbereinigung, Schuldenbereinigungsplan, Schuldnerberatung, Schuldnerberatungsstellen, Verbraucherinsolvenzverfahren (Anwendungsbereich), vereinfachtes Insolvenzverfahren

Verbraucherinsolvenzverfahren (Anwendungsbereich) § 304, E 147

Verbraucherverschuldung E 41, 42; s. auch Verbraucherinsolvenzverfahren

verderbliche Ware § 107 Rdnr. 2

Verein Art. 33 Rdnr. 2–4

vereinfachtes Insolvenzverfahren E 55, 157, §§ 311–314

vereinfachte Kapitalherabsetzung Art. 48 Rdnr. 1, 5–18, Art. 110 Rdnr. 3, E 166

Vereinsgesetz Art. 7

Vereinsregister § 31

Verfahrenseröffnung s. Eröffnung des Insolvenzverfahrens

Verfahrensgrundsätze § 5

Verfügungen § 81; s. auch allgemeines Verfügungsverbot, Schuldner (Insolvenzverwalter, Übergang von Befugnissen d. S. auf d. I.), Verfügungsbeschränkungen, Verfügungsrecht, Wirkungen der Eröffnung

Verfügungsbeschränkungen § 21 Rdnr. 4, §§ 23, 24; s. auch Verfügungen

Weiterverkauf der Erbschaft § 330

Wertgegenstände § 149

Wertpapiere § 149

Wertpapiertermingeschäfte § 104 Rdnr. 2–6

Wertverlust § 21 Rdnr. 5, § 172

Widerruf der Restschuldbefreiung § 303

Wiederauflebensklausel (Insolvenzplan) §§ 255/256 Rdnr. 3

Wiedereinsetzung in den vorigen Stand §§ 186, 307 Rdnr. 2

wiederkehrende Leistungen § 46

Wirkungen der Einstellung § 215 Rdnr. 2

Wirkungen der Eröffnung §§ 80–96, 104, 112, 114–118, 148, 155 Rdnr. 2, Art. 33 Rdnr. 2, Art. 91 Rdnr. 19, E 143

Wirkungen des Insolvenzplans §§ 254–257

Wirkungen der Restschuldbefreiung §§ 301, 302, 303 Rdnr. 4

Wirkungen des Schuldenbereinigungsplans § 308 Rdnr. 3

Wirtschaftsprüferordnung Art. 69

Wohlverhaltensperiode s. Wohlverhaltensphase

Wohlverhaltensphase § 287 Rdnr. 2, §§ 295, 297, 299, 300 Rdnr. 1, E 137, 139, Art. 107 (Übergangsregelung, u. U. Verkürzung auf fünf Jahre)

Wohnsitzwechsel § 295 Rdnr. 4

Zahlungseinstellung §§ 16/17 Rdnr. 4

Zahlungsstockung §§ 16/17 Rdnr. 2, 3; § 18 Rdnr. 3

Zahlungsunfähigkeit §§ 16, 17, § 130 Rdnr. 3, § 132 Rdnr. 1, 2, § 317 Rdnr. 2, § 320 Rdnr. 1, 4, 5

Zehn-Jahres-Sperre § 290 Rdnr. 6

Zerschlagungsautomatik E 9

Zeugen §§ 5, 101 Rdnr. 4

Ziele der Insolvenzrechtsreform E 15–55, 56, 58, 211, 212

Ziele des Insolvenzverfahrens §§ 1, 95 Rdnr. 1, § 217 Rdnr. 1

Zinsforderungen § 39 Rdnr. 6, § 169, E 90

Zivilprozeßordnung § 4, Art. 18, E 161

Zubehör Art. 20 Rdnr. 1, 4

Zulassungsbeschwerde s. weitere Beschwerde

Zurückbehaltungsrecht s. kaufmännisches Zurückbehaltungsrecht

Zurückweisung (des Insolvenzplans) § 231

zurückzubehaltende Anteile §§ 189–191, 198

Zuständigkeit §§ 2, 3, 315

Zustellungen §§ 8, 307 Rdnr. 2

Zwangsmaßnahme § 21 Rdnr. 8

Zwangsversteigerung s. einstweilige Einstellung der Zwangsversteigerung

Zwangsversteigerungsgesetz Art. 20, E 162

Zwangsverwaltung s. einstweilige Einstellung der Zwangsverwaltung

Zwangsvollstreckung §§ 88, 89 Rdnr. 3, § 123 Rdnr. 6, §§ 148, 202, 294 Rdnr. 1, § 321, Art. 1 Rdnr. 16

Zwischenrechnung § 66 Rdnr. 3

Sternstunde Europas
Der EG-Vertrag

Ein Kontinent organisiert sich.
Die Schlagbäume sind offen,
und die Europäische Union
gewinnt an Kompetenz –
mit Recht!

Europa wird handlicher!
Der neue Praktiker-Kommentar –
unentbehrlich für alle,
die bei ihrer täglichen Arbeit in
EG-Sachen tätig sind.

Für die Praxis verfaßt:

aktuell
Rechtsstand im wesentlichen
1. Januar 1994

kompetent
herausgegeben von
Prof. Dr. Carl Otto Lenz,
Generalanwalt am Europäischen
Gerichtshof

zuverlässig
bearbeitet von 28 Kennern
des Gemeinschaftsrechts

gründlich
intensive Auswertung der
Rechtsprechung des
Europäischen Gerichtshofes

kompakt
die ganze komplexe Materie
in einem Band aufbereitet

1994, 1548 Seiten, 13 x 19,5 cm, 1/1 Leinen, DM 258,–, sfr 228,–, öS 1880,–

| Eine Gemeinschaftsausgabe der Verlage | **Bundesanzeiger – Köln**
Helbing & Lichtenhahn – Basel
Ueberreuter – Wien | ISBN 3-88784-509-9
ISBN 3-7190-1338-3
ISBN 3-901260-55-2 |

In dieser Reihe veröffentlicht der Bundesanzeiger-Verlag in loser Folge erläuterte Textsammlungen, Handbücher und Kommentare zu verschiedenen Themen des Zivilrechts. Verständlich und übersichtlich dargestellt, geben die Bände dem kundigen Leser und auch dem interessierten Laien kompetente Auskunft über die aktuelle Entwicklung des Zivilrechts.

Recht und Praxis im Zivilrecht

Schilling
Neues Mietrecht 1993
Textausgabe, Materialien und Erläuterungen

ISBN 3-88784-349-5
1993, 208 Seiten, 16,5 x 24,4 cm, gebunden, **DM 29,80**

Kniebes (Hrsg.)
Die Pfändung von Arbeitseinkommen
Ein Leitfaden für Gläubiger, Schuldner und Arbeitgeber einschließlich Pfändungstabellen

ISBN 3-88784-494-7
1993, 296 Seiten, 16,5 x 24,4 cm, gebunden, **DM 68,-**

Schmidt-Räntsch
Das neue Grundbuchrecht
Textausgabe mit einer Einführung

ISBN 3-88784-536-6
1994, 176 Seiten, 16,5 x 24,4 cm, gebunden, **DM 49,-**

Schmidt-Räntsch
Insolvenzordnung mit Einführungsgesetz
Erläuternde Darstellung des neuen Rechts anhand der Materialien

ISBN 3-88784-543-9
1995, 1128 Seiten, 16,5 x 24,4 cm, gebunden, **DM 128,-**

Seibert
Die Partnerschaft – *Eine neue Gesellschaftsform für Freiberufler*
Partnerschaftsgesellschaftsvertrag, Einführung, Materialien

ISBN 3-88784-571-4
1994, 168 Seiten, 16,5 x 24,4 cm, gebunden, **DM 48,-**

Krauß
Sachenrechtsänderungsgesetz und Schuldrechtsänderungsgesetz
Textausgabe mit Materialien und einer Einführung

ISBN 3-88784-542-0
1994, rd. 900 Seiten, 16,5 x 24,4 cm, gebunden, ca. **DM 198,-**

Bundesanzeiger · Postfach 10 05 34 · 50445 Köln

Wird fortgesetzt...

= Insolvenzplan (Aufstellung) §§ 218, 231 Rdnr. 2, 3, §§ 232, 233 Rdnr. 1, 4, § 235 Rdnr. 3

= Insolvenzplan (Überwachung der Planerfüllung) §§ 258, 259 Rdnr. 1, § 260 Rdnr. 2, §§ 261–263, 269

= Postsperre § 99

= Unterhaltsgewährung § 100 Rdnr. 2

– **Sonstiges:**

§ 32, § 54 (Verfahrenskosten), § 55 Rdnr. 3 u. § 90 Rdnr. 1, 2 (Masseverbindlichkeiten), §§ 178, 183 (Forderungsfeststellung), § 272 Rdnr. 4 (Eigenverwaltung), § 334, Art. 40 Rdnr. 9 (KG), Art. 47 Rdnr. 3 (AG)

s. auch Informationsrechte, Vergütung, Vergütungsverordnung, vorläufiger Insolvenzverwalter

Insolvenzverwalterernennung (durch den Richter) Art. 14 Rdnr. 5

Interessenausgleich §§ 121, 122 Rdnr. 1–3, § 125 Rdnr. 3, 7, E 130–132, 134

Internationales Anfechtungsrecht Art. 1 Rdnr. 23, Art. 102 Rdnr. 3

Internationales Insolvenzrecht Art. 102, E 213

Juristische Personen § 11 Rdnr. 2 (Insolvenzverfahrensfähigkeit)

– Abweisung mangels Masse § 26 Rdnr. 4

– Antragsberechtigte § 15

– Eröffnungsgründe § 18 Rdnr. 4, 5, § 19 Rdnr. 1, 2

– Eröffnungsverfahren § 21 Rdnr. 9

– Gläubigerausschuß § 67 Rdnr. 3

– Insolvenzverwalter (j. P. kein I.) § 56 Rdnr. 2

– Unterhalt § 101

Juristische Personen des öffentlichen Rechts § 12

Justizbelastung s. Gerichtsbelastung

Kapitalersetzendes Darlehen § 39 Rdnr. 4, §§ 135, 225, 246 Rdnr. 3, Art. 1 Rdnr. 9, Art. 48 Rdnr. 1, 3, 4 E 59, 61, 113

Kapitalherabsetzung s. vereinfachte Kapitalherabsetzung

kaufmännisches Zurückbehaltungsrecht Art. 40 Rdnr. 1, 12, E 165

Kirchen § 12 Rdnr. 3

Kleingewerbetreibende E 147, § 304

Kleingläubiger § 67 Rdnr. 2, § 76 Rdnr. 1, § 222 Rdnr. 6

Kleinverfahren s. Verbraucherinsolvenzverfahren

- einstweilige Einstellung der Zwangsversteigerung   Art. 20 Rdnr. 8
- Gebühren (Gerichts-)   Art. 29 Rdnr. 1, 4
- Gebühren (Rechtsanwalts-)   Art. 31 Rdnr. 1, 5–7
- Genossenschaften   Art. 49 Rdnr. 22–27
- Pensions-Sicherungs-Verein   Art. 91 Rdnr. 8–11
- Sozialplanvolumen   § 123 Rdnr. 3
- Schuldverschreibungen   Art. 53 Rdnr. 6, 13
- Verbraucherinsolvenzverfahren (kein I. im V.)   § 312, E 52, 157

Insolvenzrechtsreform   s. Geschichte der Reform, Reformbedürfnis, Regierungsentwürfe zur I.

Insolvenzrichter   Art. 12 Rdnr. 1, s. auch Richter

Insolvenzstraftaten   § 290 Rdnr. 4, § 297, Art. 60, E 139

Insolvenzverfahren (Gebühren für I.)   Art. 29 Rdnr. 10; s. auch Gerichtsgebühren

Insolvenzverfahrensfähigkeit   §§ 11, 12

Insolvenzverwalter   §§ 56–66, § 27 (Bestellung bei Eröffnungsbeschluß), Art. 14 Rdnr. 5 (Ernennung, zuständig für), § 80 (Verwaltungs- u. Verfügungsbefugnis), § 97 (Unterstützung d. I. durch Schuldner), E 27

- **allgemeine Pflichten, Aufgaben u. Befugnisse**

    = Berichtstermin   §§ 156, 158

    = Erfüllung von Rechtsgeschäften   §§ 103–111, 115, 119, E 82

    = Forderungsanmeldung   § 28 Rdnr. 1, § 174, § 175 (Tabelle), § 176 (Prüfungstermin), § 177 (nachträgliche F.)

    = Gläubigerausschuß   § 69

    = Gläubigerversammlung   §§ 74, 77 Rdnr. 3, § 78 Rdnr. 3, § 79

    = Sicherung der Insolvenzmasse   §§ 148–155, E 91

    = Verteilung   §§ 170, 187–195, 198, 199, 203, 205

    = Verwertung   §§ 159, 165, 166 Rdnr. 1, 3–6, §§ 167–169, 172, 173, E 82–84, 86, 88

    = Zustellungen   § 8 Rdnr. 3

- **sonstige Pflichten, Aufgaben u. Befugnisse**

    = Arbeitsrecht   §§ 113, 120–123, 125–128, E 131

    = Aufnahme von Rechtsstreitigkeiten   §§ 85/86, Rdnr. 3

    = bedeutsame Rechtshandlungen   §§ 160, 161 Rdnr. 1, § 164

    = Betriebsveräußerung unter Wert   § 163, § 164

    = Einstellung des Insolvenzverfahrens   § 207 Rdnr. 2, § 208 (Anzeige der Masseunzulänglichkeit), §§ 209, 211, 214 Rdnr. 2, 3

    = Insolvenzanfechtung   §§ 129, 146